크루그먼의 경제학 제6판

크루그먼의 경제학 제6판

Paul Krugman · Robin Wells 지음

김재영 · 박대근 · 전병헌 옮김

Σ시그마프레스

크루그먼의 경제학, 제6판

발행일 | 2023년 12월 1일 1쇄 발행

지은이 | Paul Krugman, Robin Wells
옮긴이 | 김재영, 박대근, 전병헌
발행인 | 강학경
발행처 | (주)시그마프레스
디자인 | 우주연, 김은경
편 집 | 김은실, 윤원진
마케팅 | 문정현, 송치헌, 최성복, 김성옥

등록번호 | 제10-2642호
주소 | 서울특별시 영등포구 양평로 22길 21 선유도코오롱디지털타워 A401~402호
전자우편 | sigma@spress.co.kr
홈페이지 | http://www.sigmapress.co.kr
전화 | (02)323-4845, (02)2062-5184~8
팩스 | (02)323-4197

ISBN | 979-11-6226-452-2

Economics, Sixth Edition

역자 서문

2006년 제1판이 출간된 후 많은 일이 일어났는데, 큰 사건으로는 2008년에 발생한 세계 금융위기와 그 후 유럽 국가들에서 발생한 재정위기, 2020년에 발생한 코로나바이러스, 그리고 2022년부터 본격화된 인플레이션과 통화긴축을 들 수 있다. 이들 사건은 세계 경제에 광범위한 영향을 미쳤고 경제학 전반에 걸쳐 많은 논의를 불러왔다. 개정판은 새로운 사건과 아이디어들을 반영하고 있다.

제6판에서 저자들은 60개의 새로운 도입 사례, 현실 경제의 이해, 국제비교, 기업사례를 추가하였다. 이들 경제 사례들은 현실 경제에 대한 독자들의 지식과 흥미를 증진시키는 한편 경제이론에 대한 독자들의 이해를 높이는 데 기여한다는 점에서 경제학의 원리를 논리적이면서도 이해하기 쉽게 설명한다는 점과 함께 이 책의 중요한 특징이라 할 수 있다.

많은 독자들이 이 책을 통하여 경제 현상과 원리를 이해하는 데 도움을 받고 경제학에 흥미를 가질 수 있을 것으로 기대한다. 또한 이 책의 번역과 편집 작업에 지원을 아끼지 않으신 ㈜시그마프레스 강학경 사장님과 편집부 여러분께 감사드린다.

역자 일동

저자 소개

폴 크루그먼(Paul Krugman)은 2008년 노벨경제학상을 수상하였고, 뉴욕시립대학교 대학원 교수로 룩셈브루크소득연구소(LIS)와 연계하여 전 세계 소득불평등을 추적하고 분석하였다. 이전에는 프린스턴대학교에서 14년간 학생들을 가르쳤다. 그는 미국 예일대학교에서 학부를 마치고 MIT에서 박사학위를 받았다. 예일대학교, 스탠퍼드대학교, MIT에서 강의를 했으며, 1982년부터 1983년까지 1년 동안 경제자문위원회의 위원으로 활동했다. 그의 연구는 국제무역, 경제지리학, 통화위기에 대한 혁신적인 연구를 포함한다. 1991년에는 미국경제학회가 수여하는 존 베이츠 클라크 메달을 받았다. 강의와 학술연구에 더하여 크루그먼은 일반인들을 위해서도 많은 기고를 하고 있다. 뉴욕타임스에 정기적으로 칼럼을 쓰고 있으며, 그가 최근에 집필한 두 권의 무역관련 서적들은 모두 베스트셀러가 되었다. 이 중 지금 당장 이 불황을 끝내라(*End This Depression Now!*), 불황의 경제학(*The Return of Depression Economics and the Crisis of 2008*)은 최근의 경제적 난관들과 이에 따른 경제 정책의 역사이며, 폴 크루그먼 새로운 미래를 말하다(*The Conscience of a Liberal*)는 경제적 불평등에 대한 정치경제학과 이것이 길드시대부터 현재까지의 정치적 양극화와 어떤 관계를 가지는지를 다루고 있다. 이보다 전에 발간된 저서 폴 크루그먼의 경제학의 향연(*Peddling Prosperity*)과 폴 크루그먼, 기대감소의 시대(*The Age of Diminished Expectations*)는 현대의 고전이 되었다.

로빈 웰스(Robin Wells)는 프린스턴대학교에서 경제학을 연구하며 학생들을 가르치고 있다. 시카고대학교에서 학부를 마치고 버클리에 있는 캘리포니아주립대학교에서 박사학위를 받은 후 MIT에서 박사후 과정을 밟았다. 미시간대학교, 사우샘프턴대학교(영국), 스탠퍼드대학교, MIT에서 강의를 하였다.

Ligaya Franklin

이 책의 비전과 경제학 이야기

이 책은 사람들이 무엇을 하는지, 그들이 어떻게 교류하는지, 그리고 무엇보다 실제 세계의 경험에 바탕을 두고 있는 학문인 경제학에 관한 책이다. 이러한 정신은 모든 판에서 주요 원리로 작용하고 있다.

우리가 이 책을 쓰기 시작했을 때 우리는 경제학의 특정 부문에 대한 수많은 작은 생각들을 가지고 있었다. 또한 경제학 교과서에 대한 큰 그림도 그리고 있었는데, 이는 경제학 교과서는 서술 위주로 구성되어야 하고, 경제학이 무엇인지에 관한 통찰력을 절대 잃어선 안 되며, 또 사람들이 하는 일에 대한 실제 이야기로 구성되어야 한다는 것이다.

경제학자들이 말하는 많은 이야기는 모형의 형태로 전해진다. 경제학적 모형은 세계가 어떻게 작동하는지에 관한 이야기이다. 그렇지만 우리는 모형에 대한 학생들의 이해는 가능한 한 많은 실생활 사례를 통해서 설명될 때 강화될 수 있다고 믿는다. 여기서 실생활 사례란 경제학적 개념을 설명해 줄 수 있을 뿐만 아니라 경제의 힘으로 형성된 세계에서 우리가 개개인으로서 갖게 되는 관심사여야 할 것이다. 코로나 바이러스 유행병이 세계적으로 우리 모두에 영향을 미쳤던 2020년에는 일상생활과 경제학 간의 상호작용이 어느 때보다도 더 분명해졌다.

이러한 이야기들은 머리말 이야기, '현실 경제의 이해', '국제비교', '기업 사례'를 통해 모든 장에서 풍부하게 제시되고 있다. 전에도 그랬듯이 우리는 새로운 사례를 많이 추가하고 기존의 내용을 갱신했다. 또한 국제적 시각을 과거에 비해 더 광범위하게 고려했다. 또한 제1장에서 원리로 제시되고 책 전체에서 강조되듯이 경제의 잠재력 증가가 어떻게 장기 성장을 가져올 수 있는지에 대해 새롭게 초점을 두었다. 뒤에 나오는 '이야기 접근법을 통해 학생들의 관심 끌기'에서 이 책의 이야기식 구성에 대해 간략히 소개한다.

우리는 또한 학습을 강화하기 위한 교육적인 요소들을 포함시켰다. 예를 들면 각각의 절은 학생들과 함께 풀어 나갈 것을 염두에 둔 세 가지 요소로 결말을 짓고 있다. 즉 (1) 현실 경제의 이해 : 학생들이 방금 읽은 내용에 대해 충분히 이해할 수 있도록 도와주는 현실 세계의 응용 사례, (2) 복습 : 핵심적인 아이디어를 목록 형식으로 복습하기, (3) 이해돕기 : 자가 점검을 위한 문제들(책 뒷부분에 풀이가 나와 있다) 이다. 각 장의 마지막에 있는 토론문제는 또 다른 특색 중 하나이다.

이 책을 수업에 사용하는 여러분께 감사드리며, 이 책에 대한 여러분의 지적 경험이 좋은 결실을 맺게 되기를 바란다.

Paul Krugman

Robin Wells

학생들을 경제학 학습에 참여시키기

이야기들로 엮이고, 현재 일어나고 있는 실제 생활과 연관되며, 전 세계에서 일어나고 있는 일들을 특별히 강조하면서 학생들의 성공을 도와줄 증명된 기법을 제시하는 교과서를 통해서 학생들은 가장 잘 배울 수 있다고 우리는 굳게 믿는다.

이야기로 접근하기

이 책은 대부분 실생활에서 가져온 이야기들을 중심으로 구성되었다. 모든 장에서 중심개념을 소개하고 학습 동기를 유발하기 위해 이야기들이 사용되었다. 개념을 소개하고 강조하는 데 가장 좋은 방법은 기억될 만한 현실 세계의 이야기를 사용하는 것이라고 믿는다. 학생들이 개념을 이야기와 더 쉽게 결부시키기 때문이다.

국제적 초점

국제 문제에 대한 관심에 있어서 이 책에 필적할 만한 책은 찾기 어려울 것이다. 자료에 근거한 '국제비교'는 물론이고 대부분의 응용, 사례, 이야기를 통해 본문에 국제적인 관점을 완전히 통합시켰다.

제6판의 새로운 점

세계 최고의 경제학 시사 전문가로부터 듣는 최근 소식 어떤 교과서보다도 신선한 내용들을 다루고 있다. 제6판에서는 코로나 19가 전 세계에 미친 영향을 중요한 것 위주로 다루고 있다. 아울러 경제성장의 지속성, 기술이 경제에 미치는 영향, 긴급한 정책의 토론내용 등을 다룬다.

세계 경제에 대한 학생들의 이해를 넓히기 위한 더 많은 노력 뛰어난 통찰력과 명료성을 지닌 저자들이 자신들의 특기인 이야기식 접근법을 이용하여 학생들을 강의실로부터 우리가 사는 세계로 인도한다. 제1장은 경제의 잠재력 증가가 어떻게 장기적인 경제성장으로 이어지는지에 대한 새로운 원칙으로부터 시작한다. 급속히 변화해 가는 세상을 반영하여 시장지배력과 디지털 경제에 관한 내용을 확장하고, 외부효과와 장기 경제성장에 대한 예리한 새로운 관점을 제시한다. 또한 세계적인 코로나 19 유행의 경제적 영향과 정책적 대응에 대해 자세히 다룬다.

이야기 접근법을 통해 학생들의 관심 끌기

3 공급과 수요

🌐 천연가스 붐과 불황

거의 10년 동안, 가스 카운티는 격렬한 경제적 변동을 겪었다. 2010년부터 2018년까지, 두 개의 주요 지질학적 석유 층에 가까이 위치한 텍사스스의 이 카운티는, 호황 후 불황을 겪은 위 회복되었다. 이러한 급속한 변화는 수압파쇄법이라고 알려진 신기술의 개발로 설명될 수 있다.

2010년부터 2015년까지 가스 카운티는수 압파쇄법 때문에 천연가스 가격이 천 8달러에서 2달러 미만으로 떨어지면서 극심한 호황과 불황의 순환을 겪었다. 수압파쇄법은 약물을 섞은 높은 압력으로 분사해서 세일 암석 층 사이에 있는 천연가스를 추출하는 방법이다. 약 1세기 전부터 이미 막대한 천연가스가 미국의 세일 층 내에 매장되어 있다는 사실이 알려져 있었지만 채굴이 힘들었기에 방치되어 있었다.

새로운 채굴 기술로 이처럼 깊이 내장되어 있는 유전층에 도달할 수 있게 된 것은 약 80년 전 일이다. 그러나 에너지 회사들이 이런 새로운 채굴 기술에 투자하도록 만든 것은 2002년에서 2006년 사이에 4배나 상승한 천연가스 가격의 폭등 때문이었다. 천연가스

수요와 공급이라는 두 가지 주요 요인이 가격 폭등을 설명한다.

먼저 수요 측면의 원인을 살펴보자. 2002년 미국 경제는 불황을 겪으며 빠져 있었다. 경제의 활기는 떨어져 있었고, 실업률은 높았으며, 개인과 기업은 차량의 에너지 소비를 줄였다. 돈을 아끼기 위해 집주인들은 겨울에 온도조절장치의 설정 온도를 낮추었고, 여름에는 설정 온도를 높였다. 하지만 2006년부터는 경기가 다시 회복되기 시작했고, 천연가스 소비도 증가했다.

둘째로, 공급 측면을 보면 2005년 발생한 허리케인 카트리나 때문에 천연가스 생산업체의 밀집한 걸프만 지역에 초토화되었다. 이로 인해 천연가스 소비가 급증한 2006년에 천연가스 공급은 급감했고, 2002년에 1,000입방비트당 2달러였던 천연가스 가격이 2006년에는 14달러로 급등했다.

그러나 2013년에는 천연가스 가격이 1,000입방비트당 2달러로 다시 내려왔다. 하지만 이번에도 경기 침체가 원인이 아닌 수압파쇄법의 발명 때문이었다. 2010년부터 2012년까지 미국의 세일층에서 나오는 천연가스 추출량은 거의 2배가 되었다. 2018년에 미국은 세계 최대의 천연가스 생산국이 되었고, 다른 나라들에 천연가스를 순수출하는 국가가 되었다.

공급과 수요 모두가 가격 폭등의 요인이다...

하지만 천연가스의 이후 이면에 수만 달러의 예상치 못한 환경이 발생하는 결과가 초래되었다. 2016년부터 가스 카운티에 새로운 일자리와 함께, 강건한 경제호황, 한때 길비반...

석탄과 석유를 사용했던 사람들의 에너지 비용 절감 등 호재가 이어졌지만, 수압파쇄법의 환경적 영향에 대한 깊은 우려와 논란이 일기 시작했다. 천연가스로의 전환으로 인한 분명한 환경적 이익이 있지만 (심하게 오염시키는 석탄와 석탄과 같은 다른 화석 연료보다 더 깨끗하게 연소되기 때문에), 수압파쇄법은 또 다른 환경적 우려를 촉발시켰다. 하나는 사용된 화학물질에 의한 지역 지하수 오염 가능성이다. 또 다른 것은 샐레 천연가스나 태양열과 풍력과 같은 재생에너지원의 개발을 저해하여 화석 연료에 대한 의존도를 높일 수 있다는 것이다. 물론 어떤 사람들은 천연가스의 풍부한 공급이 실제로 샐레 재생에너지의 발전을 도울 수 있다고 언급했다. 천연가스 작동되는 '미니 발전소'는 태양이 뜨지 않을 때나 바람이 불지 않을 때 연소될 수 있으므로 재생에너지의 공급 안정에 도움을 줄 수 있기 때문이다.

당면한 문제인 천연가스의 공급과 수요 문제로 돌아가 보자. 수요와 공급은 무엇을 의미하는가? 이들 간의 경제적인 법칙을 설명하기 위해 사용된다. 하지만 경제학자들에게 수요와 공급의 법칙은 보다 엄밀하게 정의된다. 이는 많은 종류의 시장이 어떻게 작동하는지를 설명하는 데 매우 유용한 모형이다.

이 장에서는 천연가스의 공급과 수요 문제들을 설명하고, 그보부터 모형에 어떻게 사용되는지를 설명하려고 한다. ●

이 장에서 배울 내용
- 완전경쟁시장이란 무엇인가?
- 공급곡선과 수요곡선이란 무엇인가?
- 공급과 수요곡선은 어떻게 시장에서 균형 가격과 균형량으로 이어지는가?
- 시장에서의 초과와 부족이란 무엇을 의미하며, 가격 움직임은 왜 그것들을 제거할 수 있는가?

새로운 채굴 기술의 도입은 천연가스 가격을 낮추었지만, 논란과 환경 비용이 없는 것은 아니다.

현실 경제의 >> 이해
부유한 나라, 가난한 나라

(때와 장소를 잘 가려서) 옷을 벗어 본 다음에 옷에 붙어 있는 라벨에 적힌 원산지를 한번 확인해 보라. 아마 대부분 미국보다 훨씬 가난한 국가들인 엘살바도르, 스리랑카, 방글라데시 등에서 만들어졌을 것이다.

왜 이러한 나라들은 미국보다 가난할까? 직접적인 대답은 이러한 나라들의 생산성이 훨씬 낮기 때문이라는 것이다. 이러한 나라들의 기업은 미국이나 다른 부유한 나라들의 비슷한 재화와 서비스를 생산하는 기업들에 비해 주어진 자원을 이용하여 만들 수 있는 양이 적다. 나라마다 생산성이 다른 원인은 또 다른 중요한 문제이지만, 어쨌든 나라마다 생산성에 격차가 있다는 것은 사실이다.

그러나 이러한 국가들의 경제가 미국에 비해 생산성이 훨씬 떨어진다면, 그들이 왜 미국인 대부분의 옷을 만들고 있는 양인지 않을까?

정답은 '비교우위'에 있다. 방글라데시에 있는 모든 산업이 미국에 있는 같은 산업 업종에 비해 생산성이 더 떨어진다고 해 보자. 그러나 부유한 국가와 가난한 국가 사이의 생산성 차이의 크기는 재화와 산업마다 다르다. 비행기와 같이 복잡한 재화의 경우에는 생산성 차이가 클 수 있지만, 옷처럼 간단한 재화의 경우에는 별로 차이가 나지 않을 것이다. 따라서 방글라데시가 옷을 생산하는 것은 마치 브라질의 항공기 제작회사인 엠브라에르가 소형 비행기를 생산하는 것과 비슷하다. 즉 상대방만큼 그것을 잘하지는 못하지만, 상대적으로 잘할 수 있는 것임에는 분명하다.

요점은, 방글라데시가 미국에 비해 대부분의 산업에서 절대열위이지만 옷 생산에 있어서는

방글라데시의 경제 생산성이 미국에 비해 떨어진다 해도 그들은 옷 생산에 있어 비교우위를 갖는다.

🌐 국제비교   미국의 매우 낮은 최저임금

미국의 최저임금률은 그래프에서 볼 수 있듯이 다른 선진국과 비교해 꽤 낮다. 최저임금은 각 국가의 통화단위로 설정되어 있기 때문에 한 시점의 환율에 따라 비교가 달라진다. 영국은 영국 파운드로, 프랑스는 유로로 설정되어 있는 등의 식이다. 호주는 2019년 기준 최저임금이 미국보다 2배 가까이 높으며 프랑스, 캐나다, 아일랜드 등도 이와 크게 다르지 않다.

당신은 이러한 차이의 결과를 슈퍼마켓에서 확인할 수 있다. 미국에서는 당신이 산 물건을 가방에 담아 주는 사람들이 있다. 이들은 최저임금 혹은 그보다 살짝 높은 임금수준에서 일하고 있다. 그러나 유럽에서는 이런 일을 하는 사람들을 고용하는 비용이 비싸기 때문에 당신은 스스로 물건을 가방에 담아야 할 것이다.

출처 : Organization for Economic Cooperation and Development (OECD).
* 캐나다의 최저임금은 $11.05~$15.00 사이로 주마다 다르다.

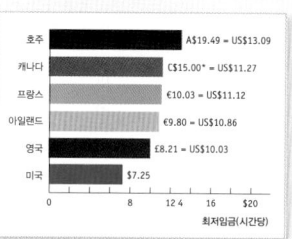

	최저임금(시간당)
호주	A$19.49 = US$13.09
캐나다	C$15.00* = US$11.27
프랑스	€10.03 = US$11.12
아일랜드	€9.80 = US$10.86
영국	£8.21 = US$10.03
미국	$7.25

🌐 기업사례   리&펑 : 광저우로부터 여러분께

여러분이 이 글을 읽는 동안 아마도 아시아에서 생산된 옷을 입고 있으리라고 생각하여 거의 틀림이 없을 것이다. 만일 그렇다면 여러분의 옷을 디자인하고, 생산하고, 여러분 지역의 가게에까지 운반되도록 하는 데 홍콩회사인 리&펑이 관련되어 있다고 생각하는 것 또한 거의 틀림이 없을 것이다. 리바이스부터 월마트 전용상표에 이르기까지 리&펑은 전 세계 공장으로부터 여러분 근처 쇼핑몰까지의 제품 조달을 맡고 있는 중요한 회사다.

이 회사는 1906년 중국 광저우에서 창립되었다. 이 회사의 회장인 빅터 펑에 따르면 그의 할아버지의 "부가 가치"는 영어를 할 줄 알아 중국인과 외국인 사이의 거래에 통역으로 일할 수 있었다는 것이었다. 마오쩌둥의 공산당이 중국 본토를 장악했을 때 이 회사는 홍콩으로 이전하였다. 1960년대와 1970년대 홍콩의 시장경제가 발전함에 따라 리&펑은 홍콩의 제조업자와 외국의 구매자들을 연결하는 수출중개회사로 성장하였다.

그러나 회사의 실질적인 변혁은 아시아 경제가 성장하고 변화함에 따라 나타나게 되었다. 홍콩의 빠른 성장과 임금 상승으로 인해 리&펑의 주요 사업이었던 의류부문에서 점점 경쟁력을 잃게 되었다. 그래서 회사는 새로운 회사로 환탄생하게 되었다. 단순한 중개상에서 "공급망 관리자"로 변신한 것이다. 단순히 재화의 생산을 어떤 제조업체에 할당하는 대신 생산 공정을 쪼개어 원재료의 생산을 할당하고, 전 세계에서 1만 2,000개가 넘는 공급자에게 최종 제품의 조립을 할당하

는 것이다. 경우에 따라서는 홍콩이나 심지어 일본같이 임금이 높은 대신 품질과 생산성이 높은 정교한 경제에서 생산이 이루어진다. 어떤 경우에는 노동의 생산성을 떨어뜨려 임금이 낮은 중국 본토나 태국과 같이 발전 중인 지역에서 생산이 이루어진다.

예컨대 여러분이 미국에 소매점 체인을 가지고 있는데 워싱턴 블루진을 판매하려 한다고 가정해보자. 리&펑은 단순히 진 생산을 알선해 주는 것이 아니라 진의 최신 생산기술과 어떤 재료와 색상이 유행하는지 등과 같이 스타일에 관한 정보를 제공하여 당신과 함께 디자인을 결정한다. 디자인이 확정된 후에는 리&펑이 시제품 제작을 알선하고 가장 효율적인 비용으로 생산 내부에서 납품되고 린은 배쿼브니 같이 본토에서 생산된다. 생산이 여러 장소에서 이루어지기 때문에 리&펑이 수송이나 품질관리를 담당한다.

리&펑은 대단히 성공적이다. 2019년 이 회사의 시장가치는 132억 달러이고 50개국 이상의 지역에 영업소와 물류센터가 있다.

그런데 미국과 중국 사이의 무역 분쟁이 리&펑에는 어떤 영향을 주었을지 여러분이 궁금해 할지 모르겠다. 중국 수출품에 대한 미국의 관세는 회사 운영의 한 중요한 측면에서 피해를 주었으나 다른 기회를 열어 주었다고 답할 수 있다. 리&펑은 미국 소비자들이 베트남이나 방글라데시와 같은 제품으로 전환하도록 돕고 있다. 또한 미국 시장이 막혀 가격이 낮아진 중국 제품으로부터 이득을 보도록 유럽과 다른 지역의 소비자들을 돕고 있다.

생각해 볼 문제
1. 리&펑이 수출중개업을 넘어서 생산 단계를 구분하여 여러 나라의 많은 공급자들에게 원재료를 주문하는 공급망 관리자가 되어서 유리했던 이유가 무엇이라고 생각하는가?
2. 리&펑이 상품의 원재료 생산과 최종 조립을 여러 나라에 분배할 때 그 이면에 어떤 원칙을 적용했다고 생각하는가?
3. 소매점들이 중국 본토에 있는 전 제조업체로부터 직접 구입하는 것보다 리&펑이 진의 생산을 국제적으로 조직하는 것을 선호한 이유가 무엇이라고 생각하는가?
4. 리&펑이 성공한 이유는 무엇일까? 그것은 인적 자본에 의한 것일까, 자연자원의 소유에 기인한 것일까, 아니면 자본의 소유에 근거한 것일까?

- 학생들의 관심을 끌기 위해 흥미로운 이야기로 각 장을 연다. **이 장에서 배울 내용**은 학생들이 주요 개념에 집중하도록 돕는다.

- 학생들은 각 장 여러 곳에 제시되어 있는 **현실 경제의 이해**를 통하여 경제 개념이 즉각 현실 세계에 적용됨을 알 수 있다.

- 학생들에게 국제적인 시각을 제공하기 위해 **국제비교**는 국가들이 서로 다른 경제적 성과를 나타내는 이유를 자료와 그림을 통해 예시적으로 보여 준다.

- 학생들이 핵심 경제 원리가 적용되는 현실 세계의 기업 환경을 이해할 수 있도록 **기업사례**를 제시하였다.

ix

효과적인 학습도구를 통해 핵생들의 관심 끌기

● 학습 보강을 위해 각 장 내의 각 절은 다음 세 가지 학습 도구로 결말을 짓는다. (1) **현실 경제의 이해**에서 핵심 개념 적용, (2) 핵심 개념에 대한 간단한 **복습**, (3) **이해돕기** 질문을 통한 이해도 평가(해답은 책 뒤에).

● **함정**은 학생들이 흔히 저지르는 경제 개념에 대한 오해를 바로잡고 이를 피하도록 가르친다.

무엇이 달라졌나?

제6판에는 60개의 새로운 도입 사례, 기업사례, 현실 경제의 이해 등이 추가되어 최신 이슈들을 적절하게 다루고 있다. 다른 이야기들도 최신 자료로 업데이트되었다.

11개의 새로운 도입 사례
교과서 경제학 마스터하기
브롱크스 이야기
"다이아몬드처럼 밝게 빛나라"
미국의 푸드 코트
정부의 복지 지원
2011년의 대실수
번영의 스모그
스페인의 쇼핑몰들이 고통을 피했다
경기후퇴에 대적하기 위한 지출
그것과 90만 볼리바르로 커피 한 잔을 살 수 있다
적자에 대한 지지

13개의 새로운 기업사례
티켓 가격과 음악계를 장악한 비욘세와 제이지 부부
시장 교란자가 시장에 의해 교란되다
불가능을 넘어 : 맥도날드와 버거킹의 소고기 없는 전쟁
아마존의 기계화
소매 전쟁 : 아마존 시대의 대형 할인점
엑셀 에너지, 원원을 노리다
'야수'의 보존 : 생태관광이 브라질의 표범을 보호하다
미국의 기업가 정신이 ACA에 대한 위협에서 살아남을 수 있을까?
월마트가 노동 관행을 개혁하다
GM이 살아남다
인플레이션 예보에 대해 값 치르기
사업 기회로서의 초인플레이션
스페인에서 제조된 독일 자동차

36개의 새로운 현실 경제의 이해
결혼 비용 : 중국의 한 자녀 정책이 수백만 명의 외로운 독신남을 만든다.
기다려, 그리고 서둘러, 다시 기다려
경제학자들이 합의할 때

태양전지의 급격한 가격 하락
황금 아보카도!
페이스북은 정말 무료일까?
무급 인턴의 확대와 축소
베네수엘라의 가격규제가 어떻게 재앙으로 판명되었는가?
중국 충격
2018~2019 철강 관세
무역 전쟁의 이점
고정비용을 감소시키는 공유경제
지연에 대한 보상의 시한
세계적인 돼지고기 부족으로 타격받은 중국 식당
반독점 정책 입안자들은 디지털 시대에 뒤떨어져 있는가?
카르텔의 흥망성쇠 : OPEC이 미국 셰일 오일로 인해 미끄러지다
크리스마스의 가격전쟁 : 아마존과 월마트가 한 판 붙다
3,500명 이상의 경제학자들이 온실가스 배출세에 찬성하다
미국의 기반시설, 평점 D+를 받다
그다지 우울하지 않은 덴마크인들?
한계생산성과 최저임금 수수께끼
현실의 미국 가정주부
브라질의 불경기
아르헨티나 페소로 인한 당혹
기회가 문을 두드리다
세계의 승자와 패자
중국의 공해와의 전쟁
세 세대에 걸친 미국의 이자율
은행, 성공과 남미
주택담보 대출 채무불이행의 증가와 감소
대후퇴 중의 기업 투자
누가 부채 소용돌이를 두려워하나?
스페인의 쥐어짜기
연준이 대공황을 초래했나?
부채에 대한 두려움, 내핍, 미국의 경기회복
레프러콘 경제학

이 책의 구성 : 핵심과 선택

강의 계획을 도와줄 핵심 장과 선택 장이라고 할 만한 장의 목록이 각 장에 관한 간략한 설명과 함께 나와 있다.

선택

서론 : 성장과 발견을 위한 엔진
중국의 주강 삼각주 사례를 이용하여 학생들이 경제학을 공부할 동기를 갖도록 유도한다. 기본적인 용어와 미시경제학과 거시경제학의 차이를 설명한다.

핵심

1. 제1원칙
경제학 연구의 배경이 되는 12개의 원칙을 개관한다 : 개인의 선택에 대한 원칙들, 개인 간 상호작용, 그리고 경제전반의 상호작용.

2. 경제모형 : 상충관계와 무역
두 가지 경제모형이 채택된다 : 즉 생산가능성곡선과 비교우위. 이는 무역으로부터의 이득과 국가 간 비교에 대해 소개하는 부분이다. 또한 순환도를 소개한다.

선택

2장 부록 : 경제학과 그래프
그래프 작업과 기본 수학이 필요한 학생들을 위해 이에 대해 포괄적으로 검토한다.

핵심

3. 공급과 수요
공급과 수요, 시장균형, 잉여, 그리고 부족분 등에 대한 필수사항들을 다룬다.

4. 소비자잉여와 생산자잉여
시장효율성, 시장실패, 시장신호로서의 가격의 역할, 재산권 등이 소개된다.

5. 가격규제와 수량규제 : 시장에 대한 간섭
시장개입과 그 결과를 다룬다. 예로, 가격과 수량통제, 비효율성, 자중손실 등이 있다.

6. 탄력성
여러 가지 탄력성 – 가격탄력성, 교차가격탄력성, 수요의 소득탄력성, 공급의 가격탄력성 등 – 을 소개하고 그것들을 어떻게 계산하고 해석하는지를 설명한다.

7. 조세
조세에 대한 기본 이론과 함께 조세부과의 영향, 조세부담, 그리고 형평성과 효율성 문제 등을 다룬다. 조세의 구조와 조세정책, 공공지출 등도 함께 소개된다.

선택

8. 국제무역
여기서는 비교우위, 관세와 할당제, 보호무역의 정치학, 국제무역협정들을 살펴보고 저임금국가로부터의 수입과 관련한 논쟁도 알아본다. 초국제화, EU와 영국의 탈퇴, 아웃소싱과 회귀(리쇼어링)를 새로이 다룬다.

핵심

9. 개인과 기업의 결정
한계분석('양자택일'과 '수량 선택' 결정)과 매몰비용에 초점을 맞추고, 행동경제학을 상세히 다루며 합리적 사고의 한계를 보여 준다.

선택

9장 부록 : 시간이 포함된 결정을 내리는 방법: 현재가치의 이해
시간이 포함된 결정이 왜 다른지, 그리고 어떻게 결정해야 하는지를 살펴봄으로써 현재가치에 대해 더 자세히 알아본다.

핵심

10. 합리적인 소비자
무차별곡선을 다루지 않으면서 모든 소비자 행동에 관한 분석을 제공한다. 예산선, 최적 소비선택, 한계효용체감, 대체효과 등을 다룬다.

선택

10장 부록 : 소비자 선호와 소비자 선택
무차별곡선을 다루길 원하는 사람들을 위해 상세한 분석을 제공한다.

핵심

11. 공급곡선의 이면 : 투입과 비용
생산함수를 설명하고 평균비용과 한계비용의 차이를 포함한 여러 비용 개념들을 소개한다.

12. 완전경쟁과 공급곡선
완전경쟁기업의 생산량 결정, 진입/퇴출 결정, 산업공급곡선 및 완전경쟁시장의 균형을 설명한다.

13. 독점
가격차별과 독점의 후생효과, 정책적 대응을 비롯하여 독점에 대한 자세한 분석을 제공한다.

14. 과점
OPEC의 종말을 포함한 현재의 실제 사례를 사용하여 과점의 개념을 정의한다. 일회성 및 반복 게임을 다룰 기본적인 게임이론을 상세히 소개한다.

15. 독점적 경쟁과 제품차별화
생생한 최신 사례와 함께 독점적 경쟁, 진입/퇴출 결정, 효율성 문제 및 광고에 대해 포괄적으로 다룬다.

16. 외부효과
더욱 명확히 이해되도록 개정되었고 기후 변화 경제에 대한 새로운 내용이 포함되었다. 부정적 외부 효과와 이의 해결방안으로 코즈의 사적 거래, 배출세, 양도 가능한 허가권 등에 대해 설명한다. 긍정적 외부효과, 기술적 파급효과, 네트워크 외부효과도 다룬다.

17. 공공재와 공유자원
재화를 배제성과 소비경합성에 따라 네 가지(사유재, 공유자원, 공공재, 인위적으로 희소한 재화)로 분류하는 방법을 설명하고, 어떤 재화는 시장에서 효율적으로 취급되는 반면 다른 재화들은 그렇지 않은 이유를 밝힌다.

선택

18. 복지국가의 경제학
복지국가에 대한 포괄적인 개관과 함께 그 철학적 기초까지 내용이 상당히 개정되고 업데이트되었다. 빈곤 문제, 소득불평등 문제, 보건 경제학(ACA 포함) 등도 살펴본다.

19. 생산요소시장과 소득분배 및 19장 부록 : 노동공급의 무차별곡선 분석
노동시장의 효율임금 모형, 교육의 영향, 차별, 시장지배력 등을 다룬다. 부록에서는 노동과 여가의 상충관계와 후방굴절 노동공급곡선을 분석한다.

20. 불확실성, 위험 및 사적 정보
이 독특한 응용에 대한 장에서는 위험에 대한 태도를 설명하고, 분산투자의 혜택과 한계를 살펴본 후 사적 정보, 역선택 및 도덕적 해이에 대해 알아본다.

핵심

21. 거시경제학의 개관
경기후퇴와 팽창, 취업과 실업, 장기 성장, 인플레이션 대 디플레이션, 국제경제학에 대한 개관과 함께 거시경제학의 주요 아이디어를 소개한다.

22. GDP와 CPI : 거시경제의 측정
국민소득계정과 물가지수의 기초를 비롯하여 거시경제학자들이 이용하는 숫자들이 어떻게 계산되며 왜 그렇게 계산되는지를 설명한다. 앞으로 배울 장들에서 사용하기 위해 확장된 순환도를 새로 단순화하여 소개한다.

23. 실업과 인플레이션
지속적인 일자리 창출과 파괴가 현대 경제의 특징임을 강조하면서 실업의 측정을 다룬다. 인플레이션이 정책 입안자와 경제에 미치는 문제를 조사한다.

24. 장기 경제성장
경제성장은 세계 전체에 관한 것이라는 국제적 관점을 강조하고 몇몇 국가들이 다른 국가들보다 더 성공적이었던 이유를 설명한다. 지속가능성에 대한 새로운 내용이 포함되었다.

25. 저축, 투자지출과 금융시스템
금융시장과 금융기관, 대부자금과 이자율의 결정을 소개한다. 현재가치에 대한 내용을 포함하고 있다.

핵심

26. 소득과 지출
소비지출과 투자지출의 결정요인을 다루며 유명한 45도 그림을 소개하고 승수의 논리를 설명한다.

선택

26장 부록 : 산술적으로 승수 도출하기
승수 도출을 위한 엄밀하고 수학적인 접근법

핵심

27. 총수요와 총공급
AD－AS에 대한 전통적 접근법을 이용하여 총물가수준에 대한 전통적인 초점을 제공한다. 장기에 경제가 회복할 수 있는 능력에 대해서도 다룬다.

28. 재정정책
재량적 재정정책과 자동안정장치의 역할, 부채와 채무이행 가능성이라는 장기 주제에 대한 분석을 제공하고 적자와 부채의 차이점을 설명한다. 코로나바이러스 대유행, 대침체에 대응하는 미국의 재정 부양책과 그리스의 재정긴축의 예를 살펴본다.

선택

28장 부록 : 조세와 승수
승수의 크기를 줄이고 자동안정장치로서 작동하는 조세의 역할을 엄밀하게 도출한다.

핵심

29. 화폐, 은행과 연방준비제도
화폐의 역할과 은행이 화폐를 창조하는 방법, 연준을 비롯한 중앙은행의 구조와 역할 등에 대해 다룬다. 은행 위기에 대한 상세한 분석과 함께 미국 은행의 진화과정을 살펴본다. 이 장은 또한 위기와 결과라는 제목으로 이전에 분리되었던 장의 내용을 통합함으로써 보완되었다.

30. 통화정책
이자율과 총수요를 좌우하는 연준 정책의 역할에 대해 다룬다. 이자율이 단기적으로 어떻게 장기 저축의 수요와 공급을 반영하여 결정되는지에 대한 절도 포함하고 있다.

선택

30장 부록 : 두 가지 이자율 모형의 일관성
대부자금모형(장기적 논의)과 유동성 선호 접근법(단기적 논의)이 모두 가치 있는 접근법인 이유를 설명한다.

핵심

31. 인플레이션, 디스인플레이션, 디플레이션
인플레이션의 원인과 결과, 디플레이션이 경제에 부담시키는 큰 비용, 디스인플레이션이 경제를 유동성 함정에 빠뜨릴 위험 등을 다룬다.

선택

32. 거시경제학 : 사건과 아이디어
변화하는 정책 관심과 거시경제 논쟁의 현 상태의 틀 속에서 거시경제학설사에 대한 독특한 개관을 제공한다.

33. 국제 거시경제학
국제수지 계정, 외환시장 및 환율과 같은 국제 거시경제학의 기본 주제를 다룬다.

요약 차례

제1부   경제학이란 무엇인가
서 론   성장과 발견을 위한 엔진 1
제1장   제1원칙 7
제2장   경제모형 : 상충관계와 무역 29
제2장 부록 경제학과 그래프 55

제2부   공급과 수요
제3장   공급과 수요 71
제4장   소비자잉여와 생산자잉여 107
제5장   가격규제와 수량규제 : 시장에 대한 간섭 137
제6장   탄력성 169

제3부   개인과 시장
제7장   조세 195
제8장   국제무역 229

제4부   경제학과 선택
제9장   개인과 기업의 결정 261
제9장 부록 시간이 포함된 결정을 내리는 방법 : 현재가치의 이해 291

제5부   소비자
제10장   합리적인 소비자 295
제10장 부록 소비자 선호와 소비자 선택 317

제6부   생산의 결정
제11장   공급곡선의 이면 : 투입과 비용 343
제12장   완전경쟁과 공급곡선 373
제13장   독점 403

제7부   시장구조 : 완전경쟁을 넘어서
제14장   과점 443
제15장   독점적 경쟁과 제품차별화 471

제8부   미시경제학과 공공정책
제16장   외부효과 493
제17장   공공재와 공유자원 521
제18장   복지국가의 경제학 545

제9부   요소시장과 위험 관리
제19장   생산요소시장과 소득분배 575
제19장 부록 노동공급의 무차별곡선 분석 605
제20장   불확실성, 위험 및 사적 정보 611

제10부   거시경제학 소개
제21장   거시경제학의 개관 639
제22장   GDP와 CPI : 거시경제의 측정 659
제23장   실업과 인플레이션 685

제11부   장기 경제성장
제24장   장기 경제성장 715
제25장   저축, 투자지출과 금융시스템 749

제12부   단기 경기변동
제26장   소득과 지출 787
제26장 부록 산술적으로 승수 도출하기 819
제27장   총수요와 총공급 821

제13부   안정화 정책
제28장   재정정책 857
제28장 부록 조세와 승수 889
제29장   화폐, 은행과 연방준비제도 891
제30장   통화정책 929
제30장 부록 두 가지 이자율 모형의 일관성 957
제31장   인플레이션, 디스인플레이션, 디플레이션 961

제14부   사건과 아이디어
제32장   거시경제학 : 사건과 아이디어 991

제15부   국제경제
제33장   국제 거시경제학 1013

차례

 **제1부** **경제학이란 무엇인가**

서론 │ 성장과 발견을 위한 엔진

메가시티의 하루 1
보이지 않는 손 2
나의 편익, 너의 비용 3
호황기와 불황기 3
발전과 성장 4
발견을 위한 엔진 4

제1장 │ 제1원칙

공통점 7
개인적 선택을 설명하는 원칙 : 경제학의 핵심 8
　원칙 1 : 자원이 희소하기 때문에 선택이 필요하다 8
　원칙 2 : 무언가의 진정한 비용은 그것의 기회비용이다 9
　원칙 3 : '얼마나 많이'는 한계에서의 결정이다 10
　원칙 4 : 사람들은 주로 인센티브에 반응하고, 그들은 자신의
　　편익을 증가시킬 수 있는 기회를 활용한다 11
현실 경제의 이해 　결혼 비용 : 중국의 한 자녀 정책이 수백만 명의
　외로운 독신남을 만든다. 11
상호작용 : 경제가 어떻게 작동하는가 13
　원칙 5 : 교역으로부터의 이익이 존재한다 13
　원칙 6 : 시장은 균형을 향하여 움직인다 14
　원칙 7 : 자원은 사회의 목적을 달성하기 위해 최대한 효율적
　　으로 사용되어야 한다 15
　원칙 8 : 시장은 대부분 효율성을 달성한다. 하지만 그렇지 못
　　할 때 정부의 개입이 사회 후생을 증가시킬 수 있다 17
현실 경제의 이해 　기다려, 그리고 서둘러, 다시 기다려 18
경제 전반의 상호작용 19
　원칙 9 : 한 경제 주체의 지출은 다른 경제 주체의 소득이다 19
　원칙 10 : 경제 전체의 총지출은 그 경제의 생산능력을 벗어나
　　기도 한다. 그렇게 될 때, 정부 정책은 지출을 변화시킬 수
　　있다 20
　원칙 11 : 경제 잠재력의 증가는 시간이 지남에 따라 경제 성

　　장으로 이어진다 21
기업사례 　어떻게 프라이스라인이 여행산업을 혁신화했나? 23

제2장 │ 경제모형 : 상충관계와 무역

키티호크에서 드림라이너까지 29
경제학의 모형 : 중요한 예 30
　상충관계 : 생산가능곡선 31
　비교우위와 교역으로부터의 이익 37
비교우위와 국제무역 40
국제비교 　파자마 공화국 41
거래 : 순환도 41
현실 경제의 이해 　부유한 나라, 가난한 나라 43
모형 사용하기 44
　실증적 경제학과 규범적 경제학 44
경제학자들이 합의하지 못할 때와 그 이유 46
현실 경제의 이해 　경제학자들이 합의할 때 47
기업사례 　효율성, 기회비용, 그리고 절약형 생산 논리 49

제2장 부록 │ 경제학과 그래프

그림 이해하기 55
그래프, 변수, 그리고 경제학적 모형 55
그래프는 어떻게 만들어지는가 55
　두 변수 그래프 55
　그래프에서의 곡선 57
기본 개념 : 곡선의 기울기 58
　직선의 기울기 58
　수평 및 수직곡선과 그 기울기 59
　비선형곡선의 기울기 60
　비선형곡선의 기울기 계산하기 61
　극대점과 극소점 62
곡선 아래 또는 위 영역의 넓이 계산하기 63
수치 정보를 나타내는 그래프 64

수치 그래프의 유형 64

수치 그래프를 해석하는 데 있어서의 문제점 66

제2부 공급과 수요

제3장 | 공급과 수요

천연가스 붐과 불황 71
수요와 공급 : 완전경쟁시장의 모형 72
수요곡선 72
수요계획과 수요곡선 73
수요곡선의 이동 74
국제비교 비싸면 덜 쓴다 74
수요곡선의 이동에 대한 이해 75
현실 경제의 이해 교통난과의 전쟁 81
공급곡선 82
공급계획과 공급곡선 82
공급곡선의 이동 82
공급곡선의 이동에 대한 이해 83
현실 경제의 이해 태양전지의 급격한 가격 하락 87
수요, 공급, 그리고 균형 89
균형가격과 균형거래량 찾기 90
균형 개념을 이용한 시장 설명 92
현실 경제의 이해 입장권의 가격 93
수요와 공급의 변화 94
수요곡선의 변화에 따른 결과 94
공급곡선의 변화에 따른 결과 95
수요곡선과 공급곡선의 동시적인 변화 96
현실 경제의 이해 황금 아보카도! 97
완전경쟁시장 그리고 기타 99
기업사례 수요와 공급에 대한 교훈을 주는 우버 100

제4장 | 소비자잉여와 생산자잉여

교과서 경제학 마스터하기 107
소비자잉여와 수요곡선 108
지불할 용의와 수요곡선 108
지불할 용의와 소비자잉여 108
가격이 변화하면 소비자잉여에 어떠한 영향을 미치는가 111
탐구자를 위하여 삶과 죽음의 문제 113
현실 경제의 이해 페이스북은 정말 무료일까? 114
생산자잉여와 공급곡선 115
비용과 생산자잉여 115

가격이 변화하면 생산자잉여에 어떠한 영향을 미치는가 117
현실 경제의 이해 아이오와 농지의 최고점과 최저점 119
소비자잉여, 생산자잉여, 그리고 교역으로부터의 이익 120
교역으로부터의 이익 120
시장의 효율성 121
공평성과 효율성 124
현실 경제의 이해 제발 열쇠를 받아 주세요 125
시장경제 126
시장이 잘 작동하는 이유 126
몇 가지 주의사항 127
현실 경제의 이해 대약진의 실패 128
기업사례 티켓 가격과 음악계를 장악한 비욘세와 제이지 부부 130

제5장 | 가격규제와 수량규제 : 시장에 대한 간섭

브롱크스 이야기 137
정부가 가격을 조정하는 이유 138
가격상한제 138
가격상한제의 모형화 139
가격상한제가 비효율적인 이유 140
탐구자를 위하여 뭄바이의 집세규제를 받는 백만장자들 143
집세규제의 승자와 패자 144
가격상한제의 존재 이유 145
현실 경제의 이해 베네수엘라의 가격규제가 어떻게 재앙으로
판명되었는가 146
가격하한제 148
국제비교 미국의 매우 낮은 최저임금 148
가격하한제가 비효율적인 이유 150
가격하한제의 존재 이유 153
현실 경제의 이해 무급 인턴의 확대와 축소 153
수량규제 154
수량규제에 대한 자세한 분석 155
수량규제의 비용 158
현실 경제의 이해 알래스카의 게 조업, 쿼터제, 그리고
생명 구조 159
기업사례 시장 교란자가 시장에 의해 교란되다 161

제6장 | 탄력성

바가지 씌우기 169
탄력성의 정의와 측정방법 170
　수요의 가격탄력성 계산하기 170
　탄력성의 중간값 계산법 172
　현실 경제의 이해 탄력성의 추정 173
수요의 가격탄력성의 이해 174
　얼마나 탄력적이어야 탄력적인 것일까? 174
　수요곡선 상에서 변화하는 가격탄력성 179
　수요의 가격탄력성의 결정요인 179
　현실 경제의 이해 수업료에 대한 반응 181

다른 수요 탄력성들 183
　수요의 교차가격탄력성 183
　수요의 소득탄력성 184
국제비교 세계의 예산과 식료품 지출 184
현실 경제의 이해 소비 행태 185
공급의 가격탄력성 186
　공급의 가격탄력성 측정 186
　공급의 가격탄력성의 결정요인 187
현실 경제의 이해 세계적 상품 과잉 생산 188
탄력성 집합 189
기업사례 미국 항공산업 : 적은 비행, 비싼 청구 190

제3부 개인과 시장

제7장 | 조세

조세 창시자 195
조세의 경제학 : 들어가기 196
　소비세가 수량과 가격에 미치는 영향 196
　가격탄력성과 조세의 귀착 199
현실 경제의 이해 누가 FICA를 위해 일하는가? 201
조세의 이득과 비용 203
　소비세의 세입 203
　세율과 세입 204
탐구자를 위하여 프랑스 세율과 래퍼 곡선 206
　조세 비용 206
　탄력성과 조세의 자중손실 210
현실 경제의 이해 말보로 맨에게 조세 부과하기 211
조세의 공정성과 효율선 213
　조세의 공정성에 관한 두 가지 원칙 213
　공평성 대 효율성 214
현실 경제의 이해 연방 조세의 철학 214
조세제도의 이해 216
　과세표준과 과세구조 216
　공평성, 효율성 그리고 누진세제 217
　미국의 조세 217
　조세별 원칙 219
국제비교 세금을 많이 내고 있다고 생각하세요? 219
탐구자를 위하여 소득에 대한 조세와 소비에 대한 조세 219
현실 경제의 이해 주 세금 선택 220
기업사례 환영할 만한 세금 인상 : 마이크로소프트, 내부 탄소세
　　인상 222

제8장 | 국제무역

어디서나 스마트폰 229
비교우위와 국제무역 230
　생산가능성과 비교우위 : 복습 231
　국제무역으로부터의 이득 233
　비교우위와 절대우위 235
　비교우위의 오해로부터 발생하는 대중적 오류 235
국제비교 세계의 생산성과 임금 236
　비교우위의 원인 236
탐구자를 위하여 규모의 효과가 국제무역에 미치는 영향 238
현실 경제의 이해 홍콩 셔츠의 몰락 239
수요, 공급과 국제무역 240
　수입의 영향 240
　수출의 영향 242
　국제무역과 임금 244
현실 경제의 이해 중국 충격 245
보호무역의 효과 246
　관세의 효과 247
　수입할당제의 효과 249
현실 경제의 이해 2018~2019 철강 관세 249
보호무역의 정치경제 250
　보호무역의 논리 251
　보호무역의 정치학 251
　국제무역협정과 세계무역기구 252
　국제화에 대한 도전 253
현실 경제의 이해 무역 전쟁의 이점 254
기업사례 리&펑 : 광저우로부터 여러분께 256

제4부 경제학과 선택

제9장 | 개인과 기업의 결정

호경기와 불경기 때의 결정 261

비용, 편익 및 이윤 262
　명시적 비용과 암묵적 비용 262

회계상의 이윤과 경제학적 이윤 263
　'양자택일'의 결정 265
　현실 경제의 이해 에어비앤비와 사생활 비용의 상승 266

'수량 선택'의 결정 : 한계분석의 역할 267
　한계비용 267
　한계편익 269
　한계분석 270
　국제비교 각국의 주택 크기 273
　원리의 다양한 용도 273
　맛보기 : 소비 결정은 어떻게 다른가? 273
　현실 경제의 이해 생명의 비용 274

매몰비용 275
　현실 경제의 이해 생명공학 : 세계에서 가장 큰 패자 276

행동경제학 277
　합리적인 동시에 인간적인 277
　비합리성 : 경제학자의 견해 278

탐구자를 위하여 '딸랑 우편'의 슬픈 이야기 279
　비합리적인 사람들에 대한 합리적인 모형? 282
　현실 경제의 이해 엄격한 마감 기한에 대한 찬사 282
　기업사례 JC 페니의 단일가격 전략이 고객을 화나게 하다 284

제9장 부록 시간이 포함된 결정을 내리는 방법 : 현재가치의 이해

1년 사업의 현재가치 계산 291
다년 사업의 현재가치 계산 292
수입과 비용이 발생하는 사업의 현재가치 293

 **제5부 소비자**

제10장 | 합리적인 소비자

절대적인 마지막 한 입 295

효용 : 만족의 성취 296
　효용과 소비 296
　한계효용체감의 법칙 297
　현실 경제의 이해 연어가 사치품? 경우에 따라 298

예산과 최적 소비 299
　예산제약과 예산선 299
　최적 소비의 선택 301

탐구자를 위하여 예산제약에 대한 고찰 303
　현실 경제의 이해 향신료 열풍 303

한계화폐의 지출 304
　화폐 한 단위의 한계효용 304
　최적 소비 306
　현실 경제의 이해 돈 내고 유혹 벗어나기 307

효용에서 수요곡선으로 308
　한계효용, 대체효과, 그리고 수요의 법칙 308
　소득효과 309
　현실 경제의 이해 저유가와 소비충동 310
　기업사례 불가능을 넘어 : 맥도날드와 버거킹의 소고기 없는 전쟁 312

제10장 부록 소비자 선호와 소비자 선택

효용함수를 나타내는 지도 317
　무차별곡선 317
　무차별곡선의 성질 320

무차별곡선과 소비자 선택 321
　한계대체율 322
　접선조건 325
　예산선의 기울기 326
　가격과 한계대체율 327
　선호와 선택 329

무차별곡선의 응용 : 대체재와 보완재 330
　완전대체재 330
　완전보완재 332
　덜 극단적인 경우 332

가격, 소득 및 수요 333
　가격 상승의 효과 333
　소득과 소비 334
　소득효과와 대체효과 337

제6부 생산의 결정

제11장 | 공급곡선의 이면 : 투입과 비용

농부의 선택 343
생산함수 344
  투입과 산출 344
국제비교 세계의 밀 수확량 346
  생산함수에서 비용곡선으로 347
현실 경제의 이해 최적의 팀 규모 찾기 350
두 가지 주요 개념 : 한계비용과 평균비용 351
  한계비용 351
  평균총비용 353
  최소 평균총비용 356
  한계비용곡선은 항상 상승할까 357
현실 경제의 이해 스마트 그리드 경제학 358
단기와 장기 359
  규모에 대한 수익 363
  비용의 요약 : 단기와 장기 364
현실 경제의 이해 고정비용을 감소시키는 공유경제 364
기업사례 아마존의 기계화 366

제12장 | 완전경쟁과 공급곡선

현관 장식 373
완전경쟁 374
  완전경쟁의 정의 374
  완전경쟁의 두 가지 필요조건 375
탐구자를 위하여 표준화된 제품이란? 375
  자유로운 진입과 퇴출 376
현실 경제의 이해 시언에 대한 보상의 시한 376
생산과 이윤 377
  한계분석을 사용하여 이윤이 최대가 되는 산출량
    선택하기 378
  생산하는 것이 이익이 되는 것은 언제일까? 380
  단기의 생산량 결정 384
  고정비용의 변화 386
  요약 : 완전경쟁기업의 수익성 조건과 생산 조건 387
현실 경제의 이해 농부들은 방법을 안다 388
산업공급곡선 389
  단기 산업공급곡선 389
  장기 산업공급곡선 389
  장기균형에서의 생산비용과 효율성 394
현실 경제의 이해 세계적인 돼지고기 부족으로 타격받은 중국
    식당 395
기업사례 소매 전쟁 : 아마존 시대의 대형 할인점 397

제13장 | 독점

"다이아몬드처럼 밝게 빛나라" 403
시장구조의 유형 404
독점의 의미 405
  독점 : 완전경쟁으로부터의 첫 이탈 405
  독점기업의 행동 405
  독점기업이 존재하는 이유 407
국제비교 미국의 의약품 가격이 높은 이유? 410
현실 경제의 이해 유사 독점 : 중국과 희토류 시장 410
독점기업은 어떻게 이윤을 극대화하는가 411
  독점기업의 수요곡선과 한계수입 412
  독점기업의 이윤극대 산출량과 가격 415
  독점과 완전경쟁 415
  독점 : 일반적 분석 417
현실 경제의 이해 높은 전기 요금의 충격 418
독점과 공공정책 419
  독점의 후생효과 419
  독점에 대한 해결책 421
  자연독점의 해결 421
새로운 세대의 시장지배력 424
  새로운 세대의 시장지배력과 독점 424
  새로운 세대의 시장지배력과 수요독점 425
  새로운 세대의 시장지배력을 다룰 정책들 426
현실 경제의 이해 미국의 반독점 정책 입안자들은 디지털 시대에
    뒤떨어져 있는가? 426
가격차별 428
  가격차별의 논리 429
  가격차별과 탄력성 430
  완전가격차별 431
기업사례 아마존과 아셰트가 전쟁에 들어가다 435

제7부 │ 시장구조: 완전경쟁을 넘어서

제14장 │ 과점

규제당국에 의해 펑크 난 브리지스톤 타이어 443
과점의 광범위성 444
현실 경제의 이해 과점인가? 아닌가? 445
과점의 이해 446
 복점의 예 446
 담합과 경쟁 447
현실 경제의 이해 초콜릿 생산자에 대한 기소가 녹아내리다 449
과점기업의 게임 450
 수감자의 딜레마 450
탐구자를 위하여 군비경쟁의 포로와 냉전의 재발 453
 수감자의 딜레마의 해결책 : 반복 접촉과 암묵적 담합 453
현실 경제의 이해 카르텔의 흥망성쇠 : OPEC이 미국 셰일 오일로
         인해 미끄러지다 455
과점의 실태 457
 법 제도 457
국제비교 미국과 유럽연합 : 반독점 규제에 대한 대조적인
         제도 458
 암묵적 담합과 가격전쟁 459
 제품차별화와 가격선도 460
 과점의 중요성 461
현실 경제의 이해 크리스마스의 가격전쟁 : 아마존과 월마트가
         한판 붙다 462
기업사례 버진 애틀랜틱이 자백하다…아니면 실수하다? 464

제15장 │ 독점적 경쟁과 제품차별화

미국의 푸드 코트 471
독점적 경쟁의 의미 472
 다수의 기업 472
 차별화된 제품 472
 장기적으로 자유로운 진입과 퇴출 473
 독점적 경쟁 : 요약 473
제품차별화 473
 모양이나 유형에 따른 차별화 473
 장소에 따른 차별화 474
 품질에 따른 차별화 474
 제품차별화 : 요약 474
현실 경제의 이해 풍성함! 475
독점적 경쟁의 이해 476
 단기에서의 독점적 경쟁 476
 장기에서의 독점적 경쟁 477
현실 경제의 이해 앱스토어의 히트작과 실패작 480
독점적 경쟁과 완전경쟁 481
 가격, 한계비용 및 평균총비용 481
 독점적 경쟁은 비효율적인가? 482
제품차별화에 관한 논쟁 483
 광고의 역할 483
 유명상표 485
현실 경제의 이해 냄새로 소비자를 이끄는 향수 산업 486
기업사례 해리스와 달러 셰이브 클럽이 쉬크와 질레트의 이윤을
         훔치다 488

제8부 미시경제학과 공공정책

제16장 │ 외부효과

발밑의 문제 493
외부효과의 이해 494
탐구자를 위하여 산만한 마음으로 운전하기 494
 부정적 외부효과의 경제학 : 오염 495
 오염의 비용과 편익 495
 시장경제에서 오염이 과다한 이유 496
 외부효과의 사적 해결 498
현실 경제의 이해 실제 전기료는 얼마인가? 498

정부정책과 오염 499
 환경기준 500
 배출세 500
국제비교 6개국의 경제성장과 온실가스 501
 양도 가능한 배출허가권 502
 환경정책의 비교 예시 503
현실 경제의 이해 상한과 거래 505
기후 변화의 경제학 506
 기후 변화의 원인 506
 기후 변화를 다룰 정책 507

기후 변화 완화의 비용과 편익 508

현실 경제의 이해 3,500명 이상의 경제학자들이 온실가스
　　　　배출세에 찬성하다 509

긍정적 외부효과의 경제학 509

농지 보존 : 긍정적 외부효과 510

요즘 경제에서의 긍정적 외부효과 511

현실 경제의 이해 조기 유아 교육에 관한 완벽한 경제적 논리 512

네트워크 외부효과 512

네트워크 외부효과의 외부편익 513

현실 경제의 이해 마이크로소프트 사건 514

기업사례 엑셀 에너지, 원윈을 노리다 516

제17장 | 공공재와 공유자원

대악취 사건 521

사유재와 사유재가 아닌 재화 522

재화의 특성 522

사유재만이 시장에서 효율적으로 공급되는 이유 523

현실 경제의 이해 대혼란에서 르네상스로 524

공공재 525

공공재의 공급 525

공공재는 얼마나 공급되어야 할까? 526

탐구자를 위하여 공공재로서의 투표 527

국제비교 공공재로서의 투표 : 세계의 모습 529

비용편익분석 530

현실 경제의 이해 미국의 기반시설, 평점 D+를 받다 530

공유자원 532

남용의 문제 532

공유자원의 효율적 이용과 보존 533

탐구자를 위하여 비옥한 농지가 사막으로 변할 때 534

현실 경제의 이해 ITQ로 대양을 구하다 534

인위적으로 희소한 재화 535

현실 경제의 이해 21세기의 해적행위 537

기업사례 '야수'의 보존 : 생태관광이 브라질의 표범을
　　　　보호하다 539

제18장 | 복지국가의 경제학

정부의 복지 지원 545

빈곤, 불평등 그리고 공공정책 546

복지국가의 논리 546

빈곤의 문제 547

빈곤의 추세 547

빈곤층은 누구인가? 548

빈곤의 원인은 무엇인가? 549

빈곤의 결과 549

경제적 불평등 550

평균 대 중간 가구 소득 550

불평등의 국제 비교 551

불평등은 언제 문제가 되는가? 552

경제적 불안정 552

국제비교 부유한 국가에서의 국제비교 소득, 재분배 그리고
　　　　불평등 553

현실 경제의 이해 미국 소득 불평등의 장기 추세 553

복지국가로서의 미국 556

자산조사형 제도 556

사회보장제도와 실업보험 557

복지정책이 빈곤과 불평등에 미치는 영향 558

현실 경제의 이해 2007~2010 대후퇴 시의 복지국가 정책과
　　　　빈곤율 558

의료보조제도의 경제학 559

의료보조에 대한 필요성 560

다른 국가의 의료보조제도 561

ACA(오바마 케어) 563

ACA 효과 564

현실 경제의 이해 메디케이드의 역할 564

복지국가에 대한 논쟁 566

복지국가의 문제점 566

복지국가의 정치 567

현실 경제의 이해 그다지 우울하지 않은 덴마크인들? 567

기업사례 미국의 기업가 정신은 ACA에 대한 위협에서 살아남을
　　　　수 있을까? 569

요소시장과 위험 관리

제19장 | 생산요소시장과 소득분배

학위의 가치 575

한 경제의 생산요소 576

생산요소 576

요소가격의 중요성 : 자원의 배분 576

요소소득과 소득분배 576

탐구자를 위하여 산업혁명 기간의 요소별 소득분배와 사회 변화 577

현실 경제의 이해 미국의 요소별 소득분배 577
한계생산성과 요소에 대한 수요 578
한계생산물의 가치 578
한계생산가치와 요소수요 580
요소수요곡선의 이동 582
요소시장의 균형 584
토지와 자본시장 585
한계생산성 소득분배이론 586
현실 경제의 이해 플렉스 사원 모집! 587
한계생산성 소득분배이론이 과연 사실일까? 588
현실에서의 임금격차 589
임금 불평등과 한계생산성 590
시장지배력 592
효율임금 592
차별 593
탐구자를 위하여 독일에서 노동자가 일하는 방식 593
한계생산성이론은 유효한가? 594
현실 경제의 이해 한계생산성과 최저임금 수수께끼 594
노동의 공급 595
노동과 여가 595
임금과 노동공급 596
노동공급곡선의 이동 598
국제비교 너무 일한 미국인? 598
현실 경제의 이해 현실의 미국 가정주부 599
기업사례 월마트가 노동 관행을 개혁하다 601

제19장 부록 **노동공급의 무차별곡선 분석**

시간배분 예산선 605
임금률 상승의 효과 606
무차별곡선 분석 608

제20장 | 불확실성, 위험 및 사적 정보

극단적인 기상 611
위험기피의 경제학 612
기댓값과 불확실성 612
위험기피의 논리 613
탐구자를 위하여 도박의 역설 617
위험회피의 대가 617
현실 경제의 이해 품질보증 618
위험의 매매와 축소 619
위험의 거래 619
위험 없애기 : 분산투자의 위력 622
탐구자를 위하여 떨치기 어려운 감정들 625
분산투자의 한계 625
현실 경제의 이해 로이드사의 위기 626
사적 정보 : 모르는 게 독이 될 수 있다 627
역선택 : 불량품의 경제학 628
도덕적 해이 629
현실 경제의 이해 가맹점 주인이 더 노력한다 631
기업사례 PURE : 허리케인을 이겨낸 보험회사 633

 **제10부 거시경제학 소개**

제21장 | 거시경제학의 개관

그리스의 비극 639
거시경제학의 본질 640
거시경제학적 질문 640
거시경제학 : 전체는 부분의 합보다 크다 640
거시경제학 : 이론과 정책 641
현실 경제의 이해 경기침체 막기 642
경기순환 643
경기순환 도표 그리기 643
경기후퇴의 고통 645
경기순환 길들이기 645

탐구자를 위하여 경기후퇴와 경기팽창의 정의 646
국제비교 이곳저곳의 경기후퇴 647
현실 경제의 이해 브라질의 불경기 647
장기 경제성장 648
현실 경제의 이해 두 국가 이야기 649
인플레이션과 디플레이션 650
인플레이션과 디플레이션의 원인 650
인플레이션과 디플레이션의 고통 651
현실 경제의 이해 신속한 인플레이션 지표 651
국제 불균형 652
현실 경제의 이해 그리스의 값비싼 흑자 653
기업사례 GM이 살아남다 655

제22장 | GDP와 CPI : 거시경제의 측정

중국, 대성공을 거두다 659
국민계정 660
  화폐 흐름 따라가기 : 확장된 순환도 660
  국내총생산 661
  국내총생산의 계산 662
탐구자를 위하여 추산되는 우리 인생 664
  국내총생산이 의미하는 것 667
실질 국내총생산 : 총생산의 척도 668
  실질 국내총생산의 계산 668
  실질 국내총생산이 측정하지 않는 것 670
국제비교 GDP와 삶의 의미 670
현실 경제의 이해 아르헨티나 페소로 인한 당혹 671
물가지수와 총물가수준 672
  시장바구니와 물가지수 672
  소비자물가지수 673
  다른 물가지수 675
현실 경제의 이해 소비자물가지수 연동제도 676
기업사례 인플레이션 예보에 대해 값 치르기 678

제23장 | 실업과 인플레이션

2011년의 대실수 685
실업률 686
  실업의 정의와 측정 686
  실업률의 유의성 687
  성장과 실업 689
현실 경제의 이해 기회가 문을 두드리다 691
자연실업률 692
  일자리의 파괴와 창조 692
  마찰적 실업 693
  구조적 실업 694
  자연실업률 698
  자연실업률의 변화 698
현실 경제의 이해 작업 안 하는 중 700
인플레이션과 디플레이션 701
  물가수준은 중요하지 않으나… 701
  …물가의 변화율은 중요하다 702
  인플레이션으로부터의 승자와 패자 705
  인플레이션은 쉽고, 디스인플레이션은 어렵다 706
현실 경제의 이해 이스라엘의 인플레이션 경험 707
기업사례 태스크래빗 709

제11부   장기 경제성장

제24장 | 장기 경제성장

번영의 스모그 715
시간과 공간에 따른 경제의 비교 716
  1인당 실질 국내총생신 716
  경제성장률 718
현실 경제의 이해 방글라데시의 경제적 돌파 719
장기 성장의 원천 720
  생산성이 중요한 이유 720
  생산성 향상의 요인 721
  성장회계 : 총생산함수 722
  자연자원은 어떤 영향을 미칠까? 726
현실 경제의 이해 생산성 역설의 부상, 몰락, 귀환 726
성장률에 차이가 나는 이유 728
  성장률 차이 설명하기 728
  경제성장을 촉진시키기 위한 정부의 역할 730
현실 경제의 이해 도대체 이탈리아는 무슨 문제가 있는 걸까? 732
성공, 실망과 실패 733
  동아시아의 기적 733
  라틴아메리카의 실망 734
  아프리카의 고난과 희망 735
  성장에서 뒤처짐? 736
국제비교 부유한 국가의 뒤처지는 지역들 736
현실 경제의 이해 세계의 승자와 패자 738
세계의 경제성장은 지속가능한가 739
  자연자원과 성장에 대한 재론 739
  경제성장과 환경 740
현실 경제의 이해 중국의 공해와의 전쟁 742
기업사례 바코드 올리기 743

제25장 | 저축, 투자지출과 금융시스템

숨겨진 제국을 위한 지출 749
저축과 투자지출 짝 짓기 750
  저축-투자지출 항등관계 750
  대부자금시장 754

탐구자를 위하여 현재가치 이용하기 756
현실 경제의 이해 세 세대에 걸친 미국의 이자율 764
금융시스템 766
　금융시스템의 세 가지 과제 767
　자산의 종류 768
　금융중개기관 770
국제비교 채권 대 은행 772
현실 경제의 이해 은행, 성공과 남미 773
금융 변동 774

주식에 대한 수요 774
탐구자를 위하여 다우존스, 지금은 어때요? 775
　다른 자산에 대한 수요 775
　자산가격에 대한 기대 776
탐구자를 위하여 행동재무론 777
　자산가격과 거시경제학 778
현실 경제의 이해 주택담보 대출 채무불이행의 증가와 감소 779
기업사례 그라민 은행 : 빈곤에 대응하는 은행업 781

제12부 단기 경기변동

제26장 | 소득과 지출

스페인의 쇼핑몰들이 고통을 피했다 787
승수 : 비공식적인 소개 788
현실 경제의 이해 셰일로 그리고 이전으로 790
소비지출 791
　현재의 가처분소득과 소비지출 791
　총소비함수의 이동 794
현실 경제의 이해 유명한 첫 예측 실패 사례 797
투자지출 798
　1. 이자율과 투자지출 799
　2. 예상되는 미래 실질 국내총생산, 생산능력과 투자지출 800
　3. 재고와 계획되지 않은 투자지출 800
현실 경제의 이해 대후퇴 중의 기업 투자 802
소득－지출 모형 803
　계획된 총지출과 실질 국내총생산 803
　소득－지출 균형 805
　재고 조정과 승수 과정 807
　수출과 수입은? 810
현실 경제의 이해 재고와 경기후퇴의 종료 811
기업사례 미국을 위해 좋은 것은 GM을 위해서도 좋다 813

제26장 부록 산술적으로 승수 도출하기

제27장 | 총수요와 총공급

다른 세대, 다른 정책 821
총수요 822
　총수요곡선이 우하향하는 이유 823
　총수요곡선과 소득－지출 모형 824
　총수요곡선의 이동 826
　정부정책과 총수요 828
현실 경제의 이해 총수요곡선 상의 이동, 1979~1980년 830
총공급 830
　단기 총공급곡선 831
탐구자를 위하여 진정으로 신축적인 것과 경직적인 것 833
　단기 총공급곡선의 이동 833
　장기 총공급곡선 835
　단기에서 장기로 837
현실 경제의 이해 대후퇴 기간 중의 임금 경직성 839
총수요－총공급 모형 841
　단기 거시경제 균형 841
　총수요의 이동 : 단기적 효과 842
　단기 총공급곡선의 이동 843
　장기 거시경제 균형 844
탐구자를 위하여 디플레이션은 어디로 갔나? 846
현실 경제의 이해 현실에서의 공급충격과 수요충격 847
거시경제정책 848
탐구자를 위하여 케인즈와 장기 849
　수요충격에 대한 정책 849
　공급충격에 대한 대응 850
현실 경제의 이해 경기안정정책은 경기를 안정시킬 수 있나? 851
기업사례 토요타가 움직이다 852

 **안정화 정책**

제28장 | 재정정책

경기후퇴에 대적하기 위한 지출 857
재정정책의 기초 858
　조세, 재화와 서비스 구매, 정부 이전지출 그리고 차입 858
　정부예산과 정부지출 859
　확장적 재정정책과 긴축적 재정정책 860
　확장적 재정정책은 실제로 작동할 수 있나? 862
　주의해야 할 것 : 재정정책의 시차 863
현실 경제의 이해 　두 가지 부양책 이야기 864
재정정책과 승수 865
　정부의 재화와 서비스 구매 증가의 승수효과 866
　정부 이전지출과 조세 변화의 승수효과 866
　조세가 승수에 미치는 영향 867
현실 경제의 이해 　내핍과 승수 869
재정수지 870
　재정정책의 척도로서의 재정수지 870
　경기순환과 순환조정된 재정수지 871
　재정수지는 균형을 이루어야만 하는가? 873
현실 경제의 이해 　경기후퇴 중에 균형재정 달성하기 874
재정정책의 장기적 영향 875
　적자, 흑자와 부채 876
　정부부채 증가가 제기하는 문제 876
국제비교 　미국식 부채 877
　현실에서의 재정적자와 정부부채 878
탐구자를 위하여 　제2차 세계대전으로 인한 정부부채는 어떻게
　　　　　　　　　해소되었는가? 879
　암묵적 부채 879
현실 경제의 이해 　누가 부채 소용돌이를 두려워하나? 881
기업사례 　태양이 뜬다 883

제28장 부록 　조세와 승수 889

제29장 | 화폐, 은행과 연방준비제도

그다지 우스꽝스럽지 않은 화폐 891
화폐의 의미 892
　화폐란 무엇인가? 892
　화폐의 역할 893
국제비교 　각국의 현금 893
　화폐의 종류 894

　화폐공급의 측정 896
탐구자를 위하여 　벤자민에 관한 모든 것 897
현실 경제의 이해 　달러의 역사 897
화폐공급에서 은행의 역할 898
　은행이 하는 일 899
　예금인출사태의 문제 900
　은행 규제 901
현실 경제의 이해 　훌륭한 은행 제도 902
화폐공급의 결정 903
　은행은 어떻게 화폐를 창조하는가 903
　지불준비금, 예금과 화폐승수 905
　현실에서의 화폐승수 906
현실 경제의 이해 　화폐공급 감소의 승수 과정 908
연방준비제도 908
　연방준비제도의 구조 909
　연방준비제도의 역할 : 지불준비 요구와 재할인율 설정 910
　공개시장 조작 911
탐구자를 위하여 　누가 연준이 보유한 자산에 대한 이자를
　　　　　　　　　받아 가는가? 912
　유럽중앙은행 913
현실 경제의 이해 　연준의 대차대조표 : 정상과 비정상 913
미국 은행시스템의 진화 915
　20세기 전환점에서 미국 은행업의 위기 915
　은행위기에 대한 반응 : 연방준비제도의 창설 916
　1980년대의 저축대부조합 위기 917
　미래로 되돌아가기 : 2008년의 금융위기 918
　그림자금융과 그 취약성 918
현실 경제의 이해 　2008년 위기 이후의 금융 규제 921
기업사례 　완벽한 선물 : 현금 또는 기프트 카드? 923

제30장 | 통화정책

정부에서 가장 힘센 사람 929
화폐수요 930
　화폐 보유의 기회비용 930
　화폐수요곡선 932
　화폐수요곡선의 이동 933
현실 경제의 이해 　엔화는 현금으로 934
화폐와 이자율 935
　균형이자율 935
　두 가지 이자율 모형? 937

　　통화정책과 이자율 937

　　장기이자율 939

현실 경제의 이해 내려가는 계단 올라가기 940

통화정책과 총수요 941

　　확장적 통화정책과 긴축적 통화정책 941

　　실제의 통화정책 942

　　통화정책을 정하기 위한 테일러 준칙 943

국제비교 인플레이션 목표 944

　　인플레이션 목표제 944

　　영의 하한의 문제 945

현실 경제의 이해 연준은 원하는 것을 이룰 수 있다 946

장기에서의 화폐, 총생산과 물가 947

　　화폐공급 증가의 단기 및 장기 효과 948

　　화폐의 중립성 949

　　장기에서의 화폐공급 변화와 이자율 949

현실 경제의 이해 화폐의 중립성에 대한 국제적 증거 950

기업사례 페이팔에 돈 보관하기 952

제30장 부록 **두 가지 이자율 모형의 일관성**

단기에서의 이자율 957

장기에서의 이자율 958

제31장 | **인플레이션, 디스인플레이션,
　　　　 디플레이션**

그것과 90만 볼리바르로 커피 한 잔을 살 수 있다 961

화폐와 인플레이션 962

　　화폐와 물가에 대한 고전학파 모형 962

　　인플레이션세 964

　　초인플레이션의 논리 965

현실 경제의 이해 베네수엘라 인플레이션 뒷이야기 967

완만한 인플레이션과 디스인플레이션 968

　　총생산 갭과 실업률 968

탐구자를 위하여 오쿤의 법칙 970

　　단기 필립스곡선 971

탐구자를 위하여 총공급곡선과 단기 필립스곡선 972

　　인플레이션 기대와 단기 필립스곡선 973

현실 경제의 이해 스페인의 쥐어짜기 976

장기에서의 인플레이션과 실업 977

　　장기 필립스곡선 977

　　자연실업률 재방문 978

국제비교 세계 각국의 디스인플레이션 979

　　디스인플레이션의 비용 979

현실 경제의 이해 1980년대의 대(大)디스인플레이션 980

디플레이션 981

　　부채 디플레이션 981

　　예상된 디플레이션의 영향 982

현실 경제의 이해 유럽이 일본처럼 될까? 984

기업사례 사업 기회로서의 초인플레이션 986

제14부　사건과 아이디어

제32장 | **거시경제학 : 사건과 아이디어**

적자에 대한 지지 991

고전학파 거시경제학 992

　　화폐와 물가 992

　　경기순환 992

대공황과 케인즈 혁명 993

　　케인즈의 이론 993

탐구자를 위하여 케인즈의 정치사상 995

　　경기후퇴에 대응하기 위한 정책 995

현실 경제의 이해 대공황의 종식 996

케인즈학파 경제학에 대한 도전 997

　　통화정책의 재기 997

　　통화주의 998

　　거시경제정책의 한계 : 인플레이션과 자연실업률 999

　　합리적 기대와 새 고전학파 거시경제학 1000

탐구자를 위하여 공급경제학 1000

　　정치적 경기순환 1001

현실 경제의 이해 연준이 대공황을 초래했나? 1002

대완화로부터 장기 침체까지 1003

　　통화정책의 한계 1004

　　재정정책의 부활 1005

　　저금리 세상에서의 정책 1006

현실 경제의 이해 부채에 대한 두려움, 내핍, 미국의 경기회복 1007

 **제15부 국제경제**

제33장 | 국제 거시경제학

스위스는 당신의 돈을 원하지 않는다 1013
자본흐름과 국제수지 1014
　국제수지 계정 1014
탐구자를 위하여 GDP, GNP, 그리고 경상수지 1016
　금융수지의 모형화 1018
국제비교 대규모 흑자 1019
　국제 자본흐름의 결정요인 1019
　양방향 자본흐름 1020
현실 경제의 이해 레프러콘 경제학 1021
환율의 역할 1022
　환율의 이해 1022
　균형환율 1023
　인플레이션과 실질환율 1026

　구매력 평가 1027
탐구자를 위하여 햄버거 경제학 1028
현실 경제의 이해 강한 달러의 비애 1029
환율정책 1030
　환율제도 1030
　어떻게 환율이 고정될 수 있을까? 1031
　환율제도 딜레마 1032
탐구자를 위하여 브레튼 우즈에서 유로화에 이르기까지 1033
현실 경제의 이해 중국이 위안화를 고정시키다 1034
환율과 거시경제정책 1035
　고정환율의 평가절하와 평가절상 1035
　변동환율제도에서의 통화정책 1036
　국제 경기순환 1037
현실 경제의 이해 문제를 해결할 수 있었던 조그만 화폐 1038
기업사례 스페인에서 제조된 독일 자동차 1040

■ 이해돕기 풀이 1045
■ 찾아보기 1095

크루그먼의 _{제6판} 경제학

서론 : 성장과 발견을 위한 엔진

🌏 메가시티의 하루

런던, 뉴욕, 도쿄는 공통점을 지니고 있다. 이 세 도시 모두 수천만의 인구와 넓은 영역으로 구성된 거대한 대도시 복합체인 메가시티라는 점이다. 대부분의 사람들은 이 세 도시는 익숙하지만 세계에서 가장 큰 메가시티가 어디인지는 잘 모른다. 세계 최대 메가시티는 바로 중국의 주강 삼각주(Pearl River Delta, PRD)라고 알려진 광활한 도시 복합체이다. 매릴랜드 주와 비슷한 크기인 주강 삼각주에

30년 전 중국은 후진적 경제를 가진 매우 가난한 국가였다. 지금은 세계시장에 정교한 재화를 생산하여 많은 국민들에게 비교적 안락한 생활을 할 수 있는 소득을 허용한다.

는 5,500만 명이 살고 있다.

이 많은 사람들이 어떤 일을 할까? 상당수의 사람들이 세계시장에 납품되는 제품, 특히 전자제품 생산 관련 직종에 종사하고 있다. 거의 대부분의 스마트폰, 태블릿, 컴퓨터에는 주강 삼각주에서 생산된 전자부품이 내장되어 있다. 그런데 이 메가시티의 거주민들은 생산자인 동시에 소비자이다. 주강 삼각주 노동자의 평균 임금은 미국 기준으로는 낮지만 전체적인 임금과 수입은 충분히 높아서 부부가 운영하는 작은 동네가게부터 비싼 사치품을 판매하는 가게까지 다양한 소매 부문을 감당할 수 있다.

그러나 그리 멀지 않은 과거에는 주강 삼각주나 그곳이 품고 있는 지금의 경제 역동성 따위는 찾아볼 수 없었다. 1980년만 해도 8억 명의 중국인들이 하루에 1.5달러 이하로 연명하였다. 평균적인 중국인은 어느 정도 충분히 먹고 지붕 있는 집에서 생활할 수 있었지만, 그 이상은 어려웠다. 실제로 1세기 이전과 비교하여 삶의 질이 그렇게 향상되지는 않았었다. 그리고 지금은 '뒤로의 대약진'으로 알려진 1959년부터 1961년 사이에 중국 정부의 경제에 대한 심각한 무지로 인해 수백만 명의 중국인이 인간이 만들어 낸 기근으로 사망하였다.

하지만 1980년 이후 중국 소득은 실질적으로 20배 이상 치솟았으며, 빈곤율(하루에 1.9달러 이하로 살아가는 사람들의 비율)은 1981년 88%였으나 2015년에는 0.2%로 감소하였다. 주강 삼각주의 부상은 지난 몇십 년간의 비참한 빈곤에서 벗어난 수억의 중국인들의 성공신화이다. 인류 역사상 이토록 극적인 발전은 거의 찾아볼 수 없을 정도다.

이 이야기가 눈여겨볼 만하기는 하지만 과거에 이러한 사례가 전혀 없었던 것은 아니다. 1840년부터 1910년까지 영국 노동자들

도 이러한 삶의 질의 향상을 경험했다. 그리고 이러한 성공은 미국에서도 반복되어 현재 우리가 누리는 높은 수준의 번영의 기틀을 마련하였다. 위대한 경제학자 마셜(Alfred Marshall)은 어떻게 영국의 노동자들이 빈곤에서 벗어났는지에 대해 언급하면서 오늘날 중국의 노동자에게도 적용될 수 있는 다음과 같은 사실을 지적했다. "빈곤과 무지가 마침내 사라질 수 있다는 희망은 19세기 내내 일어난 노동자 계급의 지속적인 성장으로 인해 지지를 얻는다."

전에 없던 이러한 사건들은 놀랄 만한 방식으로 우리의 삶을 바꿔 왔다. 우리는 제일 부유한 국가인 미국에서 일류 교육을 받으면서 주강 삼각주에서 생산된 스마트폰과 태블릿과 랩톱을 사용하고 있다.

경제학은 이 모든 일에 대해 무엇을 알려 줄 수 있는가? 생각보다 많다는 것이 밝혀졌다. 수억 명의 사람들을 빈곤으로부터 구한 중대한 변화가 단순하면서도 중요한 경제학 질문들과 연관되어 있음을 이 책을 통해 배우게 될 것이다. 이러한 질문에는 다음과 같은 것들이 포함된다.

- 우리의 경제시스템은 어떻게 작동하는가? 즉 어떻게 재화늘이 제공될 수 있는가?
- 언제 그리고 무엇 때문에 많은 사람들이 비생산적인 행동을 하게끔 경제 체계는 오작동하는가?
- 왜 장기적으로 보았을 때 침체보다 성장이 더 많이 일어났는가? 즉 영국이나 미국과 마찬가지로 중국이 더 부유해진 까닭은 무엇인가?

이러한 질문을 살펴보면서 이 책에서 배울 내용들을 미리 알아보자. ●

경제(economy)는 사회의 생산적 활동을 조정하기 위한 시스템이다.

경제학(economics)은 재화와 서비스의 생산, 분배 그리고 소비를 공부하는 사회과학이다.

시장경제(market economy)는 생산과 소비에 대한 결정이 생산자와 소비자 개인에 의해 이루어지는 경제이다.

‖ 보이지 않는 손

오늘날의 주강 삼각주(PRD)와 같은 거대 산업 및 소비자 단지는 매우 새로운 현상이다. 1980년까지만 하더라도 그 지역의 대부분은 경제적 벽지였다. 중심부인 선전은 그때 매우 가난하고 작은 어촌에 불과하였다. 어떻게 이러한 시골이 세계의 전자제품 공장으로 변하여 역동적인 부의 창조자가 되었을까?

주강 삼각주의 거주민들이 이제 막 바라보기 시작한, 우리가 미국에서 누리고 있는 수준의 번영에 도달하기 위해서는 사람들이 필요로 하는 재화와 서비스를 생산하고 그것을 필요로 하는 사람들에게 분배될 수 있도록 조정하는 시스템이 필요하다. 우리는 이러한 시스템을 '**경제**(economy)'라고 한다. **경제학**(economics)은 재화와 서비스의 생산, 분배 그리고 소비를 공부하는 사회과학이다.

경제의 성공 여부는 재화를 얼마나 원활하게 공급하느냐에 달려 있다. 우리가 앞서 논의했듯이 지난 40년 동안 중국 경제는 자국민과 전 세계에 공급할 물량을 크게 증가시켰다. 이는 중국 경제가 분명 제대로 작동하고 있음을 보여 주는 것이라 할 수 있다.

그래서 중국 경제를 제대로 돌아가게 하는 누군가에게 찬사를 보내고 싶을지도 모른다. 그러나 중국 경제에는 더 이상 경제를 책임지고 좌지우지하는 누군가가 없다.

1970년대 PRD의 놀라운 성장 이전에 중국은 어떤 공장을 가동시키고 어떤 물건을 가구에 납품할 것인지에 대해 정부 관리들이 결정하는 **중앙통제경제**(command economy)였다. 하지만 결과는 중앙통제경제가 제대로 작동하지 않는다는 것을 보여 주었다. 1980년 이전의 중국이나 1991년 이전의 소련과 같은 중앙통제경제의 생산자들은 빈번하게 주요 원재료가 없어서 생산을 하지 못하거나, 생산했다 하더라도 제품을 판매할 소비자를 찾지 못했다. 소비자들은 휴지나 우유와 같은 생필품을 찾는 것이 어려웠다. 1959년부터 1961년까지 중국 정부는 중앙통제경제를 완전히 잘못 이해하여 엄청난 어려움을 초래하고 수백만 명의 불필요한 죽음을 초래했다.

1978년 중국 정부는 마침내 자국의 경제 모델이 작동하지 않았다는 것을 인정했고, 많은 기업과 개인 각각의 결정에 의해 공급과 수요가 결정되는 **시장경제**(market economy)로의 놀라운 변혁을 시작했다. 미국은 시장경제를 채택하고 있다. 그리고 오늘날의 중국에도 무엇을 생산하고 무엇을 운반할지 결정하는 중앙 당국은 존재하지 않는다. 개별의 생산자들이 그들이 생각하기에 더 이윤을 남길 만한 것을 생산한다. 각각의 소비자들은 그들이 선택한 것을 소비한다. 그러나 중국 정부가 미국 정부보다 시장에 훨씬 더 많이 개입한다는 사실을 깨닫는 것이 중요하다. 특히 중국 정부는 생산자들에게 무엇을 생산할지 명령하지 않지만, 은행에 누구에게 얼마나 대출해야 할지에 대해서는 종종 규제를 가한다.

만약 당신이 시장경제가 작동하는 것을 본 적 없다면, 그것이 아마도 매우 무질서할 것이라고 상상할지도 모른다. 무엇보다, 아무도 책임을 지지 않기 때문이다. 그러나 시장경제는 고도로 복잡한 활동도 조정할 수 있고 소비자들에게 그들이 원하는 상품과 서비스를 안정적으로 제공할 수 있다. 사실, 사람들은 상당히 무심하게 그들의 삶을 시장 시스템에 맡겨둔다. 만약 수천 개의 업체들이 무계획적이지만 어느 정도 질서 있는 조치를 취하지 않는다면, 대도시의 주민들은 며칠 안에 굶게 될 것이다. 놀랍게도, 시장경제의 무계획적 '혼돈'은 중앙통제경제의 계획보다 훨씬 더 질서정연하다. 이는 북한, 쿠바를 제외한 전 세계 거의 모든 나라들이 시장경제를 취한 이유이다.

1776년 경제학의 개척자 애덤 스미스(Adam Smith)는 저서 『국부론(The Wealth of Nations)』에서 개인이 각자의 이익을 추구할 때 사회 전체의 이익이 증가한다고 하였다. 사업가가 이익을 추구하는 것은 국가 전체를 더욱 부유하게 만든다. 스미스는 책에서 "그는 오직 자신의 이윤 추

오늘날 중국에서 호황을 누리고 있는 시장

holgs/Getty Images

구를 의도하였지만 보이지 않는 손에 의해서 그가 의도하지 않았던 결과를 촉진시키게 된다."고 하였다. 애덤 스미스 이후의 경제학자들은 시장경제가 개인의 이익 추구와 사회의 이익을 연결하는 방식을 **보이지 않는 손**(invisible hand)이라는 용어로 표현해 왔다.

개인이 어떤 방식으로 의사결정을 하고 이러한 결정이 어떻게 상호작용하는가를 연구하는 분야를 **미시경제학**(microeconomics)이라고 한다. 미시경제학의 주요 주제는 개인의 이익 추구가 종종 사회 전체의 이익을 증진시킨다고 하는 애덤 스미스의 직관이 갖는 유효성이다.

따라서 우리의 첫 번째 질문인 "우리의 경제시스템이 재화를 어떻게 유통시키는가?"에 대한 답변은 바로 우리가 시장경제의 가치와 보이지 않는 손의 힘에 의존한다는 것이다.

그러나 보이지 않는 손이 언제나 잘 작동하는 것은 아니다. 그러므로 언제 그리고 왜 개인의 이익 추구가 비생산적 행동을 가져오는지 이해하는 것도 중요하다.

애덤 스미스에 의하면 시장경제는 사익 추구를 이용하여 공익을 증진시킨다.

|| 나의 편익, 너의 비용

대부분의 측면에서 주강 삼각주에서의 삶은 1980년보다 훨씬 더 좋아졌다. 하지만 두 가지는 더 나빠졌다. 교통체증과 공기의 질이 바로 그것이다. 붐비는 시간에는 주강 삼각주 도로의 평균 속력은 시속 12마일에 불과하며, 공기는 1년 내내 매우 탁하다.

왜 이러한 문제들은 보이지 않는 손의 실패를 나타내는 것일까? 교통혼잡의 경우를 생각해 보자.

길이 막히면 각 운전자들은 다른 운전자들에게 비용을 부과하는 것이 된다. 한 사람이 다른 사람들의 길을 막은 것이고 다른 사람들 역시 그의 길을 막은 것이 된다. 이 비용은 상당할 수 있다. 평일에 맨해튼 남부로 차를 운전하는 사람은 다른 운전자들에게 3시간 이상 지연을 일으키고 160달러의 금전적 손실을 입힐 수 있음을 예측할 수 있다. 그러나 출근할 때 자동차를 가지고 갈 것인지 말 것인지를 결정할 때는 이 비용을 고려할 유인이 전혀 없다.

교통체증은 개인의 이익 추구가 사회의 이익을 증진시키기보다는 사회에 악영향을 미칠 때 발생하는 **시장실패**(market failure)의 친숙한 예이다. 시장실패의 또 다른 중요한 예로는 주강 삼각주에서 나타나는 심각한 대기오염이 있다. 수질오염과 생선이나 숲과 같은 자연자원의 과도한 개발도 같은 문제를 일으킨다.

이기적인 행동의 환경적 비용은 때때로 엄청날 수 있다. 그리고 인구가 증가하고 인간 활동의 환경적 발자국이 커짐에 따라 기후 변화와 해양 산성화와 같은 문제들이 점점 더 중요해질 것이다.

여러분이 미시경제학을 공부하면 배우게 될 좋은 소식은 경제 분석이 시장실패의 사례들을 진단하는 데 사용될 수 있다는 것이다. 그리고 또한 경제 분석은 이러한 문제에 대한 해결법을 고안하는 데 종종 이용될 수 있다.

보이지 않는 손(invisible hand)은 개인의 이익 추구가 사회 전체적으로도 바람직한 결과로 이어질 수 있음을 가리키는 비유이다.

미시경제학(microeconomics)은 사람들이 어떤 방식으로 의사결정을 하고 이러한 결정이 어떻게 상호작용하는가를 연구하는 경제학 분야이다.

개인의 이익 추구가 사회 전체로는 바람직하지 못한 결과로 나타날 때, **시장실패**(market failure)가 일어났다고 한다.

|| 호황기와 불황기

중국은 지난 40년간 거대한 경제강국으로 성장했다. (그리고 사용된 데이터에 따라 다르기는 하지만 중국과 미국은 세계 경제에서 선두를 다투고 있다.) 중국의 성장에서 모순적인 점은 중국 경제가 원재료 수요의 상당 부분을 차지하기에 전 세계 사람들이 중국 산업에 문제가 야기될 만한 징후가 나타나면 긴장한다는 점이다. 2019년에는 긴장할 만한 요소들이 많았다.

이와 같은 어려운 시기는 현대 경제에서 반복적으로 나타나는 모습 중 하나이다. 중요한 사실

경제학 원론

"기억해, 경제호황 뒤에는 주로 불황이 따라온다는 걸."

©Dave Carpenter/Cartoonstock

은 경제시스템이 항상 잘 작동하는 것은 아니라는 것이다. 경제상황은 항상 호황과 불황을 반복하면서 변동한다. 중년의 전형적인 미국인이라면 **불황기**(recessions)라고 불리는 서너 번의 경기침체를 경험했을 것이다. (1973년, 1981년, 1990년, 2001년, 그리고 2007년에 미국 경제는 심각한 경기침체를 겪었다.) 이 기간에 수백만 명의 근로자들이 일자리를 잃었다.

시장실패와 마찬가지로 불황도 시장경제의 한 단면이다. 그러나 또한 시장실패와 같이 불황은 경제학적 분석이 몇 가지 해결책을 제시할 수 있는 문제이다. 불황은 경제 전반의 호/불황을 연구하는 **거시경제학**(macroeconomics)의 주요 관심 주제이다. 거시경제학을 공부하면 경제학자들이 불황을 어떻게 설명하고 있으며, 경기변동에 따른 손실을 최소화하기 위해서 정부 정책을 어떻게 사용하는지를 알 수 있을 것이다.

상습적인 불황에도 불구하고 장기적으로 볼 때 미국 경제는 호황기가 불황기보다 더 많았다. 바로 그 장기적 호황기가 우리의 마지막 질문의 주제이다.

|| 발전과 성장

PRD의 평균적 주민들의 전반적 생활수준은 1980년대보다는 상당히 높아졌지만 미국의 기준으로 보면 여전히 사뭇 낮은 수준이다. 실상은 미국도 그동안 항상 오늘날처럼 부유한 것은 아니었다. 지금의 기준으로 생각했을 때 20세기 초 대부분의 미국인들은 극도로 빈곤하게 살았다. 10%의 가정에만 수세식 화장실이 있었고, 8%만 난방이 되었으며, 2%만 전기가 공급되었다. 또한 식기세척기나 에어컨, 심지어 차도 없었다. 그러나 다음 세기 동안 엄청난 부를 이룩하여 생활수준이 현저하게 상승하였고, 지금의 미국이 되었다.

이러한 비교는 **경제성장**(economic growth)으로 재화와 서비스를 생산하는 경제능력이 증가하였으며, 그 덕택에 우리의 삶이 얼마나 윤택하게 변화했는가를 생각하게 해 준다. 경제는 시간이 흐르면서 어떻게 발전하게 되는가? 그리고 왜 어떤 나라에서는 다른 나라들보다 더 빨리 경제성장이 일어나는가? 주강 삼각주 주민들이 증명하듯이 우리 모두가 경제성장을 원하기 때문에 이러한 문제는 경제학의 주요 문제가 된다. 그러나 경제성장에는 그에 따른 비용이 있다.

관심을 두어야 할 점은 경제성장이 대다수의 사람들에게 혜택을 주지만 급속히 성장하는 새로운 부문이 과거에 성장하던 부문을 잠식하여 승자와 함께 패자를 만들어 낸다는 것이다. 예를 들어 주강 삼각주에 건설된 찬란한 고층건물과 신설된 댐들로 인해 많은 중국인들, 특히 자신의 토지와 생활터전을 잃게 된 상당수의 농부들이 그곳에서 쫓겨났다.

또 하나의 관심은 환경문제이다. 지속가능한 성장을 어떻게 달성할 것인가에 관심을 두지 않는다면 환경이 또 다른 패자가 될 수 있다. 지속가능한 성장이란 현재와 미래 세대를 위해 환경과 향상된 삶의 기준 사이에 균형을 이루며 장기적인 경제성장을 이뤄나가는 것이다. 오늘날 재화 및 서비스의 생산과 건강한 환경 사이에 균형을 이루는 목표를 어떻게 달성할 것인지가 뜨거운 정책적 논쟁거리 중 하나다. 여기서 경제학적 분석이 중요한 역할을 담당하는데 그 이유는 환경파괴가 흔히 시장실패의 결과이기 때문이다.

불황기(recessions)는 경제에서의 침체기를 의미한다.

거시경제학(macroeconomics)은 경제 전반의 호황기와 불황기에 관심을 갖는 경제학의 한 분야이다.

경제성장(economic growth)은 재화와 서비스를 생산할 수 있는 경제능력이 커지는 것이다.

|| 발견을 위한 엔진

위대한 경제학자 알프레드 마셜(Alfred Marshall)이 '평범한 일상'이라고 부르던 경제학적 행위와 거래는 주강 삼각주뿐만 아니라 전 세계에서 일어나고 있지만 매우 비범한 현상이며, 이는 우리를 매우 중요하고 흥미로운 질문들로 이끈다.

이 책에서 우리는 앞에서 살펴본 문제들에 대해서 경제학자들이 어떤 대답을 하는지에 대해 살펴볼 것이다. 하지만 경제학이 늘 그렇듯 단순히 대답들을 나열해 놓는 것에 그치는 것이 아니다. 이 책은 앞에서 살펴본 문제와 같은 것들을 설명하는 경제학 입문에 해당한다. 경제학을 '평범한 일상'을 연구하는 학문으로 묘사한 알프레드 마셜의 말처럼 "경제학은 사실의 요체가 아니고 사실을 밝힐 수 있도록 힘을 주는 엔진 역할을 한다."

그러니 열쇠를 돌리고 엔진을 켜자.

주요용어

경제	보이지 않는 손	불황기
경제학	미시경제학	거시경제학
시장경제	시장실패	경제성장

1 제1원칙

🌐 공통점

세계 대학생들의 대부분이 부유한 서구 국가들에 위치했던 시절이 있었다. 하지만 오늘날 중국과 인도와 같은 개발도상국 대학생들의 수는 미국과 서유럽의 수를 빠르게 추월하고 있다. 사실 중국은 이미 미국보다 대학에 등록한 학생들이 더 많다.

그리고 이 학생들은 다양한 분야를 공부하고 있으며 전 세계 지역에 상관없이 많은 학생들이 경제학을 공부하고 있다.

하지만 상하이대학이나 뭄바이대학에서 가르치고 있는 경제학이 미국 대학에서 가르치고 있는 경제학과 같을까? 먼저 알아야 할 사실은 소득 수준, 정치 제도, 그리고 그들이 직면한 문제들에 있어서 국가들 사이에 큰 차이가 있으며, 이 국가들의 경제도 다르다는

점이다.

앞서 제기한 물음에 대한 답은 예 또는 아니요이다. 그 답이 "예"일 수 있는 이유는 다른 상황과 역사가 학생과 실무자 모두가 알아야 할 사항에 영향을 미치기 때문이다. 그것이 이 교과서의 국제판이 있는 이유이다. 예를 들어, 캐나다는 캐나다의 경제 문제와 제도에 대한 설명이 있는 자체 판을 보장할 만큼 미국과 다르다.

그 답이 또한 "아니요"일 수 있는데, 기초 경제학에서 다루는 많은 자료들은 여러분이 전 세계 어디에 있든지 같기 때문이다. 경제학은 모두 특정한 상황에 관계없이 많은 다른 문제에 적용되는 공통 원칙에 기초한다.

이 원칙들 중 일부는 **개인의 선택**과 관련이 있다. 돈을 아껴서 버스를 탈 것인가 아니면 차를 구입할 것인가? 당신의 낡은 스마트폰을 그대로 사용할 것인가 아니면 새 것으로 바꿀 것인가? 이러한 결정을 내리는 것은 여러 대안들 중에서 **선택을 하는 것**이다. 그러나 누구도 자신이 원하는 것을 모두 다 가질 수는 없으므로 선택 가능한 대안들은 언제나 한정되어 있다. 경제학의 모든 질문은 기본적으로 개인의 선택 문제로 이어진다.

그러나 경제가 어떻게 작동하는지를 이해하기 위해서는 개인의 선택이 어떻게 이루어지는가뿐만 아니라 더 많은 것을 알아야 한다. 우리는 외딴 섬에서 혼자 사는 로빈슨 크루소가 아니기 때문에 다른 개인의 선택에 의해 조성된 환경하에서 선택을 해야 한다. 그래서 우리는 이번 장에서 개인의 선택문제에 관련한 경제학의 네 가지 원칙에 대해 배울 것이다.

사실 현대 경제에서는 '아침으로 무엇을 먹을까?' 같은 간단한 의사결정도 매우 많은 사람들의 의사결정에 의해 영향을 받는다. 코스타리카에서 바나나를 재배하는 사람에서부터 콘플레이크에 들어가는 옥수수를 제공하

는 아이오와의 농부에 이르기까지, 이들의 의사결정이 내가 아침식사 메뉴를 결정하는 데 영향을 미친다.

나의 선택이 다른 사람에 의해 영향을 받을 뿐만 아니라, 다른 사람 역시 나의 선택에 의해 영향을 받기 때문에 우리의 선택은 상호작용한다. 따라서 경제학은 기본적으로 개인의 의사결정에 관한 것이지만, 시장경제가 어떻게 작동하는지 좀 더 이해하기 위해서는 **경제적 상호작용**, 즉 나의 선택이 다른 사람의 선택에 미치는 영향, 그리고 반대의 경우에 대해서도 생각해야 한다. 이를 위해 이 장에서는 개인들의 선택이 경제에서 어떻게 상호작용하는가에 대한 네 가지 원칙을 공부할 것이다.

많은 중요한 경제적 상호작용은 개별 상품의 시장(식료품 시장과 같은)을 보면 이해할 수 있지만, 우리가 경제 전체를 고려할 때, 우리는 그것이 개별 상품의 엄청난 수의 시장으로 구성되어 있고, 이러한 많은 시장이 상호작용한다는 것을 알 수 있다. 결과적으로, 경제 전체는 기복을 경험한다. 경제 전반의 상호작용을 이해하기 위해, 우리는 이 장에서 그들의 행동의 기초가 되는 세 가지 원칙을 공부할 것이다.

이 11가지 원칙은 모든 경제 분석의 기초이다. 그들은 경제학의 공통점을 형성한다. 미국의 오마하나 애틀랜타에서처럼 상하이나 뭄바이에서도 마찬가지로 적용된다. ●

bo1982/Getty Images
David Aaron Troy/Getty images
I_am_zews/Shutterstock
spectrelabs/Deposit Photos

세계 어느 곳에서 공부하든 경제학의 기본 원리는 동일하다.

‖ 개인적 선택을 설명하는 원칙 : 경제학의 핵심

표 1-1 개인적 선택에 관한 기본 원칙

1. 사람들은 자원이 희소하기 때문에 선택을 해야 한다.

2. 어떤 것을 얻기 위해서 포기해야 하는 것을 뜻하는 기회비용이 진정한 비용이다.

3. '얼마나 많이'와 관련된 한계결정은 한계 상황에서 상충관계를 고려함으로써 이루어진다. 어떤 활동을 아주 약간 더 하는 것과 아주 약간 덜 하는 것의 편익과 비용을 비교하는 것이다.

4. 사람들은 자신의 효용을 증대시키는 기회를 활용하는 인센티브에 반응한다.

기본적으로 모든 경제학 쟁점은 무엇을 하고 무엇을 하지 않을지에 대한 **개인적 선택**(individual choice)과 연관된다. 선택에 관한 문제가 아니라면 그것은 경제학이 아니라고까지 이야기할 수 있다.

월마트나 아마존에 들어가 보자. 그곳에는 수천 가지 다양한 상품들이 진열되어 있지만, 어느 누구도 자신이 원하는 것을 모두 살 수는 없다. 당신의 기숙사나 아파트에 아주 작은 공간의 여유가 있다고 하자. 책장과 조그마한 냉장고를 모두 구입하고 싶더라도 한정된 예산과 공간하에서 둘 중에 어느 물건을 살 것인지를 선택해야만 한다.

뿐만 아니라 매장 선반에 물건들이 진열되어 있는 것 자체가 선택의 결과이다. 제조업자는 어떤 상품을 생산할 것인지 선택하였고, 매장 관리자는 어떤 물건을 진열할 것인지 선택하였다. 이처럼 모든 경제활동은 개인적 선택과 관련되어 있다.

〈표 1-1〉에 제시된 네 가지 경제학 원칙 모두 개인적 선택과 관련되어 있다. 이 원칙들을 하나씩 자세히 살펴보도록 하자.

원칙 1 : 자원이 희소하기 때문에 선택이 필요하다

누구나 원하는 모든 것을 가질 수는 없다. 모든 사람이 좋은 위치의 크고 아름다운 집이나 아파트, 한두 대의 고급 승용차를 가지기를 원하고, 좋은 호텔에서 휴가를 즐기기를 바란다. 그러나 미국처럼 부유한 나라에서도 대부분의 사람들은 그 모든 것을 누릴 수 없다. 따라서 그들은 선택을 해야만 한다. 디즈니월드에 갈 것인지 아니면 더 좋은 차를 살 것인지, 집값이 비싼 도시로 이사할지 아니면 집값이 싼 대신에 직장에서 멀리 떨어진 집을 살 것인지 등을 선택해야 한다.

그러나 그들이 원하는 것 모두를 가질 수 없는 이유가 한정된 소득 때문만은 아니다. 시간 역시 하루 24시간으로 한정되어 있다. 어떤 일을 하기 위해서 시간을 보낸다는 것은 다른 일을 하지 않기로 결정한 것과 같다. 즉 시험 공부를 하는 데 시간을 쓰기로 했다면 밤에 영화를 보러 가지 않기로 결정한 것이다. 사람들은 한정된 시간 때문에 시간을 위해서 돈을 기꺼이 지불한다. 예를 들어 편의점은 일반 슈퍼마켓보다 더 비싸게 물건을 판매한다. 그러나 시간에 쫓기는 사람들은 멀리 떨어져 있는 슈퍼마켓에 가는 것보다 돈을 조금 더 지불하더라도 시간을 절약할 수 있는 편의점에서 물건을 구입한다.

이는 개인적 선택과 관련된 우리의 첫 번째 원칙을 설명한다.

> *사람들은 자원이 희소하기 때문에 선택을 해야 한다.*

여기에서 **자원**(resource)은 다른 무언가를 생산하는 데 사용되는 모든 것을 뜻한다. 경제의 자원을 열거할 때 먼저 토지, 노동(노동자들의 근로시간), 자본(기계, 건물, 그 밖의 사람이 만든 생산적인 자산), 그리고 인적 자본(교육 정도와 숙련도)을 생각한다. 자원의 양이 모든 생산에 필요한 만큼 충분하지 않으면 자원이 **희소**(scarce)하다고 한다.

광물, 목재, 석유와 같은 천연자원도 희소한 자원 중의 하나이다. 노동, 숙련도, 지성 등과 같은 인적 자본 역시 희소하다. 그리고 경제성장과 함께 인구가 폭발적으로 증가하고 있는 세계에서는 깨끗한 공기와 물도 희소한 자원이 된다.

자원이 희소하기 때문에 개인과 마찬가지로 사회도 선택을 해야만 한다. 시장경제를 가진 사회가 선택을 하는 한 가지 방법은 그 사회적 선택이 많은 개별적 선택으로부터 나올 수 있도록 하는 것이다. 예를 들어 미국인들은 편의점에 가서 시간을 아끼는 대신 더 싼 가격에 물건을 사

자원은 희소하다.

개인적 선택(individual choice)이란 무엇을 하고 무엇을 하지 않을지에 대해 개인이 내리는 결정이다.

자원(resource)이란 다른 무언가를 생산하기 위해 사용되는 모든 것을 가리킨다.

자원은 희소(scarce)하다. 즉 이용 가능한 자원의 양이 모든 생산에 필요한 양을 만족시키기에는 충분하지 않다.

기 위해 슈퍼마켓에 가는 데 얼마나 많은 시간을 쓰려고 하는가에 대한 질문에 답하기 위해서 개개인이 포기하고자 하는 시간을 더하면 된다. 따라서 사회 전체의 선택은 수백만 개인이 어디에서 물건을 살 것인지에 대한 선택을 더한 것이 된다.

> 상품의 실제 비용은 그 상품의 기회비용(opportunity cost)이다. 기회비용이란 어떤 것을 얻기 위해 포기해야만 하는 것이다.

원칙 2 : 무언가의 진정한 비용은 그것의 기회비용이다

이번 학기가 마지막 학기이기 때문에 오로지 하나의 선택과목만 가능하다고 하자. 하지만 당신은 데이터 시각화 과목과 중국어 입문 과목 이렇게 두 과목을 꼭 수강하고 싶다.

중국어 입문 수업을 듣기로 결정했다고 하자. 이 결정에 따른 비용은 데이터 시각화 수업을 들을 수 없는 것으로부터 발생한다. 경제학자들은 이처럼 어느 하나를 가지기 위해서 포기해야만 하는 것의 비용을 **기회비용**(opportunity cost)이라고 부른다. 이는 개인의 선택과 관련된 두 번째 원칙을 설명한다.

어떤 것을 얻기 위해서 포기해야 하는 것을 뜻하는 기회비용이 진정한 비용이다.

따라서 중국어 입문 수업의 기회비용은 데이터 시각화 수업에서 얻을 수 있는 기쁨이다.

결국 모든 비용은 기회비용으로 계산되기 때문에 기회비용의 개념은 개인적 선택을 이해하는 데 매우 핵심적이다. 왜냐하면 모든 선택은 다른 대안을 포기하는 것을 의미하기 때문이다.

어떤 사람들은 경제학자들은 오로지 화폐단위로 환산할 수 있는 비용과 편익만 고려한다고 비판한다. 그러나 그것은 사실이 아니다. 많은 경제학적 분석은 앞에서 살펴본 수업 선택의 예와 관련이 있다. 앞의 예에서 수강을 한다고 해서 추가적인 수업료를 부가하는 것이 아니기 때문에 이때의 비용은 화폐로 계산되는 비용이 아니다. 그럼에도 불구하고 당신의 선택에는 한정된 시간 때문에 포기해야 하는 다른 수업이라는 기회비용이 따른다. 구체적으로, 어떤 선택에 따르는 기회비용이라는 것은 가장 좋은 차선책을 선택하지 않음으로써 그것을 포기하는 것이다.

기회비용이 화폐적인 비용에 부가적인 것이라고 생각할지도 모르지만 이는 기회비용의 개념을 잘못 이해한 것이다. 선택과목을 듣기 위해서는 추가적으로 750달러를 지불해야 한다고 하자. 그러면 중국어 입문 수업을 듣기 위해서는 화폐적인 비용이 든다. 그렇다면 그 수업을 듣기 위한 기회비용은 이 750달러와 관련 없는 것인가?

답은 '그렇다'이다. 당신이 어떤 수업을 듣든 그 750달러를 지불해야 하는 경우를 생각해 보자. 이때 중국어 입문 과목을 수강하기 위해 포기하는 것은 여전히 데이터 시각화 과목이다. 어느 쪽이든 750달러를 지출해야 한다. 하지만 데이터 시각화 과목이 무료라면 어떻게 될까? 이 경우 중국어 입문 수업을 수강하기 위해 포기해야 하는 것은 데이터 시각화 수업으로 얻을 수 있는 것과 750달러를 다른 일에 사용함으로써 얻을 수 있는 이점이다.

두 가지 경우 모두 더 선호하는 수업의 비용은 그것을 얻기 위해 포기해야 하는 것들이다. 선택과목을 수강할지 말지, 이번 학기를 잘 마무리할지 말지, 수강을 취소할지 말지 등 각 결정의 배경에 있는 모든 가능한 것들로 선택의 폭을 확장한다면, 모든 비용이 궁극적으로는 기회비용이 된다는 것을 깨닫게 될 것이다. 모든 비용이 궁극적으로는 기회비용이 된다.

때로는 선택을 위해 지불하는 돈이 기회비용의 좋은 척도가 되기도 하지만 많은 경우는 그렇지 않다.

화폐적인 비용이 기회비용의 좋은 척도가 되지 못하는 중요한 예는 대학진학에 따르는 비용이다. 수업료와 집세가 대학진학의 주요한 화폐비용이 될 것이다. 그러나 수업료와 집세를 지불하지 않아도 된다고 하더라도 대학에 진학하지 않았더라면 직업을 가졌을 것이라는 점을 생각한다면, 대학에 진학하는 것의 비용은 여전히 남아 있다. 즉 대학에 진학함으로써 학생들은 취

페이스북의 설립자인 마크 저커버그는 기회비용의 개념을 이해했다.

Justin Sullivan/Getty Images

직하여 얻을 수 있는 수입을 포기한 것이다. 이것은 대학진학의 기회비용이 수업료와 집세뿐만 아니라 직업을 가졌다면 얻을 수 있는 수입까지 더한 것이라는 것을 의미한다.

　대학에 진학하는 대신 일을 함으로써 높은 수입을 얻을 수 있는 사람들의 경우는 대학 진학에 따르는 기회비용이 높다. 그것이 스타 선수들과 성공한 기업가들이 종종 대학을 건너뛰거나 자퇴하는 이유이다.

원칙 3 : '얼마나 많이'는 한계에서의 결정이다

어떤 중요한 결정은 '대학을 갈 것인가 일을 할 것인가', '경제학을 수강할 것인가 다른 과목을 수강할 것인가'와 같이 'A냐 B냐'를 결정하는 문제이다. 그러나 이러한 문제 외에도 '얼마나 많이'를 결정해야 하는 경우가 있다. 예를 들어 이번 학기에 화학과 경제학을 모두 듣는다고 할 때 각 과목을 얼마나 공부할지 결정해야 한다. 경제학은 이러한 '얼마나 많이'의 문제를 이해할 때 필요한 중요한 통찰력을 제공한다. '얼마나 많이'를 결정하는 것은 한계라는 개념에 의해 정해진다.

　당신이 경제학과 화학을 동시에 수강한다고 하자. 그리고 당신은 의학대학원을 목표로 하기 때문에 화학 점수가 경제학 점수보다 더 중요하다고 하자. 그렇다고 해서 모든 시간을 화학 공부에 쏟아붓고 경제학 시험은 준비하지 않아도 되는 것은 아닐 것이다. 화학이 중요하다고 하더라도 경제학을 공부하는 데도 역시 노력을 기울여야 한다.

　화학을 더 많은 시간 동안 공부하면 화학 과목에서 높은 점수를 받을 수 있는 편익을 얻을 수 있지만 경제학을 공부하는 시간이 줄어드는 비용이 발생한다. 즉 당신은 비용과 편익의 **상충관계**(trade-off)를 고려하여 결정해야 한다.

　이러한 '얼마나 많이'를 결정하는 가장 전형적인 방법은 다음 시간에 무엇을 할지 그때그때 결정을 하는 것이다. 두 시험이 모두 다음날인 경우, 두 과목에 대한 노트를 검토하는 데 밤을 보낼 것이다. 오후 6시, 각각의 과목을 적어도 1시간씩은 공부해야겠다고 생각한다. 오후 8시, 각각의 과목을 1시간 더 공부해야겠다는 생각이 든다. 오후 10시, 당신은 이미 너무 피곤하고 1시간 정도 더 공부할 수 있을 것 같다. 이제 어떤 과목을 공부할 것인지 선택해야 하는데, 의학을 전공했다면 화학을, 경영학을 전공했다면 경제학을 공부할 것이다.

　앞의 예에서 두 과목에 대한 시간 배분을 어떻게 결정했는지 생각해 보자. 계획을 실행한 후 그때마다 1시간을 더 쓸 것인가 말 것인가에 대해 질문을 던졌다. 그리고 화학 공부를 1시간 더 할지 말지를 결정하기 위해서는 각각의 경우 발생하는 비용과 편익을 비교한다. 화학 공부를 1시간 더 할 때의 편익(높은 화학 점수를 얻는 것)이 비용(경제학을 공부하거나 잠을 잘 수 있는 1시간)보다 클 때, 화학 공부를 1시간 더 하게 되는 것이다.

　이러한 유형의 결정 — 다음 1시간에 무엇을 할지, 추가적인 1달러로 무엇을 할지와 같이 어떤 행위를 더 할 것인가 덜 할 것인가 — 을 **한계결정**(marginal decisions)이라고 한다. 이는 개인적 선택과 관련된 세 번째 원칙을 설명해 준다.

> *'얼마나 많이'와 관련된 한계결정은 한계 상황에서 상충관계를 고려함으로써 이루어진다. 어떤 활동을 아주 약간 더 하는 것과 아주 약간 덜 하는 것의 편익과 비용을 비교하는 것이다.*

　이러한 종류의 의사결정을 연구하는 것을 **한계분석**(marginal analysis)이라고 한다. 우리가 실생활에서 마주하게 되는 문제들은 한계분석과 관련이 깊다. 운동은 몇 분 정도 할 것인가? 몇 시간을 일할 것인가?, 신약의 부작용을 어느 정도까지 허용할 수 있는가? 등과 같이 한계분석은 활동

어떤 일을 하는 것의 편익을 비용과 비교할 때 둘 사이의 **상충관계**(trade-off)를 고려해야 한다.

어떤 행위를 더 할 것인가 덜 할 것인가를 결정하는 것을 **한계결정**(marginal decisions)이라 한다. 또한 그러한 결정에 관한 연구를 **한계분석**(marginal analysis)이라 한다.

을 '얼마나 많이' 할 것인지 결정하는 데 핵심이기 때문에 경제학에서 중요한 역할을 담당한다.

원칙 4 : 사람들은 주로 인센티브에 반응하고, 그들은 자신의 편익을 증가시킬 수 있는 기회를 활용한다

어느 날 뉴스를 듣는 동안, 저자들은 맨해튼의 저렴한 주차장에 대한 훌륭한 조언을 들었다. 월 스트리트의 주차장에 주차를 하려면 하루에 30달러를 내야 한다. 그런데 이 뉴스에 따르면, 주차장에 주차를 하는 대신에 맨해튼 지피 루브에서 19.95달러를 내고 엔진 오일을 교체하면 차를 하루 종일 세워 둘 수 있다.

멋진 이야기가 아닐 수 없다. 하지만 불행하게도 이것은 사실이 아닌 것으로 밝혀졌다. 맨해튼에 지피 루브라는 곳은 없었다. 그러나 만약 그러한 곳이 있었다면 그곳은 엔진 오일을 교체하려는 사람들로 매우 붐볐을 것이다. 왜냐하면 사람들은 자신의 편익을 증가시킬 수 있는 기회가 주어졌을 때 그 기회를 사용하기 때문이다. 30달러가 아닌 19.95달러로 주차할 수 있다면 모든 사람이 당연히 그렇게 할 것이다.

이 예시에서 경제학자들은 사람들이 **유인**(incentive), 즉 자신의 효용을 증가시키는 기회에 반응하는 것이라고 말할 것이다. 이는 개인적 선택과 관련된 네 번째 원칙을 설명한다.

사람들은 자신의 효용을 증대시키는 기회를 활용하는 인센티브에 반응한다.

사람들이 어떤 경제적 행동을 할지 예측하고자 한다면, 사람들은 효용을 증가시키기 위해서 주어진 기회를 이용할 것이라고 생각하면 된다. 게다가 그들은 그 기회가 완전히 사라질 때까지 그 기회를 계속 이용할 것이다. 즉 기회를 사용할 수 있는 한 계속 그 기회를 사용한다는 것이다. 만약에 맨해튼 지피 루브라는 곳이 정말로 존재해서 그곳에서 엔진 오일을 교체하는 것이 주차하는 것보다 싸다면, 우리는 그곳에서 많은 사람들이 줄을 서고 있을 것임을 예상할 수 있다.

기회가 주어졌을 때 경제 주체가 자신의 이익을 증가시키기 위해 그 기회를 사용한다는 것은 경제학적 분석의 기초가 된다.

사실 경제학자들은 일반적으로 인센티브 없이 행동을 바꾸려는 어떤 시도에 회의적이다. 예를 들어, 맨해튼으로 차를 운전해서 가려는 사람들에게 대중교통을 이용하는 것에 대한 금전적 보상과 같은 인센티브를 제공하지 않거나 운전에 대한 통행료 등을 부과하지 않으면서 맨해튼의 교통을 줄이기 위한 계획은 성공할 것 같지 않다는 것이다. 마찬가지로, 제조업자들에게 자발적으로 오염을 줄일 것을 요구하는 계획은 아마도 효과적이지 않을 것이다. 대조적으로, 오염을 줄이는 것에 대한 재정적 보상은 그들의 동기를 변화시킴으로써 훨씬 더 성공할 가능성이 높다.

그러나 우리는 아직 경제학을 공부하기 위한 준비를 마치지 못하였다. 왜냐하면 경제에서 일어나는 흥미로운 것들의 대부분은 단지 개인적 선택의 결과가 아니라 개인적 선택이 상호작용하는 방식에 따른 결과이기 때문이다.

유인(incentive)은 사람들로 하여금 그들의 행위를 바꾸도록 하는 보상을 의미한다.

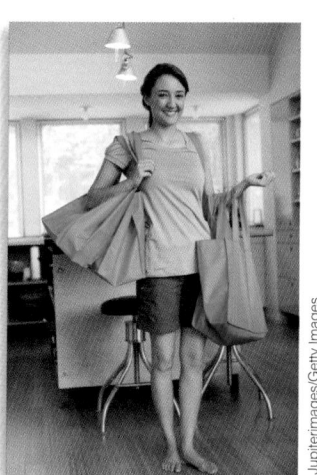

Jupiterimages/Getty Images

낭비를 줄이는 인센티브 : 쇼핑객들은 계산대에서 일회용 가방에 대한 수수료가 부과되면 재사용 가능한 쇼핑백으로 바꾼다.

현실 경제의 >> 이해

결혼 비용 : 중국의 한 자녀 정책이 수백만 명의 외로운 독신남을 만든다.

중국은 지구상에서 가장 인구가 많은 나라로, 2019년 기준으로 14억 2천만 명이 넘는다. 그리고 중국 인구의 증가 추세는 그동안 결혼 비용, 특히 중국 총각의 신부를 찾는 비용을 변화시켰다.

1970년대에 중국은 매우 가난했고 인구는 많았으며 계속 증가하고 있었다. 그렇게 많은 사람들을 적절하게 돌볼 수 없을 것을 우려한 중국 정부는 대부분의 부부에게 1인 자녀로 산아를 제

중국에서는 신부를 찾기 위해 수많은 총각들이 상당히 높은 비용을 지불한다.

한하고 그 명령을 위반한 사람들에게 벌금을 부과하는 한 자녀 정책을 도입했다. 2016년까지 중국 여성 1인당 평균 자녀 수는 1978년 정책이 도입되기 전 5명 이상에서 1.6명으로 감소했다.

그러나 한 자녀 정책은 인구의 성별 균형에 의도하지 않은 불행한 결과를 초래했다. 최근까지 중국은 대부분 지역은 시골이었다. 농사에 육체노동이 중요했고, 전통적으로 아들이 노부모를 봉양하는 관습 때문에 아들이 딸보다 강하게 선호되었다. 한 자녀 정책은 결과적으로 여아를 둔 중국 가정에 그 인식비용을 크게 증가시켰다. 그들의 유일한 아이가 아들이어야 한다고 생각함으로써, 일부 여아들은 해외 입양으로 보내졌으며, 더 많은 여아들은 생후 1년 이내에 그냥 사라지기도 했다. 여아들은 가정으로부터 방치와 학대의 피해자가 되었던 것이다. 노벨 경제학상을 수상한 경제학자 아마르티아 센은 아시아에서 이러한 이유로 수많은 여성이 실종되었으며, 그 수가 4,500만 명에서 1억 명에 이른 것으로 추산했다.

중국의 남자아이의 수가 지난 20년 동안 지속적으로 여자아이의 수를 앞질러 왔다. 오늘날 전체 인구에서 거의 3,400만 명의 남성 초과 현상이 발생하고 있다. 이는 캘리포니아 전체 인구와 맞먹는 수치이다.

2018년 현재, 15세에서 29세의 연령대 내에서, 여성 100명당 남성이 112명이며, 2050년에는 이 연령대에 여성 100명당 190명에 이를 것으로 예상된다. 따라서 비록 중국 정부가 2015년에 공식적으로 한 자녀 정책을 끝냈지만, 그 결과는 수십 년 동안 지속될 것이다.

놀랄 것도 없이, 일부 중국 총각들은 성비 불균형에 문제가 없는 베트남, 라오스, 캄보디아와 같은 인근 국가에서 온 여성들을 만나고 싶어한다. 그리고 이러한 나라들에서는 진취적인 자격을 갖춘 여성들이 남편을 찾기 위해 중국으로 오고 있다. 중국의 상황을 해결하기 위해 이들 국가에서 결혼 중개인들이 생겨났다. 예를 들어, 한 중국인 총각 류화는 남편을 찾기 위해 중국에 온 캄보디아 여성 릴리와 만나 결혼에 성공했는데, 그 과정이 쉽지 않았다. 릴리를 만나기 전, 리우는 60명의 독신 남성들과 단 2명의 독신 여성들이 있는 마을에서 살았다. 그는 여성과 데이트 기회를 얻기 위해 딸을 가진 인근 마을의 세 가족에게 5천 달러에서 4만 달러에 이르는 보증금을 지불하였다. (그 보증금은 일이 성사되지 않아도 일부만 돌려받았다.) 그는 결국 릴리와 결혼하기 위해 15,000달러의 중개 수수료를 지불해야만 했다. 지금 그들은 행복한 결혼 생활을 하고 있고 슬하에 아들과 딸, 두 명의 자녀를 두고 있다.

>> 이해돕기 1-1
해답은 책 뒤에

1. 다음 상황들이 개인적 선택의 네 가지 원칙 중 하나를 어떻게 그려내고 있는지 설명하라.
   a. 당신은 디저트 뷔페에서 가득 찬 접시를 두 번이나 비웠고, 배가 부른 상태이다. 돈이 더 드는 것은 아니지만, 당신은 코코넛 크림 피이 한 조각을 가져오는 대신 초콜릿 케이크 한 조각을 가져올 생각이다.
   b. 세상에 더 많은 자원이 있었다고 해도, 자원의 희소성은 여전히 존재할 것이다.
   c. 여러 명의 수업 조교들이 경제학 원론 보충수업을 진행한다. 그중 잘 가르치기로 소문난 조교의 수업은 수강인원이 빨리 차는 반면, 그렇지 않은 조교의 수업은 여전히 자리가 많

>> 복습
- 모든 경제적 활동은 **개인적 선택**과 연결된다.
- **자원**은 **희소**하므로 사람들은 반드시 선택을 해야만 한다.
- 어떤 것의 실제 비용은 그것을 얻기 위해 포기해야만 하는 것으로서 이러한 모든 비용이 **기회비용**이 된다. 화폐적 비용은 때때로 기회비용의 좋은 지표가 되지만 언제나 그런 것은 아니다.
- 많은 경우에 있어서 선택은 무엇을 '할지 말지'의 문제가 아닌 '얼마나 많이'에 관한 것이다. '얼마나 많이'에 대한 선택은 한계 개념에서의 **상충관계**를 고려하여 이루어진다. 이와 같은 **한계결정**에 관한 연구를 **한계분석**이라 한다.
- 일반적으로 사람들은 자신의 효용을 증가시킬 수 있는 기회가 주어졌을 때 그 기회를 모두 사용하기 때문에 **유인**은 사람들의 행위를 바꿀 수 있다.

이 비어 있다.

d. 일주일에 몇 시간이나 운동을 해야 할지를 결정하기 위해서 당신은 추가적인 1시간의 운동이 가져다줄 건강상의 이익과 공부를 1시간 덜 하게 되면서 성적에 미칠 부정적인 영향을 비교하려 한다.

2. 당신은 위즈 키즈 컨설턴트에서 일하며 1년에 4만 5,000달러를 벌어들인다. 그런데 브레이니 액스로부터 1년에 5만 달러를 주겠다는 스카우트 제의를 받고 고민 중이다. 다음 중 어떤 것이 브레이니액스의 제안을 받아들이는 데 대한 기회비용인가?

a. 이전 직장보다 새로운 직장으로의 출퇴근 시간이 더 긴 것

b. 이전 직장으로부터 받았던 4만 5,000달러의 연봉

c. 새로운 직장에서 제공하는 보다 널찍한 사무실

‖ 상호작용 : 경제가 어떻게 작동하는가

경제는 많은 사람들의 생산활동을 조화롭게 만드는 하나의 시스템이다. 시장경제체제에서는 이러한 과정이 별도의 조정자 없이 이루어진다.

각 개인은 그들만의 의사결정을 하지만 이러한 결정은 다른 사람의 결정과 무관한 것이 아니라, 각 개인에게 주어진 기회와 이에 따른 선택은 다른 사람의 선택과 긴밀하게 관련되어 있다. 따라서 시장경제가 어떻게 작동하는지를 이해하기 위해서는 나의 선택이 다른 사람의 선택에 어떤 영향을 주는지, 반대로 다른 사람의 선택이 나의 선택에 어떤 영향을 주는지, 즉 **상호작용** (interaction)을 이해해야 한다.

경제적인 상호작용을 공부하면 한 개인이 선택한 결과가 의도하지 않은 방향으로 나타날 수도 있다는 것을 깨닫게 된다. 예를 들어, 지난 수 세기 동안 경작비용을 줄이고 생산량을 높이기 위해 미국의 농부들은 새로운 기술과 농기구를 도입하는 데 적극적이었다. 최신 기술을 도입하는 것이 농부들의 이익에 부합하기 때문이었다. 그러나 그 결과 많은 농부들이 일자리를 잃었다. 왜냐하면 농부 개개인이 더 넓은 경작지를 경작하게 되면서 농산물 가격이 하락했기 때문이다. 이는 농부들의 수입 감소로 이어졌고, 이 때문에 많은 사람이 농사일을 하지 않게 되었다. 즉 더 좋은 품종의 옥수수를 재배한 농부들이 더 잘 살게 되면서 많은 농부들이 그렇게 할 때, 그 결과는 농부들 전체적으로는 더 나쁜 결과를 낳게 되었던 것이다.

상호작용의 경제학에는 네 가지 원칙이 있다. 이러한 원칙은 〈표 1-2〉에 요약되어 있으며, 이제 그 원칙을 각각 검토해 보자.

원칙 5 : 교역으로부터의 이익이 존재한다

왜 나의 선택이 다른 사람의 선택과 상호작용할 수밖에 없는가? 한 가계가 먹을거리를 직접 재배하고, 옷을 만들고, 오락거리를 제공하고, 경제학 교과서도 쓰는 등 그들이 필요한 모든 것을 스스로 제공하면서 살기는 힘들다.

교역(trade)을 통해 우리는 좀 더 나은 생활수준을 누릴 수 있다. 사람들은 일을 분담하고 다른 사람이 원하는 재화와 서비스를 제공하는 대신 자신이 원하는 것을 그 대가로 얻는다.

경제가 존재하는 것은 자급자족할 수 있는 개인이 많기 때문이 아니라 **교역으로부터의 이익**(gains from trade)이 있기 때문이다. 분업과 교역을 통해서 두 사람(혹은 60억 인구)은 각

선택의 **상호작용**(interaction)—나의 선택은 타인의 선택에 영향을 미치고 또한 타인의 선택이 나의 선택에 영향을 미친다—은 경제상황 대부분에서 나타나는 특징으로서, 결과적으로 한 개인이 선택한 결과가 의도하지 않은 방향으로 나타날 수도 있게 된다.

시장경제에서 개개인은 **교역**(trade)에 참여한다. 즉 그들은 재화와 서비스를 다른 사람에게 제공하고 있고 또한 그 대가로 재화와 서비스를 받고 있다.

교역으로부터의 이익(gains from trade)이란 사람들은 그들이 자급자족할 때보다 교역을 통해 원하는 것을 더 많이 얻을 수 있음을 의미한다.

표 1-2 개인적 선택의 상호작용에 관한 기본 원칙

5. 교역으로부터의 이익이 존재한다.

6. 사람들이 인센티브에 반응하기 때문에 시장은 균형을 향해 움직인다.

7. 자원은 사회의 목적을 달성하기 위해 최대한 효율적으로 사용되어야 한다.

8. 시장이 효율성을 달성하지 못하는 경우 정부의 개입이 사회의 후생을 증가시킬 수 있다.

"나는 사냥을 했고 그녀는 채집을 했어.
그렇게 하지 않으면 우리는 필요한 양을 채울 수 없어."

이러한 산출물의 증가는 개개인이 자신이 능숙한 분야의 업무에 특화하는 것을 의미하는 **분업**(specialization) 때문이다.

각 그들이 원하는 것을 자급자족할 때보다 더 많이 얻을 수 있다. 이는 다섯 번째 원칙으로 우리를 이끈다.

교역으로부터의 이익이 존재한다.

교역을 통한 이익은 각각의 사람들이 특화된 각자의 일을 하는 상황, 즉 **분업**(specialization)을 통해서 얻어진다. 분업과 교역을 통해 얻는 이익은 경제학의 시작이라 많이 언급되는 애덤 스미스의 1776년 책『국부론』의 시작 부분에 잘 나와 있다.

그의 책은 10명의 노동자들이 처음부터 끝까지 핀을 만들기보다는 각각의 노동자들이 핀 하나를 만드는 공정의 각 단계에 특화하고 있는 18세기의 핀 공장을 묘사하는 것으로 시작한다.

> 한 사람은 철사를 펴고, 다른 사람은 그것을 똑바르게 하고, 세 번째 사람은 그것을 자르고, 네 번째 사람은 그것을 뾰족하게 하고, 다섯 번째 사람은 그것에 머리를 붙이기 위해서 그 끝을 간다. 즉 머리를 붙이는 것이 하나의 특수한 작업이고, 핀을 가는 것 또한 하나의 작업이며, 그것을 종이에 포장하는 것까지도 독립된 하나의 작업이다. 이리하여 핀 제조라고 하는 중요한 업무는 약 18종의 다른 작업으로 분할되어 어떤 제조공장에서는 그 전부가 모두 별개의 손에 의해 이루어지고 있다. 이 열 사람은 하루에 4만 8,000개 이상의 핀을 제조할 수가 있었다. 그러나 그들이 만약 모두 개별적으로 독립하여 작업하고 그들 중의 누구도 이 특별한 업무에 대하여 교육받지 않았다고 하면, 그들은 혼자서 하루에 20개의 핀은커녕, 단 1개의 핀도 제조할 수가 없었을 것이다.

이와 같은 원리는 우리가 사람들이 어떻게 분업을 하고 교역을 하는지를 살펴볼 때도 역시 적용할 수 있다. 사람들이 한 가지 일에 특화하고 다른 사람들과 교역할 때 경제는 전체적으로 더 많이 생산할 수 있다.

사람들이 한 가지 일만 직업으로 삼는 것도 분업에 따른 이익 때문이다. 의사나 비행기 조종사가 되기 위해서는 오랫동안 공부를 해야 하고 경험을 쌓아야 한다. 많은 의사들은 좋은 비행기 조종사가 될 수 있는 잠재력이 있었고, 비행기 조종사 역시 마찬가지이다. 그러나 한 사람이 동시에 의사와 조종사가 되려고 하지는 않는다. 그들은 하나의 직업을 선택하고 특화함으로써 이익을 얻을 수 있기 때문이다.

시장은 의사와 조종사가 그들 각자의 분야에서 특화할 수 있도록 해 준다. 시장이 존재하기 때문에 의사도 비행기를 탈 수 있고, 조종사도 병원을 이용할 수 있는 것이다. 시장에서 교역을 통해 자신이 원하는 것을 얻을 수 있다면, 사람들은 자급자족하려 하지 않고 한 분야에 특화하려고 할 것이다. 그러나 어떻게 사람들이 시장에서 그들이 원하는 것을 얻을 수 있다는 것을 믿게 할 수 있는가? 이에 대한 답으로 개인적 선택이 어떻게 상호작용하는지에 관한 다음의 원칙을 생각해 보자.

원칙 6 : 시장은 균형을 향하여 움직인다

어느 바쁜 오후의 슈퍼마켓 계산대에는 줄이 길게 늘어서 있다. 그러자 곧 닫혀 있던 계산대 하나가 열린다. 다음에는 무슨 일이 일어날까? 가장 먼저 일어나는 일은 사람들이 그 계산대로 달려가는 것이라고 예상할 수 있다. 그렇지만 몇 분 후에는 상황이 안정될 것이다. 사람들은 다시 줄을 서서 기다리고 새롭게 열린 계산대의 줄도 다른 줄과 같은 길이의 줄이 될 것이다.

어떻게 이러한 상황을 예상할 수 있었을까? 우리는 개인적 선택에 대한 네 번째 원칙으로부터 사람들은 자신의 이익을 극대화하기 위해 모든 기회를 사용한다는 것을 배웠다. 이로부터 줄을 서서 기다리고 있던 사람들이 시간을 아끼기 위해서 새로 연 계산대로 몰려든다는 것을 예상할 수 있다. 그리고 더 이상 줄을 바꾸는 것이 이익을 가져다주지 않을 때, 즉 그들에게 주어진 기회를 모두 사용한 후에야 사람들은 진정할 것이다.

이 이야기는 경제 전반의 상호작용과 별 관련이 없는 것처럼 보이지만 이것 역시 상호작용의 한 예이다. 새로 연 계산대의 줄이 다른 줄과 같은 길이를 가질 때처럼 사람들이 다른 행동을 하더라도 더 이상 이익을 얻을 수 없을 때 우리는 이 상황을 **균형**(equilibrium)이라고 부른다. 어느 누군가가 다른 행동을 하더라도 더 이상 후생이 나아지지 않는 상황이 균형인 것이다.

주차비보다 더 저렴한 비용으로 오일을 교체하고 차를 둘 수 있다고 한 맨해튼의 지피 루브 이야기를 상기해 보자. 실제로 이러한 기회가 존재하고 사람들이 여전히 주차비로 30달러를 지불한다면 이러한 상황은 균형이 아니다. 실제로 이러한 일은 현실에서 일어날 수 없다. 사람들은 기다리는 시간을 줄일 수 있는 기회를 이용하여 줄을 바꾸듯이 좀 더 싸게 주차할 수 있는 기회를 이용하려 한다. 또한 사람들이 이 기회를 이용할수록 기회는 점차 사라진다. 많은 사람들이 이 가게를 찾을수록 엔진 오일을 교체하려고 예약을 하는 것이 힘들어지거나 엔진 오일을 교체하는 가격이 상승하여, 더 이상 이 가게에서 엔진 오일을 교체하는 것이 주차장에 주차하는 것보다 매력적인 선택이 되지 않을 것이다. 이는 여섯 번째 원칙을 설명한다.

사람들이 인센티브에 반응하기 때문에 시장은 균형을 향해 움직인다.

우리가 앞으로 보게 될 것처럼, 시장은 가격의 변화를 통해서 균형으로 접근한다. 가격은 사람들이 더 이상 이익을 증대시킬 기회를 갖지 못할 때까지 상승하거나 하락한다.

균형의 개념은 경제적인 상호작용을 이해할 때 매우 유용하다. 슈퍼마켓에서 새로운 계산대가 열릴 때 일어나는 현상을 이해하기 위해서 쇼핑하는 사람들이 어떻게 줄을 다시 서는지 정확히 알 필요는 없다. 우리가 알아야 하는 것은 변화가 있을 때 언제나 상황은 균형을 향해 움직인다는 것이다.

시장은 언제나 균형을 달성하도록 조정되기 때문에 우리는 균형 개념에 의존하여 경제를 예측할 수 있다. 사실 우리는 시장이 우리에게 필요한 것들을 제공해 주리라고 믿는다. 예를 들어 큰 도시에 살고 있는 사람들은 어느 슈퍼마켓에 가더라도 필요로 하는 것들이 충분히 있을 것이라고 생각한다. 왜냐하면 한 상인이 식료품을 가져다 놓지 않는다면, 다른 상인에게 큰 이윤의 기회를 제공하는 셈이 되기 때문이다. 그러면 사람들이 새로 연 계산대로 달려가는 것과 마찬가지로 곧 많은 상인들이 식료품을 공급하려 할 것이다.

따라서 시장은 도시에 사는 사람들이 언제나 식품을 구할 수 있도록 해 준다. 그리고 이것은 다섯 번째 원칙으로 돌아와, 도시에 사는 사람들이 그들의 식료품을 위해 시골에 살면서 농사를 짓는 대신 그들의 직업에 전념하면서 도시에 살 수 있게끔 해 준다.

시장경제는 또한 우리가 이미 본 바와 같이, 사람들이 교역을 통한 이익을 얻을 수 있게 한다. 그러나 경제가 이러한 일들을 얼마나 잘하는지 어떻게 알 수 있을까? 다음 원칙은 우리가 경제활동을 평가하는 기준을 제시해 준다.

원칙 7 : 자원은 사회의 목적을 달성하기 위해 최대한 효율적으로 사용되어야 한다

당신 수업의 강의실은 수강생 수에 비하여 지나치게 작다고 하자. 근처에 충분히 넓은 강의실이 있음에도 불구하고 많은 수강생들이 서서 수업을 듣거나 바닥에 앉아서 수업을 들어야 하는 상황이라면, 당신은 학교를 이렇게 운영해서는 안 된다고 말할 것이다. 경제학자들은 이러한 현상을 자원의 **비효율적인** 사용이라고 말한다. 만약 자원의 비효율적인 사용이 바람직하지 않은 것이

계산대에서 일어나는 균형 현상

어느 누군가가 다른 무엇인가를 하더라도 현재보다 더 나아질 수 없는 상태에 있을 때 현재 상황은 경제적으로 **균형**(equilibrium)을 이룬 것이다.

다른 누군가의 후생을 감소시키지 않고서는 어떤 사람의 후생을 증가시킬 수 없다면 그 경제는 **효율적**(efficient)이다.

공평성(equity)은 모든 사람이 공평한 대우를 받는 것을 의미한다. 그러나 사람들은 무엇이 '공평한' 것인가에 대해 반대할 수 있기 때문에, 공평성은 효율성만큼 잘 정의된 개념은 아니다.

라고 한다면, 자원을 효율적으로 사용한다는 것은 무엇을 의미하는가?

자원의 효율적 사용이 화폐단위로 측정할 수 있는 돈과 관련된 것이라고 생각할지도 모른다. 그러나 경제학에서 그리고 우리의 삶에서 돈은 다른 목적을 위한 하나의 수단이다. 경제학자들이 생각하는 척도는 돈이 아니라 사람들의 행복이나 후생이다. 경제학자들은 다른 사람의 후생을 감소시키지 않으면서 또 다른 사람의 후생을 증가시킬 수 있는 방법이 없을 때, 한 경제의 자원이 효율적으로 사용되었다고 말한다. 달리 말해서, 다른 사람의 후생을 감소시키지 않고 자신의 이익을 증가시킬 수 있는 기회가 더 이상 존재하지 않을 때, 경제가 **효율적**(efficient)이라고 한다.

앞선 강의실 예에서는 모든 사람의 후생을 증가시킬 수 있는 방법이 존재한다. 수강생들은 대학의 다른 사람들에 영향을 주지 않고 더 나은 강의실에서 배울 수 있었다. 이는 대학에 있는 자원의 효율적 사용을 의미한다. 수강생이 많은 강의를 작은 강의실에 배정하는 것은 그러한 자원을 비효율적으로 사용하는 것이다.

경제가 효율적일 때, 경제는 교역을 통해 주어진 자원으로 얻을 수 있는 최대한의 이익을 얻는다. 왜냐하면 더 이상 모두를 행복하게 하는 방법은 존재하지 않기 때문이다. 경제가 효율적이라면 자원을 재배분함으로써 어느 누군가의 후생을 증가시킬 때 다른 사람의 후생을 감소시키지 않으면 안 된다.

강의실의 예에서 보면 더 큰 강의실이 이미 다 찼다면 학교는 자원을 효율적으로 사용하고 있는 것이다. 이 경우 만약 어떤 수업의 강의실을 더 크고 여유 있는 곳으로 옮겨 그 수업의 환경을 개선하고자 하게 되면 이미 그 강의실을 사용하고 있는 수업의 학생들을 다른 곳으로 옮기게 함으로써 그 학생들에게는 나쁜 상황을 초래할 수 있다.

이제 우리는 일곱 번째 원칙을 설명할 수 있다.

자원은 사회의 목적을 달성하기 위해 최대한 효율적으로 사용되어야 한다.

정책결정자가 언제나 경제적 효율성을 달성하기 위해서 노력해야 할까? 꼭 그렇지는 않다. 효율성은 사회의 목표를 달성하기 위한 수단일 뿐이기 때문이다. 때때로 효율성은 사회가 추구해야 할 다른 가치와 충돌하기도 한다. 예를 들어, 거의 모든 사회에서 사람들은 공정성 또는 **공평성**(equity)에 관한 문제에 관심을 갖는다. 불행하게도 대부분의 경우 효율성과 공평성은 상충관계에 있다. 공평성을 증진시키는 정책은 효율성의 감소를 감수해야 하며 반대의 경우도 그러하다.

공공 주차장에 장애인들을 위한 주차공간을 따로 마련해 두는 정책을 생각해 보자. 많은 사람들이 노화나 장애로 인해 걷는 데 어려움을 겪고 있고, 이들을 위해서 가까운 주차공간을 배정해 주는 것은 공평성을 증진시키는 정책이다. 그러나 이것은 어느 정도의 비효율성을 수반한다. 모든 장애인이 주차공간을 원할 때마다 이용할 수 있도록 하려면 꽤나 많은 장애인 전용 주차공간이 필요하다. 그 결과 많은 주차공간이 평상시에는 사용되지 못한다. (비장애인에게 그 주차공간을 사용하고자 하는 욕구가 있다고 하더라도 그들은 과태료를 내야 하기 때문에 대부분 사용하지 않는다.)

따라서 주차공간을 할당하는 문제에 있어서 장애인들의 삶을 좀 더 평등하게 만들고자 하는 공평성과 이익을 증진시키는 모든 기회가 사용되어야 한다는 효율성이 상충하고 있다.

효율성에 비해 공평성을 정확히 얼마나 더 증진시켜야 하는가의 문제는 정치적 과정의 핵심을 파고들어야 하는 아주 어려운 문제이다. 그리고 이러한 문제는 경제학자들이 대답할 수 있는 문제가 아니다. 우리에게 중요한 것은 사회의 목적을 추구함에 있어서 주어진 자원을 가능한 효율적으로 사용하는 것이다.

때때로 공평성은 효율성을 능가한다.

원칙 8 : 시장은 대부분 효율성을 달성한다. 하지만 그렇지 못할 때 정부의 개입이 사회 후생을 증가시킬 수 있다

미국의 어떤 정부기관도 시장경제의 효율성을 달성하게 하는 책임을 지고 있지 않다. 뇌수술 전문의가 밭을 갈지 못하게 하거나, 미네소타의 농부가 오렌지를 재배하지 못하게 노력하는 공무원은 없다. 대부분의 경우 보이지 않는 손이 효율성을 달성하도록 해 주기 때문에 정부는 효율성을 강제할 필요가 없다. 서론에서 설명한 바와 같이, 보이지 않는 손은 시장 경제가 사회의 이익을 위해 그 힘을 어떻게 활용하는지를 말해 주고 있다.

시장경제에 포함되어 있는 유인체계가 이미 자원이 바람직한 용도에 적절히 쓰이고 이익을 증진시킬 수 있는 기회가 잘 활용되도록 작동하고 있다는 것이다. 만약에 한 대학이 큰 강의실이 남아 있는데도 불구하고 학생들이 붐비는 작은 강의실에서 수업을 듣곤 한다는 사실로 유명해진다면, 학생들은 그 학교 대신 다른 학교를 선택할 것이고 해당 학교의 행정관들은 곤경에 처할 것이다. 학생들의 시장 반응은 행정관들이 대학을 효율적으로 운영하도록 만든다.

왜 시장이 자원을 효율적으로 사용하도록 하는지에 대한 자세한 설명은 시장이 어떻게 작동하는지에 대해서 공부한 다음으로 미루어 두기로 하자. 그러나 가장 기본적인 이유는 각 개인이 무엇을 소비하고 무엇을 생산할 것인지 자유롭게 선택하는 시장경제에서는 서로 이익을 얻을 수 있는 기회가 있다면 사람들은 그 기회를 선택한다는 데 있다.

만약 사람들이 이익을 증진시킬 수 있는 기회가 있다면 그들은 그 기회를 이용할 것이다. 이것이 바로 효율성을 정의하는 것이다. 다른 사람들을 더 나쁘게 만들지 않고 어떤 사람들을 더 좋게 만들 수 있는 모든 기회가 다 이용되고 있는 상황인 것이다. 이는 여덟 번째 원칙에 대한 실마리를 제공해 준다.

사람들이 교역으로부터 이득을 얻기 때문에 시장은 우리를 효율성으로 이끈다.

그러나 시장이 항상 효율적이라는 원칙에도 예외가 존재한다. 시장실패의 경우 각 개인은 자신의 이익을 위해 행동하지만 결과적으로 사회 전체의 후생을 악화시킨다. 즉 시장의 결과는 개인적 선택이 효율적임에도 불구하고 비효율적이라는 것이다.

교통혼잡으로 인한 시장 실패의 성격을 생각해 보자. 자가 운전으로 출퇴근하는 사람은 자신의 행동이 교통혼잡 증가의 형태로 다른 운전자에게 미치는 비용을 고려할 실제의 유인이 없다.

이 상황에 대한 가능한 해결책은 통행료 부과, 대중교통 비용 지원, 개별 운전자에게 휘발유 판매에 세금을 부과하는 것 등이 포함된다. 이러한 방법은 운전자에게 운전을 덜 하도록 동기를 부여할 것이다. 그러나 그 방법들은 또 다른 특징을 공유한다. 즉 그 방법들은 시장에 대한 정부의 개입과 관련이 있는데, 여덟 번째 원칙의 후반부에 대한 논의에서 다룬다.

시장이 효율성을 달성하지 못하는 경우 정부의 개입이 사회의 후생을 증가시킬 수 있다.

적절히 설계된 정부 정책은 사회의 자원이 사용되는 방식을 변화시킴으로써 경제가 효율적인 결과를 이끌어 내도록 도움을 준다. 그리고 우리가 다음의 논의에서 보게 될 것처럼, 시장 실패의 예를 제외하면 일반적으로 시장이 경제를 조직하는 매우 좋은 방법이라는 것이다.

현실 경제의 >> 이해

기다려, 그리고 서둘러, 다시 기다려

교통혼잡의 기본 법칙은 행동 균형의 한 예이다.

뉴욕과 같은 인구 밀도가 높은 도시에서는 극소수의 사람들만이 차를 소유하고 있다. 일반적으로 뉴욕 사람들은 이동수단으로 지하철과 버스, 지역 택시를 이용하거나 걸어서 이동해 왔다. 그러나 이러한 각각의 교통수단은 단점이 있다. 지하철은 종종 지연되고, 버스는 교통혼잡 시 느리며, 택시는 비싸고 여행 성수기에 찾기 어렵고, 장거리를 걷는 것은 시간이 걸리고 특히 악천후에 불편한 이동방법이다.

교통 시장은 뉴욕과 같은 도시에서 엄청나게 인기를 얻고 있는 우버나 리프트 같은 차량 호출 서비스의 등장으로 극적인 전기를 맞았다. 우버를 타는 것은 당신이 가야 할 곳에 더 빨리 도달하는 방법으로 여겨지게 되었다. 2018년 기준으로 뉴욕에는 65,000대 이상의 우버 관련 차량이 생겨났으며, 하루 평균 40만 대의 이동 서비스를 제공한다. 이에 따라 대중교통을 이용하는 뉴욕 시민들의 수는 감소했다.

그러나 차량 호출 서비스의 폭발적 인기의 결과 한 가지 중요한 문제가 생겼다. 거리에 차량이 너무 많아지면서 교통혼잡이 급격히 증가하게 되었다. 2018년에 발표된 연구에 따르면 인구 밀도가 높은 대도시 9개 지역(보스턴, 시카고, 로스앤젤레스, 마이애미, 뉴욕, 필라델피아, 샌프란시스코, 시애틀, 워싱턴 DC)에서 전체적으로 160%의 운전 증가가 있었다. 뉴욕 시 교통 관계자들은 이 도시를 교통 체증으로 인해 '파손된' 도시로 묘사하면서 맨해튼에서의 이동 속도가 40% 감소했다고 지적한다.

그것은 교통 기획자들이 예측 가능하다고 생각하는 결과들이다. 새로운 자동차 호출 앱 덕분에 더 많은 운전을 유도하고 도시 거리에 새로운 차들의 유입되면서 택시로 빠른 이동을 원하는 사람들은 이동 시간이 늘어났고, 버스, 지하철, 또는 걷는 것이 다시 한 번 매력적인 선택지가 되었다. 차량 호출 서비스가 등장하기 전의 통근 시간이 다소 회복되면서 이용 가능한 모든 교통 수단에 걸친 이동 시간은 변하지 않는 새로운 균형에 도달했다. 이 예측 가능한 결과는 교통 기획자들이 이야기하는 교통혼잡의 기본 법칙이 적용되는 한 예이다. 도시가 더 많은 도로를 건설하면 더 많은 운전을 유도하고, 이러한 교통 증가는 새로운 균형에 도달할 때까지 계속되며, 통근 시간은 어느 정도 원래대로 되돌아간다. 새로운 차량 호출 앱이든, 더 많은 운전을 유도하는 새로 건설된 도로든, 궁극적인 결과는 모든 이용 가능한 교통 수단에 걸친 이동 시간이 변하지 않는 새로운 균형에 도달한다는 것이다.

차량 호출 서비스가 통근을 더 빠르고 쉽게 해 주기를 바랐던 사람들에게, 이 결과는 실망스럽다. 그러나 이것은 균형에 대해 생각하는 것의 중요성을 잘 보여준다.

>> 복습

• 대부분의 경제상황은 때때로 의도치 않은 결과를 낳는, 선택의 **상호작용**을 포함한다. 시장경제에서 상호작용은 개인 간의 **교역**을 통해 일어난다.
• 개개인은 **분업**으로 인해 발생하는 **교역으로부터의 이익**이 있기 때문에 교역한다. 사람들이 이러한 교역으로부터의 이익을 얻고자 하기 때문에 시장은 **균형**을 향해 움직인다.
• 사회의 목표를 달성하기 위해 자원의 사용은 **효율적**으로 이뤄져야 한다. 그러나 효율성 못지않게 **공평성** 또한 경제에서 바람직한 가치이다. 때때로 공평성과 효율성 사이에 상충관계가 발생한다.
• 몇몇 잘 정의된 예외를 제외하면 시장은 보통 효율적이다. 시장이 효율성 달성에 실패할 때는 정부의 개입이 사회후생을 증진시킬 수 있다.

>> 이해돕기 1-2

해답은 책 뒤에

1. 다음의 상황들이 상호작용의 네 가지 원칙 중 하나를 어떻게 그려 내고 있는지 설명하라.
   a. 대학 과외 협동조합에서, 학생들은 그들이 어려워하는 과목(철학과 같은)에서 과외를 받는

대가로 그들이 잘하는 과목(경제학과 같은)에 과외를 제공하도록 준비할 수 있다.

b. 지방자치단체는 주택가 근처의 술집과 나이트클럽이 소음 수준을 일정 수준 이하로 유지하도록 하는 법을 시행한다.

c. 저소득층 환자들에 대한 보다 나은 의료 서비스를 위해 지방자치제 당국은 시설이 낙후된 동네 의원의 문을 닫고, 중앙 병원에 대한 자금 지원을 강화하기로 결정했다.

d. 아마존에서는 낡은 상태가 비슷한 같은 책들이 비슷한 가격에 팔리고 있다.

2. 다음 중 어떤 것이 균형 상태를 묘사하고 있는지 설명해 보라.

a. 길 건너편에 있는 레스토랑은 대학 구내식당보다 더 맛있는 식사를 저렴한 가격에 제공하고 있다. 그러나 많은 학생들은 여전히 대학 구내식당에서 식사를 해결한다.

b. 당신은 출근길에 지하철을 타고 있다. 버스를 타는 것이 더 저렴하지만, 시간이 오래 걸리는 것이 단점이다. 따라서 당신은 시간을 절약하기 위해 더 많은 요금을 지불하고 지하철을 타기로 했다.

‖ 경제 전반의 상호작용

경제 전반, 즉 거시경제는 기복이 있다. 예를 들어, 2007년에 미국 경제는 수백만 명의 사람들이 일자리를 잃은 반면, 고용을 유지한 사람들은 그들의 임금이 정체되는 심각한 불황에 접어들었다. 2014년 5월까지 미국인 취업자 수가 경기 침체 이전 수준으로 돌아오는 데 7년이 걸렸지만 임금은 2016년까지 회복되지 않았다.

시간이 지남에 따라, 거시경제의 움직임은 산맥을 통과하는 드라이브와 같다. 그 여정은 높은 고도에 있는 목적지를 향해 계속 올라가는 것이 아니다. 대신 여러분은 천천히 그러나 궁극적으로 목적지까지 올라가면서, 여러분의 여정 동안 단기적인 기복을 반복하면서 언덕과 계곡을 운전할 것이다.

단기적으로 거시경제는 호황기(회복)와 불황기(침체)가 번갈아 오르내리며 평균 7~10년의 주기를 겪는다. 그러나 적어도 10년 이상의 장기간에 걸쳐 경제는 더욱 성장한다. 시간이 지남에 따라 경제가 생산하는 상품과 서비스의 총량을 그래프로 그려 보면 우리가 자동차를 타는 것과 매우 유사한 궤적을 볼 수 있을 것이다. 즉 위아래로 구불구불한 곡선을 그리지만 시간이 지남에 따라 그 선은 위로 도달하게 된다.

거시경제가 불황과 호황 사이를 순환하면서도 시간이 지남에 따라 경제 성장을 달성하는 이유를 이해하려면 경제 전반의 상호작용을 살펴볼 필요가 있다. 그리고 경제의 큰 그림을 이해하기 위해서는 세 가지 경제 원칙이 더 필요하며, 이는 〈표 1-3〉에 요약되어 있다.

원칙 9 : 한 경제 주체의 지출은 다른 경제 주체의 소득이다

2005년에서 2011년간 극심한 경기 침체를 포함하여 미국의 주택 건설량은 60% 이상 급감하였다. 처음에 이러한 타격은 건설업계에만 국한되었다. 그러나 시간이 지나면서 슬럼프는 경제 전반에 영향을 미쳤고, 소비자들의 소비지출 감소로 이어졌다.

그렇다면 쇼핑센터는 건설업자들이 아닌 가족들이 쇼핑을 하는 곳임에도 불구하고 왜 주택 건설의 감소가 빈 쇼핑센터의 증가를 의미하는 것일까?

정답은, 건설에 대한 지출 감소가 경제 전반의 소득 감소로 이어졌기 때문이다. 건설업계에 직접적으로 고용된 노동자들뿐만 아니라, 건설업자들이 필요로 하는 다양한 상품과 서비스를 생산하던 곳에 고용된 노동자들, 그리고 새로이 집을 구매한 사람들이 필요로 하는 상품을 생산하던 사람들은 일자리를 잃거나, 적어도 임금 삭감을 당했다. 그리고 소득이 감소하면서 소비지

표 1-3 경제 전반의 상호 작용에 관한 기본 원칙
9. 한 경제 주체의 지출은 다른 경제 주체의 소득이다.
10. 경제 전체의 총지출은 그 경제의 생산능력을 벗어나기도 한다. 그렇게 될 때 정부 정책은 지출을 변화시킬 수 있다.
11. 경제 잠재력의 증가는 시간이 지남에 따라 경제 성장으로 이어진다.

출 역시 감소했다. 이러한 예시는 열 번째 원칙을 설명해 준다.

한 경제 주체의 지출은 다른 경제 주체의 소득이다.

시장경제에서 사람들은 자신의 노동력을 포함한 여러 가지 것들을 다른 사람들에게 판매함으로써 자신의 생활을 영위해 나간다. 경제 내의 특정 집단이 어떤 이유에서든 지출을 늘리겠다고 결정한다면 다른 집단의 소득은 증가할 것이고 마찬가지로 어떤 집단이 지출을 줄이겠다고 결정한다면 다른 집단의 소득은 감소할 것이다.

한 사람의 지출이 다른 사람의 소득이 되기 때문에 연쇄적인 지출 성향의 변화는 경제 내에 파급효과를 미치게 된다. 예를 들어, 쇼핑몰에서 소비자 지출의 감소는 가족 소득의 감소로 이어진다. 가족들은 자신의 지출을 줄임으로써 대응하고, 이는 또 다른 소득 감소로 이어진다. 이러한 파급효과는 불황과 그 이후의 회복 국면을 이해하는 데 중요한 역할을 한다.

원칙 10 : 경제 전체의 총지출은 그 경제의 생산능력을 벗어나기도 한다 그렇게 될 때, 정부 정책은 지출을 변화시킬 수 있다

2020년 코로나바이러스 대유행은 1930년대 대공황기를 떠올리게 하였다. 그때도 2020년처럼 소비자와 기업의 지출 붕괴가 전체 지출의 급락으로 이어졌다. 두 시기 모두 지출이 급감하면서 매우 높은 실업률을 기록했다.

경제학자들이 대공황으로부터 배운 것은 소비자와 기업이 구매하고자 하는 재화와 서비스의 양과 경제가 생산할 수 있는 재화와 서비스의 양이 종종 일치하지 않는다는 것이다. 1930년대에는 2020년과 마찬가지로 지출이 미국 노동자들을 고용하는 데 필요한 수준에 훨씬 못 미쳤고, 그 결과 심각한 경제 침체가 발생했다.

경제 전체의 지출이 지나치게 증가하는 상황도 있을 수 있다. 그런 경우에는 경제 전반의 가격이 상승하는 인플레이션 상태에 있다고 한다. 사람들이 구매하고자 하는 물량이 공급되는 물량에 비해 많을 경우에는 생산자들이 물건의 가격을 올려도 여전히 물건을 구매하고자 하는 사람을 찾을 수 있기 때문에 인플레이션 상황이 발생한다.

경제가 지출의 부족이나 지출의 초과를 경험할 때, 정부 정책은 불균형을 해결하기 위해 사용될 수 있다. 이제 이 문제를 우리의 열 번째 원칙을 보면서 생각해 보자.

경제 전체의 총지출은 그 경제의 생산능력을 벗어나기도 한다. 그렇게 될 때, 정부 정책은 지출을 변화시킬 수 있다.

미국 정부는 군사 장비에서 의료 서비스에 이르기까지 많은 부분에 큰 규모의 지출을 감행한다. 그 지출 규모는 경제 상태에 따라 더 많게 또는 적게 선택될 수 있다. 또한 정부는 세금의 양을 조절함으로써 소비자와 기업이 쓸 수 있는 소득의 양을 조정할 수도 있으며 통화량을 조절함으로써 총지출에 영향을 미칠 수도 있다. 정부지출, 세금 그리고 통화량 조절은 거시경제정책의 도구이다.

현대의 정부는 이러한 도구들을 이용하여 경제가 불황과 인플레이션의 극단의 상황으로 치닫지 않게끔 적절히 경제 전체의 총지출을 조정한다. 물론 정부의 이러한 노력이 항상 성공적인 것은 아니다. 불황은 여전히 찾아오며, 인플레이션 또한 마찬가지이다. 그러나 정부지출 유지를 위한 2008~2009년의 적극적인 노력으로, 2008년 금융위기가 완전한 불황으로 이어지는 것을 방지할 수 있었다는 것은 널리 받아들여지고 있다. 그리고 2020년에 의회는 코로나 팬데믹의 타격을 완화하기 위해 미국 노동자와 기업을 위한 4조 달러 규모의 구제안을 통과시켰다.

원칙 11 : 경제 잠재력의 증가는 시간이 지남에 따라 경제 성장으로 이어진다

오늘날의 경제는 20년 전의 경제와 다르고, 한 세기 전의 경제와는 크게 다르다. 이러한 변화는 경제 성장으로 시간이 지남에 따라 생활 수준이 향상되기 때문이다. 경제 성장은 시간이 지남에 따라 미국과 다른 나라들을 훨씬 더 부유하게 만들었다. 마치 자동차가 산맥을 오르는 것처럼, 길을 따라 계곡과 언덕이 있음에도 불구하고 〈그림 1-1〉에서 볼 수 있듯이 경제의 전반적인 경로는 장기적으로 우상향해 왔다.

무엇이 이러한 성장을 가능하게 하는가? 그것은 새로운 기술의 출현과 생산에 사용할 수 있는 자원(토지, 노동력, 기계 등)의 증가이다. 결과적으로, 경제의 잠재력과 생산할 수 있는 상품과 서비스의 총량이 증가하면서 더 높은 생활 수준으로 이어진다. 예를 들어, 1820년에는 미국 노동자의 80%가 농업에 종사했지만, 현재 그 수치는 2%이다. 하지만 200년 전보다 훨씬 더 많은 양과 다양한 음식이 있다. 농업(거대한 트랙터와 위성 영상)의 기계화와 기술의 혁신은 생산에 사용할 수 있는 자원의 변화이다. 그 결과, 경제의 잠재력이 상승했고 미국 농부들은 이전보다 훨씬 더 많이 생산할 수 있게 되었으며 미국 소비자들은 전보다 훨씬 더 많이 소비할 수 있게 되었다.

우리는 이제 열한 번째이자 마지막 원칙에 도달하였다.

경제의 잠재력 증가는 시간이 지남에 따라 경제 성장으로 이어진다.

FPG/Getty Images

Teri Virbickis/Getty Images

기술 발전과 더 큰 자원으로, 오늘날 미국 농부들은 100년 전보다 훨씬 더 많은 것을 생산한다.

그림 1-1 시간 경과에 따른 미국 경제 성장

1800년부터 2000년까지 지난 200년간 미국 경제는 불가피한 단기적 부침이 있었음에도 꾸준히 상승해 왔다.

출처 : Maddison Project Database, version 2018. Jutta Bolt, Robert Inklaar, Herman de Jong, and Jan Luiten van Zanden (2018).

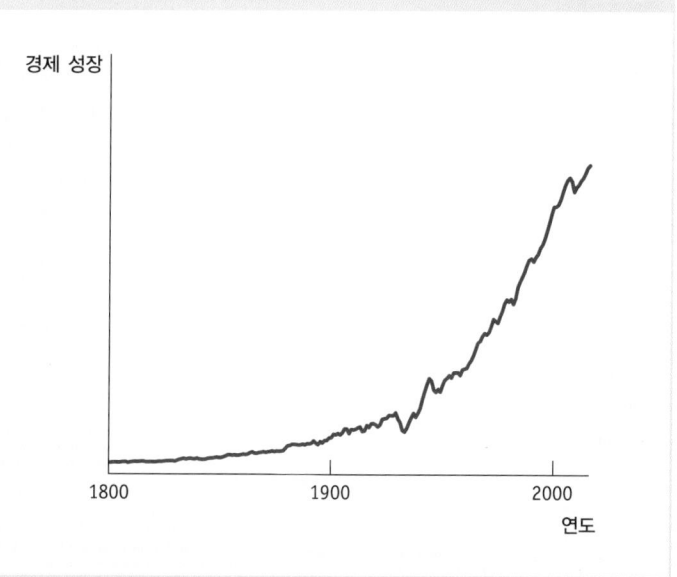

경제 성장

1800　1900　2000

연도

한 국가의 경제 성장은 많은 사람들에게 혜택으로 돌아가지만, 일반적으로 생활 수준의 향상은 단기적으로 국가 구성원들에게 불평등하게 분배된다. 사실 한정된 시간에, 경제의 잠재력 증가는 일반적으로 승자와 패자를 만든다.

예를 들어, 지난 20년 동안 기술 발전은 미국에서 에너지를 생산하는 방식에 혁명을 일으켰다. 새로운 시추 기술로 풍부한 천연가스 공급이 가능해졌을 뿐 아니라, 태양열과 풍력과 같은 대체 에너지원이 등장했다. 석탄과 같은 오래된 에너지원보다 환경을 덜 오염시키는 이러한 새로운 에너지원은 경제와 환경 모두에 이익이 된다. 말하자면, 이러한 것들은 우리의 논의에서 승자에 해당하는 사례로 볼 수 있다. 그러나 동시에 석탄에 대한 수요 감소는 광산이 주요 고용원이었던 지역사회에 피해를 입혀 그 관련 지역과 사회를 패자로 만들게 되었다.

그러나 역동적인 시장 경제에서 패자가 항상 패자로 남아 있는 것은 아니다. 원칙 4(사람들은 주로 인센티브에 반응한다)를 상기해 보자. 그 원칙은 실직한 탄광 노동자들이 결국 일자리를 구할 수 있는 경제의 다른 부문으로 이주하리라는 것을 암시한다. 예를 들어, 그들은 태양력 발전판의 설치자가 될 수 있다. 그러나 노동자들이 그러한 전환을 하는 데는 시간이 걸리기 때문에(그리고 고령 노동자들에게는 불가능할 수도 있음), 원칙 9를 적용해야 하는 합리적 이유가 있다. 즉 정부의 개입으로 사회 복지를 향상시킬 수 있으며, 정부 지원 프로그램은 실향민들에게 보호장치를 제공할 수 있다.

결국 한 경제의 잠재력 증가가 시간이 지남에 따라 경제 성장으로 이어지듯이, 경제 성장은 필연적으로 근본적인 경제적·사회적 변화로 이어진다. 이러한 변화와 함께 관련 질문을 자연스레 떠올리게 된다. 이는 애덤 스미스가 국부론을 집필했던 18세기에서처럼 오늘날에도 관련이 있는 질문으로, 형평성, 정부의 역할, 적절한 거시경제 정책 등에 대한 질문이다.

>> 이해돕기 1-3
해답은 책 뒤에

1. 다음의 예시들이 경제 전반의 상호작용에 관한 세 가지 원칙 중에서 하나를 어떻게 그려내고 있는지 설명하라.
   a. 태양력 발전판의 가격은 지난 40년 동안 거의 99% 하락했다. 물가는 향후 30년 동안 계속 하락할 것으로 예상된다.
   b. 2008년의 금융 위기는 실업률을 치솟게 했다. 이에 대응하여 백악관은 2009년 초에 의회로 하여금 일시적인 지출 증가와 감세안을 일괄적으로 통과시켜 줄 것을 촉구했다.
   c. 유가가 급락하면서 캐나다와 미국 정유사들은 생산용 유전을 폐쇄할 수밖에 없게 되었다. 노스다코타, 와이오밍, 텍사스, 알래스카 전역의 도시에서 식당 등의 소비 사업은 타격을 받았다.

>> 복습
- 시장경제에서 한 사람의 지출은 다른 사람의 소득이 된다. 때문에 연쇄적인 지출 성향의 변화는 경제 내에 파급효과를 미치게 된다.
- 경제 전체의 총지출은 그 경제의 생산능력을 벗어나기도 한다. 지출이 너무 적으면 불황이 찾아오고, 지출이 너무 많으면 인플레이션이 발생한다.
- 지출에 조정이 필요하다고 판단될 때, 정부는 거시경제정책의 도구를 이용하여 경제가 불황과 인플레이션의 극단의 상황으로 치닫지 않게끔 적절히 경제 전체의 총지출을 조정한다.
- 경제 상황의 단기적 부침에도 불구하고, 경제 잠재력의 증가는 장기적으로 경제 성장으로 이어진다. 이 과정에 단기적으로는 승자와 패자가 갈릴 수 있다.

어떻게 프라이스라인이 여행산업을 혁신화했나?

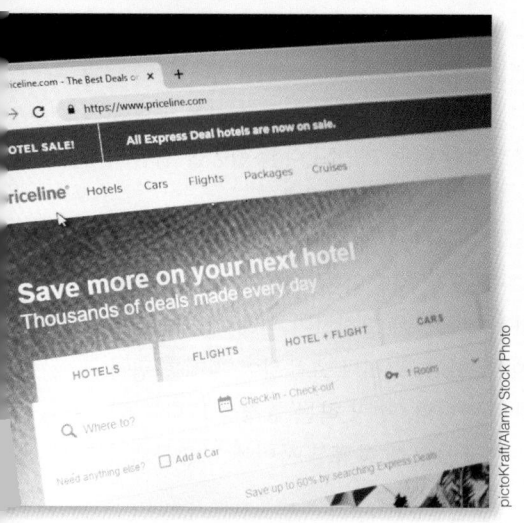

여러분이 2014년부터 2019년까지 여행 관련 예약 및 검색 서비스를 제공하는 온라인 제공업체인 프라이스라인 그룹의 주식을 사서 보유했다면 행복한 투자자 중 한 명이 됐을 것이다. 그 기간 동안 주가는 50% 상승하여, 전반적 주가의 척도인 S&P 500의 실적을 제치고, 회사의 주식으로 평가한 회사가치가 800억 달러에 이르렀다.

더욱 주목할 만한 사실은 2002년에 이 회사가 큰 곤경에 처해 있어서 많은 사람들이 이 회사가 살아남을 수 있을지에 대해 의심했다는 사실이다. 1999년부터 2002년까지 프라이스라인은 회사 평가액 90억 달러에서 4억 2천 5백만 달러로 95%의 가치를 잃었다. 프라이스라인에서 무엇이 그렇게 크게 잘못되었고, 그다음에 믿을 수 없을 정도로 옳았는가?

1998년 이 회사(이전에는 Priceline.com으로 알려짐)가 설립되었을 때, 투자자들은 여행 산업에 혁명을 일으키기 위해 인터넷을 사용한 방법에 깊은 인상을 받았다. 인터넷 이전에 여행자들은 항공편과 호텔을 예약하기 위해 여행사와 항공사 직원에 의존했다. 정보가 파편화되었고 표를 살 때 가격을 비교하기 어려웠다. 예를 들어, 휴일에는 항공료가 비쌌기 때문에 장거리를 여행하는 사람들이 훨씬 적었다. 프라이스라인의 성공은 자신과 고객이 활용 가능한 기회를 찾아내는 능력에 있었다. 이 회사는 비행기가 빈 좌석을 가지고 출발하거나 호텔이 빈 객실이 있는 채로 운영되고 있을 때 그 빈 좌석과 빈 객실만큼 비용이 발생한다는 것을 알게 되었다. 그 빈 좌석이나 침대를 채웠을 때 얻을 수 있는 수익이 바로 그 비용인 것이다. 프라이스라인의 혁신은 빈 좌석과 객실을 가진 항공사, 호텔을 여행객들과 연결시켜 주려는 아이디어에서 출발했다.

프라이스라인의 접근방식은 다음과 같았다. 고객들은 주어진 여행이나 호텔에 대해 지불 용의가 있는 가격대를 정한다. 그러면 프라이스라인은 그 가격을 기꺼이 받아들일 항공사나 호텔의 옵션 목록을 그들에게 제시한다. 그런데 일반적으로 여행 날짜가 가까워질수록 가격이 하락한다. 여행객들 중에는 여행 여정을 미리 확정하고 이를 위해 기꺼이 상응하는 비용을 지불할 의향이 있는 사람들도 있는 반면에, 우선 선택한 항공편이나 호텔을 잡지 못할 위험을 감수하면서도 낮은 가격의 혜택을 위해 마지막 순간까지 기다리는 사람들도 있다.

그렇게 성사된 거래 건수가 증가하면서 프라이스라인은 성사된 각 거래에 대해 낮은 수수료를 부과할 수 있게 되었고, 결과적으로 회사와 고객 모두의 만족을 증진시킬 수 있었다.

그러나 2002년에 그 회사는 파산할 위기를 맞게 되었다. 2001년 911테러 이후, 많은 미국인들은 단순히 비행을 중단했다. 경제가 깊은 침체에 빠지면서 항공기들은 텅 빈 채로 활주로에 남아 있었고 항공사들은 수십억 달러의 손실을 입었다. 몇몇 주요 항공사들은 파산으로 치달았고, 프라이스라인도 연간 수백만 달러의 손실을 보게 되었다.

항공 산업의 붕괴를 막기 위해, 의회는 산업을 안정시키는 데 필요한 150억 달러의 원조 패키지를 통과시켰다. 그것이 프라이스라인의 반전의 씨앗이 되었다. 그 회사는 간신히 살아남았고 결국 번창할 수 있었다.

새로 시장에 진입한 익스피디아와 오비츠에 의해 강한 도전을 받으면서 프라이스라인은 재빨리 아직 온라인 여행 산업이 작은 유럽으로 사업의 상당부분을 이동함으로써 그 도전에 공격적으로 대응했다. 그 회사가 구축한 네트워크는 전국적 규모의 체인이 지배하는 미국 시장에 비해 훨씬 더 많은 작은 규모의 호텔들로 구성된 유럽 호텔 시장에서 특히 가치를 발휘했다. 그러한 노력은 결실을 맺게 되었고, 2003년에 이르러 프라이스라인은 흑자 전환할 수 있었다. 수년에 걸쳐 프라이스라인은 여행 웹사이트인 Booking.com, KAYAK, agoda.com, rentalcars.com, OpenTable을 인수하면서 확장을 거듭하여 2018년에 145억 달러의 매출을 올린 프라이스라인그룹으로 성장하게 되었다.

생각해 볼 문제

1. 이 사례에서 경제학의 열한 가지 원칙이 각각 어떻게 설명되는지 설명하라.

요약

1. 모든 경제분석은 간단한 원칙에 기초하고 있다. 이러한 원칙은 세 가지 수준에서 경제적 이해에 적용될 수 있다. 첫 번째로, 우리는 개인이 어떻게 선택을 하는지 이해해야 한다. 두 번째로, 우리는 이러한 선택들이 어떻게 상호작용하는지 이해해야 한다. 세 번째로, 우리는 경제가 전반적으로 어떻게 기능하는지를 이해해야 한다.

2. 모든 사람은 무엇을 하고 무엇을 하지 않을 것인지 선택을 해야만 한다. **개인적 선택**은 경제학의 기초이다. 선택과 관련된 것이 아니라면 그것은 경제학이 아니다.

3. 사람들이 어떠한 결정을 선택해야만 하는 이유는 다른 것을 생산하는 데 사용될 수도 있는 **자원**이 **희소**하기 때문이다. 개인은 돈과 시간 때문에 선택에 제약을 받고, 경제는 인적·자연적 자원의 공급 때문에 제약을 받는다.

4. 당신이 제한된 대안 중에서 선택을 해야 하기 때문에, 어떤 것의 진정한 비용은 당신이 그것을 얻기 위해 포기해야 하는 것들이다. 즉 모든 비용이 **기회비용**이 된다.

5. 많은 경제적 선택은 '이것을 할 것인가 말 것인가'보다는 어떤 상품을 얼마나 살 것인가, 얼마나 생산할 것인가와 같은 '얼마나 많이'라는 질문과 관련되어 있다. 이러한 결정은 조금 더 하거나 조금 덜 할 때의 비용과 편익을 비교하는 식으로 한계에서의 **상충관계**를 고려함으로써 이루어진다. 이러한 종류의 결정을 **한계결정**이라 부르고, 이러한 결정에 대한 연구를 **한계분석**이라고 한다. 한계분석은 경제학에서 핵심적 역할을 한다.

6. 사람들이 어떻게 결정을 내려야만 하는가에 대한 연구는 실제 행동을 이해하는 데 도움이 된다. 개인은 더 나은 상태로 가기 위해 기회를 이용하며 **유인**에 반응한다.

7. 내 선택은 당신의 선택에 따르고, 그 반대도 마찬가지라는 **상호작용**을 연구하는 것이 경제분석의 다음 단계이다. 개인들이 상호작용할 때 그 결과는 모두가 의도한 것과 달라질 수 있다.

8. 상호작용의 이유는 **교역으로부터의 이익**이 있기 때문이다. 다른 사람들과 재화와 서비스를 **교역**함으로써 경제 전체의 구성원들이 더 잘살게 된다. 구성원들이 자신이 잘하는 일을 하게 됨으로써 **분업**이 이루어지고 이는 교역으로부터의 이익을 가져다준다.

9. 개인은 보통 유인에 반응하기 때문에 시장은 보통 **균형**을 향해 움직인다. 균형이란 어떤 개인도 다른 행동을 취함으로써 이익을 얻을 수 없는 상태를 말한다.

10. 다른 사람에게 손해를 입히지 않으면서 누군가에게 이득을 줄 수 있는 기회가 모두 사용되었다면, 그 경제는 **효율적**이다. 자원은 사회의 목적을 달성하기 위해 최대한 효율적으로 사용되어야만 한다. 그러나 효율성이 경제를 평가하는 유일한 방법은 아니다. 형평 혹은 **공평성** 또한 바람직한 가치이며 종종 효율성과 공평성 사이에 상충관계가 존재한다.

11. 일반적으로 시장은 효율성을 달성하지만, 몇 가지 분명한 예외가 있다. 시장의 실패로 효율성이 달성되지 못할 때, 정부 개입은 사회 복지를 향상시킬 수 있다.

12. 시장경제에서 사람들은 물건을 팔거나 노동력 등의 용역을 제공함으로써 수입을 얻기 때문에 한 사람의 지출은 다른 사람의 수입이다. 따라서 지출 행위에 변화가 발생하면 그 영향이 경제 전반으로 확산될 수 있다.

13. 경제 전체의 지출이 그 경제의 최대 생산능력을 벗어나기도 한다. 경제의 최대 생산능력보다 적게 지출하는 것은 불황으로 이어진다. 반면 경제의 최대 생산능력보다 많이 지출하는 것은 인플레이션으로 이어진다. 전반적 지출이 정상을 벗어나면 정부는 거시경제 정책 도구를 사용하여 경제를 불황과 인플레이션 사이에서 운행할 수 있도록 조정할 수 있다.

14. 경제 잠재력의 증가는 시간이 지남에 따라 경제 성장으로 이어진다. 비록 경제 성장이 시간이 지남에 따라 모든 사람들의 생활 수준을 높이지만, 단기적으로 경제 잠재력의 증가는 승자와 패자를 양산한다.

주요용어

개인적 선택	한계결정	교역으로부터의 이익
자원	한계분석	분업
희소	유인	균형
기회비용	상호작용	효율적
상충관계	교역	공평성

연습문제

1. 다음 각각의 상황에 대하여 열한 가지 원칙 중 어떤 원칙이 적용되는지 답하라.

   a. 당신은 더 높은 가격을 지불해야 하는 대학 서점보다 온라인으로 교과서를 구입하기로 하였다.

   b. 봄소풍에서의 예산은 하루 35달러로 제한된다.

   c. 교통혼잡을 줄이기 위해, 많은 주들이 혼잡 통행세를 채택했다. 이 프로그램에 따르면, 운전자들은 출퇴근 시간에 고속도로를 이용하는 데 그 외의 시간보다 더 많은 요금을 지불한다.

   d. 의회는 지난 경기 침체 이후 실직 상태에 빠진 건설 노동자들을 돕기 위한 기반시설 법안을 통과시켰다.

   e. 당신은 룸메이트로부터 교재를 구입하고 룸메이트는 교재를 판 돈으로 아이튠즈에서 음악을 구입하였다.

   f. 시험 전날 밤 공부를 하기 위해 얼마나 많은 커피를 마실 것인지 결정할 때, 커피를 한 잔 더 마심으로써 얼마나 더 많은 공부를 할 수 있을 것인가와 그 커피의 영향으로 얼마나 더 초조해지는지를 비교하여 결정한다.

   g. 화학 개론 강의를 이수하는 데 필수적으로 요구되는 프로젝트를 수행하는 데 필요한 실험 공간이 제한되어 있는 관계로, 실험 감독자는 학생들이 실험실에 올 수 있는 시간대를 고려하여 각각의 학생들에게 실험시간을 할당하였다.

   h. 한 학기 동안 외국에서 공부하는 계획을 취소함으로써 한 학기 더 일찍 졸업할 수 있다는 사실을 깨달았다.

   i. 학생회관에는 사용하던 자전거와 같은 중고제품을 광고하여 팔 수 있는 게시판이 있다. 게시판에 광고된 중고 자전거들의 질이 모두 동일하다면, 모든 자전거 가격은 같은 가격에 판매되는 셈이다.

   j. 나와 내 친구 중에서 나는 실험을 더 잘하고, 친구는 실험 보고서 쓰는 것을 더 잘한다. 그러므로 우리는 실험을 더 잘하는 내가 실험을 하고 보고서를 잘 쓰는 친구가 보고서를 쓰기로 합의했다.

   k. 아마존이 전통적인 지상 배송 대신 드론 배송 시스템을 개발하는 프로그램을 발표한다.

2. 당신이 아래의 항목을 하기로 결정할 때 기회비용은 무엇인지 기술하라.

   a. 취업을 하는 대신 대학에 입학한다.

   b. 시험공부를 하는 대신 영화를 본다.

   c. 차를 직접 운전하는 대신 버스를 탄다.

3. 리자는 다음 학기 경제학 수업에 필요한 교재를 사야 한

다. 대학 서점에서 이 교재의 가격은 65달러이다. 반면 어떤 온라인 사이트에서는 같은 책을 55달러에, 다른 사이트는 57달러에 판매한다. 모든 가격은 세금을 포함한 가격이다. 다음 표는 온라인으로 주문된 교재에 대한 운반비와 취급비용을 나타낸다.

운송방법	배송기간	비용
표준 선박운송	3~7일	$3.99
이틀 후 배달	2일(영업일 기준)	8.98
익일 배달	1일(영업일 기준)	13.98

   a. 온라인에서 사는 것에 대한 기회비용은 무엇인가? 참고로 책을 온라인으로 구매하면 그것을 받기까지 기다려야만 한다.

   b. 이 학생에게 가장 적절한 선택은 무엇인가? 그와 같은 선택을 하게 되는 이유는 무엇인가?

4. 기회비용의 개념을 이용하여 다음을 설명하라.

   a. 취업시장 상황이 좋지 않을 때 더 많은 사람들이 대학원 과정에 입학하고자 한다.

   b. 경제가 둔화될 때 더 많은 사람들이 자신의 집수리를 직접 하려 한다.

   c. 도심지역에 비해 교외에 공원이 더 많다.

   d. 바쁜 사람들은 편의점이 슈퍼마켓보다 더 비싼 가격에 판매함에도 불구하고 편의점 이용에 만족한다.

   e. 오전 10시 이전에 시작하는 수업에는 다른 시간대에 비해 비교적 적은 학생들이 등록한다.

5. 다음의 예에서 당신이라면 어떤 한계분석의 원칙을 사용하여 결정을 내릴지 기술하라.

   a. 며칠 후에 빨래를 할지를 결정해야 하는 상황

   b. 논문을 쓰기 전에 도서관에서 연구조사를 얼마나 많이 할지를 결정해야 하는 상황

   c. 얼마나 많은 과자를 먹을지 결정해야 하는 상황

   d. 수업에서 얼마나 많은 강의를 건너뛸지를 결정해야 하는 상황

6. 오늘 아침에 당신은 다음과 같은 개인적 선택을 하였다. 동네 카페에서 베이글과 커피를 구입했고, 혼잡한 시간에 차를 몰고 학교로 갔으며, 룸메이트가 수업 중에 문자로 부탁을 하여 강의노트를 대신 타이핑해 주었다. 그 대가로 룸메이트는 당신의 빨래를 한 달 동안 해 주기로 하였다. 각각의 행동에서 당신의 개인적 행동이 어떻게 다른 사람의 개인적 선택과 연관되는지를 기술하라. 각각의 상황에

서 당신의 선택에 의해 다른 사람들은 후생적으로 더 좋아지는가 아니면 더 나빠지는가?

7. 하타투치 강의 동쪽 편에는 햇필드 가족이 살고 있고, 서쪽 편에는 맥코이 가족이 살고 있다. 두 가족은 모두 식사로 닭튀김과 찐 옥수수를 먹는데 닭과 옥수수는 그들 스스로 직접 키우고 재배한 것이다. 다음 각각의 항목이 사실이기 위한 조건에 대하여 설명하라.

   a. 햇필드 가족이 닭을 기르는 데 특화하고 맥코이 가족이 옥수수를 기르는 데 특화하여, 두 가족이 서로 교역을 한다면 두 가족 모두의 후생이 더 나아질 것이다.

   b. 맥코이 가족이 닭을 기르는 데 특화하고 햇필드 가족이 옥수수를 기르는 데 특화하여, 두 가족이 서로 교역을 한다면 두 가족 모두의 후생이 더 나아질 것이다.

8. 다음 각각의 상황 중 어떤 것이 균형을 나타내고 있고 어떤 것이 그렇지 않은가? 균형이 아닌 항목 중에서 균형인 것처럼 보이는 것은 무엇인가?

   a. 많은 사람들은 교외에서 플레전트빌 시내로 통근한다. 교통혼잡 때문에 고속도로로 갈 경우 통근하는 데 30분이 걸리지만, 골목길로 갈 경우에는 15분이 걸린다.

   b. 메인과 브로드웨이의 교차로에는 두 곳의 주유소가 있다. 첫 번째 주유소는 휘발유 1갤런당 3달러의 요금을 부과하고, 다른 하나의 주유소는 2.85달러의 요금을 부과한다. 첫 번째 주유소에서는 고객들이 가자마자 주유를 할 수 있지만 두 번째 주유소에서는 주유하기 위해 긴 줄을 서서 오랫동안 기다려야 한다.

   c. 경제학 개론 강좌에 등록한 모든 학생은 매주 개별 지도시간에 참석해야 한다. 올해에는 2개의 섹션 A, B가 제공된다. 2개의 섹션은 인접한 강의실에서 같은 시간에 이루어지며 동등한 경쟁력을 갖춘 강사가 가르친다. 섹션 A는 수강자가 너무 많아 바닥에 앉아서 수업을 듣는 사람이 있을 정도이고 종종 칠판을 볼 수 없을 정도인 반면 섹션 B는 빈자리가 많다.

9. 다음 상황에서 효율적인 상황과 그렇지 않은 상황을 구분하여 설명하라. 효율적이지 않다면 왜 그런지, 상황을 효율적으로 만들기 위해 어떤 조치가 필요한지도 설명하라.

   a. 기숙사 집세에는 전기요금이 포함된다. 기숙사에서 거주하는 학생들 중 일부는 전등, 컴퓨터와 가전기기 등을 켜 둔 채로 외출한다.

   b. 기숙사 카페테리아는 같은 준비비용이 들지만 항상 이용자들이 좋아하지 않는 요리를 지나치게 많이 제공하고, 이용자들이 좋아하는 요리는 너무 적게 제공한다.

   c. 특정 강좌에 등록하려는 사람이 등록한계인원을 초과

하는 상황이 발생했다. 전공을 수료하기 위해 이 과목을 필수적으로 이수해야 하는 학생들 중 몇몇은 등록을 하지 못한 반면, 등록한 학생들 중에는 필수과목이 아님에도 불구하고 선택으로 등록한 학생도 있다.

10. 다음 정책에 대하여 효율성과 공평성의 의미에 대해 논하라. 다음 문제에서 공평성과 효율성의 관계를 조화시키려면 어떻게 해야 하겠는가?

   a. 모든 학생이 원하는 것을 공부할 수 있도록 지원하기 위해 정부가 모든 대학생의 수업료 전액을 지불하고 있다.

   b. 사람들이 직장을 잃을 때 정부는 새 직장을 얻을 때까지 실업수당을 지급한다.

11. 정부는 종종 시민들에게 사회적 효율성을 증진시키기 위한 목적으로 정책을 채택하곤 한다. 다음 각각의 정책들에 대하여 동기가 무엇이고 정부가 촉진하고자 하는 결과가 무엇인지 판단하라. 또한 각각의 경우에 당신은 왜 시장이 비효율적이라고 생각하는가? 그리고 왜 정부가 시민들의 행위를 개인적 선택에 의해 단독적으로 결정되도록 내버려 두기보다는 사람들의 행동을 바꾸려고 하는지 그 이유를 기술하라.

   a. 담배 1갑당 5달러의 세금이 부과된다.

   b. 아이들의 홍역 예방접종에 대하여 정부는 부모들에게 100달러를 지원한다.

   c. 정부는 저소득층 가정의 자녀들을 개인지도하는 대학생들을 재정적으로 지원한다.

   d. 정부는 기업이 방출하는 대기오염물질의 양에 대하여 세금을 부과한다.

12. 다음 각각의 상황에서 정부 개입이 어떻게 사람들의 유인을 변화시킴으로써 사회의 후생을 증진시킬 수 있는지 설명하라. 어떤 점에서 시장이 악화되고 있다고 생각하는가?

   a. 자동차 배기가스로 인한 오염 정도가 유해한 수준에 다다랐다.

   b. 마을에 가로등이 설치된다면 우드빌에 사는 사람들 누구나 후생이 나아질 것이다. 그러나 어느 누구도 개인적으로 그의 집 앞에 가로등을 설치하는 것에 대한 비용을 부담하려고 하지 않는다. 왜냐하면 자신이 설치한 가로등으로부터 다른 거주자들이 얻는 이익에 대하여 그들에게 비용을 부담시킴으로써 자신이 부담한 비용을 보상받을 수 없기 때문이다.

13. 티모시 가이트너 전 미 재무장관은 행정부 정책을 변호하면서 다음과 같은 기사를 발표하였다. "2007년 후반에 시작된 불황은 이례적으로 심했다. 그러나 불황이 극에 달했을 때 경기부양을 위해 우리가 취한 조치들은, 경제의 끝

없는 추락을 저지하고 더 심한 붕괴를 막았으며, 회복 궤도에 오르도록 하였다." 경제 전반의 상호작용에 관한 세 가지 원칙 중에 어떤 두 가지가 이 연설의 내용과 부합하는가?

14. 2007년 8월, 미국 주택시장의 급격한 쇠락은 주택건설업에 종사하는 사람들의 소득을 감소시켰다. 《월스트리트저널》의 한 기사는 주택건설업에 종사하는 많은 남미인들이 주로 월마트 창구를 통해서 고향으로 월급을 송금해 왔는데, 주택건설업의 침체로 인하여 송금이 줄어들었기 때문에 월마트의 송금 시스템 사업이 타격을 입을 것이라고 전망하였다. 이러한 정보를 바탕으로, 우리가 앞에서 배운 경제 전반의 상호작용에 관한 원칙 중 한 가지를 이용하여 미국 주택 구입 감소가 어떤 연쇄 과정을 통하여 멕시코 경제에 타격을 줄 수 있을지 설명하라.

15. 2008년 금융위기 이후 미국 소비자들의 신차 구매가 감소했다. 자동차 판매 감소에 대응하여, 의회는 소비자들이 새 차를 구입하고자 할 때 그들의 노후차량 보상구매 형식의 현금을 지급받을 수 있도록 하는 '노후차량 보상프로그램' 법안을 통과시켰다. 경제 전반의 상호작용의 어떤 원칙이 여기서 작동하는가?

16. 자율주행차는 사람이 직접 운전을 거의 하지 않거나 전혀 하지 않아도 안전하게 작동할 수 있어야 할 것이다. 최근의 한 보고서는 이 자동차들이 미국 경제에 400만 개의 일자리를 잃게 할 것이지만 동시에 연간 거의 8천억 달러의 소득 증가 효과가 있을 것이라고 주장한다. 자율주행 차량이 잠재적 국민소득을 증가시키고 경제 성장에 기여하는 방법을 설명하라. 자율주행 차량 개발의 승자와 패자를 식별해 보라.

2 경제모형 : 상충관계와 무역

키티호크에서 드림라이너까지

보잉의 787 드림라이너는 항공사의 운영 비용을 절감하기 위해 설계된 초효율적인 비행기로, 최초로 초경량 복합 재료를 사용했다.

드림라이너가 충분히 가볍고 공기역학적임을 보장하기 위해 15,000 시간 이상의 풍동 테스트를 거쳤으며, 성능을 개선하는 미묘한 설계 변경이 발생하여 기존 여객기보다 연료 효율이 높고 오염물질 배출이 적었다. 실제로 노르웨이항공(유럽 3위 저가항공사) 등 일부 저가항공사들은 초연비 효율 드림라이너가 할인 전략에도 수익을 가져다줄 만큼

Ross D. Franklin/AP Images

Bettmann/Getty Images

라이트 형제의 비행기는 드림라이너를 포함한 현대 비행기의 모델이 되었다.

연료비를 절감할 것으로 기대하며 대서양 횡단 항공편을 경쟁사의 절반 가격에 제공해 왔다.

드림라이너는 1903년 노스캐롤라이나주 키티호크에서 최초의 비행기인 라이트 플라이어가 성공적으로 첫 비행을 한 이래 항공기 기종의 눈부신 발전 결과였다. 하지만 보잉 엔지니어들과 모든 항공 엔지니어들은 라이트 플라이어의 발명가인 윌브와 오빌 라이트 형제에게 큰 빚을 지고 있다.

라이트 형제를 진정한 몽상가로 만들어 준 것은 바로 '풍동장치(風洞, wind tunnel)'였다. 라이트 형제는 그들이 만들어 낸 풍동장치에서 여러 가지 모양의 주 날개와 꼬리 날개를 직접 실험해 보았고, 이러한 실험을 통해 그들은 공기보다 무거운 물체도 하늘을 날 수 있다는 사실을 알게 되었다.

물론 포장상자 안의 미니어처 비행기나, 보잉사의 최신식 초음파 풍동장치에 놓여 있는 모형 비행기는 실제 비행을 할 수 있는 비행기와는 다르다. 그러나 실제 비행기를 단순화해서 만든 모형 비행기를 통하여 날개가 어떤 모양을 하고 있을 때 어느 속력에서 얼마나 큰 양력을 만들 수 있는지에 대한 중요한 발견을 이끌어 낼 수 있었다.

또한 풍동장치에서 비행기 디자인을 실험하는 것이 실제 비행기를 만들어 그것이 하늘을 날 수 있기를 바라는 것보다 훨씬 더 저렴하고 안전한 방법이다. 이와 같이 **모형**은 경제학을 포함한 대부분의 과학 연구에서 핵심적 역할을 한다.

사실 대부분의 경제학 이론은 실제 경제현실을 단순화하여 많은 경제 문제를 쉽게 이해할 수 있도록 하는 모형들이 모여 이루어진다.

이 장에서는 그 자체로도 매우 중요할 뿐만 아니라 모형이 유용한 이유를 설명해 주는 두 가지 경제모형을 살펴볼 것이다. 그리고 경제학자들이 실제로 그들의 연구에 모형을 어떻게 사용하는지를 살펴보면서 이 장을 마무리할 것이다. ●

이 장에서 배울 내용

- 경제학에서 **모형**은 무엇이며 경제학자들에게 왜 그렇게 중요한가?
- **생산가능곡선, 비교우위** 및 **순환도**의 세 가지 간단한 모형이 현대 경제가 어떻게 작동하는지 이해하는 데 어떻게 도움이 되는가?
- **실증적 경제학**과 **규범적 경제학**의 차이에 대한 이해가 경제원리의 실제 적용에 중요한 이유는 무엇인가?
- 왜 경제학자들은 때때로 동의하지 않는가?

모형(model)이란 현실의 상황을 단순화시켜 나타냄으로써 실제 상황을 보다 잘 이해할 수 있도록 만들어 놓은 것이다.

다른 조건이 일정하다(other things equal assumption)는 것이 의미하는 바는 다른 모든 관련 요소들이 불변인 채로 남아 있음을 가정한다는 것을 의미한다.

|| 경제학의 모형 : 중요한 예

모형(model)이란 실생활의 여러 현상을 보다 잘 이해하기 위해 현실을 단순화한 것을 말한다. 그렇다면 경제의 여러 현상을 어떻게 단순화할 수 있을까?

경제학자들은 풍동장치의 역할을 할 수 있는 것으로 단순화된 실제 경제를 만들어 내거나 찾는다. 정부가 강제하는 최저임금 인상이 미국 경제에 어떤 영향을 미칠지 알고 싶어하는 경제학자를 예로 들어 보자. 전국적으로 최저임금을 올리고 그 결과를 관측하는 실험을 진행하기란 불가능할 것이다. 대신 경제학자는 최저 임금을 인상하고 있는 소규모 경제의 영향을 관찰하고 (2019년 뉴욕 시가 그랬던 것처럼) 그 결과를 더 미국 경제 전체에 적용하여 추론해 볼 것이다.

다른 가능성은 컴퓨터로 경제상황을 실험해 보는 것이다. 예를 들어, 세법의 개정이 제안되었을 때 정부 관료들은 복잡한 컴퓨터 프로그램인 세금모형을 이용해 그 제안이 다양한 사람들에게 어떠한 영향을 미칠 것인지를 분석할 수 있다.

이렇게 경제학에서 모형이 중요한 이유는 일정한 시점에 한 가지 변화가 초래할 수 있는 결과만을 집중하여 살펴볼 수 있기 때문이다. 즉 경제학자들이 다른 것들은 일정하다고 가정한 후, 한 변화가 전체 경제에 주는 영향을 연구할 수 있게 해 주는 것이다. 따라서 '**다른 조건이 일정하다**(other things equal assumption)'라는 가정은 경제모형을 세우는 데 매우 중요하다.

그러나 항상 경제의 전반적인 모습을 대표하는 축소판을 찾을 수 있는 것은 아니며, 컴퓨터 프로그램의 유용성은 자료가 얼마나 좋으냐에 좌우된다(종종 프로그래머들은 "쓰레기를 넣으면 쓰레기가 나온다"라는 얘기를 한다). 따라서 여러 가지 목적에 따라 경제를 모형화하는 가장 효율적인 방법은 가설을 세워 현실을 단순화하는 '사고의 실험'을 하는 것이다.

제1장에서는 슈퍼마켓에서 새로운 계산대가 열렸을 때 고객이 줄을 서게 되는 방법을 예로 들면서 균형의 개념을 다루었다. 비록 그 슈퍼마켓이 많은 사실이 무시된(예를 들어 고객이 무엇을 샀는가 하는 것은 고려하지 않았다) 상상 속의 슈퍼마켓이었다 하더라도 그러한 슈퍼마켓을 상정한 것은 간단한 모형의 좋은 예가 된다. 그 모형을 통해 '만약 그렇다면?'이라는 질문(만약 다른 계산대가 열렸다면?)에 답할 수 있었기 때문이다.

계산대 이야기에서 살펴본 것처럼 평이한 말로 경제모형을 설명하고 분석하는 일이 가능할 때도 있다. 그러나 대부분의 경제는 상품의 가격, 생산품 수량, 생산을 위해 고용된 노동자의 수 등과 같은 양적인 변화를 수반하기 때문에 경제학자들은 수학을 이용하는 것이 이러한 변화를 명확히 이해하는 데 도움을 준다고 생각한다. 예를 들면, 수치로 제시된 예나 혹은 간단한 방정식, 또는 그래프가 경제학적 개념을 이해하는 데 결정적 역할을 할 수 있다.

어떠한 모습을 취하고 있더라도 좋은 경제모형은 현상의 이해에 큰 도움을 줄 수 있다. 이제 간단하지만 중요한 세 가지 경제모형과 그것들이 시사하는 바가 무엇인지 살펴보자.

- 첫 번째 모형으로는 모든 경제가 직면하고 있는 상충관계를 이해하도록 도와주는 생산가능곡선 모형을 살펴볼 것이다.
- 둘째로 개인 간 혹은 국가 간의 교역으로부터 얻는 이익의 원리에 대해 말해 주는 비교우위 모형에 대해 살펴볼 것이다.
- 추가적으로, 경제 내에서 화폐, 재화 그리고 서비스가 어떻게 이동하는지를 도식화하여 나타낸 순환도를 살펴볼 것이다.

이 장 전체와 이 책에서 우리는 수학적 관계를 나타내는 그래프를 상당히 많이 사용할 것이다. 만약 이 책을 읽고 있는 여러분이 그래프의 사용에 익숙하다면 이 장의 부록을 건너뛰어도 좋다. 하지만 그렇지 않다면 이 장의 마지막에 있는 부록을 참고하여 경제학에서 사용되는 그래 프에 대해 간단하게 알아 두는 것이 좋겠다.

상충관계 : 생산가능곡선

우리가 제1장에서 소개했던 경제학의 첫 번째 원칙은, 자원은 유한하며 이 때문에 수십 명으로 이루어진 수렵 채집 집단이든 78억 명으로 이루어진 21세기 글로벌 경제든 모두 상충관계에 직 면하게 된다는 점이다. 보잉사의 드림라이너가 얼마나 가벼운지와 상관없이, 보잉사의 조립 공 정이 얼마나 효율적인지와 상관없이, 드림라이너의 생산은 희소한 자원의 사용을 의미하고, 따 라서 대신 다른 무언가를 생산할 수 없음을 의미한다.

어떠한 경제든지 반드시 마주치게 되는 이 상충관계에 대해 생각하기 위해 경제학자들은 종 종 **생산가능곡선**(production possibility frontier)으로 알려진 모형을 이용한다. 이 모형의 아이디어 는 오직 두 재화만을 생산하는 단순한 경제를 가정하는 것인데 이를 통해 우리는 상충관계에 대 한 이해를 깊게 할 수 있다. 두 가지 재화만 고려하는 단순화를 통해서 상충관계를 그래프로 나 타낼 수 있다.

잠시 동안 미국이 일기업(one-company) 경제, 즉 보잉사가 유일한 고용주이며, 비행기가 유일 한 생산품이라고 가정해 보자. 그러나 여전히 어떤 종류의 비행기를 생산해야 할지, 예컨대 드 림라이너를 생산해야 할지, 통근용 소형 비행기를 생산해야 할지의 선택의 문제가 발생한다. 〈그 림 2-1〉은 일기업 경제가 직면하는 상충관계를 나타내 주는 가상적인 생산가능곡선을 보여 준 다. 이 그림의 곡선은 매해 보잉사가 생산하는 드림라이너의 양이 **주어졌을** 때 보잉사가 매해 생 산할 수 있는 소형 비행기의 최대량과 그 반대를 나타낸다. 즉 "만약 그해에 보잉사가 드림라이 너를 9대(혹은 15대, 30대) 생산한다면, 최대로 생산할 수 있는 소형 비행기의 양은 몇 대인가?" 에 대한 질문의 답을 생산가능곡선이 보여 주는 것이다.

곡선 안쪽에 있는 점 또는 곡선 위에 있는 점(음영 부분), 곡선 바깥에 있는 점에는 중요한 차이 가 있다. C점은 보잉사가 20대의 소형 비행기와 9대의 드림라이너를 생산하는 것을 나타낸다. 이처럼 생산량의 조합을 나타내는 점이 곡선의 안쪽이나 혹은 곡선 위에 있다면 그것은 실제 생 산이 가능한 점이다. 결국 이 생산가능곡선은 보잉사가 20대의 소형 비행기를 생산할 때 드림라 이너는 최대 15대까지 생산 가능하므로 9대의 드림라이너는 당연히 생산할 수 있다.

한편 D점처럼 40대의 소형 비행기와 30대의 드림라이너 생산이라는 곡선 바깥의 점들은 불 가능한 생산을 표시한 것으로 실제로 일어날 수 없다. 이 경우에는 보잉사가 40대의 소형 비행 기를 생산하는 대신 드림라이너를 하나도 생산하지 못하거나, 혹은 30대의 드림라이너를 생산 하는 대신 소형 비행기는 하나도 생산하지 못하게 된다.

〈그림 2-1〉을 살펴보면, 생산가능곡선은 소형 비행기 40대에서 수평축과 교차하고 있다. 이 것은 보잉사가 그의 모든 자원을 소형 비행기를 생산하는 데 투입한다면, 1년에 40대의 소형 비 행기를 생산할 수 있겠지만, 드림라이너를 생산할 수 있는 자원은 더 이상 남아 있지 않을 것 임을 의미한다. 또한 생산가능곡선은 드림라이너 30대에서 수직축과 만나고 있는데, 이것은 보 잉사가 그의 모든 자원을 드림라이너를 생산하는 것에 투입한다면, 1년에 30대의 드림라이너를 생산할 수 있겠지만, 소형 비행기를 생산할 자원은 더 이상 남아 있지 않을 것이란 사실을 의미 한다.

그림은 덜 극단적인 상충관계도 보여 주고 있다. 예를 들어 보잉사가 20대의 소형 비행기를 그해에 생산하고자 한다면, 최대 15대의 드림라이너를 생산할 수 있으며 이러한 선택은 그림에 A점으로 표시되어 있다. 만약 보잉사가 28대의 소형 비행기를 생산하고자 한다면, B점에 나타 나는 것처럼 최대 9대의 드림라이너를 생산할 수 있을 것이다.

생산가능곡선(production possibility frontier)은 두 가지 재화를 생산하는 경제에서 마주치게 되는 상충관계를 잘 보여 준다. 생산가능곡선은 다른 재화 의 생산량이 주어졌을 때 어떤 한 재화 의 가능한 최대 생산량을 나타낸다.

그림 2-1 생산가능곡선

생산가능곡선은 드림라이너와 소형 비행기를 생산하는 보잉사가 직면한 상충관계를 그리고 있다. 다른 한 재화의 생산량이 주어졌을 때, 나머지 한 재화가 최대 얼마나 생산될 수 있는지를 보여 주는 것이다. 연간 생산되는 드림라이너의 최대 수는 그해 생산되는 소형 비행기의 수에 달려 있고, 반대의 경우도 마찬가지이다. 실현 가능한 생산량의 집합은 곡선 상과 곡선 *내부* 영역으로 나타난다. *C*점에서의 생산은 실현 가능하지만 효율적이지는 않다. *A*점과 *B*점은 실현 가능하며 효율적이지만, *D*점은 실현 가능하지 않다.

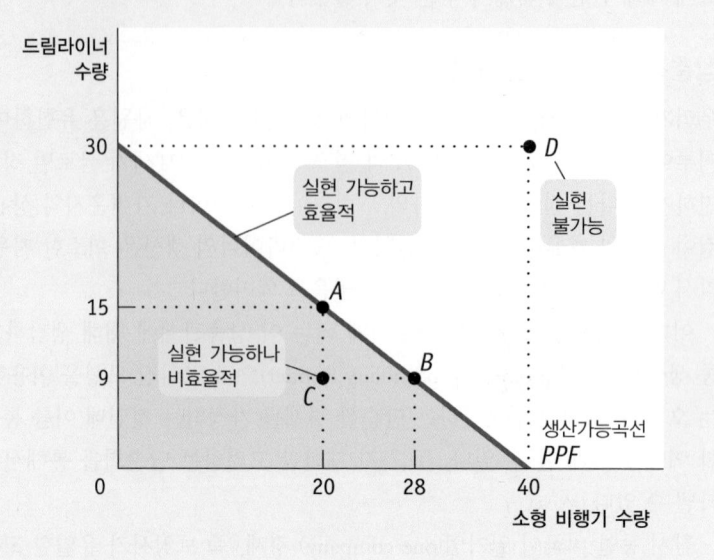

생산가능곡선을 통하여 우리는 복잡한 현실을 단순하게 파악할 수 있다. 실제로 현실 경제는 무수히 다양한 재화를 생산하고 있다. 심지어 보잉사조차도 2대 이상의 비행기를 생산할 것이다. 그럼에도 불구하고 우리는 이 모형에서 단지 두 가지 재화만을 생산하는 경제를 상정함으로써 실제 현실에 대한 중요한 통찰력을 얻을 수 있다.

그러나 우리는 이렇게 현실을 단순화하여 나타낸 생산가능곡선을 통하여 이 모형이 없었을 때보다 현실 경제의 몇 가지 단면, 즉 효율성, 기회비용 그리고 경제성장을 더 잘 이해할 수 있게 된다.

효율성 무엇보다도 생산가능곡선은 **효율성**이라는 일반적인 경제학의 개념을 잘 설명해 줄 수 있다. 제1장에서 살펴보았던 것처럼 모든 기회를 다 활용한 상태, 즉 어떤 사람이 더 이득을 보기 위해서는 다른 누군가는 손해를 보아야만 하는 상태에 있다면 그 경제가 효율적인 상태에 있다고 말한다.

여기서 생산에 있어서의 모든 기회를 다 활용한다는 것이 바로 효율성의 핵심이다. 따라서 효율성의 상태에서는 한 재화를 더 많이 생산하고 싶다면 다른 재화의 생산을 줄여야만 하는 것이다. 보잉사가 생산가능곡선 위의 점에서 생산을 결정한다면 그의 생산은 효율적이다. *A*점에서는 15대의 드림라이너는 20대의 소형 비행기를 생산하는 한 그것이 생산할 수 있는 최대의 양이고, *B*점에서는 9대의 드림라이너가 28대의 소형 비행기를 생산하는 한 그가 생산할 수 있는 최대의 양이며, 다른 점도 마찬가지로 해석할 수 있다.

그러나 어떤 이유에서인지 보잉사가 20대의 소형 비행기와 9대의 드림라이너의 *C*점에서 생산을 결정했다고 가정한다면 이 경제는 당연히 **비효율적**이다. 더 많은 소형 비행기와 드림라이너를 생산할 수 있는 기회를 다 활용하지 않았기 때문이다.

비록 우리는 효율성과 비효율성을 설명하기 위해 하나의 기업이 두 상품을 놓고 생산을 결정하는 예시를 사용하고 있지만, 이러한 개념은 수많은 기업이 수많은 상품을 생산하는 현실 경제에도 적용 가능하다. 만약 어떤 경제가 다른 것의 생산을 줄이지 않고서는 더 생산할 수 없다면 그것은 생산가능곡선 상에 위치함을 의미하고, 우리는 그 경제가 **효율적인 생산**을 하고 있다고 말한다.

그러나 만약 그 경제가 다른 것들의 생산을 줄이지 않고 어떤 상품의 생산을 더 할 수 있다면, 이는 우리가 모든 것을 더 생산할 수 있음을 의미하고 따라서 우리는 그 경제가 비효율적인 생산을 하고 있다고 말한다. 예컨대 많은 노동자들이 비자발적인 실업 상태에 있는 경제는 효율적인 생산을 하고 있지 않다. 왜냐하면 이 노동자들이 유용한 상품과 서비스를 더 생산하기 위해 고용될 수 있기 때문이다.

생산가능곡선은 경제가 효율적인 생산을 하고 있다는 것이 무슨 의미인지 알게 해 준다. 그러나 효율적인 생산을 하고 있다는 사실은 경제 전체가 효율적이기 위한 필수 요건 중 한 부분일 뿐이다. 소비자들이 더 나은 생활수준에 도달하도록 자원을 적절히 배분하는 것 또한 경제가 효율적이기 위한 요건 중 하나이다. 한 경제가 자원을 적절히 배분할 경우에 우리는 그 경제가 효율적인 배분을 달성하였다고 말한다.

효율적인 배분이 왜 중요한지 살펴보기 위해서 우선 〈그림 2-1〉의 A와 B점에 주목하자. A와 B점은 다른 자원을 덜 생산하지 않는 한 더 이상 한 자원을 더 생산할 방법이 없는 상태이므로 효율적인 생산을 하고 있는 점들이다. 그러나 두 점이 똑같이 선호되는 것은 아니다. 이 사회가 A점보다 소형 비행기를 더 많이 가지고 드림라이너를 조금 가지는 것을 선호한다고 가정하자. 즉 보잉사는 A점보다 B점을 선호하므로 28대의 소형 비행기와 9대의 드림라이너를 생산하는 것을 선호하는 셈이다. 이런 상황에서 A점을 선택하였다면, B점으로 선택을 변경함으로써 다른 어느 누구에게 피해를 주지 않으면서도 사회를 더 좋은 상황으로 만들어 줄 수 있다. 그러므로 A점은 경제 전체적으로 보았을 때 비효율적인 상태에 있다.

이 예는 경제의 효율성 개념에는 생산의 효율성과 더불어 배분의 효율성도 포함됨을 가르쳐 주고 있다. 효율적이기 위해서 생산할 수 있는 최대한으로, 그리고 소비자들이 소비하고 싶어 하는 재화들 위주로 생산해야 할 것이다. 또한 생산된 상품들은 올바른 사람들에게 배분되어야만 할 것이다. 즉 국제적인 항공사에 소형 비행기를 주고, 주로 통근자들을 상대로 하는 작은 시골 공항에 드림라이너를 주는 것 역시 비효율적이다.

현실 세계에서 과거 소련 연방과 같은 계획경제는 비효율적인 분배로 악명이 높았다. 예를 들어, 이들 국가에서는 사람들이 거의 찾지 않는 물건들로 가득 차 있지만 정작 필요한 비누나 휴지 같은 재화는 없는 상점을 흔히 발견할 수 있었다.

기회비용 또한 생산가능곡선은 어떤 재화의 진정한 비용을 계산하기 위해서 지불하는 돈과 그것을 얻기 위해 포기해야 하는 다른 비용을 합한 개념인 기회비용을 생각해야 한다는 사실을 깨닫게 해 준다. 만약 보잉사가 A점에서 B점으로 이동한다면 보잉사는 8대의 소형 비행기를 더 생산하겠지만 대신 6대의 드림라이너를 덜 생산하게 된다. 따라서 8대의 추가적인 소형 비행기의 기회비용은 보잉사가 포기한 6대의 드림라이너이다. 그리고 만약 8대의 추가적인 소형 비행기가 6대의 드림라이너라는 기회비용을 갖는다면 1대의 소형 비행기는 6/8＝3/4대의 드림라이너라는 기회비용을 갖게 된다.

드림라이너를 환산한 1대의 소형 비행기를 더 얻기 위한 기회비용은 보잉사가 생산하는 소형 비행기나 드림라이너의 수에 상관없이 항상 같을까? 〈그림 2-1〉의 예에서 보면 대답은 '그렇다'이다. 보잉사가 생산하는 소형 비행기의 수를 28대에서 40대로 늘리면, 생산할 수 있는 드림라이너는 9대에서 0대로 줄어든다. 그러므로 1대의 소형 비행기에 대한 기회비용은 9/12＝3/4대의 드림라이너이며 이는 보잉사가 20대의 소형 비행기에서 28대의 소형 비행기로 수를 늘렸을 때의 기회비용과 같다.

그러나 여기서처럼 1대의 소형 비행기에 대한 기회비용이 언제나 같은 것은 우리가 애초에

그림 2-2 기회비용 체증

생산가능곡선이 바깥쪽으로 구부러진 활 모양을 갖는 것은 기회비용 체증을 의미한다. 이 예에서, 처음 20대의 소형 비행기를 생산하기 위해 보잉사는 5대의 드림라이너를 포기해야 한다. 그러나 20대의 소형 비행기를 추가로 더 생산하려면 무려 25대의 드림라이너를 포기해야 한다.

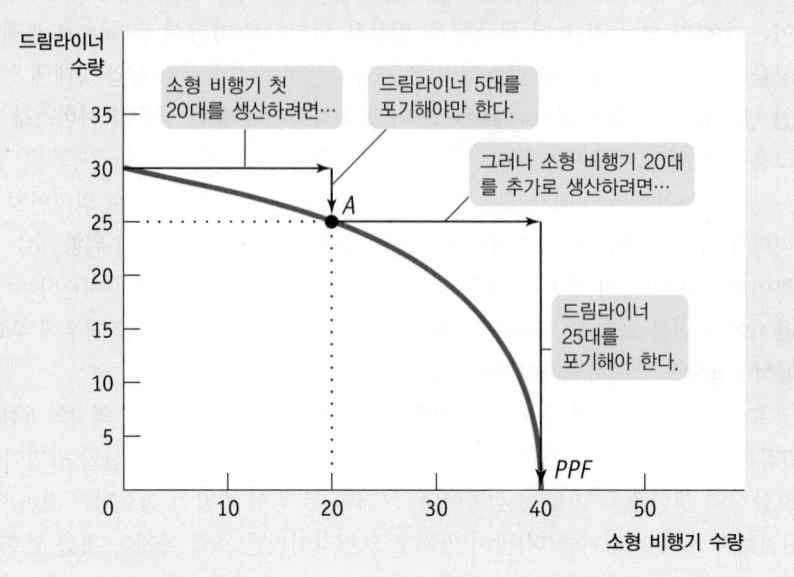

〈그림 2-1〉을 그릴 때 내세운 가정 때문이다. 구체적으로 말하자면, 한 단위의 추가적인 재화 생산에 대한 기회비용이 생산물의 조합과 상관없이 항상 일정하다는 가정을 할 경우에 생산가능곡선은 직선이 된다.

더욱이 직선으로 나타나는 생산가능곡선의 기울기는 기회비용과 같다. 즉 수평축에 자리한 재화의 수직축의 재화에 대한 기회비용은 직선의 기울기이다. 〈그림 2-1〉에서 생산가능곡선은 일정한 기울기 −3/4을 갖는데, 이는 보잉사가 1대의 소형 비행기에 대하여 3/4대의 드림라이너를 항상 일정한 기회비용으로 가진다는 의미이다. (직선의 기울기 계산 방법은 이 장 뒤의 부록에서 설명한다.) 매우 간단한 예이긴 하지만, 기회비용이 생산물의 조합에 따라 변하는 상황에 대해서도 위의 예에서처럼 생산가능곡선을 이용한 분석을 할 수 있다.

〈그림 2-2〉는 앞의 예와는 다른 가정, 즉 보잉사가 기회비용 체증의 상황에 직면하는 경우를 나타내고 있다. 보잉사가 더 많은 소형 비행기를 생산하려 할수록 추가로 얻는 하나의 소형 비행기로 인해 포기해야만 하는 드림라이너의 수가 많아지게 되며 그 반대의 경우 또한 마찬가지가 된다. 예를 들어 소형 비행기의 생산이 0대에서 20대로 증가한다고 할 때 그는 5대의 드림라이너를 포기해야 한다. 즉 소형 비행기 20대의 기회비용은 드림라이너 5대이다. 그러나 소형 비행기 20대를 더 생산하여 소형 비행기의 생산을 총 40대로 늘리고자 한다면 25대의 추가적인 드림라이너를 포기해야 하므로 훨씬 더 높은 기회비용을 감당해야 한다. 〈그림 2-2〉에서 볼 수 있듯이, 기회비용이 증가할 경우에는 생산가능곡선이 바깥쪽으로 구부러진 활 모양을 가진다.

물론 생산가능곡선이 직선이라는 가정을 하면 분석이 용이하긴 하지만, 경제학자들은 기회비용이 일반적으로 증가한다고 믿는다. 그러한 믿음의 근거는 한 재화를 소량만 생산할 때는 그 재화를 생산하는 데 드는 기회비용은 상대적으로 낮은데 그 이유는 그 경제가 재화의 생산에 적합한 자원만을 필요로 하기 때문이다.

예를 들면 만약 옥수수를 소량만 생산하고자 한다면 기후 등의 환경이 밀이나 다른 작물에는 적합하지 않으나 옥수수 재배에는 최적인 장소를 활용할 수 있을 것이다. 따라서 소량 생산의 경우에는 옥수수 생산이 밀의 잠재적 생산에 미치는 영향이 크지 않다. 그러나 옥수수를 대량으로 생산하기 위해서는 옥수수 재배에 그다지 적합하지 않은 땅까지도 사용해야 하므로, 결국 밀 생산에 적합한 땅까지도 옥수수 재배에 사용될 것이다. 따라서 옥수수의 추가적인 생산은 예전보다 훨씬 많은 양의 밀을 포기해야만 이루어질 수 있다. 다르게 말하면, 재화의 생산이 늘어날수록 생산에 적합한 요소들은 이미 소모되고 덜 적합한 요소들이 대신 쓰여야 하기 때문에 기회비용은 증가한다.

> **생산요소**(factors of production)는 재화나 서비스의 생산에 이용되는 자원을 의미한다.

경제성장 마지막으로, 생산가능곡선은 경제성장에 대해 말해 준다. 서론에서 경제성장의 개념에 대해 다루면서, 경제성장은 한 경제가 재화와 서비스를 생산할 수 있는 능력이 커지는 것으로 정의했다. 지금까지 살펴본 것처럼 경제성장은 실물경제의 기본적인 특징 중 하나이다. 그러나 실제로 경제가 성장하고 있다고 주장할 수 있을까? 미국의 경제를 예로 들면 비록 한 세기 전에 생산하던 것보다는 훨씬 많은 종류의 상품을 더 많은 양으로 생산하고 있지만 마차와 같은 일부 재화는 더 적게 생산하고 있다. 이와 같이 적지 않은 재화들의 생산량이 실제로 줄어들었다. 그렇다면 우리는 어떻게 경제가 전반적으로 성장했다고 확신할 수 있을까?

정답은 2개의 가상적인 생산가능곡선이 그려져 있는 〈그림 2-3〉에 나타나 있다. 〈그림 2-3〉에서 우리는 경제에 있는 모든 사람이 보잉사에서 일하고, 또 그 경제는 오로지 두 상품인 소형 비행기와 드림라이너만을 생산한다고 한 번 더 가정하자. 그림에서 '처음의 생산가능곡선(PPF)'과 '새로운 생산가능곡선(PPF)', 두 곡선 사이의 관계에 주목해 보자. 이제 우리는 그림을 통해 경제성장이 의미하는 바를 생각해 볼 수 있다. 즉 그림에 나타나 있는 것처럼, 경제성장이 경제의 **생산가능성**을 확장시킨다는 것으로 이해하면 된다. 경제성장 후의 경제는 모든 종류의 물건을 더 많이 생산할 수 있다.

예를 들어, 만약 보잉사의 처음 생산이 A점으로 나타낸 20대의 소형 비행기와 25대의 드림라이너였다면 경제성장은 그의 생산이 E점의 25대의 소형 비행기와 30대의 드림라이너로 이동할 수 있다는 것을 의미한다. E점은 처음의 생산가능곡선 바깥에 위치하고 있다. 따라서 생산가능곡선 모형에서 경제성장은 곡선이 바깥쪽으로 움직이는 것으로 나타난다.

무엇이 생산가능곡선을 바깥쪽으로 움직이게 하는가? 경제성장을 일으키는 요인에는 크게 두 가지가 있다. 하나는 경제의 재화와 서비스를 생산하는 데 쓰이는 자원인 **생산요소**(factors of

---

그림 2-3 경제성장

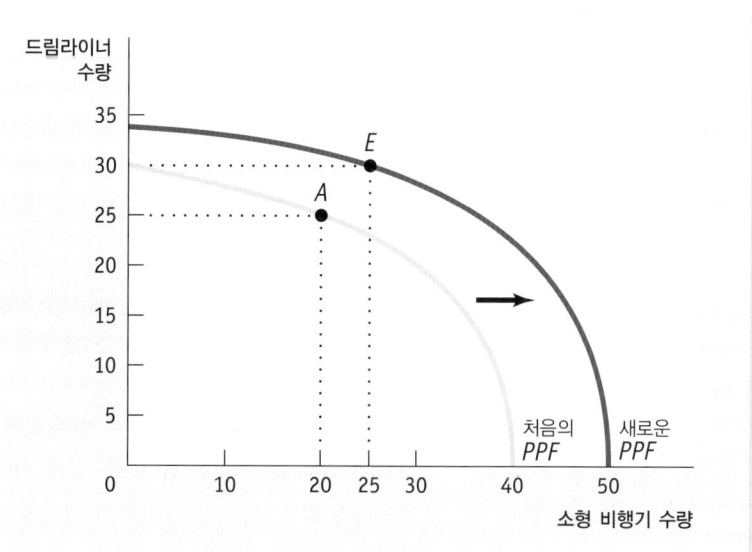

경제성장은 생산가능성이 커지는 것을 뜻하기 때문에 생산가능곡선이 *바깥쪽으로 이동*하게 된다. 생산가능곡선이 이동한 후의 경제는 모든 것을 더 많이 생산할 수 있다. 예를 들어 처음의 생산이 A점에 위치하고 있었다면(드림라이너 25대와 소형 비행기 20대), 경제성장 후에는 E점(드림라이너 30대와 소형 비행기 25대)으로 이동할 수 있게 된다.

네 가지 생산요소 : 토지, 노동, 실물자본, 인적 자본.

production)의 증가이다. 경제학자들은 흔히 생산 과정에서 소모되지 않은 자원들을 가리켜 **생산요소**라고 한다. 예를 들어 노동자는 재봉틀을 이용하여 천에서 셔츠를 만들어 낸다. 여기서 노동자와 재봉틀은 생산요소이지만 천은 생산요소가 아니다. 일단 셔츠가 만들어지면 노동자와 재봉틀은 또 다른 셔츠를 만드는 데 쓸 수 있지만 이미 사용된 천은 다른 셔츠를 만드는 데 쓸 수 없다.

일반적으로 이야기하자면, 생산의 주요 요소는 토지, 노동, 실물자본 그리고 인적 자본이다. 토지는 자연으로부터 제공된 자원을 의미하고 노동은 노동자들의 집합을, 실물자본은 기계나 건물같이 '만들어진' 자원을 그리고 인적 자본은 생산성을 늘리는 교육 정도 또는 노동자의 숙련도를 의미한다. 물론 각각은 단일 요소라기보다는 일종의 항목이다. 즉 노스다코타의 토지는 플로리다의 토지와 다르다.

생산요소를 증가시키는 것이 어떻게 경제성장을 일으키는지 보기 위하여 보잉사가 1년 동안 생산 가능한 비행기(소형 비행기든, 드림라이너든) 대수를 늘리기 위하여 또 다른 격납고를 건설했다고 가정해 보자. 새로운 격납고는 보잉사가 더 많은 비행기를 생산할 수 있게 해 주는 생산요소이다. 우리는 보잉사가 어떤 비행기를 얼마나 많이 생산할지는 알 수 없다. 이는 다른 것들 중에서도 소비자의 수요에 의존하는 경영전략에 관한 결정이기 때문이다. 그러나 우리는 보잉사의 생산가능곡선이 바깥쪽으로 이동했다고 말할 수 있다. 왜냐하면 이제 보잉사는 드림라이너의 생산을 줄이지 않고서도 소형 비행기를 더 많이 생산할 수 있고, 또 소형 비행기의 생산을 줄이지 않고서도 드림라이너를 더 많이 생산할 수 있기 때문이다.

경제성장의 또 다른 요인으로 재화와 서비스의 생산에 이용되는 **기술**(technology)의 발전을 꼽을 수 있다. 복합적인 재료는 이미 보잉사가 드림라이너를 개발하는 데 있어 일정 부분 사용한 바 있다. 그러나 보잉사의 공학자들은 비행기 전체를 복합재료로 만들 때 생기는 추가적인 큰 이득을 발견했다. 비행기는 좀 더 가벼워지고, 좀 더 강해지며, 전통적인 방식으로 생산된 비행기보다 좀 더 항공역학적이 된다. 따라서 비거리도 늘어날 것이며, 더 많은 사람을 태울 수 있고, 더 적은 연료를 소모할 것이며, 게다가 높은 객실 여압을 유지할 수도 있다. 따라서 모든 비행기 몸체를 복합물질로 만드는 보잉사의 혁신은 주어진 양의 자원으로 더 많은 것을 생산해 낼 수 있고, 따라서 생산가능곡선을 바깥쪽으로 이동시킨다.

비행기 기술의 증진은 생산가능곡선을 바깥쪽으로 이동시키기 때문에, 경제는 이제 비행기와 비행기 여행뿐만 아니라 더 많은 것을 생산할 수 있게 되었다. 지난 30년간 가장 큰 기술적 진보를 이룬 것은 건설이나 음식이 아닌 정보기술이다. 그럼에도 불구하고 미국인들은 이전보다 더 많이 먹고 더 큰 집에서 산다. 이는 경제성장이 이것을 가능하게 했기 때문이다. 우리가 1장에서 배웠듯이, 신기술의 개발과 같은 경제의 잠재력 증가는 시간이 지남에 따라 경제성장으로 이어진다.

생산가능곡선은 경제를 매우 단순화한 모형이다. 그러나 생산가능곡선을 통해 우리는 실제 경제에 대해 많은 것을 배울 수 있게 된다. 생산가능곡선은 경제적 효율성의 핵심이 무엇인지 명확하게 알려 주고, 기회비용의 개념에 대해서 설명해 주며, 경제성장이 정확히 무엇을 의미하는지를 말해 줄 수 있는 것이다.

기술(technology)은 재화나 서비스를 생산하는 데 이용되는 기술적인 방법을 의미한다.

비교우위와 교역으로부터의 이익

제1장에서 소개된 경제학의 열한 가지 원칙 중에서 개개인이 각자 다른 일에 전문화하고 서로 거래를 한다면 상호 이득을 얻을 수 있다는 교역(혹은 무역)으로부터의 이익을 떠올려 보자. 경제모형에 대한 두 번째 설명은 비교우위에 입각한 교역의 이익을 설명하는 데 특히 유용하게 사용된다.

경제학의 모든 통찰력 가운데 가장 중요한 것 중 하나는 교역으로부터 이익이 발생한다는 것이다. 그렇기에 당신은 당신이 특별히 잘하는 것만 직접 생산하고, 나머지는 다른 사람들이 생산한 것들을 구매하는 것이다. 이는 당신이 혼자서도 모든 것을 생산할 수 있는 능력이 있는 경우에도 마찬가지이다. 심지어 한 천재적인 외과의사가 물이 새는 수도꼭지를 직접 고칠 능력이 있음에도 불구하고, 배관공을 부르는 것이 더 나을 수도 있다.

그렇다면 교역으로부터의 이익을 어떻게 모형화할 수 있을까? 앞서 살펴보았던 비행기의 예시로 돌아가서, 이번에도 모든 사람이 보잉사에서 일하며 비행기를 생산해 내고, 미국 경제에 보잉사 하나만 존재한다고 가정해 보자. 그러나 이번에는 여기에 더해, 미국이 브라질과 교역하는 상황을 상정하자. 이때 브라질 역시 소형 비행기 생산에 특화되어 있는 브라질 항공사 엠브라에르 하나의 기업으로만 구성되어 있고, 브라질의 모든 국민이 그 항공사에서 일한다고 가정하자. (만약 당신이 미국 주요 도시에서 다른 도시로 이동한다면 당신이 탄 비행기는 보잉사의 비행기일 확률이 높지만, 만약 당신이 작은 도시로 이동한다면 당신이 탄 비행기는 엠브라에르 항공사에서 만들었을 가능성이 높다.)

우리 예시의 경제에서는 두 가지 상품, 즉 대형 비행기와 소형 비행기만 생산된다. 각국에서는 이 두 종류의 비행기를 모두 생산할 수 있다. 그러나 우리가 잠시 후 살펴볼 테지만, 서로 각기 다른 종류의 비행기 생산에 집중하고, 서로의 상품을 교역한다면 그들은 더 큰 이득을 얻을 수 있을 것이다. 이를 살펴보기 위해 가장 간단한 경우인 직선 형태의 생산가능곡선을 가정하자. 미국의 생산가능곡선은 〈그림 2-1〉의 생산가능곡선과 비슷한 〈그림 2-4(a)〉에 그려져 있는 생산가능곡선을 통해 알 수 있다. 그림을 살펴보면, 미국은 대형 비행기를 생산하지 않는다면

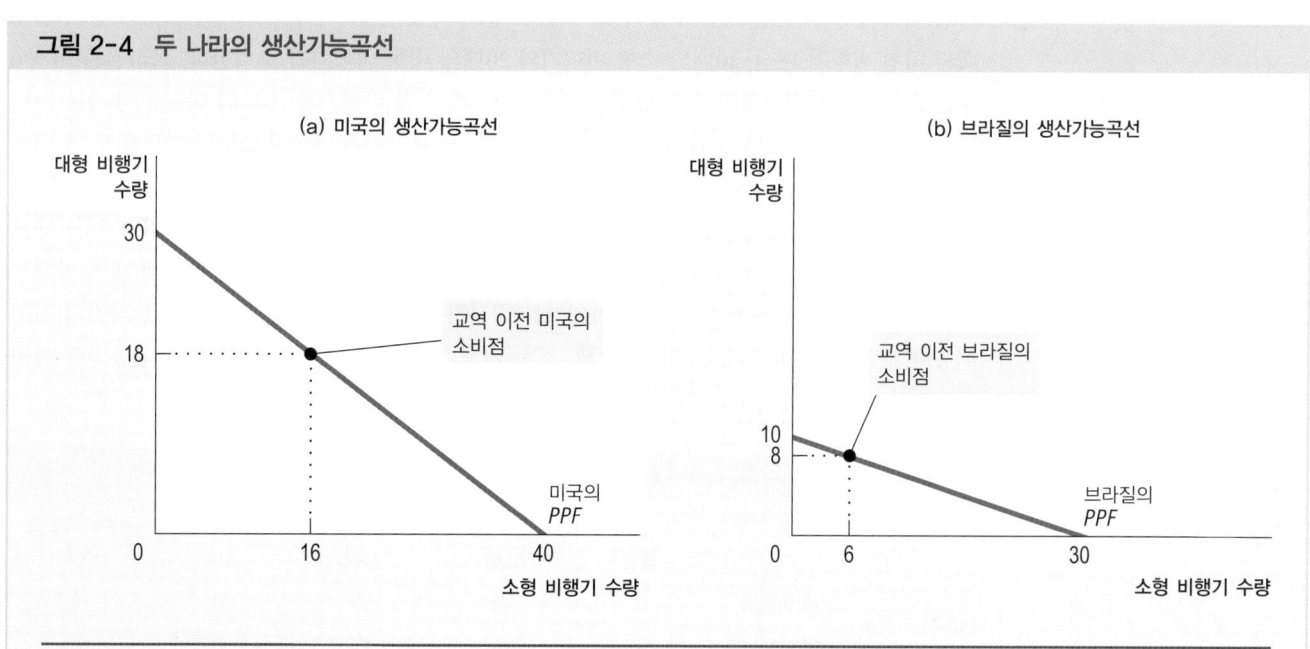

그림 2-4 두 나라의 생산가능곡선

여기서 생산가능곡선이 직선으로 그려진 데서 알 수 있듯이, 미국과 브라질 모두 소형 비행기 생산에 일정한 기회비용을 가진다. 미국의 경우 소형 비행기 생산에 대한 기회비용은 대형 비행기 3/4대이며, 브라질의 경우 소형 비행기에 대한 기회비용은 대형 비행기 1/3대이다.

표 2-1 소형 비행기와 대형 비행기에 대한 미국과 브라질의 기회비용

	미국의 기회비용		브라질의 기회비용
소형 비행기 1대	대형 비행기 3/4대	>	대형 비행기 1/3대
대형 비행기 1대	소형 비행기 4/3대	<	소형 비행기 3대

40대의 소형 비행기를 생산할 수 있고, 소형 비행기를 생산하지 않을 경우에는 30대의 대형 비행기를 생산할 수 있다. 이는 생산가능곡선의 기울기가 −3/4이며, 소형 비행기 1대에 대한 미국의 기회비용은 3/4대의 대형 비행기임을 의미한다.

〈그림 2-4(b)〉는 브라질의 생산가능곡선을 보여 준다. 미국과 마찬가지로 브라질의 생산가능곡선도 역시 일정한 기회비용을 가지는 직선이며, 이는 대형 비행기로 표시되는 소형 비행기의 기회비용이 상수임을 의미한다. 브라질의 생산가능곡선은 −1/3의 기울기를 갖는다. 브라질은 미국에 비해 생산성이 떨어진다. 기껏해야 브라질은 30대의 소형 비행기를 생산하거나 10대의 대형 비행기를 생산할 수 있다. 그러나 브라질은 미국보다 소형 비행기를 생산하는 데 상대적으로 더 재능이 있다. 미국이 소형 비행기 1대를 생산하는 데 3/4만큼의 대형 비행기 생산을 포기해야 한다면, 브라질의 기회비용은 1/3대의 대형 비행기에 불과한 것이다. 〈표 2-1〉은 두 국가의 소형 비행기 생산과 대형 비행기 생산에 대한 기회비용을 요약해 주고 있다.

이제 미국과 브라질이 각자 자국의 소형 비행기와 대형 비행기를 생산하고, 둘은 서로 교역하지 않으며, 각국에서는 자국 생산품만 소비한다고 가정하자. (즉 각국은 국내 거주자들이 소유한 비행기를 소비하는 것이다.) 그리고 〈그림 2-4〉에 나타나 있는 것처럼 소비하기를 선택했다고 하자. 교역이 없는 상태에서 미국은 1년에 16대의 소형 비행기와 18대의 대형 비행기를 생산하고 소비하며, 브라질은 6대의 소형 비행기와 8대의 대형 비행기를 생산하고 소비할 수 있다.

그러나 이것이 그들에게 최선의 방법일까? 그렇지 않다. 두 국가가 서로 다른 기회비용을 가지고 있기 때문에 둘 다 풍족해질 수 있는 교역을 성사시킬 수 있다.

〈표 2-2〉는 그러한 거래가 어떻게 성사될 수 있는지 보여 준다. 미국은 대형 비행기만 생산하기로 해서 1년에 30대만 생산하고, 그중 10대를 브라질에게 준다. 그리고 브라질은 소형 비행기의 생산에만 주력해서, 1년에 30대의 소형 비행기를 생산하고 그중 20대를 미국에게 준다. 이러한 교역의 결과가 〈그림 2-5〉에 잘 나타나 있다. 교역의 결과로 미국과 브라질은 소형 비행기와 대형 비행기 모두 이전보다 더 많이 소비할 수 있게 되었다. 즉 미국은 16대의 소형 비행기와 18대의 대형 비행기 대신, 20대의 소형 비행기와 20대의 대형 비행기를 소비한다. 브라질은 이제 6대의 소형 비행기와 8대의 대형 비행기 대신, 10대의 소형 비행기와 10대의 대형 비행기를 소비할 수 있다. 〈표 2-2〉에서 알 수 있는 것처럼, 미국과 브라질은 교역으로부터 이익을 얻게 되었다. 교역이 없을 때에 비해 미국과 브라질 모두 두 비행기 다 더 많이 소비할 수 있게 된 것이다.

결과적으로 양국이 각자 좀 더 잘할 수 있는 일에 주력하고 교역을 한다면 교역이 없을 때보다 양국 모두 더 풍족한 삶을 살 수 있게 된다. 미국이 자국과 브라질 둘 다를 위해 대형 비행기를 생산하기로 한 것은 미국이 대형 비행기를 생산하는 데 들어가는 기회비용이 (브라질의 기회비용이 무려 소형 비행기 4대인 데 반해) 소형 비행기 3/4대밖에 안 된다는 점에서 현명한 선택

표 2-2 미국과 브라질의 교역으로부터의 이익

		교역이 없는 경우		교역이 있는 경우		교역으로 인한 이득
		생산	소비	생산	소비	
미국	대형 비행기	18	18	30	20	+2
	소형 비행기	16	16	0	20	+4
브라질	대형 비행기	8	8	0	10	+2
	소형 비행기	6	6	30	10	+4

그림 2-5 비교우위와 교역으로부터의 이익

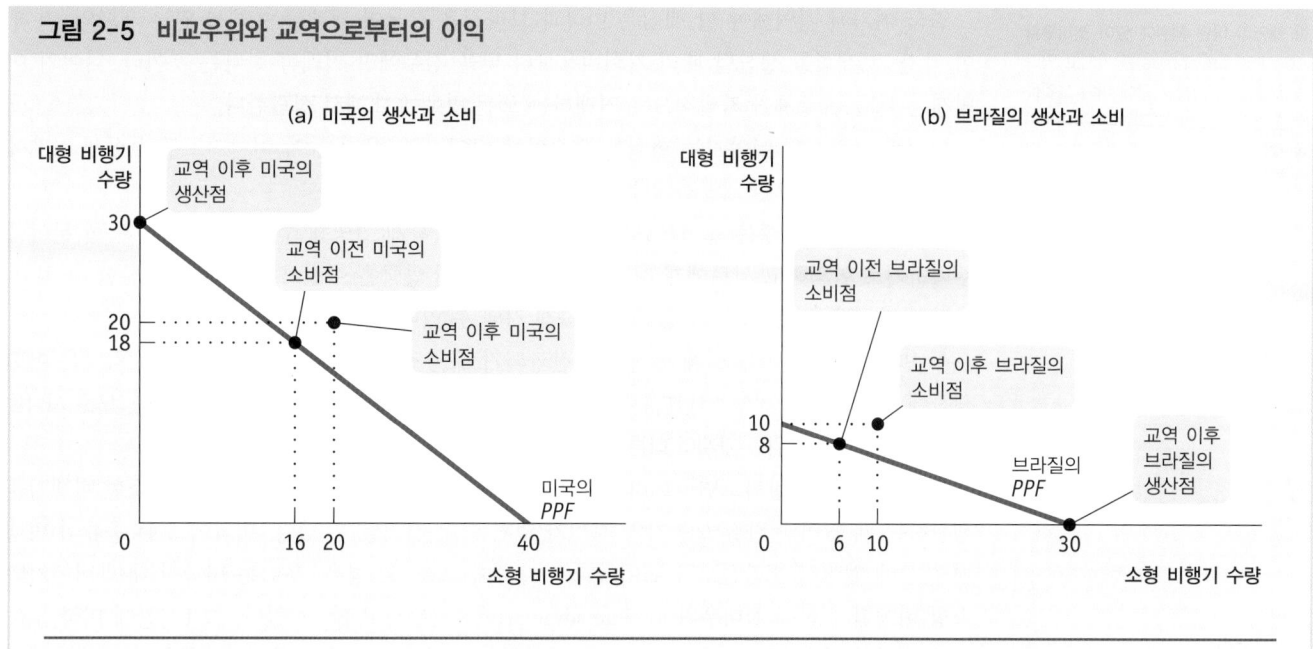

분업과 교역으로 미국과 브라질은 대형 비행기와 소형 비행기 모두를 더 많이 생산하고 소비할 수 있다. 미국은 비교우위가 있는 대형 비행기 생산에 특화하고, 그리고 절대적으로는 소형 비행기 생산과 대형 비행기 생산 모두에 열위가 있는 브라질 역시 비교우위가 있는 소형 비행기 생산에 특화한다. 양국은 교역이 없을 경우와 비교했을 때, 교역이 있는 경우 두 종류의 비행기 모두 더 많이 소비할 수 있다.

이었고, 마찬가지로 브라질이 미국과 자국을 위해 소형 비행기만을 생산하기로 한 것도 브라질이 소형 비행기를 생산하는 데 들어가는 기회비용이 대형 비행기 1/3대밖에 안 되는 데에 비해 미국의 기회비용은 대형 비행기 3/4대이므로, 이 역시 모두를 위해 현명한 선택이었다.

이 경우, 우리는 미국이 대형 비행기 생산에 비교우위가 있고, 브라질은 소형 비행기 생산에 비교우위가 있다고 말할 수 있다. 한 국가가 어떤 재화를 생산할 때의 기회비용이 다른 국가에 비해 적다면 그 국가는 그 분야에 **비교우위**(comparative advantage)를 가지고 있다고 말할 수 있다. 같은 개념이 기업이나 개인에게도 적용된다. 즉 어떤 기업이나 개인이 무언가를 생산하는 데 비교우위가 있다는 것은 그 기업의 혹은 그 사람의 기회비용이 다른 기업이나 다른 사람보다 더 적다는 것을 의미한다.

더 나아가기 전에 짚고 넘어가야 할 사항이 있다. 당신은 아마도 왜 미국이 브라질과 10대의 대형 비행기를 소형 비행기 20대와 거래했는지 궁금할 것이다. 10대의 대형 비행기를 12대의 소형 비행기와 거래할 수는 없는 것일까? 이 질문에 대한 답은 두 부분으로 나뉜다. 첫째로, 미국과 브라질이 수락할 수 있을 만한 다른 조합에 대한 거래 제안도 가능하다는 것이다. 두 번째로는, 예를 들어 10대의 대형 비행기와 10대의 소형 비행기를 교환하는 제안같이 제외시킬 수 있는 제안들이 존재한다는 것이다.

왜 그러한지를 이해하기 위해서 〈표 2-1〉의 미국의 경우를 먼저 살펴보자. 브라질과 미국이 거래하지 않고, 미국이 혼자 생산한다면 1대의 소형 비행기에 대한 기회비용은 대형 비행기 3/4대이다. 그러므로 미국은 소형 비행기 1대당 3/4대 이상의 대형 비행기를 포기해야 하는 거래는 선택하지 않을 것이다. 10대의 대형 비행기와 12대의 소형 비행기를 맞바꾸는 거래를 할 경우, 미국은 소형 비행기 1대를 위해 대형 비행기 10/12=5/6대의 기회비용을 지불하는 것이다. 이 경우, 5/6 > 3/4이므로 미국은 이 제안을 거절하게 될 것이다. 비슷한 이유로 브라질의 경우, 소형 비행기 1대를 위해 1/3대 이상의 대형 비행기를 주어야 하는 거래는 받아들이지 않을 것이다.

한 개인이 어떤 재화를 생산하는 데 비교우위(comparative advantage)를 가지고 있다는 말은 그 재화를 생산하는 데 따른 기회비용이 다른 사람들에 비해 그 사람에게는 더 적다는 것을 의미한다.

한 개인이 어떤 행위에 있어 **절대우위**(absolute advantage)를 가지고 있다는 말은 그가 다른 사람에 비해 그것을 더 잘할 수 있음을 의미한다. 절대우위를 갖는다는 말이 비교우위를 갖는 것과 동일한 것을 의미하는 것은 아니다.

결국 여기서 기억해야 할 핵심은 미국과 브라질은 각국이 거래를 통해서 얻는 재화의 '가격'이 각자 그 재화를 생산할 때의 기회비용보다 낮을 경우에만 거래를 한다는 것이다. 나아가 이 명제는 어느 두 주체가 자발적으로 거래하는 모든 경우에 대해서 성립한다.

미국과 브라질의 이야기는 현실을 단순화한 것이지만, 우리는 이 이야기로부터 실제 경제에 적용할 수 있는 중요한 교훈을 얻을 수 있다.

첫 번째로, 이 모형은 교역으로부터의 이익을 명확하게 설명해 주고 있다. 각자가 한 분야에 주력하기로 합의하고 서로에게 재화를 공급해 준다면 양국은 이전보다 더 많이 생산할 수 있고, 따라서 자급자족하는 것보다 훨씬 풍족하게 지낼 수 있다.

두 번째로, 이 모형은 실제 현실에서 간과되기 쉬운 중요한 점을 설명하고 있다. 각국은 어떤 생산에 있어 비교우위를 지닌다는 사실이다. 이는 개인과 기업 단위에도 적용된다. 모든 사람은 한 가지 일에 비교우위를 가지며 다른 일에 비교열위를 갖고 있는 것이다.

위의 예를 다시 살펴보면, (그리고 아마 실제로도 그럴 것인데) 미국 노동자는 소형 비행기를 생산하는 데 있어 브라질 노동자와 차이가 없거나 더 뛰어날 수 있다. 미국이 모든 종류의 비행기 생산에 있어서 브라질보다 뛰어나다고 가정해 보자. 이 경우, 우리는 미국이 대형 비행기와 소형 비행기 생산에 **절대우위**(absolute advantage)를 갖는다고 할 수 있다. 즉 1시간에 미국 노동자들이 대형 비행기든 소형 비행기든 상관없이 브라질 노동자들에 비해 더 많이 생산할 수 있는 것이다. 따라서 언뜻 보면 미국이 브라질과 교역을 한다고 해도 얻을 것이 별로 없어 보이기도 한다.

그러나 우리가 위의 예시에서 살펴보았듯이, 미국 역시 브라질과 교역함으로써 이득을 얻는다. 왜냐하면 상호 이익의 원리는 절대우위가 아닌 비교우위에서 비롯된 것이기 때문이다. 브라질이 미국에 비해 소형 비행기를 생산하는 데 더 많은 자원을 필요로 한다는 사실은 중요하지 않다. 중요한 것은 브라질이 소형 비행기를 생산하는 것에 대한 기회비용이 적다는 사실이다. 그러므로 브라질은 두 비행기 생산 모두에 있어, 절대열위가 있음에도 불구하고 소형 비행기 생산에 대해서 비교우위를 가진다. 한편 미국의 경우, 대형 비행기를 제조할 때 자원을 가장 효율적으로 활용할 수 있으므로 소형 비행기 생산에 있어 비교열위를 가지게 된다.

|| 비교우위와 국제무역

미국에서 판매되고 있는 물건의 원산지를 살펴보면 중국, 일본, 심지어는 캐나다까지 여러 나라들의 이름이 눈에 띈다. 한편으로는 미국의 산업 대부분은 생산량의 많은 부분을 해외에 수출하고 있다.(특히 농업, 기술집약적 산업, 대중문화가 그렇다.)

이러한 재화와 서비스의 교환은 축복해야 할 일일까, 혹은 근심거리가 될 뿐일까? 정치가와

함정

비교우위에 대한 오해

학생, 정치가, 심지어 학자들까지도 자주 비교우위와 절대우위를 혼동하곤 한다. 예를 들어, 1980년대로 거슬러 올라가 미국 경제가 일본 경제에 뒤처지고 있는 것처럼 보이던 시기에, "우리가 생산성을 향상시키지 못하면, 곧 어떤 분야에서도 비교우위를 지니지 못할 것이다"라는 논평을 종종 들을 수 있었다.

그러한 논평을 하는 사람들이 말하고자 하는 바는 "우리는 어느 분야에서도 절대우위를 지니지 못할 것이고, 일본인들이 우리보다 모든 것을 더

잘하게 될 것이다"라 할 수 있다.(이 말도 결국 사실이 아니었지만.) 그리고 그 경우에 일본과의 무역에서 더 이상 이익을 얻을 수 없다는 생각을 갖고 있었다.

그러나 우리 예에서 미국이 대형 비행기든 소형 비행기든 제조하는 데서 브라질보다 낮지만, 브라질이 미국과의 교역에서 이익을 볼 수 있었고 미국 역시 마찬가지였던 것처럼, 국가들도 그 나라의 모든 산업의 생산성이 무역 상대국의 생산성보다 낮더라도 무역에서 이익을 누릴 수 있게 된다.

2013년에 방글라데시에서 의류공장 다섯 곳이 입주한 건물이 붕괴되어 안에 갇힌 의류노동자 1,000여 명이 숨지는 끔찍한 산업재해가 화제가 되었다. 곧 이 공장들의 열악한 노동 조건과 더불어 방글라데시 국가차원의 법률을 포함한 많은 건축 법규 및 안전 절차 위반에 관심이 집중되었다.

이 사건은 정당화된 대중들의 격렬한 반응을 불러일으켰고, 동시에 방글라데시 의류산업의 급격한 성장 역시 화제가 되었다. 방글라데시는 세계 의류산업에서 큰 비중(수출 기준 중국에 이어 세계 2위)을 차지하고 있으며, 의류산업은 매우 가난한 국가인 방글라데시에서 소득과 고용 창출에 매우 중요한 산업이다.

방글라데시가 의류산업에서 특별히 높은 생산성을 가진 것은 아니다. 최근 컨설팅 회사 맥킨지(McKinsey)의 추정에 따르면 방글라데시 의류산업의 생산성은 중국의 1/4 수준이다. 그러나 방글라데시의 생산성은 다른 산업에서는 더욱 낮고, 이로 인해 의류 생산에 비교우위를 가지고 있는 것이다. 이러한 현상은 가난한 국가에서 주로 발생하며, 이러한 국가들은 경제 발전 초기 단계에서 의류 수출에 크게 의존한다. 그러한 국가의 한 공무원이 농담처럼 말한다. "우리는 바나나 리퍼블릭(미국의 브랜드)이 아니라 파자마 리퍼블릭(공화국)이다."

이 그림은 이러한 국가들의 1인당 소득과 전체 수출에서 의류산업이 차지하는 비율을 나타낸 것이다. 각 국가의 소득수준을 쉽게 알 수 있도록 1인당 소득은 미국의 1인당 소득을 기준으로 나타내었다.

출처 : The World Bank.

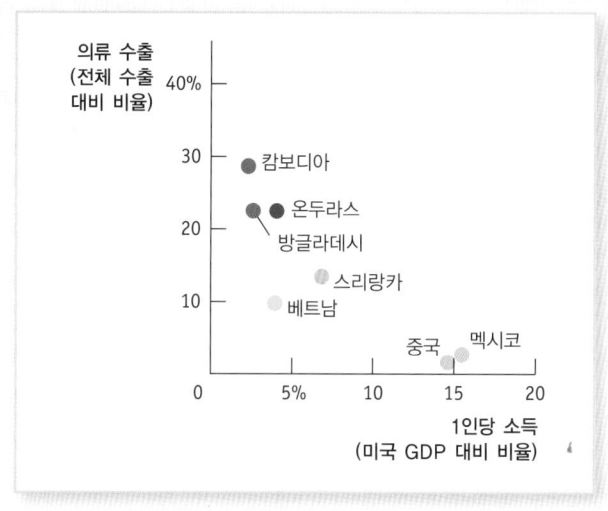

그림에서 볼 수 있듯이, 이러한 국가들은 실제로 매우 가난하며 가난한 국가일수록 의류산업에 크게 의존한다.

한 가지 언급하고 넘어갈 점은 방글라데시의 공장 사고와 같은 비극에도 불구하고, 의류 수출에 의존하는 것이 꼭 나쁜 것만은 아니라는 것이다. 방글라데시는 비록 아직 매우 가난하지만, 의류 수출국으로서 급격히 성장하기 시작했던 20년 전과 비교하여 약 두 배 이상 부유해졌다.(뒤의 '현실 경제의 이해'도 참조.)

대중은 종종 국제무역이 바람직한가에 대해 의문을 가지면서 외국으로부터 물건을 사 오는 것보다 직접 만들어 쓰는 것이 좋지 않겠느냐는 주장을 펼친다. 전 세계의 산업들은 외국의 경쟁자로부터 보호받고 싶어 한다. 일본 농부들은 미국 쌀이 수입되지 않기를 원하고, 미국 철강 노동자들은 유럽의 철강이 수입되지 않기를 원한다. 그리고 이러한 요구들은 종종 여론의 지지를 받는다.

그러나 경제학자들은 국제무역에 대해 매우 긍정적인 시각을 갖고 있다. 왜일까? 이는 비교우위의 관점에서 문제를 바라보기 때문이다. 우리가 미국의 대형 비행기와 브라질의 소형 비행기의 예에서 살펴보았듯이, 국제무역은 양국 모두에게 이득이 된다. 각국은 교역하지 않고 자급자족으로 남아 있었을 때보다 더 많은 상품을 소비할 수 있게 된다. 게다가 이러한 상호 이익은 한 나라가 어떤 재화를 더 잘 생산한다는 것에 의존하지 않는다. 만약 한 국가가 두 산업 모두에서 더 높은 1인당 생산성, 즉 두 산업 모두에서 절대우위를 가지고 있더라도 교역으로부터 여전히 이익을 얻을 수 있다. 다음에 볼 '국제비교'는 바로 이 점을 잘 설명하고 있다.

|| 거래 : 순환도

지금까지 우리가 공부한 모형 경제는 하나의 기업만 있는 매우 단순화된 모형이다. 우리는 미국과 브라질 간 교역의 경우에도, 각 경제 주체가 화폐를 사용하지 않고 재화나 서비스를 직접 교환하는 **물물교환**(barter) 경제를 가정함으로써 모형을 매우 단순화했다. 그러나 현대 경제에서 단

> 사람들이 이미 가지고 있는 재화와 서비스를 그들이 갖기를 바라는 재화와 서비스로 직접 교환할 때 교역은 물물교환(barter)의 형태로 나타난다.

순환도(circular-flow diagram)는 경제 내의 거래를 원을 따르는 흐름을 통해 보여 주는 모형이다.

가계(household)는 개인이나 소득을 공유하는 사람들의 집단을 의미한다.

기업(firm)은 판매를 목적으로 재화와 서비스를 생산하는 조직체이다.

기업은 그들이 생산한 재화와 서비스를 **재화와 서비스시장(markets for goods and services)**에서 판매한다.

기업은 **요소시장(factor markets)**에서 그들이 생산하는 데 필요한 자원인 생산요소를 구입한다.

순 물물교환은 거의 일어나지 않는다. 대신에 대부분의 사람들은 본질적인 가치가 없는 여러 가지 색의 종잇조각에 불과한 화폐를 얻기 위해 재화와 서비스를 제공하고 그 종잇조각을 통해 자신들이 원하는 재화와 서비스를 얻는다. 즉 재화나 서비스를 팔고, 다른 재화나 서비스를 사는 것이다.

또한 사람들은 여러 가지 종류의 재화와 서비스를 사고판다. 미국 경제는 수백만의 기업이 수억 명의 노동자들을 고용하고 수백만 개의 서로 다른 재화와 서비스를 생산하는 거대한 복합체이다. 그러나 〈그림 2-6〉에 나타나 있는 **순환도(circular-flow diagram)**라는 간단한 모형을 사용하면 복잡한 경제의 중요한 원리를 배울 수 있다. 이 그림은 원을 따라서 서로 다른 방향으로 흐르는 경제 내의 거래를 나타내고 있다. 한 흐름은 재화, 서비스, 노동, 원자재 등과 같은 실물의 흐름을 나타내고, 반대 흐름은 그러한 실물에 대한 보상으로 주어지는 화폐의 흐름을 나타낸다. 이 경우에 실물의 흐름은 파란색으로, 화폐의 흐름은 초록색으로 나타나고 있다.

가장 단순한 순환도는 **가계(household)**와 **기업(firm)**이라는 두 경제 주체만을 포함하고 있는 경제를 모형화한 것이다. 가계는 한 개인이거나 혹은 수입을 공유하는 여러 사람으로 이루어진 집단(꼭 그럴 필요는 없지만 대부분 가족이다)으로 이루어진다. 기업은 판매를 목적으로 하는 재화와 서비스를 생산하는 조직으로 가계의 구성원들을 고용한다.

〈그림 2-6〉에서 볼 수 있듯이 이 모형 경제에는 두 가지 종류의 시장이 존재한다. 왼쪽에 위치한 것은 **재화와 서비스시장(markets for goods and services)**으로 가계가 기업으로부터 그들이 필요로 하는 재화와 서비스를 구입하는 시장이다. 이 시장은 가계로 재화와 서비스가 유입되도록 하고, 기업으로 화폐가 유입되도록 한다.

다른 쪽에는 **요소시장(factor markets)**이 있다. 앞에서 설명했듯이 주요 생산요소는 토지, 노동, 실물자본 그리고 인적 자본이다.

우리가 가장 잘 알고 있는 요소시장은 노동시장으로서, 노동자들은 그들이 일한 시간에 대해 보상을 받는다. 노동 외에도 가계가 소유하고 있거나 기업에 팔 수 있는 다른 생산요소들에 대해 생각해 볼 수 있다. 예를 들어, 어떤 기업이 가계의 구성원들인 주주들에게 배당금을 나누어 준다면, 결국 그것은 기계와 건물의 근본적인 소유주들에게 사용료를 지불하는 셈이 된다. 이런

그림 2-6　순환도

이 도표는 경제 내의 화폐와 재화 및 서비스의 흐름을 보여 준다. 재화와 서비스시장에서 가계는 기업으로부터 재화와 서비스를 구입하고 이는 기업으로 흘러 들어가는 화폐의 흐름과 가계로 흘러가는 재화와 서비스의 흐름을 만든다. 한편 기업이 요소시장에서 가계로부터 생산요소를 구입함에 따라 화폐는 다시 가계로 흘러간다.

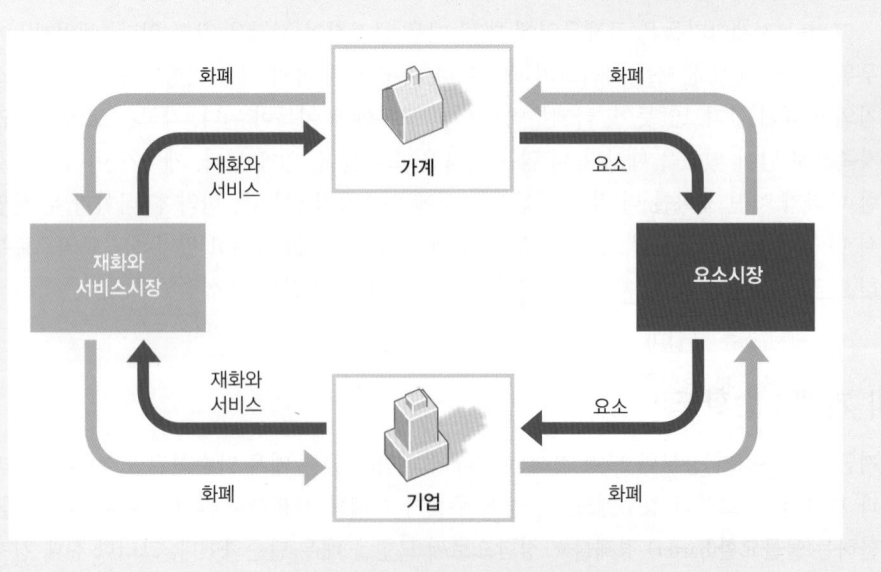

경우에 상호작용은 자본을 사고파는 **자본시장**에서 이루어진다. 나중에 자세히 살펴보겠지만, 경제의 총소득이 비숙련 노동자, 숙련 노동자 그리고 토지와 자본 소유주들 사이에 어떻게 분배되는지, 즉 경제 내의 **소득분배**(income distribution)를 결정하는 것은 결국 요소시장이다.

순환도는 현실 세계의 수많은 복잡함을 무시하고 있다. 몇 가지 예를 들면 다음과 같다.

어떤 방식으로 총소득이 다양한 생산요소의 소유주들에게 분배되는지를 가리켜 한 경제의 소득분배(income distribution)라고 한다.

- 현실에서는 가계와 기업의 구분이 명확하지 않을 수 있다. 농장이나 구멍가게, 조그만 여관처럼 규모가 작고 가족이 운영하는 사업을 생각해 보자. 이러한 것들은 가계인가 기업인가? 보다 완전한 그림을 위해서는 가족 기업에 대한 또 다른 분류가 필요할 것이다.
- 많은 기업들은 생산물을 가계에 판매하기보다는 다른 기업들에게 판매한다. 예를 들어, 철강 회사는 자동차 회사와 같은 다른 회사에게 주로 판매할 뿐, 가계에는 판매하지 않는다. 따라서 보다 완전한 그림을 원한다면 기업 분야 속에 이러한 재화와 서비스의 흐름도 포함시켜야 할 것이다.
- 실제 현실에서 중요한 정부의 역할, 즉 막대한 자금을 세금의 형태로 순환도 밖으로 빼내고, 다시 막대한 자금을 정부지출의 형태로 순환도 안으로 유입시키는 정부가 순환도에는 나타나지 않고 있다.

다시 말해, 〈그림 2-6〉은 실제 경제의 모든 구성원을 포함하고 구성원들 간의 모든 화폐와 실물자산의 흐름을 담은 완전한 그림이 아니다.

그러나 이러한 단순한 성격에도 불구하고 순환도는 다른 좋은 경제모형들과 마찬가지로 경제를 이해하는 데 매우 유용한 모형이다.

현실 경제의 >> 이해
부유한 나라, 가난한 나라

(때와 장소를 잘 가려서) 옷을 벗어 본 다음에 옷에 붙어 있는 라벨에 적힌 원산지를 한번 확인해 보라. 아마 대부분 미국보다 훨씬 가난한 국가들인 엘살바도르, 스리랑카, 방글라데시 등에서 만들어졌을 것이다.

왜 이러한 나라들은 미국보다 가난할까? 직접적인 대답은 이러한 나라들의 생산성이 훨씬 낮기 때문이라는 것이다. 이러한 나라들의 기업은 미국이나 다른 부유한 나라들의 비슷한 재화와 서비스를 생산하는 기업들에 비해 주어진 지원을 이용하여 만들 수 있는 양이 적다. 나라마다 생산성이 다른 원인은 또 다른 중요한 문제이지만, 어쨌든 나라마다 생산성에 격차가 있다는 것은 사실이다.

그러나 이러한 국가들의 경제가 미국에 비해 생산성이 훨씬 떨어진다면, 그들이 왜 미국인 대부분의 옷을 만들고 있는 것일까? 왜 미국인들은 스스로 옷을 만들어 입지 않을까?

정답은 '비교우위'에 있다. 방글라데시에 있는 모든 산업이 미국에 있는 같은 산업 업종에 비해 생산성이 더 떨어진다고 해 보자. 그러나 부유한 국가와 가난한 국가 사이의 생산성 차이의 크기는 재화와 산업마다 다르다. 비행기와 같이 복잡한 재화의 경우에는 생산성 차이가 클 수 있지만, 옷처럼 간단한 재화의 경우에는 별로 차이가 나지 않을 것이다. 따라서 방글라데시가 옷을 생산하는 것은 마치 브라질의 항공기 제작회사인 엠브라에르가 소형 비행기를 생산하는 것과 비슷하다. 즉 상대방만큼 그것을 잘하지는 못하지만, 상대적으로 잘할 수 있는 것임에는 분명하다.

요점은, 방글라데시가 미국에 비해 대부분의 산업에서 절대열위이지만 옷 생산에 있어서는

방글라데시 경제 생산성이 미국에 비해 떨어진다 해도 그들은 옷 생산에 있어 비교우위를 갖는다.

비교우위를 가진다는 것이다. 이것은 미국과 방글라데시가 각자 비교우위를 가지는 산업에 집중함으로써 미국은 방글라데시에 기술이 정교한 재화를 공급하고 방글라데시는 미국에 옷을 공급하는 식으로 두 나라 모두 두 재화를 더 많이 소비할 수 있게 된다는 것이다.

>> 이해돕기 2-1
해답은 책 뒤에

1. 다음 설명이 맞는지 틀린지 답하라.
   a. 드림라이너와 소형 비행기를 생산하는 데 필요한 보잉사의 자원이 늘어나면 보잉사의 생산가능곡선을 변화시키지 않을 것이다.
   b. 드림라이너의 주어진 양에 대해 소형 비행기를 더 많이 생산하도록 하는 기술 진보는 보잉사의 생산가능곡선을 변화시킬 것이다.
   c. 생산가능곡선이 유용한 이유는 자원이 효율적으로 사용되느냐에 상관없이 한 재화를 더 얻기 위해 포기해야 하는 다른 재화의 양을 알려 주기 때문이다.
2. 이탈리아에서는 하루 동안 8명의 노동자가 자동차를 생산하고, 3명의 노동자가 세탁기를 생산한다. 미국에서는 하루 동안 6명의 노동자가 자동차를 생산하고, 2명의 노동자가 세탁기를 생산한다.
   a. 어느 나라가 자동차 생산에 있어서 절대우위를 가지고 있는가? 세탁기 생산에 대해서는 어떠한가?
   b. 어느 나라가 세탁기 생산에 있어서 비교우위를 가지고 있는가? 자동차 생산에 대해서는 어떠한가?
   c. 어떤 식으로 분업을 하는 것이 두 나라의 교역으로부터 이익을 가장 크게 할까?
3. 〈표 2-1〉을 이용하여 왜 미국과 브라질이 대형 비행기 10대와 소형 비행기 15대를 교환하려 하는지 설명하라.
4. 순환도를 이용하여 가계의 지출 증가가 경제 전체의 일자리 수를 늘리는 데 어떻게 영향을 미치는지 설명하라. 순환도를 통해 예측할 수 있는 바를 설명하라.

|| 모형 사용하기

우리가 보았듯이, 경제 분석의 핵심은 몇 가지 기본 원칙을 기반으로 어떻게 기본 모형을 만들고, 상황에 따라 특정 가정을 모형에 추가하면서 그 상황의 분석에 그 원칙이 어떻게 적용되는지를 파악하는 것이라 볼 수 있다. 그런데 실제로 경제학자들이 그러한 모형을 가지고 무엇을 하려는 것일까?

실증적 경제학과 규범적 경제학

당신이 주지사에게 조언을 해 주는 경제전문가라고 하자. 주지사는 당신에게 어떤 질문을 하게 될까? 아마 다음과 같은 질문들을 생각해 볼 수 있을 것이다.

1. 내년에 유료 도로 통행료 수입이 얼마나 될 것인가?
2. 통행료를 1달러에서 1.5달러로 올리면 총수입이 얼마나 증가할 것인가?
3. 통행료 인상이 교통량과 도로 근처의 대기오염을 줄일 수 있지만 출퇴근 시민들에게 재정적인 부담을 줄 수도 있다. 이러한 사실을 염두에 두었을 때, 통행료를 인상해야 할 것인가?

여기서 처음 두 질문과 마지막 질문 사이에는 큰 차이가 있다. 처음 두 질문은 사실에 관한 것으로서, 처음 질문인 내년의 통행료 수입에 대한 예측은 실제로 수치가 나올 때가 되면 예측이 맞거나 틀리다는 결과가 나오게 된다. 다른 요인들이 총수입에 미칠 영향을 통제할 수는 없기 때문에 두 번째 질문인 통행료 인상이 가져올 영향에 대한 예측에 대한 답은 조금 더 어렵긴 하지만 이론적으로는 하나의 답이 나오게 된다.

그러나 통행료를 인상해야 하는가에 대한 세 번째 질문에는 정답이 없다. 높은 통행료가 미칠 영향에 대해서 동의하는 두 사람도 통행료 인상의 문제에 대해서는 서로 의견이 다를 수 있다. 예를 들어, 유료 도로 근처에 살지만 그 도로를 이용해서 출퇴근하지 않는 사람이라면 통행료보다는 소음과 대기오염에 더 신경을 쓸 것이고, 일반적으로 그 도로를 이용하는 시민이라면 반대의 입장을 가질 것이다.

이 사례는 경제분석에서 두 가지 역할의 중요한 차이를 보여 준다. **실증적 경제학**(positive economics)의 분석은 세상이 돌아가는 원리에 대한 질문의 답을 구하기 위한 것이고, 분석 결과의 옳고 그름을 판단할 수 있다. 반면에 세상이 어떻게 돌아가야 하느냐에 대한 문제를 연구하는 것은 **규범적 경제학**(normative economics)이라 불린다. 다른 말로 하면, 실증적 경제학은 있는 그대로를 보여 주는 것이고, 규범적 경제학은 처방을 내리는 것이다.

대부분의 경제학자들은 실증적 경제학을 연구하는 데 시간과 노력을 쏟아붓는다. 그리고 모형은 대부분의 실증적 경제학에서 핵심적 역할을 담당한다. 앞에서 언급했듯이, 미국 정부는 컴퓨터 모형을 사용하여 국가 세금정책이 가져올 변화를 예상하고, 대부분의 주정부도 각자의 세금정책에 대한 모형을 가지고 정책 변화의 영향을 분석한다.

이제는 주지사가 던질 수 있는 첫 번째와 두 번째 질문 사이에도 사소하지만 중요한 차이가 있다는 것을 살펴볼 것이다. 첫 번째 질문은 내년 수입에 대한 간단한 **예측**(forecast)이다. 두 번째 질문은 세금정책이 달라진다면 총수입에 어떤 변화가 있을 것인지를 물어보는, '만약 …이라면'식의 질문이다. 경제학자들은 보통 두 가지 유형 모두에 대답하기를 요청받지만, 모형은 특히 '만약 …이라면'식의 질문에 대답하는 데 유용하다.

그러한 질문에 대답하는 것은 종종 정책으로 이어지기도 하지만, 여전히 처방이 아니라 예측이라는 사실에는 변함이 없다. 즉 모형을 통해 어떤 정책이 변한다면 어떤 일이 벌어질 것인지는 알 수 있지만 그 결과가 좋은지 나쁜지에 대해서는 알 수 없다.

경제모형을 이용해서 주지사가 유료 도로 통행료를 인상한다면 도로 근처의 지가를 상승시키지만 출퇴근 시민들에게는 부담이 될 것이라는 사실을 알게 되었다고 하자. 이러한 사실을 통해 통행료 인상이 좋고 나쁨을 판단할 수 있을까? 그 판단은 누구에게 물어보느냐에 따라 다를 것이다. 위에서 살펴보았듯이, 도로 근처에 땅을 가지고 있는 사람은 인상안에 찬성할 것이고, 운전자들의 복지에 관심이 있는 사람은 다르게 생각할 것이다. 이는 가치판단의 문제이지 경제분석의 문제가 아니기 때문이다.

하지만 경제학자들은 자주 정책 조언을 하게 된다. 즉 규범적 경제학에 관여하게 되는 것이다. 이 경우에 만약 '올바른' 답이 없다면 어떠한 판단을 내려야 하는 것일까?

우리 모두가 각자의 의견을 가지고 있듯이, 경제학자도 시민의 한 사람으로서 의견을 낼 수 있다. 그러나 경제분석은 다른 사람들의 의견이 어떻든지 간에 어떤 정책이 다른 것에 비해 명백히 낫다는 것을 보여 줄 때 주로 사용된다.

정책 A가 정책 B에 비해 모든 사람의 효용을 더 증가시키거나 혹은 적어도 다른 사람들에게 피해를 입히지 않고서 몇몇 사람들의 효용을 증가시킬 수 있다고 하자. 그러면 정책 A가 정책 B보다 좋다는 것은 분명하다. 이것은 목표 그 자체를 평가하는 가치판단의 문제가 아니다. 다만 어떻게 목표를 달성하는 것이 가장 효율적인 방법인가에 대해 말하고 있는 것이다.

실증적 경제학(positive economics)은 경제가 실제적으로 움직이는 원리를 설명하고자 하는 경제학의 한 분야이다.

규범적 경제학(normative economics)은 경제가 마땅히 움직여야 하는 원칙에 관하여 처방을 내리는 경제학의 한 분야이다.

예측(forecast)은 미래에 대한 단순한 예상이다.

예를 들어, 저소득 가정이 집을 얻는 것을 돕기 위해 집세를 일정한 수준으로 유지시키는 정책과 집세를 내는 저소득 가정에 보조금을 주는 두 가지 다른 정책이 사용되고 있다고 하자. 대부분의 경제학자들은 보조금이 더 효율적이라는 데 동의할 것이다. 그리고 대다수의 경제학자들은 정치적 성향에 관계없이 집세 통제보다 보조금을 선호할 것이다.

각각의 정책에 우선순위를 정할 수 있다면 경제학자들은 대부분 합의에 쉽게 도달할 것이다. 그러나 경제학자들이 종종 합의에 이르지 못하는 경우도 분명히 존재한다.

‖ 경제학자들이 합의하지 못할 때와 그 이유

경제학자들은 서로 논쟁을 잘하는 것으로 유명하다. 그렇다면 어떻게 이러한 유명세를 얻게 되었을까?

이는 경제학자들의 시각 차이가 언론을 통해 과장되게 보도되는 탓도 크다. '집세규제 정책이 주택 부족을 야기할 것이다'와 같이 경제학자들 대부분이 동의하는 문제들에 대해서는 기자들이 기사로 다뤄야 할 가치를 느끼지 못한다. 따라서 전문가들이 합의를 이룬 내용들은 언론을 통해 보도되지 않는다. 그러나 저명한 경제학자들이 서로 다른 입장을 가지고 있는 문제가 있을 경우에는 이것이 좋은 기삿거리가 되어 여기저기에 보도된다. 따라서 사람들은 경제학계에서 합의된 더 큰 부분보다는 서로 합의하지 않고 있는 작은 부분에 대해서만 듣게 되는 것이다.

또한 경제학이 필연적으로 정치와 연관되어 있다는 것도 이유이다. 막강한 이익집단들은 어떠한 문제에 대해 그들이 듣고 싶어 하는 대답을 듣고 싶어 하고, 그들의 의견을 뒷받침해 줄 수 있는 경제학자들을 찾는다. 그러면서 그들은 경제학자들에게 명성과 더불어 훨씬 나은 대우를 약속해 주곤 한다.

그러나 경제학자들 사이의 의견 불일치가 실제 현실보다 더 과장되어 나타난다 하더라도, 경제학자들이 몇몇 중요한 문제에 대해 서로 다른 의견을 보인다는 것은 엄연한 사실이다. 예를 들어, 몇몇 유명한 경제학자들이 미국 정부가 소득세를 **부가가치세**(이는 전국적인 판매세로 대부분의 유럽국가에서 주요한 정부 수입원이 되고 있다)로 대체하려는 것에 대해 열렬한 지지를 보낸 반면, 또 다른 유명한 경제학자들은 이에 대해 반대했다. 왜 이러한 견해 차이가 생기는 것일까?

견해 차이의 주요한 원인은 가치의 차이에 있다. 즉 사람들이 합리적이라고 생각하는 것의 기준이 집단마다 다를 수 있다. 소득세와 비교하면 부가가치세는 일반적으로 중산층에게 더 많은 부담을 지운다. 따라서 사회가 보다 평등해야 한다고 생각하는 경제학자는 부가가치세에 반대 입장을 가질 것이고, 다른 가치를 가진 경제학자는 부가가치세를 그리 반대하지 않을 것이다.

견해 차의 또 다른 중요한 원인은 서로 다른 경제모형에 있다. 경제학자들의 결론은 현실을 단순화시킨 그들의 모형에 근거하기 때문에, 어떠한 단순화가 적절한가에 대해 경제학자들의 의견이 다르다면 결국 다른 결론에 도달하게 된다.

미국 정부가 부가가치세 도입 여부를 고려한다고 가정해 보자. 경제학자 A는 조세 체계에 관한 행정비용—즉 감시비용, 서류 처리비용, 세금 부과비용 등—에 초점을 맞춘 모형에 의존할 것이다. 이 경제학자는 부가가치세를 부과하는 데 대한 높은 비용에 관련된 연구에 집중할 것이고 변화를 반대할 것이다. 그러나 경제학자 B는 그 문제에 대한 올바른 접근은 행정적 비용을 무시하고 제안된 법안이 사람

들의 저축에 관련된 행동을 어떻게 바꿀지에 초점을 맞추는 것이라고 생각할 것이다. 이 경제학자는 부가가치세가 소비자들의 저축을 어떻게 증대시키는지(즉 바람직한 결과)에 관한 연구를 제시할 것이다.

경제학자들이 서로 다른 모형을 썼기 때문에, 즉 서로 다른 단순화된 가정을 하고 있기 때문에 그들은 서로 다른 결론에 도달하게 된다. 그리고 두 경제학자는 같은 문제의 서로 다른 측면에 집중하고 있다.

현실 경제의 >> 이해

경제학자들이 합의할 때

"만약 전 세계 경제학자들을 끝에서 끝까지 데려다 놓아도 그들은 결코 결론에 도달할 수 없을 것이다."라는 경제학 농담이 있다. 그러나 경제학자들은 정말 그렇게나 서로 의견이 다를까? 진행 중인 조사에 의하면 그렇지 않다. 시카고대학교의 부스경영대학원에서 다양한 학문적, 지역적, 정치적 배경을 지닌 51명의 저명한 경제학자들로 패널을 구성해 정치인과 대중 사이에 이견이 분분한 정책 및 정치 문제에 대해 정기적으로 설문조사를 진행하였다.

조사 결과 소문과 달리 경제학자 패널들은 논란의 여지가 많은 문제를 포함하여 많은 사안에 대해 합의를 하는 것으로 나타났다. 예를 들어 패널 중 85%는 중국과의 교역이 미국에 이익이 될 것이라고 주장했으며, 거의 비슷한 비율로 의류와 같은 경쟁 산업에 종사하는 미국인들은 중국과의 교역으로 손해를 본다는 의견에 대해 동의하였다. 대략 비슷한 비율(82%)로 임대료 통제는 질 좋으면서 적당한 가격의 주거 공급이 증가할 것이라는 주장에 대해서는 동의하지 않았다.

첫 번째 경우, 패널은 미국 정치에서 진보로 볼 수 있는 입장에 압도적으로 동의했으나, 두 번째 경우에는 정치적으로 보수적인 입장에 동의하였다.

경제학자 패널(왼쪽 위에서부터 시계방향으로) : 프린스턴대학교의 세실리아 로즈, 하버드대학교의 데이비드 커틀러, UC 버클리의 힐러리 호인스, 하버드대학교의 라즈 체티.

경제학자들 간의 불일치는 검증되지 않은 경제적 정책을 수반하는 경향을 보였다. 예컨대 경제 부흥을 목표로 하는 새로운 연방준비제도가 과연 효과를 보일지에 대해서는 거의 반반으로 의견이 나뉘었다. 이러한 의견 불일치에서 이념은 제한된 영향력을 보였다. 진보 경제학자는 평균적으로 보수 경제학자와 미세하게 다른 입장에 섰지만 대중 사이에 나타난 차이보다 크지는 않았다.

따라서 경제학자들은 몇몇 문제에 대해, 특히 거시경제적 문제에 대해 정말로 의견 불일치를 보인다. 하지만 대부분의 영역에서는 공통점을 보였다.

>> 이해돕기 2-2
해답은 책 뒤에

1. 다음 중 어떤 것이 실증적 진술이고, 또 규범적 진술인지 설명하라.
   a. 사회는 사람들이 개인적으로 위험한 행동을 하지 않도록 하는 방안을 마련해야 한다.
   b. 위험한 행동을 하는 사람들은 높은 의료비용을 통해 사회에 높은 비용을 부담시킨다.

>> 복습
- 대부분 세계가 움직이는 원리를 분석하는 **실증적 경제학**에는 명확히 옳고 그른 대답이 존재하며, **예측**하는 일 또한 포함한다. 그러나 **규범적 경제학**은 마땅히 어떻게 되어야 한다는 식의 처방을 내리는 분야이기 때문에 명확히 옳은 대답이 존재하지 않고 오직 가치판단만이 있는 경우가 많다.
- 경제학자들은 두 가지 이유에 대해서는 의견이 일치하지 않는다. 먼저, 그들은 경제모형을 만들기 위한 단순화에 관하여 의견이 다르다. 둘째로, 그 밖의 모든 사람과 마찬가지로 그들은 가치 자체에 대해서도 다른 입장을 가지고 있다.

2. 다음 설명이 맞는지 틀린지 답하라.

   a. 정책 A와 B는 동일한 사회적 목표를 달성하려고 한다. 그러나 정책 A는 정책 B에 비해 훨씬 비효율적으로 자원을 사용한다. 따라서 경제학자들은 정책 B에 찬성할 것이다.

   b. 두 경제학자가 어떤 정책이 바람직한가에 대해 의견이 다를 때는 보통 그중 한 명이 실수를 하고 있는 것이다.

Dan Lamont/Alamy

2020년 1월, 널리 알려진 보잉777의 업데이트된 보잉 777X가 처음으로 비행을 시작했다. 777X는 보잉이 고급 제조 공정이라 일컫는 생산공정의 제품이다. 이를 통해 보잉은 '린 생산'으로 알려진 매우 성공적인 생산공정을 로봇 공학과 같은 새로운 생산 방법으로 확장하였다.

일본의 토요타 회사가 개척한 린 제조 방식은 부품이 생산에 필요한 시점에 바로 공장 현장에 도착하도록 하는 방식이다. 이것은 즉시 생산에 투입될 공장의 부품 수량뿐 아니라 보잉이 보유하고 있는 부품의 재고량을 줄일 수 있게 했다. 린 생산 방식을 첨단 제조 방식으로 전환하기 위해 보잉은 토요타를 주목하고 그 최고의 엔지니어를 고용하였다.

보잉은 1999년 가장 인기 있는 상업용 비행기인 737의 제조에 처음으로 린 제조 방식을 채택했다. 2005년까지 부단히 개선을 거듭하며 비행기 생산에 걸리는 시간을 50% 줄이고 부품 재고량을 거의 60% 줄일 수 있었다. 가장 중요한 특징은 움직이는 조립라인이었다. 조립라인이 일정한 속도로 한 팀에서 다음 팀으로 이동함에 따라, 노동자들은 한 공정을 마친 후 도구를 찾아서 다음 조립 파트로 이동하며 떠돌 필요가 없게 되었다.

도요타의 절약형 생산기술은 모든 제조공정에서 폭넓게 도입되었고, 전 세계의 제조공정을 혁신화했다. 쉬운 말로, 절약형 생산방식은 조직화와 소통에 집중한다. 노동자들과 각 공정 파트는 낭비되는 노력이나 자원을 최소화하기 위해 유연하고 일관성 있는 작업 흐름을 만들 수 있도록 조직되었다. 또한 절약형 생산방식은 SUV의 생산을 늘리거나, 세단의 생산을 줄이는 등 소비자의 수요 변화에 맞추어 생산품 조합을 빠르게 변화시킬 수 있다.

도요타의 절약형 생산방식은 매우 성공적이어서 전 세계 자동차산업을 바꾸었으며, 한때 세계시장을 지배했던 미국의 자동차 생산자들을 위협했다. 1980년대까지 '빅3'로 불렸던 크라이슬러(Chrysler), 포드(Ford), 제너럴 모터스(General Motors)가 미국 자동차산업을 지배했고, 수입 자동차는 전혀 팔리지 않았다. 도요타는 그들의 높은 질과 상대적으로 낮은 가격으로 미국에서 매우 유명해졌고, 너무 유명해진 나머지 '빅3'는 미국 정부로 하여금 일본 자동차 판매량에 제한을 두게 함으로써 도요타를 저지했다. 이에 도요타는 미국에 조립공정을 설치하고, 이후 미국 제조업계에 널리 퍼뜨려진 절약형 생산기술을 도입함으로써 대응했다.

생각해 볼 문제

1. 노동자들이 한 공정을 마친 후 도구를 찾아서 이동하며 떠도는 데 대한 기회비용은 무엇인가?
2. 어떻게 도요타의 절약형 생산방식이 배분에 있어서 경제의 효율성을 개선했는지 설명하라.
3. 절약형 생산방식 도입 이전에 일본은 대부분 가전제품을 미국에 팔았다. 절약형 생산방식으로의 혁신이 일본의 미국에 대한 비교우위를 어떻게 바꾸었는가?
4. 도요타의 생산공정이 일본에서 미국으로 이동한 것이 양국 간 자동차 생산에 있어서 비교우위 패턴을 어떻게 변화시켰다고 생각하는가?

요약

1. 대부분의 경제학은 '사고 실험' 혹은 현실의 단순화, 그리고 그래프와 같은 수학적 도구를 사용하는 **모형**에 기초하고 있다. 경제모형의 중요한 가정은 **다른 조건이 일정하다**는 것이다. 이 가정을 통해 다른 관련 요소들이 변화하지 않은 상태에서 한 요소의 변화가 가져오는 영향을 분석할 수 있다.

2. 중요한 경제모형 중 하나는 **생산가능곡선**이다. 생산가능곡선은 기회비용(어떤 재화를 한 단위 더 생산하기 위해 포기해야 하는 다른 재화의 단위), 효율성(경제가 생산가능곡선 위에서 생산한다면 그 경제는 효율적이다), 경제성장(생산가능곡선의 확장) 등을 나타낸다. 경제성장의 요인으로는 크게 두 가지가 있다. 토지, 노동, 실물자본, 인적 자본 같은 **생산요소의 증가**와 **기술**의 발전이다.

3. 또 다른 중요한 모형은 **비교우위**이다. 비교우위는 개인과 국가 간의 교역으로부터 얻는 이익의 근원에 대해 설명하고 있다. 모든 사람은 자신이 다른 사람들보다 더 적은 기회비용을 갖는 재화나 서비스 분야에 비교우위를 가지고 있다. 그러나 이는 종종 한 재화나 서비스를 누구보다도 더 잘 생산할 수 있다는 **절대우위**와 혼동되기도 한다. 이러한 혼동으로 인해 개인과 국가 간의 교역에서 아무런 이익을 얻을 수 없다는 잘못된 결론에 이르기도 한다.

4. 가장 단순한 경제에서 사람들은 현대 경제에서처럼 돈을 통해 교역하기보다는 **물물교환**을 한다. **순환도**는 가계와 기업 간의 재화, 서비스, 소득의 흐름을 통해 경제 안에서 일어나는 거래를 보여 준다. 이러한 교역은 **재화와 서비스시장**, 노동과 같은 생산요소를 위한 **요소시장**에서 이루어진다. 이를 통해 소비, 생산, 고용, 소득 그리고 성장이 경제 내에서 어떻게 연결되어 있는지 이해할 수 있다. 어떤 방식으로 총소득이 다양한 생산요소의 소유주들에게 분배되는지를 나타내는 **소득분배**는 궁극적으로 요소시장에 의해 결정된다.

5. 경제학자들은 경제가 어떻게 돌아가는지를 알려 주는 **실증적 경제학**과 경제가 어떻게 돌아가야 하는가를 처방하는 **규범적 경제학** 모두에서 경제모형을 이용한다. 실증적 경제학은 종종 **예측**을 동반한다. 경제학자들은 실증적 문제의 정답은 찾아낼 수 있지만, 모호한 판단이 개입되는 규범적 문제에 대해서는 그렇지 못하다. 예외적으로 어떤 특정한 목적을 추구하기 위한 정책들은 효율성 측면에서 순위를 정할 수 있다.

6. 경제학자들의 의견이 서로 다른 데는 크게 두 가지 이유가 있다. 첫 번째로, 모형을 단순화하는 방법에 대해 의견이 다를 수 있다. 두 번째로, 다른 사람들처럼 가치에 대해 의견을 달리할 수 있다.

주요용어

모형	절대우위	요소시장
다른 조건이 일정하다	물물교환	소득분배
생산가능곡선	순환도	실증적 경제학
생산요소	가계	규범적 경제학
기술	기업	예측
비교우위	재화와 서비스시장	

토론문제

1. 경제학 리포터인 피터 펀디트는 모든 산업에 있어서 유럽연합의 생산성이 매우 급격하게 증가하고 있다고 말한다. 그는 생산성 진보속도가 매우 빨라서 이러한 산업 부문에서 유럽연합의 생산성이 미국의 생산성을 앞지를 것이고, 결과적으로는 미국이 유럽연합과의 교역에서 이익을 얻지 못할 것이라고 보았다.

   a. 피터 펀디트의 이와 같은 주장은 옳은 것인가? 옳지 않다면 오판의 원인이 어디에 있다고 보는가?

b. 유럽연합과 미국이 계속 교역을 한다면 유럽연합이 미국에 수출하는 재화의 특징과 미국이 유럽연합에 수출하는 재화의 특징은 무엇이겠는가?

2. 아틀란티스의 경제가 발전함에 따라 주민들은 지금 조개껍데기를 화폐로 사용한다. 가계와 기업을 나타내는 순환도를 그려 보자. 기업은 감자와 물고기를 생산하고 가계는 감자와 물고기를 구입한다. 가계는 또한 토지와 노동을 기업에 제공한다. 조개껍데기 또는 물리적인 물건(재화와 서비스 또는 자원)의 흐름에서 다음의 충격은 각각 어디서 일어나는지 식별하라. 이와 같은 충격이 흐름도 상의 원에서 어떻게 퍼져 나가는지 기술하라.

   a. 허리케인으로 인한 홍수가 상당한 면적의 감자밭을 황폐화시킴

   b. 물고기 잡이가 매우 왕성한 계절에 엄청난 양의 물고기가 잡힘

   c. 아틀란티스의 주민들이 샤키라를 발견하고 댄스축제로 한 달의 며칠을 보냄

3. 어떤 경제학자는 대학이 교수진과 학생을 투입물로 사용하여 교육을 '생산한다'고 말할지도 모른다. 이러한 맥락에 따르면 교육은 그다음 가정에 의해 '소비된다.' 대학교육과 관련한 경제 부문을 나타내기 위하여 순환도를 만들어 보라. 대학은 기업을 나타내고, 가계는 교육을 소비함과 동시에 교수와 학생을 대학에 공급하는 역할을 하게 된다. 이 모형에 관련된 시장은 무엇인가? 각각의 방향에서 사고팔리는 것은 무엇인가? 정부가 모든 대학교 학생들의 학비 50%를 보조금으로 지급한다면 이 모형에서 어떤 변화가 나타나겠는가?

4. 미국 의류산업의 대표는 최근 다음과 같은 말을 했다. "아시아의 근로자들은 단지 시간당 몇 푼을 벌기 위해 열악한 환경에서 일하고 있습니다. 미국 근로자들은 보다 생산성이 높고 그 결과 보다 높은 임금을 받습니다. 미국 작업장의 권위를 보호하기 위해 정부는 저임금의 아시아 의류 수입을 금지하는 법안을 제정해야 합니다."

   a. 이 인용문의 어느 부분이 실증적 진술에 해당하는가? 규범적 진술에 해당하는 부분은 어디인가?

   b. 이 사람이 주장하는 정책은 미국과 아시아 근로자들의 임금과 생산성에 관한 앞의 진술과 일관성이 있는가?

   c. 그러한 정책이 다른 미국인들의 후생을 해치지 않고서 어떤 미국인들의 후생을 증진시킬 수 있을까? 즉 이러한 정책이 모든 미국인의 관점에서 볼 때 효율적인가?

   d. 저임금의 아시아 근로자들은 그러한 정책으로 인해 이득을 볼 것인가, 손해를 볼 것인가?

5. 이 문장을 평가해 보라. "미래 사건을 예측하는 경제모형을 개발하는 것보다 이미 일어난 사건들을 정확히 반영하는 경제학적 모형을 개발하는 것이 더 쉽다." 당신은 이 문장이 옳다고 생각하는가? 왜 그런가? 이것은 훌륭한 경제학적 모형을 개발하는 것의 어려움에 대해 무엇을 의미하는가?

6. 정부에서 일하는 경제학자들은 종종 정책적 권고안을 제시해 달라는 요청을 받는다. 일반 국민들이 이 권고안에서 규범적 진술과 실증적 진술을 구분하는 것이 왜 중요하다고 생각하는가?

연습문제

1. 버뮤다 섬의 두 가지 중요한 산업은 어업과 관광이다. 국제 자원 기관과 버뮤다 통계청의 자료에 따르면, 2014년에는 버뮤다 섬에 등록된 315명의 어부가 497미터톤(metric ton)의 해산 어류를 잡았다. 그리고 호텔에 등록된 2,446명의 사람들은 58만 209건의 호텔 숙박을 유치하였다(이는 도착한 방문객 수로 측정하였다). 이와 같은 생산량의 조합은 모두 효율적인 생산이다. 그리고 한 단위(미터톤)의 해산 어류에 대한 기회비용은 2,000건의 호텔 숙박이며 이 기회비용은 항상 일정하다.

   a. 만약 315명의 어부가 호텔에 고용된다면(이미 고용된 2,446명의 직원에 추가로) 버뮤다 섬은 얼마나 많은 호텔 숙박을 유치할 수 있을까?

   b. 2,446명의 호텔업 종사자가 모두 어부가 된다면(이미 어부인 315명에 추가로) 버뮤다 섬은 얼마나 많은 양의 물고기를 잡을 수 있을까?

   c. 수평축에는 물고기를, 수직축에는 숙박 건수를 놓고 버뮤다 섬의 생산가능곡선을 그리고 그 위에 버뮤다 섬의 2014년도의 실제 생산 위치를 표시하라.

2. 미국 농무부의 국립농산물통계원에 따르면 최근 1년에 1억 2,400만 에이커의 토지가 밀과 옥수수 생산에 사용되었다. 그 1억 2,400만 에이커의 토지 중에서 농부들이 5,000만 에이커를 이용하여 21억 5,800만 부셸의 밀을 생산하고, 7,400만 에이커의 토지를 이용하여 118억 700만 부셸의 옥수수를 생산하였다. 미국의 밀과 옥수수 생산은

효율적이라고 하자. 위와 같은 생산을 하는 상황에서 1부셸의 밀을 추가적으로 생산하는 데 따르는 기회비용은 1.7부셸의 옥수수이다. 그러나 농부들에게는 기회비용 체증이 적용되므로 1부셸의 밀을 생산하는 데 드는 기회비용은 1.7부셸의 옥수수보다 클 것이다. 각각의 생산 지점에 대해서 (i) 생산 가능하며 효율적인지, (ii) 생산 가능하지만 효율적이지는 않은지, (iii) 생산이 불가능한지 또는 (iv) 불명확한지를 판단하라.

a. 농부들은 4,000만 에이커의 토지를 사용하여 18억 부셸의 밀을 생산하였고, 6,000만 에이커의 토지를 사용하여 90억 부셸의 옥수수를 생산하였다. 남은 2,400만 에이커의 토지는 그냥 놔두었다.

b. 원래의 생산 지점에서 농부들은 4,000만 에이커의 토지를 옥수수 생산에서 밀 생산으로 전환시켰다. 그들은 현재 31억 5,800만 부셸의 밀과 101억 700만 부셸의 옥수수를 생산한다.

c. 농부들은 밀 생산을 20억 부셸로 줄이고, 옥수수 생산을 120억 4,400만 부셸로 늘렸다. 옥수수 118억 700만 부셸에서 옥수수 120억 4,400만 부셸로 가는 데 따른 기회비용은 옥수수 1부셸당 밀 0.666부셸이다.

3. 고대도시 로마에서는 두 가지 재화, 스파게티와 미트볼만이 생산되었다. 로마에는 두 부족, 티볼리족과 프리볼리족이 있다. 티볼리족은 매달 그들 스스로 스파게티 30파운드와 미트볼 0파운드를 생산하거나 미트볼 50파운드와 0파운드의 스파게티 또는 두 조합 사이의 어떠한 조합도 생산할 수 있다. 반면 프리볼리족은 그들 스스로 매달 40파운드의 스파게티와 0파운드의 미트볼, 또는 30파운드의 미트볼과 0파운드의 스파게티 또는 두 조합 사이의 어떠한 조합도 생산 가능하다.

a. 모든 생산가능곡선은 직선이라고 가정하자. 티볼리족과 프리볼리족의 월별 생산가능곡선을 각각 그려 보고 계산방법도 설명하라.

b. 어떤 부족이 스파게티 생산에 비교우위가 있는가? 미트볼 생산에 있어서는 어떠한가?

기원전 100년에 프리볼리족은 매달 생산 가능한 미트볼 양의 두 배를 생산할 수 있는 새로운 미트볼 생산기술을 발명한다.

c. 프리볼리족의 새로운 월별 생산가능곡선을 그려 보라.

d. 혁신 이후 어떤 부족이 미트볼 생산에 있어 절대우위를 갖겠는가? 스파게티 생산에 있어서는 어떤 부족이 절대우위를 갖겠는가? 어떤 부족이 미트볼 생산에 있어 비교우위를 갖겠는가? 스파게티 생산에 있어서는 어떤 부족이 비교우위를 갖겠는가?

4. 7월에 미국은 중국에 대해 10억 달러의 가치가 있는 비행기를 수출하고 1만 9,000달러에 준하는 비행기를 수입해 왔다. 그러나 같은 달에 미국은 8,300만 달러 가치의 남성 바지를 수입하였고 그 대신 8,000달러에 준하는 바지를 수출하였다. 비교우위를 이용한 무역이론에 근거하여 다음 질문에 답하라.

a. 어느 나라가 비행기 생산에 비교우위가 있는가? 어느 나라가 바지 생산에 비교우위가 있는가?

b. 어느 나라가 비행기 생산에 절대우위가 있는가? 어느 나라가 바지 생산에 절대우위가 있는가?

5. 당신이 기숙사의 거주자들을 야구팀과 농구팀으로 배정한다고 하자. 당신은 마지막 4명을 남겨 두고 있는데 그중 2명은 야구팀에, 나머지 2명은 농구팀에 배치해야 한다. 다음의 표는 각 사람들의 평균 타율과 자유투 성공률을 나타낸다.

이름	평균 타율	평균 자유투 성공률
테일러	70%	60%
니코	50%	50%
애니	10%	30%
리안	80%	70%

a. 각각을 경기자로 배정하는 데 있어 비교우위의 개념을 어떻게 이용할 수 있을지 설명하되 각 선수들의 자유투의 기회비용을 평균 타율의 단위로 계산하여 논해 보라.

b. 이와 같은 배정에 대하여 왜 어떤 농구선수들은 불만족하고 다른 야구선수들은 만족스러워할 것으로 보이는가? 그럼에도 불구하고 경제학자가 이 방법이 당신의 기숙사 스포츠팀에 선수를 배치하는 효율적인 방법이라고 생각하는 이유는 무엇인가?

6. 당신의 기숙사 룸메이트는 대부분의 시간 동안 시끄러운 음악을 틀어 놓는 반면 당신은 조용한 것을 선호한다고 하자. 당신은 그녀에게 이어폰을 사라고 제안한다. 이에 대해 그녀도 이어폰을 사고 싶지만, 지금 당장 이어폰 외에 소비하고 싶은 것이 많다고 대답했다. 당신이 이 상황을 경제학을 전공하는 친구와 논의하고 있는 중 다음과 같은 대화가 오고 갔다.

친구 : 이어폰을 사는 데 얼마나 필요하니?

당신 : 15달러.

친구 : 넌 남은 학기를 평화롭고 조용하게 보내는 것의 가치가 어느 정도라고 생각하니?

당신 : 30달러.

친구 : 그렇다면 네가 이어폰을 사서 그것을 룸메이트에게 주는 것이 효율적이야. 그렇게 하는 것이 잃는 것보다 얻는 것이 더 많기 때문이지. 편익이 비용을 초과한다면 그렇게 하는 것이 바람직해.

당신 : 하지만 내가 소음을 일으키는 장본인도 아닌데 내가 이어폰을 사는 건 불공평해.

a. 이 대화의 어느 부분이 실증적 진술을 포함하는지, 그리고 어떤 부분이 규범적 진술을 포함하는지 구분하라.

b. 룸메이트가 행동을 고쳐야 한다는 당신의 의견을 지지하는 논거를 구성해 보라. 비슷하게 당신이 이어폰을 사야 한다는 룸메이트의 의견에 대한 논거를 구성해 보라. 기숙사가 거주자들에게 음악을 틀어 놓을 수 있는 무제한의 권리를 보장하는 정책을 갖고 있다면 어떤 논거가 이길 것 같은가? 룸메이트가 불만이 있다면 음악을 틀어 놓는 것을 금해야 한다는 규칙이 기숙사에 있다면 어떤 논거가 이길 것 같은가?

7. 다음의 명제들이 참인지 아닌지 판단하고 왜 그런지 설명하라.

a. "사람들이 자신의 월급에 대하여 높은 세금을 내야 한다면 일할 유인이 감소한다."는 실증적 명제이다.

b. "사람들이 일하게 하기 위해서는 세금을 줄여야 한다."는 실증적 명제이다.

c. 경제학은 사회가 어떤 방향으로 나아가야 하는지에 대한 명확한 결정을 항상 내려 줄 수는 없다.

d. "이 나라의 공교육은 이 제도를 시행하는 데 따르는 비용보다 많은 편익을 제공한다."는 규범적 명제이다.

e. 경제학자들 간의 의견 불일치는 언론에 의해 조장된 측면이 있다.

경제학과 그래프

|| 그림 이해하기

우리가 《월스트리트저널》이나 경제학 교과서를 통해서 경제학을 접할 때 많은 그래프를 보게 된다. 시각적인 이미지는 우리가 설명이나 수식, 생각을 훨씬 쉽게 이해할 수 있도록 도와준다. 경제학에서는 이해를 돕기 위해 그래프를 시각적 이미지로 사용한다. 생각과 정보를 확실히 이해하기 위해서는 이러한 시각적 이미지를 어떻게 해석해야 하는지에 대하여 알고 있어야 한다. 따라서 부록에서는 그래프가 어떻게 만들어지고 해석되며, 경제학에서 어떻게 이용되는지에 대하여 살펴보자.

|| 그래프, 변수, 그리고 경제학적 모형

대학에 진학하는 이유 중의 하나는 학사학위가 있으면 좀 더 높은 연봉의 직업을 얻을 수 있기 때문이다. 그리고 MBA나 로스쿨을 졸업하면 수입이 보다 더 증가한다. 당신이 교육수준과 수입에 대한 기사를 읽는다면, 아마도 서로 다른 수준의 교육을 받은 노동자들의 소득수준을 나타내는 그래프를 보게 될 것이다. 이 그래프는 일반적으로 교육을 많이 받을수록 소득이 높아진다는 개념을 시각적으로 보여 준다.

이 그래프는 경제학에서 쓰이는 다른 모든 그래프에서와 마찬가지로 두 경제적 변수의 관계를 설명하고 있다. 여기에서 **변수**(variable)란 교육연수나 소다수의 가격, 가계의 수입 등과 같이 하나 이상의 값을 갖는 수량을 뜻한다.

2장에서 배운 것처럼 경제학적 분석은 실제 현상을 간략히 나타낸 모형에 크게 의존한다. 대부분의 경제모형은 다른 변수들이 일정하다는 가정하에서 두 변수 간의 관계를 설명한다.

예를 들어, 소비자의 소다수 수요량에 영향을 미치는 다른 모든 변수가 일정하다는 가정하에 소다수의 가격과 소다수의 수요량에 대해 설명하고 있는 경제모형을 생각할 수 있을 것이다. 이러한 모형은 수학 혹은 언어로도 나타낼 수 있지만, 두 변수의 관계를 그래프로 나타내면 좀 더 쉽게 이해힐 수 있다. 다음으로 경제모형을 설명하는 그래프가 어떻게 만들어지고 이를 어떻게 해석하는지에 대하여 살펴보자.

|| 그래프는 어떻게 만들어지는가

대부분의 그래프는 두 변수의 값을 나타내는 수직선과 수평선을 기준으로 만들어진다. 이러한 그래프는 두 변수의 관계를 시각화하는 데 도움을 준다. 따라서 이러한 그래프를 이해하기 위한 첫 번째 단계는 그래프가 어떻게 만들어지는지를 이해하는 것이다.

두 변수 그래프

〈그림 2A-1〉은 전형적인 두 변수 그래프를 보여 준다. 이것은 야구장에서 한 게임이 진행될 동안 판매될 것이라고 예상되는 소다수 개수와 실외 온도의 관계를 데이터로 나타내고 있다. 표의 첫 번째 열은 실외 온도의 값을 나타내고(첫 번째 변수), 두 번째 열은 판매되는 소다수의 개수

하나 이상의 값을 갖는 수량을 변수 (variable)라 한다.

그림 2A-1 두 변수 그래프에 점을 표시하는 방법

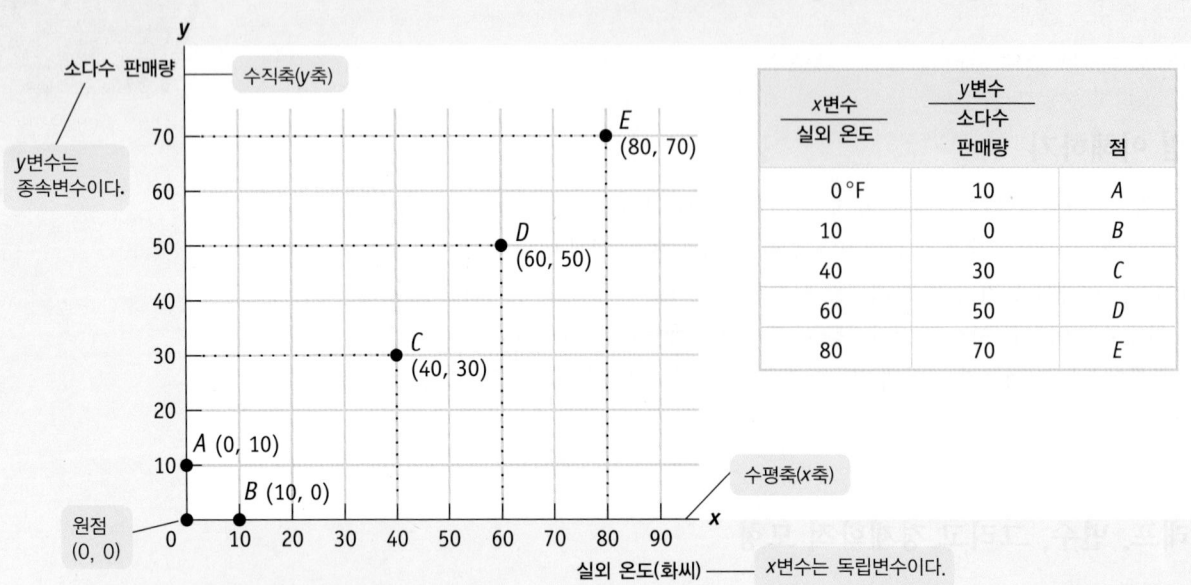

x변수 실외 온도	y변수 소다수 판매량	점
0°F	10	A
10	0	B
40	30	C
60	50	D
80	70	E

실외 온도(독립변수)는 수평축으로, 소다수 판매량(종속변수)은 수직축으로 나타냄으로써 표의 데이터를 그래프에 표시할 수 있다. 실외 온도와 소다수 판매량의 다섯 가지 순서쌍은 A, B, C, D, E점으로 나타난다. 예를 들어, 점 C는 실외 온도가 40°F(x변수의 값)일 때 소다수 판매량이 30(y변수의 값)인 (40, 30)의 순서쌍과 대응한다.

(두 번째 변수)를 나타낸다. 두 변수에 대한 다섯 가지의 순서쌍이 세 번째 열에 A부터 E로 나타나 있다.

이제 표의 데이터를 그래프로 나타내 보자. 두 변수 그래프에서 하나의 변수는 x변수라고 하고 다른 하나의 변수는 y변수라고 한다. 여기에서는 실외 온도가 x변수, 판매되는 소다수의 개수가 y변수가 될 것이다. **수평축**(horizontal axis)은 **x축**(x-axis)이라고 하고 x변수의 값은 이 축을 따라서 측정된다. 마찬가지로 **수직축**(vertical axis)은 **y축**(y-axis)이라고 하고 y변수의 값은 이 축을 따라서 측정된다.

x축과 y축이 만나는 **원점**(origin)에서는 두 변수의 값이 모두 영이다. x축을 따라서 오른쪽으로 움직이면 x변수의 값이 양이 되고 점점 증가한다. y축을 따라서 위쪽으로 움직이면 y변수의 값이 양이 되고 점점 증가한다.

이제 x변수와 y변수에 특정한 값을 가지는 순서쌍을 이용하여 그래프에 A부터 E까지 5개의 점을 그릴 수 있다. 〈그림 2A-1〉에서 점 C에서 x변수는 40의 값을 가지고, y변수는 30의 값을 가진다. x축 40의 지점에서 그린 수직선이 y축 30의 지점에서 그린 수평선과 만나는 지점이 C의 위치가 된다. 우리는 C의 좌표를 (40, 30)이라고 표시한다. 그리고 원점은 (0, 0)으로 표시한다.

〈그림 2A-1〉의 점 A와 점 B를 보면 변수들 중 하나가 영의 값을 가진다는 것을 알 수 있고, 따라서 이 점은 축 위에 위치할 것이다. 만약 x의 값이 영이라면 그 점은 A와 마찬가지로 수직축에 있을 것이고, y의 값이 영이라면 그 점은 B와 마찬가지로 수평축에 있을 것이다.

두 경제변수의 관계를 설명하는 대부분의 그래프는 어떤 한 변수의 값이 다른 변수의 값에 직접적으로 영향을 미치거나 그 값을 결정하는 **인과관계**(causal relationship)를 설명한다. 이때 관계를 결정하는 변수를 **독립변수**(independent variable)라고 하고, 영향을 받는 변수를 **종속변수**

x변수의 값을 나타내는 직선을 수평축(horizontal axis) 또는 x축(x-axis)이라고 하고, y변수의 값을 나타내는 직선을 수직축(vertical axis) 또는 y축(y-axis)이라고 한다.

두 변수의 축이 만나는 점을 원점(origin)이라고 한다.

한 변수가 다른 변수의 값에 직접적으로 영향을 미치거나 이를 결정할 때 인과관계(causal relationship)가 있다고 한다.

인과관계를 결정하는 변수를 독립변수(independent variable)라 하고, 그 영향을 받는 변수를 종속변수(dependent variable)라고 한다.

(dependent variable)라고 한다. 우리의 소다수 예에서는 실외 온도가 독립변수가 되고, 이 변수가 종속변수인 소다수 판매량에 영향을 미친다.

일반적으로 독립변수를 수평축에, 종속변수를 수직축에 두고 그래프를 그린다. 〈그림 2A-1〉은 이러한 관습에 의해 그려진 것이다. 독립변수인 실외 온도가 수평축에, 종속변수인 소다수 판매량이 수직축에 그려져 있는 것을 확인할 수 있다.

이러한 관습에는 예외가 있는데 이는 가격과 수량의 관계를 설명하는 그래프를 그리는 경우이다. 일반적으로 가격은 수량을 결정하는 독립변수이지만 항상 수직축에 그린다.

그래프에서의 곡선

〈그림 2A-2(a)〉는 점 *B*, *C*, *D*, *E*를 선으로 연결한 것으로 〈그림 2A-1〉의 정보를 포함하고 있다. 그래프에 나타나는 이러한 선을 직선이든 아니든 관계없이 **곡선**(curve)이라고 한다. 두 변수의 관계를 나타내는 곡선이 직선이라면 우리는 변수들 사이에 **선형관계**(linear relationship)가 있다고 말한다. 두 변수의 관계를 나타내는 곡선이 직선이 아니라면 우리는 변수들 사이에 **비선형관계**(nonlinear relationship)가 있다고 한다.

곡선 상의 한 점은 특정한 *x*변수의 값에 대한 *y*변수의 값을 의미한다. 예를 들어, 점 *D*는 기온이 60°F일 때 행상인이 50개의 소다수를 팔 수 있다는 것을 의미한다. 그림 (a)에서 상승하는 곡선은 실외 온도가 상승할수록 더욱 많은 소다수를 팔 수 있다는 것을 뜻한다.

한 변수가 증가할 때 다른 변수도 같이 증가하는 관계를 가지는 경우, 이 변수들은 **양의 관계**(positive relationship)를 가진다고 말한다. 이것은 왼쪽 아래에서 오른쪽 위로 상승하는 곡선으로

곡선(curve)은 두 변수의 관계를 설명하는 그래프 상의 선이다. 이것은 직선이 될 수도 있고 곡선이 될 수도 있다. 곡선이 직선인 경우에는 선형관계(linear relationship)가 있다고 하고, 그렇지 않은 경우에는 비선형관계(nonlinear relationship)가 있다고 한다.

한 변수가 증가할 때 다른 변수도 증가하는 경향을 보이면, 두 변수 사이에 양의 관계(positive relationship)가 있다고 한다. 이때 곡선은 왼쪽 아래에서 오른쪽 위로 우상향한다.

그림 2A-2 곡선 그리기

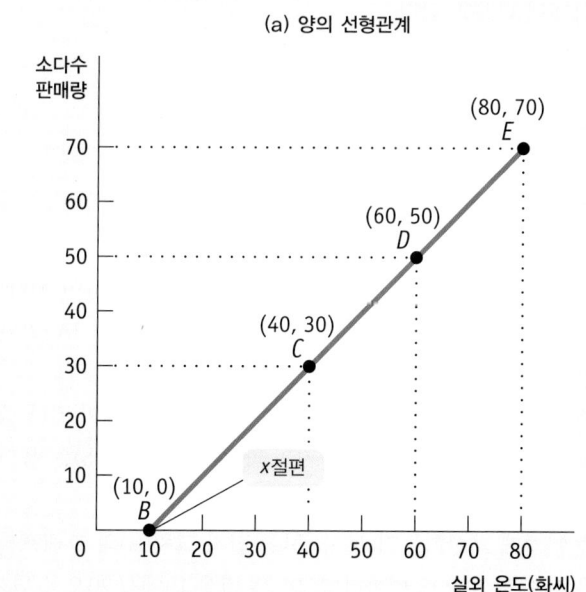
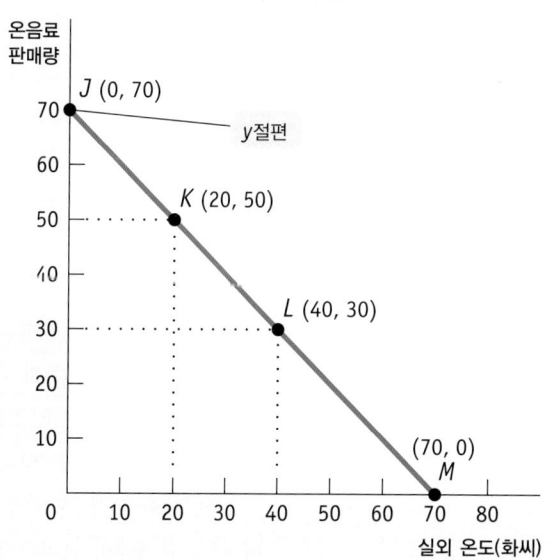

그림 (a)의 곡선은 실외 온도와 소다수 판매량의 두 변수의 관계를 나타낸다. 두 변수는 양의 선형관계를 가지고 있다. 곡선이 우상향하기 때문에 양의 관계를 가진다고 할 수 있고, 직선이기 때문에 선형관계를 가진다고 할 수 있다. 이는 *x*(실외 온도)가 증가할 때 *y*(소다수 판매량)가 증가한다는 것을 뜻한다. 그림 (b)의 곡선도 직선이지만 우하향한다. 여기서의 두 변수는 실외 온도와 온음료의 판매량이 될 것이다. 이 두 변수는 음의 선형관계를 가지고 있다. 이것은 *x*(실외 온도)가 증가할 때 *y*(온음료의 판매량)가 감소한다는 것을 뜻한다. 그림 (a)의 곡선은 점 *B*에서 *x*축과 만나 점 *B*가 *x*절편이 된다. 그림 (b)의 곡선은 점 *J*에서 *y*축과 만나 점 *J*가 *y*절편이 되고 점 *M*에서 *x*축과 만나 점 *M*이 *x*절편이 된다.

한 변수가 증가할 때 다른 변수가 감소하는 경향을 보이면, 두 변수 사이에 **음의 관계**(negative relationship)가 있다고 한다. 이때 곡선은 왼쪽 위에서 오른쪽 아래로 우하향한다.

그래프의 곡선이 x축과 만나는 점을 x**절편**(horizontal intercept)이라고 한다. 이것은 y변수의 값이 0일 때 x변수의 값을 나타낸다.

그래프의 곡선이 y축과 만나는 점을 y**절편**(vertical intercept)이라고 한다. 이것은 x변수의 값이 0일 때 y변수의 값을 나타낸다.

직선이나 곡선의 **기울기**(slope)는 그것이 얼마나 가파른지를 나타내는 측도이다. 직선의 기울기는 두 점 사이의 y변수 변화량을 x변수 변화량으로 나눈 것으로 구한다.

나타난다. 〈그림 2A-2(a)〉에서 나타나는 곡선이 직선이므로 실외 온도와 소다수 판매량의 관계는 양의 선형관계라고 할 수 있다.

한 변수가 증가할 때 다른 변수는 감소하는 관계를 가지는 경우, 이 변수들은 **음의 관계**(negative relationship)를 가진다고 말한다. 이것은 〈그림 2A-2(b)〉에서와 같이 왼쪽 위에서 오른쪽 아래로 하강하는 곡선으로 나타난다. 그림 (b)에서 나타나는 곡선도 직선이므로 이 그래프가 설명하는 관계는 음의 선형관계라고 할 수 있다. 이러한 관계를 가지는 두 변수로 실외 기온과 따뜻한 음료의 판매량을 생각할 수 있을 것이다.

그림 (a)의 곡선을 다시 살펴보면 점 B에서 x축과 만난다는 것을 알 수 있다. 이처럼 y변수의 값이 영일 때 x변수의 값을 나타내는 점을 x**절편**(horizontal intercept)이라고 한다. 그림 (b)의 곡선에서는 점 J가 y축과 만난다는 것을 알 수 있다. 이처럼 x변수의 값이 영일 때 y변수의 값을 나타내는 점을 y**절편**(vertical intercept)이라고 한다.

‖ 기본 개념 : 곡선의 기울기

곡선의 **기울기**(slope)는 그것이 얼마나 가파른지를 측정하며, x변수가 변화함에 따라서 y변수가 얼마나 민감하게 반응하는지를 나타낸다. 실외 온도와 소다수 판매량의 예에서 곡선의 기울기는 기온이 1도 상승할 때 소다수 판매가 얼마나 증가할 것인지를 설명한다. 이런 식으로 곡선의 기울기는 우리에게 의미 있는 정보를 준다. x와 y의 값을 모르더라도 각 점에서의 기울기를 살펴봄으로써 두 변수 사이의 관계를 알아낼 수 있다.

직선의 기울기

직선의 기울기는 두 점의 높이 차를 거리 차로 나눈 값이다. 높이 차는 y값의 변화량이고, 거리 차는 x값의 변화량이다. 식으로 나타내면 다음과 같다.

$$\frac{y\text{의 변화량}}{x\text{의 변화량}} = \frac{\Delta y}{\Delta x} = \text{기울기}$$

이 식에서 Δ(델타)는 '변화량'을 뜻한다. 변수가 증가할 때는 변수의 변화량이 양이고, 변수가 감소하는 경우는 변수의 변화량이 음이다.

높이 차(y의 변화량)와 거리 차(x의 변화량)가 같은 부호이면 곡선의 기울기는 양이 된다. 왜냐하면 두 숫자가 같은 부호를 가질 때 그 비율은 양의 값을 가지기 때문이다. 〈그림 2A-2(a)〉는 양의 기울기를 가지고 곡선을 따라서 x변수와 y변수 모두 증가한다.

높이 차(y의 변화량)와 거리 차(x의 변화량)가 다른 부호이면 곡선의 기울기는 음이 된다. 왜냐하면 두 숫자가 다른 부호를 가질 때 그 비율은 음의 값을 가지기 때문이다. 그림 (b)는 음의 기울기를 가지고 곡선을 따라서 x변수가 증가할 때 y변수는 감소한다.

〈그림 2A-3〉은 직선의 기울기를 어떻게 계산하는지 보여 준다. 먼저 그림 (a)의 그래프를 살펴보면, 점 A에서 점 B까지 y의 값은 25에서 20으로 변화하였고, x의 값은 10에서 20으로 변화하였다. 따라서 이 두 점 사이의 기울기는 다음과 같다.

$$\frac{y\text{의 변화량}}{x\text{의 변화량}} = \frac{\Delta y}{\Delta x} = \frac{-5}{10} = -\frac{1}{2} = -0.5$$

직선인 경우 가파르기가 항상 일정하기 때문에 모든 점에서 기울기가 같다. 다시 말해, 직선

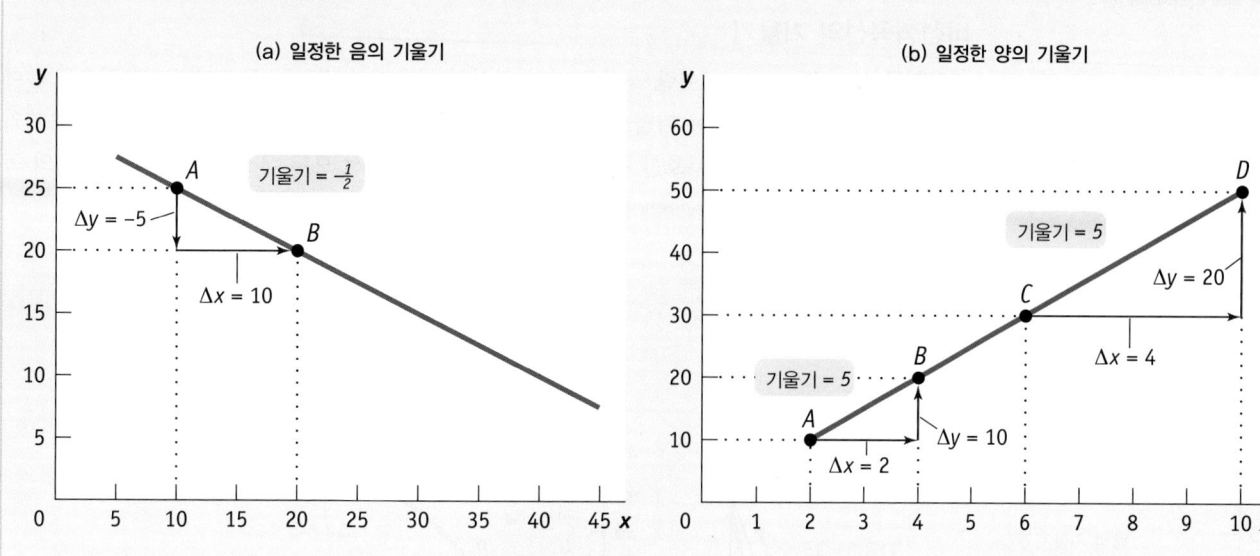

그림 2A-3 기울기 계산하기

그림 (a)와 (b)는 두 선형곡선을 보여 준다. 그림 (a)에서 점 A에서 점 B까지 y의 변화량은 −5이고 x의 변화량은 10이다. 따라서 이 두 점 사이의 기울기는 $\frac{\Delta y}{\Delta x}=\frac{-5}{10}=-\frac{1}{2}=-0.50$이고 이때 음의 기울기는 그래프가 우하향한다는 것을 뜻한다. 그림 (b)에서 점 A에서 점 B까지 기울기는 $\frac{\Delta y}{\Delta x}=\frac{10}{2}=5$이고, 점 C에서 점 D까지의 기울기도 $\frac{\Delta y}{\Delta x}=\frac{20}{4}=5$이다. 이때

양의 기울기는 그래프가 우상향한다는 것을 뜻한다. 그리고 점 A에서 점 B까지 기울기와 점 C에서 점 D까지 기울기가 같으므로 직선 곡선임을 알 수 있다. 직선 곡선의 기울기는 항상 일정하다. 즉 곡선의 어느 점에서 기울기가 계산되는지에 관계없이 항상 같은 값을 가진다.

은 일정한 기울기를 가진다고 할 수 있다. 이것은 그림 (b)의 점 A에서 점 B 사이, 그리고 점 C에서 점 D 사이의 기울기를 계산함으로써 확인할 수 있다.

점 A에서 B 사이 : $\frac{\Delta y}{\Delta x}=\frac{10}{2}=5$

점 C에서 D 사이 : $\frac{\Delta y}{\Delta x}=\frac{20}{4}=5$

수평 및 수직곡선과 그 기울기

곡선이 수평이면 y의 값이 절대 변화하지 않고 일정하다는 것이다. 이 곡선의 어느 곳에서나 y의 변화량은 영이다. 영은 어느 수로 나누어도 영이 되므로 x의 변화량에 관계없이 수평곡선의 기울기는 항상 영이다.

　곡선이 수직이라는 것은 x의 값이 변화하지 않고 항상 일정하다는 것이다. 이 곡선의 어느 곳에서나 x의 변화량은 영이다. 이것은 기울기를 구하는 식에서 분모가 영이라는 것을 의미한다. 어느 수라도 영으로 나눈 값은 무한히 큰 값, 즉 무한대가 되므로 수직곡선의 기울기는 항상 무한대이다.

　수평 혹은 수직곡선은 특별한 의미를 가지고 있다. 이것은 x변수와 y변수가 관계가 없다는 것을 뜻한다. 어느 한 변수(독립변수)의 변화가 다른 변수(종속변수)에 아무런 영향을 미치지 않을 때 두 변수는 관계가 없다고 말한다. 다르게 말하자면, 독립변수의 값에 관계없이 종속변수의 값이 항상 일정하다면 두 변수가 관계가 없다고 할 수 있다. y변수가 종속변수라면 곡선은 수평

비선형곡선(nonlinear curve)의 기울기는 각 점에 따라서 달라진다.

이 되고, x변수가 종속변수라면 곡선은 수직이 된다.

비선형곡선의 기울기

비선형곡선(nonlinear curve)이란 곡선을 따라 접선의 기울기가 변하는 곡선이다. 〈그림 2A-4〉에서 그림 (a)~(d)의 그래프는 다양한 비선형곡선의 모습을 나타내고 있다. (a)와 (b)는 기울기가 곡선을 따라 변하되 양의 부호를 유지하는 경우이다. 두 곡선 모두 우상향하지만 그림 (a)의 곡

그림 2A-4 비선형곡선

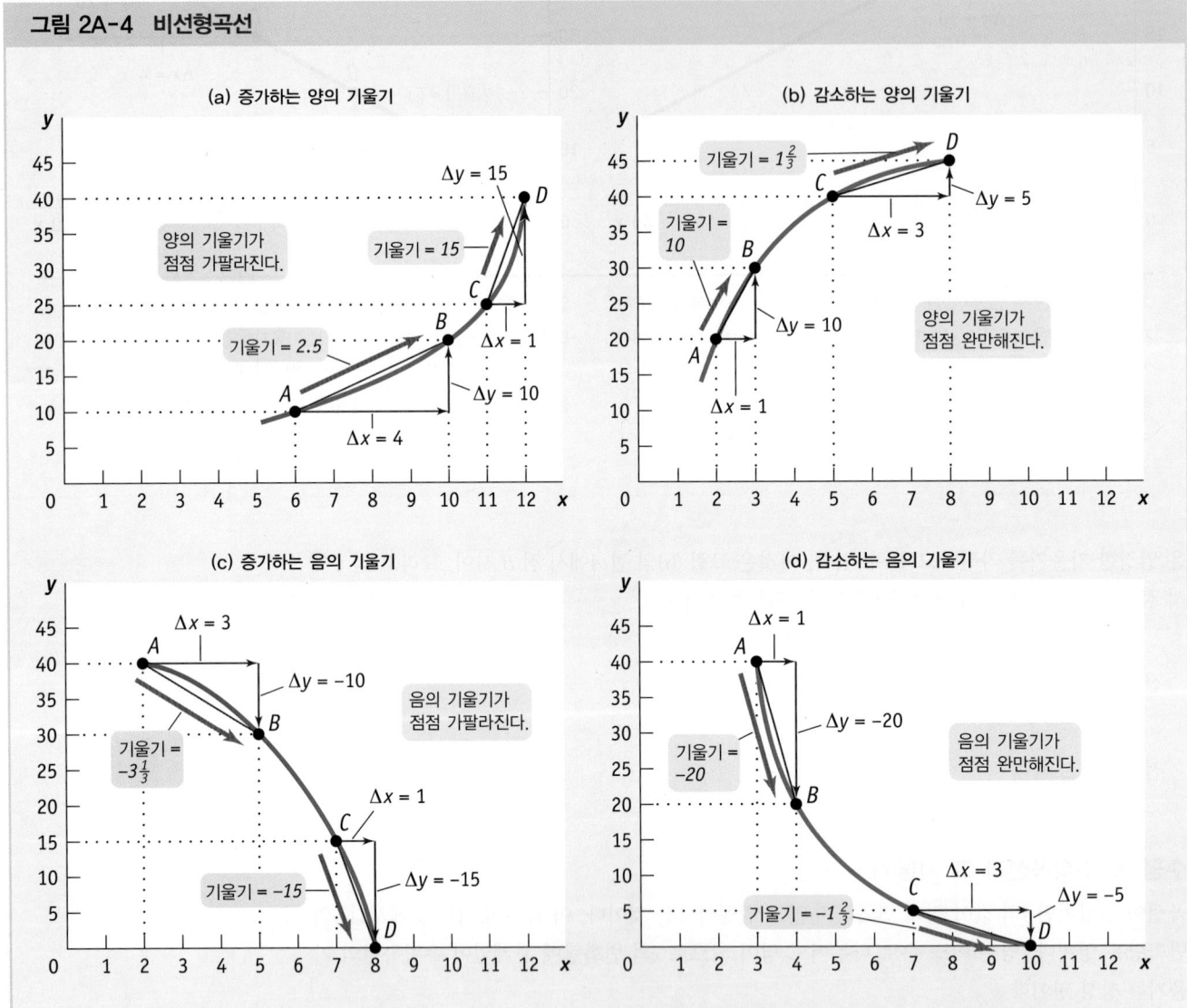

그림 (a)에서 점 A에서 B까지 곡선의 기울기는 $\frac{\Delta y}{\Delta x}=\frac{10}{4}=2.5$이고, 점 C에서 D까지 곡선의 기울기는 $\frac{\Delta y}{\Delta x}=\frac{15}{1}=15$이다. 기울기는 양의 값을 갖고 증가하므로 오른쪽으로 갈수록 더욱 가파르게 된다. 그림 (b)에서 A에서 B까지의 기울기는 $\frac{\Delta y}{\Delta x}=\frac{10}{1}=10$이고 C점에서 D점까지의 기울기는 $\frac{\Delta y}{\Delta x}=\frac{5}{3}=1\frac{2}{3}$이다. 기울기는 양의 값을 갖고 감소하므로 오른쪽으로 갈수록 보다 완만해진다. 그림 (c)에서 점 A에서 B까지의 기울기는 $\frac{\Delta y}{\Delta x}=\frac{-10}{3}=-3\frac{1}{3}$이고, 점 C에서 D까지의 기울기는 $\frac{\Delta y}{\Delta x}=\frac{-15}{1}=-15$

이다. 기울기는 음의 값을 갖고 증가하므로 오른쪽으로 갈수록 더욱 가파르게 된다. 그리고 그림 (d)에서 점 A에서 B까지의 기울기는 $\frac{\Delta y}{\Delta x}=\frac{-20}{1}=-20$이고, 점 C에서 D까지의 기울기는 $\frac{\Delta y}{\Delta x}=\frac{-5}{3}=-1\frac{2}{3}$이다. 기울기는 음의 값을 갖고 감소하므로 오른쪽으로 갈수록 보다 완만해진다. 각 경우의 기울기는 호 계산법을 이용하여 계산되었다. 두 점에서의 평균 기울기는 두 점을 잇는 직선의 기울기와 같다.

선은 x축을 따라 오른쪽으로 갈수록 접선의 기울기가 더욱 가파르게 변하는 데 비해, 그림 (b)의 곡선은 그와는 반대로 왼쪽으로 갈수록 접선의 기울기가 더욱 가파르게 증가하는 모습을 보이고 있다.

음수의 **절댓값**(absolute value)은 음의 부호가 없는 값과 같다.

그림 (a)와 같이 우상향하면서 접선의 기울기가 점점 가파르게 증가하는 곡선은 **증가하는 양의 기울기**를 갖는다고 하며, 그림 (b)와 같이 우상향하면서 접선의 기울기가 점점 완만해지는 곡선은 **감소하는 양의 기울기**를 갖는다고 한다.

이와 같이 비선형곡선을 따라 변화하는 기울기를 계산할 때, 우리는 곡선 상의 각 점마다 다른 기울기의 값을 얻게 된다. 기울기가 곡선을 따라 어떻게 변화하는지에 따라 곡선의 모양이 결정되는데, 가령 〈그림 2A-4(a)〉는 양의 값을 갖는 곡선의 기울기가 오른쪽으로 갈수록 서서히 증가하는 경우를 나타내고, 그림 (b)는 양의 값을 갖는 곡선의 기울기가 서서히 감소하는 모양을 나타내고 있다.

〈그림 2A-4〉의 (c)와 (d)에서 곡선의 기울기는 음의 값을 갖는다. 경제학자들은 음의 값을 **절댓값**(absolute value)으로 나타내기를 좋아한다. 일반적으로 우리는 어떤 숫자의 절댓값을 표시할 때, 그 숫자 앞뒤로 평행선을 그어 나타낸다. 가령 -4의 절댓값은 $|-4|=4$로 나타내면 된다.

그림 (c)에서 기울기의 절댓값은 오른쪽으로 갈수록 점차 증가하므로 곡선의 기울기는 **증가하는 음의 기울기**를 갖는다. 또한 그림 (d)에서 곡선의 기울기의 절댓값은 곡선을 따라 점차 감소한다. 따라서 이 곡선은 **감소하는 음의 기울기**를 갖는다.

비선형곡선의 기울기 계산하기

우리는 지금까지 비선형곡선의 기울기가 곡선 상의 지점에 따라 달라진다는 것을 살펴보았다. 그렇다면 비선형곡선의 기울기를 어떻게 계산할까? 여기서는 두 가지 방법, 즉 호 계산법과 점 계산법에 대하여 살펴보겠다.

호 계산법   어떤 곡선의 호(arc)란 그 곡선의 일부분이나 조각과 같은 것이다. 가령 〈그림 2A-4〉의 (a)는 점 A와 B를 끝점으로 하는 곡선의 일부분을 나타내고 있다. 비선형곡선을 따라 기울기를 계산하기 위해서는 호의 양 끝점 사이를 직선으로 이어야 한다. 그 직선의 기울기는 양 끝점 사이의 곡선에 대한 평균 기울기를 측정한 것이다. 그림 (a)에서 우리는 점 A와 B 사이를 잇는 직선이 y값이 10에서 20으로 증가함에 따라($\Delta y=10$) x값은 6에서 10으로 증가하는 것을 볼 수 있다($\Delta x=4$). 따라서 A와 B를 잇는 직선의 기울기는 다음과 같이 계산된다.

$$\frac{\Delta y}{\Delta x}=\frac{10}{4}=2.5$$

이것은 주어진 곡선의 A점과 B점 사이에서의 평균 기울기가 2.5임을 의미한다.

이제 같은 곡선의 C점과 D점 사이에서 평균 기울기를 구해 보자. 이 두 점 사이를 잇는 직선은 y가 25에서 40으로 증가함에 따라($\Delta y=15$) x는 11에서 12로 증가한다($\Delta x=1$). 그러므로 C점과 D점 사이의 평균 기울기는 다음과 같이 계산된다.

$$\frac{\Delta y}{\Delta x}=\frac{15}{1}=15$$

따라서 C점과 D점 사이의 평균 기울기는 A점과 B점 사이의 평균 기울기보다 크다. 이러한 결과는 우리가 앞서 확인한 바와 같이 이 곡선이 왼쪽에서 오른쪽으로 갈수록 점점 더 가팔라진다

그림 2A-5 점 계산법을 이용하여 기울기 계산하기

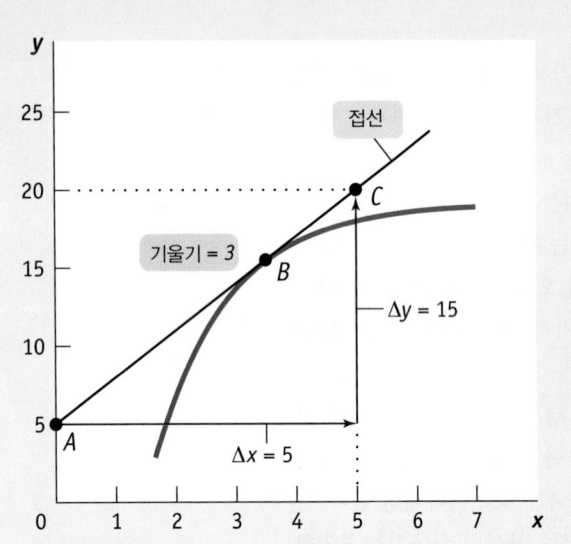

여기에 그려진 접선은 점 B에서 접하는 직선이다. 이 직선의 기울기는 점 B에서의 곡선의 기울기와 일치한다. 접선의 기울기는 A와 B점을 이용하여 계산하면 $\frac{\Delta y}{\Delta x} = \frac{15}{5} = 3$이 된다.

는 사실을 확증해 준다.

점 계산법 점 계산법이란 곡선 상의 한 점에서 비선형곡선의 기울기를 계산하는 방법을 말한다. 〈그림 2A-5〉는 곡선 상의 점 B에서 기울기를 계산하는 방법을 나타낸다. 먼저, 점 B에서 곡선과 접하는 직선을 그린다. 이 직선과 같이 점 B에서는 곡선과 접하고 B점 이외의 다른 점에서는 접하지 않는 직선을 **접선**(tangent line)이라고 한다. 이 접선의 기울기는 점 B에서 측정한 비선형곡선의 기울기와 동일하다.

우리는 〈그림 2A-5〉로부터 접선의 기울기가 어떻게 계산되는지 알 수 있다. 점 A에서 점 C까지 y의 변화량은 15이고, x의 변화량은 5이므로 기울기는 다음과 같이 얻어진다.

$$\frac{\Delta y}{\Delta x} = \frac{15}{5} = 3$$

점 계산법으로부터 B점에서의 곡선의 기울기는 3임을 알 수 있다.

그러면 비선형곡선의 기울기를 계산할 때 호 계산법과 점 계산법 중 어떤 방법을 사용할 것인지를 어떻게 결정할 수 있을까? 이는 곡선 자체와 곡선을 그리는 데 사용되는 데이터에 따라 결정할 수 있다. 부드러운 곡선을 그릴 수 있는 충분한 정보를 갖고 있지 않다면 우리는 호 계산법을 사용해야 한다. 예를 들어 〈그림 2A-4(a)〉에서 점 A, C 그리고 D에 관한 데이터만 가지고 있고 B점에 해당하는 데이터 혹은 곡선 상의 나머지 점들에 대한 데이터가 없다고 가정해 보자. 이와 같은 상황에서는 호 계산법을 사용하여 점 A와 C 사이의 직선을 그림으로써 곡선의 기울기를 근사할 수 있다.

그러나 그림 (a)에서 부드러운 곡선을 그릴 수 있는 충분한 데이터를 가지고 있다면, 점 계산법을 사용하여 점 B에서뿐 아니라 곡선 상의 어느 점에 대해서도 점 계산법으로 기울기를 계산할 수 있다.

극대점과 극소점

비선형곡선의 기울기는 양에서 음으로 혹은 음에서 양으로 변할 수 있다. 곡선의 기울기가 양에서 음으로 변할 때 곡선의 극대점을 발견할 수 있다. 반대로 곡선의 기울기가 음에서 양으로 변할 때 극소점을 찾을 수 있다.

〈그림 2A-6(a)〉는 기울기가 오른쪽으로 갈수록 양에서 음으로 바뀌는 곡선을 나타낸다. x가 0에서 50 사이에 있을 때 곡선의 기울기는 양이다. x가 50일 때는 곡선이 최고점, 즉 곡선 상에서 가장 큰 y값을 갖는 점에 도달한다. 이 점을 우리는 곡선의 **극대점**(maximum)이라 부른다. 반면 x가 50을 넘을 때, 곡선은 감소하면서 기울기는 음의 값을 갖게 된다. 기업이 생산량을 늘림에 따라 기업의 이윤에 어떠한 영향을 주는지를 나타내는 곡선을 비롯한 많은 경제학 곡선들이 이와 같은 모양을 갖는다.

반대로 〈그림 2A-6(b)〉는 U자 모양의 곡선으로서 기울기가 음에서 양으로 변함을 보여 준다. x가 50과 일치할 때 곡선은 가장 낮은 점, 즉 y가 가장 작은 값에 도달한다. 이 점을 우리는 **극소점**(minimum)이라 부른다. 기업의 생산량이 증가함에 따라 비용이 어떻게 변하는지를 나타내는

비선형곡선을 특정한 점에서만 만나는 선을 **접선**(tangent line)이라고 한다. 접선의 기울기는 접점에서의 곡선의 기울기와 같다.

비선형곡선은 곡선에서 가장 높은 점인 **극대점**(maximum)을 가질 수 있다. 극대점을 기준으로 곡선의 기울기는 양에서 음으로 변화한다.

비선형곡선은 곡선에서 가장 낮은 점인 **극소점**(minimum)을 가질 수 있다. 극소점을 기준으로 곡선의 기울기는 음에서 양으로 변화한다.

그림 2A-6   극대점과 극소점

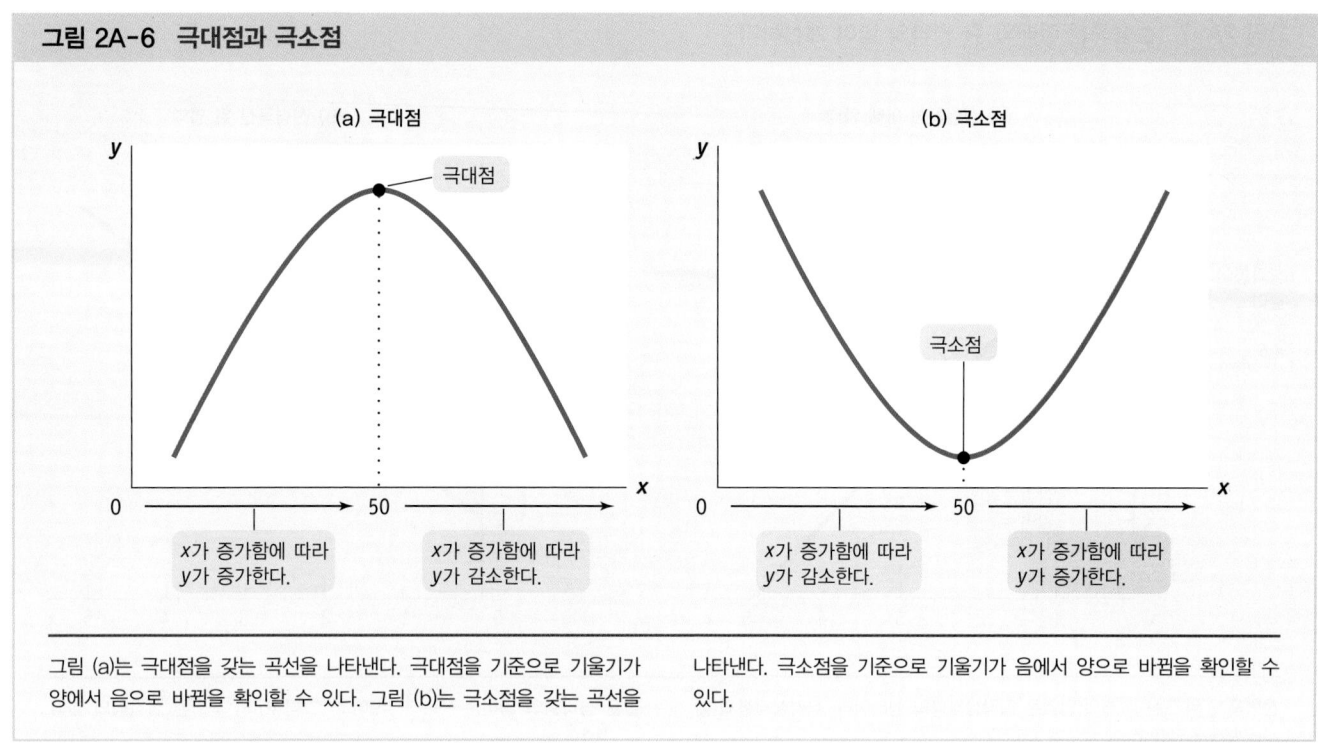

그림 (a)는 극대점을 갖는 곡선을 나타낸다. 극대점을 기준으로 기울기가 양에서 음으로 바뀜을 확인할 수 있다. 그림 (b)는 극소점을 갖는 곡선을 나타낸다. 극소점을 기준으로 기울기가 음에서 양으로 바뀜을 확인할 수 있다.

곡선을 비롯한 많은 경제학 곡선들이 이와 같은 U자 모양을 갖는다.

|| 곡선 아래 또는 위 영역의 넓이 계산하기

곡선 아래 또는 위 영역의 넓이 계산은 많은 경우에 유용하다. 그 한 예를 뒤에 올 다른 장에서 살펴볼 것이다. 우선 간단한 예부터 보기 위해 직선 아래 또는 위 영역의 넓이를 계산하는 방법부터 알아보자.

〈그림 2A-7(a)〉에 있는 직선 아래의 색칠된 부분의 넓이는 얼마나 될까? 우선, 이 영역이 직각삼각형 모양임에 주목하자. 직각삼각형은 90도를 이루는 두 변이 있는 삼각형을 가리킨다. 그 중에서 한 변을 삼각형의 높이라고 하고 다른 한 변을 밑변이라고 하자. 어느 쪽이 높이가 되고 밑변이 되든 상관없다. 직각삼각형의 넓이를 계산하는 것은 간단하다. 밑변과 높이를 곱하고 2로 나누어 주면 된다. 〈그림 2A-7(a)〉에서 삼각형의 높이는 10-4=6이고, 밑변의 길이는 3-0=3이다. 그러므로 삼각형의 넓이는

$$\frac{6 \times 3}{2} = 9$$

이다.

그렇다면 (b)의 직선 위의 넓이는 무엇일까? 같은 공식을 이용하여 계산하면 높이는 8-2=6, 밑변은 4-0=4이므로 삼각형의 넓이는

$$\frac{6 \times 4}{2} = 12$$

이다.

그림 2A-7 선형곡선 아래와 위 영역의 넓이 계산하기

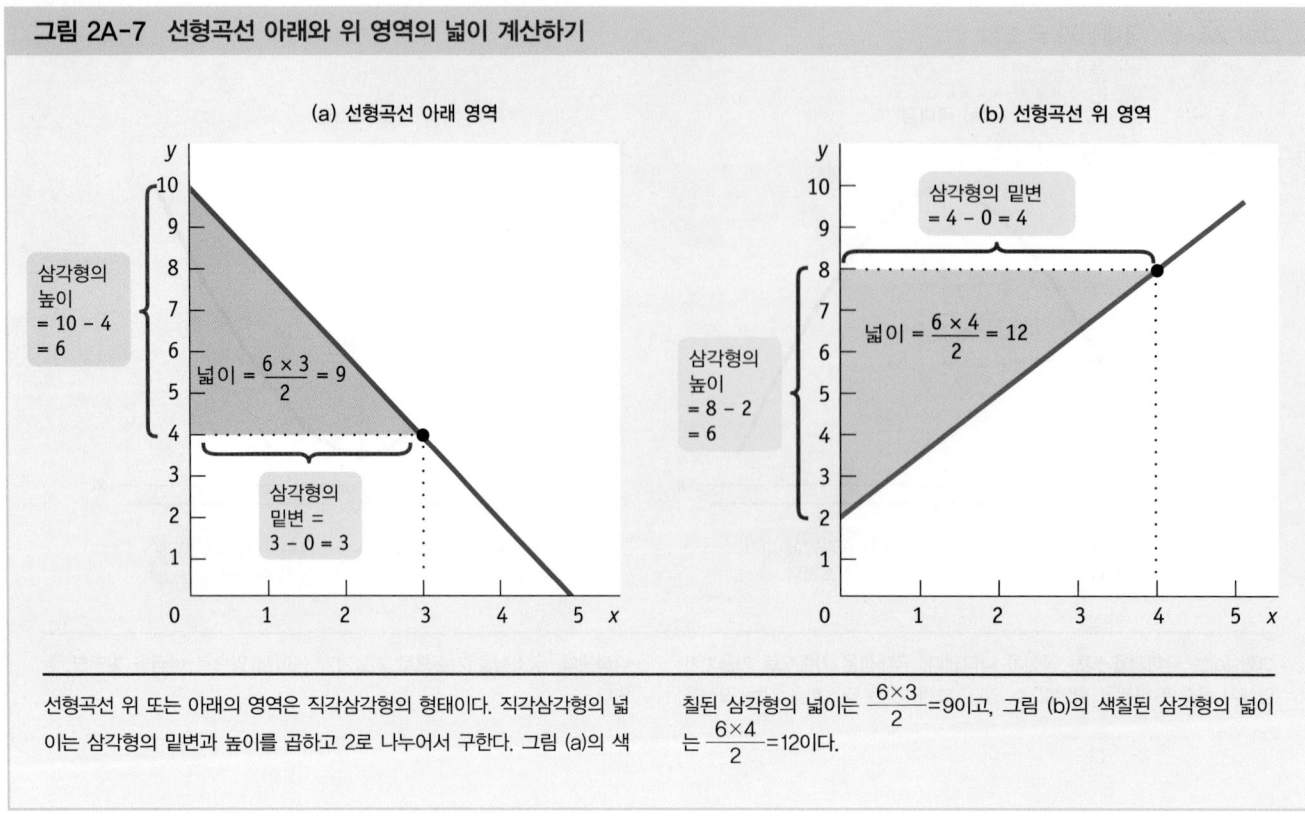

선형곡선 위 또는 아래의 영역은 직각삼각형의 형태이다. 직각삼각형의 넓이는 삼각형의 밑변과 높이를 곱하고 2로 나누어서 구한다. 그림 (a)의 색칠된 삼각형의 넓이는 $\frac{6 \times 3}{2} = 9$이고, 그림 (b)의 색칠된 삼각형의 넓이는 $\frac{6 \times 4}{2} = 12$이다.

|| 수치 정보를 나타내는 그래프

그래프는 인과관계에 대한 특정한 가정 없이 데이터를 요약하여 나타내는 편리한 방법으로 사용될 수 있다. 단순히 수치적 정보만을 나타내는 그래프를 가리켜 수치 그래프라고 부른다.

여기서는 수치 그래프의 네 가지 유형, 즉 시계열 그래프, 산포도, 파이 도표, 막대그래프 등에 대하여 살펴볼 것이다. 이러한 그래프들은 경제학자와 정책결정자들이 경제의 패턴과 경향을 식별하는 데 도움을 주기 때문에 다양한 경제 변수에 관한 실제 데이터를 나타내는 데 널리 사용된다. 그러나 앞으로 살펴볼 바와 같이 수치 그래프로부터 잘못된 판단을 내리거나 확증되지 않은 결론을 내리지 않도록 주의를 기울여야 한다. 즉 우리는 수치 그래프의 유용성과 한계점 모두에 대해 정확히 인식해야 한다.

수치 그래프의 유형

우리는 신문에서 실업률이나 주가와 같은 경제 변수가 시간에 따라 어떻게 변하는지를 보여 주는 그래프를 종종 접한다. **시계열 그래프**(time-series graph)는 x축에는 시간을 나타내고, y축에는 변수들의 데이터값을 나타낸다.

〈그림 2A-8〉은 1950년부터 2019년까지 한 국가의 생활수준을 나타내는 미국의 1인당 실질 국내총생산을 보여 주고 있다. 매년 1인당 실질 국내총생산에 대응하는 각 점을 연결한 곡선은 이 기간에 생활수준의 추세에 대한 뚜렷한 정보를 제공해 준다.

〈그림 2A-9〉는 다른 종류의 수치 그래프에 대한 예이다. 이 그래프는 180개국의 표본으로부터 얻은 환경오염의 척도인 1인당 탄소배출량과 생활수준의 척도인 1인당 국내총생산(GDP)에 대한 정보를 나타낸다. 각 점은 국민의 평균 생활수준과 평균 탄소배출량을 가리킨다.

시계열 그래프(time-series graph)에서 수평축은 날짜를, 수직축은 해당 날짜에서의 변수값을 나타낸다.

그래프의 오른쪽 위에 위치한 점들은 높은 생활수준과 높은 탄소배출량을 나타내는 점으로서 미국과 같은 경제 선진국에 해당하는 국가들을 나타낸다.(가장 높은 탄소배출량을 나타내는 그래프 가장 위쪽의 국가는 카타르이다.) 반면 왼쪽 아래에 위치한 점들은 경제적으로 낮은 생활수준과 낮은 탄소배출량을 보이는 국가들로서 아프가니스탄과 시에라리온과 같은 경제 후진국을 나타낸다.

점들의 패턴은 생활수준과 탄소배출량 사이에 양의 상관관계가 있음을 나타낸다. 대체로 높은 생활수준을 가진 국가들의 국민은 더 많은 탄소를 배출하는 경향을 보인다.

이러한 유형의 그래프를 **산포도**(scatter dia-gram) 라 부른다. 산포도에서는 주로 직선을 사용해 분산되어 있는 점들의 관계를 나타낸다. 즉 변수들 간의 일반적 관계를 비슷한 직선을 통해 근사시켜 나타낸다. 〈그림 2A-9〉에서 보듯이, 우상향하는 직선은 두 변수 간의 양의 상관관계를 가리킨다. 산포도는 자료로부터 어떠한 상관관계가 추론 가능한지를 나타내는 데 주로 사용된다.

파이 도표(pie chart)는 전체 중에서 각 부분이 차지하는 비율을 보여 주는 그림으로 보통 백분율 단위로 표현된다. 예를 들어, 〈그림 2A-10〉은 2018년에 연방 최저임금 이하를 지급받은 근로자의 교육 수준을 보여 주는 파이 도표이다. 그림에서 최저임금 이하 임금을 받는 근로자의 대다수는 대학 학위가 없을 것이다. 최저임금 이하의 임금을 받는 근로자 중 학사학위 이상의

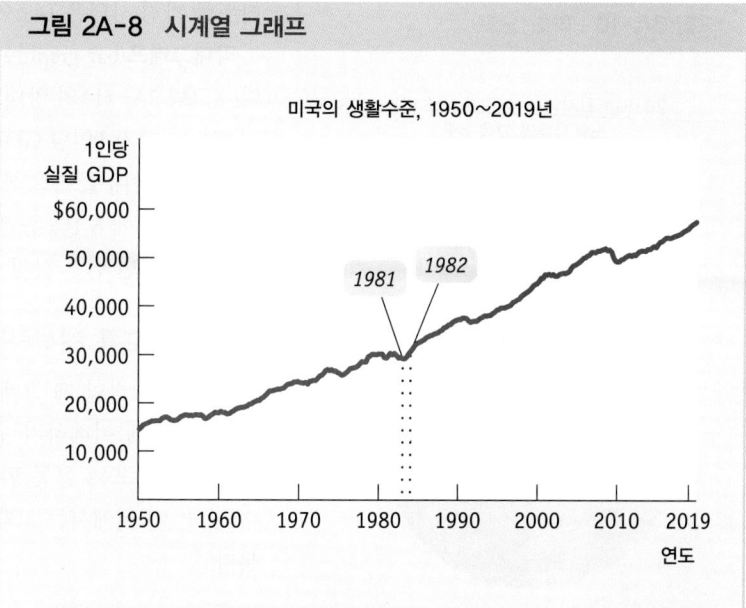

그림 2A-8　시계열 그래프

미국의 생활수준, 1950~2019년

시계열 그래프는 *x*축의 일련의 날짜와 *y*축의 변수값들을 나타낸다. 이 시계열 그래프는 1950년부터 2019년 말까지 한 국가의 생활수준의 척도인 1인당 실질 국내총생산을 나타낸다.

출처 : The Federal Reserve Bank of St. Louis.

산포도(scatter diagram)는 *x*변수와 *y*변수의 관측값을 점으로 표시한 것이다. 보통 이 점들 위로 변수들의 관계를 설명하는 직선이 그려진다.

파이 도표(pie chart)는 전체가 어떤 비율로 부분으로 나뉘는지를 나타내며, 이 비율은 보통 백분율로 표시한다.

그림 2A-9　산포도

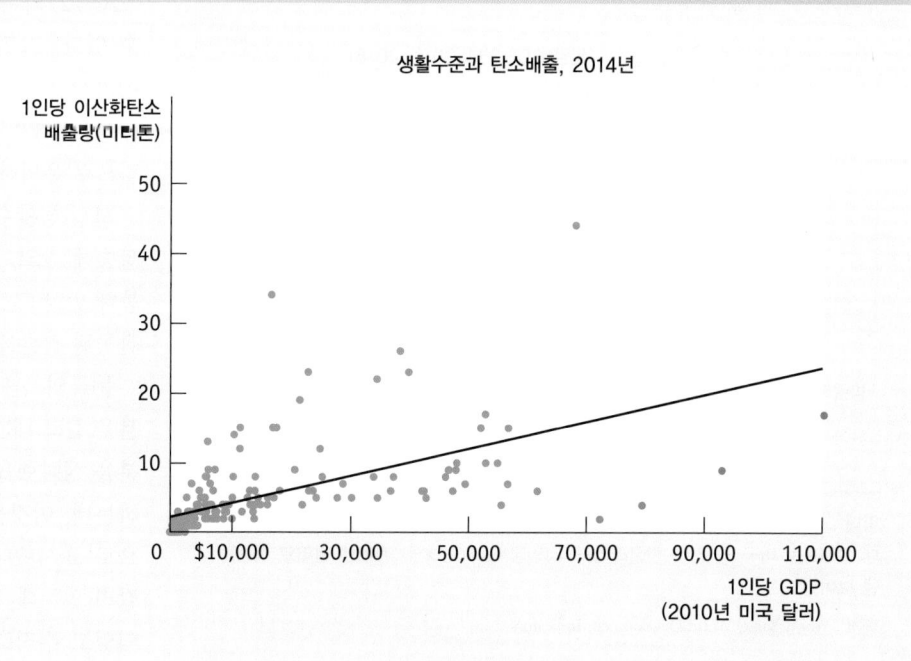

산포도에서 각 점은 관측 자료의 *x*, *y*변수에 대한 값에 대응된다. 여기서 각 점은 표본 181개국의 1인당 GDP와 1인당 탄소배출량을 보여 준다. 우상향하는 선은 이 두 변수 간의 일반적인 관계를 가장 근사적으로 보여 준다.

출처 : World Development Indicators.

생활수준과 탄소배출, 2014년

그림 2A-10 파이 도표

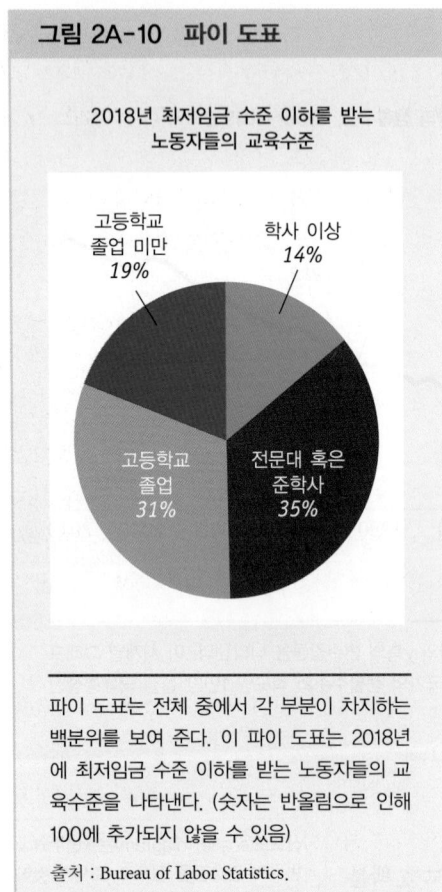

2018년 최저임금 수준 이하를 받는 노동자들의 교육수준

- 고등학교 졸업 미만 19%
- 학사 이상 14%
- 고등학교 졸업 31%
- 전문대 혹은 준학사 35%

파이 도표는 전체 중에서 각 부분이 차지하는 백분위를 보여 준다. 이 파이 도표는 2018년에 최저임금 수준 이하를 받는 노동자들의 교육수준을 나타낸다. (숫자는 반올림으로 인해 100에 추가되지 않을 수 있음)

출처 : Bureau of Labor Statistics.

막대그래프(bar graph)는 서로 다른 높이나 길이를 가진 막대로 한 변수를 여러 가지 기준으로 살펴보았을 때 이 관측값들의 상대적인 크기를 표시한다.

그림 2A-11 막대그래프

1인당 GDP 변화(2017-2018)

	1인당 GDP의 비율 변화	1인당 GDP의 변화
미국	2.2%	$1,185
중국	6.1%	$447
방글라데시	6.7%	$76

막대 그래프는 다양한 높이 또는 길이의 막대를 사용하여 변수를 측정한다. 이 막대 그래프는 미국, 중국 및 방글라데시의 1인당 GDP 변화율(2010년 달러로 측정)을 보여 준다.

출처 : World Bank, World Development Indicators.

학위를 가진 사람은 14%에 불과하다.

막대그래프(bar graph)는 다양한 길이의 막대를 사용하여 변수의 값을 나타낸다. 〈그림 2A-11〉의 막대그래프에서 막대는 미국, 중국, 방글라데시의 2017년부터 2018년까지 1인당 GDP 변화율을 보여준다. 측정된 변수의 정확한 값은 이 그림과 같이 막대 끝에 기록할 수 있다. 예를 들어, 중국의 1인당 GDP는 2017년과 2018년 사이에 6.1% 증가했다. 그러나 정확한 값이 없더라도 막대의 높이나 길이를 비교하면 변수 값의 상대적 크기에 대한 유용한 정보를 얻을 수 있다.

수치 그래프를 해석하는 데 있어서의 문제점

이 부록을 시작할 때 그래프는 눈에 보이는 이미지를 이용해서 아이디어나 정보를 보다 쉽게 이해하기 위한 것이라는 사실을 강조했지만, 의도했건 의도하지 않았건 그래프는 잘못 만들어질 수 있고 이는 정확하지 않은 결론으로 이어질 수 있다. 이 절에서는 그래프를 분석할 때 발생할 수 있는 몇 가지 문제점을 알아본다.

그래프 구조의 특성 그래프가 보여 주는 수치를 가지고 어떤 결론을 내리기 전에 수직축과 수평축에 나타나는 눈금이나 증가분의 크기에 주의해야 한다. 변수의 작은 증가가 눈으로 보기에는 매우 큰 것처럼 과장될 수 있고, 큰 증가는 작은 것처럼 보일 수 있다. 따라서 그래프가 보여 주는 변화의 중요성을 해석할 때 그래프에 사용되는 눈금의 크기가 엉뚱한 방향으로 영향을 미칠 수 있다.

미국의 1981~1982년의 1인당 실질 GDP를 500달러 단위로 보여 주고 있는 〈그림 2A-12〉를 예로 들어 보자. 실질 GDP는 3만 316달러에서 2만 9,186달러로 감소했음을 볼 수 있다. 감소한 것은 확실하다. 그러나 수직축이 보이는 것처럼 감소 정도가 이렇게 클까? 그렇지 않다.

1950년부터 2019년까지 미국의 1인당 실질 GDP를 보여 주는 〈그림 2A-8〉을 다시 살펴보면, 그림 〈2A-12〉와 동일한 데이터가 포함되어 있음을 알 수 있다. 그러나 〈그림 2A-8〉은 500달러가 아닌 10,000달러가 증가하는 규모로 구성되어 있다. 즉 1981~1982년의 1인당 실질 GDP 감소는 사실 상대적으로 유의하지 않음을 볼 수 있는 것이다.

사실 생활수준의 척도인 1인당 실질 GDP는 대개 상승해 왔고, 거의 하락하지 않았다. 이러한 비교를 통해 만약 그래프의 눈금 선택에 주의하지 않는다면 잘못된 결론을 내릴 수도 있다는 것을 알 수 있다.

눈금의 선택과 관련하여 그래프를 그릴 때 일부분을 잘라 내는 것에도 유의해야 한다. 범위의 일부분을 생략했을 때 축을 **잘라 내었다**(truncated)고 말하는데, 이것을 원점 근처의 축 위에 2개의 사선(//)으로 표시했다. 〈그림 2A-12〉는 수직축의 일부가 잘려 있는데, 0부터 29,000달러까지의 값들이 생략되었고 수직축 위에 //가 표시되어 있는 것을 확인

그림 2A-12 그래프의 해석 : 척도의 효과

〈그림 2A-8〉에 사용된 1981년과 1982년의 데이터를 가지고 10,000달러의 단위 대신 500달러의 단위로 그래프를 그리면 이와 같다. 이러한 척도의 변화는, 〈그림 2A-8〉에 비해 생활수준 변화의 크기가 훨씬 커 보이는 결과를 낳고 있다.

출처 : Bureau of Economic Analysis.

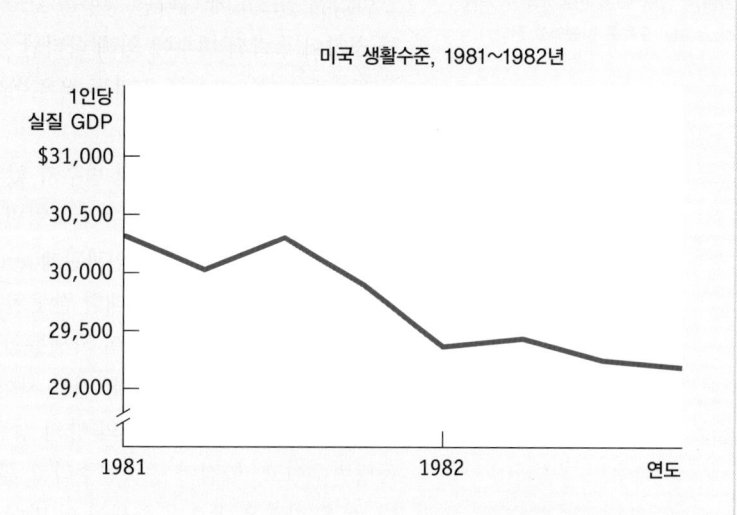

미국 생활수준, 1981~1982년

할 수 있다. 일부를 잘라 냄으로써 우리는 공간을 절약해서 그래프를 그릴 수 있고, 더 큰 증가분을 나타낼 수도 있다. 따라서 일부분이 잘린 그래프 위에 그려진 변수의 변화는 더 작은 증가분을 사용하는 원래 그래프보다 더 크게 보일 수 있다.

이뿐만 아니라 그래프가 정확히 무엇을 그리고 있는지 주의를 기울여 살펴보아야 한다. 예를 들어, 독자는 〈그림 2A-11〉에서 보이고 있는 것이 1인당 GDP의 수치 변화가 아니라 비율의 변화라는 사실을 알아차려야만 한다. 방글라데시의 성장률은 이 예에서 6.7%로 가장 높다. 만약 여러분이 수치 변화와 퍼센트 변화를 혼동한다면, 1인당 GDP 변화가 가장 큰 나라가 방글라데시라고 잘못 결론지을 것이다.

실제로 〈그림 2A-11〉을 올바르게 해석하면 1인당 GDP의 가장 큰 변화는 미국의 경우이다. 1인당 GDP는 미국의 경우 1,185달러 증가했으며, 이는 중국의 경우 1인당 GDP 증가액인 447달러보다 크다. 2017년부터 2018년까지 중국의 1인당 GDP 증가율은 더 높았지만, 중국의 1인당 GDP 변화폭은 미국보다 작았다. 1인당 GDP가 6.7% 성장한 방글라데시도 마찬가지이며, 실제 그 나라의 1인당 실질 GDP는 76달러 증가하는 데 그쳤다.

누락된 변수 산포도는 두 변수가 서로 양의 상관관계를 갖고 있는지, 음의 상관관계를 갖고 있는지를 보여 주기 때문에 이로부터 두 변수의 인과관계에 대해 쉽게 결론을 내릴 수 있다. 그러나 두 변수의 관계가 항상 직접적인 원인과 결과로부터 나타나는 것은 아니다. 두 변수 간의 관측된 관계는 관측되지 않은 제3의 변수가 각각의 변수에 미치는 영향에 의한 것일 수도 있다.

관측되지 않은 변수는 다른 변수들에 대한 영향을 통해 변수들 간의 직접적 인과관계를 잘못 판단하도록 할 수 있는데, 이러한 변수들을 **누락된 변수**(omitted variable)라 부른다. 예를 들어, 뉴잉글랜드 지방에서 일주일 동안 내린 눈의 양이 일반적으로 사람들로 하여금 더 많은 눈삽을 구입하도록 만들 것이라고 하자. 이는 또한 사람들로 하여금 더 많은 제빙제를 구입하도록 할 것이다. 그러나 만약 강설량의 영향을 누락시키고 단순히 눈삽과 제빙제 간의 관계를 산포도로 나타낸다면 양의 기울기를 가지는 점들을 보게 될 것이고, 이는 눈삽 판매량과 제빙제 판매량 간에 양의 상관관계가 있다는 것을 의미한다.

그러나 두 변수 간의 인과관계를 이런 식으로 판단하는 것은 잘못된 것이다. 더 많은 눈삽 판매량이 더 많은 제빙제 판매량을 의미하지는 않으며, 그 반대도 마찬가지이다. 이 둘은 누락된

주로 공간을 절약하기 위해서 축의 한 부분이 생략된 경우, 축을 잘라 내었다(truncated)라고 한다.

누락된 변수(omitted variable)는 그것이 다른 변수에 영향을 미친다고 하더라도 관측되지 않기 때문에 변수들 간의 직접적인 인과관계를 잘못 판단하도록 할 수 있다.

두 변수 사이의 인과관계를 반대로 파악하는 경우 **역의 인과관계**(reverse causality) 오류를 범했다고 한다.

변수인 강설량이라는 제3의 변수의 영향에 의해 같은 방향으로 움직이는 것이다.

따라서 산포도에 나타난 경향을 보고 두 변수 사이의 인과관계를 섣불리 판단하기 전에, 그러한 경향이 누락된 변수에 의해 나타난 것이 아닌가를 고려하는 것이 중요하다. 간단하게 말해서 상관관계가 인과관계를 뜻하는 것은 아니라는 것이다.

역의 인과관계 만약 누락된 변수가 없다는 것이 확실하고, 수치 그래프에 두 변수 간의 인과관계가 나타날지라도 어떤 변수가 독립변수인지 아니면 종속변수인지를 반대로 생각하면 틀린 결론을 내릴 수 있으니 **역의 인과관계**(reverse causality)의 실수를 저지르지 않도록 주의해야 한다. 이러한 실수는 인과관계에 대한 잘못된 결론에 이르게 한다.

예를 들어, 한 축에 20명의 학생들의 학점과 다른 한 축에 그들이 공부하는 시간을 표시해서 산포도를 그린다고 생각하자. 점들 사이를 연결하는 직선은 아마도 양의 기울기를 가질 것이고, 이는 학점과 공부시간 사이의 양의 상관관계를 보여 준다. 합리적으로 판단하기에 공부시간이 독립변수이고, 학점이 종속변수라고 볼 수 있다. 그러나 만약 역의 인과관계의 오류를 범한다면, 높은 학점을 받으면 학생이 더 많이 공부하고, 낮은 학점을 받으면 더 적게 공부하도록 한다는 잘못된 결론을 내릴 수도 있는 것이다.

그래프를 어떻게 잘못 해석하게 되는지를 이해하는 것이 중요한 이유는 학문적인 이유에서 그치는 것이 아니다. 정책결정, 기업의 의사결정, 그리고 정치적 논쟁은 종종 방금 우리가 논의한 형태의 수치 그래프의 해석을 둘러싸고 일어나는 경우가 많다. 그래프 구조의 특성을 잘못 이해하거나, 누락된 변수를 생각하지 못하거나, 역의 인과관계의 오류에 빠지는 등의 실수들은 매우 치명적이고 바람직하지 않은 결과를 낳을 수 있다.

연습문제

1. 다음과 같은 4개의 그림과 이어지는 명제들을 살펴보고 각각의 명제에 대하여 어떤 그림이 대응되는지 답하라. 각각의 명제에 대응하는 그림에서 수평축과 수직축은 각각 무엇에 대응되는지, 기울기가 음이 될지, 양이 될지, 영이 될지, 무한대가 될지 판단하라.

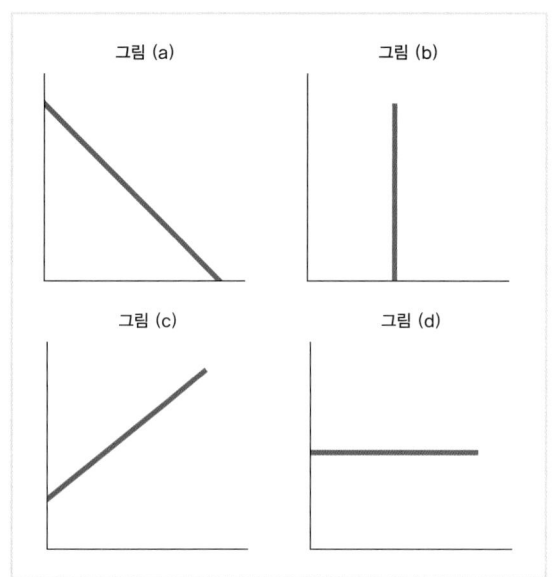

   a. 영화관람 가격이 오른다면 영화를 보려는 사람들은 점점 줄어들 것이다.

   b. 보다 숙련된 근로자들은 보통 덜 숙련된 근로자에 비해 더 높은 임금을 받는다.

   c. 기온에 상관없이 미국인들은 하루 평균 같은 수의 핫도그를 소비한다.

   d. 소비자들은 아이스크림 가격이 오를 때 얼린 요구르트를 더 많이 소비한다.

   e. 다이어트하는 사람들을 대상으로 한 연구조사 결과, 다이어트 책 구입 권수와 다이어트를 통해 줄인 체중량(파운드 단위)과는 아무런 상관관계가 없는 것으로 나타났다.

   f. 가격에 상관없이 미국인은 일정량의 소금을 소비한다.

2. 레이건 대통령 재임 기간 동안 경제학자 아서 래퍼(Arthur Laffer)는 세수를 늘리기 위해 소득세를 낮추는 방안에 찬성했다. 다른 경제학자들처럼 그는 어느 정도 이상의 세율에서는 세수가 떨어질 것이라고 믿었다. 왜냐하면 높은 세금은 사람들로 하여금 일할 의욕을 저하시키고 세금을 낸 후 아무런 소득도 없다면 아예 일하기를 거부할 것이기 때문이다. 이러한 세율과 세수와의 관계는 래퍼 곡선으로 알려진 그림으로 나타낼 수 있다. 비선형곡선의 모양으로 래퍼 곡선을 그려 보라. 다음의 질문들은 곡선을 그리는 데 도움을 줄 것이다.

   a. 독립변수와 종속변수로 무엇을 선택할 것인가? 즉 어떤 축에 소득세율을 나타내고 어떤 축에 소득세수를 나타낼 것인가?

   b. 0% 소득세율에 대하여 세수는 얼마나 될 것인가?

   c. 가능한 최대소득세율을 100%라고 할 때, 100% 소득세율에서 세수는 얼마나 될 것인가?

   d. 래퍼 곡선 상의 최대점이 세율이 약 80%일 때 나타났다고 한다. 그렇다면 세율이 80%보다 낮을 때는 세율과 세수의 관계가 어떠한지, 그리고 이러한 관계가 어떻게 기울기에 나타나는지 기술하라. 80% 이상의 세율에 대해서는 세율과 세수의 관계가 어떠한지, 그리고 이러한 관계가 어떻게 기울기에 나타나는지 기술하라.

3. 다음의 그림에서 각 축의 숫자들이 지워져 버렸다. 분명히 알 수 있는 것은 수평축의 단위와 수직축의 단위가 동일하다는 사실뿐이다.

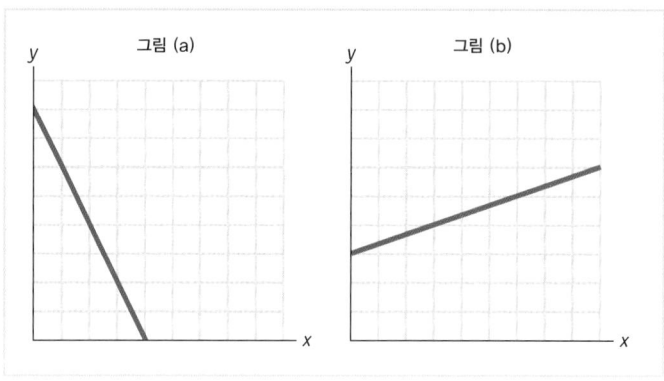

   a. 그림 (a)에서 직선의 기울기는 무엇을 나타내는가? 직선 상에서 기울기가 동일함을 보이라.

   b. 그림 (b)에서 직선의 기울기는 무엇을 나타내는가? 직선 상에서 기울기가 동일함을 보이라.

4. 다음의 각 질문에 대하여 관계식을 그림으로 나타내어 답하라.

   a. 수평축을 따라 오른쪽으로 갈수록 세 점을 잇는 곡선의 기울기가 −0.3에서 −0.8, −2.5로 변한다고 할 때 이 곡선을 그래프로 나타내 보라. 이 그래프에서 나타낸 관계를 기술해 보라.

   b. 수평축을 따라 오른쪽으로 갈수록 5개 점을 잇는 곡선의 기울기가 1.5에서 0.5, 0, −0.5, −1.5로 변한다고

할 때 이 곡선을 그래프로 나타내 보라. 이 그래프는 극대점을 갖는가? 아니면 극소점을 갖는가?

5. 다음의 그래프에서 색칠된 직각삼각형의 넓이를 구하라.

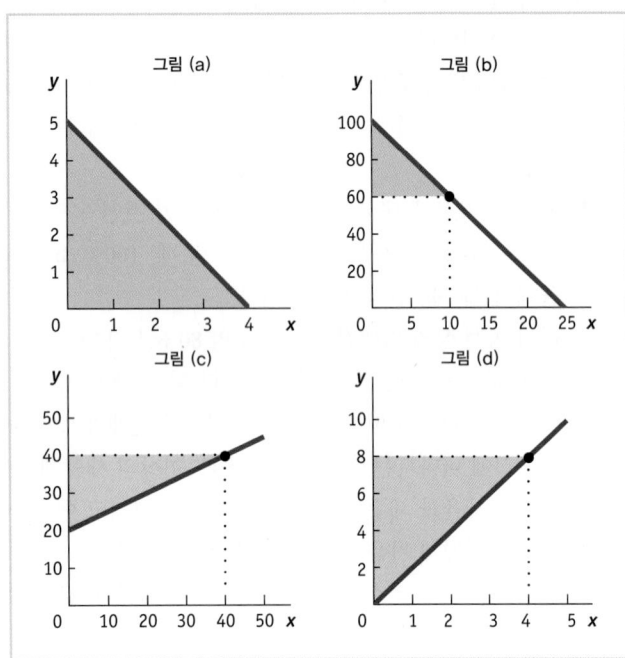

6. 직각삼각형의 밑변은 10이고 넓이는 20이다. 이 직각삼각형의 높이는 얼마인가?

7. 다음 표는 주당 근로시간과 근로자의 시간별 임금률을 나타내고 있다. 그들이 다른 시급을 받고 있다는 사실 외에는 5명의 근로자들은 모두 동일하다고 가정하자.

이름	노동량(주별 노동시간)	임금률(시급)
아끼코	30	$15
벤	35	30
카메론	37	45
디에고	36	60
에밀리	32	75

a. 독립변수와 종속변수는 각각 무엇인가?

b. 이 관계를 나타내는 산포도를 그려 보라. 수직축을 시간당 임금률로 하여 각 점을 연결하는 (비선형)곡선을 그려 보라.

c. 임금률이 15달러에서 30달러로 증가함에 따라 근로시

간은 어떻게 반응하는가? 아끼코와 벤 데이터의 점 사이를 연결하는 선의 평균 기울기 값은 얼마인가?

d. 임금이 60달러에서 75달러로 증가함에 따라 근로시간은 어떻게 반응하는가? 디에고와 에밀리 데이터의 점 사이를 연결하는 선의 평균 기울기 값은 얼마인가?

8. 보험회사에 따르면 화재로 인한 재산상의 막대한 피해액은 화재 현장에 도착한 소방관의 숫자와 양의 상관관계를 갖는다고 한다.

a. 보험회사의 주장을 그래프로 나타내라. 소방관의 수를 수평축에, 재산상 피해액은 수직축에 나타내라. 이 그래프는 어떤 주장을 나타내고 있는가? 수평축과 수직축을 반대로 바꾼다면 그림을 통해서 어떤 논증을 이끌어 낼 수 있는가?

b. 보험계약자에게 지급되는 지불금을 줄이기 위해 보험회사는 화재 현장에 더 적은 소방관을 보내 달라고 요청해야 하는가?

9. 다음 표는 5명의 연봉과 소득세 부담금을 나타내고 있다. 그들이 서로 다른 연봉과 서로 다른 소득세를 부담하고 있다는 사실 외에는 모든 조건이 동일하다고 가정하자.

이름	연봉	소득세
밀라	$22,000	$3,304
제이든	63,000	14,317
아리아	3,000	454
로건	94,000	23,927
시드	37,000	7,020

a. 이 표를 그래프로 옮긴다면 제이든과 로건의 점을 연결하는 선의 평균 기울기 값이 어떤 값이 될지 호 계산법을 이용하여 계산하라. 이 기울기의 의미를 어떻게 해석할 수 있을까?

b. 이 표를 그래프로 옮긴다면 아리아와 밀라의 점을 연결하는 선의 평균 기울기를 호 계산법을 이용하여 계산하라. 이 기울기의 의미를 어떻게 해석할 수 있을까?

c. 연봉이 증가함에 따라 기울기는 어떻게 되는가? 이러한 관계는 소득세의 수준이 더 높은 소득을 얻으려는 개인의 유인에 미치는 영향에 대하여 무엇을 의미하는가?

3 공급과 수요

천연가스 붐과 불황

거의 10년 동안, 칸스 카운티는 격렬한 경제적 변동을 겪었다. 2010년부터 2018년까지, 두 개의 주요 지질학적 석유 층에 가까이 위치한 텍사스주의 이 카운티는 호황 후 불황을 겪은 뒤 회복되었다. 이러한 급속한 변화는 수압파쇄법이라고 알려진 신기술의 개발로 설명될 수 있다.

2010년부터 2015년까지 칸스 카운티는 수압파쇄법 때문에 천연가스 가격이 거의 8달러에서 2달러 미만으로 떨어지면서 극심한 호황과 불황의 순환을 겪었다. 수압파쇄법은 약품을 섞은 물을 높은 압력으로 분사해서 셰일 암석 층 사이에 있는 천연가스를 추출하는 방법이다. 약 1세기 전부터 이미 막대한 천연가스가 미국의 셰일 층 내에 매장되어 있다는 사실이 알려져 있었지만 채굴이 힘들었기에 방치되어 있었다.

새로운 채굴 기술로 이처럼 깊이 내장되어 있는 유전층에 도달할 수 있게 된 것은 약 80년 전 일이다. 그러나 에너지 회사들이 이러한 새로운 채굴 기술에 투자하도록 만든 것은 2002년에서 2006년 사이에 4배나 상승한 천연가스 가격의 폭등 때문이었다. 천연가스

새로운 착굴 기술의 도입은 천연가스 가격을 낮추었지만, 논란과 환경 비용이 없는 것은 아니다.

수요와 공급이라는 두 가지 주요 요인이 가격 폭등을 설명한다.

먼저 수요 측면의 원인을 살펴보자. 2002년 미국 경제는 불황의 늪에 빠져 있었다. 경제의 활기는 떨어져 있었고, 실업률은 높았으며, 개인과 기업은 저마다의 에너지 소비를 줄였다. 돈을 아끼기 위해 집주인들은 겨울에 온도조절장치의 설정 온도를 낮추었고, 여름에는 설정 온도를 높였다. 하지만 2006년부터는 경기가 다시 회복되기 시작했고, 천연가스 소비 또한 증가했다.

둘째로, 공급 측면을 보면 2005년 발생한 허리케인 카트리나 때문에 천연가스 생산업체가 밀집한 걸프만 지역이 초토화되었다. 이로 인해 천연가스 소비가 급증한 2006년에 천연가스 공급은 급감했고, 2002년에 1,000입방피트당 2달러였던 천연가스 가격이 2006년에는 14달러로 급등했다.

그러다가 2013년에는 천연가스 가격이 1,000입방피트당 2달러로 다시 내려왔다. 하지만 이번에는 경기 침체가 원인이 아닌 수압파쇄법의 발명 때문이었다. 2010년부터 2012년까지 미국의 셰일층에서 나오는 천연가스 추출량은 거의 2배가 되었다. 2018년에 미국은 세계 최대의 천연가스 생산국이 되었고, 다른 나라들에 천연가스를 순수출하는 국가가 되있다.

공급의 대규모 증가에도 불구하고, 2018년 동안 가격은 평균 3.15달러로, 역사적으로 가장 낮은 2달러 미만을 훨씬 웃돌았다. 왜 그랬을까? 공급이 급증했지만 수요도 늘었기 때문이다. 첫째, 발전소는 석탄에서 벗어나면서 천연가스 사용을 늘렸다. 둘째, 주택 소유자들은 천연가스 소비를 늘리고 난방유를 멀리했다. 셋째, 미국의 유럽으로의 천연가스 수출은 다른 에너지원보다 저렴하다는 점에서 급증했다.

하지만 천연가스의 이점 이면에 수만 달러의 예상치 못한 비용이 발생되는 결과가 초래되었다. 2016년부터 칸스 카운티에 새로운 일자리와 함께, 강건한 경제호황, 한때 값비싼

석탄과 석유를 사용했던 사람들의 에너지 비용 절감 등 호재가 이어졌지만, 수압파쇄법의 환경적 영향에 대한 깊은 우려와 논란이 일기 시작했다. 천연가스로의 전환으로 인한 분명한 환경적 이익이 있지만 (심하게 오염시키는 석유와 석탄과 같은 다른 화석 연료보다 더 깨끗하게 연소되기 때문), 수압파쇄법은 또 다른 환경적 우려를 촉발시켰다. 하나는 사용된 화학물질에 의한 지역 지하수 오염 가능성이다. 또 다른 것은 값싼 천연가스가 태양열과 풍력과 같은 재생에너지원의 개발을 저해하여 화석 연료에 대한 의존도를 높일 수 있다는 것이다. 물론 어떤 사람들은 천연가스의 풍부한 공급이 실제로 재생에너지의 발전을 도울 수 있다고 언급했다. 천연가스로 작동되는 '미니 발전소'는 태양이 뜨지 않을 때나 바람이 불지 않을 때 연소될 수 있으므로 재생에너지의 공급 안정에 도움을 줄 수 있기 때문이다.

당면한 주제인 천연가스의 공급과 수요 문제로 돌아가 보자. 수요와 공급은 무엇을 의미하는가? 많은 사람들이 수요와 공급의 법칙을 시장의 법칙을 설명하기 위해 사용한다. 하지만 경제학자들에게 수요와 공급의 법칙은 보다 엄밀하게 정의된다. 이는 많은 종류의 시장이 어떻게 작동하는지를 이해하는 데 매우 유용한 모형이다.

이 장에서는 수요와 공급모형을 구성하는 요소들을 설명하고, 그로부터 모형이 어떻게 사용되는지를 설명하려고 한다. ●

이 장에서 배울 내용

- 완전경쟁시장이란 무엇인가?
- 공급곡선과 수요곡선이란 무엇인가?
- 공급과 수요곡선은 어떻게 시장에서 균형 가격과 균형량으로 이어지는가?
- 시장에서의 초과와 부족이란 무엇을 의미하며, 가격 움직임은 왜 그것들을 제거할 수 있는가?

완전경쟁시장(competitive market)은 동질적인 재화나 서비스에 대해 수많은 구매자와 판매자가 존재하는 시장이다.

수요와 공급모형(supply and demand model)은 어떻게 완전경쟁시장이 작동 하는지에 대한 모형이다.

|| 수요와 공급 : 완전경쟁시장의 모형

천연가스 판매자들과 구매자들은 시장 — 구매자와 판매자들의 모임 — 을 구성한다. 이 장에 서는 완전경쟁시장이라고 알려진 특정 유형의 시장에 초점을 맞춘다. **완전경쟁시장**(competitive market)은 같은 종류의 재화나 서비스에 대해 수많은 구매자와 판매자가 존재하는 시장이다. 보 다 엄밀하게, 완전경쟁시장의 핵심적인 요소는 어떤 개인의 행동도 그 재화나 서비스가 팔리는 가격에 영향을 줄 수 없다는 것이다. 이것이 모든 시장에 대한 정확한 정의는 아님을 이해해야 한다.

　예를 들어, 이 개념은 콜라 시장에 대해서는 적용할 수 없다. 콜라 시장에서는 코카콜라(Coca-Cola)와 펩시(Pepsi)가 전체 시장 매출에서 큰 비중을 차지하고 있기 때문에 그들이 콜라 가격에 영향을 미칠 수 있다. 그러나 이는 천연가스 시장에 대해서는 적용된다. 전 세계의 천연가스 시 장은 매우 크기 때문에 엑슨모빌(Exxon Mobil) 같은 큰 채굴업체도 전체 시장에서는 매우 작은 비중을 차지하며 따라서 엑슨모빌이 천연가스를 사고파는 가격에 영향을 줄 수는 없다.

　완전경쟁시장이 다른 시장과 어떻게 다른지는 완전경쟁시장의 작동원리를 이해하기 전까지 는 쉽게 알 수 없다. 따라서 이에 대해서는 잠시 보류하고 이 장의 끝에서 다시 거론하겠다. 단지 다른 시장보다 완전경쟁시장이 모형화하기 쉽다는 것만 알아 두자. 쉬운 문제부터 해결하는 것 은 아주 좋은 전략이다. 이 전략을 따라 우선 완전경쟁시장부터 살펴보겠다.

　시장이 경쟁상황일 때, 그것의 행태는 **수요와 공급모형**(supply and demand model)에 의해서 잘 설명된다. 실제로 많은 시장이 경쟁적이므로 수요와 공급모형은 매우 유용하다.

　이 모형의 다섯 가지 핵심 요소는 다음과 같다.

- 수요곡선
- 공급곡선
- 수요곡선의 변동요인과 공급곡선의 변동요인
- 균형가격과 균형량을 포함하는 **시장균형**
- 수요곡선이나 공급곡선의 이동 시 시장균형의 변화

수요와 공급모형을 이해하기 위해 이 요소들을 하나하나 살펴보기로 하자.

|| 수요곡선

미국의 소비자들은 천연가스를 얼마나 사고 싶어 할까? 당신은 아마도, 우선 미국 가계와 기업 이 그해에 소비하는 양을 더하면 된다고 생각할 것이다. 그러나 미국인들이 천연가스를 얼마나 사고 싶어 하는지는 천연가스의 가격에 좌우되기 때문에 간단하게 생각할 수는 없다.

　2006년에서 2015년 사이에 그랬던 것처럼 천연가스 가격이 떨어진다면, 소비자들은 일반적 으로 더 많은 천연가스를 살 것이다. 예를 들어 사람들은 온도조절장치의 온도를 높게 설정해서 겨울을 더욱 따뜻하게 보낼 것이고, 천연가스를 연료로 하는 자동차를 구매할 것이다. 일반적 으로 사람들이 사고 싶어 하는 천연가스 또는 어떠한 재화나 서비스의 양은 가격에 의해 좌우된 다. 어떤 상품이나 재화의 가격이 높을수록, 사람들은 이를 덜 소비하고자 한다. 다른 말로, 가 격이 낮을수록 사람들은 물건을 더 사고 싶어 한다.

　그러므로 "얼마나 많은 양의 천연가스를 구매하고 싶어 할 것인가?"에 대한 대답은 천연가스 의 가격에 좌우된다. 만약 가격이 무엇인지 모른다면 우선 각기 다른 가격하에서 사람들이 얼마만큼의 천연가스를 소비하고 싶어 하는지를 표로 나타내 보자. 이러한 표를 수요계획이라고 한다. 이것은 수요와 공급모형의 핵심 요소인 수요곡선을 그리는 데 사용될 수 있다.

수요계획과 수요곡선

수요계획(demand schedule)은 각각 다른 가격에 대해 얼마나 많은 재화나 서비스를 사람들이 사려 하는가에 대한 표이다. 〈그림 3-1〉의 오른쪽에 천연가스에 대한 가상적인 수요계획이 있다. 천연가스 양을 나타내는 데 일반적으로 사용되는 BTU(영국열량단위)를 기준으로 적혀 있다. 천연가스 수요량에 대한 실제 데이터를 이용하지 않는다는 점에서 가상적이다.

표에 따르면 1BTU의 천연가스가 3달러일 때 소비자들은 1년간 10조 BTU를 사길 원하고, 3.25달러일 때는 8.9조 BTU를 사길 원한다. 2.75달러일 때는 11.5조 BTU를 사길 원한다. 즉 가격이 오를수록 천연가스 **수요량**(quantity demanded)이 떨어지는 것이다.

〈그림 3-1〉의 그래프는 표의 정보를 그림으로 표현하고 있다. (아마 당신은 제2장의 부록에 있는 경제학의 그래프에 관한 설명을 복습하는 것이 좋을 것이다.) 세로축은 천연가스의 가격이고, 가로축은 천연가스의 수요량이다. 그래프 상의 각 점은 수요계획에 기입된 각 숫자에 대응된다. 이 점들을 잇는 선이 **수요곡선**(demand curve)이다. 수요곡선은 수요계획을 그래프로 표현한 것이고, 수요량과 가격의 관계를 보여 주는 또 다른 방법이다.

〈그림 3-1〉의 수요곡선은 우하향한다. 이는 가격이 높을수록 수요량이 줄어들고, 가격이 낮을수록 수요량이 많아진다는 가격과 수요량 간의 역의 관계를 반영한다. 〈그림 3-1〉의 수요곡

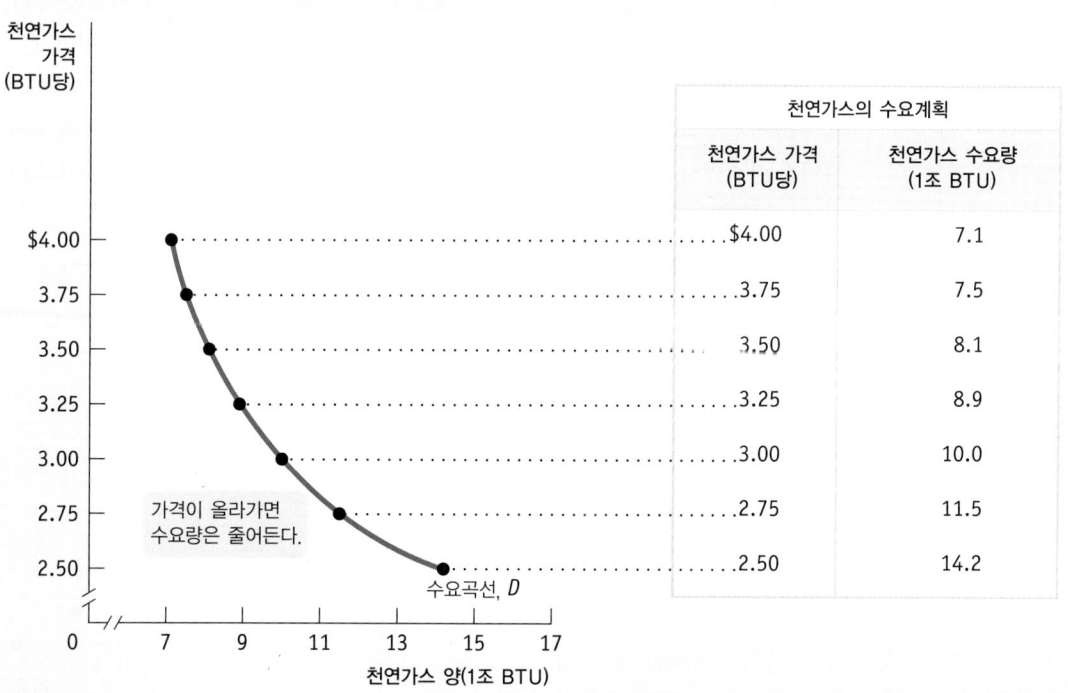

그림 3-1   수요계획과 수요곡선

천연가스의 수요계획	
천연가스 가격 (BTU당)	천연가스 수요량 (1조 BTU)
$4.00	7.1
3.75	7.5
3.50	8.1
3.25	8.9
3.00	10.0
2.75	11.5
2.50	14.2

천연가스의 수요계획이 수요곡선으로 나타나 있다. 수요곡선은 주어진 가격에서 소비자들이 얼마나 많은 재화를 소비하려 하는지를 나타낸다. 수요곡선과 수요계획은 수요법칙을 반영한다. 즉 가격이 올라가면 수요하고자 하는 양은 줄어들고, 가격이 떨어지면 수요량은 늘어난다. 따라서 수요곡선은 우하향한다.

수요법칙(law of demand)은 다른 조건이 일정할 때 재화의 가격이 높아짐에 따라 사람들이 재화를 더 적게 수요하는 것을 말한다.

수요곡선의 이동(shift of the demand curve)은 주어진 가격에서 수요량의 변화이다. 원래 수요곡선에서 새로운 위치로 변하는 것이며 새로운 수요곡선으로 표기된다.

선을 통해 확인할 수 있다. 가격이 낮아지면 수요곡선을 따라 수요량이 증가한다. 반대로 가격이 높아지면 수요곡선을 따라 수요량이 감소한다.

현실에서 수요곡선은 거의 항상 우하향한다. (예외적인 경우는 극히 드물기 때문에 무시해도 될 것이다.) 일반적으로 다른 조건이 같다면 어떤 재화의 가격이 올라가면 사람들이 이 재화를 덜 수요한다는 명제는 아주 확실하기 때문에 경제학자들은 이것을 **수요법칙**(law of demand)이라고 부른다.

수요곡선의 이동

2006년도의 천연가스 가격이 2002년보다 크게 상승하였지만, 2006년도의 천연가스 소비량이 더 많았다. 이 사실을 가격이 올라가면 수요량이 감소한다는 수요법칙에 부합되게 설명하려면 어떻게 해야 할까?

대답은 '다른 모든 것은 일정하게'라는 문구에 담겨 있다. 즉 이 경우에는 다른 모든 것이 일정하지 않았다. 어떠한 주어진 가격하에서도 천연가스의 수요를 증가시킬 만큼 2002년과 2006년 사이 미국 경제는 변했다. 하나의 예로 2002년에 비해 2006년의 경기가 좋았다. 〈그림 3-2〉는 이러한 현상을 천연가스에 대한 수요계획과 수요곡선을 이용하여 나타내고 있다.(전과 마찬가지로 사용된 자료는 가상의 자료다.)

〈그림 3-2〉의 표에는 두 가지 수요계획이 나타나 있다. 첫 번째는 〈그림 3-1〉에 본 것과 같은 2002년의 수요계획이고, 두 번째는 2006년의 수요계획이다. 미국 경기호황으로 2002년에 비해 2006년의 수요량이 더 많다. 예를 들어 BTU당 3달러의 가격에서 구매하고 싶어 했던 천연가스의 양은 10조 BTU에서 12조BTU로 증가하였고, 3.25달러에서 구매하고 싶어 했던 천연가스의 양은 8.9조에서 10.7조 BTU로 증가하였다.

이 예를 통해 확인할 수 있는 것은 2002년에서 2006년 사이의 변화가 모든 가격대에서 원래 수요계획보다 많은 수요량을 보여 주는 새로운 수요계획을 만들어 냈다는 것이다. 〈그림 3-2〉의 두 곡선은 같은 정보를 그림으로 보여 주고 있다. 보다시피 2006년의 새로운 수요계획은 2002년의 수요곡선인 D_1의 오른쪽에 있는 D_2와 일치한다. **수요곡선의 이동**(shift of the demand curve)은 주어진 가격에서 수요량의 변화를 나타내는데, 이것은 D_1과 D_2의 위치의 차이로 나타내진다.

국제비교   비싸면 덜 쓴다

휘발유 소비량이 휘발유 가격에 의해 좌우된다는 사실은 현실에서 수요법칙을 이해할 수 있는 좋은 예이다. 대부분의 유럽과 많은 동아시아 국가에서는 휘발유와 경유에 높은 세금이 붙기 때문에 휘발유 가격이 미국의 두 배 이상 비싸다. 수요법칙에 따르면 유럽인들은 미국인들보다 더 적은 양의 휘발유를 소비해야 하며, 실제로도 그렇다. 그림에서 볼 수 있듯이 유럽인들은 주로 경차를 선호하기 때문에 미국인들의 휘발유 사용량의 절반보다 더 적은 양의 휘발유만을 소비한다.

연료 소비량을 결정하는 것이 비단 가격만은 아니지만, 유럽인들과 미국인들의 휘발유 사용량에 차이가 나는 원인은 아마도 가격 때문이 아닐까 싶다.

출처 : Bloomberg and U.S. Energy Information Administration, 2018.

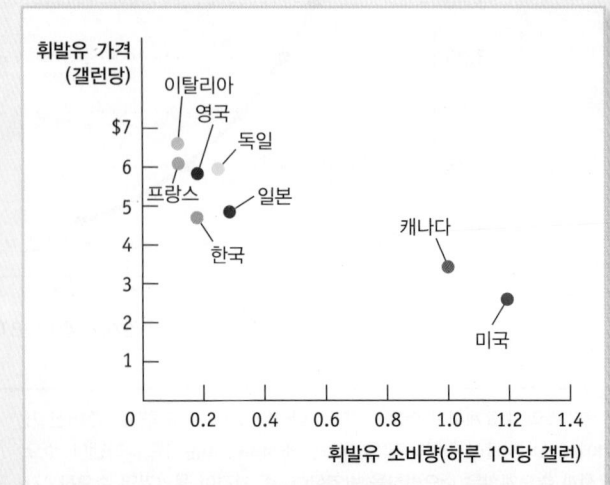

그림 3-2 수요의 증가

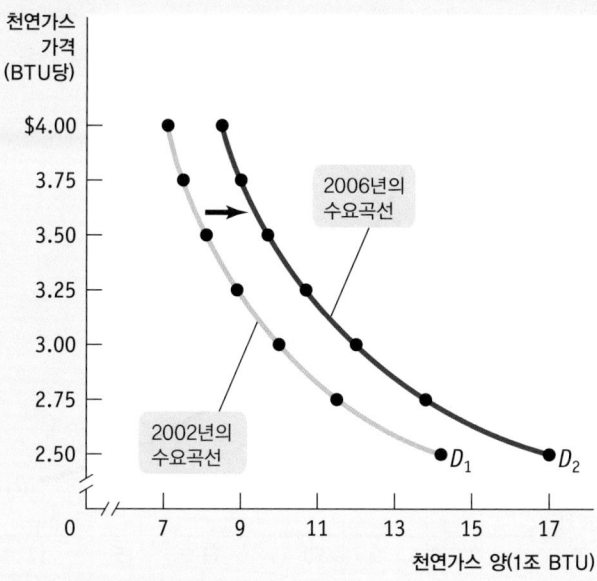

천연가스의 수요계획		
천연가스 가격 (BTU당)	천연가스 수요량 (1조 BTU)	
	2002년	2006년
$4.00	7.1	8.5
3.75	7.5	9.0
3.50	8.1	9.7
3.25	8.9	10.7
3.00	10.0	12.0
2.75	11.5	13.8
2.50	14.2	17.0

경기호황은 천연가스 수요를 늘린, 즉 가격이 같더라도 더 많이 수요하게 만든 한 가지 요인이다. 수요의 증가를 불황기였던 2002년과 호황기였던 2006년의 수요가 적혀 있는 수요표와 각각의 수요곡선을 통해 확인할 수 있다. 수요가 증가하면서 수요곡선은 오른쪽으로 이동한다.

수요곡선의 이동과 재화의 가격 변화에 따른 수요량의 변화인 **수요곡선 상의 이동**(movements along the demand curve)을 구분하는 것이 중요하다. 〈그림 3-3〉이 그 차이를 보여 준다.

점 A에서 B로의 이동은 수요곡선 상의 이동을 나타낸다. 수요량은 가격이 하락함에 따라 증가한다. 그림에서 BTU당 3.5달러에서 3달러로의 가격 변화는 8.1조에서 10조 BTU로의 수요량 증가를 유발한다. 그러나 수요량 증가는 가격이 고정된 상태에서 수요가 늘어난 경우에도 생긴다. 이것은 〈그림 3-3〉에서 수요곡선 D_1에서 D_2로의 이동으로 표현되어 있다. 가격이 3.5달러로 고정된 상황에서 수요량이 점 A의 8.1조 BTU에서 점 C의 9.7조 BTU로 늘어났다.

경제학자들이 'X재화에 대한 수요가 증가했다' 혹은 'Y재화에 대한 수요가 감소했다'라고 이야기할 때는 가격 변화에 따른 수요 증가나 감소가 아닌 X재화나 Y재화의 수요곡선 자체가 이동했음을 의미한다.

수요곡선의 이동에 대한 이해

〈그림 3-4〉는 수요곡선 이동의 두 가지 기본적인 양상을 보여 준다.

1. 경제학자들이 '수요의 증가'를 이야기할 때는 수요곡선이 **오른쪽**으로 이동하는 것을 의미하는데 이것은 주어진 가격에서 소비자들이 전보다 더 많은 양을 소비하는 것을 뜻한다. 이것은 〈그림 3-4〉에서 수요곡선 D_1이 D_2로 이동하는 모습에 나타나 있다.

2. 반대로 '수요의 감소'는 **왼쪽**으로의 이동, 즉 주어진 가격에서 소비자들이 더 적은 양을 소비하는 것이고 〈그림 3-4〉에서는 이것이 D_1에서 D_3로의 이동으로 나타나 있다.

그렇다면 무엇이 수요곡선을 이동하게 했을까? 우리는 이미 2002년의 경기에 비해 좋았던 2006년의 경기를 예로 들었다. 조금 더 생각해 본다면, 천연가스 수요를 늘리는 다른 요소를 찾을 수

수요곡선 상의 이동(movements along the demand curve)은 재화의 가격 변화에 따른 수요량의 변화이다.

그림 3-3 수요곡선 상의 이동과 수요곡선의 이동

*A*점에서 *B*점으로의 이동이 보여 주는 수요량 증가는 수요곡선 상의 이동을 의미한다. 이는 가격 하락으로 인한 결과이다. *A*점에서 *C*점으로의 이동은 수요곡선 자체의 이동을 의미한다. 이는 어떤 주어진 가격에 대해서도 수요량이 증가한 결과이다.

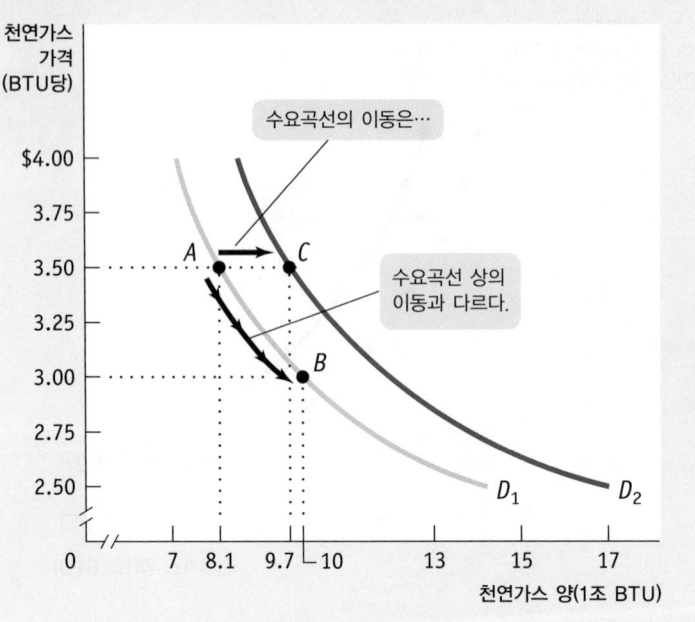

있다. 예를 들어, 난방용 기름의 가격이 상승한다면, 집이나 사무실 난방에 기름을 사용하는 일부 소비자들은 기름 대신 천연가스를 이용해서 난방을 할 것이고, 이 때문에 천연가스 수요가 증가할 것이다.

경제학자들은 수요곡선의 이동 요인에 대한 다섯 가지 주요 원인을 다음과 같이 생각했다.

- 관련 재화나 서비스의 가격 변화
- 소득의 변화
- 기호의 변화
- 기대의 변화
- 소비자 수의 변화

이것이 완벽한 목록은 아닐 것이나, 수요곡선 이동의 원인으로 가장 중요한 다섯 가지를 담고 있다. 다른 조건이 일정하다는 전제하에서 가격이 하락하면 수요량이 증가한다고 말할 때는 이 요

함정

수요 vs. 수요량

경제학자들이 '수요의 증가'라고 말할 때는 보통 수요곡선이 오른쪽으로 이동하였음을 의미하며, '수요의 감소'라고 말할 때는 수요곡선이 왼쪽으로 이동하였음을 의미한다.

일반적인 대화에서 경제학자들을 비롯한 대부분의 사람들은 '수요'라는 단어를 일상적으로 사용한다. 예를 들어, 경제학자가 "항공 비용 감소로 인해 지난 20년간 항공 여행에 대한 수요가 두 배로 증가하였다."라고 할 때는 수요량이 두 배로 증가했음을 의미할 것이다.

물론 일상적인 대화에서 엄밀하게 말할 필요는 없지만 경제학 분석을 할 때는 수요곡선 상의 이동인 수요량의 변화와 수요곡선 자체의 변화를 구분해 주어야 한다(그림 3-3 참조). 간혹 학생들은 다음과 같은 표현을 쓴다. "수요가 증가하면, 가격이 오르지만 이는 수요의 감소를 야기하기 때문에 가격이 하락하게 된다…."

수요곡선 자체의 이동을 의미하는 수요의 변화와 수요량의 변화를 명확하게 구분해 준다면 이러한 혼동을 피할 수 있다.

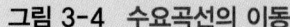

그림 3-4 수요곡선의 이동

수요를 증가시키는 사건은 수요곡선을 오른쪽으로
이동시키며, 이는 주어진 가격에서 수요량의 증가를
반영한다. 수요를 감소시키는 사건은 수요곡선을 왼
쪽으로 이동시키며 이는 주어진 가격에서 수요량의
감소를 반영한다.

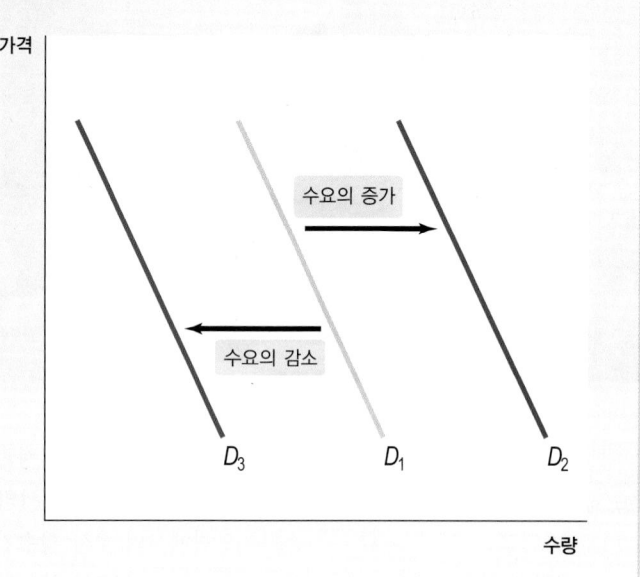

인들이 변하지 않았음을 의미한다. 이제 이러한 요인들이 어떻게 수요곡선을 이동시키는지 자
세히 살펴보기로 하자.

관련 재화나 서비스의 가격 변화 난방용 기름은 경제학자들이 '대체재'라고 부르는 것의 한 예이
다. 한 재화(난방용 기름)의 가격이 상승했을 때 다른 재화(천연가스)를 사려는 사람들이 늘어나
면 이 두 재화를 **대체재**(substitutes)라고 한다. 대체재는 스마트폰, 앱, 커피, 아침 부리또 등과 같
이 비슷한 기능을 하는 재화들을 일컫는다. 어떤 재화의 대체재 가격이 상승하면 소비자들이 그
재화 대신 원래의 재화를 사게 만들고 이것은 원래 재화의 수요곡선을 오른쪽으로 이동시킨다.

그러나 때로는 어떤 재화의 가격 상승이 또 다른 재화의 수요량을 감소시키기도 하는데 이러
한 재화들을 **보완재**(complements)라고 부른다. 보완재는 스마트폰과 앱, 커피와 아침 브리또, 차
와 휘발유 등 보통 같이 사용되는 재화들이다. 소비자들은 한 재화를 소비 시에 그 재화의 보완
재도 함께 소비하고 싶어 하기 때문에 한 재화의 가격이 변화할 경우 보완재의 수요에도 영향을
미치게 된다. 특히 한 재화의 가격이 상승할 경우에는 보완재의 수요가 감소하고 보완재의 수요
곡선을 왼쪽으로 이동시키게 된다. 그러므로 2009년에 갤런당 3달러였던 휘발유 가격이 2011년
에 갤런당 4달러로 상승하면, 휘발유 자동차의 수요는 감소할 것이다.

소득의 변화 왜 2002년에 비해 2006년의 경기가 좋았던 점이 천연가스 수요의 증가로 이어졌
을까? 경기가 좋을수록 소득이 늘어날 것이고, 이는 사람들이 대부분의 재화와 서비스를 더 많이
구매하게 만들 것이다. 예를 들어 소득이 더 많다면, 소득이 적을 때에 비해 겨울에 난방을 더 많
이 할 것이다.

또한 주요한 발전연료인 천연가스에 대한 수요는 재화와 서비스에 대한 수요와 밀접하게 관
련되어 있다. 예를 들어, 기업은 재화나 서비스를 생산하기 위해 전기를 사용해야 한다. 따라서
경기가 좋고, 가계의 소득이 높을 때 기업은 더 많은 전기를 사용할 것이고, 따라서 천연가스 또
한 더욱 많이 사용될 것이다.

왜 '모든 재화'가 아닌 '대부분의 재화'인가? 대부분의 재화는 **정상재**(normal goods), 즉 소득

한 재화의 가격이 상승할 때 다른 재화
를 소비자가 더 많이 사려고 하면 두
재화는 **대체재**(substitutes)이다.

한 재화의 가격이 상승할 때 다른 재화
를 소비자가 더 적게 사려고 하면 두
재화는 **보완재**(complements)이다.

소득이 증가할 때 재화의 수요가 증가
하는 재화를 **정상재**(normal goods)라
고 한다.

PeopleImages/Getty Images

일반 상품의 소비는 소득이 증가할 때 증가하므로 일반 레스토랑과 같은 기업에는 이익이 되지만 패스트푸드점은 그렇지 않다.

이 증가하면 수요도 증가하는 재화이지만 어떤 재화의 경우는 그 반대로 소득이 증가하면 수요가 감소한다. 소득이 증가할 때 수요가 감소하는 재화를 **열등재**(inferior goods)라고 한다. 열등재는 보통 다른 비싼 대체재들보다 덜 선호되는 재화를 의미하는데, 버스와 택시의 경우를 예로 들 수 있다. 사람들은 보다 비싼 재화를 살 경제적 여유가 생기면 열등재의 소비를 중단하고 보다 더 선호되는 비싼 재화를 소비한다. 그러므로 한 재화가 열등재이면, 소득의 증가는 그 재화의 수요곡선을 왼쪽으로 이동시키며 소득의 감소는 수요곡선을 오른쪽으로 이동시킬 것이다.

정상재와 열등재를 명확하게 구분할 수 있는 한 예로 가벼운 식사를 할 수 있는 레스토랑인 버팔로윙과 올리브가든, 패스트푸드 체인점인 버거킹과 맥도날드의 차이점을 생각해 보면 되겠다. 미국인들의 소득이 증가하면 그들은 레스토랑에서의 식사 횟수를 늘린다. 그리고 이는 자연적으로 맥도날드와 같은 패스트푸드점에서의 식사 횟수가 줄어듦을 의미한다. 따라서 레스토랑에서의 식사는 정상재이고, 패스트푸드점에서의 식사는 열등재인 셈이다.

기호의 변화　왜 사람들은 욕구를 가지고 있는가? 다행히도 우리는 이 물음에는 답할 필요가 없다. 우리는 단지 사람들이 특정한 선호와 기호를 가지고 있다는 것을 인정하면 된다. 경제학자들은 보통 유행이나 신념, 혹은 문화 변동을 기호 혹은 선호의 변화라고 뭉뚱그려 표현한다.

예를 들어, 예전 남자들은 모자를 많이 썼다. 제2차 세계대전까지만 해도 점잖은 남자가 모자를 쓰지 않으면 차려입은 것이라 할 수 없었다. 그러나 점점 격식을 차리지 않은 스타일이 유행하게 되었고, 아이젠하워 대통령은 종종 모자를 쓰지 않고 다녔다. 결과적으로 모자 수요의 감소를 반영하여 모자에 대한 수요곡선은 왼쪽으로 이동하게 되었다.

경제학자들은 소비자들의 기호를 변화시키는 요인에 대해서는 별로 할 말이 없다.(물론 마케터와 광고주들은 할 말이 많겠지만!) 그러나 기호의 변화는 수요를 예측할 수 있다. 기호의 변화에 있어서 주된 특징은 경제학자들의 판단 근거가 부족하고 보통 주어진 것으로 받아들여진다는 것이다. 즉 기호의 변화가 어떤 재화에 호의적으로 변하면 주어진 가격에서 더 많은 사람이 그것을 사게 되고, 수요곡선은 오른쪽으로 이동한다. 반대로 사람들의 기호가 어떤 재화에 불리한 방향으로 변하면 수요곡선이 왼쪽으로 이동한다.

기대의 변화　소비자들이 구매 시기를 결정할 때, 현재 그 재화에 대한 수요는 종종 미래의 가격에 대한 기대에 의하여 영향을 받는다. 예를 들어 영리한 쇼핑광들은 종종 세일 시즌을 기다린다. 크리스마스 이후에 크리스마스 상품을 사는 것이다. 이 경우에 미래의 가격 하락에 대한 기대가 현재의 수요를 감소시켰다고 할 수 있다. 반대로 미래의 가격 상승에 대한 기대는 현재의 수요를 증가시킬 것이다.

게다가 최근 몇 년간 2달러대로 하락한 천연가스 가격은 2002년에 비슷한 가격으로 하락했을 때에 비해 더 많은 사람들이 천연가스를 구매하도록 만들었다. 왜 더 많은 사람들이 석유나 재생가능 에너지가 아닌 천연가스를 연료로 선택했을까? 왜냐하면 2002년에는 소비자들이 가격 하락이 길게 지속되지 않을 것이라고 예상했기 때문이다, 그리고 이는 정확한 예상이었다.

2002년에 천연가스 가격은 경기가 나빴기 때문에 하락했다. 이런 상황은 경기가 빠르게 좋아지던 2006년에 바뀌었고, 가격이 급등했다. 반면, 소비자들은 최근의 가격 하락이 일시적이지

소득이 증가할 때 재화의 수요가 감소하는 재화를 **열등재**(inferior goods)라고 한다.

않다고 예상했다. 이는 막대한 매장량에 접근이 가능해진, 영구한 변화 때문이다.

미래 소득에 대한 기대 변화 또한 수요를 변화시킨다. 만약 당신이 미래의 소득 증가를 기대한다면, 현재의 당신은 돈을 빌려 특정 재화에 대한 수요를 늘릴 것이다. 그리고 미래의 소득 감소를 예측한다면 현재의 당신은 돈을 아끼고 일부 재화의 수요를 감소시킬 것이다.

개별수요곡선(individual demand curve)은 개별 소비자가 수요하고자 하는 양과 가격 사이의 관계를 나타낸 곡선이다.

소비자 수의 변화 수요의 변화를 야기할 또 다른 요인은 소비자 수의 변화다. 예를 들어 미국 인구가 증가하면서 더 많은 집과 더 많은 기업이 난방과 냉방을 해야 했고, 이 때문에 천연가스 수요가 증가했다.

여기서 개별수요곡선이라는 새로운 개념을 소개하겠다. **개별수요곡선**(individual demand curve)은 개별 소비자가 수요하고자 하는 양과 가격 사이의 관계를 나타낸 곡선이다. 예를 들어, 곤잘레스 가족은 천연가스의 소비자이며 그들은 집을 난방하고 냉방하는 데 천연가스를 소비한다고 하자. 〈그림 3-5(a)〉는 곤잘레스 가족이 한 해 동안 주어진 가격하에서 얼마나 많은 양의 천연가스를 수요하는지를 보여 주고 있다. 여기서 $D_{곤잘레스}$는 곤잘레스 가족의 개별수요곡선이다.

시장수요곡선은 한 재화에 대한 모든 소비자의 수요량이 그 재화의 가격에 따라 어떻게 변하는지를 나타낸다. (많은 경우에 수요곡선이라 함은, 시장수요곡선을 의미한다.) 시장수요곡선은 시장 내의 모든 소비자의 개별수요곡선의 수평합이다. 수평합이 무엇인지 알아보기 위해서 일단 곤잘레스 가족과 머레이 가족이라는 두 소비자만 존재한다고 가정해 보자. 머레이의 가족은 자동차의 연료로 천연가스를 소비한다. 머레이 가족의 개별수요곡선인 $D_{머레이}$는 그림 (b)에 나타나 있다. 그림 (c)는 시장수요곡선이다. 시장 내에는 곤잘레스 가족과 머레이 가족밖에 없으므로 주어진 가격하에서의 수요량은 그 가격하에서 곤잘레스 가족과 머레이 가족이 수요하는 양을 합한 것이다. 예를 들어, 가격이 BTU당 5달러일 때, 곤잘레스 가족은 30BTU의 천연가스를 수요하고 머레이의 가족은 20BTU를 수요한다면, 시장 전체의 수요량은 50BTU가 된다. 이는 그림에서

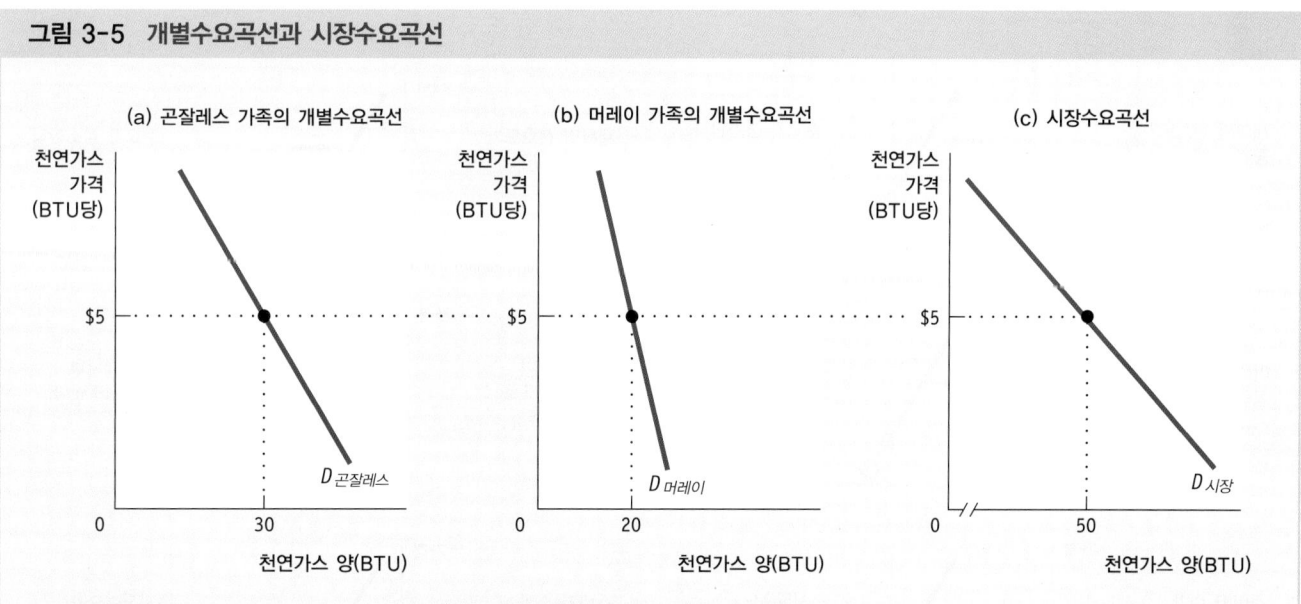

그림 3-5 개별수요곡선과 시장수요곡선

곤잘레스 가족과 머레이 가족은 천연가스 시장의 두 명의 소비자이다. 그림 (a)는 주어진 가격하에서의 매년 천연가스 수요량을 보여 주는 곤잘레스 가족의 개별수요곡선을 나타낸다. 그림 (b)는 머레이 가족의 개별수요곡선을 보여 준다. 곤잘레스 가족과 머레이 가족이 시장에 존재하는 단 두 명의 소비자라고 가정할 때, 주어진 가격하에서의 총 천연가스 수요량을 나타내는 시장수요곡선은 그림 (c)에 나타나 있다. 시장수요곡선은 모든 소비자의 개별수요곡선의 수평합이다. 이 경우, 주어진 가격에서 시장의 수요량은 곤잘레스 가족과 머레이 가족의 수요량의 합이다.

표 3-1 수요를 움직이는 요인

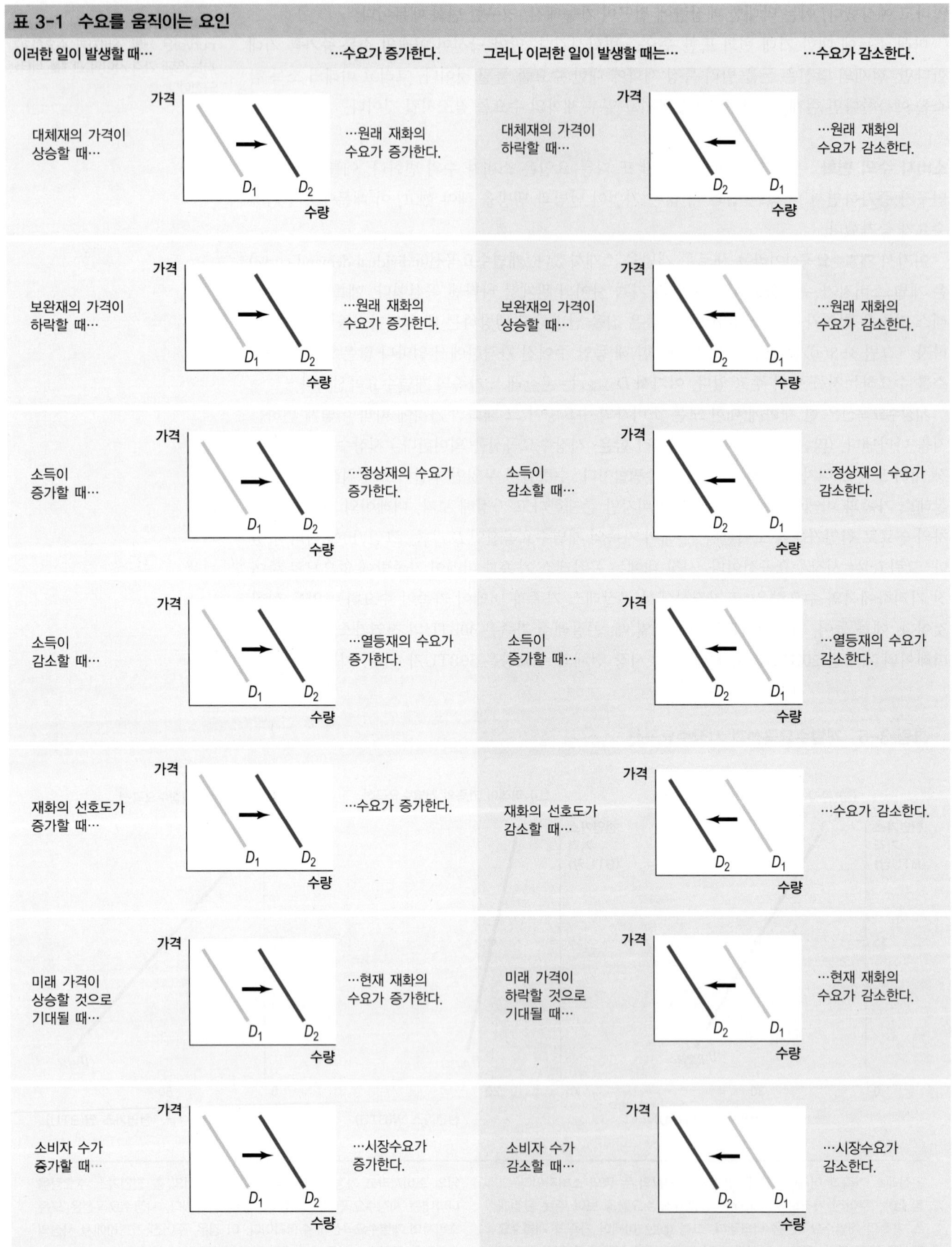

이러한 일이 발생할 때…	…수요가 증가한다.	그러나 이러한 일이 발생할 때는…	…수요가 감소한다.
대체재의 가격이 상승할 때…	…원래 재화의 수요가 증가한다.	대체재의 가격이 하락할 때…	…원래 재화의 수요가 감소한다.
보완재의 가격이 하락할 때…	…원래 재화의 수요가 증가한다.	보완재의 가격이 상승할 때…	…원래 재화의 수요가 감소한다.
소득이 증가할 때…	…정상재의 수요가 증가한다.	소득이 감소할 때…	…정상재의 수요가 감소한다.
소득이 감소할 때…	…열등재의 수요가 증가한다.	소득이 증가할 때…	…열등재의 수요가 감소한다.
재화의 선호도가 증가할 때…	…수요가 증가한다.	재화의 선호도가 감소할 때…	…수요가 감소한다.
미래 가격이 상승할 것으로 기대될 때…	…현재 재화의 수요가 증가한다.	미래 가격이 하락할 것으로 기대될 때…	…현재 재화의 수요가 감소한다.
소비자 수가 증가할 때…	…시장수요가 증가한다.	소비자 수가 감소할 때…	…시장수요가 감소한다.

시장수요곡선, $D_{시장}$으로 나타난다.

머레이 가족이 추가되면 곤잘레스 가족만 수요자일 때에 비해 같은 가격에서도 시장의 수요량은 증가한다. 주어진 가격에서의 수요량은 제3, 제4의 소비자를 추가할수록 늘어날 것이다. 따라서 소비자의 수가 늘어날수록 수요는 증가한다.

수요를 움직이는 요인들은 〈표 3-1〉에 정리되어 있다.

현실 경제의 >> 이해

교통난과의 전쟁

모든 대도시는 교통 문제를 겪고 있고, 많은 지방정부들은 혼잡한 대도시로의 차량진입을 억제하려고 한다. 도심으로의 차량진입을 사람들의 소비재라고 생각하면, 수요의 경제학을 교통난해소 정책 분석에 사용할 수 있다.

하나의 공통적인 전략은 대체재의 가격을 낮춤으로써 자동차 여행에 대한 수요를 낮추는 것이다. 많은 대도시 지역에서는 버스와 기차의 운임요금을 낮추어 소비자들의 승용차 이용을 억제하려고 노력한다. 또 하나의 전략은 보완재 가격을 올리는 것이다. 미국의 주요 대도시들은 주차비에 높은 세금을 부과하여 수익도 올리고 도심으로의 차량진입도 억제하고 있다.

싱가포르, 런던, 오슬로, 스톡홀름, 밀라노와 같은 몇몇 주요 대도시들은 정치적 논란을 불러일으킬 만한 직접적인 접근방법을 택했다. 운전에 대한 가격을 올림으로써 혼잡을 줄이는 것이다. '혼잡 가격책정'(또는 영국의 '혼잡비용 부과')하에서, 출퇴근 시간 도심 진입 차량에 대해 혼잡비용이 부과되었다. 운전자들은 감시소를 통과할 때마다 자동적으로 요금이 부과되는 '통행권'을 샀다. 법의 준수 여부는 자동카메라와 사진 판독기를 통해 감시되었다.

현재 런던 시내로 차를 운전하기 위해서는 11.50파운드(미화 약 15달러)를 지불해야 한다. 만약 이 비용을 지불하지 않고 운전할 경우 벌금으로 130파운드(약 171달러)를 내야 한다.

도시들은 운전에 대한 가격을 높임으로써 교통체증을 감소시킬 수 있다.

예상했겠듯이, 이 새로운 정책의 결과로 실제 교통량은 감소했다. 1990년대 런던은 유럽에서 가장 교통난이 심하기로 유명했다. 2003년, '혼잡비용 부과'의 도입은 즉각적으로 런던 도심가의 교통량을 대략 15% 가까이 감소시켰고, 15년이 지난 2018년까지, 교통량이 1990년대 후반보다 여전히 25% 낮기 때문에, 이 정책은 효과가 있다고 말할 수 있다. 또한 대중교통이나 자전거, 우버 등 대체재의 사용이 늘었다. 2001년에서 2011년 동안 런던의 자전거 이용률은 79% 증가했고, 버스 이용률 또한 30% 증가했다.

그리고 더 적은 혼잡은 며 직은 수의 사고뿐만 아니라 더 낮은 사고율로 이어졌다. 한 연구는 2000년에서 2010년 사이에 런던에서 주행 거리당 사고의 수가 40% 감소했다는 것을 발견했다. 스톡홀름도 런던과 비슷한 효과를 경험했다. 2013년의 교통량이 혼잡비용 부과 이전보다 22% 감소했고, 운송 시간은 1/3에서 1/2로 감소했으며, 대기 질이 눈에 띄게 개선되었다. 2018년의 한 기사에서는 스톡홀름에서 혼잡비용이 부과된 후 심각한 소아 천식 발작이 크게 감소했음을 알려주고 있다.

혼잡비용은 이제 미국의 도시계획가들의 관심을 받고 있다. 뉴욕 시는 2020년부터 혼잡비용을 시행하는 첫 번째 미국 도시가 되었으며, 현재 LA, 시애틀, 오리건주 포틀랜드도 동일한 계획을 고려하고 있다.

>> 복습
• 공급과 수요모형은 동일한 재화나 서비스에 대하여 수많은 생산자와 공급자가 존재한다고 보는 완전경쟁시장에 대한 모형이다.
• 수요계획은 가격의 변화에 따라 수요량이 어떻게 변하는지를 보여 준다. 이러한 관계를 수요곡선으로 그릴 수 있다.
• 수요법칙은 수요곡선이 일반적으로 우하향한다는 사실을 나타낸다. 즉 가격이 높아질수록 수요량은 감소하는 것이다.
• 경제학자들이 말하는 수요의 증가나 감소는 수요곡선의 이동을 의미한다. 수요의 증가는 우측 이동이며, 주어진 가격에서 수요량이 증가한다. 수요의 감소는 좌측 이동이며, 주어진 가격에서 수요량이 감소한다. 가격이 변하면 수요곡선 상의 이동과 수요량의 변화가 일어난다.
• 수요곡선을 이동시키는 다섯 가지 주요 요인은 (1) 대체재나 보완재 같은 관련 재화의 가격, (2) 소득, (3) 기호, (4) 기대, (5) 소비자의 수이다.
• 시장수요곡선은 시장 내의 모든 소비자들의 개별수요곡선의 수평합이다.

>> 이해돕기 3-1
해답은 책 뒤에

1. 다음 각각의 사건이 (i) 수요곡선의 이동을 나타내는지, (ii) 수요곡선 상의 이동을 나타내는지 구분하여 설명하라.
   a. 우산 가게 주인은 소비자들이 비 오는 날 우산을 구입하기 위해 더 많은 가격을 지불할 용의가 있음을 알게 되었다.
   b. 서커스 크루즈 라인즈라는 회사가 카리브해에서의 여름 크루즈 가격을 낮춘다면 예약이 급증할 것이다.
   c. 사람들은 밸런타인 데이가 있는 주에 장미꽃 가격이 연중 어느 때보다 높다 하더라도 더 많은 장미꽃을 산다.
   d. 휘발유 가격이 가파르게 상승하자 많은 통근자들이 휘발유 소비를 줄이기 위하여 자동차 카풀에 동참하기 시작했다.

‖ 공급곡선

어떤 지역은 다른 지역에 비해 천연가스를 추출하기가 더 쉽다. 수압파쇄법이 상용화되기 전까지, 천연가스 추출회사들은 추출하기 쉬운 깊이에 있는 천연가스만 총매장량으로 계산했다. 얼마나 많은 양을 추출할지, 그리고 어느 깊이까지 가스정을 개발해서 추출하지는 회사들이 예상하는 천연가스 가격에 의해 좌우된다. 예상 가격이 높을수록 개발해 놓은 가스정에서 더 많이 추출하고, 동시에 더 많은 가스정을 새로이 개발할 것이다.

따라서 사람들이 사려고 하는 천연가스의 양이 지불해야 하는 가격에 의존하는 것과 마찬가지로, 사람들이 생산하고 팔려고 하는 천연가스 혹은 어떤 재화나 서비스의 양 — 공급량(quantity supplied) — 도 그들이 제시받는 가격에 의존한다.

공급계획과 공급곡선

〈그림 3-6〉의 표는 가격에 따른 구매 가능한 천연가스의 수량 변화, 즉 천연가스의 가상적인 공급계획(supply schedule)을 보여 주고 있다.

공급계획 또한 〈그림 3-1〉의 수요계획과 같은 원리이다. 이 경우, 각기 다른 가격에 대해 천연가스 생산자들이 팔려고 하는 천연가스의 수량이 나타나 있다. BTU당 2.5달러에서 천연가스 생산자들은 8조 BTU의 천연가스만 팔려고 할 것이며, BTU당 2.75달러의 가격에서는 9.1조 BTU를 팔려고 할 것이다. BTU당 3달러에서는 10조 BTU의 천연가스를 팔려고 한다.

같은 방식으로 〈그림 3-6〉과 같이 공급계획 또한 공급곡선(supply curve)과 같은 그림으로 표현될 수 있다. 공급곡선의 각 점은 공급계획표에 기입된 각 숫자에 대응한다.

천연가스의 가격이 3달러에서 3.25달러로 오른다고 가정하자. 〈그림 3-6〉으로부터 판매하려는 양이 10조 BTU에서 10.7조 BTU로 늘어나는 것을 알 수 있다. 이것은 높은 가격이 많은 공급량을 가져온다는 일반적인 경향을 반영한 공급곡선의 정상적 상황이다. 따라서 수요곡선이 보통 우하향하는 것과 마찬가지로 공급곡선은 우상향하게 된다. 높은 가격이 제시될수록 더 많은 재화와 서비스를 팔려고 할 것이다.

공급곡선의 이동

머리말 이야기에서 말한 것처럼, 착굴 기술의 혁신으로 최근 미국의 천연가스 생산량은 크게 증

공급량(quantity supplied)은 특정 가격에서 사람들이 팔려고 하는 재화나 서비스의 실제 수량이다.

공급계획(supply schedule)은 각기 다른 가격에서 재화나 서비스가 얼마나 공급될지를 보여 준다.

공급곡선(supply curve)은 주어진 가격에서 사람들이 재화나 서비스를 얼마나 많이 팔려고 하는지를 그래프로 보여 준다.

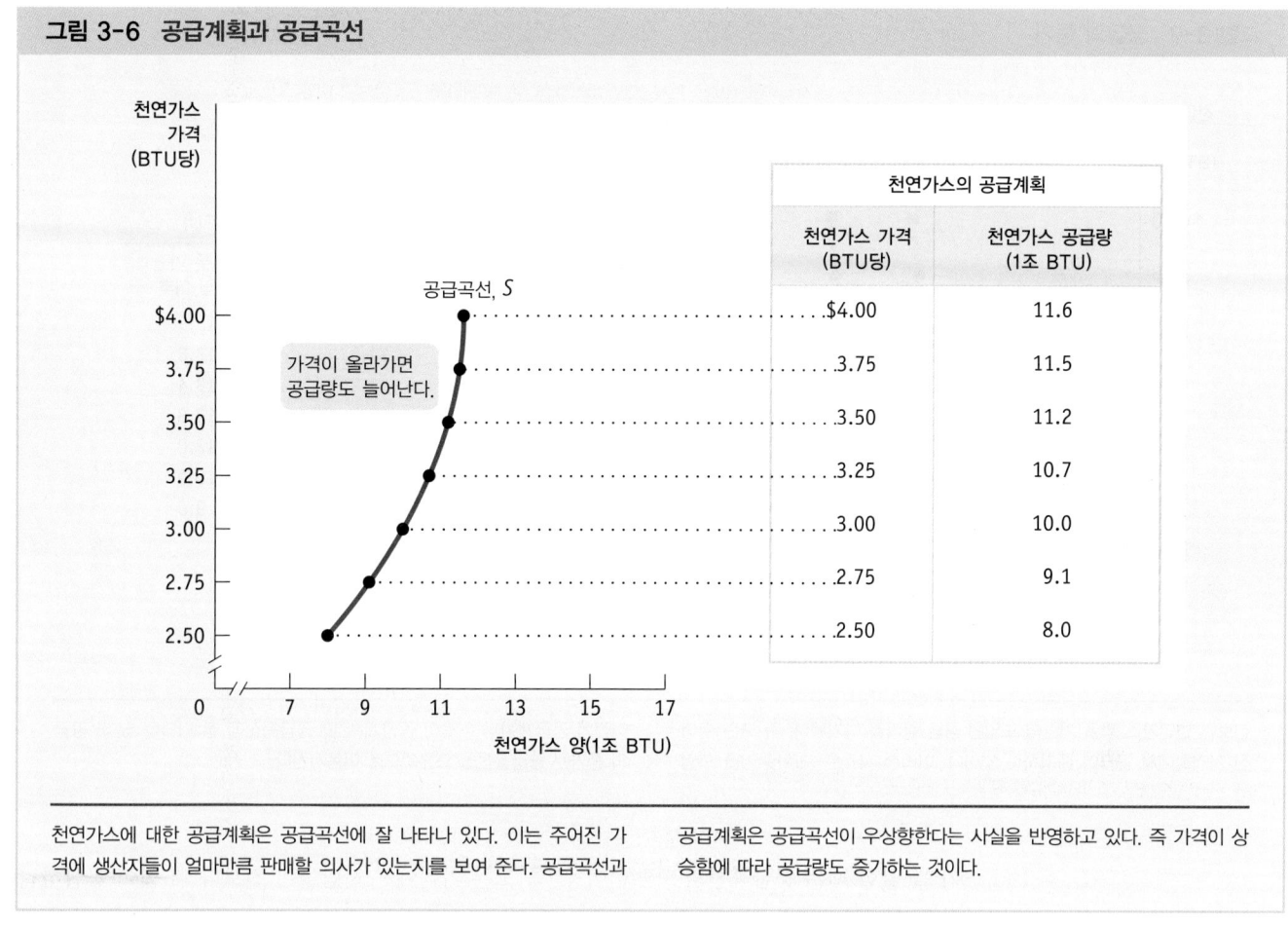

그림 3-6 공급계획과 공급곡선

천연가스에 대한 공급계획은 공급곡선에 잘 나타나 있다. 이는 주어진 가격에 생산자들이 얼마만큼 판매할 의사가 있는지를 보여 준다. 공급곡선과 공급계획은 공급곡선이 우상향한다는 사실을 반영하고 있다. 즉 가격이 상승함에 따라 공급량도 증가하는 것이다.

가했다. 2005년에 비해 2014년에는 일간 30%를 더 생산한다. 〈그림 3-7〉은 이 사건이 공급계획과 공급곡선에 어떤 영향을 주었는지 그림으로 나타낸 것이다. 〈그림 3-7〉에는 두 가지 공급계획이 나타나 있다. 기술 진보 이전의 공급계획은 〈그림 3-6〉과 같다. 두 번째 공급계획은 진보된 기술 도입 이후의 천연가스 공급량을 나타낸다.

앞에서 수요계획이 변하면 수요곡선이 이동했던 것처럼 공급계획이 변하면 **공급곡선의 이동**(shift of the supply curve)이 일어난다. 이는 〈그림 3-7〉에서 새로운 기술 도입 이전의 공급곡선 S_1이 새로운 기술 도입 이후에 S_2로 이동한 것을 보면 알 수 있다. S_2가 S_1의 오른쪽에 위치한다는 사실은 공급량이 모든 가격하에서 증가함을 의미한다.

수요의 분석과 마찬가지로 공급곡선의 이동과 가격 변화에 따른 공급량의 변화인 **공급곡선 상의 이동**(movement along the supply curve)을 구분하는 것이 중요하다. 〈그림 3-8〉에서 이 둘의 차이점을 알 수 있다. 점 A에서 B로의 이동은 공급곡선 상에서의 이동이다. 가격이 증가함에 따라 공급량은 수요곡선 S_1을 따라서 증가한다. 여기서 가격이 3달러에서 3.5달러로 증가하면서 공급량은 10조 BTU에서 11.2조 BTU로 증가한다. 그러나 가격이 변하지 않아도 공급량이 증가할 수 있는데 이는 공급곡선이 S_1에서 S_2로 움직인 것처럼 오른쪽으로 이동하는 경우이다. 가격이 3달러에서 고정되어 있을 때도 S_1의 점 A에서 S_2의 점 C로 이동하면서 천연가스의 공급량은 10조 BTU에서 12조 BTU로 증가한다.

공급곡선의 이동에 대한 이해

〈그림 3-9〉는 공급곡선 이동의 두 가지 기본적 양상을 설명하고 있다. 경제학자들이 '공급의 증

공급곡선의 이동(shift of the supply curve)은 주어진 가격에서 공급량의 변화이다. 원래의 공급곡선이 새로운 위치로 변하는 것으로, 새로운 공급곡선으로 표기된다.

공급곡선 상의 이동(movement along the supply curve)은 재화의 가격 변화에 따른 공급량의 변화이다.

그림 3-7 공급의 증가

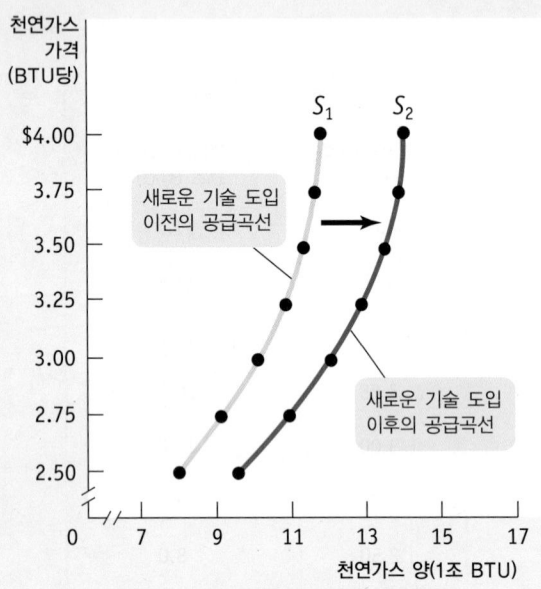

천연가스의 공급계획		
천연가스 가격 (BTU당)	천연가스 공급량(1조 BTU)	
	새로운 기술 도입 이전	새로운 기술 도입 이후
$4.00	11.6	13.9
3.75	11.5	13.8
3.50	11.2	13.4
3.25	10.7	12.8
3.00	10.0	12.0
2.75	9.1	10.9
2.50	8.0	9.6

진보된 천연가스 착굴 기술의 도입은 공급 증가를 야기했다. 즉 모든 주어진 가격하에서 공급이 증가하는 것이다. 이러한 사건은 새로운 기술 도입 이전의 공급계획과 이후의 공급계획 및 공급곡선에 잘 나타나 있다. 공급의 증가는 공급곡선을 오른쪽으로 이동시킨다.

가'를 말할 때는 공급곡선의 오른쪽 이동, 즉 모든 가격에서 사람들이 전보다 더 많이 공급하려 함을 의미한다. 이것은 〈그림 3-9〉에서 S_1이 S_2로 이동하는 것으로 잘 나타나 있다. '공급의 감소' 역시 공급곡선의 왼쪽 이동으로 나타나 있고, 이것은 〈그림 3-9〉에서 S_1에서 S_3으로 이동하

그림 3-8 공급곡선 상의 이동 vs. 공급곡선의 이동

A점에서 B점으로 움직일 때 공급량의 증가는 공급곡선 상의 이동으로 나타난다. 이는 재화 가격 상승으로 인한 결과이다. A점에서 C점으로 움직일 때 공급량의 증가는 공급곡선의 이동으로 나타난다. 이는 주어진 가격에서 공급량 증가로 인한 결과이다.

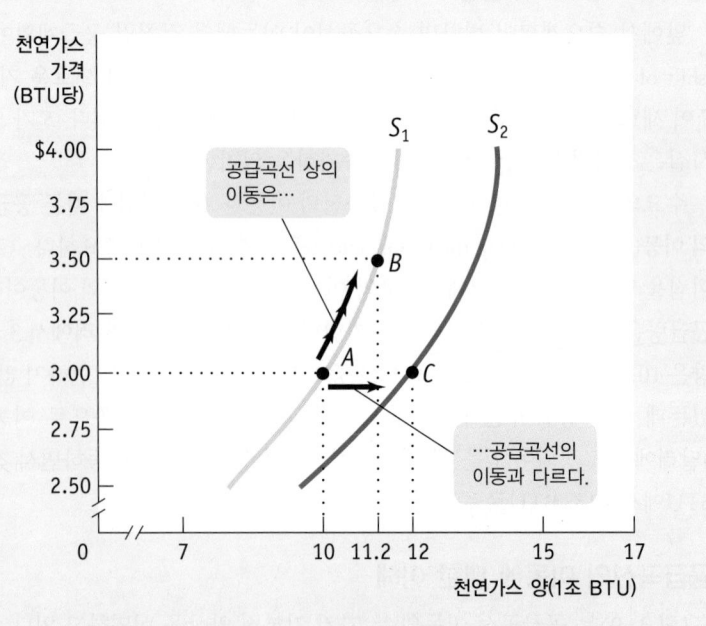

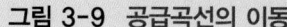

그림 3-9 공급곡선의 이동

공급을 증가시키는 사건은 공급곡선을 오른쪽으로 이동시키며 이는 주어진 가격에서 공급량의 증가를 반영한다. 공급을 감소시키는 사건은 공급곡선을 왼쪽으로 이동시키며 이는 주어진 가격에서 공급량의 감소를 반영한다.

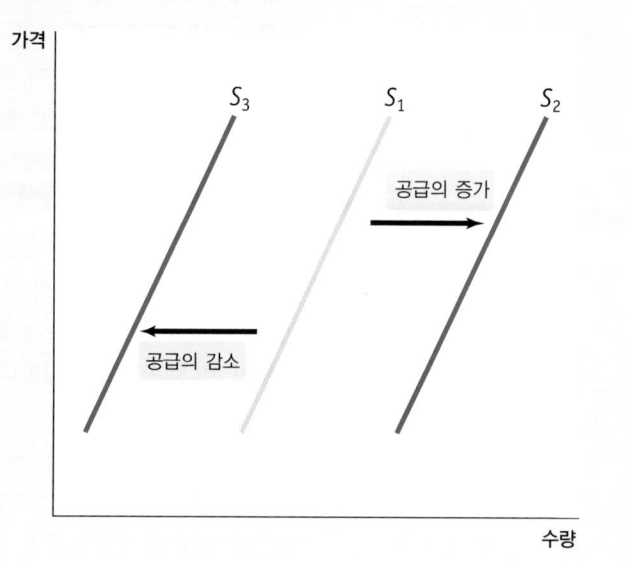

는 것으로 표현되어 있다.

다음은 경제학자들이 제시한 공급곡선 이동의 다섯 가지 주요 원인이다(수요의 경우와 마찬가지로 다른 원인이 있을 수 있다).

- 투입요소가격의 변화
- 관련 재화 및 서비스 가격의 변화
- 기술의 변화
- 기대의 변화
- 공급자 수의 변화

투입요소가격의 변화 상품 생산에는 투입요소가 필요하다. 예로, 바닐라 아이스크림을 만들려면 바닐라 빈과 크림, 설탕 등이 있어야 한다. **투입요소(input)**는 다른 재화와 서비스를 만드는 데 쓰이는 어떤 재화와 서비스이다. 상품과 같이 투입요소도 가격이 있다. **투입요소가격의 상승**은 재화를 만드는 비용을 증가시키므로, 그 재화의 판매자는 종전의 가격에서 더 이상 팔지 않으려 할 것이고 공급곡선은 왼쪽으로 이동한다. 예를 들어, 항공사의 주요 비용인 연료를 생각해 볼 수 있다. 2007~2008년에 유가가 폭등했을 때 항공사들은 항공 스케줄을 줄이기 시작했고, 몇몇은 폐업하기도 했다.

마찬가지로 요소가격의 하락은 최종재화의 비용을 절감시켜 주므로 판매자들이 모든 가격대에서 더 많이 팔려고 할 것이고, 공급곡선은 오른쪽으로 이동한다. 즉 공급이 증가한다.

관련 재화 및 서비스 가격의 변화 개별 생산자는 하나의 재화를 생산하기보다는 재화의 묶음을 생산한다. 예를 들어 석유 정제소는 쿠르드유로부터 휘발유를 생산하지만 난방유나 다른 종류의 기름도 생산한다. 만약에 생산자가 다양한 상품을 생산한다면, 주어진 가격하에서 한 재화의 공급량은 생산자의 다른 제품들의 가격에 영향을 받는다.

이러한 효과는 양방향으로 진행될 수 있다. 즉 관련 재화 및 서비스 가격의 변화는 공급곡선

투입요소(input)는 다른 재화와 서비스를 생산할 때 사용되는 어떤 재화와 서비스이다.

을 왼쪽으로도, 오른쪽으로도 옮길 수 있다. 만약 난방유의 가격이 상승하면 주어진 가격하에서 석유 정제사는 휘발유 대신 난방유의 생산을 늘릴 것이며, 따라서 휘발유에 대한 공급곡선은 왼쪽으로 이동할 것이다. 그러나 난방유의 가격이 하락한다면 주어진 가격하에서 석유 정제사는 휘발유 생산을 늘릴 것이며, 휘발유의 공급곡선은 오른쪽으로 이동한다. 이는 결국 휘발유와 다른 기름 제품들이 대체재 관계에 있음을 의미한다.

반대로, 어떤 재화는 보완재가 될 수도 있다. 천연가스 채취업자들은 천연가스를 채취하는 과정에서 원유를 얻는다. 채취업자는 가스를 채취하여 얻은 원유를 더 높은 가격에 팔 수 있다면, 천연가스전을 더 많이 개발할 유인을 얻게 되고, 같은 가격 아래에서 더 많은 천연가스를 공급할 유인을 갖게 된다. 달리 말하면, 원유와 천연가스가 동시에 채취되기 때문에, 원유가격이 올라간다면 주어진 가격 아래에서 천연가스 공급을 늘린다. 그 결과, 원유는 천연가스 생산의 보완재가 된다. 반대도 성립한다. 천연가스는 원유 생산의 보완재가 된다.

기술의 변화 도입부의 머리말 이야기에서 말한 것처럼, 기술의 변화는 공급곡선에 영향을 준다. 기술이 진보하면, 공급자들은 같은 양을 생산하기 위해 투입물에 더 적은 비용을 써도 된다. 더 좋은 기술이 상용화되면, 생산비용이 감소하고, 공급이 증가하여 공급곡선이 오른쪽으로 이동한다.

기술이 진보한 덕분에 천연가스 생산업자는 2년도 안 되는 기간 동안 생산량을 두 배로 늘릴 수 있었다. 기술은 수요가 늘었음에도 천연가스 가격이 상대적으로 낮게 유지되는 하나의 주요한 원인이다

기대의 변화 기대의 변화가 수요곡선을 이동시킬 수 있듯이, 공급곡선도 이동시킬 수 있다. 공급자들이 재화를 판매하고자 할 때, 미래의 가격이 어떻게 될지에 대한 기대는 현재 공급자가 얼마만큼을 공급할지를 결정한다.

휘발유 및 기타 기름들은 판매되기 전까지 상당한 기간 동안 보관되는데, 이처럼 저장해 두는 것은 석유 생산자에게는 일종의 전략인 셈이다. 휘발유 수요가 여름에 상승할 것임을 안다면, 석유 정제사들은 봄에 생산한 휘발유를 여름에 판매하기 위해 저장해 놓을 것이다. 비슷하게 만약 겨울에 난방유 수요가 상승할 것임을 안다면 가을에 생산한 난방유를 겨울에 판매하기 위해 저장할 것이다.

각각의 경우 모두 현재 판매할 것인지, 저장해 둘 것인지를 결정해야 하는 상황이다. 공급자가 어떤 결정을 내릴지는 현재의 가격과 미래의 가격에 대한 기대에 의존한다. 이 예시는 기대가 공급에 어떤 변화를 끼치는지 잘 보여 준다. 미래 가격 상승에 대한 기대는 현재 공급을 감소시키고, 공급곡선을 왼쪽으로 이동시킨다. 그러나 미래 가격 하락에 대한 기대는 현재 공급을 증가시키고, 공급곡선을 오른쪽으로 이동시킨다.

공급자 수의 변화 소비자 수의 변화가 수요곡선을 이동시킬 수 있듯이, 공급자 수의 변화는 공급곡선을 이동시킬 수 있다. 여기서 **개별공급곡선**(individual supply curve)이라는 새로운 개념을 소개하겠다. 개별공급곡선은 개별 공급자가 공급하고자 하는 양과 가격 사이의 관계를 나타낸 곡선이다. 예를 들어, 〈그림 3-10(a)〉는 천연가스 채취업체인 루이지애나드릴러가 한 해 동안 주어진 가격하에서 얼마나 많은 양의 천연가스를 공급하는지를 보여 주고 있다. 여기서 $S_{루이지애나}$는 루이지애나드릴러의 개별공급곡선이다.

시장공급곡선은 한 재화에 대한 모든 공급자의 공급량이 그 재화의 가격에 따라 어떻게 변하는지를 나타낸다. 시장수요곡선이 시장 내의 모든 소비자의 개별수요곡선의 수평합이었듯이,

개별공급곡선(individual supply curve)은 개별 공급자가 공급하고자 하는 양과 가격 사이의 관계를 나타낸 곡선이다.

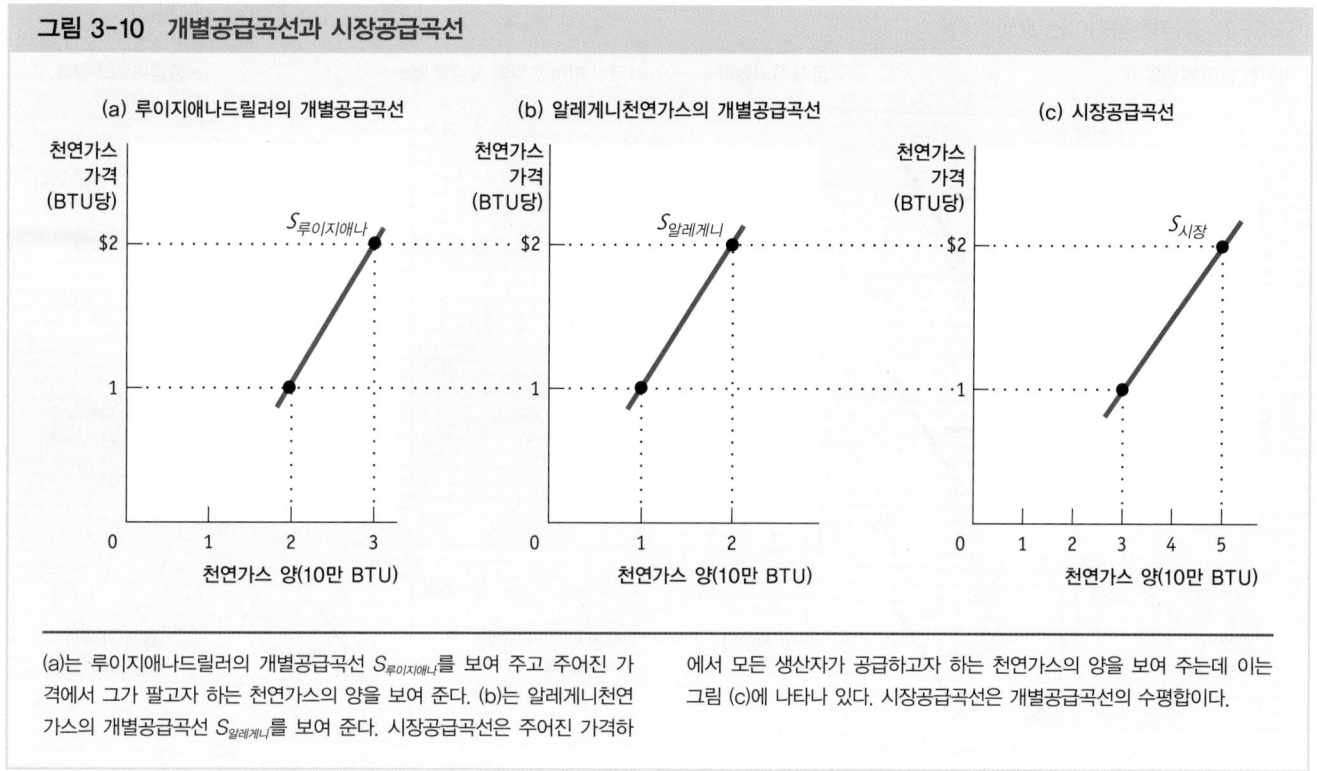

그림 3-10 개별공급곡선과 시장공급곡선

(a)는 루이지애나드릴러의 개별공급곡선 $S_{루이지애나}$를 보여 주고 주어진 가격에서 그가 팔고자 하는 천연가스의 양을 보여 준다. (b)는 알레게니천연가스의 개별공급곡선 $S_{알레게니}$를 보여 준다. 시장공급곡선은 주어진 가격하에서 모든 생산자가 공급하고자 하는 천연가스의 양을 보여 주는데 이는 그림 (c)에 나타나 있다. 시장공급곡선은 개별공급곡선의 수평합이다.

시장공급곡선은 개별공급곡선의 수평합이다. 일단 이 경제에 루이지애나드릴러와 알레게니천연가스라는 두 생산자만이 존재한다고 가정해 보자. 알레게니사의 개별수요곡선은 (b)에 나타나 있다. (c)는 시장공급곡선이다. 시장 내에는 루이지애나드릴러와 알레게니천연가스밖에 없으므로 주어진 가격하에서의 공급량은 그 가격하에서 루이지애나드릴러와 알레게니천연가스가 공급하는 양을 합한 것이다. 예를 들어, BTU당 1달러의 가격하에서 루이지애나드릴러는 20만 BTU의 천연가스를 공급하고, 알레게니천연가스는 10만 BTU를 공급한다면 시장 전체의 공급량은 30만 BTU가 된다.

주어진 가격하에서 시장 전체의 공급량은 알레게니천연가스나 루이지애나드릴러가 홀로 공급할 때보다 더 많을 것이다. 주어진 가격하에서 공급량은 세 번째, 그리고 네 번째 공급자를 추가할수록 더 많아질 것이다. 따라서 공급자 수의 증가는 공급곡선을 우측으로 이동시키는 결과를 낳는다.

공급을 움직이는 요인들은 〈표 3-2〉에 정리되어 있다.

현실 경제의 >> 이해

태양전지의 급격한 가격 하락

태양전지의 가격은 지난 40년 동안 놀랍게도 99% 하락했고, 대규모 태양광 에너지 생산은 석탄발전과 같은 더 전통적인 형태의 에너지보다 훨씬 더 경제적인 선택이 되었다. 태양전지의 가격이 낮아지면서 미국 전역에 하늘을 향한 푸른 직사각형의 전지판이 급증했다. 그리고 태양전지의 가격은 계속해서 떨어질 것으로 예상된다. 국립재생에너지연구소에 따르면 현재 기술 수준에서는 2019년부터 2050년까지 비용이 60% 감소할 것으로 예상된다. 기술의 획기적인 발전은 이를 더 크게 감소시킬 수 있다.

표 3-2 공급을 움직이는 요인

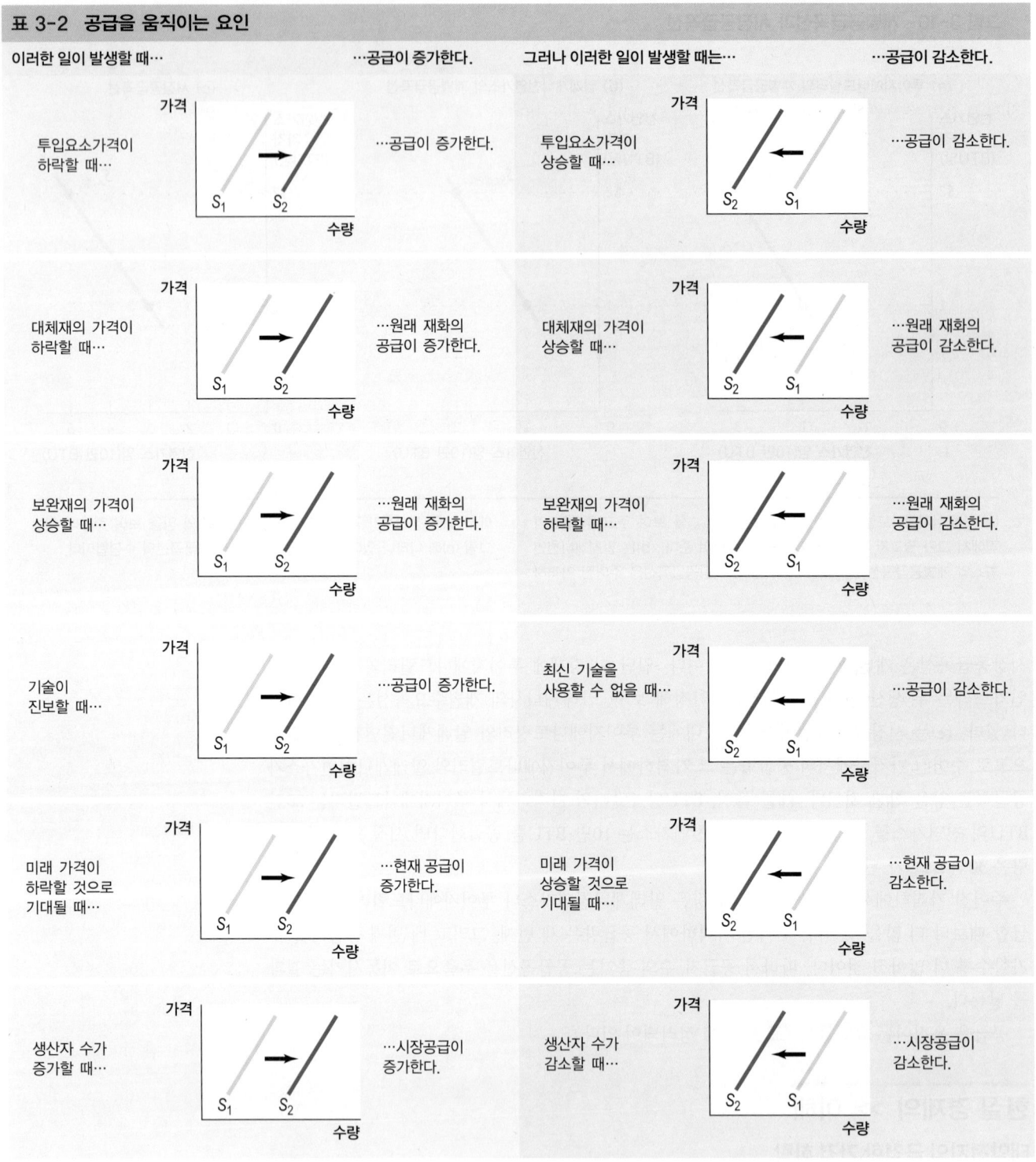

이러한 일이 발생할 때…	…공급이 증가한다.	그러나 이러한 일이 발생할 때는…	…공급이 감소한다.
투입요소가격이 하락할 때…	…공급이 증가한다.	투입요소가격이 상승할 때…	…공급이 감소한다.
대체재의 가격이 하락할 때…	…원래 재화의 공급이 증가한다.	대체재의 가격이 상승할 때…	…원래 재화의 공급이 감소한다.
보완재의 가격이 상승할 때…	…원래 재화의 공급이 증가한다.	보완재의 가격이 하락할 때…	…원래 재화의 공급이 감소한다.
기술이 진보할 때…	…공급이 증가한다.	최신 기술을 사용할 수 없을 때…	…공급이 감소한다.
미래 가격이 하락할 것으로 기대될 때…	…현재 공급이 증가한다.	미래 가격이 상승할 것으로 기대될 때…	…현재 공급이 감소한다.
생산자 수가 증가할 때…	…시장공급이 증가한다.	생산자 수가 감소할 때…	…시장공급이 감소한다.

무엇이 태양광 에너지 비용의 급격한 감소를 가능하게 했는가? 이에는 두 가지 해석이 있다. 첫째, 기술 발전이 큰 역할을 했다는 것이다. 시간이 지남에 따라, 기술자들은 태양광을 사용 가능한 에너지로 바꾸는 새롭고 더 효율적인 방법을 발견했다. 이러한 신기술은 태양전지 생산 비용을 낮추어 그 공급을 증가시켰고, 이는 공급곡선을 오른쪽으로 이동시켰다.

태양전지 가격 폭락의 두 번째 원인은 실제로 가격 상승을 야기한 사건에 기인한다. 핵심 투입물인 폴리실리콘의 비용 변화가 그 후 생산자 수의 변화로 이어졌다. 이를 좀 더 자세히 알아보자.

2008년까지 태양전지는 여전히 상대적으로 비쌌고, 그 시장이 커졌지만 여전히 그 전체 규모는 작은 편이었다. 같은 해 반도체 칩과 태양전지의 주요 부품인 폴리실리콘 가격이 4년 전 kg당 약 30달러에서 475달러로 급등했다. 가격이 1,500% 오른 것은 태양전지와 반도체 칩 둘 다 수요가 증가했기 때문이다. 동시에 폴리실리콘에 대한 수요도 증가하고 있었다. 하지만 당시 폴리실리콘의 공급곡선은 변화가 없었다. 결과적으로 이러한 사건들이 겹쳐 폴리실리콘 가격의 상승과 태양전지 공급곡선을 왼쪽으로 이동시키는 결과를 초래하게 되었다.

2008년 폴리실리콘의 높은 가격이 처음에는 태양전지 가격 상승을 유발시켰지만, 신규 폴리실리콘 생산업체들의 시장 진입을 촉진해 대규모 공급 증가로 이어졌다. 그 결과, 2014년까지 공급곡선이 오른쪽으로 이동하면서 폴리실리콘의 가격은 475달러에서 16달러 미만으로 떨어졌다. 이어 태양전지 가격은 더 떨어졌고 판매량은 증가했다.

미국 에너지정보국은 2019년에 새로운 발전소 용량의 거의 20%가 태양광 에너지 발전일 것으로 추정한다. 2008년부터 2018년까지 10년간 태양광 발전량은 100배 가까이 증가했다.

기술 발전과 핵심 투입물인 폴리실리콘 생산자 수의 변화는 태양전지의 가격 폭락에 기여했다.

>> 이해돕기 3-2
해답은 책 뒤에

1. 다음 각각의 사건이 (i) 공급곡선의 이동을 나타내는지, (ii) 공급곡선 상의 이동을 나타내는지 구분하여 설명하라.
    a. 부동산 경기가 과열되어 주택 가격이 상승하면, 이전보다 더 많은 주택 소유자들이 집을 팔 것이다.
    b. 다수의 딸기 농부들은 수확 시즌에 가격이 보통보다 낮은 수준에 있다 할지라도 일시적으로 노점판매를 한다.
    c. 학기가 시작한 직후에는 패스트푸드 체인점들이 종업원을 고용하기 위해 임금을 인상해야 한다.
    d. 많은 건설 노동자들은 높은 임금을 제안받고 허리케인 피해를 입은 지역으로 일시적으로 이주한다.
    e. 신기술이 개발되어 더 큰 유람선을 만들 수 있게 되자 카리브 해의 유람선이 그 이전보다 더 많은 선실을 더 낮은 가격에 제공하게 되었다.

|| 수요, 공급, 그리고 균형

지금까지 수요와 공급모형의 세 가지 주요 내용인 공급곡선, 수요곡선, 그리고 각 곡선들의 이동 요인에 대해 다루었다. 다음 단계는 이 내용들을 종합하여 상품이 사고 팔리는 실제 가격을 예측하는 데 우리가 배운 것들이 어떻게 쓰일 수 있는지 보는 것이다.

무엇이 사고 팔리는 가격을 결정하는가? 제1장에서 시장이 균형으로 나아가는 것과 균형에서는 어떤 개인도 균형과 다른 행동을 취해서 이득을 얻을 수 없다는 일반적 원리를 배웠다. 완전경쟁시장의 경우 이에 대해 더 자세하게 다룰 수 있다. 완전경쟁시장은 수요와 공급이 일치하는 수준에서 가격이 결정되면 균형상태가 된다. 그 가격에서 어떤 판매자도 공급량을 조절하여 더 큰 이익을 얻을 수 없고, 어떤 구매자도 수요량을 조절하여 더 많은 이익을 얻을 수 없다. 달리

>> 복습
• 공급계획은 가격의 변화에 따라 공급량이 어떻게 변하는지를 보여 준다. 이러한 관계를 공급곡선으로 그릴 수 있다.
• 공급곡선은 일반적으로 우상향한다. 가격이 오를수록 사람들이 더 많은 재화를 공급하려는 것이다.
• 가격이 변하면 공급곡선 상의 이동과 공급량의 변화가 일어난다.
• 수요와 마찬가지로 경제학자들이 말하는 공급의 증가나 감소는 공급량의 변화가 아닌 공급곡선의 이동을 의미한다. 공급의 증가는 우측 이동이며 주어진 가격에서 공급량이 증가한다. 공급의 감소는 좌측 이동이며 주어진 가격에서 공급량이 감소한다.
• 공급곡선을 이동시키는 다섯 가지 주요 요인은 (1) 투입요소의 가격, (2) 관련 재화와 서비스의 가격, (3) 기술, (4) 기대, (5) 공급자의 수이다.
• 시장공급곡선은 시장 내의 모든 공급자들의 개별공급곡선의 수평합이다.

완전경쟁시장은 재화의 수요량과 공급량이 일치하는 수준에서 가격이 결정될 때 균형상태를 이룬다. 이때의 가격이 **균형가격**(equilibrium price)이며, **시장청산가격**(market-clearing price)이라고도 한다. 균형가격에서 사고 팔린 재화의 양이 **균형거래량**(equilibrium quantity)이다.

말하면, 시장균형에서 가격은 소비자가 수요하는 양과 판매자가 공급하는 양을 일치시키는 수준에서 결정된다.

공급량과 수요량을 일치시키는 가격이 **균형가격**(equilibrium price)이고, 그 가격에서 사고 팔리는 수량이 **균형거래량**(equilibrium quantity)이다. 균형가격은 **시장청산가격**(market-clearing price)이라고도 한다. 그 가격을 지불하는 모든 구매자가 그 가격에 판매하는 판매자를 만날 수 있고, 그 역도 성립하는 '시장을 청산하는' 가격인 것이다. 그러면 균형가격과 균형거래량을 어떻게 찾을 수 있는가?

균형가격과 균형거래량 찾기

시장의 균형가격과 균형거래량을 찾는 가장 쉬운 방법은 같은 도표 안에 수요곡선과 공급곡선을 그리는 것이다. 공급곡선이 모든 가격에서의 공급량을 나타내고 수요곡선이 모든 가격에서의 수요량을 나타내기 때문에 두 곡선이 만나는 점이 균형가격과 균형거래량이다.

〈그림 3-11〉은 〈그림 3-1〉의 수요곡선과 〈그림 3-6〉의 공급곡선을 겹쳐 놓은 것이다. 그 교차점인 *E*가 이 시장의 균형이다. 즉 3달러가 균형가격이고, 10조 BTU가 균형거래량인 것이다.

점 *E*가 우리가 정의한 균형과 맞는지 확인해 보자. BTU당 3달러의 가격에서 10조 BTU의 천연가스를 팔고 싶어 할 것이고, 사람들은 10조 BTU의 천연가스를 사려고 할 것이다. 따라서 3달러의 가격에서 천연가스의 공급량과 수요량이 일치한다. 이 시장의 다른 어떤 가격도 시장을 청산하지 못한다. 구매자들을 다 만나지 못하는 판매자가 있거나 판매자들을 다 만나지 못하는 구매자가 있다. 즉 3달러보다 높은 가격에서는 공급이 수요를 초과하고, 3달러보다 낮은 가격에서는 수요가 공급을 초과하게 된다.

따라서 수요와 공급모형을 통해 〈그림 3-11〉과 같은 수요와 공급곡선이 주어진 상태에서 BTU당 3달러의 가격으로 10조 BTU의 천연가스가 거래될 것을 예측할 수 있다. 그러면 시장이 균형에 도달한다는 것은 어떻게 확신할 수 있을까? 보다 단순한 세 가지 질문으로 시작해 보자.

그림 3-11 시장균형

시장균형은 공급곡선과 수요곡선이 만나는 점 *E*에서 이루어진다. 균형에서 수요량은 공급량과 같다. 이 시장에서 균형가격은 3달러이며 균형거래량은 10조 BTU이다.

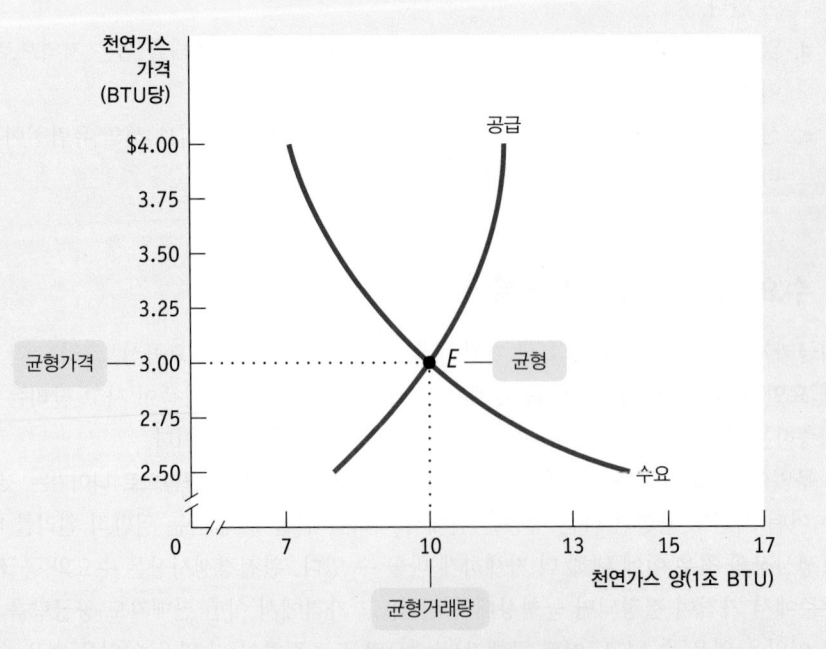

1. 왜 시장의 모든 판매와 구매는 같은 가격에서 이루어지는가?
2. 왜 균형가격보다 높으면 시장가격이 떨어지는가?
3. 왜 균형가격보다 낮으면 시장가격이 올라가는가?

1. 왜 시장의 모든 판매와 구매는 같은 가격에서 이루어지는가? 구매자와 판매자가 누구인가에 따라 같은 물건을 다른 가격에 팔 수 있는 시장도 있다. 예를 들어, 여행지의 기념품 가게에서 본 똑같은 물건을 다른 장소의 가게(혹은 바로 옆 가게)에서 더 싸게 파는 것을 본 적 있는가? 여행객들은 어떤 가게가 더 좋은 거래를 제공하는지 모르고 비교할 여유가 없기 때문에 같은 제품에 다른 가격을 지불할 수도 있다.

그러나 구매자와 판매자 모두 주변 상황을 잘 알고 있다면 구매와 판매 가격이 같은 가격으로 수렴하는 경향이 있고, 우리는 시장가격에 대해 논할 수가 있다. 이를 확인하기는 쉬운데, 어떤 판매자가 잠재적 구매자에게 보통 구매자들이 지불하는 수준보다 높은 가격을 요구한다면, 그 구매자는 다른 곳에서 구매하는 손쉬운 선택을 할 수 있다. 반대로, 어떤 판매자도 보통 구매자들이 지불하는 수준보다 훨씬 낮은 가격을 요구하는 구매자에게는 팔지 않을 것이다. 보다 합당한 가격을 지불하려는 구매자를 기다리는 편이 훨씬 낫기 때문이다.

따라서 잘 확립되어 현재 작동 중인 시장이라면 모든 판매자와 구매자가 거의 동일한 가격에 거래하게 될 것이다. 이것이 소위 시장가격이라 불리는 것이다.

2. 왜 균형가격보다 높으면 시장가격이 떨어지는가? 수요와 공급곡선이 〈그림 3-11〉과 같고, 시장가격이 균형가격인 3달러보다 높은 3.5달러라고 가정하자. 이 상황은 〈그림 3-12〉에 나타

그림 3-12 균형수준보다 높은 가격에 의한 잉여분

3.5달러는 균형가격인 3달러보다 높은 수준이다. 이는 잉여분을 생산한다. 즉 3.5달러에서 생산자들은 11.2조 BTU를 팔고자 하지만 소비자들은 8.1조 BTU만 수요하고, 따라서 3.1조 BTU의 잉여분이 생긴다. 이 잉여분은 시장가격이 균형가격인 3달러에 이를 때까지 가격을 낮추는 힘으로 작용할 것이다.

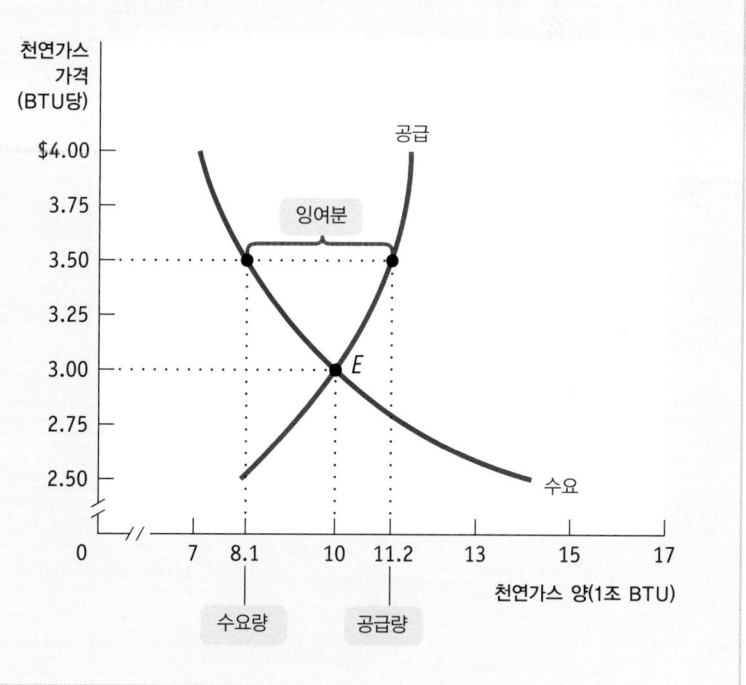

공급량이 수요량보다 많을 때 재화의 **잉여분**(surplus)이 생긴다. 잉여분은 가격이 균형가격보다 높을 때 나타난다.

수요량이 공급량보다 많을 때 재화의 **부족분**(shortage)이 생긴다. 부족분은 가격이 균형가격보다 낮을 때 나타난다.

나 있다. 왜 가격이 그곳에 머무르지 못하는가?

그림에서 알 수 있듯이 3.5달러의 가격에서 소비자들이 원하는 것보다 많은 양의 천연가스가 공급되어 있다. 11.2조 BTU와 8.1조 BTU의 차이 3.1조 BTU는 3.5달러의 가격하에서 팔지 못한 천연가스의 **잉여분**(surplus)이다(초과공급이라고도 한다).

이 잉여분은 일부 천연가스 생산자들이 소비자를 찾지 못한다는 것을 의미한다. 따라서 이 잉여분은 판매자들에게 가격을 내림으로써 다른 판매자의 구매자를 빼앗을 유인 혹은 구매자들에게 낮은 가격을 요구할 협상 유인을 제공한다. 이것은 현재의 가격을 균형가격까지 떨어뜨리는 원인이 된다. 따라서 초과공급이 있으면(즉 시장가격이 균형수준보다 위에 있으면) 가격은 반드시 떨어지게 된다.

3. 왜 균형가격보다 낮으면 시장가격이 올라가는가? 〈그림 3-13〉에서처럼 이번엔 가격이 균형가격보다 낮은 2.75달러라고 가정해 보자. 이 경우 11.5조 BTU의 수요는 9.1조 BTU의 공급보다 많으므로 2.4조 BTU의 **부족분**(shortage)(또는 초과수요라고도 한다)이 생길 것이고 천연가스를 사지 못하는 사람도 생길 것이다.

부족분이 있으면 좌절하는 구매자, 즉 천연가스를 사고 싶지만 현재 가격에서 판매자를 찾지 못하는 사람이 생긴다. 이 경우에는 구매자가 더 높은 가격을 제시하거나 판매자가 더 높은 가격을 매길 수 있음을 알게 된다. 어느 경우든지 결과적으로는 가격이 오르게 된다. 부족분이 있을 때는 가격이 오르게 마련이고, 가격이 균형가격보다 낮으면 부족분이 있게 마련이다. 따라서 균형가격보다 낮은 가격은 항상 올라가게 된다.

균형 개념을 이용한 시장 설명

지금까지 시장이 하나의 가격, 즉 균형가격을 가지는 것을 보았다. 균형가격보다 높으면 시장가

그림 3-13 균형수준보다 낮은 가격에 의한 부족분

시장가격 2.75달러는 균형가격 3달러보다 낮다. 이는 부족분을 만들어 낸다. 소비자들은 11.5조 BTU를 사고 싶어 하지만, 9.1조 BTU만이 판매되고 있기 때문에 2.4조 BTU의 부족분이 생긴다. 이 부족분은 가격이 균형수준인 3달러가 될 때까지 가격을 올리는 역할을 한다.

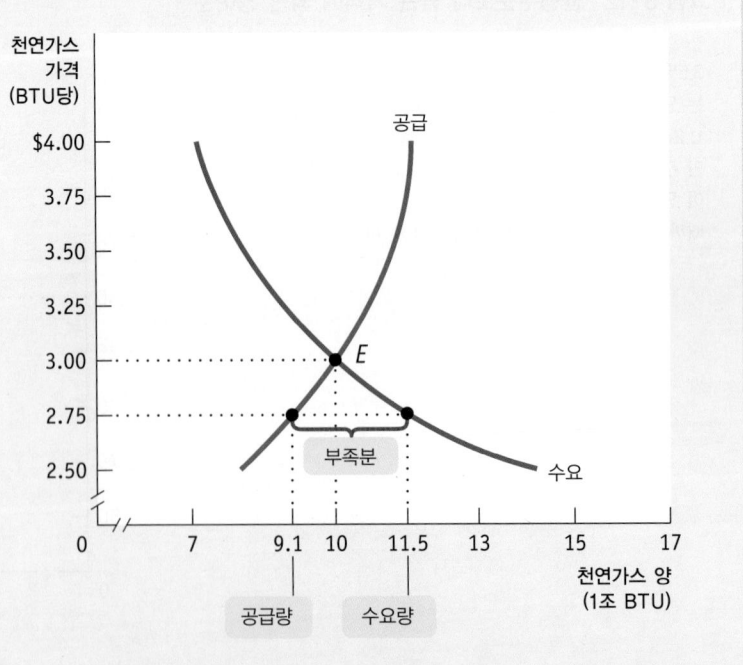

격이 떨어지고 균형가격보다 낮으면 시장가격이 올라간다. 따라서 시장가격은 균형가격 — 잉여분도 부족분도 없는 가격 — 으로 향하게 된다.

현실 경제의 >> 이해

입장권의 가격

누구나 같은 가격에 직면하기 때문에 시장균형은 비교적 평등하다고 할 수 있다. 즉 모든 구매자가 같은 균형가격을 내고 모든 판매자가 이 가격을 받는다. 그런데 이런 상황이 현실에서도 일어날까?

콘서트 티켓 시장이 바로 이러한 상황에 반대되는 예일 것이다. 정식으로 티켓을 파는 곳에서는 단 하나의 가격이 존재하지만, 이미 표를 구매한 사람들이 표를 재판매하는 온라인상에서는 다른 가격(일반적으로 훨씬 높은 가격)이 존재한다. 예를 들어 2020년 3월 펜실베이니아주 필라델피아에서 열린 빌리 아일리쉬 콘서트 티켓 가격을 스터브허브닷컴(StubHub.com)에서 거래되는 가격과 비교해 보면 전자는 149.5달러인 반면 후자는 348달러이다.

이런 상황이 당황스럽겠지만, 기회비용과 선호를 함께 생각해 본다면 그리 이상한 일도 아니다. 매우 큰 공연의 경우 현장에서 티켓을 사려면 긴 줄에서 오랜 시간 기다려야 한다. 그러므로 인터넷으로 높은 가격에 티켓을 사는 사람들은 줄을 서서 기다리는 시간에 대한 기회비용이 크다고 생각했기 때문에 높은 가격을 감수하는 것이다. 게다가 큰 공연의 티켓을 온라인에서도 현장가와 같은 가격으로 팔면 표는 순식간에 동이 나 버린다. 이 경우, 공연에 가고 싶었지만 온라인에서 낮은 현장 가격으로 표를 사지 못한 사람들은 재판매 가격에 그냥 사게 되는 것이다.

완전경쟁시장 모형은 당신이 콘서트 티켓에 지불하는 가격을 결정한다.

이뿐만 아니라 서로 가까운 좌석의 판매자 간 가격을 비교함으로써, 시장이 정말로 균형 상태로 이동한다는 것을 확인할 수 있다. 예를 들어 105구역 12열 좌석의 경우 스터브허브 사이트의 가격은 278.80달러인 반면 시트지크 사이트의 가격은 278.00달러였다. 완전경쟁시장 모형이 예측하듯이 한 재화에 대한 가격은 결국 하나로 수렴하게 된다.

사실 전자상거래는 가격 비교를 용이하게 함으로써 시장이 더 빠르게 균형을 찾아가도록 도와주었다. 웹사이트 시트지크는 100개 이상의 티켓 판매처 가격을 비교하여 고객들이 즉시 최고의 거래를 선택할 수 있도록 히고 있다. 이때 경쟁사보다 낮은 가격의 티켓은 팔리고 높은 가격의 티켓은 팔리지 않을 것이다.

그리고 스터브허브 사이트의 티켓은 매력이 별로 없는 이벤트의 경우 액면가보다 낮은 가격에 판매되는 반면, 수요가 많은 이벤트의 경우에는 급등할 수 있다. 예를 들어, 2019년 NBA 파이널 6차전 스터브허브의 평균 티켓 가격은 3,300달러가 넘었고, 한 팬은 토론토 랩터스가 그들의 첫 NBA 챔피언십에서 우승하는 것을 보기 위해 코트사이드 좌석 한 쌍에 거의 7만 달러를 지불했다. 스터브허브의 최고경영자조차 이 사이트가 '수요와 공급 경제의 구현'이라고 말했을 정도다.

그러므로 완전경쟁시장 이론은 그저 고안된 것이 아니다. 직접 경험해 보고 싶다면 공연 티켓이나 NBA 챔피언십 티켓을 사 보기 바란다.

>> 이해돕기 3-3
해답은 책 뒤에

1. 다음 세 가지 상황에서 시장이 처음에는 균형에 있다고 하자. 아래의 각 사건이 일어난 후에는 처음의 균형가격에서 공급의 잉여분이나 부족분이 존재할까? 궁극적으로 균형가격에는 어떤 변화가 있을까?
   a. 캘리포니아의 포도 농부들에게 2018년은 풍작을 거둔 행운의 해이다.
   b. 플로리다에서 허리케인이 발생하고 나면 많은 사람들이 플로리다로 가려던 휴가계획을 취소하여 플로리다 주 호텔에 예약되었던 많은 객실이 빈 채로 남게 된다.
   c. 폭설이 내리고 나면 많은 사람들은 동네의 공구 상점에서 중고 제설도구를 사기 원한다.

|| 수요와 공급의 변화

2006년에서 2013년 사이에 천연가스 가격이 BTU당 14달러에서 2달러로 큰 폭으로 하락한 사건은 소비자를 깜짝 놀라게 했을 것이다. 하지만 공급자에게 이는 자연스러운 현상이었다. 공급자는 착굴 기술이 발전하여 기존에는 채굴하기 힘들었던 가스정에 접근이 가능해졌다는 것을 미리 알았다. 따라서 공급의 증가를 예상할 수 있었고, 이에 따른 가격 하락 또한 예상할 수 있었다.

진보된 착굴 기술이 도입된 사건은 재화의 공급곡선이 수요곡선에 아무 영향을 주지 않고 이동하는 여러 경우 중의 하나이다. 비슷하게 공급곡선에 영향을 주지 않고 수요곡선만을 이동시키는 사건 또한 있다. 초콜릿이 건강에 좋다는 임상실험 결과는 초콜릿 공급을 바꾸지 않지만 수요는 증가시킬 것이다. 하나의 사건은 보통 수요곡선이나 공급곡선 하나를 이동시키고, 둘 모두에 영향을 주는 사건은 드물다. 따라서 한 사건이 어떤 곡선을 어떻게 이동시키는지를 알아보는 것은 유용하다.

우리는 수요곡선이나 공급곡선이 이동하면 균형가격과 균형거래량이 바뀌는 것을 확인했다. 우리는 앞으로 곡선의 이동이 구체적으로 어떻게 균형가격과 거래량을 바꾸는지 확인할 것이다.

수요곡선의 변화에 따른 결과

난방용 기름과 천연가스는 대체재이다. 난방용 기름의 가격이 오르면 천연가스에 대한 수요가 증가하고, 난방용 기름의 가격이 떨어지면 천연가스의 수요가 감소한다. 그러면 난방용 기름의 가격이 어떻게 천연가스의 **시장균형**에 영향을 미칠 것인가?

〈그림 3-14〉는 난방용 기름의 가격 인상이 천연가스 시장에 미치는 영향을 보여 주고 있다. 난방용 기름의 가격 인상은 천연가스 수요를 증가시킨다. 점 E_1은 원래 수요곡선에 의한 균형점을 나타내고, P_1과 Q_1은 각각 균형가격과 균형거래량을 나타낸다.

수요의 증가는 D_1에서 D_2로, 수요곡선의 오른쪽 이동으로 나타난다. 원래 시장가격인 P_1에서 이 시장은 더 이상 균형이 아니다. 수요가 공급을 초과하므로 부족분이 발생한다. 따라서 천연가스 가격은 오르고 공급량이 증가하면서 균형점은 **공급곡선 상에서** 위쪽으로 움직이게 된다. 더 높은 가격과 균형거래량인 P_2와 Q_2에서 새로운 균형점 E_2가 생긴다. 이러한 일련의 과정은 다음의 일반적인 원리를 반영한다. 재화의 수요가 늘어나면 균형가격과 균형거래량이 모두 상승한다.

반대의 경우, 난방용 기름 가격이 떨어지면 어떻게 될까? 난방용 기름 가격의 하락은 천연가스의 수요를 감소시키고, 수요곡선을 왼쪽으로 이동시킨다. 원래 가격에서 공급량이 수요량을 초과하여 잉여분이 생기게 된다. 가격은 떨어지고 공급의 감소와 균형가격 및 균형거래량 하락이 발생한다. 이것은 또 하나의 일반적 원리를 반영한다. 재화의 수요가 감소하면 균형가격과 균형

그림 3-14   균형과 수요곡선의 이동

애초 천연가스 시장의 균형은 원래의 수요곡선 D_1과 공급곡선이 교차하는 E_1에서 형성되어 있다. 대체재인 난방용 기름 가격의 상승은 수요곡선을 D_2로 우측 이동시킨다. 원래 가격 P_1에서는 천연가스 부족현상이 일어나고, 이로 인해 공급량과 가격을 모두 상승시키는 공급곡선 상의 이동이 나타난다. 새로운 균형은 더 높은 가격인 P_2와 더 높은 균형량인 Q_2를 나타내는 E_2에서 형성된다. 재화와 서비스에 대한 수요가 증가할 때, 재화와 서비스의 균형가격과 균형거래량은 모두 증가한다.

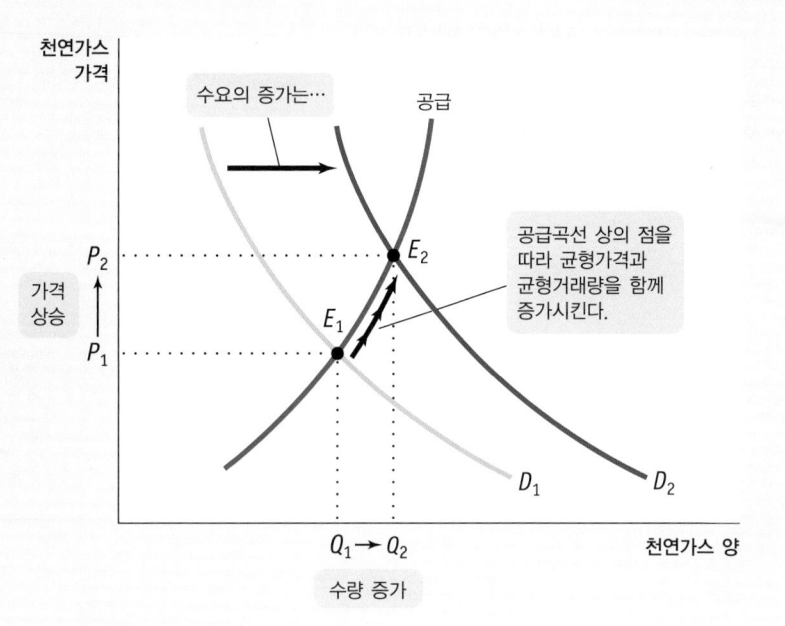

거래량 모두 하락한다.

수요 변화에 대한 시장의 반응을 요약하면 다음과 같다. 수요가 증가하면 균형가격과 균형거래량이 모두 상승한다. 수요가 감소하면 균형가격과 균형거래량 모두 하락한다.

공급곡선의 변화에 따른 결과

현실에서는 수요의 변화보다는 공급의 변화를 예측하는 것이 좀 더 쉽다. 공급에 필요한 자원의 이용 가능한 양과 같은 물리적 요인들은 기호의 변화와 같이 수요에 영향을 주는 요인보다는 예측하기가 더 쉽다. 그러나 우리가 실제로 알게 되는 것은 공급곡선의 이동에 따른 결과이다.

도입 사례에서 언급하였듯이, 채굴 기술의 진보는 천연가스의 공급을 증가시켰다. 〈그림 3-15〉는 이로 인한 곡선의 이동이 시장 균형에 미친 효과를 보여 주고 있다. 원래의 공급곡선 S_1과 수요곡선이 만나는 지점인 E_1이 원래의 균형점이고 이때의 균형가격은 P_1, 균형거래량은 Q_1이다. 기술 진보의 영향으로 공급이 증가하고 공급곡선은 S_1에서 S_2로 오른쪽으로 이동한다. 이때 원래의 균형가격인 P_1에서는 천연가스의 잉여분이 생기고 따라서 시장은 더 이상 균형상태에 있지 않다. 잉여분은 천연가스의 가격을 하락시키고 수요곡선 상의 이동 과정을 거쳐서 수요량은 증가한다. 이제 새로운 균형점은 E_2로 바뀌고 균형가격은 P_2 그리고 균형거래량은 Q_2이다. 새로운 균형점인 E_2에서는 그 전보다 균형가격은 하락하고 균형거래량은 늘어난다. 이것 또한 일반적 원리로 진술될 수 있다. 공급의 증가는 균형가격의 하락과 균형거래량의 증가를 가져온다.

공급이 감소하면 어떻게 되는가? 공급의 감소는 공급곡선을 왼쪽으로 이동시키고 원래 가격에서 부족분이 생겨난다. 그 결과 균형가격이 오르고 수요량이 떨어진다. 이는 2005년 허리케인 카트리나가 맥시코만 인근의 천연가스 생산 공장을 파괴했을 때 일어난 일을 설명한다. 또 하나의 일반적 원리도 알 수 있는데, 공급의 감소는 균형가격의 증가와 균형거래량의 감소를 가져온다는 것이다.

공급 변화에 대한 시장의 반응을 요약하면, 공급의 증가는 균형가격의 하락과

함정

어느 곡선일까?

어떤 재화의 가격 변화는 일반적으로 수요나 공급의 변화를 반영한다고 할 수 있다. 그러나 어느 것이 변하기 때문인지는 알기가 쉽지 않다. 이때 도움이 되는 단서가 거래량이 변하는 방향이다. 예를 들어, 가격과 거래량이 함께 상승해 거래량과 가격이 같은 방향으로 변하면, 수요곡선이 이동했음을 보여 준다. 만약 가격과 거래량이 반대 방향으로 움직이면, 공급곡선이 이동한 것으로 생각할 수 있다.

그림 3-15 균형과 공급곡선의 이동

천연가스 시장의 애초 균형은 E_1에서 형성되어 있다. 천연가스 생산기술 발달은 천연가스 공급의 증가를 초래하고, 공급곡선을 S_1에서 S_2로 우측 이동시킨다. 새로운 균형은 더 낮은 균형가격인 P_2, 높은 균형거래량인 Q_2를 나타내는 E_2에서 형성된다.

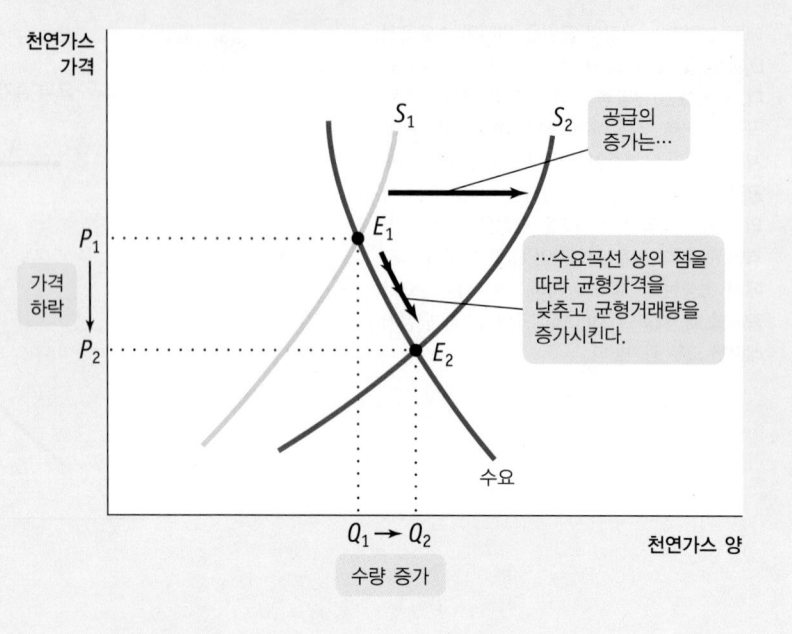

균형거래량의 증가를 가져오고, 공급의 감소는 균형가격의 증가와 균형거래량의 감소를 가져온다.

수요곡선과 공급곡선의 동시적인 변화

마지막으로, 수요곡선과 공급곡선을 모두 이동시키는 사건도 발생한다. 사실 이런 경우는 흔히 찾아볼 수 있다. 현실 경제에서는 경제환경이 계속적으로 변하기 때문에 재화나 서비스의 수요와 공급곡선이 자주 이동한다.

〈그림 3-16〉이 이것을 설명한다. 양쪽 그림 모두 공급의 증가를 보여 준다. 즉 공급곡선이 S_1에서 S_2로 오른쪽으로 이동한다. 예를 들어 신기술 도입으로 천연가스 공급이 증가한다. 그림 (b)의 공급 증가는 (a)보다 상대적으로 크다. 우리는 그림 (a)는 채굴 기술의 사소한 진보, 그림 (b)는 획기적인 진보를 가정할 수 있다.

두 경우 모두 수요의 감소를 보여 준다. 즉 수요곡선은 D_1에서 D_2로 좌측 이동한 것을 볼 수 있다. 또한 그림 (b)의 수요 감소는 (a)에 비해 상대적으로 작다. 우리는 그림 (a)는 극심한 경기침체, 그림 (b)는 따뜻한 겨울이라고 생각해 볼 수 있다.

두 경우 모두 균형가격은 균형점이 E_1에서 E_2로 이동하면서 P_1에서 P_2로 감소한다. 그러나 천연가스가 사고 팔리는 균형거래량은 어떻게 되는가? 그림 (a)에서는 수요 감소가 공급의 증가보다 크기 때문에 균형거래량이 감소한다. 그림 (b)에서는 공급의 증가가 수요의 감소보다 상대적으로 크기 때문에 균형거래량이 증가한다. 즉 수요가 감소하고 동시에 공급이 증가하면, 공급곡선과 수요곡선이 각각 얼마나 변하는가에 따라서 사고 팔리는 양은 늘어날 수도 줄어들 수도 있다.

일반적으로 수요와 공급이 반대방향으로 변할 때 거래량에 대한 정확한 예측은 할 수 없다. 다만 비대칭적으로 크게 변하는 곡선이 거래량에 비대칭적으로 더 큰 영향을 준다는 것만 알 수 있다. 따라서 우리는 수요와 공급곡선의 반대방향으로의 이동의 결과를 다음과 같이 예측할 수 있다.

그림 3-16 수요곡선과 공급곡선의 동시 이동

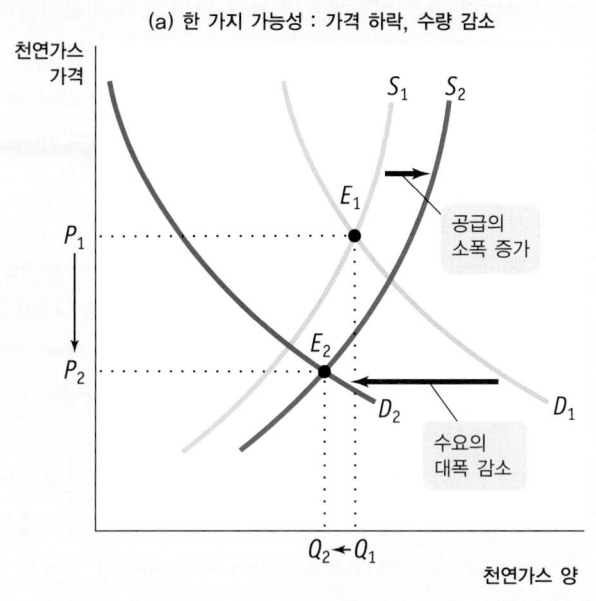

(a) 한 가지 가능성 : 가격 하락, 수량 감소

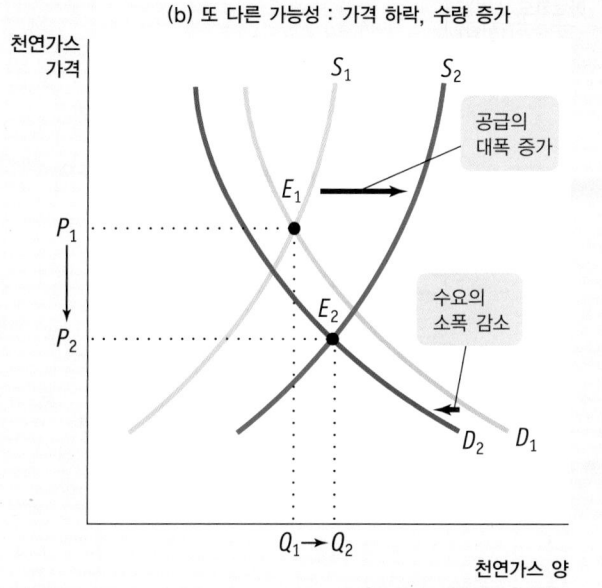

(b) 또 다른 가능성 : 가격 하락, 수량 증가

그림 (a)에서는 수요곡선의 좌측 이동과 공급곡선의 우측 이동이 동시에 일어나고 있다. 여기서 수요의 감소는 공급의 증가보다 상대적으로 더 크며, 따라서 균형가격과 균형거래량은 모두 감소한다. 그림 (b)에서도 역시

수요곡선의 좌측 이동과 공급곡선의 우측 이동이 동시에 일어나고 있다. 여기서 공급의 증가는 수요의 감소보다 상대적으로 더 크며, 따라서 균형가격은 내려가고 균형거래량은 증가한다.

- 수요가 증가하고 공급이 감소하면, 균형가격은 오르지만 균형거래량의 변화는 알 수 없다.
- 수요가 감소하고 공급이 증가하면, 균형가격은 내리지만 균형거래량의 변화는 알 수 없다.

수요곡선과 공급곡선이 같은 방향으로 움직이는 경우를 생각해 보자. 이는 2008년 금융위기에서 회복되며 수요와 공급이 모두 늘고 있는 미국에 최근 일어난 일이다. 그러면 수요와 공급곡선이 같은 방향으로 움직이면 가격과 거래량의 변화 방향을 예측할 수 있는가? 이 경우, 거래량의 변화는 예측 가능하지만 가격 변화는 알 수 없다. 수요와 공급곡선이 같은 방향으로 변할 때 가능한 두 가지 결과는 다음과 같다(스스로 확인해 볼 것).

- 수요와 공급이 모두 증가하면, 균형거래량은 늘어나지만 균형가격 변화는 알 수 없다.
- 수요와 공급이 모두 감소하면, 균형거래량은 감소하지만 균형가격 변화는 알 수 없다.

현실 경제의 >> 이해

황금 아보카도!

리즈 게리슨은 트레이더조(Trader Joe's)에서 자주 구입하는 아보카도 봉지 가격이 2.5달러에서 6.5달러로 치솟았을 때 충격을 받았다. 게리슨은 "나는 매일 아보카도를 먹는다. 자주 먹는 음식에 돈이 너무 많이 든다."고 말했다. 업계 관측통인 데이비드 마가네아는 아보카도 도매가격에 대해 "이것은 적어도 10년 만에 가장 높은 가격이며, 아마도 10년 이상일 것"이라고 말했다 그러나 가격 상승이 아무리 충격적이라고 해도 그것은 아보카도 시장이 수요와 공급의 힘에 반응

그림 3-17 치솟는 아보카토 가격

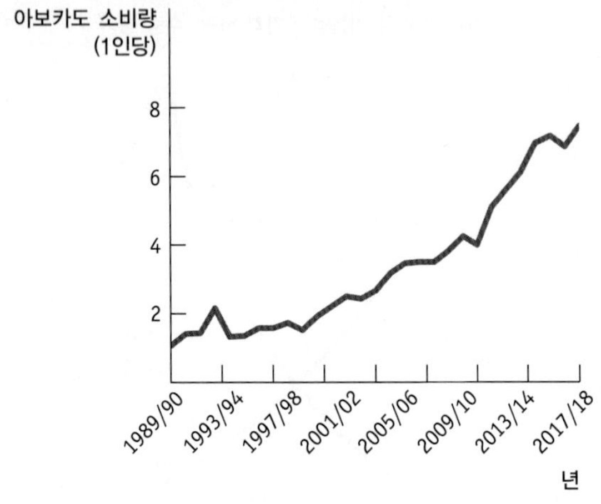

아보카도 소비량
(1인당)

출처 : USDA, Economic Research Service.

한 결과일 뿐이다.

먼저 과카몰리(으깬 아보카도), 아보카도 토스트, 아보카도 스무디와 같은 아보카도의 모든 것에 대한 미국인들의 빠르게 증가하는 식욕(수요)을 생각할 수 있다. 평균 미국인들의 과일 소비량은 1989년에 연간 1.1파운드에서 2018년에는 거의 7.5파운드에 이르렀다. 게다가 아보카도에 대한 수요는 유럽과 중국과 같은 다른 지역에서도 증가하고 있다. 이 두 요인 모두 수요곡선을 오른쪽으로 이동시켰다.

둘째, 공급 측면을 보자. 2019년 캘리포니아 아보카도 수확량은 폭염 이후 10년 만에 가장 적었고, 2018년 대비 거의 50% 감소했다. 게다가 다른 두 주요 아보카도 재배 지역인 페루와 남아프리카 공화국에서도 전년 대비 생산량이 감소했다. 이 사건들은 공급곡선을 왼쪽으로 이동시켰다.

수요 증가와 공급 급감은 아보카도 가격 급등으로 이어질 수밖에 없다. 그것은 경제적 논리이다. 〈그림 3-17〉에서 보듯이 수요가 감소하거나 공급이 증가할 때까지 미국의 아보카도 가격은 높은 수준을 유지할 것이다.

하지만 아보카도를 사랑하는 사람들에게는 희소식이 있다. 시장 분석가들에 따르면 2019년 초 캘리포니아의 겨울 폭우는 농부들(및 그들의 농작물)에게 활력을 주었다. 곧 아보카도 가격이 내려갈 것이다.

>> 복습

- 시장에서 균형가격과 균형거래량의 변화는 공급곡선이나 수요곡선의 변화 또는 양자 모두의 변화에 의한 것이다.
- 수요가 증가하면 균형가격과 균형거래량이 모두 증가한다. 수요가 감소하면 균형가격과 균형거래량이 모두 감소한다.
- 공급이 증가하면 균형가격이 하락하지만 균형거래량은 증가한다. 공급이 감소하면 균형가격이 상승하지만 균형거래량은 감소한다.
- 시장에서 일어나는 변동은 종종 공급곡선과 수요곡선 모두의 이동과 연관이 있다. 공급곡선과 수요곡선이 같은 방향으로 움직일 때, 거래량의 변화를 예측할 수 있지만 가격의 변화는 예측하기가 어렵다. 두 곡선이 다른 방향으로 움직일 때, 가격의 변화를 예측할 수 있지만 거래량의 변화는 예측하기가 어렵다. 수요곡선과 공급곡선이 동시에 이동하면 더 많이 이동하는 곡선이 가격과 거래량의 변화에 더 큰 영향을 미친다.

>> 이해돕기 3-4
해답은 책 뒤에

1. 다음 각각의 예에 대하여 (i) 시장이 무엇인지, (ii) 수요의 이동이 일어났는지 아니면 공급의 이동이 일어났는지, 이동의 방향, 이동이 야기한 것, (iii) 균형가격과 균형거래량상의 이동의 효과는 무엇인지를 설명하라.
   a. 미국에서 휘발유 가격이 하락하자 더 많은 사람들이 큰 차를 샀다.
   b. 기술혁신으로 폐휴지의 재생비용이 낮아지면서 재활용 종이가 더욱 빈번하게 사용되고 있다.
   c. 지역 케이블 방송사가 더욱 낮은 가격에 영화를 제공하면서 지역 극장의 좌석점유율이 더 낮아졌다.
2. 더 빠르고 새로운 칩이 도입되면서 기존의 오래되고 더 느린 칩을 사용하는 컴퓨터의 수요는 줄어들고 있다. 동시에 컴퓨터 회사는 기존 칩의 재고를 청산하기 위해 기존의 칩을 탑재한 컴퓨터 생산을 오히려 늘리고 있다.
   기존의 칩을 탑재하는 컴퓨터 시장에 대한 2개의 그래프를 그려 보라.
   a. 균형거래량이 위와 같은 사건에 동반하여 떨어지는 경우와 균형거래량이 증가하는 경우
   b. 각각의 그래프에서 균형가격에 어떤 변화가 있을까?

|| 완전경쟁시장 그리고 기타

이 장 초반에는 완전경쟁시장을 정의하였고, 수요와 공급 구조가 완전경쟁시장의 주요 요소임을 배웠다. 하지만 시장이 완전경쟁시장인지가 왜 중요한가? 이제 우리는 수요와 공급모형의 작동 원리를 배웠으므로 몇 가지 설명이 가능해졌다.

완전경쟁시장이 다른 시장들과 다른 이유를 이해하기 위해서 농부가 더 많은 밀을 기를 것인가 말 것인가를 고민할 때와 알코아(Alcoa)와 같은 거대 알루미늄 회사의 사장이 더 많은 알루미늄을 생산할 것인가 말 것인가를 고민할 때 대면하는 문제를 상상해 보자.

밀 농부는 추가적인 생산비용을 만회할 만큼의 가격에 밀을 팔 수 있는가의 문제만 고려하면 된다. 밀 시장은 완전경쟁시장이기 때문에 농부는 자신의 생산이 밀의 가격에 영향을 미칠 가능성에 대해서는 고려할 필요가 없다. 수천 명의 밀 농부가 있으므로 어떤 농부의 결정도 시장가격에 큰 영향을 미칠 수 없다.

알코아의 사장에게 추가 생산의 문제는 알루미늄 시장이 경쟁적이지 않기 때문에 그리 간단한 문제가 아니다. 그는 알루미늄 시장에는 알코아를 포함해 소수의 대규모 회사가 있을 뿐이고 그들의 결정이 시장가격에 적지 않은 영향을 미친다는 것을 잘 알고 있다. 이 상황은 생산자가 결정해야 할 문제를 더 복잡하게 만든다. 알코아는 추가적인 생산이 추가비용을 상쇄하고 남을 만큼 팔 수 있는가의 여부만으로는 추가 생산을 결정할 수 없다. 추가 생산이 시장가격에 영향을 미쳐 수익을 줄일 수 있다는 가능성에 대해서도 고민해야 하는 것이다.

시장이 완전경쟁시장일 때는 불완전경쟁시장보다 덜 복잡한 의사결정 과정을 거친다. 이는 경제학자들이 모형을 만들 때 불완전경쟁시장보다 완전경쟁시장이 더 쉽다는 것을 의미한다.

그렇다고 해서 경제학자들이 불완전경쟁시장에 대해 분석할 수 없다는 것은 아니다. 오히려 경제학자들은 다른 종류의 시장에 대해 매우 중요한 통찰을 제공한다. 그러나 그러한 통찰을 얻기 위해서는 우리가 나중에 배울 다른 모형이 필요하다.

JEENAH MOON/The New York Times/Redux

2009년에 개릿 캠프(Garrett Camp)와 트래비스 캘러닉(Travis Kalanick)이라는 젊은 창업자 둘이 우버(Uber)를 설립했다. 어디론가 가야 하는데 이용할 수 있는 택시가 없을 때 택시를 찾는 방법이다. 뉴욕 시처럼 인구 밀도가 높은 도시에서 택시 잡기는 비교적 쉬운 일이다. 길모퉁이에 서서 팔을 내밀면 잠시 후 택시가 여러분 앞으로 올 것이다. 요금 또한 시정부의 규제로 인해 공시되어 있기 때문에 택시를 타기 전에 예상할 수 있다.

하지만 가끔씩, 비가 오는 날이거나, 퇴근 시간이거나, 아니면 많은 사람들이 동시에 택시를 타려고 하는 경우라면 택시를 잡는 것이 어려울 때가 있다. 당신은 택시를 잡기 위해 기다리면서 하루 일을 마치고 집으로 향하는 빈 택시를 목격하곤 할 것이다. 게다가 눈보라나 새해 전야와 같이 택시를 부르는 것이 사실상 불가능할 때가 있다. 우버는 이 문제를 해결하기 위해 만들어졌다. 우버는 앱을 이용해 차를 타고 싶어하는 사람들과 차를 가진 운전자들을 연결해 준다. 그것은 또한 운전자 등록을 하고, 요금을 설정하며, 등록된 탑승자의 신용카드에서 자동으로 결제한다. 우버는 요금의 25%를 가져가며 나머지는 운전자에게 돌아간다. 2019년에 우버는 65개국과 600개 이상의 도시에서 운영되고 있으며 사용자들은 총 113억 달러를 지불했다.

연구에 따르면 우버 요금은 정상 운행시간의 택시 요금과 거의 같거나 낮다. 우버의 요금이 변동할 때가 있기 때문에 정상 운행 시간 동안 가격 규제는 중요하다. 이용 가능한 차보다 이용을 원하는 사람들이 더 많을 때, 우버는 이른바 '일시적 가격인상 정책'을 사용한다. 이는 우버를 이용하고 싶어 하는 사람이 준비된 차량 숫자와 같아질 때까지 운임을 계속해서 올리는 정책이다. 예를 들어, 눈보라가 치는 동안이나 새해 전날에 우버를 타는 비용은 표준 가격의 약 9배에서 10배이다. 몇몇 화가 난 고객들은 우버가 바가지를 씌운다며 고소하기도 했다.

우버 창시자들에 따르면 우버의 가격급등은 고객들을 행복하게 하는 하나의 방법이라는 것이다. 왜냐하면 '일시적 가격인상'은 차를 타지 못하는 사람을 최소화할 수 있도록 계산되기 때문이다. 캘러닉은 "우리는 자동차를 소유하지도 않고 운전자를 고용하지도 않는다. 가장 바쁜 시간대에 도로를 달리고 도로에 이들을 유지하기 위해서는 더 높은 가격이 필요하다."라고 말한다. 하지만 더 많은 운전자들이 우버에 합류하면서, 운전자들은 충분한 수입을 얻기 위해 더 많은 시간이 걸린다는 것을 발견하게 되었다. 그래서 샌디에이고와 같이 택시 서비스 공급이 제한된 도시에서, 우버 운전자들은 토요일 밤과 같은 피크 시간대에 일정 정도 '동반 휴식시간'을 갖기로 연합했다. 이러한 휴식시간으로 가격이 치솟고, 운전자들은 적은 노력으로 원하는 수익을 얻기 위해 그들의 차에 시동을 걸 것이다. 분명 우버 운전자들은 공급과 수요가 어떻게 작동하는지 알고 있다.

생각해 볼 문제

1. 우버가 오기 전에 날씨가 좋은 날에는 택시를 원하는 모든 사람이 이용할 수 있었지만 날씨가 나쁜 날에는 택시를 충분히 이용할 수 없었다는 사실을 무엇으로 설명할 수 있는가?
2. 우버의 '일시적 가격인상 정책'이 어떻게 그 문제를 해결하는가? 이 정책이 택시를 타지 못하는 사람을 최대한 줄였다는 캘러닉의 주장을 평가하라.
3. 수요와 공급 모형을 사용하여 우버 운전자들이 연합하여 휴식을 취함으로써 어떻게 가격을 급등시킬 수 있는지 설명하라. 왜 이 전략이 택시가 많은 대도시인 뉴욕에서는 효과가 없을 것 같은가?

요약

1. **수요와 공급모형**은 **완전경쟁시장**이 어떤 원리로 움직이는 가를 보여 준다.

2. **수요계획**은 각 가격에서의 **수요량**을 나타내고 **수요곡선**은 이를 그래프로 보여 준다. **수요법칙**은 수요곡선이 우하향한다는 사실을 설명해 준다.

3. **수요곡선 상의 이동**은 가격이 변화할 때 일어나는 것으로 수요량의 변화를 일으킨다. 경제학자들이 수요의 증가와 감소를 말할 때 그들은 **수요곡선의 이동**, 즉 주어진 가격에서 수요량의 변화를 의미한다. 수요가 증가하면 수요곡선이 오른쪽으로 이동하며, 수요가 감소하면 수요곡선은 왼쪽으로 이동한다.

4. 수요곡선이 이동하는 원인에는 다음과 같은 다섯 가지 주요한 요소가 있다.
   - **대체재**와 **보완재**와 같은 관련 재화 가격의 변화
   - 소득의 변화 : 소득이 상승할 때 **정상재** 수요는 증가하고 **열등재** 수요는 감소한다.
   - 기호의 변화
   - 기대의 변화
   - 소비자 수의 변화

5. 시장수요곡선은 시장 내의 모든 소비자의 **개별수요곡선**의 수평합이다.

6. **공급계획**은 각 가격에서의 **공급량**을 나타내고, **공급곡선**은 이를 그래프로 보여 준다. 공급곡선은 일반적으로 우상향한다.

7. **공급곡선 상의 이동**은 가격이 변화할 때 일어나고 공급량의 변화를 일으킨다. 경제학자들이 '공급이 증가한다'고 말하거나 '공급이 감소한다'고 말할 때, 그들은 주어진 가격에서의 공급량의 변화, 즉 **공급곡선의 이동**을 의미한다. 공급이 증가하면 공급곡선은 오른쪽으로 이동하며 공급이 감소하면 공급곡선은 왼쪽으로 이동한다.

8. 공급곡선이 이동하는 원인에는 다음과 같은 다섯 가지 주요한 요소가 있다.
   - **투입요소**가격의 변화
   - 관련 재화 및 서비스 가격의 변화
   - 기술의 변화
   - 기대의 변화
   - 공급자 수의 변화

9. 시장공급곡선은 시장 내의 모든 공급자의 **개별공급곡선**의 수평합이다.

10. 수요와 공급모형은 시장에서의 가격이 **균형가격**, 즉 **시장청산가격**(수요량이 공급량과 일치하는 가격)을 향하여 움직인다는 원칙에 기반하고 있다. 이때의 수요량과 공급량이 **균형거래량**이다. 가격이 시장청산가격보다 높은 수준에 있을 때 공급의 **잉여분**이 가격을 하락시키는 작용을 한다. 반면 가격이 시장청산가격보다 낮은 수준에 있을 때 공급의 **부족분**이 가격을 상승시키는 작용을 한다.

11. 수요의 증가는 균형가격과 균형거래량을 둘 다 증가시킨다. 반면 수요의 감소는 반대의 효과를 가진다. 공급의 증가는 균형가격을 내리고 균형거래량을 증가시킨다. 반면 공급의 감소는 반대의 효과를 가진다.

12. 수요곡선과 공급곡선의 이동은 동시에 일어날 수 있다. 두 곡선이 반대방향으로 이동할 때 가격의 변화는 예상 가능하지만, 거래량의 변화는 예상 불가능하다. 반대로 두 곡선이 같은 방향으로 이동하면 거래량의 변화는 예상 가능하지만, 가격의 변화는 그렇지 않다. 일반적으로 더 큰 폭으로 이동하는 곡선이 가격과 거래량의 변화에 더 큰 영향을 미친다.

주요용어

완전경쟁시장	보완재	투입요소
수요와 공급모형	정상재	개별공급곡선
수요계획	열등재	균형가격
수요량	개별수요곡선	균형거래량
수요곡선	공급량	시장청산가격
수요법칙	공급계획	잉여분
수요곡선의 이동	공급곡선	부족분
수요곡선 상의 이동	공급곡선의 이동	
대체재	공급곡선 상의 이동	

토론문제

1. 자동차 시장에서 (i) 현재의 자동차 가격 상승과 (ii) 미래의 자동차 가격의 예상 상승에 대해 자동차 수요가 어떻게 반응하는지 설명하라.

2. "애플은 예상치 못한 수요 증가에 따라 애플워치 공급을 늘린다."는 말이 왜 오해의 소지가 있는지를 설명하라.

3. 다음 표현의 틀린 점은 무엇인가? 공급과 수요 측면에서 그 틀린 점을 설명하고 그에 영향을 미치는 요소들을 설명하라.

   a. 소비자들은 스타벅스가 음료당 10~30센트의 가격을 인상했음에도 불구하고 2019년에 스타벅스 음료를 더 많이 구매하고 있기 때문에 비합리적이다.

   b. 소비자들은 소득이 올라가면 코스트-유-리스 창고 슈퍼스토어에서 덜 사기 때문에 비합리적이다.

   c. 소비자들은 아이폰 X의 가격이 더 저렴할 때 아이폰 11을 구매하는 것은 비합리적이다.

4. 두 명의 학생들이 예상되는 미래 집값 하락의 영향에 대해 토론하고 있다. 한 학생은 집값 하락이 전체 주택 물량을 증가시킬 것이라고 주장하는 반면, 다른 학생은 주택 물량이 감소할 것이라고 주장한다. 어떤 학생이 맞는가? 설명하라. 예상되는 가격 변화가 수요와 공급을 어떻게 변화시키는지에 대해 논의해 보라.

연습문제

1. 야후가 시행한 조사에 따르면 미국에서 가장 인기 있는 아이스크림은 초콜릿 아이스크림이다. 다음 사항이 초콜릿 아이스크림에 대한 수요 또는 공급에 미칠 수 있는 영향과 균형가격 및 균형거래량에 미치는 영향을 설명하라.

   a. 중서부의 심한 가뭄으로 인해 낙농업자들은 젖소의 숫자를 1/3로 줄인다. 이 낙농업자들은 초콜릿 아이스크림을 만드는 데 쓰이는 크림을 공급한다.

   b. 미국의학협회의 보고서는 초콜릿이 실제로 건강에 상당히 도움이 된다고 밝혔다.

   c. 더 싸게 바닐라 맛을 내는 합성물이 발견되어서 바닐라 아이스크림의 가격이 더 하락한다.

   d. 아이스크림을 혼합하고 얼리는 새로운 기술이 나와서 초콜릿 아이스크림 생산에 드는 제조비용이 낮아진다.

2. 수요와 공급 그래프에 다음 사건으로 인해 도시의 햄버거 수요가 이동하는 것을 나타내라. 각각의 경우에서 균형가격과 균형거래량에 미치는 영향을 보이라.

   a. 타코의 가격이 상승한다.

   b. 햄버거 판매자들이 모두 감자튀김의 가격을 올린다.

   c. 도시 소득이 떨어진다. 햄버거는 대부분의 사람들에게 정상재라고 가정한다.

   d. 도시 소득이 떨어진다. 햄버거는 대부분의 사람들에게 열등재라고 가정한다.

   e. 핫도그 판매상이 핫도그 가격을 내린다.

3. 재화 시장은 휴일, 휴가, 생산의 계절적 변화 등의 사건에 따라 연간 예측할 수 있는 방향으로 변한다. 수요와 공급을 이용해 다음 각 경우에서 가격의 변화를 설명하라. 수요와 공급이 동시에 이동할 수 있다는 점을 명심하라.

   a. 사람들이 다른 기간보다 여름에 바닷가재를 먹는 것을 더 좋아하는데도, 여름에 한창 수확하는 기간에는 바닷가재의 가격이 일반적으로 내려간다.

   b. 크리스마스 트리는 크리스마스 이후에 가격이 더 낮으면서 덜 팔린다.

   c. 프랑스항공을 타고 파리로 가는 왕복여행권의 가격은 9월에 학교 방학이 끝난 후에는 200달러 이상 낮아진다. 이런 현상은 이 기간에 대체로 날씨가 좋지 않아 파리까지의 운행비용이 증가해서 프랑스항공이 주어진 어떤 가격에서도 파리행 운행 횟수를 줄이려고 해도 나타난다.

4. 다음 각 사건이 수요곡선, 공급곡선, 균형가격, 균형거래량에 미치는 영향을 그래프로 보이라.

   a. 어느 중소도시의 호텔 시장
   사례 1 : 룸서비스 직원들의 임금이 상승한다.
   사례 2 : 전국적으로 많은 인원이 모이는 주요 정당의 전당대회가 그 도시에서 열릴 예정이다.

   b. 캔자스시티 풋볼팀 치프스의 면 티셔츠 시장
   사례 1 : 치프스가 슈퍼볼에서 승리한다.
   사례 2 : 면의 가격이 상승한다.

   c. 베이글 시장
   사례 1 : 사람들이 베이글에 칼로리와 설탕 함량이 높다는 것을 알게 된다.

사례 2 : 사람들이 아침식사를 직접 요리할 수 있는 시간이 줄어든다.

　d. 크루그먼과 웰스의 경제학 교과서 시장

사례 1 : 교수님은 모든 학생들에게 교과서 읽기를 요구한다.

사례 2 : 합성지를 사용하여 교과서 인쇄 비용이 절감되었다.

5. 2억 9,400만 명의 미국인이 1명당 평균 37갤런의 음료수를 갤런당 2달러의 가격에 소비하였다고 가정하자. 갤런당 1.5달러의 가격에 개별 소비자는 50갤런의 음료수를 소비한다. 위의 정보를 토대로, 가격이 1.5달러일 때와 2달러일 때 음료수의 시장수요계획을 계산하라.

6. 메인 주의 바닷가재에 대한 공급계획이 다음과 같다.

바닷가재 가격(파운드당)	바닷가재 공급량(파운드)
$25	800
20	700
15	600
10	500
5	400

메인 바닷가재는 미국에서만 팔린다고 가정한다. 메인 바닷가재에 대한 미국의 수요계획은 다음과 같다.

바닷가재 가격(파운드당)	바닷가재 수요량(파운드)
$25	200
20	400
15	600
10	800
5	1,000

　a. 메인 바닷가재의 수요곡선과 공급곡선을 그려라. 바닷가재의 균형가격과 균형거래량은 얼마인가?

이제 프랑스에서도 메인 바닷가재를 팔 수 있다고 가정한다. 메인 바닷가재에 대한 프랑스의 수요계획은 다음과 같다.

바닷가재 가격(파운드당)	바닷가재 공급량(파운드)
$25	100
20	300
15	500
10	700
5	900

　b. 프랑스 소비자도 이제 메인 바닷가재를 살 수 있을 때

수요계획은 무엇인가? 바닷가재에 대한 새로운 균형가격과 균형거래량을 나타내는 수요와 공급 그래프를 그려 보라. 어부가 바닷가재를 팔 수 있는 가격은 얼마가 되는가? 미국 소비자가 지불하는 가격은 얼마가 되는가? 미국 소비자들의 소비량은 얼마나 되는가?

7. 다음 진술에서 특히 수요와 공급곡선의 이동과 곡선 상의 이동을 구별하면서 논리적인 결함을 찾으라. 실제로 각 경우에 어떻게 되는지 그래프로 그려 보라.

　a. "재화의 생산비용을 낮추는 기술혁신이 처음에는 소비자가격을 낮출 것으로 보였다. 그러나 가격이 낮아지면 재화에 대한 수요가 증가해 다시 가격이 올라갈 것이다. 결국 기술혁신이 가격을 실제로 낮출지는 불확실하다."

　b. "하루에 마늘 1쪽을 먹는 것이 심장병 예방에 도움을 준다는 연구가 나와서 많은 소비자들이 마늘을 더 많이 수요하려고 한다. 이러한 수요의 증가로 마늘 가격이 올라간다. 마늘 가격이 올라가면 소비자는 마늘에 대한 수요를 줄인다. 이것은 마늘에 대한 수요를 줄여서 마늘 가격을 떨어뜨린다. 따라서 연구 결과가 마늘 가격에 미치는 궁극적인 효과는 불확실하다."

8. 다음은 어느 정상재에 대한 수요계획을 보여 준다.

가격	수요량
$23	70
21	90
19	110
17	130

　a. 가격의 하락(21달러에서 19달러로)에 따른 수요량의 증가(90에서 110으로의)가 소비자들의 소득 증가에 따른 결과라고 생각하는가? 왜 그런지 아니면 왜 그렇지 않은지를 명확하고 간단히 설명하라.

　b. 이제 이 재화가 열등재라고 가정하자. 위의 수요계획이 열등재에 대해서도 유효한가?

　c. 마지막으로, 이 재화가 정상재인지 열등재인지 모른다고 가정해 보자. 둘 중 어떤 재화인지 판별할 수 있는 실험을 고안해 보고 설명하라.

9. 최근 중국의 자동차 생산자 수는 급속도로 증가하고 있다. 사실 현재 중국은 미국보다 더 많은 자동차 브랜드를 가지고 있다. 더욱이 자동차 판매는 매년 지속적으로 늘었고 생산자들은 더 빠른 속도로 그들의 생산량을 늘려, 그 결과 치열한 경쟁과 함께 가격이 점차 하락하고 있다. 동시에 중국 소비자들의 수입은 증가하고 있다. 자동차가 정상

재라는 가정하에 중국 자동차 시장의 공급, 수요곡선을 그리고, 이를 이용하여 중국에서 무슨 일이 일어난 것인지 설명하라.

10. 행크 아론은 베이 시티 야구팀의 유명한 타자이다. 그는 조만간 한 시즌 동안 홈런 타격 메이저리그 기록을 깰 것이다. 다음 경기에서 그 기록을 깰 것으로 기대된다. 따라서 다음 경기 입장권은 매우 인기 있는 상품이 되고 있다. 그런데 그가 무릎부상을 입어 다음 경기에서 뛰지 않을 것이라는 발표가 오늘 있었다. 시즌 입장권을 갖고 있는 사람들은 원한다면 입장권을 되팔 수 있다고 가정한다. 수요와 공급 그래프를 이용해 다음 사항을 설명하라.

   a. 발표가 있은 후에 발표 전보다 균형가격이 더 낮아지고 균형거래량이 더 적어지는 경우를 보이라.

   b. 발표가 있은 후에 발표 전보다 균형가격이 더 낮아지고 균형거래량이 더 많아지는 경우를 보이라.

   c. 무엇이 a 또는 b의 경우가 일어날지를 설명하는가?

   d. 암표상은 행크 아론이 다음 경기에 출전할 수 없다는 사실이 발표되기 전에 이를 알았다고 한다. 암표상이 어떤 행동을 취하겠는가?

11. 음악 팬들이 콘서트 입장권의 높은 가격에 대해 슬퍼하고 있었다. 한 유명 스타는 "내가 연주하는 것을 보는 것이 수백, 수천 달러의 가치를 갖진 않는다. 누구도 콘서트에 가려고 그렇게 돈을 많이 지불해서는 안 된다."라고 주장했다. 이제 이 스타 공연이 전국에서 평균 75달러의 입장권 가격으로 매진되었다고 가정하자.

   a. 입장권 가격이 높다는 주장을 어떻게 평가하겠는가?

   b. 스타의 항의 때문에 입장권 가격이 50달러로 낮아졌다고 한다. 어떤 관점에서 이 가격이 매우 낮은 것인가? 자신의 의견을 뒷받침하도록 수요 및 공급곡선을 이용해 그래프를 그려라.

   c. 스타가 정말로 입장권 가격을 낮출 것을 원했다고 가정하자. 그녀가 자신의 공연과 시간을 결정할 수 있다고 할 때 여러분은 그녀에게 어떻게 하도록 조언하겠는가? 수요와 공급 그래프를 이용해 설명하라.

   d. 이 공연자의 다음 번 음반은 완전히 실패했다고 한다. 그들이 여전히 입장권 가격이 매우 높은 것을 우려한다고 생각하는가? 왜 그런가 아니면 왜 그렇지 않은가? 자신의 의견을 뒷받침하도록 수요와 공급 그래프를 그려라.

   e. 그 공연자가 자신의 다음 순회공연이 마지막이 될 것이라고 말했다고 하자. 이러한 발표가 입장권의 수요와 가격에 어떤 영향을 주겠는가? 수요와 공급 그래프로

설명하라.

12. 몇 년간 가격 하락이 있은 후에 수공예 어쿠스틱 기타가 다시 등장했다. 이 기타는 실력이 매우 좋은 몇 안 되는 제작자가 일하는 작은 작업장에서 만들어진다. 다음 각 사건의 결과가 수공예 어쿠스틱 기타의 균형가격과 균형거래량에 미치는 영향을 평가하라. 어떤 곡선이 어느 방향으로 이동하는지 나타내라.

   a. 환경보호론자들이 미국에서 브라질산 로즈우드를 사용하는 것을 금지시켰기 때문에 제작자들은 좀 더 비싼 나무를 대체재료로 사용해야 한다.

   b. 외국 생산자가 기타를 만드는 과정을 다시 설계해서 동일한 기타가 시장에 넘쳐난다.

   c. 수공예 어쿠스틱 기타로 연주되는 음악이 헤비메탈과 얼터너티브 록 음악에 싫증이 난 청중에 의해 다시 등장한다.

   d. 도시가 심한 불황에 빠져서 평균 미국인의 소득이 급격히 감소한다.

13. 수요에 관한 어려운 문제 : 다음의 각 진술에서 나타나는 수요관계를 그래프로 그려 설명하라.

   a. "나는 절대 테일러 스위프트 음반을 사지 않을 거야! 네가 공짜로 준다고 해도 싫어."

   b. "나는 가격이 떨어지면 일반적으로 커피를 좀 더 많이 사지만 가격이 한 번에 파운드당 2달러가 내려가면 슈퍼마켓에 있는 커피를 모두 사겠어."

   c. "나는 가격이 올라갈 때도 오렌지 주스에 돈을 더 많이 쓴다." (이 진술이 수요의 법칙에 위배되는 것을 의미하는가?)

   d. 수업료가 올라서 대부분의 대학생들이 가처분소득이 더 낮아졌다는 사실을 안다. 그들 대부분은 학교 구내식당의 식사 가격이 올랐어도 학교식당에서 식사를 더 자주 하고 음식점은 덜 간다. (학교식당 식사에 대한 수요곡선과 공급곡선을 모두 그리는 것이 필요하다.)

14. 윌 셰익스피어는 16세기 런던에서 생활고에 시달리는 극작가이다. 연극 대본을 써서 받게 되는 가격이 오르면, 그는 연극 대본을 더 쓰려고 한다. 다음 각 사건이 셰익스피어 연극 대본에 대한 시장의 균형가격과 균형거래량에 어떤 영향을 미치는지 그래프를 이용해 설명하라.

   a. 셰익스피어의 경쟁자인 극작가 크리스토퍼 말로우는 술집에서 말다툼 중에 죽임을 당한다.

   b. 치명적인 전염병인 림프절 흑사병이 런던에 퍼진다.

   c. 엘리자베스 여왕이 스페인의 무적함대를 무찌른 공적을 축하하기 위해서 몇 주간 축제를 열 것을 선언한다.

축제에는 새로운 연극을 선보이는 것도 포함된다.

15. 올해 미들링의 작은 도시에서 출생률이 갑자기 두 배가 되었다가 3년 후에 출생률이 원래대로 된다. 이 사건이 다음의 사항에 미치는 영향을 그래프를 이용해 설명하라.

   a. 현재 시간당 육아서비스 시장

   b. 오늘 태어난 아이가 아이를 돌봐 주는 사람으로 일하기에 충분한 14년 후 미래의 시간당 육아서비스 시장

   c. 오늘 태어난 아이가 아이를 가질 만한 30년 후 미래의 시간당 육아서비스 시장

16. 다음 사건이 피자의 균형가격과 균형거래량에 어떻게 영향을 주는지 그래프를 이용해 설명하라.

   a. 모차렐라 치즈의 가격이 오른다.

   b. 햄버거가 건강상 위험하다는 것이 널리 알려진다.

   c. 토마토소스의 가격이 떨어진다.

   d. 소비자의 소득이 증가하고 피자는 정상재이다.

   e. 소비자는 다음 주에 피자 가격이 떨어질 것으로 예상한다.

17. 파블로 피카소는 작품을 많이 그리는 화가였으나 '청색 시대'에는 1,000점의 유화만 그렸다. 지금은 피카소가 죽었고 청색 시대의 작품 모두가 현재 유럽과 미국 전역의 미술관과 개인 갤러리에 전시되어 있다.

   a. 피카소가 청색 시대에 그린 작품에 대한 공급곡선을 그리라. 이 공급곡선은 왜 지금까지 본 공급곡선과 다른가?

   b. a에서 그린 공급곡선이 주어졌을 때 피카소가 청색 시대에 그린 작품의 가격은 전적으로 어떤 요인에 의해 좌우되는가? 그런 작품의 균형가격이 어떻게 결정되는지를 보여 주는 그래프를 그리라.

   c. 부유한 미술작품 수집가가 피카소가 청색 시대에 그린 작품을 필수적으로 소장하기로 했다고 한다. 이러한 결정이 이 미술품 시장에 미치는 영향을 보이라.

18. 다음의 각 경우에 적합한 곡선을 그리라. 지금까지 본 곡선과 같은지 아니면 다른지 설명하라.

   a. 정부에서 모든 비용을 지불할 때의 심장동맥수술에 대한 수요

   b. 환자가 모든 비용을 지불할 때의 긴급하지 않은 성형수술에 대한 수요

   c. 애니 라이보비츠 사진 증쇄본 공급

19. 2018년에 유가는 14년 만에 최저치로 떨어졌다. 운전자 입장에서는 휘발유 가격이 급락하면서 운전하는 데 드는 비용이 크게 떨어졌다. 항공업계 입장에서는 제트연료가 주요 비용이기 때문에 운항 비용도 크게 떨어졌다.

   a. 제트 연료의 가격 하락이 항공 여행의 공급에 미치는 영향을 보여 주는 수요와 공급 그래프를 그려라.

   b. 유가 하락이 항공 여행 수요에 미치는 영향을 나타내는 수요와 공급 그래프를 그려라. (힌트 : 운전과 같은 항공 여행의 대체재 측면에서 이것을 생각하라.)

   c. a와 b의 그래프를 함께 놓고 항공 여행의 균형 가격과 수량이 어떻게 되는지 생각해 보라.

운전 비용의 감소에도 불구하고, 더 많은 미국인들이 2018년 동안 그들의 목적지로 항공기를 타고 가는 것을 선택했다. 소득이 증가하고 사람들은 그동안 연기했던 휴가에 돈을 쏟아부었다.

   d. c의 결과를 이용하여 사람들이 항공기로 더 많은 휴가를 보낼 때 항공 여행의 균형 가격이 상승하는 결과를 설명하기 위해 그래프를 수정해 보라.

4 소비자잉여와 생산자잉여

교과서 경제학 마스터하기

비록 여러분이 경제학 공부를 이제 막 시작했지만, 이미 여러분은 이 책을 포함하여 교과서와 관련한 여러 가지 경제적 결정을 했을 가능성이 있다. 선택할 수 있는 옵션이 여러 개 있었을 것이다. 전자책 구독, 새 책, 중고책 중 어느 것을 구입했는가? 당신은 책을 빌리거나 복사본을 빌리는가? 캠퍼스북닷컴(Campusbooks.com)의 조사에 따르면, 상당수의 학생들이 여전히 전자책보다는 실물책을 구입하기로 선택하고 있다고 한다. 조사 대상자 중 67%는 중고 교재를 구입했고 25%는 새 교재를 구입했다.

너무나 많은 학생들이 실물책을 선택함에 따라, 매우 활발한 중고책 시장도 존재한다. 그리고 시장이 존재할 때마다, 그것은 사람들이 결정을 내리고 있다는 것을 의미한다. 실물책을 가지고 있는 학생들은 학기가 끝날 때 책을 가지고 있을지 말지를 결정할 것이다. 중고책을 팔아서 번 돈이 책을 보관하는 것보다 더 가치가 있을 것인가? 마찬가지로, 교과서를 구입하려는 학생들은 다소 낡아빠진 중고 교과서의 가격이 책을 빌리거나 새 책이나 전자책을 사는 것보다 더 나을 정도로 충분히 낮은지 여부를 결정할 것이다.

책을 파는 학생과 사는 학생 모두 온라인이든, 대학 서점이든, 또 다른 곳이든 간에 중고책 시장이 존재함으로써 분명히 이득을 본다. 중고책을 사는 사람과 파는 사람이 이러한 시장의 거래로부터 얻는 이득을 수량화할 수 있을까? 즉 얼마만큼의 이득을 중고책 시장으로부터 얻었는가에 대한 답을 할 수 있겠는가?

질문에 대한 답은 '그렇다'이다. 이 장에서 우리는 중고책을 사는 것으로부터 얻는 소비자의 이익—이것은 **소비자잉여**라고 부른다—을 측정하는 방법을 살펴볼 것이다. 마찬가지로 중고책을 파는 것으로부터 얻는 이익—이것은 **생산자잉여**라고 부른다—을 어떻게 측정할 것인지에 대해서도 알아볼 것이다.

소비자잉여와 생산자잉여의 개념은 다양한 경제 문제를 분석할 때 매우 유용하게 사용된다. 우리는 소비자잉여와 생산자잉여 개념을 통해서 소비자와 생산자가 시장으로부터 얼마만큼의 이익을 얻을 수 있는지를 측정할 수 있다. 또한 시장가격의 변화로 인해 소비자잉여와 생산자잉여가 얼마나 변화하였는지를 계산할 수 있게 해 준다. 따라서 이 개념은 경제정책을 평가할 때도 매우 중요한 도구로 쓰인다.

소비자잉여와 생산자잉여를 계산하기 위해서는 어떠한 정보가 필요한가? 놀랍게도 해당 재화의 수요곡선과 공급곡선만 있으면 된다. 즉 수요와 공급모형은 단순하게 경쟁적인 시장이 어떻게 움직이는가에 대한 설명만 할 수 있는 것은 아니라는 것이다. 수요와 공급모형은 경제주체들이 시장에 참여함으로써 얼마나 많은 이익을 얻게 되는지도 설명할 수 있다.

따라서 첫 번째 단계로 수요 및 공급곡선으로부터 소비자잉여와 생산자잉여를 어떻게 도출하는지를 알아보고, 다음으로 실제 경제 이슈에 이 개념들을 적용시켜 보자.

나는 내 교과서에 대해 얼마만큼 지불할 의사가 있는가?

Rawpixel.com/Shutterstock

이 장에서 배울 내용

- **소비자잉여**란 무엇인가?
- **생산자잉여**란 무엇인가?
- **총잉여**란 무엇이며, 왜 그것이 시장에서의 거래에서 얻는 이익을 설명하기 위해 사용되는가?
- 잘 작동하는 시장에서 **재산권**과 경제적 신호의 중요성을 설명하는 것은 무엇인가?
- 왜 시장은 때때로 실패하고 **비효율적**일 수 있는가?

‖ 소비자잉여와 수요곡선

중고책 시장은 매해 수십억 달러로 거래 액수로만 보자면 큰 시장이다. 그렇지만 더 중요하게 우리에게는 소비자잉여와 생산자잉여 개념을 도출하는 데 매우 적절한 예다. 우리는 소비자잉여와 생산자잉여의 개념을 어떻게 사는 사람과 파는 사람이 경쟁시장으로부터 이득을 얻고, 그것이 얼마나 큰지를 이해하는 데 사용할 것이다. 또한 이러한 개념들은 경쟁시장이 제대로 작동하지 않거나 시장에 방해 요소가 있을 때 무슨 일이 일어나는지를 분석하는 데 중요한 역할을 할 것이다.

먼저 구매자 입장에서 중고책 시장을 살펴보자. 논의를 간단하게 하기 위해, 우리는 모든 거래가 캠퍼스 서점을 통해 이루어진다고 가정할 것이다. 우리가 곧 보게 되겠지만, 여기에서 핵심은 수요곡선이 그들의 취향과 선호에 따라서 결정된다는 것과 이러한 선호가 중고책을 사는 기회로부터 얻는 이익을 결정한다는 것이다.

지불할 용의와 수요곡선

중고책은 새 책만큼 좋지는 않다. 중고책에는 커피 쏟은 자국이 남아 있을 수도 있고, 누군가가 밑줄을 그어 놓았을 수도 있으며, 최신판이 아닐 수도 있다. 당신의 선호에 따라 이러한 중고책의 단점을 기피하는 정도가 달라진다. 중고책이 새 책보다 조금만 싸더라도 중고책을 사는 사람이 있는가 하면 상당한 정도로 가격 차이가 나지 않으면 중고책을 구입하지 않는 사람도 있다.

잠재적 구매자의 **지불할 용의**(willingness to pay)를 중고책을 구입할 때 지불하고자 하는 최대한의 금액이라고 정의하자. 잠재적 구매자는 중고책의 가격이 지불할 용의보다 높으면 중고책을 구입하지 않고, 낮을 경우에는 중고책을 구입할 것이다. 중고책 가격이 지불할 용의와 같다면 중고책을 구입하는 것과 그렇지 않은 것이 무차별할 것이다.

〈그림 4-1〉의 표는 새 책 가격이 100달러인 중고책을 사고자 하는 잠재적 구매자들의 지불할 용의를 나타낸다. 엘리샤는 중고책이 59달러여도 중고책을 사려고 할 것이다. 벤은 엘리샤에 비해 중고책에 대한 지불할 용의가 낮으며 가격이 45달러 이하일 때만 중고책을 살 것이다. 클로에는 35달러, 달시는 25달러, 그리고 엘레나는 중고책을 그다지 선호하지 않으며 가격이 10달러 이하일 때만 중고책을 살 것이다.

이 5명 중 누가 중고책을 살 것인가? 그것은 중고책의 가격에 따라 달라진다. 중고책 가격이 55달러라면 엘리샤만 중고책을 구매할 것이고 가격이 40달러라면 엘리샤와 벤이 책을 구매할 것이다. 따라서 지불할 용의에 대한 정보는 중고책에 대한 수요계획을 나타내는 것이기도 하다.

제3장에서 보았듯이 이러한 개인의 수요계획으로부터 〈그림 4-1〉에서 보여 주는 시장수요곡선을 도출할 수 있다. 여기에서는 적은 수의 소비자만 고려하기 때문에 수요곡선이 부드러운 곡선 형태가 아니라 계단 함수의 형태를 가질 것이다. 각 계단의 높이는 잠재적 구매자들의 지불할 용의를 나타낸다.

그러나 소비자잉여를 분석함에 있어서 소비함수가 계단 함수인지, 부드러운 곡선 형태인지 여부는 영향을 미치지 않는다.

지불할 용의와 소비자잉여

교내 서점이 중고책을 30달러에 판다고 가정해 보자. 엘리샤와 벤, 크로에는 책을 살 것이다. 그렇다면 그들은 책을 구입함으로써 이익을 얻게 되는 것일까? 이익을 얻는다면 그것은 얼마인가?

답은 〈표 4-1〉에 나와 있듯이 각 학생들은 순이익을 얻지만 그 이익은 학생들마다 다르다는

그림 4-1 중고책의 수요곡선

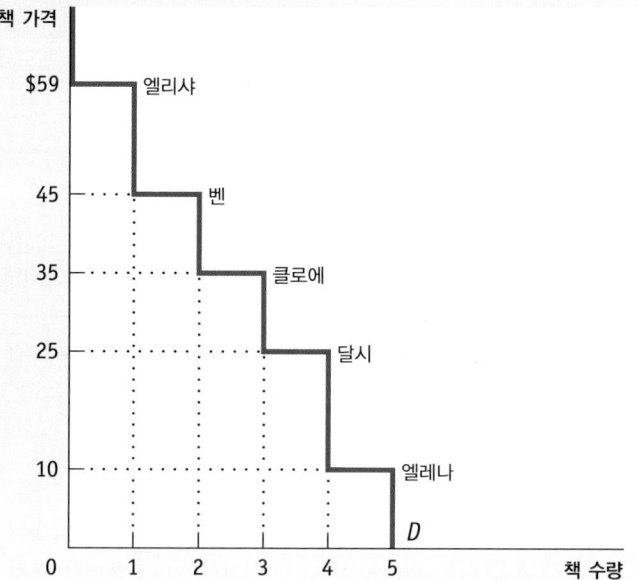

잠재적 구매자	지불할 용의
엘리샤	$59
벤	45
클로에	35
달시	25
엘레나	10

5명의 잠재적 구매자로부터 얻은 시장수요곡선은 계단 모양의 함수를 가질 것이다. 각 계단은 각각의 소비자를 나타내고 그 높이는 잠재적 구매자들의 지불할 용의, 즉 중고책을 사기 위해 지불하고자 하는 최대한의 금액을 나타낸다. 엘리샤의 지불 용의는 59달러로 가장 높고, 벤은 그다음 높은 45달러이며, 엘레나는 가장 낮은 10달러이다. 중고책 가격이 59달러라면 엘리샤만 중고책을 구매할 것이고, 가격이 45달러라면 엘리샤와 벤이 책을 구매할 것이다. 중고책 가격이 10달러까지 하락한다면 5명의 학생 모두가 중고책을 구매할 것이다.

것이다.

　엘리샤는 59달러를 지불할 용의가 있고 따라서 그녀의 순이익은 $59-$30=$29이다. 벤은 45달러를 지불할 용의가 있고 따라서 그의 순이익은 $45-$30=$15이다. 클로에는 35달러를 지불할 용의가 있고 따라서 그녀의 순이익은 $35-$30=$5이다. 달시와 엘레나는 30달러에 책을 사지 않을 것이므로 그들은 이익을 얻지도 손해를 보지도 않는다.

　소비자들이 재화를 구입함으로써 얻는 순이익을 **개별 소비자잉여**(individual consumer surplus)라고 한다. 우리는 이 예를 통하여 모든 소비자가 어느 정도의 소비자잉여를 누린다는 것을 알 수 있다.

　개별 소비자잉여를 모두 합한 것은 시장에서의 **총소비자잉여**(total consumer surplus)라고 한다.

개별 소비자잉여(individual consumer surplus)란 소비자들이 재화를 구입함으로써 얻는 순이익이다. 이는 소비자의 지불할 용의와 가격의 차와 같다.

총소비자잉여(total consumer surplus)란 개별소비자잉여를 모두 합한 것이다.

표 4-1 중고책 가격이 30달러일 때 소비자잉여

잠재적 구매자	지불할 용의	지불가격	개별 소비자잉여＝지불할 용의－지불가격
엘리샤	$59	$30	$29
벤	45	30	15
클로에	35	30	5
달시	25	—	—
엘레나	10	—	—
모든 구매자			총소비자잉여＝$49

그림 4-2 중고책 시장에서의 소비자잉여

중고책 가격이 30달러라면 엘리샤와 벤, 클로에는 책을 사고 달시와 엘레나는 책을 사지 않을 것이다. 그렇다면 엘리샤와 벤, 클로에는 색칠된 부분이 나타내는 것처럼 지불할 용의와 실제 책 가격의 차이만큼의 소비자잉여를 얻을 것이다. 달시와 엘레나의 지불할 용의는 30달러보다 작으므로 이들은 책을 사지 않을 것이다. 따라서 이들은 영의 소비자잉여를 얻는다. 총소비자잉여는 전체 색칠된 부분으로 엘리샤, 벤 그리고 클로에의 개별 소비자잉여를 모두 더한 $29+$15+$5=$49이다.

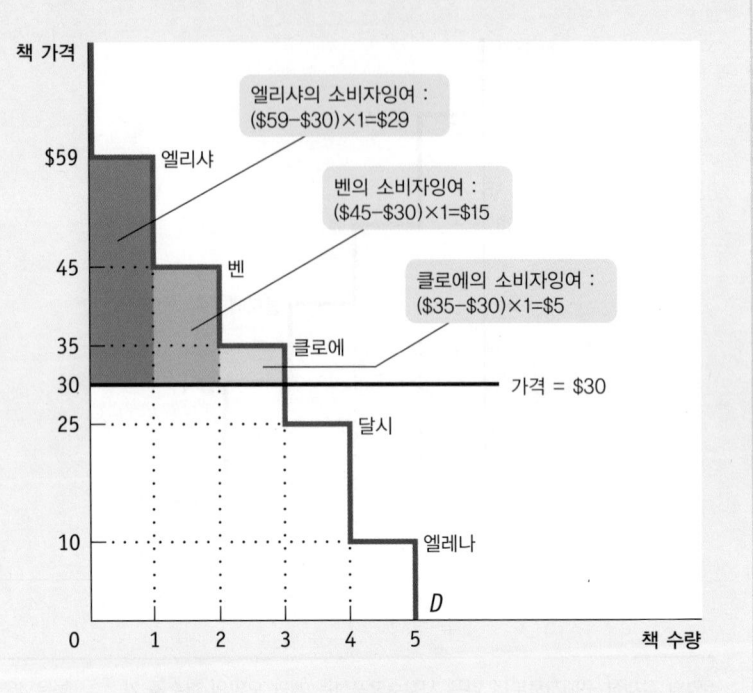

〈표 4-1〉에서 총소비자잉여는 엘리샤, 벤 그리고 클로에의 개별 소비자잉여를 모두 더한 것으로 $29+$15+$5=$49이다.

경제학자들이 주로 쓰는 **소비자잉여**(consumer surplus)라는 용어는 개별 소비자잉여와 총소비자잉여를 모두 가리키며, 문맥에 따라 소비자잉여가 개별 소비자잉여를 가리키는지 총소비자잉여를 가리키는지 알 수 있다.

총소비자잉여는 그래프로 나타낼 수 있다. 〈그림 4-2〉는 〈그림 4-1〉을 다시 그린 것이다. 수요곡선의 각 계단은 책 한 권의 너비를 가지고 이것은 개개인의 소비자를 나타낸다. 예를 들어 엘리샤의 계단의 높이는 59달러이고, 이는 그녀의 지불할 용의이다. 이 계단은 사람들이 중고책 가격으로 실제 지불하는 30달러를 밑변으로 하는 사각형들로 이루어져 있다. 엘리샤의 사각형의 넓이는 ($59−$30)×1=$29이고 이것은 30달러의 가격에 책을 구매할 때 그녀의 소비자잉여를 나타낸다. 따라서 엘리샤가 누리는 개별 소비자잉여는 〈그림 4-2〉의 짙은 **청색**으로 표시된 사각형의 넓이이다.

벤과 클로에도 중고책 가격이 30달러이면 중고책을 구입한다. 엘리샤보다 지불할 용의가 작기 때문에 그녀의 경우만큼 소비자잉여가 크지는 않지만, 벤과 클로에 역시 중고책을 구입함으로써 이익을 얻는다. 〈그림 4-2〉는 그들의 소비자잉여도 나타내고 있다. 그들의 소비자잉여도 마찬가지로 사각형의 넓이로 나타낼 수 있다. 달시와 엘레나는 30달러의 가격에서는 책을 구입하지 않기 때문에 소비자잉여가 없다.

이 시장에서 얻을 수 있는 총소비자잉여는 엘리샤, 벤, 클로에가 얻는 소비자잉여의 총합이다. 따라서 총소비자잉여는 〈그림 4-2〉에서 색칠된 세 사각형의 넓이의 합과 같다. 다시 말하면 총소비자잉여의 크기는 가격선 위, 수요곡선 아래의 면적과 같다는 것이다.

〈그림 4-2〉는 다음의 일반 원리를 설명한다. 주어진 가격에서 재화를 구입함으로써 발생하는 총소비자잉여는 수요곡선 아래, 가격선 위의 면적과 같다. 같은 원리는 소비자의 수와 상관없이 성립한다.

그림 4-3 소비자잉여

아이폰의 수요곡선은 매끄럽다. 왜냐하면 많은 잠 재적 구매자들이 존재하기 때문이다. 500달러에 서 100만 대의 아이폰이 수요된다. 이 가격에서 소비자잉여는 색칠된 부분, 즉 수요곡선 아래, 가 격 윗부분의 넓이와 같다. 이는 가격이 500달러일 때 소비자들이 아이폰을 사고 소비함으로써 얻는 순이익을 뜻한다.

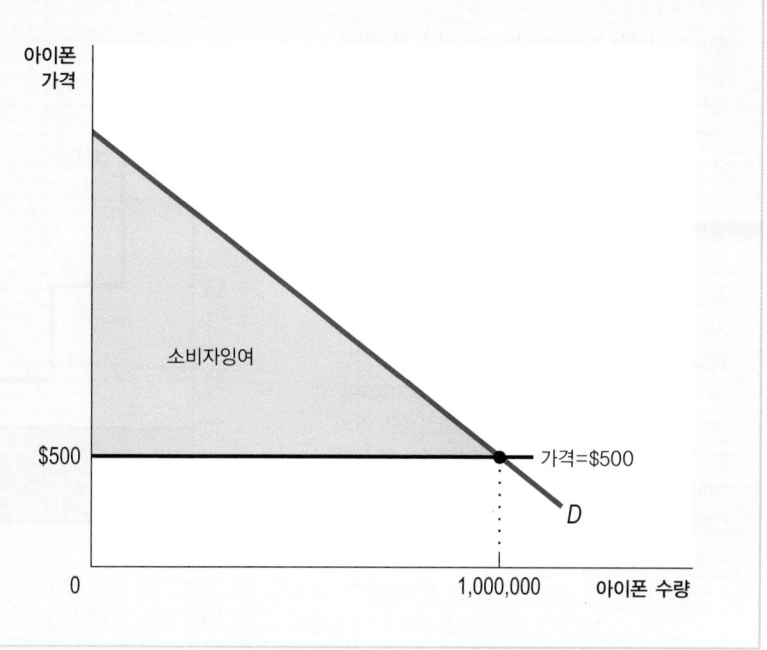

큰 시장을 분석할 때 그래프를 사용하여 나타내면 분석이 훨씬 쉽다. 예를 들어, 수백만 명의 잠재적인 구매자가 있는 아이폰 시장을 생각해 보자. 잠재적 구매자들은 각자 지불할 용의가 있 는 최대한의 가격을 정해 둘 것이다. 잠재적 구매자들이 많으면 수요곡선은 〈그림 4-3〉에서 보 는 것과 같이 매끄러운 형태가 될 것이다.

이때 아이폰의 가격이 500달러이고 총 100만 대의 아이폰이 팔렸다고 하자. 그러면 소비자들 은 아이폰을 구입함으로써 얼마나 많은 소비자잉여를 누릴 수 있는가? 우리는 각 개별 소비자잉여 를 계산한 다음 모든 소비자의 소비자잉여를 더함으로써 그 답을 얻을 수 있다. 그러나 〈그림 4-3〉에서 색칠된 면적과 소비자잉여가 같다는 사실을 이용하면 더욱 쉽게 답을 얻을 수 있다. 중고책 거래의 예에서 살펴본 것과 같이 소비자잉여는 수요곡선 아래, 가격선 위의 면적과 같 다.(삼각형 면적을 구하는 방법은 제2장의 부록을 떠올려 보라.)

가격이 변화하면 소비자잉여에 어떠한 영향을 미치는가

가격이 변화할 때 소비자잉여가 어떻게 변화하는지를 아는 것은 중요하다. 예를 들어, 파키스탄 에 홍수가 나 면직물 가격이 올랐을 때 소비자들이 얼마나 피해를 입었는지 알고 싶다면, 혹은 양식 어업으로 연어 가격이 내린 경우 소비자들이 얼마나 이익을 얻는지 알고 싶다면, 소비자잉 여가 가격의 변화에 따라 어떻게 변화하는지에 대하여 설명할 수 있어야 한다. 이 문제에 대한 답을 알기 위해서는 소비자잉여를 도출했던 방법을 사용하면 된다.

중고책 시장의 예로 돌아가 보자. 이번에는 중고책을 30달러에 파는 것이 아니라 20달러에 판 다고 생각해 보자. 이때 소비자잉여는 얼마나 증가할 것인가?

답은 〈그림 4-4〉에 제시되어 있는데, 소비자잉여는 두 부분에서 증가하고 있다. 첫 번째는 짙 은 청색으로 표시된 부분으로 더 높은 가격에서도 책을 샀던 사람들이 얻는 이익이다. 30달러에 중고책을 샀던 엘리샤, 벤, 클로에는 가격이 10달러만큼 낮아졌기 때문에 가격을 적게 지불하게 되었고 소비자잉여를 10달러씩 증가시킬 수 있었다. 즉 이 3명의 소비자로부터 총 30달러의 소 비자잉여 증가가 있다고 할 수 있다.

그림 4-4   소비자잉여와 중고책 가격의 하락

중고책 가격이 30달러에서 20달러로 하락하면 소비자잉여는 두 부분에서 증가한다. 첫 번째는 짙은 청색으로 표시된 부분으로 30달러의 가격에서도 책을 샀던 사람들이 얻는 이익이다. 엘리샤, 벤, 클로에는 가격 10달러만큼 소비자잉여를 10달러씩 증가시킬 수 있다. 따라서 짙은 청색으로 표시된 부분은 3×$10=$30의 소비자잉여를 나타낸다. 두 번째는 옅은 청색으로 표시된 부분으로 30달러에서는 책을 사지 않았지만 20달러에서는 책을 살 용의가 있는 사람, 즉 달시의 이익이다. 달시의 지불할 용의가 25달러이므로 중고책 가격 20달러를 뺀 5달러만큼의 소비자잉여를 얻는다. 따라서 총소비자잉여의 증가분은 (3×$10)+$5=$35이다. 마찬가지로 가격이 20달러에서 30달러로 상승할 때 소비자잉여가 같은 양(35달러)만큼 줄어든다는 것을 알 수 있다.

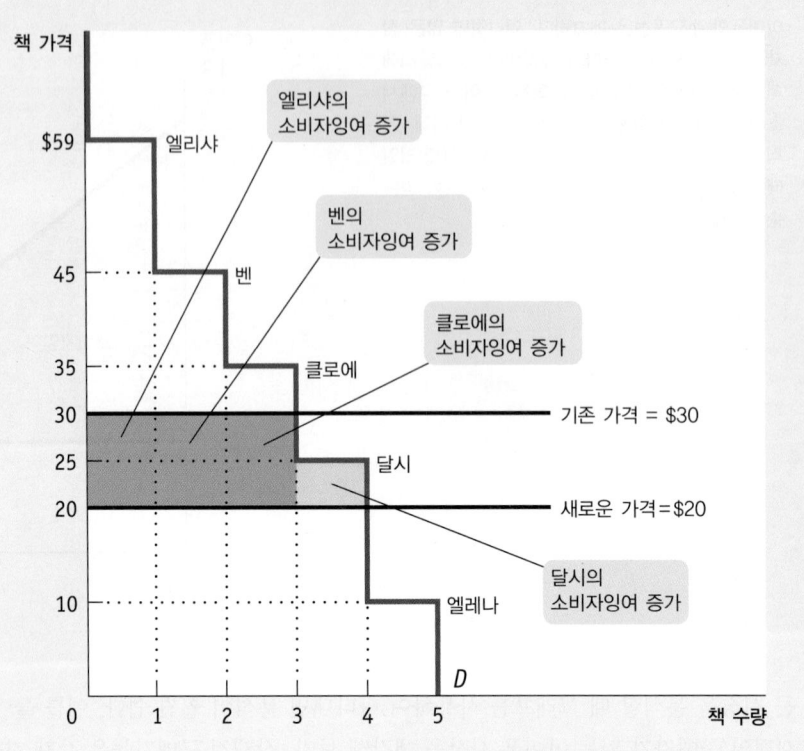

두 번째는 옅은 청색으로 표시된 부분으로 30달러에서는 책을 사지 않았지만 20달러에서는 책을 살 용의가 있는 사람의 이익이다. 달시는 중고책 가격이 30달러일 때는 책을 사지 않았지만 20달러일 때는 책을 구입한다. 이로부터 그는 지불할 용의 25달러에서 중고책의 가격 20달러를 뺀 5달러만큼의 소비자잉여를 얻는다.

따라서 총소비자잉여의 증가분은 35달러이다. 마찬가지 논리를 적용하면, 가격이 20달러에서 30달러로 상승할 때 소비자잉여가 같은 양만큼 줄어든다는 것을 알 수 있을 것이다.

〈그림 4-4〉는 가격이 하락할 때 수요곡선 아래에 있으면서 가격선보다 위에 있는 부분의 면적이 증가한다는 것을 보여 준다. 〈그림 4-5〉는 아이폰 수요곡선과 같이 매끄러운 수요곡선인 경우에도 같은 결과를 가져온다는 것을 보여 준다. 아이폰의 가격이 2,000달러에서 500달러로 하락하고 이에 따라 수요도 20만에서 100만으로 증가했다고 생각해 보자.

중고책 시장의 예와 마찬가지로 소비자잉여 증가분을 두 부분으로 나눌 수 있다.

1. 〈그림 4-5〉의 짙은 청색 부분은 〈그림 4-4〉의 짙은 청색 부분과 마찬가지로 증가한다. 이것은 높은 가격하에서도 아이폰을 구입했던 20만 명의 소비자잉여 증가분이다. 가격 하락으로 인해서 각 개인은 1,500달러의 소비자잉여를 얻을 수 있다.

2. 〈그림 4-5〉의 옅은 청색 부분은 〈그림 4-4〉의 옅은 청색 부분과 마찬가지로 증가한다. 이것은 높은 가격하에서는 아이폰을 구입하지 않았지만 가격이 500달러일 때는 아이폰을 살 용의가 있는 사람들의 소비자잉여이다. 예를 들어, 옅은 청색 삼각형은 지불할 용의가 1,000달러여서 소비자잉여로 500달러를 누리는 사람을 포함한다.

그림 4-5   가격 하락으로 인한 소비자잉여의 증가

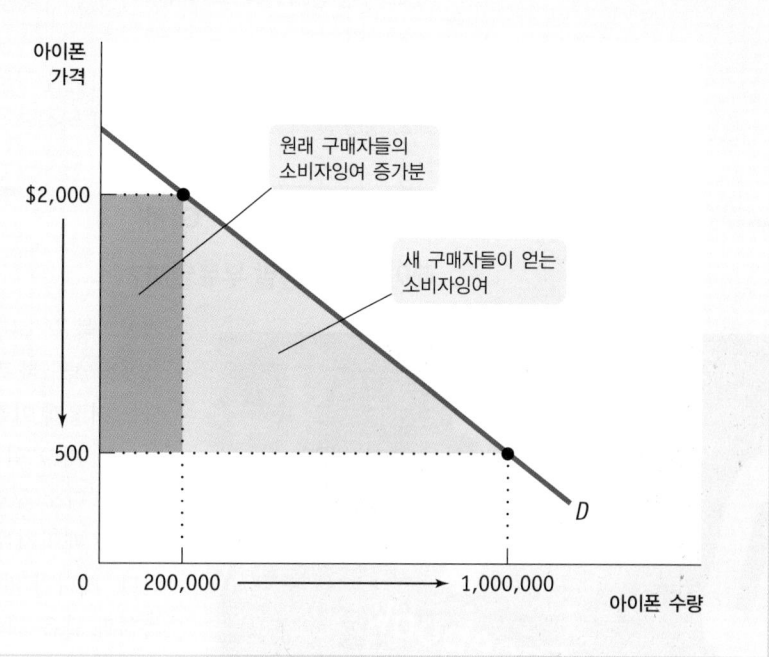

아이폰 가격이 2,000달러에서 500달러로 하락하는 것은 수요량 및 소비자잉여를 증대시킨다. 총소비자잉여의 변화는 색칠된 부분의 합으로 표현할 수 있다. 즉 수요곡선 아랫부분과 원래 가격과 새로운 가격 사이의 면적이 바로 그것이다. 여기서 짙은 청색은 원래 가격인 2,000달러에서 아이폰을 샀던 20만 명의 소비자가 새로이 얻을 수 있는 잉여를 뜻한다. 그들은 각각 1,500달러만큼의 증가를 얻는다. 옅은 청색은 500달러 이상, 2,000달러 이하일 경우 아이패드를 구매할 의사가 있는 소비자들의 잉여 증가분을 뜻한다. 비슷하게, 아이폰 가격이 500달러에서 2,000달러로 상승하는 것은 색칠된 두 면적의 합과 같은 소비자잉여의 감소를 초래한다.

이전의 경우와 마찬가지로 총소비자잉여의 증가분은 수요곡선 아래에 있으면서 가격선보다는 위에 있는 부분의 면적 증가분과 같다.

재화의 가격이 하락하지 않고 상승하면 어떻게 될 것인가? 반대의 방향으로 같은 분석을 할

탐구자를 위하여   삶과 죽음의 문제

2018년 미국에서 매일 평균 20명이 이식을 위한 장기의 부족으로 사망했다. 2019년 기준으로 113,000명 이상이 대기자 명단에 올랐다.

장기이식을 받기 원하는 사람의 숫자가 가능한 수준보다 높은 상황에서 장기를 배분하는 가장 좋은 방법은 무엇일까? 시상은 실현 가능한 대안이 아니다. 합당한 이유로 인간 장기의 매매는 불법으로 규제되고 있다. 따라서 이러한 상황을 제어하는 규약을 세우는 일은 비영리기관인 장기이식센터(United Network for Organ Sharing, UNOS)에 맡겨져 있다.

2013년에 장기이식센터는 가장 많이 이식되는 장기인 신장이 배분되는 규약을 개정하려 했다. 이전까지의 규약에 따르면, 기증된 장기는 가장 오래 기다린 사람에게 돌아간다. 이러한 시스템에서 기증된 장기는 6개월을 기다린 25세의 청년보다는 2년을 기다린 75세 노인에게 돌아간다. 25세 청년이 더 오래 살면서 장기이식의 편익을 더 오래 누릴 것임에도 불구하고 말이다.

그래서 UNOS는 '순생존편익(net survival benefit)'이라는 개념에 의한 새로운 규약을 도입했다. 사용 가능한 신장은 장기의 예상수명에 따라 순위가 매겨지고, 수혜자는 신장을 받은 후 얼마나 오래 살 수 있는지에 따라 순위가 매겨진다. 그에 따라 기대 수명이 긴 이식수혜자에게 예상수명이 긴 장기가 이식되도록 한다. 다시 말해, 오랜 기간 제대로 기능할 신장은 상대적으로 젊은 사람에게 이식하도록 하고, 제대로 기능할 기간이 얼마 남지 않은 신장은 나이 든 사람에게 이식하도록 하는 것이다.

그렇다면 신장 이식이 소비자잉여와 무슨 관련이 있을까? UNOS의 순생존편익 개념은 새 신장을 얻음으로써 발생하는 개별 소비자잉여와 매우 유사하다. 이는 장기를 이식받음으로 인해 생기는 개별 소비자잉여이다. 본질적으로, UNOS는 누가 가장 큰 소비자잉여를 얻는지에

따라 신장을 할당하여 총소비자잉여를 최대화하는 시스템을 고안했다. 결과적으로 UNOS 시스템은 경쟁시장과 유사하게 운영되지만 신장의 구매와 판매는 없다.

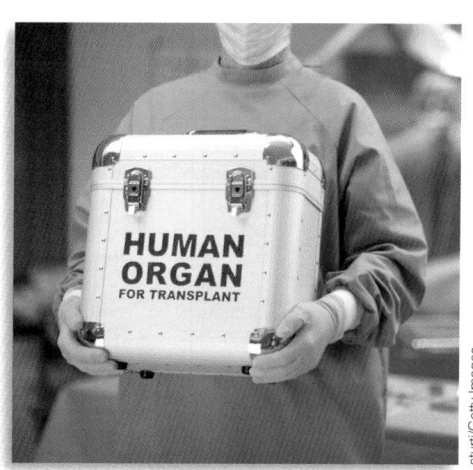

누가 장기이식을 받을지는 누가 그 이식으로 가장 큰 소비자잉여를 가지게 될 것인가에 따라 결정된다.

수 있다. 아이폰 가격이 500달러에서 2,000달러로 상승했다고 하자. 이 경우에는 〈그림 4-5〉에서 표시된 면적만큼 소비자잉여가 줄어들 것이다. 이 손실도 두 부분으로 나눌 수 있다.

1. 가격이 올랐지만 여전히 아이폰을 구입하는 소비자들의 손실이다.
2. 상승한 가격하에서는 더 이상 아이폰을 사지 않는 소비자들의 소비자잉여 손실이다.

현실 경제의 >> 이해

페이스북은 정말 무료일까?

여러분은 광고 없는 페이스북 버전에 돈을 지불할 의향이 있는가?

페이스북은 소비자들에게 소셜 미디어 플랫폼 사용료를 부과하지 않음에도 불구하고 2018년에 거의 560억 달러의 수익을 올렸다. 그 회사는 어떻게 이러한 인상적인 성과를 달성했을까?

첨단 기술 회사임에도 불구하고, 페이스북은 광고 공간을 판매함으로써 다소 구식의 방식으로 돈을 번다. 광고주들은 사용자들의 페이스북 페이지에 광고를 게재할 권리에 대해 페이스북에 돈을 지불한다. 게다가 페이스북은 사용자들로부터 위치, 나이, 성별, 프로필 특성과 같은 개인 정보를 수집하여 광고주들이 그들의 제품을 구매할 가능성이 더 높은 개인들을 대상으로 광고를 할 수 있도록 한다.

페이스북은 사용자에게 무료로 플랫폼을 제공한다. 즉 플랫폼을 이용하기 위해 돈을 지불하지 않는다. 그러나 여전히 그 사용에 대해 지불해야 할 실효가격이 있다. 비록 당신이 금전의 지불을 요구받지 않지만, 페이스북을 사용함으로써 당신은 개인 정보에 대한 통제를 해제할 수 있는데, 이것은 당신의 구매 결정이나 관점을 흔들기 위해 표적 광고가 만들어지기 때문에 당신에게 짜증과 산만함을 야기할 수 있다. 그래서 페이스북을 사용하는 것의 실효가격은 당신의 개인 정보에 대한 통제력 상실로 인한 짜증과 산만함 측면에서의 부담이다.

이 실효가격이 얼마나 부담스러운지는 사람마다 다르다. 우리는 광고가 없는 버전의 페이스북에 얼마를 지불할 의향이 있는지를 물어봄으로써 한 사람이 페이스북을 사용할 때 발생하는 실효가격을 알 수 있다. 사실 미국 페이스북 사용자들을 대상으로 한 최근의 설문조사가 바로 그러한 목적으로 수행된 것이다. 이번 조사에서 페이스북 사용자의 63%가 광고 없는 버전의 사이트에 대한 비용을 지불할 의사가 없는 반면, 22%의 사용자가 지불 의사가 있으며, 15%의 사용자가 확신이 없는 것으로 나타났다. 따라서 광고가 없는 페이스북에 돈을 지불할 의사가 없는 대다수의 63%에게 페이스북의 데이터 수집 및 광고의 실효가격은 0에 가까웠다. 이러한 사용자들은 현재의 제로 프라이스 약정으로 가장 많은 소비자잉여를 얻었다. 대조적으로, 광고가 없는 버전에 지불할 의향이 있는 22%는 더 높은 실효가격을 발생시켰기 때문에 소비자잉여금을 덜 얻었다.

그렇다면 페이스북은 정말 무료일까? 대다수의 사용자에게는 그렇지만, 유의미한 소수의 사용자에게는 그렇지 않다.

Valentin Wolf/imageBROKER/Shutterstock

>> **복습**
- 재화에 대한 수요곡선은 각 잠재적 구매자들의 **지불할 용의**에 의해 결정된다.
- **개별 소비자잉여**란 재화를 구매함으로써 얻는 순이익이다.
- **총소비자잉여**는 시장수요곡선 아래, 가격선 위의 면적과 같다.
- 재화의 가격 하락은 두 가지 경로를 통하여 **소비자잉여**를 증가시킨다. 원래 가격에서 재화를 구매할 용의가 있었던 소비자가 얻는 이득과 가격이 하락함으로써 새롭게 재화를 구매하게 된 소비자가 얻는 이득이다. 재화의 가격 상승 또한 비슷한 방법으로 소비자잉여를 감소시킨다.

>> 이해돕기 4-1
해답은 책 뒤에

1. 치즈가 든 할라피뇨 고추 시장을 생각해 보자. 테레사와 아자르 2명의 소비자가 있고 고추에

대한 그들 각각의 지불할 용의는 옆 표에 제시되어 있다. 이 표를 이용하여 (i) 고추의 가격이 0.00달러, 0.10달러, 0.90달러일 때까지의 수요계획을 작성하고, (ii) 고추의 가격이 0.40달러일 때 총소비자잉여를 계산하라.

고추 수량	테레사의 지불할 용의	아자르의 지불할 용의
첫 번째 고추	$0.90	$0.80
두 번째 고추	0.70	0.60
세 번째 고추	0.50	0.40
네 번째 고추	0.30	0.30

‖ 생산자잉여와 공급곡선

재화의 구매자가 재화에 대해 그들이 실제로 지불한 가격보다 더 많이 지불할 의사가 있는 것과 같이 재화의 판매자도 그들이 실제로 받은 가격보다 더 낮은 가격에 그것을 판매할 의사가 있다. 그러므로 소비자들이 시장에서 구매함으로써 소비자잉여를 얻을 수 있는 것과 마찬가지로, 생산자들도 시장에서 판매함으로써 생산자잉여를 얻을 수 있다.

비용과 생산자잉여

중고 교과서의 잠재적 판매자들을 생각해 보자. 다양한 잠재적 판매자들은 각기 다른 선호를 가지고 있으므로 각각 다른 가격에 책을 팔고자 한다. 〈그림 4-6〉의 표는 몇몇 학생들이 책을 팔고자 하는 가격을 보여 준다. 앤드류는 그가 5달러 이상만 받을 수 있다면 기꺼이 책을 팔려고 한다. 베티는 적어도 15달러, 카를로스는 25달러, 도나는 35달러, 엥겔베르트는 45달러를 받지 못한다면 책을 팔려고 하지 않을 것이다.

그림 4-6 중고책의 공급곡선

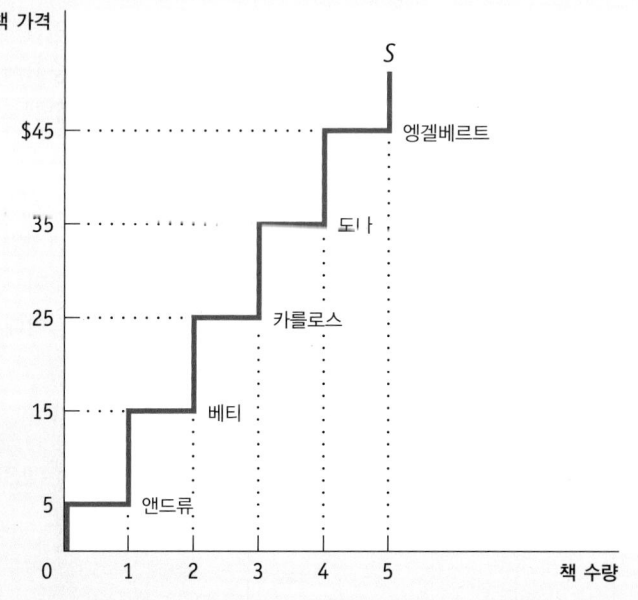

잠재적 구매자	비용
앤드류	$5
베티	15
카를로스	25
도나	35
엥겔베르트	45

공급곡선은 각 학생들이 중고책을 팔고자 하는 가장 낮은 가격과 각 가격에서의 공급량을 나타낸다. 5명의 학생들은 각각 다른 가격에 책 1권을 팔고자 한다. 5달러에서는 앤드류가 파는 책 1권이 공급량이 되고, 15달러에서는 앤드류와 베티가 파는 2권이 공급량이 된다. 중고책 가격이 45달러까지 상승하면 다섯 학생 모두 책을 팔려고 하므로 공급량은 5권이 된다.

잠재적 판매자들이 팔려고 하는 가격 중에서 가장 낮은 가격을 일컫는 경제학 용어가 있다. 이것을 판매자의 **비용**(cost)이라고 한다. 따라서 앤드류의 비용은 5달러, 베티의 비용은 15달러 등이다.

비용이라고 하면 흔히 재화를 생산할 때 드는 화폐 가치로서의 비용을 생각하기 때문에 중고책 판매자들에게 비용이 있다고 하니 이상하게 들릴지도 모르겠다. 학생들이 중고책을 제조해 내는 것이 아니고 단지 팔릴 수 있도록 하면 되기 때문에 비용이 전혀 들지 않는다고 생각할 수도 있다.

그러나 중고책을 판매하는 학생들은 더 이상 자신의 책을 소유할 수 없게 된다. 따라서 해당 수업과정이 모두 끝났다고 하더라도 교과서를 파는 행위에는 기회비용이 따른다. 우리가 경제학의 기본 원리를 공부할 때 어떤 행위의 비용을 측정할 때는 항상 어떤 행위를 하기 위해서 포기해야 하는 것의 가치인 기회비용으로 측정한다는 것을 상기해 보자.

따라서 판매자들이 중고책을 판매하는 데 실질적인 비용이 들지 않는다고 하더라도, 그들이 팔고자 하는 가장 최소의 가격을 비용이라고 하는 것은 매우 경제학적인 방법이다. 물론 대부분의 실제 경제에서 생산자는 직접 재화를 생산하는 사람들이고 재화를 팔기 위해서는 돈을 써야 한다. 이 경우에 생산에 드는 비용은 기회비용에 화폐가치의 비용을 더한 것이 된다.

우리의 예로 다시 돌아가서, 앤드류가 책을 30달러에 판다고 생각해 보자. 분명히 그는 거래를 통해서 이익을 얻게 된다. 그는 5달러에도 책을 팔 용의가 있었기 때문에 25달러의 이익을 얻는다. 그가 실제 받은 금액과 비용의 차액인 이익은 **개별 생산자잉여**(individual producer surplus)라고 부른다.

서로 다른 소비자들의 지불할 용의에서 수요곡선을 도출했던 것처럼, 서로 다른 생산자들의 비용으로부터 공급곡선을 도출할 수 있다. 〈그림 4-6〉의 계단 모양의 그래프는 옆에 있는 표의 비용으로부터 도출해 낸 공급곡선이다. 가격이 5달러보다 낮으면 아무도 책을 팔려고 하지 않을 것이다. 반면 가격이 5달러에서 15달러 사이에서 형성되면 앤드류가 책을 팔려고 할 것이다.

소비자잉여의 경우와 마찬가지로 각 개인의 생산자잉여를 합하면 **총생산자잉여**(total producer surplus)를 구할 수 있다. 경제학자들은 **생산자잉여**(producer surplus)라는 용어를 개별 생산자잉여와 시장 전체의 총생산자잉여 두 가지 경우에 모두 사용한다. 〈표 4-2〉는 중고책 가격이 30달러일 때 각 학생들이 얻는 순이익을 정리해 놓은 것이다. 앤드류는 25달러, 베티는 15달러, 카를로스는 5달러이고, 총생산자잉여는 $25 + $15 + $5 = $45이다.

소비자잉여처럼 생산자잉여도 그래프로 나타낼 수 있다. 〈그림 4-7〉은 〈그림 4-6〉의 공급곡선을 다시 그린 것이다. 공급곡선의 각 계단 너비가 책 한 권이며 이것은 개개인의 판매자를 나타낸다. 앤드류가 해당하는 계단의 높이는 그의 비용인 5달러가 된다. 이것이 사각형의 밑변을 이루고 그가 책을 팔면 받는 돈 30달러가 윗변이 되어서 사각형을 만든다. 이때 사각형의 넓이

표 4-2 중고책 가격이 30달러일 때 생산자잉여

잠재적 판매자	비용	받은 가격	개별 생산자잉여＝받은 가격 − 비용
앤드류	$5	$30	$25
베티	15	30	15
카를로스	25	30	5
도나	35	—	—
엥겔베르트	45	—	—
모든 판매자			총생산자잉여＝$45

그림 4-7 중고책 시장에서의 생산자잉여

중고책 가격이 30달러이면 앤드류, 베티, 카를로스는 책을 팔지만 도나와 엥겔베르트는 책을 팔지 않을 것이다. 따라서 앤드류, 베티, 카를로스는 색칠된 가격과 비용의 차이만큼의 개별 생산자잉여를 누릴 것이다. 도나와 엥겔베르트의 비용은 30달러 이상이므로 그들은 책을 팔지 않으려고 하며, 따라서 생산자잉여는 0의 값을 가진다. 총생산자잉여는 앤드류, 베티, 카를로스의 생산자잉여의 합으로 $25+$15+$5=$45이다.

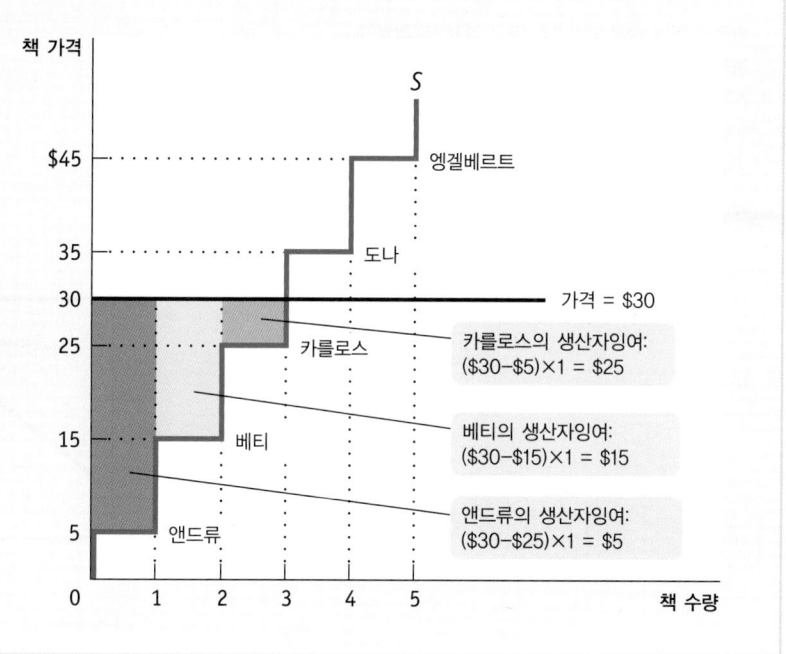

는 ($30-$5)×1＝$25이고 이것은 그의 생산자잉여를 나타낸다. 따라서 앤드류가 누리는 생산자잉여는 짙은 붉은색으로 표시된 사각형의 넓이이다.

구내 서점에서 30달러의 가격에 책을 팔고자 하는 모든 사람의 책을 다 사 준다고 가정하자. 그러면 앤드류뿐 아니라 베티와 카를로스도 책을 팔 것이다. 이들은 앤드류보다 비용이 높기 때문에 앤드류만큼 생산자잉여가 크지는 않지만, 이들 역시 중고책을 판매함으로써 이익을 얻는다. 앤드류는 25달러, 베티는 15달러, 카를로스는 5달러의 이익을 얻게 된다.

총생산자잉여를 판단할 때도 소비자잉여에서처럼 일반적인 원칙이 있다. 주어진 가격에서 재화를 판매함으로써 발생하는 총생산자잉여는 공급곡선 위, 가격선 아래의 면적과 같다.

이 원리는 〈그림 4-7〉처럼 매우 적은 수의 생산자만 존재해서 공급곡선이 계단 함수의 형태를 가지는 경우뿐만 아니라 현실 경제에서와 같이 매우 많은 생산자들이 존재해서 공급곡선이 매끄러운 모양을 하는 경우에도 적용될 수 있다.

예를 들어 밀 공급 시장을 생각해 보자. 〈그림 4-8〉은 생산자잉여가 가격에 따라 어떻게 변화하는지를 보여 준다. 밀 가격이 5달러이고 농부들이 100만 부셸을 공급한다고 가정하자. 이때 밀을 5달러에 판매함으로써 농부들이 얻는 이익은 얼마인가? 그들의 생산자잉여는 색칠된 부분, 즉 공급곡선 위와 5달러의 가격선 아래의 면적과 같다.

가격이 변화하면 생산자잉여에 어떠한 영향을 미치는가

소비자잉여의 경우와 마찬가지로, 가격의 변화는 생산자잉여를 변화시킨다. 그러나 가격 하락은 소비자잉여를 증가시키는 데 반해 생산자잉여를 감소시킨다. 비슷하게, 가격 상승은 소비자잉여를 감소시키는 데 반해 생산자잉여를 증가시킨다.

이를 확인하기 위해, 우선 상품의 가격 상승을 고려해 보자. 상품의 생산자는 모든 생산자에게 동일한 양은 아니겠지만 생산자잉여의 증가를 경험할 것이다. 일부 생산자는 원래 가격에서도 생산을 했을 것이며, 그들은 그들이 생산하는 모든 단위에 대해 가격 상승분만큼 이득을 얻

그림 4-8 생산자잉여

이것은 밀의 공급곡선이다. 밀 가격이 5달러일 때 농부들은 100만 부셸의 밀을 공급한다. 이 가격에서의 생산자잉여는 색칠된 부분으로 공급곡선 위, 5달러의 가격선 아래의 면적과 같다. 이것은 밀을 5달러에 판매함으로써 농부들이 얻는 이익이다.

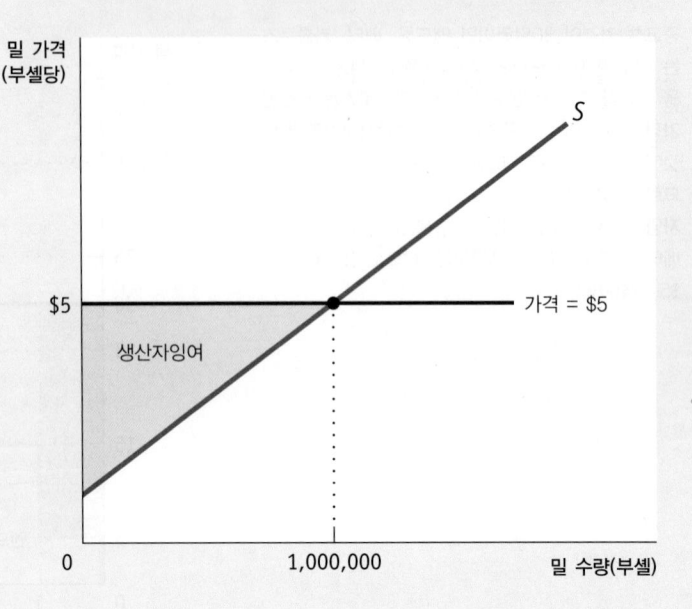

을 것이다. 다른 생산자들은 높은 가격 때문에 시장에 진입하며, 그들은 새로운 가격과 그들의 비용 차이만큼 이득을 얻을 것이다.

〈그림 4-9〉는 〈그림 4-5〉와 같은 분석을 생산자 측면에서 해 본 것이다. 이것은 밀의 가격이 5달러에서 7달러로 상승하면 생산자잉여에 어떤 영향을 끼치는지를 보여 주고 있다. 생산자잉여의 증가는 색칠된 부분이며, 이것을 두 부분으로 나눌 수 있다. 첫 번째는 빨간색 사각형으로 밀의 가격이 5달러일 때도 생산을 했던 생산자들의 이익에 해당한다. 두 번째는 분홍색 삼각형

그림 4-9 가격 상승으로 인한 생산자잉여의 증가

밀 가격이 5달러에서 7달러로 상승하면 공급량과 생산자잉여가 증가한다. 생산자잉여의 증가는 기존의 가격선과 새로운 가격선 사이에서 공급곡선 위의 색칠된 부분이다. 빨간색 사각형은 밀 가격이 5달러일 때 100만 부셸을 생산했던 생산자들의 이익에 해당한다. 이들은 각각 2달러의 생산자잉여를 얻는다. 분홍색 삼각형은 밀 가격이 상승하면서 새로이 50만 부셸을 생산하는 이들의 생산자잉여이다. 마찬가지로 밀 가격이 7달러에서 5달러로 하락하면 같은 양만큼의 생산자잉여가 감소한다.

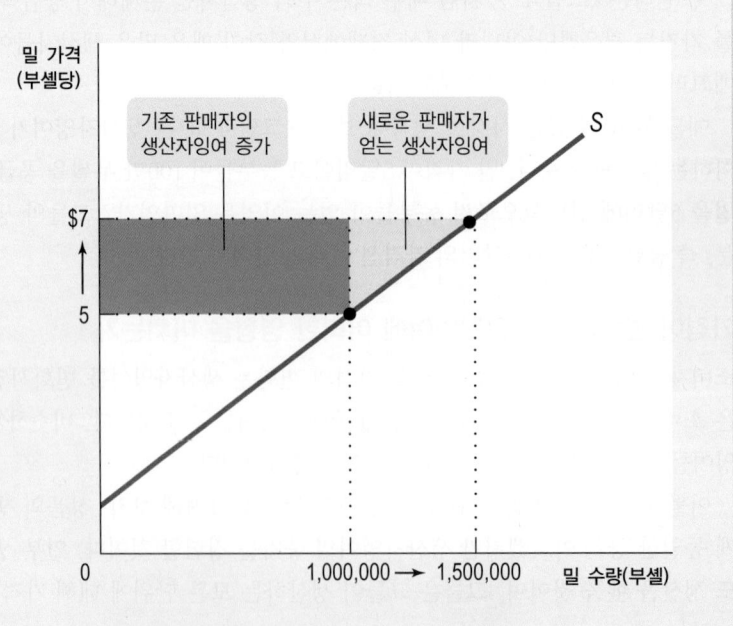

으로 밀의 가격이 상승하면서 시장에 새로이 진입한 생산자들의 이익이다.

만약 가격이 7달러에서 5달러로 하락한다면 이야기는 정반대 방향으로 진행될 것이다. 전체 색칠된 부분, 즉 공급곡선 위에 있으면서 가격선보다 아래에 있는 면적의 감소분은 생산자잉여의 감소분을 나타내는 것이 된다. 생산자잉여의 감소분도 밀의 가격이 5달러이더라도 생산을 하는 생산자의 손실(빨간 사각형)과 가격 하락으로 인해 더 이상 밀 공급을 하지 않는 생산자의 손실(분홍 삼각형), 이렇게 두 부분으로 나누어 살펴볼 수 있다.

현실 경제의 >> 이해

아이오와 농지의 최고점과 최저점

아이오와 농지의 가격은 세계 경제의 변화, 특히 전 세계 식료품에 대한 공급과 수요의 변화에 매우 민감하다. 실제로 2000년부터 2013년까지 아이오와 농지 가격은 2013년 평균 농지 가격이 에이커당 8,716달러로 역대 최고치를 기록하는 등 극적인 상승세를 보였다. 그해 가격은 2010년 가격의 1.5배, 2000년 가격의 4배가 넘었다.

〈그림 4-10〉에서 2000년부터 2013년 사이에 일어난 가격의 급등현상을 확인할 수 있다. 가격 상승 원인에 대해서는 이견이 없다. 옥수수, 밀, 콩 가격이 크게 올랐기 때문이다. 2009년에서 2013년 동안 옥수수 가격은 75%, 콩 가격은 45%, 밀 가가격은 40%가 올랐다.

아이오와의 농지 가격 상승은 세계 경제의 변화도 반영한다. 중국과 인도 같은 소득이 증가하는 경제에서 식품에 대한 수요 증가로 아이오와주 생산의 식품 가격

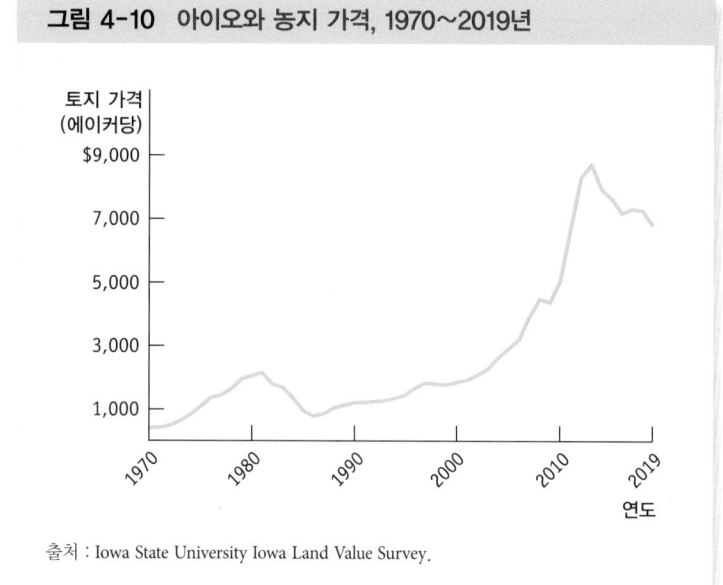

그림 4-10   아이오와 농지 가격, 1970~2019년

토지 가격 (에이커당)

출처 : Iowa State University Iowa Land Value Survey.

이 10년 전에 비해 더 높은 수준으로 상승했다. 게다가 호주와 같은 식품 생산 경쟁국들의 기상 이변은 2012년과 2013년 식품 가격 급등에 기여했다.

하지만 도표에서 볼 수 있듯이, 아이오와 농지 가격은 2014년부터 하락하기 시작했다. 2019년 초 가격은 6,794달러로 22% 하락했다. 이러한 하락은 미국의 농부들과 해외의 경쟁적인 농부들이 이 기간 동안 옥수수, 밀, 콩을 더 많이 생산함에 따라 공급의 증가로 인한 식품 가격 하락에 기인한 것이라 볼 수 있다. 미국과 중국의 무역분쟁이 격화된 것도 가격 하락의 원인이 되었다. 미국 농민들이 이 분쟁으로 인해 중국이 미국산 농산물의 수입을 제한할 수 있음을 경계하면서 식품 가격에 악영향이 초래되었다.

아이오와에서 농지를 사는 사람은 그 땅에서 발생하는 생산자잉여를 사는 것이다. 우리가 방금 보았듯이, 아이오와 농부들의 생산자잉여를 증가시키는 옥수수, 밀, 콩의 장기적인 가격 상승은 아이오와 농지의 가치를 높일 것이다. 반대로, 아이오와 생산의 식료품 가격이 낮아지면 아이오와 농지의 가치가 떨어질 것이다.

>> 이해돕기 4-2
해답은 책 뒤에

1. 치즈가 든 할라피뇨 고추 시장을 생각해 보자. 카라와 제이미 2명의 생산자가 있고 그들의 비

>> **복습**
- 재화에 대한 공급곡선은 서로 다른 판매자들의 **비용**으로부터 도출할 수 있다.
- 실제 받은 금액과 비용의 차액을 **개별 생산자잉여**라고 한다.
- **총생산자잉여**는 시장공급곡선 위, 가격선 아래의 면적과 같다.
- 재화의 가격이 상승하면 두 경로를 통하여 **생산자잉여**가 증가한다. 하나는 원래 주어진 가격에서도 생산을 하던 생산자들이 얻는 이익이고, 다른 하나는 가격이 높아지면서 새로이 시장에 진입한 생산자들이 얻는 이익이다. 재화 가격의 하락은 비슷한 방법으로 생산자잉여를 감소시킨다.

용은 표에 제시되어 있다. 이 표를 이용하여 다음을 답해 보라.

a. 고추의 가격이 0.00달러, 0.10달러, 이어서 0.90달러일 때까지의 공급계획을 작성하라.

b. 고추의 가격이 0.70달러일 때 총생산자잉여를 계산하라.

고추 수량	카라의 비용	제이미의 비용
첫 번째 고추	$0.10	$0.30
두 번째 고추	0.10	0.50
세 번째 고추	0.40	0.70
네 번째 고추	0.60	0.90

‖ 소비자잉여, 생산자잉여, 그리고 교역으로부터의 이익

경제학의 열한 가지 핵심 원칙 중 하나는 시장이 경제적 활동을 조직하는 데 매우 효과적이라는 것이다. 시장은 이용 가능한 자원으로부터 최대한의 사회적 후생을 실현시킨다. 소비자잉여와 생산자잉여의 개념을 통해 그 이유에 대해 알아보도록 하자.

교역으로부터의 이익

중고책 시장의 개념을 떠올리되, 이번에는 주립대학이라는 좀 더 큰 시장을 생각해 보자. 책의 잠재적 구매자들이라 할 수 있는 신입생을 그들이 지불하고자 하는 중고책 가격의 높고 낮음에 따라 한 줄로 세운다고 하자. 가장 높은 가격을 지불할 용의가 있는 학생은 1번이 되고, 그다음 높은 가격을 지불할 의사가 있는 학생은 2번이 되는 식으로 줄이 만들어질 것이다. 그러면 우리는 〈그림 4-11〉과 같이 그들의 지불할 용의를 나타내는 수요곡선을 도출할 수 있다.

비슷한 방법으로 책의 잠재적 판매자들인 졸업생을 그들이 받기 원하는 가격에 따라 줄을 세우고, 가장 낮은 가격을 받기 원하는 학생을 맨 앞에 세운다면 같은 그림에 있는 공급곡선을 도출할 수 있다.

그림 4-11 총잉여

중고책 시장의 균형은 30달러의 가격에서 이루어지고 이때의 균형거래량은 1,000권이다. 소비자잉여는 수요곡선 아래와 가격선 윗부분으로 파란색으로 표시되어 있고, 생산자잉여는 공급곡선 위와 가격선 아랫부분으로 빨간색으로 표시되어 있다. 두 삼각형의 면적을 합한 것이 총잉여이며 이것은 재화를 생산하고 소비함으로써 얻을 수 있는 사회적 이익이다.

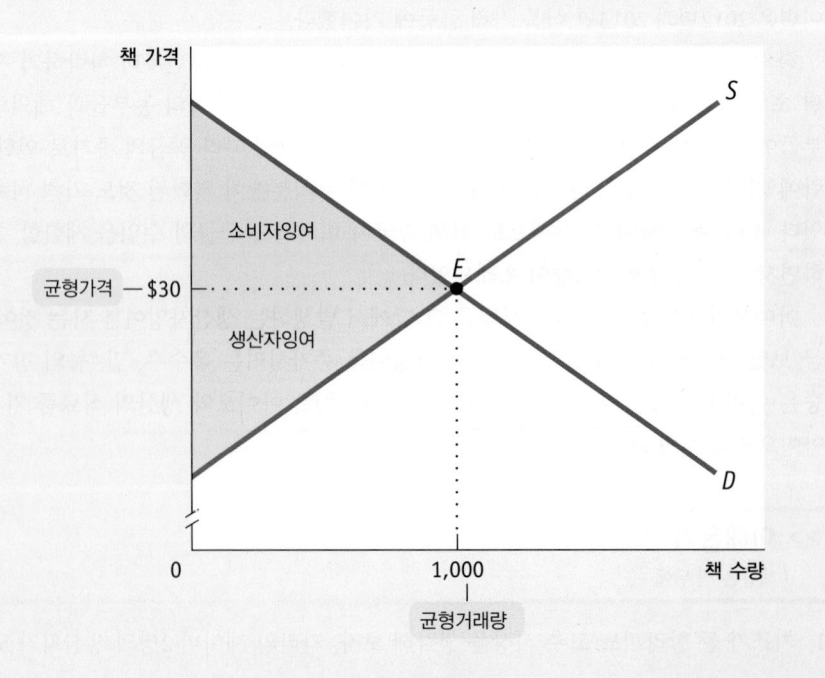

우리가 그린 곡선에서처럼 시장의 균형은 책 1권에 30달러의 가격에서 이루어지고 그 가격에서 1,000권의 책을 사고판다. 2개의 삼각형은 각각 이 시장에서 생겨난 소비자잉여(파란색)와 생산자잉여(붉은색)를 뜻한다. 이들 소비자잉여와 생산자잉여를 합한 것을 시장에서 생겨난 **총잉여**(total surplus)라 한다.

이 그림에서 놀라운 점은, 소비자와 생산자 모두가 이익을 얻는다는 것이다. 즉 책을 거래하는 시장이 존재함으로써 구매자와 판매자가 더 잘살게 되었다는 것이다. 그러나 이것은 전혀 놀랄 일이 아니다. 여기서 경제학의 또 다른 핵심 원리를 얻을 수 있다. 그것은 바로 **교역으로부터의 이익**이 발생한다는 것이다. 교역으로부터의 이익은 모든 사람이 각자 자급자족하는 것보다 시장경제에 참여하면 더 잘살 수 있는 이유가 된다.

그런데 우리는 가능한 최대의 이익을 얻고 있는 것일까? 이 질문에 대한 답은 시장의 효율성과 관련되어 있다.

시장의 효율성

시장은 교역으로부터의 이익을 만들어 낸다는 주장에 앞서, 제1장에서 우리는 시장이 대부분의 경우에는 **효율적**이라는 조금 더 포괄적인 주장을 했었다. 즉 시장이 교역으로부터의 이익을 만들어 내면, 일부가 손해를 보지 않고 다른 사람의 이익이 증가하는 경우는 없다고 주장했다(매우 특별한 예외를 제외하고).

소비자잉여와 생산자잉여 분석은 어째서 시장이 보통 효율적인지에 대한 이해를 도와준다. 어째서 그러한지에 대한 직관적인 이해를 위해, 시장균형이 누가 소비하고 누가 판매할지를 결정하는 여러 방법 중 하나일 뿐이라는 사실을 상기해 보자. 다른 방법도 있을 수 있다.

예를 들어 앞서 '탐구자를 위하여'에서 살펴본 신장 이식을 생각해 보자. 신장 이식은 누가 신장을 받을지를 결정하는 문제다. 인간의 장기를 다루는 문제이기 때문에 시장을 통한 결정은 불가능하다. 대신, 과거에는 대기자가 기다린 시간에 따라 신장을 배분했고, 이는 매우 비효율적인 방법이었다. 현재는 장기이식센터가 소비자잉여와 매우 유사하지만 시장제도와는 관련이 없는 '순생존편익'에 기반하여 새롭게 만든 규약에 따라 배분을 한다. 비록 시장제도를 활용하지는 않지만, 이 규약을 통해 효율적인 배분이 가능하다고 한다.

시장이 어떻게 효율적으로 기능하는지 이해하기 위해 당신이 중고 교과서를 누구에게 배분할지 결정하는 위원회에 속해서 시장균형을 개선하려고 한다고 가정해 보자. 위원회의 최종 목표는 시장제도를 통하지 않고 총잉여를 증가시키는 또 다른 거래를 성사시키는 것이다.

총잉여를 증가시키기 위해 시도해 볼 수 있는 세 가지 방법을 고려해 보자.

1. 소비자들 사이의 소비를 재분배한다.
2. 판매자들 사이의 판매를 재분배한다.
3. 거래되는 재화의 양을 변화시킨다.

소비자들 사이의 소비를 재분배한다   다른 소비자에게 책을 팔아서 총잉여를 증가시키려고 시도할 수 있다. 〈그림 4-12〉는 소비자들 사이의 소비를 재분배하는 것이 총잉여를 감소시키는 이유를 설명한다. 점 *A*와 *B*는 중고책의 잠재적 구매자인 애나와 밥의 수요곡선 상의 위치를 뜻한다. 그림에서 볼 수 있듯이 애나는 35달러를 내고 책을 사길 원하지만, 밥은 25달러를 내려고 한다. 균형가격이 30달러이기 때문에 애나는 책을 구입하고, 밥은 책을 사지 않는다.

이제 소비를 재분배한다고 가정해 보자. 이것은 애나와 같이 30달러의 균형가격에서 책을 사려고 했던 소비자에게서 책을 빼앗아서, 밥과 같이 균형가격에서 책을 사려 하지 않았던 사람에

시장에서 생겨난 **총잉여**(total surplus)란 소비자와 생산자가 시장에서 거래로부터 얻는 총순이익이다. 이는 소비자잉여와 생산자잉여를 합한 것과 같다.

그림 4-12 소비 재분배에 의한 소비자잉여의 감소

애나(점 *A*)는 35달러를 지불할 용의가 있고 밥 (점 *B*)은 25달러를 지불할 용의가 있다. 시장에서의 균형가격은 30달러이므로 애나는 책을 구입하고 밥은 책을 구입하지 않는다. 이제 애나에게서 책을 빼앗아 밥에게 책을 주어 소비를 재분배한다고 가정해 보자. 이때 소비자잉여는 10달러만큼 감소하며 그 결과 총잉여도 10달러만큼 감소한다.

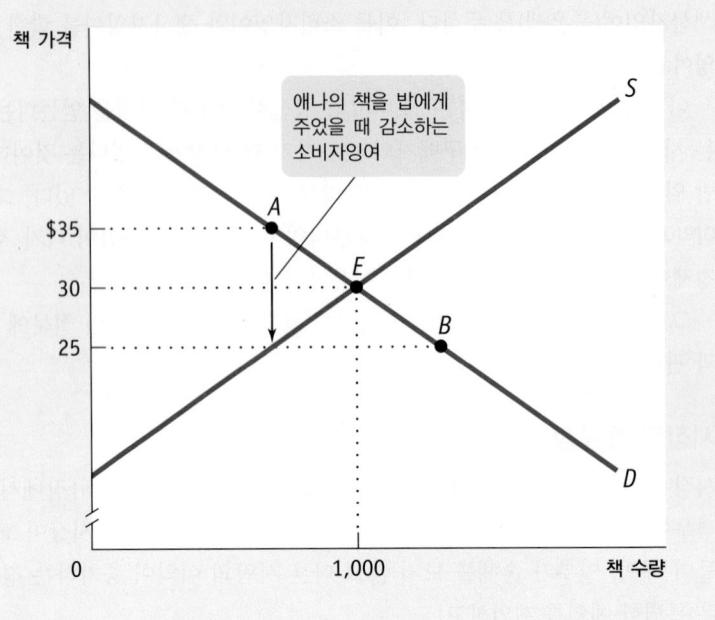

게 주는 것을 의미한다. 그러나 그 책은 애나에게는 35달러의 가치가 있지만 밥에게는 25달러의 가치밖에 없기 때문에 이러한 재분배는 $35－$25＝$10만큼 총소비자잉여를 감소시킨다. 이러한 결과는 임의의 두 학생을 선택하더라도 마찬가지이다. 균형가격에서 책을 구입한 학생들은 30 달러 이상을 지불할 용의가 있었던 학생들이고, 균형가격에서 책을 구입하지 않은 학생들은 30 달러 미만을 지불할 용의가 있었던 학생들이다.

따라서 소비자들 사이에 재화를 재분배하는 것은 항상 그 재화에 대해 더 높게 평가하는 학생에게서 재화를 빼앗아서 재화에 대해 낮게 평가하는 학생에게 주는 것이 되기 때문에 소비자잉여는 반드시 감소하게 된다.

판매자들 사이의 판매를 재분배한다 책을 팔 생산자를 바꿈으로써 총잉여를 증가시키려고 시도할 수 있다. 이는 시장균형에서는 팔지 않으려는 판매자 대신에 시장균형에서 책을 팔려는 판매자를 내쫓는 것이다.

〈그림 4-13〉이 설명하는 것처럼 생산자잉여에 대해서도 비슷한 논증이 가능하다. 점 *X*와 *Y*는 25달러를 판매가로 결정한 자비에르와 35달러를 판매가로 결정한 이본느의 공급곡선 상의 위치를 보여 준다. 30달러의 균형가격에서 자비에르는 그의 책을 팔 것이고 이본느는 팔지 않을 것이다. 만약 자비에르에게 책을 팔지 못하게 하고 이본느에게 책을 팔라고 강요하는 식으로 판매를 재분배한다면 총생산자잉여는 $35－$25＝$10만큼 감소하게 될 것이다.

마찬가지로 어떤 학생을 선택하든지 결과는 같다. 균형가격에서 책을 파는 학생은 그렇지 않은 학생보다 책에 더 낮은 가치를 부여하고 있기 때문에 판매를 재분배하는 것은 판매자들의 총비용을 증가시키고 결국 생산자잉여를 감소시키게 된다.

거래되는 재화의 양을 변화시킨다 시장거래량보다 더 많은 혹은 더 적은 책을 거래하도록 함으로써 총잉여를 증가시키려고 시도할 수 있다.

〈그림 4-14〉는 잠재적 구매자인 애나와 밥, 잠재적 판매자인 자비에르와 이본느, 네 학생을

그림 4-13 판매 재분배에 의한 생산자잉여의 감소

이본느(점 *Y*)의 비용은 35달러로 자비에르(점 *X*)의 비용인 25달러보다 10달러가 높다. 균형가격인 30달러에서 자비에르는 그의 책을 팔 것이고 이본느는 팔지 않을 것이다. 만약 자비에르에게 책을 팔지 못하게 하고 이본느에게 책을 팔라고 강요한다면 총생산자잉여는 10달러만큼 감소하고 총잉여도 10달러만큼 감소하게 될 것이다.

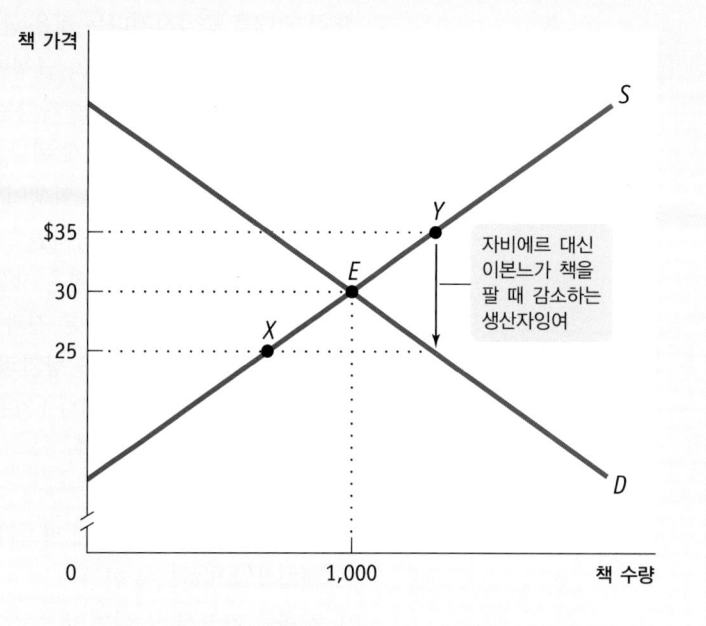

모두 나타내고 있다. 판매를 줄이기 위해서 균형가격에서 책을 판매하려고 하는 자비에르와 같은 학생들이 책을 파는 것을 막는다면 균형에서 책을 구입하려고 하는 애나와 같은 학생들이 책을 구입할 수 없을 것이다. 그러나 애나는 35달러를 지불할 용의가 있고, 자비에르는 책에 25달러의 가치를 부여한다. 따라서 판매를 막으면 $35 − $25 = $10만큼 총잉여가 감소하게 된다.

이 경우에도 어떤 학생을 선택하는지는 상관없다. 균형에서 책을 판매하려는 학생이면 누구나 책에 30달러 이하의 가치를 부여하고 있을 것이고, 균형에서 책을 구입하려는 학생이면 누

그림 4-14 균형거래량 변화에 의한 총잉여의 감소

책을 판매하려고 하는 자비에르(점 *X*)가 애나(점 *A*)에게 책을 파는 것을 막는다면 총잉여는 애나의 지불할 용의와 자비에르의 비용 차이인 10달러만큼 감소한다. 이것은 균형거래량인 1,000권보다 거래량이 적으면 총잉여가 감소한다는 것을 뜻한다. 마찬가지로 이본느(점 *Y*)가 밥(점 *B*)에게 책을 팔도록 강요하는 경우에도 이본느의 비용과 밥의 지불할 용의의 차이인 10달러만큼 총잉여가 감소한다. 그것은 균형거래량인 1,000권보다 거래량이 많은 경우에도 총잉여가 감소한다는 것을 뜻한다. 이 두 예는 시장균형에서의 거래가 가장 좋은 유일한 거래라는 것을 보여 준다.

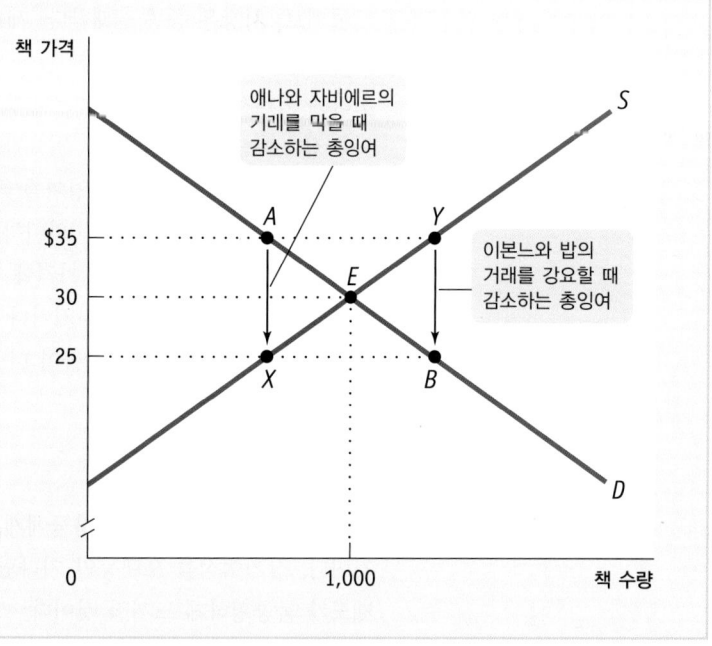

구나 책에 30달러 이상의 가치를 부여하고 있을 것이기 때문에, 균형에서 일어나는 판매를 막는 것은 총잉여의 감소를 가져오게 되는 것이다.

또한 판매를 증가시킨다는 것은 균형에서 책을 판매하고 싶어 하지 않았던 이본느와 같은 학생에게 책을 팔도록 강요하고, 균형에서 책을 구입하고 싶어 하지 않았던 밥에게 주도록 하는 것이다. 이본느가 책에 매기는 가치는 35달러인 반면 밥은 25달러만 지불하기를 원하기 때문에 총잉여는 10달러만큼 감소하게 된다. 마찬가지로, 어떤 학생을 선택하든지 결과는 변하지 않는다. 책을 사려고 하지 않았던 학생이면 누구나 30달러 이하의 가격을 지불하려고 했을 것이고, 책을 팔려고 하지 않았던 학생이면 누구나 30달러 이상을 받으려고 했을 것이기 때문이다.

기억해야 할 가장 중요한 점은 시장이 균형일 때 거래로부터의 이득을 증가시키는 다른 방법은 없다는 사실이다. 모든 다른 결과들은 총잉여를 감소시킨다. (따라서 UNOS는 만약 장기에 대한 시장이 있다면 일어났을 장기의 배분을 따라 하기 위해 '순생존편익'에 기반을 둔 새로운 규정을 만들어 나가려는 것이다.) 효율적인 시장이 가지는 중요한 네 가지 기능을 열거함으로써 우리의 결과를 정리할 수 있다.

1. 재화의 가치를 가장 높게 평가하는 잠재적 구매자(가장 높은 가격을 지불하려는 구매자)가 재화를 소비하도록 한다.
2. 재화를 가장 팔고 싶어 하는 잠재적 판매자(가장 낮은 가격에 판매하려는 판매자)가 재화를 판매하도록 한다.
3. 재화를 구입하고자 하는 모든 소비자는 재화를 판매하고자 하는 모든 판매자보다 더 높은 가치를 상품에 부여하고 있기 때문에 모든 거래는 상호 이익이다.
4. 실제로 재화를 구입하지 않은 모든 잠재적 구매자는 재화를 판매하지 않은 모든 잠재적 판매자보다 상품에 더 낮은 가치를 부여하고 있기 때문에 상호 이익을 가져다주는 거래 중에서 일어나지 않는 것은 없다.

이 네 가지 기능 탓에, 시장균형 이외의 재화 분배 방법은 총잉여를 감소시킨다.

그러나 여기에는 세 가지 주의사항이 있다. 첫째로, 시장이 비록 효율적이더라도 반드시 공정할 필요는 없다. 사실 **공평성**은 종종 효율성과 충돌한다. 이후에 이에 대해 논의하겠다.

둘째로, 시장은 종종 실패한다. 제1장에서 언급했듯이, 특정한 조건하에서 시장은 효율성을 가져오는 데 실패한다. 이러한 일이 일어났을 때 시장은 더 이상 총잉여를 극대화하지 못한다. 우리는 어째서 시장이 실패하는지에 대해 이 장의 끝에서 개략적으로 설명하고 자세한 분석은 이후 장으로 남겨 두겠다.

셋째로, 심지어 시장이 총잉여를 극대화할 때도 이것이 모든 **개별** 소비자와 생산자에게 최고의 성과를 가져다준다는 것을 의미하지는 않는다. 다른 조건이 동일할 때, 구매자는 더 싼 가격에 사기를, 판매자는 더 비싼 가격에 팔기를 원한다. 따라서 만약 정부가 시장에 개입한다면, 즉 가격을 낮춰 소비자를 만족시키거나 가격을 높여 생산자를 만족시킨다면 결과는 더 이상 효율적이지 않다. 비록 일부 사람들이 더 행복해졌다 하더라도 사회 전체적으로는 총잉여가 낮아졌기 때문에 더 나빠진다.

공평성과 효율성
장기이식을 원하는 많은 환자들에게 앞서 다뤘던 장기이식센터의 규약은 반갑지 않은 소식일 것이다. 장기이식을 오랫동안 기다렸던 사람들에게는 젊은 사람들에게 기회를 양보하라는 이 제도가 불공평하게 느껴질 것이다. 그리고 이 제도는 공평성에 대한 다른 의문도 들게 만든다.

어째서 장기이식 수혜자가 미국인으로 제한되어야 하는가? 어째서 다른 만성질환을 가진 젊은 환자들도 포함해야 하는가? 어째서 사회에 기여한 사람들에게 우선권을 주지 않는가?

효율성은 목표를 어떻게 달성해야 하는가에 대한 의문이지, 어떤 목표를 가져야 하는가에 대한 것이 아니다. 예를 들어, 장기이식센터는 장기이식 수혜자의 수명을 극대화하는 것을 목표로 설정했다. 일부 사람들은 다른 목표를 주장할지 모르고, 효율성은 어떤 목표가 최적인지에 대한 답을 제공하지는 않는다. 효율성은 이미 결정된 목표를 달성하는 최적의 방법을 제시해 줄 뿐이다. 이 경우에는 '순생존편익'이라는 개념을 이용할 수 있었다.

시장이 항상 옳고 효율성을 제한하는 경제정책은 옳지 않다고 생각하기 쉽다. 그렇지만 다른 요소들도 고려되어야 하기 때문에 이러한 사고는 잘못되었다. 사회는 '공정한' 것을 고려한다.

제1장에서 논의했듯이, 종종 공평성과 효율성 사이에는 상충관계가 있다. 공평성을 고려한 정책은 종종 효율성을 저해하는 비용을 초래하고, 효율성을 고려한 정책은 종종 공평성을 해친다. 따라서 공평성을 위해 효율성을 어느 정도 포기하는 사회의 선택이 타당한 것임을 이해하는 것이 중요하다. 그리고 공평성은 효율성과 달리 정의하기 매우 힘들다는 것도 이해하는 것이 중요하다.

현실 경제의 >> 이해

제발 열쇠를 받아 주세요

에어비앤비(Airbnb) 공동 창업자인 게비아(Joe Gebbia)는 "에어비앤비는 수학 문제에서 비롯되었다."고 말했다. 그리고 "우리는 창업을 하기 위해 퇴사를 했다. 그런데 감당할 수 없을 만큼 집주인이 월세를 올렸다. 우리는 당장 산수 문제를 풀어야 했다. 그리고 마침 그 주 주말에 디자인 컨퍼런스가 샌프란시스코에서 열렸고, 모든 호텔방이 동이 났다. 모든 게 맞아떨어졌다. 우리가 살던 집에는 빈 방이 있었다. 이게 air bed-and-breakfast의 시작이었다."

유휴자원을 가지고 있는 사람들은 애어비앤비 등의 시장을 이용하여 이를 현금화할 수 있다.

그 절박함에서 나온 일단의 독창성을 기반으로 탄생한 그 회사는 이제는 세계에서 가장 큰 단일 숙박 공급원이 되었다. 2019년 기준으로 잘 곳을 찾는 5억 명의 사람들이 에어비앤비를 이용하고 있으며, 평균적으로 200만 명 이상이 매일 밤 에어비앤비 연계시설에서 숙박하고 있다. 이 웹사이트는 현재 4,000개의 캐슬과 2,400개의 트리하우스을 포함하여 전 세계적으로 600만 개의 숙소를 연계하고 있다.

에어비앤비는 일종의 '공유 경제'에서 가장 유명하고 성공적인 공급자가 되었다. 사람들이 사용할 물건을 공유할 수 있는 거래의 장을 만들어 주는 기업은 에어비앤비 이외에도 다른 사람에게 차를 빌릴 수 있게 하는 투로(Turo)나 겟어라운드(Getaround), 배를 빌리게 도와주는 보트바운드(Boatbound), 사무실 대여를 중개하는 데스크타임(Desktime), 주차할 장소를 빌릴 수 있는 저스트파크(JustPark), 명품 옷을 제공하는 렌트더런웨이(Rent the Runway) 등이 있다.

'공유'가 이렇게 인기인 이유는 무엇일까? 결국 돈을 벌기 위한 것이지, 이타심의 발현은 아닐 것이다. 사용하지 않고 놀리는 물건이 있으면 다른 사람에게 빌려 주어 돈을 벌지 않을 이유가 없지 않은가? 예일 경영대학 경제학 교수인 슈발리에(Judith Chevalier)는 "이런 회사들은 놀리고 있는 물건에서 가치를 쥐어짤 수 있게 해 준다."고 말했다. 그리고 이렇게 가치를 조금이라도 더 만들어 내는 것은 자원을 효율적으로 사용할 수 있게 만든다. 그렇다면 왜 지금 주목을 받을까? 인터넷을 통해 다른 사람과 거래하기 쉬워졌기 때문이라는 것은 명백하다. 그 결과 사람들은 뉴욕대 스턴 경영대학 교수 순다라라잔(Arun Sundararajan)이 말한 것처럼 "소비하는 방법에 대해 다시금 생각하게 되었다."

>> 이해돕기 4-3
해답은 책 뒤에

1. 이해돕기 4-1과 4-2의 표를 이용하여 치즈가 든 할라피뇨 고추 시장에서의 균형가격과 균형거래량을 구하라. 이 시장균형에서 총잉여는 얼마이고 누가 그 잉여를 가지는가?
2. 다음의 세 가지 경우가 총잉여를 어떻게 줄이는지 설명하라.
   a. 아자르는 균형거래량보다 고추를 하나 적게 소비하고 테레사는 하나 더 소비하는 경우
   b. 카라는 균형거래량보다 고추를 하나 적게 생산하고 제이미는 하나 더 생산하는 경우
   c. 아자르는 균형거래량보다 고추를 하나 적게 소비하고 카라는 하나 적게 생산하는 경우
3. 장기이식센터가 더 이상 '순생존편익'의 개념에만 의존하지 않고 어린아이를 둔 부모들에게도 우선권을 주기로 장기 배분 규약을 바꿨다고 가정하자. 만약 총잉여가 장기이식 수혜자의 수명으로 정의된다면, 새로운 규약이 총잉여를 줄일 것인가, 늘릴 것인가, 아니면 변화가 없을 것인가? 당신은 이러한 새로운 규약을 어떻게 정당화할 것인가?

‖ 시장경제

지금까지 살펴봤듯이, 시장경제에서 생산과 소비의 결정은 시장을 통해 이루어진다. 사실 하나의 경제는 많은 상호 연관된 시장들로 이루어져 있다. 지금껏 시장이 어떻게 작동하는지 보기 위해 우리는 중고책 시장이라는 하나의 시장을 분석해 왔다. 그러나 현실에서 소비자와 생산자는 따로 떨어진 하나의 시장에서만 결정을 내리는 것이 아니다. 예를 들어, 학생들의 중고책 시장에서의 결정은 학자금대출 이자에 의존할 수도 있다. 즉 중고책 시장에서의 결정은 금융시장에 의해 영향을 받을 것이다.

우리는 효율적인 시장균형이 총잉여, 즉 구매자와 판매자에게 돌아가는 이득을 극대화한다는 것을 알고 있다. 개별 시장의 합인 하나의 경제에도 이와 같은 논의가 가능한가? 대답은 제한적으로 그렇다는 것이다.

각각의 시장이 총잉여를 최대화할 때 전체로서의 경제는 효율적이다. 이것은 매우 중요한 결과다. 하나의 효율적인 시장에서 일부 사람을 더 나쁘게 만들지 않고서는 일부를 더 좋게 만들지 못한다는 것과 같이, 하나의 경제에서도 모든 시장이 효율적일 때 더 좋게 만드는 것은 불가능하다. 그러나 이것은 **이론적인** 결론임을 이해하는 것이 중요하다. 사실상 모든 시장이 효율적인 경제를 찾는 것은 불가능하다.

지금부터는 시장과 시장경제가 일반적으로 잘 작동하는 이유를 살펴보자. 그것을 이해한 다음에는 왜 시장이 이따금씩 제대로 작동되지 않는지에 대해 간단히 언급하겠다.

시장이 잘 작동하는 이유

경제학자들은 어째서 시장이 효과적으로 경제를 조직하는 방법이 될 수 있는지에 대해 많은 것을 말할 수 있고 또 많은 것을 말해 왔다. 그러나 시장이 효과를 거둘 수 있는 비결은 대체로 두 가지로 요약된다. 그것은 **재산권과 경제적 신호로서의 가격의 역할**이다.

재산권 **재산권**(property right)이란 경제에서 가치 있는 품목에는 소유주가 있어 그 품목을 자유

재산권(property right)이란 자원이나 재화를 막론하고 소유주가 있어 그 품목을 자유롭게 처분할 수 있는 권리를 말한다.

롭게 처분할 수 있는 제도를 말한다. 재산권 제도하에서 우리는 물건을 사면서 마음대로 사용하고 처분할 수 있는 소유권을 받는다. 재산권이야말로 중고 교과서 시장은 물론 어떤 시장에서도 서로에게 이익이 되는 거래를 가능하게 해 주는 것이다.

재산권이 왜 중요한가를 보기 위해 학생들이 중고 교과서에 대해 완전한 재산권을 갖고 있지 않다고, 즉 학기가 끝나도 책을 팔 수 없다고 하자. 재산권에 대한 이런 제한은 서로에게 이익이 되는 많은 거래를 중단시킬 것이다. 어떤 학생들은 돈을 받고 만족할 수 있음에도 불구하고 다시 읽을 계획이 없는 책에 얽매이게 될 것이다. 어떤 학생들은 좀 낡은 책을 싼 값에 사고 만족할 수 있음에도 불구하고 반짝이는 새 책을 정가에 사야 할 것이다.

경제적 신호　재산권이 잘 정의되고 난 이후에는, 잘 작동하는 시장이기 위해 경제적 신호로서의 가격이 필요하다. **경제적 신호**(economic signal)란 사람들이 더 나은 경제적 결정을 할 수 있게 도와주는 모든 정보를 말한다. 현실 세계에서 회사들은 수많은 신호를 보고 있다. 예를 들어 경기예측 전문가들은 골판지 상자 판매액이 산업생산 변동을 알려 주는 좋은 선행지표라고 한다. 회사들이 골판지 상자를 많이 산다면 생산이 곧 증가할 것이 틀림없다.

그러나 가격은 시장경제에 있어 훨씬 더 중요한 신호다. 다른 사람들의 비용과 지불하고자 하는 의사에 관한 필수적인 정보를 전달하기 때문이다. 만일 중고 교과서의 균형가격이 30달러라면 30달러 이상을 지불할 소비자들이 있다는 것과 비용이 30달러 이하인 생산자들이 있다는 것을 결국 모든 사람이 알 수 있다. 시장가격이 주는 신호야말로 사람들에게 책을 구매할 것인지 혹은 판매할 것인지 알려 줌으로써 총잉여가 극대화될 수 있도록 보장하는 것이다.

30달러나 그 이하의 비용을 가진 각각의 잠재적인 판매자는 시장가격으로부터 그들의 책을 파는 것이 이익이라는 것을 배우게 된다. 비

가격은 시장경제에서 가장 중요한 경제적 신호이다.

슷하게 30달러나 그 이상의 돈을 지불할 용의가 있는 소비자들은 시장가격을 통해 책을 구매하는 것이 좋음을 알게 된다. 만일 그가 30달러를 지불할 용의가 없다면 당연히 책을 사지 않는 것이 그에게 좋다.

이 예는 시장가격이 시장가격 이상을 지불하고자 하는 소비자, 그리고 시장가격 이하로 팔고자 하는 생산자 모두에게 '신호'를 준다는 것을 보여 준다. 그리고 균형에서는 수요량과 공급량이 일치하게 되기 때문에 지불의사가 있는 모든 소비자는 생산자를 찾을 수 있을 것이다.

가격은 종종 경제적 신호로서의 기능을 상실한다. 종종 가격은 상품이 얼마나 수요되는가에 대한 정확한 지표가 되지 않기도 한다. 상품의 가치에 대해 불확실성이 있을 때 가격은 상품 가치에 대한 정확한 지표가 되지 않을지도 모른다. 예를 들어, 당신은 중고차가 좋은지 나쁜지를 가격만으로는 추론해 낼 수 없다. 경제학에서는 이런 문제를 일컬어 '레몬시장'이라고 한다.

몇 가지 주의사항

시장은 경제활동을 조직하는 데 놀라울 만큼 효과적이다. 그러나 시장은 때때로 잘못 작동될 수 있다. 우리는 제1장의 여덟 번째 원칙, '시장이 효율성을 달성하지 못하는 경우 정부의 개입이 사회후생을 증가시킬 수 있다'에서 이를 처음 배웠다.

시장이 **비효율적**(inefficient)일 때 거기에는 잃어버린 기회가 있다. 즉 생산이나 소비가 다른 사람을 더 나쁘게 하지 않으면서 어떤 사람을 더 좋게 만들 수 있도록 재배치될 수 있는 것이다. 다른 말로 하면, 실현되지 않은 거래의 이득이 있고, 총잉여가 증가할 수 있는 것이다. 그리고

경제적 신호(economic signal)란 사람들이 더 나은 경제적 결정을 할 수 있게 도와주는 모든 정보를 말한다.

다른 사람의 후생을 감소시키지 않고서 어떤 사람들의 후생을 증가시킬 수 있는 기회가 남아 있다면 시장 또는 경제는 **비효율적**(inefficient)이다.

한 시장 또는 여러 시장이 비효율적일 때 그것들이 속해 있는 경제도 또한 비효율적이다.

시장은 여러 가지 이유로 비효율적이 될 수 있다. 가장 중요한 두 가지는 재산권의 부재와 경제적 신호로서의 가격이 부정확한 경우다. 시장이 비효율적일 때 이를 **시장실패**(market failure)라고 한다. 우리는 이후 장에서 다양한 시장실패의 경우를 살펴볼 것이다. 지금은 세 가지 주요 원인에 대해 복습해 보자.

1. 시장 지배력 : 시장 지배력으로 인해 시장이 실패할 수 있는데, 이는 기업이 시장 가격을 올릴 수 있는 능력을 가지고 있을 때 발생한다. 이 경우 수요와 공급분석에서 우리가 의존했던 가정, 즉 어떤 개별 구매자나 판매자가 전체 시장가격에 영향을 미칠 수 없다는 가정이 더 이상 유효하지 않게 된다. 제13장에서 볼 것이지만, 이 경우에는 독점기업이 시장가격을 올리고, 이로 인해 상호 이익이 되는 교역이 더 이상 일어나지 않으면 비효율성이 발생한다.

2. 외부성 : 외부성으로 인해 시장이 실패할 수 있다. 외부성은 한 사람의 행동이 다른 사람들에게 부정적인 영향을 줄 때 발생하는데, 이러한 외부효과의 널리 알려진 예로서 공해를 들 수 있다. 공해가 다른 사람들에게 미치는 부정적인 영향은 시장가격에 포함되지 못하는 경우가 많은데 이때 시장 결과는 비효율적이다. 제16장에서는 우리는 외부성과 사회가 그것들에 어떻게 대처하려고 하는지에 대해 더 배울 것이다.

3. 공공재, 공유자원 및 민간정보 : 상품의 특성상 시장에 의한 효율적 배분에 적합하지 않을 때 시장은 실패할 수 있다. 이것에는 국방과 같은 공공재가 해당된다. 국민이 사고팔 수 없기 때문에 국방은 시장에 의해 효율적으로 배분될 수 없다. 그것은 또한 우리의 바다에 있는 물고기와 같은 공유자원에 대해서도 마찬가지이다. 이러한 경우 시장은 일반적으로 불완전한 재산권으로 인해 실패한다. 우리가 앞에서 논의한 중고차 시장에서와 같이, 어떤 사람들이 다른 사람들이 가지고 있지 않은, 상품에 대한 정보를 가지고 있을 때 시장은 또한 실패할 것이다. 제17장과 제20장에서 우리는 이러한 상황에서 사회가 어떻게 대처하는지 배울 것이다.

그러나 이러한 한계에도 불구하고, 시장은 거래에서 얻는 이익을 극대화하는 데 있어 잘 작동한다는 사실은 주목할 만하다.

현실 경제의 >> 이해

대약진의 실패

세계 그 어느 나라보다도, 중국은 아마도 자유분방한 시장과 가장 관련이 있는 나라일 것이다. 상하이의 끝없는 식품상가로부터, 안경과 전자제품에 이르기까지 모든 것을 전문으로 하는 광저우의 분주한 수출품 시장, 그리고 세련된 맞춤 양복과 가짜 디자이너 가방을 찾을 수 있는 선전의 거대한 쇼핑몰까지, 중국에서의 쇼핑 가능성은 무궁무진하다.

그러나 얼마 전까지만 해도 중국은 시장이 전반적으로 부족한 나라였다. 1980년대까지만 해도 중국은 대체로 시장보다는 중앙정책 기획자에 의해 생산과 소비가 결정되는 계획경제였다. 러시아와 대부분의 동유럽 국가들, 그리고 몇몇 동남아시아 국가들은 과거 계획경제를 채택했었다. 또한 인도와 브라질은 자국 경제의 대부분을 정부 계획하에 두었다.

계획된 경제는 비효율로 악명이 높으며, 아마도 가장 설득력 있는 예는 1950년대 후반 중국 지도자 마오쩌둥에 의해 시작된 야심찬 경제 계획인 소위 대약진운동(Great Leap Forward)이다.

그 의도는 국가의 산업화를 가속화하는 것이었다. 이 계획의 핵심은 도시 생산에서 시골 생산으로의 전환이었다. 농가들은 철강과 같은 중공업 제품의 생산을 시작하기로 되어 있었다. 불행하게도 해당 정책은 역효과를 낳았다. 농가에서 그들의 일상적인 일인 농업을 등한시함으로써 식량 생산량이 급감했다.

한편 석탄과 철광석과 같은 철강의 원료가 도시의 공장보다는 설비와 경험이 부족한 농촌 생산자들에게 보내졌기 때문에, 산업 생산량 또한 감소했다. 요컨대, 그 계획은 중국경제 모든 부문의 생산 감소로 이어졌다.

애초에 중국은 가난한 나라였기에 이러한 결과는 파멸로 나타났다. 뒤이은 기근으로 인해 중국의 인구는 약 3,000만 명이나 줄어들었다.

중국은 최근에 자유시장제도에 가까이 가고 있다. 그 결과, 경제가 크게 성장하였고 부가 증대되었으며, 중산층이 새롭게 출현하였다. 그러나 특히 금융자산의 배분과 정치와 결부된 산업의 생산요소 배분 등 중앙계획적인 요소도 여전히 남아 있다. 그 결과, 여전히 유의미한 비효율성도 지속되고 있다. 더불어 자유시장체제로 전환하면서, 현재 중국은 시장 실패에서 발생하는 비효율성인 과도한 오염문제를 경험하고 있다. 많은 경제학자들은 중국이 급속한 성장을 지속하고 중국 소비자들이 좀 더 효율적인 소비자잉여를 즐기기 위해서는 이러한 비효율이 반드시 해소되어야 한다고 조언하고 있다.

중앙정책 기획자들에 의한 정책결정이 부분적으로 남아 있지만 중국 경제는 점점 더 자유시장체제에 가까워지고 있다.

>> 이해돕기 4-4

해답은 책 뒤에

1. 석유와 같은 자연 자원이 많은 몇몇 주에서는 법이 세분화되어 있는데, 땅의 윗부분을 사용할 수 있는 권리에서부터 '채굴권'이라 불리는 땅을 팔 수 있는 권리까지 나뉘어 있다. 양쪽의 권리를 모두 가지고 있는 자는 두 권리를 각각 따로 판매할 수 있다. 두 권리를 함께 팔아야만 하는 상황보다 따로 팔 수 있도록 허용하는 상황이 어떻게 효율성을 증가시킬 수 있는지 설명하라.

2. 중고 교과서의 균형가격이 30달러인 시장을 가정하라. 하지만 실수로 균형가격이 300달러로 알려졌다고 하자. 이 상황이 어떻게 시장의 효율성에 영향을 미치는가? 자세히 설명하라.

3. 다음 문장에서 잘못된 점을 찾으라. "시장은 항상 경제활동을 하는 데 최고의 선택이다. 시장을 방해하는 정책은 사회의 후생을 감소시킨다."

>> 복습

- 시장경제에서 시장들은 서로 긴밀한 관계를 맺고 있다. 한 경제 내부의 각각의 시장이 효율적으로 돌아갈 때 전체적인 경제 역시 효율적으로 돌아간다. 하지만 실제 상황에서 몇몇 시장들은 반드시 비효율적이게 되어 있다.

- **재산권** 체계와 가격이 **경제적 신호**의 역할을 하는 것은 시장이 효율적으로 운용될 수 있게 하는 두 가지 요소이다. 하지만 재산권이 완전히 보장되어 있지 않거나 가격이 부정확한 경제적 신호를 보낼 때 시장은 실패할 수 있다.

- 특정한 조건하에서 **시장실패**가 발생하며 시장은 **비효율적**으로 돌아간다. 거래로 인한 이익 역시 실현되지 않는다. 시장 실패는 세 가지 주요 원인, 즉 시장 지배력, 외부성, 그리고 본질적으로 시장의 효율적 배분기능이 적용되기 어려운 상품들 때문에 발생한다.

Larry Busacca/PW18/Getty Images

비욘세와 제이지는 14억 달러의 가치가 있는 것으로 추정되는 전설적인 음악 커플이다. 그리고 그 가치의 상당 부분은 순회공연으로 벌어들인 수익에 의한 것이었다. 2018년에 있었던 그들의 'On the Run II Tour'에서는 거의 220만 장의 티켓이 팔리면서 2억 5,300만 달러의 놀라운 수익을 달성했다. 이 커플은 2014년에 이미 그들의 초기 공연인 'On the Run Tour'에서 1억 달러 이상의 높은 수익을 올렸었다. 한 음악 전문가는 이는 전혀 놀랄 일이 아니라고 언급했다. 그는 "그 사이에 거의 2억 장의 음반이 팔렸으며, 총 36개의 그래미상을 수상한 비욘세와 제이지는 대단한 창조적 예술가였다. 그들의 재능이 합쳐졌을 때 적어도 티켓 가격에 관한 한 하늘이 그 한계다."

라고 말했다. 그리고 이는 시장에서도 확인되었다. TicketIQ는 2018년 공연 티켓의 온라인 재판매 평균 가격이 403달러라고 추정했다.

하지만 그들의 공연 티켓에 대한 높은 수요에도 불구하고, 비욘세와 제이지는 평균 티켓 가격보다 훨씬 적은 액수를 받는다. 왜일까? 이 공연의 제작자인 오마르 알 줄라니는 티켓 가격은 '모두를 포함(inclusive)'하기 위해 책정된다고 설명했다. 2018년 뉴저지의 메트라이프 스타디움 행사에서 라이브 네이션의 직판 티켓 가격은 25달러에서 380달러 사이였다. 알 줄라니는 계속해서 "우리는 여러분들이 누구든 공연에 참여할 기회를 가질 수 있도록 티켓가격의 범위를 책정하였다."라고 말했다.

직판점에서 표를 구할 수 있었다면, 그 표를 시장가격으로 되팔아서 꽤 많은 돈을 벌 수 있었을 것이다. 아마도 이것은 비욘세와 제이지가 그들의 음악뿐만 아니라 부를 사람들과 공유하는 방식이었을 것이다.

생각해 볼 문제

1. 티켓 재판매업자가 없는 상황에서 비욘세–제이지와 그들 팬들의 거래를 소비자잉여와 생산사잉여의 개념을 활용하여 분석하라. (즉 모두가 직접 티켓을 구매하고 콘서트에 간다고 가정한다.) 그림을 그려 설명하라.

2. 질문 1에 대한 답변으로 그려진 그림을 참조하여 재판업자가 비욘세–제이지와 그 팬들의 소비자잉여와 생산자잉여 배분에 미치는 영향을 설명하라.

요약

1. 개별 소비자의 **지불할 용의**는 수요곡선을 결정한다. 가격이 지불할 용의보다 작거나 같으면 잠재적 소비자는 재화를 구입한다. 가격과 지불할 용의의 차이는 소비자에게 순이익이 되고 이것을 **개별 소비자잉여**라고 한다.

2. **총소비자잉여**는 시장에서 모든 개별 소비자잉여를 더한 값으로 수요곡선과 가격 사이에 있는 영역의 넓이와 같다. 가격이 오르면 소비자잉여는 줄어들고 가격이 하락하면 소비자잉여는 늘어난다. **소비자잉여**는 대개 개별 소비자잉여와 총소비자잉여 모두를 지칭한다.

3. 개별 잠재적 생산자의 **비용**은 생산자가 한 단위의 재화를 생산하려고 하는 최소한의 가격을 뜻하며, 이것은 공급곡선을 결정한다. 재화의 가격이 생산자의 비용보다 높으면 생산자에게 순이익을 가져다주며 이것을 **개별 생산자잉여**라고 한다.

4. **총생산자잉여**는 시장에서 모든 개별 생산자잉여를 더한 값으로 가격과 공급곡선 사이에 있는 영역의 넓이와 같다. 가격이 오르면 생산자잉여는 늘어나고 가격이 하락하면 생산자잉여는 줄어든다. **생산자잉여**는 대개 개별 생산자잉여와 총생산자잉여 모두를 지칭한다.

5. **총잉여**는 재화의 생산과 소비로 인하여 사회가 얻는 총이익을 지칭하며 이것은 소비자잉여와 생산자잉여의 합이다.

6. 대개 시장은 효율적이며 최대한의 총잉여를 달성한다. 이때 소비나 판매를 재조정하거나 생산량이나 소비량에 변화가 생기면 총잉여는 줄어든다. 그러나 사회는 공평성도 고려한다. 따라서 효율성을 줄이고 공평성을 증가시키는 정부의 시장개입은 사회에 의해 정당화될 수 있다.

7. 효율적인 시장으로 구성된 경제는 또한 효율적이다. 다만 이는 현실적으로 달성하기가 거의 불가능하다. 시장경제 효율성에는 **재산권**과 **경제적 신호**로서의 가격의 작동이 필수적이다. 특정한 조건하에서는 시장을 **비효율적**으로 만드는 **시장실패**가 일어난다. 시장 실패의 세 가지 주요 원인은 시장 지배력, 외부성, 그리고 본질적으로 시장의 배분기능이 효율적으로 작동하기 어려운 상품의 존재이다.

주요용어

지불할 용의
개별 소비자잉여
총소비자잉여
소비자잉여
비용

개별 생산자잉여
총생산자잉여
생산자잉여
총잉여
재산권

경제적 신호
비효율적
시장실패

토론문제

1. 수요 감소로 국내 항공사의 평균 운임이 2019년 3분기 375달러에서 같은 해 4분기 360달러로 15달러 감소했다고 가정해 보자. 지난 3분기 여객 티켓 판매 수는 1억 8,500만 장이었고, 4분기에는 1억 7,500만 장이었다. 같은 기간 동안 항공사들의 비용은 거의 동일하게 유지되었는데, 제트연료 가격은 두 분기 모두 갤런당 평균 2달러였고, 항공사 조종사들의 급여는 2019년에 연평균 11만 7천 달러로 거의 동일하게 유지되었다. 이 정보를 사용하여 평균 요금 15달러 감소의 결과로 생산자잉여가 얼마나 감소했는지 정확하게 판단하라. 만약 당신이 정확하게 말할 수 없다면, 그것이 특정한 양보다 적을지 혹은 그 이상일지 결정

하라.

2. 2019년 허리케인 도리안은 미국 플로리다주에서 발생한 허리케인이다. 그것이 플로리다주를 위협하는 동안, 지역 주민들은 빵, 가스, 그리고 물을 포함한 기본적인 필수품들을 서둘러 비축했다. 제한된 공급을 고려할 때, 주민들은 일부 지역에서 가격이 300% 이상 인상되었음을 재빨리 알아차렸다. 가격 담합이 어떻게 소비자잉여를 증가시킬 수 있는지 설명하라.

3. 1990년대 초 크라이슬러는 가장 많이 팔린 SUV인 지프 그랜드 체로키를 출시했다. 출시 당시 그랜드 체로키는 세 가지 모델로 출시되었으며, 각각의 모델은 독특한 기능을

제공했다. 오늘날 그랜드 체로키는 10개의 독특한 모델로 판매된다. 왜 기업들은 독특한 모델을 제공하는가, 그리고 모델의 수를 늘리는 것이 생산자잉여에 어떤 영향을 미치는가?

연습문제

1. 다음 각각의 상황에서 발생하는 소비자잉여를 구하라.
   a. 레옹은 옷가게에서 새로 나온 티셔츠를 구매하는 데 10달러를 지불할 용의가 있다. 그는 자신의 마음에 드는 10달러의 재화를 선택하였다. 계산대에서 그가 선택한 티셔츠가 반값에 할인된 가격에 판매되고 있다는 것을 알게 되었다.
   b. 알베르토는 최대 30달러에 중고 너바나 히트집을 구매하기 위하여 음반가게에 갔다. 실제로 상점에서 30달러에 판매되고 있었다.
   c. 축구 연습 후에 스테이시는 미네랄 워터를 마시기 위해서 2달러를 지불할 용의가 있었다. 세븐일레븐은 미네랄 워터를 병당 2.25달러에 판매하고 있다.

2. 다음 각각의 상황에서 발생하는 생산자잉여를 구하라.
   a. 고든은 리오넬 전기 기차를 이베이에서 경매에 부쳤다. 그는 받아야겠다고 생각하는 금액을 최소 75달러로 정했다. 5일 후 최고 경매가격은 정확히 75달러였다.
   b. 소희는 학생신문 중고차 코너에 그녀의 차를 2,000달러에 내놓았다. 그녀는 최소한 1,500달러를 받고 싶어 한다. 그러나 그녀가 받은 최고의 제안은 1,200달러이다.
   c. 샌제이는 자신의 직업을 너무 좋아해서 대가를 받지 않고 일할 의사가 있다. 그러나 그의 연봉은 8만 달러이다.

3. 컴퓨터 게임에 대한 6명의 잠재적 소비자가 있다. 각각은 오직 하나의 게임을 살 용의가 있다. 소비자 1은 40달러를 지불할 용의가 있다. 소비자 2는 35달러를 지불할 용의가 있다. 소비자 3은 30달러를 지불할 용의가 있다. 소비자 4는 25달러를 지불할 용의가 있다. 소비자 5는 20달러를 지불할 용의가 있다. 소비자 6은 15달러를 지불할 용의가 있다.
   a. 시장가격이 29달러라고 가정하자. 총소비자잉여는 얼마인가?
   b. 이제 시장가격이 19달러로 하락하였다. 총소비자잉여는 얼마인가?
   c. 가격이 29달러에서 19달러로 하락할 때 각각의 개별 소비자잉여는 어떻게 변하는가? 총소비자잉여는 어떻게 변하는가?

4. a. 경매를 할 때 구매 의사가 있는 사람들은 입찰을 하며 물건을 얻기 위해 경쟁한다. 노스웨스턴대학교의 사회심리학자 갈린스키(Adam Galinsky)는 같은 물건이 팔리는 이베이 경매를 비교하였다. 그는 평균적으로 입찰하는 사람의 수가 많을수록 최종 판매가가 높다는 사실을 발견하였다. 예를 들어, 같은 아이패드를 판매하는 두 경매장을 비교하였을 때, 입찰한 사람의 수가 많은 곳에서 더 높은 가격이 책정되었다. 갈린스키에 의하면 이러한 현상이 왜 똑똑한 판매자들이 새 아이패드에 1센트를 매기는 등 경매 첫 희망가격을 낮게 책정하는지를 설명해 준다고 한다. 소비자잉여와 생산자잉여의 개념을 사용하여 갈린스키의 주장을 설명하라.
   b. 당신의 첫차를 팔려고 한다고 가정해 보자. 만약 차의 상태가 좋다면 가치가 높을 것이고, 상태가 나쁘다면 가치가 낮을 것이다. 차의 상태는 매우 좋으나 구매를 원하는 사람이 차의 상태를 확인하기 위해 CARFAX 보고서 작성에 40달러를 지불해야 한다고 하자. 이 장에서 배운 내용을 이용하여 당신이 검사를 위해 돈을 지불하고 이러한 검사 결과를 구매를 원하는 사람들에게 공유해야 할지 말아야 할지 설명하라.

5. 다음 표는 이 책 제5판의 중고책에 대한 수요와 공급량을 보여 주고 있다. 공급계획은 아마존닷컴에서 얻었고, 수요계획은 가상의 것이다.

책 가격	책 수요량	책 공급량
$55	50	0
60	35	1
65	25	3
70	17	3
75	14	6
80	12	9
85	10	10
90	8	18
95	6	22

100	4	31
105	2	37
110	0	42

a. 이 시장의 균형에서 소비자잉여와 생산자잉여를 계산하라.

b. 이제 이 책의 제6판이 출간되어 중고책에 대한 계산, 각 수요자들의 지불할 용의가 20달러 하락하였다. 표에서 새로운 수요계획을 보여 주고, 새로운 균형에서 소비자잉여와 생산자잉여를 구하라.

6. 오는 목요일 저녁에 지역 레스토랑은 파스타 데이를 갖는다. 아리는 레스토랑의 파스타를 좋아하며 각 접시에 대해 그의 지불할 용의는 다음 표에 나타나 있다.

파스타 수량(접시)	지불할 용의(접시당)
1	$10
2	8
3	6
4	4
5	2
6	0

a. 만약 파스타 한 접시당 가격이 4달러라면 아리는 얼마만큼을 구매할 것인가? 그가 얻는 소비자잉여는 얼마인가?

b. 다음 주에 아리는 다시 레스토랑을 방문하였다. 그러나 이제 파스타는 한 접시당 6달러이다. 지난주와 비교하여 소비자잉여는 얼마나 감소하였는가?

c. 한 주 뒤에 그는 레스토랑을 다시 방문하였다. 레스토랑은 25달러에 피스타를 무제한으로 제공하고 있었다. 아리는 파스타를 얼마나 먹을 것인가? 그의 소비자잉여는 얼마인가?

d. 당신이 레스토랑의 주인이고 아리는 일반적인 소비자라고 가정하자. 당신이 파스타를 무제한으로 제공하는 대신 받을 수 있는 최대한의 금액은 얼마인가?(단 여전히 소비자들은 그 가격에서 파스타를 구매할 의사가 있어야 한다.)

7. 당신은 펀 월드라는 조그마한 놀이공원을 운영하고 있다. 다음의 그래프는 펀 월드를 방문하는 일반적인 소비자의 수요곡선을 보여 준다.

a. 놀이기구를 한 번 이용하는 데 드는 가격이 5달러라고 가정하자. 그 가격에서 개개의 소비자는 얼마나 많은

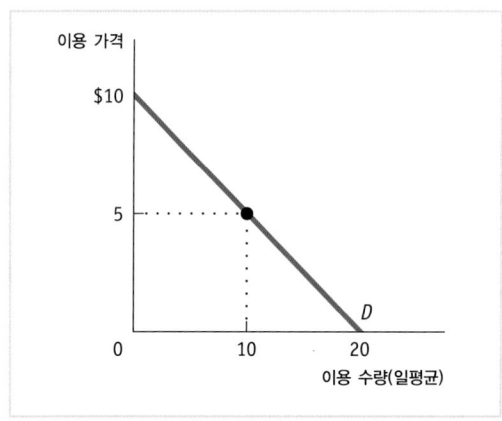

소비자잉여를 얻게 되는가?(삼각형의 넓이는 1/2×밑변×높이이다.)

b. 펀 월드는 가격을 5달러로 유지하면서 입장료를 받으려고 한다. 최대한으로 받을 수 있는 입장료는 얼마인가?(모든 잠재적 소비자가 입장료를 지불할 충분한 돈을 가지고 있다고 가정하라.)

c. 펀 월드는 놀이기구 이용료를 0으로 낮추었다. 개개의 소비자가 얻는 소비자잉여는 얼마인가? 펀 월드가 받을 수 있는 최대한의 입장료는 얼마인가?

8. 다음 그래프는 택시기사의 개별 공급곡선을 나타낸다(모든 택시가 동일한 거리를 간다고 가정하자).

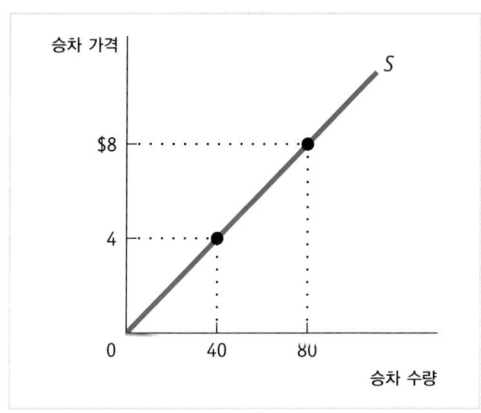

a. 시 당국이 택시 이용료를 4달러로 책정했고, 이 가격에서 택시기사는 그가 원하는 만큼 택시 승차를 판매할 수 있다고 가정하자. 택시기사의 생산자잉여는 얼마인가?(삼각형의 넓이는 1/2×밑변×높이이다.)

b. 시 당국은 택시 이용료를 4달러로 책정함과 동시에 택시기사들에게 면허료를 부과하기로 결정하였다. 시 당국이 택시기사들에게 부과할 수 있는 최대한의 면허료는 얼마인가?

c. 시 당국이 택시 이용료를 8달러로 올리는 것을 승인하

고, 이 가격에서 택시기사는 그가 팔고자 하는 승차량을 제공한다고 가정하자. 택시기사들 개개인의 생산자잉여는 어떻게 되는가? 시 당국이 면허료로 택시기사들에게서 징수할 수 있는 최대한의 금액은 얼마인가?

9. 스포티파이(Spotify), 판도라(Pandora), 그리고 구글 플레이(Google Play)는 인기 있는 음악 스트리밍 서비스 업체 중 일부이다. 이 회사들은 음악에 대한 무료 접근 서비스를 제공한다. 사용자는 적은 월 사용료로 프리미엄 액세스를 구입하고 수백만 곡의 노래를 광고없이 바로 들을 수 있다. 하지만 모든 아티스트들이 무료 스트리밍 음악의 팬인 것은 아니다. 스포티파이가 2014년에 발매한 노래 '1989'를 무료로 재생하는 것을 막기 위한 테일러 스위프트(Taylor Swift)의 움직임은 전국적인 헤드라인을 장식했다. 스포티파이가 유료 고객에게만 접근을 제공하는 것을 거부했을 때, 테일러 스위프트는 회사가 자신의 음악을 무료로 재생하는 것을 허락하지 않으려 했다. 그녀 뿐만이 아니라 아델(Adele), 닥터 드레(Dr. Dre), 가스 브룩스(Garth Brooks), 그리고 콜드플레이(Cold Play)도 모두 무료 스트리밍 서비스와 싸움을 벌였다.

  a. 음악 애호가들이 음악과 비디오 콘텐츠를 직접 구매하거나 프리미엄 접속료를 지불하는 대신 무료 음악 스트리밍 서비스를 통해 그것들을 얻는다면 음반사들의 음반 판매로 인한 생산자잉여는 얼마나 될까? 향후 음반회사가 음악을 생산할 유인에는 어떤 영향을 줄 것인가?

  b. 만약 테일러 스위프트와 다른 아티스트들이 그들의 음악을 무료 스트리밍 서비스에서 들을 수 없도록 한다면, 상호 이익이 되는 거래(음악의 제작과 구매)는 미래에 어떻게 될까?

10. 2015년 12월 17일, 많은 사람들이 기다리던 아델의 미국 콘서트 투어 티켓이 티켓마스터(Ticketmaster)에서 선착순으로 판매되었다. 하루 동안, 기록적으로 1천만 명의 사람들이 75만 장의 티켓 구매를 시도했다. 암표상을 막기 위해 아델과 티켓마스터는 구매자를 콘서트당 4장으로 제한하고 프리미엄 좌석 소유자들에게 콘서트 입장권 구입에 사용된 신용카드를 입장할 때 제시할 것을 요구했다. 이러한 재판매 제한 시도에도 불구하고 스터브허브(StubHub)에서는 티켓이 10배의 가격으로 판매되고 있었다.

  a. 아델 콘서트 티켓 시장을 나타내는 수요와 공급곡선을 그려라. 모든 티켓이 150달러라고 가정해보자. 균형 가격, 수량 및 그에 따른 부족분을 나타내 보자.

  b. 그림에서 소비자잉여, 생산자잉여 및 총잉여에 해당하는 영역을 보여라.

  c. 그림을 사용하여 티켓 재판매가 어떻게 소비자잉여를 증가시킬 수 있는지 설명하라.

11. 우버(Uber)는 오랫동안 현재의 수요와 공급 요인에 근거하여 가격을 책정하는 '일시적 가격인상 정책'을 채택하여 비판을 받아왔는데, 이는 때때로 가격을 갑작스럽고 급격하게 인상하는 결과를 초래하였기 때문이다. 월스트리트 저널 기사에서 우버의 최고경영자(CEO)는 "언제 '일시적 가격인상 정책'의 끝을 볼 수 있느냐"는 질문을 받았다. 그의 대답은 다음과 같았다. "… 전 세계 모든 도시들의 금요일 밤은 일요일 밤보다 3~5배 더 붐빈다. 그리고 금요일 밤에 필요한 만큼의 수요를 완벽하게 맞출 수 있도록 충분한 공급량을 가지게 되면, 나머지 요일에는 생계를 유지하지 못하는 운전자들이 생길 것입니다."

  a. 일요일 밤 마이애미에서 우버 서비스에 대한 수요와 공급 그래프를 그려라. 금요일 밤에 수요는 어떻게 변하는가? 그에 따른 우버의 공급은 어떻게 변하겠는가? 금요일 밤에 일시적 가격인상을 하지않을 경우 발생하는 우버의 부족분을 나타내라.

  b. 그림에서, 금요일 밤에 가격인상이 없다면 소비자잉여와 생산자잉여에 무슨 일이 일어나는지 보여라.

  c. 그림을 사용하여 일시적 가격인상 정책이 소비자잉여와 생산자잉여를 어떻게 변화시키는지 설명하라.

12. 할리우드 시나리오 작가들이 영화 제작자들과 자신들이 대본을 쓴 영화를 대여할 때마다 수익의 10%를 받도록 규정하는 새로운 협정에 대해 협상한다고 하자. 이전에 VOD에 상영되는 영화에 대해 그러한 합의가 없었다.

  a. 새 합의가 발효되면 영화 대여 시장에서 어떤 일이 벌어질까? 즉 공급이나 수요의 변화는 어떻게 될까? 그리고 결과적으로, 영화 대여 시장의 소비자잉여는 어떻게 변화할 것인가? 그림을 이용하여 설명하라. 작가들이 동의하면 영화를 빌리는 소비자들이 좋아할까?

  b. 소비자들은 영화 대여와 VOD를 어느 정도 대체할 수 있다고 생각한다. 새로운 작가들의 합의가 발효되면, VOD 시장에서 어떤 일이 일어날까? 즉 공급이나 수요가 어떻게 바뀔까? 그리고 결과적으로 VOD 시장의 생산자잉여는 어떻게 변화할 것인가? 그림을 사용하려 설명하라. 작가들의 합의가 VOD 영화를 상영하는 케이블 텔레비전 회사들에게 인기가 있을까?

  c. 더 많은 소비자들이 레드박스(Redbox) 대여에서 넷플릭스(Netflix)와 아마존 프라임(Amazon Prime)과 같은 스트리밍 서비스로 영화 감상 선호를 전환하고 있다.

영화 선호도의 변화 이후 영화 대여 시장에 어떤 일이 일어날까? 영화 대여 시장에서 생산자잉여는 어떻게 변화할 것인가? 그림으로 설명하라. 스트리밍 영화로의 전환이 영화 대여 회사와 할리우드 시나리오 작가에게 어떤 영향을 미치는지 그림으로 설명하라.

5 가격규제와 수량규제 : 시장에 대한 간섭

브롱크스 이야기

스테파니 키넌은 걱정했다. 집주인인 자신이 뉴욕 시의 자치구인 브롱크스에서 소유하고 있는 26채짜리 아파트의 지붕에서 물이 새는 것을 수리하는 데 필요한 29,000달러를 어떻게 감당할 수 있을지를 말이다. 이에 비해 인근 아파트 세입자인 글로리벨 카스티요는 더 이상 월세 걱정을 하지 않아도 될 것을 알고 안심하게 되었다.

이러한 대조적인 상황의 원인은 임대료 통제법 강화 때문이었다. 이 법은 집주인들이 도시 기관의 허가 없이 임대료를 올리거나 집세규제 아파트의 세입자들을 내보내는 것을 금지하고 있다. 2019년 뉴욕 시는 집주인들이 그러한 허가를 얻는 것을 훨씬 더 어렵게 했다. 개정된 규정은 또한 집주인들이 아파트를 세규제 아파트에서 비규제 상태로 전환하는 것을 금지하고 있다. 그러한 집세규제가 없으면 집주인들은 훨씬 더 높은 시장 임대료를 부과할 수 있다.

이러한 규제 변화를 위해 열심히 로비를

세입자 글로리벨 카스티요(왼쪽)가 뉴욕 임대료 통제법 강화를 응원하는 동안 집주인 스테파니 키넌(오른쪽)은 이제 필요한 건물 수리 비용을 감당할 수 없을 것이라고 걱정했다.

벌였던 입주민단체들은 환호했다. 그 많은 구성원들은, 임대료를 지불하기 위해 2교대로 일하는 호텔 청소부인 글로리벨 카스티요와 같이, 노동자 계급이었다. 수십 년 동안 브롱크스는 노동자 계급과 저소득층 뉴욕 시민들의 고향이었다. 하지만 2019년까지 브롱크스는 고급주택화 과정을 거치게 되었고, 더 높은 소득을 가진 사람들이 이주하면서 낙후된 장소들이 번성하고 저소득 주민들은 다른 곳으로 이주해야 했다. 그 결과, 임대료가 증가하기 시작했다. 더 엄격한 규제가 적용되기 전까지 집세규제 아파트의 세입자들은 집주인들이 임대료를 올리거나 세입자를 내보내기 위해 법의 허점을 발견하는 엄혹한 현실적 가능성에 직면했다.

반면, 규제가 없는 아파트의 소유자들은 강화된 새로운 규제의 혜택을 받았다. 집세규제 아파트를 비규제 상태로 전환하는 것이 불법이었기 때문에, 이용 가능한 비규제 아파트가 줄어들게 되었다. 결과적으로, 규제되지 않은 아파트의 임대료는 상승할 것이었다. 그러나 스테파니 키넌과 같은 임대료가 통제되는 건물의 집주인들은 심각한 곤경에 직면해 있었다. 강화된 규제로 인해 필요한 보수와 보수 비용을 감당하기가 더 어려워졌다. 스테파니는 임대료 수입이 줄어들면 주택담보대출 상환을 감당하기가 더 어려워진다는 것도 알고 있었다.

브롱크스 주민들의 미래는 어떻게 될 것인가? 규제가 매우 엄격하게 적용되었던 1970년대에, 집주인들이 그들의 비용을 감당할 수 있을 만큼 높은 임대료를 부과할 수 없었기 때문에 많은 건물들이 버려졌었다. 이 기간 동안 브롱크스는 믿기지 않을 정도로 쇠퇴하며 거주 가능한 아파트가 부족하게 되었고, 빈 건물들이 흉악한 목적으로 사용되면서 범죄가 급증하였다. 오직 시간만이 브롱크스가 세입자들의 천국이 될 지 아니면 세입자들의 악몽이 될 지를 가늠해 줄 수 있었다.

집세규제는 시장개입의 한 유형으로, 정부

가 수요와 공급의 시장 지배력을 갖기 위해 부과하는 정책이다. 비록 입주자의 이익을 보호하기 위해 제2차 세계대전 동안 많은 주요 미국 도시에서 집세규제가 도입되었지만, 이로 인해 초래된 문제들로 대부분의 도시들이 이를 폐지하게 되었다. 뉴욕 시와 샌프란시스코는 주목할 만큼 예외적인 경우로, 두 도시에서는 임대 아파트 중 일부에만 집세규제가 시행되고 있었다.

우리가 이 장에서 배울 내용은, 정부가 시장 가격(수량)을 균형 가격(수량)과 다르게 책정하여 강제할 때, 시장은 예측 가능한 방식으로 반격한다는 것이다. 아파트 부족은 시장의 논리를 무시할 때 일어나는 상황의 한 예이다. 집세규제와 같은 시장개입은 아파트 임대료를 시장 균형 수준 이하로 유지하게 하여 공급 부족 같은 심각한 문제들을 야기한다. 그리고 우리가 보게 될 것처럼, 그 문제들은 필연적으로 승자와 패자를 만들게 된다.

시장개입으로 인해 특정한 승자와 패자가 발생하는 것과 함께, 우리는 사회 전체적으로도 어떻게 그리고 왜 상황이 악화되는지를 배울 것이다. 이러한 결과는 경제학자들로 하여금 잘 정의된 특정한 상황을 제외하고는 일반적으로 시장개입에 대해 회의적인 시각을 갖게 했다. ●

이 장에서 배울 내용

- 시장개입이란 무엇이며 왜 시장개입의 주요 형태로 **가격과 수량의 규제**가 채택되는가?

- 가격규제과 수량규제로 왜 **자중손실**이 발생하는가?

- 시장개입으로 누가 이익을 얻고 누가 손해를 보는가?

- 왜 경제학자들은 종종 시장개입에 회의적인가? 그리고 왜 정부는 사회에 손실을 주는데도 시장개입을 하는가?

가격규제(price control)는 시장가격이 얼마만큼 높거나 낮게 책정될 수 있는지에 대한 법적인 제약이다. 판매자가 재화에 부과할 수 있는 최대가격인 가격상한제(price ceiling)와 구매자가 재화에 지불해야 하는 최소가격인 가격하한제(price floor)가 있다.

|| 정부가 가격을 조정하는 이유

제3장에서는 시장이 균형을 향해 움직인다는 것을 배웠다. 즉 시장가격은 수요량과 공급량이 일치하는 수준으로 움직인다. 그러나 이러한 균형가격은 구매자나 판매자를 항상 만족시키는 것은 아니다.

결국 구매자들은 가능한 적은 액수를 지불하고 싶어할 것이다. 때때로 그들은 균형 임대료가 일반 근로자에게 감당할 수 없다고 주장하는 경우처럼 비슷한 사안에 대해 도덕적이며 정치적인 이유를 들며 강력한 주장을 펼친다. 이런 경우, 정부는 집주인이 부과할 수 있는 집세에 한계를 두라는 압력을 받게 된다.

마찬가지로, 판매자들은 항상 더 높은 가격을 받기를 원한다. 때때로 그들은 노동시장에서 노동자의 균형 임금률이 빈곤 이하의 낮은 소득을 초래하는 수준임을 주장하는 경우처럼 유사한 사안에 대해 도덕적 또는 정치적 이유를 들며 강력한 주장을 펼친다. 이런 경우, 정부는 고용자들에게 특정한 최저임금 이하로는 지불할 수 없도록 요구하라는 압력을 받을 것이다.

다시 말해, 정부는 종종 시장에 개입하라는 강력한 도덕적, 정치적인 요구를 받는다. 정부가 가격을 통제하기 위해서 시장에 개입하는 경우, 우리는 이것을 **가격규제**(price control)라고 한다. 이러한 규제는 대개 **가격상한제**(price ceiling)나 **가격하한제**(price floor)의 형태로 실현된다.

그러나 시장에 무엇을 하라고 지시하는 것은 쉬운 일이 아니다. 이제부터 살펴보려는 바와 같이 정부가 가격규제를 시도하는 경우—가격상한을 두어 가격을 떨어뜨리거나 가격하한을 두어 가격을 상승시키는 경우—예상 가능하지만 그다지 유쾌하지 않은 부작용들이 발생한다.

그러나 여기서 두 가지 유념해야 할 사항이 있다. 첫째, 우리는 가격 통제가 부과되기 전에 시장이 효율적이라고 가정하고 있음이다. 그러나 시장은 때때로 하나의 독점기업에 의해 지배되는 시장처럼 비효율적일 수 있다. 이때 독점기업은 시장가격에 영향력을 가지고 있다. 시장이 비효율적일 때 가격규제가 반드시 문제를 일으키는 것은 아니며 오히려 시장을 더 효율적인 방향으로 움직일 수도 있다. 둘째, 자연재해로 인한 공급부족에 대응하기 위해 단기적으로 가격을 통제하는 것은 형평성과 사회복지 차원에서 정당화될 수 있다. 예를 들어, 2020년 코로나바이러스 대유행 기간 동안, 구급에 필요한 인공호흡기 부족으로 인해 그 시장 가격이 급등하여 부유한 사람들만 이용할 수 있는 상황이 발생했다. 그래서 주 정부와 연방 정부는 절박한 필요성에 따라 인공호흡기를 할당하게 함으로써 생사기로의 중요한 상황에서 공평성이 유지될 수 있도록 조치했다.

|| 가격상한제

오늘날 미국에는 집세규제 이외에는 가격상한제가 그다지 많이 존재하지 않는다. 그러나 때에 따라 가격상한제가 전 미국에 널리 시행된 적이 있었다. 가격상한제는 전쟁, 흉작, 자연재해 등과 같은 위기 시에 주로 시행되었는데, 이는 이러한 사건들이 종종 많은 사람들을 고통스럽게 하고 극소수의 사람들에게 큰 이익을 가져다주는 가격 급등을 초래하기 때문이었다.

미국 정부는 제2차 세계대전 동안 많은 가격상한제를 시행하였다. 전쟁은 알루미늄, 강철과 같은 원자재에 대한 수요를 급격히 증가시켰기 때문에, 가격규제는 원자재 판매자들이 막대한 이윤을 벌어들이지 못하도록 하였다. 1973년 아랍의 산유국들에 의한 수출금지 조치가 미국의 정유회사들에 엄청난 이익을 안겨 줄 것으로 예상되었을 때는 석유에 대해 가격규제가 시행되었다. 허리케인 샌디의 여파로 뉴욕과 뉴저지 당국은 2012년 가격규제를 다시 시행하였다. 가스 부족으로 인해 곳곳에서 바가지 요금이 만연했기 때문이다.

앞서 다룬 뉴욕에서의 집세규제는 제2차 세계대전의 유산이다. 가격상한제는 전쟁으로 인하여 주택을 짓는 데 쓰이곤 했던 노동력과 원자재가 전쟁에 이기기 위해 이용되면서 아파트에 대한 초과수요가 증가했기 때문에 시행되었다. 대부분의 가격규제가 전쟁이 끝난 후 사라졌음에도 불구하고, 뉴욕의 집세 제재정책은 계속되었고 오히려 전에는 포함하지 않았던 건물들에까지 점차 확대되면서 불합리한 상황들을 만들어 냈다.

만약 한 달에 몇천 달러를 지불하고 그다지 넓지 않은 공간에서 살 용의가 있다면, 상당히 짧은 시간 안에 맨해튼의 침실 하나짜리 집에 세를 들 수 있을 것이다. 그러나 어떤 사람들은 비슷한 아파트에 대해 단지 이 금액의 일부분만을 지불하고, 또 다른 사람들은 더 좋은 지역에 있는 보다 큰 아파트에 대해 거의 같은 돈을 지불하기도 한다.

그렇다면 뉴욕의 집세규제 시스템으로 인한 일련의 결과들은 무엇인가? 이 물음에 답하기 위해서는 제3장에서 전개하였던 수요와 공급모형으로 돌아갈 필요가 있다.

가격상한제의 모형화

경쟁시장에서 정부가 가격상한제를 시행하였을 때 무엇이 잘못될 수 있는지 보기 위해서 뉴욕 아파트 시장을 단순화한 〈그림 5-1〉을 보자. 단순화를 위해서 우리는 모든 아파트가 정확히 같은 재화이고, 따라서 규제되지 않은 시장에서는 똑같은 가격의 집세가 결정된다고 가정하자.

그림 안에 있는 표는 수요량과 공급계획을 나타낸다. 수요곡선과 공급곡선은 그림의 왼쪽에 나타나 있다. 가로축에는 아파트의 수량, 세로축에는 월세가 나와 있다. 가격규제가 시행되지 않은 시장에서 균형은 *E*에서 결정된다는 것을 알 수 있다. 즉 한 달에 1,000달러의 집세로 200만 채의 아파트가 거래된다.

이제 정부가 균형가격보다 낮은 수준에서, 예를 들어 800달러로 집세를 제한하여 가격상한을

그림 5-1 가격규제가 없을 때의 아파트 시장

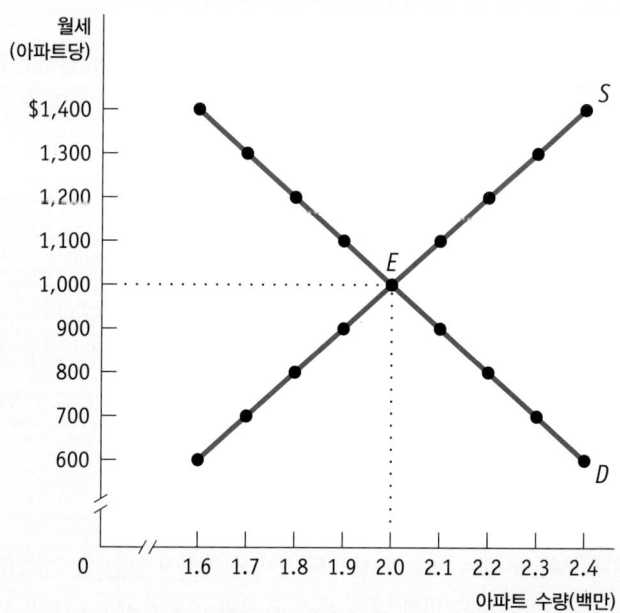

월세 (아파트당)	아파트 수량(백만)	
	수요량	공급량
$1,400	1.6	2.4
1,300	1.7	2.3
1,200	1.8	2.2
1,100	1.9	2.1
1,000	2.0	2.0
900	2.1	1.9
800	2.2	1.8
700	2.3	1.7
600	2.4	1.6

정부개입이 없을 때, 아파트 시장은 월세 1,000달러, 수량 200만인 *E*점에서 균형을 달성한다.

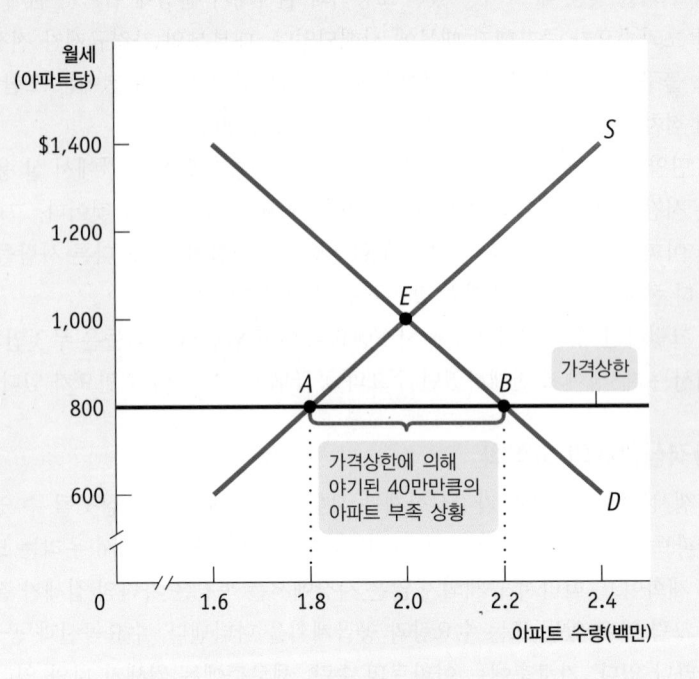

그림 5-2 가격상한의 효과

검은색 수평선은 정부에 의해 부과된 800달러인 월세의 가격상한을 나타낸다. 이 가격상한은 공급량을 180만으로 감소시키고(점 A), 수요량을 220만으로 증가시킨다(점 B). 이는 40만의 지속적인 아파트 부족 상황을 야기한다. 즉 800달러의 법적 임대료에서 아파트를 구하기 원하는 40만 명의 사람들이 아파트를 구할 수 없다.

설정했다고 가정해 보자.

〈그림 5-2〉는 가격상한의 영향을 800달러에서의 선을 통해 보여 준다. 800달러의 집세를 강요한다면 집주인은 아파트를 제공해야 할 유인을 덜 가지게 될 것이고, 그로 인해 균형가격인 1,000달러의 집세를 받았을 때와 같은 양의 아파트를 공급하려 하지 않을 것이다. 따라서 그들은 공급곡선 상의 A점을 선택하여 가격상한제가 없는 시장보다 20만 채가 줄어든 180만 채의 아파트만 공급하게 될 것이다.

이와 동시에 균형가격 1,000달러에서보다 800달러에서 더 많은 사람들이 아파트를 수요하려할 것이다. 수요곡선 상의 B점에서처럼 800달러의 집세에서 수요되는 아파트의 양은 가격상한이 없는 시장보다 20만 채가 더 늘어난 220만 채이고, 전체적으로는 40만 채의 초과수요가 발생하게 된다. 따라서 이제는 지속적인 임대주택 부족 문제에 봉착하게 된다. 800달러의 집세에서 40만 명의 사람들이 실제 구할 수 없는 아파트를 구하려고 노력하게 된 것이다.

그렇다면 가격상한은 항상 부족 문제를 야기하는가? 항상 그런 것은 아니다. 가격상한이 균형가격보다 높게 설정되었다면 그것은 어떠한 효과도 발생시키지 않는다. 균형가격(집세)이 1,000달러인데 시정부가 가격상한을 1,200달러에서 설정하였다고 가정해 보자. 누가 신경 쓰겠는가? 이 경우, 가격상한은 실질적으로 시장의 행동을 제약하지 못하고 시장에 그 어떤 영향도 미치지 못한다.

가격상한제가 비효율적인 이유

〈그림 5-2〉에서 나타난 주택 부족 문제는 단순히 성가신 것에서 그치지 않는다. 가격규제가 심각하게 해로울 수 있는 이유는 가격규제에 의한 여타 부족 문제와 마찬가지로 비효율성이 유발되기 때문이다. 다른 말로 하면, 실현되지 않은 거래의 이득이 있다는 것이다.

가격상한제와 같이 집세를 통제하는 것은 적어도 네 가지 측면에서 비효율성을 발생시킨다.

1. 아파트의 거래량은 효율적인 수준보다 아래에 있게 된다.
2. 일반적으로 소비자에 대한 아파트의 비효율적 배분이 일어난다.
3. 아파트를 찾는 사람들의 시간과 노력의 낭비를 가져온다.
4. 집주인으로 하여금 아파트를 비효율적으로 질 낮은 상태로 유지하게 한다.

자중손실(deadweight loss)은 행동이나 정책이 거래량을 효율적인 시장거래량 아래로 줄이면서 일어나는 총잉여의 손실을 뜻한다.

또한 가격상한은 비효율성뿐만 아니라 사람들로 하여금 그것을 회피하고자 시도하는 불법행위를 증가시킨다. 지금부터 가격상한이 발생시키는 이러한 비효율성을 각각 살펴보자.

비효율적으로 낮은 거래량　제4장에서 우리는 경쟁시장의 균형이 사고 팔리는 재화나 서비스의 거래량을 '바른' 수준, 즉 생산자잉여와 소비자잉여의 합을 최대화하는 수준으로 이끈다는 것을 배웠다. 집세규제는 아파트 공급량을 줄이기 때문에 임대되는 아파트의 수도 줄인다.

〈그림 5-3〉은 이때 총잉여가 함축하는 것을 보여 준다. 총잉여는 공급곡선 위와 수요곡선 아래에 나타나는 면적의 합이다. 만약 집세규제의 영향이 임대 가능한 아파트의 수를 줄이는 것이라면, 이것은 그림에서 색칠된 부분의 면적만큼 잉여의 감소를 일으킨다.

경제학에서 이 삼각형의 면적은 **자중손실**(deadweight loss)이라는 특별한 이름을 가지고 있다. 이는 시장 개입으로 인해 더 이상 일어나지 않는 거래와 관련해 사라진 잉여를 뜻한다. 이 예에서 자중손실은 가격상한제 때문에 더 이상 일어나지 않는 아파트 임대와 관련해 사라진 잉여가 된다. 이러한 손실은 실망한 임대인과 임차인 모두에게 해당된다. 경제학자들은 〈그림 5-3〉에 있는 것과 같은 삼각형을 주로 **자중손실 삼각형**이라고 부른다.

자중손실은 경제학에서 중요한 개념으로, 행동이나 정책이 거래량을 효율적인 시장거래량 아래로 줄일 때마다 만나게 될 것이다. 자중손실은 사회의 손실이라는 것을 이해하는 것이 중요하

[/segment]

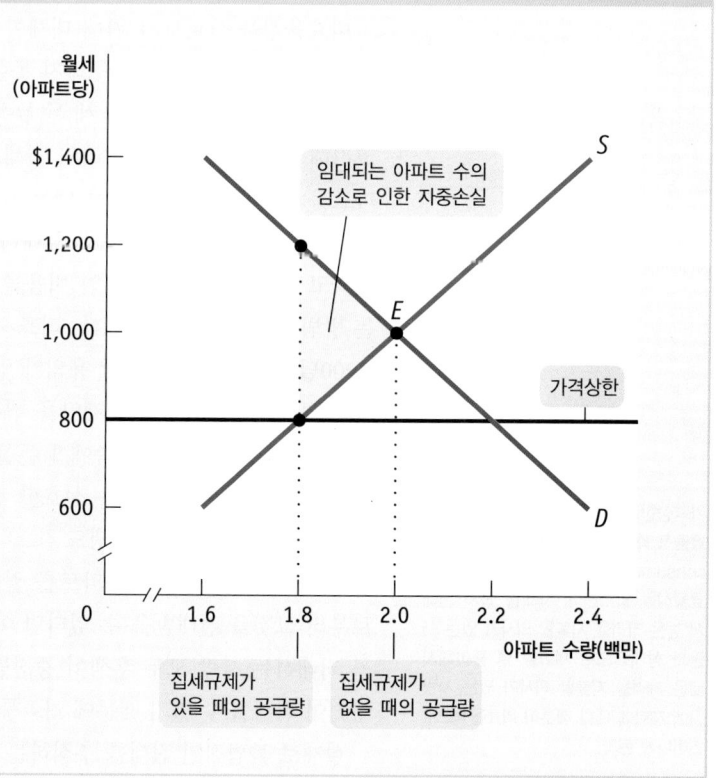

그림 5-3　비효율적으로 낮은 거래량을 만드는 가격상한제

가격상한제는 공급량을 시장균형 거래량 이하로 줄이며, 이는 자중손실을 일으킨다. 색칠된 삼각형 영역은 비효율적으로 낮은 거래량에 의해 감소된 총잉여의 양을 나타낸다.

다. 이것은 총잉여의 감소이며, 아무도 이를 통해 이득을 보지 않는다. 이것은 한 사람의 손실을 통해 다른 사람이 이득을 보는 잉여의 이전(transfer)과는 다른 개념이다. 가격상한제가 임대인과 임차인 간 잉여의 이전을 가져오는 것뿐만 아니라 어떻게 자중손실이 일어나는지의 예는 '탐구자를 위하여'를 참고하기 바란다.

자중손실은 가격상한제로 인해 발생하는 유일한 비효율이 아니다. 비효율은 임대 가능한 아파트 수량 감소에 지나지 않는다. 소비자에 대한 비효율적 배분, 낭비된 자원, 비효율적으로 낮은 품질과 같이 추가적으로 발생하는 비효율들은 총잉여의 감소를 자중손실 이상으로 만든다.

소비자에 대한 비효율적 배분　집세규제는 아파트가 덜 공급되는 문제로 끝나는 것이 아니다. 이것은 또한 가용한 아파트의 잘못된 배분도 일으킬 수 있다. 정말 살기를 원하는 사람이 아파트를 찾지 못할 수도 있고, 덜 간절히 원하는 사람이 아파트를 점유할 수도 있다.

〈그림 5-2〉의 경우를 보면, 220만 명의 사람들이 800달러의 월세로 아파트를 빌리고 싶어 하지만 단지 180만 채의 아파트만 사용 가능하다. 물론 아파트를 구하는 220만 명의 사람들 중에서 어떤 이들은 아파트를 간절히 원해서 더 높은 가격을 지불할 용의도 있을 것이다. 그리고 다른 사람들은 아마도 대체할 수 있는 주택을 가지고 있기 때문에 아파트를 급하게 필요로 하지 않고 따라서 단지 낮은 가격만 지불하고자 할 수도 있다.

효율적인 아파트 배분은 이러한 차이를 반영한다. 아파트를 진정으로 필요로 하는 사람은 아파트를 얻을 수 있어야 하고, 아파트를 찾는 데 그다지 심각하지 않은 사람은 얻지 못해야 한다. 아파트의 비효율적인 분배는 반대상황이 일어날 때 발생한다. 아파트를 급하게 구하지 않아도 되는 사람이 아파트를 얻고, 그것을 절실히 구하는 사람은 얻지 못하는 것과 같은 일이 발생하게 되는 것이다.

가격규제하에서 사람들은 대개 운이나 개인적인 연고를 통해 아파트를 구하게 되기 때문에, 집세를 규제하는 것은 전반적으로 **소비자에 대한 비효율적 배분**(inefficient allocation to consumers)을 가져온다.

비효율성을 살펴보기 위해 대체할 주택을 가지고 있지 않고, 따라서 집세로 1,500달러까지 낼 용의가 있으나 한 채도 구하지 못한 리즈 가족의 처지를 고려해 보자. 또한 대부분 플로리다에서 생활하지만 40년 전에 세 든 뉴욕의 아파트가 여전히 임대 상태에 있는 조지라는 은퇴자도 고려해 보자. 조지는 800달러의 월세를 내고 있지만 만약 850달러로 집세가 오른다면, 그는 아파트를 포기하고 뉴욕에 있을 때는 자녀들의 집에서 함께 머무를 것이다.

이와 같이 조지는 아파트를 임대하고 리즈는 임대하지 못한 아파트 배분상태는 잃어버린 기회라고 할 수 있다. 추가적인 비용을 들이지 않고 리즈와 조지 모두의 후생을 증가시킬 수 있는 방법이 존재하기 때문이다. 리즈 가족은 아파트를 구하기 위해 조지에게, 예를 들어 한 달에 1,200달러를 기꺼이 지불할 용의가 있을 것이다. 그리고 조지는 아파트가 자신에게 849달러 이상의 가치는 없으므로, 그 제안을 행복하게 받아들일 것이다. 조지는 자신이 계속 아파트에 세 들어 있는 것보다 리즈 가족에게 돈을 받는 것을 더욱 선호할 것이다. 리즈 가족은 돈보다는 아파트를 임대하는 것을 더욱 선호할 것이다. 따라서 이러한 거래를 통해 모두의 후생이 증진될 수 있으며, 다른 누구의 후생도 감소하지 않는다.

일반적으로 진정으로 아파트를 원하는 사람이, 덜 원하지만 아파트를 임대하고 있는 사람들로부터 그것을 전대받을 수 있다면 아파트를 전대받는 사람들과 돈을 받고 자신의 임대 아파트를 거래하는 사람 모두 후생이 증진될 수 있다. 그러나 전대는 상한가격보다 더 높은 수준에서 가격이 결정될 수 있기 때문에 가격통제하에서는 불법이다.

실제로 불법적인 전대를 추적하는 것이 뉴욕 시 사설 탐정들의 주요 업무이다. 《뉴욕타임즈》

집세규제와 같은 가격상한제는 임대 아파트 시장의 비효율성을 야기한다.

가격상한제는 종종 소비자에 대한 비효율적 배분(inefficient allocation to consumers)을 안겨 주는 방식으로 비효율성을 일으킨다. 재화를 몹시 원해서 높은 가격을 지불할 의사가 있는 사람과 상대적으로 재화를 덜 좋아해서 낮은 가격을 지불할 의사가 있는 사람 간에 재화에 대한 배분이 비효율적으로 일어나게 된다.

탐구자를 위하여   뭄바이의 집세규제를 받는 백만장자들

인도 뭄바이에는 뉴욕 시와 마찬가지로 집세가 통제되는 아파트가 있다. 현재 뭄바이 도심 아파트의 약 60%가 집세로 통제되고 있다. 비록 뭄바이가 뉴욕에서 지구 반 바퀴나 떨어져 있지만, 집세규제의 경제는 똑같이 작동한다. 집세규제는 공급부족, 낮은 품질, 소비자에 대한 비효율적인 할당, 낭비된 자원, 그리고 암시장으로 이어진다.

뭄바이의 집주인들은 종종 임대료 수입보다 더 많은 세금과 유지비를 지불해야 하는 상황에서 그들의 재산을 포기한다. 그리고 그렇게 집세가 규제되는 상황에서 구세입자가 신규세입자들에게 사실상 아파트 입주권을 팔면서 일종의 암시장이 뭄바이에서 번성하고 있다.

그리고 뉴욕을 포함한 많은 주요 도시와 마찬가지로 뭄바이에서는 '집세규제로 인한 백만장자'가 생겨났다. 한 세입자는 집세 비규제 아파트의 월세가 2,000달러인 지역에서 2,600평방피트짜리 아파트에 월 20달러만 내고 살았다. 그는 거주하는 아파트에 지붕이 무너졌음에도 떠나기를 거부했고, 3년간의 협상 끝에 개발업자로부터 고급 건물을 지을 수 있도록 아파트를 비우라는 조건으로 250만 달러를 받았다. 마찬가지로, 최근 몇 년 동안, 3명의 뉴욕 시 세입자들은 집세가 규제되는 아파트에서 나오는 조건으로 부동산 개발업자로부터 2,500만 달러를 받았다.

개발을 위한 토지 부족과 빠르게 증가하는 고소득 인도인들을 위한 거주지역으로서 적합한 뭄바이에는 아파트를 떠나자마자 백만장자가 된 수천 명의 집세규제 세입자들이 발생했다.

의 한 기사는 사설 탐정들이 몰래카메라와 다른 기술을 사용하여 임대료가 규제된 아파트의 합법적인 세입자들이 자신의 집을 두세 배 더 비싼 가격에 세를 놓고 교외 혹은 다른 주에 가서 살고 있는 것을 입증한다는 사실을 보도하였다.

이 불법적인 행위인 전대에 대해서는 곧 논의할 암시장에서 자세히 다룰 것이다. 당분간은 임대인과 정부가 불법적인 전대를 적극적으로 반대한다는 사실에 주목하자. 결과적으로 여전히 아파트 분배의 비효율성 문제가 남아 있게 된다.

낭비된 자원   가격상한이 비효율성을 야기하는 두 번째 이유는 그것이 **낭비된 자원**(wasted resources)을 초래하기 때문이다. 1979년으로 돌아가서, 미국의 석유 가격 통제는 석유 부족 사태를 가져왔으며, 이것은 수백만 명의 미국인들이 매주 긴 시간 동안 주유소에서 줄을 서서 기다리게 했다. 주유소에서 줄을 서는 데 사용된 시간의 기회비용—그 시간 동안 벌 수 있는 임금, 즐기지 못한 여가—은 소비자의 입장에서, 그리고 경제 전체적인 관점에서 자원의 낭비이다.

집세규제로 인해 리즈 가족은 수개월 동안 그들의 여유시간을 일을 하거나 가족 활동을 하는 대신 아파트를 구하는 데 사용해야 할 것이다. 즉 리즈 가족이 아파트를 구하기 위해서는 여가나 더 많은 소득과 같은 기회비용을 지불해야 한다.

만약 아파트 시장이 경쟁적으로 작동한다면 리즈 가족은 1,000달러의 균형집세로 아파트를 빠르게 구할 수 있었을 것이고 그 여유시간에 소득을 더 많이 벌거나 여가를 즐길 수 있을 것이다. 이는 다른 사람들의 후생 감소 없이 그들의 후생을 증대시킬 수 있다는 것을 의미한다. 다시 한 번, 집세규제는 잃어버린 기회를 양산한다.

비효율적으로 낮은 품질   가격상한이 비효율성을 발생시키는 세 번째 방법은 비효율적으로 낮은 품질을 통해서이다. **비효율적으로 낮은 품질**(inefficiently low quality)은 구매자가 높은 가격에 좋은 질을 선호함에도 불구하고 판매자는 낮은 가격에 질이 낮은 재화를 제공하는 것이다.

다시 집세규제의 예로 돌아가 보자. 집주인은 집수리 비용을 상환할 만큼 집세를 올려서 받을 수 없는 반면, 세입자를 쉽게 찾을 수 있기 때문에 더 좋은 상태의 아파트를 제공할 아무런 유인이 없다. 많은 경우 세입자들은 좀 더 나은 환경—에어컨이나 컴퓨터를 안전하게 작동시킬 수 없는 낡은 전기 시스템을 업그레이드시키는 등—을 위해 집주인이 부과하는 집세보다 더 많은 돈을 지불할 용의가 있다. 그러나 이러한 개선에 드는 추가적인 비용은 합법적인 집세 상승이라고 여겨짐에도 불구하고 금지되어 있다.

가격상한제는 비효율적으로 낭비된 자원(wasted resources)을 초래한다. 사람들은 가격상한제에 따른 재화의 부족에 대처하기 위해 돈과 노력을 들여야 한다.

가격상한제는 종종 비효율적으로 낮은 품질(inefficiently low quality)의 재화가 제공되는 비효율성을 야기한다. 구매자가 높은 가격에 좋은 질을 선호함에도 불구하고 판매자는 낮은 가격에 질이 낮은 재화를 제공하는 것이다.

실제로 가격이 규제된 아파트는 유지 상태가 매우 안 좋고 페인트칠이 거의 되어 있지 않으며, 전기와 배수 문제가 자주 발생하는 등 악명이 높다. 그리고 때때로 거주자들에게 매우 위험하기까지 하다. 맨해튼에 있는 빌딩의 매니저로 있었던 어떤 사람은 그의 직업을 이렇게 묘사하였다. "가격규제가 시행되지 않는 아파트에서 우리는 입주자들이 요구하는 것들 대부분을 처리합니다. 그러나 가격규제가 있는 아파트의 경우, 우리는 단지 법이 요구하는 (최소한의) 것들만 처리했지요…. 우리는 입주자들을 불행하게 만드는 심술궂은 유인을 가지고 있었어요." 이러한 상황은 잃어버린 기회이다. 어떤 입주자들은 더 좋은 환경을 위해 기꺼이 돈을 지불하길 원하고, 집주인은 기꺼이 그 돈을 받고 더 좋은 환경을 제공하기를 원한다. 그러나 그러한 교환은 시장이 자유로이 작동하도록 허락된 상태에서만 발생할 수 있다.

암시장 이러한 네 가지 비효율성에 더해 가격상한의 마지막 측면은 불법적인 활동의 유인을 제공하는 것, 즉 **암시장**(black market)의 출현이다. 우리는 이미 암시장 행위의 한 종류에 대해 묘사한 적이 있다. 입주자에 의한 전대 행위가 그것이다. 그러나 그것은 거기서 그치지 않는다. 집주인은 잠재적인 세입자에게 "만약 당신이 나에게 매달 집세에 추가적으로 수백 달러만 더 얹혀준다면, 당신은 아파트에 세를 얻을 수 있어요."라고 말하고 싶은 유혹을 받는다. 그리고 만일 세입자들이 합법적인 최고 집세보다 더 많은 돈을 기꺼이 지불하고자 하는 사람들이라면 그들은 이러한 제안에 동의할 것이다.

암시장의 단점은 무엇인가? 일반적으로, 만약 어떤 것이 사람들로 하여금 법 전반을 무시하는 행위를 독려하여 사람들이 어떤 법을 위반하게 된다면, 이는 부정적이라고 말할 수 있다. 더욱 나쁜 것은 이러한 불법 행위가 정직하게 살려고 노력하는 사람들의 처지를 악화시킨다는 사실이다. 만약 리즈 가족이 양심적이어서 가격규제 정책을 위반하지 않으려고 하는 반면, 다른 사람들—아파트를 원하고는 있지만 리즈 가족만큼 절실하지는 않은—은 집주인에게 뇌물을 준다면 리즈 가족은 세 들 수 있는 아파트를 결코 찾을 수 없을 것이다.

하지만 암시장은 집세규제의 비효율성을 어느 정도 줄일 수 있다. 예를 들어, 조지가 리스 가족에게 집세가 규제되는 아파트를 전대할 수 있게 하면(불법이기 때문에 암시장 거래), 사회는 이러한 거래가 없었던 경우보다 (리스 가족에게처럼) 일부 더 나은 결과를 가질 수 있다. 그러나 결국, 사회 전체는 암시장의 존재로 인해 임대료 통제가 없는 시장에 비해 더 나쁜 결과를 갖게 된다.

집세규제의 승자와 패자

우리는 가격규제가 어떻게 비효율성으로 이어질 수 있는지 확인했다. 이러한 비효율성은 이득을 보는 사람과 손해를 보는 사람, 즉 승자와 패자가 생기게 한다.

소비자잉여와 생산자잉여의 개념을 이용해 집세규제의 승자와 패자를 그림으로 나타낼 수 있다. 〈그림 5-4(a)〉는 규제가 없는 경우, 즉 집세규제 이전 아파트 시장의 균형에서 소비자잉여와 생산자잉여를 보여 준다. 수요곡선 아래와 가격 위 면적으로 나타나는 영역인 소비자잉여는 시장균형에서 소비자에게 돌아가는 총순이익이다. 비슷하게 가격과 공급곡선 사이에 나타나는 영역인 생산자잉여는 시장균형에서 생산자에게 돌아가는 총순이익이다.

그림 (b)는 가격상한이 800달러로 정해진 후의 소비자잉여와 생산사잉여를 보여 준다. 그림에서 확인할 수 있듯이, 집세규제하에서 아파트를 얻을 수 있는 소비자에 대하여 소비자잉여는 증가한다. 이 세입자들은 분명히 승자이다. 그들은 아파트 규제 이전의 시장가격보다 200달러 적은 800달러에 임대하고 있다. 이들은 낮은 집세를 통해 집주인으로부터 잉여를 직접적으로 이전받고 있는 것이다.

그림 5-4 집세규제의 승자와 패자

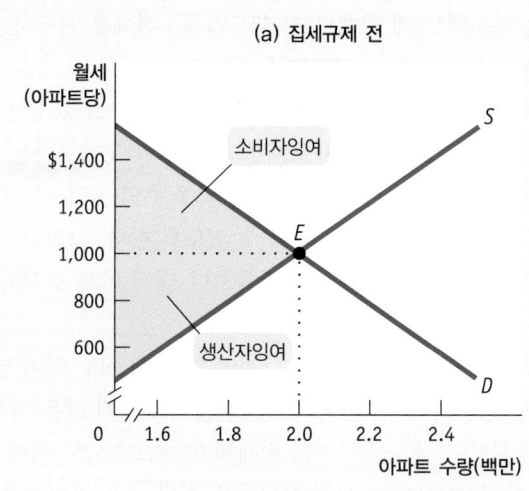

(a) 집세규제 전

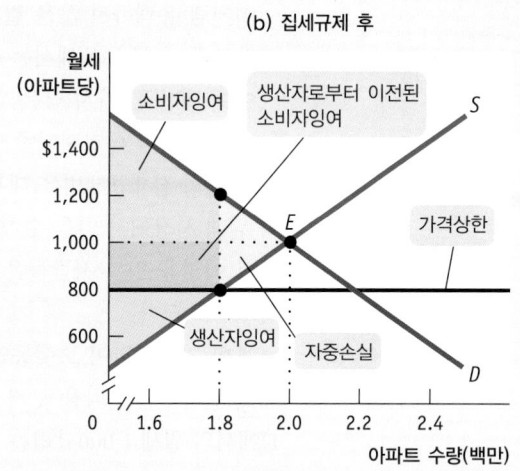

(b) 집세규제 후

집세규제와 같은 가격상한제는 총잉여를 감소시킨다. (a)는 비규제 아파트 시장에서 창출된 생산자잉여 및 소비자잉여를 나타낸다. 총잉여는 시장 균형에서 가장 크다. 1,000달러의 월세와 200만 채의 아파트가 거래된다. (b)는 800달러의 가격 상한이 부과되어 총잉여가 감소한 후 시장의 생산자잉여 및 소비자잉여를 보여 준다. 집주인들은 의무 임대료 800달러에서 아파트 공급량을 200만 채에서 180만 채로 줄인다. 아파트를 찾을 수 있는 임차인의 경우 소비자잉여가 증가한다. 이러한 소비자잉여의 증가는 집

주인으로부터의 직접적인 이전이며 보라색 사각형으로 표시된다. 그러나 현재 아파트를 빌릴 수 없는 사람들의 소비자잉여는 감소한다. 더 적은 수의 아파트를 임대함으로써 발생하는 집주인의 손실뿐만 아니라 그들의 손실은 노란색으로 표시된 자중손실 삼각형으로 표시된다. 자중손실은 집세규제 부과로 인한 사회의 총손실을 나타낸다.

출처 : Federal Reserve Bank of St. Louis.

그러나 모든 세입자가 승자는 아니다. 여기에는 규제되지 않았을 때보다 더 적은 아파트만이 시장에 나와있고, 세입자들은 집을 구하기가 어려워진다.

이익과 손실에 대해 정확하게 계산해 보지 않으면 일반적으로 세입자들이 집세규제로 상황이 더 좋아졌는지 나빠졌는지 분명하게 알 수 없다. 우리가 알 수 있는 것은 자중손실이 클수록, 즉 임대 아파트의 수가 더 큰 폭으로 감소할수록 세입자의 손실이 커질 가능성이 높다는 것이다. 우리는 앞서 뉴욕 브롱크스의 경우에서 확인했다. 1970년대 브롱크스에서 발생한 자중손실은 매우 컸다. 세입자들은 이웃이 쇠퇴하고 거주 가능한 아파트의 부족에 직면하면서 전체적으로 손해를 보게 되었다.

하지만 임대인이 손해를 보게 된다는 사실은 분명하다. 생산자잉여는 분명히 감소한다. 계속 임대를 주는 집주인들은 임대료로 200달러를 더 적게 받으며, 그렇지 않은 집주인들의 아파트는 시장에서 거래되지 않는다. (b)에서 노란색으로 색칠된 자중손실 삼각형은 집세규제에 의해 세입자와 집주인 모두가 입는 손실을 나타낸다.

가격상한제의 존재 이유

우리는 가격상한제의 세 가지 일반적인 결과에 대해 살펴보았다.

- 지속적인 재화 부족
- 비효율적으로 낮은 수량(자중손실), 소비자에 대한 재화의 비효율적인 배분, 재화를 찾는 데 낭비되는 자원, 그리고 제공되는 재화의 지나치게 낮은 품질의 형태로 이러한 지속적인 부족으로부터 야기되는 비효율성

● 불법적인 암시장 거래의 출현

이처럼 유쾌하지 않은 결과들이 있는데도 왜 때때로 정부는 가격상한제를 시행하는 것일까? 그리고 특히 왜 뉴욕에서는 집세규제가 계속해서 이루어지는가?

이에 대한 한 가지 답은 가격상한제가 역효과를 가지고 있음에도 불구하고 그것이 어떤 사람들에게는 이익을 가져다주기 때문이라는 것이다. 실제로 우리의 단순한 모형보다는 훨씬 복잡한 뉴욕의 집세규제법은 대부분의 거주자들을 고통스럽게 하지만, 소수의 세입자들에게는 그들이 원래 시장에서 얻을 수 있는 것보다 훨씬 싸게 집을 구할 수 있도록 한다. 그리고 가격규제로부터 이익을 얻는 사람들은 그것으로부터 손해를 보는 사람들보다 대개 더욱 조직화되어 있고 목소리도 크다.

또한 가격상한이 오랫동안 시행되는 경우, 구매자들은 그것이 없을 때 어떤 일이 발생할지에 대해 현실적인 생각을 갖지 못하게 될 수도 있다. 앞의 예에서처럼 규제되지 않은 시장(그림 5-1)에서의 월세 1,000달러는 규제된 시장(그림 5-2)에서의 월세 800달러보다 25%밖에 더 비싸지 않다. 그러나 세입자들이 이를 어떻게 알겠는가? 실제로 그들은 훨씬 높은 가격에서 이루어지고 있는 암시장 거래에 대해 들어 보았을지도 모르지만—리즈 가족이나 다른 가족들이 조지에게 1,200달러 혹은 그 이상을 지불하는 것과 같은—이 암거래 가격이 완전히 자유로운 시장에서 결정되는 가격(월세)보다 더욱 비싸다는 사실을 깨닫지 못한다.

마지막 답은 정부 관료들이 종종 수요와 공급분석을 이해하지 못하고 있다는 것이다! 현실에서의 경제정책들이 항상 분별력 있고 실정에 맞는다고 가정하는 것은 매우 큰 오판이다.

현실 경제의 >> 이해

베네수엘라의 가격규제가 어떻게 재앙으로 판명되었는가?

어떻게 보더라도 베네수엘라는 세계 최고의 석유 생산국 중 하나로 부유한 나라였다. 그러나 그렇게 부유함에도 불구하고, 가격규제로 인해 경제에 심각한 왜곡현상이 발생하게 되었고 그 나라 국민들은 의식주와 의료서비스 등 삶의 필수적인 부분에 많은 어려움을 겪고 있다. 화장지, 쌀, 커피, 옥수수, 밀가루, 우유, 고기와 같은 생필품의 만성적인 부족을 겪고 있으며, 병원은 기본 의료 물품이 절대적으로 부족한 상황에서 고장 난 장비로 운영되고 있다.

오늘날 베네수엘라 사람들은 국영 상점에서 가격이 규제된 물품을 구입하기 위해 몇 시간 동안 줄을 서보지만 종종 빈손으로 나오는 경우가 많다. "진열대가 텅텅 비고 부유한 국가에 식량이 없는 이유를 설명해 줄 사람이 아무도 없다. 납득할 수 없는 일이다."라고 90세의 농부 헤수스 로페즈는 말했다.

베네수엘라 식량 부족 사태는 베네수엘라 전 대통령 우고 차베스의 정책에 기인하였다. 차베스 대통령은 1998년에 기본 식료품에 대한 가격규제를 시행하였고 경제적 부유계층보다 빈곤층과 노동자계급을 우대하겠다는 약속으로 처음 당선되었다. 가격이 너무 낮게 책정되어 농부들이 생산량을 줄였기 때문에 2006년까지 심각한 공급 부족 현상이 발생했다. 결과적으로, 베네수엘라는 1998년에 식량 자급자족 국가에서 그 후 70% 이상을 수입하는 국가로 전락하게 되었다. 2019년 한 연구에 따르면 베네수엘라의 광범위한 인구에서 체중 감소와 영양실조 현상이 관찰되고 있다.

베네수엘라의 상황은 가격규제가 역설적으로 그들이 혜택을 받도록 설계된 사람들에게 얼마나 큰 해악을 끼치는지 보여 준다.

동시에 빈곤층과 노동자 계급을 위한 관대한 정부 프로그램은 더 많은 수요를 창출했다. 가격규제와 수요 증가가 결합하면서 가격규제를 받지 않거나 암시장에서 거래되는 상품에 대한 가격 상승이 이어졌고, 이에 가격규제 상품에 대한 수요는 더욱 증가했다. 밀수도 기승을 부리게 되었다. 우유가 국경을 넘어 콜롬비아에서 베네수엘라에서의 통제된 가격보다 7~8배 높은 값으로 거래되면서 밀수가 기승을 부렸다. 당연히 신선한 우유는 베네수엘라 시장에서 거의 볼 수 없게 되었다.

어처구니없게도 빈곤층과 노동자 계급을 돕기 위해 시행된 정책들이 그들에게 심각한 타격을 주었다. 2019년 베네수엘라의 최저임금 수준은 암시장에서 계란 24개, 피자 4분의 3조각, 또는 햄버거의 절반만 살 수 있는 수준이었다. 사람들은 기본 식료품을 구입하기 위해 12시간까지 줄을 서야 했다. 저소득층의 한 쇼핑객은 "쌀 한 포대를 사기 위해서 하루를 보내는 것은 나를 분노로 가득 채운다. 나는 결국 재판매자에게 더 많은 비용을 지불하게 된다. 결국 이 모든 가격규제는 쓸모 없는 것으로 판명되었다."고 말했다.

범죄 급증과 함께 식료품과 의약품 등 기본 생필품 부족으로 2019년 베네수엘라에서 인근 국가로 300만 명 이상이 집단 탈주했다. 한 여성이 "나는 아무것도 없이 떠난다. 하지만 나는 그래야만 된다. 그렇지 않으면 우리는 여기서 굶어 죽을 것이다."라고 말했다.

>> 이해돕기 5-1
해답은 책 뒤에

1. 미들타운대학 경기장 근처의 자택소유자들은 스포츠 경기 관람객들에게 11달러를 받고 그들의 주차공간을 임대해 주곤 했었다. 그런데 새롭게 마을 조례가 제정되면서 이와 같은 주차요금을 최대 7달러까지만 받도록 규제하였다. 공급과 수요 도표를 이용하여 다음과 같은 상황들이 어떻게 가격상한 개념과 대응되는지 설명하라.
   a. 어떤 자택소유자들은 방문한 스포츠 팬들에게 주차공간을 임대해 주기 위해 애쓸 가치가 없다고 생각한다.
   b. 과거 주차요금 때문에 카풀을 하던 스포츠 팬들은 이제 각자 차를 몰고 온다.
   c. 어떤 방문객들은 주차공간을 찾지 못해 경기를 보지도 못하고 돌아간다.
   다음 각각의 상황이 어떻게 가격상한제로부터 비롯된 것인지 설명하라.
   d. 어떤 팬들은 주차공간을 확보하기 위해 경기가 시작하기 몇 시간 전에 도착한다.
   e. 경기장 근처의 자택소유자의 지인들은 스포츠 경기의 대단한 팬이 아님에도 불구하고 정기적으로 경기를 관람한다. 반대로 대단한 팬들 중에는 주차 문제 때문에 경기에 오지 못하는 경우도 있다.
   f. 어떤 자택소유자들은 7달러 이상의 주차요금을 받고 주차공간을 임대해 주지만 겉으로는 친구나 가족에게 무료로 임대해 주는 것처럼 가장한다.

2. 다음 각각에 대하여 참, 거짓을 판별하고 설명하라. 다음 항목은 효율적인 시장의 균형가격보다 가격이 낮은 가격상한제하에서 나타나는 결과를 의미한다.
   a. 공급량이 증가한다.
   b. 재화를 소비하고자 하는 사람들의 후생이 악화된다.
   c. 모든 생산자의 후생이 악화된다.

3. 다음 중 어떤 것이 자중손실을 일으키는가? 또한 어떤 것이

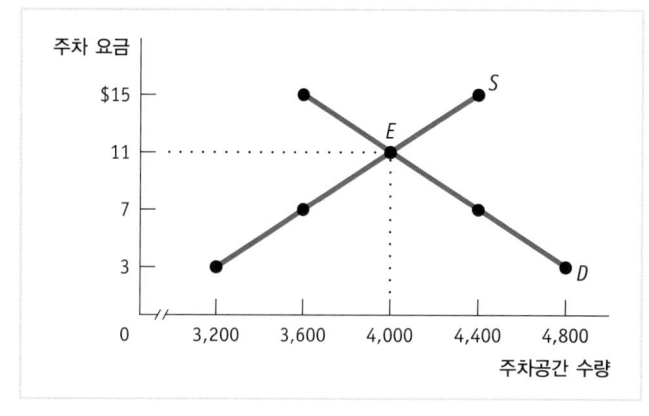

한 사람에게서 다른 사람으로의 잉여 이전을 가져오는가? 설명하라.

a. 당신은 애완 보아뱀을 키우던 사실을 집주인에게 들키는 바람에 집세규제가 되고 있는 아파트에서 쫓겨났다. 아파트는 같은 가격에 다른 사람에게 바로 임대되었다. 당신과 새로운 세입자가 아파트에 대해 같은 지불할 용의를 가지고 있다는 보장은 없다.

b. 시합에서 이겨서 당신은 재즈 콘서트 티켓을 하나 받았다. 그러나 당신은 다음 날 시험 때문에 콘서트에 갈 수 없고, 시합 규정 때문에 티켓을 팔거나 다른 사람에게 줄 수 없다. 만약 당신이 티켓을 팔 수는 없지만 다른 사람에게 줄 수는 있다면 이 문제의 답은 어떻게 바뀌겠는가?

c. 저지방 식단을 선호하는 당신 학교의 교장 선생님이 더 이상 학교 내에서 아이스크림을 팔지 못하도록 금지시켰다.

d. 당신의 아이스크림이 땅에 떨어졌고, 개가 그것을 주워 먹었다. (당신의 개를 사회의 구성원으로 생각하라. 그리고 개 또한 아이스크림에 대해 당신과 동일한 지불할 용의를 가지고 있다고 생각하라.)

‖ 가격하한제

때때로 정부는 시장가격을 내리는 것이 아니라 올리기 위해 시장에 개입한다. 가격하한제는 농부들의 소득을 지원해 주기 위한 방법의 하나로 밀과 우유 같은 농산물 부문에 폭넓게 시행되어 왔다. 역사적으로 트럭 화물 운송이나 항공 여객과 같은 서비스업에서도 가격하한제가 시행되었는데, 이는 1970년대부터 미국에서 단계적으로 사라졌다.

패스트푸드 음식점에서 일해 본 경험이 있다면 가격하한제의 적용을 받았을 수도 있다. 미국과 다른 여러 나라에서는 근로자의 시간당 임금에 대해 가격하한제를 유지하고 있다. 즉 노동의 가격에 대한 가격하한제라고 말할 수 있는데 이를 **최저임금**(minimum wage)이라고 한다.

가격상한제와 마찬가지로 가격하한제는 어떤 사람들을 도와주고자 의도된 것이지만, 바람직하지 않은 부작용을 예상할 수 있다. 〈그림 5-5〉는 버터에 대한 가상적인 수요와 공급곡선을 나타낸다. 원래 상태에서 시장은 1,000만 파운드의 버터가 파운드당 1달러의 가격에 거래되는 균

> 최저임금(minimum wage)은 시장노동의 가격인 임금에 대한 법적 하한이다.

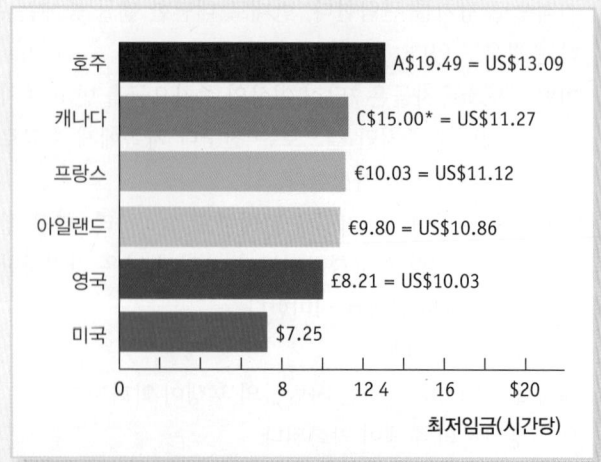

국제비교 | 미국의 매우 낮은 최저임금

미국의 최저임금률은 그래프에서 볼 수 있듯이 다른 선진국과 비교해 꽤 낮다. 최저임금은 각 국가의 통화단위로 설정되어 있기 때문에 한 시점의 환율에 따라 비교가 달라진다. 영국은 영국 파운드로, 프랑스는 유로로 설정되어 있는 등의 식이다. 호주는 2019년 기준 최저임금이 미국보다 2배 가까이 높으며 프랑스, 캐나다, 아일랜드 등도 이와 크게 다르지 않다.

당신은 이러한 차이의 결과를 슈퍼마켓에서 확인할 수 있다. 미국에서는 당신이 산 물건을 가방에 담아 주는 사람을 흔히 볼 수 있다. 이들은 최저임금 혹은 그보다 살짝 높은 임금수준에서 일하고 있다. 그러나 유럽에서는 이런 일을 하는 사람들을 고용하는 비용이 비싸기 때문에 당신은 스스로 물건을 가방에 담아야 할 것이다.

출처 : Organization for Economic Cooperation and Development (OECD).
* 캐나다의 최저임금은 C$11.05~C$15.00 사이로 주마다 다르다.

그림 5-5 정부규제가 없을 때의 버터 시장

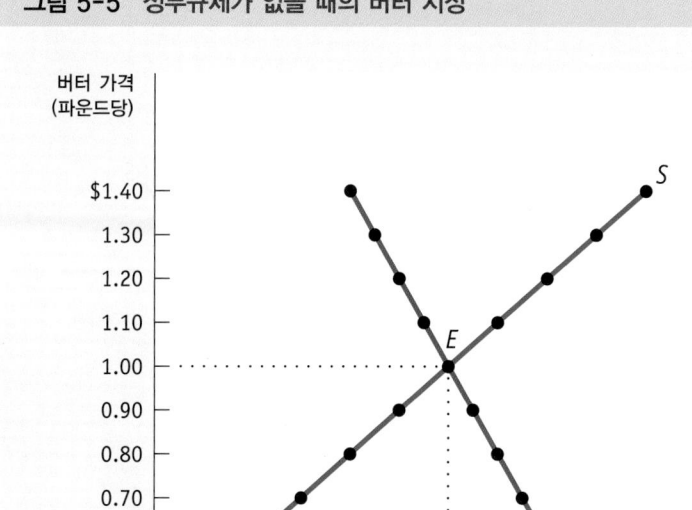

버터 가격 (파운드당)	버터 수량(백만 파운드)	
	수요량	공급량
$1.40	8.0	14.0
1.30	8.5	13.0
1.20	9.0	12.0
1.10	9.5	11.0
1.00	10.0	10.0
0.90	10.5	9.0
0.80	11.0	8.0
0.70	11.5	7.0
0.60	12.0	6.0

정부규제가 없을 때, 버터 시장은 파운드당 1달러라는 가격과 1,000만 파운드의 수량에서 균형을 달성한다.

형점 E로 움직인다.

그러나 정부가 낙농업자들을 지원하기 위해 1파운드당 1.2달러의 가격을 매기는 가격하한제를 시행했다고 가정해 보자. 그것의 효과는 〈그림 5-6〉에 나와 있는데, 1.2달러에서 그어진 선이 바로 가격하한선이다. 파운드당 1.2달러의 가격에서 생산자는 1,200만 파운드의 버터를 공급하려고 하겠지만(공급곡선의 B점), 소비자는 단지 900만 파운드만 사고자 할 것이다(수요곡선의 A점). 따라서 300만 파운드의 버터가 초과공급 상태에 놓이게 된다.

가격하한제는 항상 초과공급을 초래하는가? 항상 그런 것은 아니다. 가격상한제의 경우와 마찬가지로 가격하한제에서도 하한가격이 균형가격 0.8달러처럼 1달러보다 낮게 책정되는 경우 시장에 아무런 영향을 미치지 않는다.

가격하한이 효과가 있는 경우를 생각해 보자. 원하지 않는 공급(초과공급)에 대해서 어떤 일이 발생할까? 그 답은 정부 정책에 따라 달라진다. 농작물에 대해 가격하한제를 시행할 때, 정부는 초과공급된 농작물을 사들인다. 따라서 미국 정부는 때때로 정부 창고에 수천 톤의 버터, 치즈 등의 농작물을 쌓아 놓기도 한다.[유럽 대부분 국가들의 가격하한제를 관리하는 유럽연합집행위원회(European Commission)는 한때 자신들이 오스트리아 전체 인구의 체중을 합한 것과 같은 무게의 버터로 만들어진 산의 주인이라는 사실을 발견했었다.] 정부는 이러한 잉여 재화를 처리할 수 있는 방법을 생각해야 할 것이다.

어떤 나라들은 수출업자에게 이러한 물건들을 해외에 더 싼 가격에 팔도록 장려한다. 이는 유럽연합이 취하는 표준적인 절차이다. 미국은 과잉생산된 식료품을 학교 급식에 무상 분배하여 처분하려고 하였다. 어떤 경우 정부는 실제로 과잉생산된 물건들을 폐기하였다.

정부가 과잉생산물을 구매할 준비가 되어 있지 않다면, 가격하한은 판매자가 구매자를 찾을 수 없게 만든다. 이것이 바로 최저임금제를 시행할 때 일어나는 일이다. 최저임금이 균형임금보

그림 5-6 가격하한의 효과

검은색 수평선은 정부에 의해 부과된 1파운드당 1.2 달러인 가격하한을 나타낸다. 300만 파운드에 달하는 버터의 지속적인 초과공급을 발생시키면서 공급량은 1,200만 파운드까지 증가한 반면 수요량은 900만 파운드까지 감소한다.

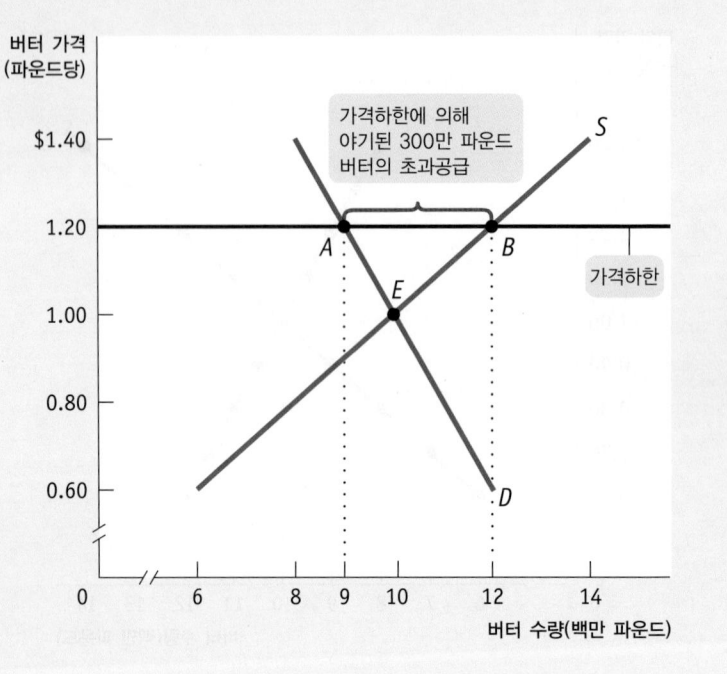

다 높게 책정될 때 일을 하고 싶어 하는 사람들—말하자면 노동력을 파는 사람들—은 구매자, 즉 그들에게 일자리를 줄 수 있는 고용주를 찾을 수 없게 된다.

가격하한제가 비효율적인 이유

가격하한제로 인해 발생하는 지속적인 과잉 문제는 비효율성이라는 잃어버린 기회를 초래한다. 이는 가격상한제로 인해 발생하는 부족 문제와 유사하다. 가격상한제와 비슷하게, 가격하한제는 최소 네 가지의 경로로 비효율을 유발한다.

1. 가격하한제는 효율적인 수준 이하로 거래를 일어나게 하며 자중손실을 초래한다.
2. 가격하한제는 판매자들 사이에서 판매가 비효율적으로 일어나게 된다.
3. 가격하한제는 자원의 낭비로 이어진다.
4. 가격하한제는 공급자로 하여금 지나치게 높은 품질의 재화를 생산하도록 한다.

비효율성에 더하여, 가격상한제와 유사하게 가격하한제는 법정가격 이하로 판매하는 등 법을 위반하는 행위를 부추긴다.

비효율적으로 낮은 거래량 가격하한제는 가격을 상승시키기 때문에 상품 수요량을 줄인다. 판매자는 소비자가 원하는 수량 이상으로 팔 수 없기 때문에 가격하한제는 거래량을 시장균형 거래량 이하로 줄이고 자중손실을 일으킨다. 이것은 가격상한세와 동일한 효과임을 주목하라. 당신은 아마도 가격하한제와 가격상한제가 서로 반대의 효과를 가져올 것이라고 생각할지 모른다. 하지만 둘은 거래량을 줄이는 동일한 효과를 가지고 있다. (위의 '함정'을 참조하라.)

시장균형은 소비자잉여와 생산자잉여의 합을 극대화시키기 때문에 거래량을 균형보다 적게 만드는 가격하한제는 총잉여를 감소시킨다. 〈그림 5-7〉은 버터 가격의 하한이 총잉여에 주는

함정

가격상한과 하한, 그리고 거래량

가격상한제는 가격을 내려가게 만들고, 가격하한제는 가격을 올라가게 만든다. 따라서 가격하한제의 효과가 가격상한제의 효과와 반대로 나타날 것이라고 생각하기 쉽다. 그렇다면 만약 가격상한제가 사고 팔리는 상품의 양을 줄인다면, 가격하한제는 그 양을 늘릴 것인가?

그렇지 않다. 사실 가격상한제와 하한제 모두 사고파는 상품의 양을 줄인다. 왜 그럴까? 상품의 공급량과 수요량이 같지 않을 때 판매량은 더 적은 부분에 의해 결정된다. 만약 판매자가 구매자가 원하는 만큼 판매하려 하지 않으면, 실제 판매량을 결정하는 것은 판매자가 된다. 왜냐하면 구매자는 팔기를 원하지 않는 판매자가 억지로 물건을 팔도록 할 수 없기 때문이다. 반대로 만약 구매자가 판매자가 원하는 만큼 구매하려 하지 않으면, 실제 판매량을 결정하는 것은 구매자가 된다. 왜냐하면 판매자는 사기를 원하지 않는 구매자가 억지로 물건을 사도록 할 수 없기 때문이다.

그림 5-7 비효율적으로 낮은 거래량을 만드는 가격하한제

가격하한제는 수요량을 시장균형 거래량 이하로 줄이며, 이는 자중손실을 일으킨다.

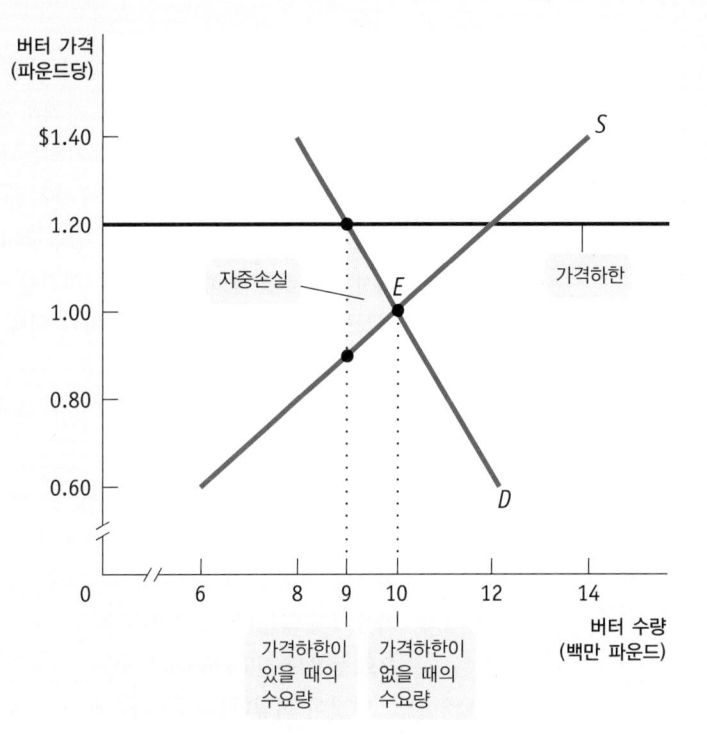

버터 거래량을 줄임으로써 가격하한은 색칠된 삼각형 영역만큼의 자중손실을 일으킨다. 그러나 가격상한의 경우와 마찬가지로 자중손실은 가격규제가 일으키는 여러 비효율 중 하나에 불과하다.

판매자들 간 비효율적 판매 배분 가격하한제는 **판매자들 간 비효율적 판매 배분**(inefficient allocation of sales among sellers)을 낳을 수 있다. 가장 낮은 가격으로 판매하고자 하는 판매자들은 판매를 할 수 없으며 더 높은 가격으로 판매하려는 판매자에게만 판매가 이루어진다.

가격하한제로 인한 판매 기회의 비효율적인 배분에 대한 실례는, 1980년대에 등장하여 오늘날까지 지속되고 있는, 많은 유럽 국가에서 시행되는 2계층 노동체제에서 찾을 수 있다. 높은 최저임금에 의해 공식 노동시장에서 좋은 일자리를 가진 행운아들과 좋은 일자리를 찾지 못한 채

> 가격하한제는 판매자들 간 비효율적 판매 배분(inefficient allocation of sales among sellers)을 낳는다. 가장 낮은 가격으로 판매하고자 하는 판매자들은 판매를 할 수 없으며 더 높은 가격으로 판매하려는 판매자에게만 판매가 이루어진다.

영향을 나타내고 있다. 총잉여는 공급곡선과 수요곡선 사이의 영역이다.

로 방치된 나머지 사람들로 구성된 2계층 노동체제가 생겨났다.

노동시장에서 실업자이거나 불완전 고용 상태에 놓여 있는 운 없는 사람들은 18세에서 30대 초반까지 불균형적으로 젊은 층에 몰려 있다. 공식 노동시장에서 좋은 일자리를 원해서 최저임금보다 낮은 금액을 받아들일 의사가 있음에도 불구하고, 즉 낮은 가격으로 노동을 기꺼이 팔고자 할지라도 고용주가 최저임금보다 적은 금액을 지불하는 것은 불법이다. 예를 들어 2019년 이탈리아 청년 노동자의 실업률은 거의 20%에 달했다.

실업과 불완전고용의 문제가 유발하는 비효율성은 젊은 세대가 적절한 직업 훈련을 받지 못하고, 경력을 개발하지 못하고, 미래를 대비할 수 없는 것들과 혼합되어 있다. 이 젊은 사람들은 또한 범죄에 개입할 가능성도 더 크다. 그리스, 스페인, 이탈리아, 프랑스와 같은 최악의 타격을 입은 국가에서는 그들의 가장 똑똑한 젊은이들이 이민을 떠났고, 그 결과 향후 경제 활력을 영구적으로 떨어뜨리는 계기가 되었다.

낭비된 자원 또한 가격상한제와 마찬가지로 가격하한은 낭비된 자원으로 인한 비효율성을 초래한다. 정부가 잉여 농산물을 가격하한제의 가격에 맞추어 모두 사들이는 경우를 생각해 볼 수 있다. 과잉생산물은 때때로 폐기되는데 이때 이들은 완전히 쓰레기처럼 처리된다. 다른 경우, 저장된 생산물들은 정부 관료의 완곡한 표현처럼 '사용할 수 없는 상태'가 되어 버리는 것이다.

가격하한은 또한 시간과 노력의 낭비를 가져온다. 최저임금제를 생각해 보자. 가격하한 상황에서 일자리를 구하는 데 많은 시간을 사용하거나 오랫동안 줄을 서서 기다리는 근로자들은 가격상한 상황에서 아파트를 구하기 위해 고생하는 불행한 가족들과 똑같은 처지에 있는 것이다.

비효율적으로 높은 품질 가격상한제와 마찬가지로 가격하한제는 생산되는 재화의 품질 면에서 비효율을 초래한다.

우리는 가격상한이 시행될 때 공급자들이 지나치게 낮은 품질의 재화를 생산한다는 것을 보았다. 구매자들은 돈을 더 지불해서라도 질 좋은 물건을 사고 싶어 하지만, 판매자들은 가격상한으로 인해 그에 대한 보상을 받을 수 없기 때문에 판매하는 물건의 질을 개선하려는 노력을 기울이지 않는다. 이와 똑같은 논리가 가격하한제에서는 반대로 적용된다. 공급자들이 **비효율적으로 높은 품질**(inefficiently high quality)의 재화를 제공하려고 하는 것이다.

이것이 어떻다는 말인가? 질 높은 물건이 좋은 것 아닌가? 그렇다. 하지만 그럴 만한 가치가 있을 경우에만 그렇다. 공급자들이 매우 좋은 물건을 만들기 위해 많은 시간과 노력을 기울이지만, 소비자들은 높은 질을 선호하기보다는 오히려 질이 좀 낮더라도 더 싼 가격으로 물건을 살 수 있기를 원한다고 가정해 보자. 이러한 상황은 잃어버린 기회를 나타낸다. 구매자들이 다소 낮은 질의 물건을 낮은 가격으로 사는 것을 통해 판매자와 구매자 모두 상호 이익을 얻을 수 있는 거래가 가능해지기 때문이다.

대서양을 횡단하는 항공기의 요금이 국제조약에 의해 지나치게 높게 책정되어 있는 것은 과도하게 높은 품질의 비효율성을 보여 주는 좋은 예이다. 저가의 비행기 표로 고객을 두고 경쟁하는 것을 금지하기 위해 항공사들은 대부분 먹지 않고 버려지는 사치스러운 기내식을 제공하는 등 비싼 서비스를 제공하고 있다. 규제자들은 최대 서비스표준을 설정하여 이렇게 과도한 서비스가 이루어지고 있는 것을 제한하려고 노력한다. 예를 들어 기내 스낵 서비스는 샌드위치 이상으로 이루어져서는 안 된다는 것처럼 말이다. 그러자 한 항공사는 '스칸디나비아 샌드위치'라고 불리는, 샌드위치를 재정의할 만한 탑처럼 높이 우뚝 솟은 것을 만들어 냈다. 승객들이 진정으로 원하는 것은 좀 더 적은 기내식과 좀 더 싼 항공료라는 사실을 고려했을 때, 이 모든 것은 낭비이며 사치이다.

1970년대 미국 항공사에 대한 규제 완화 이후, 미국 승객들은 기내식의 질과 양의 저하 등과 더불어 큰 폭의 항공료 인하를 경험하였다. 모든 이가 서비스에 대해서는 불만을 터뜨렸지만 낮은 항공료에 대해서는 만족하였다. 규제 완화 이후 미국 항공사를 이용하는 승객의 수는 2019년 규제 완화가 시작되면서 1,300억 명 수준에서 약 1조 160억 명으로 증가했다.

불법 행위 마지막으로 가격상한과 마찬가지로 가격하한은 불법 행위에 대한 유인을 제공한다. 예를 들어 최저임금이 균형임금보다 훨씬 높은 국가에서 일자리를 간절하게 찾는 근로자들은 때때로 정부로부터 그들의 고용 사실을 감추려는 고용주를 위해 비정규직으로 일하는 것에 동의한다. 유럽에서 '불법노동(black labor)'이라고 불리는 이러한 고용 상황은 이탈리아와 스페인 같은 남부 유럽 국가들에서 흔히 발생하고 있다.

가격하한제의 존재 이유

요약하자면 가격하한제는 다음과 같은 다양한 부작용을 낳는다.

- 지속적인 재화의 과잉생산
- 비효율적으로 적은 거래량(자중손실), 공급자들 사이에서 발생하는 판매의 비효율적인 배분, 낭비된 자원, 그리고 비효율적으로 높은 품질의 문제 등 지속적인 과잉으로부터 야기되는 비효율성
- 불법 행위 가담에 대한 유혹, 특히 정부 관료에 대한 뇌물과 부패

그렇다면 이러한 부작용이 있음에도 불구하고 정부는 왜 가격하한제를 시행하는 것일까? 그 이유는 가격상한제를 시행하는 이유와 유사하다. 정부 관료는 관련 시장이 수요와 공급모형에 잘 들어맞지 않는다고 여기거나, 더 빈번하게는 수요와 공급모형을 이해할 수 없기 때문에 종종 가격하한제의 결과에 대한 경고를 무시하곤 한다. 무엇보다도 가격상한제가 종종 몇몇의 영향력 있는 구매자들을 위해 시행되는 것처럼, 가격하한제는 힘 있는 판매자들 때문에 시행된다.

현실 경제의 >> 이해

무급 인턴의 확대와 축소

가격하한제의 가장 잘 알려진 예는 최저임금제도이다. 그러나 대부분의 경제학자들은 최저임금이 미국의 전반적인 고용시장에 미치는 영향이 거의 없다고 믿는다. 최저임금이 너무 낮기 때문이다. 1964년 미국의 최저임금은 블루칼라 노동자 평균임금의 53%였고, 2019년까지 약 30% 하락했다. 그러나 최저임금이 실제로 구속력을 발휘할 수 있는 미국 취업시장의 한 분야가 있는데 바로 인턴 시장이다.

2011년부터 전직 무급 인턴들이 자신들의 임금에 대해 속임을 당했다며 제기한 소송이 잇따르면서 이 문제가 세간의 주목을 받게 되었다. 이러한 불만들의 공통점은 인턴들이 잃어버린 휴대전화 추적과 같은 교육적 가치가 없는 지루한 일에 업무를 배정받았다는 것이다. 다른 일부 무급 인턴 사원들은 정규직원급의 업무를 할당받았다고 불평하기도 했다. 그리고 2015년까지, 그러한 소

"우리는 무급 전일제 인턴십으로 전환될 수 있는 무급 기간제 인턴십 일자리를 제공합니다."

Aaron Bacall/www.Cartoonstock.com

송사건 중 많은 건수에서 원고승소 판결이 내려졌으며, Condé Nast Publications는 580만 달러, Sirius Satellite XM Radio는 130만 달러, Viacom Media는 720만 달러에 합의가 이루어졌다. 심지어 올슨 자매도 2017년에 그들의 패션 회사인 듀얼스타 엔터테인먼트의 무급 인턴들에게 14만 달러를 지불해야 했다.

2018년, 연방 노동법을 제정하는 기관인 노동부(DOL)는 그들의 인턴 프로그램이 학점과 같은 교육적 요소를 명확하게 입증할 수 없다면, 기업들은 인턴들에게 최저임금을 지급하거나 프로그램을 완전히 중단해야 한다는 지침을 발표했다.

일부에서는 무급 인턴십이 없어지는 것은 귀중한 교육을 제공했던 프로그램이 사라지는 것이라고 우려하고 있다. 그러나 어떤 변호사가 지적했듯, "법은 당신이 일할 때 최저임금 이상을 받아야 한다고 말한다."

>> **복습**

• 가장 친숙한 가격하한제는 **최저임금**이다. 가격하한제는 농산물에도 부과된다.
• 균형가격 이상인 가격하한제는 성공한 판매자에게는 이득이지만 지속적인 초과공급과 같은 예측할 수 있는 부작용을 일으킨다. 비효율성에는 비효율적으로 낮은 수량으로부터의 자중손실, **판매자들 간 비효율적 판매 배분**, 낭비된 자원, **비효율적으로 높은 품질** 등 네 가지 유형이 있다.
• 가격하한제는 고용 사실을 비밀로 하고 일하는 근로자의 경우처럼 정부 부패로 이어질 수 있는 불법 행위를 부추긴다.

>> 이해돕기 5-2
해답은 책 뒤에

1. 주 의회에서는 갤런당 P_F로 휘발유의 가격하한을 정했다. 다음 각각의 상황에 대하여 평가를 내리고, 아래의 그림을 사용하여 설명하라.

   a. 찬성자들은 그것이 주유소의 소득을 증가시킬 것이라고 주장한다. 한편 반대자들은 가격하한이 오히려 휘발유 수요를 줄여 주유소 수입에 타격을 줄 것이라고 주장한다.

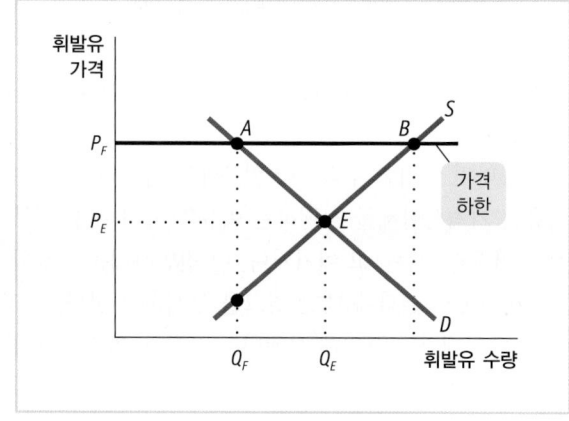

   b. 찬성자들은 주유소가 보다 나은 서비스를 제공할 것이므로 소비자들의 후생이 더 나아질 것이라고 주장하는 데 반해 반대자들은 소비자가 더 낮은 가격에 휘발유를 구매하기 원하기 때문에 소비자 후생이 더 악화될 것이라고 주장한다.

   c. 찬성자들은 이 법이 그 밖에 어느 누구에게도 손해를 주지 않으면서 주유소에 도움이 될 것이라고 주장한다. 반면 반대자들은 소비자들이 후생에 타격을 입을 것이고 근처의 다른 주나 암시장에서 휘발유를 사게 될 것이라고 주장한다.

|| 수량규제

1930년대 뉴욕 시는 택시면허 시스템을 정비하였다. '영업면허'를 가지고 있는 택시만이 거리에서 택시를 잡는 승객을 태울 수 있도록 허가된 것이다. 이 시스템은 서비스의 질을 보장하기 위해서 의도된 것이기 때문에 영업면허 소유자들은 안전과 청결을 포함하여 일정한 표준을 유지시킬 것으로 기대되었다. 총 1만 1,787건의 영업면허가 발급되었는데 택시 소유자들은 영업면허 하나에 10달러를 지불함으로써 얻을 수 있었다.

뉴욕은 세계의 금융 중심지가 되었고 매일 수십만의 사람들이 택시를 잡기 위해 서둘러야 함에도 불구하고, 1995년 뉴욕에는 여전히 단지 1만 1,787건의 영업면허만 있었다. 2019년까지 '영업면허'를 가진 택시 수는 13,587대로 증가하는 데 그쳤다. 몇 년 전부터 시행된 뉴욕 시 택시 영업면허에 대한 규제의 결과는 영업면허가 매우 고가가 되었다는 것이다. 만약 뉴욕에서 택시 사업을 하고 싶다면, 누군가로부터 영업면허를 빌리거나 사야만 했다.

그러나 택시 수에 대한 제한은 사람들이 택시를 피하도록 유도했고, 결국 우버와 리프트와 같은 모바일 앱 기반의 자동차 서비스의 출현으로 이어졌다. 그들의 차는 택시처럼 거리에서 부르는 것이 아니다. 사실, 우버 운전자들은 거리에서 승객을 태우는 것이 금지되어 있다. 대신에, 탑승자들은 이용 가능한 운전자들을 그들의 위치로 안내하면서 그들의 스마트폰으로 여행을 준비한다. 물론 스마트폰의 출현도 이러한 자동차 서비스의 등장에 기여했다.

2013년부터 우버와 리프트는 뉴욕과 다른 대부분의 주요 도시에서 택시시장을 근본적으로 변화시켰다. 하지만 그러한 효과에 대한 논의는 영업면허가 있는 택시만 운행할 수 있었을 때 시장이 어떻게 작동했는지에 대해 더 자세히 알아보기 전까지 미루기로 하자.

택시 영업면허 시스템은 **수량규제**(quantity control) 또는 **수량할당**(quota)의 형태로 이루어져 있는데, 이는 정부가 거래가격이 아닌 사고 팔리는 물건의 수량을 규제하는 것이다. 수량규제하에서 거래될 수 있는 물건의 총량을 **수량할당제한**(quota limit)이라고 부른다. 대개 정부는 **면허**(licenses)를 발급함으로써 시장에서 수량을 제한한다. 면허를 가진 사람들만 합법적으로 물건을 공급할 수 있도록 하는 것이다.

뉴욕 시는 영업면허를 가지고 있는 사람들에게만 택시사업을 할 수 있도록 제한함으로써 택시 서비스의 양을 통제하였다. 더 일반적으로, 수량규제 또는 수량할당은 거래될 수 있는 상품의 수량할당량을 설정하는 것이다. 예를 들어, 멸종 위기에 처한 물고기의 어획량을 제한하기 위해 수량할당이 자주 사용되어 왔다. 이 경우, 수량제한은 멸종 위기에 처한 어류 자원을 보호하기 위한 좋은 경제적 이유로 시행된다.

그러나 일부 수량할당은 일반적으로 수량할당 보유자를 부유하게 할 목적으로 나쁜 경제적 이유로 시행된다. 예를 들어, 안전하고 깨끗한 택시만 운행하도록 보장하는 것처럼 일시적인 문제를 해결하기 위해 도입된 수량규제는 수량할당 보유자들이 그것으로부터 이익을 얻고 정치적 압력을 행사하기 때문에 일단 문제가 사라진 후에 제거하기 어려워진다.

수량규제에 대한 자세한 분석

우버와 리프트가 등장하기 전 뉴욕 택시 영업면허는 평균 수십만 달러의 가치가 있었다. 뉴욕의 택시 영업면허가 왜 그렇게 큰 가치가 있는 것인지 이해하기 위해서 〈그림 5-8〉에 있는 단순화된 택시사업 시장모형을 생각해 보자. 집세규제 분석 때 모든 아파트가 동일하다고 가정했던 것처럼, 이제 모든 택시서비스가 동일하다고 가정하자.

그림 안에 있는 표는 수요와 공급 계획을 보여 준다. 그림의 E점, 그리고 표의 강조된 부분으로 나타나 있는 균형은 택시서비스 1회당 5달러의 요금으로 1년에 1,000만 회의 서비스가 거래되는 것을 나타낸다.(왜 이러한 방법으로 균형을 표시하는지는 잠시 후면 알 수 있다.)

뉴욕 영업면허 시스템은 택시의 수를 제한하지만 택시기사 각각은 그들이 할 수 있는 한 많은 택시서비스를 제공할 수 있다.(이제 뉴욕의 택시기사들이 왜 그렇게 공격적인지 이해할 수 있을 것이다!) 그러나 분석의 단순화를 위해서 영업면허 시스템이 택시서비스의 수를 제한하여 1년에 800만 회의 택시서비스만 합법적으로 운영될 수 있다고 가정하자.

지금까지 우리는 다음과 같은 질문에 대한 대답으로서 수요곡선을 도출하였다. "가격이 5달러일 때, 승객은 얼마나 많은 택시서비스를 이용하고자 할 것인가?" 그러나 반대로 이렇게 묻는 것도 가능하다. "어떤 가격에서 소비자들은 1년에 1,000만 회의 택시서비스를 구입하기 원하는가?" 가격 5달러에 1,000만 회의 서비스를 사는 것처럼 소비자들이 주어진 수량을 사기 원하는 가격이 바로 그 수량에서의 **수요가격**(demand price)이 된다. 〈그림 5-8〉에 있는 수요계획을 통해

그림 5-8 정부규제가 없을 때의 택시 승차 시장

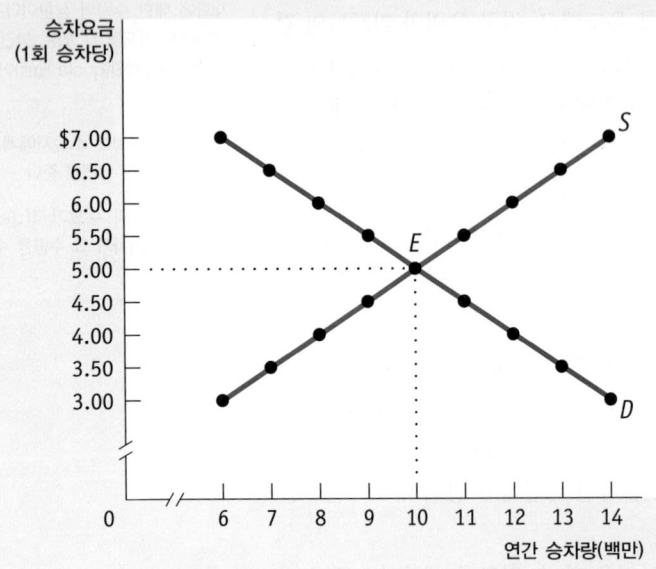

승차요금 (1회 승차당)	연간 승차량(백만)	
	수요량	공급량
$7.00	6	14
6.50	7	13
6.00	8	12
5.50	9	11
5.00	10	10
4.50	11	9
4.00	12	8
3.50	13	7
3.00	14	6

정부규제가 없을 때, 시장은 1회 승차당 5달러의 요금에서 연간 1,000만 번 승차하는 시장 상황에서 균형을 달성한다.

택시서비스 600만 회의 수요가격은 7달러이고, 700만 회의 수요가격은 6.5달러라는 것을 알 수 있다.

마찬가지로, 공급곡선은 다음과 같은 질문의 대답으로 표현된다. "5달러의 가격에 택시기사는 얼마나 많은 택시서비스를 제공하려고 할 것인가?" 그러나 이 질문을 바꿔서 이렇게 물어볼 수도 있다. "어떤 가격에서 공급자들이 1년에 1,000만 회의 택시서비스를 제공하려고 할 것인가?" 5달러에 1,000만 회의 서비스를 제공하는 것처럼 공급자들이 주어진 양을 공급하고자 하는 가격이 바로 그 양에 대한 **공급가격**(supply price)이 된다. 〈그림 5-8〉에 있는 공급계획으로부터 택시서비스 600만 회에 대한 공급가격은 3달러이고, 700만 회에 대한 공급가격은 3.5달러라는 것을 알 수 있다.

이제 수량할당을 분석할 준비가 되었다. 우리는 시정부가 1년 동안 택시서비스의 수를 800만 회로 제한하였다고 가정했다. 1년에 특정 수의 택시서비스를 제공할 수 있는 권리를 의미하는 영업면허는 택시서비스가 총 800만 회가 제공될 수 있도록 선택된 사람들에게만 주어진다. 영업면허 소유자들은 자신의 택시를 운전하거나 면허를 다른 사람들에게 돈을 받고 대여하기도 한다.

〈그림 5-9〉는 택시서비스 시장에서의 수량할당을 보여 준다(연간 800만 회의 승차량에서 그려진 검은색 수직선). 택시서비스의 수량이 800만에서 제한되어 있기 때문에 소비자들은 수요곡선 상 *A*점에 있을 것이다. 이는 수요계획에서 강조된 부분으로 나타나 있다. 800만 택시서비스의 수요가격은 6달러이다. 반면에 택시기사들은 공급곡선 상의 *B*점에 위치해 있을 것이고 이는 공급계획에서 강조된 부분으로 나타나 있다. 800만 서비스의 공급가격은 4달러이다.

그러나 택시를 타는 사람들이 지불하는 가격이 6달러인데 어떻게 택시기사가 받는 가격이 4달러가 될 수 있는가? 그 답은 택시서비스 시장 이외에 영업면허에 대한 시장도 존재한다는 것이다. 영업면허 소유자들이 항상 자신의 택시를 운전하고 싶어 하지는 않을 것이다. 아플 수도

> 주어진 수량의 **공급가격**(supply price)은 생산자가 그 수량을 공급하려는 가격이다.

그림 5-9 택시 승차 시장에서 수량할당의 효과

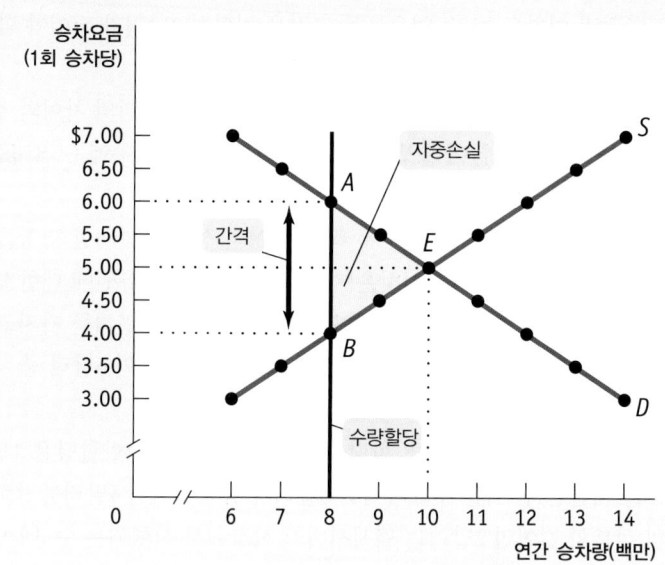

승차요금 (1회 승차당)	연간 승차량(백만)	
	수요량	공급량
$7.00	6	14
6.50	7	13
6.00	8	12
5.50	9	11
5.00	10	10
4.50	11	9
4.00	12	8
3.50	13	7
3.00	14	6

표는 각 수량에 대응되는 수요가격과 공급가격(수요되고 공급되는 수량에서의 각 가격)을 보여 준다. 시정부는 검은색 수직선으로 나타낸 것과 같이 오직 800만 건의 택시 운전면허를 판매함으로써 800만의 수량할당을 부과한다. 소비자가 지불하는 가격은 점 *A*에서 보이는 바와 같이 800만 회의 승차가격인 1회 승차당 6달러까지 상승한다. 800만 승차의 공급가격은 점 *B*에서 보이는 바와 같이 1회 승차당 오직 4달러이다. 이 두 가격 간의 차이가 면허 소유자로서 얻는 이익인 할당지대이다. 할당지대는 수요가격과 공급가격 간의 간격으로부터 나온다. 그리고 수량할당은 상호적으로 이득이 될 수 있는 거래가 이뤄지지 못하게 함으로써 삼각형 크기의 자중손실을 발생시킨다.

있고 휴가를 다녀올 수도 있다. 택시운전을 원하지 않는 영업면허 소유자들은 다른 사람들에게 영업면허를 사용할 수 있는 권리를 팔 것이다.

따라서 우리는 여기서 두 가지 거래, 즉 2개의 가격에 대해 고려할 필요가 있다. (1) 택시서비스 시장에서의 거래와 이러한 거래가 일어나는 가격, 그리고 (2) 영업면허 시장에서의 거래와 이러한 거래가 일어나는 가격이 바로 그것이다. 우리가 2개의 시장을 고려하고 있기 때문에 4달러와 6달러의 가격 둘 다 맞는 것으로 판명되었다.

이 모든 것이 어떻게 작동하는지 보기 위해 수닐과 해리엇이라는 두 택시기사가 있다고 생각해 보자. 수닐은 영업면허를 가지고 있지만 심하게 골절된 손목이 회복상태에 있기 때문에 영업면허를 사용할 수 없는 상태이다. 그래서 그는 다른 사람에게 그의 영업면허를 임대하려고 한다. 해리엇은 영업면허가 없지만 대여받고 싶어 한다. 또한 언제든지 수닐처럼 영업면허를 대여하려는 사람들뿐만 아니라 해리엇처럼 영업면허를 대여받기 원하는 사람들이 다수 존재한다. 이제 수닐은 해리엇에게 자신의 영업면허를 대여해 주기로 하였다. 단순화를 위해 모든 기사는 하루에 오직 1회의 택시서비스만을 제공할 수 있고, 수닐은 그의 영업면허를 해리엇에게 하루만 대여해 준다고 가정하자. 그들이 합의하는 임대료는 과연 얼마가 될 것인가?

이 질문에 대답하기 위해 우리는 거래를 양쪽 기사 모두의 관점에서 바라볼 필요가 있다. 일단 영업면허를 가지게 되면 해리엇은 하루에 수량할당하에서의 택시서비스 수요가격인 6달러를 벌 수 있다는 사실을 안다. 그리고 그녀는 하루에 적어도 수량할당제하에서의 공급가격인 4달러를 벌 수 있을 때 영업면허를 대여받으려고 할 것이다. 따라서 수닐은 6달러와 4달러의 차이인 2달러를 초과하는 임대료를 요구할 수 없다. 그리고 만약 해리엇이 수닐에게 2달러 이하의 금액만 임대료로 지불하려 한다면, 다른 열성 기사가 그에게 2달러까지 대여료를 내고 영업면허를 받으려고 할 것이다. 해리엇이 영업면허를 얻고 싶다면 수닐에게 적어도 2달러를 지불해야 한다. 대여료가 2달러 이상도 2달러 이하도 될 수 없으므로 그것은 정확히 2달러가 되어야 할 것이다.

2달러라는 임대료가 수량할당하에서의 수요가격인 6달러와 공급가격인 4달러의 차이와 정확하게 일치한다는 사실은 우연이 아니다. 공급이 합법적으로 제한되는 모든 경우에는 거래량의 수요가격과 공급가격 사이에 **간격**(wedge)이 존재한다.

〈그림 5-9〉의 양방향 화살표로 나타나 있는 이러한 두 직선 사이의 선분은 특별한 명칭을 가지고 있다. **할당지대**(quota rent)가 바로 그것이다. 이것은 가치 있는 상품의 소유권에 대한 면허 보유에 따르는 소득이라고 생각할 수 있다. 수닐과 해리엇의 예에서는 수닐이 면허를 가지고 있기 때문에 2달러의 할당지대가 수닐에게 돌아간다. 그리고 택시서비스의 가격인 6달러 중 나머지 4달러는 해리엇에게 돌아갈 것이다.

〈그림 5-9〉는 또한 뉴욕 택시서비스 시장에서의 할당지대를 보여 준다. 수량할당은 1년에 800만 회로 택시서비스의 수를 제한한다. 이는 수요가격인 6달러가 공급가격인 4달러를 초과할 때의 수량이다. 이 두 가격의 선분의 길이인 2달러는 택시서비스 시장에서 시행되는 수량할당으로 인한 할당지대라고 할 수 있다.

그러나 잠깐만 생각해 보자. 만약 수닐이 그의 영업면허를 임대하지 않는다면 어떻게 될 것인가? 수닐 자신이 그것을 사용한다면? 이는 그가 6달러를 얻을 수 없다는 것을 의미하는가? 그렇지 않다. 만일 수닐이 그의 영업면허를 다른 사람에게 대여하지 않는다고 할지라도, 면허를 대여한 것과 같은 이익을 얻는다. 즉 영업면허가 2달러의 기회비용을 가지고 있다는 의미이다. 만일 수닐이 영업면허를 해리엇에게 대여하지 않고 자신의 택시를 운전하기로 결정했다면, 2달러는 영업면허를 다른 사람에게 대여하지 않았을 때 그의 기회비용을 나타낸다. 다시 말해 2달러의 할당지대는 이제 그가 자신의 택시를 운전함으로써 포기하는 임대소득이 된다.

실제로 수닐은 택시 운전과 영업면허 대여사업 2개의 사업에 몸담고 있는 것이다. 그는 택시를 운전할 때마다 4달러의 요금을 얻고, 그의 영업면허를 대여해 주면 2달러를 얻는다. 이 특별한 경우에 그가 자신에게 영업면허를 대여한다고 생각하는 것은 하등의 차이점도 없다. 그러므로 영업면허 보유자가 그것을 자신이 이용하든, 아니면 다른 사람에게 대여하든지 간에 영업면허는 가치 있는 자산이 된다. 2010년, 우버와 리프트의 부상으로 수량규제가 사라지기 전에 뉴욕 택시 영업면허는 약 50만 달러에 거래되었다. 참고로 가격상한이나 가격하한과 마찬가지로 수량할당이 항상 실질적인 효과를 갖는 것은 아니라는 사실을 알아야 한다. 만약 수량할당이 1,200만 회로 설정되었다면 그것은 시장에 아무런 영향도 미치지 못할 것이다.

수량규제의 비용

가격규제와 마찬가지로 수량규제는 몇 가지 바람직하지 않은 부작용을 수반한다. 첫 번째는 이제는 익숙해진 잃어버린 기회로 인한 비효율성의 문제이다. 수량규제는 구매자와 판매자 모두에게 상호 이익이 되는 거래가 발생하는 것을 막는다.

〈그림 5-9〉를 다시 살펴보면, 수량제한된 800만 회에서부터 추가적인 100만 회의 서비스를 위해 뉴욕에 사는 사람들은 적어도 5.5달러를 지불할 용의가 있고, 택시기사들은 서비스 1회당 4.5달러를 받을 수 있는 한 택시서비스를 제공할 용의가 있다. 이러한 상황은 만일 수량제한이 없었다면 일어날 수 있는 일이었다.

그다음 100만 회에 대해서도 마찬가지이다. 뉴요커들은 택시서비스의 수량이 900만 회에서 1,000만 회로 늘어난다면 적어도 5달러를 지불할 용의가 있고, 택시기사들은 5달러를 받을 수 있는 한 택시서비스를 제공하려고 할 것이다. 다시 한 번, 이러한 택시서비스의 증가는 수량할당이 없었다면 일어날 수 있는 일이었다.

시장이 1,000만 회의 자유시장 균형거래량에 다다랐을 때만 '잃어버린 탑승 기회'가 존재하지 않게 된다. 800만 회의 수량제한이 200만 회의 '잃어버린 탑승 기회'를 야기한 것이다.

일반적으로 할당된 수량의 수요가격이 공급가격을 초과하는 한 거기에는 잃어버린 기회가 발생한다. 구매자는 판매자가 기꺼이 받고자 하는 가격으로 물건을 사길 원하지만 이러한 거래는 수량제한으로 인해 일어나지 않게 되는 것이다. 200만 회의 잃어버린 탑승 기회로부터 일어난 자중손실은 〈그림 5-9〉에 색칠된 삼각형으로 나타나 있다.

그리고 원하지만 허가되지 않은 거래의 존재로 인해, 수량규제는 사람들로 하여금 그것을 교묘히 빠져나가거나 심지어는 법을 위반할 유인을 제공한다. 우버와 리프트 이전에는, 많은 수의 무면허 택시들이 단순히 법을 어기고 영업면허 없이 승객들을 태웠다. 규제받지 않은 무면허 택시들은 교통사고에서 큰 비중을 차지한다.

그러나 우버와 리프트 자동차는 법적으로 영업면허가 없는 택시는 거리에서 운영할 수 없다는 제한규정을 피해간다. 2018년까지 우버는 뉴욕 시에 13,587대의 영업면허가 있는 택시보다 훨씬 많은 78,000대 이상의 자동차를 보유하고 있었다.

분명히 뉴욕 시의 택시에 대한 수량규제는 상당히 약화되었다. 사실상 〈그림 5-9〉에서 할당을 나타내는 선은 우버와 리프트의 진입과 함께 균형 수량에 더 가까운 오른쪽으로 이동했다.

지난 몇 년간 택시 영업면허 소유주에 대한 할당지대가 떨어지면서 택시 영업면허 가격도 크게 떨어졌다. 2018년과 2019년에 뉴욕 시 택시 영업면허의 가격은 185,000달러에서 13만 달러 사이로 2010년의 50만 달러 가격보다 가파르게 하락했다. 요약하자면 수량규제는 대표적으로 다음과 같은 바람직하지 않은 부작용을 낳는다.

- 상호 이익을 가져다주는 거래가 발생하지 않음으로 인한 자중손실
- 불법적인 행위로의 유인

현실 경제의 >> 이해

알래스카의 게 조업, 쿼터제, 그리고 생명 구조

알래스카 킹크랩과 스노우크랩은 세계적 진미로 간주된다. 그리고 게 조업은 알래스카 경제에서 가장 중요한 산업 중 하나이다. 1983년 난회으로 인해 게 잡이가 90%나 감소했을 때 많은 사람들이 정당한 우려를 표했다. 이에 대해 해양생물학자들은 매년 게 어획량을 제한하여 게 개체수가 건강하고 지속 가능한 수준으로 돌아갈 수 있도록 했다.

그런데 알래스카의 게 쿼터는 이미 오래전 경제적 타당성을 잃은 뉴욕 택시 쿼터와는 달리 광범위한 경제 및 환경적 고려에 의해 정당화된 쿼터의 한 예이다. 또 다른 중요한 차이점은 뉴욕의 택시와 달리 알래스카 게 잡이 어선 소유자는 개별 쿼터를 사거나 팔 수 없다는 점이다. 고갈된 게는 결국 총 어획 할당량제로 회복되었지만 의도하지 않은 치명적인 또 다른 결과가 있었다.

알래스카 크랩 시즌은 대략 10월에서 1월 사이로 상당히 짧으며 악천후로 인해 더 짧아질 수 있다. 1990년대 알래스카 게 어부들은 디스커버리 채널의 "목숨을 건 포획(Deadliest Catch)"으로 유명해진 '낚시 경기'에 참여했다. 크랩 시즌이 시작될 때 할당량 한도를 유지하기 위해 보트 선원들은 위험하고 얼음이 많은 거친 물에서 게를 잡으려 서둘렀고 며칠 만에 수십만 달러 가치의 수확을 위해 힘썼다. 결과적으로 배에 과부하가 걸려 전복되기도 했고, 이는 알래스카 게 조업을 평균 노동자의 80배에 이르는 사망률인 연간 평균 7.3명의 사망자가 발생하는 가장 위험한

할당량 공유 시스템은 게 개체수를 보호하고 게 어부의 생명을 살렸다.

직업 중 하나로 만들었다. 그리고 짧은 수확 후 시장에서 게의 공급이 넘쳐 어부들이 받는 가격을 낮췄다.

2006년 어업 감독 당국은 **할당량 공유**(quota share)라는 또 다른 쿼터 제도를 제정하여 알래스카의 게뿐만 아니라 게 어부를 보호하기도 했다. 개별 할당량 공유제도하에서 각 어선은 3개월 동안 채우는 할당량을 받았다. 또한 개별 할당량은 판매하거나 임대할 수 있었다. 이러한 변화로 인해 대형 어선 소유자는 작은 어선의 개별 할당량을 구입하여 크랩 어선 수를 급격히 줄였는데, 몇 년 전 250척을 넘겼지만 2012년에는 약 60척으로 감소했다. 더 큰 어선은 전복 가능성이 훨씬 적어 선원의 안전을 개선할 수 있다.

또한 어획 시즌을 연장함으로써 할당량 공유 시스템은 게 개체수와 게 가격을 증가시켰다. 또한 어린 게와 암게를 수확하기보다는 바다로 돌려 보낼 수 있다. 어획 시즌이 길어질수록 시장에 서서히 공급되므로 공급충격이 시장을 강타하더라도 가격 급락 효과를 제거할 수 있다. 예상대로 알래스카 게잡이 어부는 총 어획 할당량 제도하에서보다 할당량 공유하에서 더 많은 돈을 벌 수 있었다.

>> 복습

- **수량규제**나 **수량할당**은 재화를 얼마나 사거나 팔아야 하는지에 대해 정부가 부과하는 제한이다. 판매가 허용된 수량은 **수량할당제한**이다. 그래서 정부는 수량할당 이하에서 주어진 수량만큼 재화를 팔 수 있는 권리인 **면허**를 발급한다.
- 수량할당제한이 규제가 이루어지지 않는 시장에서 거래되는 재화의 수량보다 더 적을 때 **수요가격**이 **공급가격**보다 높아져 두 가격 사이에 **간격**이 생긴다.
- 이 간격이 재화를 팔 수 있는 소유권에 의해 면허 보유자에게 귀속되는 이득인 **할당지대**이다. 면허의 시장가격은 할당지대와 동일하다.
- 가격규제처럼 수량규제는 비효율성을 일으키고 불법 행위를 부추긴다.

>> 이해돕기 5-3
해답은 책 뒤에

1. 택시 탑승에 대한 공급과 수요가 〈그림 5-8〉과 같고, 할당량이 800만 대신에 600만 탑승으로 지정되어 있다고 하자. 다음 각각의 값을 제시하고 〈그림 5-8〉에 그것을 나타내라.
   a. 탑승 가격
   b. 할당지대
   c. 자중손실
   d. 택시 탑승에 대한 수량할당제한이 900만으로 증가했다고 가정하자. 할당지대에는 어떠한 변화가 있겠는가? 자중손실에는?
2. 수량할당제한이 800만 탑승으로 정해져 있다고 가정하자. 수요가 여행 감소에 따라 줄어들 때, 수량할당이 시장에 영향을 미치지 않기 위해서는 수요곡선이 최소한 왼쪽으로 얼마나 평행 이동해야 하는가? 〈그림 5-8〉을 이용하여 답하라.

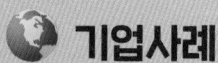

시장 교란자가 시장에 의해 교란되다

Michael Nagle/Bloomberg/Getty Images

차량호출 업체의 글로벌 리더인 우버의 샌프란시스코 본사에서 2019년 8월 8일은 암울한 하루였다. 그날 이 회사는 불과 3개월 만에 52억 달러의 충격적인 손실을 발표했다. 이는 그해 1분기 10억 달러 이상의 손실에 이어 발생한 손실이었다. 제공되는 차량 수의 연간 증가율이 현저하게 감소했다는 소식은 또 다른 불길한 조짐이었다. 이러한 결과는 일부 관계자들로 하여금 그 회사의 장기적인 생존 가능성에 의문을 품게 했다.

첨단 기술 비즈니스 세계의 총아였던 우버는 이날 엄청나게 초라한 모습이었다. 투자자들은 오직 한 회사, 즉 우버만이 승차공유 산업을 지배하게 될 것이며, 궁극적으로 매우 수익성이 높다고 믿었다. 뭐가 잘못된 것일까?

우버는 택시를 잡기 어려웠던 파리에서 친구관계의 트래비스 칼라닉과 개릿 캠프가 고안한 것이다. 2010년에 샌프란시스코에서 출시되었을 때, 우버는 스마트폰 앱을 통해 차량호출을 가능하게 한 최초의 회사였다. 그것은 저렴한 택시를 쉽게 이용할 수 있게 해 주었다. 우버는 빠르게 확장했고, 결국 전 세계 600개 이상의 도시로 범위를 넓혔다. 특히 기존 택시 시장의 규제와 제약이 심한 도시의 확장에 주력했다. 승객 수가 폭발적으로 증가하여 2019년까지 우버는 매일 거의 1,400만 명의 승객을 태웠다.

그러나 우버의 성공은 눈에 띄기 시작했다. 돈을 벌 수 있는 기회를 보고, 어떤 사람들은 우버 운전사가 되기를 원했고 경쟁회사들을 차리는 사람들이 생겨났다. 예를 들어, 2012년에 리프트는 그러한 경쟁회사로 출발했다. 중남미, 중국, 인도 등에서 자국 내의 도전자들이 등장했다. 우버는 착수비용이 많이 드는 사업 구도로 이에 대응했다. 예를 들어, 우버는 승객 수를 높게 유지하기 위해 승차 요금을 실제 제공 비용보다 낮춰주는 할인 코드와 쿠폰을 제공하기 시작했다.

우버가 손실을 만회하고 과거의 높은 성장률을 되찾으며 초기 약속을 이행하는 등 정상 궤도에 오를 수 있을지는 미지수다.

생각해 볼 문제

1. 택시 승차에 대한 수량규제가 초기에 우버의 높은 성장률에 어떻게 기여했는가?
2. 이 장에서 배운 내용을 바탕으로 우버의 최근 어려움이 예견된 것이었는지, 운의 결과였는지 설명해 보라.
3. 우버가 과거의 높은 성장률을 회복할 가능성은 얼마나 되는가?
4. 시간이 지남에 따라 이 시장에서 잉여의 배분은 어떻게 변화했는가? 우버가 기존 택시 회사들과 경쟁하기 시작했을 때 누가 이익을 얻었는가? 경쟁사들이 우버와 경쟁하기 시작했을 때 누가 이익을 얻었는가?

요약

1. 심지어 시장이 효율적이더라도 정부는 좀 더 공평성을 달성하기 위해, 또는 이익 집단을 달래기 위해 시장에 개입한다. 시장개입은 **가격규제**와 수량규제의 형태로 이루어질 수 있다. 그러나 이러한 조치들은 다양한 형태의 비효율성과 불법 행동과 같은 예측 가능하고 바람직하지 않은 부작용을 일으킨다.

2. 균형가격보다 낮은 최고 시장가격인 **가격상한제**는 소비에 성공한 사람들에게는 이익을 주지만, 지속적인 공급 부족의 문제를 일으킨다. 가격이 균형가격 아래에서 유지되기 때문에 균형거래량보다 수요량이 초과하고 공급량은 부족하게 된다. 이것은 **자중손실, 소비자에 대한 비효율적 배분, 낭비된 자원,** 그리고 **비효율적으로 낮은 품질**과 같은 형태의 비효율성과 같은 예상 가능한 문제로 이어지고 사람들이 재화를 얻기 위해 **암시장**으로 돌아서게 되는 등의 불법 행위를 부추긴다. 이러한 문제들로 인하여 가격상한제는 일반적으로 경제정책 도구로서의 이점은 없다. 그러나 가격상한제는 시장이 비효율적이거나 자연재해로 인한 공급 부족으로 시장에 맡기면 형평성과 사회 복지에 부정적 영향이 초래될 가능성이 있을 때 정당화될 수 있다.

3. 균형가격보다 최저 시장가격을 높게 책정하는 **가격하한제**는 판매에 성공한 사람들에게 이익을 안겨 주지만, 지속적인 공급과잉의 문제를 일으킨다. 가격이 균형가격 위에서 유지되기 때문에 균형거래량에 비해 수요량은 적고 공급량은 초과하게 된다. 이것은 예상 가능한 문제들로 이어져 **판매자 간 비효율적 판매 배분**, 낭비된 자원, 그리고 **비효율적으로 높은 품질**과 같은 비효율성의 문제를 일으키고, 또한 불법 행위와 암시장을 부추긴다. 가장 잘 알려진 종류의 가격하한은 **최저임금**이다. 뿐만 아니라 가격하한제는 농산물 시장에도 흔히 적용된다.

4. **수량규제** 또는 **수량할당**은 팔거나 살 수 있는 재화의 양에 제한을 둔다. 판매가 허용되는 총량을 **수량할당제한**이라고 하는데 정부는 개개인에게 **면허**, 즉 재화의 주어진 양을 팔 수 있는 권리를 발급한다. 면허 소지자는 **할당지대**, 즉 재화를 파는 권리를 소유한 소유권으로부터 나오는 소득을 벌어들인다. 그것은 수량할당제한하에서의 **수요가격**, 즉 소비자가 그 수요량에 대하여 기꺼이 지불할 의사가 있는 금액과 수량할당제한하에서의 **공급가격**, 즉 공급자가 그 공급량에 대하여 받아들일 의사가 있는 금액의 차이다. 경제학자들은 수량할당이 수요가격과 공급가격 사이의 **간격**을 가져온다고 말한다. 이 차이는 곧 할당지대와 동일하다. 수량규제는 불법 행위를 부추기는 것과 아울러 상호 이익이 되는 거래가 일어나지 않게 되는 비효율성의 문제를 일으킨다.

주요용어

가격규제
가격상한제
가격하한제
자중손실
소비자에 대한 비효율적 배분
낭비된 자원
비효율적으로 낮은 품질

암시장
최저임금
판매자들 간 비효율적 판매 배분
비효율적으로 높은 품질
수량규제
수량할당
수량할당제한

면허
수요가격
공급가격
간격
할당지대

토론문제

1. 오리건 주는 최근 주 전체적으로 주택 임대료 상한선 시행 법안을 채택한 최초의 주가 되었다. 오리건의 정책이 집주인, 세입자, 그리고 이용 가능한 임대 아파트의 품질에 어떤 영향을 미치는지 설명하라.

2. 어떤 주에서는 최저임금이 시간당 12달러이다. 그런데 그 주의 많은 패스트푸드점들이 시간당 15달러를 지불하는 구인광고를 표지판에 게시했다. 이것은 그 주에서 최저임금과 식당 일의 가능성에 대해 무엇을 말해 주는가?

3. 많은 워싱턴 주 주민들과 정치인들은 멸종 위기에 처한 범고래를 포함한 지역 야생동물의 주요 식량원인 연어 개체수의 감소를 우려하고 있다. 연어 개체수를 남획으로부터 보호하기 위해 정치인들은 두 가지 정책을 고려하고 있다. 첫 번째는 연어 시장에 가격상한제 도입이다. 두 번째 정책은 수량할당이다. 허가증은 연어 잡이를 제한하기 위해 상업적으로 낚시를 하는 사람들에게 팔릴 것이다. 상황이 전개되면서 정치인들은 할당제를 선호하는 반면 생계를 위해 고기를 잡는 사람들은 가격상한제를 선호하는 경향이 뚜렷해졌다. 당신은 왜 이것이 사실이라고 생각하는가?

연습문제

1. 투표자의 환심을 사기 위해서 고담 시장은 택시 승차요금을 낮추기로 결정한다. 단순하게 모든 택시 승차는 거리가 같아 비용이 동일하다고 가정한다. 다음 표는 택시 승차에 대한 수요와 공급계획을 보여 준다.

승차요금 (1회 승차당)	탑승량(연간 백만 번)	
	수요량	공급량
$7.00	10	12
6.50	11	11
6.00	12	10
5.50	13	9
5.00	14	8
4.50	15	7

a. 도시에 공급될 수 있는 택시 승차 횟수에 제한이 없다고 가정한다(즉 택시 영업면허증 제도가 없다). 균형가격과 균형량을 찾으라.

b. 시장이 5.5달러로 가격상한을 두었다고 한다. 승차 부족분은 얼마인가? 그래프로 설명하라. 이 정책으로 누가 이득을 얻고 누가 손해를 입었는가?

c. 주식시장이 붕괴되어 고담 시 사람들이 더 가난해졌다고 한다. 이로 인해 주어진 각 가격에서 승차 수요량이 연간 600만만큼 감소한다. 시장의 새로운 정책이 이제 어떤 영향을 미칠 것인가? 그래프로 설명하라.

d. 주식시장이 회복되어 택시 승차 수요가 원래대로 되었다고 한다(즉 수요계획이 앞에 주어진 표로 되었다). 이제 시장은 택시기사들의 환심을 얻고자 기존의 택시기사들에게 영업면허증을 주는 정책을 발표한다. 면허증 발급수량은 탑승량이 연간 1,000만이 될 수 있도록 제한된다. 이 정책이 시장에 미치는 영향을 그래프로 설명하고 이에 따라 형성되는 가격과 거래량을 표시하라. 탑승 할당지대는 얼마인가?

2. 18세기 후반에 뉴욕 시의 빵 가격이 제한되어 제한가격이 시장가격보다 높게 형성되었다.

a. 정책이 미치는 영향을 보여 주는 그래프를 그리라. 정책은 가격상한제 아니면 가격하한제로 작용했는가?

b. 시장가격 이상으로 빵 가격이 통제될 때 어떤 비효율성이 나타났을지 자세히 설명하라.

이 기간 어느 해에는 밀 수확이 좋지 않아 빵 공급곡선이 왼쪽으로 이동해 시장가격이 상승했다. 뉴욕의 제빵사들은 제한가격이 시장가격보다 낮은 것을 알았다.

c. 이 1년 동안 빵 시장의 가격제한이 미치는 영향을 보여 주는 그래프를 그리라. 정책은 가격상한제 아니면 가격하한제로 작용했는가?

d. 이 기간 동안 어떤 비효율성이 나타났을지 자세히 설명하라.

3. 2019년 미국 하원은 낙농업자에 대한 가격지원금을 수정한 새로운 농장 법안을 승인했다. 새로운 법안은 우유가격과 사료비 간의 마진이 파운드당 0.08달러 이하로 떨어질 때 낙농업자들을 지원하는 것이다. 현재 사료비는 파운드당 0.10달러라고 가정해 보자. 이 법안은 파운드당 0.18달러로 우유 가격에 가격하한제를 설정하는 것을 의미한다. 그 가격으로 2019년 우유 공급량은 2,400억 파운드, 수요량은 1,400억 파운드다. 미국 농무부는 우유 가격을 지원하기 위해 1,000억 파운드의 잉여 우유를 사들여야 한다. 다음 그림의 수급 곡선은 우유 시장을 보여 준다.

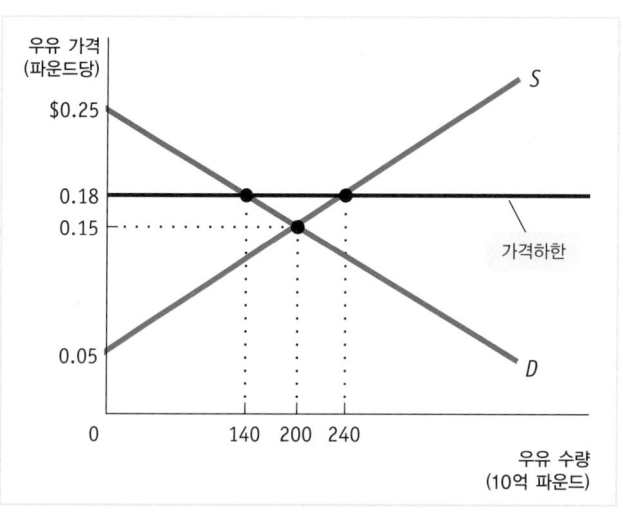

a. 가격하한이 없을 때 소비자잉여는 얼마인가? 생산자잉여는? 총잉여는? (소비자잉여와 생산자잉여의 합)

b. 가격하한이 파운드당 0.18달러에 있을 때 소비자는 14,00억 파운드의 우유를 구매한다. 소비자잉여는 얼마인가?

c. 가격하한이 파운드당 0.18달러에 있을 때 생산자는 2,400억 파운드의 우유를 판매한다(일부는 소비자에게, 일부는 농무부에 판매하는 것이다). 생산자잉여는 얼마인가?

d. 우유 잉여분을 구입하는 데 미국 농무부는 얼마의 비용을 지불해야 하는가?

e. 잉여분 구입에 필요한 지출은 세금으로 조달되어야 한다. 그 결과 총잉여는 농무부가 구매한 만큼 줄어든다. 위 b, c, d의 답변을 이용하여 가격하한제가 있을 때 총잉여가 얼마나 되는지 산정하라. 이 총잉여를 a에서 가격하한이 없는 총잉여와 비교하라.

4. 다음 표는 연간 우유에 대한 수요와 공급계획을 보여 준다. 미국 정부는 낙농업자들이 살아남기 위해 특정한 수준의 소득을 유지해 주기로 결정하였다. 이러한 이유로 정부는 가격하한을 파인트당 1달러로 설정하였고, 그 가격에 도달할 수 있도록 잉여분을 사들였다.

우유 가격 (파인트당)	우유량(연간 백만 파인트)	
	수요량	공급량
$1.20	550	850
1.10	600	800
1.00	650	750
0.90	700	700
0.80	750	650

a. 표를 이용해서 비효율적으로 낮은 거래량으로 인해 발생하는 자중손실을 보이라.

b. 이 정책으로 인해 발생하는 우유의 잉여분이 얼마나 되는가?

c. 이 정책으로 인해 정부가 지불해야 할 비용은 얼마나 되는가?

d. 우유는 단백질과 칼슘이 풍부하기 때문에, 정부는 구매한 우유를 초등학교에 파인트당 0.6달러에 공급하기로 결정하였다. 학교는 모든 물량을 소화할 수 있다고 가정하자. 하지만 자녀들이 학교에서 우유를 먹는 바람에 부모들이 모든 가격대에서 5,000만 파인트씩 덜 사게 되었다. 그렇다면 이러한 정책으로 인해 정부가 지불해야 할 비용은 얼마나 되는가?

e. 이 정책으로 인해 발생하는 비효율을 판매자에 대한 비효율적인 배분과 낭비된 자원의 측면에서 논하라.

5. 유럽 정부는 미국 정부보다도 가격규제를 빈번하게 쓰는 경향이 있다. 예를 들면 프랑스 정부는 고등학교 졸업과 비슷한 자격인 르 바(le bac)를 마친 신규 노동자의 연간 최소 초봉을 정해 두고 있다. 르 바를 가진 신규 노동자에 대한 수요계획과 유사한 자격증을 가진 새로운 취업자에 대한 공급계획이 다음 표와 같다. 여기서 가격은 프랑스에서 통용되는 화폐인 유로가 주어져 있을 때의 연봉과 동일하다.

임금(연간)	수요량 (연간 새로운 일자리)	공급량 (연간 새로운 구직자)
€45,000	200,000	325,000
40,000	220,000	320,000
35,000	250,000	310,000
30,000	290,000	290,000
25,000	370,000	200,000

a. 정부개입이 없을 때 매년 고용되는 졸업자의 균형고용자 수와 균형임금은 무엇인가? 그래프로 설명하라. 균형임금수준에서 취업을 원하지만 할 수 없는 사람이 있겠는가? 즉 비자발적인 실업상태인 사람이 있는가?

b. 프랑스 정부는 최소 연봉을 3만 5,000유로로 정했다고 한다. 이 임금수준에서 비자발적인 실업이 존재하는가? 만약 그렇다면 얼마나 되는가? 그래프로 설명하라. 만약 최소 연봉이 4만 유로라면 어떻게 되겠는가? 그래프로 설명하라.

c. b의 답과 표의 정보가 주어질 때 비자발적 실업과 최소임금수준 사이에 어떤 관계가 있겠는가? 그런 정책이 시행되면 누가 이득을 얻고 누가 손해를 보는가? 여기에서 잃어버린 기회는 무엇인가?

6. 많은 유럽 국가들에서 높은 최저임금은 높은 수준의 실업과 낮은 고용 및 2층의 노동 체계를 야기했다. 공식 노동시장에서 근로자들은 최저임금 이상을 지불하는 좋은 직업을 가지고 있다. 비공식 노동시장 또는 노동 암시장에서 근로자는 낮은 임금을 받고 최저임금보다 낮은 임금을 받는다.

a. 수평축을 노동시간, 수직축을 시장임금으로 하여 전체 노동시장에 대한 최저임금 부과의 효과를 보여 주는 수요곡선과 공급곡선을 그려라. 공급곡선은 임금에 따라 근로자가 제공한 노동시간을 나타내야 하며, 수요곡선은 임금에 따라 고용주가 필요로 하는 노동시간을 나타

낸다. 다이어그램에 최저임금 부과로 인한 자중손실을 표시하라. 수요 또는 공급, 어떤 종류의 부족이 생성되는가? 다이어그램에 부족량을 표시하라.

   b. 높은 최저임금의 부과는 경제의 위축을 초래하여 공식 노동시장에서 고용주가 노동에 대한 수요와 생산량을 삭감한다고 가정하자. 이 효과가 노동시장 전체에 미치는 영향을 설명하라. 자중손실의 크기는 어떻게 되는가? 부족한 수요 또는 공급의 양은 어떠한가? 다이어그램으로 설명하라.

   c. 적어도 최저임금 이상의 임금을 지급받을 수 없는 근로자가 최저임금이 없는 비공식 노동시장으로 이동한다고 가정한다. 경제 수축의 결과로 비공식 노동시장 규모는 어떻게 될 것인가? 비공식 노동시장에서 균형임금은 어떻게 되는가? 비공식 시장에 대한 공급 및 수요 다이어그램으로 설명하라.

7. 지난 85년 동안 미국 정부는 미국 농가에 소득을 보조해 주는 가격지지정책을 사용해 왔다. 정부는 가격하한제를 시행할 때는 농가의 잉여생산물을 사 주는 방식이었다. 목표가격을 사용할 때는 정부가 목표가격과 시장가격의 차이만큼을 농가에 주는 방식이었다. 다음 그림에 묘사된 옥수수 시장에 대해 생각해 보자.

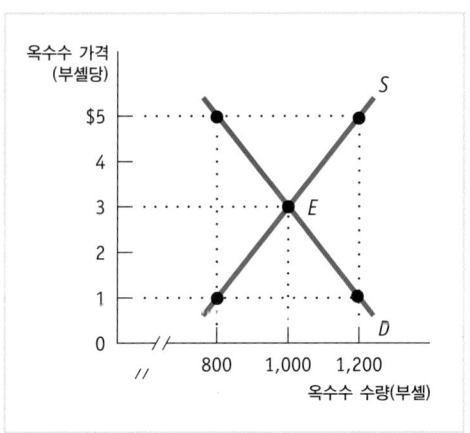

   a. 정부가 부셸당 5달러로 가격하한제를 실시한다면 옥수수는 얼마나 생산되겠는가? 소비자는 얼마나 사는가? 정부는 얼마나 사는가? 이 프로그램에 정부는 비용을 얼마나 지불하는가? 옥수수 농부는 수입을 얼마나 얻는가?

   b. 정부가 1,000부셸이 공급될 때까지는 부셸당 5달러를 목표가격으로 정했다고 한다. 소비자는 어떤 가격에 얼마만큼의 옥수수를 사는가? 정부는 어떤 가격에 얼마나 사는가? 이 프로그램에 정부는 비용을 얼마만큼 지불하는가? 옥수수 농부는 수입을 얼마나 얻는가?

   c. a와 b의 프로그램 중에서 어느 프로그램에 옥수수 소비자가 비용을 더 지불하는지, 어느 프로그램에 정부가 비용을 더 지불하는지 설명하라.

   d. 이 중 다른 것에 비해 덜 효율적인 정책이 있는가? 설명하라.

8. 북대서양 연안에는 한때 어류가 풍부했다. 지금은 상업적인 선단에 의한 과도한 어획으로 물고기가 심각하게 고갈되었다. 1991년에 미국 상무부 어업해양국에서는 물고기 수가 회복되도록 수량할당제한을 실시했다. 2016년 수량할당제한은 미국에서 어업이 허가된 선박에 의해 잡히는 황새치의 양을 연간 700만 파운드로 한정하는 방식이었다. 미국 어업 선박이 수량할당제한을 따르자 이후에 황새치의 어획이 줄어들었다. 다음 표는 연간 미국에서 잡히는 황새치에 대한 가상적인 수요 및 공급계획이다.

황새치 가격 (파운드당)	황새치 수량(연간 백만 파운드)	
	수요량	공급량
$20	6	15
18	7	13
16	8	11
14	9	9
12	10	7

   a. 1991년에 수량할당제한이 황새치 시장에 미친 영향을 그래프를 이용해서 보이라. 그래프에 비효율적으로 낮은 수량으로부터의 자중손실을 그리라.

   b. 이 정책에 대응해서 어부들은 물고기 잡는 방식을 어떻게 바꿨겠는가?

9. 메인 주에서 바닷가재를 상업적으로 잡으려면 면허를 발급받아야 한다. 메인 주는 연안에서 발견되는 바닷가재의 공급량이 감소하는 것을 걱정한다. 주정부의 해양국은 메인 수역에서 잡을 수 있는 바닷가재를 매년 8만 파운드로

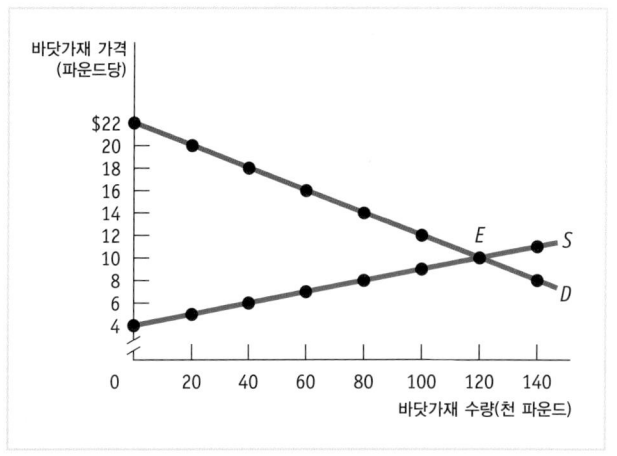

제한하기로 결정했다. 또한 올해는 작년에 면허를 갖고 있는 어부들에게만 면허를 주기로 결정했다. 다음의 그림은 메인 바닷가재에 대한 수요와 공급곡선을 보여 준다.

a. 정부의 제한이 없을 때 균형가격과 균형량은 무엇인가?

b. 소비자들이 바닷가재 8만 파운드를 구매하려는 수요가격은 얼마인가?

c. 공급자들이 바닷가재 8만 파운드를 판매하려는 공급가격은 얼마인가?

d. 8만 파운드로 팔릴 때 바닷가재의 파운드당 할당지대는 얼마인가?

e. 수량할당제한에 의해 금지되었지만 판매자와 구매자 모두에게 이득이 되는 거래에 대해 설명하라.

10. 베네수엘라 정부는 볶은 커피콩의 소매가격에 가격상한을 설정하였다. 다음 그림은 커피콩 시장을 나타낸다. 가격규제가 없을 때, 균형은 E점에서 나타나며 이때의 균형가격은 P_E, 균형거래량은 Q_E다.

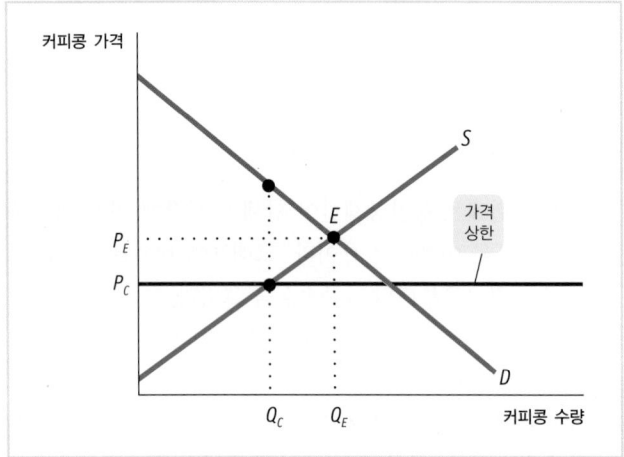

a. 가격상한이 있기 전 소비자잉여와 생산자잉여를 구하라.

가격상한이 도입된 이후, 가격은 P_C, 거래량은 Q_C로 떨어졌다.

b. 가격상한 도입 이후 소비자잉여를 보이라(지불할 용의가 높은 순서대로 구매한다고 가정한다. 즉 소비자 사이에 비효율적인 배분은 없다는 뜻이다).

c. 가격상한 도입 이후 생산자잉여를 보이라(생산비용이 낮은 순서대로 판매한다고 가정한다. 즉 생산자 사이에 비효율적인 배분은 없다는 뜻이다).

d. 그림을 이용하여 가격상한 도입 이후 생산자잉여의 어느 정도가 소비자잉여로 이전되는지 보이라.

e. 그림을 이용하여 가격상한 도입 이후 총잉여가 얼마나

감소하는지 보이라. 즉 자중손실은 어느 정도인가?

11. 다음 그림은 1975년부터 1985년까지 물가를 조정한 미국의 평균 항공료에 대한 미국 노동통계국의 자료다. (시간이 지남에 따라 대체로 오르고 있다.) 1978년에 통과된 항공 규제 철폐 법안(Airline Deregulation Act)은 항공료에 설정되어 있던 가격하한을 폐지하였고, 새로운 항로를 여는데 큰 유연성을 주었다.

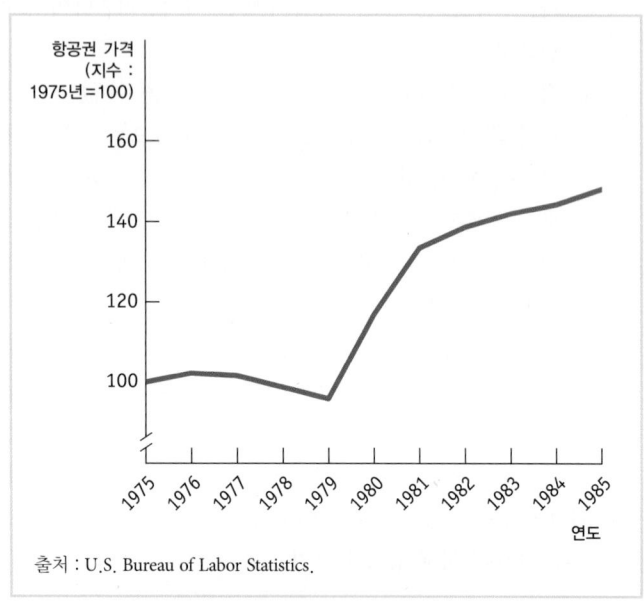

출처 : U.S. Bureau of Labor Statistics.

a. 그림에 있는 항공료 자료를 보면, 1978년 이전에 적용되던 가격하한제는 실효가 있었던 것일까? 즉 가격하한이 균형가격의 위아래 중 어디에 있었겠는가? 수요 및 공급곡선 그림을 그리고, 1978년 이전에 가격하한이 어디에 있었을지를 균형가격과 관련해서 나타내 보라.

b. 대부분의 경제학자들은 마일당 평균 항공료는 법안 시행 이후에 실제로 하락했다는 사실에 동의한다. 보고 있는 그림과 관련해 이러한 주장을 어떻게 이해할 수 있을까?

12. 많은 대학생들이 졸업하기 전에 인턴십을 시작하여 자신의 이력서를 빛나게 하거나 선택한 분야에서 경험을 쌓거나 또는 가능한 커리어를 쌓고자 한다. 이 장래의 인턴들 모두가 공유하는 희망은 웨이터 일이나 버거를 만드는 것과 같은 전형적인 여름 일자리보다 더 많은 인턴십 기회를 찾을 수 있다는 것이다.

a. 수직축에 측정된 임금, 수평축에 근무 시간을 놓고 시장균형에서 최저임금 구속력이 없는 인턴 시장에 대한 공급곡선과 수요곡선을 그리라.

b. 경기침체가 고용주의 인턴 수요를 감소시킨다고 가정하라. 그러나 많은 학생들이 무급 인턴십에서 일하고자

한다. 그 결과, 새로운 시장균형임금은 영과 같다. 이 새로운 시장균형을 설명하기 위해 또 다른 수요와 공급 곡선을 그리라. 〈그림 5-7〉에서와 같이 최저임금의 자

중손실을 나타내는 삼각형을 포함하라. 그림을 사용하여 결과를 설명하라.

6 탄력성

바가지 씌우기

정말로 위급한 상황이라면, 가장 가까운 응급실까지 구급차를 타고 가는 것에 대해 고민할 필요가 없다. 하지만 위급한 상황이 아니라면 어떨까? 수영하다 수영장 벽에 부딪혀 이가 세 개나 부러져 누가 구급차를 불렀는지도 알지 못하는 키라 밀라스의 사례를 들어 보자. 그녀는 15분 동안 구급차를 타고 지역 병원에 갔다. 일주일 후, 그녀는 1,772.42달러의 청구서를 받았다. 그녀는 깜짝 놀라며 "우리는 겨우 9마일을 운전했고 그것은 생명을 위협하지 않는 부상이었다. 응급 치료는 절대 필요하지 않았다."라고 말했다.

키라의 경험은 결코 예외적인 것이 아니다. 구급차는 주변에 있던 사람이나 911 차량 배차원에 의해 요청되지만, 정작 청구서를 받는 것은 환자이다. 의심할 여지 없이, 의학적인 응급 상황에서 환자는 구급차를 이용할 수 있을 때 행운을 느낀다. 그러나 키라와 같은 상황에도 많은 환자들은 구급차가 도착하면 타야 할 것만 같은 의무감을 느낀다. 그리고 키라처럼 그들은 병원 입원 비용에 대해 알지

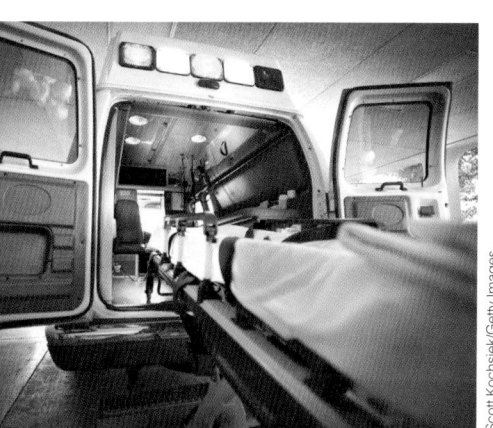

병원까지 구급차를 이용하는 수요는 가격에 상대적으로 덜 반응한다.

못한다. 그리고 많은 사람들이 구급차 서비스 비용의 일부 또는 전부를 충당할 건강보험을 가지고 있지만, 환자는 궁극적으로 나머지 비용을 지불할 책임이 있다.

140억 달러의 비용으로 추정되는 4,000만 건의 구급차 운행이 해마다 지역 소방서와 같은 비영리단체 및 미국의 영리단체에 의해 제공된다. 최근 몇 년 동안 영리를 목적으로 하는 회사는 수익 창출의 기회를 감지하여 운영을 크게 확대했으며 종종 비영리단체로부터 인계받았다. 그리고 대규모 투자자들은 구급차 서비스가 상당한 이익을 창출할 것이라는 데 베팅하고 있다. 2대의 구급차 회사가 최근 투자자들에 의해 매입되었는데, 하나는 30억 달러이고, 다른 하나는 4억 3,800만 달러였다. 에어 앰뷸런스 시장에서도 비슷한 상황이 발생했다. 고수익은 시장의 폭발적인 성장을 이끌었고, 환자들은 짧고 더 안전하게 육로로 갈 수 있던 여정에 대하여 수만달러의 청구서를 받아야 했다.

구급차 승차 요금은 수백 달러에서 수만 달러에 이르기까지 전국적으로 다양하다. 비용은 구급차 팀의 기술 수준에서 이동한 거리까지, 또는 친구 또는 친척의 동승(수백 달러의 비용이 추가됨) 등 환자의 의학적 필요 이외의 여러 가지 사항에 달려 있다.

구급차 서비스 비용의 극단적인 변화를 설명하는 요인은 무엇인가? 구급차가 실제로 필요한지 여부에 관계없이 이러한 서비스는 수천 달러를 청구할 수 있나? 환자가 다리

가 부러졌을 때 심폐소생 기능을 갖춘 구급차 비용을 청구할 수 있을까? 이 질문에 대한 해답은 **가격 비반응성**에서 찾을 수 있다. 많은 소비자들, 특히 진정한 응급 상황이 발생한 사람들은 구급차의 가격에 반응하지 않는다. 구급차 운전자는 상당수의 환자가 탑승하기 전 "응급실로 가는 데 드는 비용은 얼마입니까?"라고 묻지 않을 것이라고 판단한다. 즉 구급차 승차 가격의 대폭적인 인상은 수요를 상대적으로 거의 변하지 않게 만든다.

매우 다른 시나리오를 생각해 보자. 특정 브랜드의 아침 시리얼의 제조사가 원래 가격의 10배를 부과하기로 결정했다고 가정하자. 소비자가 훨씬 더 높은 가격을 기꺼이 지불하는 것은 불가능하지는 않더라도, 매우 어려울 것이다. 즉 아침 시리얼 소비자는 구급차를 타는 소비자보다 가격에 훨씬 더 잘 반응한다.

어떻게 **반응성**을 정의할 수 있을까? 경제학자들은 **수요의 가격탄력성**이라고 불리는 특정 값으로 가격에 대한 소비자들의 반응을 측정한다. 이 장에서는 수요의 가격탄력성을 계산하는 방법과 수요량이 가격 변화에 어떻게 반응하는지에 대한 가장 좋은 방법인 이유에 대해 논의 할 것이다. 수요의 가격탄력성은 **수요의 소득탄력성, 수요의 교차가격탄력성** 및 **공급의 가격탄력성**을 비롯한 관련 탄력성 개념들과 공통점을 가진 개념이라는 것을 살펴볼 것이다. ●

이 장에서 배울 내용

- 가격이나 소득의 변화에 대한 반응 정도를 측정하는 데 **탄력성**이 사용되는 이유는 무엇인가?
- 탄력성 측정 방식과 그 의미는 무엇인가?

- 이러한 다양한 탄력성의 크기에 영향을 주는 요소는 무엇인가?
- 가격이나 정부 수수료를 책정하기 전에 관련 탄력성의 크기를 결정하는 것이 중요한 이유는 무엇인가?

‖ 탄력성의 정의와 측정방법

투자자가 구급차 사업에서 상당한 이익을 얻을 수 있는지 여부를 알기 위해서는 구급차 승차 수요의 가격탄력성을 알아야 한다. 이 정보를 통해 투자자는 구급차 가격의 현저한 상승으로 인해 매출이 증가하는지 여부를 정확하게 예측할 수 있다.

수요의 가격탄력성 계산하기

〈그림 6-1〉은 구급차를 타는 가상의 수요곡선을 보여 준다. 승차당 200달러의 가격으로, 소비자는 연간 1,000만 번 이용한다(A점). 1회 승차에 210달러의 가격으로, 소비자는 연간 990만 번 이용한다(B점).

〈그림 6-1〉은 가격 변화에 따라 수요량이 어떻게 변화하고 있는지를 나타내고 있다. 그런데 이러한 가격 변화에 대한 반응을 어떻게 측정할 수 있을까? 그것은 수요의 가격탄력성을 계산하는 것으로 가능하다.

수요의 가격탄력성(price elasticity of demand)은 수요곡선 상에서 수요량의 변화 비율과 가격의 변화 비율(백분율)을 비교해서 계산해 낼 수 있다. 이 값은 수요곡선을 따라 움직이면서 계속해서 변한다. 이 절의 마지막 부분에서도 언급하겠지만 경제학자들이 이처럼 탄력성을 계산하는 데 백분율을 사용하는 이유는 측정의 단위(말하자면, 1마일 구급차 이동 대 10마일 구급차 이동)에 따라 탄력성의 값이 영향을 받아 달라지는 일을 막기 위해서이다. 이를 더 자세히 살펴보기에 앞서 탄력성을 계산하는 방법에 대해 살펴보자.

가격탄력성을 계산하기 위해서는 먼저 수요곡선을 따라 변해 가는 가격 변화의 백분율값과 그에 따른 수요량 변화의 백분율값을 계산해야 한다. 이는 다음과 같이 나타낼 수 있다.

$$(6\text{-}1) \qquad \text{수요량 변화의 백분율값} = \frac{\text{수요량의 변화}}{\text{기존 수요량}} \times 100$$

그리고

그림 6-1 구급차 승차 수요

승차당 200달러의 가격으로, 소비자는 연간 1,000만 번 이용한다(A점). 1회 승차에 210달러의 가격으로, 소비자는 연간 990만 번 이용한다(B점).

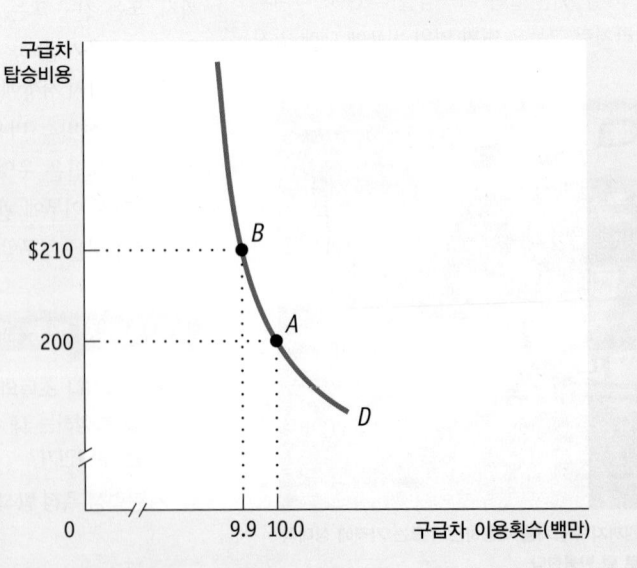

$$(6-2) \qquad \text{가격 변화의 백분율값} = \frac{\text{가격의 변화}}{\text{기존 가격}} \times 100$$

〈그림 6-1〉에서 가격이 200달러에서 210달러로 상승하면 수요량이 1,000만에서 990만으로 떨어지면서 수요에 변화가 생김을 알 수 있다. 수요량의 변화율은 다음과 같다.

$$\text{수요량 변화의 백분율값} = \frac{-10\text{만 번의 승차}}{1{,}000\text{만 번의 승차}} \times 100 = -1\%$$

초기 가격은 200달러이고 가격의 변화는 10달러이므로 가격 변동률은 아래와 같다.

$$\text{가격 변화의 백분율값} = \frac{\$10}{\$200} \times 100 = 5\%$$

수요의 가격탄력성을 계산하는 방법은 수요량 변화의 백분율값과 가격 변화의 백분율값의 비율을 구하는 것이다.

$$(6-3) \qquad \text{수요의 가격탄력성} = \frac{\text{수요량 변화의 백분율값}}{\text{가격 변화의 백분율값}}$$

따라서 〈그림 6-1〉에서 나타나는 수요의 가격탄력성은 다음과 같다.

$$\text{수요의 가격탄력성} = \frac{1\%}{5\%} = 0.2$$

수요의 가격탄력성인 마지막 방정식을 계산할 때 수요량의 변화율 계산에 나타난 마이너스 기호가 삭제되었음을 알 수 있다. 왜 그렇게 한 것일까? 수요의 **법칙**에 의하면 수요곡선은 우하향하는 모습을 하고 있다. 이는 수요의 가격탄력성이 수학적으로 음의 값을 갖는다는 것이다(만약 가격이 양의 값만큼 변하여 가격 상승이 있었다면 수요량은 줄어들 것이고 이에 수요량의 백분율값은 음수가 될 것이다).

그러나 음의 부호를 계속해서 사용하는 것은 매우 성가신 일이다. 따라서 경제학자들이 수요의 가격탄력성을 이야기할 때는 보통 음외 부호를 생략한 **절댓값**을 사용한다. 예를 들어 위의 경우에 "수요의 가격탄력성이 0.2이다."라고 하더라도 이 값에 음의 부호가 이미 포함된 것으로 이해해야 한다. 따라서 우리도 이러한 관습을 따라 수요의 가격탄력성을 이야기할 때는 음의 부호를 생략하도록 하겠다.

수요의 가격탄력성이 클수록 가격 변화에 반응하는 수요량의 변화가 더 크다. 수요의 가격탄력성이 클 때(가격 변화의 비율에 비해 수요량 변화의 비율이 큰 폭으로 변할 때) 경제학자들은 수요가 탄력적이라고 말한다.

이후에 간략히 살펴보겠지만, 위에서 계산한 가격탄력성이 0.2라는 것은 가격 변화에 대해 수요량이 적게 변화한 것이다. 이것은 가격이 상승할 때 수요량이 상대적으로 적은 양만큼 감소한다는 것이고 경제학자들은 이를 비탄력적 수요라고 말한다. 그리고 이와 같은 비탄력적 수요야말로 구급차 탑승의 가격 상승을 통해 수입을 증가시키기 위해서 필요로 했던 것이었다.

탄력성의 중간값 계산법

수요의 가격탄력성은 가격 변화의 백분율값과 수요량 변화의 백분율값을 비교하여 구하게 된다. 우리는 다른 탄력성에 대해 간략히 논의할 때 백분율값을 사용하는 것이 중요한 이유를 살펴볼 것이다. 그러나 그것에 앞서 변수 변화량의 백분율값을 구하기 위한 기술적인 문제들에 대해 살펴보도록 하자.

이 문제를 이해하는 가장 좋은 방법은 실제 예를 통해 살펴보는 것이다. 여러 다른 나라들의 휘발유 가격과 소비를 비교하여 휘발유 수요의 가격탄력성을 추정한다고 생각해 보자. 높은 세금으로 인해서 유럽에서의 휘발유 가격은 종종 미국 가격의 세 배 정도가 된다. 그러면 미국과 유럽에서의 휘발유 가격 차이의 백분율은 어떻게 될까?

그것은 측정 방법에 따라 달라진다. 유럽의 휘발유 가격은 미국 휘발유 가격의 세 배이므로 200% 정도가 더 높다. 한편 미국의 휘발유 가격은 유럽 가격의 1/3이므로 66.7%가 더 낮다.

이렇게 여러 가지로 표현하는 것은 성가신 일이므로 측정 방법에 따라 달라지지 않는 가격 변화의 백분율값을 계산하도록 한다. 가격이 오르고 내림에 따라 탄력성을 여러 번 계산하는 것을 피하기 위한 한 가지 방법으로 **중간값 계산법**을 사용할 수 있다.

중간값 계산법(midpoint method)은 한 변수 X에서의 백분율값을 정의하는 통상적인 방법을 대신하게 된다.

$$(6\text{-}4) \qquad X \text{ 변화량의 백분율} = \frac{X\text{의 변화량}}{X\text{의 평균값}} \times 100$$

X의 평균값은 다음과 같이 정의된다.

$$X\text{의 평균값} = \frac{X\text{의 초기값} + X\text{의 마지막값}}{2}$$

이 중간값 계산법을 사용하여 수요의 가격탄력성을 계산할 때 가격과 수요의 변화량의 백분율값은 위와 같은 평균값을 사용하여 계산될 수 있다. 이러한 방법이 실제로 어떻게 사용될 수 있는지를 살펴보기 위해 어떤 재화에 대해 다음과 같은 정보를 가지고 있다고 가정해 보자.

상황	가격	수요량
상황 A	$0.90	1,100
상황 B	$1.10	900

상황이 A에서 B로 바뀔 때, 수요량 변화의 백분율값을 얻기 위해서는 수요량의 변화된 값 200을 두 경우에 수요량의 평균값과 비교해야 한다.

$$\text{수요량 변화의 백분율값} = \frac{-200}{(1,100 + 900)/2} \times 100 = \frac{-200}{1,000} \times 100 = -20\%$$

같은 방법으로 우리는 가격 변화의 백분율값을 다음과 같이 계산할 수 있다.

$$\text{가격 변화의 백분율값} = \frac{\$0.20}{(\$0.90 + \$1.10)/2} \times 100 = \frac{\$0.20}{\$1.00} \times 100 = 20\%$$

따라서 이 경우에 수요의 가격탄력성을 다음과 같이 계산하게 된다.

$$수요의 가격탄력성 = \frac{수요량\ 변화의\ 백분율값}{가격\ 변화의\ 백분율값} = \frac{20\%}{20\%} = 1$$

중요한 점은 A에서 B로 변화할 때나, B에서 A로 변화할 때의 가격탄력성은 모두 1로 같은 값을 갖는다는 것이다.

가격탄력성을 구하기 위한 좀 더 보편적인 식을 얻기 위해서 수요곡선 상의 두 점을 알고 있다고 가정해 보자. 첫 번째 점에서의 수요량과 가격을 (Q_1, P_1), 두 번째 점에서의 수요량과 가격을 (Q_2, P_2)라 하자. 그러면 수요의 가격탄력성을 계산하기 위한 식은 다음과 같다.

(6-5)　수요의 가격탄력성 $= \dfrac{\dfrac{Q_2 - Q_1}{(Q_1 + Q_2)/2}}{\dfrac{P_2 - P_1}{(P_1 + P_2)/2}}$

앞에서 살펴본 것처럼 중간값 계산법으로 수요의 가격탄력성을 구할 때도 보통 음의 부호를 생략하고 절댓값만을 사용한다.

현실 경제의 >> 이해

탄력성의 추정

아마도 실제 현실의 데이터로 수요의 가격탄력성을 계산하는 일이 쉬운 일이라 생각할 수도 있을 것이다. 즉 앞서 말한 것처럼 가격 변화의 백분율값과 수요량 변화의 백분율값을 비교하는 것으로 가격탄력성을 간단히 얻으리라 여길지도 모른다. 그러나 불행히도 그렇게 간단한 경우는 흔치 않다. 왜냐하면 가격 변화가 수요량 변화에 영향을 미치는 유일한 요인이 아니기 때문이다. 소득의 변화, 기호의 변화, 다른 재화 가격의 변화 같은 다른 요인의 변화 또한 주어진 가격하에서의 수요량을 변화시키며 수요곡선을 이동시킨다.

따라서 수요의 가격탄력성을 계산하기 위해서 경제학자들은 신중하게 통계분석을 사용하여 반드시 다른 조건들은 동일하게 유지한 후에 다양한 요소가 미칠 수 있는 각각의 영향을 분리해서 살펴보아야 한다.

경제학자들은 많은 재화와 서비스에 대한 수요의 가격탄력성을 추정해 왔다. 〈표 6-1〉은 이들 중 일부를 요약하고 넓은 범위의 가격탄력성을 보여 준다. 휘발유와 같이 가격의 변화에 수요가 거의 반응하지 않는 제품도 있다. 여가를 위한 항공여행이나 코카콜라, 펩시 등은 수요량이 가격에 매우 민감하다.

〈표 6-1〉에서 재화들이 탄력적인 재화와 비탄력적인 재화의 두 부분으로 나뉘어 있는 것에 주목하라. 다음 절에서는 이러한 구분의 의미에 대해서 살펴볼 것이다.

표 6-1 몇몇 재화에 대한 수요의 가격탄력성 추정치

재화	수요의 가격탄력성
비탄력적 수요	
휘발유(단기)	0.09
휘발유(장기)	0.24
대학(주 내 거주)	0.06~0.75
항공여행(업무)	0.80
탄산음료	0.80
탄력적 수요	
주거	1.2
대학(주 외 거주)	1.2
항공여행(여가)	1.5
코카콜라/펩시	3.3

>> **복습**
- **수요의 가격탄력성**은 수요곡선 상에서 수요량 변화의 백분율을 가격 변화의 백분율로 나눈 값과 같다.
- 백분율 변화는 **중간값 계산법**을 사용하여 가장 잘 측정될 수 있으며, 각 변수의 백분율 변화는 초기값과 마지막값의 평균을 사용하여 계산한다.

>> 이해돕기 6-1

해답은 책 뒤에

1. 딸기의 가격이 한 상자에 1.5달러에서 1달러로 떨어지고 수요량은 10만 상자에서 20만 상자로 증가하였다. 중간값 계산법을 이용하여 수요의 가격탄력성을 구하라.

2. 현재 영화표 1장의 가격이 5달러이고 수요량은 4,000장이며, 이때 수요의 가격탄력성은 1이다. 중간값 계산법을 이용하여 5,000장의 영화표를 팔기 위해서는 가격을 몇 퍼센트나 줄여야 하는지 계산하라.

3. 현재 아이스크림 샌드위치 하나의 가격은 0.5달러이고 수요량은 10만 개이다. 이때 아이스크림 샌드위치 수요의 가격탄력성은 1.2이다. 가격이 0.05달러만큼 상승할 때 수요의 변화량을 구하라. 식 (6-1)과 식 (6-2)를 이용하여 비율 변화를 구하고 식 (6-3)을 이용하여 수요의 가격탄력성을 구하라.

|| 수요의 가격탄력성의 이해

진정한 응급 상황에서 환자는 병원까지 구급차를 타고 가게 될 때의 가격을 묻지 않을 것이다. 그러나 키라처럼 치아가 부러진 상황만 되더라도 환자들은 비용을 인지하지 못하기 때문에 수요를 줄임으로써 구급차 가격 상승에 대처할 수 없는 경우가 많다. 결과적으로 민간 구급차 회사의 투자자는 구급차 서비스를 제공하며 이익을 창출할 기회를 얻는다. 수요의 가격탄력성이 작기 때문이다. 그것이 의미하는 바는 무엇일까? 또한 가격탄력성이 낮다고 하기 위해서는 얼마나 낮아야 하는 것일까? 마찬가지로 가격탄력성이 높다고 하기 위해서는 얼마나 높아야 하는 것일까? 또한 수요의 가격탄력성이 높거나 낮도록 결정하는 요소는 무엇인가?

이러한 질문에 답하기 위해서 우리는 수요의 가격탄력성에 대해 조금 더 깊게 살펴보아야 한다.

얼마나 탄력적이어야 탄력적인 것일까?

수요의 가격탄력성을 분류하기 위한 첫 번째 단계로 다소 극단적인 경우들을 살펴보기로 하자.

첫째로, 뱀독 해독제와 같이 사람들이 가격에 대해 아무도 관심을 갖지 않는 재화의 수요를 생각해 보자. 미국 소비자들은 가격에 상관없이 매년 1,000회분의 해독제를 산다. 이 경우에 해독제에 대한 수요는 〈그림 6-2(a)〉와 같이 1,000회분의 양을 나타내는 지점에서 수직선 모양을 하고 있다. 어떤 가격 변화에도 수요량이 변화하는 비율은 영이기 때문에 이 경우 수요의 가격탄력성은 영이 된다. 이와 같이 수요의 가격탄력성이 영일 때 **완전 비탄력적 수요**(perfectly inelastic demand)라 한다.

위와는 정반대로 아주 작은 가격 상승이나 하락이 일어나더라도 수요량이 엄청나게 큰 값으로 감소하거나 증가하는 극단적인 경우도 생각해 볼 수 있다.

〈그림 6-2(b)〉는 분홍색 테니스 공의 수요를 나타내고 있다. 지금 테니스를 치는 사람들은 공의 색깔에 대해서는 전혀 신경 쓰지 않는다고 가정해 보자. 이 경우 그들은 공이 노란색인지 형광 초록색인지의 여부는 상관하지 않을 것이다. 다른 색 공의 가격이 모두 12개 한 묶음에 5달러일 때, 분홍색 공의 가격만 5달러보다 높다면 아무도 분홍색 공을 사려 하지 않을 것이다. 반대로 분홍색 공의 가격이 5달러보다 낮다면 모든 소비자가 분홍색 공을 사려 할 것이다. 따라서 이 경우의 수요곡선은 한 다스에 5달러를 나타내는 지점에서 수평선 모양을 하고 있을 것이다. 이 수요곡선 상에서 앞뒤로 이동한다면 가격은 5달러에서 고정되고 수요량만 변화할 것이다. 간단히 말해서 어떤 수를 영으로 나누려 하면 그것은 무한대(∞)가 되므로 이 경우 수요의 가격탄력성은 무한대가 된다. 이처럼 수요의 가격탄력성이 무한일 경우 경제학자들은 **완전 탄력적 수요**(perfectly elastic demand)라고 말한다.

거의 대부분 재화에 대한 수요의 가격탄력성은 이 극단적인 두 경우의 중간에 존재하게 된다. 경제학자들은 이러한 중간적인 경우를 분류하기 위한 주요 기준으로서 수요의 가격탄력성이 1

가격 변화에 대해서 수요량이 전혀 반응하지 않으면 완전 비탄력적 수요(perfectly inelastic demand)라고 한다. 수요가 완전 비탄력적이면 수요곡선은 수직이다.

가격 상승으로 수요량이 영으로 떨어질 때 완전 탄력적 수요(perfectly elastic demand)라고 한다. 수요가 완전 탄력적이면 수요곡선은 수평이다.

그림 6-2 수요의 가격탄력성에 대한 두 가지 극단적인 경우

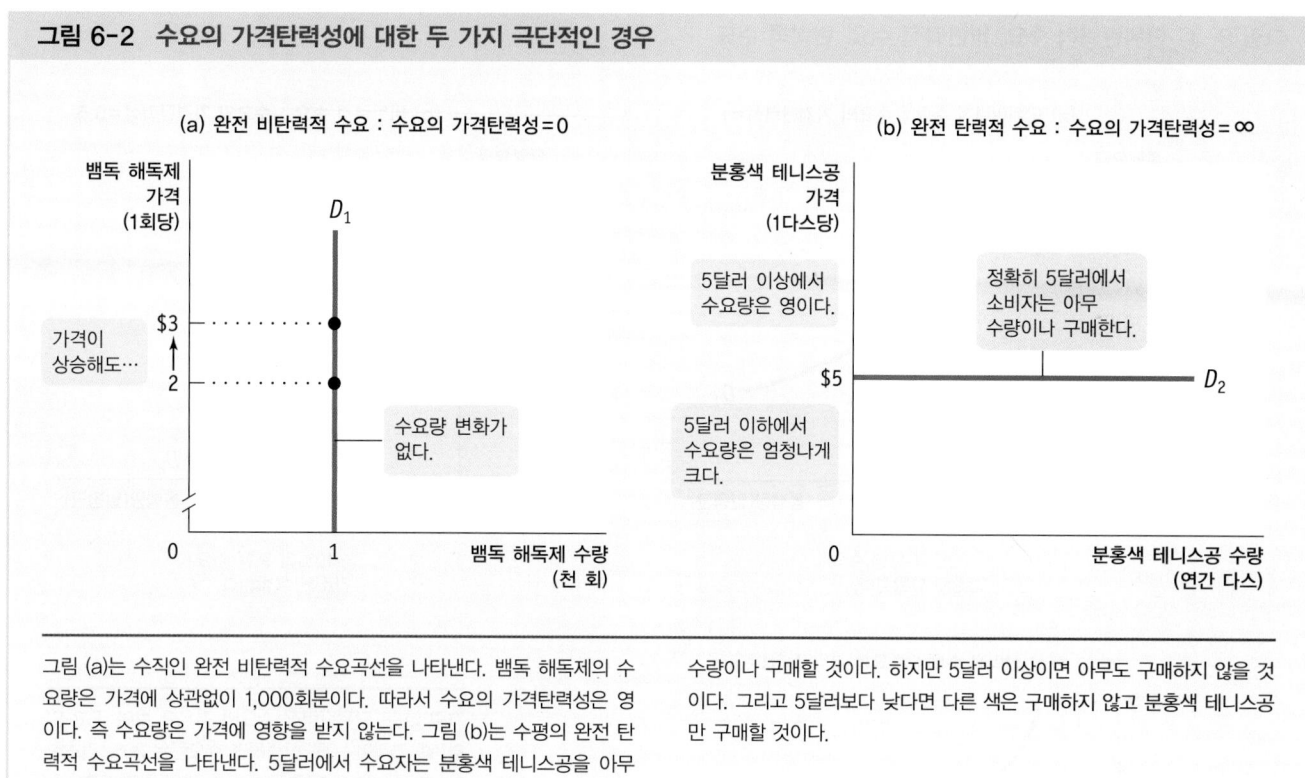

그림 (a)는 수직인 완전 비탄력적 수요곡선을 나타낸다. 뱀독 해독제의 수요량은 가격에 상관없이 1,000회분이다. 따라서 수요의 가격탄력성은 영이다. 즉 수요량은 가격에 영향을 받지 않는다. 그림 (b)는 수평의 완전 탄력적 수요곡선을 나타낸다. 5달러에서 수요자는 분홍색 테니스공을 아무 수량이나 구매할 것이다. 하지만 5달러 이상이면 아무도 구매하지 않을 것이다. 그리고 5달러보다 낮다면 다른 색은 구매하지 않고 분홍색 테니스공만 구매할 것이다.

보다 큰지 작은지를 따진다. 수요의 가격탄력성이 1보다 클 때는 수요가 **탄력적**(elastic)이라 하고, 1보다 작을 경우에는 수요가 **비탄력적**(inelastic)이라 한다. 그 기준점이 되는 수요의 가격탄력성이 정확히 1이 되는 경우에는 **단위탄력적 수요**(unit-elastic demand)라고 말한다.

수요의 가격탄력성이 1인 경우가 좋은 기준이 되는 이유를 살피기 위해 다음과 같은 가상적인 경우를 예로 들어 보자. 어떤 주정부의 고속도로 사무국에 의해 운영되는 다리가 통행료를 받는다고 하자. 이 경우에 요금이 비쌀수록 운전자들은 다리를 적게 이용하게 될 것이다.

〈그림 6-3〉은 세 가지 경우의 가상적인 수요곡선을 나타내고 있다. 첫 번째 경우는 수요가 단위탄력적일 경우이고 나머지 두 경우는 비탄력적 수요와 탄력적 수요를 나타내고 있다. 각각의 경우에 A점은 0.9달러의 요금일 때의 통행량을 나타내고, B점은 1.1달러의 요금일 때의 통행량을 나타내고 있다. 만약 다리 통행요금이 0.9달러에서 1.1달러로 상승한다면 중간값 계산법을 통해 20%라는 변화의 백분율값을 계산할 수 있다.

그림 (a)는 단위탄력적 수요의 경우에 요금이 0.9달러에서 1.1달러로 상승했을 때 수요량이 어떻게 변화하는지를 나타내고 있다. 이 경우에 20%만큼의 가격 상승이 하루 동안 다리를 통행하는 운전자 수를 1,100명에서 900명으로 감소시켜 20%의 수요량 변화(중간값 계산법을 사용)를 이끌어 냈다. 따라서 이 경우 수요의 가격탄력성은 20%/20%=1이 된다.

그림 (b)는 비탄력적 수요의 경우에 0.9달러에서 1.1달러로 20%의 가격 상승이 있었을 때 수요량이 1,050대에서 950대로 줄어드는 것을 나타낸다. 이 경우에는 10%의 수요량 감소가 있었을 뿐이므로 수요의 가격탄력성은 10%/20%=0.5가 된다.

그림 (c)는 탄력적 수요의 경우에 20%의 가격 상승이 수요량을 1,200대에서 800대로 40%만큼 감소시키고 있음을 나타낸다. 따라서 이 경우 수요의 가격탄력성은 40%/20%=2이다.

여기서 단위탄력적 수요와 비탄력적 수요 그리고 탄력적 수요로 구분하는 것이 중요한 이유는 무엇일까? 이러한 분류는 재화의 가격 변화가 그 재화의 판매로부터 오는 **총수입**에 미치는 영

수요의 가격탄력성이 1보다 크면 탄력적(elastic), 1보다 작으면 비탄력적(inelastic), 그리고 1이면 단위탄력적 수요(unit-elastic demand)라고 한다.

그림 6-3 단위탄력적 수요, 비탄력적 수요, 탄력적 수요

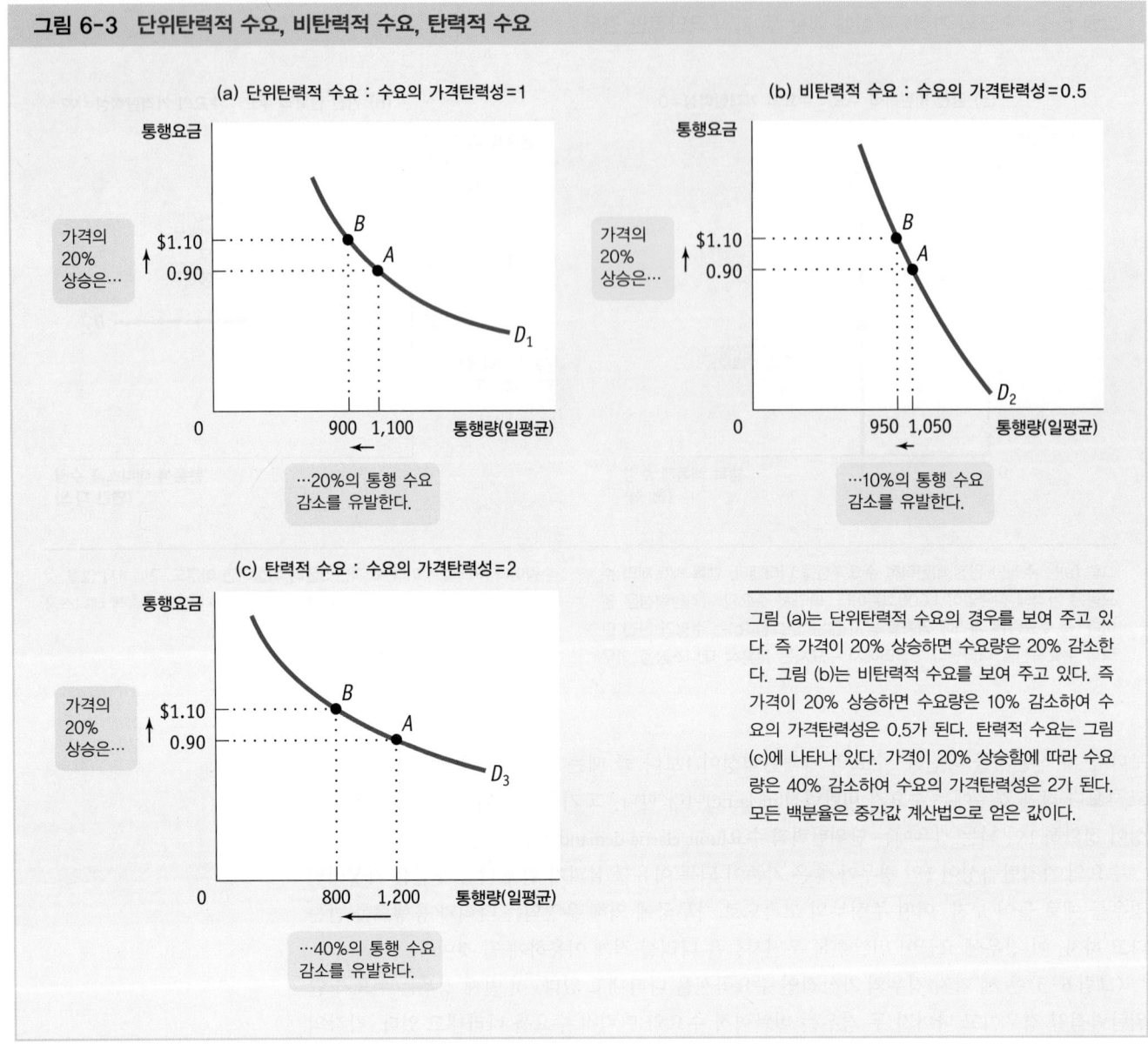

(a) 단위탄력적 수요 : 수요의 가격탄력성=1

통행요금

가격의 20% 상승은…

$1.10
0.90

B
A

D_1

0   900 1,100   통행량(일평균)

…20%의 통행 수요 감소를 유발한다.

(b) 비탄력적 수요 : 수요의 가격탄력성=0.5

통행요금

가격의 20% 상승은…

$1.10
0.90

B
A

D_2

0   950 1,050   통행량(일평균)

…10%의 통행 수요 감소를 유발한다.

(c) 탄력적 수요 : 수요의 가격탄력성=2

통행요금

가격의 20% 상승은…

$1.10
0.90

B
A

D_3

0   800 1,200   통행량(일평균)

…40%의 통행 수요 감소를 유발한다.

그림 (a)는 단위탄력적 수요의 경우를 보여 주고 있다. 즉 가격이 20% 상승하면 수요량은 20% 감소한다. 그림 (b)는 비탄력적 수요를 보여 주고 있다. 즉 가격이 20% 상승하면 수요량은 10% 감소하여 수요의 가격탄력성은 0.5가 된다. 탄력적 수요는 그림 (c)에 나타나 있다. 가격이 20% 상승함에 따라 수요량은 40% 감소하여 수요의 가격탄력성은 2가 된다. 모든 백분율은 중간값 계산법으로 얻은 값이다.

향을 예상할 때 유용한 역할을 한다. 실제의 많은 상황에서 가격 변화가 총수입에 어떠한 영향을 줄지를 예상하는 것은 매우 중요한 일이다. 여기서 **총수입**(total revenue)은 재화나 서비스의 총판매액의 가치로 정의된다. 즉 전체 팔린 양에 가격을 곱한 값이다.

(6-6)   총수입 = 가격 × 팔린 재화의 양

가격 인상의 결과로 총수입은 수요의 가격탄력성에 따라 증가할 수도 있고 감소할 수도 있다. 이것은 가격탄력성이 서로 다른 2개의 수요곡선을 살펴봄으로써 쉽게 이해할 수 있다. 〈그림 6-4(a)〉는 〈그림 6-3(a)〉와 동일한 정보를 나타낸 것이다. 앞에서 다리 통행료가 0.9달러일 때 1,100명의 운전자가 다리를 이용할 것이라는 사실을 확인한 바 있고, 이때의 총수입은 $0.90 × 1,100 = $990였다. 이 값은 그림 (a)에서 원점(0, 0)과 (1,100, 0.90)을 모서리로 하는 연두색 직사각형의 넓이와 같다. 보편적으로 어떤 가격에서든지 총수입은 높이를 가격으로 하고, 너비를 그

총수입(total revenue)은 재화나 서비스의 총판매액의 가치로 정의된다. 즉 전체 팔린 양에 가격을 곱한 값이다.

가격에서의 수요량으로 하는 직사각형의 넓이와 같다.

총수입이 중요한 이유에 대해 알아보기 위해 다음과 같은 상황을 생각해 보자. 다리 통행에 부과된 현재의 요금은 0.9달러인데 추가적인 도로 보수공사를 하기 위해 당국은 자금을 필요로 하고 있다. 이때 자금확보를 위해 가능한 방법 중 하나가 통행요금을 인상하는 것이다. 그러나 이 계획은 오히려 다리 이용자들을 과도하게 감소시켜 오히려 더 손해를 보게 할 수도 있다. 만약 다리를 이용하는 교통량이 현저히 감소할 경우에는 인상된 통행요금이 실제로는 총수입을 증가시키기보다는 감소시킬 것이다. 따라서 도로관리 당국이 요금 인상에 대해 운전자들이 어떻게 반응할 것인지를 파악하는 것은 매우 중요한 일이다.

통행요금의 인상이 총수입에 미치는 영향을 〈그림 6-4(b)〉를 통해 살펴볼 수 있다. 통행요금이 0.9달러일 때의 총수입은 직사각형 A와 B를 합한 것으로 나타낼 수 있다. 또한 통행요금이 1.1달러로 인상된 이후에 총수입은 직사각형 B와 C를 합친 것으로 나타나게 된다. 따라서 통행요금이 인상되고 난 후의 수입은 A영역의 넓이만큼 손해를 보았고 C만큼을 더 얻은 것으로 나타난다.

이 두 영역의 넓이는 중요한 의미를 지닌다. C영역은 0.2달러만큼의 추가적인 가격 인상으로부터 오는 수입을 나타낸다. 이는 가격 인상 이후에도 다리를 계속해서 사용하는 900명의 운전자들에게서 $0.20 \times 900 = $180만큼의 수입을 매일 더 얻을 수 있다는 것을 나타내고, 이것이 C영역의 넓이이다. 반면에 200명의 운전자들은 0.9달러의 요금에서는 다리를 이용했지만 가격 인상 후에는 더 이상 다리를 사용하지 않는다. 따라서 $0.90 \times 200 = $180만큼의 손해가 매일 발생하게 되고, 이는 A영역의 넓이로 나타난다. (이 특수한 예에서는 〈그림 6-3(a)〉와 같이 수요가 가격에 대해 단위탄력적이기 때문에 요금 인상이 수입에 영향을 미치지 않는다. 즉 A영역과 B영역의 넓이가 같다.)

완전 탄력적이거나 완전 비탄력적 수요의 경우처럼 현실에서는 보기 힘든 극단적인 경우를

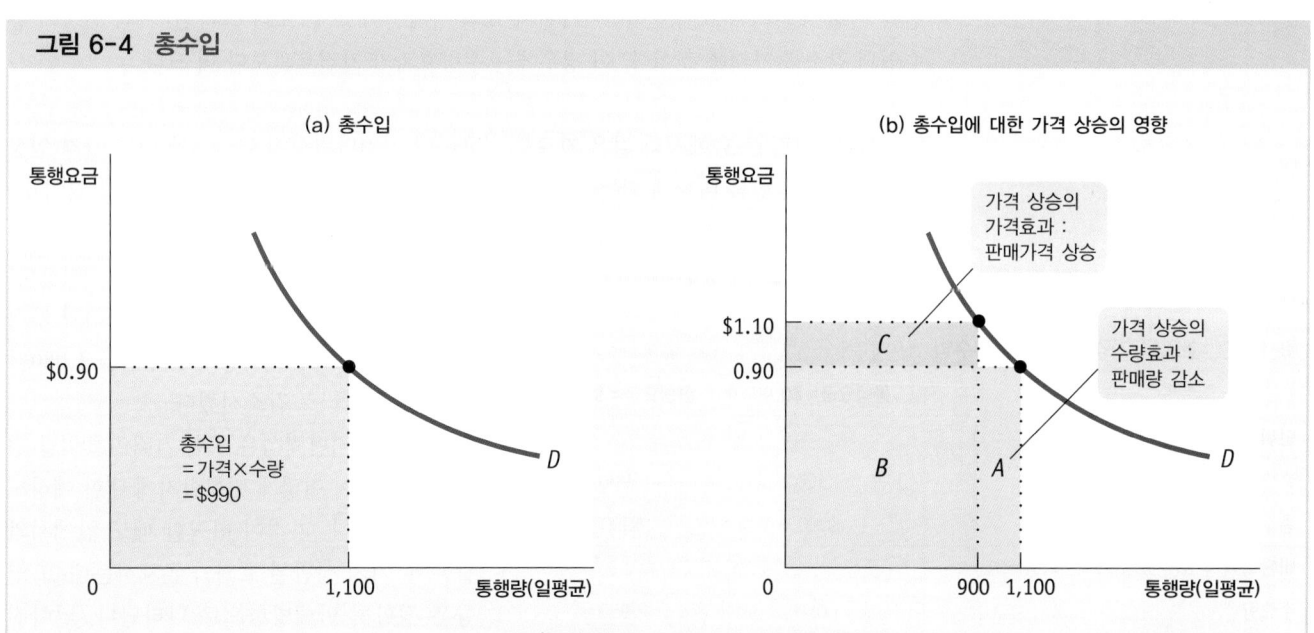

그림 6-4 총수입

그림 (a)에서 연두색 직사각형은 0.9달러의 요금을 지불하는 1,100명의 운전자로부터 얻어진 총수입을 나타낸다. 그림 (b)는 가격이 0.9달러에서 1.1달러로 오를 때 총수입이 어떻게 변하는지를 보여 준다. 수량효과로 인하여 총수입은 A 넓이만큼 감소하고 가격효과로 인하여 총수입은 C 넓이만큼 증가한다. 종합적 효과는 수요의 가격탄력성에 따라 증가할 수도 있고 감소할 수도 있다.

고속도로 부서는 수요의 가격탄력성을 사용하여 더 높은 통행료로 인한 매출의 변화를 계산한다.

제외하고는 한 판매자가 가격을 인상시키려 할 때는 이 두 가지 상반된 효과를 함께 경험하게 된다.

- **가격효과** : 가격 인상 이후에 각각의 재화에 더 높은 가격을 매기게 되므로 수입의 증가를 가져오게 된다.
- **수량효과** : 가격 인상 이후에 더 적은 재화가 판매되므로 수입을 감소시키는 효과가 있다.

그러면 여기서 궁극적인 결과, 즉 총수입이 과연 증가할 것인지 감소할 것인지에 대한 궁금증이 생길 수 있다. 그에 대한 답은 일반적으로 총수입은 증가할 수도 있고, 감소할 수도 있다는 것이다. 만약 두 가지 효과 중에서 가격효과의 영향이 더 강할 경우에는 총수입이 증가하게 될 것이다. 반대로 수입을 감소시키는 영향을 가진 수량효과의 크기가 더 큰 경우에는 총수입은 감소할 것이다. 또한 만약 우리가 살펴본 예의 경우처럼 이 두 가지 효과의 크기가 정확히 같다면 (180달러의 가격효과로 인한 이익과 180달러만큼의 수량효과로 인한 손해가 있었다) 가격 인상에도 불구하고 총수입은 아무런 변화가 없을 것이다.

수요의 가격탄력성은 가격이 변화할 때 총수입이 어떻게 변할 것인지를 알려 준다. 즉 가격 탄력성의 크기는 가격효과와 수량효과의 두 가지 중에서 어떠한 효과가 더 클 것인지를 알려 준다. 보다 구체적으로 살펴보면 다음과 같다.

- 만약 어떤 재화의 수요가 단위탄력적이라면(수요의 가격탄력성이 1이라면) 가격 인상이 총수입에 영향을 미치지 않을 것이다. 이 경우에는 수량효과와 가격효과의 크기가 정확히 같고 서로 상쇄한다.
- 만약 어떤 재화의 수요가 비탄력적이라면(수요의 가격탄력성이 1보다 작다면) 가격 인상이 총수입의 증가를 가져올 것이다. 이 경우에는 가격효과가 수량효과보다 더 크다.
- 만약 어떤 재화의 수요가 탄력적이라면(수요의 가격탄력성이 1보다 크다면) 가격 인상이 총수입의 감소를 가져올 것이다. 이 경우에는 수량효과가 가격효과보다 더 크다.

〈표 6-2〉는 〈그림 6-3〉에서와 같은 자료를 사용하여 가격탄력성이 달라짐에 따라 가격 인상이 총수입에 어떤 영향을 미치게 되는지를 나타내고 있다. 수요가 단위탄력적일 때는 가격이 0.9달러에서 1.1달러로 증가했을 때 총수입은 990달러로 변함이 없다. 수요가 비탄력적일 때는 가격효과가 수량효과보다 커서 같은 가격 인상에도 총수입이 945달러에서 1,045달러로 증가했다. 그리고 수요가 탄력적일 때는 수량효과가 가격효과보다 커서 가격 인상이 총수입을 1,080달러에서 880달러로 감소시켰다.

수요의 가격탄력성은 또한 가격이 하락할 경우에 총수입이 어떻게 변화할지에 대한 예상도 가능하게 한다. 가격이 하락할 때도 앞에서와 같은 두 가지 상반된 효과가 존재하는데 그 영향은 정확히 반대방향으로 나타난다. 낮아진 가격에 대해 재화가 하나씩 팔릴 때마다 수입을 감소시키는 가격효과가 존재하고, 반대로 더 많은 재화를 팔리게 하여 수입을 증가시키는 수량효과가 존재한다. 가격탄력성의 크기

표 6-2 수요의 가격탄력성과 총수입

	통행요금=$0.9	통행요금=$1.1
단위탄력적 수요(수요의 가격탄력성=1)		
수요량	1,100	900
총수입	$990	$990
비탄력적 수요(수요의 가격탄력성=0.5)		
수요량	1,050	950
총수입	$945	$1,045
탄력적 수요(수요의 가격탄력성=2)		
수요량	1,200	800
총수입	$1,080	$880

에 따라서 이러한 두 가지 효과 중 어떠한 것의 영향이 더 커지는지의 여부가 결정된다. 다음은 이에 관한 간략한 요약이다.

- 수요가 단위탄력적일 때는 두 가지 효과가 정확히 상반되어 가격 하락이 총수입에 아무런 영향을 미치지 않게 된다.
- 수요가 비탄력적일 때는 가격효과가 수량효과보다 커서 가격 하락이 총수입의 감소를 가져 온다.
- 수요가 탄력적일 때는 수량효과가 가격효과보다 커서 가격 하락이 총수입의 증가를 가져 온다.

수요곡선 상에서 변화하는 가격탄력성

경제학자들이 "커피 수요에 대한 가격탄력성이 0.25이다."라고 했다고 가정하자. 이때 그들이 의미하는 것은 현재가격에서의 탄력성이 0.25라는 것이다. 앞에서 살펴본 통행요금의 경우에서 우리가 계산했던 가격탄력성은 정확히 말하면 0.9달러 가격에서의 가격탄력성이다. 왜 이러한 제한을 두는 것일까? 대부분의 수요곡선의 경우에는 같은 수요곡선 상이라도 곡선 위의 다른 점 에서의 가격탄력성은 각기 다르기 때문이다.

이것을 좀 더 자세히 알아보기 위해 〈그림 6-5〉의 가상적인 수요를 나타낸 표를 살펴보자. 표 의 마지막 열은 각 가격과 수요량에 의해 발생되는 총수입을 나타낸다. 〈그림 6-5〉의 위쪽 그림 은 상응하는 수요곡선을 나타낸다. 아래쪽 그래프는 총수입을 보여 준다. 각각의 가격과 대응되 는 수요량 위에서 주어진 막대그래프의 높이는 그 가격에서의 총수입을 나타낸다.

〈그림 6-5〉에서는 가격이 낮을 때 가격을 인상하면 총수입을 증가시킬 수 있다는 사실을 보 여 주고 있다. 1달러에서 2달러로 가격을 인상하면 총수입을 9달러에서 16달러로 증가시킬 수 있다. 이것은 가격이 낮을 때 수요가 비탄력적임을 나타낸다. 뿐만 아니라 0달러에서 5달러 가 격까지의 수요곡선 영역에서는 수요가 비탄력적이다.

그러나 가격이 높을 때 가격을 더 높이는 것은 총수입을 감소시키는 결과를 가져온다. 8달러 에서 9달러로 가격을 인상하면 총수입은 16달러에서 9달러로 감소한다. 이것은 가격이 높을 때 수요가 탄력적임을 나타낸다. 더군다나 수요곡선 상에서 가격이 5달러에서 10달러인 영역은 모 두 수요가 탄력적이다.

대부분의 재화의 경우에 수요의 가격탄력성은 수요곡선을 따라서 변화한다. 따라서 가격탄력 성을 측정한다는 것은 수요곡선 상의 어느 특정한 점이나 영역 위에서의 탄력성을 측정하는 것 이다.

수요의 가격탄력성의 결정요인

구급차 회사의 투자자들은 구급차를 타기 위한 수요의 가격탄력성이 두 가지 중요한 이유 때문 에 낮다고 믿는다. 첫째, 대부분의 경우는 아닐지라도 구급차를 타는 것은 의학적 필요성에 의 한 것이다. 둘째, 비상시에는 구급차가 제공하는 치료를 대체할 대안이 없다. 구급차 중에서도 일반적으로 대체재가 없다. 특정 지역에는 대개 단 하나의 구급차 제공업체가 있기 때문이다. (예외적으로 인구 밀집 지역이 있다. 하지만 인구밀도가 높은 지역에서도 구급차 배차원은 가격 리스트를 봐 가면서 구급차 업체를 선택하지는 않을 것이다.)

일반적으로 탄력성을 결정하는 주요 요소는 네 가지가 있다. 재화가 필수품인지 사치품인지, 가까운 대체재가 있는지 여부, 해당 재화에 대한 소비가 소득에서 차지하는 비중, 그리고 가격 의 변화 이후 경과된 시간이 바로 그것이다. 이들 요소 각각을 간단히 살펴보겠다.

그림 6-5 수요곡선 상에서 변하는 수요의 가격탄력성

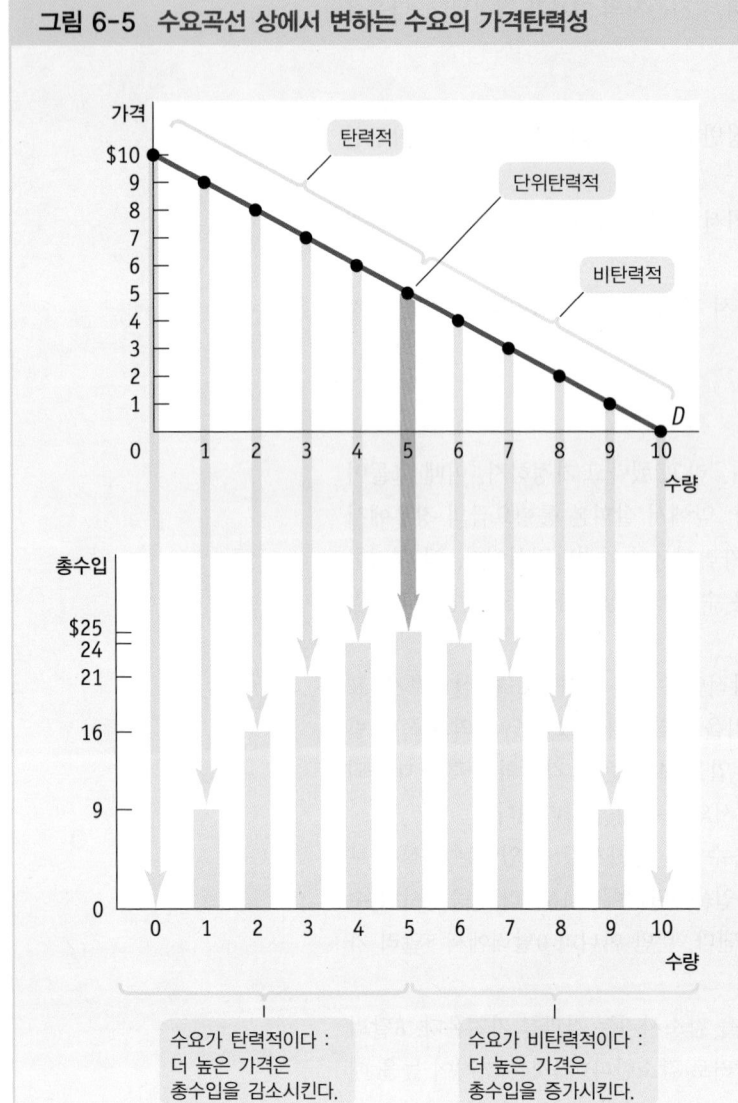

선형 수요곡선에 대한 수요계획과 총수입		
가격	수요량	총수입
$0	10	$0
1	9	9
2	8	16
3	7	21
4	6	24
5	5	25
6	4	24
7	3	21
8	2	16
9	1	9
10	0	0

위쪽 그림은 수요곡선을 나타내고, 아래쪽 그래프는 수요곡선을 따라 총수입이 어떻게 변하는지를 보여 준다. 막대그래프의 높이는 각 가격과 수요량의 조합에서 얻어진 총수입을 나타낸다. 그림으로부터 우리는 낮은 가격에서는 가격이 상승함에 따라 총수입이 증가함을 알 수 있다. 따라서 낮은 가격에서 수요는 비탄력적이다. 그러나 높은 가격에서는 가격이 상승함에 따라 총수입이 감소하는 것을 확인할 수 있고, 따라서 높은 가격에서 수요는 탄력적이다.

재화가 필수재인지 사치재인지 여부 머리말 이야기가 보여 주듯 병원에 데려다주는 구급차와 같은 필수재의 경우 수요의 가격탄력성이 낮아지는 경향이 있다. 없이도 살 수 있는 사치품이라면 수요의 가격탄력성이 높아진다. 예를 들어, 대부분의 사람들은 98인치 고화질 TV가 사치품이라고 여긴다. 갖추면 좋지만 없이도 살 수 있는 것이기 때문이다. 따라서 병원에 데려다주는 구급차보다 가격탄력성이 훨씬 높을 것이다.

가까운 대체재의 이용 가능성 방금 언급한 바와 같이, 가까운 대체재가 없거나 얻을 수 없는 경우 수요의 가격탄력성이 낮아지는 경향이 있다. 반대로, 수요의 가격탄력성은 소비자가 유사한 것으로 간주하는 즉시 이용 가능한 다른 상품이 있는 경우 높은 경향이 있다. 예를 들어, 대부분의 소비자들은 자신이 좋아하는 브랜드의 시리얼에 가까운 대체 식품이 있다고 생각한다. 결과적으로, 특정 브랜드의 아침 시리얼 제조사가 가격을 크게 올린다면 가격이 인상되지 않은 다른 브랜드에 판매량의 전부는 아니더라도 많은 부분을 빼앗기게 될 가능성이 커진다.

재화에 소비된 지출의 소득에서의 비중　휘발유와 같이 매일 일부 사람들이 직장 출퇴근 또는 일에서 사용하는 재화를 생각해 보라. 이러한 소비자의 경우, 일반적으로 휘발유에 대한 지출은 소득의 상당 부분을 흡수한다. 그래서 휘발유 가격이 오르면 소비자들은 가격 변화에 매우 민감하게 반응하고 수요의 탄력성이 높아질 것이다. 재화가 소비자의 소득 중 상당 부분을 흡수할 때, 혼자 운전하는 대신 카풀로 전환하는 등 가격이 올라갈 때 수요를 줄이는 방법을 찾는 데는 시간과 노력을 들이는 것이 가치 있기 때문이다. 대조적으로 휘발유를 드물게 소비하는 사람들─예를 들어, 직장에 걸어가거나 버스를 타는 사람들─은 휘발유에 소비되는 소득의 비율이 낮아 수요의 탄력성이 낮다.

가격 변화 이후 경과된 시간　일반적으로 수요의 가격탄력성은 소비자가 수요를 조정할 시간이 많을수록 증가하는 경향이 있다. 이것은 수요의 장기간 가격탄력성이 종종 단기 탄력성보다 높다는 것을 의미한다.

높은 휘발유 가격에 대한 반응으로 지난 20년 동안의 미국인 행동의 변화는 좋은 예시이다. 1998년에 1갤런의 휘발유는 약 1달러에 불과했다. 그러나 지난 수년간 휘발유 가격은 꾸준히 상승하여 2008년에는 미국의 많은 지역에서 갤런당 4.00달러에 달했다. 그러나 시간이 지남에 따라 사람들은 점차 휘발유 소비를 줄일 수 있는 방식으로 습관과 선택을 변경했다. 이러한 변화는 미국 휘발유 소비에 대한 데이터에 반영되었다. 휘발유 소비 추세선은 2003년경까지 변동하더니 급락했다. 2013년에 미국인들은 매일 3억 5천만 갤런 이하의 휘발유를 구매하였는데, 이는 2007년에 하루에 거의 3억 8천만 갤런 소비한 것보다 적은 양이며, 미국인들이 계속해서 증가하는 휘발유 소비의 추세를 따랐더라면 구매했을 양인, 하루에 4억 5천만 갤런에도 훨씬 못 미치는 양이다. 이는 휘발유 수요의 장기적인 가격탄력성이 단기적인 탄력성보다 훨씬 크다는 것을 말해 준다.

2014년부터 2019년까지 휘발유 가격은 극적으로 하락했고, 그 기간의 평균 가격은 갤런당 약 2.50달러로 떨어졌다. 놀랄 것도 없이, 가격이 하락했을 때 휘발유 소비는 증가했다. 가격이 1.75달러까지 떨어졌던 2016년에는, 소비자들이 연비가 낮은 차로 다시 전환하면서 미국 소비는 하루에 거의 4억 갤런으로 증가했다. 2017년과 2018년에는 경기가 회복되면서 휘발유 가격이 올랐다. 휘발유 가격 인상과 신차 연비 개선이 맞물리면서 2017년과 2018년 미국 휘발유 소비는 사실상 제자리걸음을 했고, 이는 2020년 코로나바이러스 대유행으로 인한 수요 급감 현상이 나타날 때까지 지속되었다.

현실 경제의 >> 이해

수업료에 대한 반응

대학 등록금이 계속 오르는 것처럼 보인다면, 그것은 실제로 대학 등록금이 올랐기 때문이다. 지난 15년간 연평균 등록금 상승률이 매년 물가상승률을 약 5~6% 초과한 것으로 추정된다. 교

2년제 학교의 학생들은 4년제 학교의 학생들에 비해 수업료에 대해 더 민감하다.

육자들과 정책 입안자들에게 중요한 사안은 등록금 인상이 사람들이 대학에 가는 것을 어렵게 하는지 여부이다. 그리고 만약 어렵게 한다면, 얼만큼 어렵게 하는가?

여러 연구에 따르면 4년제 대학 등록 수요의 가격탄력성은 0.67에서 0.76 사이로 추정되며 등록금 인상은 등록 수에 지속적으로 부정적인 영향을 미치는 것으로 나타났다. 즉 4년제 대학의 등록금이 3% 오르면 약 2%(3 × 0.67)에서 2.3%(3 × 0.76)만큼 등록이 감소한다. 반면 2년제 대학은 등록금이 3% 증가하면 등록이 2.7% 감소해 수요의 가격탄력성은 0.9%로 4년제 대학에 비해 높은 탄력성을 보였다.

재정 지원을 받는 학생의 경우 수요의 가격탄력성이 1.18로 높아지며, 이는 등록금이 3% 오르면 등록이 3.54% 감소한다는 것을 의미한다. 보조금과 대출의 증가는 등록 증가로 이어지지만, 그 효과는 미미하다. 수요의 가격탄력성이 0.33인 경우 보조금이 3% 증가하면 등록이 1% 증가하고, 탄력성이 0.12인 경우 대출금이 3% 증가하면 등록이 0.36% 증가한다.

이러한 결과는 재정 지원의 동등한 증가를 수반하는 등록금 증가가 등록의 감소로 이어진다는 것을 나타낸다. 즉 학생들은 등록금에서 재정 지원금을 뺀 순수 등록금뿐만 아니라 등록금이 어떻게 지불되는지에 대해서도 관심을 갖고, 등록금이 더 높고 재정 지원이 더 많은 경우보다 더 낮은 등록금의 경우를 선호한다.

그래서 등록금 인상은 대학 등록에 장벽이 되고, 4년제보다는 2년제 대학에 다니는 학생들에게는 더 큰 장벽이 된다. 이것은 2년제 대학의 학생들이 자신들의 지출로 등록금을 지불할 가능성이 더 높기 때문에, 4년제 대학의 학생들(부모의 수입에 더 의존할 가능성이 더 높은)에 비해 등록금에 더 높은 소득 몫을 지출하고 있다는 사실과 일맥 상통한다.

2년제 대학의 학생들은 실업률 변화에도 더 크게 반응한다. 더 높은 실업률은 더 높은 등록률로 이어지는데, 이는 학생들이 학교에 가는 것을 그들의 일할 시간을 대체하는 것으로 생각한다는 사실을 보여 준다. 소득 중에서 등록금으로 지출되는 비율이 높다는 것과 학교로 가는 것을 시간의 대체로 보는 이 두 가지 요소는 2년제 대학의 학생들이 4년제 대학의 학생들보다 등록금의 변화에 더 민감하게 반응하도록 한다.

등록금 인상은 등록금 전액을 지불하는 학생들보다 재정적인 지원을 받는 학생들에게 더 큰 장벽으로 다가온다. 재정 지원을 받는 학생들은 그들이 받는 보조금을 잃을 것을 두려워하거나 학자금 대출을 갚는 데 드는 비용에 대한 우려 때문에 등록금 전액을 지불하는 학생들보다 더 민감하게 반응할 수 있다.

>> 이해돕기 6-2

해답은 책 뒤에

1. 다음의 항목이 묘사하는 상황이 수요의 가격탄력성에 대한 어떤 조건하에서 가능한 것인지 구분하라(탄력적 수요, 비탄력적 수요, 단위탄력적 수요).
   a. 가격이 상승할 때 총수입이 감소한다.
   b. 판매량 증가로 인한 추가수입은 가격이 하락함으로써 발생하는 손실에 의해 상쇄된다.
   c. 생산량이 증가할 때 총수입은 감소한다.
   d. 산업 전체의 생산량을 줄이기 위해서 협력을 한다면 산업 내의 생산자들은 총수입을 증가시킬 수 있나.
2. 아래 재화에 대하여 수요 탄력성을 설명하라. 수요곡선의 모양은 어떠하겠는가?
   a. 사고를 당한 사람의 수혈에 대한 수요
   b. 학생들의 초록색 지우개에 대한 수요

>> 복습
- 가격의 변화에 대하여 수요량이 전혀 반응하지 않을 때 수요가 **완전 비탄력적**이라고 한다. 수요량의 반응 정도가 무한대이면 수요가 **완전 탄력적**이라고 한다.
- 수요의 가격탄력성이 1보다 크면 **탄력적**, 1보다 작으면 **비탄력적**, 그리고 1이면 **단위탄력적**이라고 한다.
- 수요가 탄력적이면 수량효과가 가격효과보다 더 커서 가격 상승이 **총수입**의 감소를 가져온다. 반면 수요가 비탄력적이면 가격효과가 수량효과보다 더 커서 가격 상승이 총수입의 증가를 가져온다.
- 수요의 가격탄력성은 수요곡선을 따라서 변할 수 있으므로 경제학자들은 특정 수요의 가격탄력성을 언급할 때 수요곡선 상의 어느 특정한 점을 염두에 두게 된다.
- 어떤 상품에 대해서 적합한 대체재를 쉽게 찾을 수 있을수록 그 상품에 대한 수요가 더 탄력적이다. 또한 수요의 가격탄력성은 소비자가 가격 변화에 대해 적응할 시간을 더 많이 가질수록 커지게 된다. 필수재는 탄력성이 작으며 사치재는 탄력성이 크다. 수요는 소비자들의 소득에서 차지하는 비율이 낮은 재화의 경우 비탄력적인 경향이 있으며, 그 비율이 높은 재화의 경우 탄력적인 경향이 있다.

|| 다른 수요 탄력성들

재화의 수요량은 가격뿐 아니라 다른 여러 가지 요소에 의존한다. 특히 수요곡선은 관련된 재화의 가격 변화나 소비자의 소득 변화에 의해 움직인다. 이러한 효과를 측정하는 것은 매우 중요하며 가장 좋은 측정수단이 바로 탄력성이다. 구체적으로 다른 재화의 가격에 의해 영향을 받는 수요는 수요의 교차가격탄력성에 의해 잘 측정될 수 있고, 소득 변화에 따른 수요 변화는 수요의 소득탄력성에 의해 잘 측정될 수 있다.

수요의 교차가격탄력성

제3장에서 재화의 수요는 관련재 — 보완재 혹은 대체재 — 의 가격 변화에 영향받는다는 것을 배웠다. 또한 관계된 재화의 가격 변화는 해당 재화의 수요량 변화를 반영하여 수요곡선을 이동시키는 것을 확인하였다. 수요에 대한 이러한 '교차' 효과는 한 재화에 대한 수요량의 백분율 변화와 다른 재화 가격의 백분율 변화의 비로 정의되는 **수요의 교차가격탄력성**(cross-price elasticity of demand)으로 측정된다. 수요의 가격탄력성과 마찬가지로 수요의 교차가격탄력성은 중간값 계산법을 이용하여 계산한다.

(6-7)   재화 A와 B 사이 수요의 교차가격탄력성 = $\dfrac{\text{재화 A 수요량의 백분율 변화}}{\text{재화 B 가격의 백분율 변화}}$

핫도그와 햄버거처럼 두 재화가 대체재일 때 교차가격탄력성의 부호는 양이다. 핫도그 가격의 증가는 햄버거의 수요를 증가시킨다. 즉 그것은 햄버거의 수요곡선을 오른쪽으로 이동시킨다. 만약 매우 밀접한 대체재이면 교차가격탄력성은 절댓값이 큰 양의 값이다. 밀접한 대체재가 아니라면 교차가격탄력성은 절댓값이 작은 양의 값이다. 따라서 교차가격탄력성이 양의 값일 때, 그것은 두 재화가 얼마나 밀접한 대체관계에 있는지를 말해 주는 지표가 된다.

핫도그와 핫도그 빵처럼 두 재화가 보완재일 때 교차가격탄력성의 부호는 음이다. 핫도그 가격의 증가는 핫도그 빵의 수요를 감소시킨다. 즉 그것은 햄버거의 수요곡선을 왼쪽으로 이동시킨다. 대체재의 경우와 마찬가지로 만약 매우 밀접한 보완재이면, 교차가격탄력성은 절댓값이 큰 음의 값이다. 밀접한 보완재가 아니라면 교차가격탄력성은 절댓값이 작은 음의 값이다. 즉 교차가격탄력성의 크기는 두 재화 간의 보완관계가 얼마나 강한지를 말해 주는 지표가 된다.

수요의 교차가격탄력성의 경우에는 부호가 매우 중요함을 알 수 있다. 그것은 두 재화가 보완재인지 대체재인지를 말해 준다. 따라서 수요의 가격탄력성의 경우처럼 부호를 생략할 수는 없다.

수요의 교차가격탄력성은 앞서 논의했던 탄력성 개념의 장점을 그대로 갖고 있다. 탄력성은 단위에 의존하지 않는 측도이다. 즉 각 재화가 측정되는 단위와 무관하게 결정된다.

잠재적인 문제를 보기 위해 누군가가 "핫도그 가격이 0.3달러 오르면 미국인들은 1,000만 개의 핫도그를 덜 소비할 것이다."라고 말했다고 가정해 보자. 만약 핫도그 빵을 한 번이라도 사 보았다면 궁금증이 생길 것이다. 0.3달러는 핫도그 빵 하나당 0.3달러를 의미하는 것인가, 아니면 빵 묶음당 0.3달러인가? (핫도그 빵은 보통 8개 한 묶음으로 판매된다.) 어떤 단위를 사용하는가에 따라 큰 차이가 있는 것이다! 그러나 누군가가 교차가격탄력성이 −0.3이라고 말했다면 이것은 낱개인지 묶음인지 설명할 필요가 없는 것이다. 따라서 탄력성은 단위에 의한 혼돈을 피하기 위해 백분율의 비로 정의된다.

수요의 교차가격탄력성(cross-price elasticity of demand)은 한 상품에 생긴 가격의 변화가 다른 상품의 수요에 얼마나 영향을 주는지를 측정하는 개념이다. 이는 한 재화 수요량의 백분율 변화와 다른 재화 가격의 백분율 변화의 비와 같다.

수요의 소득탄력성

수요의 소득탄력성(income elasticity of demand)은 소비자의 소득 변화에 의해 재화의 수요가 얼마나 영향받는지를 측정한다. 이것은 재화 수요가 소득 변화에 의해 어떻게 반응하는가뿐 아니라 그 재화가 정상재인지 열등재인지도 알 수 있게 한다.

$$\text{(6-8)} \qquad \text{수요의 소득탄력성} = \frac{\text{수요량의 백분율 변화}}{\text{소득의 백분율 변화}}$$

두 재화의 관계가 대체재 혹은 보완재인지에 따라 교차가격탄력성의 부호가 양 혹은 음인 것과 마찬가지로, 수요의 소득탄력성 또한 양과 음의 값을 가질 수 있다. 제3장에서 배웠듯이 소득이 늘어날 때 수요가 증가하는 재화가 정상재이고 소득이 증가할 때 수요가 감소하는 재화가 열등재이다. 이러한 정의는 수요의 소득탄력성의 부호와 직접적으로 연결된다.

- 수요의 소득탄력성이 양의 값이면 정상재이다. 즉 어떤 주어진 가격에서 소득이 증가하면 수요량이 늘어난다. 이에 상응하여, 소득이 감소함에 따라 주어진 가격에서 수요량은 감소한다.
- 수요의 소득탄력성이 음의 값이면 열등재이다. 즉 어떤 주어진 가격에서 소득이 증가하면 수요량이 줄어든다. 마찬가지로, 소득이 감소함에 따라 주어진 가격에서 수요량은 증가한다.

경제학자들은 종종 소비자들의 소득이 점점 증가할 때 어떤 산업이 가장 빠르게 성장할 것인지를 예측하는 데 소득탄력성의 예측치를 사용한다. 어떤 정상재가 소득탄력적이고 소득비탄력적인지 구분함으로써 정상재를 한 단계 더 구별하는 것은 매우 유용하다.

- 어떤 재화의 수요에 대한 소득탄력성이 1보다 클 때 이 재화를 **소득탄력적**(income-elastic)이

 국제비교　　**세계의 예산과 식료품 지출**

식료품에 대한 수요의 소득탄력성이 1보다 작다면, 이것은 소득 비탄력적이다. 소비자들이 부유해지면서 다른 것들은 그대로일 때, 음식에 대한 지출은 소득보다 덜 증가한다.

우리는 저개발국의 사람들이 선진국의 사람들보다 그들의 소득 중 더 많은 비율을 식료품 소비에 사용하고 있을 것이라 예상할 것이다. 그리고 자료는 그것을 정확하게 보여 준다. 이 그래프에서는 전체 소득을 인구수로 나눈 1인당 소득과 소득 대비 식료품 지출 비율을 비교한다. (그래프를 적당한 크기로 만들기 위해 1인당 소득은 미국 1인당 소득 대비 비율로 나타내었다.)

파키스탄과 같이 매우 못사는 나라들에서는 사람들이 자신의 소득 중 대부분을 식료품 소비에 쓰고 있다. 이스라엘과 멕시코 같은 중산국에서는 식료품에 대한 지출 비율이 훨씬 더 낮다. 그리고 이는 미국과 같은 선진국에서는 더욱 낮다.

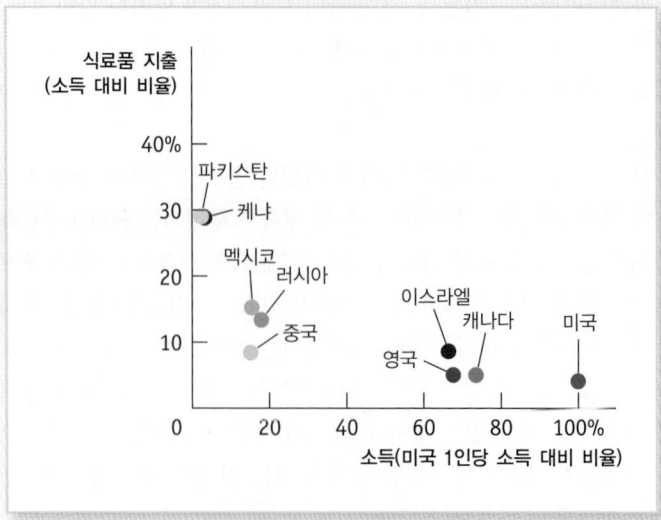

출처 : USDA and IMF, World Economic Outlook.

라 한다. 소득이 증가할 때 소득탄력적인 재화의 수요는 소득보다 더 **빠르게** 증가한다. 집이나 해외여행과 같은 사치재는 소득탄력적인 경우가 많다.

- 어떤 재화의 수요에 대한 소득탄력성이 양의 값이지만 1보다 작을 때 이 재화를 **소득비탄력적**(income-inelastic)이라 한다. 소득이 증가할 때 소득비탄력적인 재화의 수요는 소득보다 느리게 증가한다. 의류나 음식 같은 필수재는 소득비탄력적인 경우가 많다.

어떤 재화의 수요에 대한 소득탄력성이 양의 값이지만 1보다 작을 때 이 재화를 **소득비탄력적**(income-inelastic)이라 한다.

현실 경제의 >> 이해

소비 행태

미국 노동통계국은 가계가 그들의 소득을 어떻게 소비하는지에 대한 광범위한 조사를 실시했다. 이것은 단지 지적 호기심의 문제가 아니었다. 대부분의 정부는 생계비의 변화에 따른 조정 프로그램을 갖기 때문에 사람들의 소비 행태를 반드시 알아야 한다. 그런데 부가적으로 얻은 결과가 바로 다양한 재화의 수요의 소득탄력성에 대한 증거이다.

이 연구로부터 드러난 것은 무엇일까? 전형적인 결과로 '집에서 해 먹는 음식'에 대한 수요의 소득탄력성이 1보다 매우 작다는 것이 있다. 가구의 수입이 증가함에 따라 집에서 소비하는 음식이 소득에서 차지하는 비중은 줄어든다. 따라서 가구의 소득이 낮을수록 집에서 소비하는 음식이 소득에서 차지하는 비중이 크다.

이렇게 분주한 사이공의 맥도날드 내 활동성으로 판단할 때, 베트남의 소득은 증가하고 있다.

빈곤한 국가에서는 많은 가구가 소득의 반 이상을 집에서 해 먹는 음식에 쓴다. 미국인들의 '집에서 해 먹는 음식'에 대한 소득탄력성은 0.5보다 작은 반면, '외식'에 대한 탄력성은 훨씬 커서 1에 가깝다.

고소득 가구일수록 멋진 장소에서 식사를 자주 한다. 1950년에 미국 국민소득의 18%가 집에서 해 먹는 음식에 쓰였으나 2018년에 5.6%로 떨어졌다. 그러나 같은 기간 동안 외식에 대한 지출은 5%로 일정하게 유지되었다. 사실 개발도상국의 소득 증가에 관한 확실한 증거는 부유층의 수요에 맞춘 패스트푸드 전문점의 증가이다. 예를 들어 지금 자카르타, 하노이, 뭄바이에서는 맥도날드를 찾아볼 수 있다.

조사 내용에는 열등재의 한 가지 확실한 예가 있다. 그것은 임대주택이다. 고소득 가구일수록 자신의 집을 소유하기를 선호하므로 주택을 임대할 가능성이 적다. 그리고 '기타 주택'으로 분류되는 두 번째 집은 확실히 소득탄력적이다. 고소득층만이 휴가를 위한 별장을 가질 수 있기 때문에 '기타 주택'은 1보다 큰 수요의 소득탄력성을 가진다.

>> 이해돕기 6-3

해답은 책 뒤에

1. 첼시의 연간 수입이 1만 2,000달러에서 1만 8,000달러로 증가한 이후, 그녀의 음반 수요는 연간 10장에서 40장으로 증가하였다. 중간값 계산법을 이용하여 첼시의 음반 수요의 소득탄력성을 구하라.

2. 산제이와 같이 대부분의 사람들에게 고급 레스토랑에서의 식사는 소득탄력적인 재화이다. 그의 소득이 올해 10% 감소하였다고 가정하자. 고급 레스토랑에서 식사하는 것에 대한 그의 수요는 어떻게 변화할 것이라고 예측할 수 있는가?

3. 마가린의 가격이 20% 상승함에 따라 제과업종의 생산자는 버터의 수요를 5% 늘렸다. 마가린

>> **복습**

- **수요의 교차가격탄력성**의 부호가 양인 재화를 대체재라고 한다. 수요의 교차가격탄력성의 부호가 음인 재화를 보완재라고 한다.
- **수요의 소득탄력성**이 음의 값인 재화를 열등재라고 한다. 대부분의 재화는 수요의 소득탄력성이 양의 값을 갖는 정상재이다.
- 정상재는 소득탄력성이 1보다 큰 **소득탄력적**인 재화와 소득탄력성이 0보다 크고 1보다 작은 **소득비탄력적**인 재화를 포함한다.

과 버터의 교차가격탄력성을 구하라. 버터와 마가린은 이 생산자에게 있어서 대체재인가 보완재인가?

‖ 공급의 가격탄력성

구급차 서비스 시장의 근본적인 특징은 공급이 제한적이라는 것이다. 예를 들어 근처에 더 낮은 가격을 제공하는 구급차 제공업체가 많은 경우 키라 밀라스에게 병원까지 15분 정도가 소요된 것으로 1,772.42달러를 청구하기는 훨씬 어려웠을 것이다. 그러나 그렇지 않은 경제적 이유가 있다. 건강상의 응급 상황을 경험한 사람들 중 누구라도 자신들의 건강과 안전을 '저렴한 가격'의 구급차로 지킬 수 있는지에 의문을 가지기 때문이다. 그리고 비용을 회수하기 위해 높은 가격을 청구하지 않으면서 누구도 고품질의 구급차 서비스를 제공하는 비용을 지불하는 공급자가 되려고 하지 않을 것이다. 따라서 놀랍지 않게도, 대부분의 지역에서 우리가 보았듯이 이용 가능한 구급차 공급자는 하나뿐이다.

요약하면, 구급차 제공업체가 높은 가격을 책정하는 데 있어 중요한 요소는 공급이 제한적이라는 것인데, 이는 구급차를 타기 위해 고가로 지불되는 가격의 변화에 대해 공급의 반응성이 떨어진다는 것이다. 구급차 공급자의 가격 변화에 대한 반응을 측정하려면 수요의 가격탄력성과 비슷한 척도, 즉 공급의 가격탄력성이 필요하다.

공급의 가격탄력성 측정

공급의 가격탄력성(price elasticity of supply)은 수요의 가격탄력성과 같은 방식으로 정의되지만, 항상 양수이기 때문에 제거할 마이너스 기호는 없다.

$$(6-9) \qquad 공급의\ 가격탄력성 = \frac{공급량의\ 백분율\ 변화}{가격의\ 백분율\ 변화}$$

이것은 중간값 계산법을 사용하여 계산되기도 한다. 차이점은 오직 수요곡선에 따른 변화가 아닌 공급곡선에 따른 변화를 본다는 것이다.

토마토 가격이 10% 올랐다고 가정하자. 토마토 공급량이 똑같이 10% 늘어났다면 토마토 공급의 가격탄력성은 1(10%/10%)이고, 공급은 단위탄력적이다. 만약 공급량이 5% 늘어났다면 공급의 가격탄력성은 0.5이며, 20% 늘어났다면 2이다.

수요의 경우와 마찬가지로 공급의 가격탄력성이 극단적인 값을 가지는 경우는 간단한 그림으로 표현된다. 〈그림 6-6(a)〉는 휴대전화 신호의 송수신에 적합한 라디오 스펙트럼의 비율에 해당하는 휴대전화 주파수의 공급곡선이다. 정부는 휴대전화 운용회사에 이 부분을 팔 수 있는 권리가 있다. 그러나 정부는 그들이 공급하는 휴대전화 주파수의 수량을 조절할 수 없다. 기술적인 이유로 휴대전화 운용에 적합한 주파수의 양은 고정되어 있다.

따라서 우리가 주파수를 100에서 공급한다고 가정하면 공급곡선은 수직선이다. 이 곡선을 따라 움직인다 해도 정부의 공급량 변화는 없다. 따라서 그림 (a)는 공급의 가격탄력성이 영인 경우다. 이 경우를 **완전 비탄력적 공급**(perfectly inelastic supply)이라 한다.

그림 (b)는 피자의 공급곡선이다. 피자 판매에 필요한 암묵적인 비용 등 모든 기회비용을 포함하여, 피자 하나를 만드는 데 12달러가 필요하다고 가정하자. 가격이 12달러보다 낮다면 피자를 생산하는 것은 수익성이 없으며 미국의 모든 피자 가게는 문을 닫을 것이다. 그러나 만약 수익성이 있다면 피자 가게를 운영할 수 있는 생산자는 매우 많다. 밀가루, 토마토, 치즈 등의 재

공급의 가격탄력성(price elasticity of supply)은 가격의 변화에 대한 공급의 반응 정도를 측정한다. 이는 공급곡선 상에서 공급량의 백분율 변화와 재화 가격의 백분율 변화의 비와 같다.

공급의 가격탄력성이 영이어서 재화 가격의 변화가 수량에 전혀 영향을 주지 못할 때 **완전 비탄력적 공급**(perfectly inelastic supply)이라 한다. 완전 비탄력적 공급곡선은 수직선이다.

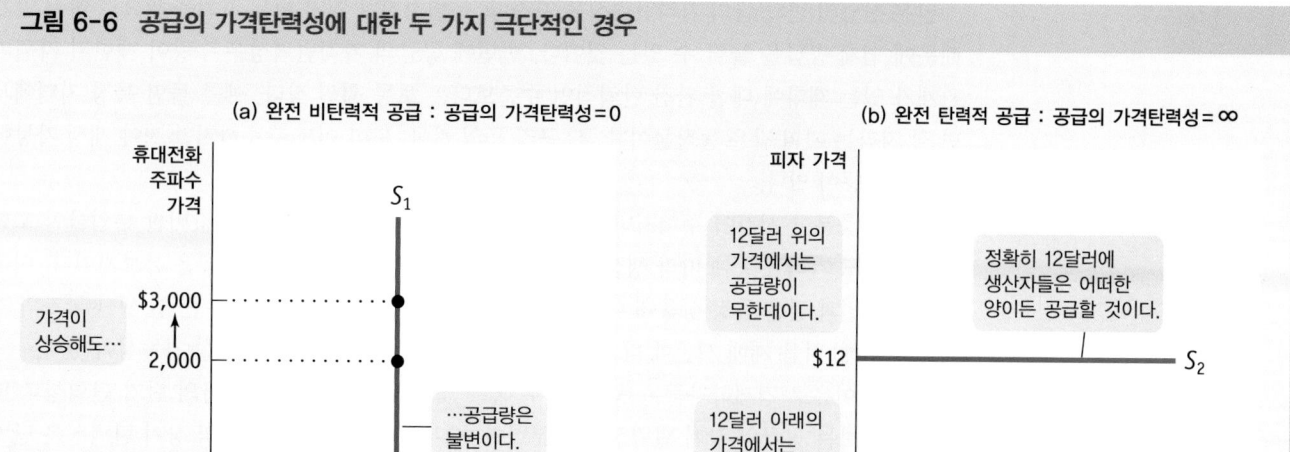

그림 6-6 공급의 가격탄력성에 대한 두 가지 극단적인 경우

그림 (a)는 수직선인 완전 비탄력적 공급곡선을 보여 준다. 공급의 가격탄력성은 영으로 공급량은 가격에 상관없이 언제나 동일하다. 그림 (b)는 수평선인 완전 탄력적 공급곡선을 보여 준다. 12달러의 가격에서 생산자는 어떤 양이든지 공급하려 할 것이다. 그러나 12달러보다 낮은 가격에서는 공급하지 않으려 할 것이고, 12달러보다 높은 가격에서는 극단적으로 많은 무한대에 가까운 양을 공급하려 할 것이다.

료는 풍부하다. 그리고 필요하다면 더 많은 토마토를 재배하거나 피자치즈를 위해 더 많은 우유를 생산할 수도 있다. 따라서 12달러보다 높은 가격은 엄청나게 많은 피자 공급을 유발할 것이다. 따라서 공급곡선은 수평선이다.

가격의 매우 작은 변화에도 엄청나게 큰 공급량 변화가 생기므로 공급의 가격탄력성은 무한대라고 할 수 있다. 이 경우는 **완전 탄력적 공급**(perfectly elastic supply)의 경우이다.

휴대전화 주파수나 피자의 경우와 같이, 완전 탄력적 공급 혹은 완전 비탄력적 공급의 현실세계에서의 예는 수요의 경우보다 찾기가 훨씬 쉽다.

공급의 가격탄력성의 결정요인

위의 예에서 공급의 가격탄력성의 주요 결정요인을 알 수 있다. 바로 투입요소의 이용 가능성이다. 게다가 수요의 경우와 마찬가지로 시간 역시 탄력성 결정에 영향을 미친다. 이 두 가지를 요약해 보자.

투입요소의 이용 가능성 공급의 가격탄력성은 투입요소를 쉽게 이용할 수 있고 상대적으로 낮은 비용으로 생산량을 조정할 수 있는 때 커지는 경향이 있고, 투입요소를 얻기가 어려우며 상대적으로 높은 비용으로만 생산지 안팎으로 이동할 수 있는 경우에는 작아지는 경향이 있다. 구급차 서비스의 경우, 우수한 구급차 서비스를 제공하는 데 드는 높은 비용은 공급의 탄력성을 매우 낮게 유지하는 데 중요한 요소이다.

시간 공급의 가격탄력성은 생산자가 가격 변화에 대응할 시간이 많을수록 커진다. 즉 장기의 공급 탄력성은 단기의 공급탄력성보다 크다.

투입요소를 얻기가 매우 쉽기 때문에 피자 공급의 가격탄력성은 매우 크다. 가장 핵심적인 요소—라디오 스펙트럼—가 고정되어 있기 때문에 휴대전화 주파수의 가격탄력성은 영에 가깝다.

가격의 매우 작은 변화에도 엄청나게 큰 공급량 변화가 생겨서 공급의 가격탄력성이 무한대가 될 때 **완전 탄력적 공급**(perfectly elastic supply)이라 한다. 따라서 공급곡선은 수평선이다.

많은 산업이 큰 공급의 가격탄력성을 가진다. 특별하거나 얻기 힘든 자원을 필요로 하지 않기 때문에 쉽게 공급을 늘릴 수 있는 것이다. 반면에 공급의 가격탄력성은 수량이 제한된 자원과 관계가 있는 재화에 대한 완전 탄력적인 수준보다는 보통 훨씬 작다. 예를 들면 특정 지역에서만 잘 자라는 커피 같은 농작물이나 금, 구리 등의 광물, 또한 어느 수준까지만 써야 재생 가능한 수산자원 등이 있다.

그러나 충분한 시간이 주어지면 생산자는 제한된 천연자원 또는 매우 값비싼 투입물이 포함된 경우에도 가격 변동에 따라 생산량을 크게 바꿀 수 있다. 농업 시장은 좋은 본보기이다. 미국 농민들이 밀과 같은 특정 상품에 대해 훨씬 높은 가격을 받으면 (호주 같은 큰 밀 생산 국가의 가뭄으로 인해) 다음 재배 시즌에 다른 농작물에서 재배한 작물을 밀로 전환할 가능성이 있다.

이러한 이유로 경제학자들은 종종 몇 주 혹은 몇 개월에 해당하는 공급의 단기 탄력성과 몇 년에 해당하는 공급의 장기 탄력성을 구분한다. 대부분의 산업에서 공급의 장기 탄력성은 단기 탄력성보다 크다.

현실 경제의 >> 이해

세계적 상품 과잉 생산

호황을 누리는 중국 경제에 공급할 수 있는 능력을 크게 확장했던 상품 생산자들은 2016년 중국 경제가 침체될 때 심하게 흔들렸다.

중국 경제는 글로벌 제조 강국으로 급속도로 성장하면서 금속, 식료품, 연료와 같은 상품의 주요 소비주체가 되었다. 중국의 변신을 뒷받침할 상품에 대한 수요가 급증하면서 이를 제공하는 국가들의 소득도 급증했다.

그러나 2016년 중국 경제가 흔들리면서 상품 시장의 호황은 갑작스럽게 끝났다. 다수의 글로벌 상품 생산자들은 공급을 늘리기 위해 값비싼 프로젝트에 투자하자마자 그들의 상품에 대한 수요가 급격히 감소하는 것을 보았다. 예를 들어, 세계의 주요 구리 생산국인 칠레는 17억 톤의 구리를 캐내는 와중에 전 세계적으로 구리 가격이 폭락하였다. 인도는 사용되지 않는 탄광을 수출 시장과 연결하기 위해 철도 노선을 건설하고 있을 때 전 세계적으로 석탄 과잉이 발생하였다. 그리고 호주는 천연가스 생산량을 150% 늘리려고 계획 중일 때 연료 수요 위축과 가격 폭락으로 인해 전 세계 천연가스 기업들은 파산하였다.

이 국가들은 수년간 공급 증대를 위해 수십억 달러를 투자했기 때문에 단순하게 생산을 중단할 수 없었다. 그래서 생산은 계속되었고, 기존의 상품 과잉을 더욱 악화시켰다.

상품 생산자들이 잊고 있는 것으로 보이는 것은 공급의 가격탄력성 논리이다. 지속적으로 높게 형성된 가격과 공급 능력을 증진시키기 위해 투입된 자원의 가용성을 결합하면 예측 가능한 결과는 상품 공급의 큰 증가이다. 이는 공급곡선의 우측 이동을 의미한다.

또한 상품에 대한 수요 증가가 둔화되면 가격의 급격한 하락이 뒤따를 것이라는 점도 예측 가능하다. 외교위원회의 한 상품 전문가가 말했듯이, "생산자들은 결국 그들 자신의 최악의 적이 되었다. 아무도 그들이 과잉 생산할 것이라고 걱정한 적이 없지만, 과잉 생산은 보란듯이 일어났고, 그들을 이 혼란에 빠뜨렸다."

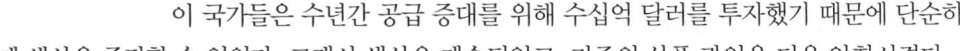

>> 이해돕기 6-4

해답은 책 뒤에

> **>> 복습**
> - **공급의 가격탄력성**은 공급량의 백분율 변화를 재화 가격의 백분율 변화로 나눈 것과 같다.
> - **완전 비탄력적 공급**하에서 공급량은 가격의 변화에 전혀 반응하지 않으며 공급곡선은 수직선이다. **완전 탄력적 공급**하에서 공급곡선은 특정 가격수준에서 수평이다. 이 수준에서 가격이 하락한다면 공급량은 영이 되며, 가격이 상승한다면 공급량은 무한대가 된다.
> - 공급의 가격탄력성은 투입요소의 이용 가능성, 생산요소의 투입 및 대체의 용이성, 가격 변화 이후 지연된 시간에 의존한다.

1. 웹 디자인 서비스의 가격이 1시간에 100달러에서 150달러로 상승할 때 거래 시간은 30만 시간에서 50만 시간으로 증가하였다. 이때 중간값 계산법을 사용하여 웹 디자인 서비스 공급의

가격탄력성을 구하라. 공급이 탄력적인가, 비탄력적인가, 아니면 단위탄력적인가?

2. 다음의 명제는 참인가 거짓인가? 설명해 보라.

    a. 우유의 수요가 상승할 때 공급이 탄력적이면 공급이 비탄력적일 때보다 장기적으로 우유 소비자들의 후생은 증가할 것이다.

    b. 공급의 장기 가격탄력성은 일반적으로 공급의 단기 가격탄력성보다 크다. 따라서 단기 공급곡선의 기울기가 장기 공급곡선보다 일반적으로 더 평평하다.

    c. 공급이 완전 탄력적이라면 수요의 변화는 가격에 아무런 영향을 미치지 않는다.

|| 탄력성 집합

우리는 조금씩 다른 여러 가지 탄력성을 배웠다. 〈표 6-3〉은 그것들과 그것들이 의미하는 바를 종합하여 보여 주고 있다.

표 6-3 탄력성 집합

수요의 가격탄력성 = $\dfrac{\text{수요량의 백분율 변화}}{\text{가격의 백분율 변화}}$ (음의 부호는 생략)

0	**완전 비탄력적** : 가격이 수요량에 미치는 효과가 없다(수직의 수요곡선).
0과 1 사이	**비탄력적** : 가격의 증가가 전체 수입의 증가를 초래한다.
정확히 1	**단위탄력적** : 가격의 변화가 전체 수입에 아무런 영향도 끼치지 못한다.
1보다 크고 무한대보다 작을 때	**탄력적** : 가격의 증가가 전체 수입의 감소를 초래한다.
무한대	**완전 탄력적** : 어떠한 가격 상승도 수요량을 0으로 떨어지게 한다. 어떠한 가격 하락도 수요량을 무한대로 만든다(수평의 수요곡선).

수요의 교차가격탄력성 = $\dfrac{\text{한 재화의 수요량의 백분율 변화}}{\text{다른 재화의 가격의 백분율 변화}}$

음수	**보완재** : 다른 재화의 가격이 상승하면 한 재화의 수요가 감소한다.
양수	**대체재** : 다른 재화의 가격이 상승하면 한 재화의 수요가 증가한다.

수요의 소득탄력성 = $\dfrac{\text{수요량의 백분율 변화}}{\text{소득의 백분율 변화}}$

음수	**열등재** : 소득이 증가하면 수요가 감소한다.
양수 그리고 1보다 작을 때	**정상재, 소득비탄력적** : 소득이 증가하면 증가하지만 소득의 증가 속도보다 느리게 증가한다.
1보다 클 때	**정상재, 소득탄력적** : 소득이 증가하면 증가하고 소득의 증가 속도보다 빠르게 증가한다.

공급의 가격탄력성 = $\dfrac{\text{공급량의 백분율 변화}}{\text{가격의 백분율 변화}}$

0	**완전 비탄력적** : 가격이 공급량에 아무런 영향도 끼치지 못한다(수직의 공급곡선).
0보다 크고 무한대보다 작을 때	일반적인 우상향하는 공급곡선
무한대	**완전 탄력적** : 어떠한 가격 하락도 공급량을 0으로 감소시킨다. 가격 상승은 공급량을 무한대로 증가시킨다(수평의 공급곡선).

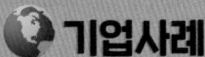
미국 항공산업 : 적은 비행, 비싼 청구

인수한 항공사	인수된 항공사	연도
아메리칸 에어라인스	TWA	2001
U.S. 에에웨이즈	아메리카 웨스트	2005
아메리칸 에어라인스	U.S. 에어웨이즈	2013
델타	노스웨스트	2008
유나이트	콘티넨탈항공	2010
사우스웨스트	에어트랜	2010

2019년에는 북미 지역 항공사 중 상위 4개 항공사가 미국 내 전체 여객 항공 운항의 67%를 차지했다. 대조적으로, 상위 5개의 유럽 항공사는 전체 유럽 항공 운항의 약 50%를 차지했다. 게다가 미국 항공사들은 세계에서 가장 수익성이 높으며, 세계 평균보다 두 배 이상 많은 승객당 수익을 올리고 있다. 2010년 이후로 미국 항공산업은 매년 수익을 내고 있다.

하지만 항상 이렇지는 않았다. 미국 항공업계는 1977년부터 2009년까지 업계 전반에 걸쳐 520억 달러의 손실이 누적되면서 수십 년 동안 큰 손실을 입었다. 그 시기는 또한 산업 전반에 걸쳐 큰 분열의 시기였다. 상위 4개 항공사는 전체 운항 수에서 오늘날의 67%의 점유율보다 낮은 49%만을 차지했다. 표에서 알 수 있듯이, 2005년부터 10개의 주요 미국 항공사들은 통합으로 인해 오늘날에는 4개의 주요 항공사만 남게 되었다. 4개의 항공사는 아메리칸 에어라인스, 델타, 유나이티드, 사우스웨스트 항공사이다.

미국 항공업계는 어떻게 그렇게 극적인 반전을 이루었을까? 간단하다. 더 적게 날고 더 많이 탑승하게 한 것이었다. 반전의 촉매제는 2008년에 미국 항공 산업을 재앙으로 밀어 넣었던 끔찍한 경기 침체였다. 경제가 붕괴되었을 때, 사람들은 항공 여행을 중단하였고,

그 산업은 그 해에 110억 달러의 충격적인 손실을 입었다. 규모가 큰 항공사들은 좌석에 대한 낮은 수요에 맞추기 위해 좌석 수를 대폭 줄여야 했다. 수년간의 손실을 떠안은 소형 항공사들은 더 이상 생존할 수 없었다. 소형 항공사들은 규모가 큰 경쟁사들과 합병했고 불필요한 운항을 중단하였다. 결과적으로 2010년부터 시작된 항공편은 7명 중 1명 정도만 비어 있을 정도로 이전보다 훨씬 더 붐볐다.

항공사들은 또한 더 많은 요금을 부과하기 시작했다. 2010년부터 항공업계는 수년간 상당한 요금 인상을 누렸다. 항공사들이 이를 달성한 한 가지 방법은 항공권을 구매한 날짜뿐만 아니라 출발 날짜와 시간에 따라 항공권 가격을 다르게 책정하는 것이었다. 예를 들어, 수요일은 비행기를 타기에 가장 저렴하고, 금요일과 토요일은 가장 비싸다. 하루 중 가장 저렴한 비행기는 아침 첫 비행기(오전 4시에 일어나야 하는 비행기)로, 동부 표준시 기준으로 화요일 오후 3시에 티켓을 사는 것이 가장 저렴한 반면 주말에 구입하는 티켓은 가장 비용이 비싸다.

그리고 모든 여행자들이 알고 있듯이, 항공사들은 거기서 멈추지 않았다. 2010년에 항공사들은 새로운 요금을 부과하기 시작했고, 음식, 담요, 수화물, 우선 탑승이나 좌석을 미리 선택할 수

있는 권리 등과 관련하여 새로운 요금을 부과하거나 기존 요금을 인상조정했다. 이 요금들은 이제 항공사들의 수익의 주요 원천이 되었고 이와 동시에 좌석에서 다리를 뻗을 수 있는 공간(레그룸)은 점점 줄어들었다.

하지만 최근의 사건들은 소비자들에게 희소식일 수 있다. 경제가 활기를 띠면서 스피릿 에어와 알래스카 항공과 같은 저가 항공사들이 규모가 커졌고 2015년 이후로 요금 인상은 크지 않았다. 한 항공산업 연구원은 항공사의 장기적인 수익성에 대해 이렇게 말했다. "와일드카드는 항상 좌석의 규율이다. 하나의 항공사가 적극적으로 좌석을 추가하기 시작하면 우리도 그 항공사와 같이하고 그동안 지켜왔던 선의의 선을 더 이상 지키지 않을 수 있다."

생각해 볼 문제

1. 이번 사례에서 주어진 정보를 통해 비행에 대한 수요의 가격탄력성을 묘사해 보라.

2. 탄력성의 개념을 이용해서 왜 항공사가 언제 비행기 표를 구매할지, 그리고 언제 비행할지에 근거해서 가격을 큰 폭으로 변화시킬 수 있는지 설명하라. 사람에 따라, 불편한 시간대에 탑승하거나 값싼 표를 구하기 위해 시간을 쓸 의향이 있는 사람도 있으며 그렇지 않은 사람들도 있다고 가정하라.

3. 탄력성의 개념을 이용해서 왜 항공사가 수하물 수속 같은 것에 대해 비용을 청구하는지 이야기하라. 왜 그들은 요금을 숨기거나 속이는가?

4. 탄력성의 개념을 이용하여 미래에 어떤 조건하에서 항공사가 높은 수익성을 유지할 수 있는지 설명하라.

요약

1. 많은 경제학적 문제들은 가격이나 기타 변수에 소비자나 생산자가 얼마나 크게 반응하는가에 관한 문제이다. **탄력성**은 그러한 문제에 답하는 데 이용될 수 있는 민감성의 일반적 측정이다.

2. **수요의 가격탄력성**은 가격의 변화에 대한 수요량의 반응을 측정하는 것으로 수요량의 변화 비율을 가격의 변화 비율로 나눈 값이다. 실제로 계산할 때는 가격과 수요량의 변화 비율을 변화 전과 변화 후의 평균을 이용하여 계산하는 **중간값 계산법**을 사용하는 것이 가장 좋다.

3. 가격의 변화에 대한 수요량의 반응 정도에 따라 가격에 의해 수요량이 전혀 변하지 않는 **완전 비탄력적 수요**부터 특정한 가격에서 생산되는 만큼 수요량이 결정되는 **완전 탄력적 수요**까지 존재한다. 수요가 완전 비탄력적이면 수요곡선은 수직이고, 수요가 완전 탄력적이면 수요곡선은 수평이 된다.

4. 수요의 가격탄력성은 1을 기준으로 나뉜다. 탄력성이 1보다 크면 수요가 **탄력적**인 것이고, 1보다 작으면 **비탄력적**, 1이면 **단위탄력적 수요**라고 한다. 이러한 분류는 **총수입**, 즉 총판매가치가 가격 변화에 따라 어떻게 변화하는지를 결정한다. 수요가 탄력적이라면 가격이 상승할 때 총수입은 감소하고, 가격이 하락할 때 총수입은 증가한다. 반대로 수요가 비탄력적이라면 가격이 상승할 때 총수입은 증가하고, 가격이 하락할 때 총수입은 감소한다.

5. 수요의 가격탄력성은 재화의 대체재가 존재하는지(높음), 그 재화가 사치재(높음)인지 필수재(낮음)인지, 재화에 지출된 소득 비중(높음), 가격이 변화한 이후 얼마만큼 시간이 흘렀는지(높음)에 따라서 결정된다.

6. **수요의 교차가격탄력성**은 한 재화 가격의 변화가 다른 재화의 수요량에 미치는 영향을 측정한다. 재화들이 대체재 관계에 있으면 수요의 교차가격탄력성은 양의 값을 가지고, 보완재 관계에 있으면 수요의 교차가격탄력성은 음의 값을 가진다.

7. **수요의 소득탄력성**은 수요량의 변화 비율을 소득의 변화 비율로 나눈 값으로 소득의 변화에 대한 수요량이 얼마나 반응하는지를 측정하는 것이다. 재화가 열등재라면 소득탄력성이 음이고, 정상재라면 소득탄력성은 양이다. 소득탄력성이 1보다 크면 그 재화는 **소득탄력적**이고, 소득탄력성이 양이나 1 이하이면 그 재화는 **소득비탄력적**이다.

8. **공급의 가격탄력성**은 공급량의 변화 비율을 가격의 변화 비율로 나눈 값이다. 가격에 의해 공급량이 전혀 변하지 않으면 **완전 비탄력적 공급**이고 공급곡선은 수직이 된다. 특정 가격 이상에서는 생산량이 무한대이고 그 이하에서는 전혀 생산하지 않는다면 **완전 탄력적 공급**이다. 이때의 공급곡선은 수평이 된다.

9. 공급의 가격탄력성은 생산을 증가시키기 위한 자원을 확보할 수 있는지 여부와 시간에 따라 결정된다. 투입요소를 쉽게 구할 수 있을수록, 가격이 변화한 이후 시간이 지날수록 탄력성이 커진다.

주요용어

수요의 가격탄력성	비탄력적 수요	소득탄력적
중간값 계산법	단위탄력적 수요	소득비탄력적
완전 비탄력적 수요	총수입	공급의 가격탄력성
완전 탄력적 수요	수요의 교차가격탄력성	완전 비탄력적 공급
탄력적 수요	수요의 소득탄력성	완전 탄력적 공급

토론문제

1. 당신은 최근에 다음과 같은 헤드라인을 발견했다.
   i. "사립학교, 등록금 인하, 등록 목표 달성 실패"
   ii. "캘리포니아 대학, 아직 정원 미달인 상태에서 다른 주 출신 학생들의 등록금 인상"

   각각의 진술은 대학 등록금에 대한 수요의 탄력성에 대해 무엇을 말하는가? 각 문장은 탄력성을 결정하는 요소에 대해 배운 내용과 일치하는가?

2. 당신과 당신의 반 친구는 당신의 대학 캠퍼스에서 최근 관찰된 것들에 대해 이야기하고 있다. 탄력성의 개념을 사용하여 다음과 같은 각 상황을 설명하라.

　i. 대학 서점의 교과서 가격은 온라인 판매점보다 20~30% 비싸다.

　ii. 당신이 테이블을 기다리는 식당에서, 그곳 바에서는 팝콘과 땅콩과 같은 짭짤한 간식을 무료로 나눠준다는 것을 알게 되었다.

　iii. 체육부는 학생들에게 일반인들보다 낮은 가격에 축구 티켓을 판매한다.

　iv. 학기 중 주차요금이 25% 올랐는데 아직도 빈 자리를 찾는 데 어려움이 있다.

3. 살균된 피하 주사바늘을 약물 사용이 많은 도시에서 무료로 나눠줘야 하는지에 대한 논쟁이 있다. 찬성론자들은 그렇게 하면 종종 마약 사용자들 사이에서 바늘을 공유함으로써 퍼지는 HIV/AIDS와 같은 질병의 발생을 줄일 수 있을 것이라고 주장한다. 반대론자들은 그렇게 하는 것이 이러한 바늘 공유에 따른 위험 요인을 줄임으로써 더 많은 약물 사용을 유발할 것이라고 믿는다. 경제학자가 정책을 평가해 달라고 요청할 때, 여러분은 우선 다음 사항을 알아야 할 것이다. (i) HIV/AIDS와 같은 질병의 확산이 무균 바늘의 가격에 어느 정도로 반응하는지 그리고 (ii) 약물 사용이 무균 바늘의 가격에 어느 정도로 반응하는지. 이제, 여러분이 이 두 가지를 알고 있다고 가정하고 무균 바늘 수요의 가격탄력성과 의약품과 무균 바늘 사이의 교차가격탄력성 개념을 이용해 다음의 질문에 답하라.

　a. 어떤 상황에서 이것이 유익한 정책이라고 생각하는가?

　b. 어떤 상황에서 이것이 나쁜 정책이라고 생각하는가?

연습문제

1. 다음의 사건이 일어날 때 포드의 SUV에 대한 수요의 가격탄력성이 증가할지, 감소할지 또는 영향받지 않을지를 답하고 이에 대해 설명하라.

　a. 제너럴 모터스와 같은 다른 자동차 생산자가 SUV를 생산하여 판매하기로 결정했다.

　b. 미국 시장에서 외국에서 생산된 SUV의 판매가 금지되었다.

　c. 광고로 인하여 미국인들이 SUV가 일반 승용차보다 훨씬 안전하다고 믿게 되었다.

　d. 탄력성을 측정하는 시간적 범위를 길게 한다. 그 기간에 사륜구동 카고 밴과 같은 새로운 모델이 등장한다.

2. 2018년의 미국은 밀을 재배하기에 좋지 않은 해였다. 그리고 밀 공급이 감소함에 따라 밀 가격은 급격히 상승했고, 이는 수요 감소를 이끌었다(수요곡선 상의 이동). 다음 표는 가격과 밀 수요량의 변화를 보여 준다.

	2017년	2018년
수요량(부셸)	23억	17억
평균 가격(부셸당)	$4.02	$4.98

　a. 중간값 계산법을 사용하여 겨울 밀의 수요에 대한 가격탄력성을 계산하라.

　b. 2017년과 2018년의 미국 밀 농부들의 총수입은 얼마인가?

　c. 흉작은 미국 밀 농부들의 총수입을 증가 또는 감소시켰는가? a에 대한 답에서 이를 어떻게 예상할 수 있겠는가?

3. 다음 표는 미국에서 개인용 컴퓨터에 대한 공급계획 중 일부를 나타낸다.

컴퓨터 가격	컴퓨터 공급량
$1,100	12,000
900	8,000

　a. 중간값 계산법을 사용하여 900달러에서 1,100달러로 가격 상승 시 공급의 가격탄력성을 계산하라.

　b. 기술진보로 인하여 동일한 가격에 1,000대의 컴퓨터를 더 생산할 수 있게 되었다고 가정하자. 가격이 900달러에서 1,100달러로 상승하면서 공급의 가격탄력성이 a와 비교하여 어떻게 되겠는가?

　c. 고려되는 기간이 길어지면 주어진 가격에서의 공급량이 위 표와 비교했을 때 20% 증가한다고 가정하자. 가격이 900달러에서 1,100달러로 상승할 때 공급의 가격탄력성은 a와 비교하여 어떻게 되겠는가?

4. 다음 표는 몇 가지 재화에 대해서 수요의 교차가격탄력성의 값을 나타낸다. 가격의 백분율 변화는 첫 번째 재화, 수량의 백분율 변화는 두 번째 재화에 대해서 측정되었다.

　a. 각 교차가격탄력성의 부호를 설명하라. 이는 두 재화

재화	수요의 교차가격탄력성
에어컨과 전력	−0.34
코카콜라와 펩시	+0.63
연료를 많이 소비하는 SUV와 휘발유	−0.28
맥도날드 햄버거와 버거킹 햄버거	+0.82
버터와 마가린	+1.54

간 관계에 대하여 무엇을 의미하는가?

b. 교차가격탄력성의 절댓값을 비교하고 그 크기를 설명하라. 예를 들어 왜 맥도날드와 버거킹의 교차가격탄력성이 버터와 마가린의 교차가격탄력성보다 더 작은가?

c. 표의 정보를 이용하여 펩시의 5%의 가격 인상이 코카콜라의 수요량에 어떠한 영향을 미칠 것인가를 계산하라.

d. 표의 정보를 이용하여 휘발유 가격의 10% 인하가 SUV의 수요량에 어떠한 영향을 줄 것인지를 계산하라.

5. 다음 각각의 진술에서 수요의 가격탄력성에 대해서 어떠한 결론을 내릴 수 있겠는가?

a. "이 도시에서 피자 배달 사업은 매우 경쟁적이다. 만약 내가 가격을 10% 올리게 된다면 내 고객의 절반을 잃을 것이다."

b. "나는 현존하는 2개의 존 레논의 육필 석판인쇄를 모두 가지고 있다. 나는 그중 하나를 이베이에서 높은 가격에 판매하였다. 그러나 내가 두 번째 것을 판매할 때 가격이 80%로 떨어졌다."

c. "경제학 교수가 수업에서 크루그먼과 웰스의 교과서를 사용하기로 결정하였다. 나는 이 책을 살 수밖에 없다."

d. "나는 항상 매주 커피를 마시는 데 정확히 10달러를 쓴다."

6. 〈그림 6-5〉와 같이 수요가 탄력적인 구간과 비탄력적인 구간이 표시되어 있는 직선 형태의 수요곡선을 생각해 보자. 아래 설명된 상황에서는 공급곡선 자체가 이동하게 된다. 다음과 같은 결과를 위해서 공급곡선이 수요곡선의 어떠한 구간(즉 탄력적 또는 비탄력적 구간)에서 이동해야 하는지를 보이라.

a. 미국으로의 불법적인 마약 거래를 중지하기 위한 콜롬비아 군대의 시도는 실질적으로 마약 거래상에게 이익을 가져다주었다.

b. 새로운 건축물은 풋볼 경기장의 좌석 수를 증가시켰고 결과적으로 입장권 판매로 인한 총수입을 증대시켰다.

c. 원자재 가격의 하락은 포르쉐 자동차의 생산을 증대시켰다. 그러나 결과적으로 총수입은 감소하였다.

7. 다음 표는 크리스탈 레이크 타운을 방문하는 관광객의 평균소득에 따른 기념품 티셔츠의 가격과 연간 판매량을 나타낸다.

티셔츠 가격	관광객의 평균소득이 2만 달러일 때 티셔츠 수요량	관광객의 평균소득이 3만 달러일 때 티셔츠 수요량
$4	3,000	5,000
5	2,400	4,200
6	1,600	3,000
7	800	1,800

a. 중간값 계산법을 사용하여 티셔츠 가격이 5달러에서 6달러로 상승할 때 관광객의 평균소득이 2만 달러인 경우 수요의 가격탄력성을 계산하라. 마찬가지로 3만 달러인 경우도 계산하라.

b. 중간값 계산법을 사용하여 티셔츠의 가격이 4달러이고 관광객의 평균소득이 2만 달러에서 3만 달러로 증가할 때 수요의 소득탄력성을 계산하라. 마찬가지로 티셔츠 가격이 7달러인 경우도 계산하라.

8. 최근 연구는 혼다 시빅의 탄력성을 다음과 같이 계산하였다.

$$수요의 가격탄력성 = 2$$
$$수요의 소득탄력성 = 1.5$$

시빅의 공급은 탄력적이다. 이러한 정보에 기반하여 다음과 같은 진술이 참인지 거짓인지 결정하고 그 이유를 설명하라.

a. 시빅 가격의 10% 인상은 수요량을 20% 감소시킬 것이다.

b. 소비자 소득의 증가는 시빅의 가격과 판매량을 상승시킬 것이다.

9. 다음과 같은 경우 공급의 가격탄력성이 (i) 완전 탄력적, (ii) 완전 비탄력적, (iii) 탄력적이나 완전 탄력적이지는 않은 경우, (iv) 비탄력적이나 완전 비탄력적이지는 않은 경우 중 어디에 속할 것인가? 도표를 사용하여 설명하라.

a. 올 여름 고급 유람선에 대한 수요 증가는 퀸 메리호 선실의 판매 가격을 크게 증가시킨다.

b. 전력 가격이 전력에 대한 수요가 많을 때도 전력에 대한 수요가 적을 때와 동일하다.

c. 비행기 승객이 2월에는 다른 달보다 더 적다. 항공사는 티켓 가격이 이달에 20% 하락하자 10% 정도의 운항계획을 취소하였다.

d. 메인에 있는 별장 주인은 여름 동안 집을 대여한다. 이

번 해의 경기 부진으로 대여료가 30% 하락하면 절반 이상의 별장 주인이 타인에게 대여하지 않고 그 자신이 여름 동안 별장에서 보내게 된다.

10. 탄력성 개념을 사용하여 다음과 같은 현상을 설명하라.

    a. 경기가 좋을 때는 체육관이나 태닝 살롱과 같은 사업이 식료품점보다 더 많이 생겨난다.

    b. 멕시코에서 시멘트는 빌딩 건설에 기초적으로 쓰이는 자재이다. 새로운 기술이 개발되어 시멘트 생산가격이 더 싸지자 멕시코 시멘트산업의 공급곡선이 상대적으로 더 평평해졌다.

    c. 전화와 같이 한때 사치재라고 여겨졌던 상품들이 이제 필수재라고 여겨진다. 그 결과 전화서비스에 대한 수요곡선은 시간이 지남에 따라 더 가팔라졌다.

    d. 과테말라와 같이 덜 개발된 국가의 소비자들은 캐나다와 같이 더 개발된 국가의 소비자들보다 소득의 더 많은 부분을 재봉틀과 같이 가내수공업에 필요한 장비를 사는 데 소비한다.

11. 대만은 반도체를 공급하는 주요 국가이다. 최근의 지진은 대만의 반도체 공장을 파괴하여 생산량이 급감하였다.

    a. 대만이 아닌 다른 나라의 반도체 생산자의 총수입이 이 사건으로 인하여 증가하였다고 가정하자. 탄력성의 관점에서 이를 설명하라. 도표로 총수입의 변화를 표시하고, 대만의 지진이 이 회사의 총수입에 미치는 가격효과와 수량효과를 표시하라.

    b. 이제 이 사건으로 대만 외의 반도체 생산자의 총수입이 감소하였다고 가정하자. 탄력성의 관점에서 이를 설명하라. 도표로 총수입의 변화를 표시하고, 대만의 지진이 이 회사의 총수입에 미치는 가격효과와 수량효과를 표시하라.

12. 전 세계적으로 커피 재배자들은 지난 몇 년 동안 커피 경작지를 늘려 왔다. 그 결과 10~20년 전보다 더 많은 커피를 생산하게 되었다. 그러나 커피 재배자들은 상당한 총수입 감소를 겪어야 했다. 탄력성 개념을 이용하여 이러한 현상을 설명하라. 이를 그림 혹은 도표로 나타내고 수량효과와 가격효과를 표시하라.

13. 2015년 미국 예방의학저널(American Journal of Preventive Medicine)에 발표된 한 논문은 알코올 가격 상승이 새로운 종류의 성병 발병에 미치는 영향을 연구하였다. 특히 연구진은 메릴랜드 주의 주세 인상 정책이 임질 환자 감소에 미치는 영향을 연구했다. 논문에서는 주세율이 3% 인상되면 임질 환자가 1,600명 감소한다고 결론지었다. 증세 이전 임질 건수가 7,450건이었다고 가정해 보자. 중간값 계산법을 사용하여 임질의 경우 감소율을 확인한 다음 알코올과 임질의 발생률 간 수요의 교차가격탄력성을 계산하라. 추정한 수요의 교차가격탄력성에 따르면, 알코올과 임질은 보완재인가 아니면 대체재인가?

14. 미국 정부는 제한된 양의 탄소 배출권만을 허용함으로써 농장이 배출하는 이산화탄소의 양을 줄이고자 하는 정책을 고려하고 있다. 최근 보고서에 따르면, 연방 의회예산국은 "탄소 배출 할당량을 지키기 위하여 비용을 부담해야 하는 소비자들은 전기와 가스 사용을 위해 많은 비용을 지불해야 할 것이다. 가난한 농가가 부유한 농가에 비해 수입 대비 큰 부담을 지게 될 것이다."라고 발표하였다. 이번 장에서 배운 어떤 탄력성이 가난한 농가가 불균형하게 영향을 받는다는 것을 증명해 주는가?

15. 미국 에너지부 자료에 따르면 연비가 좋은 도요타 프리우스 하이브리드의 판매량은 2014년 19만 4,108대에서 2015년 18만 603대로 감소했다. 같은 기간 미국 에너지정보국의 자료에 따르면 일반 휘발유 평균 가격은 갤런당 3.36달러에서 2.43달러로 떨어졌다. 중간값 계산법을 사용하여 도요타 프리('프리우스'의 공식 복수형은 '프리')와 일반 가솔린 간 수요의 교차가격탄력성을 계산하라. 추정한 교차가격탄력성에 따르면, 이 두 가지 상품은 보완재인가 대체재인가? 당신의 답은 일리가 있는 답인가?

7 > 조세

조세 창시자

1794년 오래도록 지속되었던 불만이 끓어올 랐고, 농민들은 대규모 폭동으로 결집하였다. 정부의 군대가 우세를 차지하기 전까지 공무 원들은 강한 폭력으로 대응하였고, 총을 발포 하였으며 많은 사람들이 죽었다.

조지 워싱턴 정부가 1791년 주조업자에 부과한 세 금은 정부세입을 올리기 위해 도입되었지만, 불공정 한 것으로 여겨졌기에 대대적인 폭동으로 이어졌다.

만약 이 상황을 프랑스 혁명 때의 상황으 로 생각했다면 별로 놀랍지는 않았을 것이다. 하지만 실제로 이 사건은 펜실베이니아의 서 부에서 일어났다. 이 사건은 초기 미국과 초 대 대통령인 조지 워싱턴에 큰 충격을 주었 다. 비록 '위스키 반란'은 제압되었지만 미국 정치에 근본적인 변화를 가져왔다.

그렇다면 무엇에 대한 싸움이었을까? 세 금이다. 독립전쟁으로 인해 많은 부채를 안고 있었으나, 수입품에 대해서는 세금을 더 올릴 수 없었던 워싱턴 정부는 재무부 장관이었던 알렉산더 해밀턴의 제안에 따라 1791년부터 위스키 제조업자들에게 세금을 부과하였다. 위스키는 당시 인기가 좋은 주류였기 때문에 이 세금은 많은 수익을 올릴 수 있었다. 동시 에, 세금은 일부 과음을 하는 경향이 있던 신 흥국 사람들이 '바른 생활'을 하는 데도 도움 을 줄 수 있었다.

하지만 세금이 적용된 방식은 불공정한 것 으로 여겨졌다. 주조업자들은 정해진 금액으 로 세금을 내든가 혹은 갤런당 세금을 내는 방식으로 세금을 낼 수 있었다. 대규모 주조 업자들은 정액세를 낼 수 있었지만 소규모 업 자들은 그럴 수 없었고, 갤런당 세금을 낼 수 밖에 없었다. 그 결과, 주로 부업으로 위스키 를 만들던 농부들과 소규모 주조업자들은 대 규모 주조업자들에 비해 소득의 많은 비중을 세금으로 내게 되었다.

뿐만 아니라 펜실베이니아 서부의 경계지 역에서는 현금을 구하기 어려워 위스키가 거 래 수단으로 많이 사용되었다. 소규모 제조업 자들이 위스키 생산에 어려움을 겪게 되면서, 세금은 해당 지역 경제에서 물건을 사고파는 수단을 제한하는 결과도 가져오게 되었다.

주류세에 대한 폭동은 진압되었음에도 불 구하고, 세금의 도입을 주장했던 알렉산더 해 밀턴의 연방당은 그 인기를 회복하지 못했다. 위스키 반란은 새로운 정당이 나타날 초석을 닦는 역할을 하였는데, 그 새로운 당이 1800 년 세금을 철회했던 토머스 제퍼슨의 공화당 이었다.

이 일화에는 두 가지 교훈이 있다. 먼저, 정부가 기능을 수행하기 위해서는 반드시 세 금이 필요하다. 세금이 없는 정부는 국방부 터 공원까지 우리가 원하는 서비스를 제공할 수 없다. 그러나 세금은 일반적으로 정부에 지불되는 금전적인 부분 외의 비용을 포함하 고 있다. 세금은 상호 간에 이익이 되는 거래 에 있어서 유인의 왜곡을 낳기 때문이다.

그리고 이는 두 번째 교훈을 생각하게 한 다. 세금정책은 쉽지 않은 일이고, 만약 당신 이 정치인이라면 이는 당신의 전문적인 경력 에 위험요소가 될 수도 있다는 점이다. 하지 만 이 이야기는 한편으로는 세금정책에 관해 중요한 점을 암시하는데, 경제학적 모델이 분 명한 이해를 위해 도움이 된다는 점이다.

세금정책을 이끄는 하나의 원칙은 효율성 이다. 세금은 유인의 왜곡을 최소화해야 한 다. 하지만 효율성이 세금을 설계할 때 유일 한 기준이 되지는 않는다. 워싱턴 정부가 위 스키 반란으로부터 학습한 것처럼, 세금은 공 정하게 받아들여져야 한다. 세금정책은 항상 효율성의 추구와 공정성의 추구 사이의 균형 을 맞춰야 한다.

이 장에서는 어떻게 세금이 정부의 수입 을 증대시키는가뿐만 아니라 효율성과 공정 성에 영향을 미치는지에 대해서도 알아볼 것 이다. ●

이 장에서 배울 내용

- 조세는 수요와 공급에 어떤 영향을 미치 는가?
- 조세의 실제 부담을 지게 되는 사람을 결정하는 요인은 무엇인가?
- 조세의 비용과 편익, 그리고 조세가 실 제 징수된 세입보다 더 큰 비용을 초래 하는 이유는 무엇인가?
- 누진세와 역진세의 차이는 무엇인가?
- 조세 공정성과 조세 효율성 사이의 상충 관계가 있는 이유는 무엇인가?
- 미국 조세제도는 어떻게 구성되어 있 는가?

|| 조세의 경제학 : 들어가기

조세의 경제학을 이해하기 위해서는 **소비세**(excise tax) — 구매된 재화나 서비스의 각 단위마다 부과되는 조세 — 로 알려진 한 가지 단순한 형태의 조세를 살펴보는 것이 도움이 된다. 미국 세입의 대부분은 이 장에서 나중에 논의하게 될 다른 형태의 조세들로부터 얻고 있다. 그렇지만 소비세는 흔히 볼 수 있는 것이다. 예를 들어, 휘발유, 담배, 그리고 외제 트럭에도 소비세가 부과되며, 많은 지방정부들은 호텔방을 빌려 주는 것과 같은 서비스에도 소비세를 부과하고 있다. 소비세를 공부하면서 우리가 배우게 될 것들은 좀 더 복잡한 다른 조세에도 적용될 수 있다.

소비세가 수량과 가격에 미치는 영향

포터빌 시에 있는 호텔방의 수요와 공급이 〈그림 7-1〉에 나타난 것과 같다고 해 보자. 단순화를 위해 모든 호텔방은 동일하다는 가정을 할 것이다. 조세가 부과되지 않을 경우, 호텔방의 균형가격은 하룻밤당 80달러이고 균형거래량은 1만 개이다.

이제 포터빌 정부에서 호텔방에 대해 하룻밤에 40달러의 소비세를 부과한다고 가정해 보자. 즉 한 호텔방이 하룻밤 사용될 때마다 호텔 소유주는 시에 40달러씩 내야 하는 것이다. 예를 들어, 만약 고객이 80달러를 지불한다면, 40달러는 조세로 징수되고 호텔 소유주에게는 40달러만이 남게 된다. 결과적으로, 호텔 소유주들은 주어진 모든 가격에 대해 방을 덜 공급하려고 하게 된다.

이는 포터빌 호텔방의 공급곡선에 대해 어떠한 뜻을 내포하고 있을까? 이 질문에 대답하기 위해서는, 호텔 소유주들의 세전(조세가 부과되기 이전) 유인과 세후(조세가 부과된 이후) 유인을 비교해 보아야 한다.

〈그림 7-1〉로부터 조세가 부과되기 이전에는 호텔 소유주들이 한 방당 60달러의 가격에 하룻밤에 5,000개의 방을 공급하고자 한다는 것을 알 수 있다. 하지만 한 방당 40달러의 조세가 부과

그림 7-1 포터빌 호텔방의 공급과 수요

조세가 부과되지 않을 경우, *E*점에서 보이듯이 호텔방의 균형가격은 하룻밤당 80달러이고, 균형거래량은 하룻밤에 1만 개이다. 공급곡선 *S*는 조세가 부과되기 이전 각 가격에서의 공급량을 보여 준다. *B*점을 보면 호텔 소유주들은 하룻밤에 60달러의 가격에서 5,000개의 방을 공급하려고 한다. 하지만 조세가 부과된 이후에는 같은 양을 100달러의 가격 — 자신들을 위한 60달러 더하기 조세로 시에 납부하는 40달러 — 이 되어야만 공급하려고 한다.

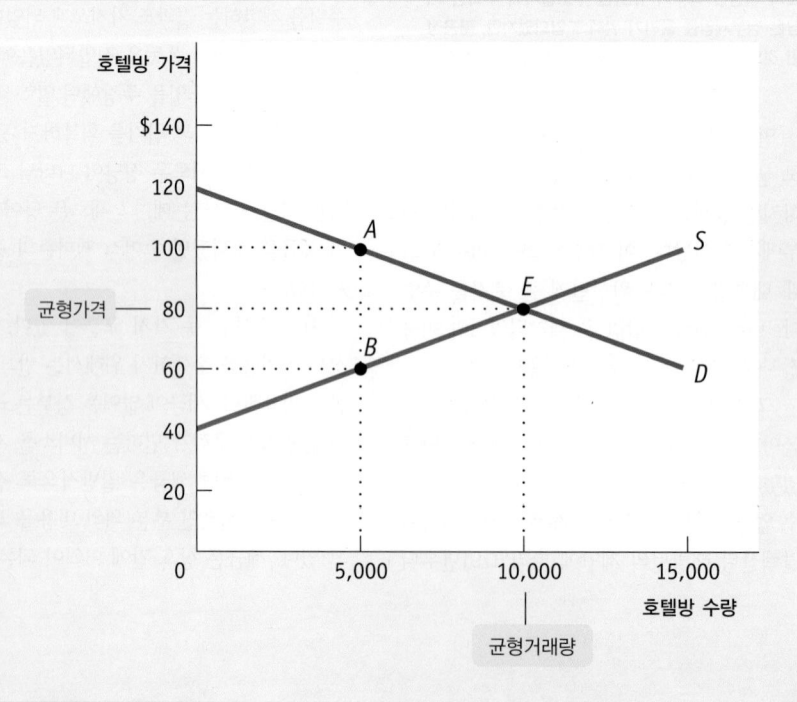

되면, 그들은 100달러 — 자신들을 위한 60달러 더하기 시에 납부되는 40달러 — 를 받을 수 있을 때에만 같은 공급량인 5,000개를 공급하려고 한다. 다시 말해서, 호텔 소유주들이 세후에 세전과 같은 양을 공급하기 위해서는 조세징수액 40달러를 각 방에 대해 추가적으로 받아야 한다.

이는 세전 공급곡선에 비해 세후 공급곡선이 조세징수액만큼 위쪽으로 이동한다는 것을 의미한다. 모든 공급량에 대해서 공급가격 — 주어진 양을 공급하기 위해서 받아야 하는 가격 — 이 40달러만큼 증가한 것이다.

조세 부과로 인해 공급곡선이 위쪽으로 이동한 모습은 〈그림 7-2〉에 나타나 있다. 이때 S_1은 세전 공급곡선이고, S_2은 세후 공급곡선이다. 여기에서 볼 수 있듯이, 시장균형은 한 방당 80달러의 균형가격에서 하룻밤에 1만 개의 방이 거래되는 E점으로부터 한 방당 100달러의 시장가격에서 하룻밤당 5,000개의 방만 거래되는 A점으로 이동하게 된다. A점은 물론 수요곡선 D와 새로운 공급곡선 S_2 위에 동시에 놓이게 된다.

이 경우, 100달러가 5,000개의 방에 대한 수요가격이다. 하지만 실제로 40달러의 조세를 납부했다는 사실을 고려한다면 호텔 소유주들은 60달러만 받은 것이 된다. 호텔 소유주들의 입장에서는 그들이 원래의 공급곡선에서 B점에 있는 것과 마찬가지이다.

다시 한 번 확인해 보자. 우리는 어떻게 100달러의 가격에서 5,000개의 방이 공급될 것이라는 사실을 알 수 있는가? 왜냐하면 조세를 뺀 가격이 60달러이고, 〈그림 7-2〉에서 B점이 나타내는 것과 같이 원래의 공급곡선에 따르면 60달러의 가격에서 5,000개의 방이 공급되기 때문이다.

이제까지 본 것이 낯익은가? 그래야 할 것이다. 앞서 제5장에서 우리는 수량할당(quota)이 판매에 미치는 영향에 대하여 논의한 바 있다. 수량할당은 소비자들이 지불하는 가격과 생산자들이 받게 되는 가격 사이에 쐐기를 박아 간격을 벌려 놓는다. 소비세 또한 마찬가지의 기능을 한다. 이 간격의 결과로 소비자들은 더 많이 지불하고 생산자들은 더 적게 받게 된다.

앞의 예를 들자면, 소비자들 — 호텔방을 이용하는 사람들 — 은 결과적으로 세전가격인 80달러보다 20달러 높은 100달러를 하룻밤 사용료로 지불하게 된다. 동시에, 생산자들 — 호텔 소유

그림 7-2 호텔 소유주들에게 부과된 소비세

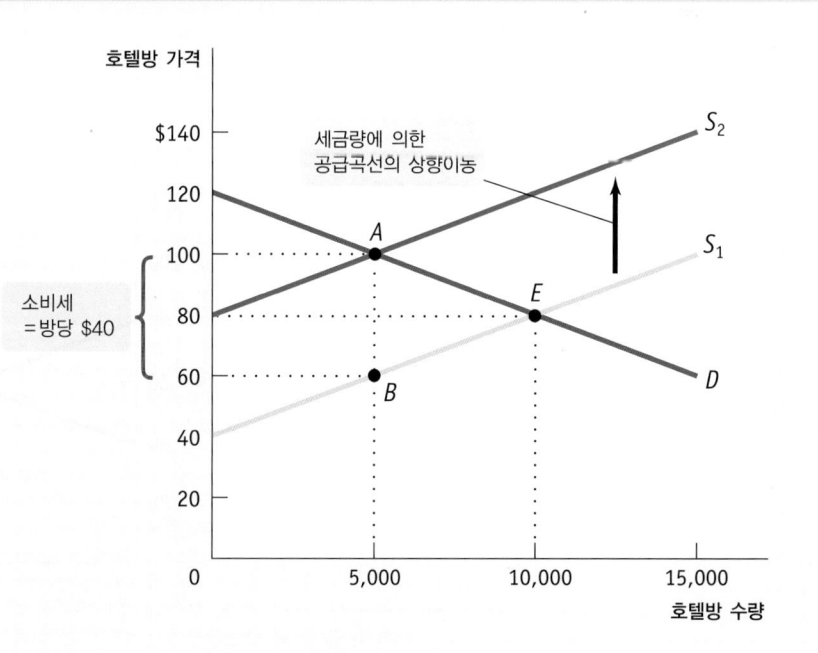

각 호텔방에 대해서 호텔 소유주들에게 부과된 40달러의 조세징수액은 공급곡선을 S_1에서 S_2까지 40달러만큼 위쪽으로 이동시킨다. 호텔방의 균형가격은 하룻밤에 대해 80달러에서 100달러까지 오르게 되고, 균형거래량은 1만 개에서 5,000개로 감소하게 된다. 호텔 소유주들이 세금을 납부하더라도 이들은 실제로 절반의 부담만 안게 된다. 조세부과 이후 그들이 받게 되는 순수한 가격은 80달러에서 60달러로 20달러만큼만 감소하게 된다. 호텔방을 이용하는 고객들이 나머지 절반의 부담을 지게 되는데, 이는 그들이 지불하는 가격이 80달러에서 100달러로 20달러만큼 증가하기 때문이다.

주들—은 최종적으로 세전가격에 비해 20달러 낮아진 60달러를 각 방에 대해 받게 된다. 더불어 이 소비세는 기회의 상실을 초래한다. 호텔방을 빌렸을 5,000명의 잠재적인 소비자들—하룻밤당 80달러는 지불할 용의가 있으나 100달러는 지불할 용의가 없는 사람들—이 방을 빌리는 것을 단념하게 된다. 한편 호텔 소유주들이 80달러를 받았을 경우 이용이 가능했을 5,000개의 방은 이들이 60달러만을 받을 경우에 제공되지 않게 된다. 수량할당처럼 이 소비세 또한 유인을 왜곡하고 상호 이익이 되는 거래 기회를 박탈하여 비효율성을 초래한다.

앞서 묘사한 바와 같이 포터빌 호텔 조세는 손님이 아닌 호텔 소유주들에게 부과되는—소비자가 아닌 생산자에게 부과되는—세금이라는 점을 분간하는 것이 매우 중요하다. 하지만 조세를 제외하고 순수한 가격으로서 생산자들이 받는 가격은 조세징수액의 절반인 20달러만큼 감소하게 되고 소비자들이 지불하는 가격이 20달러 증가하게 된다. 실질적으로 세금의 절반은 소비자들에 의해 납부되고 있는 것이다.

만약 시에서 생산자 대신 소비자에게 조세를 부과한다면 어떤 일이 생길까? 다시 말해, 호텔 소유주들에게 호텔방 하나당 40달러를 내도록 요구하는 대신, 손님들에게 호텔에서 하룻밤 머물 때마다 40달러를 지불하도록 요구했다고 가정해 보자. 이에 대한 답은 〈그림 7-3〉에 나타나 있다. 만약 호텔 손님이 하룻밤당 40달러를 조세로 납부해야 할 경우, 호텔방의 세후수요량이 세전수요량과 동일하게 되려면 그 손님이 방 값으로 지불하는 가격이 40달러만큼 줄어들어야 한다. 따라서 수요곡선은 D_1에서 D_2으로 조세징수액만큼 아래쪽으로 이동하게 된다.

각 수요량에서 수요가격—주어진 양만큼의 수요를 위해서 소비자들에게 제시되어야 하는 가격—은 40달러만큼 감소하였다. 이러한 곡선의 이동은 균형점을 E점으로부터, 호텔방의 시장가격이 60달러이고 5,000개의 방이 거래되는 B점으로 이동시킨다. 실제적으로 호텔 손님들은 조세를 포함하여 100달러를 지불하게 된다. 따라서 고객의 입장에서는, 마치 원래의 A점에 있는 것과 마찬가지가 된다.

〈그림 7-2〉와 〈그림 7-3〉을 비교해 보면 이들이 같은 가격효과를 보여 주고 있다는 것을 곧바로 알 수 있다. 각각의 경우, 소비자들은 사실상의 100달러라는 가격을 지불하고 생산자는 60

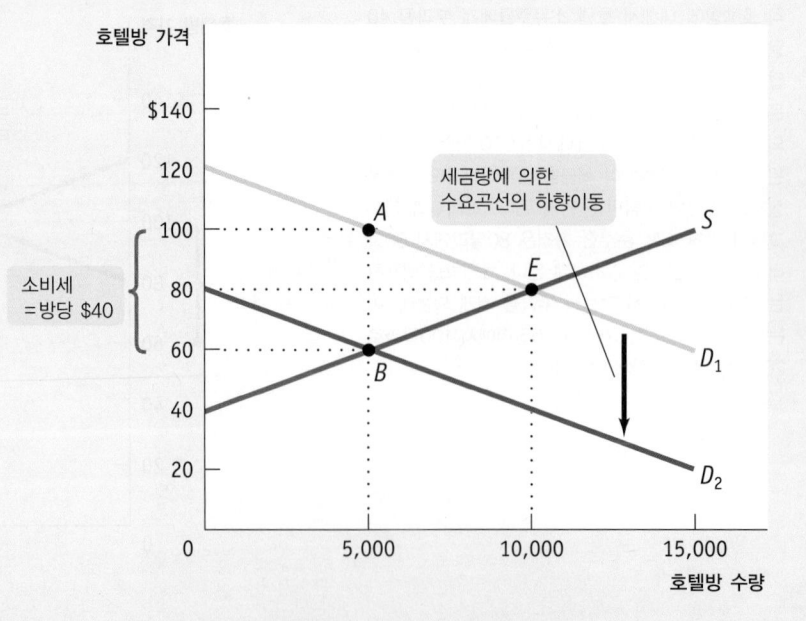

그림 7-3 호텔 손님에게 부과된 소비세

호텔의 손님에게 한 방에 40달러씩 부과된 세금은 수요곡선을 D_1에서 D_2까지 아래 방향으로 40달러만큼 이동시킨다. 호텔방의 균형가격은 하룻밤당 80달러에서 60달러로 내려가고, 거래량은 1만 개에서 5,000개로 떨어진다. 이 경우에는 공식적으로 조세가 소비자들에 의해 납부되고, 〈그림 7-2〉에서는 생산자들에 의해 납부되었지만, 그 결과에 있어서는 동일하다. 조세가 부과된 이후, 호텔 소유주는 한 방당 60달러를 받지만 고객은 100달러를 지불하게 되는 것이다. 이러한 점은 일반 원칙을 잘 나타내 주고 있다. 소비세의 귀착은 공식적으로 세금을 소비자가 납부하는지 또는 생산자가 납부하는지 여부와는 상관이 없다.

달러라는 가격을 받게 되며 5,000개의 호텔방이 거래된다. 따라서 공식적으로 조세를 납부하는 것이 누구든 상관없게 된다－균형점의 결과는 동일하다.

이러한 통찰은 조세의 경제적 효과에 대한 일반적인 원칙을 잘 보여 주고 있다. 조세의 **귀착**(incidence)－누가 실제로 조세의 부담을 지게 되는지－은 누가 정부에 수표를 써 주는지를 물어보아서는 답할 수 있는 문제가 아니다. 앞의 예를 들면, 호텔방에 부과된 40달러의 조세는 소비자들이 지불하는 가격의 20달러 증가분과 생산자들이 받게 되는 가격의 20달러 감소분으로 반영되었다. 여기서 세금이 소비자에게 부과되든 생산자에게 부과되든 상관없이 그들 사이에 고르게 분배된다.

> 조세의 귀착(incidence)은 실제 세금을 누가 지불했는지에 대한 측도이다.

가격탄력성과 조세의 귀착

우리는 이제까지 조세의 귀착이 공식적인 납세자와는 상관이 없다는 것을 배웠다. 〈그림 7-1〉에서 〈그림 7-3〉까지 이르는 예에서, 호텔방에 대한 조세는 누가 납세를 하더라도 소비자와 생산자 사이에서 동등하게 부담된다.

하지만 눈여겨봐야 할 중요한 점은 이러한 소비자와 생산자 간의 50-50의 분배는 예시에 적용한 가정들로부터 나온 결과라는 것이다. 실제 세계에서는, 소비세의 귀착이 소비자와 생산자 간에 불균등하게 나뉘는 것이 보통이다. 한 그룹이 다른 그룹에 비해 더 많은 부담을 지게 된다.

소비세의 부담이 어떻게 소비자와 생산자 간에 할당되는지는 무엇이 결정하는 것일까? 그 답은 공급곡선과 수요곡선의 모양에 있다. 구체적으로, 소비세의 귀착은 공급의 가격탄력성과 수요의 가격탄력성에 따라 결정된다. 먼저 소비자들이 소비세의 대부분을 부담하는 경우를 본 후, 생산자들이 대부분 부담하는 경우를 살펴봄으로써 이를 알 수 있을 것이다.

소비세의 대부분을 소비자들이 부담하는 경우 〈그림 7-4〉는 소비세가 대부분 소비자들에게 부과되는 경우를 보여 주고 있다. 이는 휘발유에 대한 소비세로서, 갤런당 1달러로 정하기로 한다. (실제로도 휘발유에 대해 연방소비세가 부과되지만, 미국에서는 사실 갤런당 약 0.18달러 정도에 불과하다. 여기에 주정부에서 갤런당 0.12달러에서 0.50달러 사이의 소비세를 추가로 부과한다.) 〈그림 7-4〉에 따르면, 조세가 부과되지 않을 경우 휘발유는 갤런당 2달러에 팔릴 것이다.

그림 7-4 소비자가 주로 부담하는 소비세

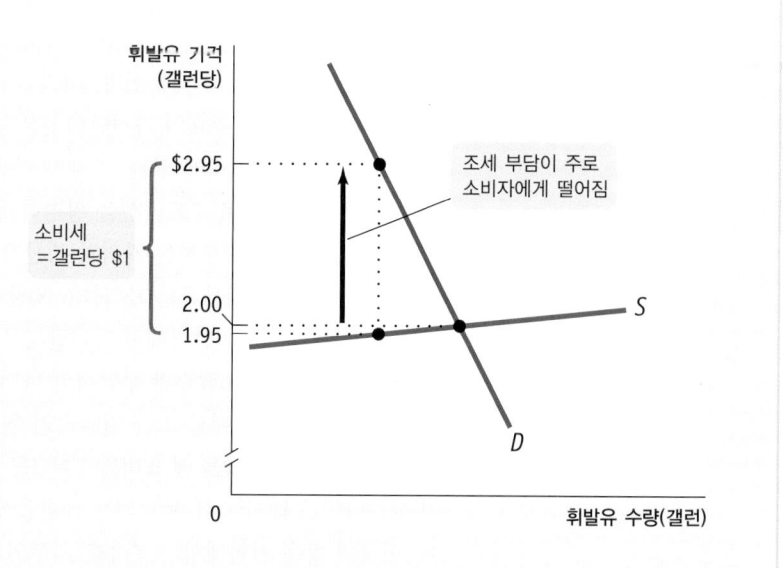

여기에서 상대적으로 가파른 수요곡선은 휘발유에 대한 낮은 수요의 가격탄력성을 나타내고 있다. 상대적으로 평평한 공급곡선은 높은 공급의 가격탄력성을 보여 주는 것이다. 휘발유 1갤런의 세전가격은 2.00달러이고 갤런당 1.00달러의 조세가 부과된다. 소비자들이 지불하는 가격은 0.95달러에서 2.95달러로 오르게 되며, 이는 조세의 부담이 대부분 소비자들에게 떨어진다는 사실을 나타낸다. 생산자들에게는 조세의 아주 작은 부분만이 부담된다. 그들이 받는 가격은 0.05달러만 하락하여 1.95달러가 된다.

두 가지 중요한 가정이 〈그림 7-4〉에 나타난 공급곡선과 수요곡선의 모양에 반영되어 있다.

1. 휘발유에 대한 수요의 가격탄력성은 아주 낮은 것으로 가정되며, 따라서 수요곡선은 상대적으로 매우 가파르게 된다. 기억을 돌이켜 보면, 낮은 수요의 가격탄력성은 가격의 변화에 대한 수요 변화가 매우 적다는 것을 의미한다.
2. 휘발유에 대한 공급의 가격탄력성은 매우 높은 것으로 가정되며, 이에 따라 공급곡선은 상대적으로 평평한 모습을 보인다. 높은 공급의 가격탄력성은 가격의 변화에 대한 공급량 변화가 매우 크다는 것을 의미한다. 즉 상대적으로 완만한 공급곡선을 의미한다.

우리는 소비세가 소비자가 지불하는 가격과 생산자가 받게 되는 가격 사이에서 조세와 동일한 크기의 쐐기 역할을 한다는 것을 배웠다. 이 간격은 소비자가 지불하는 가격을 높이고 생산자들이 받는 가격은 내려가게 만든다. 하지만 우리가 〈그림 7-4〉에서 볼 수 있듯이, 지금의 경우에 이 두 가지 효과는 크기 면에서 매우 불균등하다. 생산자가 받는 가격은 2.00달러에서 1.95달러로 아주 약간만 떨어지는 반면, 소비자가 지불하는 가격은 2.00달러에서 2.95달러로 매우 크게 오른다. 이것은 소비자들이 조세 부담의 훨씬 큰 부분을 감당하게 된다는 것을 의미한다.

이번 예는 조세의 또 다른 일반적인 원칙을 잘 나타내 준다. 수요의 가격탄력성이 낮고 공급의 가격탄력성이 높을 때 소비세의 부담은 대부분 소비자가 안게 된다. 왜 이런 것일까? 낮은 수요의 가격탄력성은 소비자들이 높은 가격의 휘발유에 대해 취할 수 있는 대체재나 대안이 거의 없다는 것을 의미한다. 대조적으로, 높은 공급의 가격탄력성은 생산자들이 휘발유의 생산에 있어서 많은 대체수요(다시 말해, 정제되어 휘발유가 되는 원유의 다른 사용 목적)가 있다는 것을 의미한다.

이 때문에 생산자들은 낮은 휘발유 가격을 받아들이지 않고 거절할 수 있는 여지가 더욱 많이 생긴다. 그리하여 당연하게도 가장 대처할 여지가 없는 집단—이 경우, 소비자들—이 대부분의 조세를 납부하게 된다. 이것은 오늘날 미국에서 담배와 주류에 부과되는 소비세와 같이 실제로 징수되는 주요 소비세의 부담이 소비자와 생산자 간에 어떻게 분배되는지를 잘 보여 주는 예시라고 할 수 있다.

소비세의 대부분을 생산자가 부담하는 경우 〈그림 7-5〉는 대부분 생산자들이 부담하게 되는 소비세의 한 경우, 즉 작은 도시에서 도심 주차에 하루에 부과되는 5.00달러의 조세의 경우를 보여 주고 있다. 조세의 부과가 없는 경우, 주차의 시장균형가격은 하루에 6.00달러이다.

이번 경우에 공급의 가격탄력성이 매우 낮다고 가정했는데 이는 주차장이 그 이외의 다른 용도로 사용되기는 힘들기 때문이다. 이러한 점은 주차 공간의 공급곡선을 상대적으로 매우 가파르게 만든다. 반면에 수요의 가격탄력성은 높은 것으로 가정했다. 소비자들은 도심의 주차 공간에서 도보로 몇 분 거리에 있는, 조세가 부과되지 않는 다른 주차 공간으로 쉽게 옮겨 갈 수 있다. 이것은 상대적으로 수요곡선을 평평하게 만든다.

조세는 소비자가 지불하는 가격과 생산자가 받는 가격 사이에 간격을 벌려 놓는다. 위의 예시에서는 소비자들이 지불하는 가격을 6.00달러에서 6.50달러로 아주 약간만 올리는 반면, 생산자들이 받는 가격은 6.00달러에서 1.50달러로 매우 크게 떨어뜨린다. 결국에 소비자는 총 5.00달러의 조세 중에서 0.50달러만 부담하고 나머지 4.50달러는 생산자가 떠안게 된다.

반복하건대, 이번 예시 또한 일반적인 원칙을 잘 나타내 주고 있다. 수요의 가격탄력성이 높고 공급의 가격탄력성이 낮을 때 소비세의 부담은 대부분 생산자가 떠안게 된다. 현실 속에서 예를 한 가지 찾는다면 주택 구입에 부과되는 세금을 들 수 있다. 2007년에 시작된 주택 시장의 붕괴 이전에, 미국의 많은 지역에서는 부유한 외부인들이 덜 부유한 주민들로부터 선호되는 지점에 위치

그림 7-5 생산자가 주로 부담하는 소비세

여기에서 상대적으로 평평한 수요곡선은 도심 주차에 대한 높은 수요의 가격탄력성을 보여 주고, 상대적으로 가파른 공급곡선은 낮은 공급의 가격탄력성의 결과이다. 조세가 부과되지 않은 1일 도심 주차 가격은 6.00달러이고 여기에 5.00달러의 조세가 부과된다. 생산자들이 받는 가격은 1.50달러까지 매우 크게 떨어지고 이는 조세 부담의 대부분을 이들이 지게 된다는 것을 의미한다. 소비자들이 지불하는 가격은 6.50달러로 0.50달러만큼 약간 오르며, 이에 따라 그들은 조세 부담의 아주 적은 부분만 안게 된다.

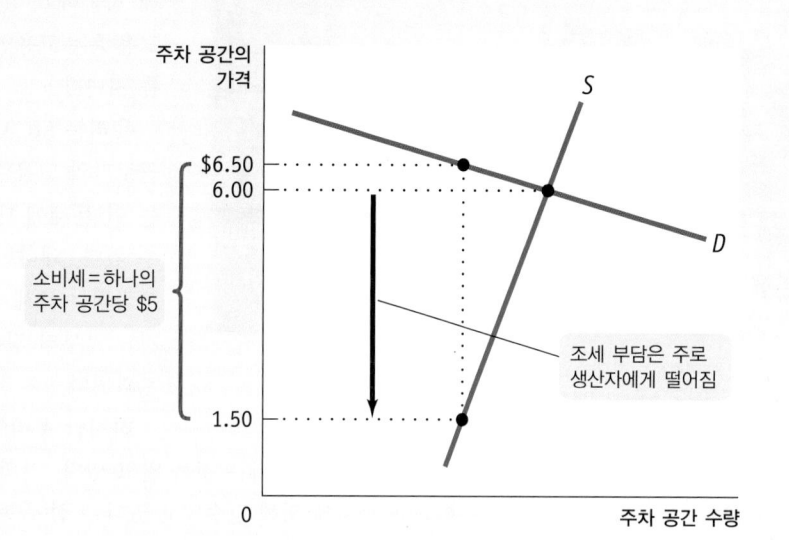

한 집들을 구매하면서 주택의 가격이 눈에 띄게 올랐다.

이 중 몇몇 지역에서는 새로 온 이주민들로부터 자금을 얻어 내려는 의도를 가지고 주택 거래에 조세를 부과하고 있다. 하지만 이러한 정책은 한 가지 사실을 간과하고 있다. 즉 잠재적인 주택 구매자들이 다른 도시로 이사하기로 결정할 수도 있기 때문에 어떤 지역에서는 주택에 대한 수요의 가격탄력성이 높은 경우가 많다. 나아가 공급의 가격탄력성은 주로 낮은 편인데 이는 대부분의 판매자들이 이직이나 노후생활을 위한 자금 마련을 위해 집을 팔아야만 하는 상황에 있는 경우가 많기 때문이다. 따라서 주택 거래에 부과되는 세금은 실제로 시 관계자들이 생각하는 것처럼 부유한 구매자들이 아닌 덜 부유한 판매자들이 대부분 부담하게 된다.

종합하기 우리는 이제까지 공급의 가격탄력성이 높고 수요의 가격탄력성이 낮은 경우 소비세가 대부분 소비자들에게 부과된다는 것을 보았다. 그리고 공급의 가격탄력성이 낮고 수요의 가격탄력성이 높은 경우에는 소비세가 대부분 생산자의 몫으로 돌아간다. 이로부터 일반적인 원칙 하나를 이끌어 낼 수 있다. 수요의 가격탄력성이 공급의 가격탄력성보다 높을 경우 소비세는 대부분 생산자들에게 부과된다. 공급의 가격탄력성이 수요의 가격탄력성보다 높은 경우에 소비세는 대부분 소비자들에게 부과된다.

따라서 누가 공식적으로 세금을 납부하는가의 문제가 아닌 탄력성이 소비세의 귀착을 결정하는 것이다.

현실 경제의 >> 이해

누가 FICA를 위해 일하는가?

고용주를 위해 일하는 사람이라면 누구나 지불된 임금뿐만 아니라 급료로부터 공제된 여러 가지 조세항목을 정리한 월급 명세서를 받게 된다. 대부분의 사람들의 경우, 가장 큰 공제항목은 급여세로도 알려진 FICA이다. FICA는 Federal Insurance Contributions Act의 약자이며 사회보장제도와 노인의료보험(메디케어), 은퇴하거나 장애를 가진 미국인들을 위해 임금과 의료보험을 제공하는 연방정부의 사회보험제도를 위한 자금을 대고 있다.

일반적으로 여겨지는 것과는 달리, 미국인의 70% 정도의 월급에서 가장 크게 차지하는 부분은 소득세가 아니라 FICA이다.

2019년 미국 대부분의 근로자들은 소득의 7.65%를 FICA를 위해 지불하고 있다. 하지만 이것은 사실상 절반에 해당한다. 모든 고용주는 고용인들의 분담금과 동일한 금액을 납부해야 하는 의무를 지닌다.

우리는 FICA에 대해서 어떻게 생각해야 할까? 이것은 정말로 근로자와 고용주 사이에서 동등하게 분담되고 있는 것일까? 우리는 이 문제에 대한 해답을 얻기 위해 이전의 분석 결과를 사용할 수 있다. 왜냐하면 FICA도 소비세—노동에 대한 판매와 구매에 부과되는 조세—와 비슷하기 때문이다. 절반은 판매자—즉 노동자—로부터 징수된다. 나머지 절반은 구매자—즉 고용주—에게 부과된다.

하지만 우리는 이미 조세의 귀착이 누가 돈을 지불하는가에 실제로 달려 있지 않다는 것을 알고 있다. 거의 대부분의 경제학자들은 FICA가 사실상 고용주가 아닌 노동자에 의해 징수되고 있다는 점에 동의한다. 이러한 결론의 근거는 가계에서 제공하는 노동공급의 가격탄력성과 기업의 노동수요의 가격탄력성을 비교함으로써 찾을 수 있다.

증거 자료에 의하면 노동수요의 가격탄력성은 꽤나 높은, 적어도 3 정도는 되는 것으로 파악된다. 즉 1%의 평균임금 증가는 고용주들이 쓰고자 하는 노동시간 수를 적어도 3% 감소시킨다는 뜻이다. 반면에 노동경제학자들의 생각에 따르면 노동공급의 가격탄력성은 매우 낮다. 그 이유는, 임금률의 하락이 더 많은 시간을 일하려는 유인을 줄이는 측면이 있는 반면, 이것은 동시에 사람들을 더욱 가난하게 만들어 여가시간을 즐길 수 있는 여유를 빼앗기 때문이다.

이러한 두 번째 효과의 영향력은 자료를 통해 알 수 있다. 시간당 임금이 감소함에 따라 사람들이 일하고자 하는 노동시간은 거의 줄어들지 않거나 아주 조금만 줄어든다.

조세 귀착에 대한 일반적인 원칙에 따르면 수요의 가격탄력성이 공급의 가격탄력성보다 훨씬 높은 경우 소비세의 부담은 거의 대부분 공급자들이 지게 된다. 따라서 FICA 또한 비록 서류상으로는 절반이 고용주들에 의해 납부되고 있다고는 하지만 대부분 노동의 공급자, 즉 노동자들에게 부과된다고 볼 수 있다. 다시 말해서, FICA는 주로 낮은 이윤의 형태로 고용주가 부담하기보다는 낮은 임금의 형태로 노동자들이 부담하게 된다.

이러한 결론은 미국의 조세제도에 대해 매우 중요한 점을 말해 준다. 많은 비난을 듣는 소득세가 아닌 바로 FICA가 대부분의 가구에 있어서 가장 큰 조세 부담이 된다는 것이다. FICA는 연봉이 13만 2,900달러 이하인 경우 전체 임금의 15.3%이다(이때 7.65%＋7.65%＝15.3%가 된다). 다시 말해, 미국 노동자의 대다수는 자기 임금의 15.3%를 FICA로 납부하고 있는 것이다. 미국에서는 아주 소수의 가구들만이 소득의 15% 이상의 소득세를 내고 있다. 실제로 의회예산처의 추정치에 따르면 70% 이상 가구의 소득에서 미국 정부가 가장 크게 떼어 가는 부분이 바로 FICA이다.

>> 복습

- **소비세**는 소비자들이 지불하는 가격과 생산자들이 받는 금액과의 간격을 발생시키고 그 결과 거래량의 감소를 야기한다. 소비세는 유인을 왜곡시키고 기회를 줄임으로써 비효율성을 양산한다.

- 소비세의 **귀착**은 공식적으로 조세를 납부하는 것이 누구든 상관없으며, 대신 수요과 공급의 가격탄력성에는 영향을 받는다.

- 공급의 가격탄력성이 높을수록 그리고 수요의 가격탄력성이 낮을수록 소비자에게 귀착되는 소비세 부담은 증가한다. 그리고 공급의 가격탄력성이 낮을수록, 그리고 수요의 가격탄력성이 높을수록 생산자의 부담은 증가한다.

>> 이해돕기 7-1

해답은 책 뒤에

1. 제시된 그림에 나타난 버터 시장을 생각해 보자. 정부가 버터 1파운드당 0.30달러의 소비세를 부과한다고 하자. 이때 조세 부과 이후에 소비자들이 지불하는 가격은 어떻게 될 것인가? 그리고 조세 부과 이후에 생산자들이 받는 가격은 어떻게 될 것인가? 또한 거래되는 버터의 양은 어떻게 될 것인가? 소비자와 생산자에 대한 조세의 귀착은 어떠한가? 그림에서 보이라.

2. 경제학 교과서에 대한 수요는 매우 비탄력적이지만 공급은 어느 정도 탄력적이다. 이것은 소비세의 귀착에 대하여 무엇을 의미하는가? 그림으로 설명하라.

3. 다음은 참인가 거짓인가? 어떤 재화에 대하여 소비자들은 쉽게 대체재를 구할 수 있지만 생산자들은 공급량을 조정하기가 어렵다면, 그 재화에 부과되는 세금의 부담은 생산자에게 더 많이 부과될 것이다. 자신의 답을 설명하라.

4. 병에 든 생수의 공급은 매우 비탄력적이지만 그것의 수요는 어느 정도 탄력적이다. 이것은 세금의 귀착에 대하여 무엇을 의미하는가? 그림으로 설명하라.

5. 다음은 참인가 거짓인가? 다른 모든 조건이 같다면 소비자들은 세금이 부과될 때 덜 탄력적인 공급곡선을 선호할 것이다. 자신의 답을 설명하라.

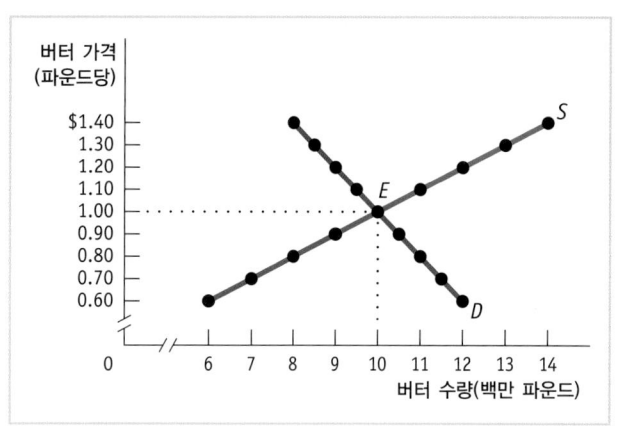

조세의 이득과 비용

정부가 어떤 조세를 부과할지 여부를 고려하거나 조세제도를 어떻게 고안할지 생각할 때는 조세의 이득과 비용을 저울질해 봐야 한다. 우리는 주로 조세를 이득이 될 만한 것으로 생각하지 않지만, 정부가 국방이나 어려운 사람들을 위한 건강보험과 같이 사람들이 원하는 것을 제공하기 위해서는 자금이 필요하다. 조세의 이득은 이러한 서비스를 지불하기 위해 충당되는 세입이라고 할 수 있다. 불행하게도, 이러한 이득은 비용—소비자들과 생산자들이 납부하는 금액보다 일반적으로 더욱 큰 비용—을 수반한다. 먼저, 조세를 통해 얼마나 많은 세입을 거둘 수 있는지 살펴보고, 그다음에 조세가 부과하는 비용에 대해 알아보자.

"다른 사람들에게 어떤 세금이 부과되었으면 하시나요?"

소비세의 세입

소비세로부터 정부는 얼마만큼의 세입을 거둘 수 있는가? 호텔 조세의 예를 통해 보면 세입은 〈그림 7-6〉에서 색칠된 직사각형의 넓이에 해당한다. 왜 이 부분이 각 호텔방에 부과된 40달러의 조세로부터 징수된 세입을 나타내는지 보기 위해서, 일단 직사각형의 높이가 40달러, 즉 한 방당 부과된 조세징수액과 같다는 사실을 눈여겨볼 필요가 있다. 이것은 또한 앞서 본 것과 같이, 조세가 공급가격(생산자들이 받게 되는 가격)과 수요가격(소비자들이 지불하는 가격) 사이에 벌려 놓은 간격의 크기와도 같다. 한편 직사각형의 너비는 40달러의 조세가 있을 때 균형거래량인 방 5,000개이다. 이러한 정보를 가지고 우리는 다음과 같은 계산을 할 수 있다.

징수된 세입은 다음과 같다.

세입 = 각 방당 $40×5,000개의 방 = $200,000

색칠된 직사각형의 넓이는 다음과 같다.

넓이 = 높이×너비 = 각 방당 $40×5,000개의 방 = $200,000

즉

세입 = 색칠된 직사각형의 넓이

그림 7-6   소비세로부터의 세입

호텔방에 대한 소비세 40달러에서 얻는 세입은 20만 달러로서, 세율 40달러−조세가 공급가격과 수요가격 사이에 벌려 놓은 간격의 크기−에 호텔방 거래량인 5,000개를 곱한 것과 같은 값이다. 이것은 색칠된 직사각형의 넓이와 같다.

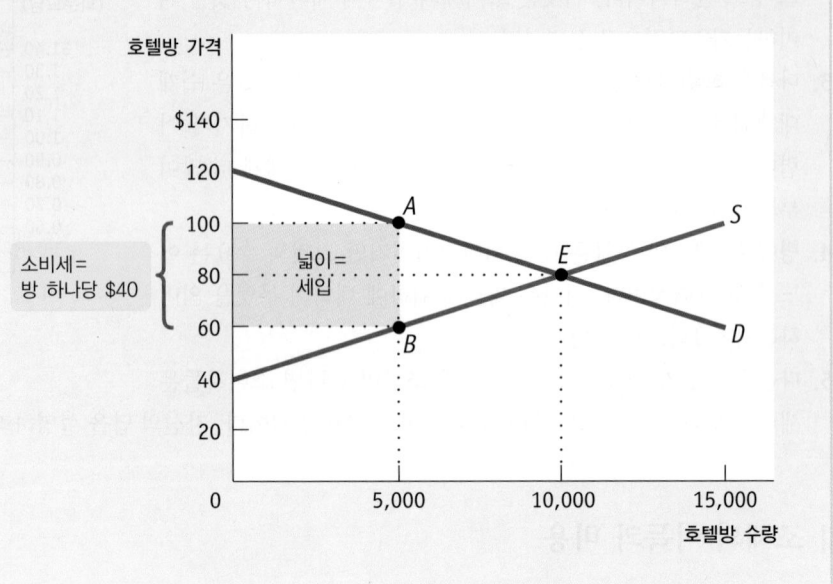

다음은 일반적인 원칙이다. 소비세에서 징수된 세입은 높이가 공급곡선과 수요곡선 사이의 조세 간격과 같고 너비가 세후거래량과 같은 직사각형의 넓이와 동일하다.

세율과 세입

〈그림 7-6〉에서 한 방당 40달러는 호텔방의 세율이다. **세율**(tax rate)이란 조세가 부과되는 대상의 각 단위마다 매겨지는 조세징수액을 뜻한다. 세율은 주로 재화나 서비스의 한 단위당 달러의 액수로 표현된다. 예를 들면, 판매되는 담배 1갑당 2.46달러와 같이 표현된다. 다른 경우, 물건 값의 백분율로 표현되기도 한다. 예를 들면, 2018년 급여세는 12만 8,400달러 이하 연봉의 15.3%에 해당한다.

분명히 세율과 세입 간에는 긴밀한 관계가 성립한다고 할 수 있다. 하지만 그 관계는 일대일의 관계는 아니다. 일반적으로 재화나 서비스의 소비세율을 두 배로 늘린다고 해서 징수된 세입이 두 배가 되지는 않는데, 이는 조세의 증가로 인해 거래되는 재화나 서비스의 양이 줄어들기 때문이다. 그리고 조세의 크기와 징수된 세입의 크기 사이의 관계가 양의 관계가 아닐 수도 있다. 몇몇의 경우에는 세율을 높이는 것이 오히려 정부가 거두는 세입의 크기를 감소시킨다.

우리는 호텔방의 예시를 통해 이러한 관점을 확인해 볼 수 있다. 〈그림 7-6〉은 호텔방당 40달러의 조세를 통해 정부가 얻는 세입을 나타내고 있다. 〈그림 7-7〉은 정부가 다른 두 세율−한 방당 20달러에 불과한 낮은 세율과 한 방당 60달러의 더 높은 세율−을 통해 거두게 될 세입을 나타내 주고 있다.

〈그림 7-7(a)〉를 보면, 〈그림 7-6〉과 비교할 때 절반에 해당하는 20달러의 조세가 붙는 경우를 보여 주고 있다. 이처럼 더 낮은 세율의 경우 7,500개의 방이 거래되어 총세입은 다음과 같다.

세입 = 방당 $20×7,500개의 방 = $150,000

이때 40달러의 세율을 통해 징수된 총세입은 20만 달러였다는 점을 되새겨 보자. 따라서 세율이 20달러인 경우 거두어들인 세입 15만 달러는 세율이 두 배만큼 높을 경우에 거두어들인 총세입의 75% 정도에 해당한다($150,000/$200,000×100=75%). 다른 방법으로 생각해 보면, 방당

> **세율**(tax rate)이란 조세가 부과되는 대상의 각 단위마다 매겨지는 조세징수액을 뜻한다.

그림 7-7 세율과 세입

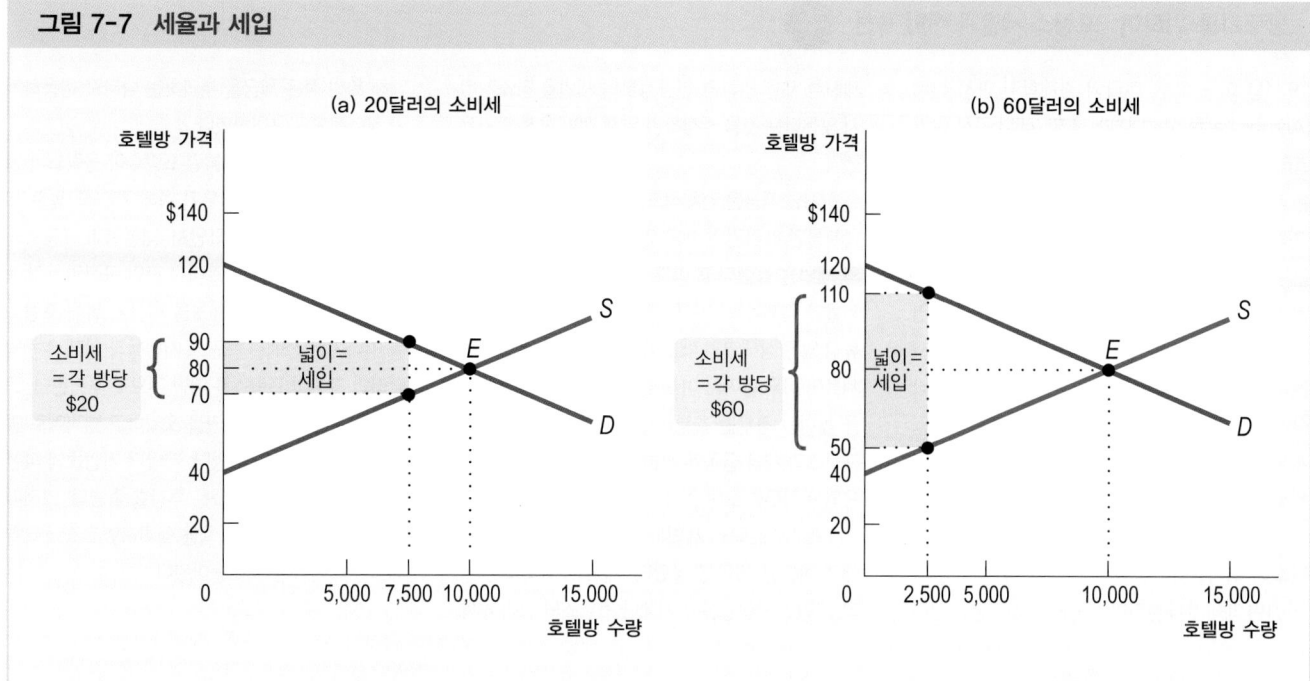

일반적으로, 재화나 서비스의 소비세를 두 배로 높인다고 해도 세금 인상으로 거래되는 재화와 서비스의 양이 감소할 것이기 때문에 징수된 세입은 두 배까지 증가하지 않는다. 그리고 조세의 크기와 세입의 양 사이의 관계는 양의 관계가 아닐 수도 있다. 그림 (a)를 보면 〈그림 7-6〉의 절반에 불과한 한 방당 20달러의 세율을 통해 징수된 세입을 나타내고 있다.

색칠된 직사각형의 넓이와도 같은 총세입은 40달러의 세율에서 거둔 세입 20만 달러의 75%에 해당하는 15만 달러이다. 그림 (b)는 60달러의 세율로 거둔 세입 또한 15만 달러라는 것을 보여 주고 있다. 따라서 40달러에서 60달러로 세율을 높이는 것은 오히려 세입을 감소시키는 결과를 가져온다.

20달러에서 40달러로의 100% 증가율은 15만 달러에서 20만 달러로 1/3, 또는 33.3%에 불과한 세입의 증가율을 가져온다[($200,000 − $150,000)/$150,000 × 100 = 33.3%].

그림 (b)는 세율이 한 방당 40달러에서 60달러로 증가하여 거래된 방의 수가 5,000개에서 2,500개로 줄어들 경우 어떤 일이 벌어지는지를 보여 주고 있다. 세율 60달러에서 징수된 세입은 다음과 같다.

$$\text{세입} = \text{방당 } \$60 \times 2,500\text{개의 방} = \$150,000$$

이것 또한 40달러의 조세에서 거두어들인 총세입보다는 적은 양이다. 따라서 세율을 40달러에서 60달러로 올리는 것은 실제로 세입을 감소시키는 결과를 가져온다. 좀 더 정확히 말하면, 이 경우 세율을 50% 인상시키는 것이[($60 − $40)/$40 × 100 = 50%] 세입을 25% 감소시킨다[($150,000 − $200,000)/$200,000 × 100 = −25%]. 왜 이러한 일이 생긴 것일까? 이는 호텔방의 거래량이 줄어듦에 따라 감소한 세입의 크기가 세율의 인상에 따라 증가한 세입의 크기를 넘어섰기 때문이다. 다시 말해서, 세율을 너무 높게 정해 거래량이 상당히 많이 감소하게 된다면 세입은 감소할 가능성이 높다.

소비세 인상에 의한 세입 효과에 대해 생각해 보는 한 가지 방법은 조세 인상이 두 가지 측면에서 세입에 영향을 준다고 보는 것이다. 한편에서 보면, 조세 인상은 판매된 재화의 각 단위마다 정부가 더욱 높은 세입을 거둔다는 것을 의미하고, 다른 조건들이 동일하다면 이는 세입의 증가로 이어질 것이다. 다른 한편에서 보면, 조세 인상은 판매량의 감소로 이어져 다른 조건들이 동일할 때 세입의 감소를 가져오게 된다. 최종적인 결과는 공급과 수요의 가격탄력성, 그리

탐구자를 위하여 프랑스 세율과 래퍼 곡선

1974년 어느 오후, 미국의 경제학자 아서 래퍼(Arthur Laffer)는 냅킨에 후일 '래퍼 곡선'이라 알려지는 그래프를 그려 세율 인하가 어떻게 더 높은 세입으로 이어질 수 있는지를 설명하였다. 이 그래프에 따르면, 낮은 지점에서 세율을 올리는 것은 세입의 증가로 이어지지만 어느 시점 이상이 되면 세율이 오름에 따라 사람들이 경제활동을 줄이면서 세입은 오히려 감소하였다. 즉 어느 시점에서는 세율이 너무 높아 거래량을 지나치게 줄이는 바람에 세입이 감소하는 것이다. 이와 상응하게, 임계점으로부터의 세율 감소는 사람들로 하여금 경제적인 거래를 더 하게 하여 경제활동을 촉진한다.

이러한 발상에는 새로운 것이 전혀 없었지만, 이후에 이 냅킨은 하나의 전설로 남게 되었다. 1981년 레이건 대통령이 취임하면서, 그는 자신이

제시한 세율 인하가 연방정부의 세입을 감소시키지 않는다는 것을 주장하기 위해 래퍼 곡선을 사용했다.

하지만 지금은 전체적으로 매우 적은 수의 경제학자들만 레이건의 세금 인하가 실질적으로 정부의 세입을 늘렸다고 믿고 있다. 왜냐하면 미국의 세율은 경제활동을 분명하게 저해할 만큼 충분히 높지 않은 상태였기 때문이다. 이론적인 명제로서, 세율이 너무 높아서 이를 낮추는 것이 오히려 세입을 높이는 경우는 충분히 존재할 수 있다. 그리고 프랑스의 세금 급등에 관한 사례가 현실세계에 적용되는 경우를 보여 준다.

1997년 프랑스 세법은 부유한 프랑스 시민에 대해 상당한 세금을 올렸다. 게다가 미국과는 달리, 프랑스 사람들은 벨기에나 스위스와 같이 부에

대해 훨씬 적은 세금을 부과하는 나라로 이동하기가 상대적으로 용이하였다.

이 문제는 프랑스 대통령 프랑수아 올랑드가 정부의 거대한 적자를 메우기 위해 75%의 높은 세율을 부과하기로 발표하면서, 대통령과 프랑스의 유명 배우 제라드 드파르디유 간의 공적인 논쟁에서 불거졌다. 더 높은 세율을 피하기 위해 프랑스를 떠나기로 선택한 프랑스 시민들과 함께 수천억 달러의 자산이 프랑스를 떠난 것으로 추정된다. 그들 중에는 프랑스 시민권을 포기하고 벨기에로 망명한 드파르디유도 있었다. 게다가 기업들의 파산은 가속화되었고 기업들은 투자를 줄였다. 그러다 2015년 올랑드는 그 정책을 철회하였고 고소득층 세율은 이전 수준으로 돌아왔다.

고 처음 조세의 크기에 따라 결정된다.

만약 공급과 수요 둘 다 가격탄력성이 낮다면 조세 인상은 판매된 재화의 양을 크게 줄이지 못할 것이고, 따라서 세입은 반드시 증가하게 될 것이다. 만약 가격탄력성이 높으면 최종적인 결과를 확실하게 이야기하기 힘들어진다. 충분히 높을 경우, 조세는 판매량을 너무 크게 감소시켜 세입은 줄어들게 된다. 한편 시초에 세율이 낮았을 경우 정부는 판매량의 감소에서 오는 세입의 변화에서 잃을 것이 많지 않게 되므로 조세 인상은 분명 세입의 증가로 이어지게 된다. 만약 시초에 세율이 높았다면 결과는 또다시 불분명해진다. 가격탄력성이 높고 이미 높은 세율이 적용되고 있는 그런 경우에만 조세 인상이 세입의 감소 혹은 아주 미미한 증가로 이어질 가능성이 크다.

더 높은 세율이 세입을 줄일 수도 있는 가능성, 그리고 마찬가지로 세율을 낮춤으로써 세입을 늘릴 수 있는 가능성은 정책자들이 세율을 정하는 데 있어서 고려하는 기본적인 원리이다. 다시 말해서, 세입을 거둘 목적으로 만들어진 조세를 고려함에 있어서(반대로, '악행세'로 알려진 조세들은 바람직하지 않은 행동을 규제하기 위해 만들어졌다) 영리한 정책자라면 세율을 약간 줄일 때 오히려 세입이 증가할 만큼 지나치게 높은 세율을 부과하지는 않을 것이다.

현실 세계에서 정책자들이 항상 이러한 사실에 정통한 것은 아니겠지만 또한 그들이 무턱대고 무지한 것도 아니어서 세입을 감소시킨 조세 인상의 경우나 세입을 증가시킨 조세 인하의 실례를 찾기는 매우 어렵다. 그럼에도 불구하고 조세 인하가 세입을 증가시킬 수 있다는 이론적인 가능성은 미국 정치의 역사적 전통에 있어서 중요한 역할을 하였다. '탐구자를 위하여'에서 설명하듯이, 냅킨 위에 간단한 그래프를 그려 소득세 감소로 인한 세입의 증가를 설명한 한 경제학자는 1980년대 미국의 경제정책에 중대한 영향력을 행사하였다.

조세 비용

조세의 비용은 무엇일까? 납세자들이 정부에 내는 돈이라고 답할 수도 있을 것이다. 다시 말해, 징수된 세입이 바로 조세의 비용이라고 생각할 수도 있다. 하지만 정부가 납세자들이 원하는 서비스를 제공하기 위해 세금을 사용한다고 가정해 보자. 또는 보다 간단하게, 정부가 납세자들에

게 세입금을 다시 나누어 준다고 생각해 보자. 이런 경우 우리는 조세가 아무런 비용이 들지 않는다고 할 수 있는가?

그렇지 않다. 왜냐하면 조세는 수량할당처럼 상호 이익이 되는 거래가 발생하는 것을 방해하기 때문이다. 〈그림 7-6〉을 다시 한 번 생각해 보자. 여기에서 손님들은 호텔방에 부과된 40달러의 조세를 포함해서 한 방당 100달러를 지불하지만 호텔 소유주들은 한 방당 60달러밖에 받지 못한다. 조세로 인해 생긴 간격 때문에 조세만 아니었더라면 발생할 수 있었을 거래들이 일어나지 않게 된다.

예를 들어 공급곡선과 수요곡선을 보면 하룻밤에 90달러까지 지불할 용의가 있는 잠재적인 소비자들과 70달러까지 받아야 방을 제공할 호텔 소유주들이 존재하는 것을 알 수 있다. 만약이 두 집단이 조세가 없는 상황에서 거래를 할 수 있게 되었다면, 상호 이익이 되는 거래가 성사되어 호텔방은 사용될 것이다.

하지만 이러한 거래는 40달러의 조세가 납부되지 않았기 때문에 불법 거래가 된다. 조세가 부과되지 않았을 때 손님과 호텔 소유주 모두에게 이익을 주는 가운데 사용될 수 있었던 잠재적인 5,000개의 방은 조세 때문에 거래되지 않을 것이다. 구체적으로, 5,000(임대차 분실 건수)은 10,000(세금 부과 전 균형 수량)에서 5,000(세금 부과 후 균형 수량)을 뺀 것과 같다.

따라서 소비세는 상호 이익이 되는 거래를 방해함으로써 발생하는 비효율성이라는 형태로 세입을 훨씬 넘어서는 비용을 치르도록 만든다. 제5장에서 배운 것처럼, 이러한 비효율성—상호이익이 되는 거래가 상실한 가치—의 사회적 비용은 자중손실이라고 부른다. 현실의 조세들은 모두 어느 정도 자중손실을 초래하지만, 잘못 고안된 조세는 잘 설계된 조세보다 더욱 큰 자중손실을 가져온다.

조세로부터 자중손실을 계산하기 위해서 우리는 생산자잉여와 소비자잉여라는 개념을 논의할 필요가 있다. 〈그림 7-8〉은 소비세가 생산자잉여와 소비자잉여에 미치는 효과를 보여 주고 있다. 조세가 없는 상황에서 균형점은 E점이고, 균형가격과 균형거래량은 각각 P_E와 Q_E이다. 소비세는 조세의 크기만큼 생산자가 받는 가격과 소비자가 지불하는 가격 사이에 간격을 벌리는

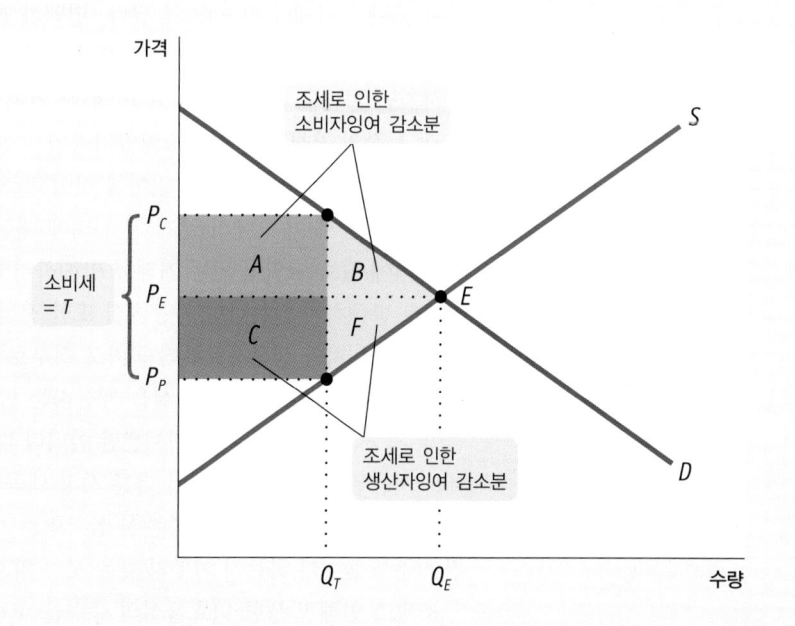

그림 7-8 조세는 소비자잉여와 생산자잉여를 감소시킨다

조세가 부과되기 이전, 균형가격과 균형거래량은 각각 P_E와 Q_E이다. 단위당 T의 소비세가 부과되고 나면, 소비자가 지불하는 가격은 P_C로 오르며 소비자잉여는 A라고 적힌 짙은 파란색 직사각형의 넓이와 B라고 적힌 옅은 파란색 삼각형의 합만큼 감소하게 된다. 조세는 또한 생산자들이 받는 가격을 P_P까지 떨어뜨리며, 생산자잉여는 C라고 쓰인 짙은 빨간색 직사각형과 F라고 쓰인 옅은 빨간색 삼각형의 합만큼 감소하게 된다. 정부는 조세로부터 세입 $Q_T \times T$를 얻게 되는데 이는 A와 C 넓이의 합과 같다. B와 F의 넓이는 정부에 의해 세입으로 징수되지 않은 소비자잉여와 생산자잉여의 손실분을 나타낸다. 이것이 조세의 사회적 자중손실이다.

역할을 하기 때문에 거래량은 감소하게 된다. 이러한 경우, 단위당 조세가 T달러라고 할 때 거래량은 Q_T로 떨어지게 된다. 소비자들이 지불하는 가격, 즉 줄어든 거래량 Q_T에 해당하는 수요가격은 P_C로 오르게 되고 생산자들이 받는 가격, 즉 감소한 거래량에서 공급가격은 P_P로 떨어지게 된다. 이 두 가격 사이의 차이 $P_C - P_P$는 소비세 T와 동일하다.

생산자잉여와 소비자잉여의 개념을 적용하면, 우리는 조세부과의 결과로 정확히 얼마만큼의 소비자잉여와 생산자잉여가 상실되는지 보일 수 있다. 〈그림 4-5〉로부터 재화 가격의 하락이 소비자잉여의 증가를 가져오며, 이는 직사각형과 삼각형 넓이의 합과 같다는 것을 알 수 있었다. 마찬가지로, 가격의 상승은 직사각형과 삼각형 넓이의 합으로 나타나는 손실을 소비자들에게 끼친다. 따라서 소비세의 경우에 있어서 소비자들이 지불하는 가격의 상승이 직사각형과 삼각형 넓이의 합에 해당하는 손실을 준다는 사실은 자연스럽다. 〈그림 7-8〉에서 A라고 쓰인 짙은 파란색 직사각형과 B라고 적힌 연한 파란색 삼각형이 이 부분이다.

한편 생산자들이 받는 가격의 하락은 생산자잉여의 감소로 이어진다. 이것 또한 직사각형과 삼각형 넓이의 합과 동일하다. 생산자잉여의 손실된 부분은 〈그림 7-8〉에서 C라고 쓰인 짙은 빨간색 직사각형과 F라고 쓰인 연한 빨간색 삼각형을 합한 넓이와 같다.

물론 조세로 인해 소비자들과 생산자들은 손해를 보았더라도 정부는 세입을 얻게 된다. 정부가 징수한 세입은 판매 단위당 부과된 세금 T에 판매량 Q_T를 곱한 것과 같다. 이러한 세입은 또한 너비가 Q_T이고 높이가 T인 직사각형의 넓이와도 같게 된다. 이미 그래프 상에 이러한 직사각형이 나타나 있다. 즉 직사각형 A와 직사각형 C의 합이 그것이다. 따라서 정부는 소비세로 인한 소비자들과 생산자들의 손실 중 일부를 얻게 된다.

하지만 조세로 인해 생산자들과 소비자들이 손해를 본 부분은 정부가 본 이득과 정확히 상쇄되지 않는다 — 좀 더 구체적으로 말하면 삼각형 B와 F가 남는다. 조세로 인해 발생한 자중손실은 이 두 삼각형의 넓이를 더한 것과 같다. 또한 이 부분은 조세로 인해 발생한 최종적인 사회적 잉여의 손실분을 나타낸다. 즉 거래가 성사되었다면 발생할 수도 있었지만 결국 조세 때문에 달성되지 않은 잉여의 크기를 말해 주는 것이다.

〈그림 7-9〉는 〈그림 7-8〉에서 직사각형 A(소비자로부터 정부로 옮겨진 잉여의 크기)와 직사각형 C(생산자로부터 정부로 옮겨진 잉여의 크기)를 제외하고 노란색 삼각형으로 표시된 자중손실만을 보여 주고 있다. 이 삼각형의 밑변은 조세 간격 T와 동일하고 삼각형의 높이는 조세 때문에 줄어든 거래량 $Q_E - Q_T$와 같다. 명백하게도, 조세 간격이 넓을수록 그리고 거래량의 감소분이 클수록 조세의 비효율성은 커지게 된다.

하지만 이와는 반대되는 중요한 점 한 가지 또한 유념해야 할 것이다. 만약 소비세가 어쩌다가 이 시장의 거래량을 줄이지 않았더라면 — 만약 Q_T가 조세 부과 이후에도 Q_E와 동일하게 남아 있었다면 — 노란색 삼각형은 없어질 것이고 조세 부과로 인한 자중손실은 영이 될 것이다. 이러한 결과는 앞서 이 장에서 알게 된 원리에 대한 단순한 이면에 불과하다. 조세는 구매자와 판매자 사이에 상호 이익이 되는 거래를 방해하기 때문에 비효율성을 초래한다. 따라서 만약 조세가 거래를 방해하지 않는다면 자중손실 또한 전혀 끼치지 않을 것이다. 이러한 경우 조세는 단순히 잉여를 소비자와 생산자로부터 곧바로 정부로 옮기는 역할만 하게 된다.

삼각형을 이용하여 자중손실을 계산하는 방법은 경제학의 많은 분야에 적용되고 있다. 예를 들어, 자중손실 삼각형은 소비세뿐만 아니라 다른 종류의 조세들로 발생한 자중손실을 계산하는 데도 사용된다. 또한 독점이나 다른 시장 왜곡에 의해 발생한 자중손실을 계산하는 데도 이러한 방법이 사용된다. 그리고 자중손실 삼각형은 종종 조세 이외의 공공정책 — 특정 물품에 대한 안전 기준을 높여야 하는지 여부와 같은 것 — 의 이득과 비용을 평가하는 데 사용되기도 한다.

조세로 인해 발생한 비효율성의 총량을 고려할 때, 〈그림 7-9〉로부터는 알 수 없는 또 다른

그림 7-9 조세의 자중손실

조세는 비효율성을 초래하기 때문에 자중손실로 이어지게 된다. 얼마간의 상호 이익이 되는 거래들, 다시 말해 $Q_E - Q_T$만큼의 거래량은 조세로 인해 발생하지 않게 된다. 여기에서 노란색 부분은 자중손실의 가치를 나타낸다. 이는 $Q_E - Q_T$만큼의 거래로 얻어질 수 있었던 총잉여를 말한다. 만약 조세가 거래를 방해하지 않았다면－만약 거래량이 Q_E에 머물렀다면－자중손실은 전혀 없었을 것이다.

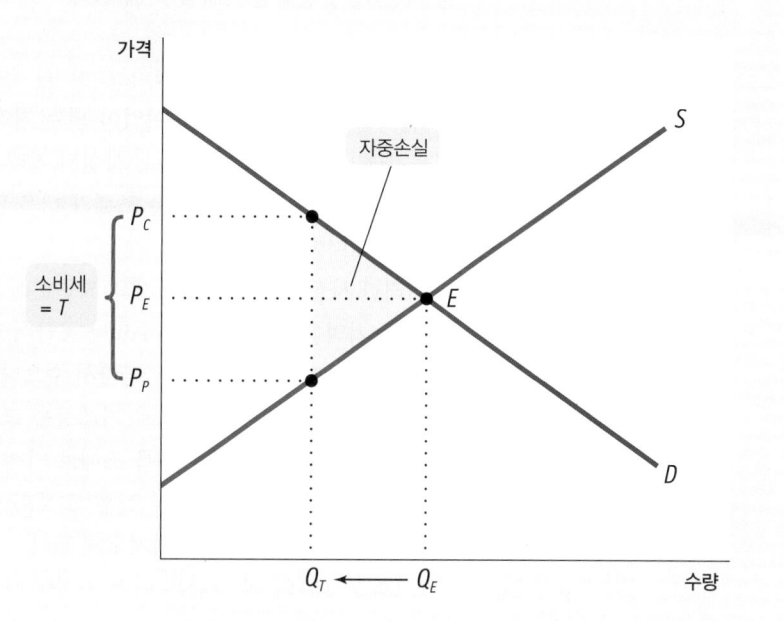

한 가지를 생각해야 한다. 조세를 징수하기 위해 정부가 사용한, 그리고 납세자들이 세금을 납부하기 위해 사용한, 조세징수액을 뛰어넘는 양의 자원이 그것이다. 이처럼 손실된 자원은 조세의 **행정비용**(administrative costs)이라고 한다. 미국의 조세제도에서 가장 흔한 행정비용은 소득세 서류를 작성하기 위해 쓰는 시간 혹은 납세 관련 서류를 회계사들에게 맡기는 대신 지불해야 하는 비용이다. (후자는 사회적 관점에서 비효율적이라고 간주될 수 있는데, 회계사들은 이 직업 대신에 조세와 무관한 서비스를 제공하는 직업을 가질 수 있었기 때문이다.)

행정비용에 포함된 또 한 가지는 납세자들이 합법적, 불법적으로 조세를 회피하기 위해 사용하는 자원이다. 국세청을 운영하는 비용, 연방 소득세 징수의 임무를 맡고 있는 연방 정부의 지부에 드는 비용은 사실상 납세자들이 지는 행정비용에 비하면 매우 적은 부분이다.

사회는 결국 조세의 행정비용을 지불한다.

그래서 우리는 다음을 알 수 있다.

세금의 총 비효율성＝자중손실＋관리 비용

경제정책의 일반적인 원칙은, 같은 조건하에서 사회에 끼치는 비효율성이 최소화되도록 조세제도가 고안되어야 한다는 것이다. 현실에서는 이 외에도 다른 고려사항들이 함께 적용되지만 (위스키 반란 사건에서 조지 워싱턴 정권이 배웠듯) 여전히 이 원칙은 중요한 지향점을 보여 준다. 행정비용은 대부분 잘 알려져 있는 경우가 많고 조세 징수방법에 관한 최신 기술에 의해 어느 정도 결정된다(예를 들면, 납세 신고서를 손으로 작성하는 것과 컴퓨터로 작성하는 것은 기술상의 차이에 근거한다). 그렇다면 우리는 주어진 특정 조세와 관련된 자중손실의 크기를 어떻

조세의 **행정비용**(administrative costs)은 조세를 거두고 지불하는 데 사용된 자원이다.

게 예측할 수 있을까? 조세 귀착에 대한 분석에서처럼 공급과 수요의 가격탄력성이 이러한 예측을 하는 데 결정적인 역할을 하게 된다.

탄력성과 조세의 자중손실

앞 절에서는 소비세가 상호 이익이 되는 거래의 발생을 방해하기 때문에 자중손실이 생긴다는 점을 배웠다. 좀 더 구체적으로, 상실된 거래 기회로 버려진 생산자잉여와 소비자잉여는 자중손실의 크기와 동일하다. 이것은 조세가 더욱 많은 거래를 방해할수록 자중손실의 크기도 커진다는 것을 의미한다.

이러한 사실은 탄력성과 조세의 자중손실 크기 사이의 관계를 이해하는 데 중요한 단서를 제공한다. 기억을 돌이켜 보면, 수요나 공급이 탄력적일 때 수요량이나 공급량은 상대적으로 가격의 변화에 민감하게 변화한다. 따라서 수요나 공급 어느 한쪽이, 또는 둘 다 탄력적인 경우 그 재화에 부과된 조세는 상대적으로 거래량을 크게 감소시켜 자중손실을 많이 초래할 것이다. 또한 수요와 공급의 탄력성이 클수록 조세로 인해 생기는 자중손실도 커진다. 이에 따라 수요나 공급 한쪽이 또는 둘 다 비탄력적일 경우 그 재화에 부과된 조세는 상대적으로 거래량을 적게 감소시켜 작은 크기의 자중손실을 가져오게 된다.

〈그림 7-10〉의 네 그림은 어떤 재화에 대한 수요와 공급의 가격탄력성과 조세 부과로 인해 발생하는 자중손실 사이에 존재하는 양의 관계를 설명해 준다. 각 그림은 같은 크기의 조세가 각각 다른 재화에 부과된 것을 보여 주고 있다. 자중손실의 크기는 색칠된 삼각형의 크기로 주어져 있다. 그림 (a)를 보면 재화에 대한 수요가 상대적으로 탄력적이기 때문에 자중손실을 나타내는 삼각형의 크기가 크게 나타난다. 즉 많은 양의 거래가 조세의 부과로 사라지게 되었다. 그림 (b)를 보면, 그림 (a)와 동일한 공급곡선이 그려져 있지만 이 재화에 대한 수요는 상대적으로 비탄력적이다. 그 결과, 적은 수의 거래만이 상실되었기 때문에 삼각형의 크기 또한 작게 나타난다. 마찬가지로, 그림 (c)와 (d)는 같은 수요곡선을 가지고 있으나 공급곡선은 다르게 그려져 있다. 그림 (c)에서는 탄력적인 공급곡선이 커다란 자중손실 삼각형을 초래하지만, 그림 (d)에서는 비탄력적인 공급곡선이 작은 자중손실 삼각형을 초래한다.

이러한 결과의 의미는 다음과 같이 명백하다. 만약 조세의 비용을 최소화하고 싶다면, 수요나 공급 중 한쪽 또는 양쪽 모두 상대적으로 비탄력적인 재화에 대해서만 세금을 부과하면 된다. 그러한 재화들의 경우 가격의 변화가 행동에 미치는 영향력이 상대적으로 작기 때문에 조세가 행동에 끼치는 영향력 또한 작다. 수요가 완전 비탄력적인 극단적인 경우(수직의 수요곡선) 수요량은 조세의 부과에도 변동이 없게 된다.

결과적으로, 조세는 자중손실을 전혀 초래하지 않는다. 마찬가지로, 만약 공급이 완전 비탄력적이라면(수직의 공급곡선) 조세로 인한 공급량의 변화는 전혀 일어나지 않게 되고, 따라서 자중손실 또한 전혀 없게 된다. 그러므로 누구에게 조세를 부과할지 결정하여 자중손실을 최소화시키는 목표를 달성하려면 조세는 가장 비탄력적인 반응을 보이는 재화와 서비스—즉 조세에 대해 소비자와 생산자의 행동이 가장 반응을 보이지 않는 재화와 서비스—에 대해 부과되어야 할 것이다. (물론 이들이 폭동을 일으키려는 성향이 없다는 전제하에서만 이것이 성립한다.) 또한 이러한 교훈의 이면은 미성년자의 음주와 같은 해로운 행동을 규제하기 위한 목적으로 조세를 사용할 경우 그러한 행동이 탄력적으로 수요되고 공급될 때 가장 큰 효과가 있을 것이라는 점이다.

그림 7-10 자중손실과 탄력성

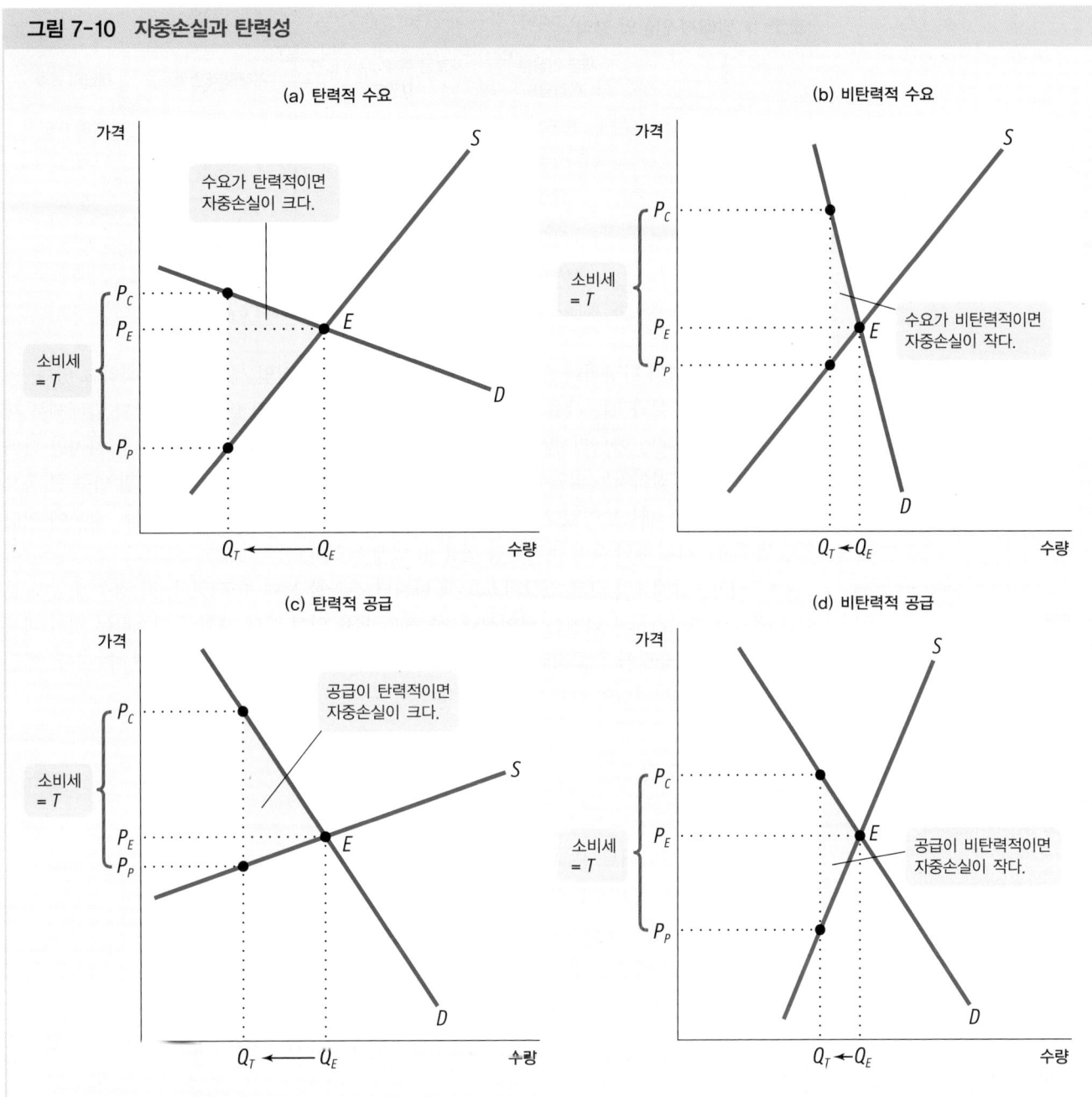

수요는 그림 (a)에서는 탄력적이고 그림 (b)에서는 비탄력적이지만, 공급 곡선은 두 경우 동일하다. 공급은 그림 (c)에서는 탄력적이고 그림 (d)에서는 비탄력적이지만, 수요곡선은 두 경우 역시 동일하다. 그림 (a)와 (c)의 자중손실 크기가 그림 (b)와 (d)에서보다 더 큰데, 이는 수요나 공급의 가격탄력성이 클수록 조세로 인한 거래량의 감소분이 더욱 크기 때문이다. 대조적으로, 수요나 공급의 가격탄력성이 작을수록 조세로 인한 거래량의 감소분이 작아지고 이에 따라 자중손실의 크기도 작게 나타난다.

현실 경제의 >> 이해

말보로 맨에게 조세 부과하기

미국에서 가장 중요한 소비세 중 하나는 담배에 부과되는 조세이다. 연방정부는 1갑당 1.01달러 의 조세를 부과한다. 주정부들의 경우, 미주리에서는 1갑당 0.17달러부터 워싱턴 D.C.에서는

표 7-1 담배세 인상의 결과

주	세금 인상분 (1갑당)	새로운 주세(state tax) (1갑당)	거래량의 변화	세입의 변화
루이지애나	$0.50	$0.86	−23.9%	81.0%
캔자스	0.50	1.29	−6.4	56.3
네바다	1.00	1.80	−33.1	51.6
펜실베니아	1.00	2.60	−18.1	31.3
웨스트버지니아	0.65	1.20	−15.8	83.7

출처 : Orzechowski & Walker, Tax Burden on Tobacco, U.S. Alcohol and Tobacco Tax and Trade Bureau.

1갑당 4.50달러까지 다양하다. 많은 지역에서는 여기에 추가적인 세금을 더 부과하고 있다. 일반적으로 담배에 부과되는 세율은 증가세를 보여 왔다. 이는 점점 더 많은 정부가 담배세를 세입의 원천으로서뿐만 아니라 흡연을 방지하기 위한 방편으로 생각했기 때문이다. 하지만 담배세의 증가가 점진적이지는 않았다. 주정부가 담배세를 인상하기로 한 번 결정하면 아주 큰 폭으로 올리는 경우가 대부분이었다. 이로써 경제학자들은 큰 폭의 조세 인상이 있는 경우에 어떤 일이 발생하는지에 대한 유용한 자료를 얻을 수 있게 되었다.

〈표 7-1〉은 담배세가 크게 인상되었을 때 나타난 결과를 보여 주고 있다. 각 경우에 앞서 분석한 결과와 마찬가지로 판매는 떨어졌다. 큰 폭의 세율 인상 후에 세입이 감소하는 것이 비록 이론적으로는 가능할지 모르지만 현실에서 세입은 모든 경우에 증가한 것을 볼 수 있다. 이는 담배 수요의 가격탄력성이 낮기 때문이다.

>> 복습
- 소비세는 **세율**에 재화 또는 서비스의 거래량을 곱한 양만큼 조세 수입을 증대시키지만 소비자잉여와 생산자잉여를 감소시킨다.
- 정부의 조세 수입이 총잉여의 감소분보다 작은데 이는 조세가 상호 이득인 거래를 제한함으로써 비효율성을 양산하기 때문이다.
- 소비세 부과로 얻는 조세 수입과 총잉여의 감소분 간의 차이가 조세로 인한 자중손실이다. 조세로 인해 양산되는 비효율성의 크기는 자중손실의 크기에 조세의 **행정비용**을 더한 만큼이다.
- 조세로 인하여 제한되는 거래의 횟수가 클수록 자중손실의 크기도 커진다. 그 결과 공급 또는 수요의 가격탄력성이 큰 재화에 대한 조세 부과는 보다 큰 자중손실을 양산하게 된다. 거래의 횟수가 조세 부과에 의하여 영향받지 않으면 자중손실도 없을 것이다. (즉 공급 또는 수요가 완전 비탄력적일 때이다.)

>> 이해돕기 7-2

해답은 책 뒤에

1. 제시된 표는 다이어트 음료 한 캔에 대한 5명의 소비자들의 지불할 용의 및 5명의 생산자들이 음료수 1캔을 판매하는 데 드는 비용을 보여 주고 있다. 각 소비자는 최대한 1캔의 음료수를 살 수 있으며, 각 생산자는 최대로

소비자	지불할 용의	생산자	비용
애나	$0.70	장	$0.10
베르니스	0.60	이브스	0.20
치주코	0.50	자비에	0.30
다그마르	0.40	월터	0.40
엘라	0.30	베른	0.50

1캔의 음료수를 팔 수 있다. 정부에서 당신에게 이 음료수 1캔당 0.40달러의 소비세를 부과할 경우 어떤 영향이 있을지에 대한 조언을 부탁하였다고 하자. 조세 부과에 따른 행정비용은 없다고 가정한다.

a. 소비세가 부과되지 않을 경우 거래되는 음료수의 균형가격과 균형거래량은 무엇인가?

b. 소비세는 소비세 부과 후 소비자들이 지불하는 가격을 0.60달러로 상승시키고 생산자들이 받는 가격을 0.20달러로 하락시킨다. 소비세가 부과될 경우 거래되는 음료수의 양은 얼마인가?

c. 소비세가 없는 경우, 각 소비자가 얻는 개별 소비자잉여는 얼마만큼인가? 세금으로 인하여 얼마만큼의 총잉여가 감소하였는가?

d. 소비세가 없는 경우, 각 생산자가 얻는 개별 생산자잉여는 얼마만큼인가? 세금으로 인하여 얼마만큼의 총잉여가 감소하였는가?

e. 세금으로 인하여 얼마만큼 정부수입이 증가하였는가?

f. 소비세 부과로 인한 자중손실의 크기는 얼마만큼인가?

2. 다음의 경우에 수요의 가격탄력성에 초점을 맞추어 세금으로 인한 자중손실의 크기가 작은 지 큰지를 그림으로 설명하라. 그리고 그 이유를 설명하라.

a. 휘발유

b. 밀크 초콜릿 바

조세 공정성의 **편익원칙**(benefits prin-ciple)에 의하면 공공지출로부터 편익을 얻는 사람이 그 지출에 사용될 조세를 부담해야 한다.

조세 공정성의 **능력원칙**(ability-to-pay principle)에 의하면 세금을 납부할 능력이 많은 사람이 조세를 더 많이 납부해야 한다.

|| 조세의 공정성과 효율성

우리는 이제까지 조세로 인해 발생하는 비효율성을 측정하는 데 경제학적인 분석이 어떻게 사용되는지 살펴보았다. 다른 조건들이 일정하다고 할 때, 정책자들이 더 많은 비효율성을 초래하는 조세 대신 덜 초래하는 조세를 선택해야 한다는 점은 의심할 여지가 없다. 하지만 그러한 지침은 어떤 것에 조세를 부과하고 궁극적으로 누구에게 조세 부담을 지울지 결정하는 문제에 있어서 여전히 정책자들에게 넓은 재량권을 제공한다. 정부는 이러한 결정권을 어떻게 행사해야 할까?

이에 대한 한 가지 답은 공정한 조세제도를 만드는 것이다. 하지만 정확히 공정성이란 무엇을 의미하는 것인가? 또한 당신이 어떠한 방식으로든 공정성을 정의한다면, 정책자들은 어떻게 이 공정성의 문제와 효율성의 문제 사이에서 균형을 맞추어야 하는 것일까?

조세의 공정성에 관한 두 가지 원칙

공정성은 아름다움과 마찬가지로 그것을 보는 사람의 관점에 따라 달라진다. 하지만 조세 문제에서 공정성에 관한 대부분의 논쟁은 조세 공정성에 관한 두 가지 원칙 중 하나와 관련이 있다. 편익원칙과 능력원칙이 그것이다.

편익원칙 조세 공정성에 관한 **편익원칙**(benefits principle)에 따르면, 공공지출에서 혜택을 보는 사람들이 그 지출자금을 충당하는 조세를 부담해야 한다. 예를 들어, 도로를 이용하여 혜택을 보는 사람들이 도로 보수 · 유지비용을 부담해야 하고, 비행기를 이용하는 사람들이 항공교통 관제 비용을 대야 하는 것과 같은 식이다. 편익원칙은 미국 조세제도의 일부분을 이루는 토대라고도 할 수 있다. 예를 들어, 휘발유에 대한 연방정부의 세입은 주(州)간고속도로체제(Interstate Highway System)를 포함한 연방도로의 보수 · 유지비용으로 특별히 확보되어 있다. 앞의 방식에 따르면, 고속도로에서 혜택을 보는 자동차 운전사들이 그 비용을 지불해야 하는 것이다.

편익원칙은 경제학적인 관점에서 관심의 대상이 되는데, 이는 공공지출에 대한 주요한 정당화 근거 중 하나인 공공재 이론에 잘 부합하기 때문이다. 이 이론의 설명에 따르면, 국방이나 하수시스템같이 시장에서 자연적으로 제공될 수 없는 재화를 사람들에게 제공한다는 점에서 때론 정부의 행동이 필요하게 된다. 만약 이것이 정부의 역할이라면 받은 혜택의 비율에 따라 각 사람에게 요금을 매기는 것은 당연해 보인다.

하지만 조세제도 전체를 편익원칙에 기초하여 운영하는 것은 현실적인 문제들 때문에 불가능에 가깝다고 할 수 있다. 정부가 제공하는 수많은 독립된 사업에 대해 특정한 조세를 하나하나 만드는 것은 번거로운 일이다. 또한 편익원칙에 기초하여 조세제도를 세우려는 시도는 조세 공정성의 또 다른 주요 원칙과 때로 상충되기도 한다. 이는 **능력원칙**(ability-to-pay principle)이다.

능력원칙 **능력원칙**(ability-to-pay principle)은 주로 고소득자들이 저소득자들에 비해 더 많은 조세를 납부해야 한다는 것으로 해석된다. 또한 능력원칙은 때때로 고소득자들이 세금을 더 많이

정액세(lump-sum tax)는 사람들이 취하는 행동과 무관하게 모든 사람에게 동일하다.

제대로 설계되어 있는 조세제도에서는 **공평성과 효율성 사이의 상충관계**(trade off between equity and efficiency)가 존재한다. 그것을 더 효율적으로 만들려면 반드시 공정성을 희생해야 하고 그 역도 성립한다.

내야 할 뿐만 아니라 더 높은 소득세율을 적용받아야 한다고 주장하는 데 사용되기도 한다. 소득에 대한 비율에 따라 조세가 어떻게 달라지는가 하는 문제는 나중에 논의하기로 한다.

이 장의 도입 사례에서 묘사되었던 위스키 반란은 능력원칙을 적절히 고려하지 못한 데서 비롯한다. 사실 소규모 위스키 생산자들은 그들보다 상대적으로 유복한 대규모 위스키 생산자들에 비하여 더 많은 소득 비중을 세금으로 지불해야 했다. 소규모 위스키 생산자들이 능력원칙을 완전히 무시한 새로운 세금체제에 화가 난 것은 너무나도 당연했다.

공평성 대 효율성

위스키 세금에서 (소규모 생산자들에 의해 지불되는 갤런당 세금과는 대비되는) 대규모 위스키 생산자들에 의해 지불되는 정해진 금액의 세금은 사람들이 어떤 행동을 취하든지 동일한 세금인 **정액세**(lump-sum tax)의 대표적인 예이다. 이 경우에는 대규모 위스키 생산자들은 그들이 얼마나 많은 위스키를 생산했는지와는 상관없이 동일한 금액의 세금을 납부했다.

정액세는 거래량에 비례하는 세금에 비해 훨씬 불공평한 세금으로 인식된다. 그리고 그것은 위스키 반란에서 사실로 드러난다. 소규모 위스키 생산자들에게 비례세가 달갑지 않았던 것은 사실이지만, 그들에게 더 불공정한 부담을 지어 주는 정액세보다는 상황이 나쁘지 않았다.

하지만 갤런당 위스키 세금은 정확히 상호 간에 이익이 되는 거래에서의 경제적 유인을 왜곡하고, 자중손실을 야기한다. 세금 때문에 몇몇 소규모 위스키 생산자는 그들의 미래 위스키 생산을 줄였을 뿐만 아니라 실제로 생산한 양보다 낮추어 보고했다. 그 결과 세금 때문에 위스키 생산은 줄어들었고, 소규모 위스키 생산자의 소득 역시 감소했다.

반대로, 정액세는 유인을 왜곡하지 않는다. 정액세제하에서는 사람들이 취하는 행동에 관계없이 같은 금액의 세금이 부과되기 때문에 행동을 수정하게 만들지 않으므로 자중손실이 발생하지 않는다. 따라서 불공정하기는 하지만 경제적 효율성을 높이는 데는 정액세가 다른 조세들보다 더 우수하다고 할 수 있다.

조세제도는 편익원칙 혹은 능력원칙의 방향으로 다듬어져 좀 더 공정하게 만들어질 수 있다. 하지만 이러한 조세제도는 이제 사람들의 행동에 따라 더욱 많은 세금을 부과할 것이기 때문에 이에 따른 비용 또한 발생하게 된다. 이러한 결과는 제1장에서 배운 일반적인 원칙을 반영하는 것이다. "공평성과 효율성 사이에는 종종 상충관계가 성립한다." 이때 조세제도가 잘못 고안된 것만 아니라면, 이를 더욱 공정하게 만들기 위해서는 효율성이 희생되어야만 한다. 반대로, 공정성이 떨어지는 대가를 치러야만 더욱 효율적일 수 있다. 이것은 조세제도의 제정에 있어서 보통 **공평성과 효율성 사이의 상충관계**(trade-off between equity and efficiency)가 존재한다는 것을 의미한다.

경제학적 분석을 통해서는 조세제도가 공평성에 얼마만큼의 비중을 두고 효율성에 얼마만큼의 비중을 두어야 하는지 알 수 없다는 사실을 이해하는 것은 매우 중요하다. 이러한 선택은 정치적 과정을 거쳐 내려야 하는 가치 판단의 문제에 속한다.

현실 경제의 >> 이해

연방 조세의 철학

연방 조세제도의 기초를 이루는 원칙은 무엇일까? (연방 조세란 주정부와 지방정부에서 거두어들이는 세금과는 달리 연방정부에 의해 징수되는 세금을 뜻한다.) 답은 조세에 따라 원칙도 달라진다는 것이다.

가장 잘 알려진 연방 조세는 연방정부의 세입 중 절반 정도를 차지하는 소득세이다. 소득세의 구조는 능력원칙을 반영하고 있다. 저소득 가구들은 조세를 아주 적게 내거나 전혀 내지 않는다. 오히려 일부 가구들은 음의 소득세를 내고 있다. 급여세 환급(Earned Income Tax Credit)으로 불리는 이 제도는 저임금 노동자들의 소득에 대해 보조금을 지급한다. 한편 고소득자들은 소득세를 많이 낼 뿐만 아니라 평균적인 가구보다 소득 중 더 큰 비율을 소득세로 납부해야 한다.

두 번째로 중요한 연방 조세로서, 급여세로도 알려진 FICA는 다른 방식으로 부과된다. 이것은 본래 사회보장제도에 필요한 자금을 대기 위해 1935년에 처음 소개되었다. 사회보장제도는 일정 자격을 갖춘 미국 노인들에게 연금을 지급하고 장애를 입게 된 노동자들이나 사망한 노동자의 유족들에게 보험금을 지급하는 프로그램이다. (이제는 미국 노인들의 의료비 대부분을 지급하는 메디케어 프로그램에도 급여세의 일부가 사용되고 있다.)

당신이 납부하는 연방 조세의 일부 유형은 복리후생 원칙에 기초하는 반면, 다른 유형은 납부 능력에 기초한다.

사회보장제도는 민간보험제도를 모방하여 만들어졌다. 사람들은 직장에 다니는 동안 부담금을 납부하고 납부액에 따라 혜택을 받는다. 그리고 이 조세는 대체로 편익원칙을 반영하고 있다. 사회보장제도의 혜택이 주로 저소득층과 중간소득층을 돕기 위해 만들어진 것이며 부유층에게 특별히 많이 주어지는 것이 아니기 때문에 사회보장세는 최대치로 정해진 소득—2020년의 경우 13만 7,700달러—까지만 부과된다. (급여세에서 메디케어가 차지하는 부분의 세율은 11만 7,000달러를 넘어가는 소득에 대해서도 계속해서 부과된다.) 결과적으로, 고소득층 가구는 중간소득층 가구에 비해 그리 많지 않은 급여세를 납부한다.

〈표 7-2〉는 의회예산처의 연구 자료를 통해 본 두 조세의 차이를 나타내 준다. 이 연구에서는 미국 전체 가구를 5분위로 분류하였다. 가장 낮은 분위는 가장 가난한 20%의 가구들이고, 그다음 분위는 그다음으로 가난한 20%의 가구들이다. 두 번째 열은 미국의 총세전소득에서 각 분위가 차지하는 비율을 보여 준다. 세 번째 열은 징수된 총연방소득세에서 각 분위가 납부한 비율을 보여 준다.

보는 바와 같이, 저소득층 가구들은 급여세 환급제도를 통하여 사실상 음의 세금을 납부하였다. 중간소득층의 가구들조차 총소득에서보다 징수된 총소득세 중 훨씬 적은 부분을 부담하고 있다. 대조적으로, 다섯 번째 분위의 최상위층, 즉 가장 부유한 20%의 가구들은 총소득에서보다 징수된 총소득세 중 훨씬 많은 부분을 부담하였다. 네 번째 열은 총급여세에서 각 분위가 납부한 비율을 나타내고 있으며, 이는 앞의 결과와 매우 다르다. 최상위층이 납부된 전체 급여세에서 차지하는 비율은 총소득 중 차지하는 비율보다 상당히 낮다.

표 7-2 5분위로 나눈 2016년의 납세 전 소득, 연방소득세, 급여세의 비중

소득 집단	전체 납세 전 소득의 비중	전체 연방 소득세의 비중	전체 급여세의 비중
최하위 5분위 수	3.8%	−4.2%	4.7%
두 번째 5분위 수	8.9	−1.0	9.7
세 번째 5분위 수	13.6	4.2	15.5
네 번째 5분위 수	20.5	13.7	24.3
최상위 5분위 수	54.4	87.3	45.7

출처 : Congressional Budget Office.

>> 이해돕기 7-3

해답은 책 뒤에

1. 편익원칙과 능력원칙 측면에서 다음의 조세제도를 평가해 보라. 조세로 인해 왜곡되는 행동이 있다면 어떤 것이겠는가? 문제를 단순하게 만들기 위해 각 경우에 재화 구매자가 모든 조세 부담을 진다고 가정하자.

   a. 고속도로 안전프로그램 자금조달을 위해 새로 구매하는 모든 자동차에 부과되는 500달러의 연방 조세

b. 지방정부 재정조달을 위해 호텔 객실에 대해 부과되는 20%의 지방세

c. 지역학교 지원금조달을 위해 주택 추정가격에 부과되는 1%의 지방세

d. 정부의 식품안전규제 및 검사비용조달을 위해 식품판매에 부과되는 1%의 판매세

‖ 조세제도의 이해

소비세는 분석하기 가장 쉬운 조세이므로 조세 분석의 일반적인 원리를 이해하는 데 좋은 도구가 된다. 하지만 소비세는 실제로 오늘날 미국의 정부세입 중 차지하는 비중이 상대적으로 적다. 이 절에서는 좀 더 일반적인 형태의 조세를 이해하기 위한 토대를 세우고 나아가 미국에서 이용되는 주요 조세들 중 몇 가지를 살펴본다.

과세표준과 과세구조

모든 조세는 두 부분으로 구성된다. 표준과 구조가 그것이다. **과세표준**(tax base)이란 한 개인 또는 기업이 얼마만큼의 조세를 납부할지 결정하는 척도 또는 가치를 말한다. 이는 보통 소득이나 재산의 가치와 같은 화폐 가치로 측정된다. **과세구조**(tax structure)는 조세가 과세표준에 어떻게 부과되는지를 명기한 것이다. 이는 주로 백분율로 표시된다. 예를 들면, 어떤 지역의 주택소유자들은 주택 가치의 2%에 해당하는 조세를 납부하고 있을 수도 있다.

주요 조세들과 그에 대한 과세표준은 다음과 같다.

- **소득세**(income tax) : 임금이나 투자로부터 얻어진 한 개인이나 가구의 소득에 따라 결정되는 조세
- **급여세**(payroll tax) : 고용주가 고용인에게 지불하는 급여에 따라 결정되는 조세
- **판매세**(sales tax) : 판매된 재화의 가치에 따라 결정되는 조세(소비세로도 불린다)
- **이윤세**(profits tax) : 기업의 이윤에 따라 결정되는 조세
- **재산세**(property tax) : 주택의 가치와 같은 재산 가치에 따라 결정되는 조세
- **자산세**(wealth tax) : 한 개인의 자산에 따라 결정되는 조세

일단 과세표준이 정의되고 나면, 다음 문제는 조세가 과세표준에 어떻게 부과되어야 하는가이다. 가장 간단한 과세구조는 때로 일률세(flat tax)로도 불리며 납세자의 소득이나 자산에 관계없이 같은 백분율로 과세되는 **비례세**(proportional tax)이다. 예를 들어, 재산의 가치가 1만 달러든 1,000만 달러든 상관없이 재산 가치의 2%로 책정된 재산세는 비례세에 해당한다.

그러나 조세 중에는 비례세가 아닌 것이 많다. 그보다는 주로 사람들마다 다른 세율을 적용받는 경우가 많은데 이는 세법이 편익원칙이나 능력원칙을 반영하려고 노력하기 때문이다.

조세는 궁극적으로 소득에서 납부되는 것이기 때문에 경제학자들은 그 크기가 개인 소득에 따라 얼마나 달라지는지에 따라 조세를 분류한다. 소득이 높아짐에 따라 그 증가 비율 이상으로 증가하여 고소득자들이 저소득자들에 비해 소득 중 더 많은 부분을 납부해야 하는 조세를 **누진세**(progressive tax)라고 한다. 소득이 높아짐에 따라 그 증가 비율보다 적게 증가함으로써 고소득자들이 저소득자들에 비해 소득의 더 적은 부분을 납부해야 하는 조세는 **역진세**(regressive tax)라고 한다. 소득에 대한 비례세는 누진세도 역진세도 아닌 조세라고 할 수 있다.

미국의 조세제도는 누진세와 역진세를 모두 포함하고 있지만 전반적으로는 다소 누진적이다.

공평성, 효율성 그리고 누진세제

모두가 그런 것은 아니지만 대부분의 사람들은 역진세 제도보다 누진세 제도가 더욱 공정한 조세제도라고 본다. 그 이유는 능력원칙에 있다. 소득의 35%를 세금으로 납부하는 고소득층 가구는 15%만 납부하는 저소득층 가구에 비해 여전히 남은 돈이 훨씬 많다. 하지만 조세의 누진적인 구조를 강화하려는 시도들은 공평성과 효율성의 상충관계라는 문제에 봉착하게 된다.

그 이유를 보기 위해 〈표 7-3〉에 나타난 한 가상적인 예시를 생각해 보자. 텍스매니아국에는 두 종류의 사람들이 존재한다고 가정하기로 한다. 인구의 절반은 1년에 4만 달러를 벌어들이고 나머지 절반은 8만 달러를 벌어들여 평균소득은 1년에 6만 달러이다. 또한 텍스매니아국 정부는 평균소득의 25%, 즉 1인당 연간 1만 5,000달러를 세금으로 거두어야 한다고 가정한다.

표 7-3	**텍스매니아국의 비례세 vs. 누진세**	
세전소득	비례세 적용 시 세후소득	누진세 적용 시 세후소득
$40,000	$30,000	$40,000
$80,000	$60,000	$50,000

세입을 이만큼 얻는 한 가지 방법은 모든 사람의 소득에서 25%를 징수하는 비례세를 이용하는 것이다. 이러한 비례세의 결과는 〈표 7-3〉의 두 번째 열에 나타나 있다. 세금이 부과되고 나면 저소득자에게는 1년에 3만 달러, 고소득자에게는 6만 달러의 소득이 남게 된다.

이러한 조세제도도 유인에 부정적인 영향력을 미칠 수 있다. 예를 들어, 텍스매니아국 사람이 대학을 졸업할 경우 더 높은 연봉을 지급하는 직업을 갖게 될 가능성이 높아진다고 가정해 보자. 4만 달러의 소득에서 8만 달러로, 4만 달러의 이득을 얻을 희망을 가지고 시간과 노력을 투자하여 대학에 가는 사람들은 그 잠재적 이득, 즉 높은 연봉과 낮은 연봉의 세후 차액이 3만 달러에 불과하다면 굳이 고생을 하지 않으려 할지도 모른다.

하지만 누진세가 강화된 조세제도는 훨씬 큰 유인 문제를 초래할 수 있다. 텍스매니아국 정부가 전체 인구 중 더 가난한 절반에게 세금을 공제해 주기로 결정한 동시에 여전히 같은 양의 세입을 얻고자 한다고 가정해 보자. 이렇게 하기 위해서는 1년에 8만 달러를 버는 모든 사람에게 3만 달러를 징수해야 할 것이다. 그렇게 되면 〈표 7-3〉의 세 번째 열에서 볼 수 있듯이 8만 달러를 버는 사람들에게는 세후소득이 5만 달러밖에 남지 않게 된다—이는 절반의 소득을 얻는 사람들의 세후소득보다 1만 달러 많은 것에 불과하다. 결과적으로, 소득이 4만 달러를 초과하는 사람들은 그 초과분의 75%를 세금으로 냈다. 이것은 소득을 높이기 위해 시간과 노력을 투자하려는 사람들의 유인을 크게 감소시킬 것이다.

요점은, 어떠한 소득세 제도이건 간에 소득 등급이 올라감에 따라 개인이 얻게 되는 이익금 중의 일부를 가져가기 때문에 열심히 벌려는 유인을 줄게 된다는 것이다. 하지만 누진세는 비례세보다 이익금에서 떼어 가는 비중이 크므로 유인에 대해 더욱 심각한 역효과를 초래한다. 조세제도의 유인 효과를 비교할 때 경제학자들은 **한계세율**(marginal tax rate), 즉 증대된 소득의 추가분에서 징수되는 조세의 백분율에 초점을 두곤 한다. 앞의 예시에서 4만 달러 이상의 소득에 대한 비례세의 한계세율은 25%이지만 누진세의 한계세율은 75%이다.

앞에서 본 가상적 사례는 현대 미국 누진세의 현실보다는 훨씬 극단적이다. 과거 수십 년 동안에는 고소득자가 납부한 한계세율은 실제로 매우 높았다. 1950년대에 미국 납세자들의 최고 한계세율은 90%가 넘었다. 그러나 지나치게 누진적인 세제의 심각한 역효과에 대한 우려가 제기됨에 따라 이러한 한계세율은 시간이 지날수록 점차 완화되고 있다. 요약하자면, 세금납부의 능력원칙에 따라 정부가 누진세제로 강하게 방향을 잡으려 했지만 효율성을 고려하면서 그 반대 방향으로의 힘도 작용한다.

미국의 조세

〈표 7-4〉는 2018년 미국의 주요 조세에 의해 징수된 세입을 나타낸다. 이들 중 일부는 연방정부

> 한계세율(marginal tax rate)은 증대된 소득의 추가분에서 징수되는 조세의 백분율이다.

표 7-4 미국의 주요 세금, 2018년

연방 세금(10억 달러)		주와 지방 세금(10억 달러)	
소득	$1,620.2	소득	$420.9
급여	1,334.4	판매	411.9
이윤	147.4	이윤	58.4
		재산	562.0

출처 : Bureau of Economic Analysis.

에 의해, 일부는 주정부와 지방정부에 의해 징수되고 있다.

우리가 앞서 언급한 6개 과세표준 중 5개에 대해서는 각각 대응되는 주요한 조세들이 있다. 이들은 소득세, 급여세, 판매세, 이윤세, 재산세로 모두 전체적인 조세제도에서 중요한 역할을 한다. 유일하게 없는 항목은 자산세이다. 미국에는 실제로 어떤 사람이 사망한 후 그 유산에 따라 부과되는 유산세(estate tax)라는 자산세가 존재한다. 하지만 집필 시점에서 유산세는 몇 년에 걸쳐 단계적으로 사라지도록 되어 있으며, 어찌되었든 표에 나타낸 조세들보다 훨씬 적은 양의 자금을 조달할 뿐이다.

표에 있는 조세들과 더불어 주정부와 지방정부는 운전면허 수수료, 하수도 사용료와 같은 다른 여러 항목으로부터 상당한 세입을 징수하고 있다. 이러한 수수료와 사용료는 조세 부과에서 중요한 부분을 차지하고 있지만 개괄하거나 분석하기는 매우 어렵다.

〈표 7-4〉의 세금은 누진적일까, 역진적일까? 이는 조세에 따라 달라진다. 개인 소득세는 대단히 누진적이다. 하지만 메디케어 부분을 제외하고는 13만 7,700달러까지의 급여에 대해서만 징수되는 급여세는 어느 정도 역진적이다. 판매세는 일반적으로 역진적인데, 이는 고소득층 가구들이 소득 중에서 저소득층 가구보다 더욱 많은 부분을 저축하고 이에 따라 과세 품목들에 지출하는 소득 비중은 더 적기 때문이다. 또한 주로 주정부와 지방정부에서 부과하는 다른 조세들 중 꽤나 역진적인 조세들이 있다. 소득에 상관없이 새로운 운전면허증을 발급받기 위해서는 동일한 수수료를 지불해야 한다.

전반적으로 연방정부에 의해 징수되는 조세들은 상당히 누진적이다. 〈표 7-5〉의 두 번째 열은 2016년 다양한 소득 수준의 가구들이 납부한 평균 연방세율의 추정치를 나타내고 있다. 이 추정치들은 가구들의 납세액을 그대로 계산한 것이 아니라 법인 이윤에 대한 조세와 같이, 직접적인 납부는 기업들이 하지만 궁극적으로는 개인 주주들에게 전가된 조세들도 추정하여 포함하고 있다. 이 표는 저소득층 가구들의 경우 상대적으로 소득 중 작은 부분을 연방조세로 납부하고 고소득층 가구들은 소득 중 큰 부분을 납부하여 연방조세제도가 정말로 누진적이라는 사실을 보여 주고 있다.

2000년 이후, 연방정부는 대부분의 가구에 대해 세금을 감면해 주었다. 소득에서 차지하는 비중으로 보나 징수된 총연방조세에 대한 비중으로 보나 가장 큰 감면 혜택은 고소득층 가구들에게 돌아갔다. 결과적으로, 고소득층 가구들이 소득 중 납부하는 비중은 중간소득층과 저소득층 가구들과 비교할 때 상대적으로 줄어들었기 때문에 연방 조세 제도는 2000년보다 누진성이 완화되었다고 할 수 있다. 최근에 소득세에 두 가지 큰 변화가 생겼다. 2013년에 미국 고소득자들에게 적용되던 세금감면 중 일부분이 만료되면서 건강개혁 비용 충당을 위해 상위 소득자들에 추가 세금이 부과되었다. 그러나 2017년 감세 및 일자리법이 통과되면서 고소득층의 세율은 다시 낮아졌다. 2016년 미국에서 가장 부유한 사람들의 평균 연방 세율은 2000년과 거의 같아졌지만, 아마도 그 이후 상당히 하락했을 것이다.

〈표 7-5〉의 세 번째 열에서 보듯, 주정부와 지방정부가 부과하는 세금은 일반적으로 역진적이다. 이는 대부분의 주에서 가장 큰 세입 원천인 판매세가 다소 역진적이고, 차량면허 수수료와 같은 다른 항목들은 대단히 역진적이기 때문이다. 뒤에 나오는 '현실경제의 이해' 부분에서 살펴보겠지만, 주마다 세금 체계

표 7-5 2016년 소득범주별 소득 대비 비율로서의 연방, 주, 지방세

소득 집단	연방	주 및 지방	합계
최하위	1.7%	11.4%	13.1%
두 번째 5분위	9.4	10.1	19.5
세 번째 5분위	13.9	9.9	23.8
네 번째 5분위	17.9	9.5	27.4
다음 15%	22.0	8.9	30.9
다음 4%	26.8	8.0	34.8
상위 1%	33.3	7.4	40.7
평균	13.3	9.4	22.7

출처 : Congressional Budget Office; Institute on Taxation and Economic Policy; and author's calculation.

에 큰 차이가 있다.

미국의 조세제도는 인구 중 가장 부유한 1/5이 중간과 하위 1/5에 비해 소득에서 더욱 큰 비중을 세금으로 납부하고 있다는 점에서 전반적으로는 어느 정도 누진적이라고 할 수 있다.

하지만 미국의 조세제도 안에서도 중요한 차이점들이 존재한다. 〈표 7-5〉에서 볼 수 있듯이 연방소득세는 급여세보다 더욱 누진적이고, 연방조세가 주정부와 지방정부의 조세보다 누진적이다.

조세별 원칙

왜 어떤 조세는 누진적이고 어떤 조세는 역진적인 것일까? 정부가 마음을 정하지 못하는 것일까?

미국 조세제도에 누진세와 역진세가 혼합되어 있는 데는 두 가지 주요 이유가 있다. 정부가 여러 단계로 구성되어 있다는 점과 조세별로 다른 원칙에 근거를 두고 있다는 점이다.

주정부와 특히 지방정부들은 일반적으로 능력원칙을 적용하기 위해 열심히 노력하지 않는다. 이러한 큰 이유는 이들이 조세경쟁의 상황에 처해 있기 때문이다. 주정부나 지방정부가 고소득자에게 높은 세금을 부과하면 사람들은 세율이 더 낮은 지역으로 이사하려 할 것이다. 비록 아주 부유한 사람들 중 일부가 미국의 조세에서 벗어나기 위해 미국 시민권을 포기한 경우가 있기는

국제비교　　　세금을 많이 내고 있다고 생각하세요?

모든 지역의 모든 사람은 세금에 대해서 불평한다. 그러나 미국 시민들은 다른 부유한 국가들의 시민들에 비해 세금에 대해서 불평할 사항이 적을 것이다.

전반적인 세금의 크기를 평가하기 위해서 경제학자들은 세금을 국내총생산에 대한 비율로 계산한다. 제시된 그림에서 볼 수 있듯이, 이러한 계산 방식을 이용하여 조사한 결과, 2017년 미국의 세금은 가장 작게 나타난다. 심지어 미국의 이웃인 캐나다도 매우 많은 세금을 부과하고 있다. 정부에서 세금 수입을 이용하여 국민들의 건강과 실업을 보장하는 유럽 국가들의 세금은 미국의 세금보다 40~70% 더 크게 나타난다.

출처 : OECD.

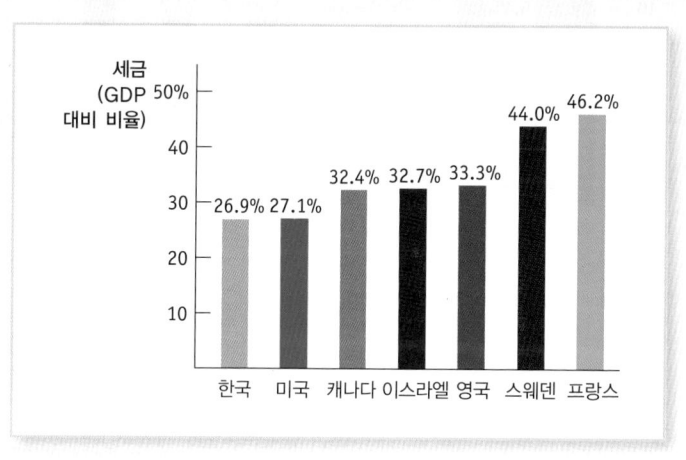

탐구자를 위하여　소득에 대한 조세와 소비에 대한 조세

미국 정부는 주로 사람들이 소비하는 돈이 아닌 버는 돈에 세금을 부과한다. 하지만 대부분의 조세 전문가들은 이러한 정책이 유인을 몹시 왜곡한다고 주장한다. 소득을 벌고 미래를 위해 그것을 투자하는 사람은 두 번의 과세 대상이 된다. 한 번은 원금에 대해, 그리고 또다시 투자 수익에 대해 세금이 부과된다.

따라서 소비가 아닌 소득에 세금을 부과하는 조세제도는 사람들로 하여금 저축과 투자를 포기하게 만들고 당장의 소비를 부추기는 유인을 제공한다. 그런데 통계 자료에 따르면 미국인들은 은퇴후 노후자금과 의료비용을 위해 저축을 너무 적게 하고 있고, 또한 저축과 투자는 경제성장에 공헌하기 때문에 저축과 투자를 장려하는 것은 중요한 정책 목표라고 할 수 있다.

소득에 과세하는 제도로부터 소비에 과세하는 제도로의 이행이 이러한 문제를 해결할 수 있을 것이다. 실제로 많은 국가들은 정부 세입의 대부분을 전국적인 판매세와 같다고도 할 수 있는 부가가치세(value·added tax, VAT)로 충당하고 있다. 일부 국가들의 경우 부가가치세율은 매우 높다. 예를 들어 스웨덴의 경우 세율은 25%에 해당한다.

미국은 부가가치세를 부과하지 않는다. 그 주된 이유는 소비세를 누진적으로 만드는 일이 불가능하지는 않더라도 매우 어렵기 때문이다.

하지만 국가적 차원에서 이러한 이유는 그리 염려할 문제가 되지 않는다.

연방정부가 주정부나 지방정부에 비해 공정성의 원칙을 적용하기에 더 유리한 위치에 있다고는 하지만 조세에 따라 다른 원칙을 적용하고 있다. 우리는 앞서 나온 '현실 경제의 이해'에서 이것에 대한 예시를 볼 수 있었다. 가장 중요한 조세인 연방소득세는 능력원칙을 반영하여 대단히 누진적이다. 하지만 두 번째로 중요한 연방급여세는 특정 제도들—사회보장제도와 메디케어—과 연계되어 있고, 편익원칙을 반영함으로써 이 제도들로부터 받는 혜택에 비례하여 부과된다는 점에서 다소 역진적이다.

현실 경제의 >> 이해

주 세금 선택

연방 조세는 매우 누진적이고 주세와 지방세는 일반적으로 역진적인 반면, 주마다 세금 체계에 큰 차이가 있다.

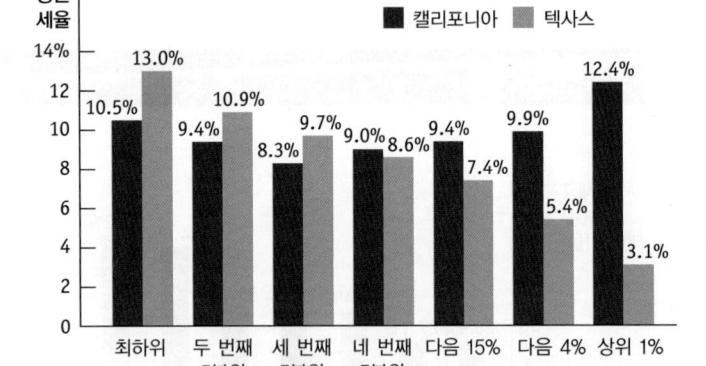

그림 7-11 캘리포니아와 텍사스의 소득별 평균 세율

평균 세율

■ 캘리포니아 ■ 텍사스

- 최하위: 10.5% / 13.0%
- 두 번째 5분위: 9.4% / 10.9%
- 세 번째 5분위: 8.3% / 9.7%
- 네 번째 5분위: 9.0% / 8.6%
- 다음 15%: 9.4% / 7.4%
- 다음 4%: 9.9% / 5.4%
- 상위 1%: 12.4% / 3.1%

출처 : Institute of Taxation and Economic Policy, "Who Pays," 6th edition, 2018.

〈그림 7-11〉과 같이 가장 인구가 많은 두 주, 캘리포니아와 텍사스의 세금을 비교하면 이러한 차이가 얼마나 클 수 있는지 알 수 있다. 캘리포니아 세금은 자주색 막대로 표시되었고 텍사스 세금은 주황색 막대로 표시되었다.

텍사스는 캘리포니아에 비해 상대적으로 작은 정부를 가지고 있기 때문에 소득대비 평균 세금 비율이 낮다. 그러나 두 주는 수입을 어떻게 징수할 것인지에 대해 상당히 다른 선택을 한다. 캘리포니아는 소득의 13.3%에 달하는 소득세를 부과하는 반면 텍사스는 소득세가 없다. 게다가 캘리포니아는 텍사스가 제공하지 않는 저소득층과 중산층 거주자들에게 많은 세금 감면 혜택을 제공한다. 그 결과 평균 세율은 실제로 소득 분배의 하위 절반에 대해 캘리포니아에서 약간 낮지만, 고소득 거주자에 대해서는 훨씬 더 높다.

따라서 텍사스와 같은 일부 주들은 스스로를 낮은 세금의 주라고 광고할 수 있고, 거의 모든 정치인들은 낮은 세금을 유지하는 것을 자랑하지만, 항상 묻게 되는 중요한 질문은 "누구를 위한 낮은 세율인가?"이다. 즉 낮은 세율로 혜택을 받고 있는 거주자가 누구인지를 따져야 한다.

이 비교는 우리에게 세금 정책이 단편적이지 않다는 것을 가르쳐준다. 세금 체계를 세우는 데에는 많은 선택사항이 포함되어 있고, 일부 계층에 세금을 낮게 유지하는 것이 다른 사람들에게는 세금을 더 높여야 하는 결과로 이어질 수 있다.

>> 복습

- 모든 조세에는 **과세표준**과 **과세구조**가 있다.
- 조세 유형에는 **소득세, 급여세, 판매세, 이윤세, 재산세, 자산세**가 있다.
- 조세구조는 **비례적**인지, **누진적**인지, 혹은 **역진적**인지에 따라 구분된다.
- 누진세는 흔히 능력원칙에 따라 정당화된다. 그러나 강력한 누진세는 주요 유인 문제를 만드는 높은 **한계세율**을 가져온다.
- 미국은 누진세와 역진세가 혼합되어 있다. 그러나 전반적인 과세구조는 누진적이다.

>> 이해돕기 7-4

해답은 책 뒤에

1. 소득세는 최초 1만 달러의 소득에 대해서는 1%의 세금을 부과하고, 1만 달러 이상의 소득에 대해서는 2%의 세금을 부과한다.

   a. 5,000달러의 소득을 얻는 사람에 대한 한계세율은 얼마인가? 이 사람이 지불하는 총세금

의 양은 얼마인가? 총세금의 양은 이 사람의 전체 소득에서 몇 퍼센트를 차지하는가?

    b. 소득이 2만 달러인 사람에 대한 한계세율은 얼마인가? 이 사람이 지불하는 총세금의 양은 얼마인가? 총세금의 양은 이 사람의 전체 소득에서 몇 퍼센트를 차지하는가?

    c. 이러한 형식의 소득세는 비례세인가 누진세인가 아니면 역진세인가?

2. 소득수준이 다른 가구들을 비교하면 소비지출이 소득에 비해 서서히 증가한다는 것을 알 수 있다. 소득이 1만 달러에서 1만 5,000달러로 50% 증가할 때, 소비지출은 8,000달러에서 1만 달러로 25% 증가한다고 가정하자. 소비지출에 대해 1%의 세금을 부과할 때, 1만 5,000달러의 소득과 1만 달러의 소득을 가진 가구가 납부하는 세금이 소득에서 차지하는 비율을 비교하라. 이 조세는 비례적인가, 누진적인가, 혹은 역진적인가?

3. 참인가 거짓인가? 자신의 답을 설명하라.

    a. 급여세는 고용주가 지불하기 때문에 개인의 구직 동기에 영향을 미치지 않는다.

    b. 모든 사람이 동일한 세금을 납부하기 때문에 정액세는 비례세이다.

환영할 만한 세금 인상 : 마이크로소프트, 내부 탄소세 인상

Chona Kasinge/Bloomberg/Getty Images

마이크로소프트는 최근에 스스로 세금을 인상했다. 2019년 4월, 마이크로소프트는 이산화탄소 톤당 8달러에서 15달러로 내부 탄소세를 거의 두 배로 인상할 것이라고 발표했다. 회사는 2030년까지 탄소 배출량을 75% 줄이겠다는 기업 목표를 향해 꾸준히 진척하고 있지만, "세계 환경 변화 규모와 속도는 우리가 더 많은 것을 해야 한다는 것을 점점 더 분명하게 만들었다."라고 마이크로소프트의 사장 브래드 스미스가 말했다. 이 회사는 이제 당초 목표보다 7년 앞당긴 2023년에 목표를 달성할 것을 맹세했다.

지능형 클라우드 사업부와 같은 마이크로소프트의 다양한 사업부는 매 분기(3개월마다) 고위 경영진에 의해 성과를 평가받는다. 성과 검토의 주요 요소 중 하나는 분기별 이익, 즉 사업부가 비용 이상으로 얼마나 벌었는지이다. 따라서 마이크로소프트 사업부가 지불해야 하는 비용 중 일부분이 내부 세금이라는 것을 알게 되면 놀랄지도 모른다. 이 세금은 바로 마이크로소프트가 자체 사업부에 대해 내부적으로 부과하는 탄소세이다. 마이크로소프트는 2012년에 내부 탄소세를 시행하기 시작했고, 그 이후로 이 정책은 빠르게 인기를 얻었다. 오늘날 구글, 디즈니, 엑손모빌에서 예일대학교에 이르기까지 1,400개가 훨씬 넘는 기업과 조직이 내부 탄소세를 부과하고 있다.

탄소세는 재화나 용역의 생산에 의해 발생되는 이산화탄소의 양에 따라 평가되는 세금이다. 이산화탄소는 지구 기후 변화를 일으키는 주요 오염 물질 중 하나이다.

마이크로소프트 사업부는 사무실 공간, 데이터 센터 또는 출장 시 소비되는 에너지와 같은 자체운영을 위해 소비되는 총 에너지 양을 계산하여 탄소세 부과액을 결정한다. 소비되는 에너지 양은 톤 단위의 탄소로 변환된다. 그런 다음 마이크로소프트의 환경 지속 가능성 팀은 각 단위의 탄소세를 계산한다. 2019년 세금 인상 전에도 마이크로소프트는 사업부로부터 약 3천만 달러의 탄소세 수입을 거둬들였다.

탄소세 수입은 마이크로소프트 내의 다양한 청정 에너지 프로젝트에 지불하는 기금에 배정된다. 예를 들어, 워싱턴주 레드먼드에 있는 회사 본사에서 탄소세 수입은 125개 건물에 걸쳐 에너지 사용을 최적화하는 데이터 수집 및 소프트웨어 시스템에 지불되어 막대한 비용 및 탄소 배출 절감으로 이어졌다. 마이크로소프트는 탄소세 제도를 도입하여 처음 3년 만에 에너지 소비 감소와 750만 톤의 탄소 배출 감소를 통해 1천만 달러를 절감할 수 있었다.

비록 내부 탄소세 제도가 단기적으로는 회사의 이익을 감소시키지만, 마이크로소프트의 주주들은 이 제도를 지지한다. 그들은 장기적으로 에너지 소비를 줄이는 것이 미래에 더 많은 이익으로 이어질 것이라고 믿는다. 예를 들어, 마이크로소프트는 자체 내부 탄소세 프로그램에 의해 이루어진 연구 개발을 통해 특히 인공지능 분야에서 중요한 숙련기술과 과학기술을 개발했다. 그 결과로 얻게 된 새로운 역량은 탄소 배출을 줄이고 에너지를 절약하고자 하는 고객들을 위해 유사한 프로그램을 만드는 데 사용되고 있다. 스미스는 "이미 우리는 고객과 협력사가 효율성을 높이고, 비즈니스를 혁신하며, 보다 지속 가능한 지구를 만들기 위한 자체 해법을 만들 수 있도록 새로운 기술로 그들의 역량을 강화하고 있습니다."라고 말했다.

생각해 볼 문제

1. 에너지를 절약하고 탄소 배출량을 줄이기 위해 마이크로소프트가 전체 회사 차원의 지침을 발표하는 대신 세금을 도입한 이유는 무엇이라고 생각하는가?
2. 마이크로소프트는 어떻게 하나의 정부처럼 행동하는가? 사업부가 독립적으로 행동하는 것보다 이것이 더 나은 이유는 무엇인가?
3. 마이크로소프트가 탄소세 규모를 결정할 때 상충되는 부분은 무엇인가? 세금이 너무 높으면 어떻게 되는가? 그렇다면 반대로 세금이 너무 낮으면 어떻게 되는가?
4. 이 사례는 회사의 목적과 그 목적을 달성하기 위하여 조성된 세금의 규모 사이의 관계에 대하여 무엇을 말해 주고 있는가? 그 둘은 독립적으로 결정되어야 하는가 아니면 함께 결정되어야 하는가?

요약

1. **소비세**—재화의 구매나 판매에 부과되는 조세—는 소비자들이 지불하는 가격을 상승시키고 생산자들이 받는 가격을 떨어뜨려 둘 사이에 간격을 벌리는 역할을 한다. 조세의 **귀착**—조세의 부담이 소비자와 생산자 사이에서 어떻게 분배되는지—은 공식적으로 납세하는 사람이 누구인지와는 관계가 없다.

2. 소비세의 귀착은 공급과 수요의 가격탄력성에 따라 결정된다. 만약 수요의 가격탄력성이 공급의 가격탄력성보다 높을 경우 조세는 대부분 생산자가 부담하게 된다. 만약 공급의 가격탄력성이 수요의 가격탄력성보다 높을 경우 조세는 대부분 소비자가 부담하게 된다.

3. 조세로부터 징수된 세입은 **세율**과 조세부과 이후의 거래량에 따라 결정된다. 소비세는 상호 이익이 되는 거래를 방해하기 때문에 자중손실이라는 형태의 비효율성을 초래한다. 조세에는 **행정비용** 또한 따르게 된다. 이는 조세를 징수하고 납부하며 (이것에 드는 자원은 실제 조세징수액보다도 훨씬 크다) 회피하기 위해 드는 자원들을 뜻한다.

4. 소비세는 정부 세입을 충당하지만 전체 잉여는 감소시킨다. 이러한 감소분은 세입을 넘어서기 때문에 사회적으로 자중손실이 발생하게 된다. 이러한 자중손실은 조세로 인해 포기된 거래의 가치와 같은 넓이의 삼각형 모양으로 나타난다. 수요나 공급, 또는 두 가지 모두의 가격탄력성이 클수록 조세로 인한 자중손실은 커지게 된다. 수요나 공급이 완전 비탄력적이라면 조세로 인한 자중손실은 전혀 없

게 된다.

5. 효율적인 조세는 왜곡된 유인으로 발생한 자중손실과 행정비용의 합을 최소화하는 조세이다. 하지만 조세 공정성 또는 조세 공평성 역시 조세정책의 목표가 된다.

6. 조세 공정성에는 **편익원칙**과 **능력원칙**이라는 두 가지 주요 원리가 있다. 가장 효율적인 조세로서 **정액세**는 유인을 왜곡하지는 않지만 공정성 면에서 좋지 못하다. 하지만 능력원칙의 관점에서 가장 공정한 조세는 유인을 가장 많이 왜곡하고 효율적이지 못하다. 따라서 잘 설계된 조세제도에는 **공평성과 효율성 사이의 상충관계**가 존재한다.

7. 모든 조세는 무엇을 과세 대상으로 할지 정의하는 **과세표준**과 조세가 어떠한 방식으로 과세표준에 따라 결정되는지 명시하는 **과세구조**로 구성된다. 과세표준에 따라 조세도 달라지게 된다—**소득세, 급여세, 판매세, 이윤세, 재산세**, 그리고 **자산세**가 그것이다. **비례세**는 모든 납세자에 대하여 과세표준에 대한 동일한 비율로 부과되는 조세이다.

8. 저소득자에 비해 고소득자가 소득 중 더욱 많은 비율을 납부해야 하는 조세를 **누진세**라고 하며 더욱 적은 비율을 납부하는 조세를 **역진세**라고 한다. 누진세는 때로 능력원칙에 의해 정당화된다. 하지만 대단히 누진적인 조세제도는 고소득자들에게 높은 **한계세율**—소득의 증가분에 대해 부과된 조세의 백분율—을 적용시키기 때문에 유인을 눈에 띄게 왜곡시킨다. 미국의 조세제도는 누진세와 역진세가 혼합된 형태이기는 하지만 전반적으로 누진적이다.

주요용어

소비세	공평성과 효율성 사이의 상충관계	재산세
귀착	과세표준	자산세
세율	과세구조	비례세
행정비용	소득세	누진세
편익원칙	급여세	역진세
능력원칙	판매세	한계세율
정액세	이윤세	

토론문제

1. 주정부 자금을 충당하기 위해서 주지사는 같은 양의 소비 세를 비과세 품목이던 두 재화 중 하나에 부과하는 선택을

내려야 한다. 주정부는 레스토랑 식사 또는 휘발유에 조세를 부과하려 한다. 휘발유의 수요와 공급보다 레스토랑 식사의 수요와 공급이 모두 더 탄력적이다. 만약 주지사가 조세로 인한 자중손실을 최소화하고자 한다면 이들 중 어떤 재화를 선택해야 하는가? 각 재화에 대해서, 조세로 인한 자중손실을 나타내는 그래프를 그려 설명하라.

2. 휘발유의 수요는 비탄력적이고 공급은 탄력적이라고 가정하자. 정부는 휘발유에 판매세를 부과하고 있다. 세입은 우리가 호흡하는 공기를 개선시키는 휘발유 대체 청정연료를 연구하는 자금으로 사용되고 있다.

   a. 소비자와 생산자 중 누가 조세의 부담을 더 많이 지고 있는가? 그래프를 그려 누가 얼마나 초과부담을 안게 되는지 보이라.

   b. 이 조세가 편익원칙에 근거하는지, 능력원칙에 근거하는지 설명하라.

3. 당신이 국방에 대한 비용을 충당하기 위한 방법에 대해 정부에 자문을 한다고 하자. 국방비를 충당하기 위한 조세제도에 대해 두 가지 조세안이 있다. 두 조세안 모두 과세표준은 개인의 소득이다. 조세안 A에 따르면 모든 시민은 동일한 정액세를 소득에 상관없이 납부해야 한다. 조세안 B에 따르면 고소득자들이 저소득자들에 비해 소득 중 더 많은 비율을 세금으로 납부하게 된다.

   a. 조세안 A의 조세는 누진세인가, 비례세인가, 역진세인가? 조세안 B의 조세는 어떠한가?

   b. 조세안 A의 조세는 능력원칙에 근거하는가, 편익원칙에 근거하는가? 조세안 B의 조세는 어떠한가?

   c. 효율성의 측면에서 어떤 조세가 더욱 훌륭한가? 설명하라.

4. 당신은 백악관에 경제 자문을 하는 경제자문위원회에서 일하고 있다. 대통령은 소득세 제도를 개편하기 위해 당신의 조언을 구하고 있다. 현재의 소득세 제도에 의하면 모든 소득에 대해 10%의 비례소득세가 부과되며 1억 1,000만 달러를 버는 사람이 한 사람 있고 다른 사람들의 소득은 모두 1억 달러 미만이라고 가정하자. 대통령은 그 최고 소득자에 대한 세금 감면을 목표로 한 새로운 조세제도를 제안했는데, 이에 따르면 1억 달러까지의 소득에 대해서는 10%의 비례세가 부과되고, 이보다 높은 소득에 대해서는 0%의 한계세율이 부과된다. 당신은 이 새로운 조세안을 평가하도록 부탁받았다.

   a. 1억 달러 이하의 소득에 대해 이 조세제도는 누진적인가, 역진적인가, 혹은 비례적인가? 1억 달러보다 높은 소득에 대해서는 어떠한가? 설명하라.

   b. 다른 여건이 동일할 때 새로운 조세제도하에서의 조세수입은 이전보다 증가할 것인가, 감소할 것인가? 이 조세제도는 현재의 조세제도에 비해 더 효율적인가 혹은 덜 효율적인가? 설명하라.

연습문제

1. 미국에서는 국내선 비행기표의 판매에 소비세가 붙는다. 2015년 소비세가 비행기표 1장당 6.10달러였다고 가정해 보자(이는 비행세 3.60달러에 9.11 사태 요금 2.50달러가 더해진 것으로 구성된다). 교통정보국에 따르면 2015년 6억 4,300만 명의 승객이 평균 380달러의 가격으로 국내선을 이용한 것으로 나타났다. 다음은 비행기표에 대한 공급과 수요계획을 보여 주는 표이다. 평균가격 380달러에 대한 수요량만이 실제 통계량이고 나머지는 가상적인 자료이다.

비행기표 가격	비행기표 수요량 (백만 장)	비행기표 공급량 (백만 장)
$380.02	642	699
380.00	643	698
378.00	693	693
373.90	793	643
373.82	913	642

   a. 2015년에 소비세로부터 얻은 정부세입은 얼마인가?

   b. 2016년 1월 1일, 소비세는 비행기표 1장당 6.20달러로 증가하였다. 균형거래량이 얼마가 되었는가? 비행기표의 평균가격은 얼마가 되었는가? 2016년 정부세입은 얼마인가?

   c. 이와 같은 소비세의 증가는 세입을 증가시키는가, 아니면 감소시키는가?

2. 1990년 미국은 고급 승용차에 조세를 부과하기 시작했다. 단순화를 위해 1대당 6,000달러의 소비세가 부과되었다고 가정해 보자. 주어진 그래프는 고급 승용차에 대한 가상의 수요와 공급곡선을 나타낸다.

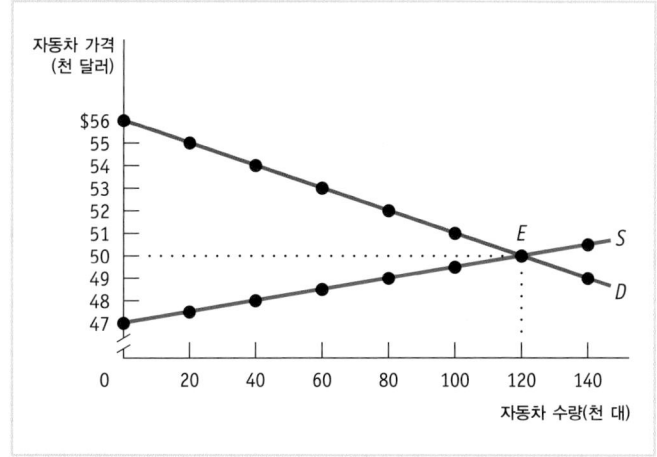

a. 소비자들이 조세부과하에 지불하는 가격은 얼마인가? 생산자들이 받는 가격은 얼마인가? 이 소비세로 인한 정부세입은 얼마인가?

시간이 지나면서 고급 승용차에 대한 과세는 점차적으로 축소되었다(2002년에는 완전히 철폐되었다). 소비세가 1대당 6,000달러에서 4,500달러로 감소했다고 가정해 보자.

b. 소비세가 1대당 6,000달러에서 4,500달러로 감소한 이후 소비자들이 지불한 가격은 얼마가 되었는가? 생산자들이 받는 가격은 얼마인가? 세입은 얼마가 되었는가?

c. a와 b에서 징수된 총세입을 비교하라. 소비세의 축소로 인한 세입의 변동은 무엇으로 설명되는가?

3. 모든 주정부는 휘발유에 대해 소비세를 부과하고 있다. 연방도로관리청의 자료에 따르면 캘리포니아 주는 휘발유 1갤런당 0.40달러의 소비세를 부과하고 있다. 2015년 캘리포니아 휘발유 판매량은 146억 갤런으로 집계되었다. 휘발유 소비세로 인한 캘리포니아 주의 세입은 얼마인가? 만약 캘리포니아 주가 소비세를 누 배로 올렸다면 세입이 두 배가 되겠는가? 그 대답에 대한 이유는 무엇인가?

4. 미국에서 주정부는 담배 판매에 대한 각자의 소비세를 부과할 수 있다. 노스텍사카나에서 주정부는 1갑당 2.00달러의 소비세를 부과한다고 가정해 보자. 반대로, 이웃의 사우스텍사카나 주는 담배에 소비세를 부과하지 않는다고 하자. 양쪽 주에서 담배의 세전가격은 모두 1.00달러라고 하고, 노스텍사카나의 주민이 사우스텍사카나로부터 담배를 밀수하는 데는 1갑당 1.85달러의 비용이 든다고 가정한다. 또한 담배에 대한 공급곡선은 완전 탄력적이지도 완전 비탄력적이지도 않다고 하자.

a. 노스텍사카나인이 사우스텍사카나로부터 노스텍사카나로 담배를 밀수하는 것이 경제적으로 이득이 되는 상

황을 담배에 대한 수요와 공급곡선을 통해 그림으로 설명하라.

b. 반대로, 노스텍사카나인이 사우스텍사카나로부터 담배를 밀수하는 것이 경제적으로 이득이 되지 않는 상황을 보여 주는 그래프를 그려 보고 이에 대해 설명하라.

c. 노스텍사카나에서 담배에 대한 수요가 완전 비탄력적이라고 가정해 보자. 담배 한 갑의 밀수 비용이 밀수로 얻는 이익이 없어질 때까지 올라갈 것임을 나타내는 그래프를 그리고 설명하라.

d. 노스텍사카나에서 담배에 대한 수요는 계속 완전 비탄력적이라고 하고, 모든 노스텍사카나인이 1갑당 1.85달러의 가격에 담배를 밀수하고 있어서 조세를 전혀 내지 않는다고 가정해 보자. 이러한 상황에 비효율성이 존재하는가? 만약 그렇다면 1갑당 얼마가 되겠는가? 칩이 들어 있는 담배포장을 도입해 주의 경계에서 이루어지는 밀수가 전혀 불가능하게 되었다고 가정해 보자. 이러한 상황에 비효율성이 존재하는가? 만약 그렇다면 1갑당 얼마가 되겠는가?

5. 조세와 관련된 다음의 각 상황에서 (i) 조세의 부담이 소비자에게 더 많이 전가되는지 생산자에게 더 많이 전가되는지, (ii) 왜 징수된 정부세입이 조세의 진정한 비용을 나타내 주지 못하는지, (iii) 조세의 결과 어떻게 자중손실이 발생하는지를 설명하라.

a. 정부는 모든 대학 교재의 판매에 소비세를 부과한다. 조세가 부과되기 이전 권당 50달러의 가격으로 매년 100만 권의 교재가 팔렸다. 조세가 부과된 이후, 매년 60만 권의 책이 팔리는데 학생들은 권당 55달러를 지불하고 이 중에서 30달러를 출판사에서 받게 된다.

b. 정부는 모든 비행기표 판매에 소비세를 부과한다. 조세가 부과되기 이전, 500달러의 가격으로 매년 300만 장의 비행기표가 판매되었다. 조세가 부과되고 난 이후에는 매년 150만 장의 비행기표가 판매되었는데 여행자들은 표 1장당 550달러를 지불하였고, 항공사에서는 이 중에서 450달러를 받았다.

c. 정부는 모든 칫솔의 판매에 소비세를 부과한다. 조세 부과 이전 1.50달러의 가격으로 200만 개의 칫솔이 매년 판매되었다. 조세가 부과된 이후에는 매년 80만 개의 칫솔이 판매되었는데 소비자들은 개당 2달러의 가격을 지불하고 생산자는 이 중에서 1.25달러를 받는다.

6. 다음은 담배 시장에 대한 그래프이다. 현재 균형가격은 1갑당 4달러이고 매일 4,000만 갑의 담배가 판매된다. 담배와 관련된 의료비용을 충당하기 위해 정부는 1갑에 2달러

의 조세를 부과하기로 한다. 이것은 균형가격을 1갑당 5달러로 올리고 균형거래량을 3,000만 갑으로 줄일 것이다.

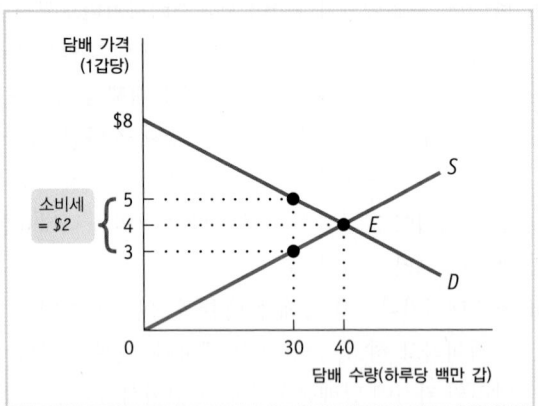

담배 회사들의 로비를 위해 일하는 경제학자는 이 조세로 4,000만 갑의 담배가 1달러씩 비싸졌기 때문에 하루에 흡연자들의 소비자잉여를 4,000만 달러 감소시킨다고 주장한다. 간접흡연으로 괴로워하는 사람들의 로비를 위해 일하는 경제학자는 이것이 과도한 추정치이며 조세 부과 이후에는 3,000만 갑이 판매될 것이고 각각에 대해 1달러 더 비싼 값을 지불해야 하므로 소비자잉여의 감소분은 하루에 3,000만 달러에 불과하다고 주장한다. 두 사람 모두 잘못된 주장을 하고 있다면 그 이유는 무엇인가? 세금 전과 후의 소비자잉여금 계산을 답변에 포함시켜보자.

7. 주어진 도표에 나타난 칼리지타운의 피자 시장을 고려해보자. 칼리지타운의 공직자들은 피자 1판에 4달러의 소비세를 부과하기로 정하였다.

피자 가격	피자 수요량	피자 공급량
$10	0	6
9	1	5
8	2	4
7	3	3
6	4	2
5	5	1
4	6	0
3	7	0
2	8	0
1	9	0

a. 조세가 부과된 이후 판매된 피자의 거래량은 얼마인가? 소비자들이 지불한 가격은 얼마인가? 생산자들이 받은 가격은 얼마인가?

b. 조세 부과 이후의 소비자잉여와 생산자잉여를 계산하라. 조세의 부과로 인한 소비자잉여의 감소분은 얼마인가? 생산자잉여의 감소분은 얼마인가?

c. 칼리지타운이 소비세로 인해 얻은 세입은 얼마인가?

d. 이 소비세의 자중손실을 계산하라.

8. 다음의 네 가지 조세정책이 편익원칙과 능력원칙 중 어떤 것을 반영하는지 평가하라.

a. 주정부의 도로유지 비용을 충당하는 휘발유에 대한 조세

b. 여객기로 한 가족당 800달러 이상의 가치에 상응하는 수입품을 들여올 때 붙는 8%의 조세

c. 항공교통관제 비용을 충당하는 비행기 착륙 요금

d. 가계별 부양해야 하는 어린이 수에 따라 공제되는 소득세

9. 다음의 조세안들은 소득을 과세표준으로 삼고 있다. 각각의 경우에 대해서 소득 등급에 따른 한계세율을 계산하라. 그리고 세전소득이 5,000달러인 개인과 4만 달러인 개인이 소득 대비 얼마의 조세를 내는지 그 백분율을 계산하라. 이 조세가 비례세인지, 누진세인지, 또는 역진세인지 구분하라. (힌트 : 한계세율은 소득이 1달러 증가할 때 이에 대한 과세금의 백분율로 계산할 수 있다.)

a. 모든 소득에는 20%의 조세가 부과된다.

b. 1만 달러까지의 소득은 모두 세금이 공제된다. 1만 달러를 넘는 소득은 동일하게 20%의 세율을 적용받는다.

c. 0달러에서 1만 달러 사이의 소득은 10%의 조세가 부과된다. 1만 달러에서 2만 달러 사이의 소득은 20%의 세율이 적용된다. 2만 달러를 초과하는 소득은 30%의 세율을 적용받는다.

d. 1만 달러 이상의 소득을 버는 개인에게는 1만 달러의 정액세가 부과된다. 만약 개인의 소득이 1만 달러보다 낮으면 자신의 소득을 그대로 조세로 납부해야 한다.

e. 앞의 네 가지 조세정책 중에서 어떤 것이 유인 문제를 가장 덜 일으키는가? 설명하라.

10. 트랜실베이니아의 기본적인 소득세 제도는 매우 단순하다. 1년 소득 중 처음 4만 실버(트랜실베이니아의 공식 화폐단위)까지는 소득세가 면제된다. 그 이상의 모든 소득에 대해서는 25%의 소득세가 부과된다. 추가로, 누구나 다음과 같은 방식으로 사회보장세를 지불해야 한다. 소득 중 8만 실버까지는 20%의 사회보장세가 추가되고, 8만 실버를 초과하는 소득에 대해서는 사회보장세가 부과되지 않는다.

a. 다음과 같은 소득수준에 대해 트랜실베이니아의 평균 세율과 한계세율을 계산해 보라 : 2만 실버, 4만 실버, 8만 실버. (힌트 : 한계세율은 1실버의 소득 증가분에 대해 추가되는 과세금의 백분율로 계산하면 된다.)

b. 트랜실베이니아의 소득세는 누진적인가, 역진적인가 아니면 비례적인가? 사회보장세는 누진적인가, 역진적인가 아니면 비례적인가?

c. 어떤 소득 그룹의 유인이 소득과 연계된 사회보장세제로 인해 부정적인 영향을 가장 많이 받게 되는가?

8 ▶ 국제무역

 ## 어디서나 스마트폰

미국인들은 시간이 있을 때 무엇을 할까? 그 답은 작은 스크린을 들여다 본다는 것이다. 2018년 연구에 의하면 미국인들은 하루에 평균 3시간 43분을 스마트폰(특히 아이폰)이나 태블릿을 보며 시간을 보낸다. 이는 TV를 보는 시간보다 약간 많다.

이 작은 스크린들은 어디서 만들어진 것일까? 특별히 아이폰은 어디서 만들어진 것

스마트폰의 생산과 소비는 오늘날과 같이 국제무역 규모가 급증하고 있는 초국제화 세계의 모습을 잘 보여준다.

일까?

아이폰을 판매하는 애플은 미국 회사이다. 그러나 아이폰이 미국산이라고 말한다면 대체로 틀린 말이다. 애플은 제품을 개발하지만 거의 모든 제품에 대해 그 생산은 주로 해외에 있는 다른 회사에 주문을 한다. 아이폰이 조립되는 것은 중국이지만 "중국"이라는 대답도 맞다고 할 수 없다. 조립은 우리에게 익숙한 금속과 유리 케이스 안에 부품들을 짜맞추는 생산의 마지막 공정에 불과하기 때문이다.

사실 한 연구에 의하면 아이폰 10의 평균 도매가격인 800달러 중 중국 경제에 돌아가는 것은 25달러 미만에 불과하다고 추산된다. 훨씬 더 많은 금액이 디스플레이와 메모리 칩을 생산하는 한국에 돌아갔다. 세계 곳곳에서 주문한 원재료에 들어가는 비용도 상당하다. 그리고 가격 중 가장 큰 부분은 반 이상을 차지하는 애플의 이윤으로 구성된다. 이는 대체로 연구, 개발 그리고 디자인에 대한 보상이다.

그러면 아이폰의 출처는 어디인가? 여러 곳이다. 그리고 이는 아이폰에만 국한된 것이 아니다. 우리가 소비하는 자동차, 의복, 심지어 식품까지 대부분이 전 세계를 포괄하는 복잡한 공급망의 결과물인 것이다. 이와 같은 대규모 국제무역이 새로운 것은 아니다. 이

미 20세기 초에 이는 매우 보편적인 현상이었다. 그러나 최근 몇십 년 사이에 새로운 운송, 통신 기술의 발달과 무역촉진 정책이 결합하여 아이폰을 우리 코앞까지 공급하는 것과 같은 복잡한 공급망을 가능케 하고 국제무역이 급증하는 **초국제화 시대**가 도래하게 된 것이다.

이러한 국제적 공급망은 세계 경제의 생산성을 향상시켜 각국이 자급자족을 추구하는 경우에 비해 훨씬 더 부유한 삶을 가능케 한다. 단지 세계가 전체로서 국제무역의 이익을 누릴 뿐 아니라 무역에 참여한 모든 국가가 이득을 본다는 것이 확실하다. 그럼에도 불구하고 국제 무역에 대한 반대가 있는데 그 이유는 국제 무역으로 인해 피해를 입는 집단이 **국가** 내에 존재하기 때문이다. 이러한 이유로 국민경제가 어떻게 작동하는지를 알기 위해서는 국제무역에 대한 전반적인 이해가 필요하다.

이 장에서는 국제무역의 경제원리를 살펴본다. 우선 제2장에서 본 바와 같이 왜 국제무역으로부터 이득을 얻을 수 있는지를 설명해 주는 비교우위모형으로부터 시작한다. 다시 한번 비교우위 모형을 간략히 복습하고 국제화의 원인과 결과에 대해 더 자세히 살펴볼 것이다. ●

이 장에서 배울 내용

- 비교우위란 무엇이며 이것이 왜 국제무역을 발생시키는가?
- 비교우위의 원인은 무엇인가?
- 국제무역으로부터 누가 이득을 보고 누가 손해를 보는가?

- 왜 **관세**나 **수입할당제**와 같은 **보호무역**이 비효율을 발생시키는가?
- 왜 각국 정부들은 보호무역을 실시하며 어떻게 **국제무역협정**을 통해 그 단점을 보완하는가?

해외로부터 구입한 재화와 서비스가 수입(imports)이고, 해외로 판매한 재화와 서비스가 수출(exports)이다.

국제화(globalization)란 국가 간 경제적 연관성이 증가하는 현상을 말한다.

‖ 비교우위와 국제무역

미국은 스마트폰을 비롯하여 많은 재화 및 서비스를 다른 국가들로부터 구입한다. 동시에 많은 재화와 서비스를 다른 국가들에 판매한다. 해외로부터 구입한 재화와 서비스가 **수입**(imports)이고 해외로 판매한 재화와 서비스가 **수출**(exports)이다.

서론부에 언급한 것처럼 미국경제에서 국제무역의 역할은 점점 더 중요해지고 있다. 〈그림 8-1(a)〉에는 전 세계의 GDP(세계 전체에서 생산된 재화와 용역의 가치)에서 차지하는 국제무역의 비중이 1870년 이후 어떻게 성장해 왔는가를 백분율로 표시하였다. 그래프에서 보는 바와 같이 2008년의 금융위기 이후 발생한 급격하고 짧은 감소기와 같이 무역이 감소한 기간들이 있기는 하지만 장기적인 추세는 증가세이다.

〈그림 8-1(b)〉에는 수입과 수출이 GDP에서 차지하는 비율이 여러 나라에 대해 표시되어 있다. 그림에서 보는 것처럼 다른 여러 국가에서 대외무역이 미국보다 더 큰 비중을 차지하고 있다.

국가의 경제적 교류는 국제무역에만 국한되는 것은 아니다. 현대사회에서는 한 국가의 투자자가 다른 국가에 자금을 투자하는 일도 흔하고, 다국적 기업들이 여러 나라에 자회사를 갖는 경우도 많다. 그리고 모국을 떠나 다른 나라에서 일을 하는 노동자의 수도 증가하고 있다. 이처럼 여러 측면에서 국가 간 경제적 연관성이 증가하는 현상을 흔히 **국제화**(globalization)라 한다.

국제화는 새로운 현상이 아니다. 〈그림 8-1(a)〉에서 보는 바와 같이 1870년부터 제1차 세계대전이 시작될 때까지 철도와 증기선으로 인해 상품을 멀리 운송하는 것이 더 빨라졌고 더 저렴해졌기 때문에 빠른 성장이 있었다. 이러한 무역의 성장으로 인해 대규모 국제투자와 이민이 발생했다. 그러나 제1차 세계대전 이후 각국 정부들이 무역을 제한함으로써 거의 40년간 국제화는

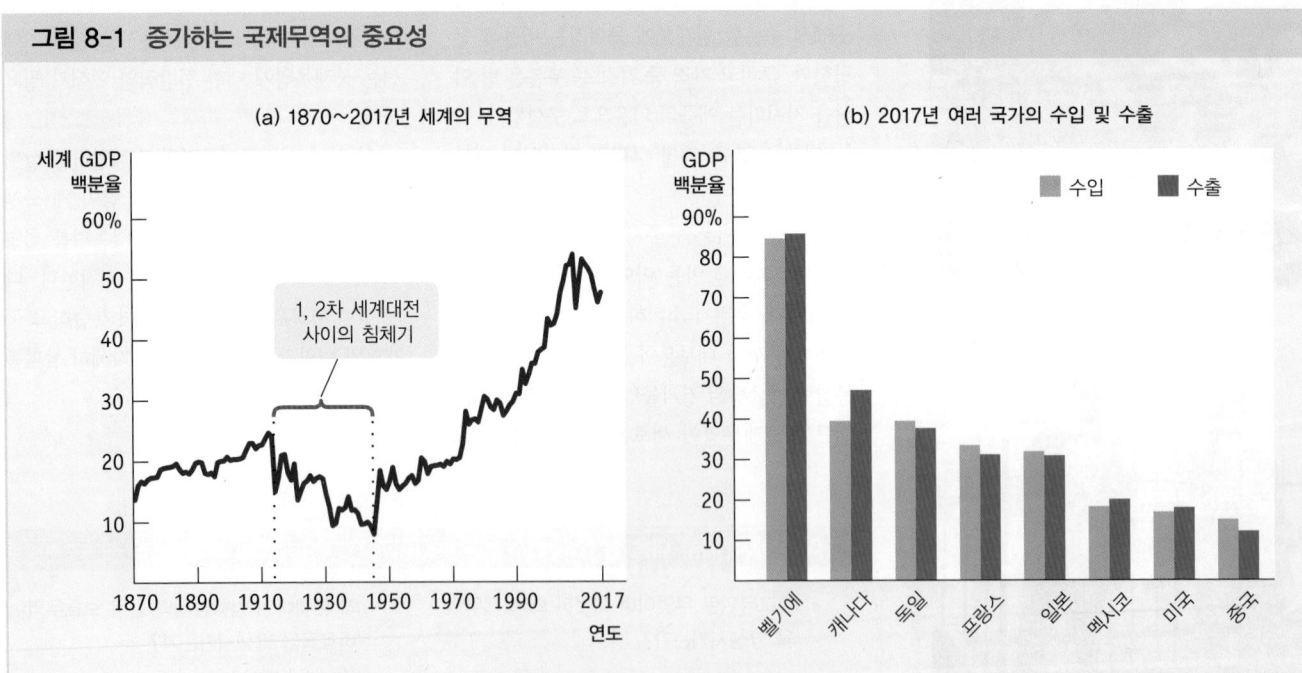

그림 8-1 증가하는 국제무역의 중요성

(a) 1870~2017년 세계의 무역

(b) 2017년 여러 국가의 수입 및 수출

그림 (a)는 장기적으로 국제무역이 국제생산에서 차지하는 비율을 보여 준다. 비록 두 세계대전 사이에 긴 감퇴시기가 있었지만 수송과 통신 기술의 발달로 인해 전체적으로 증가하는 추세를 보여 왔다. 그림 (b)에서는 대외무역이 미국보다 다른 여러 국가에서 상당히 더 큰 비중을 차지하고 있음을 알 수 있다.

출처 : 그림 (a)는 Klasing and Milionis, "Quantifying the Evolution of World Trade, 1870–1949" *Journal of International Economics* (2013) 및 Feenstra, Inklaar, and Timmer, "The Next Generation of the Penn World Table" *American Economic Review* (2015), 그림 (b)는 세계무역기구

후퇴하였다. 그리고 여러 지표를 살펴볼 때 국제화는 1980년대까지 1913년의 수준을 회복하지 못했다.

그러나 그 이후로 국제간 연결이 극적으로 증가하는 **초국제화**(hyperglobalization)라는 현상이 일어났는데 아이폰이나 다른 첨단 기술 제품에서 보는 것처럼 세계를 포괄하는 생산 공급망을 통해 제품의 각 생산 단계가 다른 국가에서 이루어지며 이는 통신과 운송 기술의 진보로 인해 가능하게 되었다. (실생활의 예로 이 장 뒤에 나오는 기업사례를 보라.)

초국제화(hyperglobalization)란 극도로 높은 수준의 국제무역이 발생하는 현상이다.

국제무역에서 큰 관심사 하나는 초국제화가 앞으로도 계속될 것인가 하는 문제다. 〈그림 8-1〉을 자세히 살펴보면 알 수 있는 바와 같이 크게 상승하던 세계 GDP 대비 수출 비율이 2005년경부터 수평을 이루었다. 그 이후로 회사들이 수천 마일 떨어진 공급자로부터 절감한 비용이 긴 운송시간과 다른 불편들로 인해 별 이득이 없게 되었다고 판단한다는 보고서가 많이 나왔다. (지금도 컨테이너선이 중국으로부터 캘리포니아까지 오는 데 2주 정도 걸리며, 동부까지는 한 달이 걸린다.) 그 결과로 생산을 시장 가까이 옮기는 회귀 움직임이 나타났다.

더욱 최근에는 국제무역 분쟁이 심해져서 각국 정부들이 제1차 세계대전 이후 국제화의 쇠퇴를 초래했던 무역 제한 조치들을 다시 한번 도입할지도 모른다. 국제무역은 여전히 세계경제에서 중요한 위치를 차지하겠지만 아마도 초국제화가 지금처럼 큰 비중을 차지하지는 않을 수도 있다.

국제무역이 발생하는 이유와 무역이 경제에 이득이 된다고 경제학자들이 생각하는 이유를 이해하기 위해 우선 비교우위의 개념을 다시 살펴보기로 한다.

상품을 값싸고 빠르게 운송할 수 있게 되어 오늘날의 경제는 극도로 높은 수준의 국제무역을 특징으로 하게 되었다.

생산가능성과 비교우위 : 복습

스마트폰을 생산하기 위해서는 어떤 국가든 다른 것을 생산하는 데 사용될 수 있는 자원 — 노동, 에너지, 자본 — 을 사용해야 한다. 자동차 부품 하나를 생산하기 위해서는 다른 재화의 생산 가능성을 포기해야 하는데 이것이 그 자동차 부품의 기회비용이다.

경우에 따라서는 어떤 특정한 국가에서 어떤 재화를 생산하는 기회비용이 특별히 낮은 이유를 쉽게 알 수 있다. 예컨대 지금 대부분이 베트남이나 태국에 있는 양식장에서 들여오고 있는 새우를 고려해 보자. 새우는 기후가 알맞고 갑각류 생산에 적당한 해안지역이 많은 베트남에서 생산하는 것이 미국에서 생신하는 것보다 훨씬 쉽다.

반면에 다른 재화들은 베트남보다 미국에서 생산하는 것이 더 쉽다. 예를 들면 베트남은 미국처럼 첨단기술제품 생산에 필요한 숙련된 노동자와 기술을 갖고 있지 않다. 따라서 항공기 같은 재화로 표시한 새우 1톤의 기회비용은 베트남이 미국보다 훨씬 낮다.

어떤 경우에는 관계가 그처럼 분명치 않다. 스마트폰을 조립하는 일은 미국에서도 중국만큼 쉽게 할 수 있을 뿐 아니라 굳이 비교한다면 중국의 전자제품 노동자들이 같은 미국 노동자들보다 오히려 효율성이 떨어진다고 할 수 있을 것이다. 그러나 중국 노동자들은 자동차나 화학제품 같은 다른 재화를 생산하는 데 있어서는 같은 미국 노동자들보다 효율성이 훨씬 더 많이 떨어진다. 따라서 우리는 중국이 스마트폰을 생산하는 데 비교우위를 갖고 있다고 말한다. 제2장에서 배운 비교우위의 정의를 다시 적어 보자. 한 국가에서 어떤 재화를 생산하는 기회비용이 다른 국가들보다 낮으면 그 국가는 그 재화 생산에 비교우위를 갖고 있다고 한다.

중국 노동자 한 사람으로 하여금 스마트폰을 조립하게 하는 것이 미국 노동자 한 사람으로 하여금 스마트폰을 조립하게 하는 것보다 더 생산적이다. 왜냐하면 미국 노동자는 다른 제품을

그림 8-2 비교우위와 생산가능곡선

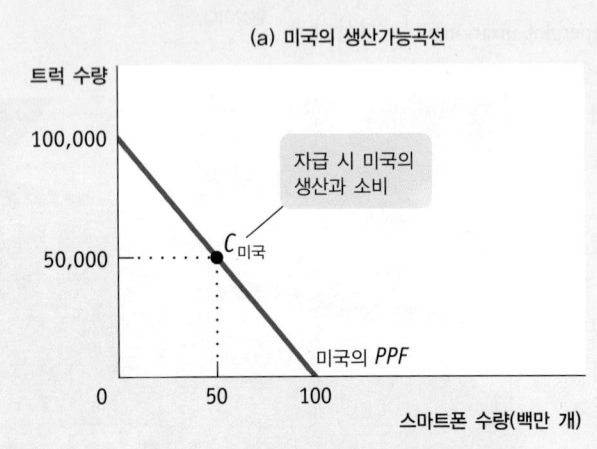

(a) 미국의 생산가능곡선

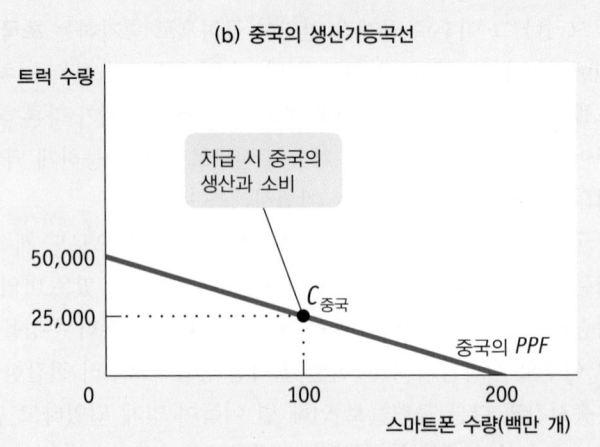

(b) 중국의 생산가능곡선

미국의 경우 스마트폰 한 단위의 기회비용은 트럭 1,000대이다. 스마트폰 한 단위(백만 개)가 추가로 생산되기 위해서는 트럭 1,000대를 포기해야 한다는 것이다. 중국의 경우 스마트폰 한 단위의 기회비용은 트럭 250대이다. 즉 스마트폰 한 단위(백만 개)가 추가로 생산될 때마다 포기해야 하는 트럭은 단지 250대뿐이다. 그러므로 미국은 트럭 생산에 비교우위가 있고, 중국은 스마트폰 생산에 비교우위가 있다. 무역이 없을 때 각국은 자기가 생산한 것만 소비할 수 있다. 미국은 5만 대의 트럭과 50단위의 스마트폰, 중국은 2만 5,000대의 트럭과 100단위의 스마트폰이다.

더 잘 생산할 수 있기 때문이다. 즉, 중국에서 스마트폰을 조립하는 기회비용이 미국에서보다 작다.

스마트폰을 조립하는 기회비용이라고 한 것을 유의하라. 이미 살펴본 바와 같이 중국산 스마트폰 가치의 대부분은 사실 다른 국가에서 발생한 것이다. 그러나 예시를 간단히 하기 위해 단순히 중국이 스마트폰의 모든 생산을 담당한다고 가정하자.

〈그림 8-2〉는 국제무역에서 비교우위의 예를 가상적인 숫자를 통해 보여 주고 있다. 우리는 스마트폰과 캐터필러 트럭 두 재화만이 생산·소비된다고 가정한다. (미국은 보통 트럭은 거의 수출하지 않지만 땅 고르는 장비를 생산하는 캐터필러는 중요한 수출업자이다.) 세상에는 미국과 중국 두 나라만 존재한다고 가정한다. 그림은 미국과 중국의 가상적인 생산가능곡선을 보여 준다.

제2장에서와 같이 생산가능곡선이 〈그림 2-2〉처럼 바깥쪽으로 휘어진 좀 더 현실적인 모양이 아니라 〈그림 2-1〉과 같이 직선이라고 가정하여 단순화하였다. 직선 모양은 트럭으로 표시한 각국의 스마트폰 기회비용이 일정함—두 재화의 생산량에 따라 달라지지 않음—을 의미한다. 기회비용이 일정하여 생산가능곡선이 직선이라는 가정하에 국제무역을 분석하는 것을 가리켜 19세기 초에 최초로 이 분석을 사용한 영국의 경제학자 데이비드 리카도(David Ricardo)의 이름을 따서 **리카도의 국제무역모형**(Ricardian model of international trade)이라 부른다.

〈그림 8-2〉에는 미국이 스마트폰을 전혀 생산하지 않고 트럭 10만 대를 생산하거나 트럭을 전혀 생산하지 않고 스마트폰 100단위(한 단위는 백만 개)를 생산할 수 있는 상황이 그려져 있다. 따라서 미국의 생산가능곡선(PPF)의 기울기는 −100,000/100＝−1,000이다. 즉, 미국이 스마트폰을 한 단위(백만 개) 더 생산하기 위해서는 트럭 1,000대의 생산을 포기해야 한다. 마찬가지로 미국이 트럭 한 대를 더 생산하기 위해서는 스마트폰 1,000개(스마트폰 백만 개 나누기 트럭 1,000대)의 생산을 포기해야 한다.

한편 중국은 스마트폰 대신 트럭만 5만 대를 생산하거나 트럭 대신 스마트폰만 200단위를 생

리카도의 국제무역 모형(Ricardian model of international trade)은 기회비용이 일정하다는 가정하에 국제무역을 분석한다.

산할 수 있다. 따라서 중국의 생산가능곡선의 기울기는 −50,000/200 = −250이다. 즉, 중국이 스마트폰을 한 단위 더 생산하기 위해서는 트럭 250대의 생산을 포기해야 한다. 마찬가지로 중국이 트럭 한 대를 더 생산하기 위해서는 스마트폰 4,000개(스마트폰 백만 개 나누기 트럭 250대)를 포기해야 한다.

역사적으로 각국은 거의 항상 다른 나라와 교역을 해왔다. 그럼에도 불구하고 첫 단계로 한 국가가 다른 나라와 교역을 할 수 없다면 어떤 선택을 할 것인지 생각해 보는 것이 유용하다. 한 국가가 다른 국가들과 무역을 하지 않는 상황을 가리켜 경제학자들은 **자급**(自給, autarky)이라 한다. 우리의 예에서 미국은 자급상태에서 스마트폰 50단위와 트럭 5만 대를 생산 및 소비한다고 가정한다. 또 중국은 자급상태에서 스마트폰 100단위와 트럭 2만 5,000대를 생산 및 소비한다고 가정한다.

자급(autarky)이란 한 국가가 다른 국가들과 무역을 하지 않는 상황을 가리킨다.

두 나라가 무역을 하지 않을 때 당면하고 있는 상충관계가 〈표 8-1〉에 요약되어 있다. 표에서 알 수 있는 바와 같이 미국은 트럭 생산에 비교우위가 있는데 이는 스마트폰으로 표시한 트럭의 기회비용이 중국에 비해 더 낮기 때문이다. 미국의 경우 트럭 한 대를 생산하는 기회비용은 스마트폰 1,000개인 반면 중국의 기회비용은 4,000개이다. 동시에 중국은 스마트폰 생산에 비교우위가 있다. 스마트폰 1단위의 기회비용은 트럭 250대인 반면 미국은 트럭 1,000대이다.

표 8-1 미국과 중국의 스마트폰 및 트럭의 기회비용

	미국의 기회비용		중국의 기회비용
스마트폰 백만 개	트럭 1,000대	>	트럭 250대
트럭 1대	스마트폰 1,000개	<	스마트폰 4,000개

우리가 제2장에서 배운 바와 같이 각국은 무역을 함으로써 무역이 없을 때에 비해 더 나아질 수 있다. 한 국가는 비교우위가 있는 재화 생산에 특화하여 그 재화를 수출하고 비교열위에 있는 재화를 수입함으로써 이익을 볼 수 있다. 그 원리를 살펴보자.

국제무역으로부터의 이득

〈그림 8-3〉은 가상적인 생산과 소비의 재분배를 통해 두 나라가 교역 전보다 두 재화 모두를 더 많이 소비할 수 있음을 보여줌으로써 어떻게 두 나라가 모두 특화와 무역으로부터 이득을 얻을

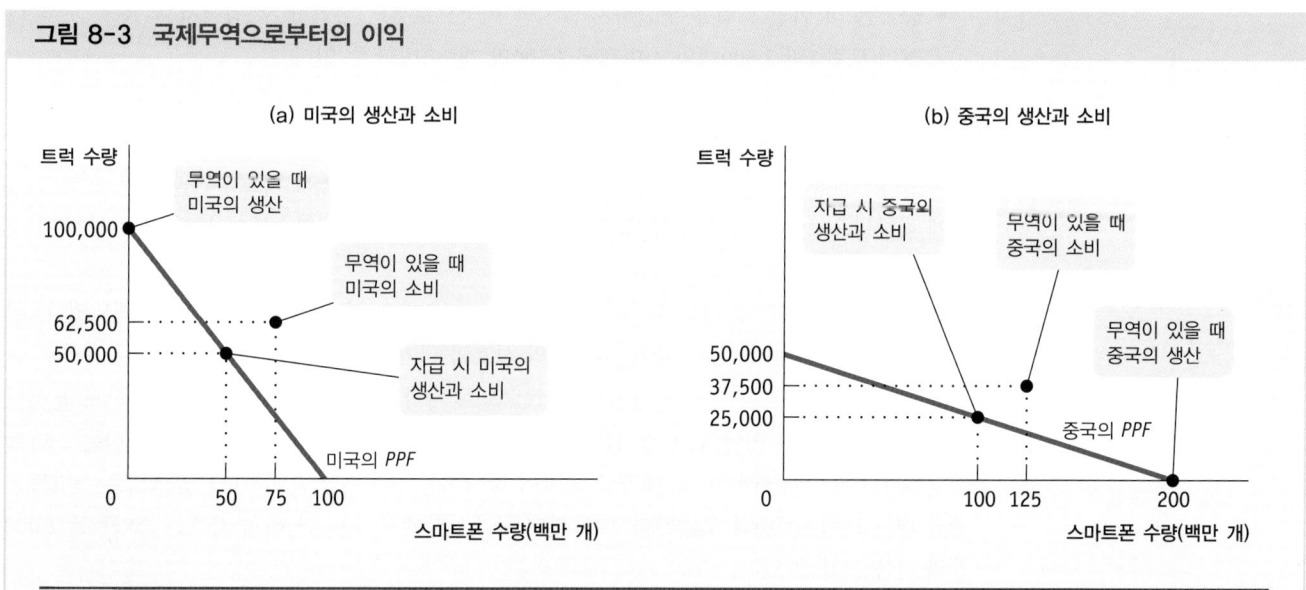

그림 8-3 국제무역으로부터의 이익

국제무역으로 인해 두 재화의 세계 총생산이 증가하여 두 국가 모두 소비를 더 많이 할 수 있게 된다. 국제무역으로 각국은 생산의 특화를 하게 된다. 미국은 트럭 생산에 특화하고 중국은 스마트폰 생산에 특화한다. 두 재화의 세계 총생산이 증가하여 두 나라 모두 두 재화를 더 많이 소비하는 것이 가능하게 된다.

표 8-2 미국과 중국이 어떻게 무역으로부터 이득을 얻는가?

		자급 시		무역 후		
		생산	소비	생산	소비	무역으로부터의 이득
미국	스마트폰(백만 개)	50	50	0	75	+25
	트럭	50,000	50,000	100,000	62,500	+12,500
중국	스마트폰(백만 개)	100	100	200	125	+25
	트럭	25,000	25,000	0	37,500	+12,500

수 있는지를 보여 준다. 전과 마찬가지로 그림 (a)는 미국, 그림 (b)는 중국을 나타낸다. 각 그림에는 〈그림 8-2〉에서 가정했던 자급하의 생산과 소비가 표시되어 있다.

그러나 무역의 가능성이 열리면 모든 것이 달라진다. 무역을 하게 되면 각국은 비교우위가 있는 재화—미국의 경우 트럭, 중국의 경우 스마트폰—만을 생산할 수 있다. 세계적으로 두 재화의 생산이 자급 때보다 많기 때문에 무역을 통해 각국은 두 재화 모두를 더 많이 소비할 수 있게 되었다.

〈표 8-2〉는 무역으로 인해 나타난 변화를 요약해서 두 나라가 어떻게 이익을 보게 되는지 보여준다. 표의 왼쪽에는 무역 전 각국이 자기 나라에서 소비할 것을 생산하는 자급 상태가 표시되어 있다. 표의 오른쪽에는 무역 후 어떤 일이 일어나는지가 표시되어 있다. 무역 후 미국은 트럭 생산에 특화하여 트럭 10만 대를 생산하고 자동차 부품은 생산하지 않는다. 중국은 스마트폰 생산에 특화하여 스마트폰을 200단위 생산하고, 트럭은 생산하지 않는다.

결과적으로 두 재화의 세계 총생산량이 증가하였다. 표에서 보는 바와 같이 무역을 통한 이득으로 인해

- 미국은 비록 더 이상 스마트폰을 생산하지 않지만 중국으로부터 수입할 수 있기 때문에 더 많은 트럭(1만 2,500대 이득)과 더 많은 스마트폰(2,500만 개 이득)을 소비할 수 있다.
- 중국은 더 이상 트럭을 생산하지 않지만 미국으로부터 수입할 수 있어서 두 재화 모두 더 많이(트럭 1만 2,500대와 스마트폰 2,500만 개) 소비할 수 있다.

이처럼 모두가 이익을 볼 수 있는 주요인은 무역으로 인해 자급자족, 즉 각국이 소비하는 재화의 구성 그대로를 생산할 필요가 없게 되었다는 점이다. 각국이 비교우위를 갖는 재화의 생산에 집중함으로써 세계 전체의 생산이 증가하여 양국 모두의 생활수준이 높아질 수 있게 된 것이다.

이 예에서 무역 후 두 나라에서 소비하는 재화의 조합은 단순히 가정에 의해 선택되었다. 실제로는 국가들이 선택하는 소비는 주민들의 선호와 국제시장에서의 **상대가격**—다른 재화로 표시된 한 재화의 가격—에 의해 결정된다. 트럭으로 나타낸 스마트폰 가격이 명시적으로 표시되지는 않았지만 우리 예에서 그 가격은 암묵적으로 주어져 있다. 중국은 미국이 소비하는 스마트폰 7,500만 개를 수출하고 그 대가로 중국이 소비하는 트럭 3만 7,500대를 받으므로 스마트폰 백만 개는 트럭 500대와 교환된다. 이로부터 국제시장에서 트럭 한 대의 가격은 스마트폰 2,000개와 같음을 알 수 있다.

상대가격이 만족해야 할 한 가지 조건은 어느 국가도 자급상태에서 한 재화를 얻는 데 드는 기회비용보다 높은 상대가격을 지불하지 않는다는 것이다. 즉, 미국은 중국으로부터 스마트폰 백만 개를 수입하는 데 트럭 1,000대 이상을 지불하려 하지 않을 것이며, 중국은 트럭 1대를 미

국으로부터 수입하는 데 4,000대 이상의 스마트폰을 지불하려 하지 않을 것이다. 이 조건이 충족된다면, 실제 국제무역의 상대가격은 수요와 공급에 의해 결정되며, 따라서 다음 절에서 국제무역에서의 수요와 공급을 다룰 것이다. 그러나 먼저 무역에서 발생하는 이득의 성격을 더 깊이 살펴보자.

비교우위와 절대우위

베트남이나 태국이 새우 생산에 비교우위를 갖는다는 것은 받아들이기 쉽다. 베트남은 미국에 비해 (걸프해 연안을 보더라도) 새우 양식에 더 적합한 열대기후를 갖고 있으며 사용 가능한 넓은 해안을 갖고 있다. 그래서 미국은 새우를 베트남이나 태국에서 수입한다. 그러나 스마트폰 조립의 경우에서 보는 것처럼 교역의 이익은 절대우위가 아니라 비교우위에서 발생하는 경우가 많다. 스마트폰을 조립하는 데 미국이 중국보다 더 적은 노동력을 사용할 것이다. 즉, 중국 전자제품 노동자의 생산성이 미국 노동자의 생산성보다 낮다. 그러나 비교우위를 결정하는 것은 상품을 생산하는 데 사용된 자원의 양이 아니라 그 상품을 생산하는 기회비용, 즉 이 예에서는 스마트폰 하나를 생산하기 위해 포기해야 하는 다른 재화의 양이다. 그리고 스마트폰의 기회비용은 중국이 미국보다 더 낮다.

PORNCHAI KITTIWONGSAKUL/Getty Images

베트남과 태국은 열대기후로 인해 새우 생산에 비교우위를 갖고 있다.

그 원리는 다음과 같다: 전자제품 산업을 보면 중국 노동자의 생산성이 미국 노동자보다 더 낮다. 그러나 다른 산업에서는 중국 노동자의 생산성이 미국 노동자보다 훨씬 더 낮다. 중국에서 스마트폰 한 개를 생산하는 데 많은 노동력이 사용되기는 하지만, 다른 산업에서 중국 노동자의 생산성이 매우 낮기 때문에 다른 재화를 그리 많이 포기할 필요가 없다.

미국에서는 그 반대다. (자동차 산업과 같은) 다른 산업에서의 생산성이 매우 높기 때문에 비록 전자제품 생산에 필요한 노동력이 적게 든다고 해도 그것을 생산하려면 다른 재화를 많이 포기해야 한다. 따라서 전자제품을 생산하는 기회비용은 중국이 미국보다 낮다. 전자제품 생산에 있어 미국이 절대우위는 갖고 있지만, 낮은 노동생산성에도 불구하고 많은 소비용 전자제품 생산에 비교우위를 갖고 있는 것은 중국이다.

소비용 전자제품에 있어 중국의 비교우위의 원인은 세계시장에서 중국 노동자들이 받는 임금에 나타나 있다. 한 국가의 임금률은 일반적으로 노동생산성을 반영하기 때문이다. 많은 산업에서 노동생산성이 높은 국가에서는 고용주들이 노동자를 얻기 위하여 기꺼이 높은 임금을 지불하려고 하므로 고용주들 간의 경쟁을 통해 전반적으로 임금률이 높아진다. 노동생산성이 낮은 국가에서는 노동자를 얻고자 하는 경쟁이 심하지 않아 임금률도 낮다.

다음의 국제비교에서 알 수 있는 것처럼 전 세계적으로 전반적인 생산성 수준과 임금률 사이에는 강한 상관관계가 있다. 중국은 일반적으로 생산성이 낮기 때문에 임금률이 상대적으로 낮다. 한편 낮은 임금률로 인해 중국은 소비용 전자제품과 같이 생산성이 적당히 낮은 산업의 제품을 생산하는 데 비용 면에서 우위를 갖게 된다. 이에 따라 중국이 미국보다 더 싼 값으로 이런 제품들을 생산할 수 있는 것이다.

비교우위의 오해로부터 발생하는 대중적 오류

중국과 같은 저임금 저생산성 경제와 미국 같은 고임금 고생산성 경제 사이에 발생하는 무역은 흔히 두 종류의 오해를 불러일으킨다.

국제비교 　　세계의 생산성과 임금

빈곤노동의 오류와 착취노동의 오류가 정말 오류일까? 그렇다. 가난한 국가의 저임금에 대한 올바른 설명은 전반적으로 낮은 생산성이다.

그림은 여러 국가의 2018년 노동생산성[노동자 1인당 생산물의 가치(GDP)로 측정]과 임금[노동자들의 평균 월급여로 측정]을 보여준다. 생산성과 임금 모두 미국의 생산성과 임금에 대한 백분율로 표시되었다. 예컨대 일본의 생산성과 임금은 각각 미국의 66%와 68% 수준이다. 생산성과 임금 사이에는 강한 양의 관계가 있음을 알 수 있다. 이 관계가 완벽한 것은 아니다. 예컨대 아이슬란드는 생산성으로부터 예상할 수 있는 것보다 다소 높은 임금을 받고 있다. 그러나 임금의 단순 비교는 가난한 국가의 노동비용에 대해 잘못된 인식을 줄 수 있다. 이들 국가의 저임금으로 인한 우위는 대부분 저생산성에 의해 상쇄된다.

출처 : The OECD and the World Bank, World Development Indicators.

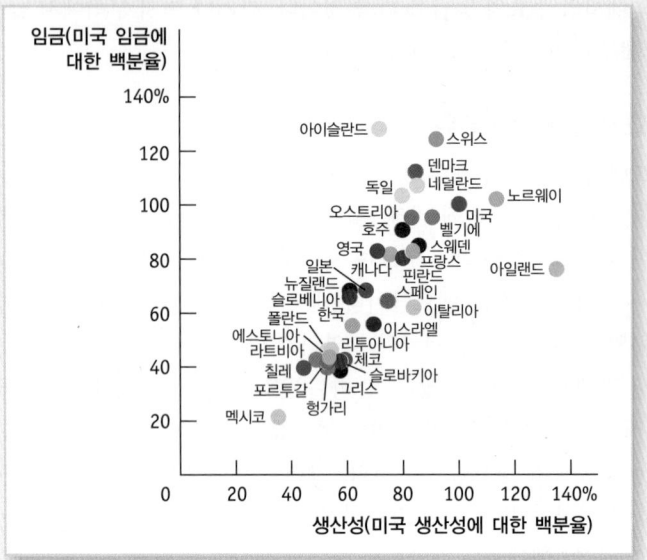

- 빈곤노동의 오류는 고임금 국가가 저임금 노동자들이 생산한 제품을 수입하면 수입국 노동자들의 생활수준이 저해될 것이라는 생각이다.
- 착취노동의 오류는 가난한 수출국의 노동자들은 미국 기준으로 볼 때 매우 낮은 임금을 받으므로 무역이 이들에게 해로울 것이라는 생각이다.

이 오류들은 모두 무역에서 발생하는 이득의 성격을 파악하지 못하고 있다. 가난한 저임금 국가가 비교우위에 있는 상품을 수출한다면 비록 이 상품들에 대한 비용의 우위가 저임금에 기초한 것이라 할지라도 무역이 두 국가 모두에게 도움이 된다. 즉, 두 국가 모두 무역을 통해 생활수준의 향상을 이룰 수 있다.

대부분의 미국 노동자들보다 훨씬 낮은 임금을 받는 사람이 생산한 제품을 구입하는 것이 반드시 그 사람을 착취하는 것은 아니라는 사실을 이해하는 것이 특히 중요하다. 결론은 대안이 무엇이냐에 따라 달라진다. 가난한 국가의 노동자들은 전반적으로 생산성이 낮기 때문에 미국에 수출되는 상품을 생산하건 자국 내에서 판매되는 상품을 생산하건 낮은 임금을 받는다. 부유국의 기준으로 볼 때 형편없는 직업이라 할지라도 가난한 국가에 사는 사람에게는 한 단계 높아진 직업이 될 수 있다.

저임금 수출에 의존하는 국제무역이라 할지라도 국가의 생활수준을 높일 수 있는 것이다. 이는 특별히 초저임금 국가에 잘 적용된다. 예컨대 방글라데시와 같은 국가들이 저임금에 기초한 의류 수출을 할 수 없었다면 지금보다 훨씬 더 가난했을 것이며 아마 굶주림도 발생했을지 모른다.

비교우위의 원인

국제무역이 발생하는 원인은 비교우위이지만 비교우위는 어떻게 결정되는 것일까? 국제무역을 연구하는 경제학자들은 비교우위의 원인으로 세 가지를 발견했다. 그것은 국가들 사이에 나타나는 기후의 차이, 요소부존의 차이, 그리고 기술의 차이이다.

기후의 차이 새우를 생산하는 기회비용이 미국보다 베트남과 태국에서 더 낮은 주요 원인은 새우 양식에 필요한 높은 수온이다. 베트남은 이를 갖추고 있는 반면 미국은 그렇지 못하다. 일반적으로 기후의 차이는 국제무역이 발생하는 중요한 원인이 된다. 열대국가들은 커피나 설탕, 바나나, 새우와 같은 열대특산품을 수출한다. 온대지방의 국가들은 밀이나 옥수수와 같은 작물을 수출한다. 어떤 무역은 북반구와 남반구의 계절 차이로 인해 발생한다. 칠레산 포도가 겨울에 배달되는 일은 미국과 유럽의 슈퍼마켓에서 흔한 일이 되었다.

요소부존의 차이 미국의 가장 큰 교역 상대국은 캐나다이다(중국이 두 번째 교역국이다). 캐나다는 무엇보다 많은 임업제품—목재 및 그 가공품인 펄프, 종이 등—을 미국으로 수출한다. 이러한 수출은 캐나다 벌목 노동자들이 특별한 기술을 보유했기 때문에 가능한 것이 아니다. 캐나다가 임업 제품에 비교우위를 갖는 이유는 캐나다의 노동인구당 삼림면적 비율이 미국의 노동인구당 삼림면적 비율과 비교해 볼 때 훨씬 더 크기 때문이다.

캐나다가 임업제품에 비교우위를 갖는 것은 삼림면적이 더 크기 때문이다.

노동이나 자본과 마찬가지로 삼림지는 **생산요소**이다. 생산요소란 재화와 서비스를 생산하는 데 사용되는 투입물이다. (제2장에서 생산요소에는 토지, 노동, 자본 및 인적 자본이 있음을 배웠다.) 역사적·지리적인 이유로 가용한 생산요소의 구성은 국가마다 차이가 있으며 이것이 비교우위의 중요한 원인이 된다. 비교우위와 가용요소 사이의 관계는 국제무역이론에 많은 영향을 끼친 헥셔-올린모형(20세기 전반 두 스웨덴 경제학자에 의해 개발된 모형)에서 찾아볼 수 있다.

헥셔-올린 모형의 기본개념은 요소풍요도와 요소집약도이다. 요소풍요도는 그 요소의 공급이 다른 요소들에 비해 얼마나 풍부한가를 나타낸다. **요소집약도**(factor intensity)란 어떤 생산요소가 다른 요소에 비해 생산에 상대적으로 많이 이용되는가를 평가하는 기준이다. 예컨대 정유산업은 노동에 비해 높은 비율의 자본이 사용되므로 자본집약적인 반면 스마트폰 생산은 자본에 비해 상대적으로 높은 비율의 노동이 사용되므로 노동집약적이다.

헥셔-올린 모형(Heckscher-Ohlin model)에 의하면 한 국가는 그 국가가 풍부하게 보유하고 있는 요소를 집약적으로 사용하는 재화의 생산에 비교우위를 갖게 된다. 따라서 상대적으로 자본이 풍부한 국가는 정유산업과 같이 자본집약적인 산업에 비교우위를 가지고 상대적으로 노동이 풍부한 국가는 스마트폰 생산과 같이 노동집약적인 산업에 비교우위를 가질 것이다.

이 결과에 대한 기본 식판은 매우 간단하며 기회비용에 근거를 두고 있다.

- 주어진 요소의 기회비용—다른 용도로 사용될 때 창출되는 가치—은 그 요소가 상대적으로 풍부할수록 더 낮다.
- 미국에 비해 중국은 저숙련 노동자가 풍부하다.
- 따라서 저숙련 노동집약적인 제품을 생산하는 기회비용은 중국이 미국보다 더 낮다.

의류 무역은 헥셔-올린 모형의 타당성을 입증하는 가장 극적인 예다. 의류 생산은 노동집약적인 작업이다. 그것은 많은 실물자본을 필요로 하지 않으며 또한 고등교육 형태로 나타나는 많은 인적 자본을 필요로 하지도 않는다. 따라서 중국이나 방글라데시와 같이 노동이 풍부한 국가들이 의류 생산에 비교우위를 가질 것이라고 짐작할 수 있을 것이다. 그리고 사실이 그렇다.

국제무역의 상당 부분이 요소부존의 차이로 발생한다는 사실로부터 또 다른 사실을 설명할 수 있다. 흔히 국가 간 생산의 특화는 **불완전**하다는 사실이다. 즉 흔히 수입되는 재화의 국내 생

요소집약도(factor intensity)는 어떤 재화 생산에 있어서 다른 생산요소에 비해 더 많이 사용된 생산요소가 무엇인지를 나타낸다.

헥셔-올린 모형(Heckscher-Ohlin model)에 따르면, 한 국가는 그 국가가 풍부하게 보유하고 있는 요소를 집약적으로 사용하는 재화 생산에 비교우위를 갖는다.

탐구자를 위하여 규모의 효과가 국제무역에 미치는 영향

국제무역에 관한 분석들은 대부분 국가 간의 차이-기후, 요소부존, 기술의 차이-가 어떻게 국가들의 비교우위를 발생시키는지에 초점을 맞춘다. 비교우위가 가장 중요한 국제무역의 원인인 것은 틀림없지만 경제학자들은 국제무역이 발생하는 또 다른 이유로서 규모에 대한 수익체증을 주목한다.

생산에 투입된 노동과 다른 자원들의 생산성이 생산량에 따라 증가할 때 그 재화는 규모에 대한 수익이 증가한다고 말한다. 예를 들어 규모에 대한 수익이 증가하는 산업에서는 생산량을 10% 증가시키는 데 노동 8%와 원재료 9% 증가로 충분할 수가 있다.

수익체증이 국제무역을 발생시키는 산업의 한 예로서 대형 여객기 산업을 들 수 있다. 대형 여객기를 효율적으로 생산하기 위해서는 엄청난 규모의 공장이 필요하다. 예를 들어 보잉은 동체 폭이 넓은 여객기 조립을 위해 워싱턴주 에버렛시에 100에이커에 달하는 공장을 보유하고 있다. 새로운 항공기를 개발하는 데에도 연구 개발에 대한 엄청난 일회성 투자가 필요하다. 이러한 이유로 대규모 공장을 갖춘 소수의 회사들이 세계의 항공기 생산을 장악하고 있다. 실제로 동체 폭이 넓은 여객기는 전 세계에서 단 두 곳, 미국의 워싱턴주 시애틀 근교와 프랑스 툴루즈에서만 주로 생산된다. 대형 여객기 생산의 수익체증으로 인해 그러한 여객기의 무역이 활발하게 발생하는 것이다.

금융서비스 산업 역시 수익체증에 의해 국제무역이 발생하는 또 다른 예라 할 수 있다. 이 산업은 소수의 초대형 은행들이 장악하고 있다. 이 은행들은 거래를 위한 대면 접촉을 촉진하기 위해, 그리고 대규모 숙련노동자들을 쉽게 구하기 위해 한 지역에 집결해 있는 것이 유리하다고 생각한다. 그리하여 세계 금융 산업은 뉴욕과 런던 두 도시에 위치한 은행들이 장악하고 있다.

부존자원이 비슷한 국가들 사이에 무역이 발생하는 것도 수익체증으로 설명할 수 있다. 삼림 외에 미국과 캐나다는 기술이나 자원에 있어 크게 달라 보이지 않는다. 그럼에도 불구하고 두 국가는 서로 상대국에 방대한 양의 공산품들을 수출한다. 그 이유는 수익체증으로 인해 각국이 제한된 제품들에 특화하고 생산되지 않는 제품들을 수입하게 되었기 때문이다. 세계무역 총액의 25% 정도를 차지하는 선진국 간 공산품의 무역에서는 아마도 규모에 대한 수익 체증이 큰 역할을 하고 있을 것이다.

산도 어느 정도 유지된다는 것이다. 이에 대한 좋은 예는 영국의 원유무역이다. 영국에서 소비되는 원유의 대부분은 연안에 풍부한 매장량을 갖고 있는 노르웨이에서 수입된다. 그러나 영국도 주로 스코틀랜드 연안에 원유가 매장되어 있고 상당한 양의 원유를 직접 생산한다.

다음 절의 수요와 공급분석에서 우리는 불완전 특화를 원칙으로 하여 분석할 것이다. 그러나 불완전 특화가 자주 발생한다고 해서 무역에 이득이 있다는 결론이 달라지는 것은 결코 아니라는 사실을 명심해야 한다.

기술의 차이 1970년대와 1980년대에 일본은 미국과 여타 지역에 많은 자동차를 수출하여 단연코 세계 최대의 자동차 수출국이 되었다. 일본이 자동차에 비교우위를 갖게 된 것은 기후의 영향이 아니었다. 또한 요소부존의 차이라고 말하기도 어렵다. 토지가 희소하다는 것 외에 일본의 가용요소 구성은 다른 선진국과 매우 유사하였다. 자동차에 대한 일본의 비교우위는 사실 그 나라의 생산자들에 의해 개발된 우수한 생산기술에 근거한 것이었다. 그 생산기술로 인해 그들은 주어진 노동과 자본을 가지고 미국이나 유럽의 경쟁자들보다 더 많은 자동차를 생산할 수 있었다.

자동차에 대한 일본의 비교우위는 기술—생산에 사용되는 기법—격차로 인한 비교우위의 한 예이다.

기술 격차가 발생하는 원인은 다소 불분명하다. 어떤 경우에는 경험에 의해 축적된 지식에 의한 것으로 보인다. 예를 들어 시계 생산에 대한 스위스의 비교우위는 시계 제작의 오랜 전통에 기인한다. 경우에 따라서는 무슨 이유에서인지 몇 가지 기술혁신이 한 국가에서만 나타나고 다른 국가에서는 나타나지 않는 까닭에 기술격차가 발생하기도 한다.

그러나 기술적 우위는 일시적인 경우가 많다. 미국 자동차 공장들도 **절약형 생산**(효율성을 높여 생산성을 개선하는 기술)을 도입함으로써 이제 일본 경쟁자들과의 생산성 격차를 많이 좁혀 놓았다. 또한 유럽의 항공기 산업도 미국 항공기 산업과의 기술 격차를 좁혀 놓았다. 그러나 주어진 한 시점에서는 기술 격차가 비교우위의 주요한 원인이 된다.

현실 경제의 >> 이해

홍콩 셔츠의 몰락

홍콩의 성장은 20세기에서 가장 불가능해 보이는 경제적 성공의 한 예이다. 1949년 공산주의 정권이 중국을 장악했을 때, 아직도 영국의 식민지였던 홍콩은 국경 너머 내륙지방과 경제관계가 끊어진 고립된 도시였다. 그때까지 홍콩은 중국으로의 통로 역할을 함으로써 생계를 이어왔다. 그러나 홍콩은 중국으로부터 단절된 후에도 쇠락하지 않았다. 오히려 홍콩은 번창하여 1인당 GDP가 미국과 맞먹는 수준이 되었다 – 현재 홍콩은 중국에 반환되었으나 특별자치구로 남아있다.

홍콩의 성장은 섬유산업에 크게 의존하였다. 1980년 홍콩의 의류와 섬유 부문에 고용된 노동자는 45만 명에 육박하는데 이는 전체 고용의 20%에 가까운 숫자다. 이들 노동자들의 대다수가 수출용, 특히 대미 수출용 의상 – 셔츠, 바지, 드레스 등 – 제조에 종사하였다.

그러나 그 이후 홍콩의 섬유산업은 크게 쇠퇴하였다 – 사실상 거의 소멸되었고 이와 함께 홍콩의 의류수출도 사라졌다. 〈그림 8-4〉에는 1989년 이후 미국 의류 수입에서 차지하는 홍콩의 비율과 이 산업에 새로 뛰어든 방글라데시의 비율이 표시되어 있다. 이 그래프에서 알 수 있듯이 홍콩은 이 그래프에서 사실상 사라져 간 반면 방글라데시의 비중은 최근 상당이 높아지고 있다.

홍콩이 의류 제조에 있어 비교우위를 상실한 이유는 무엇일까? 이 도시의 의류 제조 노동자들의 생산성이 떨어져서가 아니다. 근본적인 이유는 이 도시가 다른 일들에 더 유능하게 되었기 때문이다. 의류 제조 산업은 노동집약적인 비교적 저기술 산업이다. 이 산업의 비교우위는 항상 가난하고 노동집약적인 경제가 가지고 있었다. 홍콩은 더 이상 이런 경제가 아닌 반면, 방글라데시는 이런 경제이다. 홍콩의 섬유산업은 이 도시의 성공의 제물이 된 것이다.

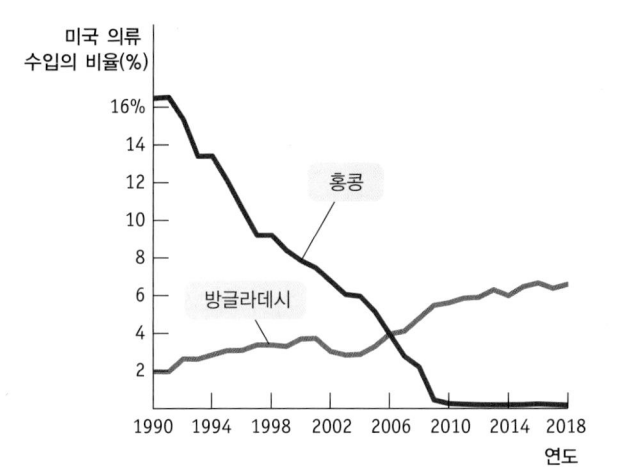

그림 8-4 교육, 기술집약도와 무역

출처 : U.S. International Trade Administration.

>> 이해돕기 8-1

해답은 책 뒤에

1. 미국의 경우 옥수수 1톤에 대한 기회비용은 자전거 50대이다. 중국에서 자전거 1대의 기회비용은 옥수수 0.01톤이다.
   a. 비교우위의 패턴을 구하라.
   b. 미국은 자급상태에서 옥수수를 생산하지 않으면 20만 대의 자전거를 생산할 수 있고, 중국은 자급상태에서 자전거를 생산하지 않으면 3,000톤의 옥수수를 생산할 수 있다. 한계비용이 일정하다는 가정하에서 수평축에는 자전거를, 수직축에는 옥수수를 표시하여 각 국가의 생산가능곡선을 그려 보라.
   c. 국제무역을 통해 각 국가는 특화를 하게 된다. 미국은 1,000톤의 옥수수와 20만 대의 자전거를 소비하고, 중국은 3,000톤의 옥수수와 10만 대의 자전거를 소비한다. 자신이 그린 그림에 생산점과 소비점을 표시하고, 이를 토대로 무역으로부터의 이익을 설명해 보라.
2. 헥셔-올린 모형을 이용해서 다음과 같은 무역 패턴을 설명해 보라.
   a. 프랑스에서 미국으로의 와인 수출, 미국에서 프랑스로의 영화 수출
   b. 브라질에서 미국으로의 신발 수출, 미국에서 브라질로의 신발 제조기계 수출

>> **복습**
- 미국과 다른 많은 국가 경제에서 **수입**과 **수출**이 차지하는 비중이 증가하고 있다.
- 국제무역과 다른 국제적 연관성의 증가를 **국제화**라 한다. 극도로 높은 국제무역을 **초국제화**라고 한다.
- 국제무역은 비교우위에 의해 발생한다. **리카도의 국제무역모형**은 국가들이 서로 무역을 하면 **자급 상태**보다 더 나은 결과, 즉 교역으로부터의 이득을 얻을 수 있다는 것을 보여 준다.
- 비교우위의 주요 원인에는 국제 간 기후의 차이, 요소부존의 차이, 기술의 차이가 있다.
- **헥셔-올린 모형**은 비교우위가 요소부존의 차이에 의해 발생한다는 것을 보여 준다. 생산되는 재화마다 **요소집약도**가 다르고 국가마다 자국이 풍부하게 보유하고 있는 요소를 집약적으로 사용하는 재화를 수출하려는 경향을 갖게 된다.

국내수요곡선(domestic demand curve)은 한 재화에 대한 국내 소비자들의 수요가 그 재화가격에 따라 어떻게 달라지는지를 보여 준다.

국내공급곡선(domestic supply curve)은 국내 생산자들이 공급하는 재화의 수량이 그 재화가격에 따라 어떻게 달라지는지를 보여 준다.

|| 수요, 공급과 국제무역

비교우위에 대한 단순모형들은 국제무역의 근본 원인을 이해하는 데는 도움이 된다. 하지만 국제무역의 효과를 더 자세히 분석하고 무역정책을 이해하기 위해서는 수요와 공급 모형을 사용하는 것이 도움이 된다. 우리는 먼저 수입이 국내 생산자와 소비자에게 미치는 영향을 살펴본 다음 수출의 영향을 살펴보기로 한다.

수입의 영향

〈그림 8-5〉는 국제무역을 잠시 무시한 채 미국의 스마트폰 시장을 나타낸 것이다. 여기에는 몇 가지 새로운 개념이 도입되었다. 국내수요곡선, 국내공급곡선, 그리고 국내가격 또는 자급가격이 그것이다.

국내수요곡선(domestic demand curve)은 어떤 재화에 대한 한 국가 주민들의 수요가 그 재화가격에 따라 어떻게 달라지는지를 보여 준다. '국내'라는 수식어가 붙은 이유는 다른 나라의 국민들도 그 재화를 수요할 수 있기 때문이다. 일단 국제무역을 도입하게 되면 국내 소비자들의 구매와 해외 소비자들의 구매를 구분할 필요가 있다. 따라서 국내수요곡선은 우리나라 국민들의 수요만을 반영한다.

마찬가지로 **국내공급곡선**(domestic supply curve)은 한 국가 내의 생산자들이 공급하는 재화의 수량이 그 재화가격에 따라 어떻게 달라지는지를 보여 준다. 국제무역을 도입하고 나면 국내 생산자들의 공급과 해외공급 — 해외로부터 들여온 공급 — 을 구분할 필요가 있다.

스마트폰의 국제무역이 없는 자급상태에서는 이 시장의 균형은 국내수요와 국내공급곡선의 교점인 점 A에서 결정될 것이다. 스마트폰의 균형가격은 P_A이고, 생산 · 소비되는 스마트폰의 균형거래량은 Q_A가 될 것이다. 항상 그렇듯이 소비자와 생산자는 모두 국내시장이 존재함으로써 이득을 얻게 된다. 소비자잉여는 〈그림 8-5〉에서 파란색 삼각형의 면적과 같을 것이다. 생산자잉여는 빨간색 삼각형의 면적과 같을 것이다.

이제 수입을 허용하여 이 시장을 개방한다고 생각해 보자. 이를 위해서는 수입품의 공급에 대

그림 8-5 자급상태에서의 소비자잉여와 생산자잉여

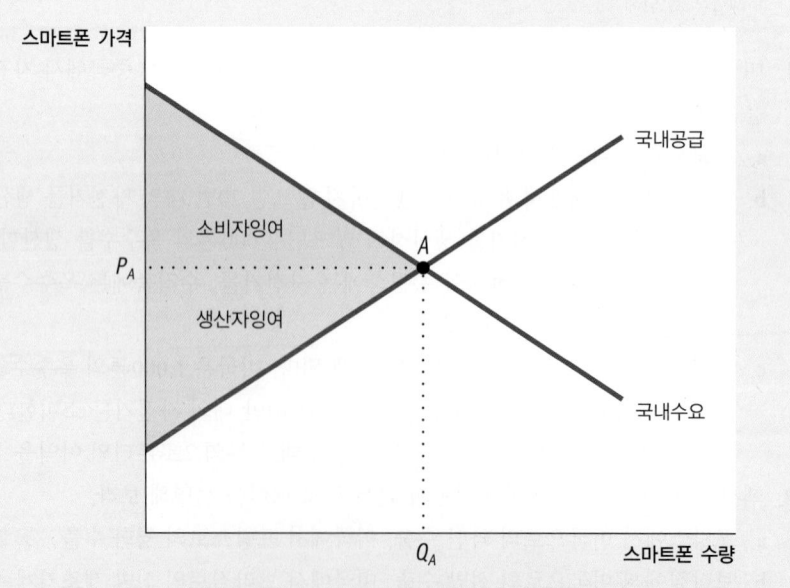

국제무역이 없을 때 국내가격은 P_A이며, 이는 국내공급곡선과 국내수요곡선이 교차하는 자급상태의 가격이다. 국내에서 생산되고 소비되는 거래량은 Q_A이다. 소비자잉여는 파란색 삼각형의 면적으로 나타나고, 생산자잉여는 빨간색 삼각형의 면적으로 나타난다.

그림 8-6 수입 후 국내시장

그림에서 스마트폰의 국제가격 P_W는 자급상태의 가격 P_A보다 낮다. 이 국가가 국제무역을 하게 되면, 수입으로 인해 국내가격이 자급상태일 때의 P_A에서 국제가격 P_W로 떨어지게 된다. 가격이 떨어지면 국내수요량은 Q_A에서 Q_D로 증가하고, 국내공급량은 Q_A에서 Q_S로 감소한다. P_W에서 국내수요량과 국내공급량 간의 차이, $Q_D - Q_S$는 수입으로 채워진다.

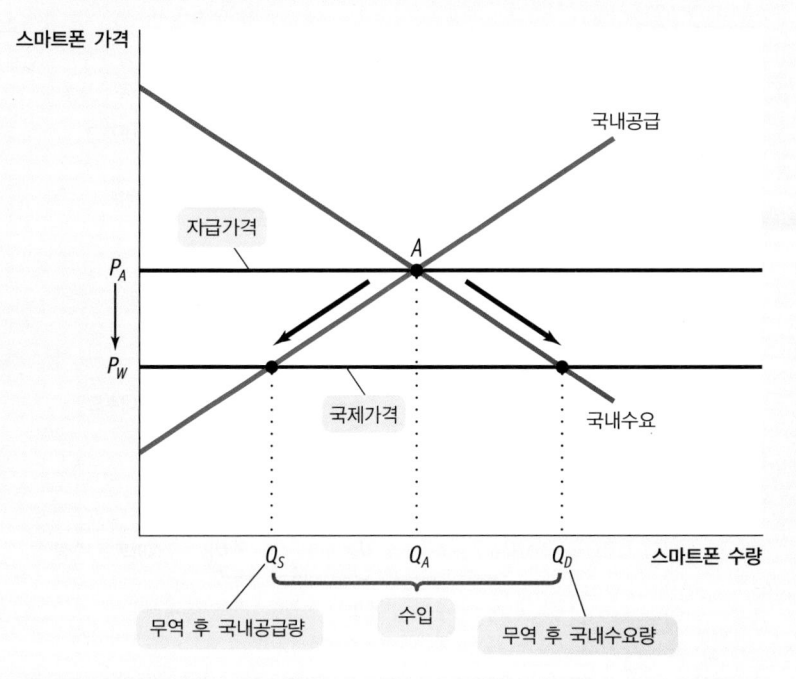

해 어떤 가정을 해야 한다. 가장 간단한 가정은 **국제가격**(world price)으로 알려진 주어진 가격에서 스마트폰을 얼마든지 해외로부터 구입할 수 있다는 것인데 우리도 여기서 이 가정을 도입한다. 〈그림 8-6〉에는 스마트폰의 국제가격 P_W가 자급상태의 국내시장가격 P_A보다 낮은 상황이 그려져 있다.

스마트폰의 국제가격이 국내가격보다 낮으므로 수입상들이 스마트폰을 해외에서 구입하여 국내에서 다시 판매함으로써 이윤을 낼 수 있다. 수입된 스마트폰은 국내시장의 스마트폰 공급을 증가시켜 국내시장가격이 하락할 것이다. 스마트폰의 수입은 국내 스마트폰 가격이 국제가격과 같은 수준으로 떨어질 때까지 계속될 것이다.

이 결과가 〈그림 8-6〉에 그려져 있다. 수입으로 인해 국내 스마트폰 가격은 P_A에서 P_W로 하락한다. 국내 소비자가 수요하는 스마트폰의 수량은 Q_A에서 Q_D로 증가하고 국내 생산자에 의해 공급되는 수량은 Q_A에서 Q_S로 하락한다. 국내수요량과 국내공급량의 차이 $Q_D - Q_S$는 수입으로 채워진다.

이제 수입이 소비자잉여와 생산자잉여에 미치는 영향을 살펴보자. 스마트폰 수입으로 인해 국내가격이 하락하게 되므로 소비자잉여는 증가하고 생산자잉여는 감소한다. 〈그림 8-7〉을 보면 어떻게 해서 이렇게 되는지 알 수 있다. W, X, Y, Z 네 면적이 그림에 표시되어 있다. 〈그림 8-5〉에서 본 자급상태의 소비자잉여는 W에 해당하고 자급상태의 생산자잉여는 X와 Y의 합에 해당한다. 국내가격이 국제가격까지 하락함으로써 소비자잉여는 증가한다. 소비자잉여는 X와 Z의 면적을 합한 것만큼 증가하여 W, X, Z의 합과 같아진다. 동시에 생산자잉여는 X만큼 감소하여 이제는 Y와 같아진다.

〈그림 8-7〉의 표에 스마트폰 시장이 수입에 대해 개방되었을 때 나타나는 소비자잉여와 생산자잉여의 변화를 요약해 놓았다. 소비자는 $X+Z$의 면적에 해당하는 잉여를 얻고, 생산자는 X의 면적에 해당하는 잉여를 잃는다. 따라서 소비자잉여와 생산자잉여의 합 — 스마트폰 시장에 발

어떤 재화의 **국제가격**(world price)은 그 재화가 해외에서 거래되는 가격을 말한다.

그림 8-7 수입의 잉여에 대한 영향

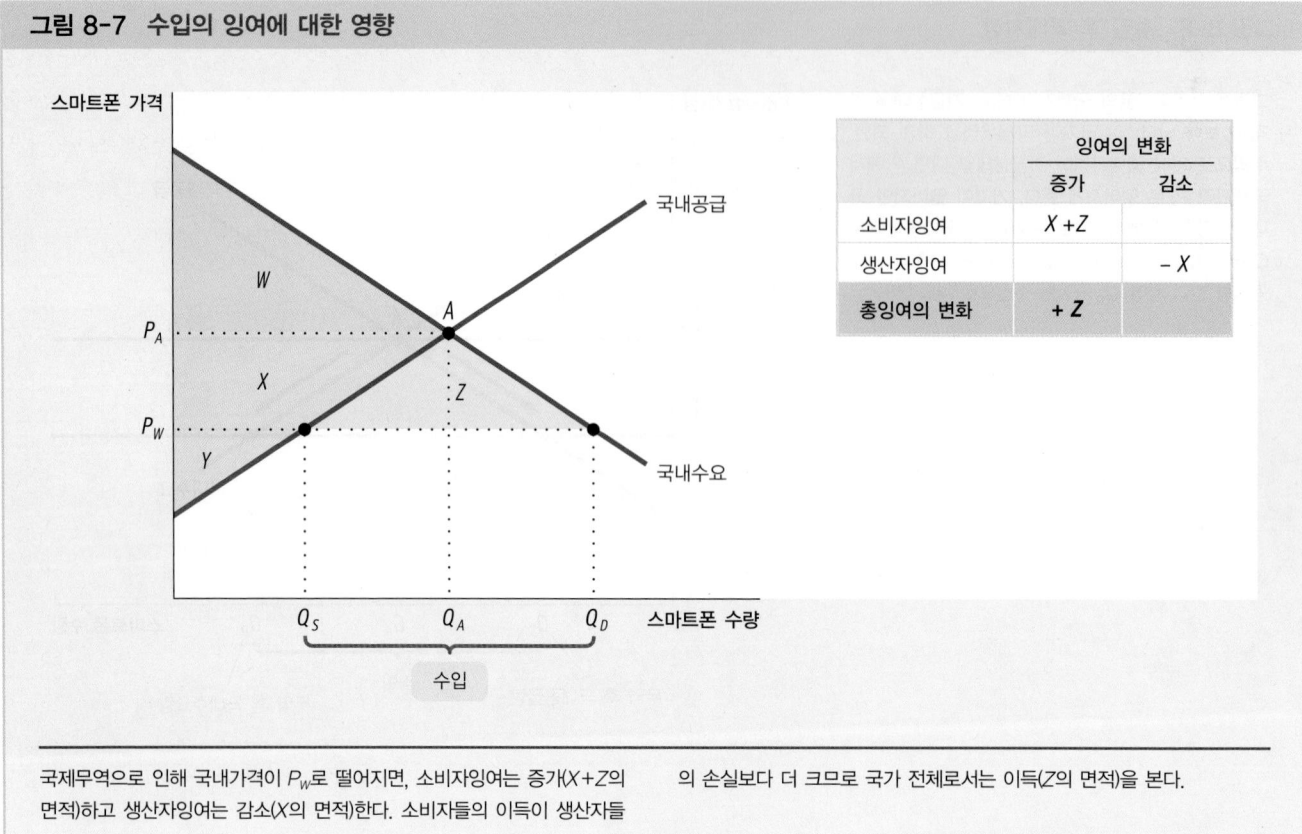

	잉여의 변화	
	증가	감소
소비자잉여	$X+Z$	
생산자잉여		$-X$
총잉여의 변화	$+Z$	

국제무역으로 인해 국내가격이 P_W로 떨어지면, 소비자잉여는 증가($X+Z$의 면적)하고 생산자잉여는 감소(X의 면적)한다. 소비자들의 이득이 생산자들의 손실보다 더 크므로 국가 전체로서는 이득(Z의 면적)을 본다.

생한 총잉여 — 은 Z의 면적만큼 증가한다. 무역의 결과로 소비자들은 이득을 보고 생산자들은 손실을 보지만 소비자들의 이득이 생산자들의 손실보다 더 크다.

이것은 중요한 결과이다. 우리는 방금 수입에 대해 시장을 개방함으로써 총잉여가 증가함을 보았다. 이것은 국제무역으로부터 이득을 얻을 수 있다는 명제에 비추어 볼 때 당연히 예상되는 결과이다.

그러나 우리는 또한 국가 전체로서는 이득을 보지만 어떤 집단 — 이 경우에는 국내의 스마트폰 생산자들 — 은 국제무역의 결과로 손실을 본다는 것도 알았다. 곧 보게 되는 바와 같이 일반적으로 국제무역을 통해 이득을 보는 사람뿐 아니라 손실을 보는 사람도 발생한다는 사실은 무역정책과 관련된 정치를 이해하는 데 중요하다.

다음에는 한 국가가 어떤 재화를 수출하는 경우를 보자.

수출의 영향

〈그림 8-8〉은 한 국가가 한 재화 — 여기서는 트럭 — 를 수출할 때 어떤 영향을 받는지 보여 준다. 이 예에서는 자급상태의 국내가격 P_A보다 높은 수준으로 주어져 있는 국제가격 P_W에서 트럭을 원하는 만큼 판매할 수 있다고 가정한다.

높은 국제가격으로 인해 수출업자들은 국내에서 트럭을 구입하여 해외에 판매함으로써 이윤을 얻을 수 있다. 국내 트럭을 구매함에 따라 국내가격은 상승하여 국제가격과 같아지게 된다. 이 결과로 국내 소비자의 수요량은 Q_A에서 Q_D로 감소하고 국내 생산자의 공급량은 Q_A에서 Q_S로 증가한다. 국내 생산과 국내 소비의 차이인 $Q_S - Q_D$는 수출된다.

수입과 마찬가지로 수출로 인해 수출국의 총잉여는 증가하지만 역시 이득을 보는 사람뿐 아

그림 8-8 수출 후 국내시장

그림에서 국제가격 P_W는 자급상태에서의 국내가격 P_A보다 높다. 국제무역을 하게 되면 국내공급량 일부가 수출된다. 국내가격은 자급상태에서의 가격 P_A에서 국제가격 P_W로 증가하게 된다. 가격이 오르면 국내수요량은 Q_A에서 Q_D로 감소하고, 국내공급량은 Q_A에서 Q_S로 증가하게 된다. 국내 생산과 국내 소비의 차이 $Q_S - Q_D$는 수출된다.

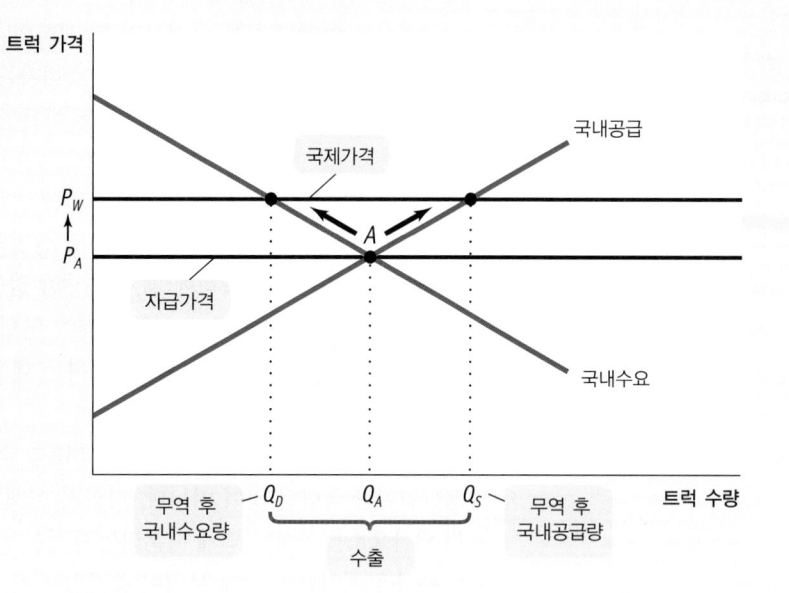

니라 손실을 보는 사람도 발생한다. 〈그림 8-9〉는 트럭 수출이 소비자잉여와 생산자잉여에 미치는 영향을 보여 준다. 무역이 없다면 트럭 가격은 P_A일 것이다. 무역이 없을 때 소비자잉여는 W와 X 면적의 합과 같고, 생산자잉여는 Y의 면적과 같다. 무역의 결과로 가격은 P_A에서 P_W로 상승하고, 소비자잉여는 W로 감소하며, 생산자잉여는 $Y+X+Z$로 증가한다. 따라서 생산자는 $X+$

그림 8-9 수출의 잉여에 대한 영향

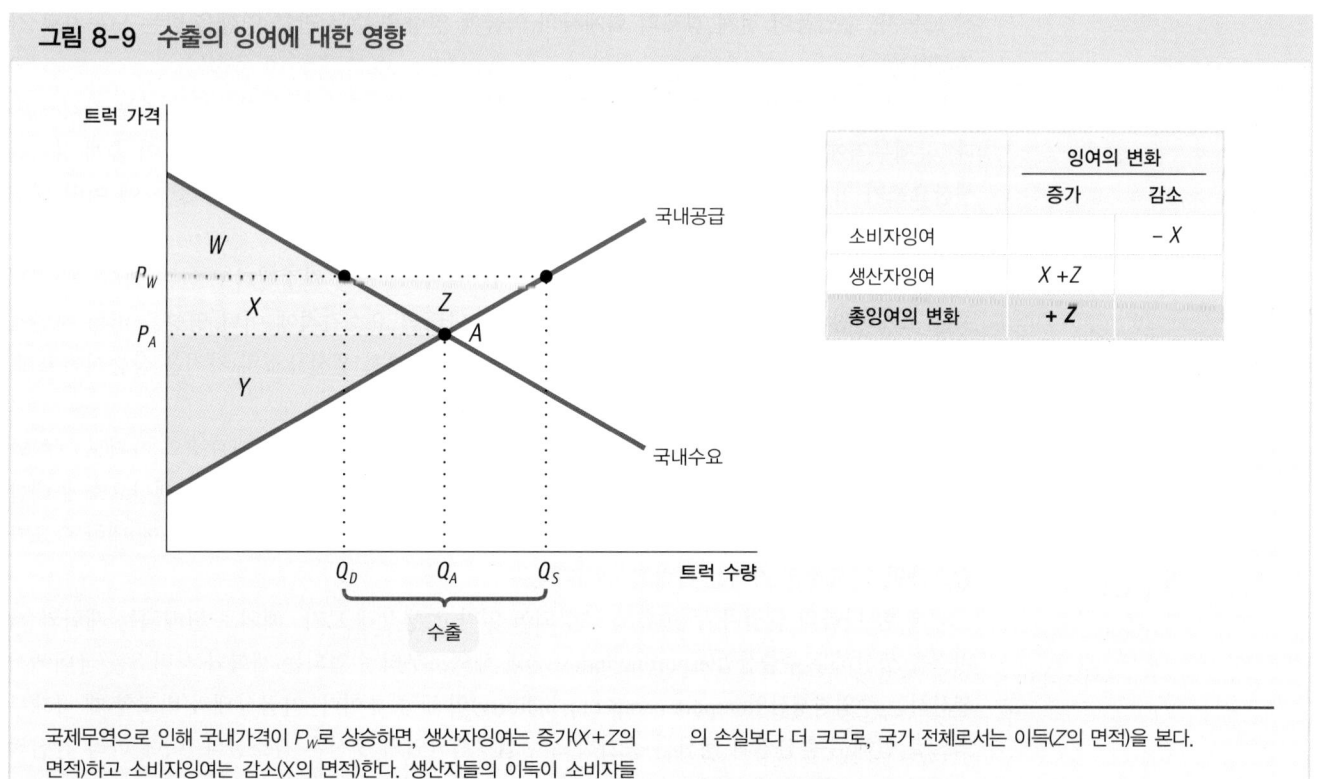

	잉여의 변화	
	증가	감소
소비자잉여		$- X$
생산자잉여	$X + Z$	
총잉여의 변화	**$+ Z$**	

국제무역으로 인해 국내가격이 P_W로 상승하면, 생산자잉여는 증가($X+Z$의 면적)하고 소비자잉여는 감소(X의 면적)한다. 생산자들의 이득이 소비자들의 손실보다 더 크므로, 국가 전체로서는 이득(Z의 면적)을 본다.

Z만큼 이득을 보고 소비자는 X만큼 손실을 보며, 그림에 있는 표에서 보는 바와 같이 경제 전체로서는 총잉여가 Z만큼 증가한다.

그러므로 어떤 재화를 수입하면 그 재화의 국내 생산자가 손실을 보지만 국내 소비자는 이득을 보고, 어떤 재화를 수출하면 국내 소비자는 손실을 보지만 그 재화의 국내 생산자는 이득을 본다는 것을 알 수 있다. 어느 경우에든 이득이 손실보다 더 크다.

국제무역과 임금

지금까지 우리는 국제무역이 어떤 특정 산업의 생산자와 소비자에게 주는 영향에 초점을 맞추어 왔다. 이것은 여러 목적에 매우 유용한 접근방법이다. 그러나 사회에서 무역에 의해 영향을 받는 것은 생산자와 소비자만 있는 것이 아니다. 생산요소의 소유자들도 영향을 받는다. 특히 수출 상품이나 수입경쟁 상품을 생산하는 데 고용된 노동, 토지, 자본의 소유자들은 무역에 의해 큰 영향을 받을 수 있다.

더욱이 생산요소들은 보통 산업 간에 이동할 수 있기 때문에 무역의 영향은 수출산업이나 수입경쟁산업에만 국한된 것이 아니다. 따라서 이제는 국제무역이 소득분배—한 국가의 총소득이 여러 생산요소들 간에 어떻게 배분되는지 하는 문제—에 미치는 장기적 효과에 관심을 돌려 보자.

분석을 시작하기 위해 무역이 증가함에 따라 축소되는 산업에서 일하고 있는 회계사인 미아의 입장을 생각해 보자. 예컨대 예전에는 수백만 명을 고용했었지만 지금은 저임금 국가로부터 수입되는 제품에 의해 소멸해 가는 의류 산업에서 그녀가 일하고 있다고 하자. 아마도 미아는 다른 산업에서, 예컨대 급속히 성장하고 있는 의료서비스와 같은 산업에서 새로운 직장을 얻을 것이다. 이러한 변화가 그녀의 소득에는 어떤 영향을 주겠는가?

아마도 큰 영향이 없을 것이다. 미국 노동통계국에 의하면 의료서비스에 종사하는 회계사도 의류산업에서와 마찬가지로 대략 6만 5,000달러의 연봉을 받는다. 따라서 미아는 수입품의 경쟁으로 희생된 의류 생산자로 간주할 수 없다. 그녀는 수입품으로 영향을 받는 특정 기술을 가진 노동자, 수입품이 전체 경제의 회계사의 임금에 영향을 주는 만큼 영향을 받는 노동자로 간주해야 한다.

회계사의 임금률은 요소가격—생산요소를 사용한 대가로 고용주가 지불해야 하는 가격—이다. 국제무역에 관한 중요한 문제 한 가지는 국제무역이 요소가격—회계사와 같이 좁게 정의된 생산요소가 아니라 자본, 미숙련노동, 대학졸업자 등과 같이 넓게 정의된 요소—에 어떤 영향을 주는가 하는 것이다.

이 장 앞에서 우리는 비교우위가 한 나라의 요소부존에 의해 결정된다고 하는 헥셔-올린 모형을 소개하였다. 이 모형은 또한 국제무역이 한 나라의 요소가격에 어떤 영향을 미칠 것인지 알려 준다. 자급상태와 비교해 국제무역은 한 나라에 풍부한 생산요소의 가격을 상승시키고 희소한 생산요소의 가격을 하락시키는 경향이 있다.

이것을 상세히 분석하지는 않겠지만 이유는 쉽게 이해할 수 있다. 생산요소의 가격도 재화와 서비스 가격과 마찬가지로 수요와 공급에 의해 결정된다. 국제무역에 의해 한 생산요소에 대한 수요가 증가하면 그 요소의 가격은 상승할 것이고, 국제무역에 의해 한 생산요소에 대한 수요가 감소하면 그 요소의 가격은 하락할 것이다.

이제 한 나라의 산업이 두 종류로 구성되어 있다고 생각해 보자. 해외로 판매되는 재화와 서비스를 생산하는 **수출산업**(exporting industry)과 해외로부터 수입되는 재화와 서비스를 국내에서 생산하는 **수입경쟁산업**(import-competing industry)의 두 종류이다. 자급상태와 비교할 때 국제무역으로 인해 수출산업의 생산은 증가하고 수입경쟁산업의 생산은 감소한다. 이에 따라 간접적으로 수출산업에서 사용되는 요소들에 대한 수요는 증가하고 수입경쟁산업에서 사용되는 생산요소들에 대한 수요는 감소한다.

그리고 헥셔-올린 모형에 의하면 한 국가는 그 나라에 풍부한 요소를 집약적으로 사용하는 재화를 수출하고 희소한 요소를 집약적으로 사용하는 재화를 수입하는 경향이 있다. 따라서 국제 무역을 통해 다른 나라에 비해 우리나라에 풍부한 요소에 대한 수요는 증가하고, 다른 나라에 비해 우리 나라에 희소한 요소에 대한 수요는 감소하는 경향이 있다. 이 결과로 국제무역이 증가할수록 풍부한 요 소의 가격은 상승하고 희소한 요소의 가격은 하락하는 경향이 있게 된다. 다시 말해서 국제무역은 그 나라에 희소한 생산요소에서 풍부한 생산요소로 소득을 재분배하는 효과를 갖는다.

미국의 수출상품은 (고기술 디자인이나 할리우드 영화와 같이) 인적 자본 집약적이고 수입상 품은 (스마트폰 조립이나 의류 생산과 같이) 미숙련노동 집약적인 경향이 있다. 이는 국제무역 으로 인해 미국의 요소시장에서는 고등교육을 받은 노동자들의 임금률이 상승하고 미숙련노동 자들의 임금률이 하락하게 됨을 시사한다.

이러한 영향은 최근에 많은 관심을 불러 일으켰다. 임금불평등―고임금 노동자와 저임금 노 동자 사이의 임금격차―은 과거 40년간 상당히 증가해 왔다. 일부 경제학자들은 국제무역의 성 장이 이러한 추세의 중요한 요인이라고 생각한다. 만일 국제무역이 헥셔-올린모형이 예측하는 효과를 갖고 있다면 국제무역이 증가할수록 이미 상대적으로 높은 임금을 받고 있는 미국의 고 학력 노동자의 임금은 더욱 상승하고 이미 상대적으로 낮은 임금을 받고 있는 미국의 저학력 노 동자의 임금은 더욱 하락할 것이다.

그러나 한편으로는 부유한 국가에 대한 수출을 통해 가난한 국가의 생활수준이 높아짐에 따 라 무역을 통해 국가 간 소득 불평등이 감소한다는 것도 잊지 말아야 한다.

무역이 임금에 미치는 영향은 최근 미국에서 상당한 논쟁을 불러일으켰다. 이 문제를 연구한 대부분의 경제학자들은 신흥공업경제로부터 노동집약적 상품의 수입이 증가하고 그 대신 첨단 기술 상품이 수출된 것이 고학력 노동자와 저학력 노동자의 임금격차를 늘리는 데 기여했다는 점에는 동의한다. 그러나 대부분의 경제학자들은 이것이 미국의 임금불평등을 증가시킨 여러 요인 중 하나에 불과하다고 믿는다.

현실 경제의 >> 이해

중국 충격

요즘 월마트나 다른 대형 상점에 들어가서 제품의 라벨을 보면 모든 제품이 중국에서 만들어진 것처럼 느껴질 것이나. 사실은 그렇지 않지만 중국으로부터 많은 제품을 수입하고 있는 것은 사 실인데 전체 수입의 4분의 1이 중국에서 공급된다.

이는 매우 최근에 나타난 현상이다. 중국으로부터의 수입이 증가는 하고 있었지만 1990년대 후반까지는 작았다가 그 후 급증하였다. 중국으로부터의 수입은 2000년에 미국 국민소득의 1% 미만이었으나 2007년에 2% 이상이 되고 그 이후에는 그 수준을 유지하였다. 중국 수입품의 급 증은 세계 경제의 구조 변화, 특히 선진국으로부터 중국으로의 생산 및 운송 기술의 이전을 반 영한다. 국제무역을 규제하는 국제기관인 세계무역기구에 중국이 가입한 것도 **중국 충격**으로 알 려진 중국 수입품 급증에 기여를 했다.

국제무역이 흔히 승자와 함께 패자를 낳는다는 것을 배웠다. 중국으로부터의 수입 급증은 많 은 제품을 더 싸게 구입할 수 있게 된 미국 소비자에게는 좋다. 중국 충격으로 전체 소비자 물가 가 25% 상승하는 동안 의류 가격은 10% 하락하였다. 그러나 일부 미국 산업에게는 어려움을 주 었다. 의류, 가구, 그리고 일부 전자제품 생산자들은 갑자기 거센 경쟁에 직면하게 되었다. 이러 한 제품들을 생산하는 미국 회사들 중 상당수가 공장을 닫고 노동자들을 해고해야 했는데 이들

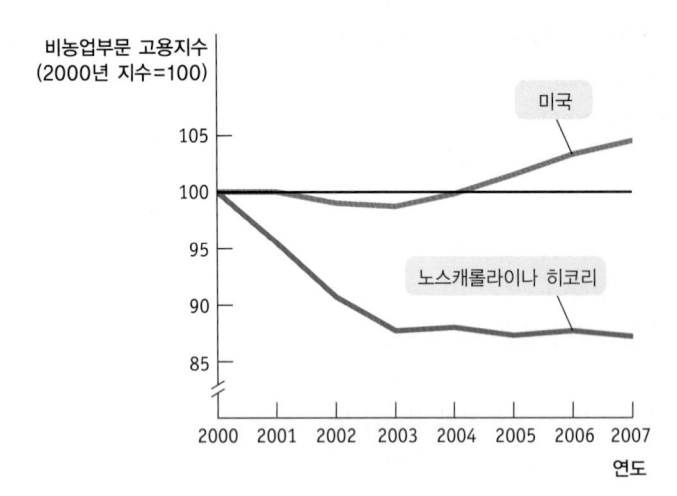

그림 8-10 중국 수입이 미국 가구 산업의 고용에 미친 효과

비농업부문 고용지수
(2000년 지수=100)

미국

노스캐롤라이나 히코리

연도

출처 : U.S. Census and the Federal Reserve Bank of St. Louis.

이 패자다.

중국 충격의 효과를 추정한 여러 연구에 의하면 2000년부터 2007년까지의 기간에 중국 수입으로 인해 100만 개의 제조업 일자리가 사라졌다. 이러한 손실은 다른 부문에 창출된 일자리에 의해 상쇄되었다. 그 기간에 미국 전체의 일자리는 500만이 증가하였다. 그러나 일자리가 늘어난 지역과 일자리가 감소한 지역은 같지 않은데 어떤 지역은 〈그림 8-10〉에서 보는 바와 같이 심한 타격을 받았다.

예를 들면 2000년에서 2007년 사이에 미국 전체의 고용이 증가했음에도 불구하고 가구 산업의 일자리가 15만 개 감소한 것은 중국으로부터의 수입증가가 중요한 원인일 것이다. 미국 경제 전반을 볼 때 이는 그리 큰 문제가 아니다. 경기가 좋을 때에도 매달 200만 명의 노동자가 해고되고 있다. 그러나 6명 중 한 사람이 가구 산업에 종사하는 노스캐롤라이나 히코리와 같은 지역에서는 그 결과가 참담하였다. 가구 제작 노동자가 해고된 것에서 그치지 않고 지역경제에서 그들의 지출이 멈추자 추가로 직장을 잃게 된 사람들이 생겨났다. 〈그림 8-10〉에서 보는 바와 같이 히코리 지역에서는 고용이 급격히 감소하였고 국가 전체의 고용이 증가함에도 불구하고 히코리의 고용은 정체되었다.

>> 복습

- **국내수요곡선**과 **국내공급곡선**이 교차하는 지점에서 자급상태에서의 재화가격이 결정된다. 무역이 시작되면 국내가격은 **국제가격**과 같아지게 된다.
- 국제가격이 자급상태의 가격보다 낮으면 수입을 하게 되고, 국내가격은 국제가격과 같은 수준으로 낮아진다. 소비자잉여의 증가분이 생산자잉여의 손실분보다 크기 때문에 경제 전체로서는 총잉여가 증가한다.
- 국제가격이 자급상태의 가격보다 높으면 수출을 하게 되고, 국내가격은 국제가격과 같은 수준으로 오른다. 생산자잉여의 증가분이 소비자잉여의 손실분보다 크기 때문에 경제 전체로서는 총잉여가 증가한다.
- 국제무역으로 **수출산업**은 확장되고, 이로 인해 한 국가에 풍부한 생산요소에 대한 수요가 높아진다. 국제무역으로 **수입경쟁산업**은 축소되고, 이로 인해 그 국가에 희소한 자원에 대한 수요는 낮아진다.

>> 이해돕기 8-2

해답은 책 뒤에

1. 트럭 운전사들의 파업으로 인해 미국과 멕시코 간 식품 무역이 중단되었다. 자급상태에서 멕시코의 포도 가격은 미국의 포도 가격보다 낮다. 포도에 대한 미국의 국내수요곡선과 국내공급곡선을 그리고, 이를 바탕으로 파업이 다음 사항에 대해 미치는 영향을 설명해 보라.
   a. 미국의 포도 소비자들의 잉여
   b. 미국의 포도 생산자들의 잉여
   c. 미국의 총잉여
2. 파업이 멕시코의 포도 생산자들에게 어떤 영향을 미치리라고 생각하는가? 멕시코 포도농장 인부들에 대한 영향은? 멕시코 포도 소비자들에 대한 영향은? 미국 포도농장 인부들에 대한 영향은?

‖ 보호무역의 효과

19세기 초 데이비드 리카도에 의해 비교우위의 원칙이 발표된 이후 대부분의 경제학자들은 **자유무역**(free trade)을 옹호해 왔다. 즉 그들은 정부가 수요와 공급에 의해 자연적으로 발생하는 수출이나 수입의 크기를 정책에 의해 감소 또는 증가시키려고 시도해서는 안 된다고 주장해 왔다.

그러나 경제학자들이 자유무역을 주장해 왔음에도 불구하고 다수의 정부가 수입을 억제하기 위해 조세나 다른 제한조치들을 사용하고 있다. 그보다 드물기는 하지만 정부는 수출을 장려하기 위해 보조금을 지급하기도 한다. 보통 수입경쟁산업의 생산자들을 외국의 경쟁으로부

정부가 수요와 공급에 의해 자연적으로 발생하는 수출이나 수입의 크기를 정책에 의해 감소 또는 증가시키려고 시도하지 않는 경우 그 국가는 자유무역 (free trade)을 하고 있다.

터 보호할 목적으로 수입을 제한하는 정책을 가리켜 **보호무역**(trade protection) 혹은 단순히 **보호**(protection)라 한다.

우선 가장 흔히 사용되는 보호주의 정책 두 가지, 즉 관세와 수입할당제를 살펴보고 다음에는 정부들이 이러한 정책을 사용하는 이유를 알아보자.

수입을 제한하려는 정책을 일컬어 보호무역(trade protection) 혹은 단순히 보호(protection)라고 한다.

관세(tariff)는 수입에 부과되는 조세이다.

관세의 효과

관세(tariff)는 수입상품의 판매에 대해서만 부과되는 일종의 물품세이다. 예를 들어 미국 정부는 스마트폰을 수입하는 사람은 1개당 100달러의 관세를 지불해야 한다고 선언할 수 있다. 관세는 징수가 상대적으로 쉽기 때문에 오래전에는 관세가 정부의 중요한 수입원이었다. 그러나 현대에는 관세가 정부의 수입원으로 이용되기보다는 보통 수입을 억제하여 국내 수입경쟁산업의 생산자들을 보호할 목적으로 이용된다.

관세는 국내 생산자들이 받는 가격과 국내 소비자들이 지불하는 가격을 모두 상승시킨다. 예를 들어 미국이 스마트폰을 수입하고 있는데, 스마트폰의 국제시장가격이 200달러라 하자. 앞에서 본 바와 같이 자유무역하에서는 국내가격 역시 200달러일 것이다. 그러나 만일 개당 100달러의 관세가 부과되면 국내시장의 가격이 수입상들이 관세를 지불하는 비용을 충당할 만큼 충분히 높지 않으면 스마트폰을 수입해서 손해를 볼 것이므로 국내가격은 300달러로 상승할 것이다.

〈그림 8-11〉에는 관세가 스마트폰 수입에 미치는 효과가 그려져 있다. 전과 마찬가지로 스마트폰의 국제가격을 P_W라 하자. 관세가 부과되기 이전에는 수입으로 인해 국내가격이 P_W로 하락하여 관세 전 국내생산은 Q_S, 관세 전 국내소비는 Q_D, 관세 전 수입은 $Q_D - Q_S$였다.

이제 정부가 수입되는 모든 스마트폰에 관세를 부과한다고 생각해 보자. 그렇다면 수입상이 받는 국내가격이 국제가격에 관세를 더한 금액보다 크거나 같아야만 스마트폰을 수입하여 이윤

그림 8-11 관세의 효과

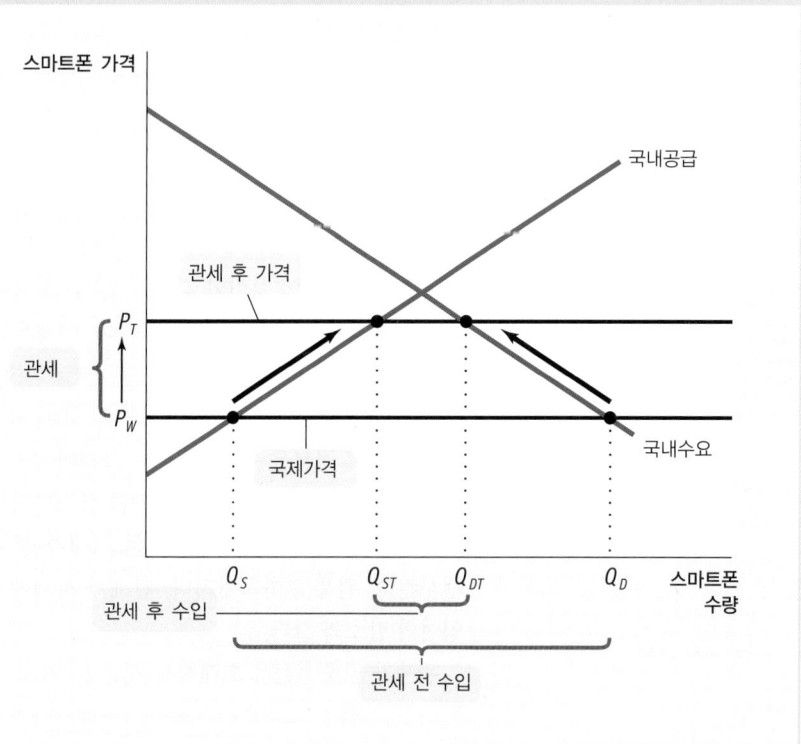

관세로 인해 재화의 국내가격은 P_W에서 P_T로 증가한다. 국내수요량은 Q_D에서 Q_{DT}로 감소하고, 국내생산량은 Q_S에서 Q_{ST}로 증가한다. 그 결과 관세가 부과되기 이전의 $Q_D - Q_S$만큼의 수출량이 관세가 부과된 이후에는 $Q_{DT} - Q_{ST}$로 줄어든다.

그림 8-12 관세로 인한 총잉여의 감소

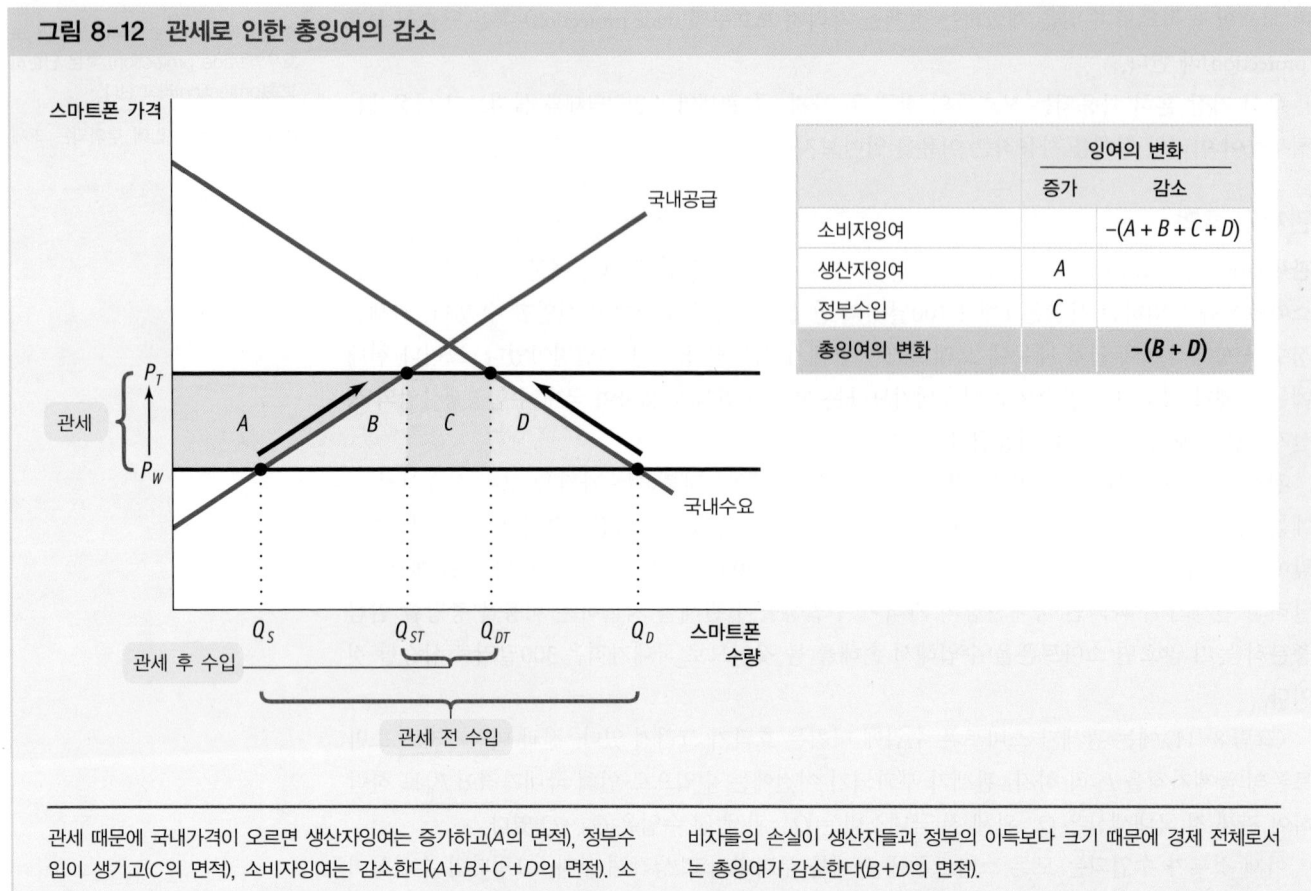

관세 때문에 국내가격이 오르면 생산자잉여는 증가하고(A의 면적), 정부수입이 생기고(C의 면적), 소비자잉여는 감소한다(A+B+C+D의 면적). 소비자들의 손실이 생산자들과 정부의 이득보다 크기 때문에 경제 전체로서는 총잉여가 감소한다(B+D의 면적).

을 낼 수 있다. 따라서 국내가격은 국제가격 P_W에 관세를 더한 가격인 P_T까지 상승한다. 국내생산은 Q_{ST}까지 증가하고, 국내소비는 Q_{DT}로 감소하며, 수입은 $Q_{DT}-Q_{ST}$로 감소한다.

그러므로 관세는 자유무역의 경우와 비교하여 국내가격을 상승시키고 국내생산을 증가시키며 국내소비를 감소시킨다. 〈그림 8-12〉는 관세가 잉여에 미치는 세 가지 영향을 보여 준다.

1. 국내가격 상승은 생산자잉여를 A의 면적만큼 증가시킨다.
2. 국내가격 상승은 소비자잉여를 A, B, C, D 면적의 합만큼 감소시킨다.
3. 관세가 정부의 수입이 된다. 관세로 인한 수입은 얼마일까? 정부는 관세―앞에 본 바와 같이 P_T와 P_W의 차이와 같다―를 수입 스마트폰 $Q_{DT}-Q_{ST}$에 대해 부과한다. 따라서 수입 총액은 $(P_T-P_W)\times(Q_{DT}-Q_{ST})$이다. 이것은 C의 면적과 같다.

관세의 후생효과는 〈그림 8-12〉의 표에 요약되어 있다. 생산자들은 이득을 보고 소비자들은 손실을 보고 정부는 이득을 본다. 그러나 소비자의 손실이 생산자와 정부의 이득을 합한 것보다 더 커서 총잉여는 B+D의 면적만큼 감소한다.

물품세는 서로에게 이득이 되는 거래가 성사되는 것을 막기 때문에 비효율, 즉 자중손실을 발생시킨다. 관세도 마찬가지다. 관세가 사회에 끼치는 자중손실은 B+D의 면적으로 나타나는 총잉여의 감소와 같다.

관세가 자중손실을 초래하는 것은 두 가지 면에서 비효율을 발생시키기 때문이다.

1. 서로에게 이득이 되는 거래 중 일부가 성사되지 못한다. 국제가격 P_W가 재화 한 단위를 얻는 실제 비용임에도 불구하고 그보다 더 높은 가격을 지불할 의사가 있는 소비자의 일부가 그 재화를 구입하지 못한다. 이러한 비효율의 비용은 〈그림 8-12〉에서 D의 면적으로 표시된다.

2. 경제의 자원이 비효율적인 생산에 낭비되고 있다. 해외에서 P_W의 가격에 재화 한 단위를 추가로 구입할 수 있음에도 불구하고 비용이 P_W를 초과하는 생산자의 일부가 그 재화를 생산하고 있다. 이러한 비효율의 비용은 〈그림 8-12〉에서 B의 면적으로 표시된다.

수입할당제(import quota)는 재화 수입량을 법적으로 제한하는 것을 말한다.

수입할당제의 효과

보호무역의 또 다른 형태인 **수입할당제**(import quota)는 재화 수입량을 법적으로 제한하는 것을 말한다. 예를 들어 미국은 수입할당량을 정해 매년 수입되는 중국 스마트폰의 수량을 5,000만 개로 제한할 수 있다. 보통 수입할당은 허가를 통해 이루어진다. 정부가 수입허가서를 여러 장 발부하면 그것을 보유한 각 기업들은 매년 정해진 수량을 수입할 권리를 갖는다.

판매할당제는 한 가지만 제외하고 물품세와 동일한 효과를 갖는다. 물품세하에서 정부의 수입이 될 금액이 할당제하에서는 허가를 받는 기업의 수입이 되는데 이를 할당지대(quota rents)라 한다. (할당지대는 제5장에서 정의되었다.) 마찬가지로 수입할당제는 한 가지만 제외하고 관세와 동일한 효과를 갖는다. 정부의 수입이 될 금액이 수입할당제에서는 허가를 받는 기업의 할당지대가 된다.

〈그림 8-12〉를 다시 보자. 수입량을 $Q_{DT} - Q_{ST}$로 제한하는 수입할당제는 스마트폰의 국내가격을 앞에 고려했던 관세의 경우와 동일한 크기만큼 상승시킬 것이다. 즉 국내가격은 P_W에서 P_T로 상승할 것이다. 그러나 C는 이제 정부의 수입이 아니라 할당지대가 된다.

누가 수입허가를 받고 할당지대를 차지하게 될까? 미국의 경우 이에 대한 대답은 여러분을 놀라게 할지 모른다. 가장 중요한 수입허가—주로 의류에 대한, 그보다 덜 중요한 것으로 설탕에 대한—는 외국 정부에 주어진다.

대부분의 미국 수입할당에 대한 할당지대가 외국인에게 귀속되므로 그러한 할당제의 국가적 비용은 이에 대응되는 관세—같은 크기의 수입을 발생시키는 관세—보다 더 크다. 〈그림 8-12〉에서 그러한 수입할당제로부터 발생하는 미국의 순 손실은 소비자 손실과 생산자 이득의 차이에 해당되는 $B + C + D$의 면적과 같다.

현실 경제의 >> 이해

2018~2019 철강 관세

미국 법에 의하면 대통령은 특별한 경우에 의회를 거치지 않고 일방적으로 관세를 부과할 권한을 갖고 있다. 이러한 권한이 부여된 이유는 역사적으로 볼 때 특별이익집단에 의해 정책이 좌우되기 쉬운 정치적 과정을 거치지 않고 무역에 대한 위협에 즉각적으로 대응하기 위해서다. 대체로 역대 대통령들은 이 권한을 조심스럽게 행사하였다. 그러나 2018년 트럼프 대통령은 다수 국가의 다수 제품에 대해 높은 관세를 부과했다. 이 중에 가장 두드러진 것은 모든 주요국(가장 중요한 국가는 캐나다이다)에서 공급되는 철강 수입에 대해 25%의 관세를 부과한 것이다.

그의 발언을 살펴보면 대통령 자신은 미국 소비자가 아니라 외국 수출업자들이 이 관세를 부담할 것이라고 믿는 듯하다. 그러나 시장 자료를 살펴보면 관세가 효력을 발생하자 국제 가격은 변화가 없는데 미국의 철강 가격은 급속히 상승한 것을 알 수 있다. 한 예로 〈그림 8-13〉은 철강을 사용하는 제조업자에게 공급되는 철강의 한 형태인 열간압연 철강의 가격을 보여준다. 이 그

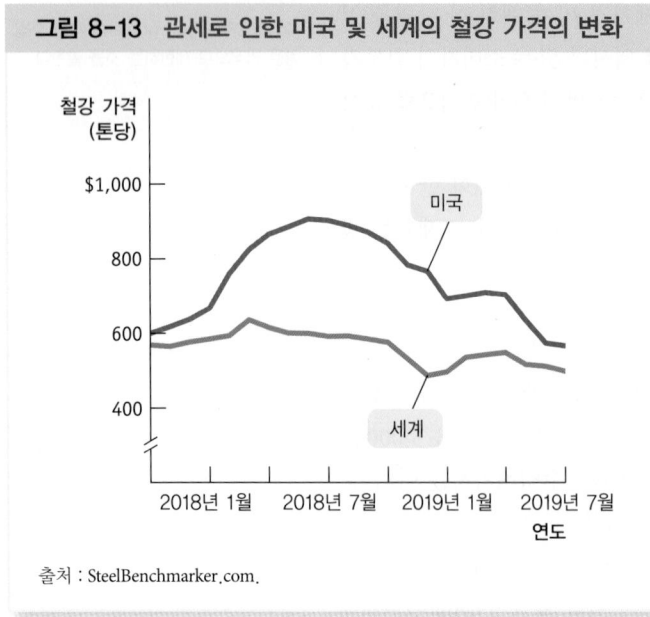

그림 8-13 관세로 인한 미국 및 세계의 철강 가격의 변화

출처 : SteelBenchmarker.com.

래프는 2017년 후반부터 2019년 7월까지의 자료를 반영한 것이다. 관세는 2018년 전체에 걸쳐 순차적으로 효력을 발생하다가 2019년 미국, 캐나다, 멕시코가 새로운 무역협정을 맺으며 철폐되었다.

그래프에서 알 수 있는 바와 같이 관세가 효력을 발생하면서 미국 가격이 국제 가격에 비해 급격히 상승하다가 관세가 철폐됨에 따라 급격히 하락하였다.

미국의 철강 관세로부터 이득을 본 사람과 피해를 본 사람들은 누구인가? 미국 철강업자들은 높은 가격으로 이윤이 증가함으로써 분명한 이득을 보았다. 그들은 또 일부 폐쇄되었던 시설을 다시 가동하였고 시설을 확장할 계획도 세웠다.

그러나 최소한 초기에는 철강 노동자들에게는 큰 이득이 없었던 것으로 보인다. 그들의 임금은 다른 산업 노동자들의 임금에 비해 그리 많이 오르지 않았다.

반면에 철강 가격의 상승은 철강 사용자들에게 피해를 주었다. 일반 국민들은 물론 철강을 직접 구매하지는 않는다. 대신 철강은 자동차와 같은 여러 공산품의 생산에 사용되며 철강을 구입하는 미국 회사들은 일부 공장의 폐쇄와 노동자 해고를 높은 가격 탓으로 돌리며 이를 신랄하게 비난하였다. 그들은 관세의 일부를 높은 제품 가격을 통해 소비자들에게 전가하였다.

결국 2018년 철강 관세는 거의 전형적인 경제 분석이 예측하는 대로 진행되었다. 수입대체재 생산자(미국 철강업자)들은 이득을 보았다. 소비자(철강을 사용하는 기업들과 궁극적으로 그들의 제품을 사용하는 소비자)들은 피해를 보았다.

>> **복습**

• 많은 국가에서 수입경쟁산업에 대한 **보호무역**을 시행하고 있으나 대부분의 경제학자들은 **자유무역**을 찬성하고 있다. 흔히 사용되는 보호주의정책에는 관세와 수입할당제가 있다. 드물기는 하지만 정부가 수출산업에 대해 보조금을 지급하는 경우도 있다.

• **관세**는 수입상품에 부과되는 조세이다. 관세로 인해 국내가격이 국제가격보다 더 높아져 무역량 및 총소비량은 줄어들고 국내 생산은 늘어난다. 국내 생산자와 정부에는 이익이 되지만, 소비자들의 손실이 이렇게 얻어진 이득보다 커서 총잉여에서 자중손실이 발생한다.

• **수입할당제**는 재화 수입량을 제한하는 것을 말한다. 이는 수입－할당지대－이 자국 정부가 아니라 허가를 받는 기업에 귀속된다는 점을 제외하고는 관세와 동일한 효과를 낳는다.

>> 이해돕기 8-3

해답은 책 뒤에

1. 버터의 국제가격이 파운드당 0.5달러이고, 자급상태에서 버터의 국내가격은 파운드당 1달러라고 가정하자. 〈그림 8-10〉과 유사한 그림을 그려서 다음을 설명하라.

   a. 자유무역이 이루어지고 있다면 국내의 버터 생산자들은 정부가 0.5달러 이상의 관세를 부과하기를 바란다. 그 결과를 0.25달러의 관세를 부과하는 경우와 비교하라.

   b. 0.5달러보다 더 높은 관세가 부과되면 어떠한 일이 발생되는지 설명해 보라.

2. 정부가 버터에 대해 관세를 부과하는 대신 수입할당제를 시행하기로 했다고 하자. 파운드당 0.5달러의 관세를 부과했을 때와 동일한 양의 버터가 수입되도록 하기 위해서는 할당량을 어느 수준으로 제한해야 하는가?

|| 보호무역의 정치경제

국제무역은 참여하는 국가들 서로에게 이익을 가져다준다는 것을 보았다. 또한 관세와 수입할당제는 이를 통해 손실을 보는 사람뿐 아니라 이득을 보는 사람도 있지만, 총잉여를 감소시킨다는 것을 보았다. 그럼에도 불구하고 많은 나라가 관세와 수입할당제를 유지하고 있으며 또 다른 보호 조치들을 도입하고 있다.

왜 보호무역이 실시되는지를 이해하기 위해서 우리는 우선 보호를 정당화하기 위해 흔히 제기되는 주장들을 살펴보기로 한다. 다음에는 보호무역이 정치적으로 어떻게 취급되는지를 볼 것이다. 마지막으로 현대사회의 보호무역에서 나타나는 중요한 특징 하나를 살펴볼 것이다. 그것은 관세나 수입할당제가 국제적 협상에 의해 결정되며 국제기구에 의해 규제된다는 점이다.

보호무역의 논리

관세나 수입할당제를 옹호하는 사람들이 흔히 제시하는 주장 세 가지가 있다.

1. 국가안보 논리는 재화의 공급을 해외에 의존하는 것은 국제적 분쟁이 발생했을 때 혼란을 야기할 수 있다는 주장에 근거를 둔다. 중요한 재화에 대해서는 자급자족할 수 있도록 국내 공급자들을 보호해야 한다는 것이다. 예를 들면, 2020년 코로나 대유행기에 미국에서 사용된 의료 마스크의 90%는 해외에서 생산되었다. 그 결과 각국이 이 중요한 제품을 구하기 위해 달려들었을 때 마스크 품귀 현상으로 가격이 급등하였다.
2. 일자리 창출 논리는 보호무역의 결과로 수입 경쟁 산업에 추가로 창출되는 일자리를 강조한다. 경제학자들은 이 일자리들이 수입요소를 사용함으로 인해 더 높은 요소비용을 부담해야 하는 산업처럼 다른 부문에서 줄어드는 일자리와 상쇄된다고 주장한다. 그러나 이 주장이 비경제학자들을 항상 납득시키지는 못한다.
3. 흔히 신흥공업국에서 제기되는 유치산업보호 논리는 신흥 산업이 자리를 잡기 위해서는 일시적으로 보호무역의 시기가 필요하다고 주장한다. 예를 들어 1950년대 남미의 여러 국가들은 관습적인 원료 수출국의 역할로부터 공업국이라는 새로운 지위로 전환하려는 노력의 하나로 공산품에 관세와 수입할당제를 실시하였다.

이론상으로는 특히 한 국가의 전반적 기술 수준을 높이는 첨단기술에 있어 유치산업보호 논리가 설득력을 가질 수 있다. 그러나 현실은 좀 더 복잡하다. 흔히 보호를 받는 것은 정치적 영향력이 큰 산업들이다. 더욱이 정부는 가장 유망한 기술을 예측하는 데 둔하다. 마지막으로 산업이 독립할 만큼 성숙한 후에도 젖을 떼기가 어려운 것이 보통이다.

보호무역의 정치학

현실에서는 보호무역의 상당 부분이 지금까지 살펴본 논리와 거의 무관하다. 오히려 그것은 수입경쟁산업 생산자들의 정치적 영향력을 반영한다.

우리는 관세나 수입할당제가 수입경쟁산업 생산자들에게는 이득을, 소비자들에게는 손실을 준다는 것을 보았다. 그러나 보통 무역정책 결정에 생산자들이 훨씬 더 많은 영향력을 행사한다. 특정 수입상품과 경쟁하는 생산자들은 그 상품의 소비자들보다 더 작고 결속력이 강한 집단이다.

예를 들면 2018년 미국은 주로 중국에서 수입되는 태양광 패널에 30%의 관세를 부과하였다. 이로 인해 약 2,000명을 고용하고 있던 미국 생산자들은 이득을 보았지만 패널 가격 상승과 신규 패널 설치 감소로 인해 수만 명의 태양광 패널 설치업자를 포함하여 훨씬 더 많은 사람들이 피해를 입었다. 그러나 워싱턴에서는 패널 생산자들의 목소리가 패널을 구입하거나 설치하는 사람들의 우려 섞인 목소리보다 더 크게 울렸던 것이 분명하다.

보호무역이 이처럼 한정되어 있는 것은 경제학자들이 자유무역의 이점을 정부에 설득해 왔기 때문이라고 말할 수 있으면 좋겠지만, 그보다 더 중요한 이유는 국제무역협정 때문이다.

국제무역협정(international trade agreements)은 한 국가가 다른 나라의 수출에 대해 보호를 줄이는 대신 다른 나라도 그 대가로 그 나라의 수출에 대해 같은 조치를 약속하는 조약이다.

무역전쟁(trade war)에서는 각국이 정책적 양보를 얻어내기 위해 무역 상대국에 고의적으로 고통을 주려한다.

북미자유무역협정(North American Free Trade Agreement) 또는 **NAFTA**는 미국, 캐나다, 멕시코 간의 무역협정이다. 개정된 현재의 협정은 NAFTA-USMCA이다.

유럽연합(European Union) 또는 EU는 27개 유럽국가들 간의 관세동맹이다.

세계무역기구(World Trade Organization) 또는 **WTO**는 세계적인 무역협정을 감독하고 이 협정을 둘러싼 가입국 간의 분쟁을 조정한다.

국제무역협정과 세계무역기구

한 국가가 보호무역을 실시하면 두 집단이 피해를 입는다. 국내 소비자가 피해를 입는 것은 이미 강조되었지만 해외의 수출산업도 피해를 본다. 따라서 국가들은 서로 다른 나라의 무역정책에 관심을 갖게 된다. 예를 들어 캐나다의 벌목산업에게는 미국의 임산물 관세를 낮게 유지하는 것이 매우 중요하다.

국가들이 서로의 무역정책에 관심을 갖고 있기 때문에 이들은 **국제무역협정**(international trade agreements)을 맺고 있다. 이것은 한 국가가 다른 나라의 수출에 대해 보호를 줄이는 대신 다른 나라도 그 대가로 그 나라의 수출에 대해 같은 조치를 약속하는 조약이다. 국가들이 상대국의 정책적 양보를 얻어내기 위해 다른 나라의 제품에 관세나 다른 보호무역 조치를 취하는 **무역전쟁**(trade war)을 피하기 위해 국제무역협정이 매우 중요하다. 오늘날 국제무역은 대부분 그러한 협정에 의해 통제된다.

국제무역협정 중 어떤 것은 두 나라 혹은 몇몇 국가들에 의해 체결된다. 예컨대 미국, 캐나다, 멕시코는 1993년 함께 **북미자유무역협정**(North American Free Trade Agreement, NAFTA)에 합의하였다. 2008년에 NAFTA에 의해 이들 세 나라 사이에는 거의 모든 무역장벽이 철폐되었다. 2018년에는 협정을 개정하여 미국-멕시코-캐나다 협정(USMCA)으로 바뀌었는데 약간의 변화는 있으나 NAFTA의 기본 구조를 유지하고 있다. 정확성을 기하기 위해 앞으로 현 무역협정을 **NAFTA-USMCA**로 부르기로 한다.

대부분의 유럽 국가들은 **유럽연합**(European Union, EU)이라고 하는 더욱 포괄적인 협정에 참여하고 있다. NAFTA-USMCA와는 달리 27개국으로 구성된 EU에서는 비회원국으로부터의 수입에 대해 모든 회원국이 동일한 관세율을 적용하기로 합의했다. EU는 무역 이외의 정책에도 규정을 두고 있는데, 그중 눈에 띄는 것은 회원국 간에 자유로운 이민을 허용하는 것과 농업 보조금 지급 등을 위해 회원국으로부터 요금을 징수하는 것이다. 이러한 규정과 요금은 대체로 환영받지 못하며 논쟁거리가 된다. 2016년 영국은 EU를 떠날 것인가—흔히 "British exit"을 줄여 브렉시트(Brexit)라 불린다—에 대한 국민투표를 했는데 근소한 차로 통과되어 2020년 1월부터 1년간의 과도기를 거쳐 EU 탈퇴가 이루어졌다.

무역협정 중에는 또한 전 세계 대부분의 국가들을 포함하는 세계적인 것들도 있다. 그러한 세계적인 협정은 **세계무역기구**(World Trade Organization), 즉 현재 164개의 회원국들로 구성된 국제기구인 WTO의 감독을 받는다. 이 기구는 두 가지 역할을 수행한다.

1. 주요 국제무역협정에 관련된 엄청나게 복잡한 협상의 기본 틀을 제시한다. (1994년 승인된 최근 주요 협정은 전체 문서가 2만 4,000페이지에 달한다.)
2. WTO는 회원국 간의 분쟁을 조정한다. 이러한 분쟁은 한 나라가 다른 나라의 정책이 이전에 체결된 협정에 위배된다고 제소함으로써 발생한다.

WTO의 역할을 보여 주는 한 예는 미국이 면화 재배업자들에게 지불한 보조금에 대한 미국과 브라질 간의 분쟁이다. 연간 30 내지 40억불에 달하는 이 보조금은 WTO 규정에 위배된다. 브라질은 이 보조금이 세계 시장에서 미국산 면화가격을 인위적으로 낮춰 브라질 면화 재배업자에 피해를 주었다고 주장했다. 2005년 WTO는 브라질의 편을 들어 미국에 패소 판정을 하였고, 미국은 이에 따라 면화에 대한 수출보조금 일부를 삭감하였다. 그러나 2007년 WTO는 미국이 면화 재배업자에 대해 대출을 중단하지 않는 등 WTO의 판결을 따르지 않고 있다고 판결했다. 결국 2010년 브라질이 미국에서 생산된 공산품에 대해 수입관세를 부과하겠다고 위협하고 난 다음에야 양국은 면화 분쟁에 대한 해결 방안에 합의하였다.

WTO 규정이 어떤 상황에서는 보호무역을 허용한다. 그러한 상황 중 하나는 일정한 기술적인 기준에 의해 볼 때 외국의 경쟁이 "불공정"하다고 판단되는 경우이다. 갑작스러운 수입 증가가 국내 산업에 혼란을 줄 우려가 있는 경우에도 일시적인 조치로서 보호무역이 허용된다. 예를 들면, 베트남과 태국은 모두 WTO 회원국이지만 미국은 이 나라들로부터 수입되는 새우에 대해 항상은 아니지만 수시로 관세를 부과해 왔다.

어떤 경우에는 심하게 과장되어 WTO가 세계정부처럼 묘사된다. 사실 WTO는 군대나 경찰, 또는 어떠한 직접적인 집행 능력도 갖고 있지 않다. 그러한 표현에 조금이나마 진실이 있다면 그것은 한 국가가 WTO에 가입할 때 그 국가는 WTO의 판결을 받아들이기로 동의한다는 것이다. 그리고 이 판결은 단지 관세나 수입할당에만 적용되는 것이 아니라 WTO가 판단할 때 다른 형태로 위장된 보호무역이라고 생각되는 국내 정책에도 적용된다. 따라서 한 국가는 WTO에 가입함으로써 작은 주권의 일부분을 포기하는 것이다.

해외 아웃소싱(offshore outsourcing)은 기업이 다른 나라 사람을 고용하여 여러 가지 일을 맡기는 것을 말한다.

국제화에 대한 도전

지난 세기에 이루어진 국제화의 진전은 수억의 인류에게 향상된 생활 수준을 가져다 주었기에 일반적으로 중요한 정치 경제적 성공으로 간주되고 있다. 그러나 일부 경제학자나 정책 입안자들을 포함하여 많은 사람들이 국제화에 대해 다시 생각하고 있다는 것 또한 사실이다. 이런 새로운 시각은 대체로 부유한 국가에서의 제조업의 쇠퇴와 한때 외국의 경쟁으로부터 안전하다고 여겨졌던 비제조업 노동자의 일자리를 위협하는 해외 아웃소싱 때문에 나타났다.

제조업의 쇠퇴 우리는 이미 국제무역이 요소가격, 특히 임금에 영향을 미치는 것을 보았다. 40년 전에는 미국이 가난한 나라로부터 수입하는 상품은 원료가 아니면 바나나나 커피콩과 같이 기후로 인해 비교우위가 형성된 상품이었다. 따라서 미국의 임금은 상대적으로 국제무역의 영향을 받지 않았다. 그러나 이제는 그렇지 않다. 오늘날에는 미국에서 소비되는 많은 공산품들이 상대적으로 가난한 나라들로부터 수입되고 있다. 따라서 이제는 국제무역이 미국의 소득 불평등에 훨씬 더 큰 영향을 주고 있다.

아시아와의 무역은 국제무역이 부유한 국가의 임금수준에 미치는 영향을 연구하는 학자들 사이에 매우 큰 우려를 갖게 하였다. 중국은 최근 빠른 경제성장과 임금 상승을 달성했지만 미국에 비교하면 아직도 매우 낮은 임금의 국가이다. 제조업 시간당 임금은 대략 미국의 10% 수준이다. 이 장의 앞에서 배운 바와 같이 이들 국가로부터의 수입이 미국의 미숙련 노동자들의 임금 인하 요인으로 작용하여 아마노 소득 불평등에 기어했음이 분명하다.

아웃소싱 중국의 대미수출은 노동집약적인 공산품이 압도적인 다수를 차지한다. 그러나 최근 미국 노동자들은 새로운 형태의 국제적 경쟁에 직면해 있음을 알게 되었다. 기업이 다른 기업을 고용하여 기업의 전산시스템 운영과 같은 여러 가지 일을 맡기는 **아웃소싱**은 오랜 관행이 되었다. 최근까지 아웃소싱은 대체로 지역 내에서 한 기업이 같은 도시 내의 다른 기업을 고용하는 형태로 시행되어 왔다.

그러나 현대의 통신 발달로 인해 기업이 다른 나라 사람을 고용하여 여러 가지 일을 맡기는 **해외 아웃소싱**(offshore outsourcing)이 가능하게 되었다. 그 전형적인 예가 전화응답 센터이다. 미국에서 어떤 회사의 무료응답 번호를 걸면 대개 해외 아웃소싱을 유치하는 데 선도적인 역할을 하고 있는 인도에서 응답을 한다. 해외 아웃소싱은 소

해외 아웃소싱은 수백만의 미국 노동자들의 고용 전망을 흔들어 놓을 가능성이 있다.

프트웨어 디자인이나 심지어 건강관리 분야로까지 확산되어 왔다. 당신에게 항공기에 관해 도움을 주는 사람과 마찬가지로 당신의 X선 사진을 판독하는 방사선 기술자도 다른 대륙에 있는지 모른다.

해외 아웃소싱은 가난한 국가로부터의 대규모 공산품 수입과는 다른 성격의 위협이 된다. 해외 아웃소싱은 대체로 자신의 일자리가 외국의 경쟁으로부터 안전하리라고 믿었던 미국 숙련노동자들을 타격한다. 한 예가 그 작업이 인도나 동유럽으로 아웃소싱된 미국의 컴퓨터 프로그래머들이다. 아직은 해외 아웃소싱이 국제무역에서 차지하는 비중이 작지만 회계사, 손해사정사, 주택담보대출 처리사와 같은 수백만 또는 수천만의 부유한 나라 노동자들이 깜짝 놀라는 불쾌한 일을 당할 날이 멀지 않았다고 경고하는 경제학자들도 있다.

국제화에 대한 이런 새로운 도전들로 인해 국제무역은 좋은 것이라는 주장이 손상을 받는 것일까? 대다수의 경제학자들이 보호무역을 축소하여 얻는 이득이 여전히 손실을 능가한다고 주장할 것이다. 그러나 국제무역이 확대되고 피해 산업에서 일자리를 상실하는 현상이 증가함에 따라 국제무역의 이득을 옹호하는 일은 점점 더 어려워지고 보호무역 정책에 대한 요구가 거세지고 있다. 이 논쟁에서 실업수당, 폭넓은 의료서비스, 재취업 훈련과 같은 정부의 정책들이 무역으로부터 피해를 입는 사람들의 손실을 감소시켜 자유무역에 대한 반감을 축소할 수 있음을 이해하는 것이 중요하다.

현실 경제의 >> 이해

무역 전쟁의 이점

앞에서 본 것처럼 각국은 여러 이유로 관세나 기타 수입제한 조치를 취하며 이는 상대국뿐 아니라 자국 소비자에게도 손해를 입힌다. 그러나 무역 전쟁이란 용어는 일반적으로 상대국에 손해를 입히는 것이 부작용이 아니라 목적일 경우에, 즉 상대국으로부터 어떤 양보를 얻어내기 위해 손해를 입히고자 관세와 같은 수단을 쓸 때 사용되는 용어이다.

전형적인 예가 반세기도 전에 미국과 유럽 사이에 있었던 "치킨 전쟁"이다. 1964년 미국은 경트럭에 — 오늘날 대부분의 픽업트럭과 SUV가 여기 속한다 — 25%의 관세를 부과하였다. 그 목적은 유럽으로 하여금 미국이 수출하는 냉동 치킨에 부과한 관세를 철폐하도록 압력을 가하기 위한 것이었다. 놀랍게도 이 분쟁은 결국 해결되지 못했고 25%의 관세는 여전히 존재한다.

그러나 역사적으로 한 나라가 다른 나라에 고통을 주기 위해 시작한 무역 전쟁은 매우 드물다. 1930년대 이전에는 미국이나 다른 나라들이 일반적으로 무역 정책의 효과에 대해 무관심하였고, 제2차 세계대전 이후에는 국제무역협정에 의해 무역 전쟁이 금지되었다.

그런데 이것이 달라지고 있는 듯하다. 2017년 이래 미국 정부는 여러 상품과 교역국에 대해 명확히 그 나라 정책을 바꾸기 위해 관세를 부과하였고, 그중에 어떤 나라들은 자신들도 명시적으로 미국에 고통을 주기 위해 관세로 대응하였다.

북미자유무역협정을 개정하기 위한 목적을 이유로 최근 캐나다와 멕시코에 부과했던 철강제품에 대한 관세에 대해서는 이미 논의한 바 있다. 그러나 이는 2019년 미국의 지적 재산권을 보호하고 미국에 대한 중국의 무역흑자를 개선하는 정책을 채택하지 않을 경우 관세를 중국의 전

2019년 미국과 중국은 서로 상대국의 수출품에 관세를 부과함으로써 전형적인 무역 전쟁을 시작하였다.

체 수출 품목에 확대하겠다는 위협과 함께 2,500억 달러에 달하는 중국 수출품에 대해—이는 미국에 대한 중국 수출의 반에 가깝다—25%의 관세를 부과한 것에 비하면 새 발의 피라 할 수 있다.

이에 대해 중국은 예컨대 미국의 농부들에게 피해를 입혀 그러한 미국의 정책에 대한 정치적 비용을 상승시키려는 분명한 목적을 가지고 미국 상품, 특히 농산물에 대해 관세를 부과함으로써 보복하였다.

다시 말해 우리가 현재 겪고 있는 것은 실제로 전형적인 의미의 무역 전쟁이다. 이 책을 저술하고 있는 시점에는 언제 어떻게 이 무역 전쟁이 해결될지 알 수 없다. 1964년의 "치킨 전쟁"이 시사하는 바는 현재의 무역 분쟁의 영향이 매우 오랜 기간 지속될 수도 있다는 점이다.

>> 이해돕기 8-4
해답은 책 뒤에

1. 2017년 미국은 여러 나라로부터 수입되는 철강에 대해 관세를 부과하였다. 철강은 다양한 산업에서 투입요소로 널리 사용되고 있다. 이 관세를 없애기 위한 정치적 로비활동이 설탕이나 의류와 같은 소비재에 부과되는 관세를 없애려는 정치적 로비활동보다 더 효력을 발휘할 수 있는 이유를 설명해 보라.

2. 근래에 들어 WTO에서는 점차 관세나 수입할당제뿐만 아니라 제품의 질, 보건 및 환경적 요소에 기반한 각종 제약에 따른 무역분쟁 또한 조정하고 있다. 이러한 상황이 발생하게 된 이유가 무엇이라고 생각하는가? 만약 자신이 세계무역기구의 관료라면 제품의 질, 보건, 환경적 측면에서 자유무역협정 위배 여부를 판단하기 위해 어떠한 방법을 사용하겠는가?

>> 복습
- 보호무역을 정당화하는 세 가지 논리로 국가안보, 일자리 창출, 유치산업보호 논리를 들 수 있다.
- 자중손실이 발생함에도 불구하고 수입보호정책이 자주 시행되는 이유는 수입경쟁산업을 대표하는 그룹이 소비자 그룹보다 더 작고 결속력이 강해서 결과적으로 소비자 그룹에 비해 더 큰 영향력을 행사하기 때문이다.
- 무역자유화를 보다 촉진시키기 위해 국가들은 **국제무역협정**을 맺는다. 이런 협정의 중요한 목적 중 하나는 **무역 전쟁**의 가능성을 없애는 것이다. **북미자유무역협정(NAFTA)**이나 **유럽연합(EU)**과 같은 일부 협정은 단지 소수의 국가들에만 해당이 된다. 개정된 NAFTA는 지금은 **NAFTA-USMCA**로 알려져 있다. **세계무역기구(WTO)**는 세계적인 무역협정을 감독하고 가입국 간의 무역 분쟁에 대해 판결을 내리는 다국적 기구이다.
- 상대적으로 가난한 국가로부터의 공산품 수입과 예전에는 외국의 경쟁으로부터 안전하다고 생각했던 많은 직종에 대한 **해외 아웃소싱**의 결과로 국제화에 대해 더 심한 반발이 과거 수년에 걸쳐 나타나고 있다.

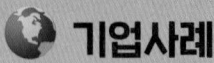

기업사례 ▷▷ 리&펑 : 광저우로부터 여러분께

Bloomberg/Getty Images

여러분이 이 글을 읽는 동안 아마도 아시아에서 생산된 옷을 입고 있으리라고 생각하면 거의 틀림이 없을 것이다. 만일 그렇다면 여러분의 옷을 디자인하고, 생산하고, 여러분 지역의 가게에까지 운반되도록 하는 데 홍콩회사인 리&펑이 관련되어 있다고 생각하는 것 또한 거의 틀림이 없을 것이다. 리바이스부터 월마트 전용상표에 이르기까지 리&펑은 전 세계 공장으로부터 여러분 근처 쇼핑몰까지의 제품 조달을 맡고 있는 중요한 회사다.

이 회사는 1906년 중국 광저우에서 창립되었다. 이 회사의 회장인 빅터 펑에 따르면 그의 할아버지의 "부가 가치"는 영어를 할 줄 알아 중국인과 외국인 사이의 거래에서 통역으로 일할 수 있다는 것이었다. 마오쩌둥의 공산당이 중국 본토를 장악했을 때 이 회사는 홍콩으로 이전하였다. 1960년대와 1970년대 홍콩의 시장경제가 발전함에 따라 리&펑은 홍콩의 제조업자와 외국의 구매자를 연결하는 수출중개회사로 성장하였다.

그러나 회사의 실질적인 변혁은 아시아 경제가 성장하고 변화함에 따라 나타나게 되었다. 홍콩의 빠른 성장과 임금 상승으로 인해 리&펑의 주요 사업이었던 의류부문에서 점점 경쟁력을 상실하게 되었다. 그래서 회사는 새로운 회사로 재탄생하게 되었다. 단순한 중개상에서 "공급망 관리자"로 변신한 것이다. 단순히 재화의 생산을 어떤 제조업체에 할당하는 대신 생산 공정을 쪼개어 원재료의 생산을 할당하고, 전 세계에 1만 2,000개가 넘는 공급자에게 최종 제품의 조립을 할당하는 것이다. 경우에 따라서는 홍콩이나 심지어 일본같이 임금

이 높은 대신 품질과 생산성이 높은 정교한 경제에서 생산이 이루어진다. 어떤 경우에는 노동의 생산성은 떨어지나 임금이 낮은 중국 본토나 태국과 같이 발전 중인 지역에서 생산이 이루어진다.

예컨대 여러분이 미국에 소매점 체인을 가지고 있는데 워싱턴 블루진을 판매하려 한다고 가정해보자. 리&펑은 단순히 진 생산을 알선해 주는 것이 아니라 진의 최신 생산기술과 어떤 재료와 색상이 유행하는지 등과 같이 스타일에 관한 정보를 제공하여 당신과 함께 디자인을 결정한다. 디자인이 확정된 후에는 리&펑이 시제품 제작을 알선하고 가장 효율적인 비용으로 생산할 수 있는 방법을 찾아서 당신 대신 주문을 해 준다. 리&펑을 통해 원단은 한국에서 생산되어 대만에서 염색되고 진은 태국이나 중국 본토에서 생산된다. 생산이 여러 장소에서 이루어지기 때문에 리&펑이 수송이나 품질관리를 담당한다.

리&펑은 대단히 성공적이다. 2019년 이 회사의 시장가치는 132억 달러이고 50개국 이상의 지역에 영업소와 물류센터가 있다.

그런데 미국과 중국 사이의 무역 분쟁이 리&펑에는 어떤 영향을 주었을지 여러분이 궁금해 할지 모르겠다. 중국 수출품에 대한 미국의 관세는 회사 운영의 한 중요한 측면에서 피해를 주었으나 다른 기회를 열어 주었다고 답할 수 있다. 리&펑은 미국 소비자들이 베트남이나 방글라데시와 같은 지역 제품으로 전환하도록 돕고 있다. 또한 미국 시장이 막혀 가격이 낮아진 중국 제품으로부터 이득을 보도록 유럽과 다른 지역의 소비자들을 돕고 있다.

생각해 볼 문제

1. 리&펑이 수출중개업을 넘어서 생산 단계를 구분하여 여러 나라의 많은 공급자들에게 원재료를 주문하는 공급망 관리자가 되는 것이 유리했던 이유가 무엇이라고 생각하는가?
2. 리&펑이 상품의 원재료 생산과 최종 조립을 여러 나라에 분배할 때 그 이면에 어떤 원칙을 적용했다고 생각하는가?
3. 소매점들이 중국 본토에 있는 진 제조업체로부터 직접 구입하는 것보다 리&펑이 진의 생산을 국제적으로 조직하는 것을 더 선호한 이유가 무엇이라고 생각하는가?
4. 리&펑이 성공한 이유는 무엇일까? 그것은 인적 자본에 의한 것일까, 자연자원의 소유에 기인한 것일까, 아니면 자본의 소유에 근거한 것일까?

요약

1. 국제무역은 미국에 있어 점차 중요해지고 있으며, 대부분의 다른 국가의 경우 그 중요성은 더욱 크다. 개인들 간의 거래와 마찬가지로 국제무역은 비교우위에 의해 발생한다. 어떤 재화를 추가적으로 한 단위 더 생산하는 데 드는 기회비용은 어떤 국가에서 다른 국가들보다 더 낮다. 해외로부터 구입한 재화와 서비스가 **수입**이고, 해외로 판매한 재화와 서비스가 **수출**이다. 국제무역은 **국제화**로 불리는 국가들 간의 다른 경제적 연관성의 증가와 마찬가지로 급속히 성장하였다. 통신과 교통 기술의 발달로 세계 어느 곳이든지 생산의 공급망에 포함할 수 있게 되면서 극도로 높은 수준의 국제무역이 발생하는 현상인 **초국제화**가 발생했다.

2. **리카도의 국제무역 모형**은 기회비용이 일정하다고 가정한다. 이 모형은 무역으로부터 이익을 얻을 수 있음을, 즉 서로 무역을 하면 **자급**에서보다 더 나은 결과를 얻을 수 있음을 보여 준다.

3. 현실에서 비교우위는 국가 간 기후, 요소부존도, 기술의 차이를 반영한다고 볼 수 있다. **헥셔-올린 모형**은 요소부존도의 차이가 어떻게 비교우위를 결정짓는지를 보여 준다. 생산되는 재화마다 **요소집약도**가 다른데, 국가마다 자국이 풍부하게 보유하고 있는 요소를 집약적으로 사용하는 재화를 수출하는 경향을 갖게 된다.

4. **국내수요곡선**과 **국내공급곡선**은 자급에서의 재화가격을 결정한다. 국제무역이 발생하면 국내가격은 **국제가격**, 즉 그 재화가 해외에서 거래되는 가격과 같아지게 된다.

5. 국제가격이 자급에서의 가격보다 낮으면 그 재화는 수입된다. 이때 소비자잉여는 증가하고 생산자잉여는 감소하며, 경제 전체로서는 총잉여가 증가한다. 국제가격이 자급에서의 가격보다 높으면 그 재화는 수출된다. 이때 소비자잉여는 감소하고 생산자잉여는 증가하며, 경제 전체로서는 총잉여가 증가한다.

6. 국제무역으로 **수출산업**은 확장되고, **수입경쟁산업**은 축소된다. 이로 인해 그 국가에 풍부한 요소에 대한 국내수요는 증가하고, 희소한 요소에 대한 국내수요는 감소하여 임금과 같은 요소가격이 변화하게 된다.

7. 대부분의 경제학자들은 **자유무역**을 찬성하고 있으나, 현실에서는 많은 국가들이 수입경쟁산업에 대한 **보호무역**을 시행하고 있다. 흔히 사용되는 **보호**의 두 형태로 관세와 수입할당제를 들 수 있다. 드물기는 하지만 정부가 수출산업에 대해 보조금을 지급하는 경우도 있다.

8. **관세**는 수입상품에 부과되는 조세이다. 관세로 인해 국내가격이 국제가격보다 높아져서 소비자들은 손실을 입고, 국내생산자들은 이득을 보며, 정부는 수입이 생긴다. 그 결과 총잉여는 감소한다. **수입할당제**는 재화 수입량을 제한하는 것을 말한다. 수입이 정부가 아니라 허가를 받는 기업들에게 귀속된다는 점을 제외하고 수입할당제는 관세와 동일한 효과를 낳는다.

9. 보호무역을 옹호하는 주장이 몇 가지 존재하지만 보호가 이뤄지는 주요 이유는 아마 정치적인 요인일 것이다. 수입경쟁산업은 잘 조직되어 있고, 보호무역으로부터 얻는 이득에 대해서도 잘 알고 있다. 반면 소비자들은 그들이 지불해야 할 비용이 무엇인지 잘 알고 있지 않다. 그럼에도 미국의 무역체계는 상당히 자유무역에 가까운데, 이는 다른 국가로의 수출에 대한 보호무역행위를 제한하는 **국제무역협정** 덕분이다. 무역협정은 또한 **무역 전쟁**을 방지하는 데 도움이 된다. **북미자유무역협정(NAFTA)**과 **유럽연합(EU)**은 소수의 국가들을 대상으로 한다. 반면에 **세계무역기구(WTO)**는 세계무역의 대부분을 차지하는 훨씬 더 많은 수의 국가들을 포함한다. 이 기구는 무역협정을 감독하고 협정의 준수를 유지한다.

10. 과거 수년간 국제화의 효과에 대해 많은 우려가 제기되었다. 하나는 상대적으로 가난한 국가로부터 과거 20년에 걸쳐 이루어진 수입 홍수로 인한 소득 불평등의 증가이다. 다른 우려는 외국의 경쟁으로부터 안전하리라고 여겨졌던 직장들이 해외로 이동하게 만드는 **해외 아웃소싱**의 증가이다.

주요용어

수입	초국제화	요소집약도
수출	리카도의 국제무역 모형	헥셔-올린 모형
국제화	자급	국내수요곡선

국내공급곡선	보호	NAFTA-USMCA
국제가격	관세	유럽연합(EU)
수출산업	수입할당제	세계무역기구(WTO)
수입경쟁산업	국제무역협정	해외 아웃소싱
자유무역	무역 전쟁	
보호무역	북미자유무역협정(NAFTA)	

토론문제

1. 다음 주장이 사실인지 거짓인지 혹은 불분명한지 평가하라. "미국은 멕시코와 비교하여 더 많은 토마토와 아보카도를 생산할 수 있으므로 이들 상품에 대해 멕시코와 교역할 필요가 없다."

2. 국제무역하의 수요와 공급의 관점에서 한 나라가 어떤 제품을 수출하게 되는 것은 언제인가? 수입하게 되는 것은 언제인가? 각 경우에 누가 이득을 보고 누가 손해를 보는가?

3. 2018년 미국은 멕시코로부터 수입되는 아보카도에 대해 25%의 관세를 부과하였다. 관세 지지자들은 가격 인상분을 전적으로 멕시코가 부담할 것이라고 주장했다. 이 주장이 타당한지 평가하라. (힌트 : 이 장에서 자신의 결론을 뒷받침할 수 있는 그림을 하나 사용하라.)

연습문제

1. 캐나다와 미국이 일정한 기회비용으로 목재와 축구공을 생산한다. 미국은 축구공을 전혀 생산하지 않고 목재 10톤을 생산하거나, 목재를 전혀 생산하지 않고 축구공 1,000개를 생산할 수 있고, 또한 이 사이의 어떤 조합도 생산할 수 있다. 캐나다는 목재를 전혀 생산하지 않고 목재 8톤을 생산하거나, 목재를 전혀 생산하지 않고 축구공 400개를 생산할 수 있고, 또한 이 사이의 어떤 조합도 생산할 수 있다.

   a. 수평축에는 축구공을, 수직축에는 목재를 표시하여 미국과 캐나다의 생산가능곡선을 2개의 그림에 따로 그려 보라.

   b. 자급상태에서 미국의 소비자들이 축구공 500개를 소비하고자 한다면, 소비될 수 있는 목재량은 최대 몇 톤인가? 그림에서 이 점을 A로 표시하라. 마찬가지로 캐나다의 소비자들이 자급상태에서 목재 1톤을 소비하고자 한다면 소비될 수 있는 축구공은 최대 몇 개인가? 이를 그림에서 C점으로 표시하라.

   c. 목재 생산에 절대우위가 있는 국가는 어디인가?

   d. 목재 생산에 비교우위가 있는 국가는 어디인가?
   각국이 비교우위를 갖고 있는 재화에 특화하여 서로 무역을 한다고 가정하자.

   e. 미국에서 생산되는 축구공은 몇 개인가? 캐나다에서 생산되는 목재는 몇 톤인가?

   f. 미국이 500개의 축구공과 7톤의 목재를 소비하는 것이 가능한가? 이를 그림에서 B점으로 표시하라. 동시에 캐나다가 500개의 축구공과 1톤의 목재를 소비하는 것이 가능한가? 이를 그림에서 D점으로 표시하라.

2. 다음에 주어진 무역 패턴에 대하여 각 수출국의 비교우위의 원인이 무엇이겠는지 설명해 보라.

   a. 미국은 베네수엘라에 소프트웨어를 수출하고, 베네수엘라는 미국에 석유를 수출한다.

   b. 미국은 중국에 항공기를 수출하고, 중국은 미국에 의류를 수출한다.

   c. 미국은 콜롬비아에 밀을 수출하고, 콜롬비아는 미국에 커피를 수출한다.

3. 미국 인구조사국 자료에 따르면 미국이 중국으로부터 수입한 남성용 셔츠의 수입액은 2000년 2억 4,400만 달러의 비교적 적은 금액에서 2014년 7억 5,300만 달러로 세 배 이상 증가했다. 헥셔-올린 모형에 의하면 중국에서 노동자들이 받는 임금은 어떻게 되었겠는가?

4. 신발 생산은 노동집약적이고 위성 생산은 자본집약적이다. 미국은 자본이 풍부하고 중국은 노동이 풍부하다. 헥

셔-올린 모형에 따르면 중국은 어떤 상품을 수출하겠는가? 미국은 어떤 상품을 수출하겠는가? 미국에서는 노동가격(임금)과 자본 가격이 어떻게 되겠는가?

5. 북미자유무역협정(NAFTA)에서 수입재화에 대한 관세를 철폐하기 이전에, 토마토의 자급가격이 멕시코에서는 국제가격보다 낮았고, 미국에서는 국제가격보다 높았다. 또 닭고기의 자급가격이 멕시코에서는 국제가격보다 높았고, 미국에서는 국제가격보다 낮았다. 각국의 각 재화에 대한 국내공급곡선과 국내수요곡선을 그림에 나타내 보라. NAFTA의 결과로 이제 미국은 멕시코로부터 토마토를 수입하고, 멕시코에 닭고기를 수출한다. 다음에 제시된 집단이 어떠한 영향을 받을 것으로 예상하는가?

a. 멕시코와 미국의 토마토 소비자들. 그림에 소비자잉여에 대한 영향을 표시하라.

b. 멕시코와 미국의 토마토 생산자들. 그림에 생산자잉여에 대한 영향을 표시하라.

c. 멕시코와 미국의 토마토 생산 노동자들.

d. 멕시코와 미국의 닭고기 소비자들. 그림에 소비자잉여에 대한 영향을 표시하라.

e. 멕시코와 미국의 닭고기 생산자들. 그림에 생산자잉여에 대한 영향을 표시하라.

f. 멕시코와 미국의 닭고기 생산 노동자들.

6. 다음에 주어진 표는 상업용 제트기에 대한 미국의 국내수요표와 국내공급표이다. 상업용 제트기에 대한 국제가격이 1억 달러라고 가정하자.

제트기 가격(백만 달러)	제트기 수요량	제트기 공급량
$120	100	1,000
110	150	900
100	200	800
90	250	700
80	300	600
70	350	500
60	400	400
50	450	300
40	500	200

a. 자급상태에서 미국에서는 상업용 제트기가 몇 대 생산되겠는가? 제트기의 거래가격은 얼마인가?

b. 국제무역이 이루어질 때 상업용 제트기의 가격은 얼마이겠는가? 미국이 제트기를 수출하겠는가, 아니면 수입하겠는가? 수출 혹은 수입하는 제트기 수는 몇 대이겠는가?

7. 다음은 오렌지에 대한 미국의 국내수요표와 국내공급표이다. 오렌지의 국제가격이 개당 0.3달러라고 가정하자.

오렌지 가격	오렌지 수요량(천 개)	오렌지 공급량(천 개)
$1.00	2	11
0.90	4	10
0.80	6	9
0.70	8	8
0.60	10	7
0.50	12	6
0.40	14	5
0.30	16	4
0.20	18	3

a. 미국의 국내공급곡선과 국내수요곡선을 그려 보라.

b. 자유무역이 이루어지면 미국은 몇 개의 오렌지를 수입 혹은 수출하겠는가?

미국 정부가 수입되는 오렌지 1개당 0.2달러의 관세를 부과했다고 가정하자.

c. 관세가 부과된 이후에 미국은 몇 개의 오렌지를 수입 혹은 수출하겠는가?

d. 관세로 인한 경제의 이득 혹은 손실을 그림에 색칠해 보라.

8. 오렌지에 대한 미국의 국내수요표와 국내공급표가 7번 문제와 같이 주어져 있다. 오렌지의 국제가격이 0.3달러라고 가정하자. 미국이 수입되는 오렌지 수량을 3,000개로 제한하는 수입할당제를 실시하기로 하고 할당지대를 외국의 오렌지 수출업자들에게 할당했다.

a. 국내수요와 공급곡선을 그려라.

b. 수입할당제 도입 후 오렌지의 국내가격은 어떻게 되겠는가?

c. 오렌지 수입자들이 얻게 되는 할당지대의 가치는 얼마인가?

9. 경제 복잡성 관측소(OEC)는 국가들 사이의 무역 데이터를 모델로 하여 데이터를 시각적으로 표현한 것이다. atlas.media.mit.edu 웹사이트로 가서 다음 질문에 답하라.

a. 검색 바에 미국(United States)을 입력하라. 미국에서 가장 금액이 큰 수출상품은 무엇인가? Planes, Helicopters, and/or Spacecraft의 수출액은 얼마인가? 미국에서 가장 금액이 큰 수입상품은 무엇인가?

b. 브라질에 대해 같은 작업을 하라. 브라질에서 가장 금액이 큰 수출상품은 무엇인가? Planes, Helicopters, and/or Spacecraft의 수출액은 얼마인가? 브라질에서 가장

금액이 큰 수입상품은 무엇인가?

10. 비교우위로 인해 방글라데시와 같이 낮은 생산성을 가진 국가도 미국과 같이 높은 생산성을 가진 국가와 교역할 기회를 가질 수 있다. 9번의 OEC 웹사이트를 이용하여 방글라데시가 미국에 얼마나 수출했으며, 미국에 가장 많이 수출한 품목은 무엇이고, 어떤 종류의 상품들을 미국에 수출했는지 알아보라.

11. 다시 9, 10번의 OEC 웹사이트를 통해 어느 국가가 다음 각 제품에 대해 비교우위를 갖고 있는지 알아보라. 각 제품에 대해 전체 수출 중 그 나라가 차지하는 비중과 수출액을 구하라.

   a. 컴퓨터

   b. 메이플 시럽

   c. 대두

   d. 카카오 씨앗

   e. 맥주

12. 지난 5년에 걸쳐 미국은 세계 최대의 천연가스 생산국이 되었다. 그러나 생산자들은 가스를 대서양 건너편으로 수출하기 위해 액화하는 방법을 찾으려 애를 써야 한다. 휴스턴에 본부를 둔 천연가스 회사가 세이빈 패스에 멕시코 만으로 통하는 천연가스 수출 터미널을 개발하였다. 이 터미널을 통해 미국 회사들은 전 세계 시장으로 통할 수 있다.

   a. 천연가스 수출 터미널의 개발이 미국의 천연가스 시장에 어떤 영향을 줄지 설명하라.

   b. 천연가스 가격이 BTU당 3달러라고 가정하고 천연가스 수출 터미널이 미국의 천연가스 수요에 어떤 영향을 미칠지 그래프로 나타내라.

   c. 유럽의 천연가스 가격이 BTU당 6달러라고 가정하고 미국의 천연가스 터미널 개발이 유럽 천연가스 시장의 수요와 공급에 어떤 영향을 미칠지 그래프로 나타내라.

   d. 미국이 유럽으로 천연가스를 수출하게 되면 양국의 소비자와 생산자에게 어떤 영향을 주겠는가?

13. 다음 그림은 소고기에 대한 미국의 국내수요곡선과 국내공급곡선을 나타낸다.

소고기의 국제가격은 P_W이다. 미국은 현재 소고기에 대해 수입관세를 부과하고 있어 미국의 소고기 가격은 P_T이다. 의회에서 관세를 철폐하기로 결정했다. 그림에 표시된 영역을 이용하여 다음 물음에 답하라.

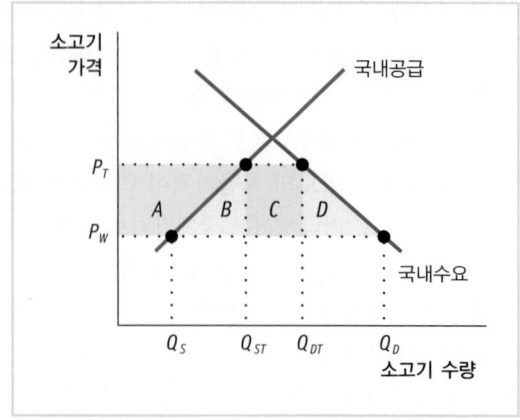

   a. 관세 철폐로 인한 소비자잉여의 이득/손실을 나타내는 영역은 어디인가?

   b. 관세 철폐로 인한 생산자잉여의 이득/손실을 나타내는 영역은 어디인가?

   c. 관세 철폐로 인한 정부의 이득/손실을 나타내는 영역은 어디인가?

   d. 관세 철폐로 인한 경제 전체의 이득/손실을 나타내는 영역은 어디인가?

14. 무역으로 인해 미국에서는 많은 비숙련 제조업 일자리가 사라졌으나, 소프트웨어 산업과 같은 숙련산업의 일자리가 창출되었다. 미국 경제 전체로서는 이득을 보았는지 여부를 설명해 보라.

15. 미국은 농산물에 대해 관세를 부과하거나 경우에 따라서는 수입할당제를 실시하는 등 농업 (식품) 부문에 대한 무역장벽이 높다. 이 장에서는 보호무역에 대한 세 가지 논리를 제시하였는데, 각각의 논리들이 미국의 농산물에 대한 보호무역의 경우에 정당화될 수 있는지 논의해 보라.

16. 세계무역기구(WTO)를 통한 협상에서 한 국가가 무역장벽(관세나 수입할당)을 낮추기로 동의했을 때, 보통 이러한 행위는 다른 국가들에 대한 '양보'로 표현된다. 이러한 용어가 적절하다고 생각하는가?

17. 수입경쟁산업의 생산자들은 종종 다음과 같은 주장을 한다. "다른 국가들이 특정 재화의 생산에 우위를 가지고 있는 것은 순전히 해외 노동자들의 임금이 더 낮기 때문이다. 사실은 미국 노동자들이 해외 노동자들보다 생산성이 훨씬 더 높다. 그러므로 수입경쟁산업은 보호되어야 한다." 이 주장이 정당한가? 자신의 답을 설명해 보라.

개인과 기업의 결정

호경기와 불경기 때의 결정

매킨지 맥퀘이드는 생물학 학위를 받고 대학을 졸업하면서 바로 직장을 얻었다. 이 경험은 그녀에게 의외였는데 그 이유는 그녀보다 4년 위인 오빠 애덤은 매우 다른 경험을 해야 했기 때문이다. 2010년에 졸업한 애덤은 비슷한 학위를 갖고도 직장을 얻는 데 큰 어려움을 겪어야 했다. 졸업을 앞두고 그는 10여 개 이상의 회사로부터 퇴짜를 받았다. 스트레스로 지치고 불안하여 결국 다른 주로 이사를 해야 하는 직장을 선택했다. 2010년의 우울한 구직 시장에서 다수는 공부를 계속하는 선택을 했다. 그 해에 전국의 모든 대학에서는 모든 종류의 학위 프로그램에 지원자들이 쇄도했다.

경기 변동 때문에 남매인 매킨지 맥퀘이드와 애덤 맥퀘이드는 대학 졸업 후 첫 직장을 얻기까지 매우 다른 경험을 했다.

매킨지와 애덤의 운명을 가른 것은 능력의 차이가 아니었다. 그것은 경기 변동 때문이었다. 애덤은 불행하게도 실업률이 10%에 가까울 정도로 구직 시장이 수십 년 만에 가장 어려운 시기에 졸업을 했던 것이다. 매킨지가 졸업한 2014년에는 실업률이 대략 6.1%로 구직 시장이 상당히 좋아졌다. 그럼에도 불구하고 구직 시장이 평탄했던 것은 아니다. 매킨지가 직장을 얻은 2014년 같은 해에 24세와 27세 사이의 대학 졸업생 중 44%는 대학 학위를 요구하지 않는 저임금 직장을 다녀야 했다.

상황에 관계없이 매년 수백만 명이 자신의 진로에 대한 선택을 한다. 맥킨지는 여러 직장을 놓고 어디를 갈지 선택해야 했다. 애덤은 별로 내키지 않고 이사를 해야 하는 직장을 선택할지 아니면 구직을 계속하는 모험을 할지 선택해야 했다. 또 다른 수백만 명은 낮은 임금의 전망 없는 직장을 선택하거나 계속된 구직 행위보다는 공부를 계속하는 선택을 했다.

이 장의 주제는 결정의 경제학, 즉 가장 좋은—흔히 **최적**이라 표현한다—경제적 성과를 달성하기 위해 어떻게 결정을 내려야 할지

에 대해 배운다. 경제학자들은 결정을 내리는 사람이 개인이든 기업이든 관계없이 최적의 결과를 달성하기 위한 결정 원칙 내지 방법들을 공식화했다.

우선 개인의 결정 문제를 살펴보고 세 가지의 경제적 결정 유형과 이 각각의 유형에 대해 그에 해당하는 최선의 경제적 결과를 얻는 원칙에 대해 알아볼 것이다. 이 장에서 경제학자들이 왜 결정 방법의 연구를 미시경제학의 정수라고 생각하는지 이해하게 될 것이다.

최선의 경제적 결과를 얻기 위해서는 사람들이 경제적 결정 원칙들을 사용해야 함에도 불구하고 그러지 못할 때가 있다. 다시 말해서 결정을 하는 데 있어 사람들이 항상 합리적인 것은 아니다. 예를 들어 돈을 절약하기 위해 할인 상품을 찾아다니다 보면 알면서도 절약한 것보다 더 큰 연료비를 지출할 수도 있다. 그러나 경제학자들은 사람들의 **비합리적 행동**이 종종 예상할 수 있는 방법으로 일어난다는 것을 발견하였다. 예측 가능한 비합리적 행동에 대해 연구하는 **행동경제학**의 논의로 이 장을 마무리한다. ●

이 장에서 배울 내용

- 좋은 결정이 비용과 편익을 정확히 규명하는 것에서 비롯되는 이유
- **명시적 비용**과 **암묵적 비용**은 어떻게 다른가?
- **회계상의 이윤**과 **경제학적 이윤**은 어떻게 다르며, 결정을 내리는 데 있어 왜 경제학적 이윤이 기준이 되어야 하는가?

- 세 가지 경제적 결정의 유형은 무엇인가?
- 사람들이 종종 비합리적이지만 예측 가능한 방법으로 행동하는 이유
- 시간이 포함된 결정은 왜 다르며 그러한 결정은 어떻게 내려야 하는가? (부록에 수록)

명시적 비용(explicit cost)은 실제로 화폐가 지출된 비용이다.

암묵적 비용(implicit cost)은 화폐로 지출될 필요가 없다. 그것은 포기한 모든 혜택의 화폐가치로 측정된다.

|| 비용, 편익 및 이윤

어떤 유형의 결정을 하든지 그 결정의 비용과 편익을 정확히 규명하는 것이 중요하다. 만일 비용과 편익을 모른다면 좋은 결정을 내리는 것은 불가능에 가깝다. 따라서 우리의 출발점은 바로 이것이다.

가장 우선적으로 취해야 할 첫 번째 작업은 제1장에서 처음 접했던 기회비용(opportunity cost)의 역할을 이해하는 것이다. 제1장에서 우리는 자원이 희소하기 때문에 기회비용이 발생한다고 배웠다. 자원이 희소한 이유로 어떤 것의 실제 비용은 그것을 얻기 위해 반드시 포기해야 하는 다른 어떤 것이다. 이것이 기회비용이다.

학업을 1년 더 계속하기로 결정하든 학교를 떠나 직업을 얻기로 결정하든 모든 선택에는 비용과 편익이 있다. 시간(자원)이 희소하기 때문에 동시에 전업 학생과 상근직장인을 겸할 수는 없다. 전업 학생이 되기로 선택하면 그 선택의 기회비용은 정규직에서 받을 수 있는 소득이다. 그리고 직장에서 얻을 수 있는 경험의 가치와 같은 추가적인 기회비용들도 있을 것이다.

결정을 내릴 때는 기회비용의 관점에서 생각하는 것이 매우 중요한데 그 이유는 어떤 행동을 취할 때 그 기회비용이 금전적으로 지출되는 비용보다 훨씬 더 클 때가 많기 때문이다.

경제학자들은 기회비용과 금전적 지출의 관계를 비교하기 위해 명시적 비용과 암묵적 비용의 개념을 사용한다. 우리는 이 두 개념을 먼저 논의할 것이다. 다음에는 회계상의 이윤과 경제학적 이윤을 정의할 텐데 이는 어떤 행위의 편익이 비용을 초과하는지를 측정하는 방법들이다. 비용과 편익을 측정하는 이러한 개념들로 무장한 후에는 경제적 결정 방법의 첫 번째 원칙, 즉 '양자택일'의 결정 방법을 다룰 수 있게 될 것이다.

명시적 비용과 암묵적 비용

대학을 졸업한 후 당신에게—애덤 맥퀘이드처럼—마음에 꼭 들지 않는 직장을 다닐 것인가 아니면 1년 더 공부하여 대학원 학위를 얻을 것인가 두 가지 선택이 있다고 가정해 보자.

이 결정을 올바로 내리기 위해서는 1년 더 공부하는 것의 비용을 알 필요가 있다.

여기서 기회비용의 개념을 아는 것이 중요하다. 상급학위를 얻기 위해 보내는 1년의 비용은 그 1년 동안 직장을 다니지 못함으로써 당신이 포기해야 하는 것들이다. 이 1년간의 추가 교육의 기회비용은 다른 비용과 마찬가지로 명시적 비용과 암묵적 비용의 두 부분으로 나눌 수 있다.

명시적 비용(explicit cost)은 금전적 지출이 필요한 비용이다. 예를 들어 1년 추가 교육의 명시적 비용에는 학비가 포함된다. 반면에 **암묵적 비용**(implicit cost)에는 금전적 지출이 발생하지 않는다. 그 대신 그것은 포기한 모든 혜택의 화폐가치로 측정된다. 예를 들면 공부에 사용된 1년의 암묵적 비용에는 공부 대신 직장을 다녔을 때 벌 수 있었던 소득이 포함된다.

경제 분석이나 현실의 사업에서 흔히 나타나는 오류는 암묵적 비용을 빠뜨리고 명시적 비용에만 초점을 맞추는 것이다. 그러나 암묵적 비용이 상당히 큰 경우가 흔히 있으며, 어떤 경우에는 사실 명시적 비용보다 암묵적 비용이 훨씬 더 클 때도 있다.

〈표 9-1〉에는 취직하는 대신 1년 더 공부하는 데 따르는 가상적인 명시적 비용과 암묵적 비용이 분류되어 있다. 명시적 비용에는 학비, 교재, 학용품, 과제에 필요한 가정용 컴퓨터 등 금전적 지출이 필요한 모든 항목이 포함된다. 암묵적 비용은 취직했을 때 벌 수 있었던 소득이다. 보는 바와 같이 1년 더 공부하는 데 드는 총비용은 암묵적 비용인 포기한 봉급 3만 5,000달러와 명시적 비용인 등록금, 학용품, 컴퓨터 등의 비용 9,500달러를 합한 4만 4,500달러이다. 암

표 9-1　1년 더 공부하는 데 드는 기회비용

명시적 비용		암묵적 비용	
등록금	$7,000	포기한 봉급	$35,000
교재 및 학용품	1,000		
가정용 컴퓨터	1,500		
명시적 비용 합계	9,500	암묵적 비용 합계	35,000
총기회비용＝명시적 비용 합계＋암묵적 비용 합계＝$44,500			

묵적 비용이 명시적 비용의 세 배 이상이므로 암묵적 비용을 빠뜨리고 내린 결정에는 심각한 오류가 있을 수 있다. 이 예를 통해 일반 원리 한 가지를 알 수 있다. 어떤 활동의 기회비용은 그 활동의 명시적 비용과 암묵적 비용의 합과 같다.

이 예에서 암묵적 비용을 조금 다른 방식으로 살펴봄으로써 기회비용에 대한 이해를 높일 수 있다.

- 포기한 봉급은 시간이라고 하는 자기 자신의 자원을 취직 대신 학업을 선택하는 데 사용하는 비용이다.
- 아무런 금전적 지출이 필요 없음에도 불구하고 학업을 계속하기 위해서는 시간을 사용해야 한다는 것이 당신에게는 손실이다.

이것은 기회비용의 중요한 일면을 보여 준다.

- 어떤 활동의 비용을 고려할 때 자신의 자원을 그 활동에 사용하는 비용을 포함시켜야 한다. 자신의 자원을 사용하는 비용은 그 자원을 차선의 용도에 사용했을 때 무엇을 얻을 수 있는가를 따져봄으로써 계산할 수 있다.

기회비용의 역할을 이해하면 2010년에 학교 지원자가 급증한 이유가 취업시장 때문임을 잘 알 수 있다. 미국 경제가 극심한 불황에 들어감에 따라 2009년부터 취업시장이 급격히 나빠지기 시작했다. 2010년에도 취업시장은 여전히 좋지 않았다. 새로운 일자리가 다시 나타나고 있었지만 새로운 일자리의 대부분은 낮은 임금에 부가혜택이 없는 직장이었다. 이 결과로 1년간 추가 학업의 기회비용이 상당히 감소하여 취업시장이 좋을 때에 비해 1년간 학업을 계속하는 것이 더 매력적으로 보이게 된 것이다.

|| 회계상의 이윤과 경제학적 이윤

애덤 맥퀘이드의 경우로 돌아가서 그가 약사가 되기 위해 2년간의 전일제 대학원 과정을 마치는 것과 2년을 일하는 것 중 하나를 선택해야 한다고 가정해보자. 약사 자격을 얻기 위해서는 반드시 2년의 대학원 과정을 모두 마쳐야 한다고 가정한다. 그는 어떤 선택을 해야 할까?

우선 애덤이 약사가 되기 위한 학위를 땄을 때 어떤 이득—이것을 약사 학위로부터의 수익이라고 부를 수 있을 것이다—이 있는지 살펴보자. 2년 후 학위를 취득하고 나면 그는 평생의 남은 기간에 현재의 가치로 60만 달러에 달하는 소득을 벌 수 있다. 반면에 만일 학위를 취득하지 않고 현재 얻을 수 있는 직업에 종사한다면 2년 후 그가 평생 벌 수 있는 소득의 현재 가치는 50만 달러이다. 약사 학위를 얻기 위해 지출해야 하는 등록금은 4만 달러인데 학자금 대출을 통해 납부하고 그 이자로 4,000달러를 지불해야한다.

이 시점에서 그가 어떻게 해야 할지가 분명해 보인다. 약사가 되기 위한 학위를 선택하면 평생 소득이 60만 달러−50만 달러＝10만 달러만큼 증가하고 등록금 4만 달러와 이자 4,000달러

"계산을 해 봤는데요, 결혼하겠어요."

를 지불한다. 그렇다면 학위를 취득함으로써 10만 달러−4만 달러−4,000달러=5만 6,000달러의 이윤을 얻는 셈이다. 이 5만 6,000달러는 학위를 취득함으로써 애덤이 얻는 **회계상의 이윤**(accounting profit), 즉 수익에서 명시적 비용을 뺀 금액이다. 이 예에서 그가 학위를 취득하는 데 들어가는 명시적 비용은 등록금과 학자금 대출 이자를 합한 4만 4,000달러이다.

회계상의 이윤이 유용한 지표이기는 하지만 애덤이 결정을 내리는 데 있어 이 지표만을 사용하는 것은 오류이다. 그에게 최선의 결과를 가져다 줄 올바른 결정을 하기 위해서는 **경제학적 이윤**(economic profit), 즉 학위로부터의 수익에서 학업을 계속하는 기회비용(명시적 비용에 암묵적 비용을 합한 것)을 뺀 금액을 계산해야 한다. 주어진 사업의 경제학적 이윤은 일반적으로 회계상의 이윤보다 적은데 그 이유는 거의 예외 없이 명시적 비용에 더해 암묵적 비용이 존재하기 때문이다.

경제학자들이 이윤이란 용어를 사용할 때 그것은 회계상의 이윤이 아니라 경제학적 이윤을 가리킨다. 우리도 이 책에서 이 관례를 따를 것이다. 우리가 이윤이라 함은 경제학적 이윤을 의미한다.

애덤이 학업을 계속하는 것의 경제학적 이윤이 회계상의 이윤과 어떻게 다른가? 우리는 이미 그 차이 중 하나인 2년간 포기한 봉급을 언급한 바 있다. 이것이 2년간 학업에 전념하는 것의 암묵적 비용이다. 애덤이 2년간 포기하는 봉급의 총액이 5만 7,000달러라고 가정하자.

애덤의 암묵적 비용을 포함시켜 경제학적 이윤을 계산해 보면 약사가 되기 위한 학위를 취득하지 않는 것이 더 낫다는 것을 알게 된다. 〈표 9-2〉에서 이것을 알 수 있다. 학위를 취득함으로써 얻는 경제학적 이윤은 −1,000달러이다. 다시 말해서 학위를 취득하면 1,000달러의 경제학적 손실이 발생한다. 분명 지금부터 일을 시작하는 것이 더 낫다.

기회비용과 경제학적 이윤의 개념을 더 잘 이해하기 위해 약간 다른 상황을 고려해 보자. 애덤이 4만 달러를 융자받을 필요가 없다고 가정하자. 대신 할머니로부터 물려받은 유산에서 등록금을 납부할 수 있다고 하자. 따라서 4,000달러를 이자로 지불할 필요가 없다. 이 경우에 그의 회계상의 이윤은 5만 6,000달러가 아니라 6만 달러가 된다. 이제는 약사가 되기 위한 학위를 취득하는 것이 올바른 결정일까? 학위 취득의 경제학적 이윤은 이제 6만 달러−5만 7,000달러=3,000달러가 되는 것이 아닐까?

그렇지 않다. 이 경우 애덤은 교육비용으로 자기 소유의 자본을 사용하고 있는데 그 자본이 비록 자기 자신의 소유라 할지라도 그것을 사용하는 데에는 기회비용이 들기 때문이다.

자본(capital)은 개인이나 기업의 자산의 가치이다. 개인의 자본은 보통 은행에 예치한 현금, 주식, 채권, 주택과 같은 부동산의 소유가치 등으로 구성된다. 사업체의 경우에는 장비, 도구, 제품이나 부품의 재고 등도 자본에 포함된다. (경제학자들은 현금, 주식, 채권과 같은 금융자산과 건물, 설비, 도구, 재고와 같은 실물자산으로 구별하기를 좋아한다.)

중요한 것은 애덤이 비록 4만 달러를 소유하고 있더라도 그것을 등록금으로 사용하면 기회비용—차선의 방법으로 사용하면 얻을 수 있었으나 포기한 것—이 발생한다는 사실이다. 그 돈으로 등록금을 내지 않았다면 차선책으로 은행에 예금하고 이자를 얻을 수 있었을 것이다.

문제를 간단히 하기 위해 4만 달러를 은행에 예치하면 4,000달러를 번다고 가정하자. 이제 애덤은 명시적 비용인 학자금 대출 이자로 4,000달러를 지출하는 대신 암묵적 비용의 형태로 얻을 수 있었으나 사라진 이자 4,000달러를 지출한다.

이 사라진 이자 4,000달러를 경제학자들은 **자본의 암묵적 비용**(implicit cost of capital)이라고

표 9-2 애덤이 약리학 학위를 취득함으로써 얻게 되는 경제학적 이윤

평생 소득 증가액	$100,000
명시적 비용	
등록금	−40,000
학자금 대출 이자	−4,000
회계상의 이윤	**56,000**
암묵적 비용	
2년간 학업을 위해 포기한 소득	−57,000
경제학적 이윤	**−1,000**

한다. 이것은 그 자본을 소유한 사람이 차선의 방법으로 그것을 사용했을 때 얻을 수 있는 소득을 가리킨다. 결과적으로 애덤이 등록금을 학자금 대출로 조달하든 자기 자신의 자금을 사용하든 차이가 없다. 이 비교를 통해 결정을 내릴 때 기회비용을 계산하기 위해 얼마나 조심해야 하는지 알 수 있다.

'양자택일' 결정의 원리(principle of 'either-or' decision making)에 의하면 두 행동 중 경제적 이윤이 양인 것을 선택해야 한다.

'양자택일'의 결정

'양자택일'의 결정에서는 두 가지 행동 중 하나를 선택해야 한다. 그것은 주어진 행동을 얼마나 해야 하는가를 선택하는 '수량 선택'의 결정과 대비된다. 예컨대 애덤은 약사 자격이 주어지는 학위를 취득하기 위해 대학원에서 2년을 보낼 것인지 아니면 일을 할 것인지 '양자택일'의 결정을 내려야 했다. 반면에 몇 시간을 공부하고 몇 시간을 직장에서 일할 것인지와 같은 결정은 '수량 선택'의 결정이 될 것이다. 〈표 9-3〉에는 여러 가지의 '양자택일'과 '수량 선택'을 대비해 놓았다.

이미 강조한 바와 같이 경제적 결정을 하는 데 있어 기회비용을 정확히 계산하는 것이 대단히 중요하다. '양자택일'의 결정에 있어 가장 좋은 경제적 결과를 얻을 수 있는 최선의 방법은 **'양자택일' 결정의 원리**(principle of 'either-or' decision making)를 따르는 것이다. 이 원리는 두 행동 중 '양자택일'을 할 때에는 경제적 이윤이 양인 행동을 선택하라는 것이다.

이 원리가 어떻게 적용되는지 이해하기 위해 애덤의 문제를 다른 각도에서 살펴보자. 만일 그가 지금 얻을 수 있는 직장에 남아 즉시 일을 계속하면 평생 소득은 5만 7,000달러(2년간 소득)+50만 달러(그 이후 평생 소득의 가치)=55만 7,000달러이다. 만일 그가 약사가 되기 위한 학위를 취득하고 약사로서 취업하면 평생 소득은 60만 달러(2년 후 평생 소득의 현재가치)−4만 달러(등록금)−4,000달러(이자비용)=55만 6,000달러이다. 약사가 되는 것에 비해 현재 직장에 계속 종사하는 것의 경제적 이윤은 55만 7,000달러−55만 6,000달러=1,000달러이다.

따라서 애덤에게 올바른 선택은 경제적 이윤이 1,000달러인 약사가 되는 것보다 경제적 이윤이 1,000달러인 현업에 즉시 종사하는 것이다. 다시 말해서 약사가 됨으로써 그는 즉시 현업에 종사하여 얻을 수 있는 1,000달러의 경제적 이윤을 잃게 되는 것이다.

'양자택일'의 결정에 있어 사업에 필요한 자산을 임대하거나 빌리는 경우보다 자기 자신의 자산을 사용하는 경우에 실수가 자주 나타난다. 그 이유는 자신이 소유한 자본의 암묵적 비용을 생각하지 못하기 때문이다. 애덤의 경우에는 약대 등록금을 자신의 저축으로 지불했다면 그럴 수 있었을 것이다. 반면에 자산을 임대하거나 빌리는 경우에는 그 비용이 명시적 비용으로 계산된다. 예컨대 음식점이 장비나 도구를 소유하고 있으면, 장비를 팔아서 그 자금을 차선의 사업에 사용했을 때 얼마나 벌 수 있는지를 계산하여 자본의 암묵적 비용을 구해야 할 것이다.

또한 소유자가 사업체를 직접 경영하는 경우(기업가, entrepreneur) 그 사업

표 9-3 '수량 선택'의 결정 대 '양자택일'의 결정

'양자택일'의 결정	'수량 선택'의 결정
타이드(Tide, 세제 이름)를 사용할 것인가, 치어(Cheer, 세제 이름)를 사용할 것인가?	며칠 후에 세탁을 할 것인가?
자동차를 살 것인가, 말 것인가?	몇 마일마다 오일 교체를 할 것인가?
나초를 주문할 것인가, 샌드위치를 주문할 것인가?	나초에 할라피뇨를 몇 개나 넣을 것인가?
자기 사업을 할 것인가, 남의 회사에서 일할 것인가?	회사에서 노동자를 몇 명이나 고용할 것인가?
환자에게 A약품을 처방할 것인가, B약품을 처방할 것인가?	환자가 부작용이 있는 약품을 얼마나 먹어야 할 것인가?
대학원에 진학할 것인가, 말 것인가?	몇 시간을 공부할 것인가?

함정

선택이 두 가지뿐인 이유는?

'양자택일' 결정 문제에 있어 우리는 선택할 수 있는 행동이 두 가지뿐이라고 가정했다. 그러나 만일 선택 가능한 행동이 두 가지가 아니라 셋 또는 그 이상이라면 어떻게 될까? 여전히 '양자택일' 결정의 원리를 적용할 수 있을까?

그렇다. 그 이유는 세 가지(또는 그 이상)의 선택이 있는 경우는 두 가지 사이의 선택을 연속적으로 적용할 수 있기 때문이다. 세 가지 선택 A, B, C가 있는 경우의 예를 보면 다음과 같다. (이것은 하나만을 선택하는 문제임을 기억하라. 세 가지 중 하나만이 선택될 수 있다.)

예컨대 먼저 A와 B를 비교한다고 하자. 이 둘 가운데 A는 경제적 이윤을, B는 경제적 손실을 준다고 하자. A가 항상 B보다 우월하기 때문에 이 시점에서 B를 선택에서 제외해야 한다. 그다음 단계는 A와 C를 비교하는 것이다. 여기서 C는 경제적 이윤을, A는 경제적 손실을 준다고 하자. 그러면 C가 A보다 우월하므로 A를 선택에서 제외할 수 있다. 이제 선택이 이루어졌다. A가 B보다 낫고, C가 A보다 나으므로 C를 선택하는 것이 맞다.

체를 경영하는 데 들어가는 시간의 기회비용도 흔히 계산에서 누락된다. 소기업은 흔히 이런 식으로 기회비용을 과소평가하고 사업을 계속하는 경우의 경제적 이윤을 과대평가한다.

일자리를 찾는 대신 학업을 계속하기로 결정한 수십만 명이 잘못 선택했다는 것인가? 반드시 그렇다는 것은 아니다. 앞서 언급했듯이 취업 시장 형편이 나빠짐에 따라 많은 학생들이 포기하는 임금의 기회비용이 감소되었고, 이에 따라 학업을 계속하는 것이 그들에게는 최적의 선택이 되었다.

현실 경제의 >> 이해

에어비앤비와 사생활 비용의 상승

나이가 드는 것의 한 가지 이점은 자신만의 보금자리를 갖고 사생활을 즐길 수 있는 높은 소득을 갖는 것이다. 더 이상 지저분한 룸메이트를 참아 내거나 화장실을 쓰기 위해 기다릴 필요가 없다. 그러나 여러 지역에서 점점 더 많은 사람들이 집이나 아파트를 외부인과 함께 사용하면서 이러한 모습도 바뀌고 있다. 이러한 변화와 사생활의 상실은 에어비앤비나 VRBO와 같은 웹사이트 덕분이다.

이는 단순히 기회비용 때문이다. 빈 방을 함께 쓰게 해 주는 웹사이트의 발달은 여분의 공간을 세 놓는 일을 쉽게 만들었다. 샌프란시스코나 오스틴같이 단기 체류에 대한 수요가 높은 곳에서는 빈 방을 세 놓는 일이 꽤 짭짤한 돈벌이가 된다. 오스틴에서는 방 하나(공동 화장실) 요금이 하루에 50달러 이상이며, 샌프란시스코에서는 다락방(공동 화장실) 요금이 170달러 가까이 한다. 즉, 여러 지역에서 빈 방의 기회비용 — 즉 사생활의 기회비용 — 이 상당히 오른 것이다.

당연하게 건축업자들도 이런 변화를 알아채고 세 놓을 공간이 있는 집을 짓고 있다. 한 조사에 의하면 젊은 어른들의 35%는 자기 집 공간을 일시적으로라도 세 놓고 싶다고 응답했다. "그렇게 하려는 동기는 대부분 자신의 집을 마련하는 데 금융 부담을 줄이려는 거지요."라고 건축업을 경영하는 린다 마멧은 말한다.

xavierarnau/Getty Images

남는 방을 빌려 주는 것은 임대료가 당신 사생활의 기회비용보다 높을 때 올바른 선택이다.

>> 복습

- 모든 비용은 기회비용이다. 비용은 **명시적 비용**과 **암묵적 비용**으로 구분될 수 있다.
- 어떤 사업의 **회계상의 이윤**이 반드시 **경제학적 이윤**과 같은 것은 아니다.
- 자신이 소유한 **자본**의 기회비용인 **자본의 암묵적 비용**과 소유주의 시간의 기회비용으로 인해 경제학적 이윤은 흔히 회계상의 이윤보다 상당히 적다.
- **'양자택일' 결정의 원리**에 의하면 두 행동 중 '양자택일'할 때는 경제학적 이윤이 양인 것을 선택해야 한다.

>> 이해돕기 9-1

해답은 책 뒤에

1. 칼마와 던은 집에서 가구 재처리업을 하고 있다. 다음 보기에서 사업 운영상의 명시적 비용에 해당하는 것은 무엇이며 암묵적 비용에 해당하는 것은 무엇인가?
   a. 페인트 긁어내는 도구, 유약, 광택제, 사포 등의 물품
   b. 작업실로 전환된 지하실
   c. 시간제 근무자에 대한 급여
   d. 가구 운반 시에만 사용되는, 물려받은 소형 운반차
   e. 칼마가 사업을 운영하기 위해 포기해야 하는, 더 큰 규모의 가구 보관소에서의 직업

2. 애덤에게 세 번째 선택으로 2년간 숙련공 견습생 과정을 거쳐 기술자 면허를 받는 방법이 있다고 하자. 견습생으로 일하는 동안 매년 1만 5,000달러를 받고, 과정이 끝난 후에는 평생소득의 가치가 72만 5,000달러라고 한다. 애덤에게 최선의 직업선택은 무엇인가?

3. 당신에게 A, B, C 세 가지 선택이 있고 이 중 하나만 선택할 수 있다고 하자. A와 B를 비교해 보니 B는 경제적 이윤을, A는 경제적 손실을 준다. 그런데 A와 C를 비교해 보니 C는 경제적 이윤을, A는 경제적 손실을 준다. 무엇을 할지 어떻게 결정하겠는가?

‖ '수량 선택'의 결정 : 한계분석의 역할

경제학에서는 '양자택일'의 결정도 많이 있지만 '수량 선택'의 결정도 많다. 휘발유 가격이 올라갈 때 차량운행을 중단하는 사람은 많지 않겠지만 많은 사람들이 차량운행을 줄일 것이다. 얼마나 줄일 것인가? 옥수수 가격이 상승해도 농사를 새로 시작할 사람은 많지 않겠지만 이미 옥수수 농사를 짓고 있던 사람들은 옥수수 경작을 늘리려 할 것이다. 얼마나 늘릴 것인가?

미시경제학의 원리에서 본 것처럼 '수량 선택'은 한계에서의 결정이다. 따라서 '수량 선택'의 결정을 이해하기 위해 우리는 한계분석이라고 불리는 방법을 사용할 것이다. 한계분석에는 어떤 활동을 조금 더 늘리는 것의 편익과 비용을 비교하는 것이 포함된다. 어떤 것을 조금 더 늘려서 얻는 편익을 한계편익이라 하고 어떤 것을 조금 더 늘려서 생기는 비용을 한계비용이라 한다.

왜 이것을 '한계'분석이라 할까? 한계란 경계이다. 한계분석에서 하는 일은 경계를 조금 더 늘려서 그것이 좋은지를 판단하는 것이다. 우리는 학업을 몇 년 동안 계속할 것인가 하는 가상적인 결정을 고려함으로써 한계분석을 배울 것이다. 우리는 앱 디자이너가 되려고 컴퓨터 공학을 공부하는 알렉사의 경우를 생각해 볼 것이다. 한번에 1년씩 공부해야 할 다양한 주제(프로그래밍, 하드웨어, 앱, 사용자 인터페이스)가 있으므로, 알렉사는 매년 학업을 계속할 것인지를 결정할 수 있다고 하자.

약사가 되기 위한 학위를 취득할 것인가 하는 '양자택일' 문제에 직면했던 애덤과 달리 알렉사는 컴퓨터 공학을 몇 년 동안 공부해야 할 것인가 하는 '수량 선택' 문제에 직면해 있다. 예컨대 그는 1년, 5년, 혹은 그 사이의 어떤 연도만큼의 학업을 더 계속할 수 있다. 1년 더 공부하는 것의 한계비용을 정의함으로써 알렉사 결정의 분석을 시작할 것이다.

한계비용

학업을 1년 더 계속할 때마다 알렉사는 등록금, 학자금 융자의 이자 등 명시적 비용으로 1만 달러씩 지출한다고 가정한다. 명시적 비용에 더하여 1년을 더 학교에 있음으로 해서 포기해야 하는 소득인 암묵적 비용도 있다.

일정한 (즉, 매년 동일한) 명시적 비용과 달리 암묵적 비용은 매년 달라진다. 그 이유는 학업을 계속할수록 매년 더 숙련이 되고, 숙련이 될수록 더 많은 봉급을 벌 수 있기 때문이다. 따라서 학업을 계속할수록 취업을 하지 않아 포기한 소득은 매년 증가한다. 다시 말해서 이미 학교에서 보낸 시간이 길수록 1년 더 학업을 계속하는 것의 암묵적 비용이 높아진다.

〈표 9-4〉는 알렉사가 학업을 계속하는 햇수가 늘어날수록 학업을 1년 더 계속하는 것의 기회비용이 어떻게 달라지는지를 나타낸다. 두 번째 열은 그녀가 학업을 마치는 햇수가 증가할수록 학업의 총비용이 어떻게 달라지는지 보여준다. 예컨대 첫해의 총비용은 등록금 등 명시적 비용 1만 달러와 포기한 소득 2만 달러를 합한 3만 달러이다.

두 번째 열을 보면 또한 2년간의 총비용은 첫 해의 3만 달러와 둘째 해의 4만 달러를 합하여 7만 달러임을 알 수 있다. 두 번째 해에는 명시적 비용은 그대로(1만 달러)이지만 암묵적 비용이 3만 달러로 상승했다. 그 이유는 1년간의 학업을 통해 교육을 받지 않았을 때보다 더 유능한 직장인이 되었기 때문이다.

마찬가지로 3년간 학업을 계속하는 총비용은 3만 달러의 명시적 비용과 10만 달러의 암묵적 비용인 포기한 소득을 합한 13만 달러이다. 4년간 학업의 총비용은 22만 달러, 5년간의 총비용은 35만 달러이다.

표 9-4　알렉사가 학업을 계속하는 데 드는 한계비용

교육량(년)	총비용	한계비용
0	$0	
		$30,000
1	30,000	
		40,000
2	70,000	
		60,000
3	130,000	
		90,000
4	220,000	
		130,000
5	350,000	

어떤 재화나 서비스의 **한계비용**(marginal cost)이란 그 재화나 서비스를 한 단위 더 생산할 때 추가로 발생하는 비용이다.

한 재화나 서비스를 한 단위 추가로 생산하는 데 드는 비용이 전보다 커지면 생산에 **한계비용 체증**(increasing marginal cost)이 작용하고 있다.

한계비용곡선(marginal cost curve)은 재화를 한 단위 더 생산하는 데 드는 비용이 이미 생산된 단위 수에 따라 어떻게 달라지는지 보여 준다.

어떤 재화나 서비스를 한 단위씩 증가시킬 때 드는 비용이 전과 같다면 그 재화나 서비스 생산의 **한계비용은 일정**(constant marginal cost)하다.

한 재화나 서비스를 한 단위 추가로 생산하는 데 드는 비용이 전보다 작아지면 생산에 **한계비용 체감**(decreasing marginal cost)이 작용하고 있다.

알렉사가 학업을 1년간 더 계속할 때 총비용에 나타나는 변화가 그녀가 학업을 1년 더 연장하는 한계비용이다. 일반적으로 재화나 서비스(이 경우에는 자기 자신의 교육을 생산하는 것) 생산의 **한계비용**(marginal cost)은 그 재화나 서비스 한 단위를 더 생산하는 데 발생하는 추가 비용이다. 두 번째 열에 있는 총비용과 세 번째 열에 있는 한계비용 사이에 지그재그로 표시된 선은 여러분이 총비용으로부터 한계비용을 계산하는 데 도움이 되라고 표시하였다.

마찬가지로 한계비용으로부터 총비용을 계산할 수 있다. 어떤 수량의 총비용은 그 수량과 그 이전 수량의 한계비용의 합이다. 예컨대 3년간 학업의 총비용은 첫 1년과 다음 1년 그리고 세 번째 1년의 한계비용의 합, 즉 3만 달러＋4만 달러＋6만 달러＝13만 달러이다.

언급한 바와 같이 〈표 9-4〉의 세 번째 열은 알렉사가 학업을 1년 더 계속하는 한계비용을 나타내는데, 한 가지 분명한 패턴이 있다. 그것은 증가한다는 것이다. 한계비용이 3만 달러에서, 4만 달러, 6만 달러, 9만 달러, 그리고 마지막 5년째에는 13만 달러로 증가한다. 그 이유는 학업이 길어질수록 알렉사는 매년 더 유능하고 높은 임금을 받는 직장인이 될 수 있기 때문이다. 이에 따라 교육을 더 많이 받을수록 직장을 포기하는 것의 비용이 점점 더 높아진다. 이것이 재화 한 단위를 더 생산하는 데 드는 추가 비용이 이전 한 단위 때보다 더 높아지는, 경제학자들이 말하는 **한계비용 체증**(increasing marginal cost)의 한 예이다.

〈그림 9-1〉은 알렉사의 한계비용을 그래프로 나타낸 **한계비용곡선**(marginal cost curve)을 보여준다. 색깔이 입혀진 각 막대의 높이는 주어진 연수의 학업의 한계비용을 나타낸다. 각 막대의 상부 중점들을 연결한 빨간색 선이 알렉사의 한계비용곡선이다. 알렉사가 추가 교육을 받는 한계비용이 증가하기 때문에 한계비용곡선은 우상향한다.

한계비용 체증이 실생활에서 흔히 나타나는 현상이지만 그것만 가능한 것은 아니다. 추가로 한 단위를 더 생산하는 데 드는 비용이 그 이전 한 단위를 더 생산하는 데 드는 비용과 같을 때에는 **한계비용이 일정**(constant marginal cost)하다. 예컨대 식물 배양은 전형적으로 한계비용이 일정하다. 식물 한 그루를 배양하는 비용은 이미 몇 그루를 배양하고 있었는지에 관계없이 똑같다. 한계비용이 일정하면 한계비용곡선은 수평선이다.

생산량이 증가할수록 한계비용이 낮아지는 **한계비용 체감**(decreasing marginal cost)도 가능하

그림 9-1 한계비용

색깔을 입힌 각 막대의 높이는 알렉사가 학업을 1년 더 계속하는 데 드는 한계비용과 같다. 학업을 1년 더 계속하는 데 드는 비용이 전보다 높아지기 때문에 막대의 높이는 전보다 높아진다. 이에 따라 한계비용은 체증하며 막대 꼭대기의 중점을 연결하여 얻은 한계비용곡선은 우상향한다.

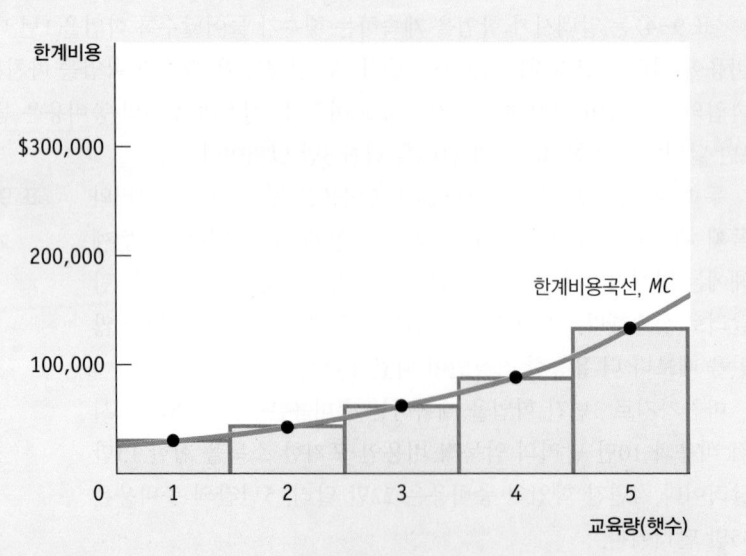

총비용과 한계비용

총비용과 한계비용은 항상 같은 방향으로 움직일 것이라고 잘못 생각하기가 쉽다. 즉, 총비용이 증가하면 한계비용도 증가할 것이라고 생각하거나 한계비용이 하락하면 총비용도 하락할 것이라고 생각하기 쉽다. 그러나 다음 예가 이런 결론이 잘못된 것임을 보여 준다.

앞에서 언급한 것처럼 학습효과가 있으리라 생각되는 자동차 생산의 예를 생각해 보자. 새로운 모델의 자동차를 생산하는 데 있어 첫 번째 한 단위의 자동차 한 대를 조립하는 데 1만 달러의 비용이 든다고 하자. 노동자들이 새로운 모델에 대해 경험이 증가함에 따라 생산에 더 능숙해질 것이다. 이에 따라 두 번째 한 단위의 자동차 한 대당 조립비용이 8,000달러로 감소한다. 그다음 한 단위에 대해서는 노동자들의 경험이 증가함에 따라 자동차 한 대당 조립비용이 6,500달러로 감소한다. 네 번째 한 단위에 대해서는 한 대당 조립비용이 5,000달러로 감소하고 그 상태로 한계비용이 일정하게 유지된다.

이 예에서 한 단위부터 네 단위까지 한계비용은 1만 달러에서 5,000달러까지 감소한다.

그러나 한계비용이 0보다 크기 때문에 전 생산과정에 있어 총비용은 여전히 증가한다는 것을 알아야 한다.

이 점을 확인하기 위해 한 단위가 100대라고 하자. 그러면 처음 한 단위를 생산하는 총비용은 100×10,000달러＝1,000,000달러이다. 두 단위를 생산하는 총비용은 1,000,000달러＋(100×8,000달러)＝1,800,000달러이다. 같은 방법으로 세 단위를 생산하는 총비용은 1,800,000달러＋(100×6,500달러)＝2,450,000달러이다. 여러분이 알 수 있는 바와 같이 처음 몇 단위까지 한계비용은 감소하지만 총비용은 그 단위까지 계속 증가한다.

이로부터 우리는 총비용과 한계비용이 때로는 반대 방향으로 움직일 수 있다는 것을 알 수 있다. 따라서 총비용과 한계비용이 항상 같은 방향으로 움직인다는 것은 잘못된 주장이다. 우리가 확실히 알 수 있는 것은 한계비용이 증가하거나 감소하는 것과 관계없이 *한계비용이 양(+)이기만 하면 총비용은 항상 증가한다*는 것이다.

다. 한계비용이 체감하면 한계비용곡선은 우하향한다. 한계비용 체감은 흔히 생산에 있어 학습효과 때문에 발생한다. 새로운 모델의 자동차 조립처럼 복잡한 작업을 할 때 처음 몇 대를 조립하는 동안은 노동자들이 느리거나 실수를 하는 경향이 흔히 있어 처음 몇 단위에 대한 한계비용이 높다. 그러나 노동자들이 익숙해짐에 따라 나중에는 조립시간이나 실수가 적어져 뒤로 갈수록 한계비용이 낮아진다. 이에 따라 전반적으로 보면 한계비용이 체감하게 된다.

마지막으로 어떤 재화와 서비스에 대해서는 생산량이 증가함에 따라 한계비용곡선의 모양도 달라진다. 예컨대 자동차 생산에서는 노동자들이 오류를 시정해 감에 따라 처음 얼마 동안은 한계비용이 체감할 것이다. 그다음에는 노동자들이 일정한 속도에 익숙해짐에 따라 한계비용이 일정한 상태가 된다.

그러나 어느 수준을 넘어서면 노동자들이 더 많은 자동차를 생산함에 따라 공간이 부족해지고 특근수당을 지급함으로 인해 한계비용이 체증하게 된다. 이에 따라 한계비용곡선은 U자형 모양을 갖게 되는데 이에 대해서는 제11장에서 더 자세히 다룰 것이다. 일단은 단순한 우상향의 한계비용곡선을 보도록 하자.

> 어떤 재화나 서비스의 **한계편익**(marginal benefit)은 그 재화나 서비스를 한 단위 더 증가시킴으로써 얻어지는 추가 편익이다.

한계편익

알렉사는 교육을 오래 받을수록 평생소득이 더 높아져 이득을 보게 된다. 그가 정확히 얼마나 이득을 보는가가 〈표 9-5〉에 표시되어 있다. 두 번째 열에는 교육을 받은 연수에 따라 알렉사가 얻게 되는 평생소득이 얼마나 증가하는가가 총편익으로 표시되어 있다. 세 번째 열에는 교육을 1년 더 받음으로써 얻게 되는 **한계편익**이 표시되어 있다. 일반적으로 재화나 서비스를 생산하는 **한계편익**(marginal benefit)은 한 단위를 더 생산함으로써 추가로 얻는 편익이다.

〈표 9-4〉와 마찬가지로 〈표 9-5〉의 셋째 열의 숫자들은 분명한 패턴을 갖고 있다. 그러나 이번에는 숫자가 증가하는 것이 아니라 감소한다. 첫 1년의 교육은 알렉사의 평생소득을 30만 달러만큼 증가시킨다. 다음 1년의 교육 역시 그의 수익을 증가시키지

표 9-5 알렉사가 학업을 계속하는 것의 한계편익

교육량(년)	총편익	한계편익
0	$0	
		$300,000
1	300,000	
		150,000
2	450,000	
		90,000
3	540,000	
		60,000
4	600,000	
		50,000
5	650,000	

그림 9-2 한계편익

색칠한 각 막대의 높이는 교육을 1년 더 받을 때 알렉사가 얻게 되는 한계편익과 같다. 각 막대의 높이가 전보다 낮아지는 것은 교육을 1년 더 받는 것의 한계편익이 체감하기 때문이다. 이로 인해 각 막대 상부의 중점들을 연결하여 얻은 알렉사의 한계편익곡선은 우하향한다.

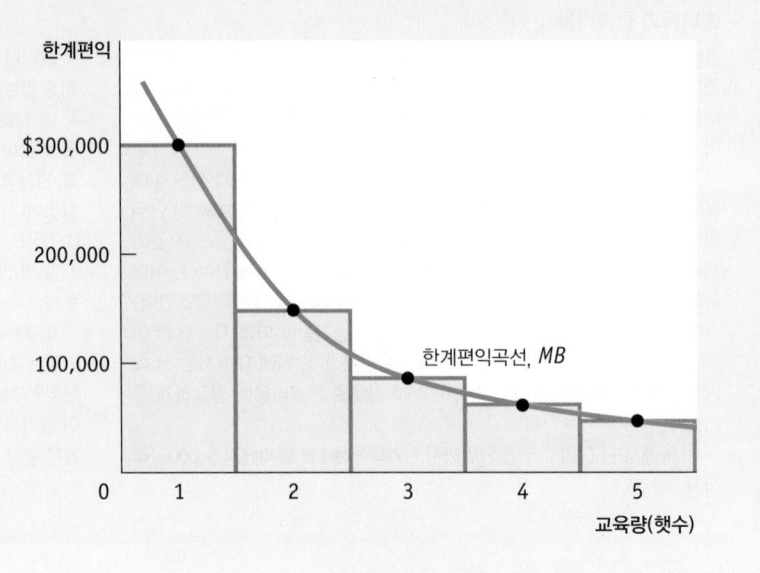

어떤 활동을 한 단위씩 증가시킬 때마다 얻어지는 편익이 전보다 작아지면 그 활동에는 **한계편익 체감**(decreasing marginal benefit)이 작용하고 있다.

한계편익곡선(marginal benefit curve)은 어떤 재화를 한 단위 더 생산할 때 얻어지는 편익이 이미 생산된 단위 수에 따라 어떻게 달라지는지 보여준다.

만 그 수익의 크기는 15만 달러로 감소하였다. 세 번째 1년의 수익 역시 양수이지만 그 크기는 9만 달러로 더 감소하였고 이후도 그와 같다. 다시 말해서 알렉사가 교육을 마친 기간이 길어질수록 교육을 1년 더 받음으로써 추가로 얻는 평생소득의 증가는 더 작아진다.

알렉사의 교육기간을 선택하는 문제에는 경제학자가 말하는 **한계편익 체감**(decreasing marginal benefit)이 작용하고 있다. 교육기간을 1년 더 연장할 때 그로부터 얻어지는 편익이 전보다 작아진다. 조금 다르게 표현하면 한계편익 체감이 있을 때는 이미 생산된 재화나 서비스의 수량이 커질수록 재화나 서비스의 생산을 한 단위 더 증가시켜서 얻는 추가 편익이 감소한다.

한계비용이 한계비용곡선으로 표시되는 것처럼 한계편익은 〈그림 9-2〉에 파란색으로 그려진 것과 같은 **한계편익곡선**(marginal benefit curve)으로 표시된다. 알렉사가 교육을 1년 더 받음으로써 얻는 한계편익이 감소하기 때문에 알렉사의 한계편익곡선은 우하향한다.

모든 재화나 활동의 한계편익이 감소하는 것은 아니다. 사실 한계편익이 일정한─즉 한 단위를 더 생산하여 추가로 얻는 편익이 이미 생산된 재화의 수량에 관계없이 동일한─재화가 많이 있다. 뒤에서 기업에 대해 배울 때 기업의 한계편익곡선의 모양이 산업 내에서 기업의 행동에 중요한 영향을 미친다는 것을 보게 될 것이다. 또한 왜 여러 중요한 산업에서 한계편익이 일정한 것이 일반적인가를 보게 될 것이다.

이제 한계편익과 한계비용의 개념을 함께 이용하여 알렉사가 교육을 몇 년이나 더 받을지 결정하는 문제를 어떻게 해결할 것인지 알아볼 차례가 되었다.

한계분석

〈표 9-6〉에는 〈표 9-4〉와 〈표 9-5〉의 한계비용과 한계편익 숫자들이 적혀 있다. 또 알렉사가 교육을 1년 더 받음으로써 얻게 되는 추가 이익, 즉 한계편익에서 한계비용을 뺀 값이 다른 열에 적혀 있다. (우리는 알렉사의 회계상의 이윤이 아니라 경제학적 이윤에 관심이 있다.) 우리는 〈표 9-6〉을 이용하여 알렉사가 교육을 몇 년간 받아야 총이윤을 최대로 할 수 있는지 알 수 있다.

우선 알렉사가 추가 교육을 전혀 받지 않기로 했다고 가정해 보자. 알렉사가 교육으로부터 최고의 이윤─추가 교육으로부터 얻을 수 있는 추가 이윤의 합─을 얻고자 한다면 이것이 잘못된 결정임을 네 번째 열에서 알 수 있다. 학교를 1년만 더 다닌다면 평생소득 증가를 통해 처음 1년의 추가 교육의 이윤인 27만 달러를 더 얻을 수 있기 때문이다.

이번에는 알렉사가 두 번째 1년의 추가 교육을 받아야 하는지 생각해 보자. 두 번째 1년의 추가 이윤은 11만 달러이므로 알렉사는 두 번째 1년의 교육도 받아야 한다. 세 번째 1년은 어떤가? 그로부터의 추가 이윤이 3만 달러이므로 세 번째 1년의 교육도 받아야 한다.

표 9-6 알렉사가 더 공부함으로써 얻는 이윤

교육량(년)	한계편익	한계비용	추가 이윤
0	$300,000	$30,000	$270,000
1	150,000	40,000	110,000
2	90,000	60,000	30,000
3	60,000	90,000	−30,000
4	50,000	130,000	−80,000
5			

네 번째 1년은 어떤가? 이번에는 추가 이윤이 음수이다. 추가 이윤은 −3만 달러이다. 네 번째 1년까지 학교를 다닌다면 3만 달러만큼 평생소득의 가치에 손실을 입게 된다. 알렉사는 취업하지 않고 네 번째 해에도 교육을 받음으로써 분명히 손해를 보는 것이다. 다섯 번째 해에도 마찬가지다. −8만 달러라는 음의 추가 이윤을 얻게 된다.

무엇을 알 수 있는가? 알렉사가 3년 더 교육을 받은 시점에서 멈춰야 한다는 것이다. 첫 번째, 두 번째, 세 번째 1년간의 교육은 평생소득을 증가시키지만 네 번째, 다섯 번째 1년간의 교육은 평생소득을 감소시킨다. 따라서 3년간의 추가 교육을 받을 때 최대의 총이윤을 얻을 수 있다. 이것이 경제학자들이 말하는 **최적 수량**(optimal quantity) — 최대의 총이윤을 발생시키는 수량 — 이다.

〈그림 9-3〉은 어떻게 최적 수량을 구하는지 그래프를 통해 보여 준다. 알렉사의 한계편익과 한계비용곡선이 함께 그려져 있다. 만일 알렉사가 3년보다 적은 교육기간(즉 0, 1, 또는 2년)을 선택한다면 한계편익곡선이 한계비용곡선보다 **높은** 교육기간을 선택하게 된다. 이보다 더 오래 교육을 받음으로써 이익을 볼 수 있다.

만일 3년보다 더 오랜 교육기간(4 또는 5년)을 선택한다면 한계편익곡선이 한계비용곡선보다 낮은 교육기간을 선택하게 된다. 이 경우에는 추가 교육 대신 취업을 선택함으로써 이익을 볼 수 있다.

〈그림 9-3〉에 있는 표를 통해 이 결과를 확인할 수 있다. 두 번째 열은 〈표 9-6〉의 알렉사의 한계편익에서 한계비용을 뺀 추가 교육으로부터의 추가 이윤을 옮겨 놓았다. 세 번째 열은 추가 교육기간에 따른 알렉사의 총이윤을 보여 준다. 각 교육기간의 총이윤은 단순히 두 번째 열의 숫자를 처음부터 그해까지 합하여 얻은 것이다.

예컨대 알렉사의 이윤은 처음 1년에 대해서는 27만 달러, 두 번째 1년에 대해서는 11만 달러이다. 따라서 2년간의 추가 교육으로부터 얻는 총이윤은 $270,000＋$110,000＝$380,000이다. 마찬가지로 3년간 추가 교육으로부터 얻는 총이윤은 $270,000＋$110,000＋$30,000＝$410,000이다. 3년간의 교육이 알렉사에게 최적 수량이라는 우리의 주장은 〈그림 9-3〉의 표에 나와 있는 자료로부터 확인할 수 있다. 3년의 추가 교육을 통해 알렉사는 가장 큰 총이윤인 41만 달러를 얻는다.

알렉사의 선택 문제는 작은 수(이 예에서는 1~5년)의 수량 중에서 선택할 때 최적 수량을 어떻게 찾는지 보여 준다. 선택할 수량이 작을 때 최적 수량을 선택하는 규칙은 추가 한 단위로부터의 한계편익이 한계비용보다 큰 한도 내에서는 수량을 증가시키되 한계편익이 한계비용보다 작아지기 전에 멈추라는 것이다.

이와는 대조적으로 '수량 선택'의 결정이 상대적으로 큰 수량을 대상으로 할 때는 최적 수량을 선택하는 규칙이 다음과 같이 단순화된다. 최적 수량은 한계편익이 한계비용과 같아지는 수량

최대의 총이윤을 발생시키는 수량을 최적 수량(optimal quantity)이라 한다.

그림 9-3 알렉사의 추가 교육의 최적 수량

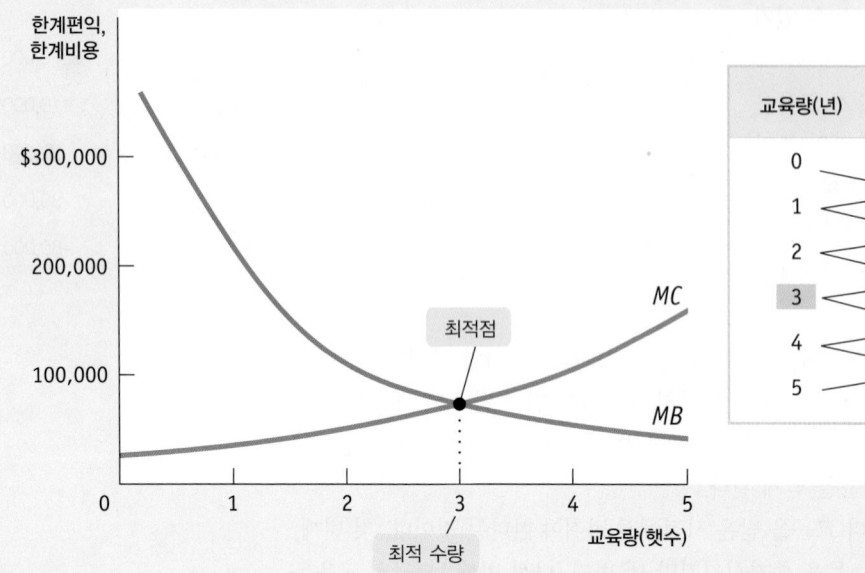

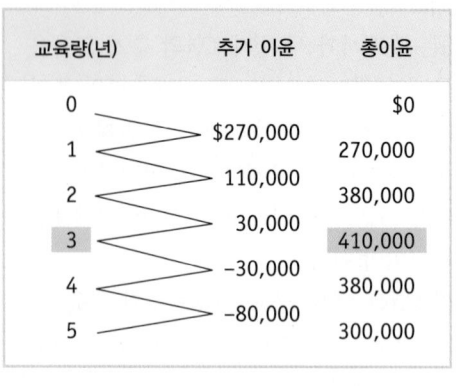

교육량(년)	추가 이윤	총이윤
0		$0
1	$270,000	270,000
2	110,000	380,000
3	30,000	410,000
4	−30,000	380,000
5	−80,000	300,000

최적 수량은 총이윤이 가장 높은 수량이다. 그것은 한계편익이 한계비용과 크거나 같아지는 최대 수량이다. 즉 그것은 한계편익곡선이 한계비용곡선과 교차하는 수량이다. 여기서는 두 곡선이 추가 교육 연수가 3일 때 교차한다. 표에서 3이 정말로 최적 수량임을 확인할 수 있다. 추가 교육이 3년일 때 총이윤은 41만 달러로 최대가 된다.

한계분석의 이윤극대화 원리(profit-maximizing principle of marginal analysis)에 의하면 '수량 선택'의 결정에서 이윤을 최대로 하려 할 때, 최적 수량은 한계편익이 한계비용보다 크거나 같은 최대 수량이다.

함정

한계에서의 혼동

사람들은 가끔 한계편익을 한계비용과 같게 한다는 생각 때문에 혼란에 빠지는 경우가 있다. 우리는 편익과 비용의 *차이*를 최대로 하려고 하지 않는가? 그렇다. 그런데 편익과 비용을 서로 같게 놓으면 이익이 사라지는 것이 아닌가? 그렇다. 그러나 우리가 하고 있는 것은 이와 다르다. 우리는 총편익과 총비용이 아니라 한계편익과 한계비용을 서로 같게 하는 것이다.

다시 강조하지만 문제는 어떤 활동으로부터 얻어지는 총이윤을 최대로 하는 것이다. 만일 그 활동으로부터의 한계편익이 한계비용보다 크다면 활동을 조금 더 늘림으로써 총이윤을 증가시킬 수 있다. 만일 한계편익이 한계비용보다 작다면 활동을 조금 더 줄임으로써 총이윤을 증가시킬 수 있다. 따라서 한계편익과 한계비용이 같을 때에만 총편익과 총비용의 차이가 극대가 된다.

이다.

왜 이렇게 되는지 이해하기 위해 밀의 최적 생산량이 5,000부셸이 되는 농부의 경우를 생각해 보자. 일반적으로 생산량을 4,999에서 5,000부셸로 증가시킬 때 한계편익은 한계비용에 비해 약간만 더 클 뿐이다. 즉 한계편익과 한계비용의 차이는 영에 가깝다. 마찬가지로 생산량을 5,000에서 5,001부셸로 증가시킬 때 한계비용은 한계편익에 비해 약간만 더 클 뿐이다. 역시 한계비용과 한계편익의 차이가 영에 매우 가깝다.

따라서 농부가 밀의 최적 생산량을 찾는 간단한 원리는 한계편익과 한계비용의 차이가 대략 영이 되는 수량, 즉 한계편익이 한계비용과 같아지는 수량을 생산하는 것이다.

이제 우리는 최적 수량을 선택하는 일반적인 규칙 — 작은 수량이나 큰 수량에 모두 적용되는 규칙 — 을 소개할 준비가 되었다. 이 일반적인 규칙은 **한계분석의 이윤극대화 원리**(profit-maximizing principle of marginal analysis)라고 알려져 있다. '수량 선택'의 결정에서 이윤을 최대로 하려 할 때, 어떤 활동의 최적 수량은 한계편익이 한계비용보다 크거나 같은 최대 수량이다.

그래프로 보면 한계편익곡선이 한계비용곡선과 교차하는 수량이 최적 수량이다. 예를 들어 〈그림 9-3〉에서 한계편익곡선과 한계비용곡선은 3일 때 — 즉 우리가 이미 알렉사의 최적 교육기간임을 알고 있는 3년의 추가 교육에서 — 교차한다.

한계분석을 그대로 적용해 보면 2009년과 2011년 사이에 왜 그렇게 많은 사람들이 다시 교육을 받으려 했는지 알 수 있다. 취업시장이 침체하자 기회

🌐 국제비교　　　각국의 주택 크기

미국인들은 보통 자신들이 모든 것에 있어 최고라고 생각하지만 주택 크기를 보면 호주가 1위를 차지한다. 2015년 신규 주택의 평균 규모는 미국이 2,164 제곱피트인 반면 호주는 2,303 제곱피트였다. 캐나다가 1,948 제곱피트로 그 뒤를 바짝 쫓고 있으며 그래프에 표시된 나라들이 그 뒤를 잇고 있다.

주택 규모가 큰 것은 그 국가의 평균 토지 가격이 낮은 것으로 설명된다. 독일이나 일본 같은 국가와 비교할 때, 호주, 미국, 캐나다는 인구에 비해 상대적으로 훨씬 넓은 면적의 토지를 보유하고 있다. 넓은 면적의 토지 공급이 평균 가격을 낮추고 이에 따라 큰 주택을 건축하는 비용을 낮춘다.

그래프를 보면 또한 수요와 공급의 힘이 어떻게 기회비용을 결정하고 소비자의 선택에 영향을 미치는지 알 수 있다. 파란색 막대는 각국의 평균 주택 크기를 나타내고 녹색 막대는 각국의 토지 면적을 나타낸다. 보는 바와 같이 주택 크기와 국토 면적 사이에는 양의 관계가 강하게 나타난다.

그러나 또한 주택 크기와 국토 면적 사이의 관계와 완전한 일대일

의 관계는 아님을 알 수 있다. 가장 예외적인 국가가 중국이다. 국토 면적이 가장 넓으면서도 평균 신규 주택 규모는 두 번째로 작은데 이 결과 역시 기회비용과 관련이 있다. 다른 나라 국민들에 비해 소득이 급속히 상승하고는 있지만 중국 주민들은 여전히 상당히 가난하다. 그러나 20년 전 가난했던 중국을 생각할 때 중국의 평균 주택 규모가 영국에 비해 20%만 작다는 것은 대단한 성과라 아니할 수 없다.

출처 : Shrink That Footprint, www.shrinkthatfootprint.com .

비용인 포기한 임금이 감소하여 추가 교육의 한계비용이 하락한 것이다.

한계분석을 그대로 적용해 보면 ('국제비교'에서 보는 바와 같이) 왜 토지 면적이 작은 다른 나라들에 비해 호주, 캐나다, 그리고 미국에서 평균 신규 주택 규모가 큰지와 같은 많은 사실들도 이해할 수 있다.

원리의 다양한 용도

한계분석의 이윤극대화 원리는 어떤 활동의 총이윤을 최대로 하기 원하는 거의 모든 '수량 선택'의 결정에 적용될 수 있다. 이 원리는 생산 결정이나 소비 결정이나 정책 결정에 똑같이 적용될 수 있다. 뿐만 아니라 편익과 비용이 화폐액으로 표시될 수 없는 경우에도 (편익과 비용이 공통의 단위로 측정될 수만 있다면) 한계분석을 이용하여 결정을 내릴 수 있다. 〈표 9-7〉에는 한계분석이 적합한 세 가지 예가 표시되어 있다.

맛보기 : 소비 결정은 어떻게 다른가?

우리는 한계분석이 대단히 유용한 도구임을 보았다. 이 분석은 소비자 선택과 이윤극대화에 공통적으로 활용되는 '수량 선택'의 결정에서 사용된다. 생산자들은 경계선에서 최적 생산 결정을 하기 위해, 소비자들은 경계선에서 최적 소비 결정을 하기 위해 이 분석을 사용한다. 그러나 소비 결정은 그 형태에 있어 생산 결정과 다르다. 왜 다를까? 그 이유는 개인이 선택을 할 때는 소득이 제한되어 있기 때문이다. 이에 따라 소비자들이 한 재화(예 : 의류)를 더 많이 소비하기로 결정하면 다른 재화(예 : 외식)를 더 적게 소비해야 한다.

표 9-7 한계분석을 이용한 결정

내려야 할 '수량 선택' 결정	한계분석의 응용	최적 수량의 결정
소매 점포인 펠마트는 베이징에 짓고 있는 새 점포의 크기를 결정해야 한다.	이 결정을 하는 데 있어 점포의 크기를 1제곱피트만큼 증가시켰을 때 얻어지는 한계편익(추가 면적으로 인해 발생하는 추가 판매량의 가치)과 한계비용(추가 면적의 건축과 유지 비용)을 비교한다.	한계편익이 한계비용보다 많거나 같은 최대의 크기가 펠마트 점포의 최적 크기이다.
의사는 부작용을 고려하여 복용량을 더 증가시켜야 할지 여부를 결정해야 한다.	의사는 어떤 의약품의 복용량을 증가시킬 때의 부작용으로 표시되는 한계비용과 건강을 증진하는 한계편익을 고려해야 한다.	의약품의 최적 수량은 질병을 개선하는 한계편익이 부작용이라는 한계비용보다 높거나 같아지는 최대 수량이다.
농부가 비료를 얼마나 주어야 할지 결정해야 한다.	비료를 많이 쓸수록 수확이 증가하지만 비용도 증가한다.	비료의 최적 사용량은 수확량 증가로 인한 한계편익이 비료를 더 많이 구입하여 뿌려야 하는 한계비용보다 높거나 같은 최대 수량이다.

반면에 한 재화나 서비스(예 : 교육기간이나 밀 생산량)를 생산하여 이윤을 극대화하는 결정은 소득 제약에 영향을 받지 않는다. 예를 들면 알렉사의 경우 언제나 대출을 받아 학자금을 낼 수 있으므로 소득의 제약을 받지 않는다. 다음 장에서는 소비 결정이 어떻게 생산 결정과 다른지—또한 어떻게 비슷한지—보게 될 것이다.

현실 경제의 >> 이해

생명의 비용

한 인간의 생명을 구하는 것의 사회적 한계편익은 무엇일까? 여러분은 인간의 생명은 무한한 가치를 갖는 것이라고 대답하고 싶을지 모른다. 그러나 현실세계에서 자원은 유한하고, 따라서 우리는 생명을 구하기 위해 무한히 지출할 수는 없으므로 얼마를 지출할지 결정해야 한다. 어쨌든 고속도로의 제한속도를 시속 40마일로 낮춤으로써 고속도로 사망자 수를 분명히 줄일 수 있지만 그렇게 낮은 제한속도는—시간과 돈으로 환산한—비용이 너무 커서 아무도 받아들이려 하지 않는다.

대체로 사람들은 한 생명을 구하는 것의 한계비용을 단도직입적으로 한계편익과 비교하기를 꺼린다. 그것은 너무 냉담하게 들리기 때문이다. 그러나 이 질문을 피할 수 없는 경우도 있다.

예를 들어 런던 패딩턴 역 부근에서 끔찍한 열차 충돌로 31명이 사망한 후 영국에서는 한 생명을 살리는 비용이 열띤 토론 주제가 된 적이 있다. 영국 정부가 철도 안전을 위해 너무 적게 지출한다는 비난이 있었다. 그러나 영국 정부는 철도 안전을 개선하려면 한 생명을 구하는 데 450만 달러가 추가로 든다고 예상했다. 그런데 만일 그만한 금액을 지불할 가치가 있다면, 즉 만일 한 생명을 구하는 한계편익의 예상액이 450만 달러를 넘는다면 이는 영국 정부가 도로안전에 너무 적은 돈을 지출하고 있음을 뜻한다.

철도 안전과 비교할 때 고속도로 개선을 통해 한 생명을 구하는 한계비용의 예상액은 150만 달러에 불과했으므로 이것이 철도 안전을 개선하는 것보다 훨씬 나은 방법이었던 것이다.

>> 이해돕기 9-2

해답은 책 뒤에

1. 〈표 9-3〉의 '수량 선택' 결정 각각에 대해 한계비용과 한계편익의 내용을 설명해 보라.
2. 알렉사의 학교에서는 4년간의 교육에 대해 7만 달러의 정해진 등록금을 받는다고 가정하자.

>> 복습
- '수량 선택'의 결정은 한계분석을 사용해 이루어진다.
- 어떤 재화나 서비스의 **한계비용**을 그래프로 표시한 것이 **한계비용곡선**이다. 우상향하는 한계비용곡선은 **한계비용 체증**을 나타낸다. **한계비용이 일정**할 때는 한계비용곡선이 수평이다. 우하향하는 한계비용곡선은 **한계비용 체감**을 나타낸다.
- 어떤 재화나 서비스의 **한계편익**을 그래프로 표시한 것이 **한계편익곡선**이다. 한계편익곡선이 우하향하는 것은 **한계편익 체감**을 나타낸다.
- 최대의 총이윤을 발생시키는 **최적 수량**은 한계분석의 **이윤극대화 원리**를 적용하여 구할 수 있다. 이에 의하면 최적 수량은 한계편익이 한계비용보다 높거나 같은 최대 수량이다. 그래프로 보면 그것은 한계비용곡선과 한계편익곡선이 교차하는 수량이다.

알렉사가 4년이 되기 전에 학교를 그만두더라도 여전히 7만 달러를 지불해야 한다. 이제 교육기간에 따라 알렉사가 지불해야 하는 총비용은 표에 주어진 자료와 같다. 알렉사의 총편익과 한계편익은 〈표 9-5〉에 주어진 바와 같다고 가정하자.

이 자료를 사용하여 (i) 알렉사의 새로운 한계비용, (ii) 새로운 이윤, (iii) 새로운 최적 교육 연수를 구하라. 알렉사의 한계비용은 일정, 체증, 체감 중 어떤 특징을 갖는가?

교육량(년)	총비용
0	$0
1	90,000
2	120,000
3	170,000
4	250,000
5	370,000

|| 매몰비용

결정을 할 때는 무엇을 무시해야 할지를 아는 것이 무엇을 포함할지를 아는 것에 못지않게 중요하다. 이 장에서는 결정을 할 때 고려해야 할 비용에 많은 관심을 기울여 왔지만 어떤 비용들은 결정을 할 때 고려에서 제외되어야 한다. 이 절에서는 제외되어야 하는 종류의 비용—경제학자들이 매몰비용이라 부르는 것—과 이것들을 제외해야 하는 이유에 초점을 맞춘다.

이해를 돕기 위해 다음과 같은 이야기를 생각해 보자. 당신은 몇 년 된 자동차를 가지고 있는데 최근 250달러를 지불하고 브레이크 패드를 새로 갈았다. 그런데 브레이크 시스템 전체에 결함이 있어 새로 교환한 패드를 포함하여 전체를 교체해야 한다는 사실을 알게 되었다. 이 비용은 1,500달러이다. 또는 자동차를 팔고 추가로 1,600달러를 들여 같은 품질에 브레이크 결함이 없는 자동차를 구입할 수도 있다. 당신은 어떻게 할 것인가, 당신 차를 고쳐 쓸 것인가 아니면 그것을 팔고 다른 차를 구입할 것인가?

후자를 선택해야 한다고 말하는 사람들이 있을 수 있다. 이 논리에 의하면 어쨌든 당신이 차를 고치면 브레이크 시스템 수리에 1,500달러, 브레이크 패드 교체에 250달러로 결국 1,750달러를 지출하는 셈이다. 만일 당신이 차를 팔고 다른 차를 사면 1,600달러만 지출하게 된다.

그러나 이 논리는 그럴듯하게 들리지만 틀린 것이다. 그것이 틀린 이유는 당신이 이미 브레이크 패드에 250달러를 지출하였고 이 250달러는 회수가 불가능하다는 사실을 빠뜨렸기 때문이다. 즉 250달러는 이미 지출이 되었기 때문에 돌려받을 수 없는 것이다. 따라서 그것은 무시되어야 하고 당신이 차를 고쳐 쓸 것인가 말 것인가를 결정하는 데 아무런 영향을 미치지 말아야 한다.

합리적으로 생각해 볼 때 이 시점에서 당신 차를 고쳐서 쓰는 실제 비용은 1,500달러이지 1,750달러가 아니다. 그러므로 올바른 결정은 차를 고쳐서 쓰는 것이지 1,600달러를 들여 다른 차를 사는 것이 아니다.

이 예에서 이미 지출이 되어 회수될 수 없는 250달러는 경제학자들이 **매몰비용**(sunk cost)이라 부르는 것이다. 장래 행동을 결정할 때 매몰비용은 무시되어야 하는데 그 이유는 매몰비용이 장래 행동의 비용이나 편익에 아무런 영향력도 없기 때문이다. 그것은 마치 '엎질러진 물'이라는 옛말과 같다. 일단 어떤 것이 사라져서 회수될 수 없다면 그것은 장차 어떤 일을 할 것인가를 결정하는 데 아무 상관이 없는 것이다.

종종 매몰비용을 무시하는 것은 심리적으로 어렵다. 그리고 만일 그 비용이 아직 발생하지 않았다면 사실 그것은 고려가 되어야 한다. 즉 만일 당신이 처음부터 당신 차를 수리하는 데 1,750달러가 들 것을 알았다면 당시에 올바른 선택은 1,600달러를 들여 새 차를 구입하는 것이다. 그러나 250달러가 브레이크 패드를 교체하는 데 이미 지출되었으면 다음 행동을 결정하는 데 더 이상 그것을 포함해서는 안 된다. '지나간 일은 지나간 것'이라는 사실은 받아들이기 어려울지 모르지만 그것이 올바른 결정 방법이다.

당신이 브레이크 패드에 지출한 250달러는 매몰비용이기 때문에 고려할 필요가 없다.

매몰비용(sunk cost)은 이미 지출되어 회수될 수 없는 비용이다. 장래 행동을 결정할 때 매몰비용은 무시해야 한다.

현실 경제의 >> 이해

생명공학 : 세계에서 가장 큰 패자

생물공학 산업은 매몰비용의 영향을 받지 않는다는 전제하에 발전해 왔다.

생명공학 기업들은 최첨단의 생명공학 기술을 이용하여 질병과 싸운다. 그러나 그들이 시작한 사업 중 대다수가 실패로 끝난다. 메드스케이프 의학 뉴스에 의하면 5,000 내지 1만 개의 초기 실험 약품 중 단 하나만이 소비자에게 판매된다. 그리고 2016년 공개적으로 거래된 생명공학 기업들 중 90% 이상이 다가오는 1년 동안 손실을 볼 것으로 추산되었다.

따라서 매몰비용이 문제되지 않는다는 원칙을 잘 보여주는 산업이 있다면 그것은 바로 생명공학 산업이다. 가장 크고 성공한 생물공학 기업 중 하나인 제넨테크의 사장인 아서 레빈슨에 의하면 생명공학은 "인류 역사상 가장 큰 손해를 보는 산업 중 하나"였다. 1976년 이래 이 산업에서 발생한 손실액은 1,000억 달러를 훌쩍 넘긴다고 추산된다.

그러면 어째서 생명공학 기업들이 살아남는 것일까? 그것은 수많은 실험적 약품들이 실패하겠지만 극소수는 성공하리라는 것을 알고 있는 영리한 투자자들 덕분이다. 그리고 성공할 경우에는 엄청난 보상이 뒤따를 것이다. 이 투자자들은 (매몰비용인) 과거의 손실은 무시하고 대신 기업의 기술적 능력과 개발 중인 약품의 다양성에 주목한다.

소마라고 하는 제약회사가 그 예이다. 1981년 창사 이래 소마는 10억 달러 이상을 소진했다. 그러나 소마가 매우 유망한 항체 기술을 보유하고 있을 뿐 아니라 영리한 투자자들이 당연히 매몰비용의 원리를 이해하고 있기 때문에 매년 더 많은 금액을 투자해 오고 있는 것이다.

>> 복습

• **매몰비용**은 미래의 행동을 결정할 때 무시되어야 한다. 매몰비용은 이미 발생하였고 회수가 불가능하기 때문에 미래의 비용이나 편익에 아무런 영향을 미치지 않는다.

>> 이해돕기 9-3
해답은 책 뒤에

1. 당신은 아이스크림 장사를 해 보기로 결정하고 8,000달러를 지불하여 중고 아이스크림 트럭을 구매했다. 이제 당신은 이 결정을 재검토하고 있다. 다음 각각의 상황에서 당신의 매몰비용은 얼마인가?
   a. 트럭은 재판매될 수 없다.
   b. 트럭은 재판매될 수 있으나, 50%의 할인된 가격에서나 가능하다.
2. 당신은 의과대학에 2년 동안 다니고 있었으나 갑자기 음악가로 살면 더 행복하지 않을까 하는 생각이 들었다. 다음 중 어떤 것이 합리적인 견해가 될 수 있는가? 그렇지 않은 견해는 어떤 것인가?
   a. "내가 이제까지 노력한 시간과 돈을 뒤로하고 지금 포기할 수는 없어!"
   b. "시작하기 전에 이 생각을 했더라면, 나는 결코 의대에 진학하지 않았을 거야. 그러니까 나는 지금 포기해야 돼."
   c. "나는 2년을 낭비했지만 상관없어. 이제부터 다시 시작하자."
   d. "만약 중도하차하면 부모님이 나를 가만히 놔두지 않으실 거야."(힌트 : 우리는 현재 당신의 부모님이 아닌 당신의 결정에 대해 논하고 있다.)

‖ 행동경제학

대부분의 경제학 모형들은 사람들이 자신들에게 가장 좋은 경제적 결과를 달성하기 위해 선택을 한다고 가정한다. 그러나 인간의 행동은 그렇게 단순하지 않은 경우가 종종 있다. 사람들은 경제적 계산기처럼 행동하는 대신 가장 유리한 경제적 결과나 보상에 못 미치는―때로는 훨씬 못 미치는―선택을 하는 경우가 종종 있다. **행동경제학**(behavioral economics)은 사람들이 경제적 선택을 실제로―이론적으로가 아니라―어떻게 하는지를 이해하기 위해 심리학의 통찰력을 경제모형과 결합한 경제학의 한 분야다. 행동경제학은 특정한 상황에서 사람들의 선택을 더 정확히 모형화할 수 있는 통찰력을 제공함으로써 과거 20년간 상당한 영향력을 키워왔다.

우선 대부분 경제 모형들의 가정에도 불구하고 어떤 경우에는 사람들이 금전적으로 가장 큰 보상을 주는 선택을 하지 않는 것이 합리적인 경우도 있음을 알아야 한다. 그러한 선택은 사람들이 금전적 보상 이외의 것에 가치를 둘 때 합리적이다. 예컨대 알렉사가 여행을 할 시간을 내기 위해 소득을 최대로 하는 3년 대신 2년의 학업을 선택할 수도 있다. 알렉사가 1년의 추가 학습으로 얻을 수 있는 추가 소득보다 여행에 더 가치를 둔다면 이러한 선택은 합리적이다. 곧 살펴보겠지만 금전적 보상을 극대화하지 않는 합리적인 선택의 예는 많이 있다.

그러나 사람들이 다른 대안들에 비해 자신들에게 불리한 대안을 선택하는 비합리적인 행동을 되풀이한다는 사실은 잘 알려져 있다. 비합리적인 경제적 행동에 대한 연구는 주로 대니얼 카너먼(Daniel Kahneman)과 아모스 트버스키(Amos Tversky)에 의해 개척되었다. 카네만은 인간의 판단과 결정의 심리학으로부터 배운 지식을 경제학에 접목시킨 업적으로 2002년 노벨 경제학상을 수상하였다. 왜 사람들이 종종 비합리적으로 행동하는가에 대한 그들의 연구와 다른 사람들의 생각은 지금 금융시장, 노동시장 및 기타 경제학적 관심사를 연구하는 데 상당한 영향을 주고 있다.

합리적인 동시에 인간적인

합리적인(rational) 사람은 자기가 가장 선호하는 결과를 발생시킬 대안을 선택할 것이다. 그러나 그 사람이 가장 선호하는 결과가 금전적 보상이 가장 큰 결과와 반드시 동일한 것일까? 그렇지 않다. 그 사람이 금전적 보상의 크기가 아닌 다른 것을 더 중요하게 생각하는 경우 금전적 보상이 작은 대안을 선택하는 것이 전적으로 합리적일 수도 있다. 사람들이 더 작은 금전적 보상을 선호하는 주요한 이유로 공정성에 대한 관심, 비금전적 보상, 제한된 합리성, 그리고 위험 기피성 네 가지를 늘 수 있다.

공정성에 대한 관심 사회적인 상황에 따라 사람들은 자신의 경제적 보상뿐 아니라 공정성을 중요시한다. 예를 들면 식당 종업원에게 팁을 주어야 한다는 법은 없다. 그러나 공정성에 대한 관심으로 인해 (서비스가 형편없는 경우가 아니면) 대부분의 사람은 팁을 남겨둔다. 그것은 팁이 사회적 규범에 따라 좋은 서비스에 대한 공정한 보상으로 간주되기 때문이다. 팁을 남기는 사람들은 종업원들을 공정하게 대하기 위해 자신의 금전적 보상을 감소시키고 있는 것이다. 이와 관련된 행동이 선물이다. 만일 여러분이 다른 사람의 후생을 염려한다면 그 사람에게 선물을 주기 위해 자신의 금전적 보상을 감소시키는 것은 합리적이다.

비금전적 보상 오늘날 젊은이들은 "인생은 돈이 다가 아니다"라는 말의 의미를 나이 든 사람들보다 더 잘 아는 듯하다. 경제학자들도 돈을 추적하는 일을 직업으로 삼지만 이 말에 모두 동의할 것이다. **비금전적 보상**(nonmonetary reward)은 보통 휴가 여행, 가족 및 친지들과 보내는 시

행동경제학(behavioral economics)은 사람들이 실제로 어떻게 결정을 내리는지 이해하기 위해 심리학의 통찰력을 경제모형과 결합한 경제학의 한 분야다.

합리적인(rational) 사람은 자신이 가장 선호하는 결과를 발생시키는 대안을 선택한다.

비금전적 보상(nonmonetary reward)은 금전적 성격이 아닌 이득이나 보상을 말한다. 여가의 증가나 기분 좋은 경험 등이 그 예다.

간, 운동, 무료급식소 봉사 등과 같은 '기분 좋은' 경험의 형태를 취한다. 최근 조사에 의하면 10명 중 9명의 밀레니얼 세대(1981년부터 1996년에 태어난 세대)는 자신의 가치관과 비슷한 회사에 들어가기 위해 봉급을 적게 받아도 좋다고 답한 반면, 전후 세대는 9%만이 같은 답을 했다. 금전적 보상이 따르는 행위는 더 많은 재화와 서비스를 소비할 수 있게 해주는 반면 비금전적 보상은 직접 만족감을 가져다준다.

비금전적 보상에 대한 욕구는 사실 경제학으로 설명될 수 있다. 이는 제10장에서 배운 한계효용 체감의 법칙의 결과다. 한계효용 체감의 법칙은 간단히 말해서 어떤 재화를 한 단위 더 소비해서 얻는 만족은 이미 소비한 양이 증가할수록 감소한다는 것이다. 예를 들어 첫 번째 컨버스 운동화는 매우 특별하게 느껴질 것이다. 그러나 이미 아홉 켤레를 구입한 후 또 한 켤레를 사는 것은 그리 특별하지 않을 것이다. 따라서 열 번째 운동화를 사기 위해 일을 하는 대신 기분 좋은 경험을 선택할지 모른다. 예를 들면 정규직을 버리고 여관 대신 배낭여행을 가야할지 모르는 직업을 선택할 수 있다.

조사에 의하면 사람들은 편안하게 살 수 있을 만큼 벌고 나면 금전적 보상보다 비경제적 보상을 점점 더 선호한다. 여행 웹사이트 익스피디아의 최근 조사에 의하면 이는 특히 밀레니얼 세대에서 두드러진다. "밀레니얼 세대는 물질보다 경험에서 새로운 가치를 발견하는 변화를 주도하고 있다."

제한된 합리성 경제적 계산기가 되는 일 — 자신에게 가장 좋은 경제적 보상을 주는 대안을 선택하는 것 — 은 대안들을 평가하고, 기회비용을 계산하고, 한계 수량을 추정하는 등 상당한 작업을 필요로 할 수 있다. 이에 필요한 정신적 노력도 기회비용을 갖는다. 이로부터 **제한된 합리성**(bounded rationality)의 개념이 도출되었다. 이는 최선의 보상을 찾는 노력이 너무 비싸기 때문에 최고의 이윤을 발생시키는 선택 대신 이에 가까운 선택을 한다는 것이다. 다시 말해서 제한된 합리성이란 '그만하면 괜찮은' 것을 찾는 방법이다.

예를 들어 점심시간에 무엇을 먹을까에 대해 여러 기준과 여러 선택이 있을 수 있다. 무엇이 편리할까? 무엇이 빠를까? 값이 괜찮은 것은? 건강한 음식은? 뭐가 제일 맛있을까? 최적의 선택 — 이 모든 기준을 만족하는 것 — 은 이 일에 할당하고자 하는 것보다 더 많은 경제적 계산 능력을 필요로 할 것이다. 따라서 '괜찮은' 선택 — 이중 한두 가지 기준을 충족하는 것 — 에 만족하고 하루를 지낼 것이다. 행동경제학자들은 제한된 합리성의 개념을 연구해왔고 우리가 종종 이런 방법으로 선택한다는 것을 발견했다. 우리가 이 장의 뒷부분에서 보는 바와 같이 기업과 정책입안자들은 이러한 성향을 이용하여 우리의 선택에 영향을 미칠 수 있다.

위험 기피성 인생은 불확실하고 미래는 알 수 없기 때문에 선택에는 때때로 상당한 위험이 따른다. 일이 잘 풀리면 높은 보상을 얻을지 모르지만 일이 잘 안 풀려서 손해를 볼 가능성도 있다. 따라서 어떤 선택이 모든 가능한 대안 중에서 가장 높은 보상을 발생시킬 것이라고 생각되더라도 일이 안 풀릴 가능성 때문에 위험하다고 생각되면 그것을 포기할 수 있다. 이를 **위험 기피성**(risk aversion) — 손실의 가능성을 피하기 위해 가능한 경제적 보상을 포기하고자 하는 성향 — 이라 한다. (제20장에서 위험 기피성에 대해 더 자세히 논의할 것이다.) 위험은 대부분의 사람을 불편하게 만들기 때문에 그것을 피하기 위해 어느 만큼의 가능한 경제적 이득을 포기하는 것은 합리적이다. 사실 위험 기피성이 없다면 보험 같은 것도 없을 것이다.

비합리성 : 경제학자의 견해

그러나 어떤 때에는 사람들이 **비합리적**(irrational)이다 — 사람들은 다른 선택을 했을 때보다 못한 선택을 한다. 경제적으로 비합리적인 행동에 대해 경제학자와 심리학자들이 언급할 만한 체계적인 규칙이 있을까? 있다. 대부분의 사람들은 예측 가능한 방식으로 비합리적인 행동을 하기 때문이다. 사람들의 비합리적인 행동은 경제적 결정을 할 때 사람들이 범하는 전형적인 일곱 가지의 오류에 기인한다. 그 오류들은 〈표 9-8〉에 열거되어 있는데, 우리는 하나씩 순서대로 이것들을 살펴볼 것이다.

기회비용에 대한 오해 이 장의 앞부분에서 논의한 바와 같이 사람들은 비금전적인 기회비용—현금 지불을 수반하지 않는 기회비용—을 빠뜨리는 경향이 있다. 기회비용에 대한 또 다른 오류는 매몰비용을 기회비용으로 생각하고 결정하는 **매몰비용 오류**(sunk cost fallacy)이다. 그러나 앞 절에서 본 것처럼 매몰비용은 기회비용이 아니다. 일단 지출을 회수할 수 없으면(매몰되었으면) 그것은 더 이상 기회비용이 아니고 앞으로의 결정에서 무시되어야 한다. 예를 들면 다수의 대학생들이 어떤 과목을 이수할 가능성이 없음에도 불구하고 학점을 포기하려 하지 않는다. 이는 흔히 수업료—이미 지불되었고 돌려받을 수 없는—를 아까워하는 매몰비용 오류에 빠졌기 때문이다. 올바른 결정은 이 매몰비용을 잊어버리고 과목을 계속 듣는 것의 기회비용—다른 과목을 공부하는 데 사용될 수 있는 시간과 노력—에 초점을 맞추는 것이다.

지나친 자신감 이것은 자부심의 발로이다. 우리는 자신이 실제보다 더 많이 안다고 생각하는 경향이 있다. 그리고 아무리 과신이 흔한 일인지 경고를 받아도 그것은 다른 사람의 문제이지 자신의 문제가 아니라고 생각하는 경향이 있다. (분명 당신이나 내 문제는 아니다!)

예를 들면 한 연구에서 학생들에게 "모든 일이 잘 풀렸을 때"와 "모든 일이 잘 안 풀렸을 때" 논문을 완성하는데 얼마나 걸릴지 질문한 적이 있다. 결과는 다음과 같다. 학생들은 잘 하면

표 9-8 경제적 결정에서 흔히 나타나는 일곱 가지 오류
1. 기회비용에 대한 오해
2. 지나친 자신감
3. 미래의 행동에 대한 비현실적 기대
4. 화폐가치에 대한 오류
5. 손실 기피성
6. 설계 편향
7. 현재 상태 편향

매몰비용 오류(sunk cost fallacy)는 매몰비용을 기회비용으로 생각하는 잘못된 생각이다.

탐구자를 위하여 '딸랑 우편'의 슬픈 이야기

2019년 현재 미국 주택 가격은 6년간 꾸준히 상승 중이다. 그러나 몇 년 전만 해도 미국 주택 시장은 큰 재앙을 겪었다. 2008년에 미국 주택 대붕괴가 일어나 주택 가격이 수년간 하락했다. 4년 후 붕괴의 바닥일 때 그 전의 바닥 가격보다 30% 가까이 떨어져 있었다. 지금은 당시 가격 하락으로 인한 손실을 다 메꿀 만큼 주택 가격이 회복되었지만 많은 전문가들이 미국 주택 시장이 예전과 같아질 수는 없음을 안다. 하나의 새로운 현상은 *전략적 파산*의 등장이다. 이는 주택 담보 대출금을 갚을 능력이 있는 집주인이 대출금을 갚아 나가는 대신 자발적으로 주택을 포기하는 것을 말한다. (주택 담보 대출금이란 주택을 구입하기 위해 받은 대출금이다.) 전략적 파산은 대출을 해준 은행이 주택을 회수하는 *담보권* 행사를 촉발한다.

주택 붕괴 기간에 전략적 파산이 너무 유행하여 새로운 용어가 탄생했다. 딸랑 우편(jingle mail)은 집주인이 자신의 집을 담보로 잡고 있는 은행에 자

"경찰관, 저 부부가
주택담보 대출(상환의무)로부터 떠나고 있어요!"

기 집 열쇠들을 넣은 봉투를 넘겨주는 것을 말한다.

주택 대출 은행들은 전략적 파산에 놀라고 말았다. 과거에는 집주인들이 자신의 집을 잃지 않으려고 무엇이든 하려고 했기 때문이다. 이 모든 것이 2008년의 주택시장 붕괴와 함께 변했다. 집주인 중 상당수(가격이 높을 때 주택을 구입한 사람들)

가 자신의 주택 가격이 수준 이하(갚아야 할 금액이 주택가치보다 더 큰 상태)임을 알게 되었다. 어떤 주택은 대출금보다 훨씬 가치가 적었다. 이런 주택을 보유한 사람들은 매달 납입하는 대출상환금보다 적은 월세를 내고 비슷한 주택을 임대할 수 있었다.

그러나 전략적으로 파산한 사람들이 아무런 피해도 없었던 것은 아니다. 그들은 계약금, 주택 수리비, 이사 비용 등을 잃었다. 그러나 비슷한 아파트가 9만 달러에 팔리고 있는 마이애미의 한 아파트에 21만 5,000달러를 지출한 한 플로리다 거주자의 말을 인용하면 "집에 머무를 아무런 금전적 이유가 없다". 자신들의 손실이 매몰비용임을 깨달은 수준 이하의 주택 소유자들이 집을 포기한 것이다. 그들이 주택을 구입할 때에는 최선의 경제적 선택을 하지 못했을지 모르나, 집을 떠나는 데 있어서만큼은 경제적으로 흠잡을 데 없는 논리를 보여주었다.

심리적 회계(mental accounting)는 같은 화폐를 심리적으로 다른 계정에 할당하여 어떤 화폐가 다른 화폐보다 더 가치 있다고 생각하는 습관이다.

손실 기피성(loss aversion)은 손실에 지나치게 예민하여 손실을 인정하지 않고 넘어가려는 경향을 말한다.

27.4일, 안 되면 48.6일, 평균 33.9일이면 끝낼 수 있다고 응답했다. 실제로 논문을 끝내는 데 드는 평균 시간은 이보다 훨씬 더 긴 55.5일이었다. 학생들은 자신들의 논문을 끝내는 시간에 대해 평균적으로 14% 내지 102% 더 과신하고 있었던 것이다.

지나친 자신감은 마감기한을 맞추는 데 어려움을 초래할 수 있다. 뿐만 아니라 재정 건전성에 매우 불리한 영향을 끼쳐 훨씬 큰 문제를 야기할 수도 있다. 종종 과신으로 인해 사람들은 재정 상태가 실제보다 좋은 것으로 착각하곤 한다. 예를 들어 전문 투자가가 아닌 사람들은 좋은 주식을 고르는 데 있어 잘못된 확신 때문에 지나친 투기적 투자—잦은 매매와 같은—로 인해 전문적 중개인들보다 평균적으로 상당한 손해를 본다. 마찬가지로 지나친 자신감은 사람들로 하여금 장단점을 잘 따져보는 대신 입증되지 않은 증거를 믿고 자동차를 사는 것과 같은 큰 지출을 하게 만든다. 더 나쁜 것은 성공한 것은 잘 기억하는 반면 실패한 것은 이유를 둘러 대거나 잊는 경향이 있어 과신에서 벗어나지 못한다는 점이다.

미래의 행동에 대한 비현실적 기대　지나친 자신감의 또 다른 형태는 자신의 미래 행동에 대해 지나치게 낙관적인 태도이다. 내일은 공부해야지, 내일은 아이스크림을 끊어야지, 내일은 덜 쓰고 더 많이 저축해야지 하는 식이다. 물론 우리 모두가 아는 것처럼 내일이 되면 공부나 무엇을 끊는 것은 여전히 지금 당장 하기만큼 어렵다.

지속적으로 바른 생활을 하게 만드는 전략들은 종종 그 근원을 보면 미래의 행동에 대해 비현실적인 기대를 하는 문제를 해결하는 방법들인 것이다. 봉급에서 자동이체 되는 저축, 미리 포장된 다이어트 음식, 스터디 그룹의 강제출석 규정 등이 그 예이다. 이런 방법들은 미래의 행동에 대해 오늘 스스로를 구속시키는 수단을 제공함으로써 힘든 일들을 미래로 넘기려는 습관을 무력화시킨다.

현금으로 지불하건 신용카드로 지불하건 1달러는 1달러다.

화폐가치에 대한 오류　당신은 현금을 지불하는 경우에 비해 신용카드를 사용할 때 더 많은 지출을 한 적이 있는가? 혹은 부모님으로부터 용돈을 받는 학생들이 스스로 벌어서 생활하는 학생들보다 더 쉽게 지출하는 것을 보았는가? 이 두 가지는 모두 **심리적 회계**(mental accounting)의 예들인데, 이것은 같은 화폐를 심리적으로 다른 계정에 할당하여 어떤 화폐를 다른 화폐보다 더 가치 있게 생각하는 습관이다.

신용카드를 사용할 때 더 많은 지출을 함으로써 현실적으로는 당신의 예산에서 같은 비중을 차지함에도 불구하고 실질적으로는 지갑 속의 현금을 신용카드 계정상의 현금보다 더 가치 있는 것으로 취급하고 있는 셈이다. 마찬가지로 자신이 번 돈보다 용돈을 더 쉽게 지출한다면 이는 자신이 번 돈을 용돈보다 더 가치 있다고 생각하기 때문이다. 이 두 가지 모두 수입이 어떤 형태든 1달러는 1달러라는 사실을 파악하지 못해 일어나는 일이다.

손실 기피성　손실 기피성(loss aversion)이란 손실에 지나치게 예민하여 손실을 인정하지 않고 넘어가려는 경향을 말한다. 사실 금융시장의 용어로 '판매 규율'—자신이 구입한 주식이 실패작임을 빨리 인정하고 그것을 팔 수 있는 능력과 의지—은 갖춰야 할 대단히 바람직한 특성이다.

그러나 많은 투자자들이 자기가 주식에 투자하여 돈을 잃었다는 것과 그것을 회수할 수 없다는 사실을 인정하기를 꺼린다. 그 주식을 그 시점에서 팔고 자금을 이동하는 것이 합리적임에도 불구하고 대부분의 사람들이 손실을 인정하는 것이 너무 괴로워 되팔아야 할 시간보다 더 오랜 시간 동안 팔지를 못한다. 대니얼 카너먼과 아모스 트버스키에 의하면 대부분의 사람들이 100

달러 손실의 고통을 100달러 이익의 기쁨보다 두 배 정도 강하게 느낀다고 한다.

　　손실 기피성은 매몰비용을 무시하는 것이 왜 그렇게 어려운지 설명하는 방편이 되기도 한다. 매몰비용을 무시하는 것은 자신이 지출한 돈이 회수할 수 없으며 따라서 없어진 것임을 인정하는 것이기 때문이다.

설계 편향　월마트와 같은 할인점에서 물건 값을 1.00달러 혹은 2.00달러와 같이 정수로 표시하지 않는지 이상하지 않은가? 대신 가격들은 대개 0.99달러 혹은 1.99달러처럼 99로 끝나는 경우가 많다. 그것은 경제학에서 말하는 **설계 편향**(framing bias) 때문이다. 이는 실제 가치를 비교하지 않고 선택이 어떻게 제시되는지에 따라, 즉 설계된 방법에 따라 결정이 내려지는 경향을 말한다. 정수보다 작은 99로 끝나는 숫자를 사용함으로써 월마트는 소비자의 설계 편향으로부터 이득을 취하는 것이다. 회사는 1.00달러 대신 0.99달러를 사용함으로써 소비자들이 매우 좋은 가격이라고 비합리적으로 생각하여 훨씬 더 많이 팔릴 것을 알고 있다. 앞의 제한된 합리성의 논의에서 본 것처럼 기본적으로 이것은 많은 데이터를 접할 때 사람들이 흔히 취하게 되는 정신적 지름길이다.

　　노동절이나 추수감사절 세일과 같은 한시적 세일도 소매업자들이 쇼핑객들의 설계 편향을 이용하는 또 하나의 예다. 소매업자들은 가격을 항상 낮은 수준으로 유지하는 것보다 가격이 한시적으로 낮다고 쇼핑객들이 느낄 때 전체 판매량이 더 많다는 것을 알고 있다. 소매업자들은 "가격이 다시 이처럼 낮아지지는 않을테니까 지금 많이 사는 것이 낫겠다"는 쇼핑객들의 비합리적인 인식을 이용하는 것이다.

　　설계는 가격에 관한 것만이 아니다. 광고업자들은 같은 말이지만 "75%의 경우에 효과가 있다"고 할 때가 "25%의 경우에는 효과가 없다"고 할 때보다 훨씬 더 매상이 높을 거라는 사실을 알고 있다.

　　소매업자들은 또한 고객들이 과거의 기준에 근거해 결정을 내리는, 사회과학자들이 말하는 고착화 성향을 이용하기도 한다. 예를 들면 소매업자들은 정가(고착점)와 할인가를 동시에 보여줌으로써 고객들이 좋은 가격인가를 판단하는 데 영향을 미치려 한다.

현재 상태 편향　또 다른 비합리적 행동은 아예 결정하기를 회피하는 경향을 일컫는 **현재 상태 편향**(status quo bias)이다. 잘 알려진 예가 소위 401(k)라고 하는 고용주가 지정하는 퇴직금 계정에 적립 여부를 결정하는 종업원들의 태도이다. 401(k)에 의하면 종업원들은 자신의 소득 중 일부를 봉급에서 공제하여 세금 없이 적립할 수 있으며, 이 방법을 통해 매년 상당한 금액의 세금을 절약할 수 있다. 어떤 회사들은 명시적 선택 사항으로 이 제도를 운영하고 있다. 즉, 401(k)에 참여하려면 종업원들이 능동적으로 의사를 표시해야 한다. 다른 회사들은 암묵적 선택 사항으로 이 제도를 운영한다. 즉, 종업원들이 반대 의사를 표시하지 않는 한 자동적으로 401(k)에 가입된다.

　　만일 모든 사람들이 합리적으로 행동한다면, 명시적 선택 사항으로 이 제도를 운영하는 회사나 암묵적 선택 사항으로 이 제도를 운영하는 회사나 401(k)에 가입한 종업원들의 비율은 대략 비슷할 것이다. 다시 말해서 401(k)에 참여할 것인지 여부의 결정은 회사가 정해 놓은 기본 선택과 무관해야 할 것이다. 그러나 현실적으로는 회사가 자동가입을 유도하는 암묵적 선택 방식으로 제도를 바꾸면 가입자가 극적으로 증가한다. 분명히 사람들은 그냥 현재 상태를 따라 가는 경향이 있다. 그러나 합리적인 사람이라면 선택을 하지 않는 것도 결국 하나의 선택이라는 사실을 알 것이다.

　　왜 사람들은 현재 상태 편향을 보이는 것일까? 어떤 학자들은 이것이 대안이 많으면 결정하

설계 편향(framing bias)은 실제 가치를 비교하지 않고 선택이 어떻게 제시되는지에 따라 결정이 내려지는 경향을 말한다.

현재 상태 편향(status quo bias)은 결정을 회피하고 현재 상태에 머무르려는 경향을 말한다.

기가 어려워지는 '결정 마비'의 한 형태라고 주장한다. 다른 학자들은 손실 기피성이나 후회에 대한 두려움, 즉 "아무것도 하지 않으면 내 선택을 후회할 이유도 없다"는 생각 때문이라고 주장한다. 비합리적인 것은 사실이지만 전혀 놀라운 사실도 아니다. 현재 상태 편향이 발견된 후 사람들이 더 합리적인 선택을 하도록 유도하기 위해 현재 상태 선택에 **유도개입**(nudges)을 포함하는 경향이 생겨났다. 401(k)에 자동 가입하도록 하는 것은 유도개입의 한 예다.

비합리적인 사람들에 대한 합리적인 모형?

사람들은 때에 따라 명백히 비합리적인데 왜 경제학자들은 여전히 합리적인 행동에 기초한 모형을 사용하는 것일까? 한 가지 이유는 합리적인 행동에 기초한 모형들이 여전히 대부분의 시장에서 사람들이 어떻게 행동하는지를 잘 예측할 수 있게 해 주기 때문이다. 예를 들어 비료 값이 상승하면 대다수의 농부들이 비료를 덜 사용할 것인데 이는 합리적 행동과 일치하는 결과이다.

또 다른 설명은 때때로 시장의 힘이 시간이 갈수록 사람들을 더 합리적으로 행동하게 만든다는 것이다. 예를 들어 작은 상점을 운영하는 사람이 자신의 능력을 계속 과신하거나 자신이 내세우는 품목이 실패작임을 인정하지 않으려 한다면, 자신의 잘못을 깨닫고 시정하지 않는 한 조만간 문을 닫게 될 것이다. 그러므로 대부분의 시장에서 그런 것처럼 사람들이 실수에 대해 징계를 받는다면 시간이 흐름에 따라 합리성이 승리할 것이라고 가정하는 것이 타당하다.

마지막으로 경제학자들이 합리성의 가정에 의존하는 것은 이 가정이 모형을 만드는 일을 훨씬 더 쉽게 해 준다는 단순하지만 근본적인 이유 때문이다. 모형은 일반화에 기초를 두고 있기 때문에 복잡하고 비합리적인 행동을 기반으로 추론하는 것은 훨씬 더 어려운 일이다. 행동경제학자들조차도 자기들 연구에서는 사람들이 어떻게 행동하는지 더 나은 모형을 얻기 위해 예측 가능한 비합리적 행동을 추적한다. 분명한 것은 행동경제학자들과 나머지 경제학자들 사이에 대화가 계속되고 있으며, 이로 인해 경제학 자체가 돌이킬 수 없을 만큼 변화되었다는 점이다.

현실 경제의 >> 이해

엄격한 마감 기한에 대한 찬사

심리학 교수이며 행동경제학자인 댄 애리얼리는 비합리성의 본성을 탐구하는 데 있어 학생들을 실험 대상으로 삼는 것을 좋아한다. 자신의 책 『상식 밖의 경제학』에서 그는 미루는 버릇의 핵심을 찌르는 실험과 그것을 연구하는 방법에 대해 설명한다.

당시에 그는 세 강좌에서 같은 주제를 가르치고 있었는데 각 강좌에서 과제의 제출 스케줄을 각각 다르게 설정하였다. 세 강좌의 학점은 모두 세 과제에 대해 똑같은 비중으로 채점하여 산출했다.

첫 번째 강좌에서는 각 과제를 제출하는 시기를 학생들이 자율적으로 선택하게 하였다. 일단 정해지면 스케줄을 변경할 수 없다. 늦게 제출된 과제는 하루에 1%씩 감점하였다. 일찍 제출된 과제는 감점이나 가점 없이 학기말에 똑같은 기준으로 채점하였다.

두 번째 강좌에서는 세 과제를 미리 정해진 날짜 없이 아무 때나 학기 전에만 제출하면 되었다. 이번에도 일찍 제출된 과제에 대해서 아무런 가점이 없었다.

세 번째 강좌의 학생들은 애리얼리의 용어로 "독재적 취급"을 받았다. 각 과제를 제4주, 제8주, 제12주에 제출하도록 엄격히 지정하였다.

어떤 강좌의 점수가 가장 높았고, 어떤 강좌의 점수가 가장 낮았을까? 결과를 보았더니 가장 엄격한 스케줄을 적용한 강좌—독재적 취급을 받은 강좌—의 점수가 가장 높았다. 가장 자유로운 스케줄을 적용한 강좌의 점수가 가장 낮았다. 그리고 학생 스스로 스케줄을 정한 강좌의 점수는 중간이었다.

애리얼리는 이 결과로부터 과신에 대해 두 가지 간단한 교훈을 얻었다. 첫째는—놀랄 것도 없이—학생들은 미루는 경향이 있다는 것이다. 둘째는 똑같은 간격의 엄격한 스케줄이 미루는 버릇에 대한 최상의 해결책이라는 사실이다.

그러나 가장 큰 발견은 학생 스스로 제출 시기를 결정한 강좌에서 나왔다. 대부분의 학생들은 제출 시기를 충분히 떨어지게 잡아 독재적 취급을 받은 강좌와 비슷한 점수를 받았다. 그러나 일부 학생들이 제출 시기를 충분히 떨어지게 잡지 않았고 몇몇 학생들은 세 과제의 제출 시기를 똑같이 잡았다. 이 두 집단의 점수가 좋지 않아 전체 평균이 가장 엄격한 스케줄이 적용된 강좌보다 낮아졌다. 애리얼리가 지적하는 것처럼 제출 시기가 여유 있게 잡혀 있지 않으면 학생들은 미루는 경향이 있기 때문에 과제의 질이 떨어지게 된다.

이 실험은 두 가지 중요한 시사점을 제공한다.

1. 자신이 일을 미루는 경향이 있음을 인정하는 사람들은 정해진 행동에 자기 자신을 구속하는 조치를 취할 가능성이 높다.
2. 그러한 조치를 취할 수 있도록 허용하는 것이 그 사람들에게 이익이 된다.

만일 여러분도 일을 미루는 버릇이 문제라면 엄격한 스케줄이 매우 귀찮아 보이긴 해도 정말 당신에게는 유익한 것이다.

>> 이해돕기 9-4
해답은 책 뒤에

1. 다음 사건들은 어떤 종류의 비합리적 행동에 해당되겠는가?
   a. 주택시장이 침체되었고 제니도 이사하고 싶지만, 제니는 자기가 지불한 가격보다 낮은 금액으로는 주택을 팔려고 하지 않는다.
   b. 레오는 물건을 살 때 흔히 상점에서 광고하는 "하나 값에 두 개" 혹은 "두 개 값에 세 개" 할인 판매를 즐겨 활용한다. 그 결과 필요 이상으로 구입하고 상당량을 다른 사람들에게 거저 나눠주는 일이 자주 있다.
   c. 다닐로는 방금 새 직장에 취업했는데 생각 끝에 회사의 적립금 제도에서 탈퇴하기로 결정했다. 그 논리는 자신은 아직 젊고 미래에 서축힐 시간이 충분히 있으므로 지금은 인생을 즐기자는 것이었다.
   d. 에마의 회사에서는 회사에서 지원하는 적립금 제도에 가입하려면 종업원이 양식을 다운받아 내용을 기입하여 제출해야 한다. 입사한 지 1년이 지났지만 에마는 이 제도에 가입하기 위해 필요한 양식을 아직도 제출하지 않았다.
2. 여러분은 자신이 내린 결정이 합리적인지 비합리적인지 어떻게 판단하겠는가?

>> **복습**
- **행동경제학**은 사람들이 실제로 어떻게 결정을 내리는지 이해하기 위해 경제학 모형에 인간심리학의 연구를 접목시켰다.
- **합리적인** 행동은 모든 가능한 선택이 주어졌을 때 그 사람이 가장 선호하는 결과를 낳는다. **제한된 합리성, 위험 기피성, 비금전적 보상,** 그리고 공정성에 대한 관심이 사람들로 하여금 합리적으로 다른 가능한 선택보다 경제적 보상이 더 적은 결과를 선호하게 만드는 이유가 될 수 있다.
- **비합리적인** 행동은 사람들로 하여금 다른 대안에 비해 나쁜 결과를 초래하는 선택을 하게 만든다. 흔히 나타나는 비합리적인 행동의 유형은 기회비용에 대한 오해, 지나친 자신감, **심리적 회계**, 미래에 대한 비현실적인 기대, **손실 기피성,** **설계 편향,** 그리고 **현재 상태 편향**이 있다. **매몰비용 오류**는 기회비용에 대한 오해의 한 예다. 보다 합리적인 행동을 끌어내기 위해 현재 상태로부터의 선택에 **유도개입**이 흔히 사용된다.

JC 페니의 단일가격 전략이 고객을 화나게 하다

Richard Levine/Corbis via Getty Images

월마트와 타깃 이전에는 JC 페니가 있었다. 전성기에는 미국 전역에 2,000개 이상의 점포를 가지고 보석부터 가전제품에 이르기까지 모든 것을 취급했다. 그러나 2019년 117년의 역사를 가진 이 소매점은 매출 감소, 볼품없는 점포, 무계획적인 상품 선정 등으로 생존의 위기에 처했다. 최근 매출이 감소하는 가운데 영업을 지속하기 위해 부채를 많이 지게 되어 존폐를 결정해야 할 순간을 맞이했다. 늦지 않게 엄청난 부채를 청산하고 상품과 상점을 격상시켜 전세를 역전시킬 수 있을까?

분석가들은 이 회사의 급격한 몰락은 새로운 힘을 불어넣기 위해 새로운 사장으로 론 존슨을 영입한 2011년 시작되었다고 생각한다. 존슨 사장 이전에 JC 페니가 고객을 유치하는 방법은 세일이었다. 2010년에는 590번의 세일을 통해 전체 품목의 4분의 3 가까이를 50% 또는 그 이상 할인하였다. 그럼에도 소비자들이 실제로 싸게 구입한 것은 아니었다. 회사는 단지 진열대의 가격을 높게 매기고 판촉 기간 동안 가격을 할인한 것이다. 존슨의 주장처럼 도대체 회사에게는 비용만 들고 소비자들을 눈속임하는 게임을 할 이유가 무엇인가? 그래서 2012년 그는 "매일 낮은 가격"이라는 새로운 판매 전략을 도입했다. 즉, JC 페니는 이제 자신을 고객들에게 주기적인 할인 판매 대신 매일 낮은 가격을 제공하는 기업으로 홍보하였다. 가격도 더 이상 9나 7로 끝나는 대신 정수 가격으로 바뀌었다.

새로운 전략은 쉬운 답처럼 보였다. 전처럼 세일을 실시하고 쿠폰을 발행하는 대신 고객들에게는 계절에 관계없이 쿠폰을 모을 필요도 없이 항상 낮은 가격이 보장되었다. 뿐만 아니라 이 전략으로부터 백화점은 더욱 정확한 재고와 이윤 예측, 더욱 일관성 있는 수입, 그리고 지속적으로 가격을 바꾸지 않음으로써 발생하는 노동 절약으로 혜택을 볼 수 있었다. 하버

드 경영대학의 마케팅 전공 존 T 고어빌 교수에 의하면 단일가격 전략은 "운영의 측면을 훨씬 단순화시켰다. 예컨대 이번 주에 엄청난 양의 다이어트 콜라를 판매하고 다음 주에는 실질적으로 판매가 전혀 없는 것과 같은 충격효과가 없다."

그러나 이 가격전략에 문제가 있었던 것도 사실이다. 대체 가격이 얼마나 낮은지가 불분명했던 것이다. 사실상 JC 페니가 고객들에게 보내고자 했던 메시지는 "우리를 믿으세요"라는 것이었다. 월마트와 달리 JC 페니는 경쟁자의 가격과 동일한 가격을 보장하지 않았으므로 단가에 비해 지나치게 낮은 이윤율을 보상할 대량매출 정규고객을 충분히 확보할 수 없었다. 코스트코와 달리 연간 멤버십 수입에 의존할 수도 없었다. 뿐만 아니라 단일가격 전략은 노동절이나 크리스마스와 같이 계절적으로 쇼핑이 집중되는 시기에도 고객을 유치하지 못했다.

결국 JC 페니는 "구두쇠 엄마(Penny Pinchin' Mom)" 블로그를 운영하는 트레이시 포브스와 같은 고객의 충성심을 잃었는데, 그녀는 "어떤 물건이 20% 할인된 것을 보고 그것을 아끼려고 쿠폰을 내는 것 자체가 내게는 큰 유혹이에요"라고 말한다. 이러한 고객들을 놓친 것은 큰 재앙이었다. 불과 2년 만에 JC 페니의 수입은 30%, 매출은 25% 감소했다. 2013년 초 존슨은 인정사정없이 해고되었다.

존슨 사장의 사임과 함께 JC 페니는 다시 쿠폰을 발행하고 주일별 세일을 시작했다. 이와 함께 직원들도 곧 할인하기 위해 상품 가격을 올리는 일을 재개했다. 그러나 이미 피해는 발생했다. 수입이 줄자 상점도 상품도 감소했고 더 민첩한 경쟁자들에게 고객을 빼앗겨 부채는 쌓여갔다. 어떤 산업 분석가가 이 회사의 회생 가능성에 대해 언급한 것처럼 "이제는 결승점을 향한 경주다."

생각해 볼 문제

1. 이 예에 나타난 합리적 결정 유형의 예를 하나 들고 그것을 설명하라.

2. 이 예에 나타난 비합리적 결정 유형의 예를 하나 들고 그것을 설명하라.

3. 월마트의 경쟁자와 동일한 가격보장은 어떤 작용을 하는가? 이 정책을 중단하면 어떤 결과가 나타나리라고 예상하는가? 월마트의 경쟁자, 예컨대 지역 슈퍼마켓이나 타깃이 동일한 전략을 채택하리라 예상하는가?

요약

1. 모든 경제적 결정은 희소한 자원을 배분하는 문제이다. 어떤 결정은 '양자택일'의 문제, 즉 어떤 행동을 할 것인지 말 것인지의 문제이다. 또 다른 결정은 '수량 선택'의 결정, 즉 주어진 용도에 자원을 얼마나 투입할 것인지의 문제이다.

2. 어떤 자원을 특정한 용도에 사용하는 비용은 그 자원의 기회비용이다. 기회비용 중에는 **명시적 비용**이 있다. 그것은 직접적인 금전지출이 수반되는 비용이다. 그러나 이 밖에도 기회비용 중에는 **암묵적 비용**이 있다. 그것은 금전적 지출은 없으나 포기된 금전적 수입을 나타낸다. 결정을 할 때는 명시적 비용과 암묵적 비용을 모두 고려해야 한다. 많은 결정사항이 개인이나 기업의 **자본**과 시간을 사용하는 문제와 연관되어 있다. 따라서 결정을 하는 사람은 시간의 기회비용이나 **자본의 암묵적 비용**과 같은 암묵적 비용을 고려한 **경제학적 이윤**에 근거하여 결정을 해야 한다. **회계상의 이윤**에 근거해서 결정하면 오류를 범하기 쉽다. 회계상의 이윤은 명시적 비용만 포함하고 암묵적 비용을 포함하지 않기 때문에 보통 경제학적 이윤보다 상당히 크다.

3. **'양자택일' 결정의 원리**에 의하면 두 활동 중 '양자택일'을 해야 할 때 경제적 이윤이 양인 활동을 선택해야 한다.

4. '수량 선택'의 결정은 어떤 활동을 추가로 한 단위 더 늘릴 때 얻어지는 편익과 비용을 비교하는 한계분석을 사용하여 내려진다. 어떤 재화나 서비스를 생산하는 **한계비용**은 그 재화나 서비스를 한 단위 증가시킬 때 발생하는 추가 비용이며, 재화나 서비스를 생산하는 **한계편익**은 생산을 한 단위 증가시킬 때 얻어지는 추가 편익이다. **한계비용곡선**은 한계비용을 그래프로 나타낸 것이며, **한계편익곡선**은 한계편익을 그래프로 나타낸 것이다.

5. **한계비용이 일정**한 경우에는 추가로 한 단위를 더 생산하는 데 드는 비용이 이전 단위와 동일하다. 그러나 일반적으로 어떤 활동의 한계비용과 한계편익은 그 활동 수준에 따라 달라진다. **한계비용 체증**의 경우에는 한 단위를 추가로 생산하는 비용이 이전보다 증가하는데 이는 한계비용곡선이 우상향하는 것으로 나타난다. **한계비용 체감**의 경우에는 한 단위를 추가로 생산하는 비용이 이전보다 감소하는데 이는 한계비용곡선이 우하향하는 것으로 나타난

다. **한계편익 체감**의 경우에는 한 단위를 추가할 때 발생하는 편익이 이전보다 감소한다.

6. 어떤 활동의 **최적 수량**은 총이윤을 최대로 하는 수량이다. **한계분석의 이윤극대화 원리**에 의하면 최적 수량은 한계편익이 한계비용보다 크거나 같아지는 최대 수량이다. 여기에서 한계비용곡선과 한계편익곡선이 교차한다.

7. 이미 발생하였고 회수가 불가능한 비용이 **매몰비용**이다. 미래의 행동을 결정할 때에는 매몰비용을 무시해야 하는데, 그 이유는 매몰비용이 미래의 편익이나 비용에 아무런 영향을 미치지 않기 때문이다. **매몰비용 오류**는 결정을 내리는데 있어 매몰비용을 포함시켜야 한다는 잘못된 생각이다.

8. 지난 20년 동안 큰 영향을 끼치게 된 경제학의 한 분야인 **행동경제학**은 사람들이 결정을 실제로 어떻게 내리는지를 이해하기 위해 심리학의 통찰력을 경제 모형과 결합하였다.

9. **합리적인** 행동을 한다면 사람들은 가능한 대안 중 자신이 가장 선호하는 결과를 얻게 하는 대안을 선택할 것이다. 그러나 경제적 보상이 더 작은 결과를 선택하는 것이 합리적일 경우도 있다. 그 네 가지 중요한 이유는 공정성에 대한 관심, **비금전적 보상**, 제한된 합리성, 그리고 위험 기피성이다. 최선의 경제적 보상을 발견하기 위해서는 상당한 노력이 필요한데 여기에는 비용이 들기 때문에 **제한된 합리성**이 나타난다. **위험 기피성** 때문에 사람들은 손실의 가능성을 피하기 위해 어느 정도의 경제적 보상을 포기한다.

10. **비합리적인** 선택을 하면 사람들은 다른 대안을 선택했을 때보다 못한 결과를 얻게 된다. 비합리적 행동은 흔히 일곱 가지의 유형으로 나타난다. 기회비용에 대한 오해, 지나친 자신감, 미래의 행동에 대한 비현실적인 기대, 동일한 화폐를 다르게 취급하는 **심리적 회계**, 손실에 지나치게 민감한 **손실 기피성**, 실제 가치를 비교하지 않고 선택이 어떻게 제시되는지에 따라 결정이 내려지는 경향인 **설계 편향**, 그리고 현재 상태에 머무르면서 결정을 회피하는 **현재 상태 편향** 등이다. 보다 합리적인 선택을 유도하기 위해 현재 상태에 변화를 주는 **유도개입**이 자주 사용된다.

주요용어

명시적 비용	회계상의 이윤	자본
암묵적 비용	경제학적 이윤	자본의 암묵적 비용

'양자택일' 결정의 원리	한계편익곡선	위험 기피성
한계비용	최적 수량	비합리적
한계비용 체증	한계분석의 이윤극대화 원리	매몰비용 오류
한계비용곡선	매몰비용	심리적 회계
한계비용 일정	행동경제학	손실 기피성
한계비용 체감	합리적	설계 편향
한계편익	비금전적 보상	현재 상태 편향
한계편익체감	제한된 합리성	유도개입

토론문제

1. 브루킹스 연구소의 학자금 대출 체납 연구에서는 흥미로운 상관관계가 발견되었다. 일반적으로 4년제 대학에 다니면서 더 많은 대출을 받은 학생이 적은 대출을 받은 학생보다 체납할 가능성이 낮다는 것이다. 2003년 대학에 들어간 학생들은 평균 1만 5,000달러를 대출받고 17.1%의 체납율을 보였다. 자료를 더 세분해 보면 4년제 학사학위를 마친 학생들은 평균 2만 5,000달러를 대출받았지만 체납율은 상당히 낮아 5.6%밖에 안 된다. 반면에 학업을 중단한 학생들은 평균 7,500달러만 대출을 받았지만 체납율은 네 배 이상인 23.9%였다. 한계분석 개념을 사용하여 이러한 학자금 대출 자료를 설명하라.

2. 다음 사실들이 각각 어떻게 설계 편향을 나타내는지 말해보라.
   i. 금융상담사들은 약간의 수수료를 받고 퇴직이나 저축에 관한 여러 선택에 대해 조언을 한다. 그들은 흔히 다른 상담사들보다 자신이 더 능력 있음을 홍보한다. 그해의 주식 시장이 5% 하락했을 때 어떤 상담사가 "우리는 다른 경쟁자들보다 2% 더 높은 성과를 냈습니다"라는 광고를 냈다. 이 상담사는 왜 자신의 실제 수익률을 알리고 싶지 않은 것일까?
   ii. 최근의 한 연구에 의하면 고등학교 졸업생이나 전문대 학생들은 4년제 대학의 학자금 보조 광고에 '대출'이란 단어가 들어 있으면 동일한 조건의 광고에 '대출'이란 단어가 들어가 있지 않은 경우에 비해 지원할 가능성이 더 낮다고 한다. 실제로 '대출'이란 단어가 들어 있으면 그 학교에 다닐 가능성이 10% 낮다고 한다.

3. 당신과 룸메이트는 문제에 봉착했다. 두 사람 모두 경제학과 회계학을 수강하고 있는데 내일 오후에 경제학 시험이 있다. 당신은 준비할 시간이 충분치 않아 시험 준비를 위해 회계학을 포기할지 고민 중이다. 당신은 회계학 점수에 개의치 않지만 룸메이트는 이미 수강료를 지불한 회계학을 포기하지 말라고 당신을 설득하려 한다. 당신의 룸메이트가 매몰비용 오류에 빠져 있음을 설명하라.

연습문제

1. 재키는 웹디자인 회사를 운영하고 있다. 새로운 기술을 따라가기 위해 그녀는 매년 컴퓨터 장비를 업그레이드하는 데 5,000달러를 지출한다. 그녀는 자택의 한 방에서 회사를 운영하는데 그 방을 자신의 사무실로 사용하지 않는다면, 1년에 2,000달러에 임대할 수 있다고 한다. 재키가 자신의 회사를 운영하지 않는다면 이전에 일하던 소프트웨어 회사에서 매년 6만 달러의 급여를 받을 수 있다. 그 외의 지출 경비는 없다.
   a. 회계사 입장에서 볼 때 득실이 없으려면 재키의 총수입이 얼마가 되어야 하는가? 즉 재키의 총수입이 얼마가 되어야 회계상의 이윤이 영이 되는가?
   b. 자영업자로 남기 위해서는 재키의 총수입이 얼마가 되어야 하는가? 즉 재키의 총수입이 얼마가 되어야 경제학적 이윤이 영이 되는가?

2. 당신은 자전거 가게를 소유하여 운영하고 있다. 매년 자전거를 판매하여 당신은 20만 달러의 수입을 얻으며, 자전거를 구입하는 데 10만 달러의 비용이 든다. 또한 전기료, 세금 및 기타 경비로 매년 2만 달러를 지출한다. 자전

거 가게를 운영하는 대신 당신은 회계사로서 매년 4만 달러의 급여를 받을 수 있다. 대규모 의류 판매 체인이 사업을 확장하기 위해 당신의 가게를 매년 5만 달러에 임대하겠다고 제안했다. 당신은 현재 자전거 가게에서 이윤을 내고 있음에도 불구하고, 가게를 계속 운영하기에는 그 비용이 너무 높다는 것을 친구에게 어떻게 설명하겠는가?

3. 당신은 환불이 불가능한 이번 학기 식권을 1,000달러에 구매했다. 이 식권이 있으면 당신은 매일 학생식당에서 저녁식사를 할 수 있다.

   a. 당신은 저녁마다 무료로 저녁식사를 할 수 있는 한 식당에서 아르바이트 제의를 받았다. 당신의 부모님은 그래도 이미 식비를 지불했으므로 저녁식사는 학생식당에서 해야 한다고 말씀하신다. 당신 부모님의 생각은 옳은가 옳지 않은가? 왜 그런지 이유를 설명해 보라.

   b. 이번에는 식당에서 아르바이트 제의를 받았으나 저녁을 무료로 제공하는 대신 식사의 가격을 크게 할인해 준다고 가정해 보자. 그곳에서의 저녁식사 비용은 한 번에 2달러이며, 만약 이번 학기에 계속 이곳에서 식사를 한다면 그 총비용은 200달러가 된다. 당신의 룸메이트는 그 비용이 이번 학기 식권비로 지불한 1,000달러보다 적기 때문에 그곳에서 저녁식사를 해야 한다고 말한다. 룸메이트의 생각은 옳은가, 옳지 않은가? 왜 그런지 이유를 설명해 보라.

4. 당신은 대학 축구경기 입장권을 10달러의 가격으로 미리 구입해 놓았다. 입장권은 다시 판매될 수 없다. 당신은 축구경기를 구경함으로써 20달러의 편익을 얻는다. 입장권을 구입하고 나서 당신은 같은 날에 프로야구 포스트시즌 경기가 열린다는 것을 듣게 되었다. 야구경기 입장권은 20달러이고, 당신은 야구경기에서 35달러의 편익을 얻는다. 당신은 친구에게 다음과 같이 말한다. "축구경기 입장권을 사기 전에 야구경기가 있다는 것을 알았더라면 나는 야구경기에 갔을 텐데. 지금은 이미 축구경기 입장권을 사 버려서 축구경기에 가는 게 더 나을 것 같아." 당신은 올바른 결정을 한 것인가? 당신의 결정으로 인한 비용과 편익을 계산하여 자신의 답을 정당화해 보라.

5. 에이미, 빌, 칼라는 모두 돈을 받고 잔디를 깎아 준다. 그들은 각각 서로 다른 잔디깎기 기계를 사용한다. 다음의 표는 에이미, 빌, 칼라가 잔디를 깎을 때 드는 총비용을 나타낸다.

깎은 잔디밭 수	에이미의 총비용	빌의 총비용	칼라의 총비용
0	$0	$0	$0
1	20	10	2
2	35	20	7
3	45	30	17
4	50	40	32
5	52	50	52
6	53	60	82

   a. 에이미, 빌, 칼라의 한계비용을 계산하고, 그들의 한계비용곡선을 그려라.

   b. 한계비용이 체증하는 사람, 한계비용이 체감하는 사람, 한계비용이 일정한 사람은 각각 누구인가?

6. 당신은 체육관 관리자로서 매시간 몇 명의 고객을 받을 것인지를 결정해야 한다. 모든 고객의 체육관 이용시간은 1시간씩이라고 가정하자. 이용자들은 운동기구에 마모를 일으켜 비용을 발생시킨다. 게다가 추가로 들어오는 이용자로 인한 마모 비용은 전보다 더 높아진다. 그 결과 체육관의 한계비용은 체증한다. 다음 표는 시간당 소비자 수에 따른 한계비용을 나타낸다.

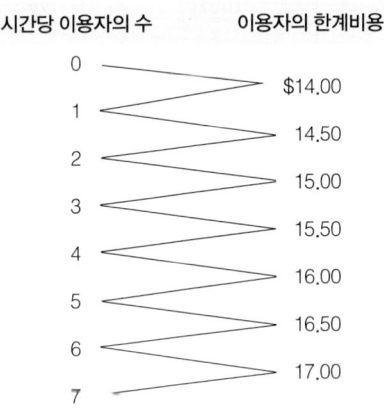

   a. 각 이용자가 1시간 운동하는 데 15.25달러를 지불한다고 가정하자. 한계분석의 이윤극대화 원리를 이용하여 당신이 수용해야 할 시간당 최적 이용자 수를 찾아보라.

   b. 당신은 시간당 이용료를 16.25달러로 인상했다. 이때 당신이 수용해야 할 시간당 최적 이용자 수는 얼마인가?

7. 조지아와 로렌은 태권도 교육을 같이 받는 경제학과 학생이다. 이 둘은 일주일에 몇 번의 교육을 받을지 결정해야 한다. 한 번 교육을 받는 비용은 20달러이다. 다음 표는 주

당 교육 횟수에 따라 조지아와 로렌이 느끼는 한계편익을 나타낸다.

교육 횟수	로렌의 한계편익	조지아의 한계편익
0		
	$23	$28
1		
	19	22
2		
	14	15
3		
	8	7
4		

a. 한계분석을 사용하여 로렌의 주당 최적 태권도 교육 횟수를 구하고 답을 설명하라.

b. 한계분석을 사용하여 조지아의 주당 최적 태권도 교육 횟수를 구하고 답을 설명하라.

8. 질병대책센터에서는 천연두 예방접종이 경우에 따라 치명적일 수도 있는 해로운 부작용을 일으키기 때문에 모든 주민을 상대로 한 예방접종은 하지 말 것을 권고했다. 다음 표가 천연두 예방접종 효과에 대한 정보를 제공하고 있다고 가정하자.

예방접종 인구비율	천연두로 인한 사망자	백신 부작용으로 인한 사망자
0%	200	0
10	180	4
20	160	10
30	140	18
40	120	33
50	100	50
60	80	74

a. 천연두 예방접종으로 인한 한계편익(사망자 감소)과 한계비용(사망자 증가)을 10% 간격으로 계산해 보라. 10% 추가 예방접종으로 얻어지는 생존자 수의 순 증가를 계산해 보라.

b. 한계분석을 사용하여 예방접종을 받아야 할 최적 인구비율을 구하라.

9. 페이지는 자신의 차로 피자를 배달하고, 배달한 피자의 개수에 따라 급여를 받는다. 다음 표는 근무시간에 따른 페이지의 총편익과 총비용을 나타낸다.

근무시간	총편익	총비용
0	$0	$0
1	30	10
2	55	21
3	75	34
4	90	50
5	100	70

a. 한계분석을 이용하여 페이지의 최적 근무시간을 구하라.

b. 0시간에서 1시간, 2시간 등으로 근무시간이 늘어남에 따라 페이지가 얻는 총이윤을 계산해 보라. 이제 페이지가 1시간만 일하기로 결정했다고 가정하자. 1시간을 일할 때 얻게 되는 페이지의 총이윤과 최적 시간을 일할 때 얻게 되는 페이지의 총이윤을 비교해 보라. 1시간 동안만 일함으로써 페이지는 얼마나 손해를 보는가?

10. 드비어스사가 다이아몬드의 독점 생산자라고 가정하자. 드비어스사가 다이아몬드 판매량을 증가시키려면, 사람들이 구매량을 늘리도록 다이아몬드 가격을 낮추어야 한다. 게다가 다이아몬드 채굴상의 어려움으로 인해 다이아몬드의 추가 생산비용은 그 이전보다 증가한다. 드비어스사의 총편익과 총비용이 다음과 같이 주어져 있다.

다이아몬드 수량	총편익	총비용
0	$0	$0
1	1,000	50
2	1,900	100
3	2,700	200
4	3,400	400
5	4,000	800
6	4,500	1,500
7	4,900	2,500
8	5,200	3,800

a. 한계비용곡선과 한계편익곡선을 그리고, 이로부터 최적 다이아몬드 생산량을 구하라.

b. 각 수량의 다이아몬드를 생산할 때 얻어지는 드비어스의 총이윤을 계산해 보라. 다이아몬드 생산량이 얼마일 때 드비어스의 총이윤이 가장 높은가?

11. 다음 각 예에서 이루어진 결정이 합리적인지 비합리적인지 설명하라. 나타난 행동이 어떤 유형의 행동인지 설명하라.

a. 매디슨은 절친 미케일라에게 그녀가 좋아하는 상점에서 쓸 수 있는 선물카드를 주기를 좋아한다. 미케일라는 종종 그 카드들을 유효기간 내에 사용하지 못하거나 잃어버리지만 현금에 대해서는 매우 조심스럽다.

b. 파네라 제빵회사는 미주리주 클레이턴시에 고객들이 주문한 상품에 대해 자신이 원하는 금액을 선택할 수

있는 상점을 열었다. 이 상점에서는 가격 대신 각 상품에 대해 비용을 근거로 기부 희망 금액을 적어 놓았다. 모든 이윤은 파네라가 설립한 자선단체에 기부된다. 1년 후 이 상점은 이 프로그램의 성공에 만족하고 있다.

c. 도미닉은 얼마 전에 교사자격을 취득했고 두 곳에서 취업제의를 받았다. 한 곳은 휴직한 교사를 대체하는 자리인데 2년간만 일할 수 있다. 그곳은 명성이 있는 고등학교이며 연봉은 3만 5,000달러이다. 2년의 기간이 만료되면 인근의 다른 곳에서 좋은 직장을 얻을 가능성이 크지만 확실치는 않다. 또 다른 곳도 고등학교이고 연봉은 2만 5,000달러이며 5년간 직장이 보장된다. 5년 후에는 그 학교에서 정년보장 심사를 받는다. 그 학교에서 시작하여 정년보장을 받은 교사의 비율은 대략 75%이다. 도미닉은 연봉 2만 5,000달러에 5년간 일할 수 있는 직장을 선택하였다.

d. 키모라는 3월 봄방학에 플로리다로 여행할 계획을 세웠다. 여행에서 돌아오면 제출해야 할 과제가 여러 개 있다. 그녀는 2월에 그 과제들을 하는 대신 플로리다로 책을 가져가서 그곳에서 과제들을 끝낼 수 있겠다고 생각한다.

e. 사히르는 많은 돈을 지불하고 중고차를 샀는데 불량품이었다. 그 차를 부품으로 팔 수도 있는데 사히르는 그냥 차고에 넣어두고 썩히고 있다.

f. 배리는 자신이 주식투자의 고수라고 생각한다. 그는 이전에 성공한 주식과 유사한 특성을 지닌 것으로 새 주식을 선별한다. 거시경제가 변동할 때마다 배리에게는 손실을 보는 거래가 늘어난다.

12. 어떤 회사가 종업원들의 예측 가능한 여러 유형의 비합리적 행동들을 고려하여 퇴직금 제도를 개발하도록 당신을 자문위원으로 고용하였다. 종업원들이 퇴직금 제도에 대해 보일 수 있는 둘 이상의 비합리적 행동과 그러한 행동을 방지하기 위해 당신이 취할 수 있는 방안들을 적으라.

시간이 포함된 결정을 내리는 방법 : 현재가치의 이해

제9장에서 배운 바와 같이 어떤 사업을 할 것인가 말 것인가를 결정할 때 따라야 할 기본법칙은 (명시적인 것뿐 아니라 암묵적인) 편익과 비용을 비교하는 것이다.

그러나 대부분의 경제적 선택에서는 편익과 비용이 발생하는 시점이 다르기 때문에 결정을 어렵게 만든다. 예컨대 학업을 계속하여 더 높은 학위를 취득할 것인가 아니면 직장을 얻을 것인가를 선택하는 것도 이런 유형의 결정이다. 만일 당신이나 알렉사 또는 애덤이 더 높은 학위를 취득하기로 결정한다면 (포기한 봉급, 등록금, 책값과 같은) 비용은 즉시로 발생하는 반면 (더 높은 소득으로 표시되는) 편익은 미래에 발생한다. 다른 경우에는, 예컨대 휴가를 가기 위해 대출을 받으면 편익(대출금)이 비용(상환금)보다 먼저 발생한다. 그러면 시간이 포함된 경우에는 어떻게 결정을 해야 하는가?

경제학적으로 옳은 방법은 현재가치(present value)의 개념을 사용하는 것이다. 현재가치를 계산함으로써 미래에 발생할 비용이나 편익을 현재의 가치로 환산할 수 있다. 이렇게 함으로써 오랜 기간에 걸쳐 진행되는 사업들도 그 현재의 가치들을 사용해 비교할 수 있다. 제9장에서 이러한 결정을 분석할 때 어째서 현재가치의 계산을 볼 수 없었는지 의아해하는 독자가 있을지 모르겠다. 사실은 암묵적으로 현재가치가 사용되었다. 예를 들어 "학위를 얻음으로써 남은 평생의 기간 동안 현재로 환산했을 때 60만 달러를 얻게 된다"는 말은 미래의 편익이 이미 현재의 가치로 환산되었고 그 가치가 60만 달러라는 뜻이다.

이제 현재가치를 어떻게 계산하는지 알아보자.

‖ 1년 사업의 현재가치 계산

여러분이 지금부터 정확히 1년 후에 졸업할 예정이며 그때 처음 살게 될 아파트를 임대하기 위해 1,000달러가 필요하다고 가정하자. 지금으로부터 1년 후에 1,000달러를 갖기 위해 지금 얼마가 필요한가? 지금 필요한 금액은 1,000달러가 아닌데, 그 이유는 이자율과 관련이 있다. r로 표시하게 될 **이자율**(interest rate)이란 돈을 빌린 사람에게 청구되는 대가를 빌린 금액의 백분율로 표시한 것이다. 1년 후에 1,000달러를 갖기 위해 지금 필요한 금액을 X로 표시하자. X만큼의 돈을 r의 이자율로 지금 은행에 맡기면 그 은행은 1년 후에 $X \times (1+r)$을 지불할 것이다. 은행이 지금으로부터 1년 후에 여러분에게 지불하는 금액이 1,000달러라면 여러분이 지금 은행에 맡겨야 할 금액은 다음 등식에 의해 구해진다.

(9A-1)　　$X \times (1+r) = \$1{,}000$

그러므로 다음과 같이 X를 구할 수 있다.

(9A-2)　　$X = \$1{,}000/(1+r)$

이자율(interest rate)이란 어떤 사람이 돈을 빌릴 때 빌려 주는 사람에게 지불해야 할 대가를 빌려 준 금액의 백분율로 표시한 것이다.

즉 지금으로부터 1년 후에 1,000달러를 받기 위해 지금 필요한 금액 X는 1,000달러를 $(1+r)$로 나눈 금액이다. X값이 r에 따라 달라지는 것을 유의하라. r은 항상 영보다 크기 때문에 X는 항상 1,000달러보다 작다. 예컨대 $r=5\%$(즉 $r=0.05$)라면 $X=\$1,000/1.05=\$952.38$이다. 다시 말해서 이자율이 5%일 때 1년 후 1,000달러를 받는 것의 오늘의 가치는 952.38달러이다.

이제 일반적으로 X의 **현재가치**(present value)를 정의할 수 있다. 그것은 이자율이 주어졌을 때 미래의 어떤 시점에 X를 받기 위해 지금 필요한 금액이다. 앞의 예에서 이자율이 5%로 주어졌을 때 1년 후 1,000달러의 현재가치는 952.38달러이다.

미래에 발생할 편익을 얻기 위해 당장 비용을 지출해야 하는 결정을 할 때 현재가치의 개념은 매우 유용하다. 여러분이 지금 즉시 1만 달러를 받을 수 있는 1년 직장을 선택하거나(옵션 A) 지금 1,000달러를 지출하고 1년 후 일시불로 1만 2,000달러를 받을 수 있는 1년짜리 강의를 들을 것인가(옵션 B) 중 하나를 선택해야 한다고 하자. 어떤 것을 선택해야 하는가?

옵션 A에서는 보상이 즉시 이루어지기 때문에 A의 현재가치는 1만 달러이다. 반면에 5%의 이자율하에서 옵션 B의 현재가치는

(9A-3) $\$12,000/1.05 - \$1,000 = \$11,429 - \$1,000 = \$10,429$

이다. 옵션 B의 현재가치(1만 429달러)가 옵션 A의 현재가치(1만 달러)보다 크기 때문에 옵션 B를 선택해야 한다.

이 예는 일반적인 원칙 하나를 보여 주는데 그 원칙이란 편익이나 비용이 여러 시점에 걸쳐 발생하는 경우에는 그것을 현재가치로 환산하여 현재가치가 가장 높은 것을 선택하라는 것이다. 다음에는 1년 이상 걸리는 사업의 현재가치를 구하는 방법을 알아보자.

‖ 다년 사업의 현재가치 계산

지금부터 2년 후에 수령하는 1달러의 가치를 X_{2yrs}로 나타내기로 하자. 지금 X_{2yrs}를 2년간 빌려 준다고 할 때 1년 후에 받을 금액은

(9A-4) $X_{2yrs} \times (1+r)$

이고, 다시 1년 더 투자하여 2년 후에 받을 금액은

(9A-5) $X_{2yrs} \times (1+r) \times (1+r) = X_{2yrs} \times (1+r)^2$

이다. 식 (9A-5)로부터 2년 후에 1달러를 받기 위해 지금 얼마를 빌려 줘야 하는지 계산할 수 있다.

(9A-6) $X_{2yrs} \times (1+r)^2 = \$1$

식 (9A-6)의 양변을 $(1+r)^2$으로 나누어 X_{2yrs}를 구할 수 있다.

(9A-7) $X_{2yrs} = \$1/(1+r)^2$

예컨대 $r=0.10$이면 $X_{2yrs}=\$1/(1.10)^2=\$1/1.21=\$0.83$이다.

식 (9A-7)로부터 N년 후에 지불되는 1달러의 현재가치에 대한 일반적인 공식을 유추할 수 있는데 그것은 다음과 같다.

(9A-8) $X_{Nyrs}=\$1/(1+r)^N$

즉 N년 후에 받게 될 1달러의 현재가치는 $1/(1+r)^N$달러이다.

|| 수입과 비용이 발생하는 사업의 현재가치

여러분이 다음 세 사업 중 하나를 선택해야 한다고 하자. A사업은 지금 즉시 100달러의 보상이 지급된다. B사업은 지금 10달러의 비용이 들고 1년 후 115달러를 얻을 수 있다. C사업은 지금 즉시 119달러의 보상이 지급되지만 1년 후 20달러의 비용이 발생한다. $r=0.10$이라 가정한다.

세 사업을 비교하기 위해서는 서로 다른 시점에 발생하는 비용과 수입을 평가해야 한다. 당연히 현재가치의 개념이 여기에서 유용하게 사용된다. 현재가치를 이용하여 미래에 발생하는 금액을 현재의 가치로 환산함으로써 시점 간의 차이를 제거할 수 있다. 시점 간의 차이가 제거된 후에는 각 사업의 순현재가치, 즉 현재 및 미래 수입의 현재가치에서 현재 및 미래 비용의 현재가치를 뺀 금액을 계산하여 세 사업을 비교할 수 있다.

〈표 9A-1〉에는 각 사업의 현재가치를 계산하는 방법이 예시되어 있다. 제2열과 제3열에는 얼마의 금액이 언제 실현되는지 표시되어 있는데 마이너스 금액은 비용을 의미한다. 제4열에는 자금의 흐름을 현재가치로 환산하는 데 사용된 공식이 표시되어 있고, 제5열에는 각 사업의 실제 순현재가치가 표시되어 있다.

예를 들어 B사업의 순현재가치를 구하려면 1년 후 얻게 될 115달러의 현재가치를 계산해야 한다. 1년 후 얻게 될 1달러의 현재가치는 $\$1/(1+r)$이므로 1년 후 얻게 될 115달러의 현재가치는 $\$115\times\$1/(1+r)=\$115/(1+r)$이다. B사업의 순현재가치는 현재와 미래 수입의 현재가치에서 현재와 미래 비용의 현재가치를 뺀 값, 즉 $-\$10+\$115/(1+r)$이다.

제5열로부터 이자율이 10%일 때는 C사업이 가장 좋은 사업인 것을 바로 알 수 있다. 이 사업의 순현재가치는 100.82달러로 이는 A사업의 순현재가치 100달러나 B사업의 순현재가치 94.55달러보다 높아 세 사업 중 순현재기치가 가장 높은 것을 알 수 있다.

이 예는 현재가치의 개념이 얼마나 중요한지 보여 준다. 만일 현재가치 계산을 하지 않고 단순히 수입과 비용을 더했다면 B가 가장 좋은 사업이며 C가 가장 나쁜 사업이라는 잘못된 결론을 내리게 되었을 것이다.

표 9A-1 가상적인 세 사업의 순현재가치

사업	현재 실현되는 금액	1년 후 실현되는 금액	현재가치 공식	$r=0.10$일 때 순현재가치
A	$100	—	$100	$100.00
B	–$10	$115	$-\$10+\$115/(1+r)$	$94.55
C	$119	–$20	$\$119-\$20/(1+r)$	$100.82

연습문제

1. 한 대도시를 관통하는 동시에 여러 주들을 연결하는 고속도로를 재건설하기 위해 2018년 1월부터 2019년 12월까지 2년 동안 완전히 폐쇄한다면 5억 3,500만 달러의 비용이 든다고 가정하자. 만일 재건설 기간 중 통행을 허용하면 더 많은 시간과 비용이 들 것이다. 통행을 허용할 경우 재건설에 4년의 기간과 8억 달러의 비용이 든다고 가정하자. 이 주의 교통부는 건설 개시 1년 전인 2017년에 해야 한다. (즉, 1년 후에 첫 지출이 개시된다.) 따라서 교통부의 선택은 다음과 같다.

   (i) 건설 기간 중 고속도로를 폐쇄하고 매년 2억 6,750만 달러씩 2년간 지출한다.

   (ii) 건설 기간 중 통행을 허용하고 매년 2억 달러씩 4년간 지출한다.

   a. 이자율이 10%라 하자. 각 계획하에서 발생하는 비용의 현재가치를 계산하라. 어떤 계획의 비용이 더 적은가?

   b. 이제 이자율이 80%라고 하자. 각 계획하에서 발생하는 비용의 현재가치를 계산하라. 어떤 계획의 비용이 더 적은가?

2. 여러분이 주정부에서 운영하는 복권에 당첨되었는데 상금을 받는 방법이 두 가지가 있다. 지금 현금으로 100만 달러를 받든지 아니면 120만 달러를 지금 30만 달러, 1년 후 30만 달러, 2년 후 30만 달러, 3년 후 30만 달러로 나누어 받을 수 있다. 이자율이 20%라면 어떤 방법이 더 유리한가?

3. 제약회사인 화이자가 새로운 암 치료제 개발에 투자할지 검토하고 있다. 개발을 위해서는 당장 1,000만 달러의 투자가 필요하고, 1년 후부터 시작하여 3년간 매년 400만 달러의 이윤이 발생할 것이다.

   a. 이자율이 12%라면 화이자가 신약개발에 투자해야 하겠는가? 그 이유는 무엇인가?

   b. 이자율이 8%라면 화이자가 신약개발에 투자해야 하겠는가? 그 이유는 무엇인가?

10 합리적인 소비자

절대적인 마지막 한 입

미국 전역의 여러 도시에서 인기 있는 음식점 형태의 하나는 무제한 부페다. 예를 들어 텍사스 험블에 있는 해피 패밀리 차이니스 부페에서는 11.99달러에 에그롤, 게 다리, 초밥 등의 다양한 메뉴를 무제한 즐길 수 있다.

좋은 것이 더 이상 필요 없는 때는 언제일까?

그런데 해피 패밀리 차이니스 부페의 주인은 어떻게 망하지 않는 것일까? 다시 말하면 평균적인 고객이 11.99달러보다 비용이 훨씬 더 나가는 양의 음식, 예컨대 게 다리 10인분을 먹어치우지 않도록 막아 주는 것은 무엇일까?

극히 예외적으로 10인분의 게 다리를 쌓아 놓고 무제한 식사의 특권을 누리는 고객들이 있기는 하지만, 이것은 드문 일이라는 사실에 그 해답이 있다. 1, 2인분의 게 다리는 특식이지만 10인분은 복통을 초래할 것이라는 사실을 일반 고객들은 알기 때문이다. 무제한 식사 요금을 지불한 분별 있는 사람은 누구나 그 기회를 최대한 이용하려고 하겠지만, 최대한으로 이용한다는 것은 멈춰야 할 마지막 한 입이 언제인지를 안다는 것이다.

마지막 문장을 다시 살펴보자. 고객이 식사 '기회를 최대한 이용'하기 원한다는 것은 마치 그들이 무언가를 극대화하려는 것처럼 들린다. 또한 마지막 한 입에서 멈춘다는 것은 그들이 한계적 결정을 내린다는 것이다.

그러나 그것은 또한 개인의 취향과 관련된 한계적 결정이다. 취향이 어디에서 오는 것인지에 대해서는 경제학자가 할 말이 별로 없지만 합리적인 사람이 자신의 취향을 만족시키기 위해 어떤 방법을 사용하는지에 대해서는 경제학자가 많은 이야기를 할 수 있다. 그리고 실제로 경제학자들이 소비자 선택을 분석하는 방식이 바로 이런 방식이다. 경제학자는 합리적인 소비자—자신이 무엇을 원하는지 잘 알고 주어진 기회를 최대한 이용하려는 소비자—의 모형을 가지고 작업을 한다.

이 장에서는 합리적인 소비자의 선택을 어떻게 분석하는지 볼 것이다. 우선 효용—소비자 만족의 척도—의 개념을 이용하여 합리적인 소비자 선택의 분석을 어떻게 시작할지 살펴본다.

다음에는 구입 가능한 소비재묶음들을 결정하는 예산제약에 대해 배우고, 한계분석을 이용해 효용이 극대가 되는 소비를 찾아내는 법을 배우게 된다.

마지막으로 한계분석으로부터 어떻게 수요의 법칙이 도출되는지와 왜 수요곡선이 우하향하는지 보게 된다.

소비자 행동의 더 자세한 분석과 무차별곡선에 대해 알고 싶은 사람은 이 장 뒤에 있는 부록을 참조하기 바란다. ●

이 장에서 배울 내용

- 소비자들이 소득을 지출하는 방법을 결정하는 요인들은 무엇인가?

- 사람들의 선호를 나타내기 위해 **효용**의 개념을 사용하는 이유는 무엇인가?

- **한계효용체감의 법칙**이 소비자의 행동을 정확히 설명하는 이유가 무엇인가?

- **최적 소비재묶음**은 무엇이며 그것을 찾기 위해 한계분석을 이용하는 이유는 무엇인가?

- 소득과 가격의 변화가 소비자의 선택에 미치는 영향을 어떻게 **소득효과와 대체효과**로 나타낼 수 있는가?

소비자의 **효용**(utility)은 소비자가 재화와 서비스를 소비할 때 얻는 만족감의 척도이다.

어떤 사람의 **소비재묶음**(consumption bundle)은 그 사람이 소비하는 모든 재화와 서비스의 조합이다.

어떤 사람의 **효용함수**(utility function)는 그 사람이 소비재묶음으로부터 얻는 총효용을 알려 준다.

유틸(util)은 효용의 단위이다.

|| 효용 : 만족의 성취

소비자 행동을 분석할 때 우리는 만족을 얻으려고 노력하는 사람들을 연구하는 것이므로 주관적인 느낌을 다루게 된다. 그러나 주관적인 느낌을 쉽게 측정할 방법은 없다. 내가 세 번째 에그롤로부터 얻는 만족은 얼마나 될까? 그것은 당신이 얻는 만족보다 더 많을까 더 적을까? 이런 질문 자체가 의미가 있기는 한 것일까?

다행히도 당신의 느낌을 나의 것과 비교할 필요는 없다. 우리가 소비자 행동을 분석하는 데 필요한 가정은 단지 각 사람이 어떤 개인적인 척도에 따른 만족을 극대화하도록 재화와 서비스를 소비한다는 것뿐이다. 이 개인적인 척도가 소비자의 **효용**(utility)이라 부르는 것으로서, 우리는 소비자의 행동을 이해하기 위해 이 개념을 사용하지만 실제로 측정할 수 있다고 생각하지는 않는다. 하지만 소비자들이 효용을 극대화한다는 가정은 소비자의 선택을 명확하게 정리하는 데 유용하다는 것을 보게 될 것이다.

효용과 소비

한 사람의 효용은 사과에서 음식을 담는 지퍼락에 이르기까지 그 사람이 소비하는 모든 것에 영향을 받는다. 한 사람이 소비하는 모든 재화와 서비스의 조합을 일컬어 그 사람의 **소비재묶음**(consumption bundle)이라 한다. 한 사람의 소비재묶음과 그것으로부터 얻는 총효용의 크기간의 관계를 가리켜 **효용함수**(utility function)라 한다. 효용함수란 지극히 사적인 것이다. 두 사람의 취향이 다르면 효용함수가 달라진다. 앉은 자리에서 정말로 에그롤을 20개씩이나 먹어치우고자 하는 사람은 3개만 먹고 마는 사람과는 다른 효용함수를 가졌음에 틀림없다.

따라서 우리는 나중에 살펴볼 생산자가 투입물을 이용하여 재화를 생산하는 것처럼 소비자는 소비로부터 효용을 '생산해' 내는 것처럼 생각할 수 있다. 물론 사람들이 자신이 선택한 소비가 얼마만큼의 효용을 창출하는지 계산해 주는 컴퓨터를 머릿속에 갖고 있는 것은 아니다. 그럼에도 불구하고 사람들은 선택을 해야만 하고, 그 결정은 어떤 선택이 자신에게 더 큰 만족을 줄 것인지를 어림으로나마 생각한 후에 내려지는 것이다. 정찬코스로 수프와 샐러드 중 하나를 택할 수 있다. 어느 것이 더 좋을까? 올해 안으로 디즈니월드에 갈 수도 있고, 그 돈을 저축하여 나중에 더 좋은 차를 살 수도 있다. 어느 것이 나를 더 행복하게 해 줄 것인가?

효용함수란 개념은 사람들이 이런 선택을 해야만 하고, 선택을 하는 데 있어 대체로 합리적인 방법을 사용한다는 사실을 나타내는 한 방법일 뿐이다.

어떻게 효용을 측정할 수 있을까? 설명을 쉽게 하기 위해 효용을 **유틸**(util)이라고 하는 가상적인 단위로 측정할 수 있다고 생각해 보자.

〈그림 10-1〉은 효용함수의 예를 보여 준다. 그림에는 에그롤을 좋아하는 캐시가 무제한 부페로부터 얻는 총효용이 표시되어 있다. 그녀의 소비재묶음은 콜라와 그녀가 선택하는 에그롤 숫자로 구성된다고 가정한다. 그림 옆의 표는 에그롤 수에 따라 캐시의 총효용이 어떻게 달라지는지를 보여 주며, 그림 (a)에는 같은 정보가 그래프로 표시되어 있다.

캐시의 효용함수는 그림에 표시된 범위의 대부분에 걸쳐 증가하지만 소비되는 에그롤 수가 증가할수록 기울기가 감소한다. 그리고 이 예에서 캐시의 효용함수는 결국에는 하락하기 시작한다. 〈그림 10-1〉의 표에 나타난 정보에 의하면 에그롤 9개는 너무 많다. 9개째의 에그롤을 소비함으로써 캐시의 만족, 즉 총효용은 오히려 감소한다. 물론 캐시가 합리적이라면 이 사실을 알고 9개째 에그롤은 소비하지 않을 것이다.

그러므로 캐시가 에그롤 소비량을 선택할 때에는 에그롤을 하나 더 소비함으로써 총효용이 어떻게 **변할지**를 고려하고 있는 것이다. 이것은 일반적인 원칙을 반영한다. **총효용을 극대화하기**

그림 10-1 캐시의 총효용과 한계효용

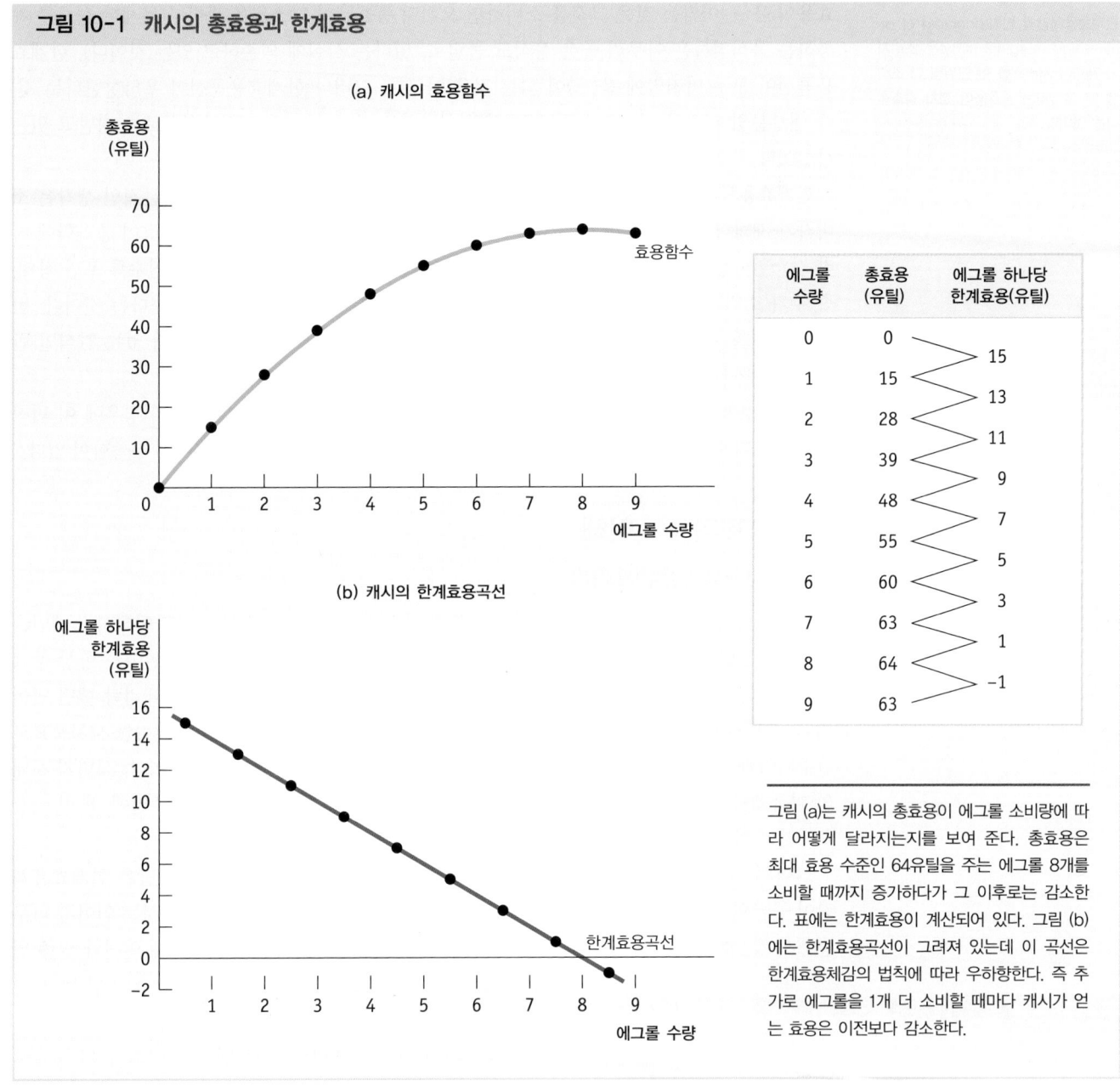

(a) 캐시의 효용함수

총효용
(유틸)

효용함수

에그롤 수량

(b) 캐시의 한계효용곡선

에그롤 하나당
한계효용
(유틸)

한계효용곡선

에그롤 수량

에그롤 수량	총효용 (유틸)	에그롤 하나당 한계효용(유틸)
0	0	
		15
1	15	
		13
2	28	
		11
3	39	
		9
4	48	
		7
5	55	
		5
6	60	
		3
7	63	
		1
8	64	
		−1
9	63	

그림 (a)는 캐시의 총효용이 에그롤 소비량에 따라 어떻게 달라지는지를 보여 준다. 총효용은 최대 효용 수준인 64유틸을 주는 에그롤 8개를 소비할 때까지 증가하다가 그 이후로는 감소한다. 표에는 한계효용이 계산되어 있다. 그림 (b)에는 한계효용곡선이 그려져 있는데 이 곡선은 한계효용체감의 법칙에 따라 우하향한다. 즉 추가로 에그롤을 1개 더 소비할 때마다 캐시가 얻는 효용은 이전보다 감소한다.

위해서 소비자는 한계효용에 유의해야 한다.

한계효용체감의 법칙

〈그림 10-1〉의 표는 캐시의 총효용이 소비되는 에그롤 수에 따라 어떻게 달라지는지를 보여 줄 뿐 아니라 에그롤 수가 증가함에 따라 얻어지는 **한계효용**(marginal utility), 즉 에그롤 하나를 더 소비함으로써 얻어지는 총효용의 변화를 보여 준다. 그림 (b)에는 이로부터 얻어지는 **한계효용 곡선**(marginal utility curve)이 그려져 있다. 제9장에서 한계편익곡선에 대해서 그랬던 것처럼 한계효용곡선상의 점들은 각 단위구간의 중점 위에 표시한다.

한계효용곡선은 우하향한다. 즉 에그롤을 더 많이 소비함에 따라 총효용이 증가하는 크기는 그 전보다 작아진다. 이 사실이 표에도 반영되어 있다. 한계효용은 첫 번째 에그롤에 대해 15유틸의 높이에서 시작하여 아홉 번째 에그롤에 대해 −1까지 하락한다. 아홉 번째 에그롤의 한계

한계효용(marginal utility)은 어떤 재화나 서비스를 한 단위 더 소비함으로써 얻어지는 총효용의 변화이다.

한계효용곡선(marginal utility curve)은 한계효용이 한 재화나 서비스의 소비량에 따라 어떻게 달라지는지를 보여 준다.

한계효용체감의 법칙(principle of di-minishing marginal utility)은 소비자가 재화나 서비스를 한 단위씩 더 소비할 때 추가되는 총효용이 점차 감소한다는 것이다.

효용이 음(−)이라는 것은 그것을 소비하면 오히려 총효용이 감소됨을 뜻한다(무제한 식사를 제공하는 음식점들은 아무리 좋은 음식도 물릴 수 있다는 사실에 의존하고 있는 것이다). 한계효용곡선이 모두 마지막에 음(−)이 되는 것은 아니다. 그러나 한계효용곡선이 우하향한다는 것, 즉 대부분의 재화와 서비스가 한계효용체감의 법칙을 따른다는 것은 일반적으로 인정받고 있는 사실이다.

한계효용체감의 법칙(principle of diminishing marginal utility)에 깔려 있는 기본적인 생각은 소비자가 재화나 서비스를 한 단위 더 소비함으로써 추가로 얻는 만족은 그 소비량이 증가함에 따라 감소한다는 것이다. 조금 다르게 표현하면 재화나 서비스의 소비량이 많아질수록 포만 상태, 즉 추가 소비가 더 이상 만족을 증가시키지 못하는 상태에 그만큼 더 가까워진다는 것이다. 바나나를 먹을 기회가 거의 없는 사람에게 가끔씩 주어지는 바나나는 더할 나위 없는 간식인 반면, 항상 바나나를 먹는 사람에게는 바나나는 그저 바나나일 뿐이다.

한계효용체감의 법칙이 항상 성립하는 것은 아니다. 그렇지만 거의 대부분의 경우에 이 법칙이 성립하기 때문에 소비자 행동을 분석하는 데 있어 이 법칙을 기초로 삼기에는 부족함이 없다.

현실 경제의 ≫ 이해

연어가 사치품? 경우에 따라

오늘날 동네 음식점 메뉴에 연어가 있는 것은 흔한 일이다. 예를 들면 TGI 프라이데이스 체인은 '그냥 구운 연어'를 소비자들이 좋아하는 메뉴로 광고한다. 그러나 미국에서 연어가 항상 주요 메뉴였던 것은 아니다. 이런 경향은 미국 음식점에서 오랫동안 인기가 오르락내리락 했던 연어의 최근 모습일 뿐이다. 1950년대에는 연어가 특별한 경우에만 먹을 수 있는 값비싼 사치품으로 간주되었다. 게다가 어제의 사치품목에서 오늘의 주요 메뉴로 바뀐 것도 반전이다. 식민지 시대의 미국에서는 연어가 너무나 값싸고 흔해서 하인들이 자신들에게 연어는 일주일에 몇 번 이상 주어서는 안 된다고 계약서에 명시할 정도였다.

연어의 처지가 이렇게 극단적으로 변한 이면에는 무엇이 있는 것일까? 그 답은 한계효용체감이 공급의 변화와 합쳐진 것이다. 식민지 시대 미국의 훼손되지 않은 자연에서는 연어가 너무 흔해서 강, 호수, 개울에 넘쳐났다. 그러나 1980년대에는 오염과 남획으로 인해 연어가 멸종 위기에 처했다. 1981년 뉴욕 타임스 기사처럼 "고작 25년 만에 연어의 숫자가 줄어들어 요리등급에서 사치품에 올랐다".

그 이후 양어업으로 알려진 양식산업으로 인해 연어 공급이 엄청난 회복을 이뤄냈다. 1982년에는 전 세계에서 양식된 연어가 1만 3,265톤이나 생산되었다. 2015년에는 그 숫자가 1500% 증가하여 200만 톤을 훌쩍 넘겼다.

식민지 시대 연어가 너무나 흔해서 항상 소비될 때에는 한계효용체감으로 인해 연어를 한 조각 더 소비하는 것이 낮은 한계효용을 주는 행위였다. 그러나 1980년대 연어가 멸종 위기에 처했을 때에는 희소성으로 인해 한 조각 더 소비하는 것이 높은 한계효용을 주는 행위였다. 이제 다시 공급이 어느 정도 넉넉해지자 연어는 사치품도 아니고 기피할 음식도 아니다. 대신 그 중간쯤, 동네 식당에서 괜찮은 선택이 된 것이다.

Don Pablo/Shutterstock

한계효용체감과 공급의 변화로 인해 연어요리의 인기는 급변한다.

1. 어떤 재화에 대한 한계효용이 체감하는 합리적인 소비자의 경우 한계효용이 음(−)이라면 그 재화가 비록 공짜라 해도 더 이상 그것을 소비하지 않는 이유를 설명하라.

2. 마르타는 커피를 하루에 세 잔씩 마시는데 이에 대한 한계효용이 체감한다. 세 잔 중에 몇 번째 커피가 총효용을 가장 많이 증가시키는가? 어떤 것이 총효용을 가장 적게 증가시키는가?

3. 다음 각 경우에 대해 소비자의 한계효용이 체감하는지, 일정한지, 또는 체증하는지 밝히고 그 이유를 설명하라.
   a. 메이블은 운동을 할수록 체육관 가는 일이 더욱 즐겁다.
   b. 메이는 레코드판을 많이 가지고 있지만, 레코드판 수가 늘어나도 추가로 레코드판을 구입하는 것으로부터 얻는 즐거움에는 변화가 없다.
   c. 덱스터가 학생 시절 고생할 때 고급 음식점에서 식사하면서 얻었던 즐거움은 고급 음식점에 갈 기회가 자주 있는 지금보다 더 컸다.

‖ 예산과 최적 소비

한계효용체감의 법칙은 에그롤을 하나 더 먹는 비용으로 소화불량만 걱정하면 되는 무제한 부페에서도 대부분의 사람들이 결국 한계에 도달하는 이유를 설명해 준다. 그런데 보통은 한 재화를 더 소비하려면 어느 정도의 추가자원을 비용으로 지불해야만 하고 소비자가 선택할 때는 이 비용을 고려해야 한다.

비용은 무엇을 의미할까? 항상 그렇듯이 비용의 근본적인 척도는 기회비용이다. 소비자가 지출할 수 있는 화폐 총액이 한정되어 있기 때문에 한 재화를 더 소비하겠다는 결정은 동시에 다른 재화를 덜 소비하겠다는 결정이 된다.

예산제약과 예산선

오로지 에그롤과 콜라만 좋아하는 새미를 보자. 그의 일주일 소득은 20달러인데 왕성한 식욕으로 두 재화 모두 더 많이 소비하기를 원하므로 모든 소득을 에그롤과 콜라에 지출한다. 에그롤 가격은 개당 4달러, 콜라 가격은 병당 2달러라고 가정하자. 새미의 선택에는 어떤 것들이 있을까?

새미가 무엇을 선택하든 새미의 소비재묶음의 비용은 그의 소득, 즉 그가 지출을 위해 보유하고 있는 화폐의 액수를 초과할 수 없다. 즉

(10-1) 에그롤에 대한 지출＋콜라에 대한 지출 ≤ 총소득

소비자들의 소득은 항상 한정되어 있어 그들이 소비할 수 있는 수량은 제약을 받는다. 그래서 식 (10-1)로 표시되는 조건─소비자는 자기 총소득보다 더 많은 비용이 드는 소비재묶음을 선택할 수 없다는 조건─을 가리켜 소비자의 **예산제약**(budget constraint)이라 부른다. 이것은 소비자는 자기에게 있는 소득 총액 이상을 지출할 수 없다는 것을 간단히 표현한 것이다. 달리 표현하면 소비재묶음은 예산제약을 만족해야만 소비자가 구입할 수 있다. 새미가 구입할 수 있는 모든 소비재묶음들의 집합을 그의 **소비가능집합**(consumption possibilities)이라 부른다. 일반적으로 어떤 소비재묶음이 소비자의 소비가능집합에 속하는가는 소비자의 소득과 재화나 서비스의 가

예산제약(budget constraint)은 소비재묶음을 구입하는 비용이 소비자의 총소득보다 많지 않다는 조건을 표시한다.

한 소비자의 **소비가능집합**(consumption possibility)은 그 소비자의 소득이 주어졌을 때 현재 가격에서 그가 소비할 수 있는 모든 소비재묶음의 집합이다.

소비자의 **예산선**(budget line)은 소비자가 모든 소득을 지출해서 구입할 수 있는 소비재묶음을 나타낸다.

격에 따라 달라진다.

〈그림 10-2〉는 새미의 소비가능집합을 보여 준다. 새미의 소비재묶음 중 에그롤의 수량은 수평축에, 콜라의 수량은 수직축에 표시되어 있다. A부터 F까지의 점들을 지나는 우하향 직선이 구입할 수 있는 소비재묶음들과 구입할 수 없는 소비재묶음들을 보여 준다. 이 직선 위에 있거나 안쪽(색칠한 부분)에 있는 소비재묶음들은 모두 구입할 수 있고 바깥쪽에 있는 소비재묶음들은 구입할 수 없다.

한 예로 에그롤 2개와 콜라 6병을 나타내는 점 C를 택해 이 점이 새미의 예산제약을 만족하는지 알아보자. C묶음의 비용은 에그롤 2개×개당 \$4+콜라 6병×병당 \$2=\$8+\$12=\$20이다. 따라서 C 묶음은 실제로 새미의 예산제약을 만족한다. 그 비용이 새미의 일주일 소득 20달러를 초과하지 않는다. 사실 C 묶음의 비용은 새미의 소득과 똑같다. 계산을 해 보면 우하향 직선상에 있는 다른 모든 점들도 새미가 모든 소득을 지출해야 구입할 수 있는 묶음들임을 확인할 수 있다.

우하향하는 직선에는 **예산선**(budget line)이라고 하는 특별한 이름이 있다. 그것은 새미가 자기 소득을 전부 지출해야만 구입할 수 있는 소비재묶음 전체를 나타낸다. 그것이 우하향하는 이유는 새미가 소득을 모두 소비할 때에는 (예컨대 예산선의 A점을 소비하고 있을 때) 에그롤 소비를 늘리기 위해서는 콜라 소비를 (예컨대 예산선의 B점으로) 줄여야 하기 때문이다. 달리 표현한다면 예산선 상에 있는 소비재묶음을 선택할 때에는 에그롤 소비를 증가시키는 기회비용은 콜라 소비의 감소이고 콜라 소비를 증가시키는 기회비용은 에그롤 소비의 감소이다. 〈그림 10-2〉에서 알 수 있는 바와 같이 예산선 위쪽에 있는 소비재 묶음들은 주어진 소득으로 구입할 수 없다.

새미의 소비가능집합 중 다른 묶음들, 즉 〈그림 10-2〉의 예산선에 의해 구분되는 색칠한 부분 안쪽에 있는 묶음들을 고려할 필요가 있을까? 모든 현실적인 상황에서 그 답은 그럴 필요가

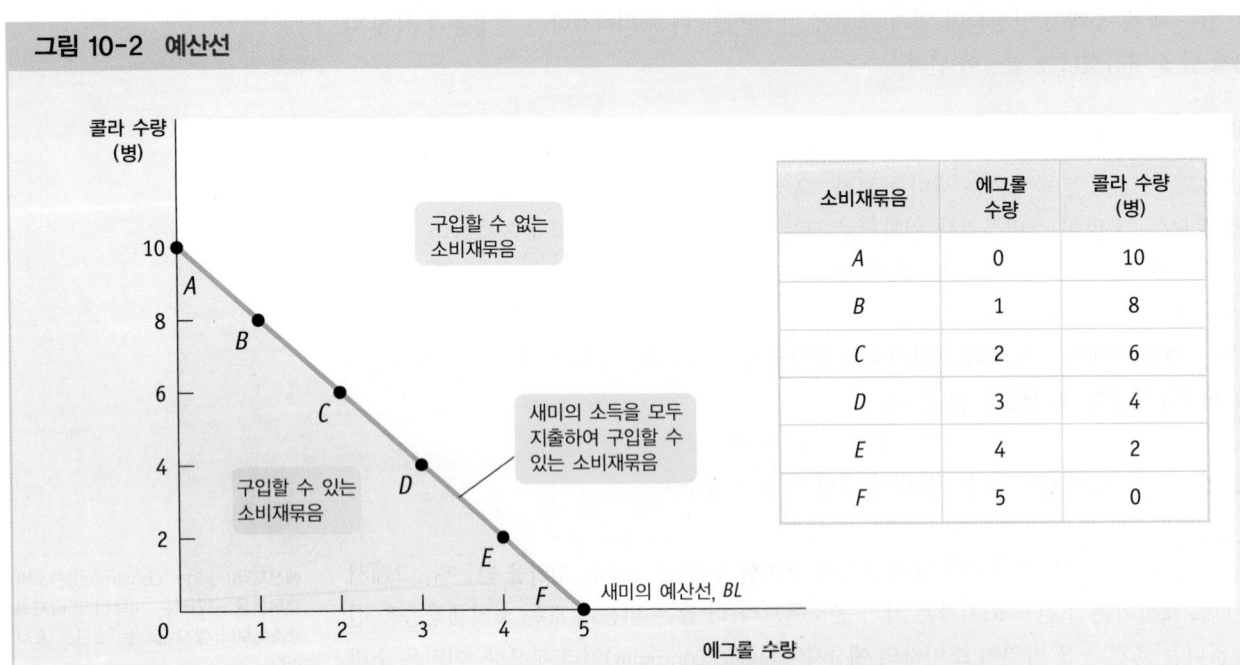

그림 10-2 예산선

소비재묶음	에그롤 수량	콜라 수량 (병)
A	0	10
B	1	8
C	2	6
D	3	4
E	4	2
F	5	0

*예산선*은 새미가 자기 소득을 모두 지출하여 구입할 수 있는 소비재묶음들을 나타낸다. 또한 그것은 구입할 수 있는 소비재묶음들의 집합(소비가능집합)과 구입할 수 없는 것들의 경계이기도 하다. 에그롤이 개당 4달러, 콜라가 병당 2달러의 비용이 든다고 할 때, 새미가 소득 전체를 에그롤에 지출하면 에그롤 5개를 구입할 수 있고(F 묶음), 소득 전체를 콜라에 지출하면 콜라 10병을 구입할 수 있다(A 묶음).

없다는 것이다. 새미가 어느 재화든 그것을 소비함으로써 얻는 한계효용이 양(+)이라면(즉, 최대로 만족하지 않는다면) 그리고 소득을 지출하지 않고 저축하는 데서 아무 효용도 얻지 못한다면 새미는 항상 자기 예산선상에 있는 묶음을 선택해 소비할 것이다.

주당 20달러의 소득이 주어졌을 때 새미는 자기 예산선상에서 어떤 점을 선택할까?

최적 소비묶음(optimal consumption bundle)은 소비자의 예산제약이 주어졌을 때 소비자의 총효용을 극대로 하는 소비재묶음이다.

최적 소비의 선택

새미는 예산선 상에 있는 어떤 소비재묶음을 선택할 것이다. 그것이 예산제약 하에서 할 수 있는 최선이다. 이제 새미의 총효용을 극대로 하는 소비재묶음―예산선상의 한 점―을 찾아보자. 이 묶음이 새미의 **최적 소비재묶음**(optimal consumption bundle), 즉 예산제약이 주어졌을 때 총효용을 극대로 하는 소비재묶음이다.

〈표 10-1〉은 에그롤과 콜라의 소비량이 달라짐에 따라 새미가 얻는 효용이 각각 어떻게 달라지는지 보여 준다. 이 표에 의하면 새미는 왕성한 식욕을 가지고 있어 각 재화를 많이 소비할수록 더 높은 효용을 얻는다.

표 10-1 에그롤과 콜라 소비에서 얻어지는 새미의 효용

에그롤 소비에서 얻는 효용		콜라 소비에서 얻는 효용	
에그롤 수량	에그롤로부터의 효용(유틸)	콜라 수량(병)	콜라로부터의 효용(유틸)
0	0	0	0
1	15	1	11.5
2	25	2	21.4
3	31	3	29.8
4	34	4	36.8
5	36	5	42.5
		6	47.0
		7	50.5
		8	53.2
		9	55.2
		10	56.7

그러나 예산이 한정되어 있기 때문에 절충을 해야 한다. 에그롤을 더 많이 소비할수록 콜라를 적게 소비해야 하고, 또 그 역도 성립한다. 즉 새미는 예산선 상에서 한 점을 선택해야 한다.

〈표 10-2〉는 새미가 예산선을 따라 움직일 때 총효용이 어떻게 변하는지 보여 준다. 〈그림

표 10-2 새미의 예산과 총효용

소비재 묶음	에그롤 수량	에그롤로부터의 효용(유틸)	콜라 수량(병)	콜라로부터의 효용(유틸)	총효용(유틸)
A	0	0	10	56.7	56.7
B	1	15	8	53.2	68.2
C	2	25	6	47.0	72.0
D	3	31	4	36.8	67.8
E	4	34	2	21.4	55.4
F	5	36	0	0	36.0

10-2〉의 A부터 F까지의 소비재묶음이 첫 번째 열에 표시되어 있다. 두 번째 열은 각 선택에 해당하는 에그롤 소비량을 보여 준다. 세 번째 열은 새미가 그 에그롤을 소비하여 얻는 효용을 보여 준다. 네 번째 열은 주어진 에그롤 소비량에 대해 새미가 구입할 수 있는 콜라의 수량을 보여 준다. 예산선에서 아래쪽으로 움직이기 때문에 에그롤 소비가 증가함에 따라 콜라의 소비량은 감소한다. 다섯 번째 열은 새미가 그 콜라를 소비하여 얻는 효용을 보여 준다. 그리고 마지막 열은 새미의 총효용을 보여 준다. 이 예에서 새미의 총효용은 에그롤로부터 얻는 효용과 콜라로부터 얻는 효용의 합이다.

〈그림 10-3〉은 〈표 10-2〉의 자료를 시각적으로 나타낸 것이다. 그림 (a)는 새미의 예산선을 보여 주는데 에그롤을 더 많이 소비하면 콜라 소비량이 줄어드는 것을 알 수 있다. 다음에 그림 (b)는 그 선택에 따라 새미의 총효용이 어떻게 달라지는가를 보여 준다. 그림 (b)의 수평축에는

그림 10-3 최적 소비재묶음

그림 (a)에는 새미의 예산선과 소비 가능한 묶음 6개가 그려져 있다. 그림 (b)에는 예산선 상에 있는 소비재묶음에 따라 새미의 총효용이 어떻게 달라지는지가 그려져 있다. 에그롤 수량은 수평축 왼쪽에서 오른쪽으로 측정되고 콜라 수량은 오른쪽에서 왼쪽으로 측정된다. 새미의 효용은 에그롤 2개와 콜라 6병을 소비하는 C점에서 극대가 된다. 이것이 새미의 *최적소비재묶음*이다.

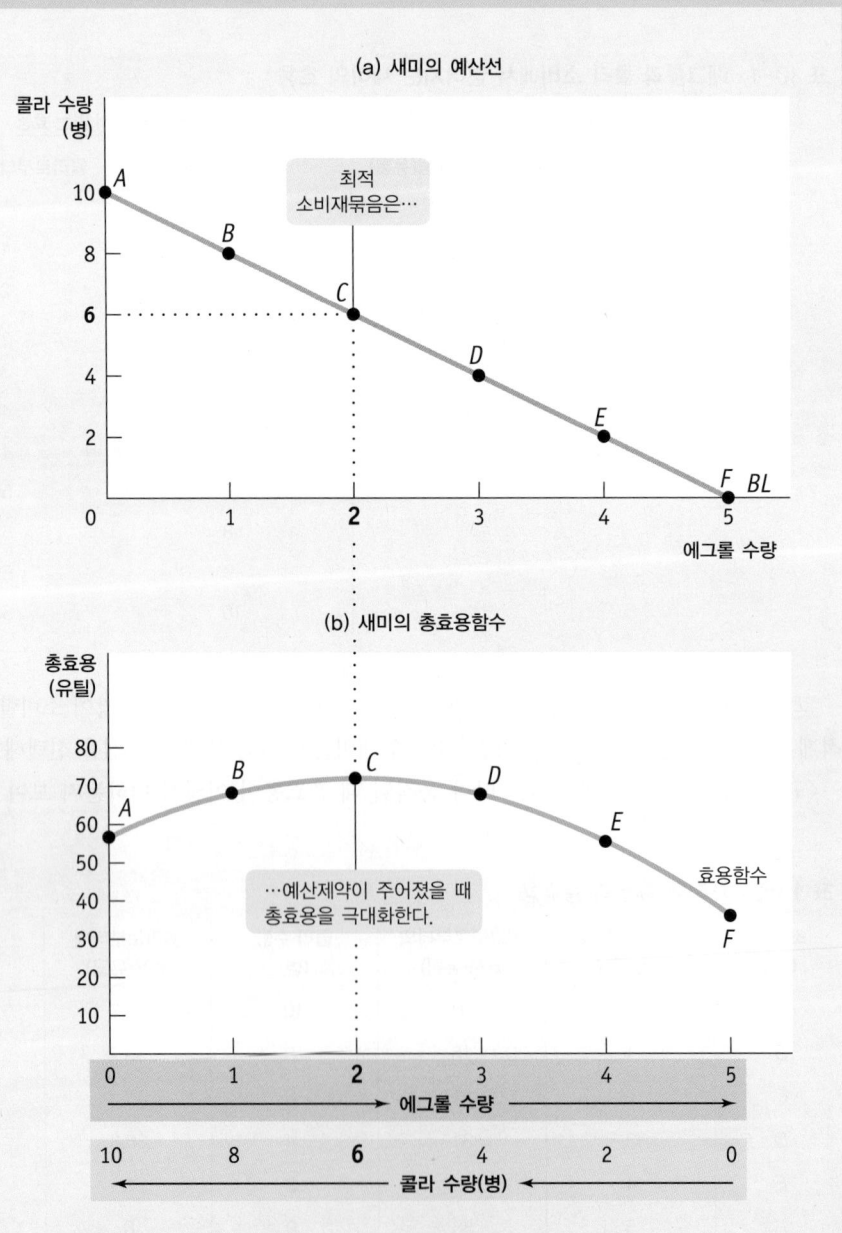

탐구자를 위하여 예산제약에 대한 고찰

예산제약은 화폐 때문에 생기는 것만은 아니다. 사실은 우리 생활에 영향을 미치는 다른 예산제약들이 많이 있다. 만일 옷에 비해 옷장 공간이 부족하다면 예산제약이 있는 것이다. 우리는 모두 시간에 대해 예산제약을 받고 있다. 하루에 주어진 시간은 한정되어 있기 때문이다. 또한 체중을 줄이거나 건강을 개선하려고 하는 사람은 섭취하는 음식에 대해 예산제약을 받고 있다.

감량 다이어트 프로그램은 건강한 체중을 유지하기 위해 사람들이 섭취할 음식에 대한 예산제약 공식을 제공한다. 감량 프로그램에 따르면 각 음식에는 칼로리, 포화지방, 당분, 그리고 단백질 함량에 따라 일정한 점수가 주어진다. 예컨대 4온스 아이스크림 한 스쿠프는 8점, 보통 두께의 치즈피자

한 조각은 5점, 대부분의 과일은 0점 등이다. 매일 허용되는 최대 점수(예산 점수)가 있지만 어떤 음식을 섭취할 것인지 선택은 자유롭다.

바꿔 말하면 감량 프로그램에 따라 다이어트를 하는 사람은 소비재묶음을 선택하는 소비자와 똑같다. 점수는 가격에 해당하고 전체 점수 한도는 소득에 해당한다.

두 개의 명칭이 있는데, 에그롤의 수량은 왼쪽에서 오른쪽으로 증가하며 콜라의 수량은 오른쪽에서 왼쪽으로 증가한다. 같은 축에 두 재화의 소비량을 모두 표시할 수 있는 것은 물론 예산선 때문이다. 에그롤을 더 많이 소비할수록 콜라 구입량은 감소하고, 그 역도 성립한다.

에그롤과 콜라 소비를 가장 잘 조화시킨 소비재묶음, 즉 최적 소비재묶음이 새미의 총효용을 극대로 하는 소비재묶음이라는 것은 당연하다. 즉 새미의 최적 소비재묶음에서 총효용곡선은 가장 높은 점에 이르게 된다.

항상 그렇듯이 우리는 곡선에서 가장 높은 점을 직접 보고 찾을 수 있다. 〈그림 10-3〉의 C점에서 새미의 총효용이 극대가 되는 것을 알 수 있다. 즉 새미의 최적 소비재묶음은 에그롤 2개와 콜라 6병으로 구성되어 있다. 그런데 우리는 한계분석을 사용할 때 '수량 선택' 문제를 직관적으로 더 깊이 이해할 수 있다. 그래서 다음 절에서는 한계분석을 사용하여 최적 소비재묶음을 표시하고 구하는 방법을 알아본다.

현실 경제의 >> 이해

향신료 열풍

식료품점에서 너무 많은 종류의 겨자소스에 압도되어 어떤 것을 선택해야 할지 당황한 적이 있는가? 여러분의 조부모 세대에는 그런 문제가 없었을 것이다. 그 시절에 미국 식료품점에서 살 수 있는 유일한 겨자소스는 눌러 짤 수 있게 플라스틱 용기에 포장된 물기 있고 형광색의 누런 혼합물뿐이었다. 케첩이나 마요네즈도 마찬가지여서 종류도 얼마 안 되는 것들이 다 비슷한 맛이었다.

이제는 다르다. 최근 미국 사람들은 정신없을 정도로 다양한 조미료들을 매우 좋아하게 되었다. 볶은 마늘, 살구, 심지어 버번 당즙으로 맛을 낸 겨자소스가 있는데 보통 겨자소스를 찾을 필요가 어디 있겠는가? 마찬가지로 샌드위치에도 사프란과 마늘을 섞은 마요네즈나 스리라차 마요네즈를 선택할 수 있다. 그리고 미국에서 살사의 판매량이 케첩의 판매량을 앞지른 것은 상당히 오래 전 일이다. 2019년 미국의 향신료와 소스 매출액은 427억 달러에 달했다. 향후 5년간 매출액은 지난 5년간보다 더 빨리 증가할 것으로 전망된다.

대체 무슨 일이 일어난 것일까? 입맛과 예산이 달라진 것이다. 대중 매체, 이민, 그리고 세계적인 교역으로 인해 미국인들은 끊임없이 다른 문화와 요리에 노출되어 새로운 맛을 시도하고 심지어 찾아 나서게 된 것이다. 소득이 증가함에 따라 미국인들은 다양한 맛을 시도할 뿐 아니라 물기 있고 누런 형광색이 아닌 고급 향신료에 더 많은 돈을 지출할 금전적 여력을 갖게 되었다. 다양성이 폭

입맛과 예산의 변화로 인해 미국에 향신료 열풍이 일고 있다.

발적으로 증가한 또 다른 이유는 병에 든 향신료를 생산하는 일이 매우 쉽다는 것이다. 이러한 이유로 작은 회사들도 이색적인 맛을 시도하여 갈수록 세련돼가는 소비자들의 입맛을 충족시킬 만한 것들을 찾을 수 있게 되었다. 궁극적으로 충분히 많은 사람들의 관심을 끈 향신료는 크래프트와 같은 대기업들에 의해 채택된다. 어떤 산업 분석가의 말처럼 "사람들은 더 값싸고 더 특별한 고급제품을 원한다. 그것은 유행과 같다."

>> 이해돕기 10-2
해답은 책 뒤에

1. 다음 각 경우에 예산선 상에 있는 모든 소비재묶음을 구하라. 이 소비재묶음들을 그래프에 표시하고 이 점들을 지나도록 예산선을 그려라.
   a. 소비재묶음은 영화표와 팝콘으로 이루어져 있다. 표 한 장 가격은 10달러, 팝콘 한 봉지 가격은 5달러, 소비자의 소득은 20달러이다. 영화표는 수직축, 팝콘은 수평축에 표시하라.
   b. 소비재묶음은 속옷과 양말로 이루어져 있다. 속옷 한 벌 가격은 4달러, 양말 한 켤레 가격은 2달러, 소비자의 소득은 12달러이다. 양말은 수직축, 속옷은 수평축에 표시하라.

|| 한계화폐의 지출

방금 본 바와 같이 새미의 예산선 상에 있는 각 소비재묶음으로부터 얻는 총효용을 알아낸 다음 총효용이 극대화되는 소비재묶음을 선택함으로써 새미의 최적 소비점을 찾을 수 있다. 그러나 그 대신에 최적 소비점을 찾는 문제를 '수량 선택' 문제로 바꾸어서 한계분석을 이용할 수도 있다.

그러기 위해서 최적 소비재묶음을 선택하는 문제를 각 재화에 얼마를 지출할 것인가 하는 문제로 생각해 보자. 즉, 한계분석을 이용하여 최적 소비재묶음을 찾기 위해 새미가 에그롤에 소득을 조금 더 지출하고 콜라에 그만큼 덜 지출하거나 그 반대로 콜라에 조금 더 지출하고 에그롤에 덜 지출하여 효용을 높일 수 있는가 질문해 볼 수 있다. 다시 말해서 한계적 결정은 **한계화폐를 어떻게 지출하는가**, 즉 효용을 극대화하기 위해 추가적으로 화폐 한 단위를 에그롤과 콜라 사이에 어떻게 배분하는가 하는 문제이다.

한계분석을 적용하기 위해 우선적으로 할 일은 각 재화에 화폐 한 단위를 추가로 지출할 때 새미의 효용이 증가하는지, 만일 증가한다면 얼마나 증가하는지 알아보는 것이다. 그러기 위해서는 에그롤 또는 콜라에 사용된 **화폐 한 단위의 한계효용**(marginal utility per dollar), 즉 화폐 한 단위를 각 재화에 추가로 지출하여 얻게 되는 효용의 증가를 계산해야 한다.

화폐 한 단위의 한계효용

우리는 이미 한계효용의 개념을 소개했다. 그것은 재화나 서비스를 한 단위 더 소비할 때 소비자가 추가로 얻는 효용이다. 이제 이 개념이 이와 관련된 화폐 한 단위의 한계효용을 도출하는 데 어떻게 이용되는지 알아보자.

〈표 10-3〉은 에그롤과 콜라에 지출된 1달러의 한계효용을 각각 어떻게 계산하는지 보여 준다.

표의 (a)부분에서 첫 번째 열에는 가능한 여러 에그롤 소비량이 적혀 있다. 두 번째 열에는 각 에그롤 소비량에서 새미가 얻는 효용이 적혀 있다. 그다음 세 번째 열에는 한계효용, 즉 에그롤 1개를 추가로 소비할 때 새미가 얻는 효용의 증가가 적혀 있다. (b)부분에는 콜라에 대해 같은 정보가 주어져 있다. 다음으로 할 일은 각 재화에 대해 1달러의 한계효용을 도출하는 것이다. 이것을 구하려면 각 재화의 한계효용을 그 가격으로 나누어야 한다.

표 10-3 1달러의 한계효용

(a) 에그롤(에그롤 가격=개당 4달러)

에그롤 수량	에그롤로부터의 효용(유틸)	에그롤 1개의 한계효용(유틸)	1달러의 한계효용(유틸)
0	0		
		15	3.75
1	15		
		10	2.50
2	25		
		6	1.50
3	31		
		3	0.75
4	34		
		2	0.50
5	36		

(b) 콜라(콜라 가격=병당 2달러)

콜라 수량(병)	콜라로부터의 효용(유틸)	콜라 1병의 한계효용(유틸)	1달러의 한계효용(유틸)
0	0		
		11.5	5.75
1	11.5		
		9.9	4.95
2	21.4		
		8.4	4.20
3	29.8		
		7.0	3.50
4	36.8		
		5.7	2.85
5	42.5		
		4.5	2.25
6	47.0		
		3.5	1.75
7	50.5		
		2.7	1.35
8	53.2		
		2.0	1.00
9	55.2		
		1.5	0.75
10	56.7		

왜 가격으로 나누어야 하는지 알기 위해 (a)부분의 세 번째 열과 네 번째 열을 비교해 보자. 새미가 에그롤 소비를 2개에서 3개로 증가시킬 때 어떻게 되는지 생각해 보자. 보는 바와 같이 에그롤 소비가 이처럼 증가하면 총효용은 6유틸만큼 증가한다. 그런데 추가된 1개에 대해 새미는 4달러를 지출해야 하므로 에그롤에 1달러를 추가로 지출하여 얻는 효용의 증가는 6유틸/4달러 =달러당 1.5유틸이다.

마찬가지로 새미가 에그롤 소비를 3개에서 4개로 증가시키면 한계효용은 개당 3유틸이지만 달러당 한계효용은 3유틸/4달러=달러당 0.75유틸이다. 에그롤 1개당 한계효용이 체감하기 때문에 새미의 에그롤 소비량이 증가할수록 에그롤 1개당 한계효용은 하락하는 것을 확인할 수 있다. 이 결과로 에그롤에 지출된 1달러의 한계효용도 에그롤 소비량이 증가함에 따라 감소한다.

따라서 (a) 부분의 마지막 열은 새미가 소비하는 에그롤 수량에 따라 에그롤에 지출된 1달러의 한계효용이 어떻게 달라지는지를 보여 준다. 마찬가지로 (b) 부분의 마지막 열은 새미가 소비하는 콜라 수량에 따라 콜라에 지출된 1달러의 한계효용이 어떻게 달라지는지를 보여 준다. 여기서도 한계효용이 체감하기 때문에 각 재화의 소비량이 증가할수록 그 재화에 지출된 1달러의 한계효용은 감소한다.

에그롤과 콜라 1개의 한계효용을 각각 MU_r과 MU_c라는 기호로 표시하자. 그리고 (개당) 에그롤 가격과 (병당) 콜라 가격을 각각 P_r과 P_c로 표시하자. 그러면 에그롤에 지출된 1달러의 한계효용은 MU_r/P_r이고, 콜라에 지출된 1달러의 한계효용은 MU_c/P_c이다. 일반적으로 한 재화에 추가로 지출된 화폐 한 단위에서 얻어지는 추가 효용은 다음과 같다.

(10-2) 한 재화에 지출된 화폐 한 단위의 한계효용
= 그 재화 한 단위의 한계효용/그 재화의 가격
= $MU_{재화}/P_{재화}$

이제 한계분석을 이용해 소비자의 최적 소비를 도출하는 데 이 개념이 어떻게 도움이 되는지 알아보자.

최적 소비

〈그림 10-4〉를 보자. 예산제약으로 인해 〈그림 10-3〉에서와 같이 에그롤과 콜라 수량을 함께 수평축에 나타낼 수 있다. 〈그림 10-4〉의 수평축을 따라 왼쪽에서 오른쪽으로 갈 때—〈그림 10-3〉에서와 같이—에그롤 수량이 증가하고, 오른쪽에서 왼쪽으로 갈 때 콜라 수량이 증가한다. 〈그림 10-4〉에서 MU_r/P_r 곡선은 〈표 10-3〉에서 계산된 에그롤에 지출된 화폐 한 단위의 한계효용을 보여주고 MU_c/P_c 곡선은 콜라에 지출된 화폐 한 단위의 한계효용을 보여준다. MU_r/P_r 과 MU_c/P_c 두 곡선은 에그롤 2개와 콜라 6병으로 구성된 최적 소비재묶음인 C점에서 교차한다.

뿐만 아니라 〈그림 10-4〉는 새미의 최적 소비재묶음에 대해 중요한 사실을 보여주고 있다. 그것은 새미가 에그롤 2개와 콜라 6병을 소비할 때 지출된 1달러의 한계효용은 두 재화에서 똑같이 2라는 사실이다. 즉 최적 소비재묶음에서 $MU_r/P_r = MU_c/P_c = 2$이다.

이것은 우연이 아니다. 새미에게 가능한 소비재묶음들 중 다른 하나, 예컨대 에그롤 1개와 콜라 8병을 소비하는 〈그림 10-3〉의 점 B를 생각해 보자. 각 재화에 지출된 1달러의 한계효용이 〈그림 10-4〉의 점 B_r과 점 B_c에 표시되어 있다. 그 소비재묶음에서 에그롤에 지출된 1달러의 한계효용은 대략 3이 되지만 콜라에 지출된 1달러의 한계효용은 대략 1밖에 되지 않는다. 이것은 그가 실수를 했음을 보여 준다. 새미는 콜라를 너무 많이 소비하고 에그롤을 충분히 소비하지 못하고 있다.

어떻게 이것을 알 수 있을까? 만일 새미가 에그롤에 지출한 1달러의 한계효용이 콜라에 지출한 1달러의 한계효용보다 높다면 예산 범위 내에서 효용을 높일 수 있는 간단한 방법이 있다. 콜라에 지출하는 금액을 1달러 줄이고 에그롤에 1달러 더 지출하는 것이다. 〈그림 10-4〉의 점 B_r과 B_c를 이용하여 이를 설명할 수 있다. 에그롤에 1달러를 더 지출함으로써 효용은 B_r에 표시된 것처럼 대략 3유틸 만큼 증가한다. 한편 콜라에 1달러 더 적게 지출함으로써 효용은 B_c에 표시된 것처럼 대략 1유틸 만큼만 감소한다.

그림 10-4 1달러의 한계효용

새미의 최적 소비재묶음은 에그롤에 지출된 화폐 한 단위의 한계효용 MU_r/P_r와 콜라에 지출된 화폐 한 단위의 한계효용 MU_c/P_c가 동일한 점 C이다. 이 점은 최적 소비재묶음에서 각 재화와 서비스에 지출된 화폐 한 단위의 한계효용은 같다는 한계분석의 효용 극대화 원칙을 보여 준다. 새미의 예산선 상에 있는 다른 소비재묶음, 예를 들면 여기서는 B_r과 B_c로 표시된 〈그림 10-3〉의 묶음 B와 같은 점에서는 소비가 최적이 아니다. 비용을 추가로 들이지 않고 지출만 조정하여 효용을 증가시킬 수 있기 때문이다.

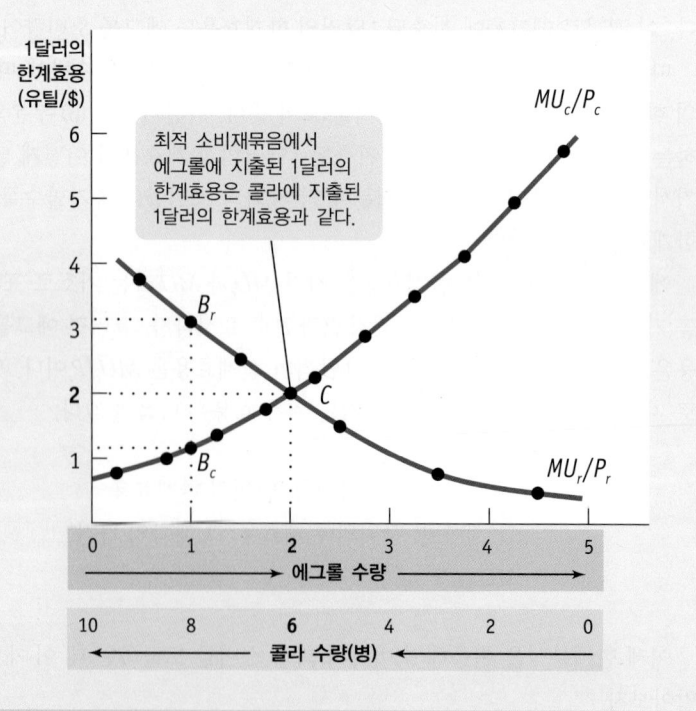

최적 소비재묶음에서 에그롤에 지출된 1달러의 한계효용은 콜라에 지출된 1달러의 한계효용과 같다.

올바른 한계적 비교

한계분석은 경계에서의 편익과 비용―조금 더 하는 것의 *편익*과 조금 더 하는 것의 *비용*―을 비교하여 '수량선택' 문제를 해결한다. 그러나 이윤을 극대화하려는 생산결정이냐 아니면 효용을 극대화하려는 소비결정이냐에 따라 한계분석의 형태가 달라질 수 있다. 제9장의 예로 돌아가서 그 차이를 다시 한번 살펴보자.

제9장에서 알렉사가 당면했던 문제는 교육으로부터의 이윤을 극대화하는 문제이므로 생산결정이다. 한계분석을 통해 알렉사의 이윤을 극대화하는 최적 교육기간을 찾을 수 있었다. 추가로 1년을 더 공부하는 것의 한계편익이 그 한계비용과 같아지는 수준이 최적 교육기간이었다. 알렉사는 추가 교육자금을 융자받을 수 있었기 때문에 예산제약은 없었다.

그러나 알렉사의 생산문제를 해결한 방법을 그대로 새미의 소비문제에 확장하려고 한다면, 새미의 최적 소비재묶음은 에그롤의 한계효용이 콜라의

한계효용과 같아지는 점이라고 하거나 에그롤의 한계효용이 에그롤 가격과 같아지는 점이라고 말하기 쉽다. 그러나 이 두 대답은 예산제약, 즉 한 재화를 더 많이 소비하게 되면 다른 재화를 더 적게 소비해야 한다는 사실을 제대로 반영하지 못했기 때문에 모두 틀린 것이다.

생산자와 달리 소비자는 일반적으로 예산제약을 받는다. 한 재화를 더 많이 소비하려면 다른 재화를 더 적게 소비해야 한다. 따라서 소비자의 목표는 제한된 예산이 허용하는 범위 안에서 효용을 최대로 하는 것이다. 최적의 소비재묶음을 찾는 올바른 방법은 소비재묶음에 포함되어 있는 각 재화의 *화폐 한 단위의 한계효용*이 같아지도록 하는 것이다.

이 조건이 만족되면 소비되는 모든 재화와 서비스에 대해 1달러로부터 얻는 만족이 동일하게 된다. 그래야만 예산 안에서 소비를 어떻게 변경하여도 효용을 증가시킬 수 없게 된다.

콜라보다는 에그롤에서 1달러의 한계효용이 더 높기 때문에 지출을 조정하여 콜라를 덜 소비하고 에그롤을 더 소비하면 총효용이 증가할 것이다. 그러나 만일 콜라에 지출한 1달러의 한계효용이 더 높다면 에그롤에 대한 지출을 줄이고 콜라에 대한 지출을 늘림으로써 효용을 증가시킬 수 있다. 그러므로 만일 새미가 정말 최적 소비재묶음을 선택했다면 에그롤과 콜라에 지출한 1달러의 한계효용은 같아야 한다.

이것은 일반적인 원칙으로서 **한계분석의 효용극대화 원칙**(utility-maximizing principle of marginal analysis)이라 부르는데 소비자가 예산제약하에서 효용을 극대화하면 소비재묶음에 있는 각 재화나 서비스에 지출된 화폐 한 단위의 한계효용이 같다는 것이다. 즉 효용극대화 원칙에 의하면 최적 소비재묶음에서 임의의 두 재화 r과 c에 대해 다음 식이 성립한다.

> **한계분석의 효용극대화 원칙**(utility-maximizing principle of marginal analysis)에 의하면 소비자가 효용을 극대화할 때 소비재묶음에 있는 모든 재화나 서비스에 지출된 화폐 한 단위의 한계효용은 같아야 한다.

$$(10-3) \quad \frac{MU_r}{P_r} = \frac{MU_c}{P_c}$$

소비재묶음에 두 재화만 있는 예를 사용할 때 이 원칙이 가장 이해하기 쉽지만 이 원칙은 소비자가 재화나 서비스를 몇 가지 구입하는지에 상관없이 성립한다. 최적 소비재묶음에서는 모든 재화나 서비스에 지출된 화폐 한 단위의 한계효용이 동일하다.

현실 경제의 >> 이해

돈 내고 유혹 벗어나기

더 적은 것을 얻기 위해 더 많은 것을 지불한다는 것은 이상하게 들릴지 모른다. 그러나 스낵식품 회사들은 소비자들이 실제로 더 적은 양을 먹기 위해 더 많은 금액을 지불할 용의가 있고, 이러한 성향을 이용하는 것이 성공의 비결임을 발견하였다. 한 회사 임원의 설명에 의하면 작은 포장이 소비자들로 하여금 스스로 칼로리를 계산할 필요 없이 적게 먹을 수 있게 해주기 때문에 인기가 있다고 한다. 식품산업 분석가인 데이비드 아델만은 "역설적인 사실은 휘트 씬이나 골드피시를 먹는다면 큰 상자로 사서 내용물을 지퍼락 봉지에 넣으면 본질적으로 같은 제품이 된다"고 말한다. 그의 추산에 의하면 스낵 포장이 큰 포장에 비해 제조업자에게 20% 정도 이익이 된다고 한다.

이 경우 소비자들은 계산을 하고 있는 것이다. 자신이 직접 분량을 측정할 필요가 없는 데서

>> **복습**
- 한계분석의 효용극대화 원칙에 의하면 최적 소비재묶음에서는 모든 재화와 서비스에 대해 **화폐 한 단위의 한계효용** – 재화의 한계효용을 그 재화의 가격으로 나눈 값 – 이 동일하다.
- 한 재화에 지출된 1달러의 한계효용이 다른 재화보다 높을 때는, 소비자는 1달러의 한계효용이 높은 재화에 대한 지출을 1달러 늘리고 다른 재화에 대한 지출을 1달러 줄여야 한다. 이렇게 함으로써 소비자는 최적 소비재묶음에 더 접근할 수 있다. 모든 재화에 지출한 1달러의 한계효용이 동일할 때 최적소비재묶음이 달성된다.

얻는 효용의 이득이 추가 비용보다 더 큰 것이다. 한 구매자의 말처럼 "꽤 비싸긴 하지만 그만한 가치가 있습니다. 내가 원하는 양만큼 포장되어 있어서 과식을 하지 않습니다." 따라서 이 문제에서 소비자들은 분명 비합리적이지 않다. 오히려 그들은 완전히 합리적이다. 그들은 스낵과 함께 작은 과식 억제 도구를 구입하고 있는 것이다.

>> 이해돕기 10-3
해답은 책 뒤에

1. 〈표 10-3〉에서 새미가 에그롤 소비를 3개에서 4개로 증가시키고 콜라 소비를 9병에서 10병으로 증가시킬 때 에그롤에 지출된 1달러의 한계효용과 콜라에 지출된 1달러의 한계효용이 거의 같은 것을 확인할 수 있다. 이 소비재묶음이 새미의 최적 소비재묶음이 아닌 이유를 설명하라. 〈그림 10-3〉의 예산선을 이용해서 자신의 답을 예시하라.
2. 〈표 10-3〉을 이용하여 다음 문장의 오류를 설명해 보라. "효용을 극대화하려면 새미는 각 재화에 대한 1달러의 한계효용이 가장 높은 소비재묶음을 소비해야 한다."

|| 효용에서 수요곡선으로

우리는 지금까지 소비자의 소득과 가격이 주어져 있을 때 – 새미의 예에서는 소득이 주당 20달러, 에그롤 가격이 개당 4달러, 콜라 가격이 병당 2달러였다 – 소비자가 선택하는 최적소비에 대해 분석하였다.

그런데 우리가 소비자 행동을 이해하고자 하는 주된 이유는 시장수요곡선의 이면을 알고 싶기 때문이다. 즉 시장수요곡선이 우하향한다는 사실을 어떻게 개별 소비자들의 효용극대화 행위로 설명할 수 있는지를 알고 싶은 것이다.

한계효용, 대체효과, 그리고 수요의 법칙

에그롤 가격 P_r이 상승한다고 가정하자. 각 소비수준에서 소비자가 에그롤 1개를 추가로 소비하여 얻는 한계효용 MU_r은 가격 상승으로 인해 달라지지 않는다. 그러나 에그롤에 지출된 1달러의 한계효용 MU_r/P_r은 감소한다. 그리고 에그롤에 지출된 1달러의 한계효용이 감소하면 소비자에게는 에그롤 가격이 상승할 때 에그롤을 더 적게 소비할 인센티브가 생긴다.

그 이유를 알려면 한계분석의 효용극대화 원칙을 생각해 보라. 효용을 극대화하는 소비자는 모든 재화에 지출된 1달러의 한계효용이 같아지는 소비재묶음을 선택한다. 만일 에그롤 가격이 상승하여 에그롤에 지출된 1달러의 한계효용이 감소한다면 소비자는 에그롤을 덜 구입하고 다른 재화들을 더 구입함으로써 효용을 증가시킬 수 있다.

만일 에그롤 가격이 하락하면 그 반대 현상이 일어난다. 이 경우에는 각 소비수준에서 에그롤에 지출된 1달러의 한계효용 MU_r/P_r이 상승한다. 이 결과로 에그롤 가격이 하락할 때 소비자는 에그롤을 더 소비하고 다른 재화들을 덜 소비함으로써 효용을 증가시킬 수 있다.

따라서 한 재화의 가격이 상승하면 개별 소비자는 보통 그 재화를 덜 소비하고 다른 재화들을 더 소비할 것이다. 반대로 한 재화 가격이 하락하면 개별 소비자는 보통 그 재화를 더 소비하고 다른 재화들을 덜 소비할 것이다. 이것은 일반적으로 한 개인의 재화 소비와 그 재화 가격의 관계를 나타내는 개별 수요곡선이 우하향함을, 즉 수요의 법칙을 따름을 의미한다. 그리고 (제3장에서 배운 바와 같이) 시장수요곡선은 모든 소비자들의 개별수요곡선을 수평으로 합한 것이기 때문에 시장수요곡선도 우하향할 것이다.

개별 수요곡선이 우하향하는 이유를 달리 이해하는 방법은 기회비용에 초점을 맞추는 것이다. 에그롤―또는 다른 어떤 재화―의 가격이 하락하면 에그롤 한 단위를 더 구입하기 위해 다른 재화를 이전처럼 많이 포기할 필요가 없다. 따라서 에그롤 소비가 더 매력을 갖는다. 반대로 한 재화의 가격이 상승하면 그 재화를 소비하는 것은 자원을 사용하는 방법으로서의 매력이 줄어 구매가 감소한다.

가격이 변화할 때에는 항상 소비자가 소비하는 수량에 이러한 효과가 나타난다. 이것을 **대체효과**(substitution effect)라고 하는데 이는 소비자가 가격이 상대적으로 비싸진 재화를 가격이 상대적으로 싸진 재화로 대체함에 따라 나타나는 소비량의 변화이다. 한 재화가 소비자의 지출에서 작은 부분만을 차지할 때에는 그 소비자의 개별수요곡선이 우하향하는 이유가 본질적으로 대체효과에 의해 모두 설명된다. 그리고 이로부터 유추해 보면 전형적인 소비자의 지출에서 한 재화가 작은 부분만을 차지할 때에는 그 재화의 시장수요곡선이 우하향하는 이유가 본질적으로 대체효과에 의해 모두 설명된다.

그런데 주택과 같이 어떤 재화들은 전형적인 소비자의 지출에서 큰 부분을 차지한다. 그런 재화에 있어서 개별 수요곡선과 시장수요곡선의 이면에서 일어나고 있는 일은 조금 더 복잡하다.

소득효과

대부분의 재화에 있어 개별 수요곡선 및 시장수요곡선의 기울기는 대체효과에 의해 거의 모두 설명된다. 그러나 식품이나 주택과 같이 많은 소비자들의 지출에서 상당한 부분을 차지하는 재화들이 있다. 그런 경우에는 소득효과라고 하는 또 다른 효과가 역할을 하게 된다.

자기들 소득의 반을 임대주택에 지출하는 가족의 경우를 고려해 보자. 이제 모든 지역에서 주거비가 오른다고 가정하자. 이로 인해 이 가족의 수요에는 대체효과가 발생할 것이다. 다른 조건이 같다면 이 가족에게는 주거 소비를 줄이고―예컨대 더 작은 아파트로 이사함으로써―다른 재화의 소비를 늘릴 인센티브가 생길 것이다. 그러나 이 가족은 또한 주거비 인상으로 인해 실질적인 의미에서 더 가난해졌다. 같은 소득으로 구입할 수 있는 주거 서비스는 전보다 더 줄어들었다.

실제 구매력 감소를 반영하도록 조정된 소득을 조정되지 않은 '화폐소득' 또는 '명목소득'과 대비하여 흔히 '실질소득'이라고 부른다. 그리고 이러한 소비자의 실질소득 저하로 인해 주거소비를 포함하여 이 가족의 소비재묶음에는 대체효과 이외의 또 다른 효과가 발생할 것이다.

한 재화 가격의 변화로 인한 소비자의 전반적 구매력의 변화로부터 발생하는 재화 소비량의 변화를 가리켜 가격 변화의 **소득효과**(income effect)라고 부른다. 이 경우에 한 재화 가격의 변화로 인해 실질적으로 소비자의 소득이 변하는데 그것은 가격 변화가 소비자의 구매력을 변화시키기 때문이다. 소득효과는 대체효과와 더불어 가격의 변화가 소비 선택을 변화시키는 통로가 된다.

가격변화의 대체효과와 소득효과에 대해 더 엄밀한 정의를 내릴 수 있는데 이 장의 부록에서 그리할 것이다. 그러나 대부분의 경우에 있어 이 두 효과에 대해 알아야 할 것은 두 가지뿐이다.

1. 거의 대부분의 재화와 서비스에 있어 소득효과는 중요하지 않아서 개별 소비에 별로 큰 영향을 주지 않는다는 점이다. 따라서 대부분의 수요곡선은 오로지 대체효과 때문에 우하향하며 그것으로 모든 것이 설명된다.
2. 영향을 주는 경우에는 대개 소득효과가 대체효과를 강화한다는 점이다. 즉 소득에서 상당한 부분을 차지하는 재화의 가격이 상승하면 그 재화의 소비자들은 구매력이 하락한 관계로 다소 가난해진다.

한 재화 가격의 변화로 인한 **대체효과**(substitution effect)는 소비자가 상대적으로 가격이 비싸진 재화를 상대적으로 가격이 싼 재화로 대체함에 따라 나타나는 그 재화 소비량의 변화이다.

한 재화 가격의 변화로 인한 **소득효과**(income effect)는 재화 가격이 변함에 따라 소비자의 전반적 구매력이 변화하여 발생하는 그 재화 소비량의 변화이다.

제3장에서 배운 바와 같이 거의 대부분의 재화들이 소득이 작아질 때 수요가 감소하는 **정상재**이다. 그러므로 이 실질적인 소득의 감소로 인해 수요량은 감소하게 되고 이것이 대체효과를 강화하게 된다.

그러나 소득이 하락할 때 수요가 증가하는 **열등재**의 경우에는 소득효과와 대체효과가 반대 방향으로 작용한다. 대체효과는 재화 가격이 상승할 때 그 재화 수요량의 감소를 초래하는 경향이 있지만, 열등재의 경우에 가격 상승의 소득효과는 수요량을 증가시키는 경향이 있다.

이 결과로 선호와 소득효과가 결합하여 소득효과와 대체효과의 구분이 중요한 열등재 경우가 나타날 수 있다. 이러한 가장 극단적인 예가 수요곡선이 우상향하는 **기펜재**(Giffen good)이다.

최근까지도 기펜재는 이론적으로는 가능하지만 현실에서는 볼 수 없는 가상적인 이야기로 취급되었다. 그러나 중국 농부들의 소비 형태에 대한 최근 조사는 현실 세계에 존재하는 기펜재의 예를 보여준다. 중국 농부들의 주식인 쌀과 국수의 소비는 쌀과 국수 가격이 상승할 때 증가한다. 값싼 식품인 쌀과 국수는 농부들에게 필요한 최소한의 칼로리를 섭취하는 데 도움을 주기 때문에 필수적인 식단이 되었다. 그러나 쌀과 국수 가격이 상승하면 값이 더 비싼 육류나 생선을 포기해야 한다. 그 결과 쌀과 국수 가격이 상승하면 이것을 더 많이 섭취하게 되는 것이다.

이는 매우 드문 경우이며 소비자가 매우 가난하고 필수품인 한 재화가 소비자 예산에서 큰 비중을 차지할 때에만 나타날 수 있다. 따라서 실제로 대부분 재화의 수요를 논할 때에는 걱정할 필요가 없는 문제이다. 대체로 소득효과는 극히 제한된 수의 재화에서만 관심의 대상이 된다.

현실 경제의 >> 이해

저유가와 소비충동

미국인들에게 2015년은 폭락한 유가로 인해 소비충동에 마음껏 빠져들 수 있는 한 해였다. 신용카드와 직불카드 자료에 근거한 JP 모건 연구소의 연구에 의하면 2014년 초에서 2015년 말 사이에 유가가 45% 가까이 하락하였다. 이것은 미국 한 가정당 평균 약 700달러의 예상 외 소득을 의미하였다.

소비자들은 이 예상 외 소득의 약 80%를 소비하고 나머지 20% 정도를 저축하였다. 사람들이 외식 횟수를 늘리거나 버거에 베이컨과 같은 첨가물을 추가한 덕분에 흔히 주유소 근방에 자리 잡고 있는 맥도날드, 웬디스, 또는 타코벨과 같은 패스트푸드 체인점들이 이 지출로부터 가장 큰 이득을 보았다.

유가 하락으로 인한 **소득효과**가 저소득 가계에서 가장 컸기 때문에 이는 놀라운 일이 아니다. 특히 연소득이 2만 9,999달러 이하인 가계의 지출에서 유가가 차지하는 비중이 컸다. 이들 가계는 유가 하락으로 인해 1.6%의 소득 증가를 경험한 반면 연소득 7만 9,700달러 이상인 가계는 0.5%의 소득 증가만을 경험한 셈이다.

낮은 유가가 유류 소비 증가와 타 재화 소비 감소로 이어진다는 대체효과로 인해 소비자의 선택이 영향을 받았다는 사실 역시 자료로부터 확인할 수 있다. 예상대로 거리당 유류 소비가 훨씬 적은 전기 자동차의 판매는 고유가 시기인 2011년부터 2013년 사이에 급속히 증가했다가 2015년에 급속히 (약 15%) 감소하였다. 동시에 기름을 잡아먹는 SUV의 판매는 상승하였다.

>> 이해돕기 10-4

해답은 책 뒤에

1. 다음의 각 경우에 대체효과가 중요한지, 소득효과가 중요한지, 또는 두 가지가 모두 중요한지 말하라. 두 효과가 같은 방향으로 작용하는 경우와 다른 방향으로 작용하는 경우는 언제인가? 그 이유는 무엇인가?

   a. 오렌지 주스에 대한 지출이 클레어의 소득에서 차지하는 비중은 작다. 오렌지 주스 가격이 오를 때, 클레어는 레모네이드를 더 많이 구입하고, 오렌지 주스를 더 적게 구입한다. 다른 재화에 대한 소비는 달라지지 않는다.

   b. 올해에 아파트 임차료가 많이 인상되었다. 델리아의 수입에서 임차료가 차지하는 비중이 크기 때문에 델리아는 더 작은 아파트로 이사한다. 임대주택은 정상재라고 가정한다.

   c. 학생식당의 한 학기 식권 가격이 상승하여 생활비가 크게 오르게 되었다. 그 결과 많은 학생들이 주말에 음식점에서 사용할 돈이 줄어 대신 학생식당에서 식사를 한다. 학생식당에서의 식사는 열등재라고 가정한다.

2. 문제 1c의 예에서 학생식당에서의 식사가 기펜재인지 여부를 어떻게 알 수 있는가?

>> 복습

• 대부분의 재화는 소비자의 지출에서 작은 부분을 차지한다. 이런 재화들에 있어 가격의 변화가 수요에 미치는 효과 가운데 대체효과만이 중요한 효과이다. 이로 인해 개별 수요곡선과 시장수요곡선이 우하향한다.

• 어떤 재화가 소비자의 지출에서 차지하는 비중이 클 때는 가격이 변화할 때 대체효과뿐 아니라 소득효과도 나타난다.

• 정상재의 경우에는 소비자의 소득이 증가하면 수요가 증가하고, 소득이 감소하면 수요가 감소하여 소득효과가 대체효과를 강화한다. 열등재의 경우에는 소비자의 소득이 감소하면 수요가 증가하고, 소득이 증가하면 수요가 감소하여 소득효과와 대체효과가 반대로 움직인다.

• 열등재의 한 형태인 기펜재는 매우 드문 경우인데 소득효과가 강해서 수요곡선이 우상향한다.

불가능을 넘어 : 맥도날드와 버거킹의 소고기 없는 전쟁

GCShutter/Getty Images

수십 년간 꾸준히 성장해왔지만 과거 수년간 맥도날드의 운명은 오르락내리락했다. (2008년 이후의) 대불황 동안 맥도날드는 "달러 메뉴"로 가격에 민감한 소비자들을 공략하여 다른 패스트푸드 식당이나 TGI 프라이데이와 같은 체인 식당보다 좋은 성과를 올렸다. 그러나 2013년에 이르러 달러 메뉴가 더 이상 이윤을 낼 수 없게 되었다. 맥도날드가 달러 메뉴를 5달러 하는 품목까지 포함된 "달러 메뉴 이상"으로 대체하자 고객들의 반응은 결코 호의적이지 않았다. 2014년부터 2015년 사이에 수익은 7.4% 감소했고, 역사상 처음으로 미국에서 개점한 상점보다 폐점한 상점이 더 많았다. 당시 맥도날드의 사장이었던 스티브 이스터브룩의 말처럼 "우리가 달러 메뉴를 없애면서 비슷한 형태의 가치가 있는 메뉴를 제공하지 않았

다. 고객들은 발길을 끊음으로써 의사를 표시했다."

맥도날드는 2016년 2달러로 두 개의 품목을 고를 수 있는 "맥픽 2 메뉴"로 고객을 다시 끌어들이려 했다. 그러나 경기가 서서히 회복되는 가운데 맥도날드는 가격에 예민한 고객을 유치하려 애쓰면서 외식업계에서 급속히 확산되고 있었던 고소득층을 상대로 한 분위기 있는 패스트푸드 식당에 자리를 내주고 있는 양상이었다. 치폴레, 파네라와 같은 패스트푸드 체인점에서는 신선한 재료, 고객 취향에 따라 스스로 고를 수 있는 음식, 더 쾌적한 분위기를 제공한다. 맥도날드의 평균 식사 비용은 5달러에서 7달러 중간인 반면, 치폴레 고객은 식사 비용으로 대개 12달러를 지출한다. 건강에 민감한 고객들은 맥도날드를 버거나 감자튀김을 빨리 먹기 위해 가는 곳으로 보기 때문에 맥도날드에서 파는 건강 메뉴는 별로 인기가 없다.

또한 맥도날드는 2019년 버거킹의 식물성 임파서블 와퍼의 성공에도 무방비 상태였다. 임파서블 와퍼는 보통의 소고기 버거보다 1달러 더 비싸면서 육류가 전혀 없이 소고기 버거의 맛과 식감을 실현하였다. 버거킹의 모회사인 레스토랑 브랜드 인터내셔널 사장의 말처럼 임파서블 와퍼의 매출액은 "빠른 증가세를 보였고 새로운 유형의 손님들을

우리 음식점으로 끌어들였다. 우리는 정말로 환경보존의 메시지에 공감하는 많은 MZ세대를 본다." 임파서블 와퍼의 성공으로 2019년 말 버거킹 매출은 11% 가까이 증가한 반면 같은 기간 맥도날드의 매출 증가는 5% 이하였다.

이제 맥도날드도 식물성 비욘드 버거(PLT로 명명)를 일부 시장에 출시하며 따라잡기를 하고 있다. 시장 분석가들이 생각하고 있는 질문은 맥도날드가 가격에 예민하지만 이윤이 낮은 부문을 장악하고 나서 과연 건강에 민감하고 환경을 고려하며 더 건강하고 환경보호적인 음식을 위해 추가로 지불할 용의가 있는 고객의 의식 속에 자리 잡은 자신의 이미지를 바꿀 수 있겠는가 하는 것이다. 과연 값싼 버거와 감자튀김 사러 가는 곳이라는 정체성을 뛰어 넘을 수 있을까?

생각해 볼 문제

1. 맥픽 2 메뉴가 소비자의 최적 선택 문제와 유사한 점은 무엇인가?
2. 여기서 언급된 정상재와 열등재의 예를 들어 보라. 이 사례에서 소득효과와 대체효과의 예를 들어 보라.
3. 이 사례에 나타난 소비자 선호의 차이점들을 들어 보라.

요약

1. 소비자들은 만족의 척도인 **효용**을 극대화한다. 각 소비자에게는 소비되는 모든 재화와 서비스의 조합인 **소비재묶음**으로부터 얻어지는 총효용을 알려 주는 **효용함수**가 있다. 우리는 **유틸**이라는 가상적인 단위로 효용을 측정한다.

2. 한 재화나 서비스의 **한계효용**은 그 재화나 서비스를 한 단위 더 소비함으로써 추가로 얻는 효용이다. 우리는 보통 소비자가 재화나 서비스를 한 단위 더 소비함으로써 추가로 얻는 효용이 그 이전에 얻었던 효용보다 작다는 **한계효용체감의 법칙**이 성립한다고 가정한다. 그 결과 **한계효용곡선**은 우하향하게 된다.

3. **예산제약**으로 인해 한 소비자의 지출은 자신의 소득을 초과하지 못한다. 예산제약은 **소비가능집합**, 즉 구입 가능한 모든 소비재묶음의 집합을 결정한다. 소비자가 모든 소득을 지출한다면 결국 **예산선** 상의 한 소비재묶음을 선택하게 된다. 예산선의 기울기는 수직축 재화로 표시한 수평축 재화의 기회비용과 같다. 소비자는 총효용을 극대화하는 소비재묶음을 선택하는데 이것을 **최적 소비재묶음**이라고 한다.

4. 우리는 한계분석을 사용하여 한계 화폐를 어떻게 배분할 것인지 분석함으로써 최적 소비재묶음을 찾을 수 있다. **한계분석의 효용극대화 원칙**에 의하면 최적 소비재묶음의 경우 **화폐 한 단위의 한계효용**—재화나 서비스의 한계효용을 그 가격으로 나눈 값—이 모든 재화에 대해 같다.

5. 재화의 가격이 변화하면 두 가지 가능한 경로를 통해 소비량에 영향을 미치는데, 이는 **대체효과**와 **소득효과**이다. 대부분의 재화는 한 소비자의 지출에서 아주 적은 부분만 차지한다. 이러한 재화에서는 대체효과—상대적으로 가격이 비싸진 재화는 더 적게 소비하고 가격이 싸진 재화는 더 많이 소비하는 것—만이 영향을 준다. 이로 인해 개별 수요곡선과 시장수요곡선이 우하향하게 된다. 소비자의 지출에서 큰 부분을 차지하는 재화에 있어서는 소득효과 역시 중요한데, 재화의 가격상승은 소비자를 더 가난하게, 가격하락은 소비자를 더 부유하게 만든다. 이러한 구매력의 변화로 인해 재화에 대한 수요량이 그 재화가 정상재인지 혹은 열등재인지에 따라 감소하거나 증가한다. 정상재의 경우 대체효과와 소비효과가 서로의 효과를 강화한다. 그러나 열등재의 경우에는 이 두 가지 효과가 반대 방향으로 작용한다. **기펜재**는 소득효과가 대체효과보다 큰 열등재이므로 기펜재의 수요곡선은 우상향한다. 그러나 기펜재는 극히 드물다. 기펜재는 소비자들이 매우 가난하고 필수재인 한 재화가 예산에서 큰 비중을 차지할 경우에만 나타날 수 있다.

주요용어

효용	한계효용체감의 법칙	한계분석의 효용극대화 원칙
소비재묶음	예산제약	대체효과
효용함수	소비가능집합	소득효과
유틸	예산선	기펜재
한계효용	최적 소비재묶음	
한계효용곡선	화폐 한 단위의 한계효용	

토론문제

1. 다음의 각 경우에 앨의 한계효용이 체증하는지, 일정한지, 체감하는지를 판단하라.

   a. 앨은 경제학 과목들을 더 많이 들을수록 경제학이 더 재미있다. 게다가 더 많은 과목을 들을수록 이해가 잘 되기 때문에, 한 과목을 추가로 수강하면 이전 수업보다 더 즐겁게 들을 수 있다.

   b. 앨은 음악을 큰 소리로 듣는 것을 좋아한다. 실제로 앨은 '소리가 크면 클수록 좋다'는 생각을 가지고 있다. 앨이 음량을 한 눈금씩 높일 때마다 앨의 총효용은 5유틸만큼 증가한다.

   c. 앨은 〈X 파일〉 재방송을 즐겨 본다. 앨은 재방송이 항상 재미있다고 말하면서도 재방송을 많이 볼수록 그 재

미가 줄어든다는 것을 인정한다.

d. 앨은 구운 마시멜로를 무척 좋아한다. 그러나 마시멜로를 많이 먹을수록 배가 불러서 추가 소비로 인한 즐거움은 줄어든다. 그래서 어느 순간에 포만점에 이르게 된다. 이 수준을 넘어서면 마시멜로를 더 소비할수록 앨은 기분이 좋아지기보다는 오히려 더 나빠진다.

2. 한계효용의 개념을 사용하여 다음의 상황을 설명하라. 신문 자판기는 신문 한 부 값을 지불하면 한 부 이상의 신문을 가져갈 수 있도록 되어 있다. 그러나 음료수 자판기는 음료수 한 개 값을 지불하면 단 한 개만 자판기에서 공급된다.

3. 당신과 룸메이트는 모두 블루바니 쿠키반죽 아이스크림을 좋아한다. 캠퍼스 상점에서 1파인트 아이스크림을 3달러에 살 수 있다. 당신은 지난번 상점에 갔을 때 블루바니 아이스크림이 50% 할인 판매되는 것을 보고 잔뜩 사왔는데 놀랍게도 룸메이트는 블루바니를 더 적게 사고 대신 벤앤제리 아이스크림을 더 사왔다. 각자의 결정이 소득효과 및 대체효과와 어떤 연관이 있는지 설명하라.

4. 많은 대학에서 매주 일정량의 식사를 제공하는 구내 급식 프로그램을 운영한다. 식사는 환불되지 않는다. 대부분의 학생들은 구내식당에서 매주 20끼의 식사를 제공하는 옵션을 구입한다. 주말이 가까워지면 대부분의 학생들은 구내식권을 다 사용하지 않았음에도 외부에서 식사하는 것을 볼 수 있다. 한계효용 개념을 이용하여 학생들이 무료인 구내 식사 대신 외부 식사에 돈을 지출하는 행위를 설명하라.

연습문제

1. 브루노는 자신의 소득을 스무디와 에너지바, 두 재화의 구입에 사용할 수 있다. 다음 세 가지의 각 상황에서 주어진 소비재묶음이 브루노의 소비가능집합에 속하는지 판단하라. 그리고 그것이 예산선 상에 있는지 판단하라.

a. 스무디는 1개에 2달러, 에너지바는 1개에 3달러, 브루노의 소득은 60달러이다. 브루노는 스무디 15개와 에너지바 10개를 구입할 것을 고려 중이다.

b. 스무디는 1개에 2달러, 에너지바는 1개에 5달러, 브루노의 소득은 110달러이다. 브루노는 스무디 20개와 에너지바 10개를 구입할 것을 고려 중이다.

c. 스무디는 1개에 3달러, 에너지바는 1개에 10달러, 브루노의 소득은 50달러이다. 브루노는 스무디 10개와 에너지바 3개를 구입할 것을 고려 중이다.

2. 1번 문제의 소비자인 브루노의 가장 친한 친구 루비도 에너지바와 스무디를 좋아한다. 다음 표는 에너지바와 스무디로부터 루비가 얻는 효용을 나타낸다.

에너지바 가격은 2달러이고, 스무디 가격은 4달러이며, 루비가 쓸 수 있는 소득은 20달러이다.

a. 루비가 소득을 다 지출할 때 구매할 수 있는 에너지바와 스무디의 소비재묶음은 어떤 것들인가? 스무디를 수평축, 에너지바를 수직축으로 하여 루비의 예산선을 그려 보라.

b. 각 수량에 대해 에너지바의 한계효용과 스무디의 한계효용을 계산하라. 그다음 에너지바와 스무디로부터 얻는 화폐 한 단위의 한계효용을 계산하라.

c. 〈그림 10-4〉와 같이 에너지바에 지출되는 화폐 한 단위의 한계효용과 스무디에 지출되는 화폐 한 단위의 한계효용이 함께 표시된 그림을 그려 보라. 이 그림과 최적소비원칙을 이용하여 예산선 상에 있는 소비재묶음 중에서 루비가 어떤 소비재묶음을 선택할지 예측하라.

3. 다음 각 경우에 락샤니가 소비하려고 하는 소비재묶음이 최적인지를 판단하라. 만약 그 묶음이 최적이 아니라면 락샤니는 어떻게 그녀의 총효용 수준을 높일 수 있겠는가? 즉 어떤 재화에 대한 지출을 줄이고, 어떤 재화에 대한 지출을 늘려야 할지 구하라.

a. 락샤니는 200달러의 소득을 운동화와 스웨터에 지출할 수 있다. 운동화 가격은 1켤레에 50달러이고, 스웨터 가격은 1벌에 20달러이다. 락샤니는 운동화 2켤레와 스웨터 5벌을 사려고 한다. 락샤니는 친구에게 2켤레째의 운동화로부터 추가로 얻는 효용이 5벌째 스웨터로부터 추가로 얻는 효용과 동일하다고 말했다.

스무디 수량	스무디에서 얻는 효용(유틸)	에너지바 수량	에너지바에서 얻는 효용(유틸)
0	0	0	0
1	32	2	28
2	60	4	52
3	84	6	72
4	104	8	88
5	120	10	100

b. 락샤니는 5달러의 소득을 볼펜과 연필에 지출할 수 있다. 볼펜은 개당 0.5달러이고, 연필은 개당 0.1달러이다. 락샤니는 볼펜 6개와 연필 20개를 사려고 생각 중이다. 마지막 볼펜은 마지막 연필에 비해 락샤니에게 다섯 배 더 높은 효용을 준다.

c. 락샤니는 50달러의 소득을 미식축구 입장권과 축구 입장권에 지출할 수 있다. 미식축구 입장권은 1장에 10달러이고, 축구 입장권은 1장에 5달러이다. 락샤니는 미식축구 입장권 3장과 축구 입장권 2장을 사려고 한다. 세 번째 미식축구 입장권에서 락샤니가 얻는 한계효용은 두 번째 축구 입장권에서 얻는 한계효용의 두 배이다.

4. 멋쟁이 칼 쿠퍼는 나이키와 선글라스에 200달러를 지출한다.

a. 나이키 가격은 100달러이고 선글라스 가격은 50달러이다. 어떤 소비재묶음이 칼의 예산선상에 놓여 있는가? 〈그림 10-4〉와 같이 나이키에 지출된 화폐 한 단위의 한계효용과 선글라스에 지출된 화폐 한 단위의 한계효용이 함께 표시된 그림을 그리라. 이 그림과 한계분석의 효용극대화 원칙을 이용하여 칼이 자신의 돈을 어떻게 배분해야 하는지 구하라. 즉 칼의 예산선상에 있는 소비재묶음들 중에서 칼은 어떤 소비재묶음을 선택하겠는가? 다음 표에 나이키와 선글라스로부터 칼이 얻는 효용이 표시되어 있다.

나이키 수량	나이키에서 얻는 효용(유틸)	선글라스 수량	선글라스에서 얻는 효용(유틸)
0	0	0	0
1	400	2	600
2	700	4	700

b. 나이키 가격은 50달러로 떨어졌으나 선글라스 가격은 그대로 50달러이다. 어떤 소비재묶음이 칼의 예산선상에 놓여 있는가? 〈그림 10-4〉와 같이 나이키에 지출된 화폐 한 단위의 한계효용과 선글라스에 지출된 화폐 한 단위의 한계효용이 함께 표시된 그림을 그리라. 이 그림과 최적소비원칙을 이용하여 칼이 자신의 돈을 어떻게 배분해야 하는지 구하라. 즉 칼의 예산선상에 있는 소비재묶음들 중에서 칼은 어떤 소비재묶음을 선택하겠는가? 다음 표에 나이키와 선글라스로부터 칼이 얻는 효용이 표시되어 있다.

나이키 수량	나이키에서 얻는 효용(유틸)	선글라스 수량	선글라스에서 얻는 효용(유틸)
0	0	0	0
1	400	1	325
2	700	2	600
3	900	3	825
4	1,000	4	700

c. 나이키 가격이 하락할 때 칼의 나이키 소비가 어떻게 달라지는가? 나이키 가격이 이와 같이 하락할 때 발생하는 대체효과와 소득효과를 설명해 보라. 나이키는 정상재라고 가정한다.

5. 데이미언 매슈는 바쁜 배우이다. 데이미언은 여가시간을 영화를 보거나 체육관에서 운동을 하는 데 사용한다. 다음 표는 데이미언이 일주일 동안 영화 관람이나 체육관 이용으로부터 얻는 효용을 횟수에 따라 보여 주고 있다.

주당 체육관 이용 횟수	체육관 이용에서 얻는 효용(유틸)	주당 영화 관람 횟수	영화 관람에서 얻는 효용(유틸)
1	100	1	60
2	180	2	110
3	240	3	150
4	280	4	180
5	310	5	190
6	330	6	195
7	340	7	197

데이미언이 영화를 보고 체육관을 이용할 수 있는 시간은 주당 14시간이다. 영화 관람과 체육관 이용에 사용되는 시간은 각각 2시간씩이다. (힌트 : 데이미언의 여가시간은 데이미언이 사용할 수 있는 소득과 유사하다. 각 활동에 소요되는 시간은 가 활동에 대한 가격으로 볼 수 있다.)

a. 데이미언이 모든 시간을 체육관 이용과 영화 관람에 사용한다면 데이미언이 일주일 동안 소비할 수 있는 체육관 이용과 영화 관람의 소비재묶음은 어떤 것들인가? 체육관 이용을 수평축, 영화 관람을 수직축에 표시한 그래프에 예산선을 그려 보라.

b. 체육관 이용 및 영화 관람으로부터 얻는 한계효용을 각 수량에 대해 계산하라. 그다음 체육관 이용 및 영화 관람에 사용된 1시간의 한계효용을 계산하라.

c. 〈그림 10-4〉와 같이 체육관 이용에 사용된 1시간의 한계효용과 영화 관람에 사용된 1시간의 한계효용을 함께 표시된 그림을 그려 보라. 체육관 이용 시간은 왼쪽

에서 오른쪽으로 증가하도록, 영화 관람 시간은 오른쪽에서 왼쪽으로 증가하도록 그리라. 이 그림과 한계분석의 효용극대화 원칙을 이용하여 데이미언이 시간을 어떻게 배분해야 하는지 구하라.

6. 안나 제니퍼슨은 영화배우로 현재 영화 관람과 체육관에 가는 데 매주 몇 시간을 사용하고 있다. 새 영화 촬영지에서 그녀는 문제 5번의 소비자인 데이미언을 만난다. 그녀는 그에게 체육관에 가는 것보다 영화 보는 것을 훨씬 더 좋아한다고 말한다. 사실 안나는 영화 한 편 보는 것을 포기해야 한다면, 이로 인한 효용 손실을 보상하기 위해 체육관을 두 번 가야 한다고 말한다. 영화는 2시간 동안 상영되고, 체육관 이용도 2시간이 걸린다. 데이미언은 안나에게 그녀가 영화를 충분히 보지 못하고 있다고 말한다. 데이미언의 생각이 옳은가?

7. 스벤은 가난한 학생으로 필요한 영양분을 대부분 값싼 아침 시리얼로 충당하고 있는데, 이는 아침 시리얼에 중요한 비타민들이 대부분 함유되어 있기 때문이다. 시리얼 가격이 오르자 스벤은 주요 영양분 섭취수준을 유지하기 위해 오히려 다른 식품을 더 적게 사고 시리얼을 더 많이 사기로 결정했다. 따라서 스벤에게 있어 아침 시리얼은 기펜재이다. 시리얼 가격이 이처럼 상승할 때 발생하는 대체효과와 소득효과를 말로 설명하라. 각 효과는 어떤 방향으로 작용하며 그 이유는 무엇인가? 이로부터 스벤의 시리얼 수요곡선의 기울기에 대해 무엇을 알 수 있는가?

8. 다음 각 경우에 대체효과와 소득효과─만약 이 효과가 중요하다면─를 설명하라. 각 효과는 어떤 방향으로 작용하는가? 그 이유는 무엇인가?
   a. 에드는 소득 중 많은 부분을 자녀 교육에 지출한다. 수업료 상승으로 인해 에드의 자녀 중 1명은 학교를 그만두어야 한다.
   b. 호머는 소득의 상당 부분을 주택담보대출금을 갚는 데 사용한다. 변동금리 담보대출에 대한 이자율이 하락하여 자신의 할부금이 줄어들면 호머는 더 큰 집으로 이사하려고 한다.
   c. 팸의 생각에 스팸은 열등재이다. 그러나 스팸 가격이 오를 때 팸은 스팸을 더 적게 사기로 결정한다.

9. 외식과 주택(방의 수로 측정됨)만이 니하가 구입할 수 있는 두 재화이다. 니하의 소득은 1,000달러이다. 처음에 니하는 소득의 반을 외식에, 나머지 반을 주택에 지출하여 소비를 하고 있다. 그런데 그녀의 소득은 50%가 상승하고 외식 가격은 100%가 증가하였다(두 배가 되었다). 주택가격은 그대로이다. 이러한 변화가 생긴 후 만일 원한다면 니하가 전과 동일한 소비를 할 수 있겠는가?

10. 스콧은 오렌지주스 가격이 높을수록 오렌지주스에 더 많은 돈을 지출한다. 그렇다면 오렌지주스는 기펜재일까?

11. 마고는 댄스교습을 한 번 받을 때 100유틸의 한계효용을 얻는다. 새 댄스신발 1켤레를 구매할 때 마고가 얻는 한계효용은 300유틸이다. 댄스교습 가격은 1회에 50달러이다. 마고는 현재 자신의 소득을 모두 지출하고 있으며 최적 소비재묶음을 구매하고 있다. 댄스신발 1켤레의 가격은 얼마인가?

12. 미국 에너지부의 자료에 의하면 보통 휘발유의 평균 소매가격은 1990년에 1.16달러에서 2015년에 2.52달러로 117% 상승하였다.
   a. 다른 조건이 동일하다고 할 때 이러한 가격 상승이 휘발유 수요량에 미치는 영향을 설명하라. 그 답변에 한계분석의 효용극대화 원칙을 사용하고, 소득효과와 대체효과를 설명하라.
   그러나 사실은 다른 조건이 동일하지 않았다. 같은 기간에 다른 재화와 서비스의 가격도 상승하였다. 노동통계국의 자료에 의하면 평균 소비자가 소비하는 재화와 서비스의 전반적인 가격은 81% 상승하였다.
   b. 휘발유 가격과 전반적인 가격 상승을 고려하여, 다른 조건이 동일할 때 휘발유 수요량에 미치는 영향을 설명하라.
   그러나 이야기는 여기서 끝나지 않는다. 1990년과 2015년 사이에 표준적인 소비자의 명목소득도 증가하였다. 미국 통계청 보고에 의하면 가계의 명목소득의 중앙값은 1990년에 2만 9,943달러에서 2015년에 5만 6,516달러로 89% 상승하였다.
   c. 휘발유 가격과 전반적인 가격과 소비자의 소득 상승을 고려하여 휘발유 수요량에 미치는 영향을 설명하라.

소비자 선호와 소비자 선택

사람들마다 다양한 선호를 갖고 있다. 그리고 어떤 주어진 사람에게는 여러 다양한 소비재 묶음이 동일한 총효용을 가져다 줄 수 있다. 이러한 생각으로부터 개인의 선호를 나타내는 데 유용하게 사용되는 무차별곡선의 개념이 탄생되었다. 이 부록에서는 무차별곡선에 대해 자세히 살펴보도록 한다.

소비자 행동을 분석하기 위해 무차별곡선을 사용하면 세 가지 이점이 있다.

1. 무차별곡선은 소비자가 한 재화를 다른 재화로 대체할 때 한계효용체감이 어떤 영향을 주는지 보여 준다.
2. 무차별곡선은 소득효과와 대체효과, 즉 가격이나 소득의 변화가 최적 소비재묶음을 어떻게 변화시키는지에 대해 더 깊이 있는 분석을 가능하게 해 준다.
3. 무차별곡선은 두 사람의 선호가 어떻게 다른지 그 차이가 최적 소비재묶음에 어떤 차이를 가져오는지 보여 준다.

결국 무차별곡선은 합리적인 소비자란 어떤 사람인지 더 깊이 이해할 수 있게 해 준다.

|| 효용함수를 나타내는 지도

제10장에서는 소비재묶음이 주어졌을 때 소비자의 총효용을 나타내는 효용함수를 소개했다. 우리는 〈그림 10-1〉을 통해 캐시의 소비재묶음에 들어 있는 다른 물품들의 수량을 고정시킬 때 에그롤의 소비량에 따라 캐시의 총효용이 어떻게 달라지는지 알 수 있었다. 즉 〈그림 10-1〉은 한 재화의 소비만이 달라질 때 총효용이 어떻게 달라지는지 보여 준다. 그러나 또한 제10장에서 새미의 예를 통해 최적 소비재묶음을 찾는 것은 에그롤과 콜라 두 재화에 지출되는 마지막 1달러를 어떻게 배분하는가 하는 문제와 관련되어 있음을 보았다.

이 부록에서는 분석을 확장하여 총효용을 어떻게 두 재화 소비량의 함수로 나타낼 수 있는지를 배운다. 이렇게 함으로써 최적 소비재묶음을 선택할 때 나타나는 상충관계의 가격 변화에 따른 최적 소비재묶음의 변화를 더 깊이 이해할 수 있다. 이를 위해서 소비자의 효용함수를 무차별곡선의 개념을 이용하여 다르게 나타내는 방법에 대해 알아본다.

무차별곡선

잉그리드는 방의 개수로 측정되는 주거와 외식 두 재화만 소비하는 소비자이다. 잉그리드의 효용함수가 두 재화의 소비를 반영할 수 있게 하려면 어떻게 나타내야 할까?

한 가지 방법은 3차원 그림을 그리는 것이다. 〈그림 10A-1〉은 3차원 효용 언덕을 보여 준다. 수평축 거리는 방의 개수로 표시한 잉그리드의 주거 소비량을 나타낸다. 수직축 거리는 잉그리드가 소비하는 외식 횟수를 나타낸다. 각 점에서 언덕의 고도 혹은 높이는 등고선으로 표시되는데 등고선을 따라 언덕의 높이는 일정하다. 예를 들어 방 3개와 외식 30회를 나타내는 A점은 450으로 표시된 등고선 상에 있다. 따라서 잉그리드가 방 3개와 외식 30회를 소비하여 얻는 총효용은 450유틸이다.

그림 10A-1 잉그리드의 효용함수

이 3차원 언덕은 잉그리드의 총효용이 주택과 외식 소비에 따라 어떻게 달라지는지 보여 준다. A점은 방 3개와 외식 30회 소비에 해당한다. 이 소비재묶음에서 잉그리드는 450유틸의 효용을 얻는데, 이것은 A점에서 언덕의 높이에 해당한다. 언덕 주위를 감싸고 있는 선들은 등고선으로서 이 위에서는 높이가 일정하다. 주어진 등고선 상의 모든 점에서 소비자는 동일한 수준의 효용을 얻는다. 따라서 방 6개와 외식 15회에 해당하는 B점은 A점과 동일한 등고선 상에 있으므로 A점과 동일한 효용을 준다.

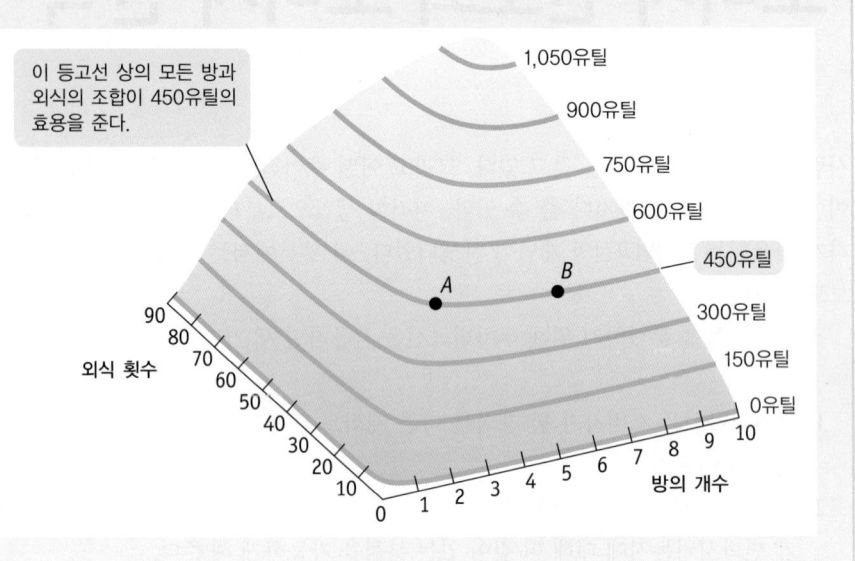

이 등고선 상의 모든 방과 외식의 조합이 450유틸의 효용을 준다.

1,050유틸
900유틸
750유틸
600유틸
450유틸
300유틸
150유틸
0유틸

외식 횟수

방의 개수

〈그림 10A-1〉과 같은 3차원 그림은 소비재묶음과 총효용 사이의 관계를 연구하는 데 도움이 된다. 그러나 등산을 계획하려고 지형도를 사용해 본 적이 있는 사람은 3차원 곡면을 2차원만으로 나타낼 수 있다는 것을 안다. 지형도는 그 지역의 3차원 모습을 보여 주지 않는다. 그 대신 오로지 등고선만을 이용하여 고도에 대한 정보를 전해 준다.

효용함수를 나타내는 데도 동일한 원칙이 적용될 수 있다. 〈그림 10A-2〉에서 잉그리드의 방 소비량은 수평축에 표시되고 외식 횟수는 수직축에 표시된다. 표시된 곡선은 〈그림 10A-1〉에서 총효용 450유틸에 대해 그려졌던 등고선에 해당한다. 이 곡선은 450유틸의 총효용을 발생시키는 모든 소비재묶음을 보여 준다. 이 등고선 상의 한 점이 방 3개와 외식 30회로 이루어진 소

그림 10A-2 무차별곡선

무차별곡선은 그 선을 따라 총효용이 일정한 등고선이다. 이 경우에는 잉그리드에게 450유틸의 효용을 주는 모든 소비재묶음이 표시되어 있다. 방 3개와 외식 30회로 이루어진 소비재묶음 A는 방 6개와 외식 15회로 이루어진 묶음 B와 동일한 총효용을 준다. 즉 묶음 A와 묶음 B에 대해 무차별하다.

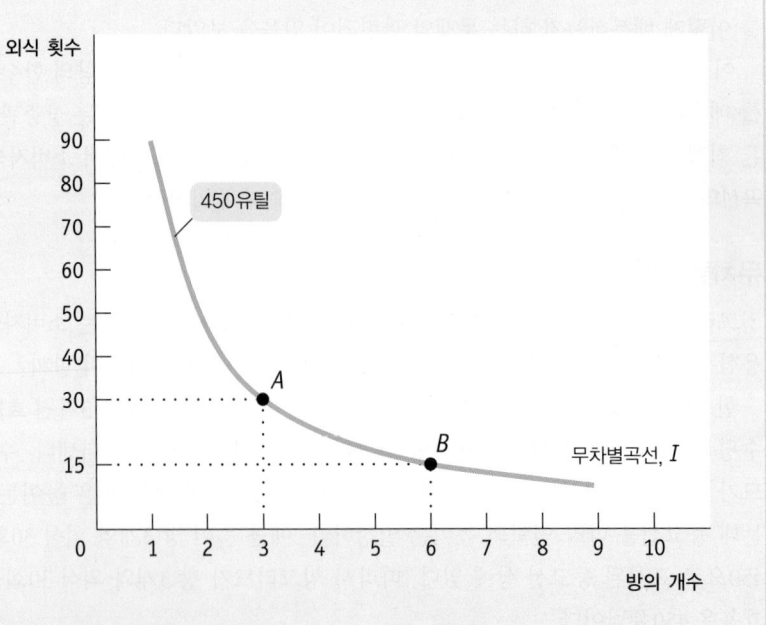

외식 횟수

450유틸

무차별곡선, I

방의 개수

그림 10A-3 무차별곡선 지도

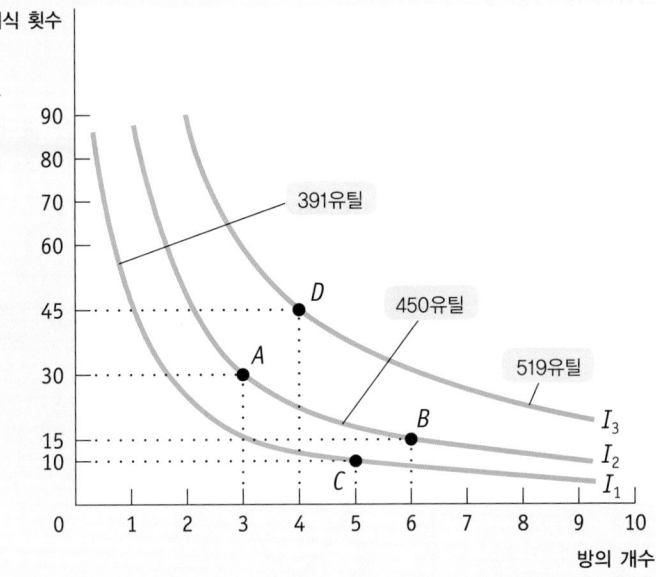

소비재묶음	방의 개수	외식 횟수	총효용 (유틸)
A	3	30	450
B	6	15	450
C	5	10	391
D	4	45	519

서로 다른 총효용 수준에 대응되는 여러 무차별곡선을 이용해서 효용함수는 필요한 만큼 세밀히 표시될 수 있다. 이 그림에서 묶음 C는 391유틸의 총효용에 대응되는 무차별곡선 상에 있다. 〈그림 10A-2〉에서와 같이 묶음 A와 B는 450유틸의 총효용에 대응되는 무차별곡선 상에 있다. 묶음 D는 519유틸의 총효용에 대응되는 무차별곡선 상에 있다. 잉그리드는 I_2 상에 있는 묶음을 I_1 상에 있는 묶음보다 선호하며, I_3 상에 있는 묶음을 I_2 상에 있는 묶음보다 선호한다.

비재묶음 A이다. 이 등고선 상의 또 한 점은 방 6개와 외식 15회만으로 이루어진 소비재묶음 B이다. B 또한 이 등고선 상에 있으므로 이로부터 잉그리드는 A와 동일한 효용—450유틸—을 얻는다. 우리는 잉그리드가 A와 B 사이에 무차별하다고 말한다. A와 B가 동일한 총효용을 주기 때문에 잉그리드가 어느 묶음을 소비해도 동일한 만족을 얻는다.

동일한 총효용을 주는 소비재묶음을 그린 등고선을 **무차별곡선**(indifference curve)이라 부른다. 개별 소비자는 동일한 무차별곡선 상에 있는 임의의 두 점에 대해 항상 무차별하다. 소비자의 선호가 주어졌을 때 가능한 총효용 수준마다 각각 이에 대응되는 무차별곡선이 있다. 〈그림 10A-2〉에 있는 무차별곡선은 잉그리드에게 450유틸의 효용을 주는 소비재묶음들을 보여 준다. 잉그리드에게 400유틸, 500유틸 등의 효용을 주는 소비재묶음들도 다른 무차별곡선들을 이용하여 나타낼 수 있을 것이다.

서로 다른 총효용 수준을 나타내는 여러 무차별곡선들의 집합을 이용해 소비자의 효용함수 전체를 나타낼 수 있는데 이를 가리켜 **무차별곡선 지도**(indifference curve map)라고 한다. 〈그림 10A-3〉에는 잉그리드의 무차별곡선 지도 가운데 세 무차별곡선 I_1, I_2, I_3와 여러 소비재묶음 A, B, C, D가 그려져 있다. 함께 제시된 표에는 각 묶음의 명칭, 각 묶음이 나타내는 방과 외식의 소비량 배합, 그리고 그로부터 발생하는 총효용이 표시되어 있다.

A묶음과 B묶음은 똑같이 450유틸의 효용을 발생시키므로 동일한 무차별곡선 I_2 상에 있다. 잉그리드는 A와 B에 대해 무차별하지만 A와 C에 대해서는 분명히 무차별하지 않다. 표에서 보는 바와 같이 C에서는 A나 B보다 낮은 391유틸의 효용만을 얻는다. 따라서 잉그리드는 묶음 A나 B를 묶음 C보다 선호한다. 이것은 C가 무차별곡선 I_1 상에 있으며 I_1은 I_2보다 아래쪽에 있다는 사

무차별곡선(indifference curve)은 한 개별 소비자에게 동일한 총효용을 주는 모든 소비재묶음을 그린 선이다.

서로 다른 총효용 수준을 나타내는 여러 무차별곡선들의 집합인 **무차별곡선 지도**(indifference curve map)를 이용해 개별 소비자의 효용함수 전체를 나타낼 수 있다.

실에서 나타난다. 그러나 묶음 *D*는 *A*나 *B*보다 높은 519유틸의 총효용을 준다. *D*는 I_2보다 위쪽에 있는 무차별곡선 I_3 상에 있다. 분명 잉그리드는 *A*나 *B*보다 *D*를 더 선호한다. 그리고 *C*보다 *D*를 선호하는 정도는 이보다 더 강하다.

무차별곡선의 성질

똑같은 선호를 가진 사람이 없기 때문에 똑같은 무차별곡선 지도를 가진 사람은 없다. 그러나 경제학자들은 모든 무차별곡선 지도가 그 대상이 되는 사람에 관계없이 두 가지 공통적인 성질을 갖는다고 생각한다. 이 성질들이 〈그림 10A-4(a)〉에 예시되어 있다.

그림 10A-4   무차별곡선의 성질

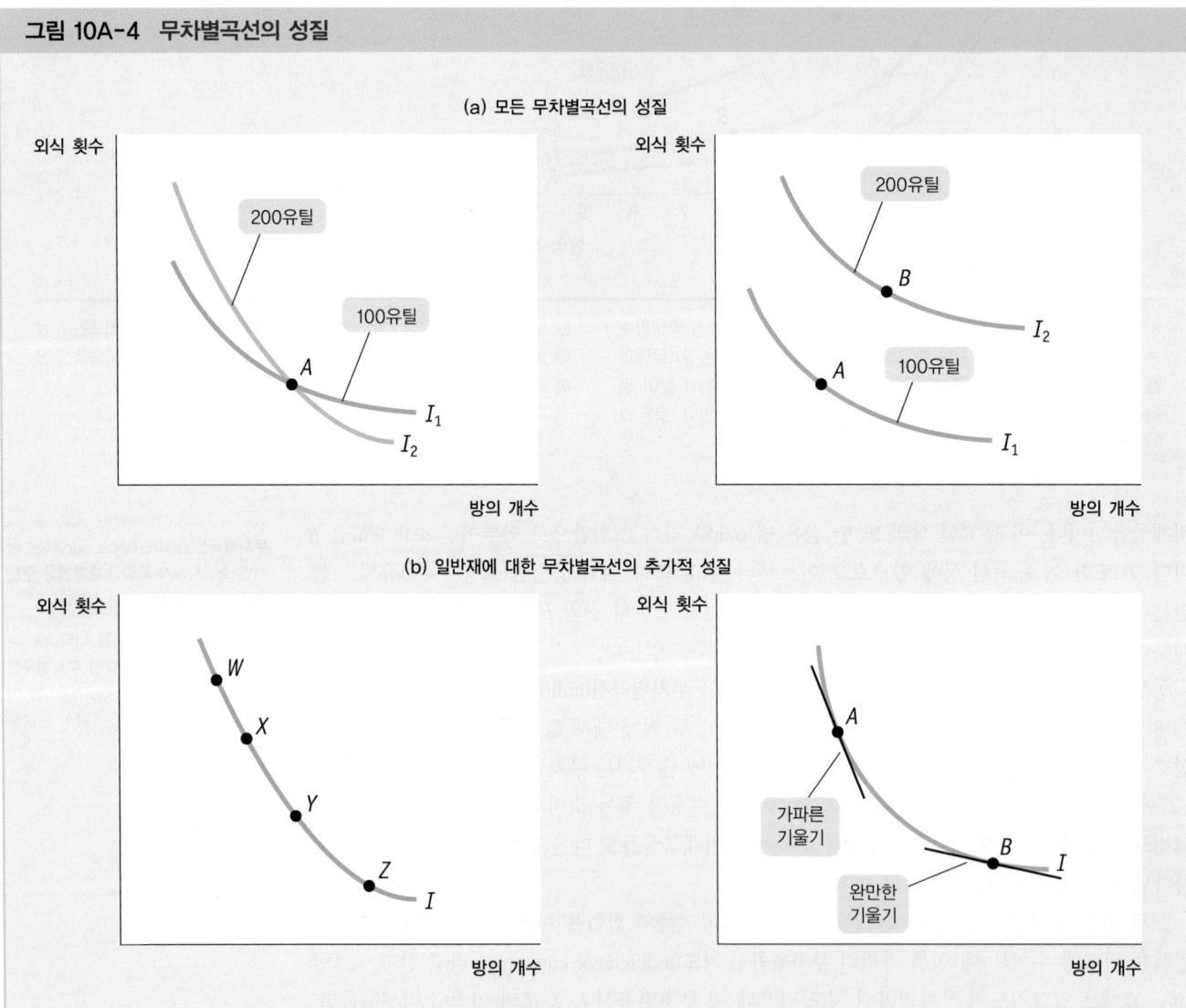

그림 (a)는 모든 무차별곡선 지도의 공통적인 일반적 성질 두 가지를 보여 준다. 왼쪽 그래프는 무차별곡선들이 왜 교차할 수 없는지 보여 준다. 만일 교차한다면 *A*와 같은 소비재묶음은 100유딜과 200유틸을 동시에 발생시키므로 모순이다. 그림 (a)의 오른쪽 그래프는 무차별곡선이 원점에서 멀어질수록 총효용이 더 높다는 것을 보여 준다. 두 재화가 모두 많은 *B* 묶음의 총효용이 *A*묶음보다 더 높다. 그림 (b)에는 일반재에 적용되는 무차별곡선의 성질 두 가지가 추가로 그려져 있다. 그림 (b)의 왼쪽 그래프 는 무차별곡선이 우하향하는 것을 보여 준다. *W*묶음에서 *Z*묶음으로 곡선을 따라 이동할 때 방의 소비가 증가하는데 총효용을 일정하게 유지하려면 이 증가가 외식 횟수의 감소로 상쇄되어야 한다. 그림 (b)의 오른쪽 그래프는 무차별곡선의 모양이 볼록한 것을 보여 준다. 곡선을 따라 오른쪽으로 이동할수록 무차별곡선의 기울기는 완만해지는데 이는 한계효용이 체감하기 때문에 나타나는 현상이다.

- 무차별곡선들은 서로 교차하지 않는다. 두 무차별곡선이 *A*에서 만나는 그림 (a)의 왼쪽 그래프와 같은 무차별곡선 지도를 그리려 한다고 해 보자. *A*에서의 총효용은 얼마인가? 100유틸인가 200유틸인가? 무차별곡선이 교차할 수 없는 이유는 각 소비재묶음에 대응되는 총효용 수준은 —*A*에서처럼 2개가 아니라— 유일하기 때문이다.
- 무차별곡선은 더 바깥쪽에 있을수록, 즉 원점에서 멀어질수록 더 높은 총효용 수준을 나타낸다. 그 이유는 그림 (a)의 오른쪽 그래프에 예시된 것처럼 재화가 더 많을수록 더 좋다고 우리가 가정하기 때문이다. 우리가 고려하는 범위 안에서는 소비자가 소비재묶음에 대해서 완전히 만족하지 못한다. 바깥쪽 무차별곡선 상에 있는 묶음 *B*는 안쪽 무차별곡선 상에 있는 묶음 *A*에 비해 모든 재화의 양이 더 많다. 따라서 *B*가 가져다주는 총효용 수준(200유틸)이 *A*보다 더 높아서 더 높은 무차별곡선 상에 있게 된다.

뿐만 아니라 경제학자들은 소비자의 무차별곡선 지도는 대부분의 재화에 있어 추가로 두 가지 성질을 더 갖는다고 생각한다. 이것은 〈그림 10A-4(b)〉에 그려져 있다.

- 무차별곡선은 우하향한다. 여기서도 이유는 역시 많은 것이 더 좋기 때문이다. 그림 (b)의 왼쪽 그래프에는 *W*, *X*, *Y*, *Z* 네 소비재묶음이 동일한 무차별곡선 상에 있다. 정의에 의해 이들 소비재묶음은 동일한 수준의 총효용을 준다. 그런데 곡선을 따라 오른쪽으로 이동하면 방의 소비량이 증가한다. 소비자가 방을 더 많이 소비하고도 효용을 증가시키지 않는 유일한 방법은 외식을 일부 포기하는 것이다. 그래서 무차별곡선은 우하향하게 된다.
- 무차별곡선은 볼록한 모양을 갖는다. 그림 (b)의 오른쪽 그래프는 무차별곡선을 따라 오른쪽으로 내려갈수록 무차별곡선의 기울기가 변하는 것을 보여 준다. 기울기는 더 완만해진다. 만일 무차별곡선을 따라 왼쪽으로 올라가면 기울기는 더 가파르게 된다. 그래서 무차별곡선은 *B*보다 *A*에서 더 가파르다. 이런 성질이 있을 때 우리는 무차별곡선이 **볼록한 모양**을 갖는다고 말한다 — 원점을 향해 휘어져 있다. 이런 현상은 제10장에서 논의한 한계효용체감으로 인해 발생한다. 소비자의 한계효용이 체감하면 재화 한 단위를 더 소비할 때 발생하는 총효용의 증가가 그 이전 단위에 비해 작아진다. 어떻게 무차별곡선이 한계효용체감으로 인해 볼록한 모양을 갖게 되는지 다음 절에서 자세히 살펴볼 것이다.

무차별곡선 지도가 이 네 가지 성질을 모두 만족하는 재화를 **보통재**(ordinary good)라고 부른다. 모든 소비자의 효용함수에 포함되어 있는 서의 모든 재회가 이 범주에 속한다. 다음 절에서는 보통재를 정의하고 또한 보통재에서 한계효용체감이 얼마나 중요한 역할을 하는지 보게 될 것이다.

‖ 무차별곡선과 소비자 선택

마지막 절 앞부분에서 소비재묶음이 방과 외식으로 구성된 잉그리드의 선호를 나타내기 위해 무차별곡선을 사용했다. 우리가 다음으로 할 일은 잉그리드의 무차별곡선 지도를 사용하여 주어진 예산제약하에서 그녀의 효용을 극대화하는 소비재묶음을 찾는 일이다.

　여기서의 분석이 제10장의 분석과 어떤 관련이 있는지를 이해하는 것이 중요하다. 이 장에서는 새로운 소비자 행동 이론을 제시하는 것이 아니다. 제10장에서와 마찬가지로 소비자들은 총효용을 극대화한다고 가정한다. 구체적으로 우리는 소비자들이 제10장에서 배운 바와 같이 **최적 소비 원칙**에 따라 행동한다는 것을 알고 있다. 즉 최적 소비재묶음은 예산선 상에 있고 소비재묶음에 들어 있는 모든 재화에 지출된 화폐 한 단위의 한계효용은 동일하다.

그러나 곧 보게 되는 바와 같이 우리는 이 최적 소비자 행동을 조금 다른 방법으로ー소비자 행동에 대해 더 깊은 통찰력을 얻을 수 있는 방법으로ー도출할 수 있다.

한계대체율

먼저 소개할 새로운 개념은 한계대체율이다. 이 개념의 핵심이 〈그림 10A-5〉에 그려져 있다.

마지막 절에서 소비자의 무차별곡선은 대부분의 재화에 있어 우하향하고 볼록하다고 배웠다. 〈그림 10A-5〉에는 그러한 무차별곡선이 하나 그려져 있다. V, W, X, Y, Z점은 모두 이 무차별곡선 상에 있다. 즉 이 점들은 모두 잉그리드에게 동일한 수준의 총효용을 주는 소비재묶음을 나타낸다. 그림에 제시된 표에는 이 소비재묶음들의 성분이 표시되어 있다.

무차별곡선을 따라 V에서 Z로 이동할 때 잉그리드의 주거 소비는 방 2개에서 6개로 꾸준히 증가하시만 그녀의 총효용은 일정하게 유지된다. 무차별곡선을 따라 내려갈 때 잉그리드는 한 재화를 더 얻는 대신 다른 재화를 더 적게 소비하는데 그 교환조건ー방의 추가 소비량과 포기한 외식 횟수의 비율ー은 그녀의 총효용이 일정하도록 선택된다.

잉그리드가 방을 추가로 얻는 대가로 포기하고자 하는 외식 횟수는 무차별곡선 상에서 이동함에 따라 달라지는 것을 유의하라. V에서 W로 이동할 때 주거 소비는 방 2개에서 3개로 증가하고 외식 소비는 30회에서 20회로 감소한다ー방 1개에 대해 외식 10회의 교환조건이다. 그러나 Y에서 Z로 이동할 때는 주거 소비는 방 5개에서 6개로 증가하고 외식 소비는 12회에서 10회로 감소한다ー방 1개에 대해 외식 2회뿐의 교환조건이다.

기울기로 표시하면 V와 W 사이에서 무차별곡선의 기울기는 외식 소비량의 변화 −10을 주

그림 10A-5 무차별곡선 기울기의 변화

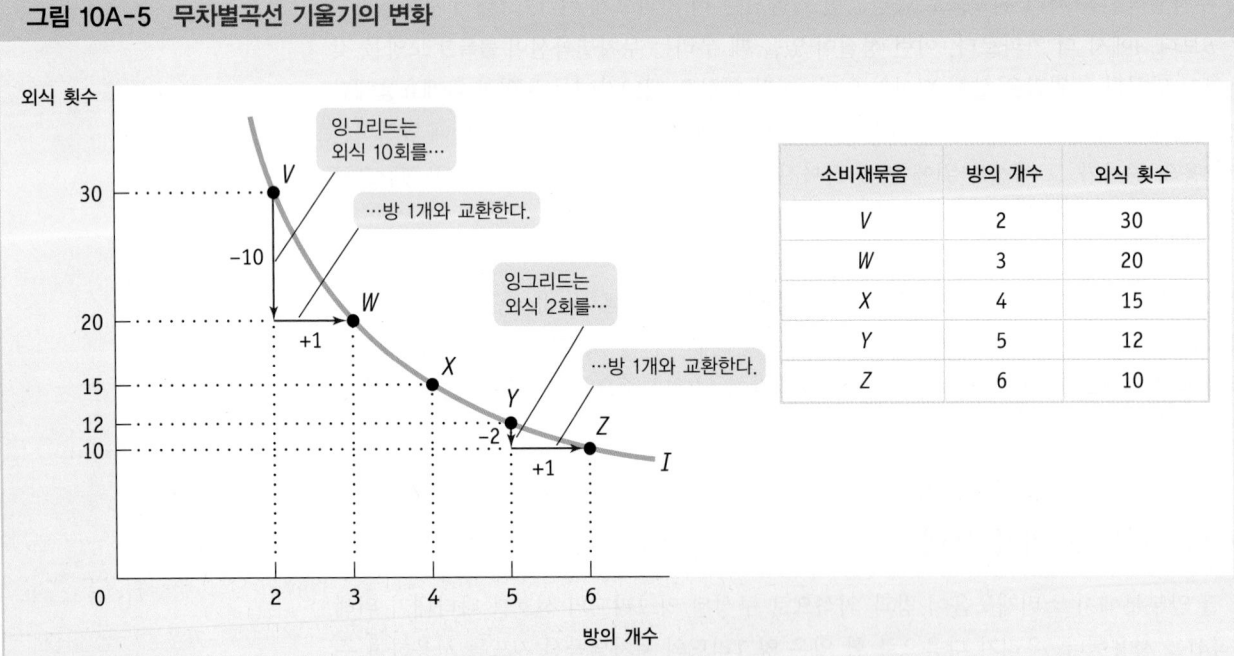

소비재묶음	방의 개수	외식 횟수
V	2	30
W	3	20
X	4	15
Y	5	12
Z	6	10

이 무차별곡선은 우하향하고 볼록한데 이것은 외식과 방이 잉그리드에게 일반재임을 의미한다. 잉그리드의 무차별곡선을 따라 V에서 Z로 이동할 때 잉그리드는 외식 소비량을 줄이는 대신 주거 소비량을 증가시킨다. 그러나 그 교환조건은 변화한다. V에서 W로 이동할 때는 방 1개를 더 얻는 대가로 외식 10회를 포기할 의사가 있다. 그런데 방 소비량이 증가하고 외식 소비량이 감소함에 따라 방 1개를 얻는 대신 포기하고자 하는 외식 횟수는 감소한다. 왼쪽에서 오른쪽으로 이동함에 따라 기울기가 완만해지는 것은 한계효용이 체감하기 때문이다.

거소비량의 변화 1로 나눈 값인 −10이다. 마찬가지로 Y와 Z 사이에서 무차별곡선의 기울기는 −2이다. 따라서 무차별곡선을 따라 오른쪽 아래로 이동할 때 그 기울기는 완만해진다. 즉 보통재에 대한 무차별곡선의 네 가지 성질 중 하나인 볼록한 모양을 갖는다.

왜 교환조건이 이런 식으로 변화할까? 먼저 직관적으로 생각해 본 다음 좀 더 자세히 알아보자. 잉그리드의 무차별곡선을 따라 V에서 W로 또는 Y에서 Z로 이동할 때 주거 소비의 증가로 효용이 증가하지만 외식 소비의 감소로 효용이 같은 양만큼 감소한다. 그러나 각 단계에서 출발점이 다르다. V에서는 방 소비량이 적어 한계효용체감에 의해 방에 대한 한계효용은 높다. 그래서 V에서 방을 하나 증가시켰을 때 총효용은 많이 증가한다. 그런데 V에서는 이미 외식 횟수가 커서 외식에 대한 한계효용은 낮다. 따라서 방을 추가하여 얻어진 효용을 상쇄하려면 외식 횟수가 많이 감소해야 한다.

반면에 Y에서는 V에 비해 방 소비량이 훨씬 많고 외식 소비량은 훨씬 적다. 이는 방을 추가함으로써 얻는 효용은 V에 비해 작고 외식을 포기함으로써 잃는 효용은 V에 비해 큰 것을 의미한다. 따라서 잉그리드가 방 하나를 추가로 얻는 대가로 포기하고자 하는 외식 횟수는 V(방 1개에 대해 외식 10회를 포기)에 비해 Y(방 1개에 대해 외식 2회를 포기)에서 더 적다.

이제 똑같은 생각—잉그리드가 받아들이는 교환조건은 시작점에 따라 다르다는 것—을 약간의 수학을 사용해서 표현해 보자. 무차별곡선을 따라 아래로 이동할 때 그 기울기를 살펴봄으로써 이 작업을 할 수 있다.

무차별곡선을 따라 아래로 이동하는 것—외식 소비를 줄이고 주거 소비를 늘리는 것—은 잉그리드의 총효용에 두 가지 상반된 영향을 미친다. 외식 소비의 감소는 그녀의 총효용을 감소시킬 것이나 주거 소비의 증가는 총효용을 증가시킬 것이다. 그리고 무차별곡선을 따라 이동하기 때문에 이 두 효과는 정확하게 상쇄되어야 한다.

무차별곡선 상에서 :

(10A-1) (외식 소비의 감소로 인한 총효용의 변화)+
(주거 소비의 증가로 인한 총효용의 변화)＝0

항을 이동하면

무차별곡선 상에서 :

(10A-2) −(외식 소비의 감소로 인한 총효용의 변화)＝
(주거 소비의 증가로 인한 총효용의 변화)

이제 무차별곡선 상에서 조금만 이동하여 주거 소비를 조금 증가시키는 대신 외식 소비를 조금 감소시킬 때 어떻게 되는지에 초점을 맞춰 보자. 제10장의 표기법에 따라 방과 외식의 한계효용을 각각 MU_R과 MU_M으로, 또한 방과 외식 소비량의 변화를 각각 ΔQ_R과 ΔQ_M으로 표시하자.

일반적으로 한 재화의 소비량이 조금 변할 때 총효용의 변화는 소비량의 변화에 그 재화의 한계효용을 곱한 것과 같다. 따라서 잉그리드의 소비재묶음이 달라질 때 총효용의 변화는 다음 식을 이용하여 계산할 수 있다.

(10A-3) 외식 소비의 변화로 인한 총효용의 변화 ＝ $MU_M \times \Delta Q_M$

재화 M으로 표시한 재화 R의 한계대체율(marginal rate of substitution) 또는 MRS는 M의 한계효용에 대한 R의 한계효용비율 MU_R/MU_M과 같다.

한계대체율 체감(diminishing marginal rate of substitution)의 법칙에 의하면 소비자가 M재화에 비해 R재화를 많이 소비할수록 R 한 단위를 추가로 얻기 위해 포기하려는 M의 수량은 더 작아진다.

(10A-4)   주거 소비의 변화로 인한 총효용의 변화 $= MU_R \times \Delta Q_R$

따라서 식 (10A-2)는 기호를 사용하여 다음과 같이 쓸 수 있다.

(10A-5)   무차별곡선 상에서 : $-MU_M \times \Delta Q_M = MU_R \times \Delta Q_R$

식 (10A-5)의 좌변에는 마이너스 부호가 있음을 유의하라. 좌변이 나타내는 것은 외식 소비 감소로 인한 총효용 감소의 마이너스이다. 이것은 우변에 표시된 방 소비 증가로 인한 총효용의 증가와 같아야 한다.

우리는 이 식이 어떻게 무차별곡선의 기울기로 전환되는지를 알려고 한다. 기울기를 구하기 위해 식 (10A-5)의 양변을 ΔQ_R로 나눈 다음 다시 $-MU_M$으로 나누어 ΔQ_M과 ΔQ_R 항이 한쪽에, MU_R과 MU_M 항이 다른 한쪽에 오게 한다. 이 결과는 다음과 같다.

(10A-6)   무차별곡선 상에서 : $\dfrac{\Delta Q_M}{\Delta Q_R} = -\dfrac{MU_R}{MU_M}$

식 (10A-6)의 좌변은 무차별곡선 기울기의 마이너스이다. 이는 잉그리드가 방(수평축의 재화) 소비량을 증가시키기 위해 포기하려는 외식(수직축의 재화) 소비량의 비율이다. 식 (10A-6)의 우변은 외식의 한계효용에 대한 방의 한계효용비율이다. 즉 방 1개를 추가로 소비하여 얻는 효용을 외식 1회를 추가로 소비하여 얻는 효용으로 나눈 비율이다.

모든 것을 종합할 때 식 (10A-6)으로부터 우리는 잉그리드의 무차별곡선 상에서 그녀가 방 1개를 더 얻는 대가로 포기하고자 하는 외식 횟수 $\Delta Q_M / \Delta Q_R$는 외식의 한계효용에 대한 방의 한계효용비율 $-MU_R/MU_M$과 똑같다는 것을 알 수 있다. 이 조건이 성립되어야만 잉그리드가 방 소비량을 늘리고 외식 소비량을 감소시킬 때 총효용이 일정하게 유지된다.

경제학자들은 식 (10A-6)의 우변에 보이는 한계효용의 비율을 특별한 명칭으로 부른다. 그것은 외식(수직축의 재화)으로 표시한 방(수평축의 재화)의 **한계대체율**(marginal rate of substitution) 또는 **MRS**이다. 그 이유는 우리가 잉그리드의 무차별곡선을 따라 아래로 이동할 때 소비재묶음에서 외식이 방으로 대체되기 때문이다. 곧 보게 되는 바와 같이 한계대체율은 최적 소비재묶음을 찾는 데 중요한 역할을 한다.

무차별곡선을 따라 오른쪽 아래로 이동할 때 그 기울기가 완만해지는 것을 기억할 것이다. 그 이유는 바로 앞에서 논의했던 것처럼 한계효용이 체감하기 때문이다. 잉그리드가 주거 소비를 늘리고 외식 소비를 줄일 때 주거의 한계효용은 감소하고 외식의 한계효용은 증가한다. 따라서 무차별곡선을 따라 아래로 이동할 때 무차별곡선 기울기의 마이너스인 한계대체율은 감소한다.

무차별곡선을 따라 오른쪽 아래로 이동할 때 그 기울기가 완만해지는 것 — 이는 한계효용체감의 법칙에 의해서도 설명된다 — 을 **한계대체율 체감**(diminishing marginal rate of substitution)의 법칙이라 부른다. 이에 의하면 R재화를 소량만 소비하고 M재화를 많이 소비하는 사람은 R 한 단위를 얻기 위해 다량의 M을 포기하려 하지만, 이미 R을 많이 소비하고 있으나 M은 많이 소비하지 못하고 있는 사람은 같은 교환을 하려 하지 않을 것이다.

다시 〈그림 10A-5〉를 통해 이 점을 보일 수 있다. 방에 비해 외식의 비율이 높은 소비재묶음인 V점에서 잉그리드는 방 1개에 대해 외식 10회를 포기할 용의가 있다. 그러나 방에 비해 외식의 비율이 낮은 소비재묶음인 Y점에서 그녀는 방 1개에 대해 외식 2회만을 포기하려 한다.

잉그리드의 효용함수에서 방과 외식은 일반재의 특징이 되는 두 가지 추가적 성질을 만족하는 것을 이 예에서 알 수 있다. 외식 소비의 감소를 보상하기 위해서는 방 소비를 증가시켜야 하고 그 반대도 성립한다. 따라서 잉그리드의 무차별곡선은 우하향한다. 그리고 그녀의 무차별곡선은 볼록하다. 즉 무차별곡선의 기울기(한계대체율의 마이너스)는 그것을 따라 아래쪽으로 이동할수록 완만해진다. 사실 한계대체율이 체감할 때만 무차별곡선은 볼록하다 — 이 두 조건은 동치이다.

이 정보를 가지고 **일반재**(ordinary goods)를 정의할 수 있는데 모든 소비자의 효용함수에서 거의 대부분의 재화가 이 범주에 속한다. 소비자의 효용함수에 있는 두 재화가 다음 두 가지 성질을 가지면 이 두 재화는 일반재이다. 그것은 한 재화를 적게 소비하는 것을 보상하기 위해서는 다른 재화를 더 많이 소비해야 한다는 것과 한 재화를 다른 재화로 대체해 갈 때 한계대체율이 체감한다는 것이다.

다음에는 무차별곡선을 이용하여 어떻게 잉그리드의 최적 소비재묶음을 찾을 수 있는지 볼 것이다.

> 두 재화 R과 M에 대해 (1) M을 적게 소비하는 것을 보상하기 위해서는 R을 더 많이 소비해야 하고 그 역도 성립하며, (2) 한 재화를 다른 재화로 대체해 갈 때 한계대체율이 체감한다면 두 재화는 일반재(ordinary goods)이다.

접선조건

이제 잉그리드의 최적 소비 선택을 다른 방법으로 나타내기 위해 그녀의 예산선과 무차별곡선을 동일한 그래프에 표시해 보자. 〈그림 10A-6〉에는 잉그리드의 소득이 월 2,400달러, 주거비가 방 1개당 월 150달러, 외식비용이 1회에 30달러일 때의 예산선 BL이 그려져 있다. 잉그리드의 최적 소비재묶음은 무엇일까?

이 질문의 답을 구하기 위해 잉그리드의 무차별곡선 I_1, I_2, I_3가 그려져 있다. 잉그리드는 세 곡선 중 가장 높은 I_3로 표시된 총효용 수준을 얻고 싶겠지만 소득제약 때문에 달성할 수가 없다. 예산선 상의 어떤 소비재묶음도 그렇게 높은 총효용을 줄 수가 없다. 그렇다고 해서 I_1 상에 있는 B의 총효용 수준에 만족해서는 안 된다. 그녀의 예산선 상에는 A와 같이 분명히 B보다 더 높은 총효용을 주는 소비재묶음들이 있다.

사실은 A — 매달 방 8개와 외식 40회로 구성된 소비재묶음 — 가 잉그리드의 최적 소비 선택

그림 10A-6 최적 소비재묶음

예산선 BL은 소득이 월 2,400달러, 방 1개의 비용이 월 150달러, 외식비용이 1회당 30달러일 때 잉그리드에게 가능한 소비재묶음들을 나타낸다. I_1, I_2, I_3는 무차별곡선이다. B나 C와 같은 소비재묶음이 최적이 아닌 이유는 잉그리드가 더 높은 무차별곡선에 도달할 수 있기 때문이다. 예산선이 도달할 수 있는 가장 높은 무차별곡선에 접하는 A가 최적 소비재묶음이다.

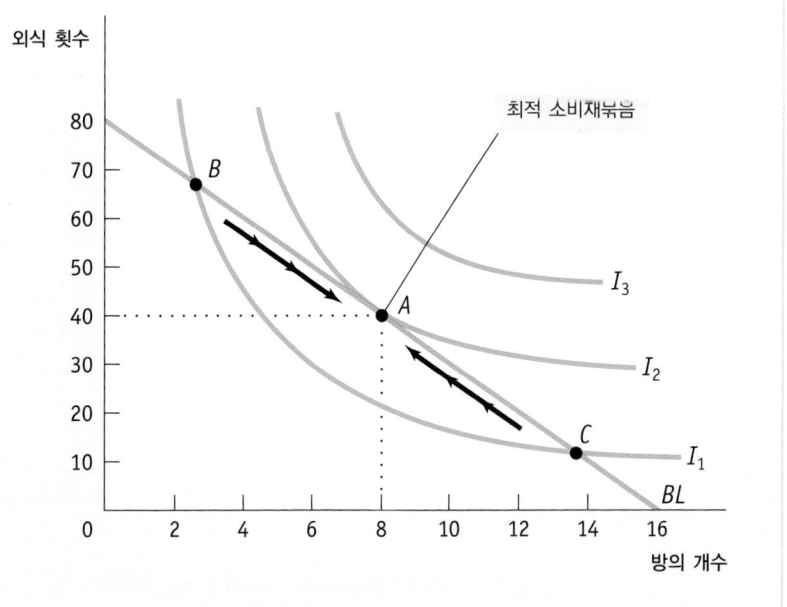

무차별곡선과 예산선이 살짝 닿아 있을 때 **접선조건**(tangency condition)이 만족된다. 무차별곡선이 전형적인 볼록한 모양을 하고 있을 때 접선조건이 최적 소비재묶음을 결정한다.

이다. 그 이유는 A가 주어진 소득에서 도달할 수 있는 가장 높은 무차별곡선 상에 놓여 있기 때문이다.

최적 소비재묶음인 A에서 잉그리드의 예산선은 해당 무차별곡선에 살짝 닿아 있다—예산선이 무차별곡선에 접해 있다. 무차별곡선이 전형적인 볼록한 모양을 하고 있을 때, 최적 소비재묶음에서 다음과 같은 무차별곡선과 예산선의 **접선조건**(tangency condition)이 만족된다. 최적 소비재묶음에서는 예산선이 무차별곡선에 접한다.

이유를 알기 위해 접선조건을 만족하지 않는 소비재묶음은 최적이 아니라는 것을 어떻게 알 수 있는지 자세히 살펴보자. 〈그림 10A-6〉을 다시 살펴보면 소비재묶음 B와 C는 모두 예산선 상에 있기 때문에 구입 가능하다는 것을 알 수 있다. 그러나 둘 다 최적이 아니다. 두 점 다 예산선과 두 점에서 교차하는 무차별곡선 I_1 상에 놓여 있다. 그런데 I_1이 예산선과 교차하기 때문에 잉그리드는 효용을 증가시킬 수 있다. 잉그리드는 화살표로 표시된 것처럼 예산선을 따라 B에서 아래로 또는 C에서 위로 이동할 수 있다. 이렇게 함으로써 어떤 경우든 잉그리드는 더 높은 무차별곡선 I_2에 도달하여 총효용을 증가시킬 수 있다.

그러나 잉그리드는 효용을 I_2보다 더 높일 수는 없다. 다른 무차별곡선은 예산선과 교차하거나 아니면 예산선과 전혀 만나지 않을 것이다. 따라서 I_2를 얻을 수 있게 해 주는 묶음이 당연히 최적 소비재묶음인 것이다.

예산선의 기울기

〈그림 10A-6〉은 예산선과 무차별곡선의 그래프를 이용해서 최적 소비재묶음, 즉 예산선과 무차별곡선이 접하는 소비재묶음을 구하는 방법을 보여 주고 있다. 그러나 그림에 의존하는 대신 간단한 수학을 이용하여 최적 소비재묶음을 구할 수 있다.

〈그림 10A-6〉에서 보는 바와 같이 최적 소비재묶음 A에서는 예산선과 무차별곡선이 같은 기울기를 갖고 있다. 그 이유는 접점에서 같은 기울기를 갖고 있어야만 두 곡선이 맞닿을 수 있기 때문이다. 기울기가 같지 않다면 두 곡선은 어디선가 교차하게 된다. 만일 (〈그림 10A-6〉의 I_1처럼) 무차별곡선이 예산선과 교차하고 있다면 그 무차별곡선 상에는 (I_2의 A와 같은) 최적 소비재묶음이 존재하지 않는다.

그러므로 우리는 예산선과 무차별곡선의 기울기에 관한 정보를 이용하여 최적 소비재묶음을 구할 수 있다. 이를 위해서 우선 쉬운 작업인 예산선의 기울기부터 구해 보자. 잉그리드가 그녀의 소득을 모두 지출하여 예산선 상에서 지출하는 것이 가장 높은 효용을 얻는 것을 우리는 알고 있다. 따라서 잉그리드가 그녀의 소득을 모두 지출하여 얻을 수 있는 소비재묶음들로 구성된 예산선은 다음과 같은 식으로 표시된다.

(10A-7) $\quad (Q_R \times P_R) + (Q_M \times P_M) = N$

여기서 N은 잉그리드의 소득을 나타낸다. 예산선의 기울기를 구하려면 수직축 절편(예산선이 수직축과 만나는 점)을 수평축 절편(예산선이 수평축과 만나는 점)으로 나눈다. 수직축 절편은 잉그리드가 모든 소득을 외식에 지출하고 주거에는 아무것도 지출하지 않는 점이다(즉 $Q_R = 0$). 이 경우 그녀가 소비하는 외식 횟수는

(10A-8) $\quad Q_M = N/P_M = \$2{,}400/(1\text{회에 }\$30) = 80\text{회} = \text{예산선의 수직축 절편}$

이다. 정반대의 경우에는 잉그리드는 모든 소득을 주거에만 지출하고 외식에는 아무것도 지출

하지 않는다(즉 $Q_M=0$). 따라서 예산선의 수평축 절편에서 그녀가 소비하는 방의 개수는

(10A-9) $Q_R = N/P_R = \$2,400/(1개에 \$150) = 16개 = 예산선의 수평축 절편$

이다. 이제 예산선의 기울기를 구하는 데 필요한 정보가 얻어졌다. 그것은

(10A-10) 예산선의 기울기 = −(수직축 절편)/(수평축 절편)

$$= -\frac{\dfrac{N}{P_M}}{\dfrac{N}{P_R}} = -\frac{P_R}{P_M}$$

이다. 식 (10A-10)에서 마이너스 부호에 유의하라. 부호가 마이너스가 되는 것은 예산선이 우하향하기 때문이다. 수량 P_R/P_M은 외식으로 표시한 방의 **상대가격**(relative price)이라고 부르며, 달러로 표시한 보통 가격과 구별된다. 방을 하나 더 얻기 위해서는 외식을 P_R/P_M, 즉 5단위 포기해야 하기 때문에 상대가격 P_R/P_M을 방 1개가 시장에서 거래될 때 외식과 교환되는 비율로 해석할 수 있다. 그것은 잉그리드가 방 1개를 더 얻기 위해 '지불해야' 하는 (외식으로 표시한) 가격이다.

또 다른 관점으로 보면 예산선의 기울기(상대가격의 마이너스)는 한 재화의 기회비용을 다른 재화로 표시한 것이다. 상대가격은 어떤 사람이 한 재화를 한 단위 더 소비하기 위해 다른 재화를 얼마나 많이 포기해야 하는가를 보여 준다. 이러한 기회비용은 소비자의 가용자원(즉 예산)이 제한되어 있기 때문에 발생한다.

식 (10A-8), (10A-9), (10A-10)은 상대가격이나 소득이 달라질 때 예산선이 어떻게 될 것인지를 알려 준다는 점에서 유용하다. 식 (10A-8)과 (10A-9)로부터 소득 N이 달라질 때 예산선은 평행으로 이동한다는 사실을 알 수 있다. 즉 예산선이 원점으로부터 얼마나 멀리 떨어져 있는가가 소비자의 소득에 의해 결정된다는 것이다. 소비자의 소득이 증가하면 예산선은 바깥쪽으로 이동한다. 소비자의 소득이 감소하면 예산선은 안쪽으로 이동한다. 이때 한 재화를 다른 재화로 표시한 상대가격은 변화가 없기 때문에 예산선의 기울기는 달라지지 않는다.

반면에 상대가격 P_R/P_M이 달라지면 예산선의 기울기도 달라진다. 우리는 뒤에서 상대가격이나 소득이 달라질 때 예산선과 최적 소비재묶음이 어떻게 변화하는가를 자세히 분석할 것이다.

가격과 한계대체율

이제 예산선의 기울기와 무차별곡선의 기울기를 종합하여 최적 소비재묶음을 구할 준비가 되었다. 식 (10A-6)을 다시 정리하면 무차별곡선의 기울기는 한계대체율의 마이너스와 같은 것을 알 수 있다.

(10A-11) 무차별곡선의 기울기 $= -\dfrac{MU_R}{MU_M}$

이미 아는 바와 같이 최적 소비재묶음에서는 예산선의 기울기와 무차별곡선의 기울기가 같다. 식 (10A-10)과 (10A-11)을 종합하여 최적 소비재묶음을 공식적으로 구할 수 있게 해 주는 다음과 같은 **상대가격원칙**(relative price rule)을 구할 수 있다.

재화 R을 재화 M으로 표시한 **상대가격**(relative price)은 P_R/P_M으로서 시장에서 재화 R이 재화 M과 교환되는 비율이다.

상대가격원칙(relative price rule)에 의하면 최적 소비재묶음에서 한 재화의 다른 재화에 대한 한계대체율이 그 재화들의 가격 비율과 같다.

그림 10A-7 상대가격원칙의 이해

외식으로 표시한 방의 *상대가격*은 예산선 기울기
의 마이너스와 같다. 외식에 대한 방의 한계대체
율은 무차별곡선 기울기의 마이너스와 같다. *상대
가격원칙*이란 최적 소비재묶음에서는 한계대체율
이 상대가격과 같아야 한다는 것이다. 이 사실은
한계대체율이 상대가격과 다르면 어떻게 되는지
를 살펴봄으로써 이해할 수 있다. 소비재묶음 B에
서 한계대체율은 상대가격보다 더 크다. 잉그리드
는 자신의 예산선 BL을 따라 아래로 이동함으로
써 총효용을 증가시킬 수 있다. C에서는 한계대체
율이 상대가격보다 작은데, 잉그리드는 예산선을
따라 위로 이동함으로써 총효용을 증가시킬 수 있
다. 예산제약이 주어졌을 때 상내가격원칙이 성립
하는 A에서만 총효용이 극대화된다.

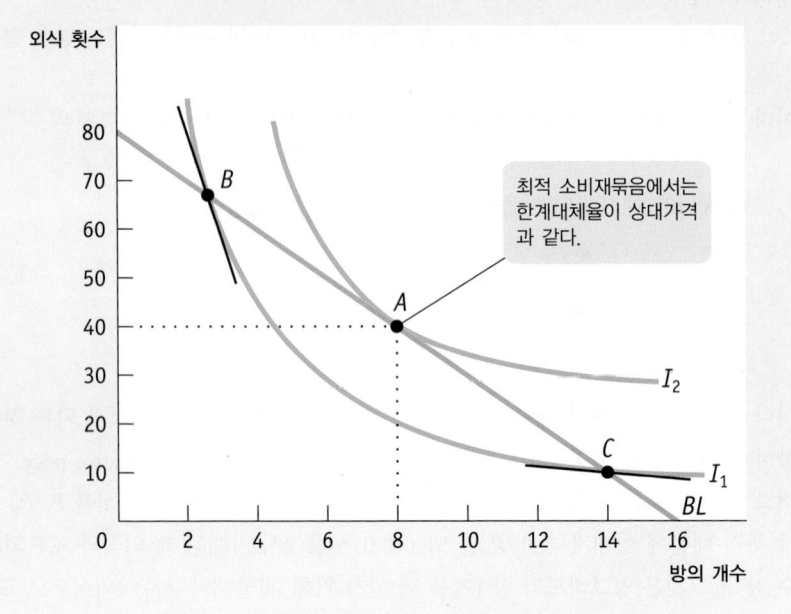

(10A-12) 최적 소비재묶음에서 : $-\dfrac{MU_R}{MU_M} = -\dfrac{P_R}{P_M}$ 또는 $\dfrac{MU_R}{MU_M} = \dfrac{P_R}{P_M}$

즉 최적 소비재묶음에서는 두 재화 간의 한계대체율이 그 재화들의 가격 비율과 같다. 또는
더 직관적으로 표현하면 잉그리드가 최적 소비재묶음에서 무차별곡선을 따라 방 1개를 외식과
교환하려는 비율 MU_R/MU_M은 시장에서 방 1개가 외식과 교환되는 비율 P_R/P_M과 같다.

만일 이 등식이 성립하지 않는다면 어떻게 될까? 〈그림 10A-7〉을 살펴보면 알 수 있다. 점 B
에서 무차별곡선의 기울기인 $-MU_R/MU_M$의 절댓값이 예산선의 기울기인 $-P_R/P_M$의 절댓값보
다 크다. 이것은 B에서 잉그리드가 외식을 포기하고 방을 1개 더 얻는 것의 가치를 그 비용보다
더 **높게** 평가한다는 것을 뜻한다. 이에 따라 잉그리드는 외식을 덜 소비하고 방을 더 소비하여
예산선 상에서 A쪽으로 이동함으로써 효용을 높일 수 있다. 그러므로 B는 그녀의 최적 소비재묶
음일 수가 없다!

마찬가지로 C에서는 잉그리드의 무차별곡선의 기울기가 예산선의 기울기보다 작다. 이것의
의미는 잉그리드가 C에서 방을 포기하고 외식을 한 번 더 하는 것의 가치를 그 비용보다 더 **높게**
평가한다는 것이다. 그러므로 잉그리드는 예산선을 따라—외식을 더 많이 하고 방을 적게 소비
하여—그녀의 최적 소비재묶음인 A에 도달할 때까지 이동함으로써 효용을 높일 수 있다.

그런데 식 (10A-12)의 마지막 항을 다음과 같이 변환한다고 해 보자. 즉 양변을 P_R로 나눈 다
음 MU_M으로 곱해 보자. 그러면 상대가격원칙은 다음과 같이[즉 제10장의 식 (10-3)과 같이] 변
환된다.

(10A-13) 최적 소비 원칙 : $\dfrac{MU_R}{P_R} = \dfrac{MU_M}{P_M}$

따라서 (제10장에서 배운) 최적 소비 원칙을 사용하든 또는 (이 부록에서 배운) 상대가격원칙
을 사용하든 동일한 최적 소비재를 찾게 될 것이다.

선호와 선택

이제 무차별곡선 그래프에 최적 소비재묶음을 어떻게 나타내는지 배웠으므로 소비자 선호와 소비자 선택 사이의 관계에 대해 간단히 알아보자.

두 소비자가 다른 선호를 가지고 있다는 것은 다른 효용함수를 가지고 있다는 뜻이다. 이것은 다시 그들의 무차별곡선 지도가 다른 모양을 가지고 있음을 의미한다. 그리고 무차별곡선 지도가 다르면 비록 소비자들이 동일한 소득을 가지고 동일한 가격에서 결정하더라도 선택이 다르게 나타날 것이다.

이것을 알기 위해 잉그리드의 친구인 라즈도 주거와 외식만을 소비한다고 가정하자. 그러나 라즈는 외식을 매우 선호하고 주거에 대한 선호는 그리 크지 않다. 이러한 선호의 차이가 〈그림 10A-8〉에 그려져 있는데, 그림 (a)에는 잉그리드의 선호가, 그림 (b)에는 라즈의 선호가 무차별곡선들로 표시되어 있다. 모양이 다른 것을 주목하라.

전과 마찬가지로 방은 한 달에 150달러, 외식은 30달러의 비용이 든다고 가정하자. 또한 잉그

그림 10A-8 선호의 차이

잉그리드와 라즈는 다른 선호를 가지고 있는데 이것은 그들의 무차별곡선 지도 모양이 다른 것으로 나타난다. 따라서 그들은 비록 동일한 선택이 가능한 경우에도 다른 소비재묶음을 선택할 것이다. 두 사람 모두 소득이 한 달에 2,400달러이고 외식 가격이 30달러, 방 가격이 150달러인 상황에 놓여 있다. 그림 (a)는 잉그리드의 소비재묶음이 방 8개와 외식 40회인 것을 보여 준다. 그림 (b)는 라즈의 선택을 보여 주는데 비록 동일한 예산선을 가지고 있지만 그는 방을 더 적게 (4), 외식을 더 많이(60) 소비한다.

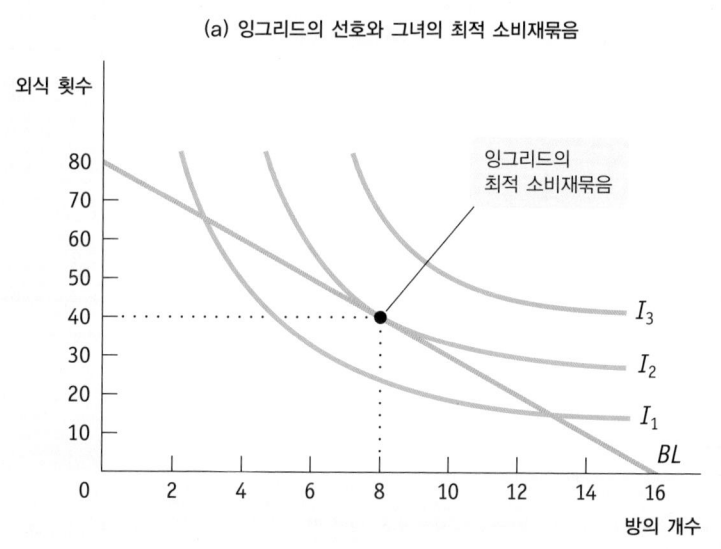

(a) 잉그리드의 선호와 그녀의 최적 소비재묶음

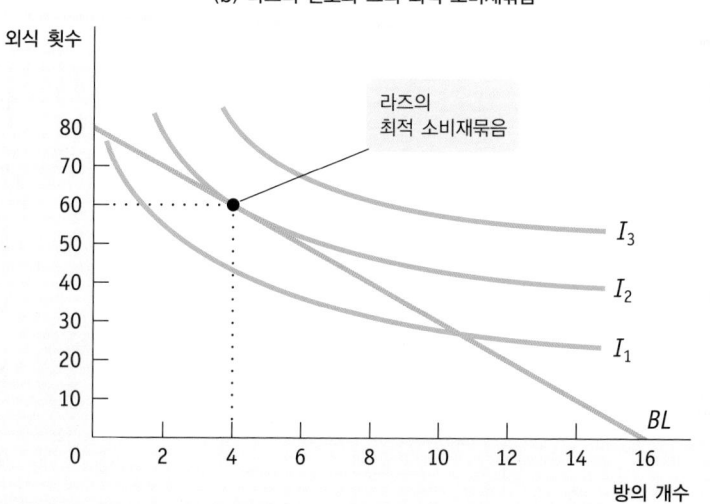

(b) 라즈의 선호와 그의 최적 소비재묶음

리드와 라즈 모두 소득이 한 달에 2,400달러여서 예산선이 동일하다고 가정하자. 그렇지만 선호가 다르기 때문에 그들은 〈그림 10A-8〉에 나타난 것처럼 서로 다른 소비를 선택한다. 잉그리드는 방 8개와 외식 40회를, 라즈는 방 4개와 외식 60회를 선택할 것이다.

|| 무차별곡선의 응용 : 대체재와 보완재

이제 무차별곡선을 사용해서 소비자 선택을 분석하는 새로운 기법을 배웠으므로 이로부터 보상을 얻을 차례가 되었다. 첫째는 대체재와 보완재의 구별에 대한 새로운 통찰이다.

제3장에서 한 재화의 가격이 다른 재화의 수요에 영향을 주는 경우가 있는데 그 방향은 둘 다 가능하다는 점을 지적한 바 있다. 차 가격의 상승은 커피에 대한 수요를 증가시키지만 크림 가격의 상승은 커피에 대한 수요를 감소시킨다. 차와 커피는 대체재이고 크림과 키피는 보완재이다.

그러면 두 재화가 대체재인지 아니면 보완재인지를 결정하는 것은 무엇일까? 그것은 소비자의 무차별곡선의 모양에 달려 있다. 이 관계는 두 가지 극단적인 경우, 즉 완전대체재와 완전보완재의 경우를 통해서 설명할 수 있다.

완전대체재

과자를 좋아하는 코키를 보자. 그녀는 까다롭지 않다. 피넛버터 과자 3개와 초콜릿칩 과자 7개를 가지거나 그 반대로 가지거나 그녀에게는 상관이 없다. 피넛버터 과자와 초콜릿칩 과자에 대한 그녀의 무차별곡선은 어떤 모양을 하고 있을까?

그것은 〈그림 10A-9〉의 I_1과 I_2 같은 직선일 것이다. 예를 들어 I_1은 피넛버터 과자와 초콜릿칩 과자의 합이 10이 되는 모든 조합이 코키에게 동일한 효용을 준다는 것을 나타낸다.

무차별곡선이 직선인 소비자는 두 재화의 소비량에 관계없이 어떤 재화 한 단위를 항상 일정한 수량의 다른 재화로 대체할 의사가 있다. 예를 들어 코키는 항상 초콜릿칩 과자를 1개 더 얻

그림 10A-9　완전대체재

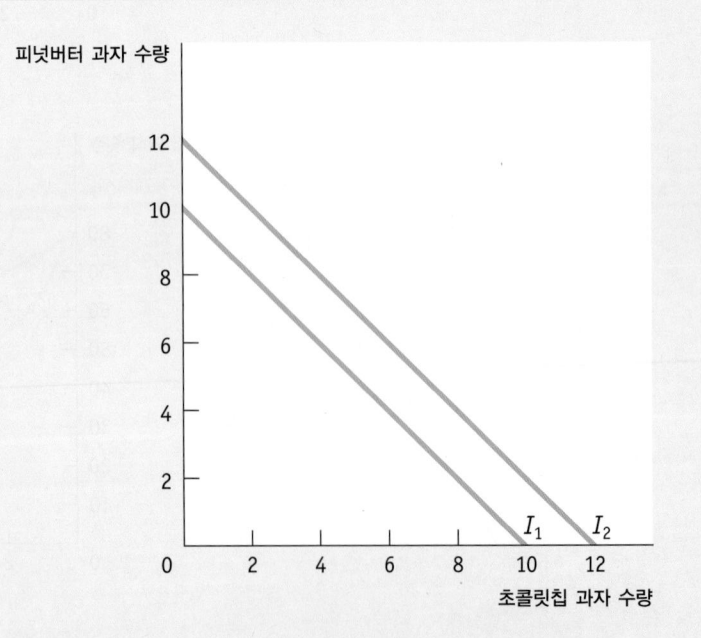

한계대체율이 재화의 소비량에 영향을 받지 않을 때 두 재화는 완전대체재이다. 이 경우에 무차별곡선은 직선이다.

피넛버터 과자 수량

초콜릿칩 과자 수량

그림 10A-10   완전대체재 사이의 소비자 선택

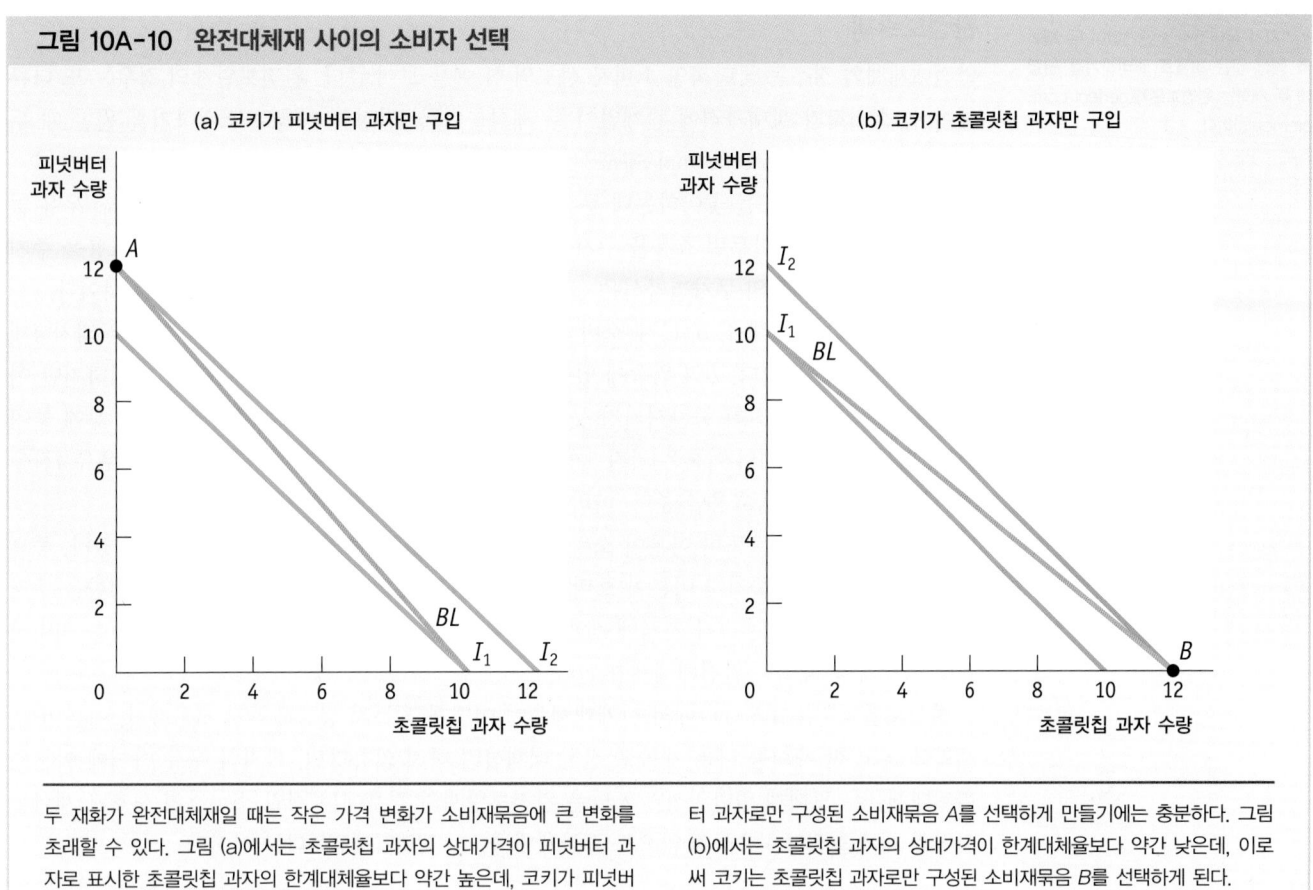

두 재화가 완전대체재일 때는 작은 가격 변화가 소비재묶음에 큰 변화를 초래할 수 있다. 그림 (a)에서는 초콜릿칩 과자의 상대가격이 피넛버터 과자로 표시한 초콜릿칩 과자의 한계대체율보다 약간 높은데, 코키가 피넛버터 과자로만 구성된 소비재묶음 A를 선택하게 만들기에는 충분하다. 그림 (b)에서는 초콜릿칩 과자의 상대가격이 한계대체율보다 약간 낮은데, 이로써 코키는 초콜릿칩 과자로만 구성된 소비재묶음 B를 선택하게 된다.

는 대신 피넛버터 과자 1개를 포기할 의사가 있으며 따라서 한계대체율이 일정하다.

무차별곡선이 직선일 때 우리는 재화가 **완전대체재**(perfect substitutes)라 한다. 두 재화가 완전대체재일 때는 소비자가 두 재화를 모두 구입하려는 상대가격은 단 하나뿐이다. 상대가격이 조금이라도 더 높거나 낮으면 소비자는 두 재화 중 하나만 구입한다.

〈그림 10A-10〉에 이것이 예시되어 있다. 무차별곡선은 〈그림 10A-9〉와 같은데 새로이 코키의 예산선 BL이 추가되었다. 각 그래프에서 코키가 지출할 수 있는 예산은 12달러라고 가정한다. 그림 (a)에서는 초콜릿칩 과자 가격은 1.2달러, 피넛버터 과자 가격은 1달러라고 가정한다. 그러면 코키의 최적 소비재묶음은 A점이다. 그녀는 피넛버터 과자 12개를 사고 초콜릿칩 과자는 사지 않는다. 그림 (b)에서는 상황이 반대로 된다. 초콜릿칩 과자 가격이 1달러이고 피넛버터 과자 가격은 1.2달러이다. 이 경우에는 코키의 최적 소비재묶음이 B점이 되고, 코키는 초콜릿칩 과자만 구입한다.

왜 그렇게 작은 가격 변화에 코키가 모든 소비를 한 재화에서 다른 재화로 변경하는 것일까? 그 이유는 그녀의 한계대체율이 소비재묶음의 구성에 영향을 받지 않기 때문이다. 만일 초콜릿칩 과자의 상대가격이 한계대체율보다 높으면 코키는 피넛버터 과자만 구입하고, 낮으면 초콜릿칩 과자만 구입한다. 그리고 만일 초콜릿칩 과자의 상대가격이 한계대체율과 같으면 코키는 예산선 상의 어떤 소비재묶음을 구입해도 효용을 극대화할 수 있다. 즉 그녀가 구입할 수 있는 어떤 과자 조합에 대해서도 동일한 만족을 얻을 수 있다. 이 경우에는 그녀가 예산선 상에 있는 어떤 소비재묶음을 선택할지 예측할 수 없다.

두 재화의 소비량에 관계없이 한 재화의 다른 재화에 대한 한계대체율이 일정하면 두 재화는 **완전대체재**(perfect substitutes)라 한다.

완전보완재

완전대체재의 경우는 극단적인 소비자 선호의 한 예를 보여 준다. 완전보완재의 경우는 또 다른 예이다. 소비자가 상대가격에 관계없이 두 재화를 항상 일정한 비율로 소비하기를 원할 때 두 재화는 **완전보완재**(perfect complements)이다.

아론이 과자와 우유를 좋아하는데 두 가지를 같이 소비할 때만 좋아한다고 가정하자. 우유 없이는 여분의 과자가 아무런 효용을 주지 못하고 과자 없이는 여분의 우유도 아무런 효용을 주지 못한다. 이런 경우 그의 무차별곡선은 〈그림 10A-11〉에 그려진 것처럼 직각을 이룰 것이다.

그 이유를 알기 위해 A, B, C 세 소비재묶음을 고려해 보자. I_4에 있는 B에서 아론은 과자 4개와 우유 4잔을 소비한다. B의 위쪽에 있는 A에서 아론은 과자 4개와 우유 5잔을 소비하지만 여분의 우유는 효용을 전혀 증가시키지 못한다. 따라서 A는 B와 동일한 무차별곡선 I_4 상에 놓여 있다. 마찬가지로 C에서 아론은 과자 5개와 우유 4잔을 소비하는데 이는 과자 4개와 우유 4잔을 소비할 때와 동일한 총효용을 준다. 따라서 C도 동일한 무차별곡선 I_4 상에 있다.

〈그림 10A-11〉에는 또한 아론이 소비재묶음 B를 선택할 수 있는 예산선이 그려져 있다. 중요한 점은 예산선의 기울기가 아론이 소비하는 과자와 우유의 상대적 수량에 아무런 영향을 주지 않는다는 것이다. 이는 그가 가격에 상관없이 항상 두 재화를 같은 비율로 소비할 것을 의미하는데 이로써 두 재화는 완전대체재가 된다.

여러분은 〈그림 10A-11〉에서 한계대체율이 어떻게 되는지 궁금해할지 모르겠다. 아론이 두 재화를 놓고 한 재화를 다른 재화로 전혀 대체하려 하지 않는다면, 과자와 우유 사이에 아론의 한계대체율은 도대체 얼마일까? 그 답은 완전보완재의 경우에는 개별 소비자의 선호가 재화들 사이의 대체를 전혀 허용하지 않으므로 한계대체율이 정의되지 않는다는 것이다.

덜 극단적인 경우

현실세계에는 완전대체재에 매우 가까운 재화들의 예가 있다. 예를 들면 비스퀵 팬케이크 믹스 포장에 적혀 있는 성분표에는 '대두유 또는 면실유'가 포함되어 있다고 적혀 있는데, 소비자가 그 차이를 알 수 없기 때문에 생산자는 둘 중에 더 싼 것을 사용한다. 완전보완재에 매우 가까운

그림 10A-11 완전보완재

두 재화가 완전보완재일 때 소비자는 재화들의 상대가격에 관계없이 그 재화들을 동일한 비율로 소비하기를 원한다. 무차별곡선들은 직각을 이룬다. 이 경우에 아론은 B를 지나는 예산선의 기울기에 관계없이 우유 4잔과 과자 4개(소비재묶음 B)를 선택한다. 그 이유는 과자 없이 우유만 추가되거나(소비재묶음 A) 우유 없이 과자만 추가되면(소비재묶음 C), 총효용이 증가하지 않기 때문이다.

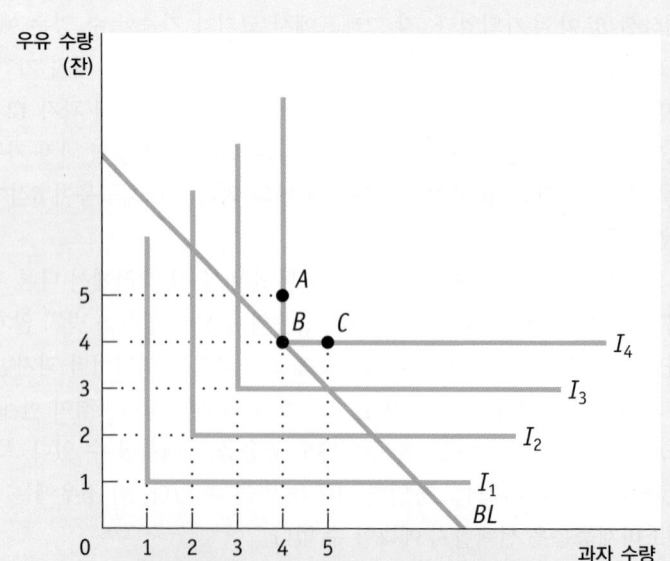

재화들의 예도 있다―자동차와 타이어의 경우다.

그러나 대부분의 경우에 대체 가능성은 이 두 극단의 중간이다. 어떤 경우에는 재화가 대체재인지 보완재인지 확실하지 않을 때도 있다.

‖ 가격, 소득 및 수요

이제 다시 잉그리드의 소비 선택으로 돌아가자. 우리가 고려했던 상황은 잉그리드의 소득이 월 2,400달러, 주거비가 방 1개에 150달러, 외식비가 1회에 30달러인 경우였다. 〈그림 10A-7〉에서 보는 바와 같이 그녀의 최적 소비재묶음은 방 8개와 외식 40회였다.

이제 만일 방 1개당 월세나 소득이 달라진다면 잉그리드의 소비 선택이 어떻게 달라질 것인지 알아보자. 보게 되는 바와 같이 우리는 이 조각들을 맞추어 소비수요에 대한 이해를 더 심화시킬 수 있다.

가격 상승의 효과

어떤 이유로 주거 가격이 급격히 상승했다고 가정하자. 잉그리드는 이제 방 1개에 대해 150달러가 아니라 600달러를 지불해야 한다. 한편 외식 가격과 소득은 변화가 없다. 이 변화로 인해 잉그리드의 소비 선택은 어떻게 달라질까?

방 가격이 상승하면 외식으로 표시한 방의 상대가격이 상승하고 이 결과로 잉그리드의 예산선이 달라진다(나빠진다―곧 이 점을 살펴볼 것이다). 이 변화에 대한 반응으로 잉그리드는 새로운 소비재묶음을 선택한다.

〈그림 10A-12〉는 전과 마찬가지로 잉그리드의 소득이 월 2,400달러로 일정하다는 가정하에 처음 예산선(BL₁)과 새로운 예산선(BL₂)을 보여 준다. 주거비가 방 1개당 150달러, 외식비가 30달러일 때 예산선은 BL₁으로서 수평 절편은 방 16개, 수직 절편은 외식 80회이다. 방 1개의 가격이 600달러로 상승한 후 예산선은 BL₂로서 수직 절편은 여전히 외식 80회이지만 수평 절편은 방

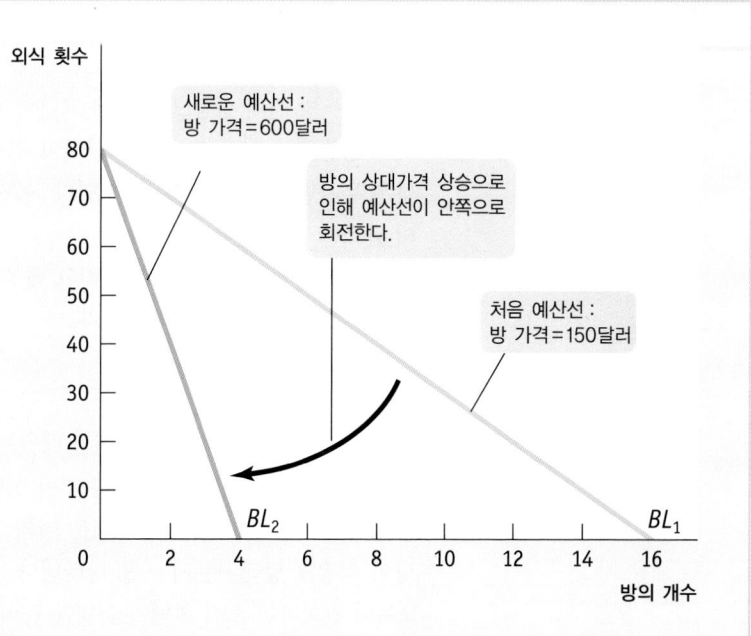

그림 10A-12   가격 상승으로 인한 예산선의 변화

외식 가격이 일정할 때 방 가격이 상승하면 외식으로 표시한 방의 상대가격이 높아진다. 이로 인해 잉그리드의 처음 예산선 BL₁은 안쪽으로 BL₂까지 회전한다. 최대로 가능한 외식 횟수에는 변화가 없지만 최대로 구입할 수 있는 방의 개수는 감소하였다.

그림 10A-13 가격 상승에 대한 반응

잉그리드는 방의 상대가격이 높아진 것에 대한 반응으로 더 적은 수의 방과 더 많은 횟수의 외식으로 구성된 소비재묶음을 새로이 선택한다. 그녀의 새로운 최적 소비재묶음 C는 8개 대신 1개의 방과 40회 대신 60회의 외식으로 구성되어 있다.

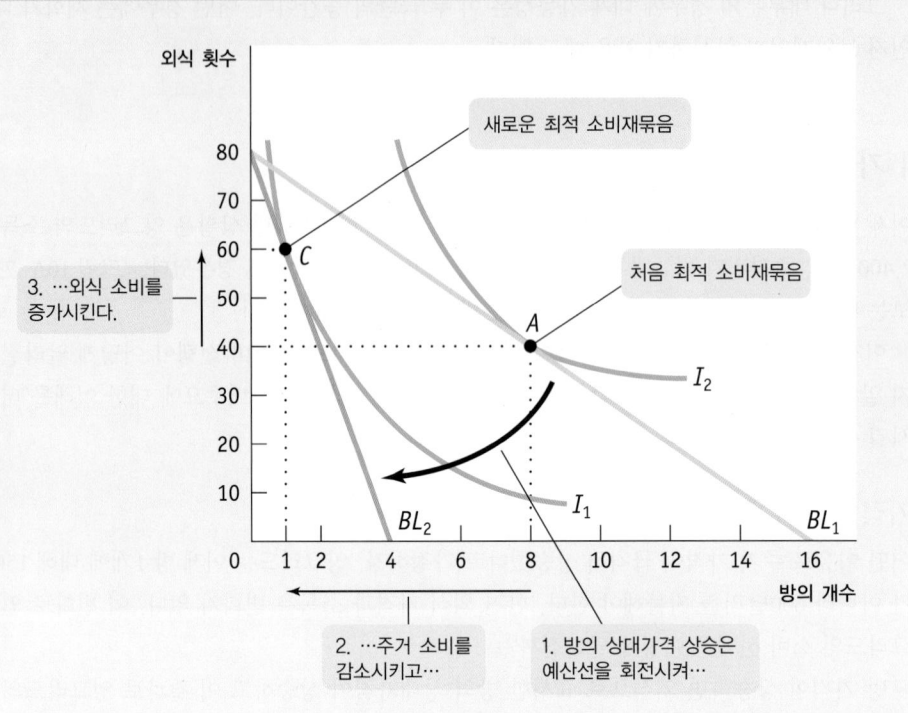

4개에 불과하다. 그 이유는 식 (10A-9)로부터 새로운 예산선의 수평축 절편이 $2,400/$600 = 4임을 알 수 있기 때문이다. 잉그리드의 예산선은 외식에 비해 높아진 방의 새로운 상대가격을 반영하여 안쪽으로 회전하였다.

〈그림 10A-13〉은 잉그리드가 새로운 환경에 어떻게 반응하는지를 보여 준다. 그녀의 처음 최적 소비재묶음은 방 8개와 외식 40회로 구성되어 있다. 상대가격 변화로 예산선이 회전한 후 잉그리드는 BL_2 상에서 가장 높은 무차별곡선에 놓여 있는 점을 선택함으로써 새로운 최적 소비재묶음에 도달할 수 있다. 새로운 최적 소비재묶음 C에서 그녀는 방을 전보다 적게, 외식을 더 많이 소비하여 방 1개와 외식 60회를 소비한다.

잉그리드의 방 소비가 왜 감소한 것일까? 그 이유는 부분적으로—어디까지나 부분적으로일 뿐이다—방 가격 상승으로 인해 그녀의 구매력이 감소되어 가난해졌기 때문이다. 즉 방의 상대가격 상승으로 인해 그녀의 예산선이 원점을 향해 안쪽으로 회전하여 소비 가능성이 감소되고 낮은 무차별곡선에 머무르게 되었다. 어떤 의미에서 주거 가격이 높아졌을 때 그것은 마치 소득이 감소한 것과 같다.

이 효과를 이해하기 위해, 그리고 왜 이것이 설명의 전부가 아닌지 보기 위해 다른 환경의 변화, 즉 소득의 변화를 고려해 보자.

소득과 소비

제3장에서 개별수요곡선에 대해서 배웠는데 그것은 소득과 다른 재화의 가격이 일정할 때 한 재화 가격의 변화에 따라 소비자의 소비 선택이 어떻게 달라지는지를 보여 준다. 즉 개별수요곡선 상에서의 이동은 제10장에서 배운 바와 같이 대체효과—두 재화의 상대가격 변화에 따라 소비량이 어떻게 달라지는지—를 나타낸다. 그런데 우리는 또한 상대가격이 일정하게 유지되면서 소득이 변화하면 소비 선택이 어떻게 달라지는지 질문해 볼 수 있다.

그림 10A-14 소득 변화에 따른 예산선의 이동

상대가격이 일정할 때 소득이 달라지면 예산선은 평행이동한다. 예를 들어 잉그리드의 소득이 2,400달러에서 1,200달러로 감소하면 명백히 가난해진다. 예산선은 BL_1에서 BL_2로 안쪽으로 이동한다. 반면에 잉그리드의 소득이 2,400달러에서 3,000달러로 증가하면 당연히 좋아진다. 예산선은 BL_1에서 BL_3로 바깥쪽으로 이동한다.

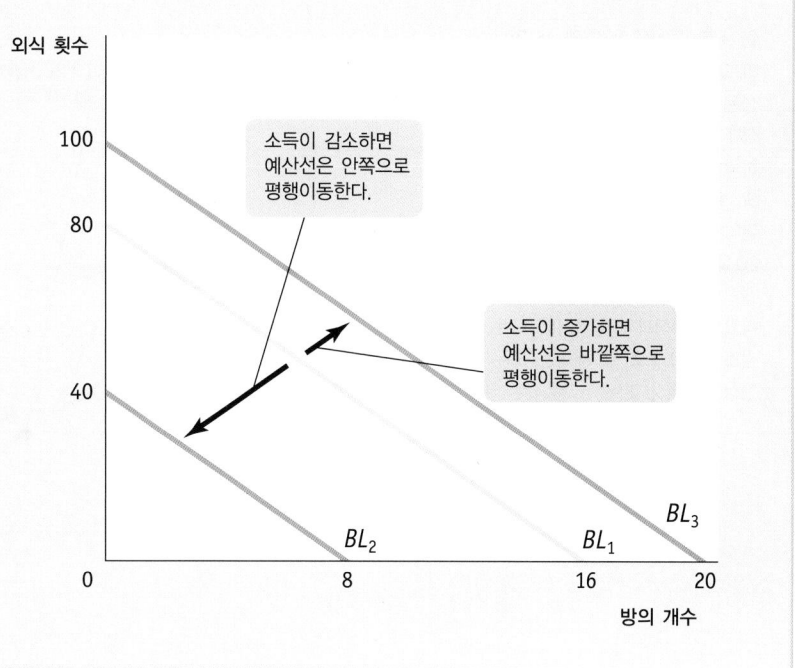

소득이 감소하면 예산선은 안쪽으로 평행이동한다.

소득이 증가하면 예산선은 바깥쪽으로 평행이동한다.

우선 상대가격이 일정하게 유지되면서 소득이 변화할 때 예산선이 어떻게 되는지 아는 것이 중요하다. 잉그리드의 소득이 2,400달러에서 1,200달러로 감소하고 가격은 방 1개에 150달러, 외식 1회에 30달러로 일정하다고 하자. 소비 가능한 방의 최대 숫자는 16에서 8로 감소하고, 소비 가능한 최대 외식 횟수는 80에서 40으로 감소한다. 즉 〈그림 10A-14〉에 표시된 것처럼 예산선은 BL_1에서 BL_2로 안쪽으로 평행이동하여 잉그리드의 소비 가능성이 축소된다. 평행이동을 하는 이유는 소득이 변할 때 예산선의 기울기―상대가격―가 달라지지 않았기 때문이다.

이번에는 잉그리드의 소득이 2,400달러에서 3,000달러로 증가했다고 가정해 보자. 이제는 최대 20개의 방 또는 100회의 외식이 가능하게 되어 예산선은 바깥쪽으로―〈그림 10A-14〉에서 BL_1에서 BL_3으로―평행이동한다. 이제는 잉그리드의 소비 가능성이 확대되었다.

이제 소득이 직접 변화할 때―즉 상대가격이 일정하고 소득 수준이 변화할 때―잉그리드가 어떻게 반응할지를 살펴볼 차례다. 〈그림 10A-15〉에서는 가격을 방 1개에 150달러, 외식 1회에 30달러로 고정시킨 채, 잉그리드의 소득이 월 2,400달러일 때의 예산선(BL_1) 및 최적 소비재묶음을 소득이 월 1,200달러일 때의 예산선(BL_2) 및 최적 소비재묶음과 비교하고 있다. 각 경우에 그녀의 최적 소비재묶음은 예산선이 무차별곡선과 접하는 점으로 주어져 있다. 보는 바와 같이 소득이 낮을 때의 예산선은 소득이 높을 때의 예산선에 비해 안쪽으로 이동해 있지만 상대가격이 변하지 않았기 때문에 기울기는 같다.

이는 그녀가 외식이나 주거 또는 두 가지 모두의 소비를 줄여야 함을 의미한다. 이로 인해 잉그리드의 총효용이 감소하는데, 낮아진 무차별곡선이 이를 보여 준다.

결과를 보면 잉그리드는 소득이 하락할 때 두 재화 소비를 모두 줄인다. 소득이 2,400달러에서 1,200달러로 하락함에 따라 주거 소비는 방 8개에서 4개로, 외식 소비는 40회에서 20회로 감소한다. 이것은 그녀의 효용함수에서 두 재화가 모두 제3장에서 정의한 **정상재**, 즉 소득이 상승하면 수요가 증가하고 소득이 하락하면 수요가 감소하는 재화이기 때문이다.

대부분의 재화는 정상재이지만 우리는 제3장에서 **열등재**, 즉 수요가 소득 변화와 반대 방향으

그림 10A-15 소득과 소비 : 정상재

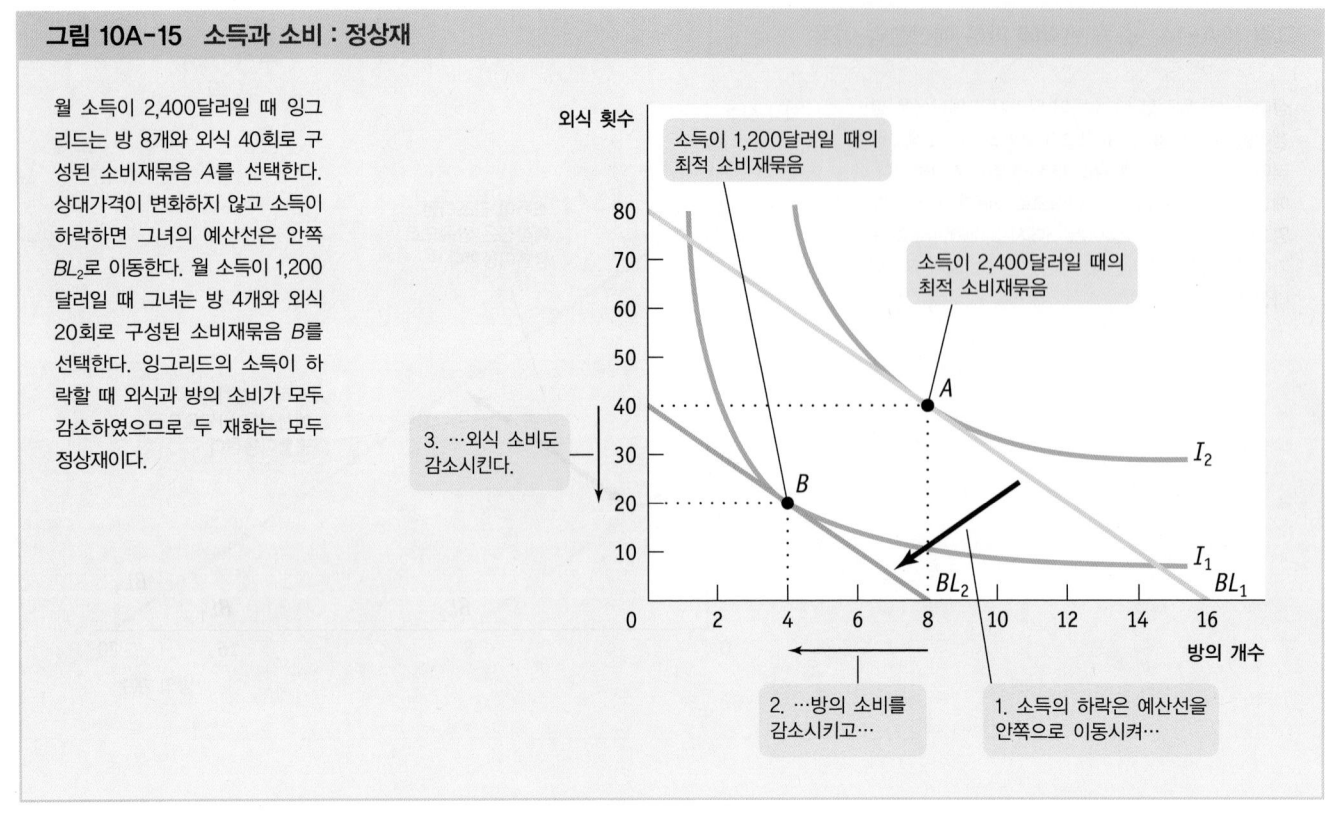

월 소득이 2,400달러일 때 잉그리드는 방 8개와 외식 40회로 구성된 소비재묶음 A를 선택한다. 상대가격이 변화하지 않고 소득이 하락하면 그녀의 예산선은 안쪽 BL_2로 이동한다. 월 소득이 1,200달러일 때 그녀는 방 4개와 외식 20회로 구성된 소비재묶음 B를 선택한다. 잉그리드의 소득이 하락할 때 외식과 방의 소비가 모두 감소하였으므로 두 재화는 모두 정상재이다.

로 변화하는—소득이 상승하면 수요가 감소하고, 소득이 하락하면 수요가 증가하는—재화도 있음을 언급했다. 중고가구가 한 예가 될 것이다. 한 재화가 열등재인지 여부는 소비자의 무차

그림 10A-16 소득과 소비 : 열등재

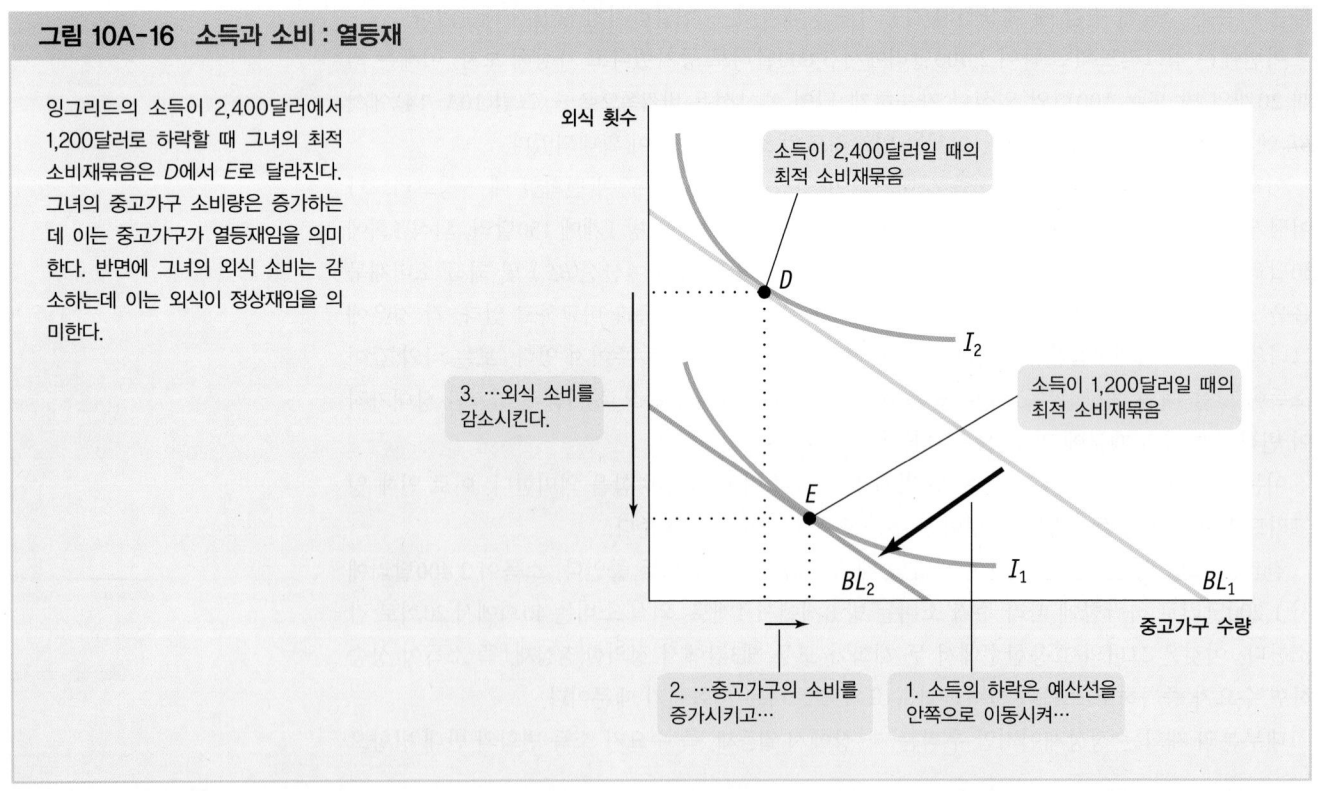

잉그리드의 소득이 2,400달러에서 1,200달러로 하락할 때 그녀의 최적 소비재묶음은 D에서 E로 달라진다. 그녀의 중고가구 소비량은 증가하는데 이는 중고가구가 열등재임을 의미한다. 반면에 그녀의 외식 소비는 감소하는데 이는 외식이 정상재임을 의미한다.

별곡선 지도에 달려 있다. 〈그림 10A-16〉은 그런 예를 보여 주는데, 중고가구가 수평축에, 외식이 수직축에 표시되고 있다. 잉그리드의 소득이 2,400달러(BL_1)에서 1,200달러(BL_2)로 하락하고 그녀의 최적 소비재묶음이 D에서 E로 이동함에 따라 중고가구의 소비가 증가함을 유의하라. 이로써 중고가구가 열등재임을 알 수 있다. 동시에 그녀의 외식 소비량은 감소한다. 외식은 정상재임을 알 수 있다.

소득효과와 대체효과

이제 소득 변화의 효과를 살펴보았으므로 다시 가격 변화 문제로 돌아가서 좀 더 구체적으로 가격 상승이 수요에 미치는 영향 중에는 소득의 영향이 있음을 보일 수 있다.

〈그림 10A-17〉에는 잉그리드의 소득이 2,400달러일 때 가격이 변하기 전(BL_1)과 후(BL_2)의 예산선 및 소비 선택이 그려져 있다. 주거 가격이 150달러일 때 잉그리드는 소비재묶음 A를 선택하고 주거 가격이 600달러일 때는 소비재묶음 C를 선택한다.

잉그리드의 예산선이 어떻게 변하는지 다시 한번 살펴보자. 수직축과는 여전히 외식 80회에서 만난다. 즉 잉그리드가 자신의 모든 소득을 외식에 지출한다면 주거 가격 상승이 그녀에게 아무런 영향을 미치지 않을 것이다. 그러나 새 예산선은 수평축과 방 4개에서 만날 뿐이다. 따라서 방의 상대가격이 상승한 결과 예산선은 안쪽으로 회전하고 기울기가 더 가파르게 된다.

우리는 이미 어떤 결과가 나타나는지 알고 있다. 잉그리드의 주거 소비는 방 8개에서 1개로 감소한다. 그런데 그림에 의하면 잉그리드의 주거 소비가 감소하는 데는 두 가지 이유가 있음을 알 수 있다. 그녀가 방의 소비를 줄이는 한 가지 이유는 방의 상대가격이 높아서 외식 횟수로 측정한 방의 기회비용—방 1개를 추가로 소비하기 위해 포기해야 하는 외식 횟수—이 높아졌기 때문이다. 더 가파른 예산선 기울기에 반영되어 있는 이 기회비용의 변화로 인해 잉그리드에게는 방의 소비를 외식 소비로 대체할 인센티브가 생긴다. 그녀는 이제 외식 소비를 40회 대신 60회로 늘린다.

그림 10A-17 소득효과와 대체효과

방 가격이 150달러일 때 잉그리드의 최적 소비재묶음 A에서 방 가격이 600달러일 때 그녀의 새로운 최적 소비재묶음 C까지의 이동은 두 부분으로 분해될 수 있다. A에서 B까지의 이동—상대가격의 변화에 따른 처음 무차별곡선 I_2 상의 이동—은 순수 대체효과이다. 이것은 방 가격 상승을 상쇄할 만큼만 가상적으로 소득을 증가시켰을 때 잉그리드의 소비가 어떻게 되었을까를 구한 것이다. B에서 C까지의 이동은 앞의 가상적인 소득 보상을 제거했을 때 나타나는 소비 변화로서 이것이 가격 상승의 소득효과—잉그리드의 구매력 감소로 인한 소비 변화—이다.

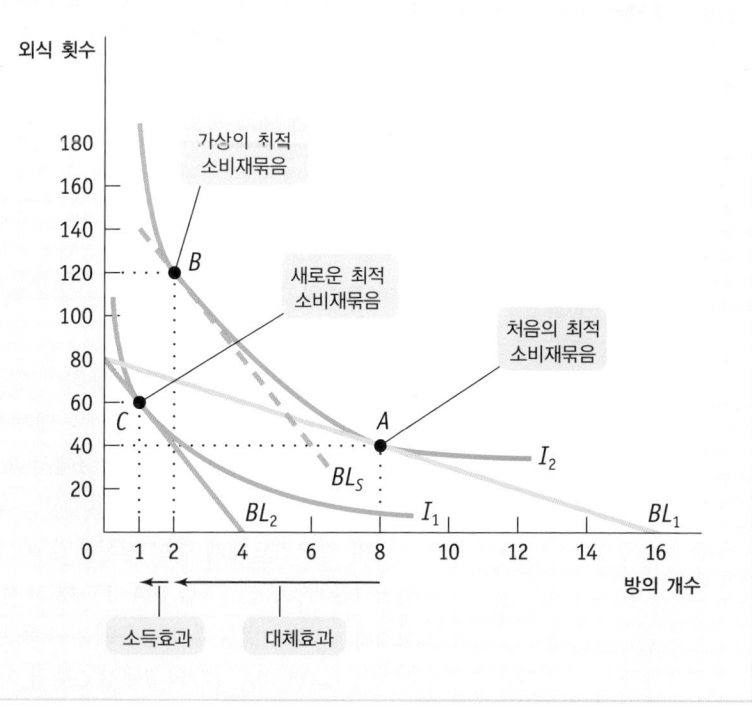

그런데 방 가격이 상승한 후 잉그리드가 방의 소비를 줄이게 된 또 다른 이유는 방 가격의 상승으로 인해 그녀가 더 가난해졌기 때문이다. 화폐소득이 변하지 않은 것은 사실이다. 그러나 방에 대해 더 많은 금액을 지불해야 하기 때문에 예산선이 안쪽으로 회전하였다. 따라서 예전과 같은 효용 수준에 도달할 수 없다. 더 낮은 무차별곡선에 머무르게 된 이유가 바로 이것이다.

현실세계에서 이들 효과—가격 상승이 기회비용을 높이고 또한 소비자를 더 가난하게 만드는—는 보통 동시에 발생한다. 그러나 우리는 상상 속에서 이들을 분리할 수 있다. 제10장에서 우리는 가격 변화로 인한 대체효과(상대적으로 비싸진 재화를 상대적으로 싸진 재화로 대체함으로써 나타나는 소비 변화)와 소득효과(가격 변화에 따른 구매력 변화로 인해 나타나는 소비 변화)의 구분을 소개하였다. 이제 우리는 이 두 효과를 보다 분명하게 나타낼 수 있다.

대체효과를 분리하기 위해 왜 잉그리드가 높은 방세를 내게 됐는지 잠시 이야기를 바꿔 보자. 그것은 주거비가 높아졌기 때문이 아니라 그녀가 신시내티로부터 방세가 높은 산호세로 이주했기 때문이다. 그런데 가상적인 이야기를 하나 생각해 보자—잉그리드는 산호세에서 소득을 더 많이 받아 주거비가 높은 것을 충분히 보상하여 총효용이 전과 똑같이 된다고 하자.

〈그림 10A-17〉에는 이주 전과 이주 후의 상황이 그려져 있다. 소비재묶음 A가 잉그리드의 처음 소비 선택, 방 8개와 외식 40회를 나타낸다. 그녀가 산호세로 이주한 후에는 주거비가 높아져 예산선이 더 가파르게 된다. 그런데 우리는 방금 잉그리드가 이주할 때 주거비가 높아진 것을 정확히 보상할 만큼—즉 원래의 무차별곡선에 머무를 수 있도록—소득이 증가한다고 가정하였다. 따라서 그녀의 새로운 가상의 최적 소비재묶음은 가파른 점선의 가상적 예산선(BL_S)이 원래의 무차별곡선(I_2)과 접하는 B이다. 주거비 상승으로 인한 구매력 손실을 보상했다고 가정함으로써 우리는 상대가격의 변화가 잉그리드의 소비에 미치는 순수 대체효과를 분리하였다.

소비재묶음 B는 방 2개와 외식 120회로 구성되어 있다. 이 비용은 4,800달러이다(600달러씩 하는 방 2개와 30달러씩 하는 외식 120회). 따라서 만일 잉그리드의 주거비가 방 1개당 150달러에서 600달러로 상승하지만 소득이 또한 월 2,400달러에서 4,800달러로 증가한다면 그녀의 총효용은 전과 똑같아진다.

A에서 B로의 이동은 가격 변화로 인한 순수 대체효과이다. 그것은 우리가 잉그리드의 총효용을 일정하게 유지한 채 주거의 상대가격을 변화시킬 때 그녀의 소비 선택에 나타나는 변화이다.

이제 대체효과를 분리해 냈으므로 가격 변화로 인한 소득효과를 구할 수 있다. 이것은 쉽다. 다시 소득 증가 없이 주거비만 상승한 원래의 이야기로 돌아가면 된다. 우리는 이미 이 경우의 선택이 〈그림 10A-17〉의 C임을 알고 있다. 그런데 우리는 A에서 C로의 이동이 두 단계에 걸쳐 일어나는 것으로 생각할 수 있다. 첫째는 상대가격의 변화로 인한 대체효과로서 A에서 B로의 이동이다. 다음에는 잉그리드가 원래의 무차별곡선에 머무르도록 하는 데 필요한 여분의 소득을 회수하여 C로 이동하게 만든다. B에서 C로의 이동은 주거 가격의 상승으로 인해 잉그리드의 효용이 감소하기 때문에 발생하는 추가적인 수요의 변화이다. 따라서 이것이 가격 변화로 인한 소득효과이다.

우리는 〈그림 10A-17〉을 이용하여 잉그리드의 선호에서 외식과 방이 모두 정상재임을 확인할 수 있다. 정상재에서 소득효과와 대체효과는 같은 방향으로 작용한다. 가격이 상승하면 대체효과로 인해 소비량이 감소하고(A에서 B로의 이동) 소득효과로 인해 소비량이 감소한다(B에서 C로의 이동). 정상재의 수요곡선이 항상 우하향하는 이유가 바로 이것이다.

만일 잉그리드에게 방이 정상재가 아니라 열등재였다면 주거 가격이 상승했을 때 어떤 일이 일어났을까? 우선 〈그림 10A-17〉에 그려진 A에서 B로의 이동, 즉 대체효과는 달라지지 않았을 것이다. 그러나 열등재의 경우에는 소득 변화로 인한 소비량의 변화가 반대 방향으로 작용한다. 따라서 〈그림 10A-17〉의 B에서 C로의 이동, 즉 정상재인 경우의 소득효과는 더 이상 성립하지 않을 것이다. 그 대신 열등재인 경우 소득효과는 잉그리드로 하여금 방의 소비를 *B*로부터 — 예컨대 방 3개와 외식 20회로 구성된 소비재묶음으로 — 증가시키도록 만들 것이다.

대개 열등재에 대한 수요곡선도 결국은 우하향한다. 만일 잉그리드가 주거 가격이 상승한 후 방 3개를 소비한다면 이것은 예전에 비해 여전히 5개를 적게 소비하는 것이다. 따라서 비록 열등재인 경우에는 소득효과가 대체효과와 반대 방향으로 작용하더라도 이 예에서는 대체효과가 소득효과보다 더 크다.

그런데 만일 열등재 중에 소득효과가 강력해서 대체효과를 능가하는 경우가 있다면 어떻게 될까? 그러면 그 재화에 대한 수요곡선은 우상향할까, 즉 가격이 상승할 때 수요량이 증가할까? 그렇다. 여러분은 이미 그러한 재화를 보았다. 그것은 제10장에서 설명한 기펜재이다. 거기서 설명한 대로 기펜재는 희귀한 존재이지만 배제할 수는 없다.

소득효과와 대체효과의 구분은 현실에서 중요할까? 재화에 대한 수요를 분석하는 데는 보통 이 구분이 그리 중요하지 않다. 그러나 제19장에서 우리는 사람들이 고용자에게 노동을 얼마나 공급할지 어떻게 결정하는가를 논의할 것인데, 이 경우에는 소득효과와 대체효과가 반대 방향으로 작용하며 이 두 효과의 구분이 중요하다.

토론문제

1. 〈그림 10A-4〉에 그려진 일반적인 무차별곡선의 네 가지 성질은 어떤 무차별곡선들을 배제하고 있다. 그 네 가지 성질이 다음의 각 무차별곡선을 허용하는지 판단하라. 허용하지 않는다면 어떤 성질이 그러한 무차별곡선을 배제하는지 말하라.

a.
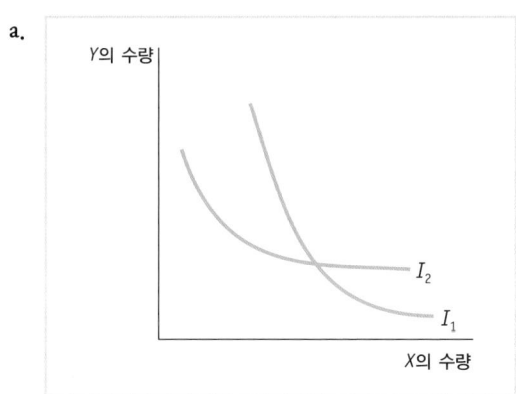

b.
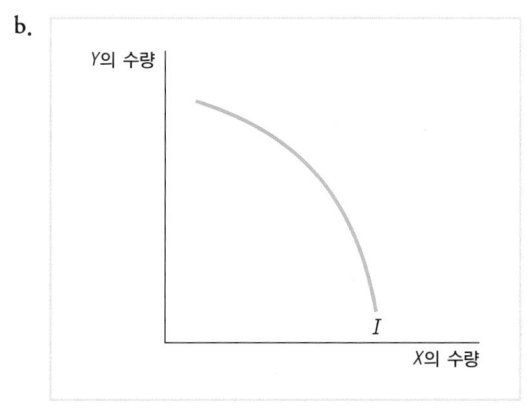

c.
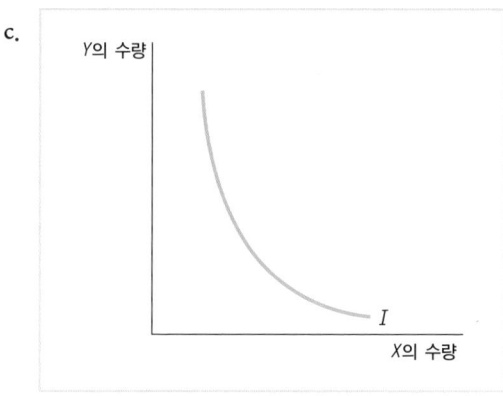

d.
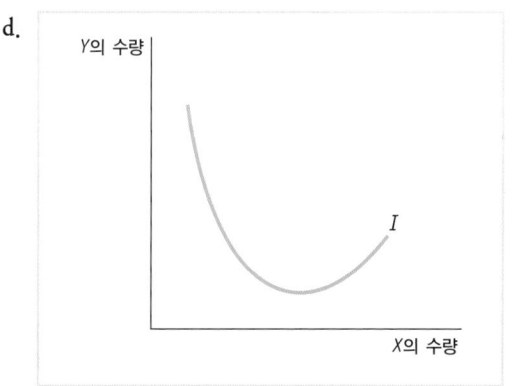

2. 랄프와 로렌은 체육관에 가는 것과 가장 선호하는 식당에서 식사하는 것을 얼마나 좋아하는지에 대해 서로 이야기하고 있다. 체육관을 한 번 이용할 때 드는 비용은 식당에서 한 번 식사할 때 드는 비용과 같다. 랄프는 현재 자신이 소비하고 있는 체육관과 외식의 묶음에서 외식을 한 번 더

하는 것이 체육관을 한 번 더 가는 것보다 두 배의 가치가 있다고 말한다. 로렌은 경제학을 공부하고 있는데 랄프의 현재 소비재묶음이 최적일 수가 없다고 말한다.

  a. 로렌의 지적이 옳은가 옳지 않은가? 그 이유는 무엇인가? 랄프의 예산선과 현재의 소비재묶음에서의 무차별곡선을 그려 보라. 외식은 수평축, 체육관 방문은 수직축에 표시하라.

  b. 최적 선택을 하기 위해서 랄프는 자신의 소비를 어떻게 조정해야 하는가? 그림에 최적 선택을 표시해 보라.

3. 노마에게 나초와 감자 튀김은 정상재이다. 노마에게 두 재화는 또한 보통재이다. 나초 가격은 올랐지만 살사 가격은 변화가 없다.

  a. 노마가 선택하는 나초 소비량이 이전보다 더 많거나 혹은 더 적을 것이라고 확실히 말할 수 있는가? 그림에 나초를 수평축, 감자 튀김을 수직축에 표시하여 설명하라.

  b. 노마가 선택하는 감자 튀김 소비량이 이전보다 더 많거나 혹은 더 적을 것이라고 확실히 말할 수 있는가? 그림에 나초를 수평축, 감자 튀김을 수직축에 표시하여 설명하라.

4. 팜은 빵과 스팸을 구입하는 데 소득을 사용하고, 팜의 무차별곡선은 일반재 무차별곡선의 네 가지 성질을 만족한다. 팜에게 스팸이 열등재이나 기펜재는 아니라고 가정하자. 빵은 정상재이다. 빵의 가격은 1개에 2달러이고, 스팸의 가격은 1캔에 2달러이다. 팜은 20달러를 지출할 수 있다.

  a. 스팸을 수평축, 빵을 수직축에 표시하여 팜의 예산선을 그리라. 스팸 4캔과 빵 6개가 팜의 최적 소비재묶음이라 가정하자. 그림에 이 소비재묶음을 나타내고, 이 소비재묶음을 지나는 무차별곡선을 그리라.

  b. 스팸 가격이 1달러로 떨어졌다. 빵 가격은 그대로이다. 팜은 이제 빵 7개와 스팸 6캔을 구매한다. 앞에 그린 그림에 팜의 새로운 예산선과 새로운 최적 소비재묶음을 묘사하라. 이 소비재묶음을 지나는 무차별곡선을

그리라.

  c. 자신의 그림에 스팸 가격 하락으로 인한 대체효과와 소득효과를 표시하라. 팜에게 스팸이 열등재임을 기억하라.

5. 캐티야는 회사로 통근하는 데 대중교통을 이용하거나 자신의 차로 갈 수 있다. 캐티야의 무차별곡선은 일반재의 무차별곡선의 네 가지 성질을 만족한다.

  a. 승용차 통근을 수직축, 대중교통 통근을 수평축에 두어 캐티야의 예산선을 그려 보라. 캐티야가 두 재화를 모두 어느 정도 소비한다고 가정하자. 최적 소비재묶음을 묘사하기 위해 무차별곡선을 그려 보라.

  b. 대중교통 요금이 내려갔다고 가정하자. 캐티야의 새로운 예산선을 그리라.

  c. 캐티야에게 대중교통은 열등재이지만 기펜재는 아니다. 대중교통 가격이 하락한 이후에 캐티야의 최적 소비재묶음을 나타내는 무차별곡선을 그려 보라. 캐티야는 대중교통 이용량을 늘리겠는가, 줄이겠는가?

  d. 대중교통 요금 인하로 인한 소득효과와 대체효과를 표시하라.

6. 카르멘은 학생식당 식사와 음반만 소비한다. 카르멘의 무차별곡선은 무차별곡선의 네 가지 성질을 만족한다. 식사 가격은 5달러이고 음반 가격은 10달러이다. 카르멘은 50달러를 지출할 수 있다.

  a. 카르멘의 최적 소비재묶음을 묘사하는 예산선과 무차별곡선을 그리라. 식사를 수평축, 음반을 수직축에 놓으라. 접점을 정확히 알기에는 정보가 부족하므로 임의로 한 점을 선택하라.

  b. 카르멘의 소득이 100달러로 증가했다. 같은 그림에 카르멘의 최적 소비재묶음을 나타내는 새로운 예산선과 무차별곡선을 그려 넣으라. 학생식당 식사가 열등재라고 가정하라.

  c. 학생식당 식사와 음반이 모두 열등재인 경우의 무차별곡선을 그릴 수 있는가?

연습문제

1. 다음 각 경우에 이사벨라의 무차별곡선 3개를 포함한 그래프를 그려 보라. 그래프의 축에 반드시 재화의 이름과 수치를 적어 넣으라.

  a. 이사벨라에게 자동차와 타이어는 완전보완재인데 그 비율은 1 : 4이다. 즉 이사벨라는 자동차 1대당 정확히

4개의 타이어를 필요로 한다. 타이어를 수평축, 자동차를 수직축에 표시하라.

  b. 이사벨라는 카페인 섭취를 통해서만 효용을 얻는다. 밸리 듀나 콜라를 소비할 수 있는데 밸리 듀는 콜라에 비해 카페인 함유량이 두 배이다. 콜라를 수평축, 밸리 듀

를 수직축에 표시하라.

c. 이사벨라는 여가시간과 소득을 통해서 효용을 얻는다. 두 재화에 대한 한계효용은 체감한다. 여가시간을 수평축, 소득을 수직축에 표시하라.

d. 이사벨라는 스키와 바인딩 두 재화를 소비한다. 스키 하나에 대해 바인딩이 1개씩만 필요하다. 바인딩을 수평축, 스키를 수직축에 표시하라.

e. 이사벨라는 탄산음료를 소비함으로써 효용을 얻는다. 그러나 물을 소비할 때는 아무런 효용도 얻지 않는다. 즉 물 소비량이 많고 적음에 관계없이 이사벨라의 효용 수준은 변하지 않는다. 물을 수평축, 탄산음료를 수직축에 표시하라.

2. 〈그림 10A-4〉에 그려진 일반재에 대한 무차별곡선의 네 가지 성질을 이용하여 다음 질문에 답하라.

a. 다음 두 묶음에 서열을 매길 수 있는가? 만일 그렇다면 무차별곡선의 어떤 성질에 의해 서열이 매겨지는가?

묶음 *A* : 극장표 2장과 식권 3장

묶음 *B* : 극장표 4장과 식권 8장

b. 다음 두 묶음에 서열을 매길 수 있는가? 만일 그렇다면 무차별곡선의 어떤 성질에 의해 서열이 매겨지는가?

묶음 *A* : 극장표 2장과 식권 3장

묶음 *B* : 극장표 4장과 식권 3장

c. 다음 두 묶음에 서열을 매길 수 있는가? 만일 그렇다면 무차별곡선의 어떤 성질에 의해 서열이 매겨지는가?

묶음 *A* : 비디오 12개와 감자칩 4봉지

묶음 *B* : 비디오 5개와 감자칩 10봉지

d. 당신은 다음 두 묶음에 대해 무차별하다고 가정하자.

묶음 *A* : 아침식사 10회와 저녁식사 4회

묶음 *B* : 아침식사 4회와 저녁식사 10회

이제 묶음 *A*를 다음 묶음과 비교하라.

묶음 *C* : 아침식사 7회와 저녁식사 7회

묶음 *A*와 묶음 *C*에 대해 서열을 매길 수 있는가? 만일 그렇다면 무차별곡선의 어떤 성질에 의해 서열이 매겨지는가? (힌트 : 수평축에 저녁식사, 수직축에 아침식사를 표시하여 그래프를 그려 보면 도움이 될 것이다. 두 재화 모두 일반재라는 것을 명심하라.)

3. 네하가 소비할 수 있는 재화는 외식과 (방의 숫자로 측정된) 주거뿐이라고 한다. 네하의 소득은 1,000달러이고 방 1개의 가격은 100달러이다. 외식 횟수로 표시된 방 1개의 상대가격은 5이다. 네하가 소득을 모두 외식에 지출할 때 소비할 수 있는 외식 횟수는 얼마인가?

4. 다음 두 가정하에서 다음 질문에 답하라. (1) 인플레이션

으로 모든 재화의 가격이 20% 상승한다. (2) 이나의 소득은 5만 달러에서 5만 5,000달러로 상승한다.

a. 이나의 예산선의 기울기는 증가, 감소, 불변 중 어떻게 되겠는가?

b. 이나의 예산선은 바깥쪽으로 이동, 안쪽으로 이동, 불변 중 어떻게 되겠는가?

5. 코리는 50달러의 소득으로 두 가지 재화, 음반과 코코아를 소비할 수 있다. 두 재화 모두 정상재이다. 음반 가격은 1장에 10달러이고, 코코아 가격은 1잔에 2달러이다. 다음 각 상황에서 주어진 소비재묶음이 코리의 최적 소비재묶음인지를 판단해 보라. 만약 아니라면, 최적 소비재묶음을 달성하기 위해서 코리는 어떻게 해야 하는가?

a. 코리는 음반 4장과 코코아 5잔을 소비하려고 한다. 이 소비재묶음에서 코코아로 표시한 음반의 한계대체율은 1이다. 즉 코리는 음반 1장을 얻기 위해 코코아 1잔만을 포기할 용의가 있다.

b. 코리는 음반 2장과 코코아 15잔을 소비하려고 한다. 2장째 음반에 대한 한계효용은 25이며, 15잔째의 코코아에 대한 한계효용은 5이다.

c. 코리는 음반 1장과 코코아 10잔을 소비하려고 한다. 이때 코코아로 표시한 음반의 한계대체율은 5이다. 즉 음반 1장에 대해 코코아 5잔을 교환할 용의가 있다.

6. 라울은 칼 립켄 야구카드 4장과 놀런 라이언의 야구카드 2장을 가지고 있다. 야구카드의 가격은 칼의 것이 24달러, 놀런의 것이 12달러이다. 그러나 라울은 놀런의 카드 1장에 대해 칼의 카드 1장을 교환할 용의가 있다.

a. 라울에게 있어 놀런 라이언 야구카드로 표시한 칼 립켄 야구카드의 한계대체율은 얼마인가?

b. 라울은 야구카드를 매매하여 자신의 효용을 증가시킬 수 있는가? 어떻게 하면 되겠는가?

c. 라울이 야구카드들 서래했고 거래 후에도 여전히 두 종류의 카드를 얼마씩 보유하고 있다고 하자. 이제 라울에게 있어 놀런 라이언 카드로 표시한 칼 립켄 카드의 한계대체율은 얼마인가?

7. 새빈은 코카콜라와 펩시를 구분하지 못한다. 즉 새빈에게 그 두 가지 음료수는 완전대체재이다.

a. 새빈의 펩시로 표시한 콜라콜라의 한계대체율은 얼마인가?

b. 코카콜라와 펩시에 대한 새빈의 무차별곡선을 그려 보라. 코카콜라를 수평축, 펩시를 수직축에 표시하라.

c. 새빈은 이번 주에 콜라에 지출할 돈으로 6달러가 있다. 코카콜라는 6개 팩에 1,5달러, 펩시는 6개 팩에 1달러

이다. 같은 그림에 코카콜라와 펩시에 대한 새빈의 예산선을 그려 넣으라.

d. 새빈의 최적 소비재묶음은 어느 것인가? 이를 그림에 표시해 보라.

e. 만일 코카콜라와 펩시의 가격이 같다면, 새빈이 구입할 코카콜라와 펩시의 배합은 어떠하겠는가?

8. 거스는 자신의 소득을 자동차 휘발유 및 음식을 사는 데 지출한다. 정부가 휘발유에 대한 세금을 올려 휘발유 가격이 올랐다. 그러나 정부에서는 또한 소득세를 인하하여 거스의 소득이 증가했다. 이러한 소득 증가로 인해 거스는 휘발유 가격이 상승하기 전에 위치했던 무차별곡선에 위치하게 되었다. 거스는 이러한 변화가 있기 전과 비교할 때 휘발유 소비량을 늘리겠는가, 줄이겠는가, 아니면 동일하게 유지하겠는가? 휘발유를 수평축, 음식을 수직축으로 하여 그림으로 설명하라.

9. 크랜달에게 치즈와 크래커는 완전보완재이다. 그는 크래커 1개당 치즈 한 덩어리를 소비하기를 원한다. 치즈와 크래커에 지출할 소득 2.4달러가 있다. 치즈 한 덩어리의 가격은 20센트이고, 크래커는 1개당 10센트이다. 크래커를 수평축, 치즈를 수직축에 표시한 그림을 그리고 다음에 답하라.

a. 크랜달은 어떤 소비재묶음을 소비하겠는가?

b. 크래커 가격이 20센트로 올랐다. 크랜달이 소비하게 될 치즈와 크래커의 양은 각각 얼마인가?

c. 가격 상승으로 인한 소득효과와 대체효과를 그림에 나타내라.

10. 일본의 내무통신성에서는 도쿄 쿠 지역의 재화와 서비스 가격에 대한 자료와 일본 평균가계의 월소득에 대한 자료를 수집한다. 다음 표는 이 자료 중 일부를 표시한 것이다.

연도	달걀 가격 (10개짜리 한 묶음)	참치 가격 (100그램당)	평균 월소득
2013	¥187	¥392	¥524,810
2015	231	390	524,585

a. 표시된 각 연도에 일본의 평균적인 가계가 매월 소비할 수 있는 최대 달걀 소비량은 몇 묶음인가? 최대 참치 소비량은 100그램짜리 몇 단위인가? 일본 평균가계의 2013년과 2015년의 예산선을 하나의 그래프에 표시하라. 달걀 소비량을 y축, 참치 소비량을 x축에 표시하라.

b. 각 연도에 대해 참치로 표시한 달걀의 상대가격을 구하라. 상대가격원칙을 이용하여 평균가계의 달걀과 참치 소비가 2013년에서 2015년 사이에 어떻게 달라졌을지 설명하라.

11 공급곡선의 이면 : 투입과 비용

농부의 선택

"오 아름다워라, 광활한 하늘과 누런 곡식의 물결…"이란 가사로 노래 〈아름다운 아메리카〉는 시작한다. 가사에 나오는 누런 곡식의 물결은 상상 속의 것이 아니다. 미국 인구 중에 농부는 극소수이지만 미국의 농업 생산성은 엄청나게 높아서 전 세계 인구의 대부분을 먹여 살리고 있다.

토지를 얼마나 집약적으로 경작하는가 하는 한계적 결정은 농부가 받는 가격에 따라 달라진다

그런데 농업 통계를 보면 조금 놀라운 사실이 있다. 에이커당 산출량을 볼 때 미국은 선두 근처에도 못 미치는 경우가 많다. 서부유럽의 에이커당 밀 생산량은 미국의 세 배 가까이 된다. 유럽인들이 미국인들보다 밀 생산에 더 유능한 것일까?

그렇지 않다. 유럽의 농부들이 대단히 유능한 것은 사실이지만 미국 농부들보다 더 뛰어난 것은 아니다. 그들이 더 많은 밀을 생산하는 이유는 에이커당 더 많은 투입물—비료와 노동력(특히 후자)—을 사용하기 때문이다. 당연히 비용도 유럽 쪽이 더 높다. 그러나 정부 시책으로 인해 유럽 농부들은 미국 농부들보다 밀에 대해 더 높은 가격을 받는다. 이것이 유럽의 농부들로 하여금 더 많은 투입물을 사용하게 만들고 한계적으로 에이커당 생산량을 증가시키는 데 더 많은 노력을 투입하게 만드는 인센티브가 된다.

'한계적으로'라는 용어의 사용에 주목하기 바란다. 이익과 비용을 비교하게 되는 대부분의 결정이 그렇듯이 투입물과 생산에 관한 결정은 한계수량—생산량을 조금 더 증가시키는 데 따른 한계비용과 한계편익—의 비교를 수반한다.

제9장에서 우리는 학교 교육으로부터의 이윤을 극대화하기 위해 교육 기간을 선택해야 하는 알렉사의 경우를 살펴보았다. 거기에서 우리는 최적의 교육 기간을 찾기 위해 한계분석의 이윤극대화 원칙을 사용하였다.

이 장과 제12장에서는 공급곡선의 이면에서 생산량이 어떻게 결정되는지 한계 분석을 통해 알아본다. 그 첫 단계로서 기업의 투입물과 산출물 사이의 관계—기업의 **생산함수**—가 어떻게 기업의 **비용곡선**, 즉 생산량과 비용과의 관계를 결정하는지 알아본다. 이것이 이 장에서 살펴볼 내용이다. 제12장에서는 기업의 비용곡선에 대해 배운 것을 이용하여 개별 공급곡선과 시장 공급곡선을 도출하게 된다. ●

이 장에서 배울 내용

- 기업의 **생산함수**란 무엇인가?
- 생산에서 **요소에 대한 수익체감**이 흔히 나타나는 이유는 무엇인가?
- 기업이 직면하는 비용의 유형에는 어떤 것들이 있으며 기업의 **한계비용곡선**과 **평균비용** 곡선은 어떻게 도출하는가?
- 기업의 비용이 **단기**와 **장기**에 있어 다른 이유는 무엇인가?
- **규모의 경제**란 무엇이며 그것이 어떤 이점을 주는가?

‖ 생산함수

기업이란 판매를 목적으로 재화와 서비스를 생산하는 조직이다. 생산은 투입물을 산출물로 전환하는 과정이다. 기업이 생산하는 산출물의 수량은 투입물의 수량에 따라 결정되는데 이 산출량과 투입량의 관계를 기업의 **생산함수**(production function)라고 부른다. 이 생산함수가 기업의 비용곡선을 결정함을 앞으로 배우게 될 것이다. 우선은 가상적인 생산함수를 놓고 그 특징을 살펴보도록 하자.

투입과 산출

생산함수의 개념을 설명하기 위해 토지와 노동 두 가지를 투입하여 밀 한 가지만을 생산하는 농장을 생각해 보자. 이 농장은 라일리와 타일러라고 하는 부부가 소유하고 있다. 이들 부부는 일꾼을 고용하여 농장에서 필요한 육체노동을 시키고 있다. 우리는 모든 노동자가 동질적이라고, 즉 농장 일에 필요한 지식과 능력을 똑같이 가졌다고 가정한다.

라일리와 타일러의 농장에는 10에이커의 토지가 있으며 토지를 매매하거나 빌려서 그 경작 면적을 증가시키거나 감소시킬 수 없다. 여기서 토지는 경제학자가 말하는 **고정요소**(fixed input) — 수량이 고정되어 변경 불가능한 요소 — 이다. 반면에 라일리와 타일러는 자신의 농장에서 일할 노동자의 수는 자유로이 선택할 수 있다. 이들 노동자가 공급하는 노동은 **가변요소**(variable input) — 기업이 수량을 아무 때나 변동시킬 수 있는 요소 — 라고 부른다.

현실에서 어떤 요소의 수량이 고정되어 있는지 여부는 주어진 시간에 따라 결정된다. 충분한 시간이 주어진 **장기**(long run)에는 어떤 요소의 수량도 조정될 수 있다. 예컨대 장기에는 라일리와 타일러 부부가 매매를 통해 경작하는 토지의 면적을 변경할 수 있다. 따라서 장기에는 고정요소가 없다.

반면에 **단기**(short run)는 적어도 하나의 요소가 고정되어 있는 시간으로 정의된다. 단기와 장기의 구분에 대해서는 이 장 뒷부분에서 더 엄밀하게 살펴볼 것이다. 우선은 관심을 단기에 두고 적어도 하나의 고정요소가 있다고 가정한다.

라일리와 타일러는 밀 산출량이 노동자의 수에 따라 달라진다는 것을 알고 있다. 현대의 농업기술로는 비록 집약적이지는 못해도 노동자 1명이 10에이커의 토지를 경작할 수 있다. 노동자가 추가될 때마다 토지를 모든 사람에게 똑같이 할당하면, 노동자가 2명일 때에는 5에이커씩, 3명일 때에는 3 1/3에이커씩, 이런 식으로 노동자가 추가됨에 따라 10에이커의 토지는 더 집약적으로 경작되고 밀 산출량은 증가한다.

고정요소의 수량이 주어졌을 때 노동량과 산출량의 관계가 농장의 생산함수가 된다. 토지가 고정요소이고 노동이 가변요소인 라일리와 타일러 농장의 생산함수가 〈그림 11-1〉에 있는 표의 처음 두 열에 주어져 있고 같은 내용이 그래프로 표시되어 있다. 〈그림 11-1〉의 곡선은 주어진 수량의 고정요소에 대해 가변요소의 투입량에 따라 산출량이 어떻게 변화하는지를 보여 주는데 이를 **총생산곡선**(total product curve)이라 부른다.

수직축에는 부셸로 표시한 밀의 산출량이 표시되어 있고 수평축에는 고용된 사람 수로 표시한 가변요소, 즉 노동의 투입량이 표시되어 있다. 총생산곡선이 상승하는 것은 노동자가 더 많이 고용될수록 더 많은 밀이 생산됨을 나타낸다.

〈그림 11-1〉의 총생산곡선은 모든 구간에서 상승하지만 그 기울기는 일정하지 않다. 곡선을 따라 오른쪽으로 올라갈수록 기울기는 완만해진다. 이 기울기의 변화를 이해하려면 〈그림 11-1〉에 있는 표의 세 번째 열을 보라. 여기에는 노동자가 한 사람씩 추가될 때마다 발생하는 산출량의 변화가 표시되어 있다. 이것이 노동의 한계생산(MPL), 곧 노동 한 단위(즉 일꾼 한 사람)를

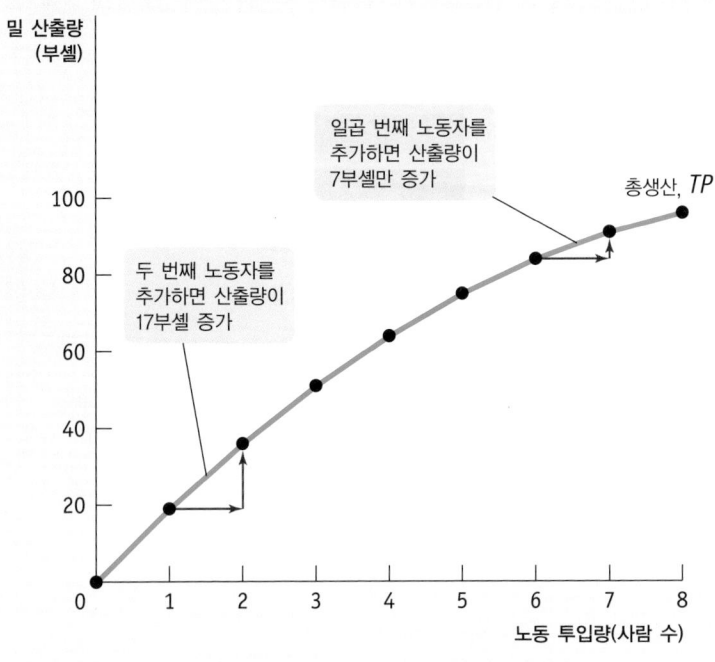

그림 11-1 라일리와 타일러 농장의 생산함수와 총생산곡선

노동 투입량 (사람 수) L	밀 산출량 (부셀) Q	노동의 한계생산 (1인당 부셀) $MPL = \Delta Q/\Delta L$
0	0	
		19
1	19	
		17
2	36	
		15
3	51	
		13
4	64	
		11
5	75	
		9
6	84	
		7
7	91	
		5
8	96	

표에는 가변요소의 투입량이 노동자 수로, 산출량이 밀의 부셀 수로 각각 표시되어 있고 이 두 변수 간의 관계, 즉 생산함수가 고정요소의 일정 투입량에 대해 표시되어 있다. 그리고 노동의 한계생산도 계산되어 있다. 총생산곡선은 생산함수를 그래프로 나타낸 것이다. 총생산곡선이 상승하는 이유는 노동자를 더 많이 고용할수록 밀이 더 많이 생산되기 때문이다. 총생산곡선의 기울기가 점차 완만해지는 이유는 노동자가 더 많이 고용될수록 노동의 한계생산이 감소하기 때문이다.

더 사용할 때 얻어지는 산출량의 증가이다. 일반적으로 어떤 요소의 **한계생산**(marginal product)이란 그 요소를 한 단위 더 사용할 때 추가적으로 얻어지는 산출량이다.

이 경우에는 노동자가 세 사람일 때의 산출량, 네 사람일 때의 산출량처럼 한 사람 간격의 자료가 있지만 경우에 따라서는(예컨대 노동자가 40명일 때, 50명일 때와 같이) 자료가 한 단위 간격으로 얻어지지 않을 수도 있다. 이럴 때는 다음 식과 같이 노동의 한계생산을 구할 수 있다.

(11-1)   노동의 한계생산＝노동 한 단위 추가로 발생하는 산출량의 변화

$$= \frac{\text{산출량의 변화}}{\text{노동 투입량의 변화}}$$

기호로는

$$MPL = \frac{\Delta Q}{\Delta L}$$

이 식의 Δ(그리스어의 대문자 델타)는 한 변수의 변화량을 나타낸다.

이제는 총생산곡선의 기울기가 무엇을 의미하는지 설명할 수 있다. 그것은 노동의 한계생산과 같다. 직선의 기울기는 높이를 밑변으로 나눈 것과 같다(제2장 부록 참조). 따라서 총생산곡선의 기울기는 산출량의 변화(높이, ΔQ)를 노동 투입량의 변화(밑변, ΔL)로 나눈 것이다. 그리

한계생산(marginal product)은 어떤 요소를 한 단위 더 사용함으로써 추가로 얻어진 산출량이다.

국제비교 세계의 밀 수확량

지역에 따라 밀 수확량은 상당히 차이가 난다. 특히 이 그래프에 나타난 EU와 미국의 격차는 둘 다 모두 부유하고 농업기술 수준이 비슷하다는 점을 고려할 때 놀라운 수준이다. 그러나 이러한 격차의 원인은 단순하다. 정부정책의 차이인 것이다. 미국에서는 농부들이 정부로부터 소득보조금을 받지만 유럽에서는 최저가격제의 혜택을 받는다. 유럽의 농부들은 미국에 비해 생산물에 대해 더 높은 가격을 받기 때문에 가변요소를 더 많이 투입하여 훨씬 더 높은 수확을 얻는다.

흥미로운 사실은 알제리나 에티오피아와 같이 가난한 국가에서는 해외원조가 수확량을 상당히 감소시킬 수 있다는 점이다. 부유한 국가들로부터의 해외원조는 흔히 잉여농산물의 형태로 이루어지는데, 이는 원조를 받는 국가들의 시장가격을 하락시켜 가난한 나라들을 지탱해 주는 농업에 상당한 타격을 준다. OXFAM과 같은 자선단체에서는 이러한 문제를 해결할 수 있도록 극심한 식량부족 사태 이외의 경우에는 식량 대신 현금으로 원조정책을 수정해 줄 것을 부유한

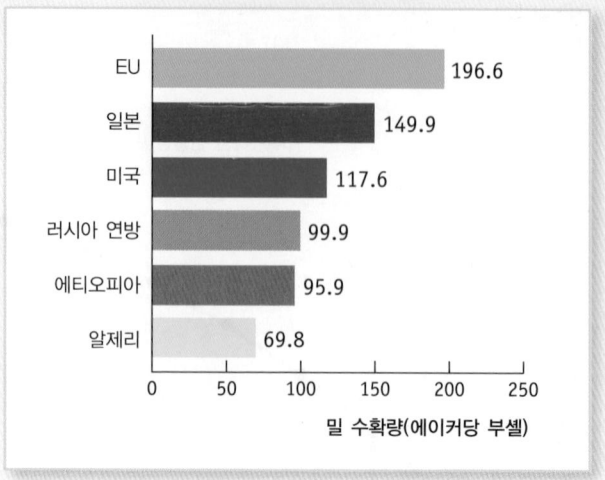

식량 생산국들에게 요구해 왔다.

출처 : USDA, 2019.

고 식 (11-1)에서 보는 바와 같이 이것은 바로 노동의 한계생산이다. 그러므로 〈그림 11-1〉에서 첫 번째 노동자의 한계생산이 19라는 것은 노동 투입량이 0에서 1로 변할 때 총생산곡선의 기울기가 19라는 것을 뜻한다. 마찬가지로 노동 투입량이 1에서 2로 변할 때 총생산곡선의 기울기는 두 번째 노동자의 한계생산과 같고 이것은 17이며 그다음도 마찬가지다.

이 예에서는 노동자가 더 많이 고용될수록 노동의 한계생산은 감소한다. 즉 노동자들이 차례로 추가될 때 새로 추가되는 노동자가 증가시키는 산출량은 그 전의 노동자에 비해 더 적어진다. 이에 따라 고용량이 증가할수록 총생산곡선의 기울기는 완만해진다.

〈그림 11-2〉는 농장에서 일하는 노동자 수에 따라 노동의 한계생산이 어떻게 달라지는지 보여 준다. 수직축에는 노동의 한계생산(MPL)이 추가 노동자 한 사람당 밀 산출량(부셸로 표시)으로 표시되어 있고 수평축에는 노동자 수가 표시되어 있다. 〈그림 11-1〉의 표를 보면 노동자 수가 4에서 5로 증가할 때 산출량이 64에서 75로 증가함을 알 수 있다. 이 경우 노동의 한계생산은 11부셸인데 〈그림 11-2〉에 표시된 바와 같다. 11부셸이 고용자가 4에서 5로 증가할 때의 한계생산임을 나타내기 위해 이 경우에 해당되는 점을 4와 5의 중간에 찍어 놓았다.

이 예에서는 노동자 수가 증가할 때 노동의 한계생산이 점차 감소한다. 즉 라일리와 타일러의 농장에서는 노동에 대한 수익이 체감하고 있다. 일반적으로 **한 투입요소에 대한 수익체감**(diminishing returns to an input)이란 다른 모든 요소들의 투입량을 고정시킨 채 한 요소의 투입량을 증가시킬 때 그 요소의 한계생산이 점차 감소하는 것을 말한다. 노동에 대한 수익이 체감하고 있기 때문에 MPL곡선은 마이너스의 기울기를 갖는다.

수익이 체감하는 이유를 파악하려면 라일리와 타일러가 토지 투입량을 고정한 채 노동자를 점점 더 많이 고용할 때 어떤 일이 일어날지 생각해 보라. 노동자 수가 증가할수록 토지는 더 집약적으로 경작되고 산출량은 늘어날 것이다. 그런데 노동자들이 차례로 추가될 때마다 노동자들은 전보다 더 작은 면적의 토지에서 일하게 된다. 이 결과로 새로이 추가되는 노동자는 그 이전의 노동자만큼 생산할 수 없게 된다. 따라서 노동자들이 추가될 때 한계생산이 떨어지는 것은

한 투입요소에 대한 수익체감(diminishing returns to an input)이란 다른 모든 요소의 투입량을 고정시킨 채 한 요소의 투입량을 증가시킬 때 그 요소의 한계생산이 감소하는 것을 말한다.

그림 11-2 라일리와 타일러 농장의 노동의 한계생산곡선

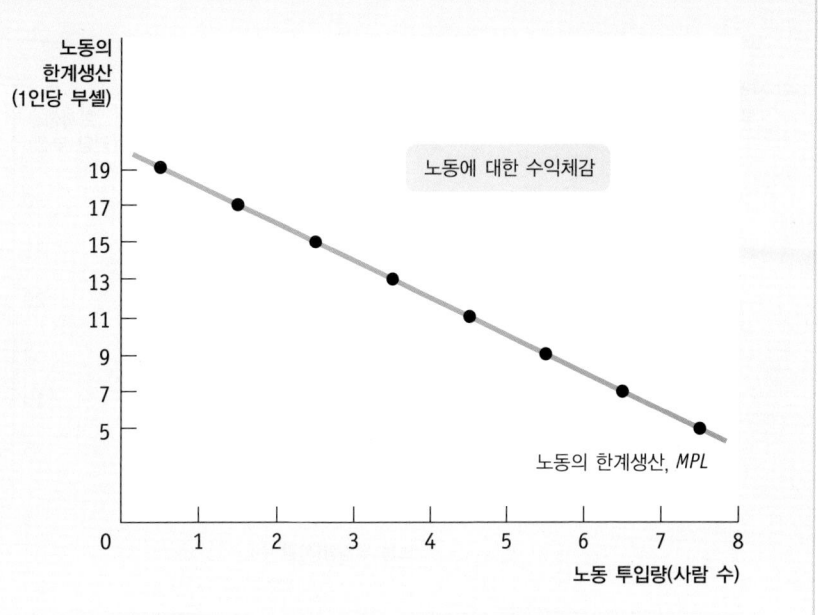

노동의 한계생산곡선은 노동자를 한 사람씩 추가할 때 발생하는 산출량의 증가, 즉 노동의 한계생산을 그린 것이다. 노동자 수는 수평축에, 산출량의 변화는 수직축에 표시되어 있다. 처음 고용된 노동자는 19부셸의 산출량 증가를 발생시키고 두 번째 노동자는 17부셸의 산출량 증가를 발생시키는 식이다. 곡선이 하강하는 것은 노동에 대한 수익이 체감하기 때문이다.

당연하다.

수익체감의 법칙에 대해 꼭 짚고 넘어갈 것은 경제학의 많은 명제들이 그렇듯이 이것도 '다른 조건이 같다면'이란 전제를 달고 있다는 점이다. 한 요소의 투입량을 증가시킬 때 만일 다른 모든 요소들의 투입량이 고정되어 있다면 산출량의 증가는 전보다 작아진다는 것이다.

만일 다른 요소들의 투입량이 변경될 수 있다면 어떻게 될까? 〈그림 11-3〉에서 그 답을 찾을 수 있다. 그림 (a)에는 2개의 총생산곡선 TP_{10}과 TP_{20}이 그려져 있다. TP_{10}은 농장의 경작 면적이 10에이커일 때의 총생산곡선으로서 〈그림 11-1〉의 총생산곡선과 같은 것이다. TP_{20}은 경작 면적이 20에이커로 증가되었을 때의 총생산곡선이다. 노동자 수가 0일 때를 제외하고는 모든 곳에서 TP_{20}이 TP_{10}보다 더 위쪽에 있는데, 그 이유는 경작 면적이 넓을수록 같은 수의 노동자가 더 많은 산출량을 생산하기 때문이다. 그림 (b)에는 각각에 해당하는 노동의 한계생산곡선이 그려져 있다. MPL_{10}은 경작 면적이 10에이커일 때의 한계생산곡선으로서 〈그림 11-2〉와 같은 것이다. MPL_{20}은 경작 면적이 20에이커일 때의 한계생산곡선이다.

두 곡선이 모두 하강하는 이유는 두 경우 모두 경작 면적이 (각기 다른 수준에) 고정되어 있기 때문이다. 그러나 MPL_{20}이 모든 곳에서 MPL_{10}보다 위쪽에 있는데, 이는 함께 투입된 고정요소의 양이 많을수록 노동의 한계생산이 높아진다는 사실이 그림에 반영된 것이다.

〈그림 11-3〉은 총생산곡선의 위치는 다른 요소들의 투입량에 따라 달라진다는 일반적인 현상을 잘 보여 주고 있다. 다른 요소들의 투입량을 변경하면 투입량이 변경되지 않은 요소의 총생산곡선과 한계생산곡선이 모두 이동하게 된다.

생산함수에서 비용곡선으로

라일리와 타일러가 자신들의 생산함수를 알게 되면 노동 및 토지의 투입량과

함정

한 단위란?

노동이나 어떤 요소의 한계생산은 그 요소의 투입량을 한 단위 증가시킬 때 발생하는 산출량의 증가로 정의된다. 그런데 노동 '한 단위'란 무엇을 가리킬까? 노동 1시간인가, 일주일인가, 아니면 1년인가?

답은 '일관성을 유지한다면' 어떤 단위를 사용해도 상관없다는 것이다. 경제학에서 오류가 발생하는 흔한 이유 중 하나가 단위를 혼동하는 것이다. 예를 들면 노동 '1시간' 추가로 인해 얻어진 산출량의 증가를 노동자를 '일주일' 동안 고용하는 비용과 비교하는 것이다. 어떤 문제를 분석할 때는 사용하는 단위가 무엇이건 간에 항상 같은 단위를 사용하도록 주의해야 한다.

그림 11-3 총생산, 한계생산과 고정요소

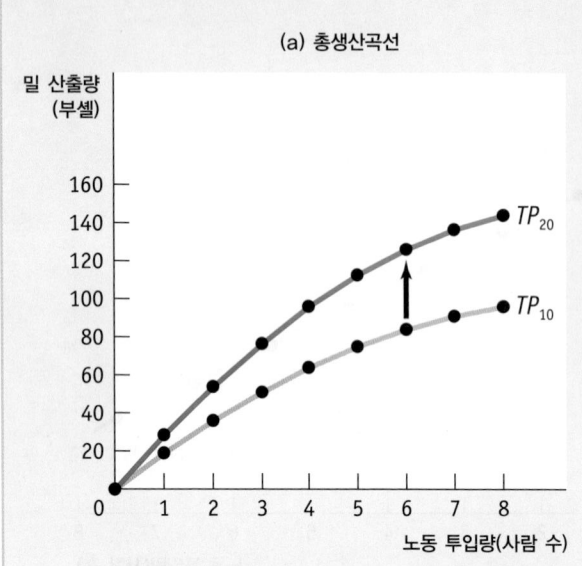

(a) 총생산곡선

밀 산출량
(부셸)

TP_{20}

TP_{10}

노동 투입량(사람 수)

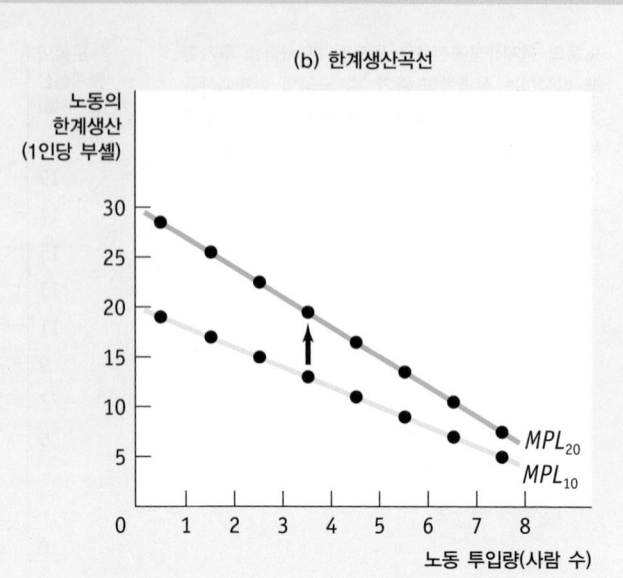

(b) 한계생산곡선

노동의
한계생산
(1인당 부셸)

MPL_{20}
MPL_{10}

노동 투입량(사람 수)

이 그림은 고정요소의 투입량에 따라 총생산곡선으로 표시된 산출량과 한계생산이 어떻게 변화하는가를 나타낸 것이다. 그림 (a)에는 라일리와 타일러 농장의 총생산곡선이 2개 예시되어 있다. TP_{10}은 경작 면적이 10에이커일 때, TP_{20}은 경작 면적이 20에이커일 때의 총생산곡선이다. 경작 면적이 클수록 같은 노동자가 밀을 더 많이 생산할 수 있다. 따라서 고정요소 투입량을 증가시키면 총생산곡선은 TP_{10}에서 TP_{20}으로 상승한다. 같은 이유로 각 노동자의 한계생산은 경작 면적이 10에이커일 때보다 20에이커일 때 더 높다. 그림 (b)에 표시된 것이 노동의 한계생산곡선이다. 경작 면적을 증가시킴에 따라 노동의 한계생산곡선은 MPL_{10}에서 MPL_{20}으로 상향 이동한다. 노동에 대한 수익체감으로 인해 두 한계생산곡선이 모두 하강함을 주목하라.

밀 산출량과의 관계를 알 수 있다. 그러나 이윤을 최대로 만들려 한다면 이 지식을 산출량과 비용에 관한 정보로 전환시켜야 한다. 이 작업을 어떻게 해야 할지 살펴보도록 하자.

기업의 생산함수에 관한 정보를 비용에 관한 정보로 전환하려면 요소를 구입하는 데 얼마나 지불하는지 알 필요가 있다. 우리는 라일리와 타일러가 토지 사용의 대가로 드러나게 또는 드러나지 않게 지불하는 비용이 400달러라고 가정한다. 제9장에서 배운 바와 같이 라일리와 타일러가 다른 사람에게 400달러를 지불하고 토지를 임차하거나, 다른 사람에게 임대하여 받을 수 있는 400달러를 포기하면서 자신의 토지를 사용하거나 비용은 마찬가지이다. 어떤 경우든 밀을 경작하기 위해 토지를 사용하려면 400달러의 기회비용을 지불하게 된다. 그리고 토지가 고정요소이기 때문에 토지에 지출하는 400달러는 (단기적으로) 산출량에 관계없이 지출되는 **고정비용**(fixed cost)이다. 이를 *FC*로 표시한다. 업계에서는 고정비용을 흔히 간접비(overhead cost)라고 부른다.

우리는 또한 라일리와 타일러가 노동자 한 사람당 200달러를 지불해야 한다고 가정한다. 생산함수를 이용하면 생산하려는 밀의 수량에 따라 노동자를 몇 명 고용해야 하는지 알 수 있다. 노동비용은 노동자 수에 200달러를 곱해서 얻어지는데 이는 산출량에 따라 달라지는 **가변비용**(variable cost)이다. 이를 *VC*로 표시한다.

어떤 산출량을 생산하는 데 들어가는 **총비용**(total cost) *TC*는 고정비용과 가변비용의 합이다. 고정비용, 가변비용, 총비용 간의 관계는 다음 식과 같이 표시된다.

(11-2)   총비용 = 고정비용 + 가변비용

고정비용(fixed cost)이란 생산량에 따라 달라지지 않는 비용으로서 고정요소의 비용을 말한다.

가변비용(variable cost)이란 생산량에 따라 달라지는 비용으로서 가변요소의 비용을 말한다.

총비용(total cost)은 어떤 산출량을 생산하는 데 들어가는 고정비용과 가변비용의 합이다.

그림 11-4 라일리와 타일러 농장의 총비용곡선

표에는 라일리와 타일러의 10에이커 농장에서 여러 산출량을 생산할 때 발생하는 가변비용, 고정비용 및 총비용이 표시되어 있다. 총비용곡선은 총비용(수직축에 표시)이 산출량(수평축에 표시)에 따라 어떻게 달라지는지 보여 준다. 곡선에 기호로 표시된 점들은 각각 그 기호에 해당하는 표의 각 행을 나타낸다. 총비용곡선이 상승하는 이유는 산출량이 증가함에 따라 더 많은 노동력이 필요하고 이에 따라 총비용이 증가하기 때문이다. 산출량이 증가함에 따라 곡선의 경사가 점점 더 커지는 이유는 노동에 대한 수익체감 때문이다.

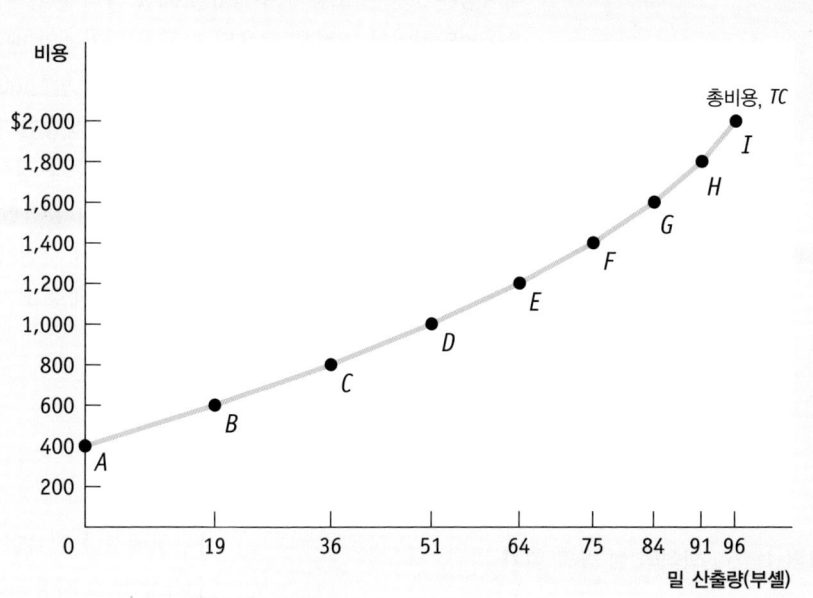

그래프의 점	노동 투입량 (사람 수) L	밀 산출량 (부셸) Q	가변비용 VC	고정비용 FC	총비용 TC = FC + VC
A	0	0	$0	$400	$400
B	1	19	200	400	600
C	2	36	400	400	800
D	3	51	600	400	1,000
E	4	64	800	400	1,200
F	5	75	1,000	400	1,400
G	6	84	1,200	400	1,600
H	7	91	1,400	400	1,800
I	8	96	1,600	400	2,000

기호로는

$$TC = FC + VC$$

〈그림 11-4〉의 표에는 라일리와 타일러 농장의 총비용을 계산하는 방법이 표시되어 있다. 두 번째 열에는 고용된 노동자 수가 L로 표시되어 있고, 세 번째 열에는 고용된 노동자 수에 해당하는 산출량이 Q로 〈그림 11-1〉의 표로부터 옮겨져 적혀 있다. 네 번째 열에는 노동자 수에 200달러를 곱해서 얻은 가변비용이 VC로 적혀 있다. 다섯 번째 열에는 노동자 수에 관계없는 고정비용 400달러가 FC로 적혀 있다. 여섯 번째 열에는 가변비용과 고정비용의 합인 총비용이 TC로 적혀 있다.

첫 번째 열에는 이 표의 각 행을 나타내는 기호가 A부터 I까지 적혀 있는데 이 기호는 다음 단계를 이해하는 데 도움이 될 것이다. 다음 단계는 산출량에 따른 총비용의 변화를 보여 주는 **총비용곡선**(tatol cost curve)을 도출하는 것이다.

라일리와 타일러의 총비용곡선은 〈그림 11-4〉의 그래프에 표시되어 있는데, 수평축에는 부셀로 나타낸 밀 산출량이 표시되어 있고 수직축에는 총비용이 달러로 표시되어 있다. 곡선에 기

총비용곡선(total cost curve)은 산출량에 따른 총비용의 변화를 보여 준다.

호로 표시된 점들은 각각 그 기호에 해당하는 〈그림 11-4〉에 있는 표의 각 행을 나타낸다. 예컨대 A점은 고용된 노동자 수가 0일 때를 나타낸다. 이때 산출량은 0이고 총비용은 고정비용과 같은 400달러이다. B점은 고용된 노동자 수가 1일 때를 나타내는데 산출량은 19부셀이고 총비용은 고정비용 400달러와 가변비용 200달러를 합한 600달러이다.

총생산곡선과 마찬가지로 총비용곡선도 상승한다. 가변비용 때문에 산출량이 증가할수록 총비용은 증가한다. 그러나 노동량이 증가할수록 경사가 더 완만해지는 총생산곡선과는 달리 총비용곡선은 경사가 더 커진다. 즉, 산출량이 증가할수록 총비용곡선의 기울기는 더 커진다. 총비용곡선의 기울기가 더 커지는 이유는 역시 가변요소에 대한 수익이 체감하기 때문임을 곧 보게 될 것이다. 이에 앞서 우선 여러 가지 형태로 표시된 비용들 간의 관계에 대해 알아볼 필요가 있다.

현실 경제의 >> 이해
최적의 팀 규모 찾기

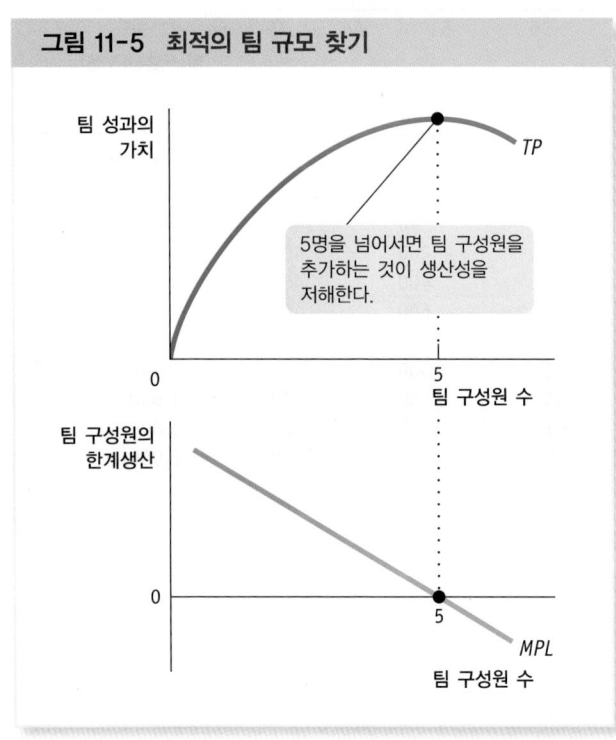

그림 11-5 최적의 팀 규모 찾기

5명을 넘어서면 팀 구성원을 추가하는 것이 생산성을 저해한다.

사무실에서나 교육환경에서나 팀 과제는 작업을 조직하는 데 있어 가장 널리 사용되는 방법이다. 이는 또한 연구 과제의 하나이기도 했다. 한 연구에 의하면 가장 효율적인 팀의 크기는 4명과 5명 사이(정확하게는 4.6명)라고 한다. 그러나 과제를 기획하는 사람들은 흔히 효율적인 것보다 더 큰 규모의 팀을 구성하는 것이 연구를 통해 밝혀졌다. 과제 기획자들이 놓친 것은 무엇일까?

큰 팀일수록 사용할 수 있는 자원, 특히 노동력과 인적 자본이 더 많은 것은 사실이다. 그러나 팀의 크기를 결정하는 것은 한계적 결정이라는 것을 기억해야 한다. 연구 결과는 5명으로 구성된 팀에 한 명을 더 추가하는 것은 일반적으로 기존 구성원들의 한계생산을 감소시킨다는 것을 보여준다. 이런 결과는 사회적 게으름이란 현상 때문이다. 팀의 크기가 커질수록 각자의 노력 부족을 숨기기가 쉬워져서 개인의 노력과 보상의 연관성이 약해진다. 따라서 팀 구성원들이 게으름을 피운다는 것이다. 결과적으로 여섯 번째 구성원의 한계생산은 그가 개별적으로 기여한 것에서 다른 팀 구성원들에게 초래한 사회적 게으름으로 인한 손실을 뺀 것이다.

또한 큰 팀일수록 행동을 조정하기 위해 더 많은 시간이 필요하게 되어 각 팀 구성원들의 한계생산이 감소한다. 구성원을 한 사람 늘릴 때마다 팀의 손실은 커진다. 따라서 어떤 순간에 사회적 게으름과 조정비용으로 인한 팀의 손실이 여섯 번째 팀 구성원의 개별적 기여를 능가하게 된다. 이런 결과는 소프트웨어 프로그래머들로 구성된 팀들에서는 잘 알려져 있다. 어떤 순간에는 구성원을 한 명 더 추가하면 전체 팀 생산이 감소한다.

이러한 상황이 〈그림 11-5〉에 예시되어 있다. 그림 윗부분에는 팀 과제의 성과가 팀 구성원 수에 따라 어떻게 변화하는지 표시되어 있다. 팀 구성원이 한 사람씩 추가될 때마다 산출량의 증기는 이진에 비해 감소하며, 일정 수준을 넘어서면 구성원을 추가하는 것이 오히려 생산을 저해한다. 그림의 아랫부분은 팀 구성원을 추가할 때 각 사람의 한계생산을 나타내고 있는데, 한계생산은 구성원이 추가될수록 감소하여 결국에는 마이너스가 됨을 보여 준다. 다시 말하면 여섯 번째 팀 구성원은 한계생산은 마이너스가 된다.

과제 기획자들은 한 사람을 추가할 때 전체 팀의 한계생산 대신 추가되는 팀 구성원의 개별적인 기여에만 초점을 맞추는 잘못된 판단으로 인해 팀의 크기를 너무 크게 구성하는 경향이 있는 것처럼 보인다. 따라서 하나의 큰 과제를 10명으로 구성된 팀에게 맡기는 것보다 큰 과제를 두 개의 작은 과제로 나누어 5명으로 구성된 팀들에게 맡기는 것이 더 효율적이고 생산적일 것이다. 한계적 관점에서 생각해보면 팀워크에서 왜 5+5가 10이 되지 않는지, 즉 5명씩 구성된 두 개의 팀이 10명으로 구성된 하나의 팀보다 더 많이 생산하는지를 이해할 수 있다.

>> 이해돕기 11-1
해답은 책 뒤에

1. 버니의 제빙공장에서는 10톤짜리 기계와 전기를 이용해서 얼음을 생산한다. 다음 표에는 파운드로 표시한 얼음 산출량이 주어져 있다.

전력량(킬로와트)	얼음 양(파운드)
0	0
1	1,000
2	1,800
3	2,400
4	2,800

   a. 고정요소와 가변요소는 각각 무엇인가?
   b. 가변요소의 한계생산을 보여 주는 표를 작성하라. 수익체감이 나타나는가?
   c. 고정요소의 크기를 50% 증가시키면 각 가변요소 투입량에 대해 산출량이 100% 증가한다고 한다. 이제 고정요소는 무엇인가? 이 경우에 대해 산출량과 한계생산을 보여 주는 표를 작성하라.

‖ 두 가지 주요 개념 : 한계비용과 평균비용

기업의 생산함수로부터 총비용을 구하는 방법을 배웠으므로 총비용을 더 탐구하여 앞으로 유용하게 사용될 한계비용과 평균비용이라는 두 가지 개념을 도출해 보자. 이 두 개념 사이에는 다소 놀라운 관계가 존재함을 앞으로 보게 될 것이다. 뿐만 아니라 제12장에서 기업의 산출량 선택과 시장공급을 분석할 때 이들 변수가 매우 중요한 역할을 하게 된다.

한계비용

한계비용은 제9장에서 정의하였다. 한계비용이란 산출량을 한 단위 더 증가시킬 때 발생하는 총비용의 증가분을 말한다. 이미 본 바와 같이 투입량 한 단위별로 산출량에 대한 자료가 있을 때 한계생산을 가장 쉽게 계산할 수 있다. 마찬가지로 한계비용도 산출량 한 단위별로 총비용에 대한 자료가 있을 때 가장 쉽게 계산할 수 있다. 한 단위별로 자료를 얻을 수 없을 경우에도 다소 불편하기는 하지만 각 구간별로 한계비용을 계산할 수 있다. 그러나 이해를 돕기 위해 한 단위별로 자료를 얻을 수 있는 경우의 예를 보기로 하자.

셀레나의 고급살사에서는 병에 든 살사를 생산한다. 〈표 11-1〉에는 하루에 생산하는 살사의 상자 수에 따라 비용이 어떻게 달라지는지 표시되어 있다. 이 기업의 고정비용은 식품제조기의 비용으로서 표의 두 번째 열에 적혀 있는 바와 같이 하루에 108달러이다. 표의 세 번째 열에는 가변비용이, 네 번째 열에는 총비용이 각각 적혀 있다. 〈그림 11-6〉의 (a)에는 총비용곡선이 그려져 있다. 〈그림 11-4〉에 있는 라일리와 타일러 농장의 총비용곡선과 마찬가지로 이 곡선도 상승하며 오른쪽으로 갈수록 기울기가 더 커진다.

총비용곡선의 기울기가 중요하다는 것은 **한계비용**, 즉 추가 산출량에 들어가는 비용을 계산한 〈표 11-1〉의 다섯 번째 열에 잘 나타나 있다. 한계비용을 계산하는 일반공식은 다음과 같다.

(11-3)   한계비용=산출량 한 단위 추가로 인한 총비용의 증가

$$= \frac{\text{총비용의 변화}}{\text{산출량의 변화}}$$

기호로는

$$MC = \frac{\Delta TC}{\Delta Q}$$

한계생산의 경우와 마찬가지로 한계비용은 '높이'(총비용의 증가)를 '밑변'(산출량의 증가)으로 나눈 값이다. 따라서 한계생산이 총생산곡선의 기울기와 같았던 것처럼 한계비용은 총비용곡선의 기울기와 같다.

이제 총비용곡선이 오른쪽으로 갈수록 경사가 더 커지는 이유를 알 수 있다. 〈표 11-1〉에서 보는 바와 같이 셀레나의 고급살사의 한계비용은 산출량이 늘어남에 따라 증가한다. 〈그림 11-6〉의 (b)에는 〈표 11-1〉의 자료에 대응하는 한계비용곡선이 그려져 있다. 〈그림 11-2〉에서와 같이 살사의 산출량을 0에서 1로 증가시킬 때 발생하는 한계비용은 0과 1의 중간지점에 표시하고, 산출량을 1에서 2로 증가시킬 때 발생하는 한계비용은 1과 2 사이에 표시하는 식으로 곡선을 그렸다.

한계비용곡선이 상승하는 이유는 무엇일까? 산출량이 증가함에 따라 가변요소의 한계생산이 감소한다. 이는 산출량이 증가해 갈 때 산출량 한 단위를 추가로 생산하는 데 필요한 가변요소의 양이 점점 증가함을 의미한다. 그런데 가변요소에 대해서는 단위당 정해진 대가를 지불해야 하므로 추가되는 산출량 한 단위당 비용이 증가하게 되는 것이다.

또한 총생산곡선의 기울기가 감소하는 이유도 투입요소에 대한 수익체감 때문이었음을 기억하기 바란다. 다른 요소들의 투입량이 고정된 채로 한 요소의 투입량이 증가할수록 그 요소의 한계생산은 감소한다. 산출량이 증가할 때 총생산곡선의 기울기가 감소하는 것과 총비용곡선의 기울기가 증가하는 것은 동일한 현상의 양면과 같은 것이다. 즉, 산출량이 증가함에 따라 가변

표 11-1 셀레나의 고급살사의 비용

살사 산출량(상자) Q	고정비용 FC	가변비용 VC	총비용 $TC=FC+VC$	살사 1상자의 한계비용 $MC=\Delta TC/\Delta Q$
0	$108	$0	$108	
				$12
1	108	12	120	
				36
2	108	48	156	
				60
3	108	108	216	
				84
4	108	192	300	
				108
5	108	300	408	
				132
6	108	432	540	
				156
7	108	588	696	
				180
8	108	768	876	
				204
9	108	972	1,080	
				228
10	108	1,200	1,308	

그림 11-6 셀레나의 고급살사의 총비용곡선과 한계비용곡선

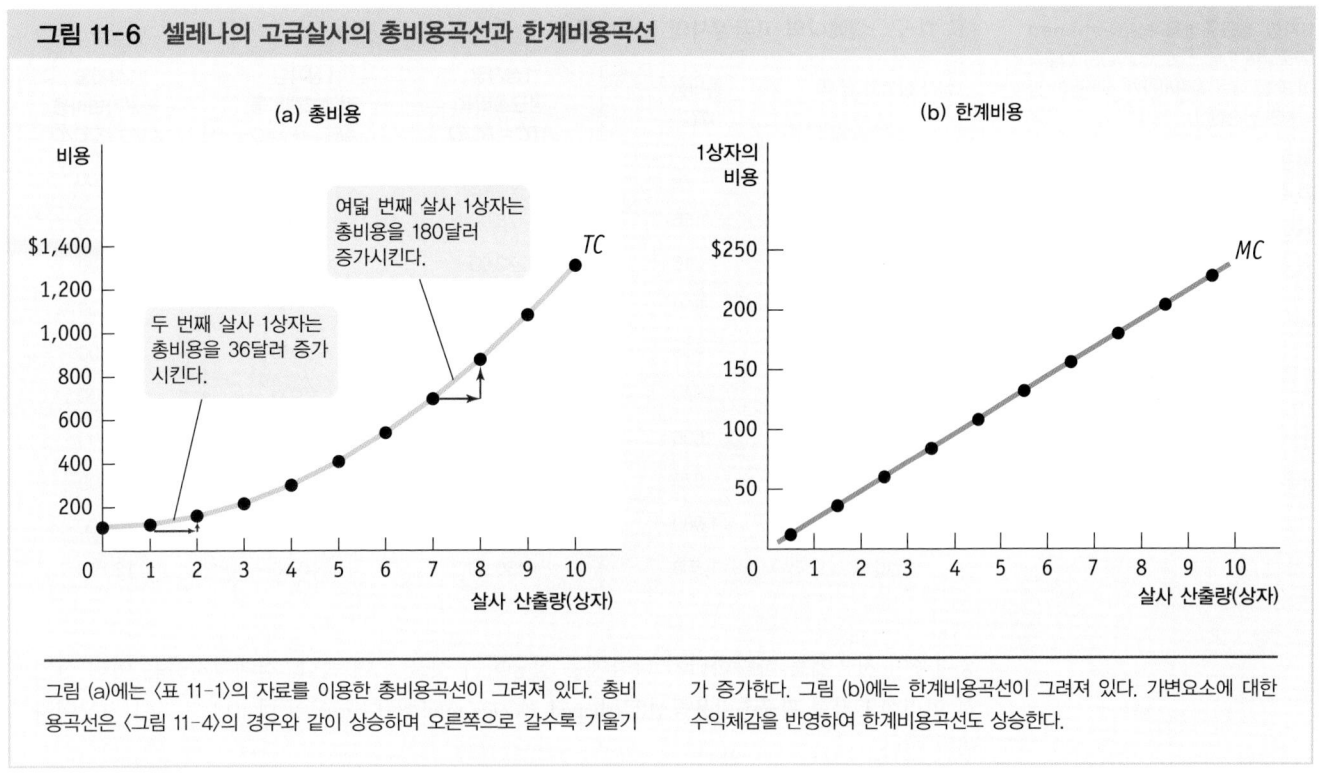

그림 (a)에는 〈표 11-1〉의 자료를 이용한 총비용곡선이 그려져 있다. 총비용곡선은 〈그림 11-4〉의 경우와 같이 상승하며 오른쪽으로 갈수록 기울기 가 증가한다. 그림 (b)에는 한계비용곡선이 그려져 있다. 가변요소에 대한 수익체감을 반영하여 한계비용곡선도 상승한다.

요소의 한계생산이 감소하기 때문에 생산물의 한계비용도 상승하는 것이다.

제12장에서 기업이 이윤극대화를 위한 산출량을 선택하는 문제를 고려할 때 한계비용을 다시 보게 될 것이다. 우선은 또 하나의 비용 개념인 **평균비용**을 살펴보자.

평균총비용

총비용과 한계비용 외에도 **평균총비용**(average total cost) 또는 간단히 **평균비용**(average cost)이라 하는 것을 알아 두면 유용할 때가 많다. 평균총비용은 총비용을 산출량으로 나눈 값이다. 즉 이는 산출량 한 단위당 총비용과 같다. 평균총비용을 *ATC*로 표시하면 계산식은 다음과 같다.

$$(11\text{-}4) \quad ATC = \frac{\text{총비용}}{\text{산출량}} = \frac{TC}{Q}$$

평균총비용은 **평균적으로** 또는 **통상적으로** 생산물 한 단위 생산에 들어가는 비용이 얼마인가를 알려 준다. 이에 비해 한계비용은 생산물을 한 단위 더 생산하는 데 들어가는 비용이 얼마인지 알려 준다. 두 개념이 비슷해 보일지 몰라도 이 두 비용의 크기는 보통 일치하지 않는다.

〈표 11-2〉에는 셀레나의 고급살사 자료를 이용하여 계산한 평균총비용이 적혀 있다. 예컨 대 살사 4상자를 생산하는 데 들어가는 총비용은 고정비용 108달러와 가변비용 192달러를 합한 300달러이다(〈표 11-1〉 참조). 따라서 살사 4상자를 생산하는 데 들어가는 평균비용은 $300/4 =$75이다. 〈표 11-2〉에서 보는 바와 같이 산출량이 증가할 때 평균총비용은 처음에는 하락하다가 다음에는 상승한다.

〈그림 11-7〉에는 이 자료를 이용하여 산출량에 따라 평균총비용이 어떻게 달라지는지 알 수 있도록 나타낸 **평균총비용곡선**이 그려져 있다. 전과 마찬가지로 달러로 표시한 비용이 수직축에, 산출량이 수평축에 표시되어 있다. 평균총비용의 독특한 U자 형태는 산출량 증가에 따라 평균

평균총비용(average total cost)은 흔히 **평균비용**(average cost)이라고도 하는데, 이는 총비용을 산출량으로 나눈 값이다.

U자형 평균총비용곡선(U-shaped average total cost curve)은 산출량이 적을 때는 하락하다가 산출량이 많아지면 상승한다.

평균고정비용(average fixed cost)은 생산물 한 단위당 고정비용이다.

평균가변비용(average variable cost)은 생산물 한 단위당 가변비용이다.

표 11-2 셀레나의 고급살사의 평균비용

살사 산출량(상자) Q	총비용 TC	1상자당 평균총비용 ATC=TC/Q	1상자당 평균고정비용 AFC=FC/Q	1상자당 평균가변비용 AVC=VC/Q
1	$120	$120.00	$108.00	$12.00
2	156	78.00	54.00	24.00
3	216	72.00	36.00	36.00
4	300	75.00	27.00	48.00
5	408	81.60	21.60	60.00
6	540	90.00	18.00	72.00
7	696	99.43	15.43	84.00
8	876	109.50	13.50	96.00
9	1,080	120.00	12.00	108.00
10	1,308	130.80	10.80	120.00

총비용이 처음에는 하락하다가 다음에는 상승하는 것을 보여 준다. 경제학자들은 여러 산업에서 이러한 **U자형 평균총비용곡선**(U-shaped average total cost curve)이 나타나는 것이 정상이라고 믿고 있다.

평균총비용곡선이 왜 U자 형태를 갖게 되는지 알 수 있도록 〈표 11-2〉에는 평균총비용을 평균고정비용과 평균가변비용이라는 두 요소로 나누어 표시하였다. **평균고정비용**(average fixed cost) 혹은 AFC는 고정비용을 산출량으로 나눈 값으로서 산출량 한 단위당 고정비용이라 할 수 있다. 예컨대 셀레나의 고급살사에서 살사를 4상자 생산한다면 평균고정비용은 살사 1상자당 $108/4 =$27이다. **평균가변비용**(average variable cost) 혹은 AVC는 가변비용을 산출량으로 나눈 값으로

그림 11-7 셀레나의 고급살사의 평균총비용곡선

셀레나의 고급살사의 평균총비용곡선은 U자 형태로 되어 있다. 산출량이 적을 때는 평균고정비용이 하락하는 *분산 효과*가 평균가변비용이 상승하는 *수익체감 효과*를 능가하기 때문에 평균총비용이 하락한다. 산출량이 많을 때는 반대가 되어 평균총비용이 상승한다. M점은 하루 살사 생산량이 3상자가 되는 점인데 이 점에서 평균총비용이 최소가 된다.

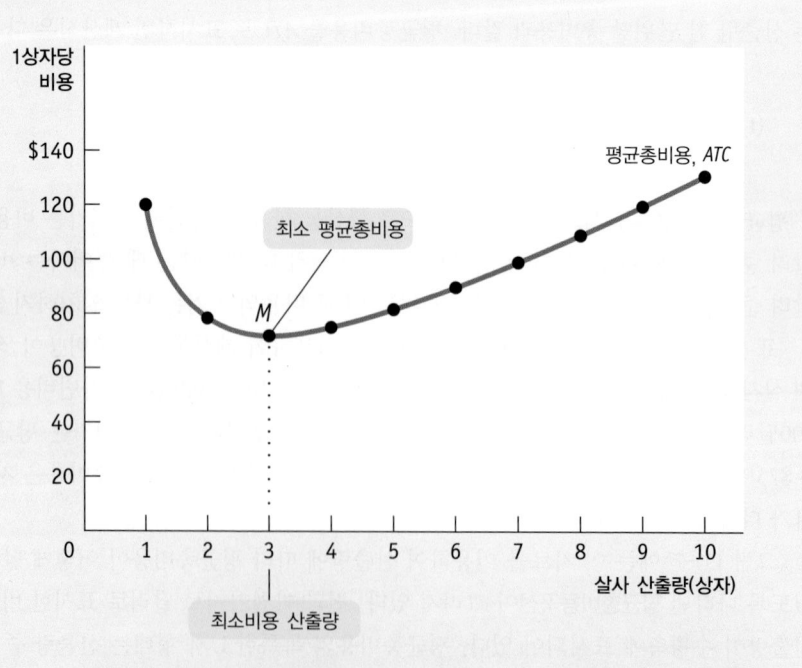

서 산출량 한 단위당 가변비용이라 할 수 있다. 살사를 4상자 생산할 때 평균가변비용은 1상자당 $192/4=$48이다. 이를 수식으로 나타내면 다음과 같다.

$$(11\text{-}5) \quad AFC = \frac{고정비용}{산출량} = \frac{FC}{Q}$$

$$AVC = \frac{가변비용}{산출량} = \frac{VC}{Q}$$

평균총비용은 평균고정비용과 평균가변비용의 합이다. 그것이 U자 형태를 갖는 것은 산출량이 증가할 때 두 요소가 각기 반대 방향으로 움직이기 때문이다.

산출량이 증가할 때 평균고정비용은 하락하는데 그 이유는 분자(고정비용)는 일정한데 분모(산출량)는 증가하기 때문이다. 달리 표현하면 산출량이 많아질수록 고정비용은 더 많은 생산물에 분산되어 결국 생산물 한 단위당 고정비용(평균고정비용)은 하락한다는 것이다. 이런 현상이 〈표 11-2〉의 네 번째 열에 잘 나타나 있다. 산출량이 증가함에 따라 평균고정비용이 계속 하락하는 것을 볼 수 있다.

그러나 평균가변비용은 산출량이 증가함에 따라 상승한다. 이미 본 바와 같이 이는 가변요소의 수익체감을 반영한다. 산출량을 한 단위 더 증가시키는 데는 이전보다 더 많은 비용이 들기 때문에 가변비용은 산출량보다 더 빠른 속도로 증가한다.

그러므로 산출량이 증가할 때 상반된 두 가지 효과가 평균총비용에 영향을 준다.

1. 분산 효과 : 산출량이 클수록 고정비용이 분산되는 산출물 수량이 증가하므로 평균고정비용이 낮아진다.
2. 수익체감 효과 : 산출량이 클수록 생산물 한 단위를 추가로 생산하는 데 필요한 가변요소의 투입량이 증가하므로 평균가변비용이 높아진다.

산출량이 적을 때는 산출량이 조금만 증가해도 평균고정비용이 많이 감소하기 때문에 분산 효과가 큰 영향력을 발휘하게 된다. 따라서 산출량이 적을 때는 분산 효과가 수익체감 효과를 능가하여 평균총비용곡선이 하락하게 된다. 그러나 산출량이 많을 때는 평균고정비용이 이미 상당히 작아져 있기 때문에 산출량의 증가가 분산 효과에 미치는 영향은 매우 작다.

반면에 산출량이 커질수록 수익체감은 점점 더 큰 비중을 갖게 되는 것이 보통이다. 그래서 산출량이 많을 때는 수익체감 효과가 분산 효과를 능가하여 평균총비용곡선이 상승하게 된다. 〈그림 11-7〉에 점 M으로 표시된 U자형 평균총비용곡선의 최저점에서는 두 효과가 정확히 균형을 이루게 된다. 이 점에서 평균총비용은 가장 작아진다.

〈그림 11-8〉에는 하나의 그림에 우리가 지금까지 셀레나의 고급살사의 총비용곡선으로부터 도출한 4개의 비용곡선 – 한계비용곡선(MC), 평균총비용곡선(ATC), 평균가변비용곡선(AVC) 및 평균고정비용곡선(AFC) – 이 표시되어 있다. 모두 〈표 11-1〉과 〈표 11-2〉의 자료로부터 구한 것이다. 전과 마찬가지로 산출량은 수평축에, 비용은 수직축에 표시되어 있다.

여러 비용곡선의 특징을 잠시 살펴보자.

- 한계비용은 상승한다 – 수익체감으로 인해 생산물 한 단위를 더 생산하는 비용이 점차 증가하기 때문이다.
- 평균가변비용도 상승한다 – 역시 수익체감 때문인데 한계비용곡선보다는 기울기가 작다.

그림 11-8 셀레나의 고급살사의 한계비용곡선과 평균비용곡선

옆에는 한계비용곡선(*MC*), 평균총비용곡선(*ATC*), 평균가변비용곡선(*AVC*), 평균고정비용곡선(*AFC*) 등 셀레나의 고급살사의 비용곡선들이 그려져 있다. 평균총비용곡선이 U자형인 것에 유의하라. U자 맨 밑에 있는 점 *M*은 〈표 11-2〉와 〈그림 11-7〉의 최소 평균총비용에 해당한다. 한계비용곡선은 평균총비용곡선을 점 *M*에서 아래에서 위로 지나간다.

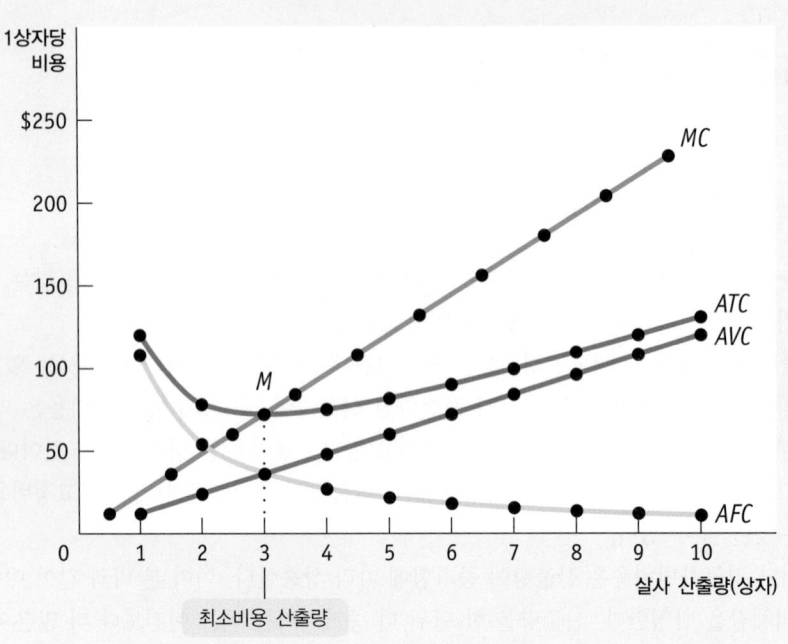

이는 평균가변비용을 계산할 때에 생산물 한 단위를 더 생산함으로써 초래되는 추가 비용을 전체 산출량으로 나누기 때문이다.

- 평균고정비용은 분산 효과로 인해 하락한다.
- 한계비용곡선이 〈그림 11-8〉에 점 *M*으로 표시된 평균총비용곡선의 최저점을 아래에서 위로 교차하며 지나간다. 이 마지막 특성이 우리가 다음에 공부할 주제이다.

최소 평균총비용

U자형 평균총비용곡선에서 평균총비용은 U자의 맨 밑에서 최소가 된다. 경제학자들은 평균총비용이 최소가 되는 산출량 수준을 가리켜 **최소비용 산출량**(minimum-cost output)이라 부른다. 셀레나의 고급살사의 경우에는 최소비용 산출량이 하루에 3상자이다.

〈그림 11-8〉에서 U자 형태의 최저점에서는 한계비용곡선이 평균총비용곡선을 아래로부터 지나가고 있다. 이것은 우연이 아니다. 이는 일반적인 원리에 따른 것으로서 모든 기업의 한계비용곡선과 평균총비용곡선에 대해 성립한다.

1. 최소비용 산출량 수준에서 평균총비용은 한계비용과 동일하다.
2. 최소비용 산출량보다 작은 산출량 수준에서는 한계비용이 평균총비용보다 작고 평균총비용은 하락한다.
3. 최소비용 산출량보다 큰 산출량 수준에서는 한계비용이 평균총비용보다 크고 평균총비용은 상승한다.

최소비용 산출량(minimum-cost output)은 평균총비용이 가장 낮은 산출량으로서 U자형 평균총비용곡선의 최저점이다.

이 원리를 이해하려면 한 과목의 학점(예컨대 물리과목 학점 3.0)이 전체 평점에 미치는 효과를 생각해 보라. 만일 물리과목의 학점을 받기 전 평점이 3.0보다 높았다면 물리과목의 학점은 전체 평점을 떨어뜨릴 것이다.

그림 11-9 평균총비용곡선과 한계비용곡선의 관계

한계비용곡선(MC)이 평균총비용곡선을 최저점(점 M)에서 교차하며 지나가는 이유를 알기 위해 한계비용이 평균총비용과 다를 때 어떻게 되는지 살펴보자. 만일 한계비용이 평균총비용보다 작다면 산출량이 증가함에 따라 평균총비용은 A_1에서 A_2로 이동할 때와 같이 하락할 것이다. 만일 한계비용이 평균총비용보다 크다면 산출량이 증가함에 따라 평균총비용은 B_1에서 B_2로 이동할 때와 같이 상승할 것이다.

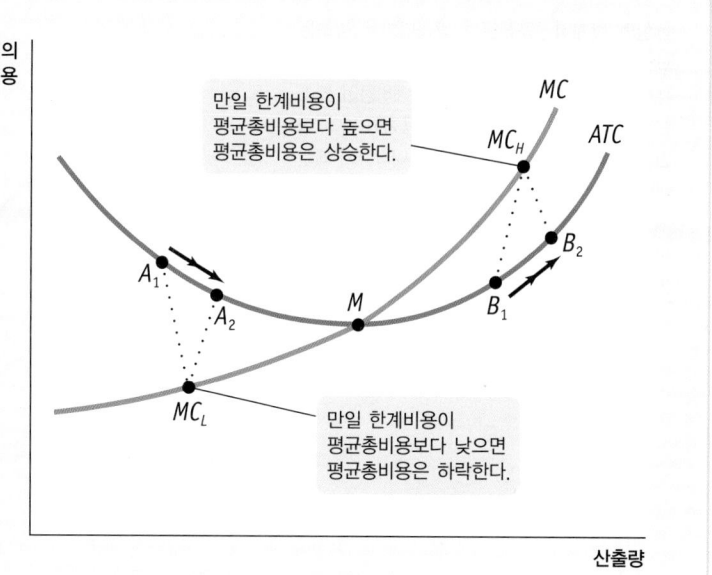

마찬가지로 만일 한계비용―생산물 한 단위를 더 생산하는 비용―이 평균총비용보다 낮다면 한 단위를 더 생산함으로써 평균총비용은 낮아지게 된다. 이것은 〈그림 11-9〉에서 A_1에서 A_2로의 이동으로 예시되고 있다. 이때 생산물을 한 단위 더 생산하는 데 드는 한계비용은 한계비용곡선 상에서 MC_L점으로 표시된 바와 같이 낮다. 그리고 생산물을 한 단위 더 생산하는 비용이 평균총비용보다 낮을 때는 산출량 증가에 따라 평균총비용이 감소한다. 따라서 한계비용이 평균총비용보다 낮을 때 평균총비용은 U자 형태의 하락하는 부분에 있게 된다.

그러나 만일 물리과목 학점이 이전의 평점보다 높다면 이는 전체 평점을 향상할 것이다. 마찬가지로 만일 한계비용이 평균총비용보다 높다면 한 단위 더 생산함으로써 평균총비용은 높아지게 된다. 이것은 〈그림 11-9〉에서 한계비용(MC_H)이 평균비용보다 높은 B_1에서 B_2로의 이동으로 예시되고 있다. 따라서 한계비용이 평균총비용보다 높을 때 평균총비용은 U자 형태의 상승하는 부분에 있게 된다.

마지막으로 만일 새 학점이 이전의 평점과 똑같다면 새 점수가 추가되어도 평점은 올라가지도 떨어지지도 않고 그대로 있을 것이다. 이것이 〈그림 11-9〉의 점 M에 해당한다. 한계비용이 평균총비용과 같을 때는 평균총비용이 상승하지도 않고 하락하지도 않아야 하는데 그런 점은 U자형의 최저점뿐이기 때문이다.

한계비용곡선은 항상 상승할까

지금까지 우리는 한계생산곡선이 언제나 하락하고 한계비용곡선이 언제나 상승하게 만드는 수익체감의 중요성을 강조해 왔다. 그러나 사실 경제학자들은 생산량이 0으로부터 어떤 낮은 수준까지 증가하는 동안에는 흔히 한계비용곡선이 하락하고, 생산량이 높아져야만 한계비용이 상승한다고 믿고 있다. 그 모양은 〈그림 11-10〉에 있는 MC 곡선과 같다.

처음에 곡선이 하락하는 이유는 노동자 수가 아주 적을 때는 노동자 수가 늘고 산출량이 증가됨에 따라 노동자들을 여러 작업에 특화시킬 수 있기 때문이다. 이로 인해 산출량이 증가할 때 한계비용이 낮아진다. 예를 들어 한 사람이 살사를 생산하면 재료를 선별하여 요리하고, 살사를

그림 11-10 더 현실적인 비용곡선

현실의 한계비용곡선은 하락하다가 상승하는 모양을 갖는다. 산출량이 아주 낮은 수준에서는 흔히 산출량이 증가함에 따라 한계비용이 감소한다. 그 이유는 노동자를 더 고용함에 따라 작업의 특화가 늘어나 수익 증가가 나타나기 때문이다. 그러나 일단 특화가 달성되면 추가 노동에 대해 수익체감이 시작되어 한계비용이 상승한다. 이에 대응하는 평균가변비용은 평균총비용과 마찬가지로 U자 형태를 갖게 된다.

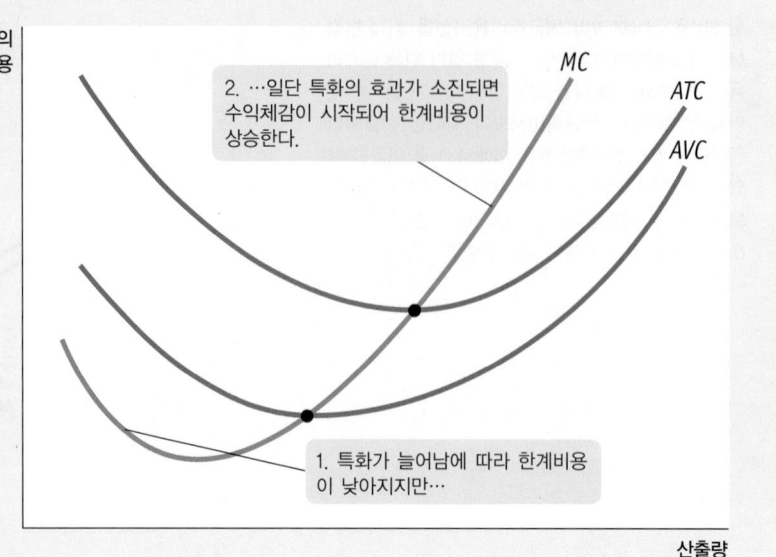

2. …일단 특화의 효과가 소진되면 수익체감이 시작되어 한계비용이 상승한다.

1. 특화가 늘어남에 따라 한계비용이 낮아지지만…

섞어 병에 넣고, 상표를 붙여서 상자에 넣는 일까지 모든 공정을 혼자서 해내야 한다. 노동자가 더 많이 고용될수록 각자가 살사 제조 전 과정 중 한두 작업에 특화하는 분업이 가능해진다.

이러한 특화가 추가 노동자를 고용하는 것의 수익을 증가시켜 한계비용곡선이 앞부분에서 하락하게 만들 수 있다. 그러나 일단 모든 특화의 이득이 소진될 정도로 충분한 수의 노동자가 고용된 후에는 노동의 수익체감이 시작되고 한계비용곡선은 방향을 바꾸어 상승하게 된다. 그래서 전형적인 한계비용곡선의 실제 형태는 〈그림 11-10〉의 MC와 같이 '나이키 로고' 모양을 취하고 있다. 같은 이유로 전형적인 평균가변비용곡선의 형태는 그냥 상승하는 것이 아니라 〈그림 11-10〉의 AVC와 같이 U자형을 하고 있다.

그러나 또한 〈그림 11-10〉으로부터 셀레나의 고급살사 예에서 보았던 중요한 특징들, 즉 평균총비용곡선이 U자형을 하고 있고, 한계비용곡선이 평균총비용곡선의 최저점과 함께 평균가변비용곡선의 최저점을 지난다는 사실은 여전히 성립한다는 것을 알 수 있다.

현실 경제의 >> 이해

스마트 그리드 경제학

여러분이 한밤중에 음악을 듣거나, 숙제를 하거나, 세탁기를 돌리는 생활을 한다면 전력을 공급하는 회사는 여러분에게 감사할 것이다. 여러분이 생산비가 가장 낮은 시간에 전력을 사용하기 때문이다.

문제는 에너지를 대규모로 저장할 수 있는 효율적인 수단이 없다는 것이다. 이 때문에 전력 생산자들은 지속적으로 전력을 생산하는 주 발전소와 수요가 높을 때—일과시간이나 바깥 기온이 높을 때—에만 사용하는 작은 발전소들을 모두 보유하고 있다.

이 작은 발전소들을 작동시키는 것은 비용이 많이 들기 때문에 킬로와트당 한계비용이 평균비용(즉, 큰 발전소와 작은 발전소들이 생산한 전력의 평균비용)보다 높다. 미국 회계 감사원에 의하면 에어컨이 최대로 작동하는 여름날 오후의 전력 생산비용은 밤중에 비해 열 배까지 될 수도 있다.

그러나 일반적으로 소비자들은 전력의 한계비용이 하루 중 시간에 따라 또는 날씨에 따라 달라진다는 것을 모르고 있다. 소비자들은 단지 평균비용에 근거해 작성된 전기료 청구서에 표시된 가격만을 볼 뿐이다. 이에 따라 전력 수요가 비효율적이 된다. 즉, 한계비용이 높을 때에는 수요가 너무 높고, 한계비용이 낮을 때에는 수요가 너무 낮다. 결과적으로 전력회사가 생산비용을 충당하기 위해 가격을 올리게 됨에 따라 소비자들은 필요 이상으로 높은 전력요금을 지불하게 되는 것이다.

이러한 비효율성 문제를 해결하기 위해 전력회사, 가전제품 생산자, 정부가 합동으로 스마트 그리드 기술을 개발하고 있다. 이 기술은 소비자들로 하여금 실시간으로 실제 한계비용에 따라 소비자들이 전력사용을 조절할 수 있도록 도와준다. 가정용 스마트 계량기는 소비자들이 실제 한계비용에 따라 변하는 소비자 가격을 관찰할 수 있게 해준다. 그리고 식기세척기, 냉장고, 드라이어, 온수기 등의 가전기기가 전력요금이 가장 낮을 때 작동하도록 개발되었다.

연구결과에 의하면 소비자들이 실제 한계비용이 달라지는 것을 보고 이에 따라 지불한다고 할 때 수요가 최고조에 달하는 시간에 소비를 줄인다는 사실이 일관성 있게 밝혀지고 있다. 스마트 그리드 기술이 스마트한 경제학의 응용임이 분명하다.

Astro-0/Getty l images

스마트 그리드 기술이 적용되면 소비자는 평균비용이 아니라 한계비용에 따라 전력 수요를 조정함으로써 지출을 절약할 수 있다.

>> 이해돕기 11-2
해답은 책 뒤에

1. 에이디의 애플파이는 길가에 있는 가게다. 에이디는 매일 9달러를 임차료로 지불해야 한다. 매일 첫 번째 파이를 생산하는 데는 추가로 1달러의 비용이 들고 그다음부터는 이전보다 50% 더 높은 비용이 추가로 든다. 예를 들어 두 번째 파이는 $1.00 \times 1.5 = $1.50의 비용이 드는 식이다.

   a. 하루 생산량이 0에서 6까지 증가할 때 한계비용, 가변비용, 평균총비용, 평균가변비용 및 평균고정비용을 구하라. (힌트 : 파이 2개의 가변비용은 첫 번째 파이의 한계비용에 두 번째 파이의 한계비용을 더하는 방식이다.)

   b. 분산 효과가 우월한 범위와 수익체감 효과가 우월한 범위를 각각 구하라.

   c. 최소비용 산출량은 얼마인가? 산출량이 최소비용 산출량보다 작을 때는 파이를 하나 더 만들 때 평균총비용이 감소하는 이유를 설명하라. 마찬가지로 산출량이 최소비용 산출량보다 클 때는 파이를 하나 더 만들 때 평균총비용이 증가하는 이유를 설명하라.

|| 단기와 장기

지금까지는 단기에 초점을 맞춰 고정비용은 기업이 전혀 조정할 수 없는 것으로 취급해 왔다. 그러나 앞에서 언급한 대로 장기에는 모든 투입요소가 가변적이다. 이는 장기에는 고정비용도 달라질 수 있음을 뜻한다. 다시 말하면 장기에는 고정비용도 기업이 그 값을 선택할 수 있는 변수가 된다. 시간이 충분하다면 예컨대 셀레나의 고급살사는 새로운 식품제조 설비를 구입하거나 갖고 있던 설비를 처분할 수 있다.

>> 복습
- 한계비용은 총비용곡선의 기울기와 같다. 수익체감으로 인해 한계비용곡선은 상승한다.
- **평균총비용**(또는 **평균비용**)은 **평균고정비용**과 **평균가변비용**의 합과 같다. U자형 **평균총비용곡선**이 하락할 때는 고정비용이 많은 생산물에 분산되는 분산 효과가 지배한다. 평균총비용곡선이 상승할 때는 생산물 한 단위 추가 생산에 더 많은 가변요소가 필요하게 되는 수익체감 효과가 지배한다.
- **최소비용 산출량**에서 한계비용은 평균총비용과 같다. 산출량이 더 많으면 한계비용이 평균총비용보다 높고 평균총비용은 상승한다. 산출량이 더 적으면 한계비용이 평균총비용보다 낮고 평균총비용은 하락한다.
- 산출량 수준이 낮을 때는 특화의 이점으로 인해 요소에 대한 수익이 증가하는 경우가 많다. 이때는 한계비용곡선이 처음에는 하락하다가 다음에는 상승하는 '나이키 로고' 모양을 갖는다.

이 절에서는 한 기업의 비용이 단기와 장기에 어떻게 달라지는지 살펴본다. 또한 장기에는 고정비용이 예상되는 산출량에 따라서 기업에 의해 선택되는 것임을 보게 될 것이다.

이제 셀레나의 고급살사가 식품제조 설비를 추가로 구입할지를 고려하고 있다는 가정으로부터 시작해 보자. 설비를 추가로 구입하게 되면 총비용에 두 가지 영향을 주게 된다. 첫째로 추가 설비를 임차하거나 구입해야 하는데 이는 단기에는 고정비용이 더 높아질 것을 의미한다. 둘째로 노동자들은 더 많은 설비를 갖게 되므로 생산성이 높아질 것이다. 주어진 산출량을 생산하는 데 필요한 노동자 수가 적어져서 가변비용은 감소할 것이다.

〈그림 11-11〉에는 추가로 기계를 1대 더 구입할 경우 비용이 어떻게 달라지는지 표시되어 있다. 원래의 예에서는 고정비용이 108달러라고 가정했었다. 표의 왼쪽 부분에는 고정비용이 108 달러일 때의 가변비용, 총비용 및 평균총비용이 적혀 있다. 이때의 평균총비용곡선이 〈그림 11-11〉에 ATC_1로 표시되어 있다. 이것과 식품제조 설비를 1대 더 구입하여 고정비용이 216달러로 두 배가 되는 한편 가변비용이 축소된 상황을 비교해 보자. 표의 오른쪽 부분은 고정비용이 두 배가 되었을 경우의 가변비용, 총비용 및 평균비용을 보여 준다. 고정비용이 216달러일 때의 평균총비용곡선은 〈그림 11-11〉에 ATC_2로 표시되어 있다.

그림을 보면 산출량이 작을 때, 즉 하루에 살사 4상자 이하일 때는 설비를 추가로 구입하지 않고 108달러 수준의 낮은 고정비용을 유지함으로써 평균총비용을 더 작게 할 수 있다. 즉 ATC_1이 ATC_2의 아래쪽에 있다. 예를 들어 하루에 살사 3상자를 생산한다면 기계를 추가하지 않을 때 평균총비용은 72달러인 데 반해 기계를 추가하면 평균총비용은 90달러가 된다. 그러나 산출량이 하루 4상자 이상으로 증가하면 고정비용을 216달러로 늘려 설비를 1대 더 구입하는 것이 평균총비용을 더 낮추는 길이다. 예컨대 하루에 살사 9상자를 생산한다면 고정비용이 108달러일 때는 평균총비용이 120달러인 데 반해 고정비용이 216달러이면 평균총비용은 78달러에 불과하다.

고정비용이 증가할 때 평균총비용이 이처럼 달라지는 이유는 무엇일까? 산출량이 적을 때는 설비 1대를 추가로 구입하는 데 들어가는 고정비용의 증가가 노동생산성 증가로 인한 가변비용의 감소를 능가하게 된다. 즉 고정비용의 증가를 충분히 분산하기에는 산출량이 너무 작은 것이다. 따라서 셀레나가 살사를 하루에 4상자 이하로 생산할 계획이라면 평균총비용을 낮추기 위해서는 고정비용을 108달러로 낮게 선택하는 것이 더 유리하다. 그러나 산출량을 높일 계획이라면 기계를 더 구입해야 한다.

일반적으로 각 산출량 수준마다 평균총비용을 최소로 만드는 고정비용이 있을 것이다. 따라서 앞으로 유지하고자 하는 바람직한 산출량 수준이 있다면 그 수준에 가장 적합한, 즉 평균총비용을 최소로 만드는 고정비용을 찾아 선택해야 한다.

고정비용이 달라질 수 있는 상황을 분석하고 있는 현시점에서는 평균총비용을 논의할 때 항상 시간 변수를 염두에 둘 필요가 있다. 우리가 지금까지 보아 왔던 평균비용곡선들은 모두 일정 수준의 고정비용을 가정한 것, 즉 고정비용이 변하지 않는 단기의 비용곡선들이었다. 이를 강조하기 위해 이 장의 남은 부분에서는 이러한 평균총비용곡선들을 단기 **평균총비용곡선**이라 부르기로 한다.

현실에 있어 대부분의 경우 기업이 선택할 수 있는 고정비용은 두 가지만 있는 것이 아니라 많이 있다고 가정할 수 있다. 각 고정비용 수준에 대해 하나씩의 평균총비용곡선이 대응되므로 이러한 기업에게는 단기 평균총비용곡선이 여러 개 존재함을 일 수 있다. 이들을 일컬어 단기 평균총비용곡선 '집합(family)'이라 부른다.

어느 한 시점에서 기업은 당시의 고정비용 수준에 해당하는 단기 평균총비용곡선 상의 한 점에 있게 되고, 산출량이 달라지면 같은 곡선 상의 다른 점으로 이동하게 된다. 변화된 산출량이 오래 지속될 것으로 예상되면 현재의 고정비용은 더 이상 적절한 수준이 아닐 가능성이 높다.

그림 11-11   셀레나의 고급살사의 고정비용 선택

산출량이 주어져 있을 때, 높은 고정비용 및 낮은 가변비용과 낮은 고정비용 및 높은 가변비용 사이에서 선택을 해야 한다. ATC_1은 고정비용이 108달러일 경우의 평균총비용곡선이다. 이때의 가변비용은 상대적으로 높다. ATC_2는 고정비용이 216달러로 더 높지만 가변비용이 상대적으로 낮은 경우의 평균총비용곡선이다. 하루에 4상자 이하의 낮은 산출량 수준에서는 ATC_1이 ATC_2보다 낮다. 즉 고정비용이 108달러일 때가 평균총비용이 더 낮다. 그러나 산출량이 증가하면 고정비용이 216달러일 때 평균총비용이 더 낮아서 하루에 산출량이 4상자 이상일 때는 ATC_2가 ATC_1보다 아래쪽에 오게 된다.

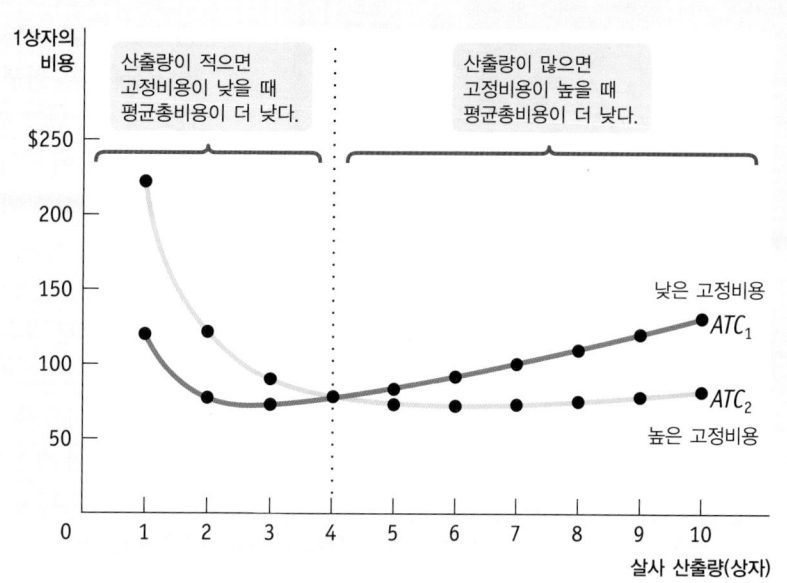

살사 산출량 (상자)	낮은 고정비용(FC = $108)			높은 고정비용(FC = $216)		
	높은 가변비용	총비용	1상자의 평균총비용 ATC_1	낮은 가변비용	총비용	1상자의 평균총비용 ATC_2
1	$12	$120	$120.00	$6	$222	$222.00
2	48	156	78.00	24	240	120.00
3	108	216	72.00	54	270	90.00
4	192	300	75.00	96	312	78.00
5	300	408	81.60	150	366	73.20
6	432	540	90.00	216	432	72.00
7	588	696	99.43	294	510	72.86
8	768	876	109.50	384	600	75.00
9	972	1,080	120.00	486	702	78.00
10	1,200	1,308	130.80	600	816	81.60

충분한 시간이 주어진다면 기업은 새로운 산출량 수준에서 평균총비용이 최소가 되도록 고정비용을 새로운 수준으로 조정하고자 할 것이다.

예를 들어 셀레나가 108달러의 고정비용으로 하루에 살사를 2상자씩 생산하다가 앞으로는 하루에 8상자씩 생산하게 되는 상황을 맞았다면, 장기적으로는 하루에 8상자의 산출량에서 평균총비용을 최소로 할 수 있도록 더 많은 설비를 구입하고 고정비용을 증가시켜야 한다.

기업이 각 산출량 수준에 적합한 고정비용을 자유로이 선택할 수 있는 가상적 상황에서 각 산출량 수준의 최소 평균총비용을 계산한다고 해 보자. 이러한 가상적 실험의 결과물에 대해 경제학자들은 장기 평균총비용곡선이라는 이름을 붙였다. 구체적으로 **장기 평균총비용곡선**(long-run average total cost curve, *LRATC*)이란 각 산출량 수준에 대해 평균총비용이 최소가 되도록 고정비용을 선택했을 때 얻어지는 산출량과 평균총비용 사이의 관계를 말한다. 선택할 수 있는 고정비용 수준이 많이 있다면 장기 평균총비용곡선은 〈그림 11-12〉에 표시된 *LRATC*와 같이 친숙하고 매끈한 U자 형태의 모습을 하게 될 것이다.

장기 평균총비용곡선(long-run average total cost curve, *LRATC*)은 각 산출량 수준에 대해 평균총비용이 최소가 되도록 고정비용을 선택해서 얻어지는 산출량과 평균총비용의 관계를 나타낸다.

Joyce Marshall/Tribune News Service/Fort Worth/TX/USA/Newscom

시간에 따른 기업의 활동을 이해하려면 단기와 장기 평균총비용을 구별해야 한다.

이제 단기와 장기의 구분을 더 명확하게 할 수 있게 되었다. 장기에는 생산자가 원하는 산출량에 적합한 고정비용을 선택할 시간이 있어 장기 평균총비용곡선 상의 어느 한 점에 있게 된다. 그러나 산출량이 바뀌면 더 이상 장기 평균총비용곡선 상에 있을 수 없고 당시의 단기 평균총비용곡선을 따라 움직이게 된다. 새로운 산출량 수준에 적합하도록 고정비용을 재조정한 후에야 다시 장기 총비용곡선 상에 있게 된다.

〈그림 11-12〉는 이 사실을 보여 준다. 곡선 ATC_3는 셀레나가 하루에 살사 3상자를 생산할 때 평균총비용이 최소가 되도록 고정비용을 선택한 경우의 단기 평균총비용을 나타낸다. 하루 3상자의 산출량에서 ATC_3가 장기 평균총비용곡선 LRATC에 접하고 있다는 사실로 이를 확인할 수 있다. 마찬가지로 ATC_6는 셀레나가 하루에 살사 6상자를 생산할 때 평균총비용이 최소가 되도록 고정비용을 선택한 경우의 단기 평균총비용을 나타낸다. ATC_6는 하루 6상자의 산출량에서 LRATC에 접하고 있다. 그리고 ATC_9는 셀레나가 하루에 살사 9상자를 생산할 때 평균총비용이 최소가 되도록 고정비용을 선택한 경우의 단기 평균총비용을 나타낸다. ATC_9는 하루 9상자의 산출량에서 LRATC에 접하고 있다.

셀레나가 처음에는 ATC_6에 있도록 선택했다고 하자. 만일 셀레나가 실제로 하루에 6상자를 생산한다면 단기와 장기 평균총비용곡선 상에 있는 점 C에 있게 된다. 그러나 셀레나가 하루에 살사를 3상자만 생산하게 되었다고 하자. 단기적으로 이 기업의 평균총비용은 ATC_6에 있는 점 B로 표시된다. 더 이상 LRATC 상에 있지 않다. 만일 셀레나가 하루에 3상자만 생산하게 될 것을 알았더라면 고정비용을 줄임으로써 평균총비용을 낮추는 것이 더 좋았을 것이다. 즉 ATC_3에 해당하는 수준의 고정비용을 선택하는 것이 더 좋았을 것이다. 그랬다면 점 B의 아래쪽에 있고 장기 평균총비용곡선 상에 있는 점 A에 도달할 수 있었을 것이다.

그림 11-12 단기와 장기 평균총비용곡선

단기와 장기의 평균총비용이 다른 이유는 장기에는 기업이 고정비용을 선택할 수 있기 때문이다. 만일 셀레나가 하루에 살사 6상자를 생산할 때 단기 평균총비용을 최소로 하는 고정비용을 선택했고 실제 생산량도 하루에 6상자씩이라면 LRATC와 ATC_6 상의 C점에 있게 된다. 그러나 만일 3상자만을 생산한다면 B점으로 이동하게 된다. 만일 그녀가 오랫동안 3상자만을 생산할 것으로 예상한다면, 장기적으로는 고정비용을 줄여서 ATC_3 상의 A점으로 이동할 것이다. 마찬가지로 (Y점에서) 9상자를 생산하고 이것이 오랫동안 지속될 것으로 예상한다면, 셀레나는 장기적으로 고정비용을 늘려서 ATC_9 상의 X점으로 이동할 것이다.

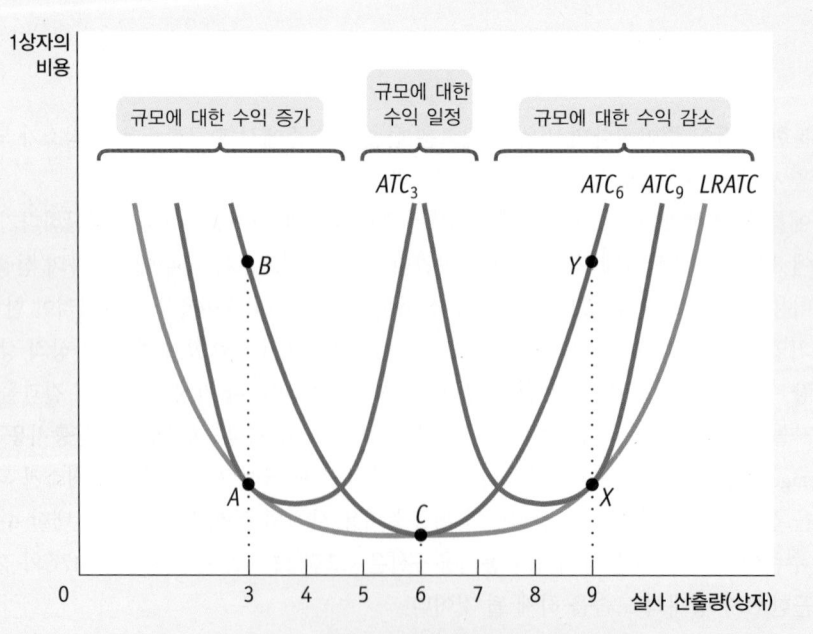

이번에는 하루에 살사를 9상자 생산하게 되었다고 해 보자. 단기적으로 이 기업의 평균총비용은 ATC_6에 있는 점 Y로 표시된다. 그러나 고정비용을 증가시키고 가변비용을 줄여 ATC_9로 이동하는 것이 더 좋을 것이다. 그랬다면 점 Y의 아래쪽에 있고 장기 평균총비용곡선 상에 있는 점 X에 도달할 수 있었을 것이다.

단기와 장기 평균총비용에 대한 구분은 현실에서 기업의 운영방식이 시간의 흐름에 따라 달라지는 것을 이해하는 데 매우 중요하다. 예상치 않게 증대된 수요에 맞추기 위해 산출량을 갑자기 늘리게 된 기업은 보통 단기적으로 평균총비용이 급격히 상승하는 것을 보게 될 것이다. 그러나 새로운 공장을 짓고 기계를 도입할 수 있는 시간이 주어지면 단기 평균총비용은 하락할 것이다.

규모에 대한 수익

장기 평균총비용곡선의 모양을 결정하는 것은 무엇일까? 해답은 기업 활동의 크기를 가리키는 규모가 장기 평균총비용을 결정하는 데 중요한 역할을 한다는 것이다. 장기 평균총비용은 규모의 효과로 인해 산출량에 따라 크게 달라진다. 장기 평균총비용이 산출량이 증가함에 따라 감소할 때는 **규모에 대한 수익이 증가**(increasing returns to scale)한다고[또는 규모의 경제(economies of scale)가 있다고] 말한다.

〈그림 11-12〉에서 보는 바와 같이 셀레나의 고급살사에서는 장기 평균총비용곡선이 하락하는 0부터 5까지의 산출량 수준에서 규모에 대한 수익이 증가하고 있다. 반면에 산출량 증가에 따라 장기 평균총비용이 증가할 때는 **규모에 대한 수익이 감소**(decreasing returns to scale)한다고[또는 규모의 불경제(dis-economies of scale)가 있다고] 말한다. 셀레나의 고급살사에서는 장기 평균총비용곡선이 상승하는 7 이상의 산출량 수준에서 규모에 대한 수익이 감소하고 있다.

장기 평균총비용과 규모 사이에는 세 번째 관계도 성립할 수 있다. 산출량이 증가할 때 장기 평균총생산이 변하지 않는다면 **규모에 대한 수익이 일정**(constant returns to scale)하다고 한다. 규모에 대한 수익이 일정한 산출량 구간에서는 장기 평균총비용곡선이 수평이 된다. 〈그림 11-12〉에서 보는 바와 같이 셀레나의 고급살사에서는 5와 7 사이의 산출량 수준에서 규모에 대한 수익이 일정하다.

생산에서 이런 규모의 효과가 나타나는 이유는 무엇일까? 해답은 결국 기업이 보유하고 있는 생산기술에서 찾을 수 있다. 규모의 경제는 대체로 대규모 생산으로 가능하게 된 **특화**로부터 발생한다. 대규모 생산은 노동자 각자가 좀 더 특화된 작업에 몰두하여 기술을 익히고 그 일을 효과적으로 수행할 수 있게 해 준다.

규모의 경제가 나타나는 또 다른 이유로서 대규모의 초기 투자비용을 들 수 있다. 자동차, 발전, 정유 등의 산업에서는 생산을 시작하려면 초기에 공장과 설비의 형태로 많은 고정비용을 지출해야 한다.

규모의 경제가 나타나는 세 번째 요인은 소프트웨어 개발과 같은 일부 첨단산업에서 나타나는데, 한 개인이 어떤 재화나 서비스로부터 얻는 가치가 그 재화나 서비스를 사용하는 사람들이 많을수록 더 커지는 현상 때문이다 (이를 네트워크 외부성이라 한다). 제13장에서 독점을 공부할 때 규모에 대한 수익 증가가 기업과 산업의 행동에 매우 중요한 영향을 미칠 수 있음을 보게 될 것이다.

이와 반대로 규모에 대한 수익 감소는 보통 대규모 기업에서 협력과 의사소통의 어려움 때문에 발생한다. 기업의 규모가 커질수록 의사소통과 활동을 조직하는 것이 점점 더 어려워져서 비용이 증가한다. 규모의 경제는 기업의 확장을 유도하지만 규모의 불경제는 확장을 제한하게 된다. 그리고 규모에 대한 수익이 일정할 경우에는 규모의 크기가 장기 평균총비용에 아무런 영향

산출량이 증가함에 따라 장기 평균총비용이 하락할 때는 **규모에 대한 수익이 증가**(increasing returns to scale)한다고 한다.

산출량이 증가함에 따라 장기 평균총비용이 상승할 때는 **규모에 대한 수익이 감소**(decreasing returns to scale)한다고 한다.

산출량이 증가할 때 장기 평균총비용이 변하지 않으면 **규모에 대한 수익이 일정**(constant returns to scale)하다고 한다.

을 주지 않는다. 1개를 생산하나 10만 개를 생산하나 장기 평균총비용은 같다.

비용의 요약 : 단기와 장기

기업이 최적의 생산량을 선택하려면 산출량과 비용의 관계를 이해해야 한다. 〈표 11-3〉에는 지금까지 배운 비용의 종류와 개념이 간략히 요약되어 있다.

표 11-3 비용의 종류와 개념

	종류	정의	수학적 표기
단기	고정비용	산출량에 영향을 받지 않는 비용	FC
	평균고정비용	산출량 한 단위당 고정비용	$AFC = FC/Q$
단기와 장기	가변비용	산출량에 영향을 받는 비용	VC
	평균가변비용	산출량 한 단위당 가변비용	$AVC = VC/Q$
	총비용	고정비용(단기)과 가변비용의 합	$TC = FC(단기) + VC$
	평균총비용(평균비용)	산출량 한 단위당 총비용	$ATC = TC/Q$
	한계비용	산출량을 한 단위 더 추가할 때 발생하는 총비용의 변화	$MC = \Delta TC/\Delta Q$
장기	장기 평균총비용	각 산출량 수준에서 평균총비용이 최소가 되도록 고정비용을 선택했을 때의 평균총비용	$LRATC$

현실 경제의 >> 이해

고정비용을 감소시키는 공유경제

Smith Collection/Gado/Getty Images

공유경제에서는 투로 같은 기업들이 고정비용을 가변비용으로 전환하는 데 도움을 주고 자원을 더 효율적으로 사용할 수 있게 만든다.

투로는 개인끼리 연결하는 자동차 공유 회사다. 이 회사는 차를 사용하고 싶지만 구입하고 싶지는 않은 사람들에게 다른 사람들이 차를 빌려줄 수 있게 해준다. 개인끼리 연결하는 주택 공유 회사로 큰 성공을 거둔 에어비앤비와 마찬가지로 투로는 중요한 성장세를 보이고 있는 현상인 공유경제의 한 예다. 공유경제에서는 신기술을 이용해 모르는 사람(기업이나 개인)끼리 사무실, 집, 연산능력, 자동차, 소형 제트기, 금융자본, 책이나 명품 옷에 이르기까지 시장 거래를 통해 자산을 함께 사용할 수 있다. 여러분이 사진이나 과제물을 저장하는 방대한 디지털 네트워크인 클라우드 자체도 기업이나 개인들로 하여금 연산능력, 저장 공간, 소프트웨어 등을 빌려 쓸 수 있도록 하기 때문에 공유경제의 특징으로 볼 수 있다. 그러면 공유경제가 고정비용과는 무슨 연관이 있는 것일까? 많은 연관이 있다. 어떤 자산을 필요할 때에만 사용할 수 있다면 그 비용은 고정비용이 아니라 가변비용이 되는 것이다.

투로 같은 자동차 공유 시장을 예로 들어 설명해 보자. 카레나는 가끔 차가 필요하다. 차를 구입하는 데는 목돈이 들어간다. 오래된 중고차라도 수천 달러가 들 것이다. 즉, 차를 구입하려면 상당한 고정비용이 드는 것이다. 그리고 자동차가 가끔씩만 필요하기 때문에 차를 사면 대부분의 시간은 주차장에 방치해야 한다.

차를 구입하는 대신 필요한 때에 투로를 통해 빌린다고 해보자. 그러면 소유를 위한 거액의 고정비용 대신 가변비용(차의 임대료)이 발생한다. 구입하는 대신 임차함으로써 카레나는 고정비용이 될 것을 가변비용으로 변환시킨 것이다.

이제 차를 보유하고 투로 앱을 통해 다른 사람들에게 임대해 주는 브리아나를 보자. 브리아나는 자동차를 자신이 사용하지 않을 때 다른 사람들에게 임대함으로써 차를 구입할 때 발생한 고정비용의 일부를 갚을 수 있다. 그런데 브리아나와 같은 사람들이 정규적으로 자동차를 임대하기 때문에 카레나와 같은 사람들이 자동차를 구입하지 않고도 사용할 수 있는 까닭에 경제 전체에서 구입되는 자동차의 수는 감소한다. 결과적으로 주어진 승차 수요에 대해 경제 전체적으로 필요한 자동차 수는 감소한다. 따라서 주어진 승차 수요를 만족시키는 데 발생하는 경제 전체의 고정비용이 감소한다.

결국 공유경제는 소유에 따르는 고정비용을 공유를 위한 가변비용으로 변환시킴으로써 사람들이 더 많은 재화와 서비스(자동차 사용과 같은)를 즐길 수 있도록 허용한다. 마찬가지로 공유로 인해 수입을 낼 수 있으므로 브리아나와 같은 사람들도 자동차와 같이 전에는 구입할 수 없었던 자산들을 이제는 구입할 수 있게 되었다. 공유경제 시장은 필요한 수량의 재화와 서비스를 생산하는 데 들어가는 총고정비용을 감소시킴으로써 사회의 자원을 더욱 효율적으로 사용할 수 있게 해준다.

>> 이해돕기 11-3
해답은 책 뒤에

1. 다음 표에는 가능한 고정비용과 평균가변비용의 세 가지 조합이 제시되어 있다. 이 예에서 평균가변비용은 일정하다(산출량에 따라 변하지 않는다).

선택	고정비용	평균가변비용
1	$8,000	$1.00
2	12,000	0.75
3	24,000	0.25

   a. 세 가지 선택 각각에 대하여 12,000, 22,000, 30,000단위를 생산하는 평균총비용을 계산하라. 각각의 수량에 대해 어떤 조합이 평균총비용을 최소로 하는가?

   b. 역사적으로 12,000단위를 생산해 오던 기업이 급격하고 영구적인 수요 증가로 인해 22,000단위를 생산하게 되었다고 하자. 평균총비용이 단기와 장기에 각각 어떻게 변할지 설명하라.

   c. 만일 기업이 수요 변화가 일시적이라고 생각한다면 어떻게 해야 할지 설명하라.

2. 다음의 각 경우에 기업에는 어떤 규모의 효과가 나타날지 설명하고 그 이유를 설명하라.

   a. 직원들이 컴퓨터와 전화기를 사용하여 전화를 걸어 상품을 판매하는 통신판매 회사

   b. 기업 소유주의 전문 기술에 의존하여 디자인 사업을 하는 인테리어 디자인 회사

   c. 다이아몬드 채굴 회사

3. 〈그림 11-12〉와 같은 그래프를 그리고, 장기적으로 하루 5상자의 살사를 생산하기로 결정했을 때 이에 대응하는 단기 평균총비용곡선을 그려 넣으라. 이 그래프를 이용하여 오랫동안 하루 4상자만 생산할 것으로 예상한다면 왜 고정비용을 다르게 해야 하는지 설명하라.

Justin Sulliv an/Getty I mages

이 걸어서 상품을 나를 필요가 없게 됨으로써 창고 작업은 훨씬 더 효율적으로 바뀌었다. 게다가 로봇은 인간처럼 선반 사이에 복도가 필요 없기 때문에 아마존 주문처리 센터에는 상품 저장 공간이 늘어났다.

지난 20년에 걸쳐 아마존은 물품을 빨리 받고 싶은 고객의 필요를 만족시키기 위해 창고 관리와 주문 처리 작업을 완벽하게 만드는 데 엄청난 금액을 투자했다. 이 회사의 대변인인 필 하딘은 로봇의 광범위한 사용을 다음과 같이 설명한다. "그것은 우리 비용 구조의 많은 요소에 영향을 미치는 투자입니다. 이는 우리에게 있어 대단한 혁신이었고… 이것이 우리 창고의 생산성을 더욱 높였다고 생각합니다." 실제로 몇몇 연구에 의하면 자동화를 단행함으로써 아마존은 주문 처리 비용을 거의 반으로 감소시켰다고 한다.

아마존의 경쟁자들도 이를 주목했다. 예컨대 월마트도 배달 시간을 줄이기 위해 로봇 시스템을 사용한다. 6 리버 시스템즈와 같은 로봇 제조 회사는 플로우스페이스와 같은 창고 관리 회사와 협력하여 아마존 이외의 판매자들을 위해 주문 처리 서비스를 제공한다. 그러나 아마존의 거대한 규모의 이점으로 인해 다른 판매자들이 따라잡을 수 있을지는 두고 볼 일이다.

아마존의 성공 비결 중 하나는 신속한 배달의 약속이다. 최우선 품목 대부분은 2영업일 안에 고객에게 인도된다. 더욱이 특정 지역에 대해서는 이제 24시간 내에 배달이 가능하다. 만일 대도시에 살고 있다면 아마 한두 시간 안에 물건을 받을 수 있을 것이다. 어느 경쟁자도 아마존의 속도에 근접할 수조차 없다. 무엇이 아마존의 엄청난 속도를 가능케 하는 것일까? 그 답은 로봇이다. 아마존의 주문처리 센터에 가보면 12만 5,000 제곱피트 지역에 수백 대가 떼를 지어 다니며 정교하게 조화된 춤을 추는 모습을 볼 수 있다. 로봇들은 700파운드에 달하는 상품 선반들을 끌어다 주문을 모으는 인간 '수집자'에게, 그리고 들어오는 비축품을 비축하는 인간 '비축자'에게 전달한다.

2019년 현재 아마존은 50억 이상의 주문을 처리하는 175개의 주문처리 센터에 10만 개 이상의 로봇을 보유하고 있다. 로봇이 나타나기 전에는 인간 노동자들이 무거운 짐을 나르며 매일 10 내지 15마일을 걸어서 이 지루한 일을 수행했다. 인간

생각해 볼 문제

1. 아마존의 비용구조 변화를 이 장에서 배운 개념들을 이용하여 설명하라.

2. 아마존 전략의 장점과 단점은 각각 어떤 것들이 있는가?

3. 로봇 시스템으로 인해 아마존은 경쟁자에 비해 어떤 이점을 갖게 되었는가? 경쟁자들이 아마존을 따라잡을 가능성은 어느 정도일까? 그 가능성은 어떤 시장 요인의 영향을 받겠는가?

요약

1. 투입물과 산출물의 관계가 생산자의 **생산함수**이다. **단기**에는 **고정요소**의 투입량이 변경될 수 없지만 **가변요소**의 투입량은 변경될 수 있다. **장기**에는 모든 요소의 투입량이 변경될 수 있다. 고정요소의 투입량이 주어졌을 때 **총생산 곡선**은 가변요소의 투입량에 따라 산출량이 어떻게 변화하는가를 보여 준다. 또한 우리는 한 요소의 **한계생산**, 즉 그 요소를 한 단위 더 사용하였을 때 산출물의 증가분을 구할 수도 있다.

2. **한 투입요소에 대한 수익체감**이란 다른 모든 요소의 투입량을 고정시키고 한 요소의 투입량을 증가시킬 때 그 요소의 한계생산이 점차 감소하는 것을 말한다.

3. **총비용곡선**에 의해 표시되는 **총비용**은 생산량에 영향을 받지 않는 **고정비용**과 생산량에 따라 달라지는 **가변비용**의 합이다. 요소에 대한 수익체감으로 인해 산출량을 한 단위 더 생산하는 데 드는 총비용의 증가분, 즉 한계비용은 보통 산출물이 증가함에 따라 늘어난다.

4. 총비용을 산출량으로 나눈 **평균총비용**(또는 **평균비용**)은 산출물 한 단위당 비용을 의미하는 반면, 한계비용이란 산출물을 한 단위 더 생산할 때 드는 비용이다. 경제학자들은 **U자형 평균총비용곡선**이 전형적이라고 믿고 있다. 이는 평균총비용이 두 부분으로 분할되기 때문인데, 산출량이 증가함에 따라 감소하는(분산 효과) **평균고정비용**과 산출량이 증가함에 따라 증가하는(수익체감 효과) **평균가변비용**이 바로 그것이다.

5. 평균총비용이 U자형으로 되어 있을 때 U자형의 최저점은 평균총비용이 최소화되는 산출량 수준을 나타내는데, 이를 **최소비용 산출량**이라고 부른다. 이는 한계비용곡선이 평균총비용곡선을 아래에서 교차하며 지나가는 지점이기도 하다. 특화의 이점으로 인해 한계비용곡선은 상승하기 전 초기에는 하락하기 때문에 '나이키 로고' 모양을 갖는다.

6. 장기에는 생산자가 고정요소 투입량과 고정비용 수준을 변경할 수 있다. 더 높은 고정비용을 지불하는 대신 기업은 주어진 산출량 수준에서 가변비용을 줄일 수 있으며, 그 반대 또한 가능하다. **장기 평균총비용곡선**은 각 산출량 수준에 대해 평균총비용이 최소가 되도록 고정비용을 선택하였을 때 얻어지는 산출량과 평균총비용 사이의 관계를 말한다. 산출량을 증가시킬 때 단기 평균총비용곡선을 따라 움직이다가, 새로운 산출량 수준에 적합하도록 고정비용을 재조정한 후에는 단기 평균총비용곡선과 장기 평균총비용곡선에 동시에 속해 있는 한 점으로 회귀하게 된다.

7. 산출량이 증가함에 따라 장기 평균총비용이 하락하면 **규모에 대한 수익이 증가**, 상승하면 **규모에 대한 수익이 감소**한다고 하며, 만약 장기 평균총비용이 변하지 않으면 **규모에 대한 수익이 일정**하다고 한다. 규모 효과는 생산기술에 의존한다.

주요용어

생산함수
고정요소
가변요소
장기
단기
총생산곡선
한계생산
한 투입요소에 대한 수익체감

고정비용
가변비용
총비용
총비용곡선
평균총비용
평균비용
U자형 평균총비용곡선
평균고정비용

평균가변비용
최소비용 산출량
장기 평균총비용곡선
규모에 대한 수익이 증가
규모에 대한 수익이 감소
규모에 대한 수익이 일정

토론문제

1. 노동에 대한 한계수익체감과 규모에 대한 수익체감의 차이점을 설명하라. 각 경우의 예를 들라.

2. 많은 대학에서 여성이 출산하는 자녀 수가 감소함에 따라 인구통계의 변화를 경험하고 있다. 출산율은 2007년 여성 1명당 2.1명에서 2018년 1.7명으로 감소했다. 출산율의 감소는 대학 갈 학생 수를 2025년과 2029년 사이에 15%까지 감소시킬 것이다. 이러한 출산율 감소는 대학 운영에 어떤 영향을 미치겠는가? 아래 질문에 답하라.

   a. 고등교육 기관들의 고정비용은 큰가 작은가? 대학들의 가변비용은 무엇인가?

   b. a의 답에 의하면 단기 평균총비용은 어떻게 나타나겠는가?

   c. 대학들이 단기 평균총비용의 최저점에서 운영 중이라면 등록 학생 수가 감소할 때 고등교육 학생 1인당 평균비용은 어떻게 되겠는가?

3. 경제학 수업에서 한 번의 숙제당 최대 100점을 기준으로 점수가 매겨지고 있다. 이번 학기 열 번의 숙제 중에서 아홉 번의 숙제가 끝났는데, 현재 당신의 평균점수는 88점이다. 당신의 열 번째 숙제 점수가 어느 정도가 되어야 당신의 전체 평균을 올릴 수 있겠는가? 어느 정도의 점수 영역이 당신의 전체 평균을 내리겠는가? 설명해 보라.

연습문제

1. 주요 상품의 가격 변화는 기업의 판단에 큰 영향을 줄 수 있다. 거의 모든 기업에 있어 에너지가 전체 비용에서 차지하는 비중이 매우 크다. 뿐만 아니라 소고기, 닭고기, 고과당 시럽, 에탄올 등을 생산하는 기업들과 같이 많은 산업이 옥수수에 대한 의존도가 높다. 더욱이 최근 옥수수 가격이 상당히 인상되었다.

   a. 에너지 비용이 고정비용도 될 수 있고, 가변비용도 될 수 있음을 설명하라.

   b. 에너지가 고정비용이고 에너지 가격이 상승한다고 가정하자. 기업의 평균총비용곡선은 어떻게 되겠는가? 한계비용곡선은 어떻게 되겠는가? 그래프를 그려 설명하라.

   c. 에탄올 생산에 있어 옥수수 비용이 가변비용은 될 수 있어도 고정비용은 될 수 없는 이유를 설명하라.

   d. 옥수수 가격이 상승할 때 에탄올 생산자의 평균총비용곡선은 어떻게 되겠는가? 한계비용곡선은 어떻게 되겠는가? 그래프를 그려 설명하라.

2. 마티의 얼린 요구르트는 대학가에서 얼린 요구르트를 컵에 담아 판매하는 가게이다. 마티는 요구르트 얼리는 기계를 3대 가지고 있다. 다른 투입요소는 냉장고, 얼린 요구르트 믹서기, 컵, 토핑재료이며 물론 노동자도 포함된다. 마티는 고용된 노동자 수가 변화할 때 자신의 생산함수가 다음과 같다고 생각한다.

노동 투입량(사람 수)	얼린 요구르트 산출량(컵)
0	0
1	110
2	200
3	270
4	300
5	320
6	330

   a. 얼린 요구르트를 생산할 때의 고정요소와 가변요소로는 어떠한 것들이 있는가?

   b. 총생산곡선을 그려 보라. 수평선에는 노동 투입량을, 수직선에는 얼린 요구르트의 양을 표시하라.

   c. 첫 번째 노동자의 한계생산은 얼마인가? 두 번째 노동자와 세 번째 노동자의 경우는 어떠한가? 노동자 수가 증가함에 따라 한계생산이 감소하는 까닭은 무엇인가?

3. 마티의 얼린 요구르트의 생산함수는 2번 문제에 주어진 바와 같다. 마티는 노동자에게 한 사람당 80달러의 임금을 매일 지불한다. 다른 가변요소의 경우에는 요구르트 1컵당 0.5달러의 비용이 든다. 마티의 고정비용은 매일 100달러씩이다.

   a. 110컵의 요구르트를 생산할 때 마티의 가변비용과 총비용은 얼마인가? 200컵의 요구르트를 생산할 때는 어떠한가? 2번 문제에 주어진 모든 산출량 수준에 따른

가변비용과 총비용을 계산하라.

b. 마티의 가변비용곡선을 그려 보라. 같은 그래프에 마티의 총비용곡선을 그려 보라.

c. 처음 110컵의 요구르트를 생산할 때 1컵당 한계비용은 얼마인가? 그다음 90컵의 요구르트의 경우에는? 나머지 산출량 수준에 대하여 한계비용을 계산하라.

4. 마티의 얼린 요구르트의 생산함수는 2번 문제에 주어진 바와 같다. 비용은 3번 문제에 주어진 바와 같다.

a. 주어진 각 산출량 수준에서 얼린 요구르트 1컵을 생산하는 데 드는 평균고정비용(AFC), 평균가변비용(AVC), 평균총비용(ATC)을 계산해 보라.

b. 하나의 그래프에 AFC, AVC, ATC 곡선을 그려 보라.

c. 산출량이 증가함에 따라 AFC가 감소하는 것을 어떠한 원리로 설명할 수 있는가? 산출량이 증가함에 따라 AVC가 증가하는 현상은 어떻게 설명될 수 있는가? 자신의 답을 설명해 보라.

d. 평균총비용이 최소화될 때 얼린 요구르트는 몇 컵이 생산되는가?

5. 많은 기업에서 노동비용이 총비용 중 가장 큰 비중을 차지한다. 노동청 통계에 의하면 미국의 노동비용은 2018년에 비교해 2019년에 2% 상승했다.

a. 노동비용이 상승할 때 평균총비용과 한계비용은 어떻게 되는가? 노동비용이 가변비용만 되는 경우와 가변비용도 되고 고정비용도 되는 경우로 나누어 생각하라. 노동생산성의 상승은 각 노동자가 더 많은 산출물을 생산한다는 것을 의미한다. 최근 노동생산성 자료에 의하면 농업을 제외한 미국 기업의 노동생산성은 1970년부터 1999년 사이에 1.7%, 2000년부터 2009년 사이에 2.6%, 2010년부터 2019년 사이에 1.0% 성장하였다.

b. 생산성 성장률이 양수일 때 노동의 총생산곡선과 한계생산곡선은 어떻게 되는가? 그래프를 이용해 설명하라.

c. 생산성 성장률이 양수일 때 한계비용곡선과 평균총비용곡선은 어떻게 되는가? 그래프를 이용해 설명하라.

d. 만일 노동비용이 시간이 흐름에 따라 평균적으로 상승한다면, 기업은 왜 노동생산성을 높이는 장비와 기술을 채택하는 것일까?

6. '멋있는 꽃집'은 결혼식, 졸업식 및 다른 행사에서 꽃장식을 전문으로 하는 꽃집이다. '멋있는 꽃집'은 장소와 기계를 확보하는 데 매일 100달러의 고정비용을 지불해야 한다. 노동자에게는 한 사람당 매일 50달러씩을 지불한다. '멋있는 꽃집'의 생산함수는 다음 표와 같다.

노동 투입량(사람 수)	꽃장식 수량
0	0
1	5
2	9
3	12
4	14
5	15

a. 각 노동자의 한계생산을 구하라. 고용된 노동자의 수가 증가하면 노동자 1인당 한계생산이 감소하는 것은 어떠한 원리로 설명할 수 있는가?

b. 각 산출량 수준에서 한계비용을 구하라. 꽃장식이 증가함에 따라 꽃장식에 드는 한계비용이 증가하는 것을 어떠한 원리로 설명할 수 있는가?

7. 어떤 회사의 비용이 다음 표와 같다고 한다. 빠진 부분을 완성하라.

수량	총비용 TC	한계비용 MC	평균총비용 ATC	평균가변비용 AVC
0	$20		—	—
1	?	$20	?	?
2	?	10	?	?
3	?	16	?	?
4	?	20	?	?
5	?	24	?	?

8. 다음의 진술에 대한 진위 여부를 따져 보라. 만약 진술이 사실이라면 그 이유를 설명하고, 진술이 틀렸다면 어디가 잘못되었는지 밝히고 그것을 고쳐 보라.

a. 한계생산이 감소하면 한계비용은 반드시 증가한다.

b. 고정비용의 증가는 최소비용 산출량을 증대시킨다.

c. 고정비용의 증가는 한계비용을 증가시킨다.

d. 한계비용이 평균총비용보다 더 높으면 평균총비용은 반드시 감소한다.

9. 산드라와 트레이는 기념품용 축구공을 생산하는 작은 회사를 운영한다. 그들의 고정비용은 월 2,000달러다. 매달 1인당 1,000달러의 임금을 지불하고 노동자를 고용할 수 있다. 이들의 축구공 생산함수는 다음과 같이 주어져 있다.

노동 투입량(사람 수)	축구공 산출량
0	0
1	300
2	800

3	1,200
4	1,400
5	1,500

a. 각 노동 투입량에 대해 평균가변비용(*AVC*), 평균고정비용(*AFC*), 평균총비용(*ATC*), 한계비용(*MC*)을 계산해 보라.

b. 하나의 그래프에 *AVC*, *ATC*, *MC* 곡선을 그려 보라.

c. 산드라와 트레이는 어떤 산출량 수준에서 평균총비용을 최소화할 수 있는가?

10. 당신은 어떤 제품을 생산하고 있다. 현재 4개의 제품을 생산하는 데 총비용으로 40달러가 쓰였다.

a. 당신의 평균총비용은 얼마인가?

b. 5달러의 한계비용으로 제품을 1개 더(다섯 번째 제품) 생산해 낼 수 있다고 가정하자. 만약 다섯 번째 제품을 생산한다면 당신의 평균총비용은 얼마가 되겠는가? 당신의 평균총비용은 증가하는가, 혹은 감소하는가? 그 이유는 무엇인가?

c. 이번에는 20달러의 한계비용으로 제품을 1개 더(다섯 번째 부품) 생산해 낼 수 있다고 가정하자. 만약 다섯 번째 제품을 생산한다면 당신의 평균총비용은 얼마가 되겠는가? 당신의 평균총비용은 증가하는가, 혹은 감소하는가? 그 이유는 무엇인가?

11. 2017년 테슬라는 모델 3를 출시했다. 모델 3는 사륜구동의 고급 세단이다. 모델 3는 휘발유를 사용하지 않고 한 번 충전하여 220에서 310마일까지 갈 수 있다. 모델 3에 대한 사전 주문량은 45만 대가 넘는다. 모델 3에 대한 수요를 충족시키기 위해 테슬라는 생산량을 주 6,000대, 즉 연간 약 30만 대로 증가시킬 것이라고 발표했다. 현재는 공장이 연간 약 10만 대를 생산할 장비를 갖추고 있다. 다음 표를 사용하여 물음에 답하라.

a. 각 공장 규모와 생산량 수준에 대해 테슬라의 평균총비용을 구하라.

b. 테슬라가 30만 대를 생산하기 위한 장비를 갖춘 새로운 공장을 짓는다면 A 규모의 공장이 그보다 생산비가 더 높은 이유를 설명하라.

총비용 (10억 달러)			
공장 규모	**10만 대 판매**	**20만 대 판매**	**30만 대 판매**
A	$1.75	$3.25	$5.50
B	2.00	3.00	5.00
C	2.50	4.00	4.50

12. 다니엘라는 콘크리트 믹스 회사를 소유하고 있다. 고정비용이 드는 것은 콘크리트 제조기계와 혼합 트럭이다. 가변비용은 모래와 자갈과 같은 콘크리트를 생산해 내는 투입요소, 기계와 혼합 트럭을 유지하는 데 필요한 연료와 유지비, 노동자에 대한 비용이다. 다니엘라는 혼합 트럭을 몇 대 구입할지 결정하려 한다. 그는 그의 회사가 일주일 동안 받게 되는 주문 건수를 기반으로 다음 표와 같이 비용을 추정해 보았다.

트럭 수	**고정비용**	**가변비용**		
		20건	**40건**	**60건**
2	$6,000	$2,000	$5,000	$12,000
3	7,000	1,800	3,800	10,800
4	8,000	1,200	3,600	8,400

a. 각각의 고정비용 수준에서 20, 40, 60건의 주문을 받는 데 필요한 총비용을 계산하라.

b. 만약 다니엘라가 일주일마다 20건의 주문을 받는다면 몇 대의 트럭을 구매해야 하며, 이때 평균총비용은 얼마가 되겠는가? 40, 60건의 주문에 대해서도 같은 질문에 답하라.

13. 12번 문제에 소개된 다니엘라의 콘크리트 믹스 회사를 고려하라. 다니엘라가 일주일당 40건의 주문을 받을 것으로 예상하고 3대의 트럭을 구입했다고 가정하자.

a. 단기적으로 다니엘라의 사업 규모가 축소되어 주당 20건의 주문을 받게 된다고 가정하자. 이때 단기에 주문한 건당 평균총비용은 얼마인가? 만약 그의 사업 규모가 확장되어 주당 60건의 주문을 받게 된다면 단기에 주문한 건당 평균총비용은 얼마인가?

b. 주당 20건의 주문을 처리하는 장기 평균총비용은 얼마인가? 트럭이 3대로 고정되었을 때, 일주일당 20건의 주문을 처리하는 단기 평균총비용이 일주일당 20건의 주문을 처리하는 장기 평균총비용보다 더 큰 이유를 설명하라.

c. 장기 평균총비용곡선을 그려 보라. 트럭이 3대일 때 단기 평균총비용곡선을 그려 보라.

14. 다음은 참인가 거짓인가? 추론 과정을 설명하라.

a. 단기 평균총비용은 결코 장기 평균총비용보다 낮아질 수 없다.

b. 단기 평균가변비용은 결코 장기 평균총비용보다 낮아질 수 없다.

c. 장기에 더 높은 수준의 고정비용을 선택하면 장기 평균총비용곡선이 상승한다.

15. 울프스버그 웨건(WW)은 작은 자동차 회사이다. 다음의
표는 WW의 장기 평균총비용을 나타낸다.

자동차 산출량	자동차의 장기 평균총비용
1	$30,000
2	20,000
3	15,000
4	12,000
5	12,000
6	12,000
7	14,000
8	18,000

a. 어떤 산출량 수준에서 규모에 대한 수익이 증가하는
가?

b. 어떤 산출량 수준에서 규모에 대한 수익이 감소하는
가?

c. 어떤 산출량 수준에서 규모에 대한 수익이 일정한가?

12 완전경쟁과 공급곡선

현관 장식

크리스마스 휴가철이 되었다는 한 가지 확실한 징표는 전국적으로 빈 터와 주차장 그리고 원예용품점에 갑자기 나타나는 크리스마스트리 시 장이다. 1950년대까지는 거의 대부분 개인들이 근처 숲에서 나무를 베어 크리스마스트리로 사용하였다. 그러나 1950년대에 이르러 인구 증가에 따른 수요 증가와 삼림 감소로 인한 공급 감소로 시장이 출현할 기회가 발생했다. 크리스마스트리를 육성 판매함으로 이윤을 얻을 수 있다는 것을 발견한 농부들이 움직인 것이다.

Joe Raedle/Getty Images

크리스마스트리나 스마트폰이나 마찬가지로 재화가 어떻게 생산되느냐에 따라 생 산비용이 결정된다.

이에 따라 스스로 나무를 베기 위해 숲속으로 모험을 떠나는 대신 다양한 크기와 종류의 나무들을 집 가까운 곳에서 고를 수 있게 되었 다. 2018년에는 3,300만 가까이 되는 재배된 트리들이 20억 달러 이 상에 거래되었다.

크리스마스트리의 공급은 두 가지 이유로 인해 비탄력적이다. 재배 할 토지를 얻는 데 시간이 걸리고 나무를 재배하는 데에도 시간이 걸리

기 때문이다. 그러나 이러한 제한은 단기에만 적용된다. 시간이 흐름에 따라 기존의 농장은 용량을 늘릴 수 있고 새로운 농장이 사업에 뛰어들 수도 있다. 그리고 시간이 흐르면 나무가 성장하고 수확도 가능하게 된 다. 게다가 인조나무 가격이 떨어지는데 생나무 가격이 계속 오르면 많 은 사람이 인조나무를 살 것이다. 따라서 가격 상승에 따른 공급의 증 가는 단기보다 장기에 있어 훨씬 더 클 것이다.

공급곡선은 어디에서 오는 것일까? 단기와 장기 공급곡선에 차이가 있는 이유는 무엇인가? 이 장에서는 제11장에서 배운 비용에 대한 지식 을 바탕으로 공급곡선을 분석할 것이다. 앞으로 보겠지만 이를 위해서 는 개별 기업의 행동뿐 아니라 이들로 구성된 전체 산업의 행동을 이해 할 필요가 있다.

이 장의 분석에서는 대상이 되는 산업이 완전경쟁의 특성을 지녔다 고 가정한다. 먼저 **완전경쟁**의 개념을 설명하고 완전경쟁적 산업이 발 생할 수 있는 조건을 간략히 소개한다. 다음에는 완전경쟁 하에서 생산 량이 어떻게 결정되는지를 본다. 마지막으로 개별 기업의 비용곡선을 이용하여 완전경쟁 산업의 **산업공급곡선**을 도출한다.

경쟁산업이 시간의 흐름에 따라 변화해 가는 방법을 분석함으로써 경쟁 산업에서 수요의 변화가 미치는 영향─예컨대 크리스마스트리에 대한 수요의 변화가 크리스마스트리 산업에 미치는 영향─을 단기와 장기로 구분하는 법을 배우게 된다. 결론 부분에서는 한 산업이 완전경 쟁적으로 되는 데 필요한 조건들을 보다 깊이 있게 논의할 것이다. ●

이 장에서 배울 내용

- 완전경쟁은 무엇이고 이것이 왜 중요한 기준점이 되는가?
- 어떤 요인이 한 기업이나 산업을 완전경쟁이 되도록 하는가?
- **완전경쟁산업**에서 이윤극대화 산출량은 어떻게 결정되는가?
- 한 기업이 이윤이 나는지 여부는 어떻게 결정되는가?
- 기업이 단기와 장기에 다르게 행동하는 것이 왜 합리적인가?
- 단기와 **장기 산업공급곡선**은 어떻게 다른가?

|| 완전경쟁

크리스마스트리를 생산하는 이브와 조이라는 두 농부가 있다고 하자. 두 사람 모두 동일한 크리스마스트리 소비자들에게 물건을 판매하는 실질적인 경쟁자라 하자.

그렇다면 이브는 조이가 크리스마스트리를 생산하지 못하게 막거나 아니면 두 사람이 생산량을 줄이는 협약이라도 맺어야 하는 것일까? 아마도 아닐 것이다. 크리스마스트리 농장은 수백, 수천 개나 있을 것이고 이브와 조이는 자기들뿐 아니라 이들 모두와 경쟁하고 있기 때문이다. 너무나 많은 농부들이 크리스마스트리를 팔고 있기 때문에 어느 한 사람이 좀 더 많이 혹은 적게 생산한다고 해도 눈에 띌 만큼 시장가격에 미치는 효과는 없을 것이다.

기업 간의 경쟁을 말할 때 사람들이 흔히 마음속에 그리는 것은 두세 개의 경쟁기업들이 서로 우위를 차지하려고 격렬하게 애쓰는 상황이다. 그러나 경제학자들은 기업이 소수의 경쟁자에게만 신경을 쓰는 상황은 사실상 경쟁이 상당히 제한되어 있는 증거라고 생각한다. 크리스마스트리의 예에서 알 수 있는 것처럼 충분한 경쟁이 있을 때는 경쟁자가 누구인지 밝혀내는 것조차 부질없는 일이다. 경쟁자가 너무나 많아서 그중에 어느 한 사람만을 경쟁자로 지목할 수가 없기 때문이다.

다른 말로 표현하자면 이브와 조이는 **가격수용적인 생산자**(price-taking producer)이다. 생산자의 행동이 자신이 판매하는 상품의 시장가격에 아무런 영향도 미칠 수 없을 때 이 생산자를 가격수용적인 생산자라고 한다. 따라서 가격수용적인 생산자는 시장가격을 주어진 것으로 생각한다. 충분한 경쟁이 있을 때, 즉 경제학자가 말하는 '완전경쟁'일 때 모든 생산자는 가격수용자이다.

소비자에게도 비슷한 개념을 정의할 수 있다. **가격수용적인 소비자**(price-taking consumer)란 자신의 행동이 시장가격에 아무런 영향을 미칠 수 없는 소비자를 말한다. 즉 시장가격은 이 소비자가 재화를 얼마나 많이 혹은 적게 사는가에 따라 영향을 받지 않는다.

완전경쟁의 정의

완전경쟁시장(perfectly competitive market)에서는 모든 참가자, 즉 소비자와 생산자 모두 가격수용자이다. 즉 개별 소비자의 결정이나 개별 생산자의 결정이 시장가격에 아무런 영향을 미치지 않는다.

제3장에서 처음 소개하고 그 후 여러 번 사용한 수요와 공급 모형은 완전경쟁시장을 나타낸 것이다. 근본적으로 이는 하키 게임의 암표 시장이나 크리스마스트리 시장을 불문하고 그 시장의 판매자나 구매자 한 사람 한 사람이 상품의 가격에 영향을 미칠 수 있다고 생각하지 않는다는 가정에 기초를 두고 있다.

일반적으로 소비자는 사실 가격수용자이다. 소비자들이 가격에 영향을 줄 수 있는 상황은 찾기 힘들다. 그러나 다음 장에서 보는 바와 같이 생산자들이 가격에 영향력을 갖는 경우는 매우 흔하다. 따라서 완전경쟁 모형은 어떤 시장의 분석에는 적합하지만 모든 시장에 적합한 것은 아니다. 생산자들이 가격수용자인 산업을 가리켜 **완전경쟁산업**(perfectly competitive industry)이라 한다. 몇몇 산업은 분명 완전경쟁산업이 아니다. 완전경쟁 모형에 들어맞지 않는 산업을 분석하는 방법은 나중에 배우게 될 것이다.

어떤 경우에 모든 생산자가 가격수용자가 될까? 다음 절에서 보는 바와 같이 완전경쟁산업에는 두 가지 필요조건이 있고, 세 번째 조건도 충족되는 것이 보통이다.

완전경쟁의 두 가지 필요조건

밀과 옥수수 같은 주요 곡물 시장은 완전경쟁적이다. 구매자는 물론이고 밀이나 옥수수를 재배하는 농부들도 시장가격을 주어진 것으로 간주한다. 한편 아침 식사용 시리얼과 같이 이러한 곡물로 만든 제품의 시장은 결코 완전경쟁적이라 할 수 없다. 시리얼 제품 간에는 경쟁이 치열하지만 완전경쟁은 아니다. 밀과 시리얼 시장의 차이점을 알면 완전경쟁의 두 가지 필요조건을 이해할 수 있다.

첫째로 한 산업이 완전경쟁산업이 되기 위해서는 많은 생산자가 있어 어느 한 생산자도 시장점유율이 크지 않아야 한다. 한 생산자의 **시장점유율**(market share)이란 전체 산업의 산출량 중에서 그 생산자의 제품이 차지하는 비율을 말한다. 곡물 시장과 아침용 시리얼 시장의 주요한 차이점 중 하나는 시장점유율의 분포이다. 밀을 재배하는 농부의 수는 헤아릴 수 없이 많고 각 사람은 전체 밀 판매량의 극히 일부분만을 생산한다.

그러나 미국의 시리얼 시장은 켈로그, 제너럴 밀스, 포스트, 퀘이커오츠사의 네 생산자가 지배하고 있다. 켈로그와 제너럴 밀스가 미국 전체 시리얼 판매액의 85%를 차지한다. 켈로그의 임원들은 자신들이 콘플레이크 판매량을 증가시키려 하면 콘플레이크의 시장가격이 하락할 가능성이 높다는 것을 알고 있다. 즉, 그들은 자신들이 시장에서 차지하는 비중이 너무 커서 생산량을 변경하면 전체 공급량이 상당한 영향을 받아 시장가격에 영향을 줄 수 있다는 사실을 알고 있다. 시장에 켈로그와 같은 대형 사업자가 없는 경우에 한해서 생산자들이 가격수용자라고 가정하는 것이 타당하다.

둘째로 소비자들이 모든 생산자의 제품이 동일하다고 생각해야만 그 산업을 완전경쟁산업이라 할 수 있다. 아침 식사용 시리얼 제품 시장은 분명 이 조건을 충족하지 않는다. 소비자들은 '캡틴 크런치'(퀘이커오츠사의 아침 식사용 시리얼―역자 주)와 '위티스'(제너럴 밀스의 아침 식사용 시리얼―역자 주)를 대체 가능하다고 생각하지 않는다.

이를 **표준화된 제품**(standardized product)―어떤 경우에는 **상품**(commodity)이라고도 한다―과 비교해 보라. 소비자들은 한 농부가 생산한 밀과 다른 농부가 생산한 밀을 완전히 대체 가능한 것으로 생각한다. 따라서 한 농부가 자신이 생산한 밀의 가격을 높이려 한다면 모든 고객을

한 생산자의 시장점유율(market share)이란 산업 전체의 산출량 중에서 그 생산자가 생산한 산출량이 차지하는 비율을 말한다.

소비자들이 다른 생산자들의 제품을 동일하다고 생각할 때 그 제품은 비로소 표준화된 제품(standardized product) 또는 상품(commodity)이 된다.

탐구자를 위하여 표준화된 제품이란?

완전경쟁산업은 표준화된 제품을 생산해야 한다. 그러나 다른 기업들의 제품이 실제로는 똑같다는 사실만으로 충분할까? 그렇지 않다. 사람들이 같다고 생각해야 한다. 생산자들은 흔히 실제로 같은 경우에도 자기 제품은 다르다고, 즉 *차별화되었다*고 소비자들을 설득하기 위해 많은 공을 들인다.

예를 들어 초고가 특제품이 아닌 보통의 샴페인을 생각해 보라. 대부분의 사람들은 원산지인 프랑스 샹파뉴 지방에서 생산된 샴페인과 스페인이나 캘리포니아에서 생산된 샴페인의 차이를 알 수 없다. 그러나 프랑스 정부는 전 세계에서 오직 샹파뉴 지방에서 생산된 공기방울이 생기는 포도주만을 샴페인이라 부를 수 있도록 법적 보호조치를 모색해 왔고 결국은 성공했다. 다른 지역에서는 단지

'샴파뉴 방식'으로 생산되었다고만 쓸 수 있을 뿐이다. 이는 소비자들의 마음에 차이를 만들어 내었고 샹파뉴의 샴페인 생산자가 다른 곳보다 높은 가격을 받을 수 있게 하였다.

유사한 예로 한국의 김치―배추를 발효시켜 만든 한국의 전통적인 매운 반찬―생산자들은 일본 기업이 생산한 제품은 진짜가 아니라는 점을 소비자에게 납득시키기 위해 최선을 다하고 있다. 그 목적은 물론 한국의 김치가 더 높은 가격을 받을 수 있도록 하는 것이다.

그러면 이름만 다른 제품을 소비자들이 무슨 이유에서인지 표준화되어 있지 않다고 생각한다면 이 산업은 완전경쟁산업일까? 아니다. 경쟁의 성격을 규정하는 데 있어서는 항상 소비자가 옳은 것이다.

만일 사람들이 한국 김치를 먹기 위해 일본 김치보다 더 높은 가격을 지불하려 하지 않는다면 김치는 표준화된 제품이다.

다른 농부에게 빼앗기게 될 것이다. 그러므로 완전경쟁산업이 되기 위한 두 번째 필요조건은 그 산업에서 생산되는 생산물이 표준화된 제품이어야 한다는 것이다(앞에 나오는 '탐구자를 위하여' 참조).

자유로운 진입과 퇴출

완전경쟁산업을 보면 모두 시장점유율이 작은 수많은 생산자로 구성되어 있고 표준화된 제품을 생산하고 있다. 대부분의 완전경쟁산업에는 또 하나의 특징이 있다. 새로운 기업의 진입이 쉽고 현재 산업에 속해 있는 기업의 퇴출이 쉽다는 점이다. 즉 정부의 규제로 인한 진입장벽이나 필수요소의 공급제한으로 인해 새로운 기업이 진입하는 데 방해를 받는 일이 없다. 그리고 회사를 정리하고 산업을 떠나는 데도 추가적인 비용이 들지 않는다.

경제학자들은 새로운 기업이 산업으로 들어오는 것을 진입이라 하고 기업이 산업을 떠나는 것을 퇴출이라 한다. 한 산업으로의 진입과 퇴출에 아무런 장애가 없을 때 이 산업은 **진입과 퇴출이 자유롭다**(free entry and exit)고 말한다.

진입과 퇴출의 자유가 완전경쟁에 필수적인 조건은 아니다. 제5장에서 알래스카주에서의 대게잡이의 경우를 보았는데 규제로 인해 한 철에 잡을 수 있는 대게의 수량에 한도가 있어 조업은 쿼터를 배정받은 기존 어선에만 허용되고 있다. 그럼에도 불구하고 운행되는 어선의 수가 충분해서 어부들은 가격수용자이다. 그러나 대부분의 경쟁산업에서 진입과 퇴출의 자유는 중요한 역할을 한다. 시장 여건의 변화에 따라 생산자 수가 조절될 수 있도록 해 주는 것이다. 무엇보다도 현재 생산자들이 인위적으로 다른 기업이 들어오지 못하도록 막는 것을 방지해 준다.

요약하면 완전경쟁에는 두 가지 필요조건이 있다.

1. 그 산업에 많은 수의 생산자가 있어 각자의 시장점유율이 작아야 한다는 것이다.
2. 그 산업에서 생산되는 제품이 표준화되어 있어야 한다는 것이다.

이에 더하여 완전경쟁산업은 보통 진입과 퇴출이 자유롭다는 특징을 갖는다.

이상의 세 조건을 만족하는 산업에서는 어떤 일이 일어날까? 이 질문에 대한 해답을 구하는 첫걸음으로 완전경쟁산업에 속한 생산자가 이윤을 최대로 하기 위해 어떻게 행동하는지 살펴보자.

현실 경제의 >> 이해

지연에 대한 보상의 시한

Jose Luis Pelaez Inc/Getty Images

제약회사들은 특허권에 의해 새로운 약품에 대해 20년간 합법적인 독점권을 갖는다.

때로는 한 시장이 완전경쟁으로 변해가는 과정을 볼 수 있다. 사실 이러한 일이 제약업계에서 인기 있는 약품의 특허가 만료되고 그 시장에 경쟁 복제약이 등장할 때 일어난다.

왜 시장이 처음에는 비경쟁적이었는지에 대한 배경지식부터 알아보자. 한 회사가 신약을 개발하면 보통 20년간 특허—신청한 시점으로부터 배타적으로 제품을 판매할 수 있는 **법적인 독점권**—를 얻을 수 있다. 법적으로 특허권자의 허락 없이는 누구도 그 약품을 판매할 수 없다. 이로써 약품 개발자는 개발 비용을 회수할 수 있다.

20년 후 특허권이 만료되면 다른 회사들도 의학적으로 그 약품과 동일한 복제약을 제조 판매할 수 있도록 시장이 개방된다. 그 결과로 가격이 극적으로 하락한다. 평균적으로 복제약의 비용은 동일한 특허 약품 가격의 15% 정도이며 발매되는 즉시로 특허 약품의 시장점유율을 90%까지도 감소시킨다. 엄청난 인기를 얻고 있는 콜레스테롤 치료제인 화이자의 리피터의 경우 복제약 가격은 리피터의 8%에 불과하다.

이러한 일련의 사건이 발생하는 것은 당연하다. 그러나 원특허를 가진 제약회사는 복제약을 생산하는 경쟁자들의 진입을 저지하거나 미연에 방지하기 위해 열심히 여러 가지 전략을 사용한다. 매우 성공적인 하나의 전략은 **지연에 대한 보상**으로 원래의 제약회사가 잠재적 복제약 생산자와 계약을 통해 대가를 지불하고 진입을 늦추도록 하는 것이다. 그 결과로 원래의 제약회사는 높은 가격을 유지하며, 복제약 생산자는 높은 이윤을 벌고, 소비자는 피해를 보는 것이다.

지연에 대한 보상이 한창 유행하던 2012년과 2013년에 연방거래위원회(Federal Trade Commission, FTC)는 142개에 달하는 복제약들이 평균 5년 동안 지연되었고 어떤 경우에는 9년까지 지연되었다고 추정했다. 연방거래위원회의 추산에 의하면 2005년부터 2013년 사이에 지연에 대한 보상으로 소비자가 입은 피해는 매년 35억 달러에 달한다. 그러나 2014년 미국 대법원이 지연에 대한 보상 계약을 경쟁을 해치는 행위로 연방 위원회가 처벌할 권한이 있다고 판결한 후 상황은 급격히 달라졌다. 이후로 그러한 계약 건수는 극적으로 감소했다. 이 새로운 권한으로 연방거래위원회는 제약회사인 테바가 수면장애 치료약인 프로비질을 지키기 위해 지연에 대한 보상 행위를 한 혐의로 12억 달러의 합의금을 받아내는 성과를 올렸다. 뿐만 아니라 2019년 테바는 반경쟁적 행위로 소비자들에게 6,600만 달러 가까운 금액을 지불해야 했다. 제약 산업에서 지연에 대한 보상은 시효가 지났음이 분명하다.

>> 이해돕기 12-1

해답은 책 뒤에

1. 다음 각 상황에 처해 있는 산업이 완전경쟁적이라고 생각하는가? 이유를 설명하라.
   a. 여러 곳에서 판매되는 알루미늄의 생산자가 전 세계에 두 기업뿐이다.
   b. 천연가스 가격은 세계의 수요와 공급에 의해 결정된다. 전체 공급 중 작은 부분만이 북해에 위치한 소수의 회사들에 의해 생산된다.
   c. 수십 명의 디자이너가 고급 패션 의류를 판매한다. 디자이너마다 고유한 스타일이 있고 단골고객이 있다.
   d. 미국에는 야구 팀이 많이 있다. 주요 도시마다 한두 팀이 있으며 각자 자기 도시의 야구 입장권을 판매한다.

>> **복습**

• **가격수용적인 생산자**나 **가격수용적인 소비자**는 제품의 시장가격에 영향을 줄 수 없다.

• **완전경쟁시장**에서는 모든 생산자와 소비자가 가격수용자이다. 소비자들은 거의 예외 없이 가격수용자이나 생산자들은 그렇지 않은 경우가 많다. 모든 생산자가 가격수용자인 산업을 **완전경쟁산업**이라고 한다.

• 완전경쟁산업에는 수많은 생산자들이 있어 **표준화된 제품**(**상품**이라고도 한다)을 생산하며 각자의 **시장점유율**도 크지 않다.

• 대부분의 완전경쟁산업은 **진입과 퇴출이 자유롭다**는 특징을 갖는다.

‖ 생산과 이윤

노엘은 크리스마스트리 농장을 운영하고 있다. 크리스마스트리의 시장가격은 한 그루당 72달러이며 노엘은 주어진 가격에 원하는 수량만큼 판매할 수 있는 가격수용자라고 하자. 〈표 12-1〉에 주어진 자료로부터 계산을 통해 이윤이 최대가 되는 생산량을 찾을 수 있다.

첫 번째 열에는 나무의 산출량이, 두 번째 열에는 이 산출물을 시장에 판매하여 얻는 총수입이 적혀 있다. 총수입 TR은 산출량을 시장가격으로 곱한 것과 같다.

$$(12\text{-}1) \quad TR = P \times Q$$

표 12-1 시장가격이 72달러일 때 노엘 농장의 이윤

트리 산출량 Q	총수입 TR	총비용 TC	이윤 TR-TC
0	$0	$560	-$560
10	720	1,200	-480
20	1,440	1,440	0
30	2,160	1,760	400
40	2,880	2,240	640
50	3,600	2,880	720
60	4,320	3,680	640
70	5,040	4,640	400

한계수입(marginal revenue)이란 산출량을 한 단위 증가시켜 얻을 수 있는 총수입의 변화를 말한다.

최적산출량 원칙(optimal output rule)에 의하면 마지막 한 단위의 한계수입이 한계비용과 같아지는 산출량을 생산할 때 이윤이 최대가 된다.

이 예에서 총수입은 산출량에 나무 한 그루 가격인 72달러를 곱한 값이다.

〈표 12-1〉의 세 번째 열에는 총비용이 적혀 있다. 네 번째 열에는 총수입에서 총비용을 뺀 이윤이 적혀 있다.

$$(12-2) \qquad 이윤 = TR - TC$$

표에서 알 수 있는 것처럼 산출량이 50그루일 때 이윤이 최대가 되는데 그때의 이윤은 720달러이다. 이윤이 최대가 되는 산출량을 선택하는 문제를 한계분석의 관점에서 보게 되면 더 깊이 이해할 수 있는데 이것이 우리가 지금부터 하려고 하는 작업이다.

한계분석을 사용하여 이윤이 최대가 되는 산출량 선택하기

제9장에서 배운 한계분석의 이윤극대화 원리에 의하면 어떤 활동의 최적 수준은 한계편익과 한계비용이 같아지는 수준이다. 이 원리를 적용하기 위해 산출량을 한 단위씩 증가시킬 때 이윤에 미치는 영향을 생각해 보자. 한 단위로부터 얻는 한계편익은 그것을 팔아 추가로 얻게 되는 수입이다. 이것에는 이름이 있는데 그것이 바로 **한계수입**(marginal revenue)이다. 한계수입의 일반적인 공식은 다음과 같다.

$$(12-3) \qquad 한계수입 = 산출량\ 한\ 단위\ 증가로\ 인한\ 총수입의\ 변화 = \frac{총수입의\ 변화}{산출량의\ 변화}$$

즉

$$MR = \Delta TR / \Delta Q$$

따라서 한계수입과 한계비용이 같아질 때까지 생산량을 증가시킴으로써 이윤이 최대가 되게 할 수 있다. 다시 말하면 마지막 한 단위의 한계수입이 한계비용과 같아지는 산출량을 생산함으로써 이윤이 최대가 되게 할 수 있다는 것인데 이를 생산자의 **최적산출량 원칙**(optimal output rule)이라 한다. 즉 최적산출량에서는 $MR = MC$가 된다.

〈표 12-2〉에는 노엘 농장의 단기비용들이 표시되어 있는데 이를 보면서 최적산출량 원칙을 적용하는 방법을 알아보자. 두 번째 열에는 가변비용이 적혀 있고, 세 번째 열에는 고정비용이 560달러일 때의 총비용이 적혀 있다. 네 번째 열에는 한계비용이 적혀 있다. 이 예에서는 산출량이 증가함에 따라 한계비용이 처음에는 감소하다가 다음에는 증가하여 제11장 셀레나의 고급살사의 예에서 말한 '나이키 로고' 모양을 하고 있음을 알 수 있다. 이 모양이 단기 생산량 결정에 중요한 의미를 가지고 있음을 머지않아 알게 될 것이다.

다섯 번째 열에는 한계수입이 적혀 있는데 특이한 점은 모든 산출량 수준에서 한계수입이 항상 72달러라는 것이다. 마지막 열에는 크리스마스트리 한 그루당 순이익을 계산한 것이 적혀 있는데, 이는 한계수입에서 한계비

표 12-2 노엘 농장의 단기비용

트리 산출량 Q	가변비용 VC	총비용 TC	1그루의 한계비용 $MC = \Delta TC / \Delta Q$	1그루의 한계수입 MR	1그루의 순이익 $MR - MC$
0	$0	$560			
			$64	$72	$8
10	640	1,200			
			24	72	48
20	880	1,440			
			32	72	40
30	1,200	1,760			
			48	72	24
40	1,680	2,240			
			64	72	8
50	2,320	2,880			
			80	72	-8
60	3,120	3,680			
			96	72	-24
70	4,080	4,640			

용을 뺀 값, 즉 시장가격에서 한계비용을 뺀 값과 같다. 표에서 보는 바와 같이 그 값은 1그루에서 50그루까지는 양수이므로 이것들을 생산하면 이윤이 증가한다. 그러나 51번째부터 70번째까지는 순이익이 음수이므로 이것들을 생산하면 이윤이 증가하는 것이 아니라 감소하게 된다. 따라서 이윤을 최대로 하기 위해서는 마지막 한 단위의 한계수입이 한계비용보다 크거나 같도록 생산해야 한다. 이보다 더 생산하면 이윤이 감소할 것이다. 따라서 50그루가 이윤을 최대로 하는 산출량이다.

노엘은 생산된 나무 한 그루당 72달러를 받으므로 그녀의 농장은 가격수용적인 기업임을 알 수 있다. 가격수용적인 기업의 행동은 시장가격에 영향을 주지 않는다. 가격수용적인 기업은 판매량을 늘려 시장가격을 하락시킬 수도 없고 판매량을 줄여 시장가격을 상승시킬 수도 없기 때문에 시장가격은 항상 주어진 것으로 생각한다. 따라서 가격수용적인 기업에 있어서는 산출량을 한 단위 더 생산할 때 추가적으로 얻어지는 수입은 항상 시장가격이다. 앞으로 다른 장에서 완전경쟁이 아닌 산업에서는 한계수입이 시장가격과 다르다는 사실을 배우게 되는데, 가격수용적인 기업의 경우에는 한계수입이 시장가격이라는 사실을 꼭 기억해야 한다. 완전경쟁이 아닌 산업에서는 기업들이 가격수용자가 아니다. 앞으로 이 장에서 고려하는 산업은 크리스마스트리 농장처럼 완전경쟁적이라고 가정한다.

〈그림 12-1〉은 실제로 노엘 농장의 이윤이 최대가 되는 산출량이 50그루임을 보여준다. 그림에 표시된 한계비용곡선 *MC*는 〈표 12-2〉의 네 번째 열에 표시된 자료를 그린 것이다. 제9장에서와 마찬가지로 산출량을 예컨대 10에서 20으로 늘릴 때의 한계비용은 10과 20의 중간에 표시하는 방법을 사용하였다. *MC*곡선은 나무 한 그루가 더 생산될 때 한계비용이 어떻게 변하는지를 알 수 있도록 매끈하게 그려져 있다. 72달러에 그려진 수평선은 **한계수입곡선** (marginal revenue curve)을 나타낸다.

기업이 가격수용자라면 한계수입곡선은 항상 시장가격에서 그려지는 수평선으로 표시된다는 것을 기억하라. 그 기업은 시장가격에서 원하는 만큼 판매

> 한계수입곡선(marginal revenue curve)은 산출량에 따라 한계수입이 어떻게 달라지는지 보여 준다.

함정

한계수입과 한계비용이 똑같지 않다면?

최적산출량 원칙에 의하면 이윤을 최대로 하기 위해서는 한계수입과 한계비용이 같아지는 산출량을 생산해야만 한다. 그러면 한계비용이 한계수입과 같아지는 산출량이 없을 경우에는 어떻게 해야 하나? 그럴 때는 한계수입이 한계비용보다 큰 산출량 중에서 가장 큰 산출량을 생산한다. 산출량이 많아서 수백 또는 수천 단위가 된다면 더 단순한 원래의 최적산출량 원칙이 적용된다. 이때는 한계비용이 한계수입과 거의 똑같은 산출량이 항상 존재할 것이기 때문이다.

그림 12-1 가격수용적인 기업의 이윤극대 산출량

이윤이 최대가 되는 산출량 수준에서는 한계비용이 시장가격과 같아진다. 한계비용곡선이 한계수입곡선(시장가격에서 수평으로 표시됨)을 지나는 점이 이 산출량을 나타낸다. 여기서는 *E*점으로 표시된 50그루가 이윤을 최대로 하는 점이다.

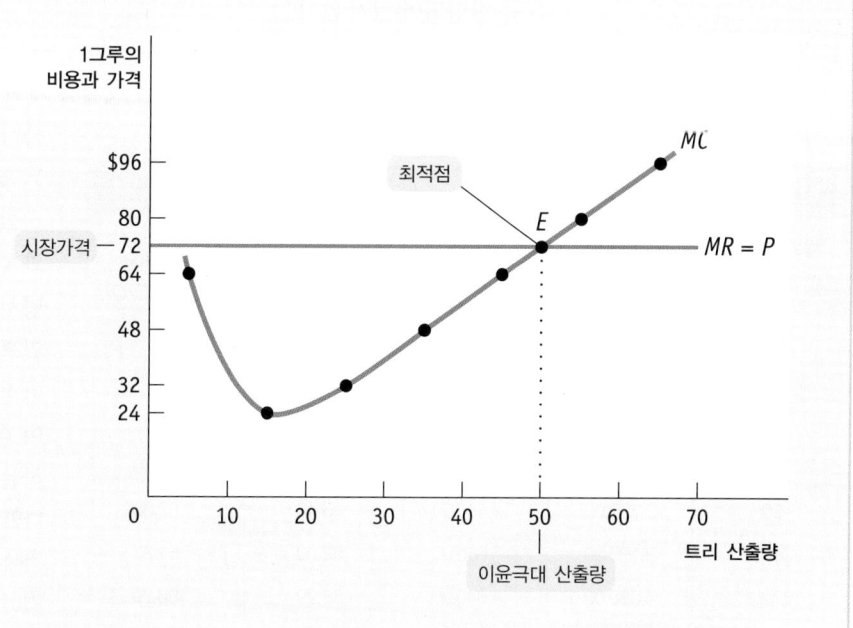

가격수용적인 기업의 최적산출량 원칙
(price-taking firm's optimal output
rule)에 의하면 가격수용적인 기업은
마지막 한 단위의 한계비용이 시장가격
과 같아지는 산출량을 생산함으로써 이
윤을 최대로 할 수 있다.

할 수 있기 때문이다. 그 기업의 판매량이 증가하거나 감소하는 것과 관계없이 시장가격은 일정하다. 결국 개별 기업은 완전탄력적인 수평의 수요곡선, 즉 한계수입곡선과 동일한 수요곡선을 갖게 되는 것이다. 한계비용곡선은 $MC=MR$인 점 E에서 한계수입곡선을 지난다. 당연히 E점에서의 산출량은 50그루이다.

이 예에서 한계분석으로부터 얻어지는 또 하나의 일반원칙 — **가격수용적인 기업의 최적산출량 원칙**(price-taking firm's optimal output rule) — 을 볼 수 있다. 그것은 가격수용적인 기업은 마지막 한 단위의 한계비용이 시장가격과 같아지는 산출량을 생산함으로써 이윤을 최대로 할 수 있다는 것이다. 즉, 가격수용적인 기업의 최적산출량에서는 $P=MC$가 성립한다. 사실 가격수용적인 기업의 최적산출량 원칙이라는 것은 최적산출량 원칙을 가격수용적인 기업이라는 특수한 경우에 적용한 것에 지나지 않는다. 그 이유는 가격수용적인 기업의 경우에는 한계수입이 가격과 같기 때문이다.

그렇다면 '한계비용이 가격과 같아질 때까지 생산하라'는 원칙이 생산량 결정에 관한 모든 것을 말해 준다고 할 수 있을까? 그렇지 않다. 한계분석의 원칙에 따라 생산량을 결정하기에 앞서 생산을 하려는 사람은 우선 첫 단계로 생산을 할 것인지 말 것인지 '양자택일'의 선택을 해야 한다. 생산을 하는 것이 좋다면 다음 단계로 넘어가 '얼마나' 생산할 것인지 결정을 하게 된다. 이때에 비로소 한계비용이 가격과 같아지는 산출량을 선택하여 이윤을 최대로 할 수 있다.

생산량 결정의 첫 단계에 '양자택일'의 선택이 필요한 이유를 알기 위해서는 생산을 하는 것이 이익이 되는지 손해가 되는지 판별하는 방법을 알아볼 필요가 있다.

생산하는 것이 이익이 되는 것은 언제일까?

제9장에서 한 기업이 어떤 산업에 남아 있을 것인가의 결정은 경제학적 이윤 — 그 사업에 사용되는 자원들의 기회비용으로 측정한 이윤 — 에 달려 있음을 보았다. 좀 더 자세히 설명하자면, 이윤을 계산할 때 총비용 속에는 실제 현금지출로 나타나는 명시적 비용은 물론 기업이 자원을 사용하기 위해 포기한 — 차선의 용도로 사용해서 얻을 수 있었던 — 이익 또한 암묵적 비용으로 포함된다.

반면에 회계상의 이윤은 기업이 명시적으로 지불한 비용만을 사용하여 계산된다. 즉 경제학적 이윤에는 기업 소유로서 생산에 사용된 자원들의 기회비용이 반영되어 있지만 회계상의 이윤에는 반영되어 있지 않다.

한 기업의 경제학적 이윤은 영이나 마이너스일 때도 회계상의 이윤은 양수가 될 수 있다. 기업이 생산할 것인가 말 것인가, 사업을 계속할 것인가 폐업할 것인가의 결정은 회계상의 이윤이 아니라 경제학적 이윤에 따라 이루어져야 한다는 것을 분명히 이해해야 한다.

그러므로 우리는 항상 그런 것처럼 〈표 12-1〉과 〈표 12-2〉에 주어진 비용에는 모든 비용, 즉 명시적 비용은 물론 암묵적 비용까지 포함되어 있으며, 따라서 〈표 12-1〉에 계산된 이윤은 경제학적 이윤이라고 가정한다. 그러면 노엘의 농장이 이윤을 내는가 아니면 손실을 내는가를 결정하는 것은 무엇일까? 해답은 비용곡선들이 주어졌다면 이윤을 내는가 여부는 크리스마스트리의 시장가격에 달려 있다는 것이다. 구체적으로 말하면 시장가격이 최소 평균총비용보다 더 높은가 아니면 더 낮은

표 12-3 노엘 농장의 단기 평균비용

트리 산출량 Q	가변비용 VC	총비용 TC	1그루의 단기 평균가변비용 $AVC = VC/Q$	1그루의 단기 평균총비용 $ATC = TC/Q$
10	$640.00	$1,200.00	$64.00	$120.00
20	880.00	1,440.00	44.00	72.00
30	1,200.00	1,760.00	40.00	58.67
40	1,680.00	2,240.00	42.00	56.00
50	2,320.00	2,880.00	46.40	57.60
60	3,120.00	3,680.00	52.00	61.33
70	4,080.00	4,640.00	58.29	66.29

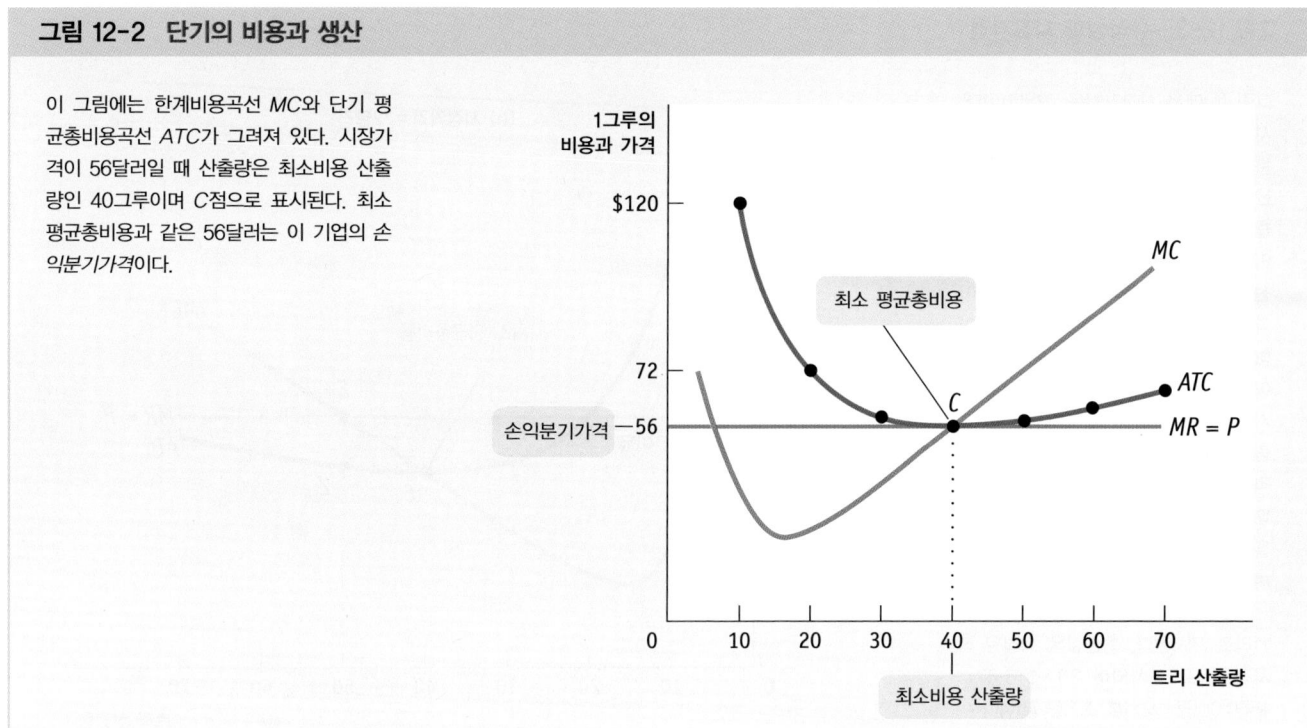

그림 12-2 단기의 비용과 생산

이 그림에는 한계비용곡선 *MC*와 단기 평
균총비용곡선 *ATC*가 그려져 있다. 시장가
격이 56달러일 때 산출량은 최소비용 산출
량인 40그루이며 *C*점으로 표시된다. 최소
평균총비용과 같은 56달러는 이 기업의 손
익분기가격이다.

가에 달려 있다.

〈표 12-3〉에는 노엘 농장의 단기 평균가변비용과 단기 평균총비용이 계산되어 있다. 고정
비용은 주어진 것으로 간주했기 때문에 계산된 값은 단기비용들이다(고정비용이 변화할 경우
의 효과도 잠시 후에 보게 될 것이다). 〈그림 12-2〉에는 〈그림 12-1〉에 그려졌던 한계비용곡선
*MC*와 함께 단기 평균총비용곡선 *ATC*가 그려져 있다. 보는 바와 같이 평균총비용은 *C*점에서 최
소가 되는데 이 점에서의 산출량—최소비용 산출량—은 40그루이고 평균총비용은 한 그루당 56
달러가 된다.

이 곡선들을 이용하여 생산하는 것이 이익이 될지 여부를 판별하는 방법을 알려면 이윤은 총
수입에서 총비용을 뺀 것($TR - TC$)임을 기억하라. 즉

- 기업이 $TR > TC$인 점에서 생산하면 이윤이 발생한나.
- 기업이 $TR = TC$인 점에서 생산하면 수지가 균형을 이룬다.
- 기업이 $TR < TC$인 점에서 생산하면 손실이 발생한다.

이 조건은 산출물 한 단위당 수입과 비용으로 표시할 수도 있다. 이윤을 산출량 Q로 나누면
다음 식을 얻는다.

(12-4)   이윤$/Q = TR/Q - TC/Q$

TR/Q는 평균수입, 즉 시장가격이다. TC/Q는 평균총비용이다. 따라서 시장가격이 평균총비
용보다 높으면 이윤이 발생하고, 시장가격이 평균총비용보다 낮으면 손실이 발생한다. 즉

- 기업이 $P > ATC$인 점에서 생산하면 이윤이 발생한다.

그림 12-3 수익성과 시장가격

그림 (a)에서 시장가격은 72달러이다. 시장가격이 최소 평균총비용이자 손익분기가격인 56달러보다 높으므로 농장은 이윤을 낼 수 있다. 농장의 최적산출량 수준은 점 E로 표시되며 50그루이다. 50그루의 평균총비용은 ATC 곡선 상의 점 Z로 표시되며 57.60달러이다. E와 Z의 수직거리는 단위당 이윤이며 $72.00 - $57.60 = $14.40이다. 총이윤은 색칠된 직사각형의 면적으로 표시되며 50 × $14.40 = $720.00이다. 그림 (b)에서 시장가격은 40달러이다. 가격이 최소 평균총비용 56달러보다 낮기 때문에 농장은 이윤을 낼 수 없다. 생산을 할 때 최적산출량은 점 A로 표시되며 30그루이다. 단위당 손실은 $58.67 - $40.00 = $18.67이며 A와 Y의 수직거리로 표시된다. 총손실은 색칠된 직사각형으로 표시되며 30 × $18.67 = $560.00(근사오차를 조정한 값)이다.

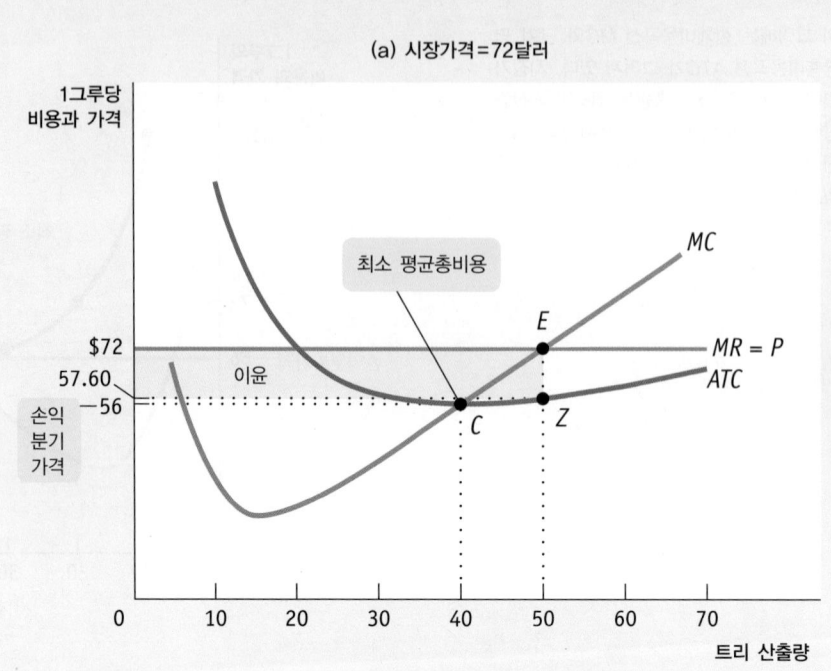

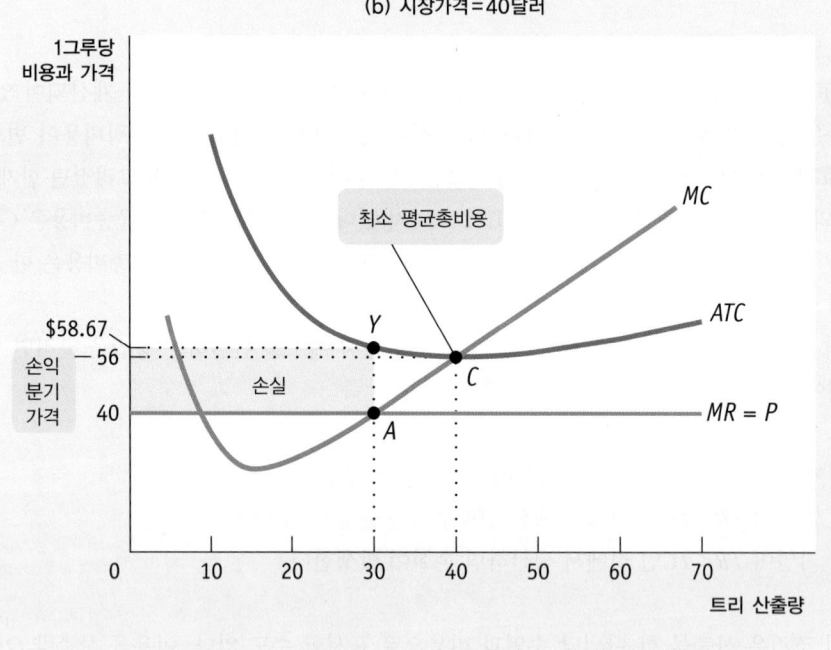

- 기업이 P=ATC인 점에서 생산하면 수지가 균형을 이룬다.
- 기업이 P<ATC인 점에서 생산하면 손실이 발생한다.

〈그림 12-3〉에 이 결과가 표시되어 있는데, 이를 보면 기업의 수익성이 어떻게 시장가격에 따라 결정되는지 알 수 있다. 같은 그림에서 또한 이윤이 어떻게 그려지는지도 알 수 있다. 각 그림에는 한계비용곡선 MC와 단기 평균총비용곡선 ATC가 그려져 있다. 평균총비용은 C점에서

최소가 된다. 그림 (a)에는 우리가 이미 보았던 경우, 즉 크리스마스트리의 시장가격이 1그루당 72달러인 경우가 표시되어 있다. 그림 (b)에는 크리스마스트리의 시장가격이 더 낮은 경우, 즉 1그루당 40달러인 경우가 표시되어 있다.

그림 (a)에서는 1그루당 72달러의 가격에서 이윤을 최대로 하는 산출량은 50그루임을 알 수 있는데 이는 한계비용곡선 MC가 한계수입곡선―가격수용적인 기업에 있어서는 시장가격에서 수평선이다―과 만나는 점 E로 표시된다. 이때 평균총비용은 그루당 57.60달러인데 점 Z로 표시된다. 1그루당 가격이 1그루당 평균총비용보다 높으므로 노엘의 농장은 수익성이 있다.

시장가격이 72달러일 때의 총이윤은 그림 (a)에서 색칠한 직사각형의 면적으로 표시된다. 그 이유를 이해하기 위해 총이윤을 한 단위당 이윤으로 표시해 보자.

(12-5)   이윤 $= TR - TC = (TR/Q - TC/Q) \times Q$

또는

이윤 $= (P - ATC) \times Q$

두 번째 식은 $TR/Q = P$, $TC/Q = ATC$로부터 얻어진다. 그림 (a)의 색칠한 직사각형의 높이는 두 점 E와 Z의 수직거리에 해당한다. 이는 $P - ATC = \$72.00 - \$57.60 = \$14.40$이 된다. 색칠한 직사각형의 밑변은 산출량($Q = 50$그루)과 같다. 따라서 이 직사각형의 면적은 한 단위당 이윤 $\$14.40 \times 50$그루 $= \$720$, 즉 〈표 12-1〉에서 계산했던 이윤이 된다.

그림 (b)에 표시된 상황에 대해 알아보자. 여기서는 크리스마스트리의 시장가격이 1그루당 40달러이다. 한계비용과 가격이 같아지는 점 A가 이윤극대 산출량인 30그루를 나타낸다. 이 산출량 수준에서 평균총비용은 1그루당 58.67달러이고 점 Y로 표시된다. 이윤극대 산출량인 30그루에서 평균총비용은 시장가격보다 높다. 이것은 노엘의 농장이 이윤이 아니라 손실을 보게 됨을 의미한다.

시장가격이 40달러일 때 생산을 하게 되면 손실액은 얼마일까? 1그루당 손실액은 $ATC - P = \$58.67 - \$40.00 = \$18.67$로서 두 점 A와 Y의 수직거리에 해당하는 금액이다. 그리고 생산량은 30그루로서 색칠한 직사각형의 밑변에 해당한다. 따라서 총손실액은 $\$18.67 \times 30 = \$560.00$(근사오차를 조정한 값)이며 이 금액은 (b)에 표시된 색칠한 직사각형의 면적에 해당한다.

그러면 일반적으로 생산자는 사업이 이익을 낼 것인지 여부를 어떻게 알 수 있을까? 시장가격을 **최소 평균총비용**과 비교해 보는 것이 중요하다. 노엘의 농장에서 최소 평균총비용은 56달러인데 이는 점 C가 가리키는 40그루의 산출량에서 얻어진다.

시장가격이 최소 평균총비용보다 높기만 하면 평균총비용이 시장가격보다 낮은 산출량이 반드시 존재한다. 이는 생산자가 이윤이 생기는 산출량을 찾을 수 있음을 의미한다. 노엘의 농장은 시장가격이 56달러보다 높기만 하면 이윤이 발생한다. 그리고 그들은 한계비용이 시장가격과 같아지는 산출량을 생산함으로써 최대 이윤을 얻게 될 것이다.

반면에 만일 시장가격이 최소 평균총비용보다 낮을 때는 어떤 산출량 수준에서도 가격이 평균총비용보다 높을 수 없다. 따라서 어떤 산출량 수준에서도 이윤이 생기지 않는다. 이미 본 바와 같이 가격이 40달러일 때―최소 평균총비용보다 낮다―노엘은 사실 손실을 내고 있었다. 한계비용이 시장가격과 같아지는 산출량을 생산함으로써 최선을 다한 셈이지만 최선을 다한 결과는 560달러의 손실이었다. 산출량을 달리했다면 손실은 더 증가했을 것이다.

가격수용적인 기업의 최소 평균총비용을 **손익분기가격**(break-even price)이라고 부르는데 이는

가격수용적인 기업의 **손익분기가격**(break-even price)은 이윤이 영이 되는 시장가격이다.

이윤이 영이 되는 가격이다(이 이윤은 물론 경제학적 이윤이다). 시장가격이 손익분기가격보다 높으면 이윤이 생기고, 시장가격이 손익분기가격보다 낮으면 손실이 발생한다. 노엘의 손익분기가격은 56달러이고 〈그림 12-2〉와 〈그림 12-3〉에서 점 *C*로 표시된다.

따라서 생산을 함으로써 이윤을 낼 수 있는지의 여부는 시장가격과 손익분기가격, 즉 최소 평균총비용을 비교함으로써 판별할 수 있다.

- 시장가격이 최소 평균총비용보다 높으면 이윤이 발생한다.
- 시장가격이 최소 평균총비용과 같으면 수지가 균형을 이룬다.
- 시장가격이 최소 평균총비용보다 낮으면 손실이 발생한다.

단기의 생산량 결정

시장가격이 최소 평균총비용보다 낮아서 손실이 발생한다면 그 기업은 생산을 하지 말아야 한다고 생각하기 쉽다. 그러나 단기에 있어 이 결론은 옳지 않다.

단기에는 가격이 최소 평균총비용보다 낮을지라도 생산을 해야 하는 경우가 있다. 그 이유는 총비용에는 고정비용 — 생산량에 관계없이 지출되는 비용 — 이 포함되어 있기 때문이다.

단기에는 기업이 생산을 하든 안 하든 고정비용은 여전히 지출되어야 한다. 예를 들어 노엘이 냉장트럭을 1년간 빌렸다면 크리스마스트리 생산과 관계없이 임차료를 지불해야 한다. 단기에는 이것을 바꿀 수 없으므로 단기에 생산을 할 것인가 말 것인가를 결정하는 데 고정비용은 아무런 상관도 없는 것이다.

단기에 생산을 할 것인가를 결정하는 데 고정비용은 아무런 역할도 하지 않지만 다른 비용, 즉 가변비용은 중요한 역할을 한다. 가변비용의 한 예는 식목과 수확을 도와줄 일꾼들에게 지불되는 임금이다. 생산을 **중단**하면 가변비용을 절약할 수 있다. 따라서 단기에 생산을 할 것인가를 결정하는 데 영향이 없을 수 없다.

〈그림 12-4〉를 보자. 여기에는 〈표 12-3〉의 자료로부터 그려진 단기 평균총비용곡선 *ATC*와 단기 평균가변비용곡선 *AVC*가 표시되어 있다. 이 두 곡선의 차이 — 수직거리 — 는 평균고정비용, 즉 산출량 한 단위당 고정비용 *FC/Q*를 나타낸다.

한계비용곡선이 '나이키 로고' — 처음에는 하락하다가 나중에는 상승하는 — 모양을 하고 있으므로 단기 평균가변비용곡선은 U자형을 하고 있다. 처음에는 한계비용이 하락하므로 평균가변비용도 하락하다가 나중에는 한계비용이 끌어올리는 힘에 의해 평균비용도 상승한다. 평균가변비용곡선은 산출량이 30그루인 점 *A*에서 최솟값 40달러에 도달한다.

이제 단기에 최적생산량을 결정하는 문제를 분석할 모든 준비가 갖추어졌다. 이를 두 가지 경우로 나누어 분석한다.

1. 시장가격이 최소 평균가변비용보다 낮을 경우
2. 시장가격이 최소 평균가변비용보다 높거나 같을 경우

시장가격이 최소 평균가변비용보다 낮을 경우에는 가격이 단위당 가변비용을 충당하지 못한다. 이 상황에서는 즉시 생산을 중단해야 한다. 그 이유는 어떤 산출량을 선택해도 기업의 총수입이 가변비용 — 조업을 중단함으로써 방지할 수 있는 비용 — 을 충당하지 못하기 때문이다.

이때는 생산을 중단함으로써 — 결국 손실을 최소화함으로써 — 이윤을 최대로 할 수 있다. 단기에는 여전히 고정비용을 지출하지만 더 이상 가변비용은 지출하지 않게 된다. 따라서 최소 평균가변비용은 **조업중단가격(shut-down price)** — 단기에 기업이 생산을 중단하게 되는 가격 —

조업중단가격(shut-down price)은 최소 평균가변비용과 같은데 단기에는 시장가격이 이 수준보다 낮아질 때 기업이 생산을 중단하게 된다.

그림 12-4 단기 개별공급곡선

시장가격이 노엘의 조업중단가격 40달러-점 *A*로 표시된 최소 평균가변비용-보다 높으면 한계비용이 가격과 같아지는 산출량을 생산할 것이다. 따라서 최소 평균*가변*비용보다 높은 가격에서는 단기 개별공급곡선은 한계비용곡선이다. 이것이 개별공급곡선 중 상승하는 부분을 이룬다. 시장가격이 최소 평균가변비용 이하로 떨어지면 기업은 단기적으로 조업을 중단한다. 이것이 개별공급곡선 중 수직인 부분-수직축을 따라 그려져 있다-을 이룬다.

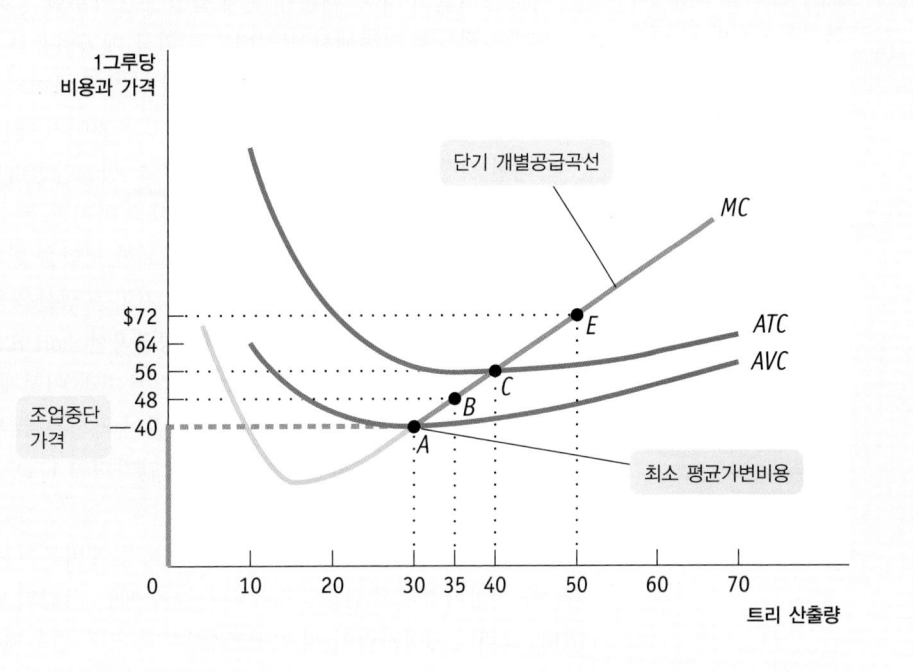

과 같다.

그러나 단기에는 가격이 최소 평균가변비용보다 높을 때는 생산을 해야 한다. 이때는 한계비용이 시장가격과 같아지는 산출량을 선택함으로써 이윤을 최대로-즉 손실을 최소로-할 수 있다. 예를 들어 크리스마스트리의 시장가격이 1그루당 72달러이면 노엘은 〈그림 12-4〉의 점 *E*로 표시되는 50그루를 생산해야 한다. 〈그림 12-4〉의 점 *C*가 농장의 손익분기가격인 56달러를 표시한다. *E*가 *C*보다 위에 있으므로 노엘의 농장은 이윤을 낼 것이다. 1그루당 이윤은 시장가격이 72달러일 때 $72.00-$56.00=$16.00가 될 것이다.

그러면 시장가격이 조업중단가격과 손익분기가격 사이, 즉 최소 평균가변비용과 최소 평균총비용 사이에 있으면 어떻게 될까? 노엘의 농장에서는 가격이 40달러와 56달러 사이에 있는 경우가 이에 해당한다. 예를 들어 시장가격이 48달러라 하자. 이 가격에서는 이윤을 낼 수 없다. 시장가격이 최소 평균총비용보다 낮으므로 1그루당 가격과 평균총비용의 차이만큼 손실을 보게 된다.

그렇지만 비록 총비용을 다 회수하지는 못하더라도 가변비용은 다 회수하고 있으며, 전부는 아니지만 고정비용의 일부도 회수하고 있다. 이 상황에서 기업이 조업을 중단하면 가변비용은 지출할 필요가 없게 되지만 고정비용 전부를 손해 보게 된다. 따라서 조업을 중단하게 되면 조업을 계속할 때보다 더 큰 손실을 보게 되는 것이다.

그러므로 가격이 최소 평균총비용과 최소 평균가변비용 사이에 있을 때는 단기에는 생산을 하는 편이 더 낫다. 그 이유는 생산을 함으로써 손실은 발생하지만, 가변비용을 회수할 수 있고 고정비용을 일부라도 회수할 수 있기 때문이다. 이 경우 한계비용이 시장가격과 같아지는 산출량을 선택함으로써 이윤을 최대로-즉 손실을 최소로-할 수 있다. 따라서 시장가격이 1그루당 48달러라면 이윤극대 산출량은 〈그림 12-4〉에서 *B*점으로 표시된 35그루이다.

기업이 가변비용은 회수할 수 있지만 고정비용 전부를 회수할 수 없는 경우에도 생산을 한다는 결정이 제9장에서 배운 바 있는 **매몰비용**을 무시한다는 결정과 유사하다는 것은 기억해 둘 만

한 가치가 있다. 매몰비용이란 이미 지출되었고 회수할 수 없는 비용임을 기억할 것이다. 그리고 이것은 바뀔 수 없기 때문에 현재 결정에는 아무런 영향을 미치지 말아야 한다.

단기의 생산량 결정에서 고정비용은 결국 매몰비용과 같다. 그것은 이미 지출되었고 단기에는 회수될 수 없다. 이러한 비교로부터 왜 단기에 가변비용이 중요한 역할을 하는지도 알 수 있다. 그것은 조업을 중단함으로써 아낄 수 있는 것이기 때문이다.

그러면 시장가격이 조업중단가격, 즉 최소 평균가변비용과 똑같은 경우에는 어떻게 될까? 이때는 30그루를 생산하는 것과 하나도 생산을 하지 않는 것에 대해 무차별하다. 곧 보게 되겠지만 이는 산업 전체의 현상을 분석할 때 중요한 역할을 한다. 분석의 명료성을 위해 가격이 조업중단가격과 같을 때는 비록 무차별하지만 기업은 생산을 한다고 가정한다.

이제는 모든 것을 종합하여 **단기 개별공급곡선**(short-run individual supply curve)을 그릴 수 있다. 그것은 단기에 이윤극대 산출량이 가격에 따라 어떻게 변화하는지 보여 주며 〈그림 12-4〉에 빨간색 선으로 표시되어 있다. 보는 바와 같이 곡선은 두 부분으로 구성되어 있다. A점에서 시작하여 상승하는 부분은 시장가격이 조업중단가격인 1그루당 40달러보다 높을 때의 단기 이윤극대 산출량을 보여 준다.

시장가격이 조업중단가격보다 높을 때는 한계비용이 시장가격과 같아지는 산출량을 생산한다. 즉 시장가격이 조업중단가격보다 높을 때는 기업의 단기 공급곡선이 한계비용곡선과 일치한다. 그러나 시장가격이 최소 평균가변비용—이 경우에는 그루당 40달러—보다 낮을 때는 단기에 기업은 조업을 중단하고 산출량은 영으로 떨어진다. 이것이 수직축 상에 그려진 수직선 부분에 해당한다.

기업들이 정말 사업을 그만두지 않고 일시적으로 조업을 중단할까? 그렇다. 사실 어떤 사업에서는 일시적인 조업중단이 일상적으로 일어난다. 가장 흔한 예는 추운 겨울이 있는 지역의 야외 오락공원과 같이 수요가 상당히 계절적인 산업이다. 추운 계절에 고객을 끌기 위해서는 매우 낮은 가격을 제시해야 할 것인데 가격이 너무 낮아 가변비용(주로 임금과 전기료)도 충당할 수 없을 것이다. 경제적으로 현명한 선택은 기후가 따뜻해져 더 높은 가격을 지불할 고객들이 충분히 많아질 때까지 조업을 중단하는 것이다.

고정비용의 변화

단기에는 고정비용을 바꿀 수 없지만 장기에는 기계나 건물 등을 새로 구입할 수도 있고 처분할 수도 있다. 제11장에서 배운 바와 같이 장기에는 고정비용 수준도 선택에 의해 달라질 수 있다. 기업은 원하는 산출량을 생산하는 데 드는 평균총비용이 최소가 되도록 고정비용 수준을 선택한다는 것을 배웠다. 이제 기업이 고정비용을 선택할 때 고려해야 하는 더 큰 문제를 보려고 한다. 그것은 사업을 계속함으로써 조금이라도 고정비용을 지출할 가치가 있는가 하는 문제이다.

장기에는 항상 공장과 설비를 처분함으로써 고정비용을 없앨 수 있다. 물론 그렇게 하면 다시는 생산을 할 수 없게 된다. 산업으로부터 퇴출이 이루어진 것이다. 반면에 잠재적 생산자가 고정비용을 지출하여 기계와 다른 자원을 구입함으로써 생산자의 지위를 획득할 수도 있다. 산업으로의 진입이 이루어진 것이다. 대부분의 완전경쟁산업에서 생산자의 구성은 단기에는 고정되어 있지만 장기에는 기업들의 진입이나 퇴출에 따라 달라진다.

노엘의 농장을 다시 한번 생각해 보자. 분석을 단순하게 만들기 위해 여러 고정비용 수준 중에서 어떤 것을 선택할 것인가 하는 문제는 피해 가기로 한

장비를 구입 또는 매각함으로써 기업의 고정비용을 바꿀 수 있다.

다. 대신 지금부터는 조업을 하기로 한다면 고정비용은 560달러 한 가지만 선택할 수 있다고 가정한다. 560달러는 〈표 12-1〉~〈표 12-3〉을 작성하는 데 사용되었던 값이다. (이 가정에 따라 노엘의 단기 평균총비용과 장기 평균총비용은 동일하다.) 그러지 않으려면 영의 고정비용을 선택하고 산업을 퇴출해야 한다.

크리스마스트리의 시장가격이 오랜 기간에 걸쳐 지속적으로 56달러보다 낮다고 가정해 보자. 이 경우 노엘은 고정비용을 완전히 회수할 수 없게 된다. 사업이 적자로 운영되는 것이다. 그렇다면 장기적으로는 사업을 그만두고 퇴출하는 것이 더 낫다. 즉 장기에는 시장가격이 지속적으로 손익분기가격 — 최소 평균총비용 — 보다 낮으면 기업들은 산업으로부터 퇴출하게 될 것이다.

한편 크리스마스트리의 시장가격이 오랜 기간에 걸쳐 지속적으로 손익분기가격인 56달러보다 높다고 가정해 보자. 농장에서 이윤이 발생하므로 노엘은 이 산업에 남아 생산을 계속할 것이다.

그런데 거기서 일이 끝나는 것이 아니다. 크리스마스트리 시장은 **자유로운 진입** 조건을 충족한다. 크리스마스트리 생산에 필요한 요소들은 쉽게 얻을 수 있기 때문에 잠재적 생산자들이 많이 있다. 그리고 다른 생산자들이 사용하는 기술이 노엘이 사용하는 기술과 매우 비슷할 가능성이 크므로 이 잠재적 생산자들의 비용곡선도 노엘의 비용곡선과 비슷할 가능성이 높다. 가격이 현재 생산자들에게 이윤이 생길 만큼 충분히 높다면 이 잠재적 생산자들의 일부는 이 가격에 이끌려 이 산업에 진입하게 될 것이다. 따라서 장기에는 56달러보다 높은 가격이 진입을 초래할 것이다. 즉 새로운 생산자들이 크리스마스트리 산업으로 들어올 것이다.

다음 절에서 보는 바와 같이 퇴출과 진입으로 인해 단기 산업공급곡선과 장기 산업공급곡선 사이에는 중요한 차이가 발생한다.

요약 : 완전경쟁기업의 수익성 조건과 생산 조건

이 장에서는 완전경쟁기업의 공급곡선이 어떻게 도출되는지 알아보았다. 모든 완전경쟁기업은 이윤을 최대로 하는 생산량을 선택하려 하며 이 선택에 의해 공급곡선이 결정된다. 〈표 12-4〉에는 완전경쟁기업의 수익성 조건과 생산 조건이 요약되어 있다. 또한 이들 조건과 산업으로의 진입 및 퇴출과의 관계도 표시되어 있다.

표 12-4 완전경쟁기업의 수익성 조건과 생산 조건의 요약

수익성 조건 (최소 ATC = 손익분기가격)	결과
$P >$ 최소 ATC	수익성 있음. 장기적으로 산업으로의 진입 발생
$P =$ 최소 ATC	수지 균형. 장기적으로 산업으로의 진입과 퇴출 없음
$P <$ 최소 ATC	수익성 없음. 장기적으로 산업으로부터의 퇴출 발생

생산 조건 (최소 AVC = 조업중단가격)	결과
$P >$ 최소 AVC	단기적으로 생산 계속. $P <$ 최소 ATC이면 가변비용 전부와 고정비용 일부 회수 가능. $P >$ 최소 ATC이면 가변비용과 고정비용 전액 회수 가능
$P =$ 최소 AVC	단기적으로 생산을 하는 것과 하지 않는 것에 대해 무차별. 가변비용만 회수 가능
$P <$ 최소 AVC	단기적으로 조업 중단. 가변비용 회수 불가

현실 경제의 >> 이해

농부들은 방법을 안다

농부들은 농작물 가격 변화에 대해 자기들의 공급곡선을 따라 위아래로 움직임으로써 그들의 경제 감각을 보여 준다.

이윤극대화를 명확히 이해해야 하는 직업을 하나 든다면 그것은 농업이다. 농부들은 끊임없이 변하는 산출물 가격과 투입물 가격에 대응해야 한다. 뿐만 아니라 농업 부문은 가격수용자인 수많은 농부들로 구성되어 있어 완전경쟁시장의 조건을 만족시킨다.

농부들의 경제 감각을 잘 보여주는 예로 호황과 침체로 얼룩진 지난 20년 동안의 미국 농작물 가격을 살펴보자. 2003년부터 2013년 사이에 옥수수와 대두 가격은 각각 300%와 250% 상승하여 역대 최고가를 기록했다.

이 놀라운 가격 상승은 주로 두 가지 수요 관련 요인 때문에 발생했다. 첫째로 옥수수 가격은 수입 원유에 대한 미국의 의존도를 줄이기 위해, 휘발유와 섞어 사용될 옥수수를 원료로 해서 만들어지는 에탄올 사용을 증가시키도록 한 의회의 입법에 영향을 받았다. 둘째로 농작물 가격은 중국과 다른 개발도상국으로의 급격한 수출 증가로 인해 상승하였다. 영리한 이윤추구자인 농부들은 비료를 더 많이 사용하는 방법 등으로 농지를 더 집약적으로 이용하고 경작지를 확대함으로써 대응하였다. 2013년 비료 가격은 2005년에 비해 두 배로 뛰었다. 그리고 2003년부터 2013년까지 10년간 농지 가격은 평균 세 배, 일부 농지는 2003년 가격의 열 배가 되었다.

농부들은 각기 개별공급곡선을 따라 움직인 것으로 이 모든 전략들이 경제적으로 타당했다. 개별공급곡선이 곧 한계비용곡선이므로 생산량 증대를 위해 더 많은 투입물이 사용됨에 따라 농부들의 비용 또한 상승했다.

그러나 2014년에 이 모든 것이 바뀌어서 농지 가격은 9% 가까이 폭락했고 2019년에 이르러서는 물가상승 효과를 조정했을 때 2013년 정점과 비교해서 23%가 감소했다. 농작물의 수요와 공급에 관련된 여러 요인들이 이 하락에 기여했다. 수요 측면에서는 에탄올의 대체재인 셰일유의 성황이 에탄올 가격 하락을 초래했고 미국 달러화의 강세로 인해 미국 농작물에 대한 해외 구매 수요가 감소했다. 최근에는 2018년과 2019년에 중국 제품에 부과한 관세에 대한 보복으로 미국 농산물에 대한 수요가 상당히 감소했다.

마치 경제학자들이 생각하는 것처럼 농부들은 경작하기에 가장 비싼 농지를 포기하고 추가 농지에 대한 수요를 감소시켜 공급곡선을 따라 다시 아래로 내려오는 반응을 보였다. 이에 따라 평균 농지 가격은 하락을 계속했다. 그리고 아니나 다를까 2012년부터 2019년 사이에 비료 가격은 최고점에서 50% 가까이 하락했다. 따라서 이윤극대화의 현장을 보고 싶다면 농부를 관찰하라.

>> 이해돕기 12-2

해답은 책 뒤에

1. U자형의 평균총비용곡선, U자형의 평균가변비용곡선, '나이키 로고' 모양을 한 한계비용곡선으로 구성된 단기 비용곡선의 그래프를 그려 보라. 다음 각각의 행동이 최적 선택이 되는 산출량과 가격의 범위를 그래프에 표시하라.
   a. 즉시 조업을 중단한다.

>> 복습

- 생산자들은 **최적산출량 원칙**에 따라 산출량을 선택한다. 가격수용적인 기업에서는 **한계수입**이 가격과 같고 산출량은 **가격수용적인 기업의 최적산출량 원칙** P＝MC에 따라 결정된다.
- 시장가격이 **손익분기가격**, 즉 최소 평균총비용보다 높으면 기업은 수익성이 있다. 가격이 손익분기가격보다 낮으면 기업은 수익성이 없다. 그리고 가격이 손익분기가격과 같으면 수지가 균형을 이룬다.
- 고정비용은 단기의 최적산출량을 결정하는 데 아무 상관이 없다. 가격이 **조업중단가격**－최소 평균가변비용－보다 높으면 가격수용적인 기업은 한계비용이 가격과 같아지는 산출량을 생산한다. 가격이 조업중단가격보다 낮으면 단기에는 생산을 중단한다. 이상과 같이 기업의 **단기 개별공급곡선**이 결정된다.
- 장기에는 고정비용이 영향을 미친다. 가격이 오랫동안 최소 평균총비용보다 낮으면 기업은 산업으로부터 퇴출한다. 가격이 최소 평균총비용보다 높으면 기업은 수익성이 있어 생산을 계속한다. 이에 더하여 다른 기업들이 산업에 진입할 것이다.

   b. 손실이 발생하지만 단기에는 생산을 계속한다.

   c. 이윤을 내며 생산을 계속한다.

2. 메인주에서는 바닷가재 사업이 활발한데 바닷가재는 여름철에 잡힌다. 1년 중 다른 기간에는 세계 다른 지역에서 바닷가재를 구입해 올 수 있지만 가격이 훨씬 비싸다. 또 메인주에는 여름철에만 길가에서 바닷가재 요리를 판매하는 바닷가재 음식점이 넘쳐 난다. 왜 바닷가재 음식점이 여름철에만 장사를 하는 것이 최선인지 이유를 설명하라.

‖ 산업공급곡선

크리스마스트리에 대한 수요가 증가할 때 왜 처음에는 가격이 많이 상승하다가 장기적으로는 훨씬 더 적게 상승하는 것일까? 해답은 **산업공급곡선**(industry supply curve)ㅡ가격과 산업 전체 산출량의 관계ㅡ에서 찾을 수 있다. 앞에서 공급곡선 또는 시장공급곡선이라고 부르던 것이 바로 산업공급곡선이다. 여기서는 한 기업의 **개별공급곡선**과 산업 전체의 공급곡선을 구분할 수 있도록 특별히 주의할 것이다.

   앞 절을 공부하면서 짐작했겠지만 단기와 장기의 산업공급곡선은 분석 방법에 약간의 차이가 있다. 단기부터 시작해 보자.

단기 산업공급곡선

단기에는 진입이나 퇴출이 불가능하므로 한 산업 안에 있는 기업의 수가 고정되어 있음을 배웠다. 그리고 제3장에서 산업공급곡선은 모든 생산자의 개별공급곡선을 수평으로 합한 것ㅡ각 가격에서 모든 공급자의 총산출량을 합한 것ㅡ이라고 배운 것을 기억할 것이다. 우리는 여기서 모든 생산자가 동일하다는ㅡ도출 과정을 단순하게 만들어 줄ㅡ가정하에서 이 작업을 시행할 것이다. 이제 노엘 농장과 똑같은 비용을 가진 크리스마스트리 농장이 100개 있다고 가정하자.

   이들 100개 농장의 개별 단기 공급곡선은 모두 〈그림 12-4〉에 있는 것과 같을 것이다. 가격이 40달러 이하일 때는 아무도 생산하지 않을 것이다. 가격이 40달러 이상일 때는 모두 한계비용이 시장가격과 같아지는 산출량을 생산할 것이다. 〈그림 12-4〉에서 보는 바와 같이 가격이 56달러일 때는 40그루씩, 72달러일 때는 50그루씩 등을 생산하게 될 것이다. 따라서 100개의 농장이 있을 때 가격이 1그루당 72달러라면 산업 전체로서는 5,000그루를 생산하게 될 것이다. 이와 같이 하여 〈그림 12-5〉에 S로 표시된 **단기 산업공급곡선**(short-run industry supply curve)을 구할 수 있다. 이 곡선에는 생산자 수가 주어졌을 때 여러 가격에서 전체 생산자가 공급하는 수량이 표시된다.

   〈그림 12-5〉의 수요곡선 D는 72달러의 가격과 5,000그루의 수량에 해당하는 점 E_{MKT}에서 단기 산업공급곡선과 만난다. 점 E_{MKT}는 생산자 수가 주어졌을 때 공급량과 수요량이 같아지는 **단기 시장균형**(short-run market equilibrium)이다. 그러나 장기에는 농장들이 산업으로 진입하거나 퇴출할 수 있기 때문에 균형이 상당히 다를 수 있다.

장기 산업공급곡선

이미 크리스마스트리 사업을 하고 있는 100개의 농장 외에도 잠재적 생산자가 많이 있다고 하자. 그리고 이 잠재적 생산자들도 사업을 시작한다면 노엘같이 이미 생산을 하고 있는 사람들과 동일한 비용곡선을 갖게 된다고 하자.

   새로운 생산자들이 추가로 사업을 시작하게 되는 것은 언제일까? 기존의 생산자들이 이윤을 내고 있을 때, 즉 시장가격이 손익분기가격이자 최소 평균총비용인 56달러보다 높을 때이다. 예

산업공급곡선(industry supply curve)은 상품의 가격과 산업 전체 총산출량의 관계를 표시한다.

단기 산업공급곡선(short-run industry supply curve)은 생산자 수가 고정되었을 때 산업 전체에서 공급되는 산출량이 시장가격에 따라 어떻게 달라지는지 보여 준다.

생산자 수가 주어졌을 때 공급량과 수요량이 일치하면 **단기 시장균형**(short-run market equilibrium)이 얻어진다.

그림 12-5 단기 시장균형

단기 산업공급곡선 S는 생산자 수—여기 서는 100—가 주어졌을 때의 산업공급 곡선이다. 조업중단가격인 40달러 이하 의 가격에서는 단기에는 아무도 생산하 려 하지 않는다. 40달러 이상의 가격에 서는 가격이 높아짐에 따라 생산자들이 모두 산출량을 증가시키므로 단기 산업 공급곡선은 상승한다. 단기 산업공급곡선 은 시장가격 72달러와 산출량 5,000그 루에 해당하는 단기 시장균형인 점 E_{MKT} 에서 수요곡선 D와 만난다.

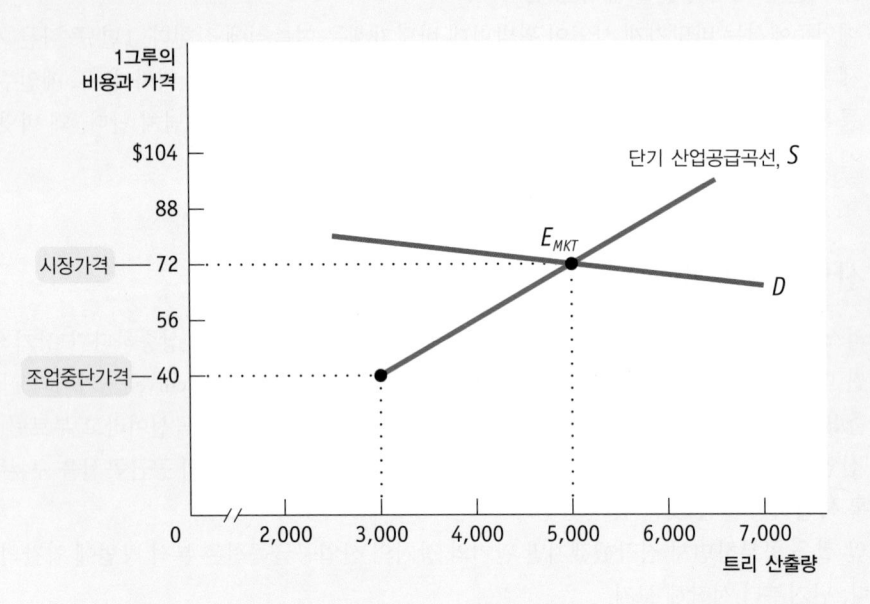

컨대 가격이 72달러라면 새로운 생산자들이 추가로 사업을 시작할 것이다.

새로운 생산자들이 추가로 사업을 시작하게 되면 어떻게 될까? 주어진 모든 가격에서 공급되 는 수량이 늘어날 것이 분명하다. 단기 산업공급곡선은 오른쪽으로 이동할 것이다. 그 결과 시 장균형이 영향을 받아 시장가격이 낮아질 것이다. 그러나 생산을 하는 기업의 수가 더 많아졌기 때문에 산업의 총산출량은 증가할 것이다.

〈그림 12-6〉에는 이러한 과정이 기존의 기업과 시장에 미치는 효과가 표시되어 있다. 그림 (a)에는 시장이 어떻게 반응하는지 표시되어 있고, 그림 (b)에는 기존의 기업이 새로운 생산자들 의 진입에 어떻게 반응하는지 나타나 있다(가격 변화에 따라 이윤이 어떻게 달라지는지를 좀 더 자세히 나타내기 위해 눈금을 〈그림 12-4〉와 〈그림 12-5〉에 비해 확대하였다). 그림 (a)에서 S_1 은 생산자 100명이 있는 처음의 단기 산업공급곡선이다. 처음 단기 시장균형은 E_{MKT}에서 얻어지 는데 이 점에서 균형시장가격은 72달러이고 5,000그루가 생산되고 있다. 이 가격에서 기존의 생 산자들은 그림 (b)에 표시된 바와 같이 이윤을 내고 있다. 시장가격이 72달러일 때 기존의 기업 이 얻는 이윤은 A로 표시된 직사각형으로 나타난다.

이 이윤을 보고 새로운 생산자들이 산업에 진입하게 되어 단기 산업공급곡선은 오른쪽으로 이동하게 된다. 예를 들어 생산자 수가 167이 되었을 때 단기 산업공급곡선은 S_2가 된다. 이 공급 곡선에 대응하는 새로운 단기 시장균형은 점 D_{MKT}로서 시장가격은 64달러이고 산출량은 7,500 그루가 된다. 가격이 64달러일 때 한 기업이 45그루를 생산하여 산업 전체 산출량은 167×45 = 7,500그루(근사치)가 된다.

그림 (b)로부터 생산자 67명이 새로 진입한 결과 기존 기업이 어떤 영향을 받는지 알 수 있 다. 가격 하락으로 인해 산출량이 감소되었고 이윤도 감소하여 직사각형 B의 면적으로 표시되 고 있다.

줄어들기는 했어도 점 D_{MKT}에서는 기존의 기업들이 이윤을 내고 있기 때문에 진입은 계속되 고 기업의 수는 증가할 것이다. 생산자 수가 250에 이르면 단기 산업공급곡선은 다시 바깥쪽으 로 S_3까지 이동하고 시장균형은 점 C_{MKT}에서 얻어진다. 이때 산출량과 수요량은 1만 그루이고

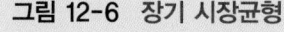

그림 12-6 장기 시장균형

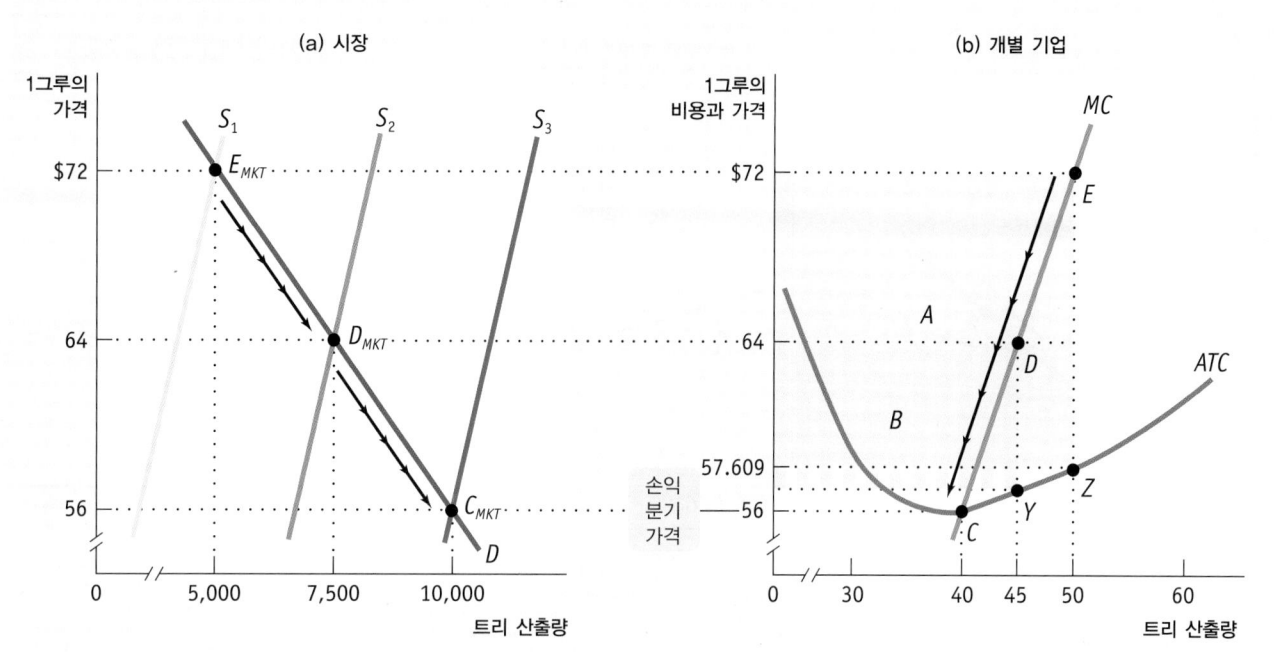

그림 (a)의 점 E_{MKT}는 초기의 단기 시장균형을 나타낸다. 기존의 생산자 100명 모두가 그림 (b)의 초록색 직사각형 A로 표시된 경제적 이윤을 내고 있다. 이 이윤을 보고 새로운 생산자들이 진입하여 단기 산업공급곡선은 그림 (a)에 표시된 바와 같이 S_1에서 S_2로 바깥쪽으로 이동하게 된다. 이 결과 단기 시장균형은 점 D_{MKT}로 바뀌어 가격은 64달러로 낮아지고 산업의 산출량은 증가하게 된다. 기존 기업들의 산출량과 이윤은 줄어들었지만 아직 이윤을 내고 있는데 그림 (b)의 줄 쳐진 직사각형 B가 이 이윤

을 표시한다. 진입이 계속 이루어지고 단기 산업공급곡선이 바깥쪽으로 이동함에 따라 가격도 하락하고 산업의 산출량도 계속 증가한다. 시장균형이 그림 (a) 공급곡선 S_3의 점 C_{MKT}에서 이루어지면 마침내 진입이 중단된다. 이 점에서 시장가격은 손익분기가격과 같아지고 기존 생산자들의 경제학적 이윤은 0이 되어 더 이상 진입이나 퇴출이 발생할 유인이 없어지게 된다. 그러므로 점 C_{MKT}는 단기균형이면서 동시에 장기 시장균형이 되는 것이다.

시장가격은 56달러이다.

점 E_{MKT}, D_{MKT}와 같이 점 C_{MKT}도 단기 시장균형이다. 그러나 점 C_{MKT}는 단기 시장균형 이상의 의미를 가지고 있다. 56달러의 가격은 모든 기업의 손익분기가격이기 때문에 기존의 기업들은 이윤극대 산출량인 40그루를 생산함으로써 경제적 이윤이 영이 되도록—이윤도 손실도 없이—할 수 있다.

이 가격에서는 잠재적 생산자가 이 산업에 진입할 유인도, 기존의 생산자가 이 산업으로부터 퇴출할 유인도 없다. 그러므로 점 C_{MKT}는 **장기 시장균형**(long-run market equilibrium)—생산자들이 산업에 진입하거나 퇴출할 수 있도록 충분한 시간이 흐른 후에 공급량과 수요량이 같아지는 상황—에 해당한다. 장기 시장균형에서는 기존의 생산자와 잠재적 생산자가 모두 장기적으로 필요한 모든 조정을 마치고 최적의 선택을 하고 있다. 따라서 누구도 시장에 진입하거나 시장으로부터 퇴출할 유인이 없다.

단기와 장기균형의 차이가 의미하는 바를 좀 더 자세히 알기 위해 진입이 자유롭고 현재 장기균형 상태에 있는 산업에서 수요가 증가할 때 어떻게 되는지 살펴보자. 〈그림 12-7〉의 (b)에는 시장이 어떻게 조정되는지가 나타나 있다. 그림 (a)와 (c)에는 기존의 개별 기업들이 그 과정에서 어떻게 행동하는지가 그려져 있다.

〈그림 12-7〉의 그림 (b)에서 D_1은 처음의 수요곡선이고 S_1은 처음의 단기 산업공급곡선이다. 그 교차점인 X_{MKT}는 단기 시장균형인 동시에 장기 시장균형이다. 균형가격 56달러에서 경제적

장기 시장균형(long-run equilibrium)은 산업으로의 진입과 퇴출이 이루어질 수 있도록 충분한 시간이 주어진 후 공급량과 수요량이 일치할 때 얻어진다.

그림 12-7 단기와 장기에 수요 증가의 영향

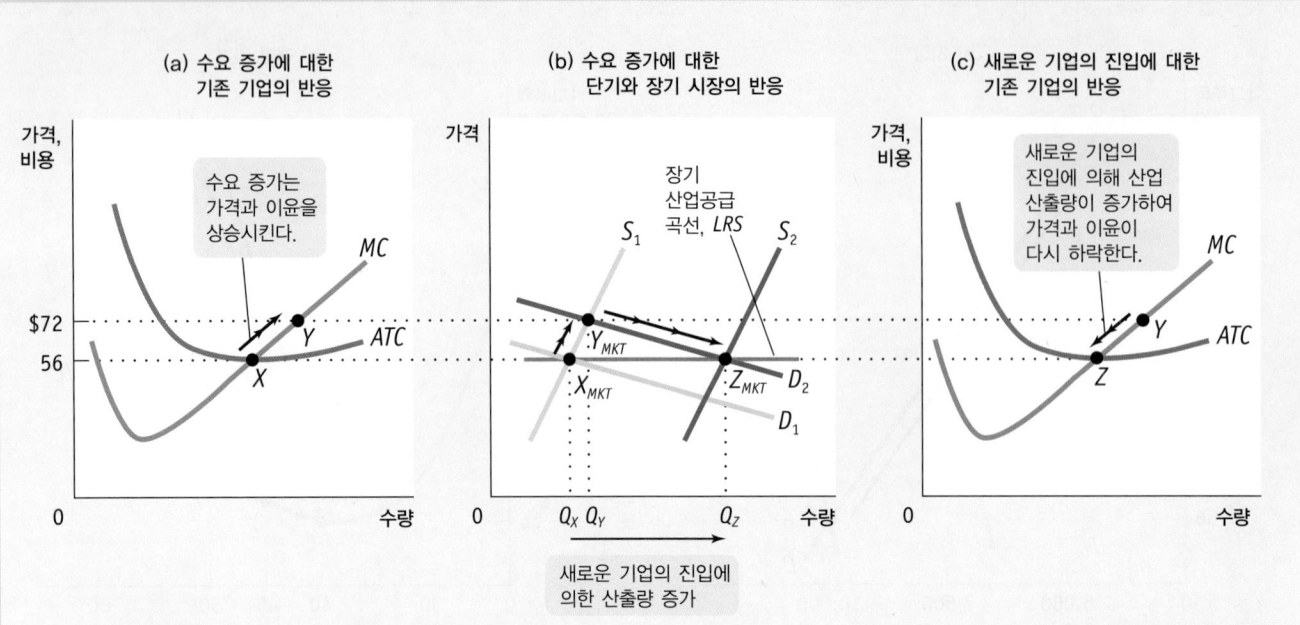

(a) 수요 증가에 대한 기존 기업의 반응

(b) 수요 증가에 대한 단기와 장기 시장의 반응

(c) 새로운 기업의 진입에 대한 기존 기업의 반응

그림 (b)는 수요 증가에 대해 단기와 장기에 산업이 어떻게 조정되는가를 보여 준다. 그림 (a)와 그림 (c)에는 이에 상응하는 기업의 조정이 표시되어 있다. 처음에 시장은 그림 (b)의 점 X_{MKT}에서 단기와 장기균형을 이루고 있으며 가격은 56달러, 산업 산출량은 Q_X이다. 기존의 기업들은 그림 (a)의 점 X로 표시되는 평균총비용의 최저점에서 생산하고 있으며 이윤은 영이다. 수요가 D_1에서 D_2로 증가하여 시장가격이 72달러로 상승한다. 기존의 기업들이 생산량을 증가시키고 산업 산출량은 단기 산업공급곡선 S_1을 따라 새로운 단기균형인 Y_{MKT}까지 증가한다. 이것은 그림 (a)에서 기존의 기업들이 점 X에서 점 Y로 이동하는 것에 해당한다. 그러나 72달러의 가격에서는 기존의 기업들이 이윤을 내고 있다. 따라서 그림 (b)에 표시된 바와 같이 장기적으로 새로운 기업들이 진입하여 단기 산업공급곡선은 S_1에서 S_2까지 오른쪽으로 이동한다. 가격은 56달러로 낮아지고 산업 산출량은 Q_Z로 증가하여 점 Z_{MKT}에서 새로운 균형이 얻어진다. 기존의 기업들은 그림 (c)의 점 Y에서 점 Z로 이동하여 처음의 산출량으로 되돌아오고 영의 이윤을 얻게 된다. 산업 산출량의 증가분인 $Q_Z - Q_X$는 모두 새로 진입한 기업들이 생산하게 된다. X_{MKT}과 마찬가지로 Z_{MKT} 또한 단기 및 장기 균형이다. 기존의 기업들이 벌어들이는 경제적 이윤이 영이므로 새로운 기업이 진입하거나 기존의 기업이 퇴출할 유인이 존재하지 않는다. X_{MKT}와 Z_{MKT}를 지나는 수평선 LRS가 장기 산업공급곡선이다. 소비자들이 수요하는 수량이 얼마든 간에 장기적으로 생산자들은 손익분기가격 56달러에서 그 수량을 공급하게 된다.

이윤이 영이 되고 따라서 진입이나 퇴출이 발생하지 않기 때문이다. 이 점은 그림 (a)에서 점 X에 해당한다. 이 점에서는 기존의 기업들이 모두 평균총비용곡선의 최저 수준에서 생산하고 있다.

이제 어떤 이유로 수요곡선이 바깥쪽으로 D_2까지 이동한다고 해 보자. 그림 (b)에 그려진 것처럼 단기에는 산업 산출량이 단기 산업공급곡선 S_1을 따라 새로운 단기 시장균형인 S_1과 D_2의 교차점 Y_{MKT}까지 증가한다. 시장가격은 72달러까지 오르고 산업 산출량은 Q_X에서 Q_Y까지 증가한다. 이것은 시장가격이 상승함에 따라 기존의 기업들이 산출량을 그림 (a)의 X에서 Y까지 증가시키는 것과 대응된다.

그러나 72달러의 가격은 최소 평균총비용보다 높아서 기존의 생산자들이 경제적 이윤을 내고 있으므로 Y_{MKT}는 장기 시장균형이 아니다. 이윤으로 인해 기업들이 추가로 이 산업에 진입할 것이다.

시간이 흐름에 따라 단기 산업공급곡선은 오른쪽으로 이동할 것이다. 장기적으로 단기 산업공급곡선은 S_2까지 이동하여 점 Z_{MKT}에서 균형이 이루어질 것이다. 가격은 56달러로 다시 하락하고 산업 산출량은 Q_Y에서 Q_Z로 더 증가한다. 수요가 증가하기 전의 X_{MKT}처럼 Z_{MKT}는 단기 시장균형인 동시에 장기 시장균형이다.

진입이 기존 기업에 미치는 영향은 그림 (c)에서 Y에서 Z로 개별공급곡선을 따라 생산량이 변화하는 것으로 표시된다. 기업들은 가격이 하락함에 따라 산출량을 감소시켜 평균총비용곡선의 최저점에 해당하는 처음 산출량 수준으로 되돌아오게 된다. 사실 현재 생산을 하고 있는 모든 기업 — 처음에 생산하고 있던 기업들과 새로 진입한 기업들 — 은 평균총비용곡선의 최저점인 Z에서 생산하게 될 것이다. 이는 Q_X에서 Q_Z로의 산업 산출량의 증가가 모두 새로운 기업의 진입으로부터 발생했음을 의미한다.

그림 (b)에서 X_{MKT}와 Z_{MKT}를 지나는 직선 LRS가 **장기 산업공급곡선**(long-run industry supply curve)이다. 이 곡선은 생산자들이 진입이나 퇴출을 실행하기에 충분한 시간이 주어졌을 때 산업 산출량이 가격에 따라 어떻게 변화하는지를 보여 준다.

이 예에서 장기 산업공급곡선은 56달러의 가격에서 수평선이다. 즉 이 산업에서는 공급이 장기적으로 완전탄력적이다. 진입과 퇴출을 할 수 있는 시간이 주어졌을 때 소비자의 수요가 얼마든 간에 생산자들은 56달러의 가격에서 그 수량을 공급할 것이다. 실제로 장기 산업공급곡선이 완전탄력적인 산업이 많이 있다. 이러한 산업을 가리켜 비용이 일정한 산업이라고 한다. 기존의 기업이든 새로 진입한 기업이든 각 기업은 동일한 비용구조를 갖는다(즉 동일한 비용곡선을 갖는다). 농업이나 제빵업과 같이 투입물의 공급이 완전탄력적인 산업이 이에 해당된다.

그러나 다른 산업에서는 장기 산업공급곡선까지도 우상향한다. 그 이유 중에 가장 흔한 것은 공급이 제한되어 있는(즉 공급이 비탄력적인) 투입물 사용이 불가피하기 때문이다. 산업이 확장됨에 따라 그러한 투입물의 가격이 상승한다. 따라서 나중에 산업에 진입하는 기업은 먼저 진입한 기업들에 비해 비용이 높게 된다. 한 예가 가장 좋은 해변가의 땅을 두고 경쟁해야 하는 해변 휴양지 호텔들이다. 이러한 경우를 가리켜 산업의 비용이 증가한다고 한다.

장기 산업공급곡선이 우하향할 수도 있다. 이러한 경우는 그 산업에서 규모에 대한 수익이 증가하여 산출량이 증가함에 따라 평균비용이 하락할 때 나타날 수 있다. 산업에서 수익 증가가 나타나는 경우라고 말한 것을 유의하라. 수익 증가가 개별 기업의 수준에서 발생하게 되면 그 산업은 대체로 소수의 기업들에 의해(과점) 또는 하나의 기업에 의해(독점) 지배되는 것으로 귀결된다.

장기 산업공급곡선(long-run industry supply curve)은 생산자들이 진입이나 퇴출을 실행하기에 충분한 시간이 주어졌을 때 산출량이 가격에 따라 어떻게 변화하는지를 보여 준다.

그림 12-8 단기와 장기 산업공급곡선의 비교

장기 산업공급곡선은 우상향할 수는 있으나 항상 단기 산업공급곡선보다는 기울기가 작다. 즉 더 탄력적이다. 이것은 진입과 퇴출 때문이다. 가격이 높으면 장기에는 새로운 기업이 진입하여 산업 산출량이 증가하고 가격은 떨어진다. 가격이 낮으면 장기에는 기존의 생산자 중에 퇴출하는 기업이 있어 산업 산출량은 감소하고 가격은 높아진다.

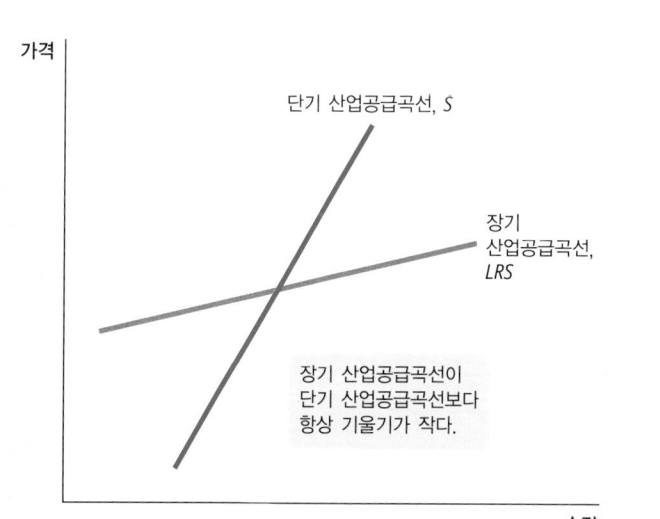

어떤 경우에는 산업 전체에 대한 대규모의 이점이 그 산업에 속한 모든 기업에 나타나기도 한다. 예를 들어 태양전지와 같은 새로운 기술의 경우 산업이 성장함에 따라 지식의 발전, 적절한 기술을 가진 노동자 인력의 대량 공급 등으로 인해 비용이 하락하는 경향이 있다.

장기 산업공급곡선이 수평선이건 상승곡선이건 혹은 하강곡선이건 장기공급의 가격탄력성은 진입과 퇴출이 자유로운 이상 단기공급의 가격탄력성에 비해 더 높다. 〈그림 12-8〉에 표시된 바와 같이 장기 산업공급곡선은 항상 단기 산업공급곡선보다 기울기가 더 작다. 그 이유는 진입과 퇴출 때문이다. 수요 증가에 의해 가격이 높을 때는 새로운 생산자들이 진입하여 산업 산출량이 증가하며 가격은 결국 하락하게 되고, 수요 감소에 의해 가격이 낮을 때는 기존의 기업들이 퇴출하여 산업 산출량이 감소하며 결국 가격이 상승하게 된다.

단기와 장기 산업공급곡선을 구분하는 것은 현실적으로 매우 중요한 일이다. 〈그림 12-7〉에 표시된 바와 같이 진행되는 사건을 자주 볼 수 있다. 수요가 증가하여 처음에는 가격이 많이 상승했다가 새로운 기업이 산업에 진입하면서 가격이 점차 하락하여 원래의 수준으로 돌아온다. 또는 그 반대의 경우도 있다. 수요가 감소하여 단기에는 가격이 하락하지만 생산자들이 산업에서 퇴출함에 따라 원래의 수준으로 회복된다.

장기균형에서의 생산비용과 효율성

이상의 분석을 통해 완전경쟁산업에 있어 장기균형에서의 생산비용과 효율성에 대해 세 가지 결론을 얻을 수 있다. 이 결과들은 제13장에서 어떻게 독점에서 비효율성이 발생하게 되는지를 배울 때 요긴하게 사용된다.

1. **완전경쟁산업의 균형에서는 모든 기업의 한계비용이 동일하다.** 그 이유는 모든 기업이 한계비용과 시장가격이 같아지는 산출량을 생산하고 또한 그들이 가격수용자인 까닭에 동일한 시장가격에서 생산하기 때문이다.

2. **진입과 퇴출이 자유로운 완전경쟁산업에서는 장기균형에서 모든 기업의 이윤이 영이 된다.** 모든 기업이 평균총비용을 최소로 하는 산출량─〈그림 12-7(c)〉의 점 Z─을 생산한다. 따라서 완전경쟁산업에서는 산업 산출량의 총비용이 최소가 된다.

산업 전반에 걸쳐 비용이 상승하는 경우는 예외이다. 시장가격이 충분히 높을 때 초기에 생산을 시작한 기업들은 이윤을 내지만 나중에 시장가격이 하락할 때 생산에 가담한 기업들은 이윤을 내지 못한다. 산업이 장기균형에 도달함에 따라 나중에 생산을 시작한 기업들은 최소비용에서 생산하지만 초기 기업들에 대해서는 그렇지 않을 수 있다.

3. **완전경쟁산업의 장기 시장균형은 효율적이다. 즉, 서로에게 이로운 거래는 남김없이 실현된다.** 이를 이해하기 위해서 효율성의 필수조건을 다시 한번 생각해 볼 필요가 있다. 판매자의 비용 이상을 지불할 용의가 있는 소비자들은 모두 상품을 소비할 수 있어야 한다. 또한 우리는 시장이 효율적일 때에는 (분명하게 정의된 어떤 경우를 제외하고는) 시장가격 이상을 지불할 용의가 있는 모든 소비자는 시장가격 이하의 비용으로 생산하는 모든 생산자와 거래하게 됨을 배웠다.

따라서 완전경쟁산업의 장기 시장균형에서는 생산이 효율적이다. 즉 비용이 최소화되고 자원의 낭비가 없다. 또한 소비자에 대한 재화의 배분도 효율적이다. 즉 재화 한 단위의 생산비용을 지불할 용의가 있는 소비자들은 모두 그 재화를 얻게 된다. 사실 서로에게 유리한 거래가 실현되지 않고 남아 있는 경우는 없다. 뿐만 아니라 시간의 흐름에 따라 상황이 바뀌어도 이 조건들은 여전히 성립한다. 경쟁의 힘이 생산자로 하여금 소비자 욕구의 변화나 기술 변화에 대해 반응하도록 만드는 것이다.

현실 경제의 >> 이해

세계적인 돼지고기 부족으로 타격받은 중국 식당

빠르게 증가하는 소득에 힘입어 중국 소비자들은 육류 소비를 증가시켜 왔는데, 그들이 가장 선호하는 육류는 단연코 돼지고기다. 지난 20년간 중국의 1인당 돼지고기 소비는 거의 배로 늘었다. 2020년 미국이 평균 53파운드를 소비한 반면, 중국 소비자들은 평균 66파운드의 돼지고기를 소비했다.

그러나 2018년 치명적이고 전염성이 강한 아프리카 돼지 열병이 중국에서 처음 발생하자 중국 돼지고기 시장은 엄청난 공급 충격(공급곡선의 좌측 이동)을 받았다. 이 병에 대한 예방약이 없었기 때문에 열병에 걸린 가축들은 전염을 막기 위해 즉시 살처분해야 했다. 2019년 말까지 중국 돼지의 약 40%(이는 수억 마리에 달한다)가 사라졌다. 이 결과로 중국은 만성적인 돼지고기 부족과 돼지고기 가격의 대폭등을 경험했다. 중국의 돼지고기 산지 가격은 두 배 이상(125% 상승) 뛰었다.

중국에 대한 미국으로부터의 무거운 과세와 맞물려 발생한 중국산 돼지고기의 공급 감소는 다른 나라의 돼지고기 생산자에게는 희소식이다.

수요와 공급의 파문은 전 세계로 퍼져 나갔다. 미국 돈육협회에서 의뢰한 연구에 의하면 중국은 세계에서 가장 큰 소비자로서 "세계의 돼지고기 공급과 가격에 큰 영향을 미친다." 2019년 세계적인 돼지고기와 베이컨 가격은 급격히 상승하는데 이는 15년 만에 가장 급속한 가격인상으로 기록되었다. 한 시장 관찰자의 말처럼 "지금 세계 어느 곳에 있든지 돼지고기 가격은 상승하고 있다."

중국산 돼지고기 공급의 감소는 다른 나라의 생산자들에게는 희소식이었다. 브라질, 호주, 그리고 유럽의 돼지고기 생산자들이 대규모로 중국 시장에 뛰어들었다. (트럼프 행정부의 대중국 관세로 미국의 생산들은 이득을 적게 보았다.) 2019년 말에 이르러 중국의 돼지고기 수입은 150%나 증가했다. 급속한 수입 승가로 중국 소비자들에 대한 공급곡선이 우측으로 이동하여 돼지고기 가격 상승이 완화되었다.

그러나 중국 밖의 돼지고기 생산자들의 이득은 오래가지는 못할지도 모른다. 중국 내에서 생산되는 돼지고기의 50%는 소규모—아프리카 돼지 열병과 같은 질병에 효과적으로 대처하기에는 너무 작은—농장으로부터 공급된다. 중국은 돼지고기 생산을 현대화함으로써 미래에는 이러한 엄청난 돼지고기 파동을 다시 경험하지 않기를 희망하고 있다.

>> 이해돕기 12-3

해답은 책 뒤에

1. 다음 중 어떤 사건들이 기업이 산업에 진입하도록 할 유인이 되겠는가? 어떤 사건들이 기업의 퇴출을 유발하겠는가? 그 이유를 설명하라.
   a. 기술 발전으로 그 산업에 있는 모든 기업의 고정비용이 하락한다.

>> **복습**
- **산업공급곡선**은 이전 장들의 공급곡선에 대응된다. 생산자 수가 고정된 단기에는 **단기 산업공급곡선**과 수요곡선의 교점에서 **단기 시장균형**이 결정된다. 생산자들의 진입과 퇴출이 가능한 장기에는 **장기 산업공급곡선**과 수요곡선의 교점에서 **상기 시장균형**이 결정된다. 장기 시장균형에서는 어느 생산자도 산업에 진입하거나 산업으로부터 퇴출할 인센티브가 없다.
- 장기 산업공급곡선은 보통 수평이지만 필요한 생산요소의 공급이 제한된 경우에는 우상향할 수도 있다. 장기 산업공급곡선은 항상 단기 산업공급곡선보다 더 탄력적이다.
- 완전경쟁시장의 장기 시장균형에서는 모든 기업이 같은 한계비용에서 생산하며, 한계비용은 시장가격과 같고, 산업의 산출물을 생산하는 총생산비는 최소가 된다. 그것은 또한 효율적이다.

     b. 그 산업의 노동자들에게 지불되는 임금이 상승한다.

     c. 영구적인 소비자 취향의 변화로 인해 그 상품에 대한 수요가 증가한다.

     d. 주요 생산요소의 장기적인 공급 부족으로 그 요소의 가격이 상승한다.

2. 달걀 생산업이 완전경쟁산업이고 장기균형을 이루고 있으며 장기 산업공급곡선은 완전탄력적이라고 가정하자. 그러다가 콜레스테롤에 대한 건강 염려로 수요가 감소하였다. 〈그림 12-7〉과 유사한 그래프를 그리고 단기에 일어나는 현상과 장기균형이 회복되는 과정을 보이라.

AP Images/Gerry Broome

미국 곳곳에 널려 있는 사라졌거나 몰락해 가는 다수의 쇼핑몰들은 전통적인 소매 산업이 『소매의 새로운 규칙들(The New Rules of Retail)』의 저자 로빈 루이스가 "산업혁명에나 필적할 만한 시기"라고 묘사한 것을 겪었음을 보여준다. 온라인 쇼핑은 시어스와 JC 페니와 같은 오랜 역사를 가진 소매점뿐 아니라 서킷시티나 토이저러스와 같은 새로운 소매점까지도 사라지게 했다.

그러나 최근 몇 년간 월마트와 타깃 같은 몇몇 전통적인 소매점들은 격렬한 투쟁을 보여주고 있다. 물건만 살피기—전통적 소매점을 방문하여 상품을 살펴보고 스마트폰에 있는 쇼핑 앱에서 더 싼 값에 구입하는 것—좋아하는 소비자들에 대항하기 위해 타깃은 온라인을 통한 비교가 어렵게 자신들만을 위해 특별 제작된 제품들을 전시하고 있다. 타깃과 월마트 모두 온라인 판매를 강화하고 소비자들의 휴대폰으로 직접 할인 통보와 쿠폰을 보낸다. 두 상점 모두 소비자들이 온라인으로 주문을 하고 상점에서 물건을 가져가거나 반환하도록 함으로써 기존의 기반시설을 활용하여 아마존의 창고 및 배달 방식에 도전하고 있다. 월마트는 또한 가격에 차이가 날 경우 차액을 월마트 기프트 카드로 소비자에게 지불하는 가격 매치 보장 제도를 도입했다.

그러나 가장 혁신적인 반격은 베스트 바이의 최고경영자인 휴버트 졸리의 아이디어다. 2012년 베스트 바이는 모든 면에서 대형 전자제품 판매점인 경쟁사 서킷시티의 뒤를 이어 곧 파산할 것처럼 보였다. 그러나 2019년까지 베스트 바이는 일관되게 월가의 수익 예측을 뛰어넘고 있었다. 졸리는 어떻게 해낸 것일까? 첫 번째 그리고 아마도 가장 중요한 전략은 가격 맞추기였다. 졸리는 "아마존의 가격을 맞추지 않고는 고객을 잡을 수가 없다"고 말한다. 둘째로 베스트 바이는 로봇 사용이나 빠른 배달로 할 수 없는 자신만의 영역을 부각시켰다. 바로 고객에 대한 서비스다. 판매원들이 정보를 갖추고 행복하게 만들기 위해 졸리는 인기 높았던 종업원 할인을 부활시키고, 가상현실 헤드폰 같은 완전히 새로운 영역의 질문도 답할 수 있도록 강도 높은 훈련 프로그램을 실시했다. 셋째로 졸리는 베스트 바이의 배달 시스템도 속도에서 아마존을 따라잡을 수 있을 만큼 변환시켰다. 결국 졸리는 물품 살피러 온 사람을 고객으로 바꾸는 방법을 찾아냈다.

전통적인 소매점들에게 오늘날의 소매 환경은 생존을 위한 경주다. 한 분석가의 말처럼 "극소수의 상점만이 최저가격 게임을 감당할 수 있다. 가격 경쟁력이 없거나 뛰어난 판매 경험이 없는 상점들의 몰락이 가속화될 것이다."

생각해 볼 문제

1. 이 사례에 나타난 증거들을 볼 때 여러분은 모바일 앱을 사용한 비교 구매가 나타나기 이전의 전자제품 소매시장이 완전경쟁이라고 생각하는가 아니라고 생각하는가? 경쟁의 가장 큰 장애는 무엇인가?

2. 쇼핑 앱의 등장이 전자제품 소매시장에서의 경쟁에 어떤 영향을 주겠는가? 베스트 바이와 같은 전통적인 오프라인 상점들의 이윤에는 어떤 영향을 주겠는가? 이런 제품을 구입하는 사람들의 소비자잉여에는 평균적으로 어떤 영향을 주겠는가?

3. 일부 상점들이 제조업자에게 자신들에게만 특별한 사양의 제품을 판매하도록 요구하는 이유는 무엇인가? 이러한 경향이 증가하겠는가 감소하겠는가?

요약

1. **완전경쟁시장**이란 모든 생산자가 **가격수용적인 생산자**이고 모든 소비자가 **가격수용적인 소비자**인 시장을 말한다. 요컨대 어느 누구의 행동도 시장가격에 아무런 영향을 미칠 수 없다. 소비자들은 일반적으로 가격수용자이지만, 생산자들의 경우에는 대개 그렇지 않다. **완전경쟁산업**이란 모든 생산자가 가격수용적인 산업을 말한다.

2. 완전경쟁산업에는 두 가지 필요조건이 있다. 많은 생산자가 있어 어느 한 생산자도 **시장점유율**이 크지 않아야 하고, 소비자들이 동질적으로 생각하는 **표준화된 제품**, 즉 **상품**을 생산해야 한다는 것이다. 세 번째 조건 또한 충족되는 경우가 보통인데, 이는 그 산업에 대한 기업의 **진입과 퇴출이 자유롭다**는 것이다.

3. 생산자는 **최적산출량 원칙**에 따라 **한계수입**이 한계비용과 같아지는 산출량을 선택한다. 가격수용적인 기업에 있어서 한계수입은 가격과 같고, 그 기업의 **한계수입곡선**은 시장가격에서 수평선으로 그려진다. 기업은 **가격수용적인 기업의 최적산출량 원칙**에 따라 가격과 한계비용이 같아지는 산출량을 선택한다. 그러나 최적산출량 수준에서 생산활동을 하는 기업에 이윤이 나지 않을 수도 있다.

4. 총수입이 총비용을 초과할 때, 다시 말해서 시장가격이 **손익분기가격**, 즉 최소 평균총비용을 초과할 때 이윤이 발생한다. 만약 시장가격이 손익분기가격을 초과하면 이윤이 발생하고, 시장가격이 손익분기가격보다 낮으면 손실이 발생한다. 만약 시장가격과 손익분기가격이 동일하게 되면 그 기업은 수지가 균형을 이룬다. 이윤이 발생하는 기업의 한 단위당 이윤의 크기는 $P-ATC$이다. 손실이 발생하는 기업의 한 단위당 손실의 크기는 $ATC-P$가 된다.

5. 고정비용은 기업이 단기에 있어 최적생산량을 고려하는 문제와는 관련이 없다. 단기 최적생산량은 그 기업의 최소 평균가변비용인 **조업중단가격**과 시장가격에 의해 결정된다. 시장가격이 조업중단가격보다 높은 경우 기업은 한계비용이 시장가격과 같아지는 산출량을 생산한다. 시장가격이 조업중단가격보다 낮은 경우 그 기업은 단기에 생산을 중단한다. 이로부터 기업의 **단기 개별공급곡선**이 얻어진다.

6. 장기에는 고정비용이 중요하다. 만약 오랫동안 시장가격이 최소 평균총비용보다 낮으면 장기적으로 기업들이 그 산업에서 퇴출할 것이다. 만약 시장가격이 최소 평균총비용보다 높으면 기존의 기업들은 이윤을 얻고, 장기적으로 새 기업들이 그 산업으로 진입하게 된다.

7. **산업공급곡선**은 단기/장기 여부에 따라 달라진다. **단기 산업공급곡선**은 생산자의 수가 주어졌을 때의 산업공급곡선이다. **단기 시장균형**은 단기 산업공급곡선과 수요곡선이 만나는 점에서 결정된다.

8. **장기 산업공급곡선**은 산업으로 진입하거나 산업에서 퇴출할 수 있는 충분한 시간이 주어졌을 때의 산업공급곡선을 말한다. **장기 시장균형**은 장기 산업공급곡선과 수요곡선이 만나는 점에서 결정되며, 이 균형에서는 어느 누구에게도 산업에 진입하거나 산업에서 퇴출하려는 유인이 존재하지 않는다. 장기 산업공급곡선은 보통 수평선으로 나타난다. 만약 투입요소의 공급량이 제한되어 있다면 장기 산업공급곡선은 우상향하여 산업의 비용이 증가할 것이다. 장기 산업공급곡선은 심지어 우하향할 수도 있는데 이 경우 산업의 비용이 감소한다고 한다. 그러나 장기 산업공급곡선은 항상 단기 산업공급곡선에 비해서는 기울기가 완만하다.

9. 완전경쟁산업의 장기 시장균형에서 각 기업은 시장가격과 일치하는, 동일한 한계비용 수준에서 생산함으로써 이윤을 최대로 하게 된다. 진입과 퇴출이 자유롭다는 것은 각 기업이 평균총비용이 최소가 되는 점에서 생산하면서 영의 이윤을 얻게 된다는 것을 의미한다. 따라서 산업 산출량의 총생산비용은 최소화된다. 이러한 결과는 한계비용 이상의 가격을 지불하려는 모든 소비자가 그 상품을 갖게 된다는 점에서 효율적이다.

주요용어

가격수용석인 생산자	시장점유율	한계수입
가격수용적인 소비자	표준화된 제품	최적산출량 원칙
완전경쟁시장	상품	가격수용적인 기업의 최적산출량 원칙
완전경쟁산업	진입과 퇴출이 자유롭다	한계수입곡선

손익분기가격   산업공급곡선   장기 시장균형

조업중단가격   단기 산업공급곡선   장기 산업공급곡선

단기 개별공급곡선   단기 시장균형

토론문제

1. 최근 연구에 의하면 크리스마스트리 가격이 지난 3년 사이에 두 배가 되었다고 한다. 이러한 가격 폭등은 부분적으로 10년 전 트리의 공급과잉 때문이라고 한다. 2008년 대불황기에 많은 소비자들이 구매를 줄여 트리의 공급과잉과 가격 하락을 초래했다. 10년 전 트리의 공급과잉이 어떻게 현재 높은 가격을 초래할 수 있는지 설명하라. 농장들이 가격 하락에 대응해 작업을 어떻게 변경했는지에 주목하라.

2. 어떤 산업이 완전경쟁이라고 가정했을 때 왜 기업들이 새로운 기술개발에 투자하기를 꺼리는지 설명하라.

3. 워싱턴주는 미국에서 가장 큰 사과 산지이다. 2018년 워싱턴주의 농장에서는 그다음 최대 산지인 뉴욕주의 다섯 배에 가까운 1억 7100만 부셸을 생산했다. 워싱턴주의 많은 농장이 멕시코와 중앙아메리카의 이주 노동자들에 의존한다. 한때는 이들 국가들로부터 노동자를 쉽게 구할 수 있었으나 지금은 노동자가 상당히 부족한 형편이다. 대부분의 이주 노동자들은 농업부문의 계절적 일자리보다는 건설부문의 연중 계속되는 일자리를 선택하기 때문에 사과농장들은 불법 이주 노동자를 고용할 수밖에 없다. 불법 노동자의 수가 적어 노동 비용이 폭등했기 때문에 많은 농장들이 값비싼 자동 수확 장치에 투자할 수밖에 없었다. 노동 부족과 자동 수확 장치에 대한 투자가 농장의 비용 구조와 산업의 변화에 어떤 영향을 미칠지 설명하라.

4. 당신의 룸메이트는 기업이 손해를 보면서, 즉 마이너스의 이윤을 얻으면서 어떻게 계속 기업을 운영해 나가는지 이해하지 못한다. 손해를 보는 것에 대해 기업이 어떻게 대처해야 하겠는가?

연습문제

1. 다음에 제시된 산업의 경우 생산자가 가격수용자인가? 자신의 답을 설명해 보라.
   a. 주위에 유사한 커피숍이 다수 존재하는 대학가의 어떤 커피숍
   b. 펩시콜라 제조사
   c. 농산물 시장에서 많은 호박 판매자 중 어느 한 사람

2. 주어진 각각의 보기에 대해서 완전경쟁산업인지 여부를 따져 보라. 시장점유율, 표준화된 제품, 그리고 필요하면 진입과 퇴출이 자유로운 정도를 언급하면서 자신의 답을 설명해 보라.
   a. 아스피린
   b. 얼리샤 키스 콘서트
   c. 레저용 차량(SUVs)

3. 밥은 화분을 생산하는 데 3-D 인쇄기술을 사용해 디자인과 생산을 한다. 밥은 한 달에 3만 달러를 주고 건물을 임대했고, 한 달에 2만 달러를 주고 기계를 빌리기로 했다. 이는 밥의 고정비용이다. 밥의 가변비용은 다음 표와 같다.

화분 수량	가변비용
0	$0
1,000	5,000
2,000	8,000
3,000	9,000
4,000	11,000
5,000	20,000
6,000	33,000
7,000	49,000
8,000	72,000
9,000	99,000
10,000	150,000

   a. 각 산출량에 대해 밥의 평균가변비용, 평균총비용, 한계비용을 구하라.
   b. 산업으로의 진입은 자유롭다. 그리고 시장에 진입하는 사람은 밥과 같은 비용함수를 가진다. 현재 화분의 가

격이 25달러라고 하자. 밥의 이윤은 얼마인가? 이 가격이 장기균형이 될 수 있을 것인가? 만약 그렇지 않다면 화분 가격은 장기에 얼마가 되겠는가?

4. 밥의 화분 회사가 3번 문제와 같이 주어져 있다고 하자. 화분 생산업이 완전경쟁산업이라고 가정하자. 각각의 경우에 자신의 답을 설명하라.

   a. 밥의 손익분기가격은 얼마인가? 조업중단가격은?

   b. 화분 가격이 2달러라고 가정하자. 단기에 밥이 취해야 할 행동은?

   c. 화분 가격이 7달러라고 가정하자. 이윤을 최대로 하는 화분 산출량은 얼마인가? 이때 총이윤은 얼마가 될 것인가? 밥은 단기에 생산을 하겠는가 아니면 조업을 중단하겠는가? 밥은 장기에 이 산업에 남아 있겠는가 아니면 퇴출하겠는가?

   d. 화분 가격이 20달러라고 가정하자. 이윤을 최대로 하는 화분 산출량은 이제 얼마인가? 이때 총이윤은 얼마인가? 밥은 단기에 생산을 하겠는가 아니면 조업을 중단하겠는가? 밥은 장기에 이 산업에 남아 있겠는가 아니면 퇴출하겠는가?

5. 3번 문제에 주어진 밥의 화분 회사를 다시 한번 고려하자.

   a. 밥의 한계비용곡선을 그려 보라.

   b. 가격대가 어느 정도가 되어야 밥이 단기에 화분 생산을 중단하겠는가?

   c. 밥의 개별공급곡선을 그려 보라. 그래프를 그릴 때 가격의 범위를 0달러에서 시작하여 60달러까지 10달러씩 눈금을 표시하라.

6. a. 이윤을 극대로 하는 기업이 1년간 1만 달러의 경제적 손실을 보고 있다. 고정비용은 1년에 1만 5,000달러이다. 이 기업은 단기에 생산을 해야 하는가 아니면 조업을 중단해야 하는가? 장기에 이 기업은 이 산업에 남아 있어야 하는가 아니면 퇴출해야 하는가?

   b. 이번에는 이 기업의 고정비용이 6,000달러라고 가정하자. 이 기업은 단기에 생산을 해야 하는가 아니면 퇴출해야 하는가? 장기에 이 기업은 이 산업에 남아 있어야 하는가 아니면 퇴출해야 하는가?

7. 어떤 도시에서 초밥 전문점이 처음으로 개점하였다. 초기에 사람들은 익지 않은 작은 생선을 먹는 것에 대해 무척 조심스러웠다. 이 도시에서는 고기를 큼직하게 잘라 그릴에 구워 먹는 것이 일반적이었기 때문이다. 그러나 곧 영향력 있는 건강 관련 보고서가 소비자들에게 고기를 구워 먹는 것에 대해 경고를 하고 생선 소비, 특히 익지 않

은 생선의 소비를 증가시킬 것을 권고했다. 초밥 전문점은 인기를 끌게 되어 이윤이 증가하였다.

   a. 초밥 전문점의 단기이윤에는 어떠한 변화가 일어나겠는가? 장기에 이 도시의 초밥 전문점 수는 어떻게 되겠는가? 첫 번째 초밥 전문점이 장기에도 단기에서와 같은 이윤을 유지할 수 있겠는가? 자신의 답을 설명해 보라.

   b. 이 지역의 스테이크 하우스는 초밥 전문점의 인기로 인해 손실이 발생하기 시작했다. 장기에 이 도시의 스테이크 하우스의 수는 어떻게 되겠는가? 자신의 답을 설명해 보라.

8. 어떤 완전경쟁기업의 단기 총비용이 다음 표와 같다.

산출량	TC
0	$5
1	10
2	13
3	18
4	25
5	34
6	45

이 기업의 제품에 대한 시장수요는 다음 표와 같이 주어져 있다.

가격	수요량
$12	300
10	500
8	800
6	1,200
4	1,800

   a. 이 기업의 한계비용을 구하고, 0을 제외한 모든 산출량 수준에서 이 기업의 평균가변비용과 평균총비용을 계산하라.

   b. 이 산업에는 100개의 기업이 있는데 비용조건이 모두 이 기업과 동일하다. 단기 산업공급곡선을 그리라. 같은 그래프에 시장수요곡선을 그리라.

   c. 시장가격은 얼마인가? 각 기업이 얻는 이윤은 얼마인가?

9. 지명적인 질병에 대한 새로운 백신이 이제 막 개발되었다. 현재 매년 55명의 사람들이 이 질병으로 인해 죽어 간다. 새로운 백신은 환자들의 생명을 구할 것이나, 이 역시 완전하지는 않다. 백신을 맞은 환자들 중 일부는 거부반응으

로 인해 죽을 수도 있다. 예상되는 백신접종 효과는 다음 표와 같다.

백신접종 인구비율	질병에 의한 총 사망자 수	백신접종으로 인한 총 사망자 수	한계 편익	백신 접종의 한계 비용	'이윤'
0	55	0			
10	45	0	—	—	—
20	36	1	—	—	—
30	28	3	—	—	—
40	21	6	—	—	—
50	15	10	—	—	—
60	10	15	—	—	—
70	6	20	—	—	—
80	3	25	—	—	—
90	1	30	—	—	—
100	0	35	—	—	—

a. '한계편익' 및 '한계비용'이란 여기에서 어떻게 해석되는가? 접종비율이 10% 증가할 때마다 한계편익과 한계비용을 계산해 보라. 자신이 구한 답을 표에 적어 넣으라.

b. 어느 정도의 인구에 이 백신을 접종해야 최적상태라 할 수 있는가?

c. 여기에서 '이윤'이란 어떻게 해석할 수 있는가? 각 접종 수준에서의 이윤을 계산해 보라.

10. 다음에 주어진 명제의 진위를 판단해 보라. 명제가 참이면 왜 그러한지를 설명해 보라. 명제가 거짓이면 잘못된 부분을 지적하고 수정하라.

a. 이윤을 최대로 하는 기업은 시장가격과 한계비용의 차이가 최대가 되는 산출량 수준을 선택해야 한다.

b. 고정비용의 증가는 단기에 이윤을 최대로 하는 산출량 수준을 낮춘다.

11. 밀과 같은 농산물 산업은 몇 안 되는 완전경쟁산업의 예이다. 여기서는 미국 농무성에서 발표한 최근의 미국의 밀 생산에 관한 연구결과에 대해 살펴본다.

a. 밀 경작지 1에이커당 평균가변비용은 115달러였다. 에이커당 44부셸이 생산된다고 가정하고 밀 1부셸당 평균가변비용을 구하라.

b. 2016년에 밀 1부셸에 대해 농부가 받은 평균가격은 4.89달러였다. 단기에 평균적인 농장이 산업으로부터 퇴출했으리라고 생각하는가? 설명하라.

c. 에이커당 밀 생산량은 44부셸이고 일반 농장의 부셸당 평균총비용은 7.71달러였다. 미국에서 밀의 경작 면적은 2013년 4,880만 에이커에서 2016년 4,390만 에이커로 감소하였다. a, b, c 항목에 나타난 가격과 비용에 관한 정보를 이용하여 경작지 감소가 발생한 이유를 설명하라.

d. 위의 정보들을 고려할 때 2016년 이후의 밀 생산과 가격은 어떻게 되겠는가?

12. 다음은 캘리포니아에서 조사된 셔츠 세탁 가격표이다.

세탁소 이름	도시	가격
A-1	샌타바버라	$1.50
레갈	샌타바버라	1.95
세인트 폴	샌타바버라	1.95
집 클린 드라이	샌타바버라	1.95
에피 테일러	샌타바버라	2.00
매그놀리아 투	골레타	2.00
마스터	샌타바버라	2.00
샌타바버라	골레타	2.00
써니	샌타바버라	2.00
카사티스	카핀테리아	2.10
록웰	카핀테리아	2.10
노벨 베이스	샌타바버라	2.15
아블릿츠 파인	샌타바버라	2.25
캘리포니아	골레타	2.25
후스토 더 테일러	샌타바버라	2.25
프레스드 포 타임	골레타	2.50
킹스	골레타	2.50

a. 골레타에서 셔츠 세탁의 평균가격은 얼마인가? 샌타바버라에서는 얼마인가?

b. 골레타에 있는 캘리포니아 세탁소가 완전경쟁기업이고 단기에 이윤을 내고 있다고 가정하고 전형적인 한계비용곡선과 평균비용곡선을 그리라. 이 세탁소의 단기균형점을 그래프에 표시하고 이윤에 해당하는 면적을 표시하라.

c. 골레타에서 단기 균형가격이 2.25달러라고 가정하자. 전형적인 단기 시장수요곡선과 시장공급곡선을 그리고 균형점을 표시하라.

d. 골레타에서 이윤이 발생하는 것을 보고 다이아몬드 세탁소라고 하는 새로운 세탁소가 시장에 진입하였다. 이

세탁소는 셔츠당 1.95달러를 받는다. 골레타에서 셔츠 세탁의 새로운 평균가격은 얼마인가? 진입이 골레타의 평균가격에 미치는 영향을 단기 공급곡선이나 수요곡선 또는 두 가지 모두의 이동으로 표시하라.

e. 캘리포니아 세탁소가 이제 새로운 평균가격을 받으면서 겨우 수지를 맞춘다고(즉 경제적 이윤이 영이라고) 가정하자. 진입의 효과가 어떤 것인지 b에서 그린 그래프에 표시하라.

f. 세탁업이 완전경쟁적이라 할 때 골레타와 샌타바버라 지역 간 평균가격의 차이로부터 두 지역의 비용에 대해 무엇을 알 수 있는가?

13. 지난 3년간 크리스마스트리 가격은 평균 35달러에서 75달러 이상으로 상승하였다. 다음 상황에서 크리스마스트리 농장과 전체 산업은 각각 이 가격 변화에 어떻게 반응하겠는가? 여러분의 답이 공급 탄력성에 어떻게 영향을 받는지 설명하라.

a. 이 가격 상승은 젊은 세대, 주로 밀레니얼 세대의 진짜 크리스마스트리를 사고 싶은 욕구가 반영된 수요 증가의 결과다.

b. 이 가격 상승은 소비자들이 인조 트리를 더 많이 구입하는 것에 대한 반응으로 크리스마스트리 농장들이 나무를 더 적게 생산한 결과다.

13 ▶ 독점

 ## "다이아몬드처럼 밝게 빛나라"

독특한 가수이자 패션 우상, 메이크업 실력자인 슈퍼스타 리한나는 늘 다이아몬드와 연관되어 있는 것으로 잘 알려져 있다. 그녀의 2012년 히트곡인 〈다이아몬드〉는 20개 이상의 국가에서 차트 정상을 차지했다. 2018년 그녀는 가장 오래되고 극소수에게만 제품을 공급하는 다이아몬드 보석상 쇼파드의 홍보대사가 되었다. 연례적인 그녀의 다이아몬드 무도회는 수십만 달러의 자선 기부금을 모은다.

리한나가 다이아몬드에 관심을 집중하는 이유는 무엇일까? 다이아몬드는 아름다움뿐 아니라 희소성으로 인해 가치를 인정받는 사치의 상징이다.

그러나 지질학자들은 다이아몬드가 그렇게 희귀한 것은 아니라고 말할 것이다. 사실 『다우 존스-어윈 고급보석 안내서(Dow Jones-Irwin Guide to Fine Gems and Jewelry)』에 의하면 다이아몬드는 "다른 어떤 유색 보석류보다 더 흔하다. 다만 희귀하게 보일 뿐이다."

왜 다이아몬드가 루비, 에메랄드나 다른 보석류보다 더 희귀하게 보이는 것일까? 그 해답의 일부는 뛰어난 판매전략이다. 그러나 다이아몬드가 희귀하게 보이는 주된 이유는 다이아몬드를 희귀하게 만든 드비어스가 남긴 유산이다. 100년 동안 이 회사는 세계의 다이아몬드 광산 대부분을 소유하며 시장에 공급되는 다이아몬드 수량을 제한해 왔다.

지금까지 우리는 완전경쟁시장, 즉 생산자들이 완전경쟁기업인 시장만을 공부하였다. 그러나 다이아몬드 시장은 역사적으로 매우 달랐다. 그 능력이 정점에 달했을 때 드비어스는 전 세계의 다이아몬드 시장을 장악했고 우리가 지금까지 공부해 온 생산자들과는 달랐다. 그것은 **독점기업**, 한 재화의 (거의) 유일한 생산자였다. 독점기업은 완전경쟁기업과 다르게 행동한다. 완전경쟁기업은 자신이 판매하는 상품가격을 주어진 것으로 생각하지만 독점기업은 자신의 행동이 시장가격에 영향을 미친다는 것을 알고 있고 생산량을 결정할 때에는 그 효과를 고려한다.

분석을 시작하기 전에 잠시 물러서서 시장을 분류하는 더 큰 체계의 일부로서 독점과 완전경쟁을 알아보자. 완전경쟁과 독점은 특정한 **시장구조**를 가리킨다. 경제학자들은 두 가지 주요 특성에 따라 시장과 산업을 몇 가지로 구분하는데 그중 두 가지가 완전경쟁과 독점이다. 이 장에서는 우선 시장구조의 형태에 대해 간략히 훑어본다. 이것은 이 장과 다음 장들에서 왜 시장들이 서로 다르고, 다른 시장의 생산자들이 매우 다르게 행동하는지를 더 깊이 이해하는 데 도움이 될 것이다. ●

보석을 가졌나요?

ANGELA WEISS/Getty Images

이 장에서 배울 내용

- 어떤 상품의 유일한 생산자인 **독점기업**이 속한 산업인 **독점**이 중요한 이유는 무엇인가?

- 독점기업이 됨으로써 산출량과 가격이 어떤 영향을 받는가?

- 독점의 존재가 왜 일반적으로 사회 후생을 감소시키는가?

- 독점에서 발생하는 문제를 다루기 위해 정책입안자들은 어떤 수단을 이용하는가?

- 독점 모형을 아마존, 구글, 페이스북 같은 디지털 산업의 거인들에게 어떻게 적용할 수 있으며, 이들로 인해 어떤 특별한 문제들이 발생하는가?

- **가격차별**은 무엇이며 이것이 어떤 특정한 산업에서 잘 나타나는 이유가 무엇인가?

‖ 시장구조의 유형

현실세계에는 믿기 어려울 만큼 여러 가지 형태의 시장이 있다. 시장에 따라서 생산자들도 매우 다른 행동을 보인다. 어떤 시장에서는 생산자들이 극히 경쟁적이다. 어떤 시장에서는 기업들이 경쟁을 피하기 위해 어떤 방법으로든 서로의 행동을 조정하는 듯하다. 그리고 방금 소개한 것처럼 어떤 시장은 경쟁자가 전혀 없는 독점이다.

원리를 찾아내고 시장과 생산자들의 행동을 예측하기 위해 경제학자들은 시장구조에 관한 주요 모형 네 가지를 개발했다. 그것은 독점, 과점, 완전경쟁, 그리고 **독점적 경쟁**이다. 시장구조 분류는 두 가지 특성에 근거를 두고 있다.

1. 시장에 있는 생산자의 수(하나, 소수 또는 다수)
2. 판매되는 상품이 동질적인지 **차별화되어 있는지** 여부

차별화된 상품이란 서로 다르기는 하지만 소비자들이 어느 정도 대체 가능하다고 생각하는 상품이다(코카콜라와 펩시콜라를 생각해 보라). 시장의 생산물들이 차별화되어 있는지 동일한지는 재화의 성격과 소비자들의 선호에 달려있다. 청량음료, 경제학 교과서, 아침 시리얼과 같이 어떤 재화들은 소비자들의 취향과 선호에 따라 쉽게 차별화될 수 있다. 크리스마스트리나 연필과 같은 재화들은 차별화되기가 훨씬 어렵다.

〈그림 13-1〉은 이 두 가지 특성에 의해 분류된 시장구조의 형태를 알기 쉽게 간략히 정리한 것이다. 독점에서는 하나의 생산자가 하나의 차별화되지 않은 상품을 판매한다. 과점에서는 소수의—둘 이상이고 크지 않은 수—생산자가 판매를 하는데, 제품은 동일할 수도 있고 차별화되어 있을 수도 있다. 여러분이 아는 바와 같이 완전경쟁에서는 많은 생산자들이 모두 동일한 상품을 판매한다. 그리고 마지막으로 **독점적 경쟁**에서는 많은 수의 생산자가 차별화된 제품을 판매한다(경제학 교과서 생산자를 생각해 보라).

이 장과 다음 두 장에서 한 시장에서 기업의 수가 어떻게 결정되는지—하나(독점)가 될지 소수(과점)가 될지 또는 다수(완전경쟁과 독점적 경쟁)가 될지—알아볼 것이다. 다만 장기적으로

그림 13-1 시장구조의 유형

기업의 행동과 그 기업이 활동하고 있는 시장은 네 가지 시장구조인 독점, 과점, 완전경쟁, 독점적 경쟁 중에서 하나를 이용하여 분석된다. 시장구조의 분류는 두 가지 특성에 근거를 두고 있다. (1) 판매되는 상품이 동질적인지 차별화되어 있는지 여부와 (2) 시장에 있는 생산자의 수(하나, 소수 또는 다수)이다.

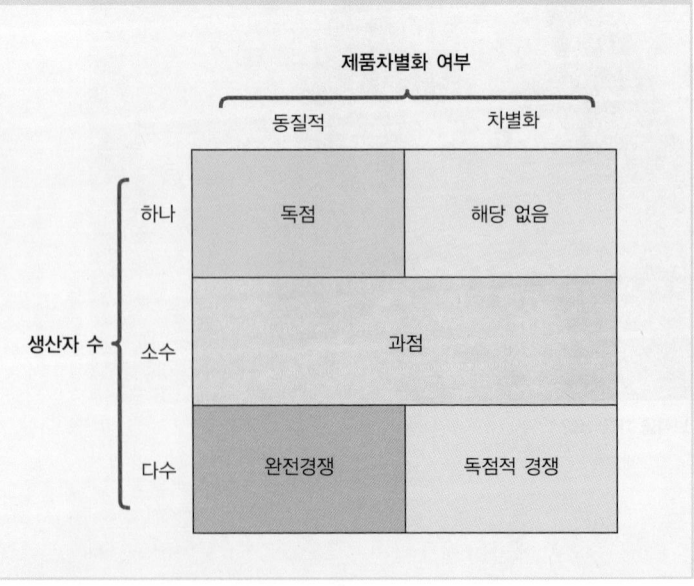

새로운 기업이 시장에 진입하는 것을 어렵게 만드는 조건이 있느냐에 따라 그 수가 결정된다는 것만 간단하게 기억하기 바란다. 그러한 조건들이 있을 때에는 독점이나 과점이 나타나는 경향이 있으며 이러한 조건이 없으면 완전경쟁이나 독점적 경쟁이 나타나는 경향이 있다.

이 장에서는 독점을 다루지만 독점의 중요한 특징들은 다른 시장구조, 즉 과점과 독점적 경쟁에도 그대로 적용된다. 다음 절에서는 독점을 정의하고 이를 가능하게 하는 조건들을 알아본다. 같은 조건이 다소 완화되었을 때는 과점이 나타난다. 그다음에는 독점기업이 어떻게 시장에 공급하는 수량을 제한함으로써 이윤을 증가시킬 수 있는지 알아본다. 과점과 독점적 경쟁에서도 이런 행동이 나타난다.

앞으로 보는 바와 같이 이러한 행동은 생산자에게는 좋지만 소비자에게는 나쁘고 또한 비효율을 초래한다. 이로 인한 손실을 줄이기 위해 정부가 어떤 정책을 사용할 수 있는가 하는 것이 중요한 연구 주제가 될 것이다. 마지막으로 독점으로 인해 발생할 수 있는 놀라운 현상을 살펴본다. 이는 과점과 독점적 경쟁에서도 흔히 나타나는 현상으로 같은 재화에 대해 다른 소비자들이 서로 다른 가격을 지불하는 것이다.

> 독점기업(monopolist)이란 비슷한 대체재가 없는 상품을 혼자서 공급하는 기업이다. 독점기업이 있는 산업을 독점(monopoly)이라 한다.

|| 독점의 의미

남아프리카의 드비어스 독점은 영국 사업가인 세실 로즈(Cecil Rhodes)에 의해 1880년대에 만들어졌다. 당시 남아프리카는 최대의 다이아몬드 산지로서 남아프리카의 광산들은 세계 다이아몬드 공급을 지배하였다. 그러나 당시에는 많은 광산이 서로 경쟁하고 있었다. 로즈는 이들 광산의 대다수를 매입하여 하나의 회사인 드비어스로 통합하였다. 1889년 드비어스는 세계 다이아몬드 생산의 거의 전부를 장악하였다.

다시 말해 드비어스는 독점기업이 된 것이다. **독점기업**(monopolist)이란 비슷한 대체재가 없는 재화를 혼자서 공급하는 생산자이다. 독점기업이 있는 산업을 **독점**(monopoly)이라 한다.

독점 : 완전경쟁으로부터의 첫 이탈

제12장에서 본 것처럼 수요와 공급으로 표시되는 시장 모형은 모든 시장에 타당한 것은 아니다. 그것은 시장구조의 여러 형태 중 하나인 완전경쟁의 모형이다. 한 시장이 완전경쟁이 되려면 표준화된 동일 제품을 생산하는 다수의 생산자가 있어야만 한다. 독점은 완전경쟁과는 가장 거리가 먼 시장 형태라 할 수 있다.

현실적으로 현대 미국 경제에서 진정한 독점은 찾아보기 힘든데 이는 법적인 제약 때문이기도 하다. 오늘날 어떤 사업가가 옛날 로즈가 했던 것처럼 한 산업의 모든 기업을 하나로 통합하려고 했다가는 즉시 독점 발생을 예방할 목적으로 제정된 **반독점법** 위반 혐의로 기소될 것이다. 소수의 대기업으로 구성된 시장구조인 과점이 훨씬 흔하다. 사실 자동차에서부터 항공권에 이르기까지 우리가 구입하는 대부분의 재화와 서비스는 과점기업들에 의해 공급된다.

그러나 어떤 산업 — 예컨대 제약업 — 에서는 독점이 중요한 역할을 하고 있는 것이 사실이다. 뿐만 아니라 독점의 분석이 추후 완전경쟁과 구별되는 과점이나 독점적 경쟁 같은 시장구조를 분석하는 데 기초가 된다.

독점기업의 행동

왜 로즈는 남아프리카 다이아몬드 생산자들을 하나의 회사로 통합하려 했으며 세계 다이아몬드 시장에는 어떤 변화가 생겼을까? 〈그림 13-2〉는 예비적으로 독점의 영향을 간략히 보여 주고 있다. 완전경쟁에서는 공급곡선이 수요곡선과 C에서 교차하고 가격은 P_C, 산출량은 Q_C가 되는

그림 13-2 독점기업의 행동

완전경쟁시장에서 가격과 거래량은 수요와 공급에 의해 결정된다. 가격이 P_C이고, 거래량이 Q_C인 C점에서 균형이 얻어진다. 독점기업은 공급량을 Q_M으로 줄이고 수요곡선을 따라서 C에서 M으로 이동하여 가격을 P_M으로 올린다.

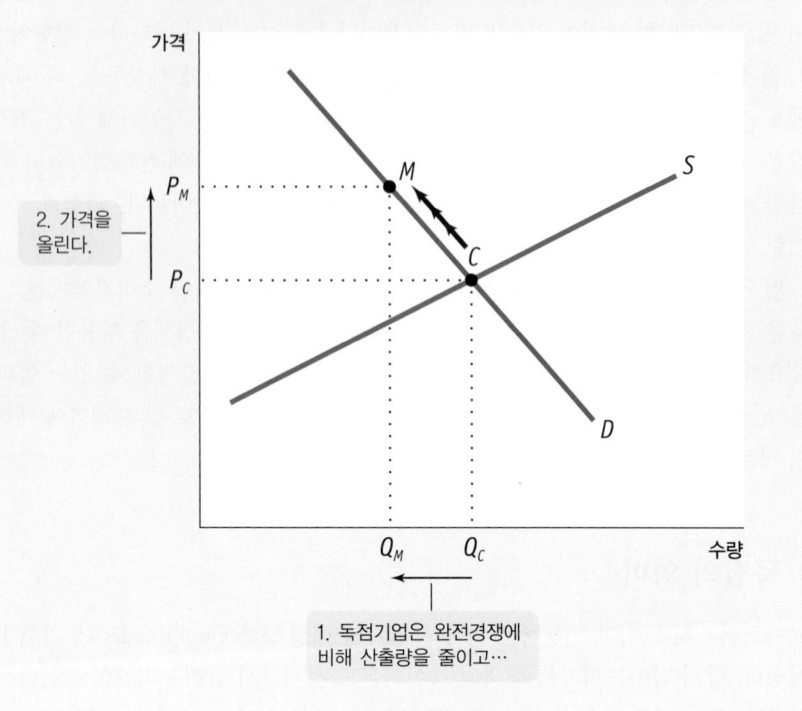

것을 알 수 있다.

이 산업이 독점으로 통합된다고 하자. 독점기업은 수요곡선을 따라 공급량을 M과 같은 점으로 감소시켜 완전경쟁에 비해 생산량은 Q_M으로 감소하고, 가격은 P_M으로 상승한다.

독점기업은 산출량을 감소시켜 가격을 경쟁 수준 이상으로 인상할 수 있는데 이 능력을 **시장지배력**(market power)이라 한다. 그리고 시장지배력이 독점의 모든 것이라 할 수 있다. 10만 명 중의 한 사람인 밀 경작자는 시장지배력을 갖지 못한다. 이 사람은 현재의 시장가격에 밀을 판매할 수밖에 없다. 그러나 지역 케이블 TV회사는 시장지배력을 갖는다. 이 회사는 가격을 인상하고도 (모두는 아니지만) 다수의 고객을 유지할 수 있다. 고객이 다른 회사로 갈 수가 없기 때문이다. 한마디로 이 회사가 독점기업이기 때문이다.

독점기업이 산출량을 줄이고 가격을 완전경쟁산업에 비해 높은 수준으로 인상하는 이유는 이윤을 증가시키기 위해서이다. 세실 로즈가 다이아몬드 생산자들을 드비어스로 통합한 이유는 전체 가치가 개별 가치의 합보다 크다(독점이 경쟁기업 각각의 이윤의 합보다 더 큰 이윤을 낼 수 있다)는 것을 알았기 때문이다. 완전경쟁에서는 장기적으로 경쟁자가 시장에 진입하여 경제적 이윤(기업이 소유한 자원의 기회비용을 초과하여 발생한 수입)이 사라지는 것이 정상이다. 독점에서는 이윤이 사라지지 않는다. 독점기업은 장기에도 계속 이윤을 얻을 수 있다.

사실 독점기업만이 시장지배력을 갖는 것은 아니다. 다음 장에서 연구할 과점기업 역시 시장지배력을 가질 수 있다. 일정한 조건하에서 과점기업들도 독점기업과 마찬가지로 산출량을 제한함으로써 장기에도 양의 경제적 이윤을 얻을 수 있다.

그러면 왜 이윤이 경쟁에 의해 사라지지 않을까? 무엇이 독점기업이 독점을 유지할 수 있게 만드는 것일까?

시장지배력(market power)이란 생산자가 가격을 올릴 수 있는 능력을 말한다.

독점기업이 존재하는 이유

독점기업이 다른 기업들 모르게 이윤을 낼 수는 없다. 다른 기업들이 그 활동의 일부를 가로채 장기적으로 가격과 이윤을 떨어뜨려 잔치를 망치지 않는 이유는 무엇일까?

독점이 지속되기 위해서는 무언가가 다른 기업들이 같은 사업에 끼어들지 못하도록 막아 주어야 한다. 그 '무언가'를 **진입장벽**(barrier to entry)이라 부른다. 진입장벽으로 중요한 것에는 다섯 가지가 있다. 희소한 자원이나 생산요소의 장악, 규모에 대한 수익 증가, 기술적 우월성, 네트워크 외부효과, 그리고 정부가 만들어 낸 장벽이다.

1. 희소한 자원이나 생산요소의 장악 독점기업이 한 산업에 필수적인 자원이나 생산요소를 장악하면 다른 기업들이 시장에 진입하는 것을 막을 수 있다. 예를 들면 세실 로즈는 세계 다이아몬드의 상당량을 생산했던 광산을 장악함으로써 드비어스의 독점을 만들어 냈다. 다이아몬드 시장은 또한 독점기업이 희소한 자원이나 생산요소에 대한 지배력을 상실하면 어떻게 되는지를 보여주는 좋은 예이기도 하다. 러시아, 캐나다, 그리고 호주에서 경쟁 다이아몬드 광산이 개설되자 드비어스의 시장 장악력은 심각하게 약해졌다. 최근에는 고품질의 인조 다이아몬드가 개발되어 드비어스의 독점적 지위는 사실상 종결되었다.

2. 규모에 대한 수익 증가 많은 미국인의 가정에는 요리와 난방용 천연가스관이 연결되어 있다. 예외 없이 지역 가스회사는 독점기업이다. 그러면 왜 가스를 공급하는 경쟁사가 없는 것일까?

19세기 초 가스 산업이 막 시작되었을 때는 지역의 소비자를 놓고 기업들이 경쟁을 했었다. 그러나 가스관을 설치하는 비용은 회사가 판매하는 가스량과 무관했기 때문에 판매량이 큰 기업은 비용상 이점이 있었다. 그들은 고정비용을 많은 판매량에 분산시킬 수 있었으므로 작은 기업에 비해 평균총비용이 낮았다. 머지않아 대부분의 마을에서 지역 가스 공급은 독점이 되었다.

지역 가스 사업은 산출량이 증가할수록 평균총비용이 하락하는 산업이다. 제11장에서 배운 바와 같이 이러한 현상을 규모에 대한 수익 증가라고 한다. 거기에서 산출량이 증가할 때 평균총비용이 하락하면 기업의 규모는 커지는 경향이 있음을 배웠다. 규모에 대한 수익이 증가하는 산업에서는 큰 회사일수록 더 많은 이윤을 내고 작은 회사를 몰아내게 된다. 같은 이유로 기반을 잡은 회사는 새로 진입하려는 기업에 대해 비용 면에서 유리하고 이것이 효과적인 진입장벽이 된다. 따라서 규모에 대한 수익이 증가할 때—이를 또한 규모의 **경제**라고도 한다—독점이 쉽게 발생할 뿐 아니라 또한 오래 지속되는 경향이 있다.

규모의 경제에 의해 발생되고 유지되는 독점을 **자연독점**(natural monopoly)이라 한다. 자연독점을 결정짓는 특징은 그 산업에서 가능한 산출량 범위에서는 규모의 경제가 나타난다는 것이다. 이것이 〈그림 13-3〉에 예시되어 있는데 거기에는 독점기업의 평균총비용곡선과 시장수요곡선이 그려져 있다. 가격이 평균총비용보다 높은 산출량 수준에서 자연독점기업의 *ATC* 곡선은 우하향하는 것을 볼 수 있다.

따라서 자연독점기업에서는 생산을 계속할 수 있는 산출량 범위 전체—장기적으로 손실이 발생하지 않을 산출량 수준—에서 규모의 경제가 나타난다. 이런 특성이 나타나는 원인은 고정비용이 크기 때문이다. 생산을 하는 데 많은 고정비용이 소요될 때는 주어진 산출량을 둘 이상의 작은 기업들이 생산하는 것보다 하나의 큰 기업이 생산함으로써 평균총비용을 더 낮출 수 있다.

현대 경제에서 가장 쉽게 볼 수 있는 자연독점은 수도, 가스, 전기, 전화, 케이블 TV와 같은 지역 공공서비스들이다. 이 장 후반부에서 보는 바와 같이 자연독점은 공공정책에서 해결해야 할 특별한 과제가 되고 있다.

독점기업이 이윤을 얻기 위해서는 다른 기업이 그 산업에 진입하지 못하게 하는 **진입장벽**(barrier to entry)에 의해 보호되어야 한다.

규모의 경제로 인해 한 기업이 산업 전체의 제품을 공급하는 것이 비용 면에서 유리할 때 **자연독점**(natural monopoly)이 발생한다.

그림 13-3 규모에 대한 수익이 증가할 때 자연독점이 발생한다

자연독점은 생산을 하는 데 높은 고정비용이 소요될 때 발생할 수 있다. 고정비용이 높으면 그 기업의 *ATC* 곡선은 가격이 평균총비용과 같거나 높은 산출량 범위에서 우하향한다. 이로 인해 장기적으로 손실이 발생하지 않을 산출량 수준 전체에서 그 기업의 규모에 대한 수익이 증가한다. 그 결과, 둘 혹은 그 이상의 기업이 생산할 때보다 하나의 기업이 생산할 때 주어진 산출량을 더 낮은 비용으로 생산할 수 있다.

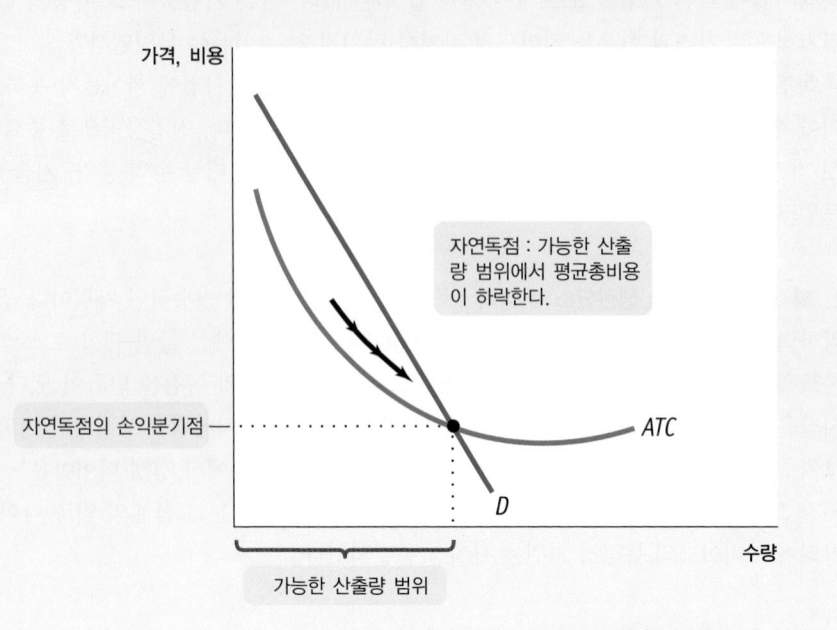

3. **기술적 우월성** 어떤 기업이 잠재적인 경쟁자들에 비해 지속적으로 기술적 우위를 유지한다면 독점기업이 될 수 있다. 예컨대 반도체 칩 생산자인 인텔은 1970년대부터 1990년대까지 컴퓨터를 작동하는 마이크로프로세서를 설계하고 생산하는 데 있어 잠재적 경쟁자들에 비해 지속적으로 우위를 유지할 수 있었다. 그러나 일반적으로 기술적 우위는 단기적인 진입장벽일 뿐 장기적인 장벽은 될 수 없다. 시간이 흐름에 따라 경쟁기업들은 선두기업의 기술과 경쟁할 수 있는 자신들의 기술을 개발하는 데 투자할 것이다. 사실 인텔의 기술적 우위는 경쟁자 AMD에 의해 잠식되었다. 이제 AMD는 속도와 성능에서 인텔과 거의 대등한 칩을 생산하고 있다.

기술의 변화로 독점력이 잠식될 수 있다는 사실은 다이아몬드 시장에서도 볼 수 있다. 앞에 언급한 것처럼 인조 다이아몬드의 품질이 천연 다이아몬드와 비슷한 수준이 되자 드비어스의 독점적 지위는 잠식되었다.

4. **네트워크 외부효과** 만일 당신이 전 세계에서 유일하게 인터넷에 연결되어 있다면 이것이 당신에게 얼마나 가치가 있겠는가? 대답은 물론 아무 가치가 없다는 것이다. 인터넷 연결이 가치 있는 것은 다른 사람도 연결되어 있을 때뿐이다. 그리고 일반적으로 더 많은 사람이 연결되어 있을수록 인터넷 연결의 가치도 높아진다. 이처럼 다른 사람들이 같은 재화나 서비스를 더 많이 사용할수록 그 재화나 서비스의 가치가 더 높아지는 현상을 **네트워크 외부효과**(또는 망외부성, network externality)라 한다. 네트워크의 가치는 그 사용자로 하여금 다른 사용자들의 네트워크에 참여할 수 있게 해 준다는 데 있다.

네트워크 외부효과는 일찍이 운송 부문에서 나타났다. 도로나 비행장의 가치는 그것을 사용할 수 있는 사람들의 숫자와 함께 증가하였다. 그러나 네트워크 외부효과가 특히 두드러지게 나타나는 분야는 그 경제의 기술과 통신 부문이다.

네트워크 외부효과는 디지털 경제에 깊이 스며들어 있는 특징이다. 대표적인 예가 컴퓨터 운영체제이다. 세계적으로 대부분의 개인용 컴퓨터는 마이크로소프트 윈도우즈로 작동된다. 많

한 재화나 서비스를 사용하는 사람들이 많을수록 한 개인에게 그 재화나 서비스의 가치가 더 크다면 네트워크 외부효과(또는 망외부성, network externality)가 존재한다고 말한다.

은 사람들이 애플이 더 우수한 운영체제를 갖고 있다고 생각하지만 개인 컴퓨터가 사용되기 시작하던 초기에 윈도우즈가 더 널리 사용된 까닭에 더 많은 소프트웨어가 개발되고 더 쉽게 기술지원이 이루어져 윈도우즈가 지속적으로 우위를 차지하게 되었던 것이다. 네트워크 외부효과를 통해 산업을 지배하게 된 더욱 최근의 예로서는 이베이, 페이스북, 아마존, 넷플릭스, 구글, 페이팔, 스냅챗 등을 들 수 있다.

네트워크 외부효과가 있을 때는 가장 많은 고객 네트워크를 가진 기업이 새로운 고객을 유치하는 데 유리하기 때문에 그 기업이 독점기업이 될 수 있다. 최소한 지배적인 기업이 경쟁자들보다 더 높은 가격을 책정할 수 있어 더 높은 이윤을 얻을 수 있다. 뿐만 아니라 네트워크 외부효과는 경우에 따라 최고의 기술이 아니라 최대의 자금을 가진 기업을 유리하게 만든다. 최대의 자금을 가진 기업은 종국에는 독점을 달성할 것을 기대하고 손해를 보면서라도 가장 많은 제품을 판매하여 최대의 고객을 확보할 수 있기 때문이다.

현실적으로 네트워크 외부효과는 규모에 대한 수익 증가와 매우 유사하게 작용한다. 큰 기업은 작은 기업보다 새로운 고객을 끌어들이는 비용이 더 적게 든다. 자연독점과 마찬가지로 네트워크 외부효과도 정책입안자에게 어려운 과제를 제시한다. 이 장 뒷부분에서 이에 대해 더 자세히 살펴볼 것이다.

5. 정부가 만들어 낸 장벽　1998년 제약회사인 머크는 탈모에 효능이 있는 약품 프로페시아를 생산했다. 프로페시아는 많은 이윤을 냈고, 다른 제약회사들은 제조법을 알고 있었지만 어떤 회사도 머크의 독점에 도전하지 않았다. 그 이유는 미국 정부가 머크에게 그 약품의 미국 내 독점 생산권을 부여했기 때문이다. 프로페시아는 정부가 만들어 낸 장벽에 의해 보호되는 독점의 예이다.

오늘날 합법적인 독점은 대부분 **특허권**과 **저작권**에 의해 발생한다. **특허권**(patent)은 발명자에게 그 발명품을 일정 기간(대부분 14~20년) 제조, 사용, 판매할 권리를 부여한다. 특허권은 의약품이나 기구와 같은 새로운 제품을 발명한 사람에게 주어진다. 마찬가지로 **저작권**(copyright)은 문학이나 예술 작품을 창작한 사람에게 일정 기간(보통 작가 사후 70년까지) 그 작품을 이용할 수 있는 모든 권한을 부여한다.

특허권과 저작권을 부여하는 이유는 인센티브 때문이다. 만일 발명자가 특허권의 보호를 받지 못한다면 쓸모 있는 발명이 세상에 알려지는 순간 다른 사람들이 그것을 흉내 내어 제품을 판매할 것이기 때문에 자신의 노력에 대한 보상을 거의 받을 수 없을 것이다. 그리고 만일 발명자들이 자신의 발명품으로부터 이윤을 기대할 수 없다면 애초에 발명에 필요한 비용을 지출할 인센티브가 없게 될 것이다. 문학이나 예술 작품도 마찬가지다. 법에 의해 일시적인 독점을 허용하는 것은 재산권을 부여함으로써 발명과 창작을 권장하기 위함이다.

특허권과 저작권이 일시적인 이유는 생산자의 이익과 소비자의 이익 사이에 절충이 필요하기 때문이다. 법적 보호를 받는 동안 제품가격이 높은 것은 발명가에게 발명까지의 비용을 보상하는 반면에 법적인 보호가 소멸되고 경쟁이 발생하여 제품 가격이 낮아지면 소비자들이 이득을 본다.

일시적인 독점의 기간이 상황에 따라 조정될 수 없기 때문에 제도가 완벽할 수 없으므로 일부 활용되지 못하는 기회도 발생한다. 경우에 따라서는 후생의 문제가 심각할 수도 있다. 예를 들어 가난한 국가의 제약회사들이 미국 의약품에 대한 특허권을 침해하는 것은 의약품의 소매가격을 부담할 수 없는 가난한 환자의 형편과 이 의약품들을 개발하기 위해 막대한 연구비용을 지출한 제약회사의 이해를 두고 첨예한 논쟁을 일으키는 주요한 원천이 되어 왔다.

이 문제를 해결하기 위해 미국의 일부 제약회사들과 가난한 국가들은 특허권을 준수하는 동

특허권(patent)은 발명가에게 그 발명품의 사용과 판매에 대해 한시적인 독점권을 부여한다.

저작권(copyright)은 문학이나 예술 작품을 창작한 사람에게 그 작품을 이용할 수 있는 모든 권한을 부여한다.

국제비교　미국의 의약품 가격이 높은 이유?

특허권의 보호를 받는 의약품을 가난한 국가들에게 싼값으로 공급하는 것은 새로운 현상이지만 소비자에게 국가별로 다른 가격을 받는 것은 새로운 현상이 아니다. 이는 *가격차별*의 한 예이다.

독점기업은 가격탄력성이 낮은 국가(부유한 국가)로부터는 높은 가격을 받고 가격탄력성이 높은 국가(가난한 국가)로부터는 낮은 가격을 받음으로써 이윤을 극대화할 수 있다. 그러나 흥미롭게도 의약품 가격은 비슷한 소득수준을 가진 국가들 사이에도 상당한 차이가 날 수 있다. 이 현상을 어떻게 설명할 수 있을까?

이 질문에 대한 해답은 규제의 차이에서 찾을 수 있다.

옆의 그래프는 미국 및 다른 네 개의 부유한 국가에서 천식 치료제 애드베어의 가격이 어떠한지 보여준다. 보는 바와 같이 미국인들은 캐나다나 영국 같은 다른 부유한 나라의 국민들보다 훨씬 높은 가격을 지불하고 있다. 미국에서 애드베어를 한 달간 사용하려면 소매 가격이 309.60달러인데 캐나다에서는 이의 4분의 1, 호주에서는 10분의 1만 지불한다. 일부 미국인들은 건강보험을 통해 154.80달러의 할인된 가격을 적용받지만 이는 여전히 캐나다보다 50%가 높고 호주보다는 81%나 높은 가격이다.

애드베어의 경우만 그런 것이 아니다. 가장 잘 팔리는 의약품들에 대해 미국인들은 항상 다른 나라 국민들보다 높은 가격을 지불하고 있다. 최근의 한 연구에 의하면 미국인들은 매년 1인당 1,000달러 이상을 의약품에 지출하는데 이는 다른 9개의 선진국들에 비해 30% 내지 190% 더 높은 금액이다.

그 이유는 이들 국가들에서는 정부가 국민들이 의약품을 싸게 구입할 수 있도록 미국에 비해 더 적극적으로 의약품 가격을 규제하고 있기 때문이다. 의약품에 지출되는 돈을 절약하기 위해 의약품을 구입하려고 캐나다나 멕시코로 여행을 하거나 인터넷을 통해 해외로부터 의약품을 구입하는 미국인들이 있다는 것은 놀라운 일이 아니다.

미국 제약회사들은 성공하기까지 수년에 걸쳐 수천만 달러가 들어가기도 하는 높은 연구와 개발 비용을 충당하기 위해서는 약품 가격

여러 나라의 애드베어 소비자 가격

가격
(미국 달러)

$310
$74
$47
$29
$24

노르웨이　호주　영국　캐나다　미국

이 높아야 한다고 주장한다. 제약회사에 대해 비판적인 사람들은 의약품 가격이 사회적으로 바람직한 약품 개발 수준에 비해 과다하게 높다고 반박한다. 비평가들은 제약회사들이 건강을 개선하거나 생명을 구하는 약품 개발보다는 높은 이윤을 발생시킬 약품 개발에 너무 치중하고 있다고 말한다.

논쟁의 여지가 없는 사실은 약품 개발을 위해 어느 수준의 이윤은 불가피하다는 것이다.

미국인들이 높은 가격을 지불함으로써 결국은 전 세계의 환자들에게 혜택을 줄 수 있는 새로운 의약품의 연구 개발을 보조하고 있는 것도 분명하다. 그러나 의약품 가격 상승이 정책입안자, 보험회사 및 소비자들의 주목을 받고 있는 가운데 이러한 추세가 얼마나 더 지속될지는 의문이다.

출처 : Bloomberg News, https://www.bloomberg.com/graphics/2015-drug-prices/ .

시에 의약품을 매우 싼 값에 판매하는 합의를 도출하기도 했다(이것은 이번 장 뒷부분에서 다루게 될 가격차별의 예이다).

현실 경제의 >> 이해

유사 독점 : 중국과 희토류 시장

2010년 미국의 첨단 기술과 군사 분야에는 공포의 전율이 훑고 지나갔다. 스마트폰과 같은 첨단 기술 제품과 군용 제트기 부품 생산에 필수요소인 17개 원소로 이루어진 희토류가 갑자기 구하기 힘든 상황이 된 것이다.

중국은 전 세계의 희토류 공급의 85% 내지 95%를 장악하고 있었는데 2009년까지는 세계시

장에서 풍부한 공급을 통해 가격을 낮게 유지하고 있었다. 그러나 2010년에 중국은 수출 쿼터제(수출되는 희토류 수량에 제한을 두는 것)를 실시하여 세계시장의 공급을 상당히 억제하였고 결과적으로 가격은 급속히 상승했다. 예를 들면 희토류 디스프로슘의 가격은 2010년에 킬로 당 166달러였는데 2011년에는 킬로당 1,000달러로 거의 5배로 상승하였다.

그러나 이 공포는 오래가지 않았다. 희토류 시장에서 중국의 지배력은 낮은 생산비 때문이었지 독점적 지위 때문은 아니었던 것이다. 실제로 전 세계 희토류 매장량의 3분의 1 정도만이 중국에 있었다. 호주와 미국에서 낮은 가격 때문에 사용되지 않고 있던 희토류 광산들이 높은 가격으로 인해 다시 문을 열었다. 또한 버려진 컴퓨터 장비로부터 희토류를 추출해 내는 등 다른 공급원도 등장했다.

이 사건은 중국 밖의 정부와 기업주들에게 자신들이 중국산 희토류 공급의 교란에 얼마나 노출되어 있는지를 일깨워 주었다. 이 결과로 이들은 비록 가격이 하락하더라도 대체 공급원을 유지하기로 결정했다. 그리고 중국 지도자들은 전 세계 희토류 공급을 장악하지 않은 이상 독점적 지위처럼 보였던 것이 사실은 그렇지 않다는 것을 깨닫게 되었다.

>> 이해돕기 13-1
해답은 책 뒤에

1. 텍사스 티 오일사는 현재 알래스카 프리지드에 가정난방용 기름을 제공하는 유일한 그 지역 공급자이다. 이번 겨울에 가정난방용 기름 가격이 두 배로 오른 것을 보고 놀란 주민들은 자신들이 시장지배력의 희생자라고 믿게 되었다. 다음 중 어떤 증거들이 이를 뒷받침하는지, 혹은 약화시키는지 설명해 보라.
   a. 가정난방용 기름은 전국적으로 부족하며, 텍사스 티 오일사는 전체 기름 중에서 단지 제한적인 양만을 차지하고 있다.
   b. 작년에 텍사스 티와 다른 몇 개의 지역회사들이 하나로 합병하였다.
   c. 텍사스 티 오일사가 정유회사로부터 구입하는 가정난방용 기름 구매비용이 상당히 증가하였다.
   d. 최근 이 지역에 본부를 두지 않은 기업들이 텍사스 티보다 훨씬 낮은 가격으로 텍사스 티 오일사의 일반 고객들에게 가정난방용 기름을 공급하기 시작하였다.
   e. 텍사스 티는 알래스카주에서 유일한 난방용 기름 파이프라인에서 기름을 공급받을 배타적 권리를 정부로부터 확보하였다.
2. 정부가 득허권의 기간을 20년에서 30년으로 연장할 것을 고려하고 있다고 하자. 이러한 변화가 다음 각각에 대해 어떤 영향을 미치겠는가?
   a. 신제품을 개발할 인센티브
   b. 소비자들이 높은 가격을 지불해야 하는 시간의 길이
3. 다음 각 경우에 대해 네트워크 외부효과의 성격을 설명하라.
   a. 페이모라고 불리는 웹 기반 지불 시스템
   b. 태양전지로 움직이는 새로운 유형의 자동차 엔진
   c. 그 지역에서 생산된 재화와 서비스 교환을 위한 웹 사이트

|| 독점기업은 어떻게 이윤을 극대화하는가

세실 로즈가 서로 경쟁하는 남아프리카의 다이아몬드 생산자들을 한 회사로 통합한 후에는 산

>> **복습**

- **독점**에서는 하나의 기업이 완전경쟁산업에 비해 더 높은 가격을 받고 더 적은 산출물을 생산할 수 있는 **시장지배력**을 갖고 이로 인해 단기 및 장기이윤을 얻는다. 독점이 성공하려면 그 재화와 유사한 대체재가 없어야 한다.
- 희소한 자원이나 생산요소의 장악, 규모에 대한 수익 증가, 기술적 우월성, 네트워크 외부효과, 그리고 정부가 만들어 낸 법적 제한과 같은 **진입장벽**이 없다면 장기에는 독점이윤이 지속되지 않는다.
- **자연독점**은 그 산업에서 가능한 산출량 범위에서 평균총비용이 감소할 때 발생한다. 이 경우 **독점기업**이 다른 작은 규모의 기업들에 비해 더 낮은 평균총비용을 갖게 되므로 진입장벽이 발생한다.
- 디지털 경제에서는 **네트워크 외부효과**가 광범위하게 나타난다. 네트워크 외부효과로 인해 재화나 서비스를 사용하는 사람들이 많을수록 그것의 사용 가치가 커지기 때문에 가장 많은 고객을 가진 기업으로 고객이 이동하여 경쟁기업들은 축소되어 소멸될 수 있으므로 독점이 발생할 수 있다. 자연독점과 네트워크 외부효과는 정책입안자에게 특별한 도전이 된다.
- **특허권**과 **저작권**은 정부가 만들어 낸 장벽이며 일시적인 독점의 원인이 된다. 이들이 일시적인 이유는 정부가 발명 비용에 대한 보상으로서 높은 가격과 소비자잉여와 효율성의 증대를 위한 낮은 가격 사이에 균형을 모색하기 때문이다. 특허권과 저작권은 일정한 시간이 흐른 후 종료된다. 따라서 시간이 흐름에 따라 잠식되는 기술적 우위와 마찬가지로 특허권과 저작권도 장기적인 진입장벽은 되지 못한다.

업 활동에 변화가 나타났다. 공급량이 감소하고 시장가격이 상승한 것이다. 이제 독점기업이 어떻게 생산량을 감소시킴으로써 이윤을 증대시키는지 배울 것이다. 그리고 독점기업이 완전경쟁산업과 다르게 행동하는 데 있어 시장수요가 어떤 중요한 역할을 하는지 볼 것이다.

독점기업의 수요곡선과 한계수입

우리가 배운 기업의 최적산출량 원칙은 다음과 같다. 이윤을 최대로 하려는 기업은 마지막 한 단위를 생산하는 한계비용이 한계수입—마지막 한 단위의 산출물로부터 발생하는 총수입의 변화—과 같아지는 산출량을 생산한다. 즉 이윤을 최대로 하는 산출량에서는 $MR=MC$가 성립한다.

최적산출량 원칙은 모든 기업에 대해 성립하지만 이 원칙을 적용했을 때 독점기업의 이윤극대 산출량은 완전경쟁기업, 즉 가격수용적인 기업의 그것과는 달라짐을 잠시 후에 볼 것이다. 이러한 차이는 독점기업이 생각하는 수요곡선과 각각의 완전경쟁기업이 생각하는 수요곡선을 비교함으로써 알 수 있다.

수요곡선의 비교 완전경쟁산업을 구성하는 개별 기업들은 〈그림 13-4(a)〉의 D_C와 같이 완전탄력적인 수평의 수요곡선을 접한다는 사실을 배웠다. 완전경쟁기업은 시장가격에서는 얼마든지 판매할 수 있지만 시장가격보다 더 높은 가격을 받으려 하면 모든 고객을 잃게 될 것이다. 그러므로 완전경쟁기업의 한계수입은 바로 시장가격이다. 따라서 가격수용적인 기업의 최적산출량 원칙은 마지막으로 생산된 한 단위의 한계비용이 시장가격과 같아지는 산출량을 생산하는 것이다.

반면에 독점기업은 그 재화를 혼자서만 공급한다. 따라서 기업의 수요곡선은 바로 시장수요 곡선이다. 모든 시장수요곡선이 그렇듯이 그것은 〈그림 13-4(b)〉의 D_M처럼 우하향한다. 즉, 독점기업이 판매량을 늘리려면 가격을 인하해야 한다. 이 우하향의 기울기로 인해 재화의 가격과 재화 한 단위를 더 생산함으로써 얻어지는 한계수입 사이에 '간격'이 발생한다.

〈표 13-1〉에는 수요로부터 총수입과 한계수입을 계산하여 구한 독점기업의 가격과 한계수입

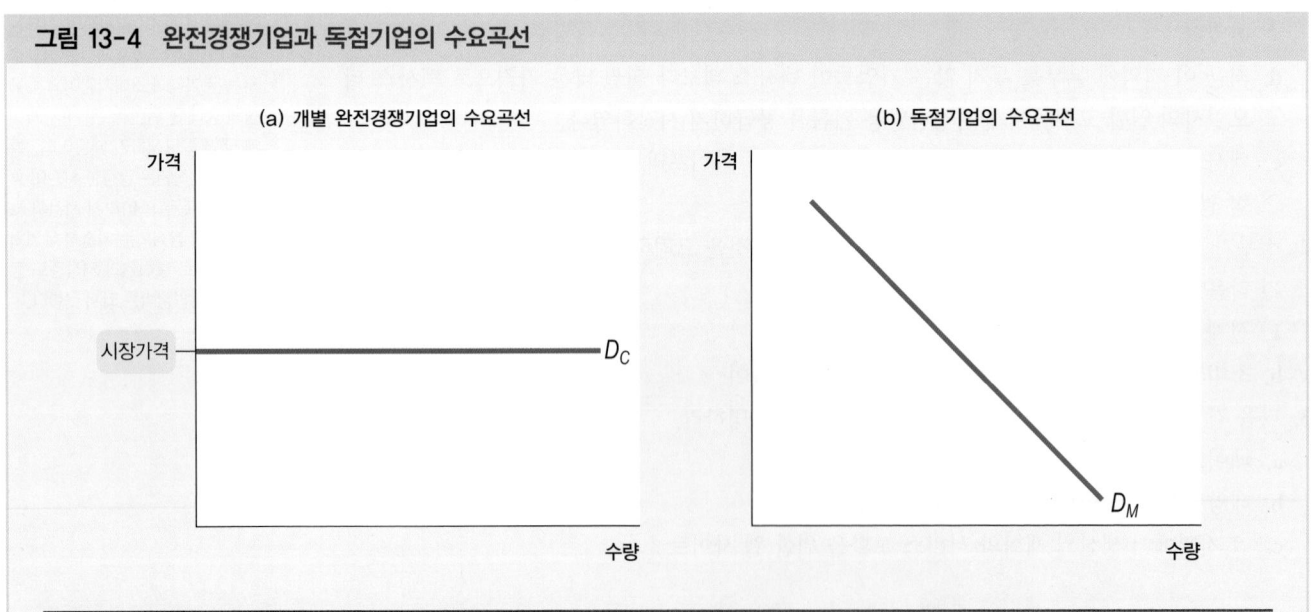

그림 13-4 완전경쟁기업과 독점기업의 수요곡선

(a) 개별 완전경쟁기업의 수요곡선

(b) 독점기업의 수요곡선

완전경쟁시장의 개별 생산자들은 상품의 시장가격에 영향을 미칠 수 없기 때문에 그림 (a)에서 보이는 D_C와 같은 수평적인 수요곡선을 접하게 된다. 반면 독점기업은 가격에 영향을 미칠 수 있다. 독점기업은 그 산업에서 유일한 공급자이므로 그림 (b)에서 보는 것처럼 시장수요곡선 D_M이 자신의 수요곡선이 된다. 더 많은 산출물을 판매하기 위해서는 가격을 낮추어야 하고 공급량을 줄이면 가격이 상승한다.

사이의 간격이 표시되어 있다.

한계수입과 가격의 비교 이제 독점기업의 한계수입과 가격 사이의 간격이 산출량에 따라 어떻게 변화하는지 살펴보자. 〈표 13-1〉의 처음 두 열에는 드비어스 다이아몬드에 대한 가상적인 수요가 표시되어 있다. 문제를 단순하게 만들기 위해 모든 다이아몬드가 다 똑같다고 가정한다. 그리고 계산을 쉽게 만들기 위해 판매되는 다이아몬드 수량이 실제보다 훨씬 적다고 가정한다. 예를 들어 다이아몬드 가격이 500달러일 때 10개만이 판매된다고 가정한다. 이 표로부터 얻어지는 수요곡선이 〈그림 13-5(a)〉에 그려져 있다.

〈표 13-1〉의 세 번째 열에는 다이아몬드를 판매하여 얻어지는 드비어스의 총수입(가격과 다이아몬드 판매량의 곱)이 표시되어 있다. 마지막 열에는 한계수입, 즉 다이아몬드 한 단위를 더 생산·판매하여 얻어지는 총수입의 변화가 계산되어 있다.

첫 번째 다이아몬드 이후로 독점기업이 한 단위를 더 판매하여 얻는 한계수입은 그 한 단위가 판매되는 가격보다 낮다. 예를 들어 드비어스가 다이아몬드 10개를 판매하면 열 번째 다이아몬드가 판매되는 가격은 500달러이다. 그러나 한계수입(판매량을 9에서 10으로 증가시킬 때 얻어지는 총수입의 변화)은 50달러에 불과하다.

이 열 번째 다이아몬드로부터 얻어지는 한계수입이 가격보다 작은 이유는 독점기업이 생산량을 증가시킬 때 수입에 두 가지 상반된 영향을 주기 때문이다.

1. 수량효과 : 한 단위가 더 판매됨으로써 그 재화가 판매되는 가격만큼 총수입이 증가한다(여기서는 +500달러).
2. 가격효과 : 그 마지막 한 단위를 팔기 위해서 독점기업은 판매될 모든 수량에 대해 가격을 인하해야 한다. 이로 인해 총수입이 감소한다[이 경우, $9 \times (-\$50) = -\$450$].

독점기업이 판매량을 9에서 10단위로 증가시킬 때의 수량효과와 가격효과가 〈그림 13-5(a)〉에 색칠된 2개의 직사각형으로 표시되어 있다. 다이아몬드 판매량을 9에서 10으로 증가시키는 것은 수요곡선을 따라 A에서 B로 이동하여 다이아몬드 가격이 550달러에서 500달러로 하락하는 것을 의미한다. 초록색 직사각형은 수량효과를 나타낸다. 드비어스는 열 번째 다이아몬드를 500달러에 판매한다. 그러나 이것은 노란색 직사각형으로 표시된 가격효과에 의해 상쇄된다. 드비어스는 모든 다이아몬드의 가격을 550달러에서 500달러로 인하해야 한다. 따라서 노란색으로 표시된 금액 $9 \times \$50 = \$450$만큼 총수입이 감소한다. 점 C가 보여 주는 바와 같이 다이아몬드를 9에서 10으로 한 단위 더 판매함으로써 얻어지는 총수입의 변화(한계수입)는 50달러에 불과하다.

점 C는 〈그림 13-5(a)〉에 MR로 표시된 독점기업의 한계수입곡선 상에 있으며 이는 〈표 13-

표 13-1 드비어스의 수요, 총수입 및 한계수입

다이아몬드 가격 P	다이아몬드 수량 Q	총수입 $TR = P \times Q$	한계수입 $MR = \Delta TR / \Delta Q$
$1,000	0	$0	
			$950
950	1	950	
			850
900	2	1,800	
			750
850	3	2,550	
			650
800	4	3,200	
			550
750	5	3,750	
			450
700	6	4,200	
			350
650	7	4,550	
			250
600	8	4,800	
			150
550	9	4,950	
			50
500	10	5,000	
			−50
450	11	4,950	
			−150
400	12	4,800	
			−250
350	13	4,550	
			−350
300	14	4,200	
			−450
250	15	3,750	
			−550
200	16	3,200	
			−650
150	17	2,550	
			−750
100	18	1,800	
			−850
50	19	950	
			−950
0	20	0	

그림 13-5 독점기업의 수요, 총수입 및 한계수입곡선

그림 (a)는 〈표 13-1〉로부터 도출한 독점기업의 수요곡선과 한계수입곡선을 보여 주고 있다. 한계수입곡선은 수요곡선 아래에 위치한다. 왜 그러한지 보기 위해 수요곡선 상의 *A*점을 고려해 보자. 이 경우 9개의 다이아몬드를 각각 550달러에 판매하여 독점기업의 총수입은 4,950달러가 된다. 열 번째 다이아몬드를 판매하기 위해서 10개의 다이아몬드에 대한 가격은 *B*점에서 보는 바와 같이 500달러로 낮아져야 한다. 그 결과, 총수입은 초록색 직사각형만큼 증가하지만(수량효과 : +500달러), 주황색 직사각형만큼 감소한다(가격효과 : −450달러). 그러므로 열 번째 다이아몬드를 판매하여 얻는 한계수입(초록색 직사각형과 주황색 직사각형의 차이)은 500달러라는 가격보다 훨씬 낮은 50달러이다. 그림 (b)는 다이아몬드 독점기업의 총수입곡선을 나타낸다. 공급되는 다이아몬드 개수가 0개에서 10개로 증가함에 따라 총수입은 증가한다. 10개의 다이아몬드가 공급될 때(한계수입이 0인 수준에서) 총수입은 극대화되고, 그 이후로는 감소한다. 총수입이 증가할 때는 수량효과가 가격효과보다 우세하다. 총수입이 감소할 때는 가격효과가 수량효과보다 우세하다.

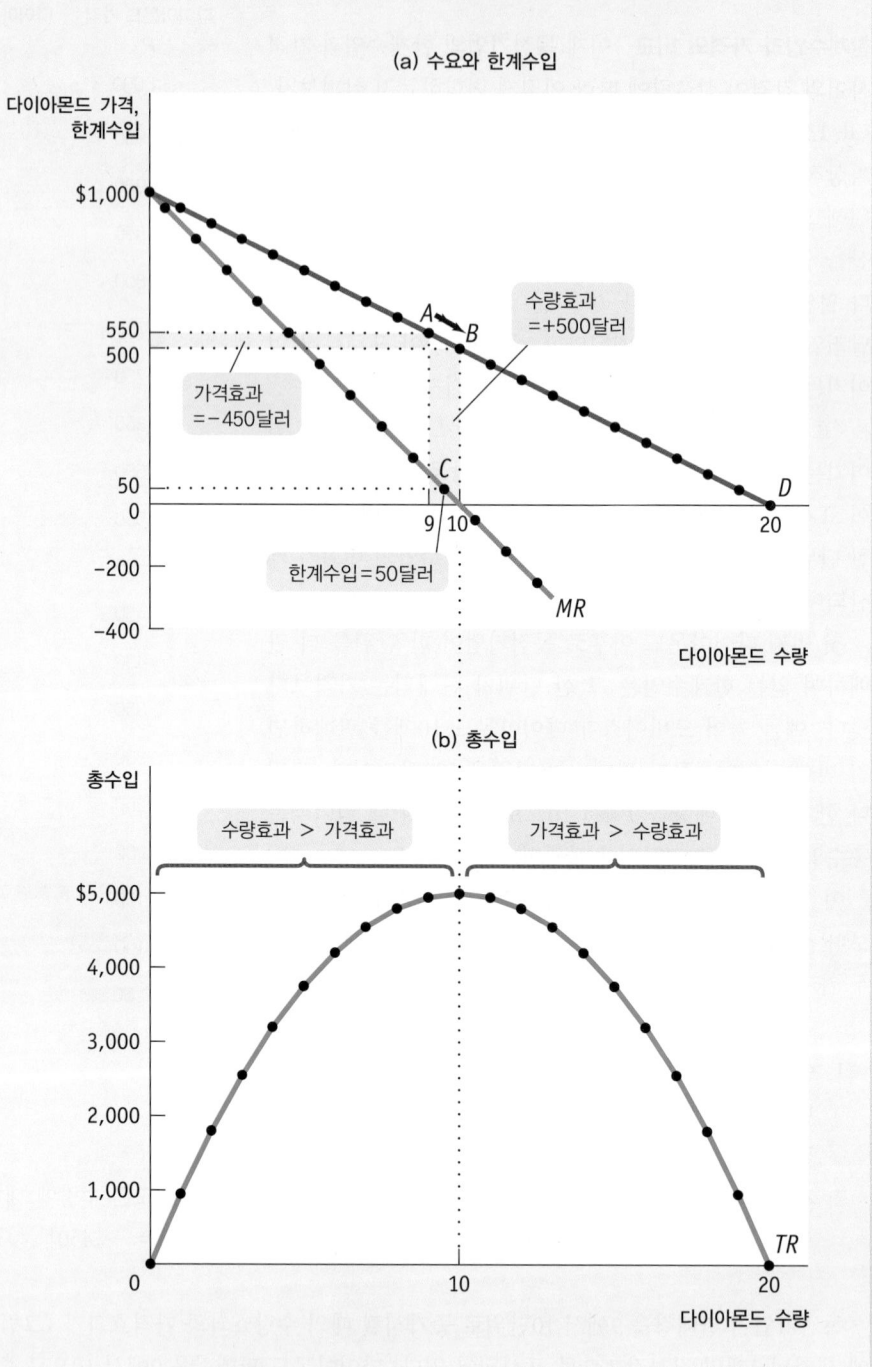

1〉의 마지막 열에서 구해진 것이다. 독점기업의 한계수입곡선의 중요한 특징은 그것이 항상 수요곡선 아래쪽에 있다는 점이다. 그 이유는 가격효과 때문이다. 독점기업이 한 단위를 추가로 판매하여 얻는 한계수입은 항상 그 전 단위를 판매하는 가격보다 작다. 독점기업의 한계수입과 가격 사이에 간격이 생기는 것은 바로 이 가격효과 때문이다. 다이아몬드 한 단위를 추가로 판매하기 위해 드비어스는 판매될 모든 수량의 시장가격을 인하해야 하는 것이다.

사실 이 간격은 예컨대 독점기업뿐 아니라 과점기업과 같이 시장지배력을 갖는 모든 기업에서 나타난다. 시장지배력을 갖는다는 것은 수요곡선이 우하향한다는 것을 의미한다. 그 결과로 산출량을 증가시키면 항상 가격효과가 나타난다. 따라서 시장지배력을 갖는 기업에서는 한계수입곡선이 항상 수요곡선 아래쪽에 있게 된다.

잠시 독점기업의 한계수입곡선과 시장지배력을 갖지 못한 완전경쟁기업의 한계수입곡선을 비교해 보자. 완전경쟁기업에서는 산출량을 증가시킬 때 가격효과가 나타나지 않는다. 한계수입곡선은 바로 수평인 수요곡선이다. 따라서 완전경쟁기업에서는 시장가격과 한계수입이 항상 동일하다.

시장지배력을 갖는 생산자에서 수량효과와 가격효과가 어떻게 상쇄되는지를 강조하기 위해 〈그림 13-5(b)〉에 드비어스의 총수입곡선을 표시하였다. 보는 바와 같이 그것은 산 모양을 하고 있다. 산출량이 0에서 10으로 증가함에 따라 총수입은 증가한다. 이것은 산출량 수준이 낮을 때는 수량효과가 가격효과보다 더 강한 것을 반영한다. 독점기업이 판매량을 증가시킬 때 가격 인하가 적용될 판매량이 작아서 가격효과가 작기 때문이다. 산출량이 10 이상으로 증가함에 따라 총수입은 실제로 감소한다. 이것은 산출량 수준이 높을 때는 가격효과가 수량효과보다 더 강한 것을 반영한다. 독점기업이 판매량을 증가시킬 때 이제는 가격 인하가 적용될 판매량이 커서 가격효과가 매우 크기 때문이다.

이에 따라 산출량 수준이 10 이상일 때는 한계수입곡선이 영 이하로 내려간다. 예를 들어 산출량을 11에서 12로 증가시킬 때 열두 번째 다이아몬드로부터의 수입은 400달러에 불과한데, 1부터 11까지의 다이아몬드로부터의 수입은 모두 550달러만큼 감소한다. 결과적으로 열두 번째 다이아몬드의 한계수입은 −150달러가 된다.

독점기업의 이윤극대 산출량과 가격

독점기업이 어떻게 이윤을 최대로 하는지 보기 위해 이제 한계비용을 도입한다. 고정비용은 없다고 가정하고 드비어스가 다이아몬드를 추가로 생산하는 데 드는 한계비용은 생산량에 관계없이 200달러로 일정하다고 가정하자. 그러면 한계비용은 항상 평균총비용과 같고 한계비용곡선 (그리고 평균총비용곡선)은 〈그림 13-6〉에 표시된 것처럼 200달러에서 수평인 직선이다.

이윤을 최대로 하기 위해 독점기업은 한계비용과 한계수입을 비교한다. 만일 한계수입이 한계비용보다 높으면 생산량을 증가시킴으로써 이윤을 높일 수 있고, 한계수입이 한계비용보다 낮으면 생산량을 감소시킴으로써 이윤을 높일 수 있다. 따라서 독점기업은 다음과 같은 최적산출량 원칙에 따라 생산함으로써 이윤을 극대화한다.

(13-1) 독점기입의 이윤극대 산출량에서 $MR = MC$

독점기업의 최적점이 〈그림 13-6〉에 표시되어 있다. A에서 한계비용곡선 MC가 한계수입곡선 MR과 교차한다. 이때의 산출량 수준 8이 독점기업의 이윤을 최대로 하는 산출량 수준 Q_M이다. 소비자들의 수요가 8이 되는 가격은 600달러이므로 독점가격 P_M은 점 B에 대응되는 600달러가 된다. 다이아몬드 한 단위를 생산하는 비용이 200달러이므로 독점기업은 단위당 $600-$200=$400의 이윤을 얻고 총이윤은 색칠된 직사각형으로 표시된 바와 같이 8×$400=$3,200가 된다.

독점과 완전경쟁

세실 로즈가 독립적인 여러 다이아몬드 생산자들을 드비어스로 통합했을 때 완전경쟁산업이 독점으로 전환되었다. 이제 분석을 통해 그러한 통합의 효과를 알아보자.

함정

독점가격이 결정

독점기업의 *이윤극대* 산출량을 알기 위해서는 한계수입곡선이 한계비용곡선과 교차하는 점을 찾아야 한다. 〈그림 13-6〉의 점 A가 그 예이다.

그러나 흔히 범하는 오류 — 점 A가 또한 독점기업이 제품을 판매하는 *가격*을 나타낸다고 생각하는 것 — 에 빠지지 않도록 유의해야 한다. 점 A는 가격이 아니라 가격보다 낮은 것으로 밝혀진 *한계수입*을 나타낸다.

독점가격을 알기 위해서는 A에서 수요곡선까지 수직으로 이동해야 한다. 거기서 소비자들의 수요가 이윤극대 산출량과 같아지는 가격을 구할 수 있다. 따라서 이윤극대 가격 – 산출량 조합은 항상 〈그림 13-6〉의 B와 같이 수요곡선 상에 있다.

그림 13-6 독점기업의 이윤극대 산출량과 가격

이 그림은 수요곡선, 한계수입곡선, 한계비용곡선을 나타낸다. 다이아몬드 1개당 한계비용은 200달러이고, 한계비용곡선은 200달러에서 수평으로 나타난다. 최적 산출량 원칙에 따르면 독점기업의 이윤을 극대화하는 산출량 수준은 $MR=MC$가 성립하는 점에서 발생하는데, 이 그림에서는 A에 해당한다. 다이아몬드 산출량이 8인 A에서 한계비용곡선과 한계수입곡선이 교차하고 있다. 다이아몬드 1개당 드비어스사에서 부과할 수 있는 가격은 A점에서 수요곡선으로 수직 이동한 점에서 결정되어 다이아몬드 1개당 600달러가 된다. 이 때 독점이윤은 $400 \times 8 = \$3,200$가 된다. 완전경쟁산업은 $P=MC$가 성립하는 산출량 수준만큼 생산하는데, 이는 수요곡선과 한계비용곡선이 교차하는 C점에 해당한다. 그러므로 경쟁산업에서는 다이아몬드를 16개 생산해서 200달러에 판매하여 영의 이윤을 얻는다.

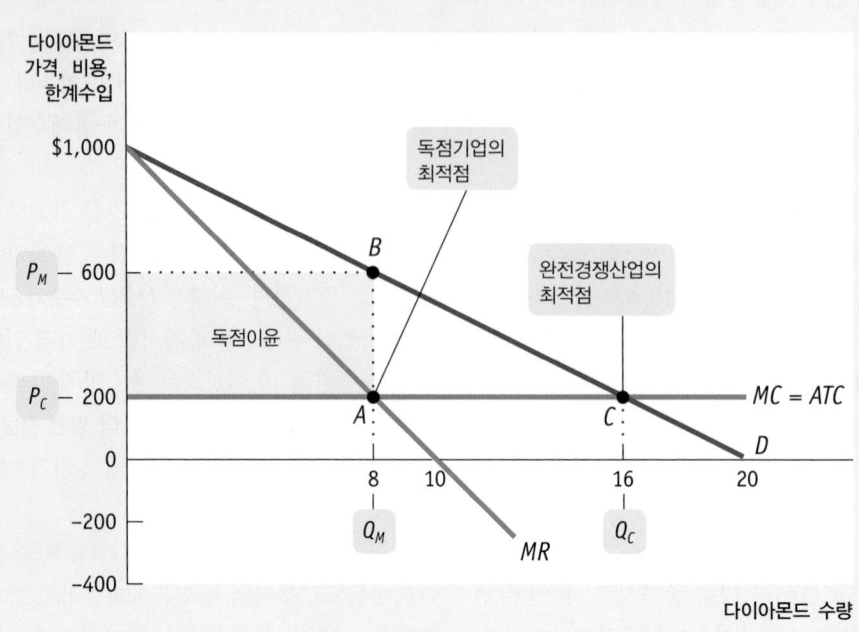

〈그림 13-6〉을 다시 보면서 이 시장이 독점이 아니라 완전경쟁이었다면 어떻게 되었을지 알아보자. 전과 마찬가지로 고정비용이 없고 한계비용이 일정하여 평균총비용과 한계비용이 같다고 가정한다.

만일 다이아몬드 산업이 여러 완전경쟁기업들로 구성되어 있다면 이들 각 생산자들은 시장가격을 주어진 것으로 생각할 것이다. 즉 각 생산자들은 마치 한계수입이 시장가격과 동일한 것처럼 행동할 것이다. 따라서 산업 내의 각 기업들은 가격수용적인 기업의 최적산출량 원칙에 따라 행동할 것이다.

(13-2) 완전경쟁기업의 이윤극대 산출량에서 $P = MC$

이는 〈그림 13-6〉에서 다이아몬드 가격 P_C가 한계생산비와 동일하게 200달러가 되는 점 C에서 생산하는 것을 의미한다. 따라서 완전경쟁에서 이윤이 최대가 되는 산업 산출량 Q_C는 16이다.

그러면 완전경쟁산업은 C에서 이윤을 내고 있을까? 그렇지 않다. 200달러란 가격은 한 단위당 생산비와 동일하다. 따라서 이 산업이 완전경쟁 산출량을 생산할 때 경제적 이윤은 발생하지 않는다.

산업이 독점으로 통합되고 나면 결과가 매우 다르다는 것을 이미 보았다. 독점기업이 한계수입을 계산할 때는 가격효과를 고려하므로 한계수입은 가격보다 작다. 즉

(13-3) 독점기업의 이윤극대 산출량에서 $P > MR = MC$

또한 독점기업은 경쟁산업보다 더 적은 수량(16이 아니라 8)을 생산함을 보았다. 완전경쟁하에서는 가격이 200달러에 불과한 반면 독점하에서는 가격이 600달러이다. 독점기업은 양의 이윤을 얻으나 경쟁산업은 그렇지 않다.

앞서 언급한 바와 같이 경쟁산업과 비교할 때 독점기업은 다음과 같다.

- 더 적은 수량을 생산한다 : $Q_M < Q_C$
- 더 높은 가격을 받는다 : $P_M > P_C$
- 이윤을 얻는다

독점 : 일반적 분석

〈그림 13-6〉에서는 특정한 숫자를 사용했는데 한계비용이 일정하고 고정비용이 없어 평균총비용곡선이 수평선이라고 가정했다. 〈그림 13-7〉은 더 일반적인 독점의 행동을 보여 준다. D는 시장수요곡선, MR은 한계수입곡선, MC는 한계비용곡선이고, ATC는 평균총비용곡선이다. 여기서는 이전에 보통 가정한 바와 같이 한계비용곡선이 '나이키 로고' 모양을 갖고 있고, 평균총비용곡선이 U자형을 갖는다고 가정한다.

최적산출량 원칙을 적용하면 이윤극대 산출량 수준은 한계수입이 한계비용과 같아지는 A점으로 표시된 산출량임을 알 수 있다. 이윤극대 산출량은 Q_M이고 독점기업이 받는 가격은 P_M이다. 이윤극대 산출량 수준에서 독점기업의 평균총비용은 ATC_M이고 점 C로 표시된다.

식 (12-5)에서 계산했던 것을 보면 이윤은 총수입과 총비용의 차이와 같으므로 다음 식을 얻는다.

$$(13\text{-}4) \quad 이윤 = TR - TC$$
$$= (P_M \times Q_M) - (ATC_M \times Q_M)$$
$$= (P_M - ATC_M) \times Q_M$$

〈그림 13-7〉에서 색칠된 직사각형의 높이가 $P_M - ATC_M$이고 밑변이 Q_M이므로 이윤은 이 직

함정

독점기업의 공급곡선?

독점기업이 어떻게 최적산출량 원칙에 따라 행동하는지 알았으므로 이로부터 독점기업의 공급곡선을 구할 수는 없을지 생각할지 모른다. 그러나 이는 무의미한 생각이다. 독점기업에는 공급곡선이 없기 때문이다.

공급곡선은 주어진 시장가격에서 생산자가 공급하려는 수량을 나타낸다. 그러나 독점기업은 가격을 주어진 것으로 생각하지 않는다. 독점기업은 가격에 미치는 영향을 고려하여 이윤을 최대로 하는 산출량을 선택하기 때문이다.

그림 13-7 독점기업의 이윤

이 경우 한계비용곡선은 '나이키 로고' 모양을 갖고 있고, 평균총비용곡선은 U자형이다. 독점기업은 한계수입이 한계비용과 같아지는 A점으로 표시된 산출량 Q_M을 생산함으로써 이윤을 극대화한다. 독점기업의 가격 P_M은 A점에서 수요곡선으로 수직 이동한 지점에서 정해지며 그림에서는 B점에 해당한다. Q_M에서의 평균총비용은 C점으로 표시된다. 이윤은 색칠된 직사각형의 면적에 해당한다.

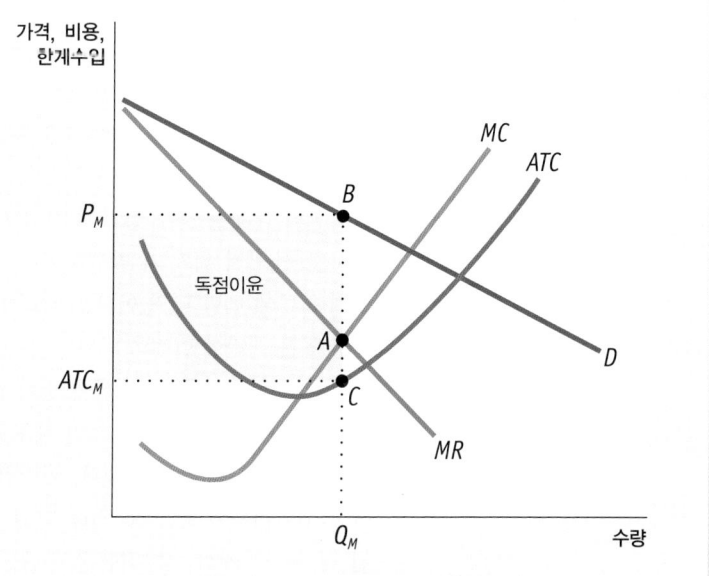

사각형의 면적과 같다.

제12장에서 우리는 완전경쟁산업은 단기에는 이윤을 낼 수 있지만 장기에는 그렇지 않다는 것을 배웠다. 단기에는 가격이 평균총비용보다 높아 이윤을 낼 수 있다. 그러나 아는 바와 같이 이것이 지속될 수는 없다.

완전경쟁산업에서는 장기적으로 새로운 기업이 시장에 진입함에 따라 모든 이윤이 경쟁에 의해 사라지고 만다. 반면에 독점기업은 단기와 장기에 모두 이윤을 낼 수 있다.

현실 경제의 >> 이해
높은 전기 요금의 충격

1990년대에 전력산업에 대한 규제가 풀렸으나 최근에는 다시 규제하는 방향으로 움직이고 있다.

역사적으로 전력산업은 자연독점으로 간주되었다. 전력회사들은 지리적으로 한정된 지역에 전기를 공급하며 전기를 생산하는 발전소와 함께 각 소비자에게 전기를 공급하는 전선을 소유하고 있다. 소비자에게 청구되는 요금은 정부의 규제를 통해 전력회사가 운영비용을 충당하고 주주들에게 적절한 배당을 줄 수 있는 수준으로 정해졌었다.

그런데 1990년대 후반에 경쟁이 전력요금을 더 낮출 수 있을 것이라는 생각을 바탕으로 규제를 없애는 변화가 있었다. 발전소에서 소비자로 가는 연결고리 중 두 군데에 경쟁이 도입되었다. (1) 배전회사들이 소비자에게 판매하는 과정에서 경쟁할 수 있고, (2) 발전소들이 배전회사에게 공급하는 과정에서 경쟁할 수 있다.

최소한 이론상으로는 그랬다. 2018년까지 16개 주만이 전력산업에 대한 규제를 풀었고, 7개 주는 규제를 풀었다 중단했으며, 나머지 27개 주는 규제를 계속하였다. 왜 이렇게 적은 수의 주만이 규제를 풀었을까?

중요한 장애 요인 중 하나는 대부분의 발전에는 여전히 막대한 고정비용의 선행 투자가 필요하기 때문에 일반적으로 발전소의 선택이 제한된다는 것이다. 여러 시장에서 발전소가 하나뿐이다. 소비자들은 여러 배전 사업자 중에서 선택할 수 있는 것처럼 보이나 이들 모두가 결국은 동일한 발전소로부터 전력을 얻어야 하기 때문에 이는 착각에 불과할 뿐이다.

사실 발전소가 하나뿐이라면 규제를 풀었을 때 소비자들에게 불리할 가능성이 있다. 소비자 가격에 대한 규제가 없어지면 독점 발전소가 시장을 조작할 가능성이 있기 때문이다. 그리고 2000년과 2001년에 캘리포니아에서 발생한 사건이 바로 그런 것이었다. 캘리포니아주가 전력시장의 규제를 풀자 갑자기 정전 사태와 수십 억 달러의 추가 전력 요금을 가정과 기업에 부담시킨 '에너지 위기'가 발생하였다. 추후에 규제기관이 입수한 녹음테이프에는 노동자들이 어떻게 하루에 백만 달러 이상을 캘리포니아주로부터 '훔치고' 있는지 농담하면서, 에너지 수요가 가장 높은 시간에 발전을 중단하는 계획에 대해 논의하는 내용이 담겨 있었다.

에너지 시장의 규제 해제에 관한 또 다른 문제는 새로운 발전소에 대한 투자가 부족해질 수 있다는 점이다. 규제가 없으면 새로운 발전소를 건설했을 때 적절한 수익률을 가져다 줄 시장 가격이 보장되지 않는 것이다. 이러한 이유로 많은 주에서 발전 사업자들이 새로운 발전소에 투자하기를 거부했다. 이로 인해 발전 용량이 수요 증가를 따라가지 못했다. 예컨대 규제가 철폐된 텍사스 주에서는 발전용량 부족으로 대규모 정전 사태가 발생하였고, 뉴저지주와 메릴랜드 주에서는 당국이 개입하여 전력 사업자가 발전소를 더 건설하도록 강제하였다.

마지막으로, 규제가 없어진 주의 소비자들은 전기 요금이 갑자기 증가하는 것을 경험했는데, 이때는 규제가 지속되고 있는 주의 요금보다 훨씬 높은 경우가 자주 있었다. 여러 주에서 이에 분노한 소비자들과 규제당국이 규제를 다시 도입하도록 촉구하여 일리노이, 몬태나, 버지니아 주가 다시 규제로 돌아섰다. 심지어 캘리포니아주와 몬태나주는 배전회사들이 발전소를 다시 구입하는 것을 의무화하였다. 그리고 규제당국은 텍사스와 뉴욕 및 일리노이 주의 전력회사에 벌금을 부과했으며 감시를 계속하고 있다.

>> 이해돕기 13-2
해답은 책 뒤에

1. 다음에 주어진 10캐럿짜리 에메랄드를 생산하는 독점기업 에메랄드 주식회사의 총수입 표를 이용하여 a에서 d까지 요구하는 사항을 구하고, e에 대하여 답하라.

   a. 수요표
   b. 한계수입표
   c. 각 산출량 수준에 대해 한계수입 중 수량효과가 차지하는 부분
   d. 각 산출량 수준에 대해 한계수입 중 가격효과가 차지하는 부분
   e. 에메랄드 주식회사가 이윤을 극대화하는지 알아보기 위해서는 어떠한 정보가 추가적으로 요구되는가?

에메랄드 수요량	총수입
1	$100
2	186
3	252
4	280
5	250

2. 다이아몬드 생산의 한계비용이 200달러에서 400달러로 증가할 때, 다음 대상에 어떠한 변화가 발생하는지를 〈그림 13-6〉을 이용하여 나타내라.

   a. 한계비용곡선
   b. 이윤극대 가격과 산출량
   c. 독점기업의 이윤
   d. 완전경쟁산업의 이윤

|| 독점과 공공정책

독점사업자가 되면 이윤이 생기지만 독점사업자의 고객이 되면 그리 많은 혜택을 보지 못한다. 독점기업은 산출량을 감소시키고 가격을 인상하여 소비자를 희생시키고 이득을 본다. 그러나 구매자와 판매자는 항상 이해가 상충하는 법이다. 구매자는 더 낮은 가격을, 판매자는 더 높은 가격을 원한다. 독점하의 이해상충이 완전경쟁하의 이해상충과 조금이라도 다른 것일까?

그렇다. 독점은 비효율의 원인이 되기 때문이다. 독점으로 인한 소비자의 손실은 독점기업의 이득보다 더 크다. 독점으로 인해 경제에 순손실이 발생하기 때문에 정부는 흔히 독점의 발생을 예방하거나 독점의 효과를 제한하려고 노력한다. 이 절에서는 독점이 비효율을 발생시키는 이유를 알아보고 이 비효율을 예방하기 위해 정부가 사용하는 정책을 검토할 것이다.

독점의 후생효과

한계비용이 시장가격과 같아지는 수준 이하로 산출량을 감소시킴으로써 독점기업은 이윤을 증

그림 13-8 독점의 비효율성

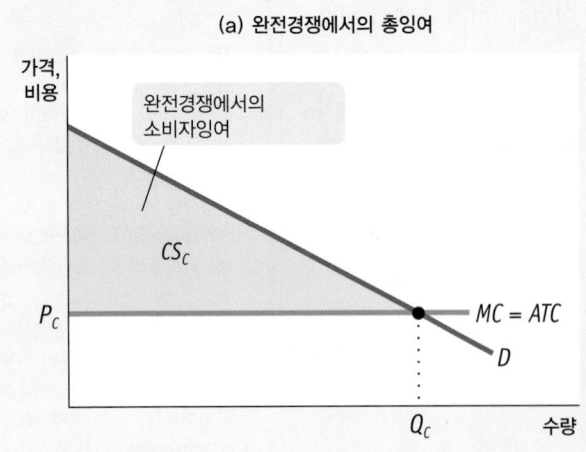

(a) 완전경쟁에서의 총잉여

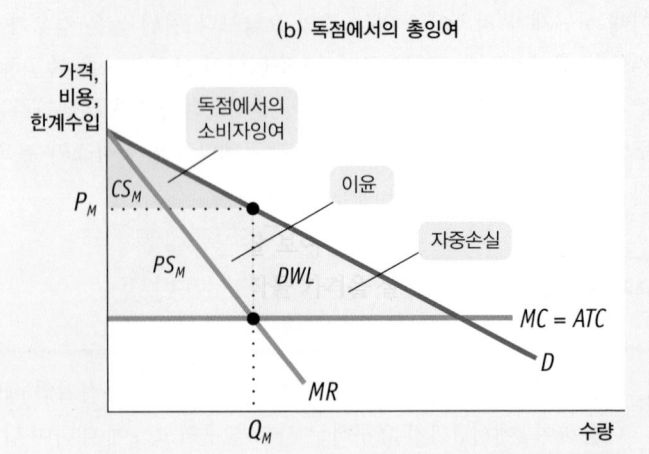

(b) 독점에서의 총잉여

그림 (a)는 완전경쟁산업을 나타낸다. 산출량은 Q_C이며, 시장가격은 한계비용과 동일한 P_C이다. 가격이 각 생산자의 단위당 생산비용과 동일하므로 생산자잉여는 존재하지 않는다. 그러므로 총잉여는 소비자잉여와 같게 되며, 그림에서 색칠된 영역에 해당한다. 그림 (b)는 독점기업을 나타낸다. 독점기업은 산출량을 Q_M 수준까지 낮추고 P_M을 받는다. 소비자잉여(파란 색 삼각형)가 감소된 것을 알 수 있는데, 이는 기존의 소비자잉여가 독점기업의 이윤(초록색 사각형)에 의해 잠식되었기 때문이다. 총잉여는 감소한다. 자중손실(노란색 삼각형)은 독점기업의 행동 때문에 실현되지 못한 상호 유익한 거래의 가치를 나타낸다. 이 결과로 총잉여가 감소한다.

가시키지만 소비자들은 피해를 입는다. 독점기업의 이윤 증가를 소비자의 손실과 비교하면 소비자의 손실이 독점기업의 이득보다 더 큰 것을 알 수 있다. 즉, 독점은 사회에 순손실을 가져다 준다.

이유를 알기 위해 〈그림 13-8〉에 표시된 바와 같이 한계비용곡선이 수평선이고 고정비용이 없는 경우로 돌아가 보자. 여기서 한계비용곡선은 MC이고, 수요곡선은 D, 그리고 그림 (b)에서 한계수입곡선은 MR이다.

그림 (a)는 이 산업이 완전경쟁일 때 어떻게 될 것인가를 보여 준다. 균형산출량은 Q_C이다. 재화의 가격 P_C는 한계비용과 같고, 고정비용이 없고, 한계비용이 일정하기 때문에 한계비용은 또한 평균총비용과 같다. 각 기업은 정확히 산출물 한 단위당 비용을 벌어들이고 있기 때문에 이 균형에서 생산자잉여는 없다.

이 시장에서 발생하는 소비자잉여는 그림 (a)에 있는 파란색 삼각형의 면적 CS_C와 같다. 산업이 완전경쟁일 때는 생산자잉여가 없기 때문에 CS_C는 또한 총잉여를 나타낸다.

그림 (b)는 똑같은 시장이 독점이라고 가정할 때 얻어지는 결과를 보여 준다. 독점기업은 한계비용이 한계수입과 같아지는 산출량 수준 Q_M을 생산하고 P_M의 가격을 받는다. 독점기업은 이제 초록색 직사각형의 면적 PS_M과 같은 크기의 이윤(생산자잉여와도 같다)을 얻는다. 이 이윤은 소비자잉여가 파란색 삼각형의 면적 CS_M으로 감소함에 따라 소비자로부터 이전된 잉여라는 점을 주목하라.

그림 (a)와 (b)를 비교함으로써 소비자로부터 생산자에게로 잉여가 재분배되었을 뿐 아니라 또 다른 중요한 변화가 발생한 것을 알 수 있다. 이윤과 소비자잉여의 합(총잉여)이 완전경쟁에서보다 독점에서 더 작은 것을 알 수 있다. 즉 CS_M과 PS_M의 합이 그림 (a)의 CS_C 면적보다 더 작다. 제7장에서 우리는 조세와 같은 정부정책에 의해 발생하는 순손실인 **자중손실**의 개념을 분석했다. 여기서는 독점으로 인해 노란색 삼각형의 면적 DWL과 동일한 자중손실이 사회에 발생하는 것을 알 수 있다. 따라서 독점은 사회에 순손실을 발생시킨다.

이 순손실은 서로에게 유익한 거래의 일부가 이루어지지 못하기 때문에 발생한다. 재화 한 단위를 더 소비하는 것의 가치가 그것을 생산하는 데 드는 한계비용보다 더 크다고 느끼지만 P_M을 지불할 생각은 없기 때문에 재화를 소비하지 않는 사람들이 있는 것이다.

제7장에서 논의했던 조세로부터의 자중손실을 기억한다면 독점에서 발생하는 자중손실도 이와 매우 유사하다는 것을 알았을 것이다. 사실 독점은 가격과 한계비용 사이에 간격을 만들어 냄으로써 이것이 소비자에 대한 조세처럼 작용하여 조세와 같은 종류의 비효율을 발생시키는 것이다.

그러므로 독점은 사회 전체의 후생을 감소시키고 시장실패의 한 요인이 된다. 이에 대해 정부가 정책을 통해 할 수 있는 일은 없을까?

독점에 대한 해결책

독점에 대한 정책은 문제의 산업이 (a) 자연독점인지 또는 (b) 네트워크 외부효과 산업인지 여부에 따라 크게 달라진다. 이 두 경우에는 모두 기업이 클수록 소비자에게 더 유리하다는 것을 유의하라. 자연독점의 경우에는 규모가 클수록 평균비용이 낮다. 네트워크 외부효과 산업의 경우에는 규모가 클수록 네트워크가 커지고 따라서 소비자에게 더 유용하다. 만일 이 두 경우가 아니라면 최선의 정책은 독점이 발생하지 않도록 방지하는 것이고 이미 발생했다면 그것을 분할하는 것이다. 먼저 이 경우에 초점을 맞추고 자연독점과 네트워크 외부효과 산업을 해결하는 더 어려운 문제는 나중에 살펴보도록 하자. 자연독점은 이 절의 뒷부분에서 다루고 네트워크 외부효과 산업은 다음 절에서 다루도록 한다.

드비어스의 다이아몬드 독점은 발생할 필요가 없었다. 다이아몬드 생산은 자연독점이 아니다. 다이아몬드 산업의 비용은 예컨대 금 생산처럼 독립적이고 경쟁적인 여러 생산자가 있다고 해서 더 높아지지 않을 것이다.

드비어스는 특수한 경우이다. 독특한 역사적 이유로 해서 1990년대에 여러 사건이 발생할 때까지 독점으로 남아 있도록 허용이 되었던 것이다. 그러나 19세기 말부터 대부분의 유사한 독점들은 분할이 되었다. 규제당국은 드비어스처럼 산업에서 경쟁하던 기업들이 공동 소유권을 통해 통합되어 발생한 독점에 주목하였다. 미국에서 가장 유명한 예는 1870년 존 록펠러(John D. Rockefeller)가 설립한 스탠더드오일이다. 1878년에는 스탠더드오일이 미국 정유산업의 대부분을 장악했다. 그러나 1911년 법원이 그 회사를 후에 엑슨과 모빌이 된 회사들(그리고 1999년에는 합병하여 엑슨모빌이 되었다)을 비롯한 몇 개의 작은 단위로 분리할 것을 명령했다.

독점을 방지하거나 소멸시키기 위해 사용되는 정부 정책들은 **반독점 정책**으로 알려져 있으며 다음 장에서 논의할 것이다.

자연독점의 해결

자연독점이 아닌 경우에 회사를 분리하는 것은 분명 좋은 생각이다. 소비자의 이득이 생산자의 손실을 능가한다. 그러나 대규모 생산자들이 소규모 생산자들보다 평균총비용이 낮은 자연독점의 경우는 분리할 경우 평균총비용이 높아지기 때문에 회사를 분리해야 할지 분명치 않다. 예를 들어 시 정부가 지역 가스 공급(이미 언급한 대로 자연독점임이 분명하다)을 한 회사가 장악하는 것을 막으려 한다면 주민들에게 가스를 공급하는 비용이 높아질 것이다.

그러나 자연독점의 경우에도 이윤을 극대화하려는 독점기업의 행동은 비효율을 초래한다. 자연독점기업 역시 소비자에게 한계비용보다 높은 가격을 부과함으로써 잠재적으로 이득이 되는 거래를 막는다. 또한 어떤 기업이 독점적 지위를 차지하게 되었다고 해서 소비자들을 희생시켜

가면서 많은 이윤을 번다는 것이 불공평하게 보일 수도 있다.

독점의 비효율성을 해결하기 위해 두 가지 정책이 사용될 수 있다. 공영화와 규제이다.

공영회사인 암트랙은 손실을 보면서 승객이 적은 지역에 열차를 운행해 오고 있다.

1. 공영화   여러 국가에서 자연독점 문제에 대한 바람직한 해법이 **공영화**(public ownership)였다. 민영 독점기업이 한 산업을 장악하도록 허용하는 대신 정부가 공공기관으로 하여금 재화를 공급하고 소비자 이익을 보호하도록 하는 것이다. 미국에서 잘 알려진 공영화의 예는 철도승객 운송회사인 암트랙과 미연방 우체국이다. 일반적으로 주요 공항, 교량, 항구와 같은 주요 운송 통로는 주정부가 소유한다. 로스앤젤레스를 비롯한 몇몇 도시들은 공영 전력회사를 운영하고 있다.

원칙적으로 공영화의 장점은 공영화된 자연독점기업은 이윤극대화의 기준이 아니라 효율성의 기준에 따라 가격을 책정할 수 있다는 것이다. 완전경쟁산업에서는 이윤극대화 행위가 효율적이다. 생산자들이 가격을 한계비용과 같게 책정하기 때문이다. 바로 이것이 예컨대 밀 농장을 공영화해야 한다는 경제적 논의가 없는 이유이다.

그러나 경험에 의하면 자연독점의 문제를 공영화로 해결하는 것은 현실적으로 잘못되는 경우가 많다. 한 가지 이유는 공영화된 기업이 비용을 절감하거나 제품의 품질을 높이는 일에 민간기업들만큼 노력하지 않는 것이다. 또 다른 이유는 공영기업들은 정치적 목적(연줄이 있는 사람에게 공사 계약이나 일거리를 주는 일 등)에 이용되는 경우가 너무 빈번하다는 점이다. 예를 들어 암트랙은 승객이 적은(그러나 유력한 의원의 지역구에 포함된) 지역에 손실을 보면서 열차를 운행하는 것으로 유명하다.

2. 정부의 규제   사업은 민간이 운영하고 그 대신 정부의 규제를 받도록 하는 것이 미국에서 자연독점을 다루는 데 더 자주 사용되어 온 정책 수단이다. 예컨대 대부분의 지역 공공서비스는 부과할 수 있는 가격에 제한을 두는 **가격규제**(price regulation)를 받고 있다.

우리는 경쟁산업에 가격상한을 두는 것은 품귀 및 암시장을 비롯한 각종 고약한 부작용을 발생시키는 지름길임을 보았다. 그렇다면 예컨대 지역 가스회사가 책정할 수 있는 가격에 제한을 가하는 것은 동일한 부작용을 발생시키지 않을까?

꼭 그렇지는 않다. 독점에 가격상한을 둔다고 해서 반드시 품귀를 일으키는 것은 아니다. 가격상한이 없다면 독점기업은 한계생산비보다 높은 가격을 책정할 것이다. 따라서 가격을 더 낮게 책정해야 한다고 해도(그 가격이 MC보다 높고 전체 생산에서 이윤을 낼 수 있다면) 여전히 그 가격에서 수요되는 수량을 생산할 동기를 갖고 있다.

〈그림 13-9〉는 자연독점(매우 단순화된 지역 가스회사의 모형)에 대한 가격규제의 한 예를 보여 준다. 이 회사의 수요곡선은 D이고 이로부터 한계수입곡선 MR이 얻어진다. 단순화를 위해 총비용은 고정비용과 산출량에 비례하는 가변비용의 두 부분으로 구성되어 있다고 가정한다. 따라서 이 예에서 한계비용은 일정하며 한계비용곡선(여기서는 평균가변비용곡선이기도 하다)은 MC 높이의 수평선이다.

평균총비용곡선은 우하향하는 곡선 ATC이다. 이 곡선이 우하향하는 이유는 산출량이 클수록 평균고정비용(산출물 한 단위당 고정비용)이 낮기 때문이다. 시장수요가 있는 범위 내에서 평균총비용이 하락하고 있으므로 이 산업은 자연독점이다.

그림 (a)는 규제가 없는 자연독점의 경우를 예시하고 있다. 규제받지 않는 자연독점기업은 독점 산출량 Q_M을 선택하고 P_M의 가격을 받는다. 독점기업은 평균총비용보다 높은 가격을 받으므

독점기업의 공영화(public ownership)를 통해 재화는 정부나 정부가 소유한 기업에 의해 공급된다.

가격규제(price regulation)는 독점기업이 부과할 수 있는 가격을 제한하는 것을 말한다.

그림 13-9 자연독점의 규제

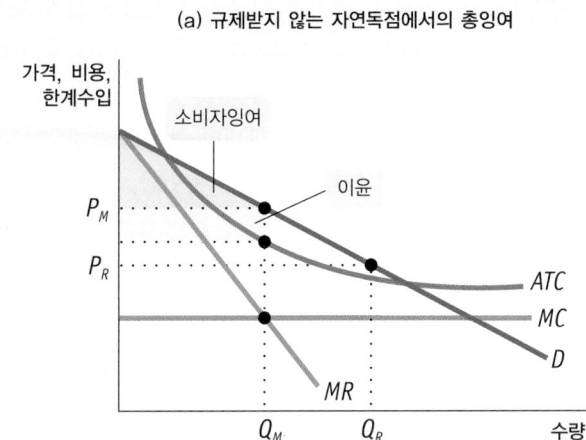
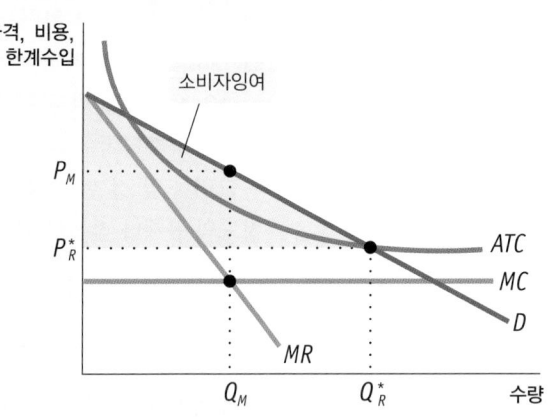

(a) 규제받지 않는 자연독점에서의 총잉여

(b) 규제받는 자연독점에서의 총잉여

이 그림은 자연독점의 경우를 나타낸다. 그림 (a)는 독점기업이 P_M을 부과할 수 있도록 허용하면, 그 기업은 초록색 직사각형만큼 이윤을 얻는다는 것을 보여 준다. 소비자잉여는 파란색 삼각형으로 나타난다. 만약 독점기업이 규제를 받아 P_R보다 낮은 가격만을 부과해야 한다면 산출량은 Q_M에서 Q_R로 증가하고, 이에 따라 소비자잉여도 증가하게 된다. 그림 (b)는 독점기업이 평균총비용과 같은 수준인 P_R^*의 가격을 부과하도록 규제를 받을 때 어떤 일이 발생하는지를 보여 준다. 산출량은 Q_R^*까지 늘어나고 소비자잉여는 이제 파란색 삼각형 전체가 된다. 독점기업은 영의 이윤을 얻는다. 이는 독점기업이 최소한 손실을 입지 않는 한도 내에서 소비자가 얻을 수 있는 최대한의 잉여를 나타내고, 이 점에서 P_R^*는 최적의 가격규제 수준이 된다.

로 이윤을 얻는다. 이 이윤은 바로 이 시장의 생산자잉여이며 초록색 직사각형으로 표시되어 있다. 소비자잉여는 파란색 삼각형으로 표시되어 있다.

이제 규제당국이 지역 가스 공급에 대해 독점가격 P_M보다 낮지만 ATC보다는 높은, 예컨대 그림 (a)의 P_R을 가격상한으로 한다고 하자. 이 가격에서 수요량은 Q_R이다.

이 회사가 그만한 수량을 생산할 동기를 갖고 있을까? 그렇다. 독점기업이 받을 수 있는 가격이 규제에 의해 묶여 있다면 더 이상 시장가격이 그 기업의 산출량에 따라 결정되지 않는다. 독점기업은 MR 곡선을 무시하고 가격이 한계비용보다 높고 전체 생산량에 대해 이윤을 낼 수만 있다면 생산을 확대하려 할 것이다. 따라서 가격규제를 통해 독점기업은 더 많은 수량을 더 낮은 가격에 생산하게 된다.

물론 책정된 가격이 손실을 의미할 정도라면 독점기업은 아예 생산을 중단하려 할 것이다. 즉 가격상한은 그 기업이 평균총비용을 충당할 수 있을 만큼 높게 책정되어야 한다. 그림 (b)는 규제당국이 가능한 한 낮게 평균총비용곡선이 수요곡선을 지나는 점까지 가격을 낮춘 상황을 보여 준다.

이보다 더 낮은 가격에서는 기업이 손실을 보게 된다. 이때의 가격 P_R^*는 최선의 규제가격이다. 독점기업은 이 가격에서 마지못해 사업을 하며 그 가격에서 수요되는 수량 Q_R^*를 생산하려 한다. 이 결과로 소비자와 사회는 이득을 본다.

이러한 규제의 후생효과는 〈그림 13-9〉에 있는 두 그래프의 색칠된 부분을 비교함으로써 알 수 있다. 규제를 통해 소비자잉여는 두 가지 요인으로 증가한다. 첫째, 이윤이 없어지고 대신 소비자잉여에 포함되었다. 둘째, 산출량 증가와 가격 하락으로 인해 전반적인 후생(총잉여)이 증가하였다. 사실 그림 (b)는 가능한 최대의 총잉여를 나타낸다.

모든 것이 훌륭해 보인다. 소비자가 나아지고, 이윤이 제거되고, 전반적 후생은 증가한다. 유감스럽게도 현실에서는 모든 것이 그처럼 쉽게 이루어지는 경우가 드물다. 첫 번째 문제는 부족한 정보이다. 수요곡선이 평균총비용곡선을 만나는 수준으로 정확히 가격을 책정할 수 있을 만큼 규제당국이 충분한 정보를 갖고 있지 않다는 것이다. 어떤 경우에는 너무 낮게 책정하여 품귀현상을 일으키며 어떤 경우에는 너무 높게 책정한다. 또한 규제를 받는 독점기업들도 공영화된 기업들처럼 규제당국에게 비용을 과장 보고하고 소비자에게 낮은 품질의 제품을 제공하는 경향이 있다. 두 번째 문제는 규제의 포획(regulatory capture)이다. 막대한 금액이 달린 문제이기 때문에 규제당국이 감독해야 할 기업으로부터 부적절한 영향을 받을 수가 있다.

그러나 앞 절 현실 경제의 이해 '높은 전기 요금의 충격'에서 본 바와 같이 일반적으로는 어느 정도의 규제나 감독이 전혀 이루어지지 않는 것보다는 훨씬 낫다.

‖ 새로운 세대의 시장지배력

오늘날 드비어스와 같은 전통적 독점기업은 찾기 어렵다. 자연독점, 정부의 보호, 또는 (대체로 일시적인) 기술적 우위로 인해 나타나는 독점을 제외하면 진정 단 하나의 기업이 어떤 재화 시장을 완전히 장악하는 산업은 역사책에서나 발견된다.

거기에는 이유가 있다. 앞에서 설명한 바와 같이 만일 미국에서 어떤 기업이 (세실 로즈가 했던 것처럼) 경쟁기업들을 통합하여 희소한 자연 자원을 장악하여 독점기업이 되려고 하면 즉시 반독점법 위반으로 고발될 것이다.

그럼에도 불구하고 독점과 반독점 규제의 문제가 최근의 경제적 토론에서 가장 뜨거운 주제로 떠오르고 있다. 왜 그럴까? 그것은 디지털 경제의 부상과 이에 따른 네트워크 외부효과 때문이다. 페이스북, 마이크로소프트, 애플, 구글, 이베이, 우버, 그리고 페이팔과 같은 기업들이 경제를 바꾸어 놓았다. 이들은 경제에서 가장 빠른 속도로 성장하며 가장 큰 이윤을 내는 기업이 되었다. 그러나 정책 입안에 있어서는 독특한 문제들을 제기하고 있다. 전통적인 방법으로 독점기업이 되는 것은 더 이상 가능하지 않지만 네트워크 외부효과는 여러 방법을 통해 시장지배력을 확보하고 잠재적으로 독점 (또는 독점에 매우 가까운) 기업이 될 수 있는 통로를 제공한다. 이 절에서는 네트워크 외부효과로부터 발생하는 시장지배력의 특징을 살펴볼 것이다. 또한 네트워크 외부효과의 성장으로 인해 부각된 시장지배력의 중요한 변형인 수요독점(구매자가 하나뿐인 산업)에 대해 배울 것이다.

과거 수년간 디지털 경제와 그로 인한 네트워크 외부효과로 인해 독점과 수요독점에 있어 시장지배력을 어떻게 다룰 것인가에 대한 해답이 시급히 요구되는 상황이 되었다. 이 절에서는 그 이유와 정책 입안자들이 당면한 특수한 문제들에 대해 살펴본다.

새로운 세대의 시장지배력과 독점

앞에서 본 바와 같이 규모에 대한 수익 증가와 네트워크 외부효과는 "큰 것이 좋다"는 공통의 특징을 갖고 있다. 한 산업에 네트워크 외부효과가 존재하면 소비자들은 작은 네트워크를 가진 기업들보다 가장 큰 네트워크를 가진 기업을 선호한다는 사실을 상기하라. 따라서 가장 큰 네트워크를 가진 기업은 더 커지는 반면 작은 기업들은 더 작아진다. 결국에는 가장 큰 기업(지배적 기업)이 다른 경쟁 기업들보다 충분히 커져서 독점 기업과 같은 시장지배력을 행사하게 될 것이다.

보통의 독점과 같이 네트워크 외부효과가 있는 산업의 지배적 기업이 소비자로부터 잉여를 획득하기 위해 가격을 올리고 산출량을 감소시키면 사회에 자중손실을 발생시킨다. 그리고 빠르게 발전하는 디지털 산업에서는 시장지배력이 또 다른 비효율을 발생시킨다. 혁신을 막는 것이다. 지배적 기업이 규모의 이점을 이용해서 경쟁기업이 시장에 진입하거나 그들의 네트워크를 사용하는 것을 방해함으로써 그들이 제공할 혁신을 차단하는 것이다.

마이크로소프트가 네트워크 외부효과를 가진 기업으로서 그 규모를 이용해 경쟁자들을 물리치고 혁신을 차단한 가장 좋은 예이다. 마이크로소프트가 PC 운영체제 시장의 우위를 이용해 인터넷 브라우저 시장에서 마이크로소프트 인터넷 익스플로러의 경쟁자인 넷스케이프에 손해를 끼쳐 '독점화'를 도모한 것에 대해 연방 법원이 유죄 판결을 내렸다. 연방 법원은 또한 마이크로소프트가 더 우월한 기술을 가진 기업들이 네트워크 외부효과의 근원인 운영체제 시장에서 독점에 가까운 지위에 도전하는 것을 근원적으로 막기 위해 여러 조치들을 취한 것을 발견했다. 마이크로소프트를 여러 작은 기업으로 분할시키는 대신 법원은 경쟁자들이 운영체제에 대해 작업하도록 운영체제 소프트웨어를 공개할 것을 명령하였다. 그러나 당시에는 마이크로소프트의 지위가 너무나 지배적이어서 경쟁 소프트웨어 기업들이 충분한 시장을 점유하기에는 이미 역부족이었다. 관련된 소식으로 넷스케이프는 초기에 인터넷 브라우저 시장의 90%를 차지했었으나 끝내 시장에서 사라졌다. 당연히 마이크로소프트의 소프트웨어 부문은 2019년 130억 달러 가까운 이윤을 달성하는 등 아직까지 많은 이익을 내고 있다.

가까이는 2018년과 2019년에 EU의 반독점 당국이 구글에게 온라인 구매 검색과 안드로이드 운영체제 시장과 같은 플랫폼에서 경쟁자를 차단함으로써 반경쟁적 행위와 혁신을 방해한 혐의로 90억 달러 이상의 벌금을 부과하였다. 그러나 이들 사건에 대한 최종 판결은 아마도 수년이 더 걸릴 것이다. 역사가 판단하겠지만 그때쯤이면 구글의 지배력은 확고해질 것이다.

새로운 세대의 시장지배력과 수요독점

공급자가 아니라 수요자가 시장지배력을 갖는 것이 가능할까? 다르게 표현해서 수요자는 한 사람인 데 반해 판매자가 많아서 수요자가 힘을 발휘해 판매자로부터 잉여를 얻는 시장이 존재할 수 있을까? 답은 '존재한다'이며 그러한 시장을 **수요독점**(monopsony)이라 한다.

독점기업과 마찬가지로 **수요독점기업**(monopsonist)도 더 많은 잉여를 얻기 위해 경쟁시장의 결과를 왜곡시킨다. 차이점은 수요독점기업은 판매량과 판매가격이 아니라 구매량과 구매가격을 통해 그렇게 한다는 것이다.

전형적인 예는 외딴 곳의 공장처럼 작은 마을에서 노동자로부터 노동력을 구입하는 하나뿐인 고용자의 경우다. 이미 배운 바와 같이 독점기업은 재화가 판매되는 가격이 공급량에 따라 달라지는 것을 고려하여 산출량을 감소시켜 가격을 상승시키고 이윤을 증가시킨다. 수요독점기업도 매우 유사한 행동을 한다. 바뀐 점은 노동공급곡선을 따라 내려감으로써 지불하는 임금이 달라지는 것을 고려하여 고용할 사람 수를 감소시켜 임금을 하락시키고 이윤을 증가시킨다는 것이다.

독점기업이 너무 적은 수량의 재화를 생산하여 자중손실을 발생시키는 것처럼 수요독점기업은 너무 적은 수의 노동자를 고용하여 너무 낮은 임금을 지불함으로써 자중손실을 발생시킨다. 결과적으로 수요독점 역시 너무 적은 수량을 생산한다.

과거에는 판매자들이 경쟁자에게 자신의 재화나 서비스를 제공할 방법을 찾을 수 있었기에 수요독점은 상대적으로 드문 현상이었다. 예를 들어 한 지역의 수요독점 고용자에 속한 노동자는 다른 지역으로 이주하여 새로운 고용기회를 얻을 수 있을 것이다. 그러나 디지털 경제의 출현과 함께 수요독점 행위가 증가하는 것으로 보인다. 아마존이나 애플 앱스토어와 같은 거대 전자상거래 플랫폼들은 이들 플랫폼을 사용하여 물건을 판매하는 판매자들로부터 양보를 얻어낼 수 있는 지배력을 행사할 수 있다. 그들은 여러가지 방법으로(높은 이용료를 받거나 아마존 베이식과 같은 자체 브랜드를 개발함으로써) 판매자들에게 판매하는 상품 가격을 낮추도록 강요하여 그들의 잉여를 빼앗을 수 있다. 결국에는 판매자들이 플랫폼에서 판매하는 수량을 줄이게

수요독점(monopsony)은 재화에 대한 수요자가 한 사람일 때 나타난다.

수요독점기업(monopsonist)은 한 시장의 유일한 수요자가 되는 기업이다.

될 것이다. 생산량이 감소하고 자중손실이 발생한다.

지금까지 계속되고 있는 최근의 애플과 페퍼의 법적 분쟁은 네트워크 외부효과로부터 발생한 수요독점 행위의 한 예이다. 소송을 통해 소비자들과 앱 개발자들은 애플이 모든 iOS 앱을 애플의 앱스토어를 통해서만 거래하도록 요구하는 것은 애플이 앱 개발자들에게 수요독점력을 행사하게 한다고 고소하였다. 원고들은 애플이 앱 개발자들에게 판매가의 30%를 요구함으로써 전자상거래 플랫폼의 지배력을 이용하여 앱 공급자들의 잉여를 빼앗으려 한다고 주장했다. 이로 인해 앱 개발자들은 자신들의 이익을 줄이거나 30%의 '애플 세금'을 소비자들에게 전가할 수 밖에 없었다. 어떤 경우라도 앱 공급자와 소비자들이 서로 자유롭게 거래하는 완전경쟁에 비해 생산량은 감소한다. 그럼에도 불구하고 앱 개발자들은 가장 많은 고객들이 방문하는 전자상거래 플랫폼에서 판매하려 하고 소비자들도 가장 많은 앱이 공급되는 플랫폼을 방문하려 하기 때문에 네트워크 외부효과에 기반한 수요독점 행위를 다루는 문제는 네트워크 외부효과에 기반한 독점 행위를 다루는 것과 마찬가지의 어려움을 동반한다.

새로운 세대의 시장지배력을 다룰 정책들

여기서 논의된 예들은 네트워크 외부효과로부터 발생하는 시장지배력으로 인해 정책입안자들이 얼마나 어려움을 겪는지 잘 보여준다. 자연독점과 마찬가지로 가장 큰 네트워크를 가진 기업은 시장지배력을 가질 만큼 우세해질 가능성이 크다. 그리고 마침내 작은 기업들이 사라지면 그 기업은 독점 기업이나 수요독점 기업이 될 수 있다. 그러나 정책입안자들은 지배적인 기업이 작은 네트워크를 가진 여러 작은 기업으로 분할되면 자연독점과 마찬가지로 후생이 감소할 것을 또한 알고 있다. 머지않아 소비자들이 가장 큰 네트워크를 가진 기업으로 이동함에 따라 가장 큰 기업은 점점 더 커지고 작은 기업들은 작아져서 사라져가는 양상이 되풀이되어 시장지배력 문제가 다시 나타날 것이다. 또한 혁신을 조성하는 문제에도 어려운 점이 있다. 독점이나 수요독점 행위를 통해 거대한 디지털 기업이 경쟁자들의 혁신을 막을 수 있는 것은 사실이지만 거대한 디지털 기업 자신 또한 혁신의 원천인 것도 분명하다. 따라서 거대 기업에 대한 잘못된 규제가 혁신을 막을 가능성도 있다. 단지 규모가 크다는 이유로 규제하는 것은 소비자들이 원하는 것을 성공적으로 제공한 것을 벌주는 셈이라고 이들 기업들은 주장한다.

디지털 경제의 폭발적인 성장을 고려할 때 새로운 세대의 시장지배력을 어떻게 다룰 것인가 하는 문제는 경제학자들과 정책입안자들이 당면한 가장 어려운 도전 중 하나라고 할 만하다. 다음 현실 경제의 이해에서 보는 바와 같이 이 책을 저술하는 시점에는 아직 분명한 답이 없다.

현실 경제의 >> 이해

미국의 반독점 정책 입안자들은 디지털 시대에 뒤떨어져 있는가?

아마존, 페이스북, 구글 같은 거대한 디지털 기업들은 디지털 경제의 전형적인 기업들이다. 온라인 도서 소매업으로 시작한 아마존은 거대한 기업조직으로 성장하여 일반 소매업자, 판매 플랫폼, 배달 수송업자, 지불서비스, 신용 대부업자, 경매 전문회사, 주요 도서 출판업자, TV 프로그램과 영화 제작자, 유행의 선도자이며 클라우드 서비스와 연산능력 제공의 선두주자다.

페이스북은 2018년 현재 23억의 사용자를 가진 세계에서 지배적인 소셜 미디어이다. 구글은 세계의 검색 활동의 92%를 차지하고 있다. 페이스북과 구글이 미국에서 디지털 광고의 73%를 점유하고 있다. 2018년 아마존은 연간 1,420억 달러 이상의 수익을 냈으며 페이스북은 560억 달러, 구글은 1,360억 달러의 수익을 보고했다(이 자

구글, 페이스북, 아마존과 같은 거대한 디지털 기업들로 인해 반독점 정책입안자들은 어려운 규제의 문제에 직면해 있다.

료들은 구글을 통해 찾았고, 아마존을 통해 구입한 컴퓨터에 기록하는 동안 페이스북은 한 번도 열어보지 않았다).

그런데 경제학자들과 역사가들은 이들 세 회사에 대해 놀라운 사실을 발견했다. 각 회사는 예전 같으면 반경쟁적이거나 아니면 자연독점에 대한 규제가 적용될 대규모 기반시설을 만드는 행위에 의존했다는 점이다.

예컨대 세 회사 모두 경쟁자를 제거하는 행동을 취했다. 아마존은 한 번에 모든 상품을 살 수 있는 웹사이트로 지배력을 유지하기 위해 오더블, 다이퍼스닷컴, 자포스 등 수많은 경쟁기업들을 사들였다. 마찬가지로 페이스북도 소셜네트워크 플랫폼 경쟁사인 프렌드스터, 인스타그램, 왓츠앱 등을 사들였다. EU 반독점 당국에 의하면 구글은 장비 제조사들에게 자사의 검색엔진을 설치하도록 요구함으로써 경쟁사들에게 손해를 입혔다.

로봇 군단이 설치된 전국에 100곳이 넘는 창고를 가진 아마존의 물류 시스템은 초 급행 배달을 가능케 한다. 그리고 UPS와 같은 배달 회사로부터 받는 수량 할인은 소규모 경쟁자에게는 불가능한 일이다. 따라서 에버레디 배터리와 같은 상품 공급자는 자사 제품을 아마존 온라인 사이트에 올릴 수밖에 없다. 그러나 이를 통해 아마존은 고객들의 구매성향을 자세히 파악하고 자사의 상표를 만들어 더 낮은 가격으로 상품 공급자들과 직접 경쟁할 수 있다. 마지막으로 최근 페이스북이 사용자들의 개인정보를 어떻게 이용하는지가 밝혀짐에 따라 정부의 규제가 요구되고 있다.

그러면 미국 정책입안자들이 행동을 취하지 못하는 이유는 무엇인가?

한 가지 설명은 자연독점의 경우와 마찬가지로 정책입안자들이 네트워크 외부효과가 있을 때에는 시장 지배력의 문제를 쉽게 해결할 방법이 없다고 생각한다는 것이다. 두 번째 설명은 소비자들이 독점 가격을 지불한다든지 산출량이 제한되고 있다는 명백한 증거가 없기 때문에 정책입안자들이 이 기업들이 자신들의 지배적 지위를 남용한다고 생각하지 않는다는 것이다. 그리고 소비자들이 이 세 기업들로부터 막대한 이익을 보고 있음은 명백한 사실이다. 세 번째 설명은 미국 정책입안자들은 규제가 혁신을 막아 장기적으로 사회적 후생을 감소시킬까 우려한다는 것이다.

그러나 모든 사람이 다 그렇게 낙관적인 것은 아니다. 어떤 경제학자들과 역사가들은 정책입안자들이 사회적 후생을 너무 제한적으로 보고 있다고 주장한다. 이들은 아마존의 경우 소비자들과 함께 상품공급자들의 후생도 고려되어야 한다고 주장한다. 그들은 아마존의 행위는 결국 일부 상품공급자들을 시장에서 퇴출시켜 시장에서 구할 수 있는 제품의 품질과 다양성뿐 아니라 혁신을 감소시키고, 궁극적으로 아마존이 가격을 인상하게 만들 것이라고 주장한다. 예를 들면 다이퍼스닷컴의 모회사가 2009년 아마존의 매수 제안을 거절하자 아마존은 기저귀와 유아용품을 생산하는 자사 브랜드를 만들고 다이퍼스닷컴보다 낮은 가격으로 판매했다. 결국 2010년 그 모회사는 아마존에 굴복하여 매수를 허용했다.

또한 경제학자들과 역사가들은 과거의 반독점 체계는 아마존, 페이스북, 구글이 사용자의 데이터를 획득하여 자신들의 시장지배력 강화에 이용하는 데 엄청난 이점을 가지고 있다는 사실을 고려하지 않다고 주장한다. 아마존의 경우 끊임없이 변화하고 개인에 맞춰져 있는 가격 체제는 규제당국이 아마존이 실제 가격을 인상했는지조차 파악할 수 없게 만든다고 주장한다. 마지막으로 디지털 거인들의 막강한 경제적 비중이 거대한 정치적 권력이 되어 그들이 시장지배력을 행사하는 것을 견제하기 어렵게 되지 않을까 우려한다. 이러한 우려는 다음 장에서 다룰 1890년대 미국의 반독점법을 탄생시킨 우려와 동일한 것이다.

지금까지 EU의 규제당국은 미국의 규제당국보다 훨씬 더 공격적으로 행동을 취해 오고 있다. 2019년 현재 EU는 구글이 광고와 안드로이드 운영체제 등의 부문에서 시장지배력을 남용한 혐의로 90억 달러 이상의 벌금을 부과했다. 2020년 EU는 아마존이 소규모 공급자들로부터 자료를 획득하여 경쟁 제품을 출시하는 데 이용함으로써 시장지배력을 남용한 것에 대해 법적으로 기소할 계획임을 밝혔다. EU는 페이스북이 사용자들의 개인정보를 허술하게 취급한 것을 문제 삼았고, 2020년에는 애플이 앱스토어 운영에서 시장지배력을 남용했는지 공식적으로 조사한다고 발표했다.

미국 정책입안자들이 너무 느리게 행동하고 있는 것일까? 아니면 EU의 정책입안자들이 너무 공격적으로 행동하고 있는 것일까? 이 시점에서 그 답은 불분명하다. 뿐만 아니라 일부 관측자들은 EU 정책입안자들의 적극적인 입장에도 불구하고 궁극적으로 디지털 거인들의 시장지배력이 영향을 받을지 확실하지 않다고 말한다.

궁극적으로 어떤 정책이 나올지 모르지만 반독점정책이 당분간 열띤 토론의 주제가 될 것은 분명하다.

>> 이해돕기 13-3
해답은 책 뒤에

1. 다음의 경우에 어떠한 정부 정책이 시행되어야 하는가? 설명해 보라.
   a. 오하이오주 어느 도시에서는 인터넷 서비스가 케이블로 공급되고 있다. 소비자들은 요금이 너무 비싸다고 느끼지만, 케이블 회사 측에서는 케이블 설치비용을 만회할 수 있는 요금을 부과해야 한다고 주장한다.
   b. 현재 알래스카 항공편을 제공하는 단 두 곳의 항공사가 합병하기 위해서는 정부의 인가를 받아야 한다. 다른 항공사들도 알래스카로의 운항을 원하고 있지만, 이를 위해서는 정부가 배당하는 착륙 시간대를 얻어야 한다.
2. 참인가 거짓인가? 자신의 답을 설명해 보라.
   a. 독점산업으로 인해 사회 후생이 줄어드는데 이는 소비자잉여의 일부가 독점기업의 이윤으로 전이되기 때문이다.
   b. 독점기업이 비효율적인 이유는 지불할 용의가 독점기업의 한계비용보다 높거나 같지만, 독점기업이 설정한 가격보다는 낮은 소비자들이 존재하기 때문이다.
3. 어떤 독점기업이 한계수입은 언제나 시장가격과 동일하다고 잘못 알고 있다고 가정해 보라. 한계비용이 일정하며 고정비용이 없다고 가정하고, 영리한 독점기업의 경우와 비교하여 이 어리석은 독점기업의 이윤 수준, 소비자잉여, 총잉여, 자중손실을 그림을 통해 나타내 보라.
4. 어떤 소셜 미디어 관찰자들은 페이스북이 소셜 미디어 시장에서 대단히 우세해서 수돗물 같은 공익서비스라고 주장한다. 독점에 관해 이런 주장을 뒷받침할 어떤 내용을 배웠는가? 어떤 것이 이러한 주장을 반박할 증거가 되겠는가?

‖ 가격차별

지금까지 우리는 모든 소비자에게 동일한 가격을 받는 **단일가격 독점기업**(single-price monopolist)의 경우만 고려하였다. 용어에서 알 수 있듯이 모든 독점기업이 다 그런 것은 아니다. 사실 대부분은 아닐지 몰라도 많은 독점기업들이 동일한 재화에 대해 소비자에 따라 다른 가격을 받음으로써 이윤을 증가시킬 수 있음을 알고 있다. 이들은 **가격차별**(price discrimination)을 한다.

가격차별 중 가장 눈에 띄는 것 중의 하나가 항공요금이다. 항공사는 여러 개가 있지만 미국 내 대부분의 노선은 한두 회사만이 운항을 하고 있다. 그 결과로 이들은 시장지배력을 가지고

>> 복습

• 산출량을 줄이고 한계비용보다 높은 가격을 부과함으로써 독점기업은 소비자잉여의 일부를 이윤으로 가져가고, 자중손실을 발생시킨다. 자중손실의 발생을 피하기 위해 정부는 정책을 통해 독점기업의 행동을 규제하기 위해 노력한다.

• 독점기업이 자연독점이 아니라 '만들어지는' 경우, 정부는 독점기업이 새로 형성되는 것을 규제하거나 기존의 독점기업을 와해하려는 시도를 하게 된다.

• 자연독점을 해결하는 한 가지 방법은 **공영화**이다. 그러나 공영화된 기업의 성과는 좋지 않은 경우가 많다. 또 다른 방법은 **가격규제**이다. 독점기업에 대한 가격상한제는 가격이 너무 낮은 수준에 설정되지 않는 한 공급부족현상을 발생시키지 않는다.

• 디지털 경제의 발달로 인해 디지털 거인들이 독점 및 **수요독점** 행동을 하게 됨에 따라 네트워크 외부효과로부터 발생하는 시장 지배력이 열띤 토론주제가 되었다. **수요독점 기업**은 구입하는 재화의 가격에 영향을 미칠 수 있다. 수요독점 기업은 구입량을 감소시켜 판매자에게 지불하는 가격을 인하함으로써 판매자의 잉여를 획득한다. 독점과 마찬가지로 생산량의 감소를 초래하여 자중손실을 발생시킨다.

• 소비자들은 더 큰 네트워크로부터 혜택을 보기 때문에 네트워크 외부효과로부터 발생하는 시장 지배력은 정책입안자에게 어려운 도전이 된다. 디지털 거인들은 시장 지배력을 행사하여 자중손실을 발생시키고 경쟁자들을 저지하여 혁신을 막을 수 있다. 그러나 디지털 거인들은 한편으로 혁신의 원천이며 소비자들이 선호하기 때문에 성공하고 있는 것이다. 뿐만 아니라 디지털 거인을 분할하더라도 시장 지배력을 가진 지배적 기업들이 다시 나타날 가능성이 높다.

단일가격 독점기업(single-price monopolist)은 자신의 생산물을 모든 소비자에게 동일한 가격으로 제공하는 기업을 말한다.

판매자가 **가격차별**(price discrimination)을 한다는 것은 동일한 재화에 대하여 소비자에 따라 다른 가격을 부과하는 것을 말한다.

가격을 책정할 수 있다. 따라서 항공기를 자주 이용해 본 승객이라면 "그곳까지 항공요금이 얼마인가요?"라는 질문에 대한 답변이 결코 간단하지 않다는 것을 곧 알게 된다.

만일 당신이 교환 불가능한 항공권을 한 달 전에 구입하고 토요일을 그곳에서 지낸다면 왕복요금이 150달러밖에 안 되고, 당신이 나이가 많거나 학생이라면 그보다 더 쌀 수도 있다. 그러나 만일 당신이 회사 일로 화요일인 내일 떠나서 수요일에 돌아와야 한다면 왕복요금이 550달러가 될 수도 있다. 그렇지만 업무상의 여행자든 가족을 방문하는 노인이든 동일한 상품 — 동일한 비좁은 좌석과 형편없는 식사(만일 식사가 제공된다면) — 을 제공받는다.

항공사들은 대개 독점이 아니라 과점이라고 이의를 제기할 사람이 있을지 모른다. 사실 가격차별은 독점뿐 아니라 과점이나 독점적 경쟁에서도 발생하는데 이들도 어느 정도의 시장 지배력이 있어 가격에 영향을 미칠 수 있기 때문이다. 그러나 완전경쟁에서는 나타나지 않는다. 그리고 왜 독점기업이 때때로 가격차별을 하는 것인지 이해하고 나면 다른 경우도 이해하기가 쉬워질 것이다.

가격차별의 논리

먼저 모든 소비자에게 동일한 가격을 받는 것보다 가격차별이 이윤이 더 많이 나는 이유를 알아보기로 한다. 에어선샤인사가 노스다코타주의 비즈마크와 플로리다주의 포트로더데일 간 유일한 직항편을 제공한다고 상상해 보자. 수용능력의 제한은 없다(승객이 있는 한 얼마든지 항공편을 제공할 수 있다)고 가정한다. 또한 고정비용이 없다고 가정한다. 승객 수에 관계없이 좌석 하나를 공급하는 한계비용은 125달러이다. 항공사가 아는 바로는 두 부류의 승객이 이 항공편을 이용하려 한다고 가정하자. 두 도시 사이를 업무차 여행하려는 승객이 매주 2,000명씩 있고 또한 같은 곳을 여행을 하려는 학생들이 매주 2,000명씩 있다고 하자.

잠재적 승객들이 항공편을 이용할 것인가는 가격에 달려 있다. 업무 때문에 여행하려는 사람들은 되도록이면 항공편을 이용하려 한다는 것이 밝혀졌다. 이들은 요금이 550달러를 초과하지 않는 한 비행기를 이용하려 한다. 그러나 학생들은 가진 돈은 적고 시간은 많아 가격이 150달러를 초과하면 버스를 이용하려 한다. 이러한 상황을 나타낸 수요곡선이 〈그림 13-10〉에 표시되어 있다.

그러면 항공사는 어떻게 해야 할까? 만일 모든 사람에게 동일한 요금을 적용해야 한다면 선택은 제한되어 있다. 우선 550달러를 받을 수 있다. 그러면 업무상 여행자로부터 최대의 수입을 얻을 수 있으나 학생 시장을 잃게 된다. 아니면 150달러를 받을 수 있다. 그러면 두 부류의 승객을 모두 유치할 수는 있으나 업무상 여행자로부터 잃는 수입은 상당히 감소한다.

이 두 가지 선택으로부터 얻는 이윤을 간단히 계산해 볼 수 있다. 요금을 550달러로 하면 업무상 여행자들에게 2,000장의 항공권을 판매하여 $550 \times 2,000 = \$1,100,000$의 총수입과 $125 \times 2,000 = \$250,000$의 총비용이 발생하므로 이윤은 〈그림 13-10〉에 색으로 구별되도록 B라고 표시된 85만 달러가 될 것이다.

만일 요금을 150달러로 하면 4,000장의 항공권을 판매하여 $150 \times 4,000 = \$600,000$의 총수입과 $125 \times 4,000 = \$500,000$의 총비용이 발생하여 이윤은 10만 달러가 될 것이다. 만일 항공사가 모든 사람에게 동일한 가격을 받아야 한다면 분명 높은 가격을 받고 학생들에게는 판매를 포기하는 것이 더 유리하다.

그러나 항공사가 정말 원하는 것은 업무상 여행자들에게는 550달러를 다 받고 학생들에게는 150달러에 항공권을 판매하는 것이다. 150달러는 업무상 여행자가 지불할 가격보다는 훨씬 낮지만 그래도 한계비용보다는 높다. 따라서 항공사가 학생들에게 2,000장의 항공권을 추가로 판매할 수 있다면 5만 달러의 이윤을 추가로 얻을 수 있다. 즉 항공사는 〈그림 13-10〉에 B와 S로

그림 13-10 두 부류의 항공여객

에어선샤인 항공에는 두 부류의 고객이 있다. 업무상 여행자는 항공권당 550달러까지 지불할 용의가 있고, 학생 여행자는 항공권당 150달러까지 지불할 용의가 있다. 각 부류에 2,000명의 소비자가 존재한다. 에어선샤인 항공의 좌석당 한계비용은 125달러이다. 만약 두 부류의 여객에게서 다른 가격을 받을 수 있다면 에어선샤인 항공은 업무상 여행자로부터는 550달러를, 학생 여행자로부터는 150달러를 받음으로써 이윤을 극대화할 수 있을 것이다. 이때 기업은 모든 소비자잉여를 이윤으로 획득하게 된다.

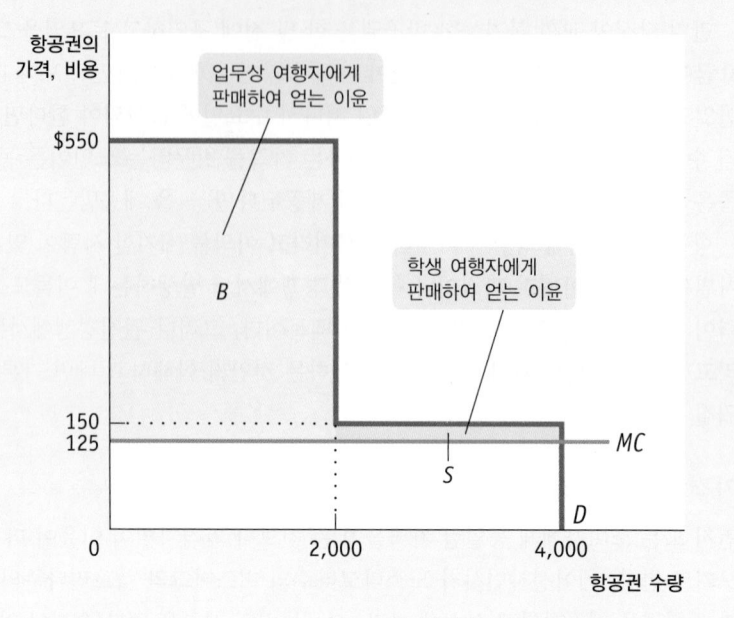

표시된 면적에 해당하는 이윤을 얻게 될 것이다.

각 집단의 수요에 어느 정도의 '유연성'이 있다고 가정하는 것이 더 현실적일 것이다. 550달러 이하의 가격에서는 업무상 여행이 어느 정도 증가할 것이고, 150달러 이상의 가격에서도 일부 학생들은 여전히 항공권을 구매하려 할 것이다. 그러나 이것이 가격차별의 논리를 무효화하지는 못한다는 것이 밝혀졌다.

중요한 점은 가격에 대한 반응이 두 집단에 다르게 나타난다는 것이다. 가격이 높아질 때 학생들은 구매를 쉽게 포기하지만 업무상 여행자들은 그렇지 않다. 집단별로 가격에 대한 반응이 다르다면 독점기업은 이들에게 다른 가격을 책정함으로써 더 많은 소비자잉여를 흡수하여 이윤을 증가시킬 수 있다.

가격차별과 탄력성

더 현실적인 항공여행 수요함수는 각 부류의 여행객들이 항공편을 이용하려는 가격에 의해서만 결정되지는 않을 것이다. 그 대신 각 부류의 여행객들은 가격에 대한 반응도, 즉 수요의 가격탄력성에 따라 구분될 수 있다.

어떤 회사가 쉽게 구별되는 두 부류의 사람들—업무상 여행자와 학생 여행자—에게 제품을 판매한다고 하자. 업무상 여행자들은 본질적으로 가격에 대해 반응도가 별로 높지 않다. 일정량을 가격에 상관없이 구매하려 하고 가격을 인하해도 그 이상 구매하려 하지 않는다. 그러나 학생들은 훨씬 더 탄력적이다. 좋은 가격에는 상당량을 구매하려 하고, 가격을 너무 높이면 다른 것을 구매한다. 이 회사는 어떻게 해야 할까?

해답은 이미 우리가 단순화된 예에서 본 바와 같다. 이 회사는 가격탄력성이 낮은 업무상 여행자들에게 탄력성이 높은 학생들보다 더 높은 가격을 책정해야 한다.

항공업계의 실제 상황은 이 가상적인 예와 매우 유사하다. 업무상 여행자들은 특정한 시간에 특정한 장소에 있는 것에 우선순위를 두며 가격에는 그다지 민감하지 않다. 그러나 비업무 여행자들은 가격이 높으면 버스를 이용하거나 요금이 낮은 비행장까지 차로 이동하거나 아예 여행을 그만둔다.

그러면 항공사들은 왜 단순히 업무상 여행자와 비업무 여행자에 대해 다른 가격을 책정하지 않는 것일까? 첫째는 아마도 이 행위가 불법이기 때문일 것이다(미국 법은 기업들이 명시적으로 가격차별하는 것을 엄격히 제한하고 있다). 둘째로 비록 합법적이라고 하더라도 이를 시행하기가 어려울 것이다. 업무상 여행자들은 400달러를 절약하기 위해 평상복을 입고 포트로더데일에 있는 가족을 만나러 가는 길이라고 주장할 것이다.

그래서 항공사들은 업무상 여행자와 비업무 여행자에게 실질적으로 다른 요금을 받는 것과 같은 효과를 낼 수 있는 간접적인 규칙들을 (꽤 성공적으로) 제정해 놓고 있는 것이다. 업무상 여행자들은 대개 주중에 여행을 하고 주말에는 집에 있기를 원한다. 그래서 토요일 저녁을 머무르지 않으면 왕복 항공요금이 훨씬 더 비싸다. 싼 항공권에 주말을 지내야 한다는 조건을 포함시킴으로써 업무상 여행자와 비업무 여행자를 효과적으로 구분할 수 있는 것이다.

많은 항공노선에서, 당신이 내는 요금은 당신이 어떤 여행자인지에 따라 달라진다.

마찬가지로 업무상 여행자들은 단순 왕복 여행보다 여러 도시를 순차적으로 여행하는 일이 많다. 따라서 왕복 여행요금은 편도요금의 두 배보다 훨씬 싸다. 업무로 인한 여행은 급히 계획되는 경우가 많다. 따라서 항공권을 오래전에 구입하면 요금이 훨씬 싸다. 또한 좌석 확보가 불확실한 대기승객으로 여행을 하면 요금이 싸다. 업무로 여행하는 사람들은 회의시간에 맞추어 가야 하지만 친지를 만나러 가는 사람들은 그렇지 않기 때문이다.

탑승할 때 신분증 확인을 요구함으로써 가격차별 가능성을 저해할 수 있는 항공권 재판매를 예방할 수 있다 — 학생들은 싼 항공권을 업무상 여행자에게 되팔 수 없다. 항공요금을 결정하는 규칙들을 살펴보면 최대이윤을 얻게 해 줄 가격차별을 실행하기 위한 교묘한 방법들을 보게 될 것이다.

완전가격차별

〈그림 13-10〉에 예시되었던 비즈마크와 포트로더데일 사이를 여행하는 업무상 여행자와 학생의 예로 돌아가서 만일 항공사가 두 집단의 고객을 구별할 수 있고 가격차별을 한다면 어떻게 될 것인지 생각해 보자.

항공사는 당연히 각 집단의 지불할 용의, 즉 제4장에서 배운 바와 같이 각 집단이 지불하고자 하는 최대금액에 해당하는 가격을 요구할 것이다. 업무상 여행자의 지불할 용의는 550달러이고 학생의 지불할 용의는 150달러이다. 가정한 바와 같이 한계비용은 산출량에 관계없이 125달러이므로 한계비용곡선은 수평선이다. 항공사의 이윤은 쉽게 알 수 있다. 그것은 직사각형 B와 S의 면적의 합이다.

이 경우 소비자는 아무런 소비자잉여도 얻지 못한다! 모든 잉여가 이윤의 형태로 독점기업에 흡수된다. 독점기업이 이와 같이 모든 잉여를 흡수할 수 있을 때 독점기업은 **완전가격차별**(perfect price discrimination)을 달성했다고 말한다.

일반적으로 독점기업이 책정할 수 있는 차별가격의 수가 많을수록 완전가격차별에 더 근접할 수 있다. 〈그림 13-11〉은 우하향하는 수요곡선을 가진 독점기업을 보여 주고 있다. 우리는 이 독점기업이 지불할 용의가 큰 소비자에게는 높은 가격을 받으면서 여러 집단의 소비자에게 각기 다른 가격을 받을 수 있다고 가정한다.

그림 (a)에는 두 가격을, 그림 (b)에는 세 가격을 받는 경우가 그려져 있다. 이로부터 두 가지

독점기업이 각 소비자의 지불할 용의 — 소비자가 지불하고자 하는 최대금액 — 에 해당하는 가격을 부과하는 경우 **완전가격차별**(perfect price discrimination)이 이뤄졌다고 말한다.

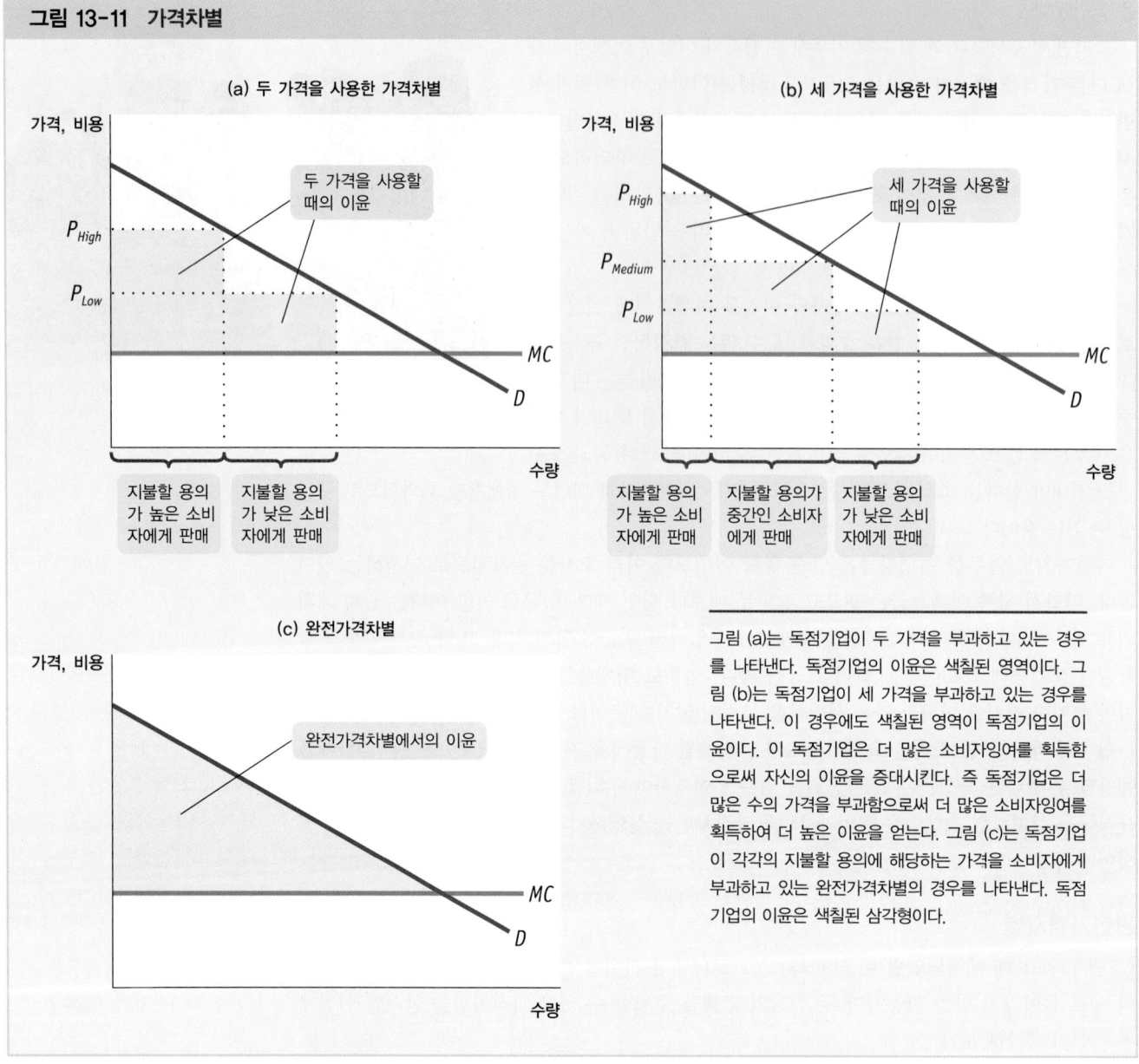

그림 13-11 가격차별

(a) 두 가격을 사용한 가격차별

가격, 비용

두 가격을 사용할 때의 이윤

P_{High}
P_{Low}

MC

D

수량

지불할 용의가 높은 소비자에게 판매

지불할 용의가 낮은 소비자에게 판매

(b) 세 가격을 사용한 가격차별

가격, 비용

세 가격을 사용할 때의 이윤

P_{High}
P_{Medium}
P_{Low}

MC

D

수량

지불할 용의가 높은 소비자에게 판매

지불할 용의가 중간인 소비자에게 판매

지불할 용의가 낮은 소비자에게 판매

(c) 완전가격차별

가격, 비용

완전가격차별에서의 이윤

MC

D

수량

그림 (a)는 독점기업이 두 가격을 부과하고 있는 경우를 나타낸다. 독점기업의 이윤은 색칠된 영역이다. 그림 (b)는 독점기업이 세 가격을 부과하고 있는 경우를 나타낸다. 이 경우에도 색칠된 영역이 독점기업의 이윤이다. 이 독점기업은 더 많은 소비자잉여를 획득함으로써 자신의 이윤을 증대시킨다. 즉 독점기업은 더 많은 수의 가격을 부과함으로써 더 많은 소비자잉여를 획득하여 더 높은 이윤을 얻는다. 그림 (c)는 독점기업이 각각의 지불할 용의에 해당하는 가격을 소비자에게 부과하고 있는 완전가격차별의 경우를 나타낸다. 독점기업의 이윤은 색칠된 삼각형이다.

를 알 수 있다.

1. 독점기업이 책정하는 가격 수가 많을수록 그중 최저가격의 수준은 낮아진다. 즉 어떤 소비자는 한계비용에 가까운 가격을 지불하게 된다.
2. 독점기업이 책정하는 가격 수가 많을수록 소비자로부터 흡수하는 금액은 커진다.

가격 수가 아주 많아지면 그림 (c)와 같이 보일 것이다. 이것이 완전가격차별의 경우이다. 이 경우에 재화를 구입할 의사가 가장 적은 소비자는 한계비용을 지불하고 모든 소비자잉여는 이윤으로 흡수된다.

항공요금의 예와 〈그림 13-11〉의 예는 모두 또 한 가지 사실을 보여 준다. 그것은 독점기업이 완전가격차별을 할 수 있게 되면 비효율이 전혀 없다는 점이다! 비효율의 원인이 제거되었다. 한계비용 이상의 가격에서 재화를 구입하고 싶은 소비자는 누구나 구입할 수 있다. 완전가격차별 독점기업은 다른 소비자들보다 낮은 가격을 제시하여 이런 소비자들을 '건질' 수 있다.

현실에서 완전가격차별은 불가능에 가깝다. 그 이유는 각 소비자들의 실제로 지불하고자 하는 금액을 독점기업이 알 수 없기 때문이다. 각 소비자들은 자신이 최대로 지불하고자 하는 금액을 알지만 독점기업은 모른다. 따라서 소비자들은 정보 상의 우위를 이용해 자신의 지불할 용의를 숨길 수 있다. 예컨대 경로 우대 할인을 이용하는 사업상 여행객은 자신의 지불할 용의가 550달러임을 숨길 수 있는 것이다.

정보 상 불리한 지위에 있는 가격차별 독점기업은 〈그림 13-11〉의 (b)와 같이 자신이 구별해 낼 수 있는 집단의 지불할 용의에 해당하는 한정된 숫자의 가격만을 제시할 수밖에 없다.

역사적으로 독점기업은 완전가격차별에 근접하기 위해 다양한 집단의 소비자들을 구별해 내려고 여러 가지 가격전략을 사용한다. 몇 가지 예를 들면 다음과 같다.

- 선구매 제약 : 아주 일찍 구매하면 가격이 더 싸다(경우에 따라서는 마지막 순간에 사면 가격이 싸다). 이를 통해 가격에 민감하여 더 낮은 가격을 찾기 위해 오래 전부터 계획하는 사람을 구별할 수 있다.
- 수량할인 : 많은 수량을 구입하면 가격이 더 싼 경우가 많이 있다. 어떤 재화를 많이 소비할 계획인 소비자에게는 마지막 한 단위의 비용 — 소비자의 한계비용 — 이 평균가격보다 상당히 낮다. 이를 통해 많은 수량을 구입할 계획을 가지고 있고 따라서 가격에 더 민감한 사람과 그렇지 않은 사람을 구별할 수 있다.
- 이부 가격 : 이부 가격(two-part tariffs)이란 고객이 정해진 요금을 미리 지불하고 그 이후로는 구입하는 상품에 대해 단위별 가격을 지불하는 것이다. 결과적으로 처음 구입하는 물건의 가격은 나중에 구입하는 것보다 훨씬 높으므로 이부 가격은 수량할인처럼 작용한다. 예를 들어 연회비 119달러를 지불하면 많은 상품에 대해 무료배송 혜택을 주는 아마존 프라임 멤버십은 이부 가격의 한 형태다.
- 세일과 아웃렛 점포 : 추수감사절 세일, 노동절 세일, 현충일 세일 등과 같은 정기세일을 시행하는 것은 가격에 민감하여 낮은 가격에 구입하기 위해 오랜 시간을 기다릴 용의가 있는 사람을 구별하는 방법의 하나다. 마찬가지로 도심에서 멀리 떨어진 장소에 아웃렛 점포를 개설하는 것도 독점기업으로 하여금 가격에 민감하여 낮은 가격에 구입하기 위해 먼 거리를 운전할 용의가 있는 고객들을 구별하는 별도의 시장을 열 수 있게 한다.
- 디지털 기술을 이용한 개인화된 가격책정 : 이것은 가장 빠르게 성장하고 있는 가격차별화 방법이다. 온라인 판매자들은 구매자의 온라인 선택과 특성에 대한 개인저 데이터를 수집함으로써 구매자의 실제 지불할 용의에 대한 정보상 우위를 상당히 줄일 수 있다. 예를 들어 온라인 여행사인 오비츠는 호텔에서 1박 하는 데 맥 컴퓨터 사용자가 30% 더 지불한다는 것을 발견했다. 그래서 맥 사용자에게는 PC 사용자보다 더 화려하고 비싼 호텔 리스트를 제공한다. 디지털 기술을 이용한 개인화된 가격책정은 구매자들에 대해 매우 정확한 정보를 수집하고 분석할 수 있는 능력으로 인해 다른 어떤 방법보다 더 완전가격차별에 근접할 수 있는 잠재력을 보유하고 있다.

단일가격 독점기업에 비해 가격차별은 — 비록 완전하지 않은 경우라도 — 시장의 효율을 높일 수 있다. 예컨대 독점기업은 가격차별을 통해 예전에 가격이 높아 시장에서 배제되었던 소비자들에게 판매할 수 있다. 예전에는 가격이 높아 시장에서 배제되었으나 이제는 더 낮은 가격에 재화를 구입하게 된 소비자의 잉여가 현재의 높아진 가격에서 더 이상 재화를 구입하지 않게 된 소비자잉여의 감소를 상쇄한다.

예를 들어 대개 소득이 고정되어 있어 가격에 대단히 민감한 노인들에게 많이 처방되는 의약품을 생각해보자. 제약회사로 하여금 노인들에게는 낮은 가격을 받고, 다른 사람들에게는 높은 가격을 받을 수 있도록 허용하는 정책은 모든 사람에게 같은 가격을 받는 정책에 비해 실제로 총효용을 증가시킬 수 있다. 그러나 공평성에 심각한 문제를 야기하는 가격차별 — 예를 들어 환자들이 응급한 정도에 따라 가격을 요구하는 구급차 서비스 — 은 금지될 가능성이 높다.

>> 이해돕기 13-4
해답은 책 뒤에

1. 참인가 거짓인가? 자신의 답을 설명해 보라.
   a. 단일가격 독점기업은 가격차별 독점기업들이 상품을 판매하지 않은 일부 소비자들에게 상품을 판매한다.
   b. 가격차별 독점기업은 단일가격 독점기업에 비해 더 많은 소비자잉여를 획득하므로 가격차별 독점기업이 발생시키는 비효율성은 단일가격 독점기업에 비해 더 크다.
   c. 가격차별을 하게 되면 가격탄력성이 높은 고객은 가격탄력성이 낮은 고객보다 더 낮은 가격을 지불할 것이다.
2. 다음 중 가격차별에 해당하는 것과 그렇지 않은 것은 무엇인가? 가격차별의 경우에는 가격탄력성이 높은 소비자와 가격탄력성이 낮은 소비자를 구분해 보라.
   a. 가격이 낮게 책정된 손상된 재고품
   b. 고령자에게 할인가격을 제공하는 레스토랑
   c. 신문에 재고품에 대한 할인가격 쿠폰을 게재한 식품제조사
   d. 여름 성수기 때 더 값비싼 항공권

Horacio Villalobos/Getty Images

2014년 5월 미국에서 세 번째로 큰 도서판매점인 아마존과 네 번째로 큰 출판사인 아셰트 사이에 전면전이 발발했다. 갑자기 스티븐 콜베어, 댄 브라운, J. D. 샐린저와 같은 베스트셀러 작가들을 포함하여 (종이책과 전자책으로 구성된) 아셰트 출판물들이 아마존을 통해 배달되는 데 몇 주씩 지연이 되면서 동시에 독자들에게는 아셰트에서 발간되지 않은 책이 대체물로 제시되었다. 뿐만 아니라 해리 포터의 작가인 J. K. 롤링의 책을 포함하여 앞으로 출간될 아셰트 책들을 사전예약할 수 있는 옵션이 다른 많은 아셰트 책들과 함께 아마존의 웹 사이트에서 사라졌다. 이 도서들은 반스앤노블과 같은 경쟁 도서판매점에서 대체로 더 낮은 가격에 쉽게 구할 수 있었다.

모든 출판사는 판매가격의 일정 비율을 도서판매점에 지불한다. 이 경우에는 아마존이 아셰트에게 자신의 몫을 30%에서 50%로 높여 달라고 요구한 데서 반감이 촉발되었다. 이는 이미 익숙한 일이었다. 아마존은 매년 계약협상에서 점점 더 높은 비율을 요구해 왔다. 아마존은 합의가 이루어지지 않으면 해당 출판사의 책을 판매하지 않았으므로 합의가 지연되어 판매가 이루어지지 않는 것은 출판사에게는 재앙이었다. 그러나 이번에는 아셰트가 승복하기를 거부하고 아마존의 요구를 공개하고 나섰다.

아마존은 출판사가 이윤(전자책에서는 75%, 종이책에서는 60%, 하드커버 책에서는 40%) 중에서 더 지불할 능력이 있다고 주장하였다. 사실 아마존은 공공연하게 장기적으로는 출판사를 대신해 자신들이 직접 저자들과 거래하는 것이 목표라고 시인했다. 이 방식은 이미 자신의 방송 콘텐츠를 제작하고 있

는 넷플릭스와 같은 회사들에 의해 유행되고 있었다. 아마존은 이미 딘 쿤츠와 마이클 루이스 같은 몇몇 유명 작가들의 지지를 받고 있었다. 출판사들은 아마존의 계산은 편집, 마케팅, 광고비용과 경우에 따라서는 고군분투하는 저자들이 성공할 때까지 돕는 비용을 고려하지 않은 것이라고 반박하였지만 역설적으로 아마존은 대형 출판사들이 마케팅과 편집 비용을 절감하는 가운데 출판에 성공했다. 대형출판사들은 아마존이 궁극적으로 출판산업을 파괴할 것이라고 주장했다.

이 대립 가운데 아마존은 몇몇 분개한 작가들을 대하게 되었다. 아셰트사의 추리소설 베스트셀러 작가인 더글러스 프레스턴 저서의 판매량은 이 분쟁이 발생한 이후 60% 이상 감소하였다. 프레스턴은 아마존이 자신의 책을 전혀 판매하지 않기로 결정한다면 성공적인 저술에 의해 가능하게 된 안락한 생활도 "끝장날 것"이라고 전망했다. 결국 작가들과 일부 독자들이 등을 돌리게 됨으로써 이 대립은 아마존의 대외 관계에 재앙이 되었다. 종국에는 아마존이 굴복하여 아셰트사가 스스로 자사의 전자책 가격을 책정하도록 허용하였다. 그러나 아마존의 규모나 영향력으로 인해 작가들은 여전히 미래에 대해 불안해 하고 있다.

사실 몇 년 후 아마존은 미국 최대의 도서판매점이 되었다. 이는 때때로 경쟁 웹사이트보다 높은 가격을 받기도 하지만 대체로 웹사이트에 대한 값비싼 투자와 방대한 물류창고, 그리고 빠른 배송시스템 때문이라고 할 수 있다. 이러한 개선은 수십억의 손실을 감내하며 20년을 끈기있게 기다려 준 투자자들에 의해 가능했다. 그러나 2015년이 전환점이었다. 그 해에 적은 이윤이 발생했고 그 이후로 매년 이윤은 증가했다. 2018년 아마존은 100억 이상의 이윤을 얻었다. 투자자들의 기다림이 마침내 결실을 맺은 것이다. 같은 기간에 아마존의 주가는 500% 가까이 상승하였다.

생각해 볼 문제

1. 이 산업에서 잉여의 원천은 무엇인가? 누가 그것을 만들었나? 이 잉여는 여러 사람들(저자, 출판사, 소매업자)에게 어떻게 나눠지는가?

2. 여기서 시장지배력의 원천은 어떤 것들이 있는가? 각 당사자들에게는 어떤 위험이 있는가?

요약

1. 시장구조는 산업에 존재하는 기업의 수와 제품차별화 여부에 따라 완전경쟁, 독점, 과점, 독점적 경쟁의 네 가지 유형으로 구분된다.

2. **독점기업**이란 비슷한 대체재가 없는 상품을 혼자서 공급하는 생산자이다. 독점기업이 있는 산업을 **독점**이라 한다.

3. 독점과 완전경쟁산업 간 가장 큰 차이는 완전경쟁산업의 개별 생산자는 수평적인 가격곡선을 접하지만, 독점기업은 우하향하는 수요곡선을 접한다는 점이다. 이로 인해 독점기업은 완전경쟁산업보다 산출량 수준을 낮추어 시장가격을 올릴 수 있는 **시장지배력**을 갖게 된다.

4. 독점이 지속되기 위해서는 **진입장벽**에 의해 보호되어야 한다. 진입장벽으로는 희소한 자원이나 생산요소의 장악, **자연독점**을 발생시키는 규모에 대한 수익 증가, 기술적 우월성, **네트워크 외부효과**, 그리고 **특허권**이나 **저작권**과 같이 다른 기업의 진입을 금지하는 정부규제가 있다. 기술적 우월성, 특허권이나 저작권은 장기적인 진입장벽은 아니다.

5. 독점기업의 한계수입은 수량효과(추가된 한 단위 산출량 판매에서 얻는 가격)와 가격효과(모든 산출량이 판매되는 가격의 하락)로 구성된다. 가격효과 때문에 독점기업의 한계수입은 언제나 시장가격보다 낮고, 한계수입곡선은 수요곡선 아래에 위치한다.

6. 독점기업이 이윤을 극대화하는 산출량 수준에서 한계비용은 한계수입과 같고 가격보다 낮다. 완전경쟁기업이 이윤을 극대화하는 산출량 수준에서 한계비용은 시장가격과 동일하다. 따라서 완전경쟁산업과 비교할 때 독점기업은 더 적게 생산하고, 더 높은 가격을 받으며, 단기와 장기에 모두 더 높은 이윤을 얻는다.

7. 독점기업은 한계비용보다 높은 가격을 받음으로써 자중손실을 초래한다. 소비자잉여의 손실분이 독점기업의 이윤을 초과한다. 정부는 독점력을 이용해 독점이윤을 얻을 목적으로 독점이 생성되는 것을 막기 위해 개입해야 한다. 이미 존재한다면 정부는 이들이 분할되도록 해야 한다. 정부에 의해 만들어진 장벽이나 기술적 우위는 시간이 흐름에 따라 없어질 것이다. 그러나 자연독점을 분할하는 것은 비용을 높이고 후생을 감소시킬 것이다.

8. 자연독점 역시 자중손실을 발생시킨다. 이러한 자중손실을 제한하기 위해 정부에서는 **공영화**를 시행하거나 **가격규제**를 한다. 완전경쟁산업의 경우와 달리 독점기업의 가격상한은 공급부족현상을 야기하지 않으며 총잉여를 증대시킨다.

9. 거대 디지털 기업들이 독점이나 **수요독점** 행위에 관계함에 따라 네트워크 외부효과로부터 발생하는 시장지배력을 어떻게 관리할 것인가는 많이 토론되는 주제이다. 한 산업에서 유일한 구매자인 **수요독점기업**은 구매 수량을 감소시켜 가격을 하락시킴으로써 판매자로부터 잉여를 얻어 낼 수 있다. 너무 적은 양이 생산되어 자중손실이 발생한다.

10. 소비자들은 네트워크 규모가 클수록 더 큰 이득을 보기 때문에 네트워크 외부효과로부터 발생하는 시장지배력은 정책적으로 어려운 문제를 제기한다. 한편으로는 시장지배력이 자중손실을 발생시키고 빠르게 움직이는 디지털 산업의 혁신을 저해한다. 다른 한편으로는 거대 디지털 기업들도 혁신을 이뤄내며, 성공하는 이유도 소비자들이 그들을 선호했기 때문이다. 뿐만 아니라 네트워크 외부효과의 동태적 효과를 고려할 때 거대 디지털 기업을 분할한다 해도 결국 시장지배력을 갖는 우월한 기업이 다시 나타날 것이다.

11. 모든 독점기업이 **단일가격 독점기업**은 아니다. 과점기업이나 독점적 경쟁기업과 같이 독점기업 또한 더 높은 이윤을 얻기 위해 **가격차별**을 시행한다. 가격차별 독점기업은 각각의 가격탄력성에 따라 소비자들을 차별화하는 다양한 기술을 이용하여 가격탄력성이 낮은 소비자에게 더 높은 가격을 부과한다. 단일가격 독점에 비해 가격차별은 자중손실을 감소시킨다. 가장 널리 사용되는 방법은 선구매 제약, 수량할인, 이부 가격, 세일과 아웃렛 점포, 디지털 기술을 이용한 개인화된 가격책정이다.

12. 디지털 기술을 이용한 개인화된 가격책정은 각 소비자가 자신의 지불할 용의에 해당하는 가격을 지불하는 **완전가격차별**에 가장 근접한다. 독점기업이 시장의 총잉여를 차지하지만 상호 이득이 되는 모든 거래가 실현되기 때문에 자중손실은 발생하지 않는다. 공평의 문제에 크게 위배되지 않는 한 정부는 가격차별을 방지하기보다는 자중손실을 방지하는 데 더 관심을 갖는다.

독점기업   네트워크 외부효과   수요독점
독점   특허권   수요독점기업
시장지배력   저작권   단일가격 독점기업
진입장벽   공영화   가격차별
자연독점   가격규제   완전가격차별

토론문제

1. 스카이스크래퍼 도시의 지하철요금은 편도당 1.5달러이다. 시장은 지하철요금을 3분의 1 낮춘 1달러 선으로 조정하라는 압력을 받고 있다. 시장은 이 조치로 인해 스카이스크래퍼 도시의 지하철 승차권 판매수입이 3분의 1 줄게 될 것이라고 생각하고 무척 낙심하였다. 이때 경제고문이 시장에게 현재 수량효과는 무시한 채 가격효과만을 고려하고 있다는 것을 상기시켰다. 승차권 판매수입이 3분의 1 줄게 될 것이라는 시장의 추정이 과대평가된 이유를 그림을 이용하여 설명해 보라.

2. 다음에 주어진 그림은 지역 전력사의 자연독점을 나타내고 있다. 그림에는 킬로와트시당(kWh) 전력 수요곡선, 전력사의 한계수입(MR)곡선, 한계비용(MC)곡선, 평균총비용(ATC)곡선이 그려져 있다. 정부는 가격상한제를 통해 독점기업을 규제하려 한다.

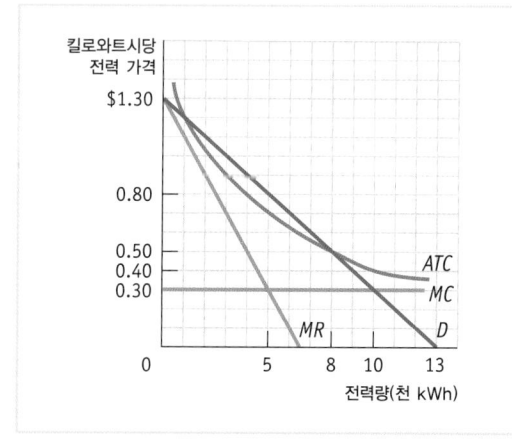

 a. 만약 정부가 독점기업을 규제하지 않는다면 독점기업이 부과하는 가격은 어느 수준이 될 것인가? 독점산업으로 인해 발생하는 자중손실을 색칠하여 비효율성을 표시해 보라.

 b. 정부가 가격상한선을 한계비용 0.3달러로 규제한다면 독점기업은 이윤을 얻을 것인가, 혹은 손실을 입겠는

가? 독점기업의 이윤(혹은 손실)을 색칠해 보라. 정부가 가격상한제를 실시한다면 장기적으로 기업이 생산활동을 지속하겠는가?

 c. 정부가 0.5달러의 가격을 상한으로 정한다면 독점기업은 이윤을 얻겠는가, 손실을 입겠는가, 수지 균형을 이루겠는가?

3. 독점기업이 산출량 수준을 8에서 9단위로 확대하면 이로 인해 산출물 가격은 2달러에서 1달러로 낮아진다는 것을 알고 있다. 수량효과와 가격효과를 계산해 보라. 이 결과를 이용하여 독점기업의 아홉 번째 단위를 생산함으로써 얻는 한계수입을 계산해 보라. 아홉 번째 단위를 생산하는 한계비용은 영보다 크다. 독점기업이 아홉 번째 단위를 생산하는 것이 좋은 생각인가?

4. 다음 상황을 설명하라.

 a. 유럽에서는 많은 무선전화 사업자가 무선전화에 가입하는 사람에게 매우 비싼 무선 서비스를 무료로 제공한다. 사업자들이 이렇게 하는 이유가 무엇일까?

 b. 영국에서는 반독점 당국이 무선전화 사업자인 보다폰이 고객들에게 다른 보다폰 고객에게 거는 전화를 무료로 제공하는 요금안을 금지했다. 보나폰이 이러한 전화를 무료로 제공한 이유가 무엇이었을까? 정부가 이런 요금안에 개입하여 이러한 관행을 금지시킨 이유는 무엇일까? 정부가 이런 방식으로 개입하는 것이 좋지 않을 수도 있는 이유는 무엇일까?

5. 생명을 위협하는 알러지가 있는 사람은 에피네프린을 자동 주입할 수 있는 기구(자동주사기라 부른다)를 반드시 소지해야 한다. 2016년 여름 널리 사용되고 있던 자동주사기 에피펜을 생산하던 마일란은 실질적인 독점기업이 되었다. 1년 전 주된 경쟁 제품인 아우비큐가 오작동으로 잘못된 용량을 주입할 수 있다는 우려로 인해 시장에서 회수되었다. 또한 미국 식품의약국이 제약회사인 테바가 무

상표 자동주사기를 시장에 판매하는 것을 허가하지 않았다. 이 일이 있기 전에 두 개로 구성된 에피펜 한 상자가 약 100달러에 판매되었다. 그러나 그해 여름 마일란은 상자당 가격을 600달러 이상으로 인상하여 한동안 뉴스거리가 되고 인터넷 청원과 소비자들의 분노를 샀다. 마일란은 소비자들이 에피펜을 보험에서 구입하기 때문에 가격 인상의 영향을 받지 않는다고 반박했다. 마일란은 보험에 가입하지 않아 가격 전부를 부담해야 하는 사람에게는 300달러의 할인카드를 제공했다.

a. 에피네프린 자동주사기가 완전경쟁시장에서 거래될 때 소비자잉여와 생산자잉여를 그래프로 표시하라. 기업들의 한계생산비가 한 팩당 100달러로 일정하다고 가정하라.

b. 같은 그래프를 사용하여 아우비큐가 시장에서 회수되고 테바의 진입이 식품의약국에 의해 저지된 후 소비자잉여, 생산자잉여, 자중손실이 얼마나 변화했는지 보이라.

c. 보험이 없는 사람들에게 제공된 할인카드가 어떻게 가격차별의 예가 될 수 있는가? (힌트 : 의료보험의 혜택을 받는 환자들은 소득이 높아 가격 전부를 부담할 수 있는 소비자와 같다.) 할인카드 제도하에서 소비자잉여와 생산자잉여가 어떻게 달라지는지 그래프로 표시하라.

연습문제

1. 다음의 각 기업은 모두 시장지배력을 가지고 있다. 시장지배력이 가능한 이유가 무엇인지 설명하라.
   a. 머크 : 콜레스테롤을 낮추는 약 제티아에 대한 특허권을 가짐
   b. 워터웍스 : 수돗물 공급자
   c. 치키타 : 바나나 공급자이자 대규모 바나나 농장 대부분의 소유자
   d. 월트 디즈니사 : 미키 마우스 창작자

2. 밥, 빌, 벤, 브래드 형제는 자신들의 농구 팀에 대한 다큐멘터리 영화를 만들었다. 그들 모두는 영화를 인터넷에서 내려받도록 할 수 있는 방안을 생각하고 있고, 원한다면 단일가격 독점기업으로 행동할 수 있다. 매번 영화를 내려받을 때마다 인터넷 서비스 공급자는 이 형제들에게 4달러의 요금을 부과한다. 이 형제들은 구매자가 영화를 내려받을 때 매회 얼마의 가격을 받을 것인가를 논의하고 있다. 다음에 주어진 표는 그들의 영화에 대한 수요표를 나타낸다.

내려받기 가격	내려받기 수요량
$10	0
8	1
6	3
4	6
2	10
0	15

   a. 내려받기 횟수에 대한 총수입과 한계수입을 각각 계산해 보라.
   b. 제작된 영화에 큰 자부심을 갖고 있는 밥은 최대한 많은 사람들이 영화를 내려받기를 원한다. 밥은 어떤 가격을 선택할 것인가? 이때 내려받기 횟수는 몇 회인가?
   c. 빌은 최대한 높은 총수입을 얻기 원한다. 빌은 어떤 가격을 선택할 것인가? 이때 내려받기 횟수는 몇 회인가?
   d. 벤은 이윤을 극대화하기를 원한다. 벤은 어떤 가격을 선택할 것인가? 이때 내려받기 횟수는 몇 회인가?
   e. 브래드는 효율적인 가격을 매기고 싶어 한다. 브래드는 어떤 가격을 선택할 것인가? 이때 내려받기 횟수는 몇 회인가?

3. 마테오는 메이저리그 야구경기장을 내려다볼 수 있는 방을 가지고 있다. 마테오는 주당 50달러의 요금을 지불하고 망원경을 빌려 자신의 친구들과 동급생에게 요금을 받고 그 망원경을 이용하여 30초간 야구게임을 볼 수 있게 하기로 했다. 마테오는 '관람 시설'을 대여하는 단일가격 독점기업으로서 행동할 수 있다. 30초 동안 게임을 관람하는 사람 1명당 마테오가 렌즈를 닦는 데 0.2달러의 비용이 소요된다. 다음 표는 특정한 주간에 마테오가 제공하는 서비스의 수요에 대한 정보를 보여 주고 있다.

관람 요금	관람에 대한 수요량
$1.20	0
1.00	100
0.90	150
0.80	200
0.70	250
0.60	300
0.50	350
0.40	400
0.30	450

0.20	500
0.10	550

a. 각각의 가격에 대하여 관람 서비스를 판매함으로써 얻는 총수입과 관람 서비스 1회당 한계수입을 계산해 보라.

b. 수량을 어느 수준으로 정할 때 마테오의 이윤이 극대화되겠는가? 마테오가 부과할 가격은 어느 수준이겠는가? 마테오의 총이윤은 얼마가 되겠는가?

c. 마테오의 집주인이 건물 안으로 들어오는 방문객들에 대해 불만을 표시했고, 마테오에게 관람 서비스를 판매하지 말 것을 요구했다. 그러나 만약 판매되는 모든 관람 서비스에 대해 1회당 0.2달러를 집주인에게 준다면 그런 불평을 하지 않을 것이다. 관람 서비스 1회당 지불해야 하는 이러한 0.2달러의 회유책이 한계비용에 미치는 영향은 무엇인가? 이윤을 극대화하는 새로운 관람 횟수는 얼마가 되겠는가? 관람 서비스 1회당 지불해야 하는 이러한 0.2달러의 회유책이 마테오의 총이윤에 미치는 영향은 무엇인가?

4. 드비어스가 다이아몬드 시장에서 단일가격 독점기업이라고 가정하자. 드비어스는 5명의 잠재적 고객을 가지고 있다. 라켈, 재키, 제이크, 엘라이자, 조던이 그들이다. 이들 고객은 다이아몬드의 가격이 그들의 지불할 용의와 같거나 그보다 낮은 경우에 한해서 최대한 1개의 다이아몬드를 구매하려고 한다. 라켈의 지불할 용의는 400달러이며, 재키의 경우 300달러, 제이크의 경우 200달러, 엘라이자의 경우 100달러, 조던의 경우 0달러이다. 드비어스의 한계비용은 다이아몬드 1개당 100달러이다. 이를 토대로 수요표를 작성하면 다음과 같다.

다이아몬드 가격	다이아몬드 수요량
$500	0
400	1
300	2
200	3
100	4
0	5

a. 드비어스의 총수입과 한계수입을 계산해 보라. 계산한 바를 토대로 수요곡선과 한계수입곡선을 그려 보라.

b. 드비어스가 우하향하는 수요곡선을 접하게 되는 이유를 설명하고, 다이아몬드 1개를 추가로 판매할 때의 한계수입이 다이아몬드의 가격보다 낮은 이유를 설명하라.

c. 드비어스가 현재 다이아몬드에 대해 200달러의 가격을 받고 있다고 가정한다. 만약 100달러로 가격을 낮추면 가격효과는 얼마가 되겠는가? 수량효과는 얼마가 되겠는가?

d. 그림에 한계비용곡선을 그리고, 드비어스의 이윤을 극대화하는 수량과 가격 수준을 구하라.

5. 4번 문제에 주어진 수요표를 사용하라. 다이아몬드 생산의 한계비용은 100달러로 일정하다. 고정비용은 존재하지 않는다.

a. 만약 드비어스가 독점가격을 부과한다면, 각 구매자가 얻는 개별 소비자잉여는 얼마겠는가? 개별 소비자잉여를 더하여 총소비자잉여를 계산해 보라. 생산자잉여는 얼마인가?

러시아와 아시아에서 생산자들이 새로이 시장에 진입하여 시장이 완전경쟁적이 되었다고 가정하자.

b. 완전경쟁가격은 얼마인가? 완전경쟁시장에서 판매되는 수량은 얼마인가?

c. 완전경쟁시장에서 정해진 가격과 거래량에서 각 소비자들의 소비자잉여는 얼마인가? 총소비자잉여는 얼마인가? 생산자잉여는 얼마인가?

d. c에서 얻은 답과 a에서 얻은 답을 비교해 보라. 독점산업으로 인해 발생한 자중손실은 얼마인가?

6. 4번 문제에 주어진 수요표를 사용하라. 드비어스는 독점기업이며 이제 5명의 모든 잠재적 구매자에 대해 완전가격차별을 달성한다고 하자. 드비어스의 한계비용은 100달러로 일정하고 고정비용은 없다.

a. 드비어스가 완전가격차별을 달성한다면 어떤 구매자에게 얼마의 가격으로 다이아몬드를 판매하겠는가?

b. 각각의 개별 소비자잉여는 얼마인가? 총소비자잉여는? 각각의 판매를 통해 얻은 생산자잉여를 더함으로써 총생산자잉여를 계산해 보라.

7. 다운로드 레코드사에서는 그룹 '메리와 작은 양'의 앨범을 판매하기로 결정했다. 이 앨범을 공급하는 데 드는 고정비용은 없으나, 디지털 앨범을 제작하고 메리에게 로열티를 지급하는 데 6달러의 비용이 든다. 다운로드 레코드사는 단일가격 독점기업으로 행동할 수 있다. 판매부에서 조사한 앨범에 대한 수요표는 다음과 같다.

앨범 가격	앨범 수요량
$22	0
20	1,000
18	2,000

16	3,000
14	4,000
12	5,000
10	6,000
8	7,000

a. 총수입과 한계수입을 계산하라.

b. 각 앨범을 생산하는 데 드는 한계비용은 6달러로 일정하다. 이윤을 극대화하려면 다운로드 레코드는 산출량 수준을 어떻게 결정해야 하며, 이에 따라 각 앨범당 부과되어야 할 가격은 얼마인가?

c. 메리는 재계약을 해서 이제 다운로드되는 앨범당 더 높은 로열티를 받게 되었다. 그래서 한계비용이 상승하여 14달러로 일정하게 되었다. 이윤을 극대화하려면 다운로드 레코드는 산출량 수준을 어떻게 결정해야 하며, 이에 따라 각 앨범당 부과되어야 할 가격은 얼마인가?

8. 칼리지타운 극장의 고객은 900명의 학생과 100명의 교수이다. 영화표에 대한 학생들의 지불할 용의는 5달러이다. 교수들의 지불할 용의는 10달러이다. 모두 최대 1장의 표를 구매한다. 영화표 1장당 극장의 한계비용은 3달러로 일정하며, 고정비용은 없다.

a. 극장에서 가격차별을 할 수 없고, 영화표 1장당 학생들과 교수들에게 동일한 요금을 부과해야 한다고 가정하자. 만약 극장에서 5달러의 요금을 부과한다면 누가 영화표를 구매할 것이며, 이때 극장의 이윤은 얼마가 될 것인가? 소비자잉여의 크기는 얼마인가?

b. 극장에서 10달러를 부과한다면 누가 영화표를 구매할 것이며, 이때 극장의 이윤은 얼마가 될 것인가? 소비자잉여의 크기는?

c. 극장 측에서 학생증을 요구함으로써 학생들에게는 5달러, 교수들에게는 10달러로 학생과 교수 간 가격차별을 할 수 있다고 가정하면 극장에서 얻게 되는 이윤의 크기는 얼마나 되겠는가? 소비자잉여의 크기는 얼마인가?

9. 미국에서는 연방통상위원회(Federal Trade Commission, FTC)가 경쟁을 제고하며 가격 인상을 초래할 가능성이 높은 기업합병에 이의를 제기하는 역할을 맡고 있다. 몇 년 전 사무용품을 전문으로 공급하는 두 대형 상점인 스테이플스와 오피스디포가 합병에 합의했다고 발표했다.

a. FTC의 합병 비판자들은 두 회사의 합병이 미국 여러 지역에서 사무용품 판매 시장의 독점을 초래할 것이라고 주장했다. FTC의 주장과 가격 인상을 초래할 가능성이 높은 기업합병에 이의를 제기하는 역할에 근거해서 볼 때 FTC가 이 합병을 승인했으리라고 생각하는가?

b. 스테이플스와 오피스디포는 일부 지역에서 사무용품 판매 시장의 독점이 초래될 수는 있으나 FTC가 (슈퍼마켓과 다른 소매점 등과 같은) 모든 사무용품 공급자를 포함하는 더 큰 시장을 고려해야 한다고 주장했다. 그러한 시장에서 스테이플스와 오피스디포는 다른 많은 소규모 상점들과 경쟁할 것이다. 만일 모든 사무용품 공급자를 포함하는 것이 FTC가 고려해야 할 타당한 시장이라면 FTC가 합병을 승인할 가능성은 더 커지겠는가, 더 작아지겠는가?

10. 1990년대 말 이전에는 발전회사가 고압선을 통해 전력을 배급하는 일도 하였다. 그 이후에 16개 주와 워싱턴 시는 발전과 배전을 분리하여 발전회사와 배전회사들 간의 경쟁을 도입하였다.

a. 배전 시장이 과거부터 현재까지 자연독점이라고 가정하자. 정부가 가격을 평균총비용과 같도록 규제했을 때 배전 시장을 그래프로 표시하라.

b. 발전 시장에 대한 규제를 해제했을 때 완전경쟁시장이 된다고 가정하자. 그리고 발전산업은 자연독점의 특성을 갖지 않는다고 가정하자. 장기균형에서 이 산업에 속한 개별 기업의 비용곡선들을 그래프로 표시하라.

11. 2014년 타임워너케이블과 컴캐스트가 합병 계획을 발표했다. 두 회사가 합병할 경우 미국에서 케이블 서비스에 가입한 사람 대다수가 고객이 되기 때문에 이는 즉시 독점 논란을 일으켰다. 또한 두 회사가 합병할 경우 실질적으로 케이블용 쇼 프로그램을 구입하는 유일한 회사가 될 것이기 때문에 수요독점 가능성이 거론되었다. 비록 궁극적으로 합병이 허용되지 않았지만 합병이 이루어졌다고 가정하고 다음 각 경우에 그것이 독점이나 수요독점의 증거가 될 수 있는지 또는 아무 증거도 아닌지 답하라.

a. 케이블의 월간 소비자 가격이 프로그램을 제작하여 케이블로 전달하는 비용에 비해 상당히 더 많이 상승한다.

b. 케이블 TV에 광고를 하는 회사들이 더 높은 가격을 지불하여야 한다.

c. 방송용 쇼를 제작하는 회사들이 전과 같은 금액을 받고 더 많은 쇼를 제작해야만 한다.

d. 소비자들이 전과 동일한 월간 요금을 지불하고 전보다 더 많은 쇼를 볼 수 있다.

12. 월마트는 세계 최대의 소매점이다. 그 결과로 월마트는 '언제나 낮은 가격'이라는 이 회사의 구호에 맞게 공급자

들에게 가격을 낮추도록 요구할 수 있는 충분한 협상력을 갖고 있다.

a. 공급자들로부터 상품을 구입할 때 월마트는 독점기업 처럼 행동하는가 수요독점기업처럼 행동하는가? 설명 하라.

b. 월마트는 고객들의 소비자잉여에 어떤 영향을 미치는 가? 이 회사의 공급자들의 생산자잉여에는 어떤 영향을 미치는가?

c. 장기적으로 월마트 공급자들이 생산하는 제품의 품질이 어떻게 달라질 것 같은가?

14 과점

규제당국에 의해 펑크 난 브리지스톤 타이어

2019년 매출액이 330억 달러가 넘는 브리지스톤은 미국에서 매출액이 최대인 타이어 회사다. 그러나 불과 5년 전 이 회사는 미국 규제당국자로 인해 매우 치욕적인 사건을 겪었다. 2014년 브리지스톤은 과거 수년간 경쟁자인 히타치 자동차 및 미쓰비시 전기와 모임을 가져왔음을 시인했다. 그 모임에서 회사들은 타이어 가격을 정하고 시장을 분할하는 소위 **가격담합**을 도모했다. 총 26개의 회사들이 타이어 가격담합을 시인했고, 32명이 기소되었으며 총 20억 달러 이상의 벌금이 미국 정부에 의해 부과되었다.

브리지스톤과 그 공모자들이 취한 행동은 불법이었다. 법무성이 작성한 기소장에 따르면 그들의 행동은 "경쟁을 막고 제거하기 위한" 것이었다. 이런 행동의 효과는 제너럴 모터스로부터 도요타, 크라이슬러에 이르기까지 미국 내 모든 자동차 생산자들에게 판매하는 자동차 부품 가격을 인상하는 것이었다. 이 장에서 우리는 규제당국이 어떻게 가격담합 여부를 판정하고 브리지스톤의 행위가 어떻게 소비자에게 손해를 입혔는지 알게 될 것이다.

브리지스톤과 공모자들의 사건은 완전경쟁도 아니고 순수한 독점도 아닌 **과점**에서 발생하는 문제들을 잘 보여준다. 과점이란 소수의 생산자들만이 있는 시장 형태이다. 현실에서는 과점이 독점보다 훨씬 더 자주 발생한다. 그리고 현대 경제에서 완전경쟁보다 더 일반적인 시장 형태임에 틀림없다.

과점에서 발생하는 문제 때문에 미국 법무성은 반경쟁적일 수 있는 수십 개의 사건들을 조사하느라 매우 바쁘다. 예를 들면 2020년 법무성은 몇몇 복제약품 제조업자들이 담합을 통해 가격을 높여 소비자들에게 수십억 달러의 손해를 입힌 혐의로 이들에게 형사소송을 제기할 것이라고 발표했다. 2019년에는 미국 내 포장된 참치 시장의 선도기업인 스타키스트가 경쟁자인 범블비, 치킨 오브 더 시와 담합한 혐의로 기소된 후 1억 달러의 벌금을 지불했다. 최근의 다른 담합 사건들 중에는 비자와 마스터카드의 신용카드 산업, 해운산업, 유홀과 에이비스의 일방향 임대 트럭의 가격담합 등이 있다.

과점의 경우처럼 한 산업에 소수의 생산자들만이 있을 때에는 한 기업의 행동이 다른 기업들의 행동에 영향을 미치는 **전략적 행위**의 문제가 발생한다. 서로의 행동에 영향을 미칠 수 있으므로 기업들은 브리지스톤과 그 공모자들처럼 경쟁을 완화하고 이윤을 높이기 위해 행동을 조정, 즉 **담합**할 유혹을 느낀다. 이런 행동 때문에 규제당국은 소비자를 보호하기 위해 때때로 과점 산업에 개입하게 된다.

이 장에서 우리는 먼저 과점이란 무엇이며 왜 그것이 중요한가에 대해 살펴본다. 다음에는 과점기업들의 행동을 알아볼 것이다. 마지막으로 과점산업에서 경쟁을 유지하여 과점이 '제대로 작동하도록'하기 위해 규제기관이 도입한 **반독점정책**에 대해 살펴볼 것이다. ●

2019년 타이어 생산의 거대기업인 브리지스톤은 경쟁자들과 가격담합에 가담했음을 인정했다.

이 장에서 배울 내용

- **과점**이란 무엇이며 왜 발생하는가?
- **과점기업**들이 왜 **담합**을 통해 이득을 보며 소비자들은 그로 인해 어떻게 피해를 보는가?
- 어떻게 **게임이론**을 통해 과점기업들의 전략적 행동을 이해하는 데 도움이 되는 통찰력을 얻을 수 있는가?
- 정부가 과점기업들 간의 담합을 방지하기 위해 **반독점 정책**을 사용하는 것이 중요한 이유는 무엇인가?

과점(oligopoly)이란 소수의 공급자가 있는 산업을 말한다. 과점산업에 속해 있는 기업을 가리켜 과점기업(oligopolist)이라 한다.

어떠한 기업도 독점기업은 아니지만 공급자들이 시장가격에 영향을 미칠 때 그러한 산업에는 불완전경쟁(imperfect competition)이 존재한다.

‖ 과점의 광범위성

브리지스톤과 공모자들이 가격담합을 하던 시기에 세계의 타이어 산업이 어느 한 기업에 의해 지배된 것은 아니었지만 주요 생산자는 소수가 있을 뿐이었다. 소수의 공급자가 있는 산업을 **과점**(oligopoly)이라 하고 과점산업에 속해 있는 기업을 가리켜 **과점기업**(oligopolist)이라 한다.

과점기업들은 당연히 서로 판매 경쟁을 벌인다. 그러나 브리지스톤과 미쓰비시는 자신들이 판매하는 제품 가격을 주어진 것으로 간주하는 완전경쟁기업들과는 달랐다. 이들은 각 회사의 생산량에 따라 시장가격이 달라질 것을 알고 있었다. 즉 독점과 마찬가지로 이들 각 기업은 어느 정도의 **시장지배력**을 갖고 있었다. 따라서 이 시장의 경쟁은 '완전'하지 못했다.

경제학자들은 기업들이 경쟁을 하지만 동시에 시장지배력(시장가격에 영향을 미칠 수 있는 능력)을 가지고 있는 상황을 가리켜 **불완전경쟁**(imperfect competition)이라 한다. 제13장에서 본 바와 같이 사실 불완전경쟁에는 두 가지 중요한 형태가 있다. 과점과 **독점적 경쟁**이다. 이들 중 현실에서는 아마도 과점이 더 중요하다고 할 수 있다.

타이어가 수십억 달러에 달하는 사업이기는 하지만 대부분 소비자들에게 친숙한 제품은 아니다. 하지만 소비자들에게 친숙한 많은 재화와 서비스가 소수의 경쟁적 판매자들에 의해 공급되고 있는데 이는 이러한 산업들이 과점인 것을 의미한다. 예를 들어 구글은 미국 검색엔진 시장의 62.5%, 빙/마이크로소프트와 야후-버라이즌미디어가 합하여 36.6%를 차지하고 있다. 미국 스마트폰 시장에서는 애플과 삼성이 각각 시장의 56%와 27%를 차지하고 있다. 미국 치약시장에서는 콜게이트-팜올리브가 시장의 48%, 크레스트와 센소다인이 각각 29%와 22%를 차지하고 있다. 버라이즌, AT&T, T-모바일이 합하여 미국 무선전화 계약의 88%를 차지하며 대부분의 국내 항공 노선은 단지 두세 개의 항공사에 의해 제공되고 있다. 이 목록을 만들면 여러 페이지 계속될 것이다.

과점이 반드시 대기업으로 구성된 것은 아니라는 사실을 알 필요가 있다. 중요한 것은 규모 자체가 아니라 경쟁기업의 수이다. 작은 마을에 잡화점이 둘뿐이라면 여기서의 잡화 판매업은 뉴욕과 워싱턴 간 정기항공편과 똑같이 과점이라 할 수 있다.

어째서 과점이 이처럼 흔한 것일까? 본질적으로 과점은 독점이 발생하는 것과 같은 이유로 그러나 약화된 형태로 나타난 것이라고 할 수 있다. 과점이 발생하는 가장 중요한 이유는 대기업이 소기업에 비해 비용 면에서 유리한 **규모의 경제** 때문일 것이다. 이 규모의 경제가 매우 강력할 때는 독점이 나타나지만, 규모의 경제가 그렇게 강하지 않을 때는 소수의 기업이 경쟁하는 시장이 발생한다.

예를 들면 대규모 잡화점이 일반적으로 소규모 잡화점에 비해 비용이 낮다. 그러나 규모의 우위는 적당한 크기를 넘어서면 약화된다. 이러한 이유로 작은 도시에서도 보통 두세 개의 상점이 살아남게 된다.

과점이 그처럼 흔하다면 왜 이 책은 대부분을 다수 기업이 존재하는 산업의 경쟁에 할애하고 있는 것일까? 그리고 상대적으로 희소한 독점을 왜 먼저 공부한 것일까? 이유는 두 가지가 있다.

첫째로 완전경쟁시장에서 배운 것들의 대부분(비용, 진입과 퇴출, 효율성 등)은 산업이 완전경쟁이 아니더라도 유효하다는 것이다. 둘째로 과점의 분석은 기업들 사이의 **상호의존성**이란 개념에 기초를 두고 있다. 즉, 과점에서는 한 기업의 행위가 같은 사업에 속한 다른 기업들에 직접적으로 영향을 미친다. 기업들이 상호의존적일 때에는 기업의 행동에 따라 다양한 결과가 나타날 수 있다. 이는 기업에게 하나만의 합리적 선택이 있고 시장균형이 하나뿐인 완전경쟁이나 독점과 다른 점이다. 완전경쟁과 독점을 과점에 앞서 공부하는 것은 우선 쉽게 답할 수 있는 문제(완전경쟁과 독점)를 다루고 나서 어려운 문제(과점)를 다루라는 유용한 원칙에 따른 것이다.

현실 경제의 >> 이해

과점인가? 아닌가?

현실에 있어 한 산업의 시장구조를 생산자 수만 가지고 결정하는 것은 쉬운 일이 아니다. 맥주 시장이 한 예다. 수십 개의 맥주양조업자가 있지만 그들 중 많은 수가 소규모 틈새 생산자(수제 맥주 생산자)이고 전체 시장은 두 개의 대규모 양조업자에 의해 지배되고 있다. 앤호이저-부시 인베브와 밀러쿠어스가 각각 미국 맥주 판매액의 40.8%와 23.5%를 차지한다. 〈그림 14-1〉에서 양조업자들의 분포를 알 수 있다.

따라서 주어진 산업의 경쟁의 특성을 측정하기 위해 경제학자들은 흔히 허핀달-허쉬만 지수(Herfindahl-Hirschman Index, HHI)를 사용한다. 어떤 산업의 HHI는 그 산업에 속한 모든 기업의 시장점유율의 제곱의 합이다(제12장에서 시장점유율을 정의했다). 예를 들어 어떤 산업에 3개의 기업만이 속해 있고 각각의 시장점유율이 60%, 25%, 15%라면 이 산업의 HHI는 다음과 같이 구한다.

$$HHI = 60^2 + 25^2 + 15^2 = 4,450$$

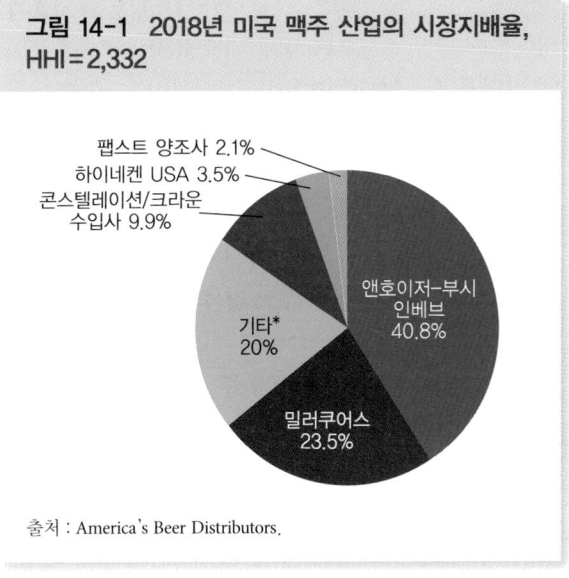

그림 14-1 2018년 미국 맥주 산업의 시장지배율, HHI = 2,332

팹스트 양조사 2.1%
하이네켄 USA 3.5%
콘스텔레이션/크라운 수입사 9.9%
앤호이저-부시 인베브 40.8%
기타* 20%
밀러쿠어스 23.5%

출처 : America's Beer Distributors.

시장점유율을 제곱함으로써 한 산업의 많은 부분이 소수의 기업에 의해 장악될수록 지수가 훨씬 더 커지게 되므로 한 산업이 얼마나 집중되어 있는지를 더 잘 측정하는 지표가 된다.

이는 단지 학술적으로만 사용되는 개념이 아니다. HHI는 반독점법의 집행을 담당하고 있는 미국 법무성과 연방통상위원회가 사용하고 있다. 이들의 임무는 가격담합을 처벌하고, 경제적으로 비효율적인 독점기업을 분리시키며, 경쟁을 감소시킬 소지가 있는 합병을 허가하지 않음으로써 산업 내에 적절한 경쟁을 보장하는 것이다.

법무성 지침에 따르면 HHI가 1,500 이하이면 집중되지 않은 산업, 즉 소수의 기업에 의해 지배되지 않아서 경쟁적으로 운영되는 산업이다. HHI가 1,500과 2,500 사이이면 어느 정도 경쟁적인 시장이고, 2,500 이상이면 집중도가 높은 산업, 즉 과점이나 독점이다. 집중도가 중간이거나 높은 산업에서 HHI를 증가시킬 합병은 법무성의 경제학자들로부터 특별 정밀검사를 받게 되고 허가되지 않을 가능성도 있다.

2016년 맥주제조사인 앤호이저-부시 인베브와 밀러쿠어스 상표 소유자인 SAB밀러의 합병은 규제정책에 있어 HHI가 어떻게 이용되는지를 보여주는 좋은 예다. 앤호이저-부시 인베브는 급속히 증가하는 해외시장에 접근하기 위해 이미 해외시장에 진출해 있는 SAB밀러와 합병하기를 원했다. 그러나 합병 전에 미국 맥주 시장은 HHI가 2,598로 집중도가 높았다. 따라서 두 회사는 법무성의 허가를 받아야 합병을 진행할 수 있음을 알고 있었다.

법무성은 결국 엄격한 조건들이 충족되어야만 한다는 조건으로 합병을 승인하였다. SAB밀러는 밀러쿠어스 상표를 매각해서 앤호이저-부시 인베브와 밀러쿠어스가 경쟁자로 남아 있어야만 했다. 그리고 맥주를 그 지역의 음식점이나 바에 배달하는 지역의 맥주 배달업자들도 조건에 포함되었다. 이들 배달업자들은 흔히 대규모 양조업자가 소유하고 있고 수제 맥주 제조업자들은 이 때문에 수제 맥주 판매에 지장이 있다고 불평하고 있었다. 따라서 합병 허용 조건으로 새로 합병된 회사는 배달업자들을 통해 경쟁을 제한하는 행동을 하는 것이 금지되었다. 그러나 이러한 합의에도 불구하고 규제당국과 의회 그리고 경쟁자들은 맥주 산업에서 앞으로 일어나는 일을 주시할 것이고 새로운 회사의 반경쟁적 행위를 매우 중대하게 다루겠다는 것을 분명히 했다. 2019년에는 맥주 산업의 HHI가 2,332로 떨어져 집중도가 높음에서 중간으로 완화되었다.

>> 이해돕기 14-1

해답은 책 뒤에

1. 다음 각 산업이 왜 완전경쟁이 아니라 과점인지를 설명하라.
   a. 페르시아만 부근의 몇몇 국가가 세계 석유매장량의 상당 부분을 차지하는 세계 석유산업
   b. 인텔과 그의 숙적 AMD가 기술적 우위를 차지하고 있는 마이크로프로세서 산업
   c. 미국 기업인 보잉사와 유럽 기업인 에어버스로 구성되어 있으며, 엄청나게 높은 고정비용이 특징인 대형민간항공기 산업
2. 다음 표는 2019년 인터넷 검색엔진의 시장점유율을 보여준다.
   a. 이 산업의 HHI를 계산하라.
   b. 야후와 빙이 합병한다면 HHI는 얼마가 되겠는가?

검색엔진	시장점유율
구글	62.5%
빙	24.9
야후!	11.7
애스크	0.9

- 완전경쟁산업과 독점산업뿐만 아니라 **과점**과 독점적 경쟁 또한 중요한 시장구조 유형이다. 과점과 독점적 경쟁은 **불완전경쟁**의 형태에 속한다.
- 과점은 **과점기업**이라 불리는 소수의 기업들로 구성된 매우 흔한 시장구조이다. 과점을 유발하는 원동력은 독점과 동일하며, 단지 그 힘의 세기가 보다 약할 뿐이다.
- 산업집중도의 척도로서 산업에 속한 각 기업의 시장점유율을 제곱하여 합한 **허핀달-허쉬만 지수**가 널리 사용된다.

한 기업의 결정이 그 산업의 다른 기업들의 이윤에 상당한 영향을 미치는 경우 이 기업들은 **상호의존적인 상황**(interdependence)에 있다.

두 생산자만 존재하는 경우의 과점은 **복점**(duopoly)이라 하고, 이때의 기업을 **복점기업**(duopolist)이라 한다.

‖ 과점의 이해

과점기업들은 **상호의존적인 상황**(interdependence)에서 사업을 하기 때문에 다른 유형의 시장에서 활동하는 기업들과는 매우 다른 행동을 보일 수 있다. 한 기업의 가격이나 생산 결정은 경쟁자들의 이윤에 상당한 영향을 끼칠 수 있기 때문이다. 과점기업이 어떻게 생각하고 행동하는지 이해하기 위해 우리는 한 예를 살펴보기로 한다.

복점의 예

표 14-1 타이어에 대한 수요표

타이어 가격 (파운드당)	타이어 수요량 (백만 파운드)	총수입 (백만 달러)
$12	0	$0
11	10	110
10	20	200
9	30	270
8	40	320
7	50	350
6	60	360
5	70	350
4	80	320
3	90	270
2	100	200
1	110	110
0	120	0

이제 가장 단순한 형태의 과점, 즉 **복점기업**(duopolist)이라 불리는 두 생산 기업만 있는 산업인 **복점**(duopoly)을 알아보자.

처음 소개한 이야기에서 브리지스톤과 히타치만이 자동차 타이어를 생산하고 있다고 생각해 보자. 문제를 더 간단히 만들기 위해 일단 타이어를 생산하는 데 필요한 고정비용을 지출하고 나면 추가 생산에 드는 한계비용은 영이라고 가정하자. 따라서 회사들은 비용은 신경쓰지 않고 판매수입에만 관심을 갖는다.

〈표 14-1〉에는 가상적인 타이어 수요와 여러 가격하에서 얻어지는 산업의 총수입이 표시되어 있다.

만일 이 산업이 완전경쟁산업이었다면 각 기업은 시장가격이 한계비용보다 높을 때에는 항상 생산을 증가시키려 했을 것이다. 한계비용이 영이므로 이는 균형에서 타이어가 무료로 공급됨을 의미한다. 기업들은 가격이 영이 될 때까지 생산을 증가시켜 총생산량은 1억 2,000만 파운드가 되고 두 기업의 수입은 영이 될 것이다.

그러나 물론 기업들이 그렇게 어리석지는 않을 것이다. 산업에 기업이 둘뿐이므로 각자가 생산을 증가시키면 시장가격이 하락한다는 것을 알고 있을 것이다. 따라서 각 기업은 독점기업과 같이 생산을 억제

하면 이윤이 더 높아진다는 것을 알 것이다.

그러면 두 기업은 얼마나 생산할 것인가?

하나의 가능성은 **담합**(collusion), 즉 서로의 이윤을 높이기 위해 협력하는 것이다. 가장 강한 형태의 담합은 각 기업의 생산량을 할당하는 기구인 **카르텔**(cartel)이다. 세계에서 가장 유명한 카르텔은 나중에 '현실 경제의 이해'에 소개될 석유수출국기구(OPEC)이다.

이름이 시사하는 바와 같이 OPEC은 사실 기업이 아니라 정부 사이에 체결된 협약이다. 이 유명한 카르텔이 정부 간 협정인 데는 이유가 있다. 기업들 사이의 카르텔은 미국을 비롯한 많은 국가에서 불법이다. 그러나 잠시 법을 무시하기로 하자(물론 브리지스톤은 현실에서 그렇게 했다가 불행을 자초한 것이지만).

이제 브리지스톤과 히타치가 카르텔을 형성하고 카르텔을 통해 마치 독점인 것처럼 산업 전체의 이윤을 극대화하기로 결정했다고 가정하자. 〈표 14-1〉로부터 두 기업 모두의 이윤을 극대로 하기 위해서는 산업 전체의 생산량을 6,000만 파운드로 제한해야 함을 알 수 있다. 그러면 타이어는 개당 6달러씩에 판매되어 3억 6,000만 달러의 최대수입이 발생하게 될 것이다.

유일한 문제는 이 6,000만 개의 타이어를 두 기업이 어떻게 분담하는가 하는 것이다. 아마도 각 기업이 3,000만 개씩 생산하고 1억 8,000만 달러의 수입을 얻는 것이 '공평할' 것이다.

그러나 두 기업이 그렇게 하기로 합의했다고 하더라도 문제가 발생할 수 있다. 각 기업은 약속을 어기고 더 많은 양을 생산할 동기가 있는 것이다.

담합과 경쟁

브리지스톤과 히타치의 사장들이 내년에 타이어를 각자 3,000만 개씩 생산하기로 합의할 예정이라 하자. 두 사람 모두 이 계획이 두 회사 이윤의 합을 최대로 한다는 것을 알 것이다. 그리고 또한 두 기업 모두 약속을 깰 동기를 갖게 될 것이다.

그 이유를 알기 위해 히타치는 약속을 지켜 3,000만 개만 생산하지만 브리지스톤이 약속을 무시하고 4,000만 개를 생산할 때 어떻게 될 것인지 알아보자. 그러면 총생산량이 증가하여 가격이 6달러에서 5달러(7,000만 파운드가 수요되는 가격)로 하락할 것이다. 산업 전체의 수입은 3억 6,000만 달러($6×6,000만 파운드)에서 3억 5,000만 달러($5×7,000만 개)로 하락한다. 그러나 브리지스톤의 수입은 1억 8,000만 달러($6×3,000만 개)에서 2억 달러($5×4,000만 개)로 증가할 것이다. 한계비용이 영이라고 가정하고 있으므로 이는 곧 브리지스톤의 이윤이 2,000만 달러만큼 증가함을 의미한다.

그러나 히타치의 사장도 똑같은 계산을 하고 있을지 모른다. 만일 두 기업 모두 타이어를 4,000만 개씩 생산하면 가격은 4달러로 하락할 것이다. 따라서 각 기업의 이윤은 1억 8,000만 달러에서 1억 6,000만 달러로 감소할 것이다.

개별 기업이 결합이윤을 극대로 하는 수준 이상으로 생산량을 증가시키려는 동기를 갖는 이유는 무엇일까? 그것은 어느 기업도 진짜 독점기업만큼 생산을 제한할 충분한 동기를 갖고 있지 않기 때문이다.

잠시 독점이론으로 돌아가 보자. 이윤을 극대로 하는 독점기업은 한계비용(여기서는 영이다)을 한계수입과 같게 할 것이다. 그런데 한계수입이란 무엇인가? 상품을 한 단위 더 생산할 때 두 가지 효과가 발생한다는 것을 상기해 보자.

1. 양의 수량효과 : 한 단위가 더 판매되어 총수입은 그 상품이 판매되는 가격만큼 증가한다.
2. 음의 가격효과 : 한 단위를 더 많이 판매하기 위해서는 전체 상품이 판매되는 시장가격을 인하해야 한다.

판매자들이 자기들의 전체 이윤을 높이기 위해 협력하고자 할 때 **담합**(collusion)을 한다.

카르텔(cartel)이란 몇몇 공급자들이 자기들의 전체 이윤을 높이기 위해 생산량 제한에 따르기로 한 협정을 가리킨다.

기업들이 자신의 행동이 다른 기업의 이윤에 주는 영향을 고려하지 않고 행동할 때 이를 **비협조적인 행동**(noncooperative behavior)이라 한다.

음의 가격효과로 인해 독점기업의 한계수입은 시장가격보다 낮다. 그런데 생산량을 증가시킬 때의 효과를 고려할 때 개별 기업은 동료 과점기업은 제외하고 오로지 자신이 판매하는 상품에 대한 가격효과만을 고려한다. 만일 브리지스톤이 타이어를 추가로 생산하여 가격이 하락한다면 브리지스톤과 히타치가 모두 음의 가격효과로 피해를 볼 것이다. 그러나 브리지스톤은 오로지 자신이 판매하는 상품에 대한 음의 가격효과만 염려하지 히타치의 손실은 염려하지 않는다.

이로부터 우리는 과점에서 개별 기업이 생각하는 가격효과는 독점기업의 가격효과보다 작다는 것을 알 수 있다. 그러므로 이들이 생각하는 한계수입은 독점에서보다 더 높을 것이다. 따라서 과점기업에서는 생산량을 증가시키는 것이 산업 전체의 이윤은 감소시키더라도 자신에게는 유리하게 보일 수 있다. 그러나 모든 기업이 그렇게 생각한다면 결국은 모든 기업이 더 낮은 이윤을 얻게 되는 것이다!

지금까지 우리는 생산자들이 이윤을 극대화하기 위해서는 어떻게 해야 하는가를 봄으로써 그들의 행동을 분석할 수 있었다. 그러나 비록 브리지스톤과 히타치 모두 이윤을 극대화하려고 노력한다고 하더라도 그들의 행동에 대해 어떤 예측을 할 수 있는가? 그들이 결합이윤을 극대로 하는 합의에 도달하여 그것을 준수할까? 아니면 비록 모두의 이윤이 하락하더라도 각자 자신의 이익을 추구하여 **비협조적인 행동**(noncooperative behavior)을 보일 것인가? 두 행위 모두 이윤을 극대화하는 것 같아 보인다. 실제 그들의 행동은 과연 어떤 것일까?

이제 여러분은 왜 소수의 기업만이 존재하는 과점에서 담합이 실제 가능한지 알 수 있을 것이다. 만일 수십 또는 수백 개의 기업이 있다면 기업이 비협조적으로 행동한다고 가정해도 무방할 것이다. 그러나 한 산업에 존재하는 기업의 수가 얼마 안 된다고 해도 담합이 반드시 일어난다고 장담할 수는 없다. 다음 절에서 설명하는 이유들로 인해 과점기업들은 자주 담합에 실패한다.

담합이 궁극적으로는 비협조적인 행동보다 더 많은 이윤을 주기 때문에 기업에는 가능하기만 하다면 담합을 할 동기가 있다. 담합을 하는 한 가지 방법은 그것을 공식화하는 것이다—합의서(심지어는 합법적인 계약서)를 작성하거나 회사들이 가격을 높게 책정하도록 재정적인 동기를 부여하는 것이다. 그러나 미국을 비롯한 많은 국가에서는 그러한 행위가 법적으로 금지되어 있다. 회사가 가격을 높게 유지하는 계약을 합법적으로 체결할 수 없다. 그러한 계약은 효력이 없을 뿐만 아니라 작성하는 것 자체가 감옥행을 초래한다. 법적 효력은 없지만 도덕적 의무감을 줄 수 있는 '신사협정'도 맺을 수 없다. 그것 또한 불법이다.

사실 경쟁사의 임원들은 대화가 부적절한 방향으로 흘러가지 않도록 지켜 줄 변호사 없이는 잘 만나지도 않는다. 가격이 좀 더 높았으면 얼마나 좋을까를 암시하는 말만으로도 법무성이나 연방통상위원회(두 기관 모두 과점의 담합을 방지하는 법 집행을 담당한다)와 원치 않는 면회를 하게 될 수도 있다.

예를 들면, 2013년에 법무성은 몬산토와 유전자가 조작된 씨앗을 생산하는 다른 대기업들을 가격담합 혐의로 고소하였다. 법무부는 몬산토와 파이어니어 하이브레드 인터내셔널—두 회사는 미국 옥수수와 콩 종묘 시장의 60%를 점유하고 있다—이 가졌던 일련의 회합에 주목하였다. 유전자가 조작된 씨앗과 관련된 기술협약 당사자인 두 회사는 그 회합에서 불법적인 가격담합 논의는 없었다고 주장했다. 그러나 두 회사가 기술 협약의 일부로서 가격을 논의했다는 사실만 가지고도 법무부가 행동을 취하기에 충분했던 것이다.

우리가 이미 본 바와 같이 때로는 과점기업들이 규칙을 무시하기도 한다. 그러나 그보다 과점기업들은 나중에 보는 바와 같이 공식적인 합의 없이도 담합을 형성하는 방법을 찾아낸다.

현실 경제의 >> 이해

초콜릿 생산자에 대한 기소가 녹아내리다

브리지스톤 사건에서는 회사 간부들이 가격담합을 인정했기 때문에 수사관들은 재판에서 회사를 기소하는 데 결정적인 증거를 갖게 되었다. 그러나 확고한 증거가 없는 경우에는 가격담합을 처벌하는 것이 매우 어려운 일이 될 수 있다. 미국과 캐나다에서 실시되었던 초콜릿 산업의 가격담합 수사 결과가 다르게 나타난 것이 이를 확실하게 보여준다.

초콜릿 제조업자들이 가격담합을 하고 있을까?

2015년 말 캐나다 초콜릿의 주요 생산자들의 담합에 대한 8년에 걸친 조사가 마침내 막을 내렸다. 이 조사는 캐드버리 캐나다가 허쉬 캐나다, 네슬레 캐나다, 마르스 캐나다와 담합했었다고 폭로하면서 시작되었다. 이어진 재판에서 13명의 캐드버리 캐나다 임원들이 다른 회사들과의 회합에 대해 폭로했다. 그중 한 회합에서는 네슬레 캐나다의 임원 한 명이 앞으로 언제 가격이 오를지 세부적인 정보를 캐드버리 캐나다에 넘겨 주었다. 재판이 오래 진행된 후에 네 회사들 모두 합의를 통해 총액 2,300만 달러 이상의 벌금을 지불했고 이는 소비자들에게 분배되었다.

국경 남쪽에서는 미국의 대형 식료품 연쇄점과 스낵 판매업자들이 자신들도 초콜릿 생산자들의 담합 희생자라고 확신하였다. 2010년 이들 중 하나인 슈퍼밸류가 이 4대 초콜릿 생산기업의 미국 회사에 대해 소송을 제기했다. 캐나다에서는 이 4대 기업이 50%를 약간 밑도는 시장을 장악하고 있는 데 반해 미국에서는 이들이 75% 이상을 장악하고 있었다. 슈퍼밸류는 이 4대 기업의 미국 회사들이 2002년부터 정기적으로 며칠 간격을 두고 차례로 가격을 5% 내지 10% 이상 인상해 왔다고 주장했다.

실제로 미국에서 초콜릿 캔디 가격은 2008년부터 2010년 사이에 물가상승률보다 훨씬 높은 17%가 급격히 인상되었다. 초콜릿 제조사들은 단지 코코아 콩, 낙농제품, 설탕 등의 원가 인상을 반영한 것뿐이라고 자신들의 행동을 정당화하였다. 그리고 어떤 반독점 전문가의 지적처럼 기업들이 같은 시기에 가격을 인상하는 것은 불법이 아니기 때문에 회사들 사이의 대화나 서면 계약 같은 확고한 증거가 없으면 가격담합을 증명하는 것은 매우 어렵다.

2014년 미국의 판사는 거의 동시에 가격을 인상했다고 해서 담합이 있었다는 충분한 증거가 되지 않고 미국 생산자들이 캐나다의 계열기업들의 담합에 대해 알고 있었다는 증거가 없기 때문에 담합에 대해 혐의가 없다고 판결했다. 연방 판사인 크리스토퍼 코너는 피고들이 예상되는 비용 인상에 대해 가격을 인상한 것은 "합리적이고 경쟁적인 행위"였다고 결론지었다. 2015년 캐나다의 규제 당국은 마침내 더 이상 4대 기업에 대해 형사소송을 진행하지 않기로 하고 사건을 종결하였다.

>> 이해돕기 14-2

해답은 책 뒤에

1. 다음 중 어떤 요인들이 과점기업이 다른 기업들과 담합할 가능성을 높이겠는가? 어떤 요인들이 과점기업이 비협조적으로 행동하여 생산량을 늘리게 하겠는가? 자신의 답을 설명하라.

   a. 이 기업의 초기 시장점유율은 낮은 편이다. (힌트 : 가격효과에 대해 생각해 보라.)
   b. 이 기업은 경쟁기업들에 비해 비용 면에서 우위를 가지고 있다.

>> 복습

- 과점기업들은 한 기업의 가격과 생산 결정이 그 산업의 다른 기업에 직접적으로 영향을 미치는 **상호의존적인 상황**에서 활동을 한다.
- 과점의 중요한 분석틀은 과점의 가장 간단한 형태인 **복점** ─ 두 기업(**복점기업**)만으로 구성된 산업 ─ 을 통해서 살펴볼 수 있다.
- 과점기업들은 마치 하나의 기업체인 것처럼 행동함으로써 결합이윤을 극대화할 수 있다. 그러므로 **카르텔**을 형성할 유인이 생긴다.
- 그러나 개별 기업은 카르텔을 위반할 유인, 즉 카르텔 합의하에서 생산하기로 했던 양보다 더 많은 양을 생산할 유인을 가지고 있다. 그러므로 성공적인 **담합** 및 카르텔 위반으로 인한 **비협조적 행동**이라는 두 가지 주요 결과가 나타날 수 있다.

상호의존적인 상황에서의 행동을 연구하는 분야를 게임이론(game theory)이라 한다.

과점기업의 이윤과 같이 게임에서 참가자가 받는 대가를 그 참가자의 보상(payoff)이라 한다.

보상행렬(payoff matrix)은 두 사람만이 게임에 참여하고 있을 때 각 참가자들의 보상이 어떻게 상대의 행동에 영향을 받는지 보여 준다. 이러한 행렬이 상호의존적인 상황을 분석하는 데 도움을 준다.

수감자의 딜레마(prisoners' dilemma)는 두 가지를 전제로 하는 게임이다. (1) 게임의 참가자들은 다른 참가자의 이익을 희생해서라도 자신에게 유리한 행동을 선택할 유인을 가지고 있다. (2) 두 참가자 모두 이와 같이 행동할 때, 이들은 협조적으로 행동할 때보다 더 낮은 보상을 얻게 된다.

    c. 이 기업의 고객들은 한 기업의 제품에서 다른 기업의 제품으로 변경하고자 할 때 추가적인 비용을 지불해야 한다.

    d. 이 과점기업은 생산 여력이 많이 남아 있으며, 또한 경쟁기업들이 생산능력을 최대로 가동 중이어서 생산량을 더 증가시킬 수 없다는 사실을 알고 있다.

|| 과점기업의 게임

우리가 본 복점의 예나 실제 생활에서 과점기업들은 상호의존적이어서 자신의 이윤이 경쟁자의 행동에 따라 달라지고 경쟁자의 이윤이 자신의 행동에 따라 달라진다는 것을 알고 있다. 따라서 각 기업의 결정은 다른 기업(또는 기업들)의 이윤에 상당한 영향을 미칠 것이다.

결국 기업은 각자의 이윤이 자신의 행동뿐 아니라 다른 참가자(또는 참가자들)의 행동에도 영향을 받는 '게임'을 하고 있는 것이다. 과점기업들이 어떻게 행동하는가를 더욱 상세히 이해하기 위해 경제학자들은 수학자들과 더불어 그러한 게임을 연구하는 분야, 즉 **게임이론**(game theory)이라고 불리는 분야를 개발하였다.

게임이론이 과점을 이해하는 데 어떤 도움을 주는지 살펴보자.

수감자의 딜레마

게임이론은 어느 한 참가자에게 주어지는 대가—**보상**(payoff)—가 자신의 행동뿐 아니라 그 게임에 참여하고 있는 다른 사람의 행동에도 영향을 받는 모든 상황을 다룬다. 과점의 경우에 보상은 바로 각 기업의 이윤이다.

복점처럼 두 사람만이 게임에 참여하고 있을 때 참가자들 간의 상호의존성은 〈그림 14-2〉에 있는 것과 같은 **보상행렬**(payoff matrix)로 나타낼 수 있다. 각 행은 한 참가자(여기서는 브리지스톤)의 행동에 대응되고, 각 열은 다른 참가자(여기서는 히타치)의 행동에 대응된다. 간단히 브리지스톤은 다음 두 가지 중 하나를 선택할 수 있다고 가정하자. 브리지스톤은 타이어를 3,000만 개 생산하거나 4,000만 개 생산할 수 있다. 히타치도 동일한 두 가지 선택을 할 수 있다.

보상행렬은 4개의 칸으로 되어 있고, 칸들은 대각선으로 분할되어 있다. 하나의 칸에는 두 기업의 선택으로부터 발생하는 두 기업의 보상이 표시된다. 대각선 아래쪽의 숫자는 브리지스톤의 이윤을, 대각선 위쪽의 숫자는 히타치의 이윤을 나타낸다.

이 보상들은 우리가 앞선 분석에서 얻은 결론들을 보여 준다. 두 기업의 결합이윤은 각 기업이 3,000만 개를 생산할 때 최대가 된다. 또한 각 기업은 상대방이 3,000만 개를 생산할 때 4,000만 개를 생산함으로써 자신의 이윤을 증가시킬 수 있다. 그러나 두 기업 모두 4,000만 파운드를 생산하면 두 기업 모두 3,000만 개를 생산했을 때보다 적은 이윤을 얻게 된다.

여기에 표시된 것은 특수한 상황이지만 이는 다양한 양상으로 관찰되는—또한 역설적으로 보이는—널리 알려진 현상의 한 예이다. **수감자의 딜레마**(prisoners' dilemma)로 알려져 있는 이 상황은 보상행렬이 다음과 같은 특징을 갖는 게임을 말한다.

- 각 참가자가 상대방이 어떤 선택을 하는가에 관계없이 항상 배반할—상대를 희생시켜 자신의 이익을 취할—동기를 갖는다.
- 두 사람이 모두 배반하면 모두가 배반하지 않을 때보다 나쁜 결과를 얻는다.

수감자의 딜레마의 예는 경찰에 검거된 두 공범—이들을 델마와 루이스라 부르자—에 대한 가상적인 이야기에서 비롯되었다. 경찰은 이들에게 5년 징역형을 부과할 만한 증거를 갖고 있

그림 14-2 보상행렬

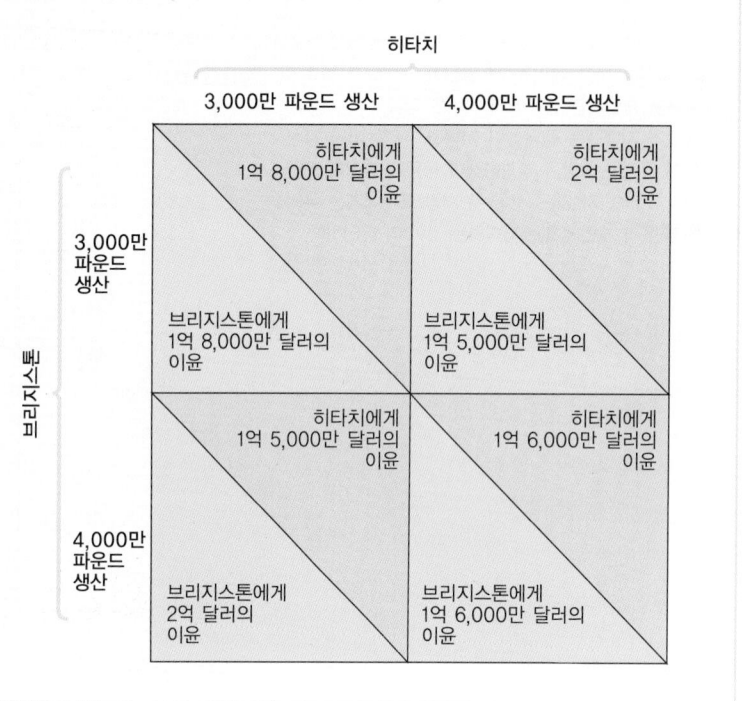

브리지스톤과 히타치 두 기업은 타이어를 얼마나 생산할지 결정해야 한다. 두 기업의 이윤은 상호의존적이다. 즉 각 기업의 이윤은 자신의 선택뿐 아니라 다른 기업의 선택에도 영향을 받는다. 각 행은 브리지스톤의 선택을, 각 열은 히타치의 선택을 나타낸다. 두 기업 모두 적은 양을 생산하는 것이 모두에게는 더 좋지만 많은 양을 생산하는 것이 개별 기업에는 더 유리하다.

	히타치	
	3,000만 파운드 생산	4,000만 파운드 생산
3,000만 파운드 생산	히타치에게 1억 8,000만 달러의 이윤 / 브리지스톤에게 1억 8,000만 달러의 이윤	히타치에게 2억 달러의 이윤 / 브리지스톤에게 1억 5,000만 달러의 이윤
4,000만 파운드 생산	히타치에게 1억 5,000만 달러의 이윤 / 브리지스톤에게 2억 달러의 이윤	히타치에게 1억 6,000만 달러의 이윤 / 브리지스톤에게 1억 6,000만 달러의 이윤

다. 뿐만 아니라 이들이 20년형에 해당하는 중죄를 범했다는 것을 알고는 있으나 불행히도 이에 대해 유죄를 입증할 만한 증거가 없다. 유죄를 입증하려면 각 수감자가 서로 상대방의 범행을 증언해야 한다.

그래서 경찰은 이들을 다른 방에 수감하고 다음과 같이 말한다. "만일 아무도 자백하지 않으면 너도 알다시피 5년 형을 받을 것이다. 만일 네가 자백하고 동료의 범행을 증언했는데 동료가 자백을 하지 않는다면 네 형량을 2년으로 줄여 주겠다. 그러나 만일 네 동료가 자백을 했는데 네가 자백하지 않는다면 너는 최대 형량인 20년 형을 받을 것이다. 그리고 만일 너희 모두가 자백한다면 15년 형을 받게 해 주겠다."

〈그림 14-3〉에는 각자가 자백과 부인을 선택함에 따라 얻게 되는 보상이 표시되어 있다(보통 보상행렬에는 참가자의 보상이 표시되고 이는 높을수록 좋은데 여기서는 그렇지 않다. 형량은 높을수록 좋은 것이 아니라 오히려 나쁜 것이다!). 수감자들은 서로 연락을 취할 수 없고 상대를 해치지 않겠다는 등의 맹세도 한 적이 없다고 가정하자. 따라서 각자는 자신의 이익에 따라 행동한다. 이들이 어떻게 행동할까?

대답은 분명하다. 두 사람 모두 자백할 것이다. 우선 델마의 관점에서 생각해 보자. 루이스의 선택에 관계없이 델마는 자백하는 것이 유리하다. 만일 루이스가 자백하지 않는다면 델마는 자백함으로써 형량을 5년에서 2년으로 단축할 수 있다. 만일 루이스가 자백한다면 델마는 자백함으로써 형량을 20년에서 15년으로 단축할 수 있다. 어떤 경우에나 분명히 자백하는 것이 델마에게 유리하다. 그리고 루이스도 똑같은 상황에 처해 있기 때문에 루이스도 자백하는 것이 분명 유리하다. 이런 상황에서 자백하는 행동을 경제학자들은 우월전략이라고 부른다. **우월전략**(dominant strategy)이란 다른 사람들이 취하는 행동에 관계없이 자신에게 항상 유리한 행동을 말한다.

꼭 알아야 할 것은 모든 게임에 우월전략이 있는 것은 아니라는 점이다. 그것은 게임의 보상

우월전략(dominant strategy)이란 다른 사람들이 취하는 행동에 관계없이 자신에게 항상 유리한 행동을 말한다.

그림 14-3 수감자의 딜레마

다른 방에 수용되어 있는 용의자 두 사람에게 동료가 자백을 하지 않았을 때 당신이 자백하고 동료의 범행을 증언하면 당신에게 가벼운 형량을 부과하고, 동료가 자백했는데 당신이 자백하지 않는다면 당신에게 무거운 형량을 부과하겠다 등등을 경찰이 제안한다. 자백하지 않는 것이 두 사람 모두에게는 유리하지만 각 개인에게는 자백하는 것이 더 유리하다.

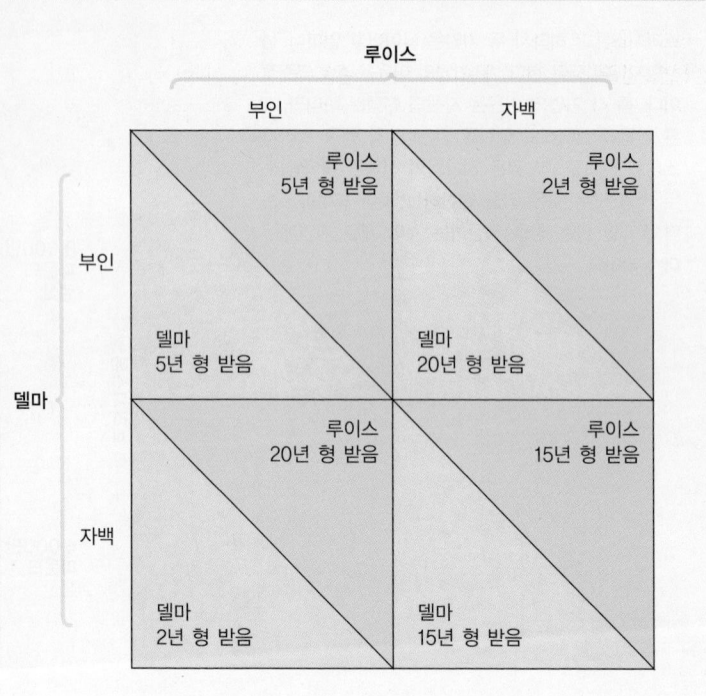

체계에 의해 결정된다. 그런데 델마와 루이스의 경우에는 자백이 각자에게 우월전략이 되도록 보상체계를 고안해 내는 것이 분명 경찰에 도움이 된다. 두 수감자가 아무도 자백하지 않기로 구속력 있는 합의를 할 방법이 없는 한 (서로 통신할 수 없다면 이러한 합의는 불가능하고 경찰은 자백을 받기 위해 통신을 허용하지 않을 것이 명백하다) 델마와 루이스는 서로 상대에게 불리한 행동을 취할 것이다.

그러므로 각 수감자가 자신의 이익에 따라 합리적으로 행동한다면 모두가 자백할 것이다. 그러나 두 사람 모두 자백하지 않았다면 두 사람은 훨씬 가벼운 형을 받았을 것이다! 수감자의 딜레마에서 각자는 명백히 상대를 해치는 행동을 취할 동기를 갖는다. 그러나 두 사람이 모두 그러한 선택을 할 때 모두가 손해를 보게 된다.

델마와 루이스가 모두 자백을 하는 것이 이 게임의 균형이다. 이 책에서는 균형의 개념을 여러 번 사용해 왔다. 균형이란 어떤 개인이나 기업도 자신의 행동을 바꿀 아무런 동기가 없는 결과를 말한다.

게임이론에서는 이런 종류의 균형, 즉 각 참가자가 다른 모든 참가자의 행동이 주어졌을 때 자신에게 가장 유리한 행동을 취하는 상태를 수학자이며 노벨상 수상자인 존 내쉬(John Nash)의 이름을 따 **내쉬균형**(Nash equilibrium)이라 부른다[내쉬의 일생은 베스트셀러 전기인 『뷰티풀 마인드(A Beautiful Mind)』로 출간되었고 영화로도 제작되었다]. 내쉬균형에서 참가자들은 자신의 행동이 다른 사람에게 미치는 영향을 고려하지 않기 때문에 이 균형은 **비협조적 균형**(noncooperative equilibrium)으로도 불린다.

다시 〈그림 14-2〉를 보자. 브리지스톤과 히타치는 델마와 루이스 같은 상황에 처해 있다. 각 기업은 다른 기업의 선택에 관계없이 많이 생산하는 것이 유리하다. 그러나 두 기업이 모두 4,000만 개의 타이어를 생산하면 합의한 대로 두 기업 모두 3,000만 개만 생산하는 것보다 못하게 된다. 그러므로 두 가지 경우 모두 개인의 이익추구 — 이윤을 최대화하거나 형량을 최소화하

비협조적 균형(noncooperative equilibrium)이라고도 알려져 있는 내쉬균형(Nash equilibrium)이란 자신의 행동이 다른 참가자들의 보상에 미치는 영향을 고려하지 않은 채, 게임의 모든 참가자가 다른 참가자들의 행동이 주어진 상태에서 자신의 보상이 극대화되도록 자신의 행동을 선택했을 때 얻어지는 결과를 말한다.

2016년 유럽과 북미에 걸쳐 28개국으로 구성된 방어 연합인 북대서양조약기구(NATO)는 수년만에 처음으로 군사지출을 증가시켰다. 대부분의 전문가들은 그 이유로 2014년 우크라이나 영토인 크림반도를 침공하여 합병함으로써 증명된 러시아의 유럽에 대한 새로운 군사적 위협을 들었다. 미국을 비롯한 나토 가맹국들이 러시아와의 군비경쟁에 다시 빠져든 것은 마치 영화 <백 투 더 퓨처>와 같았다.

제2차 세계대전 이후 1980년대까지 미국과 그 연합국(NATO)들은 러시아와 그 연합국(소련)들과 공개적인 전쟁 없이 결말이 없는 대립상태에 묶여 있었다. '냉전'이라고 불리던 이 시기에 미국과 소련은 막대한 금액을 군사장비에 지출하여 미국 경제에는 상당한 낭비를 초래하고 결국 러시아 경제에는 심각한 타격을 주게 되었다.

두 국가가 군비 지출을 줄였더라면 모두에게 더 좋았을 것이다. 그럼에도 불구하고 군비경쟁은 40년 동안이나 계속되었다. 군비경쟁은 두 사람이 협력한다면 모두에게 유익하겠지만 개인들은 자신의 이익을 좇아 행동하는 것이 합리적인 수감자의 딜레마의 논리를 예시해 준다. 두 정부는 많은 지출을 하고 교착상태에 있는 것보다는 적은 지출을 하고 교착상태에 있는 것을 더 선호했을 것이다.

구속력 있는 협조적인 합의가 없다면 각국은 많은 지출을 하는 것이 합리적이다. 그러지 않으면 상대가 군사적 우위를 점하게 될 것이다. 두 나라는 이 함정으로부터 벗어나기 위해 여러 번 무기 제한에 대해 협상을 했다. 그러나 이런 협정은 협상하기에도 난관이 많았고 증명하기도 매우 어려웠다. 결국은 막중한 군비지출로 인해 1991년 소련이 붕괴됨으로써 이 문제가 해결되었다. 그 후 20년 동안은 미국과 러시아 사이의 군비 경쟁은 대체로 사그러들었다.

2016년 러시아가 크림반도를 병합함으로써 러시아의 경제적 기반이 군비 경쟁을 다시 시작할 만큼 회복되었음을 분명하게 보여주었다. 2008년부터 2015년 사이에 러시아의 국방비 지출은 60% 상승하였다. 이에 대응한 NATO의 군비 증강은 군비 경쟁의 논리가 여전히 생생하게 살아있음을 충분히 보여주었다.

려는 노력 — 가 두 사람 모두를 해치는 얄궂은 효과를 갖는 것이다.

수감자의 딜레마는 여러 양상으로 나타난다. 수감자의 딜레마에 처한 사람들이 협조적인 행동을 취하게 만드는 방법만 있다면 — 델마와 루이스가 침묵하기로 맹세했거나 브리지스톤과 히타치가 3,000만 개 이상 생산하지 않기로 법적 효력을 갖는 합의서에 서명을 했다면 — 분명히 더 큰 이익을 얻을 수 있다.

그러나 미국에서 두 과점기업의 생산량을 조작하기로 한 합의는 효력을 갖지 못한다. 그것은 불법이다. 따라서 원치 않는 비협조적 균형만이 가능한 것처럼 보인다. 과연 그럴까?

수감자의 딜레마의 해결책 : 반복 접촉과 암묵적 담합

델마와 루이스가 수감된 채 하고 있는 게임은 일회성 게임이다. 즉 이들은 이 게임을 같은 상대와 단 한 번만 한다. 자백할 것인지 버틸 것인지 단 한 번만 결정하게 되고 그것으로 그만이다. 그러나 과점기업들의 게임은 대부분 일회성이 아니다. 그들은 동일한 게임을 같은 상대와 반복하게 될 것으로 예상한다.

과점기업은 보통 상당 기간에 걸쳐 사업을 지속할 계획을 하며, 오늘 상대방을 배신하는 행동이 미래에 다른 기업들이 자신을 대하는 태도에 영향을 줄 수 있음을 안다. 따라서 영리한 기업이라면 선택을 하는 데 단기이익에 미치는 영향만을 고려하여 결정하지 않는다. 그 대신 자신이 오늘 취한 행동이 다른 참가자들의 미래 행동에 미칠 영향을 고려한 **전략적 행동**(strategic behavior)을 선택하게 된다. 그리고 적당한 조건하에서는 전략적인 행동이 마치 공식적인 담합과 같은 행동으로 나타날 수 있다.

브리지스톤과 히타치가 타이어 사업에 여러 해 동안 종사하여 <그림 14-2>에 표시된 바와 같이 배신하거나 담합하는 게임을 반복하게 될 것으로 예상한다고 가정하자. 과연 그들이 서로 배신하는 일을 매번 반복할까?

아마도 그렇지 않을 것이다. 브리지스톤이 두 전략을 고려한다고 가정해 보자. 하나는 히타치가 어떻게 하든 상관없이 항상 배신하는 것, 즉 매년 타이어 4,000만 개를 생산하는 것이다. 다른 하나는 좋게 시작하여 첫해에 3,000만 개를 생산하고 상대방의 행동을 관찰하는 것이다. 만

다른 기업의 미래 행동에 영향을 주려는 기업의 행동을 **전략적 행동**(strategic behavior)이라고 한다.

갚아 주기(tit for tat) 전략은 처음에는 협조하고, 그다음부터는 다른 참가자가 전기에 한 것과 같은 행동을 취하는 전략이다.

일 히타치 역시 생산을 자제하면 브리지스톤은 협조적인 태도를 유지하여 다음 해에도 3,000만 파운드만 생산한다. 그러나 만일 히타치가 4,000만 개를 생산하면 브리지스톤도 다음 해에는 공격적인 태도를 취하여 4,000만 개를 생산한다. 두 번째 전략 — 협조적인 행동으로 시작하지만 다음부터는 상대방이 전에 한 것과 똑같이 행동하는 것 — 은 일반적으로 **갚아 주기**(tit for tat)라고 부른다.

갚아 주기는 다른 사람들의 미래 행동에 영향을 주기 위한 행동, 즉 앞에 정의한 전략적 행동의 한 형태이다. 갚아 주기는 다른 참가자들이 협조적 행동을 한 것에 대해서는 상을 준다(네가 협조적으로 행동하면 나도 그럴 것이다). 이는 또한 배신에 대해서는 징계를 가한다(네가 배신할 거라면 앞으로 나로부터 좋은 대접은 기대하지 말아라).

이들 두 전략으로부터 브리지스톤이 얻는 보상은 히타치가 어떤 전략을 선택하느냐에 따라 달라질 것이다. 〈그림 14-4〉에 표시된 네 가지 가능성을 살펴보자.

1. 만일 브리지스톤과 히타치가 모두 갚아 주기를 선택하면, 두 기업 모두 매년 1억 8,000만 달러의 이윤을 얻는다.
2. 만일 브리지스톤이 항상 배신을 선택하고 히타치는 갚아 주기를 선택한다면, 브리지스톤은 첫해에 2억 달러의 이윤을 얻지만 다음부터는 매년 1억 6,000만 달러만 얻게 된다.
3. 만일 브리지스톤은 갚아 주기를 선택했는데 히타치가 항상 배신을 선택했다면, 브리지스톤은 첫해에 1억 5,000만 달러만 얻지만 다음부터는 매년 1억 6,000만 달러를 얻는다.
4. 만일 두 기업 모두 항상 배신을 선택한다면 두 기업 모두 매년 1억 6,000만 달러를 얻는다.

어떤 전략이 더 나은가? 첫해에는 히타치의 전략에 관계없이 항상 배신을 택하는 것이 브리

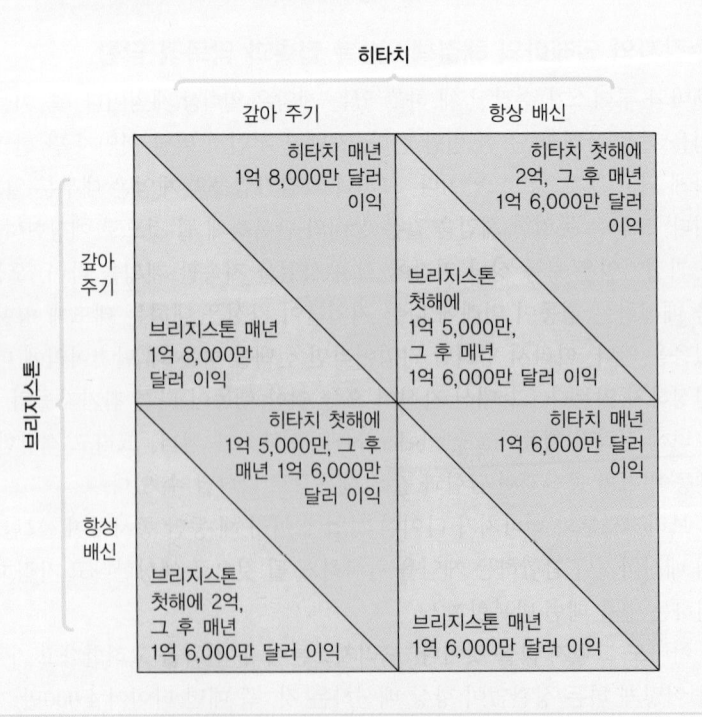

그림 14-4 반복 접촉에 의한 담합

'갚아 주기' 전략은 처음에는 협조적으로 행동하고 그다음부터는 상대방의 행동을 따라 하는 것이다. 이로써 상대의 좋은 행동에는 상을 주고 나쁜 행동에는 벌을 주게 된다. 상대가 배신하면 '갚아 주기'는 '항상 배신'에 비해 일시적으로만 불리하다. 그러나 만일 상대방이 '갚아 주기'를 선택하면 나 역시 '갚아 주기'를 선택하는 것이 장기적인 이득이 된다. 따라서 기업들마다 다른 기업들이 '갚아 주기'를 선택할 것으로 기대한다면 그들도 같은 선택을 할 것이고 암묵적 담합이 성공하게 된다.

지스톤에게 더 유리하다. 그렇게 함으로써 2억 달러 또는 1억 6,000만 달러가 보장된다(두 가지 중 실제로 얼마를 얻을 것인가는 히타치의 선택에 달려 있다). 이것은 갚아 주기를 선택했을 때 브리지스톤이 첫해에 얻는 금액 1억 8,000만 달러 또는 1억 5,000만 달러보다 크다. 그러나 2년 째부터는 항상 배신 전략은 히타치의 선택에 관계없이 매년 1억 6,000만 달러를 얻게 해 준다.

이것은 갚아 주기를 선택했을 때 브리지스톤이 얻는 금액보다 작다. 2년째부터 브리지스톤은 1억 6,000만 달러보다 적게 얻는 경우는 없을 것이고 히타치도 갚아 주기를 선택하면 1억 8,000 만 달러까지 얻을 것이다. 따라서 어떤 전략이 더 유리한가는 두 가지에 의해 결정된다. 브리지스톤이 이 게임을 몇 년 동안 할 것인가와 경쟁자가 어떤 전략을 선택할 것인가이다.

만일 브리지스톤이 가까운 장래에 타이어 사업을 끝낼 것으로 생각한다면 이것은 사실상 일회성 게임이 된다. 그렇다면 현재 얻을 수 있는 것을 확보하는 편이 나을 것이다. 브리지스톤이 타이어 사업을 오래 지속할 생각이더라도 (그렇다면 히타치와 이 게임을 반복적으로 되풀이해야 할 것이다) 어떤 이유에서든 히타치가 항상 배신할 것으로 예상한다면 브리지스톤도 항상 배신해야 한다. 즉 옛말과 같이 브리지스톤은 "다른 사람이 너를 대접하기 전에 네가 먼저 다른 사람을 대접해야 한다."

그러나 만일 브리지스톤이 오랫동안 이 사업을 계속할 생각이고 히타치가 갚아 주기를 선택할 가능성이 높다고 생각한다면 브리지스톤 역시 갚아 주기를 택함으로써 장기적으로 더 많은 이윤을 얻을 수 있다. 처음에 배신한다면 추가적인 단기이윤을 얻을 수는 있겠지만 이는 히타치의 배신을 유발하여 결국은 이윤을 감소시킬 것이다.

이 이야기로부터 배울 수 있는 점은 과점기업들이 오랜 기간 서로 경쟁할 것으로 생각한다면 같은 산업의 다른 기업들에게 유익하게 행동하는 것이 자신에게도 유리하다고 판단하기 쉽다는 것이다. 따라서 과점기업은 다른 기업들도 호의를 갚아 주기를 기대하며 다른 기업들의 이윤이 증가되도록 생산량을 억제할 것이다. 비록 기업들이 법적 효력을 갖는 합의문을 작성하여 생산을 억제하고 가격을 인상할 수는 없지만 그런 합의문이 '있는 것처럼' 행동할 수는 있다. 이런 현상을 가리켜 **암묵적 담합**(tacit collusion)이라 한다.

과점기업들이 공식적인 합의가 없음에도 불구하고 서로의 이윤을 높이는 방향으로 자신의 생산량을 제한하고 가격을 올릴 때, 우리는 기업들이 **암묵적 담합**(tacit collusion)을 하고 있다고 말한다.

현실 경제의 >> 이해

카르텔의 흥망성쇠 : OPEC이 미국 셰일 오일로 인해 미끄러지다

OPEC으로 불리는 석유수출국기구는 알제리, 앙골라, 오스트리아, 카메룬, 에콰도르, 가봉, 이란, 이라크, 쿠웨이트, 리비아, 나이지리아, 카타르, 사우디아라비아, 콩고 공화국, 시리아, 아랍에미리트 연방, 베네수엘라 등 17개 국가로 구성되어 있고, 2019년 세계 원유 생산의 44%를 장악하고 있다. 이 카르텔은 알려진 원유매장량의 72%를 차지하고 있으며 세계 원유 수출의 60%를 담당하고 있다. 카르텔을 구성하지 못하도록 법적으로 규제받고 있는 기업들과는 달리 국가의 정부들은 가격을 결정하기 위해 어떤 행위도 할 수 있다.

여러 해 동안 OPEC은 세계에서 가장 규모가 크고 성공적이며 경제적으로 중요한 카르텔이었다. 회원국들은 원유 가격과 생산량 배분을 결정하기 위해 정기적인 모임을 가졌다.

〈그림 14-5〉는 1947년 이후 원유가격을 불변달러 가격으로 보여 준다. OPEC이 그 위력을 처음 발휘한 것은 1973년이었다. 제4차 중동전쟁 동안 OPEC 생산자들은 생산을 제한했고 그 결과로 나타난 가격상승에 만족해서 이 관행을 지속하기로 결정했다. 1979년 이란-이라크 전쟁의 여파로 인한 제2차 파동 이후 생산 쿼터는 더욱 감소했고 가격은 더욱 상승했다.

높은 원유 가격으로 인해 탐사와 생산이 촉진되어 1980년대 중반에는 세계시장에서 원유가 점점 과잉 공급되었고, 현금에 쪼들린 OPEC 회원국들이 협약을 위반하여 가격이 폭락하였다.

그림 14-5 1947~2019년의 원유가격(2019년 불변달러 가격)

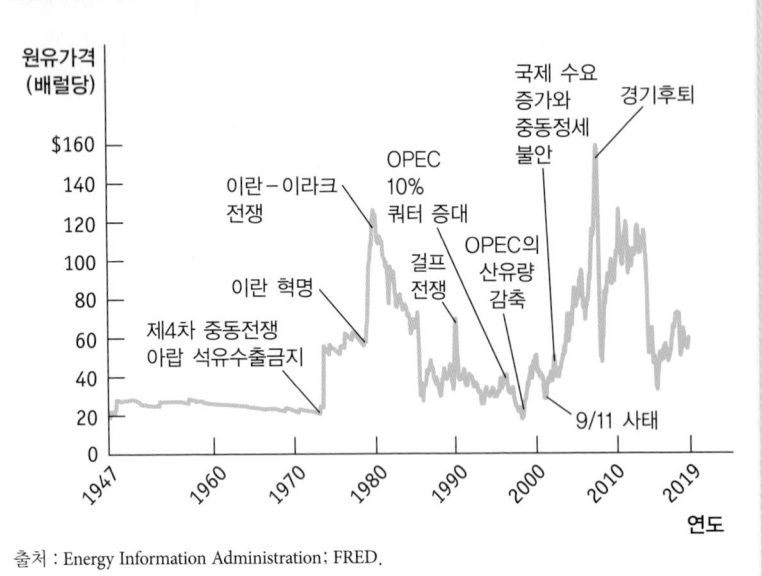

출처 : Energy Information Administration; FRED.

그러나 1990년대 말에는 타 회원국에 비해 훨씬 많이 생산하는 사우디아라비아가 타 회원국으로 하여금 마음껏 생산하게 하고 자신의 생산량을 통해 총생산량의 한도를 맞추는 '결정적 생산자'의 역할을 담당함으로써 OPEC이 다시 한번 성공을 거두었다. 2008년에 이르러 원유 가격은 배럴당 145달러로 치솟았다.

그러나 2015년 말 세계 3위의 원유 매장량과 생산량을 차지하는 러시아로부터 원유 수출이 급증하여 원유 가격이 배럴당 30달러 이하로 떨어지자 OPEC은 희생양이 되어 카르텔로서의 수명이 거의 끝난 듯 했다. 1990년대 말 정치적으로 불안정한 시기에 생산량의 대폭 감소를 겪은 후 러시아는 생산을 증가시켜 2015년 가격 폭락을 촉발한 것이었다. 그리하여 2016년 말 러시아와 OPEC은 자국의 원유생산을 함께 제한하기로 합의하여 원유가격을 배럴당 55달러 이상으로 상승시켰다.

사실 전문가들 중 OPEC이(또는 OPEC과 러시아가) 과거의 영광을 되찾으리라고 믿는 사람은 거의 없고 당분간 원유 최고가는 배럴당 60달러 수준이 되리라는 것이 중론이다. 그 한 가지 이유는 재생가능한 에너지에 대한 인기로 인해 점점 더 많은 국가가 원유와 같은 화석연료로부터 녹색 기술쪽으로 방향을 선회했다는 것이다. 그러나 현 시점에서 원유 가격 인상이 꺾인 가장 중요한 이유는 수압파쇄 기술로 인해 미국의 원유 공급이 엄청나게 확대되었다는 사실이다. 5년 내에 미국이 사우디아라비아를 젖히고 세계 최대의 원유 생산국이 될 전망이다. 한 분석가에 의하면 "미국의 셰일 오일은 OPEC의 운명을 바꿀 엄청난 사건이다. 원유 가격이 60달러가 될 때 많은 양의 원유가 즉시 재공급될 수 있다는 것은 원유 시장에서 OPEC의 입지에 상당한 제약이 될 것이다." 또한 러시아와 달리 수천의 생산자가 있는 미국에서 자발적으로 생산량을 제한한다는 것은 실질적으로 불가능하다.

>> 복습
- 경제학자들은 기업들 간 보상에 **상호의존성**이 존재할 때 기업의 행동을 분석하기 위해 **게임이론**을 이용한다. 게임은 **보상행렬**로 표시될 수 있다. **보상**에 따라서 참가자들은 **우월전략**을 가질 수도 있고 갖지 않을 수도 있다.
- 개별 기업이 배반할 유인이 있으나 두 기업이 모두 배반하면 모두가 배반하지 않을 때보다 나쁜 결과를 얻을 때 그 상황을 **수감자의 딜레마**라고 한다.
- 상호의존성을 고려하지 않는 참가자들은 **내쉬** 혹은 **비협조적 균형**에 도달하게 된다. 그러나 게임이 반복적으로 시행되는 경우, 참가자들은 미래 행동에 영향을 미치기 위해 단기이익을 희생하는 **전략적 행동**을 하게 된다.
- 수감자의 딜레마 게임이 반복되는 경우 **갚아 주기**가 좋은 전략이 되는 경우가 많으며, 이를 통해 **암묵적 담합**이 달성될 수 있다.

>> 이해돕기 14-3
해답은 책 뒤에

1. 다음 보상행렬에 대해 (비협조적) 내쉬균형 행동을 구하라. 니키타와 마거릿의 전체 보상을 극대화하는 행동은 무엇인가? 의사소통이 없을 때 그러한 행동이 선택될 가능성이 낮은 이유는 무엇인가?

2. 다음 중 어떠한 요인이 과점 기업들로 하여금 비협조적으로 행동하게 만들 가능성이 높은가? 어떠한 요인이 과점

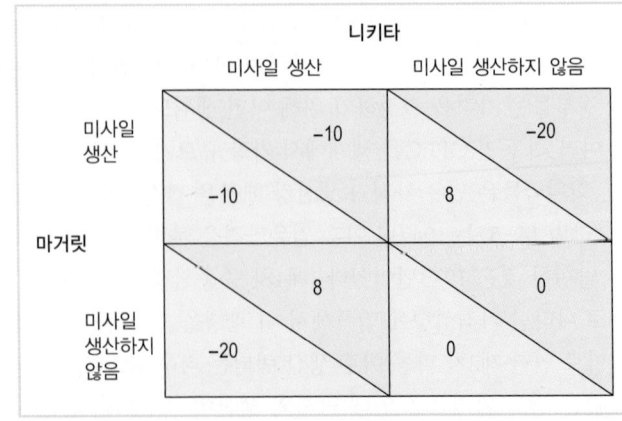

들로 하여금 암묵적 담합을 하게 만들 가능성이 높은가? 설명하라.

a. 과점기업마다 미래에 몇 개의 새로운 기업들이 시장에 진입할 것으로 예상하고 있다.

b. 다른 기업이 생산량을 증가시키는지 여부를 알아내기가 매우 어렵다.

c. 기업들이 오랫동안 높은 가격을 유지하면서 공존해 왔다.

반독점정책(antitrust policy)이란 과점기업들이 독점화되거나 독점기업처럼 행동하는 것을 방지하기 위한 정부차원의 노력을 일컫는다.

‖ 과점의 실태

앞에서 본 '현실 경제의 이해'에서 캐나다의 4대 초콜릿 회사들이 수년간 가격을 올리기 위해 어떻게 담합했는지 알려진 내용에 대해 설명했다. 다행히도 담합이 정상적인 현상은 아니다. 그러면 과점시장은 실제 어떻게 작동해 가는가? 그 대답은 기업의 활동을 규제하는 법 제도와 공식 합의 없이 협력할 수 있는 기업의 능력에 달려 있다.

법 제도

실제에 있어 과점의 가격결정을 이해하려면 먼저 과점기업들이 영향을 받고 있는 법적 규제를 알아야 한다. 미국에서 과점이 처음 문제가 된 것은 철도—그 자체도 과점산업이었다—의 발달로 많은 상품이 전국을 시장으로 삼게 된 19세기 후반부터였다.

곧이어 석유, 철강을 비롯한 많은 제품을 생산하는 대기업들이 출현하였다. 오래지 않아 사업가들은 가격경쟁을 제한할 수 있다면 더 많은 이윤을 낼 수 있다는 사실을 간파했다. 그래서 많은 산업에서 카르텔이 형성되었다. 즉 그들은 생산을 제한하고 가격을 인상하기로 공식적인 합의문에 서명하였다. 그러한 카르텔을 금지하는 첫 연방 법안이 통과된 1890년까지 이것은 완전히 합법적이었다.

이러한 카르텔이 합법이긴 했어도 법적 **구속력**을 지닌 것은 아니었다—카르텔 구성원이 합의를 어긴 기업에 대해 법원을 통해 생산을 감축하도록 강제할 수는 없었다. 우리의 복점의 예에서 알 수 있는 그런 이유로 인해 기업들이 합의를 어기는 일은 자주 있었다. 각 기업들은 항상 카르텔에서 합의된 것보다 더 많이 생산하려는 유혹을 받았다.

1881년 록펠러가 설립한 스탠더드오일 소속의 약삭빠른 변호사들이 해법을 찾아냈다—소위 트러스트(기업합동)였다. 트러스트에서는 한 산업 내 주요 회사들의 소유권자들이 그 소유권을 모든 회사를 통괄하는 수탁위원회에 위탁하는 것이다. 이것은 사실상 모든 회사를 하나의 회사로 통합하는 것이었고 통합된 회사는 독점적으로 가격을 책정할 수 있었다. 이렇게 해서 스탠더드오일 트러스트는 석유산업에 독점과 다름없는 기구를 형성했고, 이 방법은 곧 설탕, 위스키, 납, 목화씨 기름, 아마씨 기름 산업으로 파급되었다.

결국 사회적 반발이 일어났다. 일부는 트러스트 확산이 가져올 경제적 효과에 대한 우려 때문이었고, 일부는 트러스트 소유자들이 지나친 권력을 갖게 되는 것에 대한 우려 때문이었다. 그 결과로 1890년 셔먼 반독점법(Sherman Antitrust Act)이 제정되었다. 이 법은 더 이상 독점이 형성되는 것을 방지하는 것뿐만 아니라 기존의 독점을 해체하는 것까지를 목표로 삼았다. 초기에는 대체로 이 법이 집행되지 않았다. 그러나 그 후 수십 년에 걸쳐 연방정부는 확고한 태도로 과점기업들이 독점화되거나 독점기업처럼 행동하는 것을 방지하는 데 노력을 증가시켜 왔다. 이러한 노력은 오늘날까지 **반독점정책**(antitrust policy)으로 알려져 있다.

초기 반독점정책으로 괄목할 만한 것 중 하나는 1911년 스탠더드오일의 분할이었다(분할된 기업들이 오늘날 여러 거대 석유회사를 이루는 핵이 되었다—뉴저지 스탠더드오일은 엑슨이 되었고, 뉴욕 스탠더드오일은 모빌이 되었다). 1980년대

"솔직히 나는 여러 가지를 복잡하게 엮어서 정신이상을 이유로 반독점법 위반행위에 대해 무죄를 주장하는 것이 의심스럽네."

Sidney Harris/ Cartoonstock.com

유럽연합에서는 경쟁위원회가 28개 회원국에 대한 경쟁 및 반독점 규제를 담당한다. 위원회는 경쟁을 저해하는 불공정 행위를 했다고 판단할 때는 합병을 금지하거나 자회사를 강제로 팔게 하거나 중한 벌금을 부과할 권한을 갖고 있다.

고발이 들어오면 회사가 청문회에서 혐의에 대해 반박은 할 수 있지만 위원회가 유죄의 확신이 있으면 회사에 대해 패소판결을 내리고 벌금을 부과할 수 있다. 판결이 불공정하다고 생각되더라도 회사가 할 수 있는 일은 많지 않다. 비판자들은 위원회가 검사와 판사, 배심원의 역할을 동시에 수행한다고 불평한다.

이와 대조적으로 미국에서는 불공정 행위에 대한 재판이 법원에서 이루어지고, 연방통상위원회를 대표하는 변호사가 독립적인 판사에게 증거를 제시해야 한다. 회사들은 고도로 훈련되고 고액의 수임료를 받는 변호인단을 고용하여 정부의 주장을 반박한다. 미국의 규제 당국으로서는 성공한다는 보장이 없다. 사실 판사가 규제당국의 주장에 반하여 회사의 승소판결을 내리는 경우도 많다. 뿐만 아니라 자신들에게 불리한 판결에 대해서는 항소할 수 있어서 최종 판결이 나기까지 몇 년이 걸릴 수도 있다.

당연히 회사들은 미국의 제도를 선호한다. 첨부한 그래프가 그 이유를 보다 명확하게 보여 준다. 최근 불공정 행위에 대한 벌금이 평균적으로 미국보다 유럽연합에서 더 높았다.

그러나 전문가들은 두 제도 모두 부적절한 면이 있다고 비판한다. 진행이 더디고 소송이 많고 비용이 드는 미국 제도에서는 소비자들

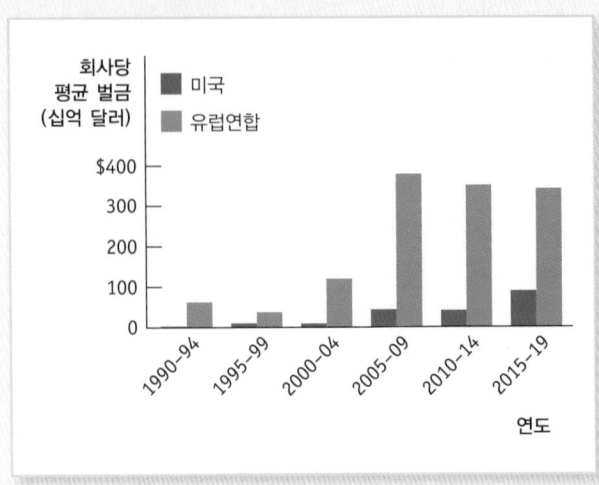

이나 경쟁기업이 보호를 받기 위해서는 상당히 오랜 시간을 기다려야 한다. 그리고 회사가 승소하는 경우도 많아 소비자들이 제대로 보호받고 있는지 의문이다. 그러나 유럽연합의 제도하에서는 제소된 회사가 적절히 보호받지 못한다고 주장하는 사람들이 있다. 이는 네트워크 외부효과가 강하고 경쟁기업들이 불공정 경쟁 소송을 상대를 방해하는 수단으로 이용할 수 있는 첨단기술 산업에서 특히 중요하다.

에는 오랜 노력의 결과로 한때 미국의 시내전화와 장거리전화 시장을 모두 독점했던 벨 텔레폰이 분할되었다. 앞서 언급한 바와 같이 법무부는 같은 산업 내의 기업 간 합병 신청을 검토하여 경쟁을 감소시킬 것으로 생각되는 합병은 허가를 하지 않는다.

선진국 중에서도 미국은 반독점정책의 역사가 길다는 점에서 특별하다. 최근까지도 다른 선진국들에서는 가격담합을 처벌하는 정책이 없었고, 심지어 자국 기업들이 외국 기업들과 경쟁하는 데 유리할 것이라는 생각에서 카르텔 형성을 장려하는 국가들도 있었다. 그러나 유럽연합(EU) ─ 회원국에 대해 반독점정책을 실시하는 임무를 가진 초국가적 단체 ─ 이 미국의 관례에 가까이 따르게 됨에 따라 과거 30년 사이에 상황이 급속히 바뀌게 되었다. 오늘날 국제무역의 확장에 따라 가격담합도 '국제화'되었기 때문에 유럽연합과 미국의 규제기관이 같은 기업을 대상으로 하는 일도 흔하게 되었다.

1990년대 초 미국은 가격담합에 참여한 기업이 함께 참여했던 다른 기업들에 대해 신고를 하면 처벌의 대부분을 감면해 주는 일종의 사면정책을 시작하였다. 이에 더하여 유죄판결 시 부과되는 벌금의 최고액이 의회에서 대폭 증가되었다. 이 두 가지 새로운 정책은 명백히 카르텔 상대방을 고발하는 것이 우월전략이 되게 만들었고, 성과가 있었다. 최근에 미국은 물론 벨기에, 영국, 캐나다, 프랑스, 독일, 이탈리아, 멕시코, 네덜란드, 한국, 스위스의 경영자들이 미국의 법정에서 카르텔 행위로 유죄판결을 받았다. 어떤 변호사의 말처럼 공모자들끼리 서로 먼저 자백하려 함에 따라 "법정으로의 경주가 시작되었다."

과거 몇 년 사이에 카르텔 운영이 훨씬 어려워졌다. 그렇다면 과점기업들은 어떻게 할 것인가?

암묵적 담합과 가격전쟁

만일 현실의 산업이 우리의 타이어 예처럼 단순했다면 아마도 징역의 위험을 무릅쓰고 기업의 대표가 만나거나 할 필요도 없었을 것이다. 두 기업 모두 생산을 3,000만 개로 제한하는 것이 서로에게 이익이 되고, 생산을 늘려 얻어지는 단기이익은 상대가 보복함으로써 입게 되는 미래의 손실에 비해 훨씬 작다는 것을 파악할 수 있을 것이다. 따라서 아무런 명시적 합의 없이도 결합이윤을 극대화하는 데 필요한 암묵적 담합을 어렵지 않게 달성할 수 있을 것이다.

현실 산업은 결코 그처럼 단순하지 않다. 그럼에도 불구하고 대부분의 과점산업에서 대부분의 경우 기업들은 가격을 비협조적 수준 이상으로 유지하는 데 성공하는 것처럼 보인다. 다시 말하면 암묵적 담합이 과점의 정상적 상태이다.

비록 암묵적 담합이 흔하다고 해도 가격을 독점 수준까지 인상하는 경우는 드물다. 담합은 대개 완전한 수준과는 거리가 멀다. 한 산업이 높은 가격을 유지하기 어려운 데는 다음의 네 가지 요인이 작용한다.

1. 낮은 집중도   집중도가 낮은 산업에서는 집중도가 높은 산업에 비해 기업들의 시장점유율이 낮을 것이다. 이것이 기업들로 하여금 비협조적으로 행동하게 만드는데, 점유율이 낮을수록 산출량을 늘렸을 때 이로 인해 발생하는 이윤의 대부분을 자신이 차지할 수 있기 때문이다. 그리고 만일 경쟁기업들이 산출량을 늘려 보복하려고 할 때 시장점유율이 낮으면 손실이 제한되기 때문이다. 한 산업에 집중도가 낮다는 것은 일반적으로 진입장벽이 낮다는 증거이다.

2. 제품과 가격책정제도의 복잡성   우리의 타이어 예에서는 두 기업이 오로지 한 제품만 생산한다. 그러나 현실에서는 과점기업들이 수천 개 또는 수만 개의 제품을 생산하는 일도 자주 있다. 이런 상황에서는 다른 기업들이 무엇을 생산하고 얼마의 가격을 받는지 일일이 점검하기가 곤란하다. 이로 인해 어떤 기업이 암묵적 합의를 깼는지를 판단하기가 어렵다.

3. 이해관계의 차이   타이어 예에서는 시장을 똑같이 분할하겠다는 암묵적 합의가 두 기업 모두가 받아들일 수 있는 자연스러운 결과로 보인다. 그러나 현실의 산업에서는 무엇이 공정한가에 대한 각 기업의 견해나 실제 이해관계에 차이가 있는 것이 보통이다.

예를 들어 히타치는 타이어 사업을 오랫동안 해 왔고 브리지스톤은 비교적 최근에 이 산업에 진입했다고 가정해 보자. 히타치는 자신이 계속해서 브리지스톤보다 더 많이 생산해야 한다고 생각하는 반면, 브리지스톤은 자신도 사업의 50%를 차지할 자격이 있다고 생각할 수 있다.

이번에는 브리지스톤의 한계비용이 히타치보다 더 낮다고 가정해 보자. 그들이 시장점유율에 합의한다고 해도 이윤을 최대로 하는 산출량 수준에 대해서는 의견이 다를 것이다.

4. 구매자들의 협상력   과점기업들은 개별 소비자가 아니라 대규모 구매자 — 다른 기업, 전국 체인점 등 — 에게 판매하는 경우가 흔하다. 이 대규모 구매자들은 과점기업과 가격을 낮추기 위해 협상할 수 있는 위치에 있다. 이들은 한 기업을 상대로 할인을 요구하면서 자신들의 요구가 관철되지 않으면 경쟁사에게 가겠다고 위협할 수 있다. 월마트와 같은 대형 판매점이 소규모 판매점보다 더 낮은 가격을 소비자에게 제시할 수 있는 중요한 이유는 바로 그 규모를 이용해 공급자로부터 더 낮은 가격을 얻어 낼 수 있기 때문이다.

암묵적 담합을 집행하는 데는 이러한 어려움이 있었기 때문에 기업들은 때때로 법을 어기고 불법적인 카르텔을 형성하기도 했다. 우리는 이미 타이어 산업과 초콜릿 산업의 경우를 보았다. 최근의 예로서는 복제약품 산업, 참치 통조림, 두 주요 신용카드회사 등이 연루되어 있다. 좀 더

가격전쟁(price war)이란 암묵적 담합이 깨지고 가격이 하락하는 것을 말한다.

제품차별화(product differentiation)란 기업들이 자신의 제품이 같은 산업 내 다른 기업의 제품과는 다르다는 인식을 소비자에게 심어 주기 위해 노력하는 것을 말한다.

오래되고 많이 거론되는 예는 1950년대의 전기설비 사건인데, 이 사건으로 임원 여러 명이 기소되어 징역형을 받았다. 이 사건은 암묵적 담합을 달성하기가 특별히 어려운 이유를 잘 보여주는 사건이었다.

- 우선 기업의 수가 많았다 — 40개 회사가 기소되었다.
- 이들은 대단히 복잡하고 다양한 품목을 생산하였고 특정 고객에게 거의 맞춤에 가까운 생산을 하는 경우도 많았다.
- 이 회사들은 제너럴 일렉트릭과 같은 대기업에서부터 가족이 운영하며 겨우 수십 명을 고용하는 기업까지 규모도 다양했다.
- 대부분의 고객은 전력회사와 같은 대형 구매자들로서 이들은 흔히 공급자들이 사업을 놓고 경쟁하도록 압력을 가하곤 했다.

암묵적 담합은 도무지 실현 불가능해 보였다. 그래서 임원들이 비밀리에 만나 어떤 계약에 누가 어떤 가격으로 참여할 것인지 불법적으로 결정했다.

암묵적 담합은 달성하기 어려울 때가 많아서 대부분의 과점기업들은 같은 산업에 하나의 기업만 있는 경우 — 또는 과점이 명시적 담합을 할 수 있는 경우 — 에 비해 상당히 낮은 가격을 받는다. 게다가 어떤 때는 담합이 붕괴되어 **가격전쟁**(price war)이 발생한다. 가격전쟁은 어떤 때는 단순히 가격이 비협조적 수준으로 하락하는 것을 말한다. 그러나 어떤 때는 공급자들이 경쟁자를 시장에서 몰아내거나 최소한 배신 행위로 생각되는 행동에 대한 징계를 하기 위해 그 이하로 하락시키기도 한다.

제품차별화와 가격선도

가상적인 브리지스톤과 히타치 타이어 회사의 예에서 그들이 생산하는 타이어는 완전대체재라고 가정하였다. 즉, 소비자들이 두 제품이 동일하다고 간주한다. 그러나 상당수의 과점에 있어 기업들은 소비자가 보기에 비슷하지만 동일하지는 않은 제품을 생산한다. 10달러의 가격 차이 때문에 삼성 스마트폰 대신 아이폰을 사거나 그 반대로 행동할 소비자는 많지 않을 것이다.

어떤 때는 후루츠링과 위티스처럼 제품이 실제로 다를 수도 있고, 어떤 때는 다른 상표의 보드카(본래 무미하다고 알려져 있다)처럼 제품의 차이가 주로 소비자의 마음에 존재하는 경우도 있다. 어찌됐든 그 결과는 기업들 간의 경쟁을 약화시키는 것이다. 소비자들이 조금이라도 값이 싼 제품으로 몰려가지 않게 된다.

짐작할 수 있겠지만 과점기업들은 소비자가 그들 제품이 경쟁사의 제품과 다르다고 생각함으로써 얻어지는 추가적인 시장지배력을 환영한다. 그래서 상당수의 과점에서 기업들은 자신의 제품이 다르다는 인식을 심기 위해 많은 노력을 한다. 즉 그들은 **제품차별화**(product differentiation)를 하는 것이다.

제품을 차별화하는 방법으로 새로운 기능을 추가하거나 디자인을 변경하는 것처럼 실제로 제품에 변화를 줄 수 있다. 또한 실제로는 경쟁 제품과 마찬가지면서 소비자의 마음에 다르게 느껴지도록 하는 광고나 판매 전략을 사용할 수도 있다.

실제로 거의 같으면서도 소비자들에게 다르게 인식되는 제품의 전형적인 예가 처방전이 필요하지 않은 약품이다. 여러 해 동안 널리 판매되는 처방전이 필요 없는 진통제는 아스피린, 이부프로펜, 아세트아미노펜, 나프록센뿐이었다. 이들 진통제는 복제약품이 다양하게 나와 있지만 많은 소비자들이 바이에르, 애드빌, 타이레놀, 알레브와 같은 유명 상표에 더 많은 지출을 하고 있다. 각 상표는 마치 특정 부분에 어떤 우수성이 있는 것처럼 선전되었다[대표적인 예가 '의사들이 가장 많이 권하는 진통제(즉 아스피린)를 함유하고 있습니다'라는 것이다].

제품차별화의 성격이 무엇이든지 차별화된 제품을 판매하는 과점기업들은 흔히 가격에서는 경쟁을 하지 않기로 암묵적인 합의에 도달한다. 예를 들어, 미국에서 판매되는 자동차의 대부분이 3대 자동차 회사(제너럴 모터스, 포드, 크라이슬러) 제품이었던 시절에 이들 간에는 누구도 다른 두 회사보다 자동차 가격을 현저히 낮추어서 시장점유율을 증가시키려 해서는 안 된다는 일종의 불문율이 있었다.

그렇다면 누가 전반적인 자동차 가격을 결정할까? 그 답은 보통 셋 중 가장 큰 회사인 제너럴 모터스가 그해의 가격을 먼저 발표하면 다른 회사들이 거기에 맞추는 식이었다. 이러한 행동, 즉 암묵적으로 어떤 회사가 산업 전체를 위해 가격을 결정하는 것을 **가격선도**(price leadership)라고 한다.

흥미로운 것은 가격경쟁을 하지 않기로 암묵적인 합의를 한 기업들이 흔히 격렬한 **비가격경쟁**(nonprice competition) — 제품에 새로운 기능을 추가한다든지 경쟁사 제품에 흠집을 내는 광고에 거금을 지출하는 등 — 에 들어간다는 것이다.

그러한 산업에서의 협조와 경쟁의 혼합을 이해하는 가장 좋은 방법은 정치적인 비유가 아닐지 모르겠다. 미국과 소련의 오랜 냉전기간에 양국은 국제적 영향력에 대해 극심한 경쟁관계에 있었다. 그들은 자신의 우방에 재정적·군사적 지원을 제공했을 뿐 아니라 (소련이 1960년대와 1970년대 초에 베트남에서, 미국이 1979년부터 소련이 붕괴된 1991년까지 아프가니스탄에서 했던 것처럼) 경쟁국과 가까운 정부를 전복하려는 세력을 지원하기도 했다. 그러나 그들은 직접 상대방과 군사적으로 대치하지는 않았다. 양국 모두가 두 강대국 사이의 공공연한 전쟁은 너무 위험하다고 생각했고 암묵적으로 이를 회피했다.

가격전쟁은 총을 쏘는 전쟁만큼 심각한 것은 아니지만 원리는 같다.

과점의 중요성

우리는 여러 산업에서 완전경쟁이나 독점보다 과점이 훨씬 더 보편적임을 보았다. 과점을 분석할 때 경제학에서 보통 사용되는 방법 — 자기 이익을 추구하는 사람들이 어떻게 행동할지를 살펴보고 그들의 상호작용을 분석하는 것 — 은 생각만큼 효과가 없다. 그 이유는 경쟁관계에 있는 기업들이 비협조적인 행동을 선택할지 아니면 모종의 담합에 들어갈지 알 수 없기 때문이다.

그렇다면 과점이 우세하다는 점을 고려할 때 우리가 앞부분에서 배운 완전경쟁에 근거한 분석이 아직도 쓸모가 있을까?

대다수 경제학자들의 대답은 그렇다는 것이다. 우선 경제이 상당 부분이 완전경쟁에 상당히 가깝다. 그리고 많은 산업이 과점이기는 해도 그중 상당수는 담합에 한계가 있어 가격이 비교적 한계비용에 가깝다. 즉 이 산업들은 마치 완전경쟁산업과 '유사하게' 작동한다.

그리고 수요와 공급분석을 통해 얻어진 결론이 과점에서도 유효한 경우가 자주 있다는 것 또한 사실이다. 예를 들면 우리는 제5장에서 가격규제가 품귀현상을 초래함을 보았다. 엄밀히 말해서 이 결론은 완전경쟁산업에 대해서만 확실하게 들어맞는다. 그러나 1970년대 미국 정부가 과점인 것이 분명한 석유산업에 대해 가격규제를 실시했을 때, 그 결과는 실제로 품귀와 주유소에 길게 늘어진 자동차 줄로 나타났다.

그러면 과점에 주의를 기울이는 것이 얼마나 중요할까? 대부분의 경제학자들은 실용적인 방법을 취한다. 이 장에서 본 것처럼 과점을 분석하는 것은 완전경쟁을 분석하는 것보다 훨씬 더 어렵고 복잡하다. 따라서 과점과 관련된 복잡한 문제가 중요하지 않다고 생각되는 상황에서 경제학자들은 완전경쟁시장의 가정을 사용하기 좋아한다. 그들은 과점이 중요할 수 있다는 사실을 늘 유념하고 있다. 반독점정책이나 가격전쟁과 같은 중요한 문제들이 있으며 그러한 상황에

가격선도(price leadership)란 어떤 기업이 먼저 가격을 결정하고 다른 기업들이 이를 따르는 것을 말한다.

가격경쟁을 하지 않기로 암묵적인 합의를 한 기업들은 흔히 광고 혹은 다른 수단을 이용하여 격렬한 비가격경쟁(nonprice competition)을 한다.

서는 과점적 행동을 이해하는 것이 중요하다는 것을 알고 있다.

앞으로 우리도 이와 같은 방법을 따를 것이다.

현실 경제의 >> 이해

크리스마스의 가격전쟁 : 아마존과 월마트가 한판 붙다

장난감 코너에서 가격전쟁이 벌어지고 있다.

크리스마스 시즌이 시작되자 판매점의 코너와 웹사이트에는 난타전이 벌어지고 있다. 시장 분석가들은 연중 최대 판매 시즌을 누가 장악하게 될 것인지 조심스레 관찰하고 있다. 2019년 크리스마스 전체 매출의 2분의 1 가까이를 차지했던 온라인 판매는 적나라한 가격경쟁을 무기로 삼았다. 그런 직접적인 경쟁은 대소 판매업자나 공급자들을 바닥치기 경쟁으로 몰아가 고통스러운 결과로 이어질 가능성이 있다.

아마존이 판매업계의 킹콩이라면 월마트는 떠오르는 고질라로서 이들 간의 전투는 예전의 가격전쟁을 넘어선 것이 될 가능성이 높다는 것이 전문가들의 의견이다. 가격만 본다면 아마존이 낮은 가격 면에서 앞서 있다는 연구가 많다. 월마트가 오프라인 점포에서의 판매에 집중해온 까닭에 가격경쟁 면에서 점차 아마존에 뒤처지게 되었다.

그러나 2019년 크리스마스를 기해 월마트는 확실히 그 격차를 따라잡았다. 부메랑 커머스의 조사에 의하면 인기 있는 선물에 있어 "아마존과 월마트의 가격은 거의 비슷하다." 예를 들어 2019년 두 사이트의 특별 추수감사절 세일에 대한 평가에 의하면 아마존이 26개 품목을 제시한 것에 비해 월마트는 40개 품목을 제시했고 할인율은 아마존이 평균 36.9%인데 비해 월마트가 평균 33.9%였다. 추가로 월마트는 온라인 구매 물품을 오프라인 매장에서 가져가는 고객에게는 더 낮은 가격을 제시하기 시작했다. 매장에 온 김에 추가 구매를 할 것이라는 생각에 돈을 건 것이다.

직접적인 가격경쟁을 완화하기 위해 판매업자들은 상품과 서비스를 결합하거나 (배송지에서의 조립 등) 긴급할인, 개별 요구에 맞춘 상품 등의 방법들을 사용하기도 한다. 그러나 경쟁 압력이 분명히 존재한다. 판매업자들이 할인 시기를 일찍 시작하여 경쟁자로부터 더 많은 매상을 빼앗아 오려 함에 따라 휴가철 세일 기간이 점점 길어지고 있다. 얼마 전만 해도 블랙 프라이데이(추수감사절 연휴 이후 첫 금요일)가 세일 기간의 시작이었다. 이제는 연중 온라인 판매가 네 번째로 많은 할로윈이 세일의 시작점이 되었다.

크리스마스 시즌의 판매업계의 상태에 대해 한 시장 전문가는 다음과 같이 말한다. "나는 그것이 단순한 가격전쟁이 아니라고 생각한다. 그것은 전략적인 가격전쟁, 혹은 영리한 가격전쟁이라고 생각한다. 결국 누구도 손해 보는 것을 원치 않기 때문이다."

>> 이해돕기 14-4

해답은 책 뒤에

1. 다음의 어떤 요인들이 산업 내 암묵적 담합이 존재한다는 결론을 뒷받침하는가? 그렇지 않은 요인은 무엇인가? 설명하라.

   a. 오랫동안 산업에 가격 변화가 드물게 일어났고, 산업 내 모든 기업이 같은 가격을 받고 있다. 가장 큰 기업에서는 '권장'소매가격이 포함되어 있는 카탈로그를 발행하고 있다. 가격이 변화한 시점은 카탈로그 소매가격이 변화한 시점과 일치한다.

   b. 시간의 흐름에 따라 산업 내 기업들의 시장점유율에 많은 변동이 있었다.

   c. 소비자들이 한 제품에서 다른 제품으로 변경하기 어렵도록 기업들이 제품에 불필요한 특징을 추가한다.

   d. 매년 기업들이 모여 예상되는 연간 제품판매량을 논의한다.

   e. 기업들이 자신들의 제품 가격을 같은 시기에 상향 조정한다.

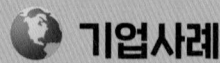

Ian Waldie/Getty Images

영국에는 두 개의 장거리 항공사(두 대륙 사이를 운행하는 항공사)가 있다. 영국항공과 버진 애틀랜틱이다. 런던과 아메리카 대륙의 도시들을 연결하는 여러 항로에서 대체로 영국항공이 50% 내지 100%의 시장점유율을 차지하며 우위에 있지만 버진 애틀랜틱이 집요하게 경쟁해 오고 있다.

두 회사 간의 관계는 비교적 평온한 관계에서부터 공개적으로 적대적인 관계에 이르기까지 다양한 모습을 보여 왔다. 1990년대에 영국항공은 버진 애틀랜틱을 몰아내기 위해 '더러운 계략'을 사용한 혐의에 대해 법원에서 패소하였다. 그러나 2010년 4월에는 영국항공이 반대의 입장에 처한 것이 아닌가 생각했을 것이다.

모든 일의 발단은 2004년 7월 중순 원유가격이 인상되고 있을 때 시작되었다. 영국 당국이 두 항공사가 연료에 대한 추가 요금을 받기로 모의하였다고 혐의를 제기한 것이다. 당국에 의하면 두 회사는 그 후 2년 동안 카르텔을 통해 추가요금 인상을 조정해 왔다는 것이었다. 원유가 배럴당 38달러에 거래되고 있을 때 먼저 영국항공이 장거리 비행에 대해 5파운드(8.25달러)의 추가요금을 도입했다. 영국항공은 추가요금을 여섯 번 인상하여 원유가 배럴당 69달러에 거래되고 있던 2006년에 추가요금은 70파운드(115달러)였다. 같은 시기에 버진 애틀랜틱도 70파운드의 요금을 부과했다. 이 요금 인상은 며칠 간격으로 발생했다.

결국 버진 애틀랜틱의 임원 세 사람이 면책을 보장받는 조건으로 자백하기로 결정했다. 영국항공은 즉시 혐의를 받고 있던 임원들을 직위해제하고 미국과 영국의 당국에게 5억 달러에 가까운 벌금을 지불했다. 그리고 2010년 영국 당국에 의해 4명의 영국항공 임원들이 모의에 가담한 혐의로 기소당했다.

이 임원들의 변호인단은 두 항공사가 정보를 교환한 것은 맞지만 이것이 범죄가 성립될 만한 모의의 증거는 될 수 없다고 주장했다. 이들은 사실 버진 항공의 임원들이 미국 규제당국을 너무나 두려워한 나머지 범죄를 저질렀는지 여부를 확인하지도 않고 혐의를 인정했다고 주장했다. 변호인단의 한 사람인 클레어 몽고메리는 반경쟁적 행위에 대한 미국의 법률이 영국에 비해 훨씬 더 엄격해서 회사들로서는 조사를 피하기 위해 자백할 수밖에 없을 수도 있다고 주장했다. 그녀에 의하면 "이것은 하나의 경주이다. 만일 당신이 먼저 자백하지 않으면 면책을 받을 수 없다. 자신을 보호할 수 있는 유일한 방법은 당국에 자백하는 것이다. 아무 잘못이 없더라도." 그 결과는 버진 항공의 임원들은 미국과 영국에서 모두 면책을 받았고, 영국항공의 임원들은 양국에서 기소되는 (그리고 경우에 따라 수년간 수감되는) 위험에 처하게 된 것이다.

2011년 말에 이 사건은 버진 항공과 영국 당국에게 놀라운 결말을 맞게 된다. 버진 항공이 어쩔 수 없이 결국 법원에 제출하게 된 이메일에 근거하여 재판부는 두 항공사 간에 모의가 있었다는 증거가 불충분하다고 판결했다. 재판부는 버진 항공의 세 임원에게 너무 화가 난 나머지 면책을 취소하겠다고 위협할 정도였다.

생각해 볼 문제

1. 버진 애틀랜틱과 영국항공이 원유가격이 상승함에 따라 담합할 수도 있는 이유를 설명하라. 시장은 담합하기에 좋은 형편이었는가?

2. 불법행위가 실제로 있었는지를 어떻게 판단할 수 있겠는가? 이 사건을 불법행위 이외에 어떻게 설명할 수 있겠는가?

3. 두 항공사와 각 항공사의 임원들이 처한 딜레마를 설명하라.

요약

1. 많은 산업은 소수의 공급자가 존재하는 **과점**이다. 특히 공급자가 둘뿐인 산업을 **복점**이라 한다. 과점기업은 독점기업이 발생하는 것과 비슷한 환경에서 그 힘이 약할 때 발생한다. 과점의 특징은 **불완전경쟁**이다. 즉 기업들이 경쟁을 하지만 시장지배력을 가지고 있다.

2. 과점기업들은 한 기업의 행동이 경쟁기업들의 이윤에 상당한 영향을 미치는 **상호의존적**인 상황에서 기업을 운영한다. 과점기업은 **카르텔**로서 행동하여 마치 하나의 독점기업처럼 개별 기업 생산량을 할당함으로써 결합이윤을 극대화할 수 있다. 이러한 행동이 가능하다면 과점기업들은 **담합**을 달성한 것이다. 그러나 개별 기업들은 합의된 생산량보다 더 많이 생산하는 **비협조적인 행동**을 취할 유인을 갖는다.

3. 개별 기업의 이익이 다른 기업의 행동에 따라 현저히 영향을 받는 **상호의존성**의 상황은 **게임이론**의 연구 대상이 된다. 참가자가 2명인 게임에서 개별 참가자의 **보상**은 자신의 행동과 상대편의 행동 모두에 영향을 받게 된다. 이러한 상호의존성은 **보상행렬**로 표시될 수 있다. 보상행렬의 구조에 따라 참가자는 **우월전략** — 상대방의 행동에 상관없이 언제나 가장 유리한 전략 — 을 갖게 될 수도 있다.

4. **복점기업**은 **수감자의 딜레마**로 알려진 특정 형태의 게임 상황에 놓여 있다. 개별 기업이 자신만의 이익에 따라 독립적으로 행동할 때 얻어지는 **내쉬균형** 혹은 **비협조적 균형**은 모두에게 바람직하지 않다. 그러나 게임이 반복될 것을 예상하는 기업들은 **전략적 행동**을 통해 서로의 미래 행동에 영향을 주려고 시도한다. **암묵적 담합**을 유지하는 데 특히 잘 작동되는 전략 중의 하나가 **갚아 주기**이다.

5. 과점기업들이 담합하여 하나의 독점기업처럼 행동하는 것을 방지하기 위해 대부분의 정부에서는 담합을 어렵게 만드는 **반독점정책**을 추진하고 있다. 그러나 현실적으로는 암묵적 담합이 널리 발생되고 있다.

6. 다수의 기업, 제품 및 가격 책정의 복잡성, 이해의 차이, 구매자의 협상력 등과 같은 많은 요인으로 인해 암묵적 담합은 유지되기가 어렵다. 암묵적 담합이 붕괴되면 **가격전쟁**이 일어난다. 과점기업은 **제품차별화**나 한 기업이 산업을 위해 가격을 책정하는 **가격선도**와 같은 다양한 방법으로 가격전쟁을 피하려 한다. 또 다른 수단으로는 광고와 같은 **비가격경쟁**이 있다.

주요용어

과점	비협조적인 행동	전략적 행동
과점기업	게임이론	갚아 주기
불완전경쟁	보상	암묵적 담합
상호의존성	보상행렬	반독점정책
복점	수감자의 딜레마	가격전쟁
복점기업	우월전략	제품차별화
담합	내쉬균형	가격선도
카르텔	비협조적 균형	비가격경쟁

토론문제

1. 에픽 게임즈사의 포트나이트는 100명의 사람이 한 섬에 고립되어 수잔 콜린스의 연작 헝거 게임과 비슷한 게임에서 대결하는 것으로 시작한다. 각 사람은 무기를 찾아내거나 물물교환을 해서, 길에서 만나는 다른 사람들을 제거해야 한다. 마지막으로 남는 사람이 승자가 된다. 2017년에 출시된 이 게임은 현재 사용자가 3억 명에 달한다. 사용자들은 무료로 게임을 할 수 있지만 흔히 특별한 의상을 얻기 위해 돈을 지불하고 특정 전투에 참가하기 위해 입장료를 내기도 한다. 그런데 에픽 게임즈의 개발자들이 최근 우려되는 경향을 알게 되었는데 그것은 숙달된 사람들이

게임에서 담합을 한다는 것이다. 담합에 대한 반응으로 현재 에픽 게임즈는 담합을 하는 사람들을 배제하고 있다.

a. 게임을 하는 사람들이 포트나이트에서 담합을 하는 동기는 무엇인가?

b. 에픽 게임즈가 포트나이트에서 담합을 제거하려는 이유는 무엇인가?

2. 조지 R.R. 마틴(George R.R. Martin)의 소설 『검의 폭풍(A Storm of Swords)』(HBO의 〈왕좌의 게임〉에 영감을 준 책들 중 하나)에서는 젊고 가학적인 조프리 왕이 자신이 통치하는 지역에서 가장 큰 군대를 갖고 있다. 조프리는 그의 할아버지이자 역시 군대를 갖고 있는 타이윈 경으로부터 다음과 같은 충고를 받는다. "너의 적이 네게 저항하면 너는 철과 불로 다스려야 한다. 그러나 그들이 무릎을 꿇으면 다시 일어서도록 도와야 한다. 그러지 않으면 아무도 네게 무릎을 꿇으려 하지 않을 것이다."

a. 조프리 왕에게 적이 하나뿐이라고 가정하고 둘 중 하나를 선택할 수 있다 하자. 하나는 철과 불(폭력)로 다스리는 것이고 다른 하나는 돕는 것(용서)이다. 조프리 왕의 적도 싸우는 것과 항복하는 것 중 하나를 선택해야 한다고 하자. 한 번뿐인 게임이라면 이 둘 사이에 어떤 결과가 나타날 것 같은가?

b. 이제 조프리 왕이 다수의 적으로부터 잠재적인 위협을 받고 있다고 하자. 조프리 왕이 타이윈 경의 충고를 따르지 않으면 어떤 결과가 나타날 수 있을까?

c. 타이윈 경은 어떤 유형의 전략을 제안하는가? 이 전략이 결과를 바꿀 수 있는 이유를 설명하라.

연습문제

1. 다음 표는 최근 미국의 아침용 시리얼 시장점유율 자료이다.

회사	시장점유율
켈로그	30.0%
제너럴 밀스	29.9
포스트	18.9
프라이빗 라벨	7.5
퀘이커 요츠	6.5
기타	7.2

출처 : Advertising Age.

a. 이 자료를 이용하여 허핀달-허쉬만 지수(HHI)를 구하라.

b. 이 지수에 비추어 볼 때, 미국의 아침용 시리얼 시장은 어떤 유형의 시장구조를 갖고 있는가?

2. 다음 표는 비타민 D에 대한 수요표이다. 비타민 D를 생산하는 데 드는 한계비용은 영이라고 가정하자.

비타민 D의 가격(톤당)	비타민 D의 수요량(톤)
$8	0
7	10
6	20
5	30
4	40
3	50
2	60
1	70

a. BASF가 비타민 D를 생산하는 유일한 생산자이며 독점기업으로 행동한다고 가정하자. 이 기업이 현재 1톤당 4달러의 가격으로 40톤의 비타민 D를 생산하고 있다. 만약 BASF가 10톤 더 생산한다면, 가격효과는 얼마이며 수량효과는 얼마인가? 결국 BASF는 10톤을 추가 생산하려는 유인을 갖겠는가?

b. 이제 로쉐라는 기업이 시장에 진입하여 비타민 D를 생산함으로써 산업이 복점구조가 되었다고 가정하자. BASF와 로쉐가 합하여 40톤, 즉 각자 20톤의 비타민을 생산하기로 합의하였다. BASF가 로쉐와의 약속을 위반한다고 해서 처벌받지는 않는다. 만약 BASF가 자사의 이익을 위하여 로쉐를 배반하고 10톤의 비타민을 더 생산한다면 이때 가격효과는 얼마이며, 수량효과는 얼마인가? BASF로서는 10톤의 비타민을 추가로 생산할 유인을 갖는가?

3. 뉴욕 시의 올리브기름 시장은 소프라노와 콘트랄토 두 가문에 의해 통제되고 있다. 두 가문은 뉴욕의 올리브기름 시장에 진입하려는 어떤 다른 가문도 가차 없이 제거할 계획이다. 올리브기름의 한계생산비용은 1갤런당 40달러로 일정하다. 고정비용은 없다. 다음 표는 올리브기름의 수요표를 나타낸다.

올리브기름 가격(갤런당)	올리브기름 수요량(갤런)
$100	1,000
90	1,500
80	2,000
70	2,500
60	3,000
50	3,500
40	4,000
30	4,500
20	5,000
10	5,500

a. 소프라노와 콘트랄토가 카르텔을 형성한다고 가정하자. 표의 각 수량에 대해 카르텔의 총수입과 추가 1갤런에 대한 한계수입을 계산하라. 카르텔에서 판매하게 될 올리브기름의 총수량과 그때의 가격을 구하라. 두 가문의 시장점유는 균등하다(즉 각 가문은 카르텔 총생산량의 반씩 생산한다). 각 가문의 이윤은 얼마인가?

b. 소프라노 가문의 총책임자인 엉클 주니어는 약속을 깨고 카르텔에서 합의한 것보다 500갤런을 더 많이 생산했다. 콘트랄토가 합의를 이행한다고 가정했을 때, 이로 인해 올리브기름의 가격과 두 가문이 얻게 될 이윤은 각각 어떻게 되겠는가?

c. 콘트랄토 총책임자 안토니 콘트랄토는 자신의 판매량을 똑같이 500갤런 증가시켜 엉클 주니어에게 보복하기로 했다. 이때 두 가문의 이윤은 각각 어떻게 되겠는가?

4. 프랑스에서는 생수 시장이 두 대기업, 페리에와 에비앙에 의해 주도되고 있다. 각 기업은 100만 유로의 고정비용과 생수 1리터당 2유로의 일정한 한계비용을 지불한다. 다음은 프랑스 생수 시장의 수요표이다.

생수 가격(리터당)	생수 수요량(100만 리터)
€10	0
9	1
8	2
7	3
6	4
5	5
4	6
3	7
2	8
1	9

a. 두 기업이 카르텔을 형성하여 하나의 독점기업처럼 행동한다고 가정하자. 카르텔의 한계수입을 계산하라. 독점가격과 독점공급량은 얼마가 되겠는가? 기업이 공급량을 균등하게 배분한다고 가정할 때 개별 기업의 생산량과 이윤은 어떻게 되겠는가?

b. 페리에가 생산량을 100만 리터 증가시키기로 결정했다. 에비앙은 생산량을 변경하지 않았다. 새로운 시장가격과 공급량은 얼마가 되겠는가? 페리에의 이윤과 에비앙의 이윤은 각각 얼마인가?

c. 페리에가 생산량을 300만 리터 증가시킨다면 어떻게 되겠는가? 에비앙은 생산량을 변경하지 않는다. 그때의 공급량과 이윤은 (b)의 결과와 비교해 각각 어떻게 되겠는가?

d. 위의 결론을 통해 우리는 합의를 배반하게 될 가능성에 대해 어떻게 말할 수 있는가?

5. 북대서양 어족을 보존할 목적으로 미국과 유럽연합(EU)에서 각 1개씩 단 2개의 어선단만을 허용하기로 하였다. 그러나 이 어업협정이 무효화되어 각 선박들이 비협조적으로 행동한다고 가정하자. 미국과 EU는 제각기 어선단을 1개 혹은 2개 내보낼 수 있다. 어장에 나가는 어선단의 수가 많아질수록 생선의 총포획량은 증가하되 개별 선단의 포획량은 감소하게 된다. 다음 행렬은 양측이 벌게 될 주당 이윤(달러)을 보여 주고 있다.

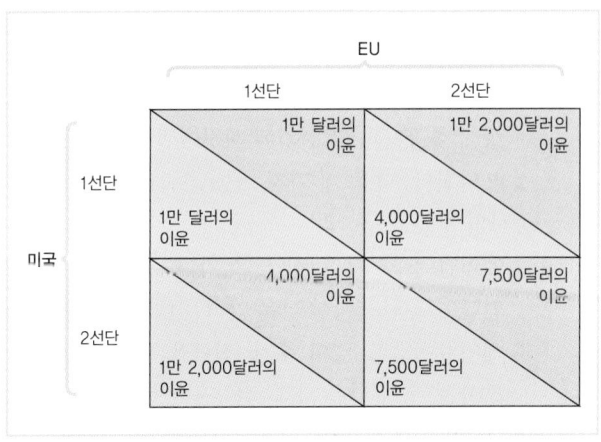

a. 비협조적인 내쉬균형은 무엇인가? 양측에서 내보내는 선단의 수는 1개가 되겠는가, 2개가 되겠는가?

b. 어족이 감소되었다고 가정하자. 양측은 미래를 고려하여 '갚아 주기'—상대방이 선단을 1개 내보내는 경우에만 선단을 1개 내보내는—전략을 행사하기로 동의하였다. 어느 한편이라도 협정을 위반하고 2개의 선단을 내보내는 경우, 그 상대편도 똑같이 2개의 선단을 내보낸다. 이러한 보복은 경쟁자가 1개의 선단을 내보내기

전까지 계속된다. 만약 모두가 이러한 '갚아 주기' 전략을 택하는 경우, 양측의 이윤은 주당 얼마가 되겠는가?

6. 언타이드 항공과 에어알어스만이 칼리지빌과 빅타운 간 항공편을 운행한다. 즉 이들은 복점산업을 구성하고 있다. 각 항공사는 항공권 가격을 높게 혹은 낮게 매길 수 있다. 다음에 주어진 행렬은 두 항공사의 좌석당 이윤(달러)으로 표시되는 보상이 두 항공사의 선택에 따라 어떻게 달라지는지 나타낸다.

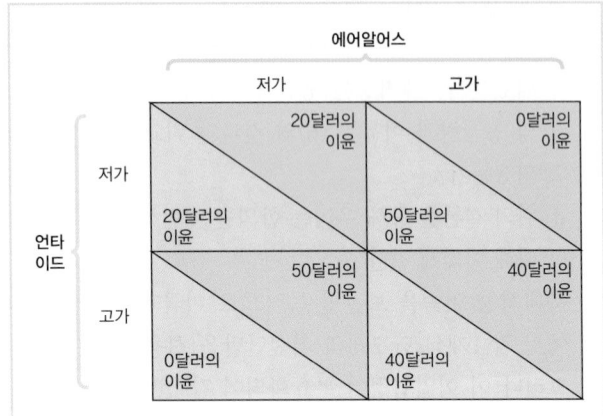

a. 항공사들이 일회성 게임 — 한 번만 하고 다시는 되풀이하지 않는 게임 — 을 한다고 가정하자. 이러한 일회성 게임에서의 내쉬(비협조적)균형은 무엇인가?

b. 두 항공사가 이 게임을 두 번 반복한다고 가정하자. 각 항공사는 두 전략 중 하나, 즉 '항상 낮은 가격' 혹은 갚아 주기 전략을 선택할 수 있다. 여기에서 '갚아 주기' 전략이란 첫 기에는 높은 가격을 책정하고, 다음 기에는 상대 항공사가 그 전기에 책정했던 가격을 책정하는 것을 말한다. 다음 네 가지 가능성에 대해 언타이드 항공사의 보상을 구하라.

　　i. 에어알어스사가 '항상 낮은 가격' 전략을 선택하고, 언타이드사도 '항상 낮은 가격' 전략을 선택한다.

　　ii. 에어알어스가 '갚아 주기' 전략을 선택하고, 언타이드사는 '항상 낮은 가격' 전략을 선택한다.

　　iii. 에어알어스가 '항상 낮은 가격' 전략을 선택하고, 언타이드사는 '갚아 주기' 전략을 선택한다.

　　iv. 에어알어스가 '갚아 주기' 전략을 선택하고, 언타이드사도 '갚아 주기' 전략을 선택한다.

7. 코카콜라와 펩시콜라가 콜라 음료의 유일한 두 생산사, 즉 복점기업이라고 가정하자. 두 기업의 한계비용은 영이고 고정비용은 10만 달러이다.

a. 먼저 소비자들이 코카콜라와 펩시콜라를 완전대체재로 간주한다고 가정하자. 현재 모든 콜라가 1캔에 0.2달러

에 판매되고 있고, 이 가격에서 각 기업은 하루에 400만 개의 콜라(캔)를 판매하고 있다.

　　i. 펩시콜라의 이윤은 얼마인가?

　　ii. 펩시콜라가 1캔에 0.3달러로 가격을 올렸을 때 코카콜라는 그대로 0.2달러의 가격을 유지한다면 펩시콜라의 이윤은 어떻게 되겠는가?

b. 다른 기업과 차별화를 하기 위해 각 기업이 광고를 한다고 가정하자. 광고를 한 결과, 펩시콜라에서는 가격을 높이거나 낮출 때 자사의 공급량이 다음 표에 주어진 것과 같이 변화한다는 것을 알게 되었다.

펩시콜라의 가격(캔당)	펩시콜라의 수요량(100만 캔)
$0.10	5
0.20	4
0.30	3
0.40	2
0.50	1

만약 펩시콜라가 가격을 0.3달러로 높인다면 이윤은 어떻게 되겠는가?

c. a(i)과 b에서의 결과를 비교할 때, 펩시콜라에서 지불하고자 하는 최대 광고비는 얼마겠는가?

8. 쉬크사와 질레트사는 타사로부터 고객을 빼앗아 오기 위해 매년 자사 면도기에 대한 광고비로 엄청난 액수를 쏟아붓고 있다. 매년 쉬크사와 질레트사가 광고비를 지출할지 말지를 결정해야 한다고 가정하자. 만약 아무도 광고를 하지 않으면 각 기업은 200만 달러의 이윤을 얻게 된다. 만약 두 기업 모두 광고를 하면 각 기업은 150만 달러의 이윤을 얻는다. 만약 한 기업은 광고를 하고 다른 기업은 광고를 하지 않는다 할 때, 광고를 하는 기업은 280만 달러의 이윤을 얻고 상대 기업은 100만 달러의 이윤을 얻는다.

a. 보상행렬을 사용하여 주어진 문제를 나타내 보라.

b. 쉬크사와 질레트사가 미래 행동에 대해 구속력이 있는 계약을 체결한다고 가정하자. 이 경우 협조적 결과는 무엇이 되겠는가?

c. 구속력이 있는 계약이 없을 때 내쉬균형은 무엇이 되겠는가? 왜 이러한 결과가 얻어질 가능성이 높은지 설명하라.

9. 지난 40년간 석유수출국기구(OPEC)는 카르텔 협정을 체결하고 유지하는 데 성공과 실패를 거듭해 왔다. 다음 요인들이 어떻게 가격 및 산출량에 대한 합의를 도출하거나 유지하는 데 어려움을 가중시키는지 설명하라.

a. 멕시코만과 북해에서 새로운 원유 매장지가 발견되어

OPEC 비회원국에 의한 석유시추사업이 증가하였다.

b. 유황 함유도가 낮을수록 휘발유로 정제하는 비용이 더 적게 들기 때문에 원유는 유황 함유 정도에 따라 차별화되고 있다. OPEC 회원국에 매장된 석유는 저마다 유황 함유도가 다양하다.

c. 수소 자동차가 개발되었다.

10. 당신이 법무성의 반독점국에서 일하고 있는 경제학자라고 가정하자. 당신의 업무는 다음의 각 경우에 대해 불법행위 가능성에 대한 조사가 필요한 경우인지, 아니면 바람직하지는 않지만 불법이 개입되지 않은 암묵적 담합의 경우인지를 결정하는 것이다. 당신의 추론을 설명하라.

a. 두 회사가 산업용 레이저 시장을 장악하고 있다. 몇 사람이 두 회사의 이사회에 모두 소속되어 있다.

b. 어떤 주에서 세 은행이 금융시장을 장악하고 있다. 이들은 최근에 고객들의 거래에 대해 새로운 요금을 추가하여 이윤을 증가시켜 왔다. 은행들 간에 광고가 무척 치열하며, 많은 지역에서 새로운 지점들이 속속 생겨나고 있다.

c. 미국 서부지역의 석유 대부분을 생산하고 있는 두 회사가 최근 파이프라인을 독자적으로 건설하는 것을 포기하고 이 시장에 공급되는 석유제품을 수송하는 데 유일한 통로가 되는 파이프라인을 공유하기로 결정했다.

d. 허브 보조식품 시장을 장악하고 있는 두 주요 기업이 각기 모회사와 동일한 제품을 상표 없이 대량으로 판매하는 자회사를 설립했다.

e. 가장 큰 규모의 신용카드 회사인 패스포트와 옴니카드사는 자신들의 카드 사용을 승인하고 있는 모든 은행과 소매업자들에게 다른 경쟁사 카드의 사용을 제한해 줄 것을 요구하였다.

11. 2015년 앤호이저–부시 인베브는 SAB밀러를 합병하기 위해 1,042억 달러를 제시했다. 미국 법무성은 두 거대 맥주 생산업자가 밀러 라이트, 페로니, 스노우(중국에서 생산되는 세계에서 가장 많이 소비되는 맥주)를 포함한 여러 브랜드를 매각해야 한다는 조건하에 합병을 승인하였다. 앤호이저–부시 인베브는 세계 시장에서의 점유율을 높이기 위해 합병을 모색했다. 다음 표는 합병 전후의 10개의 세계 최대 맥주 생산회사의 세계시장 점유율을 보여준다.

맥주 생산회사	시장점유율	
	합병 전	합병 후
AB 인베브	21%	29%
SAB밀러	10	–
하이네켄	9	11
칼스버그	6	6
중국 자원 맥주	6	6
칭타오 맥주	4	4
몰손–쿠어스	3	4
양징	3	3
기린	2	2
BGI/그룹 카스텔	2	2

a. 이 표를 이용하여 합병 전후 세계 맥주 시장의 HHI를 계산하라.

b. a에서 구한 HHI를 볼 때 세계 맥주 시장의 구조는 어떻게 바뀌었는가?

12. 2011년 법무성은 AT&T가 T-모바일을 390억 달러에 합병하겠다는 제안을 반경쟁적이라는 이유로 거부했다. 몇 년 후 스프린트가 T-모바일을 합병하려고 시도했다. 2019년 스프린트와 T-모바일은 여전히 합병을 논의하고 있으며 거의 성사 단계에 있다.

통신사	2011	2019
버라이즌	34%	29%
AT&T	32	40
스프린트	17	13
T-모바일	10	16

a. 표를 이용하여 2011년 AT&T가 제안했던 T-모바일과의 합병 전후의 HHI를 구하라.

b. 같은 표를 이용하여 2019년 스프린트와 T-모바일의 합병 전후의 HHI를 구하라.

c. a, b의 계산에 근거하여 법무성이 스프린트와 T-모바일의 합병을 승인할 것 같은가? 당신의 생각을 말하라.

15 독점적 경쟁과 제품차별화

미국의 푸드 코트

미네소타주 블루밍턴에 있는 아메리카 몰은 면적이 500만 제곱피트, 연 방문자가 4,000만이 넘는 미국에서 가장 큰 몰이다. 매일 방문하는 수많은 고객들이 쇼핑을 할 충분한 에너지를 공급하기 위해 이 몰에는 70개가 넘는 음식점이 자리한 가장 크고 다양한 푸드 코트가 있다. 거기에는 판다 익스프레스, 스바로, 큐도바 멕시칸 음식, 칙필에이, A&W 레스토랑, 버거킹, 롱 존 실버스, 케밥 인디언 그릴, 그밖에도 수많은 음식점들이 있다. '아메리카 푸드 코트'는 엄청난 다양성을 지닌 미국 패스트 푸드 산업의 축소판이다.

그렇다면 패스트푸드 산업을 어떻게 특징지을 수 있을까? 우선 그것은 분명 독점이 아니다. 패스트푸드 식당가에 가면 선택할 수 있는 가게가 여럿 있고, 그들 간에 실질적인 경쟁이 있다. 예를 들면 버거 고객을 놓고 A&W와 버거킹 사이에 경쟁이 있는가 하면, 버거 판매점과 피자 판매점 사이에도 경쟁이 있다. 반면에 각 판매점은 서로 다른 메뉴와 다른 식사 경험을 제공하기 때문에 어떤 의미에서 각 점포는 독점의 특징을 갖고 있다. 예를 들면 버거킹은 불에 구운 '와퍼의 본산지'이고, 빅맥을 더 좋아한다면 맥도날드에 가야만 한다. 어쨌든 요점은 각 패스트푸드점이 경쟁사와 **차별화된** 제품을 공급한다는 것이다.

패스트푸드 산업에서는 많은 기업이 대체로 동일한 수요—맛있고 빠른 음식에 대한 욕구—를 놓고 경쟁한다. 그러나 각 기업은 그 수요에 대해 소비자들이 대체로 유사하지만 완전대체재는 아니라고 보는 독특하고 차별화된 제품을 공급한다.

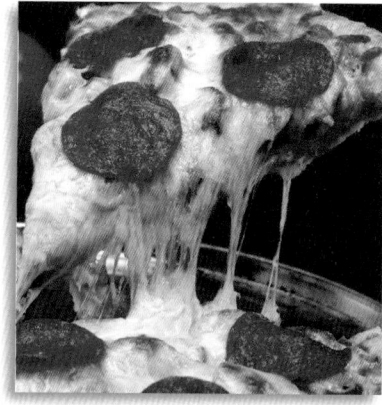

고객의 입맛을 사로잡기 위한 경쟁

패스트푸드 산업과 같이 많은 기업이 경쟁적으로 차별화된 제품을 공급하는 특징을 갖는 산업을 가리켜 **독점적 경쟁**이라 한다. 이것이 완전경쟁, 독점, 과점에 이어 우리가 공부할 네 번째이자 마지막 시장구조이다.

먼저 독점적 경쟁을 좀 더 자세히 정의하고 그 특징을 살펴본다. 다음에는 기업들이 어떻게 제품을 차별화하는지 알아본다. 이로써 독점적 경쟁이 어떻게 작동하는지 분석할 수 있게 된다. 마지막으로 지금도 계속되고 있는 제품차별화에 대한 논쟁, 특히 광고가 효과를 갖는 이유에 대한 의문을 살펴보고 이 장을 끝맺는다. ●

이 장에서 배울 내용

- **독점적 경쟁**이란 무엇인가?
- 과점기업이나 독점적 경쟁기업이 제품을 차별화하는 이유는 무엇인가?
- 독점적 경쟁에서 가격과 이윤이 단기와 장기에 어떻게 결정되는가?
- 독점적 경쟁이 어떻게 낮은 가격과 제품의 다양성 간에 상충관계를 보여주는가?
- **광고**와 **유명상표**의 경제적 중요성은 무엇인가?

‖ 독점적 경쟁의 의미

레오는 커다란 상점가에서 '원더풀 웍'이라는 가게를 운영하고 있다. 이 가게가 그곳에서 딤섬과 볶음밥을 제공하는 유일한 곳이지만 거기에는 '뛰어난 버거', '피자천국'을 비롯하여 10개가 넘는 경쟁자들이 있다. 음식 값을 결정할 때 레오는 이 경쟁자들을 고려해야 한다는 사실을 알고 있다. 아무리 볶음요리를 좋아하는 사람이라도 버거, 감자튀김, 음료수를 6달러에 살 수 있다면 점심으로 20달러까지 내려고 하지는 않을 것이다.

그러나 레오는 자신의 점심메뉴가 경쟁자보다 다소 비싸더라도 고객을 모두 잃지는 않으리라는 것도 알고 있다. 볶음밥이나 딤섬은 버거나 피자와 같지 않다. 그날따라 정말 볶음밥이 먹고 싶은 사람이 있을 수 있다. 이들은 버거가 값이 더 싸더라도 레오의 가게에서 주문을 할 것이다. 물론 그 반대의 경우도 있을 수 있다. 원더풀 웍의 음식이 조금 더 싸더라도 어떤 사람은 버거를 선택할 것이다. 다시 말해서 레오는 어느 정도의 시장지배력을 갖고 있다. 자신의 가격을 선택할 능력이 어느 정도 있는 것이다.

그러면 레오의 상황을 어떻게 나타낼 수 있을까? 그는 분명 가격수용자가 아니기 때문에 완전경쟁은 아니다. 그러나 독점이라고 할 수도 없다. 그 식당가에서 중국음식을 공급하는 유일한 사람이기는 하지만 다른 음식판매자와 경쟁을 하고 있다.

그리고 과점이라 보는 것도 잘못이다. 과점이란 소수의 기업들 간의 경쟁이며 산업은 제한적이긴 하지만 일종의 진입장벽에 의해 보호되어 있고 이윤은 상당히 상호의존적이다. 이 상호의존성으로 인해 과점기업들은 암묵적으로라도 담합할 수 있는 방법을 모색할 동기를 갖는다. 그러나 레오의 경우에는 암묵적 담합이 성립하기에는 상점가에 너무 많은 음식점이 있다.

경제학자들은 레오가 처한 상황을 **독점적 경쟁**(monopolistic competition)이라 한다. 독점적 경쟁은 음식점이나 주유소와 같은 서비스 산업에 특히 많이 나타나지만 제조업에서도 볼 수 있다. 독점적 경쟁은 세 가지 조건을 특징으로 한다. 다수 기업의 경쟁, 제품차별화, 그리고 장기적으로는 산업으로의 진입과 퇴출이 자유롭다는 것이다.

독점적 경쟁에서는 각 생산자가 차별화된 자신의 상품에 대해 가격을 선택할 능력을 어느 정도 갖고 있다. 그러나 받을 수 있는 가격은 기존의 기업 및 동일하지는 않지만 가까운 대체재를 생산할 잠재적 생산자로부터 받는 경쟁에 의해 제한되어 있다.

다수의 기업

독점적 경쟁산업에는 다수의 생산자가 있다. 그런 산업은 전혀 경쟁이 없는 독점이나 소수의 경쟁자만 있는 과점과는 다르다. 대신 각 판매자에게는 경쟁자가 많이 있다. 큰 식당가에는 다수의 음식점이 있고, 간선도로에는 주유소가 많이 있으며, 유명한 휴양지 해변에는 호텔이 많이 있다.

차별화된 제품

독점적 경쟁산업에서 각 생산자는 소비자가 볼 때 경쟁기업 제품과 다르지만 동시에 가까운 대체재를 판매한다. 레오가 있는 식당가에 똑같은 종류와 품질의 음식을 파는 가게가 15곳이 있었다면 그것은 완전경쟁이라 할 수 있을 것이다. 누구든 다른 가게보다 더 높은 가격을 받으려 하면 고객이 없을 것이다. 그러나 원더풀 웍이 유일한 중국음식점이고, 뛰어난 버거가 유일한 햄버거 가게이고 다른 가게도 이와 같다고 하자. 이러한 차별화의 결과는 각 판매자가 자기 제품 가격을 결정할 능력을 어느 정도 갖게 된다는 것이다. 각 생산자는 어느 정도의 —제한된 것이기는 하지만— 시장지배력을 갖는다.

독점적 경쟁(monopolistic competition)이란 한 산업 내에 다수의 생산자가 존재하여 차별화된 제품을 공급하고, 장기적으로 진입과 퇴출이 자유로운 시장구조를 일컫는다.

장기적으로 자유로운 진입과 퇴출

독점적 경쟁산업에서는 새로운 생산자가 장기적으로 자신의 고유한 제품을 가지고 자유로이 진입할 수 있다. 예를 들어 이윤이 있을 것으로 생각한다면 다른 음식점이 상점가에 개업을 할 수 있다. 그리고 어떤 기업이 장기적으로 비용을 충당하지 못한다고 생각하면 그 산업으로부터 퇴출할 수 있다.

독점적 경쟁 : 요약

그러므로 독점적 경쟁은 우리가 지금까지 살펴보았던 세 가지 시장구조와는 다른 것이다. 기업들이 가격을 선택할 능력을 갖고 있으므로 완전경쟁과 구별된다. 기업들이 경쟁을 하고 있으므로 순수 독점과 구별된다. 또한 다수의 기업과 자유로운 진입으로 인해 과점에서 매우 중요하게 여기는 담합의 가능성이 없으므로 과점과도 구별된다.

우리는 앞으로 독점적 경쟁산업에서 가격, 산출량, 그리고 제품의 수가 어떻게 결정되는지를 볼 것이다. 그러나 우선 차별화된 제품이 무엇을 의미하는지 좀 더 자세히 살펴보자.

‖ 제품차별화

제품차별화는 과점산업에서 암묵적 담합이 불가능할 때 기업들 사이의 경쟁을 완화시켜 주기 때문에 중요한 역할을 하는 경우가 자주 있다. 독점적 경쟁산업에서는 제품차별화가 더욱 중요한 역할을 한다. 생산자가 많을 때는 암묵적 담합이 사실상 불가능하므로 제품차별화는 독점적 경쟁기업들이 어느 정도의 시장지배력을 가질 수 있는 유일한 방법이다.

동일한 산업 내의 기업들 — 패스트푸드 판매점, 주유소 또는 초콜릿 회사 — 이 어떻게 자신의 제품을 차별화할까? 어떤 경우에는 그 차이가 제품 자체에 있는 것이 아니라 주로 소비자들의 마음속에 있다. 우리는 이 장의 뒷부분에서 이런 종류의 제품차별화를 달성하는 데 광고의 역할과 상품명의 중요성을 논의할 것이다. 그러나 일반적으로 기업들은 자신의 제품을 — 놀랍게도! — 실제로 다르게 제조함으로써 차별화를 달성한다. 제품차별화의 비결은 소비자들의 선호가 다양하다는 것과 각 생산자가 일부 소비자들의 특정한 선호를 다른 제품들보다 더 잘 만족시키는 제품을 생산함으로써 틈새시장을 장악할 수 있다는 것이다.

제품차별화에는 주로 세 가지 형태가 있다.

1. 모양이나 유형에 따른 차별화
2. 장소에 따른 차별화
3. 품질에 따른 차별화

모양이나 유형에 따른 차별화

레오가 있는 식당가의 판매자들은 햄버거, 피자, 타코 등 다양한 유형의 패스트푸드를 제공한다. 소비자들마다 이들 중 어떤 음식에 대한 선호를 가지고 식당가에 도착한다. 이 선호는 소비자의 감정, 식사습관, 또는 그날 어떤 음식을 먹었는지에 따라 결정된다. 이러한 선호가 있다고 해서 소비자들이 가격에 무관심한 것은 아니다. 만일 원더풀 웍이 에그롤 하나에 15달러씩 받는다면 누구나 뛰어난 버거나 피자천국으로 갈 것이다. 그러나 어떤 사람은 특정한 음식이 자신의 선호에 더 가깝기 때문에 값이 더 비싸더라도 그 음식을 택할 것이다. 따라서 여러 점포의 제품들은 대체재이긴 하지만 완전대체재는 아니다 — 그들은 **불완전대체재**이다.

식당가의 점포들만 유형에 따라 제품을 차별화하는 것이 아니다. 의류상점들도 여성복 아니면 남성복, 정장 아니면 스포츠웨어, 유행 아니면 고전 스타일 등에 전문화한다. 자동차 제조업자들은 세단, 미니밴, SUV, 스포츠카 등을 운전자들의 다양한 요구와 기호에 맞춰 생산한다.

서적도 유형과 양식에 따른 차별화의 또 다른 예가 된다. 추리물은 연애소설과 구별된다. 추리물은 또 다시 본격 탐정소설과 스릴러물과 경찰 수사물로 구별할 수 있다. 판타지물이나 공상과학소설 작가도 모두 다르다. J. K. 롤링과 조지 R. R. 마틴은 모두 각자의 충성 독자를 확보하고 있다.

사실 제품차별화는 대부분의 소비재에서 나타난다고 할 수 있다. 사람들이 다양한 기호를 갖고 있는 한 생산자들은 다양한 제품을 생산해 내고 이윤을 얻을 수 있다.

장소에 따른 차별화

도로를 따라 자리 잡고 있는 주유소들은 차별화된 제품을 공급한다. 연료 자체는 동일하다고 할 수 있다. 그러나 주유소의 위치가 다르고 소비자들에게는 그것이 중요하다. 집이나 사무실 또는 연료 계기판이 바닥을 가리키는 장소에서 가까운 곳일수록 편리하다.

사실 독점적 경쟁산업에서 장소에 따라 차별화된 상품을 공급하는 경우는 흔하다. 특히 자동차 정비소에서부터 약국까지 소비자가 낮은 가격보다는 가까운 곳을 찾는 서비스 산업에서 그렇다.

장소에 따라 차별화되는 산업에서는 가까운 것이 가장 중요하다.

품질에 따른 차별화

초콜릿에 대한 욕구가 있는가? 거기에 얼마나 지불할 용의가 있는가? 초콜릿에도 다양한 종류가 있다. 보통 초콜릿은 그리 비싸지 않지만 고급 초콜릿은 한 조각에 몇 달러씩 하기도 한다.

초콜릿이 그렇듯 많은 상품에는 다양한 품질이 있다. 쓸 만한 자전거를 100달러 이내로 살 수도 있는 반면 훨씬 더 멋진 자전거 가격은 10배가 넘을 수도 있다. 모든 것은 추가적인 품질이 소비자에게 얼마나 중요하고, 그 돈으로 살 수 있는 다른 물건들을 얼마나 원하느냐에 달려 있다.

소비자들마다 높은 품질에 대해 지불하고자 하는 금액이 다양하기 때문에 생산자들은 품질에 따라 자기 제품을 차별화할 수 있다―어떤 사람은 낮은 품질의 제품을 낮은 가격에, 어떤 사람은 높은 품질의 제품을 높은 가격에 판매한다.

제품차별화 : 요약

그러므로 제품차별화는 다양한 형태로 나타날 수 있다. 어떤 형태가 되었든 제품이 차별화된 산업에는 두 가지 중요한 특징이 있다.

1. **첫째는 공급자 간의 경쟁이다.** 차별화된 제품을 판매하는 사람들이 동일한 재화를 공급하는 것이 아님에도 불구하고 어떤 면에서는 한정된 시장을 놓고 경쟁한다는 것이다. 시장에 더 많은 기업이 있으면 각 기업은 주어진 가격에서 더 적은 수량을 판매하게 될 것이다. 예를 들어 어떤 도로에 새로운 주유소가 개업하면 기존의 주유소들은 전보다 약간 적은 양을 판매하게 될 것이다.

2. **둘째는 다양성에 내재된 가치이다.** 차별화된 제품이 증가함으로써 소비자는 이득을 얻게 된다. 동일한 가격일지라도 식당가에 음식점이 8개 있다면 6개가 있을 때에 비해 소비자들은 더 큰 만족을 얻을 수 있다. 소비자들이 자신이 생각하던 것에 더 가까운 식사를 할 수 있게 되기 때문이다. 운전자에게는 주유소가 2마일마다 있는 도로가 5마일마다 있는 도로에 비해 더 편리하다. 마찬가지로 다양한 품질의 제품이 공급되면 어쩔 수 없이 원하는 것보다 더 높은 품질을 사거나 원하는 것보다 더 낮은 품질을 사야 하는 소비자 수는 줄어들 것이다.

다음에 보는 바와 같이 차별화된 제품의 판매자 간 경쟁이 독점적 경쟁의 작동원리를 이해하는 단서가 된다.

현실 경제의 >> 이해

풍성함!

식료품점 진열대에서 수십 가지의 파스타 소스 중에서 하나를 선택하면서 압도당한 느낌을 가져본 적이 있는가? 그렇다면 감사와 비난을 함께 보낼 사람은 하워드 모스코위츠다. 30년 전에는 선택이 훨씬 간단했다. 뉴먼의 소카루니도 구운 마늘을 넣은 바릴라의 매운 마리나라도 에머릴의 가정식도 클래시코의 토마토 바질도 없었다. 실은 프레고와 라구 두 제품밖에 없었다. 그리고 각각 단순한 스파게티 소스 한 종류만 판매했다.

독점적 경쟁으로 인해 혼란스러울 정도로 다양한 파스타 소스를 구할 수 있다.

1980년대 말 프레고는 경쟁자 라구에 비해 어려움을 겪고 있었다. 사업을 다시 일으키려고 여러 방법을 모색하고 있던 중에 프레고는 자신들의 제품이 라구의 파스타 소스와 별반 차이가 없다는 결론을 얻었다. 그러나 프레고는 경쟁자와 가격경쟁을 시작하는 대신 시장조사 전문가인 하워드 모스코위츠를 고용했고, 모스코위츠는 프레고의 딜레마를 해결할 방법은 소비자들의 미각에 맞는 것을 찾아 라구의 제품과 차별하는 것이라고 생각했다. 모스코위츠는 단맛, 매운맛, 신맛, 짠맛, 걸죽한 정도 등 생각할 수 있는 모든 점에서 다양한 45종의 파스타 소스를 만들었다. 그리고는 전국을 돌며 시식회를 가졌다. 부각된 사실은 소비자들이 그때까지 존재하지 않았던 덩어리가 많은 소스를 좋아한다는 것이었다. 당시에는 프레고와 라구 모두 매우 혼합된 묽은 소스를 판매하고 있었다.

1989년 프레고는 덩어리가 많은 제품을 시장에 내놓았고 그것은 매우 성공적이었다. 오늘날에는 그의 방법이 전혀 혁신적으로 느껴지지 않는다는 것이 그의 성공을 말해주는 척도라 할 수 있다. 30년 전 식품업계는 소비자들의 입맛을 완전히 만족시킬 이상적인 '비현실적 요리'를 창조하려고 노력해야 한다고 믿었다. 프레고와 라구가 묽은 파스타 소스를 판매한 것은 그들의 이상이 이탈리아에서 소스가 만들어지는 방법을 반영했기 때문이었다. 그러나 프레고는 결국 망할 수밖에 없는 라구와의 정면 가격경쟁을 피하면서 자신의 제품을 부각시키는 것이 중요함을 깨달았다. 그때 모스코위츠가 나타나서 미국 소비자들의 다양성과 독특한 맛에 대한 인습타파적인 열망을 마음껏 충족시킬 수 있도록 식품 산업을 해방시켜준 것이다. 그러므로 다음에 어떤 파스타 소스를 살까 고민하게 되면 하워드 모스코위츠와 그의 혁신적인 발상을 기억하라.

>> 이해돕기 15-1

해답은 책 뒤에

1. 다음에 제시된 재화와 서비스는 모두 차별화된 상품이다. 독점적 경쟁의 결과로 차별화된 것은 무엇이고, 그렇지 않은 것은 무엇인가? 그 이유를 설명하라.
   a. 사다리
   b. 탄산음료
   c. 의상점
   d. 강철 제품
2. 한 산업이 다음에 제시되는 두 가지 시장구조 중 어디에 해당되는지 판단해야 하는데, 그 산업에 대해 한 가지만 질문할 수 있다. 그 산업이 다음 중 어디에 해당하는지 알아보기 위해서는 어떤 질문을 해야 하겠는가?

>> 복습
- **독점적 경쟁**에서는 다수의 공급자가 차별화된 제품으로 경쟁을 하며, 장기적으로 진입과 퇴출이 자유롭다.
- 제품차별화는 독점적 경쟁산업뿐만 아니라 암묵적 담합을 달성하는 데 실패한 과점산업에서도 나타난다. 제품차별화에는 주로 세 가지 형태가 있다. 모양이나 유형에 따른 차별화, 장소에 따른 차별화, 그리고 품질에 따른 차별화이다. 경쟁기업들이 공급하는 제품은 소비자들에게 불완전대체재로 인식된다.
- 생산자들은 동일한 시장을 두고 경쟁을 하므로 더 많은 생산자들이 진입하게 되면, 기존 생산자들이 주어진 가격에서 판매할 수 있는 수량이 줄게 된다. 한편 제품의 다양성이 증가함에 따라 소비자가 얻게 되는 이익은 증가한다.

    a. 완전경쟁인가 아니면 독점적 경쟁인가?

    b. 독점인가 아니면 독점적 경쟁인가?

|| 독점적 경쟁의 이해

어떤 산업이 독점적 경쟁이라고 하자. 많은 생산자들이 차별화된 제품을 생산하면서 동일한 소비자를 놓고 경쟁한다. 그런 산업은 어떻게 작동할까?

    독점적 경쟁이라는 용어가 시사하는 바와 같이 이 시장구조는 어떤 면에서는 독점의 특징을, 어떤 면에서는 완전경쟁의 특징을 갖고 있다. 각 기업이 구별된 제품을 제공하는 것은 어떤 점에서 독점과 같다. 수요곡선은 우하향하며 어느 정도의 시장지배력—자기 제품 가격을 일정 범위 내에서 결정할 능력—을 갖고 있다. 그러나 순수 독점기업과 달리 독점적 경쟁기업은 경쟁에 직면해 있다. 제품의 판매량이 같은 산업 내 다른 기업들이 제공하는 제품과 그 가격에 의해 영향을 받는다.

    물론 과점도 마찬가지다. 그러나 정의된 바와 같이 과점에는 소수의 기업이 있는 것과 달리 독점적 경쟁에는 다수의 생산자가 있다. 이 때문에 과점의 '수수께끼'—기업들이 담합할 것인가 아니면 비협조적으로 행동할 것인가?—가 독점적 경쟁산업에서는 발생하지 않는다. 만일 한 마을에 있는 모든 주유소 또는 모든 음식점이—명시적으로든 암묵적으로든—가격을 올리기로 합의할 수만 있다면 그렇게 하는 것이 모두에게 좋다는 것은 사실이다.

    그러나 기업의 수가 많고 또한 진입장벽이 없는 상황에서는 그러한 담합이 사실상 불가능하다. 그러므로 독점적 경쟁 상황에서는 담합의 가능성을 무시하고 기업들이 비협조적으로 행동한다고 가정해도 무방하다.

단기에서의 독점적 경쟁

단기균형과 장기균형의 구분을 기억하라. 한 산업의 단기균형에서는 기업의 수를 주어진 것으로 간주한다. 반면에 장기균형은 기업들이 그 산업으로 진입하거나 퇴출할 수 있도록 충분한 시간이 흐른 후에 달성된다. 독점적 경쟁을 분석하는 데 있어 우리는 우선 단기에 초점을 맞춘 다음 단기에서 장기로 바뀔 때 산업이 어떻게 달라지는지 살펴본다.

    〈그림 15-1〉의 (a)와 (b)는 단기에 독점적 경쟁산업에서 한 기업이 처할 수 있는 두 가지 상황을 보여 준다. 두 경우 모두 독점과 같은 모습이다. 수요곡선이 우하향하고 있고 이는 한계수입곡선도 우하향함을 의미한다.

    우리는 모든 기업의 한계비용곡선이 우상향하고, 고정비용이 있어 평균총비용곡선은 U자형을 하고 있다고 가정한다. 이 가정은 단기에는 필요하지 않으나 곧 보게 될 장기균형을 이해하는 데는 중요하다.

    두 경우 모두 기업은 이윤을 극대화하기 위해 한계수입이 한계비용과 같아지도록 생산한다. 이 두 그림의 차이점은 무엇인가? (a)에서는 이윤을 내고 (b)에서는 이윤을 내지 못한다. (항상 회계상의 이윤이 아니라 경제학적 이윤, 즉 모든 생산요소에 기회비용을 지불한다는 가정하에 구한 이윤을 의미한다는 점을 기억하라.)

    그림 (a)에서 기업의 수요곡선은 D_P이고 한계수입곡선은 MR_P이다. 기업은 한계수입과 한계비용이 같아서 이윤이 극대화되는 산출량 Q_P를 생산하고 P_P의 가격에 판매한다. 이 가격은 이 생산량에서의 평균비용 ATC_P보다 높다. 이 기업의 이윤은 색칠한 직사각형의 면적으로 표시된다.

    그림 (b)에서 기업의 수요곡선은 D_U이고 한계수입곡선은 MR_U이다. 기업은 한계수입과 한계비용이 같아지는 산출량 Q_U를 선택한다. 그러나 이 경우에는 가격 P_U가 평균총비용 ATC_U보다 낮아서 이 산출량에서 기업은 손실을 본다. 이 손실은 색칠한 직사각형의 면적과 같다. Q_U가 이윤을 극대화하는, 즉 이 경우에는 손실을 극소화하는 산출량이므로 이 기업이 이 상황에서 이윤을 낼 방법은 없다.

우리는 이 사실을 어떤 산출량에서도 그림 (b)의 평균총비용곡선이 수요곡선 D_U 위에 있는 것으로부터 확인할 수 있다. 모든 산출량에서 $ATC>P$이므로 이 기업은 항상 손실을 본다.

이상의 비교에서 알 수 있듯이 시장지배력이 있는 기업이 단기에 이윤을 낼 수 있는가 없는가는 수요곡선과 평균총비용곡선의 관계에 달려 있다. 그림 (a)에서 수요곡선 D_P는 평균총비용곡선과 교차하는데 이는 수요곡선의 일부가 평균총비용곡선 위쪽에 놓이게 됨을 의미한다. 따라서 가격이 평균총비용보다 높은 가격-수량 조합이 존재하며 양의 이윤을 내는 생산량을 선택할 수 있음을 보여 준다.

반면 그림 (b)에서 수요곡선 D_U는 평균총비용곡선을 교차하지 못하고 항상 아래쪽에 놓여 있다. 따라서 각 수요량에 대응되는 가격은 언제나 그 수량을 생산하는 데 드는 평균총비용보다 낮다. 기업이 손실을 피할 수 있는 산출량이 존재하지 않는다.

우하향하는 수요곡선과 한계수입곡선을 보여 주는 이 그림들은 통상적인 독점분석에서 보는 것과 동일한 그림이다. 그러나 단기에서 장기로 들어가면 독점적 경쟁의 '경쟁' 측면이 모습을 드러낸다.

장기에서의 독점적 경쟁

〈그림 15-1(b)〉와 같이 기업이 손해를 보고 있는 산업은 분명 장기균형에 있다고 할 수 없다. 기

그림 15-1 단기에서의 독점적 경쟁기업

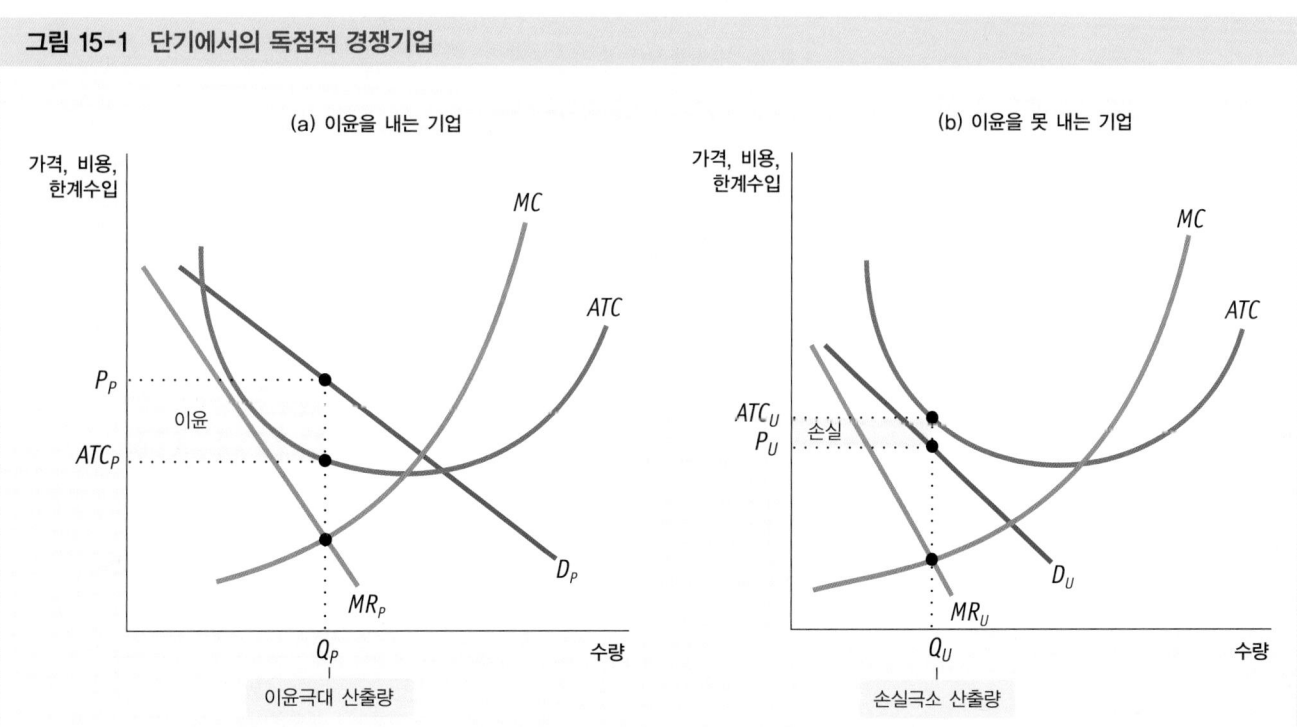

그림 (a)의 기업은 평균총비용곡선 ATC가 수요곡선 D_P보다 낮은 산출량에서 이윤을 낼 수 있다. 이윤을 극대화하는 산출량은 한계수입 MR_P가 한계비용 MC와 같아지는 Q_P이다. 이 기업은 P_P의 가격을 받고 색칠한 직사각형의 면적으로 표시된 이윤을 낸다. 그러나 그림 (b)의 기업은 결코 이윤을 낼 수 없다. 모든 산출량에서 평균총비용곡선이 수요곡선 D_U보다 위쪽에 있기 때문이다. 생산을 한다면 최선의 방법은 Q_U를 생산하여 P_U의 가격을 받는 것이다. 이것은 색칠한 직사각형의 면적으로 표시된 손실을 발생시킨다. 다른 어떤 산출량도 이보다 더 큰 손실을 초래한다.

장기적으로 독점적 경쟁산업은 모든 기업이 이윤을 극대로 하는 산출량에서 영의 이윤을 얻는 **영의 이윤균형**(zero-profit equilibrium)에 도달할 것이다.

업이 손해를 보고 있을 때는 그중 어떤 기업이 산업으로부터 퇴출할 것이다. 계속되는 손실이 기업들의 퇴출에 의해 제거된 후에야 그 산업은 장기균형을 이룰 것이다.

그처럼 명백하지 않을지 모르지만 〈그림 15-1(a)〉와 같이 기업이 이윤을 내고 있는 산업 역시 장기균형에 있지 않다. 산업으로의 진입이 자유로우므로 이미 산업 내에 있는 기업들이 지속적으로 이윤을 내고 있다면 다른 기업들이 진입하게 될 것이다. 지속되는 이윤이 새로운 기업의 진입에 의해 제거된 후에야 그 산업은 장기균형을 이룰 것이다.

다른 기업의 진입이나 퇴출은 이미 산업 내에 있던 기업의 이윤에 어떤 영향을 미칠까? 독점적 경쟁산업에 있는 기업들이 공급하는 차별화된 제품들은 같은 소비자를 놓고 경쟁하므로 다른 기업의 진입이나 퇴출은 기존 기업의 수요곡선에 영향을 미칠 것이다. 만일 어떤 고속도로변에 새로운 주유소가 개업한다면 기존의 주유소들은 동일한 가격에서 더 적은 수량을 판매하게 될 것이다. 따라서 독점적 경쟁산업에 새로운 기업들이 진입하면 기존 기업들의 수요곡선과 한계수입곡선은 〈그림 15-2(a)〉에 표시된 바와 같이 왼쪽으로 이동할 것이다.

반대로 고속도로변에 있던 어떤 주유소가 문을 닫는다고 가정해 보자. 그러면 남아 있는 주유소들은 주어진 가격에서 더 많은 휘발유를 판매하게 될 것이다. 따라서 어떤 산업으로부터 기업들이 퇴출하면 남아 있는 기업들의 수요곡선과 한계수입곡선은 그림 (b)에 표시된 바와 같이 오른쪽으로 이동하게 된다.

한 산업은 진입이나 퇴출이 없을 때 장기균형을 이루게 된다. 이것은 모든 기업이 영의 이윤을 낼 때만 가능하다. 따라서 장기적으로 독점적 경쟁산업은 모든 기업이 이윤을 극대로 하는 산출량을 생산하여 정확히 모든 비용을 충당하는 **영의 이윤균형**(zero-profit equilibrium)에 도달할 것이다(다음에 '현실 경제의 이해'에서 보는 것처럼 앱 산업이 이 원리의 한 예가 된다).

그림 15-2 진입과 퇴출은 각 기업의 수요곡선과 한계수입곡선을 이동시킨다

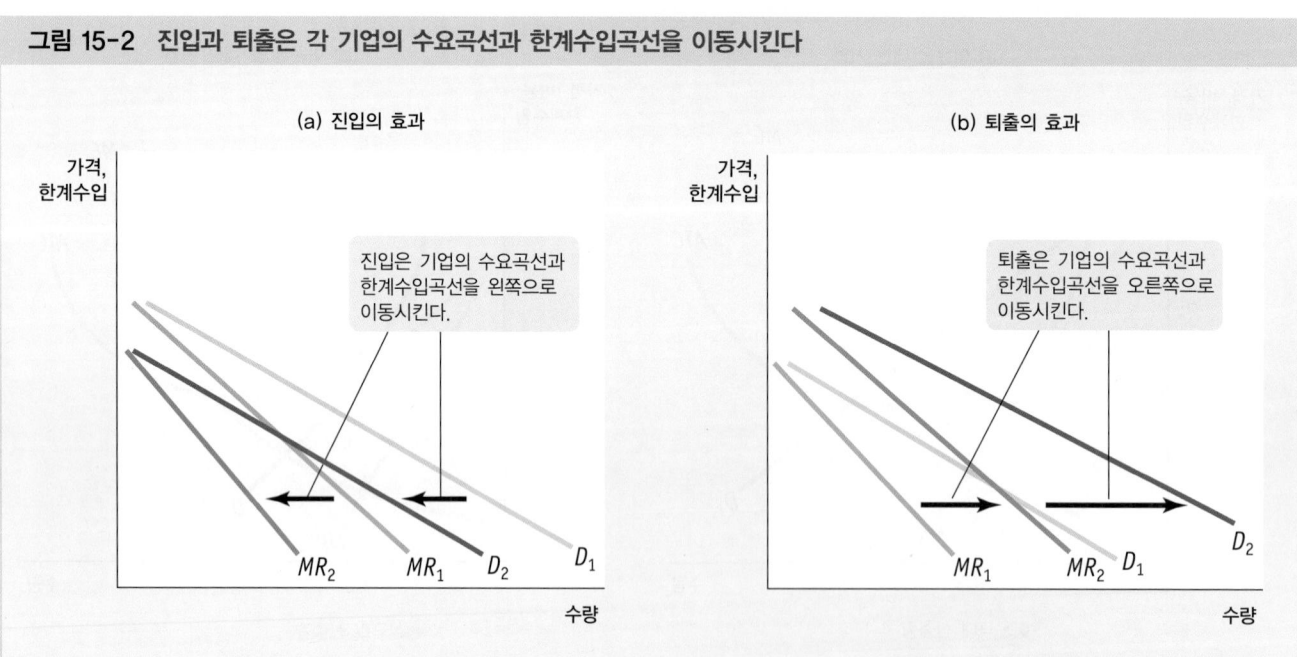

산업 내의 기업들이 이윤을 내고 있으면 장기적으로 진입이 발생할 것이다. 그림 (a)에서 진입으로 인해 기존 기업의 수요곡선과 한계수입곡선이 왼쪽으로 이동한다. 이 기업은 판매하는 모든 수량에 대해 더 낮은 가격을 받게 되고 이윤이 감소한다. 기업의 이윤이 영이 될 때 진입이 중단될 것이다. 산업 내의 기업들이 이윤을 내지 못하면 장기적으로 퇴출이 발생할 것이다. 그림 (b)에서는 산업으로부터의 퇴출로 인해 남아 있는 기업의 수요곡선과 한계수입곡선이 오른쪽으로 이동한다. 이 기업은 판매하는 모든 수량에 대해 더 높은 가격을 받게 되고 이윤이 증가한다. 기업의 이윤이 영이 될 때 퇴출이 중단될 것이다.

그림 15-3 장기 영의 이윤균형

만일 산업 내 기업들이 이윤을 내게 되면 진입이 발생하여 기존 기업들의 수요곡선이 왼쪽으로 이동한다. 만일 산업 내 기업들이 이윤을 내지 못하면 그중 어떤 기업들이 그 산업으로부터 퇴출하여 남아 있는 기업의 수요곡선은 오른쪽으로 이동한다. 산업 내 모든 기업의 이윤이 영이 될 때 진입과 퇴출이 멈출 것이다. 따라서 장기 영의 이윤균형에서는 이윤극대 산출량에서 각 기업의 수요곡선이 평균총비용곡선과 접한다. 이윤극대 산출량 Q_{MC}에서 가격 P_{MC}는 평균총비용 ATC_{MC}와 같아진다. 독점적 경쟁기업은 마치 독점이윤이 없는 독점기업과 같다.

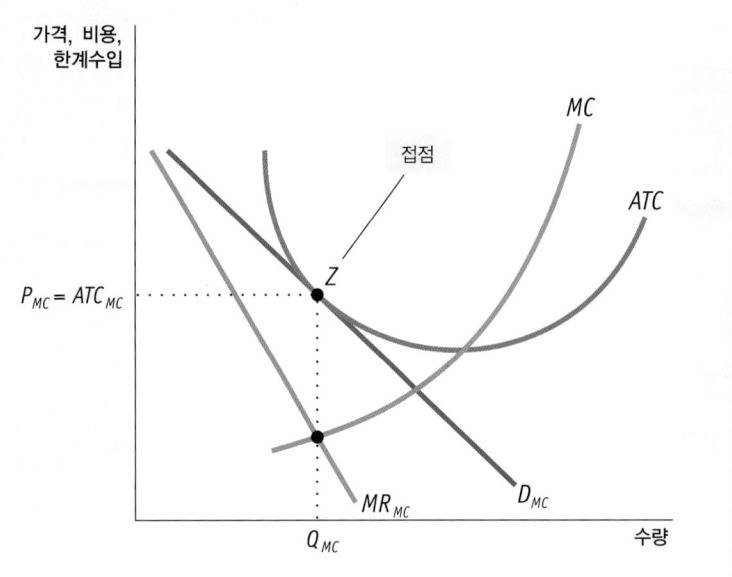

어떤 기업의 수요곡선이 우하향할 때 그 수요곡선의 일부가 평균총비용곡선 위쪽에 놓이게 되면 그 기업은 양의 이윤을 낼 수 있다는 것을 보았다. 만일 수요곡선이 모든 곳에서 평균비용곡선 아래쪽에 있다면 그 기업은 손실을 볼 것이다. 그러므로 영의 이윤균형에서는 기업이 이 두 경우의 경계에 있게 될 것이다. 수요곡선이 평균총비용곡선과 그저 살짝 만나야 한다. 즉 수요곡선이 이윤극대 산출량—한계수입과 한계비용이 일치하는 산출량—수준에서 평균총비용곡선과 정확히 접해야 한다.

만일 이 조건이 만족되지 않으면 기업이 이윤을 극대로 하는 산출량을 생산했을 때 〈그림 15-1〉에 표시된 것처럼 이윤을 내거나 손실을 보게 된다. 그러나 진입과 퇴출이 자유로울 때 이것은 장기균형이 될 수 없음을 우리는 알고 있다. 그 이유는 무엇일까? 이윤이 있을 때는 새로운 기업이 산업에 진입하여 모든 이윤이 사라질 때까지 기존 기업의 수요곡선이 왼쪽으로 이동한다. 손실이 있을 때는 기존 기업 중 일부가 퇴출하여 모든 손실이 없어질 때까지 남아 있는 기업의 수요곡선이 오른쪽으로 이동한다. 모든 산업 내 기업이 이윤극대 산출량에서 영의 이윤을 내고 있을 때만 진입이나 퇴출이 멈추게 된다.

〈그림 15-3〉은 독점적 경쟁기업이 그러한 영의 이윤균형에 도달해 있는 것을 보여 준다. 이 기업은 $MR_{MC}=MC$가 달성되는 산출량 Q_{MC}를 생산하여 P_{MC}의 가격을 받는다. 점 Z로 표시된 이 가격과 산출량에서 수요곡선은 평균총비용곡선과 접한다. 가격 P_{MC}가 평균총비용 ATC_{MC}와 같기 때문에 이 기업의 이윤은 영이 된다.

그러므로 장기적으로 독점적 경쟁산업의 정상적인 모습은 모든 기업이 〈그림 15-3〉에 표시된 것과 같은 상황에 있는 것이다. 모든 생산자는 독점기업과 같이 이윤을 극대로 하기 위해 한계비용과 한계수입이 같아지도록 생산한다. 그러나 이것은 영의 이윤을 달성하게 만들 뿐이다. 이 산업에 속한 기업들은 마치 독점이윤이 없는 독점기업과 같다.

현실 경제의 >> 이해

앱스토어의 히트작과 실패작

몇몇 소수의 앱은 엄청난 이윤을 냈지만 앱 산업은 영의 이윤 균형을 벗어날 수 없다.

어떤 앱들은 엄청난 수입을 가져다 주는 작품이라는 것을 부정할 수 없다. 2016년 널리 인기를 얻고 있는 게임 앱인 '캔디 크러시'를 만든 킹 디지털 엔터테인먼트는 '콜 오브 듀티', '기타 히어로', '스카이랜더스'를 소유한 액티비전에 60억 달러에 가까운 가격에 인수되었다. 같은 해에 차량 호출 앱인 우버는 믿기 어려운 660억 달러로 평가되고 있었다. 이런 성공담에 자극을 받아 사상 유래없는 수의 사람들이 모바일 앱을 개발하러 뛰어 들었다. 이러한 분주함 속에 숨겨진 것은 대다수의 앱은 실패했거나 겨우 명맥을 유지하고 있다는 사실이다.

앱 산업은 여러 면에서 독점적 경쟁의 예처럼 보인다. 첫째로 앱을 개발하는 일에는 누구나 참여할 수 있다. 둘째로 앱은 차별화된 상품이다. 앱은 플랫폼에서 차별화되어 있다. 애플의 iOS 플랫폼, 구글의 안드로이드 플랫폼, 그리고 마이크로소프트 플랫폼이 있다. 앱은 기능에 있어서도 차별화되어 있다. 사진을 공유하거나, 책을 디지털로 채색하거나, 가상의 잉어 연못, 여행 가격을 정하고 예약하는 일, 개인의 재정 관리 등 다양하다. 그리고 각 기능 상의 하위그룹에서도 서로 더 큰 시장을 차지하기 위해 다양한 형태의 앱이 존재한다. 2019년 iOS 플랫폼은 220만 개의 앱이, 구글 플레이에는 260만보다 약간 적은 수의 앱이 존재한다. 2019년 이 두 플랫폼에서 다운로드된 횟수를 합하면 거의 1,050억에 달한다. 그러나 산업 분석가인 프랭크 바이의 말처럼 "쉽게 돈 버는 시기는 지났다".

틱톡, 스냅챗, 또는 클래시 오브 클랜 같은 예외적인 히트 상품이 하나 나올 때 수만 개의 앱이 잊혀진 채 시들고 있다. 앱을 판매한다는 원래의 앱스토어 개념은 구식이 되었다. 오늘날 대부분의 앱은 무료로 또는 최소 비용으로 다운로드 할 수 있다. 2011년에는 63%의 앱이 평균 3.64달러에 다운로드 되었는데 2019년에는 7% 이하의 앱이 평균 1.01달러의 가격에 다운로드 되었다. 다운로드 된 앱 중 75%가 한 번 사용되고는 다시는 사용되지 않는 것으로 추산된다.

이 시점에서 많은 앱 개발자들이 다운로드로부터 충분한 수입을 내지 못 해 사업을 계속하는 데 어려움을 겪고 있다. 다시 말해 앱 생산업은 독점적 경쟁을 특징짓는 영의 이윤 상태에 도달했다. 그러므로 이 최첨단 고기술 산업도 결국 독점적 경쟁의 경제 원리에 따른 결론에서 벗어날 수 없다.

>> 이해돕기 15-2

해답은 책 뒤에

>> 복습

- 독점과 마찬가지로 독점적 경쟁산업에서 모든 기업은 우하향하는 수요곡선과 한계수입곡선을 갖게 된다. 단기에서 기업들은 이윤을 극대화하는 산출량을 생산할 때 이윤을 얻거나 손실을 볼 수 있다.
- 이미 산업 내에 있던 기업이 양의 이윤을 얻고 있다면, 장기에는 새로운 기업이 시장에 진입하여 기존 기업의 수요곡선이 왼쪽으로 이동한다. 이미 산업 내에 있던 기업이 손실을 보고 있다면, 일부 기업들이 이 산업으로부터 퇴출하여 기존 기업의 수요곡선이 오른쪽으로 이동한다.
- 독점적 경쟁산업의 장기균형, 즉 **영의 이윤균형**에서 기업들은 이윤을 얻지도 손실을 보지도 않는다. 기업의 수요곡선은 이윤을 극대로 하는 산출량 수준에서 평균총비용곡선에 접한다.

1. U자형 평균총비용곡선을 갖고 있는 기업들로 구성되어 있는 독점적 경쟁이 현재 장기균형 상태에 있다. 다음에 제시된 각 상황에서 산업이 어떻게 적응할 것인지 단기와 장기로 나누어 묘사해 보라.

   a. 산업 내 모든 기업의 고정비용을 증가시키는 기술 변화

   b. 산업 내 모든 기업의 한계비용을 감소시키는 기술 변화

2. 독점적 경쟁기업들이 장기에 단일기업으로 통합되어 독점기업으로 행동하는 것이 불가능한 이유는 무엇인가?

‖ 독점적 경쟁과 완전경쟁

일면 독점적 경쟁산업의 장기균형은 완전경쟁산업의 장기균형과 상당히 비슷해 보인다. 두 경우 모두 다수의 기업이 있고, 두 경우 모두 이윤이 경쟁에 의해 없어지고, 두 경우 모두 가격은 평균총생산비와 같다.

그러나 이 두 가지의 장기균형은 다르며 그 차이는 경제학적으로 의미를 갖는다.

가격, 한계비용 및 평균총비용

〈그림 15-4〉는 완전경쟁산업과 독점적 경쟁산업에서 각각 전형적인 한 기업의 장기균형을 비교하고 있다. 그림 (a)에는 완전경쟁기업이 평균비용의 최솟값과 동일한 가격에 당면한 상황이 그려져 있고, 그림 (b)에는 〈그림 15-3〉이 그려져 있다. 두 그림을 비교해 보면 두 가지 큰 차이점을 발견할 수 있다.

첫째, 그림 (a)에 그려진 완전경쟁기업의 경우에는 이윤극대 산출량 Q_{PC}에서 이 기업이 받는 가격 P_{PC}가 그 산출량에서의 한계비용 MC_{PC}와 같다. 이에 반해 그림 (b)의 독점적 경쟁기업이 선택한 산출량 Q_{MC}에서는 가격 P_{MC}가 한계비용 MC_{MC}보다 높다.

이 차이는 소비자를 향한 기업의 태도 차이로 나타난다. 시장가격에서 원하는 만큼 생산물을 판매할 수 있는 밀 농부는 어떤 사람이 시장가격에 밀을 구입하겠다고 해서 특별히 좋아할 이유가 없다. 이 농부는 그 가격에서 생산을 더 이상 증가시키기를 원하지 않고 밀을 다른 사람에게 팔 수도 있기 때문에 이 사람이 그 농부에게 어떤 호의를 베푸는 것이 아니다.

그림 15-4   완전경쟁과 독점적 경쟁의 장기균형 비교

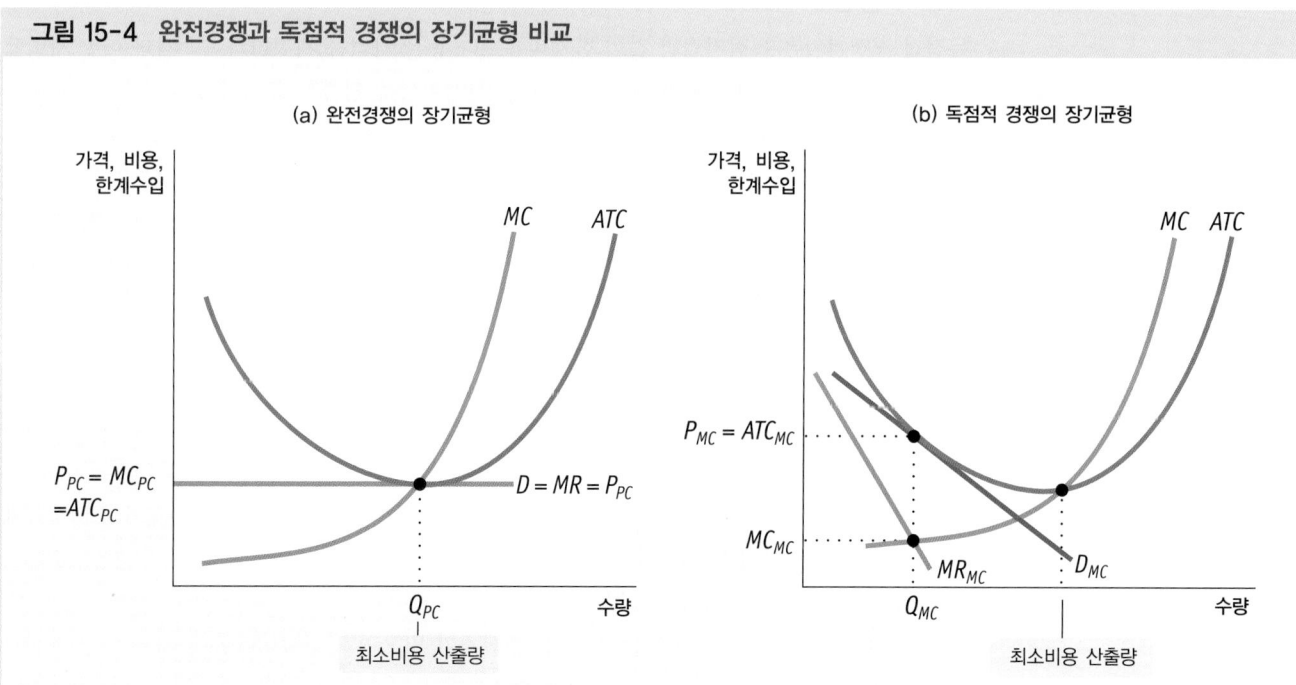

그림 (a)는 완전경쟁산업에서 장기균형을 이루고 있는 전형적인 기업의 상태를 보여 준다. 이 기업은 최소비용 산출량 Q_{PC}를 생산하고 경쟁시장가격 P_{PC}에 판매하여 영의 이윤을 낸다. P_{PC}가 한계비용 MC_{PC}와 같기 때문에 이 기업은 생산물을 한 단위 더 판매하는 것에 대해 무차별하다. 그림 (b)는 독점적 경쟁산업에서 장기균형을 이루고 있는 전형적인 기업의 상태를 보여 준다. Q_{MC}에서 가격 P_{MC}가 평균총비용 ATC_{MC}와 같기 때문에 이 기업은 영의 이윤을 내고 있다. Q_{MC}에서 P_{MC}가 한계비용 MC_{MC}보다 높기 때문에 이 기업은 P_{MC}의 가격에서 한 단위 더 판매하기를 원한다. 그러나 판매를 늘리기 위해 가격을 내리는 것은 원하지 않는다. 따라서 이 기업은 최소비용 산출량의 왼쪽에서 생산하며 초과설비를 갖고 있다.

독점적 경쟁기업들은 **초과설비**(excess capacity)를 가지고 있다. 즉 평균총비용을 최소로 하는 산출량보다 더 적게 생산한다.

그러나 만일 어떤 사람이 케이티의 주유소 대신 자밀의 주유소에서 주유를 하기로 했다면 이 사람은 자밀에게 호의를 베푸는 것이다. 자밀은 고객을 더 끌기 위해 가격을 인하할 생각은 없다 — 이 상충관계와 관련해서 이미 그는 최선의 선택을 했다. 그러나 만일 **공시된 가격**에서 기대보다 좀 더 많은 고객이 온다면 그에게는 좋은 일이다. 공시된 가격에서 추가 판매가 발생하면 가격이 한계비용보다 높아서 수입이 비용보다 더 많이 증가하기 때문이다.

완전경쟁과 달리 독점적 경쟁에서는 기업들이 현재 가격에서 판매를 증가시키려 한다는 사실은 그들이 판매촉진을 위한 광고에 관여하는 이유를 이해하는 중요한 단서가 된다.

독점적 경쟁과 완전경쟁 사이에 〈그림 15-4〉에서 볼 수 있는 또 다른 차이점은 평균총비용곡선 상에서 각 기업의 균형점에 관한 것이다. 그림 (a)에 표시된 완전경쟁기업은 U자형 평균총비용곡선의 최저점인 Q_{PC}에서 생산한다. 즉 각 기업은 평균총비용이 최소가 되는 산출량 — 최소비용 산출량 — 을 생산한다. 이 결과로 산업의 총생산비용 역시 최소가 된다.

그림 (b)에 표시된 독점적 경쟁에서는 U자형 ATC 곡선이 우하향하고 있는 Q_{MC}에서 생산한다. 이 기업은 평균총비용을 최소로 하는 산출량보다 더 적게 생산하고 있다. 이처럼 평균총비용을 최소로 할 수 있을 만큼 충분히 생산하지 못하는 현상을 가리켜 **초과설비**(excess capacity) 문제라고 한다. 식당가의 음식점이나 도로변의 주유소는 비용 절약의 모든 가능성을 활용할 수 있을 만큼 규모가 크지 못하다. 따라서 독점적 경쟁산업에서는 산업의 총생산비용이 최소화되지 못한다.

모든 독점적 경쟁기업이 초과설비를 갖고 있으므로 독점적 경쟁산업은 비효율적이라고 주장하는 사람들이 있었다. 그러나 독점적 경쟁에서 효율성의 문제는 분명한 대답이 없는 미묘한 문제로 밝혀졌다.

독점적 경쟁은 비효율적인가?

독점적 경쟁기업은 독점기업과 같이 한계비용보다 높은 가격을 책정한다. 그 결과 어떤 사람들은 원더풀 웍이 만든 에그롤에 대해 최소한 생산비 이상을 지불할 용의가 있지만 그럴 수 없게 된다. 독점적 경쟁에서는 서로에게 유익한 거래 중 일부가 실현되지 못한다.

뿐만 아니라 독점적 경쟁에는 또 다른 종류의 비효율성이 발생한다고 주장되는 일도 흔히 있다. 모든 독점적 경쟁기업이 초과설비를 가지고 있는 것은 **낭비적인 중복**이라는 것이다. 독점적 경쟁산업은 지나치게 다양한 제품을 제공한다. 이 주장에 따르면 식당가에 여섯이나 일곱보다는 두세 개의 음식점만 있는 것이 더 나을 것이다. 만일 음식점 수가 적으면 각 기업의 평균총비용은 더 낮을 것이고 따라서 음식을 더 싸게 제공할 수 있을 것이다.

독점적 경쟁에 대한 이 주장 — 비효율을 초래해 총잉여를 감소시킨다는 것 — 이 과연 옳은가? 꼭 그렇지는 않다. 고속도로변에 주유소가 적게 있다면 각 주유소는 더 많은 휘발유를 판매하여 갤런당 비용이 낮아지는 것은 사실이다. 그러나 단점이 있다. 운전자들은 주유소가 더 멀리 떨어져 있어 불편할 것이다. 요점은 독점적 경쟁산업이 제공하는 다양성 자체가 소비자에게 유익하다는 것이다. 따라서 초과설비로 인해 소비자가 지불하는 높은 가격은 다양성으로부터 얻는 가치에 의해 어느 정도는 상쇄된다.

다시 말해서 상충관계가 있다는 것이다. 생산자가 많으면 평균총비용은 높지만 대신 제품은 더욱 다양해진다. 독점적 경쟁산업은 이 상충관계에서 사회적 최적점을 달성할 수 있을까? 아마 그렇지 않을 것이다 — 그러나 기업의 수가 너무 많은지 혹은 너무 적은지를 알기는 어렵다! 지금은 대부분의 경제학자들이 독점적 경쟁산업에서 노력의 중복과 초과설비는 실제적으로 중요한 문제가 아니라고 생각한다.

1. 다음은 참인가 거짓인가? 설명하라.
   a. 완전경쟁기업과 같이 독점적 경쟁기업은 한계비용과 같거나 그보다 높은 가격에서는 항상 제품을 판매하려 한다.
   b. 규모의 경제가 있는 독점적 경쟁산업이 장기균형을 이루고 있다고 가정하자. 만일 산업 내 모든 기업이 하나의 기업으로 합병된다면 모든 기업은 이득을 볼 것이나, 소비자들이 이득을 볼 것인지는 불확실하다.
   c. 유행이 발생할 가능성은 독점이나 완전경쟁보다는 독점적 경쟁이나 과점에서 더 높다.

|| 제품차별화에 관한 논쟁

우리는 지금까지 제품이 소비자의 실제 욕구에 맞추어 차별화되어 있다고 가정해 왔다. 예를 들어 주유소가 집 근처에 있으면 정말로 편리하다. 마찬가지로 중국음식과 멕시코음식은 정말로 다른 맛이 난다.

그러나 현실에서 제품차별화 중에 어떤 경우를 생각해 보면 이해하기 힘든 것이 있다. 크레스트와 콜게이트의 치약 사이에 실제 어떤 차이가 있는가? 에너자이저와 듀라셀 건전지 사이에는? 메리어트와 힐튼 호텔방은? 대부분의 사람들은 이에 대해 답변하기 어려울 것이다. 그러나 이러한 상품의 생산자들은 소비자에게 자기 제품은 경쟁자의 제품과 다르고 더 좋다고 인식시키기 위해 상당한 노력을 한다.

제품차별화에 대한 논의가 완결되려면 두 가지 연관된 문제이자 수수께끼인 광고와 유명상표에 대해 최소한 얼마간의 시간을 할애해야 할 것이다.

광고의 역할

밀 농사를 짓는 사람들은 자기 제품을 인터넷이나 광고판에 선전하지 않는다. 하지만 자동차 판매업자들은 한다. 그것은 농부들이 부끄럼을 타고 자동차 판매업자들이 외향적이어서가 아니다. 그것은 기업이 최소한 어느 정도 시장지배력을 가진 산업에서만 광고를 할 만한 가치가 있기 때문이다.

광고의 목적은 사람들로 하여금 현재 가격에서 판매자의 제품을 더 많이 구입하도록 만드는 것이다. 완전경쟁기업은 현재 시장가격에서 얼마든지 원하는 만큼 판매할 수 있기 때문에 소비자들로 하여금 더 많이 사도록 설득하는 데 돈을 지출할 동기가 없다. 어느 정도 시장지배력을 가지고 있고 따라서 한계비용 이상의 가격을 받을 수 있는 기업만이 광고를 통해 이익을 볼 수 있다. 우유 산업과 같이 대체로 완전경쟁적인 산업에서도 광고를 하지만 이 광고는 산업 전체를 위해 조합에서 비용을 댄 것이지 어떤 특정한 기업을 위한 것이 아니다.

광고가 '효과가 있다'고 할 때 시장지배력을 갖는 기업들이 왜 거기에 지출을 하는지 이해하기는 어렵지 않다. 그러나 이해하기 힘든 것은 왜 광고가 효과가 있는지 하는 것이다. 연관된 질문으로서 사회적 관점에서 볼 때 광고가 자원의 낭비인가 하는 것이 있다.

모든 광고가 다 이해하기 어려운 것은 아니다. 대부분은 명백하다. 그것은 판매자가 잠재적인 구매자에게 자신이 공급하는 것에 대해 정보를 제공하는 방법이다(때로는 구매자가 잠재적인 판매자에게 자신이 원하는 것에 대한 정보를 제공하기도 한다). 정보를 제공하는 광고가 경제적으로 유용하다는 것에 대해서는 대체로 의견이 일치한다. '밝고 아담함, 침실 2, 화장실 1, 냉방'

"유효성분은 마케팅이군요."

과 같은 부동산 광고는 우리가 알고자 하는 정보를 말해 준다(비록 '작다'는 것이 '아담하다'고 완곡하게 표현되기는 했지만).

그러나 가수 제이 지가 삼성 휴대폰을 광고하거나, 모델 지지 하디드가 BMW를 홍보할 때 무슨 정보를 얻을 수 있는가? 제이 지가 개인적으로 삼성 폰의 운영체제가 더 우수함을 보증한다거나, 지지 하디드의 공학 지식이 뛰어나서 그녀가 경쟁 차종 대신 BMW를 선택했다고 생각하는 사람은 분명 아무도 없다. 그럼에도 불구하고 회사들은 충분한 근거를 가지고 그러한 선전에 돈을 지출함으로써 판매가 증가한다고 믿고, 만일 경쟁사가 선전을 계속하는데 자신들만 중단하면 큰일 난다고 믿는다.

왜 소비자들은 제품에 대해 실제 아무 정보도 주지 못하는 광고에 영향을 받는 것일까? 한 가지 대답은 소비자들이 경제학자들이 보통 가정하는 것처럼 합리적이지 못하다는 것이다. 어쩌면 소비자들의 판단력이나 혹은 기호조차도 어떤 회사가 자기 제품을 지지하도록 가장 매력있고 영향력 있는 인기인을 고용했는가와 같은 경제학자가 생각하기에 아무 상관없는 것들에 영향을 받는지도 모른다. 분명 이것도 완전히 틀린 말은 아니다. 제9장에서 배운 바와 같이 소비자 합리성은 유용한 가정이긴 해도 절대적 진리는 아니다.

그러나 다른 대답은 소비자들의 광고에 대한 반응이 전혀 비합리적인 것은 아니라는 것이다. 소비자들이 제품에 대해 확실한 정보를 갖고 있지 못한 상황에서는 광고가 간접적인 신호가 될 수 있기 때문이다. 흔한 예로 우리가 자주 이용하지 않는—치과 의사나 이삿짐센터와 같은—서비스를 필요로 한다고 해 보자. 인터넷에서 검색할 때 광고요금을 내고 상단에 올라 있거나 큰 글자로 표시된 것을 볼 수 있다. 그 회사 이름이 그렇게 표시된 이유는 그 회사가 별도의 요금을 지불했기 때문임을 안다. 그래도 큰 광고를 낸 회사에 전화하는 것이 상당히 합리적일 수 있다. 아무래도 광고가 큰 것은 그 회사가 상대적으로 크고 성공적인 회사임을 나타낼 것이다. 그렇지 않다면 광고를 크게 내기 위해 추가로 돈을 지출할 만한 가치가 있다고 생각하지 않았을 것이다.

광고에 인기인이 등장하는 것도 부분적으로는 같은 원리로 설명될 수 있을 것이다. 우리는 저스틴 비버가 특정 회사의 속옷을 다른 회사 것보다 선호한다고 실제로 믿지는 않는다. 그러나 캘빈 클라인이 비버의 이름을 제품에 넣기 위해 그에게 7,000만 달러 가까이 지불할 의사와 능력이 있다는 사실은 그 기업이 그 제품을 후원할 대기업이라는 사실을 말해준다. 이러한 추론에 의하면 고가의 광고는 소비자의 마음에 그 기업 제품의 품질에 대한 신뢰를 확립하는 역할을 한다.

소비자들이 광고에 반응하는 것이 합리적일 수도 있다는 가능성은 광고가 자원의 낭비인가 하는 질문과도 상관이 있다. 만일 광고가 단지 의지 약한 소비자들을 조종하는 것뿐이라면 매년 미국 회사들이 광고에 지출하는 수천억 달러는 가끔 즐거움을 제공한다는 점 외에는 경제적 낭비일 것이다. 그러나 광고가 중요한 정보를 전달하는 한 그만큼 경제적으로도 생산적인 활동이라 할 수 있다.

유명상표

하루 종일 운전하고 와서 이제 잘 곳을 찾는다고 하자. 오른쪽에는 베이츠 모텔(영화 〈사이코〉에 나오는 모텔 이름 – 역자 주) 간판이 보이고 왼쪽에는 모텔 6, 베스트 웨스턴 또는 다른 모텔 체인점의 간판이 보인다. 어디를 택하겠는가?

그 지역을 잘 아는 사람이 아니면 대부분 체인점을 찾아갈 것이다. 사실 미국에 있는 대부분의 모텔들은 유명 체인에 가입되어 있다. 대부분의 패스트푸드 음식점도 마찬가지이고 상점가에 있는 많은 가게들도 그렇다.

모텔 체인이나 패스트푸드 음식점은 **유명상표**(brand name)의 영향력이라는 더욱 광범위한 현상의 일면에 불과하다. 유명상표란 특정 회사가 소유하고 있고 소비자들의 마음에서 다른 제품들과 차별화된 상표를 말한다. 대개 한 회사의 상표명은 그 회사의 가장 소중한 자산이 된다. 분명 맥도날드란 상표명은 그 회사가 소유하고 있는 튀김 냄비와 햄버거 그릴 등을 모두 합친 것보다 훨씬 더 값진 것이다.

사실 회사들은 자신의 상표명을 지키기 위해 누구든지 그것을 허가 없이 사용하는 사람은 고발하며 상당한 시간과 노력을 소비한다. 우리는 '크리넥스로 코를 푼다'든지 '스카치테이프로 선물을 포장한다'는 말을 쓸 수 있지만, 기업이라면 정말로 그 제품을 사용하는 경우를 제외하고는 화장지라든가 접착테이프라는 용어를 사용해야 한다.

상표명과 밀접한 관계에 있는 광고와 마찬가지로 상표명의 사회적 유용성도 논쟁의 원천이 된다. 소비자가 유명상표를 선호하는 것이 소비자가 비합리적이기 때문일까? 아니면 유명상표가 실질적인 정보를 제공하는 것일까? 즉 유명상표가 불필요한 시장지배력을 창조하는 것일까 아니면 실질적인 기능을 하는 것일까?

광고의 경우와 마찬가지로 대답은 아마도 두 가지 측면을 모두 포함할 것이다. 한편으로 유명상표는 납득할 수 없는 시장지배력을 창조하기도 한다. 소비전문가들이 무명상표가 같은 품질에 값은 더 싸다고 확인함에도 불구하고 흔히 소비자들은 슈퍼마켓에서 유명상표 제품을 사기 위해 더 많은 금액을 지불한다. 마찬가지로 아스피린처럼 흔한 약품들도 무명상표가 품질에서 뒤지지 않고 값이 더 싸다.

반면에 유명상표가 정보를 제공하는 경우도 많이 있다. 낯선 마을에 도착한 여행자는 홀리데이인이나 맥도날드가 어떨지 잘 알 수 있다. 이것이 지치고 배고픈 여행자에게는 더 좋을 수도 있지만 더 나쁠 수도 있는 독립된 호텔이나 음식점을 시도하는 것보다 더 나을 수 있다.

또한 유명상표는 판매자가 고객들과 반복적인 거래관계를 맺고 있으며 따라서 좋은 평판을 유지하고자 한다는 확신을 소비자에게 준다. 한 여행자가 여행객을 상대로 하는 음식점에서 형편없는 음식을 먹고 다시는 여기 오지 않겠다고 맹세를 해도, 그 여행자가 미래에 다시 같은 장소로 올 가능성이 적기 때문에 음식점 주인은 상관하지 않을 것이다. 그러나 그 여행자가 맥도날드에서 형편없는 음식을 먹고 다시는 맥도날드에 오지 않겠다고 맹세하면 회사로서는 중요한 일이다. 이것이 맥도날드에 일정한 품질을 공급할 동기를 부여하며 따라서 여행자에게 품질관리가 되어 있으리라는 확신을 주는 것이다. 소비자들이 품질에 대한 확신과 익명의 온라인 거래에서 안전을 위해 별도의 금액을 지불할 용의가 있음을 기업들이 간파하여 개인 대 개인 온라인 거래에서도 당연히 상표화가 대세가 되고 있다. 그래서 우버는 호화로운 차를 평가가 좋은 운전자가 운행하는 프리미엄 급 서비스를 만들어 냈다. 마찬가지로 에어비앤비도 에어비앤비 직원들의 검사를 거치고 평판이 좋은 숙소들로 플러스 급 숙소를 만들어 냈다.

유명상표(brand name)란 특정 회사가 소유하고 있는 상표로, 그 특정 회사의 제품을 여타 기업 제품과 구분 짓는다.

현실 경제의 >> 이해

냄새로 소비자를 이끄는 향수 산업

향수 산업에서 이윤을 창출하는 것은 포장과 광고이다.

향수 산업은 놀랄 만큼 진입장벽이 없다. 향수를 만들려면 재료를 구입하고, 배합해서 그 결과물을 병에 넣기만 하면 된다. 당신이 냄새를 잘 식별하지 못한다 할지라도 특별한 향기를 내도록 (또는 다른 사람의 향수를 모방하도록) 도울 수 있는 자문가가 항상 대기하고 있다. 그렇다면 어째서 성공한 향수가 거의 100%에 가까운 이윤율을 내는 것이 가능한 것일까? 어째서 경쟁자가 등장하여 경쟁을 통해 이윤을 앗아 가지 않는 것일까?

그 해답의 단서는 오늘날 가장 성공적인 향수들은 연예인들에 의해 집중적으로 홍보된다는 것이다. 리한나, 비욘세, 테일러 스위프트, 그리고 젠데이아가 모두 향수 광고에 등장한다. 브리트니 스피어스는 28개의 향수 광고에 등장한다! 사실 병 안의 내용물을 생산하는 데 드는 비용은 성공적인 향수를 판매하는 총비용에 비하면 극히 작다 — 고작 생산비의 3% 정도 그리고 소매가의 1% 미만이다. 생산비의 나머지 97%는 포장과 마케팅, 그리고 광고에 들어간다.

현대의 향수를 담는 사치스러운 — 우주선을 닮은 모양을 하거나 모조 다이아몬드로 바깥을 덮은 — 병들의 비용이 그 안에 든 향수의 네 배 내지 여섯 배나 된다. 최상의 병 디자이너는 하나의 디자인으로 10만 달러 이상을 번다. 거기에다 광고비, 향수를 뿌리며 외치고 다니는 매장 내 점원의 임금, 판매원에게 지불되는 수수료 등을 더해 보라.

마지막으로 수백만 달러에 달하는 연예인 홍보비용을 포함시켜야 한다. 예컨대 비욘세는 그녀의 향수 히트로부터 4,000만 달러 이상을 벌었다고 전해진다. 뿐만 아니라 샤넬이나 디올처럼 수십 년 된 옛날 향수들에 비해 현대의 향수들은 훨씬 값싼 합성물을 원료로 사용한다. 따라서 샤넬과 같은 향수는 냄새가 24시간 지속되지만 현대의 향수들은 잘해야 몇 시간 정도 지속될 뿐이다.

유명한 향수 전문가 로하 도라의 말처럼 "몇몇 연구에 의하면 사람들은 자기가 좋아하는 향수는 어떤 것이라고 말하지만 막상 눈을 가리고 테스트해 보면 그것을 싫어한다고 한다. 문제는 대부분의 사람들이 광고에서 본 이미지와 자기 자신을 어떤 면에서 동일시하기를 원하고 그 자존심 때문에 향수를 산다는 것이다."

그래서 다음과 같은 형이상학적 질문을 하게 된다. 향수를 사는 사람이 눈을 가리고 한 테스트에서는 어떤 향수를 싫어하면서도 광고를 통해 그 향수가 기가 막힌 향기를 가졌다고 확신하게 된다면 우리가 과연 무슨 근거로 그 사람들이 그 향수를 사는 것이 잘못되었다고 말할 수 있을까? 향수의 매력은 그것을 보는 사람들의 마음에 있는 것이 아닐까?

>> 복습

- 제품차별화가 존재하는 산업에서 기업들은 자기 제품의 판매를 촉진하기 위해 광고를 한다.
- 광고가 소비자에게 제품에 대한 유용한 정보를 제공한다면 자원의 낭비로 볼 수 없다.
- 제품을 단순히 선전하는 광고의 경우는 설명이 어렵다. 소비자들이 합리적이지 못하거나 비싼 광고가 제품의 질이 높다는 것을 알려 주기 때문일 것이다.
- 회사들은 **유명상표**를 창출한다. 광고와 마찬가지로 유명상표의 경제적 가치도 명확하지 않다. 유명상표가 소비자들에게 그 제품의 품질이 높다는 사실을 확인시켜 준다면, 그것은 실질적인 정보를 전달해 주는 것이다.

>> 이해돕기 15-4

해답은 책 뒤에

1. 다음 중 어떤 경우에 광고가 경제적으로 유용하다고 할 수 있는가? 경제적 낭비에 해당하는 경우는? 설명해 보라.

   a. 아스피린 복용으로 얻게 되는 이익에 대한 광고

    b. 바이엘 아스피린에 대한 광고

    c. 오렌지 주스 섭취로 얻게 되는 이익에 대한 광고

    d. 트로피카나 오렌지 주스에 대한 광고

    e. 배관공 혹은 기술공의 직업이 얼마나 지속되어 왔는지에 대한 광고

2. 일부 산업분석가들은 성공적인 유명상표가 진입장벽과 같다고 말한다. 이에 대해 설명하라.

해리스와 달러 셰이브 클럽이 쉬크와 질레트의 이윤을 훔치다

Mary Altaffer/ASSOCIATED PRESS

95년간 미국 면도기 산업의 역사적 선도자들인 쉬크와 질레트는 경쟁적이면서도 안락한 장기적인 관계를 유지해왔다. 킹 질레트가 1901년 안전 면도기를 발명했고, 제이콥 쉬크 대령이 1921년 또 다른 형태의 안전 면도기를 발명했다. 지금은 대기업(각각 프록터 앤 갬블과 에너자이저가 소유)이 소유하고 있는 면도기 사업은 믿을 수 없을 정도로 이윤이 많이 난다. 면도날 카트리지는 포장된 상품 중 가장 이윤이 많이 나는 품목이다. 2019년에는 질레트와 쉬크가 200억 달러의 세계 시장을 양분하였다.

이 이윤이 지속되도록 쉬크와 질레트는 계속해서 수분공급 젤 저장통, 다중 면도날, 회전 볼 연결장치 등 새로운 특성을 추가하였다. 예를 들면 질레트는 가격이 22달러인 플렉스볼을 갖춘 프로 글라이드 쉴드는 "얼굴 모양에 반응하여 실질적으로 모든 수염을 제거한다." 또한 두 회사는 광고와 유명인사의 지지를 얻기 위해 수억 달러를 지출한다.

그것은 오래 지속되어 온 두 회사의 전략, 즉 핸들은 싸게 팔고 비싼 카트리지를 팔아 돈을 번다는 전략의 절정이었다. 두 경쟁기업은 두 날에서 세 날로, 그리고 네 날, 다섯 날에서 여섯으로 시장에서 무기경쟁의 흐름을 창조하여 소비자로 하여금 몇 년에 한 번씩 면도기를 개선하도록 만들었다.

그러다가 2011년과 2012년 소비자를 직접 상대하는 달러 셰이브 클럽과 해리스가 등장하였다. 두 회사 모두 단순성에 중점을 둔다. 두 회사 모두 카트리지당 2달러 정도의 종류가 매우 제한된 면도날을 제공한다. 해리스의 최고 경영자인 카츠-메이필드는 "보통 사람은 27가지의 상품을 비교하고 구매하는 것을 좋아하지 않는다"고 말한다.

피츠버그에서 온 56세의 그렉 레스코는 질레트의 높은 가격에 "신물이 났다"고 말한다. "손해 볼 게 없다고 생각해서 해리스를 써봤어요. 이제는 돈을 준다고 해도 (질레트 면도기로) 돌아가지 않을 겁니다."

2018년 두 신규 기업들은 미국 면도날 판매의 14%를 차지하고 무섭게 성장하고 있다. 두 회사 모두 간단한 논리에 근거하고 있다. 구독자가 쉬크나 질레트의 소매가인 10달러 내지 20달러의 몇 분의 일 가격으로 매달 정기적으로 온라인 구매계약을 하면 집으로 물건을 배달해 주는 것이다. 달러 셰이브 클럽이 2016년 유니레버에 인수될 당시 연 매출은 2억 달러에 육박했다. 인수 가격은 10억 달러였는데 5년 된 신규 기업으로서는 파격적인 가격이다. 2019년 쉬크도 해리스를 더 큰 금액인 13억 7,000만 달러에 인수할 계획이라고 발표했지만, 2020년 연방통상위원회(FTC)가 합병을 막기 위해 해리스가 '안락한 복점'을 깨뜨렸다고 주장하며 소송을 제기했다. 연방통상위원회 경쟁국의 부위원장인 다니엘 프란시스에 의하면 "해리스는 경쟁자들이 모든 소비자에게 낮은 가격과 더 많은 옵션을 제공하도록 했다." 당연히 질레트와 쉬크는 자체적으로 값이 비싸지 않은 구매계약에 근거한 면도날 판매 부서를 신설했다.

생각해 볼 문제

1. 질레트와 쉬크의 면도기가 그처럼 복잡하고 기술혁신의 속도가 빠른 이유는 무엇일까?
2. 왜 면도기 사업의 이윤이 그렇게 높을까? 쉬크와 질레트의 광고예산이 그렇게 많은 이유는 무엇일까?
3. 해리스와 달러 셰이브 클럽의 인기를 어떻게 설명할 수 있을까? 자체적으로 값이 비싸지 않은 구매계약에 근거한 면도날 판매 부서의 신설을 결정하는 데 쉬크와 질레트가 당면한 딜레마는 무엇일까? 이 사실은 면도기 기술혁신의 후생가치에 대해 무엇을 시사하는가?

요약

1. **독점적 경쟁**이란 다수의 공급자가 존재하여 차별화된 제품을 판매하며, 장기적으로 진입과 퇴출이 자유로운 시장구조를 말한다. 제품차별화에는 주로 세 가지 형태가 있다. 모양이나 유형에 따른 차별화, 장소에 따른 차별화, 그리고 품질에 따른 차별화이다. 소비자들은 경쟁기업들의 상품을 불완전대체재로 인식하며, 모든 기업은 각각 우하향하는 수요곡선과 한계수입곡선을 갖고 있다.

2. 단기이윤은 새로운 기업들의 진입을 유발한다. 이로 인해 주어진 가격에서 기존 공급자들의 판매량이 줄어들고 수요곡선은 왼쪽으로 이동한다. 단기손실은 기업들의 퇴출을 야기한다. 이로 인해 남아 있는 기업들의 수요곡선은 오른쪽으로 이동한다.

3. 장기적으로 독점적 경쟁산업은 이윤을 극대화하는 산출량 수준에서 산업 내 기업들의 수요곡선이 각각의 평균총비용곡선과 접하게 되는 **영의 이윤균형**에 도달한다. 산업에서 기업의 이윤은 영이 되며, 추가적인 진입과 퇴출이 발

생하지 않는다.

4. 장기균형에서 독점적 경쟁기업들은 한계비용보다 더 높은 가격에 상품을 판매한다. 이때 기업들은 최소비용 산출량보다 더 적은 양을 생산하기 때문에 **초과설비**를 갖고 있다. 독점적 경쟁이 비효율적인지 여부는 상품의 다양성 자체에 대해 소비자가 부여하는 가치 때문에 명확하지가 않다.

5. 독점적 경쟁기업은 항상 주어진 가격에서 추가판매를 선호하기 때문에 자기 상품에 대한 수요를 늘리고 시장지배력을 높이기 위해 광고를 하게 된다. 소비자들에게 유용한 정보를 제공하는 광고와 **유명상표**는 경제적으로 가치가 있다. 그러나 광고의 목적이 오직 시장지배력만을 창출하고자 하는 것이라면 경제적 낭비라 할 수 있다. 현실에서 광고와 유명상표는 경제적 가치와 낭비, 두 가지 요소를 모두 포함하고 있을 것이다.

주요용어

독점적 경쟁
영의 이윤균형

초과설비

유명상표

토론문제

1. 지역 주유소 산업의 구조는 독점적 경쟁이다. 현재 모든 주유소가 손실을 보고 있다고 가정하자. 이러한 단기 상황을 나타내는 전형적인 주유소의 그래프를 그리라. 그다음 전형적인 주유소가 장기적으로 어떻게 될 것인지를 다른 그림에 표시하라. 자신의 추론을 설명하라.

2. 지역 미용실 산업구조는 독점적 경쟁이다. 당신의 미용사가 현재 이윤을 내고 있고, 앞으로도 그럴 경우 5년 안에 은퇴할 수 있다고 자랑한다. 그림을 그려서 현재 미용사의 상황을 나타내라. 당신이 생각하기에 이러한 상황이 지속되겠는가? 장기에 일어나는 상황을 다른 그림을 통해 묘사해 보라. 자신의 논리를 설명하라.

3. 멋진 꽃집은 독점적 경쟁산업 내의 꽃가게이다. 현재 성공적으로 운영되고 있어서 평균총비용을 최소화하는 생산량을 공급하여 이윤을 얻고 있다. 이 꽃가게 주인은 현재의 산출량 수준에서 한계비용이 한계수입보다 높다고 자랑한다. 그림을 그려서 이 꽃가게의 상황을 묘사해 보라. 그림을 통해 다음 질문에 답해 보라.
   a. 단기에 멋진 꽃집의 이윤을 증가시킬 수 있는가?
   b. 장기에 멋진 꽃집의 이윤을 증가시킬 수 있는가?

1. 이 장에서 제시된 독점적 경쟁의 세 가지 조건을 이용하여 다음 중 어떤 기업들이 독점적 경쟁기업일 가능성이 높은지 판단해 보라. 만일 이 기업들이 독점적 경쟁기업이 아니라면 그 기업들은 독점, 과점, 혹은 완전경쟁기업 중 어디에 해당하겠는가?

   a. 결혼식, 연회 등에서 연주하는 지역 악단

   b. 개인용으로 제공되는 주스를 판매하는 미닛메이드사

   c. 동네 세탁소

   d. 콩을 생산하는 농부

2. 당신이 커피전문점 개업을 고려하고 있다고 가정하자. 커피전문점 시장은 독점적 경쟁이다. 당신이 살고 있는 지역에는 이미 세 개의 스타벅스와 이와 매우 유사한 두 개의 커피전문점이 들어서 있다. 당신은 시장지배력을 획득하기 위해 자신의 커피전문점을 차별화하기를 원할 것이다. 상품을 차별화할 수 있는 세 가지 방법에 대해 생각해 보고 스타벅스 커피를 모방할 것인지, 아니면 완전히 다른 방법으로 커피를 판매할 것인지에 대해 당신이 어떻게 결정할지 설명하라.

3. "장기에 독점적 경쟁과 완전경쟁은 차이가 없다." 이 명제는 참인가, 거짓인가, 혹은 불분명한가? 다음 측면에서 이 명제를 논의해 보라.

   a. 소비자가 부담하는 가격

   b. 생산자의 평균총비용

   c. 시장 결과의 효율성

   d. 전형적인 기업의 장기이윤

4. "독점적 경쟁기업과 독점기업은 단기와 장기에 모두 이윤을 얻는다." 이 명제에 찬성하는가? 자신의 논리를 설명하라.

5. 의류 시장은 독점적 경쟁구조를 지닌다. 의류 산업 내 기업의 수가 줄어들면 소비자에게는 어떠한 영향을 미치게 되는가? 다음 사항을 고려하라.

   a. 의류 상품의 다양성

   b. 서비스 질의 차이

   c. 가격

6. 다음 각 경우에 광고가 상품에 대한 직접적인 정보를 제공하는지, 아니면 단순히 상품의 질에 대한 간접적인 신호가 되는지 구분해 보라. 자신의 논리를 설명하라.

   a. 미식축구 스타인 페이튼 매닝이 뷰익을 몰고 가면서, 다른 어떤 차보다 이 차를 선호한다고 말하는 TV 광고

   b. '판매 중 : 1999년 산 혼다 시빅, 운전거리 16만 마일, 새로운 변속기 설치'라고 쓰여 있는 생활정보지 광고

   c. 맥도날드사가 수백만 달러를 지출하고 있는 "너무 좋아요"라는 광고 문구

   d. 샌드위치가 지방은 6그램만을 함유하며 열량은 300칼로리가 채 되지 않는다는 서브웨이의 광고

7. 다음 각 경우에 광고가 잠재적 구매자에게 어떠한 역할을 하는지 설명해 보라. 소비자에게 없던 어떤 정보를 광고가 전달하고 있고, 그렇게 알려진 새로운 정보가 소비자의 구매의사에 어떠한 영향을 미칠 것인지 설명하라.

   a. "구직 중. 이전 상사로부터 뛰어난 평가를 받은 추천서 구비"

   b. "전자제품 판매 중. 모든 상품에 대해 1년간 무조건 무상보증"

   c. "원래 구입자에 의한 차량판매. 모든 수리 및 정비기록 문서 확인 가능"

8. 다음 표에는 음식점, 시리얼, 영화, 세제 산업의 허핀달-허쉬만 지수(HHI)와 각 산업 내 10대 기업의 광고비 지출이 나와 있다. 이 정보를 사용하여 다음 질문에 답하라.

산업	HHI	광고비 지출(백만 달러)
음식점	179	$1,784
시리얼	2,598	732
영화제작	918	3,324
세제	2,750	132

   a. 각 산업은 과점과 독점적 경쟁 중 어떤 산업구조에 가까운가?

   b. a의 답변에 근거해 볼 때 어떤 산업구조에서 광고비 지출이 더 높은가? 각 시장구조의 특성을 이용해서 왜 이런 관계가 나타날 수 있는지 설명하라.

9. 맥도날드에서는 매년 상표권을 법적으로 보호하기 위해 수백만 달러를 지출하여 자사의 상표가 허가 없이 사용되는 것을 예방하고 있다. 이러한 사실은 소비자들에게 맥도날드 상품의 품질에 대해 어떠한 정보를 전달해 주는지 설명하라.

10. 우버이츠, 그럽허브, 도어대시, 포스트메이츠와 같은 음식배달 회사가 나오기 전에는 작은 마을에서 대학에 다니는 학생들은 피자 딜레마를 겪어야 했다. 밤늦게까지 공부하면서 배고픈 학생들이 선택할 수 있는 옵션이 제한되어 있

었다. 대부분 지역에서 밤늦게까지 음식 배달을 하는 곳은 하나뿐이고, 대개 피자집이었다. 작은 대학 도시에서 밤늦게 배달하는 시장에 음식 배달 회사들의 진입 효과를 단기와 장기에 대해 분석하라.

11. 매트리스 상점이 왜 그렇게 많은지 의문을 가져 본 적이 있는가? 잠을 잘 자는 것이 중요하고 완벽한 매트리스를 찾기 위해 우리가 많은 돈을 쓸 용의가 있음은 의문의 여지가 없다. 매트리스 상점이 그렇게 많음에도 불구하고 온라인으로 매트리스를 판매하는 회사가 증가하는 추세에 있는 듯하다. 퍼플, 캐스퍼, 퍼피, 심지어 아마존까지 매트리스를 온라인으로 판매하기 시작했다. 오프라인 매트리스 상점들이 독점적 경쟁 하에서 운영되고 있다고 가정하고, 단기에 이 상점들의 비용곡선을 어떻게 모형화하겠는가? 온라인 매트리스 상점들이 이 산업에 어떤 영향을 주겠는가?

16 > 외부효과

발밑의 문제

듀크대학교의 연구원들이 「마르셀루스 셰일가스 추출지 근방의 일부 식수 우물에서의 방출가스 증가(Increased stray gas abundance in a subset of drinking water wells near Marcellus shale gas extraction)」라는 평범한 제목의 논문을 발표했을 때 이 논문에 대한 반응은 차분한 것과는 전혀 달랐

천연가스 시추로 인한 오염 때문에 지하 식수원이 위협을 받고 있는가? 만일 그렇다면 사회적으로 어떻게 절충하는 것이 바람직한가?

다. 단정적인 결과는 아니지만 그 논문은 펜실베이니아주의 마르셀루스 가스 매장지에서 지하의 셰일 암반을 화학물질이 포함된 압력수로 분쇄하여 천연가스를 추출하는 방법이 지하수를 에탄과 프로판으로 오염시켰다는 증거를 제시하였다.

듀크대학교 논문은 가스추출 방법이 식수원에 용인될 수 없을 만큼의 오염위협을 주고 있다는 비판자들의 주장을 지지하는 증거들을 제시했다. 이 논문은 또한 점점 더 양극화되어 가고 있는 가스추출 방법의 비용과 편익에 대한 논쟁에 불을 붙였다.

제3장에서 수압파쇄법이 미국의 에너지 비용을 극적으로 감소시켜 가정의 난방비와 공급자들의 생산비를 감소시킨 것을 배운 기억이 있을 것이다. 또한 수압파쇄법은 소비자들과 기업들이 오염이 더 심한 휘발유나 석탄으로부터 청정한 가스로 전환하게 함으로써 대기오염을 상당히 감소시킬 가능성을 갖고 있다.

그러나 제3장에서 예고한 바와 같이 값이 더 싼 천연가스로부터 더 깨끗한 공기를 얻는 환경상의 이득은 수압파쇄법으로 인한 식수 오염이라는 망령의 도전을 받고 있다. 이 절충 문제를 고려하는 데 관건이 되는 질문은 정부의 역할에 관한 것이다. 규제당국이 지하수원을 보호하기 위해 더 많은 조처를 해야 하는 것일까? 수압파쇄법에 대한 감독을 강화하는 것이 지하수의 오염을 감소시킬 것인가? 오염을 얼마만큼 허용할 것인가? 이를 어떻게 달성할 것인가?

수압파쇄법으로 인한 딜레마는 **외부효과**로 인해 발생하는 여러 딜레마의 한 예에 불과하다. 외부효과는 개인이 다른 사람들에게 비용이나 편익을 발생시키지만 결정을 내릴 때는 그런 비용이나 편익을 고려할 경제적인 인센티브를 갖지 못할 때 발생한다. 우리

는 제1장과 제4장에서 외부효과의 개념을 간단히 살펴보았다. 거기서 시장이 실패하는 주원인 중 하나가 적절히 계산에 포함되지 못한 **부작용**을 발생시키는 행동, 즉 외부효과를 발생시키는 행동에 있음을 언급하였다.

이 장에서는 외부효과가 어떻게 시장의 효율성을 저해하여 시장실패를 발생시키는지, 왜 이 때문에 정부가 시장에 개입해야 하는지, 경제학적 분석이 정부 정책을 수립하는 데 어떻게 도움을 줄 수 있는지 살펴볼 것이다.

외부효과는 경제행위의 부산물로 발생한다. 우선 다른 사람들에게 손해를 부산물로 발생시키는 **부정적 외부효과**인 오염의 경우를 다룰 것이다. 부산물을 직접 관찰할 수 있고 측량할 수 있다면, 세금을 부과하거나 보조금을 주는 방법으로 직접 통제함으로써 그것을 규제할 수 있다. 앞으로 배우겠지만 이 경우 정부가 개입하는 목적은 시장이 적절한 양의 부산물을 발생시키도록 직접 유도하는 것이다. ●

이 장에서 배울 내용

- **외부효과란** 무엇이며 외부효과가 시장경제의 비효율성과 정부 개입의 필요성으로 이어지는 이유는 무엇인가?

- **부정적 외부효과, 긍정적 외부효과 및 네트워크 외부효과는** 어떻게 다른가?

- **코즈 정리란** 무엇이며 코즈 정리가 어떻게 경우에 따라 개인들끼리 외부효과 문제를 해결할 수 있다고 설명하는가?

- 외부효과를 해결하기 위한 정부의 정책 중 어떤 것은 효율적이고 어떤 것은 그렇지 않은 이유는 무엇인가?

- 첨단산업에 있어 네트워크 외부효과가 중요한 특징이 되는 이유는 무엇인가?

외부비용(external cost)은 개인이나 기업이 아무 보상 없이 다른 사람에게 초래하는 비용이다.

외부편익(external benefit)은 개인이나 기업이 아무 대가 없이 다른 사람에게 주는 편익이다.

외부비용과 외부편익을 **외부효과**(externality)라 부른다. 외부비용을 **부정적 외부효과**(negative externality), 외부편익을 **긍정적 외부효과**(positive externality)라고 부른다.

‖ 외부효과의 이해

오염이 환경에 끼치는 비용은 개인이나 기업이 보상을 지불하지 않고 다른 사람에게 해를 입히는 **외부비용**(external cost) 중에 가장 잘 알려져 있고 또 가장 중요한 예이다. 현대 경제에서는 개인이나 기업이 다른 사람에게 손해를 입히는 외부효과의 예가 많이 있다. 매우 친근한 예가 교통혼잡의 외부비용이다. 러시아워에 차를 가지고 가기로 결정하는 사람은 다른 사람에게 발생하는 불편을 고려할 인센티브가 없다. 또 하나의 흔한 예는 운전하면서 문자하는 사람으로 인한 비용인데, 이는 사고 위험을 증가시켜 자신뿐 아니라 다른 사람들에게 해를 준다(아래에 나오는 '탐구자를 위하여' 참조).

오염이 외부비용을 발생시키는 이유는 정부의 개입이 없으면 오염을 얼마나 발생시킬지를 결정하는 사람이 다른 사람들이 그 오염으로 인해 입는 피해를 고려할 인센티브가 없기 때문이다. 석탄을 사용하는 발전소로 인한 대기오염의 경우, 발전소는 오염된 공기를 호흡하는 사람들이 지출하는 의료비용을 고려할 인센티브가 없다. 그 대신 발전소의 인센티브를 결정하는 것은 석탄 가격이나 킬로와트당 전기 가격 등 발전에 따르는 비용과 편익이다.

우리는 이 장 뒷부분에서 개인이나 기업이 대가를 받지 않고 다른 사람들에게 제공하는 이득인 **외부편익**(external benefit)의 중요한 예가 있는 것을 또한 보게 될 것이다. 예컨대 여러분이 독감 예방주사를 맞는다면 같이 생활하는 사람들에게 독감을 옮길 가능성이 줄어들게 된다. 그러나 예방주사 비용이나 고통은 여러분 혼자 부담한다. 어떤 회사가 신기술을 개발하면 그 아이디어를 통해 다른 기업들이 기술을 개발하는 데 도움을 줄 수 있기 때문에 이 회사 역시 외부편익을 제공한다.

외부비용을 **부정적 외부효과**(negative externality), 외부편익을 **긍정적 외부효과**(positive externality)라 하며, 이들을 통틀어 **외부효과**(externality)라고 한다. 외부효과로 인해 사적인 결정, 즉

탐구자를 위하여 산만한 마음으로 운전하기

앞 차에 탄 사람이 왜 저렇게 이상하게 운전을 할까? 술 취한 것일까? 아니다. 그는 휴대전화로 문자를 하거나 SNS를 보거나 전화를 걸고 있는 것이다.

최근의 한 설문조사에 의하면 18~64까지의 운전자 중 69%가 운전 중 휴대폰 사용을 인정했다. 교통안전 전문가들은 운전 중 휴대전화 사용으로 인해 발생하는 위험을 심각하게 생각한다. 운전자가 문자를 하게 되면 사고 확률이 23배로 높아진다.

국가안전위원회(National Safety Council)는 대략 교통사고 4건 중 1건이 운전 중 휴대전화 사용 때문이고 사망사고 중 거의 10%가 딴짓을 하는 운전자 때문인 것으로 추정했다. 자동차 사고는 10대 사망의 주요 원인이며 운전 중 문자하는 것이 주요 요인이다. 2017년 운전 중 딴짓을 한 것이 사망 원인인 10대의 수는 275명이다.

손을 쓰지 않고 목소리로 작동하는 기기를 사용하는 것도 별로 도움이 되지 않는 것은 주요 위험 요인이 산만함에 있기 때문이다. 한 교통안전 전문가의 말처럼 "눈이 어디에 가 있는지가 아니라 정신이 어디에 가 있는지"가 문제다.

국가안전위원회는 운전 중에 전화기를 사용하지 말 것을 강조하고 있다. 대부분의 주에서 어떤 방식으로든 운전 중 통화를 규제하고 있다. 그러나 사고가 증가하자 몇몇 주에서는 운전 중 휴대전화 사용을 전면적으로 금지했다. 48개 주와 컬럼비아 특별구, 푸에르토리코, 괌, 그리고 미국의 버진아일랜드에서 문자를 하면서 운전하는 것은 불법이다. 일본과 이스라엘을 비롯한 다른 국가에서도 운전 중 휴대전화 사용은 불법이다.

왜 운전자가 결정하도록 내버려 두지 않는가? 그 이유는 운전 중 휴대전화 사용으로 인해 발생하는 위험은 단지 그 운전자에게만 제한된 것이 아니기 때문이다. 그것은 다른 사람(동승한 사람, 행인, 그리고 다른 차에 탄 사람)까지 위험하게 만든다. 휴대전화를 사용하는 것이 당신에게 주는 편익이 그 비용을 감당할 만하다고 결정했다고 해도 그것은 다른 사람에게 돌아가는 비용까지 고려한 것은 아니다. 다시 말하면 운전 중 휴대전화 사용은 심각한, 때로는 치명적인 부정적 외부효과를 발생시킨다.

운전 중 휴대전화 사용은 당신뿐만 아니라 다른 사람까지 위험하게 만든다.

Andrey_Popov/Shutterstock

개인이나 기업의 결정이 사회 전체로는 바람직하지 않은 결과를 낳을 수 있다. 왜 그런지 오염의 경우에 초점을 맞춰 자세히 살펴보자.

부정적 외부효과의 경제학 : 오염

오염은 나쁜 것이다. 그러나 오염은 대부분 우리에게 좋은 것을 공급하는 활동의 부산물로 발생한다. 공기는 도시를 밝히는 전기를 생산하는 발전소에 의해 오염되며 강물은 식품을 생산하는 농장에서 흘러나온 비료에 의해 오염된다. 그리고 지하수 오염은 비교적 청정한 연료를 생산하는 데 이용되는 수압파쇄법 때문에 발생할 수 있다. 왜 우리는 어느 정도의 오염을 편리한 생활의 비용으로 받아들이지 않는 것일까?

사실은 그렇게 하고 있다. 심지어 확고한 환경론자들도 우리가 오염을 완전히 제거할 수 있다거나 그렇게 해야 한다고 생각하지 않는다. 아무리 환경을 의식하는 사회라 할지라도 어느 정도의 오염은 유용한 재화와 서비스를 생산하기 위한 비용으로 받아들일 것이다. 환경론자들이 주장하는 것은 강력하고 효과적인 환경정책이 없다면 오염이 너무 많이 — 나쁜 것이 너무 많이 — 산출될 것이라는 점이다. 여기에는 거의 모든 경제학자가 동의한다.

동의하는 이유를 알기 위해서는 사회에 어느 정도의 오염이 있어야 하는지를 분석할 수 있는 도구가 필요하다. 그러면 왜 아무 간섭이 없으면 시장경제가 적정 수준보다 더 많은 오염을 배출하는지 알 수 있을 것이다. 우리는 이 문제를 연구하기 위해 우선 가장 단순한 모형을 채택한다 — 오염 배출량을 직접 관찰하고 통제할 수 있다고 가정하는 것이다.

오염의 비용과 편익

사회적으로 어느 정도의 오염이 허용되어야 할까? 그 답은 오염을 한 단위 더 추가하여 얻어지는 한계편익과 오염을 한 단위 더 추가하는 데 드는 한계비용을 비교함으로써 결정된다.

오염의 사회적 한계비용(marginal social cost of pollution)은 오염 한 단위가 추가됨으로 해서 사회 전체적으로 부담하게 되는 추가비용이다.

예를 들어 석탄을 연료로 사용하는 발전소로부터 배출되는 아황산가스는 빗물과 결합하여 산성비가 되는데, 이는 어장, 농작물, 삼림에 피해를 주고, 수압파쇄법의 부작용으로 발생할 수 있는 지하수 오염은 건강에 해를 입힐 수 있다. 일반적으로 오염의 사회적 한계비용은 증가한다. 즉 오염이 한 단위 추가로 발생할 때마다 입는 피해는 그 전 단위에 비해 더 커진다. 그 이유는 오염 수준이 낮을 때는 자연이 스스로 안전하게 정화할 수 있는 것이 보통이나 오염 수준이 높아지면 피해가 더 커지기 때문이다.

오염의 사회적 한계편익(marginal social benefit of pollution)은 오염이 한 단위 더 추가됨으로써 사회가 얻는 추가적인 편익이다. 이는 혼란을 불러일으키는 개념인 것처럼 보일 수도 있다. 어떻게 오염이 사회에 편익을 가져다줄 수 있겠는가? 그 해답은 오염은 비용을 지출해야만 감소시킬 수 있다는 것을 이해하는 데 있다. 예를 들어 석탄을 연료로 사용하는 발전소로부터 발생하는 대기오염은 더 비싼 석탄이나 고비용의 세정기술을 사용하여 감소시킬 수 있으며, 수압파쇄법으로 인한 지하수 오염은 비용이 더 많이 드는 굴착기술을 사용하여 줄일 수 있고, 하수로 인한 하천이나 해양 오염은 오수처리 장치를 설치하여 감소시킬 수 있다.

오염을 감소시키는 이런 방법들은 모두 기회비용을 갖는다. 즉 오염을 방지하기 위해서는 다른 재화나 서비스 생산에 사용될 수 있는 희소한 자원을 사용할 필요가 있다. 따라서 오염의 사회적 한계편익은 사회가 오염 한 단위를 추가로 허용함으로써 얻을 수 있는 재화와 서비스이다.

부유한 국가와 가난한 국가에서 허용되는 오염 수준을 비교해 보면 한 사회가 허용하고자 하는 오염 수준을 결정하는 데 오염의 사회적 한계편익 수준이 중요한 역할을 한다는 것을 알 수

오염의 사회적 한계비용(marginal social cost of pollution)은 오염 한 단위가 추가됨으로 해서 사회 전체적으로 부담하게 되는 추가비용이다.

오염의 사회적 한계편익(marginal social benefit of pollution)은 오염 한 단위가 추가됨으로 해서 사회 전체적으로 얻게 되는 추가편익이다.

그림 16-1 사회적 최적 오염량

오염은 비용과 편익을 모두 발생시킨다. 여기서 곡선 *MSC*는 아황산가스가 한 단위 더 배출될 때 사회 전체의 한계비용이 아황산가스의 배출량에 따라 어떻게 달라지는지를 보여 준다. 곡선 *MSB*는 아황산가스가 한 단위 더 배출될 때 사회 전체에 미치는 한계편익이 아황산가스의 배출량에 따라 어떻게 달라지는지를 보여 준다. 사회적 최적 오염량은 Q_{OPT}이다. 이 수량에서 사회적 한계편익과 사회적 한계비용은 같으며 그 값은 200달러이다.

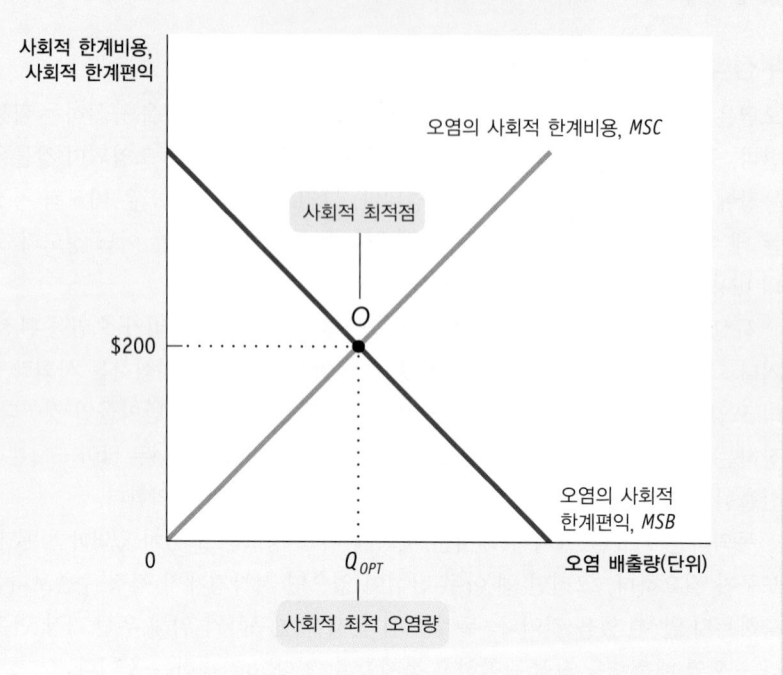

있다. 가난한 국가들은 오염을 감소시키는 데 사용되는 자원의 기회비용이 높기 때문에 허용하는 오염 수준이 더 높다. 예를 들면 세계보건기구에서는 가난한 국가들에서 나무, 동물의 배설물, 석탄과 같이 유해한 연료에서 발생하는 오염된 실내 공기로 인해 380만 명이 제 수명을 채우지 못하고 죽어 간다고 추산하고 있다. 이러한 상황을 피할 능력이 부유한 국가의 주민들에게는 있다.

〈그림 16-1〉은 가상적인 숫자를 이용하여 **사회적 최적 오염량**(socially optimal quantity of pollution)—모든 사회적 비용과 편익을 완전히 고려했을 때 사회가 선택할 오염량—을 어떻게 구할 수 있는지 보여 준다. 우상향하는 사회적 한계비용곡선 *MSC*는 오염 한 단위가 추가될 때 사회에 대한 한계비용이 오염량에 따라 어떻게 달라지는지 보여 준다. 오염이 한 단위씩 추가될수록 이전 한 단위에 비해 더 많은 피해를 주기 때문에 사회적 한계비용은 일반적으로 증가한다. 이와는 대조적으로 사회적 한계편익곡선 *MSB*는 우하향한다. 오염 수준이 높을수록 오염을 한 단위 감소시키는 비용은 비교적 작기 때문이다. 그러나 오염 수준이 낮아질수록 오염을 감소시키기 위해서는 더 값비싼 기술을 사용해야 하기 때문에 오염을 감소시키는 일은 점점 더 비용이 많이 든다. 따라서 오염 수준이 낮을 때 *MSB*는 더 높다.

〈그림 16-1〉에서 보는 바와 같이 사회적 최적 오염량은 영이 아니다. 그것은 *MSB*와 *MSC*가 만나는 점 O에 해당하는 수량 Q_{OPT}이다. Q_{OPT}에서 오염량이 한 단위 추가될 때 발생하는 사회적 한계편익과 사회적 한계비용이 200달러로 같아진다.

그런데 시장경제가 스스로 사회적 최적 오염량에 도달할까? 그렇지 않을 것이다.

사회적 최적 오염량(socially optimal quantity of pollution)은 오염의 모든 사회적 비용과 편익을 완전히 고려했을 때 사회가 선택할 오염량이다.

시장경제에서 오염이 과다한 이유

오염은 사회에 비용과 편익을 모두 가져다주는 반면, 정부 개입이 없는 시장경제에서는 과다한 오염이 발생하게 된다. 이 경우 오염의 배출량을 결정하는 것은 오염자(예컨대 발전소 소유자나 가스개발회사) 자신뿐이다. 그리고 이들에게는 오염이 다른 사람들에게 발생시키는 비용을 고

그림 16-2 시장경제에서 오염이 과다하게 배출되는 이유

정부 개입이 없을 때 오염량은 오염자에게 오염의 사회적 한계편익이 영이 되는 Q_{MKT}가 될 것이다. 이 오염량은 비효율적으로 높다. 사회적 한계비용 400달러가 사회적 한계편익 0달러보다 훨씬 높기 때문이다. 오염의 사회적 한계비용이 사회적 한계편익과 같아지는 수준인 200달러의 최적 피구세*를 부과하면 시장은 사회적 최적 오염량인 Q_{OPT}로 이동한다.

*피구세는 다음 절에서 오염정책을 다룰 때 설명한다.

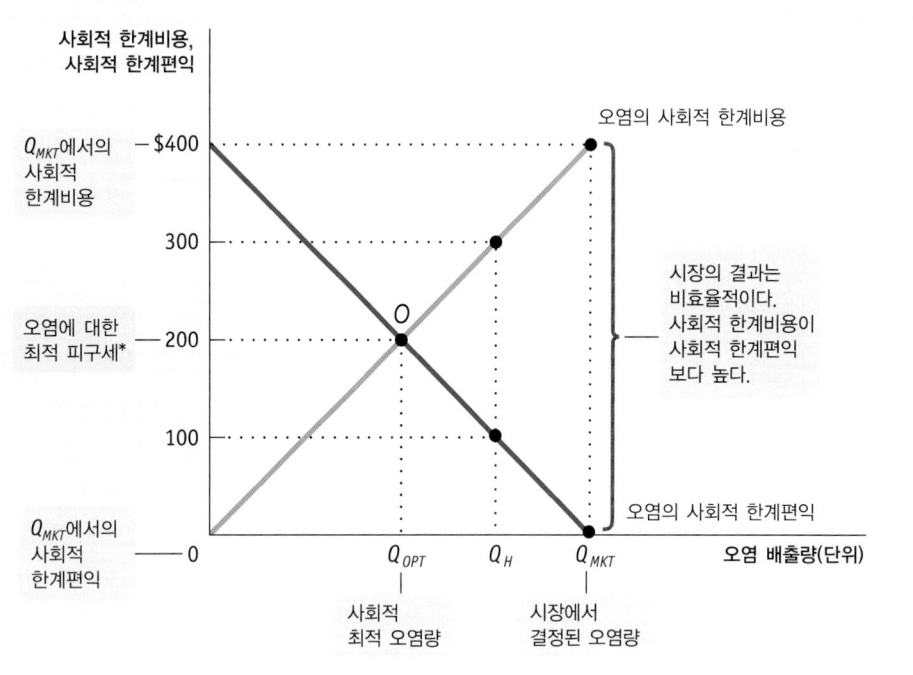

려할 인센티브가 없다. 대신 회사는 석탄 가격, 킬로와트당 전력요금 등 발전으로부터 발생하는 사적인 금전적 비용과 편익에 따라 결정할 인센티브를 갖는다.

〈그림 16-2〉는 편익을 얻는 사람과 비용을 부담하는 사람 사이의 이러한 비대칭성으로 인해 어떤 결과가 초래되는지를 보여 준다. 정부가 개입하지 않는 시장경제에서는 오염자들만이 결정에 참여하므로 오염량을 결정하는 데 오로지 오염의 편익만이 고려된다. 따라서 시장경제에서 오염 배출량은 사회적으로 최적 수준인 Q_{OPT}가 아니라 Q_{MKT}가 될 것이다. Q_{MKT}에서 오염이 한 단위 추가될 때의 사회적 한계편익은 영이 되는 반면 오염이 한 단위 추가될 때의 사회적 한계비용은 이보다 훨씬 더 높은 400달러이다.

왜 그럴까? 오염량이 Q_{OPT} 수준일 때 오염자가 어떻게 할 것인가를 잠시 생각해 보라. *MSB* 곡선은 오염을 한 단위 더 허용함으로써 얻어지는 자원을 나타낸다는 것을 기억하라. 오염자가 *MSB* 곡선을 따라 Q_{OPT}로부터 오염 배출량을 한 단위 더 증가시키면 200달러의 이득을 볼 수 있다. 200달러의 이득은 비용이 덜 들고 오염 배출이 더 많은 기술을 사용함으로써 얻어진 것이다. 오염자는 이로 인한 비용을 부담하지 않는다는 것을 기억하라. 비용은 온전히 다른 사람들의 몫이다. 그러나 여기서 멈출 이유가 없다. *MSB* 곡선을 따라 오염 배출량을 증가시킴으로써 추가 이득을 얻을 수 있다. 이것은 더 값싸고 오염 배출이 심한 기술을 사용함으로써 가능하다. 결국 Q_{MKT}에서 멈추게 되는데 이는 오염 한 단위의 사회적 한계편익이 영이 되기 때문이다. 즉 Q_{MKT}에서는 더 싸고 오염 배출이 많은 기술을 사용하여 얻는 이득이 아무것도 없다.

시장에서 얻어진 결과인 Q_{MKT}는 비효율적이다. 아는 바와 같이 다른 사람에게 해를 주지 않고 누군가를 더 좋게 만들 수 있다면 그러한 결과는 비효율적이다. 비효율적인 상태에서는 서로에게 유익한 거래가 이루어지지 못하고 있다. Q_{MKT}에서는 마지막 한 단위의 오염이 오염자에게 주는 편익은 매우 작다—실질적으로 영이라 할 수 있다. 그러나 그 마지막 한 단위의 오염이 사회에 끼치는 비용은 매우 높다—400달러이다. 따라서 Q_{MKT}에서 오염을 한 단위 감소시킴으로써 코즈정리(Coase theorem)에 의하면 비록 외부효과가 있더라도 거래비용(transaction cost) — 거래를 성사시키는 데 드는 비용 — 이 충분히 작기만하면 경제는 항상 효율적인 해결책을 달성할 수가 있다.

사람들이 외부효과를 고려하는 것을 가리켜 외부효과를 내부화한다(internalize the externality)고 말한다.

거래비용(transaction cost), 즉 거래를 성사시키는 데 드는 비용 때문에 서로에게 이익이 되는 거래가 이루어지지 못하는 경우가 종종 있다.

오염의 사회적 총비용은 400달러만큼 감소하는 반면 사회적 총편익은 실질적으로 전혀 감소하지 않는다.

따라서 Q_{MKT}에서 오염이 한 단위 감소하면 총잉여는 대략 400달러만큼 증가한다. Q_{MKT}에서 마지막 한 단위의 오염을 줄이는 대가로 사회는 오염자에게 400달러까지 지불할 용의가 있고, 그 마지막 한 단위가 오염자에게 주는 편익은 실질적으로 아무것도 없기 때문에 오염자는 기꺼이 이 제안을 수락할 것이다. 그러나 이 시장경제에는 이러한 거래를 가능하게 하는 수단이 없기 때문에 비효율적인 결과가 나타나게 되는 것이다.

외부효과의 사적 해결

방금 본 바와 같이 시장경제에서는 외부효과가 비효율적인 결과를 발생시킨다. 즉 서로에게 유익한 거래가 이루어지지 않고 있다. 그러면 정부의 개입 없이 민간부문이 외부효과 문제를 해결할 수 있을까? 개인들끼리 스스로 그런 거래를 할 수 있을까? 노벨 경제학상 수상자 로널드 코즈(Ronald Coase)에 의해 작성된 코즈정리에 의하면 일정한 조건이 충족될 때 그것이 가능하다. **코즈정리**(Coase theorem)에 의하면 비록 외부효과가 있더라도 거래를 성사시키는 데 드는 비용이 충분히 작기만 하면 경제는 항상 효율적인 해결책을 달성할 수가 있다. 예를 들어 수압파쇄법이 지하수를 오염시킨다면 코즈정리는 땅 주인이 시공사에 대가를 지불하고 오염이 적은 기술을 사용하게 함으로써 문제가 해결될 수 있다고 말한다. 또는 시공사가 땅 주인에게 지하수 오염으로 인한 손해를 지불할 수 있다. 법적으로 시공사가 오염을 시킬 권리가 있다면 첫 번째 방법이 사용될 가능성이 높다. 시공사가 그런 권리를 갖고 있지 않다면 두 번째 방법이 사용될 가능성이 더 크다.

코즈가 주장하는 바는 어떤 경우든 거래비용이 충분히 작다면 굴착회사와 토지 주인이 서로에게 이익이 되는 거래를 성사시킬 수 있다는 것이다. 사람들이 결정을 내릴 때 외부효과를 고려하는 것을 가리켜 경제학에서는 사람들이 **외부효과를 내부화한다**(internalize the externality)고 말한다. 그럴 때는 정부의 개입 없이도 효율적인 결과가 나타난다.

그렇다면 왜 사람들이 외부효과를 항상 내부화할 수 없을까? 문제는 종종 **거래비용**(transaction cost), 즉 거래가 성사되도록 만드는 비용이 서로에게 이익이 되는 거래가 이루어지지 못하도록 방해한다는 것이다. 특별히 대기오염이나 온실가스의 경우와 같이 외부효과로부터 피해를 보는 사람들이 광범위하게 퍼져 있는 경우에 거래비용이 장애가 된다. 이럴 때 의견을 교환하고 협상하는 비용이 너무 높아 효율적인 결과를 달성하기 어렵다.

거래비용으로 인해 외부효과를 민간부문에서 해결할 수 없다면 정부를 통한 해결책을 찾아야 한다. 다음 절에서 공공정책에 대해 알아보기로 하자.

현실 경제의 >> 이해

실제 전기료는 얼마인가?

저명한 세 경제학자, 니콜라스 멀러(Nicholas Z. Muller), 로버트 멘델슨(Robert Mendelsohn), 그리고 노벨상 수상자인 윌리엄 노드하우스(William Nordhaus)는 미국의 여러 산업에 대해 오염의 외부비용을 추정했다. 비용 항목에는 건강에 미치는 해로운 효과에서 농작물 수확 감소에 이르기까지 여러 가지가 포함되었다. 발전 부문의 경우에는 기후변화를 일으키는 온실가스의 하나인 이산화탄소의 비용을 추정하였다.

저자들은 추정치를 상대적으로 낮게 잡았는데 그 이유는 그들의 추정치가 논쟁의 소지가 있었기 때문이다. 그중 한 가지 문제는 외부비용이 미래 세대의 부담이라는 것이다. 그들은 석탄을 이용해 발전하는 부문과 천연가스를 이용해 발전하는 부문에 대해 총외부비용(total external cost, TEC)을 비교하고 이것을 각 부문의 부가가치(value added, VA)와 비교했다.

다음의 표는 두 부문의 TEC/VA 비율과 TEC/킬로와트시 비율을 보여준다. 표에서 알 수 있는 바와 같이 두 가지 발전 방법 모두 부가가치 이상의 높은 외부비용을 발생시킨다. 그러나 킬로와트시당 TEC는 천연가스가 석탄보다 훨씬 낮다. 그 이유는 천연가스가 석탄에 비해 이산화탄소와 그 밖의 오염물질을 더 적게 발생시키기 때문이다. 보수적으로 추정했을 때 킬로와트시당 외부비용은 석탄의 경우 전력 소매 가격의 3분의 1, 천연가스의 경우 소매가격의 20분의 1로 추정된다.

탄소의 사회적 비용은 무엇인가?

Denis Pepin/Shutterstock

	TEC/VA	TEC/킬로와트시
석탄	2.83	$0.039
천연가스	1.30	0.005

2014년 오바마 행정부는 새로운 석탄발전소들이 탄소저감 기술을 사용하게 만들려는 목적으로 새로 건설되는 발전소에 대해 탄소배출을 제한하는 법령을 제정하였다. 2018년 트럼프 행정부는 석탄 산업의 부흥을 위해 이 법령을 상당히 완화하였다. 그러나 산업분석가들은 탄소배출의 한도를 완화하는 것이 석탄산업의 장기적인 쇠퇴를 되돌릴 가능성은 적다고 본다. 2016년 수압파쇄법으로 인해 천연가스를 이용한 발전이 석탄을 이용한 발전보다 더 싸게 되었다. 그 해에 역사상 처음으로 천연가스를 이용한 발전량이 석탄을 이용한 발전량을 초과하게 되었다. 그리고 2018년에는 일부 청정에너지를 이용한 발전이 천연가스를 이용한 발전보다도 더 싸게 되었다.

>> 이해돕기 16-1

해답은 책 뒤에

1. 대규모 양계장에서 흘러나오는 오수로 인근 주민들이 피해를 보고 있다. 다음을 설명해 보라.
   a. 발생한 외부비용의 성격
   b. 정부 개입이나 개인 간 거래가 존재하지 않을 때의 결과
   c. 사회적 최적산출량
2. 야스민은 대학 도서관에서 책을 빌리고서 기일 안에 반납하지 못한 학생들은 다른 학생들에게 부정적 외부효과를 미친다고 생각한다. 야스민은 도서관에서 작은 연체료 대신 아주 큰 액수의 연체료를 매겨 책을 빌린 사람들이 다시는 연체를 하지 않도록 해야 한다고 주장한다. 야스민의 경제학적 논리가 옳은가?

>> **복습**

- 외부비용과 외부편익을 **외부효과**라고 부른다. 오염은 **외부비용** 혹은 **부정적 외부효과**의 한 예이다. 반면에 어떤 활동은 **외부편익** 혹은 **긍정적 외부효과**를 발생시킬 수 있다.
- 오염을 줄이는 데는 편익뿐 아니라 비용도 있기 때문에 최적 오염량은 영이 아니다. **사회적 최적 오염량**은 오염의 사회적 한계비용이 오염의 사회적 한계편익과 같아지는 오염량이다.
- 시장경제에 맡겨 두면 오염자들이 다른 사람들에게 발생하는 비용을 고려할 유인이 없어 일반적으로 오염이 비효율적으로 많이 발생한다.
- **코즈정리**에 의하면 경우에 따라서는 외부효과가 민간부문 자체의 힘으로 해결될 수 있다. 만일 **거래비용**이 너무 크지 않으면 개인들이 **외부효과를 내부화**하는 합의에 도달힐 수 있다. 기래비용이 너무 높으면 정부의 개입이 정당화될 수 있다.

|| 정부정책과 오염

1960년대에 미국 북동부와 캐나다 남동부 넓은 땅의 유령 같은 시든 나무들은 불길한 진실을 보여 주었다. 이 거대한 숲은 죽어 가고 있었다. 그뿐만 아니라 그 안의 호수와 강들도 물고기와 다른 수중 생물들이 급감하며 죽어 가고 있었다.

범인은 산성비였다. 이는 석탄발전소에서 대기로 유출된 아황산가스가 비와 섞여 나타난 현상이다. 그 결과 수목과 수중 생물에 유독한 산도 높은 비가 내리게 된다. 1970년 이전 미국에는 석탄발전소에서 배출되는 아황산가스의 양을 규제하는 법이 존재하지 않았다.

환경기준(environmental standards)
은 환경을 보호하기 위해 생산자와 소
비자가 지켜야 할 행동을 명시한 규정
이다.

배출세(emissions tax)는 기업이 배출
하는 오염물질의 양에 따라 부과되는
세금이다.

1970년 의회가 「대기오염방지법(Clean Air Act)」을 통과시켜 발전소들이 배출물을 감소시키
도록 강제하는 규정들을 마련하였다. 그리고 이 법의 효력이 발생하여 비의 산성도가 확연히 감
소되었다. 그러나 경제학자들은 시장의 효력을 잘 이용하는 유연한 정책을 사용하면 비용을 줄
이면서도 오염을 더 낮출 수 있다고 주장했다. 1990년 이 이론이 반영되어 대기오염방지법이 수
정되었다. 결과는 어떻게 되었을까? 경제학자들이 옳았다!

이 절에서는 정부가 환경오염을 해결하기 위해 사용하는 정책과 이들 정책을 개선하기 위해
어떻게 경제학적 분석이 사용되었는지를 볼 것이다.

또한 이들 정책을 개선하기 위해 어떻게 경제학적 분석이 사용되었는지를 볼 것이다. 그리고
기후 변화의 문제와 이를 해결하기 위해 정부정책이 어떻게 사용될 수 있는지도 살펴볼 것이다.

환경기준

오늘날 가장 심각한 외부비용은 무엇보다도 환경 파괴적 행위 — 대기오염, 수질오염, 생태계 파
괴 등 — 일 것이다. 모든 선진국에 있어 환경보호야말로 정부가 담당해야 할 중요한 역할이 되
었다. 미국에서는 환경보호국이 주정부와 지방정부의 도움을 받아 국가차원의 환경정책을 담당
하는 주관부서이다.

한 국가의 환경보호는 어떻게 이루어지는가? 현재로서 주요한 정책수단은 생산자와 소비자
가 지켜야 할 행동을 규정한 **환경기준**(environmental standards)이다. 거의 모든 자동차가 촉매정
화장치를 부착하여 스모그나 질병을 일으킬 수 있는 화학
물질의 배출을 감소시키도록 규정한 법이 우리가 잘 알고
있는 환경기준의 한 예이다. 다른 규제들은 지역사회가
하수처리를 하도록 규정하거나, 공장에서 특정 오염물을
배출하는 것을 금지 또는 제한하고 있다. 그리고 방금 우
리는 '현실 경제의 이해'에서 2014년에 새로 건설되는 석
탄 발전소와 가스 발전소가 더 청정한 연소 기술을 채택
하도록 만드는 환경기준이 제정되었음을 보았다.

환경기준은 1960년대와 1970년대에 널리 사용되기 시
작했고 환경오염을 감소시키는 데 상당한 성공을 거두었
다. 예를 들어 미국에서 1970년 「대기오염방지법」이 통과
된 이후 인구가 3분의 1이나 증가하고 경제규모가 두 배
이상 커졌음에도 불구하고 대기로의 오염물질 배출은 3분
의 1 이상 감소하였다.

"이 주에서는 매우 엄격한 오염방지법이 시행 중이지."

배출세

환경오염을 직접 해결할 수 있는 다른 방법은 환경을 오염시키는 사람에게 **배출세**(emissions tax)
를 부과하는 것이다. 배출세는 기업이 배출하는 오염물질의 양에 따라 부과되는 세금이다. 제7
장에서 배운 것처럼 어떤 활동에 세금을 부과하면 그 활동 수준이 감소한다.

정부의 개입이 없으면 오염 행위자들은 사회적으로 적절한 수준 이상으로 오염을 증가시킬
인센티브가 있음을 기억하라. 사실 이들은 사회적 한계비용이 0이 되는 〈그림 16-2〉의 Q_{MKT}까
지 오염을 증가시키려 할 것이다.

그림에 예시된 바와 같이 만일 추가 한 단위 오염의 사회적 한계편익과 사회적 한계비용이
200달러로 같다고 하면 오염 한 단위당 200달러의 세금을 부과함으로써 배출량을 사회적으로
적절한 수준인 Q_{OPT}까지 감소시킬 수 있다. 이 예는 사회적 최적 오염 수준에서의 사회적 한계비

국제비교 　　　　**6개국의 경제성장과 온실가스**

그림 (a)에 나타난 여러 나라의 1인당 온실가스 배출량을 비교해 보면 처음에는 캐나다, 미국, 그리고 호주가 가장 심각한 오염원인 것처럼 보인다. 우즈베키스탄이 1인당 2.8톤, 중국이 1인당 7.1톤, 인도가 1인당 2.0톤인 데 반해, 미국은 1인당 평균 16.6톤(CO_2로 환산한 측정치)의 온실가스─지구온난화를 일으키는 오염─를 배출한다.

그러나 이러한 결론은 한 국가의 온실가스 배출 수준을 결정하는 데 있어 중요한 요소 하나를 빠뜨리고 있다. 그것은 국내총생산, 즉 GDP─한 국가의 자국 내 산출물 가치의 합─이다. 보통 더 많은 에너지 없이는 산출물을 생산할 수 없고, 더 많은 에너지를 사용할수록 더 많은 오염이 발생한다. 실제로 어떤 사람들은 경제발전의 수준을 고려하지 않고 한 국가의 온실가스 수준을 비난하는 것은 잘못된 것이라고 주장했다. 그러한 비난은 마치 한 국가가 경제발전을 더 많이 이룩한 것을 나무라는 것과 같을 것이다.

그림 (b)에 표시된 것처럼 한 국가의 GDP 100만 달러당 배출량을 측정하는 것이 국가 간 오염 수준을 더 의미 있게 비교하는 방법이다. 이 기준에 의하면 이제 미국, 캐나다, 호주는 '녹색' 국가가 되고 중국과 인도, 우즈베키스탄은 그렇지 않다. GDP를 고려했을 때

이러한 역전이 생기는 것은 어떤 이유에서일까? 그 답은 희소한 자원이다.

우즈베키스탄, (역사적으로) 중국, 인도처럼 가난하고 산업화를 시작하는 국가에서는 오염 감소에 돈을 쓰는 것보다 다른 일에 쓰는 것이 더 낫다고 생각한다. 그들은 부유한 선진국처럼 깨끗한 환경을 갖추기에는 아직 자신들이 너무 가난하고 생각한다. 이들은 부유한 국가의 환경기준을 자신들에게 강요하는 것은 자신들의 경제성장을 위협하는 일이라고 주장한다.

그러나 온실가스가 기후 변화의 원인이라는 과학적 증거와 오염이 없는 에너지원의 가격 하락으로 인해 가난한 국가들의 태도가 변화하고 있다. 기후 변화로 인해 가난한 국가의 시민들이 고통받을 가능성이 더 큰 것을 알고 이들도 부유한 국가들과 힘을 합쳐 2015년 파리협약에 서명하였다. 이는 196개국이 지구의 온도를 섭씨 2℃ 이내로 유지하기로 한 협약이다. 2℃가 넘으면 기후 변화의 영향은 큰 재앙이 될 것이고 되돌릴 수 없을 것으로 생각된다. 이 시점에서 미국이 2020년 11월에 협약으로부터 탈퇴하겠다고 선언했는데 이는 협약을 거부한 세계 유일의 국가다.

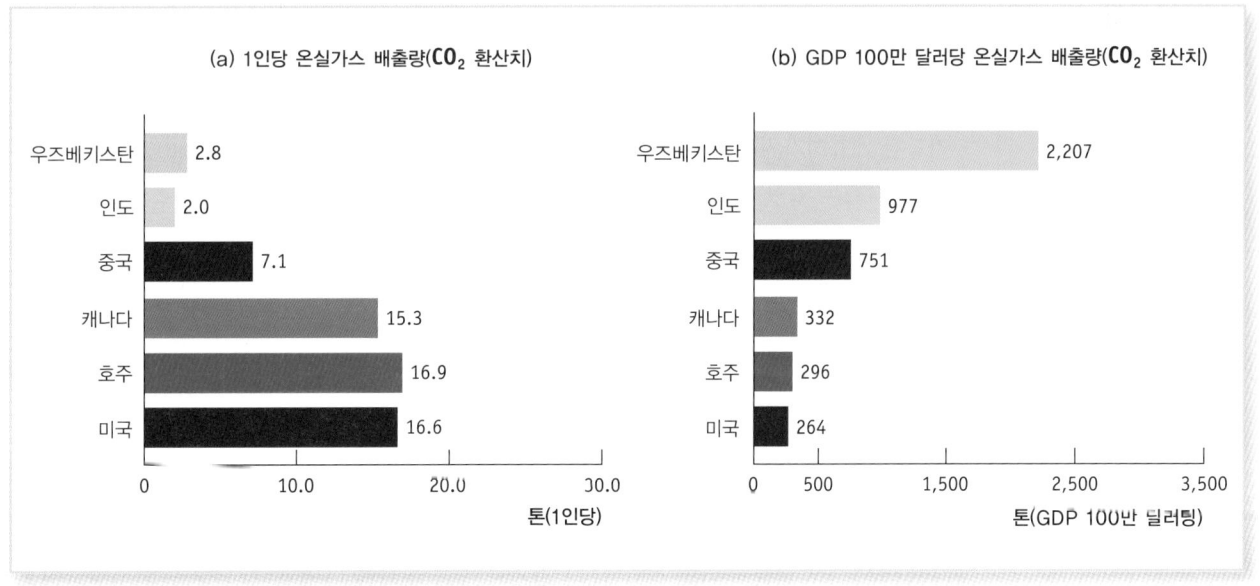

출처 : Global Carbon Atlas, IMF─World Economic Outlook.

용과 동일한 배출세를 부과함으로써 오염시키는 사람으로 하여금 외부효과를 내부화하도록 ─ 자신들의 행동이 유발하는 실제 사회적 비용을 고려하도록 ─ 유도할 수 있다는 일반적인 사실을 예시해 준다.

또한 배출세는 모든 오염원에 대해 오염의 한계편익이 동일하도록 보장하므로 오염을 줄이는 데 환경기준보다 더 효율적이다. 반면 환경기준은 오염자마다 오염을 감소시키는 비용이 다름에도 불구하고 모든 오염자를 동일하게 취급한다.

배출세란 용어는 조세가 단지 한 종류의 부정적 외부효과, 즉 오염에 대해서만 적절한 해결책

외부비용을 줄이도록 고안된 조세를 피구세(Pigouvian tax)라 한다.

양도 가능한 배출허가권(tradable emission permit)이란 오염자들 사이에 거래될 수 있는 제한된 분량의 오염물질을 배출할 수 있는 면허를 말한다.

이라는 잘못된 인상을 줄 수 있다. 사실 조세는 운전(휘발유 생산비용을 초과하는 환경파괴를 초래함)이나 흡연(담배 제조비용보다 훨씬 큰 보건비용을 사회에 초래함) 등의 부정적 외부효과를 발생시키는 모든 활동을 억제하기 위해 사용될 수 있다.

일반적으로 부정적 외부효과를 줄이도록 고안된 조세를 **피구세**(Pigouvian tax)라 하는데 이는 1920년 발간된 고전 『후생경제학(The Economics of Welfare)』에서 조세의 유용성을 강조한 경제학자 피구(A. C. Pigou)의 이름에서 따온 것이다. 우리의 예에서는 최적 피구세가 200달러이다. 〈그림 16-2〉에서 보는 바와 같이 이것은 최적 오염량 Q_{OPT}에서의 사회적 한계비용에 해당한다.

배출세의 큰 단점은 정부관리가 조세액을 어떤 수준으로 책정해야 할지 잘 모르는 경우가 많다는 것이다. 만일 조세를 너무 낮게 책정하면 환경개선이 너무 적게 이루어질 것이고, 조세를 너무 높게 책정하면 오염 배출량은 효율적인 수준에 비교하여 너무 많이 감소하게 될 것이다. 이러한 불확실성이 완전히 근절될 수는 없지만 다른 대안, 즉 양도 가능한 허가권을 사용함으로써 위험의 성격은 변화될 수 있다. 그러나 배출세는 정치적인 이점이 있다. 조세 수입이 소비자들에게 되돌아온다면 투표권자들의 지지를 얻기가 더 쉬울 것이다.

양도 가능한 배출허가권

양도 가능한 배출허가권(tradable emission permit)이란 오염자들 사이에 매매될 수 있는 제한된 분량의 오염물질을 배출할 수 있는 면허를 말한다. 양도 가능한 배출허가권은 (제5장에서) 규제당국이 어류나 게를 잡을 수 있는 면허를 발급하고 거래할 수 있도록 고안한 양도 가능한 수량할당 제도와 현실적으로 매우 유사하게 작동한다. 거래 가능한 면허가 어획권을 효율적으로 배분할 수 있었던 것은 가장 안전하고 낮은 비용으로 어획활동을 할 수 있는 어선의 주인이 덜 안전하고 높은 비용으로 어획활동을 하는 어선의 주인으로부터 어획권을 구입하기 때문이다. 양도 가능한 배출허가권은 게와 같은 재화(good)가 아니라 오염과 같은 비재화(bad)를 대상으로 하지만, 허가권도 면허와 같이 거래될 수 있기 때문에 두 제도 모두 대상으로 하는 활동이 효율적으로 배분되도록 작동한다.

오염의 경우 이 제도가 작동하는 원리는 다음과 같다. 오염을 일으키는 기업들은 대개 오염을 감소시키는 데 드는 비용이 각자 다르다. 예를 들면 옛 기술을 이용하는 공장들은 신기술을 이용하는 공장들에 비해 오염을 감소시키는 비용이 더 많이 든다. 초기에 규제당국은 오염을 발생시키는 기업들에게 일정한 기준에 따라 — 예컨대 한 기업이 과거에 발생시킨 배출량의 50% — 배출허가권을 발행해 준다. 그 후에 기업들은 서로 허가권을 거래할 수 있다.

이 제도하에서는 오염 허가권 시장이 나타나게 된다. 오염 허가권에 높은 가치를 두는 기업들(옛 기술을 가진 기업들)이 오염 허가권에 더 낮은 가치를 두는 기업들(신기술을 가진 기업들)로부터 오염 허가권을 구입할 것이다. 그 결과로 배출 물질에 더 높은 가치를 두는 기업들이 더 낮은 가치를 두는 기업들에 비해 더 많은 오염을 발생시키게 된다.

결국에는 오염을 줄이는 비용이 가장 낮은 기업이 오염을 가장 많이 줄이고, 오염을 줄이는 비용이 가장 높은 기업이 오염을 가장 적게 줄이게 될 것이다. 전체적인 효과는 효율적으로, 즉 비용이 가장 적게 드는 방법으로 오염을 감소시키도록 배분하는 것이다.

배출세와 마찬가지로 양도 가능한 배출허가권은 오염자들에게 오염의 사회적 한계비용을 고려할 유인을 제공한다. 그 이유를 알기 위해 오염 한 단위를 배출할 수 있는 권리가 시장에서 200달러에 거래된다고 가정해 보자. 그러면 모든 오염자가 자신의 오염 배출량을 그 한계편익이 200달러가 되는 점까지 감소시킬 인센티브를 갖게 된다. 왜 그럴까?

만일 오염 한 단위를 더 늘릴 때의 한계편익이 200달러보다 크다면 오염을 줄이기보다는 늘리는 것이 더 이익이 된다. 이런 경우에는 오염자가 허가권을 구입하여 오염을 증가시킬 것이다. 그리고 만일 오염 한 단위를 더 늘릴 때의 한계편익이 200달러보다 작다면 오염을 늘리기보다는 줄이는 것이 더 이익이 된다. 이런 상황에서는 오염자가 200달러 하는 허가권을 사기보다는 오염을 줄일 것이다.

이 예로부터 우리는 배출허가권 가격이 배출세와 같다면 어떻게 동일한 성과를 올릴 수 있는지 알 수 있다. 오염자들이 오염 한 단위를 더 배출할 권리에 대해 200달러를 지불해야 한다면 오염 한 단위에 대해 200달러의 세금을 지불해야 하는 사람과 동일한 인센티브를 갖는 것이다. 그리고 이런 인센티브는 자신이 계획하고 있는 오염량보다 더 많은 허가권을 받은 오염자들에게도 똑같이 적용된다. 오염을 한 단위 덜 배출함으로써 200달러에 팔 수 있는 허가권 한 단위를 얻을 수 있는 것이다. 다시 말하면 이 기업에게 오염 한 단위의 기회비용은 그것을 배출하느냐에 관계없이 200달러인 것이다.

최적 오염량을 달성하기 위해 배출세를 사용할 때의 문제는 적정 수준의 세금을 찾는 데 있다는 것을 기억하라. 세금이 너무 낮으면 오염이 너무 많이 발생하고 세금이 너무 높으면 오염이 너무 적게 발생한다(즉 오염을 줄이는 데 너무 많은 자원이 사용된다). 비슷한 문제가 배출허가권에서도 나타나는데, 그것은 적정 수준의 배출허가권 수량을 찾는 문제다. 이는 배출세 수준을 찾는 것과 대응되는 문제라 할 수 있다.

최적 오염 수준을 결정하기 어렵기 때문에 규제당국은 허가권을 너무 많이 발행해서 오염이 너무 적게 감소하거나, 허가권을 너무 적게 발행해서 오염이 너무 많이 감소하는 경우가 발생할 수 있다.

아황산가스의 경우 미국 정부는 초기에는 환경기준을 이용하다가 나중에 양도 가능한 배출허가권 제도를 도입했다. 현재 가장 규모가 큰 배출허가권 거래 제도는 유럽연합이 이산화탄소 배출을 규제하기 위해 도입한 제도이다.

환경정책의 비교 예시

〈그림 16-3〉에는 A와 B, 두 공장으로 구성된 가상적인 산업이 표시되어 있다. A공장이 B공장보다 더 새로운 기술을 사용하여 오염을 감소시키는 비용이 더 적게 든다고 가정한다. 이러한 비용의 차이를 반영하여 A공장의 오염의 한계편익곡선 MB_A는 B공장의 오염의 한계편익곡선 MB_B의 아래쪽에 있다. 모든 수량에 대해 B공장의 오염 감소 비용이 더 크므로 오염을 한 단위 추가하는 것이 A공장보다는 B공장에 있어 가치가 높다.

정부가 아무런 조치를 취하지 않을 때는 오염시키는 사람이 오염물질을 한 단위 추가로 더 배출하는 것의 사회적 한계편익이 영이 될 때까지 배출을 계속할 것이다. 그러므로 정부의 개입이 없다면 각 공장은 자신의 한계편익이 영이 될 때까지 오염물질을 배출할 것이다. 이는 두 공장에 대해 각각 600단위의 배출량—MB_A와 MB_B가 각각 영이 되는 오염량—에 해당한다. 따라서 두 공장이 오염 배출을 한 단위 줄이는 비용은 다르지만 두 공장은 동일한 양의 오염을 배출하게 될 것이다.

이제 규제당국이 이 산업으로부터 발생하는 오염의 총량을 1,200단위에서 600단위로 줄이기로 결정했다고 하자. 〈그림 16-3(a)〉에는 이 목표가 각 공장의 배출량을 600단위에서 300단위로 반으로 줄이도록 규정한 환경기준에 의해 어떻게 달성될 수 있는지 표시되어 있다. 환경기준은 배출 총량을 1,200단위에서 600단위로 감소시키는 목표는 달성하지만 이를 비효율적으로 달성한다.

그림 (a)에서 보는 바와 같이 이 환경기준에 의하면 A공장은 오염의 한계편익이 150달러인 S_A점에서 생산하지만, B공장은 오염의 한계편익이 그 두 배가 되는 300달러인 S_B점에서 생산한다.

두 공장의 한계편익이 다르기 때문에 B공장으로 하여금 300단위 이상을 배출하게 하는 대신

그림 16-3 환경정책의 비교

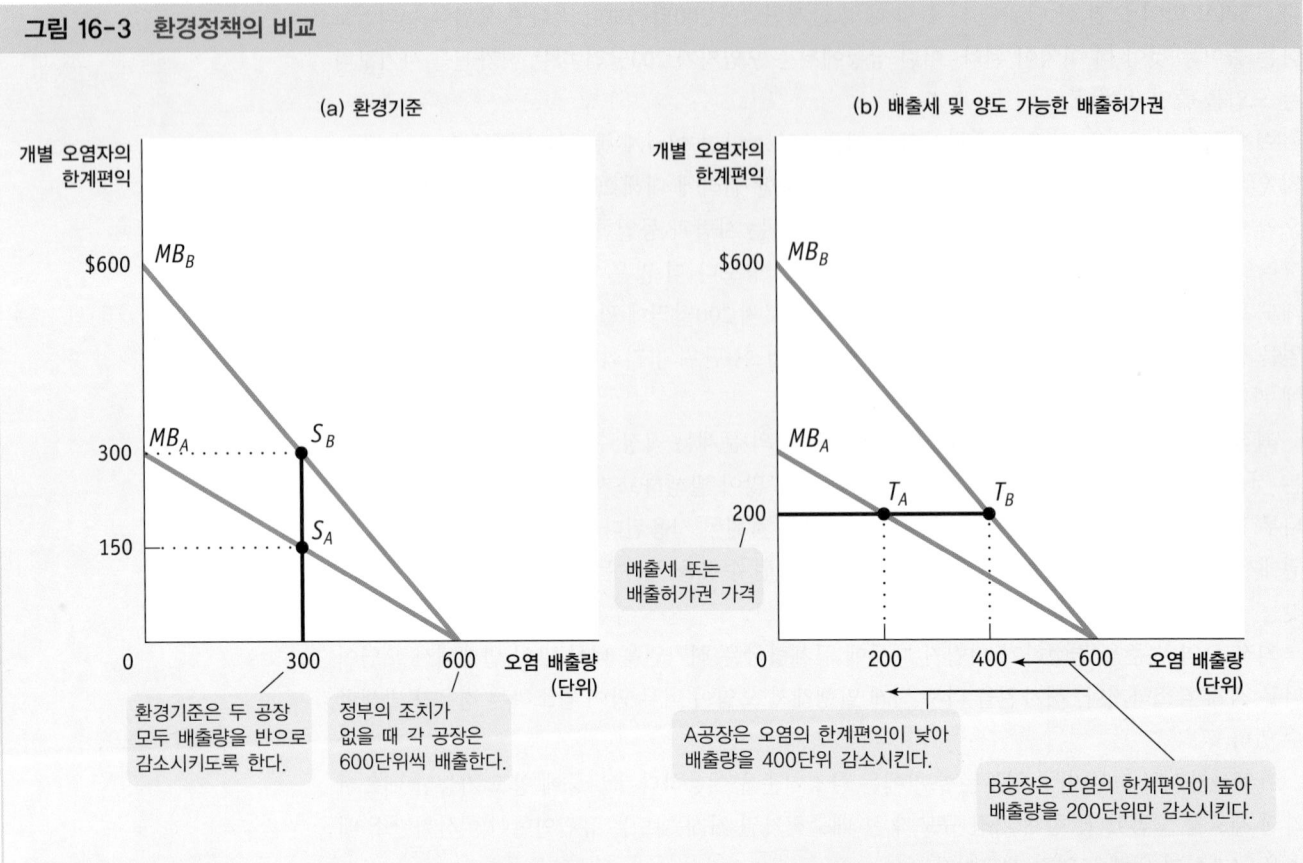

(a) 환경기준   (b) 배출세 및 양도 가능한 배출허가권

두 그림에서 MB_A와 MB_B는 각각 A공장과 B공장의 오염의 한계편익을 나타낸다. 정부의 개입이 없다면 각 공장은 600단위의 오염물질을 배출할 것이다. 그러나 MB_A가 MB_B보다 아래에 있다는 사실에서 나타난 것처럼 오염물질을 감소시키는 비용이 A공장에서 더 낮다. 그림 (a)에는 두 공장 모두 오염 배출량을 반으로 줄여야 하는 환경기준의 결과가 표시되어 있다. 이 결과는 B공장의 오염의 한계편익이 A공장보다 높기 때문에 비효율적이다. 그림 (b)는 배출세 및 양도 가능한 배출허가권에 의해 동일한 오염 총량이 효율적으로 달성되는 것을 보여 준다. 단위당 배출세가 200달러이거나 배출허가권 한 단위 가격이 200달러일 때 두 공장 모두 오염의 한계편익이 200달러가 되도록 오염을 감소시킨다.

A공장으로 하여금 300단위 이하를 배출하게 함으로써 더 적은 비용으로 동일한 오염 목표를 달성할 수 있음을 알 수 있다. 사실 오염을 효율적으로 줄이는 방법은 모든 공장의 오염의 한계편익이 같아지도록 산업 전체의 오염 배출량을 조절하는 것이다. 모든 공장이 오염 한 단위에 대해 동일한 가치를 부여할 때는 공장들 간에 오염 배출량을 어떻게 조정해도 총비용을 더 낮출 방법이 없을 것이다.

그림 (b)에서 어떻게 배출세를 통해 바로 이러한 결과가 얻어지는지 알 수 있다. A와 B공장이 단위당 200달러의 배출세를 지불하여 한 단위를 추가로 배출하는 한계비용이 영이 아니라 200달러라고 가정해 보자. 이 결과로 A공장은 T_A점, B공장은 T_B점에서 생산하게 된다. 그래서 A공장은 600단위에서 200단위로 경직적인 환경기준하에서보다 오염을 더 많이 감소시키고, B공장은 600단위에서 400단위로 오염을 더 적게 감소시킨다.

결국 총오염량—600단위—은 환경기준하에서와 동일하지만 총잉여는 더 높아진다. 그 이유는 오염 배출을 더 낮은 비용으로 달성할 수 있는 A공장이 오염량을 감소시키는 데 더 많은 몫을 담당하여 오염 감소가 보다 효율적으로 이루어졌기 때문이다. (생산자잉여는 한계편익곡선 아래 가격선 위쪽 부분이므로 그림 (b)에서 발생하는 생산자잉여가 그림 (a)에서 발생하는 생산자잉여보다 더 크다.)

그림 (b)는 또한 양도 가능한 배출허가권 제도가 어떻게 두 공장 사이에 효율적인 오염 배분을 달성하는지 보여 준다. 허가권 시장에서 두 공장이 각각 300단위의 허가권을 갖고 있고 허가권 가격이 200달러라고 가정해 보자. B공장은 오염을 줄이는 비용이 높아서 A공장으로부터 100단위의 허가권을 구입하여 400단위의 오염을 배출할 것이다. 이에 반해 A공장은 비용이 낮아 허가권 100단위를 B공장에 팔고 200단위의 오염만 배출할 것이다. 허가권의 시장가격이 최적 배출세와 같다면 두 제도는 동일한 결과를 달성하게 된다.

현실 경제의 >> 이해

상한과 거래

미국의 산성비와 유럽연합의 온실가스 억제를 위해 마련된 양도 가능한 배출허가권 제도는 상한과 거래 제도(cap and trade system)의 예이다. 정부가 상한을 정하여 거래될 수 있는 배출허가권을 발행하고 배출된 오염물질의 양에 해당하는 허가권을 보유하고 있어야 한다는 법규가 지켜지는지 매년 확인한다. 목적은 좋은 환경을 만들 수 있도록 상한을 낮게 정하되 오염을 배출하는 기업에게 환경기준을 충족하는 데 있어 유연성을 보장하면서 보다 적은 비용으로 오염을 감소시킬 수 있는 신기술을 사용하도록 동기를 부여하는 데 있다.

1995년 미국은 산성비를 일으키는 아황산가스에 대해 상한과 거래 제도를 시작하였다. 이 제도 덕분에 1994년부터 2018년 사이에 미국의 대기오염은 91% 감소하였다. 시장에 근거하지 않은 규제 정책을 사용하여 오염 배출을 이만큼 감소시키려면 비용이 80%는 더 들었을 것이라고 경제학자들은 추정한다.

2005년 최초의 상한과 거래 제도가 유럽연합에 의해 (탄소거래라고 불리는) 온실가스 거래에 도입되었다. 거의 20년 후 탄소거래는 전 세계에서 빠르게 성장하여 이제는 전체 인류가 배출하는 온실가스 전체의 20%를 차지한다. 과거 수년 사이에 캘리포니아, 한국, 퀘벡 및 중국의 3대 산업 중심지를 아우르는 몇 개의 새로운 온실가스 시장이 시작되었다. 2019년에는 전 세계적으로 대략 2,140억 달러의 허가권이 거래되었다. 중국이 전국적인 거래제도를 시작할 계획이므로 이 수치는 빠르게 성장할 것으로 기대된다.

그럼에도 불구하고 상한과 거래 제도가 세계적인 오염 문제를 해결할 만능 정책은 아니다. 이 제도가 아황산가스나 온실가스처럼 지리적으로 분산되어 있는 오염에 대해서는 적합하지만 지하수와 같이 지역화되어 있는 오염에 대해서는 효과가 없다. 둘째로 이 제도가 목적을 달성하기 위해서는 규정이 제대로 지켜지고 있는지 끊임없는 감시가 필요하다. 마지막으로 이 제도하에서는 정치적인 간섭으로 인해 현실적으로 상한이 너무 높게 책정되어 효율적인 수준의 배출량을 달성하기 어려운 경향이 있다.

배출세와 마찬가지로 상한과 거래 제도도 더 유리한 조건을 얻어내기 위해 영향력을 행사하는 기업의 정치적 간섭으로부터 자유롭지 않다. 2018년 현재 상한과 거래 제도를 채택한 국가 중 오직 5개국(핀란드, 프랑스, 스웨덴, 노르웨이, 스위스)만이 국제 배출물 거래 협회(International Emissions Trading Association)가 재앙적인 기후 변화를 피하기 위해 필요하다고 추산되는 톤당 44달러 이상의 가격을 유지하고 있다. 한 에너지 경제학자의 말처럼 "효과를 볼 만큼의 수준으로 탄소거래 가격을 유지하는 것은 정치적으로 어려운 일이다." 이 때문에 정책 입안자들은 때때로 환경기준으로 회귀하기도 한다. 오바마 행정부 때 입안된 2개의 법령이 그 예이다. 하나는 새로 건설되는 석탄 또는 천연가스 발전소의 배출량을 제한하는 법령이고 또 하나는 2025년까지 자동차 연료효율을 두 배로 높여야 한다는 의무조항이다.

>> 이해돕기 16-2

해답은 책 뒤에

1. 양도 가능한 배출허가권 제도에 대해 반대하는 사람들은 반대 이유로 배출허가권을 판매하는 오염자들이 환경을 오염시키는 행위를 통해 금전적으로 편익을 얻는다는 점을 지적한다. 이러한 논의에 대해 평가해 보라.

2. 다음을 설명해 보라.
    a. 배출세가 Q_{OPT}에서의 사회적 한계비용보다 낮거나 높게 책정되면 배출세가 최적 수준으로 책정되었을 때에 비해 총잉여가 감소하는 이유
    b. 양도 가능한 배출허가권 제도에서 허용된 오염량이 Q_{OPT}보다 더 많거나 적게 책정되면 허용량이 최적 수준으로 책정되었을 때에 비해 총잉여가 감소하는 이유
    c. 탄소 배출물에 대한 조세인 탄소세가 소비자로 하여금 재생 가능한 에너지원을 사용하도록 하는 이유

|| 기후 변화의 경제학

여러분의 생애에 세계가 당면할 가장 어려운 문제들 중 하나가 **기후 변화**(climate change)일 것이다. 온실가스의 배출이 지구의 기후를 변화시킨다는 것이 과학에 의해 명백히 증명되었다. 전 세계적으로 **온실가스**(greenhouse gases)는 지구 대기의 열을 가두어 가뭄, 홍수, 기온 변동, 파괴적인 폭풍, 해수면의 상승 등 극단적인 기상 변화를 일으킨다. 기후 변화는 흉작이 들고, 집들이 떠내려가고, 열대성 질병이 퍼지고, 동물의 멸종이 일어나고, 살 수 없는 지역이 늘어나게 만들어 막대한 비용과 고통을 초래한다. 더욱이 이 비용의 부담은 이러한 변화에 대응할 자원이 더 적은 빈곤한 국가에 더 무겁게 작용한다.

2018년 13개의 연방 기관의 과학적 보고서에서는 기후변화에 대응하지 않을 경우 미국의 GDP가 2100년까지 10% 낮아질 것이라고 경고한다. 한 연구에 의하면 같은 조건에서 세계 GDP의 20%가 소실될 것으로 추정한다. 경제학자들과 과학자들 대부분이 화석연료 사용의 직접적 비용은 사회적 비용을 크게 밑돈다고 인식하고 있다. 노벨상 수상자인 조지프 스티글리츠(Joseph Stiglitz)와 니콜라스 스턴(Nicholas Stern)은 세계은행(World Bank)의 한 연구에서 탄소 배출물의 실제 환경 비용이 2017년 현재 톤당 50달러 내지 100달러이며 2050년에는 400달러까지 높아질 수 있다고 추정했다. 산업 전문가들은 2020년의 팬데믹으로 초래된 국내 전력 수요의 급감으로 인해 많은 석탄 발전소들의 완전 폐쇄가 촉진될 것으로 전망한다.

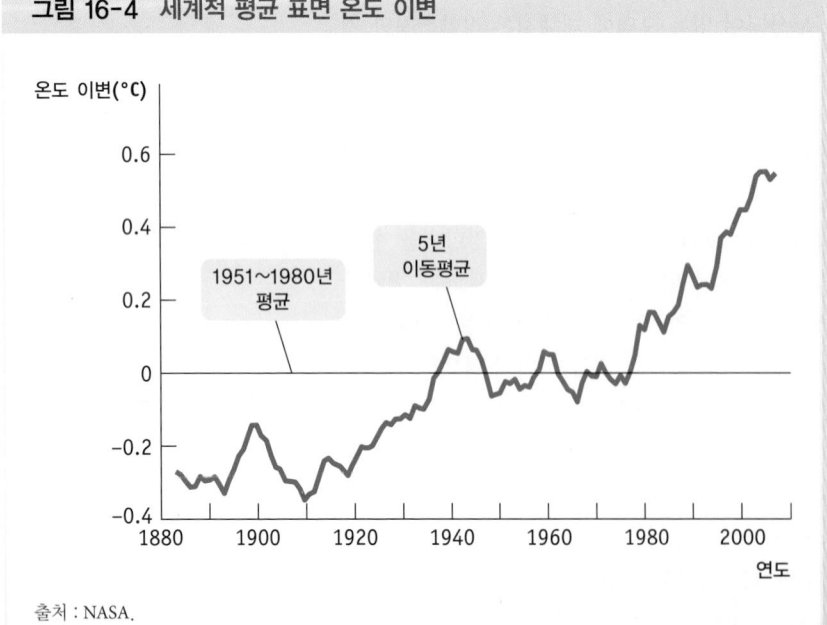

그림 16-4 세계적 평균 표면 온도 이변

온도 이변(°C)

1951~1980년 평균

5년 이동평균

출처 : NASA.

기후 변화의 원인

지구 기온의 상승은 〈그림 16-4〉에서 보는 바와 같이 19세기 전반에 시작되어 1980년

대부터 가속되기 시작했다. 거의 대부분의 온실가스는 발전이나 차량 운행을 위해 석탄, 석유, 천연가스 등과 같은 화석연료를 태우는 인간 활동으로부터 발생한다. **화석연료**(fossil fuels)는 공급이 한정되어 있는 반면에 **재생 가능한 에너지원**(renewable energy sources)은 고갈되지 않는다. 태양과 풍력 발전이 그 예다. 화석연료와 달리 재생될 수 있는 에너지원은 온실가스 배출이 없어 **청정 에너지원**(clean energy sources)이다.

지난 10년간 정부 보조금, 환경 규제, 배출세 부담으로 인해 청정 에너지원에 대한 막대한 투자가 이루어져 재생 가능한 에너지원의 비용이 극적으로 감소하였다. (오염이 가장 심한 화석연료인) 석탄은 한때 발전의 60% 가까이를 차지하며

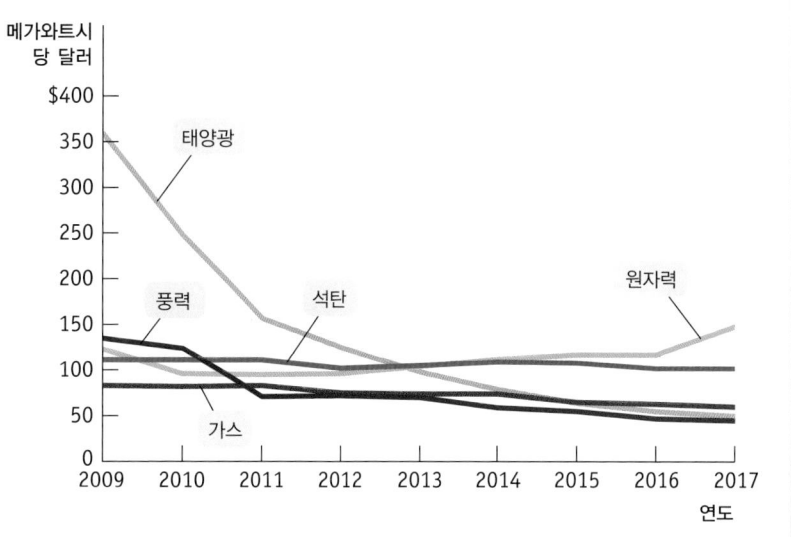

그림 16-5 2009~2017년 북미지역의 에너지 평균비용

출처 : Lazard's Levelized Cost of Energy Analysis.

미국에서 선택할 수 있는 최상의 에너지원이었지만 환경 규제와 기술 혁신으로 인해 천연가스나 재생 가능한 에너지원보다 비용이 더 높아졌다. 2019년에 이르러는 발전에서 석탄의 비중은 청정에너지원의 비중 23%보다도 더 낮은 20%로 하락하였다. 실제로 〈그림 16-5〉에서 보는 것처럼 많은 경우에 있어 산업 단위의 태양광 발전과 풍력 발전이 석탄보다 깨끗한 천연 가스 발전보다도 비용이 더 적게 든다.

이러한 성과에도 불구하고 세계 에너지 소비는 여전히 화석연료에 압도적으로 의존한다. 2018년 화석연료는 전체 소비의 약 85%를 차지하는 반면 재생 가능한 에너지원은 10.8%밖에 되지 않는다. (원자력 발전이 그 나머지인 약 4%를 차지한다.) 그 이유는 금전적인 문제다. 역사적으로 화석연료가 재생 가능한 에너지보다 값싼 에너지원이었다. 세계 많은 지역에서 전력은 석탄에 의존하는 낡은 발전소에서 생산되고 있다. 전력의 70% 이상이 석탄에 의해 생산되는 중국과 인도에서 이것이 사실이다.

석탄이나 원유 같은 화석연료(fossil fuel)는 화석으로부터 얻는다.

태양과 풍력 같은 재생 가능한 에너지원(renewable energy source)은 고갈되지 않는 에너지원이다. (반면 화석연료는 고갈된다.)

청정 에너지원(clean energy source)은 온실가스를 배출하지 않는 에너지원이다. 재생 가능한 에너지원은 청정 에너지원이기도 하다.

기후 변화를 다룰 정책

이 장 앞부분에서 적정 수준의 온실가스 배출을 달성하기 위한 정부의 정책에 대해 배웠다. 그러한 정책에는 규제 또는 명령, 배출세, 그리고 상한과 거래 제도 등이 있었다.

그러나 온실가스 배출과 같은 복잡하고 세계적인 부정적 외부효과 문제를 해결하기 위해서는 다른 정책들이 필요하다는 것이 역사의 교훈이다. 이러한 정책들에는 연구개발(R&D)에 대한 정부의 보조금 지급과 다자간 협약이 포함된다.

연구개발에 대한 정부 보조금 1980년대부터 미국 정부는 청정 에너지원의 비용을 낮출 목적의 연구개발에 수십억 달러를 보조금으로 지출해왔다. 이런 보조금은 비용면에서 화석연료 산업과 점점 더 경쟁력을 키워가는 청정 에너지 부문의 혁신에 시동을 거는 데 결정적인 역할을 했다. 에너지정보국에 의하면 연방정부는 재생가능한 에너지를 위해 2016년부터 거의 70억 달러를 보조금으로 지출했다. 이런 보조금 정책은 화석연료에 대해 조세를 부과하거나 규제를 하는 것과 같이 정치적 반발을 유발할 수 있는 비호감 정책을 피하면서 에너지 혁신을 격려할 수 있는 장

점을 갖고 있다.

다자간 협약 대부분의 국가들은 다른 국가들이 동참하기를 거부한다면 온실가스 배출을 줄이는 것과 같이 비용이 많이 드는 정책을 취하려 하지 않을 것이다. 협력을 조장하기 위해 다자간 협약은 공동의 목표를 설정하고 국가들 간에 부담을 나누어 기후 변화 문제를 해결하는 데 성공할 확률을 상당히 증가시켰다. 2015년 196개 나라가 **파리협약**(Paris Agreement)에 참여하여 지구의 온도 증가를 섭씨 2도 이내로 제한한다는 공동의 목표를 가지고 온실가스 배출을 감소시키기로 결의하였다. 지구 온도 증가가 그 이상이 되면 기후 변화는 돌이킬 수 없는 재앙이 될 것으로 생각된다. 성공적인 다자간 협약의 또 다른 예는 1987년의 몬트리얼 의정서이다. 전 세계적으로 오존을 고갈시키는 화학물질의 생산을 제한함으로써 이 협약은 태양으로부터 오는 자외선의 해로운 영향으로부터 지구를 보호하는 대기권 상층부의 오존층을 보존하는 데 기여했다.

개인의 선택에 대한 동기부여 기후 변화에 대처하는 데 있어 개인의 선택에 초점을 맞춘 동기부여는 중요한 역할을 한다. 예를 들면 스마트 계량기를 통해 개인적으로 에너지를 아낄 동기를 갖게 되는데, 이는 온실가스를 줄이는 빠르고 비용이 적게 드는 방법이 된다. 휘발유세 인상과 전기차 충전소의 확충은 운전자들이 전기 자동차로 전환하도록 유도할 수 있다. 사람들은 또한 개인적으로 냉방을 적게 이용한다든지, 대중교통을 이용한다든지, (온실가스 배출이 심한 영양 공급원인) 육류 소비를 줄일 수 있을 것이다.

기후 변화 완화의 비용과 편익

환경이 유지될 만큼 온실가스를 감소시키는 일은 경제의 대규모 구조적 전환이 요구되는 일이며 성장률과 소비에 불가피한 영향을 미친다. 따라서 소비자들의 희생이 너무 크기 때문에 기후 변화를 완화하려는 시도는 중단해야 한다는 목소리도 있다.

그러나 비용 편익 분석을 해보면 그 주장은 옳지 않다. 기후 변화에 관한 정부 간 협의체(Intergovernmental Panel on Climate Change)는 최근의 과학적 증거를 검토하여 파리협약의 목표를 달성하는 것은 2100년까지 세계 소비가 이전보다 3~11% 감소됨을 의미하는 것이라고 결론지었다. 그러나 지난 몇 년간 세계 경제가 평균 3% 내외로 성장한 것처럼 앞으로도 성장을 계속할 것이라고 볼 때 이 정도의 소비 감소는 상당히 적은 손실이라고 할 수 있다. 그리고 앞에 언급한 것처럼 2100년까지 방치된 기후 변화로 인한 국제적 손실은 GDP의 20%로 추정된다.

더욱이 화석연료의 대기 오염으로 인한 직접적인 건강 피해를 고려하면 방치된 기후 변화로 인한 손실은 상당히 높아진다. 세계 보건 기구는 화석연료로 인한 대기 오염으로부터 매년 460만 명이 사망한다고 추정한다.

중국에서만 125만 명에 가까운 '추가' 사망이 화석연료로 인한 내기 오염으로 인해 발생하는 것으로 추산된다. 청정 에너지원으로 전환하는 것의 보건상의 편익은 세계 GDP의 5%에 달하는 것으로 추정된다. 또한 기후 변화를 완화하는 비용의 추정치는 기술 발전으로 인해 청정 에너지 가격이 급속히 감소하고 있는 것은 고려하지 않은 것이다.

따라서 기후 변화에 대처하는 비용이 너무 높다고 하는 주장은 엄밀히 검토했을 때 맞지 않

파리협약(Paris Agreement)은 196개 국가가 온실가스 배출을 감소하겠다는 국제협약이다.

다. 이것이 다음의 '현실 경제의 이해'에 나온 것처럼 3,500명 이상의 경제학자들이 기후 변화를 막기 위해 탄소세를 부과하는 것을 옹호하는 이유다.

현실 경제의 >> 이해

3,500명 이상의 경제학자들이 온실가스 배출세에 찬성하다

2019년 3,558명의 다양한 이념을 가진 (4명의 연방준비 위원장, 27명의 노벨상 수상자, 15명의 대통령 경제자문 위원장, 2명의 재무성 장관이 포함된) 경제학자들이 기후 변화를 막기 위해 온실가스 배출에 대해 조세 부과를 요구하는 공동성명에 서명했다. 조세 수입은 미국 소비자들에게 분배될 것이다. 그들의 말을 옮기면 "전 세계적인 기후 변화는 지금 당장 국가의 행동을 필요로 하는 중대한 문제이다". 그것은 역사상 가장 대규모 경제학자들의 공개 성명이라고 〈월스트리트 저널〉은 보도했다.

그 성명에 의하면 배출세는 배출을 신속히 감소시키기 위해 필요하며 배출 감소 목표가 달성될 때까지 매년 인상되어야 한다. 그들은 조세가 규제보다 더 효율적이라고 주장한다. 그들은 조세 수입을 소비자들에게 '탄소 배당금'의 형태로 나누어 줌으로써 상한과 거래 제도보다 정치적으로도 달성하기가 더 수월하고 공평성에도 더 부합한다고 생각한다. 마지막으로 그들은 해외로부터의 수입에 대해서도 실제 환경 비용에 따라 조세를 부과하여 미국 기업들이 비용 면에서 외국 기업보다 상대적으로 불리하지 않도록 해야 한다고 주장한다. 경제학자들에게 그 성명은 기후 변화의 경제학이 유효하다는 명백한 지지 표명이었다.

>> 이해돕기 16-3
해답은 책 뒤에

1. 화석연료의 유형에는 어떤 것들이 있는가? 주요 청정 에너지원에는 어떤 것들이 있는가? 이것들과 기후 변화 사이에는 어떤 관계가 있는가?
2. 어떤 시장 실패로 인해 기후 변화가 발생하는가? 기후 변화에 대처하지 않았을 때 추정되는 GDP 손실은 어느 정도인가?
3. 기후 변화를 막는 데 있어 정부 보조금, 다자간 협약, 개인적 선택에 대한 동기부여 등이 중요한 정책수단이 되는 이유는 각각 무엇인가?
4. 기후 변화에 대처하기 위해 필요한 경제 구조의 변화 비용이 너무 높다는 주장에 대해 여러분은 어떻게 대답하겠는가?

|| 긍정적 외부효과의 경제학

뉴저지주는 워싱턴시에서 보스턴에 이르기까지 거의 개발이 멈추지 않는 동부해안에 위치한 인구 밀도가 매우 높은 지역이다. 그러나 뉴저지주를 지나다 보면 한 가지 놀라운 사실을 발견하게 된다. 그것은 옥수수나 호박부터 유명한 저지 토마토에 이르기까지 모든 것을 경작하는 농지가 이어져 있다는 것이다. 이러한 상황은 결코 우연이 아니다. 뉴저지 주민들은 1961년을 시작으로 자신의 농지를 개발업자에게 팔지 않고 영구적으로 보전하려는 농부들을 보조하는 일련의 법안들을 통과시켰다. 2016년까지 주에서 운영하는 녹지 프로그램에 의해 68만 에이커 이상의 공공용지가 보존되었다.

뉴저지 주민들은 어떤 이유로 농지 보존을 보조하기 위해 자신들의 세금을 인상하는 법안을

>> 복습
• **기후 변화**는 화석연료를 연소시켜 **온실가스**가 대기로 배출된 결과로 발생한다. 기후 변화는 특히 빈곤한 국가의 시민들에게 큰 비용과 고통을 유발한다. 한 연방 보고서에 의하면 기후 변화가 완화되지 않았을 때 손실은 2100년에 미국 GDP의 10%로 추산되며 또 다른 연구에 의하면 손실이 세계 GDP의 20%로 추산된다.
• 화석연료와 달리 태양이나 풍력발전과 같은 **재생 가능한 에너지원**은 고갈되지 않는다. 이것들은 온실가스를 배출하지 않기 때문에 **청정 에너지원**이다. 미국에서는 환경 규제와 보조금으로 인해 청정 에너지원에 대한 혁신이 촉진되어 현재는 여러 부문에서 화석연료보다 비용이 더 낮다.
• 역사적으로 청정 에너지원들에 비해 화석연료의 비용이 낮았던 까닭에 현재 세계 에너지 소비는 화석연료에 크게 의존하고 있다. 그러나 경제학자들과 과학자들은 온실 가스 배출의 실제 비용은 현재의 시장가격보다 훨씬 높다고 추산한다.
• 온실가스의 효율적인 배출 수준을 달성하기 위한 표준적인 수단들(명령, 배출세 및 상한과 거래 제도) 외에 기후 변화를 다루는 데 매우 중요한 다른 정책들이 있다. 그것은 청정 에너지원에 관한 R&D의 정부 보조금, **파리협약**과 같은 다자간 협정, 개인의 선택 특히 에너지 절약에 대한 동기부여 등이다.
• 기후 변화를 해결하기 위해서는 화석연료로부터 청정 에너지원으로의 구조적 전환이 필요한데, 기후 변화를 해결하는 것이 비용이 너무 높다는 주장은 비용 – 편익 분석의 결과와 다르다.

뉴저지 주민들은 농지를 보존하는 것이 자신들에게 더 유익하다는 것을 이해했다.

통과시킨 것일까? 그 이유는 이미 상당히 개발이 진행된 지역에서 농지를 보존하는 것이 자연경관, 신선한 농산물, 야생 조류의 보존과 같은 편익을 발생시킨다고 믿었기 때문이다. 뿐만 아니라 농지를 보존하게 되면 도로 건설, 상수도 공급, 공공서비스 공급뿐 아니라 필연적인 인구 증가로 인한 부정적 외부효과의 부담도 덜 수 있다. 공익 토지 신탁(The Trust for Public Land)의 추산에 의하면 1달러를 주정부 토지 보존 프로그램에 투자했을 때 지역 인구 감소, 자연 환경 제고, 홍수 위험 감소 등으로 인한 경제적 가치가 10달러의 수익을 가져다 준다. 당연히 주변 주택들의 평균 가격은 16% 상승하였다.

이 절에서는 긍정적 외부효과에 관한 주제를 살펴볼 것이다. 이것은 여러 측면에서 부정적 외부효과와 대칭되는 특징을 갖는다. 시장에 맡겨 두면 재화(이 경우는 뉴저지의 보존된 농지)가 너무 적게 생산될 것이다. 그런데 이러한 재화의 공급을 증가시키는 정책을 채택하면 사회 전체로는 이익을 얻게 될 것이다.

농지 보존 : 긍정적 외부효과

농지의 보존은 사회에 편익과 비용을 동시에 발생시킨다. 정부의 개입이 없으면 보존의 비용은 자신의 농지를 팔려고 하는 농부가—농지를 개발업자에게 판매하여 얻을 이익을 포기하는 형태로—모두 부담하게 된다. 그러나 농지 보존의 편익은 농지 처분에 대해 아무 권리도 없는 그 농부의 이웃 주민들에게 돌아간다.

〈그림 16-6〉에 사회의 문제가 나타나 있다. MSC로 표시된 농지 보존의 사회적 한계비용은 그러한 농지 1에이커를 추가할 때 사회에 추가로 발생하는 비용이다. 이는 농부가 자신의 토지를 개발업자에게 팔았을 때 얻을 수 있었으나 포기된 이윤을 나타낸다. 이 곡선은 우상향하는데 그 이유는 보존된 농지가 적을 때는 개발될 수 있는 토지가 많이 있으므로 토지 1에이커를 개발업자에게 팔아서 얻을 수 있는 이윤이 작기 때문이다. 그러나 보존된 농지가 증가할수록 개발될

그림 16-6 시장경제가 너무 적은 농지를 보존하는 이유

정부의 개입이 없으면 보존되는 농지의 양은 사회적 한계비용이 영이 되는 0에이커일 것이다. 이것은 비효율적으로 적은 양이다. 사회적 한계편익은 2만 달러인 반면 사회적 한계비용은 영이기 때문이다. 사회적 한계편익이 사회적 한계비용과 같아지는 1만 달러의 최적 피구 보조금 수준에서 시장은 사회적 최적 농지 보존 수준인 Q_{OPT}를 달성할 수 있다.

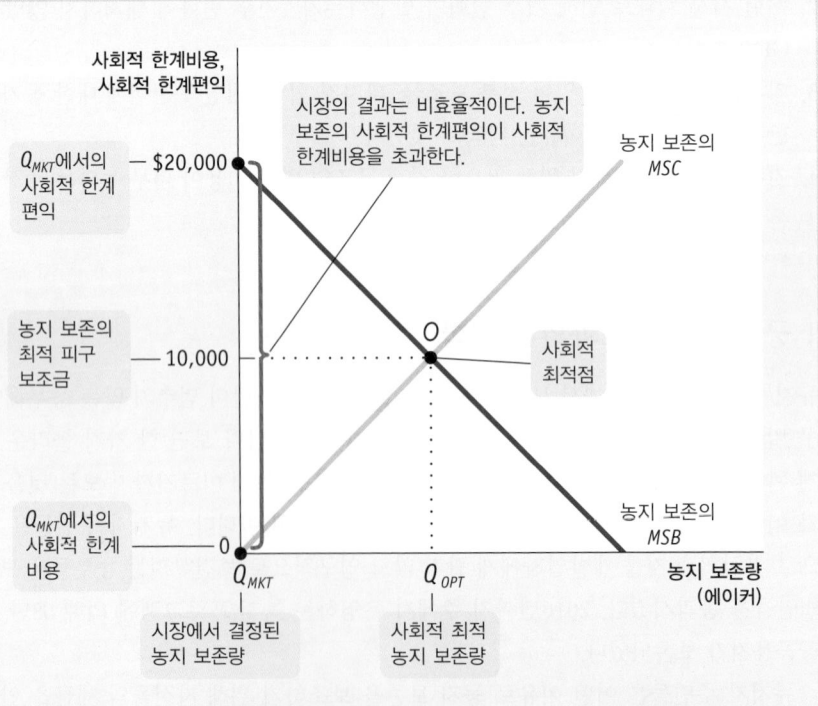

수 있는 토지가 적어지므로 개발업자가 그에 대해 지불하고자 하는 금액과 더불어 농부가 포기하는 이윤도 증가한다.

MSB 곡선은 보존된 농지의 사회적 한계편익을 나타낸다. 이는 농지 1에이커가 추가로 보존됨으로 인해 사회에—이 경우에는 그 농부의 이웃에게—발생하는 추가적 편익이다. 이 곡선은 우하향하는데, 그 이유는 보존되는 농지가 늘어날수록 추가 농지로부터 사회가 얻는 편익은 감소하기 때문이다.

〈그림 16-6〉에 표시된 것처럼 사회적 한계비용과 사회적 한계편익이 같아지는 점 *O*—이 예에서는 에이커당 1만 달러의 가격에서—가 사회적 최적점이다. 사회적 최적점에서는 Q_{OPT}에이커의 농지가 보존된다.

시장만으로는 Q_{OPT}에이커의 농지가 보존되지 않을 것이다. 시장에서는 어떤 농지도 보존되지 않는다. 즉 Q_{MKT}로 표시된 시장에서 보존된 농지는 0에이커이다. 농부들이 보존된 농지의 사회적 한계비용—포기된 이윤—을 영과 같게 하고 모든 농지를 개발업자에게 팔 것이기 때문에 시장에서는 비효율적으로 적은 농지만이 보존되는 결과가 나타날 것이다.

보존된 농지의 양이 0에이커일 때 농지 1에이커의 사회적 한계편익은 2만 달러이기 때문에 이 결과는 분명히 비효율적이다. 그렇다면 이 경제는 어떻게 해야 사회적 최적 수준인 Q_{OPT}에이커의 농지를 보존할 수 있을까? 그 해답은 긍정적 외부효과를 발생시키는 활동을 장려하기 위해 고안된 지출, 곧 **피구 보조금**(Pigouvian subsidy)이다. 〈그림 16-6〉에 표시된 것처럼 최적 수준의 피구 보조금은 사회적 최적 수준(Q_{OPT})의 농지가 보존되었을 때 얻어지는 사회적 한계편익과 같다. 즉 에이커당 1만 달러이다.

따라서 뉴저지의 유권자들이 스스로 세금을 징수하여 농지 보존을 위한 보조금을 지불하는 것은 사실 사회적 후생을 높이기에 적절한 정책을 시행하고 있는 것이다.

요즘 경제에서의 긍정적 외부효과

미국 경제 전반에 걸쳐 가장 중요한 긍정적 외부효과의 원천은 지식의 창조이다. 프로그래밍, 앱 디자인, 로봇공학, 인공지능, 녹색 기술, 생명공학과 같은 산업에서는 한 기업이 새로운 기술을 개발하면 곧 이어서 동일 산업의 경쟁사들이 모방기술과 개량기술을 개발해 낸다. 개인과 기업 간의 이러한 지식 전파를 가리켜 **기술파급**(technology spillover)이라 한다. 요즘 경제에 기술파급이 일어나는 가장 큰 원천은 주요 대학과 연구기관들이다.

미국, 일본, 영국, 독일, 프랑스, 이스라엘과 같이 기술적으로 진보된 국가들에서는 가까운 거리에 위치한 기업, 수요 대학과 연구기관들 사이에 끊임없이 인적 교류와 의견 교환이 이루어지고 있다. 이들 연구단지에서 일어나는 동적인 상호작용이 기술혁신과 경쟁, 이론의 발전, 그리고 실생활에의 응용의 원동력이 된다.

가장 성공적이고 유명한 연구단지 중 하나가 듀크대학교, 노스캐롤라이나 주립대학교, 노스캐롤라이나대학교를 비롯한 여러 대학과 병원, 그리고 IBM, 화이자, 퀄컴과 같은 회사들로 이루어진 노스캐롤라이나주의 연구단지이다. 이러한 기술파급 지역들은 궁극적으로 경제 생산성을 높이고 생활수준을 향상한다.

그러나 연구단지들이 저절로 발생하는 것은 아니다. 기업들이 장기적인 관점에서 기본 연구에 공동투자하는 예외적인 경우를 제외하면 연구단지는 주요 대학들을 중심으로 성장해 왔다. 그리고 뉴저지의 농지 보존의 경우처럼 주요 대학들과 그들의 연구는 정부의 보조를 받는다. 실제로 선진국의 정책 담당자들은 오래전부터 기본교육을 비롯하여 첨단기술 연구까지의 지식으로부터 발생하는 긍정적 외부효과야말로 장기적인 경제성장의 열쇠라는 점을 잘 알고 있다.

> **피구 보조금**(Pigouvian subsidy)은 외부편익을 발생시키는 행동을 장려하기 위해 고안된 보상을 말한다.
>
> **기술파급**(technology spillover)은 지식이 개인과 기업 사이에 전파될 때 발생하는 외부편익이다.

현실 경제의 >> 이해

조기 유아 교육에 관한 완벽한 경제적 논리

교육과 건강에 초점을 맞춘 조기 유아교육 프로그램은 사회에 많은 외부편익을 제공한다.

모든 사회가 당면하고 있는 가장 어려운 문제 중의 하나는 연구자들이 말하는 빈곤의 순환의 고리를 어떻게 끊는가 하는 것이다. 불리한 사회경제적 환경에서 성장한 어린이는 능력의 차이를 고려하더라도 어른이 되어서 빈곤을 탈출하지 못할 가능성이 훨씬 더 높다. 이 어린이들은 실업이나 불완전 고용상태가 되거나 범죄자가 되거나 만성적인 건강문제를 갖게 될 확률이 더 높다.

조기 유아 교육이 이 순환의 고리를 끊을 수 있다는 희망을 보여 주었다. 랜드 연구소(RAND Corporation)의 한 연구에 의하면 교육과 건강관리에 역점을 둔 수준 높은 유아 프로그램이 고등학교를 중퇴하거나 범죄행위에 가담할 수 있는 아이들에게 사회적으로나 지적으로나 또는 재정적으로 상당한 도움을 줄 수 있다는 사실이 밝혀졌다. 헤드 스타드(Head Start)와 같은 프로그램에 참여한 어린이들은 그런 파괴적인 행동에 가담할 가능성이 낮으며 직업을 갖고 성장 후 높은 봉급을 얻게 될 가능성이 높다.

피츠버그대학교의 또 다른 연구는 유아 교육 프로그램의 이득을 금전적으로 평가하여 유아 교육 프로그램에 1달러를 지출하면 4~7달러의 혜택을 얻을 수 있음을 발견했다. 반면 랜드의 연구는 1달러당 17달러의 높은 혜택을 얻는다는 결과를 얻었다. 피츠버그대학교의 연구는 또 유아 교육을 받지 않은 비슷한 사회경제적 환경에 있는 아이와 비교하여 20세가 될 때까지 고등학교를 졸업할 확률이 26% 더 높고, 소년범죄로 기소될 확률이 35% 더 낮고, 유급할 확률이 40% 더 낮은 한 프로그램을 소개하고 있다.

이러한 프로그램들로부터 관찰된 사회적 외부편익이 매우 커서 브루킹스 연구소(Brookings Institution)는 미국의 모든 어린이에게 높은 수준의 유아 교육을 제공한다면 300만 개 이상의 일자리를 창출하여 GDP, 즉 국내 생산물의 총가치를 2% 가까이 증가시킬 것이라고 예측하였다.

>> 복습

- 긍정적 외부효과가 있을 때 정부가 개입을 하지 않으면 시장경제는 보통 그 재화나 활동을 너무 적게 생산한다. 최적 **피구 보조금**을 지급함으로써 그 재화나 활동의 사회적 최적 수량을 달성할 수 있다.
- 경제의 가장 중요한 긍정적 외부효과 예는 **기술파급**을 통한 지식의 창조이다.

>> 이해돕기 16-4

해답은 책 뒤에

1. 2019년 미국 교육부는 대학생 학자금 지원으로 거의 1,200억 달러를 지출하였다. 이것이 어떻게 지식 창조를 장려하기 위해 적절한 정책이 될 수 있는지 설명하라.
2. 다음의 각 경우에 발생한 것이 외부비용인지 외부편익인지 판단해 보고, 이에 따른 적절한 정책적 대응이 무엇인지 설명해 보라.
   a. 도심지역에 심어진 나무들은 대기의 질을 향상하고 여름철 기온을 낮춘다.
   b. 용수절약형 변기는 강이나 지하수로부터 물을 끌어올리는 필요성을 감소시킨다. 주택 소유자에게 물 1갤런의 비용은 사실상 영이다.
   c. 음료수는 폐기되었을 때 분해되지 않는 플라스틱 병에 담겨 판매된다. 따라서 많은 매립지가 사용되거나 공해물질을 배출하면서 소각해야 한다.

|| 네트워크 외부효과

제13장에서 설명한 바와 같이 어떤 재화나 서비스를 사용하는 사람들의 수가 많을수록 한 개인에게 그 재화나 서비스의 가치가 더 커질 때 **네트워크 외부효과**가 있는 것이다. 네트워크 외부효과는 기술 관련 부문과 통신 관련 부문에서 흔히 나타나지만 이 현상은 그보다 훨씬 더 광범위하게 나타난다.

자동차의 경우를 보자. 자동차를 소유하는 것의 가치가 다른 사람들이 얼마나 많이 자동차를 소유하고 있는지와 무관하다고 생각할지 모르지만 자동차 소비지상주의가 시작될 무렵에는 그것이 사실이었다. 그 이유는 자동차가 거의 없을 때는 주유소나 정비소가 거의 없거나 멀리 떨어져 있었고 지방정부들도 도로를 자동차에 적합하게 개선할 인센티브가 없었기 때문이다. 그러나 자동차를 구입하는 사람들이 많아지자 주유소와 정비소가 나타났고 도로가 개선되었다. 이에 따라 자동차를 소유하는 것이 더욱 가치 있게 되었다.

네트워크 외부효과가 긍정적 또는 부정적 외부효과와 공통점이 있다면 그것은 외부적인 영향이다. 한 사람의 행동이 다른 사람의 행동으로부터 얻어지는 보상에 영향을 미친다는 것이다. 네트워크 외부효과는 경제와 정책 관련 여러 논쟁에서 중요한 역할을 한다.

네트워크 외부효과의 외부편익

이제 네트워크 외부효과가 외부적 혜택을 발생시킨다는 점을 알면 네트워크 외부효과를 더 깊이 이해할 수 있다. 한 사람이 어떤 재화나 서비스를 사용하면 그 재화나 서비스를 사용하는 다른 사람에게 외부적 혜택이 발생한다. 따라서 한 사람이 어떤 재화나 서비스로부터 얻는 한계편익은 그것을 사용하는 사람들의 수에 의해 결정된다.

대부분의 네트워크 외부효과는 통신수단—인터넷, 휴대전화, 소셜 미디어 등—과 관련이 있지만 교통수단에서도 이것이 나타나는 것을 흔히 볼 수 있다. 예를 들어 한 여행객이 어떤 비행장으로부터 얻는 가치는 더 많은 여행객들이 그 비행장을 이용함에 따라 더 많은 항공사가 더 많은 지역으로 항공편을 제공하게 되어 증가하게 된다. 물건을 사고팔 수 있는 이베이와 같은 웹 사이트는 더 많은 사람들이 그 사이트를 이용할수록 구매자나 판매자에게 더욱 가치가 높아진다. 마찬가지로 많은 사람들이 현금인출기 수에 따라 은행과의 거래를 결정하는데 고객이 많은 은행일수록 더 많은 현금인출기를 설치할 것이다.

첨단기술에서 네트워크 외부효과의 전형적인 예는 컴퓨터 운영체제에서 나타난다. 전 세계 대부분의 개인용 컴퓨터는 마이크로소프트의 윈도우를 사용하고 애플의 경쟁 체제를 사용하지 않는다. 2019년에 애플의 맥 1대당 윈도우를 사용하는 새로운 PC가 6대 판매되었다. 윈도우가 개인 컴퓨터 시장을 지배하는 이유가 무엇일까? 두 가지가 있는데 모두 네트워크 외부효과와 관련되어 있다. 첫째는 직접적인 효과로서 윈도우 사용자가 다른 윈도우 사용자로부터 도움과 조언을 받기가 쉽다는 점이다. 둘째는 간접적인 효과로서 윈도우의 초기 우위로 인해 더 많은 소프트웨어 개발자가 생기게 되었고 이에 따라 경쟁 체제에 비해 윈도우로 구동되는 프로그램들이 더 많이 개발되었다는 점이다. (이 두 번째 효과는 이제 서의 사라졌지만 초기에 윈도우 PC가 우세하게 만드는 데 중요한 역할을 했다.)

어떤 재화에 네트워크 외부효과가 있으면 **편승효과**(bandwagon effect)로도 알려져 있는 **양의 환류**(positive feedback)가 나타난다. 즉 많은 사람들이 그 재화를 사용하면 다른 사람들도 그것을 사용할 가능성이 높다. 그리고 만일 그 재화나 서비스를 사용하는 사람이 적어지면 다른 사람들도 그것을 사용할 가능성이 낮아진다. 닭과 달걀의 문제가 이러한 재화에 대해 나타난다. 만일 재화의 가치가 다른 사람들이 그 재화를 사용하는지에 따라 결정된다면 어떻게 사람들로 하여금 처음에 그 재화를 구입하게 만들 수 있을까?

네트워크 외부효과가 있는 재화나 서비스를 생산하는 기업들도 당연히 이 사실을 알고 있다. 두 경쟁 제품 중에 반드시 품질이 좋은 상품보다는 더 큰 네트워크를 가진 상품이 마지막에 승리한다는 것을 그들은 이해하고 있다. 네트워크가 더 큰 상품은 계속 성장하여 시장을 지배하게 되고 경쟁 상품은 축소되어 결국은 사라지게 될 것이다.

네트워크 외부효과가 있는 시장에서 초기에 우위를 점하는 한 가지 방법은 손해를 보더라도

네트워크 외부효과가 있는 재화에 대해서는 성공이 더 큰 성공을 낳고, 실패가 실패를 낳는 양의 환류(positive feedback)가 나타난다.

네트워크 크기를 증가시키기 위해 제품을 값싸게 판매하는 것이다. 예를 들면 인터넷 통신회사인 스카이프는 회원들끼리 인터넷을 통해 무료로 통화하는 것을 허용한다. 이로 인해 스카이프 사용자 네트워크가 커지게 되고 이들이 비회원에게 또는 유선전화에 통화하기 위해 요금을 지불하고 스카이프를 사용하게 된다. 오늘날 스카이프는 국제 전화 수단으로 널리 이용되고 있다. 왓츠앱과 스냅챗 같은 새로운 기업들도 마찬가지로 회원들 간 교류를 무료로 허용하여 그들의 네트워크 크기를 늘리고 있으며 이로써 광고 수입과 사용자 데이터 판매 수입을 올리고 있다. 그리고 다음에 나오는 '현실 경제의 이해'에서 설명하는 바와 같이 인터넷 익스플로러, 크롬, 파이어폭스를 비롯한 모든 웹 브라우저를 무료로 다운받을 수 있는 것은 마이크로소프트사가 윈도우 운영체제를 강화하기 위해 초기에 인터넷 익스플로러를 무료로 제공한 전략의 결과물인 것이다.

네트워크 외부효과로 인해 반독점 규제당국은 특별한 도전에 직면해 있는데, 그 이유는 반독점법이 엄밀히 말해서 독점 자체를 금지하지는 않기 때문이다. 그 대신 반독점법은 **독점화 행위**(monopolization) — 독점을 만들려는 노력 — 만을 금지한다. 만일 어쩌다가 시장을 지배하게 됐다면 그것은 괜찮지만 경쟁자를 몰아내기 위한 행동을 취한다면 그것은 문제가 될 수 있다. 따라서 네트워크 외부효과가 있는 재화의 독점은 자연발생적인 것이므로 법적으로 문제될 것이 없다는 주장이 제기될 수 있다.

불행하게도 문제가 그렇게 단순하지는 않다. 신기술에 투자하는 기업들은 분명 독점적 지위를 차지하기 위해 노력하는 것이다. 뿐만 아니라 양의 환류가 있는 경우에는 기업들이 자신들의 네트워크를 증대시켜 시장이 자기 쪽으로 쏠리도록 만들기 위해 자신의 제품을 공격적으로 판매하는 전략을 사용할 인센티브를 갖고 있다. 그러면 합법적인 행위와 불법적인 행위의 경계선은 어디인가? 다음 '현실 경제의 이해'에서 소개하는 마이크로소프트 반독점 사건에서는 이 회사가 법률을 위반했는지에 대해 명망 있는 경제학자들과 법 전문가들 사이에 의견이 팽팽하게 대립되었다.

현실 경제의 >> 이해

마이크로소프트 사건

마이크로소프트와 연방법원 사이에 체결된 일정한 사업관행을 금지했던 합의판결 시효가 2011년 만료되면서 이 회사의 한 시대가 막을 내렸다. 1998년을 시작으로 미국 법무부를 비롯해 20개 주와 수도 워싱턴시는 마이크로소프트를 윈도우 운영체제의 독점적 지위를 유지하기 위해 경쟁사들에 대해 약탈적 행위를 한 혐의로 고발하였다.

1990년대 말에는 거의 모든 개인용 컴퓨터가 윈도우를 사용했기 때문에 당시에 마이크로소프트는 어떤 합리적인 기준으로 보더라도 분명한 독점기업이었다. 이런 지배력을 유지해 준 중요한 이유는 네트워크 외부효과였다. 사람들은 다른 사람들이 윈도우를 사용하기 때문에 윈도우를 사용하였다.

대부분의 경제학자들이 네트워크 외부효과가 있는 산업에서는 독점이 자연적인 결과라고 생각했기 때문에 일부 경제학자들이 강력하게 주장했음에도 불구하고 법무부는 윈도우의 독점 자체에 대해서는 이익를 제기하지 않았다. 법무부 법률가들이 문제를 삼은 것은 마이크로소프트가 윈도우 운영체제의 독점적 지위를 이용하여 자사의 다른 제품에 대해 경쟁사들에게 불리한 조치를 취했다는 것이었다.

예를 들면 인터넷 익스플로러를 윈도우의 일부로 묶어서 판매함으로써 웹 브라우저 경쟁자인 넷스케이프가 사용자로부터 요금을 받을 수 없게 방해하여 부당하게 우월한 지위를 차지했다는 것이다. 법무부는 이러한 행위가 기술혁신 의욕을 꺾는 것이기 때문에 해롭다고 주장하였다. 잠재적인 소프트웨어 개발자들이 새로운 제품을 개발했을 때 마이크로소프트가 유사한 제품을 윈도우에 끼워서 무료로 제공할 것을 두려워하여 투자를 꺼리게 된다는 것이다. 반면 마이크로소프트는 기업들이 성공 때문에 처벌을 받는 선례를 만들게 되면 정부야말로 기술혁신에 실질적인 방해자가 될 것이라고 주장하였다.

수년간의 법적 논쟁 끝에 2002년 합의판결이 체결되었는데, 이에 의하면 마이크로소프트가 경쟁 제품을 배제하는 것이 금지되었고, 윈도우를 타사의 소프트웨어들이 아무 문제 없이 작동할 수 있게 만들어야 할 의무를 갖게 되었다. 이로써 마이크로소프트는 자사의 프로그램을 윈도우 패키지에 무료로 포함시킬 수 있는 이점을 상실하게 되었다.

마이크로소프트 사건은 네트워크 외부효과를 가지고 있는 재화로부터 발생할 수 있는 거의 모든 문제를 포함하고 있었다.

이 사건은 법률 비용으로 수천만 달러가 사용되었고 그 시대의 가장 중요한 반독점 사건으로 손꼽히지만 이 판결의 장기적 효과에 대해서는 논쟁이 치열하다. 어떤 사람들은 이미 최첨단 기술은 스마트폰이나 태블릿과 같은 휴대용 기기로 넘어가고 마이크로소프트와 PC를 중심으로 한 사업은 한물갔기 때문에 이 판결은 본질적으로 무의미하다고 주장한다. 또 어떤 사람들은 이 판결이 마이크로소프트가 주장한 것처럼 전반적인 기술혁신 의욕을 꺾은 것은 아니지만 마이크로소프트의 풍토 자체를 좀 더 조심스럽게 대처하도록 변화시켜 새로운 기술 동향을 탐구하고 활용하지 못하도록 만들었다고 주장한다.

그러나 두 가지 효과에 대해서는 이론의 여지가 없다. 마이크로소프트의 예로 인해 네트워크 외부효과를 갖는 제품들은 가격이 종종 비용보다 낮거나 심지어 — 오늘날 무료로 사용할 수 있는 크롬과 파이어폭스 같은 웹 브라우저의 경우와 같이 — 영으로 책정된다. 둘째로 오늘날 첨단산업의 경쟁기업들은 상대가 네트워크 외부효과의 이점을 이용하여 약탈적 행동을 한다고 — 근래에 마이크로소프트가 구글이 검색엔진 시장에서의 우위를 남용했다고 한 것처럼 — 서로 비난한다.

>> 이해돕기 16-5
해답은 책 뒤에

1. 다음 각 재화에 존재하는 네트워크 외부효과의 성격을 설명하라.
   a. 110볼트만을 사용하는 가전기구와 220볼트만을 사용하는 가전기구
   b. 8.5×11인치 규격용지와 8×12.5인치 규격용지
2. 네트워크 외부효과를 갖는 산업에서 두 기업이 경쟁을 하고 있다고 가정하자. 초기에 가장 많은 손실을 견딜 수 있는 회사가 궁극적으로 시장을 지배할 가능성이 높은 이유를 설명하라.

>> **복습**
- 다른 사람들이 어떤 재화를 많이 사용할수록 그 재화의 가치가 증가할 때 네트워크 외부효과가 존재한다. 네트워크 외부효과는 통신, 운송 및 첨단기술 산업에서 많이 나타난다.
- 네트워크 외부효과를 갖는 재화에서는 **양의 환류**가 나타난다. 즉 성공은 더 큰 성공을, 실패는 실패를 초래한다. 결국에는 가장 큰 네트워크를 가진 상품이 시장을 지배하고, 경쟁상품들은 사라지게 된다. 따라서 기업들은 초기에 가격을 생산비 이하로 낮게 책정하는 등 공격적인 행동을 취해 자사 제품의 네트워크를 증대시킬 인센티브를 갖는다.
- 네트워크 외부효과를 갖는 재화들은 독점화되는 경향이 있기 때문에 특별히 반독점 규제당국에 어려움을 준다. 어디까지가 네트워크의 자연적인 성장이고 어디까지가 불법적인 독점화 시도인지 구별하기가 곤란할 가능성이 있다.

iurii/Shutterstock

역사적으로 재생가능한 에너지원은 화석연료보다 더 비싸서 소비자들에게 싼값으로 공급하거나 기술혁신을 지원하기 위해서는 정부의 보조금이 필수적이었다. 그런데 최근 몇 년간 이 보조금이 불확실한 경우가 종종 있었다. 예를 들면 2012년부터 2013년까지 정부 보조금이 끊어지자 풍력 발전에 대한 신규 투자가 93% 감소하였다. 2014년과 2015년 정부 보조금이 다시 시작되자 풍력 발전에 대한 신규 투자도 회복되었다. 그러나 2017년 새로운 양상이 전개되었다. 국회에서 재생에너지에 대한 연방 보조금을 삭감할지 논의가 되는 위태로운 상황이었지만 신규 발전 설비에 대한 투자 중 재생가능한 에너지가 차지하는 비중은 2017년 50%에서 2018년 48%로 조금밖에 줄지 않았다. 2020년 보조금의 운명은 다시 불분명했다. 국회가 새로운 행동을 취하지 않는 한 대부분의 보조금은 2021년 말에 중단될 것이었다. 그러나 2020년 신규 발전 설비 투자 중 재생가능한 에너지의 비중이 78%가 될 것으로 추정된다. 보조금 중단의 위협이 이런 기록적 증가를 멈추게 할까?

콜로라도주의 엑셀에너지(Xcel Energy)의 최고 경영자인 벤자민 파우크는 그렇지 않다고 생각하며 그의 생각은 확고하다. 그는 재정과 회계를 전공하였고 꿈꾸는 눈을 가진 몽상가가 아니라는 것은 확실하다. 엑셀에너지는 8개 주에 걸친 발전 체계를 갖추고 있는데 이 중 60%가 재생가능한 에너지를 사용할 것이며 2030년까지 탄소 배출을 80% 감소시킬 것이라고 발표했다.

파우크는 재생가능한 에너지 비용과 관련된 학습 곡선의 이점을 활용할 수 있도록 엑셀에너지를 준비시키고 있다. 학습 곡선이란 용어는 새로운 기술이 도입될 때 흔히 발생하는 극적인 비용절감을 가리키는 말로 사용되고 있다. 새로운 기술의 채택이 확산되는 것은 과학자, 개발자, 그리고 제조자들이 그것을 더 잘 활용할 수 있게 되기 때문이다. 비용이 낮아지고 신기술의 채택이 증가하여 투자를 더욱 자극하고 비용이 더욱 감소함으로써 선순환이 이루어진다.

태양광이 한 예다. 1998년 이후 와트당 태양광 전기의 소비자 가격은 75% 이상 감소하였다. 학습 곡선은 지난 10년이 가장 가팔랐는데 태양광 전기료가 60% 감소하였다. 풍력 발전의 경우 전기료는 1980년 이후 90% 이상 감소했다.

파우크에 의하면 이제는 풍력 터빈을 건설하는 것이 현존하는 가장 값싼 석탄 발전소를 이용하는 것보다 더 싸다. 예를 들면 2017년 엑셀은 풍력 전기를 메가와트시당 15~20달러에 구입했는 데 반해 재생가능한 에너지원의 주요 경쟁자인 천연가스로 발전한 전력은 25~35달러였다.

당연히 전통적인 화석연료 생산자와의 경쟁은 태양광 및 풍력이나 다른 재생가능한 에너지원의 생산자들로 하여금 자신의 상품과 가격을 개선하여 경쟁에서 앞서 가도록 자극한다.

생각해 볼 문제

1. 보조금이 학습 곡선이 가파른 새로운 기술의 채택 전망에 어떤 영향을 미칠지 설명하라. 이를 외부효과가 존재할 경우의 정부 개입의 역할과 연관시켜 보라.
2. 연방 보조금이 위태로운 시기에 재생가능한 에너지원을 채택해야 한다는 파우크의 주장이 맞는가 틀리는가? 화석연료 대신 재생가능한 에너지원을 확충하는 투자를 해야 할지 또한 한다면 언제 해야 할지를 결정해야 하는 파우크 같은 최고 경영자의 투자 결정을 분석하라.
3. 이 사례가 시장경제에서 기업과 정부가 협력할 수 있는 방법을 어떻게 보여주는가?

요약

1. 오염 수준이 직접적으로 관찰되고 통제될 수 있을 때, 정부정책은 **오염의 사회적 한계비용**이 **오염의 사회적 한계편익**과 일치하는 **사회적 최적 오염량**이 배출되도록 설계되어야 한다. 정부 개입이 없으면 오염자가 자신들이 오염으로부터 얻는 편익만을 고려하고, 타인에게 부과되는 비용은 고려하지 않기 때문에 시장에서는 오염이 너무 많이 배출된다.

2. 오염의 사회적 비용은 **외부비용**의 한 사례에 해당한다. 그러나 어떤 경우에는 경제활동이 **외부편익**을 낳는다. 외부비용과 외부편익을 함께 **외부효과**라고 하며, 외부비용을 **부정적 외부효과**, 외부편익을 **긍정적 외부효과**라고 부른다.

3. **코즈정리**에 의하면 개인들이 **외부효과를 내부화**할 수 있는 방법을 찾을 수 있기 때문에, 거래를 성사시키는 데 드는 **거래비용**이 충분히 적은 경우에는 정부 개입을 필요로 하지 않는다. 그러나 많은 경우에 거래비용이 너무 높아 그러한 거래가 성사되지 않는다.

4. 정부는 종종 **환경기준**을 설정함으로써 오염을 규제하려고 하나, 경제학자들은 환경기준이 오염을 감소시키는 데 대체로 비효율적인 방법이라고 본다. 오염을 줄이는 두 가지 효율적인(비용을 최소로 하는) 방법으로는 **피구세**의 일종인 **배출세와 양도 가능한 배출허가권**을 들 수 있다. 최적 피구세는 사회적 최적 오염량 수준에서의 사회적 한계비용과 같다. 또한 이러한 조치들은 오염을 줄이는 생산기술을 고안하거나 적용하도록 하는 유인을 제공한다.

5. 역사적으로 온실가스를 배출하는 **화석연료**에 지나치게 의존해 온 결과로 **기후 변화**로 인한 문제가 발행했다. 화석연료와 달리 **재생가능한 에너지원**은 소진되지 않는다. 조세, 조세감면, 보조금, 명령, 그리고 소비자의 스마트 계량기 사용과 산업계의 결심 등이 재생가능한 **청정 에너지원**으로의 대규모 전환을 달성하도록 도울 수 있다. **파리협약**과 같은 다자간 협약은 여러 국가들이 공동의 목표를 설정하고 기후 변화를 막기 위해 필요한 부담을 국가들 사이에 분담하는 역할을 한다.

6. 한 재화나 활동이 **기술파급**과 같은 외부편익, 즉 긍정적 외부효과를 낳을 때, 최적 **피구 보조금**이 생산자에게 지불되면 시장은 사회적 최적 생산량을 생산하게 된다.

7. 통신, 운송 및 첨단기술 제품은 흔히 네트워크 외부효과를 갖는데, 네트워크 외부효과는 한 사람이 어떤 재화로부터 얻는 가치가 그 재화를 사용하는 사람이 많을수록 더 커지는 현상을 말한다. 그런 재화에서는 **양의 환류**가 발생할 가능성이 높다. 즉 많은 사람들이 그 재화를 구입하면 다른 사람들도 그것을 구입할 가능성이 높아진다. 따라서 성공은 더 큰 성공을 낳고 실패는 더 큰 실패를 낳는다. 궁극적으로 네트워크가 큰 상품이 시장을 지배하게 되고 다른 상품들은 사라지게 된다. 이에 따라 생산자들은 자신들의 네트워크를 증대시키기 위해 초기 단계에서 공격적으로 행동할 인센티브를 갖고 있다. 네트워크 외부효과가 있는 산업은 독점화되는 경향이 있다. 이러한 산업은 반독점 규제기관에게 특별한 도전이 되는데, 그 이유는 네트워크 외부효과가 자연적으로 진행된 것과 생산자가 불법적으로 독점화하려고 노력한 것을 구별해 내는 것이 어려울 수도 있기 때문이다.

주요용어

외부비용	코즈정리	온실가스
외부편익	외부효과의 내부화	화석연료
외부효과	거래비용	재생 가능한 에너지원
부정적 외부효과	환경기준	청정 에너지원
긍정적 외부효과	배출세	파리협약
오염의 사회적 한계비용	피구세	피구 보조금
오염의 사회적 한계편익	양도 가능한 배출허가권	기술파급
사회적 최적 오염량	기후 변화	양의 환류

토론문제

1. 뒤로 젖힐 것이냐 말 것이냐? 2020년 초 아메리칸 에어라인 항공기에서 한 승객이 자기 앞에 있는 좌석의 뒷면을 주먹으로 치는 장면이 비디오에 포착되었다. 그 좌석에는 다른 승객이 좌석을 뒤로 젖힌 채 앉아 있었다. 그 비디오는 인터넷을 타고 급속히 퍼져 전국적으로 탑승객이 좌석을 뒤로 젖힐 수 있는지에 대한 논쟁에 불을 붙였다. 항공기 좌석 바로 뒤 5cm의 공간은 누구에게 할당된 것인가? 코스 정리를 이용해 이 문제를 효율적으로 해결할 수 있는 방안을 하나 제시하라.

2. 세계 탄소 프로젝트(Global Carbon Project)는 "대기 중 온실가스 배출의 증가를 완화하고 궁극적으로 중단시키기 위한 정책 논의와 행동을 뒷받침하기 위해 공동의 그리고 상호 합의된 지식의 근거를 확립하기 위해" 전 세계의 과학계가 협력하여 추진하는 프로그램이다. 그 웹사이트인 세계 탄소 지도책(Global Carbon Atlas), www.globalcarbonatlas.org에 가서 'CO2 Emissons' 탭을 클릭하여 국가별 $MtCO_2$(CO_2 톤수)를 찾아 보라. 어떤 국가들이 탄소를 가장 많이 배출하는가? 탄소 배출이 많은 국가들의 특징은 무엇인가? 다음에는 왼쪽 툴바에서 개인별 tCO_2(총 CO_2)를 클릭하라. 국가별로 어떤 차이가 있는가? 앞서 찾아낸 고탄소 배출국들은 어떻게 되었는가?

연습문제

1. 다음의 각 예에서 묘사되고 있는 외부효과는 어떤 종류(긍정적 또는 부정적)인가? 그 활동으로 인한 사회적 한계편익이 개인의 한계편익보다 더 크거나 같은가? 그 활동으로 인한 사회적 한계비용이 개인의 한계비용보다 더 크거나 같은가? 정부 개입이 없을 때 결과적으로 이 활동은 (사회적 최적수준에 비해) 더 적게 생산되겠는가 혹은 더 많이 생산되겠는가?

   a. 차우 씨는 앞마당에 화려한 꽃을 많이 심는다.

   b. 옆집에 사는 이웃 사람이 모닥불 피우는 것을 좋아하는데 그 불꽃이 종종 당신 집으로 날아온다.

   c. 사과 과수원 옆에서 살고 있는 메이자는 꿀을 생산하기 위해 양봉을 하기로 결정했다.

   d. 저스틴은 휘발유를 많이 소모하는 대형 SUV를 구입한다.

2. 캘리포니아 낙농업자들 대다수가 가축 배설물에서 배출된 메탄가스로부터 전기를 만들어 내는 새로운 기술을 이용하고 있다(젖소 한 마리가 하루에 2킬로와트에 달하는 전기를 생산할 수 있다). 이로 인해 대기에 방출되는 메탄가스의 양이 줄어든다. 전기요금을 줄이는 것 외에도 농부들은 유리한 요금으로 전기를 판매할 수 있다.

   a. 메탄가스의 획득 및 변환을 통해 이득을 얻을 수 있게 된 것이 어떻게 메탄가스 오염에 대한 피구세처럼 작용하여 낙농업자들로 하여금 메탄가스를 효율적으로 방출하게 하는지 설명해 보라.

   b. 어떤 낙농업자들의 경우 메탄가스를 전기로 변환시키는 데 드는 비용이 다른 낙농업자들에 비해 더 낮다고 가정하자. 어떻게 이 시스템이 낙농업자들 간에 오염 배출량이 효율적으로 감소되도록 하는지 설명해 보라.

3. 1990년대 미국, 유럽 및 일본에서는 자발적인 환경 프로그램이 매우 인기 있었다. 인기가 있었던 이유 중의 하나는 얻기 힘든 경우가 많은 입법부의 허가가 필요 없다는 것이었다. 환경보호국에 의해 시작된 33/50 프로그램이 그러한 프로그램의 한 예이다. 이 프로그램에서 환경보호국(EPA)은 상대적으로 비용이 적게 드는 오염 억제 방법에 대한 정보를 제공함으로써 17개 독성물질의 배출을 감소시키고자 했다. 환경보호국은 회사들에게 1988년 배출량 수준의 33%를 1992년까지, 50%를 1995년까지 자발적으로 줄이기로 약속해 달라고 요청했다. 실제로는 1994년에 이미 2차 목표를 달성했다.

   a. 〈그림 16-3〉과 같이 두 공장 A와 B가 1988년에 발생시키는 오염의 한계편익곡선을 그리라. 정부의 개입이 없을 때 각 공장은 동일한 수준의 오염을 발생시키지만 이보다 낮은 모든 오염 수준에서 A공장의 한계편익이 B공장의 한계편익보다 낮다고 하자. 수직축을 '개별 오염자의 한계편익'이라고 하고, 수평축을 '오염 배출량'이라고 하자. 정부가 아무 행동도 취하지 않을 때 각 공장이 발생시키는 오염량을 표시하라.

   b. 프로그램이 시작되기 전 오염 배출량이 최적 오염량보

다 적겠는가 많겠는가? 이유를 설명하라.

 c. a에서 한계편익곡선을 그린 공장들이 33/50 프로그램에 참여했다고 하자. a와 똑같은 그래프에다 1995년의 목표 오염량을 표시하라. 어떤 공장이 오염 배출량을 더 많이 감소시키도록 되어 있는가? 이 수준이 효율적이라고 할 수 있는가?

 d. 33/50 프로그램이 어떤 환경정책에 가장 가깝다고 볼 수 있는가? 그런 정책의 가장 큰 단점은 무엇인가? 이 것을 이 장에서 논의된 다른 두 환경정책과 비교하라.

4. 미국 인구통계조사 보고서에 따르면, "고등학교 교육을 마친 정규 노동자의 (일생 동안의) 평균수입은 약 120만 달러인 데 반해, 대학 교육을 마친 경우는 210만 달러이다." 이는 대학졸업자들이 교육에 대한 투자로부터 상당한 이득을 누리고 있음을 나타낸다. 대부분의 주립대학 등록금은 그 비용의 3분의 2에서 4분의 3만큼만 충당하므로 주 정부에서는 대학 교육에 피구 보조금을 지급하는 셈이다.

 만약 피구 보조금이 적절하다면, 대학 교육에 의해 발생된 외부효과는 긍정적인가 부정적인가? 그렇다면 사회적 비용과 편익의 차이에 비해 학생들의 비용과 편익의 차이는 어떠할 것인가? 그러한 차이가 발생하는 이유에는 어떤 것들이 있는가?

5. 버지니아주 폴스 처치 시에서는 도로에서 15피트 내에 있는 자기 집 앞마당에 나무를 심을 경우 보조금을 지급한다.

 a. 이 장에서 배운 개념을 이용하여 지방자치단체가 도로 가까이에 있는 사유지 내에 심은 나무에 대해 보조금을 지급하려고 하는 이유를 설명하라.

 b. 〈그림 16-4〉와 같은 그래프를 그려 나무의 사회적 한계편익, 사회적 한계비용, 최적 피구 보조금을 표시하라.

6. 은대구 남획으로 인해 은대구가 멸종위기에 처했었다. 정부는 몇 년간 은대구 고기잡이에 대한 금지조치를 취한 후에, 이제 그 소유자가 일정한 분량의 은대구를 잡을 수 있는 양도 가능한 허가권 제도를 도입하고자 한다. 규제받지 않는 고기잡이가 부정적 외부효과를 발생시키는 이유를 설명하고, 허가권 제도가 어떻게 이 외부효과로 인해 야기된 비효율성을 극복할 수 있는지 설명하라.

7. 대학마을에는 대학세탁소와 빅그린세탁소가 있는데, 두 세탁소는 대기오염의 주원인이다. 두 세탁소는 현재 350단위의 대기오염을 발생시키고 있는데 마을에서는 이를 200단위로 낮추기를 원한다. 다음 표는 각 세탁소에서 발생되는 현재 오염 수준과 오염 수준을 낮추는 데 소요되는 각 기업의 한계비용을 보여 준다. 한계비용은 일정하다.

기업	초기 오염 수준 (단위)	오염 수준을 낮추는 한계비용(단위당)
대학세탁소	230	$5
빅그린세탁소	120	$2

 a. 마을에서 각 기업이 100단위 한도 내에서 오염을 배출하도록 하는 환경기준법을 통과시킨다고 가정하자. 각 기업이 100단위로 오염 배출량을 줄이려고 할 때 드는 총비용은 얼마인가?

 환경기준법 대신 마을에서 1장당 1단위의 오염배출을 허용하며 양도 가능한 허가서를 각 회사에 100장씩 발행한다고 가정해 보자.

 b. 대학세탁소에게 오염허가권 1장의 가치는 얼마이겠는가? 빅그린세탁소의 경우는? (즉 허가권 1장을 추가로 얻기 위해 각 기업이 지불하고자 하는 최대금액은 얼마인가?)

 c. 누가 허가권을 판매하고 누가 구매하겠는가? 거래되는 허가권의 양은 얼마인가?

 d. 허가권 제도하에서 오염 조절에 지출되는 두 기업의 총비용은 얼마인가?

8. a. E옥션과 E마켓은 서로 경쟁하고 있는 인터넷 경매 사이트로서 여기에서 구매자와 판매자가 상품을 거래한다. 이 사이트들은 판매자가 자신들의 상품을 사이트에 올릴 때 요금을 청구하여 수익을 창출한다. E옥션은 자신의 사이트를 처음 사용하는 판매자에게 첫 거래에 대해 요금을 면제해 주기로 결정하였다. 이 전략이 E마켓과의 경쟁에서 좋은 전략이 될 수 있는 이유를 설명하라.

 b. E마켓은 법무부에 E옥션이 새로운 판매자에게 요금을 면제해 주는 행위가 경쟁을 저해하고 인터넷 경매 시장을 독점화할 것이라고 주장하였다. E마켓의 주장이 옳은가? 법무부는 어떻게 대응해야 하겠는가?

 c. E옥션은 새로운 판매자에게 요금을 면제해 주는 정책을 중단하였다. 그러나 경쟁자인 E마켓보다 기술적으로 더 우수한 서비스를 제공하여 구매자와 판매자들이 더 선호하게 되었다. 결국 E마켓은 폐쇄되고 E옥션이 독점기업이 되었다. 법무부가 개입하여 E옥션을 2개의 회사로 분할시켜야 하겠는가? 설명하라.

 d. E옥션은 이제 인터넷 경매 산업에서 독점기업이다. E옥션은 또한 인터넷 결제를 취급하는 '페이포잇'이라는 사이트를 운영하고 있다. 페이포잇은 또 다른 인터넷 결제 사이트인 '페이버디'와 경쟁하고 있다. E옥션은

이제 자신의 사이트에서 이루어지는 거래는 반드시 페이포잇만을 통해 결제해야 한다고 규정하였다. 법무부가 이 일에 개입해야 하는가? 설명하라.

9. 다음 중 어떤 것이 네트워크 외부효과의 특징을 갖는가? 아닌 것은 어떤 것인가? 설명하라.

   a. 건축물에 220볼트 대신 110볼트의 전류를 설치할 것인가의 선택

   b. 포드와 토요타 중 어떤 것을 구입해야 할지의 선택

   c. 프린터마다 고유기종의 잉크 카트리지를 필요로 하는 상황에서 프린터의 선택

   d. 아이팟 에어와 아이팟 미니 중 어떤 것을 사야 할지의 선택

17 공공재와 공유자원

 대악취 사건

19세기 중엽 런던은 주민이 250만 명에 달하는 세계에서 가장 큰 도시가 되었다. 불행하게도 이 모든 사람이 많은 오물을 만들어 냈다. 그리고 그 도시를 관통하며 흐르는 템스강 외에는 오물이 갈 곳이 없었다. 코가 제대로 된 사람이라면 누구도 그 결과를 무시할 수 없었다. 강은 냄새만 고약했던 것이 아니라 콜레라, 장티푸스와 같은 수인성 질병을 전염시켰다. 템스강 근처 주거지의 콜레라 사망률은 템스강으로부터 가장 멀리 떨어진 주거지의 여섯 배나 되었다. 그리고 대부분의 런던 사람들이 템스강 물을 식수로 이용하였다.

개혁가들은 런던에 필요한 것은 오물을 강으로부터 멀리 떨어진 곳으로 운반할 하수도망이라고 말했다. 그러나 어느 누구도 그런 하수도망을 건설하려 하지 않았고, 영향력 있는 사람들은 정부가 그런 문제를 책임져야 한다는 생각에 반대하였다.

그러나 1858년 뜨거운 여름은 후에 '대악취(the Great Stink)'라고 불리게 된 사건을 발생시켰는데 얼마나 지독했던지 한 건강 잡지는 "사람들이 악취에 쓰러졌다"고 보고하고 있다. 특권층과 권력층까지도 피해를 입었다. 의회가 강 근처의 건물에서 열리고 있던 것이다. 화학물질을 적신 커튼으로 창문을 덮어 악취를 차단하려는 노력이 실패한 후 의회는 결국 거대한 하수도망과 하수를 도시 밖으로 유도할 펌프장 건설 계획을 승인하였다.

1865년에 개통된 하수도망은 도시 생활의 질에 극적인 개선을 가져다주었다. 규칙적으로 발생하던 콜레라와 장티푸스가 완전히 자취를 감췄다. 템스강은 세계의 대도시를 흐르는 강 중에 가장 더러운 강에서 가장 깨끗한 강으로 변화되었고, 하수도망의 주 설계자인 조셉 바잘게트 경은 '빅토리아 여왕 시대에 공무원으로서는 가장 많은 생명을 구한 사람'으로 칭송을 받았다. 당시의 추산에 의하면 바잘게트의 하수도망으로 인해 런던 시민의 평균 수명이 20년은 증가한 것으로 추정했다.

대악취 사건과 그에 따른 정부의 정책적 대응은 정부가 경제에 개입해야 하는 중요한 이유 두 가지를 보여 준다. 런던의 새로운 하수도망은 **공공재**─대가를 지불했는지 여부에 관계없이 또한 다른 사람들이 얼마나 많이 혜택을 입는가에 관계없이 많은 사람에게 동일한 혜택을 주는 재화─의 예를 명확히 보여 준다. 곧 보게 되는 바와 같이 공공재는 우리가 지금까지 공부한 **사유재**와 중요한 차이가 있다. 그리고 이 차이로 인해 공공재는 시장을 통해 효율적으로 공급될 수 없다.

뿐만 아니라 템스강의 깨끗한 물은 **공유자원**─대가를 지불했는지 여부에 관계없이 많은 사람들이 소비할 수 있으나 각 사람의 소비로 인해 다른 사람들이 쓸 수 있는 양이 감소하는 재화─의 예이다. 이러한 재화는 정부가 조치를 취하지 않으면 시장에서 사람들에 의해 남용되는 경향이 있다.

앞에서 우리는 시장에서 어떤 재화나 활동이 효율적으로 생산 및 소비되지 못하는 경우를 보았다. 우리는 시장지배력으로 인해 어떻게 생산자가 한계비용보다 높은 가격을 책정하고 상호 유익한 거래를 차단하여 비효율이 발생하는지 보았다. 우리는 또한 외부효과로 인해 어떻게 개인이나 산업의 비용 및 편익과 사회 전체의 비용 및 편익에 괴리가 생기고, 사적 정보로 인해 어떻게 사람들의 동기가 왜곡되어 비효율이 발생할 수 있는지 보았다.

이 장에서는 시장이 실패하는 이유를 설명하는 데 조금 다른 방법을 택할 것이다. 여기서는 재화의 특성이 시장이 그것을 효율적으로 공급하는 데 어떻게 영향을 미칠 수 있는지에 초점을 맞춘다. 재화가 '잘못된' 특성을 갖는 경우에는 그 결과로서 외부효과나 시장지배력이 있는 경우와 닮은 시장의 실패가 나타날 수 있다. 이처럼 비효율의 원천을 다른 각도에서 살펴봄으로써 시장이 실패하는 경우가 어떻게 발생하며, 정부가 어떻게 사회의 후생을 증가시키는 행동을 취할 수 있는지를 더 깊이 이해할 수 있다. ●

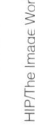

19세기(위)와 현재의 런던 템스강. 정부의 개입으로 개방된 오물처리장에서 깨끗한 수로로 변모하였다.

이 장에서 배울 내용

- **공공재**란 무엇이며 어떻게 **사유재**와 구별되는가?

- **공유자원**이란 무엇이며 그것은 왜 남용되는가?

- **인위적으로 희소한 재화**란 무엇이며 이러한 재화가 저소비되는 이유는 무엇인가?

- 시장은 왜 이러한 여러 유형의 재화를 효율적으로 공급하는 데 일반적으로 실패하는가?

- 이러한 유형의 재화를 생산 소비하는 데 정부의 개입이 어떻게 사회를 더 낫게 만들 수 있는가?

재화의 공급자가 대가를 지불하지 않은 사람은 그 재화를 소비하지 못하게 막을 수 있을 때 그 재화는 배제성(excludability)을 갖는다.

두 사람 이상이 동일한 재화 한 단위를 같은 시간에 소비할 수 없을 때 그 재화는 소비 경합성(rivalry in consumption)을 갖는다.

배제성과 소비경합성을 동시에 갖추고 있는 재화를 사유재(private good)라 한다.

어떤 재화가 비배제성(nonexcludability)을 가지면 공급자가 대가를 지불하지 않은 사람이 그 재화를 소비하는 것을 막을 수 없다.

두 사람 이상이 동일한 재화 한 단위를 동시에 소비할 수 있을 때 그 재화는 소비 비경합성(nonrivalry in consumption)을 갖는다.

‖ 사유재와 사유재가 아닌 재화

집 안에 새 화장실을 짓는 것과 도시의 하수도망을 건설하는 것의 차이는 무엇일까? 밀을 재배하는 것과 공해상에서 물고기를 잡는 것의 차이는 무엇일까?

이것은 넌센스 퀴즈가 아니다. 두 경우 모두 재화의 특성에는 근본적인 차이가 있다. 화장실 설비와 밀은 시장이 효율적으로 작동하도록 만드는 데 필요한 특성을 갖추고 있다. 하수도망과 공해상의 물고기는 그렇지 않다.

이 결정적인 특징이 무엇인지 그리고 왜 그것이 문제가 되는지 살펴보자.

재화의 특성

곧 보게 되는 바와 같이 화장실 설비나 밀과 같은 재화는 재화가 시장경제에서 효율적으로 공급되는 데 필수적인 두 가지 특성을 갖추고 있다.

- **배제성**(excludability)을 갖는다. 재화의 공급자가 대가를 지불하지 않은 사람은 그 재화를 소비하지 못하게 막을 수 있다.
- **소비 경합성**(rivalry in consumption)을 갖는다. 두 사람 이상이 동일한 재화 한 단위를 동시에 소비할 수 없다.

어떤 재화가 배제성과 소비 경합성을 모두 갖추고 있을 때 이러한 재화를 **사유재**(private good)라 한다. 밀은 사유재의 한 예가 된다. 밀은 배제성을 갖는다. 농부가 한 소비자에게 밀 1부셸을 판매할 때 다른 사람에게까지 공급할 필요는 없다. 밀은 소비 경합성을 갖는다. 만일 내가 농부의 밀로 만든 빵을 먹으면 그 빵은 더 이상 다른 사람이 소비할 수 없다.

그러나 모든 재화가 이 두 가지 특성을 다 갖는 것은 아니다. 어떤 재화는 **비배제성**(nonexcludability)을 갖는다 — 공급자가 대가를 지불하지 않은 사람이 그 재화를 소비하는 것을 막을 수 없다. 화재 진압이 한 예이다. 소방대가 화재가 확산되기 전에 진화를 하면 소방공제회에 기부를 한 사람뿐 아니라 도시 전체에 그 서비스를 제공하는 것이다. 환경 개선이 또 다른 예이다. 런던시가 일부 주민에게만 문제를 해결해 주고 다른 사람에게는 템스강이 악취가 나게 내버려 둘 수는 없다.

또한 모든 재화가 소비 경합성을 갖는 것은 아니다. 두 사람 이상이 동일한 재화 한 단위를 동시에 소비할 수 있을 때 그 재화는 **소비 비경합성**(nonrivalry in consumption)을 갖는다. TV 프로그램은 소비 비경합성을 갖는다. 한 사람이 어떤 프로그램을 보기로 결정해도 다른 사람들이 같은 프로그램을 보지 못하는 것은 아니다.

재화는 배제성을 가질 수도 있고 비배제성을 가질 수도 있으며, 소비 경합성을 가질 수도 있고 소비 비경합성을 가질 수도 있으므로 재화의 종류에는 〈그림 17-1〉에 표시된 것과 같이 네 가지 유형이 있을 수 있다.

- **사유재** : 밀과 같이 배제성과 소비 경합성을 갖는 재화

그림 17-1 네 가지 유형의 재화

	소비 경합성	소비 비경합성
배제성	**사유재** • 밀 • 화장실 설비	**인위적으로 희소한 재화** • 프로그램당 요금지불 영화 • 컴퓨터 소프트웨어
비배제성	**공유자원** • 깨끗한 물 • 생물 다양성	**공공재** • 공중위생 • 국방

네 가지 유형의 재화가 있다. 재화의 유형은 (1) 배제성을 갖는지 — 생산자가 다른 사람이 그것을 소비하지 못하도록 막을 수 있는지 여부와 (2) 소비 경합성이 있는지 — 어떤 재화 한 단위를 동시에 두 사람 이상이 소비할 수 있는지 여부에 따라 결정된다.

- 공공재 : 공공 하수도망과 같이 비배제성과 소비 비경합성을 갖는 재화
- 공유자원 : 깨끗한 강물과 같이 비배제성과 소비 경합성을 갖는 재화
- 인위적으로 희소한 재화 : 케이블을 통해 요금을 지불하고 보는 영화와 같이 배제성과 소비 비경합성을 갖는 재화

물론 재화의 유형을 구별하는 특성은 필수품과 사치품, 정상재와 열등재 외에도 여러 가지가 있다. 무슨 이유로 재화가 배제성을 갖는지 그리고 소비 경합성을 갖는지에 초점을 맞추는 것일까?

사유재만이 시장에서 효율적으로 공급되는 이유

앞에서 배운 바와 같이 시장경제는 한 사회가 그 구성원들에게 재화와 서비스를 공급하는 목적을 가장 잘 수행하는 도구라 할 수 있다. 즉 잘 정의된 시장지배력이나 외부효과 및 기타 시장실패의 경우를 제외하면 시장은 효율적이다. 그러나 또 하나 충족되어야 할 조건이 있는데 이는 재화의 특성에 관련된 것이다. 시장은 배제성과 소비 경합성을 갖는 사유재가 아니면 재화와 서비스를 효율적으로 공급할 수 없다.

배제성이 중요한 이유를 보기 위해 두 가지 선택만이 가능한 농부를 생각해 보자. 이 농부는 밀을 생산하지 않을 수 있지만 만일 생산한다면 이 나라에 거주하는 사람이 원할 경우 대가를 지불하든 말든 누구에게나 밀을 제공해야 한다고 하자. 이러한 조건하에서 밀을 생산하려는 사람이 있을 가능성은 극히 희박해 보인다.

그런데 공중 하수도망을 운영하는 사람이 당면하는 문제가 이런 가상적 농부의 경우와 거의 유사하다. 하수도망은 도시 전체를 더 깨끗하고 건강하게 만들어 주지만 그 혜택은 대가지불 여부에 관계없이 모든 주민에게 돌아간다. 개인 사업가 누구도 런던의 대악취를 해결할 계획을 들고 나오지 않은 이유가 바로 이것이다.

일반적으로 어떤 재화가 비배제성을 가질 때 합리적인 소비자라면 누구도 그 대가를 지불하려 하지 않을 것이다. 누군가 다른 사람이 지불할 때 '무임승차'하려 할 것이다. 즉 **무임승차 문제**(free-rider problem)가 발생한다. 무임승차 문제의 예는 일상생활에서 흔히 볼 수 있다. 학생들이 그룹별로 문제를 해결해야 할 때 이러한 경우가 발생하는 것을 볼 수 있는데 여러분 자신도 겪었을지 모른다. 그룹 중에는 다른 사람들이 일을 맡기 바라며 일을 회피하는 구성원들이 가끔 있다. 일을 회피하는 사람들은 다른 사람들의 노력에 무임승차하는 것이다.

무임승차 문제 때문에 이기심만으로는 비배제성을 갖는 재화가 효율적인 수준으로 생산되지 못한다. 생산이 증가하면 소비자들이 혜택을 볼 수 있음에도 불구하고 누구도 개별적으로는 더 소비하는 것에 대해 대가를 지불하려 하지 않고 따라서 아무도 그것을 생산하려 하지 않는다. 그 결과로 비배제성을 갖는 재화는 시장경제에서 **비효율적으로 적은 양**만이 **생산**된다. 즉, 시장경제에서는 이러한 재화의 공급부족이 나타난다. 사실 무임승차 문제가 있는 경우에 이기심만 가지고는 — 효율적인 수량은커녕 — 생산이 조금이라도 이루어질지조차 보장할 수 없다.

케이블을 통해 요금을 지불하고 보는 영화와 같이 배제성과 소비 비경합성을 갖는 재화에서는 다른 종류의 비효율성을 찾을 수 있다. 어떤 재화가 배제성을 가지면 대가를 지불하는 사람에게만 그 재화를 공급함으로써 이윤을 얻을 수 있다. 이 때문에 생산자들이 배제성을 갖는 재화를 기꺼이 공급하려 하는 것이다. 그러나 소비 비경합성을 만족하기 때문에 추가로 한 사람 더 영화를 보게 하는 데 드는 한계비용은 영이

비배제성을 갖는 재화에 대해서는 무임승차 문제(free-rider problem)가 발생한다. 사람들은 자신의 소비에 대한 대가를 지불할 유인이 없으며 누군가 다른 사람이 지불할 때 '무임승차'하려 한다.

함정

정확히 무엇의 한계비용인가?

소비 경합성이 없는 재화의 경우에는 그 재화 한 단위를 생산하는 한계비용과 그 재화 한 단위를 소비하도록 허용하는 것의 한계비용을 혼동하기 쉽다.

예를 들어 인터넷 케이블 방송사가 가입자에게 영화 한 편을 제공하기 위해서는 그 영화를 제작하고 방송하는 데 사용되는 자원의 비용만큼의 한계비용을 지출한다. 그러나 일단 그 영화가 방송되면 추가로 한 가정이 그것을 더 볼 수 있도록 하는 데는 아무런 한계비용이 들지 않는다. 다시 말해서 이미 제작되어 방송되는 영화를 한 가정 더 소비하는 데는 값비싼 자원이 사용되지 않는다.

그런데 어떤 재화가 소비 경합성을 가질 때는 이런 복잡한 문제가 없다. 이 경우에는 그 재화 한 단위를 생산하는 데 사용된 자원은 한 사람이 그것을 소비함으로써 사라지게 된다. 그것은 더 이상 다른 사람의 소비에 사용될 수 없다. 따라서 어떤 재화가 소비 경합성을 가질 때는 어떤 사람에게 그 재화 한 단위를 소비하도록 허용하는 것의 사회적 한계비용은 그 재화 한 단위를 생산하는 데 사용된 자원비용, 즉 한계생산비와 동일하다.

다. 따라서 효율적인 소비자 가격은 역시 영이다. 다시 말하면 사람들이 각자의 한계편익이 영이 될 때까지 TV 영화를 시청하도록 해야 한다.

그런데 만일 아마존이 실제로 영화요금으로 시청자에게 4달러를 받으면 시청자들은 자신들의 한계편익이 4달러가 될 때까지만 그 재화를 소비할 것이다. 소비자들이 소비 경합성이 없는 재화에 대해 영보다 높은 가격을 지불해야 한다면, 소비자들이 지불하는 가격은 그 재화를 소비하도록 허용할 때의 한계비용—이것은 영이다—보다 높다. 따라서 시장경제에서 소비 경합성이 없는 재화는 비효율적으로 적은 양만이 소비된다. 즉, 이러한 재화의 저소비가 발생한다.

어째서 사유재만이 경쟁시장에서 효율적으로 생산·소비될 수 있는지 이제 알 수 있다. (즉 사유재는 시장지배력이나 외부효과, 기타 시장실패 요인이 없는 시장에서 효율적으로 생산·소비될 수 있다.) 사유재는 배제성을 갖기 때문에 생산자는 대가를 요구할 수 있고 따라서 그것을 생산할 유인을 갖게 된다. 그리고 또한 사유재는 소비 경합성이 있으므로 소비자들이 양의 가격(한계생산비와 동일한 가격)을 지불하는 것이 효율적이다. 이 중 어느 한 가지 특성이라도 성립하지 않으면 시장경제에서는 이 재화가 효율적으로 생산·소비되지 못할 것이다.

시장체제에 다행인 것은 대부분의 재화가 사유재라는 사실이다. 식품, 의복, 주택, 그리고 대부분의 다른 생활에 필요한 재화들은 배제성과 소비 경합성을 가지므로 대부분의 물건이 시장에 의해 공급될 수 있다. 그러나 중요한 재화 중에 이러한 기준을 만족하지 못하는 것들이 있다. 대부분의 경우에 이는 정부가 개입해야 함을 뜻한다.

현실 경제의 >> 이해

대혼란에서 르네상스로

중세(대략 1100년부터 1500년 사이) 유럽의 생활은 빈번한 강력범죄, 강도와 전쟁으로 인해 힘들고 위험했다. 연구에 의하면 1200년 유럽의 살인에 의한 사망률은 10만 명당 30~40명이었다. 그러나 1500년에는 반으로 줄어 10만 명당 20명이 되었고, 오늘날에는 10만 명당 1명이 채 안 된다. 지난 900년 사이에 어떤 일이 있었기에 대혼란이 이처럼 급격히 줄어든 것일까?

중세 이탈리아 도시국가들의 역사가 보여 주는 것처럼 공공재를 생각해 보라.

베니스에서는 900년경, 밀라노와 플로렌스 같은 다른 도시국가에서는 1100년경부터 시민들이 보호기관들을 조직·창설하기 시작했다. 베니스에서는 시민들이 정기적으로 습격해 오던 해적 및 약탈자들과 싸울 방어함대를 조직했다. 다른 도시국가에서는 강력한 방어벽을 도시 주위에 쌓고 돈을 지불하고 방어 민병대를 조직했다. 법과 질서를 유지할 기관들도 창설되었다. 경비대 간부와 치안판사가 고용되고 법원청사와 교도소가 건설되었다.

이 결과 무역, 상업, 금융업이 융성할 수 있었고, 문학, 산술, 그리고 예술도 발달하였다. 1300년에는 선도적 도시인 베니스, 밀라노, 플로렌스는 각각 인구가 10만 명이 넘게 성장하였다. 자원이 증가하고 생활수준이 높아지자 강력범죄로 인한 사망자가 감소하였다.

예를 들어 베니스 공화국은 시민 지도자들에 의해 감독되는 계몽정치로 인해 '가장 고요한 국가'로 알려지게 되었다. 도시의 안정, 외교적 역량, 엄청난 함대로 인해 15세기와 16세기에 베니스는 대단히 부유한 도시가 되었다.

공공재의 보급으로 플로렌스는 도시의 안정과 높은 독해 및 산술 능력을 갖게 되었고, 이탈리아의 금융 중심지가 되었다. 15세기 동안 플로렌스는 매우 부유

법과 질서를 지키기 위한 제도(공공재)의 출현으로 인해 중세를 얼룩지게 만든 전쟁과 잔인함으로부터 새로운 시대로의 이행이 가능하게 되었다.

Ivy Close Images/Alamy

한 은행가 가문인 메디치 가문에 의해 통치되었다. 레오나르도 다빈치, 미켈란젤로와 같은 예술가에 대한 메디치 가문의 후원이 르네상스를 열리게 만들었다.

따라서 서부 유럽은 훌륭한 치안과 국방과 같은 공공재(모든 사람에게 혜택을 주며 어느 한 사람이 사용해도 감소하지 않는 재화)의 창출을 통해 대혼란으로부터 르네상스로 넘어갈 수 있었다.

>> 이해돕기 17-1
해답은 책 뒤에

1. 배제성과 소비 경합성에 따라 다음의 재화들을 분류해 보라. 각 재화는 어떻게 분류되는가?
   a. 공원으로 사용되는 공공장소
   b. 치즈 부리토
   c. 비밀번호로 접근이 보호된 웹상의 정보
   d. 일반에게 발표된 진행 중인 허리케인의 이동경로에 대한 정보
2. 1번 문제에 제시된 재화 중에서 경쟁시장에서 공급될 수 있는 재화는 어떤 것인가? 그렇지 않은 재화는 어떤 것인가? 설명해 보라.

|| 공공재

공공재(public good)는 사유재의 정반대이다. 그것은 비배제성과 소비 비경합성을 갖는 재화이다. 하수도망은 공공재의 한 예이다. 강물을 깨끗하게 유지하려면 강둑 근처에 사는 모든 사람에게 강물이 깨끗해야 하고, 한 사람이 악취로부터 보호된다고 해서 다른 사람이 악취를 맡아야 하는 것은 아니다. 공공재의 또 다른 예에는 다음과 같은 것들이 있다.

- 질병 예방 : 의사들이 전염병이 퍼지기 전 이를 근절하기 위한 조치를 취할 때 전 세계 사람들이 보호를 받는다.
- 국방 : 강한 군대는 모든 시민을 보호한다.
- 과학적 연구 : 더 많은 지식은 모든 사람에게 혜택을 준다.

이러한 재화들은 비배제성으로 인해 무임승차 문제를 갖고 있으므로 어떤 민간기업도 이 재화들을 생산하려 하지 않는다. 그리고 이러한 재화들은 소비 경합성이 없으므로 사람들에게 대가를 받는 것은 비효율적이다. 이런 이유들로 인해 사회는 시장 이외의 방법으로 이 재화들을 공급할 방법을 찾아야 한다.

공공재의 공급

공공재는 여러 가지 방법으로 공급된다. 정부가 항상 개입하는 것도 아니다. 무임승차 문제를 정부 없이 해결하는 방법이 많이 발견되었다. 그러나 이런 해결책들은 대개 불완전한 측면을 갖고 있다.

공공재 중 어떤 것은 자발적인 기부를 통해 공급된다. 예를 들면 과학적 연구 중 상당 부분은 개인 기부금의 지원을 받는다. 그러나 그것만으로는 기초 의학 연구와 같이 거대하고 사회적으로 중요한 사업을 재정적으로 지원하기에 부족하다.

어떤 공공재는 공급하는 사람이 간접적으로 이익을 볼 수 있어서 이해 당사자인 개인이나 기

>> **복습**
- 재화는 **배제성**을 갖는지 여부와 **소비 경합성**을 갖는지 여부의 두 가지 특성에 의해 분류될 수 있다.
- 배제성과 소비 경합성을 모두 갖는 재화는 **사유재**이다. 사유재는 경쟁시장에서 효율적으로 생산·소비될 수 있다.
- 재화가 **비배제성**을 가질 때는 **무임승차 문제**가 발생한다. 즉 소비자들이 생산자에게 대가를 지불하려 하지 않아 생산이 비효율적으로 적어진다.
- 재화가 **소비 비경합성**을 가질 때 효율적인 가격은 영이다. 그런데 생산자가 생산비를 보상받기 위해 양(+)의 가격을 요구하면 그 결과로 소비가 비효율적으로 적어진다.

공공재(public good)는 비배제성과 소비 비경합성을 갖는 재화이다.

업에 의해 공급된다. 공중파 TV 방송이 전형적인 예로서, 미국에서는 전적으로 광고에 의해 방송이 운영된다. 이렇게 간접적으로 자금을 조달하는 데는 부정적인 측면도 있는데, 그것은 공공재의 성격이나 공급량에 왜곡을 가져올 뿐만 아니라 소비자에게 추가적인 부담을 준다는 것이다. TV 방송국들은 많은 광고수익을 낼 수 있는 프로그램(즉 처방약, 체중감량제 등을 구입하는 계층의 사람들에게 이러한 제품을 팔기에 적합한 프로그램)을 방송하는데, 이것이 반드시 많은 사람들이 보기를 원하는 프로그램은 아니다. 그리고 시청자들은 상업광고를 참고 봐야 한다.

케이블을 통해 요금을 지불하고 보는 영화처럼 공공재의 가능성이 있는 재화 중 어떤 것들은 요금을 부과할 수 있게 고의적으로 배제성을 갖도록 만들어진다. 영국에서는 대부분의 TV 프로그램이 모든 TV 소유자가 지불하는 연간 시청료(2019년에 154.5파운드, 대략 200달러)로 유지되는데, 허가를 받지 않은 가정의 TV를 탐색하기 위해 동네를 순찰하는 'TV 탐지 차량'이 TV 시청에 배제성을 부여하는 역할을 담당하고 있다. 그러나 이미 지적한 바와 같이 비경합적 재화에 대해 공급자가 영보다 높은 가격을 요구하면 그 재화의 소비량은 비효율적으로 낮은 수준이 될 것이다.

작은 마을에서는 상당한 수준의 사회적 자극과 압력이 사람들로 하여금 자금과 시간을 기부하여 효율적인 수준의 공공재가 공급되도록 작용할 수 있다. 소방대원들의 자발적 참여와 지역 주민들의 기부금으로 운영되는 자치소방대가 좋은 예이다. 그러나 마을 규모가 커지고 사람들끼리 서로 잘 알지 못하게 되면 사회적 압력은 점점 더 영향력을 갖기 어렵게 되므로 어쩔 수 없이 큰 도시에서는 소방 서비스를 제공하기 위해 유급 소방관을 고용하게 된다.

마지막 예가 보여 주는 것처럼 다른 해법이 없을 때 공공재를 공급하는 일은 정부에 달려 있다. 사실 가장 중요한 공공재들—국방, 법률체제, 방역, 대도시의 소방활동 등—은 정부가 공급하고 조세에 의해 자금이 조달된다. 경제이론에 의하면 공공재의 공급은 정부의 중요한 역할 중 하나이다.

공공재는 얼마나 공급되어야 할까?

공공재의 공급은 '하느냐 마느냐'의 이분법적 결정인 경우도 있다. 런던시는 하수도망을 건설할 수도 있고 건설하지 않을 수도 있다. 그러나 정부가 공공재를 공급할 것이냐 하는 것뿐만 아니라 그 공공재를 얼마나 공급할 것이냐 하는 것까지도 결정해야 하는 경우가 대부분이다. 예를 들어 거리청소는 공공재인데 거리를 얼마나 자주 청소해야 할까? 한 달에 한 번 해야 할까, 두 번 해야 할까, 아니면 매일 해야 할까?

테오와 애비 두 사람만이 살고 있는 도시를 상상해 보자. 거리청소가 공공재이고 공공재 한 단위는 거리를 한 달에 한 번 청소하는 것을 가리킨다고 하자. 두 사람은 공공재 한 단위에 대해 얼마만큼의 가치를 느끼는지 정부에 사실대로 알린다고 가정하자. 구체적으로 각자가 정부에게 **공공재를 한 단위 더 공급하는 것에 대해 얼마를 지불할 용의가 있는지**(공공재를 한 단위 더 소비하는 것에 대한 개별 한계편익)를 알린다고 하자.

이 정보와 그 재화를 공급하는 데 드는 비용 정보를 이용하여 정부는 한계분석을 통해 효율적인 공공재 공급 수준(공공재의 사회적 한계편익이 공공재의 한계생산비와 같아지는 수준)을 찾을 수 있다. 제16장에서 배운 바와 같이 한 재화의 사회적 한계편익이란 그 재화 한 단위를 추가로 소비할 때 사회 전체에 추기로 발생하는 편익이다.

그런데 공공재는 비배제성과 소비 비경합성을 갖기 때문에 한 소비자뿐만 아니라 모든 소비자의 효용을 증가시키는데 그것을 한 단위 추가할 때 발생하는 사회적 한계편익은 무엇인가? 이 질문을 통해 다음과 같은 중요한 원칙을 얻게 된다. 특별히 공공재의 경우에는 재화 한 단위의 사회적 한계편익은 그 한 단위로부터 모든 소비자가 얻는 개별 한계편익의 합과 같다.

또한 조금 다른 각도에서 보면 만일 소비자가 공공재를 소비하기 위해서 대가를 지불해야 한다면(공공재가 배제성을 갖게 되다면) 사회적 한계편익은 그 재화 한 단위에 대해 소비자가 지불하고자 하는 금액의 합과 같다. 이 원칙을 적용하면 거리청소를 한 달에 한 번 더 늘리는 것의 사회적 한계편익은 테오의 개별 한계편익과 애비의 개별 한계편익을 합한 것과 같다.

다른 사람이 청소를 맡아 주면 우리 모두가 이익을 본다.

그 이유는? 공공재가 소비 비경합성을 갖기 때문이다. 거리가 깨끗해짐으로써 테오가 편익을 얻는다고 애비의 편익이 감소하지 않으며, 그 역도 성립하기 때문이다. 모든 사람이 동일한 공공재 한 단위를 동시에 소비할 수 있기 때문에 공공재 한 단위를 추가할 때 사회적 한계편익은 그 공공재를 소비하는 모든 사람의 개별 한계편익의 합이다. 그리고 효율적인 공공재의 수량은 사회적 한계편익이 공공재를 공급하는 한계비용과 같아지는 수량이다.

〈그림 17-2〉에 3개의 한계편익곡선과 함께 공공재의 효율적인 공급이 표시되어 있다. 그림 (a)에는 거리청소에 대한 테오의 개별 한계편익곡선 MB_T가 그려져 있다. 테오는 시에서 한 달에 한 번 거리청소를 하는 것에 대해 25달러를 지불할 용의가 있고, 추가로 한 번 더 청소하는 것에 대해서는 18달러를 지불할 용의가 있다. 그림 (b)에는 거리청소에 대한 애비의 개별 한계편익곡선 MB_A가 그려져 있다. 그림 (c)에는 거리청소에 대한 사회적 한계편익곡선 MSB가 그려져 있다. MSB는 테오와 애비의 한계편익곡선 MB_T와 MB_A를 수직으로 합한 것이다.

사회의 후생을 극대화하기 위해서는 정부가 한 번 더 청소하는 것의 사회적 한계편익이 한계비용보다 높지 않은 수준까지 거리를 청소해야 한다. 거리청소의 한계비용이 6달러라고 가정하자. 그러면 이 도시는 한 달에 다섯 번 거리청소를 해야 한다. 왜냐하면 횟수를 4회에서 5회로 늘릴 때 사회적 한계편익은 8달러지만 5회에서 6회로 늘릴 때 사회적 한계편익은 2달러밖에 안 되기 때문이다.

〈그림 17-2〉를 통해 우리는 공공재를 효율적인 수준까지 공급하는 문제에 있어 왜 개인의 이기심만으로 충분하지 않은가를 더욱 잘 이해할 수 있다. 이 도시가 효율적인 수준보다 한 번 적게 거리청소를 하고 있으며 테오나 애비 중 한 사람이 한 번 더 청소하는 비용을 부담하도록 부

탐구자를 위하여 공공재로서의 투표

투표권이 있는 미국인 중 많은 사람이 귀찮아서 투표를 하지 않는다는 사실은 유감스러운 일이다. 그래서 정치인들은 그들의 권익을 무시하는 경향이 있다. 그러나 공공적 측면에서 자멸적인 행동이 개인의 입장에서는 완전히 합리적이다.

『집단 행동의 논리(The Logic of Collective Action)』라는 유명한 책에서 경제학자인 맨커 올슨(Mancur Olson)이 지적한 대로 투표는 심각한 무임승차 문제를 갖고 있는 공공재이다.

만일 어떤 법안 - 예컨대 공립학교 개선 법안 - 이 주 전체 국민투표에서 통과되면 100달러만큼의 혜택을 보는 사람이 100만 명 있는데 당신이 그 중 한 명이라고 상상해 보라. 그리고 당신이 투표

하는 데 필요한 시간의 기회비용이 10달러라고 가정하자. 당신은 투표장에 나가 찬성표를 행사하리라고 확신할 수 있겠는가? 당신이 합리적이라면 그 답은 '아니요'이다! 그 이유는 당신의 투표가 결과에 영향을 미칠 가능성이 매우 희박하기 때문이다. 만일 이 법안이 통과된다면 당신은 투표를 하지 않았어도 혜택을 본다. 이 혜택이 비배제성을 갖기 때문이다. 만일 법안이 통과되지 않더라도 당신의 투표가 그 결과를 바꾸지는 못했을 것이다. 어떤 경우에도 투표를 하지 않고 투표를 하는 사람에 무임승차함으로써 당신은 10달러를 절약할 수 있다.

물론 많은 사람들이 시민으로서의 의무감에서

투표를 한다. 그러나 정치적 행동이 공공재이기 때문에 일반적으로 사람들은 자신의 권익을 보호하는 데 너무 적은 노력을 들인다.

따라서 올슨이 지적한 대로 많은 사람의 정치적 이해관계가 동일할 때는 이들은 자신의 주장을 관철시키는 데 너무 적은 노력을 기울이게 되어 결국 무시당하기 쉽다. 반면에 작지만 조직이 잘된 이해집단은 자신의 이익에 부합되는 작은 문제에 집중하여 크기 이상의 힘을 발휘하는 경향이 있다.

이것이 민주주의를 불신할 이유가 될까? 윈스턴 처칠이 이를 가장 잘 표현하고 있다. "지금까지 시도된 다른 모든 정부형태를 제외한다면 민주주의가 최악의 정부형태이다."

그림 17-2 공공재

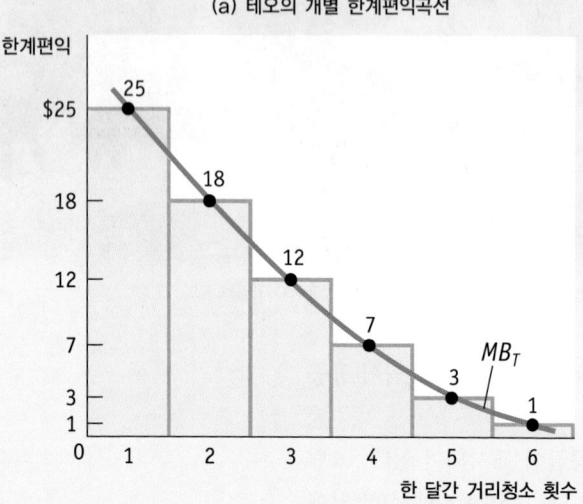

(a) 테오의 개별 한계편익곡선

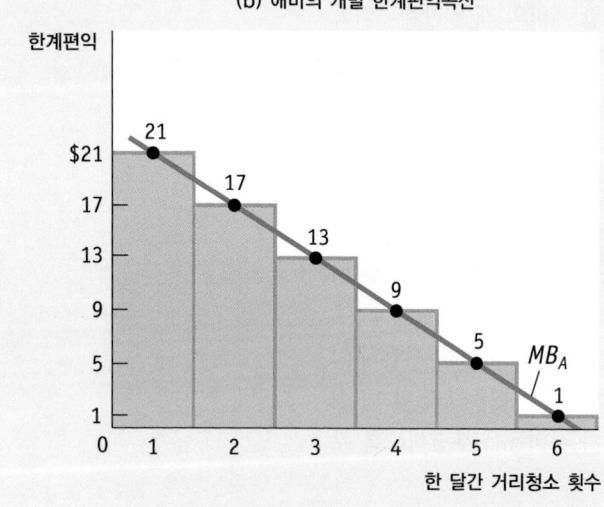

(b) 애비의 개별 한계편익곡선

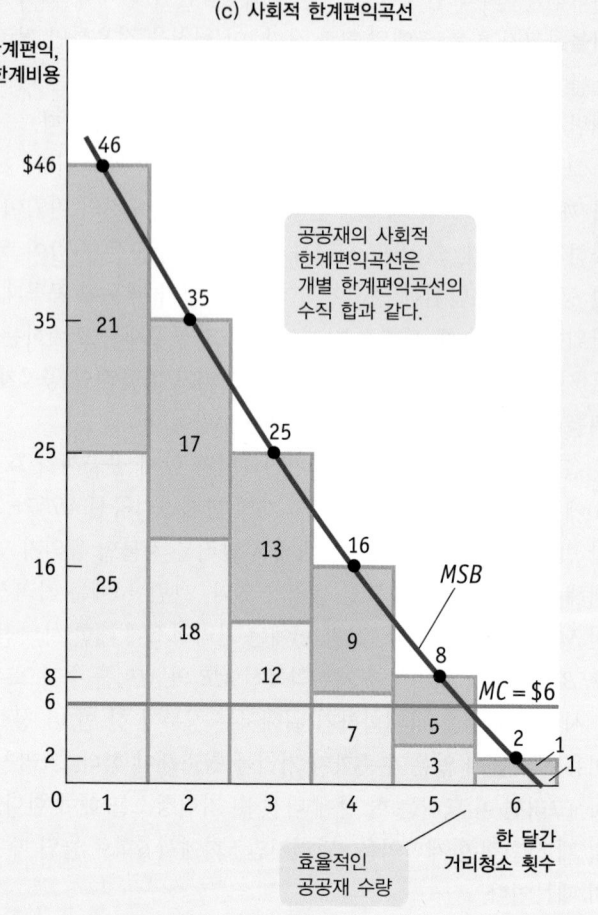

(c) 사회적 한계편익곡선

공공재의 사회적 한계편익곡선은 개별 한계편익곡선의 수직 합과 같다.

효율적인 공공재 수량

그림 (a)에는 한 달간 거리청소에 대한 테오의 개별 한계편익곡선 MB_T가 그려져 있고, 그림 (b)에는 애비의 개별 한계편익곡선 MB_A가 그려져 있다. 그림 (c)에는 모든 소비자(이 경우에는 테오와 애비)의 개별 한계편익의 합과 동일한 공공재의 사회적 한계편익이 그려져 있다. 사회적 한계편익곡선 MSB는 개별 한계편익곡선 MB_T와 MB_A의 수직 합이다. 한계비용이 6달러로 일정할 때 한 달에 5회의 거리청소가 실시되어야 한다. 청소를 4회에서 5회로 늘릴 때 사회적 한계편익은 8달러(테오의 3달러 더하기 애비의 5달러)이고 5회에서 6회로 늘릴 때 사회적 한계편익은 2달러에 불과하기 때문이다.

탁받았다고 해 보자. 누구도 그 비용을 부담하지 않으려 할 것이다! 테오는 거리청소를 한 번 더 함으로써 개인적으로 3달러에 해당하는 만큼의 효용만 추가로 얻으므로 추가 청소의 한계비용 6달러를 지불하려 하지 않을 것이다. 애비도 개인적으로 5달러에 해당하는 효용만 추가로 얻으므로 비용을 지불하려 하지 않을 것이다.

중요한 점은 공공재 한 단위를 추가로 공급할 때 사회적 한계편익은 항상 어느 한 사람의 개별 한계편익보다 크다는 것이다. 이것이 아무도 그 재화를 효율적인 수준까지 생산하도록 대가를 지불하려 하지 않는 이유이다.

🌏 국제비교 공공재로서의 투표 : 세계의 모습

투표하지 않는 것이 완전히 합리적일 수 있음에도 불구하고 많은 나라에서 투표를 장려하는 정책을 통해 놀랄 만한 투표 참여율을 지속적으로 달성하고 있다. 벨기에, 싱가포르, 호주에서는 투표가 의무다. 자격을 가진 투표자가 시민으로서의 투표의무를 이행하지 않으면 처벌을 받는다. 이러한 처벌규정이 투표율을 높이는 데 효과적이다. 베네수엘라에서 강제투표 조항을 삭제했더니 투표율이 30% 감소했고, 네덜란드에서도 강제조항을 폐지한 후 투표율이 20% 감소했다.

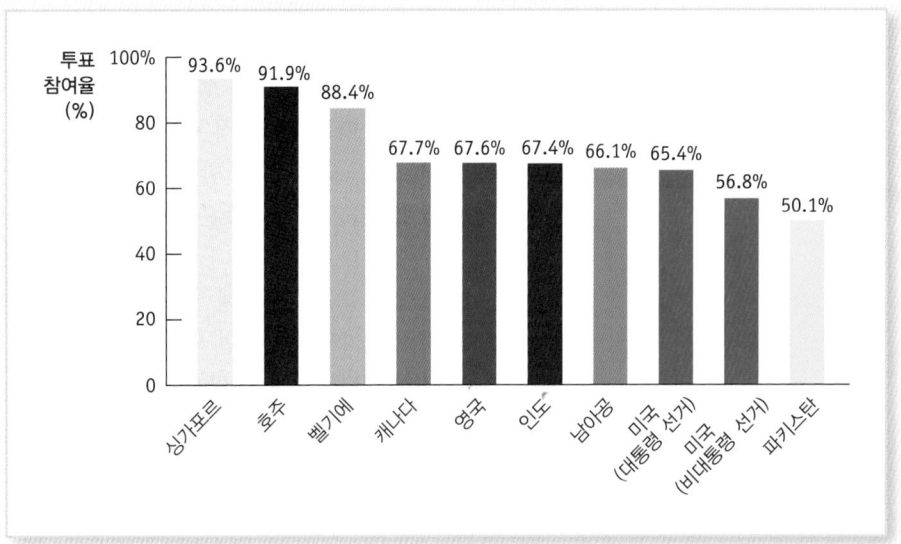

다른 나라에서는 투표의 비용을 줄이는 정책을 시행하고 있다. 예를 들면, 투표일을 휴일로 지정하거나(충분한 투표 시간 제공), 투표자 등록을 투표일에 하도록 허용하거나(사전 준비가 불필요), 우편투표를 허용하는 것이다(편의성 증가).

그림은 2019년까지 가장 최근에 실시된 선거에서 여러 나라의 투표권자가 투표한 평균 투표율을 보여 준다. 보는 바와 같이 싱가포르, 호주, 벨기에의 투표율이 가장 높다. 미국은 대통령 선거 동안은 평균 이하 정도의 투표율을 보였다. 그러나 대통령 선거가 없을 때는 투표율이 상당히 떨어져서 선진국 중 최하위이다. 일반적으로 지난 40년간 주요 민주국가들의 투표율은 감소해 왔는데 특히 젊은 층에서 급격히 감소하였다.

출처 : International Institute for Democracy and Electoral Assistance.

공공재의 문제를 공공재 한 단위를 추가로 생산하는 것의 사회적 한계편익이 어느 한 사람의 한계편익보다 크다고 묘사하는 것이 조금 귀에 익숙하지 않은가? 그럴 것이다. 이와 상당히 유사한 상황을 긍정적 외부효과를 논의하면서 언급한 적이 있다. 긍정적 외부효과의 경우에는 그 재화 한 단위로 인해 모든 소비자에게 발생하는 사회적 한계편익이 그 한 단위를 생산함으로써 생산자가 얻는 한계편익보다 더 커서 시장에서는 그 재화가 너무 적게 생산됨을 보았다.

공공재의 경우에는 한 소비자의 개별 한계편익이 긍정적 외부효과의 경우에서 생산자의 한계편익과 같은 역할을 한다. 두 경우 모두 그 재화의 적정량을 생산하기에는 인센티브가 부족하다.

공공재 공급의 문제는 긍정적 외부효과를 해결하는 문제와 매우 유사하다. 두 경우 모두 시장의 실패로 인해 정부의 개입이 요구된다. 정부가 존재함으로 인해 시민들이 조세를 거두어 공공재—특히 국방과 같이 필수적인—를 공급할 수 있다는 것이 기본적인 정부의 존재 이유 중 하나이다.

만일 사회가 정말 두 사람만으로 구성되어 있다면 물론 두 사람이 어떤 합의점을 찾아 공공재를 공급할 수 있을 것이다. 그러나 100만 명의 주민이 있어 각자의 한계편익이 사회적 한계편익의 극히 작은 부분만 차지하는 도시를 한번 상상해 보라. 거리청소가 효율적으로 이루어지도록 모든 주민이 비용을 부담하기로 자발적인 합의에 도달하는 것은 불가능한 일일 것이다. 무임승차의 가능성 때문에 그렇게 많은 수의 사람들이 약속을 하고 이를 이행하도록 만드는 일은 너무 어려울 것이다. 그러나 자신들에게 조세를 부과하여 그 자금으로 도시위생과를 운영하는 안건

정부가 공공재 공급에 따르는 사회적 편익과 사회적 비용을 추정하는 것을 **비용편익분석**(cost-benefit analysis)이라 한다.

을 표결에 부쳐 통과시킬 수는 있을 것이다.

비용편익분석

정부가 공공재를 얼마나 공급할 것인지 실제로는 어떻게 결정할까? 정책 담당자가 단순히 추측을 해서—또는 재선에 유리하다고 생각되는 대로—결정하는 경우도 있다. 그러나 책임 있는 정부는 공공재 공급에 따르는 사회적 편익과 사회적 비용을 추정하려고 노력한다. 이 과정을 **비용편익분석**(cost-benefit analysis)이라 한다.

공공재의 공급비용을 추정하는 것은 단순하다. 편익을 추정하는 것이 더 복잡하다. 사실 이것은 매우 어려운 문제이다.

정부가 사람들에게 공공재에 대해 얼마나 지불할 용의가 있는지(그들의 개별 한계편익)를 조사하여 사회적 한계편익을 추정하면 되지 않겠는가라고 생각하는 사람이 있을지 모르겠다. 그런데 문제는 정직한 대답을 얻기 어렵다는 것이다.

사유재에는 이런 문제가 없다. 우리는 사람들이 실제 선택하는 것을 보고 이들이 각자 사유재 한 단위를 더 얻는 대가로 얼마를 지불하고자 하는지 알 수 있다. 그러나 사람들이 공공재에 대한 대가를 실제로 지불하는 것이 아니기 때문에 얼마나 지불할 의사가 있는가 하는 질문은 언제나 가상적인 질문에 불과하다.

뿐만 아니라 이 질문에 대해 사람들은 거짓말을 할 동기를 갖는다. 사람들은 당연히 공공재를 보다 많이 소비하기를 원한다. 사람들이 공공재를 얼마나 사용하든 그 대가를 요구할 수 없기 때문에 공공재를 얼마나 원하느냐는 질문에 대해 사람들은 실제 욕구보다 과장된 답을 하기 쉽다. 예컨대 거리청소를 주민들이 진술한 대로만 실시한다면 매일 해야 할 것이다. 이것은 비효율적이다.

따라서 공공재의 공급량을 결정할 때 정부는 단순히 대중의 의사표시에 의존해서는 안 된다는 사실을 알아야 한다. 만일 그대로 하면 너무 많은 양이 공급되기 쉽다. 반면에 앞의 '탐구자를 위하여'에서 설명된 바와 같이 대중에게 투표를 통해 얼마나 많은 공공재를 원하는지 의사표시를 하게 만드는 방법도 문제가 있다. 이때는 너무 적은 양이 공급될 가능성이 많다.

현실 경제의 >> 이해

미국의 기반시설, 평점 D+를 받다

뉴저지는 중위 가계 소득이 세 번째로 높은 미국에서 세 번째로 부유한 주이며, 그 소득의 대부분은 뉴욕 시 금융 산업과의 밀접한 경제적 유대에서 나온다. 통상적으로 수십만의 뉴저지 시민들이 미국에서 두 번째로 복잡한 통근노선을 따라 기차나 버스를 탄다. 대중교통은 하루 평균 100만 명(뉴저지주 인구의 10%) 가까운 사람들이 사용하는 뉴저지 경제의 생명줄이다.

그러나 뉴저지 경제에 지극히 중요함에도 불구하고 대중교통 시스템은 만성적인 자금 부족을 겪고 있다. 최근 몇 년간 주 정부가 대중교통 운영 예산에 보조하는 금액은 2009년의 10%에 불과했다. 2020년까지 대중교통국은 매년 1억 3,500만 달러 이상의 적자를 보고 있다. 이용객 수가 20% 증가할 때 자본 투자는 20% 감소하였다. 예상했겠지만 버스는 항상 늦게 도착하고, 만원이며 고장이 잦았다. 한 통근자의 말처럼 "니는 직장에서 상당히 곤란을 겪고 있어요. 직장에서는 내가 꾸며대는 걸로 알아요." 그리고 2016년 9월 만원인 뉴저지 통근 열차가 전속력으로 역에 충돌하여 114명이 부상하고 한 명이 사망하였다. 안타깝게도 1년 전 뉴저지 교통국은 자동 브레이크 시스템의 도입을 연기했었다.

뉴저지의 기반시설 문제는 예외적인 것이 아니다. 실은 미국 전체가 이런 상태다. 2017년 연구에 의하면 주정부와 지방정부의 기반시설—학교, 상하수도 처리시설, 도로, 고속도로, 교량 등—에 대한 지출은 30년 중 최저수준이다. 4년마다 미국 토목공학협회(ASCE)는 미국의 기반시설 상태를 점검하여 보고서를 작성한다. 2017년 미국은 수십 년에 걸친 자금 부족으로 "심각하게 만기를 넘긴 기반시설에 대한 정비와 현대화의 절실한 필요성에 근거하여" D＋를 받았다. ASCE에 의하면 미국의 기반시설을 B(우량) 수준까지 끌어올리려면 2027년까지 4조 6,000억 달러가 필요할 것으로 추산된다. 현재의 자금 부족분을 고려하면 2025년까지의 국내총생산 손실은 4조 달러로 추산되는데 이는 가구당 1년에 3,400달러의 손실에 해당한다.

〈그림 17-3〉에는 각 기반시설 유형에 대한 예상되는 지출과 자금 부족분 그리고 2017년의 성적표가 표시되어 있다. 보는 바와 같이 대부분의 기반시설에 대한 자금 부족은 심각하다. 특히 지상교통, 학교, 수상교통의 자금 부족이 가장 심각하다. 전반에 걸쳐 각 기반시설 유형에 대한 성적은 거의 모두가 나쁘다. 기반시설의 개선이 필요하다는 것은 분명하다.

미국의 기반시설이 이처럼 악화된 원인은 무엇일까? 그것은 연방의회나 주 의회에서의 정치적 갈등과 장기적 자산으로서 기반시설의 중요성을 간과한 단기적 안목의 불행한 결과라 할 수 있다.

수년간 정치적 교착 상태로 인해 연방정부나 주 정부가 차입이나 조세인상을 통해 기반시설에 투자할 적절한 자금을 마련하지 못했다. 그 결과 기존의 기반시설은 위험한 수준까지 악화되었다. 도로, 학교, 수질 등 모든 것이 무시하지 못할 정도로 악화되자 의회가 최근에 더 많은 예산을 배정하기 시작했다. 이제 시작은 되었지만 구멍 난 기반시설을 복구하려면 오랜 기간 많은 지원이 필요할 것이다.

그림 17-3 미국의 기반시설에 대한 지출 성적표

출처 : American Society of Civil Engineers (ASCE).

>> 이해돕기 17-2

해답은 책 뒤에

1. 16명이 살고 있는 센터빌 마을 주민은 가정적인 사람과 파티를 좋아하는 사람의 두 유형으로 구성되어 있다. 마을에서는 다음에 주어진 표를 토대로 송년파티에 얼마나 지출할지 결정해야 한다. 마을 사람들 중 아무도 파티비용을 직접 부담할 것이라고 생각하지 않는다.

   a. 가정적인 유형이 10명, 파티 유형이 6명이 있다. 사회적 한계편익표를 구해 보라. 효율적인 파티 비용 수준은 얼마인가?

   b. 가정적인 유형이 6명, 파티 유형이 10명이 있다. 이때 a에 대한 답변은 어떻게 달라지는가? 설명해 보라.

   c. 개별 한계편익표는 알려져 있으나

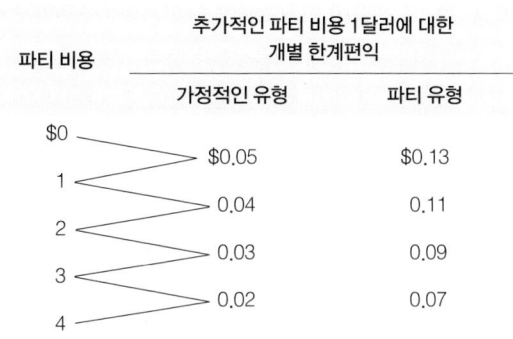

	추가적인 파티 비용 1달러에 대한 개별 한계편익	
파티 비용	가정적인 유형	파티 유형
$0	$0.05	$0.13
1	0.04	0.11
2	0.03	0.09
3	0.02	0.07
4		

가정적 유형과 파티 유형의 실제 숫자는 아무도 모른다고 하자. 각 사람들에게 그들의 선호를 질문했다. 각자가 추가로 공급되는 공공재의 양이 얼마든지 그 비용을 다른 사람들이 지불할 것으로 생각한다면 어떤 결과가 발생할 것 같은가? 파티 비용이 비효율적으로 높아질 것 같은 이유는 무엇인가? 설명해 보라.

공유자원

공유자원(common resource)이란 비배제성을 갖지만 소비 경합적인 재화를 말한다. 뉴잉글랜드 해역의 어장과 같이 한정된 어장에 있는 물고기들이 한 예다. 전통적으로 배를 소유한 사람은 누구든지 바다로 나가 고기를 잡을 수 있었다. 바다에 있는 물고기는 비배제성을 갖는 재화이다. 그러나 전체 물고기 수는 한정되어 있기 때문에 한 사람이 잡은 물고기는 더 이상 다른 사람이 잡을 수 없다. 따라서 바다의 물고기는 소비 경합적이다.

공유자원의 또 다른 예는 깨끗한 공기와 물, 그리고 지구상 동식물종의 다양성(생물의 다양성)이다. 이 모든 경우에 재화가 소비 경합적이지만 비배제성을 갖는다는 사실이 심각한 문제를 일으킨다.

남용의 문제

공유자원은 비배제성을 가지므로 그것을 사용하는 사람들에게 대가를 받을 수 없다. 그러나 소비 경합적이므로 그것을 사용하는 사람은 다른 사람들이 사용할 수 없게 만듦으로써 자원을 고갈시킨다. 따라서 공유자원은 **남용**(overuse)되기 마련이다. 사람들은 소비로 인해 사회 전체에 발생하는 비용을 무시한 채 자신의 한계편익이 영이 될 때까지 소비를 계속할 것이다. 공유자원의 남용 문제는 수압파쇄법으로 인한 지하수 오염이나 온실가스 배출로 인한 기후 변화와 같이 제16장에서 공부한 부정적 외부효과를 발생시키는 재화의 문제와 유사하다는 것을 곧 보게 될 것이다.

고기잡이는 공유자원 문제의 대표적인 예이다. 고기잡이 활동이 많은 바다에서 한 사람의 조업은 물고기 개체 수를 감소시켜 다른 사람들의 조업을 어렵게 만든다. 그러나 조업에 대해 대가를 지불하지 않기 때문에 조업을 하는 사람이 이러한 비용을 고려할 유인이 없다. 이 결과로 사회적 관점에서 보면 너무 많은 조업이 발생하게 된다.

교통혼잡도 공유자원 남용의 한 예이다. 출퇴근 시간에 간선도로를 통행할 수 있는 차량의 수는 한정되어 있다. 내가 카풀을 하거나 집에서 근무하지 않고 따로 차를 운전해서 출근하기로 결정했다면 나는 다른 수많은 사람들의 출근시간을 약간 더 길게 만드는 것이다. 그러나 나에게는 이런 결과를 고려할 유인이 없다.

공유자원의 경우에는 한 사람이 그 자원을 이용할 때의 **사회적 한계비용**이 그 사람의 개별 한계비용, 즉 그 사람이 그 재화 한 단위를 더 사용함으로써 추가로 부담하는 비용보다 더 높다.

〈그림 17-4〉가 이 점을 보여 준다. 그림에는 물고기의 한계편익(물고기가 추가로 한 단위 더 잡혀 소비될 때 소비자가 얻는 혜택)을 나타내는 수요곡선이 그려져 있다. 그림에는 또한 고기잡이 산업의 한계생산비를 나타내는 공급곡선이 그려져 있다. 산업공급곡선은 각 어부들의 공급곡선(이는 각 개인의 한계비용곡선과 같다)을 수평으로 합한 것임을 알고 있다. 고기잡이 산업에서는 한계비용이 가격과 같아지는 Q_{MKT}의 수량이 공급될 것이다.

그러나 효율적인 어획량은 한계편익이 고기잡이 산업의 한계생산비가 아니라 사회적 한계비용과 같아지는 Q_{OPT}이다. 시장에서 나타나는 결과는 공유자원의 남용이다.

지적한 바와 같이 공유자원을 사용하는 문제와 부정적 외부효과로 인해 발생하는 문제 사이

그림 17-4 공유자원

고기잡이 산업 전체의 한계생산비를 나타내는 공급곡선 S는 각 어부들의 개별 공급곡선들로 이루어져 있다. 그러나 각 어부들의 개별 한계비용에는 그 어부가 다른 어부들에게 끼치는 비용—공유자원의 고갈—이 포함되어 있지 않다. 따라서 사회적 한계비용곡선 MSC는 공급곡선 위쪽에 위치한다. 규제가 없는 시장에서의 공유자원 사용량 Q_{MKT}는 효율적인 사용량 Q_{OPT}보다 크다.

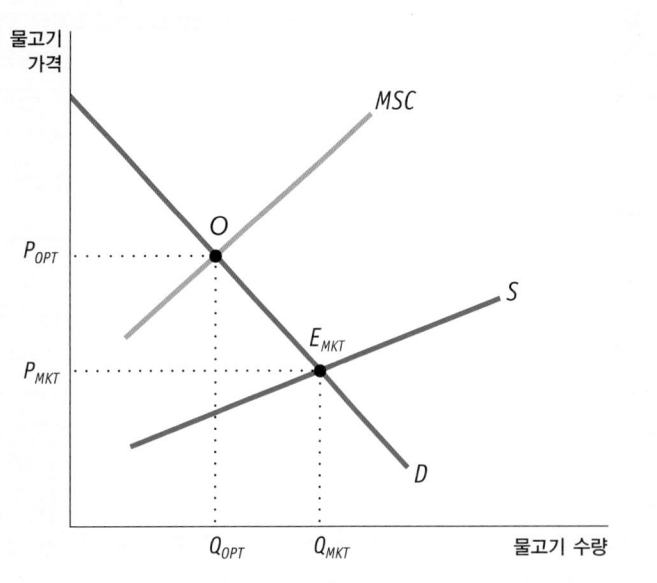

에는 아주 유사한 공통점이 있다. 부정적 외부효과를 발생시키는 활동의 경우에는 사회적 한계비용이 산업의 한계생산비보다 높고 그 차이는 사회에 발생하는 외부비용이었다. 여기서는 어부가 공유자원을 고갈시킴으로써 사회가 입는 손실이 부정적 외부효과가 있을 때의 외부비용과 같은 역할을 한다. 사실 (공해와 같은) 많은 부정적 외부효과는 (깨끗한 공기와 같은) 공유자원과 관련되어 있다고 생각할 수 있다.

공유자원의 효율적 이용과 보존

공유자원은 부정적 외부효과로 인해 초래되는 것과 유사한 문제를 발생시키므로 이에 대한 대책 또한 유사하다. 공유자원이 효율적으로 이용되게 하기 위해서는 그 자원의 사용자가 다른 사용자에게 발생시키는 비용을 고려하도록 만드는 방법을 찾아야 한다. 이것은 기본적으로 사람들이 자신의 행동으로부터 발생하는 부정적 외부효과를 내부화하도록 만드는 것과 같은 원리이다.

공유자원을 사용하는 사람들이 다른 사람들에게 끼치는 비용을 내부화하도록 유도하는 방법은 근본적으로 세 가지가 있다.

- 공유자원을 이용하는 데 조세를 부과하거나 다른 방법으로 통제한다.
- 공유자원을 사용하는 데 양도 가능한 허가권 제도를 만든다.
- 누군가에게 재산권을 부여하여 공유자원이 배제성을 갖도록 만든다.

공유자원의 이용에 대해서도 부정적 외부효과를 발생시키는 활동과 같이 피구세를 부과함으로써 효율적인 수준으로 사용량을 감소시킬 수 있다. 예를 들어 출퇴근 시간에 자동차를 운행하는 사람에게 도로상의 공간이라는 공유자원의 사용료에 해당하는 '혼잡비용'을 부과하는 국가도 있다. 같은 맥락에서 국립공원 방문자는 입장료를 지불해야 하며 각 공원의 방문객 수는 제한되어 있다.

남용을 방지하는 두 번째 방법은 부정적 외부효과를 해결하기 위해 고안된 것과 유사하게 공유자원 이용에 대해 양도 가능한 허가권 제도를 만드는 것이다. 정책 담당자는 그 재화의 효율

탐구자를 위하여 비옥한 농지가 사막으로 변할 때

애쉴리 요스트의 할아버지는 캔자스주 자신의 일급 농장 땅속으로 깊은 우물을 파서 넉넉한 수맥을 만나 분당 1,600갤런의 물을 퍼 올릴 수 있었다. 50년이 지난 지금 그의 손자는 분당 300갤런을 퍼 올리는 데도 어려움을 겪고 있다. 그나마 지하수가 침전물로 오염되어 수만 달러에 달하는 펌프들을 망가뜨렸다. 요스트 씨가 비통하게 말한다. "저것은 일급 농장이에요. 전에는 옥수수를 에이커당 294부셀까지 수확했어요. 이제는 끝났어요." 중서부 캔자스 여러 곳이 동일한 문제를 갖고 있다. 관개농장의 우물 중 5분의 1이 이미 말라 버렸다. 텍사스 펀핸들에서는 많은 농장들이 방치되어 있고 한때 매우 비옥했던 농장들이 들판으로 변하자 시골 마을들이 텅텅 비었다.

이것이 세계에서 가장 큰 지하 저수지이자 주목할 만한 공유자원인 오갈라 대수층을 제대로 관리하지 못한 슬픈 결과이다. 이 대수층은 여덟 개의 대초원 주에 걸쳐 있으며 약 17만 4,000 제곱마일에 걸쳐 수백만 명에게 식수를 제공한다. 오갈라 대수층의 물은 200~600만 년 전 대초원 지역이 지질학적으로 활발한 활동을 하고 있을 때 형성되었다. 짐작하겠지만 수백만 년 전에 고인 물은 쉽게 보충되지 않는다. 지금 말라 버린 오갈라의 여러 지역을 다시 채우려면 적어도 6,000년 이상 비가 내려야 한다.

어떻게 이런 일이 일어났을까? 오갈라의 훼손은 1950년대 대초원 농지에 지하수를 공급하는 대규모 관개공사로부터 비롯되었다. 실질적으로 아무 제약이 없는 지하수 공급으로 반은 사막이던 대초원의 수백만 에이커 땅이 밀, 옥수수와 다른 작물을 생산하는 가장 비옥한 농지로 변모하였다. 그러나 농부들은 공유자원인 오갈라의 지하수를 보존하는 데는 관심이 없었다. 이 결과 비가 가장 적은 텍사스 펀핸들 같은 지역조차도 옥수수같이 많은 물을 필요로 하는 농작물을 재배하도록 유혹을 받았다.

대초원의 북부 주민들의 일부 지역은 아직도 대략 200년가량 사용할 수 있는 지하수를 보유하고 있지만 대초원의 남부 주민과 농부들은 오갈라 대수층 대부분이 위험할 정도로 낮은 수준까지 고갈되어 지하수가 무한정 공급되던 시절은 끝나 버렸음을 알고 있다.

어떤 농부들은 완전히 포기하였고, 어떤 사람들은 물이 많이 필요하지 않은 농작물이나 가축농장으로 전환하였다. 종자 판매원으로부터 트랙터 판매자와 철도까지 공급망에 속한 모든 사람들의 소득이 줄어들었다.

대수층이 여러 주의 경계에 걸쳐 있으므로 여러 주의 협동 대응이 필요하다. 불행히도 조율된 대응은 지금까지 거의 없었다. "사실 꽤 괜찮은 학교, 꽤 괜찮은 병원, 꽤 괜찮은 조세원 모두 관개된 토지에 근거를 둔 것이었죠"라고 한 지역 책임자는 말한다. "전등 스위치가 지금까지 한동안은 켜 있었지만 스위치가 꺼지면 사람들도 준비를 해야죠." 미래가 어떻게 될지는 모르지만, 저술을 하고 있는 지금 시점에서 공유자원인 오갈라 대수층을 무시하는 시대는 막을 내렸다.

적 이용 수준에 해당하는 만큼의 허가권을 발행한다. 그 허가권을 양도할 수 있게 함으로써 재화의 사용권이 효율적으로 배분되게 만들 수 있다. 즉 궁극적으로 그 재화를 사용하게 되는 사람(허가권에 대해 가장 높은 가격을 지불할 용의가 있는 사람)은 그것을 사용하여 가장 큰 이익을 볼 수 있는 사람이다.

그러나 공유자원에 관한 한 가장 자연스러운 해결 방법은 단순히 재산권을 부여하는 것인 경우가 많다. 근본적으로 공유자원이 남용되는 이유는 아무에게도 소유권이 없기 때문이다. 어떤 재화에 대한 소유권—재산권—의 본질은 누가 얼마만큼 그 재화를 사용할 것인지를 제한할 수 있다는 것이다.

어떤 재화가 비배제성을 가진다면 아무도 재산권을 행사할 수 없으므로 실질적인 의미에서 누구도 그것을 소유하지 못한 것이다. 따라서 누구에게도 그것을 효율적으로 사용할 동기가 없다. 그러므로 남용의 문제를 시정할 수 있는 한 가지 방법은 누군가에게 그 재화에 대한 재산권을 부여하여 재화가 배제성을 갖게 만드는 것이다. 재화의 소유자는 그 재화의 가치를 보호할—남용하지 않고 효율적으로 이용할—동기를 갖게 된다.

다음 '현실 경제의 이해'에서 보는 바와 같이 개인별 양도 가능한 한도(individual transferable quotas, ITQ)라고 불리는 양도 가능한 허가권 제도는 몇몇 어장에서 성과를 거두었다.

현실 경제의 >> 이해

ITQ로 대양을 구하다

세계의 바다는 큰 위기를 맞고 있다. 국제대양실태조사 프로그램에 의해 실시된 한 연구에 의하면 여러 종의 어류가 대대적이고 즉각적인 멸종위기에 처해 있다. 2019년 현재 북대서양 어류의

40%, 지중해 어류의 87%가 멸종위기에 처해 있다. 북해에서는 대구의 93%가 산란 이전에 포획된다. 그리고 일본인의 횟감으로 가장 인기 있는 검은 참다랑어는 자연에서 포획되지 않을 경우에 비해 97% 이하의 수준으로 즉각적인 멸종위기에 처해 있다.

그 주범은 당연히 남획이다. 어부들이 남아 있는 물고기를 잡기 위해 깊은 바다까지 큰 그물을 사용하여 저인망 작업을 함에 따라 그 과정에서 의도하지 않은 다른 많은 해양 생물들까지 죽게 되어 어류 자원의 감소는 더욱 악화되고 있다.

ITQ가 북해의 대구를 구할 수 있을까?

어부들의 소득이 감소하여 생계를 위해 더 많은 시간을 더 위험한 바다에서 조업해야 함에 따라 어업도 위기에 처해 있다.

그런데 개인별 양도 가능한 한도, 즉 ITQ가 이 두 가지 위기에 대한 해법이 될 수 있다. ITQ 제도하에서는 개인들이 특정한 어장에서 1년간 잡을 수 있는 일정 한도의 어획량에 대해 허가권을 받게 된다. ITQ는 오랜 기간 어떤 경우에는 무기한으로 발급된다. 양도가 가능하여 그 소유자는 허가권을 팔거나 임대할 수 있다.

전 세계에서 이미 시행되고 있는 121개의 ITQ 제도를 연구한 사람들은 ITQ를 가진 사람들이 자신의 어장이 장기적으로 유지되는 것에 대해 금전적 이해관계가 달려 있기 때문에 이 제도가 어업의 파국을 되돌릴 수 있을 것이라고 결론지었다. 이러한 견해는 직업 낚시꾼인 안 퍼글로그의 말에 의해 뒷받침된다. 그는 자원의 일부를 소유함으로써 자원을 더 주의 깊게 관리하게 되었다고 한다. "우리는 자원을 더 건강하게 유지하길 원합니다. 우리는 남획하기를 원치 않아요. 우리는 될 수 있는 한 미래 세대를 위해 자원을 지켜서 이것으로 생계를 삼고 싶어요."

(어획량 분배제라고도 불리는) ITQ 제도는 뉴질랜드, 호주, 아이슬란드에서, 그리고 점차로 미국과 캐나다에서도 흔히 볼 수 있다. (제5장에서 분석한 알래스카 대게 잡이 쿼터제가 미국 ITQ의 한 예이다.) 알래스카산 넙치 어장이 성공적인 ITQ 제도의 한 예이다. 이 제도가 시작될 당시에는 이미 어획기가 4개월에서 겨우 2~3일로 감소해 있어서 어선들이 위험한 질주 경쟁을 하고 있었다. 지금은 어획기가 거의 8개월에 달한다. 캘리포니아주립대학교 산타바버라 캠퍼스의 해양학 연구소 소장인 스티브 게인즈는 "넙치 어부들은 겨우 생계를 유지할 정도였는데 지금은 믿지 못할 만큼 이익을 내고 있어요."라고 말한다.

> **>> 복습**
> - **공유자원**은 소비 경합성과 비배제성을 갖는다.
> - 공유자원의 문제는 **남용**이다. 이용자는 다른 사람들이 쓸 수 있는 공유자원을 고갈시키지만, 공유자원을 얼마나 이용할지를 결정할 때는 이 비용을 고려하지 않는다.
> - 부정적 외부효과와 마찬가지로 공유자원도 피구세나 양도 가능한 허가권 제도를 도입하거나 또는 재산권을 부여하여 배제성을 갖도록 함으로써 효율적으로 관리할 수 있다.

>> 이해돕기 17-3
해답은 책 뒤에

1. 록키산의 산림은 정부소유지로, 과거에 시민들은 원하는 만큼의 목재를 무료로 베어 갈 수 있었다. 사회적 관점에서 이것이 문제가 되는 이유를 경제학적으로 서술하라.
2. 당신은 새로 부임해 온 산림청 감독관으로서 일반 대중을 위해 산림을 보존할 수 있는 방법을 모색하도록 지시받았다. 효율적인 벌채 수준을 유지하기 위해 사용할 수 있는 세 가지 방법을 열거하고 그 작동원리를 설명하라. 각각의 경우에 효율적인 결과를 달성하기 위해 알아야 할 정보는 무엇인가?

‖ 인위적으로 희소한 재화

인위적으로 희소한 재화(artificially scarce good)란 배제성을 갖지만 소비에 있어서는 비경합적인 재화를 말한다. 이미 본 바와 같이 케이블을 통해 요금을 지불하고 보는 영화가 잘 알려진 예이

> **인위적으로 희소한 재화**(artificially scarce good)는 배제성을 갖지만 소비에 있어서는 비경합적이다.

그림 17-5 인위적으로 희소한 재화

인위적으로 희소한 재화는 배제성과 소비 비경합성을 갖는다. 이 재화가 인위적으로 희소하게 된 이유는 한 사람 더 그 재화를 소비하도록 허용하는 한계비용은 영이지만 생산자들이 양의 가격을 받기 때문이다. 이 예에서는 프로그램당 요금지불 영화의 시장가격이 4달러이고 그 가격에서의 수요량은 Q_{MKT}이다. 그러나 효율적인 소비량은 가격이 영일 때의 수요량인 Q_{OPT}이다. 효율적인 수량 Q_{OPT}는 규제가 없는 시장에서의 수요량 Q_{MKT}보다 크다. 색칠한 면적은 4달러의 가격을 받는 데서 발생하는 총잉여의 손실을 나타낸다.

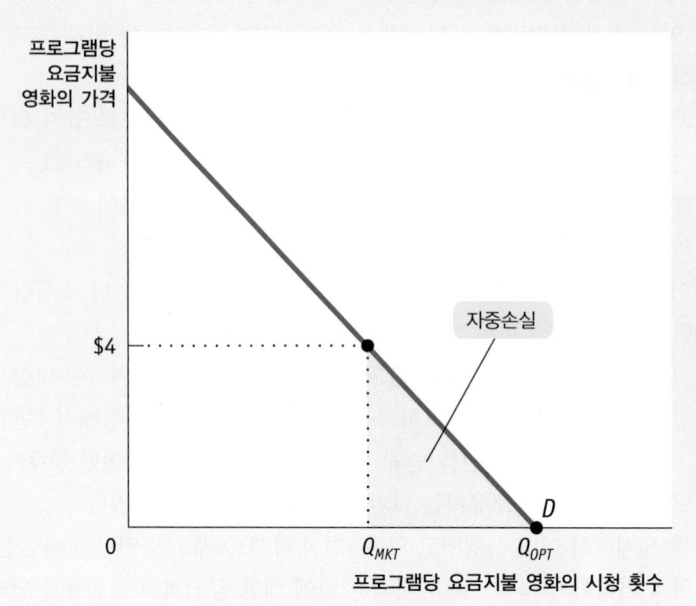

다. 한 사람이 영화를 본다고 해서 다른 사람이 영화를 보는 데 지장이 있는 것은 아니기 때문에 한 사람이 영화를 보도록 허용하는 것의 사회적 비용은 영이다. 그러나 인터넷 방송사는 요금을 내지 않은 사람은 영화를 보지 못하게 하고 있다. 컴퓨터 소프트웨어, 비디오게임, 전자책과 같은 재화는 그 안에 포함된 정보 때문에 가치가 있으며(정보재라고 불리기도 한다) 역시 인위적으로 희소한 재화이다.

이미 본 바와 같이 인위적으로 희소한 재화는 시장에서 공급된다. 배제성이 있으므로 생산자들이 소비자들로부터 소비에 대한 대가를 요구할 수 있기 때문이다.

그러나 인위적으로 희소한 재화는 소비에 있어 비경합적이며 이는 개별 소비의 한계비용이 영임을 의미한다. 따라서 인위적으로 희소한 재화에 대해 생산자가 요구하는 가격은 한계비용을 초과한다. 효율적인 가격은 한계비용과 같이 영이므로 이 재화는 '인위적으로 희소'하며 이 재화의 소비는 비효율적으로 낮다. 그러나 생산자가 어떤 방법으로든 재화를 생산·판매하여 수입을 얻을 수 없다면 아예 생산을 하지 않으려 할 텐데, 이는 비록 비효율적으로 낮기는 하지만 소비가 어느 정도 이루어지는 것보다 더 나쁜 결과이다.

〈그림 17-5〉에는 인위적 희소성으로 인해 발생하는 총잉여 손실이 표시되어 있다. 수요곡선은 주어진 가격에서 시청되는 인터넷을 통해 요금을 지불하고 보는 영화의 수량을 보여 준다. 추가로 한 사람 더 영화를 보게 허용하는 한계비용은 영이다. 따라서 효율적인 영화 시청 횟수는 Q_{OPT}이다. 인터넷 방송사는 그림에서 신호를 해독하는 가격으로 4달러를 받고 이 결과로 케이블을 통해 요금을 지불하고 보는 영화는 Q_{MKT}만큼만 시청된다. 이로 인해 색칠한 삼각형의 면적만큼 자중손실이 발생한다.

이 그림이 낯익지 않은가? 공공재와 공유자원에서 발생하는 문제들과 마찬가지로 인위적으로 희소한 재화에서 발생하는 문제도 우리가 이미 배운 다른 문제와 유사하다. 이 경우에 그것은 **자연독점**의 문제이다. 자연독점이란 의미 있는 산출량 범위 내에서 평균총비용이 한계비용보다 높은 산업을 가리키는 것이었다. 산출물을 생산하기 위해서는 생산자가 최소한 평균총비용만큼의 가격, 즉 한계비용보다 높은 가격을 받아야 한다. 그러나 한계비용보다 높은 가격은 비효율적으로 낮은 소비를 초래하게 된다.

현실 경제의 >> 이해

21세기의 해적행위

지적 재산권 침해(intellectual property piracy, IPP)는 지적 재산을 불법으로 복사, 유포 또는 사용하는 행위이다. 미국 경제에서 지적 재산은 점점 더 큰 비중을 차지하고 있다. 2019년 현재 지적 재산권 특허가 미국 수출의 74%를 차지한다. 따라서 지적 재산권 침해를 면밀히 관찰하고 있으며 FBI는 이를 막기 위해 상당한 자원을 쓰고 있다.

지적 재산권 침해의 가장 흔한 형태는 소프트웨어, 정교한 디지털 기기, 위조된 상품, 영화, 음악, 게임 등이다. 지적 재산권 침해는 전 세계적인 산업으로서 지적 재산권의 소유자인 음악가, 연기자, 영화 제작자, 소프트웨어 회사, 소프트웨어와 게임 창작자들에게 2019년에 1조 달러의 손실을 입혔다. 예를 들어 불법 다운로드를 추적하는 웹사이트인 Torrentfreak.com은 〈왕좌의 게임(Game of Thrones)〉

비디오게임과 같은 지적재산은 인위적으로 희소하게 만들 수밖에 없는데 이로 인해 불법복제를 할 동기가 생긴다.

마지막 회가 방송된 지 8시간 안에 150만 회의 불법 다운로드가 있었음을 발견했다. 또한 비즈니스 소프트웨어 연합(Business Software Alliance)은 사용 중인 소프트웨어의 36%가 불법 복제된 것으로 추정한다.

당국은 지적 재산권 침해를 막기 위한 노력을 증가시켜 왔다. 캐나다에서는 인터넷 서비스 공급자(internet service provider, ISP)들이 불법 다운로드를 추적하고 있으며 건당 5,000달러의 벌금을 부과하고 있다. FBI는 인터폴과 협력하여 해외에서 대규모 불법행위를 하는 미국 시민을 발견하여 기소하고 미국으로 추방하도록 하고 있다.

인위적으로 희소한 재화와의 연관성은 무엇인가? 그것은 일단 지적 재산이 창조되면 추가로 한 소비자에게 한 단위를 전달하는 비용은 실질적으로 0(단지 몇 초간의 다운로드면 된다)이라는 사실로부터 유래한다. 또한 지적 재산은 소비에 있어 비경합적이므로 내가 영화 〈어벤저스〉나 컴퓨터 게임의 해적판을 소비하는 것이 나른 사람의 소비를 방해하지 않는다.

그러나 영화나 게임 창작자가 자신들의 상품을 사용할 권리에 대한 대가를 받을 수 없다면 처음부터 그 상품들을 창작하지 않을 것이다. (이것이 무료 소프트웨어나 게임이 유료판의 복사본이며 품질이 낮은 이유이다.) 따라서 지적 재산은 인위적으로 희소하게 만들어져야만 한다. 그러나 이것이 불법복사의 동기가 되는 것이다. 그러므로 법집행 당국은 지적 재산권 침해를 막기 위한 자신들만의 두더지 게임을 위해 노력을 다할 것이 분명하다.

>> 이해돕기 17-4
해답은 책 뒤에

1. 제나는 제노이드사에 의해 개발된 소프트웨어 프로그램이다. 제노이드사에서는 매년 개정판을 생산해 오고 있는데 그 비용으로 30만 달러가 소요된다. 자사의 홈페이지에서 고객들이 이 프로그램을 내려받을 때 드는 비용은 영이다. 개정판에 대한 수요표는 다음과 같이 주어

>> 복습
- **인위적으로 희소한 재화**는 배제성을 갖지만 소비에 있어서는 비경합적이다.
- 재화가 소비에 있어 비경합적이기 때문에 효율적인 소비자 가격은 영이다. 그러나 배제성을 갖기 때문에 판매자는 양의 가격을 요구하여 소비가 비효율적으로 적어진다.
- 인위적으로 희소한 재화에서 발생하는 문제들은 자연독점으로 인해 발생하는 문제들과 유사하다.

져 있다.

a. 개정판에 대한 효율적인 소비자 가격은 얼마인가? 설명해 보라.

b. 제노이드가 개정판을 생산하고 판매할 수 있는 가장 낮은 가격은 얼마인가? 수요곡선을 그리고 제노이드가 이 가격을 받을 때 효율적인 수준에 비해 발생하는 총잉여 감소분을 표시하라.

개정판 가격	개정판 수요량
$180	1,700
150	2,000
120	2,300
90	2,600
0	3,500

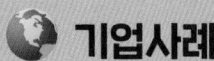

Hal Beral/VW Pics/Universal Images Group via Getty Images

"그것은 페라(Fera), 포르투갈어로 야수입니다. 그녀는 거의 네 살이 되었고, 145파운드입니다." 지프차에 가득한 인간들이 20야드밖에 안 되는 거리에 느긋하게 서 있는 표범을 얼이 빠져 바라보자 하버펠드 씨가 속삭인다. 몇 년 전만 해도 인간들이 자신에게 그렇게 가까이 오게 했다면 페라의 생명은 대단히 위태로웠을 것이다. 지금은 마리오 하버펠드와 그의 사파리 프로그램으로 인해 페라와 그녀의 자손은 번창하고 있다.

오늘날 13만 1,000에이커에 달하는 브라질의 고급 생태 관광지인 카이만 생태 공원의 최고 스타는 표범이다. 표범은 그랜드 캐니언으로부터 아르헨티나에 걸쳐 서식했었다. 그러나 자연 서식지의 반이 사라져 이제 카이만 생태 공원은 이 큰 고양이들의 중요한 요새가 되었다. 그것은 영국보다 큰 광대한 평지로 세계에서 가장 큰 열대 습지이다. 우기에는 야생동물이 가득하며 건기에는 든든한 소 방목의 본거지이다. 카이만 공원에는 300파운드에 달하는 숫놈들을 포함하여 100마리 이상의 표범이 3만 마리의 소들과 공존하고 있다.

그리고 거기에 어려움이 있다. 브라질에서 표범을 사냥하는 것은 불법이지만 카우보이와 땅 주인이 정점의 포식자를 현장에서 사살하기 때문에 법은 일상적으로 무시되고 있었다. 프로그램 생물학자의 말이다. "사람들은 표범을 재산의 손실과

결부시켜 악당으로 생각해요." 하버펠드의 통찰력은 기존의 법을 강요하는 것이 아니었다. 그 대신 목장주들로 하여금 표범들을 재산의 손실을 가져다 주는 존재가 아니라 이윤을 가져다 주는 존재로 보게 만드는 것이었다.

이를 달성하기 위해 하버펠드는 명확한 비용 편익 제안을 그들에게 제시했다. 표범들은 목장주들의 가축을 1년에 1% 정도 죽인다. "따라서 (목장주들에게) 그것은 아무것도 아니다", 하버펠드의 말이다. 광활한 목장 한쪽에 표범에 초점을 맞춘 고급 생태 관광용 오두막을 만들면 땅주인은 소뿐만 아니라 표범을 통해 돈을 벌 수 있다고 그는 설득했다. 일단 표범을 살리자고 목장주들을 설득한 후 그는 인간 가까이에 표범이 살 수 있도록 길들이기 위해 생물학자들과 작업했다.

그리고 그것이 성공했다. 2012년에는 카이만 공원 방문자들 중 7%만이 표범을 보았고 표범이 보이지 않는 것에 대해 실망감을 표시했다. 2016년에는 72%의 방문객이 표범을 볼 수 있었고 건기에는 그 비율이 95%까지 높아졌다. 그리고 경제적인 효과가 실현되었다. 설문조사에 의하면 카이만 공원 방문객의 85%가 표범을 볼 확률에 따라 오두막을 선택하며, 가장 성공적인 오두막은 방문객당 7,000달러 정도를 번다. 하버펠드에 의하면 중요한 것은 무엇보다도 목장주들은 사업가이며 결국은 핵심요소가 지배한다는 것을 이해하는 것이다. 하버펠드는 목장주들의 태도를 변화시키는 것을 임무로 생각한다. 즉, 하버펠드가 목장주들에 대해 말하는 것처럼 "그 친구들이 '아 표범을 죽여서 내가 돈을 잃는구나'라고 깨닫도록" 상황을 조성하는 일이다.

생각해 볼 문제

1. 이 장에서 배운 개념들을 이용해서 표범의 자연 서식지의 소실과 짐승을 죽이는 일 이면에 있는 경제적 동기를 설명하라.

2. 역시 이 장에서 배운 개념들을 이용해서 동기의 변화가 어떻게 카이만 생태 공원의 표범들을 보호하게 만들었는지 설명하라.

요약

1. 재화는 **배제성**과 **소비 경합성** 여부에 따라 그 종류가 구분된다.

2. 경쟁시장은 배제성과 소비 경합성을 갖는 **사유재**의 생산과 소비를 효율적으로 달성할 수 있다. 재화가 비배제성, 소비 비경합성, 혹은 두 가지 다 지니는 경우 경쟁시장은 효율적인 결과를 달성하지 못한다.

3. 재화가 **비배제성**을 갖는 경우 **무임승차 문제**가 발생한다. 즉 소비자들이 재화에 대해 대가를 지불하지 않아 생산이 비효율적으로 낮아진다. **소비 비경합성**을 갖는 재화는 무상으로 공급되어야 하며, 양의 가격을 받으면 소비가 비효율적으로 낮아진다.

4. **공공재**는 비배제성과 소비 비경합성을 갖는다. 공공재는 대부분의 경우 정부가 공급해야 한다. 공공재의 사회적 한계편익은 소비자들의 개별 한계편익의 합과 같다. 사회적 한계편익과 사회적 한계비용이 같아지는 수준이 효율적인 공공재의 생산량이다. 긍정적 외부효과와 마찬가지로 사회적 한계편익이 어느 한 사람의 한계편익보다 커서 어떤 사람도 효율적인 수량을 공급하려 하지 않는다.

5. 정부의 존재 이유 중 하나는 시민에게 조세를 부과하여 공공재를 공급해 줄 수 있다는 것이다. 정부는 **비용편익분석**을 이용하여 효율적인 공공재 공급 수준을 결정한다. 그러나 사람들은 공공재의 가치를 과장하려는 경향이 있기 때문에 비용편익분석에 어려움이 있다.

6. **공유자원**은 비배제성을 갖지만 소비 경합적이다. 사람들은 자신이 자원을 사용함으로써 다른 사람이 사용할 수 있는 자원의 양이 줄어든다는 사실을 고려하지 않기 때문에 공유자원은 **남용**되기 쉽다. 이는 부정적 외부효과 문제와 유사하다. 개인이 공유자원을 사용할 때 사회적 한계비용은 언제나 각 개인의 한계비용보다 높다. 피구세, 양도 가능한 허가권 제도의 도입, 또는 재산권의 부여 등이 해결책이 될 수 있다.

7. **인위적으로 희소한 재화**란 배제성을 갖지만 소비에 있어서는 비경합적인 재화이다. 다른 사람이 그 재화를 소비해도 한계비용이 발생하지 않으므로 효율적인 가격은 영이다. 생산자는 양의 가격을 받음으로써 생산비용을 충당할 수 있으나 소비가 비효율적으로 낮아진다. 인위적으로 희소한 재화의 문제는 자연독점의 문제와 유사하다.

주요용어

배제성	소비 비경합성	공유자원
소비 경합성	무임승차 문제	남용
사유재	공공재	인위적으로 희소한 재화
비배제성	비용편익분석	

토론문제

1. 2003년 이전에는 런던시가 하나의 거대한 주차장이었다. 교통정체는 흔한 일이어서 수 마일을 움직이는 데 몇 시간씩 걸리곤 하였다. 통근하는 사람이 한 명 늘 때마다 도로의 자동차 수로 측정될 수 있는 교통체증이 가중되었다. 통근자마다 도로에서 아까운 시간을 허비함으로써 고통 받았지만 누구도 다른 사람에게 끼친 불편에 대해 대가를 지불하지 않았다. 이동의 총비용에는 이동 중 낭비되는 시간의 기회비용과 런던시 당국이 부과하는 요금이 포함된다.

a. 자동차로 런던에 진입하는 데 아무런 요금도 부과되지 않고 도로가 공유자원이라는 가정하에 그래프를 이용하여 런던 도로가 남용되는 것을 나타내라. 이동 비용을 수직축으로 표시하고, 자동차 수를 수평축에 표시하라. 전형적인 수요곡선, 개인의 한계비용곡선(MC), 사회적 한계비용곡선(MSC)을 그리고 균형점을 표시하라. (힌트 : 한계비용에는 도로에서 보내는 시간의 기회비용이 포함되지만 다른 사람에게 끼치는 불편은 포함되지 않는다.)

b. 2003년 2월에 런던시는 런던으로 진입하는 모든 차량에 대해 혼잡요금 5파운드를 징수하기 시작했다. 이 혼잡요금의 효과를 a에서 그린 그래프에 나타내고 새로운 균형점을 표시하라. 새로운 균형점이 최적이 아니라고(즉 5파운드의 요금이 최적 수준에 비해 너무 낮다고) 가정하자.

c. 2011년 1월 혼잡요금이 9파운드로 인상되었다. 이 인상된 요금이 최적 수준이라고 가정하고 a에서 그린 그래프에 새로운 균형점을 표시하라.

2. 버처트 가든은 브리티시 콜럼비아주 빅토리아에 있는 매우 큰 정원으로 아름다운 식물들로 유명하다. 그 규모가 무척 커서 현재 그곳을 방문하는 방문객들보다 몇 배 더 많은 방문객들을 수용할 수 있다. 버처트 가든에서는 30달러의 입장료를 받고 있으며, 이 가격에 매일 1,000명이 방문하고 있다. 만약 무료로 입장시킨다면 매일 2,000명이 이곳을 방문할 것으로 보인다.

a. 버처트 가든 관람은 배제성을 갖는가? 소비 경합적인가? 버처트 가든은 어떠한 재화인가?

b. 버처트 가든 관람에 대한 수요곡선을 그려 보라. 30달러의 입장료를 부과하는 경우를 나타내 보라. 또한 입장료가 무료인 경우를 표시해 보라.

c. 30달러의 입장료를 부과할 때의 자중손실을 표시하라.

30달러의 입장료를 부과하는 것이 왜 비효율적인지 설명하라.

3. 한 의약품 회사가 COVID-19 바이러스 백신 개발 과정에서 무척 높은 고정비용을 부담하게 되었다. 그러나 환자에게 백신을 투여하는 한계비용은 무시할 수 있을 정도로 낮다(영이라고 생각하자). 그 의약품 회사는 백신에 대해 독점적인 특허권을 보유하고 있다. 당신은 그 의약품 회사가 받을 가격을 결정해야 하는 규제 담당관이다.

a. 규제가 없을 경우 의약품 회사가 책정하게 될 백신 가격을 그림을 그려 나타내고, P_M으로 표시하라. 효율적인 백신 가격은 얼마인가? 가격이 P_M인 경우에 발생하는 자중손실을 표시하라.

b. 다른 그림에 의약품 회사가 여전히 백신을 개발하도록 유도하면서 규제자가 책정할 수 있는 가장 낮은 가격을 표시하라. 그 가격을 P^*라 하자. 가격이 P^*인 경우에 발생하는 자중손실을 표시하라. 이때의 자중손실은 P_M인 경우에 발생하는 자중손실에 비해 어떠한가?

c. 당신이 의약품 회사의 고정비용에 대해 정확한 정보를 가지고 있다고 가정하자. 정부의 부담이 가장 적으면서도 백신이 효율적으로 공급되도록 하려면 의약품 회사에 대한 가격규제와 정부보조를 어떻게 사용해야 하겠는가?

연습문제

1. 정부는 여러 재화와 서비스 공급에 관여하고 있다. 다음에 제시된 재화나 서비스가 소비 경합성을 갖는지 여부와 배제성을 갖는지 여부를 판단해 보라. 그 재화의 종류는 무엇인가? 정부 개입이 없는 경우 공급되는 수량은 효율적인가, 비효율적으로 낮은가, 혹은 비효율적으로 높은가?

a. 도로 표지판

b. 철도 서비스

c. 공해 규제

d. 통행료가 없는 지역 간 고속도로

e. 해안가의 등대

2. 어떤 경제학자가 박물관 관리자에게 관람객이 드문 시간대에는 입장료를 받지 않고, 관람객이 많으면 할증요금을 받아야 한다고 조언하였다.

a. 박물관이 한적할 때 박물관은 소비 경합적인가? 배제성을 갖는가? 이 시간대에 박물관은 어떤 재화인가? 이 시간대에 관람객에게 어떤 가격을 받는 것이 효율적이

고, 그 이유는 무엇인가?

b. 박물관이 혼잡할 때 박물관은 소비 경합적인가? 배제성을 갖는가? 이 시간대에 박물관은 어떤 재화인가? 이 시간대에 관람객에게 어떤 가격을 받는 것이 효율적이고, 그 이유는 무엇인가?

3. 계획된 공동체에서는 보통 주택소유자협회가 공동체 생활의 여러 측면을 규제하고 있다. 이 규제는 주택의 구조 제한, 보행로의 제설 의무, 뒷마당의 수영장과 같은 외부시설 금지, 마을회관과 같은 공용 공간에서의 행동강령 등을 포함하고 있다. 일부 주택소유자들은 이러한 규제 중 어떤 것은 너무 지나친 간섭이라고 느껴 갈등이 있어 왔다. 당신이 이 갈등을 조정하기 위해 불려 왔다. 당신은 규제 중 어떤 것이 적절하고 어떤 것이 부적절하다는 것을 경제학을 이용하여 어떻게 판단하겠는가?

4. 다음 표는 타니샤와 아리가 한 달간 거리청소 횟수에 대해 느끼는 개별 한계편익을 나타낸다. 거리청소의 한계비용

은 매회 9달러로 일정하다고 가정하자.

월간 거리청소 횟수	거리청소에 대한 타니샤의 한계편익	거리청소에 대한 아리의 한계편익
0		
	$10	$8
1		
	6	4
2		
	2	1
3		

a. 탸니샤가 거리청소 비용을 혼자서 부담해야 한다면 거리청소 횟수는 얼마이겠는가?

b. 거리청소의 사회적 한계편익을 계산하라. 거리청소의 최적 횟수는 얼마인가?

c. 거리청소의 최적 횟수를 고려하자. 그 최적 횟수의 마지막 청소에 드는 비용은 9달러이다. 타니샤는 이 마지막 청소비용을 혼자서 부담하려고 하겠는가? 아리는 이 마지막 청소비용을 혼자서 부담하려고 하겠는가?

5. 라디오 수신기를 갖고 있으면 누구나 공영라디오를 들을 수 있는데, 공영라디오는 대부분 기부금에 의해 운영된다.

a. 공영라디오는 배제성을 갖는가? 소비 경합적인가? 공영라디오는 어떤 재화인가?

b. 정부가 공영라디오를 지원해야 하는가? 자신의 논리를 설명해 보라.

c. 재정독립을 위해 공영라디오 방송사는 사용자 요금을 지불해야만 들을 수 있는 위성라디오에만 전파를 보내기로 결정했다. 이때 공영라디오는 어떤 재화인가? 라디오 청취량은 효율적이겠는가, 아니겠는가? 그 이유를 설명하라.

6. 당신이 수강하는 경제학 과목에서 그룹별 과제를 내 주었다. 당신 그룹에 대해 최선이 아닌 결과를 초래할 수 있는 무임승차 문제가 무엇인지 쓰라. 이 문제를 해결하기 위해 조교가 그룹 내 다른 사람들이 기여한 바를 익명으로 평가하여 제출하라고 한다. 이러한 평가가 원하는 효과를 발휘할 수 있겠는가?

7. 어퍼 비글즈워스 마을에는 공유지가 있는데 마을 사람들은 누구든지 합법적으로 이곳에 자신의 소를 방목할 수 있다. 공유지의 사용 정도는 그곳에 방목되는 소의 수로 측정된다. 소를 방목하는 데 드는 사적 한계비용은 (예컨대 방목에 더 많은 시간이 들어서) 우상향한다고 가정하자. 또한 방목에는 이에 따른 사회적 한계비용곡선이 있다. 소가 한 마리 더 방목되면 다른 소들이 먹을 수 있는 목초의 양이 줄어들고, 과다방목으로 인한 피해는 방목되는 소의 숫자가 늘어남에 따라 증가한다. 마지막으로 소가 추가될

때마다 먹을 수 있는 목초가 그 이전보다 적어지므로, 공유지에 방목되는 소가 추가될 때 마을 사람들이 얻는 편익은 소의 숫자가 증가함에 따라 감소한다고 가정하자.

a. 공유지는 배제성을 갖는가? 소비 경합적인가? 공유지는 어떤 재화인가?

b. 공유지에 방목되는 소의 수를 수평선에 표시하여 그래프를 그리라. 정부 개입이 없을 때 방목되는 소의 수는 효율적인 수준에 비해 어떠한가? 두 가지 경우를 모두 그래프에 표시하라.

c. 마을 사람들이 공유지를 효율적으로 사용하는 방법을 조언하도록 당신을 고용하였다. 당신은 피구세, 공유지에 대한 재산권 부여, 양도 가능한 이용권 제도와 같은 세 가지 해결책이 있음을 말해 준다. 각 방법으로 어떻게 공유지가 효율적으로 사용될 수 있는지를 설명하라. 재산권을 부여할 때는 공유지에 대한 권리와 모든 소를 방목할 수 있는 권한이 한 사람에게 주어진다고 가정하라. 피구세를 보여 주는 그래프를 그리라.

8. 다음 표는 제이지 앨범을 다운로드 하는 것에 대해 6명의 소비자가 지불하고자 하는 가격(이들의 개별 한계편익)을 나타낸다. 소비자가 1명 더 파일에 접근할 수 있도록 하는 데 드는 한계비용은 일정하며 그 값은 영이다.

소비자	개별 한계편익
아드리아나	$2
바게쉬	15
치주코	1
덴젤	10
엠마	5
프랭크	4

a. 효율적인 파일 내려받기 가격은 얼마인가?

b. 6명의 소비자들이 모두 팬스터라는 파일공유 서비스를 통해 무료로 파일을 내려받을 수 있다. 어떤 소비자들이 파일을 내려받겠는가? 내려받는 소비자들의 총소비자잉여는 얼마이겠는가?

c. 저작권법 위반으로 인해 팬스터가 폐쇄되었다. 이제 파일을 내려받기 위해서는 소비자들은 상업용 음반사이트에서 4.99달러를 지불해야 해야 한다. 어떤 소비자들이 파일을 내려받겠는가? 내려받는 소비자들의 총소비자잉여는 얼마이겠는가? 상업용 음반사이트의 생산자잉여는 얼마이겠는가? 새로운 가격정책으로 인한 자중손실은 얼마인가?

9. 역사적으로 볼 때 소프트웨어는 인위적으로 희소한 재화

였다. 코드를 작성하기 위한 투자가 이루어지고 나면 복사 비용은 무시할 수 있을 정도이므로 비경합적이지만, 소프트웨어 회사들은 사용료를 받음으로써 배제성을 갖도록 만든다. 그러나 최근 누구나 무료로 내려받을 수 있고 수정할 수 있도록 소스코드가 공개된 소프트웨어들이 등장했다.

a. 소스코드가 공개된 소프트웨어의 개발 과정에서 나타날 수도 있는 무임승차 문제에 대해 논하라. 이 문제가 품질에는 어떤 영향을 미치겠는가? 마이크로소프트나 어도비와 같은 회사 제품들처럼 등록된 소프트웨어에서는 왜 이런 문제가 발생하지 않는가?

b. 어떤 사람들은 등록된 소프트웨어가 관심을 갖지 않아 충족되지 못하는 시장 수요를 공개된 소프트웨어가 충족시킨다고 주장한다. 등록된 소프트웨어가 너무 적게 생산되는 것을 나타내는 그래프를 그리라. 소프트웨어의 가격과 한계비용을 수직축에, 소프트웨어 수량을 수평축에 표시하라. 전형적인 수요곡선을 그리고 한계비용곡선(MC)은 한계비용이 항상 영이 되도록 그리라. 소프트웨어 회사가 P의 가격을 받는다고 하자. 균형점과 효율적인 점을 표시하라.

10. 아시아의 매운 소스인 스리라차가 미국인들 사이에 인기를 얻고 있다. 스리라차는 캘리포니아 어윈데일에 있는 허이 퐁 푸드가 생산한다. 이 회사에서는 맛있는 소스를 생산하기 위해 매년 1억 파운드 이상의 칠리 고추를 가공한다. 그러나 이 칠리 고추들을 모두 구워 내는 가운데 의도치 않은 결과가 발생한다. 바로 오염이다. 최근 주민들이

공장에서 발생하는 이 매운 냄새가 속쓰림, 코피, 그리고 기침을 유발하는 것 같다고 항의하기 시작했다.

다음의 가상적인 표는 냄새 배출로 인한 오염의 사회적 한계편익(MSB)과 사회적 한계비용(MSC)을 나타낸 것이다.

냄새 배출량 (냄새 천 단위)	사회적 한계편익 (냄새 단위당 달러)	사회적 한계비용 (냄새 단위당 달러)
0	$80	$0
1	72	8
2	64	16
3	56	24
4	48	32
5	40	40
6	32	48
7	24	56
8	16	64
9	8	72
10	0	80

a. 스리라차 생산 과정에서 발생하는 공해가 어떻게 사회적 한계편익을 가질 수 있는가?

b. 매운 냄새의 사회적 한계비용과 사회적 한계편익을 그래프로 표시하라.

c. 시장에서 결정되는 냄새의 수준은 무엇인가?

d. 시장에서 결정된 냄새 수준을 한 단위 감소시키는 것의 사회적 이득은 얼마인가?

18 ▷ 복지국가의 경제학

정부의 복지 지원

2018년 53세 심장에 문제가 있는 버지니아 배관공 케네스 영은 약을 복용하지 않았다. 그는 보험에 가입되어 있지 않았고, 그 약값을 지불할 능력이 없었다.

그러나 그는 2019년에 치료를 재개할 수 있었다. 그해 1월 1일 버지니아는 저소득층 미국인들의 건강 비용을 보조하는 정부 프로그램인 메디케이드를 확장했고, 영은 새로운 등록자들의 첫 혜택을 받는 사람 중 하나였다. 메디케이드를 통해 그는 치료비를 보조받을 수 있었다.

인구의 약 3분의 1에 해당하는 1억 1천만 명 이상의 미국인들이 주로 65세 이상의 모든 합법적인 미국 거주자들을 대상으로 하는 프로그램인 메디케이드와 메디케어를 통해 정부로부터 건강 보험 혜택을 받고 있다. 수백만 명의 사람들이 민간 보험에 가입하는 것을 돕기 위해 정부 보조금을 받는다. 정부의 보조가 사람들의 삶에 큰 요인이 되는 분야는 의료뿐만이 아니다. 은퇴자와 장애인을 지원하는 사회보장제도 혜택을 받는 미국인은 6천만 명이 넘는다. 3,500만 명 이상이 종종 '식품 구입권'이라고 하는 영양지원프로그램(Supplemental Nutrition Assistance Program)에 따라 식품 구매에 대한 지원을 받고 있다. 그리고 2,500만 명 이상이 근로소득세 공제를 통해 임금 소득에 추가되는 보조금을 받는다.

각각의 경우, 정부는 경제적 불안을 제한하고 경제적 불평등을 줄이기 위해 개인에게 어떤 형태로든 보조를 제공한다. 이 목적에 부합하는 프로그램 모음을 복지국가라고 한다. 우리가 방금 제시한 숫자들이 보여주듯이, 미국의 복지국가는 꽤 광범위하다. 그러나 복지국가는 대부분의 다른 부유한 나라들의 경제에서 훨씬 더 큰 역할을 한다.

이런 복지국가로서의 적절한 규모와 역할에 대해 강도 높은 정치적 논쟁이 있다. 실제로 당신은 이런 논쟁이 정치가 무엇인지를 보여 주는 것이라 주장할 수 있으며 진보주의자들은 복지국가의 권한을 늘리려고 하고, 보수주의자들은 그 범위를 줄이려고 한다.

그러나 어려움이 있는 가족들이 어느 정도의 도움이 필요하다는 것에는 넓은 범위의 공감대가 형성되어 있다. 심지어 보수주의자들도 일반적으로 대규모의 복지국가 형태를 받아들인다. 부유한 국가의 정부는 건강보험부터 은퇴까지, 가난한 사람과 실업자를 돕기 위한 역할을 하고 있다.

이 장은 복지국가 정책의 당위에 대해 논하며 시작한다. 그다음 미국에서 진행되고 있는 두 가지 중요한 정책에 대해서 논의한다. 특히 가장 큰 규모의 사회보장정책인 **소득지원정책**과 메디케어, 메디케이드가 주를 이루는 **건강보장정책**에 대해 논의한다. ●

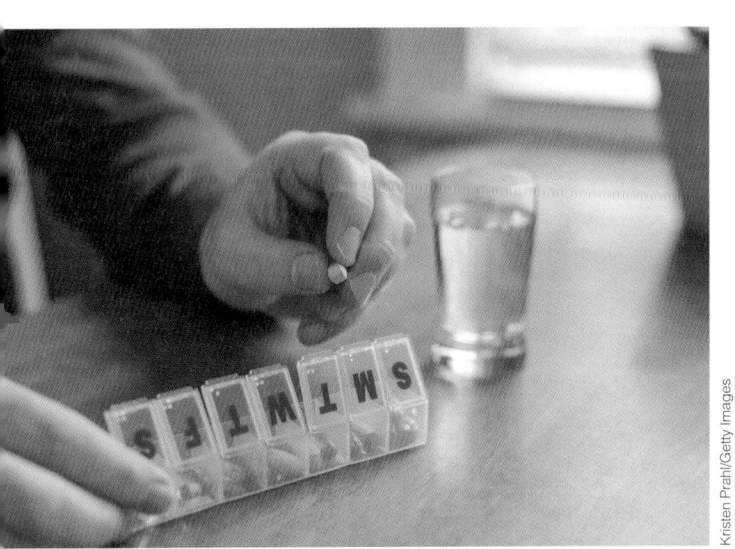

부담적정보호법(ACA)의 시행은 미국 복지정책의 주요 확장이었다.

Kristen Prahl/Getty Images

이 장에서 배울 내용

- **복지국가**는 무엇이고 그것은 사회에 어떻게 이익을 주는가?

- 빈곤의 원인과 결과는 무엇인가?

- 미국의 소득 불평등은 시간이 지남에 따라 어떻게 변했는가?

- 사회보장제도와 같은 **사회보험제도**는 빈곤과 소득 불평등에 어떻게 영향을 미치는가?

- 왜 복지국가의 규모에 대한 논쟁이 있는가?

- **민간 의료 보험**에 대한 특별한 우려는 무엇이며 정부는 이를 해결하기 위해 어떻게 행동했는가?

복지국가(welfare state)는 국민의 경제적 고충을 덜어 주기 위해 노력하는 정부의 정책이나 제도이다.

정부 이전지출(government transfer)은 개인이나 가족에 대한 정부의 지출이다.

빈곤제도(poverty program)는 가난한 계층을 지원하는 정부의 제도다.

사회보험제도(social insurance program)는 사전예측이 힘든 미래의 재정적 위험에 대비하여 지원을 해 주는 정부의 제도다.

‖ 빈곤, 불평등 그리고 공공정책

제2차 세계대전 당시 영국의 한 성직자는 한 연설에서 국민을 지배하는 데 전념하는 나치 독일의 '전쟁국가(warfare state)'와 국민들의 복지 후생 증진에 노력하는 영국식 '복지국가'를 대비하였다. 이때부터 **복지국가**(welfare state)라는 용어는 국민의 경제적 고충을 덜어 주기 위해 노력하는 정부의 정책이나 제도를 의미하였다. 부유한 국가들은 정부지출의 상당 부분을 개인이나 가정으로의 **정부 이전지출**(government transfer)로 할애한다. 정부 이전지출은 빈곤층으로의 재정지원, 실업자에 대한 보조, 노년층에 대한 소득지원 그리고 의료비 지출 부담이 큰 사람들에 대한 지원 등을 제공한다.

복지국가의 논리

복지국가의 생성은 세 가지 주요한 근거를 갖는다. 우리는 각각에 대하여 알아볼 것이다.

1. 소득 불평등의 완화   연간 소득이 1만 5,000달러에 불과한 테일러네 가족이 정부로부터 1,500달러의 수표를 받았다고 상상해 보자. 이 수표를 통해서 테일러는 더 좋은 곳으로 이사를 가거나 좀 더 좋은 음식을 먹는 등의 방식으로 그들의 삶의 질을 향상시킬 수 있을 것이다. 한편 연간 소득이 30만 달러나 되는 피셔네 가족이 정부로부터 1,500달러의 추가 세금을 징수당하는 상황을 생각해 보자. 아마도 이 세금은 그들의 삶의 질에 큰 영향을 주지 않고 단지 그들은 몇몇 사치품을 포기하면 그만일 것이다.

위에서 가정한 이러한 교환이 소득 불평등을 완화시키고자 하는 복지국가의 중요한 이론적 밑바탕을 암시한다. 가난한 사람에게 있어 추가적인 1달러는 부유한 사람의 1달러보다 훨씬 더 귀중한 가치를 가진다. 따라서 이러한 주장에 따르면 부자들로부터 빼앗은 돈을 가난한 자들에게 나누어 주는 로빈 후드 같은 정부는 오히려 이롭다고 할 수 있다. 금액이 상대적으로 크지 않은 한 이전으로 인한 비효율성은 사회에 대한 혜택에 압도당할 것이다. 가난한 계층을 지원하는 제도들은 **빈곤제도**(poverty program)라고 불린다.

2. 경제적 불안정성의 완화   복지국가의 두 번째 중요한 이론적 근거로서 경제적 불안정성의 완화를 들 수 있다. 홍수나 질병과 같은 불행한 일이 발생할 때 그것들은 거의 제한된 수의 사람들에게 일어난다. 예를 들어 2017년 텍사스를 강타한 파괴적인 홍수 동안 수백만 명의 텍사스 주민들이 집을 잃었다. 그러나 홍수로 인해 미국의 나머지 지역은 피해를 입지 않았다.

내년에 어떤 불행한 일도 발생하지 않으면 5만 달러의 소득을 기대할 수 있는 열 가구를 생각해 보자. 하지만 구체적으로 어떤 가정에게 발생할지는 몰라도 적어도 한 가정에게는 불행한 일이 찾아오는 상황을 생각해 보자. 예를 들면, 큰 의료비를 부담하거나 집이 홍수로 인해 잠겼기 때문에 각 가정은 1/10의 확률로 소득이 크게 감소할 위험을 가지고 있다. 이와 같은 사건들은 해당 가족들로 하여금 학업을 중단하거나 살고 있던 보금자리를 잃게 할 수 있다.

이제 정부가 나서서 불행한 사건을 겪지 않은 나머지 가정들로부터 세금을 걷어서 고통받고 있는 불행한 가족을 지원해 주는 상황을 생각해 보자. 현재 지원을 받지 않는 가정들도 미래의 어느 시점에 도움이 필요할 수 있으므로, 이러한 정부 정책은 분명히 모든 가정을 이롭게 할 것이다. 모든 가정은 자신들에게 불운한 일이 찾아올 때 정부가 지원해 줄 준비가 되어 있음을 알고 있을 것이다. 이와 같이 사전예측이 힘든 미래의 재정적 위험에 대비하여 지원을 해 주는 정부의 제도를 **사회보험제도**(social insurance program)라고 한다.

위에서 언급한 복지국가의 두 가지 이론적 근거는 제7장에서 우리가 공부했던 **능력원칙**과 깊은 관련이 있다. 능력원칙은 바로 누진세와 깊은 관련이 있었음을 상기하라. 이에 따르면, 추가 적인 단돈 1달러에 큰 경제적 만족을 느낄 수 있는 저소득층은 상대적으로 경제적 만족감이 무 딘 고소득층에 비해서 소득 중 세금이 차지하는 비율이 낮게 된다. 또한 같은 논리로서 이러한 세금제도로부터 저소득층은 실제로 돈을 돌려받는 효과를 누림을 알 수 있다.

빈곤선(poverty threshold)은 빈곤하 다고 여겨지는 가족의 연간 소득의 상 한선이다.

빈곤율(poverty rate)은 빈곤선 하에서 생활하고 있는 인구의 비율이다.

3. 가난의 감소와 의료 서비스 이용 제공 복지국가의 마지막 주요 근거는 가난한 가정의 어린 이들에게 특히 적용되는 가난의 감소와 의료 서비스 이용의 사회적 이득이다. 연구자들은 그러한 어 린아이들이 일생 동안 불리함을 겪는다고 보고한다. 경제적으로 빈곤한 아이들은 심지어 그들의 능력을 조정한 후에도, 심각한 사회적 비용을 야기하는 자신의 능력 이하의 일을 하거나 실업상 태에 머물고, 범죄를 저지르거나 만성적인 건강 문제에 시달린다. 이 증거에 따라서 가난을 줄이 고 의료 서비스 이용을 제공하는 데 도움이 되는 프로그램은 사회에 외부편익을 가져온다.

좀 더 광범위하게 이야기하자면, '탐구자를 위하여'에서 설명하는 것처럼, 정치적 철학자는 사회적 정의원칙에 따라서 사회는 가난하고 불운한 사람들을 마땅히 돌보아야 한다고 주장한 다. 하지만 이에 반대하는 자들은 복지정책이 정부의 적절한 역할 수준을 넘나들 위험이 있다고 우려한다. 이와 같은 두 철학적 입장을 흔히 정치에서 이야기하는 '자유주의'와 '보수주의'로 해 석할 수 있다.

하지만 실제 상황은 이와 같이 간단히 요약될 수 없음을 유념해야 한다. 정부의 제한된 역할 을 강조하는 보수주의자들도 일반적인 복지정책에 대해서는 찬성하는 편이다. 또한 복지국가를 지향하는 경제학자들조차도 빈곤층에 대한 지원이 확대됨에 따라 이것이 그들의 저축과 근로의 유인에 미치는 악영향에 대해서 우려하곤 한다. 세금과 같은 복지정책은 상당한 규모의 경제적 자중손실을 유발할 수 있기 때문에 정책의 실제적인 경제적 비용은 눈에 보이는 금액 이상일 수 있다.

이 장 후반부에서 복지국가의 비용과 효과에 대해서 다루기로 한다. 그 전에 복지국가가 당면 할 수 있는 문제점을 먼저 살펴보자.

빈곤의 문제

빈곤이 정확히 무엇이고 어떤 것을 의미할까? 여러 가지 빈곤의 정의가 가능하지만 1965년부터 미국 정부는 **빈곤선**(poverty threshold)에 대한 공식적인 정의를 내려 오고 있다. 빈곤선은 생활필 수품을 구입하기에 충분한 여력이 되는 최소한의 연간 소득을 의미한다. 빈곤선 아래의 소득을 버는 가정들은 빈곤층으로 분류된다.

공식적인 빈곤선은 가족의 크기와 구성에 따라 달라지며, 생활비의 변화를 반영하여 매년 조 정된다. 2018년에 혼자 사는 성인의 빈곤선은 12,140달러였다. 성인 2명과 어린이 2명으로 구성 된 가구의 경우 25,100달러였다.

빈곤의 추세

지난 몇십 년간 미국 경제는 더욱 번영했지만, 최저생계비 아래로 살아가는 미국 인구의 비율인 미국의 공식적 **빈곤율**(poverty rate)은 감소하지 않았다. 〈그림 18-1〉의 주황색 선은 1967년부터 2017년까지의 빈곤율을 나타낸다. 그림에서 볼 수 있듯이, 1967년부터 빈곤율은 장기적으로 뚜 렷한 추세 없이 상승과 하락을 반복하고 있다. 2017년에는 미국 전체가 훨씬 부유했음에도 불구 하고 빈곤율은 1960년대와 거의 비슷했다.

이 놀라운 결과에 대해 연구자들은 공식적인 빈곤 수준을 측정하는 것에 대한 몇 가지 제약을 확인하였는데, 그중 가장 중요한 것은 소득의 정의가 실제로 많은 형태의 정부 보조를 포함하지

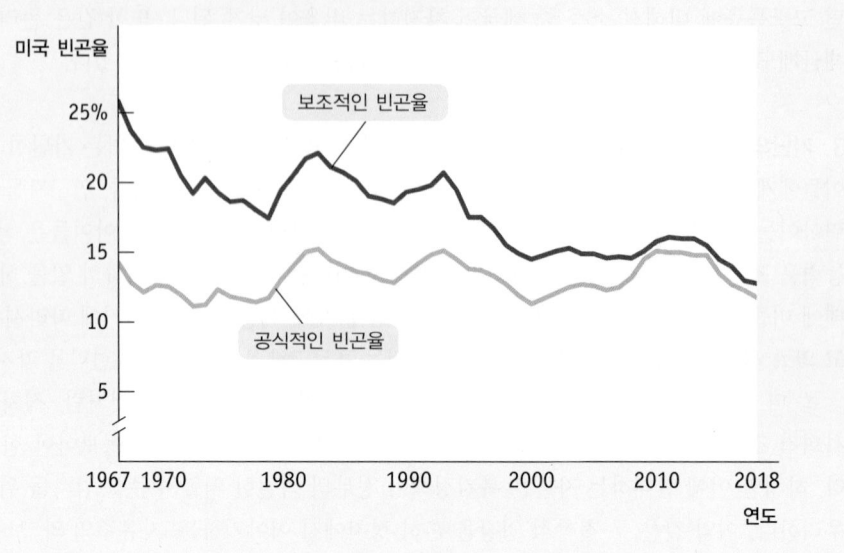

그림 18-1 1967~2018년 미국의 빈곤율 추세

공식적인 빈곤율은 1960년대 말 이후로는 명확한 추세를 보이지 않는다. 그러나 전문가들이 좀 더 정확하다고 생각하는 빈곤율 대체측정치인 보조빈곤율(supplemental poverty rate) 혹은 SPM은 적은 수준이나마 꾸준하게 하락해 왔다.

출처 : U.S. Census Bureau; Fox, Liana, et al., NBER Report No. w19789.

않는 것이다. 예를 들어, 소득의 정의는 식료품 구매 할인권의 금전적인 가치를 포함하지 않는 것이다. 그리하여 미국 인구조사국은 전문가들이 더 정확하다고 생각하는 정부 보조금을 포함한 보조적인 빈곤 수준 측정(Supplemental Poverty Measure)을 발표했다. 〈그림 18-1〉의 붉은 선은 새로운 측정방식에 의한 빈곤율이 어떻게 시간에 따라 변화하였는지를 보여 준다. 기존의 측정방식에 비해 새로운 빈곤율은 진보를 보여 주고 있으나, 250% 성장한 실질소득을 고려한다면 여전히 적은 수준의 진보이다.

빈곤층은 누구인가?

대부분의 미국 사람들은 마음속에서 전형적인 빈곤층의 모습을 가지고 있다. 남편이 없는 아프리카계 미국인 또는 히스패닉계로서 일시적으로나마 실업상태에 있는 여성가장이다. 이 모습이 전혀 엉뚱한 것은 아니다. 빈곤율은 아프리카계 미국인과 히스패닉계 사이에 그리고 여성이 가장인 가구에서 비례 이상으로 높다. 그러나 대부분의 빈곤층은 고정관념과는 다르다.

2018년 기준으로 미국 인구의 11.8%인 3,810만 명이 빈곤에 허덕이고, 이는 7명 중 1명보다 약간 많은 수치이다. 빈곤층 중 가장 큰 집단은 히스패닉계가 아닌 백인으로 전체의 41%를 차지한다. 히스패닉계가 뒤를 이어 빈곤층의 28%를 차지하고, 아프리카계 미국인은 23%, 아시아인은 5%를 차지한다. 하지만 아프리카계 미국인, 히스패닉, 아시아인들은 히스패닉계가 아닌 백인들보다 가난할 확률이 높다. 그리고 빈곤층 인구 중 3분의 1은 어린이로, 미국 어린이 6명 중 1명은 가난하게 산다.

가족 구성과 빈곤에도 상관관계가 있다. 남편 없이 여성이 가장인 가구는 24.9%로서 매우 높은 빈곤율을 기록하고 있다. 하지만 결혼한 가구는 빈곤할 가능성이 훨씬 낮아서 빈곤율이 4.7% 밖에 되지 않았다. 그러나 빈곤층 가구의 39%는 결혼한 부부였다.

그렇지만 자료에서 가장 두드러지는 점은 빈곤과 적절한 고용의 결핍 사이의 관계이다. 전일제 노동을 하는 성인이 빈곤할 가능성은 극히 낮다. 2018년에는 2.3%에 불과하다. 여러 직종, 특히 소매와 서비스 부문에서 주로 시간제 노동자들을 고용하고 있다. 대부분의 시간제 직무에는 의료보험, 유급휴가 그리고 은퇴연금 같은 혜택이 없을 뿐만 아니라 유사한 전일제 직무에 비해 시간당 임금도 낮다. 이 결과로 빈곤층의 다수가 **노동하는 빈곤층**, 즉 소득이 빈곤선에 미치지 못하는 노동자들이다. 코로나바이러스 대유행은 노동하는 빈곤층이 직면한 많은 어려움을 보여주었다. 재정적인 이유로 아픈 와중에도 일을 선택하거나 의료 서비스를 포기하는 것을 선택하는 것이다.

빈곤의 원인은 무엇인가?

가난은 종종 교육의 부족에서 비롯된다. 그리고 교육수준은 확실히 소득수준과 강한 양의 상관관계를 갖는다. 평균적으로 더 많이 교육을 받은 사람들은 돈을 많이 벌고, 적게 받은 사람들은 적게 번다. 예를 들어, 1979년에는 대학교육을 받은 남자는 고졸 출신의 남자보다 약 29% 더 높은 주당 평균임금을 받았는데, 2019년에는 '대학교육을 받은 프리미엄'은 약 92% 정도까지 증가하였다.

미국의 빈곤율은 다른 부유한 나라보다 높다.

교육 부족과 마찬가지로 영어에 능숙하지 못한 것이 높은 소득을 얻는 데 장애가 될 수 있다. 예를 들어 미국에 있는 멕시코 출신 노동자들 — 이들의 2/3는 고등학교를 졸업하지 못했고 다수가 영어에 능숙하지 못하다 — 은 미국 태생의 노동자들 소득의 반밖에 벌지 못한다.

또한 인종과 성에 따른 차별 역시 아직 무시할 수 없다. 차별이 60년 전에 비해서는 심하지 않지만 아직도 많은 미국인들의 진출에 만만찮은 장애가 되고 있다. 같은 수준의 교육을 받은 유색인들은 백인들보다 더 적게 벌고 고용 가능성도 더 낮다. 비슷한 자격을 갖춘 여자들은 남자들에 비해 더 낮은 소득을 벌고 있다. 연구에 의하면 아프리카계 미국인 남자들은 고용주로부터 백인, 아프리카계 미국인 여자, 히스패닉계 이민자들에 비해서 지속적으로 차별을 받고 있다.

이와 더불어 빈곤의 중요한 원인의 하나로서 간과하지 말아야 할 것으로 안전망이 없는 상황에서의 불운을 들 수 있다. 적절한 의료비 지원과 저축이 없는 상황에서 임금소득자가 직장을 잃거나 가족 기업이 망하거나 아니면 가족 중 누군가가 심각한 병에 걸리면 무력해지는 가정이 많다.

가난으로 이어지는 불운 중 일부는 개인보다는 집단을 괴롭힌다. 특히 경제 변동으로 인해 뒤처진 가난한 미국인들이 특정 지리적 지역에 집중되어 있다. 예를 들어, 켄터키 주 할란 카운티를 생각해 보라. 이 지역은 시장과 기술의 변화로 인해 남겨진 이전의 탄광 중심지이다. 카운티 주민의 40% 이상(96%가 백인)이 빈곤선 아래에 있습니다.

빈곤의 결과

빈곤의 결과는 특히 어린이들에게 심각하고 오래 지속된다. 빈곤은 대개 건강관리의 부재와 관련이 있기 때문에 건강하지 못한 아동들은 훗날 정상적으로 학교에 다니며 일할 준비를 하는 데 어려움을 겪곤 한다. 주거비도 부담이 되는 경우가 많아 빈곤 가정은 이사를 자주 하게 되고 이로 인해 수업과 회사일에 방해를 받기도 한다.

최근 의학 연구에 따르면 어린 시절 극심한 가난을 겪으며 자란 아동들은 평생 동안 학습장애를 겪을 가능성이 크다고 한다. 즉 빈곤한 생활을 겪으며 자라난 미국의 아동들은 인생 시작점에서부터 뒤처지게 되며 평생 동안 불이익을 겪게 되는 것이다. 심지어 가난한 가정에서 자라난 유능한 아이들조차도 대학교육을 마치기는 쉽지 않다.

미 교육부는 장기간에 걸쳐 8학년 학생들을 대상으로 부모의 소득과 고용상태에 따른 그들의 능력을 조사하였다. 검사에서 상위 25%의 점수를 받았지만 경제적으로 불리한 배경을 가진 학생들 중 29%만이 대학교육을 마쳤다. 소득이 높은 가정의 비슷한 수준을 가진 학생들은 대학을 졸업할 확률이 74%였다. 그 결과는 혜택을 제대로 받지 못하는 아이들이 빈곤을 극복하는 데 필요한 교육을 받을 가능성이 훨씬 낮기 때문에, 빈곤은 중요한 정도로 자기 영속적이라는 것을 시사한다.

하버드대학의 기회 통찰 프로젝트의 경제학자인 라지 체티(Raj Chetty), 존 프리드먼(John Friedman), 그리고 나다니엘 헨드렌(Nathaniel Hendren)은 가난의 지리적 집중이 특히 유해하다는 것을 발견했다. 불안정한 가족 구조의 비율이 더 높은 가난한 동네에서 자란 아이들은 가난에서 탈출하는 데 훨씬 더 어려움을 겪는다. 보다 안정적인 가족 구조(이혼율이 낮고 결혼율이 높음)를 가진 동네는 자녀가 한부모 가정이든 아니든 상관없이 상향 이동성이 높은 경향이 있다. 즉 이웃의 평균적인 가족 구조는 아이 자신의 가족 구조보다 더 중요하다. 게다가 더 강력한 지원 구조와 상향 이동의 역할 모델을 가진 이웃들도 빈곤 탈출률이 더 높다. 결과적으로 연구에 따르면, 빈곤한 어린이들이 더 안정적인 가족 구조, 더 강력한 지원 네트워크, 그리고 더 많은 역할 모델을 가진 동네로 이사할 때, 그들은 학교를 졸업하고 더 높은 소득을 얻을 가능성이 더 크다. 체티는 "가장 강력한 패턴 중 하나는 어린 시절에 노출된 것이 ― 직업 경로, 범죄, 결혼 등의 측면에서 ― 성장하는 방법에 영향을 미친다."라고 말했다.

경제적 불평등

미국은 부유한 국가 중 하나이다. 2018년 미국의 평균 가구 소득은 9만 21달러였다. 그럼에도 불구하고 왜 수많은 미국인들은 아직도 가난에 허덕이고 있는 걸까? 정답은 바로 평균치보다 못 버는 가구와 이들보다 훨씬 더 많이 버는 다른 가구들로 인해서 야기되는 소득 불평등 때문이다.

⟨표 18-1⟩은 인구조사국이 추정한 2018년 미국 가구의 연방 소득세 납부 이전의 세전소득 분포를 보여 준다. 가구들은 5분위 계수로 분류되었으며 각 집단은 전체 인구의 20%를 차지하고 있다. 첫 번째 칸에 제시된 집단은 소득이 최저 20% 수준을 차지하고 있으며, 두 번째 칸에 제시된 집단의 소득은 20~40%(하위기준)에 속하는 식이다.

각 집단별로 ⟨표 18-1⟩는 3개의 수치가 제시되어 있는 것을 볼 수 있는데, 두 번째 열은 각 집단을 결정지어 주는 소득의 범위를 나타내 준다. 예를 들어, 2018년에는 최하위 20%에 속하는 가구의 연간 소득은 25,600달러 미만인 가구로 구성되었고, 다음 집단(20~40%)

표 18-1 미국의 2018년도 소득 분포

소득 집단	소득 범위	평균 소득	전체 소득 중 비중
최하위 5분위	$25,600 미만	$13,775	3.1%
두 번째 5분위	$25,601~$50,000	37,293	8.3
세 번째 5분위	$50,001~$79,542	63,572	14.1
네 번째 5분위	$79,543~$130,000	101,570	22.6
최상위 분위	$130,001 초과	233,895	52.0
상위 5%	$248,728 이상	416,520	23.1
평균 가구 소득=$90,021		평균 가구 소득=$53,179	

출처 : U.S. Census Bureau.

에 속하는 가구의 소득은 25,601달러에서 50,000달러 사이이다. 세 번째 열에서는 하위 5분위의 13,775달러부터 상위 5%의 416,520달러에 이르는 각 계층의 평균 소득을 보여 준다. 마지막으로 네 번째 열에서는 각 집단이 전체 소득에 기여하는 비율을 확인할 수 있다.

평균 대 중간 가구 소득

⟨표 18-1⟩의 하단부에서는 미국 가구의 소득에 관한 두 가지 유용한 수치를 찾을 수 있다. **평균 가구 소득**(mean household income)은 전체 미국 국민의 소득을 가구 수로 나누어 구한 수치이다. **중간 가구 소득**(median household income)은 소득 분포에서 정확히 가운데에 위치하는 가구의 소득 ― 해당 소득보다 낮은 가구와 높은 가구는 모두 각각 정확하게 전체 가구의 절반이 되게끔 하

평균 가구 소득(mean household income)은 모든 가구에 대한 평균 소득이다.

중간 가구 소득(median household income)은 소득 분포에서 정확히 가운데에 위치한 가구의 소득이다.

는 수준의 소득―을 이야기한다. 이 두 값이 항상 정확하게 일치하는 것이 아님을 기억해야 한다.

경제학자들은 보통 비슷한 예로서 이 둘의 차이를 이야기할 때 한 방에 수십 명의 각기 다른 직업을 가진 사람들이 들어가 있는 상황을 이야기한다. 이때 실리콘밸리의 억만장자가 그 방에 들어왔다고 하자. 이 억만장자의 소득수준이 워낙 높기 때문에 방에 있는 사람들의 평균 소득은 치솟을 것이지만, 중간 소득의 값은 거의 오르지 않을 것이다.

이와 같은 예를 통해 알 수 있듯이 경제학자들은 일반적인 미국 가정들의 경제적 지위에 대한 안내 지표로서 평균 소득보다는 중간 소득을 더욱 신뢰하는 편이다. 왜냐하면 평균 소득은 전체 인구를 대표한다고 보기에는 힘든, 상대적으로 그 수가 적은 고소득층에 의해서 강하게 영향을 받는 반면 중간 소득은 그렇지 않기 때문이다.

〈표 18-1〉로부터 우리가 알 수 있는 사실은 미국의 소득 불평도 정도가 꽤 심하다는 것이다. 하위 20% 가구의 평균 소득은 중간 집단에 속하는 가구의 1/4 수준도 채 안 되며, 최상위 20% 의 소득은 중간 집단 소득의 세 배가 넘는다. 또한 최상위 20% 집단의 평균 소득은 최하위 계층 의 무려 17배에 달한다. 실제로 미국의 소득 분포는 1980년 이래로 계속해서 불평등해지는 모습 을 보이고 있으며 이는 중요한 정치적 논란거리가 되어 오고 있다. 미국의 소득 불평등 정도의 장기 추세는 이 절 마지막의 '현실 경제의 이해'에서 보다 자세히 다루겠지만, 개략적인 추세는 1930년대와 1940년대 사이에는 다소 감소하였지만, 제2차 세계대전 이후 30년간 다소 안정적이 었다가 1970년대 후반부터 다시 상승하기 시작했다.

〈표 18-1〉의 데이터는 다음과 같은 두 가지 이유로 미국의 진정한 불평등 정도를 어느 정도 과장한다는 것을 주목하는 것이 중요하다.

- 가계 소득은 해마다 다양하다. 어느 해든 소득 분배의 하위에 있는 많은 가구들이 특히 나 쁜 한 해를 보내고 있는 것처럼, 상위에 있는 많은 가구들도 특히 좋은 한 해를 보내고 있 다. 그들의 수년간의 평균 수입은 한 해의 수입만큼 불평등하지 않다.
- 가계 소득은 생애에 걸쳐 다양하다. 젊은 사람들과 은퇴한 사람들은 평균적으로 그들의 전 성기에 있는 사람들보다 소득이 낮다. 따라서 서로 다른 연령대의 사람들을 혼합한 데이터 는 비슷한 연령대의 사람들 사이에서 비교하는 데이터보다 더 많은 소득 불평등을 보여 줄 것이다.

그러한 지적에도 불구하고, 미국에는 상당한 양의 선천적인 소득 불평등이 존재하며, 1980년 이후 소득은 상당히 불평등해졌다.

불평등의 국제 비교

미국의 소득 불평등 수준에 대한 관점을 얻는 좋은 방법은 그것을 다른 나라의 수준과 비교하는 것이다. 이를 위해 경제학자들은 〈표 18-1〉의 데이터 유형에 기초한 소득 불평등의 척도인 **지니 계수**(Gini coefficient)를 만들었다. 수학적으로, 한 국가의 지니계수는 소득의 완전히 균등한 분 배를 나타내는 0에서 소득의 가장 불평등한 분배를 나타내는 1까지 범위를 가질 수 있다.

〈그림 18-2〉는 세계 여러 나라의 최근 지니계수 추정치를 보여 준다. 소득 불평등 정도가 높 은 나라는 지니계수가 0.5에 가깝다. 아프리카의 몇몇 국가를 제외하고, 가장 높은 수준의 소득 불평등은 라틴아메리카, 특히 브라질에서 발견된다. 소득 분포가 매우 동일한 국가의 지니계수 는 약 0.25이다. 소득의 가장 평등한 분배는 유럽, 특히 스칸디나비아에 있다. 가장 최근 자료에 따르면, 미국의 지니계수는 0.41이다. 그래서 다른 부유한 나라들과 비교했을 때, 미국은 라틴 아메리카만큼 불평등하지는 않지만, 비정상적으로 높은 불평등을 가지고 있다. 2016년 미국의

지니계수(Gini coefficient)는 한 국가 의 소득 불평등 정도를 보여 주는 숫자 로, 소득이 각 5분위 계수마다 얼마나 불균등하게 분포해 있는지를 나타낸다.

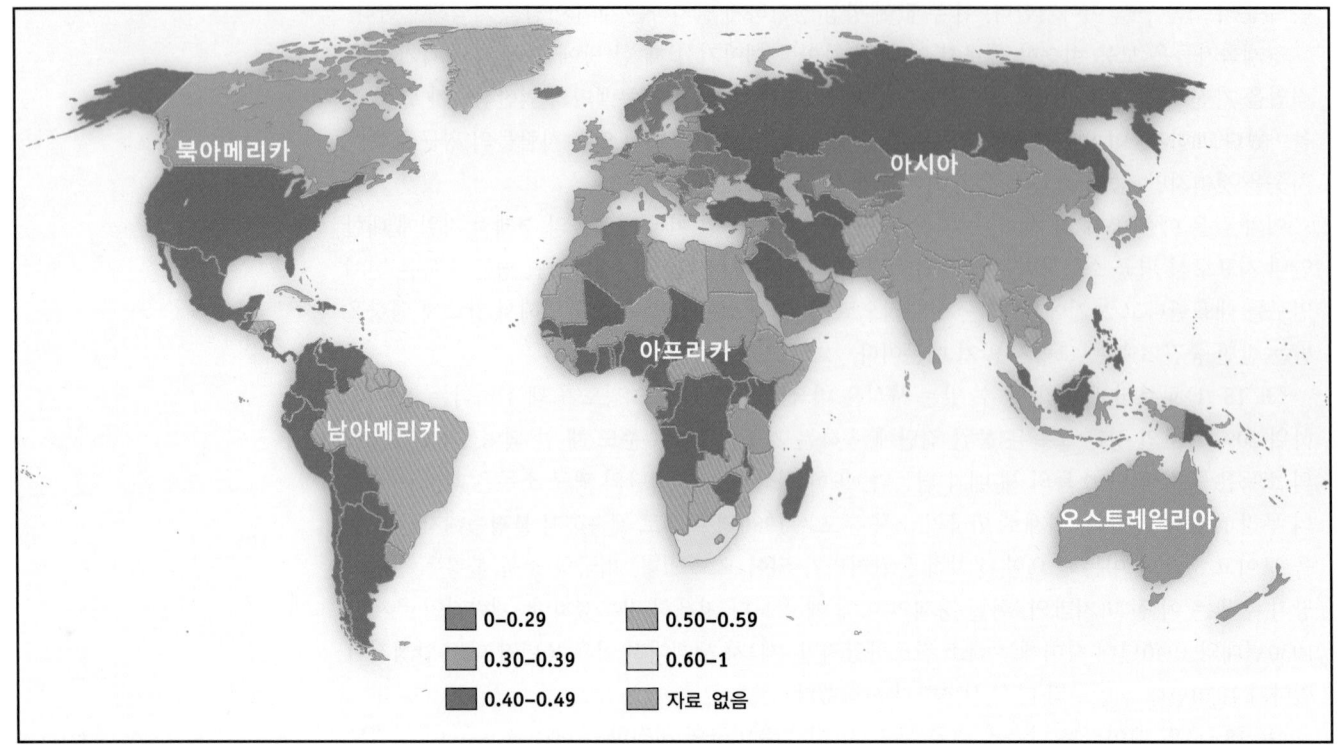

출처 : World Bank, *World Development Indicators*, 2019.

**그림 18-2 전 세계의
소득 불평등**

가장 높은 수준의 소득 불평등은 아프리카와 라틴아메리카에서 발견된다. 가장 동등한 소득 분포는 유럽, 특히 스칸디나비아이다. 다른 선진국과 비교했을 때, 미국은 지니계수는 0.41로 상당히 높은 수준이다. (지니계수는 2008년부터 2017년까지이다.)

상위 1% 소득 계층(39만 달러 이상)은 국민 소득의 20%를 차지했는데, 덴마크는 6%, 캐나다는 14%였다.

불평등은 언제 문제가 되는가?

어느 정도 수준의 소득 불평등은 경제에서 바람직하다. 시장 기반 경제에서 관찰된 불평등의 상당 부분은 기술, 노력, 혁신 및 교육에 대한 경제적 보상을 나타낼 것이다. 그러한 보상이 없다면, 인센티브는 줄어들고 경제는 침체될 것이다.

그러나 높은 소득 불평등은 한 나라의 인구 중 상당 부분이 그 나라의 전반적인 번영에서 공유되지 않고 있다는 것을 의미하기 때문에 문제가 된다. 미국에서, 불평등은 40년 동안 증가해 왔다. 그것은 미국이 상당히 부유해졌음에도 불구하고 빈곤율이 떨어지지 않은 이유이다. 더 큰 관심사는 불평등이 세대에 걸쳐 어떻게 지속되는지이다. 가난한 부모의 자녀들은 부유한 부모의 자녀들보다 가난할 가능성이 훨씬 더 높다. 이것은 다른 부유한 나라들보다 미국에서 더 강한 상관관계이다.

극단적인 불평등은 국가의 장기적인 경제 전망에 해를 끼칠 수 있다. 저소득 가정에서 태어난 사람들은 적절한 영양과 건강 관리를 받지 못해 성인으로서의 생산성이 제한될 수 있다. 또한 교육과 일자리 기회에 대한 접근이 부족하여 경제 성장에 기여할 수 있는 능력이 제한될 수 있다. 어떤 경우에, 높은 불평등은 사회적, 정치적 불안정에 기여하며, 이것은 한 국가의 경제적 성과를 더욱 손상시킨다.

경제적 불안정

앞서 살펴본 바와 같이 빈곤과 불평등을 줄임으로써 얻게 되는 사회적 편익은 복지국가의 중요한 이론적 토대가 된다. 하지만 상대적으로 부유한 가구들에게까지 고통을 줄 수 있는 경제적 불안정을 줄이는 것은 복지국가의 또 다른 중요한 존재 이유가 된다.

🌐 **국제비교** | **부유한 국가에서의 소득, 재분배 그리고 불평등**

미국을 여행하는 데 얼마간의 시간을 썼다면, 스웨덴, 덴마크 같은 나라를 여행하는 데 시간을 조금 더 써 보라. 당신은 스칸디나비아가 분명하게 부자가 덜 부유하고 빈자가 덜 가난함을 확인하고 그에 따라 미국보다 소득 불평등이 훨씬 덜함을 알 수 있을 것이다. 그리고 이런 느낌을 숫자가 확인해 준다. 국가 수준의 소득 불평등을 요약해 주는 지니계수는 스웨덴, 덴마크 그리고 대부분의 서유럽 국가에서 미국보다 분명하게 낮음을 알 수 있다. 그런데 왜 이런 일이 발생할까?

그 답은 크게 보아 정부의 역할에 있다. 미국에서는 정부가 소득 수준이 높은 사람으로부터 낮은 사람으로 이전하는 재분배에 대한 역할을 담당한다. 하지만 유럽 국가들은 이런 복지국가로서의 범위가 미국보다 훨씬 넓으며 더 큰 규모의 소득 재분배를 시행한다.

오른쪽 그림은 몇몇의 부유한 국가들과 두 가지의 지니계수를 나타낸다. 만약 어떤 국가가 완벽하게 동등한 소득 분포를 가지고 있다면, 즉 모든 사람이 같은 소득을 가지고 있으면 지니계수는 0의 값을 갖는다. 반대로, 국가의 모든 소득이 한 사람에게 간다면 지니계수는 1의 값을 가질 것이다. 각 국가에 대해, 보라색 막대그래프는 세전소득의 불평등을 의미하는 실질 지니계수를 나타내고, 주황색 막대그래프는 각 국가의 세후소득의 지니계수를 나타낸다. 시장 소득 관점에서의 소득 불평등은 덴마크, 스웨덴, 미국이 유사한 수준을 가지나, 강력한 복지국가의 역할 덕택에 실질 지니계수는 덴마크, 스웨덴의 경우가 훨씬 작다.

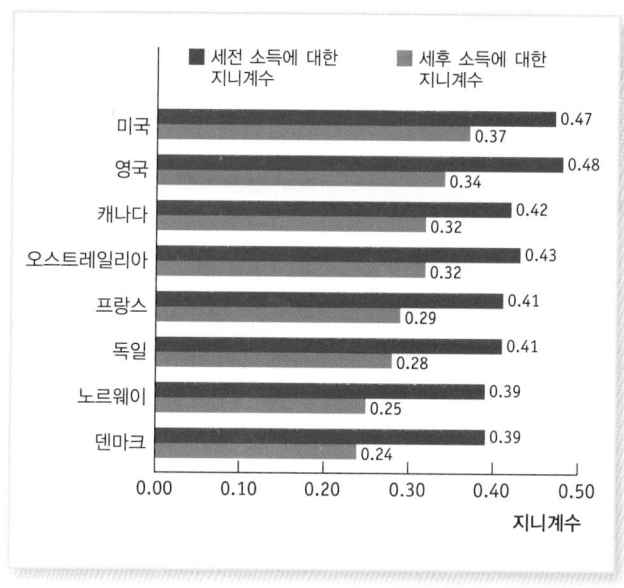

이러한 결론을 내기 위해 몇 가지 주의해야 할 점이 있다. 먼저, 데이터가 미국과 다른 국가들에서 큰 부분을 차지하는 초고소득층을 추적하는 데는 적절하지 못하다. 또한 유럽의 복지국가들에서 그들의 인센티브에 대한 효과 때문에 간접적으로 불평등이 증가할 가능성도 존재한다. 여전히 데이터는 부유한 국가들 간의 불평등 차이는 경제적인 배경보다 다른 정책을 크게 반영한다는 것을 이야기한다.

출처 : Janet C. Gornick and Branko Milanovic, "Income Inequality in the United States in Cross-National Perspective: Redistribution Revisited," Luxembourg Income Study Center, May 4, 2015.

경제적 불안정의 한 가지 예로서 가구 구성원이 실직 또는 그 전보다 더 적은 월급을 주는 직업으로 이직을 했을 때 보통 겪게 되는 소득의 급작스런 감소를 들 수 있다. 예를 들어 2020년 봄 COVID-19 대유행의 여파로 실업률은 5% 미만에서 15% 가까이로 뛰었다. 그리고 저소득층 미국인(소득이 4만 달러 미만인 사람)의 40%가 일자리를 잃었다고 보고한 반면, 소득이 10만 달러 이상인 가구의 13%만이 일자리를 잃었다고 보고하면서 경제적 불평등이 급격히 증가했다. 게다가 직장을 잃거나 임금이 삭감된 사람들의 3분의 1은 매달 지출을 감당할 수 없다고 말했다.

소득의 감소를 겪지 않을 경우에도 가구는 지출의 큰 변화를 겪을 수 있다. 2014년 ACA 실행 전까지 보통 이러한 지출 확대의 가장 대표적 이유로서 암이나 심장마비 등의 질병을 고치는 데 쓰이는 값비싼 의료비를 들 수 있다. 2009년 미국에서 개인 파산의 60%가 의료비 때문인 것으로 추정된다.

현실 경제의 >> 이해

미국 소득 불평등의 장기 추세

불평등 정도는 시간이 지남에 따라 심화될 것인가? 악화될 것인가? 아니면 현 상태에 그대로 머물러 있을 것인가? 정답은 세 가지 모두가 될 수 있다. 미국은 지난 한 세기에 걸쳐서 위의 세 가지 경향 모두를 겪고 있었다. 1930년대와 1940년대에는 불평등도가 약화되었고, 제2차 세계대전 후 약 35년간은 안정적인 편이었으며, 과거 40년간은 점점 불평등도가 심화되는 양상이다.

〈표 18-1〉에서 확인 가능한 5분위 계수별 미국의 소득 자료는 1947년 이후부터 가능하다. 〈그림 18-3(a)〉는 인플레이션이 조정된 연간 소득 증가율을 5분위 계수별로 나타내 주는데, 기간은 1947~1980년 그리고 1980~2018년까지 두 기간이다. 두 기간 사이에는 명확한 차이가 있다. 첫 번째 기간에는 각 집단이 비슷한 정도로 증가함으로써 소득 불평등도에 큰 변화가 없는 채로 전반적인 소득이 상승하였다.

하지만 1980년 이후에는 중간층보다 상위 계층의 소득 증가가 더욱 빠르며 이보다 더 빠르게 중간층과 하위층의 격차가 벌어지기 시작했다. 따라서 1980년 이후로 소득 불평등도는 심화된 편이다. 인플레이션이 조정된 상위 20% 계층의 소득은 1980~2018년 사이에 83% 증가했는데, 이는 하위 가구가 경험한 10% 증가보다 상당히 많은 것이다.

1947년 이전의 소득 분포에 관한 자세한 자료를 직접 구하기 힘들지만, 경제학자들은 그 이전 시기인 1917년까지 소득세 자료와 같은 정보들을 사용하여 전체 인구 중 상위 10%에 속하는 인구의 소득의 전체 대비 비율을 추정하였다. 〈그림 18-3(b)〉를 살펴보면 이 비율이 1917년부터 2018년까지 나타나 있다. 앞에서 살펴보았던 1947년 이후의 좀 더 자세한 자료와 마찬가지로, 이러한 자료들에서도 미국의 소득 불평등도는 1947년부터 1970년대 후반까지는 어느 정도 안정되었지만, 그 이후로는 상당히 심화되었다.

하지만 더 긴 기간을 담고 있는 자료들을 살펴보면 상대적으로 평등했던 1947년의 분포는 새롭게 다가온다. 19세기 후반은 '도금시대(Gilded Age)'라고 불렸던 시기인데, 미국의 소득 분포는 매우 불평등했으며, 이러한 높은 수준의 불평등은 1930년대까지 지속되었다. 하지만 1930년대 후반부터 제2차 세계대전의 종결까지 불평등 정도는 급격히 약화되었다. 경제사가인 골딘(Claudia Goldin)과 마고(Robert Margo)는 그들의 논문에서 이러한 소득 불평등의 완화를 '위대한 응축(the Great Compression)'이라고 명명했다.

대체적으로 위대한 응축의 시기는 미국 정부가 임금과 물가에 관해서 특별히 통제를 가했던 제2차 세계대전 시기와 일치한다. 이러한 통제가 결국 불평등을 완화시키는 방향으로 작용했던 증거가 곳곳에 존재한다. 예를 들어서 당시 고용자들은 가장 낮은 임금을 받는 노동자들의 임금 상승에 대한 승인을 받는 것이 임원들의 임금을 높이는 것보다 훨씬 쉬웠을 것이다. 하지만 전쟁에 의해서 야기된 이러한 평준화가 1946년에 통제가 사라진 이후에도 약 10여 년간 지속되었다는 점은 여전히 수수께끼이다.

그림 18-3 미국 소득 불평등의 추세

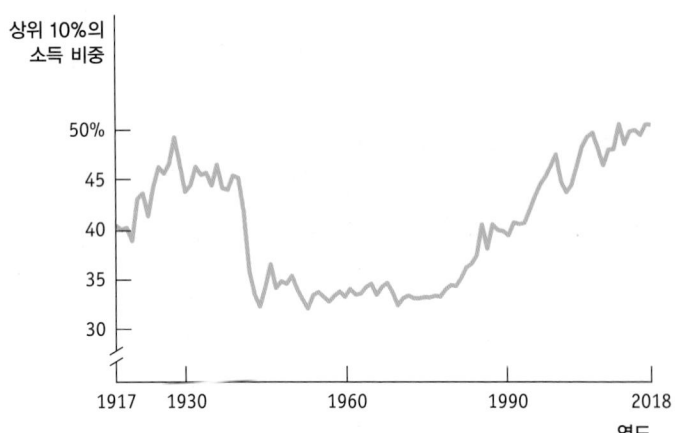

(a) 1947년 이후의 소득 증가율

소득의 증가

■ 1947~1980년　■ 1980~2018년

소득 집단(5분위 계수)	1947~1980년	1980~2018년
최하위	2.37%	0.28%
제2분위	2.10%	0.58%
제3분위	2.29%	0.75%
제4분위	2.36%	1.01%
최상위	2.04%	1.79%

(b) 1917~2018년간 미국인의 가장 부유한 10%

상위 10%의 소득 비중

(1917 1930 1960 1990 2018 연도)

출처 : U.S. Census Bureau (panel (a)). Emmanuel Saez, "Striking It Richer: The Evolution of Top Incomes in the United States," University of California, Berkeley, discussion paper, 2008(updated 2019)(panel (b)).

이미 확인했듯이, 1970년대 이래로 불평등의 정도는 상당히 심해져 왔다. 오늘날 미국 국민들의 세전소득(pre-tax income)은 1920년대에 버금갈 정도로 불평등하게 분배되고 있다. 비록 불평등의 정도는 세금과 복지정책 등으로 인해서 다소 완화되기도 하지만 많은 논평자들은 현 상황을 두고 '새로운 도금시대'라고 부른다.

이처럼 확대되어 가고 있는 불평등의 원인에 대해서 경제학자들 사이에서는 의견이 분분하다. 그중에서 가장 설득력 있는 설명은 기술진보에 의한 것이다. 기술진보로 인해 고숙련 노동자들에 대한 수요가 다른 노동자에 비해 상승하며, 이들 간의 임금 격차를 심화시켜 왔다. 또한 점차 증가해 온 국제무역으로 인해서 미국은 노동집약적인 상품을 자체적으로 생산하기보다는 노동력이 풍부해서 임금이 저렴한 외국에서 수입하게 되었다. 따라서 미국 안의 비숙련 노동자들의 노동수요는 감소할 수밖에 없으며 임금 하락이 뒤따른다. 전반적으로 본토박이 미국인보다 교육수준이 낮은 이민자들은 저숙련 노동공급을 증가시키는데, 이 역시 임금을 저하시키는 요인이 된다.

하지만 앞에서 제시한 설명들은 다른 한 가지 중요한 사실을 설명하지 못한다. 불평등 증가의 상당 부분은 고학력 노동자와 그렇지 못한 노동자의 차이에 기인한 것이 아니며, 바로 고학력 노동자 집단 안에서도 임금 격차가 벌어지면서 발생한다는 점이다. 예를 들어 교사와 대기업의 임원은 비슷한 수준의 교육을 받았을 것이다. 하지만 대기업 임원의 연봉은 급속도로 오른 반면 교사는 그렇지 못하다. 어떤 이유에선가 현재의 경제는 소수의 '슈퍼스타'— 연예계에서의 슈퍼스타뿐만 아니라 월스트리트에서 근무하는 금융인이나 대기업의 임원들까지 포함하는 — 에게 이전 세대보다 훨씬 더 많은 돈을 가져다주는 구조이다. 과연 무엇이 이러한 변화를 가져왔는지는 여전히 불명확하다.

>> 이해돕기 18-1
해답은 책 뒤에

1. 다음에 제시된 제도나 정책이 빈곤제도인지 사회보험제도인지 구분하라.
   a. 고용주들의 파산 때문에 은퇴자들이 직장 연금 수령 기회를 박탈당할 것에 대비한 연금보장제도
   b. 빈곤선보다 높은 소득을 갖지만 상대적으로 여전히 적은 소득을 가진 가구의 아동들을 위한 아동건강보험제도(SCHIP)
   c. 저소득층 가구를 위해서 수거비를 보조해 주는 제8구역의 주거제도
   d. 대홍수로 막대한 손해를 입은 지역에 재정적 보조를 지원해 주는 연방 재해 구호 대책
2. 빈곤선은 실제 생활수준의 변화를 반영하도록 조정되지 않았음을 기억하라. 그렇다면 빈곤선은 과연 빈곤의 상대적 측도인가, 절대적 측도인가? 즉 빈곤선은 어떤 사람이 다른 사람에 비해서 상대적으로 가난한지에 따라서 정의되는 것인지 아니면 시간의 흐름에 따라서 일정한 어떤 고정된 기준에 의해서 정해지는지 설명하라.
3. 제시된 표는 어느 소규모 경제의 소득 분포를 나타낸다.
   a. 평균 소득은 무엇인가? 소득의 중간값은 무엇인가? 어떠한 수치가 이 경제의 일반적인 사람의 소득을 더 잘 나타내고 있는가? 그 이유는?
   b. 하위 1분위 계수의 소득 범위는 얼마인가? 3분위 계수는?
4. 다음 주장들 가운데 오늘날 미국에서 심화되는 불평등의 근원을 더 정확하게 나타내는 것은 어느 것인가?

	소득
세포라	$39,000
켈리	17,500
라울	900,000
비제이	15,000
오스카	28,000

>> 복습
- **정부 이전지출**을 포함하는 **복지국가** 정책은 부유한 국가의 정부지출의 상당 부분을 차지하고 있다.
- 능력원칙은 소득 불평등 정도를 완화시키며 복지국가(정책)의 하나의 이론적 근거가 되는데, 이 중 **빈곤제도**는 빈곤층의 지원을 목표로 한다. **사회보험제도**는 경제적 불안정을 줄이고자 하는 두 번째 이론적 기반에 의한다. 빈곤 감소와 의료 접근성(특히 아이들에 대한)을 통한 사회에 대한 외부 혜택은 복지국가에 대한 세 번째 근거가 된다.
- 미국 정부에서 공식적으로 발표하는 **빈곤선**은 생활비용의 변화에 따라서 조정은 되고 있지만, 전반적인 삶의 수준의 변화는 반영되지 않고 있다. 또한 미국의 평균 소득은 지난 50년간 크게 증가했지만, **빈곤율**은 낮아지지 않았다.
- 빈곤의 원인으로서 교육의 부족과 인종과 성에 따른 차별, 개인적 불운 등을 들 수 있다. 빈곤의 결과는 아이들에게도 위협이 된다.
- **중간 가구 소득**은 **평균 가구 소득**보다 일반적인 가구의 소득을 잘 나타내 준다. 각 나라별로 **지니계수**의 비교를 통해 미국의 불평등 정도는 빈곤 국가들보다 덜하지만 다른 부유한 국가들에 비해서 심각함을 알 수 있다.
- 미국의 소득 불평등 정도는 완화되었다가 그 이후 심화되었다. 1980년 이후 미국의 소득 불평등 정도는 상당 수준 증가했으며, 이 중 상당수는 고학력 노동자들 사이의 격차가 심화됨에 기인한다.

자산조사형(means-tested) 제도란 소득이 일정 수준 이하인 개인이나 가구에게만 돌아가는 제도다.

현물보조(in-kind benefit)란 재화나 서비스의 형태로 제공되는 것이다.

a. 선라이즈 은행 지점장의 급여가 근처 주유소 직원에 비해서 더 많이 올랐다.
b. 비슷한 수준의 교육을 받은 선라이즈 은행 CEO의 연봉이 지점장에 비해서 더 많이 올랐다.

|| 복지국가로서의 미국

2019년 복지국가로서의 미국은 사회보장제도, 메디케어(Medicare, 노인의료보험) 그리고 메디케이드(Medicaid, 국민의료보조제도), 이렇게 세 가지 정책으로 대표되며, 빈곤층 가구를 위한 일시적 지원책, 식량 보조, 근로장려세제(Earned Income Tax Credit, EITC) 등과 같은 여러 가지 기타 정책들이 있다. 〈표 18-2〉는 2019년에 위와 같은 제도를 구분하는 유용한 방법을 제시해 주며 당시 각 제도에 지출된 금액을 함께 나타내 주고 있다.

첫 번째로, **자산조사형**(means-tested) 제도와 그렇지 않은 제도를 구분해 놓았다. 자산조사형 제도에서는 복지수혜의 혜택은 소득이나 부가 일정 수준 이하인 개인이나 가구에게만 돌아간다. 기본적으로 자산조사형 제도는 저소득층만을 지원 대상으로 하는 빈곤제도이다. 이와 대조적으로, 비자산조사형 제도들의 실혜택은 전체 국민에게 모두 돌아가며, 곧 확인하겠지만, 실제로 소득 불평등 정도를 완화시키는 효과를 가져다주기도 한다.

표 18-2 2019년 미국의 주요 사회보장제도

	현금보조	현물보조
자산조사형	빈곤층 가구를 위한 일시적 지원 : 207억 달러 보조적인 소득 보장 : 530억 달러 근로장려세 : 606억 달러	식품 구입권 : 712억 달러 메디케이드 : 4,187억 달러 오바마 케어(ACA) : 489억 달러
비자산조사형	사회보장제도 : 1조 412억 달러 실업보험 : 268억 달러	메디케어 : 6,449억 달러

출처 : Office of Management and Budget and Congressional Budget Office; all data is the projected amount for 2019.

두 번째로, 제시된 표에서는 수혜자들에게 지출의 선택권을 준다고 할 수 있는 현금보조와 현금보다는 재화와 서비스의 형태로 제공되는 **현물보조**(in-kind benefit)를 구분해 놓았다. 표 안의 수치들은 의료 혜택을 제공하는 메디케어와 메디케이드가 현물보조의 대부분을 차지하고 있음을 나타낸다. 바로 다음 절에서 의료보조제도에 대해서 살펴보기 전에 우선 다른 주요한 제도들을 먼저 살펴보자.

자산조사형 제도

흔히 사람들이 복지라는 용어를 사용할 때는 빈곤한 가구로의 금전적 지원을 의미한다. 미국에서 이와 같은 금전적 지원형 제도의 대부분은 '빈곤층 가구를 위한 일시적 지원(Temporary Assistance for Needy Families, TANF) 제도'에서 이루어진다. 이 제도는 가난한 모든 사람에게 지원을 주는 것이 아닌, 아이가 있거나 여생이 얼마 남지 않은 빈곤층 가구에게만 혜택을 준다.

TANF는 그 이전에 논란이 많았던 부양아동을 동반한 가구를 위한 보조제도(Aid to Families with Dependent Children, AFDC)를 대체하기 위해서 도입되었다. 기족의 붕괴 등을 포함하여 빈곤층에게 여러 가지 부정적 효과가 이 구 제도에 기인한 것으로 여겨졌다. 물가에 대한 조정이 이루어진 자료를 통해 보면 현대 복지국가가 한 세대 전보다 훨씬 더 관대해졌음을 알 수 있는데, 이는 위와 같은 제도들의 변화에 부분적으로 기인한다. 또한 TANF는 혜택에

미국인 7명 중 1명은, 공식적으로는 SNAP로 알려진, 식품 구입권을 받는다.

있어서 시간적인 제약이 있기 때문에 편부모들이라고 할지라도 결국은 일자리를 구해야 한다. 〈표 18-2〉에서 확인할 수 있듯이, TANF는 현대 복지국가 미국의 상당히 작은 부분만을 차지하고 있다.

비록 예산은 더 들지라도 다른 자산조사형 제도들에 대한 논란은 훨씬 덜한 편이다. 보조적 보장소득 제도는 일을 할 수 없을 정도의 장애를 가지거나 별다른 생계 수단이 없는 사람들을 지원해 준다. 식량 보조제도나 SNAP는 쿠폰으로 식량 외에는 다른 물품을 구입할 수 없게 하여 저소득층 개인이나 가구들을 지원해 준다.

마지막으로, 경제학자는 저소득층을 지원하기 위한 제도로서 **역(逆)소득세**(negative income tax)라는 용어를 사용한다. 미국은 수백만 명의 근로자에게 추가적인 소득을 지원하는 근로장려세제(EITC)라는 제도를 시행하고 있다. 전통적인 복지정책이 상대적으로 덜 관대해짐에 따라 이 제도는 점점 확대되고 있다. 어느 정도 일정한 소득 범위 안의 근로자들만이 근로장려세제의 혜택을 받을 수 있다. 2019년에 연간 소득이 약 1만 4,550달러 정도인, 두 자녀를 둔 기혼 가정의 경우 그들 소득의 약 40% 정도를 근로장려세제로 지원받았다. 2019년 근로장려세제 상한액은 5,828달러이다. (이 지원액은 편부모 가정이나 자녀가 없는 근로자들의 경우 약간 낮다.) 근로장려세제는 2만 4,800달러 이상의 소득에서 혜택이 줄어든다. 2019년의 경우 두 자녀를 둔 기혼 가정의 경우 5만 2,492달러의 소득에서 사라지게 된다.

역(逆)소득세(negative income tax)는 저소득층 가정을 지원하는 제도다.

사회보장제도와 실업보험

미국의 복지제도 중에서 가장 큰 부분을 차지하는 사회보장은 일정한 자격 요건을 갖춘 노인들에게 은퇴 후 소득을 보장해 주는 비자산조사형 제도이다. 또한 이 제도는 신체장애를 갖게 된 근로자와 사망한 근로자의 유족들에 대한 지원을 포함한다.

사회보장제도의 재원은 제7장에서 설명한 바와 같이 사회보장 혜택에 대한 지불을 위해서 근로자들의 임금에 부과되는 지불급여세에서 마련된다. 근로자들이 은퇴 시에 받는 지원액은 근로 기간 중에 그들이 버는 과세 대상 소득에 비례한다. 즉 사회보장 세금의 최대 허용 한도 내에서(2019년 당시 13만 2,900달러) 근로자는 소득이 높을수록 은퇴 시 더 많은 지원을 받게 되는 것이다. 하지만 수혜액 정도가 소득에 정확히 비례하는 것은 아니다. 즉 지원액을 산출하는 공식은 고소득자가 더 많은 수혜를 받게끔 짜여 있긴 하지만 다른 제도들에 비해서 상대적으로 저소득층에게 후한 지원을 할 수 있게끔 가중치를 두고 있다.

대부분의 노인들은 그들의 전 고용주로부터 연금을 받지 않으며 은퇴 후 어느 정도 생활을 보장해 줄 만큼 충분한 고정자산을 가지고 있지 않기 때문

루스벨트 대통령은 1935년에 미국이 현대 복지국가의 대열에 합류함을 의미하는 사회보장제도를 승인했다.

에, 사회보장제도에서의 지원은 그들의 은퇴 후 소득에서 매우 중요한 부분을 차지한다. 65세 이상의 부부 중 최소 50%, 미혼자의 70%가 소득의 절반 이상을 사회보장제도에 의존하고 있다. 사회보장제도는 결혼한 부부의 21%, 65세 이상 미혼자의 45%가 소득의 최소 90%를 차지한다. 대부분의 경우, 이 사람들은 사회보장을 제외하고는 전혀 소득이 없다.

사회보장제에 비해서 정부 이전지출의 매우 작은 부분을 차지하고 있지만, 실업보험은 또 다른 사회보장제도이다. 이 제도를 통해서 일자리를 잃은 사람들은 새로운 직업을 찾거나 혹은 26주가 지나기 전까지 그들의 이전 임금의 35% 정도를 지원받는다. 사회보장제도와 마찬가지로 실업보험은 비자산조사형이다.

복지정책이 빈곤과 불평등에 미치는 영향

미국의 복지정책은 소득 재분배의 효과를 가지고 있다. 매년 통계청은 이러한 재분배의 효과를 추정하며 "정부 세금과 이전지출이 소득과 빈곤에 미치는 영향"이라는 보고서에서 밝힌다. 이 보고서는 세금과 이전지출이 야기할 수 있는 변화들을 고려하지 않고 간접적인 효과가 아닌 직접적인 효과만을 계산하였다. 예를 들어서, 이 보고서는 미국 노인들이 만약 사회보장제도의 혜택을 받지 않았다면 얼마나 은퇴하지 않고 일을 했는지에 대해서는 말해 주지 않고 있다. 따라서 이 추정치들은 복지정책 실제 효과의 단지 부분적 지표에 불과하다. 하지만 결과는 꽤 놀랍다.

〈표 18-3〉은 2012년도에 전체 인구와 연령 집단별로 세금과 정부 이전지출이 빈곤선에 얼마나 영향을 미쳤는지 나타내 주고 있다. 각 정책마다 그 정책으로 인해 각 연령 집단의 빈곤율이 얼마나 하락했는지 퍼센트로 보여 주고 있다. 예를 들어 만약 사회보장제도가 없었다면, 고령의 미국인 계층에서의 빈곤율이 제도가 있을 때에 비해 40% 높아짐을 의미한다.

〈표 18-4〉는 2016년 당시 세금과 소득이전이 전체 소득 분포에서의 5분위 계수 집단별 소득에서 차지하는 비중에 미치는 효과를 나타내고 있다. 정부의 복지제도는 가난한 80%, 특히 가장 가난한 20%의 사람들에게 돌아가는 몫을 증가시켰고, 반면에 가장 부유한 20%의 사람들에게 돌아가는 몫은 감소시켰다.

표 18-3 빈곤율을 줄이기 위한 정부 정책의 효과, 2012년

	전체	아이들	65세 미만 성인	65세 이상 성인
사회보장금	8.56%	1.97%	4.08%	39.86%
세금 환급	3.02	6.66	2.25	0.20
SNAP(식품 구입권)	1.62	3.01	1.27	0.76
실업 보험금	0.79	0.82	0.88	0.31
보조적 보장소득	1.07	0.84	1.12	1.21
주택보조금	0.91	1.39	0.66	1.12
급식비	0.38	0.91	0.25	0.03
빈곤가구의 단기 보조금	0.21	0.46	0.14	0.05
WIC	0.13	0.29	0.09	0.00

출처 : Council of Economic Advisers.

표 18-4 세금과 소득이전이 소득 분포에 미치는 영향, 2016년

5분위 계수	세금과 소득이전이 고려되지 않은 전체 소득 중 비중	세금과 소득이전이 고려된 전체 소득 중 비중
최하위 5분위	3.8%	7.7%
두 번째 5분위	8.9	11.1
세 번째 5분위	13.6	14.7
네 번째 5분위	20.5	20.3
백분위 81~99%	38.5	35.1
상위 1%	15.8	12.5

출처 : Congressional Budget Office.

현실 경제의 >> 이해

그림 18-4 대후퇴 시 빈곤율

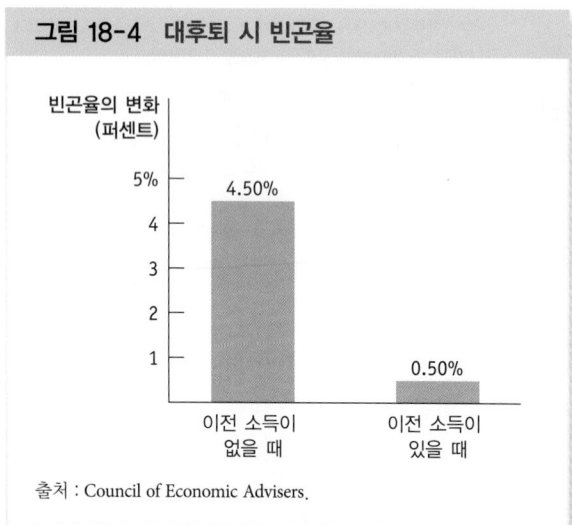

출처 : Council of Economic Advisers.

2007~2010 대후퇴 시의 복지국가 정책과 빈곤율

2007년에 미국 경제는 1930년대 이후로 최악인 불황에 돌입하였다. 회복은 공식적으로 2009년에 시작되었으나, 그것은 느리고 실망스러웠다. 인플레이션에 따라 조정된 평균 및 중위 가구 소득이 모두 경기침체 이전 수준으로 돌아오는 데는 6년 이상이 걸렸다.

경제 상황이 안 좋은 가운데, 빈곤율의 급격한 상승을 예상했듯이 〈그림 18-4〉가 보여 주는 것처럼 실질적인 빈곤율은 상승하였다. 하지만 내불황과 그 후속 여파가 많은 미국 가정을 위협하는 동안 정부는 대공황, 심지어는 1981~1982년의 슬럼프 때와는 다르게 자포자기하지 않았다. 그리고 많은 전문가들이 더 좋은 빈곤 측정치라고 생각하는 보조적인 빈곤 수준 측정치가 약간만 상승하였다. 왜 그럴까?

주요한 이유는 불황 시 자동으로 확대되고, 일시적으로 식료품 보조와 다른 종류의 원조를 확대하는 법안을 강화하는 반빈곤 정책 때문이다. 〈그림 18-4〉는 실제 빈곤율 상승분과 비교하여 2007년과 2010년 사이에 복지국가 정책 없이 빈곤율이 얼마나 상승했을 것인지를 추정한다. 이전 소득 없이 빈곤율은 4.5% 상승했을 것이다. 하지만 이전 소득과 그 혜택 때문에 실제로는 0.5%만 상승하였다. 복지국가로서의 미국은 불황과 실업 그리고 사람들이 집을 잃는 것은 막지 못하였지만 빈곤이 확대되는 것은 확실하게 막아냈다.

>> 이해돕기 18-2

해답은 책 뒤에

1. 역소득세가 단순히 저소득 빈곤층에게 지원을 해 주기만 하는 빈곤제도가 가져다줄 수 있는 근로 유인의 왜곡을 어떻게 방지할 수 있을지 설명하라.
2. 〈표 18-3〉에 따르면, 미국의 복지정책이 전반적인 빈곤율에 어떤 영향을 미쳤는가? 또한 65세 이상 인구에는 어떤 영향을 미쳤는가?

|| 의료보조제도의 경제학

미국을 비롯한 다른 선진 국가들의 복지제도 운영 지출의 상당 부분은 의료보조가 차지하고 있다. 대부분의 선진 국가들의 정부는 전체 의료비의 70~80% 정도를 담당한다. 민간 부문 역시 미국의 의료보조제도의 상당 부분을 차지한다. 하지만 이러한 미국에서조차도 정부는 전체 의료비용의 절반 이상을 담당함과 동시에 연방 세법에 따라서 간접적으로 민간 의료보험을 지원하고 있다.

〈그림 18-5〉는 2018년에 미국 의료보험 지출의 주체를 나타내고 있다. 전체 의료비의 단지 12%만이 민간 부문의 호주머니에서 나왔으며, 88%의 대부분의 의료 지출은 보험에 의해서 지불되었다. 이 88% 중 절반을 차지하는 것은 민간 보험이고, 나머지는 메디케어, 메디케이드와 같은 정부 보험이 차지한다. 이러한 경향을 좀 더 잘 이해하기 위해서는 의료보조만의 특별한 경제적 원리를 익힐 필요가 있다.

그림 18-5 2018년 미국의 의료비용은 누가 지불했을까?

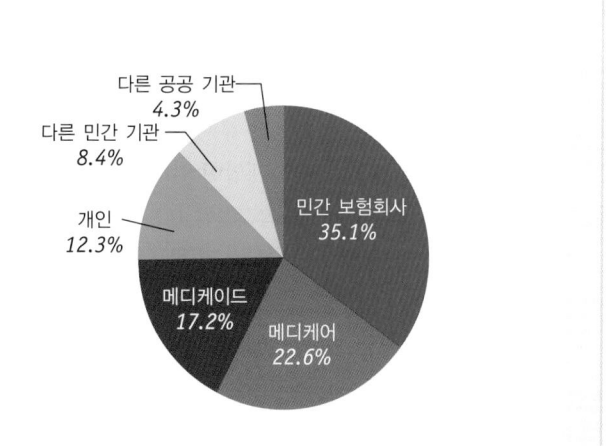

2018년 미국에서 보험의 의한 시술이 의료보조 지출의 88%를 차지한다. 즉 민간보험(35.1%)과 메디케어(22.6%), 메디케이드(17.2%), 다른 민간 기관(8.4%), 그리고 공공기관(4.3%)의 합니다. 민간 보험회사에서 지불된 35.1%는 선진국 중에서 독보적으로 높은 수치이다. 그렇지만 상당히 많은 양의 미국 의료보조는 메디케어나 메디케이드 그리고 다른 정부 프로그램에 의해 구성된다. (합계는 반올림으로 인해 100까지 합산되지 않을 수 있다.)

출처 : Department of Health and Human Services Centers for Medicare and Medicaid Services.

의료보조에 대한 필요성

2018년 미국에서 개인 의료비용은 한 사람당 약 1만 1,121달러였으며, 전체 국내총생산의 17.8%를 차지한다. 하지만 이 수치가 단순히 미국 국민 한 명이 의료비용에 10,000달러 가깝게 지출했다는 것을 의미하지 않는다. 실제로 매년 전체 인구의 절반 정도는 매우 적은 의료비만을 지출하며, 인구의 아주 낮은 비율만이 매우 많은 의료비용을 부담하고 있는 실정이다. 미국의 10%가 전체 의료비용의 2/3를 지출했다.

그렇다면 높은 의료비용이 누구에게서 나올 것인지 예측하는 것이 가능할까? 어느 한도 내에서는 그렇다. 사람들이 안고 있는 질병에는 대략적인 패턴이 있기 때문이다. 예를 들어, 장년층은 청년층 인구에 비해서 값비싼 외과수술이나 치료제를 필요로 한다. 중요한 사실은 모든 사람은 일반적인 가구의 경제력으로는 도저히 부담하기 힘들 정도로 비싼 의료비 지출을 요구하는 상태에 직면할 수 있다는 것이다. 하지만 이 경우 어느 누구도 치료가 필요할 때 이 비용을 지불하지 못하는 것을 원하진 않을 것이다. 결과적으로, 대부분의 사람들은 의료비를 보장하는 건강보험에 가입하기를 원한다.

민간 의료보험의 문제점 민간 의료보험(private health insurance)에서 수많은 개인들로 이루어진 집단의 각 사람들은 연간 고정된 일정 비용(프리미엄으로 불리는)을 민간 의료보험회사에 의해서 운영되는 공동 기금에서 지불할 것을 동의하며, 이 공동 기금은 기금 집단 사람들의 의료비 지출 필요시 상당 부분을 지불한다. 그러나 민간 의료보험은 시장 실패로 이어지는데 왜 그런지 고찰해 보자.

사람들은 보통 건강할 때 보험료 내는 것을 아까워하고, 아프지 않은 이상 보험에 가입하려고 하지 않는다. 결과적으로 민간 건강보험에 가입하는 평균적인 사람들은 그렇지 않은 사람보다 더 아프고 더 많은 의료비용을 지출한다. 보험료는 높은 의료비용을 감당하기 위해 인상되고 이는 다시 더 많은 상대적으로 건강한 사람들이 보험에 가입하지 않고 시장을 떠나게 만든다. 특별한 개입이 없는 이상 이러한 관계는 극도로 아픈 사람만이 보험에 가입하고 민간 보험회사들이 의료비용을 감당하기에 충분한 보험료를 징수하지 못해 파산할 때까지 계속된다. 경제학자들은 이런 현상을 민간 의료보험 시장의 죽음의 소용돌이라고 부른다.

민간 의료보험회사들은 이를 방지하기 위한 몇 가지 대책을 도입했다. 기존 질병이 있다는 징후를 보이는 사람의 보험 가입을 거부하고, 보험 가입 중 병에 걸린 사람의 보험을 중단하며, 출산과 같은 몇몇 수술에 대한 보험금 지급을 거부하는 것이다. 결과적으로 민간 의료보험 시장은 많은 사람, 특히 기존에 병이 있어 의료보험이 가장 필요한 사람들을 열외시킨다.

그렇다면 민간 의료보험 시장의 실적이 매우 저조할 때 사람들은 어떻게 의료보험 혜택을 받을 수 있을까? 크게 세 가지 방법으로 직장 의료보험, 정부 의료보험, ACA를 통한 정부의 시장 개입이 있다.

직장 의료보험 대부분의 경우 보험회사는 개인이 아닌 고용주와 간접적으로 보험 계약을 맺으면서 역선택의 문제를 극복한다. 회사가 그들의 고용자들에게 제공하는 **직장 의료보험**(employment-based health insurance)의 가장 큰 장점은 다음과 같다. 직장 의료보험에 가입되어 있는 고용자들은 건강한 사람과 허약한 사람이 모두 잘 섞여 있어서, 잠재적으로 높은 의료비용을 지불할 수 있는 어느 집단에게 편중되지 않게 된다. 이와 같은 사실은 수천, 수만 명을 고용하고 있는 큰 회사일 경우에 특히 잘 맞게 된다. 상대적으로 허약한 사람들의 의료비용을 충당할 수 있을 만큼의 충분한 건강한 고용자들이 탈퇴하지 않고 남아 있게 된다.

직장 의료보험이 미국에서 매우 보편적인 또 다른 이유로 이것만의 유리한 세제 혜택을 들 수

민간 의료보험(private health insurance)하에서는 수많은 개인들로 이루어진 집단의 각 구성원들은 일정한 정도의 비용을 보험회사에 지불하며, 훗날 필요한 의료비용에 대한 지불을 약속받는다.

있다. 근로자들은 보통 그들의 임금에 따라서 세금을 지불하게 되는데, 그들의 고용주로부터 건강보험을 제공받는 직장인들은 보험 혜택에 대해서만큼은 세금을 물지 않아도 된다. 따라서 직장보험은 실제로 미국의 조세제도에 의해서 보조되고 있는 셈이다. 경제학자들은 이러한 보조액의 정도가 매년 약 1,500억 달러 정도 된다고 추정한다.

하지만 이러한 정부의 보조에도 불구하고, 많은 미국인들은 직장 의료보험의 혜택을 받지 못하고 있다. 상대적으로 은퇴 후에도 건강보험을 제공하는 회사들은 얼마 없기 때문에 대부분은 주로 노인층이거나, 회사에서 의료 보상을 아예 지불하지 않거나, 실업자인 경우이다.

정부 의료보험 〈표 18-5〉는 2018년 미국 국민이 이용한 건강보험의 종류를 나타낸다. 1억 7,000만 명이 넘는 대부분의 미국인들은 그들의 고용자들로부터 직장보험을 제공받았다. 민간 의료보험에 들지 않은 사람들 중 대다수는 메디케어와 메디케이드의 수혜를 받았다. (두 수치가 단순 합산되지 않는 이유는 중복 수혜 인구 때문이다. 예를 들어, 메디케어의 많은 수혜자들은 메디케이드나 민간 보험에서 추가적인 지원을 받았다.)

급여 세금으로 재원을 조달하는 메디케어는 소득과 재산에 관계없이 65세 이상의 모든 미국인이 이용할 수 있다. 65세 이상 미국인의 1인당 평균 소득(43,696달러)과 2018년에 13,000달러가 넘었던 1인당 연평균 메디케어 지급액을 비교하여 메디케어가 미국 노인의 재정에 얼마나 큰 차이를 가져오는지 알 수 있다. 그러나 일반적인 의료 지출과 마찬가지로 평균은 오해의 소지가 있을 수 있다. 특정 연도에 의료 혜택을 받는 사람의 약 7%가 비용의 50%를 차지한다.

메디케어와는 다르게 메디케이드는 자산조사형 제도이다. 하지만 이 제도는 부분적으로 주정부에 의해 운영되며 각 주마다 세부 규칙이 다르기 때문에 그 수혜 대상을 딱히 단정 짓기는 힘들다. 2018년에 5,770만 명의 미국인들이 메디케이드의 혜택을 받았으며 그중 3,500만 명은 18세 이하의 아이들이었으며, 나머지 중 상당수는 19세 이하 자녀를 둔 부모였다. 하지만 장기간 치료를 필요로 하는 소수의 노인층 부양에 대부분의 메디케이드 비용이 쓰이고 있다.

미국인들이 메디케어와 메디케이드의 지원을 받는 것과 더불어 1,140만 명에 이르는 미국인들은 군 복무의 대가로 건강보험을 제공받는다. 의료비 지원을 해 주지만 직접적인 의료서비스를 제공하지는 않는 메디케어와 메디케이드 제도와는 다르게 900만의 고객을 가지고 있는 재향군인보훈처는 전국 곳곳에서 병원과 진료실을 운영하고 있다.

위와 같이 미국의 의료보조제도는 고용자로부터 오는 민간 보험과 다양한 형태의 공공 보험의 혼합으로 이루어져 있다. 대부분의 미국인들은 민간 보험회사 또는 다양한 정부 보험 형태 중 하나에

표 18-5 2018년 건강보험의 수혜를 받은 미국인 수(백만 명)	
개인 의료보험 수혜자	217.8
직장 의료보험	178.4
직접 구매자	34.9
정부 지원자	111.3
메디케이드	57.7
메디케어	57.8
군인 의료보험	11.4
비수혜자	27.5

출처 : U.S. Census Bureau.

"메디케어가 나에게 보장해 주지 않는 것을 범죄가 보장해 준다."

Frank Cotham The New Yorker Collection/The Cartoon Bank

가입되어 있다. 그러나 2012년 많은 미국의 비보험자에게도 혜택을 가져다준 ACA의 도입 이전 미국 국민의 약 15.4% 정도인 4,800만 명 정도는 어떤 의료보험에도 가입되어 있지 않았다.

다른 국가의 의료보조제도

미국의 의료보조제도는 유럽과 캐나다 등 다른 국가를 포함해서 다른 선진국과 매우 다른 성격을 가지고 있다. 실제로도 크게 세 가지 분야에서 다른데, 첫 번째로 미국은 다른 선진국에 비해서 민간 의료보험의 비중이 매우 크다. 두 번째로, 1인당 의료보조에 들어가는 비용이 훨씬 많다. 세 번째로, ACA가 시작돼서 그것을 바꿀 때까지 미국은 아직도 수많은 사람들이 건강보험

표 18-6 선진 국가의 의료보조제도, 2018년

	의료비 지출 중 정부 비중	1인당 의료비 지출 (구매력평가에 기초한 미국 달러화 기준)	평균수명 (전체 인구, 년)	영아사망률 (신생아 1,000명당 사망자 수)
미국	40.4%	$10,586	78.5	5.60
영국	77.1	4,069	81.4	3.64
캐나다	69.7	4.974	82.8	4.30
스위스	63.7	7,317	83.3	3.70

출처 : OECD, World Bank, and CMS.gov.

의 혜택을 받지 못하고 있는 유일한 선진 국가이다.

〈표 18-6〉은 영국, 캐나다, 스위스와 같은 선진국과 미국을 비교한다. 이 나라들은 각각 의료 서비스를 제공하기 위해 매우 다른 접근법을 취한다.

영국은 대부분의 의료 서비스가 정부 기관인 국민건강서비스(NHS)에 의해 직접 제공된다. NHS는 병원을 운영하고 대부분의 의사들에게 급여를 지급한다. 의료 서비스는 무료로 제공된다. 미국의 재향군인보건국(Veterans Health Administration)은 병원과 진료소 네트워크를 통해 재향군인들에게 치료를 제공하는 것과 유사한 규모로 운영된다.

캐나다는 정부가 세금을 통해 충당된 기금으로 의료비의 주 부담자 역할을 하는 **일원화된 의료보험제도**(single-payer system)를 가지고 있다. 비교하자면, 메디케어는 본질적으로 나이 든 미국인들을 위한 일원화된 의료보험제도이며, 캐나다의 제도도 사실 메디케어라고 불린다.

마지막으로 스위스는 모든 시민이 비영리 보험 단체로부터 보험에 가입해야 하는 다소 복잡한 시스템을 가지고 있으며, 저소득층 개인은 보험료를 감당할 수 있도록 정부 보조금을 받는다.

미국을 제외한 세 국가 모두에서 그들의 국민에게 건강보험을 제공한다. 하지만 이들 국가 모두 1인당 의료비 지출은 미국보다 적다. 따라서 많은 미국인들은 외국의 의료서비스가 질적인 면에서 미국보다 떨어진다고 생각한다. 하지만 많은 의료보조제도 전문가들은 다른 선진 국가들의 의료서비스의 질이 떨어진다는 주장에 찬성하지 않는다. 그들이 지적했듯이, 다른 선진국들은 인구 10만 명당 의사, 간호사와 병상 수와 같은 의료서비스 측도에서 미국과 필적하거나 이를 상회하기도 한다. 물론 미국의 몇몇 지역은 최신식 기술과 값비싸고 매우 정교한 외과 시술 등과 같은 의료수준을 가지고 있긴 하다. 또한 미국의 환자들은 대기 수술 시에 캐나다나 영국에 비해서 기다려야 하는 시간이 짧다. 하지만 의료 지출이 적은 몇몇 나라들도 매우 짧은 대기시간을 가지고 있다.

환자들을 대상으로 한 설문조사에 따르면 캐나다, 유럽, 미국 사이에 의료서비스에 매우 큰 차이는 없다고 한다. 또한 〈표 18-6〉에서 보듯이, 미국은 다른 선진 국가에 비해서 평균수명이나 영아사망률 등과 같은 기초 지표가 상당히 낮은 편이다. 물론 명백하게 높은 상대적 빈곤과 소득 불평등도를 고려하면 이러한 낮은 지표가 전부 의료서비스의 질 탓으로 돌려질 수는 없다.

어째서 미국은 다른 부유한 국가들보다 의료 지출이 많을까? 차이는 의사들의 높은 연봉에 의한 것일 수도 있으나 대부분의 연구는 이것이 부차적인 이유라고 주장한다. 하나의 가능성은 미국인들이 다른 국가들보다 더 좋은 의료서비스를 받고 있다는 것이나, 이는 환자를 대상으로 한 조사나 건강 관련 통계를 봤을 때 특별히 드러나지 않는다.

다른 가능성은 미국의 제도가 다른 국가들은 없는 심각한 비효율성을 가지고 있다는 것이다. 미국의 제도에 대해 비판하는 사람들은, 이 제도가 민간 보험회사에 의존하고 있다는 사실을 강조한다. 민간 보험회사는 홍보하거나 고위험군 환자들을 식별하는 데 자원을 지출함으로써 높

일원화된 의료보험제도(single-payer system)는 정부가 세금을 통해 충당된 기금으로 의료비용의 주 부담자가 되는 제도를 말한다.

은 운영비용을 보이고 있다. 평균적으로 민간 건강보험회사의 운영비용은 가입자가 지불하는 보험금의 14%를 차지한다. 따라서 오직 86%만이 보험금 지급에 쓰일 수 있는 것이다.

이에 반해 메디케어는 오직 3%만 운영비용에 사용하고, 나머지 97%를 보험금 지급에 사용한다. 맥킨지 글로벌 인스티튜트의 조사 결과에 따르면, 미국은 다른 나라에 비해 1인당 의료비 지출에 6배나 많은 비용을 소모하고 있다고 한다. 미국은 또한 처방전이 필요한 약품의 가격이 높은데, 다른 국가들은 제약회사와 협상해 더 낮은 가격의 약을 출시하도록 하고 있다.

미국 시스템의 심각한 비효율성의 인지와 비보험자의 급격한 증가는 의회의 ACA의 발효로 이어졌다.

ACA(오바마 케어)

2010년 의회는 2014년에 완전히 발효되는 ACA(Affordable Care Act)를 통과시켰다. 그 당시, 미국의 의료 시스템은 분명히 곤경에 처해 있었다. 문제의 원인 중 하나는 비보험자의 급속한 증가였다. 의료보험에 가입하지 않은 근로연령 미국인의 비율은 1997년부터 2010년까지 증가했으며, 거의 4분의 1이 보험에 가입하지 않은 것으로 정점을 찍었다. 비보험자 대부분은 저임금 노동자, 건강보험 혜택이 부족한 직장에 취업해 자가보험을 감당할 수 없는 형편이었다.

한편, 의료비 지출은 빠르게 증가하여 보험료가 급격히 인상되었다. 1965년 이후 소득에 대한 비중으로서의 의료비 지출은 세 배가 되었다. ACA는 1965년 메디케어와 메디케이드를 만든 이후 가장 큰 규모의 복지국가 미국으로서의 확장이었다. 그것은 두 가지 주요 목적을 가지고 있었다. 비보험자를 보장하고 비용을 통제하는 것이다. 차례대로 한번 살펴보도록 하겠다.

비보험자 지원 ACA는 두 가지 방법으로 비보험자들을 보호하기 위해 움직였다. 첫째, 메디케이드 자격을 확대하여 빈곤선의 133%까지 모두를 커버할 수 있도록 메디케이드를 확장하고자 하는 국가의 비용 대부분을 충당했다. (2019년 기준으로 콜롬비아 특별구를 포함한 37개 주에서 메디케이드를 확장했다. 이 장 도입 사례로 등장한 버지니아는 2018년 확장에 투표했다.)

둘째, ACA는 더 많은 미국인들이 민간 보험을 이용할 수 있도록 하기 위해 움직였다. 한편, 보험 회사들은 기존의 질병을 가진 사람들에게 보험을 거부하거나 더 높은 보험료를 부과하는 것이 금지되었다. 반면에, 많은 저소득층과 중산층 가정들은 보험을 더 저렴하게 이용하기 위해 보조금을 받았다.

비용 통제 ACA 이전에는 민간 보험사들이 마케팅과 고비용 가입자를 걸러내는 데 쓴 금액 때문에 운영비가 높았다. 그러나 ACA는 보험사가 신청자를 걸러내는 데 자원을 소비할 수 있는 능력을 제거했기 때문에 효율성을 높일 수 있는 잠재력을 가지고 있다.

ACA는 또한 의료비 통제를 돕기 위해 메디케어와 관련된 많은 추가 조치들을 포함하고 있다. 의료 제공자들은 '책임 있는 의료 조직'을 형성하기 위해 협력하도록 장려되었고, 비용을 절약하는 방법으로 의료를 조정했다. 이를 이행한 조직은 절약된 돈 일부를 지급받게 된다. 병원들은 환자가 높은 비율로 재입원하는 경향이 있는 병원에 대한 지급금을 줄이는 규칙에 의해 효과적인 치료를 제공하도록 장려되었다. '캐딜락' 건강보험에 대한 특별 세금은 과도한 치료를 막기 위한 매우 관대한 계획이었다. 그리고 ACA는 환자들이 비싼 치료를 요구하기 전에 자신의 건강 상태를 돌보도록 장려하기 위해 예방치료에 대한 비용 지불을 없앴다.

밝혀진 바에 따르면, ACA가 통과된 2010년을 전후하여 의료비 상승률이 급격히 둔화되었다. 이 비용 감소 중 얼마나 많은 부분이 법 조항에 의해 야기되었는지는 불분명하다.

ACA 효과

2010년에 ACA는 통과되었지만, 가장 중요한 조항들은 2014년 초까지 효력을 발휘하지 못했다. 그러나 2017년까지 그 주요 효과는 명확했다.

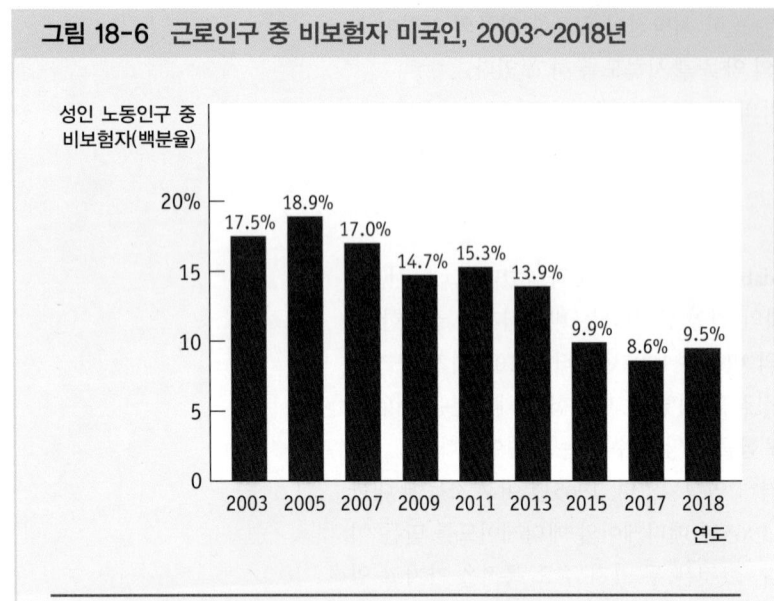

그림 18-6 근로인구 중 비보험자 미국인, 2003~2018년

성인 노동인구 중 비보험자(백분율)

- 2003: 17.5%
- 2005: 18.9%
- 2007: 17.0%
- 2009: 14.7%
- 2011: 15.3%
- 2013: 13.9%
- 2015: 9.9%
- 2017: 8.6%
- 2018: 9.5%

ACA의 발효 이전에 의료보험이 없는 성인 노동인구의 비율은 상승하고 있었다. ACA의 발효 이후에 이 비율은 급격히 떨어졌다.

출처 : U.S. Census.

첫 번째 효과는 〈그림 18-6〉에서 확인할 수 있으며, 이는 보험에 가입하지 않은 노동 연령 인구의 비율을 보여 준다. 이 비율은 부분적으로 경제 회복 때문에 2010년 이후 감소하기 시작했지만, ACA의 몇몇 조항들이 발효되었고, 특히 26세 미만의 미국인들이 그들의 부모님의 정책에 남아있도록 허용하는 규칙이 발효되었다. 그리고 2013년 이후 법이 완전히 시행되면서, 비보험자의 수는 급격히 감소했다. 2017년까지 의료보험에 가입하지 않은 성인 근로 연령의 비율은 거의 절반으로 감소했다.

그러나 상당수의 사람들이 보험에 가입하지 않은 채로 남아 있다. 이 법은 불법 이민자들을 대상으로 하지 않으며, 상당 수의 주들이 연방 자금 지원을 받는 메디케이드 확장을 받아들이지 않기로 결정하여 수백만 명의 사람들이 메디케이드나 민간 보험에 가입하기 위한 보조금을 받지 못하는 처지에 놓이게 되었다. 따라서 보험에 가입하지 않은 사람들을 보호하기 위한 진전은 상당하지만 불완전했다.

게다가 2017년 의회의 공화당이 ACA의 주요 법안 중 하나인 모든 합법적 거주자가 보험에 가입해야 한다는 개인 의무조항을 폐지하는 데 성공했다. 하지만 법의 나머지 부분은 아직 그대로 남아 있다. 많은 수혜자들이 법에 의해 의무화된 보조금 덕분에 이러한 보험료 인상에서 벗어나게 되었지만, 건강한 사람들이 더 적게 가입했기 때문에 이러한 변화는 일반적으로 보험료를 상승시켰다. 뉴저지와 같은 일부 주에서는 주민들이 보장받을 수 있는 자체 요건을 부과했고, 보험료가 눈에 띄게 하락했다. 그러나 이를 시행하지 않은 주에서, 그 움직임은 아마도 2018년 보험 미가입률의 소폭 상승에서 볼 수 있는, 보험에 가입한 미국인의 수가 크게 감소하는 것으로 이어졌을 것이다.

현실 경제의 >> 이해

메디케이드의 역할

사회보장제도가 실제로 수혜자들을 도와주는가? 그것에 대한 대답은 언제나 생각했던 것만큼 명료하지 않다. 미국의 저소득층에게 건강보험을 제공하는 메디케이드의 예를 들어 보자. 몇몇 비관론자는 만일 메디케이드가 없다면 가난한 사람들은 여전히 필수적인 의료지원을 받을 수 있는 방안을 찾아낼 것이고, 실제로 메디케이드가 가난한 사람들을 더 건강하게 해 주었다는 증거도 없다.

그러한 주장을 검증하는 것은 어려운 일이다. 메디케이드의 수혜자들은 수혜받지 못하는 사람들과 상당히 다른 부분이 많기 때문에 그 둘을 단순 비교하는 것은 의미가 없다. 그리고 다른 정부의 지원을 받는 다른 비교집단을 통해 통제된 실험을 하는 것도 일반적으로 불가능하다.

하지만 한때 통제된 실험과 동일한 사건이 메디케이드에 발생한 적이 있었다. 2008년 오리건 주─부족한 예산 때문에 메디케이드 프로그램을 삭감했었던─는 다시 제외되었던 수혜자 중에서 일부에게 다시 지원을 해 줄 수 있을 만큼의 예산이 확보되었음을 깨달았다. 제한된 지원을 배분하기 위해 오리건 주는 추첨 방식을 이용했다. 여기서 통제된 실험을 확인할 수 있다. 즉 연구자들은 무작위로 선출된 메디케이드의 수혜자와 선발되지 못한 사람들을 비교할 수 있었다.

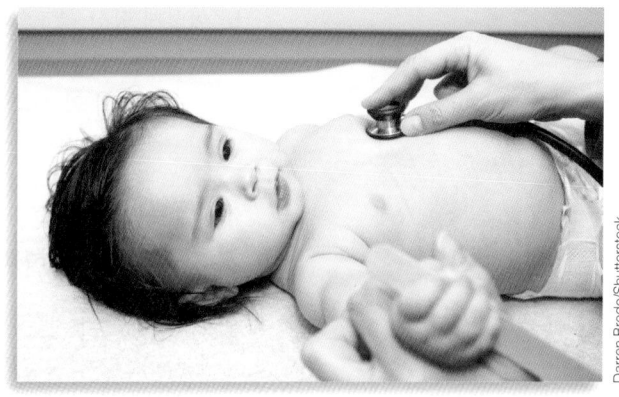

메디케이드는 수혜자의 복리후생에 큰 차이를 만듦을 보여 왔다.

그러면 결과는 어땠을까? 메디케이드는 큰 변화를 가져왔다. 메디케이드에 적용되는 사람들은

- 60% 이상의 유방조영술
- 35% 이상의 외래환자 지원
- 30% 이상의 병원 지원
- 20% 이상의 콜레스테롤 검사를 받았고

메디케이드 수혜자들은 또한

- 70%가 더 많은 일관적인 지원의 원천을 획득했고
- 55%가 더 많이 의사를 방문했고
- 45%가 더 많이 작년 동안 자궁암 검사를 받았고
- 40%가 의료비용 때문에 발생하는 비용을 충당하기 위해 더 적게 돈을 빌리거나 지불 연체 횟수도 더 적었고
- 25%가 더 많이 그들의 건강이 좋거나 훌륭하다고 보고했고
- 15%가 더 많이 의약 처방을 받았고
- 15%가 더 많이 당뇨병이나 고혈당에 대해 검사를 받았고
- 10%기 더 적게 우울증 검사에 해당되지 않았다.

요약하면 메디케이드는 의료지원에 더 큰 접근성과 수혜자의 복리후생의 향상을 가져왔다. 하지만 그것이 이 프로그램이 좋은 것임을 의미하지는 않는다. 왜냐하면 그것은 동시에 세금 납부자에게 비용을 지불하게 하기 때문이다. 하지만 오리건 주의 결과는 메디케이드에 대한 비관론자들의 주장이 유효하지 않음을 반증했다.

>> 이해돕기 18-3

해답은 책 뒤에

1. 만약 당신이 4년제 학교에 들어간다면 당신은 학교에 의해 운영되는 건강보험에 가입해야 할 가능성이 높다.
   a. 당신의 나이에서 아마도 당신은 비싼 치료를 필요로 하지 않을 텐데, 어떻게 당신과 당신 부모가 이러한 건강보험으로부터 혜택을 받을 수 있을지 설명하라.

>> 복습
- 건강보험은 값비싼 의료비를 부담하기 힘든 대부분의 가구들에게 중요한 도움을 주고 있다. 민간 의료보험은 내재적인 문제점을 가지고 있다. 보험에 가입하는 사람은 평균보다 더 아픈 사람이 많고 이는 보험료를 올려 더 많은 건강한 사람들이 보험을 포기하도록 만든다. 심화되는 보험료 인상은 결국 보험회사를 파산하게 만든다. 보험회사의 스크리닝은 이러한 문제를 줄여 주며, 대부분의 미국인을 지원하고 있는 직장 의료보험은 이러한 문제를 방지해 준다.
- 민간 의료보험의 지원을 받지 못하는 대부분의 미국인들은 비자산 조사형의 일원화된 의료보험제도인 메디케어의 지원을 받는데, 이는 65세 이상의 노인만을 대상으로 한다. 또한 소득을 기초로 메디케이드의 지원을 받는다.
- 미국은 민간 의료보험의 큰 비중과 높은 1인당 의료보조비 지출 면에서 다른 선진 국가와 비교하여 더 높은 비용을 떠안고 있다. 하지만 놀랍게도, 미국이 더 나은 의료서비스를 제공하고 있다는 명확한 증거는 찾아보기 힘들다.
- 의학적 진보로 인해 의료서비스에 대한 비용이 급격히 증가하고 있다. 2010 ACA 제정은 의료보험에 들지 않은 미국인의 증가에 대비하고 의료비 지출의 증가율을 줄이기 위한 것이었다.

    b. 어떻게 당신 학교의 건강보험이 모든 학생에게 가입과 보험료 납부를 의무화하면서 역선택의 악순환을 피하고 있는지 설명하라.

2. 무엇이 미국의 의료서비스 비용을 다른 부유한 국가들에 비해 높게 만들었을지, 비판론자들의 입장에서 설명하라.

‖ 복지국가에 대한 논쟁

복지국가의 목표가 가난한 국민을 돕고 모두를 금융위기로부터 보호하며 사람들에게 기본적인 의료혜택을 보장하는 것은 바람직해 보인다. 하지만 좋은 목적이 꼭 좋은 정책을 낳는 것은 아니다. 복지국가가 얼마나 커야 하는지에 대해서는 의견이 분분하다. 이러한 논쟁은 철학의 차이 외에도 복지국가 정책의 부작용에 대한 우려를 반영하고 있다. 복지국가의 크기 논쟁은 현대 정치의 결정적인 주제이기도 하다.

복지국가의 문제점

복지국가 반대론에는 두 가지가 있다. 하나는 이 장 앞부분에서 설명했던 논지로서 정부의 역할에 대한 철학적인 우려에 근거한다. 앞서 배운 대로 일부 정치이론가들은 소득의 재분배가 정부의 역할에 어긋난다고 주장한다. 이들은 정부의 역할이 법치주의를 유지하고 공공재를 공급하며 외부효과를 관리하는 데 국한되어야 한다고 본다.

    점점 더 많은 복지국가에 대한 전통적인 논쟁이 효율성과 공평성의 상충적 관계를 포함하고 있다. 이미 설명했듯이, **응능부담의 원칙**(ability-to-pay principle) — 가난한 사람들에게 추가적인 1달러는 상대적으로 부유한 사람들의 추가적인 1달러보다 더 가치 있다는 주장 — 은 정부가 부유한 사람들에서보다 상대적으로 적은 비용으로 가난한 사람들을 도와줄 수 있음을 의미한다. 그런데 부유한 사람으로부터 가난한 사람으로의 이러한 소득의 재분배는 부유한 사람들에게 더 많은 세금을 부과할 것을 요구해, 부유한 사람들은 가난한 사람들보다 소득의 더 많은 부분을 세금으로 납부하게 된다. 이것이 누진세의 원리이다.

    결론적으로 복지국가가 지향하는 목표는 부유한 사람들의 근로의욕과 위험에의 투자 인센티브를 감소시키는 높은 세율이라는 효율성 비용을 감안하여 균형되게 설정되어야 할 것이다. 누진세 시스템은 사회 전체를 다소 가난하게 만드는 경향이 있고, 그 시스템으로 혜택을 주려고 하는 사람들에게도 해를 입힐 수 있다. 거대 복지국가는 주로 국방과 같은 공공재 생산으로 역할이 제한된 작은 복지국가에 비해 높은 세수와 높은 세율을 요구한다. 그러므로 복지국가의 규모를 선택함에 있어서 정부는 효율성과 형평성 간의 균형을 맞추어야 한다.

    정부가 이러한 복지국가의 비용을 줄이기 위해 선택할 수 있는 한 가지 방법이 변제자력조사에 의한 보조금(means testing benefits) 제도로, 보조금이 필요한 사람에게만 지급될 수 있게 하는 제도이다. 하지만 변제자력조사에도 효율성과 형평성 간의 또다른 상충관계가 있다. 아래의 예시를 보자. 연 소득이 2만 달러 미만인 가정에만 지급되는 2천 달러 상당의 보조금이 있다. 이제 현 소득이 연 1만 9,500달러인 가정에서 한 구성원이 새 직업을 구하기로 해, 연 소득이 2만 500달러로 늘었다고 하자. 직업을 구해 1천 달러의 소득을 얻지만 2천 달러의 정부 보조금을 잃기 때문에 이 가정의 후생은 더 나빠지게 된다. 이러한 효과는 **보조금 노치**(benefits notch)로 알려져 있다.

    변제자력조사는 주의 깊게 설계되어야 하는데, 그 이유는 빈곤가구의 소득이 증가하여 보조금 지급대상에서 제외되면 실제 소득이 큰 폭으로 하락하는 상황에 직면할 수 있기 때문이다. 2005년의 한 연구 결과는 연간 2만 달러의 소득 — 2005년 기준으로 빈곤선 바로 위의 소득수준

―에서 3만 5,000달러 사이의 소득을 가진 2명의 성인과 2명의 아동으로 구성된 가구는 세후소 득은 증가하더라도, 이 중 거의 대부분은 근로소득장려세제와 메디케이드, 식품 구입권과 같은 혜택의 상실로 인해서 상쇄됨을 보고하였다.

복지국가의 정치

18세기 프랑스 혁명 동안 프랑스는 사회 계급에 따라 의원들의 좌석이 정해져 있는 입법 의회에 의해 통치되었다. 기존의 것들을 유지하기를 원하는 귀족들은 오른쪽에 앉았으며, 큰 변화를 원 하는 상인들은 왼쪽에 앉았다. 그때부터 정치적 논쟁 시 사람들이 흔히 보수적인 입장의 정치인 들을 '우파(더 보수적)'라고 부르고 진보적 측면을 '좌파(더 진보적)'라고 부른다.

오늘날의 미국 정치인들도 좌파와 우파로 갈라져 있으며, 이들은 주로 복지국가의 적절한 규 모에 대해 서로 합의를 보지 못하고 있다. ACA에 대한 논쟁이 대표적인 예라고 할 수 있는데 법 안에 대한 투표가 크게 민주당(좌파)의 찬성과 공화당(우파)의 반대로 나뉜 것을 볼 수 있다.

여러분은 정치적 논쟁이라는 것이 실제로 복지국가를 얼마나 크게 만들어야 하는 것인가로 생각할 수 있지만 이것은 과잉단순화일 수 있다. 하지만 정치학자들은 일단 의원들의 성향을 우 파에서 좌파 순으로 나열한 후, 이러한 순위가 의원들이 국회에 상정된 법안에 대한 투표를 매 우 잘 예측하는 것을 찾아냈다.

몇몇 연구 역시 미국 정치가 더욱 양극화되어 있음을 보여 준다. 40년 전까지만 하더라도 주 요 정당 사이에 상당히 겹치는 부분들이 있었다. 어떤 민주당원들은 공화당들처럼 우파적이었 거나, 혹은 당신이 이러한 식의 표현을 선호한다면, 어떤 공화당원들은 민주당원들만큼이나 좌 파적이었다. 하지만 오늘날 민주당원 중 가장 우파적인 당원들은 가장 급진적인 공화당원들보 다도 급진적이다.

경제학적인 분석이 이러한 정치적 갈등을 해결하는 데 도움을 줄 수 있을까? 어느 정도의 수 준까지는 가능하다. 복지국가에 관한 어떤 정치적 논쟁들은 우리가 지금까지 이야기했던 상충 관계에 대해서 의견을 달리하는 것이다. 만약 관대한 복지혜택과 높은 세금이 경제적 유인을 매 우 크게 떨어뜨린다고 생각한다면, 당신은 위와 같은 효과가 크지 않다고 하는 사람들보다 복지 정책이나 제도를 덜 호의적으로 보기 쉬울 것이다.

경제학적 분석은 사실에 관한 우리의 지식을 넓히는 데 도움을 줌으로써 이러한 몇몇 차이를 줄이는 데 도움이 된다. 하지만 복지국가에 관한 몇몇 의견 불일치는 경제에 대한 오해, 예를 들 면 의료보험 시장의 작동 원리에 대한 오해의 산물이다. 또 몇몇 갈등은 경제정책이 어떻게 만 들어지는지에 대한 오해에 기반한다. 예컨대 어떤 복지정책을 유지하겠다는 약속은 그 정책이 의존하는 세수를 삭감하며 이루어질 수는 없다는 것을 인식하는 것이 중요하다.

하지만 복지국가의 크기에 대한 의견 차이는 가치와 철학의 차이를 어느 정도 반영한다. 그리 고 그와 같은 것은 경제학이 풀어낼 수 없는 차이점이다.

현실 경제의 >> 이해

그다지 우울하지 않은 덴마크인들?

미국은 다른 어떤 주요 선진국보다 규모가 작은 복지정책을 가진 나라이다. 반면 덴마크는 복지 규모가 가장 큰 국가 중 하나이다. 결과적으로 덴마크는 미국보다 사회적 지출이 총 국민소득에 서 차지하는 비율이 훨씬 높고, 덴마크 시민들은 미국인보다 훨씬 높은 세율을 적용받고 있다. 큰 규모의 복지정책에 대한 반대 목소리는 이것이 가져다주는 비효율의 문제를 지적한다. 덴마 크의 경험이 이러한 주장을 뒷받침해 줄까?

세계에서 가장 큰 복지 국가 중 하나인 덴마크는 모든 시민에게 의료 지원을 보장한다.

표 18-7 덴마크와 미국의 차이, 백분율(2017)

1인당 GDP	-16%
고용된 인구 비율	+7%
생산성	-1%
근무시간	-20%

출처 : Total Economy Database.

>> **복습**
● 복지국가의 크기에 대한 격렬한 논쟁은 철학 그리고 공평성과 효율성에 관한 고려에 중심을 두고 있다. 큰 복지국가를 운영하기 위해 필요한 높은 한계세율은 일할 유인을 줄일 수 있다. 자산조사형 제도로 인해 복지국가의 지출 비용을 낮추는 경우에도 수혜자에게 높은 실효한계세율을 부과함으로써 비효율을 야기할 수 있다.
● 정치는 보통 좌파와 우파의 대결로 묘사된다. 현대 미국에서 그 분열은 주로 세 가지 원인에서 비롯된다. 공평성과 효율성의 대립, 경제학에 대한 오해, 그리고 철학적 차이가 그것이다.
● 미국 정치가 좌우 양극화가 심화됐다는 연구 결과가 나왔다. 경제학은 정치적 갈등의 전부가 아니라 일부를 해결하는 데 도움이 될 수 있다. 경제적 분석은 절충 조건의 크기에 대해 이견이 있을 때 사실을 결정하는 데 도움이 될 수 있다. 그러나 차이가 경제학에 대한 기본적인 오해에 기반을 두고 있을 때 경제학은 도움을 줄 수 없다.

겉으로 봐서는 대답은 그럴 것이다. 〈표 18-7〉은 덴마크의 1인당 GDP, 즉 국가 경제 전체 소득의 가치를 인구수로 나눈 값이 미국의 1인당 GDP보다 약 16% 낮다는 것을 보여 준다. 하지만 덴마크 복지 국가의 규모가 그 차이에 책임이 있으며, 덴마크의 1인당 GDP가 낮다는 것은 문제의 징후일까?

꼭 그렇다고 할 수는 없다. 일단 상대적으로 낮은 덴마크 GDP의 출처를 살펴보면, 더 미묘한 그림이 나타난다.

기본 산술에 의해 1인당 GDP는 세 가지 요소를 반영한다.

● 고용된 모집단의 비율
● 평균 근로자가 한 시간에 생산하는 양
● 각 작업자의 작업 시간

그래서 덴마크인들은 실제로 미국인들보다 고용될 가능성이 약간 더 높고(7% 더 높다), 기본적으로 같은 생산성을 가지고 있다(1% 더 생산적이다). 덴마크가 미국보다 1인당 국내총생산(GDP)이 (16%) 낮은 이유는 취업한 덴마크인이 1년 동안 일하는 시간이 (20%) 적기 때문이다. 이는 결과적으로 의도적인 정책을 크게 반영한다. 미국인들이 다른 선진국 시민들보다 휴가를 적게 쓰며, 덴마크 고용주들은 법적으로 직원들에게 매년 5주의 유급 휴가를 주어야 하고, 국가의 강력한 노조 운동은 많은 경우에 추가적인 휴가를 협상했다.

이 의도적인 선택은 덴마크의 낮은 1인당 GDP에 다른 관점을 제시한다. 그 이유는 가족이나 다른 목적과 더 많은 시간 동안 다소 적은 소득을 거래하는 것이 나쁜 거래라는 것이 전혀 명확하지 않기 때문이다. 사람들이 자신의 삶에 얼마나 만족하는지를 묻는 설문조사는 덴마크를 지속적으로 미국보다 높은 순위로 평가한다.

공평하게 말하자면, 모든 나라가 덴마크가 보이는 것처럼 거대한 복지국가로 잘 할 수 있을지는 확실하지 않다. 하지만 덴마크에서는 복지국가가 효과가 있는 것처럼 보인다.

>> **이해돕기 18-4**
해답은 책 뒤에

1. 다음과 같은 정책들이 어떻게 근로나 위험 투자를 감수할 유인을 떨어뜨리는지 설명하라.
   a. 소비품에 대한 높은 판매세
   b. 연간 소득이 2만 5,000달러 이상으로 상승할 경우 주거 보조의 중단
2. 과거 40년간 의회에서의 의견 양극화는 증가, 감소 혹은 이전과 동일한 수준인가?

미국의 기업가 정신은 ACA에 대한 위협에서 살아남을 수 있을까?

Fedor Selivanov/Shutterstock

2016년, 스틴슨 딘은 중대한 결정에 직면했다. 목재를 상품으로 거래하는 회사에 고용된 유능한 상인인 딘은 주택 건설 산업이 주택 경기 침체에서 회복됨에 따라 목재 시장이 극적인 상승세를 보일 때가 무르익었다는 것을 알 수 있었다. 하지만 개인적으로 그 상승으로부터 이익을 얻기 위해서는 직장을 그만두고 자신의 회사를 차려야 했다.

그러나 창업자가 되는 것은 상당한 위험을 수반했다. 스스로 나가면서, 그는 그와 그 아내, 그리고 세 어린 자녀들이 보장받는, 고용주가 제공하는 건강보험 혜택을 포기해야 할 것이다. 결정을 내리면서 딘은 "내가 위험을 무릅쓰고 싶지 않았던 것들 중 하나는 내 가족의 건강이었다."고 말했다. 사실 근로자들이 의료 혜택을 못 받을 것을 두려워하여 떠나고 싶어도 못 떠나고 직장에 차라리 머무르는 선택을 하는 것은 너무 만연해서 경제학자들은 그것에 대해 '잡 락(job lock)'이라는 용어를 쓴다.

결국 딘은 ACA를 통해 자신과 가족을 위한 저렴한 건강 보험에 가입할 수 있었기 때문에 큰 결정을 할 수 있었다. 그리고 이러한 움직임은 주택 건설의 급증으로 딘의 사업이 그의 예상을 훨씬 뛰어넘게 되면서 결실을 맺었다.

사실 사업이 너무 잘되어서 , 2017년에 딘은 서너 명의 새로운 직원을 고용하고 싶어했다. 그러나 그 무렵 ACA를 폐지하려는 의회의 위협은 그의 확장 계획뿐만 아니라 장기적으로 기업가로서의 그의 미래에도 걸림돌이 되었다.

그는 "그것이 제게 미치는 영향은 저와 비슷한 상황에 있는—좋은 회사에서 일하고, 좋은 혜택을 받으며 아이를 키우고 있는—사람들을 아무런 혜택도 없이 함께 일하자고 설득하는 것과 같다."라고 말했다. 결과적으로 2017년에 딘은 다른 사람들이 기회를 잡고 그와 함께 일하도록 설득하는 데 어려움을 겪었다. 게다가 그는 가족의 건강보험을 보장하기 위해 회사를 닫고 회사 업무를 재개해야 하는지 궁금해했다.

생각해 볼 문제

1. 최근 직장 의료보험 혜택을 받은 만성 건강 문제를 가진 직원들을 대상으로 한 연구에 따르면 이들 근로자는 만성 건강 문제가 없는 유사한 직원들에 비해 직장을 떠날 가능성이 40% 낮았다. 랜드사의 한 연구는 개인이 건강보험에 더 쉽게 접근할 수 있도록 하는 것이 미국의 기업가 정신을 3분의 1까지 증가시킬 수 있다는 것을 발견했다. ACA 시행 이후 새로 탄생한 기업의 규모와 수는 이전과 비교하여 어떤 패턴을 보일 것으로 예상하는가?

2. 역사적으로 중소기업과 창업자들은 대기업보다 더 혁신적이었다. ACA를 시행하기 전 미국의 혁신 속도에 대해 이것은 무엇을 의미하는가? 그 후에는? 그리고 ACA가 위협을 받고 있는 지금 무엇을 예상하겠는가?

1. **복지국가**는 모든 부유한 국가에서 정부지출의 많은 부분을 차지한다. **정부 이전지출**은 정부가 개인이나 가계에 지급하는 돈을 말한다. **빈곤제도**는 가난한 사람을 도움으로써 소득 불평등을, **사회보험제도**는 생활불안을 완화한다. 사회복지제도는 사회구성원, 특히 아동들에게 의료서비스에 대한 접근을 보장하고 빈곤을 줄임으로써 사회에 대한 외부편익을 제공한다.

2. **빈곤선**은 생활수준보다는 생활비용에 의해 조정되고 또한 미국의 평균 소득이 지난 30여 년간 크게 상승하였음에도 불구하고, 빈곤선 수준에 미치지 못하는 인구의 비율인 **빈곤율**은 30여 년 전보다 낮아지지 않았다. 빈곤의 원인은 교육의 부족, 차별의 대물림, 그리고 불운 등으로 다양하다. 빈곤의 결과는 특히 아동에 나쁜 영향을 미치는데, 만성질환, 생애소득의 저하, 그리고 범죄율의 증가를 낳는다.

3. 소득 분포에서 정확히 가운데에 위치하는 가구의 소득인 **중간 가구 소득**은 전체 미국 국민의 소득을 가구 수로 나누어 구한 수치인 **평균 가구 소득**보다 전형적인 가구의 소득을 나타내는 좋은 지표가 된다. 그 이유는 중간 가구 소득에는 소수의 부유한 가구의 소득이 포함되지 않으므로 왜곡이 덜하기 때문이다. 한 나라의 소득 불평등도를 측정해 나타내 주는 수치인 **지니계수**는 국가 내의 소득 불평등 정도를 비교하는 데 이용된다.

4. **자산조사형** 제도와 그렇지 않은 제도 모두 빈곤을 줄여 준다. 의료 혜택을 제공하는 메디케어와 메디케이드가 **현물보조**의 대부분을 차지하고 있다. **역소득세**가 완화된 것과 비교하면, 빈곤 가정에 대한 지원은 지원으로 인해 일할 유인이 사라지거나 가족의 단합이 완화될 것을 우려한 나머지 그다지 관대해지지 않았다. 사회보장제도는 미국의 가장 큰 복지정책이고 노인층의 빈곤을 크게 감소시켰다.

실업보험 역시도 핵심적인 보험정책이다.

5. 대부분의 가정들은 비싼 의료 시술을 감당할 능력이 없기 때문에 의료보험은 중요하다. **민간 의료보험**은 필연적으로 역선택의 문제에 직면할 수밖에 없다. 대부분의 미국인들은 직장에서 제공하는 민간 의료보험에 가입되어 있다. 가입되지 않은 나머지 사람들은 메디케어(세금을 재원으로 대부분의 병원비를 정부가 부담하는, 65세 이상을 위한 **일원화된 의료보험제도**) 또는 메디케이드(저소득층 대상)에 의해 보호받는다. 보험에 가입되지 않은 미국인의 비중이 증가하는 추세다.

6. 다른 국가에 비해 미국은 민간 의료보험에 대한 의존도가 높고, 상당히 높은 의료비에도 불구하고 의료서비스의 질이 높지는 않다. 의료비 지출은 기술의 진보로 인해 증가하고 있으며 오바마케어(ACA)는 보험에 가입되지 않은 사람의 숫자와 의료비 지출액의 증가를 줄이고자 2010년에 제정되었다.

7. 복지국가의 크기에 대한 논쟁은 철학, 그리고 공평성과 효율성의 대립에 대한 고려를 바탕으로 한다. 형평성 대 효율성 논쟁은 광범위한 복지국가가 부유한 사람들에게 높은 세금을 요구한다는 사실에서 비롯되며, 이는 근로 동기를 줄이고 위험한 투자를 함으로써 사회의 부를 감소시킬 수 있다. 복지 혜택의 자산조사형 제도는 복지국가의 비용을 줄일 수 있지만 가난한 사람들의 근로 동기가 감소하지 않도록 주의 깊게 설계되어야 한다.

8. 좌파 성향의 정치인들은 큰 복지국가를 선호하고, 우파 성향의 정치인들은 이에 반대한다. 미국 정치는 최근 수십 년 동안 더욱 양극화되어 왔다. 공평성 대 효율성의 대립, 시장이 작동하는 방식에 대한 오해, 철학적 차이가 발생한다.

복지국가	빈곤율	현물보조
정부 이전지출	평균 가구 소득	역소득세
빈곤제도	중간 가구 소득	민간 의료보험
사회보험제도	지니계수	일원화된 의료보험제도
빈곤선	자산조사형	

1. 이 질문에서 당신은 국가 간 소득 불평등의 추세를 탐구할 것이다. 세계 불평등 데이터베이스 wid.world로 이동하여 'Country Graphs'를 선택한다. 핀란드와 네덜란드의 데이터를 열어보도록 하자.

   a. 각 국가의 소득점유율을 가장 최근 데이터로 비교하라. 뭐가 눈에 띄는가?

   b. 시간이 지남에 따라 불평등은 어떻게 변했는가?

   c. 세후소득분배는 세전소득분배와 어떻게 다른가?

   d. 그 추세는 미국의 그것과 어떻게 비교되는가?

   e. 데이터베이스에서 다른 국가들도 탐색하라.

2. 세계 불평등 데이터베이스 wid.world를 사용하여 이전 질문에서 미국의 데이터를 선택한다. 페이지의 왼쪽 상단 모서리에는 '하위 영역 선택' 또는 상태 옵션이 있다. 캘리포니아, 인디애나, 미시간 및 뉴욕의 데이터를 선택한다.

   a. 각 주별 상위 10%와 1% 소득자의 소득 점유율의 현재 가치는 무엇인가?

   b. 각 주별로 시간이 지남에 따라 상위 소득자에게 돌아가는 소득의 몫은 어떻게 변화했는가?

   c. 이 세 주에 걸친 분배의 최상위로 가는 소득의 증가를 설명하는 가능성 있는 요소들은 무엇인가? 오늘날 주들 사이의 차이를 설명하는 요소들은 무엇인가?

3. 최근 뉴욕타임스에 실린 "How Worker-Class Life Is Killing Americans, in charts"라는 특집기사는 'Death of Despair', 약물, 알코올, 자살이 크게 증가했음을 보여 준다. 2000년에, 대학 학위가 없는 50세 미만의 백인들의 이러한 원인으로 인한 사망률은 100,000명 당 50명 미만이었다. 2017년에 사망률은 거의 300% 증가했다. 한편 대학 학위를 가진 사람들의 사망률은 2000년에 인구 10만 명당 20명 미만으로 현저하게 낮았다. 대학 학위를 가진 사람들의 사망률은 증가했지만 단지 40%만이 증가했다. 복지국가의 변화가 절망으로 인한 사망자 증가에 어떻게 기여했는가? 절망으로 인한 죽음을 줄이기 위해 어떤 정책을 옹호할 것인가?

1. 다음 표는 1983~2019년의 미국 자료를 포함하고 있다. 두 번째 열은 빈곤선을 보여 주고 세 번째 열은 전반적인 물가수준인 소비자물가지수(CPI)를 보여 준다. 그리고 네 번째 열은 미국의 1인당 국내총생산(GDP)을 나타낸다.

연도	빈곤선	CPI (1982~1984년=100)	1인당 GDP
1983	$5,180	99.6	$15,525
2019	13,064	255.7	65,212

출처 : U.S. Census Bureau, Bureau of Labor Statistics, Bureau of Economic Analysis.

   a. 1983~2019년 사이에 빈곤선은 몇 배 상승하였는가? 즉 두 배인가 세 배인가 아니면 다른 배수인가?

   b. 소비자물가지수는 1983~2019년 사이에 몇 배 상승하였는가? 즉 두 배인가 세 배인가 아니면 다른 배수인가?

   c. 1인당 국내총생산은 1983~2019년 사이에 몇 배 상승하였는가? 즉 두 배인가 세 배인가 아니면 다른 배수인가?

   d. 당신이 도출한 결과는 미국에서 '빈곤'층으로 분류되는 사람들이 다른 미국 시민들과 비교했을 때 얼마나 경제적으로 나아졌는지에 대해 어떤 대답을 주는가?

2. 한 대도시에 100명의 거주자가 있고, 이들 각각은 75세까지 산다. 거주자들은 평생 동안 다음과 같은 소득 흐름을 가지고 있다. 14세까지는 소득이 없다. 15~29세까지는 연간 200메트로(metro, 대도시의 화폐단위)를 번다. 30~49세까지는 연간 400메트로를 번다. 50~64세까지는 연간 300메트로를 번다. 마지막으로 65세 이후에는 퇴직하고 75세까지 연간 100메트로의 연금을 받는다. 매년 모든 사람은 그해에 번 만큼을 쓴다(즉 저축이나 차입이 없다). 현재 20명이 10세이고, 20명이 20세, 20명이 40세, 20명이 60세, 20명이 70세이다.

   a. 모든 거주자의 소득 분포를 살펴보라. 인구를 소득에 따라 5분위수로 나누어 보라. 최하위 5분위수에서 얼마나 벌고 있는가? 두 번째, 세 번째, 네 번째, 최상위 5분위에서는 어떠한가? 총소득에서 각 분위로 가는 소득의 비율은 얼마나 되는가? 이를 표를 그려 나타내 보라. 이러한 소득 분포는 불평등을 보여 주는가?

   b. 이제 40세인 20명만 두고 생각해 보자. 그들의 소득 분포를 살펴보라. 20명을 소득에 따라 5분위수로 나누어 보라. 최하위 5분위수에서 얼마나 벌고 있는가? 두 번째, 세 번째, 네 번째, 최상위 5분위에서는 어떠한가?

총소득에서 각 분위로 가는 소득의 비율은 얼마나 되는가? 이러한 소득 분포는 불평등을 보여 주는가?

c. 이러한 예가 어떤 국가의 소득 분포 자료를 평가하는 데 어떤 관련성이 있는가?

3. 아래 표는 1972~2018년 남성 근로자의 중간값 소득과 평균 소득에 관한 미국 인구조사국의 자료다. 소득에서 물가 상승의 효과는 제거되었다.

연도	소득의 중간값	소득의 평균
	(2018년 화폐가치 기준)	
1972	$40,102	$46,481
2018	41,615	61,180

출처 : U.S. Census Bureau.

a. 이 기간 동안에 소득의 중간값은 몇 퍼센트 변화하였는가? 소득의 평균은 몇 퍼센트 변화하였는가?

b. 1972~2018년 사이에 소득 분포는 더 불평등해졌는가, 덜 불평등해졌는가? 설명하라.

4. 이퀄러라는 경제에 100가구가 살고 있다. 이 중 99가구는 1만 달러의 소득을 가지고 있고, 한 가구는 101만 달러의 소득을 가지고 있다.

a. 이 경제의 소득의 중간값은 얼마인가? 소득의 평균은 얼마인가?

빈곤퇴치 프로그램에 따라 이퀄러의 정부는 소득을 재분배하였다. 가장 부자인 가구에게서 99만 달러를 거두어 나머지 99가구에게 동등하게 분배하였다.

b. 이제 소득의 중간값은 얼마인가? 소득의 평균은 얼마인가? 소득의 중간값이 바뀌었는가? 소득의 평균은 바뀌었는가? 소득의 중간값과 평균 중 어떤 것이 평균적인 가계의 소득을 대표하는 지표가 될 수 있을지 논하라.

5. 막스랜드라는 나라에는 다음과 같은 소득세와 사회보험제도가 있다. 모든 국민의 소득에는 평균세율 100%의 세금이 매겨진다. 이후 각 시민의 세후소득이 정확히 똑같도록 각 시민에게 돈을 나누어 준다. 즉 각 시민들은 이러한 정부의 이전지출을 통해 소득세 수입의 같은 비율을 받게 되는 것이다. 개별 시민들이 일하고 소득을 얻을 유인은 무엇인가? 이 나라의 총세금수입은 얼마나 될 것인가? 각 시민들의 세후소득은 어떻게 될 것인가? 이렇게 완전평등을 실현하는 세제가 잘 작동하리라 생각하는가?

6. 택실베이니아라는 곳은 음의 소득세를 가지고 있다. 1만 달러보다 적게 버는 사람들은 −40%의 소득세를 낸다(즉 그들은 자신들 소득의 40%를 받는다). 1만 달러보다 높은 소득을 버는 사람들은 초과하는 소득의 10%를 세금으로

낸다.

시나리오	
1	로와니 소득 $8,000
2	미드램 소득 $40,000
3	하이완 소득 $100,000

a. 표의 각 시나리오에 대해 납부할 소득세의 양과 세후소득을 계산하라.

b. 이 세제에서 세전 소득을 더 많이 버는 것이 실제로 세후 소득을 줄이는 상황을 찾을 수 있는가? 설명하라.

7. 노칭험이라는 도시에서 각 근로자는 시간당 10달러의 소득을 벌고 있다. 노칭험에는 다음과 같은 실업급여체계가 있다. 만약 당신이 실업자라면(즉 전혀 일을 하고 있지 않다면), 당신은 정부로부터의 이전지출로 하루에 50달러를 받는다. 당신이 단지 1시간만 일한다 하더라도 실업급여는 사라진다. 즉 제도에 노치가 있는 것이다.

a. 실직자가 하루에 버는 소득은 얼마인가? 하루에 4시간 일하는 근로자가 버는 소득은 얼마인가? 당신이 실업자일 때만큼 최소한을 벌기 위해 얼마나 일해야 하는가?

b. 실업상태에 있는 대신에 하루에 4시간씩 일하는 직업을 가질 사람이 있겠는가?

c. 노칭험 정부가 실업급여 형태를 다음과 같이 바꿨다고 하자. 개인이 1달러씩 더 벌 때마다 0.5달러씩 실업급여가 적어진다. 이제 하루에 4시간 일하는 근로자가 버는 소득은 얼마인가? 이제 실업상태에 있는 것보다 4시간이라도 일할 유인이 있는가?

8. 다음 표는 2005~2017년 사이 일부 연도에 있어 미국의 총인구와 보험에 가입하지 않은 인구수를 보여 주고 있다. 또한 빈곤층 어린이 — 빈곤선 이하의 18세 미만 — 와 보험에 가입하지 않은 빈곤층 어린이의 수도 보여 주고 있다.

연도	총인구	보험 미가입 인구	빈곤층 어린이	보험 미가입 빈곤층 어린이
	(백만 명)			
2005	293.8	44.8	12.9	8.0
2007	299.1	45.7	13.3	8.1
2009	304.3	50.7	15.5	7.5
2011	308.8	48.6	16.1	7.0
2013	313.1	41.8	15.8	5.4
2015	318.4	29.0	14.5	4.5
2017	322.5	28.5	12.8	3.8

출처 : U.S. Census Bureau.

각각의 연도에 대해 보험에 가입되지 않은 인구 및 보험에 가입되지 않은 빈곤층 어린이의 비율을 구하라. 시간이 지남에 따라 이 비율이 어떻게 변하였는가? 보험에 가입되지 않은 빈곤층 어린이 비율의 변화를 어떻게 설명할 수 있겠는가?

9. 미국선거조사(the American National Election Studies)는 미국 유권자의 성향에 대한 조사를 주기적으로 실시하고 있다. 다음 표는 1952~2016년까지 일부 연도에서 "공화당과 민주당 사이에 중요한 차이가 있다."라는 항목에 동의한 사람의 비율을 보여 주고 있다.

연도	동의하는 사람의 비율
1952	50%
1972	46
1992	60
2004	76
2008	78
2012	81
2016	85

출처 : American National Election Studies.

이러한 자료가 시간에 따른 미국 정치의 당파심 정도에 대해 무엇을 보여 주는가?

10. 민간보험 시장에는 다음과 같이 두 종류의 사람들이 있다. 비싼 의료혜택을 더 원하는 사람들과 가능하다면 싼 의료혜택을 원하는 사람들이다. 평균적인 사람들의 요구에 맞춰서 하나의 의료보험이 제시되었다. 즉 보험료가 평균적인 사람의 의료지출(에 보험사의 지출과 정상 이윤을 더한 것)과 같은 형태다.

a. 이러한 의료보험 정책이 실현 불가능한 이유를 설명하라.

역선택의 문제를 피하기 위해 민간 의료보험사는 두 가지 의료보험을 제시하였다. 하나는 비싼 의료혜택을 원하는 사람들을 위한 것으로 높은 보험료가 책정되었다. 다른 하나는 비교적 싼 의료혜택을 원하는 사람들을 위한 것으로 낮은 보험료가 책정되었다.

b. 이러한 의료보험제도는 역선택의 문제를 해결할 수 있는가?

c. 영국 정부는 이러한 문제를 어떻게 피하고자 하였는가?

19 생산요소시장과 소득분배

학위의 가치

고등교육은 그만한 가치가 있는 것일까? 그렇다, 가치가 있다. 현대 경제에 있어 고용자들은 더 많은 교육을 받은 직원들에게 기꺼이 추가보수를 지불하고자 한다. 그리고 지난 수십 년 동안 그 추가보수의 액수는 상당히 증가하였다. 2019년 미국에서 4년제 대학을 마친 사람은 학위가 없는 사람에 비해 주당 평균 85%를 더 벌었다. 이 숫자는 2004년의 72%, 그리고 1980년대 초의 45%보다 높아진 것이다. 사실 MIT 대학교의 경제학 교수인 데이비드 오터에 의하면 대학 학위의 실제 비용은 대략 마이너스 50만 달러이다. 즉 대학 학위는 공짜인 것보다 더 싸다는 것이다.

다시 말해서 대학 학위를 따지 않는다면 평생에 걸쳐 50만 달러를

만일 대학 졸업에 대해 회의를 가지고 있다면 다음을 생각해 보라. 대학을 졸업하지 않는다면 평생에 걸쳐 약 50만 달러를 잃는 것이다.

Monika Graff/The Image Works

잃는 것이다. 이것은 30년 전에 비해 대략 두 배이다. 학사 학위를 받는 것이 그만큼 중요하기 때문에 그 어느 때보다 많은 미국인들이 학위를 받고 있다. 25~29세 사이의 사람들 중 최소한 학사 학위 이상을 갖고 있는 사람의 비율이 1995년에는 24.7%였던 데 반해 2019년에는 39%이다.

학사 학위 소지자의 임금이 고등학교 졸업자에 비해 그렇게 높아야 한다고 누가 결정했을까? 그 답은 물론 그런 결정을 한 사람은 아무도 없다는 것이다. 임금률은 각기 다른 특성을 지닌 여러 노동자들에 대한 일종의 가격이다. 그리고 다른 가격들과 마찬가지로 그것은 수요와 공급에 의해 결정된다.

그래도 고등학교 졸업자의 임금률과 중고 교과서 가격에는 다른 점이 있다. 임금률은 **상품**의 가격이 아니라 **생산요소**의 가격이라는 것이다. 생산요소시장은 여러 면에서 상품 시장과 유사한 점이 많지만 중요한 차이점도 존재한다.

이 장에서는 노동, 토지, 자본과 같은 생산요소들이 거래되는 **생산요소시장**을 분석한다. 재화와 서비스시장과 마찬가지로 생산요소시장도 경제에서 중요한 역할을 담당한다. 생산적인 자원을 생산자들에게 배분하여 이들 자원이 효율적으로 사용되도록 보장하는 것이다.

우선 주요 생산요소들을 소개하고 생산요소들에 대한 수요에 대해 살펴본 다음 이를 통해 **한계생산성 소득분배이론**이라는 중요한 개념을 배우게 된다. 다음에는 한계생산성이론에 대한 반론을 알아보고, 자본과 토지 시장에 대해 살펴본 후, 가장 중요한 생산요소인 노동의 공급에 대해 알아봄으로써 이 장을 끝맺는다. ●

이 장에서 배울 내용

- 토지, 노동, **실물자본**과 **인적 자본**과 같은 자원이 어떻게 요소시장에서 거래되고 이에 따라 **요소별 소득분배**가 어떻게 결정되는가?
- **한계생산성 소득분배이론**이란 무엇인가?
- 임금격차의 원인은 무엇이며 차별은 어떤 역할을 하는가?
- 시장지배력이 노동시장에 어떤 영향을 끼치는가?
- 노동자의 **시간배분 결정**이 어떻게 노동공급을 결정하는가?

보통은 그냥 '자본'이라 불리는 **실물자본**(physical capital)은 건물이나 기계와 같이 생산된 자원을 가리킨다.

인적 자본(human capital)은 교육과 지식에 의해 만들어지고 노동자에 통합되어 노동력을 향상한다.

‖ 한 경제의 생산요소

제2장에서 경제의 순환도를 소개하면서 이미 생산요소를 정의한 것을 기억할 것이다. 생산요소란 가계가 소비하는 재화와 서비스를 생산하기 위해 사용되는 자원을 말한다. 생산요소는 생산요소시장에서 매매되며 생산요소시장에서 결정되는 가격을 요소가격이라 한다.

생산요소에는 어떤 것들이 있으며 그 가격은 왜 중요할까?

생산요소

생산요소에는 크게 네 종류가 있다. 토지, 노동, 실물자본 및 인적 자본이 그것이다. 토지는 자연에 의해 공급되며, 노동은 인류에 의한 노력의 산물이다.

제9장에서 **자본**을 정의한 바 있다. 그것은 생산에 사용되는 자산을 가리킨다. 자본은 크게 두 가지 형태로 나뉜다. **실물자본**(physical capital) — 보통은 그냥 **자본**이라 부른다 — 은 건물이나 기계와 같이 생산된 자원들을 가리킨다.

교육과 지식의 축적에 의해 만들어지고 노동자에 통합되어 노동력을 향상하는 **인적 자본**(human capital)은 현대 경제에서 실물자본 이상으로 중요하다. 기술의 진보로 인해 대부분의 직장에서 고도의 숙련된 기술이 필수적인 것으로 되어 감에 따라 인적 자본의 중요성이 대폭 증대되었고, 이것이 전문학위 소지자의 프리미엄을 증가시킨 한 요인이기도 하다.

요소가격의 중요성 : 자원의 배분

어떤 경제에서나 거쳐야 할 가장 중요한 과정 중의 하나가 생산자들에게 자원을 배분하는 일인데 요소시장과 요소가격은 이 과정에서 중추적인 역할을 담당한다. 앞으로 보는 바와 같이 한 경제는 자원 배분을 통해 무엇을 어떻게 생산할지 결정한다.

요소시장이 경제의 자원을 배분하는 데 어떤 역할을 하는지 보기 위해 새로운 오일 붐의 중심지에 있는 텍사스주 미들랜드를 고려해 보자. 2016년부터 2019년까지의 오일 붐 기간에 미들랜드의 고용은 24% 증가했다. 이는 미국 전체 성장률의 여섯 배로서 유전에서의 고용 증가에 힘입은 것이었다.

석유 시추에 필요한 노동자들을 미들랜드에 오게 만든 것은 무엇인가? 생산요소시장이다. 노동자들에 대한 높은 수요가 직접 유전에서 작업하는 노동자들뿐 아니라 이발사와 같이 이 노동자들에게 서비스를 제공하는 노동자들의 임금을 상승시켰다. 실제로 2019년 미들랜드로 이주하는 이발사는 1년에 18만 달러까지 벌 수 있었다. 다시 말하면 생산요소에 대한 시장이 생산요소 — 이 예에서는 유전 노동자들과 이발사들 — 를 필요한 곳에 배분했던 것이다. 이런 의미에서 생산요소시장은 재화를 소비자들에게 배분하는 역할을 하는 재화시장과 유사하다. 그러나 요소시장이 특별한 이유가 두 가지 있다. 첫째는 요소시장에서의 수요는 경제학 용어로 유발수요이다. 즉 요소에 대한 수요는 기업의 산출량 결정으로부터 유발된다. 이는 재화시장의 수요와 다르다. 두 번째 특징은 대부분의 사람들이 가장 많은 소득을 얻는 곳이 바로 요소시장이라는 것이다(미국 경제에서 그다음으로 큰 소득의 원천은 정부에 의한 이전지출이다).

요소소득과 소득분배

대부분의 미국 가정들은 소득의 대부분을 임금이나 봉급의 형태로 얻는다. 즉 그들은 노동을 판매하여 소득을 얻는다. 그러나 어떤 사람들은 소득의 대부분을 실물자본으로부터 얻는다. 어떤 회사의 주식을 소유하게 되면 실제 소유하는 것은 그 회사의 실

함정

생산요소란 대체 무엇인가?

셔츠를 생산하는 회사를 생각해 보자. 그 회사는 종업원과 기계 — 즉 노동과 자본 — 를 사용할 것이다. 그러나 또한 전기와 옷감과 같은 다른 투입물도 사용할 것이다. 이 모든 투입물이 생산요소일까? 아니다. 노동과 자본은 생산요소이지만 옷감과 전기는 아니다.

기억해야 할 결정적 차이점은 생산요소는 계속해서 서비스를 제공하여 소득을 얻지만 투입물은 그럴 수 없다는 것이다. 종업원은 상당한 기간에 걸쳐 반복적으로 노력을 제공하고 소득을 벌고 기계 주인은 상당 기간에 걸쳐 반복적으로 기계사용권을 판매하여 소득을 번다. 따라서 노동과 자본 같은 생산요소는 지속적인 소득의 원천이 된다.

그러나 전기나 옷감 같은 투입물은 생산 과정에서 사용되어 없어진다. 한번 사용되면 그것은 더 이상 그 소유주의 미래 소득의 원천이 될 수 없다.

탐구자를 위하여   산업혁명 기간의 요소별 소득분배와 사회 변화

여러분은 제인 오스틴의 소설을 읽어 본 적이 있는가? 찰스 디킨스의 소설은? 만일 둘 다 읽어 보았다면 서로 매우 다른 사회를 묘사하고 있다고 생각했을 것이다. 1800년경을 배경으로 하는 오스틴의 소설에서는 토지를 소유하고 있는 귀족들이 사회지도층이다. 대략 50년 후에 쓰인 디킨스의 소설은 사업가, 특히 공장 소유주들이 지배하는 듯한

세계를 묘사하고 있다.

이러한 변화는 요소별 소득분배의 극적인 변천을 반영하고 있다. 18세기 말엽부터 19세기 중엽까지 일어난 산업혁명을 통해 영국은 소득의 상당 부분이 토지임대료로부터 얻어지는 농업중심국가에서 토지임대료가 자본소득으로 인해 위축되어 있는 도시화된 산업국가로 바뀌었다. 경제학자 낸시

스토키(Nancy Stokey)가 최근 추정한 바에 의하면 1780년부터 1850년 사이의 기간에 국민소득 중 토지임대료의 비중은 20%에서 9%로 떨어진 반면, 자본소득의 비중은 35%에서 44%로 증가하였다. 이 변화가 모든 것을 – 문학까지도 – 바꾸어 놓았다.

물자본의 일정 지분인 것이다. 또 어떤 사람들은 보유한 토지의 임대료로부터 대부분의 소득을 얻는다.

그렇다면 경제활동의 열매를 그룹별로 나눠 갖는 데 있어 생산요소의 가격이 중요한 영향력을 갖는 것은 당연하다. 예를 들어 다른 조건이 같다면 임금률이 높을수록 노동을 통해 소득을 얻는 사람들에게 총소득 중 더 많은 몫이 돌아가고 자본이나 토지를 통해 소득을 얻는 사람들에게 더 적은 몫이 돌아가게 될 것이다. 경제활동의 열매가 나뉘는 방법을 가리켜 경제학자들은 소득분배라 일컫는다. 구체적으로 요소가격은 **요소별 소득분배**(factor distribution of income) – 한 경제의 총소득이 어떻게 노동, 토지 및 자본 사이에 분배되는지 – 를 결정한다.

다음의 '현실 경제의 이해'에서 설명된 바와 같이 지난 몇십 년간 미국의 요소별 소득분배는 상당히 안정적으로 유지되어 왔다. 그러나 다른 시대, 다른 장소에서는 요소별 소득분배에 많은 변화가 있어 왔다. 한 예로 산업혁명 기간에 토지 소유자의 소득 비중은 급속히 떨어진 반면 자본 소유자의 소득 비중은 증가하였다. '탐구자를 위하여'에 설명된 것처럼 이 변화는 사회에 지대한 영향을 미쳤다.

> **요소별 소득분배**(factor distribution of income)란 총소득이 노동, 토지 및 자본으로 분배되는 것을 가리킨다.

현실 경제의 >> 이해

미국의 요소별 소득분배

요소별 소득분배라고 할 때 그것은 실제로 어떤 의미인가? 모든 선진경제에서 그런 것처럼 미국에서도 경제 전체의 소득 중 대부분이 노동에 대한 보수로 구성되어 있다.

〈그림 19-1〉에는 2019년 미국의 요소별 소득분배가 나와 있다. 그해 전체 소득의 68.9%가 '피용자 보수' – 여기에는 임금과 건강보험료와 같은 혜택이 포함된다 – 로 지급되었다. 이 비율은 역사적 기준으로 보면 약간 낮은 것이다. (1972년에 피용자 보수는 72.1%, 2007년에는 70.2%였다.) 이는 대경기침체를 겪은 후 실업과 임금률이 경기침체 이전 수준을 회복하는데 5년 이상 걸리면서 서서히 회복 중인 상황을 반영한다.

그러나 통계에 나타난 임금과 피용자 혜택이 '노동'소득 전부를 나타내는 것은 아니다. 미국 총소득의 상당 부분(보통 7~10%)이 자영업자 소득 – 자신이 운영하는 사업으로부터 얻는 소득 – 이기 때문이다. 이 소득 중 일부는 이들 업체의 소유주가 자기 자신에게 지불하는 임금으로 보아야 한다. 따라서 실제 노동소득의 비중은 '피용자 보수'로 표시된 것보다 몇 퍼센트 더 높을 것이다.

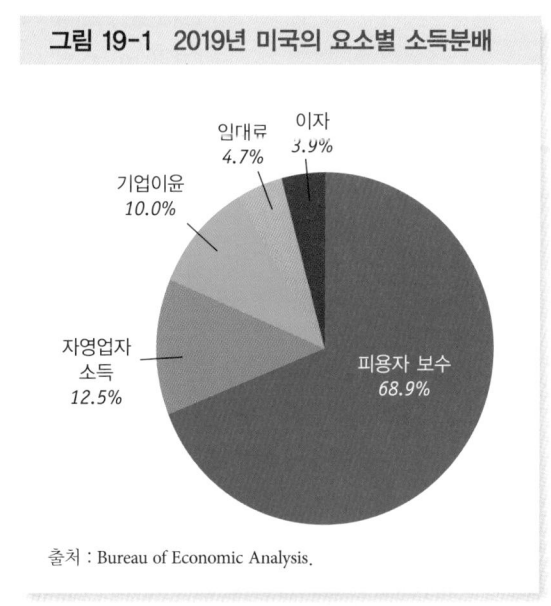

그림 19-1 2019년 미국의 요소별 소득분배

이자 3.9%
임대료 4.7%
기업이윤 10.0%
자영업자 소득 12.5%
피용자 보수 68.9%

출처 : Bureau of Economic Analysis.

그러나 피용자 보수로 불리는 것 중 상당 부분은 사실은 인적 자본으로부터의 수익이다. 외과 의사는 단순히 평범한 두 손의 서비스를 제공하는 것이 아니다(최소한 환자들은 그렇지 않기를 바랄 것이다!). 그 사람은 수십만 달러의 돈과 여러 해의 노력이 투자된 훈련과 경험의 결정체를 함께 공급하고 있는 것이다. 임금의 얼마만큼이 교육과 훈련에 대한 보수인지 직접 측정할 수는 없지만 인적 자본이 현대 경제의 생산요소 가운데 가장 중요한 요소가 되었다고 믿는 경제학자들이 많다.

>> 이해돕기 19-1
해답은 책 뒤에

1. 정부가 대학교수 시장에 대한 가격을 규제하여 시장가격보다 낮은 임금을 책정한다고 가정해 보자. 이 정책으로 인해 대학 학위 생산이 어떤 영향을 받을 것인지를 묘사해 보라. 어떤 경제부문이 이 정부정책으로 인해 손해를 입을 것인가? 어떤 경제부문이 이득을 보겠는가?

|| 한계생산성과 요소에 대한 수요

경제적으로 내리는 결정은 모두 비용과 편익을 비교하는 것이다. 그리고 대부분 한계비용과 한계편익을 비교하는 것이다. 이것은 공부를 1년 더 계속할 것인지를 결정하는 소비자나, 노동자를 한 사람 더 고용할 것인지를 결정하는 생산자나 마찬가지다.

몇몇 중요한 예외가 있기는 하지만 현대 미국 경제에서 대부분의 요소시장은 구매자와 판매자 모두 가격수용자라는 의미에서 완전경쟁적이다. 경쟁적인 노동시장에서 노동자 한 사람을 더 고용하는 데 들어가는 한계비용을 어떻게 정의할 것인지는 명백하다. 그것은 바로 그 사람의 임금률이다. 그런데 그 노동자로부터 얻는 한계편익은 무엇일까? 그 질문에 답하기 위해 제11장에서 처음 도입된 개념을 다시 생각해 보자. 그것은 투입과 산출의 관계를 나타내는 생산함수이다. 그리고 제12장에서와 마찬가지로 이 장에서는 모든 생산자가 가격수용자라고, 즉 완전경쟁산업에서 생산한다고 가정한다.

한계생산물의 가치

〈그림 19-2〉는 〈그림 11-1〉과 〈그림 11-2〉를 다시 그린 것으로 라일리와 타일러 농장의 밀 생산함수를 나타낸다. 그림 (a)는 총생산곡선을 통해 밀의 총생산량이 농장에 고용된 노동자 수에 따라 어떻게 달라지는가를 보여 준다. 그림 (b)는 노동의 한계생산, 즉 노동자 한 사람을 더 고용함으로써 얻어지는 산출의 증가분이 고용되는 노동자 수에 따라 어떻게 달라지는가를 보여 준다. 〈표 19-1〉은 〈그림 11-1〉의 표를 옮긴 것으로 〈그림 19-2〉의 그래프를 작성하는 데 사용된 숫자들을 보여 준다.

라일리와 타일러는 이윤을 최대로 하기 원하는데, 노동자들에게는 한 사람당 200달러씩 지불해야 하고, 밀은 부셸당 20달러에 팔린다고 가정하자. 가장 적절한 노동자 수는 얼마일까? 즉 이윤을 최대로 하기 위해서는 노동자를 몇 명이나 고용해야 할까?

라일리와 타일러는 이 문제를 풀기 위해 (제11장과 제12장에서 우리가 배운) 한계분석을 몇 단계로 나누어 사용한다.

- 제11장에서 생산자의 생산함수로부터 기업의 총비용과 한계비용을 도출하였다.
- 제12장에서는 가격수용적인 기업의 최적산출량 원칙을 도출하였다. 이에 의하면 가격수용적

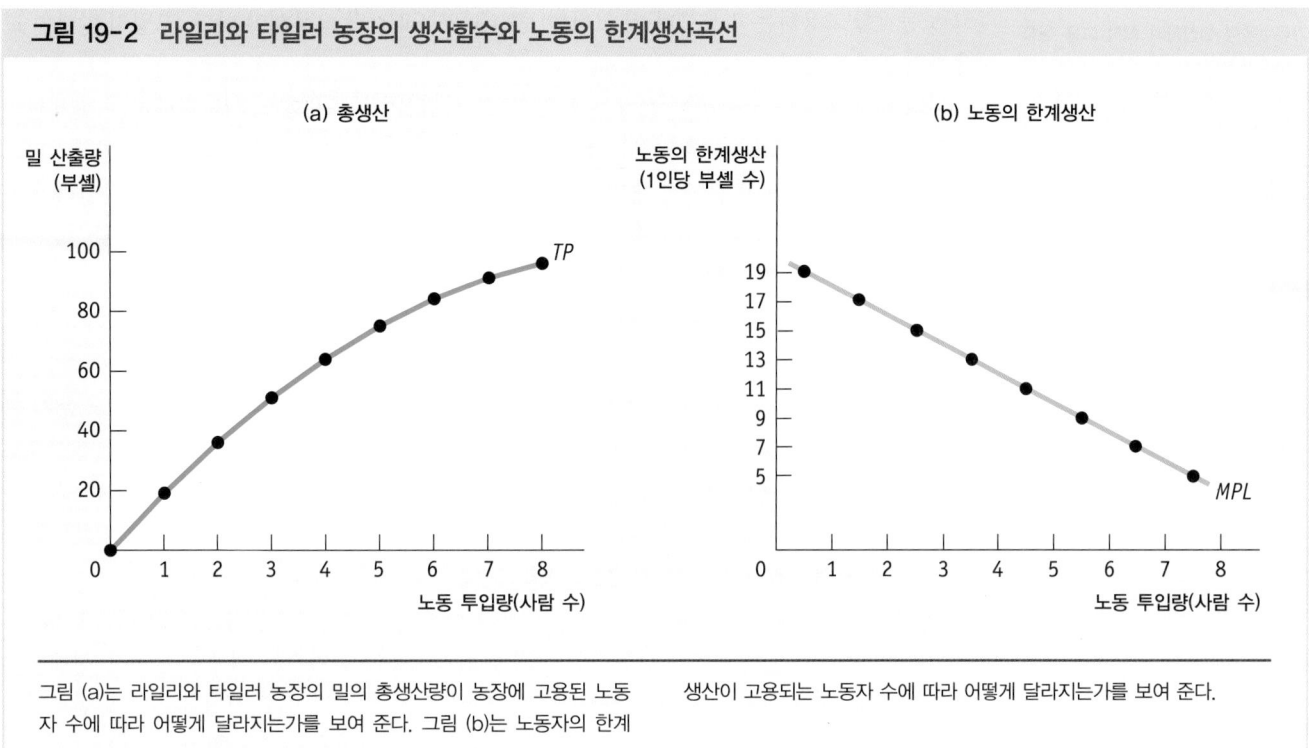

그림 19-2 라일리와 타일러 농장의 생산함수와 노동의 한계생산곡선

그림 (a)는 라일리와 타일러 농장의 밀의 총생산량이 농장에 고용된 노동자 수에 따라 어떻게 달라지는가를 보여 준다. 그림 (b)는 노동자의 한계 생산이 고용되는 노동자 수에 따라 어떻게 달라지는가를 보여 준다.

인 기업은 마지막 한 단위의 한계비용이 시장가격과 같아지는 산출량을 생산함으로써 이윤을 최대로 할 수 있다.

- 최적산출량이 결정되면 생산함수로 돌아가서 최적 노동 투입량을 구할 수 있다. 그것은 바로 최적산출량을 생산하는 데 필요한 노동자 수이다.

그런데 이윤을 최대로 하는 노동자 수를 구하는 방법이 또 하나 있다. 이윤을 최대로 하는 노동자 수가 얼마인지 직접 구하는 방법이다. 이 새로운 방법은 이 앞의 단락에서 설명한 방법과 동등한 방법이다. 즉 같은 사실을 다른 관점에서 본 것뿐이며 앞의 방법이 산출물의 공급을 더 깊이 이해하는 데 도움을 준다면 새로운 방법은 투입요소의 수요를 더 깊이 이해하는 데 도움을 준다.

이 새로운 방법의 원리를 알기 위해 라일리와 타일러 농장의 예로 돌아가서 노동자 한 사람을 더 고용할 것인지 말 것인지를 생각해 보자. 그 노동자를 추가로 고용할 때 발생하는 비용의 증가분은 임금률 W와 같다. 노동자를 추가로 고용하여 얻을 수 있는 이익은 그 노동자가 추가로 생산하는 산출물의 가치이다. 그 가치는 얼마일까? 그 것은 노동의 한계생산 MPL에 산출물 가격 P를 곱한 값이다. 이 값—노동 한 단위를 더 고용함으로써 추가로 얻어지는 산출물의 가치—을 노동의 **한계생산가치**(value of the marginal product) 혹은 $VMPL$이라고 부른다.

표 19-1 라일리와 타일러 농장의 고용과 산출

노동 투입량 (사람 수) L	밀 산출량 (부셸) Q	노동의 한계생산 (1인당 부셸 수) $MPL = \dfrac{\Delta Q}{\Delta L}$
0	0	
		19
1	19	
		17
2	36	
		15
3	51	
		13
4	64	
		11
5	75	
		9
6	84	
		7
7	91	
		5
8	96	

(19-1)   노동의 한계생산가치 $= VMPL = P \times MPL$

그러면 라일리와 타일러는 이 노동자를 고용해야 할까? 만일 추가로 생산된 산출물의 가치가

> **한계생산가치**(value of the marginal product)란 요소를 한 단위 더 투입하였을 때 추가로 얻어지는 산출물의 가치를 가리킨다.

가격수용적 생산자의 최적 고용 원칙 (price-taking producer's optimal employment rule)이란 가격수용적인 생산자는 각 생산요소를 한계생산가치가 생산요소 가격과 같아지는 수준까지 고용함으로써 이윤을 극대화한다는 것이다.

한계생산가치곡선(value of the marginal product curve)은 요소의 한계생산가치가 요소투입량에 따라 어떻게 달라지는가를 보여 준다.

그 노동자를 고용하는 비용보다 더 크다면, 즉 VMPL > W라면 고용해야 한다. 그렇지 않다면 고용하지 말아야 한다.

따라서 노동자를 고용하는 문제는 노동자 한 사람을 더 고용함으로써 발생하는 한계편익(VMPL)과 한계비용(W)을 비교하는 한계적 결정이다. 그리고 다른 한계적 결정과 마찬가지로 한계편익과 한계비용이 같아질 때가 최적 수준이다. 즉 이윤을 최대로 하기 위해서 라일리와 타일러는 마지막 노동자에 대해 다음 등식이 성립할 때까지 노동자를 고용해야 할 것이다.

(19-2)   VMPL = 이윤을 극대화하는 고용수준에서의 W

이 원칙은 노동에만 적용되는 것이 아니라 모든 생산요소에 적용된다. 어떤 생산요소든지 그 한계생산가치는 그 요소의 한계생산과 생산물의 가격을 곱한 값이다. 이 원칙을 모든 생산요소에 적용하여 **가격수용적 생산자의 최적 고용 원칙**(price-taking producer's optimal employment rule)이 얻어진다: 이윤을 최대로 하는 가격수용적인 생산자는 생산요소 마지막 한 단위의 한계생산가치가 그 생산요소 가격과 같아지는 점까지 생산요소를 고용한다.

이 원칙이 제11장과 제12장에서 분석한 내용과 상충되지 않는다는 것을 잘 이해해야 한다. 거기서는 이윤을 최대로 하려면 생산물의 가격과 한계비용이 같아지는 산출량 수준을 선택해야 함을 보았다. 이는 단지 똑같은 원칙을 다른 각도에서 본 것일 뿐이다. 생산물 가격과 한계비용이 같아지는 산출량 수준에서는 또한 노동의 한계생산가치가 임금률과 같아질 것이다.

마지막 노동자의 한계생산가치가 임금률과 같아지도록 고용하는 것이 왜 이윤을 최대로 할 수 있는지, 그리고 이것이 생산요소에 대한 수요를 이해하는 데 어떻게 도움이 되는지 이제 그 이유를 좀 더 자세히 알아보자.

한계생산가치와 요소수요

〈표 19-2〉에는 밀의 가격이 부셸당 20달러라는 가정하에 라일리와 타일러 농장의 노동의 한계생산가치를 계산해 놓았다. 〈그림 19-3〉에서 수평축에는 고용된 노동자의 수가, 수직축에는 마지막에 고용된 노동자의 한계생산가치와 임금률이 표시되어 있다. 그림에 그려져 있는 곡선은 노동의 **한계생산가치곡선**(value of the marginal product curve)이다. 이 곡선은 노동의 한계생산곡선과 마찬가지로 생산에 있어 노동의 수익체감으로 인해 우하향한다. 즉 노동자들의 한계생산이 앞서 투입된 노동자에 비해 작아지기 때문에 노동자들의 한계생산가치도 앞서 투입된 노동자의 한계생산가치에 비해 작아진다.

방금 이윤극대화를 위해서 라일리와 타일러는 마지막에 고용된 노동자의 한계생산가치가 임금률과 같아지는 점까지 노동자를 고용해야 함을 보았다. 이 예를 통해 이 원칙이 실제로 어떻게 작동하는지 살펴보자.

라일리와 타일러가 현재 3명의 노동자를 고용하고 있고 이들에게는 시장 임금률 200달러를 지불해야 한다고 하자. 그들은 노동자를 더 고용해야 할까?

〈표 19-2〉를 보면 현재 라일리와 타일러가 3명의 노동자를 고용하고 있으므로 노동자를 1명 더 고용할 때 한계생산가치는 260달러임을 알 수 있다. 그러므로 노동자를 1명 더 고용하면 생산물의 가치는 260달러만큼 증가하는 반면 비용은 200달러만큼만 증가하여 농장 이윤이 60달러만큼 증가할 것이다. 사실 생산요소를 한 단위

표 19-2 라일리와 타일러 농장의 노동의 한계생산가치

노동 투입량 (사람 수) L	노동의 한계생산 (1인당 부셸 수) MPL	노동의 한계생산가치 VMPL = P×MPL
0		
	19	$380
1		
	17	340
2		
	15	300
3		
	13	260
4		
	11	220
5		
	9	180
6		
	7	140
7		
	5	100
8		

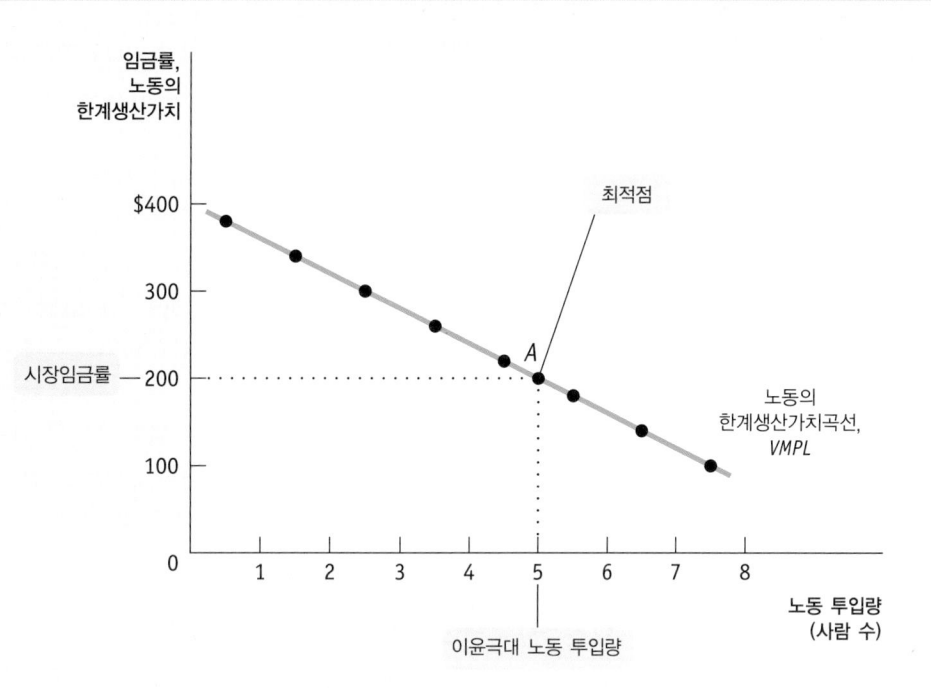

그림 19-3 한계생산가치곡선

이 곡선은 노동자의 한계생산가치가 고용되는 노동자 수에 따라 어떻게 달라지는가를 보여 준다. 고용되는 노동자의 수가 증가함에 따라 수익이 체감하기 때문에 음의 기울기를 갖고 있다. 이윤을 극대화하기 위해서 라일리와 타일러는 노동의 한계생산가치가 시장의 임금률과 같아지는 수준에서 고용량을 결정한다. 예를 들어서 임금률이 200달러인 경우에 이윤을 극대화하는 노동량은 점 A에서 나타나는 바와 같이 5명이다. 한계생산가치곡선은 요소에 대한 생산자의 개별수요곡선이다.

더 투입할 때 한계생산가치가 요소가격보다 높다면 항상 이윤을 증가시킬 수 있다.

이번에는 라일리와 타일러가 8명의 노동자를 고용하고 있다고 하자. 노동자 수를 7명으로 줄임으로써 임금을 200달러 절감할 수 있다. 반면 마지막 노동자의 한계생산가치는 100달러에 불과하다. 따라서 노동자를 1명 덜 고용함으로써 이윤을 100달러 증가시킬 수 있다. 생산요소의 한계생산가치가 요소가격보다 낮을 때는 생산요소를 한 단위 적게 고용함으로써 항상 이윤을 증가시킬 수 있다.

이 방법을 이용하여 〈표 19-2〉에서 임금률이 200달러일 때 이윤을 최대로 하는 고용수준은 5명임을 알 수 있다. 다섯 번째 노동자의 한계생산가치는 220달러이므로 이 노동자를 고용하면 이윤이 20달러 증가한다. 그러나 라일리와 타일러는 고용을 5명 이상으로 증가시켜서는 안 된다. 여섯 번째 노동자의 한계생산가치는 그 노동자의 비용보다 20달러 낮은 180달러에 불과하기 때문이다. 따라서 이윤을 최대로 하려면 라일리와 타일러는 마지막에 고용되는 노동자의 한계생산가치가 임금률과 같아지는 점까지 고용을 해야 하지만 그 점을 넘어서는 안 된다.

〈그림 19-3〉에 있는 한계생산가치곡선을 다시 보자. 이윤을 최대로 하는 고용수준을 알기 위해 노동의 가격―1인당 200달러의 임금률―이 노동의 한계생산가치와 같게 되는 점을 찾았다. 이에 의하면 이윤을 최대로 하는 고용수준은 점 A에 해당하는 5명이 된다. 만일 임금률이 200달러보다 더 높으면 곡선을 따라 올라가면서 고용되는 노동자 수를 줄이면 되고, 임금률이 200달러보다 더 낮으면 곡선을 따라 내려가면서 고용되는 노동자 수를 늘리

기업들은 마지막으로 고용된 노동자의 한계생산가치가 임금률과 같아질 때까지 노동자를 고용한다.

면 된다.

이 예에서 라일리와 타일러의 농장은 규모가 작아서 노동자를 0에서 8명까지 고용할 수 있고, 마지막에 고용되는 노동자의 한계생산가치가 임금률 이하로 떨어지기 전까지 노동자를 고용한다. (이 점을 넘어서 임금률이 한계생산가치보다 높은 점에서 노동자를 고용하면 라일리와 타일러의 이윤은 감소할 것이다.)

그러나 기업의 규모가 커서 많은 노동자를 고용할 수 있다고 해 보자. 노동자가 많을 때는 1명 더 고용했을 때 노동의 한계생산가치가 조금밖에 떨어지지 않을 것이다. 그래서 한계생산가치가 임금률과 거의 같은 노동자가 있을 것이다. (라일리와 타일러의 예를 따른다면 한계생산가치가 200달러와 거의 같은 노동자가 있을 것이다.) 이때는 마지막으로 고용되는 노동자의 한계생산가치가 임금률과 (매우 작은 오차 범위 내에서) 일치하는 수준에서 고용을 함으로써 이윤을 최대로 할 수 있다.

단순화를 위해 지금부터는 기업들이 이 원칙에 따라 이윤을 최대로 하는 고용수준을 찾는다고 가정한다. 이에 의하면 한계생산가치곡선이 생산자 각자의 노동수요곡선이 되는 셈이다. 일반적으로 어떤 생산요소의 한계생산가치곡선은 그 생산요소를 사용하는 기업의 요소수요곡선이 된다.

요소수요곡선의 이동

일반적인 수요곡선과 마찬가지로 요소수요에 있어서도 요소수요곡선 상의 이동과 요소수요곡선의 이동을 구별하는 것이 중요하다. 요소수요곡선은 어떤 요인에 의해 이동하는가? 세 가지 중요한 요인이 있다.

1. 생산물 가격의 변화
2. 다른 요소공급의 변화
3. 기술의 변화

각각의 요인에 대해 자세히 알아보자.

1. 생산물 가격의 변화 요소수요는 유발수요이다. 생산요소에 의해 생산되는 재화가격이 달라지면 그 요소의 한계생산가치도 달라진다. 즉 노동수요의 경우에는 P가 달라지면 주어진 고용수준에서 $VMPL = P \times MPL$도 달라질 것이다.

〈그림 19-4〉에는 현재 임금률이 200달러라는 가정하에 밀 가격 변화의 효과가 예시되어 있다. 그림 (a)에는 밀 가격 상승의 효과가 그려져 있다. 밀 가격이 상승하면 모든 고용수준에서 $VMPL$이 상승하기 때문에 한계생산가치곡선이 위로 이동한다. 임금률이 여전히 200달러일 때 최적점은 A에서 B로 이동하여 이윤극대 고용수준이 증가한다.

그림 (b)에는 밀 가격 하락의 효과가 그려져 있다. 밀 가격이 하락하면 한계생산가치곡선은 아래로 이동한다. 임금률이 여전히 200달러일 때 최적점은 A에서 C로 이동하고 이윤극대 고용수준은 감소한다.

2. 다른 요소공급의 변화 라일리와 타일러가 예컨대 소유지 내의 숲을 개간하여 경작지를 확대했다고 가정해 보자. 노동자들이 일할 수 있는 토지가 늘어났기 때문에 노동자 각자의 밀 생산량은 증가할 것이다. 따라서 모든 고용수준에서 노동의 한계생산은 높아질 것이다. 이것은 〈그림 19-4(a)〉에서 본 밀 가격 상승과 같이 한계생산가치곡선을 상승시키는 효과를 가져올 것이

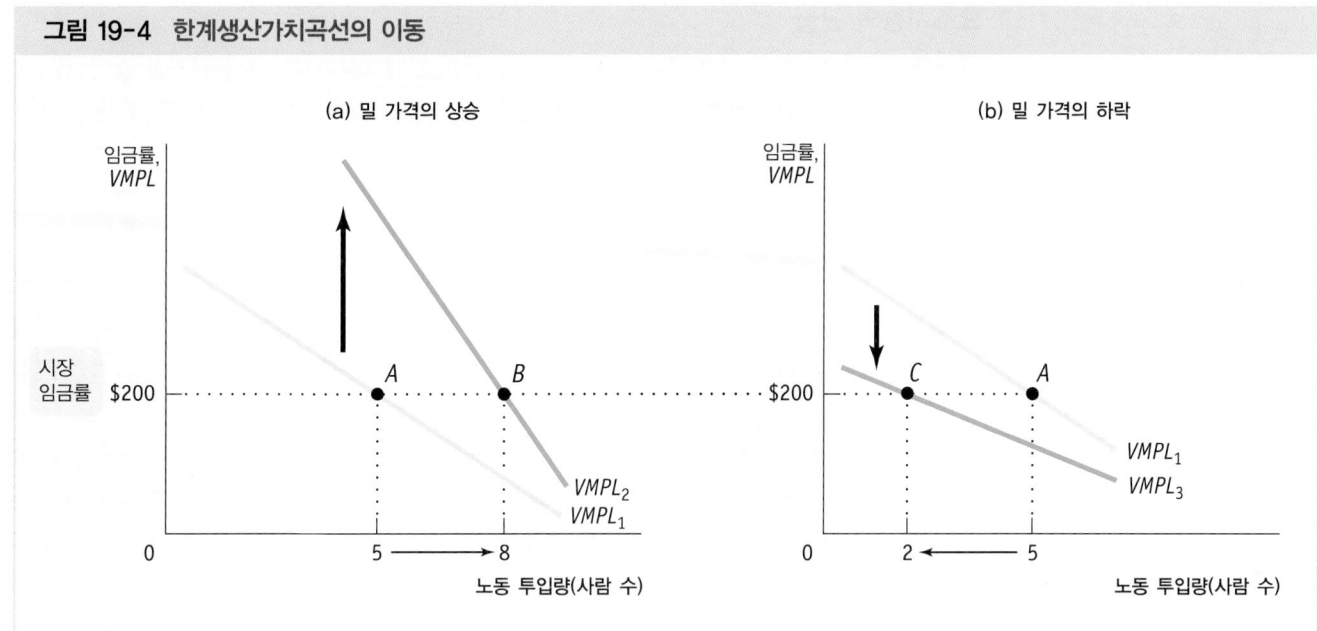

그림 19-4 한계생산가치곡선의 이동

(a) 밀 가격의 상승

(b) 밀 가격의 하락

그림 (a)에는 밀 가격 상승이 라일리와 타일러의 노동수요에 미치는 영향이 그려져 있다. 밀 가격이 상승하면 한계생산곡선이 $VMPL_1$에서 $VMPL_2$로 상향이동한다. 만약 임금률이 200달러 수준에 머물러 있다면 이윤을 극대화하는 고용량은 A에서 B로, 즉 5명에서 8명으로 증가한다. 그림 (b)

에는 밀 가격 하락의 효과가 그려져 있다. 밀 가격이 하락하면 한계생산곡선이 $VMPL_1$에서 $VMPL_3$으로 하향이동한다. 임금률이 200달러라면 이윤을 극대화하는 고용량은 A에서 C로, 즉 5명에서 2명으로 감소한다.

다. 임금률이 주어졌을 때 이윤극대 고용수준은 증가할 것이다.

반면에 라일리와 타일러의 경작지가 감소했다고 하자. 그러면 모든 고용수준에서 노동의 한계생산이 감소할 것이다. 일할 수 있는 토지가 감소했기 때문에 노동자 각자의 밀 생산량이 감소한다. 그 결과 〈그림 19-4(b)〉와 같이 노동의 한계생산가치곡선은 아래로 이동하고 이윤극대 고용수준은 떨어질 것이다.

3. 기술의 변화 일반적으로 기술진보가 어떤 생산요소의 수요에 미치는 영향은 두 가지 방향으로 모두 나타날 수 있다. 즉 기술향상이 어떤 생산요소에 대한 수요를 증가시킬 수도 감소시킬 수도 있다.

어떻게 기술진보가 요소수요를 감소시킬 수 있는가? 한때 중요한 생산요소였던 말의 경우를 보자. 자동차나 트랙터와 같은 말의 대체물이 나타나자 말에 대한 수요는 급속히 감소하였다. 그러나 동시에 운전사, 기술자, 자동차 수리공과 같은 다른 요소에 대한 수요가 증가하였다.

오늘날의 경제에서는 인간 노동을 대체하는 자동화와 로봇 사용의 확대로 인해 어떤 산업에서는 다가오는 몇십 년 동안 인간 노동자들에 대한 수요가 감소할 것으로 일부 분석가들은 예측한다. 로봇이 물류창고 선반에서 상품을 수집할 수 있고 건축현장에서 벽돌을 깔 수 있으므로 이런 일을 하는 인간이 필요하지 않게 된다. 그리고 여러분도 예상했겠지만 소프트웨어 개발자나 로봇 기술자와 같은 다른 요소들에 대한 수요가 증가할 것이다.

보통 기술진보의 효과는 요소의 생산성을 높여서 요소수요를 증가시키는 것으로 나타난다. 따라서 기계와 자동화가 노동에 대한 수요를 감소시킬 것이라는 우려에도 불구하고 미국 경제의 경우 장기적으로 임금과 고용 모두 크게 증가하였다. 이는 기술진보가 노동생산성을 높여 노동에 대한 수요를 증가시켰기 때문이다.

요소시장의 균형

지금까지 완전경쟁적 요소시장에서 생산자는 노동의 한계생산가치가 노동가격과 같아지는 점까지, 즉 $VMPL = W$인 점까지 노동을 고용함으로써 이윤을 최대로 한다는 것을 보았다. 이로부터 요소별 소득분배에서 노동의 몫에 대해 무엇을 알 수 있을까? 이에 대한 해답을 얻기 위해서는 노동시장의 균형을 살펴보아야 한다. 그런 다음 계속해서 토지와 자본시장에 대해 알아보고 이들 시장이 또한 어떻게 소득의 요소별 분배에 영향을 미치는지 알아본다.

먼저 노동시장이 균형을 이루고 있다고 하자. 즉 현재의 임금률에서 노동에 대한 수요와 공급이 일치한다고 하자. 그러면 모든 고용주는 동일한 임금률을 지불할 것이고 각자 생산하는 것이 무엇이든 마지막으로 고용한 노동자의 한계생산가치가 임금률과 같아지는 점까지 노동을 고용할 것이다.

이러한 상황이 〈그림 19-5〉에 예시되어 있는데 밀을 생산하는 가르시아와 옥수수를 생산하는 프리먼의 한계생산가치곡선이 그려져 있다. 서로 다른 상품을 생산하고 있지만 동일한 노동자를 놓고 경쟁하고 있는 관계로 동일한 임금률 200달러를 지불해야 한다. 따라서 두 사람이 이윤극대화를 하면 두 사람 모두 한계생산가치가 임금률과 같아지는 점까지 노동자를 고용하게 된다. 그림에서 이 점은 가르시아가 5명, 프리먼이 7명의 노동자를 고용하는 수준에 해당된다.

〈그림 19-6〉에는 노동시장 전체의 상황이 예시되어 있다. (〈그림 3-5〉에서 본) 재화에 대한 수요곡선과 같이 **시장노동수요곡선**은 노동자를 고용하는 모든 생산자의 개별 노동수요곡선들을 수평으로 더한 것이다. 그리고 각 생산자의 개별 노동수요곡선은 이미 배운 바와 같이 노동의 한계생산가치곡선이다. 이 장 뒤에서 노동공급에 대해 분석하겠지만 지금은 그냥 노동공급곡선이 우상향한다고 가정하자. 그러면 균형임금률은 노동공급량과 노동수요량이 같아지는 임금률이다. 〈그림 19-6〉에서 균형임금률은 W^*이고 이때의 균형고용수준은 L^*이다. (균형임금률을 시장임금률이라고도 한다.)

라일리와 타일러, 가르시아와 프리먼의 예(균형임금률이 200달러였다)에서 본 바와 같이 각

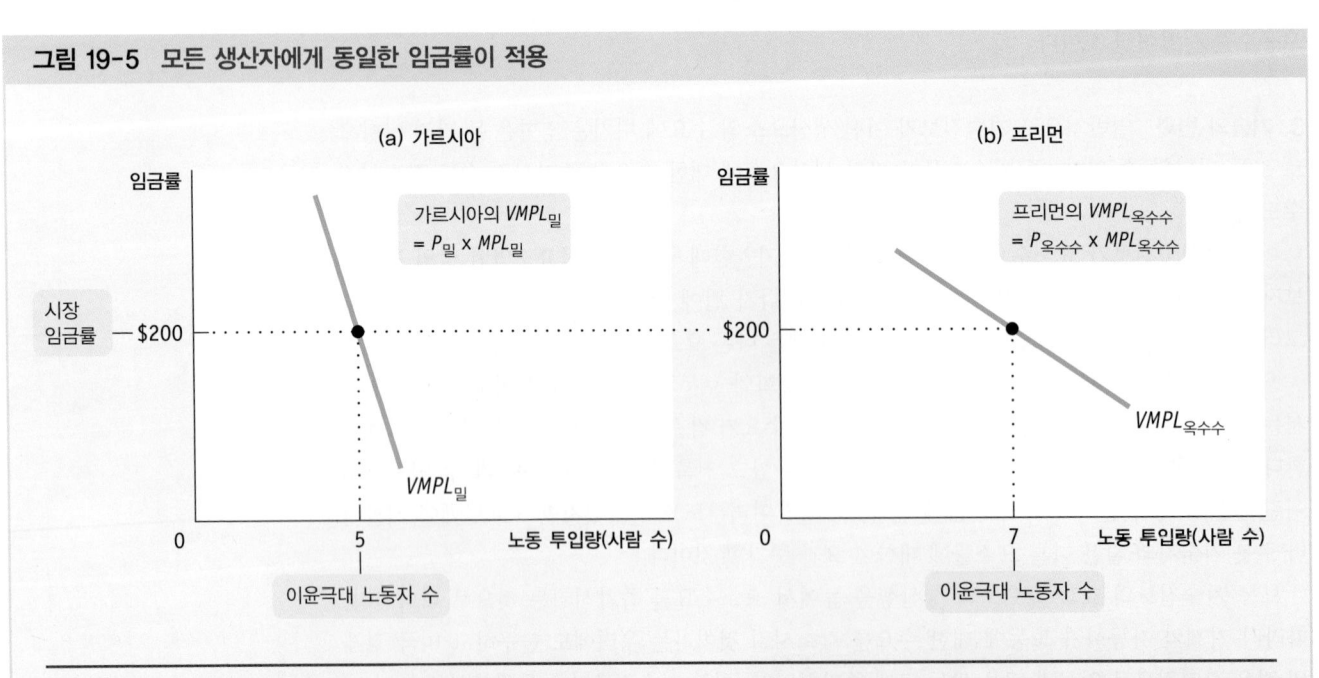

그림 19-5   모든 생산자에게 동일한 임금률이 적용

가르시아는 밀을 생산하고 프리먼은 옥수수를 생산하지만 그들은 모두 공통의 노동시장에서 경쟁을 하므로 같은 임금률, 즉 200달러를 지불해야 한다. 각 생산자들은 $VMPL$이 200달러가 되는 수준까지 노동자를 고용한다. 이에 따라 존스는 5명, 스미스는 7명을 고용한다.

그림 19-6 노동시장의 균형

시장노동수요곡선은 생산자의 개별 노동수요곡
선을 모두 수평으로 더한 것이다. 그림에서 균
형임금률은 W*, 균형고용수준은 L*이며, 모든
생산자는 VMPL = W*인 수준까지 노동을 고용
한다. 그래서 노동자들은 노동시장 전체에서 마
지막으로 고용된 한 단위 노동에 의해 생산된
산출물 가치인 균형 한계생산가치를 받게 된다.

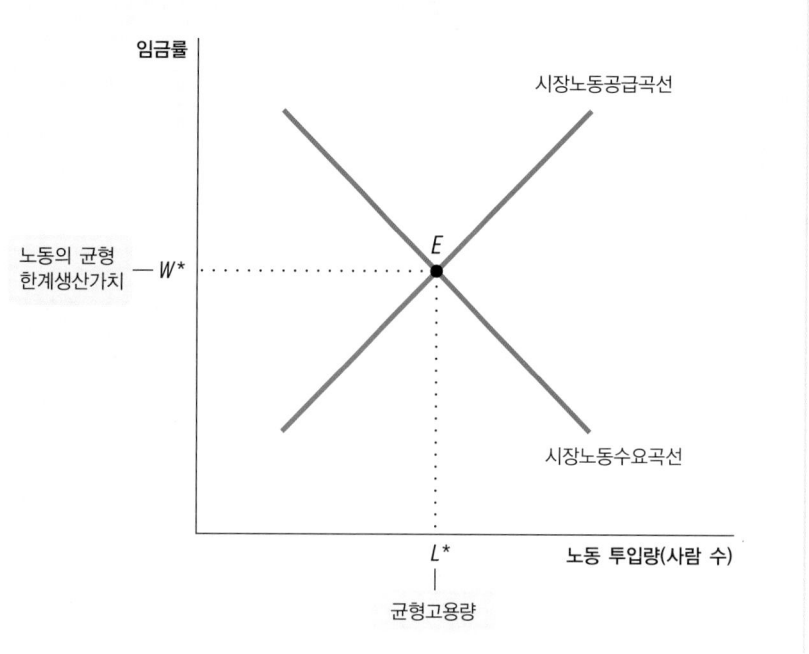

기업은 노동의 한계생산가치가 균형임금률과 같아지는 점까지 노동을 고용할 것이다. 따라서
균형에서는 모든 기업에서 노동의 한계생산가치가 동일하다. 따라서 균형(또는 시장)임금률은
노동의 **균형 한계생산가치**(equilibrium value of the marginal product) ─ 노동시장 전체에서 마지막
으로 고용된 노동 한 단위에 의해 생산된 가치 ─ 와 동일하다. 균형에서 모든 생산자의 VMPL이
동일하기 때문에 누가 그 마지막 한 단위를 고용했는가는 중요하지 않다.

결국 지금까지의 내용을 요약하면 시장임금률은 노동의 균형 한계생산가치와 같다는 것이다.
그리고 이것은 모든 생산요소에 있어 마찬가지다. 완전경쟁적 시장경제에서 각 요소의 시장가
격은 그 요소의 균형 한계생산가치와 같다. 이제 토지와 (실물)자본시장을 살펴보자. (지금부터
는 실물자본을 단순히 자본이라고 부른다.)

토지와 자본시장

재화와 서비스시장이 완전경쟁적이라는 가정을 계속 유지한다면 노동시장에 대해 도출되었던
결과가 다른 생산요소에도 적용된다. 예를 들어 농부가 내년에 토지를 추가로 더 임차할지 생각
중이라 하자. 그는 토지를 임차하는 비용과 그 토지로 인해 추가로 얻어지는 생산물의 가치 ─
토지 1에이커의 한계생산가치 ─ 를 비교할 것이다. 이윤을 최대로 하려면 농부는 토지 1에이커
의 한계생산가치가 토지 1에이커의 임차료와 같아질 때까지 토지를 사용해야 한다.

농부가 이미 토지를 소유하고 있다면 어떠한가? 이에 대한 해답은 제9장에서 경제적 결정
을 분석할 때 이미 배운 바 있다. 토지를 소유하고 있더라도 그것을 어떤 용도로 사용할 때는
시장 임대료를 받고 다른 농부에게 빌려 준다든지 하는 다른 용도로 사용할 수 없기 때문에 암
묵적 비용 ─ 기회비용 ─ 이 든다. 따라서 이윤을 최대로 하려면 암묵적이든 명시적이든 마지
막으로 사용되는 1에이커의 비용이 그것의 한계생산가치와 같아지는 점까지 토지를 사용해야
할 것이다.

자본도 마찬가지다. 토지나 자본 한 단위를 정해진 기간 동안 사용하는 대가로 지불하는 명시

균형 한계생산가치(equilibrium value
of the marginal product)란 요소시장
전체에서 마지막으로 투입된 요소 한
단위에 의해 생산된 산출물 가치를 말
한다.

그림 19-7 토지와 자본시장의 균형

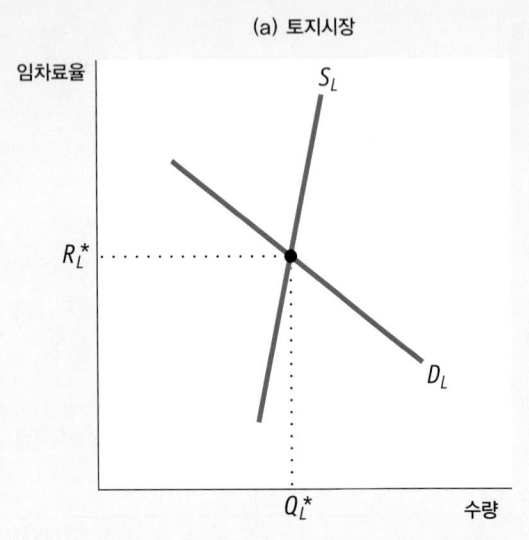

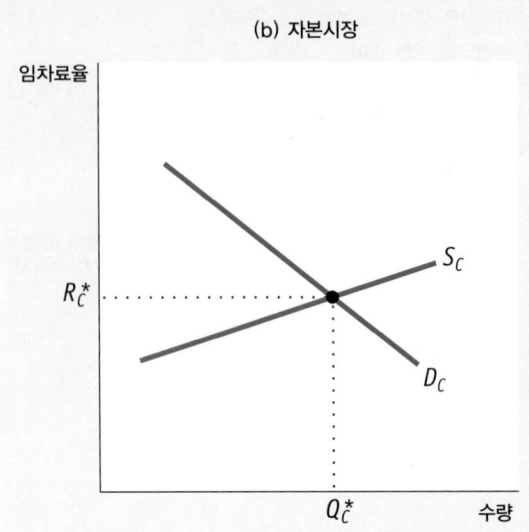

그림 (a)는 토지시장의 균형을, 그림 (b)는 자본시장의 균형을 나타낸다. 생산에 사용될 토지의 수량을 증가시키는 비용이 높은 것을 반영하여 토지의 공급곡선은 상대적으로 기울기가 크다. 반면에 자본 임차료율 변화에 대해서 저축이 상대적으로 크게 반응하기 때문에 자본의 공급곡선은 상대적으로 기울기가 작다. 토지와 자본의 균형 임차료율과 균형 거래량은 수요와 공급곡선의 교차점에 의해 결정된다. 경쟁적인 토지시장에서 한 단위의 토지는 토지의 균형 한계생산가치인 R_L^*을 받는다. 마찬가지로 경쟁적인 자본시장에서 한 단위의 자본은 자본의 균형 한계생산가치 R_C^*를 받는다.

적 또는 암묵적 비용을 **임차료율**(rental rate)이라 한다. 일반적으로 토지나 자본 한 단위는 그 단위의 한계생산가치가 그 기간의 임차료율과 같아지는 점까지 고용된다. 토지와 자본의 임차료율은 어떻게 결정될까? 당연히 토지시장과 자본시장의 균형에 의해서다. 〈그림 19-7〉이 그 결과를 보여 준다.

그림 (a)는 토지시장의 균형을 보여 준다. 모든 생산자의 토지에 대한 개별수요곡선을 합하여 토지에 대한 시장수요곡선을 얻는다. 수익체감으로 인해 토지에 대한 수요곡선도 노동수요곡선과 마찬가지로 우하향한다. 그림에 의하면 토지의 공급곡선은 상대적으로 기울기가 크고 따라서 상대적으로 비탄력적이다. 이것은 생산에 사용할 새로운 토지를 마련하는 것이, 예컨대 값비싼 관개사업을 통해 새로운 농토를 만드는 것처럼 대체로 어렵고 비용이 많이 든다는 사실을 반영한다. 두 곡선의 교차점에서 토지의 균형 임차료율 R_L^*과 토지의 균형 사용량 Q_L^*이 결정된다.

그림 (b)는 자본시장의 균형을 보여 준다. 토지의 공급곡선과는 달리 자본의 공급곡선은 상대적으로 탄력적이다. 그것은 자본의 공급이 상대적으로 가격에 민감하게 반응하기 때문이다. 자본은 투자자들의 저축에서 얻어지는데, 저축량은 자본의 임차료율에 상대적으로 민감하게 반응한다. 자본의 균형 임차료율 R_C^*와 토지의 균형 사용량 Q_C^*는 두 곡선의 교차점에서 결정된다.

한계생산성 소득분배이론

이상에서 재화와 서비스시장과 요소시장이 완전경쟁적일 때는 생산요소의 한계생산가치가 그 요소의 시장 균형가격과 같아질 때까지 생산요소가 사용된다는 것을 배웠다. 즉 생산요소에는 균형 한계생산가치가 지불된다.

이로부터 요소별 소득분배에 대해서는 무엇을 알 수 있을까? 우리는 **한계생산성 소득분배이론**

토지나 자본에 대한 **임차료율**(rental rate)이란 주어진 기간에 그 요소를 한 단위 사용하는 대가로 지불하는 명시적 또는 암묵적 비용이다.

한계생산성 소득분배이론(marginal productivity theory of income distribution)에 따르면 모든 생산요소는 그 생산요소에 해당하는 균형 한계생산가치를 받는다.

(marginal productivity theory of income distribution)에 도달하게 된다. 이 이론에 의하면 각 생산요소는 요소시장 전체에서 마지막으로 투입된 요소 한 단위에 의해 생산된 산출물의 가치, 즉 그 요소의 균형 한계생산가치를 받는다.

한계생산성 소득분배이론이 왜 중요한 이론인가를 이해하려면 미국의 요소별 소득분배를 나타낸 〈그림 19-1〉을 다시 보고 다음과 같이 질문해 보라. 노동이 미국 총소득의 69%를 받으라고 누가 혹은 무엇이 결정했을까? 왜 90%나 50%가 아닐까?

한계생산성 소득분배이론에 의하면 소득이 생산요소에 분배되는 것은 아무렇게나 정해지는 것이 아니다. 그것은 경제가 균형을 이루었을 때 각 생산요소의 한계생산성에 의해 결정된다. 경제 전체의 모든 노동자가 받는 임금률은 전체 경제의 노동시장에서 마지막으로 고용되는 노동자에 의해 발생하는 산출물 가치의 증가와 같다.

지금까지 요소시장에서 각 요소는 모든 단위가 동일한 것으로 취급했다. 즉, 모든 토지는 동일하고, 모든 노동도 동일하며, 모든 자본도 동일한 것으로 여겼다. 그러나 현실적으로 요소들은 생산성에 있어 상당한 차이가 있다. 예를 들어 노동자들은 숙련도나 능력에 있어 차이가 난다.

경제 전체의 모든 토지에 대해 하나의 토지시장을 생각하는 대신, 마찬가지로 하나의 자본시장, 하나의 노동시장을 생각하는 대신 상이한 여러 유형의 토지, 물적 자본, 인적 자본, 노동에 대한 시장을 생각해 볼 수 있다. 예컨대 컴퓨터 프로그래머 시장은 제빵 요리사 시장과는 다르다.

다른 유형의 요소마다 별도의 요소시장이 있다고 생각하면 여전히 한계생산성 소득분배이론을 적용할 수 있다. 즉 컴퓨터 프로그래머 노동시장이 균형을 이루었을 때 모든 컴퓨터 프로그래머가 받는 임금률은 시장의 균형 한계생산가치—그 시장에서 마지막으로 고용되는 프로그래머의 한계생산가치—와 같다.

한계생산성 소득분배이론은 요소시장과 재화와 서비스 시장 모두 완전경쟁적이라는 가정에 근거하고 있다. 그러나 다음 절에서 논의하는 바와 같이 많은 시장이 이 조건을 충족하지 못한다. 따라서 이 이론은 준거로서 유용하지만 현실 세계를 정확히 반영하는 것은 아니다.

또한 한계생산성 소득분배이론이 성립하는 한도에서 이 이론은 시장이 어떻게 작동하는가를 설명하는 것이지 무엇이 공평하거나 옳다는 것을 말해주는 것이 아님을 이해하는 것이 중요하다. 즉, 이 이론은 소득분배가 "어떠해야 하는지" 우리에게 알려주지 않는다. 대신 한계생산성 소득분배이론은 사회가 공평과 효율 사이에서 어떤 절충을 하는 것이 옳은가를 결정하는 데 도움을 주는 하나의 준거점의 역할을 한다.

함정

한계생산성이론의 올바른 이해

한계생산성 소득분배이론이 말하는 바를 잘 살펴보자. 그것이 말하는 바는 *모든* 요소가 그 요소의 *균형* 한계생산가치 — 마지막으로 투입된 요소에 의해 추가된 산출물의 가치 — 를 받는다는 것이다.

가장 흔한 오류는 올바른 한계생산가치는 균형을 찾는 도중에 계산한 한계생산가치가 아니라 *균형* 한계생산가치라는 사실을 망각하는 데서 비롯된다. 〈표 19-2〉를 보고 첫 노동자의 한계생산가치가 380달러이므로 그 사람은 균형에서 380달러를 받는다고 생각할지 모른다. 하지만 그렇지 않다. 노동시장의 균형 한계생산가치가 200달러라면 모든 노동자가 200달러를 받는다.

현실 경제의 >> 이해

플렉스 사원 모집!

플렉스(Flextronnics International)는 세계에서 두 번째로 큰 전자기기 생산 및 설계 회사이다. 싱가포르에 본부를 둔 미국 회사로서 핏비트(착용식 헬스케어 기기)부터 전기 오토바이와 전기차 부품까지 여러 가지를 생산한다. 그리고 제조 회사인 까닭에 수천 명의 숙련 기술자들을 고용한다.

페이스케일닷컴(Payscale.com)에 의하면 2019년 3월 플렉스의 숙련된 미국 기술자들은 각종 혜택을 제외하고 평균 7만 3,157달러를

하밀 제작소의 숙련 기술자에게 한계생산성 소득분배이론이 성립한다.

받았다. 미국의 대부분 숙련 기술자들과 마찬가지로 플렉스의 기술자들은 생산성이 매우 높다. 미국 센서스의 제조업 연례 서베이에 의하면 2017년 컴퓨터와 전자제품 제조업 생산 노동자는 평균 27만 548달러의 부가가치를 창출하였다.

그런데 플렉스의 숙련 미국 기술자들의 연봉과 그들이 창출한 부가가치의 적절한 근사치 사이에는 20만 달러의 격차가 있다. 이것이 한계생산성 소득분배이론이 성립하지 않음을 의미하는 것일까? 이 이론은 기술자들이 각자가 창출한 평균 부가가치인 27만 548달러를 받아야 한다고 말하지 않는가? 이 두 질문에 대한 대답은 두 가지 이유로 '그렇지 않다'이다.

1. 27만 548달러라는 숫자는 현재 고용된 모든 기술자들에 대해 평균을 낸 값이다. 이론은 기술자들이 마지막으로 고용된 기술자의 한계생산의 가치를 받을 것이라고 말한다. 그리고 노동에 대한 수익체감으로 인해 그 가치는 현재 고용된 모든 기술자들의 평균보다 낮다.
2. 노동자의 균형 임금률은 7만 3,157달러의 봉급 외에 피고용인 혜택과 같은 다른 비용들을 포함한다. 한계생산성 소득분배이론에 의하면 노동자들은 모든 혜택을 포함하여 한계생산가치와 동일한 임금률을 받는다.

이런 비용들이 플렉스에도 있음을 볼 수 있다. 플렉스의 기술자들은 좋은 복지 혜택과 직업의 안정성을 누리고 있으며 이런 것들이 봉급에 추가된다. 이러한 혜택을 합한 기술자들의 총급여는 마지막으로 고용된 기술자의 한계생산가치와 같을 것이다.

플렉스의 경우에는 20만 달러의 격차를 설명하는 또 다른 요소가 있다. 당시의 임금률 수준에서 기술자들이 충분히 없었다는 것이다. 2019년 현재 플렉스는 더 많은 사람을 고용하려고 했다. 플렉스가 숙련된 기술자들을 더 유치하기 위해 임금을 인상하지 않는 이유는 무엇일까? 문제는 그들이 하는 일이 너무 전문화되어 회사가 유인책으로 임금을 인상한다 해도 외부인을 고용하기가 어렵다는 것이다.

이 문제를 해결하기 위해 플렉스 같은 회사는 신입직원의 훈련에 상당한 금액, 1인당 10만 달러를 훌쩍 넘는 비용을 지출한다. 결국 한계생산성 소득분배이론이 성립하는 것처럼 보인다.

>> 이해돕기 19-2
해답은 책 뒤에

1. 다음의 경우에 노동에 대한 수요곡선의 이동 방향이 어떻게 될지, 다른 조건이 동일할 때 시장의 균형임금률 및 고용량에 어떠한 변화가 야기될지 설명해 보라.
   a. 소매업이나 은행업과 같은 서비스 산업에 대한 수요가 늘어난다. 이 산업들은 다른 산업에 비해 상대적으로 더 많은 노동을 사용하고 있다.
   b. 과도한 고기잡이로 인하여 어부들이 하루에 잡을 수 있는 어획량이 줄어들었다. 이로 인해 노동수요가 영향을 받는다.
2. 다음에 제시된 명제를 설명해 보라. "서로 다른 산업에서 동일한 노동자들을 대상으로 경쟁을 하면, 노동자들이 속해 있는 산업과는 무관하게 마지막에 고용된 노동자의 한계생산가치가 모든 기업에 걸쳐 동일하게 될 것이다."

|| 한계생산성 소득분배이론이 과연 사실일까?

한계생산성 소득분배이론은 경제이론의 일부로서 확고한 근거를 가지고 있고 일반적인 시장분

>> 복습

- 가격수용적 생산자의 최적 고용 원칙에 의하면 가격수용적인 생산자는 생산요소 마지막 한 단위의 한계생산가치가 그 생산요소 가격과 같아지는 점까지 생산요소를 고용함으로써 이윤을 극대화한다.
- 완전경쟁시장에서 재화의 가격과 노동의 한계생산의 곱은 노동의 **한계생산가치**와 동일하다. 즉 $VMPL = P \times MPL$이 성립한다. 이윤을 극대화하는 생산자는 노동의 한계생산가치가 임금률과 같아지는 수준, 즉 $VMPL = W$가 성립하는 수준까지 노동을 고용할 것이다. 노동의 **한계생산가치곡선**은 노동에 대한 수익이 체감하기 때문에 음의 기울기를 갖는다.
- 노동에 대한 시장수요곡선은 생산자의 개별수요곡선을 모두 수평으로 더한 것이다. 시장노동수요곡선은 산출물 가격의 변화, 다른 요소공급의 변화, 기술진보라는 세 가지 주요 요인에 의하여 움직이게 된다.
- 노동과 마찬가지로 생산자들은 토지와 자본의 한계생산가치가 그것의 **임차료율**과 같아지는 점까지 토지와 자본을 사용할 것이다. **한계생산성 소득분배이론**에 따르면 완전경쟁시장에서 모든 생산요소는 **균형 한계생산가치**만큼의 보상을 받는다.

석과 밀접히 관련되어 있지만 가끔 논쟁의 원인이 되기도 한다. 주요한 반론으로는 다음 두 가지가 있다.

첫째로, 현실세계에서는 어떤 사람들이 보기에 똑같은 보수를 받아야 할 생산요소들 간에 심한 불균등이 존재한다. 아마 미국에서 가장 눈에 띄는 예는 남녀 간 그리고 여러 인종 간에 나타나는 평균임금의 큰 격차일 것이다. 이러한 임금격차는 정말로 한계생산성의 격차를 반영한 것일까 아니면 무언가 다른 일이 벌어지고 있는 것일까?

둘째로, 많은 사람들이 한계생산성 소득분배이론으로부터 현재의 소득분배가 공정하고 적절한 것이라는 결론이 도출되므로 이 이론이 소득분배에 대한 도덕적 정당성을 부여한다고 잘못 생각하고 있다. 이러한 오해로 인해 현재의 소득분배가 불공평하다고 생각하는 사람들 가운데 한계생산성이론을 거부하는 사람도 가끔 나타난다.

이러한 논쟁들을 다루기 위해 우선 성별 및 인종별 소득격차를 살펴보자. 그런 다음 이러한 격차를 어떤 요인들로 설명할 수 있는지 알아보고 이러한 설명이 한계생산성 소득분배이론과 양립될 수 있는지 알아보자.

현실에서의 임금격차

미국 임금률은 매우 폭넓게 분포되어 있다. 2018년에 거의 200만 명의 노동자가 연방 법정 최저치인 시간당 7.25달러의 임금을 받았다. 반면에 몇몇 회사의 최고경영자는 1억 달러 이상의 연봉을 받았는데, 이는 일주일에 100시간을 일했다고 하더라도 시간당 2만 달러에 해당한다. 이런 양극단을 제외하더라도 임금률에는 큰 차이가 있다. 사람들의 한계생산성이 정말 그렇게 다를 수 있을까?

사람들이 특별히 관심을 갖는 것은 성별 및 인종별로 나타나는 체계적인 임금격차이다. 〈그림 19-8〉에는 성별 및 인종별로 2018년 25세 이상 노동자의 연간소득 중앙값이 표시되어 있다. 집단별로는 백인 남자 집단이 가장 높은 소득을 얻고 있다. 다른 자료에 의하면 여자(모든 인종 평균치)는 백인 남자의 72%만을, 아프리카계 미국인 노동자(남녀 합계)는 70%만을, 남미계 노동자는 62%만을 받고 있다. 정말 한계생산성의 차이가 성별 및 인종별 지속적인 임금격차를 설명

그림 19-8   2018년도 성별 및 인종별 임금소득의 중앙값

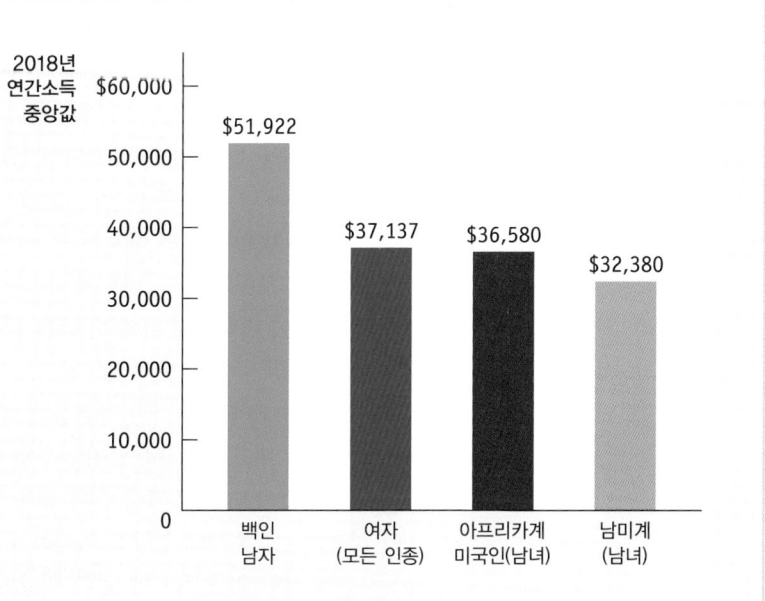

미국의 노동시장은 노동자들의 임금소득의 성별 및 인종별 차이가 크다. 여자는 남자보다, 아프리카계 미국인과 남미계 노동자는 백인 남성 노동자들보다 상당히 낮은 소득을 받고 있다.

출처 : U.S. Census Bureau.

하는 것일까?

미국은 모든 사람(all men)이 평등하게 창조되었다는 신념 위에 세워진 국가이다. 만일 헌법을 오늘날 다시 쓴다면 모든 인류(all people)가 평등하게 창조되었다고 할 것이다. 그렇다면 보수가 왜 이처럼 불평등한가? 우선 한계생산성이론의 설명을 들어 본 다음 다른 영향들을 알아보자.

임금 불평등과 한계생산성

관찰된 임금 불평등의 상당 부분은 한계생산성 소득분배이론과 모순 없이 설명될 수 있다. 특히 직업과 개인별로 임금격차가 발생하는 원인으로서 잘 알려진 요인에는 다음 세 가지가 있다.

첫째는 **보상적 격차**(compensating differentials)이다. 여러 직업 간에는 그 직업이 얼마나 매력적인가에 따라 임금이 다를 수 있다. 이러한 임금격차를 보상적 격차라 한다. 불쾌하거나 위험한 일을 하는 사람은 동일한 기술이나 노력이 필요하지만 그렇지 않은 일을 하는 사람에 비해 더 높은 임금을 요구한다. 예를 들어 위험한 화물을 운반하는 트럭기사는 정상적인 화물을 운반하는 트럭기사보다 더 높은 보수를 받는다. 2020년 팬데믹이 한창일 때 아마존이나 크로거 같은 소매업자들은 점포에서 또는 창고에서 작업하는 노동자들에게 바이러스에 감염될 위험에 대한 보상으로 추가 수당을 지불하였다. 그러나 주어진 직업에 대해서는 대체로 한계생산성 소득분배이론이 잘 들어맞는다. 예를 들어 위험화물 트럭기사는 위험화물 트럭기사 시장에서 마지막 고용자의 균형 한계생산가치와 동일한 임금을 받는다.

임금 불평등의 두 번째 이유로서 분명히 한계생산성이론과 잘 들어맞는 것으로 능력의 차이를 들 수 있다. 사람들마다 **능력**에 차이가 있다. 유능한 사람은 더 높은 가격을 받을 수 있는 우수한 제품을 생산함으로써 그렇지 못한 사람에 비해 더 높은 한계생산가치를 창출한다. 이러한 한계생산가치의 차이가 소득능력의 차이로 나타난다. 직업 스포츠가 좋은 예다. 연습도 중요하지만 대부분의 사람들은 톰 브래디처럼 패스를 잘하고 세레나 윌리엄스만큼 테니스공을 잘 치는 재능을 갖지 못했다. 노력이 필요한 다른 분야에서도 마찬가지이다.

세 번째 임금격차의 이유는 **인적 자본**의 차이이다. 현대 경제에 있어 인적 자본(교육 및 훈련)은 건물이나 기계와 같은 실물자본 못지않게 중요하다. 사람마다 인적 자본에 큰 차이가 있는데 더 많은 양의 인적 자본을 가진 사람은 더 높은 가격을 받을 수 있는 제품을 생산함으로써 일반적으로 더 높은 한계생산가치를 창출한다. 따라서 임금격차의 상당 부분이 인적 자본의 차이로 설명된다. 수년간의 교육과 훈련을 거치는 숙련된 외과의사나 기술자와 같이 수준 높은 인적 자본을 가진 사람은 일반적으로 높은 임금을 받는다.

인적 자본이 임금에 미치는 영향을 가장 직접적으로 알 수 있는 방법은 교육수준과 소득의 관계를 보는 것이다. 〈그림 19-9〉에는 성별, 인종별, 그리고 3단계 교육수준별로 2018년에 25세 이상인 사람들의 소득격차가 표시되어 있다. 여기서 보는 바와 같이 성별이나 인종에 관계없이 교육수준이 높으면 소득 중앙값(median)이 높다. 예를 들어 2018년에 고등학교를 다녔지만 고등학교 졸업장이 없는 백인 여자는 고등학교 졸업자에 비해 32%, 대학 졸업자에 비해 63% 낮은 소득 중앙값을 보이고 있다. 나머지 5개 집단도 유사한 패턴을 보이고 있다. 지금도 남자가 여자에 비해, 백인이 비백인에 비해 더 많은 교육을 받고 있기 때문에 교육의 차이로 〈그림 19-8〉에 나타난 소득격차가 어느 정도 설명된다.

그러나 공식 교육만이 인적 자본을 형성하는 것은 아니다. 직장 내의 훈련과 경험 또한 인적 자본을 만들어 내고 한계생산성이론과 합치되는 임금격차를 만든다. 직장에 더 오래 있었던 사람은 노동 경험이 더 많고 따라서 더 높은 임금을 받는다.

이 외에도 임금격차에 영향을 미치는 요소들이 있다. 이런 요소들은 **성별 임금격차**, 즉 여성과 남성의 지속적인 임금 격차에 관한 연구에서 찾아볼 수 있다. 미국 노동시장에서 성별 격차는

그림 19-9 2018년도 교육별, 성별, 인종별 임금격차

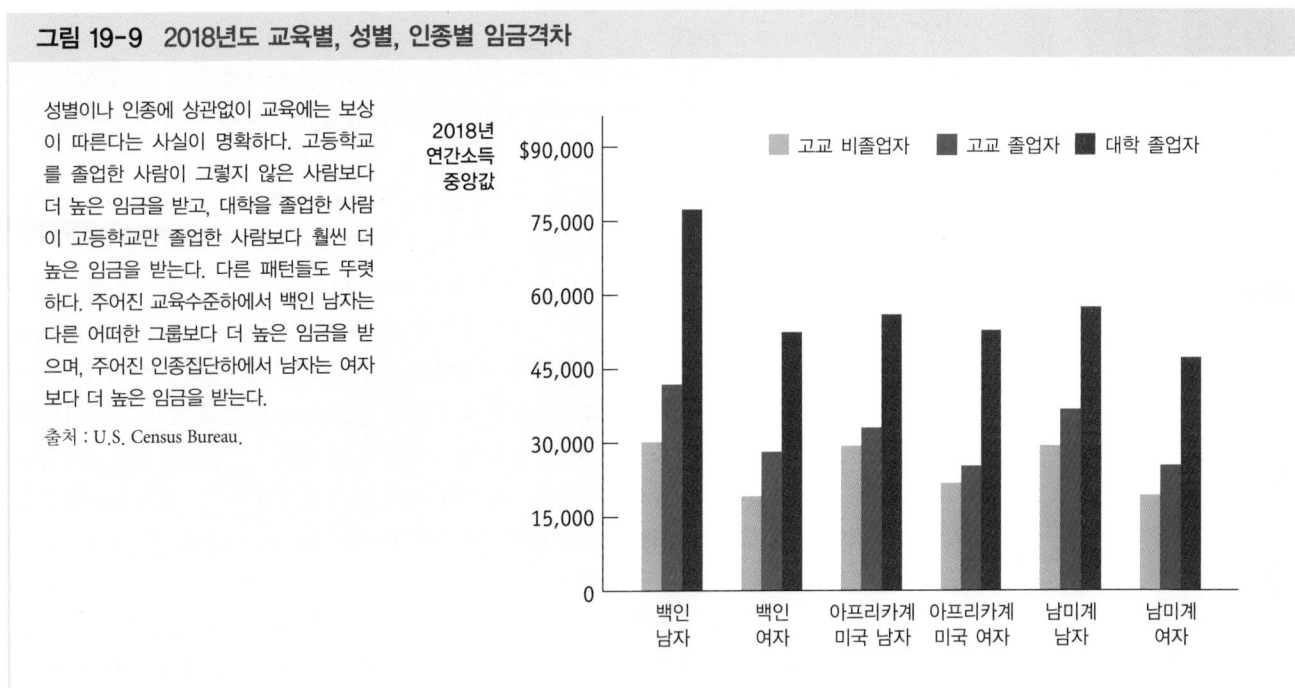

성별이나 인종에 상관없이 교육에는 보상이 따른다는 사실이 명확하다. 고등학교를 졸업한 사람이 그렇지 않은 사람보다 더 높은 임금을 받고, 대학을 졸업한 사람이 고등학교만 졸업한 사람보다 훨씬 더 높은 임금을 받는다. 다른 패턴들도 뚜렷하다. 주어진 교육수준하에서 백인 남자는 다른 어떠한 그룹보다 더 높은 임금을 받으며, 주어진 인종집단하에서 남자는 여자보다 더 높은 임금을 받는다.

출처 : U.S. Census Bureau.

다음과 같은 차이에 의해 대부분 설명될 수 있음이 연구를 통해 밝혀졌다.

- 인적 자본(여성이 낮은 경향을 보인다)
- 직업의 선택(여성은 보수가 낮은 간호와 교육을 선택하는 경향이 있다)
- 직장생활의 공백(여성이 노동인구로의 진입과 진출이 더 빈번하다)
- 비정규직 여부(여성이 정규직보다는 비정규직일 가능성이 더 높다)
- 초과근무 여부(여성이 초과근무 가능성이 더 낮다)

예를 들어 최근 센서스 데이터를 사용한 미국 노동부의 연구에 의하면 이상의 5개 요인을 고려하면 성별 임금격차는 20.4%에서 5%로 줄어든다. 뿐만 아니라 조정을 거치지 않은 성별 임금격차도 지난 37년간 이러한 5개 요인에서 여성들이 남성과의 차이를 좁혀 감에 따라 1979년 37.7%에서 2018년 18.9%로 상당히 감소하였다.

그러나 인적 자본의 차이로 발생한 소득격차가 반드시 공정한 것은 아니라는 사실도 강조될 필요가 있다. 미국은 다른 선진국들에 비해 육아에 대한 정부지원이나 법적 지원이 뒤떨어져 있다. 따라서 미국 여성들은 남성들에 비해 경력단절이 더 많고 또한 정규직을 가질 여력이 떨어진다. 마찬가지로 비백인 어린이들이 재정이 부족한 교육구에 살기 때문에 대체로 교육을 잘 받지 못하고, 그렇기 때문에 낮은 임금을 받게 되는 사회의 노동시장도 한계생산성이론에 의해 잘 설명될 수 있기 때문이다(그리고 〈그림 19-8〉에 나타난 인종 간 임금격차와도 모순되지 않을 것이다). 그러나 많은 사람들이 그 결과로 나타나는 소득분배는 불공정하다고 느낄 것이다.

그래도 실제 임금격차가 보상적 격차, 능력과 재능의 차이, 인적 자본의 차이만으로 완전히 설명되지는 못한다고 생각하는 사람들이 많다. 이들은 시장지배력, **효율임금**, 성이나 인종차별이 중요한 역할을 한다고 생각한다. 다음에는 이러한 요인들을 살펴보자.

시장지배력

한계생산성 소득분배이론은 요소시장이 완전경쟁적이라는 가정에 근거해 있다. 그런 시장에서는 모든 노동자가 신분에 관계없이 균형 한계생산가치만큼의 보수를 받을 것이라고 예상할 수 있다. 그러나 이 가정이 어느 정도나 타당할까?

우리는 완전경쟁이 아닌 시장을 앞에서 공부하였다. 이제 노동시장에서 어떻게 완전경쟁 가정과 다른 모습이 나타날 수 있는지 간략히 살펴보자. 다른 면에서 똑같은 노동자들 사이에 임금격차가 나타날 수 있는 명백한 원인의 하나는 **노동조합**(union)—구성원들의 임금 인상과 작업조건 향상을 목적으로 하는 단체—이다. 노동조합은 요소시장에서 지배력의 원천이다. 노동조합이 역할을 성공적으로 수행한다면 노동자가 고용주와 일대일로 임금을 협상하는 대신 고용주가 조합대표자와 임금을 협상하는 단체협상을 통해 임금이 결정된다. 의문의 여지 없이 이는 조합에 가입한 노동자들의 임금을 높이게 된다. 2019년 미국 노동조합 가입자들의 주급 중앙값은 1,082달러로서 미가입자들의 주급인 892달러에 비해 20% 이상 차이가 난다. 연구에 의하면 노조결성은 백인 남녀 사이의 임금격차뿐 아니라 백인과 비백인 사이의 임금격차도 줄이는 효과를 가져온다고 알려져 있다.

현대 미국에서 노동자나 고용주에 의한 단체행동은 임금에 어느 정도의 영향을 주는 것일까? 수십 년 전 대략 30% 정도의 미국 노동자들이 노동조합원이었을 때는 노동조합이 임금상승에 상당한 영향을 미쳤을 것이다. 그러나 오늘날에는 대부분의 경제학자들이 노동조합의 영향력이 상당히 미약하다고 생각한다.

2019년 민간기업 종업원 중 조합원 비율은 8% 미만이다. 노조를 결성한 노동자들이 더 높은 임금을 받아 낼 수 있는 것처럼 고용주들도 규모가 충분히 크면 시장 지배력을 행사하여 경쟁 시보다 더 낮은 임금을 지불할 수 있다. 제13장에서 이런 유형의 시장 지배력을 수요독점이라 한 것을 기억할 것이다. 기업의 노동시장에서 수요독점력을 행사하면 노동자들은 그들의 한계생산물의 가치보다 더 낮은 임금을 받는다. 간호사에 대한 시장을 보자. 간호사들의 연봉의 중앙값은 대략 7만 2,000달러이다. 데이터에 의하면 완전경쟁시장에서는 간호사들의 봉급이 훨씬 더 높아야 한다. 대략 9만 달러에서 20만 달러 수준이다. 그러나 미국의 많은 지역에서 병원 수가 적기 때문에 의료기관들은 간호사들이 더 높은 임금을 받기 위해 경쟁 병원으로 떠날 기회가 제한되어 있는 것을 알고 낮은 임금을 지불할 수 있는 것이다. 최근의 연구는 미국의 여러 노동시장에서 상당한 수요독점력이 행사되고 있는 증거를 발견했다. 이 문제는 산업 통합 때문에 중요성이 점점 커지고 있다.

효율임금

임금 불평등의 또 다른 원인으로서 **효율임금**—노동자가 열심히 일하게 만들고 직장을 옮겨 다니는 것을 막기 위해 고용주들에 의해 고안된 일종의 인센티브 제도—현상을 들 수 있다. 종업원이 매우 중요한 작업을 하지만 작업을 얼마나 열심히 하는지 자주 관찰할 수 없다고 하자(예를 들어 고용주의 아이를 돌본다고 하자). 그렇다면 이 종업원이 다른 직장에서 벌 수 있는 것, 즉 균형임금보다 더 많은 보수를 주는 것이 타당할 경우가 있다. 왜 그럴까? 그 이유는 추가보수를 받게 됨으로써 이 직장을 잃고 다른 직장을 찾는 것이 종업원에게는 상당한 손해가 되기 때문이다.

효율임금모형(efficiency-wage model)에 의하면 노동자의 성과를 관찰하기 어려울 때에는 고용주가 더 나은 성과를 위한 동기부여로서 시장 균형 수준보다 더 높은 임금을 지불하는 것이 경제적으로 합리적일 수 있다. 할증된 임금을 지불하는 직장을 잃을 수 있다는 위험이 노동자로 하여금 업무를 잘 수행하여 해고를 피하도록 동기를 부여한다. 같은 이유로 할증된 임금을 지불

노동조합(union)이란 구성원들의 임금 인상과 작업조건 향상을 목적으로 하는 노동자 단체이다.

효율임금모형(efficiency-wage model)에 따르면 어떤 고용주는 더 나은 성과를 올리기 위한 인센티브를 제공하기 위해 균형수준보다 높은 임금을 지불한다.

함으로써 노동자들의 이직률—자발적으로 직장을 떠나는 빈도—을 낮출 수 있다. 어린 아이를 돌보는 노력과 기술이 병원의 간병인을 하는 것보다 어렵지 않음에도 불구하고 보모에게 간병인의 균형임금보다 더 높은 임금을 지불하는 것이 경제적으로 합리적일 수도 있다는 사실을 효율임금으로 설명할 수 있다.

가격하한, 특히 최저임금처럼 효율임금은 그 노동시장에 노동의 과잉공급을 발생시킨다. 이러한 과잉공급은 실업으로 나타난다. 사람들은 보수가 높은 효율임금 직장을 찾는데, 일부는 그런 직장을 얻지 못하고 운이 좋은 사람들은 같은 자격이지만 그런 직장을 얻는다.

그 결과 동일한 능력—동일한 기술과 경력—을 가진 두 사람이 다른 임금을 받을 수 있다. 운이 좋아 효율임금 직장을 잡은 사람은 보통 직장을 잡은 (또는 보수가 높은 직장을 찾는 동안 직업이 없는) 사람보다 높은 소득을 올리게 된다.

효율임금은 종업원들이 어떤 경우에는 주어진 책무만큼의 일을 하지 않고도 이를 숨길 수 있다는 사실로 인해 발생하는 일종의 시장실패에 대한 대응책이다. 결과적으로 고용주는 종업원에게 동기를 부여하기 위해 균형임금 이상을 지불하게 되고 비효율적인 결과를 낳게 된다.

차별

직장에서의 차별은 미국 경제의 오래된 특성이 되어왔다. 공식적으로 성차별 혹은 인종차별은 거의 60년 전에 불법으로 규정되었지만 여전히 비공식적인 차별이 있다는 것이 연구에 의해 밝혀진다. 예를 들면, 동일한 경력을 가졌으나 인종을 구별할 수 있는 다른 이름으로 가짜 이력서를 제출했을 때, 백인으로 인식되는 지원자에게는 아프리카계로 인식되는 지원자들보다 연락 횟수가 36% 더 많았고, 남미계로 인식되는 지원자들보다는 24% 더 많았다.

역사적으로 특정 인종이나 민족, 성(性)에 속한 노동자에게 차별이 있어 왔다는 것은 사실이며 또한 부끄러운 일이다. 우리의 경제모형에서 어떻게 이를 설명할 수 있을까?

차별은 시장경쟁으로부터 자연적으로 얻어진 것이 아니다. 오히려 시장의 힘은 차별과 반대 방향으로 작용한다. 그 이유를 알기 위해 여자는 같은 자격과 경험을 가진 남자에 비해 임금을 30% 더 적게 받는 것이 사회관습이라고 할 때 어떻게 될지 생각해 보자. 회사 경영진이 편견을 갖고 있지 않다면 남자 대신 여자를 고용함으로써 비용을 절감할 수 있을 것이다. 남자 대신 여자를 고용하는 회사는 비용을 절감할 수 있을 것이다. 결과적으로 여성 노동자에 대한 초과수요가 발생하고 이들의 임금이 상승하게 될 것이다.

탐구자를 위하여　독일에서 노동자가 일하는 방식

독일에는 세계적으로 가장 우수한 제조업체가 여럿 있다. 자동차에서 맥주에 이르기까지, 그리고 가전기기부터 화공업과 제약업에 이르기까지 독일 제품은 최고의 품질을 갖춘 것으로 알려져 있다. 그리고 미국과 달리 대학 학위를 필요로 하지 않는 블루칼라 직업들이 높은 임금을 받기 때문에 가치 있는 직업으로 여겨지고 있다. 독일인들에게 제조업의 성공과 블루칼라 직업이 높은 임금을 받는 것이 어떻게 양립 가능한지 물으면 두 가지 제도가 가장 많이 거론된다. 노동위원회제도와 도제제도이다.

독일 헌법에 따라 모든 공장에는 노동위원회가 있어 많은 비용을 동반하는 갈등이 생기지 않도록 노동조건, 생산성, 임금 등을 경영자와 노동자가 함께 논의한다. 노동자에게는 이사회와 같은 경영 조직에 의석이 보장된다. 이런 협력관계로 인해 독일 제조업은 조합원의 비율이 높다. 이 결과 독일의 노동조합은 더 성공적으로 조합원의 임금을 인상할 수 있다.

그러면 무엇이 독일 제조업으로 하여금 높은 임금을 지불하면서도 성공적으로 경쟁할 수 있게 하는가? 한 가지 설명은 독일의 도제제도이다.

이 프로그램은 젊은 노동자들에게 자동차 전기 기술부터 미용에 이르기까지 특별한 기술에 대한 현장 훈련을 제공한다. 그 결과 일반적인 독일 제조업 노동자는 미국의 같은 노동자에 비해 작업에 필요한 인적 자본을 더 많이 갖춘 상태에서 출발한다.

독일 제조업의 성공에 있어 도제제도는 필수불가결한 것이어서 독일 회사들은 미국에 있는 공장에도 이 제도를 똑같이 도입했다. BMW와 독일 엔진제조업자인 토그넘이 자리를 잡은 사우스캐롤라이나에서는 젊은 노동자들이 회사에서 필요로 하는 기술 훈련을 받을 수 있도록 보장하기 위해 지방정부 및 주정부와 함께 도제 프로그램을 새로 도입하였다. 두말할 필요 없이 도제는 그러한 훈련과 그것이 가져다줄 높은 임금을 환영한다.

그러나 시장경쟁이 차별과 반대로 작용한다면 어떻게 차별이 그렇게 심화될 수 있었을까? 대답은 두 가지이다.

첫째, 노동시장이 불완전할 때는 차별을 하고도 이윤을 유지할 수 있다. 예를 들어 노동조합이나 최저임금법과 같은 시장간섭 또는 효율임금과 같은 시장실패로 인해 임금이 균형수준보다 높아질 수 있다. 이런 경우에는 일자리보다 취업희망자가 더 많으므로 고용주는 희망자를 상대로 내키는 대로 차별을 할 수 있다. 실업률이 9%를 넘은 2011년 연방기구인 고용기회평등위원회에서 고용차별에 대한 고소사건들을 조사하는 임무를 맡았는데 이 기관의 46년 역사상 가장 많은 고발이 노동자와 취업희망자들로부터 들어왔다고 보고했다.

둘째로, 어떤 경우에는 차별이 정부정책에 의해 제도화되어 있다. 제도화된 차별은 시장압력에 대항하여 유지하기가 용이하며 역사에서 전형적으로 나타나는 차별은 이런 유형이다. 예를 들어 한때 미국에서는 많은 지역에서 아프리카계 미국인들은 '백인 전용' 공립학교나 대학에 다니는 것이 금지되어 그보다 못한 학교에 다녀야 했다.

시장경쟁이 현재의 차별에 반대로 작용한다고 해도, 과거에 그 희생자가 받은 교육과 경험의 차별에 대한 치유수단은 되지 못한다.

한계생산성이론은 유효한가?

이상의 논의로부터 얻어지는 주요 결론은 한계생산성이론이 요소소득이 어떻게 결정되는지에 대한 완전한 설명은 아니지만 경제분석을 위해서는 매우 유용한 도구라는 것이다. 차이를 아는 것은 중요하다. 그러나 노동시장이 제대로 작동하는 현대 경제에 있어 생산요소들은 대체로 균형 한계생산가치 ─ 시장 전체에서 마지막으로 투입된 한 단위의 한계생산가치 ─ 를 받는다.

다시 한번 강조하건대 이 이론이 요소별 소득분배를 도덕적으로 정당화하는 것은 아니다.

현실 경제의 >> 이해

한계생산성과 최저임금 수수께끼

다른 나라와 마찬가지로 미국 정부는 임금에 하한을 설정해 놓고 있다. 전국 어디서나 고용주들은 노동자에게 시급 7.25달러보다 낮은 임금을 지급할 수 없다. 그러나 여러 주와 몇몇 도시는 그들만의 최저임금을 정해 놓고 있으며 몇몇 경우는 전국 기준보다 상당히 높다. 예를 들어 애리조나주는 최저 시급을 12달러로 정해 놓았다. 시애틀시는 시급 16.39달러를 최저임금으로 요구한다.

노동경제학자들은 주와 지역의 최저임금에 상당한 관심을 가져왔는데 그 이유는 수백만의 노동자들에게 영향을 주기도 하고 거기서 '자연적인 실험'이 이루어지기 때문이기도 하다. 어떤 주가 최저임금을 인상할 때 어떤 일이 벌어지는지 관찰하고 특히 그 결과를 이웃한 주들의 추이와 비교함으로써 경제학자들은 현실 경제에서 노동시장이 어떻게 작동하는지에 대한 중요한 정보를 얻을 수 있다.

그러한 실험의 결과는 손쉽게 예측할 수 있을 것 같아 보인다. 어떤 주가 최저임금을 예컨대 7.25달러에서 16.39달러로 인상하면 노동비용이 상승한다. 패스트푸드점 같은 곳에서 일하는 최저임금 노동자들을 고용하는 비용이 더 높아진다. 더 높아진 비용은 고용주로 하여금 고용을 줄이고 노동자들은 일자리를 잃게 되지 않을까? 그러나 (일부 동의하지 않는 사람이 있긴 하지만) 다수의 노동경제학자들에 의하면 결과가 그렇지 않은 것 같다. 대신 최저임금이 상당히 인상되어 많은 노동자들의 임금이 인상됨에도 불구하고 고용에는 영향이 없는 것 같아 보인다. 어떻게 이런 일이 가능할까?

이러한 주제의 연구를 선도한 몇몇 경제학자들의 의견에 의하면 수요독점이 그 해답이다. 대규모 고용주들은 시장 지배력을 이용하여 임금을 낮추어 노동자들에게 한계생산보다 낮은 임금을 지급하기 때문에 최저임금을 적당히 인상해도 고용을 저해하지는 않는다. 왜냐하면 새로 인상된 임금도 여전히 노동의 한계생산 이하여서 노동자를 고용하는 것이 여전히 경제적으로 유리하기 때문이다.

만일 이 생각이 맞다면 이 분석은 최저임금 정책 이상의 의미가 있다. 그 이유는 이것이 한계생산성 소득분배이론이 경제 전체에 얼마나 적용될 수 있는지에 대해 의문을 제기하기 때문이다.

>> 이해돕기 19-3
해답은 책 뒤에

1. 다음에 서술된 바를 평가해 보라. 주어진 명제들은 옳은가? 혹은 그른가? 아니면 답이 분명하지 않은가? 설명해 보라.
   a. 한계생산성 소득분배이론은 성, 피부색, 인종별로 소득격차가 존재한다는 것과 일치하지 않는다.
   b. 다른 경쟁기업들이 직장에서 차별을 시행하지 않는데 차별을 시행하는 기업이 있다면 그 기업은 그로 인해 낮은 이윤을 얻게 될 것이다.
   c. 직무경험 부족으로 낮은 임금을 받는 노동자들은 차별로 인한 희생자들이 아니다.
   d. 월마트가 시골의 작은 도시에 들어가 많은 영세 점포들이 문 닫게 만든다. 노동자들은 월마트에서 전보다 더 낮은 임금을 받으므로 차별의 희생자이다.

|| 노동의 공급

지금까지는 노동, 자본 또는 토지에 대한 생산자들의 수요량을 요소가격의 함수로 표시한 요소수요에 초점을 맞추었다. 요소공급은 어떠한가?

이 절에서는 노동공급에만 초점을 맞춘다. 여기에는 두 가지 이유가 있다. 첫째, 현대 미국 경제에서 노동은 요소소득의 대부분을 차지하는 가장 중요한 생산요소이다. 둘째, 앞으로 보게 되겠지만 요소시장이 재화 및 서비스시장과 가장 다른 모습으로 나타나는 부분이 노동공급이다.

노동과 여가

노동시장에서 기업과 가계의 역할은 재화 및 서비스시장과 반대가 된다. 밀이나 스마트폰과 같은 재화는 기업이 공급하고 가계가 수요한다. 반면에 노동은 기업이 수요하고 가계가 공급한다. 사람들은 노동의 공급량을 어떻게 결정할까?

현실적으로 대부분의 사람들은 작업시간에 대해 마음대로 결정할 수가 없다. 일주일에 정해진 시간만큼 일을 하지 않으면 직장을 얻을 수 없다. 그러나 노동공급의 논리를 이해하려면 현실을 잠시 한쪽으로 밀어 두고 자기가 원하는 시간만큼 작업시간을 선택할 수 있는 사람을 상상해 보는 것이 좋다.

그런 사람이 가능한 한 많은 시간을 일하려 하지 않는 이유는 무엇일까? 노동자도 사람이라 시간을 다른 용도로 사용하고 싶기 때문이다. 작업에 1시간을 사용하면 그만큼 더 즐거운 다른 활동에 시간을 사용할 수 없게 된다. 따라서 노동을 얼마나 공급할지 하는 결정은 여러 활동에 각각 얼마의 시간을 사용할 것인가 하는 **시간배분**(time allocation)의 결정을 포함하고 있다.

일을 함으로써 다른 상품을 구매할 수 있는 소득을 얻는다. 일을 많이 할수록 더 많은 상품을

>> 복습
• 개인별 혹은 그룹별로 존재하는 커다란 임금격차는 일부 경제학자로 하여금 한계생산성 소득분배이론에 대해 의심을 갖게 만든다.
• 재능, 직업 경험, 취업 방식, 인적 자본의 차이에 기인한 노동의 한계 생산가치의 차이뿐만 아니라 **보상적 격차** 또한 어느 정도의 임금격차를 설명한다.
• **노동조합** 혹은 고용주에 의한 집단 행동의 형태로 나타나는 시장지배력뿐 아니라 더 나은 성과를 올리기 위해 고용주가 균형 이상의 임금을 지불한다는 **효율임금모형** 또한 어떻게 임금격차가 발생하는지를 설명한다.
• 차별은 역사적으로 임금격차의 주요 요인이었다. 시장의 힘은 차별과 반대방향으로 작용한다. 그러나 차별은 인적 자본 감소의 후유증을 오래 남길 수 있다.

노동공급에 대한 결정은 여러 활동에 각각 얼마의 시간을 사용할 것인가 하는 **시간배분**(time allocation)의 결정을 포함하고 있다.

모든 노동자는 여가와 일 사이의 선택에 직면해 있다.

구매할 수 있다. 그러나 구매력 증대에는 **여가**(leisure) — 일을 하지 않는 시간 — 의 감소라는 손실이 따른다(여가란 낭비된 시간을 뜻하는 것이 아니다. 가족과의 시간, 취미활동이나 운동에 사용된 시간 등을 포함한다). 재화를 구매하여 효용을 얻을 수도 있지만 여가도 효용을 준다. 사실 여가 자체를 정상재 — 소득이 증가할 때 대부분의 사람들이 더 많이 소비하기를 원하는 재화 — 로 생각할 수 있다.

합리적인 사람은 여가를 어떻게 선택할까? 물론 한계적 비교를 통해서이다. 소비자 선택을 분석할 때 우리는 효용극대화를 추구하는 소비자가 추가로 주어진 1달러를 어떻게 사용할 것인지 질문했었다. 노동공급을 분석하면서 우리는 사람들이 추가로 주어진 1시간을 어떻게 사용할 것인지 질문하게 된다.

제이든은 여가와 돈으로 살 수 있는 재화 모두를 좋아하는 사람이다. 그가 일을 해서 벌 수 있는 임금률은 시간당 10달러라 한다. 얼마나 일을 할 것인가를 결정할 때 그는 여가를 1시간 더 가짐으로써 얻는 한계효용과 10달러어치의 상품을 더 소비하여 얻을 수 있는 추가효용을 비교해야 한다. 만일 10달러어치의 상품이 1시간의 여가보다 효용을 더 증가시킨다면 그는 1시간의 여가를 포기하고 일을 1시간 더 함으로써 총효용을 증가시킬 수 있다. 만일 1시간의 여가가 10달러의 소득보다 효용을 더 증가시킨다면 그는 일을 1시간 덜 하고 여가를 1시간 늘림으로써 총효용을 증가시킬 수 있다.

그렇다면 제이든이 최적의 노동공급을 선택했을 때는 여가 1시간의 한계효용이 1시간 임금으로 살 수 있는 재화로부터 얻는 한계효용과 같을 것이다. 이것은 화폐 대신 시간이 사용되었을 뿐 제10장에서 보았던 **최적소비원칙**과 매우 유사하다.

다음 단계는 임금률이 달라질 때 제이든의 시간배분 결정이 어떻게 달라지는지 알아보는 것이다.

임금과 노동공급

임금률이 10달러에서 20달러로 두 배가 되었다고 하자. 제이든의 시간배분은 어떻게 달라질까?

일할 유인이 더 커졌기 때문에 더 많이 일할 것이라고 생각할 수 있다. 이제는 여가를 1시간 포기함으로써 전보다 돈을 두 배나 더 벌 수 있다. 그러나 한편으로는 원하는 재화를 살 소득을 얻기 위해 전처럼 많은 시간을 일할 필요가 없게 되었으므로 일을 더 적게 할 것이라는 생각도 할 수 있다.

이 상반된 의견으로부터 짐작할 수 있듯이 제이든의 노동공급은 임금률 상승에 따라 증가할 수도 있고 감소할 수도 있다. 이유를 알기 위해 제10장과 부록에서 공부한 **대체효과**와 **소득효과**의 구분을 생각해 보라. 우리는 가격 변화가 소비자 선택에 두 가지로 영향을 줄 수 있음을 보았다. 하나는 다른 재화로 표시한 기회비용을 변화시킴으로써(대체효과)이고 다른 하나는 소비자의 구매력을 변화시킴으로써(소득효과)이다.

이제 임금률의 상승이 여가 수요에 어떤 영향을 미칠지 생각해 보자. 우선 여가의 기회비용 — 1시간을 일하는 대신 쉼으로써 포기하게 되는 금액 — 이 상승한다. 이러한 대체효과는 다른 조건이 일정할 때 제이든으로 하여금 여가를 줄이고 노동시간을 증가시킬 동기를 부여한다. 그러나 또한 임금률 상승은 제이든을 더 부유하게 만든다. 이러한 소득효과는 여가가 정상재이므로 다른 조건이 일정할 때 제이든으로 하여금 여가를 늘리고 노동을 적게 하도록 만든다.

그러므로 노동공급의 경우 대체효과와 소득효과는 반대방향으로 작용한다. 만일 대체효과가

여가(leisure)란 재화를 소비하기 위해 돈을 버는 것이 아닌 다른 목적을 위해 안배된 시간이다.

그림 19-10 개별노동공급곡선

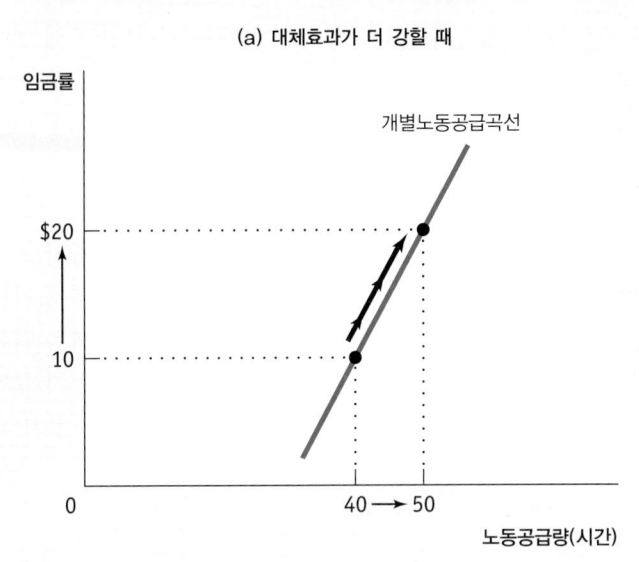

(a) 대체효과가 더 강할 때

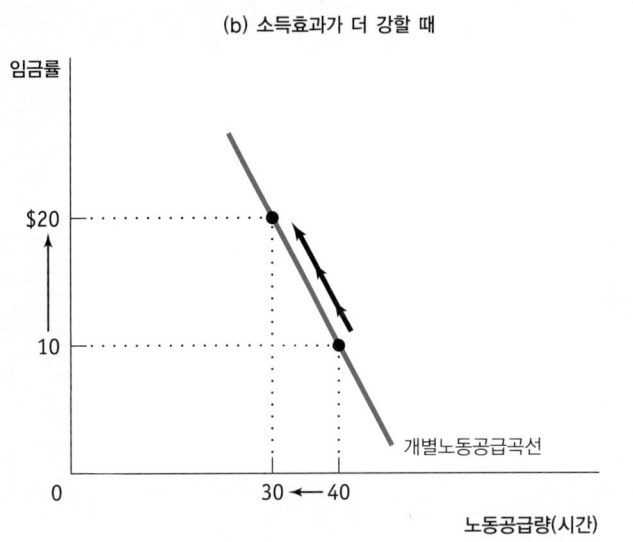

(b) 소득효과가 더 강할 때

임금 증가의 대체효과가 소득효과보다 강할 때, 개별노동공급곡선은 그림 (a)에서 보는 바와 같이 우상향한다. 여기에서 임금률이 시간당 10달러에서 20달러로 높아질 때 노동시간은 40시간에서 50시간으로 증가하였다. 그러나 임금의 소득효과가 대체효과보다 강하면 개별노동공급곡선은 그림 (b)에서 보는 바와 같이 우하향한다. 이전과 동일하게 임금률이 상승했는데 이번에는 노동시간이 40시간에서 30시간으로 감소하였다. 개별노동공급곡선은 한 개인의 노동공급량이 그 사람의 임금률에 따라 어떻게 달라지는지 보여 준다.

더 강력하여 소득효과를 능가하면 임금률 상승은 노동공급을 증가시킨다. 만일 소득효과가 더 강력하여 대체효과를 능가하면 임금률 상승은 노동공급을 감소시킨다.

　따라서 **개별노동공급곡선**(individual labor supply curve) ― 임금률과 개별 노동자의 노동공급 시간과의 관계 ― 은 반드시 우상향하는 것은 아님을 알 수 있다. 만일 소득효과가 더 강하다면 임금률이 상승할 때 노동공급이 감소할 것이다.

　〈그림 19-10〉은 노동공급에 대해 두 가지 가능성을 보여 준다. 만일 대체효과가 소득효과보다 더 강하다면 개별노동공급곡선은 우상향한다. 그림 (a)에는 임금률이 시간당 10달러에서 20달러로 상승할 때 노동시간이 40에서 50시간으로 증가하는 것이 예시되어 있다. 그러나 소득효과가 더 강하다면 임금률이 상승할 때 노동공급량은 감소한다. 그림 (b)에는 똑같은 임금률 상승으로 노동시간이 40에서 30시간으로 감소하는 것이 예시되어 있다. (경제학자들은 개별노동공급곡선이 우상향하는 부분과 좌상향하는 부분을 모두 포함하고 있을 때 '후방굴절 노동공급곡선'이라고 부른다. 이 장 부록에서 이 개념을 자세히 분석할 것이다.)

　노동공급량이 임금률과 반대 방향으로 변화하는 것이 실제로 나타날 수 있을까? 그렇다. 노동 공급에 대해서는 소득효과가 대체효과보다 약간 더 강하다는 것이 다수 노동경제학자들의 견해이다. 이에 대한 가장 강력한 증거로 지난 한 세기 동안 미국 여가 소비의 증가를 들 수 있다. 19세기 말에 물가상승률을 감안한 실질임금은 대략 현재의 8분의 1인데 보통 일주일에 70시간을 일하고 65세가 되어도 소수만이 은퇴하였다. 오늘날은 보통 일주일에 40시간 이하를 일하며 대부분 65세 이전에 은퇴한다. 따라서 미국인들은 임금 상승으로 얻은 이득을 여가 소비 증가에 일부 사용하기를 선택한 것으로 보인다.

개별노동공급곡선(individual labor supply curve)은 개별 노동자에 의해 공급되는 노동량이 임금률에 따라 어떻게 변하는지를 보여 준다.

노동공급곡선의 이동

개별노동공급곡선이 소득과 대체효과에 의해 어떻게 결정되는지 보았으므로 이제는 시장노동 공급곡선을 보도록 하자. 어떤 노동시장의 노동공급곡선은 그 시장에 있는 모든 노동자의 개별 노동공급곡선을 수평으로 합한 것이다. 임금 이외의 요인이 변화하여 노동자의 노동공급에 변화 가 생긴다면 노동공급곡선이 이동하게 된다. 노동공급곡선의 이동은 선호와 사회규범의 변화, 인구 변화, 기회나 부의 변화 등 여러 요인에 의해 발생할 수 있다.

선호와 사회규범의 변화   선호나 사회규범이 변화하면 같은 임금에서도 노동공급이 증가 또는 감소할 수 있다. 이런 현상에 대한 놀라운 예는 1960년대 이후 발생한 미국 직장여성, 특히 기혼 여성 수의 큰 증가를 들 수 있다. 그때까지 경제적 여력이 있는 여성은 대부분 가정 밖에서 일하 는 것을 회피하였다. 제2차 세계대전 이후 미국에 나타난 선호와 규범의 변화가 (세탁기와 같이 노동시간을 절약시켜 주는 가전제품의 발명, 인구의 도시집중, 여성의 교육수준 향상 등의 요 인과 함께) 많은 미국 여성으로 하여금 경제활동에 참여하도록 만들었다. 이러한 현상은 미국과 같은 사회와 기술 변화를 겪은 다른 국가에서도 반복되었다.

인구의 변화   인구 크기의 변화는 보통 노동공급곡선을 이동시킨다. 인구가 증가하면 모든 임 금수준에서 일할 수 있는 사람이 많아져 노동공급곡선은 오른쪽으로 이동하고 인구가 감소하 면 노동공급곡선은 왼쪽으로 이동한다. 1990~2019년 사이에 미국의 노동인구는 다른 나라로 부터의 이민, 다른 선진국에 비해 높은 출생률로 인해 매년 1%의 비율로 증가해 왔다. 그 결과 1990~2019년 사이에 미국의 노동공급곡선은 오른쪽으로 이동했다. 그러나 2008년 이후에도

국제비교   너무 일한 미국인?

오늘날 미국인은 100년 전보다는 덜 일하지만 다른 선진국에 비해서 는 아직도 더 많이 일한다.

이 그림은 미국의 연간 평균 노동시간을 다른 선진국들과 비교해 보여 준다. 이 격차는 미국의 일주일 노동시간이 다른 나라에 비해 더 길고 휴가기간이 더 짧은 것 때문에 발생한다. 예를 들면 대다수 의 미국의 정규직 노동자는 일주일에 40시간 이상 일을 한다. 반면 에 프랑스 정부는 최근까지 대부분의 프랑스 노동자들에게 노동시간 을 일주일에 35시간으로 제한했다. 독일 노동자들의 대부분 역시 단 체교섭을 통해 유사한 노동시간 감축을 얻어 냈다.

2019년에 미국 노동자들은 평균적으로 10일간의 유급휴가를 받았 으나 24%는 유급휴가가 전혀 없었다. 반면에 독일 노동자들에게는 매년 6주간의 유급휴가가 보장되어 있다. 또한 미국 노동자들은 다 른 선진국에 비해 자신이 사용할 수 있는 유급휴가를 더 적게 사용한 다. 한 조사에 의하면 프랑스에서는 90%가 자신이 사용할 수 있는 유급휴가를 모두 사용하는 반면 미국 노동자들은 51%만이 그렇게 한다.

왜 미국인들이 다른 나라에 비해 그렇게 더 많이 일하는 것일까? 다른 선진국과 달리 미국 노동자들은 유급휴가를 법적으로 보장받지

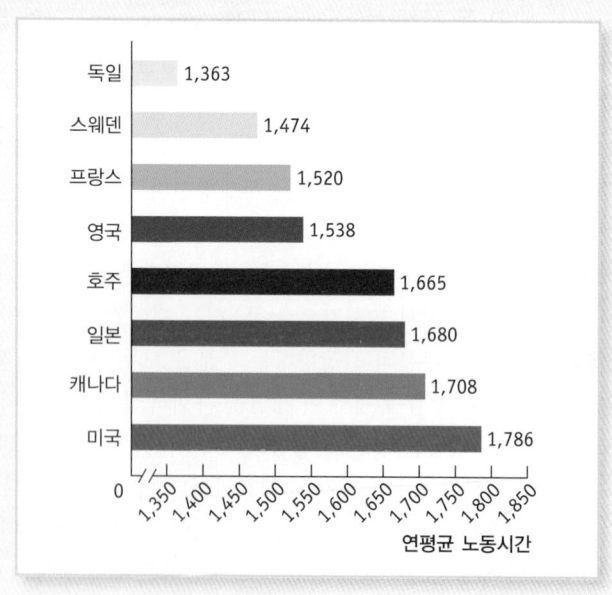

못하고 있다. 그 결과 미국 노동자들은 평균적으로 더 적은 유급휴가 를 받는다.

출처 : OECD.

인구는 계속 증가했지만 노동자들이 취업전망이 나쁘다고 생각하여 노동시장을 떠나는 까닭에 2008년부터 2011년까지는 노동인구가 일시적으로 감소했다. 그 결과 이 기간에 미국의 노동공급곡선은 왼쪽으로 이동했다.

기회의 변화 한때는 고등교육을 받은 여성에게 적당한 직업은 교육뿐이었다. 그러나 1960년대부터 여성에게 다른 직업 기회가 주어지기 시작하면서 많은 여성이 교육계를 떠났고 여교사가 되려던 사람도 다른 직업을 갖게 되었다. 이로 인해 모든 임금수준에서 노동공급 의사가 감소한 까닭에 노동공급곡선은 왼쪽으로 이동하였고, 교육당국은 좋은 교사를 유치하기 위해 보수를 높일 수밖에 없었다. 마찬가지로 한 노동시장에서 기회가 감소하면 — 예컨대 외국과의 경쟁 심화로 공업 부문에 해고가 증가한 경우 — 노동력이 다른 노동시장으로 이동하여 그 시장의 노동공급이 증가한다.

부의 변화 부가 증가하면 여가를 포함한 정상재 소비가 늘어난다. 따라서 어떤 노동자 계층의 부가 전체적으로 증가하면 — 예컨대 주식시장 활황으로 인해 — 소득효과로 인해 여가의 소비가 늘고 일하는 시간이 줄어 이들이 참여하고 있는 노동시장의 공급곡선이 왼쪽으로 이동한다. 부의 변화로 인한 소득효과는 노동공급곡선을 이동시키지만 임금 상승으로 인한 소득효과 — 개별노동공급곡선에서 논의된 바와 같은 — 는 노동공급곡선 상의 이동임을 주의하라.

현실 경제의 >> 이해

현실의 미국 가정주부

옛날 TV 쇼를 보면, 1950년대의 미국은 남자가 생계를 책임지고 주부가 가정을 지키는 전통적인 가정으로 구성된 나라인 것처럼 보인다. 실제로는 그렇게 삭막하지는 않았다. 1960년대만 해도 핵심 노동인구(25~54세)에 속한 여성의 40% 이상이 급여를 받는 노동인구에 속해 있었다. 그러나 같은 연령의 남자는 97%가 노동인구에 속해 있었다.

그 후 35년간 많은 수의 여성이 가정을 떠나 직장에 합류했다. 1990년대 중반에는 핵심 노동인구에 속한 여성의 75% 이상이 급여를 받고 일을 했다. 그러나 그 후 몇십 년간은 여성의 고용이 정체하거나 다소 감소하기까지 했다.

흥미로운 사실은 다른 부유한 국가에서는 이런 일이 일어나지 않았고 계속해서 여성의 고용이 증가했다는 것이다. 2019년 미국은 여선히 핵심 노동인구 여성의 75%만이 노동인구에 속했는 데 비해 북부 유럽 국가들과 캐나다에서는 핵심 노동인구 여성의 약 85%가 노동인구였다. 심지어 노골적인 성차별로 유명한 일본의 여성 고용도 미국보다 높다.

왜 미국만 다른 것일까? 가장 그럴듯한 설명은 노동공급 결정에 영향을 주는 공공정책 때문일 것이다. 대부분의 다른 부유한 국가에서는 자녀를 가진 직장여성에게 직접 육아 서비스를 제공하거나 또는 사설 육아시설을 보조하고 규제한다. 미국에는 그와 유사한 정책이 없다. 따라서 미국에서 자녀를 가진 여성이 직장을 갖는 비용이 다른 국가들에 비해 훨씬 더 높은 것이다.

이러한 설명으로부터 알 수 있는 한 가지는 정책의 변화가 노

미국에서는 육아 비용이 높아 미국 여성의 노동공급이 다른 부유한 국가들에 비해 위축된다.

동공급에 많은 영향을 미칠 수 있다는 것이다. 지금 미국 정치인들 중에는 육아를 보조하는 국가 제도를 만들 것을 옹호하는 사람들이 있다. 그들은 그러한 제도가 필요한 자금의 (전부는 아니라도) 일부를 스스로 조달할 것이라고 주장한다. 왜냐하면 더 많은 여성이 급여를 받고 일을 하게 되면 더 많은 세금이 걷힐 것이기 때문이다. 노동공급의 논리는 아마도 이 주장이 옳을 것이라고 말해준다.

>> 이해돕기 19-4
해답은 책 뒤에

1. 이전에 제이든은 그가 원하는 대로 노동시간을 많이 혹은 적게 선택할 수 있었다. 그러나 새로운 법안으로 인해 일을 할 수 있는 최대 노동시간이 일주일에 35시간으로 제한되었다고 가정하자. 만일 가능하다면 어떠한 상황에서 제이든의 후생이 다음과 같이 될 수 있는지 설명해 보라.
   a. 후생이 더 낮아진다.
   b. 후생은 예전과 동일하다.
   c. 후생이 더 높아진다.
2. 임금이 낮아질 때 어떻게 제이든이 예전보다 더 많은 노동을 공급하게 되는지를 소득효과와 대체효과를 이용하여 설명해 보라.

AP Images/David J. Phillip

2019년 월마트는 220만 명(미국 노동인구의 약 1.5%)의 종업원을 가진 미국에서 가장 큰 사적 고용주이다. 이 대형 할인연쇄점은 너무 커서 월마트의 종업원 정책이 소매업 종사자들의 노동시장의 현재 상태를 나타내는 지표로 여겨진다.

그러나 1990년대와 2000년대 초중반까지는 월마트가 노동조건이 나쁜 곳으로 악명이 높았다. 노동자들에게 일관성 있는 시간표를 제공하지도 못했고 복지혜택도 별로 없고 보수도 낮아서 일부 종업원들은 식량배급표와 빈곤퇴치 프로그램 지원을 받을 자격이 될 정도였다. 이 기간에 월마트는 초과근무 위반, 경영진의 성희롱, 성차별 등 여러 소송에 휘말리기도 했다.

월마트의 종업원들뿐 아니라 고객들도 불만이었다. 고객들은 더러운 화장실, 빈 진열대, 긴 대기시간, 판매원을 찾을 수 없는 점 등에 불만을 표했다. 한 분석가는 "월마트의 맹목적인 비용절감에 대한 집착이 매장 상태와 재고에 손상을 입힌 것 같다"며 "상품이 진열대에 없으면 판매도 할 수 없다"고 말했다. 2015년 현재 월마트 매장들 중 16%만이 회사 자체의 고객 서비스 기준을 충족했다.

그러나 2015년 갑자기 월마트는 노동관행을 대대적으로 바꾸기 시작했다. 처음에는 상당히 작은 것부터 변하기 시작했다. 임금인상과 일관성 있는 시간표였다. 2016년에는 경영진에 속하지 않은 정규직 노동자의 평균 시급이 13.69달러로 2014년에 비해 16% 인상되었다. (그러나 여전히 코스트코의 20달러 가까운 시급에는 못 미쳤다.)

이 변화가 가져온 결과는 분명했다. 고객들의 반응이 눈에 띄게 개선됐다. 2016년 월마트 매장의 75%가 자체 고객 서비스 기준을 충족했다. 경쟁사들에 비해 뒤처지던 매출도 상승했다.

변화는 거기서 멈추지 않았다. 2018년 경기가 좋은 가운데 월마트는 초봉을 인상하고 연말 보너스를 도입하고 정규직 종업원들에게는 10주간의 온전한 유급 출산휴가를 도입했다. 한 분석가의 말처럼 "그런 것들은 '애착을 주는 혜택'이다. 단지 50센트나 1달러를 더 벌기 위해 월마트를 떠나는 것을 막아주고 첫 직장으로 월마트를 고려하게 만드는 역할을 한다."

동시에 경쟁 소매업자인 아마존의 위협에 대응하기 위해 노동자 훈련에 투자를 늘리는 한편 인터넷 판매 능력에도 많은 투자를 했다. 이제 고객들은 자신들의 지역 월마트 매장을 통해 '클릭하고 가져가기'를 할 수 있다. 어떤 항목이 진열대에 없을 때에는 온라인으로 주문할 수 있다. 필요하면 월마트 판매원이 고객에게 전 과정을 안내해 준다. 월마트는 매장 뒤에 '월마트 아카데미'를 창설하여 종업원들이 경영책임과 모바일 쇼핑앱들을 배우며 자신들의 능력을 키울 수 있게 하였다.

그렇다. 진정 매장에 혁명이 일어나고 있다.

생각해 볼 문제

1. 한계생산성 소득분배이론을 이용하여 어떻게 월마트 같은 회사가 노동자들에게 빈곤선 이하가 될 정도로 낮은 임금을 지불할 수 있는지 설명하라.

2. 이 사례를 이용하여 동일한 노동시장에 있는 비슷한 노동자들이 어떻게 균형에서 다른 임금을 받을 수 있는지 설명하라. 또한 월마트가 왜 노동비용을 높여 이윤을 증가시킬 수 있다고 생각했는지 설명하라.

3. 일부 정치인들은 더 많은 기업들이 고임금 정책을 채택하도록 권장하기를 원한다. 그런 정책으로부터 나타날 수 있는 긍정적 효과와 부정적 효과에는 어떤 것들이 있을까?

4. 고용주가 넉넉한 육아 혜택과 같은 '애착을 주는 혜택'을 도입할 때 고용주의 노동자 이직의 비용은 어떻게 될까?

5. 어떤 요인이 월마트로 하여금 노동 관행을 바꾸도록 만들었다고 생각하는가? 구체적으로 답하라.

요약

1. 재화와 서비스시장이 있는 것과 마찬가지로, 노동, 토지, **실물자본** 및 **인적 자본**과 같은 생산요소시장 또한 존재한다. 이 시장에서 **요소별 소득분배**가 결정된다.

2. **가격수용적인 생산자의 최적 고용 원칙**에 의하면 가격수용자인 생산자는 각 생산요소를 그 요소의 **한계생산가치**와 요소 가격이 같아지는 수준까지 고용함으로써 이윤을 극대로 할 수 있다. 한 요소의 한계생산 가치는 한계생산과 그 요소가 생산하는 재화가격의 곱과 같다. 그러므로 **한계생산가치곡선**이 가격수용자인 개별 생산자의 요소에 대한 수요곡선이 된다.

3. 노동에 대한 시장수요곡선은 생산자들의 개별수요곡선을 수평으로 더한 것이다. 시장노동수요곡선은 산출물 가격의 변화, 다른 요소공급의 변화, 기술진보라는 세 가지 주요 요인에 의하여 이동한다.

4. 완전경쟁적인 노동시장이 균형상태에 있다면, 시장임금은 노동의 **균형 한계생산가치**, 즉 노동시장 전체에서 마지막으로 투입된 노동 한 단위에 의해 생산된 산출물 가치와 동일하게 된다. 같은 원리가 다른 생산요소의 경우에도 적용된다. 토지나 자본의 **임차료율**은 그것의 균형 한계생산가치와 동일하다. 이러한 생각이 **한계생산성 소득분배이론**으로 이어지게 되는데, 이 이론에 따르면 각각의 생산요소는 요소시장 전체에서 마지막으로 투입된 요소 한 단위의 한계생산가치를 받게 된다.

5. 현실에 존재하는 커다란 임금격차는 한계생산성 소득분배이론의 유효성에 대해 의문을 제기한다. 많은 격차가 **보상적 격차** 및 노동자 간의 재능, 직업 경험, 취업 방식, 인적 자본의 차이로 설명될 수 있다. **노동조합**이나 고용주의 집단행동의 형태를 띤 시장간섭 또한 임금격차를 발생시킨다. 일종의 시장실패에서 기인한 **효율임금모형**은 노동자의 성과를 향상하기 위한 고용주들의 노력에서 어떻게 임금격차가 발생할 수 있는지를 보여 준다. 시장의 힘은 차별을 약화시키는 경향을 지니지만 차별은 여전히 — 특히 인적 자본 획득에 대한 영향을 통해 — 임금격차의 현실적 원인이 되기도 한다. 차별은 대개 노동시장의 결함이나 (역사적으로) 정부정책의 제도화를 통해 지속된다.

6. 노동공급은 **여가**와 노동 간의 상충관계하에서 각 노동자가 **시간배분**을 선택한 결과로 결정된다. 시간당 임금률이 증가하면 대체효과로 인해 노동시간을 증가시키려는 경향이 있는 반면 소득효과로 인해 노동시간을 줄이려는 경향이 있다. 순효과가 노동자들이 높은 임금에 대해 노동공급을 늘리는 것으로 나타난다면, **개별노동공급곡선**은 양의 기울기를 갖는다. 만약 순효과가 노동자들이 노동공급을 줄이는 것으로 나타난다면, 개별노동공급곡선은 재화와 서비스에 대한 공급곡선과는 달리 양의 기울기를 갖는다.

7. 시장노동공급곡선은 개별노동공급곡선을 모두 더한 것이다. 이 곡선은 선호 및 사회규범의 변화, 인구 변화, 기회의 변화, 부의 변화와 같은 네 가지 주요 요인에 의해 이동한다.

주요용어

실물자본
인적 자본
요소별 소득분배
한계생산가치
가격수용적 생산자의 최적 고용 원칙

한계생산가치곡선
균형 한계생산가치
임차료율
한계생산성 소득분배이론
보상적 격차

노동조합
효율임금모형
시간배분
여가
개별노동공급곡선

토론문제

1. 교사들의 시장은 매우 경쟁적일 것 같지만 간호사와 마찬가지로 많은 도시에 소수의 고용자들만 있다. 대부분의 지역에 교육구는 하나 또는 두 개뿐이며 이들이 대부분의 교사들을 고용한다. 교육구 안의 수요독점력으로 인해 어떻게 임금이 낮아지고 성별 임금 차별이 나타날 수 있겠는가?

2. OECD(경제 협력 개발 기구)는 선진국들의 평균 임금 자료를 제공한다. 그 자료 중에는 성별 임금격차와 저임금 및 고임금 노동자의 비율도 포함되어 있다. 이 문제를 풀기 위해서는 웹사이트 data.oecd.org/earnwage/average-wages.htm 로 가라. 왼쪽 메뉴에서 gender wage gap 메뉴를

클릭하라.

a. 성별 임금격차의 정의가 무엇인가?

b. 미국의 성별 임금격차는 얼마인가? 그 값에 대한 해석을 제시하라.

c. 성별 임금격차를 설명할 주요 요인들은 무엇인가? 이러한 요인들이 차별의 가능성을 배제하는가?

3. 노스웨스턴대학교와 UCLA의 경제학자들에 의해 수행된 최근의 연구는 미국 병원산업의 경제적 통합이 임금과 고용에 미치는 영향을 분석했다. 연구자들은 노동자들을 다음과 같은 3개의 집단으로 분류하였다.

i. 양육 담당자나 카페테리아 노동자와 같이 직장이 보건 산업에 국한되지 않은 미숙련 노동자

ii. 인사관리 담당자나 평등 고용 추진 위원회 규정에 따른 사무관과 같이 보건 산업에 특화되지 않은 숙련 노동자

iii. 간호사나 약사와 같은 숙련 보건 전문가

어떤 집단이 통합의 영향을 가장 많이 받았겠는가? 그 이유는?

연습문제

1. 2019년에 미국의 국민총소득은 18조 1,552억 달러였다. 같은 해에 1억 5,200만 명이 고용되었고, 연간 1인당 평균 임금은 7만 5,138달러였다.

a. 2019년 미국의 피용자 보수는 얼마인가?

b. 요소별 소득분배를 분석해 보라. 2019년에 국민총소득에서 몇 퍼센트가 피용자 보수로 지급되었는가?

c. 대대적인 기업규모의 축소화 경향으로 인해 해고된 피고용인들이 그들 자신의 사업을 갖게 되었다고 가정하자. 이것은 요소별 소득분배에 어떠한 영향을 미치는가?

d. 은퇴연령이 높아져 노동공급이 증가했다고 가정하자. 이는 국민총소득에서 피용자 보수가 차지하는 비율에 어떠한 영향을 미치는가?

2. 마티의 얼린 요구르트의 1일 생산함수는 다음 표와 같다. 1인당 균형임금률은 하루에 80달러이다. 얼린 요구르트는 1컵당 2달러에 판매되고 있다.

노동 투입량(사람 수)	얼린 요구르트 양(컵 수)
0	0
1	110
2	200
3	270
4	300
5	320
6	330

a. 각 노동자들에 대한 한계생산과 한계생산가치를 계산하라.

b. 마티는 몇 명의 노동자를 고용해야 하는가?

3. 패티의 피자가게의 생산함수는 표와 같다. 피자 1판의 가격은 2달러이지만, 시간당 임금률은 10달러에서 15달러로 증가하였다. 그래프를 이용하여 패티의 노동수요가 이러한 임금률 상승에 어떻게 반응하는지 구하라.

노동 투입량(사람 수)	피자 수량
0	0
1	9
2	15
3	19
4	22
5	24

4. 자멜은 운전교육학교를 운영하고 있다. 자멜이 더 많은 교습강사를 고용할수록 더 많은 운전강좌를 개설할 수 있다. 그러나 교습용 자동차 수가 한정되어 새로이 투입되는 교습강사들이 운전강좌에 기여하는 정도는 점차 감소한다. 다음에 제시된 표는 자멜의 1일 생산함수를 나타낸다. 운전강좌는 시간당 35달러에 판매된다.

노동 투입량(강사 수)	운전강좌 수량(시간)
0	0
1	8
2	15
3	21
4	26
5	30
6	33

교습강사들에 대한 일일 임금률이 각각 160, 180, 200, 220, 240, 260달러일 때 자멜의 노동수요표(교습강사에 대한 자멜의 수요표)를 작성해 보라.

5. 데일과 다나는 셀프 서비스 주유소와 편의점에서 일을 하고 있다. 데일이 매일 가게문을 열면 다나는 나중에 도착해서 편의점 물품을 갖다 놓는다. 데일과 다나는 모두 현

재 시장임금률인 시간당 9.5달러를 받는다. 그러나 데일은 자신이 주유소에서 발생시키는 수익이 다나가 갖다 놓는 물품에서 얻는 수익보다 훨씬 더 높기 때문에 자신이 훨씬 더 높은 임금을 받아야 된다고 생각한다. 이 주장에 대해 논하라.

6. 《뉴욕타임스》 기사에 의하면 멕시코에서는 농장 노동자의 임금이 시간당 11달러인 반면 캘리포니아 농장에서 일하는 멕시코 이주 노동자의 임금은 시간당 9달러이다.

   a. 산출물이 두 국가에서 동일한 가격에 판매된다고 가정하자. 위의 사실은 농장 노동자의 노동의 한계생산이 멕시코와 캘리포니아 중 어디에서 더 높은 것을 의미하는가? 각 시장에 대해 노동수요곡선과 공급곡선을 그려 당신의 답을 그래프로 나타내고 설명하라. 모든 임금률에서 멕시코의 농장 노동자와 캘리포니아의 멕시코 이주 노동자의 노동공급량이 같다고 가정하고 그래프를 그리라.

   b. 이제 멕시코에서의 농장일이 캘리포니아에서의 농장일보다 더 힘들고 위험하다고 가정하자. 그 결과로 주어진 임금률에서 멕시코의 농장 노동자와 캘리포니아 농장의 멕시코 이주 노동자의 노동공급량이 같지 않다. 그렇다면 a에서의 답이 어떻게 달라지겠는가? 멕시코 농장의 노동자와 캘리포니아 농장의 멕시코 이주 노동자의 임금률의 차이를 가장 잘 설명하는 개념은 무엇인가?

   c. b의 답을 그래프로 나타내라. 모든 임금률에서 멕시코 고용주의 노동수요량과 캘리포니아 고용주의 노동수요량이 같다고 가정하고 그래프를 그리라.

7. 켄드라는 낙농회사인 건강농장의 소유주이다. 켄드라는 노동, 토지, 자본을 사용한다. 작업에 있어서 고용하는 노동자의 수와 자본량 간에 대체가 가능하다. 즉 동일한 산출량을 생산하는 데 있어 노동을 더 많이 사용하는 대신 자본을 더 적게 사용할 수 있다. 마찬가지로 동일한 산출량을 생산하는 데 있어 노동을 더 적게 사용하는 대신 자본을 더 많이 사용할 수 있다. 시장에서 노동의 연간 비용을 w^*, 토지 한 단위의 연간 비용을 r_L^*, 자본 한 단위의 연간 비용을 r_K^*라고 하자.

   a. 켄드라가 현재 사용하고 있는 것보다 노동을 더 적게, 자본을 더 많이 사용하고 동일한 토지를 사용함으로써 이윤을 최대로 할 수 있다고 가정하자. 이것이 사실이기 위해서는 (노동, 토지, 자본의 한계생산가치와 관련하여) 어떤 세 가지 조건이 만족되어야 하는가?

   b. 켄드라는 더 많은 토지를 임대하여 사용함으로써 이윤을 증가시킬 수 있다고 믿는다. 그러나 토지를 더 많이 사용하면 노동과 자본도 더 많이 사용해야 하며, 토지를 더 적게 사용하면 노동과 자본도 더 적게 사용할 수 있다. 이것이 사실이기 위해서는 (노동, 토지, 자본의 한계생산가치와 관련하여) 어떤 세 가지 조건이 만족되어야 하는가?

8. 비슷한 노동자들이 다른 임금을 받는 다음의 상황에 대해서 각각의 임금격차에 대해 가장 그럴듯한 설명을 제시하라.

   a. 새로운 제트 항공기의 시험 항공사는 비행기 조종사보다 더 높은 임금을 받는다.

   b. 처음 1년의 직장근무에 대해서 대학졸업자들은 대학을 졸업하지 않은 사람들보다 더 높은 임금을 받는다.

   c. 정교수는 같은 수업을 가르치는 조교수에 비해 더 높은 임금을 받는다.

   d. 노동조합을 결성한 노동자들은 일반적으로 노동조합이 결성되지 않은 노동자들에 비해 더 높은 임금을 받는다.

9. 반차별정책에도 불구하고 아프리카계 미국인 노동자들이 평균적으로 백인 노동자들보다 더 낮은 임금을 받는다는 사실이 연구를 통해 지속적으로 확인되고 있다. 이에 대한 가능한 설명에는 어떤 것이 있겠는가? 이 설명들은 한계생산성이론에 부합하는 내용인가?

10. 그레타는 열정적인 아마추어 정원사이고, 여가시간의 대부분을 자신의 정원에서 일을 하면서 보낸다. 그레타는 또한 프리랜서 광고자문이라는 고되지만 급료가 좋은 직업도 가지고 있다. 광고업계가 근래 불황이라 그레타가 받는 시간당 자문료가 감소하였다. 그레타는 정원일에 더 많은 시간을 쓰고 자문시간을 줄이기로 결정했다. 그레타의 결정을 소득효과와 대체효과를 이용하여 설명해 보라.

11. 당신은 주지사의 경제정책 자문관이다. 주지사는 고용된 사람들이 노동시간을 늘리고, 고용되지 않은 사람들이 직업을 찾아 일을 하도록 고무하는 정책을 취하려 한다. 이러한 목적을 달성하는 데 있어서 다음 정책들을 평가해 보라. 소득효과와 대체효과 측면에서 자신의 논리를 설명하고, 어느 경우에 정책의 효과가 뚜렷하지 않은지 지적하라.

    a. 주(州)의 소득세를 낮춘다. 이는 노동자의 세후임금률을 높이는 효과를 가진다.

    b. 주의 소득세를 높인다. 이는 노동자의 세후임금률을 낮추는 효과를 가진다.

    c. 주의 재산세를 높인다. 이는 노동자의 세후소득을 줄인다.

노동공급의 무차별곡선 분석

이 장에서 노동공급곡선이 어떻게 우상향하지 않고 우하향할 수 있는지 배웠다. 그것은 임금률이 상승할 때 노동을 더 많이 할 인센티브를 주는 대체효과가 여가를 더 많이 소비하도록 만드는 소득효과보다 약한 경우가 있기 때문이다. 이 부록에서는 제10장 부록에서 배운 무차별곡선을 이용하여 이 경우를 분석해 본다.

|| 시간배분 예산선

제이든의 예로 돌아가 보자. 제이든은 여가뿐 아니라 돈 쓰기도 좋아한다. 이제 제이든은 일주일에 80시간을 일을 하거나 여가를 즐기는 데 사용할 수 있다고 가정한다. (나머지 시간은 꼭 필요한 일, 주로 잠을 자는 데 사용한다고 가정한다.) 또한 시간당 임금률이 10달러라고 우선 가정하자.

〈그림 19A-1〉의 **시간배분 예산선**(time allocation budget line)은 여가와 소득 사이의 상충관계를 나타내는 예산선으로서 제이든의 소비 가능성을 정의한다. 일주일 중의 여가시간은 수평축에, 노동으로부터의 소득은 수직축에 표시된다.

수평축 절편 X점은 80시간을 나타낸다. 제이든이 일을 전혀 하지 않으면 일주일에 80시간의 여가를 갖겠지만 소득은 전혀 없을 것이다. 수직축 절편 Y점은 800달러를 나타낸다. 제이든이 항상 노동만 하면 일주일에 800달러를 벌 것이다.

제이든의 시간배분 선택을 묘사하는 데 예산선을 사용하는 이유는 무엇인가? 제10장과 부록에서 본 예산선은 소비자가 소득을 여러 재화에 배분할 때 직면하는 상충관계를 나타냈다. 여기서는 제이든이 자신의 소득이 아니라 자신의 시간을 어떻게 배분하는지가 궁금하다. 그런데 소득배분을 결정하는 원칙이나 시간배분을 결정하는 원칙이나 똑같다. 모두 정해진 양의 자원(여기서는 80시간의 시간)을 일정한 교환비율—여가를 1시간 더 얻기 위해서는 10달러를 포기

> 시간배분 예산선(time allocation budget line)은 여가 소비와 판매되는 재화를 구매할 수 있는 소득 간 상충관계를 나타낸다.

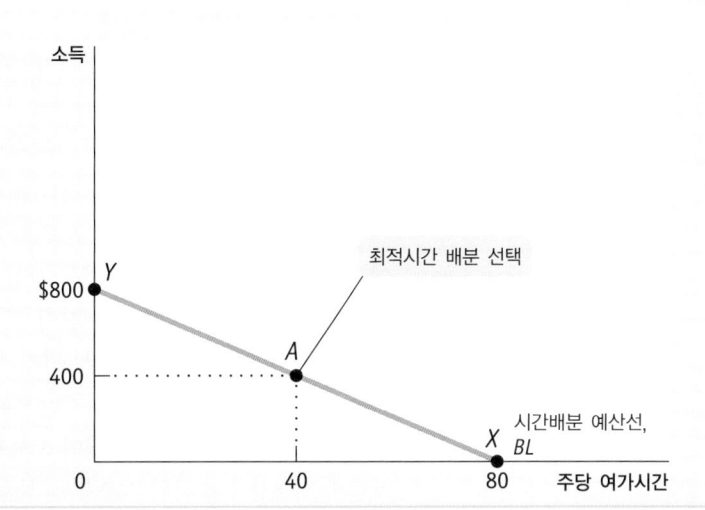

그림 19A-1 시간배분 예산선

제이든의 시간배분 예산선은 시간당 10달러의 임금률을 받는 노동과 여가 사이의 교환조건을 보여 준다. X점에서는 80시간 전부를 여가에 할당하므로 소득은 없다. Y점에서는 모든 시간을 노동에 할당하여 800달러를 벌고 여가는 즐기지 못한다. 제이든의 시간당 임금률 10달러는 1시간 여가의 기회비용이며 시간배분 예산선 기울기의 절댓값과 같다. 우리는 40시간의 여가와 400달러의 소득을 나타내는 A점이 제이든의 최적시간배분이라고 가정했다. A점은 제이든이 여가를 1시간 더 가짐으로써 얻는 추가효용이 1시간의 임금으로 구입할 수 있는 재화로부터 얻는 추가효용과 같아야 한다는 최적시간배분규칙을 만족한다.

최적시간배분규칙(optimal allo-cation rule)이란 1시간을 더 사용하여 벌어들인 추가소득에서 얻는 한계효용이 여가에 1시간을 더 사용하여 얻는 한계효용과 같도록 시간을 배분해야 한다는 것이다.

해야 한다—에 따라 배분하는 문제이다. 따라서 소득을 배분하는 문제에 예산선을 사용하는 것이 적절한 것처럼 시간을 배분하는 문제에 예산선을 사용하는 것도 적절한 것이다.

보통 예산선의 경우와 마찬가지로 시간배분에서도 기회비용이 중요한 역할을 한다. 여가 1시간의 기회비용은 제이든이 노동을 1시간 덜 함으로써 포기해야 하는 것, 즉 소득 10달러이다. 물론 이 기회비용은 제이든의 시간당 임금률이고 시간배분 예산선의 기울기의 절댓값과 같다. 여러분은 예산선의 기울기의 절댓값이 수직절편 점 Y 나누기 수평절편 점 X, 즉 $-\$800/(80\text{시간})$ = 시간당 -10달러임을 유념하여 이 사실을 확인할 수 있다.

제이든은 효용을 극대화하기 위해 〈그림 19A-1〉의 시간배분 예산선 상에서 최적점을 선택해야 한다. 제10장에서 우리는 효용을 극대화하기 위해 지출을 배분하는 소비자는 예산선 상에서 **한계분석의 효용극대화 원칙**을 만족하는 점, 즉 두 재화에 지출된 달러당 한계효용이 같은 점을 선택한다는 것을 배웠다. 제이든의 선택은 돈이 아니라 시간이지만 같은 원칙이 적용된다.

제이든은 돈이 아니라 시간을 사용하기 때문에 한계분석의 효용극대화 원칙에 해당하는 것은 노동에 1시간을 더 사용하여 벌어들인 추가소득에서 얻는 한계효용이 여가에 1시간을 더 사용하여 얻는 한계효용과 같아야 한다는 **최적시간배분규칙**(optimal time allocation rule)이다.

|| 임금률 상승의 효과

제이든의 선호에 따라 효용을 극대화하는 여가시간과 소득의 배합은 〈그림 19A-1〉의 시간배분 예산선 상에 있는 어떤 점도 될 수 있다. 40시간의 여가를 소비하고 400달러를 벌어들이는 점 A가 최적점이라고 가정하자. 이제 시간배분의 문제를 노동공급과 연결시킬 준비가 완료되었다.

제이든이 시간배분 예산선 상에서 A와 같은 점을 선택할 때 노동시장에 공급하는 노동량도 함께 선택되는 것이다. 사용할 수 있는 80시간 중에서 40시간을 여가로 소비하기로 선택함으로써 동시에 나머지 40시간은 노동으로 공급하기로 그는 선택한 것이다.

이제 제이든의 임금률이 10달러에서 20달러로 두 배가 된다고 가정하자. 이러한 임금률 상승의 효과가 〈그림 19A-2〉에 그려져 있다. 시간배분 예산선은 바깥쪽으로 회전하고 80시간을 모두 노동에 사용했을 때 얻을 수 있는 소득을 나타내는 수직절편은 점 Y에서 점 Z로 상승한다. 임금률이 두 배로 상승한 결과 제이든은 80시간 모두를 노동하여 800달러 대신 1,600달러를 얻을 수 있다.

그런데 제이든의 시간배분은 실제로 어떻게 바뀔까? 본문에서 본 것처럼 그 답은 제10장과 부록에서 배운 소득효과와 대체효과에 따라 결정된다.

임금률이 상승할 때 대체효과는 다음과 같이 작용한다. 임금률이 상승하면 여가 1시간의 기회비용이 증가한다. 이로 인해 제이든은 여가를 더 적게 소비하고 노동을 더 많이 하게 된다. 즉 임금률이 상승함에 따라 여가시간을 노동시간으로 대체하는 것이다. 만일 대체효과만으로 이야기가 끝난다면 개별노동공급곡선은 통상적인 어떤 공급곡선과 마찬가지로 항상 우상향할 것이다. 임금률 상승은 노동공급 증가를 초래할 것이다.

수요의 분석에서 우리가 배운 것은 대부분의 소비재에 있어 재화가 지출에서 차지하는 비중이 매우 작기 때문에 소득효과는 그리 중요하지 않다는 것이다. 또한 드문 경우지만 소득효과가 중요한 경우—예컨대 주거와 같이 큰 지출인 경우—에도 보통 그것은 대체효과를 강화한다. 즉 대부분의 재화가 정상재여서 가격 상승으로 소비자가 가난해지면 소비자는 그 재화를 더 조금 구입한다.

그러나 노동/여가 선택에 있어 소득효과는 두 가지 이유로 새로운 의미를 갖게 된다. 우선 대부분의 사람들은 소득의 대부분을 임금으로 얻는다. 이것은 임금률 변화로 인한 소득효과가 작

그림 19A-2 임금률의 상승

두 그림에서 임금이 10달러일 때의 시간배분 예산
선 BL_1 상에 있는 A점은 제이든의 초기 최적선택을
나타낸다. 임금률이 20달러로 상승한 후 예산선은
바깥쪽으로 회전하여 새로운 예산선 BL_2로 바뀐다.
모든 시간을 일하는 데 사용하여 받을 수 있는 화폐
량은 800달러에서 1,600달러로 증가하며 이는 Y에
서 Z로의 이동으로 표시된다. 이는 두 가지 상반된
효과를 발생시킨다. 대체효과는 그로 하여금 여가를
줄이고 노동시간을 늘리게 유도하며 소득효과는 여
가를 늘리고 노동시간을 줄이게 유도한다. 그림 (a)
는 대체효과가 더 강할 때 시간배분이 달라지는 모
습을 보여 준다. 제이든의 새로운 최적선택은 여가
가 30시간으로 줄고 노동시간이 50시간으로 늘어
난 B점이다. 이 경우에 개별노동공급곡선은 우상향
한다. 그림 (b)는 소득효과가 더 강할 때 시간배분
이 달라지는 모습을 보여 준다. 여가가 50시간으로
늘고 노동시간이 30시간으로 줄어든 C점이 새로운
최적선택이다. 지금은 개별노동공급곡선이 좌상향
한다.

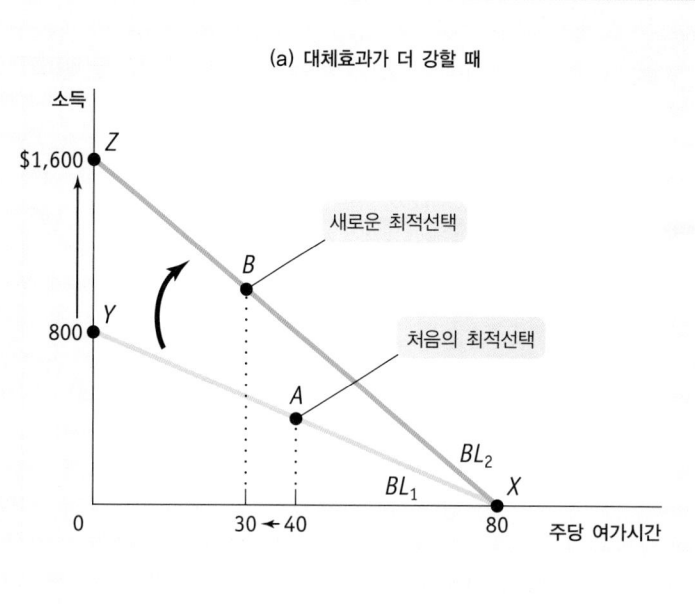

(a) 대체효과가 더 강할 때

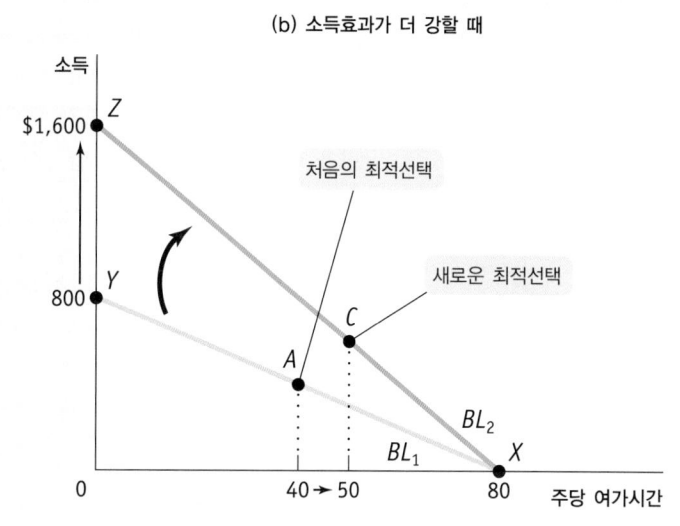

(b) 소득효과가 더 강할 때

지 않음을 뜻한다. 임금률이 상승하면 소득이 상당히 증가할 것이다. 둘째로 여가는 정상재이
다. 다른 조건이 같다면 소득이 증가할 때 사람들은 여가를 더 많이 소비하고 노동시간을 줄이
는 경향이 있다.

그러므로 임금률 상승으로 인한 소득효과는 노동공급량을 증가시키는 대체효과와 반대로 작
용하여 노동공급량을 감소시키는 경향이 있다. 따라서 임금률 상승이 제이든의 노동공급량에 미
치는 순 효과는 어느 쪽도 가능하다. 선호에 따라 제이든은 노동공급을 늘리기로 선택할 수도
있고 줄이기로 선택할 수도 있다. 〈그림 19A-2〉에 있는 두 그림은 이 두 가지 경우를 보여 준다.
두 그림에서 점 A는 제이든이 처음 선택한 소비점을 나타낸다.

그림 (a)는 임금이 상승할 때 제이든이 노동공급을 증가시킨 경우를 보여 준다. 임금률 상승
으로 인하여 제이든은 A점에서 여가를 줄이고 노동시간을 늘린 B점으로 이동하게 된다. 이때는
대체효과가 소득효과를 능가한다. 그림 (b)는 임금이 상승할 때 제이든이 노동공급을 감소시킨
경우를 보여 준다. 그는 A점에서 여가를 늘리고 노동시간을 줄인 C점으로 이동한다. 이때는 소

그림 19A-3 후방굴절 개별노동공급곡선

이 사람의 경우 임금률이 낮을 때는 대체효과가 소득효과를 능가한다. 이것은 개별노동공급곡선을 따라 A점에서 B점으로의 이동으로 나타난다. 임금률이 W_1에서 W_2로 상승함에 따라 노동공급은 L_1에서 L_2로 증가하였다. 그러나 임금률이 더 높아지면 소득효과가 대체효과를 능가하며, 이것이 B점에서 C점으로의 이동으로 나타난다. 여기서는 임금률이 W_2에서 W_3로 상승함에 따라 노동공급이 L_2에서 L_3로 감소한다.

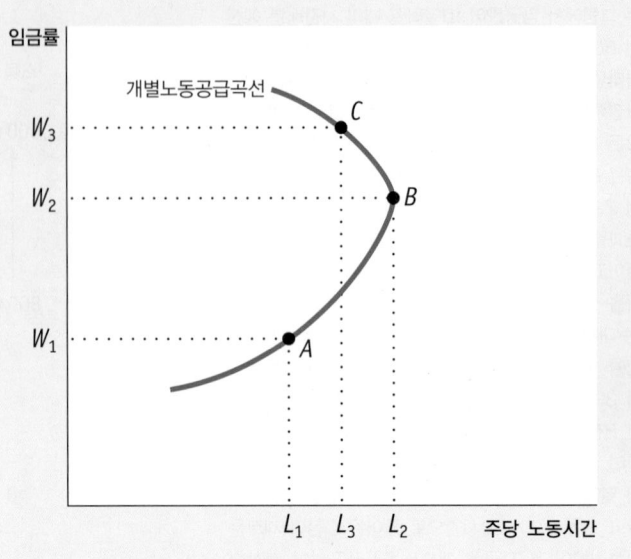

득효과가 대체효과를 능가한다.

임금이 상승할 때 소득효과가 대체효과보다 더 강하면 주어진 임금률에 대한 개인의 노동공급량을 나타내는 개별노동공급곡선은 '잘못된' 방향으로 — 좌상향으로 — 기울어진다. 높은 임금에 대해 노동공급이 감소하는 것이다. 한 예가 〈그림 19A-3〉의 B점과 C점을 연결하는 곡선 부분이다.

경제학자들은 노동공급을 결정하는 데 있어 임금률이 낮을 때는 보통 대체효과가 소득효과를 능가한다고 생각한다. 개별노동공급곡선은 임금률이 낮을 때는 사람들이 임금률 상승에 대해 노동시간을 증가시키므로 통상적으로 우상향한다. 경제학자들은 또한 임금률이 계속 상승하면 많은 사람들이 여가를 강하게 선호하여 노동시간을 줄인다고 생각한다.

이런 사람들에 있어서는 임금률이 상승함에 따라 궁극적으로는 소득효과가 대체효과를 능가하여 높은 임금률에서 개별노동공급곡선의 기울기가 바뀌고 '후방굴절'하게 된다. 이런 특성을 가진 개별노동공급곡선을 **후방굴절 개별노동공급곡선**(backward-bending individual labor supply curve)이라고 하는데 〈그림 19A-3〉에 그려져 있다. 개별노동공급곡선은 후방굴절할지 몰라도 시장노동공급곡선은 임금률이 높아짐에 따라 새로운 노동자가 더 많이 노동시장에 진입하여 거의 항상 우상향한다.

‖ 무차별곡선 분석

제10장의 부록에서는 소비자의 선택을 소비자 선호의 '지도'라 할 수 있는 **무차별곡선**을 이용하여 나타낼 수 있음을 보았다. 그런데 무차별곡선은 특히 노동공급 문제를 다루는 데도 유용하다.

〈그림 19A 4〉는 무차별곡선을 이용하여 임금률이 상승할 때 어떻게 노동공급이 감소할 수 있는지 보여 준다. A점은 임금률이 10달러일 때 제이든이 선택한 초기 최적선택점이다. 이것은 〈그림 19A-1〉의 A점과 같다. 그런데 여기서는 이 점에서 예산선이 가장 높은 무차별곡선에 접한다는 것을 보여 주기 위해 무차별곡선을 그려 넣었다.

후방굴절 개별노동공급곡선(backward-bending individual labor supply curve)이란 낮은 임금률에서 우상향하고 높은 임금률에서 좌상향하는 개별노동공급곡선을 이른다.

그림 19A-4   노동공급의 선택 : 무차별곡선 분석

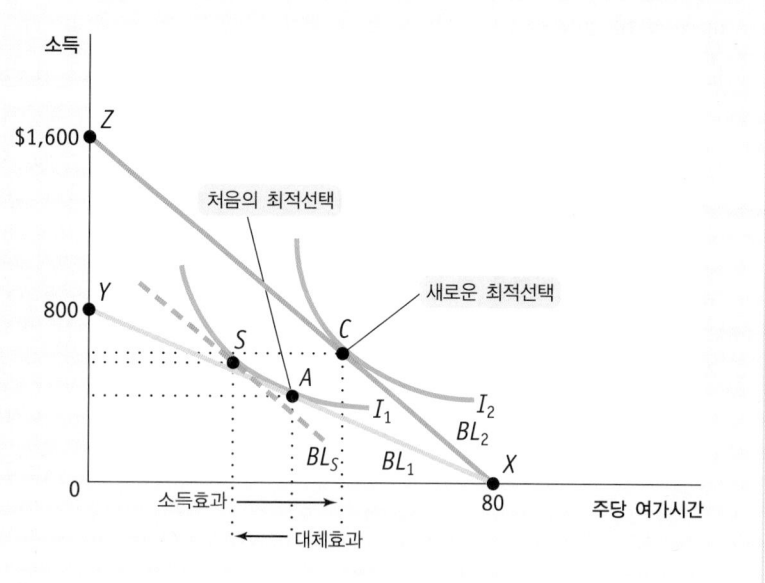

BL_1의 A점은 제이든의 처음 최적선택이다. 임금률 상승 이후 그의 소득과 효용수준은 높아진다. 새로운 시간배분 예산선은 BL_2이고 새로운 최적선택은 C점이다. 이 변화는 대체효과(A점에서 S점으로의 여가시간 감소)와 소득효과(S점에서 C점으로의 여가시간 증가)로 분할될 수 있다. 보는 바와 같이 소득효과가 대체효과를 능가한다. 임금률 상승의 순효과는 여가시간의 증가와 노동공급의 감소이다.

이제 임금률이 20달러로 상승할 때의 효과를 생각해 보자. 제이든은 임금이 상승함과 동시에 융자받았던 학자금 상환을 시작해야 한다는 소식을 들었고 이 두 가지가 합쳐져 그의 효용에는 변화가 없다고 잠시 상상해 보자. 그때 제이든의 상황은 S점으로 나타낼 수 있다. A와 같은 무차별곡선 상에 있으면서, 〈그림 19A-4〉에 점선 BL_S로 표시되어 있고 BL_2에 평행한 가파른 예산선에 접한다. A에서 S로의 이동이 임금률 상승으로 인한 대체효과이다. 이로 인해 제이든은 여가시간을 줄이고 동시에 노동공급을 늘린다.

그런데 이제 융자금 상환을 취소하면 제이든은 더 높은 무차별곡선으로 이동할 수 있게 된다. 새로운 최적점은 〈그림 19A-2(b)〉의 C에 해당하는 점 C이다. S에서 C로의 이동이 임금 상승으로 인한 소득효과이다. 우리는 이 소득효과가 대체효과를 능가하는 것을 볼 수 있다. C에서 제이든은 A에서보다 더 많은 여가를 즐기며 더 적은 노동을 공급하고 있다.

연습문제

1. 레안드로는 하루에 사용할 수 있는 16시간을 여가와 노동으로 배분한다. 레안드로의 임금률은 20달러이다. 레안드로는 하루에 8시간을 여가로 사용하기로 결정했다. 레안드로의 무차별곡선은 일반적인 모양으로, 우하향하며 교차하지 않고 볼록한 모양을 가진다.

   a. 레안드로의 시간배분 예산선을 그려 보라. 최적선택점에서 무차별곡선을 표시하라.

   이제 레안드로의 임금률이 10달러로 하락했다.

   b. 레안드로의 새로운 예산선을 그려 보라.

   c. 레안드로가 임금률 하락으로 인해 하루에 4시간만 일을 하기로 했다고 가정하자. 새로운 최적선택점에서 무

   차별곡선을 표시하라.

   d. 임금률이 낮아진 결과로 레안드로가 노동공급을 줄인 것은 대체효과와 소득효과 때문이다. 앞의 그림에 임금률 하락으로 인한 소득효과와 대체효과를 표시해 보라. 어떤 효과가 더 큰가?

2. 플로렌스는 시간당 100달러의 높은 임금을 받는 패션 컨설턴트이다. 그녀는 하루에 사용할 수 있는 16시간을 여가와 노동으로 배분하는데 12시간을 일하기로 결정했다.

   a. 플로렌스의 시간배분 예산선을 그리고, 최적선택점에 무차별곡선을 표시하라.

   플로렌스의 고객 중 한 명이 영향력 있는 패션잡지인 《베

이그》지 표지에 실렸다. 이 결과 플로렌스의 컨설팅 비용이 500달러로 상승했다. 플로렌스는 하루에 10시간 동안만 일하기로 결정했다.

b. 플로렌스의 새로운 시간배분 예산선을 그리고, 최적선택점에 무차별곡선을 표시하라.

c. 임금률 상승으로 인한 소득효과와 대체효과를 앞의 그림에 표시하라. 어떤 효과가 더 큰가?

3. 웬디는 패스트푸드 음식점에서 일하고 있다. 자신의 임금률이 시간당 5달러였을 때 웬디는 주당 30시간을 일하였다. 임금률이 시간당 6달러로 오르자 웬디는 주당 40시간을 일하기로 결정하였다. 그러나 임금률이 더 올라 7달러가 되자 웬디는 주당 35시간만 일을 하기로 결정하였다.

a. 웬디의 개별노동공급곡선을 그려 보라.

b. 웬디의 행동은 비합리적인가 아니면 합리적인가? 자신의 답을 설명하라.

4. 지난 50년 동안 미국인들의 일주일 중 평균 여가시간이 4~8시간 증가하였다고 한다. 어떤 경제학자들은 이러한 증가가 주로 임금률의 상승에 의해 초래되었다고 주장한다.

a. 소득효과와 대체효과를 사용하여 평균적인 미국인의 노동공급을 나타내라. 어떤 효과가 더 큰가?

b. 노동통계국의 연구에 의하면 임금상승에 따라 여성의 노동참가가 2024년까지 꾸준히 증가할 것으로 예상된다. 새로 노동시장에 진입한 여성에게는 어떤 효과가 더 큰가?

c. a와 b에서 당신의 답을 나타내는 개별노동공급곡선을 그리라.

20 ▷ 불확실성, 위험 및 사적 정보

극단적인 기상

2019년 12월 폭우가 캘리포니아주를 뒤덮자 모두가 안도의 숨을 내쉬었다. 거의 8년에 걸친 극심한 가뭄이 드디어 막을 내린 것이다. 오랜 가뭄은 캘리포니아와 이웃한 서부 주들에 엄청난 대가를 치르게 했다. 2017, 2018, 2019년의 기간에 연속된 서부와 알래스카의 재앙적인 산불은 수백만 에이커를 불태우고 163명의 사망자를 냈으며 수만 채의 건물을 파괴했다. 누적 손실액은 530억 달러가 넘는 것으로 추정된다.

가뭄과 산불이 미국 서부를 황폐하게 만들고 있는 사이 다른 곳에서는 다른 형태의 극단적인 기상이 반복적으로 발생하고 있었다. 2019년 한 해만 해도 열대폭풍 이멜다, 허리케인 도리안, 그리고 여러 개의 토네이도가 미국 경제에 180억 달러의 누적 손실을 입혔다. 중서부 지역에서는 연속된 홍수로 인해 총 200억 달러의 손실을 입었다. 남북 다코타주로부터 남북 캐롤라이나주까지 쏟아붓는 비, 바람, 우박, 그리고 홍수로 인해 가옥과 빌딩, 농작물, 가축, 사회 기반시설이 파괴되었다. 더욱이 전문가들은 많은 사람들이 손실을 보고하지 못했기 때문에 실제 손실은 추정치보다 상당히 더 클 것으로 생각한다.

이와 같은 극단적 기상 사태가 보여주는 바와 같이 불확실성은 현실 세계의 중요한 특성이다. 지금까지 우리는 사람들이 어떤 미래가 펼쳐질지 정확하게 알고 결정을 내린다고 가정해 왔다. (건강보험에 대한 결정만이 예외다.) 그러나 대서양 연안이나 토네이도가 빈발하는 대초원 지대 또는 가뭄 피해를 입은 서부 주에 사는 사람들이 이제 깨닫는 것처럼 미래가 불확실한 가운데 결정을 내리는 것은 손실의 위험을 안고 있다. 사실 기후학자와 손해보험 업계 모두가 다 기후 변화의 결과로 극단적인 기상 사태의 빈도가 점점 더 높아지고 있다는 사실에 대체로 동의하고 있다.

개인이 위험을 줄이기 위해 시장을 이용하는 것이 가능한 경우가 종종 있다. 예를 들면 허리케인 피해자들 중 보험에 가입했던 사람들은 완전하게는 아닐지라도 피해에 대한 보상을 받을 수 있었다. 사실 현대의 경제는 보험이나 다른 방법을 통해 개인이 위험에 노출되는 것을 피할 수 있는 여러 가지 수단을 제공한다.

그러나 시장 경제가 불확실성으로 인해 발생하는 문제를 항상 해결할 수 있는 것은 아니다. 보험시장은 두 조건이 만족될 경우에 문제를 잘 해결할 수 있다: (1) 위험이 상당히 **분산될** 수 있는 경우와 (2) 손실의 확률이 모두에게 똑같이 알려져 있는 경우이다. 그러나 과거 몇 년간에 걸쳐 극단적인 기상 사태가 증가하자 많은 보험사들이 위험의 **분산**에 의존하는 것을 멈추고 그런 손실에 대한 보상을 큰 폭으로 감소시키는 방법을 쓰기에 이르렀다.

실제로는 두 번째 조건이 문제가 되는 경우가 더 많다. 다른 사람들이 모르는 것을 일부 사람들만이 알고 있는 상황—사적 정보라고 불리는 것이 관련된 상황—에서 시장은 난관에 봉착하게 된다. 우리는 **사적 정보**로 인해 상호 유익한 거래가 달성되지 못함으로써—특히 보험시장에서—비효율이 발생하는 것을 보게 될 것이다.

이 장에서 우리는 사람들이 왜 위험을 싫어하는지 살펴볼 것이다. 그리고 어떻게 시장을 통해 가격을 지불하고 위험을 감소시킬 수 있는지 알아본다. 마지막으로 사적 정보로 인해 시장에서 발생하는 특수한 문제들을 보게 될 것이다. ●

JOSH EDELSON/AFP/Getty Images

2019년 캘리포니아를 할퀴고 지나간 산불은 불확실성이 현실세계의 중요한 특성임을 보여준다.

|| 위험기피의 경제학

일반적으로 사람들은 위험을 싫어하며 그것을 피하기 위해 가격을 지불하고자 한다. 매년 보험료로 1조 달러 이상의 수입을 올리는 미국 보험산업을 보라. 그런데 위험이란 정확히 무엇을 말하는가? 왜 사람들이 그것을 싫어할까? 이 질문에 답하기 위해서는 먼저 기댓값의 개념과 불확실성의 의미에 대해 간략히 살펴볼 필요가 있다.

기댓값과 불확실성

이씨 가족은 내년 의료비가 얼마나 될지 알지 못한다. 모든 일이 잘 풀리면 의료비 지출이 전혀 없을 것이다. 그렇게 될 확률이 50%라고 하자. 그러나 가족 중 누군가 입원하거나 고가의 의약품을 구입하게 되면 의료비 지출이 1만 달러가 된다고 하자. 이렇게 될 가능성도 50%라고 하자. 이 예에서—이것은 현실을 보여 주려고 하는 것이 아니라 논점을 예시하기 위해 만들어진 것이다—이씨 가족의 내년 의료비 지출은 **확률변수**(random variable), 즉 불확실한 값을 갖는 변수이다. 가능한 값들 또는 결과들 중에서 어떤 값이 실현될지는 누구도 예측할 수 없다. 그러나 이씨 가족의 미래 의료비 지출에 대해 아무것도 알 수 없는 것은 아니다. 반대로 보험회계사(불확실한 미래 사건을 평가하도록 훈련받은 사람)는 내년 의료비 지출의 **기댓값**(expected value), 즉 가능한 모든 값에 대해 그 값이 취할 확률을 가중치로 하여 계산한 가중평균을 계산할 수 있다. 이 예에서 이씨 가족의 의료비 지출의 기댓값은 $(0.5 \times \$0) + (0.5 \times \$10,000) = \$5,000$이다.

확률변수의 기댓값에 대한 일반 공식을 도출하기 위해 **가능한 상태**(states of the world), 즉 미래에 발생할 수 있는 사건이 다수 있다고 생각해 보자. 각 상태마다 확률변수가 취하는 값—실제 나타난 값—이 다르다. 실제로 어떤 상태가 발생할지는 알 수 없지만 각 상태마다 하나씩 확률을 부여할 수 있다.

첫째 상태의 확률이 P_1, 둘째 상태의 확률이 $P_2, \cdots$ 등과 같다고 하자. 그리고 모든 가능한 상태에서 확률변수가 취하는 값을 알 수 있는데 이 값은 첫째 상태에서는 S_1, 둘째 상태에서는 $S_2, \cdots$ 등이라 하자. 그리고 모든 가능한 상태의 수는 N이라 하자. 그러면 확률변수의 기댓값은 다음과 같다.

(20-1)   확률변수의 기댓값 $EV = (P_1 \times S_1) + (P_2 \times S_2) + \cdots + (P_N \times S_N)$

이씨 가족의 경우 가능한 상태는 두 가지뿐이고 확률은 각각 0.5이다.

그러나 어떤 일이 일어나든 이씨 가족은 내년에 의료비로 정말 5,000달러를 지불하리라고는 생각하지 않는다. 이 예에서는 의료비가 정확히 5,000달러가 되는 상태는 없기 때문이다. 이씨 가족은 지출이 전혀 없거나 아니면 1만 달러를 지출한다. 그러므로 이씨 가족은 미래 의료비 지출에 대해 상당한 불확실성을 안고 있다.

그런데 만일 이씨 가족이 어떤 상태가 발생하더라도 의료비를 납부해 주는 건강보험에 들 수 있다면 어떻게 될까? 구체적으로 선금 5,000달러를 납부하는 대가로 다음 해에 실제 의료비 전액을 보험에서 납부해 준다고 해 보자. 그렇다면 이씨 가족에게는 더 이상 의료비 지출이 불확실하지 않게 된다. 5,000달러—의료비 지출의 기댓값과 동일한 금액—를 받는 대가로 보험회사가 의료비 지불 책임을 전적으로 떠맡는 것이다. 이씨 가족의 입장에서 볼 때 이것이 좋은 거래일까?

그럴 것이다—적어도 대부분의 가족들이 그렇게 생각할 것이다—다른 조건이 일정할 때 대부분의 사람들은 **위험**(risk), 즉 미래의 결과에 대한 불확실성을 감소시키기를 원한다[우리는 여기서 금전적 가치를 부여할 수 없는 결과에 대한 불확실성이 아니라 **재무적 위험**(financial risk), 즉 금전적 결과에 관한 불확실성에 초점을 맞추기로 한다]. 사실 대부분의 사람들은 위험을 줄이기 위해 상당한 가격을 지불할 의사를 가지고 있다. 보험회사가 그래서 존재하는 것이다.

　　그러나 보험 시장을 공부하기 전에 우리는 왜 사람들이 위험을 나쁘게 생각하는지(경제학자들은 이를 위험기피적이라 말한다) 이해할 필요가 있다. 앞으로 보는 바와 같이 그 답은 우리가 소비자 수요를 분석하면서 제10장에서 처음 만났던 한계효용체감의 개념에서 찾을 수 있다.

위험기피의 논리

한계효용체감이 어떻게 위험기피를 초래하는지 이해하기 위해서는 이씨 가족의 의료비 지출 뿐만 아니라 의료비를 지출한 후에 남는 소득이 어떤 영향을 받는지 볼 필요가 있다. 이씨 가족의 내년 소득이 3만 달러라고 하자. 만일 의료비 지출이 없다면 소득은 그대로 남을 것이다. 만일 의료비 지출이 1만 달러라면 의료비를 지출한 후 남는 소득은 2만 달러뿐일 것이다. 이 두 결과가 똑같은 가능성을 갖는다고 가정했으므로 의료비 지출 후 이씨 가족 소득의 기댓값은 $(0.5 \times \$30{,}000) + (0.5 \times \$20{,}000) = \$25{,}000$이다. 우리는 이것을 간단히 기대소득이라고 부르기로 한다.

　　그런데 이제 보는 바와 같이 이 가족의 효용함수가 보통 가족의 전형적인 모양을 갖고 있다면 **기대효용**(expected utility), 즉 미래의 결과가 불확실한 상황에서 얻게 되는 총효용의 기댓값은 이 가족이 아무 위험 없이 확실하게 의료비 지출 후 2만 5,000달러의 소득을 가질 경우에 비해 작게 된다.

　　왜 그런지 알기 위해서는 총효용이 소득에 따라 어떻게 변하는지 볼 필요가 있다. 〈그림 20-1 (a)〉는 이씨 가족의 가상적인 효용함수를 보여 주는데 총효용은 소득 — 이씨 가족이 (의료비를 지불한 후) 재화와 용역을 소비하는 데 사용하게 될 금액 — 에 따라 달라진다. 그림 안에 있는 표는 소득이 2만 달러부터 3만 달러까지의 범위에서 변화할 때 총효용이 어떻게 달라지는지를 보여 준다. 항상 그렇듯이 소득이 많을수록 총효용이 높아지므로 효용함수는 위로 올라간다. 곡선은 오른쪽 위로 갈수록 기울기가 작아지는데 이것은 한계효용이 체감하는 것을 나타낸다.

　　제10장에서는 한계효용체감의 법칙을 각 재화와 서비스에 적용했었다. 재화나 서비스를 한 단위씩 추가할 때 매번 증가하는 효용의 크기는 작아진다. 동일한 원리가 소비에 사용되는 소득에도 적용된다. 소득이 한 단위씩 증가할 때 매번 이로 인해 증가하는 효용의 크기는 전에 비해 작아진다.

　　그림 (b)는 소득에 따라 한계효용이 어떻게 변하는지 보여 주는데 소득이 증가할수록 소득의 한계효용이 감소한다는 것을 확인할 수 있다. 곧 보게 되겠지만 한계효용이 체감한다는 사실이 사람들이 위험을 줄이려고 하는 이유를 이해하는 열쇠가 된다.

　　효용이 위험에 의해 어떤 영향을 받는지를 분석하기 위해 경제학자들은 우선 불확실성의 영향을 받는 사람들이 기대효용을 극대화한다고 가정한다. 우리는 〈그림 20-1〉에 나와 있는 자료를 이용하여 이씨 가족의 기대효용을 계산할 수 있다. 처음에는 보험이 없을 때의 기대효용을 계산하고, 다음에는 보험 가입 후의 기대효용을 계산한다.

　　보험이 없을 때는 만일 운이 좋아서 의료비 지출이 없으면 소득이 3만 달러가 되고 총효용이 1,080단위만큼 발생한다. 그러나 만일 운이 나쁘면 의료비로 1만 달러를 지출하여 소비할 수 있는 소득은 2만 달러가 되고 총효용은 920단위에 불과하게 된다. 따라서 보험이 없을 때 이씨 가족의 기대효용은 $(0.5 \times 1{,}080) + (0.5 \times 920) = 1{,}000$유틸이 된다.

　　이제 보험회사가 보험회사에 지불하는 요금인 **보험료**(premium) 5,000달러를 받는 대가로 내년에 이씨 가족에게 발생하는 모든 의료비를 지불해 주겠다고 제안한다고 가정하자. 이 경우 보

위험(risk)이란 미래의 결과에 대한 불확실성을 일컫는다. 금전적 결과에 대한 불확실성을 재무적 위험(financial risk)이라고 한다.

기대효용(expected utility)이란 미래의 결과가 불확실한 상황에서 얻게 되는 총효용의 기댓값이다.

보험료(premium)란 특정 상태가 발생했을 때 보험회사가 보상금을 지급한다는 약속의 대가로 보험회사에 지불되는 요금이다.

그림 20-1 위험기피적인 가정의 효용함수와 한계효용곡선

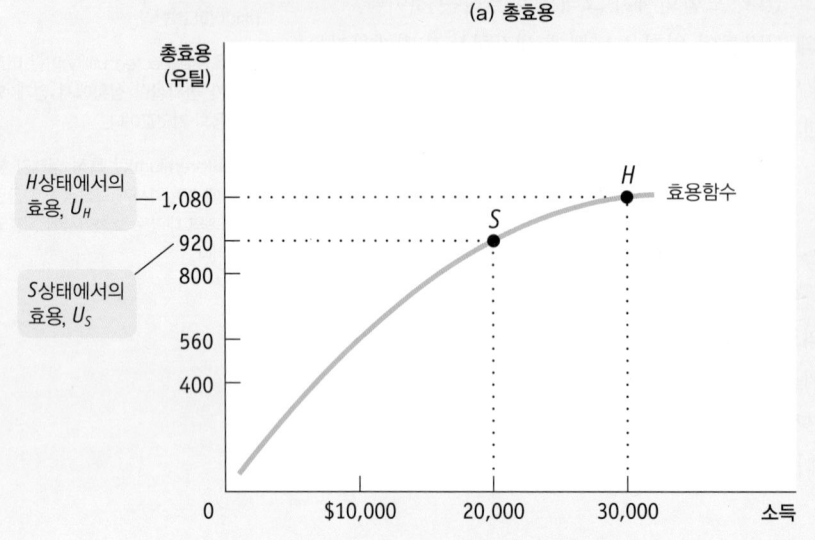

(a) 총효용

소득	총효용(유틸)
$20,000	920
21,000	945
22,000	968
23,000	989
24,000	1,008
25,000	1,025
26,000	1,040
27,000	1,053
28,000	1,064
29,000	1,073
30,000	1,080

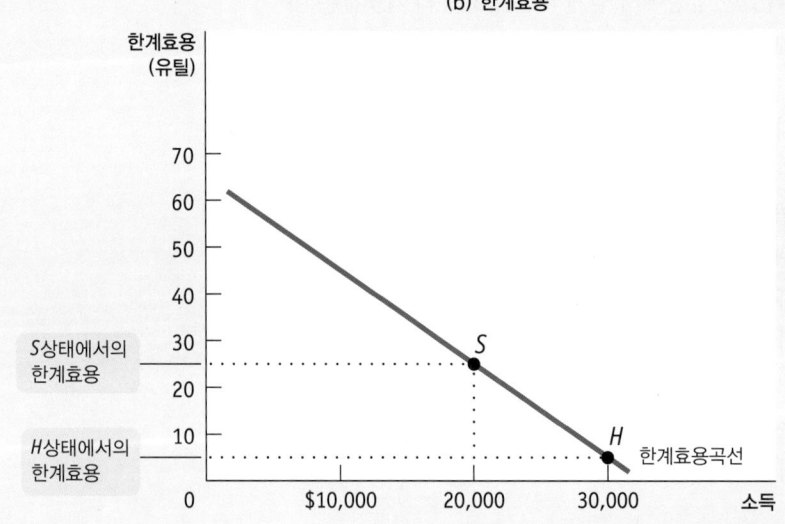

(b) 한계효용

그림 (a)는 이씨 가족의 총효용이 소비에 쓸 수 있는 소득(즉 의료비를 지출한 후의 소득)에 따라 어떻게 결정되는가를 보여 준다. 곡선은 우상향한다. 즉 소득이 많을수록 더 높은 효용을 얻는다. 그러나 그것을 따라 오른쪽 위로 올라갈수록 한계효용체감의 법칙을 반영하여 기울기가 점차 감소한다. 그림 (b)는 위험기피적인 소비자의 경우 소득과 한계효용이 음의 관계에 있음을 보여 준다. 즉 추가로 소득이 1,000달러 더 늘어날 때 이로부터 얻는 한계효용은 소득이 증가할수록 낮아진다. 따라서 의료비 지출이 적을 때(점 H)보다 의료비 지출이 많을 때(점 S) 소득의 한계효용이 더 높다.

험료가 이씨 가족 의료비 지출의 기댓값—미래에 보험으로부터 청구하게 될 금액의 기댓값—과 동일함을 보라. 이러한 특성을 가진 보험, 즉 보험료가 보험청구액의 기댓값과 동일한 보험에 대해서는 특별한 이름이 있다—**공정한 보험**(fair insurance policy)이다.

만일 이씨 가족이 이 공정한 보험에 들게 되면 소비를 위해 사용할 수 있는 소득의 기댓값은 보험이 없을 때와 동일하게 2만 5,000달러, 즉 3만 달러 빼기 보험료 5,000달러이다. 그러나 불확실성은 제거되었다. 이씨 가족은 확실하게 2만 5,000달러의 소득을 소비에 사용할 수 있다. 따라서 2만 5,000달러의 소득에 따르는 총효용을 얻게 된다.

〈그림 20-1〉에 있는 표로부터 이 총효용이 1,025유틸임을 알 수 있다. 조금 다르게 표현하면, 보험에 가입할 때 이들의 기대효용은 1×1,025＝1,025유틸이다. 보험에 가입하면 1,025유틸의 총효용을 확률 1로 얻게 되기 때문이다. 이것은 보험이 없을 때의 기대효용 1,000유틸보다 더 높다. 따라서 공정한 보험에 가입하여 위험을 제거함으로써 비록 기대소득은 변하지 않지만 기대

보험료가 보험청구액의 기댓값과 동일한 보험을 공정한 보험(fair insurance policy)이라 한다.

표 20-1 공정한 보험이 이씨 가족의 소비 가능한 소득과 기대효용에 미치는 효과

	두 가지 가능한 상태에서의 소득		소비 가능한 소득의 기대가치	기대효용
	의료비 지출 0달러 (0.5의 확률)	의료비 지출 1만 달러 (0.5의 확률)		
보험이 없을 때	$30,000	$20,000	(0.5×$30,000)+(0.5×$20,000) =$25,000	(0.5×1,080유틸)+(0.5×920유틸) =1,000유틸
공정한 보험에 가입할 때	$25,000	$25,000	(0.5×$25,000)+(0.5×$25,000) =$25,000	(0.5×1,025유틸)+(0.5×1,025유틸) =1,025유틸

효용은 증가한다.

이 예에 대한 계산이 〈표 20-1〉에 요약되어 있다. 이 예는 현실 경제를 살아가는 대부분의 사람들처럼 이씨 가족이 **위험기피적**(risk-averse)임을 보여 준다. 그들은 위험을 줄이는 비용이 소득이나 부의 기댓값을 변화시키지 않는다면 위험을 줄이는 선택을 할 것이다. 따라서 이씨 가족은 대부분의 사람들과 마찬가지로 공정한 보험에 가입할 것이다.

이 예에 사용된 숫자가 특별해서 이러한 결과가 얻어진 것은 아닌가 하는 생각이 들지 모른다. 그러나 사실은 공정한 보험에 가입하면 기대효용이 증가한다는 명제가 성립하는 것은 오직 하나의 가정, 즉 한계효용체감 때문이다. 그 이유는 한계효용이 체감하면 소득이 낮을 때 1달러로부터 얻는 효용이 소득이 높을 때 1달러로부터 잃는 효용보다 높기 때문이다.

즉 생활이 풍족할 때보다 생활이 어려울 때 추가소득이 더 필요하기 때문이다. 곧 보게 되지만 공정한 보험이 도움을 주는 이유는 소득이 많은 상태(상대적으로 가치가 낮을 때)로부터 소득이 낮은 상태(상대적으로 가치가 높을 때)로 화폐를 이전시켜 주기 때문이다.

그러나 우선 기대효용을 좀 더 자세히 살펴봄으로써 한계효용체감이 위험기피로 나타나는 이유를 알아보자. 이씨 가족의 경우 두 가지 상태가 가능하다. 이것을 각각 H와 S라 하자[이들은 각각 건강하다(healthy)와 병들다(sick)의 영어 첫 글자이다]. H 상태에서는 의료비 지출이 없고, S 상태에서는 의료비 지출이 1만 달러이다. 각 상태에서 이씨 가족의 효용을 U_H와 U_S로 표시하자. 그러면 이 가족의 기대효용은

(20-2) 기대효용 = (상태 H의 확률×상태 H에서의 총효용)+
  (상태 S의 확률×상태 S에서의 총효용)
  $= (0.5 \times U_H) + (0.5 \times U_S)$

공정한 보험에 가입할 때 H 상태에서 소비에 사용될 가족의 소득은 5,000달러가 감소하지만 S 상태의 소득이 그만큼 증가한다. 방금 본 것처럼 효용함수를 이용하여 이러한 변화가 기대효용에 미치는 효과를 직접 계산할 수 있다. 그러나 다른 맥락에서 여러 번 본 바와 같이 한계효용에 초점을 맞춤으로써 개인의 선택을 더 깊이 이해할 수 있다.

공정한 보험의 효과를 한계효용을 사용하여 분석하기 위해 보험을 단계적으로 조금씩, 예컨대 5,000번에 걸쳐 도입한다고 생각해 보자. 각 단계마다 H 상태의 소득을 1달러만큼 감소시키고 동시에 S 상태의 소득을 1달러만큼 증가시킨다. 각 단계마다 H 상태에서의 효용은 그 상태 소득의 한계효용만큼 감소하고 S 상태에서의 효용은 그 상태 소득의 한계효용만큼 증가한다.

이제 한계효용이 소득에 따라 어떻게 변하는지를 나타낸 〈그림 20-1(b)〉를 다시 보자. S점은 이씨 가족의 소득이 2만 달러일 때의 한계효용을 보여 주고, H점은 소득이 3만 달러일 때의 한계효용을 보여 준다. 분명 의료비 지출 후 소득이 낮을 때 한계효용이 더 높다. 한계효용체감으

위험기피적(risk-averse)인 사람들은 위험을 줄이는 비용이 소득이나 부의 기댓값을 변화시키지 않는다면 위험을 줄이는 선택을 할 것이다.

로 인해 소득 한 단위는 가족의 소득이 높을 때(점 *H*)보다 소득이 낮을 때(점 *S*)에 효용을 더 많이 증가시킨다.

이로부터 우리는 *S* 상태의 소득 증가로 인한 기대효용의 증가가 *H* 상태의 소득 감소로 인한 기대효용의 감소보다 더 큰 것을 알 수 있다. 따라서 위험을 줄이는 각 단계에서 1달러의 소득을 *H* 상태에서 *S* 상태로 이전함으로써 기대효용이 증가한다. 이는 곧 이 가족이 위험기피적임을 뜻한다. 즉 위험기피성은 한계효용체감의 결과로 얻어진다.

거의 모든 사람의 한계효용이 체감하므로 거의 모든 사람이 위험기피적이다. 그러나 위험기피의 정도는 사람에 따라 달라서 위험기피도가 큰 사람이 있는가 하면 작은 사람도 있다. 이를 보여 주기 위해 〈그림 20-2〉에서는 대니와 멜, 두 사람을 비교한다. 두 사람은 현재 동일한 소득을 벌고 있으나 1,000달러를 더 많이 벌거나 1,000달러를 더 적게 벌 가능성이 있다.

그림 20-2 위험기피도의 차이

대니와 멜의 효용함수는 다르다. 대니는 상당히 위험기피적이다. 소득이 1,000달러 증가할 때는 (*N*에서 H_D로) 효용이 많이 증가하지 않는 반면, 소득이 1,000달러 감소할 때는 (*N*에서 L_D로) 효용이 많이 감소한다. 반면에 멜은 소득이 1,000달러 증가할 때나(*N*에서 H_M으로) 소득이 1,000달러 감소할 때나(*N*에서 L_M으로) 효용의 변화가 거의 같다. 이러한 차이—두 사람의 한계효용곡선의 기울기의 차이로 나타난다—로 인해 대니가 멜보다 보험에 대해 더 많은 대가를 지불하려고 한다.

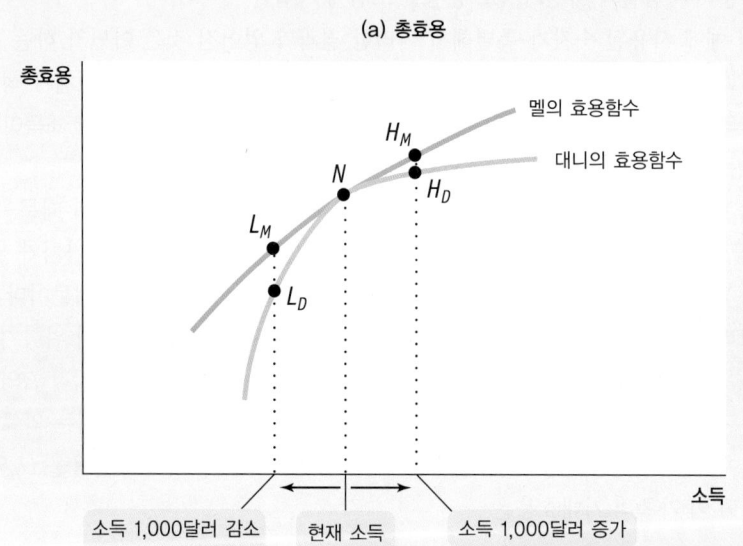

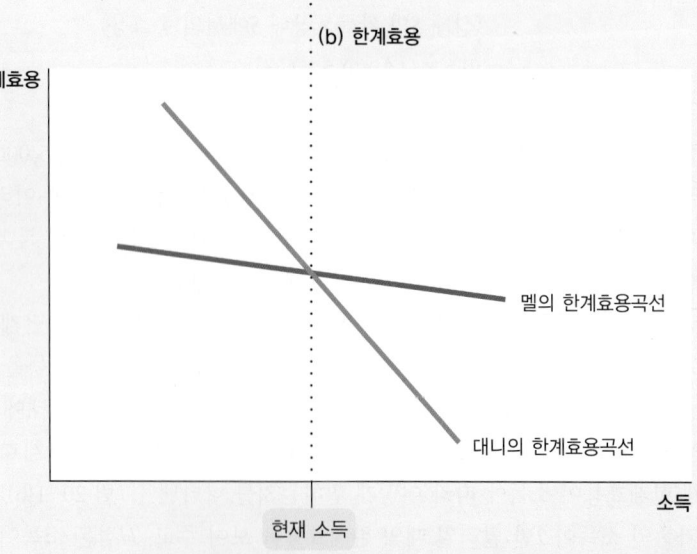

탐구자를 위하여 도박의 역설

만일 대부분의 사람들이 위험기피적이고 위험기피적인 사람은 공정한 도박을 하지 않을 거라면, 어째서 라스베이거스, 애틀랜틱 시티와 도박이 합법화된 다른 도시들이 번성하는 것일까?

따지고 보면 카지노에서 하는 도박은 공정하지도 않다. 모든 도박장의 도박은 평균적으로 카지노가 돈을 벌 수 있도록 고안되어 있다. 그런데 왜 도박을 하는 것일까?

도박산업은 위험기피와는 정반대(위험추구적)인 소수의 사람들을 만족시키기 위해 존재하는 것이라고 주장할 수도 있다. 그러나 라스베이거스 호텔들의 고객을 한번 보면 이 가정이 틀린 것을 곧 알게 된다. 대부분의 사람들은 스카이다이빙이나 번지점프를 하는 대담무쌍한 사람들이 아니다. 오히려 대부분이 의료보험과 생명보험에 가입하고 안전벨트를 착용하는 보통 사람들이다. 다시 말해서 그들도 우리와 같이 위험기피적이다.

그러면 왜 사람들이 도박을 할까? 그것은 아마도 사람들이 그 행위를 즐기기 때문일 것이다.

또한 도박에 관한 한 합리적 행동의 가정이 잘못된 것일 수도 있다. 심리학자들은 도박이 중독성 약물과 크게 다르지 않은 중독성을 가질 수 있다고 결론지었다. 위험한 약물을 섭취하는 것이 비합리적인 것처럼 지나친 도박은 비합리적이다. 그럼에도 불구하고 이 두 가지가 모두 행해지고 있다는 것은 애석한 일이다.

〈그림 20-2(a)〉는 소득에 따라 두 사람의 총효용이 각각 어떻게 달라지는지를 보여 준다. 대니는 N에서 H_D로 소득이 증가할 때 효용이 많이 증가하지 않는 반면, N에서 L_D로 소득이 감소할 때는 효용이 많이 감소한다. 즉 대니는 상당히 위험기피적이다. 이것이 그림 (b)에서 그의 한계효용곡선이 급격히 감소하는 것으로 나타난다.

그러나 멜은 그림 (a)에 나타난 것처럼 소득이 N에서 H_M으로 증가할 때나 N에서 L_M으로 감소할 때나 효용이 변화하는 정도가 거의 같다. 멜은 거의 위험기피적이라 할 수 없을 정도다. 이것은 그림 (b)에서 그의 한계효용곡선이 거의 수평인 것으로 나타난다. 그러므로 동일한 조건이라면 대니가 멜보다 보험을 통해 훨씬 더 높은 효용을 얻는다. 위험에 전혀 영향을 받지 않는 사람을 **위험중립적**(risk-neutral)이라 한다.

위험기피도가 다른 데는 주로 두 가지 이유가 있다. 선호의 차이와 초기 소득 또는 부의 차이이다.

> **위험중립적**(risk-neutral)인 사람은 위험에 전혀 영향을 받지 않는다.

- 선호의 차이 : 다른 조건이 같을 때 한계효용이 소득수준으로부터 받는 영향은 사람마다 차이가 난다. 한계효용이 소득의 영향을 많이 받지 않는 사람은 별로 위험기피적이지 않을 것이다.
- 초기 소득이나 부의 차이 : 빈곤층 가정에 있어서 1,000달러의 소득 감소는 큰 변화이지만 1년에 100만 달러를 버는 사람에게는 별것 아니다. 일반적으로 소득이 높거나 많은 부를 가진 사람은 덜 위험기피적일 것이다.

위험기피도의 차이는 중요한 의미를 갖는다. 위험기피도에 따라 사람들이 위험을 피하기 위해 지불하고자 하는 금액이 달라지기 때문이다.

위험회피의 대가

위험기피적인 이씨 가족은 공정한 보험—기대소득에는 변화가 없이 위험을 제거해 주는 보험—에 가입함으로써 분명 이득을 볼 수 있다. 유감스럽게도 실제 보험은 공정하지가 않다. 보험회사가 판매원이나 회계사들의 봉급과 같은 여러 비용을 충당해야 하기 때문에 보험금으로 지급될 금액의 기댓값보다 더 많은 보험료를 요구하기 때문이다.

이씨 가족은 여전히 '불공정한' 보험—보험료가 보험청구액의 기댓값보다 더 큰 보험—에라도 가입하고 싶을까?

함정

사전과 사후

보험이 도넛과 다른 점은 무엇일까?

이것은 수수께끼가 아니다. 보험에 대한 수요와 공급은 다른 재화나 서비스와 같이 작동하지만 보상은 매우 다르다. 도넛을 살 때는 얻는 것이 확실하다. 보험을 살 때는 정의에 의해 무엇을 얻게 될지 알 수 없다. 만일 자동차 보험을 들었는데 사고가 나지 않는다면 보험으로부터 마음의 평화 말고는 아무것도 얻는 것이 없으며 아마도 보험에 들지 말 걸 그랬다고 생각할 수도 있다. 그러나 만일 사고가 나면 틀림없이 그 비용을 보장하는 보험을 들 걸 그랬다고 생각할 것이다.

이런 이유로 우리는 보험가입의 합리성을 평가할 때 주의해야 한다(이는 불확실성하에서 내리는 어떤 선택에 대해서도 마찬가지이다). 사후적으로 — 불확실성이 해소된 후 — 그러한 결정은 거의 항상 비판을 받을 수 있다. 그러나 그렇다고 해서 당시 주어진 정보로 볼 때 사전적으로 그 선택이 잘못된 것이라고 할 수는 없다.

매우 성공적인 월스트리트 투자가 한 사람은 자신은 결코 뒤돌아보지 않는다고, 즉 선택 당시 자신이 알고 있었던 것에 비추어 옳은 선택을 했다고 믿는 한 결과가 나쁘더라도 결코 자책하지 않는다고 저자들에게 말했다. 그것은 올바른 태도이며 분명 이러한 태도가 그의 성공에 도움이 되었을 것이다.

대답은 보험료의 크기에 달려 있다. 〈표 20-1〉을 다시 보자. 보험이 없다면 기대효용은 1,000 유틸이고 요금이 5,000달러인 보험은 기대효용을 1,025유틸까지 상승시킨다는 것을 알 수 있다. 만일 보험료가 6,000달러였다면 이씨 가족이 사용할 수 있는 소득은 2만 4,000달러였을 것이고, 〈그림 20-1〉에서 보는 바와 같이 총효용은 1,008유틸이 되었을 것이다. 이는 보험이 전혀 없을 때의 기대효용보다는 더 높다. 따라서 이씨 가족은 6,000달러의 보험료를 지불하더라도 보험에 가입하기를 원할 것이다. 그러나 보험료가 7,000달러가 되면 소득이 2만 3,000달러로 줄어들고 총효용은 989유틸이 되기 때문에 보험에 가입하지 않으려 할 것이다.

이 예로부터 위험기피적인 사람은 기대소득이 줄더라도 위험을 감소시키는 거래를 원한다는 것을 알 수 있다. 이들은 기대 보험청구액보다 더 많은 보험료를 지불할 용의가 있다. 위험기피 적일수록 더 높은 보험료를 지불하고자 한다. 이러한 지불용의로 인해 보험산업이 존재할 수 있 는 것이다. 반면에 위험중립적인 사람은 결코 위험을 줄이기 위해 돈을 지불하지 않을 것이다.

현실 경제의 >> 이해

품질보증

고가의 소비재―전자기기, 주요 가전제품, 자동차 등―중 다수가 어떤 형태로든 보증과 함께 공급된 다. 제품을 구입한 후 일정 기간― 보통 6개월이나 1년―내에 문제가 발생하면 제조업자가 그 제품을 수 리하거나 교환해 주겠다고 보장하 는 것이 전형적인 형태이다.

제조업자들은 무슨 이유로 보증 을 제공할까? 한 가지 이유는 보증 이 소비자들에게 그 제품의 품질이 좋다는 것을 알리는 역할을 한다는

"품질보증을 발명하면 날 불러."

것이다. 그러나 보증의 주요한 역할은 소비자 보험이다. 스마트폰이나 자동차와 같이 비싼 물 건을 수리하거나 교환하는 비용은 상당한 부담이 된다. 만일 자신이 그 비용을 부담해야 한다면 다른 재화에 대한 소비가 제한을 받을 것이다. 이 결과로 수리비용을 부담하지 않을 때에 비해 소득의 한계효용이 높을 것이다.

따라서 수리나 교환비용을 부담하는 보증은 비록 보증비용이 제조업자의 미래 지출의 기댓값 보다 더 높아도 소비자의 기대효용을 높여 준다.

>> 복습

- **확률변수**의 **기댓값**은 가능한 모든 값에 대해 그 값이 취할 확률을 가 중치로 하여 계산한 가중평균이 다.
- **가능한 상태**에 대한 불확실성은 **위 험**을 수반하며, 화폐로 나타나는 결과가 불확실할 때는 **재정적 위험** 을 수반한다. 불확실성에 직면해 서, 소비자는 **기대효용**을 최대로 하는 선택을 한다.
- 대부분의 사람들은 **위험기피적**이 다. 즉 보험료가 보험청구액의 기 댓값과 동일한 **공정한 보험**에 가입 하려고 할 것이다.
- 위험기피는 한계효용체감으로 인 해 나타난다. 선호의 차이 및 초기 소득 또는 부의 차이로 인해 위험 기피도가 달라진다.
- 위험기피적인 사람들이 **보험금**으 로 지급될 금액의 기댓값보다 더 많은 보험료를 요구하는 '불공정 한' 보험에 가입할지 여부는 보험 료의 크기에 달려 있다. 위험기피 적일수록 더 높은 보험료를 지불하 고자 한다. **위험중립적**인 사람은 위험을 피하기 위해 보험료를 전혀 지불하려 하지 않을 것이다.

>> 이해돕기 20-1

해답은 책 뒤에

1. 플로리다 해안 가까이 주택을 소유하고 있는 두 가족을 비교해 보자. 어떤 가족이 더 위험기 피적이겠는가? (i) 소득이 1년에 200만 달러인 가족, (ii) 소득이 1년에 6만 달러인 가족. 두 가 족 중 누구라도 자신이 소유하고 있는 주택의 손실을 보상받기 위해 '불공정한' 보험에 가입 하려 하겠는가?

2. 칼마의 소득이 내년에 얼마가 될지는 불확실하다. 칼마의 소득이 2만 2,000달러가 될 확률은

60%이며, 3만 5,000달러가 될 확률은 40%이다. 옆
의 표는 칼마의 소득과 이에 따른 효용수준을 보여
주고 있다.

소득	총효용(유틸)
$22,000	850
25,000	1,014
26,000	1,056
35,000	1,260

a. 칼마의 기대소득과 기대효용은 각각 얼마인가?
b. 어떤 수준의 소득이 칼마의 불확실한 소득이 주는
것만큼의 효용을 주는가? 위험에 대한 칼마의 태
도는 어떠한가? 설명해 보라.
c. 칼마는 2만 6,000달러의 소득을 보장하는 보험을 위해서 영보다 더 많은 돈을 지불할 용의
가 있는가? 설명해 보라.

‖ 위험의 매매와 축소

런던의 로이드사는 현존하는 가장 오래된 상업적 보험회사이며 화려한 과거를 자랑하는 기관이
다. 18세기 상인들의 상거래 위험을 해결하도록 돕기 위한 상업적 벤처 기업으로 창립된 후 대
영제국의 전성기를 거치며 제국 무역의 대들보로 성장하였다.

로이드사의 기본 구상은 단순했다. 18세기에는 화물을 범선으로 운반하는 일이 위험했다. 선
박이 폭풍우에 침몰하거나 해적에게 나포될 확률이 매우 높았다. 선박과 화물을 소유한 상인은
그러한 사건이 발생하면 쉽게 파산할 수 있었다. 로이드사는 보험을 원하는 선주들을 선박 손실
을 보상해 줄 부유한 투자자들과 연결시켜 주었다. 그 대가로 상인은 투자자에게 수수료를 선불
로 지급하였다. 만일 선박이 침몰하지 않으면 투자자는 수수료를 그대로 갖는다.

결과적으로 상인은 위험을 벗어나고 그 대가를 지불한 것이다. 보험을 구입하려는 사람과 공
급하려는 사람을 연결시켜 줌으로써 로이드사는 시장의 역할을 담당했다. 로이드사를 통해 위
험을 줄일 수 있었기 때문에 영국에서는 훨씬 더 많은 사람들이 상업무역에 종사할 수 있었다.

보험회사는 로이드사가 활동하던 초기로부터 많은 변화를 거쳐 왔다. 그러나 어째서 로이드
사가 상인과 투자자 모두에게 도움이 되었는가를 생각해 보면 시장경제 전체가 어떻게 '거래'를
통해 위험을 변화시킬 수 있는지 잘 이해할 수 있다.

보험산업은 다음의 두 가지 원칙에 근거를 두고 있고 우리는 앞으로 이를 차례로 살펴볼 것
이다.

1. 위험의 서래는 다른 재화니 서비스의 거래와 마찬가지로 모두에게 이익을 줄 수 있다는 것
이다. 이 경우에 위험부담을 원치 않는 사람들이 위험부담을 덜 싫어하는 사람들에게 위
험을 넘겨줌으로써 이익이 창출된다.
2. 어떤 위험은 **분산투자**를 통해 없어지게 만들 수 있다는 것이다.

위험의 거래

위험을 '거래'하는 것에 대해 말한다는 것이 다소 이상하게 들릴지 모른다. 결국 위험은 나쁜 것
이다. 우리는 좋은 것, 즉 재화와 서비스를 거래하는 것 아닌가?

그러나 사람들은 흔히 자신이 좋아하지 않는 것을 그것을 덜 싫어하는 사람에게 주어 버리는
교환을 한다. 당신이 방금 당신 마을의 평균 주택 가격인 30만 달러를 주고 주택을 한 채 구입했
다고 하자. 그런데 끔찍하게도 바로 옆 건물이 나이트클럽으로 개조되고 있다는 소식을 방금 들
었다. 당신은 즉시 그 집을 팔기 원하고 28만 5,000달러만 받을 용의가 있다. 그런데 도대체 누
가 그 집을 사고자 하겠는가? 답은 늦은 밤 소음에 별로 상관하지 않는 사람이다. 그런 사람이

30만 달러까지는 지불하고자 할지 모른다. 따라서 이제 서로에게 유익한 거래의 가능성이 있다. 당신은 28만 5,000달러까지라도 팔기 원하고 상대방은 30만 달러까지 지불할 용의가 있으므로 그 중간 어느 가격이라도 두 사람 모두에게 이익이 될 것이다.

요점은 두 사람이 소음에 대한 느낌에 차이가 있어, 결국은 소음을 가장 싫어하는 사람이 조용히 살기 위해 다른 사람에게 대가를 지불한다는 것이다. 위험을 거래하는 것도 이와 동일하다. 자신이 직면한 위험을 줄이기 원하는 사람이 위험에 덜 민감한 사람에게 대가를 지불하고 위험의 일부를 가져가게 할 수 있다.

앞 절에서 본 바와 같이 위험에 대한 태도의 차이는 개인 선호의 차이로 일부 설명될 수 있지만 아마도 소득과 부의 차이가 위험에 대한 느낌에 차이가 생기는 주요한 이유가 될 것이다. 로이드사는 위험을 더 잘 견딜 수 있는 부유한 투자자들을 재산이 적고 따라서 더 위험기피적인 선주들과 연결해 주고 돈을 벌었다.

런던의 로이드사 이야기로 돌아가서 선박이 침몰하면 한 상인이 1,000파운드의 손실을 보고 그런 재난이 발생할 확률은 10%라고 하자. 그러면 이 경우에 기대손실은 $0.10 \times £1,000 = £100$ 가 될 것이다. 그러나 모든 생계수단이 걸려 있는 이 상인은 선박이 침몰할 경우 1,000파운드를 보상받는 대가로 150파운드라도 지불할 용의가 있을지 모른다. 한편 1,000파운드의 손실쯤은 큰 문제가 아닌 부유한 투자자는 기대손실보다 조금만 많은 금액, 예컨대 110파운드를 받는다면 기꺼이 이 위험을 감수하고자 할지 모른다.

분명 여기에는 서로에게 이익이 되는 거래의 여지가 있다. 상인이 110파운드 이상 150파운드 이하, 예컨대 130파운드를 지불하고 그 대신 선박이 침몰할 경우 보상을 받는다. 결과적으로 그는 덜 위험기피적인 사람에게 자신의 위험을 부담하도록 하고 대가를 지불하였다. 이 거래로 모두가 이득을 보았다.

보험자가 보험을 제공하기 위해 위험에 처하게 내놓은 자금을 가리켜 **위험자본금**(capital at risk)이라 한다. 우리 예에서는 부유한 로이드사의 투자자가 130파운드의 보험료를 받는 대가로 1,000파운드의 자본을 위험에 투자하였다. 일반적으로 다른 조건이 일정할 때 잠재적인 보험자가 위험에 투자할 용의가 있는 자본의 양은 지급되는 보험료에 의해 결정된다. 만일 모든 선박의 가치가 1,000파운드이고 10%의 침몰 가능성이 있다면 기대청구액인 100파운드 이하의 보험료에서는 누구도 보험을 제공하지 않으려 할 것이다. 사실 그 가격에서는 전혀 위험기피적이지 않은 투자자만이 보험을 제공할 것이다. 보험료로 100파운드를 받게 되면 보험자의 기대소득은 그대로이고 위험만 증가하기 때문이다.

위험중립적인 투자자가 한 사람 있다고 하자. 그러나 그다음으로 보험을 제공하고자 하는 사람은 약간 위험기피적이어서 105파운드를 요구한다. 그다음 보험자는 조금 더 위험기피적이어서 110파운드를 보험료로 요구하고… 등등이라 하자. 보험료를 변화시키면서 그 보험료에 몇 사람이나 보험을 제공하고자 하는지 조사하여 〈그림 20-3〉에 그려진 바와 같이 보험에 대한 공급곡선을 구할 수 있다. 공급곡선을 따라 보험료가 높아질수록 좀 더 위험기피적인 투자자가 보험을 제공하게 된다.

한편 잠재적인 구매자들이 주어진 보험료를 지불할 용의가 있는지를 타진하여 보험에 대한 수요곡선을 구할 수 있다. 〈그림 20-4〉에서 선주들 중 누군가가 지불하고자 하는 가장 높은 보험료는 200파운드이다. 누가 이 금액을 지불하려고 할까? 물론 가장 위험기피적인 선주이다. 조금 덜 위험기피적인 선주는 190파운드를 지불하고자 할 것이고, 약간 덜 위험기피적인 선주는 180파운드를 지불하고자 하고… 등등이다.

이제 시장에 선주와 보험자가 많이 있어 공급곡선과 수요곡선이 매끈한 곡선이 된다고 하자. 이 시장에도 보통의 재화와 서비스시장에서와 같이 균형가격과 거래량이 있을 것이다. 〈그림 20

그림 20-3 보험의 공급

이것은 침몰 확률이 10%인 상선 한 척에 대해 1,000파운드를 보상하는 보험의 공급곡선이다. 각 투자자는 1,000파운드의 자본을 위험에 투자한다. 보험이 제공될 수 있는 가장 낮은 보험료는 100파운드이다. 이것은 기대청구액과 같으며 위험중립적인 투자자만이 이 보험을 공급하고자 한다. 보험료가 상승함에 따라 더 위험기피적인 투자자들도 시장에 보험을 공급하게 되어 보험 공급량이 증가한다.

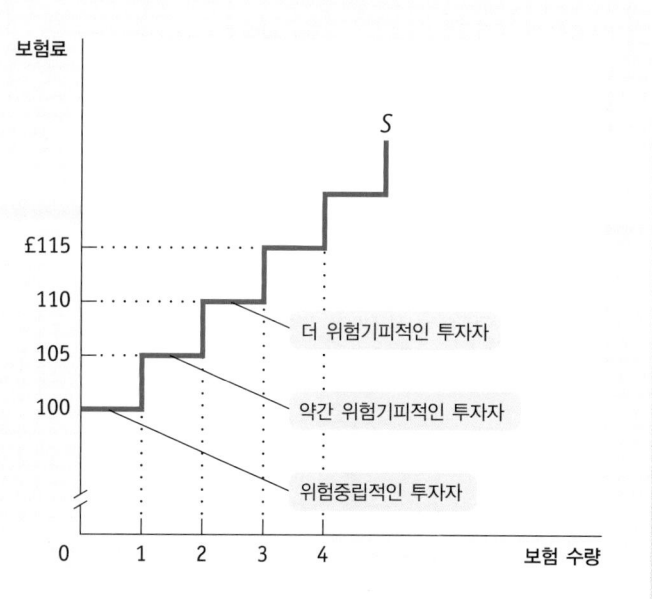

-5〉에는 130파운드의 보험료에서 5,000건의 보험이 거래되어 500만 파운드의 자본이 위험에 투자된 시장균형을 예시한다.

이 시장에서 위험은 그것을 가장 없애기 원하는 사람(가장 위험기피적인 선주)으로부터 위험에 가장 둔감한 사람(가장 덜 위험기피적인 투자자)에게로 이전된다는 점을 유의하라. 따라서 재화와 서비스시장이 일반적으로 효율적인 자원배분을 달성하듯이 위험시장도 일반적으로 **효율적인 위험배분**(efficient allocation of risk), 즉 가장 위험을 떠맡고자 하는 사람이 그것을 맡게 되는 배분을 달성한다. 그러나 재화와 서비스시장의 경우와 마찬가지로 이러한 결과에는 한 가지

> **효율적인 위험배분**(efficient allocation of risk)이란 위험을 가장 떠맡고자 하는 사람이 그것을 맡게 되는 배분을 말한다.

그림 20-4 보험에 대한 수요

이것은 침몰 확률이 10%인 상선 한 척에 대해 1,000파운드를 보상하는 보험에 대한 수요곡선이다. 이 예에서 누군가가 보험을 수요하는 가장 높은 보험료는 200파운드이다. 이 가격에서는 가장 위험기피적인 선주만이 보험을 원한다. 보험료가 하락함에 따라 덜 위험기피적인 선주들도 보험을 수요하게 되어 보험 수요량은 증가한다.

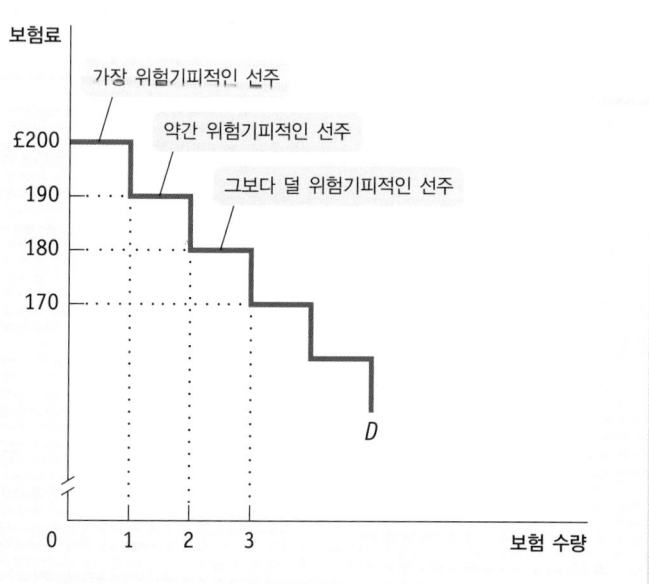

그림 20-5 보험시장

여기에는 한 척당 1,000파운드의 보상을 필요로 하는 상선에 대한 가상적인 보험시장이 표시되어 있다. 수요곡선은 보험을 구입하고자 하는 선주들로 구성되어 있고 공급곡선은 보험을 공급하고자 하는 부유한 투자자들로 구성되어 있다. 이 예에서 200파운드의 보험료에서는 가장 위험기피적인 선주들만 보험을 구입할 것이다. 100파운드의 보험료에서는 위험기피적이지 않은 투자자들만 보험을 공급하려 할 것이다. 균형에서는 130파운드의 보험료에 5,000건의 보험이 거래될 것이다. *사적 정보가 없을 때 보험시장은 위험을 효율적으로 배분하게 된다.*

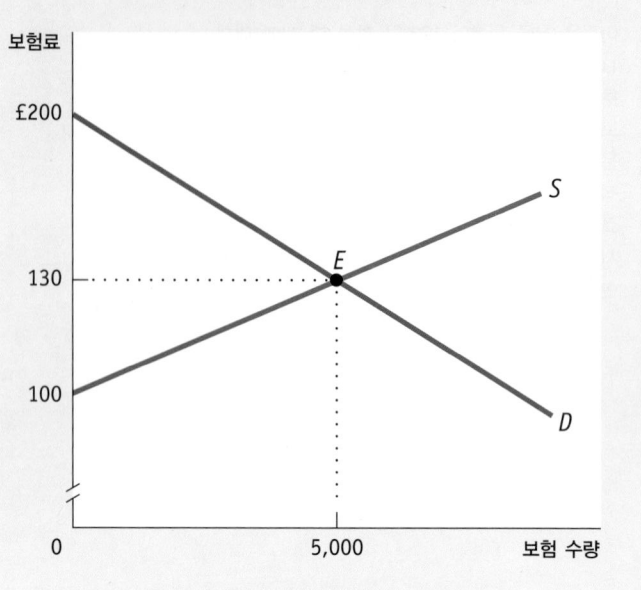

중요한 조건이 붙는다. 위험에 대한 시장이 효율성을 달성하는 데 실패하는 잘 알려진 경우들이 있다. 이들은 사적 정보로부터 발생하는데 이것이 우리가 다음 절에서 다루게 될 주요 주제이다.

위험기피도가 다른 사람들끼리 위험을 거래하는 것은 경제에서 대단히 중요하지만 이것만이 시장에서 사람들이 위험에 대처하는 유일한 방법은 아니다. 어떤 상황에서 시장은 일종의 마술을 실현할 수 있다. 시장은 개인들이 당면한 위험의 (전부는 아니지만) 일부를 감쪽같이 사라지게 할 수 있다.

위험 없애기 : 분산투자의 위력

로이드사가 창립될 무렵 영국의 상선들은 세계를 횡단하며 아시아로부터 가져온 향료와 비단, 신세계로부터 가져온 담배와 럼주, 그리고 영국산 섬유와 모직을 비롯한 많은 상품을 거래하였다. 영국 선박이 항해하던 각 항로에는 그 나름대로의 위험이 있었다. 카리브해에는 해적이, 북대서양에는 강풍이, 인도양에는 태풍이 있었다.

이런 모든 위험 속에서 상인들은 어떻게 살아남을 수 있었을까? 한 가지 유력한 방법은 모든 달걀을 한 바구니에 넣지 않음으로써 위험을 줄이는 것이었다. 여러 척의 선박을 각기 다른 목적지로 보냄으로써 모든 배를 한꺼번에 잃는 확률을 감소시킬 수 있었다. 심각한 손실이 발생할 확률을 줄이는 방법으로 투자하는 전략을 분산투자라고 부른다. 분산투자는 흔히 경제에 존재하는 위험의 일부를 사라지게 할 수 있다.

우리 선박의 예로 다시 돌아가자. 카리브해에서 어떤 상선이 해적에게 나포되는 일이나 인도양에서 다른 상선이 태풍에 침몰하는 일은 모두 가능성이 상당히 높다. 그런데 중요한 점은 이런 여러 가지 항해상의 위협이 서로 연관성이 없다는 것이다. 따라서 한 상인이 배 한 척은 카리브해로 다른 한 척은 인도양으로 보냈을 때, 어느 한 해에 한 척은 해적에게 다른 한 척은 태풍으로 배 두 척을 모두 잃을 확률은 훨씬 낮다. 결국 두 사건은 아무 연관이 없다. 카리브해에서 벌어지는 살인자들의 행동은 인도양의 기후에 아무런 영향을 끼치지 않으며, 그 반대도 마찬가지다.

통계학에서는 그런 사건을 **독립적 사건**(independent events), 즉 서로 아무 연관이 없어 한 사건이 발생할 확률이 다른 사건이 발생하거나 발생하지 않거나에 관계없이 일정한 사건이라 한다.

두 사건에 대해 한 사건이 발생할 확률이 다른 사건이 발생한 사실의 영향을 받지 않을 때 이 두 사건을 **독립적 사건**(independent events)이라 한다.

예측 불가능한 많은 사건들이 서로 독립적이다. 동전을 두 번 던질 때 첫 번째에 앞면과 뒷면 중 어디가 나오더라도 두 번째에 앞면이 나올 확률은 동일하다. 만일 당신 집에 오늘 화재가 나더라도 (우리가 서로 이웃에 살거나 동일한 무자격 전기기사의 서비스를 받고 있지 않는 한) 그것이 같은 날 우리 집에 화재가 날 확률에는 영향을 주지 않는다.

두 가지 독립적인 사건이 동시에 발생할 확률을 계산하는 간단한 법칙이 있다. 한 사건이 독자적으로 발생할 확률과 다른 사건이 독자적으로 발생할 확률을 곱하는 것이다. 동전을 한 번 던지면 앞면이 나올 확률이 0.5이다. 만일 동전을 두 번 던지면 두 번 모두 앞면이 나올 확률은 $0.5 \times 0.5 = 0.25$가 된다.

그러나 카리브해에서의 선박 손실과 인도양에서의 선박 손실이 독립적 사건이라는 사실이 선주나 로이드사의 투자자들에게 무슨 영향을 미칠까? 그 답은 투자를 세계 각처에 분산함으로써 그들은 해양운송사업 위험의 일부를 아무 노력 없이 없앨 수 있다는 것이다.

조셉 머니페니 씨는 배 두 척을 마련할 만큼 부유하다고 하자. 잠시 보험의 가능성은 무시하기로 한다. 머니페니 씨는 배 두 척을 카리브해 무역을 위해 함께 보내야 할까, 아니면 한 척은 바베이도스(카리브해의 섬나라 — 역자 주)로, 한 척은 캘커타(인도 동부의 항구도시 — 역자 주)로 보내야 할까?

두 항해가 성공적으로 끝나면 똑같이 1,000파운드의 이윤을 내게 된다고 가정하자. 또한 바베이도스로 보낸 선박이 해적을 만날 확률과 캘커타에 보낸 선박이 태풍을 만나 침몰할 확률도 똑같이 10%라고 하자. 그리고 만일 두 선박이 같은 목적지로 운항한다면 두 선박은 같은 운명을 맞게 된다고 가정한다. 따라서 머니페니 씨가 두 선박을 같은 곳으로 보내면 투자액 전체를 잃게 될 확률이 10%가 된다.

그러나 만일 머니페니 씨가 배 한 척은 바베이도스로, 다른 한 척은 캘커타로 보내면 그 두 척을 모두 잃을 확률은 $0.1 \times 0.1 = 0.01$, 즉 1%밖에 안 된다. 곧 보게 되는 바와 같이 기대보상은 똑같지만 전 재산을 잃을 확률은 훨씬 낮다. 따라서 손실 확률이 독립적인 여러 사업에 투자하는 **분산투자**(diversification)를 통해 위험의 일부를 소멸시킬 수 있다.

〈표 20-2〉는 머니페니 씨의 가능한 선택과 나타날 수 있는 결과를 요약한 것이다. 만일 배 두 척을 모두 같은 목적지로 보내면 그 둘을 모두 잃을 확률이 10%이다. 만일 두 선박을 다른 목적지로 보내면 세 가지 결과가 나타날 수 있다.

1. 배 두 척이 모두 안전하게 도착할 수 있다. 한 척이 안전하게 도착할 확률이 각각 0.9이므로 두 척 모두 안선하게 도착할 확률은 $0.9 \times 0.9 = 81\%$이다.

> 발생 가능한 손실들이 독립적 사건이 되도록 여러 다른 사업에 투자하는 것이 **분산투자**(diversification)이다.

표 20-2 분산투자를 통해 위험을 감소시키는 방법

(a) 배 두 척을 같은 목적지로 보낼 경우

상태	확률	보상	기대보상
모두 도착	0.9 = 90%	£2,000	$(0.9 \times £2,000) + (0.1 \times £0) = £1,800$
모두 손실	0.1 = 10%	0	

(b) 한 척은 동쪽, 한 척은 서쪽으로 보낼 경우

상태	확률	보상	기대보상
모두 도착	0.9×0.9=81%	£2,000	$(0.81 \times £2,000) + (0.01 \times £0) +$
모두 손실	0.1×0.1=1%	0	$(0.18 \times £1,000) = £1,800$
한 척만 도착	(0.9×0.1)+(0.1×0.9)=18%	1,000	

2. 두 척을 다 잃을 수도 있다. 그러나 그 확률은 겨우 $0.1 \times 0.1 = 1\%$이다.

3. 한 척만 안전하게 도착하는 경우가 두 가지 있다. 첫 번째 배가 안전하게 도착하고 두 번째 배를 잃을 확률이 $0.9 \times 0.1 = 9\%$이고, 첫 번째 배를 잃고 두 번째 배가 안전하게 도착할 확률이 $0.1 \times 0.9 = 9\%$이다. 따라서 선박 한 척만이 안전하게 도착할 확률은 $9\% + 9\% = 18\%$이다.

분산투자는 부유한 사람들만이 사용할 수 있는 전략이라고 생각할지 모른다. 그러나 소투자자들도 분산투자할 수 있는 방법이 있다. 머니페니 씨가 선박 한 척을 마련할 수 있을 정도밖에 안 된다 할지라도 다른 상인과 공동투자를 할 수 있다. 두 사람이 함께 선박 두 척을 준비하여 이윤을 똑같이 나누기로 하고 두 척을 다른 곳으로 보낼 수 있다. 그렇게 함으로써 배 한 척을 혼자서 마련하는 것보다 위험을 줄일 수 있다.

현대 경제에서는 투자자들이 주식시장을 이용해 여러 회사의 지분을 쉽게 구입할 수 있기 때문에 분산투자가 훨씬 쉬워졌다. 어떤 회사의 **지분**(share)을 소유한 사람은 그 회사의 일부—보통 매우 작은 부분, 100만 분의 일 또는 그 이하—를 소유하고 있는 것이다. 어떤 사람이 자신의 전 재산을 한 회사의 지분에 투자하면 그 회사가 파산할 경우 전 재산을 잃게 될 것이다. 그러나 대부분의 투자자들은 여러 회사의 지분을 보유함으로써 투자 전체를 잃게 되는 확률을 매우 작게 만든다.

사실 런던의 로이드사는 단지 위험을 거래하는 방법이었을 뿐만 아니라 또한 투자자들이 분산투자를 하는 방편이기도 했다. 이것이 어떻게 이루어졌는지 보기 위해 부유한 귀족으로서 로이드사를 통해 1,000파운드의 자본을 위험에 투자하여 소득을 증가시키기로 결정한 페넬로페 부인을 등장시키자. 그녀는 이 자본으로 배 한 척에만 보험을 제공할 수도 있다. 그러나 보다 일반적인 방법은 여러 명의 투자자들로 구성된 조직에 가입하는 것이다. 이들은 다른 목적지로 항해하는 여러 척의 배에 공동으로 보험을 제공하고 만일 이 중에 어떤 배가 침몰할 경우 그 비용을 같이 부담한다. 조직이 보험을 제공하는 선박이 모두 침몰할 확률은 그중 어느 한 척이 침몰할 확률보다 훨씬 작기 때문에 페넬로페 부인이 그녀의 모든 자본을 잃을 위험은 훨씬 작다.

경우에 따라서는 수많은 독립적인 사건의 작은 지분을 취함으로써 위험의 대부분을 없앨 수 있다. 이러한 전략은 **공유화**(pooling)로 알려져 있다.

보험회사의 경우를 보자. 보험회사는 수백만의 가입자를 확보하고 있고 이 중에 수천 명이 매년 고가의 치료를 필요로 한다. 보험회사는 어떤 특정인이 예컨대 심장 수술을 받게 될지 알 수 없다. 그러나 서로 다른 사람들의 심장에 이상이 생기는 것은 거의 독립적인 사건이다. 그리고 수많은 독립 사건들이 있을 때는 통계적 방법을 사용하여 특정한 형태의 사건이 얼마나 발생할 것인지 매우 정확하게 예측할 수 있다. 예컨대 만일 동전을 1,000번 던진다면 대략 500번은 앞면이 나올 것이다. 이 숫자에서 1, 2%를 벗어날 가능성은 거의 없다.

따라서 화재보험을 제공하는 회사는 1년에 고객 중 몇 명이 화재를 당할 것인지 매우 정확하게 예측할 수 있고, 의료보험을 제공하는 회사는 1년에 고객 중 몇 명이 심장 수술을 할 것인지 매우 정확하게 예측할 수 있으며, 생명보험을 제공하는 회사는 1년에 고객 중 몇 명이… 그다음은 말하지 않아도 짐작할 것이다.

보험회사가 수많은 독립 사건을 통해 결과를 예측할 수 있을 때 그 회사는 위험의 공유화를 달성했다고 말한다. 이러한 공유화로 인해 보험회사는 고객을 위험으로부터 보호하지만 보험회사의 소유주들은 거의 위험을 부담할 필요가 없게 된다.

런던의 로이드사는 단순히 부유한 사람들이 덜 부유한 상인들의 위험을 덜어 주고 그 대가를

어떤 회사의 **지분**(share)이란 그 회사의 부분적인 소유권을 의미한다.

공유화(pooling)란 분산투자의 강한 형태로 수많은 독립적인 사건의 지분을 조금씩 취하는 것을 의미한다. 공유화를 통해 위험이 거의 없이 보상을 얻게 된다.

탐구자를 위하여 떨치기 어려운 감정들

소액투자자(투자액이 수십만 달러 이하인 사람)에게는 인덱스 펀드에 투자하는 것이 최선의 전략이라는 것이 재무경제학자들의 공통된 의견이다.

왜 인덱스 펀드일까? 인덱스 펀드에는 시장 전체를 반영하는 다양한 주식이 포함되어 있어 투자가 분산된다. 그리고 관리 수수료가 매우 낮다. 뿐만 아니라 주식 시세가 낮을 때 사고, 높을 때 파는 시간 맞추기 전략은 실패한다는 것이 재무경제학자들의 공통된 의견이다. 그보다는 소액투자자들은 매년 시세와 관계없이 일정한 금액의 주식과 다른 금융자산들을 매입하는 것이 좋다.

그러나 다수는 아니라도 상당수의 소액투자자들이 이 충고를 따르지 않는다. 대신 그들은 높은 수수료를 내야 하는 개별 주식이나 펀드를 매입한다. 그들은 인터넷 채팅방에서 끝없이 시간을 보내면서 최신 정보를 쫓아다니거나 자료를 면밀히 살

"어머니께서 분산투자하는 거 잊지 말라고 전화하셨어요."

펴 주가 변동의 패턴을 찾으려고 애쓴다. 그들은 기회를 포착하려 애쓰지만 어김없이 주가가 높을 때 주식을 매입하고, 주가가 하락하는 주식을 팔려 하지 않는다. 그들은 분산투자를 하는 대신 자기 생각에 대박이 날 거라고 생각하는 소수의 주식에 집중 투자를 한다.

왜 인간은 투자에 있어서 그렇게 멍청한 것일까? 여러 전문가들에 의하면 그 원인은 감정 때문이라 한다. 최근 저서인 『투자의 비밀(Your Money

and Your Brain)』에서 제이슨 츠바이크(Jason Zweig)는 "두뇌는 재정적 결정을 내리기에 적합한 도구가 아니다"라고 말한다. 그의 설명에 따르면 인간의 두뇌는 단순한 패턴을 찾고 해석하도록 발달했다는 것이 문제이다. (저 덤불 속에 사자가 숨어 있을까?) 그 결과로 "투자하는 문제에 있어서도 고질적인 패턴 찾기의 본능이 우리로 하여금 존재하지도 않는 규칙을 있다고 생각하게 만든다." 다시 말하면 사실 주식시장은 대체로 무작위적으로 움직이는데도 불구하고 투자자들은 돈을 벌 수 있는 주식시장의 규칙을 찾았다고 믿는다는 것이다.

사람들의 재정적인 결정이 인간이 왜 종종 비합리적으로 행동하는지를 연구하는 새로운 분야인 행동경제학의 주요 연구 대상이라는 사실은 놀라운 일이 아니다.

그러면 21세기의 전형적인 투자자들이 해야 할 일은 어떤 것인가? 츠바이크에 의하면 방법이 있다. 당신의 감정이 작동한다고 생각되면 그것을 다스리는 것이다.

받는 수단이 아니었다. 그것은 또한 그 위험들을 공유화하는 수단이기도 했던 것이다. 공유화의 효과는 〈그림 20-5〉에 있는 공급곡선을 오른쪽으로 이동시키는 것이다. 즉 공유화가 없을 때와 비교해 더 낮은 가격으로 더 많은 위험을 부담할 수 있게 해 준다.

분산투자의 한계

분산투자는 위험을 감소시킬 수 있다. 경우에 따라서는 완전히 없앨 수도 있다. 그러나 이런 경우가 일반적인 것은 아니다. 분산투자에는 중요한 한계가 있기 때문이다. 로이드사의 경우로 다시 돌아가서 이 한계의 가장 중요한 원인을 살펴보자.

옛날 로이드사 당시 영국의 해운산업은 해적이나 폭풍 이외에 한 가지 중요한 위험을 안고 있었다. 그것은 바로 전쟁이었다. 1690년부터 1815년 사이에 영국은 여러 번의 전쟁을 치렀다. 주로 프랑스와의 전쟁이었다(프랑스는 여러 가지 이유로 영국과 대립하였는데 그중 하나는 미국의 독립을 지지한 것이다). 그럴 때마다 프랑스는 민간 무장선—기본적으로 공식 후원을 받는 해적—으로 하여금 영국 선박을 습격하여 영국의 전력에 손실을 입히도록 후원했다.

영국과 프랑스 사이에 전쟁이 벌어질 때마다 영국 상선의 피해가 갑자기 증가하곤 했다. 상인들이 선박을 여러 항구로 보내어도 이 결과를 피할 수는 없었다. 해적단이 세계 도처에서 영국 선박을 노리고 있었다. 따라서 카리브해에서 프랑스 해적단에게 입는 선박 피해와 인도양에서 프랑스 해적단에게 입는 선박 피해는 독립 사건이 아니었다. 그 두 사건이 같은 해에 일어날 가능성이 매우 높았다.

한 사건이 발생했을 때 다른 사건이 발생할 가능성이 더 높다면 이 두 사건은 **양의 상관관계가 있다**(positively correlated)고 한다. 그리고 유감스럽지만 프랑스 해적단에 선박이 나포될 위험과 마찬가지로 재무적인 위험도 양의 상관관계를 갖는 것들이 많다. 현대 투자자들이 당면하는 양의 상관관계를 갖는 재무적 위험에는 다음과 같은 것들이 있다.

- 악천후 : 특정 지역 내에서 기후로 인한 손실은 분명 독립 사건이 아니다. 허리케인이 플로리다를 강타하면 많은 플로리다 가정이 그 피해를 입을 것이다. 보험회사들은 여러 주의 주택에 대해 보험을 제공함으로써 이러한 위험을 어느 정도까지는 분산시킬 수 있다. 그러나 엘니뇨(세계적인 기상이변을 초래하는 순환적인 태평양의 이상기온)와 같은 사태는 미국 전역과 다른 지역에 동시적인 홍수를 야기할 수도 있다. 머리말 이야기에서 언급한 것처럼 과거 수년간 극단적인 기상 상태가 증가하였다.
- 정치적 사건 : 다행히도 현대 정부들은 해적단을 용납하지 않는다. 그러나 현대에서도 자원생산국에서 발생하는 전쟁이나 혁명과 같은 어떤 정치적 사건은 전 세계 경제에 손실을 줄 수 있다.
- 경기순환 : 경기순환의 원인은 거시경제학의 주제이다. 여기서 말할 수 있는 것은, 만일 한 회사가 전국적인 경기침체로 인해 손실을 본다면 다른 많은 회사들도 그로 인해 손실을 볼 것이다. 따라서 이 사건들은 양의 상관관계를 갖고 있다.

사건들이 양의 상관관계를 갖고 있으면 그 사건들로 인한 위험은 분산될 수 없다. 투자자는 어느 한 회사의 성과가 나빠질 위험에 대해서는 여러 회사에 투자함으로써 보호받을 수 있지만, 모든 회사의 성과가 나빠지는 경기침체에 대해서는 같은 방법으로 보호받을 수 없다.

보험회사는 여러 다른 지역에 있는 주택에 대해 보험을 제공함으로써 국지적 홍수로 인한 손실의 위험으로부터는 보호받을 수 있지만, 세계적인 기후 변화로 인한 여러 지역의 홍수에 대해서는 이 방법이 힘을 쓰지 못한다. 극단적인 기상 패턴이 나빠졌음이 분명해졌을 때 보험회사들이 미국 해안지역에서 보험계약을 축소한 것은 놀라운 일이 아니다. 그들은 더 이상 기상이 좋은 지역에서 체결된 보험으로부터 발생한 이익을 가지고 허리케인이나 토네이도 빈발 지역의 보험에서 발생하는 손실을 충당할 수 있을지 자신할 수 없었던 것이다.

따라서 보험회사나 주식시장과 같은 기관들이 위험을 완전히 사라지게 할 수는 없다. 분산시킬 수 없는 최소한의 위험요소가 항상 존재하는 것이다. 그러나 위험에 대한 시장은 두 가지를 달성한다. 첫째로, 분산될 수 있는 위험을 경제로부터 제거해 준다. 둘째로, 남은 위험은 그 위험을 가장 감수하고자 하는 사람에게 배분해 준다.

현실 경제의 >> 이해

로이드사의 위기

1980년대 말 로이드사가 심각한 위기에 빠졌다. 위험이 작고 투자에 대한 수익이 거의 보장된다고 믿고 자본을 투자했던 투자자들이 어마어마한 청구액을 충당하기 위해 많은 금액을 지불하지 않으면 안 되게 되었다. 전통 있는 일부 귀족 가문을 비롯한 상당수의 투자자들이 파산 지경에 이르렀다.

무슨 일이 일어난 걸까? 로이드사의 야심 찬 관리인들이 투자자들이 생각했던 것보다 훨씬 더 큰 위험을 감수하도록 설득했다는 것이 한 가지 답이다(달리 말하면 투자자들이 수락한 보험료가 보험에 내포된 실제 위험 수준에 비해 너무 작았던 것이다).

그러나 가장 큰 문제를 하나만 대라면 그것은 로이드사가 주 보험자가 된 많은 사건들이 서로 **독립적**이지 않았다는 것이다. 1970년대와 1980년대에 로이드사는 미국에서 주요한 회사 채무 보증자가 되어 있었다. 미국 회사들이 제품 결함이나 제품으로 인한 위험 때문에 소송을 당할 경우에 대비한 보험을 제공하고 있었던 것이다. 그런 소송은 대체로 독립적인 사건일 것이라고 누구나 생각했다. 한 회사의 법적 문제가 다른 회사의 법적 문제와 무슨 관련이 있겠는가?

답은 한 단어로 요약된다. 석면이다. 수십 년 동안 이 내화 물질은 여러 제품에 사용되어 왔다. 그것은 책임질 회사들이 많다는 것을 의미한다. 거기에 석면이 특히 어린이에게 있어 폐에 심각한 손상을 입힐 수 있음이 밝혀졌다. 그 결과는 석면의 피해를 입었다고 믿는 사람들에 의한 소송의 홍수와 수십억 달러에 해당하는 배상금이었다. 그중 상당 부분을 궁극적으로 로이드사의 투자자들이 부담하였다.

로이드사가 당한 엄청난 숫자의 석면 소송은 보험회사가 위험을 완전히 제거할 수 없음을 분명히 보여 준다.

>> 이해돕기 20-2

해답은 책 뒤에

1. 다음에 주어진 사건들이 어떻게 균형보험료 및 보험거래량을 변화시키는지 설명하고, 수요 곡선이나 공급곡선의 이동이 있는지 밝히라.
   a. 동일한 무역경로를 항해하여 같은 종류의 위험을 지닌 선박 수가 증가한다.
   b. 무역경로가 증가하여 이전과 같은 수의 선박이 다양한 항로를 거쳐 항해하고 따라서 다양한 위험에 노출되어 있다.
   c. 시장에 있는 선박 소유자들의 위험기피도가 증가하였다.
   d. 시장에 있는 투자자들의 위험기피도가 증가하였다.
   e. 경제 전체에 영향을 주는 위험이 증가하였다.
   f. 시장에 있는 투자자들의 부의 수준이 감소하였다.

> **>> 복습**
> - 보험시장이 존재하는 까닭은 위험 거래로부터의 이익이 있기 때문이다. 사적 정보가 있는 경우가 아니라면 보험시장은 **효율적인 위험배분**을 달성한다. 위험에 가장 덜 민감한 사람이 위험에 가장 민감한 사람들의 금융손실을 보전하기 위해서 자신들의 자본을 **위험자본금**으로 제공한다.
> - **독립적인 사건**들의 경우, **분산투자** 전략으로 위험을 상당히 제거할 수 있다. 분산투자는 투자자들 간 **지분**을 교환하는 주식시장과 같은 기관의 존재로 인해서 더욱 용이해졌다. 특히 보험회사와 관계있는 분산투자 전략으로 **공유화**가 있다.
> - 사건들이 **양의 상관관계**가 있으면, 투자자들이 아무리 분산투자를 하더라도 분산시킬 수 없는 최소한의 위험요소가 항상 존재한다.

|| 사적 정보 : 모르는 게 독이 될 수 있다

시장은 불확실성(어떤 집에 홍수가 날지, 누가 병에 걸릴지와 같이 아무도 어떤 일이 일어날지 모르는 상황)으로 인한 위험을 해결하는 데 있어서는 제 기능을 한다. 그러나 **사적 정보**(private information)의 상황, 즉 다른 사람들이 모르는 것을 일부 사람들만 알고 있는 상황을 다루는 데 있어서는 시장에 훨씬 더 많은 문제가 있다.

앞으로 보는 바와 같이 사적 정보는 경제적 선택을 왜곡하고 경우에 따라서는 서로에게 유익한 경제적 거래가 성립하지 못하도록 방해하는 역할을 할 수도 있다(어떤 경우에는 **사적 정보** 대신 **비대칭적 정보**란 용어가 사용되나 이 두 개념은 같은 것이다).

어떤 정보가 사적인 이유는 무엇일까? 가장 주된 이유는 사람들은 자기 자신에 대해 다른 사람들보다 더 많이 안다는 것이다. 당신은 자신이 조심해서 운전하는 사람인지 아닌지 알지만 이미 여러 번 사고를 내지 않은 이상 보험회사는 알지 못한다. 또한 만일 당신이 중고차를 나에게 판다면 그 차의 문제점들을 나보다 더 잘 알고 있을 것이다.

그런데 누가 무엇을 아는지가 다르다는 것이 왜 문제가 될까? 문제가 발생하는 원인에는 두 가지가 있다는 것이 밝혀졌다. 하나는 사물의 특성에 대한 사적 정보로부터 발생하는 **역선택**이고, 다른 하나는 사람들의 행위에 대한 사적 정보로부터 발생하는 **도덕적 해이**이다.

다른 사람들은 모르고 일부 사람들만 아는 정보를 **사적 정보**(private information)라 한다.

역선택 : 불량품의 경제학

어떤 사람이 당신에게 거의 새 차—겨우 3개월 전에 구입했고 주행거리는 2,000마일에 아무 흠집도 없는 차—를 팔겠다고 한다. 당신은 판매상으로부터 직접 구입할 때와 똑같은 가격을 지불하겠는가?

아마 그렇지 않을 것이다. 주된 이유는 한 가지다. 당신은 왜 이 차를 팔려 하는지 의문을 가질 것이다. 혹시 차주가 무슨 문제를 발견한 것은 아닐까, 즉 '불량품'이 아닐까? 차주가 얼마간 차를 운전해 보았으므로 그 차에 대해 당신보다는 더 잘 안다. 게다가 사람들은 문제가 많은 차를 팔려고 할 가능성이 더 높다.

이 중고차가 불량품인지 아닌지 어떻게 알 수 있을까?

중고차를 파는 사람이 사는 사람보다 그 차에 대해 더 많이 알고 있다는 사실이 파는 사람에게 유리하게 작용할 것이라고 생각할지 모른다. 그러나 구매할 사람은 판매할 사람이 불량품을 내놓았을 가능성이 높다는 것을 알고 있다. 다만 어떤 차가 불량품인지 모를 뿐이다. 이런 이유로 자동차에 대한 품질보증이 있을 때에 비해 더 낮은 가격을 제시할 것이다. 그리고 이런 중고차에 대한 나쁜 평판이 구매자들이 제시하는 가격을 떨어뜨려 자동적으로 평판을 더욱 악화시킨다는 점이다. 중고차는 불량품의 비율이 비정상적으로 높을 것이라고 구매자들이 예상하기 때문에 제값을 받지 못한다.

불량품이 아닌 중고차조차도 구매자들이 불량품을 구별하지 못하기 때문에 대폭 할인된 가격에서만 거래될 것이다. 그러나 좋은 차를 가진 사람들은 자기 차를 대폭 할인된 가격에는 팔려 하지 않을 것이다. 따라서 중고차들 중에 좋은 것은 시장에 나오는 경우가 드물다. 그래서 시장에 나오는 중고차들은 불량품인 경향이 매우 높다(이러한 이유로 차를 팔아야 하는 부득이한, 예를 들어 해외로 이주한다든지 하는 이유가 있는 사람은 반드시 그 사실을 사려는 사람에게 알리려 한다. 마치 "이 차는 불량품이 아닙니다!"라고 말하려는 것처럼).

그래서 결국은 중고차가 낮은 가격에 판매될 뿐 아니라 숨겨진 문제를 가진 중고차들이 많은 것이다. 이에 못지않게 중요한 것은 유익한 거래(좋은 차를 가진 사람이 그것을 사겠다는 사람에게 처분하는 거래) 중 상당수가 팔려는 사람들이 사려는 사람에게 자기 차가 요구하는 가격에 상응하는 가치가 있다는 것을 확신시키지 못해 좌절된다는 점이다. 따라서 중고차를 팔려는 사람과 그것을 사려는 사람 모두에게 유익한 거래가 실현되지 못한다.

경제학에서는 이와 같은 상황을 가리켜 '불량품 문제(lemons problem)'라고 하지만 보다 공식적인 명칭은 **역선택**(adverse selection)이다. 이러한 이름이 붙은 이유는 명백하다. 판매하려는 사람이 자신이 판매하는 물건의 품질에 대해 구매하려는 사람보다 더 잘 알고 있기 때문에 가장 나쁜 물건들을 골라서 팔 동기를 갖는다.

역선택은 중고차에만 적용되는 것은 아니다. 경제의 여러 부분에서 이 문제가 발생한다. 눈에 띄는 것은 보험회사, 그중에서 특히 건강보험회사들이다.

건강보험회사가 모든 사람에게 똑같은 보험료를 받고 표준보험을 제공하려 한다고 가정하자. 이 보험료는 의료비 지출이 발생할 **평균** 위험에 따라 책정될 것이다. 그러나 자신은 일반인에 비해 의료비를 지출할 가능성이 낮다고 생각하는 건강한 사람에게는 그 보험료가 매우 비싸게 느껴질 것이다. 그래서 건강한 사람들은 덜 건강한 사람들보다 보험에 들 가능성이 낮을 것이며, 보험회사가 원치 않는 고객(의료 서비스를 받을 확률이 평균보다 높아서 보험료가 싸게 생각되는 사람들)만 보험에 들게 될 것이다.

이런 병약한 사람들로 인해 발생할 예상 손실을 충당하기 위해 보험회사는 보험료를 인상할 수밖에 없고 그나마 보험에 들었던 건강한 사람들마저 떠나게 만드는 악순환이 발생한다. 보험회사는 누가 건강하고 누가 그렇지 않은지를 알 수 없기 때문에 동일한 보험료를 받을 수밖에 없는데 이것이 건강한 사람들은 보험에 드는 것을 꺼리게 만들고 건강하지 못한 사람들은 보험

역선택(adverse selection)이란 어떤 사람은 알고 있는 사실을 다른 사람이 모를 때 발생한다. 사적 정보가 존재하므로 구매자는 거래되는 상품에 보이지 않는 문제점들이 있을 것을 예상하게 되어 시장에서 낮은 가격을 유발하게 되고, 그 결과 높은 품질의 상품이 시장에서 거래되지 못한다.

에 들도록 장려하는 결과를 초래한다.

부담적정보호법(Affordable Care Act, ACA : 오바마케어)이 통과되기 전에는 역선택 문제가 건강보험시장의 붕괴를 통해 **역선택으로 인한 악순환**이라고 불리는 현상, 즉 보험회사가 손실을 충당할 수 있는 보험료가 없기 때문에 보험계약을 거절하는 현상을 발생시킬 수 있다. 심각한 역선택 문제로 인해 많은 선진국에서 정부가 국민들을 위해 건강보험을 제공하는 역할을 담당하고 있다. 미국 정부는 두 가지 방법으로 역선택 문제를 해결하고 있다.

1. 미국 정부는 목적성 강제 조세로 충당되는 보험을 통해 2019년 전체 의료비의 반 가까이를 지불했다.
2. ACA는 모든 사람이 건강보험에 가입하도록 강제하고 있어 건강한 사람도 보험료를 내도록 하고 있다.

그러나 자동차 보험과 같은 다른 보험시장에는 여전히 역선택이 존재한다. 일반적으로 역선택의 문제에 당면한 사람이나 기업은 이를 해결하기 위해 잘 알려진 몇 가지 전략 중 하나를 사용한다. 한 가지 전략은 **선별**(screening)이다. 이는 관찰되는 정보를 이용하여 사적 정보를 추론하는 것이다. 어떤 사람이 자동차 보험에 들려고 하면 보험회사는 위험한 운전자를 가려내기 위해 그 사람의 운전 기록에 대해 질문할 것이다. 위험한 운전자에게는 보험가입을 거부하거나 높은 보험료를 내야만 가입시키려 할 것이다.

자동차 보험회사는 역선택 문제를 줄이기 위해 통계를 잘 이용하여 선별하는 아주 좋은 예이다. 보험회사는 당신이 조심스러운 운전자인지 알 수 없으나 당신과 비슷한 특성을 가진 사람들의 사고발생률에 대한 통계자료를 갖고 있고 이를 이용해 보험료를 정한다. 19세 남자로서 스포츠카를 몰고 다니며 이미 접촉사고가 있었던 사람은, 40세 여성으로서 미니밴을 몰고 무사고인 사람보다 보험료가 훨씬 더 높을 것이다.

경우에 따라서 이것이 매우 불공정할 수도 있다. 청년 남자 중에는 매우 조심스러운 운전자들도 있고, 중년 여성 중에는 미니밴을 마치 F-16처럼 운전하는 사람들도 있다. 그러나 보험회사가 평균적으로는 옳다는 것을 아무도 부인할 수 없다.

역선택으로 인해 발생하는 문제를 해결하는 또 다른 전략은 좋은 특성을 가진 사람들이 자신의 사적 정보를 알릴 수 있는 **신호**(signaling)가 되는 행동, 즉 실제로 좋은 특성을 갖지 않았으면 이득이 될 수 없는 행동을 하는 것이다. 예를 들어 평판이 좋은 중고차 거래인들은 흔히 품질보증(일정 기간 내에 자동차에 발생하는 문제들을 수리해 주겠다는 약속)을 제시한다. 이는 단순히 발생할지 모르는 지출에 대해 고객에게 보험을 제공하는 방법일 뿐 아니라 또한 자신이 불량품을 팔고 있지 않다는 것을 믿을 수 있게 과시하는 방법인 것이다. 결과적으로 품질보증을 제공하면 판매가 증대되고 거래인은 자신의 중고차에 대해 더 높은 가격을 받을 수 있다.

마지막으로 역선택 상황에서는 좋은 **평판**(reputation)을 확립하는 것이 매우 유익할 수 있다. 중고차 거래인들은 계속적으로 고객을 만족시켰다는 것을 나타내기 위해 흔히 얼마나 오랫동안 사업을 해 왔는지를 광고한다. 이에 따라 새로운 고객들이 자동차를 구입하려 할 뿐 아니라 그 사람의 차에 대해서는 더 높은 가격을 지불하고자 할 것이다.

도덕적 해이

1970년대 말 뉴욕을 비롯한 대도시에서 고의적인 방화로 보이는 수상한 화재가 유행한 적이 있었다. 수사관들은 마침내 상당수의 화재에서 일정한 양식이 있는 것을 알게 되었다. 여러 건물을 소유한 특정 건물주들에게 비정상적으로 많은 화재가 발생하는 듯했다. 증명하기는 어려웠

> 역선택의 문제는 관찰되는 정보를 이용하여 사적 정보를 추론하는 선별(screening)을 통해 완화될 수 있다.
>
> 역선택의 문제는 신뢰가 가는 행동으로 자신이 알고 있는 사적 정보를 나타내는 신호(signaling)를 보냄으로써 완화될 수 있다.
>
> 장기적인 평판(reputation)은 다른 사람들로 하여금 자신이 좋지 않은 사적 정보를 숨기고 있지 않다는 확신을 준다.

지만, 경찰은 화재가 빈번한 이들 건물의 건물주들 대부분이 자신의 재산에 불을 붙이기 위해 직업 방화범을 고용하고 있다고 의심했다.

왜 자신의 건물에 방화를 할까? 이 건물들은 일반적으로 쇠퇴하는 지역에 위치하여 범죄가 증가하고 중산층이 빠져나가 그 가치가 하락하였다. 그러나 그 건물들에 대한 보험계약서는 과거의 재산 가치에 따라 보상하도록 작성되어 있었고 따라서 화재가 난 건물주에게 실제로 시장 가격보다 더 높은 보상을 하도록 되어 있었던 것이다. 적당한 사람을 알고 있는 비양심적인 건물주에게 이것은 돈을 벌 수 있는 기회였던 것이다.

1980년대에는 방화의 유행이 덜 심각했는데, 이는 보험회사들이 피해 건물에 대해 지나친 보상을 하기 어렵게 만들었기 때문이기도 하고, 부동산 경기가 좋아져서 전에 방화의 위협을 받던 많은 건물들이 온전할 때 더 값이 나가게 되었기 때문이기도 하다.

이 고의적인 방화 사건은 보험회사들이 고객의 건물에 대해 시가 이상의 보험을 허용하는 것이 얼마나 위험한지를 명확히 보여 준다. 고객에게 파괴적 동기를 부여하는 셈이다. 그렇다면 보험대상 건물 가치의 100% 이하이기만 하면 동기 문제는 없을 것이라고 생각하기 쉽다.

그러나 불행하게도 100%에 가까운 보험은 여전히 동기를 왜곡시킨다. 그러한 보험은 피보험자가 보험이 없었을 때와는 다르게 행동하도록 만드는 원인이 된다. 그 이유는 화재를 예방하려면 건물주가 노력과 비용을 들여야 하기 때문이다. 화재경보기와 살수장치를 좋은 상태로 유지해야 하고, 화재 안전 규칙이 준수되어야 한다. 이 모든 일이 시간과 돈을 필요로 하는데, 만일 보험이 모든 손실에 대해 완전에 가까운 보상을 한다면 소유주가 이런 일에 시간과 돈을 지출할 필요를 느끼지 않을 것이다.

물론 보험회사가 계약서에 만일 기본적인 안전 예방조치가 취해지지 않았으면 보상을 하지 않는다고 명시할 수도 있을 것이다. 그러나 건물주가 얼마나 주의를 기울였는지를 아는 것이 항상 쉬운 일은 아니다. 주인은 알지만 보험회사는 모른다.

요점은 건물주가 자기 자신의 행동에 대해, 적절한 모든 예방조치를 취했는지에 대해 사적 정보를 가지고 있다는 것이다. 그 결과로 보험청구액이 보험회사가 건물주의 손실 예방 노력을 정확히 평가할 수 있는 경우에 비해 많을 가능성이 있다. 어떤 사람이 자기 자신의 행동에 대해 사적 정보를 가지고 있어 그 사람의 주의 또는 노력이 부족할 때 발생하는 비용을 다른 사람이 부담함으로써 발생하는 동기 왜곡의 문제를 **도덕적 해이**(moral hazard)라 한다.

도덕적 해이를 해결하려면 사적 정보를 가지고 있는 사람이 발생한 일에 대해 개인적 지분을 갖게 하여 다른 사람들이 확인할 수 없어도 노력을 다할 수 있도록 동기를 부여할 필요가 있다. 많은 가게에서 판매원이 판매실적에 따라 수수료를 받는 이유는 도덕적 해이 때문이다. 관리인들은 판매원들이 실제로 얼마나 열심히 일하는지 알 수 없다. 만일 판매원들에게 정해진 봉급만 지불한다면 판매를 증진시키기 위해 노력할 동기가 없을 것이다.

보험회사들은 **공제액**(deductible)을 요구함으로써 도덕적 해이를 해결한다. 보험회사들은 일정 금액을 초과하는 손실만 지불함으로써 보상이 항상 100%보다 작아지게 만든다. 예를 들면 자동차 보험에서 손실이 500달러를 초과한 부분에 대해서만 수리비를 지불한다. 그러면 부주의로 인해 접촉사고가 발생했을 때 보험에 들어 있더라도 수리비를 500달러까지 지불하게 된다. 이것이 최소한 어느 정도까지는 주의를 할 동기를 제공하여 도덕적 해이를 완화시킨다.

공제액은 도덕적 해이를 완화시켜 줄 뿐 아니라 역선택 문제에 대한 부분적 해결책이 되기도 한다. 공제액을 높게 책정하면 보험료를 많이 낮춰 주는 경우가 흔히 있다. 이러한 계약은 자신의 사고 위험이 낮다고 생각하는 사람에게는 매력적인 반면, 자신의 사고 위험이 높다고 생각하는 사람—따라서 사고를 당하여 공제액을 지불하게 될 가능성이 높다고 생각하는 사람—에게는 매력이 없다. 공제액과 보험료가 다른 여러 계약을 제공함으로써 보험회사는 고객들이 자신의 사적 정보에 따라 스스로 자신을 분류하도록 유도함으로써 이들을 특성에 따라 선별할 수 있다.

공제액의 예에서 볼 수 있는 바와 같이 도덕적 해이는 경제가 위험을 효율적으로 배분하는 데 장애가 된다. 자동차나 주택에 대해 완전한(100%) 보험을 받고 싶어도 일반적으로 그러지 못하며, 원치 않아도 고액의 공제액을 지불할 위험을 부담하게 된다. 다음에 소개하는 '현실 경제의 이해'는 경우에 따라 도덕적 해이가 어떻게 투자자들이 분산투자를 하는 데 장애가 될 수 있는지 보여 준다.

현실 경제의 >> 이해

가맹점 주인이 더 노력한다

미국인들이 식사를 빨리 마치려 할 때는 대개 서브웨이, 타코벨, 피자헛, 맥도날드 등과 같은 패스트푸드 체인점 중 한 곳으로 간다. 이들은 대기업이어서 사람들은 그곳에서 일하는 사람들이 대기업의 종업원이라고 생각할지도 모른다. 그러나 보통은 그렇지 않다. 대부분의 패스트푸드 음식점-예를 들어 맥도날드 점포의 85%-은 가맹점이다. 즉 누군가가 모기업에 돈을 내고 음식점을 열어 모기업의 제품을 판매할 권리를 구입한 것이다. 그 사람 자신은 거대한 회사의 지부장처럼 보이지만 사실은 소기업 사장님인 것이다.

가맹점이 된다고 성공이 보장되는 것은 아니다. 우선 판매권을 구입하고 음식점 자체를 짓기 위해 많은 돈을 지출해야 한다. 예를 들어 2019년 맥도날드 점포 하나를 개업하는 데는 100만~220만 달러가 필요했다. 그리고 비록 맥도날드가 가맹점끼리 너무 가깝지 않도록 배려를 하지만 경쟁 체인점이나 심지어 독립적인 음식점들과 치열한 경쟁을 벌이게 되는 것이 보통이다. 다시 말해 가맹점 주인이 되는 것은 상당한 위험을 부담하는 일이다.

그러면 어째서 사람들이 이러한 위험을 부담하려 할까? 방금 분산투자하는 것이, 즉 재산을 여러 곳에 나누어 투자하는 것이 좋다고 배우지 않았는가?

분산투자의 논리에 의하면 170만 달러를 가진 사람은 타코벨 점포 하나에 모두 투자하는 것보다 폭넓은 주식에 투자하는 것이 더 나을 것 같아 보인다. 그렇다면 타코벨은 가맹점을 모집하기 어려울 것이다. 자신의 재산을 여러 주식에 분산투자한 고용된 관리인으로 일하는 것보다 훨씬 더 많은 돈을 벌기를 기대하지 않고는 아무도 가맹점 신청을 하지 않을 것이다. 그러므로 피자헛이나 타코벨로서는 그냥 관리인을 고용하여 자신의 음식점을 운영하는 것이 더 유리하지 않을까?

사실은 그렇지 않다. 왜냐하면 음식점의 성공 여부는 관리인이 얼마나 열심히 일하는가에, 즉 좋은 종업원을 고르고 음식점을 청결하게 유지하며 고객을 유치하기 위해 얼마나 노력하는가에 상당한 영향을 받기 때문이다. 문제는 도덕적 해이이다. 관리인은 자신이 얼마나 효과적으로 음식점을 운영하는지 안다. 그러나 잘못 관리되는 음식점 비용을 부담해야 할 본부는 알지 못한다. 따라서 음식점이 성공하도록 가능한 모든 노력을 하지 않고도 봉급을 받는 고용된 관리인에게는 음식점 성공에 자신의 운명이 걸려 있는 가맹점 주인에게는 있는 추가 노력을 할 동기가 없다.

다시 말해서 관리인이 얼마나 열심히 일하는가가 사적 정보인 상황에서 고용된 관리인이 피자헛을 운영할 때는 도덕적 해이 문제가 발생한다. 이 문제를 해결하는 것이 가맹점이다. 자신의 재산이 그 사업에 투자되었고 사업의 성공이 곧 자신의 이익이 되는 가맹점 주인에게는 최선을

가맹점 주인은 위험을 부담해야 하기 때문에 고용된 관리인보다 더 열심히 일한다.

다해 일할 동기가 충분히 있는 것이다.

그 결과로 비록 가맹점들이 회사가 직접 관리원을 고용하여 운영하는 비용보다 평균적으로 훨씬 더 높은 이윤을 내더라도 패스트푸드 체인은 주로 가맹점을 통해 운영되는 것이다. 가맹점은 높은 이익을 통해 자신들이 부담하는 위험을 보상받고 회사는 판매 증가로 인해 높아진 허가료를 대가로 얻는다.

뿐만 아니라 가맹점은 가맹점 지분을 외부 투자자에게 판매하는 등의 행위를 통해 위험을 분산하지 못하도록 계약에 의해 묶여 있다. 이것은 관리인의 행동이 도덕적 해이 문제와 연관되어 있어 모회사가 관리인들로 하여금 분산투자를 통해 위험을 제거하는 것을 허용하지 않음을 보여 주는 예이다.

>> 복습
- **사적 정보**는 동기를 왜곡시키고 상호 간에 이익이 되는 거래가 성사되지 못하도록 만들 수 있다. 한 가지 원인이 **역선택**이다. 역선택이란 판매자가 자신의 제품에 대해 사적 정보를 가지고 있어 구매자들이 낮은 가격을 제시하고, 그 결과 높은 품질의 제품을 가진 판매자들이 빠져나가 시장에는 '불량품'만 남게 되는 것을 말한다.
- 역선택은 **선별**이나 **신호**, 혹은 장기적인 **평판**을 구축하는 방법으로 사적 정보를 나타냄으로써 완화될 수 있다.
- 사적 정보로 인한 문제의 또 다른 원인으로 **도덕적 해이**를 들 수 있다. 이로 인해 보험의 경우 개별 가입자는 손실을 방지하기 위한 노력을 거의 하지 않게 된다. 이 때문에 효율적인 위험배분을 제한하는 **공제액** 등의 제도가 생겨났다.

>> 이해돕기 20-3
해답은 책 뒤에

1. 몇 년 동안 교통위반을 하지 않으면 당신의 자동차 보험료가 낮아진다. 이러한 조치가 역선택에 의한 잠재적인 비효율성을 어떻게 감소시키는지 설명해 보라.

2. 주택건설 계약의 일반적인 특징 중의 하나는 원래 추정된 것보다 더 많은 건설비용이 들게 되면 계약자가 추가적인 비용을 부담한다는 것이다. 이러한 조치가 어떻게 도덕적 해이의 문제를 완화할 뿐만 아니라 계약자가 부담하고자 하는 위험보다 더 많은 위험을 감수하게 하는지 설명해 보라.

3. 다음 각 명제의 참 또는 거짓을 판별하라. 그 이유를 설명하고, 이 장에서 분석된 개념들을 이용해서 제시된 특징을 설명해 보라. 자동차 보험의 공제액이 더 높은 사람들은…
   a. 일반적으로 운전을 매우 조심스럽게 한다.
   b. 더 낮은 보험금을 지불한다.
   c. 일반적으로 부의 수준이 높다.

ntzolov/Getty Images

로스 부크뮐러(Ross Buchmueller)는 2005년 허리케인 카트리나와 허리케인 리타가 멕시코만 해안을 강타하고 난 후, 주택보험 손해사정을 위해 다른 사람들이 갈 엄두도 내지 못하는 곳, 플로리다를 방문했다(손해사정인은 위험을 계산하고 보험료를 산정하여 보험계약서를 작성함으로써 보험을 '생산하는' 사람이다). 카트리나 하나만 해도 미국 역사상 가장 값비싼 자연재해였다. 1,800명이 사망했고 보험 손해액만 410억 달러가 발생했다. 이는 25년간 보험 산업 전체의 보험료 수입에 해당한다. 그리고 2005년 말까지 악천후가 더 발생하여 보험사는 710억 달러의 손실을 보았고 역사상 최악의 해로 기록되었다.

카트리나 이후 주요 보험사들은 허리케인이 잦은 해안 지역의 보험을 대폭 축소하였다. 그리고 그 지역에서 보험에 들 수 있었던 사람들에게도 보험료와 공제액이 대폭 인상되었다. 적당한 보험에 들 수 있으리라는 기대를 가지고 허리케인이 잦은 해안 지역에 주택을 지었거나 구입한 수백만의 시민들은 값비싸고 위험한 진퇴양난에 빠졌다.

따라서 2007년 로스 부크뮐러가 창설한 회사 PURE(Privilege Underwriters Reciprocal Exchange)가 플로리다에서 보험계약을 시작하자 일부 전문가들은 회의적이었다. 보험 산업 분석가인 마이클 코지올(Michael Koziol)은 "모든 신생 기업과 마찬가지로 어느 정도의 위험이 있다. 기존 기업보다는 신생 기업이 더 많이 도산한다." 업계의 중론은 플로리다의 보험료가 사상 최

고로 높긴 하지만 극단적인 기상 사태의 잠재적인 비용을 상쇄하기에는 여전히 낮다는 것이었다.

그러나 부크뮐러는 이윤을 낼 수 있는 두 갈래의 전략이 있었다. 첫째로 과거 허리케인에 관련된 보험 청구에 관한 산업 통계를 면밀히 살핀 후 100만 달러 이상의 가치가 있고, 지은 지 얼마 안 되며, 견고하고, 날아오는 파편을 막을 수 있도록 강한 셔터와 상급 창문을 갖춘 주택에 보험 판매를 국한시켰다. 둘째로 부크뮐러는 거대한 국제적 보험회사들이 잠재적 손실의 75%를 책임지는 보험에 가입했다. PURE의 규모와 국제적인 연결이 국제적 보험회사들로 하여금 플로리다 허리케인으로 인한 손실을 상대적으로 작은 위험으로 취급할 수 있도록 만들었다.

부크뮐러는 자신의 방법에 확신을 가졌다. 그가 선택한 고객들에게 경쟁사보다 낮은 보험료를 제시했을 뿐 아니라 누구도 보험을 판매하려 하지 않는 사람들에게도 그는 종종 보험을 판매했다. PURE의 첫 고객 중 한 명인 엘리스 컨(Ellis Kern)은 이전에 런던의 로이드 보험에 가입했었는데 보험료가 55% 가까이 낮아지는 것을 보았다.

그러면 그 후 PURE는 어떻게 되었을까? 2019년 현재 PURE는 살아 남았을 뿐 아니라 지난 10년간 매년 30% 내지 40%씩 성장할 정도로 번창했다. 플로리다에서의 성공은 PURE의 사업을 전국으로 확대하게 만들었고 지금은 49개 주와 워싱턴 DC에서 영업 중이다. PURE는 2020년 초 국제적 보험회사인 도쿄 해상 홀딩스에 31억 달러에 인수되었다.

생각해 볼 문제

1. 허리케인이 잦은 지역의 주택 소유자들의 도덕적 해이에는 무엇이 있을지 하나만 예를 들고, 설명하라.

2. 이 사례는 역선택으로 인한 시장 실패를 어떻게 보여주고 있는가?

3. 도덕적 해이와 역선택이 존재함에도 불구하고 부크뮐러를 성공으로 이끈 그의 혁신의 원천들은 무엇인가?

4. 부크뮐러가 거대한 국제적 보험회사들이 잠재적 손실의 75%를 책임지는 보험에 가입한 이유는 무엇인가? 이것은 어떤 원리를 보여주는가?

요약

1. **확률변수**의 **기댓값**이란 모든 가능한 값에 대해 그 값이 취할 확률을 가중치로 하여 계산한 가중평균이다.

2. **위험**이란 미래 사건 혹은 **가능한 상태**에 대한 불확실성을 일컫는다. 금전적 결과에 대한 불확실성을 **재무적 위험**이라 한다.

3. 불확실성하에서 사람들은 **기대효용**을 극대화한다. **위험기피적**인 사람들은 소득이나 부의 기댓값에 변화가 없다면 위험을 줄이는 선택을 할 것이다. **공정한 보험**이 이러한 기회를 제공한다. 공정한 보험의 **보험료**는 보험청구액의 기댓값과 같다. **위험중립적**인 사람은 위험을 전혀 개의치 않으며 따라서 위험을 피하기 위해 보험료를 한 푼도 지불하려 하지 않는다.

4. 위험기피는 한계효용체감으로 인해 나타난다. 소득에 1달러가 추가될 때 얻어지는 한계효용은 소득이 높은 경우보다 소득이 낮은 경우에 더 크다. 공정한 보험이 위험기피적인 사람의 효용을 증가시키는 이유는 소득이 많은 상태(손실이 발생하지 않는 상태)로부터 소득이 낮은 상태(손실이 발생하는 상태)로 화폐를 이전시켜 주기 때문이다.

5. 선호의 차이 및 초기 소득 또는 부의 차이로 인해 위험기피도가 달라진다. 위험기피적인 사람들이 보험금으로 지급할 금액의 기댓값보다 더 많은 보험료를 요구하는 '불공정' 보험에 가입할지 여부는 보험료의 크기에 달려 있다. 위험기피적일수록 더 높은 보험료를 지불하고자 한다.

6. 위험 거래로부터의 이익으로 인해 **효율적인 위험배분**이 달성된다. 위험에 가장 덜 민감한 사람이 위험에 가장 민감한 사람들의 금융손실을 보전하기 위해서 자신들의 자본을 **위험자본금**으로 내놓는다.

7. **독립적 사건**에 해당하는 여러 대상에 투자하는 **분산투자**로 위험을 상당히 제거할 수 있다. 회사들의 **지분**이 거래되는 주식시장이 분산투자의 한 수단이 될 수 있다. 보험회사는 거의 모든 위험이 제거될 만큼 다수의 독립 사건들에 대한 보험을 제공하는 **공유화**를 시행할 수 있다. 그러나 관련 사건들 간에 **양의 상관관계가 있다**면 모든 위험이 제거될 수는 없다.

8. **사적 정보**는 위험배분의 비효율성을 초래할 수 있다. 한 가지 문제는 사물의 특성에 대한 사적 정보로 인해 발생하는 **역선택** 문제이다. 이는 중고차 시장에서 높은 품질의 중고차 판매자가 시장을 떠나게 되는 '불량품 문제'를 야기한다. 역선택의 문제는 **선별**, 사적 정보를 나타내기 위해 사용되는 **신호**, 혹은 **평판**의 구축을 통해 완화될 수 있다.

9. 관련된 또 다른 문제로 **도덕적 해이**를 들 수 있다. 사람들이 자신의 행동에 대해 더 많이 알고 있기 때문에, 자신이 주의 또는 노력을 게을리한 비용을 다른 사람이 부담하게 되어 동기 왜곡의 문제가 발생한다. 이로 인해 시장이 효율적인 위험배분을 달성하는 것이 제한된다. 보험회사는 피보험자가 더 큰 위험을 부담하도록 하는 **공제액** 부과를 통해 도덕적 해이를 줄이려 노력한다.

주요용어

확률변수	위험기피적	양의 상관관계가 있다
기댓값	위험중립적	사적 정보
가능한 상태	위험자본금	역선택
위험	효율적인 위험배분	선별
재무적 위험	독립적 사건	신호
기대효용	분산투자	평판
보험료	지분	도덕적 해이
공정한 보험	공유화	공제액

토론문제

1. 보험회사들은 고객의 행동에 대해 더 많은 것을 알기 위해 기술을 사용하고 있다. 다음 장치들이 어떻게 역선택 문제를 완화할 수 있을지 설명하라. 어떤 고객이 이 기구들을 사용할 가능성이 가장 높은가?

   a. 자동차의 속도, 시각, 그리고 불규칙한 운전을 추적하는 GPS 장치

   b. 피트니스와 다이어트 건강 추적 장치

2. 대학에 다니는 많은 스타 운동선수들은 프로팀에 입단하여 수백만 달러를 벌 것인지 학교에 남아 학위를 마칠 것인지 하는 어려운 결정에 직면하고 있다. 이들 운동선수가 직면하고 있는 재정적 위험은 무엇인가? 어떻게 보험이 이러한 위험을 완화하도록 사용될 수 있겠는가?

연습문제

1. 다음 주어진 상황에 대해 각각의 기댓값을 계산하라.

   a. 타니샤는 현재 시세 80달러에 거래되고 있는 IBM 주식 1주를 소유하고 있다. 주가가 100달러로 상승할 가능성이 50%이며, 70달러로 하락할 가능성이 50%이다. 미래 주가에 대한 기댓값은 얼마인가?

   b. 샤론은 작은 액수의 복권을 1장 구입하였다. 당첨이 안 될 확률은 0.7, 10달러에 당첨될 확률은 0.2, 50달러에 당첨될 확률은 0.1이다. 샤론의 당첨금에 대한 기댓값은 얼마인가?

   c. 아론은 농부인데, 날씨에 따라 벼농사 수확이 달라진다. 만약 날씨가 좋으면 100달러의 이윤을 얻는다. 만약 날씨가 좋지 않으면 −20달러의 이윤을 얻는다(즉 손실이 생긴다). 일기예보에 따르면 날씨가 좋을 확률이 0.9, 날씨가 좋지 않을 확률이 0.1이라고 한다. 아론이 얻게 될 이윤의 기댓값은 얼마인가?

2. 비키는 현재 창업회사에 대한 투자를 고려 중이다. 비키는 현재 갖고 있는 자산 4,000달러 중에 2,000달러를 이 회사에 투자하려고 한다. 이 회사가 성공할 확률은 0.5로서 이때 비키는 8,000달러(초기 투자액 2,000달러에 회사의 이윤 6,000달러를 더한 금액)를 받게 된다. 한편 이 회사가 실패할 확률은 0.5로 이때 비키는 아무것도 얻지 못하게 된다(투자액도 잃게 된다). 다음 표는 비키의 효용함수를 나타낸다.

소득	총효용(유틸)
$0	0
1,000	50
2,000	85
3,000	115

4,000	140
5,000	163
6,000	183
7,000	200
8,000	215
9,000	229
10,000	241

   a. 각 소득수준에서 비키의 소득의 한계효용을 계산하라. 비키는 위험기피적인가?

   b. 이 투자에서 얻어지는 비키의 소득의 기댓값을 계산하라.

   c. 투자를 할 때 비키의 기대효용을 계산하라.

   d. 투자를 하지 않을 때 비키의 효용은 얼마인가? 결과적으로 비키는 이 회사에 투자를 하겠는가?

소득	총효용(유틸)	한계효용(유틸)
$0	0	
		50
1,000	50	
		35
2,000	85	
		30
3,000	115	
		25
4,000	140	
		23
5,000	163	
		20
6,000	183	
		17
7,000	200	
		15
8,000	215	
		14
9,000	229	
		12
10,000	241	

3. 비키의 효용함수는 2번 문제와 동일하다. 2번 문제와 마

찬가지로 비키의 현재소득은 4,000달러이다. 그녀는 창업 회사에 대한 투자를 고려 중이나, 이를 위해서는 4,000달러의 투자비용이 필요하다. 만약 회사가 실패하면 비키는 그 회사로부터 아무것도 얻지 못한다. 만약 회사가 성공하면 비키는 회사로부터 1만 달러를 얻게 된다(초기 투자액 4,000달러에 회사 이윤 6,000달러를 더한 금액). 각 사건이 발생할 확률은 0.5이다. 비키는 이 회사에 투자를 하겠는가?

4. 당신에게는 투자할 수 있는 돈이 1,000달러 있다. 포드 주식을 구매하여 1년 동안 보유한다면 0.2의 확률로 1,500달러, 0.4의 확률로 1,100달러, 0.4의 확률로 900달러를 얻을 수 있다. 만약 당신이 돈을 은행에 맡긴다면 확실하게 1,100달러를 얻을 수 있다.

   a. 포드 주식 투자로부터 당신이 얻게 되는 기대수입은 얼마인가?

   b. 당신이 위험기피자라고 가정하자. 당신이 포드 주식에 투자를 할 것인지 혹은 은행에 맡길지에 대해 다른 사람들이 확실하게 말할 수 있는가?

5. 윌버는 항공사 직원으로 현재 6만 달러의 소득을 벌고 있다. 만약 병에 걸려 비행 의료증명서를 받지 못하게 되면 윌버는 직업을 잃게 되고 이때 소득은 1만 달러뿐이다. 윌버가 건강할 확률은 0.6이고, 병에 걸릴 확률은 0.4이다. 윌버의 효용함수가 다음 표에 주어져 있다.

소득	총효용(유틸)
$0	0
10,000	60
20,000	110
30,000	150
40,000	180
50,000	200
60,000	210

   a. 윌버 소득의 기댓값은 얼마인가?

   b. 윌버의 기대효용은 얼마인가?
   윌버는 비행 의료증명서를 받지 못할 때 보상을 해 주는 '면허상실' 보험가입을 고려하고 있다.

   c. 어떤 보험회사가 윌버에게 소득 감소분에 대한 완전 보상을 제시하고(즉 그 보험회사는 비행 의료증명서를 받지 못하게 될 경우 윌버에게 5만 달러를 지불한다), 4만 달러의 보험료를 부과한다. 즉 윌버가 비행 의료증명서를 받든 받지 못하든 상관없이 보험가입 후 윌버의 소득은 2만 달러가 된다. 윌버의 효용은 얼마인가? 윌버는 보험에 가입하겠는가?

   d. 윌버가 완전보험(소득 상실분을 완전히 보상해 주는 보험)에 대해 지불하고자 하는 가장 높은 보험료는 얼마이겠는가?

6. FBI의 획일 범죄 총계 보고서에 의하면 2018년 미국에서는 약 365대의 자동차 중 1대가 도난을 당하였다. 베스는 2만 달러의 가치가 있는 자동차를 소유하고 있는데 자동차 도난에 대해 보험을 들려고 생각 중이다. 자동차 도난 확률은 모든 지역, 모든 자동차 모델에 대해 동일하다고 가정하고 다음 질문에 답하라.

   a. 베스의 자동차가 도난당할 경우 같은 차를 제공하는 보험의 공정한 보험료는 2018년 얼마가 되어야 하는가?

   b. 보험회사가 도난 차량을 보상하는 보험에 대해 자동차 가치의 0.6%를 받는다면 베스의 보험료는 얼마가 되는가?

   c. 베스가 위험중립적이라면 b의 보험에 가입하겠는가?

   d. 베스가 보험에 가입할 경우 보험회사에게는 어떤 도덕적 해이의 문제가 생길 수 있겠는지 논하라.

7. 휴의 소득은 현재 5,000달러이다. 휴의 효용함수가 다음 표에 주어져 있다.

소득	총효용(유틸)
$0	0
1,000	100
2,000	140
3,000	166
4,000	185
5,000	200
6,000	212
7,000	222
8,000	230
9,000	236
10,000	240

   a. 휴의 소득의 한계효용을 계산해 보라. 휴의 위험에 대한 태도는 어떠한가?

   b. 휴는 카지노에서 도박을 하려고 한다. 0.5의 확률로 3,000달러를 잃게 되고, 0.5의 확률로 5,000달러를 따게 된다고 한다. 휴의 소득의 기댓값은 얼마인가? 휴는 카지노에 가겠는가?(카지노를 방문함으로써 얻게 되는 추가적인 효용은 없다고 가정하자.)

   c. 도박의 '편차'(얼마나 따고 얼마나 잃게 되는가의 차이)가 작아져서 휴는 0.5의 확률로 1,000달러를 잃게 되고

0.5의 확률로 3,000달러를 따게 된다고 가정하자. 휴의 소득의 기댓값은 얼마인가? 휴의 기대효용은 얼마인가? 이 도박이 b에서 제시된 것보다 휴에게 더 나은가? 휴는 도박을 하겠는가?

8. 에바는 위험기피적이다. 현재 그녀는 5만 달러를 투자할 수 있다. 그녀에게는 인터넷 회사 혹은 IBM의 주식에 투자하는 두 가지 선택이 있다. 만약 그녀가 인터넷 회사에 투자를 한다면 0.5의 확률로 3만 달러를 잃고, 0.5의 확률로 5만 달러를 얻는다. 만약 그녀가 IBM 회사에 투자한다면 0.5의 확률로 1만 달러를 잃고, 0.5의 확률로 3만 달러를 얻는다. 그녀가 어디에 투자하기를 더 선호하겠는가?

9. 당신이 1,000달러를 가지고 테드와 래리의 아이스크림과 에텔의 코코아 하우스에 투자할 수 있다고 가정하자. 두 회사 모두 주식 한 단위의 가격은 100달러이다. 두 회사의 운명은 날씨와 관련이 깊다. 날씨가 더워지면 테드와 래리의 아이스크림의 가치는 150달러로 상승하나 에텔의 코코아 하우스는 60달러로 하락한다. 날씨가 추워지면 에텔의 코코아 하우스는 150달러로 상승하나 테드와 래리의 아이스크림은 60달러로 하락한다. 날씨가 더워지거나 추워질 확률은 동일하다.

   a. 만일 테드와 래리의 가게에 전부 투자한다면 주식의 기대가치는 얼마가 되겠는가? 만일 에텔의 가게에 전부 투자한다면 어떠한가?

   b. 당신이 두 회사에 1,000달러를 반씩 분산투자했다고 가정하자. 날씨가 더울 때 전체 주식의 가치는 얼마이겠는가? 날씨가 추울 때는 얼마이겠는가?

   c. 당신이 위험기피자라고 가정하자. 당신은 a에 제시된 바와 같이 테드와 래리의 가게에 전부 투자하겠는가, 아니면 b에 제시된 바와 같이 분산투자를 선호하겠는가? 당신의 논리를 설명해 보라.

10. '평생전략 보수적 성장'과 '소자본 성장'은 각각 보수적으로 운영되는 미국 기업들의 주식과 미국 소기업 주식들로 구성된 금융자산으로서 투자신탁회사인 뱅가드 그룹에 의해 구성되고 관리되는 펀드이다. 다음 표는 2010년부터 2020년까지의 기간의 과거 자료들에서 구한 이 금융자산들로부터 발생한 연간 수익률로서, 이 금융자산들에서 얻을 수 있는 연간 기대수익률을 짐작하게 해 주는 자료이다.

펀드	수익의 기대치(%)
평생전략 보수적 성장	5.88%
소자본 성장	11.01

   a. 위험중립적인 투자자는 어떤 금융자산을 선호하겠는가?

   b. 위험기피적 투자자인 후안은 평생전략 보수적 성장에 투자하기로 결정했다. 후안의 선택으로부터 두 금융자산의 위험성에 대해 어떤 추론을 할 수 있는가? 과거 실적에 근거했을 때 위험중립적인 투자자가 평생전략 보수적 성장을 선택하겠는가?

   c. 후안은 분산투자를 통해 위험을 줄일 수 있음을 알고 있다. 그는 평생전략 보수적 성장과 소자본 성장에 각각 절반씩 투자하는 방안을 고려하고 있다. 이와 같이 구성된 투자 수익의 기댓값은 얼마인가? 이와 같이 구성된 투자는 평생전략 보수적 성장에 비해 위험성이 더 크겠는가 작겠는가? 이유를 설명하라.

11. 당신은 중고 폭스바겐을 구입하려고 한다. 자동차 잡지에서 당신은 전체 폭스바겐 중 반은 문제가 있고(불량품) 나머지 반은 무난하다는 것을(우량품) 알게 되었다. 만약 우량품이라면 당신은 1만 달러를 지불할 용의가 있다. 이 금액이 우량품에 대해 당신이 느끼는 가치이다. 불량품 역시 가격이 4,000달러가 넘지 않는다면 구매할 수 있다. 이 금액이 불량품에 대해 당신이 느끼는 가치이다. 모든 우량품 소유자는 8,000달러 이상의 가격에 자동차를 판매할 용의가 있다. 불량품 소유자는 2,000달러 이상이면 자동차를 판매할 용의가 있다.

   a. 우선 제공된 차가 불량품인지 우량품인지를 당신이 즉시 판별할 수 있다고 가정해 보자. 어떤 사람이 당신에게 우량품을 판매하겠다고 제안한다면 거래가 성사되겠는가?

   이제 판매자가 판매하고자 하는 자동차에 대해 사적 정보를 가지고 있다고 가정하자. 그 판매자는 자동차가 불량품인지 혹은 우량품인지를 알고 있다. 그러나 당신은 그 차량이 불량품인지 우량품인지 알 수 없다. 즉 이것은 역선택의 상황이다.

   b. 구입하려는 차가 불량품인지 우량품인지 알 수 없기 때문에 당신은 자동차가 불량품일 확률이 우량품일 확률과 같다고 가정하고 폭스바겐의 기대가치에 근거하여 결정을 한다. 이 기대가치를 계산하라.

   c. 판매자는 운전 경험으로 자신의 차가 우량품이라는 것을 알고 있다. 그러나 당신은 그 차가 불량품인지 우량품인지 알 수가 없으므로 기대가치 이상은 지불하지 않으려 한다. 거래가 성사되겠는가?

12. 당신은 의자를 생산하는 회사를 소유하고 있으며, 노동자를 1명 더 고용하려고 한다. 의자 1개당 당신이 얻게 되는 수입은 10달러이다. 프레드와 실비아라는 2명의 지원자가 있다. 프레드는 작업속도가 빨라 하루에 의자 10개를 생산

할 수 있어 수입을 100달러 올릴 수 있다. 프레드는 자신의 작업속도가 빠르다는 것을 알고 있으므로 1일 임금이 80달러보다 높은 경우에만 일을 하려고 한다. 실비아는 작업속도가 느려 하루에 의자 5개만 생산할 수 있고, 50달러의 수입을 얻을 수 있다. 실비아는 자신의 작업속도가 느리다는 것을 알고 있으므로 1일 임금이 40달러 이상이면 일을 하려고 한다. 실비아와 프레드는 자신의 작업속도에 대해 알고 있으나, 당신은 누구의 작업속도가 빠른지 혹은 느린지 알지 못한다. 그러므로 이것은 역선택의 상황이다.

a. 당신이 고용하는 노동자가 어떤 유형인지 모르므로 둘 중 1명을 고용할 때 얻게 되는 기대수입을 고려해야 한다. 그 기대가치는 얼마인가?

b. 당신이 a에서 계산한 기대수입과 같은 1일 임금을 제시하였다고 하자. 누가 고용되겠는가? 프레드인가, 실비아인가, 둘 다인가, 아니면 아무도 아닌가?

c. 만일 누가 작업속도가 빠르고 누가 작업속도가 느린지 당신이 알 수 있다면 누구를 고용하겠는가? 그 이유는? 당신이 더 선호하는 유형만 고용할 수 있는 보상체계를 고안할 수 있는가?

13. 다음에 주어진 각 상황에 대해 먼저 그 상황이 역선택의 상황인지, 도덕적 해이의 상황인지 말해 보라. 그다음 이러한 상황에서 어떠한 비효율이 발생할 수 있는지 설명하고, 제안된 해결책이 어떻게 그 비효율을 감소시킬 수 있는지 설명해 보라.

a. 중고차를 구매할 때 당신은 그 차가 불량품(낮은 품질)인지 우량품(높은 품질)인지 알 수 없으나 판매자는 알고 있다. 해결책으로 판매자는 수리비용을 보상해 주는 보증서를 제시한다.

b. 어떤 사람들은 불필요하게 두통과 같은 작은 불편을 이유로 의사를 찾아가며 의료보험 당국에서는 사람들에게 얼마나 급하게 의사가 필요한지 알지 못한다. 해결책으로 사람들이 의료 서비스를 받을 때마다 피보험자도 일정한 금액(예를 들어 10달러)을 같이 부담하게 한다. 모든 보험가입자는 위험기피적이다.

c. 항공권을 판매할 때 항공사는 구매자의 여행목적이 사업인지(이때는 좌석에 대해 매우 높은 가격을 지불할 용의가 있다), 여가인지(이때는 좌석에 대해 지불하고자 하는 가격이 매우 낮다) 판별할 수 없다. 이윤을 극대화하는 항공사에 있어 그 해결책은 매우 융통성 있고 값비싼 항공권(일자와 경로 변경 가능)과 매우 경직적이고 값싼 항공권(미리 예매되어야 하며 변경 불가)을 제시하는 것이다.

d. 회사에서는 조립라인의 노동자들이 일을 열심히 하는지 게을리하는지 알지 못한다. 해결책으로 회사는 노동자들에게 1일 생산량에 따라 임금을 지불하는 '성과급' 임금을 지불한다. 회사는 위험기피자가 아닌 반면 모든 노동자는 위험기피자이다.

e. 당신을 고용하려는 사람이 고용 여부를 결정할 때 당신이 생산적인 근로자인지 그렇지 않은지를 알 수가 없다. 이에 대한 해결책은 생산적인 근로자들이 그 이전 고용주로부터 받은 추천서를 새로운 고용주에게 제시하는 것이다.

14. 코리는 30만 달러에 상당하는 집을 소유하고 있다. 만약 집에 화재가 발생하면 30만 달러를 모두 잃는다. 만약 집에 화재가 나지 않으면 아무것도 잃지 않는다. 그녀의 집에 화재가 발생할 확률은 0.02이며 코리는 위험기피적이다.

a. 공정한 보험의 가격은 얼마나 될 것인가?

b. 어떤 보험회사가 1,500달러의 보험료로 화재로 인한 모든 손실에 대해 완전히 보상해 줄 것을 제시했다고 가정하자. 코리의 보험가입 여부에 대해 확실히 말할 수 있는가?

c. 어떤 보험회사가 6,000달러의 보험료로 화재로 인한 모든 손실에 대해 완전히 보상해 줄 것을 제시했다고 가정하자. 코리의 보험가입 여부에 대해 확실히 말할 수 있는가?

d. 어떤 보험회사가 9,000달러의 보험료로 화재로 인한 모든 손실에 대해 완전히 보상해 줄 것을 제시했다고 가정하자. 코리의 보험가입 여부에 대해 확실히 말할 수 있는가?

21 거시경제학의 개관

그리스의 비극

엔지니어인 콘스탄틴 카코야니스는 그리스에서 태어났다. 그렇지만 요즘 그는 독일 뒤셀도르프에 살고 있다. 그는 2010년 이후 이곳에 정착한 많은 그리스인들 중 한 명이다. 뒤셀도르프는 그와 같은 그리스인들이 많아서 "아주 작은 아테네"라 불린다.

그를 비롯한 많은 아테네인들이 고향을 떠난 이유는 무엇일까? 일자리가 없기 때문이다. 카코야니스가 아테네를 떠났던 2016년에는 실업률, 즉 일자리를 구하는 사람들 중에서 일자리를 찾지 못한 사람들의 비율이 24%였다. 2019년 12월에는 실업률이 하락하긴 했어도 여전히 16.5%에 달했다. 비교하자면 미국에서는 3.5%였던 실업률이 몇 달 후 코비드-19의 확산을 막기 위해 봉쇄조치를 취하자 14.7%로 치솟았다.

그렇지만 그리스의 실업률이 항상 이처럼 높았던 것은 아니다. 2007년에는 실업률이 8%에 불과했다. 그리스는 독일과 같은 북유럽 국가에 비해서는 가난했지만 비교적 잘

일자리가 있는 독일의 그리스인들

해내고 있었으며 그리스인들도 자신의 미래를 낙관적으로 보고 있었다.

그 후 그리스는 극심한 경기하강, 즉 **경기후퇴**의 나락에 빠졌으며 이로 인해 고용이 붕괴되었다. 많은 기업들이 망했으며 사람들은 경제적 곤경을 겪었다. 그리스만 어려움을 겪은 것은 아니었다. 2007년 이후 미국을 비롯하여 세계의 상당 부분이 깊은 경기후퇴에 빠졌는데 이를 **대후퇴**(Great Recession)라 부른다. 미국은 2019년까지는 경기후퇴로부터 대부분 회복했지만 유럽의 일부, 특히 그리스는 회복하지 못했다.

대후퇴 중의 경제 상황이 나빴던 것은 사실이지만 세계 경제는 이보다 더 나쁜 상황을 경험했던 적이 있다. 1929년에 시작되었고 **대공황**(Great Depression)이라 알려진 경기침체는 1940년 제2차 세계대전이 시작할 때까지 10년 이상 지속되었다. 대후퇴는 대공황보다 덜 극심했는데 여기에는 많은 이유가 있다. 그중 한 가지 중요한 요인은 경제학자들이 앞서의 재앙으로부터 무엇을 해야 할 것인가에 대해서 무언가를 배웠다는 사실이다. 1929년에 대공황이 시작되었을 때는 정치 지도자들과 이들의 경제 자문들이 무엇이 경기회복을 가져올지 또는 방해할지를 전혀 몰랐다.

개별 소비자와 생산자의 소비와 생산에 대한 결정 그리고 희소한 자원의 산업 간 배분에 대해 주목하는 **미시경제학**(microeconomics)은 이미 잘 발달된 경제학 분야였다. 하지만 경제 전체의 행동에 초점을 두는 **거시경제학**(macroeconomics)은 아직 걸음마 단계에 있었다. 이와는 대조적으로 2007년에 대후퇴가 닥쳤을 때는 경제학자들이 무엇을 할 필요가 있는지를 알 정도로 거시경제학이 잘 발달되어 있었다.

경기후퇴나 경기침체가 없는 정상적인 시기에는 일자리를 잃는 근로자들이 어딘가 다른 곳에서 일자리를 구할 수 있다. 그렇지만 대공황은 정상적인 시기가 아니었다. 미국의 실업률은 23%에 달했으며 경제 산출물(GDP)의 가치는 26% 하락했다. 경제학자들은 향후의 재앙 발생을 막고 현재의 재앙으로부터 벗어나기 위해서는 미국과 세계 대부분을 뒤덮은 재앙의 본질을 이해할 필요가 있음을 깨달았다. 경기침체를 이해하고 이를 방지하기 위한 방법을 찾아내려는 노력은 오늘날까지도 거시경제학의 핵심이라 할 수 있다. 하지만 시간이 흐름에 따라 거시경제학은 장기 경제성장, 인플레이션, 국제 거시경제학과 같은 다른 주제에까지 그 영역을 확대했다.

이 장은 거시경제학에 대한 개관을 제시한다. 먼저 거시경제학과 미시경제학의 차이에 대한 일반적인 설명에서 시작하여 이 분야의 주요 관심사 중 일부에 대해 간단히 설명할 것이다. ●

이 장에서 배울 내용

- **거시경제학**과 **미시경제학**의 차이점은 무엇인가?
- **경기순환**이란 무엇이며 정책입안자들이 경기순환의 폭을 경감시키려 하는 이유는 무엇인가?
- **장기 경제성장**이 국가의 생활수준을 어떻게 결정하는가?
- **인플레이션**과 **디플레이션**의 의미와 물가안정이 선호되는 이유는 무엇인가?
- **개방 거시경제학**이 왜 중요하며, 국민경제가 **무역적자**와 **무역흑자**를 통해 어떻게 상호작용하는가?

‖ 거시경제학의 본질

거시경제학은 경제 전체의 행태에 초점을 둔다는 점에서 미시경제학과 차이가 있다.

거시경제학적 질문

〈표 21-1〉의 왼편에는 몇몇 전형적인 경제학적 질문들을 미시경제학자의 관점에서 제시하고 있으며, 오른편에는 거시경제학자의 관점에서 제시하고 있다. 여러분은 이 질문들을 비교함으로써 미시경제학과 거시경제학의 차이에 대해서 조금씩 이해할 수 있을 것이다.

이들 질문이 보여 주듯이 미시경제학은 각 개인과 기업이 어떻게 의사결정을 내리며 이 의사결정이 어떤 결과를 가져오는지에 초점을 둔다. 예를 들면 미시경제학은 대학에서 새로운 강좌를 개설하는 데 드는 비용, 즉 강사의 급여와 강의 교재 등의 비용이 얼마나 되는지를 결정하기 위해 사용된다. 대학은 이렇게 결정된 강좌 개설 비용과 혜택을 저울질하여 강좌 개설 여부를 결정한다.

반면에 거시경제학은 경제 전체의 움직임, 즉 각 개인과 기업의 행동이 서로 작용하여 경제 전체에 있어서 어떤 수준의 성과를 가져오는지를 분석한다. 예를 들어 거시경제학은 특정한 재화나 서비스의 가격 대신 경제 전체의 일반적인 물가수준이 얼마나 되며 지난해에 비해 물가수준이 얼마나 높아졌는지에 대해 관심을 가진다.

표 21-1 미시경제학적 질문과 거시경제학적 질문

미시경제학적 질문	거시경제학적 질문
경영대학원에 진학해야 할까 혹은 지금 당장 취직해야 할까?	금년 중 경제 전체의 취업자 수는 얼마나 될까?
구글이 MBA 졸업생 쉐리 카마조에게 지급하는 연봉은 어떻게 결정될까?	한 해 동안 경제 전체의 근로자들에게 지급되는 총급여액을 결정하는 요인은 무엇일까?
대학에서 새 강좌를 개설하는 데 드는 비용을 결정하는 요인은 무엇일까?	경제 전체의 물가수준을 결정하는 요인은 무엇일까?
저소득층 학생이 대학에 진학할 수 있도록 하려면 정부가 어떤 정책을 채택해야 할까?	경제 전체의 고용과 성장을 촉진하기 위해 정부가 채택해야 하는 정책은 무엇일까?
씨티은행이 상하이에 새 사무소를 개설할지의 여부를 결정하는 요인은 무엇일까?	미국과 여타 국가들 사이의 재화, 서비스, 금융자산 등의 교역을 결정하는 요인은 무엇일까?
코로나바이러스 유행 중에 화장지가 부족했던 이유는 무엇일까?	코로나바이러스 유행 중에 소비지출 감소는 전체 고용에 어떤 영향을 미쳤을까?

여러분은 혹시 거시경제학적 질문들에 대한 답은 미시경제학적 질문들에 대한 답을 단순하게 더함으로써 구할 수 있으리라고 생각할 수도 있을 것이다. 예를 들면 제3장에서 소개된 수요와 공급모형은 개별 재화나 서비스의 균형가격이 어떻게 경쟁시장에서 결정되는지를 보여 준다. 따라서 수요와 공급 분석을 경제 내의 모든 재화와 서비스에 적용한 후 그 결과를 더하기만 하면 경제 전체의 총체적인 물가수준의 변화를 이해할 수 있으리라 생각할 수도 있을 것이다.

하지만 이는 옳은 생각이 아니다. 물론 수요나 공급과 같은 기초 개념은 거시경제학에 있어서도 매우 중요하지만, 거시경제학적 질문들에 답하기 위해서는 추가적인 분석도구와 확장된 기준 틀이 필요하다.

거시경제학 : 전체는 부분의 합보다 크다

고속도로를 가끔 주행해 본 사람이라면 '구경꾼'으로 인한 교통혼잡 현상이 무엇인지 알 것이다. 누군가가 바람이 빠진 타이어를 교체하는 것과 같이 별로 대단치 않은 일 때문에 길가에 차를 세우면 얼마 지나지 않아 무슨 일이 생겼는지 보기 위해 속도를 줄이는 차들로 인해 긴 정체 차량의 행렬이 생긴다.

운전자들을 화나게 하는 것은 정체 차량 행렬의 길이가 이를 야기한 대단치 않은 사건에 비하면 너무나도 길다는 사실이다. 일부 운전자가 무슨 일이 일어났는지 구경하기 위해 속도를 줄이면, 뒤따르는 운전자도 속도를 줄여야 하고, 그다음 운전자도 마찬가지로 속도를 줄여야 한다.

도로에서의 개인들의 행동이 의도치 않은 교통체증을 낳는 것과 마찬가지로 경제에서의 개인들의 행동은 의도치 않은 거시경제적 효과를 낳을 수 있다.

Jetta Productions/Exactostock-1555/Superstock

이런 식으로 각 운전자가 속도를 늦추면 그다음 운전자는 자기 앞의 운전자보다 더욱 속도를 늦추어야 하기 때문에 결국 쓸모없이 긴 차량 행렬을 낳게 된다. 다시 말해서 각 사람의 반응이 다음 사람의 증폭된 반응을 가져온다는 것이다.

구경꾼으로 인한 차량 행렬의 원리를 이해할 수 있다면 거시경제학과 미시경제학의 주요한 차이점들 중 하나를 이해할 수 있다. 즉 수천 명 또는 수백만 명에 달하는 개인의 행동이 복합된 결과는 개인 행동의 단순한 합보다 훨씬 더 커질 수 있다는 것이다.

예를 들어 거시경제학자들이 절약의 역설(paradox of thrift)이라고 부르는 현상을 생각해 보자. 가계나 기업이 앞으로 경제 여건이 나빠질 것을 염려하여 지출을 줄인다고 하자. 이와 같이 지출이 감소하면 소비가 줄고 기업의 고용이 줄어드는 등 실제로 경제가 침체된다. 그 결과 가계나 기업은 경기 악화에 대비하여 지출을 감소시키지 않았을 경우보다 더 열악한 상황에 처하게 된다.

개인에게는 미덕인 행동, 즉 경제 여건의 악화에 대비하여 저축을 늘리는 행동이 경제 전체에 해가 된다는 점에서 이와 같은 현상을 역설이라 부른다. 이 역설에는 동전의 앞뒷면과 같은 원리가 적용된다. 즉 가계나 기업이 미래를 낙관적으로 보고 지출을 늘리면, 이것이 경제를 자극하고 기업으로 하여금 더 많은 노동자를 고용하도록 만들어서 실제로 경기가 팽창하게 된다는 것이다. 당장은 과도한 지출로 보일 수 있는 행동이 실제로 경기팽창이라는 좋은 결과를 낳을 수도 있다는 것이다.

거시경제학에 적용되는 핵심 원리 중 하나는 여러 개인들의 의사결정이 결합된 결과가 각 개인이 의도했던 것과는 크게 다를 수 있으며 때로는 각 개인에게 불리할 수도 있다는 점이다. 정말로 거시경제의 움직임은 개인의 행동이나 개별 시장 성과의 합보다 크다.

거시경제학 : 이론과 정책

거시경제학은 미시경제학보다 정책에 관한 질문에 더욱 관심을 가진다. 거시경제의 성과를 개선하기 위해서는 정부가 무엇을 해야 하는가? 이러한 정책에 대한 관심은 과거의 역사, 특히 1930년대 대공황에 의해서 형성되었다.

1930년대 이전까지만 해도 경제학자들은 경제가 **자율조정적**(self-regulating)이라 생각했다. 즉 이들은 실업과 같은 문제가 보이지 않는 손의 작용에 의해 고쳐질 것이며 경제성과를 개선하기 위한 정부의 시도는 기껏해야 효과가 없을 뿐이고, 많은 경우 오히려 상황을 악화시킨다고 믿었다.

대공황은 이 모든 생각을 변화시켰다. 미국 노동력의 4분의 1을 실직 상태에 빠트리고 많은 나라의 정치적 안정을 위협했던(많은 사람들은 대공황이 독일에서 나치가 집권하게 된 주된 요인이라 생각한다) 대공황의 규모만으로도 무엇인가 해야 한다는 생각을 불러일으키기에 충분했다. 대공황은 또한 경제학자들로 하여금 경기침체를 이해하고 이를 방지하기 위한 방법을 찾기 위해 많은 노력을 기울이도록 만들었다.

1936년에 영국의 경제학자 케인즈(John Maynard Keynes)가 『고용, 이자율, 화폐에 대한 일반이론』이라는 저서를 출판했는데 이것이 바로 거시경제학을 변혁한 책이다. **케인즈학파 경제학**(Keynesian economics)에 따르면 침체된 경제는 부적절한 지출의 결과다. 이에 더하여 케인즈는 통화정책과 재정정책을 통한 정부의 개입으로 침체된 경제에 도움을 줄 수 있다고 주장했다. **통화정책**(monetary policy)은 화폐의 양을 조절하여 이자율을 변화시키고 그 결과 총지출 수준에 영향을 주는 정책이다. **재정정책**(fiscal policy)은 조세와 정부지출의 변화를 이용하여 총지출에 영향을 미치는 정책이다.

케인즈는 경제를 관리하는 것이 정부의 책임이라는 인식을 정립시켰다. 이와 같은 케인즈의

Matt Pritchett/The Daily Telegraph

"당신이 마스크를 이렇게 쓰면 어떤 경제 예측도 볼 수 없을 겁니다."

자율조정적 경제(self-regulating economy)에서는 실업과 같은 문제들이 정부 개입 없이 보이지 않는 손의 작용에 의해 해결된다.

케인즈학파 경제학(Keynesian economics)에 의하면 경제의 부진은 부적절한 지출에 의해 발생하고 정부의 개입에 의해 완화될 수 있다.

통화정책(monetary policy)은 화폐의 양을 조절하여 이자율을 변화시키고 총지출 수준에 영향을 미친다.

재정정책(fiscal policy)은 총지출에 영향을 미치기 위해 조세와 정부지출을 변화시키는 정책이다.

인식은 경제이론과 공공정책에 계속해서 강력한 영향을 미쳤다. 다음에 나오는 '현실 경제의 이해'에서 보듯이 2008년과 2009년에 의회와 백악관 그리고 연방준비제도(미국의 화폐공급을 관리하는 준정부기관)는 경제 부진을 피하기 위해 케인즈학파의 기풍을 가진 조치들을 취했다.

현실 경제의 >> 이해

경기침체 막기

2008년에 세계 경제는 대공황의 옛 시절을 생각나게 하는 극심한 금융위기를 겪었다. 주요 은행들이 붕괴 지경에 이르렀고, 세계 무역은 침체되었다. 2009년 봄에 경제사학자인 배리 아이켄그린(Barry Eichengreen)과 케빈 오루크(Kevin O'Rourke)는 이용 가능한 자료를 검토한 결과 "전 세계적으로 우리는 대공황과 비슷하거나 대공황보다 더 못하고 있다."고 지적했다.

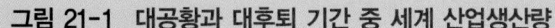

그림 21-1 대공황과 대후퇴 기간 중 세계 산업생산량

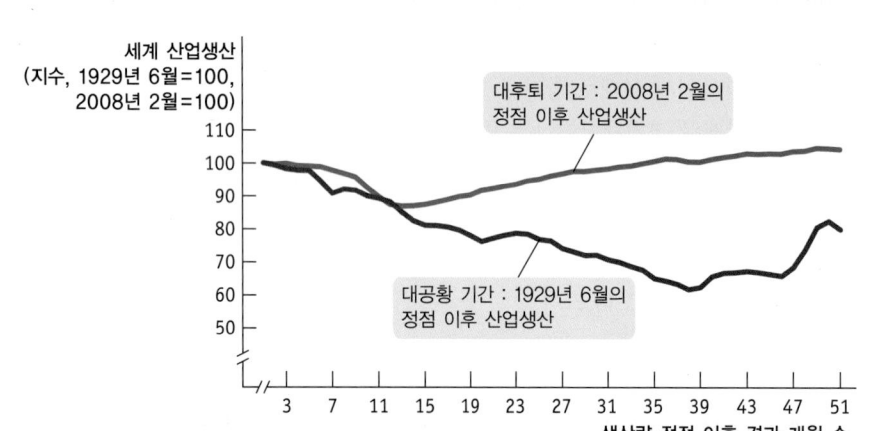

출처 : Barry Eichengreen and Kevin O'Rourke (2009), "A Tale of Two Depressions." © VoxEU.org; CPB Netherlands Bureau for Economic Policy Analysis World Trade Monitor.

하지만 결국 최악의 사태는 오지 않았다. 〈그림 21-1〉은 아이켄그린과 오루크가 제시한 경제활동 척도 중 하나인 세계 산업생산을 대공황(아래쪽 선)과 대후퇴(위쪽 선) 기간에 대해 보여 준다. 두 위기의 첫해는 정말로 유사하다. 하지만 다행스럽게도 대후퇴에서는 1년 만에 세계 생산량이 바닥을 치면서 돌아섰다. 반면에 대공황에서는 3년이 지나도 세계 생산량이 계속 하락했다. 그 차이는 무엇일까?

적어도 부분적인 답은 정책담당자들이 매우 상이한 대응을 했다는 데 있다. 대공황 중에는 단순히 경기 부진이 저절로 지나가도록 놔두어야 한다는 주장이 팽배했다. 오스트리아 태생의 하버드대 경제학자로서 혁신에 대한 저술로 유명한 조지프 슘페터(Joseph Schumpeter)는 진행 중인 재난을 완화시키려는 어떤 시도도 "침체가 수행하는 기능을 무력화시킬 것이다."라고 주장했다. 1930년대 초에는 일부 국가의 통화 당국이 경기 부진에 처했을 때 실제로 이자율을 올리는 한편 정부는 지출을 삭감하고 세금을 늘리기도 했는데 이는 다음에 보듯이 경기후퇴를 더 심화시키는 행위이다.

이와는 대조적으로 2008년 위기 이후에는 이자율을 대폭 인하했으며 미국을 포함한 많은 국가들이 총지출을 유지하기 위해 일시적으로 정부지출을 증대시키고 조세를 삭감했다. 정부는 또한 대출, 보조금, 보증 등을 통해 은행들을 강화시키기 위한 조치를 취했다.

이들 중 많은 조치들이 적어도 물의를 일으킬 만한 것이었다. 하지만 대부분의 경제학자들은 각국 정부가 거시경제학의 연구를 통해 습득한 지식을 이용하여 대후퇴에 적극적으로 대응함으로써 전 세계적인 재앙을 막는 데 기여했다고 믿는다.

>> 이해돕기 21-1

해답은 책 뒤에

>> 복습
- 미시경제학은 개인과 기업에 의한 의사결정과 그 결과에 초점을 둔다. 거시경제학은 경제의 총체적 움직임에 초점을 둔다.
- 개인 행동들이 결합될 경우 의도하지 않은 결과를 가져오고 모든 사람에게 더 불리한 또는 더 유리한 거시경제적 성과를 낳을 수도 있다.
- 1930년대 이전에는 경제학자들이 경제가 **자율조정적**이라고 생각했다. 대공황 이후 **케인즈학파 경제학**은 침체된 경제를 회복시키기 위해 **통화정책**과 **재정정책**을 통한 정부 개입의 타당성을 제공했다.

1. 다음 질문 중 어떤 것이 미시경제학적인 질문이고 어떤 것이 거시경제학적인 질문인가? 그

근거를 제시하라.

    a. 왜 2008년에 소비자들이 자동차를 소형차로 바꿨을까?

    b. 왜 2008년에 경제 전체의 소비지출이 부진해졌을까?

    c. 왜 제2차 세계대전 이후 첫 세대의 생활수준이 그다음 세대에 비해 빠른 속도로 향상되었을까?

    d. 왜 최근에 경제학 전공 졸업생들의 초임이 큰 폭으로 상승했을까?

    e. 기차를 이용할 것인가 또는 고속도로를 이용할 것인가의 선택을 좌우하는 요인은 무엇일까?

    f. 왜 2000년과 2017년 사이에 노트북 컴퓨터의 값이 싸졌을까?

    g. 왜 2010년대에 들어 인플레이션율이 하락했을까?

2. 2008년 들어 금융부문의 문제가 전 세계의 자금 공급을 고갈시켰다. 주택 구입자들은 주택담보 대출을 받을 수가 없었고, 학생들은 학자금 대출을 받을 수가 없었으며, 자동차 구매자들은 할부 구매를 할 수가 없었다.

    a. 자금 공급의 고갈이 어떻게 경제 전체에 복합적인 영향을 미치면서 경기후퇴를 가져오는지 설명하라.

    b. 여러분이 경제가 자율조정적이라 믿는다면 정책담당자들이 어떻게 해야 한다고 주장하겠는가?

    c. 여러분이 케인즈학파 경제학을 믿는다면 정책담당자들이 어떻게 해야 한다고 주장하겠는가?

‖ 경기순환

대공황은 단연 미국 역사에 있어서 최악의 위기였다. 20세기의 나머지 기간 동안 미국 경제는 대공황과 같은 재앙을 피할 수는 있었지만 많은 부침을 겪지 않을 수는 없었다.

물론 경제의 상승은 하강보다 지속적으로 더 큰 폭으로 일어났다. 미국 경제의 변화를 추적하기 위해 사용되는 어떤 지표의 그래프도 시간에 따른 상승추세를 보여 준다. 예를 들어 〈그림 21-2(a)〉는 왼쪽 수직축을 미국 민간부문고용(민간기업이 제공하는 모든 일자리 수)으로 하여 1985년부터 2020년까지의 실제 자료를 보라색 실선으로 보여 준다. 이 그림은 또한 산업생산지수(미국 공장들의 총생산에 대한 척도)를 오른쪽 수직축으로 하여 1985년부터 2020년까지의 실제 자료를 빨간색 실선으로 보여 준다. 민간부문고용과 산업생산은 둘 다 전체 기간의 초기에 비해 훨씬 높아졌으며 최근 대부분의 해에 상승했다.

하지만 이들의 상승세는 꾸준하지 않았다. 그림에서 볼 수 있듯이 1990년대 초반, 2000년대 초반, 2007년 후반 이후, 그리고 또 2020년에 있어서 고용과 산업생산이 부진했다. 그림 (b)는 고용과 산업생산의 전년 대비 변화율을 보여 줌으로써 이와 같은 부진을 강조하고 있다. 예를 들어 2009년 10월의 고용 변화율은 −0.6이었는데 이는 2009년 10월의 고용이 2008년 10월에 비해 −0.6% 더 낮았기 때문이다. 그림에서는 큰 하강국면이 분명히 나타난다. 자료를 자세히 살펴보면 이들 각각의 기간에 있어서의 부진이 몇몇 산업에만 국한되지 않았음을 분명히 알 수 있다. 각 하강국면에 있어서 거의 대부분의 산업부문이 생산과 고용을 감소시켰다.

다시 말하자면 이는 경제의 전진이 순조롭지만은 않았음을 의미한다. 이러한 경제의 불규칙적인 전진, 즉 경제의 부침이야말로 거시경제학의 중대 관심사 중 하나다.

경기순환 도표 그리기

〈그림 21-3〉은 시간에 따라 진화하는 경제의 전형적인 모습을 보여 준다. 수직축은 고용에 대한

그림 21-2 가끔 중단된 미국의 경제성장, 1985~2020년

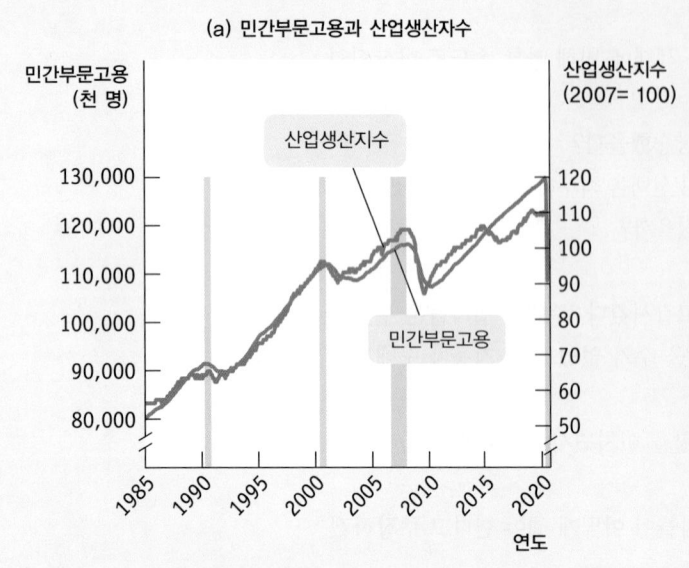

(a) 민간부문고용과 산업생산자수

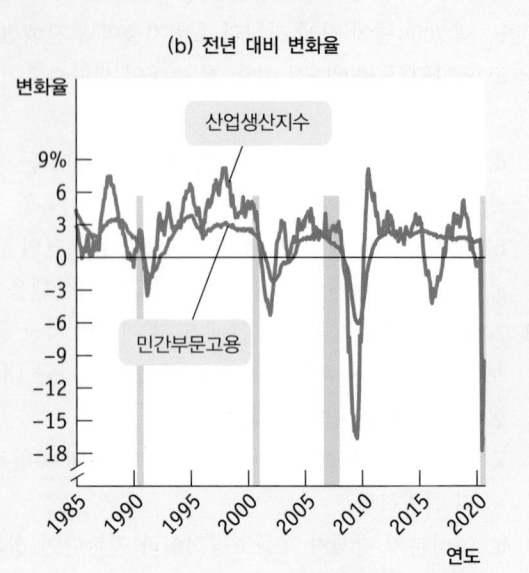

(b) 전년 대비 변화율

그림 (a)는 두 가지 중요한 경제지표인 산업생산지수와 민간부문고용을 보여 준다. 두 지표 모두 1985년과 2020년 사이에 큰 폭으로 상승했다. 하지만 이들의 상승세는 꾸준하지 않았다. 두 지표 모두 경기후퇴로 인해 세 차례의 하강국면을 보였는데 이는 그림에서 음영으로 표시되어 있

다. 그림 (b)는 이들 산업생산과 고용의 연간 변화율, 즉 전년 대비 증가율을 제시함으로써 이들 세 차례의 하강국면을 강조해서 보여 준다. 세 경기후퇴에 있어 모두 두 지표가 동시에 하락했음을 분명히 볼 수 있다

출처 : Federal Reserve Bank of St. Louis.

지표 또는 산업생산이나 실질 국내총생산과 같이 경제가 얼마만큼을 생산하고 있는지에 대한 지표를 나타낸다. 실질 국내총생산(real GDP)은 경제의 총체적 생산수준에 대한 지표인데 다음 장에서 이에 대해 배울 것이다. 〈그림 21-2〉에서 알 수 있듯이 이들 두 가지 지표는 동일한 움직임을 가지고 있다. 이들의 공통적인 움직임은 단기적인 하강과 상승의 반복이라는 거시경제학의 중심 주제의 출발점이 된다.

많은 산업에서 생산과 고용이 광범위하게 감소하는 하강국면은 **경기후퇴**(recession, 경기수축

> 경기후퇴(recession) 또는 경기수축은 생산과 고용이 감소하는 경제의 하강국면을 의미한다.

그림 21-3 경기순환

이 그림은 경기순환을 나타내는 전형적인 그림이다. 수직축은 고용이나 경제의 총생산을 측정한다. 이 두 변수가 하락하는 기간은 *경기후퇴*이며, 상승하는 기간은 *경기팽창*이다. 경제가 하락으로 전환되는 점은 *경기순환의 정점*이며 상승으로 전환되는 점은 *경기순환의 저점*이다.

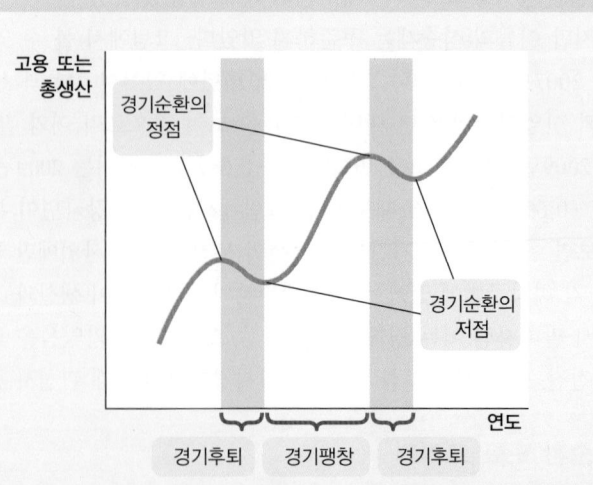

이라고도 불림)라 불린다. NBER(뒤의 '탐구자를 위하여' 참조)에 의해 공식적으로 판명되는 경기후퇴는 〈그림 21-2〉에 음영으로 표시되어 있다. 경제가 경기후퇴 국면에 있지 않을 때, 즉 대부분의 지표들이 통상적인 상승 추세를 보일 때 경제는 **경기팽창**(expansion, 경기회복이라고도 불림) 국면에 있다고 한다.

경기후퇴와 경기팽창이 번갈아 가며 나타나는 현상을 **경기순환**(business cycle)이라 한다. 경제가 팽창국면에서 후퇴국면으로 전환되는 시점을 **경기순환의 정점**(business-cycle peak)이라 하고, 후퇴국면에서 팽창국면으로 전환되는 시점을 **경기순환의 저점**(business-cycle trough)이라 한다.

경기순환은 꾸준하게 나타나는 경제의 특징이다. 〈표 21-2〉는 NBER에 의해 선언된 공식적인 경기순환 정점과 저점의 목록이다. 표에서 볼 수 있듯이 적어도 지난 160년 동안에는 경기후퇴와 경기팽창이 발생하고 있었다. 1960년대와 1990년대처럼 여느 때보다 긴 기간의 경기팽창이 발생할 때마다 이제는 경기순환이 종지부를 찍었다고 선언하는 책이나 기사가 나오곤 했다. 하지만 이와 같은 선언은 옳지 않음이 판명되었다. 경기순환은 항상 되돌아왔다.

경기후퇴의 고통

경기가 팽창하는 동안에는 경기순환에 대해 불평하는 사람들이 별로 없다. 그렇지만 경기후퇴는 많은 고통을 가져온다.

경기후퇴의 가장 중요한 영향은 노동자가 일자리를 찾고 유지할 수 있는 가능성에 미치는 영향이다. 가장 널리 사용되는 노동시장 상황에 대한 지표는 **실업률**이다. 이 비율이 어떻게 계산되는지에 대해서는 제23장에서 설명할 것이다. 지금은 높은 실업률은 일자리가 희소함을 의미하며 낮은 실업률은 일자리를 찾기가 쉬움을 의미한다고만 이해하면 충분하다.

〈그림 21-4〉는 1988년부터 2020년까지의 실업률을 보여 준다. 그림에서 볼 수 있듯이 실업률은 각 경기후퇴 중 또는 후에 상승했다가 경기팽창 중에 결국 하락했다. 2020년 4월에는 코비드-19로 인한 경제폐쇄 때문에 실업률이 상승했는데, 이는 새로운 경기후퇴가 시작되고 있다는 징조로도 볼 수 있다. 실제로 NBER은 2020년 2월부터 경기후퇴가 시작된 것으로 확인했다.

경기후퇴가 발생하면 많은 사람들이 일자리를 잃고 새로운 일자리를 구하는 것이 어려워지기 때문에 경기후퇴는 많은 가족들의 생활수준을 저하시킨다. 경기후퇴 시기에는 보통 빈곤선(poverty line)보다 낮은 생활수준을 가진 사람들의 수와 주택담보 대출 상환금을 지불할 수 없어서 주택을 차압당하는 사람들의 수가 증가하는 한편 의료보험에 가입한 미국인의 비율이 감소한다. 그렇지만 경기후퇴로 인해 고통받는 집단이 노동자뿐인 것은 아니다. 경기후퇴는 기업에도 해롭다. 경기후퇴 시기에는 이윤이 감소하고 많은 중소기업이 문을 닫는다.

이 모든 것을 종합해 볼 때 경기후퇴는 모두에게 해로움을 알 수 있다. 그렇다면 경기후퇴의 빈도와 심각도를 줄이려면 무엇을 할 수 있을까?

경기순환 길들이기

현대 거시경제학은 1929년에 시작되어 1933년까지 43개월간 지속된 대공황이라 불리는 역사상 최악의 경기후퇴에 대한 반응으로 태어났다고 해도 과언이 아니다. 1929~1933년 경기후퇴가 가져온 파괴력은 경제학자들로 하여금 그 원인을 이해하고 해법을 찾기 위해 노력하도록 만들었다. 이들은 어떻게 이런 일이 일어날 수 있으며 어떻게 이를 방지할 수 있는지를 알고 싶어 했다.

표 21-2 경기순환의 역사

경기순환의 정점	경기순환의 저점
이전 자료 없음	1854년 12월
1857년 6월	1858년 12월
1860년 10월	1861년 6월
1865년 4월	1867년 12월
1869년 6월	1870년 12월
1873년 10월	1879년 3월
1882년 3월	1885년 5월
1887년 3월	1888년 4월
1890년 7월	1891년 5월
1893년 1월	1894년 6월
1895년 12월	1897년 6월
1899년 6월	1900년 12월
1902년 9월	1904년 8월
1907년 5월	1908년 6월
1910년 1월	1912년 1월
1913년 1월	1914년 12월
1918년 8월	1919년 3월
1920년 1월	1921년 7월
1923년 5월	1924년 7월
1926년 10월	1927년 11월
1929년 8월	1933년 3월
1937년 5월	1938년 6월
1945년 2월	1945년 10월
1948년 11월	1949년 10월
1953년 7월	1954년 5월
1957년 8월	1958년 4월
1960년 4월	1961년 2월
1969년 12월	1970년 11월
1973년 11월	1975년 3월
1980년 1월	1980년 7월
1981년 7월	1982년 11월
1990년 7월	1991년 3월
2001년 3월	2001년 11월
2007년 12월	2009년 6월
2020년 2월	

출처 : National Bureau of Economic Research. 이 책이 발간된 현재 경제는 경기후퇴 상태에 있다.

경기팽창(expansion) 또는 경기회복은 생산과 고용이 증가하는 경제의 상승국면을 의미한다.

경기순환(business cycle)은 경기후퇴와 경기팽창이 단기적으로 번갈아 가며 나타나는 현상을 말한다.

경제가 팽창국면에서 후퇴국면으로 전환되는 시점을 **경기순환의 정점**(business-cycle peak)이라 한다.

경제가 후퇴국면에서 팽창국면으로 전환되는 시점을 **경기순환의 저점**(business-cycle trough)이라 한다.

그림 21-4 미국의 실업률, 1988~2020년

실업 수준의 척도인 실업률은 경기후퇴 국면에서 급격히 상승하고 경기팽창 국면이 되면 보통 하락한다.

출처 : Bureau of Labor Statistics.

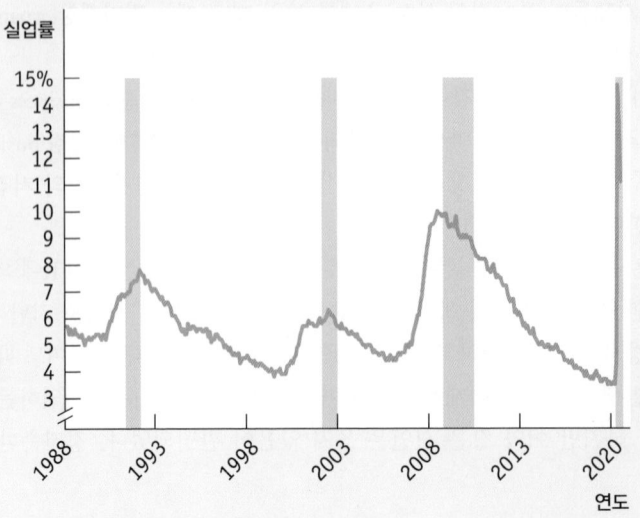

"나는 부모님 집에 들어가 살 수가 없어. 부모님이 할아버지 댁에 들어가 사시거든."

앞서 설명했듯이 대공황 중에 발간된 케인즈의 저서는 경기후퇴의 효과를 완화시키기 위해 통화정책과 재정정책을 사용할 것을 제안했으며 오늘날까지 정부들은 경기후퇴가 발생하면 케인즈학파의 정책을 시행했다. 나중에 또 한 명의 위대한 거시경제학자인 밀턴 프리드먼(Milton Friedman)의 저서는 경기후퇴뿐만 아니라 팽창도 조절하는 것이 중요하다는 점에 대한 합의를 이끌었다. 이에 따라 오늘날의 정책담당자들은 경기순환을 '평탄하게' 만들려고 노력한다. 〈그림 21-2〉에서 분명히 볼 수 있듯이 이들이 완전히 성공적이었던 것은 아니다. 그렇지만 많은 사람들이 거시경제학적 분석에 의해 인도되는 정책들이 경제를 안정시키는 데 기여했다고 믿는다.

경기순환이 거시경제학을 발전시키는 데 중요한 기여를 했지만, 거시경제학자들은 경제성장, 인플레이션과 디플레이션, 국제 불균형 등 다른 문제에도 관심을 가지는데, 다음에서는 이들에 대해 알아본다.

탐구자를 위하여 경기후퇴와 경기팽창의 정의

독자들은 경기후퇴와 경기팽창이 정확히 어떻게 정의되는지 궁금할 것이다. 그 대답은 놀랍게도 정확한 정의가 없다는 것이다!

상당수의 국가들은 최소한 2개 사분기(사분기란 3개월을 의미함) 이상 연속으로 총생산이 감소하는 것을 경기후퇴의 판단기준으로 삼고 있다. 2개 사분기 연속 기준은 경제가 짧은 기간에 일시적으로 주춤거리는 경우를 경기후퇴로 분류하는 것을 막기 위해 고안되었다.

그러나 이와 같은 기준이 너무 엄격하다고 여겨지는 경우가 종종 있다. 예를 들어 어떤 경제의 생산량이 3개월간 급격하게 감소한 후, 다음 3개월

간 약간 증가하였다가 다시 3개월 동안 급격하게 감소한다면, 이것은 분명히 9개월에 걸친 경기후퇴로 보는 것이 옳다.

미국은 NBER(National Bureau of Economic Research)에 소속된 독립적인 전문가 집단에 경기후퇴의 시작과 종료시점을 판별하는 임무를 부여함으로써 위와 같은 단순한 경기후퇴 판별기준이 일으킬 수 있는 문제를 해결하고 있다. 이 전문가 집단은 고용과 생산을 중심으로 한 다양한 경제지표를 활용하고 있다. 그럼에도 불구하고 경기후퇴의 판별은 궁극적으로는 NBER에 속한 전문가들의 판단에 의존할 수밖에 없다.

때로는 이와 같은 판단에 대해 논란이 일기도 한다. 실제로 2001년의 경기후퇴에 대해서는 끊임없이 논란이 일고 있다. NBER에 따르면 2001년 3월에 시작된 경기후퇴가 총생산이 증가하기 시작한 2001년 11월에 종료되었다고 한다. 그러나 일부 비판가들은 이 경기후퇴가 이보다 여러 달 전 제조업 생산이 감소하기 시작한 시점에 시작되었다고 주장한다. 다른 비판가들은 2001년 이후에도 1년 반에 걸쳐서 고용이 감소하고 취업시장의 사정이 좋지 않기 때문에 이 경기후퇴가 2001년에 종료되지 않았다고 주장한다.

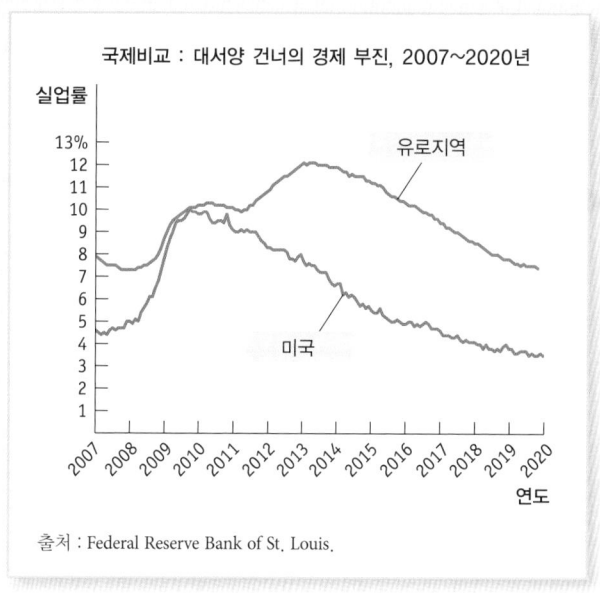

국제비교　　　**이곳저곳의 경기후퇴**

이 그림은 2007년부터 2020년까지 세계에서 가장 큰 두 경제인 미국과 유로지역의 산업생산을 보여 준다. 유로지역은 유로화를 공통화폐로 사용하는 유럽국가의 집단이다. 그림에서 볼 수 있듯이 두 경제 모두 2008~2009년에 심한 경기후퇴를 겪었다.

사실 서로 다른 나라에서 경기후퇴가 거의 동시에 나타나는 것은 꽤 흔한 일이다. 하지만 이것이 경제들이 항상 또는 일반적으로 발을 맞춰 움직임을 의미하는 것은 아니다. 그림에서 볼 수 있듯이 미국의 실업률은 모두가 원했던 것보다 느리기는 해도 2010년부터 꾸준하게 하락하기 시작했다. 하지만 유로지역은 2011년부터 2012년 말까지 두 번째 실업률 급등을 겪었는데 경제학자들에 의하면 이는 잘못된 경제정책에 기인한다. 2013년에 이르러서야 유럽의 실업률은 꾸준하게 하락하기 시작했다.

최근의 경험으로부터 배울 수 있는 것은 경기순환이 어느 정도는 국제적인 현상이라는 사실이다. 그렇지만 개별 국가들은 정책 차이나 경제 구조의 차이를 포함한 여러 가지 이유로 인해 서로 다른 길을 갈 수도 있다.

국제비교 : 대서양 건너의 경제 부진, 2007~2020년

출처 : Federal Reserve Bank of St. Louis.

현실 경제의 >> 이해

브라질의 불경기

대후퇴는 국가에 따라 정도의 차이는 있지만 세계 경제 대부분에 피해를 입혔다. 그런데 때로는 개별 국가가 자신만의 거시경제 문제를 갖는 경우가 있다. 미국의 경기후퇴가 끝나고 5년이 지난 후 라틴아메리카의 경제 강국이자 부상하는 국가로 칭송받던 브라질은 미국이 지난 반 세기 동안 경험한 어떤 경기후퇴보다도 더 심한 경기후퇴에 진입했다.

〈그림 21-5〉는 미국의 대후퇴 기간과 그 이후의 브라질 경기침체 기간에 있어 경제의 총생산에 대한 한 척도인 실질국내총생산을 비교해서 보여준다. 두 경우 모두 총생산을 경기후퇴가 닥치기 전에 도달했던 최대 생산량에 대한 백분율로 보여준다. 그림에서 보듯이 브라질의 경기침체는 훨씬 더 깊고 훨씬 더 길게 지속되었다.

브라질 경기침체의 원인은 무엇이었을까? 대두를 비롯하여 브라질이 세계 시장에 판매하는 몇몇 재화 가격의 하락과 지나치게 많은 부채를 지게 된 브라질 소비자들의 소비가 주춤해진 것에 원인이 있는 듯 보인다.

그런데 왜 브라질의 경기침체가 그렇게도 극심했을까? 그 답은 다분히 2007년과 그 이후의 미국과는 달리 브라질은 경기하강을 막기 위한 정책을 채택하지 않았다는 데 있다. 이자율을 낮추고 정부지출을 늘리는 대신 브라질은 그 반대의 정책을 취

그림 21-5　두 경기회복 이야기

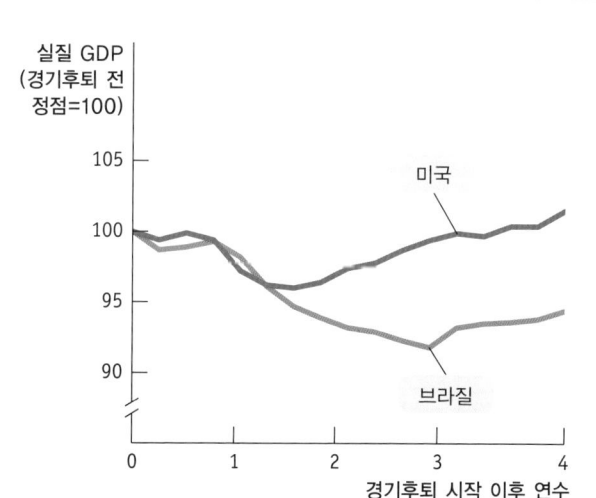

출처 : Federal Reserve Bank of St. Louis and OECD, "Main Economic Indicators-complete database."

했다. 브라질이 이런 정책을 취한 데는 이유가 있는데 대개 정치적인 이유다. 이유야 무엇이든 이들 정책은 미국이 겪은 것보다 더 깊은 경기하강을 초래하는 효과가 있었다.

>> 이해돕기 21-2
해답은 책 뒤에

1. 우리가 특정 산업의 부침에 대해 얘기하지 않고 경제 전체의 경기순환에 대해 얘기하는 이유는 무엇일까?
2. 경기후퇴 시기에는 누가 어떻게 피해를 입는지 설명하라.

‖ 장기 경제성장

1960년에 대부분의 미국인들은 자신이 과거와 현재를 통틀어 다른 어떤 국가의 국민들보다도 더 잘살고 있다고 믿었으며 이것은 사실이었다. 하지만 오늘날의 기준으로 평가한다면 이들은 상당히 가난했다. 〈그림 21-6〉은 1960년과 2015년에 다양한 가전제품을 보유한 미국 가구의 비율을 보여 준다. 1960년에는 소수의 가구만이 세탁기를 갖고 있었고 에어컨을 가진 가구는 거의 없었다. 시계를 반세기 더 되돌려서 1900년으로 가면 많은 미국인들의 생활이 오늘날의 기준으로 보면 놀랄 만큼 원시적이었다는 사실을 발견할 것이다.

왜 오늘날 대부분의 미국인들은 1960년에 많은 미국인들이 사용할 수 없었던 장비들을 이용할 수 있게 되었을까? 그 답은 **장기 경제성장**(long-run economic growth), 즉 경제가 생산하는 재화와 서비스 양의 지속적인 증가에 있다. 이는 경제의 잠재력 증가가 시간이 흐름에 따라 경제의 성장을 가져온다는 경제학의 기본 원리를 반영한다. 〈그림 21-7〉은 영국과 미국의 1인당 실질 국내총생산의 추정치를 중세부터 최근까지 선택된 몇 해에 대해 보여준다. 두 국가 모두 장기적으로 어마어마한 1인당 생산량의 성장을 경험했는데, 이에 비하면 경기순환에 따른 1인당 생산량의 부침은 왜소해 보인다.

장기 경제성장(long-run economic growth)은 시간이 흐름에 따라 경제의 생산량이 보여 주는 지속적인 상승추세다.

그렇지만 두 가지 주목할 만한 점이 있다.

1. 장기 경제성장은 근대적 산물이다. 1650년의 영국은 두 세기 전에 비해 결코 부유하지 않았으며, 1890년까지는 세계 경제의 전반적인 소득 증가가 시작되지 않았다.
2. 모든 국가의 성장 속도가 같은 것은 아니다. 영국은 한때 미국보다 훨씬 더 부유했으나 1875년에는 빠르게 성장하는 미국에 추월당했다.

장기 경제성장은 오늘날 제기되는 중요한 경제적인 의문에 대한 답을 구함에 있어서 기초가 된다. 미국 경제가 사회보장(Social Security)이나 메디케이(Medicare)와 같은 정부 프로그램의 미래 비용을 감당할 수 있는 능력이 있는가와 같은 중요한 정책적 질문에 대한 답은 미국 경제가 다음 수십 년 동안 얼마나 빠른 속도로 성장하는가에 달려 있다.

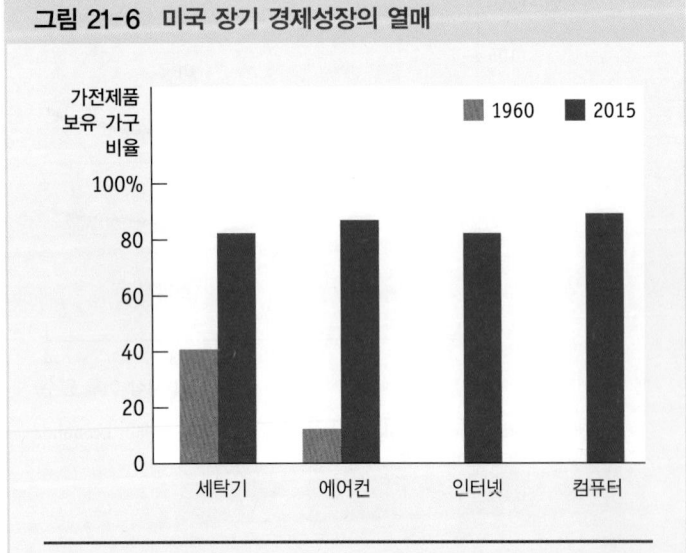

그림 21-6 미국 장기 경제성장의 열매

가전제품 보유 가구 비율

■ 1960 ■ 2015

미국인들은 장기 경제성장 덕분에 훨씬 더 많은 물건을 가질 수 있게 되었다.

출처 : U.S. Census.

더 광범위하게는 미국이 발전하고 있는가에 대한 대중의 인식 역시 장기 경제성장의 성공적인 달성 여부에 달려 있다. 1970년대와 같이 성장이 둔화될 경우 국가적인 회의론을 조장할 수 있다. 특히 1인당 장기 성장, 즉 1인당 생산의 지속적인 상승 추세는 임금을 높이고 생활수준을 향상시키는 열쇠가 된다. 거시경제학의 주요 관심사이자 제24장의 주제는 장기 경제성장의 요인을 이해하는 것이다.

장기 경제성장은 가난한 저개발국에서 더욱 절박한 문제다. 더 높은 생활수준을 달성하기를 원하는 이들 국가는 장기 경제성장을 어떻게 가속화시킬 것인가가 경제정책의 중심 과제다.

거시경제학자들은 경제성장 현상을 분석할 때 경기순환을 분석하기 위해 사용하는 것과는 다른 모형을 이용한다. 따라서 우리는 두 종류의 모형을 모두 이해하고 적용할 수 있어야 한다. 장기에는 좋은 현상이 단기에는 나쁜 결과를 가져올 수 있으며 그 반대의 경우도 있을 수 있기 때문이다. 예를 들어 절약의 역설에 따르면 가계들이 저축을 증가시키려고 하

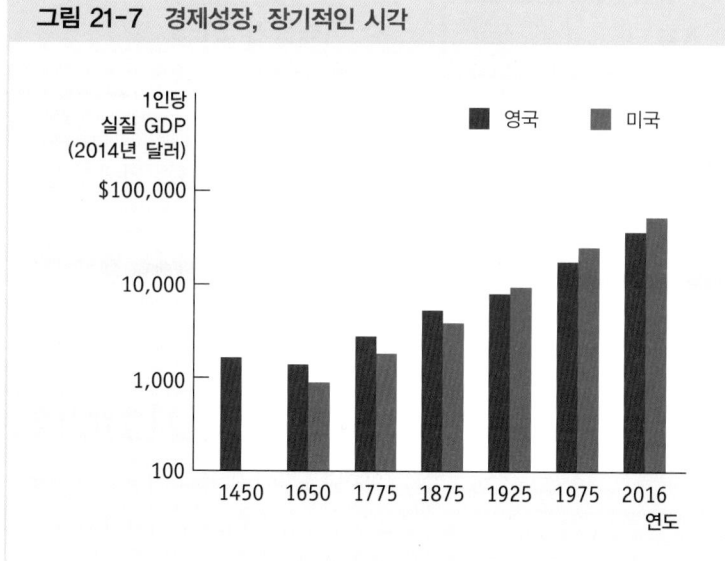

그림 21-7 경제성장, 장기적인 시각

오랜 기간 동안 영국과 미국에서 모두 1인당 실질 국내총생산이 증가했다. 거의 300년 동안은 영국의 1인당 실질 국내총생산이 더 컸다. 하지만 20세기 초에는 미국이 영국을 추월하여 더 부유한 국가가 되었다.

출처 : Maddison Data Project, Revision 2018.

는 것은 단기에는 경제 전체에 부정적인 영향을 미친다. 그러나 제25장에서 볼 수 있듯이 경제 전체의 저축 증가는 장기 경제성장을 촉진하는 데 중요한 역할을 한다.

현실 경제의 >> 이해

두 국가 이야기

많은 국가들이 장기 경제성장을 경험했지만, 모든 국가가 똑같이 잘한 것은 아니다. 이를 가장 잘 보여 줄 수 있는 예는 캐나다와 아르헨티나에서 찾아볼 수 있다. 20세기 초에는 이 두 나라가 모두 좋은 경제적 입지를 갖고 있는 듯했다.

오늘날의 시각에서 보면 제1차 세계대전 이전에 캐나다와 아르헨티나 경제가 서로 유사하다고 인식되었다는 사실 자체가 의외일 것이다. 두 국가 모두 농산물의 주요 수출국이었고, 많은 유럽 이민을 받아들이고 있었으며, 농작물을 재배하는 배후지까지 연결되는 철도를 비롯하여 엄청난 규모의 투자를 유럽으로부터 유치하고 있었다. 경제사학자들은 1930년대 후반까지는 두 나라의 1인당 소득수준이 거의 같았다고 본다.

그렇지만 제2차 세계대전 이후에 아르헨티나 경제는 주로 정치적 불안과 잘못된 거시경제 정책으로 인해 부진한 성과를 보였다. 아르헨티나는 몇 차례에 걸쳐 높은 인플레이션을 겪었고 이 기간 중 생계비가 엄청나게 치솟았다. 한편 캐나다는 꾸준한 성장을 계속했다. 캐나다는 1930년 이후 지속적으로 성장한 반면 아르헨티나는 그러지 못한 결과 오늘날 캐나다는 미국 못지않은 생활수준을 향유하게 되었고 아르헨티나에 비해 세 배 정도 부유해졌다.

>> 이해돕기 21-3
해답은 책 뒤에

1. 많은 가난한 국가들이 높은 인구 증가율을 보이고 있다. 이와 같은 사실이 이들 국가가 1인당 생활수준을 향상하기 위해 달성해야 할 총생산의 장기 성장률에 대해 의미하는 바가 무엇인지 설명하라.
2. 아르헨티나는 과거에는 캐나다만큼 부유했지만 지금은 훨씬 더 가난하다. 이러한 사실은 현재 아르헨티나가 과거보다 더 가난해졌음을 의미하는가? 설명하라.

|| 인플레이션과 디플레이션

1980년 1월에 미국의 평균적인 제조업체 종사 근로자는 시간당 6.57달러를 지급받고 있었다. 2020년 1월에 이르자 이러한 근로자의 시간당 평균 임금이 23.88달러로 상승했다. 경제성장이여 감사합니다!

잠깐만. 2020년에 미국 근로자들은 훨씬 더 많은 금액을 받았지만, 생계비 또한 1980년에 비해 훨씬 더 높아졌다. 〈그림 21-8〉은 1980년과 2020년 사이의 시간당 임금 증가율을 몇몇 표준 품목의 가격 증가율과 비교해서 보여 준다. 근로자가 받는 시간당 임금은 어떤 재화들에 비해서는 더 큰 폭으로 상승했으나 다른 재화들에 비해서는 상승폭이 더 작았다. 전체적으로 생계비는 1980년과 2020년 사이에 232% 상승했으며, 이는 같은 기간 중 대표적인 미국 근로자가 누린 임금 상승분을 대부분 상쇄시켰다. 다시 말하면 인플레이션을 감안한다면 대표적인 미국 근로자의 생활수준은 1980년부터 지금까지 별로 향상되지 못했다.

요점은 1980년과 2020년 사이에 미국 경제가 상당한 **인플레이션**(inflation), 즉 전체 물가수준의 상승을 경험했다는 것이다. 인플레이션과 그 반대 현상인 **디플레이션**(deflation), 즉 전체 물가수준의 하락을 이해하는 것은 거시경제학자들에게 주어진 또 하나의 과제다.

인플레이션과 디플레이션의 원인

여러분은 전체 물가수준의 변화가 단지 수요와 공급의 문제라 생각할지도 모른다. 예를 들어 휘발유 가격의 상승은 원유 가격 상승 때문이고, 원유 가격 상승은 주요 유전의 고갈이나 중국을

전체 물가수준의 상승을 **인플레이션**(inflation)이라 한다.

전체 물가수준의 하락을 **디플레이션**(deflation)이라 한다.

그림 21-8 상승하는 물가

1980년과 2020년 사이에 미국 근로자의 시간당 임금은 263% 상승했다. 하지만 근로자들이 구매하는 재화의 가격도 일부는 이보다 더 오르고, 다른 일부는 이보다 덜 오르기는 했어도 거의 모두 상승했다. 전체적으로 생계비의 상승은 미국 근로자의 평균 임금 상승의 대부분을 상쇄시켰다.

출처 : Bureau of Labor Statistics.

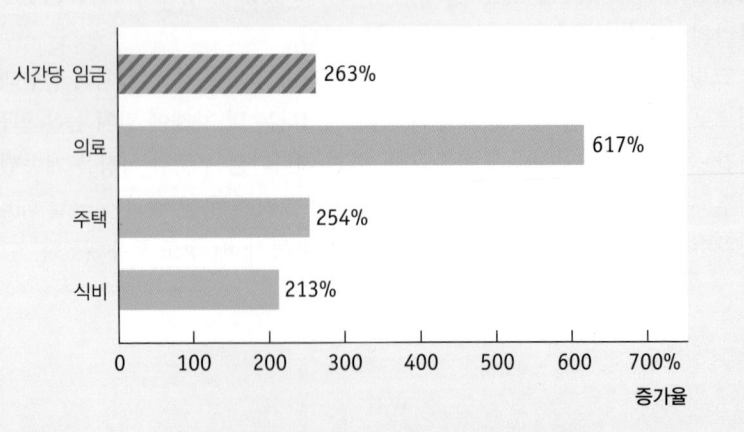

비롯한 신흥시장경제의 국민들이 자동차를 구매할 만큼 부유해짐에 따른 수요 증가와 같은 요인을 반영하는 것일 수도 있다. 그렇다면 전체 물가수준에 어떤 일이 일어났는지를 알기 위해서 각 시장에서 일어난 일을 단순히 더하면 되지 않을까?

그 답은 '그렇게 할 수 없다'이다. 수요와 공급은 특정 재화나 서비스가 다른 재화나 서비스에 비해 상대적으로 더 비싸지는 이유를 설명할 수 있을 뿐이다. 예를 들어 수요와 공급만으로는 닭의 생산이 더 효율적으로 이루어짐에 따라 닭의 가격이 다른 재화에 비해 훨씬 싸졌음에도 불구하고 그동안 닭의 가격이 상승한 이유를 설명할 수 없다.

전체 물가수준의 상승과 하락을 가져오는 요인은 무엇일까? 제23장에서 배우듯이, 단기적으로 인플레이션의 움직임은 경기순환과 밀접한 연관이 있다. 경기가 후퇴하고 일자리를 구하기가 어려워지면 인플레이션이 둔화되는 경향이 있다. 경제가 호황 상태에 있으면 인플레이션은 심화되는 경향이 있다. 예를 들어 대후퇴 기간 중에는 재화와 서비스의 가격이 대부분 크게 하락했다.

이와는 대조적으로 장기에는 물가수준이 구매를 위해 즉각 사용될 수 있는 자산의 총량인 화폐공급의 변화에 의해 주로 결정된다. 제31장에서 보게 되듯이 물가가 수천 또는 수십만 퍼센트 상승하는 현상인 초인플레이션(hyperinflation)은 항상 정부가 자신의 지출을 충당하기 위해 화폐를 찍어 낼 때 발생한다.

전체 물가수준이 천천히 변하거나 전혀 변하지 않을 때 경제는 **물가 안정**(price stability)을 달성하고 있다.

인플레이션과 디플레이션의 고통

인플레이션이나 디플레이션은 모두 경제에 어려움을 가져올 수 있다. 두 가지 예를 들어 보자.

첫째, 인플레이션은 사람들이 현금을 보유하는 것을 주저하게 만드는데 그 이유는 물가가 상승할 경우 현금의 가치가 하락하기 때문이다. 이는 주어진 현금으로 구매할 수 있는 재화와 서비스의 양이 감소함을 의미한다.

둘째, 디플레이션은 정반대의 문제를 일으킨다. 물가가 하락할 경우 현금의 가치가 상승한다. 달리 말하면, 주어진 현금으로 구매할 수 있는 재화와 서비스의 양이 증가한다. 따라서 현금을 보유하는 것이 새로 공장을 짓거나 생산적인 자산에 투자하는 것보다 더 매력적으로 된다. 이와 같은 행동은 디플레이션을 더욱 심화시킨다.

제23장, 제31장에서는 인플레이션과 디플레이션의 비용에 대해 더 상세히 설명할 것이다. 지금은 경제학자들이 일반적으로 물가수준이 변하지 않거나 매우 천천히 변하는 현상인 **물가 안정**(price stability)을 바람직한 목표로 인정한다는 사실만 알고 넘어가자. 물가 안정은 제2차 세계대전 이후 대부분의 기간에 있어서는 도저히 도달할 수 없는 목표로 보였지만, 1990년대부터 시작하여 지금까지 계속해서 대부분의 거시경제학자들이 만족할 정도로 물가 안정이 달성되었다.

현실 경제의 >> 이해

신속한 인플레이션 지표

맥도날드가 처음 문을 연 것은 1948년이다. 맥도날드는 매우 빠르고 값싸게 음식을 제공하는 전략을 폈다. 맥도날드 햄버거의 가격은 0.15달러에 불과했으며 프렌치프라이를 곁들일 경우에도 0.25달러에 불과했다. 2020년의 맥도날드 햄버거 가격은 이것의 여섯 배를 넘는 1.00달러에 달했다. 그렇다면 맥도날드 햄버거는 더 이상 패스트푸드가 아니라 사치스러운 음식이 되었다는 말인가?

그렇지 않다. 사실 다른 소비재와 비교해 보면 햄버거의 값은

햄버거 가격은 맥도날드가 처음 문을 열었을 때에 비해 여섯 배가 되었지만, 여전히 다른 소비재에 비해 싸다.

1948년에 비해 더 싸졌다. 2020년 햄버거의 값은 1948년에 비해 6.5배가 되었다. 하지만 2020년에 가장 널리 사용되는 생계비 척도인 소비자물가지수는 1948년에 비해 11배가 되었다.

>> 이해돕기 21-4
해답은 책 뒤에

1. 다음 중 어떤 것이 인플레이션이고, 어떤 것이 디플레이션이며, 또한 어떤 것이 애매한지를 밝히라.
   a. 휘발유 가격이 10% 상승하고, 식품 가격이 20% 하락하며, 대부분의 서비스 가격이 1~2% 상승한다.
   b. 휘발유 가격이 두 배가 되고, 식품 가격이 50% 상승하고, 대부분의 서비스 가격이 5~10% 상승한다.
   c. 휘발유 가격에는 변함이 없고, 식품 가격은 크게 하락하고, 서비스 가격도 싸진다.

|| 국제 불균형

미국 경제는 개방경제다. **개방경제**(open economy)란 다른 국가들과 재화, 서비스, 자산 등을 활발하게 교역하는 경제를 말한다. 이러한 미국의 대외 교역이 대체로 균형을 이루었던 시절이 있었다. 이 시절에는 미국이 여타 세계로부터 사들이는 만큼을 여타 세계에 팔고 있었다. 하지만 지금은 그런 시절이 아니다.

2018년에 미국은 대규모의 **무역적자**(trade deficit)를 내고 있었다. 다시 말해서 미국의 거주자들이 여타 세계로부터 구매하는 재화와 서비스의 가치가 미국의 생산자들이 해외의 고객에게 판매하는 재화와 서비스의 가치를 훨씬 초과하고 있었다. 한편 다른 국가들 중에는 외국인들로부터 사는 것보다 더 많은 물건들을 외국인들에게 팔고 있는 국가도 있었다.

〈그림 21-9〉는 세 국가의 2018년 중 재화의 수출과 수입을 보여 준다. 그림에서 볼 수 있듯이 미국은 수출하는 것보다 훨씬 많은 것을 수입하고 있었다. 그렇지만 독일과 중국은 그 반대였다. 이들은 **무역흑자**(trade surplus)를 내고 있었다. 한 국가가 여타 세계로부터 구매하는 재화와 서비스의 가치가 해외에 판매하는 재화와 서비스의 가치보다 작을 때 무역흑자가 발생한다.

그림 21-9 균형을 잃은 무역

2018년에 미국이 다른 국가들로부터 구입한 재화의 가치는 해외에 판매한 재화의 가치를 훨씬 초과했다. 독일과 중국은 그 반대였다. 무역적자와 무역흑자는 거시경제적 현상, 특히 저축과 투자지출의 차이를 반영한다.

출처 : International Monetary Fund, International Financial Statistics.

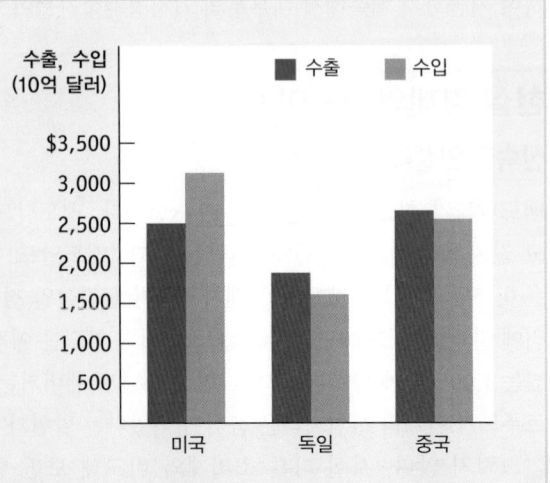

미국의 무역적자는 미국 경제가 무언가 잘못되어 있음을 보여 주는 신호일까? 예를 들어 미국이 다른 나라 사람들이 구매하기를 원하는 것들을 만들지 못하고 있는 것일까? 그렇지는 않다. 무역적자와 무역흑자는 거시경제적인 현상일 뿐이다. 이들은 부분의 합과 전체가 상이할 수 있는 상황의 하나일 뿐이다. 여러분은 생산성이 매우 높은 노동자를 보유하고 있고 널리 수요되는 재화와 서비스를 생산하는 국가들이 무역흑자를 낼 것이고, 비생산적인 노동자를 보유하고 있고 품질이 낮은 재화와 서비스를 생산하는 국가들이 무역적자를 낼 것이라고 생각할지 모른다. 하지만 현실에서는 경제의 성공 여부와 무역 흑자나 적자 사이에는 단순한 관계가 존재하지 않는다.

제2장에서 우리는 국제무역이 비교우위의 결과임을 배웠다. 즉 국가들은 생산에 있어서 상대적으로 유리한 재화를 수출하고 그렇지 않은 재화를 수입한다. 이것이 바로 미국이 밀을 수출하고 커피를 수입하는 이유다. 하지만 비교우위의 개념으로는 왜 한 국가의 수입액이 때로는 수출액보다 적은지 또는 많은지를 설명할 수 없다.

그렇다면 한 국가가 무역흑자를 낼 것인지 또는 무역적자를 낼 것인지를 결정하는 것은 무엇일까? 나중에 우리는 놀라운 답을 알게 될 것이다. 수출과 수입 간의 균형 여부는 재화와 서비스를 생산하기 위해 사용되는 기계나 공장 같은 투자재에 대한 투자지출과 저축에 의해 결정된다. 저축에 비해 투자지출이 큰 국가는 무역적자를 낼 것이고, 저축에 비해 투자지출이 적은 국가는 무역흑자를 낼 것이다.

현실 경제의 >> 이해

그리스의 값비싼 흑자

1999년에 그리스는 역사적인 발걸음을 내디뎠는데, 바로 유럽국가 간 경제적·정치적 통합을 진전시키기 위해 도입된 공통화폐인 유로화를 채택하기 위해 자기 나라의 화폐인 드라크마(drachma)를 포기한 것이다. 이것이 그리스의 국제무역에 어떤 영향을 미쳤을까?

〈그림 21-10〉은 2000년부터 2018년까지 그리스의 경상수지를 보여 준다. 경상수지는 무역수지보다 더 광범위한 개념이다. 음의 경상수지란 이 나라가 무역적자를 내고 있었음을 의미한다. 그림에서 볼 수 있듯이 그리스는 유로화를 채택한 이후 대규모의 무역적자를 내기 시작했는데, 무역적자 규모가 최대일 때는 그리스가 생산한 재화 및 서비스 가치의 16%에 달했다. 그렇지만 2008년 이후에는 무역적자가 빠른 속도로 줄어들기 시작했으며, 2013년에 이르러서는 소폭의 흑자를 내고 있었다.

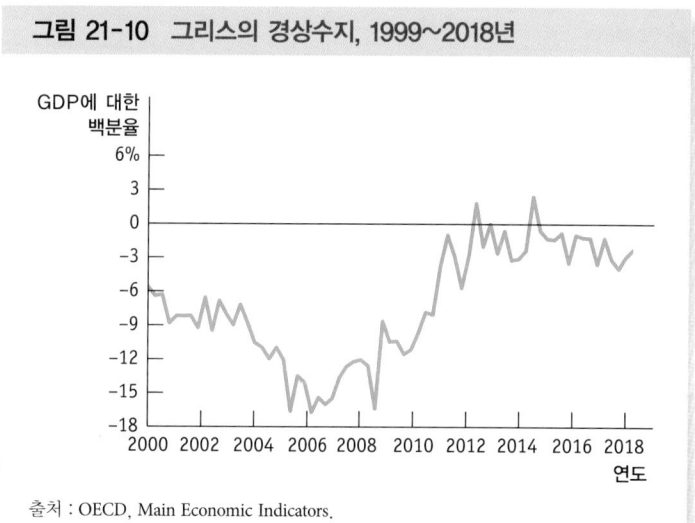

그림 21-10 그리스의 경상수지, 1999~2018년

출처 : OECD, Main Economic Indicators.

이것이 그리스 경제가 2000년대 중반에 형편없는 성적을 내다가 그 이후 개선되었음을 의미하는 것일까? 실제는 정반대다. 그리스가 유로화를 채택했을 때 해외의 투자자들은 그리스 경제의 전망을 좋게 보았고, 그 결과 이 나라로 돈이 물밀 듯이 들어와 경제가 빠른 속도로 팽창했다. 불행히도 이러한 낙관론은 결국 소멸되었고 외자 유입은 말라 버렸다. 그 결과 중 하나로 그리스는 더 이상 대규모의 무역적자를 감당할 수 없게 되었고, 2013년에 이르러서는 흑자를 낼 수밖에 없었다. 또 다른 결과는 심한 경기후퇴와 이에 따른 일자리 부족인데, 그 결과 이 장의 도입 사례에서 설명한 엔지니어 콘스탄틴 카코야니스처럼 구직을 포기하고 독일로 이사 간 실업자들이 발생했다.

>> 이해돕기 21-5
해답은 책 뒤에

---

1. 다음 중 어떤 것이 비교우위의 결과이고 어떤 것이 거시경제적 현상인가?

   a. 앨버타에서 대규모 석유모래가 발견된 덕분에 캐나다는 원유 수출국이자 제조품 수입국이 되었다.

   b. 다른 소비재와 마찬가지로 애플의 아이팟은 중국에서 조립된다. 물론 많은 부품들은 다른 국가에서 만들어진다.

   c. 2002년 이래 독일은 수입보다 훨씬 많은 수출을 함에 따라 대규모 무역흑자를 기록하였다.

   d. 1990년대 초반에 거의 무역균형을 이루었던 미국은 1990년대 후반에 들어 기술 호황이 본격화됨에 따라 대규모의 무역적자를 경험했다.

G.J. McCARTHY/Tribune News Service/ARLINGTON/TX/USA/Newscom

옛날에는 제너럴모터스(GM)가 세계에서 가장 위대한 기업으로 널리 인정받았었다. 이 회사는 미국에서 가장 큰 고용주였으며, 그 성공은 국가 전체의 성공과 떼려야 뗄 수가 없었기 때문에 1953년에 이 회사의 최고경영자는 "미국을 위해 좋은 것은 GM을 위해서도 좋으며, GM을 위해 좋은 것은 미국에도 좋다. 차이는 존재하지 않는다."라고 선언하기조차 했다.

그렇지만 2008년이 되자 GM은 더 이상 과거의 GM이 아니었다. 외국 자동차 제조사들로부터의 경쟁이 심화됨에 따라 더 이상 미국의 자동차시장을 지배하지 못했다. 이 회사는 퇴직한 근로자에게 연금과 의료혜택을 제공해야 한다는 계약으로 인해 높은 비용을 치르고 있었다. 이로 인해 2008년에만 300억 달러 이상 손실을 보는 등 그야말로 돈을 흘리고 있었다. GM이 빚을 갚지 못하고 공식적인 부도를 선언할 뿐 아니라 사업을 아예 접고 청산을 할 가능성도 있는 듯 보였다.

GM의 경영진은 정부에 도움을 청했으며 도움을 받았다. 연방정부는 거의 500억 달러의 현금을 공급했으며 그 대가로 이 회사의 과반수 소유권을 받았다. 이 구제조치에 대해서는 격심한 비판이 있었는데 많은 비판은 이 회사가 회생할 수가 없을 것이며 GM에 공급된 지원금은 낭비된 돈이 될 것이라 예측했다. 그렇지만 결국 GM은 재기했으며 이윤을 내기 시작했다. 2010년이 되자 이 회사는 연방정부 대출의 상환을 마쳤으며 연방정부는 취득했던 모든 주식을 매각했다. 단, 매각가격은 납세자에게 모두 합해서 100억 달러의 손실을 안겨주는 수준이었다.

GM이 생존하여 다시 이익을 낼 수 있었던 이유는 무엇일까? 이 회사는 몇 가지 비용 삭감 조치를 취하기는 했다. 하지만 회생의 가장 큰 비밀은 2008년이 자동차 산업에 예외적으로 좋지 않은 해였으며, 그 후 여건들이 극적으로 개선되었다는 데 있다.

핵심은 자동차 판매는 경제의 상태에 매우 민감하다는 것이다. 경제가 전체적으로 휘청거려서 근로자들이 일자리를 잃거나 미래에 잃을 것을 우려한다면 이들은 신차 구입을 미룰 것이다. 〈그림 21-11〉은 지난 수십 년간 미국의 경차 판매 대수(승용차와 스포츠 유틸리티차 포함)를 보여준다. 그림에서 보듯이 대후퇴 기간 중 판매 대수는 40% 정도 급감했는데 이는 경제 전체의 수축 정도를 훨씬 더 능가하는 수준이다. 그렇지만 경제가 회복하면 판매가 급격히 늘어날 것으로 예측되었다.

경제가 회복할 때 판매가 급성장하리라는 기대가 2009년에 GM을 구제하는 것이 이 회사의 손실이 제시하는 결과를 보는 것보다는 더 나은 선택이었던

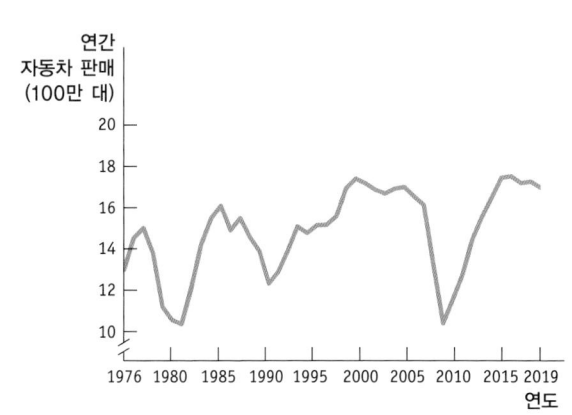

그림 21-11 자동차와 경량 트럭 판매, 1976~2019년

연간 자동차 판매 (100만 대)

출처 : Federal Reserve Bank of St. Louis and Bureau of Economic Analysis.

이유였다. 재기에도 불구하고 이 회사는 더 이상 과거의 거인이 아니다. 하지만 어쨌든 GM은 살아남았다.

생각해 볼 문제

1. 대후퇴 중 많은 재화의 판매가 감소했을 때, 자동차 판매가 식료품보다 더 큰 타격을 입은 이유는 무엇일까?
2. 〈그림 21-11〉을 보면 대후퇴 이전 두 경기후퇴 중의 자동차 판매가 대후퇴 기간에 비해 적게 감소했음을 알 수 있다. 그 차이는 무엇으로 설명될 수 있을까?
3. GM은 높은 평가를 받는 경제학자를 지속적으로 고용하였는데, 이는 은행산업 외의 미국 기업으로서는 이례적이었다. 이 경제학자의 중요한 역할은 경제예측을 돕는 것이었다. (2019년 현재에는 저자들의 학생이었던 버크버그가 이 일을 맡고 있다.) GM이 월마트와 같은 기업보다 경제분석에 더 우선순위를 두는 이유는 무엇일까?

요약

1. 거시경제학은 경제 전체의 움직임을 연구하는 학문 분야다. 거시경제 전체의 움직임은 그 부분의 합과 다를 수 있다. 거시경제학은 이를 통해 답하고자 하는 질문의 형태가 미시경제학과 다르다. 거시경제학은 또한 정책에 중점을 두고 있다. 대공황 중에 부상한 **케인즈학파 경제학**은 경기침체를 해소하기 위해 **통화정책**과 **재정정책**을 사용할 것을 주장한다. 대공황 이전만 해도 경제학자들은 경제가 **자율조정적**이라 생각했다.

2. 거시경제학의 주된 관심사 중 하나는 고용과 총생산이 감소하는 **경기후퇴**와 고용과 총생산이 증가하는 **경기팽창**이 단기적으로 반복되는 현상인 **경기순환**이다. 경제가 팽창국면에서 후퇴국면으로 전환되는 시점을 **경기순환의 정점**이라 하고, 경제가 후퇴국면에서 팽창국면으로 전환되는 시점을 **경기순환의 저점**이라 한다.

3. 거시경제학의 또 하나의 주된 연구 분야로 경제의 총생산이 지속적으로 상승하는 추세를 의미하는 **장기 경제성장**을 들 수 있다. 장기 경제성장은 생활수준이 장기적으로 향상될 수 있는 열쇠가 되는 한편 일부 경제 프로그램의 재원 조달에 중요한 영향을 미친다. 경제성장은 가난한 국가들에 있어서 특히 중요하다.

4. 대부분의 재화와 서비스 가격이 상승하여 총체적인 물가수준이 상승할 경우 경제는 **인플레이션**을 경험한다. 총체적인 물가수준이 하락할 때 경제는 **디플레이션**을 경험한다. 단기적으로 인플레이션과 디플레이션은 경기순환과 밀접한 관계가 있다. 장기적으로 물가는 전체 화폐공급의 변화에 의해 좌우된다. 인플레이션과 디플레이션은 모두 문제를 발생시키므로 경제학자들과 정책담당자들은 일반적으로 **물가 안정**의 달성을 목표로 삼는다.

5. 비교우위는 **개방경제**가 어떤 재화를 수출하면서 다른 재화를 수입하는 이유를 설명할 수 있지만, 한 국가가 **무역흑자** 또는 **무역적자**를 내는 이유를 설명하기 위해서는 거시경제학적 분석이 필요하다. 수출과 수입 간의 총체적인 균형 여부는 저축과 투자지출에 대한 의사결정에 달려 있다.

주요용어

자율조정적 경제
케인즈학파 경제학
통화정책
재정정책
경기후퇴
경기팽창

경기순환
경기순환의 정점
경기순환의 저점
장기 경제성장
인플레이션
디플레이션

물가 안정
개방경제
무역적자
무역흑자

토론문제

1. 미국의 노동부는 고용과 소득에 대한 통계를 보고하는데, 많은 경제학자들이 이 통계를 미국 경제의 건전성을 가늠하는 데 사용한다. 경기후퇴기에는 주간 실업보험 청구 건수가 급증한다. 본문의 〈그림 21-4〉는 매달 실업률에 대한 역사적 자료를 그래프로 보여 준다. 이 숫자가 1990년대 초반과 2001년 그리고 대후퇴 이후인 2007~2009년 중에 매우 높은 값을 가졌다는 사실이 주목된다.

   a. 미국의 실업률에 대한 가장 최신 자료를 구하라. [힌트 : 노동부 웹 사이트인 www.bls.gov로 가서 검색창에 '고용현황 요약(Employment Situation Summary)'을 입력하라.]

   b. 현재의 실업률을 1990년대 초반, 대후퇴 기간은 물론 이들 경기후퇴기 직전에 비교적 높은 경제성장을 보이던 시기와 비교하라. 현재의 수치는 경기후퇴 추세를 예고하는가?

2. 1990년대에는 아시아 금융위기라 알려진 극적인 경제적 사건이 발생했었다. 10년 후에 비슷한 사건이 발생했는데 이는 글로벌 금융위기라 불린다. 다음 그림은 1996년부터 2018년까지 미국과 일본의 실질 GDP의 성장률을 보여 준다. 그림을 이용하여 이 두 사건에 이러한 이름이 붙여진 이유가 무엇일지 설명해 보라.

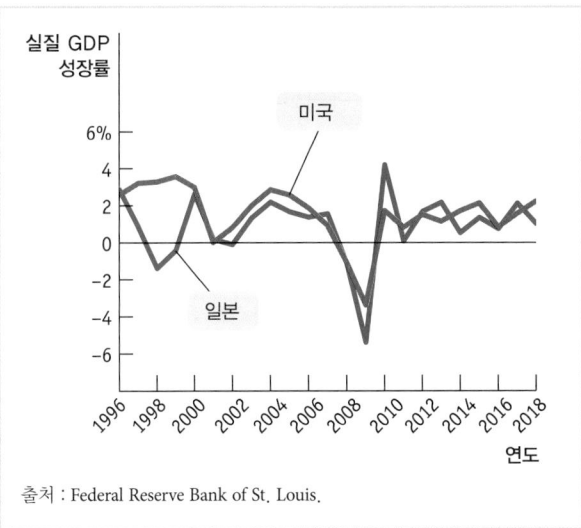

출처 : Federal Reserve Bank of St. Louis.

3. 다음 그림은 1987년 이래 미국의 무역적자를 보여 준다. 미국은 점점 더 수출하는 것보다 더 많은 재화를 수입해 왔다. 미국이 무역에서 적자를 보고 있는 국가 중 하나는 중국이다. 다음 명제 중에서 이와 같은 사실을 설명할 수 있는 것은 무엇인가? 그 이유를 설명하라.

a. 텔레비전과 같이 이전에는 미국에서 생산되던 많은 제품들이 이제는 중국에서 생산되고 있다.
b. 중국 노동자의 평균 임금은 미국 노동자보다 훨씬 더 낮다.
c. 미국의 투자지출은 저축에 비해 상대적으로 높은 수준이다.

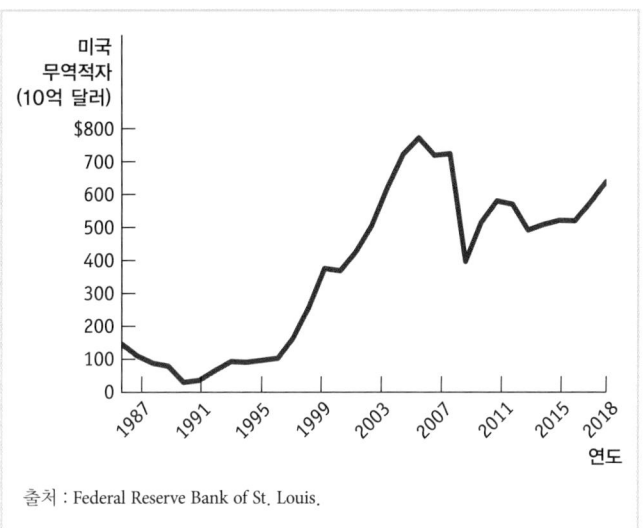

출처 : Federal Reserve Bank of St. Louis.

연습문제

1. 다음 질문 중 어느 것이 미시경제학과 거시경제학의 연구대상으로 적절한지 구분하라.
  a. 마틴 여사가 일하는 음식점 근처에 있는 큰 공장이 문을 닫으면 마틴 여사가 받는 봉사료에는 어떤 변화가 생기는가?
  b. 경제가 침체기에 들어서면 소비지출액은 어떻게 변하는가?
  c. 서리가 내려서 플로리다의 오렌지 과수원이 피해를 입으면 오렌지 가격은 어떻게 변하는가?
  d. 노동자들이 조합을 결성하면 제조업체 공장의 임금이 어떻게 변하는가?
  e. 다른 화폐에 비해서 달러화의 가치가 하락하면 미국의 수출은 어떻게 영향을 받는가?
  f. 한 국가의 실업률과 인플레이션율의 관계는 무엇인가?
2. 어떤 사람이 저축을 하면 그의 재산은 증가하고 따라서 미래에 더 많은 소비를 할 수 있다. 하지만 모든 사람이 다 저축을 하면 모든 사람의 소득이 감소하고 그 결과 모든 사람의 현재 소비가 줄어들게 된다. 이처럼 모순되게 보이는 현상에 대해서 설명해 보라.

3. 대공황 이전까지 경제학자들과 정책담당자들의 전통적인 견해는 경제가 자율조정적이라는 것이었다.
  a. 이러한 견해는 케인즈학파 경제학과 일치하는가 또는 상충되는가? 이유를 설명하라.
  b. 대공황은 전통적인 견해에 어떤 영향을 미쳤을까?
  c. 2007~2009년의 경기후퇴에 대한 정책담당자들의 반응과 대공황 중 정책담당자들의 반응을 대조시켜 보라. 2007~2009년의 경기후퇴에 있어서 정책담당자들이 대공황 중 정책담당자들이 한 것과 같은 정책반응을 했더라면 어떤 결과를 가져왔을지 설명하라.
4. 미국의 경제학자들은 언제 경기후퇴가 시작되고 끝나는지를 어떻게 판별하는가? 다른 나라에서는 경기후퇴가 발생하는지의 여부를 어떻게 판별할까?
5. a. 경기순환에 따라 함께 움직이는 경제지표 세 가지를 들라. 이들 지표는 경기후퇴기에 어떤 방향으로 움직이는가? 경기팽창기에는?
  b. 경기후퇴기에는 누가 어떻게 피해를 입는가?
  c. 프리드먼은 대공황 이후 등장한 경제의 운영방법에 대한 의견합치를 어떻게 변화시켰는가? 오늘날 정책담당

자의 경제 관리 목표는 무엇인가?

6. 왜 우리는 경기순환의 팽창국면이 장기 경제성장과 다르다고 생각하는가? 왜 우리는 인구 증가율에 대비한 실질 국내총생산의 장기 성장률에 관심을 가질까?

7. 1798년에 맬서스는 『인구론』을 출간했다. 이 책에서 맬서스는 다음과 같이 말한다: "인구 증가가 억제되지 않는 한 인구는 기하급수적으로 증가한다. 하지만 이들을 먹여 살릴 식량은 산술적으로 증가할 뿐이다. 그 결과 식량 부족으로 인해 인구 증가는 강하고 지속적인 제약을 받게 된다." 맬서스가 의미하는 것은 인구 증가가 이용 가능한 식량의 양에 의해서 제약되고 사람들은 영원히 최저생계수준의 생활을 하게 된다는 것이다. 이와 같은 맬서스의 예상이 1800년 이후 실제로 발생한 세계 경제 현상에 부합되지 않는 이유는 무엇인가?

8. 《이코노미스트》는 매년 여러 나라의 빅맥 가격과 환율에 대한 자료를 출간한다. 다음 표는 2007년과 2019년의 일부 자료를 보여 준다. 이 표를 이용하여 다음 질문에 답하라.

	2007년		2019년	
국가	빅맥 가격 (각국 화폐단위)	빅맥 가격 (미국 달러 단위)	빅맥 가격 (각국 화폐단위)	빅맥 가격 (미국 달러 단위)
아르헨티나	peso8.25	$2.65	peso120.0	$2.87
캐나다	C$3.63	$3.08	C$6.77	$5.16
유로지역	€2.94	$3.82	€4.08	$4.58
일본	¥280	$2.31	¥390	$3.59
미국	$3.22	$3.22	$5.74	$5.74

a. 2007년의 미국 달러화를 기준으로 할 때 빅맥을 가장 값싸게 살 수 있었던 나라는 어디인가?

b. 2019년의 미국 달러화를 기준으로 할 때 빅맥을 가장 값싸게 살 수 있었던 나라는 어디인가?

c. 각국의 통화로 표시한 빅맥 가격의 증가를 이용하여 2007~2019년 사이 물가수준의 변화율을 백분율로 구하라. 어떤 나라가 가장 극심한 인플레이션을 겪었는가? 디플레이션을 겪은 나라도 있는가?

9. 지난 수십 년간 대학 등록금은 큰 폭으로 상승했다. 지난 20년간 전일제 대학생이 지불하는 등록금, 기숙사비 및 식비 총액은 공립대학의 경우 2,871달러에서 1만 6,789달러로, 485% 상승했고 사립대학의 경우 6,330달러에서 3만 3,716달러로 433% 상승했다고 가정하자. 같은 기간에 개인의 평균 세후소득은 9,785달러에서 3만 9,409달러로 상승했는데 이는 302%의 개인소득 증가율에 해당한다. 등록금 인상으로 인해서 평균적인 학생이 등록금을 내는 것이 더 어려워졌는지 여부를 판단하라.

22 GDP와 CPI : 거시경제의 측정

중국, 대성공을 거두다

이 책의 서두에는 중국 동남지역에 있는 엄청난 규모의 복합단지인 주강 삼각주의 사진이 실려있는데, 오늘날 이 지역은 세계에서 가장 큰 도시다. 이 도시는 많은 국가들의 경제 규모를 넘어서는 매우 큰 규모의 경제를 보유하고 있다. 중국은 몇몇 지표에 따라서는 세계에서 가장 큰 경제다. 다른 지표들은 미국이 여전히 더 큰 경제임을 보여 준다.

그런데 세계에서 가장 큰 경제 규모라는 것은 무엇을 의미할까? 여러분이 중국과 미국을 비교한다면 이들이 상당히 다른 것들을 하고 있음을 발견할 것이다. 예를 들어 중국은 세계 전체 의류의 상당 부분을 생산하는 데 비해 미국에서는 의류산업이 대부분 사라졌다. 반면에 미국은 세계 전체 여객기의 절반가량을 생산하는 데 비해 중국에서는 항공기산업이 이제 막 시작단계다. 따라서 여러분은 두 경제의 규모를 비교하려 드는 것은 사과와 오렌지가 아니라 잠옷과 보잉 여객기를 비교하는 것과 같다고 생각할 수도 있다.

그렇지만 경제학자들은 으레 공간과 시간에 따른 경제의 규모를 비교하려 든다. 예를 들어 경제학자들은 미국 경제와 중국 경제의 규모를 비교하고, 오늘날 미국 경제의 규모를 과거의 규모와 비교하기도 한다. 이를 위해 이들은 **국내총생산**(gross domestic product) 또는 GDP라 알려진 지표와 이와 밀접한 관련이 있는 지표인 **실질 국내총생산**(real GDP)을 이용한다. 국내총생산은 한 국가에서 생산되는 재화와 서비스의 총체적 가치에 대한 척도이며, 실질 국내총생산은 연간 물가 변화에 대해 보정된 국내총생산이다. 통계 전문가들이 한 국가의 경제가 다른 경제를 추월했다고 말할 때는 중국의 실질 국내총생산이 미국의 실질 국내총생산을 능가했음을 의미한다. (또는 미국의 실질 국내총생산이 중국의 실질 국내총생산을 능가했음을 의미한다.)

국내총생산과 실질 국내총생산은 거시경제를 추적하기 위해, 즉 생산량과 물가의 총체적 수준의 움직임을 계량화하기 위해 사용되는 가장 중요한 척도 중 두 가지다. 정책입안자들은 어떤 일이 일어나고 있는지를 알 필요가 있으며 일화는 믿을 수 있는 자료를 대체할 수 없기 때문에 국내총생산이나 **물가지수**와 같은 척도들은 경제정책을 형성하는 데 중요한 역할을 한다. 기업을 비롯한 경제 참가자들이 공식적인 숫자를 신뢰할 수 없을 때 독립기관이 제공하는 추정치를 구하려 할 정도로 이러한 척도들은 기업의 의사결정에도 중요하다.

이 장에서는 거시경제학자들이 어떻게 경제의 주요 측면을 측정하는지에 대해 설명할 것이다. 먼저 경제의 총생산과 총소득을 측정하는 방법에 대해 탐구할 것이다. 다음으로는 경제의 물가수준과 물가변화를 어떻게 측정할 것인지에 대해 알아본다. ●

Dong Wenjie/Getty Images

중국은 일본을 추월하여 경제적 초강대국이 되었다.

이 장에서 배울 내용

- 경제학자들이 경제 성과를 파악하기 위해 총량지표를 어떻게 이용하는가?
- **국내총생산**의 개념과 세 가지 측정방법은 무엇인가?
- **실질 국내총생산**과 **명목 국내총생산**의 차이와 실질 국내총생산이 경제의 실제 활동수준의 적절한 척도가 될 수 있는 이유는 무엇인가?
- **물가지수**의 개념은 무엇이며, **인플레이션율**을 측정하기 위해 물가지수를 어떻게 활용하는가?

|| 국민계정

거의 모든 국가가 **국민소득 및 생산 계정**이라고 불리는 숫자들을 계산하여 보고하고 있다. 사실 한 국가의 국민계정의 정확성은 그 국가의 경제발전 정도에 대한 훌륭한 척도가 된다. 경제적인 선진국일수록 국민계정에 대한 신뢰도가 높다. 국제경제기구들이 저개발국을 지원하려 할 때 가장 먼저 하는 일이 바로 전문가들을 파견하여 국민계정을 평가하고 개선하는 것이다.

미국에서는 상무부(Department of Commerce)의 한 부서인 경제분석국(Bureau of Economic Analysis)에서 국민계정을 작성한다. **국민소득 및 생산 계정**(national income and product accounts) 또는 간단히 **국민계정**(national accounts)은 소비자의 지출, 생산자의 매출, 기업의 투자지출, 정부의 물품 구매를 비롯하여 경제 부문 간 화폐의 흐름을 측정한다. 이것이 어떤 원리에 의해 작동하는지 알아보자.

화폐 흐름 따라가기 : 확장된 순환도

〈그림 22-1〉에 소개된 순환도를 이용하여 국민계정에 내포된 원리를 이해해 보기로 한다. 이 그림은 제2장에서 소개되었던 순환도를 수정하고 확장시킨 것이다(〈그림 2-6〉을 보라). 〈그림 22-1〉은 경제 전체를 통한 화폐의 흐름을 보여 준다. 그런데 이 장에서는 그림의 왼쪽에만 초점을 둘 것인데, 여기서 초록색 화살은 '실물' 경제, 즉 재화와 서비스 생산과 관련된 화폐 흐름을 나타낸다. 파란색 화살은 차입과 대출을 비롯하여 매우 중요하지만 생산에는 간접적인 영향만을 미치는 화폐 흐름인 '금융' 경제를 나타내는데, 이에 대해서는 제25장에서 배울 것이다.

〈그림 22-1〉에서 보듯이 재화와 서비스에 대한 지출, 즉 재화와 서비스 시장으로의 화폐 흐름은 네 종류의 구매자로부터 유래한다.

1. 지방, 주, 연방 수준의 정부는 두 가지 영역에서 조세 수입을 지출한다. **정부의 재화와 서비스 구매**(government purchases of goods and services)는 교육이나 국방처럼 정부가 스스로 사용하기 위해 물건들을 사는 것이다. 사회보장(Social Security)과 같은 이전지출(transfer payment)은 정부가 가계에 돈을 주는 것이다. 이 장에서는 정부구매에만 초점을 둘 것이다.
2. 가계, 즉 여러분 가족, 우리 가족, 수천만의 다른 가족들이다. 가계는 재화와 서비스 시장에서 기업으로부터 재화와 서비스를 구매하거나 여타 세계로부터 수입을 함으로써 **소비지출**(consumer spending)을 한다.
3. 기업−기업은 기계와 건물 신축과 같이 생산적인 자본에 대한 지출을 의미하는 **투자지출**(investment spending)을 위해 다른 기업들로부터 재화와 서비스를 구매한다.
4. 여타 세계(rest of the world)−네 번째 지출의 원천은 다른 국가의 거주자에 대한 재화와 서비스 판매인 **수출**(export)이다.

이들 네 가지 화폐 흐름은 모두 재화와 서비스에 대한 지출과 관련이 있다. 그런데 한 국가의 거주자들이 구매하는 재화와 서비스의 일부는 해외에서 생산된 것이다. 예를 들어 미국에서 팔리는 많은 소비재들은 중국에서 생산된 것이다. 가계, 정부, 기업이 구매하지만 다른 국가의 거주자에 의해 생산된 재화와 서비스를 **수입**(import)이라 한다. 수입재의 구매는 재화와 서비스 시장으로부터 유출되는 화폐 흐름과 경제로부터 유출되는 화폐 흐름을 낳는다.

이제 재화와 서비스에 대한 소비지출, 투자지출, 정부구매, 수출을 모두 더한 후 여기서 수입을 뺀 값을 계산해 본다고 하자. 이 값은 경제가 생산하는 모든 재화와 서비스의 시장가치의 총액이 얼마인지를 보여 준다. 이 값에는 국내총생산이라는 명칭이 부여될 것이다. 국내총생산을

국민소득 및 생산 계정(national income and product accounts) 또는 **국민계정**(national accounts)은 경제의 여러 부문 간 화폐의 흐름을 측정한다.

정부의 재화와 서비스 구매(government purchase of goods and services)는 정부가 재화와 서비스를 구매하기 위해 지출한 금액이다.

소비지출(consumer spending)은 재화와 서비스를 구매하기 위한 가계의 지출이다.

투자지출(investment spending)은 기계 구입, 건물 신축, 재고 증가와 같이 생산적인 실물자본을 마련하기 위해 일어나는 지출이다.

다른 국가에 판매된 재화와 서비스를 **수출**(export)이라 한다. 다른 국가들로부터 구입한 재화와 서비스를 **수입**(import)이라고 한다.

그림 22-1 확장된 순환도 : 국민경제를 통한 화폐의 흐름

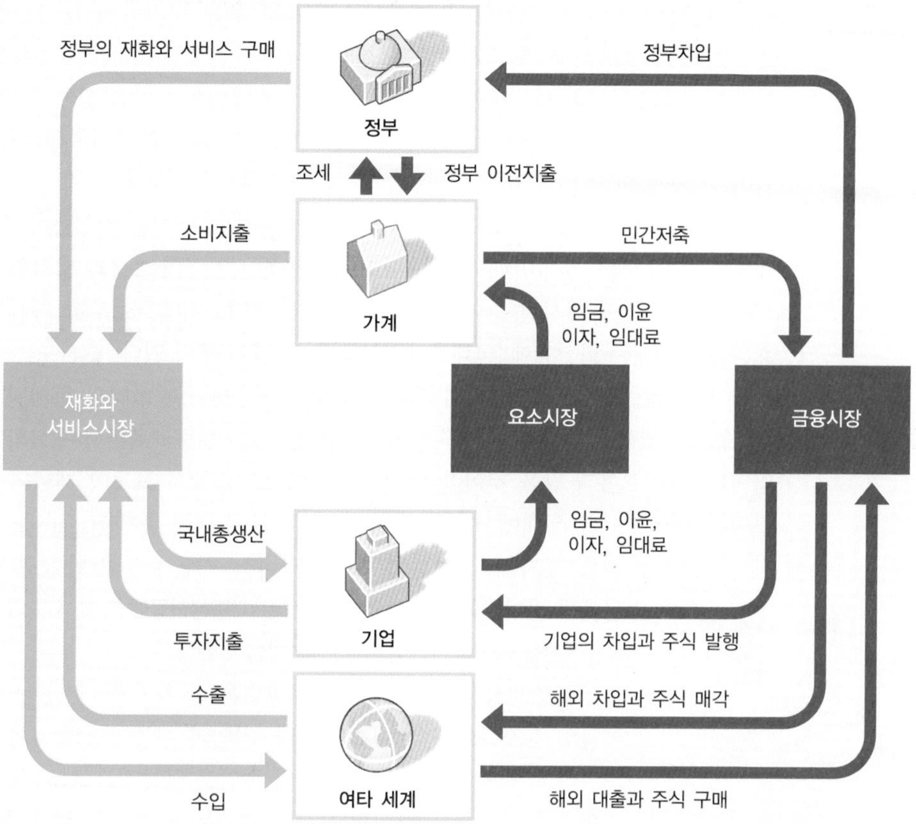

자금의 순환은 가계, 기업, 정부, 해외라는 경제의 네 부문을 요소시장, 재화와 서비스시장, 금융시장이라는 세 시장을 통해 연결해 준다. 자금은 요소시장을 통해 임금, 이윤, 이자, 임대료의 형태로 가계에 유입된다. 가계는 이 화폐를 정부에 조세로 납부하고, 금융시장으로 유입되는 민간저축의 형태로 저축하고, 기업으로부터 구매하는 재화와 서비스에 대한 소비나 여타 세계로부터의 수입에 지출한다. 정부는 조세수입을 기업이나 여타 세계로부터 재화와 서비스를 구매하기 위해 사용한다. 정부는 또한 조세수입을 보조금이나 사회안전망(예를 들어 사회보장, 실업보험급여)의 형태로 가계에 이전한다. 기업은 차입이나 주식 또는 채권 발행을 통해 금융시장에서 조달한 화폐를 투자지출에 사용한다. 투자지출은 기계와 신축 건물과 같은 재화와 서비스에 대한 지출이며 미래의 생산을 증가시킨다. 마지막으로 여타 세계는 이 경제의 수출을 구입한다. 국민소득계정을 이해하기 위해 우리는 재화와 서비스 시장으로의 또는 재화와 서비스 시장으로부터의 흐름에 초점을 두는데, 이들은 "실물" 경제를 대표하며 그림 왼편에 초록색으로 표시되어 있다. 파란색으로 표시된 그림의 오른편은 "금융" 경제를 대표하는데 이에 대해서는 제25장에서 검토할 것이다.

정식으로 정의하기 위해서는 **최종생산물**과 **중간투입물**이라는 두 가지 종류의 생산물을 구분할 수 있어야 한다.

국내총생산

소비자가 자동차 딜러로부터 새 차를 구입하는 것은 최종생산물의 판매가 일어나는 전형적인 예라고 할 수 있다. **최종생산물**(final goods and services)이란 최종 사용자에게 판매되는 재화와 서비스를 의미한다. 반면에 자동차 제조회사가 제철소로부터 구매하는 철강이나 유리 제조사로부터 구매하는 유리는 중간투입물이다. **중간투입물**(intermediate goods and services)이란 다른 생산물을 생산하기 위해 투입되는 재화와 서비스를 의미한다. 중간투입물을 구매하는 기업은 그 생산물의 최종 사용자가 아니다.

국내총생산(gross domestic product) 혹은 **GDP**는 어떤 경제에서 주어진 기간에 생산된 최종생

최종생산물(final goods and services)은 최종 사용자에게 판매되는 재화와 서비스다.

중간투입물(intermediate goods and services)은 최종생산물을 생산하기 위해 사용되는 투입물로 한 기업이 다른 기업으로부터 구매하는 재화와 서비스다.

국내총생산(gross domestic product) 혹은 GDP는 어떤 경제에서 한 해 동안에 생산된 최종생산물 가치의 총계로 정의된다.

총지출(aggregate spending)은 소비지출, 투자지출, 정부의 재화와 서비스 구매, 수출을 합한 금액에서 수입을 뺀 금액으로 한 경제에서 생산된 최종생산물을 구매하기 위한 지출의 합이다.

산물 가치의 총계로 정의된다. 2019년 미국의 국내총생산은 21조 4,280억 달러인데 이는 미국 국민 1인당으로는 6만 5,223달러에 해당한다. 여러분이 어떤 국가의 국민계정을 작성하고자 하는 경제학자라 하자. 이 국가의 국내총생산을 계산하기 위한 한 가지 방법은 그 국가 내의 모든 기업이 생산한 최종생산물의 가치를 조사해서 합산하는 직접적인 방법일 것이다. 중간투입물을 비롯한 일부 재화가 국내총생산의 계산에 포함되지 않는 이유에 대해서는 다음 절에서 설명할 것이다.

그런데 생산된 모든 최종생산물의 가치를 더하는 것 외에도 국내총생산을 계산할 수 있는 방법이 한 가지 더 있는데, 바로 최종생산물에 대한 지출을 이용하는 방법이다. 국내총생산은 한 경제에서 기업들이 생산한 최종생산물의 가치의 합이므로, 이는 기업들이 생산한 최종생산물을 재화와 서비스시장에서 판매하고 그 대가로 수령하는 자금의 흐름과 일치할 것이다.

〈그림 22-1〉에 제시된 순환도를 보면 재화와 서비스시장으로부터 기업으로 유입되는 자금 흐름을 나타내는 화살표에 '국내총생산'이라는 이름이 붙어 있다. 순환도 내의 임의의 상자로부터의 자금 유출액이 그 상자로 자금 유입액과 동일하다는 우리의 회계원칙에 따르면 재화와 서비스시장에서 기업으로 유입되는 자금 흐름은 다른 부문들로부터 재화와 서비스시장으로 유입되는 자금 흐름과 같을 것이다. 그리고 〈그림 22-1〉에서 보듯이 재화와 서비스시장으로 유입되는 자금 흐름은 국내에서 생산되는 최종생산물에 대한 **총지출**(aggregate spending), 즉 소비지출, 투자지출, 정부의 재화와 서비스 구매, 수출을 합한 후 여기에서 수입을 뺀 금액과 같다. 따라서 국내에서 생산된 최종생산물에 대한 지출의 합을 구하는 것이 국내총생산을 계산할 수 있는 두 번째 방법이 된다.

국내총생산을 계산할 수 있는 방법은 한 가지가 더 있는데, 바로 경제에서 벌어들인 총소득에 근거한 방법이다. 기업과 이들이 고용하는 생산요소는 가계가 소유하고 있으므로 기업은 자신의 수입을 궁극적으로는 가계에 지급해야 한다. 기업으로부터 생산요소시장으로 유입되는 화폐 흐름은 생산요소시장을 통해 기업으로부터 가계에 지급되는 임금, 이윤, 이자, 임대료 등의 요소소득으로 구성된다. 우리의 회계원칙에 따르면 기업으로부터 가계로 유입되는 요소소득 흐름의 합은 재화와 서비스시장으로부터 기업으로 유입되는 화폐 흐름과 동일한데 이것이 바로 우리가 국내총생산이라고 부르는 것이다.

국내총생산이 기업으로부터 가계로 지불되는 요소소득의 총액과 동일한 이유는 무엇일까? 바로 기업의 판매수입이 임금, 이윤, 이자, 임대료 중 어떤 형태로든 그 경제 내에 생산요소를 소유하고 있는 누군가에게는 반드시 귀속되어야 하기 때문이다. 따라서 국내총생산을 계산할 수 있는 세 번째 방법은 가계가 기업으로부터 벌어들이는 요소소득을 모두 더하는 것이다.

"감자 재배, 닭 사육, 벌목이 별로 대단한 벌이가 안 될 것 같지만 이것들을 모두 더하면 큰돈이 돼요."

국내총생산의 계산

지금까지 국내총생산을 계산할 수 있는 세 가지 방법에 대해 설명했다.

1. 생산된 모든 재화와 서비스의 최종생산물의 가치를 조사해서 더하는 것
2. 국내에서 생산된 재화와 서비스에 대한 모든 지출을 더하는 것
3. 가계가 경제 내의 기업으로부터 벌어들인 모든 요소소득을 더하는 것

정부의 통계 담당자는 실제로 세 가지 방법을 모두 사용하여 국내총생산을 계산한다. 이 세 가지 방법이 어떻게 적용되는지를 보기 위해 〈그림 22-2〉에 제시된 가상적인 경제를 생각해 보자. 이 경제는 매년 자동차 1대를 생산하는 아메리칸 모터스, 자동차의 원재료로 사용되는 철강

그림 22-2   국내총생산의 계산

세 기업으로 구성된 단순한 가상 경제에서 국내총생산은 (1) 생산된 최종생산물의 가치, (2) 국내에서 생산된 최종생산물에 대한 총지출, (3) 기업으로부터 수취한 요소소득의 합 등 세 가지 방법에 의해 계산될 수 있다. 이 중 최종생산물의 가치는 실제로는 각 기업의 부가가치의 합계에 의해 계산된다.

2. 국내에서 생산된 최종생산물에 대한 총지출 = $21,500

	아메리칸 오어	아메리칸 스틸	아메리칸 모터스	총요소소득
매출액	$4,200 (철광석)	$9,000 (철강)	$21,500 (자동차)	
중간투입물	0	4,200 (철광석)	9,000 (철강)	
임금	2,000	3,700	10,000	$15,700
이자	1,000	600	1,000	2,600
임대료	200	300	500	1,000
이윤	1,000	200	1,000	2,200
기업의 총지출	4,200	9,000	21,500	
기업당 부가가치 = 매출액 - 　중간투입물 비용	4,200	4,800	12,500	

3. 요소에 대한 총지급액 = $21,500

1. 생산된 최종생산물의 가치, 부가가치의 합계 = $21,500

을 생산하는 아메리칸 스틸, 철강을 생산하기 위한 철광석을 캐는 아메리칸 오어라는 세 기업으로 구성되어 있다. 이 경제에서는 매년 2만 1,500달러짜리 자동차 1대가 생산된다. 따라서 이 경제의 국내총생산은 2만 1,500달러다. 이제 앞서 소개한 세 가지 방법이 어떻게 동일한 국내총생산의 값을 계산해 낼 수 있는지 알아보자.

최종생산물의 가치로 국내총생산 측정하기   첫 번째 방법은 한 경제에서 생산된 모든 최종생산물의 가치를 더하는 것이다. 이 계산방법에서는 모든 중간투입물을 제외하고 국내총생산을 계산한다. 그렇다면 왜 국내총생산 계산에서 중간투입물을 제외하는 것일까? 중간투입물이라고 해서 경제에 기여하는 바가 전혀 없지는 않을 텐데 말이다.

〈그림 22-2〉에 제시된 단순한 경제를 이용하여 그 이유를 설명해 보기로 한다. 과연 철광석 생산기업과 칠킹 생산기업과 자동차 생산기업의 매출액을 모두 합해서 이 경제의 국내총생산을 계산하는 것이 옳은 방법일까? 만일 이와 같이 국내총생산을 계산한다면 국내총생산 계산에 철강이 두 번 중복해서 포함되어 버린다. 철강 생산기업으로부터 자동차 생산기업으로 판매될 때 한 번 계산에 포함되고, 자동차 완제품이 소비자에게 판매될 때 자동차 본체에 포함된 철강이 한 번 더 계산에 포함된다. 마찬가지 논리에 의해 철광석은 국내총생산 계산에 세 번 중복되어 포함된다. 첫 번째는 철광석이 철강 생산기업에 판매될 때, 두 번째는 철강으로 변한 철광석이 자동차 생산기업에 판매될 때, 세 번째는 그 철강이 자동차의 일부가 되어 소비자에게 판매될 때다.

따라서 각 생산기업의 생산물 판매가 일어날 때마다 모든 매출액을 국내총생산 계산에 포함시킨다면 동일한 생산물을 여러 번 중복해서 계산하게 되며 그 결과 국내총생산의 값을 크게 부풀리게 된다. 예를 들어 〈그림 22-2〉에서 최종생산물이든 중간투입물이든 관계없이 모든 생산물 매출액의 합계를 구하면 자동차 매출액 2만 1,500달러, 철강 매출액 9,000달러, 철광석 매출액 4,200달러를 더한 3만 4,700달러가 된다. 실제 국내총생

철강은 중간투입물인데 그 이유는 자동차회사와 같은 생산물 제조업체에 매각되며, 소비자와 같은 최종 구매자에게는 거의 팔리지 않기 때문이다.

부가가치(value added)는 기업이 생산한 생산물의 매출액과 그 생산물을 생산하기 위해 다른 생산자로부터 구입한 중간투입물 구매액 간의 차이다.

산은 2만 1,500달러인데도 말이다. 이와 같은 중복계산을 방지하기 위해서는 각 생산기업의 **부가가치**(value added)만을 국내총생산의 계산에 포함시키면 된다. 부가가치란 생산물의 매출액으로부터 그 생산물을 생산하기 위해 다른 생산자로부터 구입한 중간투입물의 구매액을 뺀 값이다.

다시 말하면, 각 생산 단계에 있어서 투입된 중간재의 비용을 빼는 것이다. 우리의 가상 경제에서 자동차 생산기업의 부가가치는 제조된 자동차의 가격에서 자동차를 생산하기 위해 구입한 철강의 가격을 뺀 값으로 1만 2,500달러가 된다. 철강 생산기업의 부가가치는 생산된 철강의 가격에서 철광석 구입가격을 뺀 4,800달러다. 철광석 생산기업은 중간투입물을 전혀 사용하지 않는다고 가정했으므로 그 부가가치는 철광석 매출액과 같은 4,200달러다. 세 생산기업의 부가가치를 더하면 2만 1,500달러가 되는데 이는 바로 국내총생산과 같은 값이다.

국내에서 생산된 최종생산물에 대한 지출로 국내총생산 측정하기 국내총생산을 측정할 수 있는 또 하나의 방법은 국내에서 생산된 최종생산물을 구매하기 위해 지출된 금액을 모두 합하는 것이다. 다시 말해서 국내총생산은 기업으로 유입되는 자금의 흐름으로 측정할 수 있다. 생산물의 가치로 국내총생산을 측정하는 방법과 마찬가지로 최종생산물에 대한 지출로 국내총생산을 측정하는 방법도 중복계산을 방지하도록 적용되어야 한다.

우리의 가상 경제를 예로 들면 자동차를 구매하기 위한 소비자의 지출(〈그림 22-2〉에서 자동차의 판매가격인 2만 1,500달러에 해당)과 철강을 구매하기 위한 자동차 생산업자의 지출(〈그림 22-2〉에서 자동차에 포함된 철강의 가격인 9,000달러에 해당)을 모두 총지출에 포함시켜서는 안 된다. 두 지출을 모두 포함시킬 경우 자동차의 일부가 되어 버린 철강을 계산에 두 번 포함시키는 셈이 되기 때문이다.

이와 같은 중복계산의 문제는 최종 구매자에게 판매되는 생산물의 매출액만을 계산에 포함시킴으로써 해결될 수 있다. 여기서 **최종 구매자**(final buyer)란 소비자, 투자지출을 위해 생산물을 구매하는 기업, 정부 그리고 해외 부문을 말한다. 다시 말해 지출에서의 중복계산을 피하기 위해서는 한 기업으로부터 다른 기업으로 판매되는 중간투입물에 대한 지출은 계산에서 제외되어야 한다. 여러분은 〈그림 22-2〉에서 최종생산물인 완성된 차에 대한 총지출이 2만 1,500달러임을 알 수 있을 것이다.

탐구자를 위하여　추산되는 우리 인생

어떤 사람이 자신이 고용하고 있던 가정부와 결혼할 경우 국내총생산이 감소할 것이라는 얘기가 있다. 이것은 사실이다. 어떤 사람이 대가를 받고 서비스를 제공하면 그 서비스는 국내총생산에 포함된다. 하지만 가족 구성원들이 서로에게 제공하는 가사 서비스는 국내총생산에 포함되지 않는다. 일부 경제학자들은 가족 구성원이 제공하는 가사 서비스를 시장에서 구입한다면 얼마를 지불해야 할 것인가를 추정함으로써 이와 같은 가사 서비스의 가치가 얼마나 되는지를 '추산(impute)'하기도 한다. 하지만 국내총생산의 표준 적도에는 가사 서비스의 추산치가 포함되지 않는다.

반면에 '자가소유주택'이 제공하는 주거 서비스에 대한 추산치는 국내총생산 추정치에 포함된다.

이 경우 어떤 사람이 지금까지 월세를 주고 살던 집을 구입하더라도 국내총생산이 감소하지 않는다. 물론 이 사람은 집주인인 자신에게 더 이상 월세를 지불할 필요가 없다. 하지만 통계담당자는 이 사람이 이와 유사한 주택을 월세로 빌릴 경우 지불해야 할 금액을 추정함으로써 이 사람이 소유한 주택이 제공하는 주거 서비스를 추산한다. 즉 GDP 통계담당자는 이 사람이 자신이 소유한 주택을 스스로에게 임대한다고 간주하는 셈이다.

이와 같이 자가소유주택의 주거 서비스 추산치를 국내총생산에 포함시키는 것은 매우 합리적이다. 미국처럼 주택 소유가 일반화된 국가에서는 소유주택으로부터 느끼는 만족감이 생활수준을 결정하는 중요한 요인이다. 따라서 국내총생산을 정

가계의 구성원들이 서로에게 제공하는 서비스의 가치는 GDP 계산에 포함되지 않는다.

확하게 계산하려면 임대주택뿐만 아니라 자가소유주택의 주거서비스 가치도 국내총생산에 포함시키는 것이 당연하다.

이미 지적하였듯이 국민계정은 기업의 투자지출을 최종생산물에 대한 지출로 간주한다. 즉 자동차 제조업체가 자동차 생산을 위해 철강을 구입하는 것은 최종생산물에 대한 지출로 간주되지 않는 반면 같은 자동차 제조업체가 공장 가동을 위해 새 기계를 구입하는 것은 최종생산물에 대한 지출로 간주된다. 도대체 이 두 가지 지출에는 어떤 차이가 있는 것일까? 철강은 자동차를 생산하기 위해 완전히 소모되어 버리는 투입물인 데 비해, 기계는 여러 해에 걸쳐서 서서히 소모된다. 즉 기계와 같은 자본재(capital good)는 오랜 기간에 걸쳐 생산에 기여하기 때문에 어떤 기간 중 자본재의 구매량은 그 기간 중의 생산량과 밀접한 관계가 없을 것이다. 바로 이와 같은 이유에서 국민계정은 자본재의 구입을 최종생산물에 대한 지출로 간주한다.

앞으로도 우리는 국내총생산이 최종 구매자가 국내에서 생산된 생산물을 구입하기 위해 지불한 총지출액과 동일하다는 명제를 이용할 것이다. 우리는 또한 각 최종 구매자들이 지출 규모를 어떻게 결정하는지를 설명하기 위한 모형들을 제시할 것이다. 이와 같은 사실을 염두에 두고 국내총생산을 구성하는 지출 유형에 대해 알아보도록 하자.

〈그림 22-1〉에서 재화와 서비스시장을 다시 보면 기업의 생산물 판매의 구성요소 중 하나가 소비지출임을 알 수 있다. 이제 가계의 소비지출을 C로 표시하기로 하자. 〈그림 22-1〉에는 소비지출 이외에도 기업 생산물 판매의 구성요소가 세 가지 더 있다. 첫째는 다른 기업에 대한 투자재의 판매인 투자지출인데 이를 I로 표시하기로 한다. 둘째는 정부에 의한 재화와 서비스의 구매인데 이를 G로 표시한다. 마지막으로 외국인에 대한 재화와 서비스의 판매인 수출이 있는데, 이를 X로 표시한다.

현실에서는 이들 최종 지출이 모두 국내에서 생산된 재화와 서비스의 구입에 사용되는 것은 아니다. 수입품에 대한 지출을 감안해야 하는데 이를 IM으로 표시하기로 한다. 수입품에 지출되는 소득은 국내에서 생산된 재화와 서비스에 지출되지 않는다. 따라서 이는 국경을 넘어서 '누출되는' 소득이라 할 수 있다. 따라서 지출에 대한 자료를 이용하여 국내총생산을 정확하게 계산하기 위해서는 수입품에 대한 지출을 제외해야 한다. 이들 지출을 모두 모으면 국내총생산과 총지출을 구성하는 네 가지 지출 간의 관계를 나타내는 식을 다음과 같이 구할 수 있다.

(22-1) $GDP = C + I + G + X - IM$

우리는 앞으로 다른 장에서도 식 (22-1)을 자주 볼 것이다.

국내기업으로부터 벌어들인 요소소득으로 국내총생산 측정하기 마지막으로 국내총생산을 측정할 수 있는 또 하나의 방법은 생산요소들이 경제 내의 기업으로부터 벌어들인 소득을 모두 합하는 것이다. 이와 같은 요소소득에는 노동이 벌어들이는 임금, 기업과 정부에 돈을 빌려 준 자가 벌어들이는 이자, 주주가 벌어들이는 이윤, 토지나 건물을 기업에 임대한 자가 벌어들이는 임대료가 포함된다. 요소소득의 합으로써 국내총생산을 측정할 수 있는 이유는, 기업이 재화와 서비스를 판매해서 벌어들인 수입은 반드시 이 네 가지 요소소득으로 처분되어야 하기 때문이다. 즉 기업의 수입 중 임금, 이자, 임대료를 지불하고 남는 것이 바로 이윤이며, 이 이윤 중 일부가 주주에게 배당으로 지급된다.

〈그림 22-2〉는 우리의 단순한 가상 경제에서 이와 같은 관계를 보여 준다. 오른쪽 끝에 음영으로 표시된 열은 기업이 지불한 임금, 이자 및 임대료의 총액과 이윤을 보여 준다. 이들을 모두 더한 총요소소득은 2만 1,500달러이며 이는 국내총생산의 값과 동일하다.

요소소득에 의한 국내총생산 계산방법은 앞서 소개된 다른 두 가지 방법만큼 강조되지는 않을 것이다. 그렇지만 국내에서 생산된 재화와 서비스를 구매하기 위해 지출된 모든 금액은 결국

GDP에 포함되는 것과 포함되지 않는 것

GDP에 포함되는 것과 포함되지 않는 것을 혼동하기 쉽다. 예를 들어 (주거용 건물과 상업용 건물을 포함하여) 생산적인 실물자본에 대한 지출과 (사업활동을 위해 보유되는 재화와 원료료인) 재고의 변화는 국내총생산에 포함된다. 그렇지만 자동차 제조에 사용되는 철강처럼 중간재인 재화와 서비스

에 대한 지출은 포함되지 않는다. 그 이유는 무엇일까?

그 답은 (예를 들어 중고 자동차와는 달리) 새로 생산되고 (새 자동차에 사용되는 철강과는 달리) 생산에 사용되지 않는 물품만을 포함시킨다는 데 있다.

포함됨	포함되지 않음
투자지출 생산적인 실물자본(주거용 및 상업용 건물 건축 포함)에 대한 지출과 재고 변화	**중간재인 재화와 서비스에 대한 지출** 최종재인 재화와 서비스 생산을 위한 투입물
자본지출 투자지출의 일부로 간주됨	**중고품** 이들을 포함하면 이중계산이 됨 : 이들이 팔릴 때 한 번 그리고 중고품으로 팔릴 때 한 번
국내에서 생산된 최종재인 재화와 서비스 자본재와 기업에 의해 생산된 구조물 신축 포함(어린이집처럼 소유자가 점유한 자택기반 서비스, 정부가 제공하는 교육 서비스 포함)	**주식이나 채권과 같은 금융자산** 이들은 최종재인 재화와 서비스의 생산이나 판매가 아님 : 채권은 이자와 함께 원금을 갚겠다는 약속이며 주식은 소유권에 대한 증명임.
	수입에 대한 지출 국외에서 생산되는 재화와 서비스에 대한 지출은 국내생산의 일부가 아니므로 제외됨.

가계에 요소소득으로 지급되며 이를 통해 경제의 순환 흐름이 이루어진다는 사실을 항상 기억할 필요가 있다.

GDP의 구성요소 이제 국내총생산을 계산하기 위한 기본원리를 이해했으니 현실에서 미국의 국내총생산이 어떻게 계산되는지를 알아보기로 한다.

〈그림 22-3〉은 두 가지 대표적인 국내총생산 계산방법인 부가가치의 합으로 계산하기와 국내에서 생산된 생산물에 대한 지출의 합으로 계산하는 방법을 보여 준다. 그림에서 두 막대의 가로축 위의 높이는 미국의 2019년도 국내총생산인 21조 4,280억 달러를 나타낸다. 각 막대는 어떤 부문에서 부가가치가 창출되었고 이것이 어떻게 지출되었는지의 내역을 보여 준다.

〈그림 22-3〉의 왼쪽 막대에서는 국내총생산의 첫 번째 계산방법인 부가가치의 부문별 내역을 볼 수 있다. 21조 4,280억 달러 중에서 16조 3,280억 달러의 부가가치는 기업에 의해 창출되었다. 다른 2조 6,870억 달러의 부가가치는 가계와 공공단체에 의해 창출되었는데, 이 중 상당 부분이 앞서 '탐구자를 위하여 : 추산되는 우리 인생'에서 설명된 자가소유주택의 서비스에 대한 추산액으로 구성되어 있다. 마지막으로 2조 4,120억 달러는 군사, 교육을 비롯한 정부 서비스의 형태로 제공되는 정부의 부가가치로 구성된다.

〈그림 22-3〉의 오른쪽 막대는 두 번째 국내총생산 계산방법에 해당하며, 총지출을 구성하는 네 가지 형태의 지출을 보여 준다. 오른쪽 막대의 전체 길이는 왼쪽 막대보다 길며 그 차이는 6,320억 달러에 달한다(오른쪽 막대의 가로축 밑부분이 두 막대 길이의 차와 같다). 이는 오른쪽 막대의 전체 길이가 국내에서 생산된 최종생산물과 해외에서 생산된 최종생산물에 대한 미국 경제의 총지출을 나타내기 때문이다. 이 중 소비지출(C)이 국내총생산의 68.0%로 가장 큰 비중을 차지한다.

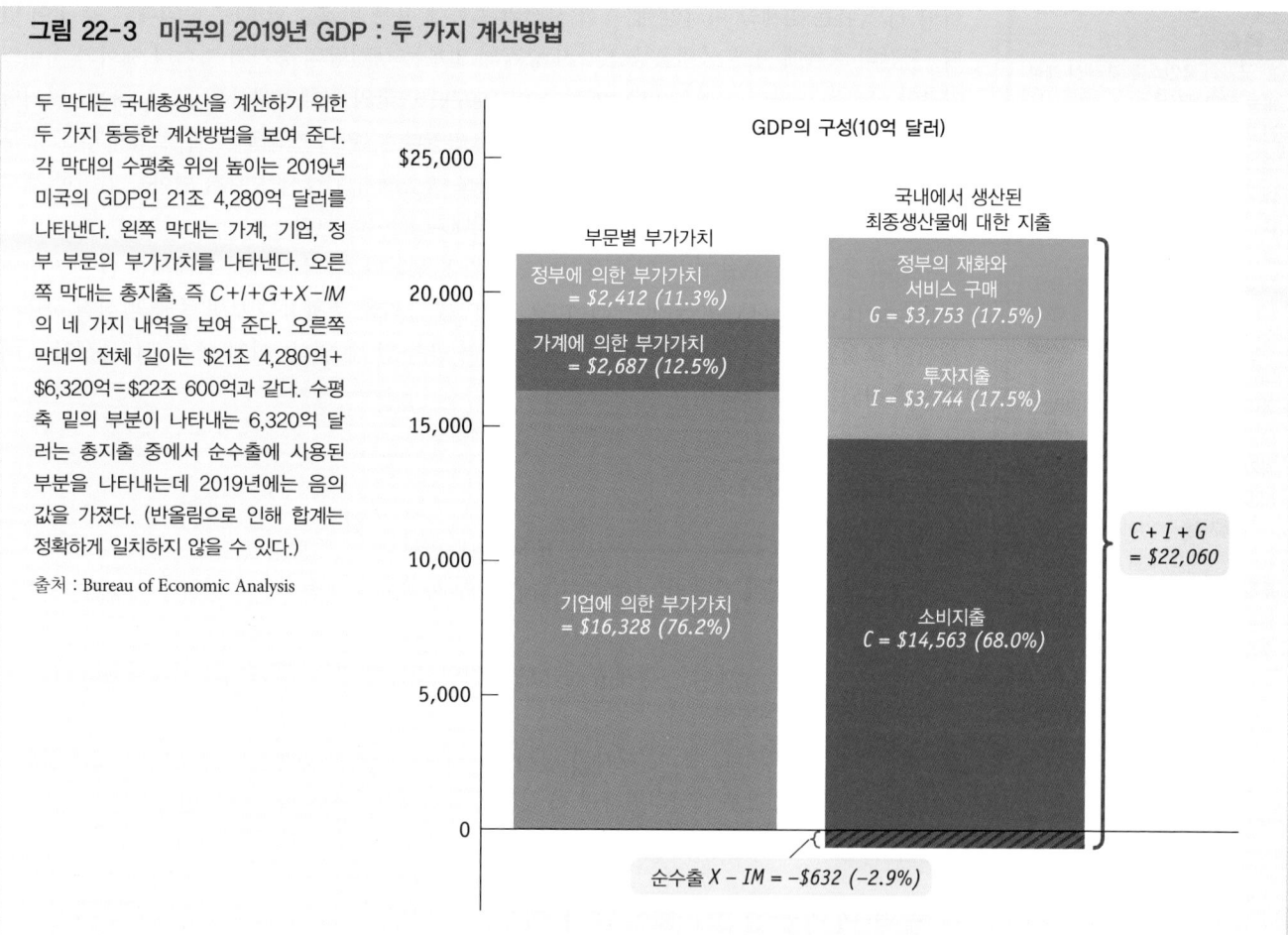

그림 22-3 미국의 2019년 GDP : 두 가지 계산방법

두 막대는 국내총생산을 계산하기 위한 두 가지 동등한 계산방법을 보여 준다. 각 막대의 수평축 위의 높이는 2019년 미국의 GDP인 21조 4,280억 달러를 나타낸다. 왼쪽 막대는 가계, 기업, 정부 부문의 부가가치를 나타낸다. 오른쪽 막대는 총지출, 즉 $C+I+G+X-IM$의 네 가지 내역을 보여 준다. 오른쪽 막대의 전체 길이는 $21조 4,280억 + $6,320억 = $22조 600억과 같다. 수평축 밑의 부분이 나타내는 6,320억 달러는 총지출 중에서 순수출에 사용된 부분을 나타내는데 2019년에는 음의 값을 가졌다. (반올림으로 인해 합계는 정확하게 일치하지 않을 수 있다.)

출처 : Bureau of Economic Analysis

GDP의 구성(10억 달러)

부문별 부가가치

정부에 의한 부가가치 = $2,412 (11.3%)

가계에 의한 부가가치 = $2,687 (12.5%)

기업에 의한 부가가치 = $16,328 (76.2%)

국내에서 생산된 최종생산물에 대한 지출

정부의 재화와 서비스 구매 $G = $3,753 (17.5%)$

투자지출 $I = $3,744 (17.5%)$

소비지출 $C = $14,563 (68.0%)$

$C + I + G = $22,060$

순수출 $X - IM = -$632 (-2.9%)$

그런데 미국 경제의 총지출 중 일부는 해외에서 생산된 재화와 서비스의 구입을 위해 사용된다. 2019년 중 미국의 **순수출**(net exports), 즉 수출액과 수입액의 차이[식 (22-1)에서 $X-IM$]는 음의 값을 가지는데, 이는 미국이 재화와 서비스의 순수입국임을 의미한다. 2019년의 $X-IM$의 값은 -6,320억 달러로 국내총생산의 -2.9%에 달한다. 오른쪽 막대에서 가로축 밑으로 6,320억 달러만큼 내려가 있는 부분은 바로 순수입에 사용된 지출을 나타내는데, 이 부분은 미국의 국내총생산을 증가시키는 데 기여하지 않았다. 한편 투자지출(I)과 정부구매(G)는 각각 국내총생산의 17.5%와 17.5%에 달하였다.

국내총생산이 의미하는 것

지금까지 국내총생산을 측정하기 위한 여러 가지 방법을 소개했다. 그렇다면 이와 같이 측정된 국내총생산의 값은 어떤 의미를 가지는 것일까?

국내총생산은 무엇보다도 한 경제의 규모에 대한 척도로서 가장 중요하게 이용된다. 예를 들어 여러분이 여러 국가 경제를 서로 비교하고자 할 때 국내총생산의 비교가 자연스러운 방법이 될 수 있다. 앞서 보았듯이 2019년 미국의 국내총생산은 21조 4,280억 달러였고, 중국의 국내총생산은 14조 1,400억 달러, 그리고 유럽연합(EU) 28개 회원국 전체의 국내총생산은 18조 2,920억 달러였다.

그런데 잠깐만. 이 장의 머리말 이야기에서는 어떤 척도에 따르면 중국이 세계에서 가장 큰 경제이며 다른 척도에 따르면 미국 경제가 여전히 더 크다고 하지 않았던가? 국내총생산을 이용

순수출(net exports)은 수출액과 수입액의 차이이다.

≫복습

● 한 국가의 **국민소득 및 생산 계정** 또는 **국민계정**은 여러 경제 부문 간 화폐의 흐름을 추적한다.

● 재화와 서비스 시장으로 유입되는 네 가지 화폐 흐름이 있다. **소비지출, 정부의 재화와 서비스 구매, 수출,** 그리고 **투자지출**이다.

● 재화와 서비스에 대한 지출 중 일부는 **수입**을 통해 나라 밖으로 유출된다. 나머지는 국내 생산자에 의한 매출이 된다.

● **국내총생산**은 세 가지 다른 방법으로 측정될 수 있다. 모든 기업의 **부가가치**의 합계, 국내에서 생산된 **최종생산물**에 대한 모든 지출을 합계한 **총지출**, 기업이 지불한 모든 요소소득의 합의 세 가지이다. **중간투입물**은 국내총생산의 계산에 포함되지 않지만, **재고**의 변화와 **순수출**은 포함된다.

하여 서로 다른 경제를 비교할 때 특히 시간의 흐름에 따른 비교를 할 때는 주의해야 할 것이 있다. 시간의 흐름에 따른 국내총생산 가치 증가의 일부는 생산량의 증가가 아니라 재화와 서비스 가격의 상승을 나타내기 때문이다. 예를 들어 1997년 미국의 국내총생산은 8조 5,780억 달러였으며, 2019년에는 두 배가 넘는 21조 4,280억 달러였다. 그러나 실제로 미국의 경제 규모가 두 배로 증가한 것은 아니다. 총생산의 변화를 제대로 측정하기 위해서는 가격 변화를 감안한 새로운 국내총생산의 척도가 이용되는데 이를 실질 국내총생산이라 한다.

　미국과 중국을 비교할 때도 이와 유사한 문제가 발생한다. 중국 내에서 판매되는 많은 재화와 서비스들이 미국에서보다 훨씬 더 싸기 때문에 이를 고려한 추정치를 보면 중국의 실질 국내총생산이 조정되지 않은 수치가 제시하는 것보다 더 큼을 알 수 있다. 이제 실질 국내총생산이 어떻게 측정되는지 알아보자.

≫ 이해돕기 22-1
해답은 책 뒤에

1. 국내총생산 계산에 사용되는 세 가지 방법이 왜 동일한 국내총생산 추정치를 내놓을 수 있는지 설명하라.
2. 기업의 생산물을 구매하는 경제 부문으로는 어떤 것들이 있는가? 가계는 거시경제의 다른 부문들과 어떻게 연계되는가?
3. 어떤 사람이 〈그림 22-2〉에 제시된 경제에서의 부가가치가 자동차와 철강의 가치의 합인 3만 500달러라고 잘못 계산하였다면 이 사람이 중복계산한 생산물은 무엇일까?

‖ 실질 국내총생산 : 총생산의 척도

2019년에 미국 경제는 비교적 좋은 해를 맞고 있었다. 나라 전체의 일자리가 210만 개 증가했고 실업률은 4.0%에서 3.5%로 하락했다. 이 해는 분명히 1982년보다는 좋은 해였다. 1982년에는 극심한 경기후퇴로 취업자가 200만 명 감소했고 실업률이 치솟았다. 그런데 이상하게 들릴지 모르지만 국내총생산은 2019년(4.1%)에 비해 1982년(4.2%)에 조금 더 빠르게 증가했다. 어떻게 이런 일이 가능할까? 그 답은 1982년에는 미국 경제가 실제로 성장하고 있었기 때문이 아니라 미국이 생산하는 재화와 서비스 가격의 상승, 즉 인플레이션이라는 잘못된 이유로 인해 미국의 국내총생산이 증가하고 있었기 때문이다. 2019년에는 인플레이션이 훨씬 더 완화되어서 실제 경제 성장에 상응하는 국내총생산의 증가가 이루어졌다.

　경제성장을 정확하게 측정하기 위해서는 경제에서 생산되는 재화와 서비스의 총량인 **총생산**(aggregate output)에 대한 척도가 필요하다. 이러한 목적으로 사용되는 척도를 실질 국내총생산(real GDP)이라 한다. 시간에 따른 실질 국내총생산의 크기를 추적함으로써 우리는 가격의 변화가 재화와 서비스 생산량의 변화에 대한 측정치를 왜곡시키는 것을 막을 수 있다. 먼저 실질 국내총생산이 어떻게 계산되는지를 알아본 후 그 의미에 대해서 살펴보도록 한다.

실질 국내총생산의 계산

실질 국내총생산이 어떻게 계산되는지를 이해하기 위해 사과와 오렌지라는 두 재화만이 생산되어 모두 최종소비자에게 판매되는 경제를 상상해 보기로 한다. 〈표 22-1〉은 연속된 두 해에 있어서 두 과일의 생산량과 가격을 보여 준다.

　이 자료로부터 가장 먼저 발견할 수 있는 것은 총판매액이 증가했다는 사실이다. 첫해의 총

총생산(aggregate output)은 최종생산물인 재화와 서비스의 총산출량이다.

판매액은 1조 달러[＝(2조×$0.25)＋(1조×$0.50)]인 반면 이 듬해의 총판매액은 이보다 50% 증가한 1.5조 달러[＝(2.2조× $0.30)＋(1.2조×$0.70)]다. 하지만 이와 같이 명목금액으로 측정한 국내총생산의 변화는 이 경제의 실질 성장을 실제보다 과다하게 나타낸다. 사과와 오렌지 생산량이 모두 증가하기는 했지만, 사과와 오렌지의 가격도 상승했기 때문에 명목금액으로 표시한 국내총생산의 증가율인 50% 중 일부는 생산량 증가가 아니라 가격 상승으로 인한 것이기 때문이다.

진정한 총생산의 증가분을 추정하기 위해서는 가격에 변화가 없다면 국내총생산이 얼마나 증가했을 것인가라는 질문을 해야

한다. 이 질문에 대한 답은 이듬해의 생산물의 가치를 첫해의 가격으로 평가함으로써 구할 수 있다. 첫해의 사과와 오렌지의 가격은 각각 0.25달러와 0.5달러이므로 첫해의 가격으로 평가한 이듬해의 생산물은 1조 1,500억 달러[＝(2.2조×$0.25)＋(1.2조×$0.50)]가 된다. 첫해의 가격으로 평가한 첫해의 생산물은 1조 달러이므로 첫해의 가격으로 평가한 국내총생산은 1조 달러에서 1조 1,500억 달러로 15% 증가하였다.

이제 우리는 실질 국내총생산에 대한 정의를 내릴 수 있다. **실질 국내총생산**(real GDP) 또는 실질 GDP는 한 국민경제에서 일정 기간에 생산된 최종생산물인 재화와 서비스의 가치를 모든 생산물의 가격을 기준연도(base year)의 가격으로 고정시킨 채 계산한 값으로 정의될 수 있다.

반면에 물가 변화를 감안하지 않고 생산물이 생산된 해의 가격을 사용하여 계산된 국내총생산을 **명목 국내총생산**(nominal GDP) 또는 경상가격 국내총생산(GDP at current prices)이라고 한다. 사과와 오렌지의 예에서 두 해 동안의 생산량 변화를 측정하기 위해 명목 국내총생산을 사용한다면 성장률은 50%로 나타나는데 이는 실제 성장률인 15%를 과다측정하게 된다. 공통된 가격(우리의 예에서는 첫해의 가격)을 가지고 두 해의 생산물을 비교한다면 가격 변화의 영향을 배제하고 생산량의 변화에만 초점을 맞출 수 있다.

〈표 22-2〉는 현실 경제에서의 수치를 제시하고 있다. 표에서 둘째 열은 각각 2005년, 2012년, 2019년의 명목 국내총생산의 값을 보여 주며, 셋째 열은 2012년 달러가치로 평가한 각 해의 실질 국내총생산의 값을 보여 준다. 2012년에는 두 국내총생산의 값이 일치한다. 그러나 2005년에는 2012년 달러가치로 평가한 국내총생산이 명목 국내총생산보다 큰데, 이는 2012년의 생산물 가격이 일반적으로 2005년의 생산물 가격에 비해 높았음을 의미한다. 반면에 2012년 달러가치로 평가한 2019년의 실질 국내총생산은 2019년의 명목 국내총생산에 비해서 작은데, 이는 2012년의 생산물 가격이 일반적으로 2019년에 비해 낮았기 때문이다.

여러분은 〈표 22-1〉에 주어진 자료로부터 실질 국내총생산을 계산할 수 있는 방법이 한 가지가 더 있음을 알아차렸을 수도 있다. 첫해의 가격 대신 이듬해의 가격을 기준연도의 가격으로 이용해도 되지 않을까? 이 방법은 앞서 사용한 방법에 비해 별로 손색이 없어 보인다. 이 계산방법에 의하면 이듬해의 가격으로 측정한 첫해의 실질 국내총생산은 (2조×$0.30)＋(1조×$0.70), 즉 1조 3,000억 달러가 되며, 이듬해의 가격으로 측정한 이듬해의 실질 국내총생산은 이듬해의 명목 국내총생산과 같은 1조 5,000억 달러가 된다. 따라서 이듬해를 기준연도로 사용할 경우 실질 국내총생산의 증가율은 ($1조 5,000억-$1조 3,000억)/$1조 3,000억=0.154, 즉 15.4%가 된다. 이 값은 첫해를 기준연도로 하여 계산한 실질 국내총생산의 증가율보다 약간 더 큰 값이다. 앞서 계산한 실질 국내총생산의 증가율은 15%였다. 15.4%와 15% 중 어느 것도 상대방보다 더

표 22-1 단순한 경제에서의 GDP와 실질 GDP 계산

	첫해	이듬해
사과 수량(10억 개)	2,000	2,200
사과 가격	$0.25	$0.30
오렌지 수량(10억 개)	1,000	1,200
오렌지 가격	$0.50	$0.70
GDP(10억 달러)	$1,000	$1,500
실질 GDP(첫해 달러 기준, 10억 달러)	$1,000	$1,150

표 22-2 2005년, 2012년, 2019년의 명목 GDP와 실질 GDP

	명목 GDP (10억, 경상 달러)	실질 GDP (10억, 2012 달러)
2005년	$13,037	$14,913
2012년	16,197	16,197
2019년	$21,428	$19,073

실질 국내총생산(real GDP)은 한 국민경제에서 일정 기간에 생산된 최종생산물인 재화와 서비스의 가치를 기준연도의 가격을 사용하여 계산한 것이다.

명목 국내총생산(nominal GDP)은 한 국민경제에서 일정 기간에 생산된 최종생산물인 재화와 서비스의 가치를 생산물이 생산된 해의 가격을 사용하여 계산한 것이다.

연쇄 달러(chained dollars)는 앞선 기준연도를 이용하여 계산된 성장률과 나중의 기준연도를 이용하여 계산된 성장률의 평균을 이용하여 실질 GDP의 변화를 계산하는 방법이다.

1인당 국내총생산(GDP per capita)이란 국내총생산을 인구수로 나눈 값으로 각 개인의 평균 국내총생산에 해당한다.

옳은 값이라고 할 수 없다.

현실에서 미국의 국민계정을 작성하는 책임을 진 정부 소속 경제학자들은 실질 국내총생산 변화의 측정법으로 연쇄 연환(chain-linking)이라고 알려진 방법을 채택했다. 이 방법은 앞선 기준연도를 이용하여 계산된 성장률과 나중의 기준연도를 이용하여 계산된 성장률의 평균을 이용한다. 그 결과 미국의 실질 국내총생산에 대한 통계는 항상 **연쇄 달러**(chained dollars)로 표현된다.

실질 국내총생산이 측정하지 않는 것

명목이든 실질이든 국내총생산은 한 국가의 총생산을 측정하는 척도다. 다른 조건이 같다면 인구가 많은 국가일수록 더 많은 사람들이 생산활동을 할 것이므로 당연히 국내총생산이 더 클 것이다. 따라서 인구 차이의 영향을 배제하고 여러 국가의 국내총생산을 비교하기 위해서는 1인당 국내총생산을 사용한다. **1인당 국내총생산**(GDP per capita)이란 국내총생산을 총인구로 나눈 값으로 각 개인의 평균 국내총생산에 해당한다. 마찬가지로 1인당 실질 국내총생산은 각 개인의

🌐 국제비교   GDP와 삶의 의미

"나는 부자도 되어 보았고 가난뱅이도 되어 보았는데, 솔직히 말하자면 부자가 더 좋더군." 이것은 여배우 메이 웨스트(Mae West)가 한 유명한 말이다. 그런데 국가도 이와 마찬가지일까?

다음 그림은 여러 국가에 대하여 두 가지 정보를 보여 준다. 하나는 1인당 국내총생산으로 각 국가가 얼마나 부유한지를 보여 주며, 다른 하나는 사람들이 자신의 삶에 대해 얼마나 만족하고 있는가이다. 삶에 대한 만족도는 갤럽사가 전 세계적인 설문조사를 통해 사람들에게 자신의 삶에 얼마나 만족하는지를 0~10의 등급으로 평가할 것을 부탁하여 측정되었다. 그림은 우리에게 세 가지 사실을 말해 준다.

1. **부유한 것이 더 좋다.** 부유한 국가는 빈곤한 국가보다 평균적으

로 더 높은 만족도를 보였다.
2. **부유해질수록 돈이 덜 중요해진다.** 1인당 국내총생산이 1만 달러에서 2만 달러로 증가할 때 삶에 대한 만족도의 증가분이 2만 달러에서 4만 달러로 증가할 때보다도 더 크다.
3. **돈이 전부는 아니다.** 코스타리카인들은 중간소득을 가진 국가에 살지만 일본처럼 훨씬 더 부유한 국가의 국민에 비해 자신의 삶에 대해 더 만족하고 있는 듯 보인다.

이와 같은 결과는 높은 1인당 국내총생산이 좋은 삶을 성취하는 것을 용이하게 하지만 이와 같은 가능성을 실현시키는 데 모든 국가가 똑같이 성공을 거두지는 못했다는 관찰 결과와 일치한다.

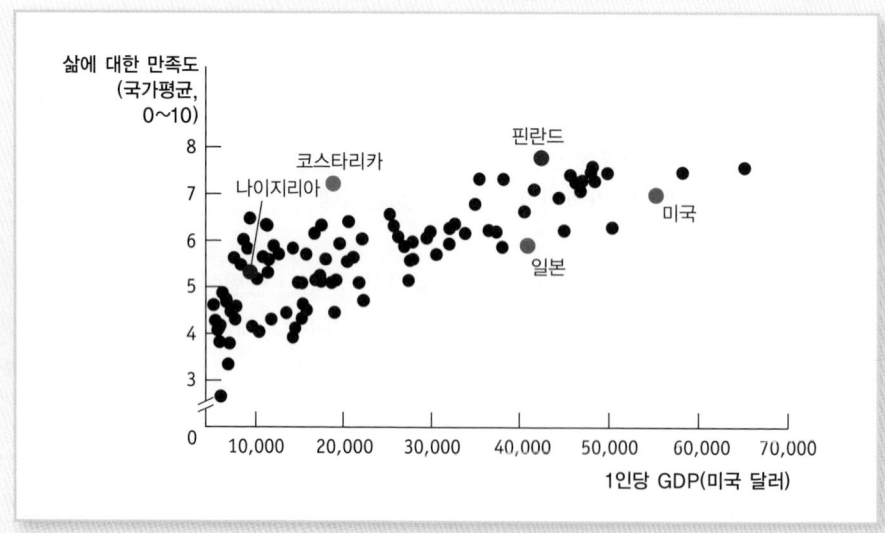

출처 : *World Happiness Report* (2019); World Bank.

평균 실질 국내총생산과 같다.

1인당 실질 국내총생산은 국가 간 노동생산성을 비교하는 경우를 포함하여 몇몇 경우에서는 매우 유용한 지표가 될 수 있다. 하지만 1인당 국내총생산이 한 사람당 평균 실질생산량에 대한 대략적인 척도가 될 수 있음에도 불구하고 이것이 한 국가의 생활수준에 대한 척도로 사용되기에는 문제가 있다는 사실은 널리 알려져 있다. 흔히 사람들은 경제학자들이 1인당 실질 국내총생산의 성장률만이 중요하다고 생각하며 따라서 1인당 실질 국내총생산을 증가시키는 것을 경제의 궁극적인 목표로 여긴다고 생각하나 사실 이와 같은 실수를 저지르는 경제학자들은 거의 없다. 경제학자들이 1인당 실질 국내총생산만 중시한다는 생각은 도시괴담일 뿐이다.

여기서 왜 어떤 국가의 1인당 실질 국내총생산이 그 국가의 후생수준에 대한 척도로서 불충분하며, 왜 1인당 실질 국내총생산을 증가시키는 것이 그 자체로는 정책목표로서 부적당한지에 대해 알아보기로 한다.

실질 국내총생산의 증가는 한 경제의 생산가능 영역이 확대되는 것으로 생각할 수 있다. 이 경우 경제의 생산능력이 향상되므로 당연히 경제가 성취할 수 있는 것들이 더 많아질 것이다. 그렇지만 이 사회가 생활수준을 향상시키기 위해 증가된 생산잠재력을 제대로 사용할 것인지는 별개의 문제다. 달리 비유를 하자면 여러분의 소득이 작년에 비해 증가했다 하더라도 이를 여러분의 삶의 질을 향상시키기 위해 사용할 것인지 여부는 여러분의 선택에 달려 있다.

다시 말하지만 1인당 실질 국내총생산은 한 국가에 있어서 한 사람당 평균 생산물을 나타내는 척도다. 1인당 실질 국내총생산이 높은 국가일수록 높은 교육수준과 건강수준 그리고 생활수준을 유지할 수 있는 여력이 있을 것이다. 그러나 국내총생산과 삶의 질 간에 반드시 일대일 대응관계가 있는 것은 아니다.

현실 경제의 >> 이해

아르헨티나 페소로 인한 당혹

남미 국가인 아르헨티나는 위기의 대명사가 될 정도로 문제가 많은 경제사를 갖고 있다. 2018년에 아르헨티나는 또다시 곤경에 처했으며 투자자들의 신뢰를 상실했다. 이 국가의 실업률은 2017년 말엽의 7.2%로부터 2018년 말엽에는 9.1%로 치솟았다.

그런데 아르헨티나의 국내총생산은 빠른 속도로 상승하여 2017년 4사분기와 2018년 4사분기 사이에 43% 상승했는데, 어떻게 실업률이 이렇게 치솟을 수 있었을까?

그 답은 이것이 명목 국내총생산의 성장률이었고, 아르헨티나의 문제 중 하나가 극심한 인플레이션이었다는 데 있다. 2018년에 실질 국내총생산은 6% 이상 감소했다.

아르헨티나의 불운은 명목 국내총생산과 실질 국내총생산을 구분하는 것이 왜 중요한지에 대한 좋은 사례가 된다. 이에 더하여 인플레이션을 주의 깊게 측정하는 것이 중요함을 보여 주는데, 기업 사례에서 설명하듯이 이는 아르헨티나 정부가 하지 않았던 일이다.

>> 이해돕기 22-2
해답은 책 뒤에

1. 어떤 경제에서 프렌치프라이와 양파링이라는 두 재화만 생산된다고 하자. 2019년에 프렌치프라이 100만 개와 양파링 80만 개가 각각 0.4달러와 0.6달러에 판매되었다. 2019년과 2020년 사이에 프렌치프라이의 가격은 25% 상승한 반면 판매량은 10% 감소했다. 양파링의 경우는 가격이 15% 하락한 반면 판매량은 5% 증가했다.

> **>> 복습**
> - **총생산**의 실질적인 증가를 파악하기 위해서는 특정한 기준연도의 가격을 이용하여 계산된 **실질 국내총생산**을 이용한다. 반면에 **명목 국내총생산**은 그해의 가격을 이용하여 계산된 총생산량이다. 미국의 실질 국내총생산 통계는 항상 **연쇄 달러**로 표시된다.
> - **1인당** 실질 **국내총생산**은 1인당 평균 총생산의 척도가 된다. 그러나 실질 국내총생산은 생활수준의 중요 부분들을 반영하지 못하기 때문에 후생수준에 대한 충분한 척도가 되지 못하며 그 자체가 궁극적인 목적이 될 수도 없다.

    a. 2019년과 2020년의 명목 국내총생산을 계산하라. 2019년을 기준연도로 하여 2020년의 실질 국내총생산을 계산하라.

    b. 명목 국내총생산을 이용하여 경제성장률을 측정한다면 어떤 잘못을 범하는지 설명하라.

2. 2016~2020년 사이에 전자제품 가격은 크게 하락한 반면 주택 가격은 크게 상승했다. 이와 같은 사실로부터 2018년의 실질 국내총생산을 계산할 때 기준연도를 2016년으로 하는 것과 2020년으로 하는 것 간에 어떤 차이가 있는지를 설명하라.

|| 물가지수와 총물가수준

2020년 초에 자동차 운전자들에게 축하할 만한 일이 일어났다. 휘발유 가격이 갤런당 평균 1.77달러로 하락했는데, 이는 1년 전의 정점보다 40% 싼 값이었다. 그런데 차량 주행비용이 더 싸진 반면 차량을 이용하여 도착할 거주지의 비용은 점점 더 높아지고 있었다. 2019년 말이 되자 평균 임대료가 휘발유 값이 가장 비쌌을 때에 비해 3.7% 더 높아졌다. 그렇다면 생계비는 올라간 것일까 아니면 내려간 것일까?

    당시 소비자물가에 어떤 일이 일어나고 있었는지를 하나의 숫자로 요약해서 보여 줄 필요가 분명히 있었다. 총체적인 생산 수준을 대표하는 하나의 숫자가 거시경제학자들에게 유용하듯이 총체적인 가격 수준을 대표하는 하나의 숫자인 **총물가수준**(aggregate price level) 역시 유용할 것이다. 하지만 경제에서는 엄청나게 많은 종류의 재화와 서비스가 생산되고 소비된다. 어떻게 이 모든 재화와 서비스의 가격들을 하나의 숫자로 요약할 수 있을까? 그 답은 물가지수라는 개념에 있는데 이것에 대해 예를 통해서 알아보자.

시장바구니와 물가지수

플로리다주에 서리가 내려서 감귤류 수확이 큰 피해를 보았으며, 그 결과 오렌지 값이 개당 0.2달러에서 0.4달러로 상승했고, 자몽 값은 0.6달러에서 1달러로, 레몬 값은 0.25달러에서 0.45달러로 상승했다고 하자. 그렇다면 감귤류의 가격은 얼마나 상승했을까?

    물론 오렌지, 자몽, 레몬 각각의 가격 변화를 나타내는 세 숫자를 제시하는 것도 이 질문에 대한 답이 될 수 있다. 하지만 이와 같은 방법은 매우 복잡하다. 감귤류 가격 변화를 추적하기 위해 세 가지 숫자를 제시하는 대신 **평균적인** 가격 변화에 대한 종합적인 척도를 사용하는 것이 더 나을 것이다.

    소비되는 재화와 서비스의 평균적인 가격 변화를 측정하기 위해 경제학자들은 전형적인 소비자의 소비재 묶음(consumption bundle), 즉 가격 변화 이전에 구매되었던 재화와 서비스 바구니의 비용 변화를 추적한다. 총체적인 물가수준의 변화를 측정하기 위해 사용되는 가상적인 소비재 묶음을 **시장바구니**(market basket)라 한다. 서리가 내리기 전에 전형적인 소비자가 1년 동안 오렌지 200개, 자몽 50개, 레몬 100개를 소비했다고 하자. 이것이 바로 우리가 예로 사용할 시장바구니다.

    〈표 22-3〉은 서리가 내리기 전과 후에 이 시장바구니의 구매비용을 보여 준다. 서리가 내리기 전에는 시장바구니의 구매비용이 95달러였으나 서리가 내린 후에는 175달러로 상승했다. $175/$95는 약 1.842이므로 서리기 내린 후 시장바구니 구매비용이 서리가 내리기 전 구매비용의 1.842배가 되었다. 이는 구매비용이 84.2% 증가했음을 의미한다. 이 예에서 가격 변화를 측정하기 위해 사용된 최초의 해를 기준연도로 할 때, 서리로 인해 감귤류의 평균가격은 기준연도에 비해 84.2% 상승했다.

    경제학자들은 총체적인 물가수준의 변화를 측정하기 위해 이와 동일한 방법을 사용한다. 예

총물가수준(aggregate price level)은 한 경제의 **총체적인** 가격 수준에 대한 척도다.

시장바구니(market basket)란 소비자가 구매하는 재화와 서비스의 가상적인 묶음이다.

표 22-3 시장바구니의 비용 계산

	서리가 내리기 전	서리가 내린 후
오렌지 가격	$0.20	$0.40
자몽 가격	0.60	1.00
레몬 가격	0.25	0.45
시장바구니 비용(오렌지 200개, 자몽 50개, 레몬 100개)	(200×$0.20)+(50×$0.60)+(100×$0.25)=$95.00	(200×$0.40)+(50×$1.00)+(100×$0.45)=$175.00

물가지수(price index)는 정해진 시장 바구니를 특정 연도에 구매하는 데 드는 비용을 측정하되 기준연도에 100의 값을 갖도록 정규화시킨다.

인플레이션율(inflation rate)은 물가 지수의 연간 변화율에 의해 계산되는 데 주로 소비자물가지수를 가지고 측정한다.

소비자물가지수(consumer price index) 혹은 CPI는 대표적인 도시 가구가 구매하는 시장바구니의 구매비용을 측정한다.

를 들어 2010년(기준연도)에서 2020년까지의 전체 물가수준의 변화를 측정하기 위해 이들은 2010년에 시장바구니를 구매하는 데 드는 비용과 2020년의 비용을 비교한다. 이들은 선택된 기준연도에서 시장바구니의 비용이 100이 되도록 총물가수준의 척도를 정규화시킨다. 시장바구니와 기준연도를 가지고 계산을 한 다음 정규화를 시키면 **물가지수**(price index)라 불리는 것이 구해지는데, 이것이 바로 총체적인 물가수준의 정규화된 척도다. 물가지수를 얘기할 때는 항상 물가수준이 측정되는 연도와 기준연도가 함께 제시된다. 물가지수는 다음과 같은 공식을 통해 계산될 수 있다.

$$(22\text{-}2) \quad \text{당해연도의 물가지수} = \frac{\text{당해연도의 시장바구니 구매비용}}{\text{기준연도의 시장바구니 구매비용}} \times 100$$

우리의 예에서 감귤류 시장바구니의 구매비용은 기준연도, 즉 서리가 내리기 전에는 95달러였다. 따라서 식 (22-2)에 의해 감귤류의 물가지수는 (당해연도의 시장바구니 구매비용/$95)×100으로 계산될 수 있다. 그 결과 물가지수의 값은 서리가 내리기 전에는 100이고 서리가 내린 후에는 184.2가 된다. 식 (22-2)를 이용하여 기준연도의 물가지수를 계산하면 항상 100의 값을 가진다는 점에 유념할 필요가 있다. 즉 기준연도의 물가지수는 (기준연도의 시장바구니 구매비용/기준연도의 시장바구니 구매비용)×100＝100이 된다.

물가지수를 이용하면 서리로 인해 감귤류의 평균가격이 84.2% 상승했음을 명확히 알 수 있다. 우리가 방금 사용했던 방법은 이처럼 간단하면서도 직관적으로 타당하기 때문에 여러 가지 재화와 서비스의 평균가격 변화를 측정하기 위해 고안된 다양한 물가지수의 계산을 위해 이용되고 있다. 예를 들어 바로 다음에 소개될 소비자물가지수는 총물가수준의 척도 중에서도 가장 널리 사용되는 지수로 경제 전체의 최종소비재의 종합적인 물가수준을 측정한다.

물가지수는 인플레이션의 정도를 측정하는 데도 사용된다. **인플레이션율**(inflation rate)은 공식적인 물가지수의 연간 변화율에 의해 계산된다. 즉 첫해와 그 이듬해 사이의 인플레이션율은 다음 공식을 이용하여 계산될 수 있다.

$$(22\text{-}3) \quad \text{인플레이션율} = \frac{\text{이듬해의 물가지수} - \text{첫해의 물가지수}}{\text{첫해의 물가지수}} \times 100$$

신문이나 방송에서 '인플레이션율'이라 부르는 것은 대부분 백분율로 표시된 소비자물가지수의 연간 변화율을 말한다.

소비자물가지수

미국에서 가장 널리 사용되는 물가지수는 **소비자물가지수**(consumer price index)인데 흔히 **CPI**라고 부른다. 소비자물가지수는 대표적인 도시 가구가 구매하는 재화와 서비스의 비용이 시간

그림 22-4 2018년도 CPI의 구성

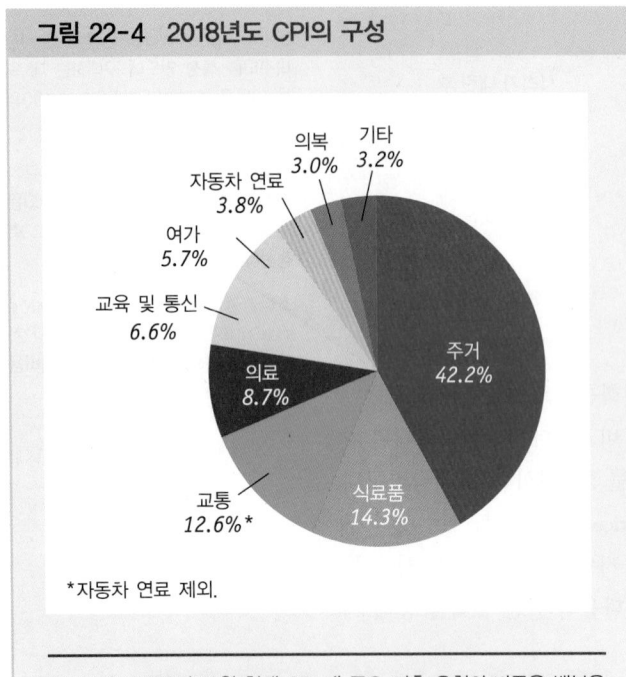

*자동차 연료 제외.

이 도표는 2018년 12월 현재 CPI 내 주요 지출 유형의 비중을 백분율로 보여 준다. 주거비, 식료품비, 교통비, 그리고 자동차 연료비가 CPI 시장바구니의 약 73%를 차지하였다. (사사오입으로 인해 비중의 합은 정확하게 100%가 되지 않는다.)

출처 : Bureau of Labor Statistics.

의 흐름에 따라 얼마나 변화하는지를 측정하기 위해 만들어졌다. 따라서 소비자물가지수는 미국 도시에 거주하는 대표적인 4인 가구의 소비를 대표할 수 있는 시장바구니의 구매비용을 조사함으로써 계산된다. 현재 사용되고 있는 지수의 기준연도는 1982~1984년이다. 이는 1982~1984년의 소비자물가지수의 평균이 100이 되도록 물가지수가 계산됨을 의미한다.

실제 소비자물가지수를 계산하는 데 사용되는 시장바구니는 앞서 소개된 감귤류 시장바구니보다 훨씬 복잡하다. 소비자물가지수를 계산하기 위해서 노동통계국(Bureau of Labor Statistics)의 직원들이 슈퍼마켓, 주유소, 철물점 등 전국 87개 도시의 2만 3,000개 소매업소에 파견된다. 노동통계국은 매달 상추에서부터 건강검진에 이르기까지 8만 개 정도 품목의 가격을 조사한다.

〈그림 22-4〉는 2018년 12월 현재 소비자물가지수에 포함된 주요 항목의 비중을 보여 준다. 예를 들어 주로 휘발유로 구성된 자동차 연료는 2018년 12월 소비자물가지수의 3.8%를 차지하였다. 한편 주거비는 소비자물가지수의 42% 이상을 차지하였다. 따라서 휘발유 가격이 30% 폭락할 경우 소비자물가지수를 대략 1.1%(0.30×3.8%) 하락시켰을 반면에 이보다 훨씬 적은 3.5%의 주거비용 상승은 전체 물가지수에 1.5%(0.035×42.2%)라는 더 큰 정의 효과를 미쳤을 것이었다.

〈그림 22-5〉는 1913년에 소비자물가지수 측정이 시작된 이후 미국의 소비자물가지수가 어떻게 변해 왔는지를 보여 준다. 1940년 이래로 소비자물가지수는 꾸준하게 상승했는데, 최근 들어 연간 상승률은 1970년대와 1980년대 초반에 비해서는 훨씬 낮아졌다. (이 그림에서는 모든 해에 동일한 물가상승률이 동일한 크기로 나타나도록 수직축에 로그 눈금을 사용하였다.)

그림 22-5 소비자물가지수, 1913~2020년

1940년 이래로 소비자물가지수는 꾸준하게 상승했다. 하지만 최근 들어 연간 상승률은 1970년대와 1980년대 초반에 비해서는 훨씬 낮아졌다. (이 그림에서는 모든 해에 동일한 물가상승률이 동일한 크기로 나타나도록 수직축에 로그 눈금을 사용하였다.)

출처 : Bureau of Labor Statistics.

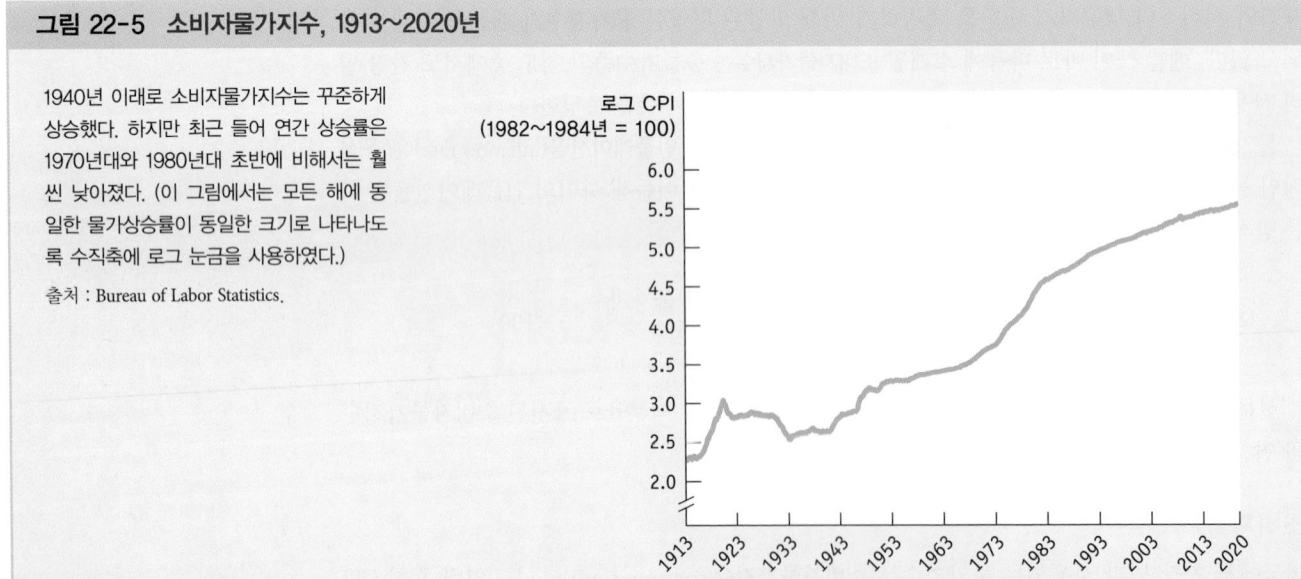

미국만이 소비자물가지수를 계산하는 것은 아니다. 사실 거의 모든 국가가 소비자물가지수를 갖고 있다. 소비자물가지수를 계산하기 위한 시장바구니는 국가마다 상당한 차이가 있다. 1인당 소득수준이 낮은 국가에서는 소득 중 상당 부분이 식생활에 사용되기 때문에 시장바구니에서 식품이 차지하는 비중이 높다. 고소득 국가들에서는 소비패턴의 차이가 시장바구니의 차이를 가져온다. 일본의 소비자물가지수 산정을 위한 시장바구니는 미국의 시장바구니에 비해 생선회의 비중이 높은 반면 쇠고기의 비중이 낮다. 프랑스는 와인의 비중이 상대적으로 높다.

> **생산자물가지수**(producer price index) 또는 PPI는 생산자가 구매하는 재화들의 가격 변화를 측정한다.
>
> 어느 한 해의 GDP **디플레이터**(GDP deflator)는 그해의 명목 국내총생산을 실질 국내총생산으로 나눈 비율에 100을 곱한 값이다.

다른 물가지수

소비자물가지수 이외에도 경제 전체의 물가 변화를 추적하기 위해 널리 사용되는 지수가 두 가지 더 있다. 하나는 **생산자물가지수**(producer price index)인데 간단히 **PPI**라고도 하며 과거에는 도매물가지수(wholesale price index)라고도 불렸다. 명칭에서 알 수 있듯이 생산자물가지수는 생산자가 구매하는 대표적인 재화와 서비스 바구니의 구매비용을 측정하는데 이 바구니에는 철강, 전기, 석탄 등 원자재들이 포함된다. 원자재 생산자들은 수요 증가를 감지할 경우 비교적 신속하게 가격을 인상하기 때문에 생산자물가지수는 소비자물가지수에 비해 인플레이션이나 디플레이션 압력에 더 빠르게 반응하는 경향이 있다. 이에 따라 생산자물가지수는 인플레이션율 변화에 대한 '조기 경보'로 간주되기도 한다.

또 하나의 물가지수는 GDP 디플레이터다. 이것은 다른 물가지수와 동일한 목적에서 만들어지기는 했으나 정확히는 물가지수라 할 수 없다. 앞서 **명목 국내총생산**(경상가격 GDP)과 **실질 국내총생산**(기준연도 가격을 이용하여 계산된 국내총생산)을 구분했었다. 어느 한 해의 **GDP 디플레이터**(GDP deflator)는 그해의 명목 국내총생산을 그해의 실질 국내총생산으로 나눈 비율에 100을 곱한 값이다. 현재 실질 국내총생산은 2012년 달러로 측정되므로 2012년의 GDP 디플레이터는 100이 된다. 명목 국내총생산이 두 배가 되었지만 실질 국내총생산에 변화가 없다면 GDP 디플레이터는 물가수준이 두 배가 되었음을 나타내 줄 것이다.

이처럼 물가지수에 따라 서로 다른 인플레이션율이 계산될 수 있지만 중요한 사실은 이들 세 가지 물가지수에 의해 계산되는 인플레이션율은 매우 유사한 움직임을 보인다는 점이다(물론

그림 22-6　소비자물가지수, 생산자물가지수, GDP 디플레이터

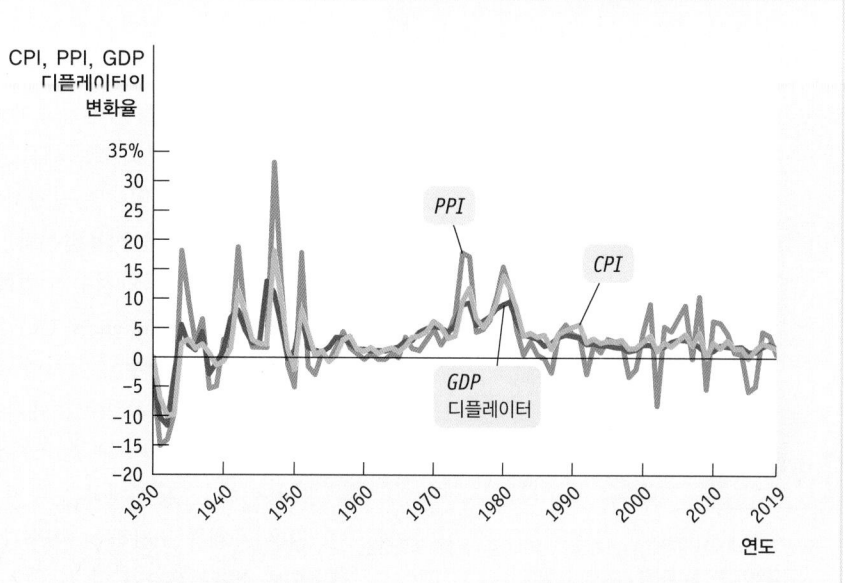

그림에서 보듯이 PPI(주황색), CPI(초록색), GDP 디플레이터(보라색)의 세 가지 척도에 의해 계산된 인플레이션율은 모두 매우 유사한 움직임을 가진다. 세 가지 척도 모두 1970년대에 인플레이션이 엄청나게 가속화되었으며, 1990년대에는 상대적으로 물가가 안정되었음을 보여 준다. 2009년에 짧은 기간 동안 디플레이션이 발생한 것을 제외하고는 2000년부터 2019년까지 물가는 안정적이었다.

출처 : Bureau of Labor Statistics, Bureau of Economic Analysis.

생산자물가지수가 다른 두 지수에 비해 더 크게 변동하는 경향이 있기는 하다). 〈그림 22-6〉은 1930년 이래 세 지수의 연간 변화율을 보여 준다. 세 지수 모두 미국 경제가 대공황 초기에 디플레이션을 경험했고 제2차 세계대전 중에 인플레이션을 경험했으며, 1970년대에는 인플레이션이 가속화되었고, 1990년대에 들어서는 물가가 상대적으로 안정되었음을 보여 준다. 그런데 2000년부터 2019년까지 생산자물가가 급격한 상승과 하락 움직임을 보이는데 이는 에너지와 식품 가격이 크게 변동했기 때문이다. 이들은 소비자물가지수나 GDP 디플레이터보다 생산자물가지수에서 훨씬 더 큰 역할을 한다.

현실 경제의 >> 이해

소비자물가지수 연동제도

국내총생산은 경제정책을 입안하는 데 매우 중요한 역할을 하지만, 국내총생산에 대한 공식 통계는 사람들의 일상생활에 직접적인 영향을 미치지 않는다. 반면에 소비자물가지수는 수백만 명의 미국인들에게 직접적이고 즉각적인 영향을 미친다.

그 이유는 지급금액이 소비자물가지수의 상승 또는 하락에 따라서 증감하는 지급제도, 즉 소비자물가지수에 '연동된' 지급제도가 상당수 있기 때문이다.

지급금액을 소비자물가지수에 연동시키는 제도는 미국이 탄생할 무렵부터 존재했다. 1780년에 매사추세츠주의 법은 독립전쟁 중에 발생한 인플레이션으로 인해 영국군과 전쟁 중이던 군인들에게 지급되는 수당을 인상할 필요가 있음을 인정했다. 이에 따라 이 법에서는 옥수수 5부셸, 쇠고기 68 4/7파운드, 양모 10파운드, 구두용 가죽 16파운드로 구성된 시장바구니의 비용에 비례하여 군인들의 수당이 결정되는 공식을 채택했다.

약간의 소비자물가지수의 변화라도 사회보장 급여에 의존하는 사람들에게는 큰 차이를 가져올 수 있다.

오늘날 대부분이 노령자나 장애자에 해당하는 6,300만 명의 미국인들이 사회보장 급여를 수령한다. 현재 미국의 사회보장 지출은 연방정부 지출 총액의 4분의 1에 달하는데 이는 국방비 지출보다도 더 크다. 각자가 수령하는 사회보장 급여는 은퇴 이전에 받던 급여수준을 비롯한 여러 요인을 반영하는 공식에 의해 결정된다. 이에 더하여 모든 사회보장 급여는 매년 소비자물가의 상승분을 반영하여 조정된다. 매년 급여를 조정하기 위해서 사용되는 인플레이션율의 공식적인 추정치는 소비자물가지수를 이용하여 계산된다. 따라서 공식적인 인플레이션율 추정치가 1%p 상승할 때마다 수천만 명의 사람들이 금액이 1% 증가한 수표를 수령하게 된다.

사회보장 지출 이외에도 여러 가지 정부지출이 소비자물가지수에 연동되어 있다. 납세자의 소득세율을 결정하는 소득세 과세구간도 소비자물가지수에 연동되어 있다(누진세제에서는 상위 납세구간에 속하는 납세자가 더 높은 소득세율을 적용받는다). 물가연동제는 민간 부문의 계약에서도 발견되는데 소비자물가지수의 변화에 비례해서 지급액을 조정하는 생계비 수당 (cost-of-living allowances, COLAs)을 포함하는 임금 계약이 대표적인 예다.

소비자물가지수는 이처럼 사람들의 생활에서 직접적이고 중요한 역할을 하기 때문에 정치적으로 매우 민감한 수치다. 소비자물가지수를 계산하는 노동통계국은 가격과 소비 자료를 모으고 해석하는 데 매우 세심한 주의를 기울인다. 노동통계국은 가계가 무엇을 어디에서 구매하는지를 알기 위해 많은 가계를 조사하는 한편 대표적인 가격을 구하기 위해 신중하게 선정된 표본 점포들을 조사한다.

>> 이해돕기 22-3
해답은 책 뒤에

1. 〈표 22-3〉에서 시장바구니가 오렌지 100개, 자몽 50개, 레몬 200개로 구성된다고 하자. 이 경우 서리가 내리기 전과 후의 물가지수는 어떻게 달라지는지 설명하라. 이 설명을 일반화하여 시장바구니의 구성이 물가지수에 어떤 영향을 미치는지에 대해서 논하라.

2. 다음 각 경우에 있어서 경제학자가 10년 전의 시장바구니를 사용한다면 오늘날 물가의 변화를 측정하는 데 어떤 편의(bias)를 초래할 것인지 설명하라.

    a. 대부분의 가구는 10년 전에 비해 더 많은 자동차를 보유하고 있다. 지난 10년간 자동차의 평균가격은 다른 재화의 평균가격에 비해 더 큰 폭으로 상승했다.

    b. 10년 전만 해도 광대역 인터넷을 이용할 수 있는 가구는 거의 없었다. 지금은 많은 가구가 인터넷을 이용하는데, 인터넷 이용가격은 매년 하락해 왔다.

3. 1982~1984년을 기준연도로 하는 미국의 소비자물가지수는 2019년에 254.943이었고, 2020년에는 255.902였다. 2019년과 2020년 사이의 인플레이션율을 계산하라.

인플레이션 예보에 대해 값 치르기

Javier Ghersi/Getty Images

우리는 보통 주요 경제통계의 생산을 정부에 맡긴다. 그렇지만 정부가 제공하는 숫자를 신뢰할 수 없다면 어떤 일이 일어날까? 이것이 바로 2007년부터 2016년까지 아르헨티나에서 발생한 일이다. 이 국가에서는 인플레이션이 실제보다 낮아보이도록 정부가 자료를 조작하고 있음을 누구나 다 알고 있었다. 이에 대응하여 MIT와 하버드의 연구자들은 "10억 가격 프로젝트(Billion Prices Project)"를 시작했는데, 이는 온라인 가격을 이용하여 이들 스스로의 인플레이션 지표를 만드는 프로젝트였다. 아르헨티나가 첫 대상 국가였으며, 그 이후 미국을 포함한 다른 국가로 확대되었다. 연구자들은 2015년 중반까지 아르헨티나의 인플레이션이 거의 27.18%에 달했음을 발견했다. 반면에 공식 숫자는 14.85%의 연간 인플레이션을 제시했다. 미국에서는 이야기가 좀 다르다. 공식적인 인플레이션 지표는 0.17%의 인플레이션율을 보고한 반면 이 프로젝트는 −0.60%의 연간 인플레이션율을 보고했다.

10억 가격 프로젝트는 2011~2012년경 미국 경제에 대한 논쟁에서 놀라울 정도로 중요한 역할을 했다. 당시 몇 명의 저명한 논평자들이 미국의 공식적인 소비자물가 척도가 인플레이션을 실제보다 낮게 보고한다고 주장하고 있었다. 이 말이 사실인지를 알 수 있는 방법 중 하나는 미국의 공식 인플레이션율과 10억 가격 프로젝트가 독자적으로 계산한 척도를 비교하는 것이었다. 뚜껑을 열고 보니 두 척도 사이에는 차이가 거의 없었다. 미국 정부는 실제로 정직하게 숫자를 보고하고 있었다.

그런데 정부의 숫자가 괜찮다면 누가 독립적인 민간의 인플레이션 척도를 필요로 할까? 그 답은 온라인 자료에 근거한 10억 개 가격 척도는 다분히 실시간으로 인플레이션을 추적할 수 있다는 데 있다. 이와 반면에 소비자물가지수는 한 달에 한 번만 보고된다.

실제로 인플레이션율을 일찍 아는 데 대한 시장이 존재한다. 스테이트스트리트은행(State Street Bank)이 소유한 회사인 프라이스스태츠(PriceStats)는 10억 가격의 자료를 이용하여 실시간 인플레이션 추정치를 생산하고, 구독료를 지불하는 주로 기업으로 이루어진 고객에게 이를 제공한다. 프라이스스태츠의 자료는 모든 사람들이 공식 자료를 알기 몇 주 전에 인플레이션 경향에 대한 예보를 제공한다. 그리고 사람들은 이 예보에 대해 기꺼이 값을 치른다.

생각해 볼 문제

1. 아르헨티나 정부는 왜 인플레이션이 실제보다 낮게 보이기를 원했을까?

2. 연구자들이 온라인 자료만을 이용해서 제법 괜찮은 인플레이션 척도를 만들 수 있다면, 왜 소비자물가지수를 만들기 위해 사용되는 힘든 과정을 거쳐야 할까?

3. 2번 질문과 관련된 질문으로, 10억 가격 지표는 무엇을 놓칠 우려가 있을까? 소비자물가지수 내의 다양한 재화의 비중에 대해 설명한 내용을 생각해 보라.

요약

1. 경제학자들은 **국민소득 및 생산 계정** 또는 **국민계정**을 통해서 경제 부문 간 화폐의 흐름을 추적한다. 재화와 서비스의 수요는 **소비지출, 투자지출, 정부의 재화와 서비스 구매**에 기인한다. **수출**(*X*)은 전 세계로부터의 자금 유입을 가져오지만 **수입**(*IM*)은 전 세계로의 자금 유출을 가져온다.

2. **국내총생산** 또는 GDP는 한 경제에서 생산된 모든 **최종생산물**의 가치를 측정한다. 여기에는 **중간투입물**이 포함되지 않는 반면 **재고**와 **순수출**(*X*−*IM*)이 포함된다. 국내총생산은 모든 생산물의 **부가가치**의 합, **총지출**로도 알려진 국내에서 생산된 최종생산물에 대한 지출의 합(GDP=*C*+*I*+*G*+*X*−*IM*), 국내기업이 생산요소에 지급하는 소득의 합 등 세 가지 방법에 의해 계산될 수 있다. 경제 전체로 보면 국내기업이 생산요소에 지급하는 총소득은 국내에서 생산되는 최종생산물에 대한 지출의 합과 같아져야 하므로 세 가지 방법은 동등하다.

3. **실질 국내총생산**은 특정한 기준연도의 가격을 이용하여 계산된 최종생산물 가치의 총계다. 기준연도를 제외하면 실질 국내총생산의 값은 경상가격을 이용하여 계산된 **총생산**의 가치인 **명목 국내총생산**의 값과 같지 않다. 총생산의 증가율에 대한 분석을 위해서는 반드시 실질 국내총생산을 사용해야 하는데 이는 실질 국내총생산을 사용함으로써 가격 변화에 의한 총생산물 가치의 증가를 제거할 수 있기 때문이다. **1인당** 실질 **국내총생산**은 각 개인당 평균 총생산을 측정하는 지표인데, 그 자체를 정책 목표로 사용하기에는 부적당하다. 미국의 국내총생산 통계는 항상 **연쇄 달러**로 표시된다.

4. **총물가수준**을 측정하기 위해 경제학자들은 **시장바구니**를 구입하는 데 드는 비용을 계산한다. **물가지수**는 현재 시장바구니를 구입하는 데 드는 비용을 선택된 기준연도에 시장바구니를 구입하는 데 드는 비용으로 나눈 후 100을 곱해서 구한다.

5. **인플레이션율**은 물가지수의 연간 변화율에 의해 계산된다. 인플레이션율을 구하기 위해 가장 보편적으로 사용되는 물가지수는 **소비자물가지수** 또는 CPI다. 이와 유사한 지수로는 기업이 구매하는 재화와 서비스 가격을 측정하는 **생산자물가지수** 또는 PPI가 있다. 경제학자들은 GDP **디플레이터**를 이용하기도 하는데, 이는 명목 국내총생산을 실질 국내총생산으로 나눈 값에 100을 곱해서 구한다.

주요용어

국민소득 및 생산 계정(국민계정)
정부의 재화와 서비스 구매
소비지출
투자지출
수출
수입
최종생산물
중간투입물

국내총생산(GDP)
총지출
부가가치
순수출
총생산
실질 국내총생산
명목 국내총생산
연쇄 달러

1인당 국내총생산
총물가수준
시장바구니
물가지수
인플레이션율
소비자물가지수(CPI)
생산자물가지수(PPI)
GDP 디플레이터

토론문제

1. 노동통계국 홈페이지인 www.bls.gov로 가라. 커서를 '경제 발표(Economic Releases)' 탭 위에 두면 펼쳐지는 메뉴에서 '주요경제지표(Major Economic Indicators)'를 클릭하라. '주요경제지표' 페이지로 들어가면 '소비자물가지수(Consumer Price Index)'를 클릭하라. 이 페이지로 들어가면 '목차표(Table of Contents)' 아래 '표 1 : 모든 도시 소비자의 소비자물가지수(Consumer Price Index for All Urban Consumers)'를 클릭하라. '조정되지 않은(unadjusted)' 숫자를 이용할 경우 전달의 소비자물가지수는 얼마였는가? 이 숫자는 그 전달에 비해서 어떻게 변했는가? 1년 전 같은

달의 소비자물가지수와 비교해서 어떻게 변했는가?

2. 중간생산물과 투자재 간의 차이를 설명하라. 중간투입물과 투자재는 국내총생산에 포함될까? 설명하라.

3. 다음 서술문을 분석하라. "국내총생산은 지난 해보다 2% 증가했다. 이것은 평균적인 소득의 증가를 의미하므로 경제 후생에 대한 좋은 지표다."

4. 〈그림 22-4〉를 이용하여 현재의 소비자물가지수 가중치가 여러분 가족의 실제 인플레이션율을 과대평가 또는 과소평가할 수 있음을 설명하라.

연습문제

1. 오른쪽 그림은 마이크로니아 경제의 단순화된 순환도다. (마이크로니아에는 투자지출이 없다.)
   a. 마이크로니아의 국내총생산은 얼마인가?
   b. 순수출은 얼마인가?
   c. 가처분소득은 얼마인가?
   d. 가계로부터 유출되는 화폐 흐름, 즉 모든 조세와 소비지출의 합은 가계로 유입되는 화폐 흐름의 총액과 동일한가?
   e. 마이크로니아 정부는 재화와 서비스 구매를 위한 자금을 어떻게 조달하는가?

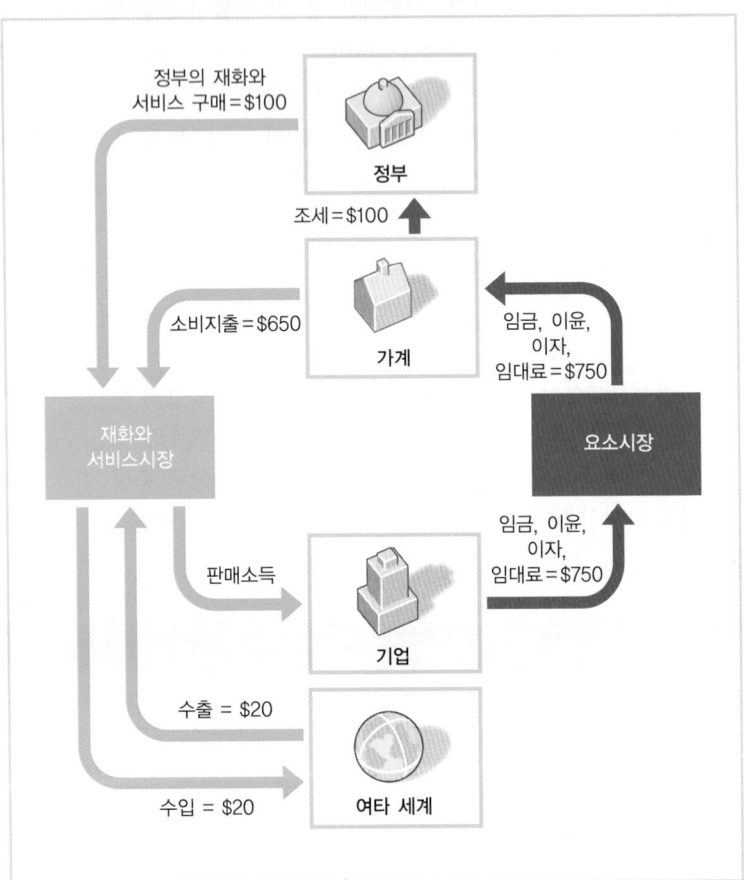

2. 다음 그림은 매크로니아 경제의 보다 복잡한 순환도다. (매크로니아에는 투자지출과 금융시장이 존재함에 유념하라.)
   a. 매크로니아의 국내총생산은 얼마인가?
   b. 순수출은 얼마인가?
   c. 가처분소득은 얼마인가?
   d. 가계로부터 유출되는 화폐 흐름, 즉 조세, 소비지출, 민간저축의 합은 가계로 유입되는 화폐 흐름의 총액과 동일한가?
   e. 정부는 재화와 서비스 구매 자금을 어떻게 조달하는가?

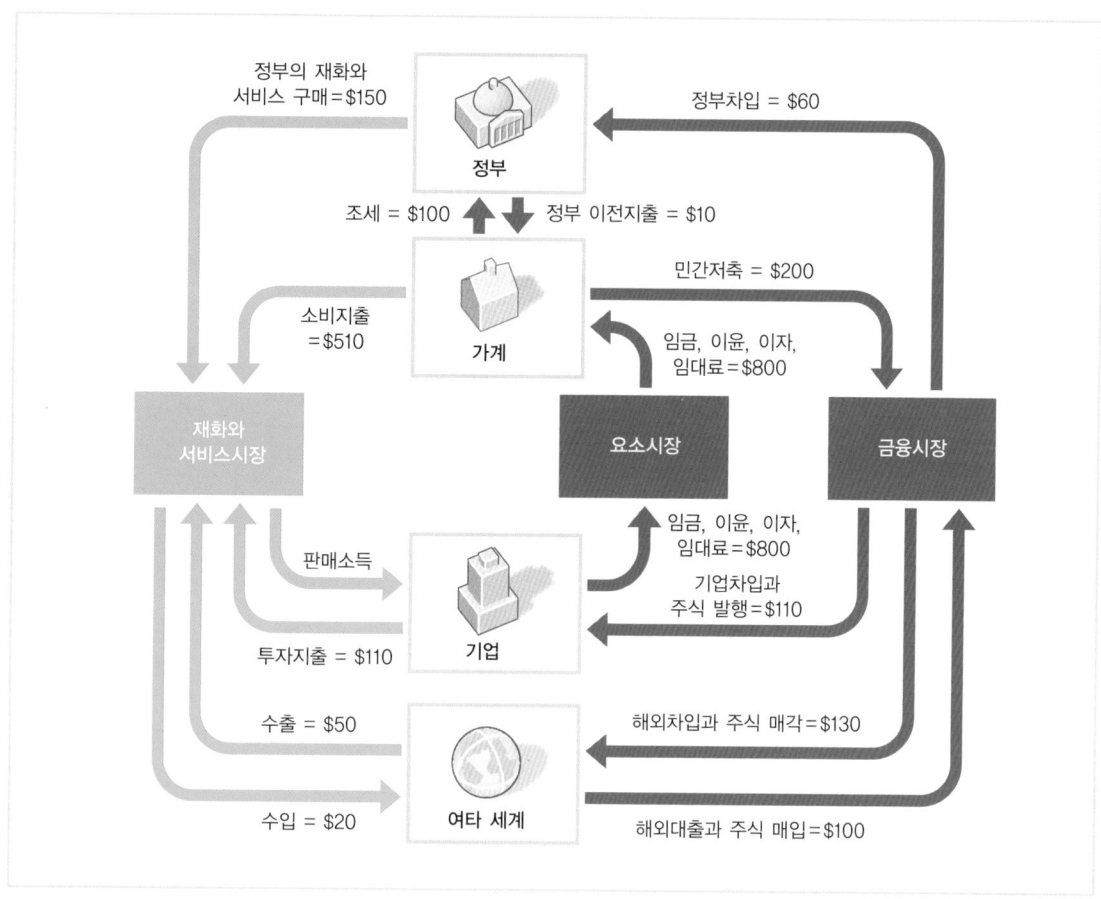

3. 다음 표에 제시된 국내총생산 구성요소의 값은 미국의 경제분석국에 의해 계산되었다.

항목	2018년 GDP의 구성요소 (10억 달러)
소비지출	
내구재	$1,475.1
비내구재	2,889.2
서비스	9,633.9
민간투자지출	
고정자본 투자지출	3,573.6
비주거	2,786.9
구조물	633.2
장비 및 소프트웨어	931.1
주거	786.7
민간재고 변화	54.7
순수출	
수출	2,510.3
수입	3,148.5

정부의 재화와 서비스 구매 및 투자지출	
연방정부	1,347.3
국방	793.6
기타	553.7
주정부 및 지방정부	2,244.2

a. 2018년 소비지출을 계산하라.

b. 2018년 민간투자지출을 계산하라.

c. 2018년 순수출을 계산하라.

d. 2018년 정부의 재화와 서비스 구매 및 투자지출을 계산하라.

e. 2018년 국내총생산을 계산하라.

f. 2018년 서비스에 대한 소비지출이 전체 소비지출에서 차지하는 비중을 백분율로 계산하라.

g. 2018년 수출 대 수입의 비율을 백분율로 계산하라.

h. 2018년 국방을 위한 정부구매가 연방정부의 재화와 서비스 구매에서 차지하는 비중을 백분율로 계산하라.

4. 피자니아라는 나라에서는 빵, 치즈, 피자의 세 가지 재화가 각각 다른 회사에 의해서 생산되고 있다. 빵과 치즈를

만드는 회사는 자체적으로 필요한 투입물을 모두 생산한다. 피자 회사는 다른 회사에서 생산된 빵과 치즈를 이용해서 피자를 만든다. 세 회사는 모두 제품을 생산하기 위해서 노동자를 고용하고 있으며 판매된 제품의 가치와 노동 및 중간투입물의 가치와의 차이가 그 기업의 이윤이 된다. 다음 표는 생산된 빵과 치즈가 모두 피자 회사에 판매되어 피자를 생산하기 위한 투입물로 사용될 경우에 세 회사의 활동 내역을 요약해서 보여 준다.

	빵 회사	치즈 회사	피자 회사
투입물의 비용	$0	$0	$50(빵) 35(치즈)
임금	15	20	75
생산물의 가치	50	35	200

  a. 부가가치를 이용하여 국내총생산을 계산하라.
  b. 최종생산물에 대한 지출을 이용하여 국내총생산을 계산하라.
  c. 요소소득을 이용하여 국내총생산을 계산하라.
5. 4번 문제에 제시되었던 피자니아 경제에서 생산된 빵과 치즈가 피자 회사에 중간투입물로 판매되는 동시에 소비자들에게 최종생산물로 판매된다고 하자. 다음 표는 이 경우에 세 회사의 활동을 요약해서 보여 준다.

	빵 회사	치즈 회사	피자 회사
투입물의 비용	$0	$0	$50(빵) 35(치즈)
임금	25	30	75
생산물의 가치	100	60	200

  a. 생산에서 발생한 부가가치로 국내총생산을 계산하라.
  b. 최종생산물에 대한 지출로 국내총생산을 계산하라.
  c. 요소소득으로 국내총생산을 계산하라.
6. 다음 거래 중에서 미국의 국내총생산에 포함되는 것은?
  a. 코카콜라가 미국에 새로운 공장을 건설한다.
  b. 델타 항공사가 가지고 있던 항공기 1대를 대한항공에 매각한다.
  c. 머니백 여사가 디즈니사의 주식(기존 발행 주식) 1주를 매입한다.
  d. 캘리포니아의 와인업자가 샤도네이 1병을 생산해서 캐나다 몬트리올에 있는 고객에게 판매한다.
  e. 미국인이 애리조나주 털사에서 프랑스 향수 1병을 구입한다.

  f. 출판사가 새 책을 너무 많이 인쇄해서 금년 중에 다 팔지 못하고 남은 책들을 재고로 남긴다.
7. 다음 표는 1968, 1978, 1988, 1998, 2008, 2018년도에 미국의 명목 국내총생산(단위 : 10억 달러), 2012년 달러 기준 실질 국내총생산(단위 : 10억 달러), 인구(단위 : 천 명)를 보여 준다. 1965~2018년 동안 미국의 물가는 계속 상승했다.

연도	명목 GDP (10억 달러)	실질 GDP (10억 달러, 2012년 기준)	인구 (천 명)
1968	$941	$4,792	200,745
1978	2,352	6,569	222,629
1988	5,236	8,866	245,061
1998	9,063	12,038	276,154
2008	14,713	15,605	304,543
2018	20,580	18,638	327,436

  a. 2008년까지의 모든 해에서 실질 국내총생산이 명목 국내총생산보다 큰 이유는 무엇인가? 그리고 2018년에 실질 국내총생산이 명목 국내총생산보다 작은 이유는 무엇인가?
  b. 1968~1978년, 1978~1988년, 1988~1998년, 1998~2008년, 2008~2018년 실질 국내총생산의 변화율을 계산하라. 어떤 기간이 가장 높은 성장률을 보였는가?
  c. 표에 나와 있는 모든 해의 1인당 실질 국내총생산을 계산하라.
  d. 1968~1978년, 1978~1988년, 1988~1998년, 1998~2008년, 2008~2018년 1인당 실질 국내총생산의 변화율을 계산하라. 어떤 기간이 가장 높은 성장률을 보였는가?
  e. 실질 국내총생산의 증가율과 1인당 실질 국내총생산의 증가율은 어떻게 차이가 나는가? 어느 것이 더 큰가? 이와 같은 관계는 우리의 기대와 일치하는가?
8. 이스트랜드대학은 학생들이 구입해야 하는 교과서 가격이 인상되는 것을 우려하고 있다. 교과서 가격이 얼마나 상승하는지를 파악하기 위해 학장이 경제학부 최우수 학생인 여러분에게 전반적인 교과서 가격지수를 만들 것을 지시한다고 하자. 평균적인 학생은 영어 교과서 3권, 수학 교과서 2권, 경제학 교과서 4권을 구입한다. 이 책들의 가격은 다음 표와 같다.

	2018년	2019년	2020년
영어 교과서	$100	$110	$114
수학 교과서	140	144	148
경제학 교과서	160	180	200

a. 2018~2020년 사이의 영어 교과서 가격의 변화율은?

b. 2018~2020년 사이의 수학 교과서 가격의 변화율은?

c. 2018~2020년 사이의 경제학 교과서 가격의 변화율은?

d. 2019년을 기준연도로 하여 모든 해의 교과서 물가지수를 계산하라.

e. 2018~2020년 사이의 물가지수의 변화율은 얼마인가?

9. CPI는 평균적인 소비자의 생계비를 측정하는데 주거 서비스나 식료품과 같은 각 지출 품목의 가격에 소비자의 시장바구니에서 각 품목이 차지하는 비중을 곱한 후에 이를 모든 품목에 대해 더하여 구해진다. 그렇지만 CPI 자료를 보면 서로 다른 종류의 소비자 간에 생계비의 변화 정도가 매우 상이하다는 것을 알 수 있다. 어떤 가상적인 퇴직자의 생계비와 대학생의 생계비를 비교해 보자. 퇴직자의 시장바구니는 주거서비스 10%, 식료품 15%, 교통비 5%, 의료비 60%, 교육비 0%, 여가비 10%로 구성되어 있다고 하자. 그리고 학생의 시장바구니는 주거서비스 5%, 식료품 15%, 교통비 20%, 의료비 0%, 교육비 40%, 여가비 20%로 구성되어 있다고 하자. 다음 표는 2019년 8월의 각 품목당 소비자물가지수를 보여 준다.

	2019년 8월 CPI
주거비	169.5
식료품비	162.2
교통비	146.4
의료비	210.8
교육비	266.8
여가비	120.4

먼저 각 품목의 CPI와 각자의 시장바구니에서 각 품목이 차지하는 비중의 곱을 합함으로써 퇴직자와 대학생의 총체적인 소비자물가지수를 각각 계산하라. 2019년 8월 전체 품목의 소비자물가지수는 158.4였다. 여러분이 계산한 퇴직자의 소비자물가지수와 대학생의 소비자물가지수는 전체 소비자물가지수와 어떻게 다른가?

10. 다음 표는 미국의 연도별 실질 국내총생산(단위 : 2012년 기준, 10억 달러)과 명목 국내총생산(단위 : 10억 달러)을 보여 준다.

연도	실질 GDP (2012년 기준, 10억 달러)	명목 GDP (10억 달러)
2012	16,197	16,197
2013	16,495	16,785
2014	16,912	17,527
2015	17,404	18,225
2016	17,689	18,715
2017	18,108	19,519
2018	18,638	20,580

a. 각 해의 GDP 디플레이터를 계산하라.

b. GDP 디플레이터를 이용하여 2012년을 제외한 모든 해의 인플레이션율을 계산하라.

11. 다음 표는 2016년, 2017년, 2018년의 GDP 디플레이터와 소비자물가지수를 보여 준다. 각 물가지수를 이용해서 2016~2017년, 2017~2018년의 인플레이션율을 계산하라.

연도	GDP 디플레이터	CPI
2016	106.551	241.432
2017	108.713	246.524
2010	111.256	251.233

23 〉 실업과 인플레이션

2011년의 대실수

19개 유럽 국가가 공통으로 사용하는 화폐인 유로화는 1999년에 도입되었다. 다른 근대 화폐와 마찬가지로 유로화는 화폐를 창조하거나 파괴할 수 있는 권한을 가진 기관인 중앙은행에 의해 관리된다. 이러한 권한에는 민간은행들이 서로에게 대출하는 이자율과 이들이 중앙은행에 예금할 때 받는 이자율을 포함하여 몇 가지 중요한 이자율을 결정할 수 있는 능력이 뒤따른다. 화폐의 양과 주요 이자율에 대한 결정을 통화정책이라 부르는데, 이는 거시경제정책의 중심이 된다. 미국에서는 연방준비제도가 통화정책을 결정하는데 이는 보통 연준이라 불린다. 유럽에서는 좀 재미없는 이름이지만 유럽중앙은행 또는 ECB라 불리는 기관이 통화정책을 결정한다.

2011년에 유럽중앙은행은 큰 실수를 범했다. 연준과 마찬가지로 유럽중앙은행도 2008년 금융위기에 직면하여 이자율을 급격하게 낮췄다. 그렇지만 2011년에는 유럽이 위기의 후유증으로부터 겨우 회복하기 시작하고 있었음에도 불구하고 이자율을 다시 올렸다.

연방준비제도 의장은 경제를 가속시킬 것인가 또는 제동을 걸 것인가를 결정함에 있어서 낮은 실업률과 물가 안정의 두 목표 간 균형을 유지하려 든다. 2011년에 버냉키는 현명한 선택을 했으며, 트리셰는 그러지 못했다.

유럽중앙은행은 왜 이자율을 올렸을까? 거시경제정책은 주로 거시경제학의 두 해악인 높은 실업과 높은 인플레이션을 완화시키려 든다. 높은 실업은 일할 의사가 있는 노동자가 일자리를 구할 수 없기 때문에 인적 낭비와 경제적 낭비를 야기한다. 높은 인플레이션은 급격히 상승하는 물가를 통해 통화제도를 약화시킨다. 따라서 거시경제정책의 두 가지 주요 목표는 낮은 실업과 물가 안정이다. 물가 안정은 일반적으로 낮지만 양의 인플레이션율로 정의된다.

불행하게도 이 두 목표는 종종 서로 상충된다. 이 경우 거시경제정책 담당자들은 판단과 추측에 따라 절충을 해야 한다. 2011년에는 이 두 목표가 정말로 상충된 것처럼 보였다. 2008년 금융위기의 여파로 실업율은 여전히 높았으며, 인플레이션 또한 급격하게 가속화되었다. 당시 프랑스의 장 클로드 트리셰(Jean-Claude Trichet)가 이끌고 있던 유럽중앙은행은 인플레이션이 더 큰 위협이라 판단하고 높은 실업에도 불구하고 이자율을 인상했다.

나중에 밝혀진 일이지만 이것은 잘못된 결정이었다. (이와는 대조적으로 연준의 수장인 버냉키와 동료들은 이와 비슷한 상황에서 옳은 결정을 내렸다.) 인플레이션의 발생은 세계 유가 상승과 같이 일시적인 요인 때문이었고, 이들 요인은 곧 사라진 반면 실업율은 계속해서 상승했다. 2011년 말에 이르러 유럽중앙은행은 이자율 인상을 반전시켰다.

이 장에서 우리는 실업과 인플레이션의 동태적 움직임에 대해 연구할 것이다. 우리는 이들이 어떻게 측정되며 왜 이들을 정확하게 측정하는 것이 정부의 중요한 기능인지를 배울 것이다. 그다음에는 왜 낮은 실업과 물가 안정이 거시경제정책의 주요 목표가 되는지를 이해할 것이다. 그렇지만 방금 보았듯이 이 두 목표는 서로 상충되기도 한다. ●

이 장에서 배울 내용

- **실업**은 어떻게 측정하고 **실업률**은 어떻게 계산하는가?
- 경제에서 실업률의 중요성은 무엇인가?
- 실업률과 경제성장 간의 관계는 무엇인가?
- **자연실업률**의 결정 요인은 무엇인가?
- 인플레이션의 경제적 비용은 무엇인가?
- 인플레이션과 디플레이션은 어떻게 승자와 패자를 만들어 내는가?
- 정책입안자들이 안정적인 인플레이션율을 유지하려는 이유는 무엇인가?

취업인구(employment)는 전일제든 시간제든 현재 고용되어 있는 사람들의 수다.

실업인구(unemployment)는 적극적으로 일자리를 구하고는 있으나 현재 취업을 못하고 있는 사람들의 수로 정의된다.

경제활동인구(labor force)는 취업인구와 실업인구의 합이다.

경제활동참가율(labor force participation rate)은 16세 이상 인구 중 경제활동인구의 비율이다.

‖ 실업률

〈그림 23-1〉은 1948년부터 2020년까지 미국의 실업률을 보여 준다. 그림에서 볼 수 있듯이 실업률은 2007∼2009년 대후퇴 기간 중 치솟았다가 그 후 수년간 매우 느리게 하락했다가 2020년 봄에 코비드-19 위기로 인해 다시 치솟았다. 실업률의 상승은 무엇을 의미하며, 이것이 왜 사람들의 생활에서 중요한 요소가 될까? 정책담당자들이 취업인구와 실업인구에 대해 주시하는 이유를 이해하려면 먼저 이들이 어떻게 정의되고 측정되는지를 알 필요가 있다.

실업의 정의와 측정

취업인구를 정의하는 것은 쉽다. 일자리를 가지고 있는 사람은 취업 상태에 있다. **취업인구**(employment)는 전일제든 시간제든 현재 고용되어 있는 사람들의 수다.

그러나 실업은 보다 미묘한 개념이다. 어떤 사람이 일을 하지 않고 있다고 해서 실업자로 간주할 수는 없다. 예를 들어 2020년 2월 현재 미국에는 4,980만 명의 퇴직 근로자들이 사회보장 수표를 받고 있다. 이들 중 대부분은 아마도 더 이상 일을 할 필요가 없다는 사실에 대해 행복하게 생각하고 있을 것이다. 따라서 우리는 편안한 은퇴생활에 정착한 사람들을 실업자로 간주하지는 않을 것이다. 이에 더해서 1,340만 명의 65세 미만 장애인들이 일을 할 수 없기 때문에 사회보장 혜택을 받고 있다. 이들 역시 일을 하고 있지 않지만 이들을 실업자로 간주하지는 않을 것이다.

미국에서 실업에 대한 자료 수집을 담당하는 연방정부 기관인 통계조사국은 '일이 없고, 일자리를 구하고 있으며, 일을 할 능력이 있는 사람'을 실업자로 간주한다. 은퇴를 한 사람은 일자리를 구하고 있지 않으므로 실업자로 계산되지 않는다. 장애인은 일을 할 능력이 없으므로 실업자로 계산되지 않는다. 보다 구체적으로 현재 일자리가 없으며 지난 4주 동안 적극적으로 일자리를 구하고 있던 사람은 실업자로 간주된다. 따라서 **실업인구**(unemployment)는 적극적으로 일자리를 구하고는 있으나 현재 취업을 못하고 있는 사람들의 수로 정의된다.

한 국가의 **경제활동인구**(labor force)는 취업인구와 실업인구의 합이다. 즉 경제활동인구는 현재 일을 하고 있거나 일자리를 구하고 있는 사람들의 수다. **경제활동참가율**(labor force

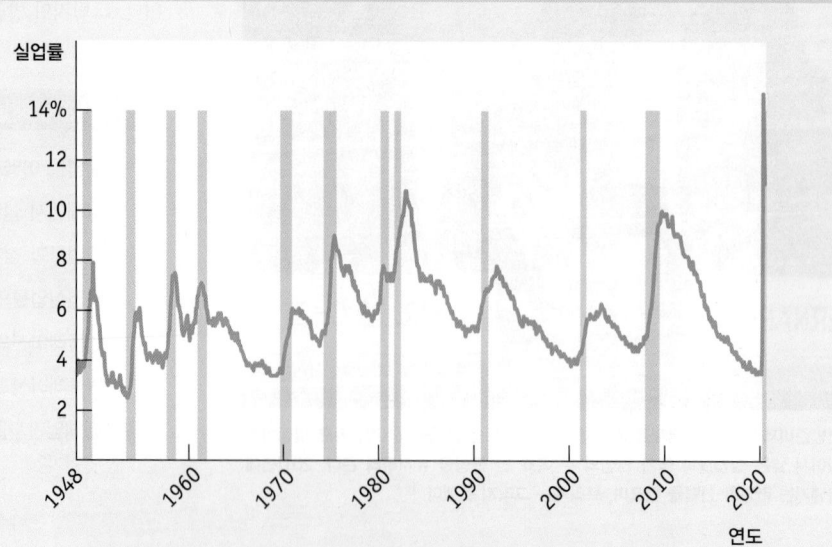

그림 23-1 미국의 실업률, 1948∼2020년

실업률은 시간에 따라 큰 폭으로 변동했다. 음영으로 표시된 경기후퇴기에는 언제나 실업률이 상승한다. 경기팽창기에는 항상은 아니지만 대개는 실업률이 하락한다.

출처 : Bureau of Labor Statistics, National Bureau of Economic Research.

participation rate)은 생산연령인구(working-age population)에서 경제활동인구가 차지하는 비중으로 정의된다. 즉 경제활동참가율은 다음과 같이 계산된다.

$$(23\text{-}1) \quad 경제활동참가율 = \frac{경제활동인구}{16세 \ 이상 \ 인구} \times 100$$

실업률(unemployment rate)은 경제활동인구 중에서 실업인구의 비율로 다음과 같이 계산된다.

$$(23\text{-}2) \quad 실업률 = \frac{실업인구}{경제활동인구} \times 100$$

실업률(unemployment rate)은 경제활동인구 중에서 실업인구의 비율이다.

실업률 계산에 사용될 숫자를 추정하기 위해 미국의 통계조사국은 매월 인구현황조사(Current Population Survey)를 시행한다. 이 조사에서는 무작위로 추출된 6만 가구의 표본이 면담 조사된다. 사람들은 먼저 현재 일을 하고 있는지 여부에 대해 질문받는다. 현재 일을 하고 있지 않다면 지난 4주간 일자리를 구하고 있었는지를 질문받는다. 조사 결과를 총인구에 대한 추정치를 이용하여 확장함으로써 미국의 전체 취업인구와 실업인구에 대한 추정치가 구해진다.

실업률의 유의성

실업률은 일반적으로 현재의 경제 상태에서 일자리를 찾는 것이 얼마나 쉬운지 또는 어려운지를 나타내는 완벽하지는 않지만 훌륭한 지표다. 이는 실업률과 **퇴직률**(quit rate)을 비롯한 다른 취업시장 지표들 간 강한 상관관계를 통해 확인할 수 있다. 퇴직률은 한 달 동안 자발적으로 일자리를 떠나는 노동자의 비율이다. 실업률이 10%에 가까웠던 2009년에는 퇴직을 하는 노동자가 별로 없었다. 일자리를 떠날 경우 새 일자리를 구할 수 있다고 확신할 수 없었기 때문이다. 2020년 초에 실업률이 4% 아래로 떨어지자 퇴직률은 두 배가 되었다. 2020년 봄에 코비드-19로 인해 실업률이 치솟자 퇴직자는 급격히 감소했다.

실업률은 현재 노동시장의 상태를 잘 보여 주는 지표이긴 하지만, 이를 문자 그대로 일을 하기를 원하지만 일자리를 구하지 못하는 사람의 비율로 해석하는 데는 주의해야 한다. 어떤 면에서는 실업률이 일자리를 구하는 것이 어려운 정도를 과대평가하기 때문이다. 다른 면에서는 그 반대도 될 수 있다. 즉 낮은 실업률이 일자리 부족에 대한 깊은 좌절을 은폐시킬 수도 있다.

실업률이 실제 실업 수준을 과대평가할 수 있는 이유 여러분이 일자리를 구하고 있다고 하자. 적절한 일자리를 찾는 데 몇 주가 걸리는 것은 정상적인 현상이다. 그럼에도 불구하고 일자리를 구하는 데는 자신이 있지만 아직 일자리를 수락하지 않은 근로자는 실업자로 분류된다. 이런 이유에서 일자리가 넘쳐나는 호황기에도 실업률은 절대로 0%로 하락하지 않는다. 노동시장이 활기에 찼던 2020년 2월은 구직자에게는 매우 좋은 시절이었음에도 불구하고 실업률은 여전히 3.4%나 되었다. 이 장 후반부에서는 일자리가 넘쳐날 때도 실업자가 존재하는 이유에 대해서 심도 있게 설명할 것이다.

실업률이 실제 실업 수준을 과소평가할 수 있는 이유 일을 하기를 원하지만 일을 하고 있지 않는 사람들이 실업자로 계산되지 않는 경우가 종종 있다. 특히 오랫동안 심한 침체를 겪고 있는 탄광촌에서 일시 해고된 광부와 같이 일자리가 없기 때문에 당분간 일자리를 구하는 것을 포기한 사람들은 실업자로 분류되지 않는다. 이들은 지난 4주간 일자리를 구하려 하지 않았기 때문이다. 일을 하기를 원하지만 노동시장의 상태로 보아 직장을 구할 수 있는 전망이 어둡기 때

실망실업자(discouraged worker)는 일을 할 능력은 있지만 노동시장의 상황을 고려하여 일자리를 구하는 것을 포기한 사람들이다.

한계참여근로자(marginally attached worker)는 취업을 하고 싶으며 최근까지 일자리를 구하고 있었지만 지금은 일자리를 구하고 있지 않는 사람들이다.

과소취업자(underemployment)는 전일제 일자리를 구할 수 없기 때문에 시간제로 일을 하고 있는 노동자다.

문에 일자리를 구하지 않고 있다고 통계조사자에게 대답한 사람들을 **실망실업자**(discouraged worker)라 부른다. 실업률의 계산에는 실망실업자가 포함되지 않기 때문에 측정된 실업률은 일을 하기를 원하나 일자리를 구할 수 없는 사람의 비율을 과소평가할 수도 있다.

실망실업자는 더 큰 범주인 **한계참여근로자**(marginally attached worker)의 일부분이다. 한계참여근로자란 일을 하고는 싶고 최근까지는 일자리를 구하고 있었지만 지금은 일자리를 구하고 있지 않는 사람들이다. 이들 역시 실업률 계산에 포함되지 않는다. 마지막으로 일자리를 구하는 데 있어서 좌절을 맛보고는 있지만 실업자로 간주되지 않는 또 다른 범주의 노동자들이 있는데 이들을 **과소취업자**(underemployed)라 한다. 이들은 전일제 일자리를 구하기를 원하나 전일제 직장을 구할 수 없기 때문에 현재 시간제로 일을 하고 있는 노동자다. 이들 역시 실업률 계산에 포함되지 않는다.

노동통계국은 공식적인 실업률을 계산하는 연방정부기관이다. 노동통계국은 세 범주의 좌절한 노동자를 포함하는 보다 포괄적인 '노동 저활용(labor underutilization)에 대한 지표'를 계산하기도 한다. 〈그림 23-2〉는 실망실업자, 한계참여근로자, 과소취업자가 모두 포함될 경우 측정된 실업률이 어떻게 변할 것인지 보여 준다. 가장 광의의 실업 및 과소취업 지표는 U-6인데 위의 세 가지 지표에 실업인구를 더한 값이다. 이 지표는 언론에서 흔히 언급되는 실업률보다 상당히 높은 값을 가진다. 그렇지만 U-6와 실업률은 대체로 평행에 가까운 움직임을 가지며 이런 점에서 실업률의 변화는 좌절한 노동자를 포함하여 총체적인 노동시장의 상황 변화를 잘 보여 줄 수 있다.

마지막으로 여러 인구집단에 있어서 실업률이 매우 큰 차이를 나타낸다는 사실을 인식하는 것이 중요하다. 다른 조건이 같다면 경험이 많은 노동자와 25세부터 54세까지 한창 일할 나이에 있는 노동자가 일자리를 구하는 것이 더 용이하다. 이보다 나이가 어린 노동자나 은퇴 연령에 가까운 노동자는 다른 조건이 같다면 일자리를 구하기가 더 어렵다.

〈그림 23-3〉은 전체 실업률이 역사적 기준으로는 낮은 수준이었던 2000년과 대후퇴의 여파로 실업률이 높았던 2010년, 그리고 실업률이 위기 이전 수준으로 하락했던 2020년에 있어 여러 집단의 실업률을 보여 준다. 그림에서 볼 수 있듯이 흑인 노동자의 실업률은 전국 평균보다 지

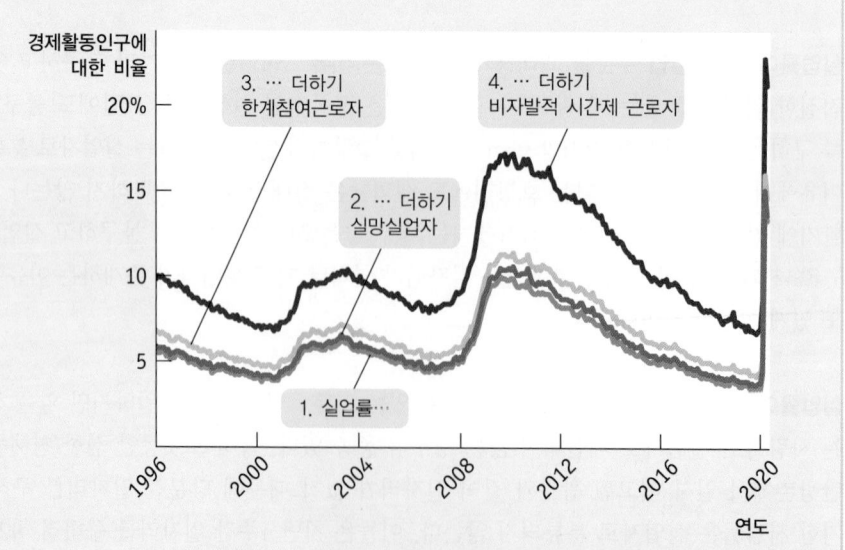

그림 23-2 실업에 대한 여러 가지 지표, 1996~2020년

언론에서 보통 인용되는 실업률 수치는 지난 4주간 일자리를 구하고 있었던 사람만 실업자로 간주한다. 더 포괄적인 지표는 실망실업자, 한계참여근로자, 과소취업자 등도 포함한다. 이들 지표는 더 높은 실업률을 나타내나 표준적인 실업률과 거의 평행으로 움직인다.

출처 : Bureau of Labor Statistics.

경제활동인구에 대한 비율

3. … 더하기 한계참여근로자

4. … 더하기 비자발적 시간제 근로자

2. … 더하기 실망실업자

1. 실업률…

20%

15

10

5

1996 2000 2004 2008 2012 2016 2020

연도

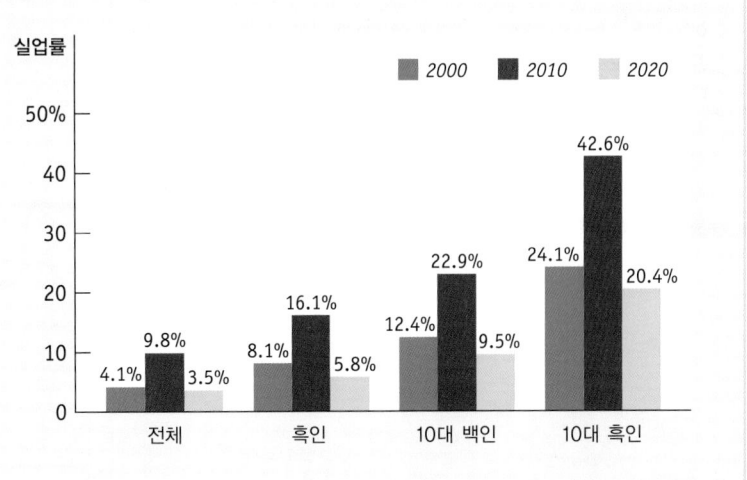

그림 23-3 여러 집단의 실업률, 2000년, 2010년, 2020년

실업률은 여러 인구집단 간에 매우 큰 차이를 나타낸다. 예를 들어, 2020년 2월의 전체 실업률은 3.5%였지만 10대 흑인의 실업률은 20.4%에 달했다. 따라서 전체적으로 실업률이 낮은 시기에도 일부 인구집단에서는 실업이 매우 심각한 문제가 됨을 알 수 있다.

출처 : Bureau of Labor Statistics.

속적으로 훨씬 더 높은 수준에 있었다. 10대(16~19세) 백인의 실업률은 보통 이보다 더 높았으며, 10대 흑인의 실업률은 10대 백인의 실업률보다도 더 높았다. (일자리를 구하고는 있지만 취업이 안 되는 상황이 아닌 한 일을 하고 있지 않더라도 실업자로 간주되지 않음을 명심하라.) 이는 전체적으로 실업률이 비교적 낮은 시기에서도 일부 인구집단은 일자리를 구하는 데 큰 어려움을 겪을 수 있음을 의미한다.

이상의 논의로부터 실업률이 노동시장의 상태를 보여 주는 지표이기는 하지만 이를 문자 그대로 일자리를 구하지 못한 근로자의 비율로 해석하는 것은 곤란하다는 결론을 내릴 수 있다. 그렇지만 실업률은 매우 훌륭한 경제지표다. 실업률의 상승과 하락은 사람들의 생활에 중요한 영향을 미치는 경제적 변화를 밀접하게 반영하고 있다. 그렇다면 실업률이 변동하는 원인은 무엇일까?

성장과 실업

〈그림 23-4〉는 〈그림 23-1〉에 비해 더 짧은 기간인 1979년부터 2020년까지 미국의 실업률을 보여 준다. 음영으로 표시된 막대는 경기후퇴기를 나타낸다. 그림에서 볼 수 있듯이 모든 경기후퇴기에는 예외 없이 실업률이 상승했다. 2007~2009년의 극심한 경기후퇴는 이보다 이른 1981~1982년 경기후퇴와 마찬가지로 실업률을 크게 상승시켰나. 2020년의 대유행병은 경기후퇴는 물론 훨씬 더 큰 실업률 증가를 가져왔다.

이에 상응하여 경기팽창기에는 보통 실업률이 하락한다. 오랜 기간에 걸쳐 진행되었던 1990년대의 경기팽창과 대후퇴로부터의 회복은 결국 실업률을 4% 미만으로 하락시켰다. 그렇지만 경기팽창기가 항상 실업률이 하락하는 시기는 아니었음을 알아야 한다. 〈그림 23-4〉에서 1990~1991년의 경기후퇴와 2001년의 경기후퇴 직후를 보라. 두 경우 모두 실업률은 경기후퇴가 공식적으로 종료된 이후에도 1년 이상 계속 상승했다. 이러한 현상은 경제가 성장하고는 있었지만 실업률을 하락시킬 만큼 빠른 속도로 성장하지는 않았다는 점에 의해 설명될 수 있다.

〈그림 23-5〉는 1949년부터 2019년까지 미국의 자료를 보여 주는 산포도다. 수평축은 전년 대비 실질 국내총생산의 증가율로 측정한 연간 성장률을 나타낸다. (성장률이 마이너스였던 해, 즉 실질 GDP가 감소했던 해가 열 차례 있었음을 주목하라.) 수직축은 전년 대비 실업률의 증가분을 %p(퍼센트 포인트)로 나타낸다. 각 점은 특정 해에 관찰된 실질 GDP 성장률과 실업률 변화

그림 23-4 실업과 경기후퇴, 1979~2020년

이 그림은 지난 30년간의 실업률을 상세하게 보여
준다. 음영으로 표시된 막대는 경기후퇴기를 나타낸
다. 그림으로부터 경기후퇴기에는 실업률이 항상 상
승하며 경기팽창기에는 *일반적으로* 하락함을 알 수
있다. 그렇지만 1990년대 초와 2000년대 초의 두
경우에는 경기후퇴의 종료가 공식적으로 선언된 이
후에도 한동안 실업률이 계속 상승했다.

출처 : Bureau of Labor Statistics, National Bureau of
Economic Research.

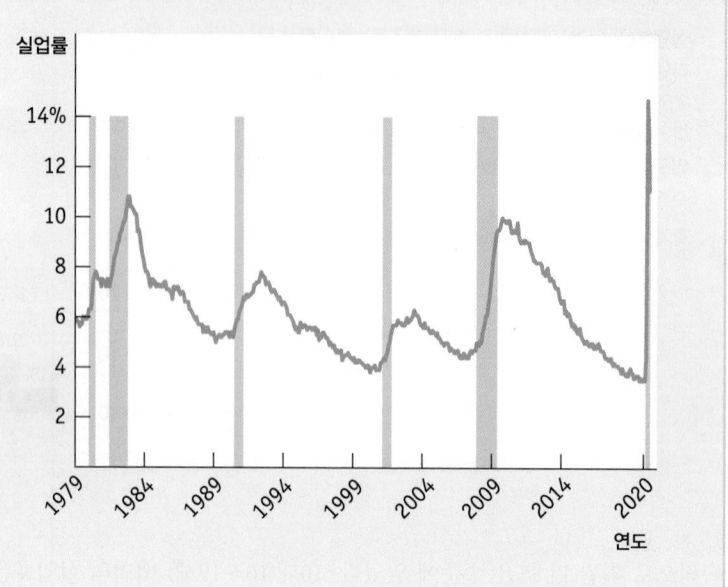

를 보여 준다. 예를 들어 연평균 실업률은 1999년의 4.2%에서 2000년에는 4%로 하락했는데 이
는 그림에서 2000년에 해당하는 점의 수직축 값이 −0.2가 되는 것으로 나타나 있다. 같은 기간
실질 국내총생산이 4.1% 증가하였다는 사실을 2000년에 해당하는 점의 수평축 값으로부터 알
수 있다.

그림 23-5 성장과 실업률의 변화, 1949~2019년

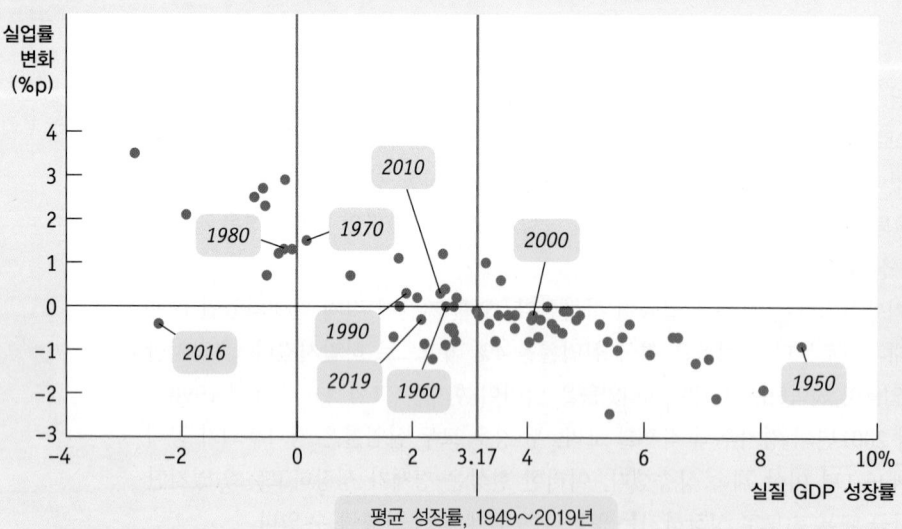

각 점은 1949년부터 2019년 사이의 한 해에 있어 성장률과 실업률 변화
를 보여 준다. 예를 들어 2000년에는 경제가 4.1% 성장했고, 실업이
4.2%에서 4.0%로 0.2%p 하락했다. 일반적으로 성장이 전체 기간의 평

균치인 연 3.17%를 초과한 해에는 실업률이 하락했고, 미달한 해에는 실
업률이 상승했다. 실질 GDP가 감소한 해에는 언제나 실업률이 상승했다.

출처 : Bureau of Labor Statistics, Bureau of Economic Analysis.

〈그림 23-5〉에서 산포된 점들은 전체적으로 우하향하는 경향을 갖고 있는데, 이는 경제성장률과 실업률 사이에 강한 부의 상관관계가 있음을 보여 준다. 즉 실질 GDP의 성장률이 높은 해에는 실업률이 하락했으며 실질 GDP 성장률이 낮거나 음의 값을 가졌던 해에는 실업률이 상승했다.

〈그림 23-5〉에서 3.17%의 값에 해당하는 초록색 수직선은 1949년부터 2019년까지 연간 실질 GDP 성장률의 평균을 나타낸다. 이 선의 오른쪽에 있는 점들은 평균보다 높은 성장을 한 해를 나타낸다. 이 점들은 수직축이 대개 음의 값을 갖는데 이는 실업률이 하락했음을 의미한다. 즉 평균 이상의 성장을 보인 해에는 대개 실업률이 하락했음을 알 수 있다. 이와 반대로 수직선의 왼쪽에 있는 점들은 평균보다 낮은 성장을 보인 해에 해당한다. 이 점들은 수직축이 대개 양의 값을 갖는데 이는 실업률이 상승했음을 의미한다. 즉 평균보다 낮은 성장을 보인 해에는 대개 실업률이 상승하고 있었다.

실질 국내총생산이 평균보다 낮은 속도로 성장하고 있고 실업률이 상승하고 있는 시기를 **고용 없는 경기회복**(jobless recovery) 또는 **성장후퇴**(growth recession)라 부른다. 1990년 이래 세 차례의 경기후퇴가 있었는데, 이들 모두 고용 없는 경기회복 기간이 뒤따랐다. 그렇지만 실질 국내총생산이 감소하는 진정한 경기후퇴기는 특히 노동자들에게 고통스러운 시기다.〈그림 23-5〉에서 수직축 왼쪽에 있는 점들(실질 국내총생산 증가율이 음의 값을 가지는 해들)이 보여 주듯이 실질 국내총생산의 감소는 언제나 실업률의 상승을 동반했으며 이는 많은 가족들에게 큰 시련을 안겨 주었을 것이다.

> **고용 없는 경기회복**(jobless recovery)은 실질 GDP는 정의 성장률을 보이지만 실업률이 계속 상승하고 있는 시기다.

현실 경제의 >> 이해

기회가 문을 두드리다

보수가 좋은 직업을 갖기 위해서는 대학 졸업장이 필요한가? 대학 졸업장은 분명히 도움이 된다. 그렇지만 때로는 학사학위가 없는 사람들에게도 기회가 온다. 2019년《월스트리트 저널》의 기사는 23세의 미시시피주 빌록시 소재 고교 졸업생인 카산드라 이튼의 행운을 집중 조명했다. 학교를 떠난 후 이튼 양은 시급 8.25달러를 받고 어린이집에 고용되었다. 그렇지만 2019년 초에는 근처 조선소에서 견습 용접공으로서 시급 18.9달러를 벌고 있었다.

이튼 양이 새 일자리를 구하기 위해 많은 노력을 한 것은 틀림없다. 그러나 2019년에는 그녀와 같은 이야기가 많았다. 많은 고용주들이 몇 년 전에만 해도 관심을 두지 않았을 근로자들을 고용하고 훈련시킬 의향이 있었다. 그 이유는 무엇일까? 취업시장이 너무 좋아서 고용주들에게 선택의 여지가 없었기 때문이다. 이《월스트리트 저널》기사에는 "지난 반세기 중 가장 뜨거운 취업시장의 내부"라는 제목이 붙어 있었다.

〈그림 23-6〉은 2007년부터 2020년까지 25세를 초과하는 고졸 및 대졸 성인의 실업률을 통해 이 사실을 예시적으로 보여 준다. 대학 졸업장이 없는 성인은 좀 더 자격을 갖춘 동년배보다 항상 실업률이 좀 더 높다. 그렇지만 그 차이는 전체 고용 상황에 크게 의존한다. 전체 실업률이 10%에 가까웠던 2010년의 혹독한 취업시장에서는 그 차이가 매우 컸다. 실제로 몇몇 논평자

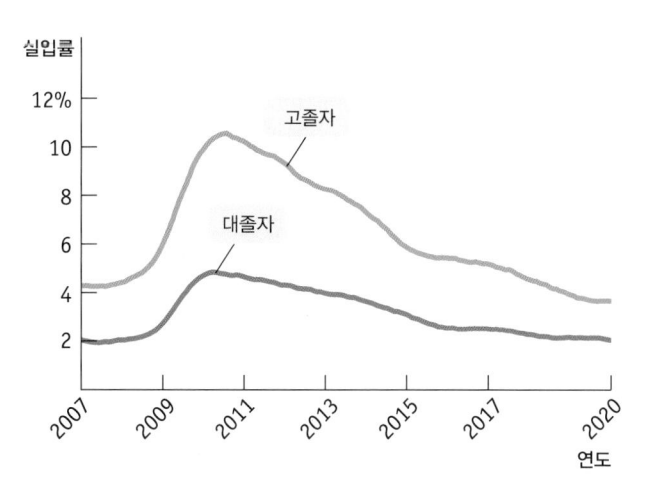

그림 23-6 대졸자와 고졸자의 실업률, 2007~2020년

출처 : Bureau of Labor Statistics.

들은 미국의 많은 노동자들이 현재 경제가 필요로 하는 자격을 갖추지 못한 "숙련 격차"를 겪고 있다고 경고했다.

하지만 2019년이 되자 전체 실업률은 4% 아래로 하락했고, 고교 졸업장만 가진 노동자의 실업률은 대학교육을 받은 노동자보다 약간 더 높을 뿐이었다. 여전히 숙련 격차가 있다고 해도 고용주 스스로가 노동자에게 필요한 훈련을 시켜줌으로써 이를 메우려 들고 있었다.

이 이야기의 교훈은 노동시장의 상황이 취업 상태의 노동자를 포함하여 사람들의 삶에 큰 차이를 가져온다는 데 있다. 실업률은 바로 노동시장의 상황을 파악하는 데 도움이 된다.

>> 이해돕기 23-1
해답은 책 뒤에

1. 취업 웹 사이트들이 구직자들이 더 신속하게 적절한 직장을 구하고 고용주들이 잠재적 종업원들을 더 잘 선별할 수 있게 하는 소프트웨어를 개발한다고 하자. 이는 시간이 흐름에 따라 실업률에 어떤 영향을 미칠까? 또한 이들 웹 사이트로 인해 구직을 포기했던 사람들도 다시 구직활동을 하기 시작한다면 실업률에는 어떤 변화가 생길까?
2. 다음 각 경우에 근로자는 실업인구로 계산되는가? 설명하라.
   a. 상당 기간 해고 상태에 있으며 몇 달 전에 구직을 포기한 고령 근로자 로사
   b. 3개월간의 여름방학 동안에는 일을 하지 않는 학교 선생님 앤서니
   c. 얼마 전에 해고를 당한 후 현재 다른 직장을 구하고 있는 그레이스
   d. 고전음악을 전공하는 음악가로 동네 파티에서 연주하는 일자리밖에 구할 수 없는 세르지오
   e. 직장을 구하는 것이 어려워서 다시 학업을 계속하고 있는 대학원생 나타샤
3. 다음 중 어느 것이 〈그림 23-5〉가 보여 주는 것과 같이 실질 GDP 성장과 실업률 변화 간에 관측되는 관계와 일관성이 있는가? 어느 것이 일관성이 없는가?
   a. 실업률 상승이 실질 GDP 감소와 함께 발생한다.
   b. 예외적으로 강력한 경기회복이 취업을 한 경제활동인구의 비중 증가를 동반한다.
   c. 부의 실질 GDP 성장이 실업률 하락과 함께 나타난다.

|| 자연실업률

빠른 속도의 경제성장은 실업률을 하락시키는 경향이 있다. 그렇다면 실업률은 얼마까지 낮아질 수 있을까? 여러분은 영이라고 말하고 싶을지도 모른다. 하지만 이것은 불가능하다. 지난 반세기 동안 미국의 실업률은 2.9% 아래로 하락한 적이 없다.

도대체 기업들이 사람을 구하는 데 어려움을 겪는 시기에 있어서조차 어떻게 이렇게 많은 실업자가 존재할 수 있다는 말인가? 이 질문에 대한 답을 구하기 위해서는 노동시장의 본질을 이해할 필요가 있다. 우리의 출발점은 경기가 가장 좋은 때에도 일자리는 계속 파괴되는 동시에 창조되고 있다는 관찰이다.

일자리의 파괴와 창조

경기가 좋은 시설에도 대부분의 미국인들은 최근 일자리를 잃은 누군가를 알고 있다. 2019년 12월 미국의 실업률은 역사적 기준으로 볼 때 매우 낮은 수준인 3.5%였다. 그렇지만 한 달 동안에 570만 명이 이직을 하였다. 여기서 '이직'이란 근로자가 해고를 당하거나 자발적으로 사직을 함으로써 고용이 종료됨을 의미한다.

일자리를 잃는 이유에는 여러 가지가 있다. 그중 하나는 경제의 구조적 변화인데 새로운 기술이 등장하고 소비자의 기호가 변함에 따라 산업들이 부침한다. 예를 들어 자동화와 대체 에너지원으로의 교체로 인해 탄광의 고용은 한창일 때에 비해 크게 감소했다. 그런데 구조적 변화는 새 일자리를 창출하기도 한다. 빠르게 발전하는 기술과 조세 유인으로 태양광 패널의 사용이 급증함에 따라 태양광 부문의 고용은 2010년 이후 크게 증가했다.

개별 기업의 경영 부실이나 불운도 일자리를 파괴한다. 예를 들어 제이씨페니는 2018년 초에 140개 점포를 폐쇄하고 6,000명의 종업원에게 조기퇴직을 제안했다. 같은 해에 토이저러스는 735개 점포를 폐쇄했는데 이로 인해 3만 1,000명이 이직했다. 한편 아마존과 같은 온라인 소매상들은 전국에 물류센터를 건설하는 등 확장을 계속했다.

"지금 이 순간에는 일자리가 있다는 것만으로도 행복합니다."

끊임없는 일자리의 파괴와 창조는 현대 경제의 특징 중 하나이며, 그 결과 어느 정도의 자연스러운 실업인구의 발생이 불가피하다. 이렇게 자연스럽게 발생하는 실업인구에는 두 종류의 실업이 포함되어 있는데 바로 마찰적 실업과 구조적 실업이다.

마찰적 실업

근로자가 일자리의 파괴로 인해 비자발적으로 일자리를 잃을 때 자신에게 제시되는 첫 취업 제안을 받아들이지 않는 경우가 종종 있다. 예를 들어 자기 회사의 제품 라인이 실패함에 따라 해고당한 숙련된 컴퓨터 프로그래머가 지역 신문에 실린 점원 구인광고를 본다고 하자. 그녀는 바로 광고주에게 연락하여 그 일을 할 수도 있겠지만 이는 일반적으로 어리석은 결정일 것이다. 그보다는 시간을 들여서 자신이 가진 기능을 활용할 수 있고 이에 따라 높은 급여를 지불하는 일자리를 찾아보는 것이 나을 것이다. 이에 더하여 가족의 이사, 불만족, 다른 곳에서 일자리를 찾는 것이 더 나을 것 같아서와 같은 개인적인 이유로 자발적으로 직장을 그만두는 근로자들이 항상 있기 마련이다.

경제학자들은 일자리를 찾느라 시간을 보내는 근로자들에 대해 **직장 탐색**(job search)을 하고 있다는 표현을 사용한다. 만일 모든 근로자가 동일하고 모든 직장이 동일하다면 직장 탐색이 필요 없을 것이다. 만일 일자리와 근로자에 대한 정보가 완전하다면 직장 탐색은 매우 빠르게 이루어질 것이다. 그러나 실제로는 일자리를 잃은 근로자나 첫 직장을 구하고 있는 청년 근로자는 최소한 몇 주 정도는 직장을 탐색하는 것이 정상적이다.

마찰적 실업(frictional unemployment)은 근로자들이 직장을 탐색하는 데 시간이 걸리기 때문에 발생하는 실업이다. 경제는 부단하게 변하기 때문에 현실적으로 어느 정도의 마찰적 실업은 피할 수 없다. 따라서 실업률이 낮았던 2019년 12월에조차 500만 명 이상이 '이직', 즉 직장을 떠나거나 잃었다. 전체 취업인구가 증가한 것은 이직자들이 더 많은 신규 취업자에 의해 상쇄되었기 때문이다. 직장을 떠나거나 잃은 근로자 중 일부는 새로 경제활동인구에 진입하는 근로자 중 일부와 마찬가지로 어쩔 수 없이 어느 정도의 기간을 실업 상태로 지내기 마련이다.

〈그림 23-7〉은 2019년 12월 중 취업, 실업, 비경제활동인구의 세 가지 상태 간 월평균 근로자의 흐름을 보여 준다. 이 그림은 노동시장에서 많은 회전이 부단히 일어나고 있음을 보여 준다. 이와 같은 회전의 필연적 결과로 아직 다음 직장을 구하지 못한 노동자들, 즉 마찰적 실업이 발생한다.

어느 정도의 마찰적 실업은 상대적으로 폐해가 적을 뿐만 아니라 경제에 도움이 될 수도 있

일자리를 찾느라 시간을 보내는 근로자들은 **직장 탐색**(job search)을 하고 있다.

마찰적 실업(frictional unemployment)은 근로자들이 직장 탐색에 사용하는 시간으로 말미암아 발생하는 실업이다.

그림 23-7 2019년 12월의 노동시장 흐름

실업률이 낮았던 달인 2019년 12월에조차 많은 수의 노동자들이 실업 상태와 취업 상태에서 나오거나 들어갔다.

출처 : Bureau of Labor Statistics.

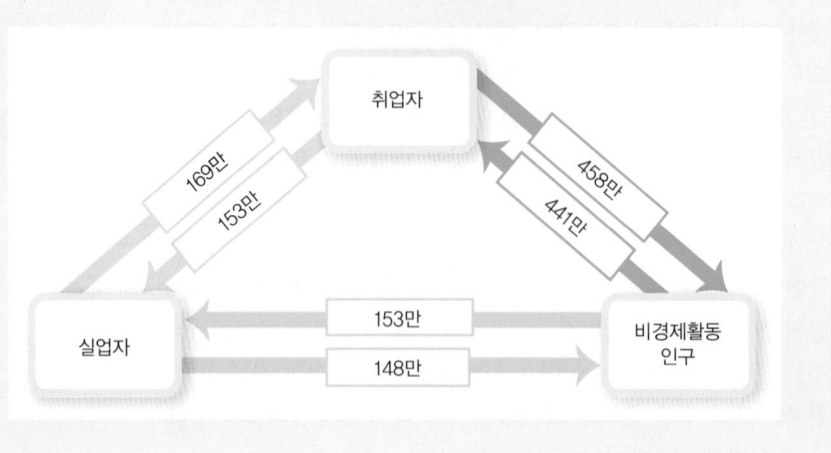

그림 23-8 실업 기간에 따른 실업자 분포, 2020년 2월

실업률이 낮은 해에는 대부분의 실업자들이 짧은 기간 동안만 실업 상태에 있게 된다. 실업률이 낮았던 해인 2020년 2월에는 실업자 중 35.1%가 5주 미만의 기간 동안 실업 상태에 있었으며, 66%가 15주 미만의 기간 동안 실업 상태에 있었다. 대부분의 근로자가 짧은 기간 동안만 실업 상태에 있었다는 사실은 다수의 실업자가 마찰적 실업자였음을 시사한다. (반올림으로 인해 합계는 100이 아닐 수 있다.)

출처 : Bureau of Labor Statistics.

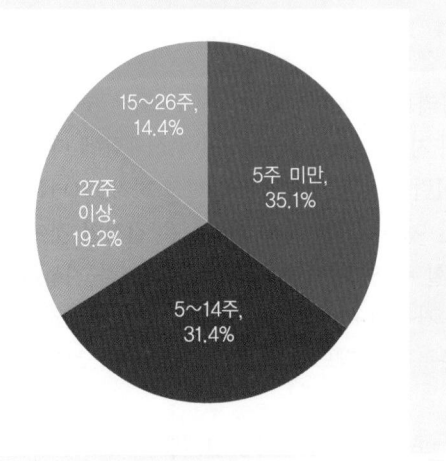

다. 근로자들이 시간을 들여서 자신의 기능에 맞는 일자리를 구할 때 경제는 더 높은 생산성을 발휘할 수 있다. 더욱이 자신에게 맞는 일자리를 구하느라 잠시 동안 실업 상태에 있는 것은 근로자에게 그다지 고통스러운 일이 아니다. 사실 실업률이 낮을 때는 실업 기간이 짧아지는 경향이 있는데 이는 상당 부분의 실업이 마찰적임을 시사한다.

〈그림 23-8〉은 2020년 2월 실업인구의 구성을 보여 준다. 실업자 중 대략 35%가 5주 미만의 기간 동안 실업 상태에 있었으며, 34%만이 15주 이상 실업 상태에 있었다. 실업자 5명 중 1명만이 27주 이상 실업 상태에 있는 '장기실업자'로 분류될 수 있었다.

하지만 실업률이 높은 시기에는 일자리를 구하지 못하는 기간이 길어지는데 이는 마찰적 실업자의 비중이 낮아짐을 시사한다. 〈그림 23-9〉는 2007년부터 2020년까지 6개월 이상 일을 하지 못하고 있는 실업자의 비중을 보여 준다. 이 비중은 대후퇴 직후 45%로 급등한 다음 경기가 회복됨에 따라 점진적으로 감소했다.

구조적 실업

마찰적 실업은 일자리를 구하는 사람의 수가 제공되는 일자리의 수와 같은 경우에도 존재한다. 다시 말해서 마찰적 실업의 존재가 노동공급의 과잉을 의미하지는 않는다. 그런데 어떤 때에는 특정 노동시장에서 구직자의 **과잉상태가 지속적**으로 나타나는 경우가 있다. 예를 들어 특정한 기능을 가진 근로자가 그 기능을 필요로 하는 일자리보다 많을 수도 있고, 특정 지역에 일자리보다 많은 근로자가 있을 수도 있다. **구조적 실업**(structural unemployment)은 개별 노동시장에서 현재 임금수준에서 구할 수 있는 일자리보다 일자리를 구하는 사람들이 더 많을 때 발생하는 실업이다. 경제학자들은 경기순환의 정점에서의 실업 수준을 통해 한 경제의 구조적 실업의 크기를 판단하려 든다.

구조적 실업(structural unemployment)은 노동시장에서 현재 임금수준에서 구할 수 있는 일자리보다 일자리를 구하는 사람들이 더 많을 때 발생하는 실업이다.

그림 23-9   6개월 이상 실업 상태에 있는 미국 근로자의 비중, 2007~2019년

대후퇴 이전에는 장기적으로 실업 상태에 있는 미국인 근로자가 상대적으로 적었다. 그러나 2007년 이후 장기실업자의 비중은 급등했으며, 매우 점진적으로 감소했다.

출처 : Bureau of Labor Statistics.

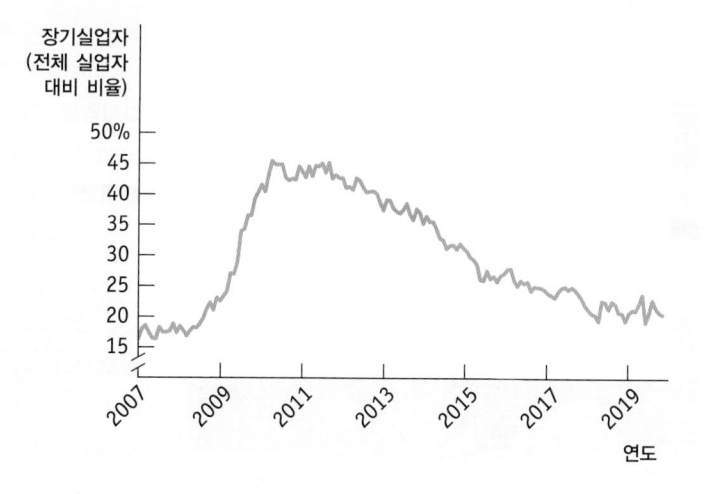

수요공급모형에 따르면 재화나 서비스 또는 생산요소의 가격은 공급량과 수요량이 일치하는 균형수준으로 움직인다. 이것은 노동시장에도 마찬가지로 적용된다. 〈그림 23-10〉은 전형적인 노동시장을 보여 준다. 노동수요곡선은 노동의 가격, 즉 임금이 상승할 때 고용주들이 더 적은 양의 노동을 수요할 것임을 나타낸다. 노동공급곡선은 노동의 가격이 상승할 때 더 많은 근로자들이 노동을 공급하려 할 것임을 나타낸다. 이 두 힘이 일치할 때 특정 지역에서 특정 유형의 노동에 대한 균형임금이 달성된다. 이와 같은 균형임금은 W_E로 표시되어 있다.

균형임금인 W_E에서도 마찰적 실업은 어느 정도 존재한다. 제공되는 일자리 수가 일자리를 구하는 근로자 수와 같을 때에도 직장 탐색을 하는 근로자는 항상 존재하기 마련이기 때문이다. 하지만 이 경우 노동시장에 구조적 실업자는 존재하지 않을 것이다. 구조적 실업은 어떤 이유에서

그림 23-10   최저임금이 노동시장에 미치는 영향

정부가 최저임금을 균형임금 W_E를 초과하는 수준인 W_F에 설정하면 최저임금수준에서 일을 하기를 원하는 노동자의 수인 Q_S가 이 임금수준에서 수요되는 노농자의 수인 Q_D보다 많아진다. 이와 같은 노동의 과잉공급은 구조적 실업으로 간주된다.

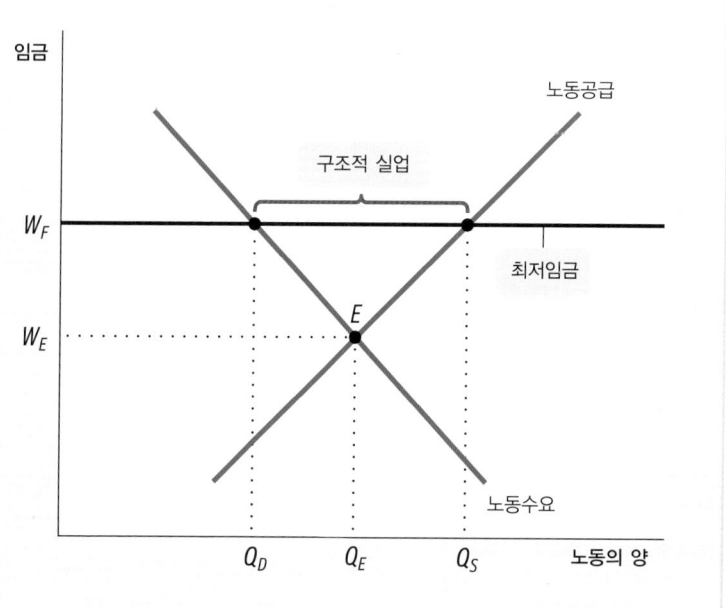

든 임금이 W_E보다 높은 수준에 계속 머물러 있는 경우에 발생한다. 임금이 W_E를 초과하도록 만드는 요인에는 여러 가지가 있는데 이 중 중요한 요인으로는 최저임금, 노동조합, 효율임금, 정부정책의 영향 그리고 피용자와 고용주 사이의 불일치 등을 들 수 있다.

David McNew/Getty Images

캘리포니아의 최저임금은 2022년까지 15달러로 점진적으로 인상될 것이다.

최저임금 **최저임금**(minimum wage)은 정부가 요구하는 임금 하한이다. 2020년 초 미국의 최저임금은 시간당 7.25달러였다. 일부 주정부나 지방정부는 연방정부보다 더 높은 수준의 최저임금을 적용하기 위해 자신의 구역에 적용될 최저임금을 별도로 정하기도 한다. 예를 들어 시애틀 시는 최저임금을 시간당 15달러로 정하고 있다. 미국의 많은 노동자들은 최저임금과 무관하다. 시장 균형임금이 최저임금보다 훨씬 높기 때문이다. 하지만 숙련도가 낮은 노동자들에게는 최저임금이 구속적으로 되어 실제로 이 노동자들이 받는 임금에 영향을 미치는 한편 구조적 실업을 발생시킬 수도 있다.

〈그림 23–10〉은 구속적인 최저임금의 효과를 보여 준다. 이 노동시장의 법적인 임금 하한선은 W_F로 균형임금인 W_E보다 높다. 이 경우 노동시장에서는 노동공급량 Q_S가 노동수요량 Q_D보다 많은 공급과잉 현상이 지속된다. 다시 말하면 최저임금 수준에서는 더 많은 사람들이 일자리를 구하고자 하기 때문에 구조적 실업이 발생하게 된다.

여러분은 구속적인 수준의 최저임금이 구조적 실업을 야기하는데도 왜 정부가 최저임금을 부과하는지 궁금할 것이다. 그 근거는 일을 하는 사람들이 최소한의 안락한 생활을 영위하는 데 충분한 소득을 벌 수 있도록 돕는 데 있다.

경제학자들은 〈그림 23–10〉에서 보듯이 최저임금을 높이는 것이 취업자 수를 줄이는 효과가 있다는 점에 대해 대체적으로 동의하기는 하지만, 이것이 미국에서 최저임금이 어떻게 작동하는지를 잘 나타낸다고는 보지 않는다. 미국의 최저임금은 다른 부유한 국가들에 비해 매우 낮은 편이며, 대다수의 노동자에게는 구속력이 없었다.

더욱이 일부 연구자들은 한때 미국에서와 같이 최저임금이 평균임금에 비해 상당히 낮을 경우 최저임금의 인상이 실제로 취업자 수를 증가시켰음을 보여 주는 증거를 찾았다. 이들은 미숙련 노동자를 고용하는 기업들이 종종 임금을 낮은 수준에 유지하기 위해 일부러 고용을 제한하고 있는데 이 경우에는 최저임금이 부과되더라도 일자리의 손실이 발생하지 않는다고 주장한다. 하지만 대부분의 경제학자들은 최저임금이 충분히 높을 경우에 구조적 실업이 발생한다는 점에 동의한다.

노동조합 임금을 인상하고 근로조건을 개선하기 위해 고용주와 단체협상을 하는 노동자들의 조직인 **노동조합**(union)의 활동은 최저임금과 유사한 영향을 미침으로써 구조적 실업을 발생시킬 수 있다. 노동조합은 한 기업에 종사하는 모든 노동자를 위해 집단적인 협상을 함으로써 노동자들이 개별적으로 협상을 할 때 시장이 제공할 수 있는 것보다 더 높은 수준의 임금을 고용주로부터 받아 낸다. 단체협상(collective bargaining)이라 불리는 이 과정은 협상력의 저울을 고용주로부터 노동자 쪽으로 기울이기 위해서 만들어진 것이다. 노동조합은 집단적인 근로 거부인 파업(labor strike)으로 기업을 위협함으로써 협상력을 행사한다. 파업 노동자를 대체하기 어려운 기업들에게는 파업의 위협이 매우 심각한 결과를 낳을 수 있다. 이 경우 단체행동을 하는 노동자들은 각자가 독립적으로 행동하는 경우에 비해 더 큰 협상력을 행사할 수 있다.

고용주들은 직장폐쇄를 위협하거나 실행하는 한편 대체 근로자를 고용함으로써 노동조합의

최저임금(minimum wage)은 정부가 요구하는 임금 하한이다.

노동조합(union)은 임금을 인상하고 근로조건을 개선하기 위해 고용주와 단체협상을 하는 노동자들의 조직이다.

협상력에 대응해 왔다. **직장폐쇄**란 노동조합 소속 노동자들이 직장에 출입하지 못하게 되고 실업자로 간주되는 기간을 말한다.

노동자들의 협상력이 클수록 더 높은 임금을 요구하고 받아 낼 수 있다. 노동조합은 의료비와 퇴직금과 같은 혜택에 대해서도 협상을 하는데 이들 혜택은 추가적인 임금으로 간주될 수 있다. 실제로 노동조합이 임금에 미치는 영향을 연구한 경제학자들은 조합화된 노동자들이 비슷한 능력을 가졌지만 조합화되지 않은 노동자들에 비해 더 높은 임금과 더 많은 혜택을 받는다는 사실을 밝혀냈다. 이 경우 임금 상승은 최저임금과 동일한 결과를 가져올 수 있다. 즉 노동조합은 노동자들이 받는 임금을 균형임금수준 이상으로 상승시킨다. 그 결과 지급되는 임금수준에서 일하기를 원하는 사람들이 공급되는 일자리보다 많아진다. 이는 구속력 있는 수준의 최저임금과 마찬가지로 구조적 실업을 발생시킨다. 그렇지만 미국에서는 노동조합에 가입된 노동자의 비중이 낮기 때문에 노동조합의 요구로 인해 발생하는 실업의 규모는 매우 작을 가능성이 높다. 그리고 독일이나 일본과 같은 국가에서는 더 높은 균형임금을 지지할 수 있도록 더 효율적인 작업 관행을 고안하기 위해 노동조합과 경영진이 협력한다.

효율임금 기업의 행동이 구조적 실업을 증가시킬 수도 있다. 기업은 종업원들의 성과를 높이기 위한 유인을 제공하기 위해 일부러 균형임금보다 높은 수준의 임금을 지급할 수도 있는데 이를 **효율임금**(efficiency wage)이라 한다.

고용주들은 여러 가지 이유에서 효율임금이 필요하다고 생각할 수 있다. 예를 들어 고용주가 종업원들이 얼마나 열심히 일하는지를 직접 관찰하기 어려운 경우가 종종 있다. 이 경우 이들은 더 많은 근로노력을 확보하기 위해 더 높은 임금을 지급할 수 있다. 시장임금보다 높은 임금을 받는 근로자들은 해고당하지 않기 위해 더 열심히 일할 가능성이 있다. 해고될 경우 더 이상 높은 임금을 받을 수 없기 때문이다.

예를 들어 2018년에 코스트코의 시간제 근로자는 평균적으로 시간당 22달러 이상을 벌었는데 반해 월마트의 평균적인 근로자는 시간당 14달러만을 벌었다. 그 결과 코스트코의 종업원들은 자신의 일자리에 더 만족했고, 더 생산적이었고, 다른 곳에서 더 좋은 기회를 탐색하려 들 가능성이 낮았다.

많은 기업들이 시장 균형임금보다 높은 수준의 임금을 지급한다면 높은 임금을 받는 일자리를 원하나 그런 일자리를 구하지 못한 근로자들이 발생하게 된다. 코스트코가 효율임금을 지급하면 많은 노동자들이 월마트가 아니라 코스트코에서 일하려 들 것이다. 따라서 기업들이 효율임금을 사용할 경우 구조적 실업이 발생한다.

공공정책의 부작용 이에 더해서 일자리를 잃은 근로자를 돕기 위해 고안된 공공정책이 의도하지 않은 부작용으로 구조적 실업을 초래할 수도 있다. 대부분의 경제 선진국들은 해고된 근로자들이 어려운 시기를 헤쳐 나갈 수 있도록 실업급여를 지급한다. 미국의 경우 이와 같은 급여는 보통 근로소득의 작은 부분만을 대체해 주며 26주 후에는 만료된다. (2009~2011년의 고실업 기간 중에는 몇몇 경우에 이들 혜택이 99주까지 연장되었다.) 유럽을 비롯한 다른 국가에서는 급여가 더 후하고 기간도 더 오래 지속된다. 이처럼 후한 실업급여의 단점은 근로자가 새로운 일자리를 구하려고 하는 유인을 감소시킨다는 데 있다. 1980년대에는 일부 유럽 국가에서의 실업급여가 상당수의 유럽 경제가 경험한 지속적으로 높은 수준의 실업을 일컫는 **유럽경제 동맥경화증**(Eurosclerosis)의 주된 원인으로 간주되기도 했다.

피용자와 고용주 사이의 불일치 근로자와 기업이 경제의 변화에 적응하는 데는 시간이 걸린다.

> **효율임금**(efficiency wage)은 성과를 높이기 위한 유인을 제공하려는 목적에서 고용주들이 균형임금보다 높은 수준으로 설정한 임금이다.

자연실업률(natural rate of unemployment)은 이 수준의 실업률을 중심으로 실제 실업률이 변동하는 정상적인 실업률 수준이다.

경기적 실업(cyclical unemployment)은 실제 실업률의 자연실업률로부터의 이탈이다.

그 결과 피용자가 제공해야 하는 것과 고용주가 원하는 것 간에 불일치가 발생할 수 있다. 한 형태로 기능의 불일치를 들 수 있다. 예를 들어 2009년의 주택시장 붕괴 이후에는 일자리를 구하려는 건설 노동자가 일자리보다 더 많았다. 다른 형태로는 지역의 불일치를 들 수 있다. 예를 들어 미시간주에서는 자동차산업이 쇠퇴한 후 오랜 기간 동안 노동자의 과잉상태가 지속되었다. 잉여 노동자의 임금이 재훈련이나 지역 재배치를 유도할 만큼 충분히 하락하여 불일치가 해소될 때까지는 구조적 실업이 존재할 것이다.

자연실업률

어느 정도의 마찰적 실업의 존재가 불가피하며 많은 국가에서 구조적 실업이 존재하기 때문에 어느 정도의 실업의 존재는 정상적 또는 '자연적'이라 할 수 있다. 실제 실업률은 이 정상적인 수준을 중심으로 변동한다. **자연실업률**(natural rate of unemployment)은 이를 중심으로 실제 실업률이 변동하는 정상적인 실업률 수준이다. 자연실업률은 마찰적 실업과 구조적 실업의 효과로 인해 발생하는 실업률이기도 하다.

실제 실업률이 자연실업률로부터 이탈하는 것, 즉 실제 실업률과 자연실업률 간의 차이를 **경기적 실업**(cyclical unemployment)이라 한다. 명칭이 의미하듯이 경기적 실업은 경기순환에 따라서 발생하는 실업이다.

제31장에서는 인플레이션을 가속화하지 않고는 공공정책을 통해 실업률을 항구적으로 자연실업률 수준 아래로 유지하는 것이 불가능하기 때문에 경제의 자연실업률은 매우 중요한 정책변수라는 사실을 알게 될 것이다.

여러 유형의 실업률 간의 관계를 다음과 같이 요약할 수 있다.

(23-3) 자연적 실업 = 마찰적 실업 + 구조적 실업

(23-4) 실제 실업 = 자연적 실업 + 경기적 실업

자연실업률이라는 명칭 때문인지는 몰라도 자연실업률이 시간에 따라 변하지 않는 상수이며 정책으로써 영향을 미칠 수 없다고 생각하는 사람들이 있다. 이 두 명제는 모두 옳지 않다. 여기서 잠깐 설명을 멈추고 다음 두 가지 사실을 강조하고자 한다.

1. 자연실업률은 시간에 따라 변하며
2. 경제정책에 의해 영향을 받을 수 있다.

자연실업률의 변화

민간부문의 경제학자들과 정부기관은 모두 경기예측과 정책분석을 위해 자연실업률의 추정치를 필요로 한다. 대부분의 자연실업률에 대한 추정치들은 미국의 자연실업률이 시간에 따라 오르내림을 거듭했음을 보여 준다. 의회를 위해 예산과 경제를 분석하는 독립기관인 의회예산처에 따르면 1950년에는 미국의 자연실업률이 5.3%였으나 1970년대 말까지는 6.3%로 상승했다가 2020년에 4.4%로 하락했다. 연준은 미래 자연실업률에 대한 예측을 하는데, 2020년 6월에 연준은 코비드-19 위기에도 불구하고 예측치를 변화 없이 4.0%와 4.3% 사이로 제시했다. 유럽은 더 큰 폭의 자연실업률 변화를 경험했다.

자연실업률을 변화시키는 요인은 무엇일까? 가장 중요한 요인으로는 경제활동인구의 특성변화, 노동시장 제도의 변화, 정부정책의 변화 등을 들 수 있다. 각각의 요인에 대해 간단히 알

아보자.

경제활동인구의 특성 변화   코비드-19 이전인 2020년 2월 미국의 실업률은 3.5%였다. 하지만 젊은 근로자들의 실업률은 이보다 훨씬 높았다. 10대들의 경우 실업률이 11.0%, 20~24세 근로자들은 6.4%였다. 반면 25~54세 근로자들에서는 실업률이 3.0%에 그쳤다.

일반적으로 숙련된 노동자들의 실업률은 비숙련 노동자들보다 낮은 경향이 있다. 숙련 노동자들은 비숙련 노동자들에 비해 한 일자리에 더 오래 머무는 경향이 있기 때문에 마찰적 실업률이 더 낮다. 이에 더해서 나이가 든 노동자들은 젊은 노동자들에 비해 가정의 생계를 책임져야하는 경우가 많기 때문에 일자리를 구하고 유지하려는 유인이 더 강하다. 1970년대에 자연실업률이 증가한 이유 중 하나는 경제활동에 참여하는 기혼여성의 비중이 늘어나는 한편 제2차 세계대전 이후 태어난 베이비붐 세대가 경제활동인구에 진입함에 따라 새로운 근로자의 수가 크게 증가한 데 있다. 〈그림 23-11〉이 보여 주듯이 경제활동인구에서 25세 미만 근로자가 차지하는 비중과 여성이 차지하는 비중은 1970년대에 들어 급격히 증가했다. 하지만 1990년대 말에 이르러서는 경제활동인구에서 차지하는 여성의 비중이 증가세를 멈췄고 25세 미만 근로자의 비중은 가파르게 감소했다. 그 결과 오늘날 경제활동인구는 전반적으로 1970년대에 비해 숙련도가 더 높은데 이것이 바로 오늘날의 자연실업률이 1970년대에 비해 더 낮은 이유가 될 수 있다.

노동시장 제도의 변화   앞서 지적한 대로 균형 수준을 초과하는 수준의 임금을 협상하는 노동조합은 구조적 실업을 초래한다. 어떤 경제학자들은 강성 노동조합이 유럽의 자연실업률이 높은 원인 중 하나라 생각한다. 미국에서는 1980년 이래로 노조가입자의 수가 급격히 감소했는데 이것이 1970년대와 1990년대 사이에 자연실업률이 하락한 원인이 될 수 있다.

다른 제도적인 변화도 자연실업률에 영향을 미쳤을 것이다. 예를 들어 일부 노동경제학자들은 최근 번성하기 시작한 임시고용기관들이 근로자와 일자리의 결합을 도움으로써 마찰적 실업을 감소시켰다고 생각한다. 마찬가지로 우버와 태스크래빗 같은 긱 경제 회사의 확산은 근로자들이 빠르게 돈을 벌고 최저임금보다 낮은 임금을 수용하는 것을 용이하게 함으로써 마찰적 실업과 구조적 실업을 감소시켰다.

그림 23-11 미국 경제활동인구 구성의 변화, 1950~2020년

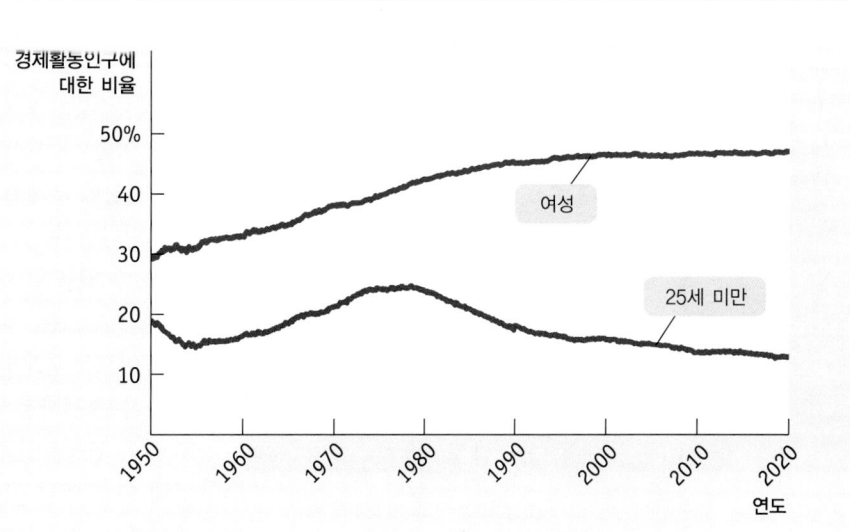

1970년대에는 경제활동인구에서 25세 미만 인구가 차지하는 비중과 함께 여성이 차지하는 비중이 급격히 증가했다. 이와 같은 변화는 사상 처음으로 많은 수의 여성이 급여를 받는 경제활동인구에 참여했다는 사실과 베이비붐 세대가 근로연령에 도달했다는 사실을 반영한다. 이들 중 상당수가 상대적으로 숙련도가 낮다는 사실이 이 시기에 자연실업률을 상승시킨 원인이라 할 수 있다. 오늘날의 경제활동인구는 훨씬 더 숙련도가 높은데 이것이 1970년대 이래로 자연실업률이 하락한 원인 중 하나라 할 수 있다.

출처 : Bureau of Labor Statistics.

노동시장의 제도 변화와 결합된 기술 변화 역시 자연실업률에 영향을 미칠 수 있다. 기술 변화는 해당 기술에 익숙한 숙련 노동자에 대한 수요를 증가시키는 반면 비숙련 노동자에 대한 수요를 감소시키는 경향이 있다. 이 경우 경제이론은 숙련 노동자의 임금 상승과 비숙련 노동자의 임금 하락을 예측한다. 하지만 최저임금과 같은 요인에 의해 비숙련 노동자의 임금이 하락할 수 없다면 기술 변화가 빠른 속도로 일어나는 시기에는 구조적 실업이 증가하고 그 결과 자연실업률이 상승할 것이다.

정부정책의 변화　높은 최저임금은 구조적 실업을 초래할 수 있다. 후한 실업급여는 구조적 실업과 마찰적 실업을 모두 증가시킬 수 있다. 따라서 근로자들을 돕기 위한 정부정책이 자연실업률을 상승시키는 부작용을 낳을 수 있다.

하지만 어떤 정부정책은 자연실업률을 낮출 수도 있다. 두 가지 예로 직업 훈련과 고용 보조금을 들 수 있다. 직업 훈련 프로그램은 실업자들에게 기능 습득의 기회를 제공하여 더 많은 범위의 일자리를 구하는 것을 가능하게 한다. 고용 보조금은 일자리를 제공하거나 수락하는 데 대한 금전적 유인을 제공하기 위해 근로자나 고용주에게 제공되는 지불금이다.

현실 경제의 >> 이해

작업 안 하는 중

미국은 거대한 나라다. 캘리포니아와 메인 간 거리는 프랑스와 시베리아 간 거리와 같다. 그런데도 우리는 전체 경제가 하나의 노동시장인 것처럼 얘기한다. 공정하게 말하자면 미국의 노동자들은 보통 일자리가 있는 곳이면 어디든 이동한다.

그렇지만 모든 노동자들이 이동할 수 있거나 이동할 의향이 있는 것은 아니다. 이는 어떤 이유에서든 노동수요가 감소한 지역을 벗어나지 못하는 노동자들에게는 문제가 된다. 이렇게 "좌초한" 노동자들은 특히 구조적 실업을 겪을 가능성이 높다.

이런 문제를 연구하는 경제학자들은 일반적으로 표준적인 실업률을 보지 않으려 한다. 사람들은 적극적으로 일자리를 구하는 경우에만 실업자로 계산되는데, 취업 기회가 지속적으로 부족한 곳에서는 사람들이 적극적으로 일자리를 구하려 들지 않을 것이기 때문이다. 그 대신 최근의 연구들은 대체 지표로 한창 일할 나이인 25~54세까지의 남자 중에서 일을 하지 않고 있는 사람의 비율에 초점을 두는 경향이 있다.

왜 성인 일반이 아니고 남자일까? 문화 규범이 바뀌고 있음에도 불구하고 미국의 남자들은 여자들에 비해 자발적으로 살림하는 주부가 되기를 선택할 가능성이 낮기 때문이다. 따라서 한창 일할 나이인데도 일을 하지 않고 있는 남자들이 많다면 노동시장에 문제가 있음을 의미한다.

그렇다면 우리는 어느 곳에서 일하지 않고 있는 남자들을 많이 볼 수 있을까? 주로 오스틴, 글레이저, 서머스가 '동쪽 심장부'라고 부르는 서부 펜실베이니아로부터 앨라배마와 미시시피에 이르는 활모양의 지역이다.

수십 년 전까지 이 지역 주민의 다수는 농업, 탄광업, 제철업과 같은 전통적인 산업부문에 고용되어 있었다. 그렇지만 1970년대 이후 이들 전통적인 일자리의 원천은 쇠퇴한 반면 새로 부상하는 "지식 기반" 산업의 고용주들은 교육 수준이 높은 근

전통적으로 남성이 지배적이던 부문에서의 고용 쇠퇴는 일부 지역에 더 큰 타격을 입혔고 사회 문제가 급증하는 원인이 되었다.

로자들이 있는 대도시를 선호하는 경향이 있었다.

그 결과 어려움을 겪는 지역에서 구조적 실업률이 지속적으로 높아졌다. 예를 들어 웨스트버지니아에서는 한창 일할 연령의 남자 중 75%만이 일을 하고 있는데, 이는 뉴저지와 텍사스 같은 성장하는 주에서 이 비율이 90%에 달하는 것과는 대조적이다.

가장 암울한 것은 이 지역에서 자살, 알코올, 마약 등으로 인한 사망률이 높아졌다는 사실인데, 앤 케이스(Anne Case)와 앵거스 디턴(Angus Deaton)은 이를 "절망의 죽음"이라 불렀다. 이는 노동시장의 상태가 중요한 또 하나의 이유를 보여준다. 취업 기회는 단지 돈에 관한 것만이 아니라 존엄성에 관한 것이기도 하다.

>> 이해돕기 23-2

해답은 책 뒤에

1. 다음을 설명하라.
   a. 기술 진보의 속도가 빨라질 때 마찰적 실업이 증가하는 이유
   b. 기술 진보의 속도가 빨라질 때 구조적 실업이 증가하는 이유
   c. 실업률이 낮을 때 마찰적 실업이 전체 실업에서 보다 큰 비중을 차지하는 이유
2. 단체협상이 최저임금처럼 실업에 영향을 미치는 이유는 무엇인가? 그래프를 이용하여 설명하라.
3. 미국이 실업자에 대한 급여혜택을 크게 증가시킨다고 하자. 자연실업률에 어떤 변화가 발생할 것인지 설명하라.

>> 복습
- 자발적인 이직은 물론 일자리 창출과 파괴로 인해 어느 정도의 실업은 자연스럽다.
- 실업 상태의 노동자는 **직장 탐색**을 하기 때문에 **마찰적 실업**이라 불리는 어느 정도의 실업의 존재는 불가피하다.
- **최저임금**, **노동조합**, **효율임금**, 실업급여와 같은 공공정책의 부작용, 피용자와 고용주 사이의 불일치를 비롯한 다양한 요인이 **구조적 실업**을 낳는다.
- 마찰적 실업과 구조적 실업의 합은 자연적 실업과 같으며 이로부터 **자연실업률**이 계산된다. 반면에 **경기적 실업**은 경기순환과 함께 변한다. 실제 실업은 자연적 실업과 경기적 실업의 합과 같다.
- 시간이 흐름에 따라 자연실업률은 경제활동인구의 특성과 제도 변화에 의해 변한다. 자연실업률은 정부정책에 의해서도 영향을 받는다. 특히 근로자들을 지원하기 위해 고안된 정책들이 유럽에서 높은 자연실업률이 지속되는 원인 중 하나로 간주된다.

|| 인플레이션과 디플레이션

이 장의 도입부에서 언급했듯이 거시경제정책 담당자들은 주로 실업과 인플레이션이라는 두 가지의 해악에 초점을 둔다. 높은 실업률이 왜 문제가 되는지는 쉽게 이해할 수 있다. 그런데 왜 인플레이션에 대해 걱정해야 할까? 그 답은 인플레이션이 경제에 비용을 발생시킨다는 데 있다. 그런데 비용이 왜 발생하는지는 대부분의 사람들이 생각하는 것과는 다르다.

물가수준은 중요하지 않으나…

물가수준이 상승하는 현상인 인플레이션에 대한 대부분의 불평은 모든 사람을 더욱 빈곤하게 만든다는 것이다. 결국 정해진 양의 돈으로 살 수 있는 물건이 줄어든다는 것이다. 그렇지만 인플레이션은 모든 사람을 빈곤하게 만들지는 않는다. 그 이유를 이해하기 위해서는 미국이 다른 국가들이 가끔 하는 것처럼 달러를 새 화폐로 교체하는 경우 어떤 일이 일어날지 상상하는 것이 도움이 될 수 있다.

이러한 종류의 화폐 교체가 발생한 가장 최근의 예로는 2002년에 프랑스가 다른 유럽 국가들과 마찬가지로 국가 화폐였던 프랑화를 새로운 범유럽 화폐인 유로화로 교체한 것을 들 수 있다. 사람들은 보유하고 있던 프랑화 지폐와 동전을 제출하고 그 대신 유로화 지폐와 동전을 받았는데 교환비율은 1유로당 6.55957프랑이었다. 이와 동시에 모든 계약이 정확히 화폐 교환에 적용된 것과 같은 비율을 적용하여 유로화 표시로 고쳐 써졌다. 예를 들어 프랑스 시민이 50만 프랑의 주택담보 대출을 갖고 있었다면 이것은 $500,000/6.55957 = 76,224.51$유로의 부채로 변경되었다. 노동자의 임금 계약이 시간당 100프랑을 받는 것으로 되어 있었다면 시간당 $100/6.55957 = 15.2449$유로의 계약으로 변경되는 식이었다.

실질임금(real wage)은 임금을 물가 수준으로 나눈 값이다.

실질소득(real income)은 소득을 물가 수준으로 나눈 값이다.

여러분은 이와 마찬가지로 7 대 1의 비율로 달러화가 '신달러'로 교체된다고 상상할 수 있을 것이다. 여러분이 주택을 담보로 14만 달러의 빚을 지고 있다면 이것은 2만 신달러의 부채로 전환될 것이다. 여러분의 임금이 시간당 14달러라면 이것은 시간당 2신달러로 전환될 것이다. 이것은 미국 전체의 물가수준을 케네디 대통령 시절의 수준으로 되돌려놓을 것이다.

그렇다면 가격이 7분의 1이 되었기 때문에 모든 사람이 더 부유해진 것일까? 물론 그렇지 않다. 가격은 낮아졌지만 임금과 소득도 함께 낮아졌다. 노동자의 임금을 이전 수준의 7분의 1로 낮추는 동시에 모든 물건의 가격도 이전의 7분의 1 수준으로 낮춘다면 노동자의 **실질임금**(real wage), 즉 임금을 물가수준으로 나눈 값은 변하지 않을 것이다. 사실 전체 물가수준을 케네디 행정부 시절로 되돌리는 것은 전체 구매력에 아무런 영향을 미치지 못할 것이다. 정확히 가격이 하락하는 만큼 소득도 감소하기 때문이다.

이와 마찬가지로 1960년대 초반 이래 실제로 발생한 물가 상승은 미국을 더 빈곤하게 만들지 않았다. 임금 역시 같은 비율로 상승했기 때문이다. 소득을 물가수준으로 나눈 값인 **실질소득**(real income)은 전체 물가의 상승으로 인해 영향을 받지 않았다.

이 이야기의 교훈은 물가수준 자체는 중요하지 않다는 점이다. 모든 물건의 가격이 1961년 수준으로 낮아진다고 해도 미국은 더 부유해지지 않을 것이며, 지난 50년간의 물가 상승이 미국을 더 가난하게 만들지도 않았다.

…물가의 변화율은 중요하다

물가수준이 중요하지 않다는 결론은 인플레이션율이 중요하지 않음을 의미하는 것으로 보일 수도 있다. 하지만 그것은 사실이 아니다.

그 이유를 이해하기 위해서는 **물가수준**과 **인플레이션율**을 구별하는 것이 중요하다. 인플레이션율은 전체 물가수준의 연간 변화율이다. 제22장에서는 인플레이션율을 다음과 같이 정의했다.

$$인플레이션율 = \frac{이듬해의\ 물가지수 - 첫해의\ 물가지수}{첫해의\ 물가지수} \times 100$$

〈그림 23-12〉는 지난 반세기 동안 미국에서 물가수준과 인플레이션율 간의 차이를 강조해서 보여 준다. 물가수준은 왼쪽 수직축으로 그리고 인플레이션율은 오른쪽 수직축으로 측정된다. 2000년대에는 미국의 전체 물가수준이 1960년보다 훨씬 높았다. 하지만 앞서 배웠듯이 이것은 중요하지 않았다. 2000년대의 인플레이션율은 1970년대보다 훨씬 낮았는데, 이것은 높은 인플레이션율이 지속되었을 경우에 비해 미국 경제를 더 부유하게 만들었음이 확실하다.

경제학자들은 높은 인플레이션율이 경제에 큰 비용을 부담시킨다고 믿는다. 이들 중 가장 중요한 비용으로 구두창 비용, 메뉴 비용, 계산단위 비용을 들 수 있다. 이들에 대해 차례대로 설명해 보기로 한다.

구두창 비용 사람들은 거래를 할 때의 편리함 때문에 지갑 속의 현금과 수표를 쓸 수 있는 은행 예금 등 화폐를 보유한다. 그렇지만 심한 인플레이션은 사람들이 화폐 보유를 주저하도록 만든다. 전체 물가수준이 상승함에 따라 지갑 속의 현금이나 은행 예금의 구매력이 감소하기 때문이다. 그 결과 사람들은 보유하는 화폐의 양을 줄일 수 있는 방법을 찾으려 하는데 이런 방법은 가끔 높은 비용을 치르도록 만든다. 예를 들어 2018년에 베네수엘라의 인플레이션이 물가가 매달 두 배 이상 오르는 것에 해당하는 100만%에 달했을 때 사람들은 베네수엘라 화폐 대신 담배나 (비트코인 같은) 전자화폐를 보유하기 시작했다.

그림 23-12 물가수준 대 인플레이션율, 1960~2020년

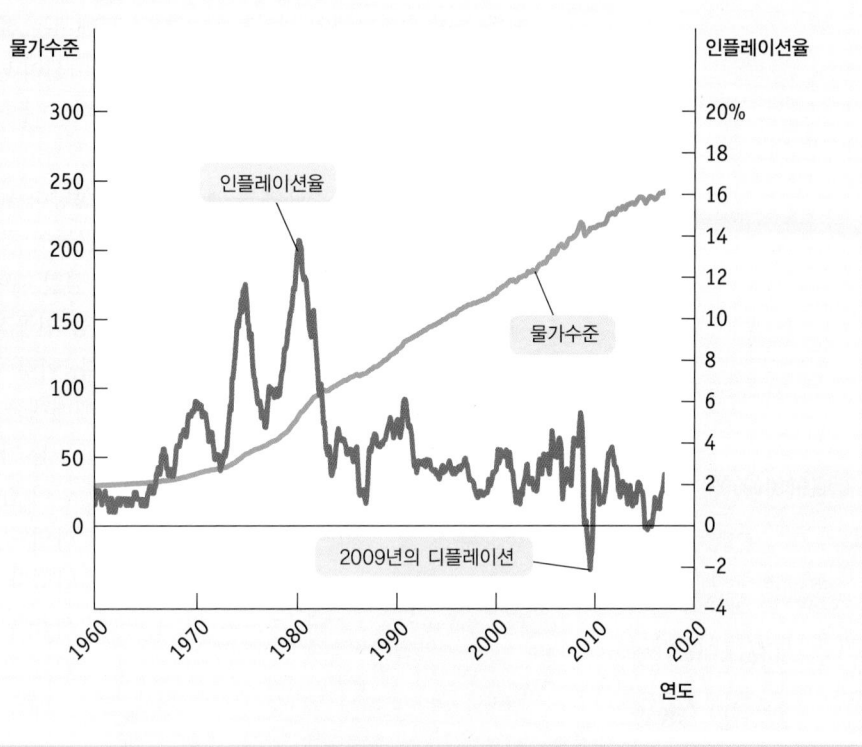

2009년만이 예외일 뿐 지난 반세기 동안 소비자물가지수는 지속적으로 상승했다. 하지만 소비자물가가 상승하는 속도인 *인플레이션율*은 상승하기도 하고 하락하기도 했다. 2009년에는 인플레이션율이 잠시 동안 음의 값으로 전환되었는데 이러한 현상을 *디플레이션*이라 부른다.

출처 : Bureau of Labor Statistics.

모든 인플레이션 중에서도 가장 유명한 1921~1923년 독일의 초인플레이션 기간 중에는 상인들이 심부름꾼을 고용하여 하루에도 여러 차례 현금을 은행에 가져가 가치가 안정된 외화처럼 가치를 유지할 수 있는 무언가로 전환하곤 했다. 두 경우 모두 보유 중인 화폐의 구매력이 잠식되는 것을 막기 위해 이스라엘인들의 시간이나 독일 심부름꾼의 노동과 같이 귀중한 자원이 소모되었다. 이들 자원은 다른 생산적인 용도로 사용될 수도 있었을 텐데 말이다. 독일의 초인플레이션 기간 중에는 은행 거래가 너무 많이 발생하여 독일 은행들의 종업원 수는 1913년 10만 명에서 1923년 37만 5,000명에 이르기까지 네 배 가까이 증가했다.

보다 최근에는 브라질이 1990년대 초에 초인플레이션을 겪었다. 브라질의 초인플레이션 기간 중에는 금융부문이 국내총생산의 15%를 기여할 정도로 지나치게 크게 성장했다. 이는 국내총생산에 대한 비율로 볼 때 미국 금융부문의 두 배에 달하는 규모다. 인플레이션으로 인한 이와 같은 은행 부문의 팽창은 사회가 부담하는 실질비용을 대표한다.

인플레이션으로 인해 발생하는 거래비용의 증가를 **구두창 비용**(shoe-leather cost)이라 부른다. 화폐 보유를 피하려고 사람들이 이리저리 더 뛰어다니다 보면 구두 밑창이 닳을 것이라는 비유적인 표현이다. 초인플레이션은 물론 연간 100% 정도의 인플레이션이라도 겪어 본 사람들은 누구든 증언할 수 있듯이 인플레이션이 매우 심한 경제에서는 구두창 비용이 상당히 크다. 그렇지만 대부분의 추정 결과에서는 평화 시의 인플레이션율이 15%를 초과해 본 적이 없는 미국과 같은 국가에서 나타나는 인플레이션에서는 구두창 비용이 상당히 작음을 보여 준다.

메뉴 비용 현대 경제에서는 우리가 구매하는 대부분의 물건에 정가가 매겨져 있다. 슈퍼마켓 선반에 진열된 제품 아래에는 가격표가 있고, 음식점 메뉴에도 요리마다 가격이 정해져 있다. 정가를 변경하는 데는 실질적인 비용이 드는데 이것을 **메뉴 비용**(menu cost)이라 부른다. 온라

구두창 비용(shoe-leather cost)은 인플레이션으로 인해 발생하는 거래비용의 증가를 일컫는다.

메뉴 비용(menu cost)은 정가를 변경하는 데 드는 실질 비용이다.

인 매출의 비중이 증가하고 가격이 전자적 수단에 의해 변경될 수 있음에 따라 선진국에서는 메뉴 비용으로 인해 발생할 수 있는 잠재적 비용이 줄어들었지만 메뉴 비용은 여전히 존재한다. 예를 들어 슈퍼마켓의 정가를 변경하기 위해서는 점원들이 전 매장을 돌면서 각 진열품 아래에 있는 가격표를 변경해야 한다. 물론 인플레이션이 발생할 때에는 물가가 비교적 안정적일 때에 비해 더욱 자주 가격을 변경해야만 할 것이다. 이는 곧 경제 전체가 높은 비용을 치러야 함을 의미한다.

인플레이션이 심할 때에는 메뉴 비용이 상당히 높을 수 있다. 예를 들어 1990년대 초반 브라질의 인플레이션 중에는 슈퍼마켓의 종업원들이 근무 시간의 절반 이상을 가격표를 새것으로 바꾸는 데 썼다고 한다. 인플레이션이 매우 심할 때에는 상인들이 가격을 자국의 화폐단위로 표시하는 대신 다른 물건의 단위로 표시하는 등 인공적인 단위를 사용하거나 미국 달러화와 같이 가치가 더 안정된 화폐단위로 표시할 것이다. 이것이 바로 1980년대 중반에 이스라엘의 부동산 시장에서 실제로 발생했던 일이다. 부동산 매매대금은 이스라엘 셰켈(shekel)로 지급되었지만 부동산 가격은 미국 달러화로 표시되었다. 마찬가지 일이 짐바브웨에서도 일어났는데 2008년 5월 이 나라의 공식적인 인플레이션 추정치는 1,694,000%에 달했다. 2009년에 이르러 정부는 짐바브웨 달러의 사용을 중지시키고 국민들이 외화를 사용하여 물건을 사고파는 것을 허용했다.

짐바브웨에서와 같이 100조 달러 단위 지폐가 통용될 때는 메뉴 비용이 엄청나게 커진다.

메뉴 비용은 인플레이션이 완만한 경제에도 존재하지만 그다지 심하지 않다. 인플레이션이 완만한 경제에서는 기업들이 제품 가격을 인플레이션이 심하거나 초인플레이션이 발생하는 나라에서와 같이 매일 또는 그보다 자주 변경하지 않고 가끔씩만 변경할 것이다.

계산단위 비용 중세에는 종종 계약이 실물로 명시되기도 했다. 예를 들어 세입자는 주인에게 매년 가축 몇 마리를 제공할 의무가 있다는 식이다(영어의 'in kind'라는 어구는 고대어로 가축에서 유래되었다). 그 시대에는 이렇게 하는 것이 타당했을 수도 있으나 오늘날의 기준으로는 어색한 방법임에 틀림없다. 그 대신 우리는 화폐단위로 계약을 명시한다. 차입자는 매달 주인에게 몇 달러를 지급해야 하며, 채권을 발행하는 회사는 채권 만기 시 보유자에게 채권의 달러 가치를 지급한다는 식이다. 또한 우리는 경제적인 계산도 달러 단위로 하는 경향이 있다. 예산을 짜려는 가족이나 사업이 얼마나 잘되고 있는지 파악하고 싶은 중소기업가는 들어오고 나가는 화폐의 양을 추정한다.

계약과 계산의 기초로서의 달러의 역할을 화폐의 **계산단위**(unit-of-account) 역할이라 한다. 계산단위 역할은 현대 경제의 중요한 특징이다. 그렇지만 이 역할은 인플레이션으로 인해 손상될 수도 있다. 인플레이션이 발생하면 올해 1달러의 가치가 지난해에 비해 하락하는 등 시간이 흐름에 따라 1달러의 구매력이 변하기 때문이다. 많은 경제학자들은 이러한 효과가 경제적 의사결정의 질을 떨어뜨린다고 주장한다. 계산의 단위인 달러의 가치 변화로 인해 발생하는 불확실성 때문에 경제 전체가 자원을 덜 효율적으로 사용하게 된다는 것이다. 인플레이션의 **계산단위 비용**(unit-of-account cost)은 인플레이션이 가치척도로서의 화폐에 대한 신뢰도를 저하시킴에 따라 발생하는 비용을 의미한다.

계산단위 비용은 조세제도에서 특히 중요할 수 있다. 인플레이션이 과세의 근거가 되는 소득

계산단위 비용(unit-of-account cost)은 인플레이션이 가치척도로서의 화폐에 대한 신뢰도를 저하시킴에 따라 발생하는 비용이다.

의 척도를 왜곡할 수 있기 때문이다. 예를 들어 인플레이션율이 10%여서 매년 모든 가격이 10%씩 상승한다고 하자. 어떤 기업이 토지와 같은 자산을 10만 달러에 매입한 후 1년 후에 11만 달러에 되판다고 하자. 근본적으로 따지면 이 기업은 이 거래를 통해 이익을 보지 못했다. 실질가치로 따지면 토지를 매입할 때 지불한 것보다 더 받은 것이 없기 때문이다. 그렇지만 미국의 세법에 따르면 이 기업은 1만 달러의 자본 이득을 챙겼으며 따라서 이 유령 이득에 대한 세금을 내야 한다.

미국이 비교적 높은 수준의 인플레이션을 겪었던 1970년대에는 조세제도에 대한 인플레이션의 왜곡효과가 매우 심각한 문제가 되었다. 어떤 기업들은 유령 이득에 대한 과세를 우려하여 생산적인 투자지출을 포기하기도 했다. 반면에 유령 손실을 발생시켜 세금을 줄일 수 있는 투자지출은 그 자체로는 비생산적인 투자라 해도 기업의 입장에서는 매력적인 투자대상이 되었다. 1980년대에 들어 인플레이션이 완만해지고 세율이 인하되자 이와 같은 문제의 중요성이 경감되었다.

인플레이션으로부터의 승자와 패자

방금 배운 것처럼 높은 인플레이션율은 경제 전체에 비용을 발생시킨다. 이에 더하여 인플레이션은 경제 내에서 승자와 패자를 발생시킨다. 인플레이션이 어떤 사람들에게는 손해를 입히고 어떤 사람들에게는 이득을 주는 주된 이유는 대출과 같이 상당 기간 동안 유효한 계약들이 일반적으로 명목금액, 즉 화폐단위로 명시된다는 사실에 있다.

대출의 경우 차입자는 처음에 일정한 금액의 자금을 수령하고, 대출 계약은 미래 일정 시점에 갚아야 할 **이자율**을 명시한다. **이자율**(interest rate)은 차입자가 자신의 저축을 1년 동안 사용하는 것을 허용하는 대가로 대부자가 수령하는 수익을 차입금액에 대한 백분율로 나타낸 것이다.

하지만 대부자가 수령하는 금액이 실질적으로 얼마나 되는지, 즉 얼마만큼의 구매력을 갖는지는 대출 기간 동안 발생하는 인플레이션율에 크게 의존한다. 경제학자들은 **명목이자율**과 **실질이자율** 간의 구별을 통해서 인플레이션이 차입자와 대부자에게 미치는 영향을 분석한다. **명목이자율**(nominal interest rate)은 학자금 대출에 대한 이자율과 같이 화폐단위로 표시된 이자율이다. **실질이자율**(real interest rate)은 명목이자율에서 인플레이션율을 차감한 것이다. 예를 들어 대출 이자율이 8%인데 5%의 인플레이션이 발생한다면 실질이자율은 8%-5%=3%다.

차입자와 대부자가 대출 계약을 체결할 때 이 계약은 일반적으로 달러 단위로 명시된다. 다시 말해서 계약은 명목이자율을 명시한다. (나중에 나오는 장들에서 우리가 이자율이라고 말할 때는 달리 언급하지 않는 한 명목이자율을 의미한다.) 그런데 대출 계약의 양측은 각자 미래 인플레이션율에 대한 나름대로의 예상치를 갖고 있을 것이다. 이는 이들이 대출로부터의 실질이자율에 대한 각자의 예상치를 가지고 있음을 의미한다. 이 경우 실제로 발생한 인플레이션율이 예상보다 높으면 차입자가 이득을 보고 그 이득은 대부자의 손실이 된다. 차입자는 예상했던 것보다 낮은 실질가치를 가진 자금으로 대출을 상환할 수 있을 것이기 때문이다. 이와 반대로 인플레이션율이 예상보다 낮으면 대부자가 이득을 보고 그 이득은 차입자의 손실이 된다. 차입자가 예상했던 것보다 높은 실질가치를 가진 자금으로 대출을 상환해야 하기 때문이다.

오늘날 미국에서는 주택담보 대출이 인플레이션으로부터의 이득과 손실을 발생시키는 가장 주요한 원천이다. 일부 주택담보 대출의 이자율은 인플레이션율과 연동되어 있다. 그러나 대부분의 주택담보 대출은 그렇지 않기 때문에 인플레이션율이 예상치 않게 변하면 큰 승자와 패자가 발생하기 마련이다. 1970년대 초반에 주택담보 대출을 받은 미국인들은 얼마 되지 않아서 예상보다 높은 인플레이션으로 인해 실질지급액이 감소하였음을 알아차렸을 것이다. 반면에 1990년대 초에 주택담보 대출을 받은 미국인들은 손해를 보았다. 인플레이션율이 예상보다 낮은 수

대출에 대한 **이자율**(interest rate)은 차입자가 자신의 저축을 1년 동안 사용하는 것을 허용하는 데 대한 대가로 대부자가 청구하는 가격을 차입금액에 대한 백분율로 나타낸 것이다.

명목이자율(nominal interest rate)은 학자금 대출에 대한 이자율과 같이 화폐단위로 표시된 이자율이다.

실질이자율(real interest rate)은 명목이자율에서 인플레이션율을 차감한 것이다.

준으로 하락함에 따라 상환 비용이 증가했기 때문이다.

예상보다 높거나 낮은 인플레이션이 승자와 패자를 발생시키기 때문에 생기는 문제가 하나 더 있다. 미래 인플레이션에 대한 불확실성은 어떤 형태로든 장기 계약을 하는 것을 주저하게 만든다. 이것은 특히 높은 인플레이션율이 발생시키는 추가적인 비용의 원천이 된다. 높은 인플레이션율은 대개 예측하기가 불가능하기 때문이다. 인플레이션이 심하고 불확실한 국가에서는 장기 계약이 거의 이루어지지 않으며 그 결과 장기 투자가 이루어지기 어렵다.

마지막으로 지적할 점은 예상되지 않은 디플레이션, 즉 물가의 예상치 못한 하락 또한 승자와 패자를 낳는다는 사실이다. 1929~1933년 사이에 미국 경제는 대공황을 겪었고 소비자물가지수는 35% 하락했다. 그 결과 많은 농부와 주택 소유자를 포함한 차입자들에 있어 부채의 실질가치가 크게 상승하였다. 차입자들이 대출을 상환하지 못함에 따라 경제 전체에서 광범위하게 부도 사태가 발생했고 이는 은행위기 발생의 원인이 되었다. 그리고 〈그림 23-12〉에서 보듯이 디플레이션은 2009년에 다시 발생했는데 이때는 깊은 경기후퇴로 인해 인플레이션율이 -2%로 하락했다. 대공황보다는 덜 심하긴 했어도 2009년의 예상치 못한 디플레이션은 채무자들에게 무거운 비용을 부담시켰다. 제31장에서는 디플레이션의 영향에 대해 더 자세히 논할 것이다.

인플레이션은 쉽고, 디스인플레이션은 어렵다

2%에서 5%로의 상승과 같은 인플레이션율의 상승이 경제에 큰 피해를 준다는 증거는 많지 않다. 그렇지만 정책담당자들은 인플레이션율이 2%에서 3%로 살짝 오르기만 해도 이를 다시 낮추기 위해 애쓴다. 왜 그럴까? 지난 경험으로 보아 더 높은 수준의 인플레이션이 일단 자리를 잡으면 **디스인플레이션**(disinflation), 즉 인플레이션율을 다시 낮추는 것이 매우 어렵고 높은 비용이 들기 때문이다.

〈그림 23-13〉은 미국 디스인플레이션의 주요 사례로 1970년대 중반과 1980년대 초반의 디스인플레이션에서 어떤 일이 벌어졌는지를 보여 준다. 수평축은 실업률을 나타낸다. 수직축은 변동이 심한 식품 및 에너지 가격을 제외한 인플레이션 척도로 전체 소비자물가보다도 더 나은 인

그림 23-13 디스인플레이션의 비용

미국의 현대사에서 두 차례의 주된 디스인플레이션 시기가 있었는데 바로 1970년대 중반과 1980년대 초다. 이 그림은 이들 시기에 식품과 에너지를 제외한 '핵심' 인플레이션율과 실업률을 추적하여 보여 준다. 각 사례에서 인플레이션을 꺾기 위해 일시적이지만 매우 큰 폭의 실업률 상승이 필요했다. 이는 디스인플레이션의 비용이 매우 높음을 잘 보여 준다.

출처 : Bureau of Labor Statistics.

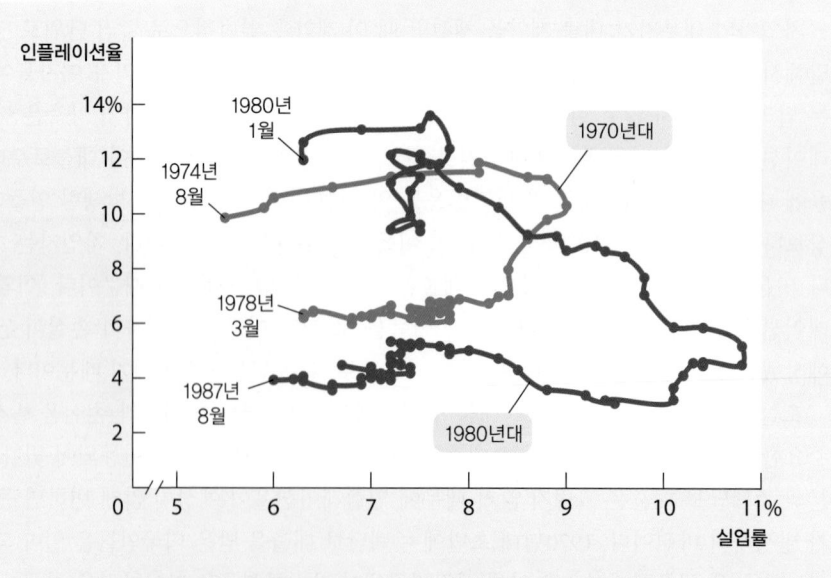

플레이션 지표로 간주되는 전년 대비 '핵심' 인플레이션율을 나타낸다. 각 점은 한 달 동안의 인플레이션율과 실업률을 대표한다. 각 사례에서 실업과 인플레이션은 일종의 시계 방향의 나선형 모양을 따라 움직였는데 이는 매우 높은 실업률이 지속되면서 높은 인플레이션율이 점진적으로 하락했음을 의미한다.

많은 경제학자들은 경기를 일시적으로 침체시킨 이러한 고실업 시기가 경제에 깊이 뿌리내린 인플레이션을 제거하기 위해 불가피했다고 믿는다. 하지만 인플레이션을 제거하기 위해 경제가 고통받는 것을 피할 수 있는 가장 좋은 방법은 인플레이션이 심각한 문제가 되는 것 자체를 미연에 방지하는 것이다. 이것이 바로 정책담당자들이 인플레이션 가속화의 조짐에 대해 경제에 예방조치를 하는 차원에서 강력한 대응을 하는 이유다.

현실 경제의 >> 이해

이스라엘의 인플레이션 경험

심각한 인플레이션은 대개 전쟁이나 정치적 불안과 같이 경제활동을 저해하는 다른 문제들과 연관되어 발생하기 때문에 인플레이션의 비용을 분명하게 파악하기는 어렵다. 그런데 이스라엘은 1980년대 중반에 전쟁도 없었고 정부도 안정적이었고 질서가 잘 유지되었다는 점에서 매우 '깨끗한' 인플레이션을 경험했다. 그렇지만 일련의 정책 실수로 가격이 매달 10% 상승하는 등 매우 심각한 인플레이션이 발생했다.

우연히도 이 책의 저자 중 한 명이 인플레이션이 한창이던 시기에 텔아비브대학을 방문하고 있었기 때문에 인플레이션의 효과에 대해 직접 경험한 것들을 얘기할 수 있다.

첫째, 인플레이션의 구두창 비용이 매우 컸다. 당시 이스라엘인들은 인플레이션을 상쇄시킬 수 있을 만큼 높은 이자율을 지급하는 계좌로 자금을 이동하기 위해 많은 시간을 은행 창구 앞에서 줄을 서느라 보냈다. 사람들은 지갑에 돈을 거의 가지고 다니지 않았기 때문에 조금이라도 큰 금액의 현금을 지급해야 할 경우에는 은행에 들러야 했다. 사람들의 수요를 충족하기 위해 은행들은 많은 지점을 신설해야 했고 여기에는 많은 비용이 들었다.

둘째, 메뉴 비용 자체는 그다지 눈에 띄지 않았지만 기업들이 메뉴 비용을 줄이려고 노력하는 것은 볼 수 있었다. 예를 들어 음식점의 메뉴판에는 정가가 표시되어 있지 않은 경우가 종종 있었다. 대신 메뉴판에는 어떤 숫자들이 쓰여 있었는데 이 숫자에 칠판 위에 쓰인 다른 숫자를 곱해서 음식의 가격을 계산해야 했다. 물론 칠판에 쓰인 숫자는 매일 변경되었다.

마지막으로 가격이 너무 자주 너무 크게 변동했기 때문에 의사결정을 내리는 것이 어려웠다. 물건을 사러 갔다가 보통 물건을 사던 가게보다 가격이 25% 정도 비싸서 되돌아 나와 원래 물건을 사러 가던 가게로 가 보니 그곳도 가격이 25% 상승한 경우가 흔했다.

1980년대 중반 인플레이션이 심했던 기간 중에는 이스라엘인들은 현금을 거의 보유하지 않았으며 반복해서 은행을 방문해야 했다.

- **실질임금**과 **실질소득**은 물가수준 변화에 영향받지 않는다.

- 인플레이션은 실업과 마찬가지로 정책담당자들의 주요 관심사다. 이들은 인플레이션을 완화하는 대가로 높은 실업률의 발생을 감수하기도 한다.

- 인플레이션이 모든 사람을 가난하게 만드는 것은 아니다. 물가수준 자체는 중요하지 않기 때문이다. 그렇지만 인플레이션은 **구두창 비용**, **메뉴 비용**, **계산단위 비용** 등 경제에 실질적인 비용을 부담시킬 수 있다.

- **이자율**은 자신의 자금을 1년 동안 사용하는 데 대한 대가로 대부자가 수령하는 수익이다. **실질이자율**은 **명목이자율**에서 인플레이션율을 뺀 값과 같다. 예상되지 않은 인플레이션은 차입자에게 유리하고 대부자에게 불리하다. 인플레이션이 심하고 불확실할 경우 사람들은 장기 투자를 회피한다.

- **디스인플레이션**은 비용이 매우 높다. 따라서 정책담당자들은 높은 인플레이션이 발생하는 상황 자체를 아예 방지하려고 든다.

>> **이해돕기 23-3**

해답은 책 뒤에

1. 기술의 진보는 은행산업에 혁신을 가져왔으며 그 결과 고객들이 자신의 자산을 관리하는 것이 더 쉬워졌다. 이것은 인플레이션의 구두창 비용이 이전보다 높아졌음을 의미하는 것일까 아니면 낮아졌음을 의미하는 것일까?

2. 대부분의 미국인들은 2~3% 정도의 완만한 인플레이션에 익숙해져 있다. 만일 향후 15~20년간 인플레이션이 완전히 사라진다면 누가 이득을 보고 누가 손해를 보게 될까?

STEPHEN LAM/REUTERS/Newscom

라인 서비스를 이용할 수 있다. 그리고 어떤 사람들은 여전히 구인광고를 보고 전화를 걸거나 직접 점포를 찾아다니면서 임시직 일자리를 구하고 있다.

애플이 첫 아이폰을 소개한 해에 창립된 태스크래빗은 모든 사람이 스마트폰을 갖고 있다는 점을 이용하여 이러한 과정을 단순화하려 한다. 처음에는 잠재적인 고용주와 종업원들이 입찰가를 제시하는 일종의 경매시장으로 개설되었으나 2014년 부터는 우버나 리프트와 같은 자동차 서비스가 승객에게 운전자를 찾아주는 것과 유사한 간결한 체계를 이용하고 있다. 사람들은 태스크래빗 앱에서 몇 가지 보편적인 잡일 중 한 가지를 선택함으로써 일손이 필요함을 알릴 수 있다. 그러면 잠재적인 일꾼들이 자신이 인적사항에 입력했던 장소 및 기능과 일치하는 작업을 하겠다고 제안하는데 이것 역시 스마트폰에 뜨는 작업을 선택함으로써 가능하다. (이들은 원하는 시급을 이미 입력해 둔 상태다.) 이 과정은 길모퉁이에 줄을 서거나, 온라인으로 직장탐색을 하거나, 구인광고를 보고 전화를 거는 것보다 훨씬 시간과 노력을 절약할 수 있다.

태스크래빗과 같은 기업들이 얼마나 중요할까? 어떤 관측자들은 우리가 많은 사람들이 한 대기업의 종업원이 되기보다는 이리저리 일자리를 옮겨 다니며 비전속으로 일하는 긱 경제(gig economy)의 부상을 보고 있다고 주장한다. 이런 주장은 좀 과장된 측면이 있기는 해도 실제로 변화가 발생하고는 있는 것으로 보인다. 그렇지만 아직은 취업의 본질에 주된 변화가 발생했다는 증거는 거의 없다.

"이사를 하는 것이 가장 힘들다. 정원을 가꾸는 것이 가장 힘들다. 이케아 가구를 조립하는 것이 가장 힘들다." 2008년에 (RunMyErrand라는 이름으로) 창립된 태스크래빗(TaskRabbit)이 2015년에 작성한 한 보고서는 이렇게 시작한다. 이 회사는 사람들이 자신의 잡일을 처리하기 위해 다른 사람을 고용하는 것을 도와준다. 2019년 현재 이 회사에는 14만 명의 프리랜서가 일하고 있는데, 이들은 태스커(Tasker)라 불린다. 태스크래빗은 미국의 53개 도시와 영국, 캐나다에서 영업을 하고 있다.

왜 어떤 근로자에게는 태스커가 되는 것이 매력적으로 보일까? 대부분의 태스커는 일하는 시간을 유연하게 정하기를 원하는 시간제 근로자이다. 이 회사가 잠재적인 태스커에게 제시하는 홍보에는 "일을 시작하되 당신이 원하는 방법으로 돈을 벌라."는 구호와 함께 자녀 양육, 예술가 경력 등과 이 일을 병행한 근로자들의 증언이 포함된다.

다양한 고객을 위해 시간제로 일하는 것은 새로운 현상이다. 미국 전역에 걸쳐 모든 도시의 길모퉁이에는 건축 공사장과 같이 노동자에 대한 수요가 매일 그리고 때로는 예측 불가능하게 변하는 직장에서 일용직 일자리를 구하기 위해 근로자들이 아침 일찍부터 줄을 선다. 좀 더 숙련된 근로자들은 알레지스그룹과 같이 하청관계에 기반하여 수일부터 수개월에 걸쳐 근로자를 공급하는 임시인력 공급업체는 물론 다양한 온

생각해 볼 문제

1. 태스크래빗과 같은 서비스를 통해 구직자와 고용수가 서로를 찾을 수 있다면 마찰적 실업에는 어떤 영향을 미칠 것인가?

2. 이러한 서비스는 경제활동인구로 간주되는 사람들의 숫자에 어떤 영향을 미칠 것인가?

3. 어떤 분석가는 대부분의 프리랜서들은 다른 직업을 갖고 있기 때문에 긱 경제는 부업에만 작용한다고 주장한다. 이러한 주장이 긱 경제가 성장하고 있다는 명백한 증거가 부족하다는 사실을 설명하는 데 어떻게 도움이 될 것인가?

요약

1. 거시경제정책의 두 가지 주된 목표는 물가 안정(낮지만 양의 인플레이션율)과 낮은 실업이다.

2. **취업인구**는 고용된 사람들의 수이며, **실업인구**는 일을 하지는 않지만 적극적으로 일자리를 구하고 있는 사람들의 수다. 이 둘의 합은 **경제활동인구**와 같다. **경제활동참가율**은 16세 이상 인구 중에서 경제활동인구의 비율이다.

3. **실업률**은 경제활동인구 중에서 일을 하지는 않지만 적극적으로 일자리를 구하고 있는 사람들의 비중인데 진정한 실업 수준을 과소평가하거나 과대평가할 수 있다. 실업률이 진정한 실업 수준을 과대평가할 수 있는 이유는 취업 제안을 받았지만 계속 일자리를 구하는 사람, 즉 마찰적 실업자를 실업자에 포함시키기 때문이다. 실업률이 진정한 실업 수준을 과소평가하는 이유는 **실망실업자, 한계참여근로자, 과소취업자**와 같은 좌절한 노동자들을 실업자에 포함시키지 않기 때문이다. 이에 더하여 실업률은 인구집단 간에 큰 차이가 있다. 대개 청년 노동자와 은퇴 연령 노동자의 실업률은 한창 일할 나이에 있는 노동자의 실업률보다 높다.

4. 실질 GDP의 성장률과 실업률의 변화 사이에는 음의 상관관계가 존재한다. 실질 GDP 성장률이 영보다 낮은 경기후퇴기에는 실업률이 상승한다. 경기후퇴가 깊을수록 실업률은 더 크게 상승한다. 실질 GDP 성장률이 평균보다 높은 강한 경기팽창 기간에는 실업률이 하락한다. 경기회복이 강할수록 실업률 감소폭이 크다. **고용 없는 경기회복**은 실질 GDP 성장률이 양이지만 평균보다 낮을 때 발생하는데, 이 경우 실업률은 상승한다.

5. 자발적인 사직은 물론 일자리의 창조와 파괴는 **직장 탐색**과 **마찰적 실업**을 발생시킨다. 이에 더하여 **최저임금, 노동조합, 효율임금**, 실직 노동자를 돕기 위한 정부정책, 그리고 피용자와 고용주 사이의 불일치를 포함한 여러 요인이 시장임금 수준에서 노동의 초과공급이 존재하는 상황을 낳는데 이때는 **구조적 실업**이 발생하게 된다. 그 결과 마찰적 실업과 구조적 실업의 합인 **자연실업률**은 일자리가 풍부할 때조차 영보다 훨씬 높다.

6. 실제 실업률은 경기순환과 관계없는 실업인구의 비중인 자연실업률과 경기변동의 영향을 받는 실업인구의 비중인 **경기적 실업률**의 합과 같다.

7. 자연실업률은 시간에 따라 변하는데 일반적으로 경제활동인구의 특성, 노동시장의 제도, 정부정책 등의 변화에 영향을 받는다.

8. 많은 사람들이 생각하는 것과는 달리 인플레이션은 가격을 상승시킴으로써 사람들을 더 빈곤하게 만들지는 않는다. **실질임금**과 **실질소득**이 영향을 받지 않도록 임금과 소득이 물가 상승을 고려하여 조정되기 때문이다. 그렇지만 심한 인플레이션은 경제에 **구두창 비용, 메뉴 비용, 계산단위 비용**을 부담시킨다.

9. 인플레이션은 경제 내에 승자와 패자를 발생시킬 수 있다. 장기 계약들이 일반적으로 화폐단위로 표시되기 때문이다. 대출에 명시되는 **이자율**은 보통 **명목이자율**인데 이는 인플레이션이 발생할 경우 **실질이자율**과 달라진다. 예상보다 높은 인플레이션율은 차입자에게 유리하고 대부자에게 불리하다. 예상보다 낮은 인플레이션율은 대부자에게 유리하고 차입자에게 불리하다.

10. 많은 사람들이 경제에 자리를 잡은 인플레이션을 잡기 위해서는 경제를 침체시키고 높은 실업률을 감수해야 한다고 믿는다. **디스인플레이션**은 매우 높은 비용이 들기 때문에 정책담당자들은 인플레이션이 과도해지기 전에 미리 인플레이션을 방지하려 든다.

주요용어

취업인구	한계참여근로자	최저임금
실업인구	과소취업자	노동조합
경제활동인구	고용 없는 경기회복	효율임금
경제활동참기율	직장 탐색	자연실업률
실업률	마찰적 실업	경기적 실업
실망실업자	구조적 실업	실질임금

실질소득	계산단위 비용	실질이자율
구두창 비용	이자율	디스인플레이션
메뉴 비용	명목이자율	

토론문제

1. 주로 매달 첫 금요일에 노동통계국은 전달의 '고용 상황 요약(Employment Situation Summary)'을 발표한다. www.bls.gov에서 가장 최근의 보고서를 찾으라. 노동통계국 홈페이지의 첫 페이지 상단에서 '경제 보고(Economic Release)' 탭을 선택한 후 '최근 보고(Latest Releases)'를 찾은 후 '고용 상황(Employment Situation)'을 선택하라. 그러면 제일 위에서 고용 상황 요약을 찾을 수 있을 것이다. 현재 실업률은 1개월 전에 비해서 어떻게 달라졌는가? 1년 전에 비해서는 어떻게 달라졌는가?

2. 2018년에 노동통계국이 '임시 및 대체 고용 방식'이라는 보고서를 발간했는데 여기에는 긱 경제에서의 독립적 계약직이 포함된다. 이 보고서는 1,650만 명의 사람들이 임시 또는 독립 직업을 갖고 있음을 발견했다. 놀랍게도 임시 또는 독립 계약직으로 분류된 노동자의 비중은 2005년의 11.5%에서 2017년의 10.7%로 감소했다. 노동통계국의 보고서는 "정부의 숫자는 긱 방식이 자신의 주된 일자리인 근로자만 계산하며, 최근 주에 이 일자리에서 일했던 근로자만을 포함한다."라고 기술했다. 노동통계국의 보고는 어떤 점에서 실제 숫자를 과소평가할까? 이러한 계산에서는 누가 빠졌을 가능성이 높을까?

연습문제

1. 일반적으로 실질 GDP가 변할 때 실업률은 어떻게 변하는가? 심한 경기침체가 여러 분기 동안 계속된 후에 공식적인 실업률이 하락하는 현상을 관찰할 수도 있는 이유를 설명하라. 강력한 경기확장 국면이 여러 분기 동안 계속된 후에 공식적인 실업률 증가를 관찰할 수 있는 이유를 설명하라.

2. 다음 각 상황에서 멜라니는 어떤 종류의 실업을 겪고 있을까?
   a. 복잡한 컴퓨터 프로그래밍 작업을 마친 후 멜라니는 해고당했다. 그녀가 가진 기능을 요구하는 새 직장을 구할 수 있는 전망은 매우 밝으며 그녀는 컴퓨터 프로그래머 취업 알선업체에 구직 신청을 했다. 그녀는 급여가 낮은 취업 제안을 거절했다.
   b. 멜라니와 그녀의 동료들이 임금 삭감을 거부하자 그녀의 고용주는 프로그래밍 작업을 다른 나라에 있는 근로자들에게 외주했다. 이와 같은 현상이 프로그래밍 산업 전체에서 발생했다.
   c. 투자지출이 부진함에 따라서 멜라니는 프로그래밍 기업으로부터 해고를 당했다. 그녀의 고용주는 사업이 다시 활발해지면 그녀를 다시 고용하겠다고 약속했다.

3. '고용 상황 요약'에서 공개되는 정보 중 일부는 각 개인들이 얼마나 오랫동안 실업 상태에 있었는지에 대한 내용을 포함한다. www.bls.gov로 가서 가장 최근 보고서를 찾으라. 1번 문제에서와 동일한 방법으로 '고용 상황 요약'을 찾으라. 고용 상황의 거의 마지막 부분에서 '실업기간에 따른 실업자의 수(Unemployed persons by duration of unemployment)'라는 제목의 〈표 A-12〉를 클릭하라. 계절 조정된 수치를 사용하여 다음 질문에 답하라.
   a. 5주 미만의 기간 동안 실업상태에 있는 노동자들은 얼마나 되는가? 이 노동자들은 전체 노동자의 몇 퍼센트에 해당하는가? 이 숫자들은 전달의 자료와 어떻게 다른가?
   b. 27주 이상 실업상태에 있는 노동자들은 얼마나 되는가? 이들은 전체 노동자 중 몇 퍼센트에 해당하는가? 이 숫자들은 전달의 자료와 어떻게 다른가?
   c. 평균적인 노동자는 얼마나 오랫동안 실업상태에 있었는가(평균 실업 지속기간, 주 단위)? 이 숫자는 전달의 자료로부터 구한 평균과 어떻게 차이가 있는가?
   d. 가장 최근의 달과 그 전달을 비교해 볼 때 장기 실업의 문제가 개선되었는가 또는 악화되었는가?

4. 한 국가의 경제활동인구는 취업상태의 노동자 수와 실업상태의 노동자 수의 합이다. 다음 표는 미국의 여러 지역

에서 경제활동인구의 규모와 실업자 수를 보여 준다.

지역	경제활동인구(천 명)		실업자(천 명)	
	2018년 12월	2019년 12월	2018년 12월	2019년 12월
북동부	28,536	28,729	1,083	1,080
남부	60,112	60,909	2,183	2,074
중서부	34,971	35,063	1,275	1,244
서부	38,704	39,166	1,608	1,489

출처 : Bureau of Labor Statistics.

   a. 2018년 12월과 2019년 12월에 각 지역에서 취업상태에 있는 노동자 수를 계산하라. 여러분의 답을 이용하여 2018년 12월과 2019년 12월 사이 취업인구의 변화를 계산하라.

   b. 각 지역에서 2018년 12월과 2019년 12월 사이 경제활동인구의 증가를 구하라.

   c. 2018년 12월과 2019년 12월에 각 지역의 실업률을 계산하라.

   d. 이 기간의 실업률에 대해서 어떤 결론을 추론할 수 있는가? 실업률의 변화는 일자리 감소로 인한 것일까 아니면 일자리를 구하는 사람들의 수가 증가했기 때문일까?

5. 다음 중 어떤 경우에 효율임금이 존재할 가능성이 높은가? 그 이유는 무엇인가?

   a. 제인과 그녀의 상사는 아이스크림을 파는 팀으로 일하고 있다.

   b. 제인은 상사로부터의 직접적인 감독 없이 아이스크림을 판다.

   c. 제인은 한국어를 할 수 있고 한국어가 주로 사용되는 인근 지역에서 아이스크림을 판다. 제인 이외에 한국어를 말하는 근로자를 구하기는 어렵다.

6. 다음의 각 변화는 자연실업률에 어떤 영향을 미칠까?

   a. 실업자가 실업수당을 수령할 수 있는 기간을 단축시킨다.

   b. 학업에 집중하기 위해서 대학을 졸업할 때까지 일자리를 구하지 않는 10대들이 늘어난다.

   c. 인터넷 접속이 용이해짐에 따라서 잠재적인 고용주와 종업원들이 일자리를 광고하고 찾는 것이 더 쉬워진다.

   d. 노동조합 가입자 수가 감소한다.

7. 대부분의 국민이 평생직장을 가지는 전통을 가진 일본은 한때 미국에 비해서 훨씬 낮은 실업률을 기록하고 있었다. 1960~1995년까지 일본의 실업률은 단 한 번만 3%를 초과했을 뿐이다. 하지만 1989년의 주식시장 붕괴와 1990년대의 저조한 경제성장으로 평생직장 시스템은 붕괴되었고, 실업률은 2003년까지 5%를 초과하는 수준으로 상승했다.

   a. 일본에서 이와 같은 최근의 변화가 자연실업률에 어떤 영향을 미쳤을지를 설명하라.

   b. 다음 그림이 보여 주듯이 2001년 이후부터 2007~2009년 세계 경제 위기 전까지 일본의 실질 GDP 성장률이 상승했다. 실질 GDP 성장률의 상승이 실업률에 미쳤을 영향을 설명하라. 자연실업률의 변화와 경기적 실업률의 변화 중 어느 것이 이 시기 실업률 변화의 원인일 가능성이 높을까?

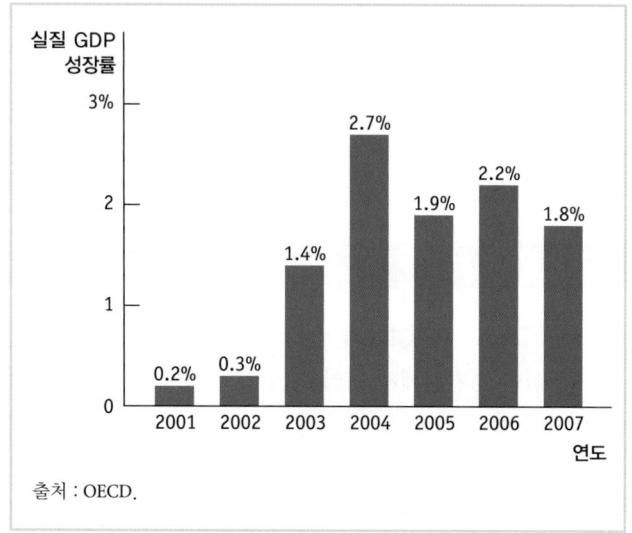

출처 : OECD.

8. 다음 각 경우에 인플레이션이 경제에 순비용을 초래하지 않으면서 승자와 패자를 만들어 내는지, 또는 인플레이션이 경제에 순비용을 초래하는지를 판단하라. 만일 순비용이 발생한다면 어떤 종류의 비용이 발생할까?

   a. 인플레이션이 높을 것으로 예상될 때, 노동자들은 더 자주 급여를 수령하고 은행에 더 자주 들른다.

   b. 랜웨이는 출장비를 직장으로부터 환급받는다. 그런데 가끔 환급을 받는 데 오랜 시간이 걸리기도 한다. 따라서 인플레이션이 심할 때 랜웨이는 출장 가기를 주저한다.

   c. 헥터 홈오너는 5년 전에 체결한 6%의 고정 명목이자율 주택담보 대출(모기지)을 보유하고 있는데, 물가상승률이 예상치 않게 증가하여 현재 7%가 되었다.

   d. 예상치 않게 높은 인플레이션율로 인하여 케이프 코드의 별장 운영자는 올해의 임대료를 수정한 값비싼 컬러

전단지를 다시 인쇄해서 우송해야 했다.

9. 다음 그래프는 2005~2020년 사이 알버니아 경제에서 주택담보 대출 이자율과 인플레이션율을 보여 준다. 주택담보 대출이 특히 매력적으로 된 것은 언제일까? 그 이유는 무엇일까?

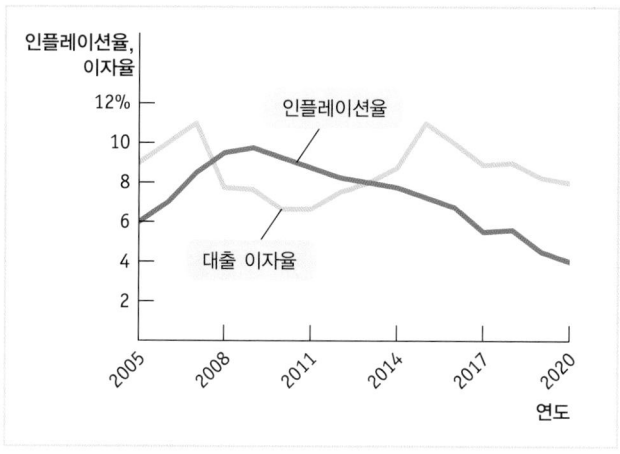

10. 다음 표는 7개국에 대해 2005년의 인플레이션율과 2006~2019년의 평균 인플레이션율을 보여 준다.

국가	인플레이션율 (2005년)	평균 인플레이션율 (2006~2019년)
브라질	6.87%	5.47%
중국	1.77	2.68
프랑스	1.74	1.23
인도네시아	10.45	5.83
일본	−0.28	0.35
튀르키예	8.18	9.53
미국	3.39	1.95

출처 : IMF.

a. 평균 인플레이션율과 메뉴 비용 간에 존재할 것으로 예상되는 관계를 감안하여 2006~2019년의 평균 인플레이션율을 바탕으로 이 국가들을 메뉴 비용이 높은 순으로 순위를 매겨라.

b. 2005년에 10년 만기 대출을 하는 경우 차입자들에게 가장 유리한 인플레이션율을 가진 국가 순으로 순위를 매겨라. 대출은 2006년부터 2019년까지의 인플레이션율이 2005년의 인플레이션율과 같을 것이라는 기대하에서 합의되었다고 가정하라.

c. 일본에서 10년 만기 대출을 한 차입자들은 손실을 입었을까 또는 이득을 봤을까? 설명하라.

11. 다음 그림은 1980~2019년 기간에 영국의 인플레이션율을 보여 준다.

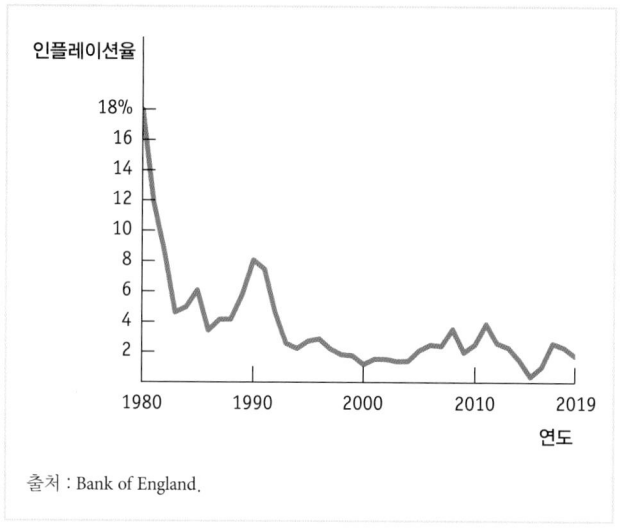

출처 : Bank of England.

a. 1980~1985년 사이에 영국의 정책담당자들은 인플레이션율을 낮추기 위해 노력했다. 1980~1985년 사이에 실업에는 어떤 일이 발생했을 것으로 예상할 수 있는가?

b. 영국의 정책담당자들은 인플레이션율이 2%의 목표치보다 높아질 때마다 강력하게 대응했다. 인플레이션율이 2019년 수준인 0.7%에서 예를 들어 5%로 높아지는 것이 왜 해로울까?

24 > 장기 경제성장

번영의 스모그

인도의 수도인 델리의 대기 질은 끔찍하다. 이것은 나쁜 현상이지만 지난 20년에 걸친 인도 경제의 주목할 만한 성장이라는 매우 좋은 현상의 부산물이다.

1980년 무렵까지는 인도 경제의 이야기는 실망스러웠다. 생활수준이 1947년에 독립을 쟁취했을 때보다 별로 높지 않았다. 하지만 1980년 이후 이 경제는 이륙했다. 미국이나 유럽의 기준에서는 여전히 매우 가난하지만 인도의 중산층은 급격히 커지고 있으며, 이들은 다른 모든 곳의 중산층 가구가 갖기를 원하는 것, 즉 더 큰 가옥, 세탁기와 같은 가전제품, 자동차를 살 여유를 갖게 되었다.

2001년만 해도 인도 인구 1,000명당 자동차는 53대에 불과했는데, 이는 선진국의 10분의 1 수준이다. 그렇지만 2015년이 되자 이 숫자는 세 배 이상이 되었다.

그 결과 대기 질의 문제가 발생했다. 1,800만 명의 거주자를 가진 델리의 거리는 자동차와 트럭으로 막혀 있다. 이 도시는 또한 소비재를 생산하는 공장들과 이들을 가동하기 위한 전력을 공급하는 발전소들로 둘러싸여 있다.

그리고 이 모든 자동차, 공장과 발전소는 어마어마한 양의 공해를 배출한다. 2017년 11월에는 델리 대부분의 지역에서 가시거리가 몇 피트 정도로 감소했고, 보건 전문가들은 이 기간 중에는 실외에 있는 것만으로도 하루에 50개비의 담배를 피우는 것과 같다고 말했다. 이것은 일회성 사건이 아니었다. 2019년 11월에 또 다른 엄청난 공해가 지속됨에 따라 모든 학교가 문을 닫아야만 했다.

하지만 앞서 언급했듯이 델리의 대기 질 위기는 경제적 성공이라는 매우 좋은 현상의 부산물이다. 그리고 다른 나라들의 경험에 비추어 볼 때 인도는 언젠가는 대기 오염을 통제할 수 있을 것이다. 중국의 수도인 베이징은 인도보다 더 큰 경제적 성공을 거뒀지만 효과적인 공해 통제대책을 마련하기 시작했고 그 결과 공기가 정말로 맑아졌다. 한편 중국의 생활 수준은 계속해서 향상되었다.

대기오염에도 불구하고 인도의 최근 역사는 장기 경제성장, 즉 1인당 생산량의 지속적인 증가를 달성한 매우 인상적인 사례라 할 수 있다. 사실 인도는 아직도 비교적 가난한 국가다. 하지만 이는 단지 다른 국가들이 장기 경제성장의 과정을 훨씬 전에 시작했기 때문이다. 미국과 유럽 국가들의 경우 장기 경제성장은 1세기 반 이전에 시작되었다.

많은 경제학자들이 장기 경제성장이 왜 일어나며 어떻게 장기 경제성장을 이룰 것인가가 거시경제학에서 가장 중요한 주제라 주장해 왔다. 장기 경제성장이 생활 수준에 직접적인 영향을 미치기 때문이다.

이 장은 장기 경제성장에 관한 몇 가지 사실을 제시하고, 경제학자들이 장기 경제성장의 속도를 결정한다고 믿는 요인들을 살펴보며, 정부의 정책이 어떻게 성장을 돕거나 방해할 수 있는지를 검토하고, 환경을 고려한 지속적인 장기 성장의 문제에 대해 논할 것이다. ●

빠르고 통제되지 않은 경제성장으로 인해 델리와 같은 곳의 생활수준은 훨씬 더 향상되었지만 지독한 대기오염이라는 비용을 치러야 했다.

DOMINIQUE FAGET/Getty Images

이 장에서 배울 내용

- 장기 경제성장이 1인당 실질 국내총생산의 증가율에 의해 측정될 수 있는 이유와 1인당 실질 국내총생산의 증가율이 시간에 따라 변화해 온 과정, 그리고 국가들 간에 차이가 나는 양상은 어떻게 되는가?

- **생산성**이 장기 경제성장의 열쇠가 되는 이유와 생산성이 **실물자본, 인적 자본, 기술진보**에 의해서 결정되는 과정은 무엇인가?

- 국가 간 경제성장률에 큰 차이가 나는 이유는 무엇인가?

- 전 세계 주요 지역 간 경제성장의 차이와 경제 선진국들에 있어서 **수렴가설**이 적용될 수 있는 이유는 무엇인가?

- 자연자원의 희소성과 환경 훼손이 **지속가능한 성장**에 대해 제기하는 도전은 무엇인가?

‖ 시간과 공간에 따른 경제의 비교

장기 경제성장의 원천을 분석하기에 앞서 미국 경제가 과거에 얼마만큼 성장했으며 미국과 같이 부유한 국가들과 아직 이들 국가에 비견될 만한 경제성장을 이루지 못한 국가들 간의 격차가 얼마나 되는지에 대해서 어느 정도 알 필요가 있다. 몇 가지 숫자를 제시해 보자.

1인당 실질 국내총생산

경제성장을 파악하기 위해 사용되는 중심 지표는 1인당 실질 **국내총생산**, 즉 실질 국내총생산을 인구 수로 나눈 값이다. 중심 지표로 국내총생산을 사용하는 이유는 제22장에서 보았듯이 국내총생산이 한 국민경제가 1년 동안 생산하는 최종생산물인 재화와 서비스의 가치를 측정함은 물론 그 국민경제에서 1년 동안 벌어들이는 소득을 측정하기 때문이다. 실질 국내총생산을 사용하는 것은 재화와 서비스 양의 변화를 물가 상승의 영향으로부터 분리하기 위해서다. 1인당 실질 국내총생산을 사용하는 것은 인구 증가의 영향을 분리시키기 위해서다. 예를 들어 다른 조건이 일정한 상태에서 인구가 증가하면 더 많은 사람들이 주어진 실질 국내총생산을 나눠 가져야 하므로 개개인의 생활수준은 하락할 것이다. 실질 국내총생산의 증가가 인구 증가에 필적하는 경우에만 평균적인 생활수준이 그대로 유지될 수 있다.

제22장에서 1인당 실질 국내총생산의 증가가 그 자체만을 위한 정책목표가 되어서는 안 됨을 설명했지만, 1인당 실질 국내총생산의 증가가 시간의 흐름에 따른 국민경제의 발전 정도를 집약적으로 보여 줄 수 있는 유용한 지표라는 점은 부인할 수 없다. 〈그림 24-1〉은 2011년 달러로 측정한 1900년부터 2016년까지의 미국, 인도, 중국의 1인당 실질 국내총생산을 보여 준다(인도와 중국에 대해서는 다음에 곧 설명할 것이다). 수직축은 로그 눈금으로 그려져 있기 때문에 모든 국가에 있어서 동일한 크기의 실질 국내총생산 증가율은 그림에서 동일한 크기를 가진다.

미국 경제가 얼마나 성장했는지를 보기 위해 〈표 24-1〉은 선택된 몇몇 해에 있어서의 1인당 실질 국내총생산을 1900년의 1인당 실질 국내총생산에 대한 백분율과 2016년 1인당 실질 국내

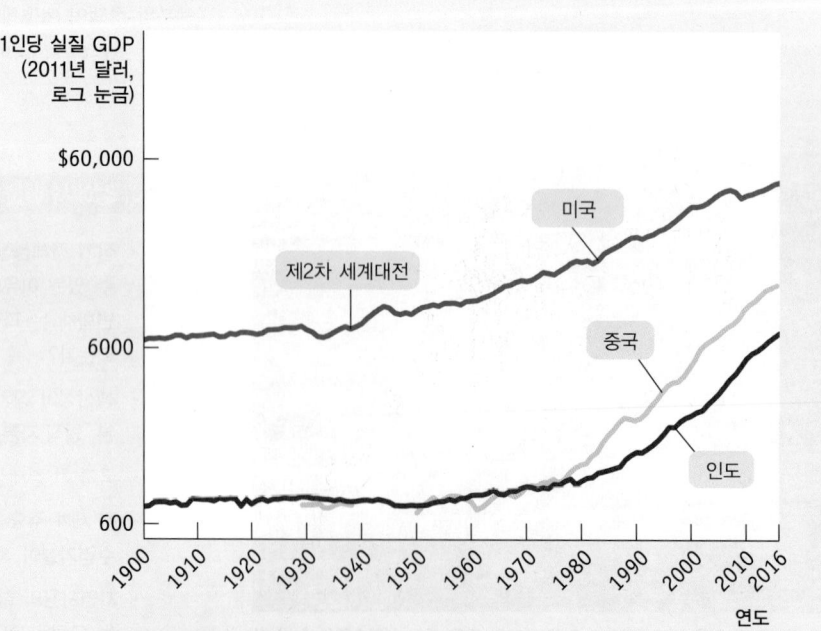

그림 24-1 지난 한 세기 동안의 미국, 인도, 중국의 경제성장

그림은 2011년 달러로 측정한 미국, 인도, 중국의 1900년부터 2016년까지의 1인당 실질 GDP를 보여 준다. 그림은 동일한 1인당 실질 GDP의 변화율이 동일한 크기를 가지도록 그려졌다. 중국과 인도를 나타내는 경사가 더 급한 선이 보여 주듯이 1980년 이후 중국과 인도는 미국에 비해 훨씬 더 높은 성장률을 보였다. 중국은 2000년에 그리고 인도는 2016년에 미국이 1900년에 달성한 것과 동일한 생활수준에 도달했다. (1940년부터 1950년까지 중국 자료가 없는 것은 전쟁 때문이다.)

출처 : Maddison Project Database, version 2018. Jutta Bolt, Robert Inklaar, Herman de Jong, and Jan Luiten van Zanden (2018), "Rebasing 'Maddison': New income comparisons and the shape of long-run economic development," Maddison Project Working Paper 10.

총생산에 대한 백분율의 두 가지 방법으로 보여 준다. 1920년에 미국 경제는 이미 1900년의 1인당 생산량의 136%를 생산하고 있었다. 2016년에는 1900년 1인당 생산량의 848%를 생산했는데 이는 여덟 배를 넘는 증가다. 달리 표현하자면 1900년에 미국 경제는 2016년 1인당 생산량의 12%만을 생산하고 있었다.

평균적인 가구의 소득은 대체로 1인당 소득에 비례하여 증가한다. 예를 들어 1인당 실질 국내총생산이 1% 증가하면 소득 분포의 중심에 있는 중간값 가구의 소득이 약 1% 증가한다. 2016년에 미국의 중간값 가구의 소득은 약 5만 7,500달러였다. 〈표 24-1〉에 따르면 1900년의 1인당 실질 국내총생산이 2016년의 12%에 불과했으므로 1900년의 평균 가구는 2016년의 평균 가구에 비해 12%에 불과한 구매력을 갖고 있었다고 할 수 있다. 이를 2016년의 달러 금액으로 환산하면 약 6,250달러가 되는데 이는 극심한 빈곤계층에 해당한다. 현재 미국 평균 수준의 가구가 1900년으로 보내진다면 상당한 궁핍을 경험하게 될 것이다.

하지만 이 세상에는 한 세기 전 미국의 생활수준에조차 미달하는 생활수준을 가진 사람들이 많이 있다. 〈그림 24-1〉은 바로 이와 같은 사실을 보여 준다. 최근 40년간 중국이 극적인 경제성장을 보여 주었고 인도는 더 최근에 가속적인 경제성장을 했음에도 불구하고 중국의 1인당 국내총생산은 1930년의 미국과 같고, 인도는 대략 1900년의 미국 수준이다.

세계에서 얼마나 많은 사람들이 가난하게 살고 있는지는 〈그림 24-2〉를 보면 알 수 있다. 이 지도는 미국 달러로 측정한 2018년 1인당 국내총생산 수준에 따라 전 세계 국가들을 분류해서 보여 준다. 그림에서 볼 수 있듯이 전 세계의 상당 부분이 매우 낮은 소득수준을 갖고 있다. 일반적으로 얘기하자면 유럽 및 북미 국가들과 태평양 지역의 소수 국가들만이 높은 소득수준을 갖고 있을 뿐이다. 대부분의 인구가 살고 있는 그 이외의 지역들에 있어서는 1인당 국내총생산이 5,000달러에 미달하는 국가들이 지배적이다. 사실 전 세계 인구의 25%가량이 한 세기 전의 미

표 24-1 미국의 1인당 실질 GDP		
연도	1900년 1인당 실질 GDP에 대한 비율	2016년 1인당 실질 GDP에 대한 비율
1900	100%	12%
1920	136	16
1940	181	21
1980	474	56
2000	734	87
2016	848	100

출처 : Maddison Project Database, version 2018. Bolt, Jutta, Robert Inklaar, Herman de Jong, and Jan Luiten van Zanden (2018), "Rebasing 'Maddison': New income comparisons and the shape of long-run economic development," Maddison Project Working paper 10.

그림 24-2
2018년 세계의 소득
유럽과 북미 국가들 그리고 몇몇 태평양 국가들은 소득수준이 높지만 세계의 대부분은 아직도 매우 가난하다. 오늘날 전 세계 인구의 사분의 일 가량이 한 세기 전의 미국보다 가난한 국가에서 살고 있다.

출처 : World Development Indicators, World Bank.

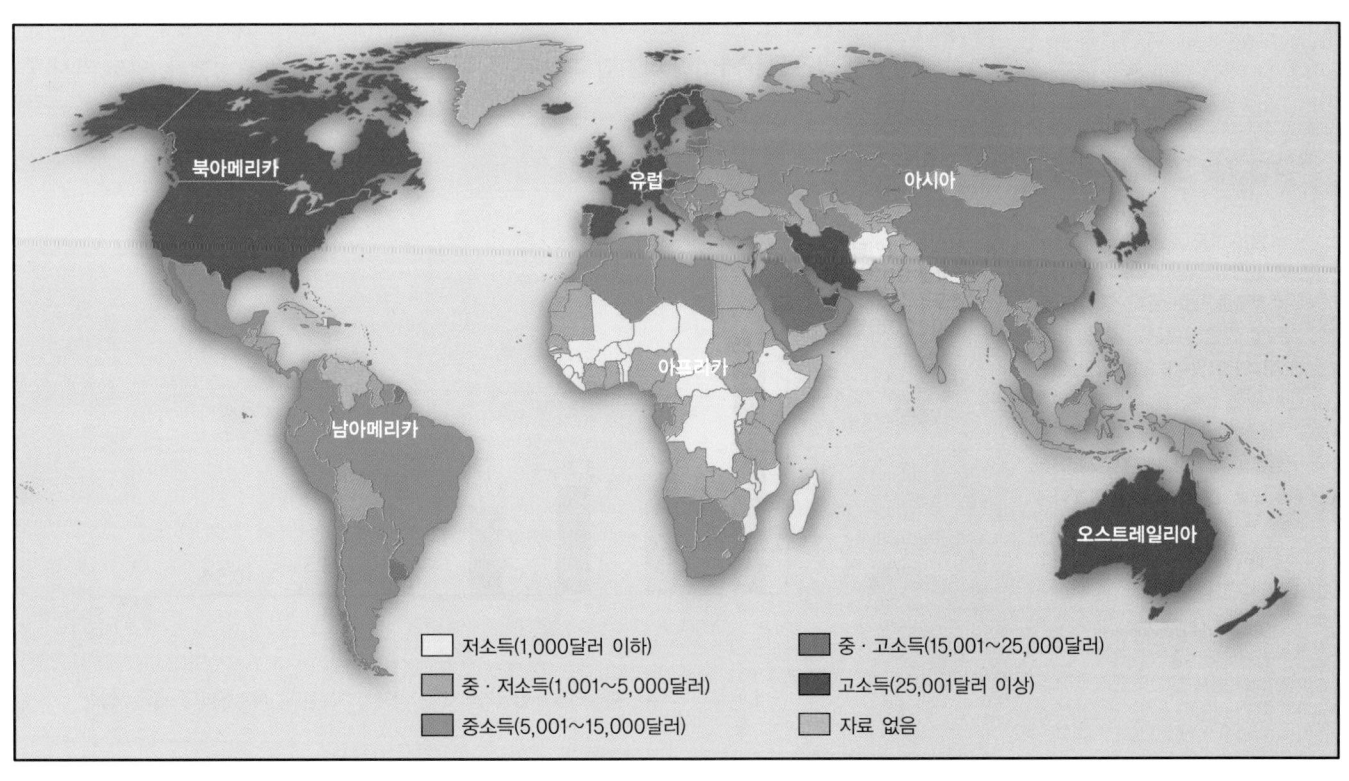

저소득(1,000달러 이하)
중·저소득(1,001~5,000달러)
중소득(5,001~15,000달러)
중·고소득(15,001~25,000달러)
고소득(25,001달러 이상)
자료 없음

70의 법칙(Rule of 70)에 따르면 시간에 따라 점진적으로 성장하는 변수의 값이 두 배가 되는 데 걸리는 시간은 대략적으로 70을 그 변수의 연간 증가율로 나눈 값과 같다.

국보다 더 낮은 생활수준을 가진 국가에서 살고 있다.

경제성장률

2016년의 미국은 어떻게 1900년에 비해 여덟 배가 넘는 1인당 생산량을 생산할 수 있게 되었을까? 그 답은 매년 조금씩 생산량이 증가한 데 있다. 보통 장기 경제성장은 1인당 실질 국내총생산이 매년 많아야 몇 퍼센트씩 증가하는 점진적인 과정이다. 1900년부터 2016년까지 미국의 1인당 실질 국내총생산은 매년 평균 1.9%씩 증가했다.

1인당 실질 국내총생산의 연간 증가율과 1인당 실질 국내총생산의 장기적 변화 간의 관계를 이해하기 위해서는 **70의 법칙(Rule of 70)**을 이용하는 것이 도움이 될 것이다. 70의 법칙은 1인당 실질 국내총생산과 같이 시간에 따라 점진적으로 증가하는 변수의 값이 두 배가 되는 데 얼마나 오랜 시간이 걸리는지를 대략적으로 계산할 수 있는 공식으로 다음과 같다.

$$(24\text{-}1) \quad \text{어떤 변수가 두 배가 되는 데 걸리는 햇수} = \frac{70}{\text{변수의 연간 증가율}}$$

(70의 법칙은 정의 성장률에만 적용된다.) 이 공식에 따르면 1인당 실질 국내총생산이 연 1%씩 증가한다면 두 배가 되는 데 70년이 걸린다. 만일 연 2%씩 증가한다면 두 배가 되는 데 35년이 걸린다. 실제로 미국의 1인당 실질 국내총생산은 지난 한 세기 동안 평균적으로 연 1.9%씩 증가했다.

여기에 70의 법칙을 적용한다면 미국의 1인당 실질 국내총생산이 곱절이 되는 데는 37년이 걸려야 한다. 따라서 미국의 1인당 실질 국내총생산이 세 번 곱절이 되는 데는 37년의 세 배인 111년이 걸려야 한다. 즉 70의 법칙을 적용할 경우 지난 111년간 미국의 1인당 실질 국내총생산이 2×2×2=8배 증가했어야 한다. 이는 실제 현실에 매우 가까운 숫자다. 1900~2016년 사이의 116년간 미국의 1인당 실질 국내총생산은 여덟 배가량 커졌다.

〈그림 24-3〉은 몇몇 국가들에 대해 1980년부터 2018년까지의 1인당 실질 국내총생산의 연평균 증가율을 보여 준다. 이 중 몇몇 국가들은 분명히 성공 사례라 할 수 있다. 예를 들어 중국은 아직도 상당히 빈곤한 국가이긴 하지만 그동안 괄목할 만한 경제성장을 달성했다. 인도 역시 중

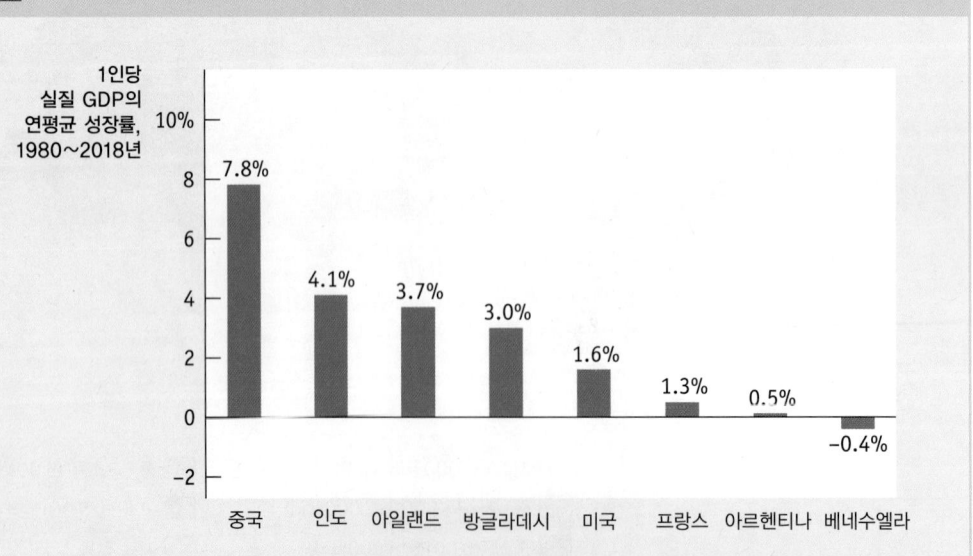

그림 24-3 최근 성장률의 비교

그림은 1980년부터 2018년까지 1인당 실질 GDP의 연평균 성장률을 보여 준다. 중국은 괄목할 만한 성장을 이루었으며, 인도와 아일랜드도 중국만은 못하지만 인상적인 성장을 달성했다. 미국과 프랑스는 완만한 성장을 하였다. 한때 경제 선진국으로 간주되었던 아르헨티나는 부진한 성장을 하였다. 베네수엘라와 같은 국가들은 오히려 뒷걸음질을 했다.

출처 : World Development Indicators.

1인당 실질 GDP의 연평균 성장률, 1980~2018년

중국 7.8%
인도 4.1%
아일랜드 3.7%
방글라데시 3.0%
미국 1.6%
프랑스 1.3%
아르헨티나 0.5%
베네수엘라 -0.4%

수준의 변화와 변화율

경제성장에 대해서 연구할 때에는 수준*의 변화*(change in level)와 *변화율*(rate of change)을 구분하는 것이 매우 중요하다. 우리가 실질 국내총생산이 증가했다고 말할 때에는 실질 국내총생산의 수준이 증가했음을 의미한다. 예를 들어 2019년 중 미국의 실질 국내총생산이 4,350억 달러 증가했다고 말할 수 있다.

그런데 수년 동안의 경제성장에 관한 기술은 거의 항상 성장률의 변화에 대해 언급한다. 예를 들어 우리가 2018년 미국의 실질 GDP 수준을 안다면 2019년 성장의 크기를 변화율로도 표현할 수 있을 것이다. 예를 들어 2018년도 미국의 실질 국내총생산이 18조 638억 달러였다면 2019년도 미국의

실질 국내총생산은 $18조 6,380억＋$4,350억＝$19조 730억이었을 것이다. 따라서 2019년 중 미국의 실질 국내총생산의 변화율 또는 성장률은 [($19조 730억－$18조 6,380억)/$18조 6,380억]×100＝($4,350억/$18조 6,380억)×100＝2.3%로 계산될 수 있다. 경제성장에 대한 표현에는 거의 언제나 성장률이 사용된다. 그러므로 "1970년대에는 미국의 성장이 둔화되었다"라는 표현은 사실 1970년대에 미국의 실질 국내총생산의 성장률이 1960년대에 비해 하락하였음을 의미하는 것이다. 또한 "1990년대 초반에 성장이 가속화되었다"라는 표현은 1990년대 초반에 경제성장률이 해마다 3%, 3.5%, 4%와 같이 상승했음을 의미하는 것이다.

국에는 못 미치지만 인상적인 성장을 이루었다. 다음의 '현실 경제의 이해'에서 설명하듯이 방글라데시도 마찬가지다.

그렇지만 몇몇 국가들은 매우 실망스러운 성장을 보였다. 아르헨티나는 한때 부유한 국가로 손꼽혔었다. 20세기 초만 해도 아르헨티나는 미국이나 캐나다와 어깨를 견줄 만한 국가였다. 하지만 그 이후 아르헨티나의 성장은 보다 역동적인 국가들에 비해 크게 뒤떨어졌다. 심지어 짐바브웨와 같은 국가들은 뒷걸음질을 치기도 했다.

이 국가들 간의 성장률의 차이를 무엇으로 설명할 수 있을까? 이 질문에 답하기 위해서는 장기 경제성장의 원천을 파악해야 한다.

현실 경제의 >> 이해

방글라데시의 경제적 돌파

서구의 방송사들은 방글라데시에 대해 거의 언급하지 않는다. 정치적 분쟁지역도 아니고, 원유를 생산하지도 않는데다 거대한 이웃인 인도에 가려져 있다. 그렇지만 이곳에는 1억 6,000만 명의 인구가 살고 있고, 아직도 매우 가난하기는 하지만 지난 세대에서는 가장 위대한 경제적 성공 사례 중 하나였다.

잔혹한 전쟁 끝에 1971년에 파키스탄으로부터 독립을 성취한 방글라데시의 1인당 실질 국내총생산은 1980년대까지만 해도 1950년에 비해 겨우 더 높은 수준이었다. 하지만 1990년대 초에 이 나라는 정치적·경제적 개혁을 시작하여 군부 통치로부터 민주주의로 전환했으며, 시장을 자유화하고, 화폐와 재정을 안정시켰다. 특히 서구 시장에 대한 주요 의류 수출국으로 부상하면서 방글라데시의 성장은 본격화되었다. 1990년부터 2019년까지 1인당 실질 국내총생산은 세 배가 되었다. 다른 지표들도 삶의 질이 극적으로 개선되었음을 보여 주었다. 기대수명이 12년 증가했고, 아동 사망률이 70% 감소했으며, 특히 여성의 취학률이 크게 상승했다.

하지만 확실히 할 것이 있다. 방글라데시는 여전히 미국의 기준에서는 믿을 수 없을 만큼 가난하다. 임금이 상승하기는 하지만 매우 낮은 수준이며, 근로환경은 열악하고 위험하다. 2013년에 한 공장 복합건물이 무너졌을 때 천 명 이

방글라데시는 여전히 매우 가난한 나라이긴 하지만 지난 25년간 높은 성장률로 생활수준이 개선되었다.

>> 복습

- 경제성장은 1인당 실질 국내총생산을 이용하여 측정된다.
- 1900년 이래 미국의 1인당 실질 국내총생산은 여덟 배 증가했으며 그 결과 생활수준이 크게 향상되었다.
- 1인당 실질 국내총생산이 미국에 비해 낮은 국가들이 많이 있다. 현재도 전 세계 인구의 25% 이상이 1900년대 초의 미국보다 가난한 국가에서 살고 있다.
- 1인당 실질 국내총생산의 장기 성장은 오랜 기간에 걸친 점진적인 성장의 결과다. **70의 법칙**은 시간에 따라 점진적으로 증가하는 변수의 값이 두 배가 되는 데 얼마나 오랜 시간이 걸리는지를 대략적으로 가르쳐 준다.
- 1인당 실질 국내총생산의 증가율은 국가에 따라 매우 큰 차이가 있다.

상의 근로자가 사망하기도 했다. 그렇지만 과거에 비하면 방글라데시는 많은 발전을 이루었고 경제성장이 사람들에게 실질적인 편익을 제공함을 보여 주었다.

>> 이해돕기 24-1
해답은 책 뒤에

1. 경제학자들이 경제성장을 측정하기 위해 실질 국내총생산이나 1인당 명목 국내총생산과 같은 변수 대신에 1인당 실질 국내총생산을 사용하는 이유는 무엇인가?
2. 70의 법칙을 〈그림 24-3〉에 제시된 자료에 적용하여 그림에 열거된 각 국가의 1인당 실질 국내총생산이 두 배가 되는 데 몇 년이 걸리는지를 계산해 보라. (베네수엘라는 제외) 현재와 같은 성장률이 지속된다면 인도의 1인당 실질 국내총생산은 미래에 미국을 능가할 수 있을까? 여러분 답의 근거를 설명하라.
3. 중국과 인도는 현재 미국보다 높은 성장률을 기록하고 있지만 중국이나 인도의 대표적인 가계는 미국의 대표적인 가계보다 훨씬 더 빈곤하다. 그 이유를 설명하라.

‖ 장기 성장의 원천

경제학의 근본 원리 중 하나는 경제의 잠재력 증가가 시간이 흐름에 따라 경제성장을 가져온다는 사실이다. 더 구체적으로 장기 경제성장은 거의 전적으로 **생산성** 향상이라는 한 가지 요인에 의해 결정된다. 그러나 생산성을 향상시킬 수 있는 요인에는 여러 가지가 있다. 생산성이 가장 중요한 요인인 이유와 생산성을 결정짓는 요인들에 대해 알아보자.

생산성이 중요한 이유

지속적인 경제성장은 각 노동자가 생산하는 평균적인 생산물의 양이 꾸준하게 증가할 때에만 가능하다. **노동생산성**(labor productivity) 또는 단순히 **생산성**(productivity)은 노동자 1인당 생산량 또는 어떤 경우에는 시간당 생산량을 의미한다. (평균적인 노동자의 근로 시간은 나라마다 상이하다. 하지만 이것이 예를 들어 인도와 미국 같은 국가 간 생활수준의 차이를 결정하는 주된 요인이 되지는 않는다.) 경제 전체에서의 생산성, 즉 노동자 1인당 생산량은 단순히 실질 국내총생산을 노동자의 수로 나눈 값과 같다.

여러분은 왜 생산성 향상이 장기 경제성장의 유일한 원천인지가 궁금할 것이다. 전체 인구 중 근로인구의 수를 늘려도 1인당 국내총생산을 증가시킬 수 있지 않은가? 이 질문에 대한 답은 "그렇다. 하지만…"으로 시작된다.

짧은 기간에는 전체 인구 중 근로인구의 비중을 높임으로써 총생산의 증가율을 폭발적으로 늘릴 수도 있다. 이것이 바로 제2차 세계대전 중에 미국에서 수백만 명의 여성들이 유급 경제활동인구에 가담했을 때 발생한 일이다. 이로 인해 성인 민간인 중 피고용자의 비중이 1941년의 50%에서 1944년에는 58%로 증가했으며, 그 결과 이 기간 중 1인당 실질 국내총생산이 급증했음을 〈그림 24-1〉의 돌출 부분에서 확인할 수 있다.

하지만 보다 장기적으로는 고용의 증가율이 인구의 증가율과 크게 달라지기가 어렵다. 예를 들어 20세기 중 미국의 인구는 연간 1.3% 증가했고 취업인구는 연간 1.5% 증가했다. 1인당 실질 국내총생산은 연평균 1.9% 증가했는데, 이 중 거의 90%에 해당하는 1.7%가 생산성 향상으로 인한 것이었다. 전체적으로 실질 국내총생산은 인구 증가로 인해 늘어날 수 있지만 1인당 실질 국내총생산이 크게 증가하기 위해서는 **노동자 1인당 생산량**이 증가해야 한다.

노동생산성(labor productivity)은 간단히 생산성(productivity)이라고도 하는데 노동자 1인당 생산량을 의미한다.

이제 생산성 향상이 장기 경제성장의 열쇠임을 이해했다. 그렇다면 생산성을 향상시키는 요인은 무엇일까?

생산성 향상의 요인

오늘날 평균적인 미국 노동자가 한 세기 전의 노동자에 비해 훨씬 많은 양을 생산할 수 있는 이유는 세 가지를 들 수 있다. 첫째, 오늘날의 노동자는 기계와 사무실 공간을 포함하여 훨씬 많은 **실물자본**을 가지고 일한다. 둘째, 오늘날 노동자는 더 많은 교육을 받은 결과 더 많은 **인적 자본**을 갖고 있다. 마지막으로 오늘날의 기업들은 한 세기 동안의 **기술진보** 결과 더 높은 수준의 기술을 갖고 있다.

이들 세 생산성 향상의 요인들 각각에 대해 보다 상세하게 알아보자.

실물자본 증가   경제학자들은 건물이나 기계처럼 인간이 만든 자원을 **실물자본**(physical capital)이라 부른다. 실물자본은 노동자의 생산성을 향상시킨다. 예를 들어 굴삭기를 조작하는 노동자는 삽만 가지고 작업하는 노동자보다도 하루 동안에 훨씬 더 깊은 구덩이를 팔 수 있다.

오늘날 민간부문에 고용된 미국의 평균적인 노동자는 40만 달러 정도의 실물자본을 갖고 일하는데, 이는 100년 전의 미국 노동자는 물론 오늘날 대부분의 다른 국가 노동자들이 평균적으로 갖고 일하는 실물자본을 훨씬 능가하는 수준이다.

인적 자본 증가   노동자가 좋은 장비를 갖는 것만으로는 충분치 않으며 그 장비를 갖고 무엇을 할 것인지를 알고 있어야 한다. **인적 자본**(human capital)은 교육에 의한 노동의 질적 개선과 노동력에 체화된 지식을 말한다.

지난 세기 동안 미국의 인적 자본은 극적으로 증가했다. 한 세기 전에는 대부분의 미국인들이 읽고 쓸 수는 있었지만 고등교육을 받은 미국인들은 흔치 않았다. 1910년의 경우 25세 이상 미국인들 중 13.5%만이 고등학교를 졸업했으며 3%만이 4년제 대학을 졸업했다. 2018년에는 이 비율이 각각 90%와 35%로 상승했다. 오늘날의 경제를 한 세기 전과 같이 교육수준이 낮은 인구로 운영하는 것은 거의 불가능할 것이다.

이 장에서 나중에 설명할 **성장회계**에 따르면 교육 그리고 교육이 생산성에 미치는 영향이 실물자본의 증가보다 더욱 중요한 성장요인이다.

기술진보   아마도 생산성 향상을 결정하는 가장 중요한 요인은 기술진보일 것이다. **기술진보**(technological progress)는 광범위하게 재화와 서비스를 생산하기 위한 방법의 진보로 정의될 수 있다. 우리는 잠시 후에 경제학자들이 기술이 성장에 미치는 영향을 어떻게 측정하는지를 살펴볼 것이다. 오늘날의 노동자들은 과거와 동일한 실물자본과 인적 자본을 가지고도 과거보다 더 많은 생산물을 생산할 수 있는데, 그 이유는 시간이 흐름에 따라 기술이 진보했기 때문이다. 경제적으로 중요한 기술진보가 반드시 첨단과학일 필요는 없다.

역사학자들은 철도나 반도체와 같은 주요한 발명뿐만 아니라 수천 건의 사소한 기술혁신도 과거의 경제성장에 기여했다고 주장한다. 예를 들어 1890년에 발명된 미리 재단된 종이상자는 오늘날 우리가 온라인으로 주문하는 거의 모든 것들을 배달하는 데 사용되며, 1980년에 도입된 포스트잇도 사무 능률을 획기적으로 개선시켰다.

전문가들은 1995년부터 2005년 사이에 미국에서 발생한 생산성의 획기적 증가에 첨단기술회사보다 월마트와 같은 서비스 생산회사가 채택한 신기술이 더 큰 기여를 하였다고 주장한다.

실물자본(physical capital)은 건물이나 기계와 같이 인간이 만든 자원으로 구성된다.

인적 자본(human capital)은 교육에 의한 노동의 질적 향상과 노동력에 체화된 지식을 말한다.

기술진보(technological progress)는 재화와 서비스를 생산하기 위한 방법의 진보를 의미한다.

총생산함수(aggregate production function)는 생산성(노동자 1인당 실질 국내총생산)과 노동자 1인당 실물자본, 노동자 1인당 인적 자본 그리고 기술 수준 간의 관계를 나타내는 가상적인 함수다.

노동자 1인당 인적 자본과 기술 수준이 고정된 상태에서 실물자본의 투입량을 지속적으로 늘릴 때 추가적으로 투입되는 실물자본 한 단위당 생산성 증가분이 점차 감소할 경우 총생산함수는 **실물자본에 대한 수익체감**(diminishing returns to physical capital) 현상을 보인다고 한다.

성장회계 : 총생산함수

다른 조건이 같다면 노동자들이 보다 많은 실물자본이나 인적 자본 또는 개선된 기술을 갖출 경우 생산성이 높아진다. 그렇다면 이들 요인의 효과를 양적으로 측정할 수는 있을까? 이를 위해 경제학자들은 노동자 1인당 실물자본, 노동자 1인당 인적 자본 및 기술 수준과 생산성 간의 관계를 보여 주는 **총생산함수**(aggregate production function)를 추정한다.

시간이 흐름에 따라서 노동자들은 보다 많은 기계장비를 갖고 일하고, 보다 많은 교육을 받는 한편 기술진보의 혜택을 입기 때문에 일반적으로 이들 세 요소는 모두 시간이 흐름에 따라 증가한다. 총생산함수는 이들 세 가지 요소가 총체적인 생산성에 미치는 효과를 분리하여 파악하는 것을 가능하게 한다.

총생산함수가 실제 자료에 적용된 예로는 중국이 시장경제로의 대전환을 시작한 1979년부터 2008년까지의 미국, 인도, 중국의 성장을 비교한 케팅 셴(Keting Shen), 징 왕(Jing Wang), 존 웰리(John Whalley)의 2015년 연구를 들 수 있다. 이들이 사용한 생산함수는 다음과 같은 형태를 갖고 있다.

$$노동자\ 1인당\ GDP = T \times (1인당\ 실물자본)^{1/3} \times (1인당\ 인적\ 자본)^{2/3}$$

위 식에서 T는 기술 수준의 추정치를 나타낸다. 이들은 인적 자본을 교육 연수와 연관시켰다. 이 기간 중 중국은 미국의 5%에 불과한 1인당 국내총생산을 17%로 끌어올렸다. (2018년에는 25%까지 올라갔다.) 이러한 상대적 성장의 대부분은 중국의 상대적인 T가 미국의 10%에서 25%로 상승한 데 기인한다.

과거의 경제성장을 분석하기 위해서 총생산함수를 추정해 본 경제학자들은 한 가지 중요한 사실을 발견했는데, 이는 추정된 총생산함수가 **실물자본에 대한 수익체감**(diminishing returns to physical capital) 현상을 보인다는 점이다. 즉 노동자 1인당 인적 자본과 기술 수준이 고정된 상태에서 노동자 1인당 실물자본을 지속적으로 늘릴 경우 생산성의 증가분이 점차 작아진다는 것이다.

〈그림 24-4〉와 부속표는 노동자 1인당 인적 자본과 기술 수준이 고정된 상태에서 노동자 1인당 실물자본이 노동자 1인당 실질 국내총생산에 미치는 영향을 가상적으로 보여 준다. 이 예에서 실물자본의 양은 달러화 단위로 측정되었다.

노동자 1인당 실물자본과 생산성 간의 관계가 수익체감 현상을 보이는 이유를 이해하기 위해 농장 설비의 추가가 농장 노동자들의 생산성에 어떻게 영향을 미치는지를 생각해 보자. 처음에는 약간의 장비 추가가 큰 차이를 가져올 것이다. 트랙터를 갖춘 노동자는 빈손으로 일하는 노동자보다 훨씬 많은 일을 할 수 있다. 물론 더 비싼 장비를 사용하는 노동자의 생산성은 더 높을 것이다. 예를 들어 4만 달러짜리 트랙터는 2만 달러짜리 트랙터보다 더 힘이 세고 다양한 작업을 할 수 있기 때문에 4만 달러짜리 트랙터를 가진 노동자가 2만 달러짜리 트랙터를 가진 노동자보다 더 많은 농지경작 작업을 할 수 있다.

그렇지만 인적 자본과 기술이 일정하다면 4만 달러짜리 트랙터를 가진 노동자가 2만 달러짜리 트랙터를 가진 노동자의 두 배의 생산성을 낼 수 있을까? 그렇지 않을 것이다. 추가되는 2만 달러어치의 장비는 처음 투입된 2만 달러어치의 장비만큼 생산성을 높이지는 못할 것이다. 따라서 20만 달러짜리 트랙터를 갖춘 노동자가 열 배의 생산성을 내지 못할 것이 분명하다. 아무리 돈을 들이더라도 트랙터의 성능을 개선시키는 데는 한계가 있다. 다른 종류의 장비도 이와 마찬가지일 것이므로 총생산함수는 실물자본에 대해 수익체감 현상을 보이게 된다.

실물자본에 대한 수익체감은 〈그림 24-4〉가 보여 주는 것과 같은 노동자 1인당 실물자본과

그림 24-4 실물자본과 생산성

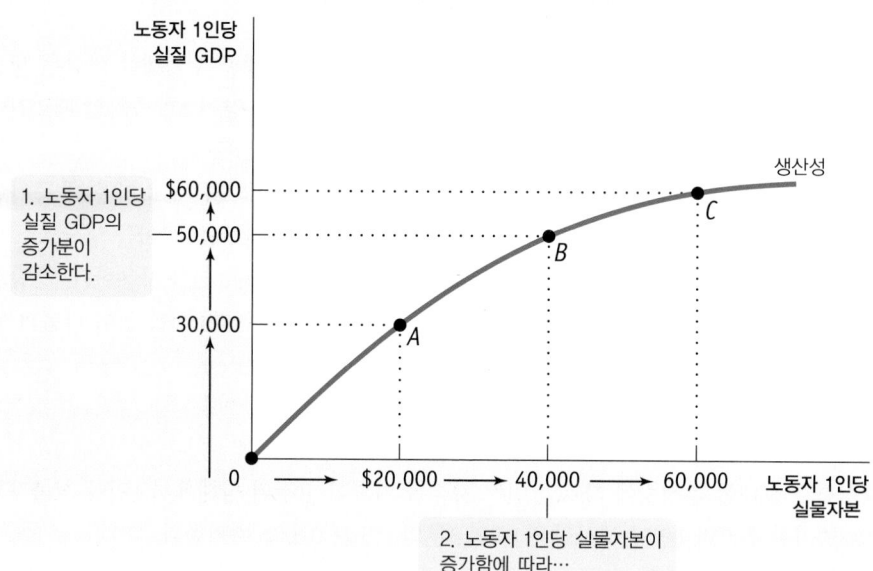

표

노동자 1인당 실물자본	노동자 1인당 실질 GDP
$ 0	$ 0
20,000	30,000
40,000	50,000
60,000	60,000

그래프 라벨:
- 노동자 1인당 실질 GDP
- 생산성
- 1. 노동자 1인당 실질 GDP의 증가분이 감소한다.
- $60,000, 50,000, 30,000
- A, B, C
- $20,000, 40,000, 60,000
- 노동자 1인당 실물자본
- 2. 노동자 1인당 실물자본이 증가함에 따라…

그림에서 총생산함수는 인적 자본과 기술 수준이 고정된 상태에서 노동자 1인당 실물자본이 증가함에 따라 생산성이 어떻게 증가하는지를 보여 준다. 다른 조건이 같다면 노동자 1인당 실물자본이 증가할 때 1인당 실질총생산이 증가하되 수익체감의 법칙에 따라 증가한다. 즉 실물자본이 계속 증가함에 따라 추가적인 실물자본 증가에 따라 발생하는 1인당 실질 국내총생산 증가분이 점차 작아진다. 원점인 0에서 출발하여 노동자 1인당 실물자본이 2만 달러 증가하면 1인당 실질 국내총생산이 3만 달러 증가한다. 노동자 1인당 실물자본이 추가적으로 2만 달러 증가하면 1인당 실질 국내총생산은 B점이 보여 주듯이 2만 달러만 증가한다. 마지막으로 1인당 실물자본이 세 번째로 2만 달러 증가하면 C점이 보여 주듯이 1인당 실질 국내총생산은 1만 달러만 증가한다.

노동자 1인당 생산량 간의 관계를 의미한다. 그림에서 실물자산의 생산성 곡선과 부속표가 보여 주듯이 노동자 1인당 실물자본이 증가하면 1인당 생산량도 증가한다. 그러나 1인당 실물자본이 2만 달러 증가할 때마다 발생하는 생산성 증가분은 점차 감소한다.

표에서 볼 수 있듯이 처음 투입되는 2만 달러는 매우 큰 이득을 낼 수 있다. 노동자 1인당 실질 국내총생산이 3만 달러 증가하기 때문이다. 그다음에 투입되는 2만 달러 역시 생산성을 향상시키지만 처음 투입된 2만 달러만큼은 아니다. 노동자 1인당 실질 국내총생산은 2만 달러만 증가한다. 세 번째로 투입된 2만 달러는 노동자 1인당 실질 국내총생산을 1만 달러만 승가시킨다. 생산성 곡선상의 점들을 비교해 보면 1인당 실물자본이 증가함에 따라 1인당 생산량이 증가하지만 증가분의 크기는 점차 감소함을 알 수 있다.

0으로 표시된 원점에서 A점으로의 이동은 1인당 실물자본이 2만 달러 증가할 경우 1인당 실질 국내총생산은 3만 달러 증가함을 나타낸다. A점에서 B점으로의 이동은 1인당 실물자본이 2만 달러 추가될 경우 1인당 실질 국내총생산이 2만 달러만 증가함을 나타낸다. 그리고 B점에서 C점으로의 이동은 2만 달러의 노동자 1인당 실물자본 증가가 노동자 1인당 실질 GDP를 1만 달러만 증가시킴을 나타낸다.

실물자본에 대한 수익체감은 '다른 조건이 같다'는 전제하에서 성립되는 현상임을 이해하는 것이 중요하다. 즉 인적 자본의 양과 기술 수준이 고정된 상태에서 투입되는 추가적인 실물자본은 생산성이 더 낮다는 것이다. 1인당 실물자본이 증가함과 동시에 인적 자본의 양이 늘어나거나 기술 수준이 향상되거나 이 두 가지가 같이 발생할 경우에는 수익체감 현상이 사라질 수도 있다.

성장회계(growth accounting)는 총생산함수의 주요 요소들이 경제성장에 기여하는 정도를 추정한다.

예를 들어 4만 달러짜리 트랙터를 가진 노동자가 보다 향상된 경작기술을 익힌다면 2만 달러짜리 트랙터를 가지고 있고 인적 자본이 뒤떨어지는 노동자에 비해 두 배의 생산성을 발휘할 수 있을 것이다.

실물자본이든 인적 자본이든 노동자의 수든 한 가지 생산요소에 대한 수익체감 현상은 생산함수가 가진 중요한 특성이다. 추정 결과에 따르면 1인당 실물자본의 양이 1% 증가할 때 1인당 생산량은 1%의 3분의 1 또는 0.33% 증가한다.

실제 경제성장 과정에 있어서는 생산성을 높이는 데 기여할 수 있는 모든 요소가 함께 증가한다. 즉 노동자 1인당 실물자본과 인적 자본이 증가하는 한편 기술도 진보한다. 이들 생산요소 각각의 기여를 분리해 내기 위해서 경제학자들은 **성장회계**(growth accounting)를 사용한다. 성장회계는 총생산함수의 주요 요소들이 경제성장에 기여하는 정도를 추정한다. 예를 들어 다음과 같은 경우를 생각해 보자.

- 노동자 1인당 실물자본이 연간 3%씩 증가한다.
- 총생산함수에 대한 추정치에 따르면 인적 자본과 기술이 고정된 상태에서 1인당 실물자본이 1% 증가함에 따라 1인당 생산량은 1%의 3분의 1 또는 0.33% 증가한다.

이 경우 노동자 1인당 실물자본의 증가는 3%×0.33＝1%p만큼의 연간 생산성 상승을 설명할 수 있다. 인적 자본 증가의 효과를 추정하기 위해서는 이와 비슷하지만 더욱 복잡한 절차가 이용된다. 절차가 더 복잡한 이유는 인적 자본의 양에 대해서는 단순한 달러화 표시 측정치가 없기 때문이다.

성장회계를 이용하면 실물자본이나 인적 자본의 증가가 경제성장에 미치는 효과를 측정할 수 있다. 그렇다면 기술진보의 효과는 어떻게 추정할 수 있을까? 기술진보의 효과는 실물자본과 인적 자본 증가의 효과를 감안하고 남는 부분에 의해 추정된다. 예를 들어 1인당 인적 자본이 전혀 변하지 않는다고 가정하자. 이 경우 생산성 증가는 오직 실물자본과 기술 변화에 의해서만 일어난다.

〈그림 24-5〉에서 아래쪽 곡선은 〈그림 24-4〉에 제시된 것과 동일한 1인당 실물자본과 1인당 생산량 간의 관계를 보여 준다. 이제 이 곡선이 1950년의 기술 수준에 해당하는 곡선이라 가정하자. 위쪽의 곡선 역시 1인당 실물자본과 1인당 생산량 간의 관계를 보여 주는데 이 곡선은 2020년의 기술 수준에 해당한다고 하자. (70년간의 기간을 선택한 것은 70의 법칙을 적용하기 위함이다.) 2020년의 곡선은 1950년 곡선에 비해 위쪽으로 이동했는데, 이는 70년간의 기술진보로 인해 동일한 1인당 실물자본으로 1950년에 비해 더 많은 생산량을 생산할 수 있기 때문이다. (두 곡선은 모두 불변가격으로 측정된 것임에 유념하라.)

함정

수익체감이 작용하더라도 생산성은 여전히 증가한다

이미 설명한 바와 같이 실물자본*에 대한* 수익체감은 노동자 1인당 인적 자본과 기술이 고정된 상태에서 실물자본을 계속 증가시킬 경우 1인당 실질 국내총생산 증가분이 점차 작아짐을 의미한다.

그렇지만 사람들이 흔히 빠지는 다음과 같은 함정을 피해야 한다. 실질 국내총생산 증가분이 작아진다고 해서 실물자본이 추가됨에 따라 결국에는 1인당 실질 국내총생산이 감소하는 것은 아니다. 단지 1인당 실질 국내총생산 증가분이 점차 작아지는 것일 뿐 실질 국내총생산 증가분 자체는 0보다

큰 값을 갖는다. 즉 1인당 실물자본의 증가가 생산성을 감소시키는 경우는 없다.

다만 수익체감으로 인해 1인당 실물자본이 어느 수준을 넘어서며 더 이상의 실물자본 증가는 경제성이 없어진다. 실물자본 추가에 따른 생산량의 증가분이 너무 작아서 실물자본을 추가하기 위한 비용조차 충당하지 못하기 때문이다.

그림 24-5 기술진보와 생산성 증가

기술진보는 모든 노동자 1인당 실물자본 수준에서의 생산성을 증가시키며 그 결과 생산성 곡선을 위쪽으로 이동시킨다. 여기서 1인당 인적 자본은 고정되어 있다. 아래쪽 곡선(〈그림 24-4〉와 동일한 곡선)은 1950년의 기술 수준에 해당하는 곡선이고 위쪽 곡선은 2020년 기술 수준에 해당한다고 가정하자. 기술 수준과 인적 자본이 고정되어 있다면, 1인당 실물자본이 2만 달러에서 6만 달러로 세 배 증가할 경우 1인당 실질 국내총생산은 3만 달러에서 6만 달러로 두 배 증가한다. 이는 그림에서 A점에서 C점으로의 이동에 해당하며, 노동자 1인당 실질 국내총생산이 연간 약 1%로 성장함을 의미한다. 현실에 있어서는 기술진보로 인해 생산성 곡선이 위쪽으로 이동했기 때문에 1인당 실질 국내총생산 증가는 경제를 A점에서 D점으로 이동시켰다. 1인당 실질 국내총생산은 연간 2%씩 증가하여 전체 기간 중에 네 배 증가했다. 추가적인 1%의 1인당 실질 국내총생산 증가율은 총요소생산성이 증가한 데 기인한다.

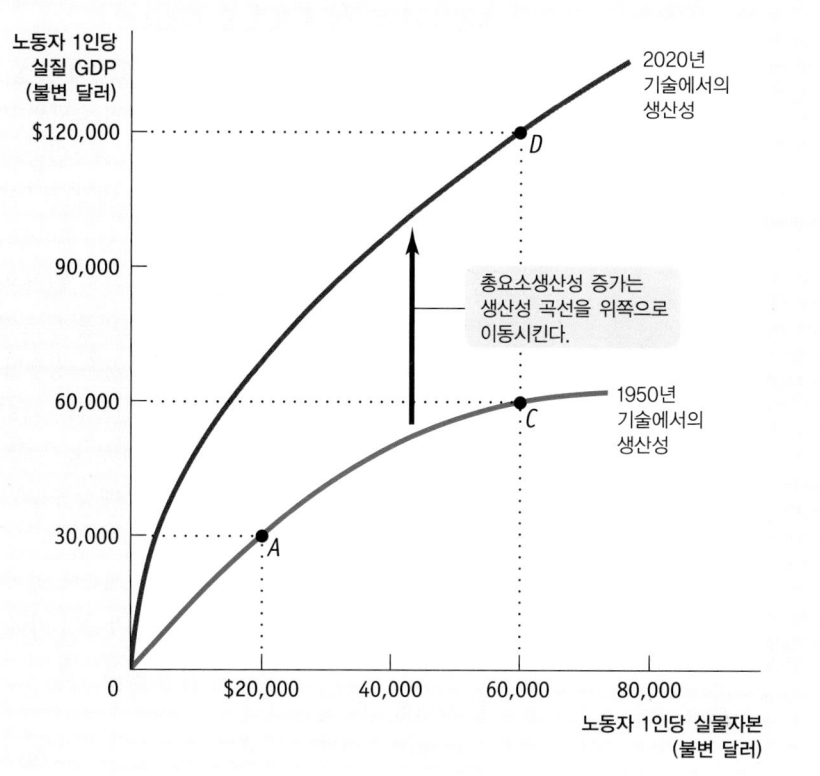

이제 1950년과 2020년 사이에 노동자 1인당 실물자본의 양이 2만 달러에서 6만 달러로 증가했다고 가정하자. 이와 같은 1인당 실물자본의 증가가 기술진보 없이 발생했다면 경제는 A점에서 C점으로 이동했을 것이다. 즉 1인당 생산량이 증가하기는 하되 3만 달러에서 6만 달러로만 증가할 것이다. 70의 법칙에 따르면 이는 연간 1%의 성장률에 해당한다. 그런데 실제로 경제는 A점에서 D점으로 이동했고, 생산량은 3만 달러에서 12만 달러로 연간 2%의 성장률로 증가했다. 1인당 실물자본의 증가에 더해서 기술진보가 총생산함수를 이동시켰기 때문이다.

이 경우 2%의 연간 생산성 증가 중 50%(즉 1%의 연간 생산성 증가)는 총요소생산성의 증가로 인한 것이다. **총요소생산성**(total factor productivity)이란 주어진 요소투입량으로 생산할 수 있는 생산물의 양이다. 총요소생산성이 증가하면 경제는 동일한 실물자본, 인적 자본 및 고용량으로 더 많은 생산물을 생산할 수 있다.

총요소생산성의 증가야말로 한 국가의 경제성장의 중추라 할 수 있다. 경제학자들은 기술 진보가 총요소생산성의 증가를 가져온다고 믿는다. 주어진 실물자본의 양이 경제성장에 미치는 제약을 극복할 수 있기 때문에 기술진보는 경제성장에 있어 매우 중요하다. 노동통계국은 미국의 비농가 기업들의 노동생산성과 총요소생산성의 증가율을 추정하는데, 이 추정치에 따르면 1948년부터 2019년 사이에 미국의 노동생산성은 연간 2.1%씩 높아졌다. 이 중 절반에 못미치는 49%만이 노동자 1인당 실물자본과 인적 자본의 증가에 의해 설명될 수 있으며 그 나머지는 총요소생산성의 증가, 즉 기술진보에 의해 설명된다.

미국의 노동생산성과 총요소생산성은 비록 성장률이 크게 변동하기는 했지만 지난 두 세기 동안 지속적으로 상승했다. 예를 들어 제2차 세계대전 이후 한 세대 동안 생산성 증가율이 매우 높아서 불과 한 세대 만에 생활수준이 두 배로 향상되었다. 그 이후에는 컴퓨터, 스마트폰, 소셜

총요소생산성(total factor productivity)은 주어진 요소투입량으로 생산할 수 있는 생산물의 양이다.

미디어와 같은 인상적인 혁신에도 불구하고 생산성 증가가 훨씬 더 느렸다.

자연자원은 어떤 영향을 미칠까?

자연자원이 생산성에 영향을 줄 수 있음에도 불구하고 지금까지의 논의에서는 자연자원에 대해서 전혀 언급하지 않았다. 다른 조건이 같다면 비옥한 토지나 광물과 같은 자연자원을 풍부하게 가진 국가가 그렇지 않은 국가들에 비해 1인당 실질 국내총생산이 더 높을 것이다.

가장 분명한 예로는 막대한 원유 매장량이 몇몇 인구가 적은 국가들을 매우 부유하게 만든 중동지역을 들 수 있다. 예를 들어 아랍 에미레이트 연합국은 독일과 거의 같은 1인당 실질 국내총생산 수준을 갖고 있지만, 독일의 부의 원천은 높은 1인당 생산량인 데 비해 아랍 에미레이트 연합국은 제조업이 아니라 원유에 기반을 두고 있다.

그런데 문제는 다른 조건이 같지 않은 경우가 종종 있다는 데 있다. 오늘날 대다수의 국가에 있어서 자연자원은 인적 자본이나 실물자본에 비해 생산성에 중요한 영향을 미치지 못한다. 예를 들어 1인당 실질 국내총생산이 매우 높은 국가들 중에는 일본과 같이 자연자원이 거의 없는 국가들이 있다. 반면에 상당한 원유 매장량을 가진 나이지리아와 같이 자연자원이 풍부한 국가들 중에도 매우 가난한 국가들이 있다.

과거에는 자연자원이 생산성을 결정함에 있어서 훨씬 더 중요한 역할을 했다. 19세기에는 1인당 실질 국내총생산이 가장 높은 국가들이 미국, 캐나다, 아르헨티나, 호주와 같이 농토와 광물이 풍부한 국가들이었다. 그 결과 경제학적 사고의 발전에 있어서 자연자원이 매우 중요한 위치를 차지했었다.

1798년에 발간된 유명한 저서인『인구론(An Essay on the Principle of Population)』에서 영국의 경제학자 맬서스는 전 세계 토지의 양이 한정되어 있다는 사실에 근거해서 미래의 생산성에 대해 비관적인 전망을 내놓았다. 그의 주장에 따르면 인구가 증가하면 노동자 1인당 토지 면적이 감소하고, 그 결과 다른 조건이 같다면 생산성이 감소한다.

맬서스는 기술진보나 실물자본의 증가는 인구를 증가시키고 그 결과 토지 단위당 노동자의 수를 증가시킴에 따라 일시적인 생산성 향상만을 가져올 뿐이라고 주장했다. 결국 장기적으로는 대부분의 인구가 기아의 경계에서 생활하게 되는데, 이 경우에는 사망률이 높아지고 출산율이 낮아지는 것만이 인구 증가율이 생산성 증가율을 초과하는 것을 막을 수 있다는 것이 그의 결론이다.

많은 역사학자들은 인류 역사의 상당 부분이 생산성의 저하나 정체에 대한 맬서스의 예측에 부합한다고 믿는다. 하지만 모든 것이 맬서스의 예측대로 된 것은 아니다. 18세기까지는 인구 증가의 압력이 생산성의 증가를 어느 정도 저해했다. 하지만 맬서스가 그의 저서를 집필한 이후에는 기술진보, 인적 자본 및 실물자본 증가, 신대륙에 있어서 막대한 경작지 개발 등 다른 긍정적 요인들이 인구 증가가 생산성에 미치는 부정적인 영향을 상쇄하고도 남았다.

그렇지만 우리가 원유와 같은 자원의 공급이 제한되어 있고 환경 훼손을 흡수할 수 있는 역량이 제한된 유한한 행성에 살고 있다는 것은 엄연한 현실이다. 이 장의 마지막 절에서는 이들 제약조건들이 경제성장에 제기하는 우려에 대해 알아본다.

현실 경제의 >> 이해

생산성 역설의 부상, 몰락, 귀환

모든 사람이 우리가 혁명적인 기술 변화의 시대에 살고 있다고 말한다. 공정하게 말하지만 사람들이 이처럼 열광하는 데는 충분한 이유가 있다. 스마트폰은 달에 착륙한 우주인들이 사용할 수 있었던 컴퓨터에 비해 수천 배 더 빠르고 수백만 배 더 많은 자료를 저장할 수 있다. 그렇지만 연산능력의 극적인 향상이 이와 똑같이 극적인 경제성장을 의미할까? 경제학자들은 수십 년간 이 질문을 던져 왔지만 그 답은 아직 분명하지 않다.

현대적 정보기술은 1970년대에 컴퓨터 전체가 아주 작은 실리콘 조각 위에 새겨진 트랜지스터와 회로의 형태를 가지는 중앙처리장치의 도입과 더불어 시작되었다. 연산능력의 괄목할 만한 증가는 우리가 정보를 사용하고 전파하는 방식을 변화시켰다. 1980년대에는 개인용 컴퓨터가 천공카드로 프로그램을 짜야 했던 거대한 기계를 대체했고 첫 휴대전화기가 등장했다. 1990년대에는 인터넷이 등장했다. 21세기에 들어서는 브로드밴드, 스마트폰(첫 아이폰은 2007년에 등장했다), 비디오 스트리밍 등이 등장했다.

여러분은 이러한 발전이 총요소생산성의 폭발적 증가를 가져오리라 기대했을 것이다. 그렇지만 〈그림 24-6〉이 보여주듯이 총요소생산성은 제2차 세계대전 직후 한 세대 동안 그 이후

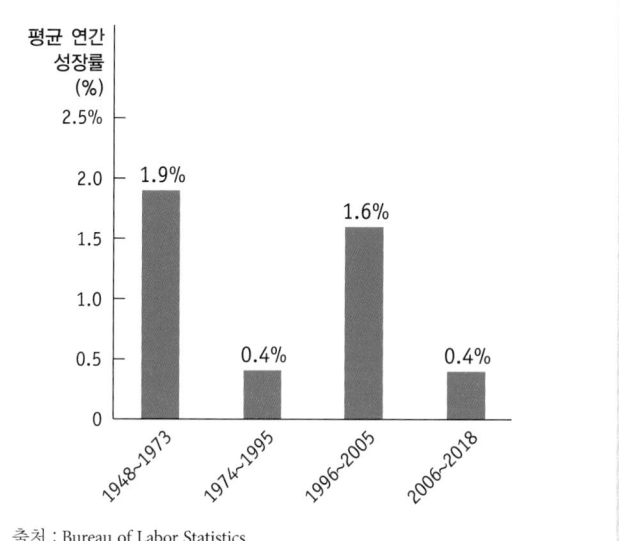

그림 24-6 총요소생산성의 부상과 몰락, 1948~2018년

출처 : Bureau of Labor Statistics.

에 비해서 훨씬 더 빠르게 증가했다. 경제학자들은 빠른 기술진보로 여겨지는 것과 실제 생산성 간의 이러한 단절을 "생산성 역설"이라 부른다.

실제로 1996년부터 2005년까지 10년간 정보기술이 드디어 성과를 내고 역설이 사라지는 듯 보였던 시기가 있었다. 그 상당 부분은 소매업과 같이 이전까지는 성장이 정체된 서비스업 부문에서 발생했다. 당시 월마트와 같은 소매기업들은 금전 등록기로부터 나오는 실시간 정보를 이용하여 재고와 주문 관리를 비롯하여 이들 사업에서는 평범하고 일상적인 분야에서의 효율성을 크게 향상시켰다. 그렇지만 진보는 다시 둔화되었고 지금도 여전히 느리다.

사실 누구도 현대 기술이 경제에 더 크게 기여하지 못하고 있는 이유를 알지 못한다. 그렇지만 본문에서 보았듯이 현실 세계에서의 많은 진보들은 미리 재단된 종이상자처럼 전혀 화려하지 않은 기술로부터 나온다. 이와 반면에 현란한 신기술 시대가 반드시 경제 전체가 빠르게 진보하는 시대와 일치하는 것은 아니다.

>> 이해돕기 24-2
해답은 책 뒤에

1. 다음 각 사건이 생산성 증가율에 미치는 영향을 설명하라.
   a. 노동자 1인당 실물자본과 인적 자본에 변화가 없는 상태에서 상당한 기술진보가 발생
   b. 1인당 인적 자본과 기술 수준이 불변인 상태에서 1인당 실물자본의 양이 증가
2. 에루혼 경제는 지난 30년간 연 3%씩 성장했다. 경제활동인구는 매년 1%씩 증가했고, 실물자본의 양은 매년 4%씩 증가했다. 평균적인 교육 수준은 변하지 않았다. 경제학자들의 추정에 따르면, 다른 조건이 일정하다면 노동자 1인당 실물자본이 1% 증가할 때마다 생산성은 0.3% 증가한다. [힌트 : (X/Y)의 변화율=X의 변화율－Y의 변화율]
   a. 에루혼 경제의 생산성은 얼마나 빨리 증가한 것인가?
   b. 노동자 1인당 실물자본은 얼마나 빠른 속도로 증가했는가?
   c. 노동자 1인당 실물자본의 증가는 생산성 증가에 얼마나 기여했는가? 기여분은 전체 생산성 증가의 몇 퍼센트인가?

>> 복습
- 생활수준의 장기적인 향상은 거의 전적으로 **노동생산성** 또는 단순히 **생산성**의 증가로 인한 것이다.
- **실물자본**의 증가는 생산성을 향상시킬 수 있는 요인 중 하나이지만 **실물자본에 대한 수익체감** 현상을 나타낸다.
- **인적 자본**과 **기술진보**도 생산성을 증가시킬 수 있는 요인이다.
- **총생산함수**는 생산성 증가의 원천을 추정하기 위해서 사용되기도 한다. **성장회계**는 기술진보로 인한 **총요소생산성**의 증가가 장기 경제성장에서 핵심요인임을 보여 준다.
- 오늘날 대부분의 국가에서 자연자원은 실물자본이나 인적 자본에 비해 생산성 증가의 원천으로서의 중요성이 떨어진다.

d. 기술진보는 생산성 증가에 얼마나 기여했을까? 생산성 증가 중 몇 퍼센트를 기여했는가?

3. 멀티노믹스는 전국에 사무실을 가진 대기업이다. 이 회사는 최근 회사 내에서 수행되는 모든 기능에 영향을 줄 새로운 전산시스템을 도입했다. 새 전산시스템으로 인해 종업원들의 생산성이 증가하기 위해서는 어느 정도의 기간이 지나야 하는 이유는 무엇인가? 왜 종업원의 생산성이 일시적으로 감소할 수도 있는가?

‖ 성장률에 차이가 나는 이유

경제사학자인 앵거스 매디슨(Angus Maddison)의 추정에 따르면 1800년에는 멕시코의 1인당 실질 국내총생산이 일본의 1.5배였다. 오늘날에는 일본이 대부분의 유럽 국가들보다도 높은 1인당 실질 국내총생산 수준을 갖고 있는 반면 멕시코는 결코 최빈국은 아니라 해도 비교적 가난한 국가다. 그 차이는 무엇일까? 1800년 이후 장기적으로 일본의 1인당 실질 국내총생산은 연 1.7%의 성장률을 기록한 반면 멕시코는 1.1%에 그쳤다. 오늘날 일본의 1인당 실질 국내총생산은 멕시코보다 2.5배 더 크다.

이 예는 성장률에 있어서 작은 차이조차도 장기적으로는 큰 결과를 가져올 수 있음을 보여 준다. 그렇다면 왜 국가마다 그리고 시기마다 성장률에 차이가 있는 것일까?

성장률 차이 설명하기

여러분이 예상하듯이 빠르게 성장하는 경제는 실물자본이나 인적 자본의 양이 증가하거나 지속적으로 기술진보가 빠른 속도로 일어나는 경제일 가능성이 높다. 1950년대와 1960년대의 일본이나 더 최근의 중국처럼 놀라운 경제적 성공 사례는 위의 세 가지를 모두 이루는 국가다. 즉 높은 수준의 저축 및 투자지출을 통해 신속하게 실물자본을 증가시키고, 교육 수준을 향상시키는 한편 빠른 속도로 기술을 진보시키는 국가다.

1. 높은 수준의 저축과 투자지출을 통해 신속하게 실물자본을 증가시킨다.
2. 교육제도 개선을 통해 인적 자본을 증가시킨다.
3. 연구개발을 통해 빠른 속도로 기술을 진보시킨다.

실증적 증거는 정부정책과 관행도 성장의 원천을 조성함에 있어 중요함을 보여준다. 우리는 정부의 역할에 대해서도 알아볼 것이다.

저축과 투자지출 국가들 간 성장률의 차이가 나타나는 하나의 이유는 일부 국가들이 높은 투자지출을 통해 다른 국가들보다 빠른 속도로 실물자본의 양을 늘리기 때문이다. 1960년대에 일본은 주요 경제들 중 가장 빠른 속도로 성장하는 경제였다. 동시에 일본은 다른 경제들에 비해 국내총생산 중 훨씬 많은 부분을 투자재에 지출하고 있었다. 오늘날 중국은 주요 경제들 중 가장 빠른 속도로 성장하고 있다. 중국 역시 국내총생산 중 매우 큰 부분을 투자재에 지출하고 있다. 2019년에 중국의 투자지출은 국내총생산의 43%에 달했다. 이에 비해 미국의 투자지출은 국내총생산의 21%에 불과했다.

높은 투자지출을 위한 재원은 어디에서 조달되는 것일까? 이는 저축에서 나온다. 다음 장에서 우리는 금융시장이 어떻게 저축을 투자지출로 연결시켜 주는지를 분석할 것이다. 하지만 지금은 투자지출이 국내 가계의 저축 또는 외국 가계의 저축, 즉 외국자본의 유입에 의해 지불되어야 한다는 사실만 기억하자.

외국자본은 미국을 비롯한 여러 국가의 장기 경제성장에서 중요한 역할을 담당했다. 미국은 공업화 초기에 외국자본에 크게 의존했다. 그렇지만 국내총생산의 많은 부분을 투자하는 국가들은 대부분의 경우 높은 수준의 국내저축이 있기에 그렇게 할 수 있는 것이다. 실제로 중국은 2019년에 국내에서 투자된 것보다도 더 높은 비율로 국내총생산을 저축했다. 투자하고 남은 저축은 해외에, 특히 대부분 미국에 투자되었다.

교육 국가들이 실물자본을 증가시키는 속도에 상당한 차이가 있듯이 교육을 통해 인적 자본을 증가시키는 속도에도 큰 차이가 존재해 왔다.

하나의 적절한 사례로 아르헨티나와 중국 간의 비교를 들 수 있다. 글을 읽고 쓸 줄 아는 성인의 비율은 두 국가에서 모두 꾸준하게 증가했으나 중국에서 훨씬 빠른 속도로 증가했다.

〈그림 24-7〉은 괄목할 만한 장기 성장의 사례로 강조했던 중국과 실망스러운 성장을 보인 아르헨티나에 있어서 15세 이상 인구 중 글을 읽고 쓸 줄 아는

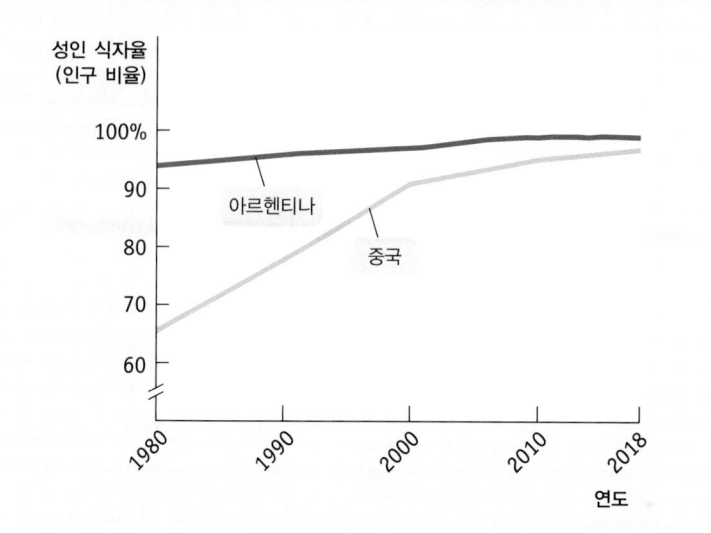

그림 24-7 중국 학생들이 따라잡고 있다, 1980~2018년

성인 식자율
(인구 비율)

아르헨티나
중국

연도

중국은 성인의 읽고 쓰기 능력에서 여전히 아르헨티나에 뒤져 있기는 하지만, 빠르게 따라잡고 있는 중이다. 중국이 인적 자본을 증가시키는 데 성공한 것이 바로 괄목할 만한 장기 성장의 한 열쇠였다.

출처 : World Development Indicators, World Bank.

인구의 비율을 보여 준다. 35년 전에는 아르헨티나가 중국에 비해 교육을 받은 인구가 훨씬 더 많았던 반면 많은 중국인들은 여전히 문맹이었다. 오늘날 중국은 평균적인 교육 수준과 글을 읽고 쓸 줄 아는 성인의 비율이 여전히 아르헨티나에 비해 약간 낮지만 이는 주로 기초교육조차 받지 못한 노인들이 많기 때문이다. 중등교육과 고등교육만 보면 중국은 한때 부유한 국가였던 아르헨티나를 추월했다.

연구개발 기술진보는 경제성장의 핵심 원동력이다. 기술진보를 가져오는 요인은 무엇일까?

과학의 진보는 새로운 기술의 개발을 가능하게 한다. 오늘날 가장 대표적인 예로 들 수 있는 반도체 칩은 모든 현대 정보기술의 기초가 되지만 물리학에 있어서 양자역학이론이 없었더라면 개발될 수 없었을 것이다.

하지만 과학만으로는 충분하지 않다. 과학적 지식이 유용한 생산물과 생산과정으로 전환되어야 한다. 이를 위해서는 많은 자원이 **연구개발**(research and development) 또는 **R&D**에 투자되어 새로운 기술을 개발하고 실용화하는 데 사용되어야 한다.

일부 연구개발은 정부에 의해 수행되기도 하지만, 많은 연구개발 노력이 민간 부문의 자금지원으로 이루어지고 있다. 사실 미국 기업들이 일찍부터 체계적인 연구와 개발을 기업 활동으로 채택한 것이 미국이 전 세계 경제를 선도하는 데 한몫을 하였다. 실제로 1875년에는 에디슨이 처음으로 현대적인 산업연구소를 열었다.

신기술을 개발하는 것과 이를 적용하는 것은 다른 일이다. 신기술을 활용하는 속도에는 국가 간 현격한 차이가 있어 왔다. 예를 들자면 2000년 이후 이탈리아는 총요소생산성의 현저한 감소를 경험한 반면 미국과 독일은 전진을 계속했다(이 절 마지막의 이탈리아에 관한 '현실 경제의 이해'를 보라). 이러한 국가 간 차이의 원천을 밝히는 것은 많은 경제 연구의 대상이 되고 있다.

연구개발(research and development) 또는 R&D는 새 기술을 개발하고 실행하기 위한 지출이다.

경제성장을 촉진시키기 위한 정부의 역할

정부는 장기 경제성장의 세 가지 원천인 실물자본, 인적 자본, 기술진보를 증진시키거나 저해함에 있어서 중요한 역할을 할 수 있다. 정부는 성장에 기여하는 요소들에 대한 보조를 하거나 또는 성장을 촉진시키거나 저해하는 환경을 만듦으로써 성장에 영향을 미칠 수 있다.

정부정책은 여섯 가지 주된 경로를 통해 경제성장률을 높일 수 있다.

1. 사회간접자본에 대한 정부 보조 정부는 **사회간접자본**(infrastructure)을 건설함에 있어서 직접적으로 중요한 역할을 한다. 도로, 전력선, 정보네트워크를 비롯하여 경제활동의 기초를 제공하는 실물자본을 사회간접자본이라 한다. 일부 사회간접자본은 민간기업에 의해 제공되기도 하지만, 대부분의 사회간접자본은 정부에 의해서 제공되거나 상당한 정부 규제와 지원을 필요로 한다.

중국은 경제성장을 촉진하기 위해 사회간접자본에 공공지출을 사용한 대표적인 사례다. 도로에서 고속열차 선로에 이르기까지 모든 사회간접자본에 대한 지출은 중국 국내총생산의 8%에 달했는데, 이는 미국 지출비중의 네 배다. 중국의 사회간접자본에 대한 지출은 서유럽과 북미 전체를 합한 것보다도 더 크다.

자주 정전을 일으키는 전력선과 같이 빈약한 사회간접자본은 일부 국가들에서 경제성장을 저해하는 주된 요인이 되고 있다. 우수한 사회간접자본을 공급하기 위해서는 사회간접자본을 갖출 수 있는 능력이 있어야 할 뿐만 아니라 이를 보존하고 미래를 위해 확충하기 위한 정치적 지원이 있어야 한다.

가장 중요한 사회간접자본은 아마도 우리가 거의 생각지 못한 것으로 깨끗한 물과 질병 통제와 같은 기본적인 공공 보건서비스일 것이다. 다음 절에서 보듯이 열악한 의료보건 사회간접자본이 아프리카를 비롯한 빈곤국들의 경제성장에서 큰 장애요인이 되고 있다.

2. 교육에 대한 정부 보조 주로 민간 투자지출에 의해 형성되는 실물자본과는 달리 한 경제의 인적 자본은 교육에 대한 정부지출에 의해 형성된다. 미국에서는 정부가 초등교육과 중등교육비의 대부분을 부담한다. 이에 더하여 정부는 고등교육비의 상당 부분을 보조한다. 대학생들의 70%가 국공립대학에 다니고 있으며, 정부는 사립대학에서 수행되는 연구의 상당 부분을 보조한다.

국가들 간 인적 자본 증가율의 차이는 대체적으로 정부정책의 차이를 반영한다. 〈그림 24-7〉에서 보았듯이 중국의 글을 읽고 쓸 줄 아는 성인의 비율은 아르헨티나에 비해 훨씬 더 빠른 속도로 향상되고 있다. 이것은 중국이 아르헨티나보다 더 부유하기 때문이 아니다. 최근까지만 해도 중국은 평균적으로 아르헨티나에 비해 더 가난했다. 중국 정부가 국민들에게 교육을 제공하는 것에 높은 우선순위를 두었던 것이 바로 그 이유다.

3. 연구개발에 대한 정부 보조 기술진보는 대개 민간의 주도로 이루어진다. 그렇지만 많은 선진국들에 있어서 중요한 연구개발이 정부기관에 의해 이루어지기도 한다. 예를 들어 인터넷은 미국 국방부에 의해 처음 만들어졌고 나중에 전국과학재단(National Science Foundation)에 의해 교육기관까지 확장된 아르파넷(Advanced Research Projects Agency Network, ARPANET)이라는 시스템이 발전한 것이다.

4. 잘 작동하는 금융시스템 유지 정부는 또한 민간투자율을 증진시킴에 있어서 간접적으로 중요한 역할을 할 수 있다. 한 경제의 저축 규모의 결정 그리고 이 저축을 생산적인 투자지출로 유

도할 수 있는 능력은 그 경제가 가진 제도, 특히 금융시스템에 달려 있다. 특히 경제성장에 있어서는 제대로 작동하는 은행제도가 매우 중요한데, 이는 대부분의 국가에서 은행이 저축과 투자지출을 연결시키는 주된 경로 역할을 하기 때문이다.

한 국가의 국민들이 자국의 은행을 신뢰할 경우 자신의 저축을 은행에 예금할 것이고 은행은 예금된 돈을 다시 기업고객에게 대출할 것이다. 이와 반대로 국민들이 은행을 신뢰하지 않는 경우에는 자신의 저축을 금이나 외화의 형태로 금고나 침대 밑에 보관할 것이므로 저축이 생산적인 투자지출로 전환되지 못할 것이다. 나중에 설명하듯이 금융시스템이 제대로 작동하기 위해서는 예금자의 자금을 보호하기 위한 적절한 정부 규제가 필요하다.

5. 재산권의 보호 재산권(property rights)은 가치가 있는 것의 소유자가 이를 원하는 대로 처분할 수 있는 권리다. 그 부분집합인 **지식재산권**(intellectual property rights)은 혁신자가 그 대가를 받을 수 있는 권리다. 일반적으로 재산권의 상태 그리고 특히 지식재산권의 상태는 국가 간 성장률의 차이를 설명함에 있어서 중요한 요인이다. 그 이유는 무엇일까? 다른 누군가가 혁신의 결과를 훔치거나 혁신의 대가를 뺏을 수 있다면 어느 누구도 혁신에 필요한 노력과 자원을 들이려 하지 않을 것이다. 따라서 혁신이 번성하기 위해서는 지식재산권이 보호를 받아야 한다.

어떤 경우에는 지식재산권의 보호가 혁신 스스로가 가진 본성에 의해 달성되기도 한다. 혁신의 결과를 베끼는 것이 너무 어렵거나 값비쌀 수가 있기 때문이다. 그렇지만 일반적으로는 정부가 지식재산권을 보호해 주어야 한다. 특허는 자신의 혁신을 사용하거나 매각할 수 있도록 정부가 혁신자에게 부여하는 일시적 독점권이다. 특허는 항구적인 독점이 아니라 일시적인 독점인데 그 이유는 혁신자에게 발명을 할 동기를 제공하는 것이 사회적으로 이득이 되는 한편 궁극적으로는 경쟁을 촉진하는 것 역시 사회적으로 이득이 되기 때문이다.

6. 정치적 안정과 좋은 지배구조 폭도들이 공장을 파괴할 수 있다면 사업에 투자할 이유가 별로 없다. 마찬가지로 정치적 권력자가 재산을 빼앗을 수 있다면 저축할 이유가 별로 없을 것이다. 바로 이와 같은 이유에서 정치적 안정과 좋은 지배구조가 장기 경제성장에서 핵심 요인이 된다.

미국과 같이 성공적인 경제에서 장기 경제성장이 가능했던 이유 중 하나가 훌륭한 법률과 이 법률을 집행할 수 있는 제도, 그리고 이 제도를 유지할 수 있는 안정적인 정치체제에 있었다. 법률은 당신의 재산은 정말로 당신 것이고 아무도 이를 빼앗을 수 없음을 명시해야 한다. 법원과 경찰은 뇌물로 인해 법을 무시하는 일이 없도록 정직해야 한다. 그리고 이 법이 변덕스럽게 변하지 않도록 정치체제가 안정되어야 하다.

미국인들은 이와 같은 전제조건들을 당연하다고 여길지 모르나 이와 같은 조건들이 당연히 보장되는 것은 아니다. 전쟁이나 혁명에 의해 야기되는 혼란 이외에도 많은 국가들에서 법을 집행하는 정부 관료의 부패가 경제성장을 가로막고 있다. 예를 들어 1991년까지만 해도 인도 정부는 기업 활동에 대해 많은 관료주의적 제약을 가하고 있었으며, 이 제약으로 인해 일상적인 활동에 대한 허가를 얻기 위해서도 관료들에게 뇌물을 주어야 했다. 이와 같은 뇌물은 일종의 조세와 같은 효과를 갖는다. 경제학자들은 뇌물의 부담이 줄어든 것을 최근 인도가 더 빠른 성장을 이룰 수 있었던 이유 중 하나로 손꼽는다.

정부가 부패하지 않은 경우에도 과도한 정부 개입은 경제성장에 제동을 걸 수 있다. 경제의 상당 부분이 정부 보조에 의해 지원되거나, 수입품과의 경쟁으로부터 보호를 받거나, 또는 불필요한 독점이나 경쟁제한에 의해 제약된다면 경제적 유인의 결여로 인해 생산성이 떨어지게 된다. 다음 절에서 보듯이 라틴아메리카의 경제성장이 부진한 이유로 종종 정부의 과도한 개입이 지적되기도 한다.

"난 질서 있고 능력 있는 정부를 위해 이걸 포기할 생각이야."

Matt Pritchett/The Daily Telegraph

현실 경제의 >> 이해

도대체 이탈리아는 무슨 문제가 있는 걸까?

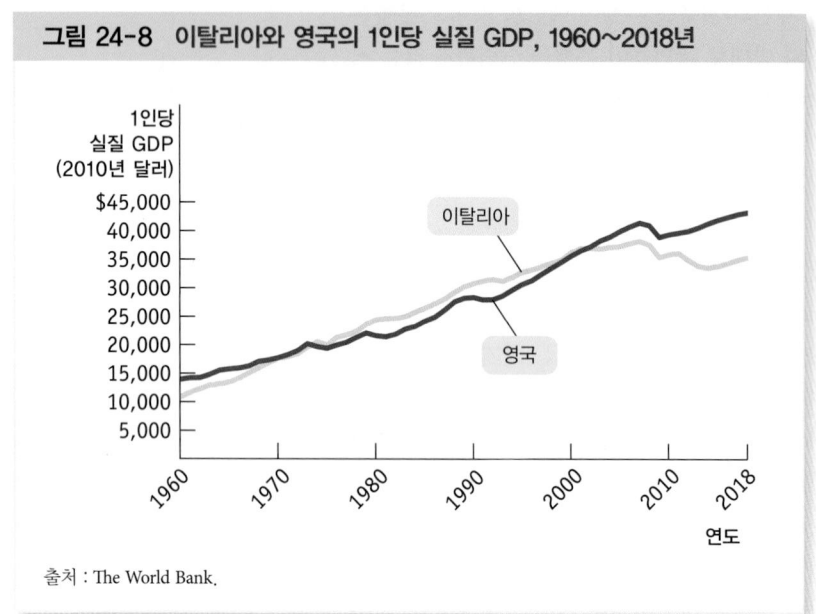

그림 24-8 이탈리아와 영국의 1인당 실질 GDP, 1960~2018년

출처 : The World Bank.

이탈리아는 한때 괄목할 만한 경제 성공 사례로 손꼽혔다. 한 세기 전만 해도 이 국가는 여전히 가난했다. 19세기 말과 20세기 초에는 너무나도 가난하여 수백만 명의 이탈리아인들이 더 나은 삶을 찾아 미국을 비롯한 다른 곳으로 이민을 갔다. 하지만 제2차 세계대전 이후 이탈리아는 수십 년에 걸친 빠른 성장을 경험했고 그 결과 1950년과 1990년 사이에 1인당 실질 국내총생산이 네 배가 되었다. 이 성장 분출이 끝날 무렵에는 〈그림 24-8〉에서 보듯이 이탈리아가 산업혁명을 주도했던 영국보다 훨씬 더 부유해졌다.

그렇지만 이때 이탈리아의 성장이 정지했다. 1990년대 이후 1인당 실질 국내총생산의 성장은 정체되었고, 유럽의 부채위기로 인해 이탈리아 경제가 극심하게 하강했던 2008년 이후에는 1인당 실질 국내총생산이 하락하기 시작했다. 무엇이 잘못되었던 것일까?

이는 부분적으로는 생산요소의 성장이 느린 데 원인이 있다. 이탈리아의 낮은 출산율로 인구가 급속하게 고령화되었고, 근로연령 성인의 비율이 감소했다. 이탈리아의 교육 역시 뒤처져서 인구의 대학교육 비율이 유럽연합에서 가장 낮았다. 이탈리아는 기술진보를 활용하는 데도 어려움을 겪은 듯하다. 실제로 이탈리아의 총요소생산성은 2000년 이후 감소했다. 그 이유는 무엇일까?

어떤 경제학자들은 기업문화가 이를 설명할 수 있다고 생각한다. 사실 승진과 금전적 보상이 성과보다는 지나치게 연공서열에 의존하기 때문에 새로운 기술과 최선의 경영 관행을 채택할 유인이 거의 없다는 점에서 이탈리아의 경영 관행은 널리 비판을 받아 왔다.

이러한 저성과 기업문화의 저변에는 시장에 있어 효과적인 경쟁의 결여로 인해 잘못 운영되는 기업도 영원히 영업을 계속할 수 있다는 현실이 있다. 이탈리아 경제 내의 경쟁 부재는 정부 정책 실패 탓이기도 한데, 이는 이미 자리를 잡은 기업과 정부 간 관계가 지나치게 친밀한 데에도 원인이 있다. 이미 자리를 잡은 기업들이 지배적인 경제에서는 투자를 하거나 혁신을 할 유인이 거의 없다. 이탈리아의 어려움은 경제적 성공의 역사를 가진 국가들조차도 휘청거릴 수 있음을 보여 준다. 알고 보면 경제성장을 달성하는 것은 쉽지가 않다.

>> 복습

- 국가들 간에는 1인당 실질 국내총생산의 증가율에 있어 큰 차이가 있는데, 이는 이들 국가가 실물자본과 인적 자본을 축적하는 속도와 기술진보의 차이에 의한 것이다. 성장률 격차의 주된 요인은 국내 저축과 투자지출의 차이는 물론 교육 수준과 **연구개발** 혹은 **R&D** 수준의 차이에 있다. R&D는 일반적으로 기술진보의 원동력이 된다.
- 정부의 행동은 장기 성장의 원천을 증진하거나 저해할 수 있다.
- 성장을 직접적으로 촉진시키는 정부정책으로는 **사회간접자본**, 특히 공공보건 사회간접자본에 대한 보조, 교육에 대한 보조, 연구개발에 대한 보조, 잘 작동하는 금융시스템의 유지를 들 수 있다.
- 정부는 재산권(특히 특허를 통한 지식재산권)을 보호하고, 정치적 안정을 유지하고, 좋은 지배구조를 통해 성장 환경을 개선시킬 수 있다. 빈약한 지배구조에는 부패와 과도한 정부 개입이 포함된다.

>> 이해돕기 24-3

해답은 책 뒤에

1. 한 국가의 성장률, 투자지출이 국내총생산에서 차지하는 비중 그리고 국내저축 간의 관계를 설명하라.

2. 미국에서 생명공학을 연구하는 학술센터들은 영국에 비해 민간 생명공학 기업들과 가까운 관계를 맺고 있다. 이와 같은 현상이 미국과 유럽에서 새로운 의약품의 창조와 발명 속도에

어떤 차이를 가져올 수 있겠는가?

3. 1990년대에 구소련에서는 권력자들이 많은 재산을 징발하고 통제했다. 이것이 이 나라의 경제성장률에 어떤 영향을 미쳤겠는가?

‖ 성공, 실망과 실패

〈그림 24-2〉가 예시했듯이 장기 경제성장률은 국가들마다 상당한 차이가 있다. 이제 과거 수십 년간 상이한 경제성장의 경험을 가진 세 지역에 대해 알아보기로 한다. 우리는 동아시아, 라틴아메리카, 아프리카의 세 지역을 선택했는데, 이들이 지속적인 생산성 향상이 얼마나 어려운 도전인지를 잘 보여주기 때문이다.

〈그림 24-9〉는 아르헨티나, 나이지리아, 한국에 있어서 2010년 달러로 측정된 1960년 이래의 1인당 실질 국내총생산 추이를 보여 준다(〈그림 24-1〉에서와 마찬가지로 수직축은 로그 눈금이다). 이 세 국가가 선택된 것은 이들이 자신이 속한 지역에서 발생한 변화를 잘 대표하기 때문이다. 한국의 눈부신 성장은 동아시아 '경제 기적'의 일부라 할 수 있다. 반복되는 좌절로 점철된 아르헨티나의 저성장은 대체로 라틴아메리카의 특징인 실망스러운 경제 성과를 대표한다고 할 수 있다. 아르헨티나와 마찬가지로 나이지리아도 2000년까지 거의 실질 국내총생산이 성장을 경험하지 못했다. 그 후에는 두 국가가 모두 더 잘했다.

동아시아의 기적

1960년만 해도 한국은 매우 가난한 국가였다. 사실 1960년의 한국의 1인당 국내총생산은 오늘날의 인도보다 낮은 수준이었다. 하지만 〈그림 24-9〉에서 볼 수 있듯이 1960년대 초반부터 한국은 매우 빠른 속도로 성장하기 시작했다. 그 후 30년 이상 한국의 1인당 국내총생산은 연간 7% 정도의 성장률을 보였다. 오늘날 한국은 유럽이나 미국에 비해서는 다소 뒤떨어지기는 하지만 경제적으로는 거의 선진국에 가까운 모습을 갖고 있다.

한국의 경제성장은 역사적으로 전례를 찾아볼 수 없을 정도다. 다른 국가들이 수 세기에 걸쳐

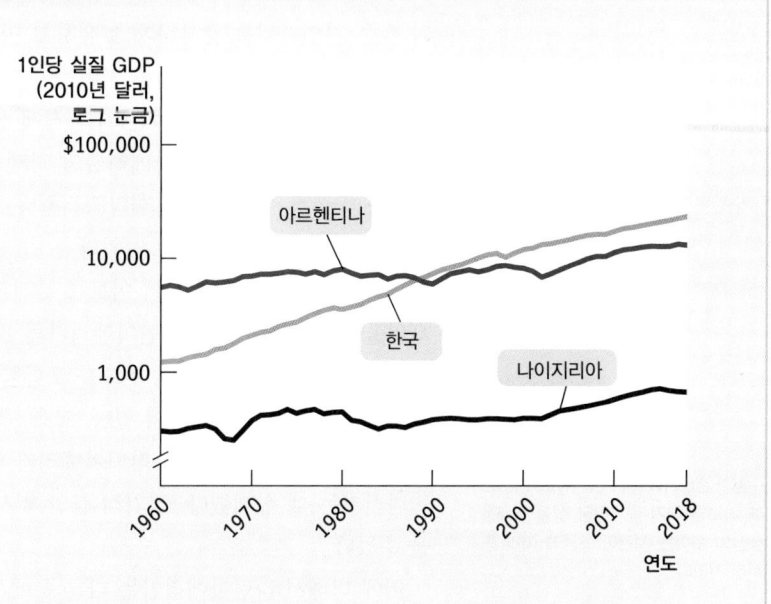

그림 24-9 성공과 실망

그림은 아르헨티나, 한국, 나이지리아에 있어서 1960년부터 2018년까지의 1인당 실질 국내총생산(2010년 달러로 측정)을 로그 눈금을 이용하여 보여 준다. 한국을 비롯한 몇몇 동아시아 국가들은 성공적으로 경제성장을 이룩했다. 아르헨티나는 대부분의 라틴아메리카 국가들과 마찬가지로 수차례의 뒷걸음질로 인해 성장이 둔화되었다. 2018년 나이지리아의 생활수준은 1960년에 비해 간신히 더 높은 수준인데, 이는 대부분의 아프리카 국가들도 마찬가지다. 아르헨티나와 나이지리아 모두 최근에는 성장률이 상당히 높아졌지만, 지난 58년 동안 눈에 띄는 성장을 보여 주지 못했다.

출처 : World Development Indicators.

서 이룩한 성장을 한국은 단 35년 만에 이루어 냈다. 그런데 한국의 경제성장은 동아시아 경제 기적이라고 불리는 보다 광범위한 경제현상의 일부일 뿐이다. 높은 경제성장률은 한국, 대만, 홍콩, 싱가포르에서 처음 나타났고 중국을 비롯한 동아시아 지역으로 확산되었다. 1975년 이후 동아시아 지역 전체의 1인당 국내총생산은 연간 6%의 속도로 성장했는데 이는 미국의 역사적인 연평균 성장률의 세 배에 달한다.

아시아 국가들은 어떻게 이와 같이 높은 성장률을 이룩했을까? 그 답은 생산성 향상에 필요한 모든 요인이 모두 활발하게 작동했다는 데서 찾을 수 있다. 매우 높은 저축률로 인해 노동자 1인당 실물자본의 양이 크게 증가했으며, 양질의 기초교육으로 인해 인적 자본이 빠른 속도로 개선되었다. 이에 더해서 이 국가들은 상당한 수준의 기술진보를 이루었다.

그렇다면 왜 그 이전에는 이렇게 높은 성장률이 달성되지 못했던 것일까? 대부분의 경제분석 가들은 이 국가들이 상대적으로 뒤떨어져 있었기 때문에 경제성장이 갑자기 폭발적으로 이루어 질 수 있었다고 생각한다. 즉 동아시아 경제들이 현대 세상에 발을 디딜 무렵에는 이미 미국과 같은 선진국들이 이루어 놓은 기술진보를 이용할 수 있었다는 것이다.

1900년에는 제트기나 컴퓨터와 같이 현대 경제의 원동력이 되는 기술이 아직 발명되지 않았기 때문에 미국과 같은 국가가 오늘날과 같은 생산성을 빠른 속도로 성취하는 것이 불가능했다. 1970년의 한국의 노동생산성은 아마 1900년의 미국의 노동생산성에 못 미쳤었겠지만 그전 한 세기 동안 미국, 유럽, 일본 등에서 개발된 기술을 채택함으로써 빠른 속도로 생산성을 증가시킬 수 있었다. 여기에 더해서 보편화된 교육을 통한 인적 자본에 대한 대규모 투자도 한몫을 하였다.

동아시아의 기적은 1인당 국내총생산 수준이 높은 국가들을 쫓아가는 국가에서 특히 경제성장이 빠른 속도로 이루어질 수 있음을 보여 준다. 이와 같은 경험에 근거해서 경제학자들은 **수렴가설**(convergence hypothesis)이라는 보다 일반적인 경제 원리를 제안하고 있다. 수렴가설에 따르면 1인당 국내총생산 수준이 낮은 국가가 더 빠른 속도로 성장하는 경향이 있기 때문에 국가들 간 1인당 국내총생산 수준의 차이는 점차 좁혀질 것이다.

그렇지만 라틴아메리카와 아프리카의 예가 보여주듯이 상대적으로 낮은 1인당 국내총생산을 갖고 출발한다는 것이 반드시 빠른 경제성장을 보장하지는 않는다.

라틴아메리카의 실망

1900년만 해도 라틴아메리카는 경제적으로 낙후된 지역이 아니었다. 이 지역은 경작지와 광물과 같은 자연자원을 풍부하게 보유하고 있었다. 아르헨티나를 비롯한 일부 국가들은 유럽으로부터 수백만 명의 이민자들을 끌어들이고 있었고, 이에 따라 아르헨티나, 우루과이, 남부 브라질 지역의 1인당 국내총생산은 거의 경제 선진국 수준과 비견할 만했다.

그러나 지난 세기 라틴아메리카의 경제성장은 실망스러웠다. 〈그림 24-9〉에서 보듯이 아르헨티나의 성장은 수십 년간 실망스러웠다. 수십 년 전만 해도 한국이 아르헨티나보다 잘살게 되리라는 것은 상상조차 할 수 없었다.

왜 라틴아메리카의 성장이 이토록 부진했을까? 동아시아의 성공 사례와 비교해 보면 몇 가지 요인을 발견할 수 있다. 라틴아메리카의 저축률과 투자율은 동아시아보다 훨씬 낮은데 여기에는 높은 인플레이션과 은행 부도를 포함한 혼란을 야기함으로써 저축을 잠식시킨 무책임한 정부정책도 부분적으로 책임이 있다. 교육, 특히 보편화된 기초교육의 중요성 역시 거의 강조되지 못했다. 자연자원이 풍부한 라틴아메리카 국가들조차 높은 수준의 부를 훌륭한 교육시스템으로 전환시키는 데 실패했다. 정치적 불안 역시 무책임한 경제정책을 남발시킴으로써 경제에 부담을 주었다.

이에 더해서 라틴아메리카는 다른 곳에서 개발된 기술의 채택을 통한 성장을 이루지 못했다.

수렴가설(convergence hypothesis)에 따르면 국가 간 1인당 실질 국내총생산의 차이는 시간이 흐름에 따라 좁혀질 것이다.

그 결과 라틴아메리카의 생활수준은 만성적으로 실망스러웠고 이는 정치 불안정을 더욱 심화시켰다.

1980년대에 들어 경제학자들은 라틴아메리카 경제가 지나친 정부의 시장개입으로 인해 병들어 있다는 점을 인식하게 되었다. 이들은 수입시장을 개방하고 정부소유 기업을 매각하는 한편 개인의 자유로운 경제활동을 보장할 것을 권고했다. 이와 같은 조치가 취해질 경우 동아시아와 같은 급격한 경제성장이 가능할 것이라는 희망과 함께. 하지만 아직까지는 지속적으로 빠른 경제성장을 이룩한 라틴아메리카 국가는 칠레 한 나라밖에 없다.

아프리카의 고난과 희망

사하라 사막 남쪽 아프리카 지역에는 미국 인구의 세 배를 넘는 약 10억 명 이상의 인구가 살고 있다. 평균적으로 이들은 100년 전 아니 200년 전 미국의 생활수준에도 훨씬 못 미치는 매우 가난한 삶을 살고 있다. 실제로 이 지역의 1인당 실질 국내총생산은 1980년부터 1994년 사이에 13% 감소했다. 물론 그 이후에 회복되기는 했다. 이처럼 부진한 성장의 결과는 혹독하고 지속적인 가난이었다. 그런데 1995년 이후에는 아프리카 대부분의 성장률이 훨씬 더 높아져서 나이지리아와, 앙골라, 남아프리카와 같은 대국을 제외한다면 평균적으로 연 5%에 달했다. 이렇게 극적인 반전은 무엇으로 설명될 수 있을까?

첫째이자 가장 중요한 요인은 많은 아프리카 국가들이 정치적 불안정의 문제를 해결했다는 것이다. 1975년 이래 아프리카의 상당 지역이 수백만 명의 목숨을 앗아 간 야만스러운 내전을 겪었고 이로 인해 생산적인 투자가 이루어지기는 거의 불가능했다. 전쟁과 이로 인한 무정부 상태의 위협은 교육과 사회간접자본이라는 중요한 전제조건이 갖추어지는 것을 저해했다.

재산권 역시 주된 문제다. 법적 안전장치가 없었기 때문에 재산 소유자들은 종종 부패한 정부에 재산을 강탈당했으며 이로 인해 사람들은 재산을 보유하거나 늘리는 것을 꺼렸다. 극도로 가난한 국가에서 이런 현상이 발생하는 것은 매우 해롭다.

많은 경제학자들이 정치적 불안과 부패한 정부를 아프리카가 저개발된 대표적인 요인으로 보고 있지만 컬럼비아대학교의 제프리 삭스(Jeffrey Sachs)나 유엔(UN)은 이와 반대되는 견해를 갖고 있다. 이들은 아프리카가 가난하기 때문에 정치적인 불안이 발생한다고 주장한다. 더 나아가 이들은 아프리카의 가난이 대부분의 대륙이 육지로 둘러싸여 있고, 토양이 척박하고 덥고 열대병이 창궐하는 등 극도로 비우호적인 지리적 여건에 기인한다고 주장한다.

이에 따라 삭스와 세계보건기구(WHO)의 경제학자들은 아프리카의 보건 문제를 해결하는 것이 매우 중요하다고 주장한다. 빈곤한 국가에서는 흔히 영양실조와 질병으로 인해서 노동생산성이 심하게 훼손된다. 특히 말라리아와 같은 열대병은 효과적인 공공보건 사회간접자본에 의해서만 통제될 수 있는데 아프리카는 이와 같은 사회간접자본을 갖추지 못한 상태다. 지금 이 시점에도 아프리카 각지에서는 경제학자들이 작물 수확을 늘리고, 말라리아 발병을 줄이며, 수업 출석률을 높이기 위해서 주민들에게 소정의 보조금을 직접 지급함으로써 생활수준의 자립적인 향상을 가져오는 것이 가능한지에 대한 연구를 진행하고 있다.

사하라 사막 남쪽 아프리카의 느리고 평탄치 못한 경제성장은 많은 사람들에게 지독하고 지속적인 빈곤을 가져왔다.

아프리카 국가들의 사례는 장기 경제성장이 당연히 기대할 수 있는 현상이 아님을 보여 주기는 하지만 그렇다고 해서 희망의 조짐이 없는 것은 아니다. 〈그림 24-9〉에서

GCShutter/Getty Images

보듯이, 나이지리아의 1인당 실질 국내총생산은 수십 년간의 침체 끝에 2000년 이후 위쪽으로 방향을 틀었으며, 2008년과 2018년 사이에는 연평균 3.0%에 달하는 1인당 실질 국내총생산 증가율을 달성했다.

성장에서 뒤처짐?

역사적으로 볼 때 1인당 실질 국내총생산의 증가는 그 국가 거주자 대다수의 실질소득 증가를 가져왔다. 그렇지만 반드시 그러리라는 보장은 없다. 제1장에서 제시한 원리 중 하나는 경제의 변화가 종종 승자와 패자를 발생시킨다는 것인데, 경제성장에 따른 변화도 마찬가지다. 경제성장의 이득은 매우 불균등하게 분배될 수 있으며 어떤 경우에는 국가 전체의 소득이 증가하더라도 인구 상당 부분의 실질소득이 감소할 수도 있다.

이는 이론적 가능성에 불과하지 않다. 미국과 미국보다는 적은 정도로 다른 국가들에 있어 소득분배의 정상 부근에 있는 가계, 특히 가장 소득이 높은 1%의 가계가 벌어들이는 소득의 비중은 1980년 이래 상당히 증가했다. 〈그림 24-10〉은 이러한 불평등의 증가가 야기한 하나의 결과를 보여 준다. 이 그림은 1953년 이래 미국의 1인당 실질 국내총생산과 **중간값** 가계, 즉 소득 등급의 정확히 중간에 있는 가계의 실질소득을 보여준다. 두 숫자 모두 1953년의 값을 100으로 하는 지수로 표시되어 있다.

1980년까지는 두 숫자 모두 거의 동일한 비율로 증가하였는데, 이는 소득분배가 상당히 안정적이었기 때문이다. 그렇지만 1980년 이후에는 소득 중 점점 더 큰 비중이 맨 위에 있는 비교적 적은 수의 사람들에게 귀속되었다. 그 결과 전형적인 미국인의 경험을 반영한다고 할 수 있는 중간값 가계의 소득은 1인당 실질 국내총생산보다 훨씬 더 느리게 증가했다. 다시 말해서 미국

🌐 **국제비교** ▮ **부유한 국가의 뒤처지는 지역들**

지역 간 격차의 확대는 미국만의 문제는 아니다. 높은 교육 수준을 가진 대도시 지역을 농촌과 오래된 공업 지역에 비해 더 유리하게 만드는 요인들은 사실상 모든 부유한 국가들에서 작동하고 있다. 영국에서는 북부의 오랜 탄광과 공업중심 소도시들이 허우적댄 반면 런던의 경제는 급격히 부상했다. 프랑스 역시 파리 대도시 지역과 북부의 석탄 및 철강 지역이 이와 유사한 대조를 보였다. 이탈리아는 부유한 북부와 시실리를 비롯한 가난한 남부 간 격차가 오래 지속되고 있다. 베를린 장벽이 붕괴된 지 30년 이상이 지났지만 구동독 지역은 다른 독일 지역보다 더 가난하다.

여러 국가의 지역 격차를 비교하는 것은 까다로운데, 지역의 정의가 동일하지 않기 때문이다. 미국은 주와 대도시 지역의 자료를 수집하는 반면 유럽의 자료는 NUTS(Nomenclature des Unités Territoriales Statistiques)에 기반을 둔다. 그렇지만 몇 개 국가에 대해 가장 가난한 지역의 실질 국내총생산을 국가 평균에 대한 비율로 보여주는 이 그림으로부터 서방 세계가 비슷한 정도의 지역 격

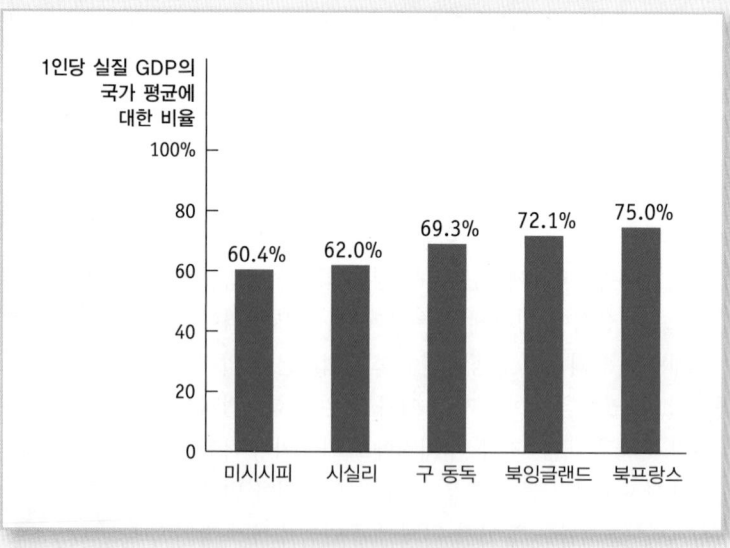

차를 갖고 있으며, 미국의 지역 격차는 이들보다 약간 더 크다는 점을 알 수 있다.

출처 : Nomenclature des Unités territoriales statistiques and Bureau of Economic Analysis.

그림 24-10 소득 양극화의 심화, 1953~2018년

1953년부터 1980년까지 미국에서는 1인당 GDP 와 중간값 가계의 실질소득이 거의 같은 속도로 증가했는데, 이는 소득분포가 상당히 안정적이었 기 때문이다. 그렇지만 1980년 이후에는 가장 부 유한 미국인에게 귀속되는 국민소득의 비중이 상 당히 커졌다. 1인당 실질 GDP가 계속 성장한 반 면 실질 중간소득, 즉 소득분포의 중간에 위치한 가계가 버는 소득의 성장은 이에 뒤처졌다. 이는 1980년 이후 중간에 있는 많은 가계들이 경제성 장에서 뒤처졌음을 의미한다.

출처 : U.S. Census; FRED.

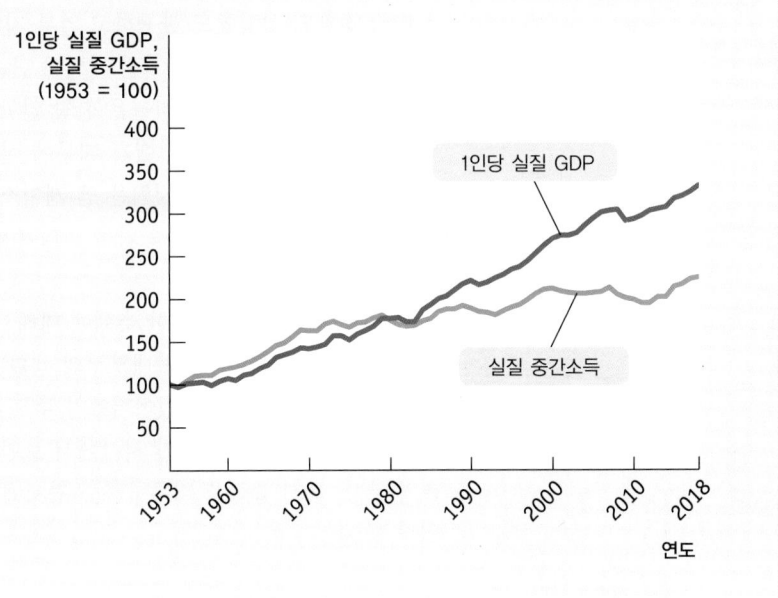

의 많은 가계가 어느 정도로는 경제성장에서 뒤처졌다.

그런데 최근의 성장에서 뒤처진 것은 단지 개별 가계만이 아니다. 전체 지역이 성장에서 뒤처 져서 수렴을 향한 역사적 추세가 뒤집힌 경우도 있다. 20세기 대부분 주로 남부에 위치한 미국 의 가장 가난한 주들은 국가 전체보다 빠른 성장을 경험했고, 그 결과 지역 간 소득 격차가 꾸준 하게 줄어들었다. 하지만 최근 수십 년간 고소득 대도시 지역이 지방과 제조업의 중심이었던 소 도시를 따돌림에 따라 이 격차는 다시 확대되었다.

〈그림 24-11〉은 1997년 이래 2개 주의 1인당 실질 국내총생산 성장률 비교를 통해 이 점을 보여준다. 매사추세츠주는 보스턴과 그 주변 지역으로 기술과 금융이 집중된 덕분에 부유하며, 켄터키주는 경제의 중추인 석탄채굴업과 농업이 지속적으로 쇠퇴했다. 1997년에도 켄터키주는

그림 24-11 부유한 주와 가난한 주 간 소득 격차, 1997~2018

최근 수십 년간 고소득 주는 가난한 주와의 격차 를 더 벌렸다. 1997년부터 2018년까지 매사추세 츠주의 국내총생산은 거의 50% 증가한 반면 켄 터키주는 10% 증가에 그쳤다. 1997년 매사추세 츠의 1인당 소득은 켄터키에 비해 31% 더 높았는 데, 2018년에는 그 격차가 75%로 커졌다.

출처 : U.S. Census; FRED.

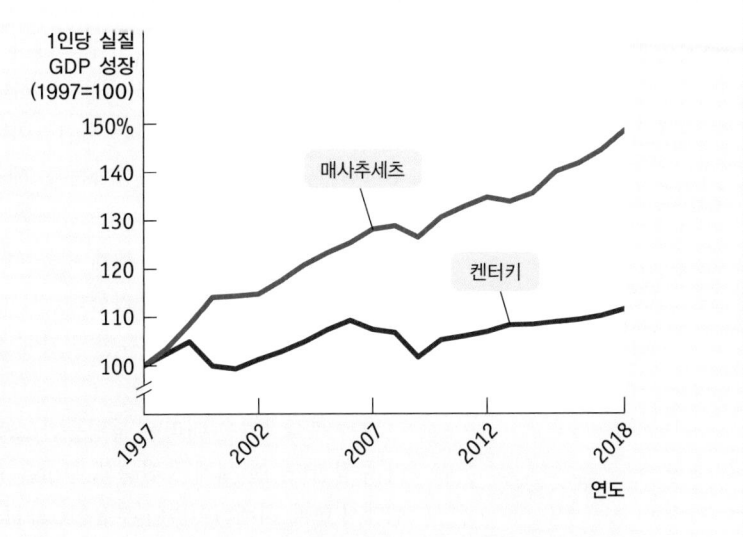

매사추세츠주보다 더 가난했는데, 1인당 실질 국내총생산이 25% 정도 더 작았다. 하지만 이 두 주간 격차는 그 후 극적으로 커졌다.

미국 전체의 성장에도 불구하고 일부 지역이 뒤처져 있다는 사실은 그 자체만으로도 충격적이다. 더 충격적인 것은 뒤처진 지역이 단순한 금전적 손실을 넘어서 심각한 사회문제를 겪고 있다는 사실이다. 어떤 지역들은 한창 일할 나이의 성인들 중 상당수가 일자리가 없다. 이들은 일자리를 구하는 것을 포기했기 때문에 실업자로 계산되지도 않는다. 그리고 아마도 취업 기회의 부족으로 인해 이들 지역은 앤 케이스(Anne Case)와 앵거스 디턴(Angus Deaton)이 '절망의 죽음'이라고 부르는 현상, 즉 약물 과다복용, 자살, 알코올로 인한 죽음을 훨씬 더 심하게 겪고 있다.

그런데 미국에서의 이러한 추세에 대해서는 두 가지 단서를 달 필요가 있다. 첫째, 역사를 폭넓게 보면 경제성장이 인구 대부분의 생활수준을 향상시키는 것이 사실이다. 둘째, 전 세계 경제성장이 최근 수십 년에 있어서조차 주로 부유한 소수에게 혜택을 주었다고 생각하는 것은 잘못이다. 그 반대로 세계적인 시각에서 보면 최근 성장의 가장 두드러진 양상은 **범세계적 중간계층**의 부상, 특히 중국을 비롯한 신흥경제에 있어 이전까지 가난했던 수억 명의 빠른 소득 증가였다.

현실 경제의 >> 이해

세계의 승자와 패자

미국 내 경제성장 이득의 분배는 1980년 무렵부터 불균등하게 이루어졌다. 상위권 가계의 소득은 급격히 증가한 반면 대다수 가계의 소득은 훨씬 더 느리게 증가했으며, 그 결과 소득 불평등이 심화되었다.

그렇다면 세계 경제도 마찬가지일까? 그렇지 않다. 전 세계의 그림은 더 복잡하다. 사실 "전 세계의 불평등도가 심화되고 있나 또는 완화되고 있나?"라는 질문은 별로 의미가 없다. 많은 국가 특히 부유한 국가에서는 **국내** 불평등도가 상승했다. 하지만 중국과 인도를 비롯하여 매우 가난했던 국가들이 빠르게 성장한 덕분에 국가들 간의 불평등도는 하락했다.

성장으로부터 누가 더 많은 혜택을 받는지에 대해 생각해 볼 수 있는 한 방법은 세계 인구를 저소득층, 개도국 중산층, 선진국 근로계층, 전 세계 엘리트의 네 집단으로 나누는 것이다.

가장 아래에는 아직도 경제 성장의 혜택을 누리지 못한 많은 사람들이 있는데, 아마도 이들은 20억 명에 달할 것이다. 사하라 사막 남쪽 지역 대부분 그리고 중국과 인도의 일부 지역에서는 1인당 소득이 한 세기 전에 비해 그다지 더 높지 않다.

이 집단 위에는 10억 명을 넘는 또 하나의 큰 집단이 있는데, 바로 중국과 인도를 비롯하여 빠르게 성장하는 경제에 속하는 사람들이다. 이들에게는 매우 가난했던 시절의 기억이 아직도 생생하지만 지금은 빠르게 성장하는 전 세계 중산층에 속한다.

그다음 집단은 미국의 육체노동자와 같은 선진국의 근로계층인데 이들의 이야기는 덜 행복하다. 이 집단은 아직도 전 세계 평균 이상의 소득을 벌고 있지만, 앞서 보았듯이 이들의 소득은 1980년 무렵부터 느리게 증가했다.

마지막으로 대부분이 부유한 국가에 살고 있는 매우 부유한 사람들로 구성된 작은 집단은 매우 큰 소득 증가를 경험했다.

많은 분석가들은 이러한 불평등한 소득 증가 패턴이 사회적 또는 정치적 알력의 주된 원천이라 주장한다. 전 세계 중산층의 부상은 인류 복지의 향상을 대표할 뿐만 아니라 세계 경제시스템에서 한때 지배적이었던 부유한 국가들의 지위를 잠식했는데, 이는 미국과 중국 간 무역 알력을 설명하는 데 도움이 된다. 부유한 국가 근로계층의 소외감이 대중 영합주의자의 반발에 기여했을 것이다.

>> 이해돕기 24-4
해답은 책 뒤에

1. 일부 경제학자들은 아시아 국가들이 과거에 이룬 높은 생산성 증가를 지속하는 것이 불가능하다고 생각한다. 이 견해가 옳을 수 있는 이유는 무엇인가? 이들이 틀렸음을 증명하기 위해서는 어떤 일이 일어나야 하는가?
2. 〈그림 24-9〉와 이 절의 논의에 근거할 때 어느 지역이 수렴가설을 따를 것으로 예상되나? 그 이유는 무엇인가?
3. 어떤 경제학자들은 아프리카 국가들을 돕기 위해서는 부유한 국가들이 기초적인 사회간접자본을 마련하기 위한 자금을 더 많이 지원해야 한다고 생각한다. 다른 학자들은 아프리카 국가들이 사회간접자본을 유지하기 위한 재정적 수단과 정치적 수단을 가지고 있지 않는 한 이와 같은 정책으로는 장기적인 성장효과를 거둘 수 없다고 생각한다. 여러분이라면 어떤 정책을 권고하겠는가?

>> **복습**
- 동아시아의 괄목할 만한 경제성장은 높은 저축률과 투자율, 교육의 강조, 다른 국가에서 이룩한 기술진보의 채택 등을 통해 이루어졌다.
- 열악한 교육, 정치 불안, 무책임한 정부정책 등이 라틴아메리카의 경제성장이 느린 이유다.
- 사하라 사막 남쪽의 아프리카에서는 극심한 정치적 불안, 전쟁, 열악한 사회간접자본(특히 공공 보건 관련) 등이 재난에 가까운 성장 실패를 낳았다. 하지만 최근에는 이전에 비해 훨씬 더 나은 경제적 성과를 보였다.
- 지난 수십 년간 세계 경제 전체는 빠르게 성장했다 그렇지만 성장은 불균등했다.

|| 세계의 경제성장은 지속가능한가

이 장의 앞부분에서는 인구 증가의 압력이 생활수준을 제약한다고 경고한 19세기 초의 경제학자 맬서스의 견해에 대해 설명했다. 문명의 기원으로부터 맬서스의 시대에 이르기까지의 약 58세기 동안에는 맬서스의 견해가 옳았다. 즉 제한된 경작지의 공급이 1인당 실질소득이 크게 증가하는 것을 저해했었다. 하지만 그 이후 기술진보와 실물자본 및 인적 자본의 빠른 축적 덕분에 세계 경제는 맬서스의 비관론에 도전할 수 있었다.

하지만 이와 같은 일이 항상 가능할까? 일부 회의론자들은 이미 **지속가능한 장기 경제성장**(sustainable long-run economic growth)이 가능한지, 즉 자연자원의 공급이 제한되어 있고 과거의 성장이 환경에 부정적 영향을 미쳤음에도 불구하고 경제성장이 지속될 수 있는지에 대해 의문을 제기하고 있다.

자연자원과 성장에 대한 재론

"신맬서스주의" 즉 자연자원의 부족이 경제성장을 심하게 제약힐 것이라는 주장은 근대적인 장기 경제성장이 시작된 이후 주기적으로 제기되었다. 1865년에 영국의 경제학자인 윌리엄 스탠리 제본스(William Stanley Jevons)가 산업혁명의 원동력이었던 석탄 매장량이 곧 바닥날 수 있다는 경고를 담은 저서를 저술했다. 1972년에는 로마클럽이라 불리는 집단의 유명 저서가 자연자원의 부족이 성장의 몰락을 가져올 것이라고 경고했다. 2000년대 초에는 세계 원유 공급의 고갈로 인해 발생할 위기인 "원유생산 정점(peak oil)"에 대한 우려가 널리 퍼졌다.

지금까지는 이들 경고 중 어느 것도 입증되지 못했는데, 이는 대체로 기술 진보를 통해 과거의 제약을 피해갈 수 있었기 때문이다. 예를 들어 과거에는 채굴할 수 없었던 원유와 가스가 수압파쇄법을 통해 대량으로 추출되고, 풍력과 태양광 발전으로 인해 전기 생산비용이 크게 감소함에 따라 2005년 이후 에너지 생산에 극적인 변화가 발생했다.

모두는 아니더라도 대부분의 경제학자들은 현대 경제가 한정된 자연자원 공급을 해결할 수 있는 방안을 찾을 수 있을 것이라 생각한다. 이러한 낙관론의 배경 중 하나는 자원이 희소해짐

지속가능한 장기 경제성장(sustainable long-run economic growth)은 제한된 자연자원과 환경에 대한 성장의 영향에도 불구하고 장기 성장이 계속될 수 있다는 것이다.

에 따라서 자원가격이 높아져서 희소한 자원을 아끼는 동시에 새로운 대안을 모색할 동기를 부여한다는 데 있다. 예를 들어 1970년대의 유가 급등으로 인해 미국의 산업이 에너지 비용 절감을 위한 노력을 배가함에 따라 미국 소비자들도 작고 연료 효율성이 더 높은 자동차를 찾게 되었다.

이와 같은 가격에 대한 반응을 전제로 하여 경제학자들은 대체로 자원의 희소성이 경제가 비교적 잘 관리해 온 문제이므로 근본적으로 경제성장을 제약하지는 않을 것으로 보는 경향이 있다. 하지만 효과적인 정치적 행동을 필요로 하는 환경 문제는 더 해결하기 어려운 과제를 제시한다.

경제성장과 환경

다른 조건이 같다면 경제성장은 대기오염 증가, 야생동물 서식지 파괴, 멸종, 생물종 다양성의 감소를 포함하여 환경에 대한 인간의 영향을 증가시키는 경향이 있다. 예를 들면 이 장 도입부의 사례에서 보았듯이 인도의 괄목할 만한 경제성장은 도시의 대기오염을 엄청나게 증가시켰다.

경제성장이 환경에 미치는 영향을 분석함에 있어서는 지리적으로 한정된 지역에만 영향을 미치는 국지적 환경 훼손과 더 멀리 전 세계적인 영향을 가지는 범세계적 환경 훼손을 구분하는 것이 유용하다. 다음에서 보듯이 범세계적 환경 훼손 특히 기후 변화의 문제를 다루는 것은 훨씬 더 어렵다.

오늘날 선진국의 도시에서 대기의 질이 향상되었다는 사실은 충분한 정치적 의지가 있고 해결책을 찾기 위해 충분한 자원이 투입되기만 한다면 국지적 환경 피해는 크게 축소될 수 있음을 보여 준다. 다음의 '현실 경제의 이해'에서 보듯이 중국은 빠른 속도의 경제 성장을 계속하면서도 주요 도시에서 대기의 질을 극적으로 개선시켰다.

그렇지만 기후 변화, 즉 공해와 같이 인간활동으로 인한 지구 기후의 변화는 해결하기가 더 어렵다. 정책이 범세계적인 규모로 시행되어야 하는데 이를 위해서는 많은 국가의 협력이 필요하기 때문이다.

석탄, 원유, 천연가스 등의 화석연료를 태울 경우 대기 내의 이산화탄소가 증가한다는 점에 대해서는 과학자들 사이에 광범위한 의견 일치가 이루어져 있다. 이산화탄소는 온실가스의 한 형태다. 이러한 가스는 태양 에너지를 가둠으로써 지구의 기온을 상승시키며 기후 변화를 초래해 높은 인적 · 경제적 · 환경적 비용을 치르게 만든다. 이러한 비용에는 극한 기후, 빈번한 홍수, 작물 피해 등이 포함된다. 최근의 추정치에 따르면 기후 변화가 완화되지 않을 경우 2100년까지는 그 비용이 세계 국내총생산의 20%에 달할 것이라 한다. 더욱이 이 비용은 가난한 국가에 더 큰 부담이 된다.

기후 변화 문제는 경제성장과 연결되어 있다. 경제 규모가 클수록 더 많은 주택과 공장과 자동차가 있으며, 이들은 대개 화석연료를 태워서 동력을 얻는다. 현재 전 세계 에너지 소비는 화석연료에 압도적으로 의존한다. 전체 에너지 소비의 85%가 화석연료에 의존하는 데 반해 재생가능한 청정연료는 11%에 불과하다. 그 이유는 무엇일까? 역사적으로 볼 때 화석연료를 사용하는 것이 더 쌌기 때문이다. 오늘날 부유한 국가들의 대부분은 최근 한 세기 동안 공업화와 화석연료를 통해 경제를 성장시켰다. 지구의 온실가스 배출을 줄이기 위해서는 선진국과 중국과 인도처럼 규모가 큰 개도국들이 화석연료에 대한 의존도를 낮추고 풍력이나 태양열 발전처럼 재생가능한 청정연료를 더 많이 이용해야 한다.

최근까지는 화석연료로부터 청정연료로의 전환비용을 어떻게 부담할 것인가에 대한 국가들 간 의견 불일치가 기후 변화에 대해 효과적인 행동을 취하는 것을 저해했다. 〈그림 24-12〉에서 보듯이 역사적으로 볼 때는 이산화탄소 배출의 대부분이 오늘날 부유한 국가들에 의해 이루어

그림 24-12 기후 변화와 성장

온실가스 배출은 성장과 정의 관계를 갖는다. 이 그림의 미국과 유럽의 예에서 보듯이 부유한 국가들은 역사적으로 대부분의 이산화탄소 배출에 책임이 있으며 이산화탄소는 모든 온실가스 배출의 4분의 3을 초과한다. 이들 경제는 보다 부유하고 보다 빠른 속도로 성장했기 때문이다. 중국을 비롯한 다른 신흥경제들이 성장함에 따라 이들 역시 훨씬 더 많은 이산화탄소를 배출하기 시작했다. 중국은 이산화탄소 배출에 있어 미국과 유럽을 추월했다.

출처 : Energy Information Administration.

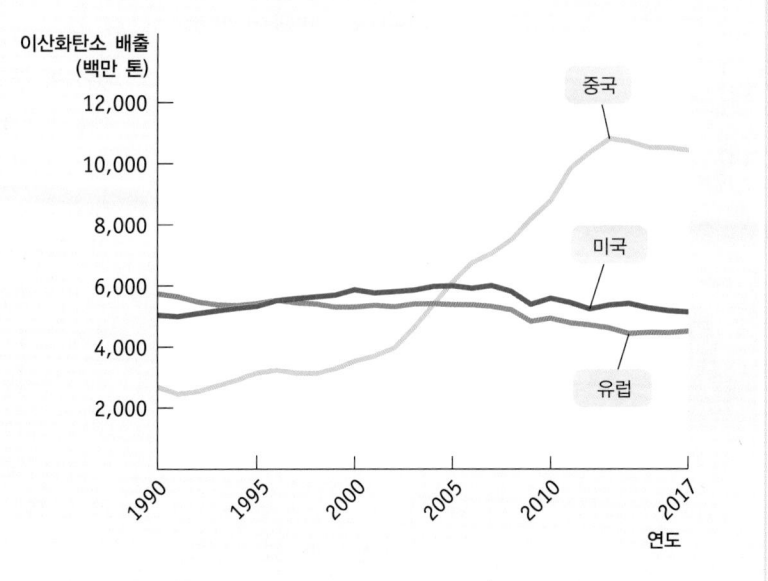

졌으며, 이산화탄소는 전 세계 온실가스 배출의 거의 4분의 3을 차지한다. 반면에 최근의 이산화탄소 배출 증가는 중국이나 인도와 같은 신흥경제국들에 의해 이루어지고 있다. 부유한 국가들이 온실가스 배출을 줄이더라도 새로운 선수들이 빠른 속도로 배출을 늘림에 따라 감축 노력이 실패할 것이라면 부유한 국가들은 그 비용을 치르기를 꺼릴 것이다. 반면에 아직 상대적으로 가난한 국가들은 부유한 국가들의 과거 행위에 의해 위협받고 있는 환경을 보호하는 부담을 자신들이 지는 것이 불공평하다고 생각한다.

문제의 심각성이 인정됨에 따라 2015년에는 196개국이 지구 온도 상승을 섭씨 2도 이내로 제한하기 위해 온실가스 배출을 줄일 것을 약속하는 내용의 **파리기후협약**(Paris Agreement)이 체결되었다. 이 협약의 핵심 축은 중국, 인도, 미국의 협력이었다. 중국과 인도는 자신의 온실가스 배출을 감축하는 데 동의했고, 미국은 다른 부유한 국가들과 함께 가난한 국가들이 비용을 치르는 것을 돕기 위해 여러 가지 형태의 공적 자금과 민간 자금을 조성할 것을 약속했다. 미국은 원래 파리기후협약에 참가했었지만, 2017년에 트럼프 행정부가 2020년 11월부터 이 협약에서 탈퇴할 것이라 발표했다.

과연 기후 변화의 영향을 피하면서 장기 성장을 유지하는 것이 가능할까? 이 주제를 연구해 온 대부분의 경제학자들은 가능하다고 답한다. 경제적 비용이 발생하긴 하지만 청정 에너지원에 대한 기술 혁신이 진전됨에 따라 이 비용은 감소하고 있다. 지금까지 알려진 최선의 추정치에 따르면 향후 수십 년간 온실가스 배출을 크게 줄인다고 해도 1인당 실질 국내총생산의 장기적인 성장에는 약간의 손상을 입힐 뿐이다.

환경을 보호하면서 장기 경제성장을 달성하려면 정부가 규제와 환경기준과 제도를 통해 개인과 기업이 청정 에너지원으로 전환하도록 시장 유인을 제공해야 한다. 마지막으로 부유하든 가난하든 정부들이 협력을 계속해야 한다. 필요한 정책에 대한 정치적 의견일치를 이루는 것이 열쇠다.

2015년 **파리기후협약**(Paris Agreement)에서는 196개국이 지구 온도 상승을 섭씨 2도 이내로 제한하기 위해 온실가스 배출을 줄일 것을 약속했다.

현실 경제의 >> 이해
중국의 공해와의 전쟁

Imaginechina Limited/Alamy Stock Photo

베이징이 전기자동차 생산으로 전환됨에 따라 대기가 깨끗해지기 시작했다.

중국의 수도인 베이징은 뉴델리보다도 더 크다. 이 대도시 지역에는 2,400만 명이 거주하고 있다. 얼마 전까지만 해도 베이징은 대기 오염의 대명사였다. 이 도시가 고위급 국제회의인 아시아 태평양 경제 협력체를 주최한 2014년 정책당국은 임시 공해방지 대책을 시행하여 한동안 공기를 맑게 만들었다. 당시에는 이것이 희귀한 사건이라 주민들은 "APEC 파란색"이라는 신조어로 흔치 않게 나타난 자연색 하늘을 표현했다.

그렇지만 같은 해에 중국 정부는 더 장기적인 "공해와의 전쟁"을 선포했다. 여기에는 석탄 연소에 대한 제약, 대기를 가장 오염시키는 몇몇 오래된 공장의 폐쇄, 주요 도시에서의 공해배출 차량에 대한 제한, 높은 보조금을 받는 전기 버스의 도입 등의 조치가 포함되었다.

이 조치들은 효과가 있어서 공기는 훨씬 더 깨끗해졌다. 베이징의 대기는 아직도 비슷한 인구를 가진 뉴욕 대도시 지역보다 훨씬 더 나쁘다. 대기 오염은 "중간"과 "유해" 사이를 맴돌고 있다. 그렇지만 이조차도 이전보다는 훨씬 더 낫다.

놀랄 만한 것은 중국이 세계에서 가장 빠르게 성장하는 경제를 유지하면서도 이렇게 대단한 공해 감소를 달성했다는 사실이다. 2014년부터 2019년까지 중국의 실질 국내총생산은 38%, 즉 연 6.4% 성장했는데도 대기는 꾸준하게 깨끗해졌다. 달리 말하자면 장기 경제성장과 환경 개선은 공존할 수 있다.

>> 복습

- **지속가능한 장기 경제성장**이 가능한지에 대해서는 큰 견해 차이가 있다. 하지만 경제학자들은 일반적으로 자원 절약과 대체자원 창출을 촉진하는 가격 반응을 통해서 현대 경제가 자연자원의 희소성이 성장에 가하는 제약을 경감할 수 있다고 생각한다.
- 환경을 보호하기 위한 조치가 취해지지 않는다면 경제성장은 환경을 훼손하는 경향이 있다. 국지적 환경 훼손은 정치적 의지와 자원을 통해 대응할 수 있다. 범세계적 환경 훼손은 많은 국가의 협력을 필요로 하기 때문에 대응하기가 어렵다.
- 화석연료를 연소함에 따른 부산물인 온실가스의 축적은 지구의 온도를 상승시켰다. 기후 변화의 영향을 피하기 위해서는 정부의 효과적인 개입이 필요하다.
- 선진국과 빠르게 성장하는 규모가 큰 국가들은 화석연료로부터 태양열 발전이나 풍력 발전과 같은 청정 에너지원으로 전환할 필요가 있다. 이러한 전환에 따른 비용은 1인당 실질 GDP 성장이 약간 저해되는 것뿐이다. 이 비용조차도 청정 에너지원에 대한 기술혁신이 진전됨에 따라 감소하고 있다.
- 2015년 **파리기후협약**에서는 196개국이 지구 온도의 상승을 제한하기 위해 온실가스 배출을 줄이는 데 동의했다.

>> 이해돕기 24-5
해답은 책 뒤에

1. 경제학자들은 보통 환경 훼손에 의해 제기되는 경제성장에 대한 제약과 자원의 희소성에 의해 가해지는 경제성장에 대한 제약 중 어느 쪽을 더 걱정하고 있을까? 부의 외부효과의 역할에 주목하면서 여러분의 답을 설명하라.

2. 온실가스 배출과 성장 간의 관계는 무엇일까? 온실가스 배출 감축은 성장에 어떤 영향을 미칠 것으로 기대되는가? 온실가스 배출 감축을 위한 부담을 국제적으로 분담하는 것이 논쟁의 대상이 될 수 있는 이유는 무엇인가?

Bloomberg/Getty Images

혁신과 기술진보에 대해 생각할 때 우리는 말과 마차를 대체한 자동차나, 가스등을 대체한 전구나, 계산기와 타자기를 대체한 컴퓨터와 같이 거대하고 극적인 변화에 초점을 두는 경향이 있다. 그렇지만 많은 진보는 점진적이며 대부분의 사람에게는 보이지 않는다. 그럼에도 불구하고 이러한 화려하지 않은 변화가 시간이 흐르면서 거대한 영향을 미친다. 예를 들어 단순한 바코드 스캐너에 대해 생각해 보자.

바코드가 처음 상용화된 것은 1974년에 리글리 껌 10갑 묶음이 NCR(National Register Corporation)이 생산한 스캐너에 읽힌 것이었다. 사람의 눈에는 의미 없어 보이는 문양을 갖고 있지만 판독장치와 스마트폰으로는 인식되는 바코드와 그 이차원 후손들을 이제는 어디에서나 흔히 볼 수 있으며 선적 컨테이너로부터 항공 여객에 이르기까지 모든 것을 확인하고 보내는 데 사용되고 있다.

기계가 판독할 수 있는 라벨의 혜택은 계산대에 줄지어 선 소비자들이 느끼는 것보다 훨씬 더 어마어마하다. 예를 들어 소매상들은 연속적으로 매출을 추적하여 언제 상품을 재주문하고 선반을 다시 채우고, 창고에 무엇을 보관하고, 각 근로자들이 얼마나 생산적인지를 알기 위해 이를 이용한다. 식료품 소매업은 노동집약적인 산업인데 경제학자들의 추정치에 따르면 바코드 기술의 채택은 노동비용을 최대 40% 감소시켰다. 궁극적으로 바코드 기술은 전체 소매업의 컴퓨터화를 촉진했다.

여러분은 스캐너나 현금자동인출기와 같은 서비스 접점 기술에서 여전히 주요 공급자의 지위를 유지하고 있는 NCR이 이러한 기술 혁신에서의 선도적인 역할로 인해 엄청난 수익을 냈을 것이라 생각할 수도 있을 것이다. 이 기업이 잘 해 오기는 했지만, 초기의 스캐너 판매는 엄청난 양이 아니었다. 바코드 스캐너의 채택은 20년 후의 스마트폰 확산과 비교하면 상대적으로 느린 편이었다. 역사적인 껌 묶음이 출현한 후 10년간 전체 슈퍼마켓의 3분의 1 정도만이 이를 채택했다.

그 이유는 무엇일까? 바코드 기술의 잠재력을 완전히 실현하려면 소매업자와 기업들이 먼저 스캐너와 이를 이용한 정보처리 시스템을 구매하기 위해 엄청난 돈을 지출해야 한다. 이에 못지 않게 중요한 것은 제조업자들이 자신의 제품에 바코드를 넣기 위한 장치를 설치해야 한다는 점이다. 이는 소매상들이 스캐너 판독가능 제품이 더 많아질 때를 기다리는 한편 제조업자들이 스캐너를 사용하는 점포들이 더 많아질 때를 기다리는 닭이 먼저냐 달걀이 먼저냐의 문제를 일으킨다.

시간이 지나자 소매업자와 제조업자들이 필요한 투자를 실행하여 정보기술이 광범위하게 사용될 수 있는 환경이 마련됨에 따라 이 문제는 해결되었다. 사실 1995년부터 2005년까지 소매업은 미국 경제 전체 생산성 향상의 가장 주된 원천이 되었다.

유럽에서의 바코드 기술 채택은 더 느렸다. 미국에서는 큰 점포들이 가장 먼저 스캐너를 설치했으며, 이 기술은 스캐너 설비에 투자할 여력이 없었던 구멍가게의 희생하에 소매업의 집중화를 촉진했다. 하지만 유럽에서는 토지 사용정책과 같은 정부정책이 구멍가게들을 보호했다.

결국 유럽도 새로운 경향을 따르기 시작했다. 바코드 기술은 미국에서 시작하여 적어도 선진국에서는 보편화되었다.

생각해 볼 문제

1. 바코드 기술은 소매업에 있어 많은 투자의 자극제가 되었다. 이 기술은 소매업 생산함수를 어떻게 변화시켰나? 새로운 기술 없이 동일한 금액의 투자가 이루어진다면 어떤 결과를 가져올까?

2. 미국에서 바코드의 확산이 지연된 것은 모든 사람이 다른 누군가가 먼저 움직이기를 기다린 데 있다. 이러한 지연을 해결하기 위해 어떤 정책이 채택될 수 있었을까? 이러한 정책은 좋은 생각일까?

3. 위의 사례를 이용하여 세계 각국의 성장률에 차이가 나는 이유를 설명하라.

4. 처음의 장애요인에도 불구하고 바코드는 전 세계로 확산되었다. 이러한 사실은 국가 간 경제성장의 차이에 대해 어떤 의미를 갖는가?

요약

1. 성장은 물가수준 변화와 인구 규모 변화의 영향을 제거하기 위해 1인당 실질 국내총생산의 변화로 측정된다. 전 세계의 1인당 실질 국내총생산에는 큰 차이가 있다. 아직도 전 세계 인구의 절반 이상이 1900년의 미국보다도 빈곤한 국가에서 살고 있다. 미국의 1인당 실질 국내총생산은 1900년에 비해 여덟 배가 되었다.

2. 1인당 실질 국내총생산의 증가율도 국가에 따라 매우 큰 차이가 있다. **70의 법칙**에 따르면 1인당 실질 국내총생산이 두 배가 되는 데 걸리는 햇수는 70을 1인당 실질 국내총생산의 연간 성장률로 나눈 값과 같다.

3. 장기 경제성장의 열쇠는 노동자 1인당 생산량인 **노동생산성** 또는 단순히 **생산성**의 증가에 있다. 생산성의 향상은 노동자 1인당 **실물자본**의 증가, 노동자 1인당 **인적 자본**의 증가 그리고 **기술진보**에 의해 이루어진다. **총생산함수**는 1인당 실질 국내총생산이 이 세 가지 요인에 어떻게 의존하는지를 보여 준다. 다른 조건이 같다면 **실물자본에 대한 수익체감** 현상이 존재한다. 즉 실물자본의 양을 계속 증가시킬 때 추가적으로 투입되는 실물자본 한 단위당 생산성 증가분이 그 이전에 비해 감소한다. 다시 말해서 1인당 실물자본이 증가할 경우 생산성 증가율은 낮아지지만 여전히 0보다 큰 값을 갖는다. **성장회계**는 한 국가의 경제성장에서 각 요소의 기여도를 추정한다. 성장회계에 따르면 주어진 요소투입량으로부터 생산되는 생산량을 의미하는 **총요소생산성**이 장기 경제성장의 열쇠다. 총요소생산성의 증가는 일반적으로 기술진보의 결과로 해석된다. 과거와는 달리 자연자원은 오늘날 대부분의 국가에서 생산성 증가의 원천으로서의 중요성이 감소했다.

4. 국가 간 경제성장률에 큰 격차가 나는 원인으로 실물자본과 인적 자본 축적 속도의 차이와 기술진보의 차이를 들 수 있다. 외국으로부터의 해외저축의 유입도 도움을 줄 수 있지만 무엇보다도 중요한 요인은 국내저축률과 투자율이다. 실물자본에 대해 많은 투자지출을 하는 대부분의 국가들이 이를 위한 재원을 높은 수준의 국내저축에서 조달하기 때문이다. 기술진보는 대개 **연구개발**, 즉 **R&D**의 결과다.

5. 정부는 성장을 도울 수도 있고 저해할 수도 있다. 성장을 직접적으로 촉진하는 정부정책으로는 **사회간접자본**에 대한 보조, 특히 공공 보건을 위한 사회간접자본의 건설, 교육에 대한 보조, 연구개발에 대한 보조 그리고 저축이 투자지출, 교육, 연구개발로 연결될 수 있도록 원활하게 작동하는 금융시스템의 유지를 들 수 있다. 정부는 재산권, 특히 지식재산권을 보호하고, 정치적 안정을 유지하고, 좋은 지배구조를 제공함으로써 성장을 위한 환경을 개선할 수 있다. 좋지 않은 지배구조로는 부정부패와 과도한 정부 개입을 들 수 있다.

6. 세계 경제는 장기 경제성장을 성취하려는 노력에 있어서 성공과 실패 사례를 모두 갖고 있다. 동아시아 경제들은 많은 일을 제대로 한 결과 매우 높은 성장률을 달성했다. 오랜 기간에 걸친 라틴아메리카와 아프리카 경제들의 저성장은 경제학자들로 하여금 국가들 간 1인당 실질 국내총생산의 차이가 시간이 흐름에 따라 줄어들 것이라고 주장하는 **수렴가설**이 교육, 사회간접자본, 우호적인 정부정책 및 제도 등과 같이 성장에 영향을 미치는 요인들이 같은 국가들의 자료에 있어서만 성립될 것임을 믿도록 만들었다. 최근에는 몇몇 라틴아메리카와 사하라 사막 남쪽 국가들에 있어서 주로 상품 수출 호황으로 인한 성장률의 증대가 나타났다.

7. 경제성장은 국가 간에 불균등하게 일어날 뿐 아니라 국가 내에서도 불균등하게 일어나는 사례가 많다. 미국에서는 1인당 소득의 평균값과 중간값 간의 괴리가 증가한다는 사실과 부유한 주와 가난한 주 사이의 소득 격차가 증가한다는 사실이 이를 보여 준다.

8. 경제학자들은 대체로 환경 훼손이 자연자원의 희소성보다 **지속가능한 장기 경제성장**에 대해 더 큰 위협이 된다고 생각한다. 환경 훼손 문제를 해결하기 위해서는 효과적인 정부 개입이 필요하다.

9. 기후변화는 성장과 연관되어 있으며 이를 해결하기 위해서는 정부의 행동이 필요하다는 점에 대해 광범위한 의견 일치가 있다. 기후변화의 충격을 피하려면 각국이 화석연료에 대한 의존도를 낮추고 재생가능한 청정 에너지원으로 전환해야 한다. 이는 1인당 실질국내총생산 증가율 하락이라는 비용을 필요로 하지만 청정 에너지원에 대한 기술혁신이 진전됨에 따라 이러한 비용은 감소하고 있다. 각국은 다른 국가들과 함께 2015년 **파리기후협약**을 실현하기 위해 노력할 필요가 있다. 이 협약에서는 196개국이 지구 온도 상승을 제한하기 위해 온실가스 배출을 줄이는 데 동의했다.

주요용어

70의 법칙
노동생산성
생산성
실물자본
인적 자본

기술진보
총생산함수
실물자본에 대한 수익체감
성장회계
총요소생산성

연구개발(R&D)
사회간접자본
수렴가설
지속가능한 장기 경제성장
파리기후협약

토론문제

1. 다음 표는 세계은행의 세계개발지표에서 구한 아르헨티나, 가나, 한국, 미국의 1960년, 1980년, 2000년, 2018년도 1인당 실질 GDP를 2010년 미국 달러로 보여 준다.

   a. 각국에 있어서 1960년과 2018년의 1인당 실질 GDP에 대한 각 연도의 1인당 실질 GDP의 백분율을 구해서 표

   를 완성하라.

   b. 네 국가에 있어서 1960년부터 2018년 사이의 생활수준 향상 정도에는 서로 어떤 차이가 있을까? 차이점이 있다면 그것은 어떤 이유에서일까?

	아르헨티나			가나			한국			미국		
연도	1인당 실질 GDP (2010년 달러)	1인당 실질 GDP에 대한 비율		1인당 실질 GDP (2010년 달러)	1인당 실질 GDP에 대한 비율		1인당 실질 GDP (2010년 달러)	1인당 실질 GDP에 대한 비율		1인당 실질 GDP (2010년 달러)	1인당 실질 GDP에 대한 비율	
		1960년	2018년		1960년	2018년		1960년	2018년		1960년	2018년
1960	$5,643	?	?	$1,056	?	?	$944	?	?	$17,551	?	?
1980	7,908	?	?	881	?	?	3,700	?	?	28,590	?	?
2000	8,224	?	?	952	?	?	15,105	?	?	44,727	?	?
2018	10,044	?	?	1,807	?	?	26,762	?	?	54,579	?	?

2. 안드로드국은 현재 생산을 위하여 방법 1을 사용하고 있다. 과학자들이 우연히 안드로드의 생산성을 향상할 수 있는 기술적인 돌파구를 찾아내었다. 이 기술적인 돌파구는 또 다른 생산함수인 방법 2에 제시되어 있다. 다음 표는 노동자 1인당 인적 자본이 고정되어 있다는 가정하에 두 방법에 있어서 노동자 1인당 실물자본과 노동자 1인당 생산량의 조합을 보여 준다.

   a. 표에 제시된 자료를 이용하여 하나의 그래프에 두 생산함수를 모두 그리라. 현재 안드로드의 노동자 1인당 실물자본은 100이다. 여러분이 그린 그래프에 이 점을 *A*로 표시하라.

   b. *A*점에서 출발하여 70년 동안 안드로드국의 노동자 1인당 실물자본이 400으로 증가한다고 하자. 안드로드가 방법 1을 사용함을 가정하고, 그래프에 새로운 생산점을 *B*로 표시하라. 70의 법칙을 이용하여 노동자 1인당 생산량이 연간 몇 퍼센트씩 증가한 것인지 계산하라.

   c. 이제 *A*점에서 출발하여 70년 동안 안드로드의 노동자

방법 1		방법 2	
노동자 1인당 실물자본	노동자 1인당 실질 GDP	노동자 1인당 실물자본	노동자 1인당 실질 GDP
0	0.00	0	0.00
50	35.36	50	70.71
100	50.00	100	100.00
150	61.24	150	122.47
200	70.71	200	141.42
250	79.06	250	158.11
300	86.60	300	173.21
350	93.54	350	187.08
400	100.00	400	200.00
450	106.07	450	212.13
500	111.80	500	223.61

1인당 실물자본이 400으로 증가하는 한편 같은 기간에 안드로드가 방법 2로 전환한다고 하자. 그래프에 새로

운 생산점을 C로 표시하라. 70의 법칙을 이용하여 이번에는 노동자 1인당 생산량이 연간 몇 퍼센트씩 증가한 것인지 계산하라.

    d. 안드로드 경제가 A점에서 C점으로 이동함에 따른 연간 생산성 증가 중 몇 퍼센트가 총요소생산성 향상으로 인한 것인지를 구하라.

3. 미국의 노동통계국은 정기적으로 지난달의 "생산성과 비용(Productivity and Costs)" 보고서를 발표한다. www.bls.gov로 가서 가장 최근 보고서를 찾으라.[노동통계국 홈페이지 '주제(Subject)' 탭에서 '경제 소식 보도(Economic News Release)' 링크를 선택한 후 '생산성과 기술(Productivity and Technology)' 제목 밑에서 가장 최근의 "생산성과 비용(Productivity and Costs)" 보고서를 찾으라.] 직전 사분기에 있어서 기업 생산성과 비농가 기업 생산성의 변화율은 얼마인가? 위에서 조사된 분기의 생산성 변화율은 전년 동일 분기와 비교하여 어떻게 다른가?

4. 캘리포니아와 펜실베이니아의 1인당 실질 GDP는 수렴하고 캘리포니아와 미국에 접한 멕시코의 주인 바하캘리포니아의 1인당 실질 GDP는 수렴하지 않을 것으로 기대되는 이유는 무엇인가? 캘리포니아와 바하캘리포니아에서 수렴이 일어나려면 어떤 변화가 있어야 할까?

5. 미국 에너지 정보관리처에 따르면 2018년 현재 확인된 세계 원유 매장량이 1조 6,630억 배럴이라 한다. 같은 해 미국의 에너지정보관리처는 일별 세계 원유 생산량이 8,292만 배럴이라고 발표했다.

    a. 이와 같은 생산속도가 계속된다면 확인된 세계 원유 매장량은 얼마나 지속될 수 있나? 여러분이 계산한 수치를 가지고 맬서스학파의 견해에 대해 논하라.

    b. 여러분의 계산에 암묵적으로 적용된 중요한 가정들 중 어떤 것들이 이 문제에 관하여 맬서스학파의 견해를 반박할 수 있는 근거가 될 수 있을까?

    c. 시장의 힘이 어떻게 확정 원유 매장량이 바닥날 때까지의 기간에 영향을 줄 수 있는지 논하라. 단 새로운 원유 매장량은 발견되지 않으며, 원유의 수요곡선에도 변화가 없다고 가정하라.

연습문제

1. 세계은행의 세계개발지표에서 구한 다음 표는 지난 수십년 동안 아르헨티나, 가나, 한국의 1인당 실질 GDP의 연평균 증가율을 보여 준다.

연도	1인당 실질 GDP의 연평균 증가율		
	아르헨티나	가나	한국
1968~1978	1.21%	-0.34%	9.02%
1978~1988	-0.25	-1.64	7.47
1988~1998	2.13	1.50	5.59
1998~2008	1.52	2.71	5.10
2008~2018	-0.16	4.12	2.55

    a. 각 10년 기간에 대해서 70의 법칙을 이용해서 각국의 1인당 실질 GDP가 두 배가 되는 데 걸리는 기간을 계산하라.

    b. 각국이 2008~2018년 기간 중 달성한 연평균 성장률이 미래에도 영원히 지속된다고 가정하자. 2018년을 시작으로 70의 법칙을 적용하여 각국의 1인당 실질 GDP가 두 배가 되는 해를 구하라.

2. 다음 표는 소득수준에 따라 정의된 여러 지역에 있어서 1인당 소득수준과 증가율에 대한 대략적인 통계를 보여 준다.

70의 법칙에 따르면 2018년부터 출발할 때 고소득 국가들의 1인당 GDP는 대략 70년 후인 2088년에 두 배가 될 것으로 예상된다. 이 문제에서 각 지역의 성장률이 2000년과 2018년 사이의 성장률 수준으로 고정되어 있다고 가정하라.

국가	1인당 실질 GDP (2018년)	1인당 실질 GDP의 연평균 증가율(2000~2018년)
고소득 국가	$43,559	1.0%
중소득 국가	5,149	3.6
저소득 국가	740	2.1

출처 : World Bank.

    a. 다음에 대하여 2018년도 1인당 GDP의 비율을 계산하라.

      i. 중소득 국가 대 고소득 국가

      ii. 저소득 국가 대 고소득 국가

      iii. 저소득 국가 대 중소득 국가

    b. 저소득 국가와 중소득 국가의 1인당 GDP가 두 배가 되는 데 몇 년이 걸릴지 계산하라.

    c. 각 지역에 있어서 2088년의 1인당 국내총생산을 구하라. (힌트 : 2018년부터 2088년 사이의 햇수인 70년 동

안에 이들의 1인당 GDP가 두 배가 되는 것은 몇 번일까?)

  d. 문제 a를 2088년에 예상되는 1인당 GDP를 가지고 반복하라.

  e. 문제 a와 d에 대한 여러분의 답을 비교하라. 지역 간 경제적 불평등의 변화에 대해 논평하라.

3. 실물자본, 인적 자본, 기술, 자연자원은 어떤 역할을 통해서 1인당 총생산의 장기 성장에 영향을 미치는가?

4. 미국의 정책과 제도는 미국 경제의 장기 성장에 어떻게 영향을 미쳐 왔는가?

5. 향후 100년간, 그로랜드의 1인당 실질 국내총생산은 연평균 2.0%의 속도로 성장할 것으로 기대된다. 하지만 슬로랜드의 경제성장은 이보다 다소 느려서 약 1.5%의 연평균 성장률을 보일 것으로 예상된다. 현재 두 나라의 1인당 실질 국내총생산이 2만 달러라면, 100년 후 두 나라의 1인당 실질 국내총생산은 어떻게 달라질까? [힌트 : 지금 실질 국내총생산이 x인 국가가 매년 y%로 성장한다면 z년 후에 실질 국내총생산은 $\$x \times (1 + (y/100))^z$가 될 것이다. 단 $0 \le y < 100$이라 가정한다.]

6. 다음 표는 세계은행의 세계개발지표에서 구한 프랑스, 일본, 영국, 미국의 1960년과 2018년 1인당 실질 GDP(2010년 미국 달러)를 보여 준다. 표를 완성하라. 이들 국가는 경제적으로 수렴했는가?

국가	1960년 1인당 실질 GDP (2010년 달러)	1960년 미국의 1인당 실질 GDP에 대한 비율	2018년 1인당 실질 GDP (2010년 달러)	2018년 미국의 1인당 실질 GDP에 대한 비율
프랑스	$12,744	?	$43,664	?
일본	8,608	?	48,920	?
영국	13,934	?	43,325	?
미국	17,551	?	54,579	?

7. 다음 표는 세계은행의 세계개발지표에서 구한 아르헨티나, 가나, 한국, 미국의 1960년과 2018년 1인당 실질 GDP(2010년 미국 달러)를 보여 준다. 표를 완성하라. 이들 국가는 경제적으로 수렴했는가?

국가	1960년 1인당 실질 GDP (2010년 달러)	1960년 미국의 1인당 실질 GDP에 대한 비율	2018년 1인당 실질 GDP (2010년 달러)	2018년 미국의 1인당 실질 GDP에 대한 비율
아르헨티나	$5,643	?	$10,404	?
가나	1,056	?	1,807	?
한국	944	?	26,762	?
미국	17,551	?	54,579	?

8. 다음 표는 선택된 국가에 있어서 2000~2014년 중 1인당 이산화탄소 배출량과 1인당 실질 GDP의 연간 증가율을 보여 준다.

국가	2000~2014년 연평균 증가율 1인당 실질 GDP	2000~2014년 연평균 증가율 1인당 CO_2 배출량
아르헨티나	1.69%	1.17%
방글라데시	4.33	4.47
캐나다	0.96	0.01
중국	9.24	7.48
독일	1.20	−0.41
아일랜드	1.30	−2.56
일본	0.70	0.11
한국	3.51	2.32
멕시코	0.67	0.42
나이지리아	5.03	−1.30
러시아	4.16	1.35
남아프리카	1.64	−0.02
영국	1.02	−2.20
미국	0.85	−1.27

출처 : Energy Information Administration, The Conference Board.

  a. 이들 국가를 이산화탄소 배출량의 증가율이 가장 높은 순서대로 순위를 매기라. 증가율이 가장 높은 5개국은 어디인가? 증가율이 가장 낮은 5개국은 어디인가?

  b. 이제 이들 국가를 1인당 실질 GDP 증가율이 가장 높은 순서대로 순위를 매기라. 증가율이 가장 높은 5개국은 어디인가? 증가율이 가장 낮은 5개국은 어디인가?

  c. 여러분이 도출한 결과로부터 이산화탄소 배출량과 1인당 생산량 증가율 간에 관계가 있다고 추론할 수 있는가?

  d. 빠른 성장이 반드시 이산화탄소 배출량을 빠르게 증가시키는가?

숨겨진 제국을 위한 지출

아마존은 세계에서 가장 크고 유명한 온라인 소매상이다. 수백만 명의 사람들이 책부터 전자제품과 애완동물 용품에 이르기까지 모든 것을 사기 위해 아마존의 웹사이트를 일상적으로 방문한다. 마우스를 클릭하거나 스마트폰을 손가락으로 건드리면 며칠 후 당신이 원하는 물건이 마치 사람의 손을 거치지 않은 것처럼 문 앞에 나타난다.

금융시스템을 통해 아마존은 확장에 필요한 수십억 달러를 조달했고 세계에서 가장 큰 온라인 소매상이 되었다.

사람들은 종종 아마존에 대해 소비재를 난데없이 불러오는 실체가 없는 조직이라는 잘못된 인상을 갖는다. 아마존은 절대로 가상의 회사가 아니다. 편리한 온라인 상호작용과 배달의 이면에는 자료를 처리하는 서버 농장과 창고들로 구성된 거대하지만 대부분이 감춰져 있는 실물 제국이 존재한다. 사실 이들 물리적 시설의 네트워크는 아마존의 핵심적인 성공 요인으로 널리 인정받고 있다. 한 증권분석가의 최근 분석에 의하면 아마존은 25만 명의 근로자를 고용하는 175개 이상의 창고(아마존의 용어로는 "물류센터")를 보유하고 있으며, 미국 인구의 절반이 이들 센터로부터

20마일 이내에 살고 있다.

주요 시장과 가깝고 엄청난 양의 인기제품 재고를 보유한 이들 창고 덕분에 이 기업은 많은 제품을 하루 또는 이틀 내에 배달할 수 있다. 유통에 있어서 이와 같은 우월성으로 인해 이 회사는 경쟁에서 우위를 점할 수 있다. 독자들 중 일부도 아마존에서 이 교과서를 샀을 것이다.

아마존이 숨겨진 실물 제국을 건설하기 위해 얼마를 지출했는지는 잘 모르지만 그 비용은 엄청난 규모였을 것이다. 이 돈은 어디서 왔을까?

회사가 낸 이익의 재투자에서 온 것은 아니다. 1994년에 설립된 아마존은 2016년까지는 이익을 내지 못했다. 하지만 궁극적으로 매우 높은 수익성을 보일 것임을 외부투자자에게 확신시킬 수 있었다. 그리고 미래 이익에 대한 전망만으로도 외부투자자들로부터 대규모의 자금을 유치하기에 충분했다.

이들 투자자 중 일부는 주식을 샀다. 주식은 기대되는 미래 이익에 대한 지분이다. 아마존은 전통적 기업들에게는 보편화된 방식이지만 기술 기업으로서는 이례적인 방식을 채택했는데, 그것은 설립 초기부터 부채를 파는 것이었다. 부채는 어떤 일이 일어나든 매년 투자자들에게 고정된 금액을 지급하겠다는 약속이다. 당시 이러한 부채 매각은 논란의 대상이었지만 지금은 경쟁자들에 대해 결정적인 우위를 아마존에 준 것으로 인정된다. 경쟁자들은 실물 시설 특히 물류창고에 아마존과 같은 정도의 투자를 하지 못했다.

당시 아마존은 엄청난 투자지출에 필요한 자금을 이들 지출이 재무적 성과를 내기 훨씬 전에 조달할 수 있었다. 이것은 어떤 면에서는 일종의 금융 기적이었다. 아마존은 극히 예외적인 사례이기는 하지만 현대 경제에서는 같은 종류의 금융 기적이 항상 일어나고 있다.

제24장에서 분석했듯이 장기 성장은 저축자의 자금을 생산적인 투자지출로 연결해주는 일련의 시장과 제도에 의존하는데, 이들을 모두 합해서 **금융시스템**(financial system)이

라고 부른다. 이 시스템이 없었다면 아마존과 같은 기업이 생산성 향상의 중요 원천인 실물자본의 대부분을 구매할 수 없었을 것이다. 저축자들도 자신의 자금으로부터 낮은 수익을 벌 수 밖에 없었을 것이다.

역사상 금융시스템은 철도와 공장 같은 사업에 자금을 공급하였다. 오늘날 금융시스템은 녹색 기술, 사회적 매체, 인적 자본에 대한 투자와 같은 새로운 성장 원천에 자금을 공급해 준다. 잘 작동하는 금융시스템이 없는 나라는 경제성장의 부진을 겪을 수밖에 없다.

이 장은 먼저 경제 전체에 초점을 둘 것이다. 우선 거시경제 차원에서 저축과 투자지출 간의 관계를 살펴본다. 그다음에는 이 관계를 넘어서 저축을 투자지출로 전환시켜 주는 수단인 금융시스템에 대해서 분석한다.

우리는 금융시스템이 어떻게 저축자(투자할 자금을 가진 사람)와 차입자(자금을 필요로 하는 투자사업을 가진 사람)의 후생수준을 모두 증가시키도록 자산과 시장과 제도를 창조하는지에 대해서 알아볼 것이다. 마지막으로 금융시장의 행태를 살펴보고 금융시장에서 경제학자들이 설명하기 어려운 일들이 발생하는 이유에 대해 논하면서 이 장을 마칠 것이다. ●

이 장에서 배울 내용

- **저축과 투자지출** 간에는 어떤 관계가 있는가?

- **대부자금시장**은 저축자와 차입자를 어떻게 연결시켜 주는가?

- **주식, 채권, 대출, 은행예금** 등 네 가지 주요 **금융자산**의 목적은 무엇인가?

- **금융중개기관**은 투자의 **분산**을 어떻게 돕는가?

- **자산가격**을 결정하는 요인이 무엇이며, 자산시장의 변동이 거시경제 불안정의 원인이 될 수 있는지에 대한 경쟁적인 견해는 무엇인가?

‖ 저축과 투자지출 짝 짓기

앞 장에서는 경제성장에 필수적인 두 요인으로 경제의 인적 자본과 실물자본 수준의 향상을 들었다. 인적 자본은 주로 공립학교에 의해서 공급된다. (미국과 같이 사립학교 부문이 큰 국가에서는 사립 고등교육 역시 인적 자본의 중요 원천이 된다.) 하지만 실물자본은 사회간접자본을 제외하고는 주로 민간 투자지출, 즉 정부가 아닌 기업의 지출에 의해서 조성된다.

그렇다면 민간 투자지출을 위한 자금은 누가 지급하는 것일까? 어떤 경우에는 실제 투자지출을 하는 사람이나 기업이 자금의 공급자가 된다. 예를 들어 가업을 운영하는 가족은 새 건물이나 장비를 구입하기 위해 자신의 저축을 사용할 수 있다. 또는 기업이 새 공장을 짓기 위해 자신이 벌어들인 이윤의 일부를 재투자할 수 있다. 하지만 현대 경제에서는 개인이나 기업이 실물자본을 조성하기 위해 차입이나 주식 발행을 통해 다른 사람의 돈을 이용하는 경우가 흔히 있다.

여러분은 경제에 있어 자금 순환흐름의 확장판을 보여주는 〈그림 22-1〉을 기억할 것이다. 제22장에서 우리는 이 그림의 왼쪽, 즉 재화와 서비스시장으로 들어가는 자금과 재화와 서비스시장에서 나오는 자금을 나타내는 초록색 화살들에 초점을 두었다. 이 장에서는 오른쪽에 있는 파란색 화살들, 즉 **금융시장**으로 들어가는 자금과 **금융시장**에서 나오는 자금의 흐름에 초점을 둘 것이다. 금융시장에서는 정부와 기업과 개인들이 재화가 아니라 미래 지급에 대한 약속을 거래한다.

금융시장에 대해 이해하고 투자지출의 재원이 어떻게 조달되는지를 이해하기 위해서는 먼저 경제 전체에서 저축과 투자지출이 어떤 관계를 가지는지를 파악할 필요가 있다. 그다음에 저축이 어떻게 경제에 존재하는 여러 가지 투자사업에 할당되는지에 대해서 알아볼 것이다.

저축-투자지출 항등관계

저축과 투자지출을 이해하는 데 가장 기본적인 요점은 이 둘의 크기가 항상 같다는 것이다. 이것은 이론이 아니라 **저축-투자지출 항등관계**(savings-investment spending identity)라 불리는 회계상의 원리다.

저축-투자지출 항등관계가 성립되어야 하는 이유를 이해하기 위해 제22장에서 배웠던 국민소득계정을 다시 한번 들여다보자. 국내총생산은 국내에서 생산된 재화와 서비스의 최종생산물에 대한 총지출과 같으며 따라서 다음과 같은 식이 성립된다. [이 식은 식 (22-1)과 동일하다.]

$$(25-1) \quad GDP = C + I + G + X - IM$$

이 식에서 C는 가계의 소비지출, I는 투자지출, G는 정부의 재화와 서비스 구매, X는 다른 국가에 대한 수출품의 가치, IM은 다른 국가로부터의 수입품에 대한 지출을 나타낸다.

폐쇄경제에서의 저축-투자지출 항등관계 폐쇄경제에는 수출과 수입이 없다. 따라서 $X=0$이고 $IM=0$이며 그 결과 식 (25-1)은 더 단순해진다. 제22장에서 배웠듯이 이처럼 단순화된 경제의 총소득은 정의에 의해 총지출과 같아진다. 왜 그럴까? 제1장에서 제시한 경제학의 기본 원리 중 하나로 경제 주체의 지출은 다른 경제 주체의 소득이라는 점을 상기하라. 사람들이 소득을 벌 수 있는 유일한 방법은 무엇인가를 다른 누군가에게 팔아서이며 경제에서 지출된 모든 돈은 누군가의 소득이 된다. 식 (25-2)는 이와 같은 사실을 잘 나타낸다.

좌변의 GDP는 경제에서 벌어들인 총소득을 나타내고, 우변의 $C+I+G$는 경제의 총지출을 나타낸다.

(25-2)　　　GDP$=C+I+G$
　　　　　총소득＝총지출

사람들은 소득을 가지고 무엇을 할 수 있을까? 이는 가계의 소비지출(C)과 정부의 재화와 서비스 구매(G) 형태로 소비되거나 저축(S)이 될 수 있다. 따라서 다음 식이 성립되어야 한다.

(25-3)　　　GDP$=C+G+S$
　　　　　총소득＝가계 및 정부 소비지출＋저축

위 식에서 S는 저축을 나타낸다. 한편 식 (25-2)가 말하듯이 총지출은 가계 및 정부 소비지출($C+G$)이나 투자지출(I)로 구성되므로

(25-4)　　　GDP$=C+G+I$
　　　　　총지출＝가계 및 정부 소비지출＋투자지출

식 (25-3)과 식 (25-4)를 이용하면 다음 식을 구할 수 있다.

(25-5)　　　　　　　　　$C+G+S=C+G+I$
　　　　　가계 및 정부 소비지출＋저축＝가계 및 정부 소비지출＋투자지출

위 식의 양변에서 가계 및 정부 소비지출($C+G$)을 빼면 다음 식이 구해진다.

(25-6)　　　$S=I$
　　　　　저축＝투자지출

위 식은 앞서 우리가 이야기한 바와 같이 경제 전체에서 저축이 투자지출과 같다는 기본적인 회계상의 원칙을 나타낸다.

이제 저축을 더 자세히 들여다보자. 경제에서 저축을 할 수 있는 경제 주체는 가계만이 아니다. 한 해 동안 정부가 지출보다 많은 조세를 거둔다면 정부도 저축을 할 수 있다. 이 경우 조세수입과 지출의 차이를 **재정흑자**(budget surplus)라 부르는데 이것이 바로 정부의 저축이 된다.

만일 정부지출이 조세수입을 초과한다면 **재정적자**(budget deficit), 즉 음의 재정흑자가 발생한다. 이 경우에는 정부가 '부(負)'의 저축을 한다고 한다. 즉 조세수입보다 더 많은 지출을 함으로써 정부는 저축과 반대되는 활동을 하는 셈이다. 재정적자의 재원을 조달할 수 있는 한 가지 방법은 차입이다. **정부차입**(government borrowing)은 연방정부, 주정부, 지방정부가 차입한 자금의 총액이다.

우리는 이 두 경우에 대해서 모두 **재정수지**(budget balance)라는 용어를 사용할 것이다. 물론 재정수지는 양의 값(재정흑자)을 가질 수도 있고 음의 값(재정적자)을 가질 수도 있다. 재정수지(S_G)는 다음과 같이 정의된다.

(25-7)　$S_G=T-G-TR$

재정흑자(budget surplus)는 조세수입이 정부지출을 초과할 때 조세수입과 정부지출 간의 차이다.

재정적자(budget deficit)는 정부지출이 조세수입을 초과할 때 조세수입과 정부지출 간의 차이다.

재정적자의 재원을 조달할 수 있는 한 가지 방법은 차입이다. **정부차입**(government borrowing)은 연방정부, 주정부, 지방정부가 차입한 자금의 총액이다.

재정수지(budget balance)는 조세수입과 정부지출 간의 차이다.

민간저축과 재정수지의 합인 **국민저축**(national savings)은 한 국민경제 내에서 발생하는 저축의 총액이다.

순자본유입(net capital inflow)은 한 국가로의 자금 유입액에서 그 국가로부터의 자금 유출액을 뺀 것이다.

여기서 T는 조세수입액이며 TR은 정부 이전지출이다. 재정수지는 정부에 의한 저축과 동일하다. 그 값이 양이면 정부가 저축을 하는 것이며, 그 값이 음이면 정부가 부의 저축을 하고 있는 것이다. **국민저축**(national savings) 또는 단순히 저축이라 부르는 것은 민간저축(S_P)과 재정수지(S_G)의 합과 같은데, 민간저축은 세금을 공제한 소득인 가처분소득에서 소비를 뺀 것이다. 국민저축(S_N)은 다음과 같이 쓸 수 있다.

$$(25-8) \quad S_N = S_G + S_P$$

따라서 식 (25-6)과 식 (25-8)은 폐쇄경제에서 저축–투자지출 항등관계는 다음과 같은 모습을 가짐을 말해 준다.

$$(25-9) \quad S_N = I$$
$$\text{국민저축} = \text{투자}$$

개방경제에서의 저축–투자지출 항등관계 개방경제는 재화와 화폐가 흘러 나가고 들어갈 수 있는 경제다. 이 경우 한 국가에서 생성된 저축이 반드시 동일한 국가 내의 투자지출 사업에 사용될 필요가 없으며 그 결과 저축–투자지출 항등관계에 변화가 발생한다. 한 국가에 거주하는 사람들의 저축이 다른 국가에서 발생하는 투자지출의 재원으로 사용될 수 있기 때문이다. 따라서 어떤 국가도 해외저축을 국내 투자지출을 위한 자금으로 유입할 수 있다. 또한 어떤 국가도 국내저축을 다른 국가의 투자지출 재원으로 유출할 수 있다.

국가 간 자금의 유입이나 유출이 한 국가에서 투자지출에 사용할 수 있는 총저축에 미치는 순효과를 그 국가로의 **순자본유입**(net capital inflow)이라고 한다. 순자본유입은 한 국가로의 해외자금의 총유입에서 국내자금의 해외로의 총유출을 뺀 값과 같다. 재정수지와 마찬가지로 순자본유입은 한 국가로부터 유출되는 자본이 그 국가로 유입되는 자본보다 많을 때 음의 값을 가질 수 있다. 미국은 최근 미국 경제를 매력적인 투자대상으로 생각하는 외국인들로 인해 지속적으로 순자본유입을 경험하고 있다. 예를 들어 2018년 중 미국으로의 순자본유입은 5,095억 달러에 달했다.

국가 전체의 차원에서는 국민저축에 의해 생성되는 1달러와 자본유입에 의해 생성되는 1달러가 서로 동등하지 않음에 주목해야 한다. 이 둘은 모두 동일한 금액만큼의 투자지출 재원으로 사용될 수 있다. 그런데 저축자로부터 차입하는 돈은 모두 이자를 붙여서 갚아야 한다. 국민저축으로부터 조달된 자금은 민간경제 주체든 정부든 국내에 거주하는 누군가에게 이자를 붙여서 갚아야 한다.

그러나 자본유입에 의해 조달된 자금은 외국인에게 이자를 붙여서 갚아야 한다. 따라서 자본유입을 통해 조달된 투자지출 자금은 국민저축에 의해 조달된 자금에 비해 외국인에게 지불해야 하는 이자만큼 국민경제가 치르는 비용이 더 크다.

순자본유입이 외국인으로부터 차입된 자금을 나타낸다는 사실은 개방경제의 저축–투자지출 항등관계에서 매우 중요하다. 자신의 소득보다 더 많은 지출을 하는 개인을 생각해 보자. 이 사람은 지출과 소득 간의 차이만큼을 다른 사람들로부터 차입해야 한다. 마찬가지로 수출해서 버는 것보다 더 많은 수입품에 지출을 하는 국가는 그 차액만큼을 외국인들로부터 차입해야 한다. 그리고 이 차액, 즉 외국인들로부터 차입한 자금액이 바로 이 나라의 순자본유입이다. 제33장에서 상세하게 설명되겠지만 이는 한 국가로의 순자본유입이 수입과 수출 간의 차이와 같음을 의미한다.

$$(25\text{-}10) \qquad NCI = IM - X$$
$$\text{순자본유입} = \text{수입} - \text{수출}$$

식 (25-1)을 다시 정리하면 다음 식을 구할 수 있다.

$$(25\text{-}11) \quad I = (GDP - C - G) + (IM - X)$$

식 (25-3)과 식 (25-9)를 이용하면, $GDP - C - G$가 국민저축과 같음을 알 수 있다. 따라서

$$(25\text{-}12) \qquad I = S_N + (IM - X) = S_N + NCI$$
$$\text{투자지출} = \text{국민저축} + \text{순자본유입}$$

따라서 저축-투자지출 항등관계를 자본의 유입과 유출에 대해 개방된 경제에 적용한다면 투자지출이 국민저축과 순자본유입의 합인 저축과 같아져야 한다. 즉 양의 순자본유입을 가진 경제에서는 투자지출을 위한 자금의 일부가 외국인의 저축에 의해서 조달된다. 마찬가지로 음의 순자본유입(즉 유입되는 것보다 더 많은 자본의 유출)을 가진 경제에서는 국민저축의 일부가 다른 국가에서 발생하는 투자지출의 재원이 된다.

2018년 미국의 투자지출은 4조 3,155억 달러였다. 민간저축은 모두 합해서 4조 4,784억 달러고 정부저축은 −6,832억 달러였으며, 국민저축은 3조 7,952억 달러였다. 순자본유입은 5,095억 달러였다. 그런데 이 계산은 정확하게 일치하지 않는데, 이는 자료 수집이 완벽하지 못하여 약 1,080억 달러에 달하는 '통계상의 불일치'가 발생하여 국민저축과 순자본유입의 합이 투자지출을 초과했기 때문이다. 하지만 이것은 어디까지나 자료의 문제 때문이지 이론이 틀려서가 아니다. 자료만 정확하다면 저축-투자지출 항등관계는 현실에서도 성립되어야 한다.

〈그림 25-1〉은 2018년에 세계 주요 국가인 미국과 독일에서 이 항등관계가 실제로 어떠했는지를 보여 준다. 두 경제를 비교하기 쉽도록 저축과 투자지출은 모두 국내총생산에 대한 비율로 측정되었다. 〈그림 25-1〉에서와 같이 각 그림에서 왼쪽에 있는 오렌지색 막대는 총투자지출을 나타내고 여러 색깔을 가진 오른쪽 막대는 저축의 구성을 보여 준다. 미국의 투자지출은 국내총생산의 21.0%였고, 이를 위한 자금은 민간저축(GDP의 24.1%)과 정의 순자본유입(GDP의 2.4%)의 결합에 의해 조달되었는데 이 중 일부가 정부의 재정적자(GDP의 −5.7%)에 의해 상쇄되었다. 독일의 국내총생산에서 투자지출이 차지하는 비중은 21.8%로 미국에 비해 더 높다. 이를 위한 자금은 미국보다 높은 민간저축 비율(GDP의 27.2%)과 정부의 재정흑자(GDP의 1.9%)에 의해 조달되었는데 이 중 일부가 부의 순자본유입 혹은 자본유출(GDP의 −7.3%)에 의해 상쇄되었다.

경제의 저축이 투자지출을 위한 자금의 공급원이다. 그런데 투자지출에 사용될 수 있는 자금은 어떻게 여러 투자사업에 할당될까? 즉 어떤 사업이 (아마존의 물류창고처럼) 자금을 조달할 수 있고 어떤 사업이 자금을 조달할 수 없는지는 무엇에 의해서 결정될까? 우리는 곧 자금이 우리에게 익숙한 방법, 즉 시장에서의 공급과 수요를 통해 투자사업에 배분됨을 볼 것이다.

그림 25-1 개방경제의 저축-투자지출 항등관계 : 2018년의 미국과 독일

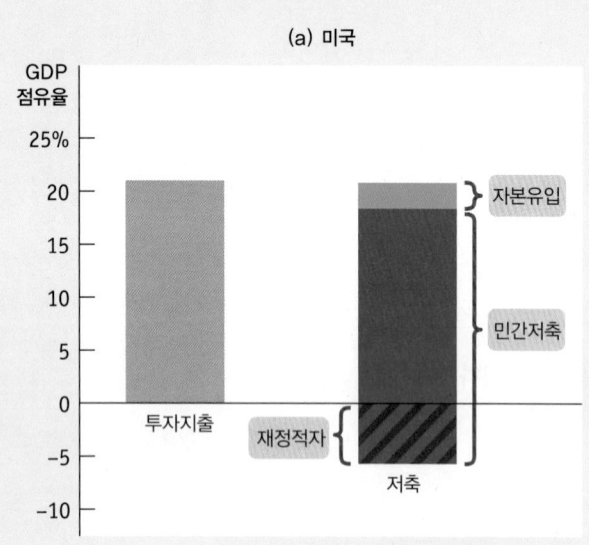

(a) 미국

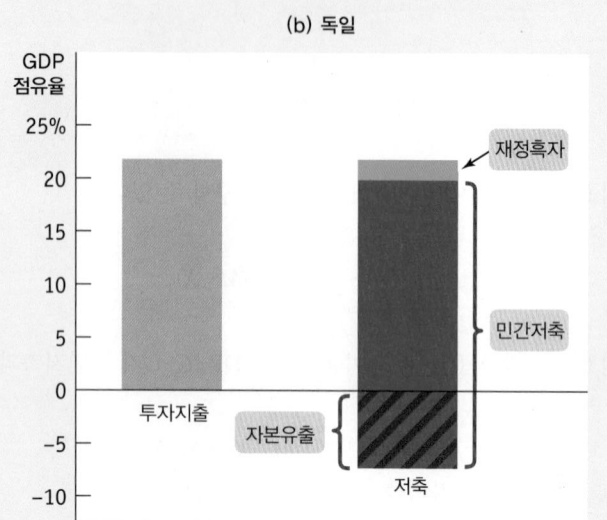

(b) 독일

2018년 미국의 투자지출(GDP의 21.0%)을 위한 자금은 민간저축(GDP의 24.1%)과 자본유입(GDP의 2.4%)에 의해 조달되었는데, 이 중 일부가 재정적자(GDP의 -5.7%)에 의해 상쇄되었다. 독일의 2018년 투자지출은 국내총생산에서 차지하는 비중이 21.8%로 미국보다 약간 높다. 이를 위한 자금은 미국보다 높은 민간저축 비율(GDP의 27.2%)과 작은 규모의 재정

흑자(GDP의 1.9%)에 의해 조달되었는데, 이 중 일부가 자본유출(GDP의 -7.3%)에 의해 상쇄되었다. 통계상의 불일치로 인해 막대들은 일치하지 않을 수 있다.

출처 : International Monetary Fund.

대부자금시장

경제 전체에서 저축은 항상 투자지출과 같다. 폐쇄경제에서는 저축이 국민저축과 같다. 개방경제에서는 저축이 국민저축과 자본유입의 합과 같다. 그런데 빌려 줄 자금을 가진 저축자들은 대개 투자지출을 하기 위해 자금을 차입하기를 원하는 차입자들과 서로 일치하지 않는다. 그렇다면 저축자들과 차입자들이 어떻게 서로 연결될까?

저축자와 차입자는 생산자와 소비자가 짝 지어지는 것과 동일한 방법으로, 즉 공급과 수요가 만나는 시장을 통해 짝 지어진다.

이를 이해하기 위해서는 현실을 다소 단순화시키는 것이 도움이 된다. 현실 경제에는 매우 다양한 금융시장이 존재한다. 여기에는 어떤 일이 발생하든 고정된 금액의 지급할 것을 약속하는 **채권**과 **대출** 그리고 미래 이익에 대한 지분을 투자자들에게 제공하는 **주식**을 위한 시장이 포함된다. 그러나 경제학자들은 흔히 이를 단순화시켜서 돈을 빌려 주기를 원하는 자들(저축자)과 차입하기를 원하는 자들(투자사업을 가진 기업)이 모이는 하나의 시장만이 있다고 가정한다.

바로 이 가상적인 시장을 **대부자금시장**(loanable funds market)이라 부른다. 대부자금시장에서 결정되는 가격이 이자율인데, 이를 r로 표기하기로 한다. 제23장에서 봤듯이 대부분의 대출에서는 명목이자율이 지정된다. 따라서 우리가 r을 '이자율'이라 부르더라도 이는 명목이자율, 즉 인플레이션에 대해 조정되지 않은 이자율을 의미하는 것으로 이해해야 한다.

단순화 작업은 여기서 멈추지 않는다. 실제 현실에서는 단기대출, 장기대출, 법인에 대한 대출, 정부에 대한 대출 등 여러 가지 종류의 대출이 많이 존재하기 때문에 이자율도 여러 가지가 존재한다. 하지만 앞으로 우리는 단순화를 위해서 대출들 간의 차이를 무시하고 단지 한 가지 종류의 대출만이 있다고 가정할 것이다.

대부자금시장(loanable funds market)은 차입자에 의해 발생하는 자금수요와 대부자가 제공하는 자금공급으로 구성된 가상적인 시장이다.

이제 우리는 어떻게 저축과 투자가 짝 지어지는지를 분석할 준비가 되었다.

대부자금의 수요 〈그림 25-2〉는 가상적인 대부자금 수요곡선 D를 예시적으로 보여 주는데, 이 곡선은 우하향의 기울기를 가지고 있다. 수평축은 대부자금의 수요량을 나타낸다. 수직축은 차입의 '가격'인 이자율을 나타낸다. 그런데 대부자금의 수요곡선은 왜 우하향의 기울기를 가지는 것일까?

그 답을 찾기 위해 새 장비를 구입하는 것처럼 투자지출을 실행할 때 기업이 무엇을 하는지를 생각해 보자. 투자지출이란 미래 일정 시점에 더 많은 이윤을 가져올 것이라는 기대하에 지금 당장 돈을 지출함을 의미한다. 그렇지만 5년이나 10년 후의 1달러를 주겠다는 약속은 지금 당장 실제로 가진 1달러보다 가치가 작다. 따라서 오늘 투자를 하는 데 필요한 화폐적 비용보다 더 큰 미래 수익을 창출할 수 있을 때에만 투자를 할 가치가 있다. 얼마나 더 커야 할까?

이 질문에 답하기 위해서는 기업이 벌 것이라 예상하는 미래 수익의 현재가치를 고려할 필요가 있다. 우리는 '탐구자를 위하여'에서 현재가치의 개념에 대해 검토할 것이다. 여러분은 앞서 제9장의 부록에서 현재가치의 개념이 소개되었음을 기억할 것이다. 거기서 여러분은 현재가치의 개념이 몇 년 후 미래에 벌어들일 달러에 어떻게 적용될 수 있는지를 배웠다.

현재가치를 계산함에 있어서 우리는 미래 시점의 1달러의 가치가 어떻게 현재 1달러의 가치와 비교될 수 있는지를 결정하기 위해 이자율을 사용한다. 중요한 사실은 미래의 1달러가 현재의 1달러보다 가치가 작으며, 이자율이 높을수록 가치가 더 작아진다는 점이다.

현재가치 계산의 바탕이 되는 직관은 단순하다. 이자율은 미래에 수익을 가져다주는 투자지출의 기회비용을 나타낸다. 자금을 투자지출 사업에 지출하는 대신 은행에 넣어 두면 이자를 벌 수 있기 때문이다. 따라서 이자율이 높을수록 자금을 투자지출 사업에 투자하는 대신 단순히 은행에 넣어 두는 것이 더 매력적으로 보인다.

다시 말해서 이자율이 높을수록 투자지출의 기회비용이 높아진다. 따라서 투자지출의 기회비용이 높을수록 기업들이 시행하기를 원하는 투자사업의 수가 적어질 것이며 그 결과 기업들이

그림 25-2 대부자금에 대한 수요

대부자금에 대한 수요곡선은 우하향 하는 기울기를 갖고 있다. 즉 이자율 이 낮을수록 대부자금에 대한 수요량 이 커진다. 여기서 이자율이 12%에서 4%로 하락하면 대부자금에 대한 수요 량은 1,500억 달러에서 4,500억 달러 로 증가한다.

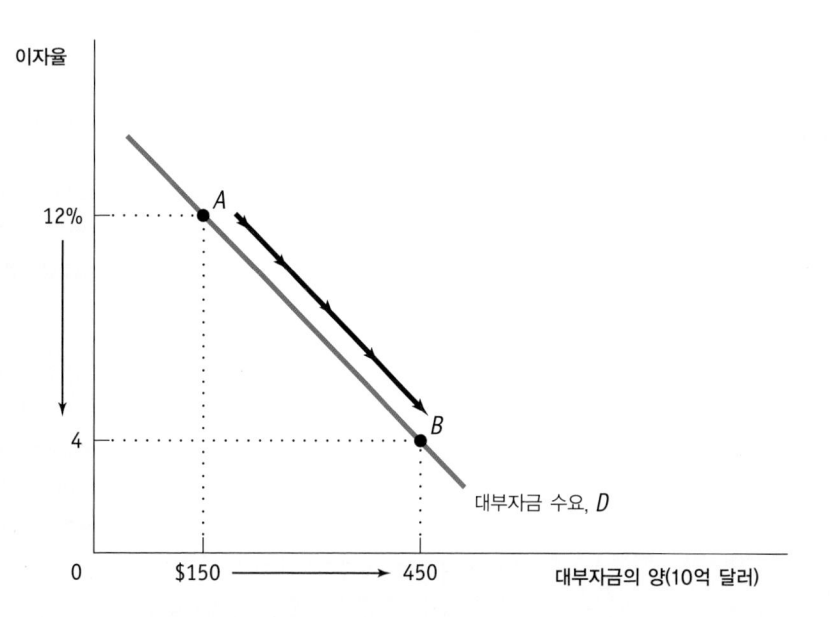

탐구자를 위하여   현재가치 이용하기

현재가치의 개념을 이해하면 대부자금 수요곡선이 우하향의 기울기를 가지는 이유를 알 수 있다. 현재가치의 핵심을 이해할 수 있는 간단한 방법은 오늘 갖고 있는 일정 금액의 자금과 1년 후 갖고 있을 동일 금액의 자금 간 가치의 차이를 예시적으로 보여 주는 것이다.

여러분이 오늘부터 정확히 1년 후에 대학을 졸업하고 그 기념으로 1,000달러가 드는 여행을 할 계획을 갖고 있다고 하자. 지금부터 1년 후에 1,000달러를 갖기 위해 지금 얼마를 갖고 있어야 할까? 1,000달러는 아닐 것이다. 그 이유는 이자율에 있다.

지금 여러분이 갖고 있어야 할 금액을 X라 하자. 여러분이 은행에 예금한 자금으로부터 수취할 이자율을 r로 나타내자. X를 지금 은행에 예금하고 이 예금에 대한 이자율이 r이라면, 1년 후에 은행은 X×(1+r)을 지급할 것이다. 은행이 1년 후 여러분에게 지급할 금액이 1,000달러라면 지금 필요한 금액은 다음 식을 충족시켜야 한다.

$$X×(1+r) = \$1,000$$

약간의 계산을 통해 X의 값은 다음과 같음을 알 수 있다.

$$X = \$1,000/(1+r)$$

X의 값은 이자율 r에 의존하는데, r은 언제나 0보다 크다. 이는 X가 항상 1,000달러보다 작음을 의미한다. 예를 들어 r = 5%(즉 r = 0.05)라면 X = $952.38가 된다. 달리 말해서 이자율이 5%인 경우 지금 952.38달러는 지금부터 1년 후 1,000달러와 동등하다. 즉 이자율이 5%인 경우 1,000달러의 지금의 가치는 952.38달러다.

이제 우리는 X의 **현재가치**(present value)를 정의할 수 있다. X의 현재가치는 주어진 이자율 수준에서 미래에 X를 수취하기 위해 필요한 현재의 화폐 금액이다. 앞서 제시된 사례에서 952.38달러는 이자율이 5%일 때 1년 후 수취하는 1,000달러의 현재가치다.

현재가치의 개념은 기업의 의사결정에도 적용될 수 있다. 어떤 기업이 두 가지 잠재적인 투자사업을 갖고 있는데, 두 사업 모두 1년 후에 1,000달러의 수익을 낸다고 하자. 그런데 각 사업에 드는 초기 비용은 서로 다르다. 예를 들어 한 사업을 위해서는 지금 900달러를 차입해야 하고 다른 사업을 위해서는 950달러를 차입해야 한다. 이들 사업 중 자금을 차입하여 착수할 가치가 있는 사업이 있을까? 있다면 어떤 사업일까?

이 질문에 대한 답은 이자율에 달려 있는데 이는 이자율이 지금부터 1년 후 벌어들일 1,000달러의 현재가치를 결정하기 때문이다. 이자율이 10%라면 1년 후 벌어들일 1,000달러의 현재가치는 909달러다. 다시 말해서 10%의 이자율에서 909달러의 대출은 1년 후 1,000달러의 상환액을 필요로 한다. 909달러보다 적은 금액의 대출은 1,000달러보다 적은 상환액을 필요로 하는 반면, 909달러를 초과하는 대출은 1,000달러보다 많은 상환액을 필요로 한다. 따라서 초기 투자비용이 909달러보다 적은 첫째 사업만이 수익성이 있다. 이 경우에만 1년 후의 수익이 대출 상환액을 초과하기 때문이다.

이자율이 10%일 때 909달러보다 많은 비용이 드는 사업의 수익은 대출을 갚는 데 필요한 금액보다 작으며, 그 결과 이 사업은 채산성이 없다. 이자율이 5%에 불과하다면 1,000달러의 현재가치는 952달러로 증가한다. 952달러는 두 사업의 초기 비용을 모두 초과하므로 이 이자율에서는 두 사업이 모두 수익성이 있다. 따라서 이자율이 낮을수록 기업은 더 많은 금액을 차입하여 투자지출을 늘리려 할 것이다.

한편 이와 유사한 계산은 다른 기업에서도 일어날 것이다. 따라서 이자율이 낮아지면 경제 전체에서 투자지출이 증가할 것이다. 이것이 바로 대부자금에 대한 수요곡선이 우하향의 기울기를 가지는 이유다.

재무적인 의사결정을 내릴 때 개인과 기업은 항상 지금 갖고 있는 1,000달러가 지금부터 1년 후 갖게 되는 1,000달러보다 더 가치가 있다는 사실을 잊지 않는다.

수요하는 대부자금의 양이 줄어들 것이다. '탐구자를 위하여'에서 설명하겠지만 바로 이러한 논리가 대부자금에 대한 수요곡선이 우하향의 기울기를 가지는 이유를 설명해 줄 수 있다.

기업들이 투자지출을 시행할 때에는 미래에 예상되는 이득을 받는 대가로 지금 당장 자금을 지출한다. 특정한 투자사업이 착수할 가치가 있는지를 평가하기 위해서는 미래 이득의 현재가치와 사업의 현재비용을 비교해야 한다. 미래 이득의 현재가치가 현재비용보다 크다면 사업은 수익성이 있으며 투자할 가치가 있다. 이자율이 하락하면 어떠한 투자사업이라도 그 현재가치가 상승하며, 그 결과 더 많은 사업이 시험을 통과한다. 이자율이 상승하면 어떠한 투자사업이라도 그 현재가치가 하락하며 그 결과 시험을 통과하는 사업의 수가 줄어든다.

따라서 총투자지출과 이러한 지출의 재원을 마련하기 위한 대부자금 수요는 이자율과 부의 관계가 있다. 따라서 대부자금 수요곡선은 우하향의 기울기를 가진다. 〈그림 25-2〉는 이러한 사실을 보여 준다. 이자율이 12%에서 4%로 하락하면 대부자금의 수요량이 1,500억 달러(A점)에

X의 **현재가치**(present value)는 주어진 이자율 수준에서 미래에 X를 받기 위해 필요한 현재의 화폐 금액이다.

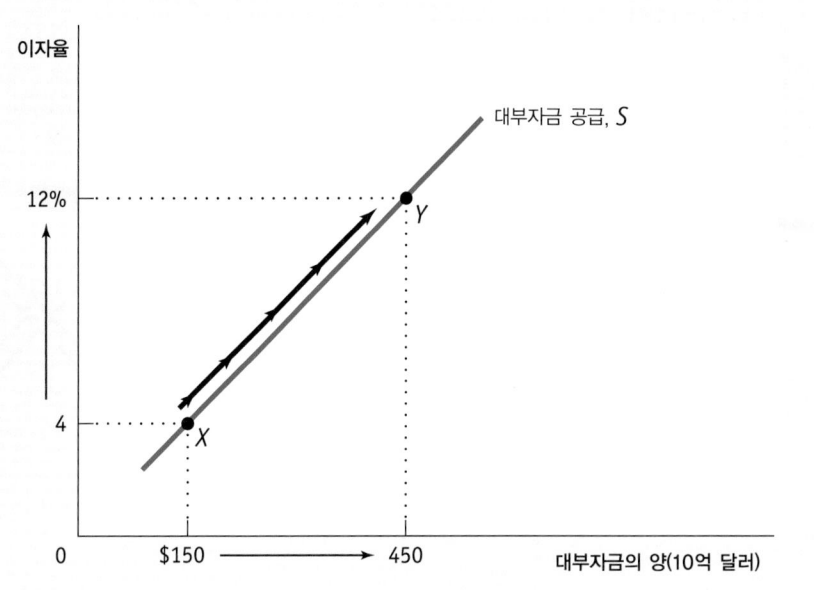

그림 25-3   대부자금의 공급

대부자금의 공급곡선은 우상향하는 기울기를 갖는다. 즉 이자율이 높을수록 대부자금의 공급량이 증가한다. 여기서 이자율이 4%에서 12%로 상승하면 공급되는 대부자금의 양은 1,500억 달러에서 4,500억 달러로 증가한다.

서 4,500억 달러(B점)로 증가한다.

대부자금의 공급   〈그림 25-3〉은 대부자금에 대한 가상적인 공급곡선 S를 보여 준다. 여기서도 이자율은 일반적인 수요-공급 분석에서 가격이 가지는 것과 마찬가지의 역할을 한다. 하지만 이 곡선이 우상향의 기울기를 가지는 이유는 무엇일까?

그 답은 대부자금이 저축자들에 의해 공급되며, 저축자들이 기업에 자금을 빌려 줄 때는 기회비용이 발생한다는 데 있다. 자금을 기업에 빌려 주는 대신 멋진 휴가를 즐기는 등 소비를 하는 데 쓸 수도 있기 때문이다. 따라서 어떤 저축자가 차입자들에게 자금을 공급하는 대부자가 될 것인지의 여부는 그 대가로 받는 이자율의 크기에 달려 있다. 오늘 돈을 저축하고 이자를 벌면 대출금과 함께 이자를 돌려받는 미래에 더 많은 소비를 할 수 있다. 따라서 이자율이 높을수록 보다 많은 사람들이 현재의 소비를 포기하고 대출을 하려 들 것이라는 가정은 타당성이 있다.

그 결과 우리의 가상적인 대부자금 공급곡선은 우상향의 기울기를 가진다. 〈그림 25-3〉에서 대부자들은 4%의 이자율에 1,500억 달러(X점)를 대부자금시장에 공급할 것이며, 이사율이 12%로 상승한다면 공급되는 대부자금의 양은 4,500억 달러(Y점)로 증가할 것이다.

균형이자율   균형이자율(equilibrium interest rate)은 대부자금의 공급량과 수요량이 같아지도록 만드는 이자율이다. 〈그림 25-4〉에서 보듯이 균형이자율 r^*와 총대출량 Q^*는 공급곡선과 수요곡선이 만나는 E점에서 결정된다.

이 점에서의 균형이자율은 8%이며 3,000억 달러의 대출과 차입이 이루어진다. 이 균형에서는 8% 또는 그 이상의 이자율에서 수익성이 있는 사업들만이 자금을 조달하게 된다. 이자율이 8% 아래로 하락해야만 수익성이 생겨서 착수될 수 있는 사업들은 자금을 조달할 수 없다. 이에 상응하여 8% 또는 그 이하의 이자율을 수용할 의향이 있는 대부자들의 대출 제의만이 받아들여지며, 8%를 초과하는 이자율을 요구하는 대부자들의 대출 제의는 받아들여지지 않는다.

〈그림 25-4〉는 대부자금시장이 어떻게 의도된 저축을 의도된 투자와 일치시키는지를 보여

대부자금의 공급량과 수요량을 같게 만드는 이자율을 **균형이자율**(equilibrium interest rate)이라고 한다.

그림 25-4 대부자금시장의 균형

균형이자율에서는 대부자금의 공급량이 대부자금의 수요량과 같다. 이 그림에서 균형이자율은 8%이며 3,000억 달러의 자금이 대출되고 차입된다. 8% 이하의 이자율을 요구하는 대부자들의 대출 제의는 수용되며 이보다 높은 이자율을 요구하는 대출 제의는 수용되지 않는다. 8% 또는 이보다 높은 이자율에서 수익성이 있는 사업은 자금을 조달하며, 이자율이 8% 아래로 하락해야 수익성이 있는 사업은 자금을 조달하지 못한다.

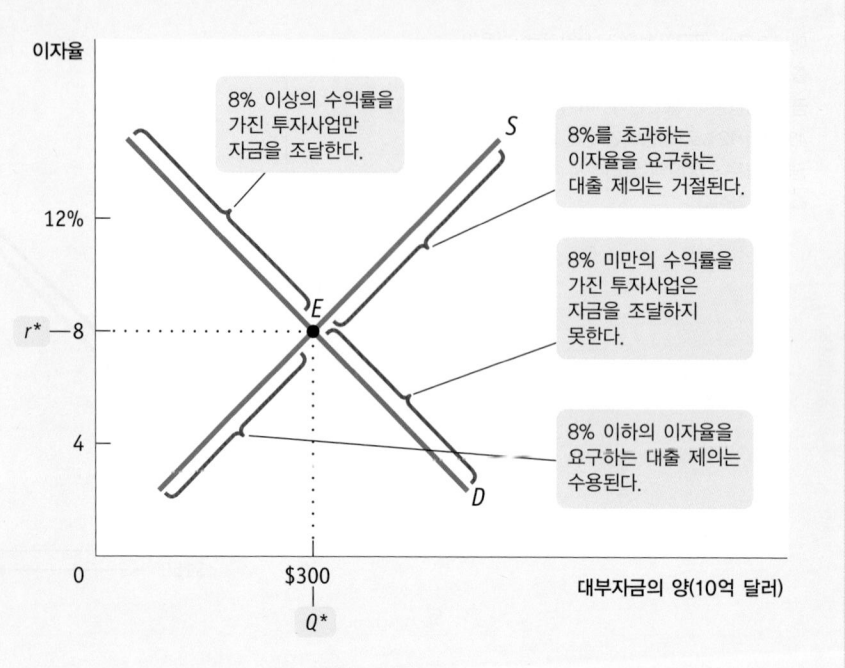

준다. 균형에서는 저축자들이 빌려 주기를 원하는 자금의 양이 기업들이 빌리기를 원하는 자금의 양과 일치한다. 그림은 또한 이 같은 자금 수급의 일치가 두 가지 면에서 효율적임을 보여 준다. 첫째, 옳은 투자가 이루어진다는 점이다. 실제로 자금을 조달하는 투자지출 사업은 자금을 조달하지 못하는 사업보다 더 높은 수익률을 갖고 있다. 둘째, 옳은 사람들이 저축과 대출을 한다는 점이다. 실제로 자금을 빌려 주는 저축자들은 자금을 빌려 주지 못하는 저축자들에 비해 더 낮은 이자율에 자금을 빌려 줄 의향이 있다.

대부자금시장이 저축을 효율적으로 활용할 수 있게 한다는 결과는 비록 단순화된 모형에서 도출된 결과이기는 하지만 현실적으로 중요한 의미가 있다. 이것이 바로 잘 작동하는 금융시스템이 경제의 장기 경제성장률을 높일 수 있는 이유가 되기 때문이다.

이 점에 대해 설명하기에 앞서서 대부자금시장이 수요와 공급의 변화에 어떻게 반응하는지에 대해 알아보기로 한다. 수요곡선과 공급곡선의 이동에 따라 균형가격이 변하는 표준적인 수요공급 모형에서와 같이 여기서도 대부자금에 대한 수요곡선이나 공급곡선 또는 둘 다 이동함에 따라 균형이자율이 변한다.

대부자금 수요곡선의 이동 먼저 수요 변화의 원인과 효과에 대해서 알아보자. 대부자금 수요곡선을 이동시킬 수 있는 요인들은 다음과 같다.

1. 인지된 영업기회의 변화 : 투자지출로부터의 수익에 대한 기대 변화는 각 이자율 수준에서 기업이 원하는 지출 규모를 증가시키거나 감소시킨다. 예를 들어 1990년내에는 인터넷에 의해 창출될 사업기회에 대하여 기업들이 매우 열광적이었다. 그 결과 기업들은 서둘러 컴퓨터 장비를 구매하고 광섬유 케이블을 지하에 매설했다. 이와 같은 행동들은 대부자금 수요곡선을 오른쪽으로 이동시켰다. 2001년에 이르러서 많은 닷컴 기업들이 파산하자 기업들은 기술 관련 투자에 대한 환상으로부터 깨어났고 그 결과 대부자금 수요곡선은 다시 원

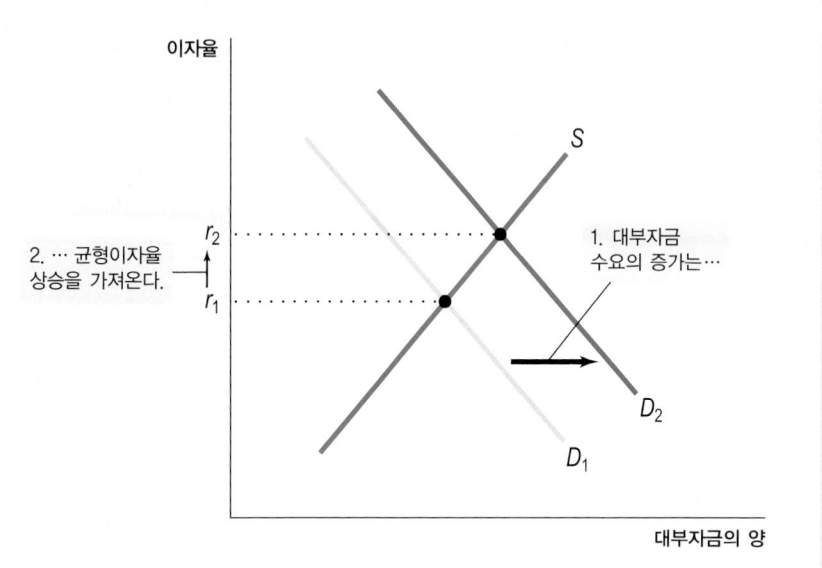

그림 25-5 대부자금 수요의 증가

각 이자율 수준에서 차입자가 수요하는 자금의 양이 증가하면 대부자금의 수요곡선이 D_1에서 오른쪽으로 이동하여 D_2가 된다. 그 결과 균형이자율이 r_1에서 r_2로 상승한다.

이자율

r_2

r_1

2. … 균형이자율 상승을 가져온다.

S

1. 대부자금 수요의 증가는…

D_2

D_1

대부자금의 양

쪽으로 이동했다.

2. **정부차입의 변화** : 한 해 동안 수입보다 많은 지출을 할 때 정부는 재정적자를 보게 된다. 정부의 재정적자는 대부자금 수요의 주된 원천이 된다. 따라서 재정적자의 변화는 대부자금 수요곡선을 이동시킬 수 있다. 예를 들어 2009년에 미국 연방정부는 1조 4,130억 달러를 초과하는 재정적자를 냈지만, 2016년까지는 재정적자가 1조 달러 줄어들어 3,300억 달러를 약간 초과하는 수준이 되었다. 연방정부의 차입 수요가 크게 감소한 것은 당연하다. 연방정부 재정수지에서의 이러한 변화는 다른 조건이 동일하다면 대부자금 수요곡선을 왼쪽으로 이동시키는 효과를 갖는다.

〈그림 25-5〉는 대부자금 수요 증가의 효과를 보여 준다. S는 대부자금의 공급곡선이고 D_1은 최초의 대부자금 수요곡선이다. 최초의 균형이자율은 r_1이다. 대부자금에 대한 수요 증가는 각 이자율 수준에서 수요되는 자금의 양이 증가함을 의미한다. 따라서 대부자금의 수요곡선은 오른쪽으로 이동하여 D_2가 된다. 그 결과 균형이자율은 r_2로 상승한다.

다른 조건이 일정할 경우 대부자금 수요의 증가가 이자율을 상승시킨다는 사실은 한 가지 매우 중요한 함의를 갖는다. 즉 그것은 정부의 재정적자가 지속되는 것을 우려할 만한 이유가 있다는 것이다. 이미 본 바와 같이 재정적자의 증가는 대부자금 수요곡선을 오른쪽으로 이동시키고 그 결과 이자율이 상승한다. 이자율이 상승하면 기업들은 투자지출을 줄일 것이다.

따라서 다른 조건이 동일하다면 정부 재정적자의 증가는 경제 전체의 투자지출을 감소시키는 경향이 있다. 경제학자들은 정부의 재정적자가 투자지출에 미치는 부의 효과를 **구축**(crowding out)이라고 부른다. 구축은 재정적자가 지속되는 것을 바람직하지 않게 생각하는 중요한 이유가 된다.

하지만 이 얘기는 좀 수정되어야 한다. 경제가 침체되어 있다면 구축이 일어나지 않을 수도 있다. 경제가 완전고용보다 훨씬 낮은 수준에서 작동하고 있을 때 정부지출은 소득을 증가시키고, 이는 각 이자율 수준에서의 저축을 증가시킨다. 저축이 증가하면 정부는 이자율을 높이지 않고도 차입을 할 수 있다. 예를 들어 많은 경제학자들은 2008년부터 2013년까지 미국 정부가

구축(crowding out)은 정부의 재정적자가 이자율을 상승시킴에 따라 투자지출을 감소시킬 때 발생한다.

겪었던 대규모의 재정적자가 경기가 침체된 상태에서 거의 구축을 일으키지 않았다고 믿는다.

대부자금 공급곡선의 이동　대부자금 수요곡선과 마찬가지로 대부자금 공급곡선도 이동할 수 있다. 대부자금 공급곡선을 이동시킬 수 있는 요인은 다음과 같다.

1. 민간저축 행태의 변화 : 여러 가지 요인이 각 이자율 수준에서의 저축 규모를 변화시킬 수 있다. 예를 들어 코로나바이러스 유행병으로 경기후퇴에 대한 우려가 커짐에 따라 가계들은 지출을 감소시켰다. 2020년 4월에 가처분소득에 대한 저축의 비율인 개인저축률은 그해 초의 8%에서 33%로 증가했다. 이는 대부자금 공급곡선을 오른쪽으로 이동시키는 효과를 갖는다.

2. 순자본유입의 변화 : 한 국가의 자본유출입은 그 국가에 대한 투자자들의 인식이 바뀜에 따라 변할 수 있다. 예를 들어 그리스는 1999년에 유럽의 공통화폐인 유로화가 도입된 후 대규모의 순자본유입을 경험했다. 그리스가 유로화를 자신의 화폐로 채택함에 따라 투자자들이 그리스가 자금을 맡기기에 안전한 곳이라 생각했기 때문이다. 하지만 2009년에 이르자 그리스 정부의 지불능력에 대한 우려가 (그리고 그리스 정부가 부채 규모를 과소하게 보고하고 있었다는 사실이) 투자자들의 신뢰를 무너뜨렸고 그 결과 자금의 순유입이 고갈되었다. 자본유입 축소의 영향으로 그리스 대부자금시장에서의 공급곡선은 왼쪽으로 이동했다.

   미국은 2000년대 중반에 대규모의 순자본유입을 경험했는데 이 자금의 대부분은 중국과 중동지역에서 온 것이었다. 이러한 자본유입은 2003년부터 2006년까지 주거용 주택투자, 즉 신규주택의 건설을 크게 증가시켰다. 하지만 2006~2007년에 미국의 주택 거품이 터지고 그 후 깊은 경기후퇴가 나타나자 자본유입은 감소했다. 2019년 현재 GDP에 대한 비율로 측정한 자본유입은 정점에 비해 훨씬 낮은 수준에 머물러 있다.

〈그림 25-6〉은 대부자금 공급 증가의 효과를 보여 준다. D는 대부자금의 수요곡선이고 S_1은

그림 25-6　대부자금 공급의 증가

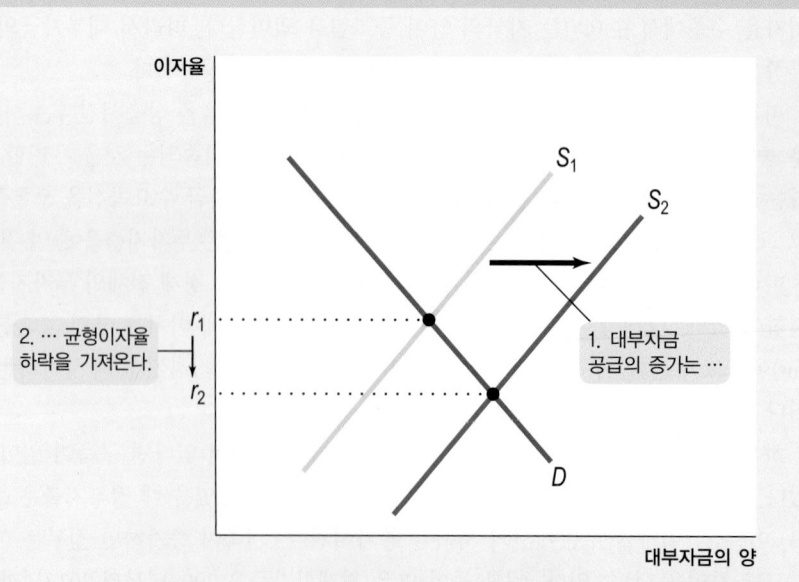

각 이자율 수준에서 대부자가 공급하는 자금의 양이 증가하면 대부자금의 공급곡선이 S_1에서 오른쪽으로 이동하여 S_2가 된다. 그 결과 균형이자율이 r_1에서 r_2로 하락한다.

처음의 공급곡선이다. 처음의 균형이자율은 r_1이다. 대부자금 공급의 증가는 각 이자율 수준에서 공급되는 자금의 양이 증가함을 의미하고 따라서 공급곡선은 오른쪽으로 이동해 S_2가 된다. 그 결과 균형이자율은 r_2로 하락한다.

세계 대부자금시장? 앞서 보았듯이 국제자본흐름은 이자율에 중대한 영향을 미칠 수 있다. 국제자본흐름을 결정하는 요인은 무엇일까? 대부분의 경우 자본은 이자율이 상대적으로 낮은 국가로부터 유출되고 이자율이 상대적으로 높은 국가로 유입된다. 이러한 자본흐름은 이자율이 낮았던 곳에서의 이자율을 상승시키고, 높았던 곳에서의 이자율을 하락시킨다.

목적에 따라서는 이 같은 과정이 끝까지 진행될 때, 즉 국제자본흐름의 규모가 충분히 커서 모든 국가의 이자율이 완전히 동일해질 때 어떤 일이 일어날지 생각해 보는 것이 유용할 수 있다. 이 경우 우리는 **세계 대부자금시장**(global loanable funds market)에 대해 얘기할 수 있다.

〈그림 25-7〉은 이 시장이 어떻게 작동하는지를 보여준다. 미국과 영국의 두 국가만으로 구성된 세계를 상상해 보자. 그림 (a)는 미국의 대부자금시장을 보여주는데, 국제자본흐름이 없을 때 균형은 E_{US}에서 달성되며, 이때 이자율은 6%다. 그림 (b)는 영국의 대부자금시장을 보여주는데, 국제자본흐름이 없을 때 균형은 E_B에서 달성되며 이자율은 2%다.

미국에서의 실제 이자율이 계속 6%에 머물러 있고 영국에서의 실제 이자율이 계속 2%에 머물러 있을까? 영국의 거주자들이 미국인들에게 대출을 하는 것이 쉽다면 그렇지 않을 것이다. 이 경우 영국의 대부자들은 미국의 높은 이자율에 이끌려 대부자금의 일부를 미국으로 보낼 것이다. 이러한 자본유입은 미국의 차입자에게 공급되는 대부자금의 양을 증가시키고 그 결과 미국의 이자율을 하락시킬 것이다. 이는 또한 영국의 차입자에게 공급되는 대부자금의 양을 감소시키고 그 결과 영국의 이자율을 상승시킬 것이다 따라서 국제자본흐름은 미국과 영국 간 이자율 격차를 줄일 것이다.

이제 영국의 대부자들이 미국인에 대한 대출이 자기 동포에 대한 대출만큼 좋다고 생각하고 미국의 차입자들이 영국인 대부자에 대한 부채가 미국인 대부자에 대한 부채에 비해 더 비싸지

세계 대부자금시장(global loanable funds market)은 국제자본흐름의 규모가 충분히 커서 국가 간 이자율이 동일해질 때 생긴다.

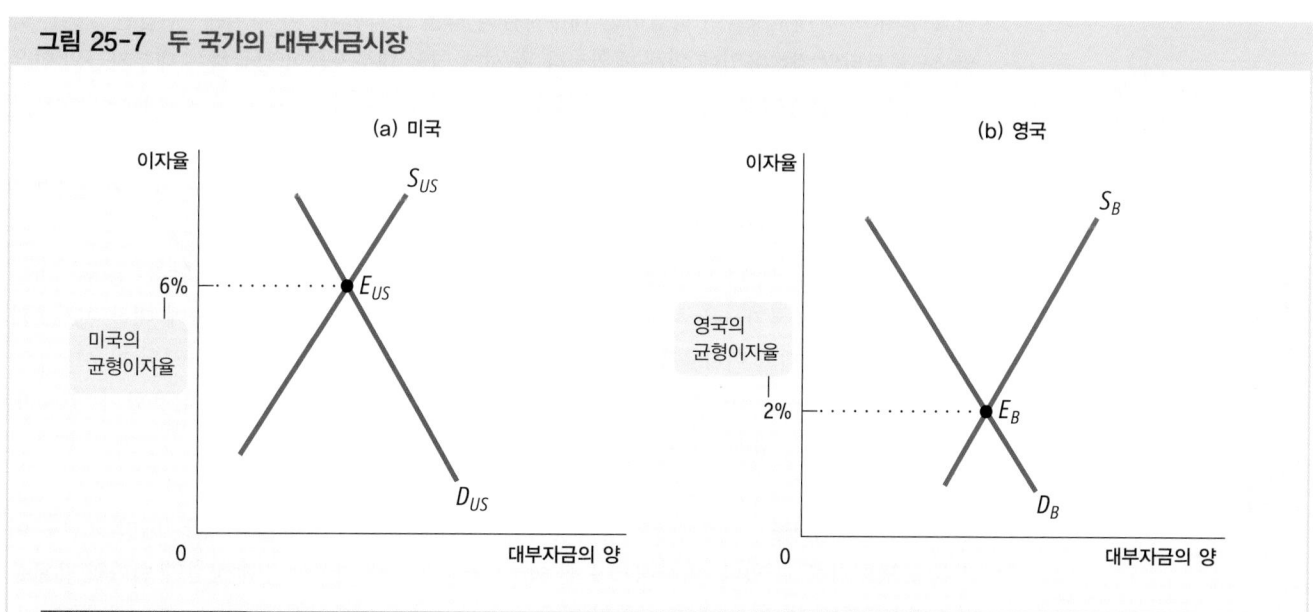

그림 25-7 두 국가의 대부자금시장

이 그림은 미국과 영국이라는 두 국가를 보여주는데, 이들은 각각 자신의 대부자금시장을 갖고 있다. 미국 시장의 균형이자율은 6%이지만 영국 시장의 균형이자율은 2%에 불과하다. 이는 영국으로부터 미국으로의 자본흐름을 발생시킨다.

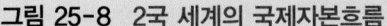

그림 25-8 2국 세계의 국제자본흐름

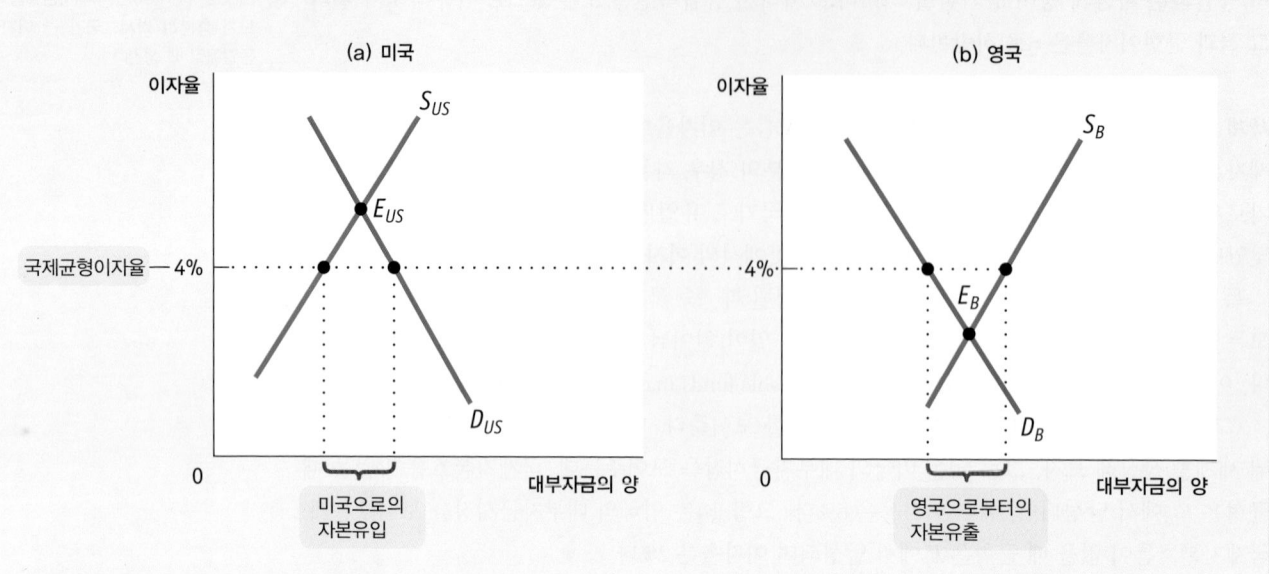

영국의 대부자들은 미국의 차입자들에게 대출을 하고, 그 결과 두 국가 모두 이자율이 4%에서 동일해진다. 이 이자율에서는 미국의 차입이 미국의 대출을 초과하는데, 그 차이는 미국으로의 자본유입에 의해 메워진다. 한

편 영국의 대출은 영국의 차입을 초과하는데, 이 초과분이 바로 영국으로부터의 자본유출과 같다.

않다고 생각한다고 하자. 이 경우 영국으로부터 미국으로의 자금흐름은 이자율 격차가 사라질 때까지 계속될 것이다. 다시 말해 두 국가의 거주자들이 해외 자산과 해외 부채가 국내 자산과 국내 부채만큼 좋다고 생각한다면, 국제자본흐름이 두 국가의 이자율을 동일하게 만들 것이다.

〈그림 25-8〉은 대부자금시장의 국제 균형이 어떻게 달성되는지를 보여준다. 이 경우 미국과 영국에 있어서 모두 균형이자율은 4%다. 이 이자율에서는 미국 차입자들이 수요로 하는 대부자금의 양이 미국 대부자들이 공급하는 대부자금의 양을 초과한다. 이 차이는 "수입된" 자금, 즉 영국으로부터의 자본유입에 의해 메워진다. 동시에 영국 대부자들이 공급하는 대부자금의 양은 영국 차입자들이 수요로 하는 대부자금의 양보다 더 크다. 이러한 초과분은 자본유출의 형태로 미국으로 "수출된다."

요약하자면 국제자본흐름은 재화와 서비스의 국제흐름과 마찬가지다. 자본은 국제자본흐름이 없을 때 쌀 곳으로부터 이러한 흐름이 없을 때 비쌀 곳으로 이동한다.

현실에 있어 이 그림은 다양한 요인들로 인해 더 복잡해진다. 특히 미국은 달러, 영국은 파운드를 사용하는 등 국가들은 서로 다른 화폐를 사용한다. 그리고 달러화 대출에 대한 이자율과 파운드화 대출에 대한 이자율을 비교할 때에는 시간이 흐름에 따라 달러로 표시된 파운드의 가치가 변할 수 있음을 고려해야 한다. 그렇지만 세계 대부자금시장의 개념은 유용할 수 있으며, 이 개념은 후속되는 장에서도 이용될 것이다.

인플레이션과 이자율 대부자금의 공급곡선이나 수요곡선을 이동시킬 수 있는 어떤 요인도 이자율을 변화시킬 수 있다. 역사적으로 볼 때 주요한 이자율 변화는 정부정책의 변화와 새로운 투자기회를 창출한 기술진보를 포함한 많은 요인에 의해서 이루어졌다.

하지만 1970년대 후반과 1980년대 초반에 비해 오늘날 이자율이 훨씬 낮아진 것과 같이 시간의 흐름에 따른 이자율 변화에 영향을 주는 가장 중요한 요인은 미래 인플레이션에 대한 기대의

변화다. 이러한 기대 변화는 대부자금의 공급곡선과 수요곡선을 모두 이동시킨다.

인플레이션 기대가 이자율에 미치는 영향에 대해 이해하기 위해서 제23장에서 인플레이션이 승자와 패자를 만들어 내는 경위에 대해 설명했던 바를 다시 한번 생각해 보자. 예를 들어 미국에서 1970년대와 1980년대의 높은 인플레이션은 주택담보 대출의 실질가치를 감소시켰는데 이것은 주택소유자에게는 좋은 일이었고 은행에게는 나쁜 일이었다. 우리는 또한 경제학자들이 **명목이자율**과 **실질이자율**을 구분함으로써 인플레이션이 차입자와 대부자에게 미치는 영향을 요약함을 배웠다. 이 두 이자율의 차이점은 다음 식으로 나타낼 수 있다.

$$실질이자율 = 명목이자율 - 물가 상승률$$

차입의 진정한 비용은 명목이자율이 아니라 실질이자율이다. 그 이유를 이해하기 위해 어떤 기업이 1년 동안 10% 이자율로 1만 달러를 차입한다고 하자. 1년이 지나고 기업은 차입금액에 이자를 더한 1만 1,000달러를 상환해야 한다. 하지만 1년 동안에 물가가 10% 상승한 결과 실질이자율이 영이 되었다고 하자. 이 경우 1만 1,000달러의 상환액은 최초의 1만 달러 대출과 동일한 구매력을 가진다. 사실상 차입자는 무이자 대출을 받은 셈이다.

마찬가지로, 대출에 대한 진정한 보수 또한 명목이자율이 아니라 실질이자율이다. 어떤 은행이 1년 동안 10%의 명목이자율에 1만 달러를 대출한다고 하자. 1년이 지나면 은행은 1만 1,000달러를 상환받을 것이다. 하지만 1년 동안 물가가 10% 상승한다면 은행이 돌려받는 돈의 구매력은 처음 대출했던 돈의 구매력보다 크지 않을 것이다. 사실상 은행은 무이자 대출을 한 셈이 된다.

이제 우리는 대부자금시장의 분석에 하나의 중요한 세부사항을 더할 수 있게 되었다. 〈그림 25-5〉와 〈그림 25-6〉은 예상되는 미래 인플레이션율이 특정 수준에 주어져 있을 때 명목이자율을 세로축으로 하여 그려졌다. 왜 실질이자율이 아니라 명목이자율을 축으로 사용했을까? 그것은 대출 협상을 할 때는 차입자나 대부자 중 어느 누구도 미래 인플레이션율이 얼마가 될지 모르기 때문이다. 따라서 실제 대출계약은 실질이자율이 아니라 명목이자율로 명시된다. 그리고 〈그림 25-5〉와 〈그림 25-6〉에서는 예상되는 미래 인플레이션율을 고정시키고 있기 때문에 명목이자율의 변화는 동일한 크기의 실질이자율 변화를 가져온다.

차입자와 대부자의 미래 인플레이션율에 대한 기대는 보통 최근의 경험에 의해 결정된다. 10년간의 높은 인플레이션을 겪고 난 후인 1970년대 후반에는 차입자와 대부자들이 미래 인플레이션율이 높을 것이라고 예상했다. 10년간 비교적 낮은 인플레이션을 겪고 난 후인 1990년대 후반에는 차입자와 대부자들이 미래 인플레이션율이 낮을 것이라 예상했다. 미래 인플레이션에 대한 이와 같은 기대 변화는 명목이자율에 강한 영향을 미쳤는데 이것이 1980년대 초에 비해 21세기 초의 이자율이 훨씬 낮은 이유를 설명할 수 있다.

이제 미래 인플레이션율에 대한 기대가 어떻게 대부자금모형에 반영될 수 있는지 알아보자.

〈그림 25-9〉에서 S_0와 D_0 곡선은 예상되는 미래 인플레이션율이 0%로 주어졌을 때의 공급과 수요를 보여 준다. 이 경우 균형은 E_0에서 달성되며 균형이자율은 4%다. 예상되는 미래 인플레이션율이 0%이기 때문에 대출에 대한 기대균형 실질이자율, 즉 대출계약이 체결될 때 차입자와 대부자가 예상하는 실질이자율도 4%다.

이제 예상되는 미래 인플레이션율이 10%로 상승한다고 하자. 대부자금 수요곡선은 위쪽으로 이동하여 D_{10}이 된다. 이제 차입자들은 명목이자율이 4%였을 때 차입하고자 했던 금액과 마찬가지의 금액을 14%의 명목이자율에 차입할 의향이 있을 것이다. 그 이유는 10%의 인플레이션율에서는 14%의 명목이자율이 4%의 실질이자율에 해당하기 때문이다.

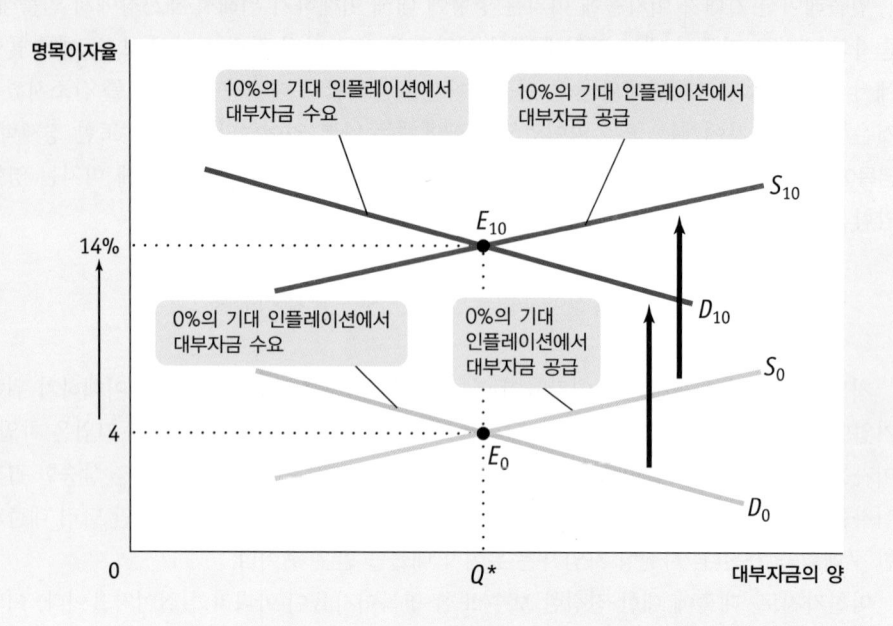

그림 25-9 피셔효과

D_0와 S_0는 예상되는 미래 인플레이션율이 0%일 때의 대부자금 수요곡선과 공급곡선이다. 예상되는 인플레이션율이 0%일 때 균형 명목이자율은 4%다. 예상되는 미래 인플레이션율이 1%p 상승할 경우 수요곡선과 공급곡선이 모두 1%p 위쪽으로 이동한다. D_{10}과 S_{10}은 예상되는 미래 인플레이션율이 10%일 때의 대부자금 수요곡선과 공급곡선이다. 예상되는 미래 인플레이션율이 10%p 상승함에 따라 균형 명목이자율이 14%로 상승한다. 예상되는 실질이자율은 4%로 일정하며, 균형 대부자금의 수급량에도 변화가 없다.

피셔효과(Fisher effect)에 따르면 예상되는 미래 인플레이션율의 상승은 명목이자율을 상승시키지만 예상되는 실질이자율을 변화시키지는 않는다.

마찬가지로 대부자금 공급곡선도 위쪽으로 이동하여 S_{10}이 된다. 즉 대부자들이 이자율이 4%였을 때 빌려 주었던 것과 같은 금액을 빌려 주도록 설득하기 위해서는 명목이자율이 14%가 되어야 한다. 새로운 균형은 E_{10}에서 달성되고 예상되는 미래 인플레이션율이 10%가 된 결과 균형 명목이자율이 4%에서 14%로 상승한다.

이러한 상황은 **피셔효과**(Fisher effect)라고 알려진 일반 원리로 요약될 수 있는데 그것은 예상되는 실질이자율은 예상되는 미래 인플레이션의 변화에 영향을 받지 않는다는 것이다. 피셔효과라는 명칭은 1930년에 이를 제안했던 미국의 경제학자 어빙 피셔(Irving Fisher)의 이름을 딴 것이다.

피셔효과에 따르면 예상되는 미래 인플레이션율의 상승은 명목이자율을 상승시키는데, 예상되는 미래 인플레이션율이 1%p 상승할 때마다 명목이자율이 1%p 상승한다. 중요한 점은 대부자와 차입자 모두 예상되는 실질이자율에 근거하여 결정을 내린다는 것이다. 인플레이션 수준이 예상될 수 있는 한 이는 균형 상태에서의 대부자금의 양 또는 예상되는 실질이자율에 영향을 미치지 않으며 단지 균형 명목이자율에 영향을 미칠 뿐이다.

현실 경제의 >> 이해
세 세대에 걸친 미국의 이자율

1950년대 이후 미국의 이자율에는 몇몇 큰 움직임이 있었다. 이러한 움직임은 예상되는 미래 인플레이션율과 투자지출로부터 예상되는 수익률의 변화가 이자율에 어떤 영향을 미치는지를 분명하게 보여 준다.

〈그림 25-10(a)〉는 첫 번째 효과를 보여 준다. 이 그림은 1953년부터 2020년까지 미국 정부가 발행하는 채권(보다 구체적으로 정부가 10년 후에 전체 금액을 상환할 것을 약속하는 채권)에 대한 평균 이자율을 보여 준다. 이 그림은 또한 같은 기간 중 소비자물가 상승률을 보여 준다. 그림에서 보듯이 이자율은 1970년대에 들어 급격히 상승했다가 1980년대에 다시 하락했다.

그 이유를 이해하는 것은 어렵지 않다. 1970년대에는 물가가 치솟았고 그 결과 높은 인플레이션율이 지속될 것이라는 기대가 만연하였다. 그리고 앞서 설명했듯이 더 높은 기대 인플레이션

그림 25-10 미국의 기대 인플레이션과 이자율 변화

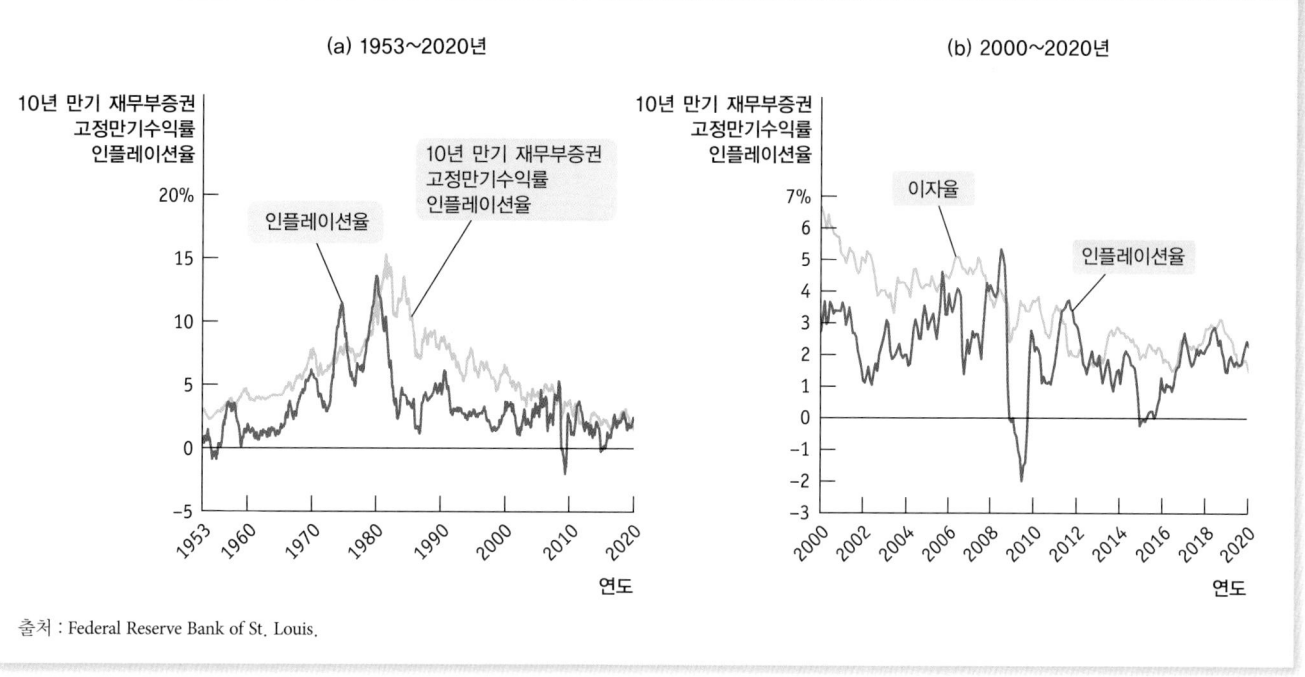

은 균형이자율을 상승시킨다. 1980년대에는 인플레이션이 진정됨에 따라 미래 인플레이션에 대한 기대도 진정되었고 그 결과 이자율도 하락했다.

〈그림 25-10(b)〉는 두 번째 효과, 즉 투자지출로부터 예상되는 수익률 변화가 어떻게 이자율을 변화시키는지를 보여 준다. 이 그림은 2000년부터 2020년까지의 이자율과 인플레이션율을 상세하게 보여 준다. 이자율은 21세기 초에 대체로 5%를 초과했었으나, 최근에는 이보다 훨씬 더 낮은 2% 미만을 유지하고 있다. 그렇지만 인플레이션율은 그다지 크게 하락하지 않았다. 사실 설문조사와 그 외의 증거는 예상 인플레이션율이 지난 20년 동안 약 2% 수준에서 안정적이었음을 보여준다. 그 대신 투자자들에 의해 인식되는 투자수익률이 하락한 데 이자율 하락의 원인이 있는 듯 보인다. 많은 경제학자들은 인구 증가율 둔화가 신규 주택, 사무용 건물 그리고 다른 자본에 대한 수요를 감소시킨 데 원인이 있음을 지적한다. 그렇지만 경제학자들은 여전히 이자율 하락의 원인에 대한 논쟁을 계속하고 있다.

이와 같은 과정 전체를 통해 총저축은 총투자지출과 동일해졌으며, 이자율의 상승과 하락이 대부자와 차입자를 연결하는 데 핵심적인 역할을 수행하였다.

>> 이해돕기 25-1

해답은 책 뒤에

1. 대부자금시장의 그래프를 이용하여 다음 사건이 균형이자율과 투자지출에 미치는 영향을 보이라.

 a. 폐쇄경제가 개방경제로 전환되면서 순자본유입이 발생한다.

 b. 일반적으로 은퇴한 사람들은 일을 하고 있는 사람들에 비해 각 이자율 수준에서 저축을 적게 한다. 전체 인구 중에서 은퇴한 사람들의 비중이 높아진다.

2. 다음 주장에 어떤 오류가 있는지 설명하라. "국민경제 전체에서 저축과 투자지출은 서로 일치하지 않을 수도 있다. 이자율이 상승할 때 가계는 기업이 투자하기를 원하는 것보다 더 많

>> 복습

- **저축–투자지출 항등관계**에 따르면 국민경제 전체에 있어서 저축은 투자지출과 일치한다.

- 재정수지가 양일 때, 즉 **재정흑자**를 낼 때는 정부도 저축의 원천이 된다. **재정적자**를 낼 때는 정부가 부의 저축의 원천이 된다. 재정적자는 연방정부, 주정부, 지방정부가 금융시장에서 차입하는 자금의 총액인 **정부차입**에 의해 조달된다.

- 저축은 **국민저축**과 **순자본유입**의 합과 같은데, 순자본유입은 양의 값이나 음의 값을 가질 수 있다.

- 비용과 편익이 서로 다른 시점에 발생할 때는 시간의 차이를 감안해야 한다. 이를 위해 미래 시점에 발생하는 달러를 **현재가치**로 전환해야 한다.

- **대부자금시장**은 저축자와 차입자를 연결시켜 준다. 균형상태에서는 **균형이자율**과 같거나 높은 기대수익률을 가진 투자사업만이 자금을 조달할 수 있다.

- 정부는 대부자금시장에서 민간 차입자와 경쟁하기 때문에 정부의 재정적자는 민간투자 **구축**의 원인이 될 수도 있다. 그렇지만 경제가 침체되어 있을 때는 구축이 발생할 가능성이 없다.

은 금액을 저축하기를 원할 것이기 때문이다."

3. 예상되는 인플레이션율이 3%에서 6%로 상승한다고 하자.
   a. 이러한 변화는 실질이자율에 어떤 영향을 미치는가?
   b. 이러한 변화는 명목이자율에 어떤 영향을 미치는가?
   c. 균형상태에서의 대부자금의 양에는 어떤 변화가 생길까?

‖ 금융시스템

투자자들의 자금을 동원하는 금융시스템과 명석한 샌님들의 아이디어가 아마존의 부상을 가능하게 만들었다. 그러나 이것이 전적으로 현대적 경제현상이라고 생각한다면 오산이다. 금융시장은 18세기와 19세기 초에 인도의 식민지 시장 개발, 유럽지역의 운하 건설, 나폴레옹 전쟁 수행 등을 위한 자금을 조달하는 데 기여했다. 자본유입은 미국의 초기 경제개발에 필요한 자금을 공급했으며 광산, 철도, 운하에 대한 투자지출의 재원이 되기도 했다. 사실 유럽과 미국에서는 18세기부터 금융시장과 금융자산의 주요한 특성들이 잘 알려져 있었다. 이와 같은 특성들은 오늘날에도 타당성이 있다. 먼저 금융시장에서 무엇이 거래되는지를 정확히 이해하는 것에서 시작하자.

금융시장(financial market)은 가계들이 금융자산을 매입함으로써 현재의 저축과 과거 저축의 누적액인 **재산**(wealth)을 투자하는 곳이다. **금융자산**(financial asset)은 매입자에게 매도자로부터 미래에 소득을 수취할 권리를 부여하는 증서다. 예를 들어 저축자가 기업에 자금을 대출하는 경우에는 이 대출이 바로 대부자(매입자)에게 그 기업의 미래 소득에 대한 권리를 부여하는 금융자산이다.

이에 더해서 가계는 자신의 현재 저축이나 재산을 주택이나 장비와 같이 손으로 만질 수 있는 자산인 **실물자산**(physical asset)에 투자할 수도 있다. 실물자산은 소유자에게 이를 마음대로 처분할 수 있는 권리를 부여한다(예를 들어 임대를 하거나 매도할 수 있다).

앞서 금융자산이나 실물자산을 매입하는 것을 투자라 부른다고 했다. 따라서 여러분이 중고 비행기와 같이 이미 존재하고 있는 기계장비를 구입하면 실물자산에 투자하는 것이 된다. 반면에 여러분이 새로 제작된 비행기를 구입하는 것처럼 경제의 실물자본의 양을 증가시키면 여러분은 투자지출을 하는 것이 된다.

여러분이 자동차를 사기 위해 은행에서 대출을 받는다면 여러분과 은행은 대출이라는 금융자산을 창조하게 된다. 대출은 현실 세계에서 중요한 금융자산 중 하나다. 대출은 대부자에 의해 소유되는데 위의 예에서는 은행이 소유자가 된다. 대출이 창조될 때는 이와 동시에 미래에 소득을 지불해야 하는 의무인 **부채**(liability)도 창조된다.

따라서 여러분의 대출은 은행의 입장에서 보면 금융자산이지만 여러분의 입장에서는 원금과 이자를 갚아야 하는 부채다. 대출에 더해서 중요한 금융자산이 세 가지 더 있는데 바로 주식, 채권, 은행예금이다. 금융자산은 누군가가 지불해야 하는 미래의 소득에 대한 권리이므로 이는 누군가의 부채이기도 하다. 각 종류의 금융자산에서 누가 부채를 부담하는지는 곧 설명될 것이다.

이처럼 대출, 주식, 채권, 은행예금 등 네 가지 종류의 금융자산이 존재하는 것은 대부자로부터 차입자로의 자금 흐름이 원만하게 이루어질 수 있도록 경제가 일련의 전문화된 시장(주식시장과 채권시장)과 은행과 같은 전문기관을 발달시켰기 때문이다. 이들 기관과 시장을 모두 합쳐서 금융시스템이라 한다.

원활하게 작동하는 금융시스템은 저축과 투자지출을 증대시킬 수 있기 때문에 장기 경제성장을 달성하는 데 필수적인 요건이다. 이에 더해서 잘 작동하는 금융시장은 저축과 투자지출이 효

(좌측 여백 주석)

- 자본흐름은 한 국가가 다른 국가의 차입자들에게 자신의 저축을 수출하는 것을 가능케 한다. 자본은 낮은 이자율을 가진 국가로부터 유출되어 더 높은 이자율을 가진 국가로 유입되며 그 결과 이자율 격차를 축소시킨다. 자본흐름이 크다면 **세계 대부자금시장**이 나타나서 국가 간 이자율을 같아지게 만든다.
- 예상되는 미래 인플레이션율이 상승하면 **피셔효과**를 통해 명목이자율이 상승하며 그 결과 실질이자율에는 변함이 없다.

금융시장(financial market)은 가계가 현재의 저축과 과거에 축적된 저축을 투자하는 곳이다.

가계의 재산(wealth)은 과거 저축의 누적액이다.

금융자산(financial asset)은 매입자에게 매도자로부터 소득을 수령할 권리를 부여하는 증서다.

실물자산(physical asset)은 소유자에게 이를 원하는 대로 처분할 수 있는 권리를 부여하는 유형의 물건이다.

부채(liability)는 미래에 소득을 지급해야 하는 의무다.

율적으로 이루어지도록 한다. 어떻게 이와 같은 일이 가능한지를 이해하기 위해서는 먼저 금융시스템이 달성해야 하는 과제가 무엇인지를 알아야 한다. 그다음에는 어떻게 이 과제가 수행되는지에 대해 알아볼 것이다.

금융시스템의 세 가지 과제

앞서 대부자금시장에 대한 분석에서는 차입자와 대부자가 직면하는 세 가지 중요한 문제를 간과했었다. 이들은 바로 거래비용, 위험, 그리고 유동성 선호다. 금융시스템의 세 가지 과제는 이 문제들을 비용 효율적인 방법으로 해결하는 것이다. 금융시스템이 이들 과제를 제대로 수행하면 금융시장의 효율성이 높아진다. 다시 말하면 대부자와 차입자 상호 간에 모두 혜택이 되는 거래, 즉 사회후생을 증가시킬 수 있는 거래가 이루어질 가능성이 높아진다. 이제 이 문제들을 해결하기 위해 어떻게 금융자산이 고안되었고 금융기관이 발달되었는지에 대해 알아보자.

과제 1 : 거래비용 절감　거래를 성사시키고 실행하는 데 드는 비용을 **거래비용**(transaction cost)이라 한다. 예를 들어 대출을 하기 위해서는 대출 조건을 협상하고 차입자의 상환능력을 검증하고 계약서를 작성하고 서명하는 등 시간과 돈이 들어간다.

한 대기업이 투자지출을 위해 10억 달러를 조달하려 한다고 하자. 한 개인으로부터 이처럼 많은 돈을 빌리기는 불가능할 것이다. 그렇다면 적절한 금액의 자금을 빌려 줄 수 있는 많은 사람들로부터 자금을 조달해야 하는데, 수천 명의 사람들과 개별적으로 소액 대출을 위한 조건을 협상하는 것은 비용이 너무 많이 들어서 투자사업을 하는 것 자체의 채산성이 없어질 수도 있다.

하지만 다행히 그럴 필요는 없다. 대기업이 차입을 하고자 할 때는 은행에 가거나 채권시장에서 채권을 매각하면 된다. 은행으로부터 대출을 받는 경우 하나의 차입자와 하나의 대부자 사이의 거래이기 때문에 많은 거래비용이 드는 것을 피할 수 있다. 채권에 대해서는 다음 절에서 설명할 것이다. 지금은 채권시장이 존재하는 주된 이유가 이를 통해서 기업들이 큰 거래비용을 들이지 않고 많은 자금을 조달할 수 있기 때문이라는 점을 이해하는 것만으로 충분하다.

과제 2 : 위험 축소　현실에서 차입자와 대부자가 직면하는 또 하나의 문제는 **금융위험**(financial risk), 즉 금융 손실과 이득을 발생시킬 수 있는 미래의 불확실성이다. 금융위험 또는 단순히 말해 위험이 문제가 되는 것은 손실을 볼 수도 있고 이득을 볼 수도 있는 등 미래를 불확실하게 만들기 때문이다. 예를 들어 자동차를 소유하고 운전하는 데는 사고가 발생하여 큰 비용을 치를 수도 있디는 금융위험이 수반된다 대부분의 사람들은 잠재적인 손실과 이득에 대해 비대칭적 태도를 갖고 있다. 다시 말하면 특정한 금액의 돈을 잃을 때 발생하는 개인의 후생 감소가 농일한 금액의 돈을 벌 때 발생하는 후생 증가보다도 더 크다.

이와 같이 잠재적인 손실과 이득을 비대칭적으로 평가하는 사람을 **위험회피적**(risk-averse)이라고 한다. 대부분의 사람들은 위험회피적이만 그 정도에는 차이가 있다. 예를 들어 부유한 사람들은 보통 부유하지 않은 사람들보다 덜 위험회피적이다.

원활하게 작동하는 금융시스템은 위험에 대한 노출을 축소시키는 것을 도와주는데 이것이 바로 위험회피적인 사람들이 원하는 것이다. 어떤 기업의 소유주가 새 장비를 구입할 경우 이윤이 더 늘어날 것을 기대하지만 실제로 이윤이 늘어날지에 대해서는 확신할 수 없다고 하자. 이 기업주는 자신의 저축을 이용하거나 집을 팔아서 새 장비의 구입대금을 치를 수 있다고 하자. 이 경우 이윤이 기대한 바에 크게 못 미친다면 기업주는 자신의 저축이나 집을 날리게 된다. 즉 기업주는 사업이 잘될지 또는 안될지에 대한 불확실성으로 인해 자신을 큰 위험에 노출시키게 된다. (이것이 바로 자기 재산의 상당 부분을 사업에 투자하고 있는 기업주들이 보통 사람들에 비각 개인은 발생 가능한 손실이 독립적인 사건이 되게끔 여러 자산에 투자를 함으로써 **분산**(diversification)을 이룰 수 있다.

큰 가치 손실 없이 신속하게 현금으로 전환될 수 있는 자산은 **유동적**(liquid)이다.

큰 가치 손실 없이는 신속하게 현금으로 전환될 수 없는 자산은 **비유동적**(illiquid)이다.

해서 위험에 대해 더 관대한 이유다.)

따라서 위험회피적인 기업주는 사업이 잘되었을 경우 발생하는 이윤의 일부를 나눠 준다 하더라도 새 장비를 구입하는 데 따른 위험을 다른 사람들과 나누기를 원할 것이다. 그렇다면 어떻게 위험을 나눌 수 있을까? 자기 회사의 주식을 다른 사람들에게 팔고 그 대금으로 새 장비를 구입하면 된다. 자기 회사의 주식을 매도함으로써 기업주는 예상보다 낮은 이윤이 발생할 때의 손실을 줄일 수 있다. 즉 자신의 다른 재산을 잃지는 않을 것이다. 하지만 일이 잘되었을 때는 주식을 산 주주들이 이윤의 일부를 투자에 대한 보수로 받아 갈 것이다.

위의 예에서 기업주는 자기 기업의 주식을 매도함으로써 위험을 **분산**시킬 수 있었다. 기업주는 전체 위험을 줄이는 방향으로 은행예금과 금융자산에 대한 투자, 실물자산인 주택 그리고 또 다른 실물자산인 자기 기업에 대한 지분 투자를 포함하여 여러 자산에 투자를 계속할 수 있게 된 것이다. 이와 같은 투자는 각각 자체적인 위험을 갖고 있다. 예를 들어 예금을 하고 있는 은행이 부도가 나거나 집이 불탈 수 있다(물론 오늘날 사람들은 보험을 통해 이와 같은 위험으로부터 부분적으로는 보호를 받고 있을 가능성이 높다).

하지만 보험이 없다고 하더라도 여러 가지 상이한 자산에 투자하는 것이 더 유리한데, 이는 이들 자산이 가진 위험이 서로 관계가 **없거나** 독립적인 사건이기 때문이다. 예를 들면 사업이 잘 안될 경우 집이 불탈 가능성이 더 높아지는 것은 아니며, 집이 불탈 경우 은행이 부도를 낼 가능성이 더 높아지는 것은 아니다. 다시 말하자면 하나의 자산이 낮은 성과를 내더라도 다른 자산들의 성과가 이로 인해 영향을 받지 않을 것이기 때문에 전체적인 손실 위험은 줄어들게 된다는 것이다. **분산**(diversification), 즉 위험이 연관되어 있지 않거나 독립적인 여러 자산에 대한 투자를 통해 우리의 기업주는 전체적인 손실 위험을 축소시킬 수 있다.

사람들이 분산을 통해서 전체 위험을 관리하고 축소시키려고 하는 것이 바로 주식과 주식시장이 존재하는 이유다. 다음 절에서는 이에 대해 상세히 설명할 것이다.

과제 3 : 유동성 공급 금융시스템의 세 번째이자 마지막 과제는 투자자에게 **유동성**을 공급하는 것이다. 유동성이 필요한 이유는 위험과 마찬가지로 미래가 불확실하기 때문이다. 대출을 해 준 뒤에 대부자가 위급한 병으로 인해 갑자기 현금이 필요해졌다고 하자. 불행히도 대출을 해 간 기업이 그 돈을 이미 새 장비를 구입하는 데 썼다면 짧은 기간 내에 대출을 갚기는 불가능할 것이다. 만일 대부자가 대출의 만기 전에 돈을 돌려받을 필요가 있을 위험이 있음을 사전에 안다면 기업에 대출함으로써 자신의 돈이 묶이는 것을 꺼릴 수도 있을 것이다.

어떤 자산이 큰 손실 없이 재빨리 현금으로 전환될 수 있을 때 그 자산은 **유동적**(liquid)이며 그 반대의 경우 **비유동적**(illiquid)이라고 한다. 나중에 보겠지만 주식과 채권은 비유동성 문제를 부분적으로 해결해 준다. 은행 또한 개인들이 유동적인 자산을 보유하는 것을 가능하게 하는 동시에 사업에 필요한 장비 구입처럼 비유동적인 투자의 재원을 공급하기 위한 또 하나의 추가적인 방법을 제공한다.

경제에서 대부자들과 차입자들이 상호 이익이 되는 거래를 하기 위해서는 거래비용을 줄이고, 분산을 통해 위험을 줄이고 관리하며, 유동성을 공급하기 위한 방법이 필요하다. 이와 같은 과제들은 어떻게 달성되는 것일까?

자산의 종류

현대 경제에는 네 가지 종류의 금융자산이 존재하는데 이들은 대출, 채권, 주식, 은행예금이다. 금융혁신은 이들에 더하여 다양한 종류의 대출담보부 증권의 창조를 가능케 했다. 각 자산은 다소 상이한 목적을 충족시켜 준다. 이 절에서는 대출, 채권, 주식과 대출담보부 증권에 대해서 분석하고 은행예금에 대해서는 다음 절에서 설명하기로 한다.

대출 개별 대부자와 개별 차입자 간 돈을 빌려 주는 약정을 **대출**(loan)이라 한다. 대부분의 사람들은 주택이나 자동차를 사기 위해 은행으로부터 돈을 빌릴 때 대출에 대한 경험을 하게 된다. 그리고 중소기업들은 대개 새 장비를 구입하기 위해 은행 대출을 이용한다.

대출의 장점은 차입자의 필요에 맞춰서 조건을 정할 수 있다는 것이다. 중소기업들은 대개 대출을 받기 전에 사업계획, 예상이윤 등에 대해 대부자와 의논해야 한다. 그 결과 차입자의 필요와 상환능력에 적합한 대출이 만들어진다.

대출의 단점은 한 개인이나 기업이 대출을 하기 위해서는 대출 조건을 협상하고 차입자의 신용이력과 상환능력을 조사하는 등 많은 거래비용이 든다는 것이다. 이와 같은 비용을 최소화하기 위해서 대기업이나 정부와 같은 대규모 차입자들은 보다 능률적인 차입방법을 이용하는데 그것은 바로 채권을 발행하는 것이다.

채권 채권은 차입자가 발행하는 채무증서(IOU)다. 보통 채권의 매도자(발행자)가 채권 소유자에게 매년 이자를 지급하고 지정된 날짜에 원금(채권의 표면에 명시된 가치)을 상환할 것을 약속한다. 따라서 채권은 소유자의 입장에서는 금융자산이지만 발행자의 입장에서는 부채다.

채권의 발행자는 채권을 매입하기를 원하는 사람들에게 이자율과 만기가 정해진 다수의 채권을 파는데, 이와 같은 과정을 통해서 많은 대부자들과 개별적으로 대출 조건을 협상해야 하는 비용을 피할 수 있다.

채권의 매입자들은 자신이 비용을 들여 가며 조사할 필요 없이 신용이력을 비롯하여 채권 발행자의 질에 관한 정보를 채권평가기관으로부터 무상으로 제공받을 수 있다. 채권 투자자는 특히 **부도**(default) 가능성, 즉 채권 발행자가 채권 계약에 명시된 지급의무를 이행하지 못할 위험을 걱정한다. 일단 부도 위험에 대한 평가가 내려지면 채권은 명백하게 정의된 조건과 품질을 가진 어느 정도 표준화된 상품으로서 채권시장에서 판매될 수 있다. 일반적으로 부도 위험이 높은 채권일수록 투자자의 투자를 유도하기 위해 더 높은 이자율을 지급한다.

채권의 또 하나의 중요한 장점은 재판매가 쉽다는 것이다. 이와 같은 특성은 채권 구입자들에게 유동성을 제공한다. 실제로 채권은 만기가 될 때까지 많은 사람들의 손을 거치게 된다. 이와는 대조적으로 대출은 채권처럼 표준화되어 있지 않기 때문에 재판매하기가 매우 어렵다. 각각의 대출은 규모, 질, 조건 등이 서로 다르기 때문이다. 이로 인해서 대출은 채권에 비해 훨씬 덜 유동적이다.

대출담보부 증권 **대출담보부 증권**(loan-backed securities)은 개별 대출을 모은 다음 그 합동자산의 지분을 판매하는 과정을 통해 창출된 자산으로 이 과정을 **자산유동화**(securitization)라 부른다. 대출담보부 증권은 지난 20년간 매우 인기 있는 금융상품으로 부상했다. 수천 개의 개별 주택담보 대출을 모아서 그 합동자산의 지분을 투자자에게 판매하는 주택대출담보부 증권(mortgage-backed securities)이 가장 잘 알려진 자산유동화의 예지만, 자산유동화는 학자금 대출, 신용카드 대출, 자동차 할부 대출 등에도 광범위하게 적용되고 있다.

대출담보부 증권은 채권과 마찬가지로 금융시장에서 거래되며, 개별 대출에 비해 위험이 분산되어 있고 유동적이기 때문에 투자자들에게 인기가 있다. 하지만 수많은 대출을 모으기 때문에 자산의 질을 정확하게 판별하기 어렵다는 문제가 있다. 이 같은 어려움이 2008년 금융위기에서 투자자들을 괴롭혔다. 주택가격 거품이 터지자 주택담보 대출 부도사태가 광범위하게 나타났으며 그 결과 '안전한 것으로 간주되었던' 주택대출담보부 증권의 보유자들이 큰 손실을 입었

> 대출(loan)은 개별 대부자와 개별 차입자 간 돈을 빌려 주는 약정이다.
>
> 차입자가 대출 또는 채권계약에 명시된 지급을 이행하지 못할 때 부도(default)가 발생한다.
>
> 대출담보부 증권(loan-backed security)은 개별 대출을 함께 모아 그 합동자산의 지분을 판매함으로써 창출되는 자산이다.

고, 이러한 고통은 전체 금융시스템으로 퍼져 나갔다.

주식 주식은 회사의 소유권에 대한 지분이다. 주식은 소유자의 입장에서는 금융자산이지만 회사의 입장에서는 부채다. 모든 회사가 자신의 주식을 매각하지는 않는다. 비공개회사는 개인이나 소수의 동업자들이 소유한 회사이며 회사의 이윤은 모두 이들이 가져간다. 그렇지만 대부분의 대기업은 주식을 일반인들에게 매각한다. 예를 들어 마이크로소프트사는 거의 80억 주의 주식을 공개했다. 만일 여러분이 이 회사 주식을 1주 산다면 이 회사가 벌어들이는 이윤의 80억 분의 1을 받을 권리가 있으며 이 회사의 의결에서 80억 분의 1에 해당하는 투표권을 가진다.

꾸준하게 많은 이익을 내는 마이크로소프트사가 왜 여러분이 소유권의 일부를 사는 것을 허용할까? 왜 마이크로소프트의 창업자인 빌 게이츠와 폴 알렌이 소유권을 모두 가지고 채권 발행을 통해 투자지출에 필요한 자금을 조달하지 않을까? 이미 배웠듯이 그 이유는 위험에 있다. 대기업의 단일 소유자가 되는 데에 따른 위험을 전적으로 부담할 수 있을 정도로 위험을 용인할 수 있는 개인은 거의 없다.

기업 소유주들이 직면하는 위험을 줄이는 것만이 주식의 존재가 사회 후생을 증가시키는 이유는 아니다. 주식은 이를 구입하는 투자자들의 후생 수준도 증가시킨다. 주식의 소유자는 일반적으로 채권에 비해 높은 수익을 향유할 수 있다. 지난 세기 동안 주식은 인플레이션에 대해 조정을 할 경우 평균적으로 연 7%의 수익률을 제공한 반면에 채권이 제공한 수익률은 연 2%에 불과했다. 하지만 투자회사들이 경고하는 것처럼 "과거의 성과가 미래 성과를 보장하지 못한다."

주식 투자에는 단점도 있는데 그것은 한 회사의 주식을 소유하는 것은 동일한 회사의 채권을 소유하는 것보다 위험이 높다는 것이다. 그 이유는 무엇일까? 대략적으로 말하자면 채권은 약속인 데 반해 주식은 희망사항이기 때문이다. 법에 의해 회사는 주주들에게 이윤을 배분하기에 앞서서 채권자들에게 진 빚을 갚아야 한다. 회사가 부도가 나는 경우에는 (즉 원리금을 지급하지 못하고 부도를 선언하는 경우에는) 회사의 실물자산과 금융자산은 먼저 채권의 보유자, 즉 대부자에게 주어지고 주주들은 일반적으로 아무것도 받지 못한다. 따라서 주식이 일반적으로는 투자자에게 더 높은 수익률을 제공하기는 하지만, 소유에 따른 위험도 더 크다.

그렇지만 금융시스템은 기업 소유주는 물론 투자자들이 위험을 관리하는 동시에 높은 수익률을 향유할 수 있는 방법을 고안해 내었다. 이는 **금융중개기관**이라고 불리는 기관의 서비스에 의해서 달성된다.

금융중개기관

금융중개기관(financial intermediary)은 많은 개인들로부터 모은 자금을 금융자산으로 전환하는 기관이다. 가장 중요한 금융중개기관으로는 상호기금, 연금기금, 보험회사 그리고 은행을 들 수 있다. 미국인들이 소유하고 있는 금융자산의 4분의 3 정도가 직접 보유되지 않고 이들 중개기관을 통해서 보유되고 있다.

상호기금 앞서 설명했듯이 회사의 주식을 소유하는 데는 높은 잠재수익률에 대한 대가로 위험이 뒤따른다. 하지만 주식 투자자들이 분산을 통해서 전체 위험을 축소시킬 수 있다는 것은 전혀 놀랄 만한 일이 아니다. 한 회사의 주식이나 서로 연관된 회사들의 주식에 투자를 집중하지 않고 분산된 주식 포트폴리오에 투자함으로써 투자자들은 위험을 줄일 수 있다. 분산된 주식 포트폴리오란 서로 위험이 연관되어 있지 않거나 서로의 위험을 상쇄시킬 수 있는 주식의 집단을 말한다.

이에 더해서 금융투자 자문가들은 대부분의 사람들이 위험회피적임을 알기 때문에 고객들에

금융중개기관(financial intermediary)은 많은 개인들로부터 모은 자금을 금융자산으로 전환하는 기관이다.

게 주식 포트폴리오를 분산시킬 뿐만 아니라 모든 재산도 주식 이외에 채권, 부동산, 현금과 같은 자산에 분산시킬 것을 권고한다. (뿐만 아니라 사고로 인한 손실에 대비해서 충분한 보험도 들도록 권고한다!)

그런데 투자할 자금이 많지 않은 개인들로서는 주식 중개인에게 지불하는 수수료를 포함하여 분산된 주식 포트폴리오를 구성하기 위한 거래비용이 큰 부담이 된다. 많은 회사의 주식을 조금씩 사야 하기 때문이다. 다행히 이와 같은 투자자들의 경우 **상호기금**이 높은 거래비용을 치르지 않고 주식을 분산하는 것을 가능하게 해준다.

상호기금(mutual fund)은 여러 회사의 주식을 사서 주식 포트폴리오를 만든 후 이 주식 포트폴리오의 지분을 다시 개별 투자자들에게 판매하는 금융중개기관이다. 상호기금의 주식을 매입함으로써 투자자들은 비교적 적은 금액의 투자금을 가지고 분산된 포트폴리오를 간접적으로 보유할 수 있으며, 그 결과 동일한 위험을 부담하면서 더 높은 수익률을 달성할 수 있다. 〈표 25-1〉은 분산된 상호기금의 예로 뱅가드 500 인덱스 펀드(Vanguard 500 Index Fund)를 보여 준다. 표에는 이 상호기금의 포트폴리오 중에서 가장 비중이 큰 기업들에 투자된 투자자금의 비율이 제시되어 있다.

많은 상호기금은 자신이 투자한 회사에 대한 시장조사를 실시하기도 한다. 외국 기업은 말할 것도 없거니와 수천 개에 달하는 주식발행 기업 각각이 수익성, 배당금 지급 등의 면에서 상이하기 때문에 시장조사는 매우 중요하다. 개별 투자자로서는 소수의 기업에 대해서 적절한 조사를 하는 것만 해도 엄청난 시간과 비용이 들 것이다. 상호기금은 많은 고객들을 위해 이와 같은 조사를 시행함으로써 거래비용을 경감시킬 수 있다.

상호기금산업은 오늘날 미국의 금융시스템뿐만 아니라 경제 전체에서 상당한 비중을 차지하고 있다. 2019년 말 미국의 상호기금은 모두 합해서 17.7조 달러의 자산을 보유하고 있다. 2019년에 규모가 가장 큰 상호기금회사는 뱅가드였는데 운영하고 있는 자산이 3.4조 달러에 달했다.

그런데 상호기금은 제공하는 서비스에 대한 대가로 수수료를 징수한다. 다양한 주식 포트폴리오를 단순히 보유하기만 하고 특별히 가망성 있는 주식종목을 선택하려고 하지 않는 상호기금은 낮은 수수료를 부과한다. 하지만 고객의 자금을 투자하는 데 특별한 전문성을 가지고 있다고 주장하는 상호기금은 제법 높은 수수료를 부과한다.

연금기금과 생명보험회사   많은 미국인들은 상호기금에 더해서 연금기금에도 지분을 갖고 있다. **연금기금**(pension fund)은 회원들의 저축을 모아서 만든 자금을 여러 가지 다양한 자산에 투자하고 회원들이 은퇴할 경우 이들에게 소득을 지급하는 비영리기관이다. 연금기금은 소정의 특수규정을 적용받고 조세 특례 취급을 받지만 그 기능은 상호기금과 매우 유사하다. 즉 연금기금은 여러 가지 다양한 종류의 자산에 투자를 하고 회원들이 개별적으로 투자하는 경우에 비해서 훨씬 비용 효율적인 분산투자와 시장조사를 제공한다. 2019년 말에 미국의 연금기금은 24.4조 달러를 넘는 자산을 보유하고 있었다.

미국인들은 또한 **생명보험회사**(life insurance company)의 보험계약도 상당히 많이 보유하고 있다. 보험계약은 계약자가 사망할 경우 대개는 가족인 계약 수혜자에게 보험금 지급을 약속한다. 보험계약자가 사망할 경우 발생할 수 있는 재정적 궁핍을 완화시켜 줌으로써 생명보험회사들 역시 위험 감소를 통해 후생을 증대시키는 역할을 수행한다.

은행   유동성의 문제를 다시 생각해 보자. 다른 조건이 같다면 사람들은 쉽게 현금으로 전환될

표 25-1 뱅가드 500 인덱스 펀드의 상위 투자지분(2020년 1월 현재)

기업	기업에 투자된 기금자산의 비중(백분율)
마이크로소프트	5.03%
애플	4.64
아마존	3.19
페이스북 A	1.88
알파벳 A	1.63
알파벳 C	1.63
버크셔 해서웨이	1.60
존슨 앤 존슨	1.44
JP모건 체이스	1.43
비자 A	1.27

출처 : Morningstar.

상호기금(mutual fund)은 주식 포트폴리오를 만들고 이 포트폴리오의 지분을 다시 개별 투자자들에게 재판매하는 금융중개기관이다.

연금기금(pension fund)은 일종의 상호기금으로 회원들에게 퇴직소득을 제공하기 위해서 자산을 보유한다.

생명보험회사(life insurance company)는 계약자가 사망할 경우 계약 수혜자에게 보험금 지급을 보장하는 보험계약을 판매한다.

국제비교   채권 대 은행

한 기업이 투자 재원을 마련하기 위해 자금을 차입하기를 원한다고 하자. 이 기업이 실제로 자금을 차입할 수 있는 방법은 두 가지가 있다. 투자자들에게 채권을 매각하거나 은행으로부터 대출을 받는 것이다. 각 전략에는 장점과 단점이 있다.

한편으로는 채권을 발행하는 것이 은행으로부터 차입하는 것보다 더 적은 비용이 드는 경향이 있다. 중개자를 없앨 수 있기 때문이다. 이에 더하여 은행은 종종 대출에 조건을 달아서 차입자가 원하는 사업을 할 자유를 제약하기도 한다. 다른 한편으로는 은행 대출은 채권 발행보다 위험이 작을 수 있다. 차입자가 어려움에 처할 경우 은행은 문제를 해결할 만한 좋은 계획만 있다면 차입금을 상환할 시간을 더 주는 등 차입자를 도와주려 할 것이다. 이와는 대조적으로 채권 보유자들은 융통성이 없다.

이것은 매우 어려운 선택이다. 그런데 흥미롭게도 미국의 기업들과 유럽의 기업들은 일반적으로 상이한 선택을 한다. 그림은 미국과 유로를 공통화폐로 사용하는 유럽국가들의 집단인 유로지역에서 발행된 회사채 총액을 국내총생산에 대한 백분율로 보여 준다. 2019년에 미국 기업들은 유럽 기업들에 비해 훨씬 더 많은 채권을 발행한 반면 유럽 기업들은 은행 차입에 훨씬 더 의존했다.

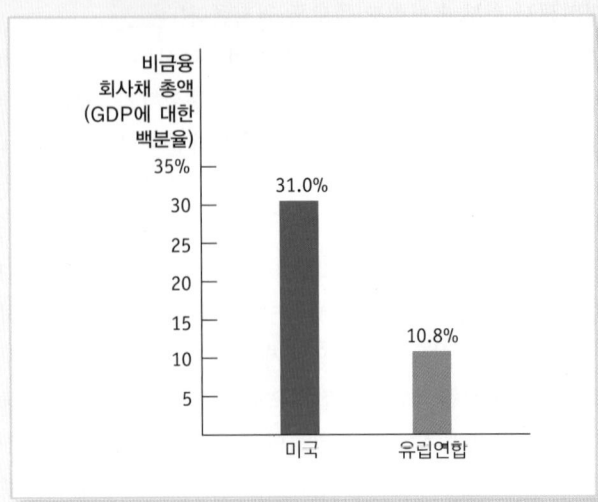

왜 이런 차이가 있는 것일까? 일반적으로 미국 기업들은 위험을 감수하는 경향이 더 크다. 또한 유럽 가계들은 미국 가계들에 비해 더 큰 금액을 은행 계좌에 예금하는 경향이 있다. 그 결과 유럽 은행들은 미국 은행들에 비해 대출할 자금이 더 많다.

출처 : BIS Statistics Explorer.

수 있는 자산을 선호한다. 채권과 주식은 실물자산이나 대출보다 훨씬 유동성이 높지만 갑작스러운 비용지출에 충당하기 위해 채권이나 주식을 발행하는 것은 거래비용이 지나치게 많이 든다. 더욱이 많은 중소기업에서는 필요로 하는 규모의 자금 조달을 위해서 채권이나 주식을 발행할 경우 그 비용이 지나치게 높다. 은행은 대부자의 유동성에 대한 수요와 주식이나 채권시장을 이용하지 않고 자금을 조달하고자 하는 차입자의 수요 간 상충 문제를 해결할 수 있다.

은행의 업무는 먼저 예금자로부터 자금을 받는 것으로 시작한다. 은행에 돈을 맡길 경우 여러분은 은행에 돈을 빌려 주는 대부자가 되는데 이 경우 은행예금이라는 채권을 갖게 된다. **은행예금**(bank deposit)은 은행에 대한 청구권으로 은행은 여러분이 요구하면 언제든지 현금을 지급해야 할 의무가 있다. 따라서 은행예금은 예금자에게는 금융자산이 되고 은행에게는 부채가 된다.

그런데 은행은 고객들이 맡긴 예금의 일부만을 현금으로 보유하고 나머지를 기업이나 주택구입자와 같은 차입자에게 대출한다. 이와 같은 대출은 대개 장기로 이루어진다. 즉 차입자가 정시에 지급을 하는 이상 은행은 미리 약정된 기간 내에 대출 상환을 요구할 수 없다. 따라서 은행은 장기로 자금을 빌리고자 하는 사람들이 자금을 빌려 주기는 하되 필요할 때 언제든지 현금을 돌려받을 수 있기를 원하는 사람들의 자금을 이용하는 것을 가능하게 한다.

즉 **은행**(bank)은 대부자에게 예금이라는 유동적인 금융자산을 공급하는 한편 이들의 자금을 이용하여 차입자의 비유동적인 투자 수요를 충족시켜 주는 금융중개기관이다. 본질적으로 은행은 장기로 대출을 하는 동시에 예금자들이 언제라도 자금의 인출을 요구할 수도 있다는 일종의 불일치에 노출되게 된다. 그렇다면 은행은 이와 같은 불일치를 어떻게 관리할까?

은행은 평균적으로 예금자들 중 극히 일부만이 동시에 예금을 인출하기를 원한다는 사실에 의존하고 있다. 어느 날이건 예금 인출을 하는 사람이 있는 반면 새로운 예금을 하는 사람들이

은행예금(bank deposit)은 은행에 대한 청구권으로 은행은 예금자가 요구하면 언제든지 현금을 지급해야 할 의무가 있다.

은행(bank)은 대부자에게 예금이라는 유동적인 금융자산을 공급하는 한편 이들의 자금을 이용하여 차입자의 비유동적인 투자수요를 충족시켜 주는 금융중개기관이다.

있기 마련이며 이에 따라 예금인출과 신규예금은 서로 어느 정도 상쇄된다. 그 결과 은행은 예금자의 예금인출 수요를 충족시키기 위해서 극히 제한된 금액의 현금만 보유하면 된다.

뿐만 아니라 예금자의 인출요구를 충족할 자금이 불충분하다 하더라도 각 은행예금은 25만 달러까지는 연방정부기관인 연방예금보험공사(Federal Deposit Insurance Corporation, FDIC)에 의해 보장된다. 이와 같은 보장은 예금자가 은행예금을 보유하는 데 따른 위험을 축소시켜 주며 이에 따라 은행의 재정상태가 염려될 때도 자금을 인출할 유인을 줄여 준다. 결과적으로 평상시에 은행은 예금자 예금의 일부만 현금으로 보유하면 된다.

저축자의 유동자산에 대한 수요와 차입자의 장기대출에 대한 수요를 조화시켜 줌으로써 은행은 경제활동에서 핵심적인 역할을 담당한다. 다음의 '현실 경제의 이해'에서 보듯이 제대로 작동하는 은행시스템을 구축한 것이 경제 성공의 중요한 조건이었다.

현실 경제의 >> 이해

은행, 성공과 남미

제24장에서 보았듯이 아르헨티나는 실망스러운 장기 경제성장의 대표적인 사례다. 20세기 초만 해도 이 국가는 부유한 국가로 간주되었지만 그 이후 1인당 국내총생산이 느린 속도로만 성장했다. 그리고 지난 수십 년 동안 아르헨티나는 라틴아메리카의 경제 성공 사례인 칠레를 비롯하여 몇몇 이웃 국가들보다도 훨씬 더 뒤처졌다. 1990년까지만 해도 아르헨티나는 칠레보다 약간 더 부유했었다. 하지만 그 후 칠레의 1인당 국내총생산은 연 3.3%의 속도로 성장한 반면 아르헨티나는 1.7%에 불과했다. 그 결과 현재 칠레는 이웃 국가보다 50% 더 부유하다.

금융시스템의 개혁으로 칠레의 은행은 더 안전해졌고 성장의 원동력이 되었다.

무엇이 두 국가 운명의 차이를 설명할 수 있을까? 여러 이유가 있겠지만 아마도 금융 발전이 중요한 요인일 것이다. 1980년대 초의 은행위기 이후 칠레는 은행을 더 안전하게 만들 개혁을 시행했고, 그 결과 저축자들의 예금이 증가했고 민간부문에 대한 대출이 빠르게 증가할 수 있었다. 이와는 대조적으로 아르헨티나는 일련의 은행위기를 계속 겪었고, 예금의 가치를 잠식시키는 인플레이션도 몇 차례 겪었다.

그 결과 칠레에서의 금융중개 규모가 아르헨티나보다도 훨씬 더 커졌다. 경제학자들은 종종 민간부문에 대한 국내신용이 국내총생산에 대한 비율을 한 경제의 금융중개 규모에 대한 대략적인 척도로 사용한다. 금융제도가 잘 발달된 선진국에서는 이 비율이 100~200% 사이의 값을 가진다. 2018년 칠레의 국내총생산 대비 국내신용의 비율은 116%로 선진국에서의 비율과 유사하다. 아르헨티나에서는 이 숫자가 16%에 불과했는데, 이는 금융중개가 매우 제한적으로만 이루어졌음을 의미한다. 아마도 이것은 칠레가 한때 더 부유했던 이웃보다 훨씬 더 성공적으로 저축을 생산적인 투자로 연결하고 있음을 의미할 것이다.

>> 이해돕기 25-2
해답은 책 뒤에

1. 다음 자산들을 (i) 거래비용의 크기, (ii) 위험 수준, (iii) 유동성 정도에 따라서 순위를 매겨 보라.
   a. 이자율이 보장된 은행예금
   b. 잘 분산된 상호기금의 지분으로 신속히 매각할 수 있음

- **금융시장**은 가계들은 **금융자산**이나 **실물자산**을 구매함으로써 현재의 저축이나 **재산**을 투자할 수 있는 곳이다. 금융자산은 매도자의 입장에서는 **부채**가 된다.
- 잘 작동하는 금융시스템은 **거래비용**을 낮추고 **분산**을 통해서 **금융위험**을 감소시키는 한편 **유동적** 자산을 공급함으로써 투자자들이 쉽게 보유자산을 현금으로 전환할 수 있게끔 한다. 이런 이유에서 투자자들은 유동적 자산을 **비유동적** 자산보다 더 선호한다.
- 네 가지 주된 금융자산으로는 **대출**, 채권, 주식 그리고 **은행예금**이 있다. 최근의 금융혁신으로는 개별 대출보다 더 유동적이며 위험을 더 분산시켜 주는 **대출담보부 증권**이 있다. **부도** 위험이 더 높은 채권은 보통 더 높은 이자율을 지급해야 한다.
- 가장 중요한 **금융중개기관**의 유형으로는 **상호기금**, **연금기금**, **생명보험회사** 그리고 **은행**이 있다.
- 은행은 예금자가 요구하면 언제든지 현금을 돌려줘야 하는 은행예금을 통해 조달한 자금을 차입자들에게 장기로 대출한다.

   c. 가업(family business)의 지분으로 구매자를 찾은 후 다른 모든 가족들이 동의해야만 매각이 가능함

2. 한 국가의 금융시스템의 발전 정도와 경제발전 정도 사이에 어떤 관계를 발견할 수 있는가? 그 나라의 저축 수준과 투자지출 수준을 통해서 설명하라.

|| 금융 변동

우리는 지금까지 금융시스템이 경제의 필수불가결한 일부임을 배웠다. 주식시장이나 채권시장 또는 은행이 없이는 장기적인 경제성장을 이루기가 어렵다. 하지만 좋은 소식만 있는 것은 아니다. 가끔 금융시스템이 제대로 작동하지 않아서 단기적으로 경제를 불안정하게 만들 때도 있다.

실제로 주택가격 폭락이 낳은 금융 불안은 2007년 여름부터 정책담당자의 골칫거리가 되었다. 2008년 가을에 이르러서는 큰 폭의 주택가격 하락에 적응하는 과정에서 미국 경제가 심각한 경기 부진을 마주하고 있음이 확실해졌고 여러 해 동안 더 높은 실업률이 유지되었다. 자산시장 변동에 대해서만 한 권의 책을 쓸 수 있을 것이며 실제로 많은 사람들이 책을 썼다. 여기서는 자산가격 변동의 원인에 대해서만 간단히 설명할 것이다.

주식에 대한 수요

일단 한 회사가 투자자에게 주식을 발행하면 발행된 주식은 주식시장을 통해서 다른 투자자들에게 재판매될 수 있다. 오늘날은 케이블 TV나 인터넷 덕분에 하루 종일 다우존스 제조업 평균과 같은 주가의 요약 지표는 물론 개별 주식 가격의 오르내림 등 주식시장의 변동을 관찰하는 것이 가능해졌다. 이와 같은 주가 변동은 투자자의 주식 공급과 수요로 인한 것이다. 그렇다면 주식의 공급과 수요 변화는 어떤 요인에 의해 발생할까?

주식은 한 회사에 대한 소유지분을 나타내는 금융자산임을 기억하라. 소비를 통해서 소유자에게 가치를 제공하는 재화나 서비스와는 달리 자산의 가치는 미래에 더 많은 재화와 서비스 소비를 창출할 수 있는 능력에서 나온다.

금융자산이 미래 소비를 증가시킬 수 있는 방법에는 두 가지가 있다. 첫째, 많은 금융자산은 이자나 배당 지급의 형태로 소유자에게 정기적인 소득을 제공한다. 하지만 많은 기업은 배당을 지급하는 대신 미래 투자지출에 충당하기 위해 이윤을 유보한다. 그런데 투자자들은 미래에 더 높은 가격에 팔아서 이익을 낼 수 있다고 믿는 경우에는 배당을 지급하지 않는 주식을 사기도 하는데, 이것이 바로 미래 소득을 증가시킬 수 있는 두 번째 방법이다. 채권이나 배당을 지급하는 주식이라 해도 미래에 지금보다 가격이 하락하리라고 예상되는 경우에는 투자자들이 투자를 하지 않는데, 이는 이와 같은 자산을 사서 매각할 경우 재산이 줄어들 것이기 때문이다.

따라서 어떤 금융자산의 현재가치는 그 자산의 미래가치 또는 가격에 대한 투자자들의 믿음에 의해 결정된다. 즉 투자자들이 어떤 자산이 미래에 더 높은 가치를 가질 것이라 믿으면 현재 그 자산을 더 많이 수요할 것이고 그 결과 그 자산의 현재 균형가격이 상승할 것이다. 반대로 투자자들이 어떤 자산의 가치가 미래에 하락할 것이라고 믿으면 현재에 그 자산을 덜 수요할 것이고 그 결과 현재 균형가격이 하락할 것이다. 요약하자면 현재의 주가는 미래 주가에 대한 투자자들의 기대에 따라서 변할 것이다.

이제 어떤 사건이 발생하여 어떤 회사의 주가가 미래에 상승할 것이라는 기대가 생기는 경우를 생각해 보자. 예를 들어 애플사가 최신 아이폰이 날개 돋치듯 팔린 덕분에 이익이 증가할 것으로 예상된다고 발표한다면 애플사의 주식에 대한 수요는 증가할 것이다. 동시에 기존 주주들은 각 가격 수준에서 자신이 보유한 애플사의 주식을 내놓기를 이전보다 꺼릴 것이고 그 결과

탐구자를 위하여　다우존스, 지금은 어때요?

금융에 관한 기사는 대개 다우존스 산업 평균, S&P 500, 나스닥 지수 등의 움직임에 대해 설명하는 오늘의 주식시장 동향과 함께 시작된다.

이 세 가지는 모두 주식시장 지수(index)다. 소비자물가지수와 마찬가지로 이들은 평균적인 주식가격을 숫자로 요약해서 보여 준다.

- 다우존스 지수는 금융분석회사인 다우존스사에 의해 만들어진 지수로 마이크로소프트, 월마트, 제너럴 일렉트릭과 같은 30개의 대표적인 회사의 주가로 구성된다.
- S&P 500은 또 다른 금융회사인 스탠다드엔푸어스사에 의해 만들어진 지수로 500개의 회사로 구성되어 있다.
- 나스닥 지수는 보다 규모가 작은 신설회사 주식들을 거래하는 전국증권딜러협회(National Association of Securities Dealers)에 의해 집계된다.

이들 세 지수는 각각 상이한 집단의 주식을 포함하고 있기 때문에 서로 상이한 것들을 대표한다. 다우존스 지수는 30대 대형회사만 포함하고 있기 때문에 '구경제'의 전통적인 기업을 대표하는 경향이 있다. 나스닥 지수는 기술주의 영향을 강하게 받는다. S&P 500은 가장 폭넓은 지수로 위 두 지수의 중간쯤이라 할 수 있다.

이들 지수의 움직임을 통해 투자자들은 특정 경제부문의 주식들이 어떻게 되고 있는지를 신속하게 파악할 수 있다. 주가는 그 회사의 미래 전망에 대한 투자자들의 기대를 구현한다. 따라서 경제의 특정 부문에 속하는 회사의 주식들로 구성

숫자들이 말해준다.

된 지수는 해당 부문의 미래 전망에 대한 투자자들의 기대를 반영한다.

애플사 주식의 공급이 감소할 것이다. 여러분이 알고 있듯이 수요의 증가나 공급의 감소 또는 두 가지가 동시에 발생하는 경우 가격이 상승한다.

이와 반대로 어떤 사건이 한 회사의 미래 주가가 하락할 것이라는 기대를 발생시킨다고 하자. 예를 들어 홈디포(Home Depot)가 주택 판매 부진으로 인해 주택 개량에 대한 수요가 감소함에 따라 이윤이 감소하리라 예상된다고 발표한다면 이 회사 주식에 대한 수요가 감소할 것이다. 동시에 기존 주주들은 그들이 보유한 홈디포의 주식을 더 많이 시장에 공급하려 할 것이다. 그 결과 수요의 감소와 공급의 증가가 모두 이 회사의 주가를 하락시킬 것이다.

즉 주가는 수요와 공급에 의해 결정되는데 수요와 공급은 미래 주가에 대한 투자자들의 기대에 의해 결정된다.

주가는 채권과 같은 대체자산의 매력도 변화에 따라 영향을 받을 수도 있다. 앞서 배웠듯이 어떤 특정 재화에 대한 수요는 대체재 가격이 히락한다든지 해서 대체재 구매가 더 매력적으로 되는 경우 감소한다. 주식의 경우도 마찬가지다. 이자율이 상승한다든지 해서 채권을 사는 것이 더 매력적인 투자가 된다면 주가는 하락할 것이다. 반면에 이자율 하락 등으로 인해 채권을 사는 것이 덜 매력적인 투자가 된다면 주가는 상승할 것이다.

다른 자산에 대한 수요

지금까지 주식가격의 결정요인에 대해서 얘기했던 것은 모두 실물자산을 포함한 다른 자산들에도 적용될 수 있다. 오피스 건물, 상가 건물, 그리고 기업 활동에 필요한 공간을 제공하는 기타 건물을 포함한 상업용 부동산에 대한 수요에 대해 생각해 보자. 투자자는 다음의 두 가지 이유로 오피스 건물을 구매한다. 첫째, 건물에 있는 공간을 임대함으로써 건물의 소유자는 임대료의 형태로 소득을 벌어들인다. 둘째, 투자자는 건물의 가치가 상승하여 미래에 더 높은 가격에 건물을 판매할 수 있을 것이라고 기대할 수 있다.

주식의 경우와 마찬가지로 상업용 부동산에 대한 수요 역시 대체자산, 특히 채권의 매력도에

의존한다. 이자율이 상승하면 상업용 부동산에 대한 수요가 감소하고 이자율이 하락하면 상업용 부동산에 대한 수요가 증가한다.

대부분의 미국인들은 상업용 부동산을 소유하고 있지 않다. 전체 인구의 절반만이 상호기금을 통해서 간접적으로라도 주식을 소유하고 있으며, 대부분의 사람들에 있어 주식보유액은 5만 달러에 훨씬 미달한다. 이와는 달리 2019년 말에 미국 가구의 65% 정도가 또 다른 종류의 자산인 주택을 소유하고 있었다. 주택가격을 결정하는 것은 무엇일까?

여러분은 주택가격이 주식가격이나 상업용 부동산의 가격을 분석하는 것과 동일한 방법에 의해 분석될 수 있다고 생각할지 모른다. 하지만 주식은 배당을 지급하고 상업용 부동산은 임대료를 발생시키는 데 비해 가족이 자신이 소유한 주택에 살고 있는 경우에는 화폐의 지급이 발생하지 않는다.

하지만 경제적으로는 화폐의 지급이 발생하지 않는다는 것이 별로 중요하지 않다. 자신의 주택을 소유함에 따르는 혜택은 다른 사람에게 임대료를 지급할 필요가 없다는 사실이다. 달리 표현하자면 이것은 마치 여리분이 스스로에게 임대료를 지급하는 것과 같다. 사실 미국 정부는 국내총생산의 추정치에 암묵적 임대료, 즉 주택소유자가 사실상 자신에게 지급하는 금액에 대한 추정치를 포함시킨다. 사람들이 주택에 지불하고자 하는 금액은 부분적으로는 주택으로부터 받을 것으로 기대되는 암묵적 임대료에 달려 있다.

다른 자산에 대한 수요와 마찬가지로 주택에 대한 수요 역시 미래 가격이 어떻게 될 것인가에 대한 사람들의 기대에 달려 있다. 즉 사람들은 미래에 더 높은 가격에 판매할 수 있다고 믿을 때 더 높은 가격을 지불할 의향이 있다.

마지막으로 주택에 대한 수요는 이자율에 의존한다. 이자율의 상승은 주택담보 대출의 비용을 증가시키고, 주택 수요를 감소시킨다. 이자율의 하락은 주택담보 대출의 비용을 감소시키고 주택 수요를 증가시킨다.

지금까지 보았듯이 모든 자산의 가격은 유사한 요인들에 의해 결정된다. 하지만 미래 자산가격에 대한 투자자의 기대가 무엇에 의해 결정되는지에 대해서 설명하지 않고는 자산가격의 결정요인에 대해서 완전하게 설명했다고는 할 수 없을 것이다.

자산가격에 대한 기대

자산가격에 대한 기대가 어떻게 결정되는지에 대해서는 두 가지 상반된 견해가 있다. 한 견해는 전통적인 경제분석에 의거하여 기대가 변해야만 하는 합리적인 이유에 중점을 둔다. 다른 견해는 시장 참여자들의 광범위한 지지와 일부 경제학자들의 지지를 받는 견해로 시장 참여자들의 비합리성을 강조한다.

효율시장가설 여러분이 홈디포의 주식이 정말로 얼마나 가치가 있는지를 평가하려 한다고 하자. 이를 위해 여러분은 이 회사의 미래 이윤을 결정하는 기초여건들을 살펴볼 것이다. 여기에는 미국 대중의 구매 습관 변화라든지, 주택 리모델링 전망과 같은 요인들이 포함된다. 여러분은 또한 홈디포사 주식으로부터 받을 것으로 기대되는 수익을 채권과 같은 다른 금융자산으로부터 기대되는 수익과 비교해 볼 것이다.

자산가격의 결정에 대한 한 견해에 따르면 이와 같이 면밀한 분석을 통해 평가된 가치가 바로 이미 시장에서 거래되고 있는 홈디포 주식의 가격과 일치할 것이다. 그 이유는 무엇일까? 이는 사람들이 이용할 수 있는 홈디포사의 기초여건에 대한 정보가 이미 주가에 반영되어 있기 때문이다. 기초여건에 대한 면밀한 분석이 제시하는 가치와 시장가격 간 차이가 있다면 이는 현명한 투자자에게는 돈을 벌 수 있는 기회를 의미한다. 즉 홈디포의 주가가 과대평가되어 있다고 판단되면 주식을 팔 것이고 과소평가되어 있다고 판단되면 주식을 살 것이다.

효율시장가설(efficient markets hypothesis)은 이와 같은 견해를 일반화시킨 것이다. 이 가설은 자산가격이 이미 공개되어 있는 모든 정보를 반영하고 있다고 주장한다. 효율시장가설에 따르면 어떤 시점에서도 주가는 공정한 가치를 갖고 있다. 즉 주가는 기초여건에 대해 현재 이용가능한 모든 정보를 반영하고 있으며 그 결과 과대평가되지도 과소평가되지도 않는다.

효율시장가설이 주는 또 다른 함의는 주식가격이나 기타 자산의 가격은 기초여건에 대한 새로운 정보가 발생할 때에만 변해야 한다는 것이다. 새로운 정보는 정의상 예측이 불가능하기 때문에 (예측 가능하다면 새로운 정보라 할 수 없다) 이에 따른 자산가격의 움직임 역시 예측이 불가능할 것이다. 그 결과 주가의 움직임은 **임의보행**(random walk)을 따르게 된다. 임의보행이라 함은 예측 불가능한 변수가 시간이 흐름에 따라 나타내는 움직임을 지칭하는 일반적인 용어.

효율시장가설은 금융시장이 어떻게 작동하는가를 이해하는 데 중요한 역할을 한다. 하지만

효율시장가설(efficient markets hypothesis)에 따르면 자산가격에는 이미 공개되어 있는 모든 정보가 반영되어 있다.

임의보행(random walk)은 예측 불가능한 변수가 시간이 흐름에 따라 나타내는 움직임이다.

탐구자를 위하여 행동재무론

개인은 종종 다른 가능한 대안들에 비해 경제적으로 더 나쁜 결과를 가져오는 비합리적 선택을 한다. 때로는 이러한 비합리적 선택이 예측 가능한 경우도 있다. 또한 사람들은 동일한 의사결정 실수를 반복해서 범하는 습관이 있다. 이러한 행동이 바로 행동경제학의 연구대상이다. 행동경제학은 투자자들이 금융시장에서 어떻게 예측 가능한 비합리적 선택을 하는지를 연구하는 행동재무론을 하위영역으로 포함하고 있다. 2013년 노벨 경제학상은 (다른 두 명의 수상자와 함께) 예일대학교 교수 로버트 실러(Robert Shiller)에게 수여되었다. 실러의 공헌은 금융시장이 어떻게 비합리성의 존재를 분명하게 보여 주는가를 밝힌 데 있었다.

대부분의 사람들과 마찬가지로 투자자들은 체계적으로 합리성으로부터 이탈한다. 특히 이들은 다음과 같은 이탈을 보이는 경향이 있다.

- 과신(overconfidence) : 자신이 승산 있는 주식을 찾을 능력을 갖고 있다는 잘못된 신념
- 손실 혐오(loss aversion) : 손해를 본 자산을 팔고 손실을 인정하기를 싫어함
- 군중 심리(herd mentality) : 가격이 이미 상승했을 때 자산을 매수하고 가격이 이미 하락했을 때 자산을 매도함

이러한 비합리적 행동은 과연 합리적 투자자들이 그렇지 않은 투자자들의 희생을 대가로 (예를 들어 비합리적인 공포로 인해 가격이 싼 회사를 매수함으로써) 많은 돈을 벌 수 있을 것인가라는 중요한 질문을 제기한다.

이 질문에 대한 답은 경우에 따라서 다르다는 것이다. 일부 전문 투자자들은 시장에서 비합리적 움직임의 반대 방향에 돈을 걸어서, 즉 비합리적 매도가 발생할 때 매수하고 비합리적 매수가 나타날 때 매도함으로써 엄청난 이익을 냈다. 예를 들어 억만장자 헤지펀드 운용자인 존 폴슨은 2007~2008년 미국 주택가격 거품 시기에 서브프라임 주택담보 대출의 가격 하락에 돈을 걸어서 40억 달러를 벌었다. 서브프라임 주택담보 대출로 구성된 금융자산이 지나치게 부풀려진 가격에 판매되고 있다고 믿었기 때문이다.

그렇지만 어떤 경우에는 합리적 투자자조차 시장의 비합리성을 이용하여 이득을 내지 못할 수 있다. 예를 들어 펀드 운용자는 고객의 행동이 비합리적이라 생각되더라도 고객의 매수 또는 매도 주문을 실행해야 한다. 마찬가지로 전문적인 펀드 운용자들로서는 무리를 따르는 것이 더 안전할 수도 있다. 나쁜 무리를 따르다가 투자가 손실을 보게 되더라도 아무도 이 문제를 예견하지 못했다는 변명으로 자신의 직업을 유지할 수 있을 것이기 때문이다. 반면에 무리와 반대 방향으로 가다가 투자가 손실을 보면 잘못된 선택을 했음을 이유로 해고될 것임이 분명하다. 따라서 합리적 투자자들이 금융시장에서의 비합리적 움직임을 더 악화시킬 수도 있다.

역사적 추이를 관찰하는 사람들 중 일부는 금융시장이 자만과 망각의 시기를 번갈아 가면서 거친다는 가설을 제시하기도 한다. 투자자들이 가격이 올라가기만 할 것이라는 비합리적 믿음을 가짐에 따라 거품이 형성되었다가 거품이 꺼지면서 투자자들이 금융시장을 아예 회피함에 따라 자산가격이 비합리적으로 싸진다는 것이다.

분명히 거대한 주택 거품에 뒤이어 극단적인 금융시장 혼란이 발생한 지난 20년간의 사건들은 행동재무론 분야의 연구자들에게 엄청나게 많은 연구 대상을 제공해 주었다.

대부분의 투자 전문가들과 많은 경제학자들은 효율시장가설이 현실을 지나치게 단순화한다고 주장한다. 이들의 주장에 따르면 투자자들은 그렇게까지 합리적이지는 않다.

비합리적 시장? 개인 투자자나 전문적인 자산운용자처럼 실제로 시장에서 거래에 참여하는 많은 사람들은 효율시장가설에 대해서 회의적이다. 이들은 시장이 종종 비합리적으로 행동하기 때문에 현명한 투자자라면 '시장 순간포착(market timing)', 즉 주가가 과소평가되었을 때 사고 과대평가되었을 때 파는 전략을 성공적으로 적용할 수 있다고 믿는다.

대부분의 경제학자들은 시장을 능가할 수 있는 틀림없는 방법이 있다는 주장에 대해 회의적이지만 많은 사람들이 효율시장가설에 끊임없이 도전해 왔다. 그런데 시장이 가격을 잘못 평가하고 있었다는 특수한 예를 발견한다고 해서 효율시장가설이 부인되는 것이 아님을 이해하는 것이 중요하다. 예컨대 사람들의 구매행태에 변화가 생겨서 홈디포의 주가가 주당 40달러에서 10달러로 폭락한다고 해서 이 회사의 주가를 처음부터 40달러로 평가한 시장이 비효율적임을 의미하는 것은 아니다. 구매행태가 바뀌리라는 사실은 공개적으로 알 수 없는 정보였기 때문에 일찍부터 가격에 반영될 수 없었을 뿐이다.

효율시장가설에 대한 보다 중대한 도전은 시장가격이 체계적으로 비정상적인 행태를 보이는 증거나, 개별 투자자들이 이론이 제시하는 것처럼 행동하지 않는다는 증거에 중점을 둔다. 예를 들어 몇몇 경제학자들은 주가가 기초여건에 대한 소식으로 설명할 수 있는 것보다 훨씬 더 큰 폭으로 변동한다는 사실에 대한 강력한 증거를 찾아내었다.

다른 경제학자들은 개별 투자자들이 체계적으로 비합리적인 행동을 한다는 사실에 대한 증거를 찾았다고 주장한다. 예를 들어 사람들은 과거에 가격이 상승한 주식의 가격이 앞으로도 계속 상승하리라 기대하는 것으로 보이는데 효율시장가설에 따르면 이와 같은 기대는 근거가 없다. 이와 같은 논리는 주택을 비롯한 다른 자산에도 적용될 수 있다. '현실 경제의 이해'에서 소개되는 거대한 주택 거품은 주택 구매자들이 주택가격 상승이 미래에도 지속될 것이라고 생각한 데에 원인이 있었다.

자산가격과 거시경제학

거시경제학자들과 정책입안자들은 자산가격이 큰 폭으로 변동하며 이와 같은 변동이 경제에 중요한 영향을 준다는 사실에 대해 어떻게 대응할까? 이 질문은 거시경제정책이 직면한 주요 과제 중 하나로 부상했다.

한편으로는 정책입안자들은 자산가격이 너무 높다든지 혹은 낮다든지 하는 식으로 시장이 틀리다고 생각하기를 꺼린다. 효율시장가설에 따르면 공개되어 있는 모든 정보가 이미 주가에 반영되어 있기 때문이다. 보다 일반적으로는 정부 관료들이 자신의 돈을 걸고 참여하는 민간 투자자들보다도 가격을 더 적절하게 판단할 수 있다는 논리를 정당화하기가 어렵다.

다른 한편으로는 지난 25년간 우리는 1개도 아닌 2개의 거품을 경험했으며 이들 거품이 터질 때마다 커다란 거시경제적 문제를 일으켰다는 사실을 주목하지 않을 수 없다. 1990년대 후반에 '닷컴' 인터넷 기업을 포함한 기술 주식의 가격이 도저히 정당화할 수 없을 정도로 치솟았다. 거품이 꺼지자 이들 주식은 단기간 내에 평균 3분의 2 정도의 가치를 상실했고 그 결과 2001년의 경기후퇴와 장기간에 걸친 높은 실업을 초래했다. 몇 년 후에 다음의 '현실 경제의 이해'에서 소개하듯이 주택가격에서 어마어마한 거품이 발생했다. 2008년에 이 거품이 터지자 극심한 금융위기가 발생했고 그 후 극심한 경기후퇴가 뒤따랐는데 위기의 여파는 여러 해 뒤에도 여전히 미국 경제에 영향을 미치고 있었다.

이 같은 사건들은 자산거품이 너무 커지기 전에 정책담당자들이 이를 터뜨려야 할 것인지의 여부에 대해 경제학자들 간 많은 논쟁을 불러왔다. 금융규제와 이를 더 효과적으로 만들기 위한 노력에 대해서는 제29장에서 설명할 것이다.

현실 경제의 >> 이해

주택담보 대출 채무불이행의 증가와 감소

지난 40년간 평균적으로 미국 투자지출의 4분의 1가량이 사람들이 살 곳을 건설하는 "주거용 고정투자"였다. 이들은 대부분 아파트가 아니라 단독주택이거나 콘도(미국에서 아파트는 임대전문회사 소유 아파트를 지칭하며 콘도는 개인 소유 아파트를 지칭함 – 역자 주)이므로 가계들은 주택을 구매하기 위해 큰돈을 마련해야 한다. 하지만 이렇게 많은 현금을 지급할 수 있는 가계는 매우 적다.

대신 대부분의 경우 주택구입 대금은 주택담보 대출을 통해 지급된다. 주택담보 대출은 은행 또는 기타 금융중개기관으로부터의 대출로 예정된 원리금 상환일정을 지키지 못하면 대부자가 주택을 압류할 수 있는 권리를 가지는 대출이다. 이러한 대출은 차입자에게는 매우 위험한 것으로 보인다. 가족 중 한 사람이 일자리를 잃거나 예상치 못한 의료비 지출로 인해 상환 일정을 지키지 못한다면 어떻게 될 것인가? 실제로는 채무불이행, 즉 원리금 상환 일정을 지키지 못하는 것은 주택담보 대출 40개 중 1개꼴로 발생하는 드문 일이다. 채무불이행 비율이 이렇게 낮은 것은 자금난을 겪는 가구들이 대개 주택을 팔아서 대출을 상환할 수 있기 때문이다.

그렇지만 〈그림 25-11〉의 (a)가 보여주듯이 2007년부터 2010년까지는 주택담보 대출 채무불이행이 극적으로 증가하여, 8가구 중 1가구가 제때 원리금을 상환하지 못하고 있었다. 주택담보 대출에 대한 광범위한 채무불이행은 여러 해 지속된 후에야 점차 감소하기 시작했다. 2019년 현재 채무불이행은 역사적인 정상 수준으로 하락했다.

어떤 일이 일어난 것일까? 〈그림 25-11〉의 (b)가 보여주듯이 2000년과 2007년 사이에 주택담보 대출 부채가 극적으로 증가했는데, 이 기간은 주택가격이 빠른 속도로 상승한 기간이기도 하다. 차입자와 대부자 모두가 주택구입자가 차입을 하는 것이 과거보다 더 안전하다고 믿었다.

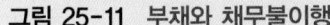

그림 25-11 부채와 채무불이행

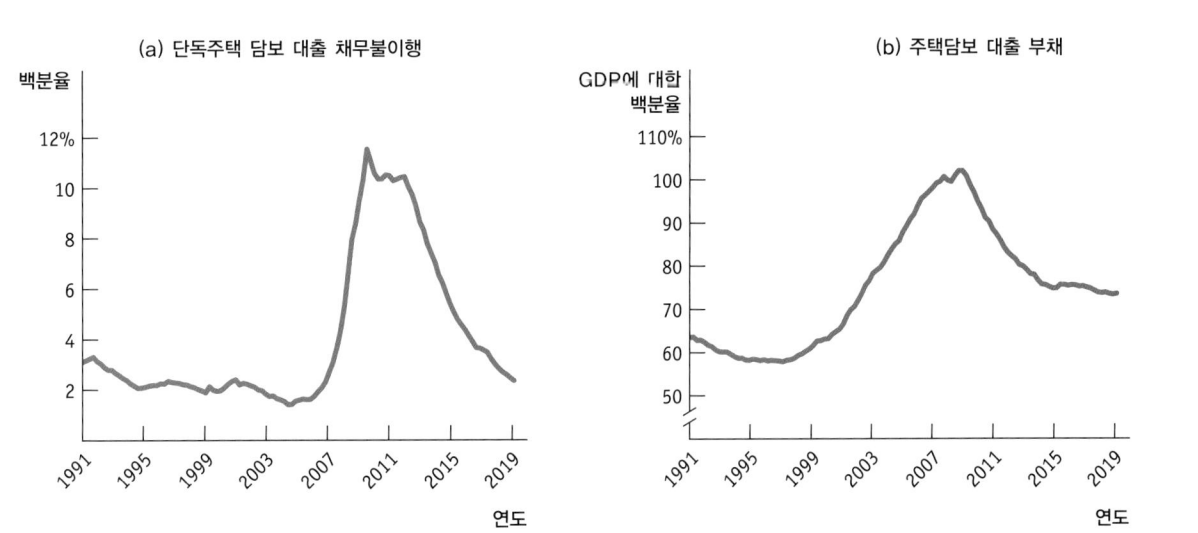

출처 : (a): Board of Governors of the Federal Reserve System. (b): Bureau of Economic Analysis and Board of Governors of the Federal Reserve System.

주택가격이 상승함에 따라 차입자가 자금난을 겪더라도 주택을 팔아서 대출을 상환하는 것이 용이해졌기 때문이다.

그렇지만 나중에 알게 된 일이지만 큰 폭의 주택가격 상승은 거품이었다. 그리고 이 거품이 터짐에 따라 극심한 경기후퇴가 발생했고, 이는 다시 실업 증가와 더 극심한 재무적 곤궁을 가져왔다. 이에 따라 채무불이행이 급증했다.

그림이 보여주듯이 결국은 차입이 줄고 경제가 회복함에 따라 소득 대비 주택구매 대출 비율이 감소했고, 채무불이행이 대략적으로 정상적인 수준으로 되돌아갔다.

>> 이해돕기 25-3
해답은 책 뒤에

1. 다음 각 사건이 회사의 주가에 어떤 영향을 미칠 수 있는지 설명하라.
   a. 금년에는 적은 이익을 냈지만 내년부터 많은 이익을 낼 수 있는 새로운 사업 분야를 개척했다고 발표한다.
   b. 금년에는 높은 이익을 내기는 했지만 애초의 전망에 비해서는 낮은 수준이라고 발표한다.
   c. 동일 산업 내의 다른 회사들이 금년의 매출이 예상보다 훨씬 부진했다는 발표를 한다.
   d. 회사가 애초에 예상한 이익 목표를 정확하게 달성할 수 있다고 발표한다.
2. "많은 투자자들이 비합리적일지라도 시간이 흐름에 따라 이들이 다우존스 지수가 1% 상승한 다음 날 항상 주식을 매수하는 것처럼 동일한 형태의 비합리적인 행동을 반복할 가능성은 없다."라는 주장에 대해서 평가하라.

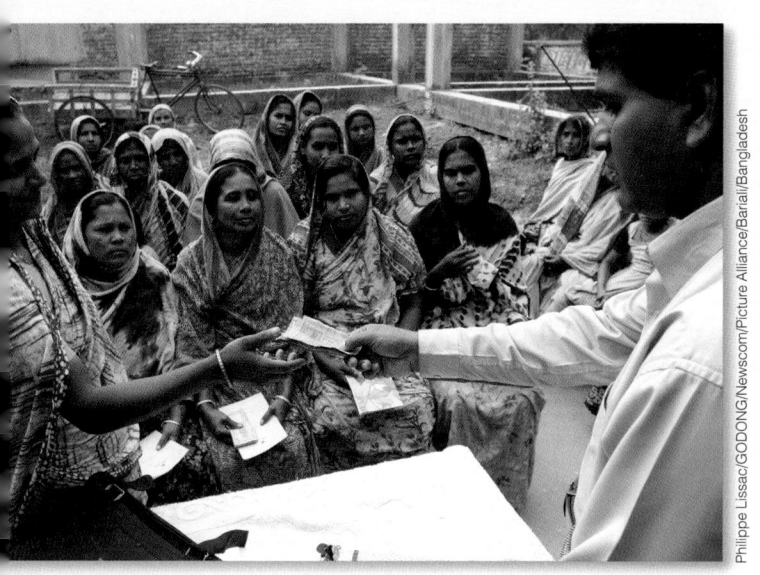

Philippe Lissac/GODONG/Newscom/Picture Alliance/Barial/Bangladesh

은행가는 여러분이 돈이 필요 없을 때에만 여러분에게 대출을 해 줄 것이라는 오랜 농담이 있다. 이에 따르면 구달루페 페레즈가 경기후퇴로 사업이 어려워져서 뉴욕 시 퀸즈에 있는 그녀의 파티 장식품 가게의 임대료를 내기가 어려워졌을 때 가게의 문을 닫아야만 했을 것이다. 그 대신 그녀는 그라민 아메리카에 도움을 요청해서 대출을 받음으로써 어려운 고비를 넘길 수 있었다. "이것은 내가 사업을 계속할 수 있는 길을 열어주었다."라고 그녀는 말했다. "이것은 내가 조금씩 갚을 수 있는 대출이었고, 나에게 적합한 선택이라고 느껴졌다." 그리고 그녀는 그라민에서 몇 번 더 대출을 받아서 가게를 확장하고 재고에 대한 투자를 늘렸다.

그라민 아메리카는 방글라데시에 있는 그라민 은행의 자회사다. 그라민 은행은 영세민들에게 소액의 대출을 제공하는 마이크로크레딧(microcredit, 소액 대출) 사업을 처음 개척했다. 이 은행은 1970년대 중반에 벤더빌트대학교에서 박사학위를 받은 방글라데시 경제학자인 모하메드 유너스(Mohammed Yunus)에 의해 설립되었다. 보통의 은행은 차입자가 확실한 신용 이력을 갖고 있거나 대출에 상응하는 담보(대출이 제때 상환되지 못할 경우 압류됨)를 갖고 있을 것을 요구하는데, 영세민들은 이 조건을 맞추기가 어렵다.

대신에 그라민 은행은 대출 상환을 확실하게 하기 위해 집단 책임에 의존한다. 각 차입자는 5명으로 이루어진 집단의 일원으로 다른 구성원에 대한 대출을 승인하고 감독한다. 이 집단은 대출을 상환할 법적 의무를 지지 않지만, 실제로는 차입자가 어려움을 겪을 때 집단이 재무적인 책임을 지는 것이 일반적이다. 집단 구성원이 모두 제때 상환을 하면 각 구성원은 다음 차례에 더 큰 금액을 빌릴 수가 있다.

그라민은 미국에서 우간다에 이르기까지 100개 이상의 국가에서 영업을 하고 있다. 고객의 절대 다수가 영세 사업을 시작함으로써 가난에서 벗어나려는 지방 거주 여성이다. 창업을 한 후 이 은행은 900만 명이 넘는 여성에게 300억 달러를 넘는 대출을 했다.

미국처럼 부유한 국가에서조차 5만 달러 미만의 대출로 정의되는 소액 대출은 잘되는 사업이다. 2008년 처음 설립된 이래 2019년까지 그라민 아메리카는 53만 건에 가까운 대출을 했고 14억 달러에 가까운 금액을 집행했다. 이 회사는 차입자들의 소득이 평균적으로 1,800달러 증가했다고 추정한다.

그렇지만 마이크로크레딧은 만병통치약이 아니다. 여러 연구가 마이크로크레딧이 소기업의 투자를 증가시키기는 하지만 가난 퇴치와 가족의 후생 증가에 대한 영향은 제한적임을 발견했다. 어떤 경우에는 이것이 과다한 부채를 지도록 만들 수 있다. 그렇지만 마이크로크레딧의 영향은 전반적으로 긍정적이다. 특히 금융시스템에 대한 접근을 확장시키기 위한 다른 노력과 결합될 때에는 매우 긍정적이다.

매우 적절하게도 유너스와 그라민 은행은 경제발전과 빈곤 퇴치에 기여한 공로로 2006년에 노벨 평화상을 수상했다.

생각해 볼 문제

1. 그라민 은행은 어떠한 종류의 시장 비효율성을 이용하고 있는가? 이러한 비효율성의 원천은 무엇인가?

2. 소액 대출은 금융시스템의 어떤 과제를 수행하는가?

3. 그라민 은행의 대출이 지역사회에 어떤 영향을 미칠 것이라 생각하는가?

요약

1. 실물자본에 대한 투자는 장기 경제성장을 위해 필요하다. 따라서 경제가 성장하기 위해서는 저축을 투자지출로 이끌어야 한다.

2. **저축-투자지출 항등관계**에 따르면 국민경제 전체에서 저축은 투자지출과 일치한다. **재정수지**가 양일 때, 즉 **재정흑자**가 기록될 때는 정부도 저축의 원천이 된다. 재정수지가 음일 때, 즉 **재정적자**를 기록할 때는 정부가 '부의 저축(dissaving)'의 원천이 된다. 정부가 재정적자의 재원을 마련하는 한 가지 방법은 차입을 하는 것이다. 정부차입은 연방정부, 주정부, 지방정부가 금융시장에서 차입한 자금의 총액이다. 폐쇄경제에서의 저축은 민간저축과 재정수지의 합인 **국민저축**과 같다. 개방경제에서의 저축은 국민저축에 (외국인에 의한 저축의) **순자본유입**을 더한 값과 같다. 부의 순자본유입이 발생할 때는 국민저축의 일부가 다른 나라의 투자지출을 위한 재원으로 사용된다.

3. 가상적인 **대부자금시장**은 어떻게 저축자의 대출이 투자사업을 가진 차입자에게 배분되는지를 보여 준다. 균형상태에서는 **균형이자율**과 같거나 높은 수익률을 가진 투자사업만이 자금을 조달할 수 있다. 대부자와 차입자 간 거래로부터의 이득이 어떻게 극대화될 수 있는지를 보여 줌으로써 대부자금시장은 제대로 작동하는 금융시장이 왜 장기 경제성장률을 높일 수 있는지를 보여 준다. 정부 재정적자의 지속이나 증가는 이자율을 상승시키고 투자지출을 감소시키는 **구축**을 발생시킬 수 있다. 사업기회에 대한 인식의 변화와 정부차입은 대부자금의 수요곡선을 이동시키고, 민간저축의 변화와 자본유입은 공급곡선을 이동시킨다.

4. 미래에 X의 수익이 발생하는 사업을 평가하기 위해서는 이자율 r을 이용하여 X를 **현재가치**로 전환해야 한다. 지금부터 1년 후에 받게 되는 1달러의 현재가치는 $1/(1+r)$달러인데 이는 1년 후에 1달러를 받기 위해 지금 대출해 줘야 하는 금액과 같다. 주어진 사업의 현재가치는 이자율이 하락함에 따라 상승하고 이자율이 상승함에 따라 하락한다. 이는 우리에게 대부자금에 대한 수요곡선이 우하향함을 말해 준다.

5. 이자율이 낮은 국가에서 자본이 유출되고 이자율이 높은 국가로 자본이 유입됨으로써 자본흐름은 국가들 간 이자율 격차를 좁혀준다. 자본흐름 규모가 클 경우 **세계 대부자금시장**이 생기고 국가들 간 이자율은 동일해진다.

6. 차입자와 대부자 어느 누구도 미래 인플레이션율이 얼마인지 알 수 없기 때문에, 대출계약에는 실질이자율보다는 명목이자율이 명시된다. 예상되는 미래 인플레이션율이 주어져 있을 때 대부자금 수요곡선과 공급곡선의 이동은 실질이자율을 변화시키고 그 결과 명목이자율을 변화시킨다. **피셔효과**에 따르면 예상되는 미래 인플레이션율의 상승은 같은 폭만큼 명목이자율을 상승시키기 때문에 예상되는 실질이자율에는 변화가 없다.

7. **금융시장**은 가계가 자산을 구매함으로써 현재 발생하는 저축이나 누적된 저축인 **재산**을 투자하는 곳이다. 자산은 매입자에게 미래에 매도자로부터 소득을 수취할 권리를 부여하는 증서인 **금융자산**이나, 소유자에게 마음대로 처분할 수 있는 권리를 부여하는 **실물자산**의 형태를 가진다. 금융자산은 매도자의 입장에서는 **부채**이기도 하다. 금융자산의 네 가지 주된 형태로는 **대출**, 채권, 주식 그리고 **은행예금**이 있다. 이 금융자산들은 거래를 하는 데 드는 비용인 **거래비용** 축소, 미래 금융 이득과 손실에 대한 불확실성으로부터 발생하는 **금융위험** 감소, 유동자산 공급이라는 금융시스템의 세 가지 근본 기능을 제공하는 데 각각 상이한 역할을 수행한다. 큰 가치 손실 없이 신속하게 현금으로 전환될 수 있는 자산을 **유동적** 자산이라 하며, 그 반대로 쉽게 현금으로 전환될 수 없는 자산을 **비유동적** 자산이라 한다.

8. 많은 중소기업들은 투자지출을 위한 자금을 조달하기 위해 은행 대출을 이용하지만 대기업들은 일반적으로 채권을 발행한다. **부도** 위험이 더 높은 채권은 보통 더 높은 이자율을 지불해야 한다. 기업 소유주들은 주식을 매도함으로써 위험을 축소시킨다. 주식은 일반적으로 채권에 비해 더 높은 수익률을 제공하지만 투자자들은 **분산**, 즉 수익이 서로 연관되어 있지 않거나 독립적인 넓은 범위의 자산을 소유해서 주식투자에 따른 위험을 줄이려고 한다. 대부분의 사람들은 위험회피적이다. 즉 일정 금액의 손실로 인한 어려움을 동일 금액의 이득으로 인한 혜택보다 더 크게 여긴다. **대출담보부 증권**은 최근의 금융혁신 중 하나인데 개별 대출들을 함께 모아 그 합동자산의 지분을 투자자에게 판매함으로써 창출되는 자산이다. 대출담보부 증권은 개별 대출보다 더욱 분산되어 있고 더 유동적이기 때문에 투자자들에 의해 선호된다. 하지만 그 질을 평가하는 것이 어려울 수 있다.

9. **상호기금, 연금기금, 생명보험회사, 은행** 등과 같은 **금융중개기관**은 금융시스템의 핵심 구성요소다. 상호기금과 연금기금은 소액 투자자들이 분산을 하는 것을 가능하게 하

며 생명보험회사는 위험을 줄여 준다.

10. 은행은 개인들이 유동적인 은행예금을 보유하는 것을 가능하게 하고 이를 통해 조달한 자금을 비유동적인 대출에 사용한다. 은행이 이와 같은 불일치를 실행할 수 있는 것은 극히 일부의 예금자들만이 동시에 저축을 인출하기 때문이다. 원활하게 작동하는 은행부문은 장기 경제성장의 핵심 요소이다.

11. 자산시장의 변동은 단기적인 거시경제 불안정의 원천이 될 수 있다. 자산가격은 채권과 같은 경쟁자산의 매력도는 물론 수요와 공급에 의해 결정된다. 이자율이 상승하면 부동산과 같은 실물자산의 가격과 주식의 가격은 보통 하락한다. 기대도 자산의 수요와 공급에 영향을 미친다. 미래 가격이 상승하리라는 기대는 현재의 자산가격을 더욱 상승시키고, 미래 가격이 하락하리라는 기대는 현재의 자산가격을 하락시킨다. 기대가 어떻게 형성되는가에 대한 하나의 견해로 **효율시장가설**이 있다. 이 가설에 따르면 자산가격에는 공개되어 있는 모든 정보가 반영되어 있다. 따라서 자산가격 변동은 본질적으로 예측하는 것이 불가능하다. 즉 자산가격은 **임의보행** 과정을 따른다.

12. 많은 시장 참여자들과 경제학자들은 경험적인 증거에 의거하여 효율시장가설이 주장하는 것만큼 금융시장이 합리적이지는 않다고 생각한다. 이와 같은 증거로는 주가 변동이 기초여건만으로 설명하기에는 너무 크다는 점을 들 수 있다. 정책담당자들은 시장이 항상 합리적으로만 행동한다고 생각하지 않으며 그렇다고 해서 자신이 시장을 능가할 수 있다고도 생각하지 않는다.

주요용어

저축–투자지출 항등관계	피셔효과	대출
재정흑자	금융시장	부도
재정적자	재산	대출담보부 증권
재정수지	금융자산	금융중개기관
국민저축	실물자산	상호기금
순자본유입	부채	연금기금
대부자금시장	거래비용	생명보험회사
현재가치	금융위험	은행예금
균형이자율	분산	은행
구축	유동적	효율시장가설
세계 대부자금시장	비유동적	임의보행

토론문제

1. 대부자금시장에서의 균형이 왜 효율성을 극대화하는지 설명하라.

2. 여러분의 친구가 정부차입은 민간 투자지출을 구축하기 때문에 정부가 차입에 의해서 재원이 조달되는 모든 구매를 폐지해야만 한다고 주장한다면 어떻게 대응하겠는가?

3. 미국 경제에서 중요한 금융중개기관의 유형은 무엇인가? 이들 금융중개기관의 가장 중요한 자산은 무엇이고, 이들은 어떻게 투자지출과 저축을 용이하게 만들어 주는가?

연습문제

1. 폐쇄경제인 브리태니어에 관하여 다음과 같은 정보가 주어졌을 때 투자지출과 민간저축 수준은 얼마이며, 재정수지는 얼마인가? 이 세 변수 간의 관계는 무엇인가? 국민저축은 투자지출과 같은가? 단, 정부 이전지출은 없다.

GDP = 10억 달러   T = 5,000만 달러

C = 8억 5,000만 달러   G = 1억 달러

2. 개방경제인 레갈리아에 대하여 다음과 같은 정보가 주어졌을 때 투자지출과 민간저축은 얼마이며, 재정수지와 순자본유입은 얼마인가? 이 네 변수 간의 관계는 무엇인가? 단 정부 이전지출은 없다. [힌트 : 순자본유입은 수입(*IM*)에서 수출(*X*)을 뺀 값과 같다.]

GDP = 10억 달러   G = 1억 달러

C = 8억 5,000만 달러   X = 1억 달러

T = 5,000만 달러   IM = 1억 2,500만 달러

3. 다음 표는 캡스랜드와 마살리아 경제에서 민간저축, 투자지출, 그리고 자본유입이 국내총생산에서 차지하는 비중을 보여 준다. 캡스랜드는 현재 순자본유입을, 그리고 마살리아는 순자본유출을 경험하고 있다. 양국에서 국내총생산에 대한 비율로 나타낸 재정수지는 얼마인가? 캡스랜드와 마살리아는 재정적자를 겪고 있는가 또는 재정흑자를 겪고 있는가?

	캡스랜드	마살리아
국내총생산에 대한 투자지출의 비율	20%	20%
국내총생산에 대한 민간저축의 비율	10	25
국내총생산에 대한 순자본유입의 비율	5	−2

4. 경제가 개방되어 있으며, 순자본유입이 수입(*IM*)에서 수출(*X*)을 뺀 값과 같다고 가정하고, 다음 각각을 계산하라.

  a. 수출(*X*) = 1억 2,500만 달러

   수입(*IM*) = 8,000만 달러

   재정수지 = −2억 달러

   투자(*I*) = 3억 5,000만 달러

   민간저축을 계산하라.

  b. 수출(*X*) = 8,500만 달러

   수입(*IM*) = 1억 3,500만 달러

   재정수지 = 1억 달러

   민간저축 = 2억 5,000만 달러

   투자(*I*)를 계산하라.

  c. 수출(*X*) = 6,000만 달러

   수입(*IM*) = 9,500만 달러

   민간저축 = 3억 2,500만 달러

   투자(*I*) = 3억 달러

   재정수지를 계산하라.

  d. 민간저축 = 3억 2,500만 달러

   투자(*I*) = 4억 달러

   재정수지 = 1,000만 달러

수입(*IM*) − 수출(*X*)을 계산하라.

5. 재정균형을 달성하고 있는 정부가 교육비 지출을 2,000억 달러 증가시키고, 채권매각을 통해 그 재원을 조달하기로 결정한다. 다음 그림은 정부가 채권을 매각하기 이전의 대부자금시장을 보여 준다. 자본유입이나 유출이 발생하지 않는다고 가정하라. 균형이자율과 균형 대부자금의 양은 어떻게 변하겠는가? 시장에서 구축이 발생하겠는가?

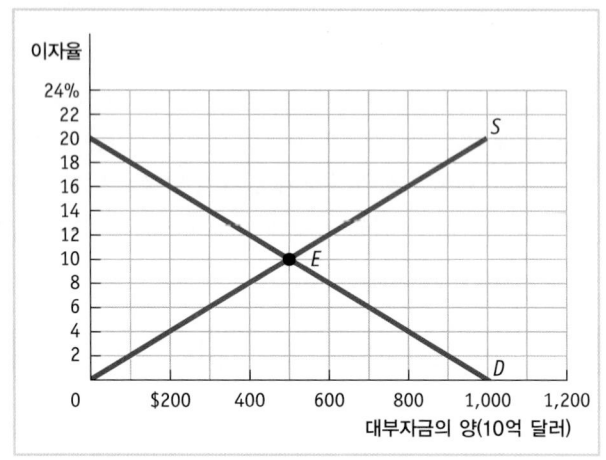

6. 2014년에 의회는 유치원 취학 전 교육과 신생아 및 유아 보육을 확대하고 지원을 증가시키기 위한 비용이 약 280억 달러에 달한다고 추정했다. 당시 미국 정부는 재정적자를 겪고 있었기 때문에 새로운 유치원 취학 전 프로그램의 비용이 정부차입에 의해 조달되었으며, 이는 대부자금의 공급에는 영향을 미치지 않는 반면 수요를 증가시킨다고 가정하라. 이 문제는 정부지출이 이자율에 미칠 수 있는 영향에 관한 것이다.

  a. 확장된 유치원 취학 전 프로그램의 비용을 고려하지 말고 전형적인 대부자금 수요곡선(*D*₁)과 공급곡선(*S*₁)을 그리라. 수직축은 '이자율'로, 수평축은 '대부자금의 양'으로 하라. 균형점(*E*₁)과 균형이자율(*r*₁)을 표시하라.

  b. 이제 확장된 유치원 취학 전 프로그램의 비용을 감안하여 새로운 그림을 그리라. 수요곡선을 적절한 방향으로 이동시키라. 새로운 균형점(*E*₂)과 균형이자율(*r*₂)을 표시하라.

  c. 정부의 확장된 유치원 취학 전 프로그램의 비용 지출로 인해 균형이자율은 어떻게 변하는가? 설명하라.

7. 린은 보리스에게 1만 달러를 빌려 주고 1년 후에 보리스가 1만 달러에 이자를 더해서 갚는 데 동의했다. 이들은 3%의 실질이자율과 5%의 예상 인플레이션율을 감안하여 대출에 대하여 8%의 명목이자율을 적용하는 데도 합의했다.

  a. 만일 향후 1년간의 인플레이션율이 실제로 4%라면 이

처럼 예상보다 낮은 인플레이션율은 보리스와 린에 어떤 영향을 미치는가? 누가 더 이득을 보는가?

b. 만일 향후 1년간의 인플레이션율이 실제로 7%라면 이처럼 예상보다 높은 인플레이션율은 보리스와 린에 어떤 영향을 미치는가? 누가 더 이득을 보는가?

8. 다음 그림을 이용하여 예상된 미래 인플레이션율이 2%p 하락한다면 대부자금시장에 어떤 일이 일어날 것인지 설명하라. 예상된 미래 인플레이션율의 변화는 균형 대부자금의 양에 어떤 영향을 미치는가?

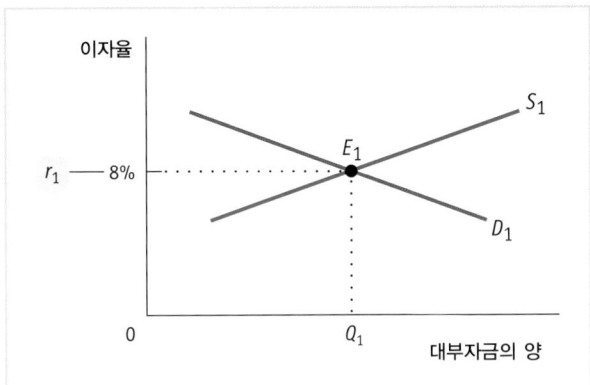

9. 다음 그래프는 유럽중앙은행이 보고한 유로지역의 10년 만기 정부채 이자율과 1996년부터 2020년 초반까지 유로지역의 인플레이션율을 보여 준다. 이 두 변수 간에는 어떤 관계를 관측할 수 있는가? 두 변수 간의 관계를 〈그림 25-10〉에 제시된 미국의 경우와 비교해 보라.

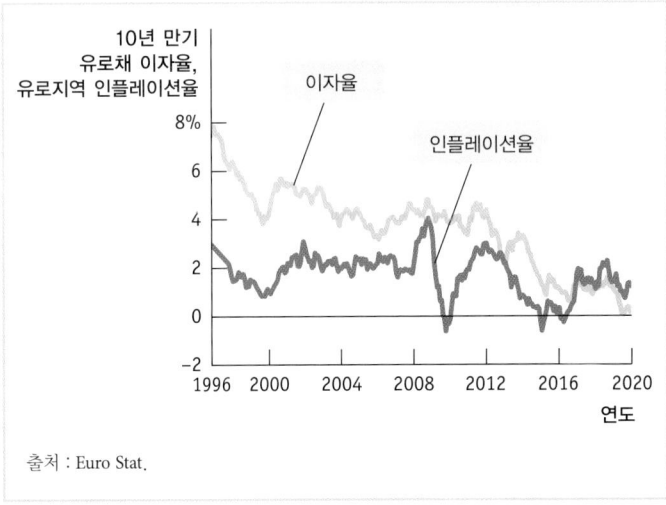

출처 : Euro Stat.

10. 다음 중 어느 것이 투자지출, 금융자산에 대한 투자, 또는 실물자산에 대한 투자인지 밝히라.

a. 루퍼트 머니벅스가 기존의 코카콜라 주식 100주를 구매한다.

b. 론다 무비스타가 1970년대에 지어진 1,000만 달러짜리 주택을 구입한다.

c. 로날드 바스켓볼스타가 태평양을 조망하는 1,000만 달러짜리 새 주택을 건축한다.

d. 로울링스가 포수의 야구글러브를 만드는 새 공장을 건설한다.

e. 러시아가 미국 정부채권 1억 달러어치를 구입한다.

11. 잘 작동하는 금융시스템이 재정수지와 자본유입이 고정된 상태에서 어떻게 저축과 투자지출을 증가시키는지 설명하라.

12. 다른 조건이 일정한 상태에서 다음 각 사건이 발생할 경우 회사의 현재 주가에 미치는 영향을 설명하라.

a. 채권이자율이 하락한다.

b. 동일 부문의 몇 개 회사들이 예상치 않은 매출 감소를 발표한다.

c. 작년에 개정된 세법으로 인해 올해 이윤이 감소했다.

d. 회사가 회계 실수로 인해 지난해의 재무제표를 수정해야 했고 그 결과 지난해의 순이익이 500만 달러 감소했다고 예상치 않은 발표를 한다. 회사는 또한 이와 같은 변화는 미래 순이익에 대해서 아무런 영향을 미치지 않을 것이라고 발표한다.

13. 샐리메이(Sallie Mae)는 개별 학자금 대출을 모은 합동자산의 지분을 샐리메이 채권의 형태로 투자자에게 판매하는 준정부기관이다.

a. 이러한 과정을 무엇이라 부르는가? 이와 같은 과정은 투자자가 개별 학자금 대출을 사고팔아야 하는 경우에 비해서 투자자들에게 어떤 영향을 미치는가?

b. 샐리메이의 기능은 학생들이 대출을 받을 수 있는 가능성에 어떤 영향을 미친다고 생각하는가?

c. 매우 심각한 경기후퇴가 닥친 결과 많은 졸업생들이 일자리를 구하지 못해 학자금 대출을 부도 내는 경우를 생각해 보자. 이와 같은 현상은 샐리메이 채권에 어떤 영향을 미칠 것인가? 투자자들이 이제 샐리메이 채권이 예상했던 것보다 더 위험하다고 생각할 수 있는 이유는 무엇인가? 이 경우 학생들이 학자금 대출을 받을 수 있는 가능성에 대한 영향은 무엇인가?

26 소득과 지출

스페인의 쇼핑몰들이 고통을 피했다

스페인 사라고사시에 있는 푸에르토 베네시아는 2012년 10월 처음 개장했을 때 유럽에서 가장 큰 쇼핑몰 중 하나였다. 미국의 몇몇 대형 쇼핑센터와 마찬가지로 이곳은 쇼핑 이상의 것을 제공한다. 이곳은 영화관, 스케이트장, 인공 서핑장과 노 젓는 배들이 있는 호수를 비롯하여 다양한 체험의 목적지가 될 의도로 지어졌다.

그러나 개장 시기의 선택은 형편없었는데 바로 스페인 경제가 침체되어 있는 때였기 때문이다. 2008년 금융위기와 2010년에 시작된 유럽 공통화폐인 유로화의 위기라는 연이은 두 위기는 스페인을 깊은 경기후퇴의 수렁에 빠트렸다. 쇼핑몰이 문을 열 당시 스페인의 실업률은 26%에 달했다. 최상급 복합쇼핑몰을 개장하기에는 결코 적절한 시기라고 할 수가 없었다.

그렇지만 푸에르토 베네치아의 투자자들에게는 다행스럽게도 2012년 말 이후 스페인 경제는 몇 년에 걸쳐 수출 증가, 특히 자동차 수출

급증에 힘입어 반등했다. 2018년에 이르러서는 스페인이 연간 200만대의 자동차를 생산하고 있었는데, 이는 독일을 제외하고는 다른 어떤 유럽 국가보다도 많은 생산량이다. 경제 회복과 함께 소비지출이 증가했는데 공교롭게도 대형 쇼핑센터에서의 지출이 크게 증가했다.

그런데 잠깐만. 스페인 자동차 산업에 좋은 소식이 왜 쇼핑몰에도 좋은 소식이어야 하는 것일까?

그 답은 자동차를 비롯한 수출품 판매 증가가 스페인 가계의 소득을 증가시켰고 이들이 증가된 소득을 다른 재화와 서비스 소비에 지출했다는 데 있다. 이는 다시 이들 재화를 생산하거나 판매하는 스페인인들의 소득 증가를 의미했다. 이러한 과정은 여기서 멈추지 않는다. 증가한 소득은 더 많은 소비지출을 가져오고, 이는 다시 더 많은 소득 증가를 가져오는 과정이 계속된다.

스페인의 경기회복은 경제 전체에서 호황과 불황이 발생하는 과정을 보여준다. 경기순환은 종종 수출이나 투자와 같이 특정한 종류의 지출 증가나 감소로부터 시작된다. 이러한 첫 단계 지출 변화는 소비지출 변화를 가져오고 이는 최초의 변화가 가져온 경제 전체에 대한 영향을 확대시키는데, 경제학자들은 이를 **승수효과**라고 부른다.

이 장에서는 이 과정이 어떻게 작동하는지를 학습하고 승수 분석이 어떻게 경기순환을 이해하는 데 도움이 되는지를 보여줄 것이다. 그 첫 단계로 승수의 개념을 비공식적으로 소개할 것이다. ●

스페인의 경기회복으로 살아난 쇼핑몰

이 장에서 배울 내용

- 최초의 지출 변화가 어떻게 추가적인 변화를 가져오는지를 요약적으로 보여 주는 숫자인 **승수**의 중요성은 무엇인가?
- **총소비함수**의 의미는 무엇인가?
- 미래의 예상 소득과 재산이 소비지출에 어떻게 영향을 미치는가?
- 무엇이 투자지출을 결정하며, **계획된 투자지출**과 **계획되지 않은 재고투자**를 구분해야 하는 이유는 무엇인가?
- 수요 변화가 발생할 경우 경제가 재고 조정 과정을 통해 새로운 균형으로 이동하는 과정은 어떻게 되는가?
- 투자지출이 경제의 미래 상태에 대한 선행지표로 간주되는 이유는 무엇인가?

‖ 승수 : 비공식적인 소개

스페인 경기회복 이야기는 지출의 증가나 감소가 소득을 변화시키고 이것이 다시 지출을 변화시키는 등 일련의 연쇄반응을 내포하고 있다. 이제 경제 전체의 지출 변화의 효과를 생각하면서 이 연쇄반응에 대해 보다 상세히 분석해 보기로 한다.

분석을 위해 다음과 같은 네 가지 가정을 하도록 하자. 이들 가정은 나중에 재고될 것이다.

1. 생산자들은 고정된 가격에 추가적인 생산물을 기꺼이 공급할 의사가 있다고 가정한다. 다시 말해서 소비자나 기업이 추가로 10억 달러를 지출하기로 결정하면 이것이 물가를 상승시키지 않고 10억 달러어치의 재화와 서비스의 추가적인 생산을 가져온다는 것이다. 그 결과 총지출의 변화는 실질 국내총생산으로 측정되는 **총생산의 변화**를 가져오게 된다. 다음 장에서 배우겠지만 이러한 가정은 단기적으로는 지나치게 비현실적인 것이 아니다. 그렇지만 수요 변화의 장기적인 효과를 분석할 때는 이 가정이 변경될 필요가 있다.
2. 이자율은 주어진 것으로 가정한다.
3. 정부지출과 조세는 없다고 가정한다.
4. 수출과 수입은 모두 영이라 가정한다(이것은 명백히 앞서 살펴본 스페인 사례와는 거리가 멀다. 그렇지만 나중에 어떻게 무역을 도입할 수 있는지를 볼 것이다).

이러한 단순화 가정하에서 투자지출이 증가하는 경우 어떤 일이 일어나는지 생각해 보자. 특히 어떤 이유에서 주택 건설업자들이 다음 1년 동안 신규 주택 건설에 1,000억 달러를 추가로 지출하기로 결정했다고 하자.

이러한 투자지출 증가의 직접적인 효과는 동일한 금액만큼의 총생산 증가와 소득 증가일 것이다. 주택 건축에 지출된 각 달러마다 1달러어치의 건설 노동자, 자재 공급자, 전기공 등의 소득을 발생시킬 것이기 때문이다. 여기에서 모든 과정이 종료된다면 주택 투자지출 증가는 총소득을 정확히 1,000억 달러 증가시킬 것이다.

하지만 이것이 이야기의 끝이 아니다. 총생산이 증가하면 임금이나 이윤의 형태로 가계로 유입되는 가처분소득이 증가한다. 가처분소득이 증가하면 소비지출이 증가하고 이는 다시 기업의 생산 증가를 가져온다. 생산이 증가하면 가처분소득이 또 증가하고 소비지출이 다시 증가하는 등의 과정이 계속된다. 결국 이와 같은 과정이 반복되면서 총생산이 반복적으로 증가하게 된다.

그렇다면 이와 같이 반복되는 모든 과정을 통한 총생산의 증가분을 더한다면 얼마나 될까? 이 질문에 대한 답을 구하기 위해서는 **한계소비성향**(marginal propensity to consume) 또는 **MPC**라는 개념을 소개할 필요가 있다. 한계소비성향이란 가처분소득이 1달러 증가할 때 소비지출의 증가액이다. 가처분소득의 증가나 감소로 인해 소비지출이 변화할 때 MPC는 소비지출의 변화분을 가처분소득의 변화분으로 나누어 구할 수 있다.

$$(26-1) \quad MPC = \frac{\Delta \text{소비지출}}{\Delta \text{가처분소득}}$$

위 식에서 Δ(델타)는 '변화분'을 나타낸다. 예를 들어 가처분소득이 100억 달러 증가할 때 소비지출이 60억 달러 증가한다면 MPC는 \$60억/\$100억 =0.6이 된다.

소비자들은 가처분소득이 1달러 증가할 때 소비를 증가시키되 가처분소득 증가분의 전부를 소비하지는 않는다. 따라서 MPC는 0과 1 사이의 값을 갖는다. 가처분소득 증가분 중 소비되지 않는 부분은 저축된다. 가처분소득이 1달러 증가할 때의 가계저축 증가액을 **한계저축성향**

한계소비성향(marginal propensity to consume) 또는 *MPC*는 가처분소득이 한 단위 증가함에 따라 발생하는 소비지출 증가액이다.

가처분소득이 1달러 증가함에 따라 발생하는 가계저축의 증가액을 한계저축성향(marginal propensity to save) 또는 *MPS*라 한다.

(marginal propensity to save) 또는 **MPS**라 한다. 한계저축성향은 1 − MPC와 같다.

조세와 국제무역이 발생하지 않는다고 가정했으므로 지출이 1달러 증가할 때마다 실질 국내총생산과 가처분소득도 1달러 증가한다. 따라서 투자지출이 1,000억 달러 증가하면 처음에 실질 국내총생산이 1,000억 달러 증가한다. 그다음 소비지출이 증가하고 이에 따라 실질 국내총생산은 MPC×1,000억 달러만큼 추가로 증가한다. 그다음 소비지출의 증가에 따른 실질 국내총생산 증가는 MPC×MPC×1,000억 달러가 되며 이와 같은 과정이 반복된다. 이와 같은 과정이 무한 번 반복된 후에 실질 국내총생산에 대한 전체 효과는 다음과 같이 구할 수 있다.

$$
\begin{aligned}
\text{투자지출 증가} &= \quad\quad \$1,000억 \\
+\text{둘째 단계에서의 소비지출 증가} &= MPC \ \times \$1,000억 \\
+\text{셋째 단계에서의 소비지출 증가} &= MPC^2 \times \$1,000억 \\
+\text{넷째 단계에서의 소비지출 증가} &= MPC^3 \times \$1,000억 \\
&\quad\ \vdots
\end{aligned}
$$

실질 국내총생산의 총증가분 = $(1+MPC+MPC^2+MPC^3+\cdots)\times\$1,000억$

따라서 1,000억 달러의 투자지출 증가는 경제에서 연쇄반응을 일으킨다. 이와 같은 연쇄반응의 결과, 1,000억 달러의 투자지출 증가는 최초 지출 변화액의 몇 배에 해당하는 실질 국내총생산 증가를 가져온다.

구체적으로 몇 배가 될까? x가 0과 1 사이의 값을 가질 때 무한등비급수 $1+x+x^2+x^3+\cdots$의 값은 $1/(1-x)$와 같다. 따라서 투자지출(I) 1,000억 달러 증가가 가져오는 전체 효과는 후속하는 소비지출 증가를 고려할 때 (그리고 조세와 국제무역이 없다고 가정할 때) 다음과 같이 구해진다.

(26-2) I의 1,000억 달러 증가에 따른 실질 국내총생산 총증가액

$$= \frac{1}{1-MPC}\times\$1,000억$$

이제 MPC의 값이 0.6인 경우를 예로 들어 보자. 가처분소득이 1달러 증가하면 소비지출은 0.6달러 증가한다. 이 경우 1,000억 달러의 투자지출 증가는 첫 단계에서 실질 국내총생산을 1,000억 달러 증가시킨다. 둘째 단계에서는 소비지출 증가로 인해 실질 국내총생산이 다시 0.6×$1,000억, 즉 600억 달러 증가한다. 셋째 단계의 소비지출 증가는 실질 국내총생산을 다시 0.6×$600억, 즉 360억 달러 증가시킨다. 〈표 26-1〉은 계속되는 단계에서의 증가액을 보여 주는데, '…'은 이와 같은 과정이 무한대로 계속됨을 나타낸다. 결국 최초의 1,000억 달러의 투자지출 증가는 실질 국내총생산을 2,500억 달러 증가시키는 결과를 낳는다.

$$\frac{1}{1-0.6}\times\$1,000억 = 2.5\times\$1,000억 = \$2,500억$$

표 26-1 *MPC* =0.6일 때 여러 단계에 걸친 실질 국내총생산의 증가

단계	실질 GDP 증가액 (10억 달러)	실질 GDP 총증가액 (10억 달러)
첫째	$100	$100
둘째	60	160
셋째	36	196
넷째	21.6	217.6
…	…	…
마지막	0	250

실질 국내총생산의 증가는 무한대의 단계를 거쳐 반복되지만 실질 국내총생산의 총증가액은 무한대가 아니라 2,500억 달러에 국한된다. 그 이유는 각 단계에서 가처분소득의 증가액 중 일부가 저축의 형태로 '누출'되는 데 있다. 가처분소득 증가액 중 얼마만큼이 저축되는지는 한계

총지출의 자발적 변화(autonomous change in aggregate spending)란 실질 국내총생산이 일정하게 주어진 상태에서 기업, 가계, 정부 등이 의도하는 지출이 변화하는 것을 말한다.

승수(multiplier)는 총지출의 자발적 변화로 인해 발생하는 실질 국내총생산의 총변화분을 총지출의 자발적 변화의 크기로 나눈 비율이다.

저축성향인 *MPS*의 크기에 의해 결정된다.

지금까지 우리는 투자지출 증가의 효과를 분석하였는데, 다른 형태의 지출 변화에 대해서도 동일한 분석이 적용될 수 있다. 중요한 것은 실질 국내총생산이 증가하기에 앞서서 발생하는 총지출의 최초 변화와 실질 국내총생산 증가로 인한 연쇄반응의 결과 발생하는 추가적인 총지출의 변화를 구분하는 것이다. 예를 들어 어떤 이유에서건 주택가격의 호조가 소비자들을 더 부유하다고 느끼게끔 만듦으로써 각 가처분소득 수준에서 더 많은 지출을 하게 된다고 하자. 이는 실질 국내총생산을 증가시키기에 앞서서 우선 소비지출을 증가시킬 것이다. 그리고 실질 국내총생산이 증가함에 따라서 둘째 및 그 이후의 단계에서 소비지출을 증가시킬 것이다.

실질 국내총생산이 일정하게 주어진 상태에서 발생하는 최초의 총지출 증가 또는 감소를 **총지출의 자발적 변화**(autonomous change in aggregate spending)라 한다. 자발적 변화라는 용어는 '스스로 발생한 변화', 즉 앞서 설명한 것과 같은 연쇄반응의 결과가 아닌 원인이라는 의미로 사용되었다. 공식적으로 **승수**(multiplier)는 총수요의 자발적 변화로 인해 발생하는 실질 국내총생산의 총변화분을 총지출의 자발적 변화의 크기로 나눈 비율로 정의된다.

즉 ΔAAS를 총지출의 자발적 변화분이라 하고 ΔY를 실질 국내총생산의 변화분이라 하면, 승수는 $\Delta Y/\Delta AAS$와 같다. 우리는 이미 승수를 계산하는 방법을 배웠다. 조세와 국제무역이 없다는 가정하에서 자발적 지출 변화에 따른 실질 국내총생산 변화는 다음과 같이 계산된다.

$$(26\text{-}3) \qquad \Delta Y = \frac{1}{1-MPC} \times \Delta AAS$$

따라서 승수는 다음과 같다.

$$(26\text{-}4) \qquad 승수 = \frac{\Delta Y}{\Delta AAS} = \frac{1}{1-MPC}$$

승수의 크기는 *MPC*에 의해 결정됨을 주목하라. 한계소비성향이 높다면 승수도 커진다. 그 이유는 *MPC*의 크기가 각 단계의 팽창 규모가 전 단계에 비해 얼마나 큰지를 결정하기 때문이다. 다시 말해서 *MPC*가 클수록 각 단계에서 저축으로 '누출되는' 가처분소득 부분이 작아진다.

나중에 우리는 재정정책과 통화정책의 효과를 분석하기 위해 승수의 개념을 사용할 것이다. 또한 조세와 국제무역을 포함한 여러 가지 복잡한 경우에 승수의 공식이 달라짐을 알게 될 것이다. 하지만 지금은 소비지출의 결정요인에 대해 더 깊이 있게 알아볼 필요가 있다.

현실 경제의 >> 이해
셰일로 그리고 이전으로

미국 대부분의 지역에서 2007~09년의 극심한 경기후퇴로부터의 회복은 실망스러울 만큼 느렸다. 하지만 이 나라의 몇몇 지역은 빠른 성장을 경험했는데 그중에도 노스다코타주가 가장 빨랐다. 이 지역의 경제는 2009년과 2012년 사이에 60% 성장했다. 이는 15%의 연간 성장률로 미국 경제 전체 성장률의 다섯 배를 넘는다.

노스다코타주의 호황은 전혀 신비로운 일이 아니라 셰일오일 덕분이었다. 수압파쇄법 (fracking) 덕분에 이 주에 묻혀있는 바켄 셰일(Bakken shale)로부터 석유를 추출하는 것이 가능해지자 석유 회사들과 투자자들 그리고 이들과 함께 수천 명의 유전 노동자들이 몰려들었고 광업 생산량은 불과 2년 만에 두 배가 되었다.

하지만 〈그림 26-1〉이 보여주듯이 광업과 그 연관 산업만이 빠르게 성장한 것이 아니었다. 노스다코타주는 소매 및 도매업, 은행업, 전기가스업을 비롯한 다른 부문에서도 다른 주보다 빠른 성장을 보였다. 그 이유는 무엇일까?

그 답은 승수에 있었다. 고액 연봉을 지급하는 셰일오일 관련 일자리가 급격히 증가함에 따라 소비지출도 급격히 증가했으며 그 대부분이 지역의 가게, 은행 지점, 전기와 난방을 공급하는 회사들 손으로 들어갔다. 이들 지역 공급업자들은 다시 더 많은 근로자를 고용했고, 이들의 소득이 소비지출을 증가시킴에 따라 추가적인 확장을 가져왔다.

이러한 보기 드문 성장이 오래 지속되지는 못했다. 유가 하락으로 채굴이 급격히 둔화됨에 따라 셰일 호황은 2014년 말에 갑자기 끝이 났다. 2014년 10월과 2016년 7월 사이에 노스다코타주의 광업 고용은 50% 이상 감소했고 이는 주 전체 경제에 파급효과를 미쳤다. 그렇지만 이 호황은 지속되고 있는 동안에는 즐거운 일이었다. 또한 승수가 어떻게 작동하는지를 보여주는 훌륭한 사례를 제공하기도 했다.

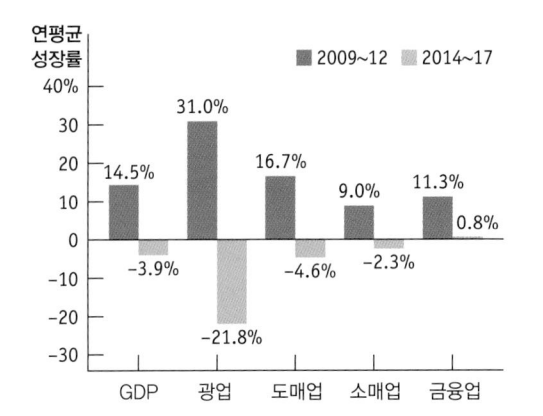

그림 26-1 노스다코타주의 산업 성장률 비교, 2009~2012년과 2014~2017년

출처 : Bureau of Economic Analysis.

>> 이해돕기 26-1
해답은 책 뒤에

1. 미래 영업전망의 변화로 인한 투자지출의 감소가 소비지출의 감소를 유발할 수 있는 이유를 설명하라.
2. 한계소비성향이 0.5일 때 승수는 얼마일까? MPC가 0.8일 때는?
3. 스캐니아국은 아메리고국에 비해 GDP에서 저축이 차지하는 비중이 더 높다. 어느 국가의 승수가 더 큰 값을 가지겠는가? 설명하라.

‖ 소비지출

고급 식당에서 식사를 하는 데 돈을 써야 할까 또는 집에서 식사를 함으로써 돈을 절약해야 할까? 새 차를 사야 할까? 그렇다면 얼마나 비싼 차를 살까? 목욕탕을 전면적으로 수리할까 또는 지금 상태로 한 해만 더 지낼까? 현실 세계에서 가계들은 이와 같이 어떤 소비재를 살 것인가뿐만 아니라 모두 합해서 얼마를 지출할 것인가라는 선택에 끊임없이 직면하게 된다.

이와 같은 선택은 다시 경제에 큰 영향을 미친다. 보통 소비지출은 최종생산물에 대한 총지출의 3분의 2를 차지한다. 특히 앞서 보았듯이 한계소비성향, 즉 소득 증가분 중 얼마만큼을 지출할 것인가는 승수의 크기를 결정하며 이는 다시 자발적 지출 변화가 경제에 미치는 궁극적인 효과를 결정한다.

그런데 소비자가 얼마나 지출할지를 결정하는 요인은 무엇일까?

현재의 가처분소득과 소비지출
한 가족의 소비지출에 영향을 미치는 가장 중요한 요소는 그 가족의 현재 가처분소득, 즉 현재 소득에서 조세 납부액을 빼고 정부 이전지출 수령액을 더한 금액이다. 일상생활을 보면 가처분소득이 높은 사람이 낮은 사람에 비해 일반적으로 더 값비싼 차를 몰고 더 값비싼 주택에서 살

>> 복습
- 미래에 대한 기대의 변화로 인한 투자지출의 변화는 실질 GDP를 증가시키고 이는 소비지출을 증가시키며 이것이 다시 실질 GDP를 증가시키는 등 연쇄반응을 일으킨다. 이에 따라 총생산의 전체적인 변화는 최초 투자지출 변화의 여러 배에 달하게 된다.
- 실질 GDP의 변화와 관련 없는 지출의 변화인 **총지출의 자발적 변화** 역시 연쇄반응을 촉발한다. 그 결과 나타나는 실질 GDP의 전체적인 변화의 크기는 **승수**의 크기에 달려 있다. 조세와 해외무역이 없다는 가정하에서 승수는 $1/(1-MPC)$와 같다. 여기서 *MPC*는 **한계소비성향**이다. 실질 GDP의 총변화분인 ΔY는 $1/(1-MPC) \times \Delta AAS$와 같다.

가처분소득이 낮은 사람들은 값비싼 유명 상표 제품을 피하고 값이 더 싼 부상
표 제품을 선호한다.

소비함수(consumption function)는 개별 가계의 현재 가처분소득이 변함에 따라 소비지출이 어떻게 변하는지를 보여 주는 식이다.

며 음식과 옷에 더 많은 돈을 지출하는 것이 분명하다. 가처분소득과 소비지출 간의 이와 같은 관계는 자료에서도 분명하게 나타난다.

노동통계국은 매년 가계의 소득과 지출에 대한 자료를 수집한다. 가계들은 세전 소득수준을 기준으로 여러 집단으로 분류되며 각 집단마다의 세후 소득이 보고된다. 세후 소득에는 정부로부터의 이전지출이 포함되므로 노동통계국이 가계의 세후 소득이라고 부르는 것은 가처분소득에 해당한다.

〈그림 26-2〉는 각 소득 집단에 해당하는 미국 가계에서 2018년 현재의 가처분소득과 소비지출 간의 관계를 보여 주는 산포도다. 예를 들어 A점은 5개 계층 중 중간 계층에 해당하는 가계 집단에서 2018년도 가처분소득의 평균이 5만 1,211달러이고 평균 소비지출이 5만 1,729달러임을 보여 준다. 그림에서 점들은 왼쪽에서 오른쪽으로 올라가는 모습의 분포를 갖고 있는데, 이는 가처분소득이 높은 가계일수록 소비지출이 더 크다는 사실을 분명히 보여 준다.

개별 가계의 현재 가처분소득과 소비지출 간의 이와 같은 관계를 식으로 표현한다면 매우 쓸모가 있을 것이다. **소비함수**(consumption function)는 개별 가계의 현재 가처분소득이 변함에 따라 소비지출이 어떻게 변하는지를 보여 주는 식이다. 가장 간단한 소비함수는 다음과 같은 선형 식으로 나타낼 수 있다.

(26-5) $c = a + MPC \times yd$

위 식에서 소문자는 개별 가계 단위로 측정되는 변수를 나타낸다.

이 식에서 c는 개별 가계의 소비지출을, yd는 개별 가계의 현재 가처분소득을 나타낸다. MPC, 즉 한계소비성향은 현재 가처분소득이 1달러 증가할 때 증가하는 소비지출의 양을 나타낸다. 마지막으로 상수 a는 개별 가계의 독립 소비지출(autonomous consumer spending), 즉 가처분소득이

그림 26-2 2018년도 미국 가계의 현재 가처분소득과 소비지출

각 점은 각 가계 집단에 대해서 2018년의 평균 가처분소득과 2018년의 평균 소비지출을 대응해서 보여 준다. 예를 들어 A점은 연간 가처분소득이 4만 1,490~7만 367달러인 중간 소득집단에서 가처분소득의 평균은 5만 1,211달러이고 평균 소비지출은 5만 1,729달러임을 보여 준다. 그림은 현재 가처분소득과 소비지출 간 정의 상관관계를 분명히 보여 준다. 즉 가처분소득이 높은 가계일수록 소비지출 수준이 더 높다.

출처 : Bureau of Labor Statistics.

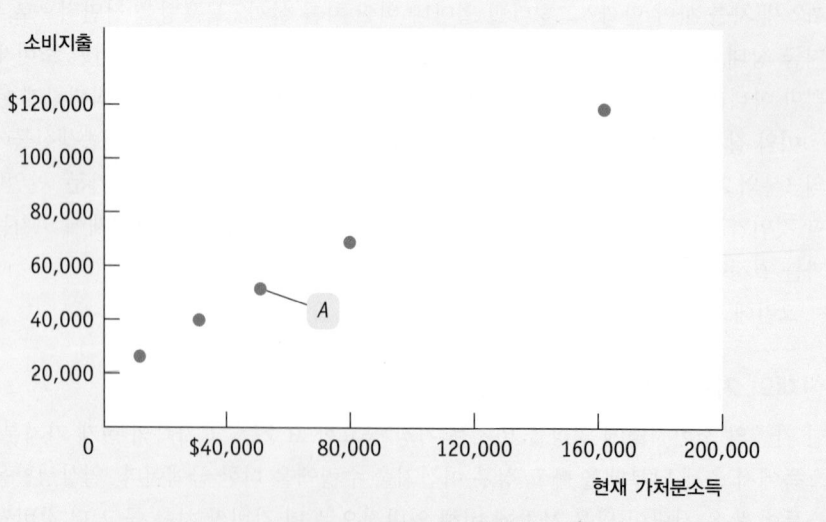

그림 26-3 소비함수

소비함수는 가계의 가처분소득과 소비지출 간의 관계를 보여 준다. 세로축 절편인 a는 개별 가계의 독립 소비지출인데 가처분소득이 0인 경우의 가계 소비지출액을 나타낸다. 소비함수선인 cf의 기울기는 한계소비성향, 즉 MPC로 가처분소득이 1달러 증가할 때마다 $MPC \times 1$달러의 소비지출 증가가 이루어짐을 나타낸다.

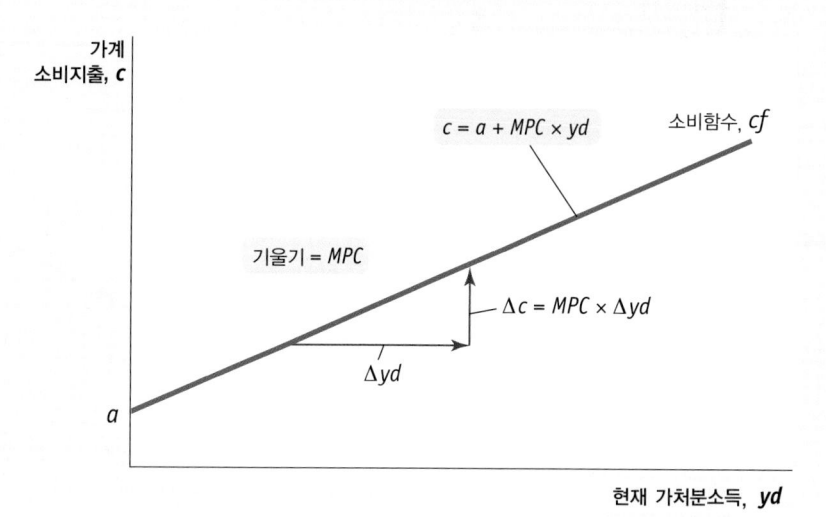

없더라도 가계가 지출할 금액을 나타낸다. 가계는 가처분소득이 없더라도 차입이나 과거의 저축을 이용하여 소비를 할 수 있기 때문에 a는 0보다 큰 값을 가지는 것으로 가정한다.

유의할 점은 우리가 소득을 y로 표현하고 있다는 것이다. 소득(income)의 영문철자가 y로 시작하지 않는데도 소득을 이렇게 표현하는 것은 거시경제학에서는 보편화된 관행이다. 그 이유는 I를 이미 투자지출을 표시하기 위해 사용하고 있기 때문이다.

가처분소득의 변화분에 대한 소비지출 변화분의 비율을 MPC로 표현했다는 사실을 상기하자. 이것을 개별 가계에 대한 식으로 고쳐 쓰면 식 (26-6)을 구할 수 있다.

(26-6) $\quad MPC = \Delta c / \Delta yd$

식 (26-6)의 양변에 Δyd를 곱하면 다음 식을 구할 수 있다.

(26-7) $\quad MPC \times \Delta yd = \Delta c$

식 (26-7)은 yd가 1달러 증가할 경우 c가 $MPC \times 1$달러 증가함을 나타낸다.

〈그림 26-3〉은 yd와 c를 각각 가로축과 세로축으로 하여 그림을 그릴 경우 식 (26-5)가 어떤 모습을 가질 것인지를 보여 준다. 개별 가계의 독립 소비지출인 a는 yd가 0일 때 c의 값과 같은데 이는 곧 소비함수의 세로축 절편이 된다. MPC는 직선의 기울기가 된다. 현재 가처분소득이 Δyd만큼 증가하면 가계의 소비지출 c는 Δc만큼 증가한다. MPC가 $\Delta c / \Delta yd$로 정의되므로 소비함수의 기울기는 다음과 같이 쓸 수 있다.

(26-8) $\quad$ 소비함수의 기울기
$\qquad$ = 높이 대 밑변
$\qquad$ = $\Delta c / \Delta yd$
$\qquad$ = MPC

그림 26-4 자료의 분포에 맞춰진 소비함수

〈그림 26-2〉에서 제시되었던 자료를 가능한 한 자료의 분포에 가깝게 맞춰서 그려진 직선과 함께 다시 한번 제시했다. 2018년 미국 가계들에서 독립 소비지출 a에 대한 최선의 추정치는 2만 195달러이며 MPC에 대한 최선의 추정치는 0.60이다.

출처 : Bureau of Labor Statistics.

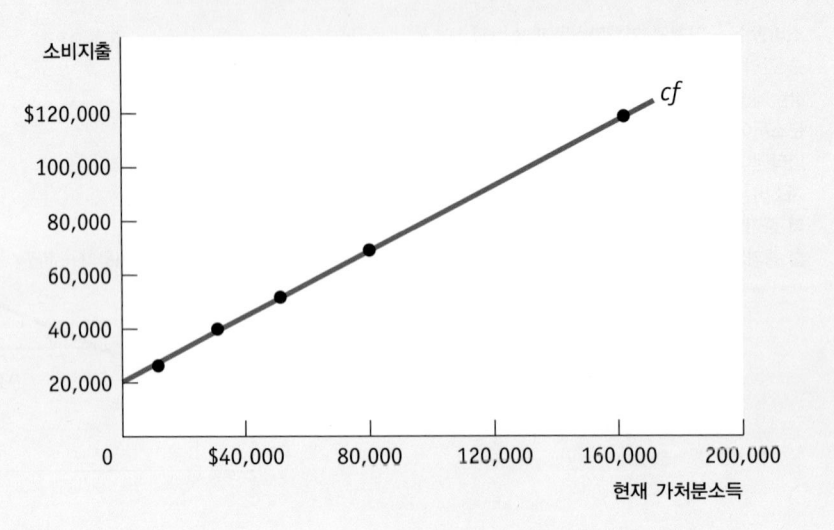

현실에서 실제 자료는 식 (26-5)와 완벽하게 일치하지는 않더라도 제법 잘 들어맞는다. 〈그림 26-4〉는 〈그림 26-2〉에 제시되었던 자료를 가능한 한 자료의 분포에 가깝게 맞춰서 그려진 직선과 함께 다시 한번 보여 준다. 가계 소비지출과 가처분소득에 대한 자료에 따르면 a의 최적 추정치는 2만 195달러이며 MPC의 경우는 0.60이다. 따라서 자료에 맞춰진 소비함수는 다음과 같다.

$$c = \$20{,}195 + 0.60 \times yd$$

즉 자료에 따르면 한계소비성향은 약 0.60이다. 이는 한계저축성향, 즉 가처분소득이 1달러 증가할 때의 저축 증가분이 약 0.40임을 그리고 승수가 약 1/0.40=2.50임을 의미한다.

〈그림 26-4〉는 개별 가계의 가처분소득과 재화와 서비스에 대한 지출 간의 미시적인 관계를 보여 준다. 그런데 거시경제학자들은 이와 유사한 관계가 경제 전체에서도 성립된다고 가정한다. 즉 현재의 총가처분소득과 총소비지출 간에도 **총소비함수**(aggregate consumption function)라고 불리는 관계가 존재한다는 것이다. 이에 따라서 우리는 총소비함수가 가계 수준의 소비함수와 동일한 형태를 가진다고 가정한다.

(26-9) $C = A + MPC \times YD$

여기서 C는 총소비지출(앞으로 '소비지출'이라고 부름)을, YD는 현재의 총가처분소득(앞으로 단순히 '가처분소득'이라 부름)을, 그리고 A는 총독립 소비지출, 즉 YD가 영인 경우의 소비지출액을 나타낸다. 〈그림 26-5〉의 CF선은 〈그림 26-3〉의 cf선과 마찬가지로 이러한 관계를 보여 준다.

총소비함수의 이동

총소비함수(aggregate consumption function)는 현재의 총가처분소득과 총소비지출 간 경제 전체에 있어서의 관계를 나타낸다.

총소비함수는 다른 조건이 일정할 경우 경제 전체에서 가처분소득과 소비지출 간의 관계를 보여 준다. 그런데 가처분소득 이외의 다른 조건들이 변할 경우에는 총소비함수 자체가 이동한다.

그림 26-5 총소비함수의 이동

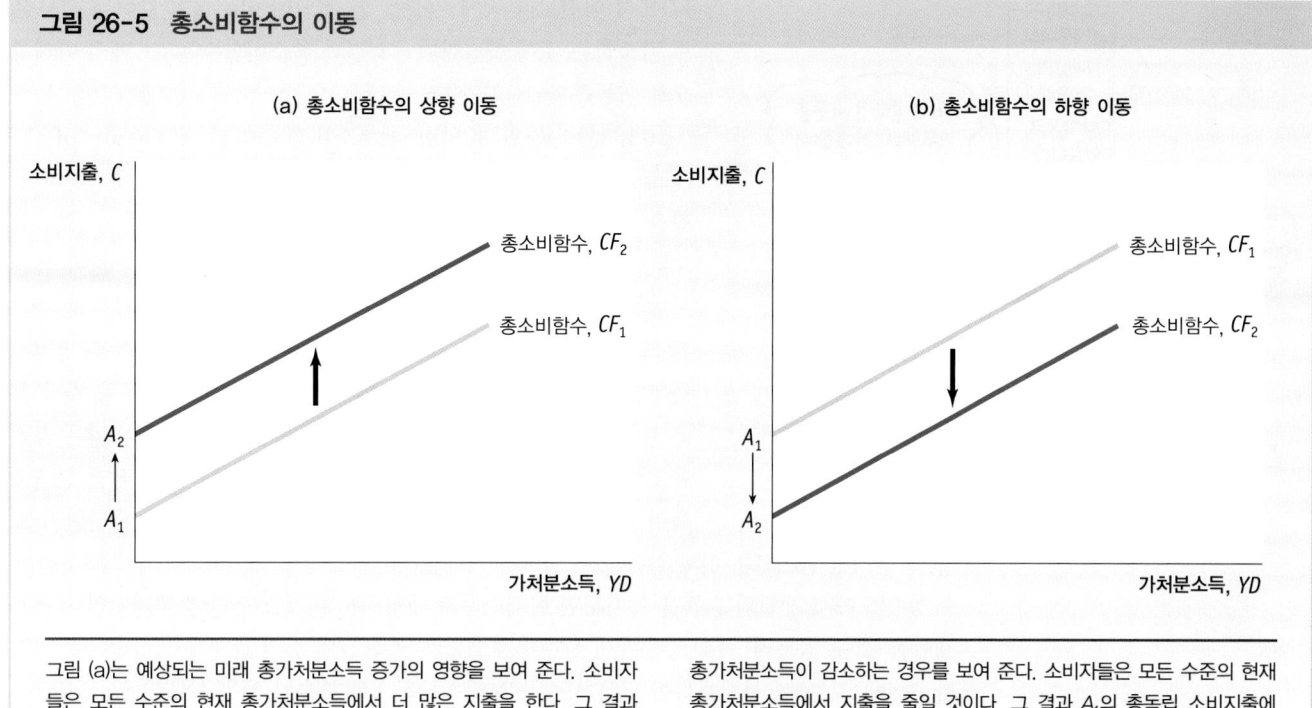

그림 (a)는 예상되는 미래 총가처분소득 증가의 영향을 보여 준다. 소비자들은 모든 수준의 현재 총가처분소득에서 더 많은 지출을 한다. 그 결과 총독립 소비지출의 값이 A_1인 원래의 총소비함수 CF_1은 A_2의 총독립 소비지출을 가진 CF_2의 위치로 상향 이동한다. 총재산의 증가 역시 총소비함수를 위쪽으로 이동시킨다. 이와는 대조적으로 그림 (b)는 예상되는 미래

총가처분소득이 감소하는 경우를 보여 준다. 소비자들은 모든 수준의 현재 총가처분소득에서 지출을 줄일 것이다. 그 결과 A_1의 총독립 소비지출에 해당하는 원래의 총소비함수 CF_1은 A_2의 총독립 소비지출을 가진 CF_2의 위치로 하향 이동한다. 총재산의 감소 역시 동일한 효과를 가진다.

총소비함수 자체를 이동시키는 주된 요인에는 두 가지가 있는데 예상되는 미래 가처분소득의 변화와 총재산의 변화다.

예상되는 미래 가처분소득의 변화   여러분이 5월에 졸업을 하자마자 보수가 높은 정말 좋은 직장을 구한다고 하자. 그런데 9월이 되어야 일을 시작하고 급여를 받을 수 있다고 하자. 이는 아직은 여러분의 가처분소득이 증가하지 않았음을 의미한다. 그렇다고 해도 여러분은 직장이 구해지기 전에 계획했던 것보다 더 좋은 옷을 사는 등 재화와 서비스에 대한 지출을 곧바로 증가시킬 가능성이 높다. 앞으로 더 높은 소득이 발생할 것임을 알기 때문이다.

이와 반대로 여러분이 좋은 직장을 갖고 있는데 회사가 여러분이 속한 부서의 규모를 줄이려 한다는 사실을 알았다고 하자. 이 경우 여러분이 직장을 잃고 다른 곳에서 보수가 낮은 직장이라도 구해야 할 가능성이 높아진다. 여러분은 가처분소득이 아직 감소하지는 않았지만 사정이 나빠질 때를 대비해서 지출을 줄이려고 할 것이다.

위의 두 예는 미래 가처분소득에 대한 기대가 어떻게 소비지출에 영향을 주는지를 보여 준다. 가처분소득과 소비지출을 대응시켜서 그린 〈그림 26-5〉는 예상되는 미래 가처분소득의 변화가 총소비함수에 어떤 영향을 미치는지를 보여 준다. 그림에서 CF_1은 원래의 총소비함수를 나타낸다. 그림 (a)는 좋은 소식, 즉 이전에 받고 있던 것보다 미래에 더 많은 가처분소득을 예상할 수 있는 소식의 영향을 보여 준다.

소비자들은 각 수준의 가처분소득에서 더 많은 지출을 할 것인데 이는 총독립 소비지출인 A의 값이 A_1에서 A_2로 증가하는 것에 해당한다. 그 결과 총소비함수는 CF_1에서 위쪽으로 이동하여 CF_2가 된다. 그림 (b)는 소비자들이 이전에 받던 것보다도 더 적은 가처분소득을 받을 것으로 예상하게 하는 소식, 즉 나쁜 소식의 영향을 보여 준다. 소비자들은 각 수준의 현재 가처분소득

YD에서 이전보다 적게 지출을 할 것인데 이는 A의 값이 A_1에서 A_2로 감소하는 것에 해당한다. 그 결과 총소비함수는 CF_1에서 아래쪽으로 이동하여 CF_2가 된다.

1957년에 쓰인 유명한 책 『소비함수이론(A Theory of the Consumption Function)』에서 프리드먼은 예상되는 미래소득의 영향을 감안할 경우 소비 행태에서의 수수께끼를 설명할 수 있음을 보였다. 특정 연도의 소비지출을 살펴보면 현재 소득수준이 높은 사람들이 낮은 사람보다 소득 중 더 많은 부분을 저축한다는 사실을 알 수 있다. (이것은 〈그림 26-4〉에 주어진 자료에서도 명백히 나타난다. 가장 높은 소득 집단에 속하는 사람들이 소득 중 가장 적은 부분을 소비하고, 가장 낮은 소득 집단은 소득보다 더 많은 금액을 소비한다.) 여러분은 이것이 경제가 성장하고 평균적인 현재소득이 증가함에 따라 전체 저축이 증가함을 의미한다고 생각할지 모른다. 그렇지만 실제로는 이와 같은 일이 발생한 적이 없다.

특정 연도에서 개인의 소득을 살펴보면 현재소득과 예상되는 미래소득 간에 체계적인 관계가 존재함을 알 수 있는데, 프리드먼은 이것이 현재소득과 저축 간의 정의 관계를 생성한다고 지적했다. 한편으로 보면 현재소득이 낮은 사람들은 비정상적으로 불운한 해를 보내고 있는 사람들일 가능성이 있다. 예를 들어 이들은 최근에 해고되었지만 결국은 새 일자리를 구할 수 있는 노동자일 수 있다. 이 경우 이들이 예상하는 미래소득은 현재소득보다 높을 것이며 따라서 현재 저축을 적게 하거나 부의 저축을 하는 것이 타당하다. 다른 한편으로는 특정 연도에 높은 현재소득을 가진 사람들은 비정상적으로 좋은 해를 보내고 있는 사람들일 가능성이 있다. 예를 들어 이들의 투자가 매우 좋은 성과를 거두었을 수도 있다. 이들이 예상하는 미래소득은 현재소득보다 낮을 것이며 따라서 올해 횡재한 소득의 대부분을 저축하는 것은 타당하다.

이와 반면에 경제가 성장하면 현재소득과 예상되는 미래소득은 함께 증가하게 된다. 더 높은 현재소득은 현재의 저축을 더 크게 만들 것이지만 더 높은 미래 예상소득은 현재의 저축을 줄이도록 만들 것이다. 그 결과 현재소득과 저축률 간에는 더 약한 관계가 성립된다.

프리드먼은 소비지출이 궁극적으로는 현재소득이 아니라 사람들이 장기적으로 예상하는 소득에 의해 결정된다고 주장했다. 이와 같은 주장을 항상소득가설(permanent income hypothesis)이라 한다.

총재산의 변화 마리아와 마크는 둘 다 금년에 3만 달러를 벌 것으로 기대하고 있다. 하지만 이들의 과거는 차이가 있다고 하자. 마리아는 지난 10년간 계속해서 일을 하고 있었고 주택을 소유하고 있으며 은행에 20만 달러를 예금하고 있다. 마크는 마리아와 같은 나이지만 일을 하다가 말다가 했으며 집을 사지 못했고 저축도 얼마 되지 않는다. 이 경우 마리아는 마크가 갖고 있지 않은 것, 즉 재산을 갖고 있을 것이다. 이들의 가처분소득이 동일하더라도 다른 조건이 같다면 여러분은 마리아가 마크보다 소비에 더 많은 지출을 할 것이라 예상할 것이다. 다시 말하면 재산은 소비지출에 영향을 미친다.

소비자가 어떻게 지출과 저축에 관한 선택을 하는지를 설명하는 영향력 있는 경제모형인 생애주기가설(life-cycle hypothesis)은 재산이 소비지출에 미치는 영향을 강조한다. 이 가설에 따르면 소비자들은 단지 현재의 가처분소득에 대해서만 반응하는 것이 아니라 자신의 평생에 걸친 지출 계획을 세운다. 그 결과 사람들은 평생에 걸쳐 평탄하게 소비를 하려고 할 것이다. 즉 소득수준이 정점에 달하는 시기(근로자의 경우 대개 40~50대)에는 가처분소득의 일부를 저축하고, 은퇴를 한 다음에는 일을 하는 동안 축적한 재산에 의존해서 살 것이다. 우리는 이 가설을 자세하게 소개하는 대신 단순히 이 가설에 따르면 소비지출의 결정에서 재산이 중요한 역할을 한다는 사실만을 지적하고자 한다. 예를 들어 소유주택에 대한 담보대출을 모두 갚았고 주식과 채권을 소유하는 등 많은 재산을 모은 중년 부부는 다른 조건이 동일하다면 현재 가처분소득은 같지만 앞으로도 은퇴에 대비해서 많은 저축을 해야 하는 부부에 비해 재화와 서비스에 더 많은 지출을 할 것이다.

재산이 가계의 소비지출에 영향을 미치기 때문에 경제 전체에서 재산의 변화는 총소비함수를 이동시킬 수 있다. 주식시장 활황 등으로 인해 총재산이 증가하는 경우 세로축 절편인 A의 값이 상승한다. 이는 다시 예상되는 미래 가처분소득 증가의 경우와 마찬가지로 총소비함수를 위쪽으로 이동시킨다. 2008년에 발생한 주택가격 하락과 같은 요인으로 인한 총재산의 감소는 A의 값을 하락시키고 총소비함수를 아래쪽으로 이동시킨다.

현실 경제의 >> 이해

유명한 첫 예측 실패 사례

대공황은 현대 거시경제학을 잉태했다. 대공황은 또한 통계적 기법을 이용하여 경제모형을 실증자료에 맞춰 보는 **계량경제학**이라는 경제학 분야를 탄생시켰다. 총소비함수는 계량경제학자들이 처음으로 연구한 대상 중 하나다. 당연히 이들은 곧 최초의 경제예측 실패 사례를 경험하게 되는데 그것은 제2차 세계대전 이후의 소비지출이 전쟁 전의 자료에 의거하여 추정된 총소비함수가 예측한 것보다도 훨씬 높았다는 사실이다.

〈그림 26-6〉은 그 사례를 보여 준다. 그림 (a)는 1929년부터 1941년까지 가처분소득과 소비지출에 대한 총계자료(2005년 가격, 10억 달러)를 보여 준다. 단순한 선형 소비함수인 CF_1은 자료와 잘 들어맞는 것처럼 보인다. 이에 따라 많은 경제학자들이 이와 같은 관계가 미래에도 계속되리라고 생각했다. 그림 (b)는 실제 어떤 일이 일어났는지를 보여 준다. 오른쪽 원 안에 있는 점들은 1946년부터 1960년까지의 실제 자료다(제2차 세계대전 중의 배급제도로 인해 소비자들

그림 26-6 시간의 흐름에 따른 총소비함수의 변화

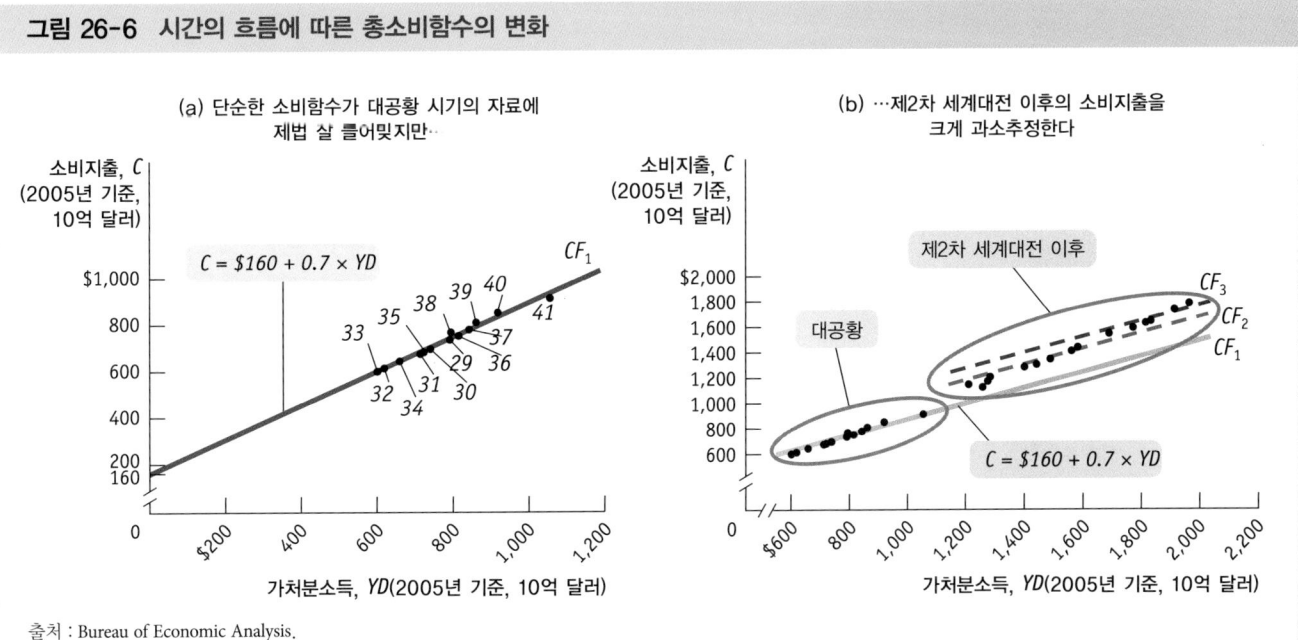

출처 : Bureau of Economic Analysis.

이 정상적인 지출을 할 수 없었던 1942년부터 1945년까지의 자료는 포함되지 않았다).

그림에서 실선인 CF_1은 1929년부터 1941년까지의 자료에 맞춰 그려진 소비함수를 나타낸다. 그림에서 볼 수 있듯이 전후의 소비지출은 대공황 시절의 자료로부터 구한 관계를 이용하여 예측할 수 있는 지출 수준보다 훨씬 높았다. 예를 들어 1960년의 소비지출은 CF_1에 의해 예측된 수준보다 13.5% 더 높았다.

왜 이전의 관계를 그대로 연장하는 것이 이토록 잘못된 예측 결과를 가져오는 것일까? 그 이유는 예상되는 미래 가처분소득과 총재산이 모두 1946년 이후 꾸준하게 상승한 데 있다. 소비자들은 대공황이 또다시 발생하지 않을 것이며 전후 경기호황이 계속되리라는 점에 대해서 점점 더 자신감을 갖게 되었다. 동시에 재산도 꾸준하게 증가하고 있었다. 그림 (b)의 두 점선 CF_2와 CF_3가 나타내듯이 예상되는 미래 가처분소득의 증가와 총재산의 증가는 총소비함수를 여러 차례 위쪽으로 이동시켰다.

거시경제학에서는 경제정책에 있어서든 경제예측에 있어서든 실패가 종종 지적인 진보를 가져온다. 추정된 총소비함수로 제2차 세계대진 후 소비지출 수준을 예측하지 못한 황당한 실패는 소비자 행태에 대한 이해를 증진하는 계기가 되었다.

>> 복습
• 소비함수는 개별 가계의 현재 가처분소득과 소비지출 간의 관계를 보여 준다.
• 총소비함수는 경제 전체에서 가처분소득과 소비지출 간의 관계를 보여 준다. 총소비함수는 예상되는 미래 가처분소득의 변화나 총재산의 변화에 따라 이동한다.

>> 이해돕기 26-2
해답은 책 뒤에

1. 어떤 경제가 안젤리나, 펠리시아, 마리나의 세 사람으로 구성되어 있다고 하자. 표는 가처분소득이 1만 달러 증가함에 따라 이들의 소비지출이 어떻게 변하는지를 보여 준다.

   a. 각 개인의 소비함수를 도출하라. 단 MPC는 1만 달러의 가처분소득 변화로부터 계산할 수 있다.

   b. 총소비함수를 도출하라.

현재 가처분소득	소비지출		
	안젤리나	펠리시아	마리나
$0	$8,000	$6,500	$7,250
10,000	12,000	14,500	14,250

2. 자본시장에 문제가 생겨서 소비자들이 차입을 하거나 저축을 하는 것이 모두 불가능하게 되었다고 하자. 이는 예상되는 미래 가처분소득이 소비지출에 미치는 영향에 어떤 변화를 가져올까?

|| 투자지출

소비지출은 투자지출보다 훨씬 더 규모가 크지만 투자지출의 부침은 경기순환을 좌우하는 경향이 있다. 사실 대부분의 경기후퇴는 투자지출의 감소에서 유래된다. 〈그림 26-7〉은 이 점을 잘 보여 준다. 이 그림은 1973~2009년 사이에 발생한 여섯 차례 미국의 경기후퇴에서 실질 가치로 측정한 연간 투자지출과 소비지출의 변화율을 보여 준다. 그림에서 볼 수 있듯이 투자지출의 변화는 소비지출의 변화보다 훨씬 더 극적이었다. 더욱이 경제학자들은 소비지출의 감소는 일반적으로 투자지출의 부진으로 인해 야기되는 승수 과정의 결과라고 생각한다. 우리는 곧 투자지출의 부진이 승수효과를 통해 어떻게 소비지출을 감소시키는지에 대해 보다 상세히 알아볼 것이다.

그 이전에 먼저 투자지출을 결정하는 요인들을 분석하도록 하자. 이 요인들은 소비지출을 결정하는 요인들과는 다소 차이가 있다. 가장 중요한 요인은 이자율과 예상되는 미래의 실질 국내총생산이다. 우리는 또한 제25장의 '탐구자를 위하여'에서 보았던 사실, 즉 기업들이 실제로 실행하는 투자지출 수준은 계획된 투자지출 수준과 다를 때가 있다는 점에 대해서도 다시 한번 살

그림 26-7 투자지출과 소비지출의 변동

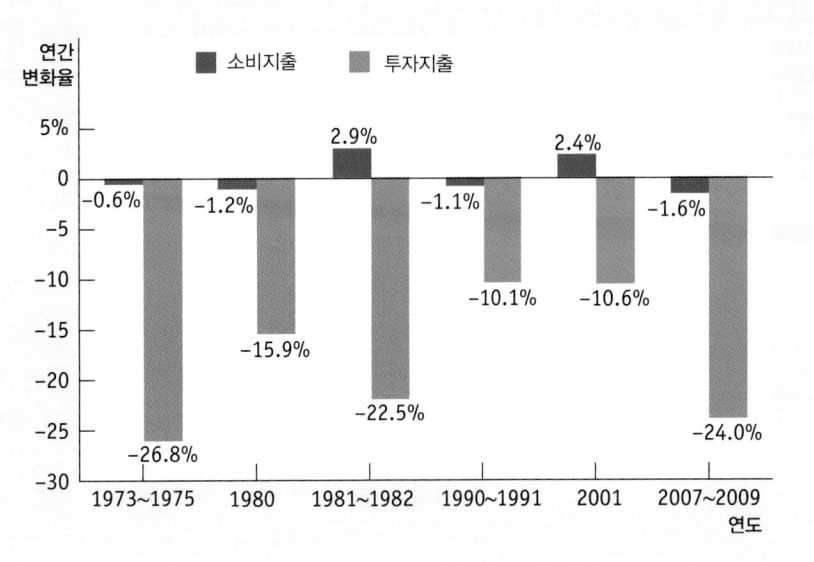

그림에서 막대는 여섯 차례의 경기후퇴에서 투자지출과 소비지출의 연간 변화율을 나타낸다. 막대의 길이가 나타내듯이 백분율로 측정한 투자지출의 변화율이 소비지출의 변화율보다 훨씬 크다. 이 같은 특성으로 인해 경제학자들은 경기후퇴가 일반적으로 투자지출의 부진으로 인해 발생한다고 믿는다.

출처 : Bureau of Economic Analysis.

펴볼 것이다. **계획된 투자지출**(planned investment spending)이란 기업들이 일정 기간 동안에 실행하고자 하는 투자지출이다.

계획된 투자지출은 세 가지 주요 요인에 의해 결정되는데, 이들에 대해서는 다음에 분석할 것이다.

계획된 투자지출(planned investment spending)이란 기업들이 주어진 기간 중에 실행하고자 하는 투자지출이다.

1. 이자율
2. 미래 실질 국내총생산에 대한 예상
3. 현재의 생산 능력

1. 이자율과 투자지출

이자율은 주거용 건물에 대한 지출이라는 특정한 형태의 투자지출에 대해 가장 분명한 영향을 미친다. 그 이유는 명백하다. 주택 건축업자는 팔 수 있다고 생각되는 주택만을 짓는데 사람들은 이자율이 낮을 때 주택을 살 수 있는 여유가 생기므로 이때가 바로 주택을 판매할 가능성이 높은 때이기도 하다.

새 주택을 구매하기 위해 35만 달러를 차입해야 하는 가족을 생각해 보자. 이자율이 6.5%라면 30년 만기 주택구매대출은 월 2,212달러의 지급액을 의미한다. 이자율이 4.0%라면 지급액은 단지 월 1,722달러일 것이고, 그 결과 더 저렴하게 주택을 마련할 수 있게 된다.

이자율은 다른 형태의 투자지출에도 영향을 미친다. 투자할 사업을 가진 기업은 그 사업에 필요한 자금을 차입하는 데 드는 비용보다 더 높은 수익률이 예상될 때에만 사업을 시행할 것이다. 제25장에서 보았듯이 이자율이 상승하면 이 같은 시험을 통과할 사업이 적어지고 그 결과 투자지출이 감소할 것이다.

여러분은 기업이 차입이 아니라 과거의 이익을 통해서 투자사업의 자금을 조달할 수 있다면 기업이 처하게 되는 상충관계가 달라질 것이라 생각할지도 모른다. 투자지출의 재원으로 사용되는 과거의 이익을 **사내유보이윤**(retained earning)이라 한다. 하지만 기업이 사내유보이윤을 투자지출의 재원으로 사용할 때에도 차입에 의해 투자사업의 재원을 조달할 때와 동일한 상충관계에 처하게 된다. 기업은 자신이 가진 자금의 기회비용을 고려해야 하기 때문이다. 예를 들어 가속도 원리(accelerator principle)에 따르면 실질 국내총생산 증가율이 높을수록 계획된 투자지출이 많아지는 반면 실질 국내총생산의 증가율이 낮을수록 계획된 투자지출이 적어진다.

재고(inventory)는 미래 매출을 위해서 보유하는 재화의 저량이다.

기업은 새 장비를 구입하는 대신 자금을 빌려 주고 이자를 벌어들일 수도 있다. 따라서 벌지 못한 이자는 사내유보이윤을 투자사업의 재원으로 사용하는 데 대한 기회비용이 된다.

즉 사업의 수익률과 시장이자율을 비교할 때 처하게 되는 상충관계는 차입금 대신 사내유보이윤을 사용할 때에도 바뀌지 않는다. 이는 기업이 투자지출의 재원을 차입을 통해 조달하든 사내유보이윤을 통해 조달하든 상관없이 시장이자율의 상승은 주어진 모든 투자사업의 수익성을 떨어뜨림을 의미한다.

이와 반대로 이자율이 하락하는 경우 이전에는 수익성이 없었던 투자사업 중 일부가 낮아진 이자율에서는 수익성이 생길 수도 있다. 이에 따라 이전에는 자금을 구할 수 없었던 일부 사업들이 자금을 구할 수 있게 된다.

따라서 계획된 투자지출, 즉 기업들이 자발적으로 그 사업을 시행할 것인지 또는 시행하지 않을 것인지를 결정할 수 있는 투자사업에 대한 지출은 이자율과 부의 상관관계를 갖게 된다. 즉 다른 조건이 같다면 이자율의 상승은 계획된 투자지출 수준을 낮춘다.

2. 예상되는 미래 실질 국내총생산, 생산능력과 투자지출

어떤 기업이 현재의 판매량을 계속 생산하기에 충분한 생산능력을 갖고 있으며 미래에 매출이 증가할 것으로 예상되지 않는다고 하자. 이 경우 기업은 마모되거나 기술적으로 쓸모가 없게 된 장비나 건물을 대체하기 위해서만 투자지출을 할 것이다. 하지만 기업이 미래에 매출이 빠른 속도로 증가할 것을 예상한다면 현재의 생산능력으로는 미래의 생산수요를 충족하기에 부족하다고 생각할 것이다. 이 경우 기업은 늘어날 생산수요를 충족하기 위해 투자지출을 할 것이다. 따라서 다른 조건이 같다면 기업은 미래 매출이 증가할 것으로 예상될 때 투자지출을 증가시킬 것이다.

이제 어떤 기업이 현재의 생산수요를 충족시키는 데 필요한 것보다 훨씬 큰 생산능력을 갖고 있다고 하자. 이 경우에는 미래 매출이 늘어날 것으로 예상된다 해도 과잉 생산능력을 다 소진할 때까지 한동안은 투자지출을 하지 않을 것이다. 이와 같은 예는 다른 조건이 같다면 현재의 생산능력 수준이 투자지출에 부의 영향을 미침을 의미한다. 즉 다른 조건이 같다면 현재의 생산능력이 클수록 투자지출은 적어질 것이다.

예상되는 미래 매출과 현재의 생산능력이 투자지출에 미치는 영향을 종합하면 기업들이 높은 수준의 투자지출을 할 것이 어느 정도 확실시되는 상황을 제시할 수 있을 것이다. 매출이 매우 빠른 속도로 증가할 것으로 예상되는 경우가 바로 그것이다. 이 경우 남아도는 생산능력이 얼마 안 가서 소진될 것이고 이에 따라 기업들이 투자지출을 재개하게 될 것이기 때문이다.

어떤 지표가 미래 매출이 빠른 속도로 증가할 것임을 나타낼 수 있을까? 그것은 바로 실질 국내총생산이 빠른 속도로 성장할 것으로 예상되는 경우다. 미래 실질 국내총생산이 빠른 속도로 성장할 것으로 예상되면 계획된 투자지출이 증가할 것이고, 그 반대의 경우에는 계획된 투자지출이 감소할 것이다. 이와 같은 관계는 **가속도 원리**(accelerator principle)라는 명제에 의해 잘 요약될 수 있다. 다음의 '현실 경제의 이해'에서 설명하듯이 2006년에 미래 실질 국내총생산 성장에 대한 기대가 부정적으로 변했을 때 계획된 투자지출, 특히 주거용 투자지출이 급격히 감소하면서 경기후퇴를 가속화시켰다. 일반적으로 가속도 원리는 **투자지출 부진**(investment spending slump), 즉 투자지출이 낮은 시기에 중요한 역할을 한다.

3. 재고와 계획되지 않은 투자지출

대부분의 기업이 미래의 매출을 위해 **재고**(inventory)를 보유한다. 기업이 재고를 보유하는 것은 구매자의 수요를 신속하게 충족시키기 위해서다. 다시 말해서 재고는 소비자가 원하는 제품을 제조되기까지 기다리지 않고 선반에서 직접 구매하는 것을 가능하게 해 준다. 여기에 더해서 기업들은 필요한 재료와 부품 공급을 지속적으로 유지하기 위해서 투입물의 재고를 보유하기도 한다. 2019년 12월 말에 미국 경제가 보유한 전체 재고의 가치는 그해 국내총생산의 10%에 조금 못 미치는 2조 400억 달러로 추정되었다.

기업이 재고를 증가시키는 것은 일종의 투자지출을 하는 것과 같다. 예를 들어 미국 자동차 산업이 매달 80만 대의 자동차를 생산하되 70만 대만을 판다고 하자. 나머지 10만 대의 자동차는 미래에 언제든지 판매될 수 있도록 자동차 회사의 창고나 자동차 딜러의 재고에 추가된다. **재고투자**(inventory investment)는 주어진 기간 동안 발생한 재고의 변화분이다. 다른 형태의 투자지출과는 달리 재고투자는 실제로 음의 값을 가질 수 있다. 예

2009년에 경제가 침체되고 소비지출이 위축되고 영업소의 자동차를 포함한 재고가 판매되지 못함에 따라 계획되지 않는 재고투자가 증가했다.

를 들어 자동차 산업이 한 달에 걸쳐서 재고를 감소시킨다면 이 산업이 음의 재고투자를 했다고 말할 수 있다.

재고투자에 대해서 이해하기 위해 슈퍼마켓의 통조림 제품 재고를 담당하고 있는 매니저를 생각해 보자. 이 매니저는 고객이 거의 항상 원하는 것을 찾을 수 있도록 점포에 제품을 완비하려고 할 것이다. 하지만 진열 공간이 한정되어 있고 제품이 상할 수도 있기 때문에 이 매니저는 진열대가 지나치게 가득 차기를 원하지는 않을 것이다. 이와 유사한 문제가 다른 많은 기업들에도 적용되며 기업들이 재고를 주의 깊게 관리하도록 만든다.

하지만 매출은 변동하기 마련이다. 그리고 기업들이 항상 매출을 정확하게 예측하는 것은 불가능하기 때문에 이들이 원하는 것보다 많거나 적은 재고를 갖게 되는 경우가 종종 있다. 이와 같이 예상치 않은 매출 변화로 말미암아 발생하는 계획되지 않은 재고의 변동을 **계획되지 않은 재고투자**(unplanned inventory investment)라고 한다. 계획되지 않은 재고투자는 양의 값을 가지든 음의 값을 가지든 간에 계획되지는 않았지만 실제로 발생한 투자지출을 나타낸다.

따라서 **실현된 투자지출**(actual investment spending)은 계획된 투자지출과 계획되지 않은 재고투자의 합과 같다. I_U를 계획되지 않은 재고투자, I_P를 계획된 투자지출 그리고 I를 실현된 투자지출이라 하면 이 세 변수 간의 관계는 다음 식으로 나타낼 수 있다.

$$(26\text{-}10) \quad I = I_U + I_P$$

계획되지 않은 재고투자가 어떻게 발생할 수 있는지를 보기 위해 자동차 산업을 예로 들되 다음과 같은 가정을 해 보자. 첫째, 이 산업은 실제 판매량을 알기에 앞서서 미리 그달의 생산량을 결정해야 한다. 둘째, 이 산업은 다음 달에 80만 대의 자동차를 판매할 것으로 예상하고 있으며 기존의 재고를 늘리거나 줄이려는 계획을 갖고 있지 않다. 이 경우 이 산업은 예상되는 판매량에 상응하는 80만 대의 자동차를 생산할 것이다.

이제 다음 달의 실제 매출이 예상보다 적은 70만 대에 그친다고 하자. 이 경우 팔리지 않은 10만 대의 자동차는 계획되지 않은 재고 증가로서 투자지출에 추가될 것이다.

물론 자동차 산업은 매출 감소와 이에 따른 계획되지 않은 재고투자 발생에 대응하여 궁극적으로는 생산량을 조절할 것이다. 즉 재고를 줄이기 위해 그다음 달에는 생산량을 줄일 가능성이 높다.

사실 거시경제 변수를 통해서 미래 경제의 동향을 예측하고자 하는 경제학자들은 재고수준의

재고투자(inventory investment)는 주어진 기간 동안 발생한 재고의 변화분이다.

계획되지 않은 재고투자(unplanned inventory investment)는 실제 매출이 기업들이 예상한 것보다 많거나 적을 때에 발생하며 계획되지 않은 재고의 변화를 가져온다.

실현된 투자지출(actual investment spending)은 계획된 투자지출과 계획되지 않은 재고투자의 합과 같다.

변화를 주시한다. 재고의 증가는 보통 양의 계획되지 않은 재고투자로 인한 것이고 이는 경기 둔화로 인해 매출이 예상보다 적었음을 나타낸다. 재고의 감소는 보통 음의 계획되지 않은 재고투자로 인한 것이고 이는 경기의 활황으로 인해 매출이 예상보다 많았음을 나타낸다. 다음 절에서는 매출과 재고의 변동에 대응한 생산량의 조정이 어떻게 실제로 생산된 최종생산물의 가치가 최종생산물에 대한 계획된 구매의 가치와 같아지도록 만드는지에 대해 살펴볼 것이다.

현실 경제의 >> 이해
대후퇴 중의 기업 투자

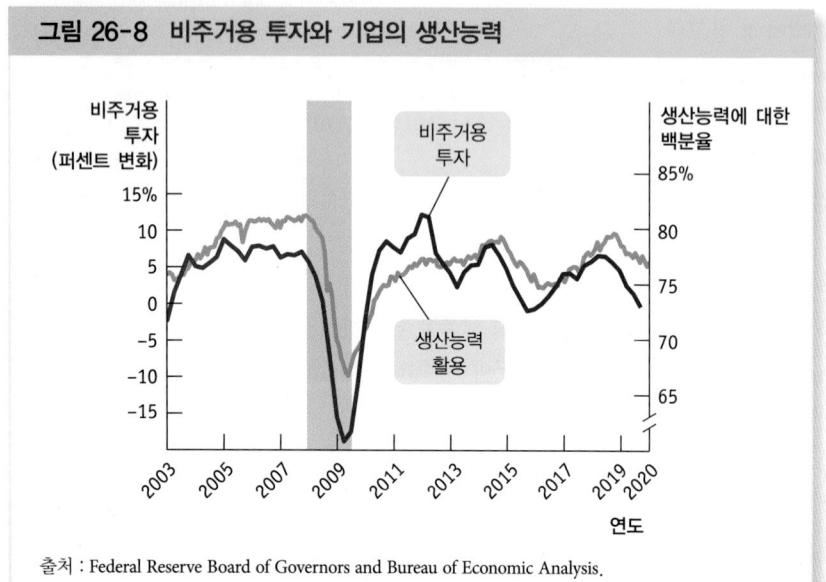

그림 26-8 비주거용 투자와 기업의 생산능력

출처 : Federal Reserve Board of Governors and Bureau of Economic Analysis.

2007년 12월과 2009년 6월 사이에 미국 경제는 1930년대 이후 최악의 경기 침체를 경험했다. 거의 모든 경제학자들이 대후퇴의 주된 원인이 주택시장이었다는 점에 동의한다. 거대한 주택 거품이 꺼짐에 따라 주택 투자, 즉 신규 주택의 건설이 급격히 감소했으며, 주택 가치의 하락 역시 소비자의 재산과 소비지출을 감소시켰다.

그렇지만 대후퇴는 그저 주거용 투자지출에 관한 것만은 아니었다. 〈그림 26-8〉이 보여주듯이 공장, 사무용 건물, 창고 등의 신축으로 이루어진 비주거용 투자지출 역시 급격히 감소했다. 이유는 무엇일까?

그 답은 주거용 투자지출과 소비지출의 급격한 감소로 인해 〈그림 26-8〉의 주황색 선이 보여주듯이 미국 기업들이 과잉 생산능력을 갖게 되었다는 데 있다. 사람들이 이전만큼 구매를 하지 않기 때문에 많은 조립시설들이 가동을 멈췄고, 빈 사무실과 창고가 생겼다. 기업들이 생산능력을 모두 활용하지 않았기 때문에 더 많은 시설을 지을 이유도 없었다.

그 결과 주택신축의 급격한 감소가 비주거용 투자를 더욱 감소시킴에 따라 경기후퇴는 더 심화되었다.

다행인 것은 경제가 안정되고 성장을 재개함에 따라 기업의 생산시설이 다시 활용되기 시작했고, 기업들이 곧 투자를 재개했다는 점이다.

>> 이해돕기 26-3
해답은 책 뒤에

>> **복습**
• **계획된 투자지출**은 이자율과 부의 관계를 가지며 예상되는 미래 실질 국내총생산과 정의 관계를 가진다. **가속도 원리**에 따르면 계획된 투자지출과 예상되는 미래 실질 국내총생산 증가율 간에는 정의 상관관계가 존재한다.
• 기업은 미래의 매출에 대비해서 **재고**를 보유한다. **재고투자**는 투자지출의 한 형태로 양의 값과 음의 값을 모두 가질 수 있다.
• 실현된 판매량이 예상치보다 많거나 적을 때 **계획되지 않은 재고투자**가 발생한다. **실현된 투자지출**은 계획된 투자지출과 계획되지 않은 재고투자의 합과 같다.

1. 다음 각각의 사건에 대해서 계획된 투자지출이나 계획되지 않은 재고투자가 어떤 방향으로 변할 것인지 설명하라.
   a. 예상치 못한 소비지출의 증가
   b. 기업 차입비용의 급격한 상승
   c. 실질 국내총생산 증가율의 급격한 상승
   d. 예상치 못한 판매량 감소
2. 역사적으로 투자지출은 소비지출에 비해 극단적으로 심한 등락을 겪었다. 그 이유가 무엇이

라고 생각하는가? (힌트 : 한계소비성향과 가속도 원리를 생각하라.)

3. 2007년 하반기에 소비지출이 부진함에 따라 경제학자들은 재고 과잉, 즉 경제 전체에서 높은 수준의 계획되지 않은 재고투자가 발생하는 현상을 우려했다. 재고 과잉이 지나친 유휴 생산 능력의 존재와 마찬가지로 경제활동을 위축시킬 수 있는지 설명하라.

‖ 소득 – 지출 모형

이 장의 앞부분에서는 주택가격 거품이 꺼짐에 따라 투자지출이 감소하는 것과 같은 자발적인 지출 변화가 실질 국내총생산에 미치는 영향이 어떻게 승수 과정이라는 다단계 과정을 통해 증폭되는지를 설명했다. 이 절에서는 이와 같은 다단계 과정에 대해 보다 상세히 알아보고자 한다. 우리는 여러 단계에 걸친 실질 국내총생산의 변화가 재고 변화에 대응하여 이루어지는 기업의 생산량 조정에 의해서 달성됨을 볼 것이다. 우리는 또한 재고가 단기 거시경제 모형에서 핵심적인 역할을 하는 이유와 경제학자들이 경제의 미래를 가늠하고자 할 때 기업 재고의 움직임을 주시하는 이유를 이해하게 될 것이다.

이 절을 시작하기 전에 승수 과정의 기초가 되는 몇 가지 가정을 되짚어 보도록 하자.

1. **총지출의 변화는 총생산의 변화를 가져온다.** 우리는 생산자들이 물가가 고정되어 있더라도 추가적인 생산물을 공급할 의사가 있음을 가정한다. 물가수준이 고정되어 있다 함은 또한 명목 국내총생산과 실질 국내총생산 간에 차이가 없음을 의미한다. 따라서 이 장에서는 이 두 용어를 구분하지 않고 사용할 것이다.

2. **이자율은 고정되어 있다.** 이자율은 사전에 결정되어 있으며 모형에서 분석하는 요인들의 영향을 받지 않는 것으로 간주할 것이다. 이 가정은 실제로 이자율을 결정하는 요인들을 모형에서 배제하는 형태로 모형에 도입될 것이다. 하지만 나중에 보듯이 이 모형은 이자율의 변화가 경제에 미치는 영향을 분석하는 데는 유용하게 이용될 수 있다.

3. **조세, 정부 이전지출, 정부구매는 모두 영이다.**

4. **수출과 수입은 모두 영이다.**

앞으로 나올 징들에서는 물가수준이 고정되어 있다는 가정을 버릴 것이다. 제28장의 부록은 조세가 승수 과정에 어떤 영향을 미치는지를 보여 준다. 이 장의 뒷부분에서는 어떻게 국제무역을 그림에 넣을 수 있는지 설명할 것이며, 제33장에서는 국제무역을 완전하게 그림에 넣을 것이다.

계획된 총지출과 실질 국내총생산

정부와 국제무역이 없는 경제에서는 소비지출(C)과 투자지출(I)만이 총지출의 원천이 된다. 그리고 조세나 이전지출이 없다고 가정하기 때문에 총가처분소득은 국내총생산(물가가 고정되어 있기 때문에 국내총생산은 실질 국내총생산과 동일함), 즉 궁극적으로 가계에 소득으로 귀속되는 재화와 서비스의 최종 판매액과 같다. 따라서 우리가 분석하는 매우 단순화된 경제에서는 다음 두 국민소득계정상의 식이 성립된다.

(26-11) $GDP = C + I$

(26-12) $YD = GDP$

앞서 이 장에서 배운 것처럼 총소비함수는 가처분소득과 소비지출 간의 관계를 보여 준다. 총소비함수가 식 (26-9)와 동일한 형태를 갖고 있다고 가정하자.

$$(26-13) \quad C = A + MPC \times YD$$

우리의 단순화된 모형에서는 계획된 투자지출인 I_P도 고정되어 있다고 가정할 것이다.

모형을 완성하기 위해서는 한 가지 개념이 더 필요한데 그것은 **계획된 총지출**(planned aggregate spending), 즉 경제에서의 계획된 지출의 총액이다. 기업과는 달리 가계는 계획되지 않은 재고투자와 같이 의도되지 않은 행동을 취하지 않는다. 따라서 계획된 총지출은 소비지출과 계획된 투자지출의 합과 같다. 계획된 총지출을 AE_P라 하면 이는 다음과 같은 식이 성립됨을 의미한다.

$$(26-14) \quad AE_P = C + I_P$$

어느 해든 그해의 계획된 총지출 수준은 그해의 실질 국내총생산 수준에 따라 결정된다. 그 이유를 보기 위해 〈표 26-2〉에 제시된 예를 보기로 하자. 총소비함수는 다음과 같다고 가정한다.

$$(26-15) \quad C = 300 + 0.6 \times YD$$

실질 GDP, YD, C, I_P, AE_P 등은 모두 10억 달러 단위고, 계획된 투자지출인 I_P는 매년 5,000억 달러에 고정되어 있다고 가정한다. 첫째 열은 여러 가지 실질 국내총생산의 값을 보여 준다. 둘째 열은 가처분소득 YD를 보여 주는데 우리의 단순모형에서는 실질 국내총생산과 같다. 셋째 열은 소비지출인 C가 3,000억 달러 더하기 가처분소득의 0.6배와 같음을 보여 준다. 넷째 열은 계획된 투자지출인 I_P를 보여 주는데 이는 가정에 의해 실질 국내총생산 수준과 무관하게 5,000억 달러에 고정되어 있다. 마지막 열은 계획된 총지출인 AE_P를 보여 주는데 이는 소비지출인 C와 계획된 투자지출인 I_P의 합과 같다. (표기를 단순화하기 위해 지금부터는 〈표 26-2〉에 제시된 모든 변수는 연간 10억 달러 단위로 측정되어 있다고 간주할 것이다.)

표에서 보듯이 실질 국내총생산이 증가하면 가처분소득이 증가한다. 즉 실질 국내총생산이 500 증가하면 YD도 500 증가한다. 이는 다시 C를 $500 \times 0.6 = 300$만큼 증가시키고 이에 따라 AE_P도 300만큼 증가한다.

〈그림 26-9〉는 〈표 26-2〉에 제시된 정보를 그래프로 보여 준다. 가로축은 실질 국내총생산을 나타내며 CF는 총소비함수인데 이는 소비지출이 어떻게 실질 국내총생산에 의존하는지를 보여 준다. 계획된 총지출선을 나타내는 AE_P는 총소비함수선을 500(I_P의 양)만큼 위쪽으로 이동시킨 선이다. 이 선은 계획된 총지출이 어떻게 실질 국내총생산에 의존하는지를 보여 준다. 두 선은 모두 한계소비성향(MPC)과 같은 0.6의 기울기를 갖고 있다.

그런데 이것이 이야기의 전부가 아니다. 〈표 26-2〉에 따르면 실질 국내총생산이 2,000일 때에만 실질 국내총생산과 계획된 총지출인 AE_P가 서로 일치한다. 다른 값에서는 실질 국내총생산이 AE_P와 일치하지 않는다. 과연 이런 일이 가능한 것일까? 제22장에서 자금순환도에 대해 배울 때에는 최종생산물에 대한 총지출이 최종생산

표 26-2 실질 $GDP = YD = AE_P$일 때 균형				
실질 GDP	YD	C	I_P	AE_P
(10억 달러)				
$0	$0	$300	$500	$800
500	500	600	500	1,100
1,000	1,000	900	500	1,400
1,500	1,500	1,200	500	1,700
2,000	2,000	1,500	500	2,000
2,500	2,500	1,800	500	2,300
3,000	3,000	2,100	500	2,600
3,500	3,500	2,400	500	2,900

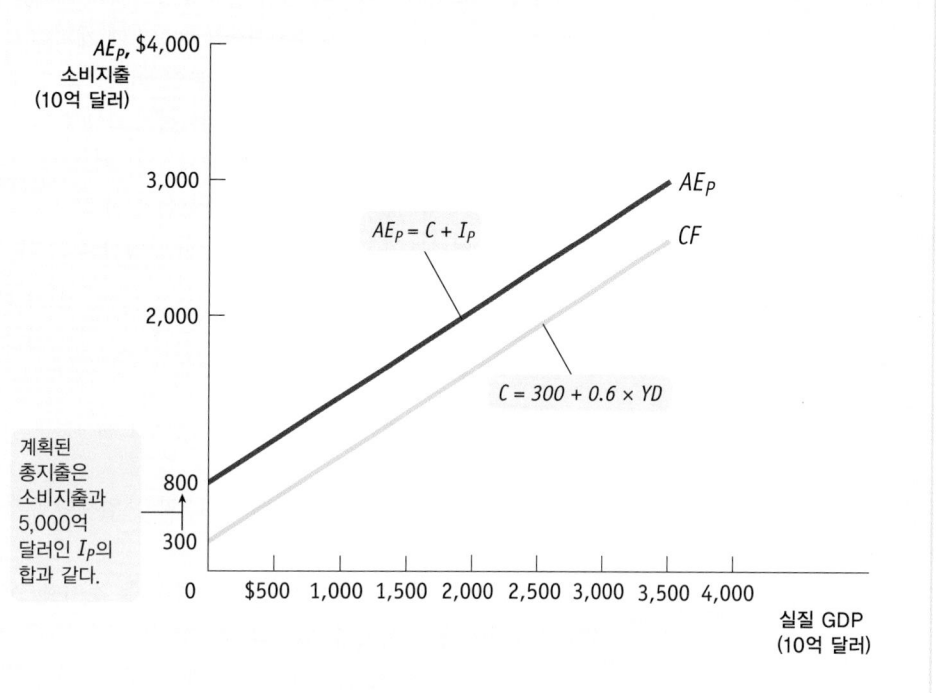

그림 26-9 총소비함수와 계획된 총지출

아래쪽 직선인 *CF*는 〈표 26-2〉에 제시된 자료를 이용하여 그린 총소비 함수다. 위쪽 직선인 *AE_P*는 계획된 총지출선인데 이것 역시 〈표 26-2〉에 제시된 자료를 이용하여 그려졌다. 이 선은 총소비함수선을 계획된 투자지출(I_P)의 양인 5,000억 달러만큼 위쪽으로 이동시킨 것이다.

물의 총생산과 같다고 하지 않았던가? 이 의문에 대한 답은 **계획되지 않은 재고투자**(I_U)의 역할로 인해 짧은 기간 동안에는 계획된 총지출이 실질 국내총생산과 달라질 수 있다는 데에서 찾을 수 있다.

하지만 다음 절에서 보듯이 시간이 지나면 경제는 계획되지 않은 재고투자가 발생하지 않는 상태로 진행하는데 이 상태를 소득–지출 균형이라고 부른다. 경제가 소득–지출 균형에 있을 때에는 최종생산물에 대한 총지출이 총생산과 동일해진다.

소득–지출 균형

〈표 26-2〉에 제시된 실질 국내총생산의 값 중 한 값을 제외하고는 실질 국내총생산이 소비지출과 계획된 투자지출의 합인 AE_P보다 크거나 작다. 예를 들어 실질 국내총생산이 1,000일 때 소비지출(*C*)은 900이고 계획된 투자지출은 500이므로 계획된 총지출은 1,400이 된다. 이 값은 이에 상응하는 실질 국내총생산 수준보다 400만큼 더 많다. 이제 실질 국내총생산이 2,500인 경우를 보자. 소비지출은 1,800이고 계획된 투자지출은 500이므로 계획된 총지출은 2,300인데 이는 상응하는 실질 국내총생산보다 200만큼 적다.

앞서 설명했듯이 계획되지 않은 재고투자가 존재할 경우 계획된 총지출이 실질 국내총생산과 달라질 수 있다. 〈표 26-3〉은 〈표 26-2〉에 제시된 실질 국내총생산과 계획된 총지출의 값들과 함께 각 실질 국내총생산과 계획된 총지출의 조합이 함축하는 계획되지 않은 재고투자(I_U) 수준을 보여 준다. 예를 들어 실질 국내총생산이 2,500인 경우의 계획된 총지출은 2,300에 불과하다. 따라서 AE_P를 초과하는 실질 국내총생산 부분인 200은 양의 계획되지 않은 재고투자가 되어야 한다. 이와 같은 경우는 기업들이 판매량을 지나치게 높게 추정하고 너무 많이 생산한 결과, 의도와는 달리 재고가 증가할 때 발생할 수 있다.

더 일반적으로는 2,000을 초과하는 실질 국내총생산 수준은 모두 기업들이 소비자와 다른 기업들이 구매하고자 하는 양보다 많이 생산한 결과, 의도하지 않은 재고 증가가 발생하는 상황에

표 26-3 $I_{Unplanned}$ = 0일 때 균형

실질 GDP	AE_P	I_U
(10억 달러)		
$0	$800	−$800
500	1,100	−600
1,000	1,400	−400
1,500	1,700	−200
2,000	2,000	0
2,500	2,300	200
3,000	2,600	400
3,500	2,900	600

해당한다.

이와 반대로 2,000 미만의 실질 국내총생산 수준에서는 계획된 총지출이 실질 국내총생산보다 많다. 예를 들어 실질 국내총생산이 1,000일 때 계획된 총지출은 이보다 훨씬 많은 1,400이다. AE_P가 실질 국내총생산을 초과하는 부분인 400은 음의 계획되지 않은 재고투자(−400)에 해당한다. 더 일반적으로는 2,000에 미달하는 실질 국내총생산 수준은 모두 기업들이 판매량을 과소추정한 결과 경제 전체에서 음의 계획되지 않은 재고투자가 발생하는 경우에 해당한다.

식 (26-10), (26-11), (26-14)를 조합하면 실질 국내총생산, 계획된 총지출, 계획되지 않은 투자지출 간의 일반적인 관계를 다음과 같이 요약할 수 있다.

$$\text{(27-16)} \quad \begin{aligned} \text{GDP} &= C+I \\ &= C+I_P+I_U \\ &= AE_\text{P}+I_U \end{aligned}$$

따라서 실질 국내총생산이 AE_P를 초과할 때는 언제나 I_U가 0보다 크고, 실질 국내총생산이 AE_P에 미달할 때는 언제나 I_U가 0보다 작다.

그런데 기업들은 자신의 실수를 정정하려 들 것이다. 우리는 기업들이 가격을 변화시키지는 않지만 생산량은 조절할 수 있다고 가정했었다. 기업들은 계획되지 않은 재고 증가를 경험할 경우 생산을 감소시키고, 계획되지 않은 재고 감소를 경험할 경우 생산을 증가시키려 할 것이다. 이와 같은 반응은 궁극적으로 계획되지 않은 재고 변화를 제거하고 경제를 실질 국내총생산과 계획된 총지출이 같은 상태로 만들 것이다.

앞서 제시된 예를 보면 실질 국내총생산이 1,000일 때에는 음의 계획되지 않은 재고투자가 기업들로 하여금 생산을 증가시키도록 만들 것이고 그 결과 실질 국내총생산이 증가할 것이다. 사실 이와 같은 현상은 실질 국내총생산이 2,000보다 작은 경우, 즉 실질 국내총생산이 계획된 총지출보다 작을 때에는 항상 일어날 것이다. 이와 반대로 실질 국내총생산이 2,500이면 양의 계획되지 않은 재고투자가 기업들로 하여금 생산을 줄이도록 만들 것이다. 이와 같은 현상은 실질 국내총생산이 계획된 총지출보다 많은 경우에는 언제든 발생할 것이다.

기업들이 다음 기간 중의 생산량을 변화시킬 유인이 없는 유일한 경우는 실질 국내총생산으로 측정한 총생산이 현 기간 중의 계획된 총지출과 같은 상태이며 이를 **소득-지출 균형**(income-expenditure equilibrium)이라 한다. 〈표 26-3〉에서 소득-지출 균형은 실질 국내총생산이 2,000일 때 달성되는데 이는 계획되지 않은 재고투자가 0인 유일한 실질 국내총생산 수준이다. 이제부터 우리는 소득-지출 균형이 이루어지는 실질 국내총생산 수준을 Y^*라 표시하고 이를 **소득-지출 균형 국내총생산**(income-expenditure equilibrium GDP)이라 부를 것이다.

〈그림 26-10〉은 소득-지출 균형의 개념을 그래프로 보여 준다. 가로축은 실질 국내총생산을 나타내고 세로축은 계획된 총지출(AE_P)을 나타낸다. 그림에는 2개의 직선이 있다. 실선은 계획된 총지출선이다. 이 선은 $AE_P(=C+I_P)$가 실질 국내총생산에 따라 어떻게 변하는지를 보여 준다. 이 선의 기울기는 한계소비성향(MPC)인 0.6이며 세로축 절편은 $A+I_P(300+500=800)$와 같다. 원점을 통과하고 1의 기울기를 가진 쇄선(45도선이라고 부름)은 계획된 총지출이 실질 국내총생산과 같은 값을 가질 수 있는 가능한 모든 점을 보여 준다.

소득-지출 균형점은 동시에 45도선과 계획된 총지출선 위에 있어야 하기 때문에 이 선을 이용하여 소득-지출 균형을 달성하는 점을 쉽게 찾을 수 있다. 결국 소득-지출 균형점은 두 선이 교차하는 E점에서 달성된다. 그리고 소득-지출 균형 GDP인 Y^*는 〈표 26-3〉에서 도출한 값과 같은 2,000이다.

실질 국내총생산으로 측정한 총생산이 계획된 총지출과 같을 때 경제는 소득-지출 균형(income-expenditure equilibrium) 상태에 있다.

소득-지출 균형 국내총생산(income-expenditure equilibrium GDP)은 소득-지출 균형이 달성되는 실질 국내총생산 수준이다.

그림 26-10 소득-지출 균형

소득-지출 균형은 계획된 총지출선인 AE_P와 45도선이 교차하는 E 점에서 달성된다. E점은 실질 국내총생산이 계획된 총지출(AE_P)과 같고 계획되지 않은 재고투자(I_U)가 0인 유일한 점이다. 이 점에서는 매년 2조 달러의 실질 국내총생산이 생산되는데, 이것이 바로 소득-지출 균형 GDP인 Y^*가 된다. 실질 국내총생산이 Y^*보다 작을 때는 언제나 AE_P가 실질 국내총생산을 초과한다. 그 결과 계획되지 않은 재고투자(I_U)는 음의 값을 가지며, 기업들은 이에 대응하여 생산량을 증가시킨다. 실질 국내총생산이 Y^*보다 클 때는 언제나 실질 국내총생산이 AE_P를 초과한다. 이때 계획되지 않은 재고투자(I_U)는 양의 값을 가지며 이에 대응하여 기업들은 생산량을 줄인다.

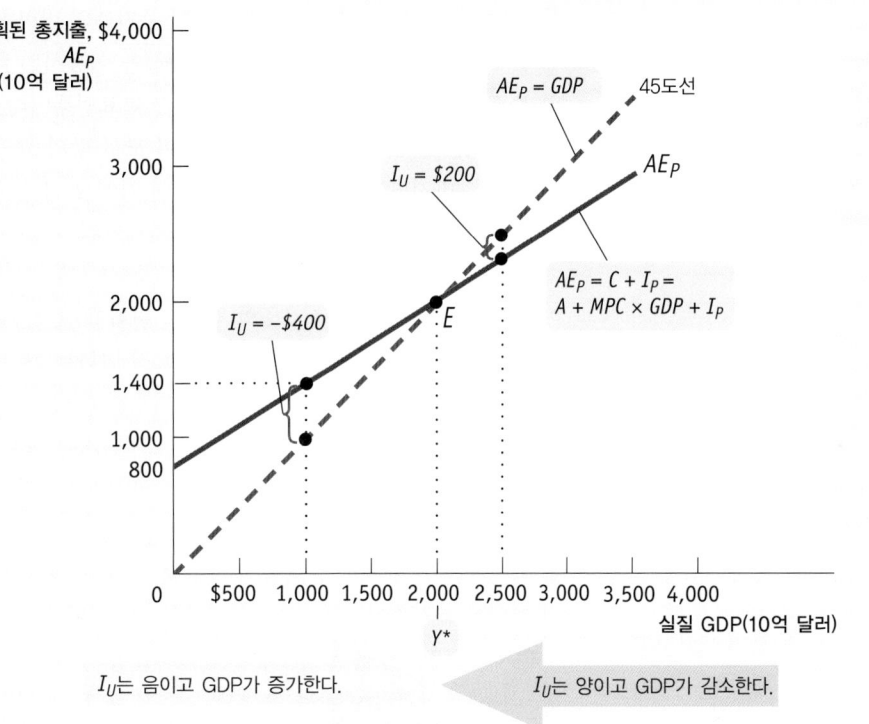

케인즈의 십자가(Keynesian cross)에서는 총지출선이 45도선과 교차하는 점에서 소득-지출 균형을 구한다.

이제 경제가 소득-지출 균형 상태에 있지 않다면 어떤 일이 일어날지를 생각해 보자. 〈그림 26-10〉으로부터 실질 국내총생산이 Y^*보다 작을 때는 언제나 계획된 총지출선이 45도선보다 위에 있고, AE_P가 실질 국내총생산을 초과함을 알 수 있다. 이 상태에서는 I_U가 음의 값을 갖는다. 그림에서 보듯이 실질 국내총생산이 1,000일 때 I_U는 -400이다. 그 결과 실질 국내총생산은 증가할 것이다. 이와 반면에 실질 국내총생산이 Y^*보다 클 때는 언제나 계획된 총지출선이 45도선보다 아래에 있다. 이 상태에서는 I_U가 양의 값을 갖는다. 그림에서 보듯이 실질 국내총생산이 2,500일 경우 I_U는 200이다. 이와 같은 예상치 않은 재고 증가는 실질 국내총생산의 감소를 가져올 것이다.

총지출선이 45도선과 교차하는 점에서 소득-지출 균형을 구하는 〈그림 26-10〉은 경제학설사에서 특별한 위치를 갖고 있다. **케인즈의 십자가**(Keynesian cross)라고 알려진 이 그림은 20세기의 위대한 경제학자이자 노벨 경제학상 수상인 폴 새뮤얼슨(Paul Samuelson)이 거시경제학의 창시자로 알려진 케인즈의 생각을 설명하기 위해 개발한 것이다.

재고 조정과 승수 과정

우리는 방금 거시경제에서 매우 중요한 특성에 대해 배웠다. 즉 가계와 기업에 의해 계획된 지출이 같은 기간 중 기업의 총생산과 일치하지 않는 경우 그 차이는 재고의 변화로 나타난다는 점이다. 이와 같은 재고 변화에 대한 기업들의 대응은 시간이 흐름에 따라 실질 국내총생산과 계획된 총지출이 같아지는 수준으로 실질 국내총생산을 변화시킨다. 이것이 바로 앞서 언급한 바와 같이 재고의 변화가 미래 경제활동의 선행지표로 간주되는 이유다.

이제 주어진 계획된 총지출 수준에 상응하는 소득-지출 균형을 달성하기 위해 실질 국내총생산이 어떻게 움직이는지를 이해했으므로 다음으로는 계획된 총지출선이 이동할 때 어떤 일이 일어나는지에 대해 알아보기로 한다. 경제는 어떻게 처음의 소득-지출 균형점으로부터 새로운 소득-지출 균형점으로 이동할까? 계획된 총지출의 변화를 가져올 수 있는 요인은 무엇일까?

우리의 단순모형에서 계획된 총지출선을 이동시킬 수 있는 것은 계획된 투자지출(I_p)의 변화와 총소비함수인 CF의 이동이라는 두 가지 요인뿐이다. 예를 들어 I_p의 변화는 이자율의 변화로 인해 발생할 수 있다(지금까지 이자율이 모형 밖의 요인들에 의해 고정되어 있다고 가정했음을 상기하라. 하지만 이자율이 변할 때 어떤 일이 일어날 수 있는지를 질문할 수는 있다). 총소비함수의 이동(즉 세로축 절편 A의 변화)은 주택가격의 상승 등에 의한 총재산의 변화에 의해 발생할 수 있다. 계획된 총지출선이 이동할 때, 즉 각 실질 국내총생산 수준에서의 계획된 총지출 수준이 변화할 때는 계획된 총지출의 자발적 변화가 발생한다.

앞서 이 장에서 계획된 총지출의 자발적 변화는 각 실질 국내총생산 수준에서 기업, 가계, 정부(이 장에서는 당분간 정부가 없다고 가정하고 있지만)가 원하는 지출 수준이 변하는 것이라고 했다. 계획된 총지출의 자발적 변화는 소득-지출 균형에서의 실질 국내총생산에 어떤 영향을 미칠 것인가?

〈표 26-4〉와 〈그림 26-11〉은 〈표 26-3〉과 〈그림 26-10〉에서 사용한 것과 동일한 예에서 출발한다. 이들은 계획된 총지출의 자발적 증가가 400일 때의 효과, 즉 각 실질 국내총생산 수준에서 계획된 총지출이 400만큼 더 높아질 경우 어떤 일이 일어나는지를 보여 준다.

먼저 〈표 26-4〉를 보자. 계획된 총지출이 자발적으로 증가하기 전에는 계획된 총지출이 실질 국내총생산과 같아지는 총생산 수준 Y^*는 2,000이었다. 자발적 변화가 발생한 후에는 Y^*가 3,000으로 증가했다. 〈그림 26-11〉도 마찬가지 결과를 보여 준다. 처음의 소득-지출 균형은 E_1점에서 일어나며 이때 Y_1^*의 값은 2,000이다. 계획된 총지출의 자발적 증가는 계획된 총지출선을 위쪽으로 이동시키고 그 결과 Y_2^*의 값이 3,000인 E_2점에서 새로운 소득-지출 균형이 달성된다.

2,000에서 3,000으로의 소득-지출 균형 국내총생산의 증가가 400에 불과한 총지출의 자발적 증가보다도 훨씬 크다는 사실에 대해서는 승수 과정이라는 이미 익숙한 이유가 제시될 수 있다. 방금 제시한 예에서는 400에 달하는 계획된 총지출의 자발적 증가가 2,000에서 3,000으로의 Y^*의 증가를 가져왔다. 따라서 이 예에서 승수는 1,000/400=2.5다.

〈그림 26-11〉을 더 자세히 살펴보면 다단계 승수 과정에서 어떤 일이 일어나는지를 상세히 설명할 수 있다. 먼저 E_1에서 시작하여 계획된 총지출의 자발적 증가는 계획된 총지출과 실질 국내총생산 간의 차이를 가져온다. 이 차이는 X점의 2,400과 E_1점의 2,000 간의 수직 거리로 나타낼 수 있다. 이 차이는 계획되지 않은 재고투자의 감소, 즉 $I_U = -400$을 가져온다. 이에 대응해서 기업들이 생산량을 증가시킴에 따라 실질 국내총생산이 Y_1^*로부터 증가하기 시작한다. 실질 국내총생산의 증가는 가처분소득(YD)의 증가를 가져온다.

이것이 연쇄반응에서 첫 번째 단계이다. 물론 이것은 끝이 아니다. YD의 증가는 소비지출(C)의 증가를 낳고 이로부터 두 번째 단계의 실질 국내총생산 증가가 촉발된다. 이것은 다시 가처분소득과 소비지출을 증가시키며 그 후에도 이와 같은 과정이 계속된다. 계획된 총지출의 자발적 감소는 이와 반대 방향으로 실질 국내총생산과 소비지출이 감소하는 연쇄반응을 일으킨다.

AE_p의 자발적 변화를 ΔAAE_p라 하고 이에 따른 소득-지출 균형 GDP의 변화를 $\Delta Y^* = Y_2^* - Y_1^*$라 하면 이와 같은 결과를 다음 식으로 요약할 수 있다.

표 26-4 총지출이 자발적으로 400만큼 증가하기 전후의 실질 GDP($MPC=0.6$)

실질 GDP	자발적 변화 이전의 AE_p	자발적 변화 이후의 AE_p
(10억 달러)		
$0	$800	$1,200
500	1,100	1,500
1,000	1,400	1,800
1,500	1,700	2,100
2,000	2,000	2,400
2,500	2,300	2,700
3,000	2,600	3,000
3,500	2,900	3,300
4,000	3,200	3,600

그림 26-11 승수

이 그림은 계획된 총지출의 자발적 증가로 인한 Y^*의 변화를 보여 준다. 처음에는 경제가 E_1점에서 균형을 이루며 소득-지출 균형 GDP인 Y_1^*은 2,000이다. 400만큼의 AE_P의 자발적 증가는 계획된 총지출선을 400만큼 위쪽으로 이동시킨다. 실질 국내총생산은 2,000인 데 반해 AE_P는 X점에서와 같이 2,400이므로 경제는 더 이상 소득-지출 균형 상태에 있지 않다. 두 계획된 총지출선 간의 수직 거리인 400은 I_U = -400, 즉 경제가 경험하고 있는 음의 재고투자를 나타낸다. 이에 대한 반응으로 기업들이 생산량을 증가시킴에 따라 경제는 결국 Y_2^* = 3,000이라는 더 높은 소득-지출 균형 GDP를 가진 점에서 새로운 소득-지출 균형을 달성한다.

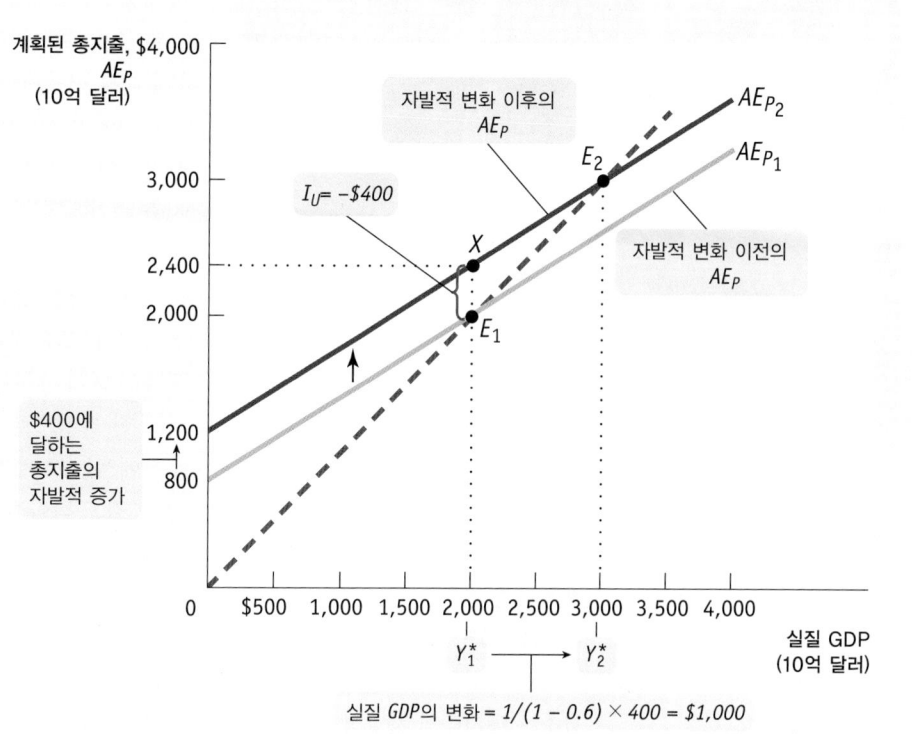

실질 GDP의 변화 = $1/(1-0.6) \times 400 = \$1,000$

$$(26\text{-}17) \quad \Delta Y^* = 승수 \times \Delta AAE_P = \frac{1}{1-MPC} \times \Delta AAE_P$$

승수인 $1/(1-MPC)$의 값이 1보다 크기 때문에 식 (26-17)은 소득-지출 균형 GDP의 변화(ΔY^*)가 계획된 총지출의 자발적 변화(ΔAAE_P)의 여러 배에 달함을 의미한다. 이 식은 또한 한계소비성향이 1보다 작기 때문에 각 단계에서 가처분소득의 증가와 이에 상응하는 소비지출의 증가가 전 단계보다 작아진다는 중요한 사실을 상기시켜 준다. 각 단계에서 가처분소득 증가의 일부가 저축으로 누출되기 때문이다.

그 결과 각 단계에서 실질 국내총생산이 증가하더라도 실질 국내총생산의 증가폭은 다음 단계로 넘어갈 때마다 감소한다. 결국 실질 국내총생산의 증가폭은 무시될 수 있을 정도로 작아지고 경제는 새로운 소득-지출 균형 국내총생산 수준인 Y_2^*에 수렴하게 된다.

절약의 역설 제21장에서는 여러 개인들의 행동이 각 개인 행동의 단순한 합과 상이한 결과를 가져오며 오히려 더 나쁜 결과를 낳을 수도 있음을 보여 주는 예로 절약의 역설에 대해서 얘기했었다. 절약의 역설에서는 가계와 기업이 미래 경제상황이 악화될 것을 예상하고 지출을 줄인다. 이와 같은 행동은 경제를 침체시켜서 가계와 기업이 미래 경제상황 악화에 대비하여 지출을 줄이지 않았을 때보다도 더 어려운 상황에 처하게 만든다. 이것이 역설이라 불리는 이유는 일반적으로는 '좋은 것'(미래의 어려움에 대비해서 저축을 하는 것)이 '나쁜 것'(모든 사람을 더 가난하게 만드는 것)이 되기 때문이다.

승수를 이용하면 절약의 역설이 어떻게 일어나는지를 정확히 설명할 수 있다. 2007~2009년의 경기후퇴를 초래한 주택건설투자 부진처럼 소비지출이나 투자지출이 부진해진다고 하자. 이

경기침체 후의 과다한 지출은 승수 과정에 힘입어 모두를 더 낫게 만들 수 있다.

는 처음의 지출 감소폭의 여러 배만큼 소득-지출 균형 국내총생산을 감소시킬 것이다. 실질 국내총생산의 감소로 소비자들과 생산자들은 지출을 감소시키지 않았을 때보다도 더 불리한 상황에 처하게 된다.

반면에 아낌없는 지출은 보상을 받는다. 소비자나 생산자들이 지출을 증가시키면 승수 과정으로 인해 처음의 지출 증가폭의 여러 배만큼 소득-지출 균형 국내총생산이 증가한다. 따라서 아낌없는 지출은 신중한 지출보다 소비자와 생산자들을 더 부유하게 만든다.

승수가 $1/(1-MPC)$와 같다고 놓은 것은 조세나 이전지출이 없기 때문에 가처분소득이 실질 국내총생산과 같다고 한 가정으로 인한 것임을 주목해야 한다. 제28장의 부록에서는 조세를 노입함으로써 승수가 더욱 복잡해지고 그 값도 작아짐을 보일 것이다.

하지만 방금 배운 일반 원칙, 즉 계획된 총지출의 자발적 변화가 직접적으로는 물론 유발된 소비지출 변화를 통해 간접적으로도 소득-지출 균형 국내총생산을 변화시킨다는 사실은 여전히 유효하다.

앞서 보았듯이 계획된 투자지출의 감소는 경기후퇴의 주된 요인이다. 역사적으로도 투자지출 감소는 총지출의 자발적 감소의 가장 공통된 요인이었기 때문이다. 앞서 '현실 경제의 이해 : 유명한 첫 예측 실패 사례'에서 지적되었던 시간이 흐름에 따라 소비함수가 위쪽으로 이동하는 현상은 계획된 투자지출과 소비지출에서의 자발적 변화가 모두 경기팽창에서 중요한 역할을 가짐을 의미한다. 그 원천이 무엇이든 최초의 총지출 변화의 크기를 확대하는 승수효과가 경제에 존재한다.

수출과 수입은?

방금 소개한 단순화된 소득-지출 모형은 국제무역이 없음을 가정한다. 하지만 여러분이 알아차렸듯이 이 장의 머리말 이야기는 이러한 단순화된 모형과는 중대한 괴리가 있다. 스페인 경제의 반등은 대체로 자동차 수출이 대폭 증가한 데 기인한다. 앞서 현실경제의 이해에서 소개된 노스다코타주의 경기호황도 이 주에서 생산된 셰일오일이 지역 소비자가 아니라 다른 주와 국가에 팔렸다는 점에서 기본적으로 무역과 관련된다.

수출과 수입을 다시 도입한다면 이야기가 어떻게 변할까? 그 답은 두 가지의 수정만 거치면 기본적인 승수 이야기가 계속 적용될 수 있다는 것이다.

첫째, 수출에서 벌어들인 소득은 소비나 투자와 마찬가지로 국내에서 생산된 재화와 서비스에 대한 지출의 원천이 된다. 수출의 변화는 투자 활황이나 침체처럼 지출의 자발적 변화와 마찬가지의 효과를 미친다. 스페인 사례에서는 자동차 수출 증가가 스페인인들의 소득을 직접 증가시켰다. 이는 소비재에 대한 수요를 증가시켰고 이는 소득을 더욱 증가시키는 식의 과정이 계속되는데, 이는 투자지출 증가가 승수과정을 통해 국민소득을 증가시키는 것과 마찬가지 과정이다.

둘째, 국제무역으로 인해 승수과정 자체는 다소 약화된다. 소비지출이 증가하거나 감소할 때 소비지출 변화 중 일부는 수입에 대한 지출 변화를 가져온다. 예를 들어 미국의 소비지출이 10억 달러 증가한다고 하자. 미국이 국제무역을 하지 않는다면 지출 증가는 모두 미국 국내총생산을 증가시킬 것이다. 그렇지만 현실에서는 소비지출 증가의 상당 부분, 예를 들어 2억 달러가 캐나다, 멕시코, 중국 또는 다른 곳에서 생산된 재화에 지출될 것이다. 그런데 이러한 지출은 미국 국내총생산의 일부가 아니다. 경제학자들의 표현에 따르면 지출 변화의 일부는 해외로 "누출된다."

이러한 누출은 승수의 크기를 줄이는 효과를 가진다. 승수가 얼마나 감소하는지는 추가적인 지출 중 얼마만큼이 내국재가 아닌 수입재에 사용되는지에 달려있는데, 이를 한계수입성향이라고 한다. 제한된 규모의 국제무역만을 하는 대규모 경제인 미국의 경우 수입으로 인한 누출은 승수의 크기에 작은 영향을 미칠 뿐이다. 무역 규모가 큰 소국경제에서는 국제무역이 승수를 크게 감소시킨다.

마지막으로 지적할 것은 무역의 효과다. 무역은 국민경제 간 상호의존성을 가져오는데, 한 국가의 수출이 다른 국가의 수입이기 때문이다. 미국이 경기후퇴에 진입한다고 하자. 다른 조건이 같다면 이는 미국인들이 캐나다산 제품에 지출하는 금액을 감소시킨다. 그리고 이러한 누출은 캐나다 경제를 부진하게 만든다. 더 넓게는 경제들 간 무역 연계가 바로 경기순환이 국제적 나아가 전세계적인 범위를 갖는 이유, 즉 많은 국가들이 동시에 경기후퇴와 회복을 겪는 이유다.

그렇지만 수출과 수입에 대해 알아야 할 한 가지 중요한 점은 이들이 승수의 크기를 변화시킬 수 있는 반면에 총지출이 어떻게 증가하고 감소하는지에 대한 근본 원리를 변화시키지는 않는다는 사실이다.

현실 경제의 >> 이해

재고와 경기후퇴의 종료

승수 과정에서 재고가 수행하는 역할을 분명하게 보여 줄 수 있는 사례가 경기후퇴가 끝나 가고 있던 2001년 말에 발생했다. 이 경기후퇴의 원인은 기업 투자지출의 부진이었다. 주택경기 호황을 통해 투자지출이 완전히 회복되기까지는 이후 몇 년이 걸렸다. 하지만 2001년 말부터 경제는 회복하기 시작했는데 그 이유는 소비지출 증가, 특히 자동차와 같은 내구재에 대한 소비지출 증가에 있었다.

처음에는 소비지출 증가가 제조업자들의 허를 찔렀다. 〈그림 26-12〉는 2001년과 2002년에 실질 GDP, 실질 소비지출 및 실질 재고의 변화를 분기별로 보여 준다. 2001년 4사분기에 소비

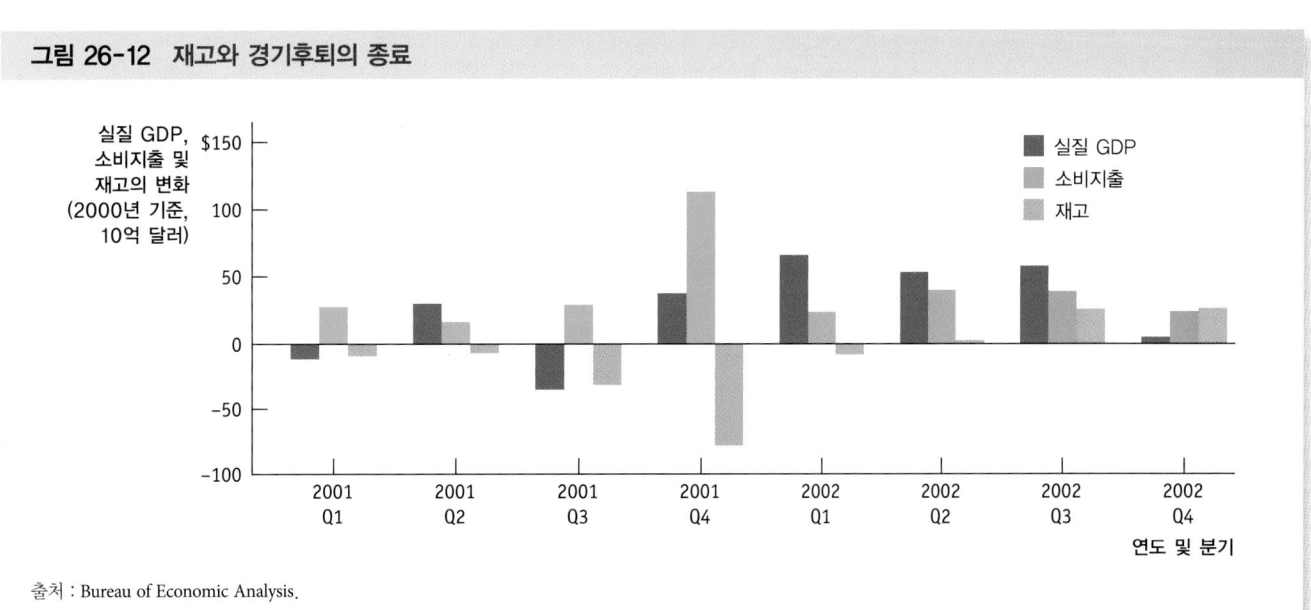

그림 26-12   재고와 경기후퇴의 종료

출처 : Bureau of Economic Analysis.

지출이 갑자기 증가한 사실을 주목하라. 이 소비지출 증가는 국내총생산을 크게 증가시키지 못했는데 이는 소비지출 증가가 부분적으로 재고 감소에 의해 상쇄되었기 때문이다. 하지만 2002년 1사분기에 생산자들이 생산을 크게 증가시킴에 따라 실질 GDP가 갑자기 큰 폭으로 증가했다.

>> 이해돕기 26-4
해답은 책 뒤에

1. 경제학자들은 경기후퇴가 일반적으로 투자지출의 침체에서 시작된다고 생각하는 동시에 경기후퇴 과정에서 소비지출 또한 궁극적으로 침체에 빠진다고 생각한다. 그 이유를 설명하라.

2. a. 〈그림 26-11〉과 같은 그래프를 이용하여 계획된 총지출이 감소하는 경우 어떤 일이 일어나는지 설명하라. 경제가 어떻게 새로운 소득-지출 균형에 적응하는지 설명하라.

   b. Y^*가 처음에 5,000억 달러였으며, 계획된 총지출의 자발적 감소가 3억 달러이고, $MPC=0.5$라 하자. 변화 이후의 새로운 Y^*를 계산하라.

Bill Pugliano/Getty Images

2009년에 경제가 급강하함에 따라 미국 정부는 많은 조치를 취했는데 이 중 일부는 많은 논쟁의 대상이 되었다. 가장 큰 논쟁의 대상이 된 조치는 부도의 언저리에서 휘청거리던 제너럴모터스를 구제하기 위해 납세자의 돈을 사용하는 결정이었다. 이 회사가 사업을 계속할 수 있도록 미국 정부는 495억 달러의 대출을 지원했는데, 나중에 이 대출은 주식으로 전환되어 정부가 일시적으로 이 회사 소유권의 61%를 가지게 되었다.

제너럴모터스 또는 번성기에 GM이라고 불렸던 이 회사는 한때 미국의 우상이었다. 이 회사는 미국 경제에서 너무나도 지배적인 위치를 차지하고 있어서 1950년대에 국방부 장관으로 지명되

었던 이 기업의 사장은 다음과 같이 어떠한 이해상충도 상상하기 어렵다고 주장할 정도였다. "나는 미국을 위해 좋은 것은 제너럴모터스를 위해서도 좋으며 제너럴모터스를 위해 좋은 것은 미국을 위해서도 좋다고 생각한다."

2009년에 이르러서는 이전에 비해 GM의 운명과 미국의 운명 간 연관성이 약해 보였다. 하지만 구제를 해야 한다는 주장은 여전히 GM의 문제가 전적으로 GM 스스로에 의해 자초된 것이 아니라 미국 경제 전체가 어려움에 처했기 때문이며, 미국 경제 전체의 회복이 이 자동차 회사의 운명에 커다란 차이를 가져다줄 것이라는 믿음에 근거했다.

표면적으로는 이들 간의 상호 의존관계가 전적으로 분명해 보이지는 않았다. 2007~2009년의 경기후퇴는 주택경기 쇠퇴와 은행부문의 어려움으로 인한 것이지 자동차 산업의 부진으로 인한 것이 아니었다. 그렇지만 〈그림 26-13〉에서 보듯이 승수효과가 자동차 판매를 급감시켰다. 그리고 경제가 회복하기 시작하자 자동차 판매도 전부는 아니라도 감소분을 거의 만회했으며 GM도 자동차 산업 부흥에서 한몫을 하였다.

GM을 살린 것이 구제금융을 정당화해 주었을까? 이 회사의 회복은 납세자들이 들인 돈을 거의 다 회수했음을 의미했다. 정부가 거의 500억 달러에 달하는 대출을 GM

의 주식으로 전환했다는 사실을 상기하라. 시간이 지나면서 정부는 자신의 지분을 대략 400억 달러에 매각했으며 그 결과 납세자들에게는 100억 달러의 손실을 입혔다.

손실을 입혔음에도 불구하고 구제금융의 옹호자들은 이를 성공이라 주장했는데, 그 근거는 구제금융이 미국의 자동차 산업을 부활시켰으며 자동차회사와 부품회사에서뿐만 아니라 매출이 자동차 산업에 고용된 근로자의 소득에 의존하는 많은 사업에서 많은 일자리를 구했다는 데 있었다. 2009년 여름에 미국 자동차 산업의 중심지인 미시간주의 실업률은 여전히 14%를 초과하는 수준으로 상승했으나, 그 후 빠른 속도로 하락하여 2016년 여름에는 4.5%로 떨어졌다. 자동차 구제금융이 없었더라도 미시간주 취업상황의 빠른 회복이 가능했을 것이라 주장할 사람은 거의 없을 것이다.

결국 GM은 미국 경제 전체가 회복했기 때문에 반등할 수 있었다. 제너럴모터스를 위해 좋은 것은 분명히 미시간주에도 좋았다. 그리고 아마도 미국 전체를 위해서도 좋았음이 틀림없을 것이다.

생각해 볼 문제

1. 주택부문으로부터 시작된 국가 전체의 부진이 왜 제너럴모터스와 같은 기업에 영향을 미쳤을까?
2. 2009년 6월에 자동차 판매가 가까운 미래에 개선될 것이라 예측하는 것이 합리적이었던 이유는 무엇일까?
3. 제너럴모터스의 이야기가 미국 경제에서 상대적으로 작은 부문인 주택부문의 부진이 그렇게 깊은 국가 전체의 경기후퇴를 가져왔는지를 어떻게 설명하는가?

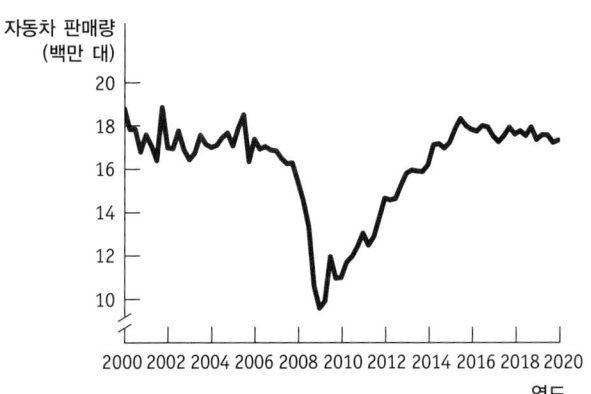

그림 26-13 미국의 자동차 판매, 2000~2020년

자동차 판매량
(백만 대)

출처 : Federal Reserve Bank of St. Louis.

요약

1. **총지출의 자발적 변화**는 실질 GDP의 전체적인 변화가 최초 투자지출 변화의 **승수** 배에 달하도록 만드는 연쇄반응을 일으킨다. 승수의 크기는 $1/(1-MPC)$와 같다. 여기서 *MPC*는 **한계소비성향**, 즉 가처분소득이 증가할 때의 소비 증가분이다. 한계소비성향이 클수록 승수가 커지고 주어진 총지출의 자발적 변화에 따른 실질 총생산의 변화도 커진다. **한계저축성향** 또는 *MPS*는 $1-MPC$와 같다.

2. **소비함수**는 개별 가계의 소비지출이 현재의 가처분소득에 의해 어떻게 결정되는지를 보여 준다. **총소비함수**는 경제 전체에서 가처분소득과 소비지출 간의 관계를 보여 준다. 생애주기가설에 따르면 가계는 평생 동안의 소비를 평활화하려고 노력한다. 그 결과 총소비함수는 예상된 미래 가처분소득의 변화와 총재산의 변화에 따라서 이동한다.

3. **계획된 투자지출**은 이자율 및 기존의 생산능력과 부의 관계를 가지며 예상되는 미래 실질 국내총생산과 정의 관계를 가진다. **가속도 원리**에 따르면 계획된 투자지출은 예상되는 미래 실질 국내총생산의 증가율로부터 큰 영향을 받는다.

4. 기업들은 소비자의 수요를 신속하게 충족하기 위해 **재고**를 보유한다. 기업들이 재고를 증가시킬 때 **재고투자**는 양의 값을 가지며, 재고를 감소시킬 때 음의 값을 갖는다. 그런데 때로는 재고의 변화가 의도적인 결정에 의한 것이 아니라 판매량에 대한 예측을 잘못한 결과일 수도 있다. 이때는 **계획되지 않은 재고투자**가 발생하는데 그 값은 양일

수도 음일 수도 있다. **실현된 투자지출**은 계획된 투자지출과 계획되지 않은 재고투자의 합과 같다.

5. **소득-지출 균형**에서는 **계획된 총지출**이 실질 국내총생산과 같다. 정부와 국제무역이 없는 단순한 모형에서 계획된 총지출은 소비지출과 계획된 투자지출의 합과 같다. **소득-지출 균형 국내총생산**(Y^*)에서는 계획되지 않은 재고투자가 영이다. 계획된 총지출이 Y^*보다 클 때는 계획되지 않은 재고투자가 음이다. 즉 계획되지 않은 재고 감소가 발생하며 이에 대응하여 기업들은 생산량을 증가시킨다. 계획된 총지출이 Y^*보다 작을 때는 계획되지 않은 재고투자가 양의 값을 가진다. 예상치 않은 재고 증가가 발생함에 따라 기업들은 생산량을 감소시킨다. **케인즈의 십자가**는 경제가 재고 조정 과정을 통해 어떻게 새로운 소득-지출 균형에 적응하는지를 보여 준다.

6. 계획된 총지출의 자발적 변화가 발생하면 경제는 재고 조정 과정을 통해 새로운 소득-지출 균형으로 이동한다. 자발적 지출 변화로 인한 소득-지출 균형 국내총생산의 변화는 $[1/(1-MPC)] \times \Delta AAE_P$와 같다.

7. 국제무역이 도입되더라도 기본적인 승수효과 과정이 여전히 적용되기는 하나 두 가지 면에서 수정되어야 한다. 첫째, 수출에서 벌어들인 소득은 소비나 투자와 마찬가지로 국내에서 생산된 재화와 서비스에 대한 지출의 원천이 된다. 둘째, 수입은 승수의 크기를 작아지게 한다.

주요용어

한계소비성향(*MPC*)	계획된 투자지출	계획된 총지출
한계저축성향(*MPS*)	가속도 원리	소득-지출 균형
총지출의 자발적 변화	재고	소득-지출 균형 국내총생산
승수	재고투자	케인즈의 십자가
소비함수	계획되지 않은 재고투자	
총소비함수	실현된 투자지출	

토론문제

1. 다음 각 행동이 계획된 투자지출과 계획되지 않은 재고투자에 어떤 영향을 미치는지 설명하라. 경제는 처음에 소득-지출 균형에 있다고 가정하라.

   a. 연방준비제도가 이자율을 올린다.

   b. 예상되는 실질 국내총생산 증가율이 상승한다.

   c. 해외자금이 대규모로 유입되어 이자율이 낮아진다.

d. 비핵심 기업들이 대규모로 폐쇄됨에 따라 소비지출이 큰 폭으로 감소한다.

2. 이 장에서는 선형 소비함수가 소개되었는데 이는 한계소비성향이 모든 가처분소득 수준에서 일정함을 가정한다. 그런데 많은 연구가 소득 수준에 따라 한계소비성향이 달라짐을 보여준다. 여러분은 소득이 낮은 집단과 높은 집단 중 어느 집단에서 한계소비성향이 더 클 것으로 예상하나? 한계소비성향이 상수라는 가정을 완화해서 소득 집단에 따라 변하도록 허용한다면 경우 승수에는 어떤 변화가 생길까?

연습문제

1. 웨스트랜디아와 이스트랜디아에서는 소비자들의 재산이 증가함에 따라 400억 달러에 달하는 자발적 소비지출의 증가가 발생했다. 두 국가 모두 물가수준이 일정하고, 이자율이 고정되어 있으며, 조세와 국제무역이 없다고 가정하고 이 두 국가에서 향후에 발생할 여러 단계에 걸친 지출 증가를 보여 주는 다음 표를 완성하라. 단 웨스트랜디아와 이스트랜디아의 한계소비성향은 각각 0.5와 0.75다. 한계소비성향과 승수 사이에는 어떤 관계가 있음을 발견할 수 있는가?

웨스트랜디아

단계	GDP의 증가분	GDP의 총변화
1	$\Delta C = \$400$억	?
2	$MPC \times \Delta C = $?	?
3	$MPC \times MPC \times \Delta C = $?	?
4	$MPC \times MPC \times MPC \times \Delta C = $?	?
...	...	...
GDP의 총변화	$(1/(1-MPC)) \times \Delta C = $?	

이스트랜디아

단계	GDP의 증가분	GDP의 총변화
1	$\Delta C = \$400$억	?
2	$MPC \times \Delta C = $?	?
3	$MPC \times MPC \times \Delta C = $?	?
4	$MPC \times MPC \times MPC \times \Delta C = $?	?
...	...	...
GDP의 총변화	$(1/(1-MPC)) \times \Delta C = $?	

2. 물가수준이 일정하고, 이자율이 고정되어 있으며, 조세와 국제무역이 없다고 가정하고 다음 경우에 GDP가 얼마나 변할지를 계산하라.

a. 자발적인 소비지출이 250억 달러 증가하며 한계소비성향은 3분의 2임

b. 기업들이 투자지출을 400억 달러 감소시키며 한계소비성향은 0.8임

c. 정부가 군수물자 구매를 600억 달러 증가시키며 한계소비성향은 0.6임

3. 경제학자들이 5명의 거주자들만이 사는 소규모 경제를 관찰하여 각 거주자의 가처분소득 수준에서의 소비지출을 추정했다. 다음 표는 세 가지 가처분소득 수준에서 각 거주자의 소비지출을 보여 준다.

개인의 소비지출	개인의 가처분소득		
	$0	$20,000	$40,000
앙드레	1,000	$15,000	29,000
바버라	2,500	12,500	22,500
케이시	2,000	20,000	38,000
데클란	5,000	17,000	29,000
엘레나	4,000	19,000	34,000

a. 각 거주자의 소비함수를 구하라. 각 거주자의 한계소비성향은 얼마인가?

b. 경제의 총소비함수를 구하라. 경제 전체의 한계소비성향은 얼마인가?

4. 2014년부터 2019년까지 이스트랜디아는 총소비지출과 가처분소득에서 모두 큰 변동을 경험했다. 그렇지만 재산, 이자율, 예상되는 미래의 가처분소득은 변하지 않았다. 다음 표는 각 연도의 총소비지출과 가처분소득을 백만 달러 단위로 보여 준다. 이 정보를 이용하여 다음 문제에 답하라.

연도	가처분소득(백만 달러)	소비지출(백만 달러)
2014	$100	$180
2015	350	380
2016	300	340
2017	400	420
2018	375	400
2019	500	500

a. 이스트랜디아의 총소비함수를 그래프로 그려 보라.

b. 한계소비성향과 한계저축성향은 각각 얼마인가?

c. 총소비함수를 구하라.

5. 경제분석국은 2019년 중 전체 소비지출이 3,355억 달러 증가했다고 발표했다.

   a. 한계소비성향이 0.50이라면 실질 GDP는 얼마나 변할까?

   b. 문제 a에서 언급된 소비지출의 증가 이외에 다른 자발적 지출의 변화가 없으며 계획되지 않은 투자지출이 1,000억 달러 감소했다고 하자. 실질 GDP는 얼마나 변할까?

   c. 2019년 말의 국내총생산이 18조 6,382억 달러였다. 국내총생산이 문제 b에서 계산된 금액만큼 증가했다면 국내총생산의 증가율은 얼마인가?

6. 평균적인 주택가격의 척도인 케이스-실러 미국주택가격지수(Case-Shiller U.S. Home Price Index)는 2000년대 초에 지속적으로 상승하여 2006년 3월에 정점에 달했다. 2006년 3월부터 2009년 5월까지 이 지수는 원래 가치의 32%를 상실했다. 한편 주식시장도 이와 유사한 부침을 겪었다. 2003년 3월에서 2007년 10월 사이에 광범위한 주가지수인 S&P 500은 800.73에서 1,565.15의 최고치까지 거의 두 배 상승했다. 이때부터 2009년 3월까지 이 지수는 거의 60% 하락하여 676.53의 저점에 도달했다. 이와 같은 주가지수의 움직임이 2000년대 전반의 실질 GDP 성장에 어떤 영향을 미쳤다고 생각하는가? 그리고 어떻게 2006년에 시작된 주택시장 붕괴 이후 소비지출이 유지될 수 있을지에 대한 우려에 영향을 미쳤다고 생각하는가? 주식시장의 움직임이 소비지출을 어느 정도로 저해했는가 또는 어느 정도로 증진시켰는가?

7. 다음 사건이 발생할 경우 계획된 투자지출이 어떻게 변하는가?

   a. 연방준비제도의 정책으로 이자율이 하락한다.

   b. 미국 환경보호기구(EPA)가 이산화황의 배출을 줄이기 위해 기업들이 기계를 개선하거나 교체해야 한다고 발표한다.

   c. 베이비붐 세대가 본격적으로 은퇴함에 따라 저축이 줄어들고 이자율이 상승한다.

8. 정부와 해외 부문이 없는 경제에서 독립 소비지출이 2,500억 달러이고, 계획된 투자지출이 3,500억 달러, 한계소비성향이 3분의 2라고 하자.

   a. 총소비함수와 계획된 총지출을 그래프로 그려 보라.

   b. 실질 국내총생산이 6,000억 달러일 때 계획되지 않은 투자지출은 얼마인가?

   c. 소득-지출 균형 GDP인 Y^*는 얼마인가?

   d. 승수의 값은 얼마인가?

   e. 계획된 투자지출이 4,500억 달러로 증가한다면 새로운 Y^*의 값은 얼마인가?

9. 한 경제의 한계소비성향이 0.5이고, 소득-지출 균형 GDP인 Y^*가 5,000억 달러라고 하자. 계획된 투자지출의 자발적 증가가 100억 달러일 때 다음 표를 완성함으로써 각 단계마다 얼마만큼의 지출 증가가 일어나는지를 보이라. 첫째 줄과 둘째 줄은 이미 채워져 있다. 첫째 줄에서 100억 달러에 달하는 계획된 투자지출의 증가는 실질 국내총생산과 가처분소득(YD)을 100억 달러 증가시키고, 이는 둘째 줄에서 소비지출을 50억 달러(MPC×가처분소득의 변화) 증가시킨다. 이는 다시 GDP와 YD를 50억 달러 증가시킨다.

단계	계획된 투자지출(I_P) 또는 소비지출(C)의 변화	실질 GDP의 변화	가처분소득(YD)의 변화
	(10억 달러)		
1	$\Delta I_P = \$10.00$	\$10.00	\$10.00
2	$\Delta C = \$5.00$	\$5.00	\$5.00
3	$\Delta C = ?$	?	?
4	$\Delta C = ?$	?	?
5	$\Delta C = ?$	?	?
6	$\Delta C = ?$	?	?
7	$\Delta C = ?$	?	?
8	$\Delta C = ?$	?	?
9	$\Delta C = ?$	?	?
10	$\Delta C = ?$	?	?

   a. 열 단계가 지난 후, 실질 국내총생산의 총변화량은 얼마인가? 승수의 값은 얼마인가? 승수 공식에 근거할 경우 Y^*의 총변화가 얼마라고 예상하는가? 첫째 질문과 셋째 질문에 대한 답이 어떻게 다른지 비교하라.

   b. 한계소비성향이 0.75라고 가정하고 표를 둘째 단계부터 다시 작성하라. 열 단계가 지난 후 실질 국내총생산의 총변화량은 얼마인가? 승수의 값은 얼마인가? 한계소비성향이 증가함에 따라 승수의 값에는 어떤 변화가 나타나는가?

10. 미국은 세계에서 가장 부유한 국가 중 하나이지만 세계에서 가장 큰 채무국이기도 하다. 우리는 종종 문제가 미국의 낮은 저축률에 있다는 이야기를 듣는다. 정책 입안자들이 더 많은 저축을 장려함으로써 이 문제를 시정하려 든다고 하자. 만일 이들의 시도가 성공한다면 실질 국내총생산

에 어떤 영향을 미치겠는가?

11. 2008년 초반에 미국 경제는 상당히 둔화되었고 정책담당
자들은 성장에 대해 심히 우려하고 있었다. 의회는 경제
를 활성화하기 위해 몇 가지 부양책(2008년 경기부양법과
2009년 미국 회복 및 재투자법)을 통과시켰는데, 이들은
모두 합하여 7,000억 달러에 달하는 정부지출 증가를 가져
올 예정이었다. 분석의 편의를 위해 이들 지출이 모두 소
비자들에 대한 직접적인 지급 형태로 이루어졌다고 하자.
그 목적은 미국 소비자들의 가처분소득을 증가시킴으로써
경기를 부양하려는 것이었다.

a. 미국의 한계소비성향이 0.5라면 위 정책처방의 결과 최
초의 총소비지출 변화액은 얼마인가? 7,000억 달러의
지급액으로부터 발생하는 실질 GDP의 전체 변화액은
얼마인가?

b. 소득-지출 균형을 나타내는 그래프를 이용하여 실질
GDP에 대한 영향을 보이라. 수직축은 계획된 총지출
(AE_p), 수평축은 실질 GDP로 하라. 2개의 총지출곡선
(AE_{P1}과 AE_{P2})과 45도선을 그려서 자발적 정책 변화가
균형에 미치는 영향을 보이라.

산술적으로 승수 도출하기

이 부록은 산술적으로 승수를 어떻게 도출할 수 있는지를 보여 준다. 먼저, 이 장에서는 계획된 총지출인 AE_P가 소비함수에 의해 결정되는 소비지출 C와 계획된 투자지출 I_P의 합과 같음을 상기하라. 즉 $AE_P = C + I_P$이다. 모든 항목을 표현하여 이 식을 고쳐 쓰면 다음과 같다.

(26A-1) $AE_P = A + MPC \times YD + I_P$

이 모형에는 조세나 정부 이전지출이 없기 때문에 가처분소득은 GDP와 같으며 그 결과 식 (26A-1)은 다음과 같아진다.

(26A-2) $AE_P = A + MPC \times GDP + I_P$

소득–지출 균형 GDP인 Y^*는 계획된 총지출과 같다.

(26A-3) $Y^* = AE_P$
$= A + MPC \times Y^* + I_P$ (소득–지출 균형에서)

이제 두 단계만 남았다. $MPC \times Y^*$를 식 (26A-3)의 양변에서 빼면

(26A-4) $Y^* - MPC \times Y^* = Y^* \times (1 - MPC) = A + I_P$

마지막으로 양변을 $(1 - MPC)$로 나누면

(26A-5) $Y^* = \dfrac{A + I_P}{1 - MPC}$

식 (26A-5)는 1달러만큼의 계획된 총지출의 자발적 변화, 즉 1달러만큼이 A나 I_P의 변화가 소득–지출 균형 국내총생산인 Y^*를 $1/(1-MPC)$달러만큼 변화시킴을 말한다. 따라서 우리의 단순 모형에서의 승수는 다음과 같다.

(26A-6) 승수 $= 1/(1 - MPC)$

연습문제

1. 승수의 값을 구하고 총지출의 자발적 변화로 인해 Y^*가 얼마나 변화하는지를 계산하여 다음 표를 완성하라. 한계소비성향의 변화는 승수의 값을 어떻게 변화시키는가?

MPC	승수의 값	지출의 변화	Y^*의 변화
0.5	?	$\Delta C = +\ \$5{,}000$만	?
0.6	?	$\Delta I = -\ \$1{,}000$만	?
0.75	?	$\Delta C = -\ \$2{,}500$만	?
0.8	?	$\Delta I = +\ \$2{,}000$만	?
0.9	?	$\Delta C = -\ \$250$만	?

2. 정부구매, 이전지출, 조세가 존재하지 않으며 수입이나 수출이 없는 경제에서 자발적 총소비지출이 5,000억 달러, 계획된 투자지출이 2,500억 달러, 한계소비성향이 0.5라고 하자.

   a. 계획된 총지출을 식 (26A-1)과 같이 표현하라.

   b. Y^*를 산술적으로 풀라.

   c. 승수는 얼마인가?

   d. 자발적 소비지출이 4,500억 달러로 감소한다면 Y^*는 어떻게 변할까?

27 ▷ 총수요와 총공급

다른 세대, 다른 정책

실업과 인플레이션은 거시경제학의 두 가지 적이며, 정책입안자들은 두 가지를 모두 통제하기 위해 최선을 다한다. 그렇지만 어떤 경우에는 제23장에서 배웠듯이 이 과제가 간단하지만은 않다. 인플레이션을 통제하기 위한 정책은 실업을 악화시킬 수 있으며, 실업을 줄이기 위한 정책은 인플레이션을 초래할 수 있다. 경우에 따라서는 인플레이션과 실업 중 어느 것이 경제에 더 큰 위협을 주는지를 알기가 어렵다.

연준이라고도 알려진 연방준비제도의 정책입안자들은 2011년에 이러한 진퇴양난에 처했는데, 당시 약 9%에 달했던 실업률은 역사적 기준으로 볼 때 매우 높은 수준이었으며, 인플레이션도 4%로 치솟았는데 이는 널리 수용되는 정책 목표인 2%의 두 배였다. 그렇다면 정책은 실업과 싸우기 위해 팽창적인 기조를 유지해야 했을까 또는 인플레이션을 낮추기 위해 수축적이어야 했을까?

결국 연준은 가속 페달을 계속 밟아서 매우 확장적인 통화정책을 계속하기로 결정했다. 즉 연준은 경제를 부양할 목적으로 이자율을 낮췄다. 연준의 관료들은 인플레이션율이 치솟은 것은 유가 상승으로 인한 일시적인 문제이고, 이는 곧 소멸되리라고 생각했다. 시간이 지나자 이들이 옳았음이 증명되었다. 유가 상승이 끝나자 인플레이션율이 바로 2% 밑으로 하락했다. 유럽중앙은행 역시 실업률이 10%이고 인플레이

셔율이 3%로 연준과 비슷한 상황에 처했었다. 그렇지만 유럽중앙은행은 연준과 반대되는 정책, 즉 수축적 통화정책을 선택하여 경제의 속도를 늦출 목적으로 이자율을 높였다.

비슷한 상황에 처했던 두 중앙은행이 반대 방향으로 움직인 이유는 무엇일까? 두 은행 지도자의 연령 차이가 실마리를 제공할지도 모른다. 유럽중앙은행 총재인 장 클로드 트리셰(Jean-Claude Trichet)는 68세인 반면 연준 의장인 벤 버냉키(Ben Bernanke)는 57세였다. 열한 살의 차이는 대단치 않은 것 같지만, 실제로는 매우 중요했다. 각자가 성년이 되었을 때 지배적이었던 경제 문제의 차이에 상응하기 때문이다.

사실 ≪뉴욕타임스≫의 닐 어윈은 정책입안자의 연령과 정책에 대한 입장 간에 상관관계가 있음을 발견했다. 1970년대의 초인플레이션 시기에 청년기를 보낸 트리셰와 같은 정책입안자들은 버냉키와 같이 더 젊은 정책입안자에 비해 인플레이션을 진정시키기 위해 이자율 인상과 긴축적인 통화정책을 요구할 가능성이 더 크다. 반면에 버냉키는 실업과 성장에 더 관심을 가졌다.

버냉키는 경제 부진이 여러 가지 상이한 충격으로부터 발생할 수 있음을 이해했다. 이러한 이해는 여러 가지 유형의 단기 경기변동을 서로 구별할 수 있는 경제 모형을 필요로 한다.

그렇다면 버냉키가 옳았던 이유는 무엇일까? 1970년대의 경기후퇴가 2007년에 시작되었고 2011년에도 여전히 경제를 괴롭히던 극심한 부진과 크게 달랐기 때문이다. 1970년대의 경기후퇴는 대략 **공급충격**에 원인이 있었던 반면에 2007~2009년의 대후퇴는 **수요충격**의 결과였기 때문이다. 트리셰와는 달리 버냉키는 경제 부진이 두 가지 상이한 형태의 충격으로부터 발생할 수 있음을 이해하고 있었다.

이 장은 여러분이 이들 충격이 경제에 미치는 영향을 이해하는 것을 돕기 위해 **총수요-총공급 모형**을 소개할 것이다. 먼저 총수요의 개념을 소개한다. 다음에는 총수요와 대등한 개념인 총공급을 소개한다. 마지막으로 이 두 가지를 모아서 총수요-총공급 모형으로 발전시킬 것이다. ●

1970년대에 성년이 된 관료들은 인플레이션을 염려할 것이다.

이 장에서 배울 내용

- **총수요곡선**이 나타내는 물가와 총생산물 수요량 간의 관계를 어떻게 설명하는가?
- **총공급곡선**이 나타내는 물가와 총생산물 공급량 간의 관계를 어떻게 설명하는가?
- 단기에서의 총공급곡선이 장기에서의 총공급곡선과 다른 점은 무엇인가?
- **총수요-총공급 모형**으로 경기변동을 어떻게 분석하는가?
- 통화정책과 재정정책이 경제를 안정시키는 방법은 무엇인가?

총수요곡선(aggregate demand curve)은 물가와 가계, 기업, 정부, 해외 부문 등에 의한 총생산물에 대한 수요량 간의 관계를 보여 주는 곡선이다.

총수요

대부분의 경제학자들은 대공황이 엄청난 부(minus)의 수요충격의 결과라는 점에 대해 동의한다. 이것은 무슨 뜻일까? 제3장에서는 경제학자들이 특정 재화나 서비스에 대한 수요 감소에 대해 얘기할 때는 수요곡선의 왼쪽으로의 이동을 의미하는 것이라 설명했다. 마찬가지로 경제학자들이 경제 전체에서 부의 수요충격을 얘기할 때는 **총수요곡선(aggregate demand curve)**이 왼쪽으로 이동함을 의미하는 것이다. 총수요곡선이란 물가와 가계, 기업, 정부, 해외 부문 등에 의한 총생산물에 대한 수요량 간의 관계를 보여 주는 곡선이다.

〈그림 27-1〉은 1929~1933년 경기후퇴기의 끝인 1933년에 총수요곡선이 어떤 모습이었을지를 보여 준다. 그림에서 수평축은 2012년 달러로 측정한 국내 재화와 서비스의 총수요량을 나타낸다. 총생산물을 측정하기 위해서는 실질 국내총생산이 이용되기 때문에 우리는 이 두 용어를 번갈아 가며 사용할 것이다.

수직축은 GDP 디플레이터로 측정된 물가를 나타낸다. 이 두 변수를 축으로 하여 각 물가수준에서 총생산물에 대한 수요량이 얼마나 될 것인가를 보여 주는 곡선 *AD*를 그릴 수 있다. 그림에서 *AD*는 1933년의 총수요곡선을 예시적으로 보여 주기 때문에 *AD* 곡선 상의 한 점은 1933년의 실제 자료에 해당하는데, 그것은 바로 물가가 9.4고 구매된 국내 최종생산물의 양이 2012년 달러 기준으로 8,170억 달러인 점이다.

그림에서 보듯이 *AD* 곡선은 우하향하는 기울기를 갖고 있는데 이는 물가와 총수요량 간에 부의 관계가 있음을 의미한다. 즉 물가가 상승할 경우 다른 조건이 같다면 총생산물의 수요량이 감소한다. 반대로 물가가 하락할 경우 다른 조건이 같다면 총생산물의 수요량이 증가한다. 〈그림 27-1〉에 따르면 1933년의 물가가 9.4가 아니라 5였더라면 최종생산물에 대한 수요량은 2012년 달러로 8,170억 달러가 아니라 1조 1,090억 달러였을 것이다.

총수요곡선에 대한 첫 번째 질문은 왜 이 곡선이 우하향하는 기울기를 가지는가이다.

그림 27-1 총수요곡선

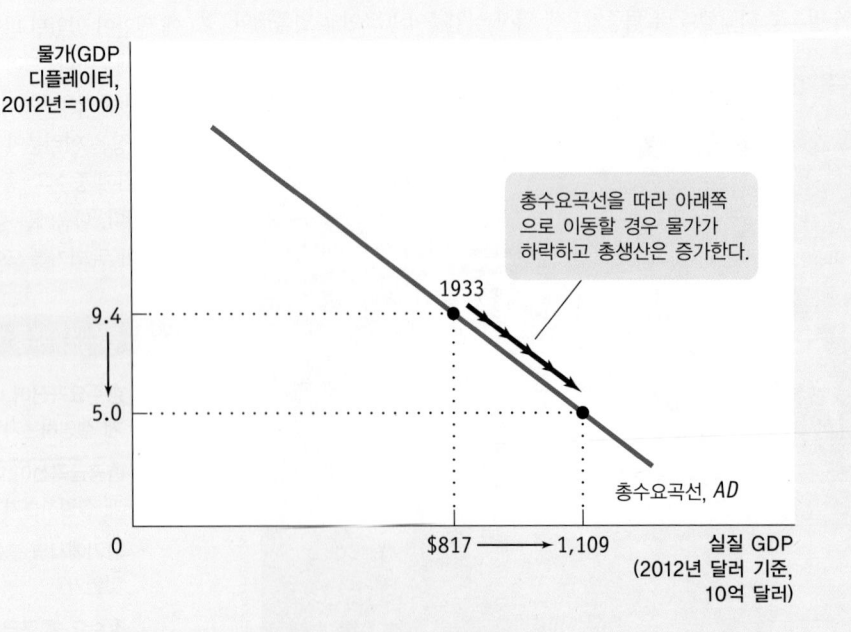

총수요곡선은 물가와 총생산물에 대한 수요량 간의 관계를 나타낸다. 물가 변화에 따른 자산효과와 이자율효과로 인해 총수요곡선은 우하향하는 기울기를 가진다. 1933년의 실제 자료에 상응하는 점에 따르면 물가는 9.4였고 구매된 국내 최종생산물의 양은 2012년 달러로 8,170억 달러였다. 그림에 제시된 가상적인 *AD* 곡선에 따르면 1933년의 물가가 5에 불과했더라면 총생산물에 대한 수요량은 1조 1,090억 달러로 증가했을 것이다.

총수요곡선이 우하향하는 이유

〈그림 27-1〉에서 *AD* 곡선은 우하향하는 기울기를 가진다. 그 이유는 무엇일까? 다음과 같은 국민소득계정상의 기본식을 생각해 보자.

(27-1) $GDP = C + I + G + X - IM$

위 식에서 *C*는 가계의 소비지출을, *I*는 투자지출을, *G*는 정부의 재화와 서비스 구매를, *X*는 해외로의 수출을, 그리고 *IM*은 수입을 나타낸다. 이 변수들을 불변 달러, 즉 기준연도의 가격으로 측정하면 $C + I + G + X - IM$은 일정 기간 동안 국내에서 생산된 최종생산물에 대한 수요량을 나타낸다. 이 중 *G*는 정부에 의해 결정되는 반면 다른 변수들은 민간 부문에 의해 결정된다. 총수요곡선이 우하향하는 이유를 이해하기 위해서는 물가 상승이 어떻게 *C*, *I*, *X − IM*을 감소시키는지를 이해할 필요가 있다.

여러분은 총수요곡선이 우하향의 기울기를 가지는 것이 제3장에서 배웠던 수요의 법칙에 따른 당연한 결과라 생각할 수도 있을 것이다. 즉 개별 재화의 수요곡선이 우하향의 기울기를 가지고 있기 때문에 총생산물에 대한 수요곡선도 우하향의 기울기를 가지는 것이 당연하지 않겠는가? 하지만 이것은 잘못된 추론이다. 개별 재화의 수요곡선은 다른 재화와 서비스의 가격이 일정할 경우 수요량이 재화의 가격에 따라 어떻게 변화하는지를 나타낸다. 따라서 어떤 재화의 가격이 상승할 경우 그 재화의 수요량이 감소하는 주된 이유는 소비자들이 그 재화 대신에 다른 재화를 구매하기 때문이다.

반면에 총수요곡선 상의 상향 또는 하향 이동은 **모든 최종생산물의 가격이 동시에 변화함**에 따른 것이다. 더욱이 소비지출에서 재화와 서비스의 구성이 변한다 해도 총수요곡선에는 별 영향이 없다. 소비자들이 의류 소비를 줄이고 그 돈으로 자동차를 더 구매한다 해도 최종생산물에 대한 수요량에는 변화가 없을 것이기 때문이다.

그렇다면 물가가 상승할 때 국내에서 생산되는 최종생산물에 대한 수요량이 감소하는 이유는 무엇일까? 여기에는 두 가지 주된 이유가 있는데 그것은 물가 변화의 자산효과와 이자율효과다.

자산효과 물가가 상승할 경우 다른 조건이 일정하다면 대다수 자산의 구매력이 감소한다. 예를 들어 5,000달러를 은행에 예금하고 있는 사람을 생각해 보자. 물가가 25% 상승하면 이전에 5,000달러 하던 물건의 가격은 6,250달러가 될 것이다. 따라서 이 5,000달러의 예금으로는 물가 상승 이전에 4,000달러를 가지고 살 수 있었던 물건밖에 살 수 없을 것이다 이처럼 구매력이 감소하면 위와 같은 예금자는 소비를 줄일 것이다. 물가가 상승하면 모든 사람의 은행예금이 가진 구매력이 감소할 것이므로 수백만 명의 다른 사람들도 마찬가지로 반응할 것이고 그 결과 최종생산물에 대한 지출이 감소할 것이다.

마찬가지로 물가가 하락하면 소비자가 보유한 자산의 구매력이 상승함에 따라 소비 수요가 증가할 것이다. **물가 변화의 자산효과**(wealth effect of a change in the aggregate price level)란 물가 변화가 소비자가 보유한 자산의 구매력을 변화시킴으로써 소비지출에 미치는 영향을 말한다. 자산효과로 인해 물가가 상승할 때 소비지출 *C*는 감소하며 그 결과 총수요곡선은 우하향하는 기울기를 갖는다.

이자율효과 경제학자들은 화폐라는 용어를 현금과 당좌예금(수표로 인출할 수 있는 은행예금)을 지칭하는 좁은 의미로 사용한다. 개인과 기업이 화폐를 보유하는 것은 거래를 할 때 발생하는 비용과 불편함을 줄여 주기 때문이다. 그런데 물가가 상승하면 다른 조건이 동일하다면 일정

물가 변화의 자산효과(wealth effect of a change in the aggregate price level)란 물가 변화가 소비자가 보유한 자산의 구매력을 변화시킴으로써 소비지출에 미치는 영향을 의미한다.

물가 변화의 이자율효과(interest rate effect of a change in the aggregate price level)란 물가 상승이 소비자와 기업이 보유한 화폐의 구매력에 대한 영향을 통해 소비지출과 투자지출에 미치는 영향을 의미한다.

한 화폐 보유액이 가진 구매력이 감소한다. 이 경우 물가가 상승하기 전과 동일한 재화와 서비스의 묶음을 구매하기 위해서 개인과 기업은 더 많은 금액의 화폐를 보유해야 한다. 따라서 물가가 상승하면 사람들은 화폐 보유액을 늘리려고 할 것인데 이를 위해서는 차입을 하거나 채권과 같은 자산을 매각해야 한다. 그 결과 다른 차입자들에게 빌려 줄 수 있는 자금이 감소하고 이자율이 상승하게 된다.

제25장에서는 이자율이 상승할 경우 자금조달 비용이 상승하기 때문에 투자지출이 감소한다는 사실을 배웠다. 이자율이 상승할 경우, 가계는 가처분소득 중 보다 많은 부분을 저축하려 들기 때문에 소비지출도 감소한다. 따라서 물가 상승은 화폐의 구매력에 대한 영향을 통해 투자지출(I)과 소비지출(C)을 감소시키는데 이를 **물가 변화의 이자율효과**(interest rate effect of a change in the aggregate price level)라 부른다. 물가 변화의 이자율효과 역시 총수요곡선이 우하향하는 기울기를 갖게 만든다.

화폐와 이자율에 대해서는 통화정책에 대해 소개하는 제30장에서 많은 논의가 이루어질 것이다. 또한 개방경제 거시경제학을 논하는 제33장에서는 이자율 상승이 간접적으로 수출(X)을 줄이고 수입(IM)을 늘리는 효과가 있음을 설명할 것이다. 지금은 물가 변화에 따른 자산효과와 이자율효과로 인해 총수요곡선이 우하향하는 기울기를 가진다는 사실만을 이해하면 된다.

총수요곡선과 소득-지출 모형

앞 장에서는 경제가 어떻게 소득-지출 균형에 도달하는지를 보여 주는 소득-지출 모형을 소개했다. 이제 물가와 총수요 간의 관계를 보여 주는 총수요곡선을 소개했다. 이 두 개념은 서로 어떻게 조화될 수 있을까?

소득-지출 모형의 가정 중 하나가 물가가 고정되어 있다는 가정이었다. 이제는 이 가정을 버리기로 한다. 하지만 우리는 소득-지출 모형을 통해 **특정한 물가수준에서 총지출이 얼마나 되는가**라는 질문에 답할 수 있는데, 이것이 바로 총수요곡선이 나타내는 관계다. 따라서 AD 곡선은 실제로 소득-지출 모형으로부터 도출될 수 있다. 경제학자들은 때로는 소득-지출 모형이 총수요-총공급 모형($AD-AS$ 모형)에 내재되어 있다고 말한다.

〈그림 27-2〉는 소득-지출 균형이 어떻게 결정되는지를 다시 한번 보여 준다. 수평축은 실질 국내총생산을, 수직축은 계획된 실질 총지출을 나타낸다. 다른 조건이 같다면 소비지출과 계획된 투자지출의 합인 계획된 총지출은 실질 국내총생산이 증가함에 따라 증가한다. 이것은 우상향의 기울기를 가진 두 선 AE_{P_1}과 AE_{P_2}가 예시적으로 보여 준다. 소득-지출 균형은 제26장에서 배웠듯이 총지출을 나타내는 선이 45도선과 만나는 점에서 달성된다. 예를 들어 AE_{P_1}이 국내총생산과 계획된 총지출 간의 관계를 나타낸다면 소득-지출 균형은 E_1점에서 달성되는데 이 점에서의 실질 국내총생산은 Y_1이다.

그런데 우리는 방금 **국내총생산이 어떠한 수준으로 주어져 있더라도** 물가 변화가 계획된 총지출을 변화시킴을 보았다. 이것은 물가가 변할 때 AE_P선 자체가 이동함을 의미한다. 예를 들어 물가가 하락한다고 하자. 그 결과 자산효과와 이자율효과 모두 각 실질 국내총생산 수준에서의 계획된 총지출을 증가시킨다. 따라서 AE_P선은 〈그림 27-2〉에서 AE_{P_1}에서 AE_{P_2}로의 이동이 예시적으로 보여 주듯이 위쪽으로 이동할 것이다. 이러한 계획된 총지출의 증가는 승수 과정을 통해 소득-지출 균형을 E_1점으로부터 E_2점으로 이동시키고, 그 결과 실질 국내총생산은 Y_1에서 Y_2로 증가한다.

〈그림 27-3〉은 소득-지출 모형을 사용하여 어떻게 총수요곡선을 도출할 수 있는지를 보여 준다. 그림은 물가가 P_1에서 P_2로 하락하는 경우를 보여 준다. 〈그림 27-2〉에서 물가가 하락하면 AE_P선이 위쪽으로 이동하고 그 결과 실질 GDP가 증가함을 보았다. 〈그림 27-3〉에서는 동일

그림 27-2 물가수준 변화는 소득-지출 균형에 어떻게 영향을 미치는가

소득-지출 균형은 계획된 총지출을 나타내는 AE_P선
이 45도선과 교차하는 점에서 달성된다. 물가의 하
락은 AE_P선을 AE_{P_1}에서 AE_{P_2}로 위쪽으로 이동시키
고 그 결과 소득-지출 균형 GDP가 Y_1에서 Y_2로 증
가한다.

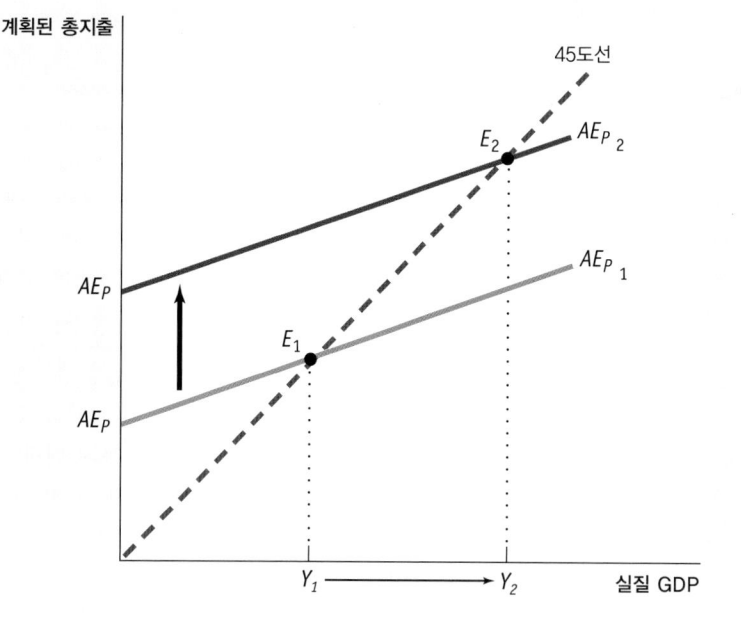

한 결과가 AD 곡선 상의 이동으로 나타남을 알 수 있다. 즉 물가가 하락함에 따라 실질 GDP는
Y_1에서 Y_2로 증가한다.

따라서 총수요곡선은 소득-지출 모형을 대체하는 것이 아니라 물가 변화의 효과에 대해 소득
-지출 모형이 얘기하는 바를 요약한다고 할 수 있다.

소득-지출 모형은 보다 완성된 모형의 일부에 불과하지만 현실에서 경제학자들은 종종 단기
적인 경제 변동을 분석하기 위해 소득-지출 모형을 이용하기도 한다. 특히 단기에서는 이것이
합리적인 지름길이 될 수 있다.

그림 27-3 소득-지출 모형과 총수요곡선

〈그림 27-2〉에서 우리는 물가가 하락하면 계획된 총
지출곡선이 위쪽으로 이동하고 그 결과 실질 GDP가
증가함을 보았다. 여기서는 동일한 결과가 총수요곡
선 상의 이동으로 보여진다. 물가가 P_1에서 P_2로 하
락하면 실질 GDP는 Y_1에서 Y_2로 증가한다. 따라서
AD 곡선은 우하향하는 기울기를 가진다.

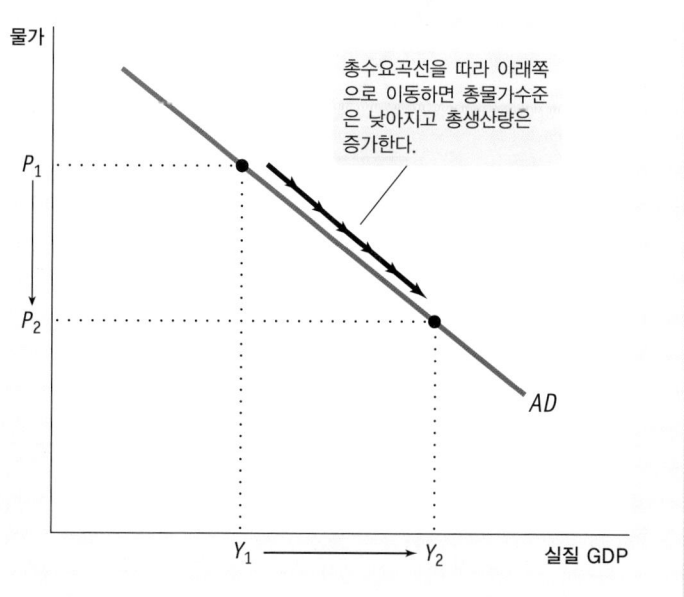

총수요곡선의 이동

제3장에서 개별 재화에 대한 시장 수요와 공급 분석을 소개했을 때 우리는 수요곡선 상의 이동과 수요곡선 자체의 이동 간의 구분이 중요함을 강조했다. 마찬가지의 구분이 총수요곡선에도 적용된다. 〈그림 27-1〉은 총수요곡선 상의 이동, 즉 물가가 변할 때 재화와 서비스에 대한 총수요량의 변화를 보여 주었다.

이에 더하여 〈그림 27-4〉가 보여 주듯이 각 물가수준에서의 재화와 서비스 수요량의 변화인 총수요곡선 자체의 이동이 있다. 우리가 총수요가 증가한다는 표현을 쓸 때는 그림 (a)에서 AD_1에서 AD_2로의 이동과 같이 총수요곡선이 오른쪽으로 이동하는 것을 의미한다. 각 물가수준에서의 총생산물에 대한 수요량이 증가할 경우 총수요곡선이 오른쪽으로 이동한다. 총수요가 감소한다 함은 그림 (b)에서와 같이 총수요곡선이 왼쪽으로 이동하는 것을 의미한다. 왼쪽으로의 이동은 각 물가수준에서 총생산물에 대한 수요량이 감소함을 나타낸다.

총수요곡선을 이동시키는 요인에는 여러 가지가 있다. 이들 중 가장 중요한 요인으로는 기대의 변화, 재산의 증감, 실물자본의 변화 등을 들 수 있다. 이에 더해서 재정정책과 통화정책도 총수요곡선을 이동시킬 수 있다. 이 다섯 가지 요인 모두 승수 과정을 작동시킨다. 이들은 최초의 실질 국내총생산 증감을 통해 가처분소득을 변화시키고, 그 결과 총지출을 추가적으로 변화시키고, 그 결과 실질 국내총생산을 추가적으로 변화시키는 식의 연쇄반응을 가져온다. 〈표 27-1〉은 총수요곡선을 이동시키는 요인들에 대해 개략적으로 설명하고 있다.

기대의 변화 소비지출과 계획된 투자지출은 모두 부분적으로는 미래에 대한 사람들의 기대에 의해 영향을 받는다. 소비자들의 소비지출은 자신의 현재소득뿐만 아니라 미래에 수령할 것으로 예상되는 소득에 의해서도 영향을 받는다. 기업들은 현재의 기업환경은 물론 미래에 벌어들일 것으로 예상되는 매출액에 의거해서 계획된 투자지출을 결정한다. 이것이 기대의 변화에 따

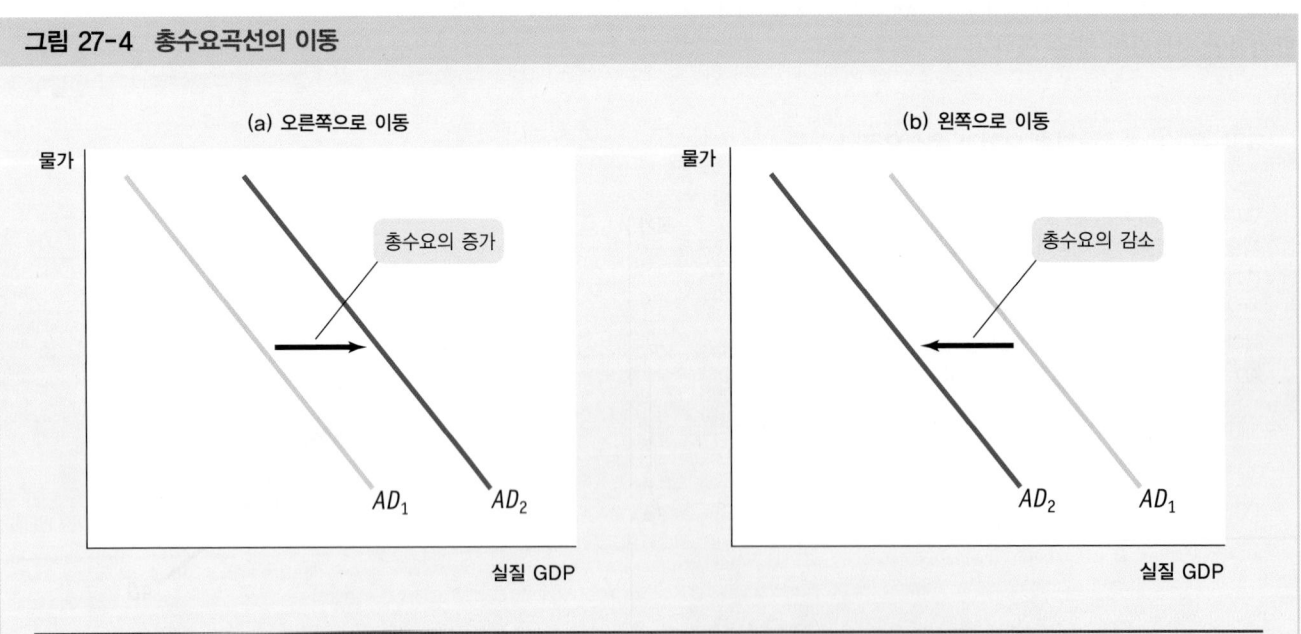

그림 27-4 총수요곡선의 이동

그림 (a)는 각 물가수준에서 수요되는 총생산물의 양이 소비자 신뢰의 향상이나 경영환경의 호전, 정부지출의 증가 등에 의해 늘어나는 경우를 보여 준다. 이와 같은 변화는 총수요곡선을 AD_1에서 AD_2로 오른쪽으로 이동하게 만든다. 그림 (b)는 각 물가수준에서 수요되는 총생산물의 양이 주가 하락 등으로 인해 감소하는 경우를 보여 준다. 이와 같은 변화는 총수요곡선을 AD_1에서 AD_2로 왼쪽으로 이동하게 만든다.

표 27-1 총수요를 이동시키는 요인

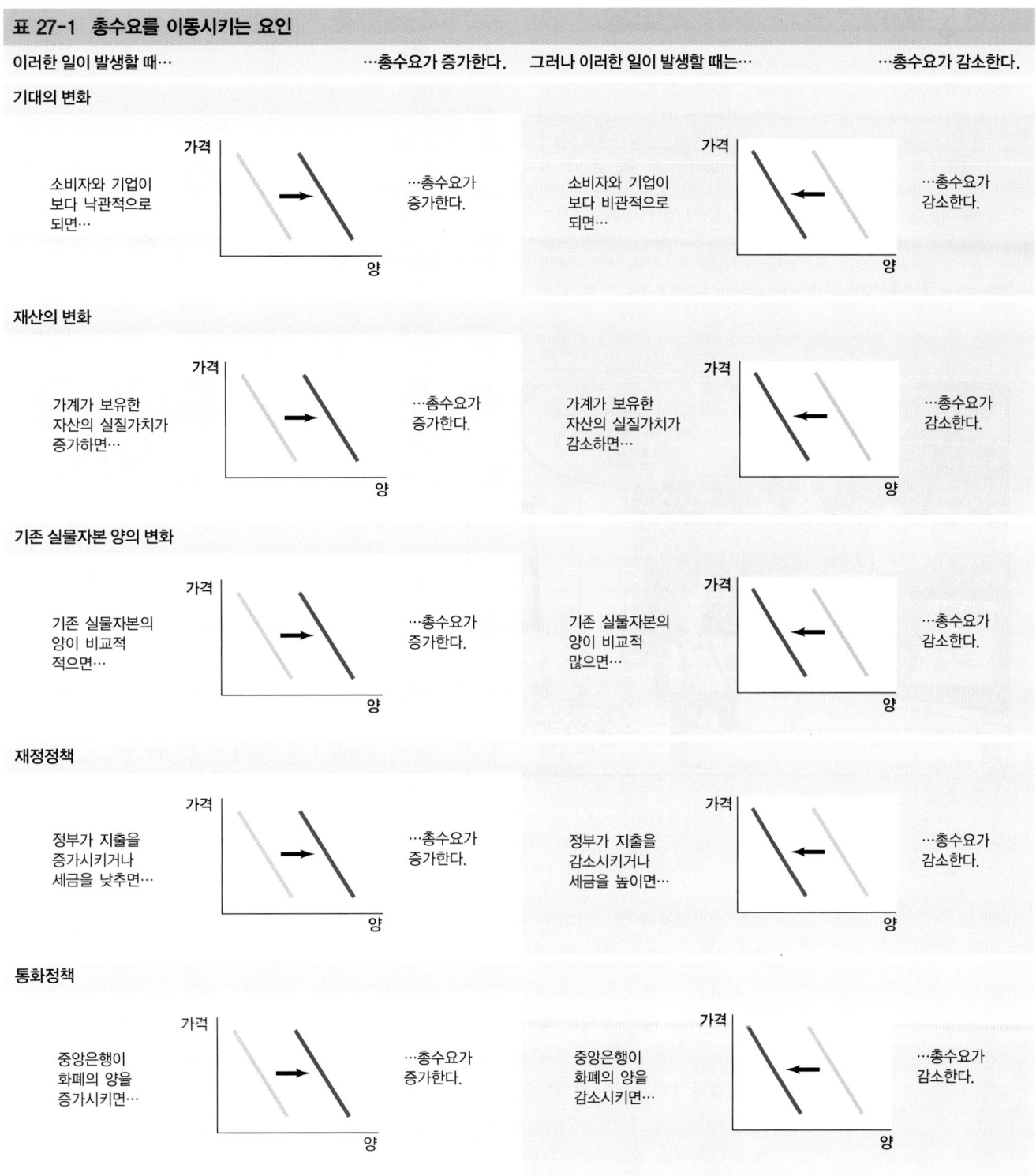

이러한 일이 발생할 때…	…총수요가 증가한다.	그러나 이러한 일이 발생할 때는…	…총수요가 감소한다.
기대의 변화			
소비자와 기업이 보다 낙관적으로 되면…	…총수요가 증가한다.	소비자와 기업이 보다 비관적으로 되면…	…총수요가 감소한다.
재산의 변화			
가계가 보유한 자산의 실질가치가 증가하면…	…총수요가 증가한다.	가계가 보유한 자산의 실질가치가 감소하면…	…총수요가 감소한다.
기존 실물자본 양의 변화			
기존 실물자본의 양이 비교적 적으면…	…총수요가 증가한다.	기존 실물자본의 양이 비교적 많으면…	…총수요가 감소한다.
재정정책			
정부가 지출을 증가시키거나 세금을 낮추면…	…총수요가 증가한다.	정부가 지출을 감소시키거나 세금을 높이면…	…총수요가 감소한다.
통화정책			
중앙은행이 화폐의 양을 증가시키면…	…총수요가 증가한다.	중앙은행이 화폐의 양을 감소시키면…	…총수요가 감소한다.

라 소비지출과 계획된 투자지출이 늘어나거나 줄어드는 이유다. 소비자와 기업이 미래에 대해 보다 낙관적인 기대를 가지게 되면 지출이 증가한다. 이들이 보다 비관적인 기대를 가지면 지출이 감소한다.

사실 단기적인 경기예측에서는 소비자와 기업의 심리에 대한 조사 결과가 많이 참고되고 있다. 특히 경기예측 담당자들은 컨퍼런스보드에 의해 매달 작성되는 소비자신뢰지수(Consumer

총수요곡선 상의 이동 대 총수요곡선의 이동

총수요곡선이 우하향하는 기울기를 가지는 이유 중 하나는 물가 변화의 자산효과다. 즉 물가 상승은 가계가 보유한 자산의 구매력을 감소시키고 이에 따라 소비지출을 감소시킨다. 그런데 이 절에서는 자산의 변화가 총수요곡선 자체를 이동시킨다고 했다. 이 두 내용은 서로 상충되는 듯이 보인다. 자산의 변화는 총수요곡선을 따라서 경제를 이동시키는가 아니면 총수요곡선 자체를 이동시키는가? 사실 두 가지 다 맞다. *자산 변화의 원인에 따라서* 두 경우가 모두 발생할 수 있다.

총수요곡선 상의 이동은 물가 변화로 인해 소비자가 기존에 보유하고 있는 자산의 구매력(자산의 실질가치)이 변할 경우에 발생한다. 이것은 바로

*물가 변화의 자산효과*에 해당한다. 예를 들어 물가가 하락하면 소비자가 보유한 자산의 구매력이 증가하고 이에 따라 경제는 총수요곡선을 따라서 아래쪽으로 이동한다.

반면에 물가 변화와 무관하게 발생하는 *자산의 변화*는 총수요곡선을 이동시킨다. 예를 들어 주가가 상승하거나 부동산 가격이 상승하면 물가가 일정하더라도 소비자가 보유한 자산의 실질가치가 증가한다. 이 경우 재산 변화의 원천은 물가 변화 없이 자산 가치가 변하는 데 있다. 즉 모든 최종생산물의 가격이 고정된 상태에서 자산 가치가 변하는 것이다.

소비자 신뢰 부추기기

Confidence Index)나 미시간대학교에 의해 작성되는 이와 유사한 지표인 미시간 소비자심리지수(Michigan Consumer Sentiment Index)를 많이 참고한다.

재산의 변화 소비지출은 부분적으로는 가계가 보유한 자산의 가치에 의해 결정된다. 자산의 실질가치가 상승할 경우 이들 자산의 구매력이 증가하며 이에 따라 총수요가 증가한다. 예를 들어 1990년대에는 주가가 상당히 상승했는데 이와 같은 주가상승은 총수요를 증가시켰다. 이와 반대로 주가폭락 등으로 인해 가계가 보유한 자산의 실질가치가 감소하면 이들 자산의 구매력이 감소하며 이에 따라 총수요가 감소한다. 1929년의 주가폭락은 대공황을 초래한 요인 중 하나다. 마찬가지로 부동산 가격의 급격한 하락이 2007~2009년 경기후퇴에서 소비지출을 위축시킨 주된 원인이었다.

기존 실물자본의 양 기업은 실물자본을 늘리기 위해 계획된 투자지출을 한다. 따라서 기업이 투자지출을 얼마나 할 것인지는 부분적으로는 현재 그들이 보유하고 있는 실물자본의 양에 달려 있다. 보유하고 있는 자본의 양이 많을수록 자본을 추가할 유인이 적을 것이기 때문이다. 예를 들어 최근 많은 수의 주택이 건축되었는데, 이는 신규 주택 건설에 대한 수요를 위축시키고 그 결과 주거용 투자지출을 감소시킬 것이다. 실제로 이것이 바로 2006년에 시작된 주거용 투자지출 침체의 부분적인 원인이었다. 그전 수년에 걸친 주택 호황이 주택의 과잉공급을 낳았고 그 결과 2009년 봄에 이르러서는 판매되지 않은 주택 재고가 14개월 이상의 주택 판매분에 달했으며 주택가격은 최고점으로부터 25% 이상 하락했다. 건축업자들이 더 이상의 주택을 지을 유인이 사라진 것은 물론이다.

정부정책과 총수요

거시경제학에서 중요한 직관 중 하나는 정부가 총수요에 강력한 영향을 미칠 수 있으며, 어떤 경우에는 경제성과를 개선하기 위해 이와 같은 영향력을 이용할 수 있다는 것이다.

정부가 총수요곡선에 영향을 미칠 수 있는 방법에는 주로 두 가지가 있는데, 이들은 바로 재정정책과 통화정책이다. 여기서는 두 정책이 총수요에 미치는 영향에 대해서 간단하게 설명하

고 보다 상세한 설명은 뒤에 나오는 장들에서 하기로 한다.

재정정책　재정정책은 경제를 안정시키기 위해 정부의 재화와 서비스 구매나 이전지출 또는 조세를 사용하는 정책이다. 실제로 각국의 정부는 지출 증가나 조세 감면 또는 두 가지 모두를 이용하여 경기후퇴에 대응하고 있다. 정부는 인플레이션을 억제하기 위해서 지출을 줄이거나 세금을 늘리기도 한다.

　정부의 재화와 서비스 구매(G)는 총수요곡선에 **직접적인** 영향을 미치는데 그 이유는 정부구매 자체가 총수요의 일부이기 때문이다. 정부구매의 증가는 총수요곡선을 오른쪽으로 이동시키고 정부구매의 감소는 총수요곡선을 왼쪽으로 이동시킨다. 정부구매의 증가가 총수요에 어떻게 영향을 미치는가를 보여 주는 가장 극적인 예는 제2차 세계대전 중의 전비 지출에서 찾을 수 있다.

　전쟁으로 인해 미국 연방정부의 구매액은 400% 급증했다. 이와 같은 정부구매의 증가는 대공황을 종식시키는 데 큰 기여를 한 것으로 평가된다. 1990년대에 들어서는 일본이 경기침체로부터 벗어나기 위해 도로 건설, 교량 건설과 같은 대규모 공공사업을 통해 총수요를 증가시켰다. 이와 마찬가지로 2009년에는 미국이 고속도로, 교량, 대중교통 등을 개선하는 사회간접자본 사업에 1,000억 달러 이상을 지출하기 시작했다.

　이와는 대조적으로 조세나 이전지출의 변화는 가처분소득에 대한 영향을 통해 간접적으로 경제에 영향을 미친다. 세율이 낮아지면 소비자들은 소득 중 더 많은 부분을 보유할 수 있는데 이것이 바로 가처분소득의 증가다. 정부 이전지출의 증가도 소비자의 가처분소득을 증가시킨다. 두 경우 모두 소비지출이 증가하고 총수요곡선이 오른쪽으로 이동한다. 세율이 높아지거나 정부 이전지출이 감소하면 소비자들이 수령하는 가처분소득이 감소한다. 그 결과 소비지출이 감소하고 총수요곡선이 왼쪽으로 이동한다.

　2020년에 코로나바이러스가 유행하는 동안 많은 기업들이 문을 닫음에 따라 연방정부는 전례없는 경제구호정책을 시행해야 했다. 여기에는 실업보험을 통한 실직자들에 대한 이전지출과 소득이 7만 5,000달러에 못 미치는 개인들에 대한 1,200달러와 피부양 가족당 500달러의 세금환급이 포함되었다. 이러한 조치들은 소비지출을 안정시키고, 총수요가 더 감소하는 것을 방지하여 바이러스로부터의 경제적 충격을 극소화할 수 있도록 설계되었다.

통화정책　이 장의 도입부에서는 통화정책을 관리하는 연방준비제도가 직면했던 문제에 대해서 설명했다. 통화정책이란 경제를 안정시키기 위해 화폐의 양이나 이자율을 변화시키는 정책을 말한다. 우리는 물가가 상승하여 가계와 기업이 보유하고 있는 화폐의 구매력이 감소할 경우 이자율이 상승하며 이에 따라 투자지출과 소비지출이 감소함을 배웠다.

　가계나 기업이 보유하고 있는 화폐의 양이 변한다면 경제에서는 어떤 일이 일어날까? 현대 국가에서는 정부에 의해 설립된 **중앙은행**이 유통 중인 현금의 양을 결정한다. 제29장에서 배울 것이지만 미국의 중앙은행인 연방준비제도는 정부의 일부라고 볼 수도 없고 그렇다고 민간기관이라고 볼 수도 없는 특수기관이다. 중앙은행이 유통 중인 현금의 양을 증가시키면 가계와 기업이 보유한 화폐의 양이 증가하므로 이를 다른 가계와 기업에게 빌려 주려 할 것이다. 그 결과 각 물가수준에서의 이자율이 하락하고 투자지출과 소비지출이 증가할 것이다.

　즉 화폐량의 증가는 총수요곡선을 오른쪽으로 이동시킨다. 화폐의 양을 줄이면 정반대의 효과가 발생한다. 자신이 보유한 화폐의 양이 줄어듦에 따라 가계와 기업은 차입을 늘리고 대출을 줄이려 할 것이다. 그 결과 이자율이 상승하고 투자지출과 소비지출이 감소하며 총수요곡선이 왼쪽으로 이동한다.

"어떤 참가자도 말을 움직이거나, 돈을 받거나 무언가를 사서는 안 된다."

현실 경제의 >> 이해
총수요곡선 상의 이동, 1979~1980년

1979년의 오일 위기 동안 물가 상승의 이자율효과는 경제를 총수요 곡선을 따라서 위로 이동시키고 총생산을 감소시켰다.

자료만 보아서는 지출의 변화가 총수요곡선 상의 이동으로 인한 것인지 또는 총수요곡선 자체의 이동으로 인한 것인지를 구분하기가 쉽지 않은 경우가 많다. 하지만 이 장의 머리말 이야기에서 설명된 1979년 오일 위기 직후 발생한 상황은 예외라 할 수 있다. 1980년 3월의 소비자물가 상승률이 14.8%에 달하는 등 물가가 급격히 상승하자 연방준비제도는 통화량 증가 속도를 감소시키는 정책을 취했다. 이에 따라 물가는 매우 빠르게 상승하고 있었지만 경제에 공급되는 화폐의 양은 느린 속도로 증가했으며, 그 결과 미국 경제에서 유통 중인 현금 전체의 구매력이 감소했다.

구매력 감소는 다시 차입수요를 증가시켰고 이에 따라 이자율이 상승했다. 은행들이 최우량 고객에게 대출하면서 적용하는 이자율인 우대금리는 20%를 넘어섰다. 높은 이자율은 소비지출과 투자지출을 위축시켰다. 1980년 중 자동차를 비롯한 소비 내구재 구입액은 5.3% 감소했고 투자지출은 8.9% 감소했다.

다시 말하면 1979~1980년 기간 중 미국 경제는 총수요곡선을 따라서 위쪽으로 이동할 때 기대되는 것과 동일한 모습을 보여 주었다. 물가 변화에 따른 자산효과와 이자율효과로 인해 물가가 오르면서 총생산물에 대한 수요량이 감소한 것이다. 물론 이것으로는 왜 물가가 상승하는지를 설명할 수 없다. 나중에 소개될 총수요-총공급 모형에 대한 절에서는 이 질문에 대한 답이 단기 총공급곡선의 행태에 있음을 알게 될 것이다.

>> **복습**
- **총수요곡선**은 우하향하는 기울기를 가지고 있는데 그 이유로는 **물가 변화의 자산효과**와 **물가 변화의 이자율효과**를 들 수 있다.
- 총수요곡선은 물가가 변할 때 소득-지출 균형 GDP가 어떻게 변하는지를 보여 준다.
- 자산의 변화와 미래에 대한 기대의 변화로 인한 소비지출의 증가는 총수요곡선 자체를 이동시킨다. 기대의 변화와 기존 실물자본량의 변화로 인한 투자지출의 변화도 총수요곡선을 이동시킨다.
- 재정정책은 정부구매를 통해 직접적으로 총수요에 영향을 미치거나 조세나 이전지출을 통해 간접적으로 총수요에 영향을 미친다. 통화정책은 이자율의 변화를 통해 간접적으로 총수요에 영향을 미친다.

>> 이해돕기 27-1
해답은 책 뒤에

1. 다음 각 사건이 총수요에 어떤 영향을 미치는지를 밝히라. 그 영향이 총수요곡선 상의 이동(위쪽 또는 아래쪽)으로 인한 것인지 또는 총수요곡선 자체의 이동(왼쪽 또는 오른쪽)으로 인한 것인지를 설명하라.
   a. 통화정책의 변화로 인한 이자율 상승
   b. 물가 상승으로 인한 화폐의 실질가치 하락
   c. 내년도 취업시장이 어려울 것으로 전망하는 소식
   d. 세율 인하
   e. 물가 하락으로 인한 자산의 실질가치 증가
   f. 부동산 가격 급등으로 인한 자산의 실질가치 증가

|| 총공급

1929~1933년 사이에는 각 물가수준에서의 재화와 서비스에 대한 수요량인 총수요가 크게 감소했다. 경제 전체의 수요 감소가 가져온 결과 중 하나는 대부분의 재화와 서비스의 가격이 하락한 것이다. 1933년의 GDP 디플레이터(제22장에서 정의했던 물가지수 중 하나)는 1929년에 비해 26% 하락했으며, 다른 물가지수들도 비슷한 정도로 하락했다. 수요 감소가 가져온 두 번째 결과는 대부분의 재화와 서비스 생산량이 감소했다는 것이다. 1933년의 실질 국내총생산은

1929년에 비해 27% 감소했다. 세 번째 결과는 실질 국내총생산의 감소와 밀접한 관계가 있는 것으로 실업률이 3%에서 25%까지 급상승했다는 것이다.

실질 국내총생산의 감소와 물가의 하락이 동반해서 나타난 것은 결코 우연이 아니다. 1929년과 1933년 사이에 미국 경제는 총공급곡선을 따라서 아래쪽으로 이동하고 있었다. **총공급곡선**(aggregate supply curve)은 한 경제의 물가(최종생산물의 전반적인 가격 수준)와 생산자들이 공급하고자 하는 재화와 서비스의 최종생산물의 양 간의 관계를 보여 준다. (이미 배웠듯이 총생산을 측정하기 위해서는 실질 국내총생산을 사용한다. 따라서 우리는 이 두 용어를 구분하지 않고 사용할 것이다.) 좀 더 정확히 표현하자면 1929년과 1933년 사이에 미국 경제는 단기 총공급곡선을 따라서 아래쪽으로 이동했다.

단기 총공급곡선

1929년부터 1933년까지의 기간은 단기에 물가와 총생산물의 공급량 사이에 정의 관계가 있음을 보여 주었다. 즉 물가의 상승은 다른 조건이 일정할 경우 총생산물의 공급량을 증가시키고, 물가의 하락은 다른 조건이 일정할 경우 총생산물의 공급량을 감소시킨다. 이 같은 정의 관계가 존재하는 이유를 이해하기 위해 대부분의 생산자들이 고민하는 문제, 즉 생산물 한 단위를 생산하는 것이 이익이 되는가 또는 그렇지 않은가에 대해 생각해 보자. 생산물 단위당 이윤은 다음과 같이 정의될 수 있다.

(27-2) 생산물 단위당 이윤 = 생산물 단위당 가격 − 생산물 단위당 생산비용

따라서 생산자의 문제에 대한 답은 생산자가 생산물을 한 단위 팔고 수취하는 가격이 그 생산물 한 단위를 생산하는 데 드는 비용보다 큰지 또는 작은지에 달려 있다. 특정 시점에 생산자가 지급해야 할 생산물 단위당 비용은 한동안은 고정되어 변하지 않는다. 대개 생산비용 중에서 가장 유연성이 없는 부분이 근로자에게 지급되는 임금이다. 여기서 임금이란 근로자의 보수 이외에도 고용주가 지급하는 의료비 혜택과 퇴직금 등 근로자에 대한 모든 형태의 보상을 말한다.

임금은 대개 경직적인 생산비용으로 취급되는데, 그 이유는 **명목임금**(nominal wage), 즉 달러화 금액으로 표시된 임금은 이전에 체결된 계약에 의해 고정되어 있기 때문이다. 공식적인 계약이 없는 경우에도 경영진과 근로자들 사이에는 비공식적인 합의가 이루어져 있는 경우가 흔한데, 이는 기업이 경제환경 변화에 따라 임금을 조정하는 것을 꺼리도록 만든다. 예를 들어 기업은 경기후퇴가 매우 길고 심각하지 않은 이상 경기가 어렵더라도 임금을 삭감하려 들지 않는다. 근로자들의 원성을 살까 봐 두렵기 때문이다. 마찬가지로 기업은 경기가 호전되더라도 경쟁 기업에 근로자를 빼앗길 위기에 처하지 않는 한 임금을 올리려 들지 않는다. 한 번 임금을 올려 줄 경우 근로자들이 으레 임금을 올려 달라고 요구할 것을 우려하기 때문이다.

이처럼 공식적 계약 또는 비공식적 합의로 인해 경제는 **경직적 임금**(sticky wage)을 특성으로 가지게 된다. 즉 명목임금은 실업률이 높아져도 느리게 하락하며 일손 부족 사태가 일어나도 느리게 상승한다. 물론 명목임금은 영원히 경직적일 수 없다. 공식적 계약이나 비공식적 합의는 결국 경제상황의 변화를 감안하여 재협상될 것이다. 이 절 마지막 부분의 '함정'에서 설명하듯이 명목임금이 신축적으로 되기까지 얼마나 오랜 시간이 걸리는가는 단기와 장기를 구분하는 데 중요한 기준이 된다.

많은 비용이 명목 금액으로 고정되어 있다는 사실이 어떻게 우상향하는 단기 총공급곡선을 가져오는지를 이해하기 위해서는 상이한 종류의 시장마다 가격이 다소 상이하게 결정된다는 점을 이해할 필요가 있다. 완전경쟁시장에서는 생산자들이 가격을 주어진 것으로 간주한다. 불완전

단기 총공급곡선(short-run aggregate supply curve)은 상당 부분의 생산비용이 고정된 것으로 간주될 수 있는 기간, 즉 단기에서의 물가와 총생산물의 공급량 간의 정의 관계를 나타낸다.

경쟁시장에서는 생산자들이 자기 제품의 가격을 어느 정도 선택할 수 있다. 두 시장에서 모두 가격과 생산물 간에 단기적으로 정의 관계가 존재하나 그 이유는 다소 상이하다.

완전경쟁시장에서의 생산자 행위부터 분석해 보자. 이들은 가격을 주어진 것으로 간주한다. 이제 어떤 이유에서 물가가 하락한다고 하자. 이는 최종생산물의 생산자가 제품을 판매하고 받는 가격이 하락함을 의미한다. 단기에는 생산비용의 상당 부분이 고정되어 있으므로 생산물 한 단위당 생산비용은 생산물의 가격이 하락하는 것만큼 감소하지는 않을 것이다. 따라서 생산물 단위당 이윤이 감소하고 이에 따라 완전경쟁시장에서의 생산자들은 단기적으로 생산물의 공급량을 줄일 것이다.

이제 어떤 이유에서든 물가가 상승하는 경우를 생각해 보자. 물가가 상승하면 생산자가 최종생산물을 판매하고 더 높은 가격을 받게 된다. 생산비용 중 상당 부분은 단기적으로 고정되어 있으므로 생산물 한 단위당 생산비용은 생산물의 가격이 상승하는 것만큼 증가하지는 않을 것이다. 완전경쟁시장에서의 생산자는 가격을 주어진 것으로 간주하므로 생산물 단위당 이윤이 증가하고 이에 따라 생산량이 증가할 것이다.

이제 자기 제품의 가격을 설정할 수 있는 불완전경쟁시장에서의 생산자를 생각해 보자. 이 생산자의 제품에 대한 수요가 증가한다면 각 가격 수준에서 더 많은 제품을 판매할 수 있을 것이다. 자신의 제품에 대한 수요가 강해지면 생산자는 생산량을 늘림은 물론 가격을 인상함으로써 생산물 단위당 이윤을 증가시키려 할 것이다. 사실 산업 분석가들은 종종 산업의 가격 설정력(pricing power)에 대해서 얘기한다. 즉 수요가 강할 때는 가격 설정력을 가진 기업은 가격을 인상하는 것이 가능하고 실제로도 그렇게 한다는 것이다.

이와 반대로, 수요가 감소하면 기업들은 일반적으로 가격을 인하함으로써 판매량 감소를 제한하려 들 것이다.

완전경쟁산업의 기업들과 불완전경쟁산업의 기업들의 반응 모두 물가와 총생산 간에 정의 관계를 가져온다. 우상향하는 **단기 총공급곡선**(short-run aggregate supply curve)은 단기에 있어서 물가와 총생산 간의 정의 관계를 보여준다. 이 곡선은 명목임금을 포함하여 많은 생산비용이 고

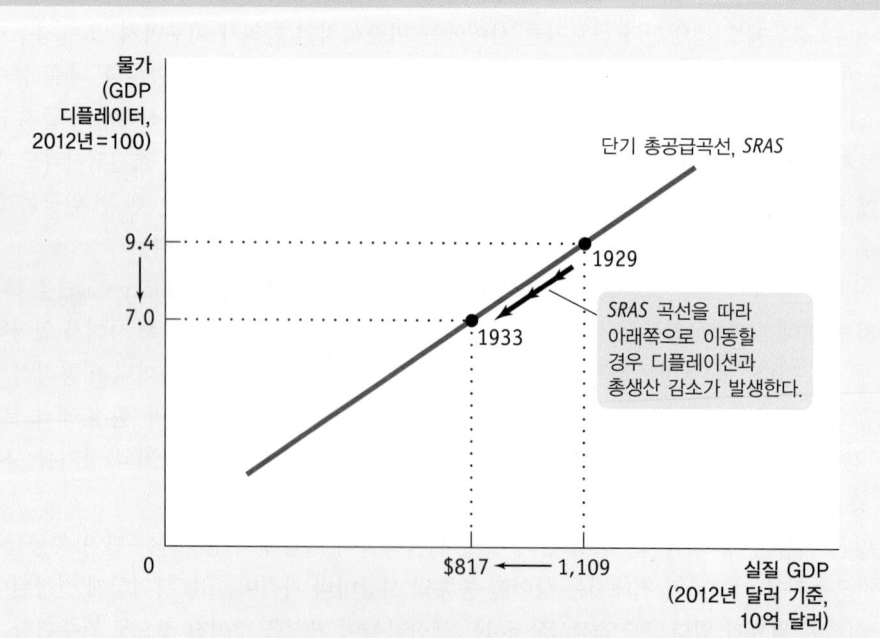

그림 27-5 단기 총공급곡선

단기 총공급곡선은 명목임금을 비롯하여 상당 부분의 생산비용이 고정된 것으로 간주될 수 있는 기간, 즉 단기에서의 물가와 총생산물의 공급량 간의 정의 관계를 나타낸다. 명목임금이 고정된 상태에서 물가가 상승할 경우 생산물 단위당 이윤이 증가하고 이에 따라 총생산이 증가하기 때문에 단기 총공급곡선은 우상향의 기울기를 가진다. 그림은 대공황 기간 중인 1929년과 1933년의 미국 경제의 실젯값을 보여 준다. 이 기간 중 디플레이션의 발생으로 물가가 9.4(1929년)에서 7.0(1933년)으로 하락하자 기업들은 총생산물의 공급량을 2012년 달러 기준으로 1조 1,090억 달러에서 8,170억 달러로 줄였다.

탐구자를 위하여 진정으로 신축적인 것과 경직적인 것

대부분의 거시경제학자들은 <그림 27-5>가 제시하는 기본 원리, 즉 다른 여건에 변화가 없다면 단기적으로는 물가와 총생산 사이에 정의 관계가 존재한다는 점에 대해서 의견을 같이한다. 그러나 세부적인 내용으로 들어가면 문제가 복잡해진다.

우리는 지금까지 물가와 명목임금이 신축성에서 차이가 있음을 강조했다. 즉 단기에 명목임금은 경직적이나 물가는 신축적이라 했다. 이와 같은 가정은 단기 총공급곡선이 우상향하는 기울기를 가지는 이유를 설명하기에는 매우 편리하다. 그러나 임금과 물가에 대한 실증자료를 보면 최종생산물의 가격은 신축적이고 명목임금은 경직적이라고

명확히 구분하기가 어렵다.

우선, 고용주와의 계약이나 비공식적 합의 없이 고용되는 근로자들의 경우에는 단기에서도 명목임금이 신축적으로 변한다. 이처럼 신축적인 명목임금과 경직적인 명목임금이 혼재되어 있기 때문에 *평균적인 명목임금*, 즉 경제 전체의 노동자들이 받는 명목임금의 평균은 실업률이 급격히 증가할 때 하락한다. 예를 들어 대공황 초기에도 명목임금이 상당히 큰 폭으로 하락했다.

반면에 재화와 서비스의 가격 중에는 경직적인 것도 있다. 예를 들어 사치품이나 브랜드 인지도가 높은 제품을 생산하는 일부 기업들은 수요가

감소할 때에도 가격을 낮추기를 꺼린다. 이들은 가격을 낮추는 대신 생산량을 줄이는 것을 더 선호한다.

이처럼 현실이 복잡하기는 해도 이제껏 제시된 기본적인 분석틀은 여전히 유효하다. 즉 물가가 하락할 때 일부 생산자들은 명목임금이 경직적이기 때문에 생산량을 줄인다. 일부 다른 생산자들은 제품의 가격을 내리는 대신 생산량을 줄이는 것을 더 선호한다. 두 경우 모두 물가와 총생산 사이에는 정의 관계가 유지된다. 결국 단기 총공급곡선은 우상향하는 기울기를 갖는다.

정된 것으로 간주될 수 있는 기간 동안에 생산자들이 공급하려는 최종생산물의 양을 보여준다. <그림 27-5>는 1929년과 1933년의 미국 경제의 실젯값에 맞춰서 그린 가상적인 단기 총공급곡선(이하 *SRAS* 곡선이라 칭함)을 보여 준다. 수평축은 2012년 가격으로 측정된 총생산(실질 국내총생산), 즉 경제에서 공급되는 최종생산물의 양을 나타낸다. 수직축은 GDP 디플레이터로 측정한 물가수준을 나타낸다. GDP 디플레이터는 2012년에 100의 값을 갖도록 정규화되었다. 1929년의 물가는 9.4였으며 실질 국내총생산은 1조 1,090억 달러였다. 1933년에는 물가가 7.0이었고 실질 국내총생산은 8,170억 달러에 불과했다. 이처럼 *SRAS* 곡선을 따라서 아래쪽으로 이동하는 것은 바로 이 기간 중에 경험한 디플레이션과 총생산의 감소 현상과 일치한다.

단기 총공급곡선의 이동

<그림 27-5>는 1929년부터 1933년 사이에 물가와 총생산이 감소했던 것과 마찬가지의 단기 총공급곡선 상의 이동을 보여 준다. 하지만 단기 총공급곡선은 <그림 27-6>에서와 같이 그 자체가 이동할 수도 있다. 그림 (a)는 단기에 총공급이 감소하는 경우, 즉 단기 총공급곡선의 왼쪽으로의 이동을 보여 준다. 주어진 물가수준에서 각각의 생산자가 공급하고자 하는 생산물의 양이 감소할 경우 총생산은 감소한다. 그림 (b)는 단기에 총공급이 증가하는 경우, 즉 단기 총공급곡선이 오른쪽으로 이동하는 경우를 보여 준다. 주어진 물가수준에서 각각의 생산자가 공급하고자 하는 생산물의 양이 증가할 경우 총생산은 증가한다.

단기 총공급곡선이 이동하는 이유를 이해하기 위해서는 생산자들이 생산물 단위당 이윤에 의거하여 생산 결정을 내린다는 점을 상기할 필요가 있다. 단기 총공급곡선은 물가와 총생산 사이의 정의 관계를 나타낸다. 일부 생산비용은 단기에 고정되어 있기 때문에 물가의 변화는 생산물 단위당 이윤을 변화시키고 이에 따라 총생산을 변화시킨다.

그런데 물가 이외의 요인들도 생산물 단위당 이윤과 총생산에 영향을 줄 수 있는데, 바로 이들 요인의 변화가 단기 총공급곡선 자체를 이동시킨다.

단기 총공급곡선 자체의 이동을 이해하기 위해 유가 상승과 같이 생산비용을 증가시킬 수 있는 변화가 발생하는 경우를 생각해 보자. 생산물 가격이 고정되어 있다면 생산자의 생산물 단위당 이윤은 감소할 것이다. 이에 따라 생산자들은 주어진 물가수준에서 공급되는 생산물의 양을 감소시킬 것인데 이것이 바로 단기 총공급곡선을 왼쪽으로 이동시킨다. 이와 반대로 명목임금의 하락과 같이 생산비용을 낮추는 변화가 발생한다고 하자. 이 경우에는 각 물가수준에서 공급

그림 27-6 단기 총공급곡선의 이동

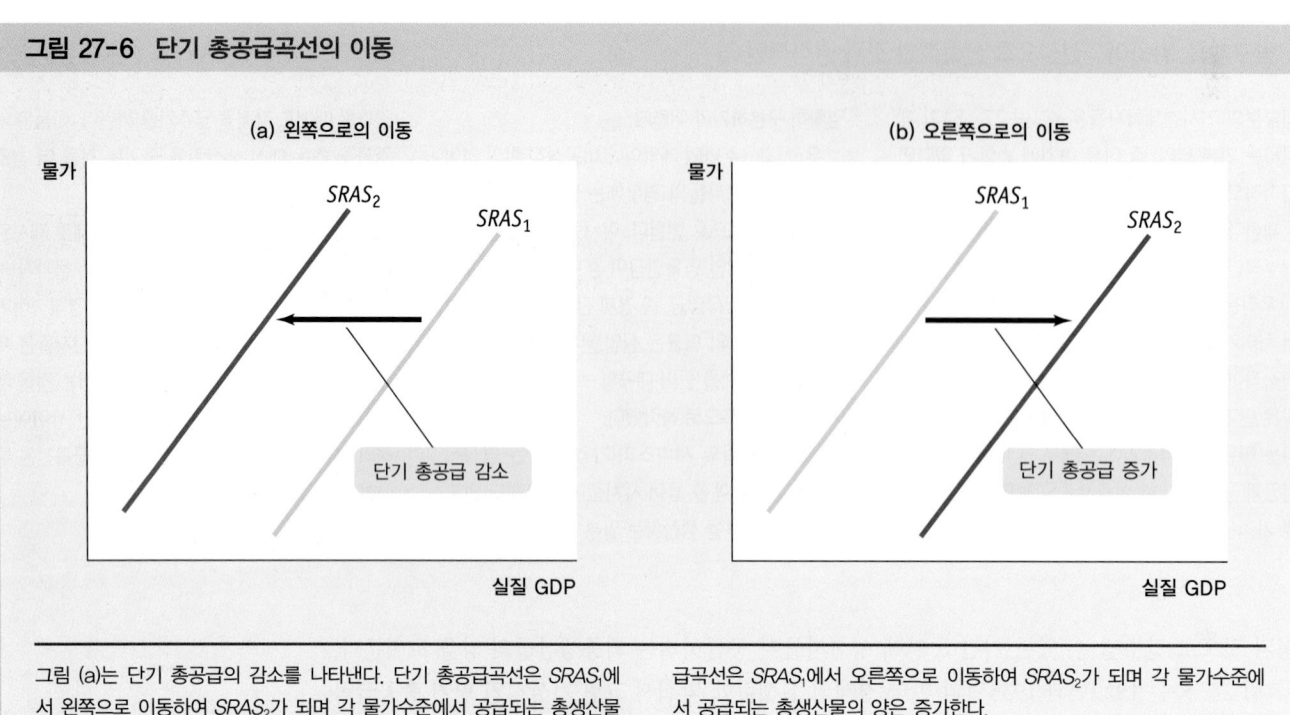

그림 (a)는 단기 총공급의 감소를 나타낸다. 단기 총공급곡선은 $SRAS_1$에서 왼쪽으로 이동하여 $SRAS_2$가 되며 각 물가수준에서 공급되는 총생산물의 양은 감소한다. 그림 (b)는 단기 총공급의 증가를 나타낸다. 단기 총공급곡선은 $SRAS_1$에서 오른쪽으로 이동하여 $SRAS_2$가 되며 각 물가수준에서 공급되는 총생산물의 양은 증가한다.

되는 총생산물의 양이 증가하고 그 결과 단기 총공급곡선이 오른쪽으로 이동한다.

이제 생산자의 이윤에 영향을 미치고 이에 따라 단기 총공급곡선을 이동시킬 수 있는 몇 가지 중요한 요인들에 대해서 알아보기로 한다. 이들 요인에는 상품 가격, 명목임금의 변화, 생산성의 변화가 포함된다.

상품 가격의 변화　이 장의 머리말 이야기에서는 유럽중앙은행 총재인 트리셰의 견해가 어떻게 1970년대의 높은 인플레이션에 의해 형성되었는지를 보았다. 이 인플레이션 시기의 기원은 매우 중요한 상품인 원유의 가격이 지속적으로 상승한 데 있다. 높은 유가는 전 세계에서 생산자 비용을 증가시켰다.

상품(commodity)이란 대량으로 매매되는 표준화된 투입물을 말한다. 원유와 같은 상품 가격의 상승은 경제 전체에 걸쳐 생산비용을 증가시켰고 이에 따라 각 물가수준에서 공급되는 총생산물의 양을 감소시켰다. 결국 단기 총공급곡선은 왼쪽으로 이동했다. 이와 반대로 상품 가격의 하락은 생산비용을 감소시키고 각 물가수준에서 공급되는 총생산물의 양을 증가시켜 단기 총공급곡선을 오른쪽으로 이동시킨다.

왜 상품 가격의 영향이 단기 총공급곡선 자체에 이미 반영되어 있지 않을까? 그것은 상품은 청량음료와는 달리 최종생산물이 아니므로 물가 계산에 포함되지 않기 때문이다. 대부분의 기업에서 상품은 명목임금과 마찬가지로 생산비에서 차지하는 비중이 매우 크다. 더욱이 다른 일반 제품과는 달리 상품의 가격은 중동전쟁이나 중국의 수요 증가와 같은 산업 고유의 충격으로 인해 급변할 때가 종종 있다.

명목임금의 변화　각 시점에는 많은 노동자들의 달러화 표시 임금이 과거에 체결된 계약이나 비공식적 합의에 의해 고정되어 있다. 그러나 충분한 시간이 흘러서 계약이나 비공식적 합의가 재협상될 경우에는 명목임금도 변할 수 있다.

예를 들어 경제 전체에서 고용주가 임금의 일부로 지불하고 있는 의료보험료가 올랐다고 하자. 근로자를 위해 지불하는 부담금이 증가하므로 고용주의 입장에서 보면 이는 명목임금의 상승에 해당한다. 이와 같은 명목임금의 상승은 생산비를 증가시키고 단기 총공급곡선을 왼쪽으로 이동시킨다.

반대로 의료보험료가 내려간다면 이는 고용주의 입장에서는 명목임금이 하락한 것과 같다. 즉 생산비용이 감소하고 그 결과 단기 총공급곡선은 오른쪽으로 이동한다.

1970년대에 발생한 중요한 역사적 사실은 유가 상승이 간접적으로 명목임금을 상승시켰다는 것이다. 이와 같은 연쇄반응 효과가 발생한 것은 적지 않은 수의 임금 계약들이 소비자물가가 상승할 경우 자동적으로 명목임금을 상향 조정하는 **생계비 조정항목**(cost-of-living allowance)을 포함하고 있었기 때문이다. 즉 유가 상승의 여파로 소비자물가가 상승하자 생계비 조정항목이 적용되어 명목임금도 상승한 것이다.

결국 경제는 두 차례에 걸쳐 총공급곡선이 왼쪽으로 이동하는 현상을 경험한 셈이다. 첫째는 처음 유가 상승으로 인한 이동이고, 둘째는 유가 상승으로 인해 유발된 명목임금 상승으로 인한 이동이다. 유가 상승이 경제 전체에 미치는 부정적인 영향은 임금 계약에 내재된 생계비 조정항목으로 인해 증폭되었다. 지금은 임금 계약에서 생계비 조정항목을 찾아보기가 어렵다.

생산성 변화　생산성의 증가란 동일한 양의 중간투입물을 가지고 한 노동자가 생산할 수 있는 생산량이 증가함을 의미한다. 예를 들어 소매상점들이 바코드 스캐너를 도입함에 따라 개별 점원이 진열, 주문 등의 재고관리를 더 효율적으로 할 수 있게 되었다. 그 결과 소매상점이 1달러의 매출을 올리는 데 필요한 비용은 감소하고 이윤은 증가했다. 뿐만 아니라 상점이 공급하는 재화의 양도 증가했다(월마트를 생각해 보자. 월마트의 점포 수가 증가하는 것은 총공급량의 증가에 비견할 수 있다). 따라서 그 원인이 무엇이든 간에 생산성이 향상될 경우 생산자의 이윤이 증가하고 단기 총공급곡선은 오른쪽으로 이동한다.

이와 반대로 생산성이 하락하면 주어진 투입물을 가지고 각 종업원이 생산할 수 있는 생산물의 양이 감소한다. 이는 단위당 생산비 증가, 이윤 감소, 공급량 감소를 낳으며 결국 단기 총공급곡선을 왼쪽으로 이동시킨다.

〈표 27-2〉는 단기 총공급곡선을 이동시키는 요인들을 요약해서 보여 준다.

장기 총공급곡선

이제까지는 단기에 명목임금의 경직성으로 인해 물가가 하락하면 총생산물의 공급량이 감소함을 보았다. 그러나 앞서 언급한 바와 같이 장기에는 계약이나 비공식적 합의가 재협상될 수 있으므로 명목임금도 물가와 마찬가지로 신축적이다. 이와 같은 사실은 물가와 총공급량 간의 장기적인 관계에 큰 변화를 가져온다. 사실 장기에는 물가가 총생산물의 공급량에 아무런 영향을 주지 못한다.

그 이유를 이해하기 위해 다음과 같은 상상 실험을 해 보자. 여러분이 마법의 지팡이를 갖고 있어서 경제 전체의 모든 가격을 동시에 절반으로 낮출 수 있다고 하자. 경제 전체의 '모든 가격'을 절반으로 낮춘다 함은 모든 최종생산물의 가격은 물론 명목임금과 모든 중간투입물의 가격도 절반으로 낮춤을 의미한다. 이처럼 모든 최종생산물과 중간투입물의 가격이 절반이 되면 총생산에는 어떤 변화가 발생할까?

그 답은 '아무 변화도 생기지 않는다'이다. 다시 한번 식 (27-2)를 생각해 보자. 각 생산자의 입장에서 보면 자신이 생산하는 생산물의 가격이 절반으로 하락하지만 생산비용 또한 동일한

표 27-2 총공급을 이동시키는 요인

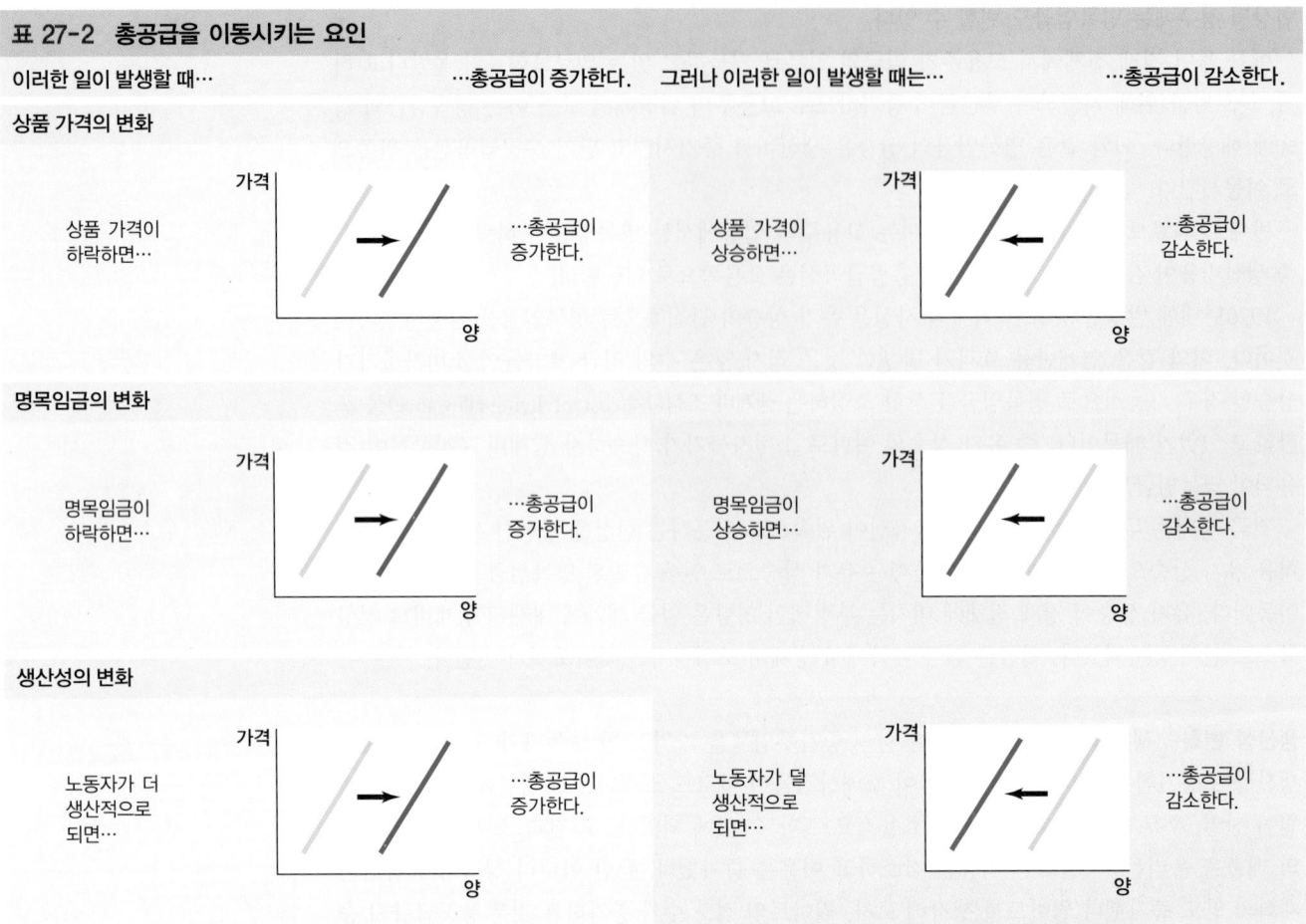

이러한 일이 발생할 때…	…총공급이 증가한다.	그러나 이러한 일이 발생할 때는…	…총공급이 감소한다.

상품 가격의 변화

상품 가격이 하락하면… …총공급이 증가한다.

상품 가격이 상승하면… …총공급이 감소한다.

명목임금의 변화

명목임금이 하락하면… …총공급이 증가한다.

명목임금이 상승하면… …총공급이 감소한다.

생산성의 변화

노동자가 더 생산적으로 되면… …총공급이 증가한다.

노동자가 덜 생산적으로 되면… …총공급이 감소한다.

비율로 감소할 것이다. 그 결과 가격이 변하기 이전에 생산을 하면 이윤을 낼 수 있었던 생산물 단위들은 모두 가격이 변화한 후에도 여전히 이윤을 낼 수 있을 것이다. 따라서 경제 전체의 모든 가격이 절반이 되어도 각 생산자의 생산량에는 변화가 없을 것이며 그 결과 총생산에도 변화가 없을 것이다. 결국 물가의 변화는 총생산물의 공급량에 영향을 주지 못한다.

물론 현실에서는 어느 누군가가 모든 가격을 동시에 동일한 비율만큼 변화시키는 것이 불가능하다. 하지만 지금은 모든 가격이 완전히 신축적인 장기를 고려하고 있다. 장기에는 인플레이션이나 디플레이션이 발생할 경우 마치 누군가가 모든 가격을 동일한 비율만큼 변화시키는 것과 동일한 효과를 가질 것이다. 따라서 물가의 변화는 장기에 총생산물의 공급량을 변화시키지 못한다. 장기에는 물가의 변화가 명목임금을 비롯한 모든 투입물 가격이 동일한 비율만큼 변화하는 현상을 동반하기 때문이다.

〈그림 27-7〉에서 LRAS로 표기된 **장기 총공급곡선**(long-run aggregate supply curve)은 명목임금을 비롯한 모든 가격이 완전히 신축적일 경우 물가와 총생산물의 공급량 간에 존재하는 관계를 보여 준다. 물가의 변화가 총생산에 아무런 영향을 주지 못하기 때문에 장기 총공급곡선은 수직선의 모양을 가진다. 그림에 따르면 물가수준이 15.0일 때 총생산물의 공급량은 2012년 달러로 1조 1,090억 달러다. 물가가 50% 하락하여 7.5가 되어도 장기에 있어서는 총생산물의 공급량이 여전히 2012년 달러로 1조 1,090억 달러다.

장기 총공급곡선이 수직임을 이해하는 것 못지않게 장기 총공급곡선의 이동이 가지는 의미를 이해하는 것도 중요하다. 〈그림 27-7〉에서 LRAS가 수평축과 만나는 점(2012년 달러로 1조 1,090억 달러)은 이 경제의 **잠재생산량**(potential output), Y_p, 즉 명목임금을 비롯한 모든 가격이

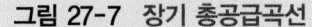

그림 27-7 장기 총공급곡선

장기 총공급곡선은 명목임금을 비롯한 모든 가격이 신축적일 경우에 물가와 총생산물의 공급량 간에 존재하는 관계를 보여 준다. 장기 총공급곡선은 잠재생산량을 나타내는 Y_P에서 수직이다.

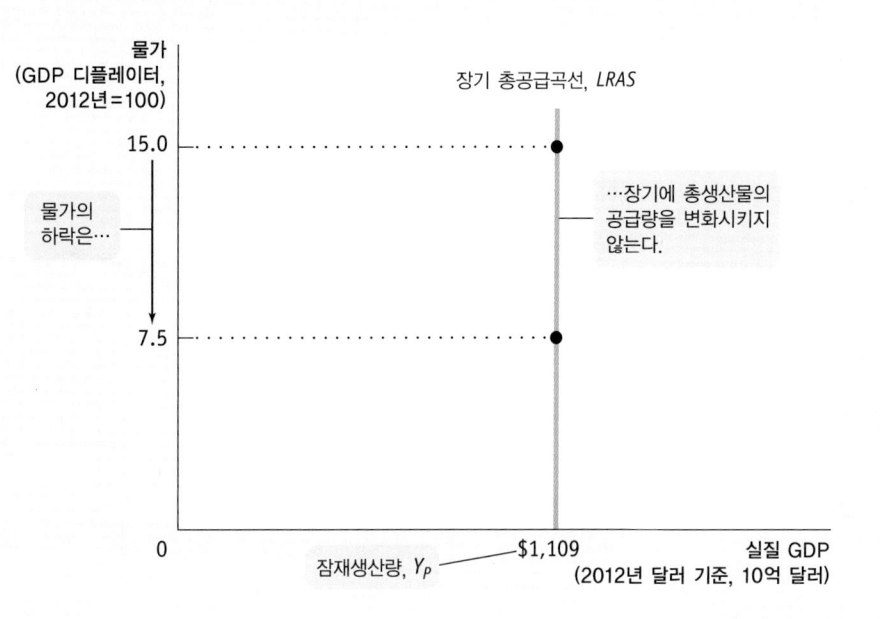

완전히 신축적일 때 이 경제가 생산할 실질 국내총생산 수준을 나타낸다.

현실에서는 실질 국내총생산이 잠재생산량보다 높거나 낮은 수준에 있다. 그 이유에 대해서는 앞으로 총수요-총공급 모형에 대해서 논할 때 설명할 것이다. 그럼에도 불구하고 실제 총생산이 잠재생산량을 중심으로 변동하기 때문에 잠재생산량은 매우 중요한 의미를 가진다.

미국에서는 의회예산처가 연방정부의 예산을 분석하기 위해 잠재생산량을 추정한다. 〈그림 27-8〉에서 오렌지색 선은 의회예산처가 추정한 1990년부터 2020년까지 미국의 연간 잠재생산량을 보여 주며, 파란색 선은 같은 기간 미국 실질 국내총생산의 실젯값을 보여 준다. 보라색 음영으로 표시된 부분은 잠재생산량이 실제 총생산을 초과하는 기간을 나타내고, 초록색 음영으로 표시된 부분은 실제 총생산이 잠재생산량을 초과하는 기간을 나타낸다.

그림에서 보듯이 미국의 잠재생산량은 꾸준하게 증가해 왔는데 이는 미국의 *LRAS* 곡선이 계속하여 오른쪽으로 이동해 왔음을 의미한다. 장기 총공급곡선이 오른쪽으로 이동한 원인은 무엇일까? 그 답은 제24장에서 설명한 경제성장의 요인, 즉 실물자본 및 인적 자본의 증가와 기술진보에서 찾을 수 있다. 장기적으로 경제활동인구가 많아지고 노동 생산성이 높아지면 경제가 생산할 수 있는 실질 국내총생산도 증가한다. 사실 장기 경제성장이란 한 경제의 잠재생산량이 증가하는 현상으로도 볼 수 있다. 즉 우리는 일반적으로 시간이 흐름에 따라 경제가 장기적으로 성장하면서 장기 총공급곡선이 오른쪽으로 이동한다고 본다.

단기에서 장기로

〈그림 27-8〉에서 보듯이 미국 경제의 총생산은 잠재생산량을 초과할 때도 있었고 잠재생산량에 미달할 때도 있었다. 실제 총생산은 1990년대 초에 잠재생산량에 미달했으며, 1990년대 말에 잠재생산량을 초과한 반면 2000년대의 대부분은 잠재생산량에 미달했다. 특히 2007~2009년 경기후퇴 이후에는 잠재생산량에 크게 미달했다. 따라서 경제는 보통 장기 총공급곡선이 아니라 단기 총공급곡선 상에 있었다고 할 수 있다. 그렇다면 장기 총공급곡선은 별로 필요가 없는 것이 아닐까? 도대체 경제가 단기균형으로부터 장기균형으로 가기는 하는 것일까? 그렇다면

그림 27-8　실제 총생산과 잠재생산량, 1990~2020년

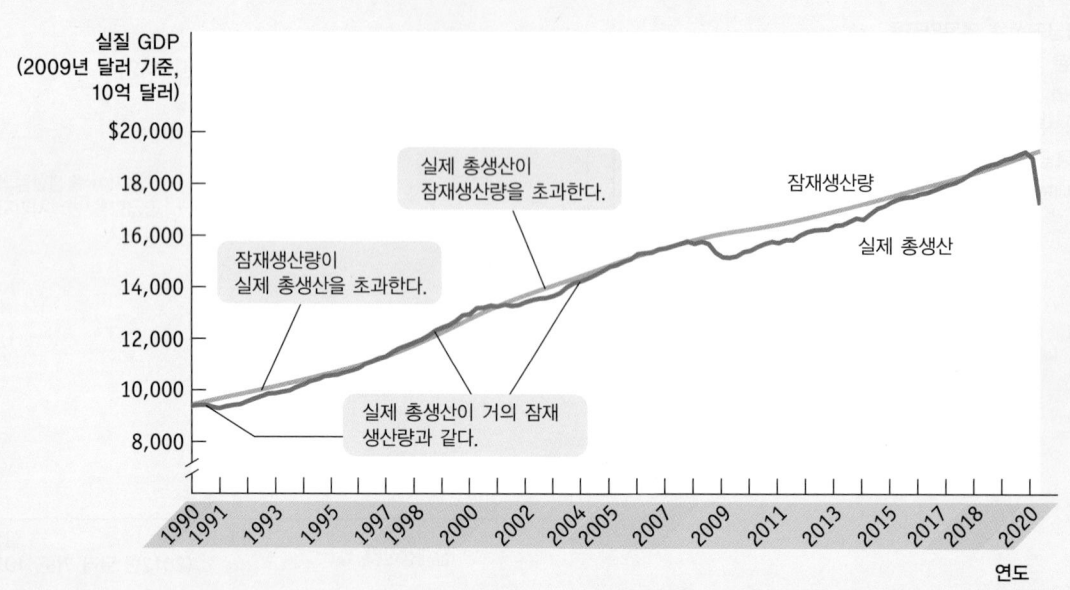

이 그림은 1990년부터 2020년까지 미국의 실제 총생산과 잠재생산량을 보여 준다. 오렌지색 선은 의회예산처가 계산한 미국의 잠재생산량 추정치를 나타내며 파란색 선은 실제 총생산을 나타낸다. 보라색 음영으로 표시된 해는 실제 총생산이 잠재생산량보다 낮았던 기간을 나타내고, 초록색 음영으로 표시된 해는 실제 총생산이 잠재생산량을 초과했던 기간을 나타낸다. 그림에서 보듯이 1990년대 초와 2000년 이후의 경기후퇴기에는 실제 총생산이 잠재생산량에 크게 미달했다. 1990년대 후반의 호황기에는 실제 총생산이 잠재생산량을 상당히 큰 폭으로 초과했다가 2007~2009년 경기후퇴 이후에는 엄청난 규모로 미달했다. 2020년 2사분기에 코로나바이러스 유행병이 경제활동을 연간으로 환산하여 30% 이상 저하시킴에 따라 또 하나의 미달 현상이 발생했다.

출처 : Congressional Budget Office; Bureau of Economic Analysis; Federal Reserve Bank of St. Louis.

함정

장기가 진정으로 의미하는 것은?

이제껏 우리는 '장기(long run)'라는 용어를 두 가지 상이한 경우에 대해서 사용해 왔다. 앞서 나온 장에서는 장기 경제성장, 즉 수십 년간에 걸쳐 일어나는 성장에 초점을 두었다. 이 장에서는 잠재생산량, 즉 명목임금을 비롯한 모든 가격이 완전히 신축적일 경우 경제의 총생산을 나타내는 *장기 총공급곡선*을 소개했다. 따라서 '장기'라는 용어가 두 가지 상이한 개념으로 사용되는 것처럼 보일 수도 있다. 사실 이 두 개념은 동일한 것이다.

모든 경제는 장기적으로는 잠재생산량 수준으로 수렴하는 경향이 있기 때문에 실제 총생산은 잠재생산량을 중심으로 *변동하되* 잠재생산량 수준에서 크게 이탈하지 않는다. 따라서 오랜 기간, 즉 수십 년 동안의 경제성장률은 잠재생산량의 증가율과 매우 유사할 것이다. 그리고 잠재생산량의 증가율은 장기 경제성장에 대한 장에서 분석했던 요인들에 의해 결정된다. 이는 장기 성장에서의 '장기'와 장기 총공급곡선에서의 '장기'가 서로 일치하는 개념임을 의미한다.

어떻게 가는 것일까?

이 질문에 답하기 위해서는 우선 경제가 단기 총공급곡선 및 장기 총공급곡선과 관련하여 반드시 다음 두 상태 중 하나에 있다는 점을 이해해야 한다. 즉 경제는 동시에 단기 총공급곡선과 장기 총공급곡선 상에 있을 수 있는데 이는 경제가 두 곡선이 만나는 점에 있는 경우다(〈그림 27-8〉에서 실제 총생산을 나타내는 선과 잠재생산량을 나타내는 선이 교차하는 몇 개의 연도가 이에 해당한다). 또는 경제는 단기 총공급곡선 상에만 있고 장기 총공급곡선 상에는 있지 않을 수 있다(〈그림 27-8〉에서 실제 총생산을 나타내는 선과 잠재생산량을 나타내는 선이 교차하지 않는 연도들이 이에 해당한다).

그런데 이것이 이야기의 끝이 아니다. 경제가 단기 총공급곡선 상에만 있고 장기 총공급곡선 상에 있지 않은 경우에는 두 곡선이 만나는 점에 경제가 위치하여 실제 총생산이 잠재생산량과 같아질 때까지 단기 총공급곡선이 이동하게 된다.

〈그림 27-9〉는 그 과정을 예시적으로 보여 준다. (a)와 (b)에서 $LRAS$는 장기 총공급곡선이고 $SRAS_1$은 처음의 단기 총공급곡선이며 현재의 물가수준은 P_1이다. 이 경제가 현재 그림 (a)의 A_1점에 있다고 하자. 이 점에서는 잠재생산량인 Y_P를 초과하는 Y_1의 총생산이 공급되고 있다. Y_1과 같이 잠재생산량을 초과하는 생산물을 생산하는 것은 명목임금이 완전히 상향 조정되지 않았을 경

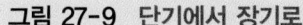

그림 27-9 단기에서 장기로

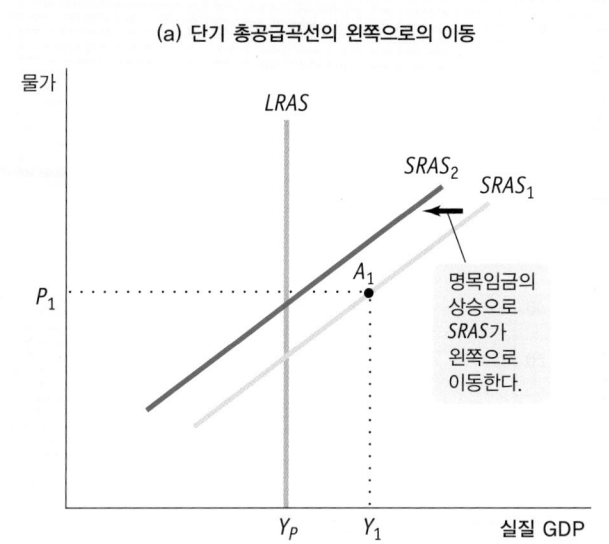

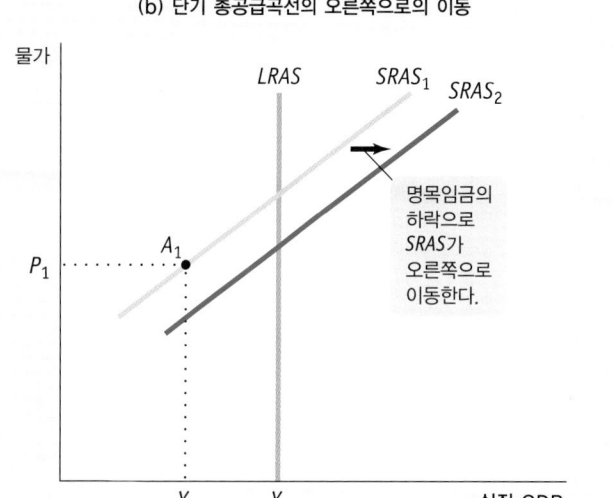

그림 (a)에서 처음의 단기 총공급곡선은 $SRAS_1$이다. 물가수준이 P_1일 때 총생산물의 공급량 Y_1은 잠재생산량 Y_P를 초과한다. 결국 낮은 실업률이 명목임금을 상승시키고 단기 총공급곡선을 $SRAS_2$처럼 왼쪽으로 이동시킨

다. 그림 (b)에서는 반대되는 현상이 발생한다. 물가수준이 P_1일 때 총생산 물의 공급량 Y_1은 잠재생산량 Y_P에 미달한다. 높은 실업률은 결국 명목임 금을 하락시키고 단기 총공급곡선을 오른쪽으로 이동시킬 것이다.

우에만 가능하다. 명목임금의 상향 조정이 일어나기 전까지는 생산자들이 많은 이윤을 벌어들이고 높은 수준의 생산량을 생산한다. 하지만 총생산이 잠재생산량을 초과한다 함은 실업률이 지나치게 낮은 수준에 있음을 의미한다. 일자리는 풍부한 반면 노동자가 부족하면 시간이 흐름에 따라 명목임금이 상승할 것이고 그 결과 단기 총공급곡선은 점차 왼쪽으로 이동할 것이다. 결국 단기 총공급곡선은 $SRAS_2$와 같이 새로운 위치로 이동할 것이다(이 장에서는 단기 총공급곡선이 머무는 위치가 어떻게 결정되는지에 대해서도 설명할 것이다. 나중에 설명하겠지만 총수요곡선의 위치가 중요한 역할을 한다).

〈그림 27-9〉의 (b)에서는 처음의 생산점인 A_1에서 총생산(Y_1)이 잠재생산량(Y_P)보다 작다. Y_1과 같이 잠재생산량에 미달하는 생산물을 생산하는 것은 명목임금이 완전히 하향 조정되지 않았을 경우에만 가능하다. 명목임금의 하향 조정이 일어나기 전까지는 생산자들이 작은 이윤을 내거나 손실을 입고 있을 것이고 이에 따라 낮은 수준의 생산량을 생산할 것이다. 그런데 총생산이 잠재생산량에 미달한다 함은 실업률이 높은 수준에 있음을 의미한다. 노동자는 풍부한 반면 일자리가 부족하면 시간이 흐름에 따라 명목임금이 하락할 것이고, 그 결과 단기 총공급곡선은 점차적으로 오른쪽으로 이동할 것이다. 결국 단기 총공급곡선은 $SRAS_2$와 같이 새로운 위치로 이동할 것이다.

우리는 곧 이와 같은 단기 총공급곡선의 이동이 장기적으로 경제를 잠재생산량 수준으로 복귀시킨다는 사실을 알게 될 것이다.

현실 경제의 >> 이해

대후퇴 기간 중의 임금 경직성

우리는 경직적 임금으로 인해 단기에 총공급곡선이 우상향하는 기울기를 가짐을 확인했다. 노동

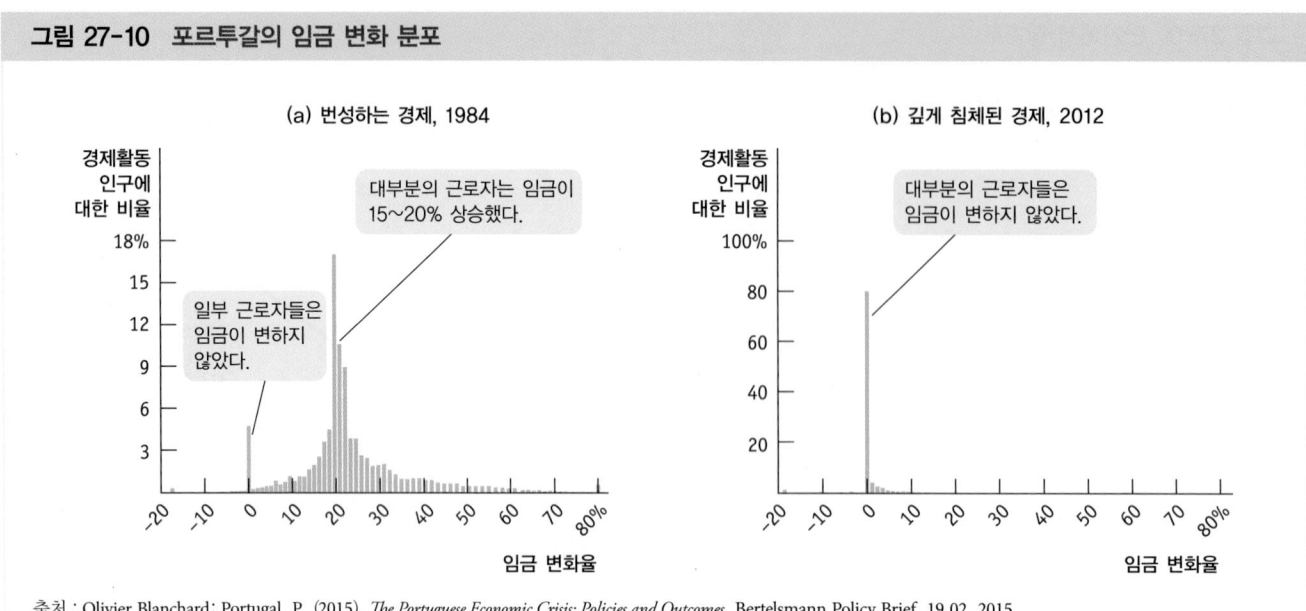

그림 27-10   포르투갈의 임금 변화 분포

출처 : Olivier Blanchard; Portugal, P. (2015). *The Portuguese Economic Crisis: Policies and Outcomes*. Bertelsmann Policy Brief, 19.02. 2015.

이 초과공급 상태에 있을 때조차 고용주들이 명목임금을 삭감하기를 주저하며 근로자들도 명목임금 삭감을 기꺼이 수용하지 않을 것이기 때문이다. 그렇다면 임금이 경직적임을 보여 주는 증거가 있는 것일까?

이 질문에 대한 답은 비슷한 능력을 가진 다수의 근로자들이 실업 상태에 있으면서 더 낮은 임금을 받고서라도 일을 구하려 하기 때문에 많은 근로자들이 임금 삭감의 압력을 받으리라 예상되는 시기에 실제로 임금에 어떤 변화가 있는지를 살펴봄으로써 찾을 수 있다. 임금이 경직적이라면 이와 같은 시기에도 많은 근로자들의 임금이 변하지 않음을 발견할 것으로 기대된다. 고용주들로서는 임금을 올려 줄 이유가 없으며, 임금이 경직적이기 때문에 근로자들은 임금을 삭감당하지 않을 것이다.

바로 이것이 2007~2009년 대후퇴 기간 중과 이후에 우리가 발견할 수 있는 현상이다. 〈그림 27-10〉은 2008년부터 심각한 장기 침체를 겪었고 2013년 초에 실업률이 17% 이상의 정점에 달했던 포르투갈의 사례를 보여준다.

그림 (a)는 경제가 비교적 괜찮았고 상당한 정도의 인플레이션이 발생했던 시기인 1984년 포르투갈인의 임금 변화 분포, 즉 임금이 주어진 액수 이상만큼 상승한 근로자의 비중을 보여준다. 그림에서 보듯이 대부분 근로자들의 임금은 15%에서 20% 정도 상승했지만, 임금 상승폭은 상당히 넓은 분포를 보였다. 이와 반면에 그림 (b)는 포르투갈 경제가 깊은 침체를 겪는 한편 인플레이션이 거의 0에 가까웠던 2012년의 임금 변화 분포를 보여준다. 여러분은 이 상황에서는 광범위한 임금 삭감을 기대할 것이다. 그런데 고용주들은 임금 삭감을 꺼려한다. 따라서 그림은 0의 값에서의 뾰족한 막대가 나타내듯이 80%에 가까운 근로자의 임금이 전혀 변하지 않았음을 보여준다. 즉, 임금이 경직적이기 때문에 대부분의 임금이 상승하지도 하락하지도 않았다.

>> **복습**

• **총공급곡선**은 물가와 총생산물의 공급량 간의 관계를 나타낸다.

• **단기 총공급곡선**은 우상향의 기울기를 가진다. 즉 물가가 상승할 경우 **명목임금**이 **경직적**이라면 총생산이 증가한다.

• 상품 가격, 명목임금, 생산성 등의 변화는 단기 총공급곡선을 이동시킨다.

• 모든 가격이 신축적인 장기에는 물가의 변화가 총생산에 영향을 주지 못한다. **장기 총공급곡선**은 **잠재생산량** 수준에서 수직인 모습을 가진다.

• 실제 총생산이 잠재생산량을 초과하면 명목임금이 궁극적으로 상승하고 단기 총공급곡선이 왼쪽으로 이동한다. 잠재생산량이 실제 총생산을 초과하면 명목임금이 궁극적으로 하락하고 단기 총공급곡선은 오른쪽으로 이동한다.

>> **이해돕기 27-2**

해답은 책 뒤에

1. 다음 각 사건이 단기 총공급에 미치는 영향을 분석하라. 그 영향이 단기 총공급곡선 상의 이동 때문인지 또는 단기 총공급곡선 자체의 이동 때문인지를 설명하라.

그림 27-11 총수요-총공급 모형

총수요-총공급 모형은 총수요곡선과 단기 총공급곡선을 결합한 모형이다. 이 두 곡선이 만나는 점 E_{SR}은 단기 거시경제 균형점인데 이 점에서는 총생산물의 수요량이 총생산물의 공급량과 같다. P_E는 단기균형 물가이고, Y_E는 단기균형 총생산이다.

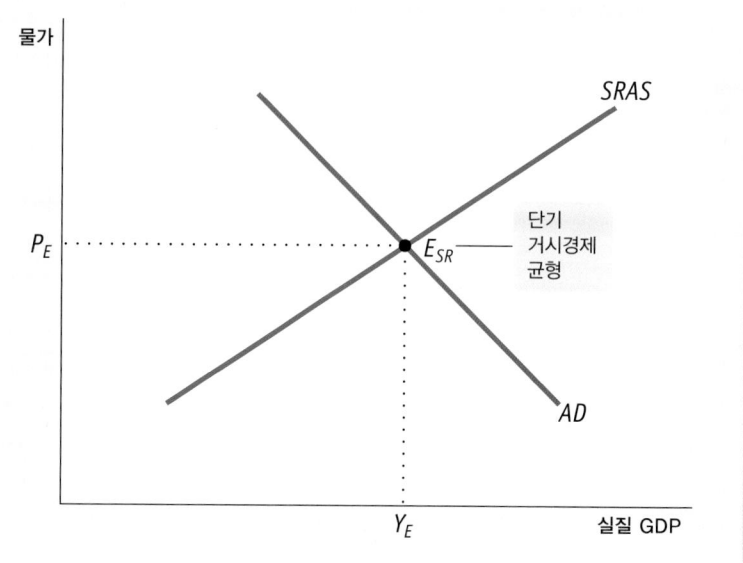

a. 소비자물가지수(CPI)가 상승함에 따라 생산자들이 생산량을 늘린다.

b. 유가가 하락함에 따라 생산자들이 생산량을 늘린다.

c. 법적으로 요구되는 종업원 퇴직급여 혜택이 증가함에 따라 생산자들이 생산량을 줄인다.

2. 잠재생산량을 달성하고 있는 어떤 경제에서 총생산물의 공급량이 증가한다고 하자. 이와 같은 총생산의 증가가 단기 총공급곡선 상의 이동 때문인지 또는 장기 총공급곡선 자체의 이동 때문인지를 판별하기 위해서는 어떤 정보가 필요한지를 설명하라.

‖ 총수요-총공급 모형

1929~1933년 사이에 미국 경제는 물가가 하락함에 따라 단기 총공급곡선을 따라서 아래로 이동했다. 이와 반면에 1979~1980년 사이에는 물가가 상승함에 따라 총수요곡선을 따라서 위로 이동했다. 각각의 경우에 총공급 또는 총수요곡선을 따라서 이동하게 된 원인은 상대방 곡선이 이동한 데에 있다. 1929~1933년 사이에는 소비지출이 크게 감소함에 따라 총수요곡선이 왼쪽으로 이동한 것이 원인이었고, 1979~1980년 사이에는 유가 급등으로 단기 총공급이 크게 감소함에 따라 단기 총공급곡선이 왼쪽으로 이동한 것이 원인이었다. 대후퇴 중에는 물가가 하락하지는 않았지만, 경제학자들은 1929~1933년의 이야기와 마찬가지로 총수요곡선이 왼쪽으로 이동한 것이 대후퇴의 원인이었다는 점에 동의한다.

이러한 사실은 경제의 움직임을 이해하기 위해서는 총공급곡선과 총수요곡선을 함께 분석해야 함을 일깨워 준다. 이 두 곡선을 함께 분석하는 것이 바로 **총수요-총공급 모형**(*AD-AS* model)이다. 이 모형은 경기변동을 이해하기 위해 사용되는 가장 기본적인 모형이다.

단기 거시경제 균형

먼저 단기에 초점을 둔 분석으로부터 시작하자. 〈그림 27-11〉은 총수요곡선과 단기 총공급곡선을 함께 보여 준다. *AD* 곡선과 *SRAS* 곡선이 만나는 점인 E_{SR}을 **단기 거시경제 균형**(short-run macroeconomic equilibrium)이라 부른다. 이 점에서는 총생산물의 공급량이 가계, 기업, 정부, 해

총수요-총공급 모형(*AD-AS* model)에서는 경기변동을 분석하기 위해 총공급곡선과 총수요곡선이 함께 이용된다.

총생산물의 공급량이 총생산물의 수요량과 같을 때 경제는 단기 거시경제 균형(short-run macroeconomic equilibrium) 상태에 있다.

단기균형 물가(short-run equilibrium aggregate price level)는 단기 거시 경제 균형 상태에서의 물가수준이다.

단기균형 총생산(short-run equilibrium aggregate output)은 단기 거시경제 균형 상태에서의 총생산이다.

총수요곡선을 이동시키는 사건을 수요 충격(demand shock)이라 한다.

외 부문 등에 의한 총생산물의 수요량과 같다. E_{SR}에서의 물가수준인 P_E를 **단기균형 물가**(short-run equilibrium aggregate price level)라 한다. 또한 E_{SR}에서의 총생산량인 Y_E를 **단기균형 총생산**(short-run equilibrium aggregate output)이라 한다.

수요공급 모형에서는 개별 재화에 대한 초과수요가 시장가격을 상승시키고 초과공급은 시장 가격을 하락시킴을 보았다. 이와 같은 움직임에 의해 시장이 균형을 달성하는 것이 보장된다. 동일한 논리가 바로 단기 거시경제 균형에도 적용된다. 물가가 균형 수준보다 높으면 총생산물의 공급량이 수요량을 초과한다. 이는 물가를 하락시켜서 균형 수준에 가까워지도록 만든다.

물가가 균형 수준보다 낮은 경우에는 총생산물의 공급량이 수요량보다 적다. 이는 물가를 상승시켜서 균형 수준에 가까워지도록 만든다. 이제부터는 경제가 항상 단기 거시경제 균형 상태에 있다고 가정할 것이다.

우리는 또한 현실에서 총생산과 물가가 함께 상승하는 경향이 있다는 점을 감안하여 한 가지 단순화 가정을 추가적으로 도입할 것이다. 즉 총생산이나 물가의 하락은 장기적인 상승추세에 대비한 상대적인 하락이라고 가정할 것이다. 예를 들어 물가가 일반적으로 매년 4%씩 상승한다면 물가가 3%만 상승한 해는 우리 분석에서는 물가가 1% 하락한 해로 취급될 것이다. 사실 대부분의 국가에서 대공황 이후 물가가 실제로 하락한 것은 몇 해 되지 않는다. 1995년 이후 일본의 디플레이션은 얼마 안 되는 예외에 속한다. 반면에 물가가 장기 추세에 비해서 상대적으로 하락한 사례는 많다.

단기균형 총생산과 단기균형 물가는 AD 곡선의 이동이나 SRAS 곡선의 이동에 의해 변할 수 있다. 이들 각각의 경우를 살펴보기로 한다.

총수요의 이동 : 단기적 효과

기대나 재산의 변화, 기존 실물자본 양의 변화, 재정정책과 통화정책의 시행과 같이 총수요곡선을 이동시키는 사건을 **수요충격**(demand shock)이라 부른다. 대공황의 원인은 1929년의 주가폭

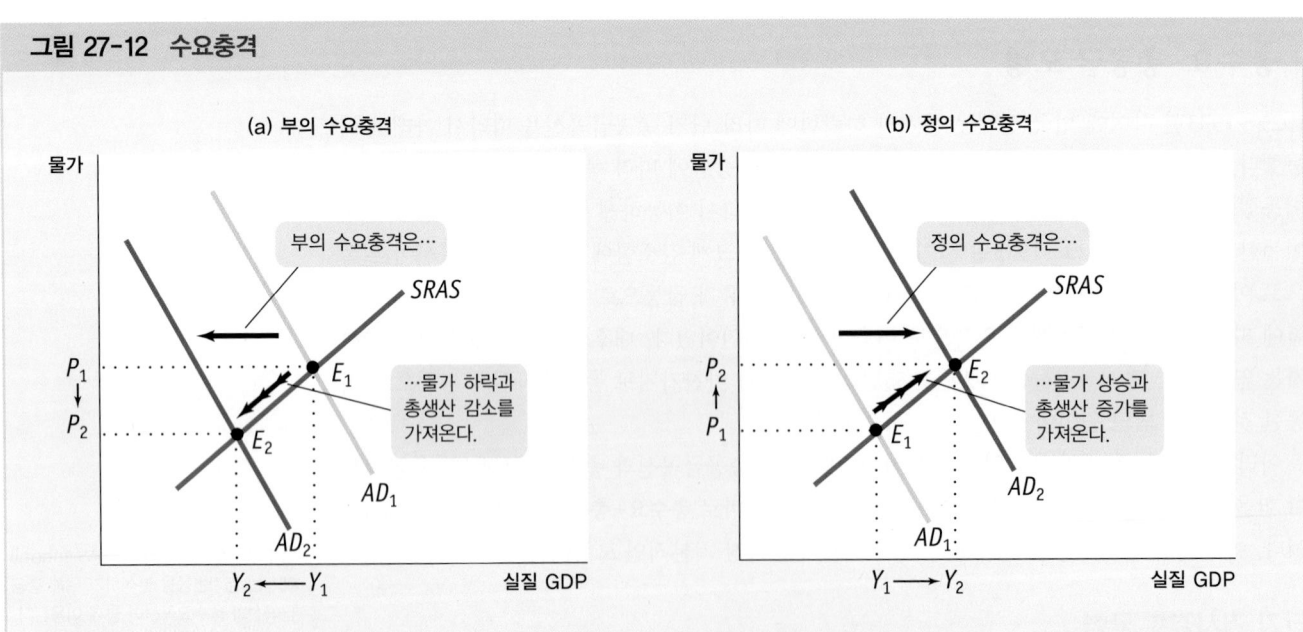

그림 27-12 수요충격

수요충격은 총수요곡선을 이동시키고 그 결과 물가와 총생산이 같은 방향으로 변한다. 그림 (a)에서는 부의 수요충격으로 인해 총수요곡선이 AD_1에서 AD_2로 왼쪽으로 이동하며, 그 결과 물가가 P_1에서 P_2로 하락하고 총생산이 Y_1에서 Y_2로 감소한다. 그림 (b)에서는 정의 수요충격이 총수요곡선을 오른쪽으로 이동시키고, 그 결과 물가는 P_1에서 P_2로 상승하고 총생산은 Y_1에서 Y_2로 증가한다.

락과 1930~1931년 은행위기에 뒤따른 자산 가치 하락과 기업과 소비자의 신뢰 붕괴라는 부의 수요충격에 있었다.

대공황은 제2차 세계대전 중 엄청난 규모의 정부구매 증가라는 정의 수요충격에 의해서 종식되었다. 2008년에 미국 경제는 주택시장의 호황이 불황으로 바뀌고 기업들이 지출을 축소시킴에 따라 심각한 부의 수요충격을 경험했다.

〈그림 27-12〉는 부의 수요충격과 정의 수요충격이 미치는 단기적인 영향을 보여 준다. 그림 (a)에서 보듯이 부의 수요충격은 AD_1에서 AD_2로와 같이 총수요곡선을 왼쪽으로 이동시킨다. 경제는 E_1에서 SRAS 곡선을 따라서 아래쪽으로 이동하여 E_2에 도달하며, 단기균형 총생산이 감소하고 단기균형 물가가 하락한다. 정의 수요충격은 그림 (b)에서와 같이 총수요곡선을 오른쪽으로 이동시킨다. 경제는 E_1에서 SRAS 곡선을 따라서 위쪽으로 이동하여 E_2에 도달하며, 그 결과 단기균형 총생산이 증가하고 단기균형 물가가 상승한다. 수요충격은 총생산과 물가를 같은 방향으로 움직이도록 만든다.

단기 총공급곡선의 이동

상품 가격, 명목임금 또는 생산성의 변화와 같이 단기 총공급곡선을 이동시키는 사건을 **공급충격**(supply shock)이라 한다. 부의(negative) 공급충격은 생산비용을 증가시키고 각 물가수준에서 생산자들이 공급하고자 하는 생산물의 양을 감소시키며 그 결과 단기 총공급곡선을 왼쪽으로 이동시킨다. 미국 경제는 1973년과 1979년에 세계 원유공급이 불안정해짐에 따라 격심한 부의 공급충격을 겪었다.

이와 반면에 정의 공급충격은 생산비용을 낮추고 각 물가수준에서의 공급량을 증가시킴으로써 단기 총공급곡선을 오른쪽으로 이동시킨다. 미국 경제는 1995년과 2000년 사이에 인터넷 사용의 증가와 정보통신기술의 발달로 생산성이 크게 높아짐에 따라 정의 공급충격을 경험했다.

〈그림 27-13〉의 (a)는 부의 공급충격의 효과를 보여 준다. 처음에 경제는 E_1에서 균형 상태에 있으며, 이 점에서 물가는 P_1이고 총생산은 Y_1이다. 원유 공급의 불안정은 단기 총공급곡선을 $SRAS_1$에서 $SRAS_2$로 왼쪽으로 이동시킨다. 그 결과 경제가 총수요곡선을 따라서 위쪽으로 움직이면서 총생산이 감소하고 물가가 상승한다. 새 균형점인 E_2에서의 균형물가인 P_2는 이전에 비해 높아지고 균형총생산인 Y_2는 낮아진다.

그림 (a)가 보여 주는 것과 같이 인플레이션과 총생산의 감소가 함께 나타나는 현상을 '경기침체(stagnation) 더하기 인플레이션(inflation)'을 뜻하는 **스태그플레이션**(stagflation)이라 부른다. 스태그플레이션을 경험한다는 것은 매우 불쾌한 일이다. 총생산의 감소가 실업을 증가시키는 데다 물가가 상승함에 따라 구매력마저 줄어들기 때문이다. 1970년대의 스태그플레이션은 미국 전역을 비관론에 젖어들게 만들었다. 이에 더해서 정책담당자들을 딜레마에 빠지게 만들었다.

그림 (b)가 보여 주는 정의 공급충격은 정확히 정반대의 효과를 갖는다. SRAS 곡선이 $SRAS_1$에서 $SRAS_2$로 오른쪽으로 이동함에 따라 경제가 총수요곡선을 따라 아래로 움직이면서 총생산이 증가하고 물가가 하락한다. 1990년대 후반의 우호적인 공급충격은 완전고용과 인플레이션 완화를 동시에 가져왔다. 다시 말해서 물가가 장기 추세에 비해 상대적으로 하락했다. 이와 같은 현상은 한동안 전국적인 낙관론을 초래했다.

정의 충격이든 부의 충격이든 공급충격은 수요충격과는 달리 물가와 총생산을 서로 반대 방향으로 변화시킨다는 특징을 가진다.

이 외에도 공급충격과 수요충격 간에는 중요한 차이가 한 가지 더 있다. 앞서 보았듯이 정부는 통화정책과 재정정책을 통해 총수요곡선을 이동시킬 수 있다. 이는 정부가 〈그림 27-12〉에서 보는 것과 같은 충격을 창출할 수 있음을 의미한다. 그렇지만 정부가 총공급곡선을 이동시키

단기 총공급곡선을 이동시키는 사건을 **공급충격**(supply shock)이라 한다.

스태그플레이션(stagflation)은 인플레이션과 총생산의 감소가 결합되어 나타나는 현상이다.

그림 27-13 공급충격

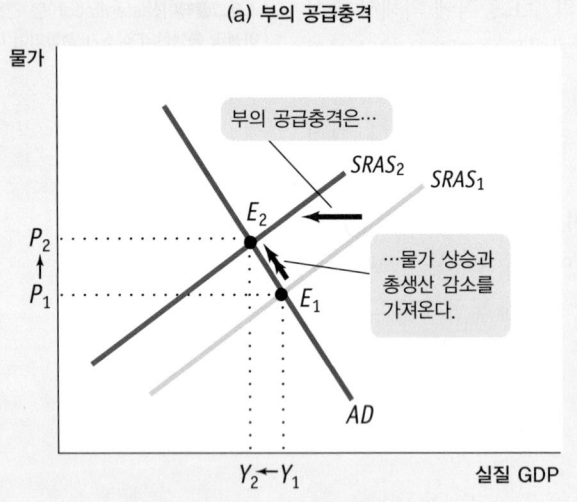

(a) 부의 공급충격

물가

부의 공급충격은…

$SRAS_2$ $SRAS_1$

P_2
P_1

E_2

…물가 상승과
총생산 감소를
가져온다.

E_1

AD

$Y_2 \leftarrow Y_1$ 실질 GDP

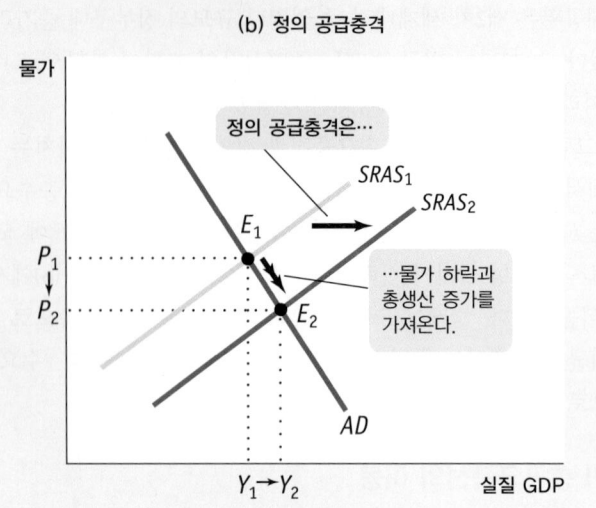

(b) 정의 공급충격

물가

정의 공급충격은…

$SRAS_1$
$SRAS_2$

P_1
P_2

E_1

…물가 하락과
총생산 증가를
가져온다.

E_2

AD

$Y_1 \rightarrow Y_2$ 실질 GDP

공급충격은 단기 총공급곡선을 이동시키며 그 결과 총생산과 물가가 반대 방향으로 변한다. 그림 (a)는 단기 총공급곡선을 왼쪽으로 이동시키고 그 결과 총생산이 감소하고 물가가 상승하는 스태그플레이션을 초래하는 부의 공급충격을 보여 준다. 여기서 단기 총공급곡선은 $SRAS_1$에서 $SRAS_2$로 이동하고 이에 따라 경제는 E_1에서 E_2로 이동한다. 물가는 P_1에서 P_2로 상승하며 총생산은 Y_1에서 Y_2로 감소한다. 그림 (b)는 단기 총공급곡선을 오른쪽으로 이동시키고 이에 따라 총생산을 증가시키고 물가를 하락시키는 정의 공급충격을 보여 준다. 단기 총공급곡선이 $SRAS_1$에서 $SRAS_2$로 이동함에 따라 경제는 E_1에서 E_2로 이동한다. 물가는 P_1에서 P_2로 하락하며 총생산은 Y_1에서 Y_2로 증가한다.

는 것은 훨씬 더 어렵다. 그렇다면 정부가 총수요곡선을 이동시키는 것을 정당화할 수 있는 정책적인 근거가 있을까? 이 질문에 대한 답은 곧 제시될 것이다. 그 전에 먼저 단기 거시경제 균형과 장기 거시경제 균형 간의 차이에 대해 알아보자.

장기 거시경제 균형

〈그림 27-14〉는 총수요곡선과 단기 총공급곡선 및 장기 총공급곡선을 함께 보여 준다. 총수요곡선인 AD는 단기 총공급곡선인 SRAS와 E_{LR}점에서 교차한다. 만일 충분한 시간이 경과했다면 이 경제는 장기 총공급곡선인 LRAS 상에도 있을 수 있다. 이 경우 E_{LR}은 AD, SRAS, LRAS의 세 곡선이 동시에 만나는 점이 된다. 이처럼 단기 거시경제 균형점이 장기 총공급곡선 상에 놓이는 상태를 **장기 거시경제 균형**(long-run macroeconomic equilibrium)이라 한다.

장기 거시경제 균형의 중요성을 부각하기 위해 수요충격으로 인해 경제가 장기 거시경제 균형으로부터 이탈하는 경우를 생각해 보자. 〈그림 27-15〉에서 처음에는 총수요곡선이 AD_1에 있으며 단기 총공급곡선은 $SRAS_1$에 있다고 하자. 이 경우 거시경제 균형이 E_1점에서 달성되는데 이 점은 장기 총공급곡선인 LRAS 상에도 있다. 따라서 이 경제는 단기 거시경제 균형과 장기 거시경제 균형을 모두 충족하고 있으며, 단기균형에서의 총생산은 Y_1에서 잠재생산량과 같다.

이제 기업과 소비자의 기대가 갑자기 악화된다든지 하는 이유로 인해 총수요가 감소하고 총수요곡선이 AD_2와 같이 왼쪽으로 이동한다고 하자. 그 결과 경제는 단기적으로 E_2점으로 이동하여 더 낮은 균형 물가 P_2와 균형 총생산 Y_2를 갖게 된다. 이와 같은 총수요 감소의 단기적 효과는 미국 경제가 1929~1933년 사이에 경험한 물가 하락 및 총생산 감소 현상과 일치한다.

새 단기균형점인 E_2에서의 총생산은 잠재생산량보다 낮다. 이러한 경우 경제에는 **경기후퇴 갭** (recessionary gap)이 존재한다. 경기후퇴 갭은 많은 실업자를 발생시킴으로써 큰 고통을 가져온

단기 거시경제 균형점이 장기 총공급곡선 상에 놓여 있을 때 경제가 장기 거시경제 균형(long-run macroeconomic equilibrium) 상태에 있다고 한다.

총생산이 잠재생산량에 미달할 때 경기후퇴 갭(recessionary gap)이 존재한다.

그림 27-14 장기 거시경제 균형

이 그림에서 단기 거시경제 균형점은 장기 총공급
곡선인 *LRAS* 상에 있다. 따라서 단기균형 총생산
은 잠재생산량인 Y_P와 같다. 경제는 E_{LR}점에서 장
기 거시경제 균형을 달성하고 있다.

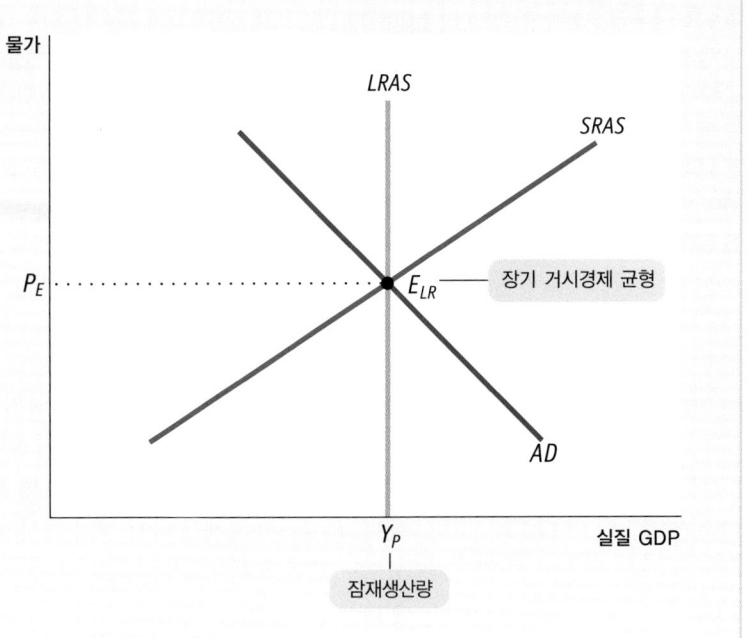

다. 1933년에 미국 경제가 경험한 큰 폭의 경기후퇴 갭은 극심한 사회정치적 혼란을 야기했다. 독
일 경제를 황폐화했던 경기후퇴 갭은 히틀러가 권좌에 오르는 데 결정적인 기여를 하기도 했다.
　그런데 이것이 이야기의 끝이 아니다. 고실업으로 인해 명목임금을 비롯한 경직적인 가격들

그림 27-15 부의 수요충격의 장·단기 효과

장기에는 경제가 자기 보정 기능을
갖고 있기 때문에 수요충격은 단기
적으로만 총생산에 영향을 미친다.
처음에 경제가 E_1에 있다고 할 때
부의 수요충격은 총수요곡선을 AD_1
에서 AD_2로 이동시킨다. 경제는 단
기적으로 E_2로 이동하는데 이 점에
서는 경기후퇴 갭이 존재한다. 결
국 물가가 P_1에서 P_2로 하락하고,
총생산도 Y_1에서 Y_2로 감소하며 실
업이 증가한다. 그렇지만 장기에는
Y_2에서의 고실업으로 인해 명목임
금이 하락하고 이에 따라 $SRAS_1$이
$SRAS_2$의 위치에 도달할 때까지 오
른쪽으로 이동한다. 이 과정에서 총
생산은 Y_2에서 Y_1으로 증가하고, 물
가는 P_2에서 P_3로 더욱 낮아진다.
결국 경제는 E_3점에서 장기 거시경
제 균형 상태로 되돌아간다.

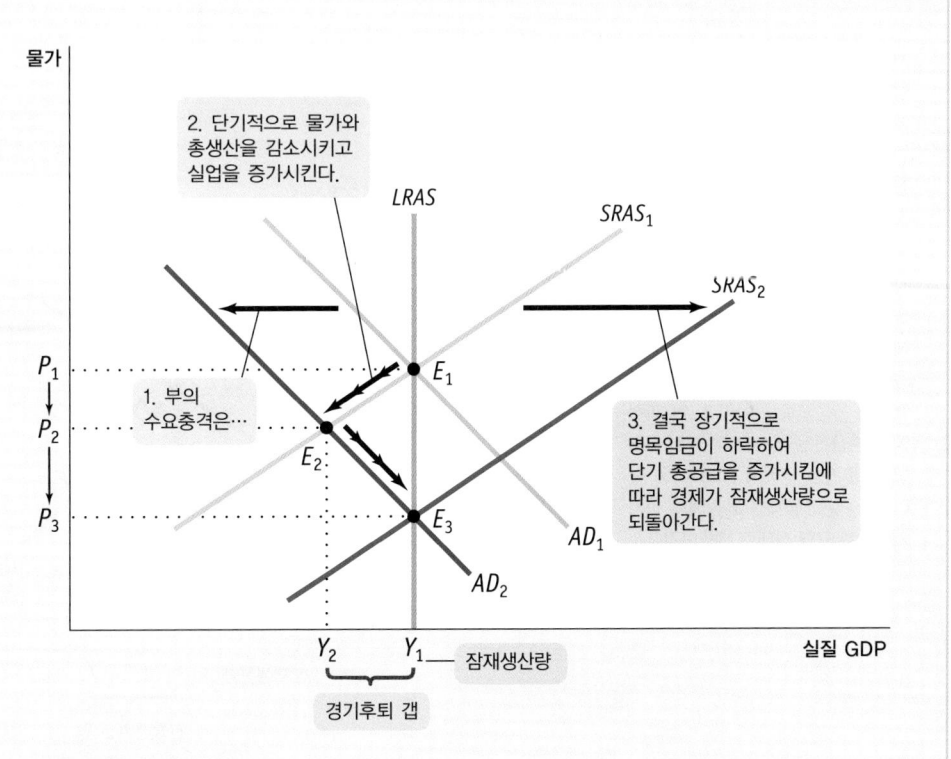

탐구자를 위하여   디플레이션은 어디로 갔나?

총수요 - 총공급 모형에 따르면 부의 수요충격이나 정의 공급충격이 있는 경우 물가의 하락, 즉 디플레이션이 발생한다. 그러나 미국은 1949년 이래로 물가의 하락을 경험한 적이 없다. 대부분의 다른 나라들도 마찬가지다. 1990년대 후반과 2000년대 초반에 지속적으로 완만한 디플레이션을 겪은 일본이 가장 큰 예외라 할 수 있다. 도대체 디플레이션은 어디로 간 것일까?

이 질문에 대한 기본적인 답은 제2차 세계대전 이후의 경제 변동이 장기적인 인플레이션 추세를 중심으로 이루어졌다는 사실에 있다. 전쟁 이전에는 경기후퇴 중에 물가가 하락하는 것이 공통된 현상이었다. 하지만 전쟁 이후에는 부의 수요충격이 물가 하락이 아니라 인플레이션율의 하락을 가져왔다. 예를 들어 2001년 경기후퇴 초기에 3%를 초과했던 소비자물가 상승률은 1년 후에 1.1%로

하락했지만 결코 0% 이하로 떨어진 적은 없었다.

2007~2009년의 경기후퇴 중에는 이 모든 것이 바뀌었다. 2008년 금융위기를 뒤따른 부의 수요충격은 너무나도 극심하여 2009년의 대부분 동안 미국의 소비자물가가 정말로 하락했다. 그렇지만 디플레이션은 오래 지속되지 않았다. 2010년 초부터 물가는 1~4% 사이의 연율로 상승하기 시작했다.

이 하락할 것이고 이에 따라 생산자들이 생산량을 증가시킨다. 즉 경기후퇴 갭으로 인해 시간이 흐름에 따라 단기 총공급곡선이 점차 오른쪽으로 이동하게 된다. 이 과정은 $SRAS_1$이 $SRAS_2$의 위치에 도달하여 AD_2, $SRAS_2$, $LRAS$의 세 곡선이 모두 새로운 균형점인 E_3에서 교차할 때까지 계속된다. E_3점에서 경제는 다시 장기 거시경제 균형을 회복한다. 총생산은 다시 잠재생산량 수준인 Y_1으로 복귀하지만 물가는 P_3로 더 낮아진다. 결국 경제는 장기적으로 자기 보정 기능을 가지고 있다.

만일 총수요가 증가한다면 어떤 일이 일어날까? 그 결과는 〈그림 27-16〉에 제시되어 있다. 〈그림 27-15〉에서와 마찬가지로 처음에는 총수요곡선이 AD_1, 단기 총공급곡선이 $SRAS_1$에 위치해 있으며 거시경제 균형점인 E_1이 장기 총공급곡선인 $LRAS$ 상에 있다고 하자. 즉 경제는 장기 거시경제 균형 상태에 있다.

이제 총수요가 증가하고 총수요곡선이 오른쪽으로 이동하여 AD_2가 된다고 하자. 이 경우 경

그림 27-16   정의 수요충격의 장·단기 효과

처음에 경제가 E_1에 있다고 할 때 정의 수요충격은 총수요곡선을 AD_1에서 AD_2로 이동시킨다. 경제는 단기적으로 E_2점으로 이동하는데 이 점에서는 경제에 인플레이션 갭이 존재한다. 물가는 P_1에서 P_2로 상승하고, 총생산도 Y_1에서 Y_2로 증가하며 실업은 감소한다. 그렇지만 장기에는 Y_2에서의 저실업으로 인해 명목임금이 상승하고 이에 따라 $SRAS_1$이 $SRAS_2$의 위치에 도달할 때까지 왼쪽으로 이동한다. 이 과정에서 총생산은 Y_2에서 Y_1으로 감소하고, 물가는 P_2에서 P_3로 더욱 높아진다. 결국 경제는 E_3점에서 장기 거시경제 균형 상태로 되돌아간다.

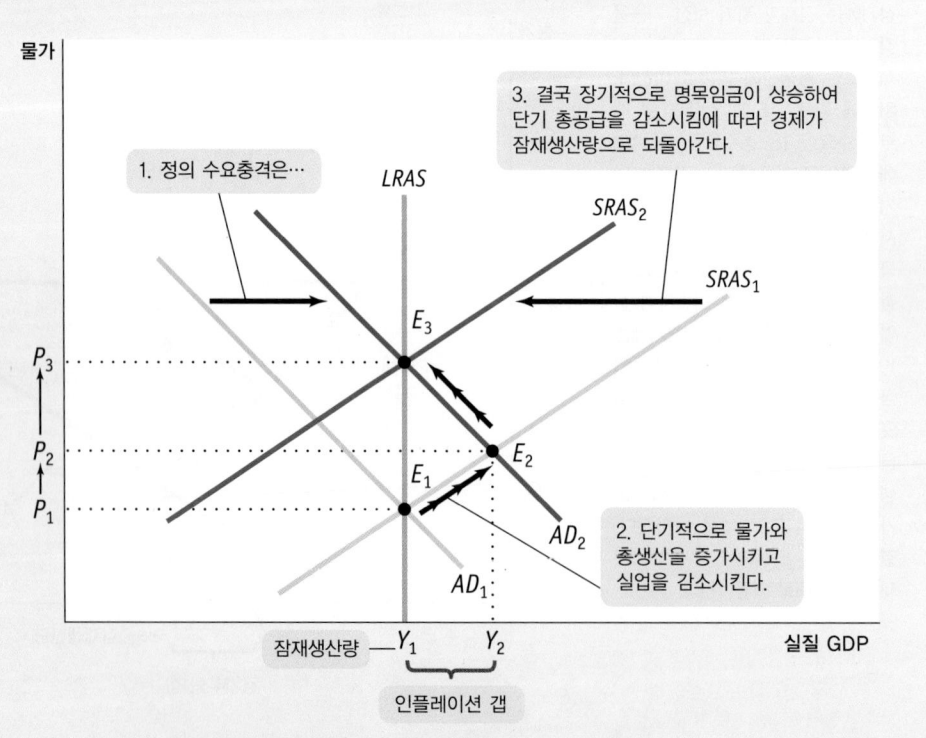

제가 E_2점으로 이동함에 따라 물가가 P_2로 상승하고 총생산이 Y_2로 증가한다. 새 단기균형에서의 총생산은 잠재생산량을 초과하며, 높은 수준의 총생산을 생산하기 위해서 실업이 감소한다. 이와 같은 상태에서는 경제에 **인플레이션 갭**(inflationary gap)이 존재한다.

경기후퇴 갭의 경우와 마찬가지로 이야기는 여기서 끝나지 않는다. 저실업으로 인해 시간이 흐름에 따라서 명목임금이 상승할 것이고 이에 따라 생산자들은 생산량을 줄일 것이다. 즉 인플레이션 갭으로 인해 단기 총공급곡선은 차츰 왼쪽으로 이동한다. 이 과정은 $SRAS_1$이 $SRAS_2$의 위치에 도달하여 경제가 AD_2, $SRAS_2$ 및 $LRAS$의 세 곡선이 교차하는 새로운 균형점인 E_3에 위치할 때까지 계속된다. E_3점에서 경제는 다시 장기 거시경제 균형을 회복한다. 총생산은 다시 잠재생산량 수준인 Y_1으로 복귀하지만 물가는 P_3로 더 높아진다. 다시 한번 경제는 장기에 자기 보정을 한다.

경기후퇴 갭과 인플레이션 갭에 대해 경제가 어떻게 반응하는지는 **총생산 갭**(output gap)을 통해서 요약될 수 있다. 총생산 갭은 실제 총생산과 잠재생산량 간의 차이를 백분율로 나타낸 것이다.

$$(27\text{-}3) \quad 총생산\ 갭 = \frac{실제\ 총생산 - 잠재생산량}{잠재생산량} \times 100$$

우리의 분석에 따르면 총생산 갭은 언제나 영으로 수렴하는 경향이 있다.

경기후퇴 갭이 존재하여 총생산 갭이 음의 값을 가진다면 궁극적으로 명목임금이 하락함에 따라 경제는 잠재생산량을 회복하고 총생산 갭은 영으로 되돌아간다. 인플레이션 갭이 존재하여 총생산 갭이 양의 값을 가진다면 궁극적으로 명목임금이 상승함에 따라 경제가 잠재생산량을 회복하고 총생산 갭은 영으로 되돌아간다. 따라서 장기에 경제는 **자기 보정적**(self-correcting)이다. 즉 총수요에 대한 충격은 단기에는 총생산에 영향을 미치지만 장기에는 영향을 미치지 못한다.

총생산이 잠재생산량을 초과할 때 인플레이션 갭(inflationary gap)이 존재한다.

총생산 갭(output gap)은 백분율로 나타낸 실제 총생산과 잠재생산량 간의 차이이다.

장기적으로 경제는 자기 보정적(self-correcting)이다. 총수요에 대한 충격은 단기에는 총생산에 영향을 미치지만 장기에는 아무런 영향을 미치지 못한다.

현실 경제의 >> 이해

현실에서의 공급충격과 수요충격

공급충격과 수요충격 중 어느 것이 경기후퇴의 주된 원인일까? 대다수의 거시경제학자들은 경기후퇴가 주로 수요충격에 의해 발생한다고 생각한다. 하지만 부의 공급충격으로 인해 발생하는 경기후퇴야말로 정말로 심각한 경기후퇴다.

좀 더 구체적인 예를 들어 보자. 제2차 세계대전과 2020년 코로나바이러스 경기후퇴 사이에 미국 경제에는 열두 차례의 공식적인 경기후퇴가 있었다. 그런데 이 중에서 1980년과 1981~1982년의 두 경기후퇴는 종종 한 차례의 '이중바닥(double-dip)' 경기후퇴로 취급되기도 하며, 이 경우 경기후퇴의 총수는 열한 차례가 된다. 이 열한 차례의 경기후퇴 중에서 1973~1975년 경기후퇴와 1980~1982년 이중바닥 경기후퇴의 두 경기후퇴만이 물가 상승과 총수요 감소라는 스태그플레이션의 특징을 뚜렷하게 보여 주었다. 두 경우 모두 공급충격의 원인은 1973년에 발발한 아랍-이스라엘 전쟁과 1979년에 발생한 이란 혁명으로 인해 세계 원유공급이 차질을 빚게 됨에 따라 유가가 천정부지

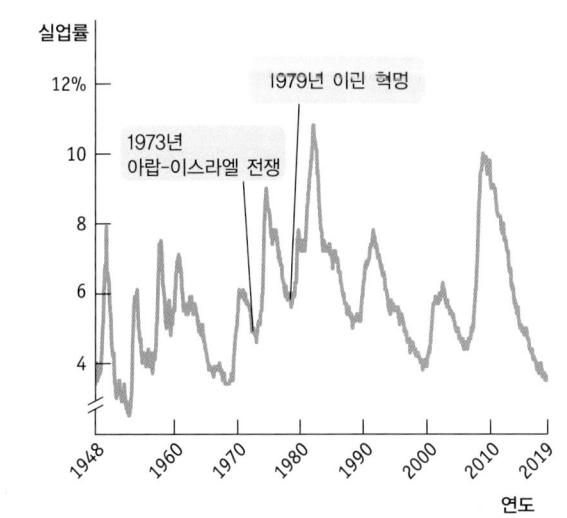

그림 27-17 부의 공급충격은 드물지만 고약하다

출처 : Bureau of Labor Statistics; Federal Reserve Bank of St. Louis.

로 치솟은 데 있었다. 실제로 경제학자들은 이 두 경기후퇴를 국제 원유 카르텔인 석유수출국기구(Organization of Petroleum Exporting Countries, OPEC)의 이름을 따서 각각 'OPEC I'과 'OPEC II'라 부르기도 한다. 2007년에 시작되어 2009년까지 지속된 대후퇴도 적어도 부분적으로는 유가 급등이 원인이었다.

따라서 전후 열한 차례의 경기후퇴 중 여덟 차례는 공급충격이 아니라 순수하게 수요충격에 의해 초래되었다. 그런데 실업률을 보면 몇 차례 되지 않는 공급충격으로 인한 경기후퇴가 최악의 경기후퇴였다고 할 수 있다. 〈그림 27-17〉은 1948년 이후 미국의 실업률을 보여 주는데 1973년 아랍-이스라엘 전쟁과 1979년 이란 혁명 시점이 표시되어 있다. 그림을 보면 제2차 세계대전 이래 가장 실업률이 높았던 두 시기가 바로 이 두 차례의 부의 공급충격이 발생한 직후였음을 알 수 있다.

공급충격이 특히 경제에 심각한 어려움을 가져오는 데는 이유가 있다. 거시경제정책을 가지고 수요충격보다 공급충격을 다루는 것이 더욱 어렵기 때문이다. 다음에는 왜 공급충격이 이다지도 어려운 문제를 일으키는지 그 이유에 대해서 논하기로 한다.

>> 이해돕기 27-3

해답은 책 뒤에

1. 다음의 각 충격이 물가와 총생산에 미치는 단기적 효과를 설명하라.
   a. 정부가 최저임금을 높임에 따라 많은 노동자들의 임금이 상승했다.
   b. 태양열 에너지 회사가 대규모 투자지출 프로그램을 시작한다.
   c. 의회가 세금 인상안과 정부지출 삭감안을 통과시켰다.
   d. 기상악화로 인해 전 세계 곡물 작황이 나빠졌다.
2. 생산성의 향상으로 인해 잠재생산량이 증가했다. 그런데 일부 사람들은 증가된 생산량에 대한 수요 부족 현상이 장기에도 지속될 것을 우려하고 있다. 이와 같은 우려에 대해서 여러분은 어떻게 응답할 것인가?

|| 거시경제정책

우리는 경제가 장기적으로 자기 보정 기능을 가지고 있으며 이에 따라 총생산은 궁극적으로 잠재생산량 수준을 회복할 수 있음을 보았다. 하지만 대부분의 거시경제학자들은 이와 같은 자기 보정 기능이 작동하는 데는 10년 또는 그 이상이 걸릴 수도 있다고 생각한다. 특히 총생산이 잠재생산량에 미달할 때 경제는 정상상태로 되돌아갈 때까지 오랜 기간 침체된 총생산과 높은 실업률로 고통을 겪어야 한다고 생각한다.

이와 같은 견해는 경제학에서 가장 유명한 인용문 중 하나인 "장기에는 우리 모두 다 죽는다."라는 케인즈의 비평에 잘 표현되어 있다. 케인즈 비평의 근거에 대해서는 '탐구자를 위하여'에서 보다 상세히 설명하고 있다.

경제학자들은 케인즈의 비평을 경제가 자기 보정을 할 때까지 정부가 기다려서는 안 된다는 권고로 해석한다. 모든 경제학자가 동의하는 것은 아니지만 많은 경제학자들이 총수요곡선이 이동한 후에 정부가 통화정책과 재정정책을 사용해서 경제를 잠재생산량 수준으로 복귀시켜야 한다고 주장한다. 이것이 바로 경기후퇴의 폭을 줄이고 지나친 경기팽창을 억제하기 위해 사용되는 정책인 적극적인 **경기안정정책**(stabilization policy)의 근거가 된다.

그렇다면 과연 경기안정정책은 경제의 성과를 개선할 수 있을까? 〈그림 27-8〉을 보면 이것

경기안정정책(stabilization policy)은 경기후퇴의 폭을 줄이고 지나친 경기팽창을 억제하기 위해 사용되는 정부정책이다.

탐구자를 위하여 케인즈와 장기

영국의 경제학자 존 메이너드 케인즈(John Maynard Keynes, 1883~1946)는 단순히 한 명의 경제학자를 넘어서 현대 거시경제학의 창조자라 할 수 있다. 그가 한 역할이나 그의 견해에 대해 아직도 계속되고 있는 논쟁에 대해서는 나중에 거시경제학의 사건과 아이디어에 대한 장에서 소개할 것이다. 여기서는 그의 가장 유명한 비평에 대해서 알아보기로 한다.

1923년에 케인즈는 제1차 세계대전 이후 유럽의 경제 문제에 대해서 분석한 『화폐개혁론(A Tract on Monetary Reform)』이라는 책자를 발간했다. 이 책에서 케인즈는 많은 경제학자들이 우리가 방금 분석한 장기 거시경제 균형에서와 같이

장기에 어떤 결과가 나타나는지에 대해서만 너무 중점을 두고 있으며, 장기로 가는 과정이 매우 고통스럽고 때로는 그 과정에서 큰 피해가 생길 수 있다는 사실을 무시하고 있다고 비판하고 있다. 케인즈는 이를 다음과 같이 표현했다.

"장기는 현재 발생하고 있는 현상을 오도한다. 장기에는 우리 모두가 다 죽는다. 경제학자들은 '폭풍우가 몰아치는 중에도 폭풍이 지나가면 바다가 다시 잠잠해질 것이다.'라는 식으로 너무나도 쉽고 불필요한 답을 구하는 데만 몰두하고 있다."

케인즈는 자기 시대 경제학자들의 관심을 단기로 돌려놓았다.

이 가능한 것처럼 보인다. 1996년에 미국 경제는 대략 5년간의 경기후퇴 갭을 경험한 끝에 적극적인 경기안정정책을 통해 잠재생산량을 회복할 수 있었다. 마찬가지로 2001년에는 4년간의 인플레이션 갭을 경험한 끝에 잠재생산량을 회복했다. 이 기간들은 적극적인 경기안정정책 없이 경제의 자기 보정 기능에 의해 잠재생산량을 회복하는 데 걸릴 것으로 생각되는 10년의 기간보다는 훨씬 짧다. 사실 대후퇴로부터의 회복에는 다른 경기후퇴보다 긴 7년이 걸렸는데 이는 부분적으로는 재정정책에 대한 정책적 제약 때문이었다. 그리고 버냉키가 머리말 이야기에서 설명한 것처럼 강력한 확장적 통화정책을 시행하지 않았더라면 훨씬 더 긴 기간이 걸렸을 것이다. 그러나 바로 다음에 설명하듯이 경기안정정책을 통해 항상 경제 성과를 개선할 수 있는 것은 아니다. 경제가 당면한 충격의 종류에 따라 결과가 다르게 나타날 수도 있다.

수요충격에 대한 정책

한 국민경제가 〈그림 27-15〉에서와 같이 부의 수요충격을 경험한다고 하자. 이 장에서 설명한 바와 같이 통화정책과 재정정책은 총수요곡선을 이동시킬 수 있다. 정책담당자들이 총수요 감소에 재빠르게 대응한다면 통화정책이나 재정정책을 이용하여 총수요곡선을 다시 오른쪽으로 이동시킬 수 있다. 만일 정책담당자들이 총수요곡선의 이동을 사전에 완전하게 예측할 수 있다면 〈그림 27-15〉가 보여 주는 전체 과정을 아예 처음부터 방지할 수도 있을 것이다. 즉 생산 감소와 물가 하락의 기간을 겪는 대신 정부는 경제가 E_1점에 계속 머물도록 관리할 수도 있을 것이다.

〈그림 27-15〉가 보여 주는 조정 과정이 발생하는 것을 방지하고 경제를 원래의 균형 상태에 머무르게 할 수 있는 정책이 바람직한 이유는 무엇일까? 두 가지 이유를 들 수 있다.

1. 정책 개입이 없을 경우 나타나게 되는 총생산의 일시적 감소는 고실업과 같은 부정적인 현상을 초래한다.
2. 제23장에서 설명한 것처럼 물가 안정은 바람직한 정책목표로 간주된다. 따라서 물가의 하락, 즉 디플레이션을 방지하는 것은 바람직한 일이다.

그렇다면 정책담당자들은 모든 총수요의 감소에 대해서 적극적으로 대응해야 할까? 반드시 그렇지만은 않다. 앞으로 나올 장에서 보게 되듯이 총수요를 증가시키기 위한 정책수단, 특히

재정적자를 증가시키는 정책수단은 장기적으로 경제성장을 저하시키는 비용을 발생시킬 수도 있다. 더욱이 현실 세계에서는 정책담당자들이 모든 경제상황을 완전히 파악할 수 없으며 정책의 효과를 완벽하게 예측하는 것도 불가능하다. 이와 같은 현실에서는 경기안정정책이 오히려 상황을 더 악화시킬 수도 있다. 즉 경제를 안정시키려는 시도가 오히려 경제를 더 불안정하게 만들 수도 있다. 거시경제정책을 둘러싼 오랜 논쟁에 대해서는 제32장에서 설명할 것이다. 이와 같은 문제에도 불구하고 대다수의 경제학자들은 총수요에 대한 대규모 부의 충격에 대해서는 이를 상쇄하기 위한 거시경제정책을 사용할 필요가 있다고 생각한다.

그렇다면 정책담당자들은 총수요에 대한 정의 충격도 상쇄하려고 노력해야 할까? 부의 수요충격과는 달리 정의 수요충격을 상쇄하기 위해 정책을 사용할 필요성은 명백하지 않다. 인플레이션이 나쁘기는 하지만 총생산이 늘어나고 실업이 감소하는 것은 좋은 현상이 아닌가? 하지만 반드시 그렇지만은 않다. 오늘날 대부분의 경제학자들은 인플레이션 갭을 통해서 얻을 수 있는 단기적인 이득에 대해서는 언젠가는 대가를 치러야 한다고 믿는다. 따라서 오늘날의 정책담당자들은 부의 수요충격은 물론 정의 수요충격에 대해서도 대응을 한다. 제30장에서 설명될 여러 이유로 인해 경기후퇴 갭과 인플레이션 갭을 제거하기 위해서는 재정정책보다는 통화정책이 주로 이용되고 있다. 2007년과 2008년에 연방준비제도는 경기후퇴 갭의 증가세를 막기 위해 이자율을 급격하게 인하했다. 2000년대 초 미국 경제가 인플레이션 갭을 향해 가고 있었을 때 연방준비제도는 그 반대의 효과를 발생시키기 위해 이자율을 인상했다.

그렇다면 공급충격에 대해서는 거시경제정책이 어떻게 대응해야 하는 것일까?

공급충격에 대한 대응

〈그림 27-13〉의 (a)로 되돌아가자. 이 그림은 부의 공급충격이 총생산의 감소와 물가의 상승을 초래함을 보여 준다. 이미 언급했듯이 정책담당자들은 통화정책이나 재정정책을 통해 총수요를 원래 수준으로 되돌려놓음으로써 부의 수요충격에 대응할 수 있다. 그렇다면 부의 공급충격에는 어떤 대응을 할 수 있거나 또는 해야만 하는가?

총수요곡선과는 달리 단기 총공급곡선을 이동시킬 수 있는 손쉬운 정책수단은 없다. 즉 생산자의 채산성에 영향을 미치고 이를 통해 단기 총공급곡선을 이동시킬 수 있는 정책수단을 찾기란 쉽지 않다. 이와 같은 이유에서 부의 공급충격에 대한 대응은 충격으로 인해 이동한 곡선을 다시 원위치로 복귀시키는 식의 정책이 될 수는 없다.

공급충격에 대한 대응으로 통화정책이나 재정정책을 사용하여 총수요곡선을 이동시키려 한다 해도 어떤 방향으로 정책을 시행해야 할지가 불분명하다. 물가 상승과 실업 증가라는 두 가지 문제가 동시에 발생하기 때문에 한 문제를 해결할 수 있는 총수요곡선의 이동은 다른 문제를 악화시키기 때문이다. 예를 들어 정부가 총수요를 증가시켜서 실업의 증가를 억제하려는 정책을 편다면 총생산의 감소를 완화할 수 있겠지만 인플레이션이 더욱 심화될 것이다. 반대로 총수요를 감소시키는 정책을 편다면 인플레이션은 억제할 수 있지만 총생산은 더 크게 감소하고 그 결과 실업이 더욱 증가할 것이다.

이러한 상충관계에는 좋은 해결책이 없다. 미국을 비롯하여 1970년대에 공급충격을 겪은 선진국들은 결국 더 높은 실업률을 감수하고 물가 안정을 택했다. 이것이 바로 2011년에 일시적인 유가 상승을 공급충격이라 잘못 판단하고 팽창적 통화정책을 포기했을 때 트리셰가 선택한 정책이다.

현실 경제의 >> 이해

경기안정정책은 경기를 안정시킬 수 있나?

우리는 수요충격에 대응하는 방법으로서 경기안정정책의 이론적 타당성을 제시했다. 그렇다면 경기안정정책은 실제로 경제를 안정시킬 수 있을까? 이 질문에 답할 수 있는 한 가지 방법은 장기에 걸친 역사적 기록을 살펴보는 것이다.

제2차 세계대전 이전에 미국 정부는 경기안정정책다운 정책을 시행한 적이 없다. 오늘날 우리가 아는 바와 같은 거시경제학이 존재하지 않았고 무엇을 해야 할 것인지에 대한 의견 일치가 없었기 때문이다. 제2차 세계대전 이후 그리고 특히 1960년 이후에 적극적인 경기안정정책이 표준적인 정책 관행으로 자리를 잡았다.

따라서 다음과 같은 질문을 제기할 수 있다. 정부가 경제를 안정시키려는 시도를 취한 이후 경제가 실제로 더 안정적으로 되었는가? 그 답은 "조건부로 그렇다"이다. 조건부라는 단서를 단 것은 두 가지 이유에서다. 한 가지 이유는 제2차 세계대전 이전의 자료가 오늘날의 자료에 비해 신뢰도가 떨어지는 데 있다. 다른 이유는 2007년에 시작된 극심하고 오랜 경기침체가 정부 정책 효과에 대한 신뢰를 무너뜨린 데 있다. 그렇지만 경제 변동의 폭은 감소한 것으로 보인다.

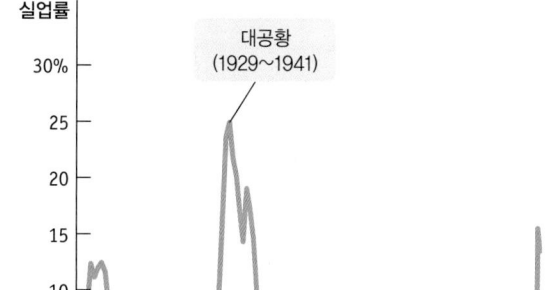

그림 27-18 경기안정정책은 경기를 안정시켰나?

출처 : Christina Romer, "Spurious Volatility in Historical Unemployment Data," Journal of Political Economy 94, no. 1 (1986): 1-37 (years 1890–1928); Bureau of Labor Statistics (years 1929–2020).

〈그림 27-18〉은 1890년 이래 비농업 근로자의 실업률을 보여 준다. (비농업 근로자에 초점을 두는 이유는 농부들은 경제가 아무리 어렵더라도 실업자로 보고되는 경우가 거의 없기 때문이다.) 대공황 중에 실업률이 크게 치솟은 것을 무시한다 해도 실업률은 제2차 세계대전 이후보다 이전에 더 크게 변동했던 것으로 보인다. 제2차 세계대전 이후 1975년과 1982년 그리고 어느 정도로는 2010년에 나타난 3개의 봉우리는 모두 대규모 공급충격으로 인한 것임을 주목할 필요가 있다. 공급충격에 대하여 어떤 경기안정정책을 시행해야 할지에 대해서는 좋은 답이 없다.

물론 경제가 더욱 안정된 것이 정책이 아니라 행운 때문이었을 수도 있다. 하지만 증거들은 우리가 본 바와 같이 경기안정정책이 정말로 경기를 안정시켜 줌을 시사하고 있다.

>> 이해돕기 27-4

해답은 책 뒤에

1. 누군가가 "확장적인 통화정책이나 재정정책은 경제를 일시적으로 과도하게 자극할 뿐이다. 우리가 얻는 것은 잠시 동안의 생산 증가일 뿐 그 후 인플레이션의 고통이 찾아온다."라고 말한다고 하자.
   a. 위 주장을 총수요-총공급 모형을 통해서 설명해 보라.
   b. 위 주장은 경기안정정책에 대한 타당한 비판인가? 이유를 설명하라.
2. 주택 거품이 붕괴되고 상품 가격이 급등한 후인 2008년에는 연방준비제도 내에서 의견이 크게 갈렸다. 어떤 이들은 이자율을 낮출 것을 주장하고 다른 이들은 이것이 인플레이션을 촉발할 것이라 주장했다. 이들 견해 각각에 대해 총수요-총공급 모형을 이용하여 그 근거를 설명하라.

>> 복습

• 경기안정정책은 수요충격을 상쇄하기 위해 재정정책이나 통화정책을 사용하는 것이다. 이와 같은 정책은 장기적으로 재정적자를 증가시키고 구축효과로 인해 경제성장률을 저하시킬 수도 있다. 뿐만 아니라 예측이 틀릴 경우 잘못된 정책이 경제의 불안정성을 증폭할 위험도 있다.

• 부의 공급충격이 발생할 경우 총생산의 감소에 대한 대응은 인플레이션을 심화하고 인플레이션에 대한 대응은 총생산을 더욱 감소시키는 정책 딜레마가 생긴다.

여러분이나 여러분이 아는 누군가가 최근 새 차를 샀다면 그 차는 일본의 토요타나 혼다에서 제조되었을 가능성이 크다. 이 두 회사는 함께 전체 승용차 판매량의 4분의 1을 차지하고 있다. 하지만 항상 이런 것은 아니었다. 1973년에 두 회사는 미국 내 자동차 판매량의 2.6%밖에 차지하지 못했다. 1970년 대와 1980년대 초를 거치면서 일본의 점유율이 네 배가 되었는데 그 이유는 무엇일까?

토요타는 많은 것들을 옳게 했다. 1960년대에 이 회사는 소위 적기공급 생산(just-in-time production)과 린 제조방식(lean manufacturing) 기술을 완성했는데 이는 미국의 생산기술에 비해 더 낮은 비용과 더 높은 생산성과 더 높은 품질을 제공했다.

그렇지만 토요타는 운이 좋기도 했다. 1970년대에 미국인들은 대형 세단에서 소형차로 전환하기 시작했는데 미국 자

동차회사들은 이 시장을 소홀히 했다. 이들이 제공한 모델은 AMC의 그렘린이나 포드의 핀토를 포함하여 몇 개가 되지 않았고, 품질이 낮았다. 반면에 토요타는 오랫동안 자국 시장인 일본을 위해 작고, 신뢰할 수 있고, 연료 효율성이 좋은 차를 생산해 왔기 때문에 이 간격을 메울 준비가 되어 있었다.

그런데 왜 더 작고 연료 효율성이 좋은 차로의 전환이 이루어졌을까? 그 답의 하나는 미국이 일련의 극심한 경기후퇴를 겪은 결과 소비자들이 전통적인 대형차보다는 더 값싼 대안을 찾게 되었다는 데 있다. 그런데 다른 경기후퇴에서는 자동차를 구매할 때 소형화 움직임이 크게 나타난 적이 없었다. 〈그림 27-19〉는 1975년 이래 신차의 갤런당 평균 마일이 전반적으로 상승 추세를 보였지만 1970년대 후반과 1980년대 초반에 훨씬 더 빨리 증가한 후 1990년대 초에는 많은 소비자들이 연료 효율성이 더 좋은 차량을 구매하였음에도 불구하고 안정되었음을 보여 준다. 그리고 그림에서 보듯이 2007년 이후에는 이 해에 시작된 대후퇴가 1930년대 이후의 어떤 경기부진보다도 더 깊고 길었음에도 불구하고 평균 마일은 약간만 증가했다.

그렇다면 1970년대에는 무엇이 달랐을까? 그 당시에는 두 가지 나쁜 일이 일어났는데 실업이 급격히 증가하고 있었고 휘발유 가격도 급격히 상승하고 있었다. 2007년 이후에는 실업이 치솟긴 했지만 휘발유 가격은 경기후퇴 이전보다 훨씬 더 낮은 수준이었다. 이에 따라 사람들이 차를 더 적게 사긴 했지만 더 작은 차를 사지는 않았다.

요점은 토요타가 좋은 기회를 잡은 이유는 좋은 차를 생산하는 것만이 아니라 1970년대의 경제적 난국에서 소비자들에게 맞는 특별한 종류의 좋은 차를 생산한 데 있었다.

생각해 볼 문제

1. 1970년대 경기후퇴 때 휘발유 가격이 오르고 대후퇴 이후에 내린 이유는 무엇인가?

2. 이것이 각 사례에 있어서 경기후퇴의 원인에 대해 말하는 바는 무엇인가?

3. 1970년대에 자동차 대출 금리가 17.5%까지 상승했지만 토요타는 미국에서의 매출을 늘릴 수 있었다. 반면에 2007년 이후에는 이자율이 역사상 가장 낮은 수준으로 하락했지만 자동차 매출도 감소했다. (힌트 : 인플레이션과 대출 금리 간 관계를 검토하라.)

그림 27-19 신차의 갤런당 평균 마일, 1975~2016년

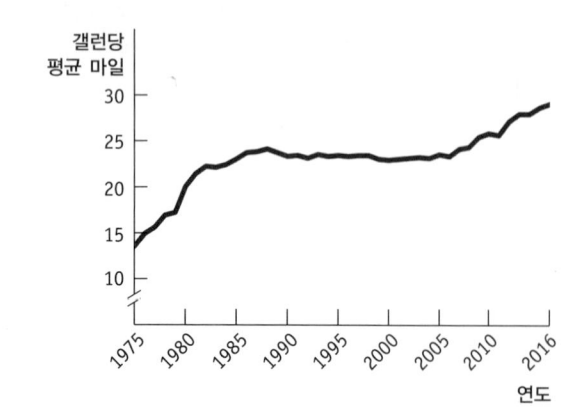

출처 : Environmental Protection Agency.

요약

1. **총수요곡선**은 물가와 총생산물의 수요량 간의 관계를 보여 준다.

2. 총수요곡선은 우하향하는 기울기를 가지는데 그 이유로는 다음 두 가지를 들 수 있다. 첫째는 **물가 변화의 자산효과**로 물가가 상승하면 가계가 보유한 자산의 구매력이 감소하고, 이에 따라 소비지출이 감소하기 때문이다. 둘째는 **물가 변화의 이자율효과**로 물가가 상승하면 가계와 기업이 보유한 화폐의 구매력이 감소하고, 이에 따라 이자율이 상승하고 투자지출과 소비지출이 감소하기 때문이다.

3. 총수요곡선은 기대의 변화, 물가 변화 이외의 요인에 의한 재산의 변화, 기존 실물자본 규모의 효과 등의 이유로 인해 이동한다. 정책담당자들은 총수요곡선을 이동시키기 위해 재정정책이나 통화정책을 사용할 수 있다.

4. **총공급곡선**은 물가와 총생산물의 공급량 간의 관계를 보여 준다.

5. **단기 총공급곡선**은 우상향의 기울기를 가지는데 이는 **명목임금**이 단기적으로 **경직적**이기 때문이다. 물가가 상승할 경우 명목임금이 경직적이라면 생산물 단위당 이윤이 증가하고 이에 따라 단기적으로 총생산이 증가한다.

6. 상품 가격, 명목임금, 생산성 등의 변화는 생산자의 이윤을 변화시키고 이에 따라 단기 총공급곡선을 이동시킨다.

7. 장기에는 명목임금을 포함한 모든 가격이 신축적이며 경제의 총생산은 **잠재생산량** 수준을 유지한다. 실제 총생산이 잠재생산량을 초과하면 낮은 실업률로 인해 명목임금이 상승하고 이에 따라 총생산이 감소한다. 잠재생산량이 실제 총생산을 초과하면 높은 실업률로 인해 명목임금이 하락하고 이에 따라 총생산이 증가한다. 따라서 **장기 총공급곡선**은 잠재생산량 수준에서 수직인 모습을 가진다.

8. *AD-AS* 모형에서 단기 총공급곡선과 총수요곡선의 교차점이 바로 **단기 거시경제 균형**이다. 단기 거시경제 균형에서 **단기균형 물가**와 **단기균형 총생산**이 결정된다.

9. 경기변동은 단기 총공급곡선의 이동(공급충격)이나 총수요곡선의 이동(수요충격)에 의해 발생한다. **수요충격**이 발생할 경우에는 경제가 단기 총공급곡선을 따라 이동하므로 물가와 총생산이 같은 방향으로 변한다. **공급충격**이 발생할 경우 경제는 총수요곡선을 따라서 이동하므로 물가와 총생산이 반대 방향으로 움직인다. 인플레이션과 총생산 감소가 동시에 일어나는 **스태그플레이션**은 부의 공급충격에 의해 발생하는데 아주 고약한 경제현상이다.

10. 경제는 장기적으로 **자기 보정적**이기 때문에 수요충격은 단기적으로만 총생산에 영향을 미친다. **경기후퇴 갭**이 존재하는 경우, 명목임금이 하락함에 따라 경제는 궁극적으로 총생산이 잠재생산량 수준과 동일한 장기 거시경제 균형으로 되돌아간다. **인플레이션 갭**이 존재하는 경우에는 명목임금이 상승함에 따라 경제가 결국 **장기 거시경제 균형**으로 복귀한다. 우리는 실제 총생산과 잠재생산량 간의 차이의 비율인 **총생산 갭**을 이용하여 경제가 경기후퇴 갭이나 인플레이션 갭에 대해 어떻게 반응하는지를 요약할 수 있다. 경제는 장기적으로 자기 보정적이기 때문에 총생산 갭은 항상 영으로 수렴하는 경향이 있다.

11. 경기후퇴 갭이 존재할 경우 고실업으로 인해 높은 경제적 비용이 발생하고 인플레이션 갭이 존재할 경우 미래에 여러 가지 부정적인 결과를 가져오기 때문에 경제학자들은 수요충격을 상쇄하기 위해 재정정책이나 통화정책을 사용하는 등 적극적으로 **경기안정정책**을 시행할 것을 주장한다. 이와 같은 정책들은 장기적으로 재정적자를 증가시키고 구축효과를 통해 경제성장률을 저하시키는 등 부작용을 낳기도 한다. 뿐만 아니라 정책 시행 시점이 잘못될 경우 이와 같은 정책들이 경제를 더욱 불안정하게 만들 수도 있다.

12. 부의 공급충격이 발생할 경우 정책 딜레마가 생긴다. 총생산의 감소에 대응하여 총수요를 증가시키는 정책을 시행할 경우 인플레이션이 심화되고, 인플레이션에 대응하여 총수요를 감소시키는 정책을 시행하면 경기침체가 심화되기 때문이다.

주요용어

총수요곡선	명목임금	잠재생산량
물가 변화의 자산효과	경직적 임금	총수요-총공급 모형
물가 변화의 이자율효과	단기 총공급곡선	(*AD-AS* 모형)
총공급곡선	장기 총공급곡선	단기 거시경제 균형

단기균형 물가   스태그플레이션   총생산 갭
단기균형 총생산   장기 거시경제 균형   자기 보정적
수요충격   경기후퇴 갭   경기안정정책
공급충격   인플레이션 갭

토론문제

1. 같이 수업을 듣는 친구가 우상향하는 기울기를 가진 단기 총공급곡선과 수직인 장기 총공급곡선이 혼동된다고 말한다. 이 두 곡선의 기울기에 차이가 있는 이유를 어떻게 설명해 주겠는가?

2. 웨이지랜드에서는 모든 노동자가 매년 1월 1일에 새 임금 계약을 체결한다고 한다. 그리고 그해의 최종생산물이나 서비스 가격에 어떤 변화가 일어나든 간에 상관없이 모든 노동자는 임금계약에 명시된 임금을 받는다고 한다. 금년에 계약이 체결된 후에 최종생산물의 가격이 예상치 않게 하락한다고 하자. 경제가 잠재생산량 수준에서 출발한다고 가정하고 다음 질문에 대해서 그림을 이용하여 답하라.

   a. 단기에 총생산물의 공급량은 가격 하락에 대해서 어떻게 반응하겠는가?

   b. 만일 노동자와 기업이 임금을 재협상한다면 어떤 일이 일어나겠는가?

3. 컨퍼런스보드는 매달 5,000개의 대표적인 미국 가구에 대한 조사에 기초하여 소비자신뢰지수(CCI)를 발표한다. 많은 경제학자들이 경제 상태를 파악하기 위해 이 지수를 이용한다. 2020년 3월 31일에 발표된 컨퍼런스보드의 보도자료에 의하면 "2월에 상승했던 컨퍼런스보드의 소비자신뢰지수는 3월에 들어 급격하게 하락했다. 이제 이 지수는 2월의 132.6보다 하락한 120.0(1985년=100)에 머물러 있다."고 한다.

   a. 경제학자인 여러분이 볼 때 이것은 경제성장에 긍정적인 소식인가?

   b. 총수요-총공급 모형을 이용하여 문제 a에 대한 여러분의 대답을 설명하라. 2개의 균형점 E_1과 E_2를 가진 전형적인 그래프를 그리라. 수직축을 '물가', 수평축을 '실질 GDP'라 표시하라. 다른 주요 거시경제 요인은 불변이라고 가정하라.

   c. 이 소식에 대해 정부는 어떻게 반응해야 할까? 소비자신뢰의 저하를 중화할 수 있는 정책 수단은 어떤 것이 있을까?

연습문제

1. 달러화의 가치가 다른 통화에 비해 하락할 경우 미국의 물가수준은 변하지 않더라도 외국인들은 미국의 최종생산물을 더 값싸게 살 수 있다. 그 결과 외국인들은 미국의 생산물을 더 많이 수요할 것이다. 같이 수업을 듣는 친구가 "가격 하락에 따라 외국인의 생산물 수요가 늘어난 것이기 때문에 이와 같은 현상은 총수요곡선을 따라서 아래쪽으로의 이동이 일어난 것이다."라고 말한다고 하자. 그렇지만 여러분은 이것이 총수요곡선이 오른쪽으로 이동한 것이라고 주장한다고 하자. 누구의 주장이 옳은가? 그리고 그 이유를 설명하라.

2. 현재 경제가 다음 그림의 A점에 있다고 하자. 이때 물가가 P_1에서 P_2로 상승한다고 하자. 이와 같은 물가 상승에 대해서 총공급이 단기와 장기에 각각 어떻게 반응하겠는가? 그림을 이용하여 보이라.

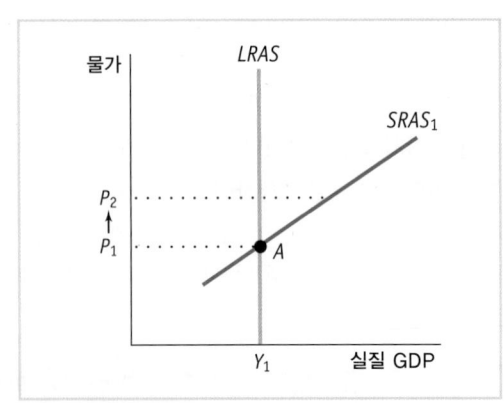

3. 모든 가계가 자신의 재산을 물가수준이 상승할 때마다 가치가 자동적으로 상승하는 자산으로 보유하고 있다고 하자[이와 같은 자산의 예로는 이자율이 인플레이션율과 일대일로 대응하여 변하는 '물가연동채권(inflation-indexed

bond)'을 들 수 있다]. 자산을 이처럼 보유할 경우 물가 변화에 따른 자산효과에는 어떤 변화가 생길까? 총수요곡선의 기울기에는 어떤 변화가 생길까? 총수요곡선이 여전히 우하향하는 기울기를 가질까? 설명하라.

4. 현재 경제가 잠재생산량 수준에 있다고 하자. 그리고 경제정책 담당자인 여러분에게 경제학부 학생이 여러 종류의 경제충격을 가장 좋아하는 것부터 가장 싫어하는 순서로 순위를 매길 것을 부탁한다고 하자. 정의 수요충격, 부의 수요충격, 정의 공급충격, 부의 공급충격의 네 가지 충격에 대해 여러분은 어떻게 순위를 매길 것이며 그 이유는 무엇인가?

5. 다음 정부정책이 총수요곡선 또는 단기 총공급곡선 중 어느 것에 어떤 영향을 미칠 것인지를 설명하라.

   a. 정부가 최저 명목임금을 낮춘다.

   b. 정부가 생활보호 대상자에 대한 임시 지원(TANF)을 증가시킨다. 즉 부양할 어린이가 있는 가족에 대한 정부의 이전지출을 증가시킨다.

   c. 재정적자를 줄이기 위해 정부가 다음 해부터 각 가계로부터 더 많은 세금을 거둘 것이라고 발표한다.

   d. 정부가 군비지출을 감축한다.

6. 웨이지랜드에서는 모든 노동자가 매년 1월 1일에 연간 임금계약을 체결한다. 1월 말에 새 컴퓨터 운영시스템이 도입되어서 노동생산성이 대폭 증가한다고 하자. 웨이지랜드 경제의 단기 거시경제 균형이 어떻게 변할 것인지를 설명하고 그림을 통해서 이를 보이라.

7. 2007년 미국 경제에는 두 가지 주요한 충격이 있었으며 이들로 인해 2007∼2009년의 심각한 경기후퇴가 발생했다. 그중 하나는 유가와 관련이 있으며 다른 하나는 주택시장의 침체였다. 이 문제에서는 총수요–총공급 모형을 이용하여 이들 두 충격이 국내총생산에 미칠 영향을 분석하고자 한다.

   a. 전형적인 총수요곡선과 단기 총공급곡선의 그래프를 그리라. 수평축을 '실질 GDP', 수직축을 '물가'라 표시하라. 균형점, 균형 생산량, 균형 물가를 각각 E_1, Y_1, P_1으로 표시하라.

   b. 에너지부(Department of Energy)로부터 나온 자료에 따르면 전 세계 원유의 평균 가격이 2007년 1월 5일 배럴당 54.63달러에서 2007년 12월 28일에는 배럴당 92.93달러로 상승했다. 유가의 상승은 수요충격을 가져왔는가 또는 공급충격을 가져왔는가? 문제 a의 그래프를 다시 그리고, 적절한 곡선을 이동시킴으로써 이 같은 충격의 효과를 보이라.

   c. 연방주택기업감독청이 발표하는 주택가격지수에 따르면 2007년 1월부터 2008년 1월까지 12개월 사이에 미국의 주택가격이 3.0% 하락했다. 이러한 주택가격 하락은 수요충격인가 공급충격인가? 문제 b에서 사용했던 그래프에서 적절한 곡선을 이동시킴으로써 이러한 충격의 효과를 보이라. 새로운 균형점, 균형 생산량, 균형 물가를 각각 E_3, Y_3, P_3로 표시하라.

   d. 문제 c의 그래프에서 두 균형점 E_1과 E_3를 비교하라. 두 충격은 실질 GDP와 물가에 어떤 영향(증가, 감소 또는 불분명)을 미치는가?

8. 총수요곡선, 단기 총공급곡선, 장기 총공급곡선을 이용하여 다음 각 경제 사건에서 경제가 원래의 장기균형으로부터 새로운 장기균형으로 이동해 가는 과정을 설명하라. 각 경우에 물가와 총생산에 미치는 장·단기적 영향을 밝히라.

   a. 주가하락으로 가계의 재산이 감소한다.

   b. 정부가 조세를 감축함에 따라 가계의 가처분소득이 증가한다. 단 정부구매에는 아무런 변화가 없다.

9. 총수요곡선, 단기 총공급곡선, 장기 총공급곡선을 이용하여 다음 각 정부정책에서 경제가 원래의 장기균형에서 새로운 장기균형으로 이동해 가는 과정을 설명하라. 각 경우에 물가와 총생산에 미치는 장·단기적 영향을 밝히라.

   a. 가계로부터 징수하는 조세의 증가

   b. 통화량의 증가

   c. 정부구매의 증가

10. 다음 그림에서 경제가 E_1점에서 단기 거시경제 균형 상태에 있다고 하자. 그림에 근거하여 다음 질문에 답하라.

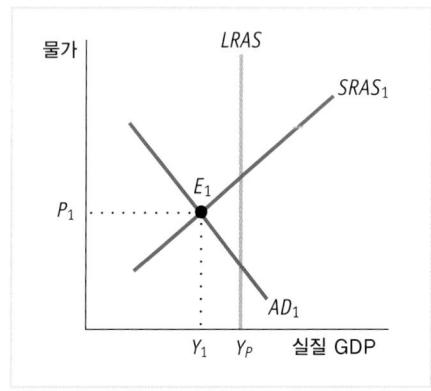

   a. 현재 경제가 인플레이션 갭이나 경기후퇴 갭을 겪고 있는가?

   b. 경제가 장기 거시경제 균형을 달성하도록 만들기 위해 정부가 시행할 수 있는 정책에는 어떤 것이 있는가? 그림을 통해서 보이라.

c. 정부가 갭을 메우기 위해 개입을 하지 않는다면 경제는 장기 거시경제 균형으로 돌아갈 수 있는가? 이유를 설명하고, 그림을 통해서 보이라.

d. 정부가 갭을 메우기 위해 정책을 시행할 경우 그 장점과 단점은 무엇인가?

11. 다음 그림에서 경제가 E_1점에서 장기 거시경제 균형 상태에 있다고 하자. 이제 유가 충격으로 인해 단기 총공급곡선이 $SRAS_2$로 이동한다고 하자. 그림에 근거하여 다음 질문에 답하라.

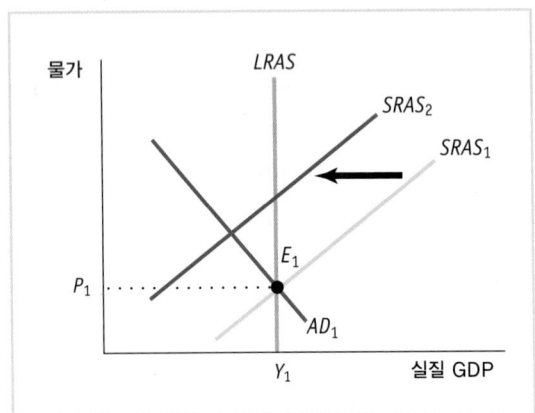

a. 유가 충격의 결과, 물가와 총생산에는 단기적으로 어떤 변화가 생길까? 이와 같은 현상을 무엇이라고 하는가?

b. 이와 같은 부의 공급충격으로 인한 문제를 해결하기 위해 정부는 어떤 재정정책이나 통화정책을 사용할 수 있을까? 실질 국내총생산 변화의 문제 해결하기 위해 여러분이 선택한 정책의 효과를 그림을 통해서 보이라. 물가 변화의 문제를 해결하기 위해서 여러분이 선택한 정책의 효과를 그림을 통해서 보이라.

c. 왜 부의 공급충격은 정책담당자들에게 딜레마를 제시할까?

12. 1990년대 후반 미국은 낮은 인플레이션과 상당히 높은 수준의 경제성장을 이뤘다. 즉 실질 국내총생산이 증가했음에도 불구하고 물가수준은 아주 조금밖에 오르지 않았다. 총수요곡선과 총공급곡선을 이용해서 이와 같은 경험을 설명해 보라. 그림을 이용해서 이를 보이라.

28 재정정책

경기후퇴에 대적하기 위한 지출

2020년은 코로나바이러스의 해였다. 코로나바이러스는 빠르게 전파되어 전 세계 수백만 명을 감염시켰다. 많은 경우 몇 주에 걸친 집중 치료가 필요하고 너무나 많은 경우 치명적이었다. 이 전 세계적 유행병은 또한 경제를 황폐화시켜 고용과 산출에 대한 기록이 시작된 이래 가장 가파른 경기하강을 가져왔다.

이에 대응하여 의회는 3월 말에 CARES법(Coronavirus Aid, Relief, and Economic Security Act)을 제정했는데, 개인, 기업, 병원 등에 현금과 대출을 제공하는 2조 달러 규모에 달하는 지원책이었다. 이 법의 주요 목적 중 하나는 새로 시행된 사회적 거리두기로 인해 수많은 기업들이 사실상 가동을 중지함에 따라 해고된 미국인들에게 임시 구제조치를 제공하는 것이었다. 바이러스의 전파를 제한하기 위해 전국에 걸쳐 식당들이 폐쇄되었고 수백만 명의 식당 종사자들이 실업자가 되었다.

그러나 이 법은 두 번째 목적을 가지고 있었는데 그것은 기능을 계속하는 경제 부분을 유지하는 것이었다. 해고된 노동자들이 다양한 재화와 서비스에 대한 지출을 줄임에 따라 국가 전체에서 불필요한 실업이 추가적으로 발생할 우려가 있었기 때문이다. 따라서 이 법은 연간 7만 5,000달러 이하의 소득을 버는 성인에게 1,200달러짜리 수표를 주었고 아동 한 명당 500달러짜리 수표를 추가적으로 주었다. 이에 더하여 이 법은 실업자가 된 노동자에게 대한 지급액을 크게 증가시켰다. 두 지원책 모두 재택 명령과 비필수 사업장의 폐쇄에 의해 피해를 입은 가계를 돕기 위해 고안되었다.

부분적으로는 재난 구호와 관련되어 있지만 CARES 법은 총수요곡선을 이동하여 경제를 안정시키기 위한 목적의 조세와 정부지출 변화를 의미하는 **재정정책**(fiscal policy)의 사례다. 이 경우 재정정책은 **확장적**(expansionary)이며 총수요곡선을 밖으로 이동시키기 위해 고안되었다. 총수요곡선을 안으로 이동시키는 재정정책은 **긴축적**(contractionary)이다.

재정정책은 종종 논쟁의 대상이 된다. 2009년에 정부가 2008년 금융위기에 뒤따른 경기후퇴에 대적하기 위해 소위 오바마 부양책이라 불리는 확장적인 재정정책을 시행했을 때, 어떤 사람들은 광범위한 고충을 겪는 시기에 정부지출을 늘리는 것은 실수라고 믿었다. 한 의원은 정부가 어려운 시기에는 지출을 줄여야 한다는 사람들의 의견을 다음과 같이 대변했다. "허리띠를 졸라매고 있는 많은 미국의 가계들의 눈에는 정부가 허리띠를 졸라매고 있지 않다." 이에 더하여 새로운 지출이 재정적자를 증가시킬 것이라는 우려도 제기되었다. 그렇지만 대부분의 경제학자들은 경제가 침체되어 있을 때에는 확장적 재정정책이 적절하다고 믿는다.

"경제가 침체되어 있을 때"라는 단서는 중요하다. 오바마 부양책이 시행된 후 8년이 지난 2017년에 새로 선출된 트럼프 행정부가 새 조세삭감안을 통과시켰다. 어떤 점에서는 이 조치들은 오바마 부양책과 유사한 듯 보였지만 일부를 제외하고는 오바마 부양책을 지지했던 경제학자들을 포함하여 대부분의 경제학자들이 트럼프 부양책을 지지하지 않았다. 이들이 일관성이 없었던 것일까? 사실 그렇지 않다. 2009년 초에는 미국 경제가 깊은 침체에 빠져 있었고, 더 깊은 침체로 빠져들고 있었다. 이와 반면에 2017년 초에는 경제가 성장하고 있었고, 완전고용에 근접해 있었다. 트럼프 부양책에 대한 지지를 거부한 경제학자들은 잘못된 시기에 시행된 이 부양책이 경제에 비생산적일 것임을 알았다. 이들은 재정정책을 입안함에 있어 시기가 중요함을 이해하고 있었다.

이 장에서는 재정정책이 제26장과 제27장에서 배운 경기변동 모형에 어떻게 부합하는지를 볼 것이다. 또한 재정적자와 정부부채가 어떤 이유에서 문제가 될 수 있으며, 단기와 장기에서 이 관심사가 어떻게 재정정책을 상이한 방향으로 이끌 수 있는지를 볼 것이다. ●

식당의 폐쇄로 실업급여 요청이 급증했다. 2020년 6월에 이르자 거의 3,300만 명에 달하는 실업자들이 실업급여를 받고 있었다.

David Paul Morris/Bloomberg/Getty Images

이 장에서 배울 내용

- 재정정책의 정의와 경기변동을 관리하는 데 재정정책이 중요한 이유는 무엇인가?

- **확장적 재정정책**에 해당하는 정책과 **긴축적 재정정책**에 해당하는 정책은 무엇인가?

- 재정정책이 승수효과를 가지는 이유와 **자동안정장치**가 승수효과에 미치는 영향은 무엇인가?

- 정부가 **순환조정된 재정수지**를 계산하는 이유는 무엇인가?

- **공공부채**가 커지는 것이 문제가 되는 이유는 무엇인가?

- 대규모 **공공부채**와 정부의 **암묵적 부채**가 문제가 되는 이유는 무엇인가?

|| 재정정책의 기초

오늘날 각국의 정부는 엄청나게 많은 돈을 쓰고 있고 이를 위해서 엄청난 금액의 세금을 거두고 있다. 〈그림 28-1〉은 몇몇 고소득 국가에서 2019년 중 정부지출과 조세수입이 국내총생산에서 차지하는 비중을 보여 준다. 그림에서 보듯이 프랑스는 경제의 거의 절반 이상을 차지하고 있을 정도로 큰 정부를 가지고 있다. 미국 정부는 일본, 캐나다, 그리고 대부분의 유럽국가 정부에 비해 국민경제에서 차지하는 비중이 작다. 그렇지만 미국 정부가 미국 경제에서 담당하고 있는 역할은 결코 작지 않다. 그 결과 정부지출과 조세수입을 포함한 연방정부 예산의 변화는 미국 경제에 큰 영향을 미칠 수 있다.

이와 같은 영향을 분석하기 위해 먼저 조세와 정부지출이 국민경제의 소득 흐름에 어떤 영향을 미치는지를 알아볼 것이다. 그다음에는 정부지출과 조세의 변화가 총수요에 어떤 영향을 미치는지에 대해 알아볼 것이다.

조세, 재화와 서비스 구매, 정부 이전지출 그리고 차입

〈그림 22-1〉은 경제 전체에서 소득과 지출의 순환 흐름을 보여 주었다. 이 그림에 포함된 경제 부문들 중 하나가 바로 정부다. 자금은 조세와 정부차입의 형태로 정부로 유입되며 정부의 재화와 서비스 구매와 가계에 대한 정부 이전지출의 형태로 정부에서 유출된다.

미국인들은 어떤 종류의 세금을 내고 있으며 세금으로 거둬들인 돈은 어떻게 사용될까? 〈그림 28-2〉는 2019년 중 미국 조세수입의 구성을 보여 준다. 물론 조세는 정부에 낼 의무가 있는 지출이다. 미국에서는 연방정부가 연방정부세를, 주정부가 주정부세를, 그리고 군, 시, 읍 등이 지방세를 거둔다. 연방정부가 거두는 세금에서는 개인소득과 법인이윤에 대한 소득세와 사회보장세가 주된 세목이다. 주정부세와 지방세는 다소 복잡하다. 주정부와 지방정부의 수입은 판매세, 재산세, 소득세 그리고 여러 종류의 수수료로부터 나온다.

전체적으로 개인소득세와 법인세가 2019년 전체 정부수입의 41.2%를 차지했고, 사회보장세는 24.6%, 그 외에 주정부와 지방정부가 거두는 여러 가지 세금이 나머지를 차지했다.

〈그림 28-3〉은 2018년 미국 정부의 지출 내역을 보여 준다. 지출은 크게 두 가지 형태를 취하는데 그중 하나는 재화와 서비스의 구매다. 여기에는 군사용 무기에서부터 공립학교 교사들(이들은 국민계정에서는 교육 서비스의 제공자로 취급된다)의 급여에 이르기까지 모든 것이 포함

그림 28-1 일부 고소득 국가의 2019년 정부지출과 조세수입

정부지출과 조세수입이 국내총생산에 대한 비율로 제시되어 있다. 프랑스는 국내총생산의 절반 이상을 차지할 정도로 큰 정부를 가지고 있다. 미국 정부의 규모는 매우 크지만 국내총생산에 대한 상대적인 규모는 일본, 캐나다, 그리고 대부분의 유럽국가들에 비해 작다.

출처 : IMF World Economic Outlook.

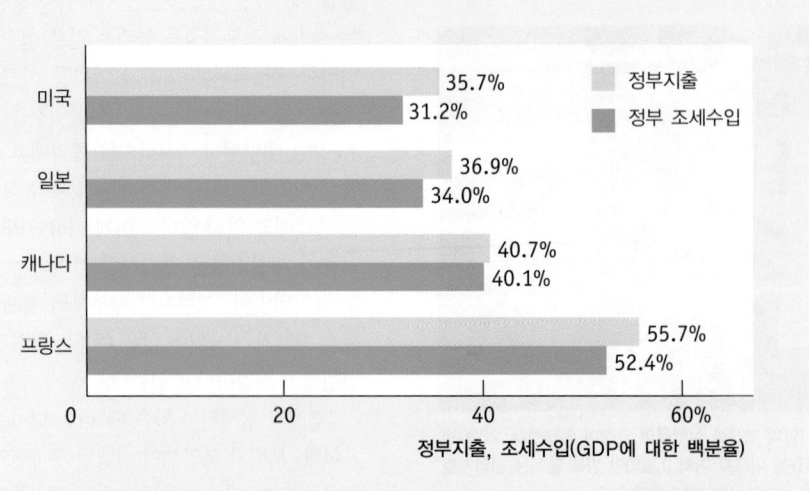

된다. 재화와 서비스 구매에서 가장 큰 비중을 차지하는 것은 국방과 교육이다. 그 외에 '기타 재화와 서비스'라고 표기된 큰 항목은 주로 경찰, 소방, 고속도로 건설 및 유지 등 다양한 서비스를 제공하기 위한 주정부와 지방정부의 지출로 이루어진다.

또 다른 정부지출 형태는 정부 이전지출이다. 이전지출이란 재화나 서비스를 대가로 받지 않고 정부가 가계에 지급하는 지출을 말한다. 오늘날 캐나다와 유럽국가들은 물론 미국에서도 이전지출은 정부 예산에서 매우 큰 비중을 차지하고 있다. 미국 정부의 이전지출은 대부분 다음 세 가지 프로그램을 위해 이루어지고 있다.

- 사회보장(Social Security)은 고령자나 장애인에게 또는 수혜자가 사망할 경우 그 배우자와 부양가족에게 보장된 소득을 지급한다.
- 메디케어(Medicare)는 65세를 초과하는 미국인들 의료비의 상당 부분을 부담한다.
- 메디케이드(Medicaid)는 저소득층 미국인들의 의료비 상당 부분을 부담한다.
- 오바마 케어(ACA)는 모든 미국인이 건강보험을 이용할 수 있고 감당할 수 있도록 하는 것을 목표로 한다.

사회보험(social insurance)은 경제적인 어려움으로부터 가계를 보호하기 위해 시행되는 정부 프로그램을 지칭한다. 사회보험에는 사회보장, 메디케어, 메디케이드, 오바마 케어는 물론 실업보험과 식품구입권 등 이보다 규모가 작은 프로그램들이 포함된다. 그리고 2014년에는 오바마 케어(Affordable Care Act)가 시행되었다. 오바마 케어는 모든 미국인이 의료보험 혜택을 받을 수 있도록 규제된 민간보험시장의 시스템과 메디케이드의 수혜자 확대를 통해 작동한다. 미국의 사회보험 프로그램들은 주로 임금에 부과되는 목적세인 여러 가지 사회보험세를 통해 재원을 조달한다. 단 혜택의 대부분을 사적 의료보험 구매에 의존하는 오바마 케어는 예외다.

그런데 조세와 정부지출은 경제에 어떤 영향을 미칠까? 조세와 정부지출은 국민경제의 총수요에 강력한 영향을 미치는데 이에 대해 알아보자.

정부예산과 정부지출

다음과 같은 국민소득계정상의 기본 방정식을 생각해 보자.

(28-1)　GDP = C+I+G+X−IM

위 식의 좌변은 국내총생산, 즉 경제에서 생산된 재화와 서비스의 최종생산물의 가치다. 우변은 총지출, 즉 경제에서 생산된 최종생산물에 대한 지출의 총계다. 총지출은 가계 소비지출(C), 투자지출(I), 정부의 재화와 서비스 구매(G) 그리고 수출(X)에서 수입(IM)을 뺀 금액을 합한 것이다. 이들 지출은 모두 총수요의 원천이 된다.

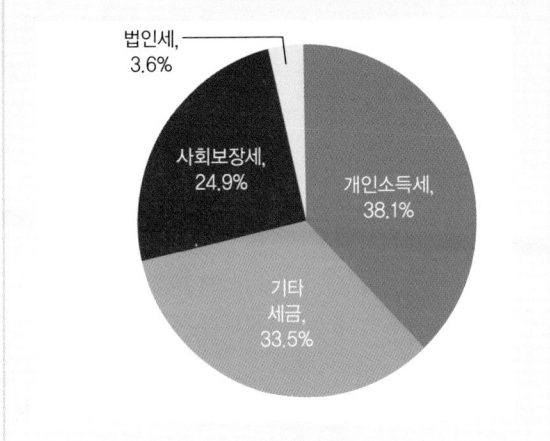

그림 28-2　2019년 미국 조세수입의 원천

개인소득세, 법인세, 사회보장세가 정부 조세수입의 대부분을 차지한다. 그 나머지는 재산세, 판매세와 기타 수입원으로 구성된다. (사사오입으로 비중의 합은 정확히 100%가 되지 않는다.)

출처 : Bureau of Economic Analysis.

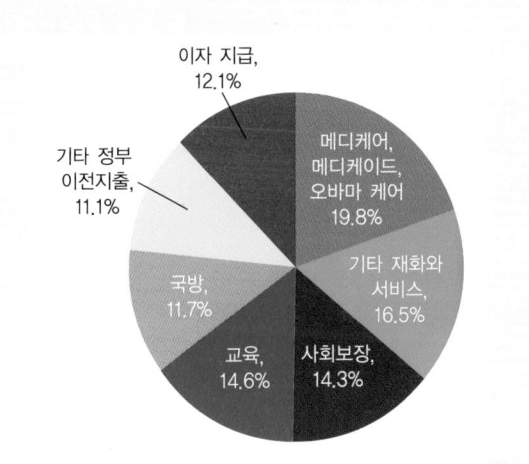

그림 28-3　2018년 미국의 정부지출

정부지출에는 재화와 서비스 구매와 정부 이전지출의 두 가지 형태가 있다. 정부구매에서 가장 큰 비중을 차지하고 있는 것은 국방과 교육이다. 정부 이전지출에서는 사회보장과 메디케어와 메디케이드 및 오바마 케어가 가장 큰 비중을 차지한다. (사사오입으로 비중의 합은 정확히 100%가 되지 않는다.)

출처 : Bureau of Economic Analysis.

사회보험(social insurance)은 경제적인 어려움으로부터 가계들을 보호하기 위해 시행되는 정부 프로그램을 지칭한다.

정부는 식 (28-1)의 우변에 있는 변수들 중 하나를 직접적으로 통제할 수 있는데 그것은 바로 정부의 재화와 서비스 구매(G)다. 그런데 재정정책은 정부구매 이외에도 다른 변수들을 통해 총지출에 영향을 미칠 수 있다. 정부는 조세와 이전지출의 변화를 통해 소비지출(C)은 물론 경우에 따라서는 투자지출(I)에도 영향을 미칠 수 있다.

정부예산이 소비지출에 어떻게 영향을 미치는지를 보려면 가처분소득, 즉 가계가 지출할 수 있는 소득이 가계가 수취하는 임금, 배당, 이자, 지대 등의 총소득에서 조세를 빼고 이전지출을 더한 값으로 정의된다는 사실을 상기할 필요가 있다. 이 정의에 따르면 조세의 증가나 정부 이전지출의 감소는 가처분소득을 감소시킨다. 그리고 다른 조건이 같다면 가처분소득의 감소는 소비지출을 감소시킨다. 이와 반대로 조세의 감소나 정부 이전지출의 증가는 가처분소득을 증가시킨다. 물론 다른 조건이 같다면 가처분소득이 증가할 경우 소비지출도 증가한다.

정부가 투자지출에 영향을 미칠 수 있는 근거는 이보다 복잡하기 때문에 여기에서는 자세히 설명하지 않을 것이다. 중요한 것은 정부가 기업 이윤에 대해서 세금을 거두고 있으며, 이윤 중에서 정부에 내야 하는 부분의 크기를 변경함으로써 투자지출을 할 유인을 증가시키거나 감소시킬 수 있다는 사실이다.

정부구매는 그 자체가 총수요의 원천 중 하나고 조세와 이전지출이 가계와 기업의 지출에 영향을 미치기 때문에 정부는 조세나 정부지출의 변화를 통해 총수요곡선을 이동시킬 수 있다. 제27장에서 보았듯이 총수요곡선을 이동시키는 것이 필요할 때가 종종 있다.

확장적 재정정책과 긴축적 재정정책

정부가 총수요곡선을 이동시키려 드는 이유는 무엇일까? 그것은 총생산이 잠재생산량에 미달할 경우 발생하는 경기후퇴 갭이나 총생산이 잠재생산량을 초과할 때 나타나는 인플레이션 갭을 제거하기 위해서다.

〈그림 28-4〉는 경기후퇴 갭을 겪고 있는 경제를 보여 준다. SRAS는 단기 총공급곡선, LRAS는

그림 28-4   확장적 재정정책으로 경기후퇴 갭을 제거할 수 있다

경제는 총수요곡선인 AD_1이 SRAS 곡선과 만나는 E_1점에서 단기 거시경제 균형에 있다. E_1에서는 $Y_P - Y_1$만큼의 경기후퇴 갭이 존재한다. 정부의 재화와 서비스 구매 증가, 조세 감소, 정부 이전지출 증가와 같은 확장적인 재정정책은 총수요곡선을 오른쪽으로 이동시킨다. 확장적 재정정책을 통해 총수요곡선을 AD_1에서 AD_2로 이동시키고 경제를 새 단기 거시경제 균형인 E_2로 이동시킴으로써 경기후퇴 갭을 제거할 수 있다. 이 점에서는 장기 거시경제 균형도 달성된다.

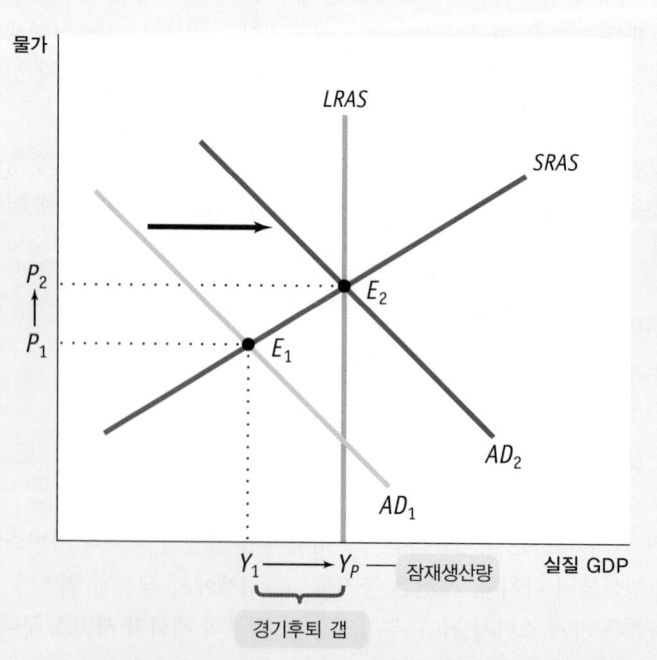

장기 총공급곡선, 그리고 AD_1은 처음의 총수요곡선을 나타낸다. 처음의 단기 거시경제 균형인 E_1에서는 총생산 Y_1이 잠재생산량인 Y_P보다 작다. 이 경우 정부가 원하는 것은 총수요를 증가시켜서 총수요곡선을 오른쪽으로 AD_2까지 이동시키는 것이다. 이 경우 총생산이 증가하여 잠재생산량과 동일해진다. 이처럼 총수요를 증가시키는 재정정책을 **확장적 재정정책**(expansionary fiscal policy)이라 한다. 확장적 재정정책은 일반적으로 다음 세 가지 중 하나의 형태를 취한다.

확장적 재정정책(expansionary fiscal policy)은 총수요를 증가시키는 재정정책이다.

긴축적 재정정책(contractionary fiscal policy)은 총수요를 감소시키는 재정정책이다.

1. 정부의 재화와 서비스 구매 증가
2. 조세 감소
3. 정부 이전지출 증가

 2009년의 경기부양조치(또는 미국 회복 및 재투자법)는 연방지출의 직접적 증액과 주정부가 지출을 유지할 수 있도록 돕기 위한 보조금 증액, 대부분의 가계를 위한 조세 감면, 실업자에 대한 보조금 증액을 포함하는 등 이 세 가지 형태 모두의 혼합이었다. CARES 법은 모든 미국인에게 1,200달러 수표 지급, 실업 혜택 확대, 기업에 대한 정부 보조 대출 등 주로 이전지출로 구성되었다. 이 법은 또한 보건 지출과 주정부에 대한 보조금 증액도 포함하고 있다.
 〈그림 28-5〉는 반대의 경우, 즉 인플레이션 갭을 겪고 있는 경제를 보여 준다. 여전히 SRAS는 단기 총공급곡선, LRAS는 장기 총공급곡선 그리고 AD_1은 최초의 총수요곡선을 나타낸다. 최초의 균형점인 E_1에서의 총생산 Y_1은 잠재생산량 Y_P보다 크다. 앞으로 설명할 것이지만 정책담당자들은 종종 인플레이션 갭을 제거함으로써 인플레이션을 해소하려 든다. 〈그림 28-5〉에서 볼 수 있는 인플레이션 갭을 제거하기 위해서는 재정정책을 통해 총수요를 줄임으로써 총수요곡선을 왼쪽으로 AD_2까지 이동시켜야 한다. 이 경우 총생산이 감소하여 잠재생산량 수준과 동일해진다. 총수요를 감소시키는 재정정책을 **긴축적 재정정책**(contractionary fiscal policy)이라 하는데 이는 확장적 재정정책과 정반대의 형태를 가진다. 긴축적 재정정책은 다음과 같은 형태로 시행

그림 28-5 긴축적 재정정책으로 인플레이션 갭을 제거할 수 있다

경제는 총수요곡선인 AD_1이 SRAS 곡선과 만나는 E_1점에서 단기 거시경제 균형에 있다. E_1에서는 Y_1-Y_P만큼의 인플레이션 갭이 존재한다. 정부구매의 감소, 조세 증가, 정부 이전지출 감소와 같은 긴축적인 재정정책은 총수요곡선을 왼쪽으로 이동시킨다. 긴축적 재정정책을 통해 총수요곡선을 AD_1에서 AD_2로 이동시키고 경제를 새 단기 거시경제 균형인 E_2로 이동시킴으로써 인플레이션 갭을 제거할 수 있다. 이 점에서는 장기 거시경제 균형도 달성된다.

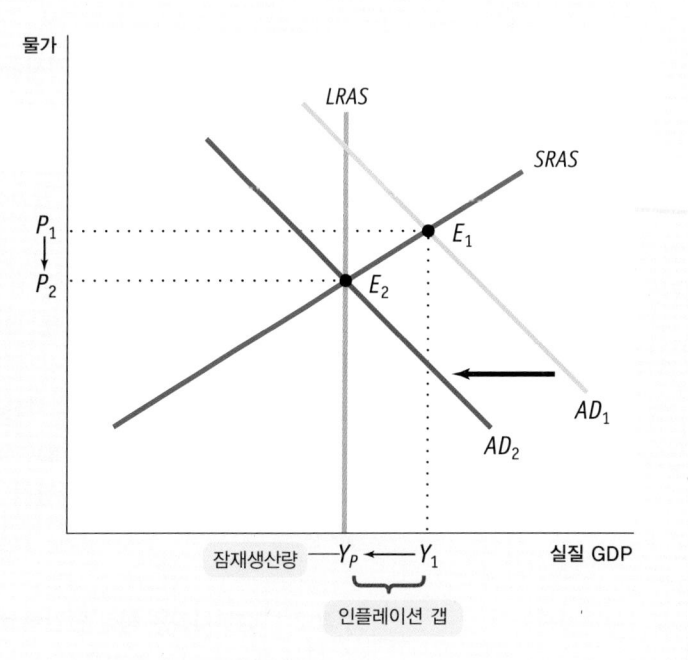

될 수 있다.

1. 정부의 재화와 서비스 구매 감소
2. 조세 증가
3. 정부 이전지출 감소

긴축적 재정정책의 고전적인 예는 1968년 미국의 정책담당자들이 인플레이션의 확산을 염려했을 때 발생했다. 당시 존슨 대통령은 소득세에 10%의 가산세를 임시로 부과했고 그 결과 모든 사람의 세금 부담이 10% 증가했다. 존슨 대통령은 또한 베트남전을 치르느라 엄청나게 늘어난 정부구매를 줄이려 했다.

확장적 재정정책은 실제로 작동할 수 있나?

현실에서 재정정책의 사용, 특히 경기후퇴 갭이 존재할 때 확장적 재정정책의 사용은 종종 논쟁의 대상이 된다. 제32장에서는 이들 논쟁의 기원에 대해 상세하게 살펴볼 것이다. 하지만 여기서는 언제 이들 비판이 정당화될 수 있으며, 언제 정당화될 수 없는지를 이해할 수 있도록 확장적 재정정책에 관한 논쟁의 주요 쟁점들에 대해 간단히 요약하기로 한다.

확장적 재정정책의 사용을 비판하는 주장으로는 대체적으로 다음 세 가지를 들 수 있다.

1. 정부지출은 항상 민간지출을 구축한다.
2. 정부차입은 항상 민간투자지출을 구축한다.
3. 정부 재정적자는 민간지출을 감소시킨다.

이들 중 첫째 주장은 원칙적으로는 틀리지만 정책 논쟁에서 눈에 띄는 역할을 수행했다. 둘째 주장은 모든 상황은 아니더라도 어떤 상황에서는 유효하다. 셋째 주장은 몇 가지 중요한 논점을 제기하기는 하지만 확장적 재정정책이 작동하지 않는다고 믿을 만한 좋은 이유를 제공하지는 않는다.

주장 1 : "정부지출은 항상 민간지출을 구축한다." 일부 학자들은 다음과 같은 논리에서 확장적 재정정책이 총수요를 전혀 증가시킬 수 없다고 주장한다. "정부가 지출하는 모든 1달러는 민간부문으로부터 빼앗은 1달러다. 따라서 정부지출의 증가는 어떤 것이든 동일한 규모의 민간지출 감소에 의해 상쇄된다." 다시 말해서 정부에 의해 지출되는 모든 1달러는 1달러의 민간지출을 구축 또는 대체한다는 것이다.

그렇지만 이 주장은 경제의 모든 생산요소가 항상 완전고용됨을 가정한다는 점에서 잘못이 있다. 이 가정은 사실이 아니다. 현실에 있어 정부지출이 민간지출을 구축하는지의 여부는 경제의 상태에 달려 있다. 특히 경제가 경기후퇴 갭을 겪고 있을 때에는 경제에 고용되지 않은 생산요소가 존재하며, 그 결과 총생산과 총소득이 잠재생산량보다 낮은 수준에 있게 된다. 이러한 시기에 확장적 재정정책은 고용되지 못한 생산요소를 일하도록 만들며, 그 결과 더 높은 지출과 소득을 발생시킨다. 따라서 확장적 재정정책이 항상 민간지출을 구축한다는 주장은 원칙적으로 틀리다.

주장 2 : "정부차입은 항상 민간투자지출을 구축한다." 제25장에서는 정부차입이 민간투자지출을 위해 활용될 자금을 사용할 가능성, 즉 정부차입이 민간투자지출을 구축할 가능성에 대해 설명했다. 그렇다면 정부차입이 항상 민간투자지출을 구축한다는 주장은 얼마나 타당할까?

구축이 발생할지 여부는 경제가 침체 상태에 있는지의 여부에 달려 있기 때문에 주장 1과 마찬가지로 주장 2도 틀리다. 경제가 침체되어 있지 않다면 정부차입의 증가는 대부자금에 대한 수요를 증가시킴으로써 이자율을 상승시키고 민간투자지출을 구축한다. 그렇지만 경제가 침체되어 있다면 구축이 나타날 가능성이 훨씬 낮다. 경제가 완전고용 상태에 훨씬 미달할 때 재정팽창은 소득을 높이고 이는 다시 각 이자율 수준에서 저축을 증가시킨다. 저축이 증가하면 정부는 이자율을 상승시키지 않고도 차입을 할 수 있다. 2009년 회복법은 바로 이런 경우다. 높은 수준의 정부차입에도 불구하고 미국의 이자율은 역사적 최저 수준에 가까웠다. 결국 경제가 완전고용상태에 있을 때만 정부차입이 민간투자지출을 구축한다. (이것이 경제학자 대부분이 2017년 트럼프 조세삭감안에 대한 지지를 거부한 이유다.)

주장 3 : "정부 재정적자는 민간지출을 감소시킨다." 다른 조건이 같다면 확장적 재정정책은 재정적자를 확대시키고 정부부채를 증가시킨다. 부채가 증가하면 정부는 이를 갚기 위해 결국 조세를 증가시켜야 한다. 따라서 확장적 재정정책을 비판하는 셋째 주장에 따르면 소비자들은 현재의 정부부채를 갚기 위해 미래에 더 많은 세금을 내야 할 것을 예상하고 이에 대비하여 저축을 하기 위해 현재의 지출을 줄일 것이다. 19세기 경제학자인 데이비드 리카도(David Ricardo)에 의해 처음 제기되었던 이 주장은 리카도 동등성(Ricardian equivalence)이라 알려져 있다. 이것은 종종 원시안적인 소비자가 정부에 의한 어떠한 확장 시도도 원상태로 되돌려 버릴 것이기 때문에 확장적 재정정책이 아무 효과도 거두지 못할 것이라는 주장의 근거로 사용된다. (이런 점에서는 긴축적 재정정책도 원상태로 되돌릴 것이다.)

그렇지만 현실에서는 소비자들이 이 같은 예지력과 예산원칙을 갖고 행동한다고 믿기 어렵다. 대부분의 사람들은 재정팽창에 의해 발생하는 추가적인 현금을 갖게 되면 이 중 일부를 사용하려 들 것이다. 따라서 일시적인 조세 감면이나 소비자들에 대한 현금 이전지출 형태의 재정정책조차도 확장적인 효과를 가질 것이다.

이에 더하여 리카도 동등성이 성립될 때조차도 재화와 서비스의 직접 구매를 수반하는 정부지출의 일시적 증가는 단기에 총지출을 증대시킬 수 있다. 소비자가 미래 조세 증가를 예상하여 소비지출을 줄인다 해도, 세금을 납부하기 위한 저축이 여러 기간에 걸쳐 일어날 것인 만큼 소비지출 감소도 여러 기간에 걸쳐 일어날 것이기 때문이다. 한편 추가적인 정부지출은 경제가 필요로 하는 단기에 집중될 것이다.

따라서 리카도 농등성이 강조하는 효과가 재정팽창의 효과를 감소시킬 수 있음은 인정되지만, 재정팽창을 전적으로 효과가 없게 만든다는 주장은 소비자들의 실제 행동과 불일치할 뿐 아니라 정부지출 증가가 효과가 없다고 믿을 만한 이유가 되지 않는다. 결국 이는 확장적 재정정책을 비판하는 타당성 있는 논거가 되질 못한다.

종합 확장적 재정정책이 얼마나 효과가 있을지에 대한 기대는 상황에 따라 다르다. 2009년 회복법이 제정될 때처럼 경제가 경기후퇴 갭을 겪고 있다면 경제학은 이것이 바로 확장적 재정정책이 경제에 도움이 될 수 있는 상황이라 말해 줄 것이다. 그러나 경제가 이미 완전고용에 있다면 확장적 재정정책은 잘못된 정책이며 구축, 경기 과열 그리고 인플레이션의 심화를 초래할 것이다.

주의해야 할 것 : 재정정책의 시차

〈그림 28-4〉와 〈그림 28-5〉를 보면 경기후퇴 갭이 발생할 때는 언제나 정부가 확장적 재정정책

을 시행하고 인플레이션 갭이 발생할 때는 언제나 긴축적 재정정책을 시행하는 등 재정정책을 적극적으로 활용해야 할 것으로 생각된다. 그러나 많은 경제학자들은 재정정책을 너무 적극적으로 사용하는 데 대해 우려를 표명한다. 정부가 재정정책이나 통화정책을 이용하여 경제안정을 지나칠 정도로 추구할 경우 오히려 경제를 더 불안정하게 만들 수도 있기 때문이다.

통화정책과 관련된 경고에 대해서는 제30장에서 설명할 것이다. 재정정책의 시행에 주의가 필요한 주된 이유는 정책 시행에 **시차**가 존재하기 때문이다. 이와 같은 시차의 본질을 이해하기 위해서는 정부가 경기후퇴 갭을 제거하기 위해 지출을 증가시키기 전에 어떤 과정을 겪는지를 생각해 볼 필요가 있다.

1. 정부가 경기후퇴 갭이 존재한다는 사실을 인식해야 한다. 그런데 경제자료를 수집하고 분석하는 데는 시간이 걸릴 뿐만 아니라 경기후퇴는 대개 시작한 후 여러 달이 지나서야 확인되는 경우가 많다.
2. 정부가 지출계획을 세워야 하는데 이것 역시 여러 달이 걸릴 수 있다. 정치인들이 돈을 어디에 지출할 것인지에 대해 논쟁을 하거나 의회의 승인 과정에서 지체가 발생하기 때문이다.
3. 돈을 지출하는 데도 시간이 걸린다. 예를 들어 도로 신설 공사는 기초 조사에서부터 시작되는데 이 단계에서는 큰돈이 지출될 필요가 없다. 실제로 큰돈이 지출되기 시작할 때까지는 상당한 시간이 걸릴 수 있다.

재정정책을 만들 때는 타이밍이 중요하다.

이와 같은 시차로 인해 경기후퇴 갭을 제거하기 위해 지출을 증가시키는 데 너무 많은 시간이 지체될 경우, 이미 경제가 스스로 경기후퇴로부터 회복되었을 수도 있다. 그리하여 막상 재정지출의 효과가 나타나는 시점에는 경기후퇴 갭이 인플레이션 갭으로 전환되었을 수도 있다. 이 경우에는 재정정책이 상황을 개선시키기는커녕 오히려 더 악화시킬 것이다.

그렇다고 해서 재정정책이 절대로 적극적으로 이용되지 말아야 한다는 것은 아니다. 2009년 초에는 미국 경제가 당면한 경기침체가 깊고도 길 것이기 때문에 앞으로 1년 또는 2년 동안 시행될 재정적 부양조치가 확실히 총수요곡선을 올바른 방향으로 이동시킬 수 있다고 판단할 수 있는 충분한 이유가 있었다. 그렇지만 시차 문제로 인해 재정정책과 통화정책을 실제로 시행하는 것은 앞의 두 그림에서와 같은 단순한 분석에서 보는 것보다는 훨씬 더 어려운 작업임에 틀림이 없다.

현실 경제의 >> 이해
두 가지 부양책 이야기

2009년의 오바마 부양책과 2018년에 시작된 새 조세감축과 새 사회간접자본 지출을 포함하여 2017년 초 트럼프가 취임한 직후 행정부가 제시한 제안 사이에는 몇 가지 광범위한 유사점이 존재한다. 그렇지만 오바마 부양책을 지지했던 많은 경제학자들은 트럼프의 부양책에 대해서는 회의적이었는데, 바로 경제 상태에 변화가 있었기 때문이다.

〈그림 28-6〉은 두 시기에 있어서 모두 정책 토론에서 중요한 역할을 했던 두 가지 지표를 보여 준다. 하나는 실업률이고, 다른 하나는 **퇴직률**(quits rate), 즉 매달 자발적으로 일자리를 떠나는 노동자의 비율이다. 퇴직률은 노동시장이 얼마나 좋은지를 나타내는 지표로 간주된다. 새로운 일자리를 구하기가 매우 어렵게 여겨질 때에는 노동자들이 일자리를 그만두기를 꺼리기 때

문이다. 이런 이유에서 퇴직률은 실업률에 대한 유용한 보조지표가 된다. 실업률이 경제 상황을 정확하게 반영하는지가 확실하지 않다면 퇴직률이 같은 이야기를 하고 있는지를 확인해 보면 된다.

〈그림 28-6〉으로부터 2009년 초에 미국 경제가 깊은 경기침체에 빠졌다는 모든 신호를 보여 주었음을 알 수 있다. 추락 속도가 가속화되고, 실업률은 높은데다 증가하고 있었고, 퇴직률은 낮으면서 하락하고 있었다. 그러나 조세감축이 발효된 2017년 말에는 자료들이 그 반대의 이야기를 하고 있었다. 낮은 실업률과 높은 퇴직률은 일자리가 비교적 풍부함을 나타내고 있었다.

이러한 차이는 2017년에는 2009년에 비해 확장적 재정정책을 사용할 근거가 훨씬 약했음을 의미한다. 사실 2017년의 조건에서는 정부지출 증가가 민간지출을 구축하고 정부차입 증가가 민간투자지출을 구축할 가능성이 컸다. 물론 트럼프 행정부의 제안을 찬성할 이유도 몇 가지 있었다. 그렇지만 거시경제이론은 확장적 재정정책이 2009년에 비해 부정적인 면이 더 클 것임을 지적한다.

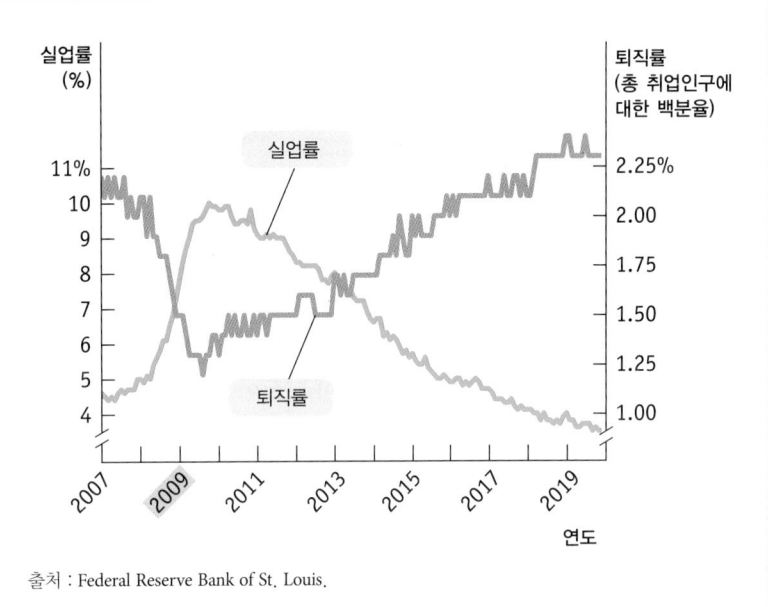

그림 28-6 2009년과 2017년 미국 경제 상태의 비교

출처 : Federal Reserve Bank of St. Louis.

>> 이해돕기 28-1

해답은 책 뒤에

1. 다음 각 정책이 확장적 재정정책인지 또는 긴축적 재정정책인지를 판별하라.
   a. 약 1만 명의 인원을 고용하고 있던 군사기지 몇 개가 폐쇄되었다.
   b. 실업자들이 실업수당을 받을 수 있는 기간이 연장되었다.
   c. 휘발유에 대한 세금이 올랐다.
2. 태풍, 홍수, 대규모 흉작과 같은 자연재해의 희생자들에게 신속하게 구호자금을 공급하기 위해 마련된 연방 새난 구호제도가 입법을 통해서 실행되는 구호제도보다 재난 발생 후 경제를 안정시키는 데 더 효과적인 이유를 설명하라.
3. 다음 진술의 진위를 가리라. "정부가 팽창할 때 민간부문은 수축한다. 정부가 수축할 때 민간부문은 팽창한다."

|| 재정정책과 승수

미국의 2009년 경기부양조치와 같은 확장적 재정정책은 총수요곡선을 오른쪽으로 이동시킨다. 존슨 대통령의 가산세와 같은 긴축적 재정정책은 총수요곡선을 왼쪽으로 이동시킨다. 그러나 정책담당자들로서는 총수요곡선의 이동 방향을 아는 것만으로는 충분하지가 않다. 이들은 주어진 정책에 의해 총수요곡선이 얼마나 이동하는지에 대한 추정치를 필요로 한다. 이와 같은 추정치를 구하기 위해 제26장에서 배운 승수의 개념이 이용된다.

>> 복습

• 재정정책의 주요 수단은 조세와 정부지출이다. 정부지출은 재화와 서비스 구매와 이전지출의 형태를 취한다.

• 미국에서는 **사회보험** 프로그램이 정부 이전지출의 대부분을 차지한다. 주로 사회보장, 메디케어, 메디케이드, 오바마 케어로 구성된 사회보험 프로그램은 경제적 어려움을 완화시키는 데 목적이 있다.

• 정부는 G에 직접적으로, 그리고 조세와 이전지출을 통해 C와 I에 간접적으로 영향을 미친다.

• **확장적 재정정책**은 정부의 재화와 서비스 구매 증가, 조세 감면, 정부 이전지출 증가를 통해서 시행된다. **긴축적 재정정책**은 정부의 재화와 서비스 구매 감소, 조세 증가, 정부 이전지출 감소를 통해서 시행된다.

• 구축에 근거한 확장적 재정정책의 효과에 대한 비판은 경제가 완전고용 상태에 있을 때만 타당하다. 리카도 동등성, 즉 소비자들이 미래 조세 증가를 예상하여 현재의 지출을 삭감할 것이기 때문에 확장적 재정정책이 작동하지 않을 것이라는 주장은 현실적으로는 사실이 아닌 것으로 보인다. 분명한 사실은 시차가 재정정책의 효과를 감소시킬 수 있으며 반대의 효과를 내도록 만들 수도 있다는 점이다.

확장적 또는 긴축적 재정정책은 경제 전반에 걸쳐서 연쇄반응을 일으킨다.

정부의 재화와 서비스 구매 증가의 승수효과

정부가 건물과 도로를 건설하기 위해 500억 달러를 지출하기로 결정한다고 하자. 정부의 재화와 서비스 구매는 직접적으로 최종생산물에 대한 총지출을 500억 달러 증가시킨다. 그런데 정부구매 증가는 직접적인 지출 증가에 더해서 간접적인 지출 증가를 발생시킨다. 제26장에서 보았듯이 정부구매의 증가는 경제 전체에서 연쇄반응을 일으키기 때문이다. 먼저 정부에 재화와 서비스를 판매한 기업이 벌어들인 수입은 임금, 이윤, 이자, 임대료 등의 형태로 가계로 흘러 들어간다. 그 결과 가처분소득이 증가하고 이에 따라 소비지출이 증가한다. 소비지출이 증가하면 기업들은 생산을 증가시키는데 이는 다시 가처분소득을 증가시키고 이는 다시 소비지출을 증가시키는 등의 과정이 반복된다.

여러분이 알듯이 승수(multiplier)란 자발적인 총지출 변화에 따른 실질 국내총생산의 변화분을 자발적 총지출 변화분으로 나눈 비율이다. 자발적 총지출 증가의 예로는 정부의 재화와 서비스 구매의 증가를 들 수 있다.

제26장에서는 조세와 국제무역이 없기 때문에 국내총생산의 증가가 모두 가계에 귀속되는 단순한 경제를 고려했다. 우리는 또한 물가가 고정되어 있다고 가정했는데 이로 인해 명목 국내총생산의 증가는 곧 실질 GDP의 증가가 된다. 우리는 또한 이자율이 고정되어 있다고 가정했다. 이 경우 승수는 $1/(1-MPC)$가 된다. MPC는 한계소비성향, 즉 추가적인 1달러의 가처분소득 중 소비지출되는 부분이다. 예를 들어 한계소비성향이 0.5라면 승수는 $1/(1-0.5)=1/0.5=2$가 된다. 승수가 2라면, 정부의 재화와 서비스 구매가 500억 달러 증가할 경우 실질 국내총생산은 1,000억 달러 증가한다. 이 1,000억 달러 중에서 500억 달러는 정부구매 증가에 따른 최초의 효과이며, 나머지 500억 달러는 그 이후 소비지출 증가에 따른 효과다.

이와 반대로 정부의 재화와 서비스 구매가 감소하면 어떤 일이 일어날까? 이 경우에도 계산은 동일하다. 다만 앞에 마이너스 부호가 붙을 뿐이다. 즉 정부구매가 500억 달러 감소할 경우 한계소비성향이 0.5라면 실질 국내총생산은 1,000억 달러 감소한다.

정부 이전지출과 조세 변화의 승수효과

확장적인 재정정책이나 긴축적인 재정정책은 정부구매의 변화 이외에도 이전지출이나 조세의 변화를 통해 시행될 수 있다. 그러나 정부 이전지출이나 조세의 변화는 일반적으로 같은 크기의 정부구매 변화에 비해 총수요곡선을 적게 이동시키며 그 결과 실질 국내총생산에 더 작은 영향을 미친다.

그 이유를 알아보기 위해 정부가 500억 달러를 교량을 건축하는 대신 이전지출의 형태로 지출한다고 하자. 이 경우에는 정부구매 증가와는 달리 총수요에 미치는 직접적인 효과는 없다. 다만 가계가 500억 달러의 이전지출 중 일부를 소비할 경우에만 실질 국내총생산이 증가할 수 있다. 물론 가계는 이전지출을 모두 소비하지는 않을 것이다.

〈표 28-1〉은 MPC가 0.5이고 승수가 2라는 가정하에서 두 가지 확장적 재정정책에 대한 가상적인 비교를 보여 준다. 하나는 정부가 직접 500억 달러어치의 재화와 서비스를 구매하는 것이고 다른 하나는 정부가 500억 달러어치의 수표를 소비자들에게 발송하는 형태로 이전지출을 하는 것이다. 각 경우에 정부의 구매에 의

표 28-1 MPC가 0.5일 경우 재정정책의 가상적인 효과

실질 GDP에 대한 효과	재화와 서비스에 대한 정부구매 $500억 증가	정부 이전지출 $500억 증가
첫 번째 단계	$500억	$250억
두 번째 단계	$250억	$125억
세 번째 단계	$125억	$62억 5,000만
· · ·	· · ·	· · ·
총효과	$1,000억	$500억
승수로 본 총효과	$\Delta Y=\Delta G\times 1/(1-MPC)$	$\Delta Y=\Delta TR\times MPC\times 1/(1-MPC)$

해서든 수표를 수령한 소비자의 구매에 의해서든 첫 단계에서 실질 국내총생산에 영향을 미치고, 이렇게 증가한 실질 국내총생산이 가처분소득을 증가시킴에 따라 일련의 추가적인 단계들이 이를 뒤따른다.

그러나 이전지출 프로그램의 경우 첫 단계 효과가 더 작다. MPC가 0.5라고 가정했으므로 가처분소득 증가액 500억 달러 중에서 250억 달러만이 지출되고 나머지 250억 달러는 저축되기 때문이다. 그 결과 모든 후속 단계들의 규모도 더 작아진다. 결국 500억 달러의 이전지출은 실질 국내총생산을 $MPC \times 1/(1-MPC)$에 해당되는 500억 달러만 증가시키는 반면에 같은 규모의 정부구매 증가는 실질 국내총생산을 $1/(1-MPC)$에 해당되는 1,000억 달러 증가시킨다.

전체적으로 확장적 재정정책이 이전지출 증가의 형태를 취할 때 실질 국내총생산은 최초의 정부지출 증가보다 크거나 작은 규모로 증가한다. 이는 승수가 1보다 크거나 작을 수 있음을 의미한다. 〈표 28-1〉에서 MPC가 0.5일 때 승수는 정확히 1이다. 500억 달러의 이전지출 증가는 실질 국내총생산을 500억 달러 증가시킨다. MPC가 0.5보다 작아서 처음의 이전지출 중에서 이보다 더 작은 부분이 지출된다면 이에 따른 승수는 1보다 작을 수도 있다. 처음의 이전지출 중 더 많은 부분이 지출된다면 승수는 1보다 클 수 있다.

조세 감소의 효과도 이전지출과 유사하다. 조세 감소는 가처분소득을 증가시키고 그 후 일련의 소비 증가 과정이 반복된다. 하지만 조세 감소가 가져오는 전체적인 효과는 동일한 크기의 정부구매 증가보다 작다. 가계가 조세 감소분의 일부를 저축하기 때문에 자발적 총수요 증가분이 더 작기 때문이다.

그런데 조세가 승수효과에 미치는 영향은 더욱 복잡하다. 조세는 승수 자체의 크기에도 영향을 미치기 때문이다. 현실에서는 정부가 세액이 소득과 무관하게 결정되는 **정액세**(lump-sum tax)를 부과하는 경우는 매우 드물다. 정액세만 있다면 승수에는 변함이 없다. 하지만 대부분의 정부 조세수입은 정액세가 아닌 조세를 통해 이뤄지며 그 결과 실질 국내총생산 수준에 따라서 변한다. 바로 다음에 설명될 것이고 부록에서 보다 상세히 설명될 것이지만, 정액세가 아닌 조세는 승수의 크기를 감소시킨다.

사실 경제학자들은 승수의 크기가 전체 인구 중에서 **누가** 조세 감면이나 정부 이전지출 증가의 혜택을 받을지를 결정해야 한다고 주장한다. 예를 들어 실업자에 대한 혜택 증가와 주주에게 배당금으로 지급되는 이윤에 대한 조세 감면의 효과를 비교해 보자. 소비자들에 대한 조사에 따르면 실업자는 평균적으로 배당소득 수령자보다 가처분소득의 증가분 중 더 많은 부분을 소비지출에 사용한다고 한다. 이는 실업자가 많은 주식을 소유한 사람보다 더 높은 한계소비성향을 갖고 있음을 의미한다. 주식 소유자들은 더 부유하므로 가처분소득 증가분 중 더 많은 부분을 저축할 것이기 때문이다. 이것이 사실이라면 실업 혜택으로 지급된 1달러는 배당소득세를 1달러 낮추는 것보다 총수요에 더 큰 영향을 미칠 것이다.

조세가 승수에 미치는 영향

제26장에서 승수를 처음 소개했을 때는 단순화를 위해 실질 국내총생산이 1달러 증가할 경우 가처분소득도 1달러 증가한다고 가정했었다. 그러나 실제로는 승수효과를 발생시키는 과정의 각 단계에서 실질 국내총생산 증가분의 일부가 조세로 흡수된다. 대부분의 조세는 실질 국내총생산이 증가함에 따라 함께 증가하기 때문이다. 따라서 조세를 명시적으로 모형에 도입하는 경우 가처분소득의 증가는 1달러에 못 미치게 된다.

실질 국내총생산이 증가할 때 정부의 조세수입이 증가하는 것은 정부가 의도적으로 의사결정이나 행동을 한 결과가 아니다. 단지 세법에 명시된 조세체계가 실질 국내총생산이 증가할 때 대부분의 조세에서 조세수입이 **자동적으로** 증가하도록 구성되어 있기 때문이다. 예를 들어 각 가

정액세(lump-sum tax)는 납세자의 소득수준에 의존하지 않는 조세다.

경기가 수축할 때 재정정책을 확장적으로 만들고, 경기가 팽창할 때 재정정책을 긴축적으로 만들 수 있는 효과를 가진 정부지출과 조세의 체계를 **자동안정장치**(automatic stabilizer)라 한다.

계가 부담해야 하는 소득세는 각 가계의 소득이 증가함에 따라 세액이 증가하는 구조로 되어 있고, 실질 국내총생산이 증가하면 전체 가계의 과세대상소득도 증가하기 때문에 정부의 소득세 수입이 증가한다. 실질 국내총생산이 증가하면 판매세 수입도 증가하는데 이는 사람들이 재화와 서비스를 더 많이 구매하기 때문이다. 뿐만 아니라 경제가 팽창함에 따라 기업의 이윤도 증가하기 때문에 법인세 수입도 실질 국내총생산의 증가에 따라서 증가한다.

그런데 이처럼 조세수입이 자동적으로 증가하게 되면 승수의 크기가 줄어든다. 승수효과는 국내총생산 증가가 가처분소득을 증가시키고 가처분소득의 증가가 소비를 증가시키고 소비 증가가 다시 실질 국내총생산을 증가시키는 연쇄반응에 의해 일어난다는 사실을 기억하자. 정부가 실질 국내총생산 증가분의 일부를 흡수한다는 것은 이와 같은 과정의 각 단계에서 소비 증가가 조세가 없을 경우에 비해 더 작아질 것임을 의미한다. 그 결과 승수의 크기가 감소한다.

사실 조세가 승수에 미치는 영향은 국제무역의 영향과 매우 유사한데, 국제무역 역시 승수를 감소시킨다. 국제무역의 경우에는 각 단계마다 지출의 일부가 수입으로 "누출"되기 때문에 승수과정이 약화된다. 조세의 경우에는 소득이 조세로 "누출"된다. 이 장의 부록에서는 조세가 실질 국내총생산에 의존할 경우의 승수를 어떻게 도출할 수 있는지를 보여준다.

많은 거시경제학자들은 승수의 크기를 줄이는 것이 좋다고 믿는다. 제27장에서 우리는 모두는 아닐지라도 많은 경기후퇴가 부의 수요충격에 의해 초래된다고 주장했다. 경기가 팽창할 때 조세수입이 증가하는 것과 동일한 이유로 인해 경기가 수축할 때에는 조세수입이 감소한다. 실질 국내총생산이 감소할 때 조세수입이 감소한다면 부의 수요충격이 경제에 미치는 효과는 조세가 없는 경우에 비해 작아진다. 즉 조세수입의 감소가 최초의 총수요 감소가 가져올 부작용을 감소시킨다.

실질 국내총생산의 감소에 따라 가계가 지불하는 세금이 줄어들고 그 결과 정부 수입이 자동적으로 감소하는 것은 마치 경기후퇴기에 자동적으로 확장적인 재정정책을 시행하는 것과 같다. 마찬가지로 경기가 팽창할 때는 조세수입이 증가함으로써 자동적으로 긴축적인 재정정책을 시행하는 것과 같은 효과를 낳는다. 경기가 수축할 때 재정정책을 확장적으로 만들고 경기가 팽창할 때 재정정책을 긴축적으로 만들 수 있는 정부지출과 조세의 체계를 **자동안정장치**(automatic stabilizer)라 한다.

가장 대표적인 자동안정장치는 조세이지만 그 이외에도 여러 가지 자동안정장치가 있다. 정부 이전지출 중에도 자동안정장치의 역할을 하는 것이 있다. 예를 들어 경기가 수축할 때는 경기가 호황일 때에 비해 실업보험금을 타는 사람들이 늘어난다. 메디케이드 수혜자나 식품권을 타는 사람들도 마찬가지로 늘어난다. 따라서 이전지출은 경기가 수축할 때 증가하고 경기가 팽창할 때 감소한다. 이와 같은 이전지출의 자동적 변화는 조세수입의 변화와 마찬가지로 주어진 실질 국내총생산의 변화에 따른 가처분소득의 변화를 감소시키기 때문에 승수의 크기를 감소시킨다.

많은 거시경제학자들은 정부 조세수입과 마찬가지로 정부 이전지출이 승수의 크기를 줄이는 것은 좋은 현상이라고 생각한다. 자동안정장치의 작동으로 인한 확장적 또는 긴축적 재정정책은 모두 경기순환을 완만하게 만듦으로써 경기를 안정시키는 데 도움이 되기 때문이다.

재량적 재정정책의 예로는 대공황 중에 설립된 구호수단인 공공산업진흥국(Works Progress Administration, WPA)을 들 수 있다. 이 제도를 통해 실업자들이 교량, 도로, 건물, 공원 등을 건설하는 공공사업에 투입되었다.

그렇다면 자동안정장치가 아닌 재정정책은 어떤가? **재량적 재정정책**(discretionary fiscal policy)이란 자동적인 조절이 아니라 정책담당자의 의도적인 행동에 의한 재정정책이다. 경기후퇴기에 경기를 부양하기 위해 정부가 조세를 의도적으로 감축하거나 정부지출을 의도적으로 증가시키기 위한 법안을 통과시키는 것이 대표적인 예다. 일반적으로 경제학자들은 극심한 경기후퇴나 지속적인 경제 약화와 같이 특별한 경우에만 재량적 정책의 사용을 지지하는 경향이 있다.

> **재량적 재정정책**(discretionary fiscal policy)은 규정에 의한 행동이 아니라 정책담당자의 의도적인 행동에 따른 재정정책이다.

현실 경제의 >> 이해
내핍과 승수

우리는 재정 승수의 논리에 대해 배웠다. 하지만 실제로 승수효과에 대해 경제학자들이 제시할 수 있는 실증적 증거가 있을까? 몇 년 전까지만 해도 이 질문에 대한 답은 충분한 증거를 갖고 있지 못하다는 것이었다.

문제는 재정정책에서 큰 변화가 드물었고, 그런 변화가 있더라도 다른 것들과 동시에 일어나고 있어서 정부지출과 조세의 영향을 다른 요인으로 인한 영향과 분리하기가 어렵다는 데 있었다. 예를 들어 미국은 제2차 세계대전 중에 지출을 극적으로 증가시켰지만 주택 신축을 금지하는 등 많은 소비재에 대한 할당제를 도입하였다. 따라서 지출 증가의 효과는 평시에서 전시 경제로의 전환에 따른 효과와 구분하기가 어려웠다.

그런데 최근 사건들은 상당한 양의 새로운 증거를 제시해 준다. 2009년 글로벌 금융위기 이후 몇몇 유럽국가들이 채무위기에 직면했다. 대출이 만기가 되자 이들 국가는 새 자금을 조달할 수 없

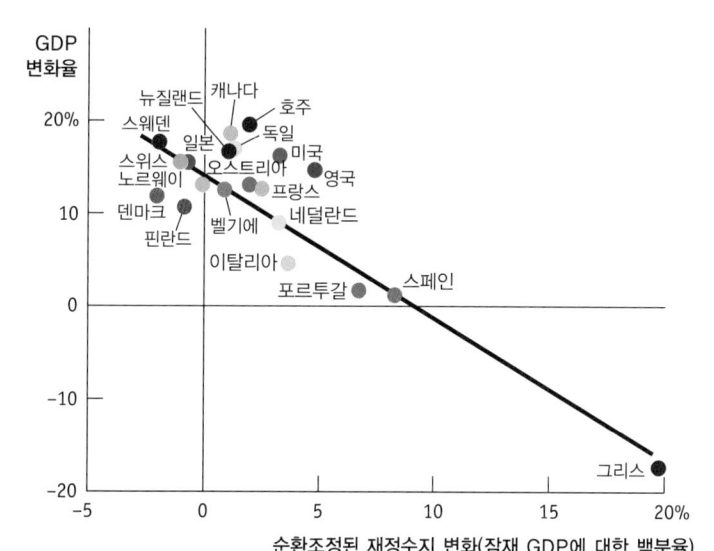

그림 28-7 재정 승수, 2009~2013년

출처 : International Monetary Fund.

거나 극히 높은 이자율을 지불해야만 했다. 그 결과 이들은 다른 유럽국가에 원조를 청해야만 했다. 이러한 원조의 조건은 재정적자를 줄이기 위한 대규모의 지출 삭감과 조세 증액의 내핍(austerity)이었다. 내핍은 긴축적 재정정책의 한 형태다. 따라서 내핍정책을 강요받았던 국가들의 성과를 그렇지 않은 국가와 비교함으로써 우리는 지출과 조세 변화의 효과에 대해 상대적으로 더 분명하게 알 수 있다.

〈그림 28-7〉은 유럽국가들에 대하여 2009년부터 2013년 사이에 부과된 내핍 규모와 같은 기간 동안의 GDP 성장률을 비교해서 보여 준다. (2013년에서 분석을 끝내는 것은 2012년 후반에 유럽의 부채시장이 안정됨에 따라 혹독한 내핍에 대한 압력이 크게 줄었기 때문이다.) 내핍의 규모는 경기순환에 대해 조정된 재정수지의 변화에 의해 측정되는데 이에 대해서는 이 장 후반에 설명할 것이다. 그림에서는 극심한 지출 삭감과 엄청난 규모의 총생산 감소를 감수해야 했던 그리스가 두드러지게 눈에 띈다. 그러나 그리스가 없더라도 두 변수 사이에 부의 상관관계가 분명하게 나타난다. 산포된 점들에 맞춰진 선은 −1.5의 기울기를 가진다. 이는 지출 삭감이나 조세 증액은 평균 1.5의 승수를 가졌음을 시사한다. 다시 말해, 경제에서 1달러를 가져가는 긴축적 재정정책은 국내총생산을 1.5달러 감소시켰다.

여러분이 예상하듯이 경제학자들은 이와 같은 결과에 대해 이것이 제대로 통제된 실험이 아

님을 강조하는 것을 포함하여 여러 가지 단서를 달거나 경고를 덧붙인다. 그렇지만 전반적으로는 최근의 경험이 재정정책이 1보다 큰 승수를 가지고 국내총생산을 예측된 방향으로 움직이게 한다는 주장을 지지하는 듯이 보인다.

>> 이해돕기 28-2
해답은 책 뒤에

1. 정부구매가 5억 달러 증가할 경우 정부 이전지출이 5억 달러 증가하는 경우에 비해 실질 GDP의 증가폭이 더 큰 이유를 설명하라.
2. 정부구매가 5억 달러 감소할 경우 이전지출이 5억 달러 감소하는 경우에 비해 실질 GDP의 감소폭이 더 큰 이유를 설명하라.
3. 볼도비아국은 실업보험 혜택이 전혀 없고 조세는 정액세로만 구성되어 있다. 이웃 국가인 몰도비아는 실업보험제도가 잘 마련되어 있고 거주자가 소득 중 일정 부분을 지불해야 하는 조세체계를 갖추고 있다. 정의 수요충격과 부의 수요충격이 발생할 경우 어떤 국가가 더 큰 폭의 실질 GDP 변화를 겪게 될 것인지 설명하라.

재정수지

정부 재정에 대한 신문기사 제목은 오직 한 가지 사실에 대해서만 초점을 두는 경향이 있다. 정부 재정이 적자인지 또는 흑자인지와 두 경우 모두 그 규모가 얼마인가이다. 사람들은 흔히 흑자는 좋은 것이라고 생각한다. 즉 연방정부가 2000년에 기록적인 수준의 흑자를 기록했을 때 많은 사람들이 축하할 만한 일이라고 생각했다. 반대로 사람들은 적자는 나쁜 것이라고 생각하는 경향이 있다. 미국의 연방정부가 2009년부터 2011년까지의 기록적인 수준의 적자를 기록했을 때 많은 사람들이 근심거리가 될 거라 생각했다.

흑자와 적자는 재정정책의 분석에 어떻게 반영될 수 있는가? 적자가 좋은 것이고 흑자가 나쁜 것일 수도 있는가? 이들 질문에 답하기 위해 먼저 재정흑자와 재정적자의 원인과 결과에 대해서 알아보자.

재정정책의 척도로서의 재정수지

재정흑자와 재정적자란 무엇을 의미하는가? 제25장에서는 재정수지를 조세수입을 비롯한 한 해 동안의 정부수입과 재화와 서비스 구매와 이전지출을 위해 지불한 정부지출 간의 차이로 정의했다. 즉 재정수지는 식 (28-2)에서와 같이 정부저축으로 정의된다[이 식은 식 (25-7)과 동일하다].

(28-2)　$S_G = T - G - TR$

위 식에서 T는 조세수입을, G는 정부의 재화와 서비스 구매를 그리고 TR은 정부 이전지출을 나타낸다. 제25장에서 배웠듯이 재정수지가 양의 값을 갖는 경우를 재정흑자라 하고, 음의 값을 갖는 경우를 재정적자라 한다.

다른 조건이 같다면 확장적 재정정책, 즉 정부구매 증가, 이전지출 증가 또는 조세 감소는 그 해의 재정수지를 악화시킨다. 즉 확장적 재정정책은 재정흑자 규모를 줄이거나 재정적자 규모를 증가시킨다. 반대로 긴축적인 재정정책, 즉 정부구매 감소, 이전지출 감소 또는 조세 증가는 그해의 재정수지를 개선한다. 즉 재정흑자 규모가 커지거나 재정적자 규모가 작아진다.

이와 같은 관계를 보면 재정수지의 변화를 재정정책의 척도로 사용할 수 있다는 생각이 들 수도 있을 것이다. 사실 경제학자들은 이미 이와 같은 관계를 활용하고 있다. 즉 재정수지의 변화를 현재 시행되고 있는 재정정책이 확장적인지 또는 긴축적인지 여부를 간략히 평가하기 위한 방법으로 사용한다. 그러나 이와 같은 간략한 방법은 다음과 같은 두 가지 이유로 말미암아 재정정책의 기조에 대해 잘못된 판단을 유도할 우려가 있다.

1. 재정수지에는 동일한 영향을 미치는 두 가지 다른 재정정책이 경제에는 매우 상이한 영향을 미칠 수 있다. 이미 보았듯이 정부구매의 변화는 동일한 크기의 조세 또는 이전지출의 변화에 비해 실질 국내총생산에 더 큰 영향을 미친다.
2. 재정수지의 변화는 경기변동의 원인이 아니라 결과일 경우가 많다.

두 번째 이유를 이해하기 위해서는 경기순환이 재정수지에 미치는 영향에 대해 알아볼 필요가 있다.

경기순환과 순환조정된 재정수지

과거 역사를 보면 연방정부의 재정수지와 경기순환 간에는 매우 강한 상관관계가 있다. 경기후퇴기에는 재정적자가 심화되는 경향이 있는 반면 경기팽창기에는 재정적자 폭이 줄어들거나 재정흑자로 전환되기도 한다. 〈그림 28-8〉은 1964년부터 2019년까지의 국내총생산 대비 연방 재정적자 규모의 비율을 보여 준다. 음영으로 표시된 부분은 경기후퇴기를 나타내며 그 이외의 부분은 경기팽창기를 나타낸다. 그림에서 보듯이 연방 재정적자 규모는 대개 경기후퇴기에 증가하는 한편 경기팽창기에는 감소했다. 사실 1991년부터 2001년 초까지 지속된 장기적인 경기팽창기 말엽에는 재정적자가 음의 값을 갖기도 했는데 이는 재정적자가 재정흑자로 전환되었음을 의미한다.

경기순환과 재정수지 간 관계는 〈그림 28-9〉와 같이 국내총생산에 대한 재정적자 비율을 실

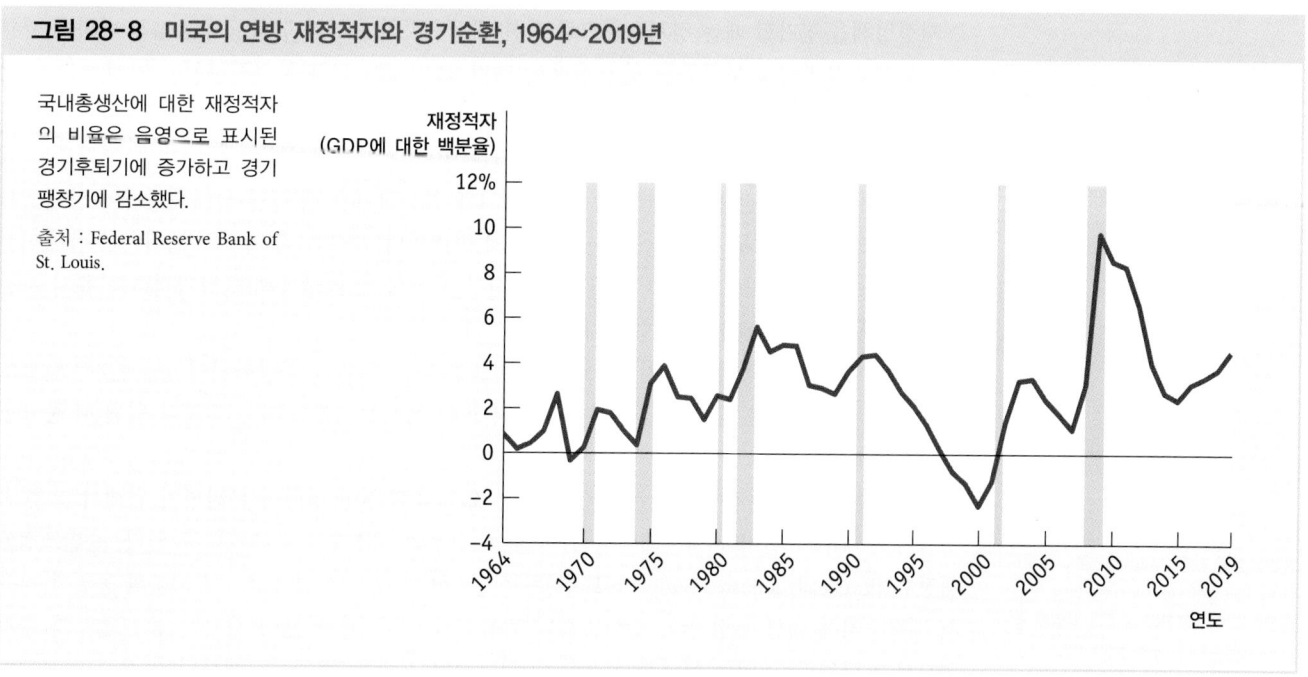

그림 28-8 미국의 연방 재정적자와 경기순환, 1964~2019년

국내총생산에 대한 재정적자의 비율은 음영으로 표시된 경기후퇴기에 증가하고 경기팽창기에 감소했다.

출처 : Federal Reserve Bank of St. Louis.

그림 28-9 미국의 연방 재정적자와 실업률, 1964~2019년

재정수지와 경기순환 간에는 밀접한 관계가 있다. 경기후 퇴기에는 재정수지가 적자 방향으로 움직이고 경기팽창기에는 흑자 방향으로 움직인다. 경기순환의 지표로는 실업률이 이용될 수 있는데, 실업률이 높은 시기에는 재정적자가 늘어날 것으로 기대된다. 그림은 이와 같은 기대를 확인시켜 준다. 국내총생산 대비 재정적자 비율은 실업률과 같은 방향으로 움직인다.

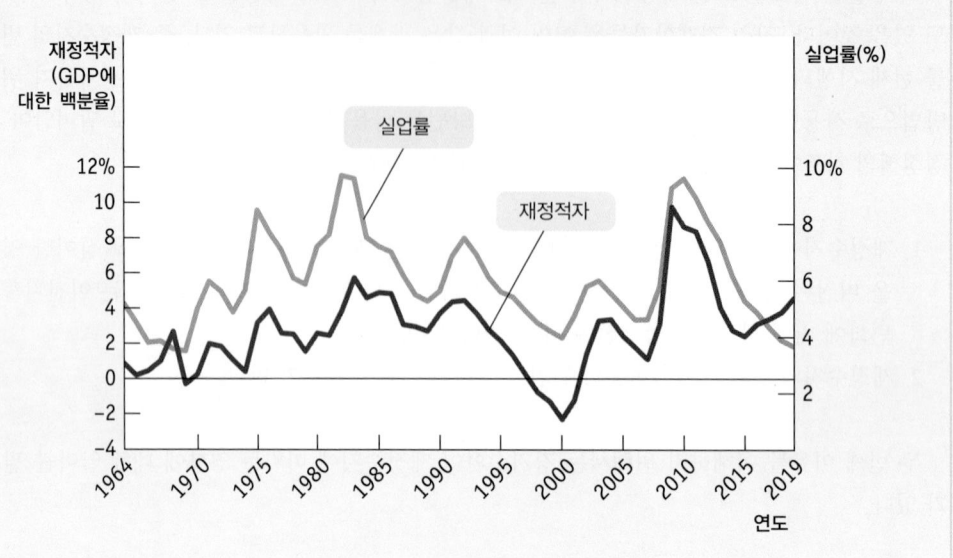

출처 : Federal Reserve Bank of St. Louis.

업률과 비교해 볼 때 더욱 분명해진다. 실업률이 증가할 때는 거의 항상 재정적자가 증가하며 실업률이 감소할 때는 재정적자도 감소한다.

그렇다면 이와 같은 경기순환과 재정수지 간의 관계는 정책담당자들이 경기후퇴기에는 확장적 재정정책을 시행하고 경기팽창기에는 긴축적 재정정책을 시행하는 등 재량적인 재정정책을 시행하고 있다는 증거가 될 수 있는가? 반드시 그렇지만은 않다. 〈그림 28-9〉에 나타난 관계는 상당 부분 자동안정장치가 작동한 결과라 할 수 있다. 자동안정장치에 대한 논의에서 설명했듯이 경기가 팽창할 때 정부의 조세수입은 증가하고 실업급여와 같은 정부 이전지출은 감소하는 경향이 있다. 반대로 경기가 수축할 때 조세수입은 감소하는 반면 일부 이전지출은 증가하는 경향이 있다. 따라서 정책담당자들이 의도적으로 행동을 취하지 않더라도 재정수지는 경기팽창기에는 흑자 방향으로 움직이고 경기후퇴기에는 적자 방향으로 움직인다.

재정정책을 평가할 때는 경기순환으로 인한 재정수지의 움직임과 의도적인 정책 변화에 따른 재정수지의 움직임을 분리하는 것이 유용할 때가 있다. 전자는 자동안정장치에 의해 영향을 받으며 후자는 정부구매, 이전지출, 조세 등에서의 의도적인 변화에 의해 영향을 받는다. 한 가지 지적하고픈 것은 경기순환이 재정수지에 미치는 영향은 일시적이라는 사실이다. 경기후퇴 갭(실질 국내총생산이 잠재생산량보다 작은 경우)과 인플레이션 갭(실질 국내총생산이 잠재생산량보다 큰 경우)은 모두 장기적으로는 사라지기 마련이다. 따라서 경기후퇴 갭이나 인플레이션 갭이 재정수지에 미치는 영향을 제거한다면 정부의 조세 및 지출정책이 장기적으로 유지 가능한지를 판단하는 데 도움이 될 수 있다.

과연 정부의 조세정책이 장기적으로 정부지출을 위한 재원을 충당하기에 충분한가? 앞으로 배울 것이지만 이것은 정부가 금년에 재정흑자 또는 적자를 보았느냐는 것보다 훨씬 더 중요한 질문이다.

경기순환이 재정수지에 미치는 영향을 다른 요인들로 인한 영향과 분리하기 위해서 많은 국가들이 경기후퇴 갭이나 인플레이션 갭이 없을 경우의 재정수지를 추정하고 있다. **순환조정된 재정수지**(cyclically adjusted budget balance)는 실질 국내총생산이 잠재생산량 수준과 동일한 경우의 재정수지에 대한 추정치다. 순환조정된 재정수지는 경기후퇴 갭이 제거될 경우 정부가 추가적으로 거둬들일 수 있는 세금과 절감할 수 있는 이전지출을 감안하여 계산된다. 물론 인플레이

순환조정된 재정수지(cyclically adjusted budget balance)는 실질 국내총생산이 잠재생산량 수준과 동일한 경우의 재정수지에 대한 추정치다.

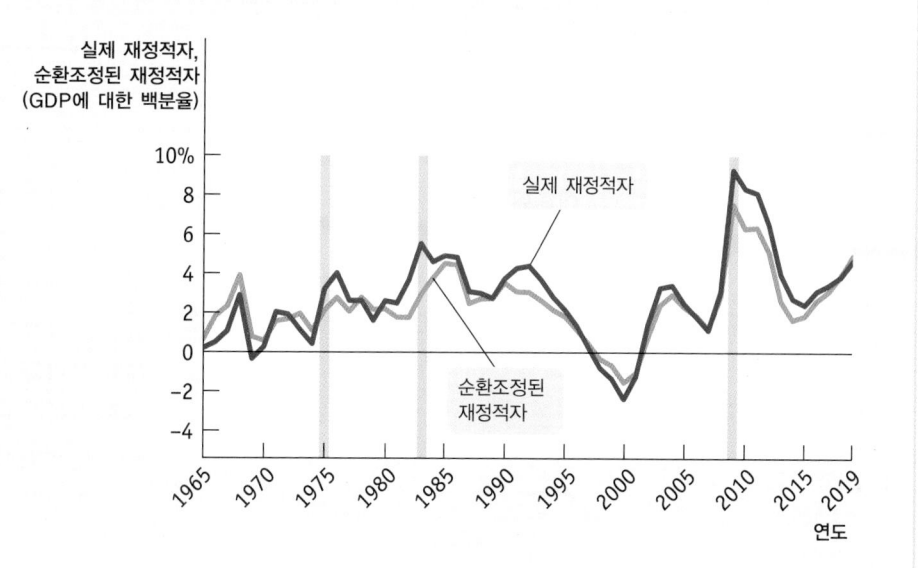

그림 28-10 실제 재정적자와 순환조정된 재정적자, 1965~2019

순환조정된 재정적자는 경제가 잠재 생산량 수준을 달성하고 있을 때의 재정적자 규모에 대한 추정치. 순환조정된 재정적자는 실제 재정적자에 비해 변동폭이 작은데 이는 재정적자 규모가 큰 해가 대개 경기후퇴 갭이 큰 해와 일치하기 때문이다. 1975년, 1983년, 2009년의 대규모 재정적자는 보라색 수직 막대가 나타낸다. 이들 적자는 경기침체로 인한 것이다.

출처 : Congressional Budget Office.

션 갭이 제거될 경우 줄어들 세금수입과 늘어날 이전지출도 감안된다.

〈그림 28-10〉은 1965년부터 2019년까지의 실제 재정적자와 미국 의회예산처가 추정한 순환조정된 재정적자를 국내총생산에 대한 비율로 보여 준다. 그림에서 보듯이 순환조정된 재정적자는 실제 재정적자에 비해 변동폭이 작다. 특히 1975년, 1983년, 2009년과 같은 대규모 재정적자는 부분적으로는 경기침체로 인한 것이다.

재정수지는 균형을 이루어야만 하는가?

재정적자가 오랜 기간 지속될 경우 정부와 국민경제 모두에 문제가 될 수 있다. 그럼에도 불구하고 정치가들은 항상 재정적자의 유혹에 빠지는 경향이 있다. 세금을 낮추면서도 지출을 줄이지 않거나 세금을 더 거두지 않고서도 지출을 증가시킬 경우 유권자들로부터 인기를 얻을 수 있기 때문이다. 이와 같은 이유로 인해 재정적자를 금지하는 입법을 하거나 심지어 헌법 개정을 통해 재정의 원칙을 바로잡으려 하는 경우도 있다. 이와 같은 입법조항은 매년 재정이 '균형'을 이루어야 함, 즉 재정수입이 적어도 재정지출과 같아야 함을 요구한다. 그렇다면 매년 균형재정을 유지하도록 요구하는 것이 과연 좋은 생각일까?

대부분의 경제학자들의 견해는 이에 대해 부정적이다. 이들은 정부가 평균적으로 균형재정을 유지하기만 하면 된다고 생각한다. 즉 상황이 나쁜 해에는 적자를 보더라도 상황이 좋은 해의 흑자로써 이를 상쇄하면 된다는 것이다. 이들이 정부에 매년 균형재정을 유지할 것을 요구해서는 안 된다고 생각하는 또 하나의 이유는 이와 같은 요구가 조세와 이전지출이 자동안정장치로서의 역할을 수행하는 것을 저해하기 때문이다.

이 장의 서두에서 보았듯이 경기가 수축할 때 조세수입이 감소하고 이전지출이 증가하는 것은 경기후퇴의 폭을 감소시키는 데 도움이 된다. 하지만 조세수입 감소와 이전지출 증가는 재정적자를 초래한다. 균형재정을 강요할 경우 정부는 긴축적인 재정정책을 통해서 재정적자를 해소하려 들 것이고 이는 경기후퇴를 더 심화시키게 된다.

그러나 과도한 재정적자의 발생을 우려하는 정책담당자들은 재정적자를 금지하는 엄격한 규정이나 또는 적어도 재정적자의 상한을 설정하는 규정이 필요하다고 생각한다. 다음의 '현실 경제의 이해'에서 설명하듯이 주정부와 지방정부는 이러한 규정을 갖고 있는데, 이는 대후퇴 중의 재정정책과 그 이후의 재정정책에 중요한 영향을 미쳤다.

현실 경제의 >> 이해
경기후퇴 중에 균형재정 달성하기

대후퇴가 닥치자 1,600억 달러에 불과하던 미국 연방정부 재정적자는 1조 4,000억 달러로 증가했다. 이는 부분적으로는 부양책으로 인한 것이지만 대부분은 자동안정장치 때문이다. 재정수입이 급격히 감소한 반면 실업급여를 포함한 일부 지출이 증가했다. 많은 관측통들은 이러한 재정적자에 대해 우려를 표명했지만, 대부분의 경제학자들은 경기후퇴 시기에 재정의 균형을 맞추려 할 경우 경기후퇴를 더 악화시킬 것이라 생각했다.

그렇지만 연방정부만 미국의 정부지출에 관여하는 것이 아니다. 주정부와 지방정부는 전체 정부지출의 약 40%를 차지하며 대부분의 정부 고용을 차지한다. (대부분의 공무원은 학교 교사, 우체부, 소방관과 같이 필수적인 서비스를 제공한다.) 그리고 거의 대부분의 주정부와 지방정부는 항상 균형재정을 달성해야 한다는 규정을 적용받는다.

이러한 규정에는 몇 가지 이유가 있는데, 이들은 개별 주나 시 차원에서는 타당성이 있다. 그렇지만 이들을 모두 합할 경우 이 규정은 미국 정부의 상당

그림 28-11 주정부와 지방정부의 고용, 2000~2020년

고용자 수

출처 : Bureau of Labor Statistics; Federal Reserve Bank of St. Louis.

부분에서 자동안정장치가 작동하지 않음을 의미한다. 사실 주정부와 지방정부는 경기가 침체될 때 지출을 급격히 줄인다. 2009년 부양책에 의한 연방정부의 지원이 종료된 2010년 이후에는 특히 그러했다. 〈그림 28-11〉은 2000년부터 2020년까지 주정부와 연방정부의 공무원 수를 보여 준다. 그림에서 볼 수 있듯이 2009년부터 2013년까지(보라색 막대) 재정수입이 감소함에 따라 주로 교사의 해고를 통한 대규모 지출 삭감이 발생했다.

이러한 주정부와 지방정부의 행동은 연방정부 수준에서의 자동안정장치의 효과를 완전히 상쇄시키지는 않았다. 하지만 이는 주정부와 지방정부가 균형재정을 달성하도록 요구받지 않는 경우에 비해 경기후퇴를 더 깊게 만들거나 경기회복을 더 느리게 만들었을 것이다.

>> 이해돕기 28-3
해답은 책 뒤에

1. 왜 순환조정된 재정수지가 실제 재정수지에 비해 정부정책의 장기적인 지속가능성을 더 잘 측정할 수 있다고 생각하는가?
2. 주 헌법에 의해 균형재정을 요구받는 주가 그렇지 않은 주에 비해 더욱 심한 경기변동을 겪게 되는 이유를 설명하라.

>> 복습
- 재정적자는 경기후퇴기에 증가하고 경기팽창기에 감소하는 경향이 있다. 이와 같은 경향은 경기순환이 재정적자에 영향을 미치기 때문에 발생한다.
- **순환조정된 재정수지**는 경제가 잠재생산량을 달성하고 있을 때 나타날 재정수지에 대한 추정치. 순환조정된 재정수지는 실제 재정수지에 비해서 변동폭이 작다.
- 대부분의 경제학자들은 경기가 나쁜 해에는 정부가 재정적자를 기록하고, 경기가 좋은 해에는 재정흑자를 기록해야 한다고 믿는다. 균형재정을 요구하는 규정은 자동안정장치의 역할을 저해한다.

‖ 재정정책의 장기적 영향

2009년 말에 그리스 정부가 금융 장벽에 부딪혔다. 유럽 대부분의 정부와 마찬가지로 (그리고 미국 정부와 마찬가지로) 그리스 정부는 대규모 재정적자를 내고 있었는데 이는 그리스 정부가 지출을 감당하기 위해 그리고 만기가 도래하는 기존 대출을 갚기 위해 계속해서 더 많은 자금을 차입할 필요가 있었음을 의미한다. 그렇지만 기업이나 개인과 마찬가지로 정부도 자신의 채무를 갚을 의향이 있거나 갚을 가능성이 높다고 대부자들이 믿을 때에만 자금을 차입할 수 있다. 2009년에 이르자 대부분의 투자자들이 그리스 재정의 미래에 대한 신뢰를 상실하고 더 이상 그리스 정부에 대출할 의향이 없어졌다. 대출을 해 줄 의향이 있었던 얼마 안 되는 투자자들은 손실 위험에 대한 보상으로 매우 높은 이자율을 요구했다.

〈그림 28-12〉는 그리스와 독일 정부에 의해 발행된 10년 만기 채권의 이자율을 비교하고 있다. 2007년 초에 그리스는 매우 안전한 차입자라 여겨지던 독일과 거의 동일한 이자율에 차입을 할 수 있었다. 그러나 2011년 말에 이르자 그리스는 독일이 지불하는 이자율의 거의 열 배에 달하는 이자율을 지불해야 했다.

무엇이 이러한 위기를 촉발시켰을까? 2009년에 자신이 지고 있는 빚이 얼마나 많은지를 감추기 위해 그리스 정부가 변칙적인 회계방법을 사용하고 있었음이 분명해졌다. 정부부채는 결국 대부자에게 미래의 지불을 약속하는 것이다. 그런데 2010년에 이르자 그리스 정부가 이미 자신이 이행할 수 있는 것보다 더 많은 약속을 한 것으로 판명되었다.

대부자들은 그리스 정부의 부채 수준이 지속 불가능할 것이라, 즉 그리스 정부가 빚을 상환할 가능성이 낮을 것이라 우려했다. 그 결과 그리스는 민간 부채시장에서 더 이상의 차입을 할 수 없게 되었다. 정부의 붕괴를 막기 위해 그리스는 다른 유럽국들과 국제통화기금으로부터 긴급 대출을 받아야 했는데, 이들 대출은 그리스 정부가 극심한 지출 삭감과 조세 증액의 내핍정책을 취하는 조건으로 제공되었다. 그리스의 내핍은 그리스 경제를 엉망으로 만들고 그리스인들이 심각한 경제적 곤궁을 겪게 만들었으며, 대규모의 사회적 불안을 낳았다.

2009년 그리스의 위기는 재정적자나 재정흑자의 장기적인 영향, 특히 정부부채에 대한 영향을 논하지 않고는 재정정책의 효과에 대해 완전하게 논했다고 할 수 없음을 분명히 보여 주었

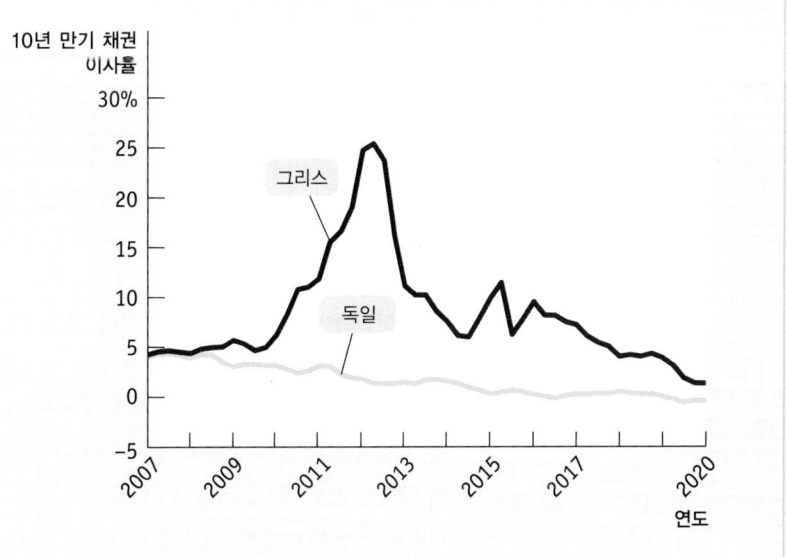

그림 28-12 그리스와 독일의 장기 이자율

2008년 말까지만 해도 그리스 정부는 일반적으로 매우 안전한 차입자로 간주되는 독일보다 약간 더 높은 이자율만 주면 자금을 차입할 수 있었다. 그러나 2009년 초에 그리스의 부채와 재정적자가 종전에 발표된 것보다 더 크다는 사실이 밝혀지고 정부의 부채상환 능력에 대한 투자자들의 신뢰를 상실함에 따라 그리스의 차입 비용은 천정부지로 치솟았다.

출처 : Federal Reserve Bank of St. Louis; OECD "Main Economic Indicators Complete Database."

적자 대 부채

적자와 부채는 같은 것이 아니다.

적자(deficit)는 일정 기간 동안 정부가 지출하는 금액과 조세로 거둬들이는 금액 간의 차이를 말한다. 적자액에는 언제나 적자가 발생한 기간이 명시된다. 예를 들어 '2019 회계연도 중 미국의 재정적자는 9,840억 달러다'라는 식이다.

부채(debt)는 특정 시점에 정부가 빚지고 있는 금액을 말한다. 부채액에는 언제나 특정 시점이 함께 명시된다. 예를 들어 '2019 회계연도 말 미국의 공공부채는 16조 8,000억 달러다'라는 식이다.

적자와 부채는 서로 연관되어 있다. 정부가 재정적자를 기록하면 정부의 부채가 증가한다. 하지만 이 둘은 절대로 동일한 것은 아니며 서로 상이한 내용을 제시하기도 한다. 예를 들어 2019년에 부채로 인해 곤경에 처했던 이탈리아는 역사적 기준으로는 꽤 낮은 수준의 재정적자를 기록했지만, 과거 정책의 산물로 인해 매우 높은 수준의 부채를 안고 있었다.

다. 이제부터는 재정정책의 장기적인 영향에 대해 알아보기로 한다.

적자, 흑자와 부채

한 가족이 1년 동안 벌어들인 것보다 더 많은 지출을 하려면 자산을 팔거나 빚을 내어서 부족한 자금을 마련해야 한다. 이 가족이 매년 차입을 계속한다면 많은 부채를 떠안게 될 것이다.

정부도 마찬가지다. 정부가 공원부지와 같은 자산을 매각하여 대규모의 자금을 마련하는 일은 드물다. 정부가 조세수입을 초과하는 지출을 할 때, 즉 재정수지가 적자일 때는 추가적인 자금을 마련하기 위해서 대개 차입에 의존한다. 따라서 지속적으로 재정적자를 기록하는 정부는 엄청난 부채를 떠안게 된다.

다음에 제시될 숫자들을 이해하려면 연방정부 회계의 특징에 대해서 알 필요가 있다. 역사적인 이유로 인해 미국 정부의 회계연도는 양력의 1년과 일치하지 않는다. 대신 미국 정부의 예산은 10월 1일부터 9월 30일까지의 **회계연도**(fiscal year)에 대해서 작성된다. 각 회계연도는 그 회계연도가 끝나는 시점의 달력상의 연도로써 명명된다. 예를 들어 2019 회계연도는 2018년 10월 1일에 시작해서 2019년 9월 30일에 종료되었다. (한국의 회계연도는 양력상의 한 해와 일치한다. ─ 역자 주)

2019 회계연도 말에 미국 연방정부의 총부채는 21조 2,000억 달러에 달했다. 그러나 이 부채총액 중 일부는 사회보장제도와 같은 정부 프로그램에 지급해야 할 자금을 연방정부의 부채로 취급하는 특별한 회계규정으로 인한 것이다. 이와 같은 규정들에 대해서는 곧 설명할 것이다. 당분간은 개인이나 비정부기관이 소유하고 있는 정부부채인 **공공부채**(public debt)에 대해서만 논의를 한정하기로 한다. 2019 회계연도 말에 연방정부의 공공부채는 16조 8,000억 달러 또는 국내총생산의 79%에 '불과'했다. 주정부와 지방정부의 부채까지 포함하면 2019 회계연도 말 미국의 부채는 2018 회계연도 말보다 더 증가했는데 이는 연방정부가 2019 회계연도 중에 재정적자를 보았기 때문이다. 지속적으로 재정적자를 내는 정부의 부채는 계속 증가한다. 그런데 왜 이것이 문제가 되는 것일까?

정부부채 증가가 제기하는 문제

정부가 지속적으로 재정적자를 기록하는 것을 우려해야 하는 이유로는 다음 두 가지를 들 수 있다.

1. 구축　경제가 완전고용에 있고, 정부가 금융시장으로부터 자금을 차입할 때는 투자지출을 위한 자금을 조달하려 하는 기업들과 경쟁관계에 서게 된다. 그 결과 정부의 차입은 민간의 투자지출을 '구축'하고 이자율을 상승시켜 경제의 장기적인 성장률을 저하시킬 수 있다.

2. 재정압박과 채무불이행　현재의 재정적자가 정부부채를 증가시킴에 따라 미래 예산에 재정적인 부담을 지운다는 것이다. 현재의 재정적자가 미래 예산에 미치는 영향은 분명하다. 개인과 마찬가지로 정부도 누적된 부채에 대해서 이자를 지급해야 한다. 정부가 빚더미 위에 앉아 있다면 이자지급 부담도 만만치 않을 것이다. 미국 연방정부는 2019 회계연도에 국내총생산의 1.8%에 달하는 3,470억 달러를 부채에 대한 이자로 지급했다. 이보다 더 큰 부채를 안고 있는 국가인 이탈리아는 2019년 중 국내총생산의 3.7%를 이자로 지급했다.

미국의 **회계연도**(fiscal year)는 10월 1일부터 다음 해 9월 30일까지이며 회계연도가 종료하는 시점의 달력상의 연도로 명명된다.

공공부채(public debt)는 개인과 비정부기관이 보유한 정부부채다.

다른 조건이 같다면 많은 금액의 이자를 지급하는 정부는 그렇지 않은 정부에 비해서 더 많은 세금을 거두거나 더 적은 금액을 지출하거나 또는 세수와 지출 간의 차이를 메우기 위해 더 많은 차입을 해야 한다. 그리고 채무에 대한 이자를 지급하기 위해 차입을 하는 정부는 더 많은 부채를 지게 되는데, 이를 **부채 소용돌이**(debt spiral)라 한다. 이와 같은 과정이 계속되면 언젠가는 대부자들이 정부의 상환능력을 의심하게 되는 상황이 발생하게 된다. 이 경우 신용카드 대출 한도를 소진한 소비자와 마찬가지로 정부도 더 이상 자금을 차입하는 것이 어려워진다. 그 결과 정부가 자신의 부채를 갚는 것을 중지하고 부도를 낼 수도 있다. 정부의 부도는 금융시장과 경제에 큰 혼란을 초래한다.

미국인들에게는 정부가 부도를 낸다는 것이 익숙하지는 않겠지만, 정부 부도는 실제로 발생한다. 아르헨티나는 1990년대만 해도 비교적 소득이 높은 개발도상국이었고 경제정책은 많은 사람들의 칭송을 받았으며 국제금융시장으로부터 엄청난 금액을 차입할 수 있었다. 그러나 2001년에 이르러 이자지급액이 눈덩이처럼 불어나자 아르헨티나는 만기가 도래한 원리금의 지급을 중지했다. 결국 아르헨티나는 원래 갚아야 할 금액의 3분의 1 미만만을 지불하기로 채권자들과 타협을 보았다.

정부의 부도는 금융시장을 마비시키고 정부와 경제에 대한 국민의 신뢰를 손상시킨다. 아르헨티나의 국가부도는 은행 시스템의 위기와 심각한 경기침체를 가져왔다. 부채가 많은 정부는

부채 소용돌이(debt spiral) 부채에 대한 이자가 정부부채를 더 크게 증가시킬 때 부채 소용돌이가 발생한다.

🌐 국제비교 　　미국식 부채

미국의 공공부채는 국제적으로는 어느 정도 수준일까? 달러 금액으로 따지면 미국이 단연 1등이다. 하지만 미국 경제의 규모나 미국 정부의 세원이 다른 어떤 국가보다도 훨씬 더 크기 때문에 달러 금액만을 따지는 것은 그다지 유용한 정보를 제공하지 못한다. 더욱 의미 있는 비교는 공공부채 대 GDP의 비율을 보는 것이다.

그림은 2019년 말 몇몇 선진국들의 *순공공부채*를 GDP에 대한 백분율로 보여 준다. 순공공부채는 정부부채에서 정부가 보유한 자산을 빼서 구하는데 이 같은 조정은 큰 차이를 낳는다. 그림은 미국이 대체로 중간 위치에 있음을 보여 준다.

그리스가 전제 목록의 기장 위에 있으며 순부채가 높은 국가들의 대부분이 부채 문제로 신문기사를 장식하던 유럽국가라는 점은 놀라운 사실이 아니다. 그렇지만 흥미로운 것은 일본 역시 목록의 상단에 있다는 점인데 이는 1990년대에 경제를 지지하기 위해 대규모의 공공지출을 했기 때문이다. 그렇지만 투자자들이 아직도 일본을 신뢰할 수 있는 정부라 생각하기 때문에 높은 순부채에도 불구하고 일본의 차입 비용은 낮은 수준에 머물러 있다.

다른 국가들과는 대조적으로 노르웨이의 공공부채는 매우 큰 음의 값을 가지고 있다. 노르웨이는 세계 최대 원유 수출국 중 하나다. 노르웨이 정부는 원유 판매 수입을 즉각적으로 지출하는 대신 사우디아라비아와 같은 전통적 산유국을 뒤쫓아 미래를 위한 투자 기금을 만들었다. 그 결과 노르웨이는 큰 정부부채 대신 큰 정부자산을 보유하고 있다.

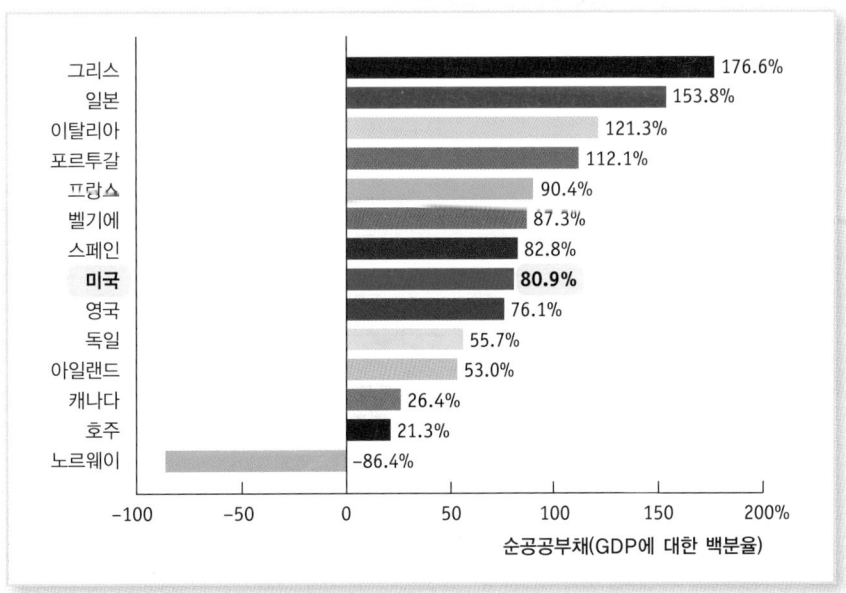

부도를 모면하는 경우에도 부채 부담으로 인해 지출 삭감이나 세금 인상과 같은 조치를 취할 수밖에 없는데, 이와 같은 조치는 정부에 정치적인 타격을 줄 뿐만 아니라 경제에 큰 피해를 입힌다. 어떤 경우에는 정부가 정말로 지불할 능력이 있음을 채권자들에게 납득시키기 위한 '내핍' 조치들이 경제를 지나치게 위축시켜서 투자자들의 신뢰를 지속적으로 낮추기도 한다.

자신의 화폐를 가진 정부는 화폐를 인쇄하여 빚을 갚을 수 있다. 하지만 이 경우 인플레이션이라는 다른 문제가 발생한다. 사실 재정적자는 매우 극심한 인플레이션의 요인이 된다. 정부는 부도를 낼 것인가 또는 돈을 찍어서 인플레이션을 초래하는 방법으로 부채를 해소할 것인가의 선택을 놓고 고민해야 하는 상황에 빠지는 것을 원하지 않는다.

그렇다고 해서 재정적자의 누적이 장기적으로 경제에 미칠 수 있는 부작용에 대한 염려 때문에 불황을 극복하기 위해 재정정책을 절대 사용하지 말아야 한다는 것은 아니다. 다만 장기적인 부작용을 막기 위해 경기가 좋을 때는 재정흑자를 내서 경기가 나쁠 때의 재정적자를 어느 정도 상쇄시킬 필요는 있다. 다시 말하면 정부는 여러 해에 걸쳐 대개 균형을 이룰 수 있도록 재정을 운영해야 한다. 과연 각국의 정부는 이와 같은 재정원칙을 지키고 있을까?

현실에서의 재정적자와 정부부채

〈그림 28-13〉은 1940년부터 2019년까지 미국 연방정부의 재정적자와 부채가 변화해 온 모습을 보여 준다. 그림 (a)는 국내총생산 대비 연방정부 재정적자를 보여 준다. 그림에서 보듯이 연방정부는 제2차 세계대전 중에 막대한 규모의 재정적자를 기록했다. 전쟁 직후에는 잠시 재정흑자를 기록하기도 했으나 그 이후에는 재정적자를 내는 것이 일반적이었다. 이와 같은 재정적자의 지속은 정부가 호황기의 재정흑자로써 불황기의 재정적자를 상쇄해야 한다는 원칙에 부합하지 않는다.

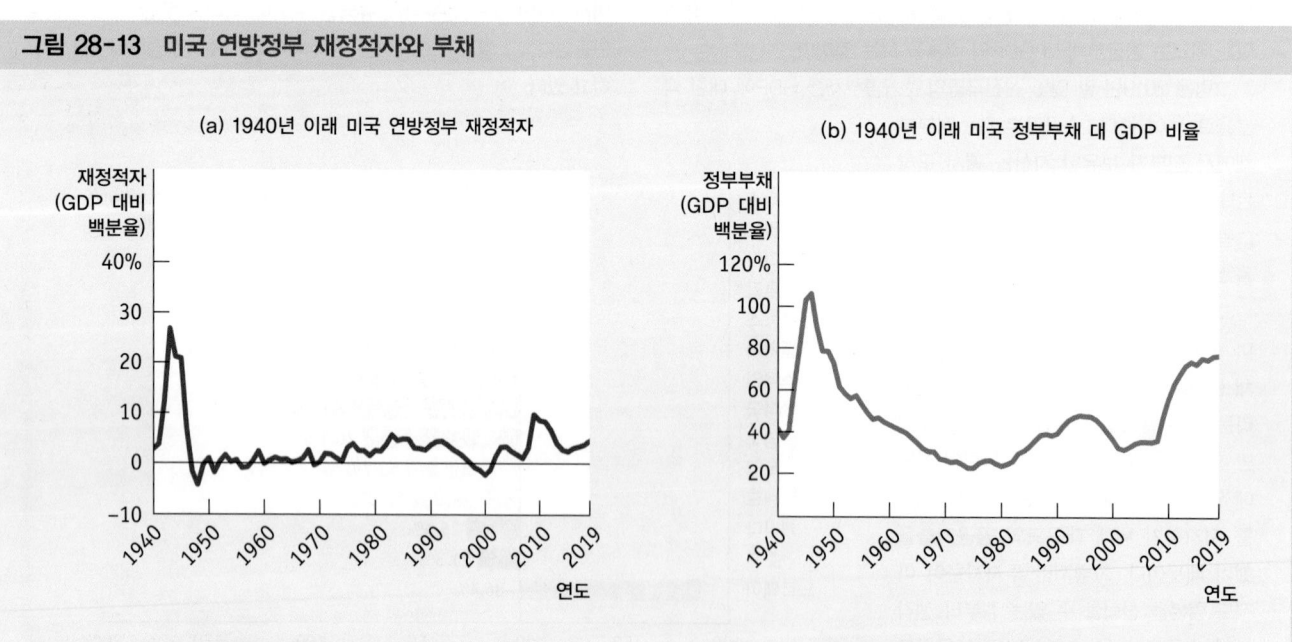

그림 28-13 미국 연방정부 재정적자와 부채

(a) 1940년 이래 미국 연방정부 재정적자

재정적자
(GDP 대비
백분율)

(b) 1940년 이래 미국 정부부채 대 GDP 비율

정부부채
(GDP 대비
백분율)

그림 (a)는 1940년부터 2019년까지 미국 연방정부 재정적자를 보여 준다. 미국 정부는 제2차 세계대전 중에 막대한 규모의 재정적자를 기록했으며 전후에는 일반적으로 보다 작은 규모의 재정적자를 기록했다. 그림 (a)와 (b)를 비교해 보면 재정적자에도 불구하고 정부부채 대 국내총생산 비율이 감소한 해가 상당히 많음을 알 수 있다. 이와 같은 현상은 부채 규모가 증가더라도 국내총생산이 부채보다 빠른 속도로 증가하는 한 부채 대 국내총생산 비율이 감소하기 때문에 나타난다.

출처 : Federal Reserve Bank of St. Louis.

탐구자를 위하여   제2차 세계대전으로 인한 정부부채는 어떻게 해소되었는가?

<그림 28-13>에서 볼 수 있듯이 미국 정부는 엄청난 규모의 차입을 통해서 제2차 세계대전을 치르기 위한 비용을 충당했다. 전쟁이 끝날 시점에는 공공부채가 국내총생산의 100%를 넘어섰으며, 많은 사람들이 정부가 엄청난 부채를 어떻게 갚을 것인지 염려하기도 했다.

사실 이 정부부채는 실제로 상환되지 않았다.

1946년의 공공부채는 2,420억 달러에 달했다. 이후 미국 정부가 전후에 재정흑자를 기록함에 따라 공공부채 규모는 다소 감소하기도 했으나, 1950년 한국전쟁의 시작과 함께 재정은 다시 적자로 돌아섰다. 1962년에 이르러서는 정부부채가 다시 2,480억 달러로 증가했다.

하지만 이때는 아무도 미국 정부의 재정 건전성

을 염려하지 않았다. 정부부채 대 국내총생산 비율이 거의 절반 이상 감소했기 때문이다. 그 이유는? 왕성한 경제성장과 어느 정도의 인플레이션으로 인해 국내총생산이 빠른 속도로 증가했기 때문이다. 이와 같은 경험은 현대 정부는 부채 규모가 너무 커지지 않는 한 영구히 재정적자를 지속할 수도 있음을 보여 준다.

그러나 〈그림 28-13(b)〉는 이와 같은 재정적자의 지속에도 불구하고 부채가 통제할 수 없을 정도의 빠른 속도로 증가하지 않았음을 보여 준다. 정부의 부채상환 능력을 평가하기 위해서는 **부채 대 국내총생산 비율**(debt-GDP ratio), 즉 국내총생산 대비 정부부채의 비율이 종종 이용된다. 단순히 정부부채의 절대 규모를 이용하지 않고 이와 같은 비율을 이용하는 것은 경제 전체의 규모를 측정하는 국내총생산이 정부가 거둘 수 있는 잠재적인 조세수입의 크기를 잘 나타내기 때문이다. 정부의 부채가 국내총생산보다 느린 속도로 증가한다면 부채상환 부담이 정부의 잠재적인 조세수입에 비해서 감소한다고 할 수 있다. 이러한 조건 아래서는 경제가 미래의 흑자를 창출해서 정부가 원할 때 부채를 갚고 재정압박과 채무불이행의 잠재적 위험을 피할 수 있을 정도로 튼튼하다.

그림 (b)는 연방정부 부채가 거의 매년 증가하였음에도 불구하고 정부부채 대 국내총생산 비율은 제2차 세계대전 종료 후 30년간 지속적으로 감소했음을 보여 준다. 이와 같은 사실은 부채 규모가 증가할지라도 국내총생산이 부채보다 빠른 속도로 증가하면 부채 대 국내총생산 비율이 하락할 수 있음을 보여 준다. 제2차 세계대전 중 급증한 미국의 부채에 대해 분석한 '탐구자를 위하여'에서는 성장과 인플레이션이 어떻게 지속적인 재정적자하에서도 부채 대 국내총생산 비율의 감소를 가져올 수 있는지를 보여 준다.

그럼에도 불구하고 정부가 지속적으로 대규모 재정적자를 기록할 경우에는 부채가 국내총생산보다 빠른 속도로 증가하면서 부채 대 국내총생산 비율이 증가한다. 2008년 금융위기 이후 미국 정부는 제2차 세계대전 이래 볼 수 있었던 것보다 훨씬 더 큰 규모의 적자를 내기 시작했으며 그 결과 부채 대 국내총생산 비율은 가파르게 상승하기 시작했다. 이와 유사한 부채 대 국내총생산 비율의 급등이 2008년에 몇몇 다른 국가들에서 나타났다. 경제학자들과 정책입안자들은 이것이 지속가능한 추세가 아니기 때문에 다시 정부지출과 수입을 일치시켜야 한다는 점에 의견을 같이했다.

암묵적 부채

〈그림 28-13〉을 보면 2008년 위기 이전까지는 미국 연방정부의 재정이 제법 양호했다는 결론을 내릴 수도 있다. 2001년 이후 재정수지가 적자로 반전됨에 따라 부채 대 국내총생산 비율은 다소 증가했지만 과거 경험이나 일부 다른 선진국들에 비해서는 여전히 낮은 수준이었기 때문이다. 그러나 사실 장기적인 재정 문제에 대한 전문가들은 미국의 상황을 (일본이나 이탈리아와 같은 국가와 함께) 경계의 눈으로 바라보고 있다. 그 이유는 **암묵적 부채**에 있다. **암묵적 부채**(implicit liabilities)란 일반적인 부채 통계에는 포함되지 않지만 사실상은 정부의 부채라 할 수 있는 약정된 정부지출이다.

미국 정부의 암묵적 부채는 주로 퇴직 후의 보장과 대규모 의료비로부터 보호를 제공하기 위

부채 대 국내총생산 비율(debt-GDP ratio)은 GDP에 대한 정부부채의 백분율이다.

암묵적 부채(implicit liabilities)란 일반적인 부채 통계에는 포함되지 않지만 사실상은 정부의 부채라 할 수 있는 약정된 정부지출이다.

한 이전지출 프로그램으로 인해 발생한다.

- 사회보장은 미국의 대부분 노령자에게 주된 퇴직소득원이다.
- 메디케어는 노령자 의료비의 대부분을 지원한다.
- 메디케이드는 저소득 가계의 의료비를 제공한다.
- 오바마 케어는 메디케이드를 받을 자격이 없는 많은 저소득 및 중소득 가계에 건강보험료를 보조해 준다.

각각의 프로그램에서는 정부가 현재의 수혜자는 물론 미래의 수혜자에게 이전지출을 제공하기로 약속되어 있다. 따라서 이 프로그램들은 현재의 부채 통계에는 잡히지 않지만 정부가 갚아야 할 미래 부채를 포함하고 있다. 헌재 이들 프로그램은 연방정부 지출의 거의 절반 정도를 차지하고 있다.

재정 전문가들은 이와 같은 이전지출 프로그램으로 인한 암묵적 부채에 대해서 우려를 표명한다. 〈그림 28-14〉는 그 이유를 보여 준다. 그림은 2019년의 사회보장과 각종 의료보조 프로그램에 대한 실제 지출을 국내총생산에 대한 비율로 보여 주는 한편, 미국 의회예산처가 예측한 2040년대의 평균 지출 비율 예측치를 보여 준다. 이 예측에 따르면 사회보장 지출은 다음 수십 년간 꾸준하게 증가하며 다른 세 의료보험 프로그램에 대한 지출은 폭발적으로 증가할 것으로 예상된다. 그 이유는 무엇일까?

사회보장의 경우 그 답은 인구연령구조의 변화에 있다. 사회보장은 '독립 채산(pay-as-you-go)' 제도, 즉 현재 일을 하고 있는 근로자들의 급여에 부과되는 세금으로 현재 퇴직자들에게 혜택을 주는 구조로 되어 있다. 따라서 인구연령구조 또는 보다 구체적으로 사회보장혜택을 받는 퇴직자 수와 사회보장제도에 기여하는 근로자 수의 비율이 사회보장의 재정에 중요한 영향을 미친다.

미국의 출산율은 1946년부터 1964년까지의 베이비붐 시대에 크게 증가했다. 이때 태어난 베이비붐 세대는 현재는 근로연령에 있기 때문에 사회보장 수혜를 받지 않고 사회보장에 기여를 하고 있다. 하지만 베이비붐 세대가 은퇴를 하면 더 이상 근로소득이 없으므로 사회보장세를 내지 않을 것이며 오히려 사회보장 수혜를 받기 시작할 것이다.

그 결과 사회보장 수혜를 받는 은퇴자 수 대 사회보장에 기여하는 근로자 수의 비율은 증가할 것이다. 2018년에는 사회보장에 기여하는 근로자 100명당 36명의 은퇴자가 사회보장 수혜를 받고 있었다. 사회보장국(Social Security Administration)에 따르면 2050년에는 이 숫자가 45명으로 늘어날 것이다. 따라서 베이비붐 세대가 은퇴함에 따라 사회보장 지출은 경제의 규모에 비해서 늘어날 수밖에 없다.

베이비붐 세대의 고령화 자체는 장기적으로 완만한 수준의 재정 문제민을 일으킬 뿐이다. 의료보조 지출의 증가 전망은 더 심각한 문제가 될 것으로 우려된다. 이들 예측은 인구 노령화를 반영하고 있는데, 메디케어의 수혜자들이 증가하는 데다 노령자들의 의료비용이 증가하는 경향이 있기 때문이다. 그렇지만 더 큰 의료보조 지출에 대한 예측의 저변에는 정부 재원 지출이든 민간 재원 지출이

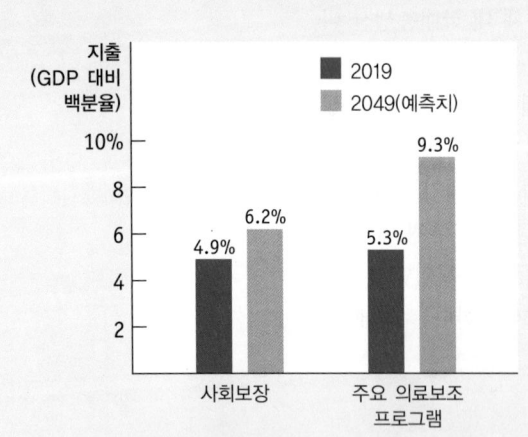

그림 28-14 미래의 연방재정 수요

지출
(GDP 대비
백분율)

■ 2019
■ 2049(예측치)

사회보장: 4.9% → 6.2%
주요 의료보조 프로그램: 5.3% → 9.3%

이 그림은 2019년 사회보험 프로그램에 대한 실제 지출을 GDP에 대한 비율로 보여주는 한편 미국 의회예산처가 예측한 동일 프로그램에 대한 2040년대의 지출 비율을 보여준다. 부분적으로는 인구의 고령화로 인해 이들 프로그램은 시간이 지남에 따라 훨씬 더 비싸질 것이다. 그렇지만 미래 연방정부 재정에 가장 심각한 문제를 제기하는 것은 큰 폭의 의료보조 지출 증가일 것이다.

출처 : Congressional Budget Office.

든 의료보조 지출이 전체 지출보다 더 빠르게 증가하는 경향이 장기적으로 지속되고 있다는 사실이 있다.

이상에서 언급된 미국 정부의 암묵적 부채는 이미 어느 정도 부채 통계에 반영되어 있다. 앞서 2019 회계연도 말 정부부채가 21조 2,000억 달러에 달했지만 이 중 공공부채는 16조 8,000억 달러에 불과하다는 얘기를 했다. 이 두 부채 통계 간에 큰 차이가 나는 주된 이유는 사회보장제도와 일부 메디케어 프로그램(병원보험 프로그램)의 경비가 목적세, 즉 급여에 부과되는 특별세에 의해 충당되기 때문이다. 어떤 때에는 이와 같은 목적세로부터의 세수가 현재의 수혜지출을 초과한다.

특히 1980년대 중반 이후에는 베이비붐 세대로 인해 사회보장에서의 세금수입이 지출을 초과해 왔다. 이와 같은 사회보장의 흑자는 **사회보장 신탁기금**(Social Security trust fund)의 형태로 축적되었는데 2019년 회계연도 말 현재 그 규모는 2조 8,000억 달러에 달한다.

신탁기금은 미국 정부채에 투자되어 있는데, 이 정부채는 21조 2,000억 달러에 달하는 총부채에 포함된다. 이처럼 사회보장 신탁기금이 보유하고 있는 정부채를 정부의 부채로 계산하는 것은 어쩌면 이상하게 보일 수도 있다. 결국 이 정부채는 정부의 한 부문(사회보장 이외의 정부)이 다른 정부 부문(사회보장 자체)에 지고 있는 빚이 아니겠는가? 하지만 이 부채는 암묵적이긴 하지만 실질적인 정부부채, 즉 정부가 미래의 은퇴자에게 지급하기로 약속한 부채다. 따라서 많은 경제학자들은 사회보장을 비롯하여 다른 신탁기금들이 보유하고 있는 정부부채와 공공부채의 합인 21조 2,000억 달러가 더 작은 규모인 공공부채보다 더 정확하게 재정 건전성을 나타낼 수 있는 척도라고 주장한다.

현실 경제의 >> 이해

누가 부채 소용돌이를 두려워하나?

본문에서 설명했듯이 재정적자의 장기적 효과에 대한 우려 중 하나는 이것이 부채 소용돌이를 통해 스스로 살집을 더 키울 수 있다는 것이다. 적자는 더 많은 부채를 낳고, 더 많은 부채는 더 많은 이자지급액을 필요로 하고, 이는 적자를 증가시키고, 이는 또다시 부채를 증가시키는 식이다. 즉, 부채는 눈덩이처럼 불어날 수 있다.

그런데 우리는 부채 소용돌이에 대해 얼마나 염려해야 할까? 2019년 1월에 전 국제통화기금 수석경제학자이자 세계에서 가장 존경받는 거시경제학자인 올리비어 블랑샤르(Olivier Blanchard)가 미국경제학회 연례학술대회에서 회장단 연설을 하면서 부채 소용돌이와 정부부채에 대한 우려는 일반적으로 크게 과장되었다고 주장함으로써 동료 경제학자들을 놀라게 했다.

블랑샤르의 주장은 성장과 인플레이션이 부채 대 GDP 비율에 미치는 영향을 강조했는데 이 주장은 이 책의 본문에도 제시되었다. 부채 대 GDP 비율은 부채의 단순한 달러 가치보다 훨씬 더 좋은 정부의 재정 건전성 지표다. 이미 지적했듯이 인플레이션과 실질 성장을 모두 반영하는 명목 GDP가 증가하면 재정적자 규모가 크지 않은 이상 GDP에 대한 부채비율은 점차 소멸된다.

블랑샤르는 부채 규모 증가가 정부의 이자지급액을 증가시키는 반면 부채비율 소멸을 가속화시킬 수 있음을 지적했다. 소멸될 부채가 더 많기 때문이다. 부채 규모 증가로 인한 이자지급액 증가가 이러한 소멸 효과를 초과하는 경우에만 부채 소용돌이가 발생할 수 있다. 핵심은 정부가 지급해야 하는 이자율이 명목 GDP 성장률보다 높은지 또는 낮은지 여부다.

표 28-2 이자율 대 성장률

	10년 만기 이자율 평균	명목 GDP 성장률
1990~2019	4.41	4.51
2010~2019	2.40	3.97

블랑샤르는 지난 30년간 그리고 특히 지난 10년간 미국을 비롯한 선진국들의 경험에 따르면 이자율이 일반적으로 명목성장률보다 낮았다는 점에 주목했다. 이와 같은 사실은 10년 만기 미국 정부채의 평균이자율과 명목국내총생산 증가율을 비교해서 보여주는 〈표 28-2〉에서도 알 수 있다. 더욱이 다른 선진국들에서는 성장률과 이자율 간 격차가 더 크다.

블랑샤르는 또한 이러한 비교조차도 부채 소용돌이의 위험을 과대평가한다고 주장했는데, 정부가 이자로 지급하는 금액 중 일부는 채권보유자의 세금 납부로 되돌아오기 때문이다.

블랑샤르의 연설은 폭탄선언과 같은 것이었지만 다른 많은 경제학자들도 최근 이와 비슷한 주장을 했다. 누구도 부채를 완전히 무시해야 한다고 주장하지는 않는다. 하지만 제어되지 않는 부채 소용돌이를 걱정할 만한 대단한 이유는 없는 것처럼 보인다.

>> 이해돕기 28-4
해답은 책 뒤에

1. 다른 조건이 같다면 다음 사건들이 미국의 공공부채 또는 암묵적 부채에 어떤 영향을 미칠 것인지 설명해 보라. 공공부채 또는 암묵적 부채가 증가하는가 또는 감소하는가?
   a. 실질 국내총생산의 성장률 증가
   b. 은퇴자들의 수명 연장
   c. 조세수입의 감소
   d. 현행 공공부채의 이자를 갚기 위한 정부 차입
2. 한 경제가 침체에 빠져 있으며 현재 상당히 큰 규모의 공공부채를 안고 있다고 하자. 정책담당자들이 적자지출을 할 것인지의 여부를 결정하는 데 고려해야 할 단기 목적과 장기 목적 간의 상충관계에 대해 설명하라.
3. 재정 내핍정책이 어떻게 정부가 부채를 갚지 못할 가능성을 높이는지 설명하라.

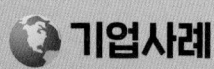

기업사례 ▷ 태양이 뜬다

Ethan Miller/Getty Images

솔라나 발전소는 피닉스로부터 70마일쯤 떨어진 힐라 벤드 읍에 있는 애리조나 사막 중 3평방마일에 걸쳐 있다. 대부분의 태양광 시설이 빛을 직접 전기로 전환하는 광전지 판을 이용하지만, 솔라나는 거울을 사용하여 태양열을 검은색 관에 집중시키며, 이 검은색 관은 용융염(녹은 소금)이 들어 있는 탱크에 열을 전달한다. 그리고 소금에 전달된 열이 전기를 생산하는 데 사용된다. 이러한 시설의 장점은 해가 진 후에도 한참 동안 전기를 생산할 수 있다는 데 있다.

솔라나는 가동 중이거나 건설 중인 것을 포함하여 몇 개 안

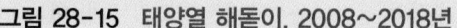

그림 28-15 태양열 해돋이, 2008~2018년

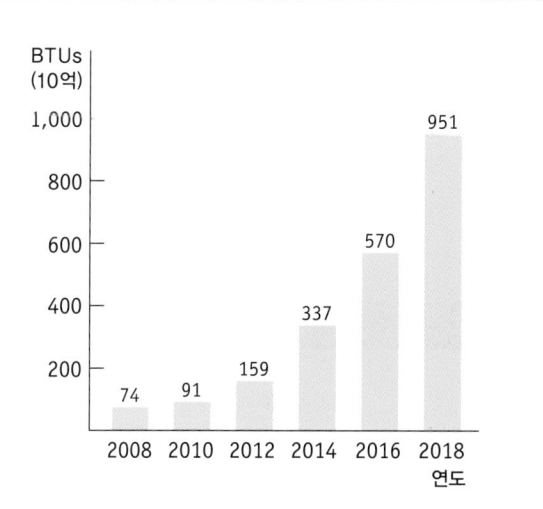

출처 : U.S. Energy Information Administration.

되는 열집적 태양열 발전소 중 하나다. 〈그림 28-15〉가 보여주듯이 2008년과 2018년 사이에 태양열에 의해 생산되는 전력량이 10,000% 이상 증가하는 등 태양열 발전소는 중요도 면에서 매우 빠른 속도로 부상해 왔다. 태양열 발전소가 이처럼 빨리 성장한 데는 여러 가지 이유가 있지만, 녹색 에너지 추진에 엄청난 자금을 투입한 2009년 오바마의 장려정책이 가장 중요한 요인이었다. 특히 솔라나는 14억 5,000만 달러에 달하는 연방 대출보증의 지원으로 스페인 회사인 아벵고아에 의해 건설되었다. 아벵고아는 모하비 사막에 이와 유사한 발전소를 짓기 위해 12억 달러의 미국 정부 지원을 받기도 했다.

솔라나는 지출촉진 수단이 작동하는 좋은 사례이기도 하지만, 이러한 지출이 정치적으로 어려울 수도 있음을 보여 주는 사례이기도 하다. 아벵고아가 필요한 기술을 갖고 있고 발전소 건설로 인한 일자리는 미국 내에서 만들어진 것이었음에도 불구하고 미국 기업이 아닌 기업에 연방 대출을 제공하는 데 대해 많은 항의가 있었다. 또한 태양열 발전소의 장기적인 재무 자립도는 부분적으로는 보조금을 비롯하여 재생 에너지에 유리한 정책이 지속적으로 제공되는 데 달려 있는데, 이러한 정부 지원의 지속은 확실한 것이 아니다.

그렇지만 부양정책의 목적 면에서 볼 때 솔라나는 주어진 임무를 달성한 듯이 보인다. 솔라나는 차입 비용이 싸고 많은 건설 노동자들이 실업 상태에 있을 때 일자리를 창출했다.

생각해 볼 문제

1. 솔라나 사업에 대한 정부 자금지원에 대한 정치적 반응은 도로나 학교와 같이 더 전통적인 정부지출 사업에 대한 반응과 어떻게 다른가? 이 사례가 재정부양 사업의 가치를 어떻게 평가할 것인가에 대하여 우리에게 얘기해 주는 것은 무엇인가?

2. 이 장에서 우리는 재량적 재정정책의 시차 문제에 대해 얘기했다. 솔라나 사례는 이 문제에 대해 우리에게 무엇을 얘기해 주는가?

3. 경기후퇴가 한창일 때는 에너지 사업을 시작하기에 좋은 시기인가 또는 나쁜 시기인가? 그 이유는?

요약

1. 정부는 국내총생산의 상당 부분을 조세로 거두어들이고 재화와 서비스를 구매하며 **사회보험**과 같은 이전지출을 하는 등 경제에서 중요한 역할을 한다. 재정정책은 총수요 곡선을 이동시키기 위해 조세, 이전지출, 정부의 재화와 서비스 구매를 이용하는 것을 말한다.

2. 정부의 재화와 서비스 구매는 직접적으로 총수요에 영향을 미치며 조세와 이전지출의 변화는 가계의 가처분소득의 변화를 통해 간접적으로 총수요에 영향을 미친다. **확장적 재정정책**은 총수요곡선을 오른쪽으로 이동시키며, **긴축적 재정정책**은 총수요곡선을 왼쪽으로 이동시킨다.

3. 경제가 완전고용 상태에 있을 때에만 확장적 재정정책이 민간지출과 민간투자를 구축할 잠재력이 있다. 리카도 동등성, 즉 소비자들이 미래 조세 증가를 예상하고 지금 지출을 줄이는 것으로 인해 재정정책이 효과가 없을 것이라는 주장은 현실에서는 맞지 않는 것으로 보인다. 분명한 사실은 정책 구성과 시행의 시차 때문에 매우 적극적인 재정정책이 오히려 경제를 더 불안정하게 만들 수도 있다는 점이다.

4. 재정정책은 경제에 승수효과를 미치는데 승수의 크기는 재정정책의 내용에 달려 있다. 정액세를 제외한 조세는 승수의 크기를 감소시킨다. 확장적 재정정책은 정책에 의해 발생하는 최초의 총지출 변화보다 더 큰 폭으로 실질 국내총생산을 증가시킨다. 반대로 긴축적 재정정책은 정책에 의해 발생하는 최초의 총지출 변화보다 더 큰 폭으로 실질 국내총생산을 감소시킨다. 조세 또는 이전지출 변화의 일부가 지출의 첫 단계에서 저축으로 흡수되기 때문에 정부의 재화와 서비스 구매는 같은 크기의 조세 또는 이전지출보다 경제에 더 강력한 영향을 미친다.

5. **정액세**를 제외한 조세에 대한 규정이나 일부 이전지출은 승수의 크기를 줄이고 경기순환에 따른 경기변동폭을 감소시키는 **자동안정장치**로서의 역할을 수행한다. 반면에 **재량적 재정정책**은 경기순환에 따라 자동적으로 이루어지지 않고 정책담당자의 의도적인 행동에 의해서 시행된다.

6. 재정수지의 변동 중 일부는 경기순환으로 인한 것이다. 경기순환이 재정수지에 미치는 영향을 재량적 재정정책의 영향으로부터 분리하기 위해서 **순환조정된 재정수지**가 계산된다. 이는 경제가 잠재생산량을 달성하고 있을 때 나타날 재정수지에 대한 추정치다.

7. 미국 정부의 예산회계는 **회계연도**를 기준으로 작성된다. 지속적인 재정적자는 **공공부채**를 증가시킴으로써 경제에 장기적인 영향을 미친다. 공공부채의 증가가 문제가 될 수 있는 이유로 두 가지를 들 수 있다. 공공부채는 투자지출을 구축함으로써 장기 경제성장을 저해할 수 있다. 이에 더해서 극단적인 경우에는 부채의 증가로 인해 정부가 부도를 내게 되고 그 결과 경제 및 금융혼란이 발생할 수도 있다. 국가가 과거의 이자비용을 감당하기 위해 추가적으로 빚을 질 필요가 있는 경우 **부채 소용돌이**가 공공부채를 증가시킨다.

8. 가장 널리 사용되는 재정 건전성 지표는 **부채 대 국내총생산 비율**이다. 지속적인 재정적자가 발생하더라도 국내총생산이 지속적으로 증가하는 경우에는 이 비율이 안정적으로 유지되거나 감소할 수 있다. 안정적인 부채 대 국내총생산 비율이 재정의 건전성을 호도할 수도 있는데, 이는 현대 정부들이 대규모의 암묵적 부채를 갖고 있기 때문이다. 미국 정부의 가장 큰 **암묵적 부채**는 사회보장, 메디케어, 메디케이드, 오바마 케어로 인해 발생하는데 인구 고령화와 의료비용 증가로 인해 그 규모는 계속 증가하고 있다.

주요용어

사회보험	자동안정장치	공공부채
확장적 재정정책	재량적 재정정책	부채 소용돌이
긴축적 재정정책	순환조정된 재정수지	부채 대 국내총생산 비율
정액세	회계연도	암묵적 부채

토론문제

1. CARES 법은 명목 척도와 실질 척도에 있어서 모두 미국 역사상 제정된 재정부양책 중 가장 규모가 크다. 이 부양책은 전례 없는 실업자 발생 기간 중의 소비지출을 안정시키기 위해 2조 달러 이상의 비용을 필요로 할 것이다. 이와 동시에 전 세계적 유행병으로 인해 가계들이 기본 필수품을 사재기하고 공급망이 교란되는 바람에 공급충격이 발생했다. 총수요와 총공급을 이용하여 CARES 법이 물가를 크게 상승시킬 것인지를 설명하라.

2. CARES 법이 2조 달러 이상의 비용이 들고 연방정부의 조세 수입이 크게 감소할 것으로 예측된다고 할 때 이 장에서 제시된 세 가지 주장을 이용하여 재정정책의 효과를 설명하라.

3. 매크로랜드 정부의 재정흑자가 최근 5년간 지속적으로 증가했다. 정부정책 담당자 두 사람이 어떤 일이 일어났는지에 대해서 의견을 달리하고 있다. 한 사람은 재정흑자의 증가가 성장하는 경제를 반영한다고 주장한다. 다른 사람은 정부가 긴축적인 재정정책을 사용하고 있었다고 주장한다. 어떤 정책담당자의 주장이 옳은지 판단할 수 있겠는가? 판단할 수 없다면 그 이유는 무엇인가?

연습문제

1. 다음 그림은 현재 알버니아 경제의 거시경제 상황을 보여준다. 여러분이 잠재생산량 Y_P를 달성하는 것을 돕기 위해 경제자문관으로 고용되었다고 하자.

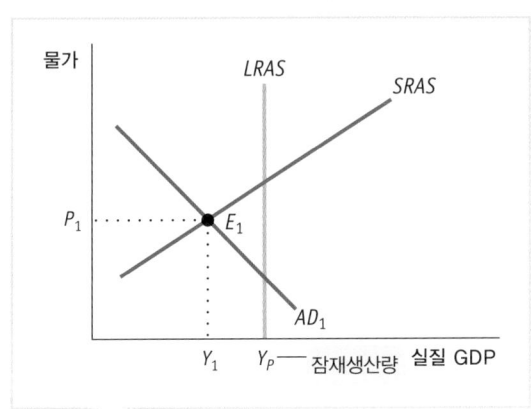

   a. 알버니아는 경기후퇴 갭을 경험하고 있는가 또는 인플레이션 갭을 경험하고 있는가?
   b. 확장적인 재정정책과 긴축적인 재정정책 중 어떤 재정정책이 알버니아가 잠재생산량인 Y_P를 달성하도록 할 수 있을까? 이와 같은 정책의 예를 들어 보라.
   c. 성공적인 재정정책이 수행될 경우 알버니아 경제의 거시경제 상황을 그림으로 나타내 보라.

2. 다음 그림은 브리태니어 경제의 현재 거시경제 상황을 보여 준다. 실질 국내총생산은 Y_1과 같으며, 물가는 P_1과 같다. 여러분이 이 경제가 잠재생산량 Y_P를 달성하는 것을 돕기 위해 경제자문관으로 고용되었다고 하자.

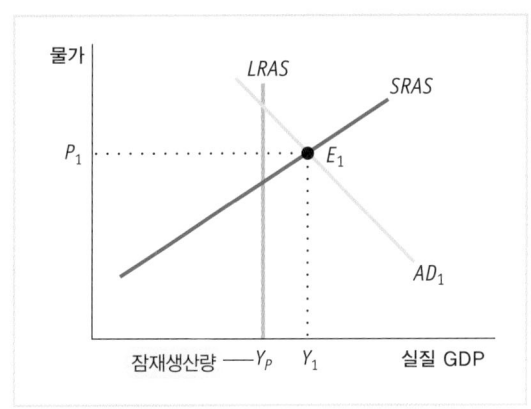

   a. 브리태니어는 경기후퇴 갭을 겪고 있는가 또는 인플레이션 갭을 겪고 있는가?
   b. 확장적인 재정정책과 긴축적인 재정정책 중 어떤 재정정책이 브리태니어가 잠재생산량인 Y_P를 달성하도록 할 수 있겠는가? 이와 같은 정책의 예를 들어 보라
   c. 성공적인 재정정책이 수행될 경우 브리태니어 경제의 거시경제 상황을 그림으로 나타내 보라.

3. 현재 장기 거시경제 균형에 있는 어떤 경제에 다음과 같은 총수요충격이 일어났다고 하자. 충격 이후에 경제는 인플레이션 갭과 경기후퇴 갭 중 어떤 종류의 갭을 경험할 것이며, 어떤 종류의 재정정책이 이 경제를 다시 잠재생산량 수준으로 되돌려놓을 수 있을까? 여러분이 추천하는 재정정책은 총수요곡선을 어떻게 이동시킬까?
   a. 주식시장 호황으로 인해 가계가 보유한 주식의 가치가 상승한다.
   b. 기업들이 가까운 미래에 경기침체가 발생할 것이라고

믿는다.

c. 정부가 전쟁 발발 가능성을 예측하고 군수품 구매를 증가시킨다.

d. 화폐공급이 감소하고 이자율이 상승한다.

4. 2008년 중의 한 인터뷰에서 독일의 재무장관인 슈타인브루크는 "우리는 유럽에서 그리고 세계에서 경제 둔화와 높은 인플레이션의 결합, 즉 전문가들이 스태그플레이션이라 부르는 현상이 발생하지 않도록 경계해야 합니다."라고 말했다. 이러한 상황은 다음 그림에서 단기 총공급곡선이 원래 위치인 $SRAS_1$에서 새로운 위치인 $SRAS_2$로 이동하여 E_2점에서 새 균형이 달성되는 것으로 나타낼 수 있다. 이 질문을 통해 우리는 왜 재정정책을 통해 스태그플레이션을 해결하는 것이 어려운지를 이해할 것이다.

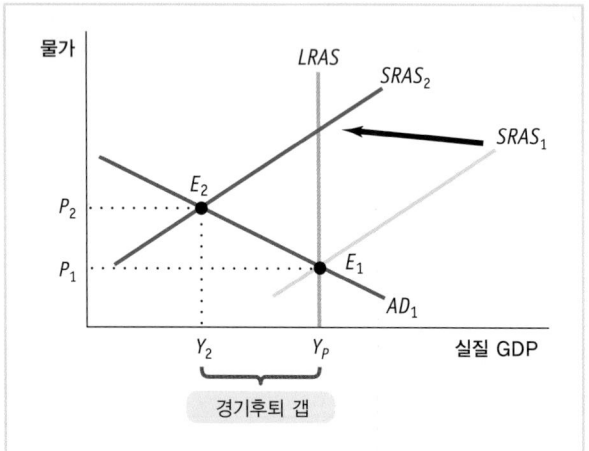

a. 정부의 최대 관심사가 경제성장을 유지하는 것이라면 이러한 상황에서 가장 적절한 재정정책 대응은 무엇이었겠는가? 제안된 정책이 균형점과 물가에 미치는 영향을 도표를 통해 보이라.

b. 정부의 최대 관심사가 물가 안정을 유지하는 것이라면 이러한 상황에서 가장 적절한 재정정책 대응은 무엇이었겠는가? 제안된 정책이 균형점과 물가에 미치는 영향을 도표를 통해 보이라.

c. 문제 a와 b의 정책이 스태그플레이션을 해소하는 데는 얼마나 효과적인지에 대해 논하라.

5. 다음 표를 완성하여 정부구매가 100억 달러 감소하는 경우가 정부 이전지출이 100억 달러 감소하는 경우에 비해서 실질 국내총생산에 더 큰 영향을 미침을 보이라. 단, 이 경제의 한계소비성향(MPC)은 0.6이다. 표의 첫 번째와 두 번째 줄은 이미 채워져 있다. 첫째 줄에서 100억 달러에 달하는 정부구매의 감소는 실질 국내총생산과 가처분소득 YD를 100억 달러 감소시키고, 그 결과 둘째 줄에서 60억 달러(MPC×가처분소득의 변화)에 달하는 소비지출 감소를 가져온다. 그러나 100억 달러에 달하는 이전지출 감소는 첫 단계에서는 실질 국내총생산에 아무런 영향을 미치지 못하고 가처분소득만 100억 달러 감소시키며, 그 결과 둘째 단계에서 소비지출을 60억 달러 감소시킨다.

a. 정부구매가 100억 달러 감소할 때, 열 단계가 지난 후 실질 국내총생산 변화의 합은 얼마인가?

b. 정부가 이전지출을 100억 달러 감소시킬 때, 열 단계가 지난 후 실질 국내총생산 변화의 합은 얼마인가?

c. 정부구매 변화와 이전지출 변화에 대한 승수 공식을 사용하여, 정부구매가 100억 달러 감소할 경우와 이전지출이 100억 달러 감소할 경우에 대해 각각 실질 국내총생산의 총변화량을 계산하라. 두 경우에 차이를 설명하라.[힌트 : 정부의 재화와 서비스 구매에 대한 승수는

단계	정부구매(G) 100억 달러 감소 (10억 달러)			정부 이전지출(TR) 100억 달러 감소 (10억 달러)		
	G 또는 C의 변화	실질 GDP의 변화	YD의 변화	TR 또는 C의 변화	실질 GDP의 변화	YD의 변화
1	ΔG = −$10.00	−$10.00	−$10.00	ΔTR = −$10.00	$0.00	−$10.00
2	ΔC = −6.00	−6.00	−6.00	ΔC = −6.00	−6.00	−6.00
3	ΔC = ?	?	?	ΔC = ?	?	?
4	ΔC = ?	?	?	ΔC = ?	?	?
5	ΔC = ?	?	?	ΔC = ?	?	?
6	ΔC = ?	?	?	ΔC = ?	?	?
7	ΔC = ?	?	?	ΔC = ?	?	?
8	ΔC = ?	?	?	ΔC = ?	?	?
9	ΔC = ?	?	?	ΔC = ?	?	?
10	ΔC = ?	?	?	ΔC = ?	?	?

1/(1 − *MPC*)다. 그렇지만 1달러의 정부 이전지출 변화는 최초에 실질 국내총생산을 *MPC*×$1만큼만 변화시키므로 정부 이전지출 승수는 *MPC*/(1 − *MPC*)가 된다.]

6. 다음 각각의 사례에서 경기후퇴 갭이나 인플레이션 갭이 존재한다. 총공급곡선이 수평이어서 총수요곡선의 이동에 따른 실질 국내총생산의 변화가 총수요곡선의 이동폭과 같다고 하자. 경기후퇴 갭 또는 인플레이션 갭을 제거하기 위해 필요한 정부의 재화와 서비스 구매 변화와 이전지출 변화를 각각 계산하라.

   a. 실질 국내총생산은 1,000억 달러이고, 잠재생산량은 1,600억 달러이며, 한계소비성향은 0.75다.

   b. 실질 국내총생산은 2,500억 달러이고, 잠재생산량은 2,000억 달러이며, 한계소비성향은 0.5다.

   c. 실질 국내총생산은 1,800억 달러이고, 잠재생산량은 1,000억 달러이며, 한계소비성향은 0.8이다.

7. 대부분의 거시경제학자들은 조세가 자동안정장치로서의 역할을 수행하고, 승수의 크기를 감소시키는 것이 좋은 현상이라고 생각한다. 하지만 승수의 크기가 작을수록 인플레이션 갭이나 경기후퇴 갭을 제거하기 위한 정부의 재화와 서비스 구매, 이전지출 또는 조세의 변화액이 더 커져야 한다. 이와 같은 외관상의 일관성 결여에 대해서 어떻게 설명할 수 있겠는가?

8. 〈그림 28-10〉은 1965년부터 2019년까지 미국의 순환조정된 재정적자를 실질 국내총생산에 대한 비율로 보여 준다. 잠재생산량에 아무런 변화가 없다고 가정하고, 이 그림을 이용하여 1990~2019년 사이의 어떤 해에 정부가 재량적으로 확장적 재정정책을 사용했으며, 어떤 해에 재량적으로 긴축적 재정정책을 사용했는지 판별해 보라.

9. 여러분이 정부관료 후보자의 경제정책 자문을 담당하고 있다고 하자. 그녀가 연방정부에 균형재정을 요구하는 법률을 도입할 경우 경제에 미치는 영향에 대한 요약보고서를 요구하는 한편, 이와 같은 법안 도입에 대해서 지지를 해야 되는지에 대한 의견을 묻는다고 하자. 어떻게 응답하겠는가?

10. 2020년에 이스트랜디아의 경제정책 입안자들은 여러 가지 재정적자 증가 시나리오하에서 향후 10년간 이스트랜디아의 국내총생산 대비 정부부채 비율과 재정적자 비율을 예측했다. 현재 실질 국내총생산은 연간 1조 달러로 매년 3%씩 성장할 것으로 예상되며, 2020년도 연초의 공공부채는 3,000억 달러이고 재정적자는 300억 달러다.

연도	실질 GDP (10억 달러)	부채 (10억 달러)	재정적자 (10억 달러)	부채 (실질 GDP 대비 비율)	재정정자 (실질 GDP 대비 비율)
2020	$1,000	$300	$30	?	?
2021	1,030	?	?	?	?
2022	1,061	?	?	?	?
2023	1,093	?	?	?	?
2024	1,126	?	?	?	?
2025	1,159	?	?	?	?
2026	1,194	?	?	?	?
2027	1,230	?	?	?	?
2028	1,267	?	?	?	?
2029	1,305	?	?	?	?
2030	1,344	?	?	?	?

   a. 위 표를 완성하여 정부의 재정적자가 향후 10년간 계속 300억 달러에 머물러 있을 경우 정부부채 대 국내총생산 비율과 재정적자 대 국내총생산 비율을 보이라. (정부의 부채는 전년도 적자만큼 증가함을 기억하라.)

   b. 정부의 재정적자가 향후 10년간 매년 3%씩 증가할 경우 정부부채 대 국내총생산 비율과 재정적자 대 국내총생산 비율이 어떻게 변할 것인지를 보이기 위해 표를 다시 작성하라.

   c. 정부의 재정적자가 향후 10년간 매년 20%씩 증가할 경우 정부부채 대 국내총생산 비율과 재정적자 대 국내총생산 비율이 어떻게 변할 것인지를 보이기 위해 표를 다시 작성하라.

   d. 이 세 가지 상이한 시나리오하에서 경제의 정부부채 대 국내총생산 비율과 재정적자 대 국내총생산 비율에 어떤 차이가 있는가?

11. 여러분의 동료 학생이 정부의 재정적자와 부채 간의 차이는 가계의 저축과 재산 간의 차이와 유사하다고 주장한다고 하자. 그는 또한 재정적자가 크면 부채도 클 수밖에 없다고 주장한다고 하자. 이 주장이 어떤 점에서 옳고 어떤 점에서 그른지를 밝히라.

12. 다음 중 어떤 경우에 정부부채 규모와 재정적자 규모가 경제에 잠재적인 문제가 있음을 나타내는가?

   a. 정부부채는 비교적 적으나, 전국의 주요 도시를 연결하기 위한 고속철도 시스템을 건설하느라 정부가 대규모 재정적자를 내고 있다.

   b. 재정적자에 의해 재원이 조달되던 전쟁이 최근 종료됨

에 따라 정부부채가 상대적으로 높은 수준에 있지만, 현재 정부는 낮은 수준의 재정적자만을 내고 있다.

   c. 정부부채는 상대적으로 낮지만, 부채에 대한 이자지급 재원을 마련하기 위해서 재정적자를 내고 있다.

13. 다음 각 사건이 현재 미국 정부의 공공부채와 암묵적 부채에 어떤 영향을 미쳐 왔으며, 또 미칠 것인지를 밝히라.

   a. 2003년에 의회가 메디케어 현대화법(Medicare Modernization Act)을 통과시켰다. 이 법안은 장애가 있는 노령자와 개인에게 처방약품 혜택을 제공한다. 이 법안하에서 일부 혜택이 즉각적으로 효력을 발휘했지만 다른 혜택은 향후 한동안은 효력이 발효되지 않을 것이다.

   b. 은퇴한 사람들이 완전한 사회보장 혜택을 받을 수 있는 연령이 향후 은퇴할 사람들에 대해서는 70세로 상향 조정되었다.

   c. 앞으로 은퇴할 사람에 대해서는 사회보장 혜택이 저소득층에게만 제한적으로 주어진다.

   d. 의료비용이 물가 상승률보다 빠른 속도로 증가하고 있기 때문에 연간 사회보험 혜택이 물가 상승률 대신 연간 의료비용 상승률만큼 증가된다.

   e. 2014년에 발효된 오바마 케어가 병원들이 정부의 돈을 절약할 유인을 제공했다.

14. 가계와는 달리 정부는 대규모 부채를 지속적으로 유지할 수 있다. 예를 들어 2019년에 미국 정부의 총부채는 21조 2,000억 달러에 달했는데 이는 GDP의 약 105.3%에 해당한다. 재무부에 따르면 당시 정부가 부채에 대해 지급하는 이자율은 평균적으로 1.3%였다. 그러나 부채 규모가 매우 커지면 재정적자를 내는 것이 어려워진다.

   a. 위에서 인용된 이자율과 부채 규모를 가정하고 정부의 연간 이자 비용을 계산하라.

   b. 정부가 이자지급액을 포함시키지 않고 재정균형을 유지한다면 부채 대 국내총생산 비율이 변하지 않기 위해서는 국내총생산은 얼마나 빠른 속도로 성장해야 하는가?

   c. 2020년에 정부가 6,000억 달러의 적자를 낼 경우 국가부채의 총증가액을 계산하라.

   d. 2020년의 재정적자가 6,000억 달러라면 부채 대 국내총생산 비율이 변하지 않기 위해서는 국내총생산이 어떤 속도로 증가해야 하는가?

   e. 부채 대 국내총생산 비율이 부채의 절대액보다 정부의 채무에 대한 척도로 더 선호되는 이유는 무엇인가? 왜 이 비율을 통제하는 것이 정부로서 중요한 일인가?

조세와 승수

이 장에서는 실질 국내총생산에 비례하는 조세가 어떻게 승수의 크기를 줄이고 경제 전체에서 자동안정장치로서 작동하는지에 대해서 설명했다. 여기서는 보다 자세한 수식을 통해서 그 과정을 설명하기로 한다.

정부가 실질 국내총생산 증가분의 t만큼을 조세로 거둔다고 하자. 여기서 t는 세율로 0과 1 사이의 값을 갖는다. 이제 제26장에서 했던 연습을 반복해 보자. 제26장에서는 투자지출이 1,000억 달러 증가할 때의 효과에 대해 생각해 봤다. 동일한 분석이 총지출의 어떠한 자발적 증가에도 적용될 수 있다. 특히 정부의 재화와 서비스 구매 증가에도 적용될 수 있다.

투자지출이 1,000억 달러 증가하면 최초에는 실질 국내총생산이 1,000억 달러 증가한다(첫 단계). 이때 조세가 없다면 가처분소득이 1,000억 달러 증가할 것이다. 하지만 실질 국내총생산 증가분 중 일부는 조세로 징수되므로 가처분소득은 $(1-t) \times$ 1,000억만큼만 증가한다. 두 번째 단계에서는 소비지출이 한계소비성향(MPC) 곱하기 가처분소득 증가분, 즉 $(MPC \times (1-t)) \times$ \$1,000억만큼 증가한다. 이와 같은 소비지출 증가는 세 번째 단계에서 소비지출을 $(MPC \times (1-t)) \times (MPC \times (1-t)) \times$ \$1,000억만큼 증가시키며 이와 같은 과정이 반복될 것이다. 따라서 실질 국내총생산에 미치는 총효과는 다음과 같다.

$$
\begin{aligned}
\text{투자지출 증가} \;=\;& \$1{,}000\text{억} \\
+\; \text{둘째 단계의 소비지출 증가} \;=\;& (MPC \times (1-t)) \times \$1{,}000\text{억} \\
+\; \text{셋째 단계의 소비지출 증가} \;=\;& (MPC \times (1-t))^2 \times \$1{,}000\text{억} \\
+\; \text{넷째 단계의 소비지출 증가} \;=\;& (MPC \times (1-t))^3 \times \$1{,}000\text{억} \\
\vdots\;\;\;\;\;\;\;\;\;\;\; & \;\;\;\;\;\;\;\;\;\;\vdots
\end{aligned}
$$

$$
\begin{aligned}
\text{실질 국내총생산의 총변화} \;=\;& [1 + (MPC \times (1-t)) + (MPC \times (1-t))^2 \\
& + (MPC \times (1-t))^3 + \cdots] \times \$1{,}000\text{억}
\end{aligned}
$$

제26장에서 지적했듯이 $1 + x + x^2 + \cdots$과 같은 무한등비급수는 $0 < x < 1$인 경우 $1/(1-x)$가 된다. 위의 보기에서 $x = (MPC \times (1-t))$이다. 따라서 투자지출이 1,000억 달러 증가하는 경우 이로 인해 유발되는 모든 소비지출의 증가를 감안할 경우 실질 국내총생산의 증가분은 다음과 같다.

$$
\frac{1}{1 - (MPC \times (1-t))} \times \$1{,}000\text{억}
$$

조세의 영향을 배제하고 승수를 계산했을 때 그 값은 $1/(1-MPC)$와 같았다. 그러나 모든 실질 국내총생산 증가분의 t만큼이 조세로 징수된다고 가정하면 승수는 다음과 같다.

$$
\text{승수} = \frac{1}{1 - (MPC \times (1-t))}
$$

이 승수값은 항상 $1/(1-MPC)$보다 작으며 t가 증가함에 따라 승수의 값이 감소한다. 예를 들어 $MPC=0.6$이라 하자. 조세가 없다면 승수는 $1/(1-0.6)=1/0.4=2.5$가 된다. 그러나 $t=1/3$이라 하자. 즉 모든 실질 국내총생산 증가분의 1/3이 조세로 징수된다고 하자. 이 경우 승수는 다음과 같다.

$$\frac{1}{1-(0.6\times(1-1/3))}=\frac{1}{1-(0.6\times2/3)}=\frac{1}{1-0.4}=\frac{1}{0.6}=1.667$$

연습문제

1. 어떤 경제의 한계소비성향이 0.6이고, 실질 국내총생산이 5,000억 달러이며, 정부가 실질 국내총생산의 20%를 조세로 거둔다고 하자. 정부구매가 100억 달러 증가할 경우 각 단계에서의 지출이 얼마나 증가하는지에 대한 다음 표를 완성하라. 표의 첫 번째와 두 번째 줄은 이미 채워져 있다.

단계	G 또는 C의 변화	실질 GDP의 변화	조세의 변화	YD의 변화
		(10억 달러)		
1	$\Delta G=$ \$10.00	\$10.00	\$2.00	\$8.00
2	$\Delta C=$ 4.80	4.80	0.96	3.84
3	$\Delta C=$?	?	?	?
4	$\Delta C=$?	?	?	?
5	$\Delta C=$?	?	?	?
6	$\Delta C=$?	?	?	?
7	$\Delta C=$?	?	?	?
8	$\Delta C=$?	?	?	?
9	$\Delta C=$?	?	?	?
10	$\Delta C=$?	?	?	?

첫째 줄에서 100억 달러에 달하는 정부구매의 증가는 실질 국내총생산을 100억 달러 증가시키고, 조세를 20억 달러 증가시키며, 가처분소득을 80억 달러 증가시킨다. 둘째 줄에서 80억 달러에 달하는 가처분소득 증가는 소비지출을 48억 달러($MPC \times$가처분소득의 변화) 증가시킨다.

a. 열 단계가 지난 후 실질 국내총생산 변화의 합은 얼마인가? 승수의 값은 얼마인가? 승수 공식에 따르면 실질 국내총생산의 총변화는 얼마일 것으로 기대되는가? 두 질문의 답을 비교하라.

b. 한계소비성향이 0.75이고, 정부가 실질 국내총생산 증가분의 10%를 조세로 거둔다고 가정하고 표를 다시 작성하라. 열 단계가 지난 후 실질 국내총생산 변화의 합은 얼마인가? 승수의 값은 얼마인가? 두 질문의 답을 비교하라.

29 화폐, 은행과 연방준비제도

그다지 우스꽝스럽지 않은 화폐

"이 제품은 페루 전역에 산재한 지방 시설에서 값싼 노동을 이용하여 정교하게 제작된 후 조직폭력배들이 통제하는 리마의 안전 가옥에 저장되었다. 이곳에서 이들은 꾸러미로 묶인 후 비행기에 실리거나 여행용 가방, 항아리, 속이 빈 성경책, 운동화, 장난감 또는 큰 운송용 컨테이너에 숨겨져 마이애미와 같은 미국의 주요 출입국항으로 보내진다."

페루 당국이 미국의 첩보부와 공조하여 시행한 대규모 단속인 석양 작전에 대해 보도한 2016년 《워싱턴포스트》 기사는 이렇게 시작하고 있다. 그런데 이 단속의 목표는 무엇이었을까? 그것은 마약 단속이 아니라 위조지폐 단속이었다.

최근 들어 페루는 미화 위조지폐를 생산하는 주요 본거지가 되었다.

화폐는 현대 경제의 다양한 부분을 연결하는 핵심적인 매개체다.

이러한 조직에서 일하는 사람들은 수작업을 통해 인쇄된 지폐에 세부적인 장식을 꼼꼼하게 더함으로써 식별하기가 매우 어려운 고품질 위조지폐를 만들어 낸다.

우스운 일은 정교하게 장식된 종잇조각들이 내재가치가 거의 없거나 전혀 없다는 사실이다. 실제로 파란색 또는 주황색 잉크로 인쇄된 100달러 지폐는 인쇄되어 있는 종이만큼의 가치도 없을 것이다.

반면 장식된 종이에 칠해진 잉크가 제대로 된 초록색 색조를 띠고 있다면 사람들은 이를 **화폐**라 생각하고 재화나 서비스에 대한 대가로 수용할 것이다. 그 이유는 무엇일까? 사람들이 자신도 동일한 일을 하는 것, 즉 초록색 종잇조각을 진짜 재화나 서비스와 교환하는 것이 가능하다고 믿기 때문이다.

사실 여기에는 하나의 수수께끼가 있다. 가짜 100달러 지폐가 페루에서 미국으로 들어오고 아무도 이것이 가짜임을 알아차리지 못한 채 재화나 서비스와 교환되는 데 성공한다면 누가 손해를 보는 걸까? 가짜 100달러 지폐를 받아들이는 것은 이 지폐가 위조지폐라는 사실이 밝혀지지 않는 한 진짜 100달러 지폐인 것처럼 여러 사람의 손을 거칠 것이라는 점에서 하자가 있는 차량을 구매하거나 불량 식품을 구매하는 것과는 다르다.

이 수수께끼에 대한 답은 지폐 위조의 진짜 희생자는 미국의 납세자라는 것이다. 그 이유는 위조지폐는 미국 정부의 활동을 위한 비용을 지불하는 데 사용될 정부수입을 감소시키기 때문이다. 이런 이유 때문에 첩보부는 미국 화폐가 진품인지를 부지런히 감시하고 위조 달러에 대한 어떤 제보도 놓치지 않고 신속하게 조사하고 있다. 첩보부의 노력은 화폐가 일반적인 재화나 서비스와는 같지 않음을 입증해 준다. 게다가 이는 색이 칠해진 종이와도 같지 않다.

이 장에서는 화폐의 정의와 역할에 대해 알아보고 현대 통화시스템이 어떻게 작동하는지와 **연방준비제도**와 같이 통화시스템을 규제하고 유지하는 기관에 대해 살펴볼 것이다. ●

이 장에서 배울 내용

- **화폐**의 다양한 기능과 여러 가지 화폐의 형태는 무엇인가?
- **화폐공급** 수준이 경제의 상태에 매우 중요한 이유는 무엇인가?
- 민간은행과 연방준비제도의 행동이 **화폐공급량**을 결정하는 이유는 무엇인가?
- 연방준비은행이 **본원통화**를 변화시키기 위해 **공개시장 조작**을 어떻게 이용하는가?

화폐(money)는 재화와 서비스의 구매에 쉽게 사용될 수 있는 모든 자산이다.

유통 중인 현금(currency in circulation)은 일반 대중이 보유하고 있는 현금이다.

당좌예금(checkable bank deposit)은 수표를 이용하여 잔고를 인출할 수 있는 예금이다.

화폐공급(money supply)은 화폐로 간주되는 모든 금융자산의 총가치다.

|| 화폐의 의미

일상생활에서 사람들은 종종 돈(화폐)이라는 단어를 '재산'의 의미로 사용한다. 만일 여러분이 "아마존의 설립자인 제프 베이조스는 도대체 얼마나 돈이 많을까?"라고 묻는다면 그 대답은 "172억 달러쯤 되지 않을까? 하지만 누가 그것을 일일이 세고 있을까?"라는 식일 것이다. 즉 이 숫자는 주식, 채권, 부동산을 비롯하여 그가 소유한 모든 재산의 가치를 포함할 것이다.

하지만 경제학자들이 내리는 화폐의 정의에는 모든 형태의 재산이 포함되지는 않는다. 여러분의 지갑 속에 있는 달러 지폐는 화폐다. 그렇지만 자동차, 주택, 주권과 같은 재산은 화폐가 아니다. 경제학자들은 화폐와 다른 형태의 재산을 어떻게 구분할까?

화폐란 무엇인가?

화폐는 수행하는 기능에 의거하여 정의된다. 즉 **화폐**(money)는 재화와 서비스를 구매하기 위해 쉽게 사용될 수 있는 자산이다. 제25장에서는 쉽게 현금으로 전환될 수 있는 자산은 유동적이라 정의했다. 화폐는 현금 자체나 유동성이 높은 다른 자산들로 구성된다.

화폐와 같은 유동자산이 없다면 구매를 하는 것이 훨씬 더 어려웠을 것이다.

여러분은 자신이 자바 모닝커피의 대금을 어떻게 지급하는지를 생각해 봄으로써 화폐와 다른 형태의 자산을 구분할 수 있을 것이다. 계산대의 점원은 더블 모카라떼의 대금으로 달러 지폐를 받지만 주권이나 오래된 야구카드를 받지는 않을 것이다. 주권을 라떼로 전환하기 위해서는 먼저 주권을 팔아서 화폐로 교환한 다음에 이 화폐를 가지고 음료를 사야 한다.

물론 많은 가게에서는 은행계좌와 연계된 체크카드로 물건을 살 수 있고, 많은 사람들이 (등록금처럼) 더 큰 금액을 지불하기 위해서 은행계좌와 연계된 가계수표를 이용한다. 그렇다면 여러분이 가진 은행계좌는 아직 현금으로 전환되지 않았더라도 화폐로 간주될 수 있다는 말인가? 그렇다. **유통 중인 현금**(currency in circulation), 즉 사람들이 보유하고 있는 현금은 당연히 화폐로 간주된다. 이에 더하여 수표를 이용하여 잔고를 인출할 수 있는 은행예금인 **당좌예금**(checkable bank deposit)도 화폐로 간주된다.

화폐의 정의에 따라서는 현금과 당좌예금 이외에도 다른 자산을 포함한다. 한 경제에서 화폐로 간주되는 모든 금융자산의 총액인 **화폐공급**(money supply)에 대해서는 두 가지 정의가 널리 사용되고 있다.

1. 협의의 화폐공급 정의는 유동성이 가장 높은 자산인 유통 중인 현금, 여행자 수표, 당좌예금만을 화폐로 간주한다.
2. 보다 광의의 정의는 이들 세 가지 자산에 더하여 전화나 스마트폰으로 당좌예금으로의 자금 이체가 가능한 저축성 예금과 같이 '거의' 당좌예금에 가까운 자산들을 포함한다. 두 가지 화폐공급의 정의 모두 재화와 서비스 구매에 쉽게 사용될 수 있는 자산과 그렇지 않은 자산을 구분하고 있다.

화폐는 간접적인 교환을 가능하게 함으로써 교역으로부터의 이익이 발생하는 데 중추적인 기능을 담당하고 있다. 심장외과 전문의가 새 냉장고를 사려고 할 때 어떤 일이 일어날지를 생각해 보자. 심장외과 전문의는 물론 심장 수술이라는 가치 있는 서비스를 제공할 수 있다. 가전제품 가게 주인 역시 냉장고를 비롯한 가전제품이라는 가치 있는 제품을 보유하고 있다. 하지만 화폐를 사용하는 대신 재화나 서비스를 물물교환해야 한다면 이 두 사람이 거래를 하는 것은 매우 어려울 것이다. 물물교환경제에서 심장외과 전문의와 가전제품 가게 주인이 거래를 하는 것은 오직 가게 주인이 심장 수술을 받기를 원하는 동시에 심장외과 전문의가 새 냉장고를 구입하기를 원할 때에만 가능하다.

이것을 '욕망의 이중 일치(double coincidence of wants)' 문제라고 한다. 즉 물물교환경제에서는 거래의 쌍방이 서로가 원하는 제품을 갖고 있을 때에만 교역이 이루어질 수 있다. 화폐는 이와 같은 욕망의 이중 일치 문제를 해결해 준다. 개개인은 자신이 팔고자 하는 물건을 화폐로 교환한 다음 이 화폐를 가지고 자신이 원하는 물건을 구입하면 된다.

화폐는 교역으로부터의 이익을 향유하는 것을 용이하게 해 주기 때문에 그 자체가 직접 어떤 물건을 생산하지는 않더라도 사회 전체의 후생수준을 향상시킨다.

화폐가 경제에서 수행하는 역할에 대해서 좀 더 상세히 알아보자.

> **교환의 매개수단**(medium of exchange)은 그 자체를 소비할 목적이 아니라 재화와 서비스를 거래할 목적으로 사람들이 취득하는 자산이다.

화폐의 역할

현대 경제에서 화폐는 주로 세 가지 역할을 수행하는데, 교환의 매개수단, 가치 저장수단, 계산의 단위가 그것이다.

1. 교환의 매개수단 앞서 제시한 심장외과 전문의와 냉장고의 예는 **교환의 매개수단**(medium of exchange)으로서의 화폐의 역할을 잘 보여 준다. 즉 화폐는 그 자체를 소비하기 위해서가 아니라

🌐 국제비교   각국의 현금

여러분이 가장 마지막으로 무언가에 대해 현금으로 지급한 것, 즉 문자 그대로 역사적 인물의 초상화를 담고 있는 녹색 종잇조각을 건넨 것은 언제인가? 많은 사람들에 있어 그 답은 며칠 전, 몇 주 전, 또는 몇 달 전일 것이다. 오늘날 우리의 일상적인 구매는 카드든 스마트폰이든 어떤 형태의 전자 지급으로 이루어지고 있다.

그렇다면 현금은 사라질 운명인가? 놀랍게도 그 답은 여러분이 어느 나라에 살고 있는가에 달려있다. 현금거래 정도에 대한 간단한 척도는 유통 중인 현금 대 한 국가에서 생산되는 재화와 서비스 가치인 국내총생산의 비율이다. 다음 그림은 스웨덴, 미국, 일본의 세 국가에 있어서 이 비율을 보여준다.

한 극단으로 스웨덴은 거의 현금이 없는 사회다. 이 나라 은행 지점의 절반은 현금을 취급하지 않을 정도다. 다른 극단으로 일본인들은 여전히 많은 현금을 갖고 다닌다. 미국은 중간쯤에 해당한다.

이상한 점은 세 국가 모두가 거의 동일할 정도로 세련된 기술을 보유하고 있다는 것이다. 그런데 왜 현금에 있어서는 이처럼 차이가 나는 것일까?

일본의 경우 그 답은 주로 문화적 요인에 있다. 다양한 이유로 인해 일본 국민들은 현금을 사용하는 데 여전히 익숙해져 있으며 자신들의 사회가 다른 나라와 마찬가지로 스마트폰에 빠져 있음에도 불구하고 디지털화를 꺼린다.

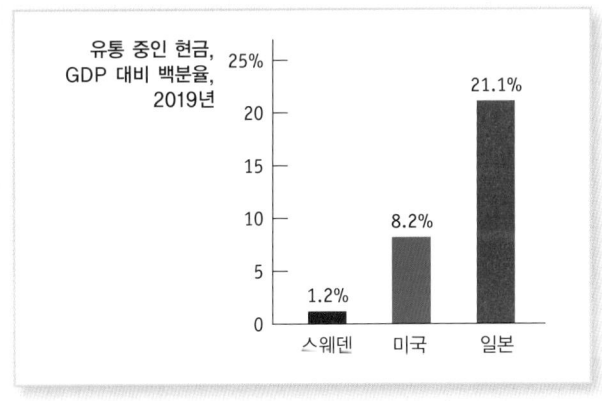

미국은 이와 다르다. 심층분석에서 설명하듯이 미국 현금의 절반 이상이 주로 100달러 지폐의 형태로 미국 밖에서 보유되고 있다.

스웨덴은 화폐의 미래가 어떨지를 보여준다. 사실 이 나라는 현금을 아예 없앨 것을 고려 중이다. 미국에서조차 현금 수취를 중단하는 기업들이 증가하고 있다. 하지만 모든 사람들에게 이러한 미래가 달가운 것은 아니다. 최근 뉴욕 시는 상점들이 계속 현금을 수취할 것을 의무화하는 법을 제정했다. 이 법의 근거는 현금을 받지 않는 상점들은 은행 계좌와 연동된 카드를 가질 수 없을 정도로 가난한 사람들을 사실상 차별하는 셈이라는 데 있다.

출처 : Bank for International Settlements, International Monetary Fund.

가치 저장수단(store of value)은 일정 기간 동안 구매력을 보관할 수 있는 수단이다.

계산의 단위(unit of account)는 가격을 정하거나 경제적 계산을 하기 위해서 사용되는 척도다.

상품화폐(commodity money)는 다른 용도로도 사용될 수 있는 재화가 교환의 매개수단으로 이용되는 것이다.

재화 또는 서비스와 교환하기 위해서 사용되는 자산이다. 사람들은 달러 지폐를 먹을 수는 없지만 이를 음식과 교환할 수는 있다.

평상시에는 미국의 달러화, 멕시코의 페소화 등과 같이 한 국가의 공식 화폐가 그 국가에서 일어나는 모든 거래에서 교환의 매개수단이 된다. 하지만 경제가 혼란스러운 시기에는 다른 재화나 자산이 그 역할을 대신 수행할 수도 있다. 예를 들어 경제가 혼란스러운 시기에는 다른 국가의 화폐가 교환의 매개수단으로 이용되기도 한다. 중남미 국가에서는 미국 달러화가 이와 같은 역할을 수행한 적이 있으며, 동유럽에서는 유로화가 마찬가지의 역할을 수행한 적이 있다. 제2차 세계대전 중 포로 수용소에서 담배가 교환의 매개수단으로서의 역할을 한 것은 유명한 사례다. 담배를 피우지 않는 사람들도 재화나 서비스를 제공하는 대가로 담배를 받았는데 이는 담배가 다른 재화와 쉽게 교환될 수 있었기 때문이다. 1923년 독일에서 초인플레이션이 발생했을 때는 달걀이나 석탄 덩어리와 같은 재화가 잠시 동안 교환의 매개수단으로 사용되기도 했다.

2. 가치 저장수단 화폐가 교환의 매개수단으로서의 역할을 하기 위해서는 무엇보다도 먼저 **가치 저장수단**(store of value), 즉 일정 기간 동안 구매력을 보관할 수 있는 수단이 되어야 한다. 왜 가치 저장수단으로서의 역할이 필수적인지를 이해하기 위해서 아이스크림이 교환의 매개수단으로 이용되는 경제를 상상해 보자. 이런 경제는 얼마 되지 않아 돈이 녹아내리는 문제를 겪게 될 것이다. 물건을 사기도 전에 교환의 매개수단이 끈적끈적한 범벅으로 변해 버릴 것이기 때문이다. (제31장에서 보듯이 높은 인플레이션이 발생시키는 문제 중 하나는 화폐의 가치가 '융해' 되는 것이다.) 물론 화폐만이 유일한 가치 저장수단인 것은 아니다. 일정 기간 구매력을 보유할 수 있는 자산은 모두 가치 저장수단이 될 수 있다. 따라서 가치 저장수단으로서의 역할은 필요조건일 뿐이며 화폐의 판별조건이 되지는 못한다.

3. 계산의 단위 마지막으로 화폐는 **계산의 단위**(unit of account)로서의 역할을 수행한다. 즉 가격을 정하고 경제적 계산을 하기 위한 척도로 사용된다. 이 역할의 중요성을 이해하기 위해 역사적인 사례를 생각해 보자. 중세 시대에는 농부들이 지주에게 화폐보다는 재화와 노동을 제공하는 의무를 지는 것이 일반적이었다. 예를 들어 농부는 일주일 중 하루는 지주의 토지에서 일해야 하고 수확한 작물의 5분의 1을 바쳐야 하는 식이었다.

오늘날 지대는 다른 가격들과 마찬가지로 거의 항상 화폐 단위로 표시되는데 이는 많은 일을 훨씬 더 분명하게 만들어 준다. 집주인들이 제각각의 방식으로 임대료를 표시한다면 어떤 아파트를 임차할 것인가를 결정하는 것이 얼마나 어려울지 상상해 보라. 예를 들어 스미스 씨는 자기 집을 일주일에 두 번 청소해 주고 매일 스테이크 1파운드를 가지고 온다면 아파트를 사용할 수 있다고 하고, 존스 여사는 일주일에 한 번만 청소를 하는 대신 매일 닭고기 4파운드를 가지고 올 것을 요구한다고 하자. 어느 쪽이 더 유리한 조건을 제시하는 것일지는 판단하기가 어렵다. 반면에 스미스 씨는 한 달에 600달러를 원하고 존스 여사는 700달러를 원한다면 비교가 쉬울 것이다. 다시 말해서 공통적으로 수용되는 척도가 없다면 거래의 조건을 결정하는 것이 더 어려워질 것이고 이에 따라 거래를 성사시키고 교역으로부터의 이익을 향유하는 것이 더욱 어려워질 것이다.

화폐의 종류

형태는 다르지만 화폐는 수천 년간 사용되어 왔다. 이 중 대부분의 기간 동안은 **상품화폐**(commodity money)가 사용되었다. 즉 금이나 은처럼 다른 용도로도 사용될 수 있는 내재적 가치를 가진 재화가 교환의 매개수단으로 사용되었다. 상품화폐가

joecicak/Getty Images

여러 세기에 걸쳐 사람들은 금이나 은처럼 가치가 있는 상품을 교환의 매개수단으로 이용했다.

교환의 매개수단으로서의 역할과 상관없이 가치를
보유할 수 있는 것도 바로 이 다른 용도 때문이다. 예
를 들어 제2차 세계대전 중 포로 수용소에서 화폐로
서 기능했던 담배는 많은 포로들이 흡연자였던 관계
로 그 자체로도 상당한 가치가 있었다. 금 역시 동전
으로 주조될 수 있다는 점 이외에 보석이나 장식품으
로도 사용될 수 있기 때문에 가치가 있다.

금화와 은화 대신 사용할 지폐를 발행함으로써 은행은 화폐로서의 기능을 위해 사용되었던 귀중한 자원들을 해방시켰다.

미국이 독립을 선언하고 아담 스미스가 『국부론』
을 저술한 해인 1776년에 이르러서는 금화와 은화에
더하여 지폐가 널리 화폐로 사용되고 있었다. 하지만
지금의 달러 지폐와는 달리 그 당시의 지폐는 민간은행에 의해 발행되었다. 민간은행은 원하는
사람이라면 누구에게나 자신이 발행한 지폐를 금화나 은화로 교환해 줄 것을 약속했다. 즉 처음
에 상품화폐를 대체했던 종이 화폐는 **상품에 의해 뒷받침되는 화폐**(commodity-backed money),
즉 내재적인 가치는 없지만 요구할 경우 언제든지 가치가 있는 상품으로 태환해 준다는 약속에
의해 궁극적인 가치가 보장되는 교환의 매개수단이었다.

상품에 의해 뒷받침되는 화폐가 금화나 은화와 같은 단순한 상품화폐에 대해 가지는 큰 이점은
가치 있는 자원을 절약할 수 있다는 것이다. 지폐를 발행한 은행은 여전히 일부 금화와 은화를 수
중에 가지고 있어야 했지만 지폐의 태환에 대한 요구를 충족하기에 충분한 양만을 보관하기만 하
면 되었다. 은행은 또한 평상시에는 발행한 지폐의 일부에 대해서만 태환 요구가 발생한다는 사
실을 알고 있었기 때문에 유통 중인 지폐 총액의 일부에 해당하는 금화나 은화만을 금고에 보관
하고 나머지는 이를 필요로 하는 사람에게 빌려 줄 수 있었다. 그 결과 경제 전체로서는 교역으로
부터의 이익에 손상을 주지 않고서도 금과 은을 다른 목적으로 사용할 수 있게 되었다.

『국부론』의 한 유명한 구절에서 아담 스미스는 지폐를 '공중에 낸 마찻길'이라 묘사했다. 스
미스는 화폐를 그 아래에 있는 토지의 가치를 손상시키지 않고 지어진 상상 속의 고속도로에 비
유한 것이다. 실제 고속도로는 유용한 서비스를 제공하기는 하지만 이를 위해서는 높은 비용을
치러야 한다. 도로를 놓기 위해 사용되는 토지에서 많은 작물이 생산될 수 있기 때문이다. 공중
에 도로가 놓일 수 있다면 유용한 농지를 파괴하지 않아도 된다. 아담 스미스가 설명했듯이 스
코틀랜드의 은행들이 금화나 은화를 지폐로 대체한 것은 사회가 필요로 하는 자원을 적게 사용
하면서도 화폐의 기능을 제공할 수 있었다는 점에서 바로 '공중에 낸 마찻길'과 유사한 효과를
거둔 것이다.

이쯤에서 여러분은 왜 도대체 금이나 은을 교환의 매개수단으로 이용해야만 하는가에 대해
의문을 품을 수도 있을 것이다. 사실 오늘날의 화폐제도는 스미스가 칭송했던 스코틀랜드의 제
도보다 더 진보했다. 미국의 달러 지폐는 상품화폐가 아닐 뿐만 아니라 상품에 의해 뒷받침되는
화폐도 아니다. 달러 지폐의 가치는 전적으로 교환의 매개수단으로서 일반적으로 수용된다는
사실로부터 나온다. 교환의 매개수단으로서의 공식적인 지위에만 의거하여 가치가 부여되는 화
폐를 **명령화폐**(fiat money)라 한다. '명령'이란 통치자에 의해 선포된 정책을 의미하는 역사적 용
어인데, 화폐가 정부의 명령에 의거하여 존재한다는 의미에서 명령화폐라 불린다.

명령화폐는 상품에 의해 뒷받침되는 화폐에 비해 두 가지 주요한 장점을 갖고 있다. 첫째로,
명령화폐는 더 확실한 '공중에 낸 마찻길'이다. 명령화폐는 화폐가 인쇄된 종이를 제외한다면
어떠한 실질 자원도 사용하지 않기 때문이다. 둘째로, 명령화폐의 공급은 탐광자들이 우연히 발
견하는 금과 은의 양에 의해 결정되지 않고 경제의 필요에 따라 결정될 수 있다.

다른 한편으로 명령화폐는 약간의 위험을 안고 있기도 하다. 이 장의 서두에서는 이 같은 위

상품에 의해 뒷받침되는 화폐(commodity-backed money)는 내재적인 가치는 없지만 언제든지 가치가 있는 상품으로 태환해 준다는 약속에 의해 궁극적인 가치가 보장되는 교환의 매개 수단이다.

명령화폐(fiat money)는 지불수단으로서의 공식적인 지위에만 의거하여 가치를 가지는 교환의 매개 수단이다.

통화총량(monetary aggregate)은 화폐공급의 총괄적인 척도다.

준화폐(near-money)는 직접적으로 교환의 매개수단으로 사용될 수 없지만 쉽게 현금이나 당좌예금으로 전환될 수 있는 금융자산이다.

험의 하나인 위조에 대해서 소개했다. 위조범들은 달러 지폐를 인쇄할 수 있는 독점적 권리를 가진 미국 정부의 특권을 침해한다. 위조범들이 위조지폐를 재화와 서비스로 교환함으로써 얻는 혜택은 미국 연방정부의 비용으로 귀착된다. 연방정부는 지출 중 작지만 무시할 수 없는 부분을, 증가하는 화폐수요를 충족하기 위한 화폐 발행으로써 충당하기 때문이다.

이보다 더 큰 위험은 정부가 원할 때 언제든지 화폐를 찍어 낼 수 있는 특권을 남용할 유혹에 빠질 수 있다는 것이다. 우리는 제31장에서 때로는 정부가 대금을 지불하기 위해 지나치게 지폐 인쇄에 의존한 결과 극심한 인플레이션을 발생시킬 수 있음을 배울 것이다. 그러나 이 장에서는 화폐가 무엇이며 어떻게 화폐가 관리되는지에 대해서만 중점을 둘 것이다.

함정

화폐공급에 포함되지 않는 것

주식이나 채권과 같은 금융자산은 화폐공급의 일부인가? 아니다. 이들은 어떠한 화폐의 정의에도 포함되지 않는다. 이들은 유동성이 충분하지 않기 때문이다.

대체로 M1은 식료품을 사기 위해 사용할 수 있는 자산으로 구성된다. 현금, 여행자수표, 당좌예금(당좌예금은 식료품 가게가 가계수표나 체크카드를 받는 한 식료품 구입을 위해 사용될 수 있다)이 바로 그런 자산이다. M2는 저축성 예금처럼 신속하고 쉽게 M1으로 전환될 수 있는 자산을 포함하고 있기 때문에 광의의 척도다. 예를 들어 사람들은 마우스를 클릭하거나 자동화된 전화 서비스를 통해 저축예금과 당좌예금 간 자금을 이체할 수 있다.

반면에 주식이나 채권을 현금으로 전환하려면 이들을 매도해야 하는데 여기에는 어느 정도 시간이 걸리는 한편 주식중개인에게 수수료도 지급해야 한다. 이로 인해 이들 자산은 은행예금보다 유동성이 낮다. 따라서 은행예금과는 달리 주식과 채권은 화폐로 간주되지 않는다.

화폐공급의 측정

연방준비제도는 화폐가 얼마나 엄격하게 정의되는가에 따라서 두 가지 상이한 화폐공급 지표, 즉 **통화총량**(monetary aggregate)을 계산하고 있다. 이 두 가지 총량은 비밀스럽게 M1과 M2라 불린다. (이전에는 M3라 불리는 통화총량이 있었다. 하지만 연방준비제도는 2006년에 이 총량을 측정하는 것이 더 이상 유용하지 않다는 결론을 내렸다.)

M1은 가장 협의의 정의로 유통 중인 현금, 여행자수표, 당좌예금으로만 구성된다. (가계수표가 지불수단으로 널리 이용되는 미국이나 서구에서는 수표를 이용하여 잔고를 인출할 수 있는 당좌예금이 발달되어 있다. 우리나라에서는 당좌예금 대신 보통예금과 같은 자유입출금식 예금이 보편적으로 이용되고 있다. 지불수단으로도 가계수표 대신 자동이체, 지로, 현금 등이 주로 이용된다. 당좌예금이나 보통예금처럼 언제든지 잔고를 인출할 수 있는 예금을 통틀어 요구불예금이라고 하며, M1을 정의하기 위해 당좌예금 대신 요구불예금을 사용하기도 한다 – 역자 주) M2에는 **준화폐**(near-money)라고 불리는 몇 가지 자산이 추가되는데 이들은 저축예금(savings deposit)과 같이 직접 교환의 매개수단으로 사용할 수는 없지만 현금이나 당좌예금으로 쉽게 전환될 수 있는 금융자산이다. 이와 같은 금융자산의 예로는 수표를 사용할 수는 없지만 거의

그림 29-1 2020년 3월의 통화총량

연방준비제도는 M1과 M2라는 두 가지 화폐공급의 정의를 사용하고 있다. 그림 (a)에서 보듯이 M1은 대략 절반이 유통 중인 현금으로 구성되며 그 나머지는 거의 당좌예금으로 구성된다. M2는 그림 (b)에서 보듯이 더 광의로 정의되는데 M1뿐만 아니라 다른 예금 그리고 예금과 유사한 자산을 포함하고 있어 그 금액은 M1의 네 배에 달한다. (사사오입으로 인해 비율의 합은 정확히 100%가 아닐 수도 있다.)

출처 : Federal Reserve Bank of St. Louis.

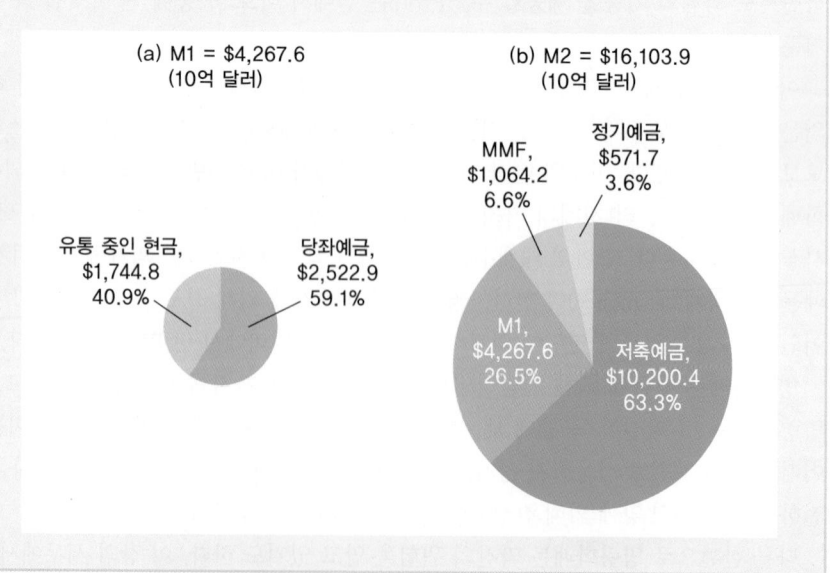

(a) M1 = \$4,267.6
(10억 달러)

유통 중인 현금, \$1,744.8 40.9%
당좌예금, \$2,522.9 59.1%

(b) M2 = \$16,103.9
(10억 달러)

MMF, \$1,064.2 6.6%
정기예금, \$571.7 3.6%
M1, \$4,267.6 26.5%
저축예금, \$10,200.4 63.3%

탐구자를 위하여 벤자민에 관한 모든 것

미국에서 유통 중인 현금은 거의 1.8조 달러에 달한다. 이는 미국 내 모든 남자, 여자, 어린이를 포함하여 각 개인당 5,500달러에 해당한다. 그렇지만 대부분의 개인은 지갑에 이러한 금액을 갖고 있지 않다. 미국인은 평균적으로 약 60달러만을 현금으로 갖고 있는데, 아마도 체크카드나 스마트폰 앱으로 점점 더 많은 구매를 하기 때문일 것이다 그렇다면 나머지 현금은 모두 어디에 있다는 말인가?

그중 일부는 상점의 계산대에서 찾을 수 있다. 개인뿐 아니라 기업도 현금을 보유할 필요가 있다. 그렇지만 현금 중 가장 큰 부분인 60% 정도는 외국에서 보유한다. 이들은 자국 화폐를 너무나 불신한 나머지 미국 화폐를 교환의 매개수단과 가치의 저장수단으로 수용한 것이다.

현금은 또한 거래를 숨기기 위해 널리 사용된다. 마약 거래자와 같은 범죄나 소득에 대한 세금 납부를 회피하려는 사업자들이 대표적인 예다. 벤자민 프랭클린의 초상화가 그려져 있어서 "벤자민"이라고도 불리는 100달러 지폐가 합법적인 사업체들이 받아주지 않음에도 불구하고 미국에서 유통 중인 현금의 4분의 3 정도를 차지하고 있다는 사실은 불법 거래의 만연으로 설명될 수 있다.

당국의 눈으로부터 거래를 은닉하려는 욕망은 2009년에 만들어진 가상화폐인 비트코인의 성장을 설명하는 데 도움이 된다. 이것은 기본적으로 전자 토큰을 만들어내는 전산 알고리듬인데, 일부 사람들이 이 토큰을 화폐로 수용한다.

그렇지만 사람들이 '실제' 화폐에 대신하여 수용할 정도로 가상화폐를 신뢰하는 이유는 무엇일까? 달러화와 마찬가지로 비트코인에 대한 신뢰는 미래 어떤 시점에 누군가가 무엇인가 실질적인 것에 대한 대가로 이를 수용할 것이라는 믿음에서 나온다. 거래를 숨기려는 사람들이 있는 한 이것은 비합리적 믿음이 아니다. 비트코인의 한 가지 단점은 해킹이 가능하다는 점이다. 그럼에도 불구하고 비트코인과 또 다른 가상화폐인 이더리움은 2020년 4월에 그 가치의 합이 약 1,500억 달러에 달할 정도로 매력적이다.

벌금을 물지 않고 잔고를 인출할 수 있는 소액 정기예금증서(CD)를 들 수 있다. 현금과 당좌예금은 직접 교환의 매개수단으로 사용될 수 있으므로 M1은 가장 유동적인 화폐의 척도다.

〈그림 29-1〉은 2020년 3월의 실제 M1과 M2의 구성을 10억 달러 단위로 보여 준다. M1의 가치는 4조 2,676억 달러인데 유통 중인 현금이 41%를 차지하고, 나머지의 대부분이 당좌예금이며, 여행자수표가 아주 작은 부분을 차지한다. M1은 16조 1,039억 달러에 달하는 M2의 27%를 차지한다. M2는 M1에 더하여 다른 두 가지 종류의 자산으로 구성된다. 이 중 하나는 저축예금과 정기예금이라는 수표를 발행할 수 없는 은행예금이며 다른 하나는 유동성이 높은 자산에만 투자되어 은행예금과 성격이 유사한 상호기금인 MMF(money market fund)다. 이들 준화폐는 이자를 지급하는 데 반해 (유통 중인) 현금은 그렇지 않다. 준화폐는 보통 당좌예금이 지급하는 것보다 더 높은 이자율을 제공한다.

현실 경제의 >> 이해

달러의 역사

미국의 달러 지폐는 순수한 명령화폐다. 내재가치가 없을 뿐민 이니라 내재가치를 가지 어느 것으로도 뒷받침되지 않는다. 하지만 미국의 화폐가 항상 이와 같은 것은 아니었다. 유럽 이주민들이 정착하던 시절 지금의 미국이 된 식민지들은 유럽에서 주조된 금화와 은화를 비롯한 상품화폐를 사용하고 있었다. 하지만 미국 대륙에서는 이와 같은 동전이 흔치 않았기 때문에 식민지 거주자들은 여러 가지 다른 형태의 상품화폐를 사용하고 있었다. 예를 들어 버지니아의 정착민들은 담배를 화폐로 사용했고 동북지역 정착민들은 일종의 조개 껍데기로 만들어진 '조가비 염주(wampum)'를 사용했다.

그 이후에는 상품에 의해 뒷받침되는 화폐가 널리 사용되기 시작했다. 하지만 이것 역시 오늘날 우리가 알고 있는 미국 지폐, 즉 정부가 발행하고 재무부 장관의 서명이 담긴 지폐는 아니었다. 남북전쟁

이전만 해도 미국 정부는 지폐를 전혀 발행하지 않았다. 달러 지폐는 요구가 있을 때 언제든지 은화로 교환해 준다는 약속하에서 민간은행들에 의해 발행되고 있었다. 하지만 은행들이 파산하기도 했고 이 경우 이들이 발행한 지폐는 쓸모없는 종잇조각이 되었기 때문에 이와 같은 약속은 항상 믿을 만한 것은 못 되었다. 당연히 사람들은 재정적인 어려움을 겪고 있는 것으로 의심되는 은행이 발행한 지폐를 받는 것을 꺼렸다. 이에 따라서 어떤 달러 지폐는 다른 지폐보다 값어치가 더 떨어지기도 했다.

이 당시 뉴올리언스에 본점을 둔 루이지애나 시티즌 은행이 발행한 지폐는 남부 지역에서 가장 널리 통용되는 지폐였다. 이 지폐는 한 면은 영어로 그리고 다른 한 면은 불어로 인쇄되어 있었다(뉴올리언스는 원래 프랑스 식민지였기 때문에 그 당시에는 많은 거주민들이 불어를 사용하고 있었다). 따라서 10달러짜리 지폐의 한 면에는 'Ten'이 쓰여 있었고 다른 면에는 10을 의미하는 불어인 'Dix'가 쓰여 있었다. 이에 따라 이 10달러 지폐는 당시 '딕시(dixy)'라고 불렸는데 이것이 지금 미국 남부의 별명이 '딕시즈(Dixies)'가 된 근원이라 할 수 있다.

미국 정부는 남북전쟁의 비용을 지불하기 위해 1862년에 '그린백(greenback)'이라고 불리는 지폐를 공식적으로 발행하기 시작했다. 그린백은 처음에는 특정 상품으로 고정된 가치를 갖지 않았다. 1873년 이후 미국 정부가 금에 대한 1달러의 교환가치를 보증하기 시작했고 이에 따라서 달러 지폐는 상품에 의해 뒷받침되는 화폐가 되었다.

1933년에 루스벨트 대통령이 달러화와 금 간의 연계를 폐지했을 때 연방정부의 예산국장은 금에 의해 뒷받침되지 않는 달러화가 사람들의 신뢰를 잃을 것을 우려하여 "이것은 서양 문명의 종말이다."라고까지 선언하기도 했다. 그렇지만 그런 일은 발생하지 않았다. 수년 후 달러화와 금 간의 연계가 다시 회복되었다가 1971년 8월에 다시 폐지되었다. 종말에 대한 경고에도 불구하고 미국 달러화는 여전히 세계에서 가장 널리 통용되는 화폐가 되었다. (지금은 유로화에 이어 두 번째로 가장 널리 사용되는 화폐다.)

>> 이해돕기 29-1
해답은 책 뒤에

1. 여러분이 지정된 가게에서 특정 상품을 구매하는 데 사용할 수 있는 상품권을 가지고 있다고 하자. 이 상품권은 화폐인가? 그 이유는 무엇인가?
2. 대부분의 은행예금은 이자를 지급하지만 정기예금증서(certificate of deposit, CD)를 살 경우 더 높은 이자율을 적용받을 수 있다. CD와 당좌예금의 차이는 몇 개월이든 또는 몇 년이든 CD의 만기 이전에 이를 해지할 경우 벌금을 문다는 점이다. 소액 CD는 M2로는 취급되나 M1에는 포함되지 않는데 그 이유를 설명하라.
3. 상품에 의해 뒷받침되는 화폐제도가 상품화폐제도보다 자원을 더 효율적으로 이용하는 이유를 설명하라.

|| 화폐공급에서 은행의 역할

가장 협의의 통화총량인 M1의 41% 정도는 1달러 지폐나 5달러 지폐와 같이 유통 중인 현금으로 구성되어 있다. 이들 현금이 어디에서 왔는지는 분명하다. 모두 미국 재무부에 의해 인쇄된 것이다. M1의 나머지는 은행예금으로 이루어져 있다. 은행예금은 보다 광의의 화폐공급인 M2의 대부분을 차지하고 있기도 하다. 다시 말해 은행예금은 화폐공급의 핵심 요소라 할 수 있다. 따라서 우리의 다음 주제는 화폐공급에서 은행의 역할이 될 것이다.

은행이 하는 일

제25장에서 배웠듯이 은행은 은행예금이라는 유동적 자산을 활용하여 차입자의 비유동적 투자 사업에 필요한 자금을 공급하는 **금융중개기관**이다. 은행이 유동성을 창출할 수 있는 이유는 모든 예금을 높은 유동성을 가진 자산 형태로 보유할 필요가 없다는 사실에 있다. **예금인출사태**(bank run)가 발생하는 경우를 제외하고는 은행의 모든 예금자가 동시에 모든 잔고를 인출할 리가 없기 때문이다. 따라서 은행은 예금자들에게 유동적 자산을 공급하는 동시에 예금된 자금의 상당 부분을 주택담보대출이나 기업대출과 같은 비유동적 자산에 투자할 수 있다.

그러나 은행은 예금된 자금을 모두 대출할 수는 없다. 예금자의 예금인출 요구를 충족해야 하기 때문이다. 은행은 상당한 금액의 유동적 자산을 보유해야 한다. 오늘날 미국의 은행시스템에서는 은행 금고에 보관된 현금이나 연방준비제도에 개설된 은행의 계좌에 예치된 예금이 유동적 자산의 역할을 한다. 이 중 연방준비제도에 예치된 예금은 거의 즉각적으로 현금으로 전환될 수 있다. 은행 금고에 보관된 현금과 연방준비제도에 예치된 예금을 합하여 **지불준비금**(bank reserves)이라 한다. 지불준비금은 일반 대중이 아닌 은행과 연방준비제도가 보유하고 있기 때문에 유통 중인 현금으로는 간주되지 않는다.

화폐공급에서 은행의 역할을 이해하기 위해 가상적인 예를 생각해 보자. 먼저 은행의 재무상태를 분석하기 위한 간단한 도구인 **T 계정**(T-account)을 소개하기로 한다. 한 기업의 T 계정은 하나의 표에 그 기업의 자산을 좌변에, 부채를 우변에 제시함으로써 기업의 재무상태를 요약해서 보여 준다.

〈그림 29-2〉는 은행이 아닌 가상적인 기업인 사만사 스무디즈의 T 계정을 보여 준다. 그림에 따르면 사만사 스무디즈는 3만 달러에 달하는 건물과 1만 5,000달러에 달하는 스무디 제조기계를 소유하고 있다. 이것들은 자산이므로 표의 좌변에 기입된다. 개업 자금을 조달하기 위해 이 기업은 지역 은행으로부터 2만 달러를 차입했다. 이 대출은 부채이므로 표의 우변에 기입된다. T 계정을 봄으로써 여러분은 사만사 스무디즈가 소유하고 있는 것과 빚지고 있는 것을 즉각 알 수 있다. 표에 그려진 직선들은 T자 모양을 하고 있는데 이것이 바로 이 표가 T 계정이라 불리는 이유다.

사만사 스무디즈는 평범한 비은행 기업이다. 이제 가상적인 은행인 일가은행의 T 계정을 보도록 하자. 지금 이 은행은 100만 달러의 은행예금을 보유하고 있다.

〈그림 29-3〉은 일가은행의 재무상태를 보여 준다. 일가은행의 대출은 자산이기 때문에 좌변에 나타난다. 대출은 은행으로부터 차입을 한 사람들이 갚을 것으로 예상되는 자금을 대표한다. 이 단순화된 예에서 은행의 다른 유일한 자산은 지불준비금인데 이미 배웠듯이 이는 은행 금고에 보관된 현금이나 연방준비제도 예치금의 형태를 취할 수 있다. 우변은 은행의 부채를 보여 주는데 그림의 예에서는 일가은행 고객의 예금만으로 구성되어 있다. 예금은 궁극적으로 예금주에게 지불되어야 하는 자금이므로 은행의 부채가 된다.

지불준비금(bank reserves)은 은행이 금고에 보관하고 있는 현금과 연방준비제도에 예치한 예금이다.

T 계정(T-account)은 하나의 표에 기업의 자산(좌변)과 부채(우변)를 보여 줌으로써 기업의 재무상태를 분석하기 위한 수단이다.

그림 29-2 사만사 스무디즈의 T 계정

T 계정은 기업의 재무상태를 요약해서 보여 준다. 건물과 스무디 제조기계로 이루어진 기업의 자산은 좌변에, 은행으로부터의 대출로 이루어진 기업의 부채는 우변에 기입된다.

자산		부채	
건물	$30,000	은행대출	$20,000
스무디 제조기계	$15,000		

그림 29-3 일가은행의 자산과 부채

120만 달러의 대출과 10만 달러의 지불준비금으로 구성된 은행의 자산은 좌변에 기입되어 있다. 100만 달러의 예금으로 이루어진 은행의 부채는 우변에 기입되어 있다.

자산		부채	
대출	$1,200,000	예금	$1,000,000
지불준비금	$100,000		

한편 그림의 예에서는 일가은행의 자산이 부채보다 크다는 사실에 주목하라. 이것은 실제로 이처럼 되어야 한다. 바로 알게 될 것이지만 은행은 법에 의해 부채보다 정해진 비율만큼 더 많은 자산을 보유해야 한다.

우리는 일가은행은 예치된 예금의 10%에 해당하는 지불준비금을 보유한다고 가정할 것이다. 은행예금에 대한 지불준비금의 비율을 **지불준비율**(reserve ratio)이라 한다. 오늘날 미국의 은행시스템에서는 은행에 대한 규제기능을 수행하는 연방준비제도가 은행이 보유해야 할 최소한의 지불준비율을 정한다. 은행이 이와 같은 규제를 받는 이유를 이해하기 위해서는 예금인출사태가 발생할 때 은행이 겪게 되는 문제에 대해서 이해할 필요가 있다.

예금인출사태의 문제

은행은 자신에게 예금된 대부분의 자금을 대출하는데 이는 평상시에는 예금자 중 일부만이 자금을 인출하기를 원하기 때문이다. 그렇지만 만일 어떤 이유에서건 모든 예금자 또는 대부분의 예금자들이 이틀 정도의 짧은 기간에 자신의 잔고를 모두 인출하려 든다면 어떤 일이 발생할 것인가?

상당한 비율의 예금자들이 동시에 자금을 인출하려 들면 은행은 현금 인출요구를 충족하기에 충분한 현금을 마련할 수가 없다. 은행은 예금의 대부분을 대출로 전환하기 때문이다. 대출에 대해 이자를 부과하는 것이 바로 은행이 수익을 내는 방법이다.

그런데 은행의 대출은 유동성이 낮다. 은행의 대출은 단기간의 통보만으로는 현금으로 전환하는 것이 쉽지 않다. 그 이유를 이해하기 위해 일가은행이 10만 달러를 '멋진 자동차' 중고차상에 대출했다고 하자. 인출 요구에 응하기 위한 현금을 조달하기 위해서는 일가은행이 '멋진 자동차'에 대한 대출을 다른 은행이나 개인투자자에게 팔아야 한다. 하지만 일가은행이 대출을 급히 매각하려 한다면 잠재적인 구매자들의 의심을 사게 될 것이다. 즉 이들은 대출에 무슨 문제가 있어서 일가은행이 이를 매도하려 하며 따라서 그 대출을 회수하는 것이 어려울지도 모른다는 의심을 갖게 될 것이다. 그 결과 일가은행이 대출을 급히 매각하기 위해서는 상당히 할인된 가격, 예를 들어 40% 할인된 6만 달러에 대출을 내놓아야 할 것이다.

결론적으로 일가은행의 예금자들이 갑자기 잔고를 인출하려 든다면 필요한 현금을 조달하기 위해서 은행이 보유한 자산을 싸게 매각할 수밖에 없다. 이 경우 일가은행은 모든 예금 잔액을 되돌려줄 수 없을 것이고 결국 은행 부도가 발생할 것이다.

이와 같은 과정은 어떻게 시작되는 것일까? 즉 무엇이 일가은행의 예금자들로 하여금 서둘러서 예금을 인출하도록 만드는 것일까? 은행이 자금난에 처했다는 소문이 나도는 것이 하나의 이유가 될 수 있다. 소문이 사실인지 확신하지 못한다 해도 예금자들은 만일의 경우에 대비해서 일단 자금을 인출할 수 있을 때 인출해 두려 할 것이다. 뿐만 아니라 단순히 다른 예금자들이 놀라서 예금을 인출할 것이라고 생각하는 예금자들도 이와 같은 예금인출이 결국은 은행을 도산시킬 것임을 예상하고 서둘러서 예금을 인출하려 할 것이다. 다시 말하면 은행의 재무상태에 대

지불준비율(reserve ratio)은 은행예금에 대한 지불준비금의 비율이다.

한 우려는 자기실현적인 예상이 될 수 있다. 다른 예금자들이 서둘러서 예금인출을 하리라 예상하는 예금자들 역시 서둘러서 예금을 인출하려 들 것이기 때문이다.

예금인출사태(bank run)는 은행의 부도를 염려하여 많은 예금자들이 일시에 예금을 인출하려 드는 현상이다. 예금인출사태는 해당되는 은행과 예금자들에게만 손실을 입히는 것이 아니다. 과거 사례를 보면 은행의 예금인출사태는 전염성이 있어서 한 은행의 예금인출사태가 다른 은행들의 신뢰도를 떨어트리고 그 결과 이들 은행에서도 예금인출사태가 발생하게 된다.

다음의 '현실 경제의 이해'는 1930년대에 미국 금융시장을 휩쓸었던 예금인출사태의 전염현상에 대해서 설명한다. 자신의 예금인출사태 경험과 다른 국가들에서의 유사한 경험을 바탕으로 하여 미국을 비롯한 대부분의 국가는 예금자를 보호하고 대부분의 예금인출사태를 방지하기 위한 은행 규제 체계를 마련하고 있다.

은행 규제

미국에서 예금인출사태로 인해 손실을 볼 것을 염려해야 할까? 그럴 필요는 없다. 1930년대의 은행위기 이후 미국을 비롯한 대부분의 국가는 예금자와 전체 경제를 예금인출사태로부터 보호하기 위한 제도를 마련했다. 이 제도는 주로 예금보험, 자기자본 요구, 지불준비 요구의 세 요소로 구성되어 있다. 이에 더하여 은행은 필요할 경우 재할인 창구를 현금 조달의 원천으로 이용할 수 있다.

1. 예금보험   거의 모든 미국 은행은 자신이 '연방예금보험공사(Federal Deposit Insurance Corporation, FDIC)의 회원사'임을 선전한다. 제25장에서 보았듯이 연방예금보험공사는 은행의 자금이 부족하더라도 연방정부가 예금자들에게 계좌당 일정 한도 내에서 예금잔고의 수령을 보장해 주는 **예금보험**(deposit insurance)을 제공한다. 현재 연방예금보험공사는 각 계좌당 25만 달러까지 보장해 준다.

그런데 은행 부도가 났을 때 예금보험이 보호하는 것은 예금자에만 그치지 않는다는 점에 주목할 필요가 있다. 예금보험은 예금인출사태의 주된 원인 자체를 제거한다. 예금자들은 은행이 부도를 내더라도 자신의 자금이 안전할 것임을 알기 때문에 은행이 재정난에 빠졌다는 소문이 돌더라도 서둘러서 예금을 인출하려 들지 않을 것이기 때문이다.

2. 자기자본 요구   예금보험은 예금인출사태로부터 은행시스템을 보호해 주지만 유인(incentive)의 문제를 발생시키기도 한다. 예금이 손실로부터 보호되기 때문에 예금자들은 은행의 재무 건전성을 감시할 필요성을 느끼지 않는다. 한편 은행의 소유자로서는 높은 이자율을 받고 위험이 큰 대출을 하는 등 과도하게 위험이 높은 투자를 할 유인이 있다. 일이 잘되면 은행 소유자는 큰 이윤을 얻을 수 있고, 일이 잘 안 되면 정부가 연방예금보험을 통해 손실을 떠안을 것이기 때문이다.

이처럼 과도한 위험을 지는 것을 막기 위해 규제당국은 은행 소유자에 대해서 예금의 가치보다도 훨씬 더 많은 자산을 보유할 것을 요구한다. 이렇게 함으로써 대출 중 일부가 부실화되더라도 은행이 여전히 예금보다 많은 자산을 보유할 수 있으며, 부실대출로 인해 발생한 손실을 정부 대신 은행 소유자에게 부담시킬 수 있다. 은행의 자산이 예금 및 기타 부채를 초과하는 부분을 은행의 **자기자본**(bank's capital)이라 한다. 예를 들어 일가은행은 30만 달러의 자본을 갖고 있는데 이는 총자산의 $300,000/(\$1,200,000+\$100,000)=23\%$에 해당한다. 실제로 은행들은 적어도 총자산의 7% 이상에 달하는 자기자본을 보유해야 한다.

예금인출사태(bank run)는 은행의 부도를 염려하여 많은 예금자들이 일시에 예금을 인출하려 드는 현상이다.

예금보험(deposit insurance)은 은행에 예금인출에 응할 자금이 없더라도 예금자들이 계좌당 일정 한도 내에서 예금잔고를 지급받을 수 있도록 보장하는 제도다.

지불준비 요구(reserve requirements)는 은행이 유지해야 할 최소한의 지불준비율에 대해서 연방준비제도가 정한 규정이다.

재할인 창구(discount window)는 연방준비제도가 곤경에 처한 은행에 자금을 빌려 주는 제도적 장치다.

3. 지불준비 요구 예금인출사태 발생위험을 감소시킬 수 있는 또 하나의 규제는 지불준비 요구다. **지불준비 요구**(reserve requirements)는 은행이 유지해야 할 최소한의 지불준비율에 대해서 연방준비제도가 정한 규정이다. 예를 들어 미국에서 당좌예금에 대한 지불준비율 최저한도는 10%다.

4. 재할인 창구 예금인출사태로부터의 마지막 보호는 연방준비제도가 곤경에 처한 은행에 자금을 빌려 줄 준비가 되어 있다는 사실인데, 이와 같은 제도적 장치를 **재할인 창구**(discount window)라 부른다. 자금을 차입할 수 있다는 사실은 은행이 갑작스러운 예금자들의 인출 요구에 응하기 위해 자신의 자산을 급매물로 내놓지 않아도 됨을 의미한다. 대신 은행은 연방준비제도에 요청하여 예금자에게 지급할 자금을 빌릴 수 있다.

규제의 사각지대 : 그림자금융 오늘날 미국의 은행시스템은 구식 예금인출사태로부터 비교적 잘 보호되어 있다. 불행히도 많은 투자자들이 2008년의 공포를 통해 배웠듯이 과거의 산물이 되어 버린 구식 예금인출사태와는 다르지만 동일한 효과를 미치는 신식 예금인출사태가 여전히 발생할 수 있다.

그 이유는 전통적인 의미에서는 정확히 은행이 아니지만 대체적으로 전통적 은행과 동일한 기능을 수행하는 다양한 금융 방식을 의미하는 그림자금융의 부상에 있다. 이러한 금융 방식에는 투자은행, 보험회사, 헤지펀드 회사, 그리고 단기금융시장펀드 회사가 포함된다. 그림자금융을 수행하는 이들 기관은 예금을 받지 않기 때문에 전통적인 예금수취은행을 안전하게 만들어 주는 보호나 규제의 적용을 받지 않는다. 그림자금융에 대해서는 다음에 더 설명할 것이다.

현실 경제의 >> 이해

훌륭한 은행 제도

이번 크리스마스에도 역시 적어도 한 TV 채널에서는 1946년에 제작된 영화 〈멋진 인생(It's a Wonderful Life)〉이 방영될 것이다. 이 영화에서는 제임스 스튜어트가 천사에 의해 인생을 구제받는 소도시 은행가인 조지 베일리 역으로 출연한다. 이 영화의 절정은 두려움에 싸인 예금자들이 앞다투어 예금을 인출하려 함에 따라 베일리의 은행이 부도에 직면하는 것이다.

이 영화가 제작되었을 때에는 이와 같은 광경이 사람들의 기억 속에 아직도 생생하게 살아 있었다. 1930년 말에 한 차례 예금인출사태가 있었고, 1931년 봄에 두 번째, 그리고 1933년 초에 세 번째 예금인출사태가 발생했다. 예금인출사태가 종료될 때까지 전국 은행의 예금 잔고 중 3분의 1 이상이 인출되었다. 공황에 가까운 사태를 종식시키기 위해 당시 새로이 취임한 루스벨트 대통령은 1933년 3월 6일 전국적인 '은행 휴일(bank holiday)'을 선포하여, 은행 규제당국이 불건전한 은행의 문을 닫고 건전한 은행을 확인할 시간을 벌 수 있도록 모든 은행을 1주일 동안 휴업하도록 했다.

그 이후 도입된 규제는 미국을 비롯한 선진국들을 대부분의 예금인출사태로부터 보호해 주었다. 사실 〈멋진 인생〉이라는 영화가 처음 상영되었을 때에는 이미 예금인출사태가 시대에 뒤떨어진 골동품이 되어 있었다. 그렇지만 개도국

2008년 7월 공포에 빠진 인디맥 은행 예금자들이 어려움에 처한 이 캘리포니아 은행에서 돈을 찾으려고 줄지어 서 있다.

에서는 지난 10년 동안에도 여러 차례의 예금인출사태가 발생했다. 예를 들어 예금인출사태는 1997~1998년 동남아시아를 휩쓸었던 경제위기와 2001년 말에 시작된 아르헨티나의 경제위기에서 중요한 역할을 했다. 그리고 예금인출사태와 매우 유사한 '공황'이 2008년에 세계 금융시장을 휩쓸었다.

앞서 우리는 '대부분의 예금인출사태'라고 했다. 예금보험에는 정해진 한도가 있다. 구체적으로 현재는 어떠한 은행예금도 25만 달러의 한도 내에서만 보장된다. 이에 따라 은행이 어려움에 처했다고 인식이 되면 여전히 예금인출사태가 일어날 수 있다. 이것이 실제로 2008년 7월에 많은 수의 의심스러운 주택대출을 했던 파사디나 소재 인디맥 은행에 발생했던 일이다. 인디맥의 재무 건전성에 대한 의문이 제기됨에 따라 예금자들이 자금을 인출하기 시작했으며, 이에 따라 연방 규제당국이 나서서 은행의 문을 닫을 수밖에 없었다. 영국은 예금보험 한도가 훨씬 더 낮기 때문에 같은 해에 노던록 은행이 고전적인 예금인출사태를 겪었다. 그렇지만 1930년대의 예금인출사태와는 달리 인디맥과 노던록의 예금자들은 대부분 예금을 모두 돌려받았으며 이들 은행의 공황은 다른 기관으로 확산되지 않았다.

>> 이해돕기 29-2
해답은 책 뒤에

1. 여러분이 일가은행에 예금을 하고 있고 이 은행이 부실대출로 인해 큰 손실을 입었다는 소문을 들었다고 하자. 모든 예금자가 이 소문이 사실이 아님을 알고 있으나 대부분의 다른 예금자들은 이 소문을 믿을 것이라고 생각한다고 하자. 예금보험이 없다면 이와 같은 상황에서 왜 예금인출사태가 발생할 수 있는가? 예금보험이 이와 같은 상황에 어떤 변화를 가져올 수 있는가?
2. 한 범죄자가 자기자본을 투자하지 않고 은행을 설립한 다음 모든 예금을 부동산 개발업자들에게 높은 이자를 받고 대출하는 사업 아이디어를 생각해 냈다고 하자. 부동산 시장이 호황이라면 대출은 상환되고 그는 큰 이익을 얻을 것이다. 부동산 시장이 불황이라면 대출은 회수되지 않을 것이고 은행은 부도를 낼 것이다. 하지만 그의 재산에는 조금의 손실도 발생하지 않을 것이다. 현대의 은행 규제 체계는 이와 같은 아이디어의 실현을 어떻게 방지하는가?

|| 화폐공급의 결정

은행이 존재하지 않는다면 당좌예금도 존재하지 않을 것이고 따라서 화폐공급은 유통 중인 현금의 양과 동일할 것이다. 이 경우 화폐공급은 동전 주조와 지폐 인쇄를 통제하는 기관에 의해 결정될 것이다. 하지만 실제로는 은행들이 존재하며 이들은 당좌예금의 창조를 통해 두 가지 면에서 화폐공급에 영향을 미친다. 첫째로, 은행들은 유통 중인 현금의 일부를 제거한다. 사람들의 지갑 속에 있는 현금과는 달리 은행 금고에 보관된 현금은 화폐공급의 일부가 아니다. 둘째, 더욱 중요한 것은 은행들이 예금을 받고 대출을 함으로써 화폐를 창조한다는 점이다. 즉 은행들로 인해서 화폐공급은 유통 중인 현금의 양보다 더 커지게 된다. 다음 주제는 은행들이 어떻게 화폐를 창조하며 이들이 창조하는 화폐의 양이 어떻게 결정되는가이다.

은행은 어떻게 화폐를 창조하는가

은행이 어떻게 화폐를 창조하는지를 알기 위해서는 누군가가 은행에 현금을 예금하기로 할 때 어떤 일이 일어나는지를 알아볼 필요가 있다. 침대 밑에 현금으로 가득 찬 상자들을 보관하고

>> **복습**
- **T 계정**은 은행의 재무상태를 분석하기 위해 사용된다. 은행은 금고에 보관된 현금과 연방준비제도 예치금을 **지불준비금**으로 보유한다. **지불준비율**은 은행예금에 대한 지불준비금의 비율이다.
- 은행 대출은 비유동적이지만 은행은 예금자의 인출 요구에 응해야 하기 때문에 **예금인출사태**는 잠재적인 문제가 된다. 예금인출사태는 1930년대에 미국에서 대규모로 발생했었지만, 그 이후에는 **재할인 창구**의 이용 가능성은 물론 **예금보험**, 자기자본 요구, **지불준비 요구**와 같은 은행 규제로 인해 대부분 사라졌다. 그렇지만 그림자금융의 부상은 전통적인 은행부문에서의 예금인출사태를 막기 위한 규제의 한계를 드러내 주었다.

있는 구두쇠 사일러스의 예를 들어 보자. 그가 현금을 은행에 예치하고 필요할 때마다 인출해서 쓰는 것이 훨씬 편리하고 안전하다는 사실을 알아차렸다고 하자. 그리고 1,000달러를 일가은행의 당좌예금에 예치한다고 하자. 그 결과 화폐공급에는 어떤 변화가 생기겠는가?

〈그림 29-4(a)〉는 사일러스의 예금이 가져오는 최초의 영향을 보여 준다. 일가은행은 사일러스의 계좌에 1,000달러 입금을 계상하고 그 결과 은행 전체의 당좌예금잔고가 1,000달러 증가한다. 한편 사일러스가 예금한 현금은 은행의 금고로 들어가므로 일가은행의 지불준비금도 1,000달러 증가한다.

이와 같은 최초의 거래는 화폐공급에 아무런 영향도 미치지 못한다. 단지 유통 중인 현금이 1,000달러 감소한 반면 화폐공급에 포함되는 당좌예금이 같은 금액만큼 증가한 것에 불과하다.

그러나 이것은 이야기의 끝이 아니다. 일가은행이 사일러스의 예금 중 일부를 대출할 수 있기 때문이다. 이 은행이 예금의 10%인 100달러를 지불준비금으로 보유하고 나머지를 사일러스의 이웃인 마야에게 현금으로 대출한다고 하자. 그림 (b)는 이 둘째 단계 거래의 영향을 보여 준다. 일가은행이 보유한 예금이나 자산의 가치에는 아무런 변화가 없다. 그렇지만 자산의 구성에는 변화가 생긴다. 대출을 함으로써 은행의 지불준비금은 대출 이전에 비해 900달러 줄어들었고 그 결과 사일러스가 예금을 하기 전보다는 100달러 증가하는 데 그쳤다. 줄어든 지불준비금은 마야에 대한 900달러의 현금 대출로 대체되었다.

사일러스가 예금한 현금을 마야에게 대출하여 유통시킴으로써 일가은행은 사실상 화폐공급을 증가시켰다. 즉 유통 중인 현금과 당좌예금의 합이 사일러스의 돈이 침대 밑에 있었을 때에 비해 900달러 증가했다. 사일러스는 여전히 1,000달러의 소유자이지만 이제는 당좌예금의 형태로 변경되었고, 마야가 차입을 통해 900달러의 현금을 사용할 수 있게 되었다.

그런데 이것도 이야기의 끝이 아닐 것이다. 마야가 대출받은 현금을 애크미 만물상에서 텔레비전과 DVD 플레이어를 구입하는 데 사용한다고 하자. 이 상점의 주인인 앤은 이 현금을 어떻게 처리할까? 그녀가 현금을 그대로 보유한다면 화폐공급은 더 이상 증가하지 않을 것이다. 하지만 그녀가 900달러를 이가은행에 당좌예금으로 예금한다고 하자. 이가은행은 다시 이 예금 중 일부를 지불준비금으로 보유하고 나머지를 대출할 것이고 이로 인해 새로운 화폐가 창조될 것이다.

이가은행이 일가은행과 마찬가지로 예금의 10%를 지불준비금으로 보유하고 나머지를 대출한다고 하자. 이 경우 이가은행은 앤의 예금 중 90달러를 지불준비금으로 보유하고 810달러를

그림 29-4 일가은행의 당좌예금에 현금을 예금하는 거래가 화폐공급에 미치는 영향

(a) 은행이 신규 대출을 하기 전 최초의 영향		
자산		**부채**
대출 변화 없음		당좌예금 +$1,000
지불준비금 +$1,000		

(b) 은행이 신규 대출을 한 후의 영향		
자산		**부채**
대출 +$900		변화 없음
지불준비금 −$900		

사일러스가 그의 침대 밑에 보관되어 있던 1,000달러를 당좌예금에 입금하면 그 자체로는 화폐공급에 아무런 영향을 미치지 않는다. 유통 중인 현금이 1,000달러 감소하고 당좌예금이 1,000달러 증가할 뿐이다. 이 거래는 은행의 T 계정(그림 (a))에서 예금이 1,000달러 증가하고 지불준비금이 1,000달러 증가하는 것으로 기재된다. 둘째 단계(그림 (b))에서는 은행이 사일러스의 예금 중 10%인 100달러를 지불준비금으로 보유하고 나머지 900달러를 마야에게 대출한다. 그 결과 지불준비금은 900달러 감소하고 대출이 900달러 증가한다. 사일러스의 예금 1,000달러를 포함하여 은행의 부채에는 변화가 없다. 그러나 당좌예금과 유통 중인 현금의 합인 화폐공급은 마야가 보유하고 있는 현금 900달러만큼 증가한다.

다른 차입자에게 대출할 것이며, 그 결과 화폐공급이 추가적으로 증가할 것이다.

〈표 29-1〉은 지금까지 설명한 화폐창조 과정을 보여 준다. 처음에 화폐공급은 사일러스가 보유한 1,000달러의 현금뿐이었다. 그가 현금을 당좌예금으로 예금하고 은행이 대출을 한 후에는 화폐공급이 1,900달러로 증가한다. 두 번째 예금과 대출이 이루어진 후에는 화폐공급이 2,710달러로 증가한다. 물론 이 과정은 계속 반복될 것이다. (우리는 사일러스가 현금을 은행의 당좌예금에 예금하는 경우를 보았지만 그 대신 어떤 형태의 준화폐로 전환하더라도 결과는 같을 것이다.)

표 29-1	은행은 어떻게 화폐를 창조하는가			
		유통 중인 현금	당좌예금	화폐공급
첫째 단계 : 사일러스가 현금을 베개 밑에 보관하고 있다.		$1,000	$0	$1,000
둘째 단계 : 사일러스가 현금을 일가은행에 예금하고 일가은행은 900달러를 마야에게 대출하며, 마야는 이를 앤 애크미에게 구입대금으로 지불한다.		900	1,000	1,900
셋째 단계 : 앤이 900달러를 이가은행에 예금하고, 이가은행은 810달러를 다른 차입자에게 대출한다.		810	1,900	2,710

이와 같은 화폐창조 과정은 제26장에서 본 승수 과정과 유사하다. 승수 과정에서는 최초의 실질 국내총생산 증가가 소비지출을 증가시키고 이것이 실질 국내총생산을 증가시키고 이것이 다시 소비지출을 증가시키는 과정이 계속 반복된다. 화폐창조 과정에도 또 다른 승수인 **화폐승수** (money multiplier)가 있다. 이 승수의 크기가 어떻게 결정되는지 알아보자.

초과 지불준비금(excess reserves)은 필요 지불준비금을 초과하여 보유하고 있는 지불준비금이다.

지불준비금, 예금과 화폐승수

〈표 29-1〉에서 사일러스의 예금이 화폐공급에 미치는 영향을 분석하면서 우리는 은행의 대출이 결국 같은 은행 또는 다른 은행에 예금된다고 가정했다. 즉 대출이 대출을 한 은행이 아니더라도 항상 은행시스템으로 되돌아온다고 가정했다.

현실에서는 차입자가 대출의 일부를 은행에 예금하지 않고 현금으로 지갑에 보유하기도 하는데 이는 대출의 일부가 은행시스템으로부터 '누출'됨을 의미한다. 저축으로의 누출이 실질 국내총생산 승수의 크기를 감소시키는 것과 마찬가지로 이와 같은 은행시스템으로부터의 누출은 화폐승수의 크기를 감소시킨다. (그렇지만 여기서의 누출은 소비자들이 소득의 일부를 저축하기 때문이 아니라 차입자들이 자금의 일부를 현금으로 보유하기 때문에 발생하는 것임을 유념하라.)

하지만 당분간은 당좌예금만 존재하고 모든 자금이 지갑 속의 현금으로 보유되지 않고 은행에 예금되는 단순한 화폐시스템에서의 화폐공급 결정에 대해서 알아보기로 한다. 우리가 가정한 당좌예금만 존재하는 화폐시스템에서는 은행으로부터 차입되는 모든 자금은 즉각 은행의 당좌예금에 입금된다. 우리는 또한 은행들이 규정에 의해 최소한 10%의 지불준비율을 충족해야 하며, 최소한의 지불준비율을 충족하기 위해서 필요한 금액을 초과하는 지불준비금, 즉 **초과 지불준비금**(excess reserves)을 모두 대출한다고 가정한다.

이제 어떤 이유에서든 한 은행에서 1,000달러의 초과 지불준비금이 발생했다고 하자. 앞으로 어떤 일이 일어날까? 이 은행은 1,000달러를 모두 대출할 것이고 이는 다시 은행시스템 내의 어떤 은행에든 당좌예금으로 예금될 것이며 그 결과 〈표 29-1〉이 보여 주는 것과 유사한 화폐승수 과정이 시작될 것이다.

첫 단계에서는 초과 지불준비금을 보유한 은행이 1,000달러를 대출하고 이것은 다른 은행에 당좌예금으로 예금될 것이다. 이 당좌예금을 유치한 은행은 10%인 100달러를 지불준비금으로 보유하고 나머지 90% 또는 900달러를 대출할 것이고 이 대

"저기에 다른 용도로 사용될 수 있는 돈이 있어."

본원통화(monetary base)는 유통 중인 현금과 은행들이 보유한 지불준비금의 합이다.

출은 다시 다른 은행에 예금될 것이다. 900달러의 예금을 유치한 은행은 다시 10%인 90달러를 지불준비금으로 보유하고 나머지 810달러를 대출한다. 이 810달러를 예금으로 유치한 또 다른 은행은 81달러를 지불준비금으로 보유하고 나머지 729달러를 대출한다. 이와 같은 과정이 계속된다면 당좌예금의 총증가액은 다음과 같을 것이다.

$$\$1,000 + \$900 + \$810 + \$729 + \cdots$$

지불준비율을 rr이라 하면 초과 지불준비금 1,000달러를 대출함으로써 발생하는 당좌예금의 총증가액은 일반적으로 다음과 같이 표현될 수 있다.

(29-1)　초과 지불준비금 1,000달러로부터의 당좌예금 총증가액
$$= \$1,000 + (\$1,000 \times (1-rr)) + (\$1,000 \times (1-rr)^2) + (\$1,000 \times (1-rr)^3) + \cdots$$

제26장에서 보았듯이 이와 같은 형태의 무한등비급수는 다음과 같이 단순화될 수 있다.

(29-2)　초과 지불준비금 1,000달러로부터의 당좌예금 총증가액 $= \$1,000/rr$

지불준비율이 10%, 즉 0.1이라면 초과 지불준비금 1,000달러는 당좌예금의 총액을 $\$1,000/0.1 = \$10,000$ 증가시킬 것이다. 사실 당좌예금만이 존재하는 화폐시스템에서는 당좌예금의 총액이 은행의 지불준비금을 지불준비율로 나눈 값과 같을 것이다. 다시 말하면 지불준비율이 10%라면 은행이 보유하고 있는 1달러의 지불준비금으로는 $\$1/rr = \$1/0.1 = \$10$의 당좌예금을 유지할 수 있다.

현실에서의 화폐승수

현실에서는 화폐공급이 앞서 제시된 모형보다는 훨씬 복잡하게 결정된다. 은행예금에 대한 지불준비율뿐만 아니라 전체 화폐공급 중 사람들이 현금으로 보유하는 비중도 화폐공급에 영향을 주기 때문이다. 사일러스가 베개 밑에 현금을 보관하는 예에서 그 이유를 알 수 있다. 화폐공급의 증가가 시작된 것은 사일러스가 현금 대신 당좌예금을 보유하기로 결정하면서부터다.

현실에서 화폐승수를 정의하기 위해서는, 통화당국이 관리하는 것은 은행의 지불준비금과 유통 중인 현금의 합이며 지불준비금과 유통 중인 현금 간의 배분이 아니라는 점에 유의할 필요가 있다. 다시 한번 사일러스와 그의 예금의 예를 들어 보자. 베개 밑의 현금을 은행에 예금함으로써 사일러스는 유통 중인 현금을 감소시킨 반면에 은행의 지불준비금을 같은 금액만큼 증가시켰고 그 결과 본원통화에는 변함이 없다. 통화당국이 통제하는 화폐의 양인 **본원통화**(monetary base)는 유통 중인 현금과 은행들이 보유한 지불준비금의 합과 같다.

본원통화는 다음 두 가지 이유로 인해 화폐공급과 차이가 있다.

1. 본원통화의 일부가 되는 은행의 지불준비금은 화폐공급의 일부로 간주되지 않는다. 누군가의 지갑 속에 있는 1달러 지폐는 그 사람이 지불수단으로 사용할 수 있기 때문에 화폐라 할 수 있다. 하지만 은행의 금고에 보관되거나 연방준비제도에 예치된 지불준비금 1달러는 곧바로 지불수단으로 사용될 수 없기 때문에 화폐로 간주되지 않는다.
2. 당좌예금은 본원통화의 일부는 아니지만 지불수단으로 사용될 수 있기 때문에 화폐공급의 일부가 된다.

그림 29-5 본원통화와 화폐공급

본원통화는 은행의 지불준비금과 유통 중인 현금으로 구성된다. 본원통화는 당좌예금, 당좌예금에 가까운 예금, 유통 중인 현금 등으로 구성되는 화폐공급과는 차이가 있다. 은행의 지불준비금으로 보유된 1달러는 그 몇 배에 달하는 당좌예금을 유지시킬 수 있다. 따라서 평상시에는 화폐공급이 본원통화보다 더 크며, 이에 따라 오른쪽 원이 왼쪽 원보다도 더 커진다. 그렇지만 경제가 비정상적이었던 시기인 2008년 금융위기 직후에는 본원통화가 증가하여 화폐공급보다 더 커졌고, 그 결과 오른쪽 원이 왼쪽 원보다 더 작아졌다.

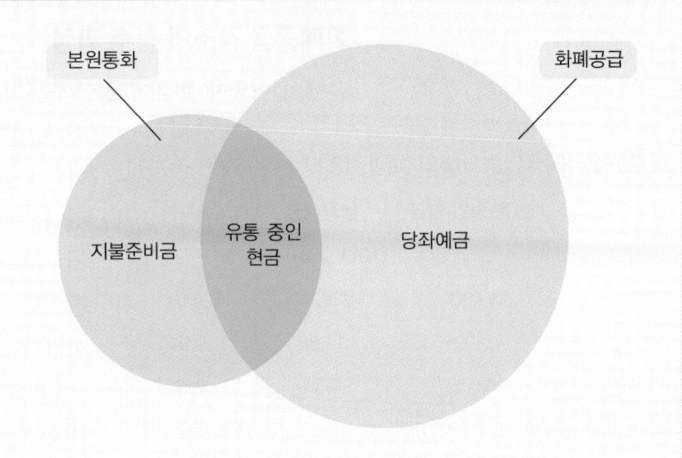

본원통화   화폐공급

지불준비금   유통 중인 현금   당좌예금

〈그림 29-5〉는 이 두 개념 간의 관계를 도식화하여 보여 준다. 왼쪽에 있는 원은 지불준비금과 유통 중인 현금으로 구성된 본원통화를 나타낸다. 오른쪽에 있는 원은 화폐공급을 나타내는데 주로 유통 중인 현금, 당좌예금 그리고 당좌예금에 가까운 예금으로 구성된다. 그림이 나타내듯이 유통 중인 현금은 본원통화의 일부인 동시에 화폐공급의 일부가 된다. 그러나 지불준비금은 화폐공급의 일부가 아니며 당좌예금과 당좌예금에 가까운 예금들은 본원통화의 일부가 아니다. 실제로 유통 중인 현금은 본원통화의 대부분을 차지하는 반면 화폐공급의 절반 정도만을 차지한다.

이제 화폐승수를 제대로 정의해 보자. **화폐승수**(money multiplier)는 화폐공급 대 본원통화의 비율이다. 2008년 금융위기 이전에 화폐승수는 약 1.6이었고 위기 이후에는 약 0.7로 하락했다. 위기 이전에조차 화폐승수는 당좌예금만이 존재하고 지불준비율이 10%(미국에서 대부분의 당좌예금의 지불준비 요구가 10%임)인 화폐시스템에서의 화폐승수인 1/0.1＝10보다 훨씬 작았다.

화폐승수의 값이 이처럼 작았던 이유는 지불준비금으로 보유된 1달러와는 달리 유통 중인 현금 1달러는 여러 배에 달하는 화폐공급을 창조할 수 없기 때문이다. 사실 유통 중인 현금은 본원통화의 90% 이상을 차지한다.

2009년 초에는 유통 중인 현금이 본원통화의 40% 수준까지 감소했다. 10년 후인 2019년에도 이 비율은 47%로 약간만 증가했다. 기본적으로 연방준비제도가 금융위기에 대응하여 본원통화를 극적으로 팽창시켰기 때문이다. 연방준비제도는 주요 금융기관의 하나인 리먼 브라더스가 2008년 9월에 부도를 낸 후 경제를 안정시키기 위해 이러한 조치를 취했다. 하지만 당시 안전하고 수익성 있는 대출 기회가 별로 없음을 인식한 은행들은 대출을 하는 대신 자금을 연준 예치금으로 보유했는데 이는 본원통화의 일부로 계산된다. 연준 예치금이 급증하여 본원통화가 M1보다 더 커짐에 따라 유통 중인 현금은 더 이상 본원통화에서 지배적인 부분이 아니었다. 은행들이 연준이 지불준비금으로 요구하는 10%보다 더 많은 지불준비금을 보유함에 따라 실제 화폐승수는 1보다 낮은 수준으로 하락했다. 화폐승수는 2019년이 되어서야 1보다 높은 수준으로 되돌아갔다. 2020년 3월에는 화폐승수가 1.01이었다.

화폐승수(money multiplier)는 화폐공급 대 본원통화의 비율이다.

2008년 리먼 브라더스의 파산과 뒤를 이은 금융위기는 경제를 안정시키기 위해 연준이 본원통화를 극적으로 증가시키도록 만들었다.

John Stillwell/AP Images

현실 경제의 >> 이해

화폐공급 감소의 승수 과정

은행이 어떻게 화폐를 창조하는지를 보여 주기 위해 본문에서 제시한 가상적인 예에서는 구두쇠 사일러스가 베개 밑에 보관했던 현금을 은행 당좌예금으로 전환했다. 사일러스의 예금은 여러 단계의 대출을 통해서 화폐공급을 증가시켰다. 이와 마찬가지의 논리로 사일러스가 과거의 습관으로 되돌아가서 은행으로부터 예금을 인출하여 베개 밑에 보관한다면 화폐공급은 줄어들 것이다. 1930년대의 예금인출사태 때 바로 이와 같은 일이 일어났다.

〈표 29-2〉는 은행 부도로 인해 은행에 대한 신뢰가 무너짐에 따라 1929년과 1933년 사이에 일어난 현상을 보여 준다.

표 29-2 예금인출사태의 효과, 1929~1933년

	유통 중인 현금	당좌예금	M1
	(10억 달러)		
1929년	$3.90	$22.74	$26.64
1933년	5.09	14.82	19.91
변화율	+31%	−35%	−25%

출처 : U.S. Census Bureau (1975), *Historical Statistics of the United States*.

- 둘째 열은 현금 보유액을 나타내는데 많은 사람들이 은행에 예금하는 것보다 베개 밑에 현금을 보관하는 것이 더 안전하다고 생각함에 따라 현금 보유액이 급격히 증가했다.
- 셋째 열은 은행 당좌예금 잔고를 보여 주는데 사람들이 은행에서 현금을 인출함에 따라 앞서 설명한 화폐승수 과정을 거쳐서 급격히 감소했다. 은행 부도사태에서 살아남은 은행들이 또 다른 부도사태에 대비해서 초과 지불준비금을 늘림에 따라 대출 역시 감소했다.
- 넷째 열은 통화총량 중 가장 먼저 소개되었던 M1의 값을 보여 주는데 당좌예금과 당좌예금에 가까운 예금의 감소액이 유통 중인 현금의 증가액을 초과함에 따라 크게 감소했다.

>> 복습

- **초과 지불준비금**을 대출할 때 은행은 화폐를 창조하며 화폐공급에 승수효과를 미친다.
- 당좌예금만이 존재하는 화폐시스템에서는 화폐공급이 지불준비금을 지불준비율로 나눈 값과 같다. 현실에서는 경제 주체들이 자금의 일부를 당좌예금 대신 현금으로 보유하기 때문에 승수가 더 작아진다.
- 연준은 은행의 지불준비금과 유통 중인 현금의 합인 **본원통화**를 통제한다. **화폐승수**는 화폐공급을 본원통화로 나눈 값과 같다. 사람들이 자금의 일부를 현금으로 보유하기 때문에 화폐승수는 1/rr보다 작다.

>> 이해돕기 29-3

해답은 책 뒤에

1. 지불준비금의 총액이 200달러이고 당좌예금의 총잔고가 1,000달러라 하자. 사람들은 현금을 보유하지 않는다고 하자. 지불준비율이 20%에서 10%로 감소할 경우 어떻게 은행예금이 팽창하는지 그 과정을 설명하라.
2. 사일러스가 현금 1,000달러를 일가은행에 예금하는 예에서 지불준비율이 10%라 하자. 그런데 은행으로부터 대출을 받는 사람이 대출금의 절반을 현금으로 보유한다고 하자. 이 경우 사일러스가 예금한 1,000달러가 화폐공급을 팽창시키는 과정을 설명하라.

|| 연방준비제도

누가 은행이 충분한 지불준비금을 보유하도록 만드는 책임을 지는가? 누가 본원통화의 양을 결정하는가? 미국에서는 연방준비제도 또는 약칭하여 연준(Fed)이라 불리는 기관이 이를 담당하고 있다. 연방준비제도는 미국의 중앙은행이다. **중앙은행**(central bank)은 은행시스템을 감독하고 규제하며 본원통화를 관리하는 기관이다.

다른 중앙은행의 예로는 영국은행(Bank of England), 일본은행(Bank of Japan), 유럽중앙은행(European Central Bank) 등을 들 수 있다. 유럽중앙은행은 오스트리아, 벨기에, 사이프러스, 에스토니아, 핀란드, 프랑스, 독일, 그리스, 아일랜드, 이탈리아, 라트비아, 룩셈부르크, 네덜란드, 포르투갈, 스페인, 슬로바키아, 슬로베니아, 몰타 등 18개 유럽국가의 공동 중앙은행으로서의 기능을 수행한다. 세계에서 가장 오래된 중앙은행은 스웨덴의 스베리어릭스은행(Sveriges

중앙은행(central bank)은 은행시스템을 감독하고 규제하며 본원통화를 관리하는 기관이다.

그림 29-6 연방준비제도

연방준비제도는 워싱턴에 소재한 이사회와 각 구역을 담당하는 12개 연방준비은행으로 구성된다. 이 지도는 12개 연방준비제도 구역을 보여 준다.

출처 : Board of Governors of the Federal Reserve System.

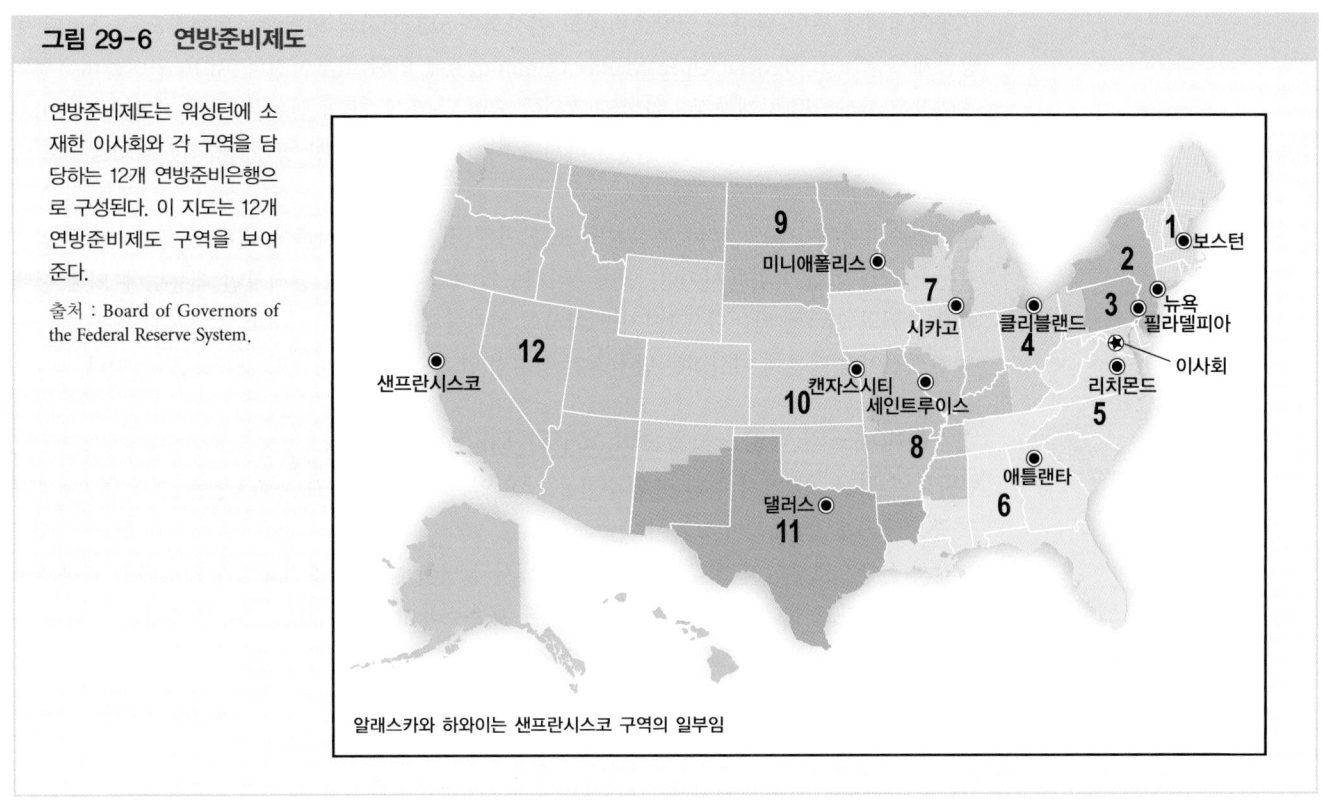

알래스카와 하와이는 샌프란시스코 구역의 일부임

Riksbank, 흔히 릭스은행)인데 이 은행은 노벨 경제학상을 시상하는 은행이기도 하다.

연방준비제도의 구조

1913년에 설립된 연방준비제도의 법적 지위는 색다르다. 연방준비제도는 미국 정부의 일부라고 할 수 없고 그렇다고 민간기관이라고도 할 수 없다. 엄밀히 말하자면 연방준비제도는 연방준비제도 이사회(Board of Governors)와 12개 연방준비은행(Federal Reserve Bank)의 두 부분으로 구성된다.

이사회는 워싱턴에 위치한 사무실에서 은행시스템을 감시하는데 마치 정부기관처럼 구성된다. 7명의 이사는 상원의 동의를 받아 대통령에 의해 임명된다. 통화정책을 시행함에 있어서 정치적 압력으로부터의 차단을 위해 이들의 임기는 14년으로 되어 있다. (왜 정치적 압력이 문제가 되는지는 다음 장에서 인플레이션에 대해 논할 때 분명해질 것이디.)

이사회의 의장은 4년마다 임명되는데 전통적으로 재임명되는 경우가 많아 전체 재임기간은 4년을 훨씬 초과한다. 예를 들어 윌리엄 마틴(William McChesney Martin)은 1951년부터 1970년까지 연방준비제도의 의장으로 재임했다. 앨런 그린스펀(Alan Greenspan)은 1987년에 처음 연방준비제도 의장으로 임명된 후 2006년까지 재임했으며 그린스펀의 후임자인 버냉키는 2014년까지 재임했다.

12개 연방준비은행은 각 구역을 담당하여 다양한 은행업무 및 감독 서비스를 제공하고 있다. 예를 들어 이들은 민간은행들의 회계장부를 검사하고 이들이 재무 건전성을 유지하도록 감독한다. 각 연방준비은행은 해당 구역의 은행가 및 기업가들로부터 선출된 이사들로 구성된 이사회에 의해 운영된다. 뉴욕 연방준비은행은 더욱 특수한 역할을 수행한다. 이 은행은 통화정책 수단 중 하나인 공개시장 조작(open-market operation)을 수행한다. 〈그림 29-6〉은 각 연방준비은행이 담당하는 구역과 각 은행이 위치한 도시를 보여 준다.

통화정책에 관한 결정은 연방준비제도 이사회와 5명의 지역 연방준비은행장으로 구성된 연방공개시장위원회(Federal Open Market Committee)에 의해 이루어진다. 뉴욕 연방준비은행의 은행장은 항상 연방공개시장위원회의 위원이 되며 나머지 4명의 위원은 11개 지역 연방준비은행장이 번갈아 가며 담당한다. 연방준비제도 이사회 의장은 통상 공개시장위원회의 위원장이 된다.

연방준비제도가 이와 같이 복잡한 구조를 가진 것은 선거권자들에 대해 궁극적으로 책임을 지는 기관을 만들기 위해서이다. 연방준비제도의 의장은 선출된 공직자인 대통령에 의해 선택되고 상원의 인준을 받는다. 그렇지만 이사회 이사들의 임기가 장기이고 이들을 임명하는 과정이 간접적이기 때문에 이사회는 단기적인 정치적 압력으로부터 비교적 자유로울 수 있다.

연방준비제도의 역할 : 지불준비 요구와 재할인율 설정

연방준비제도는 세 가지 주된 정책 수단을 갖고 있는데 지불준비 요구, 재할인율 그리고 무엇보다도 중요한 공개시장 조작이 그것이다.

앞서 은행으로부터의 예금인출사태에 대해서 설명할 때 연방준비제도가 최소한의 지불준비 요구를 정한다고 했다. 현재 당좌예금에 대한 지불준비 요구는 10%다. 2주의 기간을 단위로 하여 평균적으로 지불준비 요구를 충족하지 못한 은행은 벌금을 물어야 한다.

연방준비제도가 요구하는 지불준비 요구를 충족하지 못할 것으로 보이는 경우 은행은 어떻게 대처할까? 통상적으로 이러한 은행은 **연방자금시장**(federal funds market)에서 다른 은행으로부터 필요한 지불준비금을 차입한다. 연방자금시장은 지불준비금이 부족한 은행들이 초과 지불준비금을 보유한 은행들로부터 보통 하룻밤 동안 지불준비금을 차입하는 금융시장이다. 이 시장에서의 이자율은 수요와 공급에 의해 결정되는데 이 둘은 모두 연방준비제도의 행동에 의해 영향을 받을 수 있다. 다음 장에서 보듯이 **연방자금금리**(federal funds rate)는 연방자금시장에서의 차입과 대출에 대해 적용되는 이자율인데 오늘날의 통화정책에서 핵심적인 역할을 한다.

지불준비금이 필요한 은행들은 재할인 창구를 통해 연방준비제도로부터 직접 대출을 받을 수도 있다. **재할인율**(discount rate)은 연방준비제도가 은행에 대한 대출에 대해 부과하는 이자율이다. 보통 재할인율은 지불준비금을 필요로 하는 은행들이 연방준비제도에 의존하는 것을 억제하기 위해 연방자금금리에 1%를 더한 수준으로 정해져 있다. 그렇지만 2007년 가을부터 연방준비제도는 당시 진행 중이던 금융위기에 대응하여 연방자금금리와 재할인율 간의 격차를 축소시켰는데 이에 대해서는 '현실 경제의 이해'에서 설명될 것이다. 그 결과 2008년 봄에는 재할인율이 연방자금금리를 0.25%p 초과하는 수준으로 설정되었다. 2020년 초 코로나바이러스 위기가 닥치기 전까지도 재할인율은 여전히 연방자금금리를 0.60%p 초과하는 수준에 머물렀다.

연방준비제도는 화폐공급을 조절하기 위해 지불준비 요구나 재할인율을 변경할 수 있다. 연방준비제도가 지불준비 요구를 낮추면 은행들이 예금 중 보다 많은 부분을 대출할 수 있기 때문에 화폐승수가 커지고 이에 따라 화폐공급이 증가한다. 연방준비제도가 지불준비 요구를 높이면 은행들이 대출을 줄이고 이에 따라서 화폐승수와 화폐공급이 감소하게 된다. 한편 연방준비제도가 연방자금금리와 재할인율 간 이자율 차이를 축소하면 지불준비금 부족에 따른 비용이 감소하기 때문에 화폐공급이 화폐승수를 통해 증가한다. 연방준비제도가 재할인율과 연방자금금리 간 이자율 차이를 확대하면 은행대출이 감소하고 화폐공급도 화폐승수를 통해 줄어든다.

실제로 오늘날에는 연방준비제도가 화폐공급을 적극적으로 관리하기 위해서 지불준비 요구나 재할인율을 변경하는 경우는 거의 없다. 지불준비 요구가 상당히 큰 폭으로 조정된 것은 1992년이 마지막이었다. 연방준비제도는 보통은 재할인율도 조정하지 않는데, 앞서 언급했듯이 2007년에는 금융위기에 대응하여 재할인 창구를 통한 대출이 일시적으로 급증했었다. 오늘날 통상

연방자금시장(federal funds market)은 지불준비금이 부족한 은행들이 초과 지불준비금을 보유한 은행들로부터 지불준비금을 차입하는 것을 가능하게 한다.

연방자금금리(federal funds rate)는 연방자금시장에서 결정되는 이자율이다.

재할인율(discount rate)은 연방준비제도가 은행에 대한 대출에 부과하는 이자율이다.

적인 통화정책은 거의 모두 세 번째 정책수단인 공개시장 조작을 통해서 이루어진다.

공개시장 조작

자신이 감독하는 은행들과 마찬가지로 연방준비제도도 자산과 부채를 갖고 있다. 연방준비제도의 자산은 미국 정부가 발행하는 부채로 구성되는데 주로 재무부증권(Treasury bill)이라고 불리는 만기 1년 미만의 미국 정부채로 구성되어 있다. 연방준비제도는 정확히는 미국 정부의 일부가 아니기 때문에 연방준비제도가 보유한 재무부증권은 미국 정부의 부채이자 연방준비제도의 자산이다. 연방준비제도의 부채는 유통 중인 현금과 은행 지불준비금으로 이루어져 있다. 〈그림 29-7〉은 연방준비제도의 통상적인 자산과 부채를 T 계정을 이용하여 요약해서 보여 준다.

공개시장 조작(open-market operation)은 연방준비제도가 가계대출보다는 기업대출을 위주로 하는 상업은행들과 재무부증권을 매매함으로써 이루어진다. 연방준비제도는 결코 연방정부로부터 직접 재무부증권을 매입하지 않는데 여기에는 합당한 이유가 있다. 연방준비제도가 정부에 직접 대출을 하는 것은 재정적자의 재원을 조달하기 위해서 돈을 찍어 내는 것과 동일한 효과를 갖기 때문이다. 앞으로 설명할 것이지만 이와 같은 화폐 증발은 극심한 인플레이션을 초래할 수 있다.

〈그림 29-8〉은 공개시장 조작에 따른 연방준비제도와 상업은행들의 재무상태 변화를 보여 준다. 연방준비제도가 상업은행으로부터 재무부증권을 매입하는 경우 연방준비제도에 개설된 은행 계좌에 있는 예치금 잔고를 매입하는 재무부증권의 가치만큼 증가시킴으로써 그 대금을 지급한다. 그림 (a)는 이와 같은 변화를 보여 준다. 연방준비제도가 1억 달러의 재무부증권을 상업은행으로부터 매입함에 따라 은행의 지불준비금이 1억 달러 증가하고 이에 따라 본원통화가 1억 달러 증가한다. 연방준비제도가 상업은행에 재무부증권을 매각하면 상업은행의 연방준비제도 예치금 잔고가 줄어들고 이에 따라 지불준비금이 줄어든다. 그림 (b)는 이와 같은 변화를 보여 준다. 연방준비제도가 1억 달러어치의 재무부증권을 매각함에 따라 지불준비금과 본원통화가 감소한다.

여러분은 연방준비제도가 재무부증권의 구입 대금을 어떻게 마련하는지 궁금할 것이다. 사실 구입 대금은 펜으로 몇 자 적거나 또는 오늘날은 마우스를 클릭하여 연방준비제도에 개설된 은행의 예치금 잔고를 증가시켜 줌으로써 만들어진다. (연준은 은행들이 추가적인 지불준비금을 현금의 형태로 수령할 것을 요구할 때에만 돈을 찍어 낸다.) 현대의 화폐는 어떤 것으로도 뒷받침되지 않는 명령화폐임을 주지할 필요가 있다. 따라서 연방준비제도는 원하는 경우 얼마든지 본원통화를 창조할 수 있다.

지불준비금은 화폐공급에 포함되지 않기 때문에 공개시장 조작에 의해 발생하는 지불준비금의 변화는 화폐공급에 직접적인 영향을 미치지 않는다. 하지만 공개시장 조작에 뒤이어 화폐승수 과정이 시작된다. 그림 (a)에서와 같이 지불준비금이 1억 달러 증가하면 상업은행들은 증가한 지불준비금을 대출할 것이고 이에 따라 화폐공급이 즉각적으로 1억 달러 증가한다. 이들 대

공개시장 조작(open-market operation)은 연방준비제도가 정부채권을 사거나 파는 것이다.

그림 29-7 연방준비제도의 자산과 부채

연방준비제도의 자산은 대부분 재무부증권이라 불리는 단기 정부채권으로 구성된다. 부채는 유통 중인 현금과 은행 지불준비금으로 구성된 본원통화다.

자산	부채
정부부채 (재무부증권)	본원통화 (유통 중인 현금+ 지불준비금)

그림 29-8 연방준비제도의 공개시장 조작

(a) 1억 달러의 공개시장 매입

연방준비제도

자산		부채	
재무부증권	+$1억	본원통화	+$1억

상업은행

자산		부채	
재무부증권	−$1억	변화 없음	
지불준비금	+$1억		

(b) 1억 달러의 공개시장 매각

연방준비제도

자산		부채	
재무부증권	−$1억	본원통화	−$1억

상업은행

자산		부채	
재무부증권	+$1억	변화 없음	
지불준비금	−$1억		

그림 (a)에서는 연방준비제도가 공개시장 조작을 통해 재무부증권을 상업은행으로부터 매입함으로써 본원통화를 증가시킨다. 연방준비제도는 재무증권 1억 달러어치를 매입하고 그 대금으로 상업은행의 지불준비금을 증가시켜 주는데 이에 따라 본원통화가 증가한다. 이와 같은 본원통화 증가는 은행들이 지불준비금 증가분의 일부를 대출함에 따라 화폐승수 과정을 거쳐 화폐공급을 증가시킨다. 그림 (b)에서는 연방준비제도가 공개시장 조작을 통해 재무부증권을 상업은행들에 매각함으로써 본원통화를 감소시킨다. 연방준비제도가 재무부증권 1억 달러어치를 매각함에 따라 상업은행들의 지불준비금이 1억 달러 줄어들고 본원통화도 같은 금액만큼 줄어든다. 지불준비금이 감소함에 따라 상업은행들이 대출을 감소시키기 때문에 본원통화의 감소는 화폐승수 과정을 거쳐서 화폐공급을 감소시킨다.

출 중 일부는 은행시스템에 다시 예금될 것이고 이로 인해 지불준비금이 증가함에 따라 은행들은 다시 대출을 증가시킬 것이다. 결국 재무부증권의 공개시장 매입은 화폐승수 과정을 작동시키고 이에 따라 화폐공급을 증가시킨다. 공개시장 매각은 이와 반대 방향의 효과를 낳는다. 지불준비금이 감소함에 따라 은행들이 대출을 감소시키며 그 결과 화폐공급이 감소한다.

경제학자들은 흔히 연방준비제도가 당좌예금과 유통 중인 현금으로 구성된 화폐공급을 관리한다고 말하지만, 이는 완벽하게 정확한 진술이 아니다. 연방준비제도는 지불준비금과 유통 중인 현금으로 구성된 본원통화를 관리할 뿐이다. 하지만 본원통화의 증감을 통해 연방준비제도는 화폐공급과 이자율에 큰 영향을 미칠 수 있다. 이와 같은 영향력이 바로 통화정책의 근간이 되는데 이에 대해

탐구자를 위하여   누가 연준이 보유한 자산에 대한 이자를 받아 가는가?

이미 배웠듯이 연준은 재무부증권을 비롯하여 많은 자산을 보유하고 있다. 이들 자산은 은행이 연준에 개설한 예치금 계좌의 잔고를 증가시키는 형태로 본원통화를 지불하고 상업은행들로부터 매수한 것이다. 이들 자산은 이자를 지불한다. 그렇지만 연준의 부채는 주로 본원통화로 구성되는데 이에 대해서 연준은 이자를 지급하지 않는다. 따라서 연준은 사실상 영의 이자율에 자금을 차입하여 정의 이자율에 이를 빌려 줄 수 있는 특권을 가진 기관이다. 제법 이문이 남는 사업처럼 보이는데 그렇다면 이윤은 누가 가져갈까?

그 답은 바로 미국의 납세자들이다. 연준은 수령하는 이자의 일부를 운영자금으로 보유하지만 대부분의 이자는 미국 재무부에 넘겨준다. 예를 들어 2019년에 연방준비제도의 총소득은 555억 달러였는데, 대부분이 보유 자산에 대한 이자였고, 이 중 549억 달러는 재무부에 반납되었다. 이 금액은 최근 5년간 지속적으로 감소했다. 2014년에 연준은 1,000억 달러가 넘는 금액을 재무부에 반납했다.

이제 우리는 페루에서 인쇄된 20달러짜리 위조지폐의 영향에 대한 이야기의 결론을 내릴 수 있다. 20달러짜리 위조지폐가 통용되면 미국 정부가 20달러짜리 진짜 지폐를 인쇄한 것과 동일한 영향을 경제에 미친다. 즉 누군가에게 위조지폐임이 발각되지 않는 한 위조지폐는 본원통화와 마찬가지 역할을 수행한다.

한편 연준은 경제상황을 고려하여 본원통화의 양을 결정한다. 특히 연준은 인플레이션을 우려하여 본원통화가 너무 커지지 않도록 한다. 따라서 유통되는 각 20달러짜리 위조지폐마다 연준은 하나의 20달러 지폐를 덜 발행할 것이다. 그런데 연준이 합법적으로 20달러 지폐를 발행할 때에는 그 대가로 재무부증권을 취득하게 되고 그 결과 수령되는 이자는 미국 정부의 지출에 충당될 수 있다. 따라서 20달러짜리 위조지폐는 연준이 취득할 수 있는 재무부증권의 양을 감소시키고 그 결과 연준과 재무부가 수령하는 이자지급액을 감소시킨다. 이는 납세자가 위조지폐의 실질 비용을 부담함을 의미한다.

서는 다음 장에서 소개하기로 한다.

유럽중앙은행

앞서 본 바와 같이 연준은 전 세계에 존재하는 많은 중앙은행 중 하나일 뿐이며, 스웨덴의 릭스은행이나 영국의 영국은행보다 역사가 짧다. 다른 중앙은행들도 대체로 연준과 동일한 방식으로 운영된다. 이 같은 진술은 세계 경제에 대한 중요성 면에서 연준의 경쟁자라 할 수 있는 유럽중앙은행에 특히 잘 적용된다.

ECB라고도 알려져 있는 유럽중앙은행은 1999년 1월에 창설되었다. 이때 11개 유럽국가들이 유로를 공통 화폐로 채택하고 공동 통화정책을 유럽중앙은행의 손에 맡기기로 했다. (그 후 여러 국가가 추가로 합류했는데, 리투아니아는 2015년에 유로를 채택한 19번째 유럽국이 되었다.) 유럽중앙은행은 즉각 매우 중요한 기관으로 부상했다. 각각의 유럽국가는 그 규모에서 미국에 견줄 바가 못 되지만 유로화를 공통 화폐로 채택한 국가들의 집단인 유로지역 경제를 결합할 경우 거의 미국 경제와 비슷한 크기를 가진다. 따라서 유럽중앙은행과 연준은 통화 세계에 있어 두 거인이라 할 수 있다.

연방준비제도와 마찬가지로 유럽중앙은행도 특수한 지위를 갖고 있다. 민간기관은 물론 아니지만 정확히 정부기관이라고도 할 수 없다. 사실 유럽중앙은행은 정부기관이 될 수 없다. 범유럽 정부가 존재하지 않기 때문이다. 어리둥절해진 미국인들에게는 다행스럽게도 유럽의 중앙은행제도와 미국의 연방준비제도 사이에는 유사한 점이 매우 많다.

우선, 독일 프랑크푸르트에 소재한 유럽중앙은행은 전체 연방준비제도가 아니라 연방준비제도 이사회에 상응하는 기관이라 할 수 있다. 지역 연방준비은행에 상응하는 유럽의 기관은 프랑스은행, 이탈리아은행과 같은 유럽 각국의 중앙은행이라 할 수 있다. 1999년까지는 이 중앙은행들 하나하나가 연방준비제도에 상응하는 기관이었다. 예를 들어 프랑스은행은 프랑스의 본원통화를 관리하고 있었다.

오늘날 이들 국립 중앙은행은 미국의 지역 연방준비은행과 마찬가지로 지역 은행들과 기업들에 금융서비스를 제공하고 공개시장 조작을 실행하기도 한다. 하지만 통화정책의 결정권은 유럽중앙은행으로 이관되었다. 아직도 유럽의 국립 중앙은행들의 규모는 결코 작지 않다. 이들은 모두 합해서 5만 명이 넘는 직원들을 고용하고 있다.

유로지역에서는 각 국가가 자국 중앙은행의 책임자를 선발한다. 유럽중앙은행은 연방준비제도의 이사회와 유사한 집행위원회에 의해 운영된다. 위원들은 유로지역 국가들의 만장일치로 선출된다. 연방공개시장위원회에 상응하는 기관은 유럽중앙은행의 이사회(Governing Council)다. 연방준비제도의 공개시장위원회가 이사회와 일부 지역 연방준비은행 총재로 구성되는 것과 같이 유럽중앙은행의 이사회에는 집행위원회의 위원 전부와 각국 중앙은행의 총재들이 번갈아가며 참석한다.

연방준비제도와 마찬가지로 유럽중앙은행 역시 선거권자들에 대해서 궁극적인 책임을 진다. 그러나 선거권자들이 국경에 의해 분할되어 있기 때문에 연방준비제도보다 더 확실하게 단기적인 정치적 압력으로부터 차단되어 있는 듯이 보인다.

현실 경제의 >> 이해

연준의 대차대조표 : 정상과 비정상

〈그림 29-7〉은 연준의 단순화된 대차대조표를 보여 주었다. 이 표에서 부채는 전적으로 본원통화로 구성되어 있고 자산은 전적으로 재무부증권으로 구성되어 있다. 이것은 지나친 단순화이

기는 하다. 현실에서는 연준의 운영이 매우 복잡하고 대차대조표에는 많은 항목이 추가적으로 포함되어 있기 때문이다. 그렇지만 정상적인 시기에는 〈그림 29-7〉이 적절한 근사치라 할 수 있다. 연준 부채의 90% 정도가 본원통화이고 자산의 90% 정도가 재무부증권을 포함하여 재무부에 대한 채권으로 구성되어 있다.

그런데 2007년 말엽에는 우리가 더 이상 정상적인 시기에 있지 않음이 너무나도 분명해졌다. 혼란의 원천은 거대한 주택 거품이 터진 데 있었다. 이는 주택담보 대출을 제공하거나 주택담보 대출 관련 자산을 보유했던 금융기관에 막대한 손실을 입혔고 더 나아가 전체 금융시스템에 대한 신뢰를 광범위하게 실추시켰다.

예금을 수취하는 전통적인 상업은행들뿐 아니라 투자은행과 보험회사처럼 고객으로부터 예금을 수취하지 않는 그림자금융 부문의 금융기관도 곤경에 처했다. 이들은 많은 부채를 지고 있었으며, 주택 거품의 붕괴로 인해 엄청난 손실을 입는 한편 비유동적인 자산을 보유하고 있었기 때문에 공황이 그림자금융 부문을 덮쳤다. 금융기관들이 본질적으로는 예금인출사태와 동일한 상황을 겪게 됨에 따라 불과 수 시간 내에 금융시스템이 얼어붙었다.

예를 들면 2008년에 들어 차입한 자금으로 금융자산을 사고파는 등 복잡한 금융 거래를 이행하는 월가의 비예금수취 금융기관인 베어스턴스사의 건전성에 대해 많은 투자자들이 의구심을 갖게 되었다. 2008년 중반에 이르러 베어스턴스에 대한 신뢰가 사라짐에 따라 이 회사는 기존에 체결된 거래계약에서 자신의 의무를 이행하는 데 필요한 자금을 조달할 수 없게 되었고 그 결과 빠른 속도로 몰락의 길을 걷게 되었다. 여기에 또 다른 투자은행인 리먼 브라더스의 몰락이 뒤따랐으며 금융시장에서 광범위한 공황을 유발했다.

연준은 전체 금융부문에 걸쳐 붕괴가 일어나는 것을 막기 위해 재빠르게 행동에 나섰다. 연준은 재할인 대출 창구를 확대하여 예금수취 은행은 물론 월가의 금융기업과 같은 비예금수취 금융기관에도 엄청난 자금을 빌려 주었다. 이러한 조치는 당시 금융시장이 공급을 거부하고 있었던 유동성을 금융기관들에게 제공해 주었다. 이들 기관은 연준으로부터 저렴한 비용으로 차입할 수 있는 기회를 활용하기 위해 부동산 대출과 기업 대출 등 자신이 보유한 여러 가지 자산을 담보로 제공하였다.

〈그림 29-9〉를 살펴보면 2008년 중반부터 시작하여 금융기관에 대한 대출이 급증함에 따라 연준이 재무부증권과 같은 전통적인 증권의 보유를 급격하게 감소시켰음을 알 수 있다. '금융기관에 대한 대출'이란 재할인 창구를 통한 대출뿐 아니라 베어스턴스와 같은 기업에 대한 연준의 직접 대출을 의미한다. '핵심 신용시장에 대한 유동성'은 연준에 의한 회사채와 같은 자산의 매입을 포함하는데 이는 기업에 대한 대출이자율이 치솟는 것을 막기 위해 불가피했다. 마지막으로 '연방기관 부채'란 정부가 보증하는 주택담보 대출기관인 패니메이(Fannie Mae)나 프레디맥(Freddie Mac)의 부채인데, 연준은 주택담보 대출시장의 붕괴를 막기 위해 이들의 부채를 사들여야 했다.

2009년 말엽에는 위기가 진정되었지만 연준은 전통적인 자산 구성으로 되돌아가지 않았다. 대신 연준은 장기 재무부증권으로 자산을 전환하고 연방기관 부채의 매입을 증가시켰다. 2020년 3월에 코로나바이러스 유행병이 또 다른 금융 붕괴를 초래할 것으로 우려됨

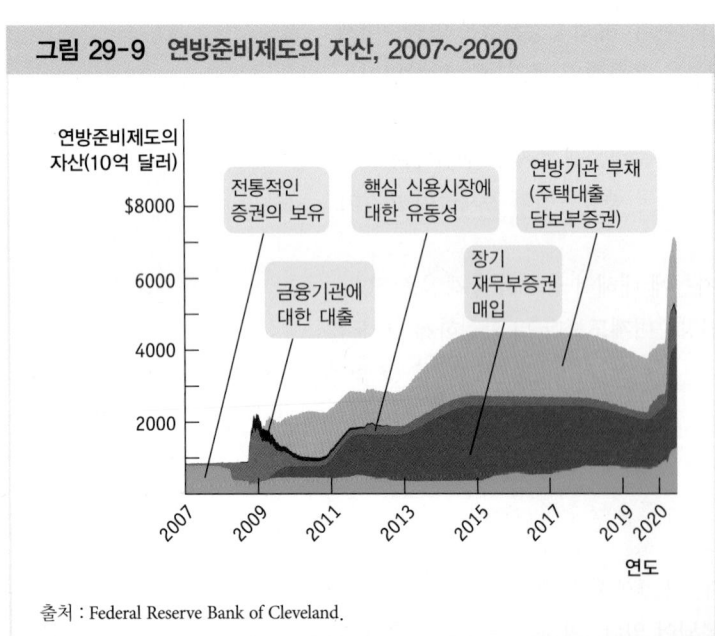

그림 29-9 연방준비제도의 자산, 2007~2020

연방준비제도의 자산(10억 달러)

전통적인 증권의 보유
금융기관에 대한 대출
핵심 신용시장에 대한 유동성
장기 재무부증권 매입
연방기관 부채(주택대출담보부증권)

$8000
6000
4000
2000

2007 2009 2011 2013 2015 2017 2019 2020
연도

출처 : Federal Reserve Bank of Cleveland.

에 따라 연준은 전통적인 정책에서 더 멀리 이탈하여 수조 달러에 달하는 장기 자산을 더 매입했을 뿐 아니라 일부 회사채까지 매입했다.

>> 이해돕기 29-4

해답은 책 뒤에

1. 한 은행이 대출한 돈이 다시 당좌예금의 형태로 은행시스템에 예금되며 지불준비 요구가 10%라 하자. 연방준비제도에 의한 1억 달러 규모의 재무부증권 공개시장 매입이 당좌예금의 잔액에 미치는 영향을 추적하라. 화폐승수의 크기는 얼마인가?

>> 복습

• 연방준비제도는 미국의 **중앙은행**으로서 은행들을 감독하고 통화정책을 수행한다.

• 연방준비제도는 지불준비 요구를 정한다. 은행들은 **연방자금시장**에서 지불준비금을 빌리거나 빌려 준다. 이 시장에서 결정되는 이자율을 **연방자금금리**라 한다. 은행은 또한 연방준비제도로부터 **재할인율**에 자금을 조달할 수 있다.

• 연방준비제도가 지불준비 요구나 재할인율을 변경할 수 있음에도 불구하고 통화정책은 주로 **공개시장조작**을 통해 이루어진다.

• 재무부증권의 공개시장 매입은 본원통화와 화폐공급을 증가시킨다. 공개시장 매각은 본원통화와 화폐공급을 감소시킨다.

|| 미국 은행시스템의 진화

이제까지 우리는 미국의 은행시스템과 그 작동에 대하여 설명했다. 그런데 미국의 은행시스템을 완전하게 이해하려면 이 시스템이 어떻게 그리고 왜 창출되었는지를 아는 것이 도움이 된다. 이 이야기는 언제 어떻게 문제가 발생했는지에 대한 이야기와 밀접하게 연관되어 있다. 21세기 미국 은행업의 핵심 요소는 무에서 창조된 것이 아니기 때문이다. 2008년부터 시작된 은행업과 연방준비제도에 대한 규제 변화를 위한 노력은 금융개혁을 최전방으로 밀어붙였다. 이 개혁은 앞으로도 여러 해 동안 금융시스템의 재편이 계속해서 추진될 것임을 약속하고 있다.

20세기 전환점에서 미국 은행업의 위기

1913년 연방준비제도의 설립은 미국 은행업에서 현대의 시작을 의미하는 획기적 사건이었다. 1864년부터 1913년까지 미국의 은행업은 국립은행(national bank)에 대한 연방 규제시스템으로 특징지을 수 있다. 이 시기에는 국립은행들만이 화폐를 발행할 수 있었는데 이들 화폐는 연방정부에 의해 동일한 크기와 도안으로 발행되었다. 각 국립은행이 얼마나 많은 화폐를 발행할 수 있는지는 자본금에 달려 있었다. 이와 같은 시스템은 은행들이 거의 규제를 받지 않고 전혀 통일되지 않은 화폐를 발행했던 이전 시스템에 비해서는 개선된 것이었으나, 국립은행 시스템에서도 수많은 은행 부도가 발생했으며 적어도 10년에 한두 차례는 대규모 금융위기가 발생했다.

새로운 시스템이 가졌던 가장 큰 문제는 경제상황에 따른 화폐공급의 변화가 충분히 신속하게 이루어지지 못했다는 점이었다. 특히 지역 경제의 상황 변화에 대응하여 국내 지역 사이에 현금을 신속하게 이동하기가 어려웠다. (특히 뉴욕의 은행들과 다른 지역의 은행들 간에 적절한 현금공급량과 관련하여 첨예한 대립이 있었다.) 한 은행이 인출요구를 충족하기에 현금이 부족하다는 소문이 돌면 바로 예금인출사태가 일어났다. 한 은행의 예금인출사태는 곧 전염되어 인근 은행의 예금인출사태를 가져왔으며 광범위한 공황과 지역 경제 황폐화의 씨앗이 되었다. 이에 대응하여 일부 지역의 은행들은 자금을 모아서 은행공황이 발생할 때 회원 은행의 부채를 공동 보증하기 위한 지역 청산기구를 설립했으며 일부 주정부는 자기 주에 소속된 은행에 대한 예금보험을 제공하기 시작했다.

금융위기가 반복되었지만 화폐시스템 개혁에 대한 요구는 1907년의 공황이 발생하기 전까지는 주목을 받지 못했다. 1907년의 공황은 4년에 걸친 전국적인 경기후퇴를 가져왔고, 화폐시스템이 얼마나 취약한지를 잘 인식시켜 주었다.

이 위기는 신탁회사(trust)라고 알려진 뉴욕의 금융기관들로부터 시작되었다. 신탁회사는 예금을 수취하는 은행과 유사한 기관이지만 원래는 부유한 고객의 재산이나 상속을 관리하기 위해 설립되었었다. 이들 신탁회사는 오직 위험이 낮은 사업만 하도록 되어 있었기 때문에 규제를 덜

1907년의 은행공황과 2008년의 금융위기 모두 위험한 투기로부터의 막대한 손실이 은행시스템을 불안정하게 만들었다.

받았으며 지불준비 요구 수준도 낮았고, 국립은행에 비해 현금 지불준비금도 적게 보유하고 있었기 때문에 예금자들에게 더 높은 수익을 지불할 수 있었다. 그 결과 신탁회사들은 매우 빠른 속도로 성장하여 1907년에 이르러서는 뉴욕 시 소재 신탁회사들의 총자산이 국립은행들의 총자산과 맞먹는 규모가 되었다. 한편 신탁회사들은 뉴욕 시의 국립은행들이 서로의 건전성을 보증하기 위해 설립한 컨소시엄인 뉴욕 청산원(New York Clearinghouse)에 가입하기를 거부했다.

1907년의 은행공황은 뉴욕 시에 소재한 대형 신탁회사인 니커보커 신탁(Knickerbocker Trust)이 주식 투자 실패로 엄청난 손실을 입고 부도를 내면서 시작되었다. 곧바로 다른 신탁회사들도 압력을 받았으며 겁에 질린 예금자들은 자금을 인출하기 위해 장사진을 이루었다. 뉴욕 청산원은 신탁회사에 자금을 공급하기를 거부했으며 건전한 신탁회사들조차 심한 공격을 받았다. 이틀 내로 12개의 주요 신탁회사들이 파산했다. 신용시장은 얼어붙었으며 주식 거래자들이 매매에 필요한 자금을 조달하지 못함에 따라 주가도 크게 하락했다. 그리고 시장에서 신뢰가 사라졌다.

다행히도 뉴욕 시의 최대 부호였던 은행가 모건(J. P. Morgan)이 은행공황을 멈추기 위해 나섰다. 위기가 확산되면 신탁회사든 은행이든 상관없이 건전한 금융기관도 휩쓸릴 것이라는 이해하에 모건은 존 록펠러(John D. Rockefeller)를 비롯한 다른 부유한 은행가들과 재무부 장관과 협력하여 은행과 신탁회사가 예금인출의 맹공을 견딜 수 있도록 이들의 지불준비금을 확충했다. 일단 사람들이 돈을 인출할 수 있다는 확신이 서게 되자 은행공황이 멈췄다. 공황은 일주일여밖에 지속되지 않았지만 은행공황과 주가폭락은 미국 경제를 고사시켰다. 4년간의 경기후퇴가 뒤따랐으며 생산이 11% 감소하였고 실업률은 3%에서 8%로 상승했다.

은행위기에 대한 반응 : 연방준비제도의 창설

은행위기가 너무 자주 발생하는 것에 대한 염려와 모건의 전례 없는 금융시스템 구제 역할은 연방정부로 하여금 은행 개혁에 착수하도록 만들었다. 1913년에는 국립은행 시스템이 폐지되었고 모든 예금수취 금융기관들이 적절한 지불준비금을 보유하고 이들의 계좌를 규제기관이 감독할 수 있도록 만들기 위한 방편으로 연방준비제도가 창설되었다. 1907년의 은행공황으로 인해 많은 사람들이 은행의 지불준비금에 대해 집중화된 통제를 할 필요가 있음을 깨달았다. 이에 더하여 화폐공급이 전국의 경제상황 변화에 충분히 반응할 수 있도록 화폐를 발행할 수 있는 배타적인 권한이 연방준비제도에 부여되었다.

새로운 체제는 은행 지불준비금 보유의 표준화와 집중화를 달성했지만 은행의 지불준비금이 여전히 전체 예금액에 못 미쳤기 때문에 예금인출사태의 가능성을 완전히 제거할 수는 없었다. 추가적인 예금인출사태의 가능성은 대공황 중에 현실이 되었다. 상품가격의 급락은 특히 미국의 농부들에게 타격을 주었으며 1930년, 1931년, 1933년에 걸친 일련의 예금인출사태를 촉발했다. 이들 각각의 예금인출사태는 모두 중서부지역 은행에서 시작하여 전국으로 퍼져 나갔다. 1930년에 대형 은행들이 부도를 낸 후에 연방 관리들은 경제 전반에 대한 효과로 인해 불간섭 정책을 지양하고 더욱 활발한 개입을 해야 할 필요가 있음을 깨달았다. 1932년에는 부흥금융공사(Reconstruction Finance Corporation, RFC)가 설립되어 은행 부문을 안정시키기 위해 은행에 대출을 제공할 권한을 부여받았다. 이에 더하여 연방예금보험을 도입하는 한편 은행이 연방준비제도로부터 차입할 수 있는 능력을 향상하기 위해 1933년의 글래스-스티걸법(Glass-Steagall

Act)이 제정되었다. 그렇지만 야수들이 모두 길들여진 것은 아니었다. 은행들은 부흥금융공사로부터 차입하는 것을 두려워하게 되었다. 차입 자체가 은행이 취약하다는 신호를 보내는 것이라고 생각되었기 때문이다.

앞서 설명했듯이 1933년 중 진행된 예금인출사태의 재앙 속에서 루스벨트가 새 대통령으로 취임했다. 그는 즉각 '은행 휴일'을 선언하여 규제기관들이 문제 해결방안을 마련할 때까지 모든 은행의 문을 닫도록 만들었다.

1933년 3월에는 대출이나 주식 매입을 통해 은행에 자본금을 공급함으로써 은행산업을 안정시키고 구조조정시킬 수 있는 특별 권한을 부흥금융공사에 부여하는 비상 조치가 채택되었다. 새로운 규제하에서 규제기관들은 회생이 불가능한 은행을 폐쇄하는 한편 회생 가능한 은행에 대해서는 부흥금융공사가 은행의 우선주를 매수함으로써 자본을 확충하도록 했다(이들 우선주는 일반 주주보다 많은 권리를 미국 정부에 부여했다). 1933년까지 부흥금융공사는 당시 미국 전체 은행 자본금의 3분의 1에 해당하는 190억 달러(2020년 달러 기준)를 은행 자본금에 투자했고 전체 은행 중 절반 이상의 주식을 매수했다. 같은 기간 부흥금융공사는 370억 달러(2020년 달러 기준)가 넘는 금액을 은행에 대출했다.

은행 부문이 와해됨에 따라 통화정책이 무용지물이 되고 은행으로부터 인출되어 침대 밑에 감춰진 현금이 화폐공급을 감소시킴으로써, 1930년대 초반의 은행위기가 대공황을 크게 악화시켰다는 점에 대해 경제사학자들은 의견을 같이한다.

부흥금융공사의 강력한 활동 덕분에 은행산업이 안정을 찾았지만 미래의 은행위기를 방지하기 위해서는 새로운 법령 제정이 필요했다. 1933년의 글래스-스티걸법은 은행을 **상업은행**(commercial bank)과 비예금수취 **투자은행**(investment bank)의 두 가지 범주로 분리했다. 상업은행은 예금을 받고 예금보험에 의해 보호되는 예금은행이다. 투자은행은 주식이나 회사채와 같은 금융자산을 만들어 내고 거래하는 업무를 하는데 예금보험에 의해 보호되지는 않았다.

규제 Q(regulation Q)는 은행 간 불건전한 경쟁이 과열될 것을 우려하여 상업은행이 당좌예금에 대해 이자를 지급하는 것을 금지시켰다. 투자은행들에 대해서는 상업은행에 비해 훨씬 경미한 규제가 적용되었다. 무엇보다도 예금인출사태를 방지하기 위한 가장 중요한 조치는 연방예금보험의 채택이었다. 처음에는 예금당 2,500달러의 한도가 적용되었다.

이 같은 조치들은 명백히 성공적이었고 미국은 오랫동안 금융과 은행의 안정을 만끽했다. 불쾌한 옛 기억이 희미해지자 대공황 시절의 은행 규제들이 해제되기 시작했다. 1980년에는 규제 Q가 폐지되었고 1999년까지는 글래스-스티걸법이 약화되어 금융자산의 거래와 같은 서비스를 제공하는 것이 더 이상 상업은행의 금지구역이 아니게 되었다.

1980년대의 저축대부조합 위기

은행산업에는 은행과 함께 **저축대부조합**(savings and loans)[또는 **저축기관**(thrift)이라고도 불림]이 포함되어 있다. 저축대부조합은 저축을 주택구입자를 위한 장기 주택담보 대출로 전환하도록 설계된 금융기관이다. 저축대부조합은 연방예금보험에 의해 보호되었으며 안전을 위해 철저하게 규제되었다. 그렇지만 1970년대에 문제가 발생했다. 높은 인플레이션으로 인해 저축자들은 이자율이 낮은 저축대부조합 계좌로부터 자금을 인출하여 높은 수익을 지급하는 화폐시장 계좌(money market account)에 넣었다. 이에 더하여 높은 인플레이션율은 저축대부조합이 보유하고 있던 자산인 장기 주택담보 대출의 가치를 크게 감소시켰다.

의회는 저축대부조합이 장기 주택담보 대출에 더하여 훨씬 더 위험한 투자를 할 수 있도록 규제를 완화했다. 그러나 새로운 자유에는 감독이 뒤따르지 않았으며 그 결과 저축대부조합에 대한 감독 수준은 은행보다 낮아졌다. 1970년대와 1980년대의 부동산 경기 호황기에 저축대부조

상업은행(commercial bank)은 예금을 수취하며 예금보험에 의해 보호되는 예금은행이다.

투자은행(investment bank)은 금융자산을 거래하는데 예금보험에 의해 보호되지 않는다.

저축대부조합(savings and loans) 또는 **저축기관**(thrift)은 또 다른 형태의 예금은행으로 보통 주택대출에 특화한다.

합이 과도하게 위험한 부동산 대출에 참여한 것은 놀랄 만한 일이 아니다. 게다가 일부 저축대부조합의 임원들이 조합을 개인적인 저금통으로 사용함에 따라 부정부패가 횡횡했다.

불행히도 1970년대 후반과 1980년대 초반에 있었던 의회로부터의 정치적 개입 덕분에 지급불능상태의 저축대부조합들이 영업을 계속할 수 있었다. 은행이 이와 비슷한 상태에 있었다면 규제당국에 의해 즉각 폐쇄되었을 것이었다. 1980년대 초반에 이르러서는 많은 수의 저축대부조합이 파산했다. 이들의 예금은 연방예금보험에 의해 보장되었기 때문에 파산한 저축대부조합의 부채는 연방정부의 부채가 되었는데, 이는 결국 납세자의 자금으로 예금자에게 지급을 하는 셈이 되었다. 1986년부터 1995년까지 연방정부는 1,000개 이상의 저축대부조합을 폐쇄했고 납세자에게 1,240억 달러의 비용을 부담시켰다.

소 잃고 외양간 고치는 격으로 1989년에 이르러 의회는 저축대부조합의 활동에 대한 포괄적인 감독을 입법화했다. 의회는 또한 패니메이와 프레디맥에 저축대부조합이 시행하던 주택담보대출의 상당 부분을 담당할 수 있는 권한을 부여했다. 패니메이와 프레디맥은 저소득 및 중소득 가계가 주택을 구입할 수 있도록 돕기 위해 대공황 중에 창설된 준정부기관이다. 저축대부조합 위기는 금융산업과 부동산산업을 크게 위축시켰으며 1990년대 초반의 경기후퇴를 가져온 것으로 평가된다.

미래로 되돌아가기 : 2008년의 금융위기

1930년대에 도입된 은행 규제들은 긴 기간의 금융안정을 가져왔다. 그렇지만 21세기 초에 새 문제가 발생했다. 이들 규제로는 **그림자금융**(shadow banking), 즉 앞서 설명했듯이 전통적인 은행처럼 보이지는 않지만 유사한 기능을 수행하면서 상당한 위험을 내포한 활동을 다룰 수 없었다. 2008년에는 그림자금융이 여러모로 1930년과 닮은 위기의 중심에 있었다.

그림자금융과 그 취약성

그림자금융의 세부적인 내용은 매우 복잡할 수 있다. 그렇지만 그림자금융 시스템의 대부분은 투자은행, 보험회사, 헤지펀드, 단기금융시장펀드와 같이 예금을 수취하지 않는 금융기관이다. 이들 기업은 다음날 상환해야 하는 대출을 받는 것을 비롯하여 단기로 차입을 하고, 차입된 자금으로 상대적으로 비유동적인 자산을 매수하여 담보로 활용한다. 금융기관에 자금을 빌려주는 사람들의 눈에는 이러한 행동이 마치 은행업인 것처럼 보이는데 자신들이 하는 대출이 은행 예금과 매우 닮았기 때문이다. 예를 들어 수중에 여유 자금이 있는 기업은 이를 하룻밤 동안 월가의 투자은행에 빌려줄 수 있다. 이런 식으로 해서 이 기업은 통상적인 은행 예금에 넣어 둘 경우보다 더 높은 이자율을 받을 수 있다. 그리고 정상적인 상황에서는 하루 전에만 통보하면 돈을 찾을 수 있을 것으로 기대한다.

한편 금융기관은 매일 모든 부채를 상환하기 위해 충분한 자금을 수중에 갖고 있을 필요가 없다. 많은 대부자들이 매일 대출을 차환시켜서 다시 대출해 줄 것이기 때문이다. 그리고 대부자가 상환을 요구하면 다른 대부자로부터 현금을 조달하기만 하면 된다. 따라서 그림자금융을 하는 기업과 대부자와의 관계는 전통적인 은행과 예금자와의 관계와 매우 유사하다. 단 두 가지 차이가 있다. 예금 보험이 존재하지 않으며, 금융기관의 행위에 대한 규제가 훨씬 적다.

이 시스템은 정상적인 시기에는 잘 작동하지만 이 시스템이 만들어 낸 주택 거품이 2007년에 터졌을 때처럼 크게 잘못될 수도 있으며, 결국 대후퇴를 가져왔다.

서브프라임 대출과 주택 거품 2008년 위기 이야기는 낮은 이자율로부터 시작한다. 2003년에 이르자 미국의 이자율은 역사적인 저점에 도달했는데, 이는 부분적으로는 연방준비제도의 정책과

투자은행이나 헤지펀드 같은 비예금수취 금융기관이 수행하지만 규제 감독이나 보호를 받지 않고 이루어지는 은행과 유사한 활동을 그림자금융(shadow banking)이라 한다.

중국을 비롯한 다른 국가로부터의 대규모 자본유입에 원인이 있었다. 이처럼 낮은 이자율은 주택시장의 호황을 가져왔으며 이로 인해 미국 경제는 경기후퇴로부터 벗어날 수 있었다. 그런데 주택시장이 호황을 보이자 금융기관들은 점점 더 큰 위험을 지기 시작했는데 이들은 자신이 진 위험에 대해 잘 이해하지 못하고 있었다.

전통적으로 주택 구입자들은 소득이 주택담보 대출을 갚을 수 있을 만큼 충분함을 보일 수 있을 때에만 주택 구입을 위한 대출을 받을 수 있었다. 통상적인 대출 기준을 충족하지 못하는 사람들에 대한 주택대출을 **서브프라임 대출**(subprime lending)이라 부르는데 이는 전체 대출의 극히 일부에 불과했다. 그런데 2003~2006년의 주택시장 호황기에는 서브프라임 대출도 안전한 투자인 것처럼 보였다. 주택가격이 계속 상승하고 있었기 때문에 주택담보 대출의 분할 상환금을 납부하지 못하는 사람들도 필요한 경우에는 주택을 팔아서 대출을 상환할 수 있었기 때문이다. 이에 따라 서브프라임 대출이 폭발적으로 늘어났다.

대개의 경우 서브프라임 대출을 해 준 기관은 예금자의 돈을 대출해 주는 전통적인 은행이 아니었다. 대부분의 대출은 대출 창설자(loan originator)에 의해 이루어졌는데 이들은 주택담보 대출을 재빨리 그림자금융 시장에서 투자자들에게 팔아넘겼다. 투자자들에 대한 매각은 **증권화**(securitization)라고 알려진 과정을 통해 가능했다. 즉 금융기관들은 대출을 모아서 통합자산을 구성한 후 이 통합자산으로부터 발생하는 현금에 대한 지분을 매각했다. 많은 수의 주택 구입자들이 동시에 부도를 낼 가능성은 작기 때문에 이들 지분은 비교적 안전한 투자처로 여겨졌다.

그런데 불가능한 일이 실제로 발생했다. 2006년 말 주택경기 호황이 거품임이 판명되고 주택가격이 하락하기 시작하자 많은 서브프라임 차입자들이 분할 상환금을 납부할 수 없었고 주택을 팔아도 대출금을 모두 상환하기에 충분한 값을 받을 수 없게 되었다. 그 결과 이들은 부도를 냈고 서브프라임 대출에 의해 뒷받침되는 증권에 투자한 사람들은 엄청난 손실을 입기 시작했다.

주택대출 담보부 증권은 전통적 예금수취은행이 보유하기도 했지만 대체로 그림자금융기관이 보유하고 있었다. 1907년 은행공황에서 신탁회사가 중추적인 역할을 한 것처럼 이들 그림자금융기관들은 상업은행에 비해 규제를 덜 받았고 그 결과 투자자들에게 높은 수익을 제시할 수 있었던 반면 위기에 대해서는 매우 취약했다. 주택담보 대출 관련 손실은 다시 금융시스템에 대한 신뢰를 실추시켰다.

〈그림 29-10〉은 이 같은 신뢰 상실 정도에 대한 척도의 하나로 그림자금융에 있어 중요한 자산인 **자산 담보부 상업어음**(asset-backed commercial paper)의 양을 보여준다. 2000년대 중반에는 주택담보 대출을 비롯한 부채를 증권화하여 만들어진 단기대출인 이 어음의 양이 빠르게 증가했다. 주택가격 폭락 이후 그 양은 빠르게 줄어들었는데, 이는 자금 압박이 매우 심했음을 의미한다. 상업어음이 금융시스템에서 핵심적인 유동성 원천이었기 때문에 이는 1930년대식의 화폐 공급 격감은 아니었지만 이와 유사한 결과를 낳았다.

위기와 대응 2007년에 시작된 주택 거품의 붕괴와 뒤이은 금융기업의 손실과 금융시스템에 대한 신뢰 붕괴는 경제 전체에 막대한 피해를 입혔다. 금융이든 비금융이든 할 것 없이 모든 기업이 단기 운영자금을 차입하는 것조차 어려워졌다. 개인들은 주택대출을 받을 수 없었고, 신용카드 한도가 축소되었다. 많은 자산의 가격이 폭락함에 따라 가계의 자산이 극심하게 감소했다.

전반적으로 금융위기의 부정적 영향은 대공황 발생에 기여했던 1930년대 초 은행위기의 영향과 매우 닮아 있었다. 정책입안자들도 이 같은 유사성을 인식하고는 동일한 상황이 반복되는 것

서브프라임 대출(subprime lending)은 통상적인 대출 기준을 충족하지 못하는 주택 구입자들에 대한 대출이다.

증권화(securitization) 과정에서는 대출을 모아서 만든 통합자산의 지분이 투자자들에게 매각된다.

"여보, 우리는 무주택자가 되었어요."

Leo Cullum/CartoonStock

그림 29-10 잃어버린 신뢰 측정하기

2000년대 중반에는 주택담보 대출을 비롯한 부채를 증권화하여 만들어진 단기대출이자 그림자금융의 중요한 요소인 자산 담보부 상업어음의 양이 빠르게 증가했다. 그러나 주택 가격 폭락 이후 그 양은 빠르게 줄어들었는데, 이는 금융시스템에서 유동성이 마름에 따라 자금 압박이 매우 심했음을 의미한다.

출처 : Federal Reserve Bank of St. Louis.

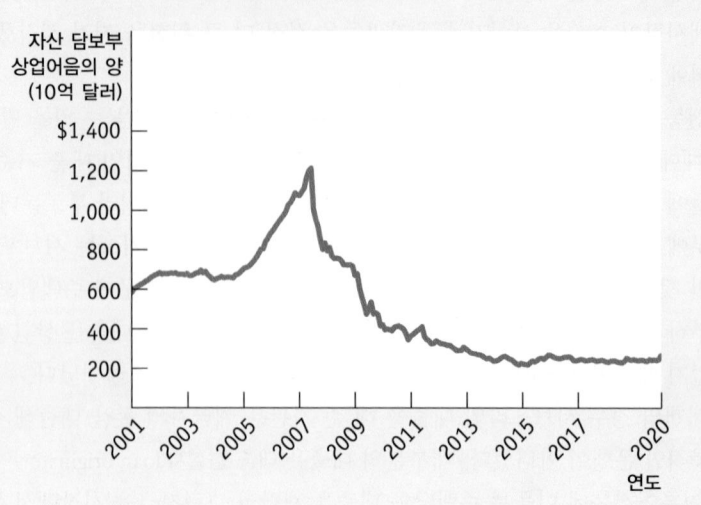

을 막으려고 노력했다. 2007년 8월부터 연방준비제도는 점점 더 넓은 범위의 금융기관에 자금을 대출해 주고 민간부문의 부채를 매입하는 등 금융시스템에 현금을 공급하기 위한 일련의 노력을 시작했다. 연준과 재무부는 투자은행인 베어스턴스와 보험회사인 AIG처럼 너무 중요하기 때문에 파산하도록 내버려 둘 수 없는 기업들을 구제하기 위해 나섰다.

그렇지만 2008년 9월에 정책입안자들은 주요 투자은행의 하나인 리먼 브라더스를 파산하도록 내버려 두기로 결정했다. 이들은 곧 이 결정에 대해 후회하게 되었다. 리먼의 파산 후 며칠되지 않아 광범위한 공황이 금융시스템을 휩쓸었다. 위기가 심화되자 재무부가 은행에 자본을 주입하는 등 금융시스템을 지지하기 위한 정부의 개입이 한층 더 강화되었다. 자본 주입은 사실상 미국 정부가 주식을 받고 은행에 현금을 공급함을 의미하는 것으로 금융시스템을 부분적으로 국유화하는 효과가 있다. 연방준비제도는 혁신적인 형태의 공개시장 조작으로 대응했다. 연준은 재할인 대출은 물론 주로 장기 정부채와 주택대출을 지원하는 정부보증기관인 패니메이와 프레디맥의 부채를 포함하는 다른 자산들을 대량으로 매입함으로써 엄청난 규모의 유동성을 공급했다. 바로 이것이 〈그림 29-9〉에서 볼 수 있듯이 2008년 9월 이후 연준의 자산이 급증한 이유다.

위기 이후 무시무시한 기간을 보낸 후 2010년 가을에 금융시장이 안정되었고, 많은 기관들이 연방정부가 위기 기간 중 주입했던 돈을 갚았다. 그렇지만 은행의 회복은 전체 경제의 성공적인 회복을 쫓아가지 못했다. 2007년 12월에 시작된 경기후퇴가 2009년 6월에 공식적으로 종식되었지만 2009년 10월의 실업률은 10%의 최고치에 도달했고, 그 후 매우 느리게 하락했다. 2016년 5월에 실업률이 대후퇴 시작 직전의 수준으로 되돌아가기까지 거의 9년이 걸렸다.

이전의 위기와 마찬가지로 2008년의 위기는 은행업에 대한 규제에서 변화를 가져왔는데, 이중에서도 도드–프랭크 금융규제 개혁법안이 가장 눈에 띈다. '현실 경제의 이해'에서는 이 법안에 대해 간단히 설명할 것이다.

현실 경제의 >> 이해

2008년 위기 이후의 금융 규제

2010년 월가 개혁 및 소비자 보호법은 상원과 하원의 이 법안 후원자의 이름을 따서 도드-프랭크법이라고 널리 알려져 있는데, 1930년대 이래로 입법화된 가장 큰 금융개혁이었다. 이 법은 어떤 규제 변화를 가져왔을까?

　전통적인 예금수취은행들이 직면한 주된 변화는 소비자금융보호국(Bureau of Consumer Financial Protection)이라는 새로운 정부기관의 창설이다. 이 기관의 임무는 매력적으로 보이기는 하지만 이해할 수 없는 금융거래에 의해 차입자들이 착취당하는 것을 방지하는 것이다.

　도드-프랭크법의 주된 취지는 그림자금융기관의 규제였다. 이 법에 의해 금융기관을 '시스템적으로 중요한 금융기관'으로 지명할 수 있게 되었는데, 이는 리먼 브라더스처럼 예금수취은행이 아니더라도 은행위기를 초래할 만큼 금융시스템에서 중요한 기관을 의미한다.

도드-프랭크법은 옛날식 은행 규제를 오늘날의 보다 복잡한 금융시스템으로까지 연장하려는 시도였다. 더 최근에 트럼프 행정부는 이들 규제의 일부를 환원시켰다.

　도드-프랭크법하에서 이들 시스템적으로 중요한 금융기관들은 비교적 높은 수준의 자기자본 요구와 위험 부담에 대한 한도를 포함하여 예금수취은행에 부과되는 것과 같은 유형의 규제를 적용받았다. 이에 더하여 연방정부는 곤경에 처한 은행을 압류하는 것과 마찬가지로 어려움에 처한 비예금수취 금융기관을 압류할 수 있는 해결 권한을 취득했다.

　도드-프랭크법은 또한 2008년 위기에서도 중요한 역할을 했던 복잡한 금융수단인 **파생금융상품**의 대부분을 투명성을 높이고 위험을 줄이기 위해 공공거래소에서 매매되도록 만들었다.

　전체적으로 도드-프랭크법의 목적은 옛날식 은행 규제를 더 복잡한 21세기 금융시스템에 확장 적용하는 것이었다. 이 법이 얼마나 잘 목적을 달성하고 있을까? 지금까지의 증거에 따르면 비교적 성공적이다.

- 시스템적으로 중요한 금융기관에 대한 새 규칙은 전통적인 은행에 대한 규제를 우회하는 그림자금융을 만들려는 유인을 축소시켰다. 한 예로 한때 제너럴 일렉트릭(GE)이 소유했던 GE 캐피털을 들 수 있다. 이 기업은 모기업인 GE에게는 주된 이익 원천이었지만, 도드-프랭크법이 제정된 이후 매각되었다.
- 해결 권한은 소위 파산시키기에는 너무 크다는 이유로 지급되던 보조금을 축소시킨 것으로 보인다. 대형 금융기관이 소규모 금융기관에 비해 더 낮은 차입비용을 향유할 수 있었던 것은 대형 기관만이 위기가 올 때 구제될 것이라는 믿음에서였다.
- 소비자금융보호국은 금융사기를 제재하고 방지하는 데 상당히 효과적이었다고 널리 인정된다. 그렇지만 트럼프 행정부가 이 기구의 독립성과 역할을 축소하기로 함에 따라 2017년 이후 그 권한과 효능이 축소되었다.

　하지만 도드-프랭크법이 얼마나 효과적이었는지는 다음 번 금융 혼란이 발생할 때까지는 알 수 없을 것이다.

>> 이해돕기 29-5
해답은 책 뒤에

1. 1907년의 금융공황, 저축대부조합 위기, 2008년의 위기에서 유사한 점은 무엇인가?
2. 연방준비제도의 창설이 대공황 중의 예금인출사태를 막지 못한 이유는 무엇인가? 어떤 조치가 예금인출사태를 중지시켰는가?
3. 2008년 위기에 대응하기 위한 특별한 조치들이 필요했던 이유는 무엇인가?

완벽한 선물 : 현금 또는 기프트 카드?

Richard Levine/Alamy

누군가가 여러분에게 선물을 줌으로써 감사의 뜻을 나타낸다는 것은 언제든 즐거운 일이다. 지난 수년간 점점 더 많은 사람들이 소매상들에 의해 발행되고 상품으로 교환될 수 있는 선불 플라스틱 카드인 기프트 카드를 이용하여 감사의 마음을 표현하고 있다. GiftCardUSA.com에 따르면 미국의 100대 소매상의 80% 이상에서 가장 잘 팔리는 물건이 바로 이들이 발행한 기프트 카드라고 한다.

선물을 받는 사람이 자신이 원하는 것을 선택할 수 있게 하는 것보다 더 간단하고 유용한 것은 없을 것이다. 게다가 기프트 카드는 현금이나 수표보다도 더 인간적이지 않은가?

그렇지만 몇몇 웹 사이트들은 기프트 카드의 수령자가 종종 이를 차갑고 비인간적인 달러와 센트로 전환하기 위해 할인해서 팔기를 원하며 때로는 꽤 큰 폭으로 할인하기를 원한다는 사실을 이용하여 돈을 벌고 있다. 다른 한편으로는 이런 카드를 사서 자신이 원하는 물건으로 전환하고자 하는 사람들이 있다.

CardCash는 이러한 사이트 중 하나다. 이 글을 쓰고 있는 현재 이 사이트는 월마트의 기프트 카드를 파는 사람에게 카드 액면금액의 88%에 해당하는 현금을 지급할 것을 제안하고 있다. 예를 들어 100달러의 액면금액을 가진 카드의 매도자는 현금 88달러를 받을 수 있다. Cardcash.com은 자신이 지불한 금액에 프리미엄을 붙여 카드를 되팔아 이윤을 남긴다. 예를 들어 월마트 기프트 카드를 액면금액의 88% 이상에 판매한다. 카드를 파는 사람에게 제시되는 금액은 소매상에 따라 다르다. 예를 들어 CardCash는 갭의 카드에 대해서는 액면금액의 75%만 현금으로 지급한다.

많은 소비자가 자신이 가진 기프트 카드를 현금으로 전환하기 위해 상당히 할인된 금액에 팔 의향이 있다. 그런데도 소매상들은 현금보다는 기프트 카드의 사용을 촉진하기를 열망한다. 이는 기프트 카드 금액 중 상당 부분이 사용되지 않기 때문인데 이런 현상을 '파손'이라고 한다.

어떻게 해서 파손이 일어날까? 사람들은 카드를 잃어버린다. 또는 50달러짜리 카드에서 47달러만 쓰고는 나머지 3달러를 쓰기 위해 또 가게를 방문할 가치가 없다고 생각한다. 또한 소매상들은 카드 사용에 대해 수수료를 부과하거나 카드에 만기일을 두는데 사람들은 만기일을 잊기 마련이다. 또 소매상이 폐업을 할 경우 남아 있는 카드 금액도 함께 사라진다.

파손에 더하여 소비자들이 기프트 카드의 금액을 모두 사용하려 하지만 카드의 액면금액을 정확하게 사용하는 것이 너무 어려울 경우에도 소매상들이 혜택을 본다. 결국 카드 금액보다 더 많은 지출을 하게 되고 때로는 기프트 카드가 없을 때 썼을 금액보다 더 많은 지출을 하게 되기 때문이다.

기프트 카드는 소매상들에게 많은 혜택을 주기 때문에 이전에 환불수표로 고객의 충성에 보답하던 소매상들도 대개 이 대신 기프트 카드를 주고 있다. 오늘날 소매상들은 자신의 기프트 카드를 통해 충성스러운 고객들이 보상을 해 주리라 기대한다. 코로나바이러스 봉쇄 기간 중 문을 내린 음식점들은 현금이 필요했고, 이들은 재빨리 기프트 카드 판매로 전환했다. 음식점들은 50달러나 100달러짜리 기프트 카드를 구매할 경우 20%의 보너스를 더해주기도 했다. 음식점들은 현금을 미리 받음으로써 비용지출에 충당하고 판매된 카드가 고객의 충성도를 유지하는 데 도움이 되리라 희망한다.

생각해 볼 문제

1. 기프트 카드 소유자들이 액면금액보다 적은 액수의 현금을 받고 카드를 팔려고 하는 이유는 무엇인가?
2. 월마트의 기프트 카드가 갭의 기프트 카드보다 더 적게 할인된 금액에 팔리는 이유는 무엇일까?
3. 위 2번 문제에 대한 여러분의 답변을 이용하여 왜 현금은 절대로 할인되어 판매되지 않는지 설명하라.
4. 왜 소매상들이 충성스러운 고객에게 환불수표 대신 기프트 카드로 보답하는 것을 더 선호할까?
5. 최근 제정된 법은 소매상들이 기프트 카드에 수수료를 부과하고 만기일을 두는 것을 제한하는 한편 카드가 가진 조건들에 대해 더 폭넓게 공시할 것을 요구한다. 의회가 이러한 법을 제정한 이유는 무엇일까?

요약

1. **화폐**는 재화나 서비스를 구매하기 위해 손쉽게 사용될 수 있는 자산이다. **유통 중인 현금**과 **당좌예금**은 **화폐공급**의 일부로 간주된다. 화폐는 세 가지 기능을 수행한다. 화폐는 거래에 사용되는 **교환의 매개수단**이며, 여러 기간 동안 구매력을 보유하는 **가치 저장수단**이며, 가격을 표시하는 데 사용되는 **계산의 단위**다.

2. 시간이 흐름에 따라 금화나 은화같이 화폐로서의 역할 이외의 가치를 보유한 재화로 만들어진 **상품화폐**가 금에 의해 뒷받침되는 지폐와 같이 **상품에 의해 뒷받침되는 화폐**로 대체되었다. 오늘날의 달러화는 공적인 역할만으로 가치가 부여되는 순수한 **명령화폐**다.

3. 연방준비제도는 두 가지 화폐공급 지표를 계산한다. M1은 가장 협의의 **통화총량**으로 유통 중인 현금, 여행자수표 그리고 당좌예금만으로 구성된다. M2는 **준화폐**라 불리는 보다 광범위한 자산을 포함하는데 이들은 주로 당좌예금으로 쉽게 전환될 수 있는 다른 형태의 은행예금들이다.

4. 은행은 예금자들이 자신의 자금을 즉각적으로 인출하는 것을 허용한다. 한편 은행은 자신에게 맡겨진 대부분의 자금을 대출해 준다. 현금 인출요구에 응하기 위해서 은행들은 금고에 보관된 현금과 연방준비제도에 예치된 예금으로 구성된 **지불준비금**을 보유한다. **지불준비율**은 은행예금에 대한 지불준비금의 비율이다. **T 계정**은 대출과 지불준비금을 자산으로, 예금을 부채로 계상함으로써 은행의 재무상태를 요약적으로 보여 준다.

5. 과거에는 은행들이 **예금인출사태**를 겪기도 했는데 1930년대의 예금인출사태가 가장 대표적인 사례. 지금은 이와 같은 위험을 제거하기 위해서 예금자들을 **예금보험**에 의해 보호하는 한편, 은행 소유자들이 예금자의 자금으로 지나치게 위험이 큰 대출을 할 유인을 줄이기 위해 자기자본을 보유할 것을 요구한다. 은행들은 또한 **지불준비 요구**를 충족해야 한다.

6. 현금이 은행에 예금되면 은행이 **초과 지불준비금**을 대출함에 따라 화폐공급이 증가하는 승수 과정이 시작되며 그 결과 은행들은 화폐를 창조한다. 화폐가 모두 당좌예금만으로 이루어져 있다면 화폐공급은 지불준비금을 지불준비율로 나눈 값과 같다. 현실에서는 **본원통화**의 상당 부분이 유통 중인 현금으로 구성된다. **화폐승수**는 화폐공급(통화량)을 본원통화로 나눈 비율이다.

7. 본원통화는 미국의 **중앙은행**인 연방준비제도에 의해 관리된다. 연방준비제도는 정부기관으로서의 성격과 민간기관으로서의 성격을 복합적으로 갖고 있다. 연방준비제도는 은행을 규제하고 지불준비 요구를 결정한다. 이 지불준비 요구를 충족하기 위해 은행들은 **연방자금시장**에서 **연방자금금리**에 자금을 빌리거나 빌려 준다. 은행들은 **재할인 창구**를 통해 연준으로부터 **재할인율**에 자금을 차입할 수 있다.

8. 연준의 **공개시장 조작**은 가장 주요한 통화정책수단이다. 연준은 미국 재무부증권을 은행으로부터 매입하거나 은행에 매각함으로써 본원통화를 늘리거나 줄일 수 있다.

9. 1907년의 은행공황에 대한 대응으로 연방준비제도를 창설하여 지불준비금 보유를 집중화하고, 은행의 장부를 검사하고, 변화하는 경제 여건에 화폐공급이 충분히 대응할 수 있도록 하였다.

10. 대공황은 1930년대 초에 광범위한 예금인출사태를 촉발했는데 이는 경기침체의 폭과 깊이를 크게 심화시켰다. 연방예금보험이 새로 만들어졌으며 정부는 은행에 대한 대출이나 은행 지분의 매입을 통해 은행자본을 확충했다. 1933년에는 은행들이 **상업은행**(예금보험에 의해 보호됨)과 **투자은행**(보호되지 않음)의 두 범주로 분리되었다. 사람들이 예금보험을 인정함에 따라 대공황 중의 예금인출사태가 진정되었다.

11. 1980년대의 **저축대부조합**(저축기관) 위기는 충분하게 규제되지 않았던 저축대부조합들이 지나치게 위험한 투기로부터 엄청난 손실을 입음에 따라 발생했다. 파산한 저축대부조합의 예금자들은 예금보험에 의해 보호되었으나 이는 납세자의 부담이 되었다. 이 위기로 인해 금융부문과 부동산부문이 엄청난 손실을 입었으며 1990년대 초의 경기후퇴가 발생했다.

12. 규제 감독이나 보호를 받지 않는 비예금수취 금융기관에 의해 이루어지는 은행과 유사한 활동인 **그림자금융**의 등장은 다시 한번 금융시스템을 예금인출사태와 같은 공황에 취약하게 만들었다. 2000년대 중반에 **증권화**를 통해 **서브프라임 대출**이 그림자금융 부문과 일부 전통적 은행에 확산되었다. 2007년에 주택 거품이 터지고 금융기관들이 막대한 손실을 보자 공황이 발생했고 2008년에는 금융시스템이 전반적으로 붕괴되었다. 또 다른 대공황을 막기 위해 연준과 미국의 재무부는 은행에 자본을 주입하기 위한 주식 매입, 재할인 대출을 통한 대규모 자금 공급, 장기 정

부채와 정부기관채의 대량 매수 등 금융시스템을 유지하기 위한 특단의 조치를 취했다. 2010년이 되자 금융시스템은 안정되었지만 경제는 2016년까지도 완전히 회복하지 못했다.

13. 2010년에 의회는 또 다른 위기의 발생을 방지할 목적으로 도드-프랭크법이라는 금융규제 개혁법을 통과시켰다. 이 법의 주된 목적은 옛날식 은행 규제를 오늘날의 보다 복잡한 금융시스템에 맞도록 확장하는 것이었다. 이 법은 또한 금융사기로부터 소비자를 보호한다.

주요용어

화폐	준화폐	중앙은행
유통 중인 현금	지불준비금	연방자금시장
당좌예금	T 계정	연방자금금리
화폐공급	지불준비율	재할인율
교환의 매개수단	예금인출사태	공개시장 조작
가치 저장수단	예금보험	상업은행
계산의 단위	지불준비 요구	투자은행
상품화폐	재할인 창구	저축대부조합(저축기관)
상품에 의해 뒷받침되는 화폐	초과 지불준비금	그림자금융
명령화폐	본원통화	서브프라임 대출
통화총량	화폐승수	증권화

토론문제

1. 여러분의 급우들이 화폐 대신 사용할 수 있다고 생각하고 가상화폐 구입을 고려한다고 하자. 가상화폐가 화폐로서의 기능을 할 수 있나?

2. 2020년의 경제 붕괴 중에 많은 사람들이 금융시스템의 안정에 대해 염려를 했다. 고용이 감소함에 따라 많은 사람들이 주택담보대출 원리금, 임대료, 자동차 할부금, 신용카드 대금 등을 지불할 수 없게 되었다. 많은 사람들이 "2009년 주택경기 붕괴 이후 발생했던 것과 같은 또 하나의 금융공황을 겪게 될 것인가?"라는 의문을 제기했다. 대후퇴 이후의 규제 변화가 어떻게 또 다른 예금인출사태를 방지하는 데 도움이 되었는지 설명하라.

3. 연준은 2020년 경제위기에 어떻게 대응했나? 〈그림 29-9〉를 이용하여 연준의 대응이 주택거품 붕괴 이후의 대응과 어떤 점에서 닮았는지를 설명하라.

연습문제

1. 다음의 각 거래는 M1에 어떤 영향(증가 또는 감소)을 미치는가? M2에는 어떤 영향을 미치는가?
   a. 여러분이 주식 몇 주를 판 대금을 저축예금에 넣는다.
   b. 여러분이 주식 몇 주를 판 대금을 당좌예금에 넣는다.
   c. 돈을 저축예금으로부터 당좌예금으로 이체한다.
   d. 여러분이 자동차 바닥에서 0.25달러를 발견하고, 이것을 당좌예금에 넣는다.
   e. 여러분이 자동차 바닥에서 0.25달러를 발견하고, 이것을 저축예금에 넣는다.

2. 화폐에는 상품화폐, 상품에 의해 뒷받침되는 화폐, 명령화폐의 세 가지 종류가 있다. 다음 각 상황에서 어떤 종류의 화폐가 사용되고 있는가?
   a. 식민지 시절의 호주에서는 럼주 병이 재화구매 대금을 지급하기 위해 사용되었다.
   b. 많은 유럽국가에서 소금이 교환의 매개수단으로 사용되었다.

c. 한때 독일은 일정한 양의 호밀과 교환될 수 있는 지폐('Rye Mark')를 사용했다.

d. 뉴욕의 이타카시는 'Ithaca HOURS'라고 하는 그들만의 화폐를 찍어 내는데, 이 화폐는 이타카 지역에서 재화와 서비스를 구매하는 데 사용될 수 있다.

3. 다음 표는 세인트루이스 연방준비은행에 의해 보고된 2009~2019년 12월의 M1과 M2의 구성요소를 10억 달러 단위로 보여 준다. M1, M2, 그리고 유통 중인 현금의 M1과 M2에 대한 비율을 각각 계산하여 표를 완성하라. M1, M2, 그리고 M1과 M2에 대한 유통 중인 현금의 비율은 어떤 추세를 갖고 있는가? 이와 같은 추세는 어떻게 설명될 수 있는가?

연도	유통 중인 현금	당좌예금	저축예금	정기예금	MMF	M1	M2	유통 중인 현금의 M1에 대한 비율	유통 중인 현금의 M2에 대한 비율
2009	$863.7	$829.1	$4,812.0	$1,187.5	$791.1	?	?	?	?
2010	918.8	917.9	5,331.5	934.4	686.7	?	?	?	?
2011	1,001.6	1,162.7	6,033.6	776.9	676.3	?	?	?	?
2012	1,090.7	1,370.4	6,683.3	645.8	655.4	?	?	?	?
2013	1,160.7	1,503.7	7,128.2	570.4	652.0	?	?	?	?
2014	1,253.2	1,687.1	7,573.0	523.4	631.3	?	?	?	?
2015	1,339.5	1,754.4	8,169.7	413.2	653.3	?	?	?	?
2016	1,420.9	1,919.0	8,814.5	353.4	691.3	?	?	?	?
2017	1,525.0	2,082.3	9,110.3	414.2	703.8	?	?	?	?
2018	1,624.8	2,121.7	9,260.9	532.9	811.5	?	?	?	?
2019	1,710.9	2,266.2	9,765.2	580.0	979.9	?	?	?	?

출처 : Federal Reserve Bank of St. Louis.

4. 다음 각각이 M1 또는 M2의 일부인지 또는 어느 쪽도 아닌지를 밝히라.

a. 대학 구내식당의 식권카드에 남아 있는 잔고 95달러

b. 여러분 차의 거스름돈 컵에 들어 있는 0.55달러

c. 저축예금에 들어 있는 1,663달러

d. 당좌예금에 들어 있는 459달러

e. 4,000달러의 가치가 있는 주식 100주

f. 타깃 신용카드가 가진 1,000달러의 사용한도

5. 트레이시 윌리엄스가 양말서랍에 있던 500달러를 동네 은행의 당좌예금에 입금한다고 하자.

a. 이 예금은 첫 단계에서 동네 은행의 T 계정에 어떤 변화를 가져오겠는가? 화폐공급은 어떻게 변화하는가?

b. 은행이 10%의 지불준비율을 유지한다면 새로운 예금에 대하여 어떻게 반응하겠는가?

c. 은행이 대출을 할 때마다 그 대출이 다른 은행에 동일한 금액만큼의 새로운 당좌예금으로 입금된다면, 트레이시가 처음에 한 500달러의 예금으로 인해 경제 전체의 화폐공급은 모두 얼마나 증가하겠는가?

d. 은행이 대출을 할 때마다 그 대출이 다른 은행에 동일한 금액만큼의 새 당좌예금으로 입금된다고 하자. 은행이 5%의 지불준비율을 유지한다면, 처음 예금된 현금 500달러로 인해 화폐공급이 얼마나 증가하겠는가?

6. 라이언 코젠스가 동네 은행의 당좌예금으로부터 400달러를 인출하여 지갑에 보관한다고 하자.

a. 이 인출은 동네 은행의 T 계정과 화폐공급을 어떻게 변화시키는가?

b. 은행이 10%의 지불준비율을 유지한다면 이 인출에 대해 어떻게 반응할 것인가? 은행은 지불준비금이 부족할 경우 지불준비금이 지불준비 요구를 충족할 때까지 보유하고 있는 예금액을 감소시킨다고 가정하라. 은행은 대출의 일부를 회수하여 차입자들이 대출을 갚기 위해 당좌예금에서 현금을 인출하도록 만들어 예금을 감소시킬 수 있다.

c. 은행이 대출을 줄일 때마다 당좌예금이 같은 금액만큼 감소한다면 라이언이 400달러를 인출함에 따라 경제 전체의 화폐공급은 얼마나 줄어드는가?

d. 은행이 대출을 줄일 때마다 당좌예금이 같은 금액만큼 감소하고 은행이 20%의 지불준비율을 유지한다면, 400

달러의 예금인출에 따라 화폐공급이 얼마나 감소하는가?

7. 이스트랜디아 정부는 미국과 유사한 통화총량 지표를 사용하며, 이스트랜디아의 중앙은행은 10%의 지불준비 요구를 부과한다. 다음 정보가 주어졌을 때 아래 질문에 답하라.

   중앙은행 예치금 = 2억 달러

   민간이 보유한 현금 = 1억 5,000만 달러

   은행 시재금 = 1억 달러

   당좌예금 = 5억 달러

   a. M1은 얼마인가?

   b. 본원통화는 얼마인가?

   c. 상업은행들은 초과 지불준비금을 보유하고 있는가?

   d. 상업은행들은 당좌예금을 증가시킬 수 있는가? 증가시킬 수 있다면, 당좌예금은 얼마나 증가할 수 있는가?

8. 웨스트랜디아에서는 국민들이 M1의 50%를 현금으로 보유하고, 지불준비 요구는 20%다. 다음 표를 완성하여 현금 500달러가 새로 예금될 때 화폐공급이 얼마나 증가할지 추정하라. (힌트 : 첫째 줄은 은행이 예금 500달러의 20%인 100달러를 필요 지불준비금으로 보유해야 하며, 그 결과 400달러의 초과 지불준비금이 대출될 수 있음을 나타낸다. 하지만 사람들이 대출의 50%를 현금으로 보유하려 하므로 첫 단계에서 제공된 대출로부터 $400 \times 0.5 = $200만이 둘째 단계에 예금될 것이다.) 여러분의 답과 모든 대출이 은행시스템에 예금되고, 사람들이 대출을 현금으로 보유하지 않는 경제를 비교하라. 이와 같은 결과가 현금에 대한 사람들의 선호와 화폐승수 간의 관계에 대해서 어떤 점을 시사하는가?

단계	예금	지불준비 요구	초과 지불준비금	대출	현금으로 보유
1	$500.00	$100.00	$400.00	$400.00	$200.00
2	200.00	?	?	?	?
3	?	?	?	?	?
4	?	?	?	?	?
5	?	?	?	?	?
6	?	?	?	?	?
7	?	?	?	?	?
8	?	?	?	?	?
9	?	?	?	?	?
10단계 이후의 합계	?	?	?	?	?

9. 다음 각 상황에서 화폐공급에 어떤 변화가 발생할까?

   a. 지불준비 요구는 25%이고 예금자가 당좌예금으로부터 700달러를 인출한다.

   b. 지불준비 요구는 5%이고 예금자가 당좌예금으로부터 700달러를 인출한다.

   c. 지불준비 요구는 20%이고 고객이 당좌예금에 750달러를 예금한다.

   d. 지불준비 요구는 10%이고 고객이 당좌예금에 600달러를 예금한다.

10. 미국의 연방준비제도는 화폐공급을 관리하기 위해서 지불준비 요구를 변화시키지 않는 반면 알베르니아의 중앙은행은 지불준비 요구의 변화를 이용한다. 알베르니아의 상업은행들이 1억 달러를 지불준비금으로 보유하고 있고, 당좌예금 10억 달러를 갖고 있다고 하자. 최초의 지불준비 요구는 10%다. 상업은행들은 초과 지불준비금을 보유하지 않는다고 하자. 사람들은 현금을 전혀 보유하지 않기 때문에 은행시스템에는 당좌예금만이 존재한다.

    a. 지불준비 요구가 5%로 하락하면 화폐공급은 어떻게 변하는가?

    b. 지불준비 요구가 25%로 상승하면 화폐공급은 어떻게 변하는가?

11. 〈그림 29-6〉을 이용하여 여러분이 관심을 가진 구역의 연방준비은행을 찾아보라. www.federalreserve.gov/fomc/로 가서 여러분이 찾은 연방준비은행장이 현재 연방공개시장위원회(FOMC)의 투표권을 가진 위원인지를 알아보라.

12. 연방준비제도가 미국 재무부증권 3,000만 달러어치를 매각할 때 연방준비제도와 상업은행 T 계정에서의 변화를 보이라. 사람들이 항상 일정한 금액의 현금만을 보유하고 (그리하여 모든 대출이 은행시스템에서 동일한 금액의 예금을 창조하고), 지불준비 요구가 5%이고, 은행들이 초과 지불준비금을 보유하지 않는다면 상업은행의 예금은 얼마나 변하겠는가? 화폐공급은 얼마나 변하는가? 화폐공급이 대답한 금액만큼 변할 때 상업은행의 T 계정에서 최종 상태를 보이라.

13. 의회연구소(Congressional Research Service)의 추정에 따르면 적어도 4,500만 달러에 달하는 북한산 100달러짜리 위조지폐가 유통 중이다.

    a. 왜 납세자들이 북한의 위조지폐 생산으로 인해 손해를 보는가?

    b. 2016년 12월 현재 1년 만기 미국 재무부증권은 0.87%의 이자율을 제공한다. 이자율이 0.87%라면 4,500만 달러의 위조지폐로 인한 납세자들의 연간 손실액은 얼

마나 되는가?

14. 〈그림 29-9〉가 보여 주듯이 2007년 이래로 연방준비제도의 자산 중에서 재무부증권이 차지하는 비중이 점차 감소했다. www.federalreserve.gov로 가라. 페이지의 최상단 "자료(Data)"와 "통화량과 지불준비금 잔고(Money Stock and Reserve Balances)" 아래에서 '지불준비금 잔고에 영향을 미치는 요인들(Factors Affecting Reserve Balances)'을 클릭하라. 가장 최근에 자료가 발표된 날을 클릭하라.

   a. '연방준비은행 상황 보고서(Condition Statement of Federal Reserve Bank)' 아래에서 '총계(Total)' 열을 보라. '총자산(Total assets)' 옆에 보이는 금액은 얼마인가? '미국 재무부증권(U.S. Treasury securities)' 옆에 보이는 금액은 얼마인가? 현재 연방준비제도의 총자산 중에서 재무부증권이 차지하는 비중은 백분율로 얼마인가?

   b. 연준의 자산은 〈그림 29-9〉에서 그래프의 시작 시점인 2007년 1월에서와 같이 주로 재무부증권으로 구성되어 있는가? 아니면 연준은 그래프의 마지막 시점인 2020년 초반에서와 같이 여전히 많은 종류의 다른 자산들을 보유하고 있는가?

15. 다음 그림은 1980년 1월과 2020년 3월 사이의 기간에 미국의 월별 신축주택 착공 건수를 천 건 단위로 보여 준다. 그림은 1984~1991년과 2006~2009년 기간에 주택 착공 건수가 크게 감소했음을 보여 준다. 신축주택 착공 건수는 주택담보 대출의 이용 가능성과 연관이 있다.

   a. 1984~1991년의 신축주택 착공 건수 감소 원인은 무엇인가?

   b. 2006~2009년의 신축주택 착공 건수 감소 원인은 무엇인가?

   c. 금융기관에 대한 규제가 더 좋았더라면 이 두 사건을 어떻게 방지할 수 있었겠는가?

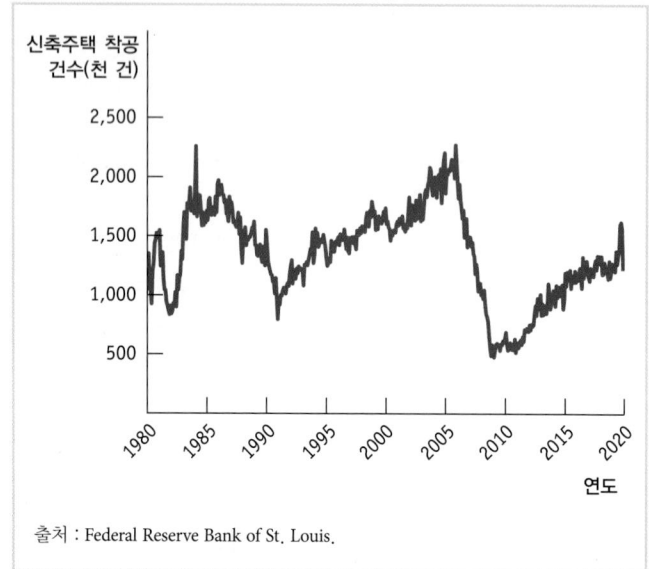

출처 : Federal Reserve Bank of St. Louis.

30 ▷ 통화정책

정부에서 가장 힘센 사람

미국 경제의 기초여건은 여전히 튼튼하다. 그렇지만 코로나바이러스가 경제 활동에 주는 위험은 진화하고 있다. 이러한 위험을 고려하고 최대한의 고용과 물가안정 목표를 달성하기 위해 연방공개시장위원회는 오늘 연방자금금리 목표 범위를 1/2%p 낮춰서 1에서 1과 1/4%로 변경하기로 결정했다. 위원회는 새로운 상황 전개와 경기전망에 대한 함의를 면밀하게 파악하고 경제를 지지하기 위해 위원회가 가진 수단을 이용하여 적절한 조치를 취할 것이다.

이는 2020년 3월 3일에 미국의 통화정책을 결정하는 사람들에 의해 발표된 성명이다. 불과 12일 후에 이들은 또 다른 성명을 내어 그들이 통제하는 이자율을 사실상 영으로 낮추는 한편 적어도 7천억 달러에 달하는 채권을 매입함으로써 경제를 활성화하려는 계획을 발표했다.

이들 두 발표는 미국의 경제정책에 있어 중대한 변화에 해당한다. 그런데 누가 이런 변화를 결정할까? 의회나 대통령은 이자율 결정에서 어떤 직접적인 역할도 하지 않는다. 이 역할은 당시 제롬 파월(Jerome Powell)이 의장을 맡고 있던 독립기관인 연방준비제도 이사회가 담당하고 있다. 이런 이유에서 대통령이 아니라 연준 의장이 정부에서 가장 힘센 사람이라는 옛 속담도 있다.

그렇지만 이웃에 있는 백악관과는 달리 연준에는 거창한 의식이 없다. 바삐 움직이는 보좌관도 없고, 멋진 옷을 입은 경비원도 없고, 화려한 그림도 없고, 경호원도 없다. 연준의 종사자들은 평범한 옷을 입고

연준 의장직은 아마도 미국 정부에서 가장 힘센 직책이라 할 수 있다.

있어서 대학원생으로 보일 정도다. 예를 들어 연준의 금융 업무를 수행하는 뉴욕 연방준비은행에서는 다섯 명의 종업원만이 근무하는 작은 방에서 매일 수십억 달러에 달하는 미국 장기 정부채가 매매된다. 모든 것이 너무나도 평범하다는 사실에 충격을 받은 한 언론인은 "중요한 업무를 하고 있다는 기색을 전혀 찾아볼 수 없는 이다지도 평범한 광경이 정말로 고동치는 자본주의의 심장이란 말인가?"라고 물었다.

그 답은 그렇다이다. 연준 의장과 이사회의 힘의 원천은 통화정책을 결정할 수 있는 권한에 있다. 물가 안정, 일자리 창출, 금융시스템의 원활한 작동을 포함하여 연준의 **통화정책**이 미국 경제에서 갖는 중요성은 아무리 강조해도 지나치지 않다. 제2차 세계대전 이래 미국이 경험한 경기후퇴 중 거의 절반 정도가 적어도 부분적으로는 인플레이션을 진정시키기 위해 연준이 긴축적 정책을 채택한 데 원인이 있다. 다른 경우에도 연준의 정책은 경기부진에 대응하고 경기회복을 촉진함에 있어 핵심적인 역할을 담당했다. 더 최근에는 2008년의 금융위기와 뒤이은 대후퇴 기간 중에는 경제가 심연으로 추락하는 것을 막기 위한 노력의 중심에 있었다.

연준은 어떻게 이 모든 것을 달성할까? 겸손해 보이는 종업원들이 매일 미국 정부채 수십억 달러를 매매함으로써 달성되는 화폐공급과 이자율의 변화를 통해서다. (그리고 제29장에서 배웠듯이 연준은 은행에 대한 지불준비 요구를 변경함으로써 화폐공급에 영향을 미칠 수 있다.)

우리는 이 장에서 통화정책이 어떻게 작동하는지, 즉 연준의 조치가 어떻게 경제에 강력한 영향을 미치는지에 대해 배울 것이다. 먼저 가계와 기업의 **화폐수요**에 대해 알아볼 것이다. 그러고 나서 연준이 화폐공급을 변화시킬 수 있는 능력을 통해 어떻게 단기에 이자율을 변화시키고 그 결과 실질 국내총생산에 영향을 줄 수 있는지를 볼 것이다. 우리는 실제 미국의 통화정책에 대해 살펴보고 이를 다른 국가 중앙은행들의 통화정책과 비교할 것이다. 마지막으로 통화정책의 장기 효과에 대해 살펴보면서 결말을 지을 것이다. ●

이 장에서 배울 내용

- **화폐수요곡선**은 무엇인가?
- **유동성선호 모형**이 단기에 이자율을 결정하는 이유는 무엇인가?
- **연방준비제도**가 통화정책을 어떻게 실행하는가?
- **통화정책**이 경제를 안정시키기 위한 주요 정책수단인 이유는 무엇인가?
- 경제학자들이 **화폐의 중립성**을 믿는 이유는 무엇인가?

정기예금증서(certificate of deposit, CD)는 고객이 정해진 기간 예금을 하고 정해진 이자를 수취하는 은행발행 자산이다.

화폐수요

제29장에서는 여러 가지 통화총량에 대해서 배웠다. 가장 보편적으로 사용되는 화폐공급의 정의인 M1이 유통 중인 현금과 당좌예금으로 구성되며 이보다 더 광범위한 화폐공급의 정의인 M2는 M1과 쉽게 당좌예금으로 전환될 수 있는 예금으로 구성된다. 이에 더해서 우리는 사람들이 화폐를 보유하는 이유가 재화와 서비스의 구매를 손쉽게 해 주기 때문임을 알았다. 이제 우리는 개인과 기업이 화폐를 얼마나 보유할 것인가를 결정하는 요인들에 대해서 알아볼 것이다.

화폐 보유의 기회비용

대부분의 경제적 의사결정은 상충관계를 내포하고 있다. 즉 개인은 어떤 재화를 얼마나 소비할지를 결정할 때 그 재화를 조금 더 소비함으로써 얻게 될 혜택이 그 비용만큼의 가치가 있는가를 판단한다. 화폐를 얼마만큼 보유할 것인가를 결정할 때도 이와 동일한 의사결정 과정을 거치게 된다.

상품을 구매할 때 화폐만이 직접적인 지불수단으로 사용될 수 있기 때문에 개인과 기업은 자산의 일부를 화폐의 형태로 보유한다. 하지만 이러한 편리함을 누리는 데는 비용이 따른다. 일반적으로 화폐가 제공하는 수익률이 다른 비화폐성 자산에 비해 낮기 때문이다.

화폐의 편리함이 다소의 기회비용을 치를 만한 가치가 있음을 보여 주는 단적인 예로 미국인들이 현금, 체크카드 또는 페이팔(PayPal)과 벤모(Venmo) 같은 송금서비스와 연계된 무이자 은행예금에 보유한 금액이 엄청나다는 사실을 들 수 있다. 이렇게 할 경우 사람들은 정기예금증서처럼 이자를 지급하는 자산에 자금을 넣어 둠으로써 벌 수 있을 이자를 포기해야 한다. **정기예금증서**(certificate of deposit, CD) 또는 간단히 CD는 사람들이 정해진 기간 동안 예금을 할 수 있게 해 주는 은행발행 자산으로 은행은 미리 정해진 이자율을 지급한다. 예를 들어 2020년 4월 현재 캐피털 원(Capital One)은 연 1.4%를 지급하는 5년 만기 CD와 1.5%를 지급하는 1년 만기 CD를 제공하고 있다. 그런데 CD는 5년이든 1년이든 정해진 기간이 지나기 전에 자금을 인출할 경우 벌금을 물어야 한다.

따라서 화폐수요에 대해 이해한다는 것은 개인과 기업이 편리하지만 거의 이자가 없는 화폐성 자산(현금과 무이자 은행예금) 보유의 혜택과 CD처럼 이자는 있지만 편리함이 없는 이자지급부 비화폐성 자산 보유의 혜택 간의 상충관계를 어떻게 조화시키는지를 이해하는 것을 의미한다. 이러한 상충관계는 이자율에 의해 영향을 받는다. (이전과 마찬가지로 우리가 **이자율**이라 함은 명목이자율, 즉 인플레이션에 대해 조정되지 않은 이자율을 의미한다.) 다음으로는 이자율이 크게 하락했던 2019년 3월부터 2020년 3월 사이에 이러한 상충관계가 어떻게 극적으로 변했는지에 대해 알아볼 것이다.

〈표 30-1〉은 2019년 3월에 화폐 보유에 따른 기회비용이 얼마인지 예시적으로 보여 준다. 첫째 줄은 1개월 만기 재무부증권에 대한 이자율을 보여 준다. 이것은 사람들이 자신의 자금을 1개월 동안 묶어 놓을 용의가 있을 때 벌 수 있는 이자율이다. 2019년 3월에는 1개월 만기 재무부증권이 2.45%의 수익률을 제공했다. 둘째 줄은 이자지급부 요구불예금의 이자율을 보여 준다. 이와 같은 계좌에 보유된 자금은 재무부증서에 비해 더 쉽게 인출이 가능하지만 이와 같은 편리함을 얻기 위해서는 훨씬 더 낮은 0.06%의 이자율을 감수해야 한다. 마지막 줄은 지갑

화폐 보유의 편리함에는 비용이 따른다.

표 30-1 몇 가지 이자율, 2019년 3월

1개월 만기 재무부증권	2.45%
이자지급부 요구불예금	0.06%
현금	0

출처 : Federal Reserve Bank of St. Louis.

속의 현금에 대한 이자율인데 당연히 영이다.

〈표 30-1〉은 특정 시점에서 화폐 보유의 기회비용을 보여 준다. 그런데 화폐 보유의 기회비용은 전체 이자율 수준이 변함에 따라 변화한다. 특히 전체 이자율 수준이 하락하면 화폐 보유의 기회비용도 감소한다.

〈표 30-2〉는 2019년 3월과 2020년 3월 사이에 몇 가지 이자율이 어떻게 변화했는지를 보여 준다. 앞서 보았듯이 2020년 초에 연준은 급격히 악화되고 있는 경기후퇴에 맞서기 위해 이자율을 낮췄다. 이 두 달간 이자율을 비교하면 화폐 보유의 기회비용이 급격히 감소하는 경우 어떤 일이 일어나는지를 알 수 있다. 1년 사이에 연준이 가장 직접적으로 통제하는 연방자금금리는 2.3%p 하락했다. 1개월 만기 재무부증권의 이자율도 거의 같은 폭으로 하락했다. 이들 이자율은 모두 **단기이자율**(short-term interest rate), 즉 1년 이내에 만기가 도래하는 금융자산에 대한 이자율이다.

그런데 단기이자율은 하락했지만 화폐에 대한 이자율은 같은 폭만큼 하락하지 않았다. 현금에 대한 이자율은 물론 영에 머물러 있었다. 요구불예금에 대한 이자율은 하락하기는 했지만 단기이자율에 비해서는 훨씬 적게 하락했다. 〈표 30-2〉의 두 열을 비교하면 알 수 있듯이 화폐 보유의 기회비용은 감소했다. 〈표 30-2〉의 마지막 두 줄은 재무부증권에 대한 이자율과 요구불예금 및 현금 간의 이자율 차이를 보여 준다.

이들 간의 차이, 즉 이자지급부 자산 대신 화폐를 보유하는 데 따른 기회비용은 2019년 3월과 2020년 3월 사이에 크게 줄어들었다. 이것은 보편적인 상황이다. 단기이자율이 높아질수록 화폐 보유의 기회비용이 높아지고 단기이자율이 낮아질수록 화폐 보유의 기회비용이 낮아진다.

〈표 30-2〉에 제시된 연방자금금리와 1개월 만기 CD의 이자율이 거의 같은 폭으로 하락한 것은 결코 우연이 아니다. 단기이자율은 극히 드문 예외를 제외하고는 모두 함께 움직이는 경향이 있기 때문이다. 단기이자율이 함께 움직이는 것은 단기자산들이 사실상 동일한 업종에서 경쟁을 하고 있는 셈이기 때문이다. 어떤 자산이 평균보다도 낮은 이자율을 제공한다면 투자자들은 이를 팔고 자신의 재산을 더 높은 수익률을 제공하는 단기자산으로 이동시킬 것이다. 자산의 매도는 해당 자산의 이자율이 상승하도록 만든다. 투자자들이 이 자산을 보유하도록 만들기 위해서는 더 높은 이자율로 보상을 해 줘야 하기 때문이다.

이와 반대로 투자자들은 평균보다 높은 이자율을 제공하는 단기자산에 재산을 투자하려 든다. 투자자들이 이와 같은 자산을 매입하면 해당 자산의 이자율은 하락한다. 자산의 매도자들이 수익률을 낮추더라도 이를 살 의향이 있는 매입자를 찾을 수 있기 때문이다. 이처럼 어떤 자산도 평균보다 높은 이자율이나 낮은 이자율을 계속해서 제공할 수 없기 때문에 단기자산의 이자율은 함께 움직이는 경향을 가진다.

〈표 30-2〉는 단기이자율에 대한 정보만 포함하고 있다. 어떤 시점에도 수년 후에 만기가 도래하는 금융자산에 대한 이자율인 **장기이자율**(long-term interest rate)과 단기이자율 간에는 차이가 날 수 있다. 이 둘 간의 차이는 현실에서는 매우 중요한 의미를 가질 수 있다.

더욱이 화폐수요에 영향을 미치는 것은 장기이자율이 아니라 단기이자율이다. 화폐를 보유하는 결정은 현금 보유에 따른 편리함과 1년 미만의 단기에 만기가 도래하는 자산을 보유함에 따른 보수 간의 상충관계를 내포하기 때문이다. 하지만 당분간은 단기이자율과 장기이자율 간의 차이를 무시하고 단 하나의 이자율만 있다고 가정하기로 한다.

표 30-2 이자율과 화폐 보유의 기회비용		
	2019년 3월	2020년 3월
연방자금금리	2.41%	0.08%
1개월 만기 재무부증권	2.45%	0.12%
이자지급부 요구불예금	0.06%	0.06%
현금	0	0
재무부증권 − 이자지급부 요구불예금(%p)	2.39	0.06
재무부증권 − 현금(%p)	2.45	0.12

출처 : Federal Reserve Bank of St. Louis.

단기이자율(short-term interest rate)은 1년 미만의 만기를 가진 금융자산에 대한 이자율이다.

장기이자율(long-term interest rate)은 수년 후에 만기가 되는 금융자산에 대한 이자율이다.

화폐수요곡선

전반적인 이자율 수준이 화폐 보유의 기회비용에 영향을 미치기 때문에 개인과 기업이 보유하기를 원하는 화폐의 양은 다른 조건이 같다면 이자율과 부의 관계를 갖게 된다. 〈그림 30-1〉에서 가로축은 화폐의 수요량을 나타내고 세로축은 이자율(r)을 나타내는데, 이 이자율은 1개월 만기 CD 이자율 같은 단기이자율을 대표한다고 생각할 수 있다. (제25장에서 설명했듯이 사람들의 화폐 보유 결정에 영향을 미치는 것은 실질이자율이 아니라 명목이자율이다. 따라서 〈그림 30-1〉과 다음에 나오는 다른 모든 그림에서의 r은 명목이자율을 나타낸다.)

〈그림 30-1〉에 제시된 **화폐수요곡선**(money demand curve), *MD*는 이자율과 사람들이 수요하는 화폐량(통화량) 간의 관계를 예시적으로 보여 준다. 화폐수요곡선은 우하향의 기울기를 갖는데 그 이유는 다른 조건이 같다면 이자율이 상승할 경우 화폐 보유의 기회비용이 상승하고 이에 따라 사람들이 수요하는 화폐의 양이 감소할 것이기 때문이다. 예를 들어 이자율이 1%와 같이 매우 낮다면 화폐를 보유하느라 벌지 못하는 이자는 매우 적을 것이다. 이 경우 개인과 기업은 물건을 구매할 때마다 다른 자산을 화폐로 전환해야 하는 비용과 불편함을 피하기 위해 비교적 많은 금액의 화폐를 보유하려 할 것이다.

이와 반대로 이자율이 1980년대 초의 미국에서와 같이 15%라는 높은 수준이라면 화폐 보유의 기회비용이 높으므로 사람들은 현금이나 예금으로는 적은 금액만을 보유하고 필요할 때 다른 자산을 화폐로 전환하여 사용할 것이다.

여러분은 왜 주식이나 부동산과 같은 다른 자산의 수익률이 아닌 이자율을 세로축으로 하여 화폐수요곡선을 그리는지 의아할 수도 있다. 앞서 보았듯이 대부분의 사람들에게 화폐를 얼마나 보유할 것인지에 대한 결정은 자금을 재무부증권과 같이 비교적 신속하게 화폐로 전환될 수 있는 자산으로 보유할 것인지의 여부에 달려 있다. 많은 온라인 주식 중개회사들은 수수료를 받지 않는다. 그렇지만 주식은 이와 같은 자산의 정의에 부합하지 않는데 이는 주식을 현금으로 전환하는 데 상당한 시간이 들거나, 상당한 수수료가 발생하거나, 또는 주식의 가치가 변동하기 때문이다. 부동산도 이러한 자산의 정의에 부합되지 않는데 부동산을 매각하는 데 더 많은 수수료와 긴 시간이 필요하기 때문이다. 따라서 화폐에 '가까운' 자산, 즉 정기예금증서와 같이 꽤 유

그림 30-1 화폐수요곡선

화폐수요곡선은 이자율과 화폐수요량 간의 관계를 나타낸다. 이 곡선은 우하향의 기울기를 가진다. 즉 이자율이 상승하면 화폐 보유의 기회비용이 상승하고 이에 따라 화폐수요량이 감소한다. 마찬가지로 이자율이 하락하면 화폐 보유의 기회비용이 하락하고 화폐수요량이 증가한다.

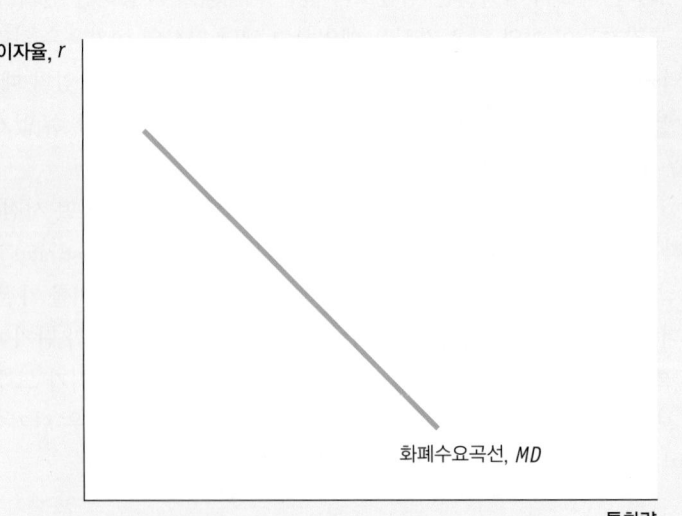

동성이 높은 자산과 비교하는 것이 적절하다. 그리고 우리가 이미 보았듯이 평상시에는 이와 같은 자산에 대한 이자율들이 함께 움직이는 경향이 있다.

화폐수요곡선의 이동

이자율 이외에도 여러 요인이 화폐수요에 영향을 미칠 수 있다. 이 요인들 중 하나가 변하면 화폐수요곡선이 이동한다. 〈그림 30-2〉는 화폐수요곡선 자체의 이동을 보여 준다. 화폐수요의 증가는 MD 곡선이 오른쪽으로 이동하여 각 이자율 수준에서의 화폐수요량이 증가하는 것에 상응한다. 화폐수요의 감소는 MD 곡선이 왼쪽으로 이동하여 각 이자율 수준에서의 화폐수요량이 감소하는 것에 상응한다.

화폐수요곡선을 이동시킬 수 있는 가장 중요한 요인으로는 물가의 변화, 실질 국내총생산의 변화, 신용시장 및 은행업 기술의 변화, 제도의 변화 등을 들 수 있다.

물가의 변화 1950년대와 비교할 때 오늘날의 미국인들은 훨씬 더 많은 현금을 지갑에 지니고 있고 훨씬 더 많은 자금을 당좌예금에 보유하고 있다. 한 가지 이유는 무엇이든 사기 위해서는 이렇게 해야만 한다는 것이다. 오늘날 거의 모든 것의 가격이, 맥도날드에서 버거, 프라이, 음료를 모두 45센트에 살 수 있었고, 휘발유 1갤런을 29센트에 살 수 있었던 1950년대에 비해 훨씬 더 비싸졌기 때문이다. 따라서 가격 상승은 화폐수요의 증가(MD 곡선의 오른쪽으로의 이동)를 가져오고 가격 하락은 화폐수요의 감소(MD 곡선의 왼쪽으로의 이동)를 가져온다.

이에 대해 보다 상세히 알아보자. 다른 조건이 같다면 화폐수요는 물가에 비례한다. 다시 말해 물가가 20% 상승하면 각 이자율 수준에서의 화폐수요량도 20% 증가한다. 예를 들면 〈그림 30-2〉에서 이자율이 r_1일 때의 화폐수요량이 M_1에서 M_2로 증가한다. 그 이유는 무엇일까? 모든 물건의 가격이 20% 상승하면 이전과 동일한 재화와 서비스 바구니를 구매하기 위해 화폐가 20% 더 필요하기 때문이다. 물가가 20% 하락하면 각 이자율 수준에서의 화폐수요량도 20% 감소한다. 예를 들면 〈그림 30-2〉에서 이자율이 r_1일 때의 화폐수요량이 M_1에서 M_3로 감소한다. 나중

그림 30-2 화폐수요의 증가와 감소

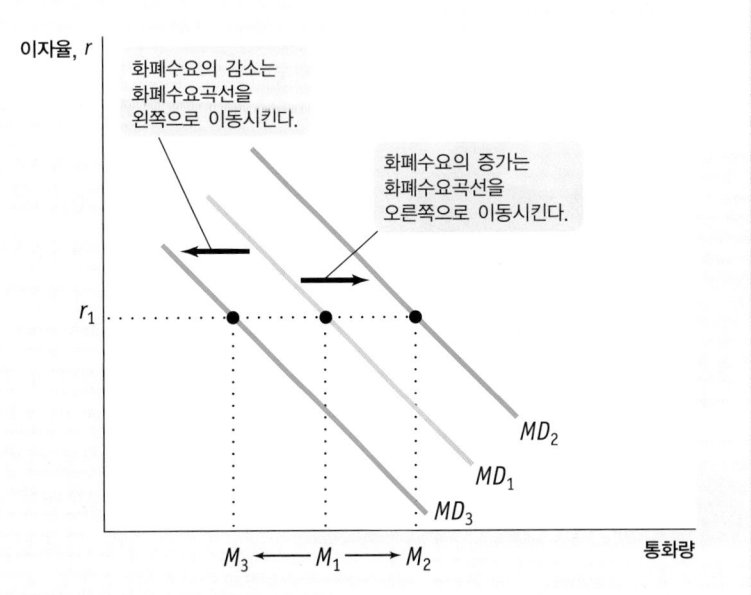

화폐수요에 영향을 미치는 이자율 이외의 요인이 변할 때 화폐수요곡선이 이동한다. 화폐수요의 증가는 화폐수요곡선을 MD_1에서 MD_2로 오른쪽으로 이동시키고 그 결과 각 이자율 수준에서의 화폐수요량이 증가한다. 화폐수요의 감소는 화폐수요곡선을 MD_1에서 MD_3로 왼쪽으로 이동시키고 그 결과 각 이자율 수준에서의 화폐수요량이 감소한다.

에 보듯이 화폐수요가 물가에 비례한다는 사실은 통화정책의 장기적 효과에 중요한 함의를 가진다.

실질 국내총생산의 변화   가계와 기업은 재화와 서비스를 편리하게 구매하기 위해 화폐를 보유한다. 따라서 이들이 구매하고자 하는 재화와 서비스의 양이 많을수록 각 이자율 수준에서 보유하기를 원하는 화폐의 양이 더 많을 것이다. 따라서 한 경제에서 생산되고 판매되는 재화와 서비스의 총량인 실질 국내총생산이 증가하면 화폐수요곡선이 오른쪽으로 이동한다. 반대로 실질 국내총생산이 감소하면 화폐수요곡선은 왼쪽으로 이동한다.

martin-dm/Getty Images

신용시장 및 은행업 기술의 변화   1960년대까지만 해도 점심식사와 식료품을 포함한 거의 모든 소액 구매는 현금을 통해서 이루어졌는데, 현금 이외의 대안이 별로 없었기 때문이다. 그렇지만 그 이후 널리 보급된 신용카드와 체크카드에서부터 스마트폰으로 결제를 할 수 있는 페이팔과 같은 앱에 이르기까지 일련의 혁신이 현금에 대한 수요를 크게 감소시켰다. 또한 현금자동인출기와 온라인 뱅킹으로 계좌 간 자금이체가 용이해진 결과 당좌예금에 많은 자금을 넣어 둘 필요가 없어졌다. 이 모든 발전은 사람들의 구매를 편리하게 만들고 화폐수요를 감소시켰으며 그 결과 화폐수요곡선이 왼쪽으로 이동했다.

코로나바이러스 유행병이 시작된 후 상인들은 애플페이와 구글페이 같은 비대면 지불수단이 급증함을 보았다.

제도의 변화   제도의 변화도 화폐수요를 증가시키거나 감소시킬 수 있다. 예를 들어 1980년에 '규제 Q'가 폐지되기 전까지는 미국의 은행들은 당좌예금에 대해 이자를 지급할 수 없었다. 이는 당좌예금을 보유할 경우 이자를 지급하는 자산에서 벌 수 있었을 이자를 포기해야 했음을 의미하며 이에 따라 당좌예금에 자금을 보관하는 데 따른 기회비용이 매우 높았다. 은행 규제의 변화로 인해 당좌예금에 대해 합법적으로 이자를 지급할 수 있게 되자 화폐수요가 증가했고 화폐수요곡선이 오른쪽으로 이동했다.

현실 경제의 >> 이해

엔화는 현금으로

금융 전문가들은 일본이 아직도 '현금 사회'라 주장한다. 미국이나 유럽에서 온 방문객들은 일본인들이 신용카드를 별로 사용하지 않으며 지갑에 많은 현금을 넣고 다닌다는 사실에 놀란다. 그럼에도 불구하고 일본은 경제적으로나 기술적으로 선진국이며 몇몇 지표에 따르면 통신과 정보기술의 사용에서 미국에 앞서 있다. 그렇다면 왜 이 경제 대국의 국민들은 아직도 미국인들이나 유럽인들이 한 세대 전에 사용하던 영업방식을 고집하고 있는 것일까? 이 질문에 대한 답은 화폐수요에 영향을 미치는 요인들을 부각해 준다.

일본인들이 현금을 그토록 많이 사용하는 이유 중 하나는 이들의 제도가 신용카드에 크게 의존하게끔 변하지 않는 데 있다. 여러 가지 복잡한 이유로 인해 일본의 소매 부문은 아직도 소규모 구멍가게들이 대부분을 차지하고 있으며 이들은 신용카드 기술에 투자하기를 꺼린다. 일본의 은행들 역시 진전된 거래 기술을 채택하는 데 신속하지가 않다. 일본 방문객들은 주요 대도시 지역을 제외하고는 현금자동인출기가 밤새 열려 있지 않고 저녁 일찍 폐쇄된다는 사실에 놀란다.

Trevor Mogg/Alamy

무엇을 구매하든 일본인들은 카드보다는 현금으로 지급하는 경향이 있다.

일본인들이 그토록 많은 현금을 보유하는 데는 또 하나의 이유가 있다. 현금 보유의 기회비용이 거의 없기 때문이다. 일본의 단기이자율은 1990년대 중반 이래 1% 미만에 머무르고 있다. 일본의 범죄율이 상당히 낮다는 점도 한몫을 한다. 현금이 가득 찬 지갑을 도난당할 가능성이 낮기 때문이다. 사정이 이렇다면 현금을 보유하지 않을 이유가 없지 않을까?

>> 이해돕기 30-1
해답은 책 뒤에

1. 다음 각 사건이 실질 화폐수요량과 명목 화폐수요량에 각각 어떤 영향을 미치는지 설명하라. 각 변화는 화폐수요곡선 상의 이동을 가져오는가 아니면 화폐수요곡선 자체의 이동을 가져오는가?

   a. 단기이자율이 5%에서 30%로 상승한다.

   b. 모든 가격이 10% 하락한다.

   c. 새로운 "바로 걸어나가기 결제 기술"로 인해 모든 슈퍼마켓 구매가 신용카드에 자동적으로 청구되기 때문에 현금 계산대에 들를 필요가 없어진다.

   d. 조세 납부액이 급격하게 증가하는 것을 피하기 위해 라구리아의 거주자들은 그들의 자산을 해외에 있는 은행의 계좌로 이전했다. 이들 계좌는 조세 당국이 추적하기 어렵게 만드는 동시에 계좌의 소유자들도 자금을 현금으로 전환하기 어렵게 만든다.

2. 다음 중 어느 것이 현금 보유의 기회비용을 증가시키거나 감소시키는가? 설명하라.

   a. 인터넷 결제회사 페이버디는 페이버디 새 고객 유치를 위해 계정의 현금잔고에 대해 0.5%의 이자율을 지불할 것이라고 밝혔다.

   b. 예금을 유치하기 위해 은행들이 6개월 만기 정기예금증서의 이자율을 올린다.

   c. 연말 휴가철 매출을 늘리기 위해 상점들이 가게 신용카드로 구매할 경우 1년간 무이자 혜택을 제공한다.

- 화폐는 다른 금융자산에 비해 수익률이 낮다. 우리는 보통 화폐로부터의 수익률을 **장기이자율**이 아니라 **단기이자율**과 비교한다.
- 화폐 보유는 유동성을 제공하지만 그 대가로 이자율 상승에 따라 증가하는 기회비용을 치러야 한다. 그 결과 **화폐수요곡선**은 우하향의 기울기를 갖는다.
- 물가, 실질 GDP, 신용시장 및 은행업 기술, 제도 등의 변화는 화폐수요곡선을 이동시킨다. 화폐수요의 증가는 화폐수요곡선을 오른쪽으로 이동시키고 화폐수요의 감소는 화폐수요곡선을 왼쪽으로 이동시킨다.

|| 화폐와 이자율

이 장은 연방자금금리 목표의 변화를 발표하는 연준의 보도자료를 인용함으로써 시작되었다. 우리는 제29장에서 연방자금금리에 대해서 배웠다. 이것은 은행들이 지불준비 요구를 충족하는 데 필요한 지불준비금을 서로 빌려 주면서 받는 이자율이다. 이 보도자료가 의미하듯이 연방공개시장위원회는 연간 여덟 차례 개최되는 회의 그리고 특별한 경우 이들 사이에 개최되는 회의에서 연방자금금리 목표치를 정한다. 이 목표를 달성하는 것은 연방준비제도 관리들의 과제다. 이 목표를 달성하기 위해 뉴욕 연방준비은행의 공개시장팀(Open Market Desk)은 재무부증권이라 알려진 단기 정부채를 매매한다.

이미 보았듯이 다른 단기이자율들은 연방자금금리와 같이 움직인다. 따라서 연준이 2020년 3월에 연방자금금리 목표를 낮췄을 때 많은 다른 단기이자율도 거의 같은 폭으로 하락했다.

연방준비제도는 어떻게 **연방자금금리 목표**를 달성하는 것일까? 좀 더 적절하게 질문하자면 연방준비제도는 도대체 어떻게 이자율에 영향을 미칠 수 있는 것일까?

균형이자율

앞서 단순화를 위해 비화폐성 금융자산이 제공하는 이자율이 단기든 장기든 관계없이 오직 한 가지만 있다고 가정하기로 했음을 기억하자. 이자율이 어떻게 결정되는지를 이해하기 위해

이자율에 대한 유동성선호 모형(liquidity preference model of the interest rate)을 예시하는 〈그림 30－3〉을 보도록 하자. 이 모형은 이자율이 화폐시장에서 화폐에 대한 공급과 수요에 의해 결정된다고 주장한다. 〈그림 30－3〉은 화폐수요곡선인 *MD*와 **화폐공급곡선**(money supply curve)인 *MS*를 결합해서 보여 준다. 화폐공급곡선은 연방준비제도에 의해 공급되는 통화량(화폐의 양)이 이자율에 따라서 어떻게 변하는지를 보여 준다.

연방준비제도는 화폐공급을 늘리거나 줄일 수 있다. 연방준비제도는 화폐공급을 변화시키기 위해 재무부증권을 매매하는 공개시장 조작을 이용하지만 이 외에도 재할인 창구나 지불준비 요구를 사용할 수도 있다. 단순화를 위해서 연방준비제도가 이들 중 한두 방법을 이용하여 단순히 이자율 목표를 달성할 수 있는 화폐공급 수준을 선택한다고 가정하자. 이 경우 화폐공급곡선은 〈그림 30-3〉의 *MS*와 같이 수직선이 되며 그 수평축 절편은 연방준비제도가 선택하는 화폐공급량 $\overline{M}$가 된다. 화폐시장의 균형은 *MS*와 *MD*가 교차하는 *E*점에서 달성된다. 이 점에서는 화폐수요량이 화폐공급량과 같으며 균형이자율은 r_E가 된다.

왜 r_E가 균형이자율이 되는지를 이해하기 위해 화폐시장이 r_E보다 낮은 이자율 r_L을 가진 *L*과 같은 점에 있다면 어떤 일이 일어날지 생각해 보자. r_L의 이자율에서는 사람들이 실제 화폐공급량보다 많은 M_L만큼의 화폐를 보유하기를 원한다. 이는 *L*점에서는 사람들이 자신의 재산 중 일부를 CD와 같은 이자지급부 자산으로부터 화폐로 전환하기를 원함을 의미한다.

이는 두 가지 의미를 가진다.

1. 화폐수요량이 화폐공급량보다 많다는 것이다.
2. 비화폐성 이자지급부 금융자산에 대한 수요량이 공급량보다 적다는 것이다.

따라서 이자지급부 자산을 팔고자 하는 사람들은 구매자가 생기도록 더 높은 이자율을 제시해야 할 것이다. 그 결과 이자율은 r_L보다 상승하기 시작한다. 이와 같은 이자율 상승은 사람들

그림 30-3 화폐시장의 균형

화폐공급곡선 *MS*는 연방준비제도가 선택한 화폐공급 수준인 $\overline{M}$에서 수직이다. 화폐시장은 사람들의 화폐수요량이 화폐공급량인 $\overline{M}$와 같아지는 r_E의 이자율에서 균형을 이룬다.

r_E보다 낮은 이자율 r_L을 가진 *L*과 같은 점에서는 화폐수요량 M_L이 화폐공급량 $\overline{M}$보다 크다. 자신의 재산을 비화폐성 이자지급부 금융자산으로부터 화폐로 전환하여 화폐 보유량을 늘리려고 하는 과정에서 투자자들은 이자율을 r_E까지 상승시킬 것이다. r_E보다 높은 이자율 r_H를 가진 *H*와 같은 점에서는 화폐수요량 M_H가 화폐공급량 $\overline{M}$보다 작다. 투자자들이 보유하고 있는 화폐를 비화폐성 이자지급부 금융자산으로 전환하려고 하는 과정에서 이자율은 r_E까지 하락할 것이다.

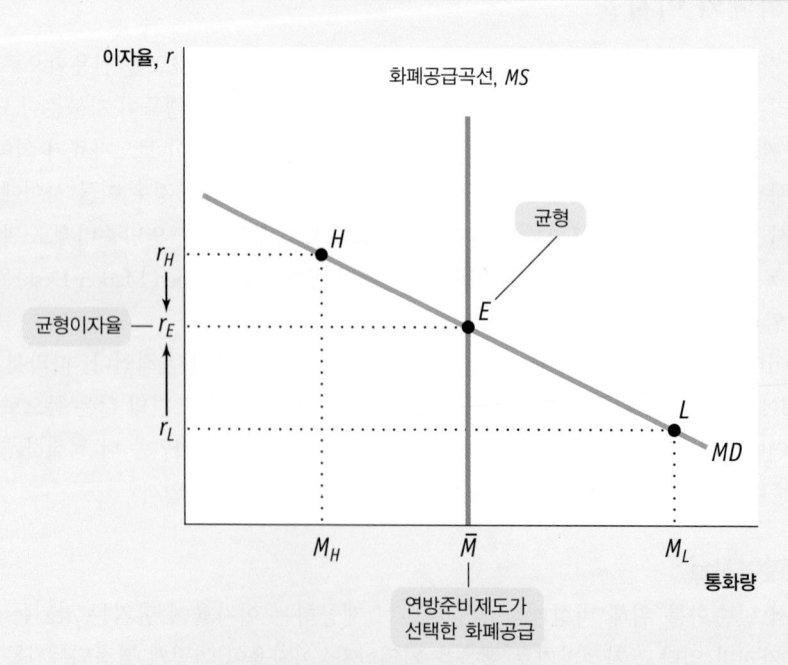

이 실제로 공급된 통화량인 $\overline{M}$를 보유하기를 원할 때까지 계속될 것이다. 즉 이자율은 r_E가 될 때까지 상승할 것이다.

이제 화폐시장이 〈그림 30-3〉의 H와 같이 r_E보다 높은 이자율 r_H를 가진 점에 있다면 어떤 일이 일어날 것인지 생각해 보자. 이 경우 화폐수요량 M_H는 화폐공급량인 $\overline{M}$보다 작다. 이에 상응하여 비화폐성 이자지급부 금융자산에 대한 수요량이 공급량보다 클 것이다. 이 경우 이자지급부 금융자산을 팔고자 하는 사람들은 더 낮은 이자율을 제시하더라도 구매자를 찾을 수 있을 것이다. 그 결과 이자율은 r_H로부터 하락할 것이다. 이자율 하락은 사람들이 실제로 공급된 통화량 $\overline{M}$을 보유하기를 원할 때까지 계속될 것이다. 앞서와 마찬가지로 이자율은 r_E가 될 것이다.

두 가지 이자율 모형?

우리가 이자율 결정에 대해서 설명한 것은 이번이 두 번째다. 제25장에서 이미 이자율에 대한 대부자금모형(loanable funds model)을 배웠다. 이 모형에 따르면 이자율은 대부자금시장에서 대부자의 자금공급과 차입자의 자금수요가 같아지도록 결정된다. 그런데 이 장에서 우리는 이와는 달리 이자율이 화폐시장에서의 화폐수요와 공급이 같아지도록 결정되는 모형을 배웠다. 어느 모형이 옳은 것일까?

사실 두 모형 다 옳다. 이 장의 부록은 이 두 모형이 어떻게 서로 일관성을 가지는지에 대해 설명할 것이다. 당분간은 대부자금모형을 한편에 젖혀 두고 이자율에 대한 유동성선호 모형에 집중하도록 하자. 이 모형의 가장 큰 장점은 연방준비제도를 비롯한 중앙은행들이 실행하는 통화정책이 어떻게 작동하는지를 보여 줄 수 있다는 것이다.

통화정책과 이자율

이제 연방준비제도가 어떻게 화폐공급의 변화를 통해 이자율을 변화시키는지 살펴보자. 〈그림 30-4〉는 연방준비제도가 화폐공급을 $\overline{M}_1$에서 $\overline{M}_2$로 증가시킬 경우 어떤 일이 발생하는지를 보여 준다. 경제는 처음에 E_1점에서 균형을 이루고 있으며 균형이자율은 r_1이고 화폐공급은 $\overline{M}_1$이다. 연방준비제도에 의한 화폐공급이 $\overline{M}_2$로 증가하면 화폐공급곡선이 MS_1에서 오른쪽으로 이동

그림 30-4 화폐공급 증가가 이자율에 미치는 영향

연방준비제도는 화폐공급을 증가시킴으로써 이자율을 낮출 수 있다. 여기서 화폐공급이 $\overline{M}_1$에서 $\overline{M}_2$로 증가함에 따라 균형이자율은 r_1에서 r_2로 하락한다. 사람들이 더 많은 통화량을 보유하도록 만들기 위해서는 이자율이 r_1에서 r_2로 하락해야 한다.

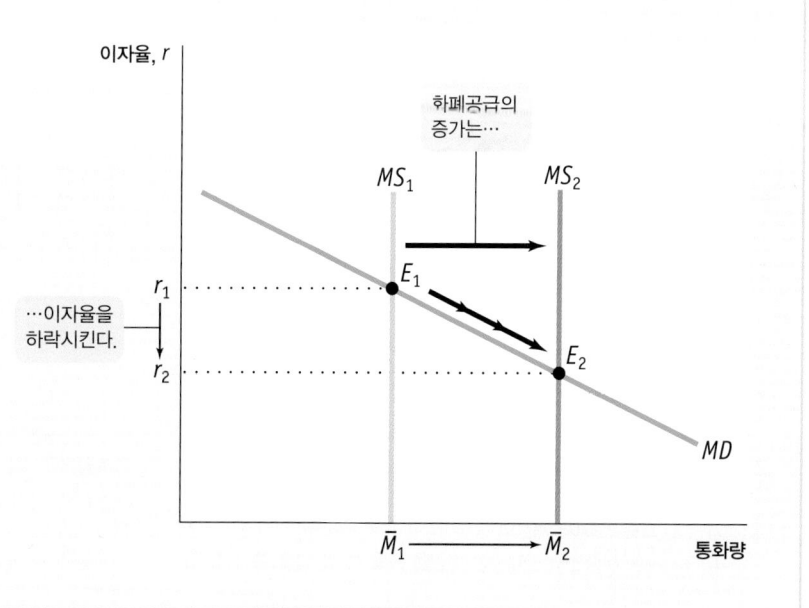

화폐공급 정하기 또는 이자율 정하기 : 다른 도구, 같은 이야기

오랜 기간을 거치면서 연방준비제도는 통화정책을 정함에 있어 세부적인 내용들을 변화시켜 왔다. 1970년대 후반과 1980년대 초반 한때는 화폐공급 목표 수준을 설정하고 이 목표를 달성하기 위해 본원통화를 변경했다. 이 정책하에서는 연방자금금리가 자유롭게 변동했다. 오늘날 연방준비제도는 그 반대로 연방자금금리 목표를 정하고 그 목표를 추구하는 과정에서 화폐공급이 변동하는 것을 허용한다.

흔히 범하는 실수 중 하나가 연방준비제도가 통화정책을 실행하는 방식의 이와 같은 변화가 화폐시장이 작동하는 방식을 변화시킨다고 생각하는 것이다. 즉 여러분은 때때로 연방준비제도가 이자율을 설정하기 때문에 이자율이 화폐공급과 수요를 더 이상 반영하지 않는다는 얘기를 듣는다.

사실 화폐시장은 여느 때와 마찬가지로 작동하고 있다. 이자율은 화폐공급과 수요에 의해 결정된다. 단 한 가지 차이점은 이제는 연방준비제도가 이자율 목표를 달성하기 위해 화폐공급을 조정한다는 것이다. 연방준비제도의 통화정책 운영방식의 변화와 경제가 작동하는 방식의 변화를 혼동하지 않는 것이 중요하다.

연방자금금리 목표(target federal funds rate)는 연방준비제도가 희망하는 연방자금금리 수준이다.

하여 MS_2가 되며 균형이자율이 r_2로 하락한다. 그 이유는 무엇일까? 사람들이 실제 화폐공급량인 $\overline{M}_2$를 보유하기를 원하는 유일한 이자율 수준이 r_2이기 때문이다.

따라서 화폐공급의 증가는 이자율을 하락시킨다. 마찬가지로 화폐공급의 감소는 이자율을 상승시킨다. 연방준비제도는 화폐공급을 증가 또는 감소시킴으로써 이자율을 설정할 수 있다.

현실에서 각 연방공개시장위원회 회의에서는 다음 회의가 열릴 때까지 6주간 유지될 이자율을 결정한다. 연방준비제도는 희망하는 연방자금금리 수준인 **연방자금금리 목표**(target federal funds rate)를 정한다. 연방자금금리 목표는 뉴욕 연방준비은행의 공개시장팀, 즉 머리말 이야기에서 언급했던 작은 방에 있는 사람들에 의해 집행된다. 공개시장팀은 실제 연방자금금리가 목표금리와 같아질 때까지 재무부증권의 매매를 통해 화폐공급을 조절한다. 재할인 창구를 통한 대출과 지불준비 요구 변경과 같은 다른 통화정책 수단들은 일반적으로는 사용되지 않는다(그렇지만 2008년 금융위기에 대응하기 위해서 연준은 재할인 창구 대출을 사용하였다).

〈그림 30-5〉는 이것이 어떤 원리에 의해 이루어지는지를 보여 준다. 두 그림에서 모두 r_T는 연방자금금리 목표를 나타낸다. 그림 (a)에서 처음의 화폐공급곡선은 $\overline{M}_1$의 화폐공급에 해당하는 MS_1이고, 이때의 이자율 r_1은 목표금리보다 높다. 이자율을 r_T로 낮추기 위해 연방준비제도는 재무부증권의 공개시장 매입을 시행한다. 제29장에서 배웠듯이 재무부증권의 공개시장 매입은 화폐승수를 통해 화폐공급을 증가시킨다. 이는

그림 30-5 연방자금금리 설정

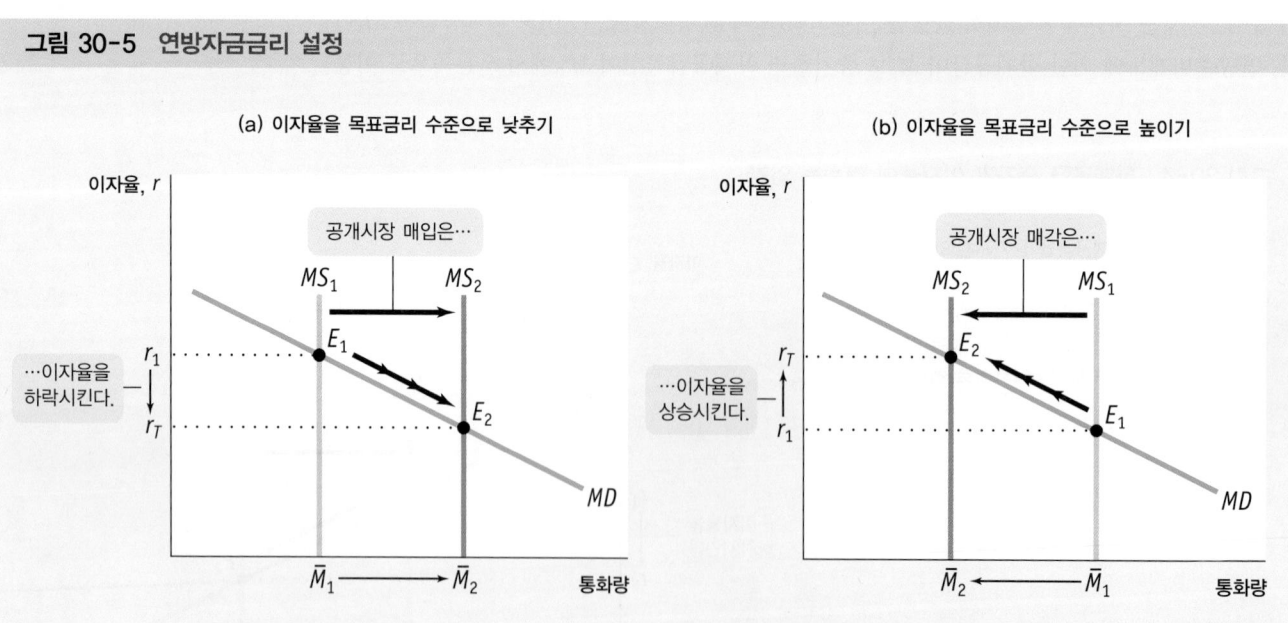

연방준비제도는 연방자금금리 목표를 설정하고 이 목표를 달성하기 위해 공개시장 조작을 이용한다. 두 그림에서 모두 r_T는 연방자금금리 목표를 나타낸다. 그림 (a)에서 처음의 균형이자율 r_1은 목표금리보다 높다. 연방준비제도는 재무부증권의 공개시장 매입을 통해 화폐공급을 증가시키고 화폐공급곡선을 MS_1에서 MS_2로 오른쪽으로 이동시켜서 이자율을 r_T로 하락시킨다. 그림 (b)에서는 균형이자율 r_1이 목표금리보다 낮다. 연방준비제도가 재무부증권의 공개시장 매각을 통해 화폐공급을 감소시킴에 따라 화폐공급곡선은 MS_1에서 MS_2로 왼쪽으로 이동하고 이자율은 r_T로 상승한다.

그림 (a)에서 MS_1에서 MS_2로의 화폐공급곡선의 오른쪽으로의 이동과 $\overline{M_2}$로의 화폐공급 증가로 예시되어 있다. 화폐공급의 증가는 균형이자율을 목표금리인 r_T로 하락시킨다.

그림 (b)는 이와 반대의 경우를 보여 준다. 앞서와 마찬가지로 처음의 화폐공급곡선은 $\overline{M_1}$의 화폐공급에 해당하는 MS_1이다. 하지만 이 경우에는 균형이자율 r_1이 연방자금금리 목표인 r_T보다 낮다. 이 경우 연방준비제도는 재무부증권의 공개시장 매각을 시행하며 이는 화폐승수를 통해 화폐공급을 $\overline{M_2}$로 감소시킨다. 이는 화폐공급곡선을 MS_1에서 MS_2로 왼쪽으로 이동시키고 균형이자율을 연방자금금리 목표인 r_T로 상승시킨다.

장기이자율

2015년 초에는 세계 선진국들의 단기이자율이 거의 비슷했는데 이들의 이자율이 거의 영에 가까웠기 때문이다. 예를 들어 미국의 단기이자율은 0.15%인 한편 독일의 단기이자율은 0.05%였다. 그렇지만 만기가 수년에 달하는 채권에 대한 이자율인 장기이자율은 꽤 차이가 났다. 10년 만기 독일 정부채 이자율은 0.35%였지만 미국 정부채는 1.97%였다.

왜 장기이자율에는 이런 차이가 났을까? 장기이자율은 예상되는 미래 통화정책을 반영하기 때문인데 이는 대개 미래 경제전망에 의존한다.

향후 2년 동안 1만 달러를 미국 정부채에 투자하기로 결정한 민의 경우를 생각해 보자. 그런데 민은 이 돈을 4%의 이자율에 1년 만기 채권에 투자할 것인지 또는 5%의 이자율에 2년 만기 채권에 투자할 것인지를 고민하고 있다. 1년 만기 채권을 사면 1년 후에 채권을 사기 위해 지불했던 1만 달러(원금)와 이자를 수취할 것이다. 대신 2년 만기 채권을 사면 민은 2년이 지날 때까지 기다려서 원금과 이자를 수취할 것이다.

여러분은 2년 만기 CD에 투자하는 것이 분명히 더 좋은 투자라고 생각할지도 모른다. 하지만 이것이 더 나은 투자가 아닐 수도 있다. 민이 내년에 1년 만기 채권의 이자율이 급격히 상승하리라 예상한다고 하자. 이 경우 금년에 1년 만기 채권에 투자하면 내년에는 훨씬 더 높은 이자율에 자금을 재투자할 수 있을 것이며, 그 결과 2년 만기 채권에 자금을 투자하는 것보다 더 높은 수익률을 낼 수도 있을 것이다.

예를 들어 1년 만기 채권 이자율이 금년의 4%에서 내년에는 8%로 상승한다면 1년 만기 채권에 자금을 투자힐 경우 다음 2년 동안 약 6%의 연간 수익률을 낼 수 있는데 이는 2년 만기 채권에서 벌 수 있는 5%의 연간 수익률보다 더 낮다.

두 차례 세계대전 중의 광고는 자신의 자금을 여러 해 동안 묶어 두는 것을 꺼렸을 저축자들에게서 정부 장기채권에 대한 수요를 증가시켰다.

단기채권과 장기채권 간의 선택을 고민하고 있는 다른 모든 투자자들에게도 마찬가지의 계산이 적용된다. 단기이자율이 상승하리라 예상할 경우 장기채권이 더 높은 이자율을 제공한다 해도 투자자들은 단기채권을 살 것이다. 단기이자율이 하락하리라 예상한다면 지금 구매하는 단기채권이 더 높은 이자율을 제시한다 해도 투자자들은 장기채권을 살 것이다.

이 예가 보여 주듯이 장기이자율에는 미래에 단기이자율이 어떻게 될 것인가에 대한 시장의 평균적인 기대가 반영되어 있다. 2015년에는 투자자들이 미국 경제가 머지않아 성장을 계속할 것이라 기대했고 이러한 기대가 연준이 단기이자율을 인상하리라는 기대를 낳았다.

그런데 예상되는 통화정책이 이야기의 전부가 아니다. 위험도 한 요인이 된다. 1년 만기 채권과 2년 만기 채권 간 선택을 하려 하는 민의 예로 되돌아가자. 민이 응급 의료비의 발생으로 인해 1년 후에 투자를 현금화해야 할 가능성이 있다고 하자. 그녀가 2년 만기 채권을 산다면 예상치 못한 지출에 충당하기 위해 이 채권을 팔아야 할지도 모른다. 그런데 이 채권의 가격으로 얼마를 받을 수 있을까? 그것은 경제 전체의 이자율에 어떤 일이 일어나는지에 달려 있다. 제25장에서 배웠듯이 채권 가격과 이자율은 서로 반대 방향으로 움직인다. 즉 이자율이 상승하면 채권 가격이 하락하고, 이자율이 하락하면 채권 가격이 상승한다.

이는 민이 1년 만기가 아니라 2년 만기 채권을 살 경우 추가적인 위험을 부담해야 함을 의미한다. 지금부터 1년 후 채권 가격이 하락하고 그녀가 현금을 마련하기 위해 채권을 팔아야 한다면 채권투자로부터 손실을 볼 수도 있다. 이러한 위험 요인으로 인해 장기이자율은 평균적으로 단기이자율보다 높다. 그래야만 장기채권의 구매자가 부담해야 하는 더 높은 위험에 대해 보상이 이루어질 수 있다. (물론 단기이자율이 비정상적으로 높을 때는 두 이자율 간의 관계가 반대로 될 때도 있다.)

이 장의 후반에서 보듯이 장기이자율이 반드시 단기이자율과 함께 움직이지 않는다는 사실은 때때로 통화정책에서 중요한 고려사항이 되기도 한다.

현실 경제의 >> 이해
내려가는 계단 올라가기

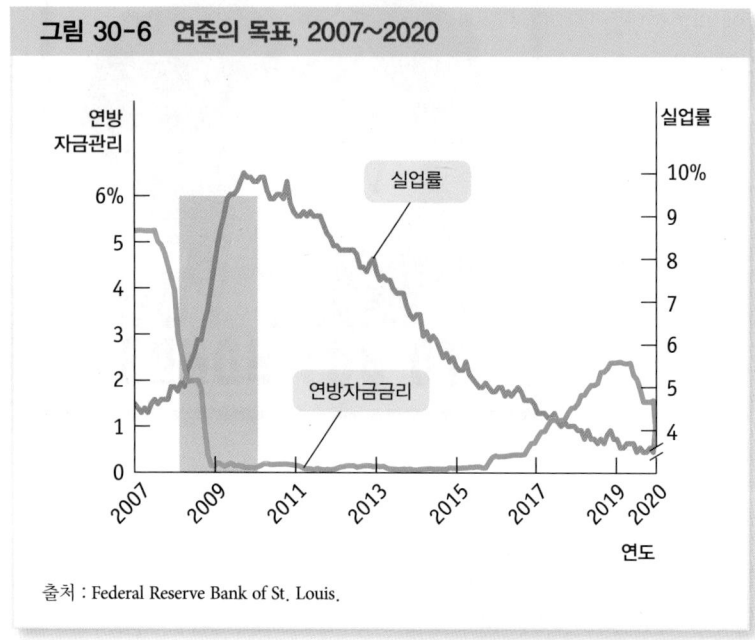

그림 30-6 연준의 목표, 2007~2020

출처 : Federal Reserve Bank of St. Louis.

이 장은 목표이자율을 인상하겠다는 2020년 3월 연준의 성명서로 시작했다. 그런데 역사적인 기준으로 보면 이 목표금리는 상당히 낮은 편이다. 〈그림 30-6〉이 보여주듯이 금융위기 이전에는 목표금리가 5.25%였다. 2008년 금융위기가 닥치자 연준은 대후퇴에 대응하기 위해 극적으로 금리를 인하했고, 7년 동안 영에 가깝게 유지했다.

왜 연준은 목표금리를 이다지도 낮게 유지했을까? 극심한 대후퇴와 느린 회복으로 인해 실업률이 그림에서 보듯이 매우 높은 반면, 인플레이션은 매우 긴 기간 낮은 상태가 지속되었기 때문이다. 연준은 가속페달을 계속해서 끝까지 밟아야 한다고 믿고 있었다.

그렇지만 2015년 말이 되자 실업률이 거의 위기 이전 수준으로 하락하는 등 경제가 회복되고 있음이 명백해졌다. 2015년 12월에 연방공개시장위원회는 2019년 정반대의 경로로 나아가기 전까지 역사적 기준에서 볼 때 보다 정상적인 통화정책을 향해 조금씩 나아가기 시작했다. 그렇지만 '조금씩'이 관건이다. 2019년에 정점을 찍었을 때조차 목표금리는 2007년에 비해서 여전히 훨씬 낮았다.

왜 연준은 이렇게 느리게 움직였을까? 한 가지는 경제가 대후퇴의 최악 상황으로부터 분명히 회복하긴 했지만 인플레이션이 동반된 호황을 누리고 있지 못한 데 있었다. 사실 연준이 선호하는 인플레이션 지표는 여전히 목표보다 약간 낮은 수준이었다.

여기에 더해서 많은 경제학자들이 인구 고령화와 생산성 증가의 둔화를 비롯하여 경제 환경의 변화에 대해 우려하고 있었는데, 이는 완전고용을 유지하기 위해서는 역사적 기준에서 볼 때 이자율을 거의 항구적으로 낮은 수준으로 유지해야 함을 의미했다. 투자자들 역시 동의하는 듯 보였다. 실제로 2020년 초 코로나바이러스가 닥치기 전까지 짧은 기간 동안 상승한 후에도 장기이자율은 1.5%에 머물렀는데 이는 투자자들이 한동안은 연준이 이전에 목표로 했던 것 같은 이자율로 되돌아가지 않으리라 예상하고 있었음을 의미한다.

>> 이해돕기 30-2
해답은 책 뒤에

1. 모든 이자율 수준에서 화폐수요가 증가한다고 하자. 그림을 이용하여 화폐공급이 주어져 있을 때 이와 같은 변화가 균형이자율에 미치는 영향을 보이라.

2. 이제 연방준비제도가 연방자금금리 목표를 추구하는 정책을 택하고 있다고 하자. 1번 문제와 같은 상황에서 연방자금금리를 고정하기 위해 연방준비제도는 어떤 행동을 취할 것인가? 그림을 통해서 보이라.

3. 말리아는 오늘 1년 만기 채권을 사고 지금부터 1년 후에 또 1년 만기 채권을 살 것인지 또는 오늘 2년 만기 채권을 살 것인지를 결정해야 한다. 다음 시나리오 중 어느 경우에 그녀가 첫 번째 선택을 하는 것이 더 나을까? 두 번째 선택은?

   a. 올해 1년 만기 채권의 이자율은 4%이고, 내년에는 10%가 될 것이다. 2년 만기 채권에 대한 이자율은 5%이다.

   b. 올해 1년 만기 채권의 이자율은 4%이고, 내년에는 1%가 될 것이다. 2년 만기 채권에 대한 이자율은 3%이다.

|| 통화정책과 총수요

제28장에서는 경제를 안정시키기 위해 재정정책이 활용될 수 있음을 보았다. 이제 화폐공급이나 이자율을 변화시키는 통화정책이 어떻게 재정정책과 동일한 역할을 수행할 수 있는지를 볼 것이다.

확장적 통화정책과 긴축적 통화정책

제27장에서는 통화정책이 총수요곡선을 이동시킴을 배웠다. 이제 우리는 이를 설명할 수 있다. 바로 이자율에 대한 통화정책의 영향을 통해서다.

〈그림 30-7〉은 이러한 과정을 예시적으로 보여 준다. 먼저, 연방준비제도가 이자율을 낮추기를 원한다고 하자. 이 경우 연준은 화폐공급을 증가시킨다. 그림의 윗부분에서 볼 수 있듯이 낮은 이자율은 다른 조건이 같다면 투자지출을 증가시킬 것이다. 이는 다시 승수 과정을 통해 소비지출을 증가시키고 총수요를 증가시킬 것이다. 결국 통화량이 증가하면 각 물가수준에서의 재화와 서비스 총수요량이 증가하고 *AD* 곡선이 오른쪽으로 이동한다. 재화와 서비스에 대한 수요를 증가시키는 통화정책을 **확장적 통화정책**(expansionary monetary policy)이라 한다.

이와 반대로, 연방준비제도가 이자율을 높이기를 원한다고

"내가 연준이 긴축정책을 썼어야 했다고 말했잖아."

Robert Mankoff/Cartoonstock

확장적 통화정책(expansionary monetary policy)은 총수요를 증가시키는 통화정책이다.

하자. 이 경우 연준은 화폐공급을 감소시킨다. 이러한 과정은 〈그림 30-7〉의 아랫부분에서 볼 수 있다. 화폐공급의 축소는 이자율을 높인다. 더 높은 이자율은 투자지출을 감소시키고 이는 소비지출을 감소시키고 이는 다시 총수요량을 감소시킨다. 따라서 화폐공급이 감소하는 경우에는 재화와 서비스의 총수요량이 감소하며 *AD* 곡선이 왼쪽으로 이동한다. 재화와 서비스에 대한

그림 30-7 확장적 통화정책과 긴축적 통화정책

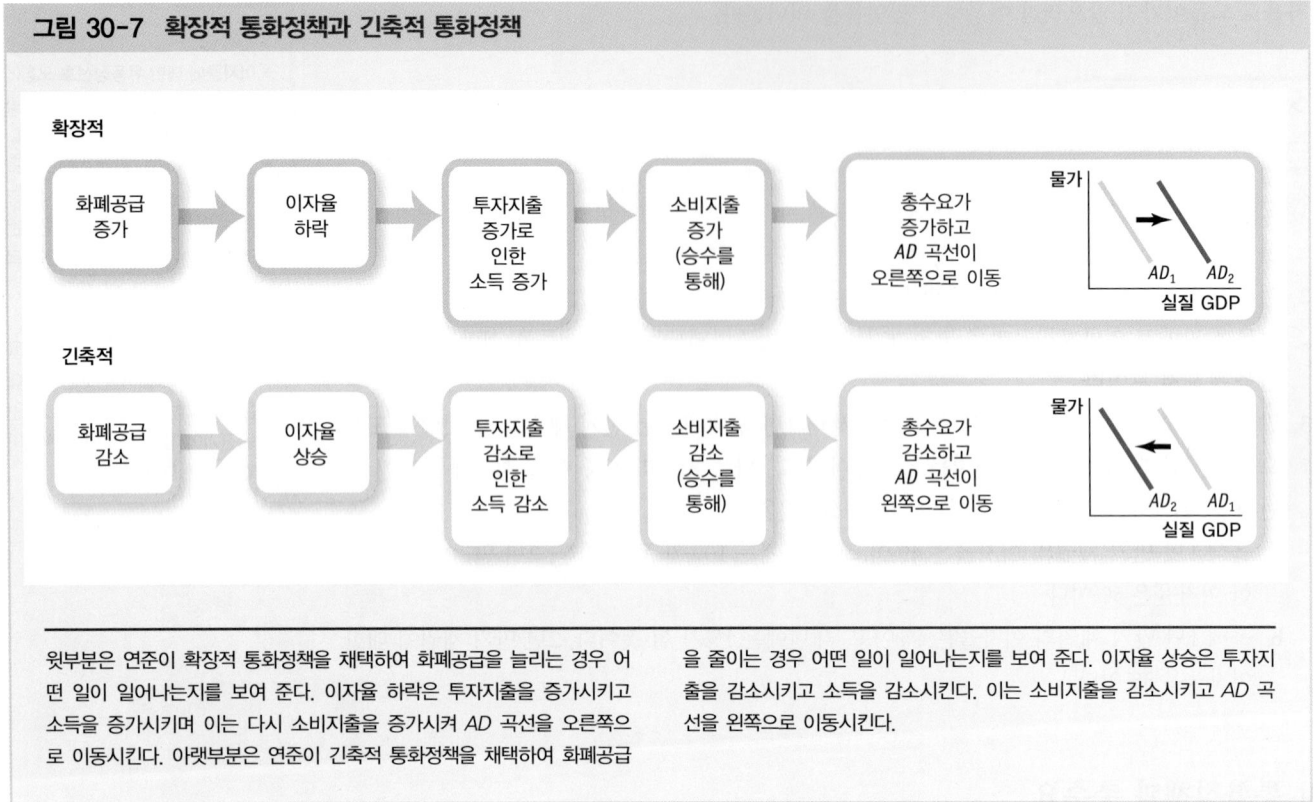

윗부분은 연준이 확장적 통화정책을 채택하여 화폐공급을 늘리는 경우 어떤 일이 일어나는지를 보여 준다. 이자율 하락은 투자지출을 증가시키고 소득을 증가시키며 이는 다시 소비지출을 증가시켜 *AD* 곡선을 오른쪽으로 이동시킨다. 아랫부분은 연준이 긴축적 통화정책을 채택하여 화폐공급을 줄이는 경우 어떤 일이 일어나는지를 보여 준다. 이자율 상승은 투자지출을 감소시키고 소득을 감소시킨다. 이는 소비지출을 감소시키고 *AD* 곡선을 왼쪽으로 이동시킨다.

수요를 감소시키는 통화정책을 **긴축적 통화정책**(contractionary monetary policy)이라 한다.

실제의 통화정책

연준은 확장적 통화정책이나 긴축적 통화정책을 시행할 것인지의 여부를 어떻게 결정할까? 그리고 어느 정도로 시행하는 것이 충분한지를 어떻게 결정할까? 앞서 배웠듯이 정책담당자들은 경기후퇴를 저지하기 위해 노력하는 동시에 물가 안정, 즉 낮지만 영이 아닌 인플레이션율을 확보하기 위해서도 노력한다. 실제 통화정책은 이들 목표를 혼합하여 달성하려고 한다.

일반적으로 연방준비제도를 비롯한 중앙은행들은 실제 실질 국내총생산이 잠재생산량보다 작을 때 확장적 통화정책을 시행하며 잠재생산량보다 클 때 긴축적 통화정책을 시행한다. 〈그림 30-8(a)〉는 제27장에서 실제 실질 국내총생산과 잠재생산량 간 차이의 비율로 정의되었던 총생산 갭을 1985년부터 연방자금금리에 대비하여 보여 준다. (실제 실질 국내총생산이 잠재생산량을 초과하는 경우 총생산 갭이 양의 값을 가짐을 상기하라.) 그림에서 보듯이 연준은 총생산 갭이 커지고 있을 때, 즉 경제에서 인플레이션 갭이 커지고 있을 때 이자율을 상승시키는 경향이 있으며 총생산 갭이 작아지고 있을 때 이자율을 하락시키는 경향이 있다. (이에 대한 예외는 2009년부터 2016년까지 그리고 2020년에는 다시 연방자금금리가 거의 영에 가까운 수준에 머물러 있었을 때인데 이를 이자율에 대한 영의 하한이라 부른다.)

이러한 경향에 대한 가장 큰 예외는 1990년대 후반에 정의 총생산 갭이 발생하고 있음에도 불구하고 (그리고 실업률이 낮음에도 불구하고) 연준이 이자율을 여러 해 동안 안정적으로 유지한 것이다. 연준이 1990년대 후반에 이자율을 낮게 유지한 한 가지 이유는 인플레이션율이 낮았기 때문이다.

〈그림 30-8(b)〉는 식품과 에너지를 제외한 소비자물가의 변화율로 측정된 인플레이션율을 연방자금금리와 비교해서 보여 준다. 여러분은 1990년대 중반과 2000년대 초반 그리고 2000년대

긴축적 통화정책(contractionary monetary policy)은 총수요를 감소시키는 통화정책이다.

그림 30-8 총생산 갭, 인플레이션을 이용한 통화정책 추적

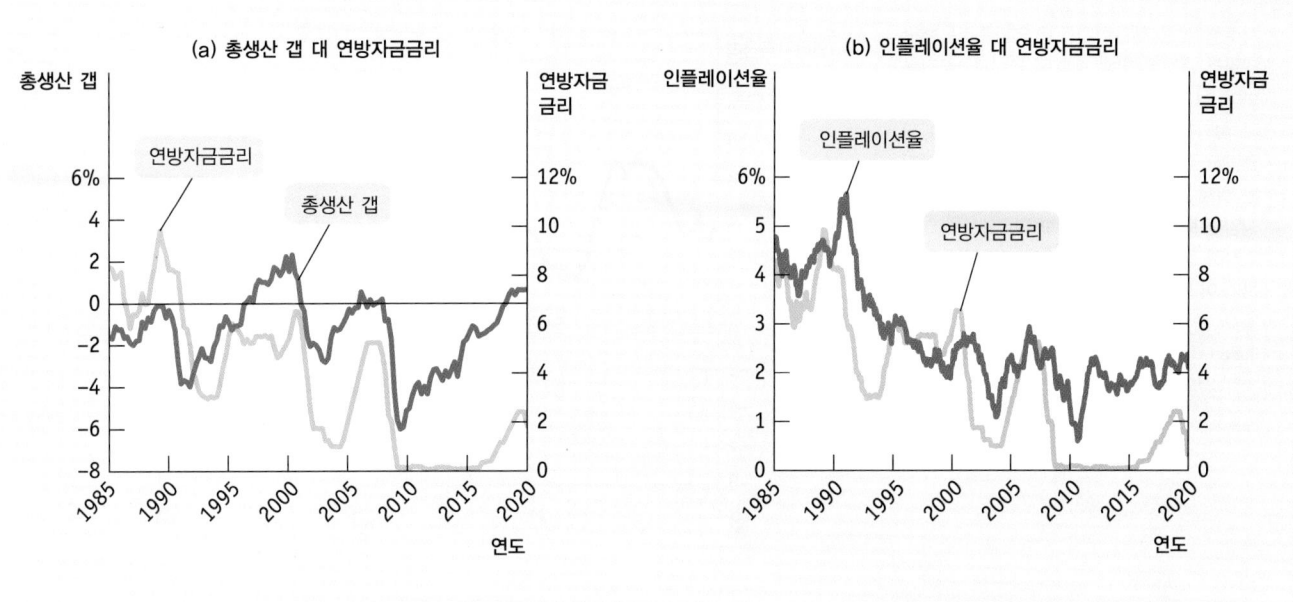

(a)는 대개 총생산 갭이 양의 값을 가질 때, 즉 실제 실질 GDP가 잠재생산량보다 클 때 연방자금금리가 상승하며 총생산 갭이 음의 값을 가질 때 연방자금금리가 하락함을 보여 준다. (b)는 인플레이션율이 높을 때 연방자금리가 높고 인플레이션율이 낮을 때 연방자금금리가 낮음을 보여 준다.

출처 : Federal Reserve Bank of St. Louis.

후반의 낮은 인플레이션율이 1990년대 후반과 2002~2003년 그리고 2008년 초의 느슨한 통화정책을 가져왔음을 볼 수 있다.

통화정책을 정하기 위한 테일러 준칙

1993년에 스탠퍼드대학교의 경제학자인 존 테일러(John Taylor)는 통화정책이 경기순환과 인플레이션을 감안하는 단순한 준칙을 따라야 한다고 제안했다. 그는 또한 마치 연준이 그가 제안한 준칙을 따르고 있는 것처럼 실제 통화정책이 이루어지고 있다고 주장했다. **통화정책을 위한 테일러 준칙**(Taylor rule for monetary policy)은 인플레이션율과 총생산 갭 또는 몇몇 경우에는 실업률을 고려하여 이자율을 정하는 준칙이다.

가장 널리 인용되는 테일러 준칙은 샌프란시스코 연방준비은행의 경제학자들에 의해 추정된 연준의 정책, 인플레이션, 실업 간의 관계다. 이들 경제학자는 1988~2008년 사이 연준의 행동이 다음과 같은 테일러 준칙에 의해 잘 설명됨을 발견했다.

$$연방자금금리 = 2.07 + 1.28 \times 인플레이션율 - 1.95 \times 실업 갭$$

위 식에서 인플레이션율은 식품과 에너지를 제외한 소비자물가의 전년 대비 변화에 의해 측정되며, 실업 갭은 실제 실업률과 자연실업률에 대한 의회예산처 추정치 간의 차이다.

〈그림 30-9〉는 1985년부터 2020년 중반까지 이 준칙에 의해 예측된 연방자금금리와 실제 연방자금금리를 비교해서 보여 준다. 그림에서 볼 수 있듯이 1985년부터 2008년 말까지는 연준의 결정이 이 테일러 준칙에 의해 예측된 수준에 꽤 가까웠다. 2008년 이후에 어떤 일이 일어났는지는 잠시 후에 얘기할 것이다.

통화정책을 위한 테일러 준칙(Taylor rule for monetary policy)은 연방자금금리가 인플레이션율과 총생산 갭을 기초로 하여 정해져야 함을 주장한다.

그림 30-9 테일러 준칙과 연방자금금리

자주색 선은 샌프란시스코 연방준비은행판 테일러 준칙에 의해 예측된 연방자금금리를 보여 준다. 이 준칙은 이자율을 인플레이션율과 실업률에 연관시킨다. 초록색 선은 실제 연방자금금리를 보여 준다. 2008년 말까지는 실제 금리가 예측된 금리와 꽤 가까운 움직임을 보였다. 그렇지만 그 이후에는 테일러 준칙이 음의 이자율을 요구했는데 이는 달성하기 어려운 목표다.

출처 : Bureau of Labor Statistics, Congressional Budget Office, Federal Reserve Bank of St. Louis, Glenn D. Rudebusch, "The Fed's Monetary Policy Response to the Current Crisis," *FRBSF Economic Letter* #2009-17 (May 22, 2009).

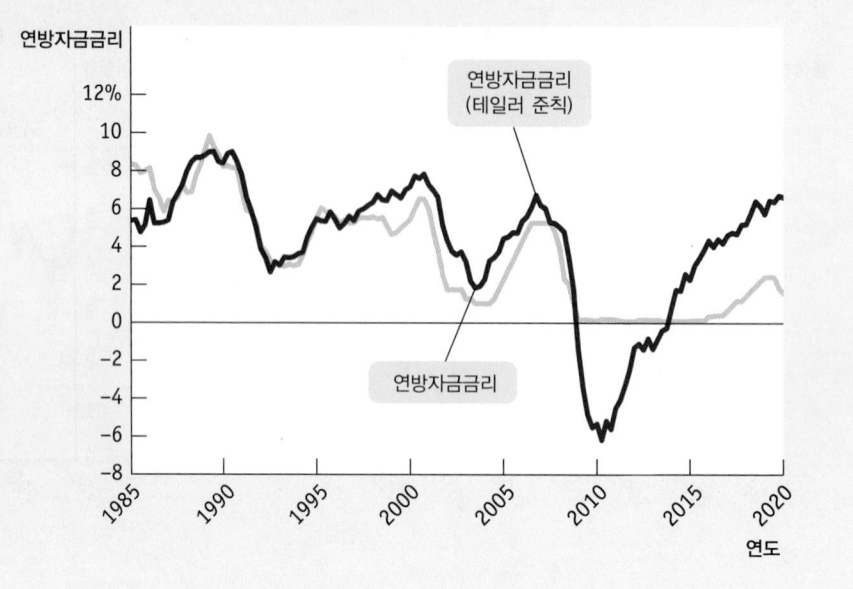

인플레이션 목표제(inflation targeting)는 중앙은행이 명시적인 인플레이션율 목표를 정하고 이 목표를 달성하기 위해 통화정책을 결정하는 것이다.

인플레이션 목표제

2012년 1월 이전에는 연준이 명시적으로 특정 인플레이션율을 달성할 것을 약속하지 않았다. 그런데 2012년 1월에 버냉키가 연준이 약 2%의 연간 인플레이션율을 유지하기 위해 통화정책을 결정할 것이라 선언했다. 이 성명과 함께 연준은 명시적인 인플레이션 목표를 갖고 있는 몇몇 다른 중앙은행들에 동참했다. 테일러 준칙을 이용하여 통화정책을 결정하는 대신 이들은 인플레이션 목표, 즉 자신이 달성하기를 원하는 인플레이션율을 발표한다. 이처럼 통화정책을 정하는 방법을 **인플레이션 목표제**(inflation targeting)라 부르는데, 이 방법에서는 중앙은행이 달성하

🌐 국제비교   인플레이션 목표

이 그림은 인플레이션 목표제를 채택한 여섯 개 중앙은행의 인플레이션율 목표를 보여 준다. 뉴질랜드 중앙은행은 1990년에 인플레이션 목표제를 도입했다. 오늘날 이 은행은 1~3%를 인플레이션 목표 범위로 채택하고 있다. 캐나다와 스웨덴과 노르웨이의 중앙은행은 이와 동일한 목표 범위를 가지고 있는 한편 2%라는 정확한 목표도 갖고 있다. 영국의 중앙은행은 2%를 인플레이션 목표로 삼는다. 미국의 연방준비제도도 2012년부터 2%의 인플레이션을 목표로 하고 있다.

현실에서는 이러한 세부적인 차이가 결과에서 어떠한 중대 차이도 가져오지 않는 것처럼 보인다. 뉴질랜드는 목표 범위의 중간인 2%의 인플레이션을 겨냥하고, 영국과 노르웨이와 미국은 목표 인플레이션율을 중심으로 상당한 운신의 폭을 두고 있다.

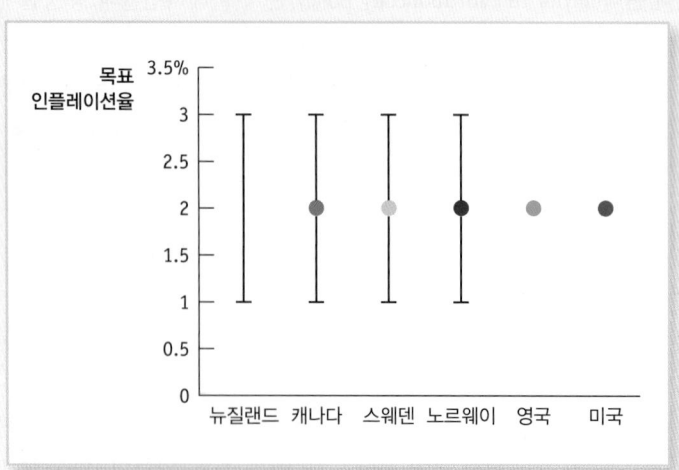

출처 : IMF, Reserve Bank of New Zealand, Bank of Canada, Riksbank, Bank of England, Norges Bank, and Federal Reserve System.

려고 하는 인플레이션율을 발표하고 이 목표를 달성하기 위해 정책을 정한다. 인플레이션 목표제를 가장 먼저 채택한 뉴질랜드 중앙은행은 1~3%를 목표 범위로 정했다.

다른 중앙은행들도 특정한 숫자를 달성할 것을 약속한다. 예를 들어 영국은행은 2%의 인플레이션율을 지키도록 되어 있다. 실제는 이 목표들 간에 큰 차이가 없는 듯 보인다. 목표 범위를 가진 중앙은행들은 대개 그 범위의 중간을 겨냥하며 특정 숫자를 목표로 가진 중앙은행들은 어느 정도 운신의 폭을 두기 때문이다.

인플레이션 목표제와 테일러 준칙 간의 한 가지 중요한 차이는 인플레이션 목표제는 회고적(backward-looking)이 아니라 전향적(forward-looking)이라는 점이다. 다시 말해서 테일러 준칙은 과거 인플레이션에 따라 통화정책을 조정하지만 인플레이션 목표제는 미래 인플레이션에 대한 예측에 근거하여 이루어진다.

인플레이션 목표제의 지지자들은 테일러 준칙과 비교해 두 가지 주된 이점으로 **투명성**과 **책임성**을 든다. 첫째, 중앙은행의 계획이 투명하기 때문에 불확실성이 줄어든다. 대중이 중앙은행의 인플레이션 목표제의 목적을 알기 때문이다. 둘째, 실제 인플레이션율이 인플레이션 목표에 얼마나 근접했는지를 봄으로써 중앙은행의 성공 여부를 평가할 수 있으며, 이를 통해 중앙은행에 책임을 지울 수 있다.

인플레이션 목표제를 비판하는 사람들은 특정한 인플레이션율을 달성하는 것보다 금융시스템의 안정성과 같은 다른 관심사에 우선순위가 두어져야 할 때가 있는 만큼 인플레이션 목표제는 지나치게 제약적이라 주장한다. 실제로 테일러 준칙이 제시하는 이자율은 상승한 반면 연준이 이자율을 영에 가깝게 유지함에 따라 연방자금 금리는 2013년부터 테일러 준칙에 의한 이자율로부터 크게 이탈했다. 이러한 연준의 행동은 이자율 상승이 취약한 경제를 다시 혼란과 후퇴로 밀어 넣을 것이라는 우려에서 비롯되었다.

2006년부터 2014년 초까지 연방준비제도 의장이었던 버냉키를 비롯한 많은 미국의 거시경제학자들은 인플레이션 목표제에 대해 긍정적인 견해를 갖고 있었다. 그리고 2012년 1월에 연준은 자신이 추구하는 '물가 안정'의 의미가 2%의 인플레이션임을 선언했다. 이 인플레이션율이 언제 달성될 것인지에 대한 명시적 약속은 없었지만.

영의 하한의 문제

〈그림 30-9〉가 보여 주듯이 인플레이션율과 실업률에 기초를 둔 테일러 준칙은 1985년부터 2008년까지 연준의 정책을 잘 예측할 수 있다. 그렇지만 그 이후에는 일이 뒤틀리는데 그 이유는 매우 간단하다. 매우 높은 실업률과 매우 낮은 인플레이션율로 인해 동일한 테일러 준칙이 영보다 훨씬 더 낮은 이자율을 요구하게 되었는데 이는 달성하기 불가능한 이자율이다.

음의 이자율이 문제가 되는 것은 언제든지 영의 이자율을 제공하는 현금을 보유할 수 있는 대안이 있기 때문이다. 그런데 도대체 사람들이 영보다 낮은 이자율을 제공하는 채권을 사는 이유는 무엇일까?

2014년까지만 해도 대부분의 경제학자들은 이자율이 영보다 낮아지는 것이 근본적으로 불가능하다고 생각했다. 그렇지만 그 해에 스위스 중앙은행이 이전에는 생각하지도 못했을 행동을 했는데, 바로 목표금리를 영보다 약간 낮은 수준으로 정한 것이었다. 나중에 알고 보니 약간의 음의 이자율에서조차 사람들이 보유하기를 원하는 현금의 양은 한정되어 있다. 도난이나 돈을 먹는 쥐로 인한 손실을 막기 위해 위해 금고를 필요로 하는 등 현금을 보유하는 데에는 많은 비용이 들기 때문이다. 2016년이 되자 연방자금금리에 해당하는 스위스 금리가 −0.75%가 되었고, 유럽중앙은행과 일본은행도 모두 영보다 약간 낮은 금리를 유지하고 있었다. (경제학자들이 영의 한계라 부르는 일본의 상황에 대해서는 제31장에서 설명할 것이다.)

영의 이자율 하한(zero lower bound for interest rates)은 이자율이 영보다 낮아질 수 없음을 의미한다.

결국 영의 이자율 하한은 절대적인 한계가 아니다. 그렇지만 그 전까지는 어떤 중앙은행도 −3% 또는 −6%와 같이 영보다 상당히 낮은 수준으로 이자율을 낮추려 들지 않았다. 테일러 준칙이 2009년과 2010년에 미국에 대해 제시한 이자율이 바로 이 수준이었다. 이는 부분적으로는 이처럼 낮은 이자율이 현금 퇴장을 불러올 것이라는 우려로 설명될 수 있다. 이에 더하여 음의 이자율은 은행시스템에 큰 문제를 일으키고 경제 전체에 불리한 영향을 미칠 것이라는 믿음도 팽배했다. 이와 같은 상황이 **영의 이자율 하한**(zero lower bound for interest rates), 즉 이자율이 영보다 크게 하락하면 상당한 문제를 일으킬 것이라는 사고를 낳았다.

연준은 이자율을 영보다 더 낮은 수준으로 낮추려고 한 적이 없다. 이는 다시 인플레이션율이 낮고 경제가 잠재력보다 훨씬 더 낮은 활동을 보일 때의 정상적인 통화정책, 즉 화폐공급을 확장하기 위한 단기 정부채의 공개시장매입은 단기이자율이 이미 영이거나 영에 가깝기 때문에 운신의 폭이 사라짐을 의미한다. 경제학자들은 이러한 상황을 영의 하한에 부딪침(running up against the zero lower bound)이라 일컫는다.

2010년 11월에 연준은 이 문제를 우회하기 위한 시도를 시작했는데 이 시도는 '양적 완화'라는 다소 애매한 명칭으로 알려져 있다. 연준은 3개월 만기 재무부증권과 같은 단기 정부채만을 매수하는 대신 5년 또는 6년 만기를 포함하여 보다 장기의 정부채를 매수하기 시작했다. 이미 지적한 대로 장기이자율은 단기이자율을 정확히 따라가지는 않는다. 연준이 이 프로그램을 시작했을 때 단기이자율은 영에 가까웠지만 보다 장기의 채권에 대한 이자율은 2~3% 사이였다. 연준은 이들 장기채권을 직접 매수함으로써 장기채에 대한 이자율을 하락시키고 경제에 확장적인 영향을 미치기를 희망했다.

나중에 연준은 이 프로그램을 더욱 확장하여 주택대출 담보부 증권을 매입하기도 했는데 이는 보통 정부채보다 약간 더 높은 이자율을 지급한다. 이 경우에도 주택대출 담보부 증권 이자율이 하락하면 경제에 확장적인 효과를 미칠 수 있으리라 기대되었다. 정상적인 공개시장 조작과 마찬가지로 양적 완화는 뉴욕 연방준비은행에 의해 실행되었다.

이 정책은 효과적이었나? 연준은 이 정책이 경제에 도움이 되었다고 생각한다. 하지만 경기회복의 속도는 실망스러울 정도로 느린 상태에 머물렀다. 2016년부터 연준은 이자율을 서서히 올리기 시작하였지만 그 폭은 테일러 준칙이 예측하는 수준보다 작았다. 경제의 회복속도가 느렸기 때문이다. 2019년에는 코로나바이러스가 경제에 타격을 입히기 이전인데도 통화정책이 반대 방향으로 선회했다.

현실 경제의 >> 이해
연준은 원하는 것을 이룰 수 있다

연준이 실제로 경제를 수축시키거나 팽창시킬 수 있다는 증거가 있는가? 여러분은 이러한 증거를 찾기 위해서는 이자율이 상승하거나 하락할 때 경제에 어떤 일이 일어나는지를 보기만 하면 된다고 생각할지도 모른다. 그러나 이러한 접근방법에는 큰 문제가 있다. 연준은 경제가 팽창할 때 이자율을 올리고 수축할 때 이자율을 낮추는 등 경기순환을 길들이기 위해 이자율을 변화시킨다. 따라서 실제 자료에 있어서는 낮은 이자율이 취약한 경제와 동반하여 나타나고 높은 이자율이 강건한 경제와 동반하여 나타나는 것처럼 보이는 경우가 종종 있다.

"통화정책은 중요하다(Monetary Policy Matters)"라는 제목을 가진 유명한 논문에서 거시경제학자인 크리스티나 로머(Christina Romer)와 데이비드 로머(David Romer)는 경기순환에 대한 반응이 아닌 통화정책 사례에 초점을 둠으로써 이 문제를 해결했다. 구체적으로 이들은 연방공개시장위원회 의사록과 다른 출처를 이용하여 '연준이 인플레이션을 잡기 위해 사실상 경기후퇴를 발생시키려고 한' 사례들을 찾아냈다. 제31장에서 배우듯이 긴축적 통화정책은 거시경제 안정을 위한 수단으로서뿐 아니라 경제에 자리 잡은 인플레이션을 제거하기 위해서도 종종 사용된다. 이 경우 연준은 깊이 자리 잡은 인플레이션을 경제로부터 몰아내기 위해 인플레이션 갭을 제거할 뿐 아니라 경기후퇴 갭을 발생시킬 필요가 있다.

〈그림 30-10〉은 1952년과 1984년 사이의 실업률을 보여 주는 한편 로머와 로머가 판단하기에 연준이 경기후퇴를 필요로 했던 다섯 개 시기(수직선)를 보여 준다. 이들 다섯 개 사례 중 네 개에서 경제를 수축시키려는 결정이 내려졌으며, 약간의 시차를 두고 실업률이 상승했다. 로머와 로머는 연준이 실업률을 증가시킬 필요가 있다고 판단한 후 평균적으로 실업률이 2%p 상승했음을 발견했다.

그렇다. 연준은 원하는 것을 이룰 수 있다.

그림 30-10 연준이 경기후퇴를 원할 때

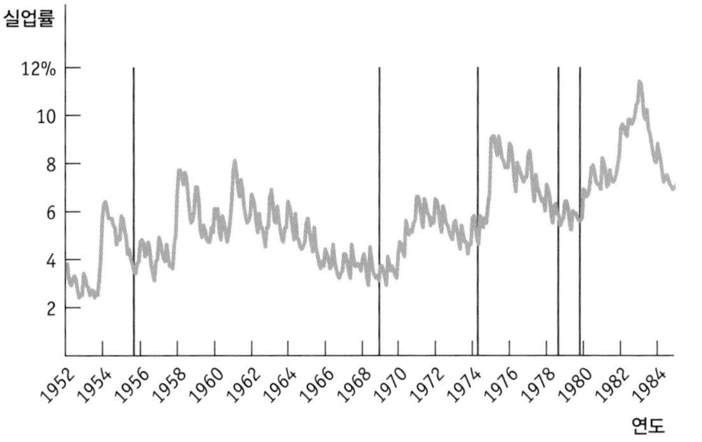

출처 : Bureau of Labor Statistics; Christina D. Romer and David H. Romer, "Monetary Policy Matters," Journal of Monetary Economics 34 (August 1994): 75 - 88.

>> 이해돕기 30-3
해답은 책 뒤에

1. 경제가 현재 경기후퇴 갭을 겪고 있으며 연방준비제도가 이 갭을 메우기 위해 확장적 통화정책을 사용한다고 하자. 이와 같은 정책이 다음 각각에 미치는 단기적인 영향을 설명하라.
   a. 화폐공급곡선
   b. 균형이자율
   c. 투자지출
   d. 소비지출
   e. 총생산
2. 통화정책을 정할 때 테일러 준칙을 따르는 중앙은행과 인플레이션 목표제를 따르는 중앙은행 중 어느 중앙은행이 금융위기에 더 직접적으로 반응할 것 같은가? 이유를 설명하라.

|| 장기에서의 화폐, 총생산과 물가

통화정책은 확장적 또는 긴축적 효과를 가지기 때문에 경제를 안정시키기 위한 주된 정책 수단으로 채택되고 있다. 하지만 모든 중앙은행의 행동이 반드시 생산적인 것은 아니다. 특히 중앙은행들은 경기후퇴 갭에 대응하기 위해서가 아니라 정부의 지출에 충당하기 위해 화폐를 찍어내기도 하는데 이 경우에는 경제가 불안정해진다.

화폐공급의 변화가 경제를 장기균형으로 이동시키지 않고 더 멀리 이탈시키는 경우 어떤 일이 일어날까? 앞서 우리는 경제가 장기에 자기 보정적이기 때문에 총수요충격은 총생산에 일시적인 영향만을 미친다고 배웠다. 총수요충격이 화폐공급 변화의 결과라면 더 강력한 명제를 제시할 수 있다. 즉 장기에는 화폐공급의 변화가 물가에 영향을 미칠 뿐 실질 총생산이나 이자율에 영향을 미치지 못한다. 그 이유를 이해하기 위해 중앙은행이 항구적으로 화폐공급을 증가시

>> 복습
● 연방준비제도는 총수요를 증가시키기 위해 **확장적 통화정책**을 사용하고 총수요를 감소시키기 위해 **긴축적 통화정책**을 사용할 수 있다. 연방준비제도를 비롯한 중앙은행들은 일반적으로 낮지만 영보다 높은 수준에서 인플레이션율을 유지하면서 경기순환을 길들이려고 노력한다.
● **통화정책을 위한 테일러 준칙**에 따르면 정의 총생산 갭이나 높은 인플레이션이 존재할 때 연방자금금리 목표가 상향 조정되어야 하고 부의 총생산 갭이나 낮은 또는 부의 인플레이션이 존재할 때 연방자금금리 목표가 하향 조정되어야 한다.
● 반면에 몇몇 중앙은행들은 회고적인 정책 준칙인 테일러 준칙이 아니라 전향적인 정책 준칙인 **인플레이션 목표제**에 의해 통화정책을 결정한다. 인플레이션 목표제는 투명성과 책임성이라는 장점을 갖고 있기는 하지만 어떤 사람들은 이 제도가 지나치게 제약적이라고 생각한다. 2008년까지는 연준이 느슨하게 정의된 테일러 준칙을 따랐다. 2012년 초부터 연준은 연간 2%를 목표로 인플레이션 목표제를 채택하기 시작했다.
● **영의 이자율 하한**이 존재한다. 즉 이자율은 심각한 문제를 일으키지 않고 영보다 낮게 하락할 수 없는데, 이는 통화정책의 효력에 제약을 가한다.
● 통화정책은 재정정책에 비해 정책 시차가 짧기 때문에 거시경제 안정을 위한 주된 정책수단으로 사용된다.

키는 경우를 생각해 보자.

화폐공급 증가의 단기 및 장기 효과

화폐공급 변화의 장기 효과를 분석하기 위해서는 중앙은행이 이자율이 아니라 화폐공급을 통화 정책의 목표로 선택한다고 생각하는 것이 도움이 된다. 화폐공급 증가의 효과를 평가하기 위해 제27장에서 처음 소개된 총수요 증가의 장기 효과에 대한 분석으로 되돌아가기로 한다.

〈그림 30-11〉은 Y_1의 잠재생산량을 갖고 있는 경제에서 화폐공급 증가가 가져오는 장 · 단기 효과를 보여 준다. 처음의 단기 총공급곡선은 $SRAS_1$이고 장기 총공급곡선은 $LRAS$이며 처음의 총수요곡선은 AD_1이다. 경제는 처음에 E_1점에서 균형을 이루는데 이 점은 단기 총공급곡선과 장기 총공급곡선 위에 있기 때문에 단기 거시경제균형과 장기 거시경제 균형을 모두 달성하는 점이다. 실질 국내총생산은 잠재생산량 Y_1과 같다.

이제 화폐공급이 증가한다고 하자. 다른 조건이 같다면 화폐공급의 증가는 이자율을 하락시키고 투자지출을 증가시키며 이는 다시 소비지출을 추가적으로 증가시키는 등의 과정을 발생시킨다. 따라서 화폐공급의 증가는 재화와 서비스에 대한 총수요량을 증가시키고 이에 따라 총수요곡선은 오른쪽으로 이동하여 AD_2가 된다. 단기에는 경제가 새로운 단기 거시경제 균형점인 E_2로 이동한다. 물가는 P_1에서 P_2로 상승하며 실질 국내총생산은 Y_1에서 Y_2로 증가한다. 즉 단기적으로는 물가와 총생산이 모두 증가한다.

그러나 Y_2의 총생산은 잠재생산량보다 크다. 이 경우 시간이 흐름에 따라 명목임금이 상승하고 그 결과 단기 총공급곡선이 왼쪽으로 이동한다. 이러한 과정은 $SRAS$ 곡선이 $SRAS_2$까지 이동하여 경제가 단기 거시경제 균형과 장기 거시경제 균형을 모두 충족시키는 E_3점에 이를 때까지 계속될 것이다. 결국 화폐공급 증가의 장기적 효과는 물가가 P_1에서 P_3로 상승하지만 총생산은

그림 30-11 화폐공급 증가의 장 · 단기 효과

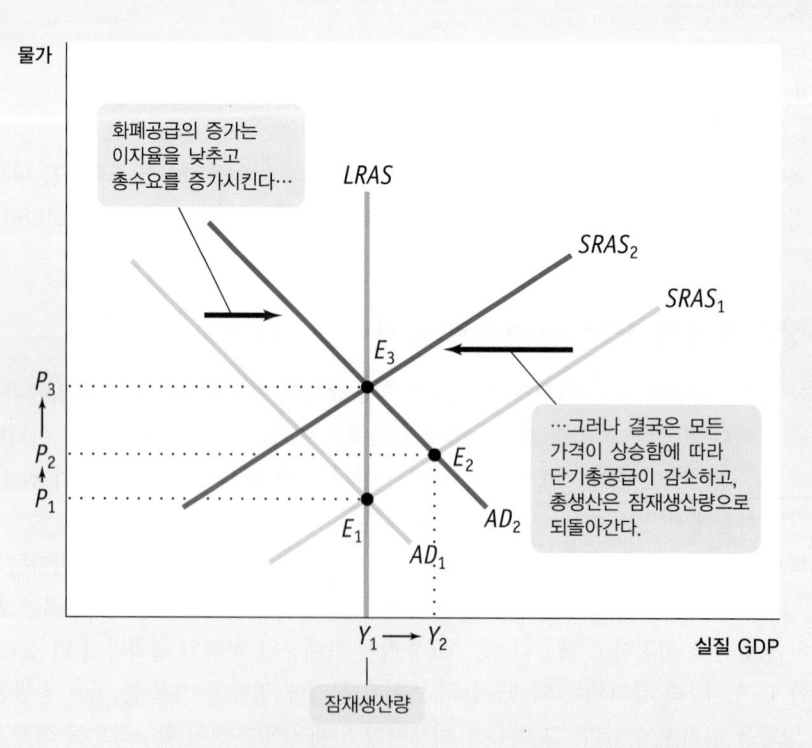

경제가 이미 잠재생산량을 달성하고 있을 때 화폐공급의 증가는 단기적으로 실질 국내총생산에 정의 영향을 미치나 장기적으로는 아무런 영향을 미치지 못한다.

여기서 경제는 장기와 단기의 거시경제 균형을 동시에 충족시키는 E_1에서 출발한다. 화폐공급의 증가는 AD 곡선을 오른쪽으로 이동시키며 경제는 Y_2의 실질 국내총생산을 가진 새로운 단기 거시경제 균형점인 E_2로 이동한다. 하지만 E_2는 장기 거시경제 균형이 아니다. Y_2는 잠재생산량 Y_1을 초과하므로 시간이 흐름에 따라 명목임금이 상승한다. 장기에는 명목임금의 증가가 단기 총공급곡선을 왼쪽으로 이동시켜 $SRAS_2$에 이르게 한다.

경제는 $LRAS$ 곡선 상에 있는 E_3점에서 새로운 장기 및 단기균형에 도달하며 총생산은 Y_1의 잠재생산량으로 되돌아간다. 화폐공급 증가가 가져오는 유일한 장기적 효과는 물가수준이 P_1에서 P_3로 상승하는 것이다.

다시 잠재생산량 Y_1으로 되돌아가는 것이다. 따라서 장기적으로는 통화팽창이 물가를 상승시키지만 실질 국내총생산에는 영향을 미치지 못한다.

통화수축의 영향에 대해서는 상세히 설명하지 않을 것이나 위와 동일한 논리가 적용된다. 단기적으로는 화폐공급이 감소할 경우 경제가 단기 총공급곡선을 따라서 아래쪽으로 이동함에 따라 총생산이 감소한다. 하지만 장기에는 통화수축이 물가만 하락시키고 실질 국내총생산은 다시 잠재생산량 수준으로 되돌아간다.

화폐의 중립성(monetary neutrality)이라는 개념에 따르면 화폐공급의 변화는 경제에 아무런 실질적 영향을 미치지 못한다.

화폐의 중립성

화폐공급의 증가는 장기에 물가수준을 얼마나 변화시킬까? 화폐공급의 증가는 장기에 화폐공급 증가와 비례하는 물가 변화를 가져온다. 예를 들어 화폐공급이 25% 감소하면 장기적으로 물가는 25% 하락한다. 화폐공급이 50% 증가하면 장기적으로 물가는 50% 상승한다.

어떻게 이와 같은 사실을 알 수 있을까? 다음과 같은 생각의 실험을 해 보자. 최종 생산물인 재화와 서비스의 가격은 물론 요소가격을 포함하여 경제에서 모든 가격이 두 배가 된다고 하자. 그리고 이와 동시에 화폐공급도 두 배가 된다고 하자. 이 경우 경제는 어떻게 달라질까? 실질적으로 아무것도 달라지지 않는다는 것이 답이다. 실질 국내총생산과 화폐공급의 실질가치(화폐공급으로 구매할 수 있는 재화와 서비스의 양)를 포함하여 경제의 모든 실질변수는 변하지 않는다. 따라서 아무도 이전과 다르게 행동할 이유가 없다.

이와 같은 주장을 역으로 서술할 수도 있다. 만일 경제가 장기 거시경제 균형에서 출발하고 명목 화폐공급이 변한다면 장기 거시경제 균형을 다시 회복하기 위해서는 모든 실질변수가 원래의 수준으로 되돌아가야 한다. 여기에는 실질 화폐공급이 원래의 수준을 회복하는 것도 포함된다. 따라서 화폐공급이 25% 감소하면 물가가 25% 하락해야 한다. 화폐공급이 50% 증가하면 물가도 50% 상승해야 한다.

이와 같은 분석은 화폐공급이 실질 국내총생산이나 그 구성요소를 포함하여 경제에 아무런 실질적 영향을 미치지 못한다는 **화폐의 중립성**(monetary neutrality)이라 알려진 개념을 잘 보여준다. 화폐공급 증가가 가지는 유일한 효과는 물가를 동일한 비율만큼 상승시키는 것이다. 경제학자들은 장기적으로 화폐가 중립적이라고 주장한다.

이쯤에서 "장기에는 우리 모두 죽는다."라는 케인즈의 격언을 되새겨 보자. 장기에는 화폐공급의 변화가 물가 이외에 실질 국내총생산, 이자율 또는 다른 어떤 실질변수에도 영향을 미치지 못한다. 하지만 이와 같은 사실로부터 연방준비제도가 아무런 역할을 할 수 없다고 주장하는 것은 어리석다. 통화정책은 단기적으로 경제에 강한 실질적 영향을 미치며 이것이 종종 경기후퇴와 경기팽창이라는 차이를 낳기도 한다. 물론 이러한 차이는 경제 전체의 후생수준에 매우 중요한 영향을 미친다.

장기에서의 화폐공급 변화와 이자율

단기에는 화폐공급의 증가가 이자율을 하락시키고 화폐공급의 감소는 이자율을 상승시킨다. 하지만 장기에는 화폐공급이 이자율에 영향을 미치지 못한다.

〈그림 30-12〉는 그 이유를 보여 준다. 이 그림은 연준이 화폐공급을 증가시키기 전과 후의 화폐공급곡선과 화폐수요곡선을 보여 준다. 경제가 처음에 잠재생산량 수준에서 장기 거시경제 균형상태인 E_1점에 있으며 이때 화폐공급은 $\overline{M_1}$이라 하자. 처음의 이자율은 화폐수요곡선인 MD_1과 화폐공급곡선인 MS_1이 교차하는 점에 해당하는 이자율인 r_1에서 결정된다.

이제 화폐공급이 $\overline{M_1}$에서 $\overline{M_2}$로 증가한다고 하자. 단기적으로 경제는 E_1점에서 E_2점으로 이동하며 이자율이 r_1에서 r_2로 하락한다. 그러나 시간이 흐름에 따라 물가가 상승하고 그 결과 화폐

그림 30-12 장기에서의 이자율 결정

단기에는 화폐공급이 $\overline{M}_1$에서 $\overline{M}_2$로 증가하면 이자율이 r_1에서 r_2로 하락하고 경제는 단기 균형인 E_2점으로 이동한다. 그러나 장기에는 물가가 화폐공급 증가와 비례하여 상승함에 따라 각 이자율 수준에서의 화폐수요가 물가 상승과 비례하여 증가하고 그 결과 화폐수요곡선이 MD_1에서 MD_2로 이동한다. 그 결과 각 이자율 수준에서의 화폐수요량은 화폐공급량과 동일한 크기만큼 증가한다. 경제는 E_3에서 장기 균형을 이루고 이자율은 r_1으로 되돌아간다.

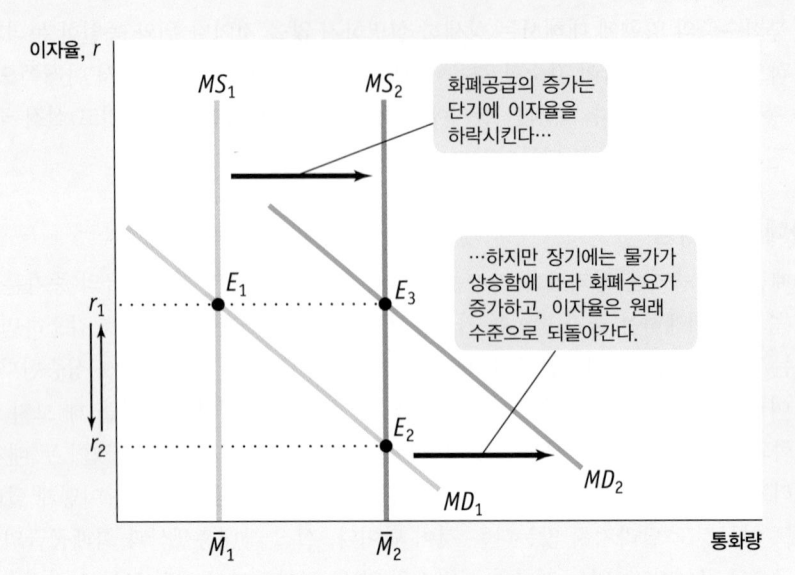

수요가 증가함에 따라 화폐수요곡선이 MD_1에서 MD_2로 오른쪽으로 이동한다. 경제는 E_3점에서 새로운 장기 균형을 달성하고 이자율은 원래 수준인 r_1으로 되돌아간다.

　결과적으로 장기 균형이자율은 처음의 이자율인 r_1과 같다. 우리는 두 가지 이유에서 이와 같은 일이 일어나리라는 것을 이미 알고 있다. 첫째, 화폐의 중립성으로 인해 장기에는 물가가 화폐공급의 증가에 비례하여 상승한다. 따라서 화폐공급이 예를 들어 50% 증가하면 물가도 50% 상승한다. 둘째, 다른 조건이 같다면 화폐수요는 물가 수준에 비례한다.

　따라서 화폐공급이 50% 증가할 경우 물가가 50% 상승하고 이는 각 이자율 수준에서의 화폐수요량을 50% 증가시킨다. 그 결과 처음의 이자율인 r_1에서의 화폐수요량이 정확하게 화폐공급 증가량만큼 증가하며 r_1은 여전히 균형이자율이 된다. 따라서 장기에는 화폐공급의 변화가 이자율에 영향을 미치지 못한다.

그림 30-13 화폐와 인플레이션 간의 장기 관계

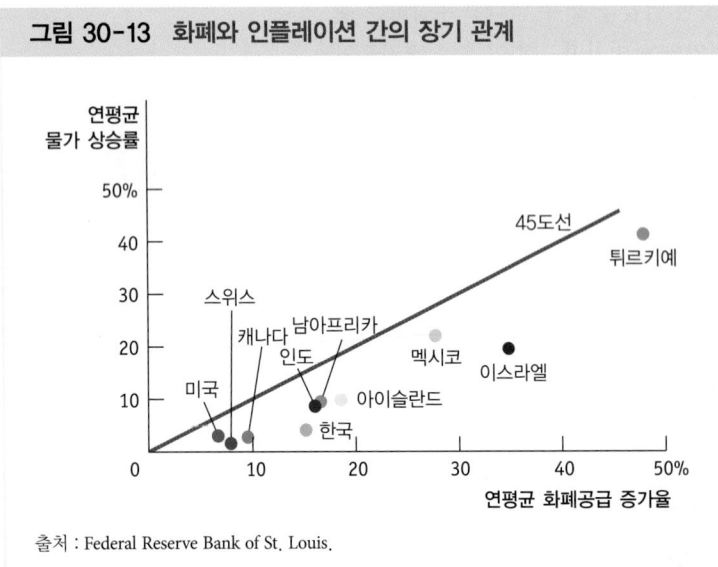

출처 : Federal Reserve Bank of St. Louis.

현실 경제의 >> 이해

화폐의 중립성에 대한 국제적 증거

오늘날 선진국들의 통화정책은 서로 상당히 유사하다. 각 국가(또는 유로화의 경우는 유로지역 국가들)는 정치적 압력으로부터 독립된 중앙은행을 갖고 있다. 이 중앙은행들은 모두 물가 수준을 안정적으로 유지하려고 노력하는데 대개 연간 2~3% 이내로 인플레이션을 억제하는 것을 목표로 한다.

　그런데 더 긴 기간에 더 많은 국가들을 살펴보면 화폐공급의 증가율에 상당한 격차가 있음을 알 수 있다. 1983년에서 2018년 사이에 스위스나 미국과 같은 국가에서는 화폐공급이 연간 수 퍼센트 증가하는 데 그친 반면 남아프리카와 같은 빈곤국에서는 화폐공급이 이보다 훨씬 빠른 속도로 증가했다. 이와 같은 국가 간 차이는 화폐공급 증가가 장기적으로 같은 비율만큼 물가를 상승시키는 것이 과연 사실인지를 검증할 수 있는 기회를 제공한다.

〈그림 30-13〉은 1983~2018년 기간 중 몇몇 국가들에 대해 화폐공급과 물가의 연간 증가율을 보여 준다. 그림에서 각 점은 하나의 국가를 대표한다. 화폐공급 증가와 물가 변화 사이의 관계가 정확하게 성립된다면 이 점들은 정확히 45도선 상에 놓여야 한다.

실제로는 화폐 이외에도 물가에 영향을 미치는 요인들이 있기 때문에 두 변수 간 비례관계가 정확히 성립되기를 기대하기 어렵다. 그런데도 산포된 점들은 45도선에 가까이 놓여 있어 화폐와 물가 간 비례관계가 대체로 성립됨을 보여 준다. 결론적으로 실증적 자료는 화폐가 장기적으로 중립적이라는 견해를 지지한다.

>> 이해돕기 30-4
해답은 책 뒤에

1. 경제가 단기 및 장기 거시균형 상태에 있는데도 중앙은행이 화폐공급을 25% 증가시킨다고 하자. 단기와 장기에 다음에 미치는 영향을 설명하라(가능하면 숫자를 제시할 것).
   a. 총생산
   b. 물가
   c. 이자율
2. 통화정책은 왜 단기에는 경제에 영향을 미치나 장기에는 영향을 미치지 않는가?

>> 복습
- **화폐의 중립성**에 따르면 화폐공급의 증가는 실질 국내총생산이나 이자율에 영향을 미치지 못하며 물가에만 영향을 미친다. 경제학자들은 화폐가 장기적으로 중립적이라 믿는다.
- 장기에는 경제의 균형이자율이 화폐공급 변화의 영향을 받지 않는다.

Andrew Harrer/Bloomberg/Getty Images

전자송금업체인 페이팔은 엄청나게 인기 있는 휴대전화 송금 서비스 업체인 벤모를 소유하고 있지만 공식적으로는 은행이 아니다. 대신 규제당국은 이를 송금업체, 즉 돈을 안전하게 보유하는 것이 아니라 어딘가로 보내주는 업체로 규정한다.

그러나 사용자들이 페이팔 계정에 상당한 금액을 쌓아 둠에 따라 이러한 구분에 대해 문제가 제기되기 시작했다. 특히 벤모의 사용자들은 입금되는 금액을 다시 사용할 때까지 자신의 계정에 넣어 두는 경향이 있다. 그 결과 2019년에 페이팔의 계정에는 모두 225억 달러를 넘는 잔액이 있었던 것으로 추정된다. 이 금액이 예금으로 간주되었더라면 페이팔은 미국 내 70대 은행 중 하나였을 것이다.

얼핏 보기에는 페이팔 계정에 돈을 넣어 두는 것은 두 가지 이유에서 직관에 어긋난 듯하다. 첫째, 이 계정들은 연방예금보험으로 보호되지 않는다. 둘째, 이 계정들은 이자를 지급하지 않는다. 그러나 더 자세히 들여다보면 이러한 행동은 경제적 타당성이 있다. 사람들은 대개 자기 재산의 아주 작은 부분만을 페이팔 계정에 넣어 두기 때문에 연방예금보험이 없다는 위험은 부담할 만하다. 이 글을 쓰고 있는 현재 은행예금에 대한 이자율이 너무 낮아서(2020년 7월에 0.06%) 이자를 포기하는 것이 은행예금과 페이팔 또는 벤모 계정 사이에 자금을 이체시키는 번거로움을 피하는 대가로는 합리적이다.

그 결과 많은 사람들이 《월스트리트저널》에 인용된 한 사용자처럼 자금을 벤모 계정에서 은행으로 이체시키기 전에 한동안 기다린다. "나는 의도적으로 돈을 점점 더 길게 그곳에 보관하기 시작했다."

그렇다면 페이팔이나 벤모나 또는 이와 유사한 업체들이 전통적인 은행업을 본격적으로 잠식할 수 있을까? 일부 분석가들은 그렇다고 생각한다. 그러나 다른 분석가들은 전통적 은행들이 개발한 Zelle와 같은 지불시스템과 이자율 상승이 사람들이 다시 전통적인 은행예금으로 끌어들일 것이라고 주장한다. 시간이 누가 옳은지 답해 줄 것이다.

생각해 볼 문제

1. 페이팔 계정은 화폐공급으로 간주되지 않는다. 화폐공급으로 간주되어야 할까? 그 이유는?
2. 2010년에는 미국 휴대전화 중 25%만이 스마트폰이었다. 2020년에는 거의 모두가 스마트폰을 가지고 있다. 이러한 상황은 페이팔 이야기에 어떤 영향을 미칠까? 이런 상황은 더 광범위한 화폐 역사의 패턴에 어떻게 들어맞을까?
3. 연방공개시장위원회의 미래 행동이 페이팔이나 유사업체의 미래에 어떤 영향을 미칠 수 있을까?

요약

1. **화폐수요곡선**은 화폐 보유의 기회비용과 화폐가 제공하는 유동성 간의 상충관계로부터 발생한다. 미국인들은 상당한 금액을 현금으로 또는 체크카드와 연계된 이자를 주지 않는 은행 계좌나 페이팔이나 벤모와 같은 송금회사에 보관한다. 이렇게 할 경우 **정기예금증서**와 같은 이자지급부 자산을 보유할 때 벌 수 있는 이자를 포기해야 한다. 화폐 보유의 기회비용은 **장기이자율**이 아니라 **단기이자율**에 달려 있다. 물가, 실질 GDP, 기술, 제도 등의 변화는 **화폐수요곡선** 자체를 이동시킨다.

2. **이자율에 대한 유동성선호 모형**에 따르면 이자율은 화폐시장에서 화폐수요곡선과 **화폐공급곡선**에 의해 결정된다. 연방준비제도는 화폐공급곡선을 이동시킴으로써 단기적으로 이자율을 변경할 수 있다. 실제로 연방준비제도는 **연방자금금리 목표**를 달성하기 위해 공개시장 조작을 이용하며, 다른 단기이자율들은 대체적으로 연방자금금리 목표를 따라간다.

3. **확장적 통화정책**은 화폐공급을 증가시킴으로써 이자율을 낮춘다. 이는 투자지출과 소비지출을 증가시키고 이는 다시 단기에 총수요와 실질 GDP를 증가시킨다. **긴축적 통화정책**은 화폐공급을 감소시킴으로써 이자율을 높인다. 이는 투자지출과 소비지출을 감소시키고 이는 다시 단기에 총수요와 실질 GDP를 감소시킨다.

4. 연방준비제도를 비롯한 중앙은행들은 낮지만 영보다 높은 수준에서 인플레이션율을 유지하는 동시에 잠재생산량을 중심으로 한 실제 총생산의 변동을 제한함으로써 경제를 안정시키려 든다. **통화정책을 위한 테일러 준칙**하에서는 인플레이션이 심하게 발생하는 한편 정의 총생산 갭이 존재하거나 실업률이 매우 낮을 때 연방자금금리 목표가 상승하며, 인플레이션율이 낮거나 음인 한편 부의 총생산 갭이 존재하거나 실업률이 높을 때 연방자금금리 목표가 하락한다. 연준을 포함하여 몇몇 중앙은행들은 미래지향적인 정책 준칙인 **인플레이션 목표제**를 채택하고 있다. 반면에 테일러 준칙은 과거지향적인 정책 준칙이다. 통화정책은 재정정책에 비해 정책시행 시차가 짧기 때문에 경제를 안정시키기 위한 정책수단으로서 선호된다. 그렇지만 이자율은 심각한 문제를 일으키지 않고서는 영보다 낮아질 수 없기 때문에 **영의 이자율 하한**이 존재한다. 그 결과 통화정책의 효과는 한정적이다.

5. 장기에는 화폐공급의 변화가 물가에는 영향을 미치지만 실질 GDP나 이자율에는 영향을 미치지 못한다. 실증 자료는 **화폐의 중립성**이라는 개념이 실제로 성립됨을 보여 준다. 화폐의 중립성이란 화폐공급의 변화가 장기에는 경제의 실질변수에 영향을 미치지 못함을 말한다.

주요용어

정기예금증서
단기이자율
장기이자율
화폐수요곡선
이자율에 대한 유동성선호 모형

화폐공급곡선
연방자금금리 목표
확장적 통화정책
긴축적 통화정책
통화정책을 위한 테일러 준칙

인플레이션 목표제
영의 이자율 하한
화폐이 중립성

토론문제

1. 전자결제시스템의 부상은 개인 간 대출 프로그램을 촉진시켰다. 이 프로그램들은 전통적인 은행 시스템 밖에서 차입자와 대부자를 연결해 준다. 연준은 공개시장조작과 은행의 대출에 의존하여 화폐공급을 변화시키는데, 이러한 개인 간 대출의 부상은 연준이 통화정책을 효과적으로 시행하는 데 어떤 영향을 미칠 것인가?

2. 케인즈는 "장기에는 우리 모두 죽는다."라고 말했다. 이는 화폐 중립성의 개념과 일관성이 있는가? 또는 상충되는가?

3. 유럽중앙은행의 웹 사이트에 따르면, 유럽공동체(EC)를 설립하기 위한 조약은 양호한 경제환경과 높은 고용수준을 달성하기 위해 중앙은행이 가장 중요하게 기여할 수 있

는 것이 바로 물가 안정을 보장하는 것임을 분명히 밝히고 있다. 만일 물가 안정이 통화정책의 유일한 목표라면 경기 후퇴기에 통화정책이 어떻게 시행될 것인지 설명하라. 경

기후퇴가 수요충격의 결과 발생하는 경우와 공급충격의 결과 발생하는 경우에 대해서 모두 분석하라.

연습문제

1. 다음 각 사건은 화폐수요에 어떻게 영향을 미치겠는가? 각 경우에 화폐수요곡선 자체가 이동하는지 또는 수요곡선 상의 이동인지를 밝히고, 이동 방향도 밝히라.

    a. 이자율이 12%에서 10%로 하락한다.

    b. 추수감사절이 되어 본격적인 쇼핑시즌이 시작된다.

    c. 점점 더 많은 상인들이 소비자가 페이팔과 애플페이를 이용하여 구매하는 것을 가능하게 하는 전자지불시스템을 채택하고 있다.

    d. 연방준비제도가 미국 재무부증권을 공개시장 매입한다.

2. a. www.treasurydirect.gov로 가라. '개인(Individuals)' 아래의 '재무부증권 & 프로그램(Treasury Securities & Programs)'으로 간 후 '재무부증권(Treasury Bills)'을 클릭하라. '개관(at a glance)'의 '최근 경매 이자율(rates in recent auctions)'을 클릭하라. 가장 최근에 발행된 52주 만기 재무부증권의 이자율은 얼마인가?

    b. 여러분이 자주 이용하는 은행의 웹 사이트로 가라. 6개월 만기 CD의 이자율은 얼마인가?

    c. 6개월 만기 CD의 이자율이 26주 만기 재무부증권의 이자율보다 높은 이유는 무엇인가?

3. www.treasurydirect.gov로 가라. '개인(Individuals)' 아래 '재무부증권 & 프로그램(Treasury Securities & Programs)'으로 간 후 '재무부 노트(Treasury notes)'를 클릭하라. '개관(at a glance)' 하에서 '최근 경매 이자율(rates in recent auctions)'을 클릭하라. 그리고 최근 노트, 채권, 물가연동채권 경매 결과(Recent Note, Bond, TIPS Auction Results) 목록을 이용하여 다음 질문에 답하라.

    a. 2년 만기 및 10년 만기 재무부채권의 이자율은 얼마인가?

    b. 2년 만기 및 10년 만기 재무부채권의 이자율은 서로 어떤 연관이 있는가? 왜 10년 만기 채권의 이자율이 2년 만기 채권의 이자율보다 높은가(또는 낮은가)?

4. 한 경제가 다음 그림에서와 같이 경기후퇴 갭을 겪고 있다고 하자. 이 갭을 제거하기 위해서는 중앙은행이 확장적인 통화정책을 써야 할까 또는 긴축적인 통화정책을 써야 할까? 중앙은행이 선택한 통화정책이 경기후퇴 갭을 메울

경우 이자율, 투자지출, 소비지출, 실질 국내총생산, 물가는 어떻게 변하는가?

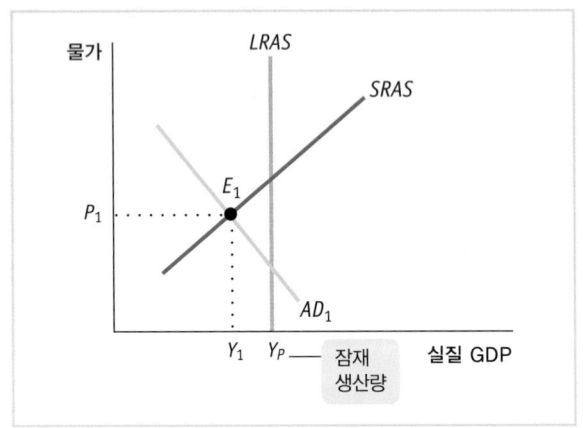

5. 한 경제가 다음 그림에서와 같이 인플레이션 갭을 겪고 있다고 하자. 이 갭을 제거하기 위해서는 중앙은행이 확장적인 통화정책을 써야 할까 또는 긴축적인 통화정책을 써야 할까? 중앙은행이 선택한 통화정책이 인플레이션 갭을 메울 경우 이자율, 투자지출, 소비지출, 실질 국내총생산, 물가는 어떻게 변하는가?

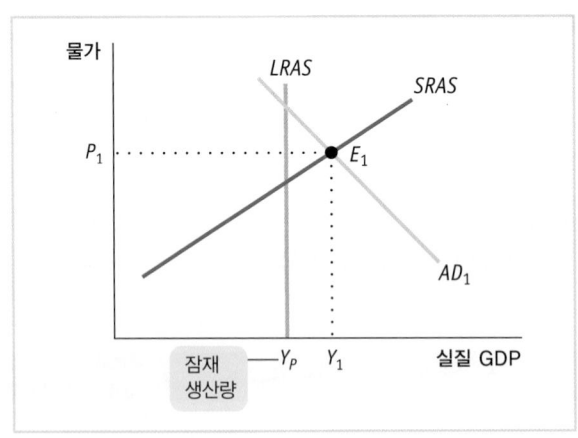

6. 이스트랜디아 경제가 경기후퇴를 시작하려고 할 때 화폐시장은 균형상태에 있다고 하자.

    a. 다음 그림을 이용하여 이스트랜디아의 중앙은행이 화폐공급을 $\overline{M}_1$로 일정하게 유지할 때 어떤 일이 발생할지 설명하라.

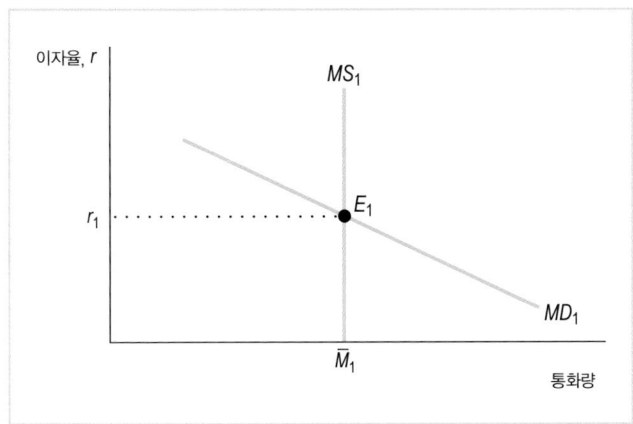

이자율, r

MS_1

r_1 ⋯⋯⋯⋯⋯⋯⋯⋯⋯ E_1

MD_1

$\overline{M}_1$

통화량

b. 중앙은행이 r_1의 이자율 목표를 유지하려 한다면 경제 가 경기후퇴에 진입할 때 중앙은행은 어떻게 반응해야 하는가? 문제 a의 도표를 이용하여 중앙은행의 반응을 예시적으로 보이라.

7. 앞의 문제에 이어서 이제 이스트랜디아 경제에서 중앙은 행이 화폐공급을 감소시키기로 결정한다고 하자.

a. 6번 문제의 그림을 이용하여 단기에는 이자율에 어떤 변화가 발생할 것인지를 보이라.

b. 장기적으로는 이자율에 어떤 변화가 발생하는가?

8. 한 경제가 5%의 실업률을 가진 장기 거시경제 균형에 있 다고 하자. 이제 정부가 중앙은행으로 하여금 통화정책을 이용하여 실업률을 3%로 낮추고, 이 수준을 계속 유지하 도록 만드는 법을 통과시킨다고 하자. 중앙은행은 단기에 이 목표를 어떻게 달성할 수 있는가? 장기에는 어떤 일이 발생하겠는가? 그림을 가지고 설명하라.

9. 통화정책의 효과는 화폐공급의 변화가 얼마나 쉽게 이자 율을 변화시킬 수 있는지에 달려 있다. 통화정책은 이자율 을 변화시킴으로써 투자지출과 총수요곡선에 영향을 미친 다. 알베르니아와 브리테니아 경제는 이 그림에서 보듯이

매우 상이한 화폐수요곡선을 갖고 있다. 어느 경제에서 화 폐공급의 변화가 더 효과적인 정책수단이 되겠는가? 그 이유는 무엇인가?

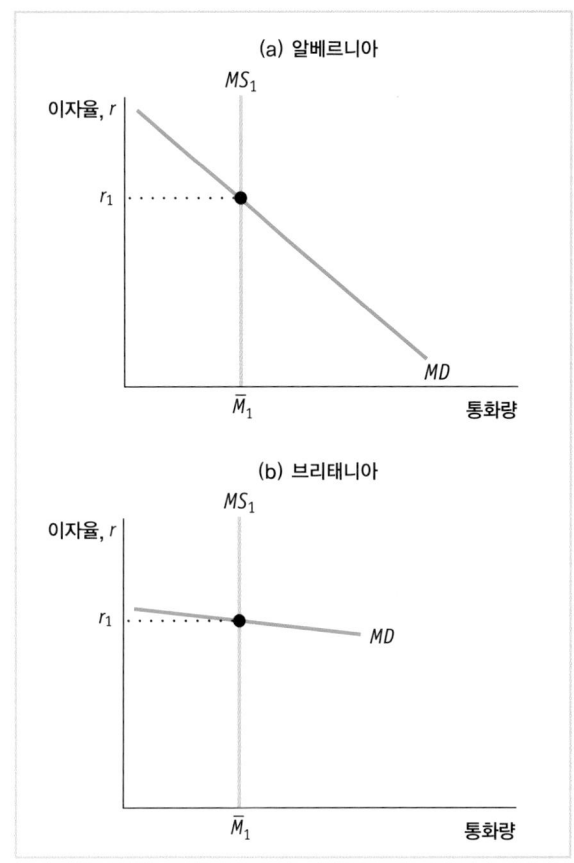

(a) 알베르니아

이자율, r

MS_1

r_1 ⋯⋯⋯⋯⋯

MD

$\overline{M}_1$

통화량

(b) 브리테니아

이자율, r

MS_1

r_1 ⋯⋯⋯⋯⋯

MD

$\overline{M}_1$

통화량

10. 대공황 중에 미국의 기업가들은 경제성장의 미래에 대해 서 매우 비관적이었고, 그 결과 이자율이 크게 하락했음에 도 불구하고 투자지출을 늘리기를 꺼렸다. 이와 같은 태도 가 통화정책이 대공황의 정도를 경감할 수 있는 잠재력을 어떻게 제한했을까?

두 가지 이자율 모형의 일관성

이 장의 본문에서는 이자율 결정에 대한 유동성선호 모형을 소개했다. 이 모형에서 균형이자율은 화폐수요량과 화폐공급량을 일치시키는 이자율이다. 앞서 우리는 이 모형과 제25장에서 소개한 대부자금모형이 서로 어떻게 일관성을 가지는지를 설명하겠다고 약속했다. 대부자금모형에서의 균형이자율은 저축자들에 의한 대부자금의 공급량과 투자지출을 위한 대부자금의 수요량을 일치시켜 준다. 설명을 위한 두 단계 중 첫째 단계로서 먼저 단기에 어떤 일이 일어나는지를 알아본 후 장기로 가기로 한다.

|| 단기에서의 이자율

본문에서 설명했듯이 이자율의 하락은 투자지출 I를 증가시키고 이는 다시 실질 국내총생산과 소비지출 C의 증가를 낳는다. 그런데 실질 국내총생산의 증가는 소비지출만을 증가시키는 데 그치지 않는다. 우리가 보았듯이 승수 과정의 각 단계에서 가처분소득의 일부가 저축되기 때문에 실질 국내총생산의 증가는 저축을 증가시키기도 한다. 저축은 얼마나 증가할까?

제25장에서는 경제 전체의 총저축이 항상 투자지출과 같다는 저축-투자지출 항등관계를 소개했다. 이 항등관계에 따르면 이자율 하락에 따라 투자지출이 증가하는 경우 이로 인한 실질 국내총생산 증가는 투자지출의 증가와 일치하는 크기의 추가적인 저축을 생성해야 한다. 다시 말하면 이자율이 하락한 후 저축의 공급량이 저축의 수요량을 정확히 충족하기에 충분한 양만큼 증가해야 한다. 이 같은 관계를 이해하는 것이 두 모형의 일관성에 대한 열쇠다.

〈그림 30A-1〉은 이자율 결정에 대한 두 모형이 이자율 변화, 실질 국내총생산 변화, 저축 변화 사이의 연계에 의해 단기에 어떻게 서로 일관성을 가지는지를 보여 준다. 그림 (a)는 이자율 결정에 대한 유동성선호 모형을 보여 준다. MS_1과 MD_1는 처음의 화폐공급곡선과 수요곡선이다. 유동성선호 모형에 따르면 경제의 균형이자율은 화폐시장에서 화폐공급량과 화폐수요량을 일치시키는 이자율이다. 그림 (b)는 이자율에 대한 대부자금모형을 나타낸다. S_1은 처음의 대부자금 공급곡선이고 D는 대부자금 수요곡선이다. 대부자금모형에 따르면 한 경제의 균형이자율은 대부자금시장에서의 내부자금 공급량과 수요량을 일치시키는 이자율이다.

〈그림 30A-1〉에서는 처음에 화폐시장과 대부자금시장이 동일한 균형이자율 r_1에서 동시에 균형을 이루고 있다. 여러분은 이것이 우연적으로나 일어날 수 있는 일이라 생각하겠지만 사실 이것은 항상 성립되는 진리다. 그 이유를 이해하기 위해 연방준비제도가 화폐공급을 $\overline{M_1}$에서 $\overline{M_2}$로 증가시키는 경우 어떤 일이 일어나는지 알아보자. 화폐공급 증가는 화폐공급곡선을 오른쪽으로 MS_2까지 이동시키고 그 결과 화폐시장에서의 균형이자율은 r_2로 하락한다.

그렇다면 그림 (b)에 제시된 대부자금시장에서는 어떤 일이 일어날까? 단기에는 이자율 하락이 실질 국내총생산을 증가시키고 이는 다시 승수 과정을 통해 저축을 증가시킨다. 저축 증가에 따라 대부자금의 공급곡선은 S_1에서 오른쪽으로 이동하여 S_2가 되고 대부자금시장의 균형은 E_1점에서 E_2점으로 이동하며 그 결과 대부자금시장에서의 균형이자율도 하락한다. 이미 우리가 알고 있듯이 저축의 증가는 투자지출의 증가와 정확히 일치할 것이다. 따라서 대부자금시장에서의 균형이자율은 화폐시장에서의 새로운 균형이자율과 동일한 수준인 r_2로 하락할 것이다.

이상에서 보았듯이 단기에는 화폐공급과 수요가 이자율을 결정하고 대부자금시장은 화폐시

그림 30A-1 단기에서의 이자율 결정

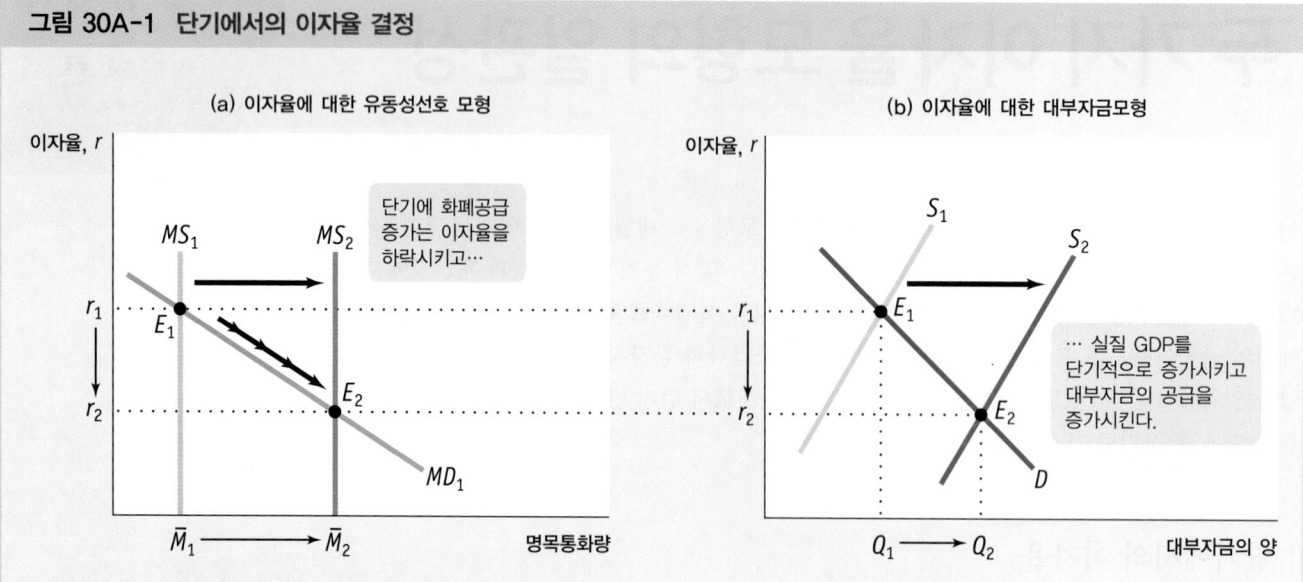

그림 (a)는 이자율 결정에 대한 유동성선호 모형을 보여 준다. 균형이자율은 화폐공급량과 화폐수요량을 일치시킨다. 단기에는 이자율이 화폐시장에서 결정된다. 화폐공급이 $\overline{M}_1$에서 $\overline{M}_2$로 증가하면 균형이자율은 r_1에서 r_2로 하락한다. 그림 (b)는 이자율 결정에 대한 대부자금모형을 보여 준다. 화폐시장에서의 이자율 하락은 승수효과를 통해 실질 국내총생산과 저축 을 증가시키고 이에 따라 대부자금의 공급곡선이 S_1에서 오른쪽으로 이동하여 S_2가 되며, 이자율은 r_1에서 r_2로 하락한다. 그 결과 대부자금시장에서의 새 균형이자율은 r_2에서 화폐시장에서의 새 균형이자율과 일치하게 된다.

장을 뒤따른다. 화폐공급의 변화가 이자율을 변화시킬 때 이로 인한 실질 국내총생산의 변화가 대부자금의 공급도 변화시키기 때문이다. 그 결과 대부자금시장에서의 균형이자율은 화폐시장에서의 균형이자율과 동일하게 된다.

지금까지 우리가 '단기'라는 용어를 사용했다는 사실에 유념할 필요가 있다. 총수요의 변화는 단기에만 총생산에 영향을 미친다. 장기에 총생산은 잠재생산량과 같다. 따라서 이자율의 하락이 총생산을 증가시키고 이것이 다시 저축을 증가시킨다는 우리의 이야기는 단기에만 적용될수 있다.

다음 절에서 보듯이 장기에는 두 시장의 역할이 뒤바뀌는 등 이자율의 결정 과정이 사뭇 다르다. 장기에는 대부자금시장이 균형이자율을 결정하고 화폐시장이 대부자금시장을 뒤따른다.

|| 장기에서의 이자율

단기에는 화폐공급의 증가가 이자율을 하락시키고 화폐공급의 감소가 이자율을 상승시켰다. 반면에 장기에서는 화폐공급의 변화가 이자율에 영향을 미치지 못한다.

〈그림 30A-2〉는 그 이유를 보여 준다. 〈그림 30A-1〉과 마찬가지로 그림 (a)는 이자율에 대한 유동성선호 모형을 보여 주며, 그림 (b)는 대부자금 수요와 공급을 보여 준다. 두 그림에서 모두 경제는 처음에 E_1점에 있다고 가정하기로 한다. 장기 거시경제 균형은 화폐공급이 $\overline{M}_1$인 상태에서 잠재생산량을 달성하고 있다. 대부자금에 대한 수요곡선은 D이고 처음의 대부자금 공급곡선은 S_1이다. 두 시장에서 모두 처음의 균형이자율은 r_1이다.

이제 화폐공급이 $\overline{M}_1$에서 $\overline{M}_2$로 증가한다고 하자. 〈그림 30A-1〉에서 보았듯이 화폐공급 증가는 이자율을 r_2로 하락시킨다. 그렇지만 우리는 화폐의 중립성으로 인해 장기적으로는 물가가

그림 30A-2 장기에서의 이자율 결정

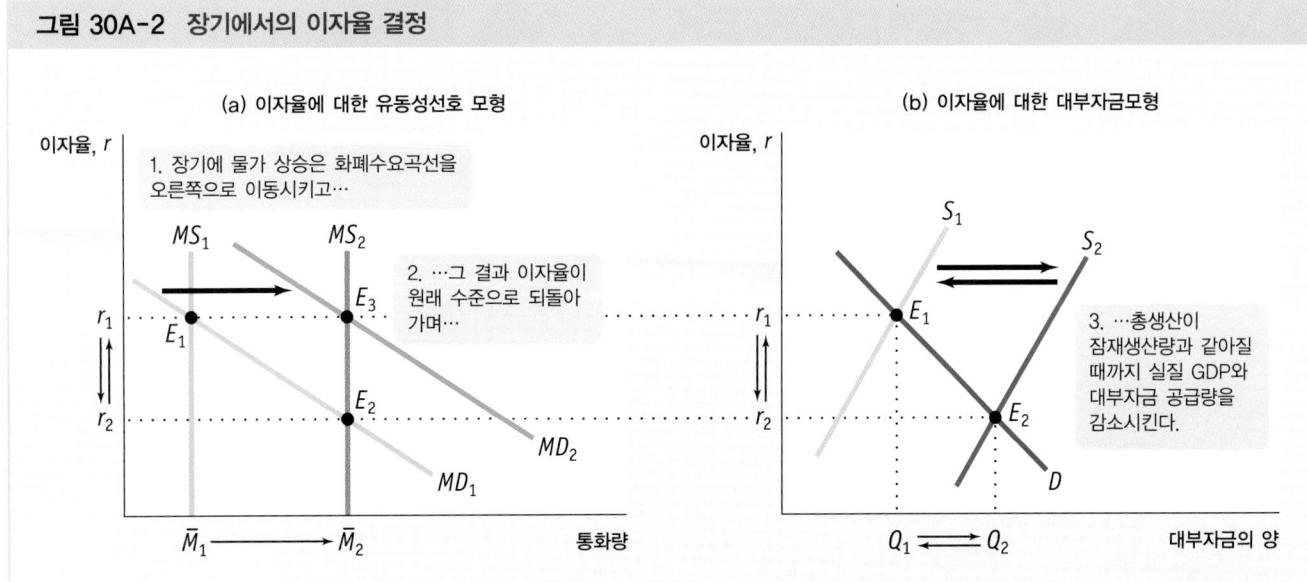

그림 (a)는 화폐공급이 $\overline{M_1}$에서 $\overline{M_2}$로 증가할 때 장기에 유동성선호 모형에서의 조정 과정을 보여 주며, (b)는 이에 상응하는 대부자금시장의 장기 조정 과정을 보여 준다. 〈그림 30A-1〉에서 설명했듯이, 화폐공급의 증가는 단기적으로 균형이자율을 r_1에서 r_2로 하락시키고, 실질 GDP와 저축을 증가시킨다. 이는 그림 (a)와 (b)에서 E_1점에서 E_2점으로의 움직임으로 나타난다. 하지만 장기에는 화폐공급의 증가가 임금과 다른 명목가격을 상승

시킴에 따라 그림 (a)에서의 화폐수요곡선이 MD_1에서 MD_2로 이동하며 그 결과 경제가 E_2점에서 E_3점으로 이동함에 따라 이자율이 r_2에서 r_1으로 상승한다. 이자율 상승은 실질 GDP와 저축을 감소시키고 그 결과 대부자금의 공급곡선이 S_2에서 S_1으로 되돌아가고 대부자금시장도 E_2에서 E_1으로 되돌아간다. 장기에는 균형이자율이 실질 GDP가 잠재생산량과 같은 상태에서 나타나는 대부자금의 수요량과 공급량이 같아지도록 결정된다.

화폐공급 증가와 동일한 비율로 상승함을 알고 있다. 우리는 또한 물가 상승이 화폐수요를 같은 비율로 증가시킨다는 사실도 알고 있다. 그 결과 장기에는 화폐수요곡선이 MD_2로 이동할 것이고 균형이자율은 처음 수준인 r_1으로 되돌아갈 것이다.

〈그림 30A-2(b)〉는 대부자금시장에서 어떤 일이 발생하는지를 보여 준다. 이전에 보았듯이 화폐공급의 증가는 단기적으로 실질 국내총생산을 증가시키고 이는 대부자금 공급곡선을 S_1에서 S_2로 오른쪽으로 이동시킨다. 하지만 장기에는 임금을 비롯한 명목가격들이 상승함에 따라 실질 국내총생산이 원래 수준으로 되돌아간다. 그 결과 처음에는 S_1에서 S_2로 이동했던 대부자금 공급곡선도 다시 S_1으로 되돌아간다.

결국 장기에는 화폐공급의 변화가 이자율에 영향을 미치지 않는다. 그렇다면 장기에 이자율을 결정하는 것은 무엇일까? 다시 말해서 무엇이 〈그림 30A-2〉에서 r_1을 결정할까? 그것은 바로 대부자금의 공급과 수요다. 보다 구체적으로 장기 균형이자율은 잠재생산량 수준에서 발생하는 대부자금 공급과 수요가 같아지도록 만든다.

연습문제

1. 〈그림 30A-1〉과 유사한 그림을 이용해서 화폐시장과 대부자금시장이 단기에 화폐공급의 감소에 대해 어떻게 반 응하는지를 설명하라.

31 〉 인플레이션, 디스인플레이션, 디플레이션

🌐 그것과 90만 볼리바르로 커피 한 잔을 살 수 있다

2015년에 남미 국가인 베네수엘라는 경제 통계 발표를 사실상 중단했다. 이는 아마도 상황이 얼마나 나쁜지 특히 이 나라의 고삐 풀린 인플레이션이 얼마나 심한지를 감추려는 의도였을 것이다. 그렇지만 아무도 속일 수 없었다.

독립적인 관측기관들은 독자적인 인플레이션 지표를 고안해내었다. 예를 들어 블룸버그 뉴스는 베네수엘라인들이 즐겨 마시는 음료의 가격에 기초하여 "카페 콘레체 지수"를 발표하기 시작했다. 일반 국민들도 이 나라의 화폐인 볼리바르의 가치가 급락하고 있음을 잘 알고 있었기 때문에 이 화폐가 수중에 들어올 경우 곧장 처분하기 위해 모든 노력을 기울였다. 가게 주인들은 현금을 금전등록기에 넣는 대신 바로 물건을 비축하는 데 사용했다. 수완이 좋은 개인들은 가격 통제를 받는 물건들을 사서 이웃 국가로 밀반출하여 판매했다. 모든 사람이 암시장에서 볼리바르를 미국 달러로 환전하려 들었다.

2019년에 미국 연준에 해당하는 베네수엘라 중앙은행은 결국 인플레이션 숫자를 발표하였는데 이는 모든 사람들이 이미 알고 있던 사실을 확인해 주었다. 2016년에는 인플레이션율이 "단지" 274%에 불과했으나, 2018년에 이르자 130,000%에 달했다. (인플레이션은 2019년에 약간 완화되었으나 완화추세가 지속되리라 믿는 사람은 별로 없다.)

베네수엘라의 경험은 매우 충격적인 것이지만 전례가 없는 것은 아니다. 2008년에 짐바브웨가 자신의 화폐를 포기하기 전에 인플레이션

한 달 전보다 훨씬 더 가치가 낮은 돈뭉치

Guillermo Legaria/Getty Images

이 잠시 5,000억 퍼센트에 달했었다. 1994년 아르메니아의 인플레이션율은 2만 7,000%에 달했었다. 1991년에는 니카라과의 인플레이션율이 6만 %를 넘어섰다. 짐바브웨의 인플레이션조차 1922~1923년 독일에서 발생했던 역사상 가장 유명한 초인플레이션 사례에 비하면 대단히 가벼운 편이다. 독일의 초인플레이션이 한창일 때는 물가가 **하루에 16%**씩 상승했는데 이를 복리로 계산할 경우 5개월 동안 물가가 약 5,000억 % 상승했음을 의미한다.

사람들이 한 시간만 지나면 가치가 하락해 버리는 지폐를 보유하기를 워낙 꺼렸기 때문에 달걀과 석탄 덩어리가 화폐로 유통되기도 했다. 독일 기업들은 가치가 떨어지기 전에 근로자들이 소득을 지출할 수 있도록 하루에 여러 차례 임금을 지급했다[이는 **시급**(hourly wage)에 새로운 의미를 부여한 셈이다]. 전해지는 얘기에 따르면 술집에 앉아 있던 사람들이 두 번째 잔을 주문하기 전에 맥주 가격이 인상될 것을 우려하여 미리 여러 잔의 맥주를 주문하기도 했다고 한다.

미국은 이와 같은 인플레이션을 경험한 적이 없다. 현대 미국 경제에서 최악의 인플레이션은 1970년대 말에 발생했는데 1978년에서 1980년 사이에 미국의 인플레이션율이 6.4%에서 14.5%로 두 배 이상이 되었다. 그러나 이 정도의 인플레이션조차 미국인들에게 심한 고통을 주었으며 미국의 인플레이션율을 수용할 만한 수준으로 낮추기 위해 시행된 연방준비제도의 정책은 대공황 이래 가장 깊은 경기후퇴를 낳았다.

인플레이션율을 상승시키고 하락시키는 요인은 무엇일까? 이 장에서는 인플레이션의 근본 원인에 대해 알아볼 것이다. 우리는 베네수엘라의 인플레이션과 같이 매우 심한 인플레이션의 원인은 완만한 인플레이션의 원인과 사뭇 차이가 있음을 이해하게 될 것이다. 우리는 또한 인플레이션율이 하락하는 현상인 **디스인플레이션**을 달성하는 것이 때로는 매우 어려울 수 있음을 알게 될 것이다. 마지막으로 우리는 물가가 하락하는 현상인 디플레이션과 관련된 특수한 문제점들에 대해 논할 것이다. ●

이 장에서 배울 내용

- **화폐를 찍어서 인플레이션세를 거두려는 노력**이 높은 인플레이션과 초인플레이션율을 초래하는 이유는 무엇인가?
- **필립스곡선**은 인플레이션과 실업 간 상충관계를 어떻게 설명하는가?
- 장기적으로는 인플레이션과 실업 간에 상충관계가 없는 이유는 무엇인가?
- 완만한 인플레이션을 멈추는 것조차 어려운 이유는 무엇인가?
- 디플레이션이 경제정책에서 문제가 되는 이유는 무엇인가?

|| 화폐와 인플레이션

이 장에서 곧 보게 되듯이 미국이 경험했던 것과 같은 완만한 수준의 인플레이션과 1970년대 후반의 두 자리 수 인플레이션은 모두 복잡한 원인을 갖고 있을 수 있다. 그러나 매우 심한 인플레이션은 언제나 빠른 속도의 화폐공급 증가와 관련이 있다.

그 이유를 이해하기 위해서는 화폐공급이 물가에 미치는 영향에 대해 다시 한번 알아볼 필요가 있다. 그다음에는 가끔 정부가 화폐공급을 급속히 증가시키는 이유에 대해서 알아본다.

화폐와 물가에 대한 고전학파 모형

제30장에서 단기에는 화폐공급 증가가 이자율을 하락시키고 투자지출과 소비지출을 자극하여 실질 국내총생산을 증가시킨다는 사실을 배웠다. 그렇지만 장기적으로는 명목임금을 비롯한 여타 경직적 가격들이 상승함에 따라 실질 국내총생산이 원래 수준으로 되돌아간다. 따라서 장기에는 화폐공급이 증가하더라도 실질 국내총생산이 변하지 않는다. 그 대신 다른 조건이 같다면 물가수준만 동일한 비율로 상승한다. 즉 명목임금과 중간투입물의 가격을 포함하여 경제 내의 모든 재화와 서비스의 가격이 화폐공급 증가와 같은 비율로 상승한다. 모든 가격이 상승하면 모든 최종생산물의 가격인 물가도 상승한다.

그 결과 **명목 화폐공급** M의 증가는 장기에 물가를 상승시켜서 실질 화폐공급 M/P를 원래 수준에 머물도록 만들고 총수요 또는 실질 국내총생산에는 아무런 장기적 영향을 미치지 않는다. 예를 들어 2005년 1월에 튀르키예가 자국의 화폐인 튀르키예 리라에서 여섯 개의 0을 없앴을 때 튀르키예의 실질 국내총생산은 변하지 않았다. 변한 것은 오직 가격에서 영의 개수였다. 이전에 200만 리라였던 물건이 2리라가 된 것뿐이었다.

이것이 바로 장기에 일어나는 현상이다. 그런데 거시경제학자들은 물가에 있어서 커다란 변화를 분석할 때는 단기와 장기의 구분을 무시하는 것이 유용하다는 사실을 발견했다. 이에 따라 이들은 화폐공급 변화가 오랜 기간이 걸리지 않고 즉각적으로 물가 수준에 영향을 미치는 단순화된 모형을 가지고 분석한다. 여러분은 앞서 여러 장에서 단기와 장기의 차이를 강조한 것을 본 만큼 이와 같은 가정을 하는 것을 걱정스럽게 여길지도 모른다. 하지만 잠시 후에 설명될 이유들로 인해 인플레이션이 심할 경우에는 이와 같은 가정을 하는 것이 합당하다.

실질 화폐공급인 M/P가 항상 장기 균형수준과 같아지는 단순화된 모형은 **물가에 대한 고전학파 모형**(classical model of the price level)이라고 알려져 있는데, 그 이유는 케인즈 이전에 활동을 했던 고전학파 경제학자들이 이 모형을 공통적으로 사용한 데 있다. 이 고전학파 모형을 이해하기 위해서 AD-AS 모형이 화폐공급 증가의 효과에 대해서 지적했던 바를 다시 한번 생각해 보자. (달리 지적하지 않는 한 화폐공급 변화라 함은 **명목** 화폐공급의 변화를 의미한다.)

〈그림 31-1〉은 AD-AS 모형에서 화폐공급 증가의 영향을 보여 준다. 경제는 단기 거시경제 균형점인 동시에 장기 거시경제 균형점인 E_1에서 출발한다. 이 점은 총수요곡선인 AD_1과 단기 총공급곡선인 $SRAS_1$이 교차하는 점이다. 이 점은 장기 총공급곡선인 $LRAS$ 상에도 있다. E_1점에서의 균형물가는 P_1이다.

이제 화폐공급이 증가한다고 하자. 이는 확장적 통화정책으로 총수요곡선을 오른쪽으로 AD_2까지 이동시키고 경제를 새로운 단기 거시경제 균형인 E_2로 이동시킨다. 하지만 시간이 흘러 물가 상승에 대한 반응으로 명목임금이 상향 조정됨에 따라 $SRAS$ 곡선은 왼쪽으로 이동하여 $SRAS_2$가 된다. 새로운 장기 거시경제 균형은 E_3가 되고 실질 국내총생산은 원래 수준으로 되돌아간다. 제30장에서 배웠듯이 P_1에서 P_3로의 물가의 장기적 상승은 화폐공급 증가에 비례한다. 그 결과 장기에는 화폐공급의 변화가 실질 화폐공급인 M/P나 실질 국내총생산에 영향을 미치

물가에 대한 고전학파 모형(classical model of the price level)에 따르면 실질통화량은 항상 장기 균형수준과 같다.

그림 31-1 물가에 대한 고전학파 모형

E_1점에서 출발하여 화폐공급의 증가는 총수요곡선을 AD_1에서 AD_2까지 오른쪽으로 이동시킨다. 새로운 단기 거시경제 균형은 E_2점에서 달성되며 물가는 P_2로 상승한다. 장기적으로는 명목임금이 상향 조정됨에 따라서 $SRAS$ 곡선이 왼쪽으로 $SRAS_2$까지 이동한다. P_1에서 P_3로의 물가의 총증가율은 화폐공급의 증가율과 동일하다. 물가에 대한 고전학파 모형에서는 경과기간을 무시하고 물가가 즉각적으로 P_3로 상승하는 것으로 본다. 이것은 인플레이션이 심한 상황에서는 현실에 가까운 해석이다.

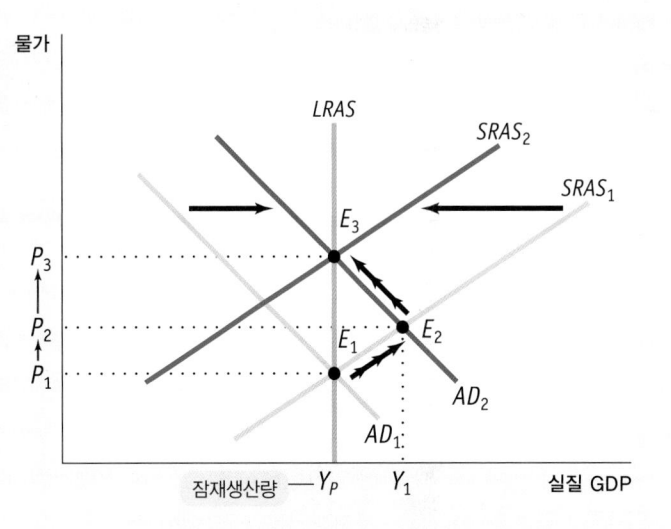

지 못한다. 우리가 배웠듯이 장기에 화폐는 **중립적**이다.

물가에 대한 고전학파 모형은 경제가 한 장기균형으로부터 직접 다른 장기균형으로 이동한다고 가정하기 때문에 E_1점에서 E_2점으로의 단기적인 이동을 무시한다. 다시 말하면 고전학파 모형은 경제가 E_1점에서 직접 E_3점으로 이동하며 화폐공급 변화에 따른 실질 국내총생산의 변화는 전혀 없다고 가정한다. 사실상 고전적 모형에서는 장기 총공급곡선은 물론 단기 총공급곡선도 수직이라고 하고 통화량 증가의 효과를 분석하는 셈이다.

인플레이션이 완만한 시기에는 이와 같은 가정이 비현실적으로 보인다. 인플레이션율이 낮은 경우 노동자들과 기업들이 임금과 가격을 인상함으로써 화폐공급 증가에 반응하기까지는 상당한 시간이 걸린다. 이 경우 명목임금과 가격 중 일부는 단기적으로 경직적이 된다. 그 결과 인플레이션이 완만한 경우 $SRAS$ 곡선은 우상향의 기울기를 갖게 되고 화폐공급 증가는 실제로 단기에 실질 국내총생산을 증가시킨다.

그렇지만 인플레이션이 심한 시기에는 어떨까? 경제학자들은 인플레이션이 심할 경우 명목임금과 가격에서 단기적인 경직성이 사라진다는 사실을 관찰했다. 인플레이션에 민감해진 노동자들과 기업들이 화폐공급 증가에 반응하여 신속하게 임금과 가격을 올리기 때문이다. 이는 인플레이션이 심할 때는 인플레이션이 완만할 때에 비해 임금과 중간재 가격이 더 신속하게 조정됨을 의미한다. 그 결과 인플레이션이 심할 경우 단기 총공급곡선이 더 신속하게 왼쪽으로 이동하고 경제는 보다 신속하게 장기균형점으로 되돌아간다. 따라서 지속적으로 높은 인플레이션을 겪고 있는 경제에서는 물가에 대한 고전학파 모형이 더 현실에 가깝다고 할 수 있다.

지속적으로 높은 인플레이션을 겪고 있는 국가에서는 모든 가격이 신속하게 조정되기 때문에 화폐공급의 증가가 곧바로 인플레이션율의 변화를 가져온다. 베네수엘라의 예를 보도록 하자. 〈그림 31-2〉는 2016년부터 2019년까지의 월간 화폐공급 증가율과 소비자물가 상승률을 보여준다. 연간이 아니라 월간 상승률을 제시하는 것은 부분적으로는 인플레이션이 매우 심한 경제에서는 사람들이 이런 식으로 인플레이션율을 계산하는 경향이 있기 때문이고 부분적으로는 연간 수백 퍼센트 정도의 인플레이션율은 보이지도 않을 것이기 때문이다. 그림으로부터 화폐공급의 급증은 거의 비슷한 크기의 인플레이션율 급등과 시기적으로 일치했음을 알 수 있다.

그림 31-2 베네수엘라의 화폐공급 증가와 인플레이션

그림은 초인플레이션이 한창일 때의 베네수엘라의 본원통화와 소비자물가의 월간 증가율을 보여준다. 본원통화가 급격히 증가하자 곧바로 물가가 치솟았다.

출처 : Central Bank of Venezuela

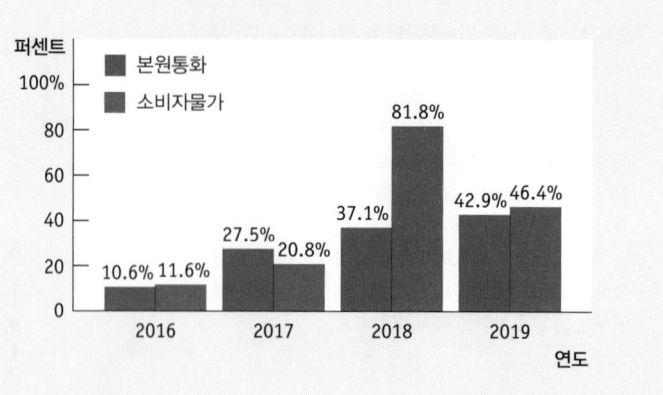

퍼센트

■ 본원통화
■ 소비자물가

- 2016: 10.6% 11.6%
- 2017: 27.5% 20.8%
- 2018: 37.1% 81.8%
- 2019: 42.9% 46.4%

연도

그렇다면 한 국가의 화폐공급이 연간 수천 퍼센트의 인플레이션율을 초래할 만큼 크게 증가하는 이유는 무엇일까?

인플레이션세

현대 경제는 내재가치는 없지만 교환의 매개수단으로 수용되는 종잇조각인 명령화폐를 사용한다. 미국을 비롯한 대부분의 선진국에서는 이러한 종잇조각들을 얼마나 발행할 것인가에 대한 결정이 정치적 과정으로부터 다소 독립적인 중앙은행의 손에 맡겨져 있다. 하지만 정치가들이 통화정책의 통제권을 장악하기로 마음을 먹을 경우 이와 같은 독립성은 언제든지 빼앗길 수 있다.

그렇다면 무엇으로 정부가 세금을 더 거두거나 차입을 하는 대신 손쉽게 화폐를 찍어서 지출에 충당하는 것을 방지할 수 있을까? 답은 '아무것도 없다'일 것이다. 사실 모든 정부가 이와 같은 일을 행하고 있으며 미국 정부도 예외는 아니다. 화폐를 발행하는 곳은 재무부가 아닌 연방준비제도인데 도대체 어떻게 미국 정부가 이런 일을 할 수 있다는 말인가? 바로 재무부와 연방준비제도가 서로 제휴관계에 있기 때문이다. 재무부는 정부의 재화와 서비스 구매에 충당하기 위해 채권을 발행하고 연방준비제도는 화폐를 찍어서 공개시장 조작을 통해 정부가 발행한 채권을 매입함으로써 정부부채를 화폐화한다. 사실상 미국 정부가 화폐를 찍어서 지출에 충당할 수 있으며 실제로도 충당되고 있다.

예를 들어 2008년 8월에 미국의 본원통화, 즉 은행의 지불준비금과 유통 중인 현금의 합은 1년 전에 비해 180억 달러 더 증가했다. 이처럼 본원통화가 늘어난 것은 1년 동안에 연방준비제도가 200억 달러에 달하는 화폐 또는 전자적 화폐 등가물을 찍어서 공개시장 조작을 통해 유통시켰기 때문이다. 달리 표현하자면 연방준비제도는 무에서 화폐를 창조하여 민간부문으로부터 가치 있는 재무부증권을 매입하는 데 사용했던 것이다. 물론 미국 정부는 연방준비제도가 소유한 채권에 대해 이자를 지급한다. 그러나 연준은 법에 따라 정부로부터 수령하는 이자 중 운영을 위해 필요한 금액만을 남기고 나머지를 재무부에 되돌려준다. 이 경우 사실상 연방준비제도가 화폐를 찍어서 180억 달러에 달하는 정부부채를

인플레이션에 갇힘

갚는 셈이 된다.

이를 다른 시각에서 보면 화폐를 찍을 수 있는 권한 자체가 정부수입의 원천이라고도 할 수 있다. 정부는 화폐를 찍을 수 있는 배타적인 권한을 갖고 있으며 실제로 정부지출에 충당하기 위해 빈번하게 화폐를 찍는다. 경제학자들은 화폐를 발행할 수 있는 정부 권한에 의해 발생하는 수입을 **시뇨리지**(seigniorage)라고 부르는데 이는 중세에서 기원을 찾을 수 있는 고어다. 이 단어는 금과 은을 주전으로 찍어 내는 데 대해서 수수료를 징수할 수 있는 권리를 말하는데 이 권리는 중세 프랑스어로 **시뇨르**(seigniors)라 불리던 중세의 영주들만이 가지고 있었다.

시뇨리지는 미국 정부 예산에서 아주 작은 부분(1% 미만)만을 차지한다. 더욱이 시뇨리지에 대한 고려는 화폐를 얼마나 찍어 낼 것인가에 대한 연방준비제도의 결정에 아무런 영향을 미치지 못한다. 연방준비제도가 관심을 가지는 것은 인플레이션과 실업이지 재정수입이 아니다. 하지만 미국에서조차 이것이 항상 진실이었던 것은 아니다. 남북전쟁 중에는 남북 양측이 모두 재정적자에 충당하기 위해 시뇨리지에 크게 의존했었다. 더욱이 역사를 보면 정부가 주요한 수입원으로 지폐 인쇄기에 의존했던 경우가 많았다.

가장 보편적인 시나리오는 큰 폭의 재정적자를 기록하고 있지만 조세 증액이나 지출 삭감을 통해 적자를 해소할 자신이나 정치적 의지가 없는 정부에서 찾을 수 있다. 이와 같은 정부는 차입을 통해서 적자를 메울 수도 없는데 이는 정부 재정의 취약성이 지속되어 부채를 갚지 못할 상황에 처할 것을 우려하는 잠재적 대부자들이 정부에 대한 대출을 꺼리기 때문이다.

이와 같은 상황에서는 정부가 재정적자를 메우기 위해 화폐 인쇄에 의존하게 된다. 그런데 지출에 충당하기 위해 화폐를 인쇄할 경우 유통 중인 현금의 양이 늘어나게 된다. 그리고 방금 보았듯이 화폐공급의 증가는 이와 동일한 크기의 물가 상승을 가져온다. 따라서 재정적자를 메우기 위해 화폐를 인쇄할 경우 인플레이션이 발생하게 된다.

정부가 새로 인쇄된 화폐로 매입한 재화와 서비스에 대한 대금은 결국 누가 지불하는 것일까? 바로 현재 화폐를 보유하고 있는 사람들이다. 이들이 정부구매의 대금을 지불하게 되는 이유는 인플레이션이 이들이 보유한 화폐의 구매력을 잠식한다는 사실에서 찾을 수 있다. 다시 말해서 재정적자를 메우기 위해 화폐를 찍고 그 결과 인플레이션을 야기함으로써 정부는 사람들에게 인플레이션세를 부과하는 셈이다. **인플레이션세**(inflation tax)는 사람들이 보유한 화폐 가치의 감소를 의미한다.

인플레이션세(inflation tax)란 인플레이션으로 인해 사람들이 보유한 화폐의 가치가 감소하는 것을 의미한다.

인플레이션세를 이해하기 위해서는 이 조세가 무엇을 대표하는지를 생각해 보는 것이 도움이 될 것이다. 인플레이션율이 5%라면 지금부터 1년 후의 1달러로는 지금 0.95달러의 값어치를 가진 재화와 서비스만을 살 수 있을 것이다. 따라서 5%의 인플레이션은 사람들이 보유한 모든 화폐에 대해서 5%의 조세를 부과하는 것과 같다.

그렇다면 왜 어떤 정부는 인플레이션세를 수백 또는 수천 퍼센트까지 인상할까? 다음으로는 초인플레이션의 논리에 대해 알아보기로 한다.

초인플레이션의 논리

인플레이션은 화폐를 보유하고 있는 개인에게 조세를 부과한다. 그리고 다른 대부분의 조세와 마찬가지로 사람들의 행동 변화를 유발한다. 특히 인플레이션이 심할 때는 사람들이 화폐보유를 피하기 위해 화폐 대신 이자를 지급하는 자산이나 실물을 보유하려 할 것이다. 이 장의 도입부에서는 독일의 초인플레이션기에 사람들이 어떻게 달걀이나 석탄 덩어리를 교환의 매개수단으로 사용하게 되었는지에 대해 설명했다. 이들이 이렇게 한 것은 석탄 덩어리는 시간이

1920년대에는 독일 화폐의 가치가 너무나도 낮아져서 어린이들이 지폐로 연을 만들기도 했다.

흘러도 실질가치를 유지했지만 화폐는 그러지 못했기 때문이다. 실제로 독일의 초인플레이션이 절정에 달했을 때 사람들은 목재보다도 가치가 없게 된 지폐를 땔감으로 사용하기도 했다.

더욱이 사람들은 명목 화폐보유량을 줄일 뿐만 아니라 실질 화폐보유량도 감소시킨다. 다시 말해서 사람들은 인플레이션율이 낮을 경우 보유했을 화폐의 양보다 더 낮은 구매력을 가질 정도로 화폐보유량을 감소시킨다. 그 이유는 무엇일까? 더 많은 실질 화폐보유량을 가질수록 정부가 인플레이션세를 통해 더 많은 자원을 빼앗아 가기 때문이다.

이제 국가들이 어떻게 극단적인 인플레이션의 상황에 빠져들게 되는지에 대해 이해할 준비가 되었다. 정부가 대규모 재정적자를 메우기 위해 대량으로 화폐를 발행하여 대규모의 인플레이션세를 거둬야 할 때 높은 인플레이션이 발생하게 된다.

정부가 한 달 정도의 짧은 기간 동안에 거두는 시뇨리지는 그 기간 동안의 화폐공급 변화와 같다. 화폐공급을 M이라 하고 '월간 변화'를 Δ라 하면,

$$(31\text{-}1) \quad 시뇨리지 = \Delta M$$

그런데 시뇨리지의 명목금액은 그 자체로는 별로 정보를 제공하지 못한다. 결국 인플레이션이란 시간이 지남에 따라 정해진 금액의 화폐로 살 수 있는 물건의 양이 점점 적어지는 현상이다. 따라서 화폐를 인쇄하여 창출되는 시뇨리지를 물가 수준 P로 나눈 실질 시뇨리지를 계산하는 것이 더 유용할 것이다.

$$(31\text{-}2) \quad 실질\ 시뇨리지 = \Delta M/P$$

식 (31-2)는 현재의 화폐공급 M으로 나누고 다시 곱함으로써 다음과 같이 고쳐 쓸 수 있다.

$$(31\text{-}3) \quad 실질\ 시뇨리지 = (\Delta M/M) \times (M/P)$$

또는

$$실질\ 시뇨리지 = 화폐공급\ 증가율 \times 실질\ 화폐공급$$

하지만 방금 설명했듯이 높은 수준의 인플레이션이 발생할 경우 사람들은 실질 화폐보유량을 감소시키며 이에 따라 식 (31-3)의 마지막 항인 M/P의 값이 작아진다. 정부가 정해진 양의 재화와 서비스 구매 대금을 지불하기 위해 충분한 금액의 화폐를 찍을 필요가 있다고 하자. 이는 정부가 정해진 금액의 실질 시뇨리지를 거둬야 함을 의미한다. 따라서 사람들이 실질 화폐보유량을 줄임에 따라 실질 화폐공급 M/P가 감소하면 정부가 화폐공급의 증가율 $\Delta M/M$을 가속화해야 할 것이다. 이로 인해 인플레이션율이 더욱 높아지면 사람들은 실질 화폐보유량 M/P를 더욱 더 감소시킬 것이다.

이와 같은 과정은 계속 심화되어 통제할 수 없는 상황이 되어 버린다. 정부가 적자를 메우기 위해 궁극적으로 거둬들여야 할 실질 인플레이션세의 양은 변하지 않지만 이 양을 거둬들이기 위해 정부가 발생시켜야 하는 인플레이션율은 계속 상승한다. 따라서 정부는 화폐공급을 더 빠르게 증가시켜야 하고 인플레이션율은 계속 높아지게 된다.

유사한 예를 하나 들어 보자. 시 정부가 택시 탑승에 대해 특별요금을 징수하여 많은 수입을 발생시키려 한다고 상상해 보자. 이와 같은 특별요금은 택시 탑승비용을 높일 것이고 이에 따라 사람들은 걸어가거나 버스를 타는 등 다른 대체 교통수단을 이용할 것이다. 택시 사용이 줄어들면 시 정부의 택시 특별요금 수입이 감소할 것이고 이전과 같은 금액의 수입을 발생시키기 위해서는 더 높은 특별요금을 징수해야 할 것이다. 여러분은 앞으로 정부가 택시 탑승요금을 부과하

고, 이로 인해 택시 이용이 감소하고, 이로 인해 정부가 요금을 더욱 인상하고, 이로 인해 택시 이용이 더욱 감소하는 현상이 반복되는 악순환이 뒤따를 것임을 상상할 수 있을 것이다.

택시 탑승을 실질 화폐공급으로 그리고 택시 요금 인상을 인플레이션세로 대체하면 초인플레이션의 이야기가 된다. 정부의 화폐 인쇄기와 국민들 사이에 경주가 시작된다. 화폐 인쇄기는 점점 더 빠른 속도로 화폐를 찍어 내어 국민들이 실질 화폐보유량을 줄이는 것을 보상하려 할 것이다. 어느 순간이 되면 인플레이션율이 폭발적으로 증가하여 초인플레이션이 되고, 사람들은 화폐 자체를 보유하기를 꺼리게 된다. (그리고 달걀과 석탄 덩어리로 거래를 하게 된다.) 이 경우 정부는 인플레이션세의 징수를 포기하고 화폐 인쇄기의 가동을 중단할 수밖에 없을 것이다.

현실 경제의 >> 이해

베네수엘라 인플레이션 뒷이야기

베네수엘라는 매우 심한 인플레이션을 겪은 국가의 최신 사례를 제공한다. 〈그림 31-2〉는 베네수엘라의 화폐공급 증가가 거의 동시에 인플레이션율 급등을 가져왔음을 보여주었다. 그런데 베네수엘라 정부는 왜 통제할 수 없는 인플레이션을 유발할 정책을 추구했을까?

베네수엘라는 다른 주요 중남미 국가에 비해 상대적으로 부유한 국가였다. 그렇지만 베네수엘라의 부는 매우 좁은 기반에 의존하고 있었는데, 바로 거의 전적으로 석유 수출에 의존하고 있었다. 많은 베네수엘라인들은 이 국가의 소득을 공평하게 향유하고 있지 못하다고 느꼈는데, 이는 소득이 부유한 소수에 의해 유용되었기 때문이다.

1999년에 정권을 잡은 좌익 포퓰리스트인 우고 차베스(Hugo Chavez)는 석유자원을 가난한 근로자층을

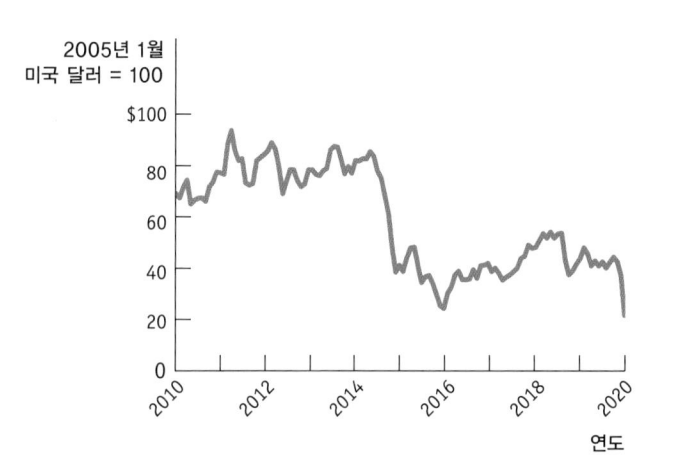

그림 31-3 실질 유가, 2010~2020년

출처 : U.S. Energy Information Administration.

위해 사용할 것을 공약했다. 그는 사회 프로그램에 대한 지출을 증가시키고 가난을 크게 줄이는 듯 보이는 정책을 추진하는 등 여러 해 동안은 적어도 공약의 일부를 이행했다. 그렇지만 베네수엘라를 석유 의존도로부터 탈피시키기 위해서는 아무것도 하지 않았다.

2013년에 차베스는 사망하였고 그의 후계자인 니콜라스 마두로(Nicholas Maduro)는 세계 유가가 하락함에 따라 곤경에 처하게 되었다. 〈그림 31-3〉은 2010년 이후 인플레이션에 대해 조정된 미국의 실질 유가를 보여준다. 2013년에 수압파쇄법으로 인해 석유와 천연가스의 공급이 갑자기 증가함에 따라 유가가 곤두박질치자, 베네수엘라 정부는 더 이상 차베스의 프로그램을 지불할 자금이 없었다. 지출을 줄이거나 새 자금원을 찾는 대신 마두로는 화폐를 찍어서 재정적자를 메우려 했으며 이는 당연히 인플레이션을 낳았다. 베네수엘라 정부는 가격 통제를 통해 인플레이션을 억제하려 했지만, 이는 광범위한 물자 부족을 통해 인플레이션을 더 악화시켰다.

베네수엘라의 이야기에는 많은 특유한 세부내용이 있지만 전체적으로 이는 활동에 대한 대가를 지불할 수 없거나 할 의지가 없는 정부가 화폐인쇄기에 의존하면서 초인플레이션이 발생한다는 고전적인 초인플레이션의 패턴에 해당한다.

>> 이해돕기 31-1
해답은 책 뒤에

1. 과거에 인플레이션율이 낮았던 경제에서 화폐공급이 크게 증가했다고 하자. 그 결과 단기에는 총생산이 증가했다. 이와 같은 결과가 물가에 대한 고전학파 모형이 적용될 수 있는 상황에 대해 시사하는 바는 무엇인가?
2. 어떤 경제의 모든 임금과 가격이 인플레이션에 연동되어 있다고 하자. 즉 임금과 물가는 최신 인플레이션율을 반영하여 자동적으로 조절된다고 하자. 이 경우에도 인플레이션세가 존재할 수 있을까?

|| 완만한 인플레이션과 디스인플레이션

미국이나 영국처럼 부유하고 정치적으로 안정된 국가의 정부는 지출에 충당하기 위해 화폐를 찍어 낼 필요까지는 없다. 하지만 두 국가 모두 다른 국가들과 마찬가지로 지난 40년간 결코 편안하지만은 않은 인플레이션 사례를 경험했다. 미국에서는 1980년대 초에 인플레이션율이 14%의 정점에 달했다. 영국에서는 1975년에 인플레이션율이 26%에 달했다. 왜 정책담당자들은 이와 같은 일이 일어나도록 놔두었을까?

그 답은 간단하게는 단기에 경기팽창을 가져올 수 있는 정책들이 더 높은 인플레이션을 유발하는 경향이 있으며 인플레이션을 완화하는 정책들이 경기후퇴를 가져오는 경향이 있다는 것이다. 이러한 사실은 정부에 유혹과 동시에 딜레마를 제시한다.

우선, 여러분이 한두 해 뒤에 선거를 치러야 하는 정치가이며 현재 인플레이션율이 꽤 낮다고 상상해 보자. 여러분은 실업률을 낮춰서 유권자를 만족시키기 위해 확장적 정책을 추구하고 싶을 것이다. 비록 여러분의 경제자문이 이와 같은 정책은 결국 인플레이션을 심화할 것이라 경고한다 해도. 오히려 여러분은 걱정하지 말라고 조언할 다른 경제자문을 구하고 싶어 할 것이다. 일상생활에서와 마찬가지로 정치에서도 희망적인 사고가 현실적인 분석을 지배하는 경우가 많다.

이와 반대로 여러분이 인플레이션으로 고통받고 있는 국가의 정치가라 상상해 보자. 여러분의 경제자문은 아마도 인플레이션을 잡을 수 있는 유일한 방법은 경기를 후퇴시키는 것이라 말할 것이다. 이 경우 일시적으로 실업이 증가할 것이 분명한데도 말이다. 과연 여러분은 이와 같은 비용을 치를 용의가 있을까? 아마도 그렇지 않을 것이다.

이와 같은 정치적 비대칭성, 즉 인플레이션을 유발하는 정책이 단기적인 정치적 이득을 가져오지만 인플레이션을 억제하는 정책은 단기적인 정치적 비용을 초래한다는 점이 바로 인플레이션세를 부과할 필요가 없는 국가들조차 때때로 심각한 인플레이션 문제를 겪게 되는 이유다. 예를 들어 영국 정부는 1971년에 매우 확장적인 통화정책과 재정정책을 추구하기로 결정했는데 그 결과 26%에 달하는 인플레이션을 겪었다. 정치가들은 이와 같은 정책들이 인플레이션을 유발할 것이라는 경고를 무시했으며 이들 경고가 옳았음이 판명된 이후에도 정책을 바꾸기를 꺼렸다.

그렇다면 왜 확장적 정책은 인플레이션을 유발할까? 이 질문에 답하기 위해서는 총생산과 실업 간의 관계를 살펴볼 필요가 있다.

총생산 갭과 실업률

제27장에서는 모든 가격이 완전히 조정된 후에 경제가 생산할 실질 국내총생산 수준인 **잠재생산량**의 개념을 소개했다. 경제가 성장하기 때문에 잠재생산량은 보통 시간이 흐름에 따라 꾸준히

증가한다. 하지만 총수요-총공급 모형에서 배웠듯이 실제 총생산은 단기에 잠재생산량을 중심으로 변동한다. 잠재생산량에 미달할 때는 경기후퇴 갭이 발생하고 잠재생산량을 초과할 때는 인플레이션 갭이 발생한다.

앞서 실질 국내총생산의 실제 수준과 잠재생산량 간의 차이를 나타내는 비율을 총생산 갭(output gap)이라 부른다고 배웠다. 모든 가격이 아직 조정되지 않았기 때문에 경제가 '예상되는' 수준보다 더 많게 또는 더 적게 생산할 때 정의 또는 부의 총생산 갭이 발생한다.

한편 제23장에서는 실업률이 경기적 실업과 경기순환에 의해 영향받지 않는 실업률 부분인 자연적 실업으로 구성된다고 배웠다. 결과적으로 실업률과 총생산 갭 간에는 일정한 관계가 존재하는데, 이 관계는 다음의 두 법칙으로 요약된다.

1. 실제 총생산이 잠재생산량과 같을 때 실제 실업률은 자연실업률과 같다.
2. 총생산 갭이 양의 값을 가질 때(인플레이션 갭) 실업률은 자연실업률보다 낮다. 총생산 갭이 음의 값을 가질 때(경기후퇴 갭) 실업률은 자연실업률보다 높다.

달리 표현하자면 잠재생산량의 장기 추세를 중심으로 한 총생산의 변동은 자연실업률을 중심으로 한

그림 31-4 경기적 실업과 총생산 갭

그림 (a)는 1949년부터 2020년까지 미국의 실제 실업률과 의회예산처가 계산한 자연실업률의 추정치를 보여 준다. 실제 실업률은 자연실업률을 중심으로 변동한다. 그림 (b)는 실제 실업률과 자연실업률의 차이인 경기적 실업률과 의회예산처에 의해 추정된 총생산 갭을 보여 준다. 실업률은 왼쪽 세로축으로 측정되고 총생산 갭은 오른쪽 세로축으로 측정되는데, 오른쪽 축은 상하가 반전되어 있다. 축의 상하가 반전되어 있기 때문에 총생산 갭은 실업률과 동일한 방향으로 움직인다. 즉 총생산 갭이 양의 값을 가질 때 실제 실업률은 자연실업률보다 낮으며, 총생산 갭이 음의 값을 가질 때 실제 실업률은 자연실업률보다 높다. 이 두 시계열은 서로 매우 가까운 움직임을 갖고 있는데 이는 총생산 갭과 경기적 실업 간에 강한 관계가 존재함을 의미한다.

출처 : Federal Reserve Bank of St. Louis.

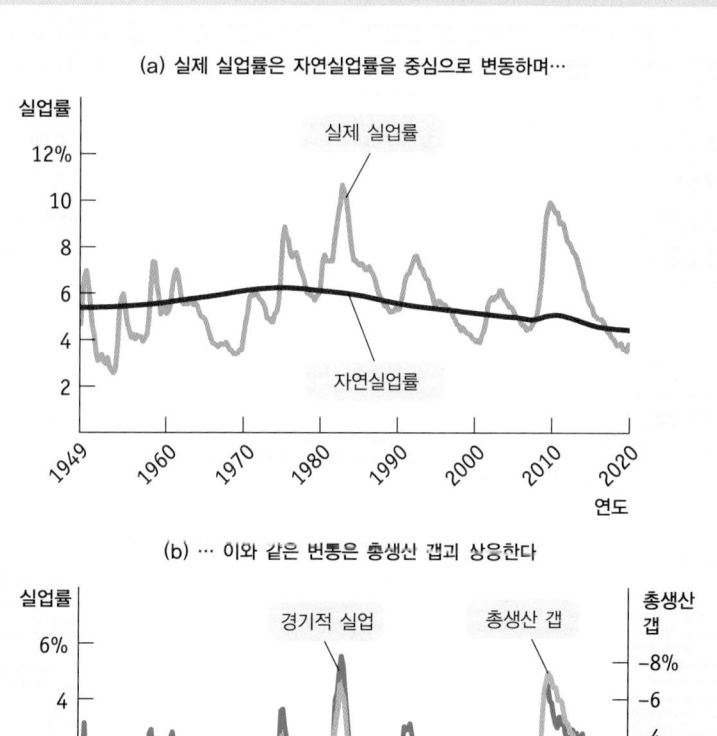

(a) 실제 실업률은 자연실업률을 중심으로 변동하며…

(b) … 이와 같은 변동은 총생산 갭과 상응한다

탐구자를 위하여   오쿤의 법칙

경기적 실업률과 총생산 갭이 함께 움직이기는 하나 경기적 실업률의 변동폭은 총생산 갭의 변동폭보다 작은 듯이 보인다. 예를 들어 총생산 갭은 1982년에 -8%에 달한 반면 경기적 실업률은 4%에 불과했다. 이와 같은 관찰이 케네디 대통령의 수석 경제자문이었던 아서 오쿤(Arthur Okun)에 의해 처음으로 발견된 중요한 관계의 기초가 되었다.

총생산 갭과 실업률 간 부의 관계를 나타내는 **오쿤의 법칙**(Okun's law)에 대한 오늘날의 추정치는 총생산 갭이 1%p 증가할 때 실업률이 1%p의 2분의 1만큼 감소함을 보여 준다.

예를 들어 자연실업률이 5.2%이고 경제가 현재 잠재생산량의 98%만을 생산한다고 하자. 이 경우 총생산 갭은 -2%이고 이에 따라 오쿤의 법칙은 실업률이 5.2% - 0.5×(-2%) = 6.2%가 될 것으로 예측한다.

여러분은 총생산이 1% 증가할 경우 실업률이 1%의 2분의 1만큼 감소한다는 사실에 대해 어리둥절할 수도 있다. 아마도 여러분은 총생산 갭과 실업률 간 일대일 대응관계를 기대했을 것이다. 총생산이 1% 증가하기 위해서는 고용이 1% 늘어나야 하지 않을까? 이 경우 실업률이 1% 감소해야 하지 않을까? 하지만 실제로는 그렇지 않다.

총생산 갭과 실업률 사이의 관계가 일대일이 아님을 설명할 수 있는 잘 알려진 이유가 여러 가지 있다. 첫째, 기업들은 때때로 기존 종업원의 작업시간을 변화시킴으로써 수요 변화에 대응한다는 점이다. 예를 들어 갑작스러운 제품 수요 증가를 경험하는 기업들은 더 많은 종업원을 고용하는 대신 기존 종업원들에게 작업 시간을 늘릴 것을 부탁(또는 요구)하여 이에 대처할 수도 있다. 반대로 매출 감소를 경험하는 기업은 종업원을 해고하는 대신 작업 시간을 줄이기도 한다. 이와 같은 행위는 총생산의 변동이 고용된 근로자 수에 미치는 영향을 완충해 준다.

둘째, 일자리를 구하는 근로자의 수가 취업가능한 일자리 수에 의해 영향을 받는다는 사실이다. 일자리 수가 백만 개 감소하는 경우 측정된 실업자 수는 백만 명보다 적게 증가하는 경우가 종종 있는데 이는 실업자들 중 일부가 좌절하여 적극적으로 직장을 구하는 것을 포기하기 때문이다(제23장에서 일자리가 없는 근로자라도 적극적으로 일자리를 구하지 않는 한 실업자로 계산되지 않는다고 했음을 상기하라). 반대로 경제에서 일자리가 100만

개 늘어날 경우 적극적으로 일자리를 구하지 않던 사람들이 일자리를 구하기 시작할 것이고, 이 경우 실제로 측정된 실업자 수는 100만 명보다도 적게 감소할 것이다.

마지막으로 노동생산성 증가율은 일반적으로 경기호황기에 가속화되고 경기후퇴기에는 감속되거나 음의 값을 갖기도 한다. 이와 같은 현상의 원인에 대해서는 경제학자들 간에 논쟁이 계속되고 있다. 원인이 무엇이든 이러한 현상은 경기호황과 불황이 실업률에 미치는 영향을 완충해 주는 역할을 한다.

> **오쿤의 법칙**(Okun's law)은 총생산 갭과 경기적 실업 간에 존재하는 부의 관계다.

실업률의 변동에 상응한다.

이는 일리가 있다. 경제가 잠재생산량보다 적은 양을 생산할 때, 즉 총생산 갭이 음일 때는 생산 자원을 전부 활용하고 있지 못하다. 완전히 활용되지 못하는 자원 중에는 국민경제의 가장 중요한 자원인 노동이 있다. 따라서 우리는 부의 총생산 갭이 보통보다 높은 실업률과 결부되리라 생각할 수 있다. 반대로 경제가 잠재생산량보다 많은 양을 생산할 때 경제는 일시적으로 정상적인 수준보다 더 많은 자원을 사용하고 있다. 따라서 이와 같은 정의 총생산 갭이 발생할 때 정상보다 낮은 실업률을 관찰할 수 있을 것으로 기대된다.

〈그림 31-4〉는 이와 같은 법칙을 확인해 준다. 그림 (a)는 실제 실업률과 의회예산처에 의해 추정된 자연실업률을 보여 준다. 그림 (b)는 두 가지 시계열을 보여 준다. 하나는 실제 실업률과 자연실업률에 대한 의회예산처 추정치 간의 차이인 경기적 실업률인데 왼쪽 세로축으로 측정된다. 다른 하나는 총생산 갭에 대한 의회예산처의 추정치인데 오른쪽 세로축으로 측정된다. 이들 간의 관계를 분명히 보이기 위해 총생산 갭의 시계열은 위와 아래를 바꿔서 거꾸로 그려져 있다. 이에 따라서 실제 총생산이 잠재생산량보다 커질 때 해당 선이 하락하고 실제 총생산이 잠재생산량 밑으로 감소할 때 해당 선이 상승한다.

그림에서 보듯이 두 시계열은 상당히 가까운 움직임을 보이는데 이는 총생산 갭과 경기적 실업 간에 강한 관계가 존재함을 의미한다. 즉 1982년, 1992년, 2009년과 같이 경기적 실업률이

높았던 해는 강한 부의 총생산 갭이 나타났던 해이기도 하다. 그리고 1960년대 후반이나 1990년대 후반부터 2000년대 초와 같이 경기적 실업률이 낮았던 해는 강한 정의 총생산 갭이 나타났던 해이기도 하다.

> **단기 필립스곡선**(short-run Phillips curve)은 실업률과 인플레이션율 간에 존재하는 단기적인 부의 관계다.

단기 필립스곡선

지금까지 확장적 정책이 실업률을 낮출 수 있음을 보았다. 정부가 직면하는 유혹과 딜레마를 이해하기 위한 다음 단계는 실업과 인플레이션 간의 단기적 상충관계, 즉 낮은 실업률이 높은 인플레이션을 유발하며 높은 실업률이 낮은 인플레이션율을 유발하는 경향이 있음을 보여 주는 것이다. 이와 관련된 핵심 개념은 **필립스곡선**이다.

이 개념의 기원은 뉴질랜드 출신 경제학자인 필립스(A. W. H. Phillips)가 1958년에 발표한 유명한 논문에 있다. 영국의 과거 자료를 통해 필립스는 실업률이 높을 때 임금이 하락하는 경향이 있으며, 실업률이 낮을 때 임금이 상승하는 경향이 있음을 발견했다. 다른 경제학자들도 영국과 미국을 비롯한 다른 국가의 자료를 이용하여 실업률과 인플레이션율(물가 수준의 변화율) 간에 이와 유사한 관계가 있음을 발견했다. 예를 들어 〈그림 31-5〉는 1955년부터 1968년까지의 미국의 실업률과 소비자물가 상승률을 보여 준다. 그림에서 각 점은 특정 연도의 자료를 나타낸다.

〈그림 31-5〉와 같은 증거로부터 많은 경제학자들은 실업률과 인플레이션율 간에 단기적인 부의 관계가 존재한다는 결론을 내렸으며 이 관계를 **단기 필립스곡선**(short-run Phillips curve) 또는 *SRPC*라 부른다. (단기 필립스곡선과 장기 필립스곡선 간의 차이에 대해서는 곧 설명할 것이다.) 〈그림 31-6〉은 가상적인 단기 필립스곡선을 보여 준다.

미국의 단기 필립스곡선에 대한 초기의 추정치들은 매우 간단했다. 이들은 다른 변수를 고려하지 않고 실업률과 인플레이션율 간의 관계만을 보여 주었다. 1950년대와 1960년대만 해도 이러한 단순한 접근법이 적절한 것처럼 보였다. 〈그림 31-5〉에 제시된 자료에서도 이와 같은 단순한 관계를 명백히 볼 수 있다.

하지만 이 시기에도 일부 경제학자들은 보다 정확한 단기 필립스곡선은 다른 요인들을 포함해야 한다고 주장했다. 제27장에서는 유가의 갑작스러운 변화와 같이 단기 총공급곡선을 이동시키는 공급충격에 대해서 설명했다. 이와 같은 충격은 단기 필립스곡선도 이동시킨다. 유가 상

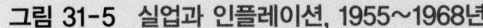

그림 31-5 실업과 인플레이션, 1955~1968년

각 점은 각 해의 미국의 실업률과 인플레이션율의 조합을 나타낸다. 이와 같은 자료가 초기에 제시된 필립스곡선의 개념을 뒷받침해 주었다.

출처 : Bureau of Labor Statistics.

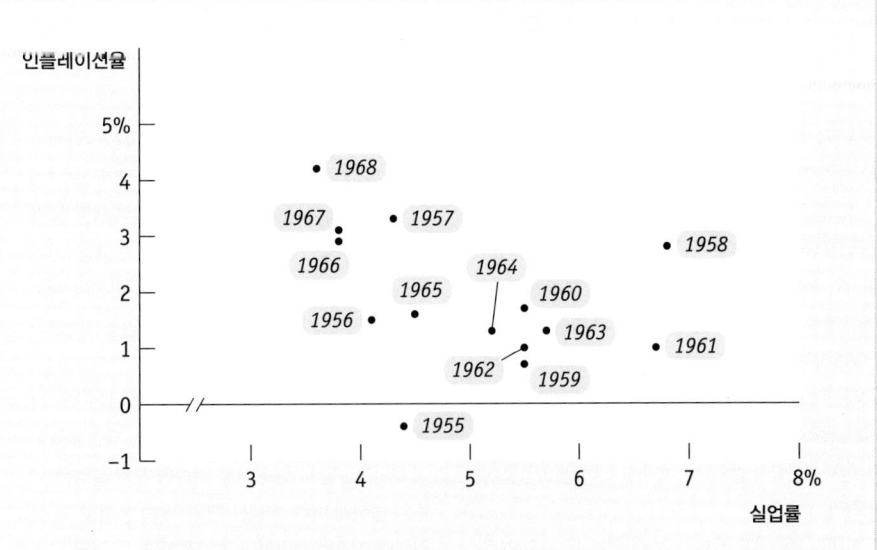

그림 31-6 단기 필립스곡선

실업률과 인플레이션율 사이에 부의 관계가 있기 때문에 단기 필립스곡선인 *SRPC*는 우하향의 기울기를 갖는다.

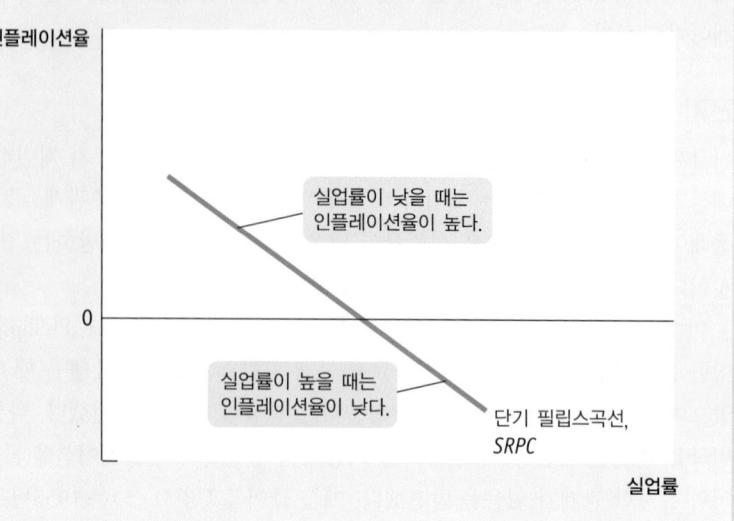

승은 1970년대의 인플레이션을 초래한 요인이었고, 2007~2008년의 인플레이션 가속화에서도 중요한 역할을 했다. 일반적으로 부의 공급충격은 각 실업률 수준에서의 인플레이션율을 상승시킴에 따라 *SRPC*를 위쪽으로 이동시키는 반면 정의 공급충격은 각 실업률 수준에서의 인플레이션율을 하락시킴에 따라 *SRPC*를 아래쪽으로 이동시킨다. 〈그림 31-8〉은 두 경우를 모두 보여 준다.

그런데 공급충격만이 인플레이션율에 영향을 미칠 수 있는 것은 아니다. 미국인들은 1960년대 초까지는 거의 인플레이션을 경험한 적이 없었다. 수십 년 동안 인플레이션율이 매우 낮은 수준에 머물러 있었기 때문이다. 하지만 인플레이션이 여러 해 동안 꾸준하게 심화되었던 1960년대 후반에 들어서는 미국인들도 미래의 인플레이션 발생을 예상하기 시작했을 것이다. 1968

탐구자를 위하여 총공급곡선과 단기 필립스곡선

앞서 여러 장에 걸쳐 *AD-AS* 모형이 널리 이용되었는데 이 모형에서는 실질 국내총생산과 물가 간의 관계를 나타내는 총공급곡선이 중심 역할을 했다. 이 장에서는 실업률과 인플레이션율 간의 관계인 단기 필립스곡선 개념을 소개했다. 이 두 개념은 서로 어떻게 들어맞는 것일까?

〈그림 31-7〉의 (a)로부터 이 질문에 대한 부분적인 답을 구할 수 있다. 이 그림은 총수요 변화에 따라 물가와 총생산 갭이 어떻게 변하는지를 보여 준다. 첫해에 총수요곡선이 *AD₁*에 있고 장기 총공급곡선이 *LRAS*이며 단기 총공급곡선이 *SRAS*라 하자. 처음의 거시경제 균형은 물가가 100이고 실질 국내총생산이 10조 달러인 점에 있다. *E₁*점에서는 실질 국내총생산이 잠재생산량과 같으므로 총생산 갭이 영(0)임을 유념하라.

이제 다음 해에 경제가 갈 수 있는 두 가지 경로를 생각해 보자. 하나는 총수요곡선이 변하지 않고 경제가 *E₁*점에 머물러 있는 것이다. 다른 하나는 총수요곡선이 오른쪽으로 *AD₂*로 이동하고 경제가 *E₂*점으로 이동하는 것이다.

*E₂*점에서는 실질 국내총생산이 잠재생산량보다 0.4조 달러 더 많은 10조 4,000억 달러이므로 4%의 총생산 갭이 존재한다. 한편 *E₂*점에서는 물가수준이 2% 상승한 102가 된다. 따라서 그림 (a)에서는 0%의 총생산 갭과 0%의 인플레이션이 서로 상응하고, 4%의 총생산 갭은 2%의 인플레이션과 상응한다.

그림 (b)는 이것이 실업과 인플레이션 간의 관계에 대해 시사하는 바를 보여 준다. 자연실업률이 6%이고 앞서 '탐구자를 위하여'에서 설명한 오쿤의 법칙에 따라 총생산 갭이 1%p 상승할 때 실업률이 0.5%p 하락한다고 가정하자. 이 경우 그림

(a)에 제시된 총수요곡선이 변하지 않는 경우와 이동하는 경우는 각각 그림 (b)에서 두 점에 해당한다. *E₁*점에서는 실업률이 6%이고 인플레이션율이 0%이다. *E₂*점에서는 4%의 총생산 갭이 실업률을 4%×0.5=2%만큼 감소시키므로 실업률이 4%이고 인플레이션율은 2%이다. 따라서 실업과 인플레이션 간에 부의 관계가 존재한다.

그렇다면 단기 총공급곡선은 정확히 단기 필립스곡선과 동일한 것을 말하는가? 그렇지만은 않다. 단기 총공급곡선은 실업률의 변화와 인플레이션율 간의 관계에 대해 암시를 하는 반면에 단기 필립스곡선은 실업률 수준과 인플레이션율 간의 관계를 보여 준다. 이 두 견해의 차이를 완전히 조화시키는 것은 이 책의 범위를 넘어선다. 중요한 점은 단기 필립스곡선은 단기 총공급곡선과 동일하지는 않더라도 매우 밀접한 관계가 있는 개념이라는 것이다.

그림 31-7 *AD-AS* 모형과 단기 필립스곡선

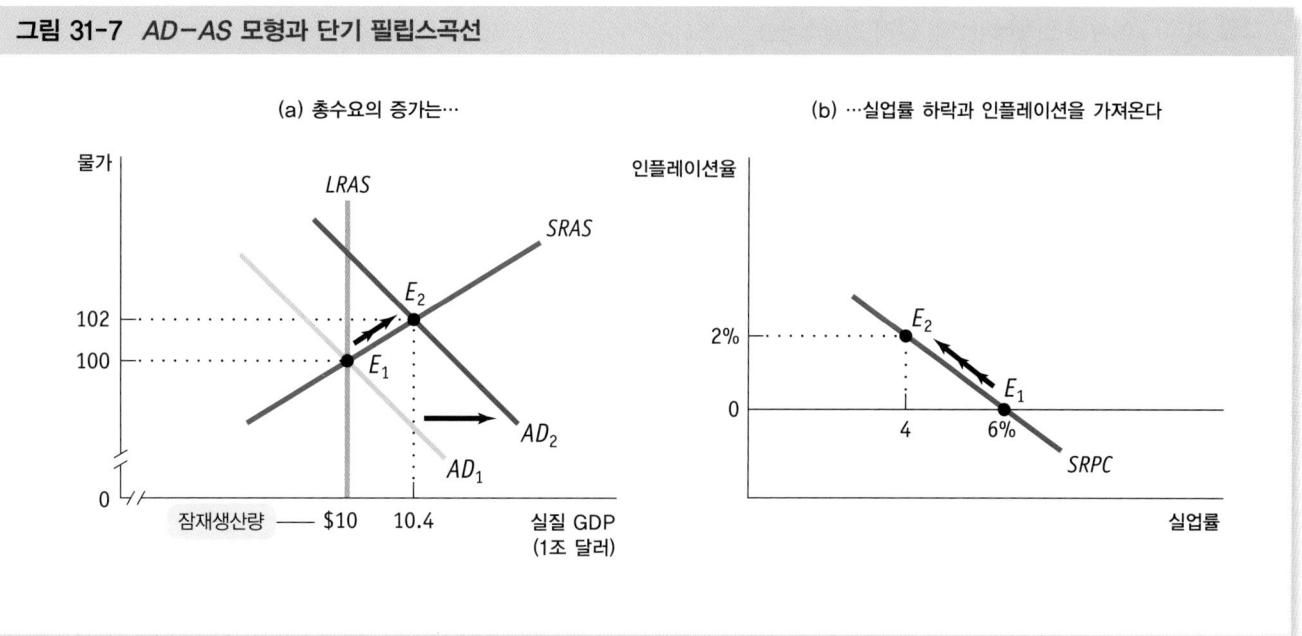

(a) 총수요의 증가는…

물가

LRAS

SRAS

102

100

E_2

E_1

AD_2

AD_1

0

잠재생산량 ── $10 10.4   실질 GDP
(1조 달러)

(b) …실업률 하락과 인플레이션을 가져온다

인플레이션율

2%

0

E_2

E_1

4   6%

SRPC

실업률

년에 시카고대학교의 프리드먼(Milton Friedman)과 컬럼비아대학교의 에드먼드 펠프스(Edmund Phelps)라는 두 경제학자는 서로 독립적으로 미래 인플레이션에 대한 예상이 현재의 인플레이션율에 직접적인 영향을 미친다는 중요한 가설을 제시했다. 오늘날 대부분의 경제학자들은 예상 인플레이션율, 즉 고용주와 근로자가 가까운 미래에 나타날 것으로 예상하는 인플레이션율이 실업률을 제외한다면 인플레이션에 영향을 미칠 수 있는 가장 중요한 요인임을 인정한다.

인플레이션 기대와 단기 필립스곡선

예상 인플레이션율(expected rate of inflation)은 고용주들과 근로자들이 가까운 미래에 나타날 것

> **예상 인플레이션율**(expected rate of inflation)은 기업과 근로자들이 가까운 미래에 나타날 것으로 예상하는 인플레이션율이다.

그림 31-8 단기 필립스곡선과 공급충격

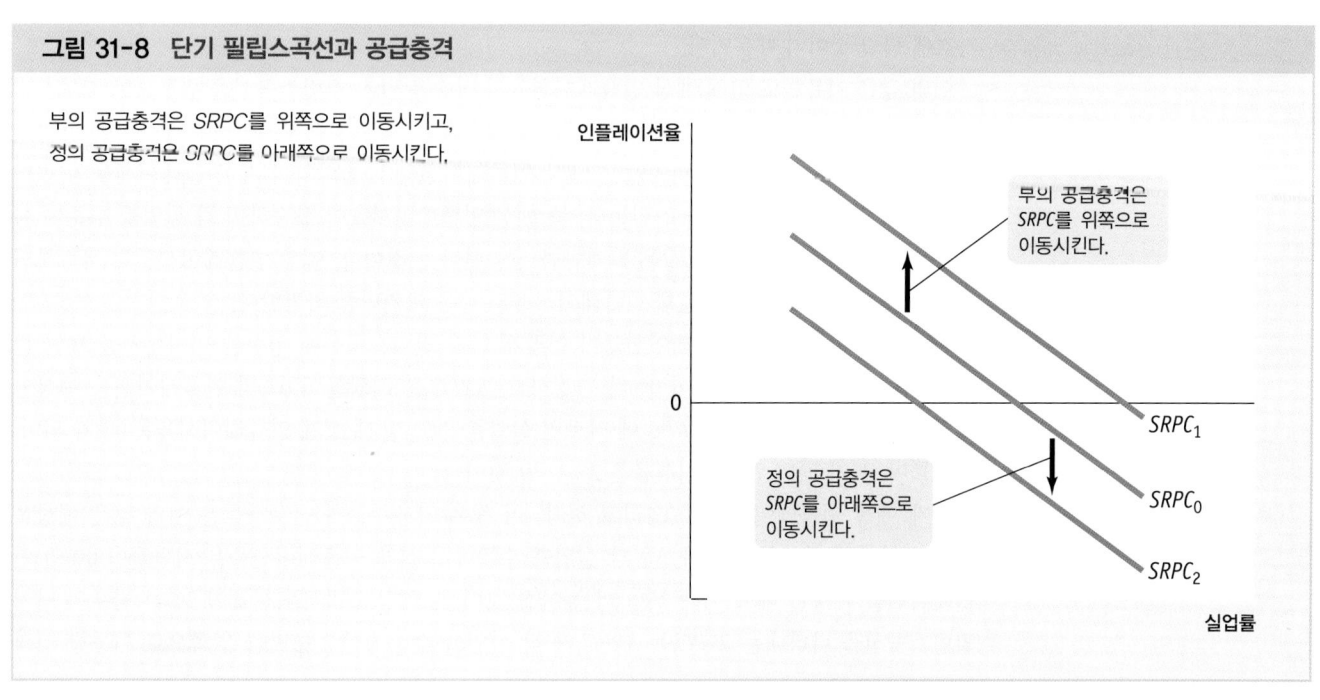

부의 공급충격은 *SRPC*를 위쪽으로 이동시키고, 정의 공급충격은 *SRPC*를 아래쪽으로 이동시킨다.

인플레이션율

무의 공급충격은 *SRPC*를 위쪽으로 이동시킨다.

0

$SRPC_1$

정의 공급충격은 *SRPC*를 아래쪽으로 이동시킨다.

$SRPC_0$

$SRPC_2$

실업률

그림 31-9 예상된 인플레이션과 단기 필립스곡선

예상 인플레이션율의 상승은 단기 필립스곡선을
위쪽으로 이동시킨다. $SRPC_0$는 예상 인플레이션
율이 0%일 때의 단기 필립스곡선이며, $SRPC_2$는
예상 인플레이션율이 2%일 때의 단기 필립스곡
선이다. 예상 인플레이션율이 1%p 상승할 때마다
각 실업률 수준에 상응하는 실제 인플레이션율을
1%p 상승시킨다.

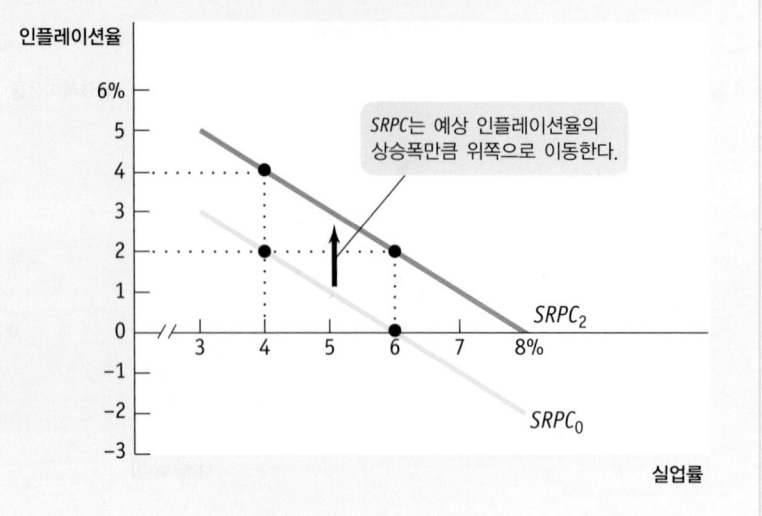

으로 예상하는 인플레이션율이다. 현대 거시경제학의 주요 발견 중 하나는 예상 인플레이션율
의 변화가 실업과 인플레이션 간의 단기적인 상충관계에 영향을 미치고 단기 필립스곡선을 이
동시킨다는 사실이다.

예상 인플레이션율의 변화가 단기 필립스곡선에 영향을 미치는 이유는 무엇일까? 여러분이
이제 막 다음 한 해 동안의 임금을 확정하는 계약을 체결하려는 근로자나 고용주의 입장에 있다
고 하자. 몇 가지 이유로 인해 모든 사람이 물가가 안정적일 것이라 예상하는 경우에 비해 모든
사람이 (임금 상승을 포함하여) 높은 인플레이션을 예상할 때 이들이 합의할 임금 수준은 더 높
을 것이다. 근로자는 미래 소득의 구매력 감소를 감안하여 임금을 받기를 원할 것이다. 근로자
는 또한 다른 근로자들의 임금에 비해 뒤떨어지지 않는 임금을 원할 것이다. 고용주는 나중에
근로자를 고용하는 것이 더 비싸진다면 지금 임금을 인상하는 데 기꺼이 동의할 것이다. 뿐만
아니라 가격 상승은 더 높은 임금을 지급하는 것을 가능하게 한다. 고용주의 생산물이 더 높은
가격에 팔릴 것이기 때문이다.

이와 같은 이유들로 인해 예상 인플레이션율의 상승은 단기 필립스곡선을 위쪽으로 이동시킨
다. 즉 주어진 실업률에 상응하는 실제 인플레이션율은 예상 인플레이션율이 상승함에 따라서
더 높아진다. 사실 거시경제학자들은 예상 인플레이션율의 변화와 실제 인플레이션율의 변화
간에 일대일 대응관계가 있다고 믿는다. 즉 예상 인플레이션율이 상승하면 각 실업률 수준에 상
응하는 실제 인플레이션율도 같은 크기만큼 상승한다는 것이다. 예상 인플레이션율이 하락하면
각 실업률 수준에 상응하는 실제 인플레이션율도 같은 크기만큼 하락한다.

〈그림 31-9〉는 예상 인플레이션율이 어떻게 단기 필립스곡선에 영향을 미치는지를 보여 준
다. 우선 예상 인플레이션율이 0%라 가정하자. $SRPC_0$는 사람들이 0%의 인플레이션을 예상할
때의 단기 필립스곡선이다. $SRPC_0$에 따르면 실업률이 6%일 때 실제 인플레이션율은 0%가 되며,
실업률이 4%가 되면 인플레이션율은 2%가 될 것이다.

이제 예상 인플레이션율이 2%라고 하자. 이 경우 고용주들과 근로자들은 이와 같은 예상을
임금과 가격에 반영할 것이다. 즉 각 실업률 수준에서 실제 인플레이션율은 사람들이 0%의 인
플레이션을 예상할 때에 비해 2%p 더 높아질 것이다. 예상 인플레이션율이 2%일 경우의 단기
필립스곡선을 나타내는 $SRPC_2$는 $SRPC_0$가 각 실업률 수준에서 2%p만큼 위쪽으로 이동한 것과

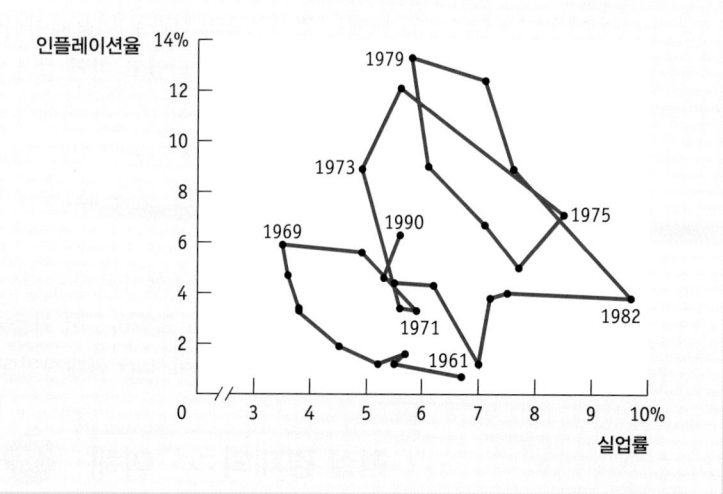

그림 31-10 실업과 인플레이션, 1961~1990년

1950년대와 1960년대에는 성립되는 것으로 보였던 단기 필립스곡선의 관계가 1970년대 중에는 미국 경제가 높은 실업과 높은 인플레이션의 조합을 경험함에 따라 허물어졌다. 경제학자들은 이것이 부의 공급충격과 여러 해에 걸쳐 예상된 인플레이션보다 높은 인플레이션 경험이 누적된 결과라 믿는다. 1980년대에는 인플레이션이 완화되었고, 1990년대는 낮은 실업률과 낮은 인플레이션의 시기였다.

출처 : Bureau of Labor Statistics.

같다. $SRPC_2$에 따르면 실업률이 6%일 때 실제 인플레이션율은 2%일 것이고, 실업률이 4%라면 실제 인플레이션율은 4%가 된다.

예상 인플레이션율을 결정하는 요인은 무엇일까? 일반적으로 사람들은 경험에 근거하여 미래의 인플레이션을 예상한다. 과거 수년간 인플레이션율이 0% 주변을 맴돌았다면 사람들은 가까운 미래에도 인플레이션율이 0%에 가까울 것이라 예상할 것이다. 인플레이션율이 최근 평균적으로 5%에 달했다면 사람들은 가까운 미래에도 인플레이션이 5%에 가까울 것이라 예상할 것이다.

인플레이션 기대가 단기 필립스곡선에 대한 오늘날의 논의에서 중요한 부분이 되고 있는 만큼 여러분은 왜 이것이 처음부터 필립스곡선의 식에 포함되지 않았는지 의아할 것이다. 그 답은 역사에서 찾을 수 있다. 1960년대 초에 관해 우리가 얘기했던 것을 생각해 보라. 이때에는 사람들이 낮은 인플레이션율에 익숙해 있었기 때문에 당연히 미래의 인플레이션도 완만할 것이라는 예상을 했을 것이다. 1965년이 지나서야 지속적인 인플레이션이 피할 수 없는 현실이 되었다. 따라서 이 시점에 이르러서야 경제학자들이 인플레이션 기대가 가격 설정에서 중요한 역할을 한다는 주장을 하기 시작했던 것이다.

그런데 1969년 이후에는 이처럼 명백한 것으로 보였던 상충관계가 허물어졌다. 〈그림 31-10〉은 1961~1990년 중 실업률과 인플레이션율을 추적해서 보여 준다. 이 점들을 이은 선은 부드러운 곡선이라기보다는 복잡하게 엉긴 실처럼 보인다.

1970년대의 대부분과 1980년대 초를 통해 미국 경제는 평균 수준을 초과하는 실업률과 현대 미국사에서는 전례를 찾을 수 없이 높은 인플레이션율을 함께 경험했다. 이와 같은 상황은 스태그네이션과 인플레이션의 합성어인 스태그플레이션(stagflation)이라고 불린다. 이와는 대조적으로 1990년대 후반에 들어서는 경제가 낮은 실업률과 완만한 인플레이션의 행복한 조합을 경험하고 있었다. 무엇으로 이와 같은 변화를 설명할 수 있을까?

그 답은 부분적으로는 미국 경제가 1970년대에 겪었던 일련의 부의 공급충격에서 찾을 수 있다. 중동에서의 전쟁과 혁명으로 원유 공급이 줄어들고 석유 수출국들이 가격을 올리기 위해 의도적으로 생산을 제한함에 따라 유가가 급등했다. 노동생산성 증가속도의 둔화도 형편없는 경제 성과에 기여했다. 이 요인들은 모두 단기 필립스곡선을 위쪽으로 이동시켰다. 반면에 1990년대에는 정의 공급충격이 발생했다. 유가와 다른 원자재 가격이 일반적으로 하락했으며 생산성 증가가 가속화되었다. 그 결과 단기 필립스곡선은 아래쪽으로 이동했다.

그런데 이에 못지않게 중요한 것은 인플레이션 기대의 역할이었다. 앞서 설명한 대로 1960년대에는 경기호황의 결과로 인플레이션이 가속화되었다. 1970년대에 들어 사람들은 높은 인플레이션율을 예상하게 되었고 이와 같은 예상이 단기 필립스곡선을 이동시켰다. 1980년대 들어서는 인플레이션을 다시 낮추기 위해서 지속적이고 높은 비용이 소요되는 노력이 필요했다. 하지만 그 결과 1990년대 후반에 이르러서는 예상 인플레이션율이 매우 낮은 수준으로 하락했으며 그 결과 실업률이 매우 낮음에도 불구하고 실제 인플레이션율도 매우 낮아질 수 있었다.

사실 대부분 거시경제학자들은 우리가 1990년대 이후 1950년대와 1960년대에 만연했던 것과 유사한 조건을 재창조했다고 믿는다. 즉 사람들은 인플레이션이 낮고 안정적일 것이라 기대한다. 일부 분석가들이 표현하듯이 인플레이션 기대는 이제 연간 약 2% 정도에 고정되어 있다. 그 결과 실업과 인플레이션 간 현대적인 관계가 본래의 필립스곡선과 매우 유사해 보인다.

현실 경제의 >> 이해

스페인의 쥐어짜기

실업과 인플레이션 간의 관계는 경제학에서의 대부분의 관계가 그렇듯이 정확한 관계가 아니다. 2020년 2월에 미국의 실업률이 2008년 금융위기 이전보다 훨씬 더 낮은 수준인 3.5%로 하락했지만, 인플레이션은 계속 낮은 수준에 머물렀다. 경제학자들은 그 이유에 대해 확신할 수 없었으며 일부 학자들은 실업률이 더 이상 노동시장의 상태에 대한 척도가 되지 못한다고 주장했다.

그렇지만 우리는 여전히 실업률이 크게 변할 경우 인플레이션율에 반영될 것이라 믿는다. 이것이 바로 위기 이후 매우 높은 실업률을 경험한 국가들에서 관찰되는 현상이다.

스페인은 21세기 초에 극적인 부침을 겪은 국가 중 하나다. 2000년부터 2007년까지 이 나라는 엄청난 주택 거품으로 인해 미국보다도 더 큰 호황을 겪었다. 거품이 꺼지자 스페인은 깊은 침체에 빠졌으며 스페인의 부채에 대한 투자자들의 우려를 불식시키기 위해 정부가 지출을 크게 삭감함에 따라 침체는 더욱 악화되었다. 그 결과 실업률이 치솟았고 2013년에는 26%라는 놀라운 실업률을 기록했다. 그 후 스페인의 경기는 점진적으로 회복되고 있다.

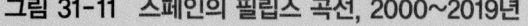

그림 31-11 스페인의 필립스 곡선, 2000~2019년

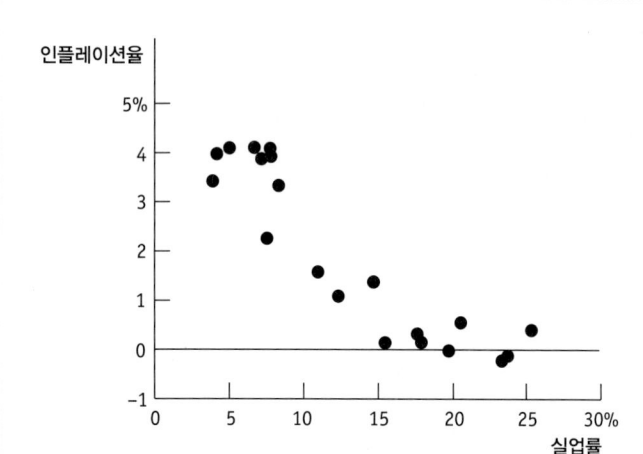

출처 : Organization for Economic Co-operation and Development.

스페인 실업률의 큰 변동은 인플레이션율의 변동을 가져왔을까? 〈그림 31-11〉은 2000년부터 2019년까지 스페인의 실업률과 GDP 디플레이터로 측정된 인플레이션율을 보여 준다. 실업률이 낮았던 해에는 인플레이션율이 상대적으로 높았으며, 실업률이 매우 높았던 해에는 인플레이션율이 매우 낮았다.

여러분은 스페인에서는 "낮은 실업률"이 미국 기준에서는 높은 수준인 8~10%의 실업률을 의미함을 알아차렸을 것이다. 사실 경제가 호황일 때조차도 스페인의 측정된 실업률은 높은 것으로 보인다. 그 이유는 "실업자"인 스페인인들 중 상당수가 실제로는 일자리를 갖고 있지만 조세와 규제를 피하기 위해 이를 감추는 데 있다.

>> **이해돕기 31-2**
      해답은 책 뒤에

1. 단기 필립스곡선이 주어진 예상 인플레이션율하에서 경기적 실업과 실제 인플레이션율 간의 부의 관계를 어떻게 나타내는지를 설명하라.
2. 상품 가격이 하락하는 경우 단기 필립스곡선은 어느 방향으로 움직일까? 상품 가격이 급등하는 경우에는? 설명하라.

‖ 장기에서의 인플레이션과 실업

단기 필립스곡선에 따르면 모든 시점에 실업과 인플레이션 간에 상충관계가 존재한다. 이와 같은 견해에 따르면 정책담당자들은 선택을 해야 한다. 이들은 낮은 실업률을 달성하기 위해 높은 인플레이션율의 비용을 치를 것을 선택할 수 있다. 실제로 1960년대에는 많은 경제학자들이 바로 이 같은 상충관계가 실제 선택을 대표한다고 믿었다.

그러나 이와 같은 견해는 인플레이션 기대가 단기 필립스곡선에 미치는 영향에 대한 인식으로 인해 크게 바뀌었다. 단기에는 기대가 현실로부터 괴리될 수 있다. 그렇지만 장기에는 모든 지속적인 인플레이션율이 기대에 반영될 것이다. 1970년대처럼 인플레이션율이 지속적으로 높다면 사람들은 이와 같은 인플레이션율이 더 지속되리라 예상할 것이다. 최근 수년처럼 인플레이션율이 지속적으로 낮다면 이것 역시 기대의 일부가 될 것이다.

그렇다면 장기적으로 실제 인플레이션이 기대에 반영될 경우 인플레이션과 실업 간의 상충관계는 어떻게 될까? 대부분의 거시경제학자들은 장기에는 사실상 상충관계가 존재하지 않는다고 믿는다. 다시 말해서 장기에는 높은 인플레이션율을 수용하는 대가로 낮은 실업률을 성취하는 것이 가능하지 않다. 그 이유를 이해하기 위해서는 **장기 필립스곡선**이라는 새로운 개념을 소개할 필요가 있다.

장기 필립스곡선

〈그림 31-12〉는 〈그림 31-9〉에 제시되었던 두 개의 단기 필립스곡선 $SRPC_0$와 $SRPC_2$를 다시 한 번 보여 준다. 그림에는 또 하나의 단기 필립스곡선인 $SRPC_4$가 있는데 이는 4%의 예상 인플레이션율에 해당한다. 우리는 곧 수직인 장기 필립스곡선인 $LRPC$의 중요성에 대해 설명할 것이다.

경제가 과거에 지속적으로 0%의 인플레이션율을 경험했다고 하자. 이 경우 현재 단기 필립스곡선은 0%의 예상 인플레이션율을 반영하는 $SRPC_0$가 될 것이다. 이때 실업률이 6%라면 실제 인플레이션율은 0%가 될 것이다.

이에 더하여 정책담당자들이 인플레이션율을 높이는 대신 실업률을 낮추려 한다고 하자. 이들은 통화정책이나 재정정책 또는 이 두 가지 모두를 사용하여 실업률을 4%로 하락시킬 것이다. 이 경우 경제는 $SRPC_0$ 상의 A점에 놓일 것이며 실제 인플레이션율은 2%가 될 것이다.

시간이 지남에 따라 사람들은 2%의 인플레이션율을 예상하게 될 것이다. 이와 같은 인플레이션 기대의 상승은 단기 필립스곡선을 위쪽으로 $SRPC_2$까지 이동시킬 것이다. 이제는 실업률이 6%일 때 실제 인플레이션율이 2%가 될 것이다. 새로운 단기 필립스곡선하에서 실업률을 4%로 유지하기 위한 정책의 시행은 경제를 A점이 아니라 $SRPC_2$ 상의 B점에 놓이도록 만들 것이고 실제 인플레이션율은 2%가 아니라 4%가 될 것이다.

궁극적으로 이 4%의 인플레이션율 또한 사람들의 예상에 반영될 것이고 단기 필립스곡선은 다시 위쪽으로 이동하여 $SRPC_4$가 된다. 실업률을 4%로 유지하려면 이제 6%의 실제 인플레이션

>> **복습**

• **오쿤의 법칙**은 총생산 갭과 경기적 실업 간의 관계를 보여 준다.

• **단기 필립스곡선**은 실업과 인플레이션 사이의 부의 관계를 나타낸다.

• **부의 공급충격**은 단기 필립스곡선을 위쪽으로 이동시키지만 정의 공급충격은 단기 필립스곡선을 아래쪽으로 이동시킨다.

• **예상 인플레이션율**의 상승은 단기 필립스곡선을 위쪽으로 이동시킨다. 예상 인플레이션율이 1%p 상승할 경우 각 실업률 수준에서의 실제 인플레이션율도 1%p 상승한다.

• 1970년대에는 일련의 부의 공급충격과 노동생산성 증가의 둔화가 *스태그플레이션*을 발생시키고 단기 필립스곡선을 위쪽으로 이동시켰다.

그림 31-12 NAIRU와 장기 필립스곡선

$SRPC_0$는 예상 인플레이션율이 0%일 때의 단기 필립스곡선이다. 실업률이 4%일 때 경제는 2%의 실제 인플레이션율을 가진 A점에 놓일 것이다. 높아진 인플레이션율이 기대에 반영됨에 따라 $SRPC$는 위쪽으로 이동하여 $SRPC_2$가 된다. 실업률이 계속 4%로 유지되면 경제는 B점에 놓이게 되고 인플레이션율은 4%로 상승한다. 인플레이션 기대는 다시 수정될 것이고 이에 따라 $SRPC$는 다시 위쪽으로 이동하여 $SRPC_4$가 된다. 4%의 실업률에서는 경제가 C점에 놓이게 되고 인플레이션율은 6%로 상승한다. 여기서 6%의 실업률은 NAIRU, 즉 인플레이션을 가속화하지 않는 실업률이다. 실업률이 NAIRU 수준으로 유지되는 한 실제 인플레이션율은 예상 인플레이션율과 일치하며 변함이 없을 것이다. 실업률을 6% 미만으로 유지하려면 인플레이션이 영원히 가속화되어야 한다. 장기 필립스곡선 $LRPC$는 E_0, E_2, E_4점을 모두 지나며 수직이다. 장기적으로는 실업과 인플레이션 간에 상충관계가 존재하지 않는다.

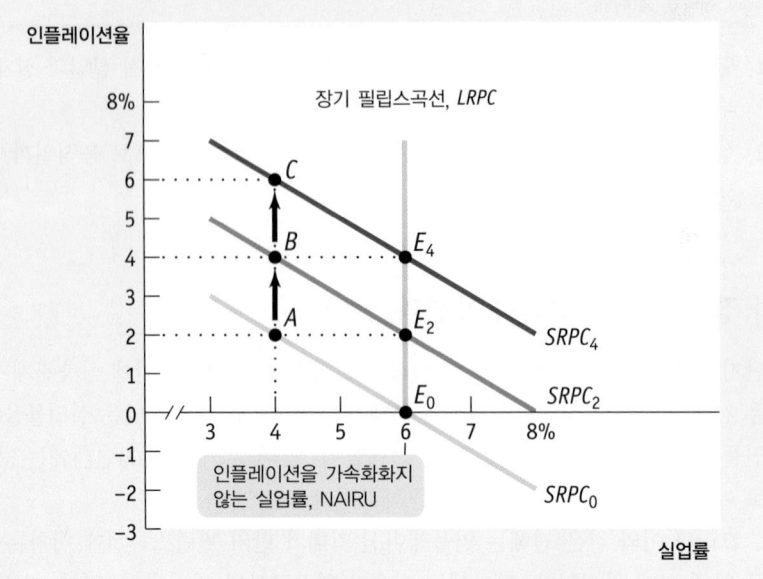

율($SRPC_4$ 상의 C점)을 수용해야 한다. 결과적으로 높은 인플레이션율을 수용하는 대신 실업률을 낮추려는 지속적인 시도는 시간이 흐름에 따라 인플레이션을 가속화할 것이다.

시간이 흐름에 따라 인플레이션이 가속화되는 것을 피하기 위해서는 실제 인플레이션율이 예상 인플레이션율과 일치할 수 있을 만큼 실업률이 높아야 한다.

$SRPC_0$ 상의 E_0점이 바로 이와 같은 상황에 해당한다. 이 점에서는 예상 인플레이션율이 0%이고 실업률이 6%이며 실제 인플레이션율도 0%다. $SRPC_2$ 상의 E_2점도 이와 같은 상황에 해당한다. 예상 인플레이션율이 2%이고 실업률이 6%일 때 실제 인플레이션율은 2%가 된다. $SRPC_4$ 상의 E_4점 또한 마찬가지다. 예상 인플레이션율이 4%이고 실업률이 6%일 때 실제 인플레이션율은 4%가 된다. 인플레이션의 가속화와 실업률 간의 이와 같은 관계는 **자연실업률 가설**(natural rate hypothesis)로 알려져 있다.

〈그림 31-12〉에서 6%의 실업률과 같이 시간이 흐름에 따라 인플레이션을 변화시키지 않는 **실업률**을 **인플레이션을 가속화하지 않는 실업률**(nonaccelerating inflation rate of unemployment) 또는 간단히 **NAIRU**라 한다. NAIRU보다 낮은 실업률을 유지하려면 인플레이션이 영원히 가속화되므로 이는 결국 유지될 수가 없다. 대부분의 거시경제학자들은 NAIRU가 존재하며 장기에는 실업률과 인플레이션 간의 상충관계가 존재하지 않는다고 믿는다.

이제 우리는 수직선 $LRPC$의 의미에 대해 설명할 수 있다. 이것은 바로 인플레이션 기대가 경험에 따라 조정될 수 있는 충분한 시간이 주어진 장기에서의 실업과 인플레이션 간의 관계를 보여 주는 **장기 필립스곡선**(long-run Phillips curve)이다. 장기 필립스곡선은 수직의 모습을 가지는데 이는 NAIRU보다 낮은 실업률은 영원히 인플레이션을 가속화하기 때문이다. 다시 말하자면 장기 필립스곡선은 NAIRU보다 낮은 수준의 실업률은 장기적으로 유지될 수 없기 때문에 확장적 정책에는 한계가 있음을 보여 준다. 아직 우리가 강조하지 못한 것이 있는데 NAIRU보다 높은 실업률은 인플레이션을 감속화한다는 점이다.

자연실업률 재방문

자연실업률은 경기순환의 영향을 받지 않는다. 그리고 방금 우리는 NAIRU의 개념을 소개했다.

인플레이션을 가속화하지 않는 실업률(nonaccelerating inflation rate of unemployment) 또는 간단히 **NAIRU**는 시간이 흐름에 따라 인플레이션율이 변치 않는 실업률 수준이다.

장기 필립스곡선(long-run Phillips curve)은 인플레이션 기대가 경험에 따라 조정될 수 있는 충분한 시간이 주어진 장기에서의 실업과 인플레이션 간의 관계이다.

국제비교	세계 각국의 디스인플레이션

1980년대의 대디스인플레이션은 미국만의 고유한 경험은
아니었다. 다수의 다른 선진국들도 1970년대에 높은 인플
레이션을 경험했다가 1980년대에 들어 심각한 경기후퇴라
는 비용을 치르면서 인플레이션율을 낮췄다. 이 그림은 영
국, 이탈리아, 미국에서 1970년부터 2019년까지의 연간 인
플레이션율을 보여 준다. 세 국가 모두 1973년과 1979년의
두 차례 오일쇼크 이후에 높은 인플레이션율을 경험했는데
미국의 인플레이션율이 셋 중에는 가장 낮았다. 세 국가 모
두 인플레이션을 잡기 위해 심각한 경기후퇴를 수용했다.
1980년대 이후 모든 선진국에서 인플레이션율은 안정적으
로 낮은 수준에 머물렀다.

출처 : World Development Indicators, World Bank.

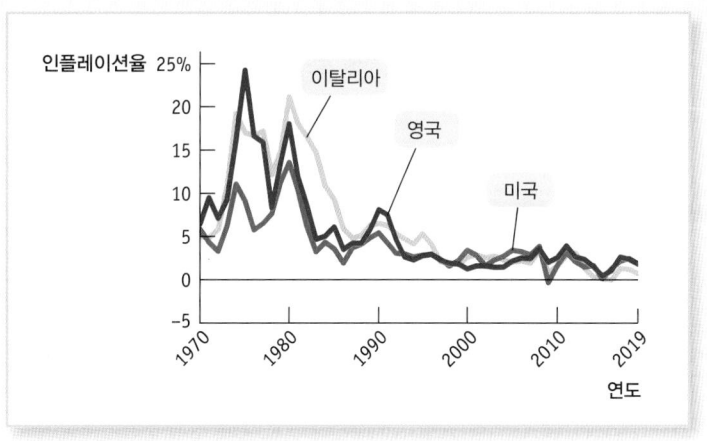

이 두 개념은 서로 어떻게 연관되어 있을까?

그 답은 NAIRU가 자연실업률의 별칭이라는 것이다. 경제가 인플레이션의 가속화를 피하기
위해서 '필요로 하는' 실업 수준은 자연실업률과 같다.

사실 경제학자들은 경기순환을 거치는 동안의 인플레이션율과 실업률의 행태로부터 NAIRU
의 증거를 찾음으로써 자연실업률을 추정한다. 예를 들어 유럽국가들은 결코 유쾌하지 않은 경
험을 통해서 자신들의 자연실업률이 놀랍게도 9% 또는 이보다 높다는 사실을 배웠다. 1980년대
후반과 1990년대 후반 대부분의 유럽국가에서 9%에 달했던 실업률이 8%로 하락하자 유럽의 인
플레이션이 가속화되기 시작했기 때문이다.

〈그림 31-4〉에서는 의회예산처가 계산한 미국의 자연실업률 추정치를 인용했었다. 의회예산
처는 실제 실업률이 자연실업률로부터 이탈하는 정도에 기초하여 인플레이션율의 변화를 예측
하는 모형을 갖고 있다. 실제 실업률과 인플레이션율에 대한 자료가 주어질 경우 이 모형을 이
용하여 자연실업률의 추정치를 구할 수 있으며 이것이 실제로 의회예산처가 자연실업률의 추정
치를 구하는 방법이다. 2017년 마지막 석 달의 미국 자연실업률에 대한 의회예산처의 추정치는
4.7%다.

디스인플레이션의 비용

정책담당자들은 경험을 통해서 인플레이션율을 낮추는 것이 높이는 것보다 훨씬 더 어려운 과
제임을 알게 되었다. 사람들이 일단 인플레이션의 지속을 예상하게 된 다음에는 인플레이션을
낮추는 것이 고통스러워지기 때문이다.

실업률을 지속적으로 자연실업률보다 낮은 수준에 유지하려고 할 경우 인플레이션이 가속화
되며 이는 사람들의 기대에 자리 잡는다. 이미 기대가 형성된 인플레이션을 낮추기 위해서는 실
업률을 상당 기간 동안 자연실업률보다 높은 수준으로 유지할 수 있는 긴축정책을 채택함으로
써 이 과정을 뒤집을 필요가 있다. 기대에 반영되어 있는 인플레이션을 낮추는 과정을 디스인플
레이션(disinflation)이라고 하는데, 그 개념은 제23장에서 소개되었다.

디스인플레이션의 대가는 매우 비쌀 수도 있다. 바로 다음의 '현실 경제의 이해'에서 보듯이
1980년대 초반에 미국이 높은 인플레이션으로부터 벗어나는 데 든 비용은 연간 실질 국내총생
산의 약 18%에 달하며 지금의 물가로 환산하여 약 3조 7,000억 달러에 해당하는 것으로 추정된
다. 이처럼 높은 비용은 디스인플레이션이 항구적인 이득을 가져다준다는 점에서 정당화될 수

있다. 경제가 단기적으로는 디스인플레이션으로 인한 생산 손실로부터 회복하지 못한다 해도 지속적으로 높은 인플레이션이 초래하는 비용을 더 이상 치를 필요가 없어지기 때문이다. 사실 1970년대에 인플레이션을 경험한 미국과 영국을 비롯한 선진국들은 결국 단기적으로 실질 국내 총생산이 크게 감소하더라도 인플레이션을 낮추기 위한 희생을 감수할 만한 가치가 있다고 판단했다.

일부 경제학자들은 정책담당자들이 인플레이션을 낮추려는 결심을 공공연하게 밝힘으로써 디스인플레이션의 비용을 줄일 수 있다고 주장한다. 이들의 주장에 따르면 분명하게 발표되고 신뢰성 있는 디스인플레이션 정책은 미래 인플레이션에 대한 예상을 낮추고 그 결과 단기 필립스곡선을 아래쪽으로 이동시킬 수 있다. 어떤 경제학자들은 1970년대에 연방준비제도가 인플레이션과의 전쟁을 분명히 선포한 것에 대해 신뢰가 형성되었기 때문에 디스인플레이션이 비용이 크긴 했어도 신뢰가 형성되지 못했을 경우에 비해서는 작았다고 주장한다.

현실 경제의 >> 이해

1980년대의 대(大)디스인플레이션

앞서 여러 번 언급했듯이 미국은 1980년에 적어도 평화 시의 기준으로는 높은 수준인 14%의 인플레이션율을 기록하면서 1970년대를 마쳤다. 이 인플레이션의 원인은 부분적으로는 세계 석유위기라는 일회성 사건에 있었다. 하지만 연간 10% 또는 이를 초과하는 인플레이션 기대는 경제에 깊숙이 자리 잡았다.

그런데 1980년대 중반까지는 인플레이션율이 연간 4% 수준으로 하락했다. 〈그림 31-13〉의 (a)는 '핵심' 소비자물가지수(core CPI)의 연간 변화율, 즉 핵심 인플레이션율을 보여 준다. 에너지와 식품 가격을 제외시킨 이 지수는 전체 소비자물가지수보다도 근원적인 인플레이션 추세를 잘 나타내는 것으로 알려져 있다. 이 지표에 따르면 인플레이션율은 1970년대 말의 약 12%대에서 1980년대 중반까지는 약 4%대로 하락했다.

어떻게 이와 같은 디스인플레이션을 달성할 수 있었을까? 막대한 비용을 치르고서였다. 1979년 후반부터 연방준비제도는 강력한 긴축적 통화정책을 시행했고 그 결과 미국 경제는 대공황

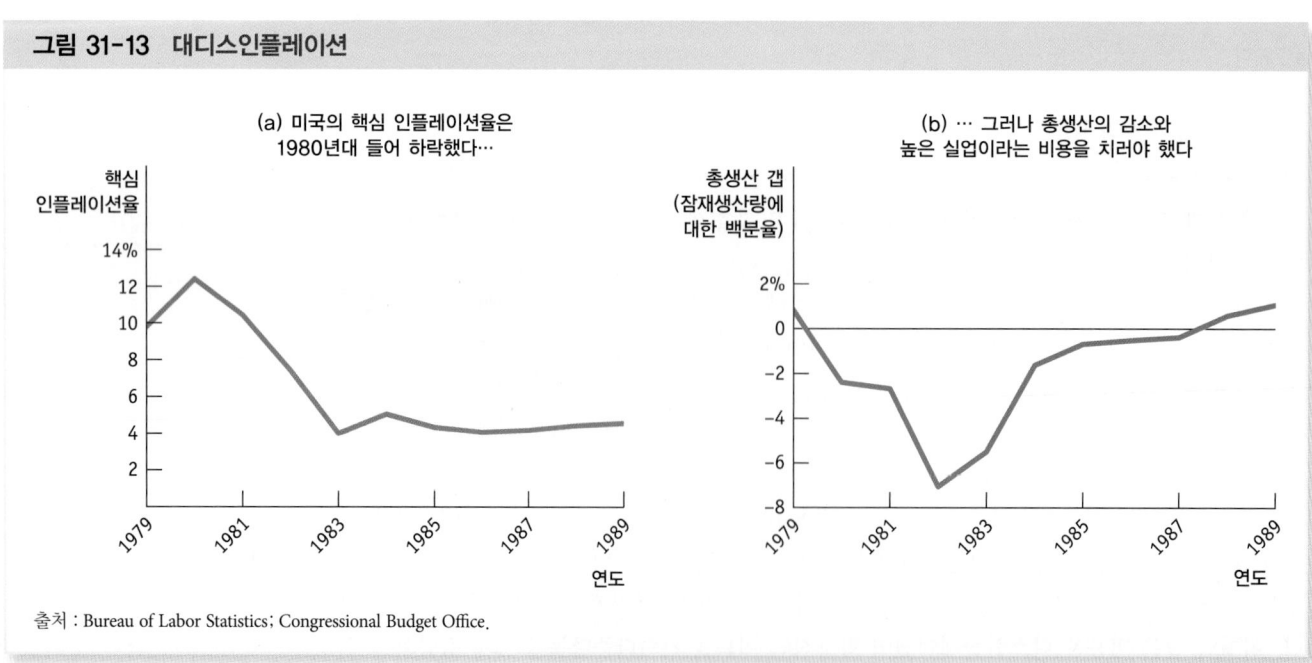

그림 31-13 대디스인플레이션

이래 가장 극심한 경기후퇴에 빠졌다. 물론 2007~2009년의 대후퇴는 이보다 더 심했다. 그림 (b)는 미국 의회예산처가 추정한 1979~1989년의 총생산 갭을 보여 준다. 1982년에는 실제 총생산이 잠재생산량보다 7% 낮은 수준이었는데 이는 9%를 초과하는 실업률에 상응한다. 총생산은 1987년까지 잠재생산량 수준을 회복하지 못했다.

우리의 필립스곡선 분석에 따르면 인플레이션 기대를 깨기 위해서는 1980년대와 같은 일시적 실업 증가가 필요하다. 일단 인플레이션 기대가 감소한 다음에는 경제가 낮은 인플레이션율하에서 자연실업률을 회복할 수 있으며 이것이 실제로 일어난 일이다.

하지만 그 비용은 실로 대단했다. 1980년부터 1987년까지의 총생산 갭을 모두 더하면 미국 경제가 이 기간 중의 연평균 총생산의 18% 정도를 희생했음을 알 수 있을 것이다. 오늘날 우리가 동일한 일을 되풀이한다면 약 4조 달러가 넘는 가치를 가진 재화와 서비스를 포기함을 의미할 것이다.

>> 이해돕기 31-3
해답은 책 뒤에

1. 왜 장기에는 실업과 인플레이션 간에 상충관계가 없는지 설명하라.
2. 영국의 경제학자들은 1970년대에 자국의 자연실업률이 약 3%에서 10%에 가까운 수준으로 크게 상승했다고 믿는다. 이 기간 중 영국은 인플레이션이 빠르게 가속화되어 한때 20%를 초과하는 현상을 경험했다. 이 두 사실이 어떤 관계를 가질까?
3. 디스인플레이션이 경제에 높은 비용을 가져오는 이유는 무엇인가? 이 비용을 줄일 수 있는 방법은 있는가?

|| 디플레이션

제2차 세계대전 이전에는 물가수준이 하락하는 현상인 **디플레이션**(deflation)이 인플레이션과 마찬가지로 보편적인 현상이었다. (디플레이션은 제21장에서 소개되었다.) 사실 제2차 세계대전 발발 전날의 미국 소비자물가지수는 1920년에 비해 30% 낮은 수준이었다. 제2차 세계대전이 끝난 후에는 모든 국가에서 인플레이션이 발생하는 것이 정상적인 현상으로 되었다. 하지만 1990년대에 들어 일본에서 디플레이션이 다시 발생했으며 이를 뒤집는 것이 매우 어려움을 보여 주었다. 잠재적인 디플레이션에 대한 우려가 2000년대 초와 2008년 후반에 미국의 통화정책을 결정하는 데 핵심적인 역할을 했다.

디플레이션은 왜 문제가 되는 것일까? 디플레이션을 종식시키는 것이 왜 어려울까?

부채 디플레이션

디플레이션은 인플레이션과 마찬가지로 승자와 패자를 만들어 내는데 그 방향은 반대다. 디플레이션이 발생하면 차입자가 지급하는 금액의 실질적인 부담이 증가함에 따라 돈을 빌려 준 대부자들은 이득을 본다. 반면에 부채의 실질 부담이 증가함에 따라 차입자들은 손해를 본다.

대공황 초에 이루어진 유명한 분석을 통해서 어빙 피셔(피셔는 제25장에서 소개한 것처럼 인플레이션 기대가 이자율에 미치는 **피셔효과**를 처음으로 분석했다)는 디플레이션이 차입자와 대부자에게 미치는 영향이 경기침체를 더 악화시킬 수 있다고 주장했다. 디플레이션은 차입자로부터 실질적인 자원을 빼앗아서 대부자에게 재분배하는 효과가 있다.

피셔는 디플레이션으로부터 손실을 보는 차입자들은 대개 현금이 부족하기 때문에 부채 부부채 디플레이션(debt deflation)은 디플레이션에 의해 기존 부채의 실질 부담이 증가함에 따라 총수요가 감소하는 현상을 말한다.

유동성 함정(liquidity trap)은 명목이자율이 영의 한계보다 낮아질 수 없기 때문에 통화정책을 사용할 수 없는 상황이다.

담이 증가할 경우 지출을 급격히 감소시킨다고 주장한다. 반면에 대부자들은 자신이 보유한 대출의 가치가 증가하더라도 지출을 급격히 증가시킬 가능성이 낮다. 피셔는 종합적인 효과로 디플레이션이 총수요를 감소시키고 경기침체를 깊게 만들며 이것이 다시 디플레이션을 심화시키는 악순환을 갖고 온다고 주장한다. 디플레이션이 총수요를 감소시키는 효과를 **부채 디플레이션**(debt deflation)이라고도 하는데 이는 대공황에서도 중요한 역할을 했을 것으로 보인다.

예상된 디플레이션의 영향

예상된 인플레이션과 마찬가지로 예상된 디플레이션도 명목이자율에 영향을 미친다. 예상된 인플레이션이 어떻게 균형 이자율에 영향을 미치는지를 보여 주는 〈그림 25-9〉를 돌이켜 보자. 이 그림에서는 예상 인플레이션율이 0%일 때 균형 명목이자율이 4%였다. 예상 인플레이션율이 −3%라면, 즉 사람들이 매년 3%의 디플레이션을 예상한다면 분명히 균형 명목이자율은 1%일 것이다.

하지만 예상 인플레이션율이 −6%라면 어떤 일이 일어날까? 명목이자율이 −2%로 하락하여 돈을 빌려 주는 사람이 빌리는 사람에게 차입금액에 대해 2%의 이자를 지불할까? 그렇지 않다. 아무도 음의 명목이자율에는 돈을 빌려 주려 하지 않을 것이다. 단순히 현금을 보유하는 것이 더 낫기 때문이다. 경제학자들은 명목이자율에는 영의 한계의 문제(zero lower bound problem)가 있다고 한다. 즉 명목이자율은 영보다 크게 낮아질 수 없다.

이러한 '영의 한계'는 통화정책의 효과를 제약할 수 있다. 경제가 침체에 빠져서 총생산이 잠재생산량보다 낮고 실업률이 자연실업률보다 높아진다고 하자. 보통은 중앙은행이 총수요를 증가시키기 위해 이자율을 하락시킴으로써 대응을 할 수 있다. 하지만 명목이자율이 이미 영이라면 중앙은행이 이자율을 더 이상 하락시키기는 불가능하다. 은행들은 대출을 거부할 것이고 인플레이션율이 음이고 명목이자율이 0%인 경우 현금을 보유하더라도 양의 실질이자율을 벌 수 있기 때문에 소비자들과 기업들도 지출을 꺼릴 것이다. 이 경우 증가하는 본원통화는 모두 은행의 금고에 보관되거나 개인이나 기업에 현금으로 보유되고 지출되지 않을 것이다.

명목이자율을 더 이상 낮출 수 없기 때문에 침체에 대응하기 위해 이자율을 낮추는 전통적 통화정책을 사용할 수 없는 상황을 **유동성 함정**(liquidity trap)이라고 한다. 유동성 함정은 대부자금

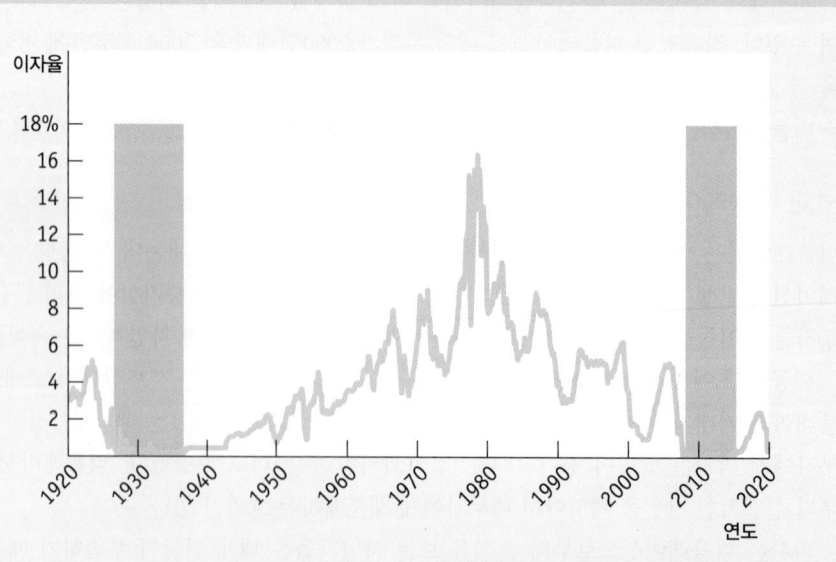

그림 31-14 미국 역사에서의 영의 한계

이 그림은 1920년부터 2020년까지 미국의 단기 이자율, 특히 3개월 만기 재무부증권의 이자율을 보여 준다. 왼쪽에 있는 음영으로 표시된 부분이 보여 주듯이 1930년대의 대부분 이자율은 영에 매우 가까웠으며 그 결과 확장적 통화정책을 시행할 여지가 거의 없었다. 제2차 세계대전 이후에는 인플레이션이 지속됨에 따라 이자율은 영보다 훨씬 높은 수준에 유지되었다. 그러나 2008년 말엽에 주택 거품이 꺼지고 금융위기가 발생함에 따라 3개월 만기 재무부증권의 이자율은 다시 사실상 영이 되었다.

출처 : National Bureau of Economic Research, Federal Reserve Bank of St. Louis.

그림 31-15 디플레이션과 일본경제의 유동성 함정

오랫동안 지속된 경기침체로 인해 일본은 1990년대 후반부터 디플레이션을 경험했다. 일본은행은 이에 대응하여 이자율을 하락시켰고 결국 영의 한계에 부딪혔다. 20년이 지난 2020년에도 영의 한계에 부딪혀 있다.

출처 : Federal Reserve Bank of St. Louis.

에 대한 수요가 급격히 감소할 경우 언제든지 발생할 수 있는데 이것이 바로 대공황 중에 발생한 현상이다. 〈그림 31-14〉는 1920년부터 시작하여 2020년까지 미국의 단기 정부채 이자율을 보여 준다. 그림에서 보듯이 1933년부터 제2차 세계대전이 완연한 경기회복을 가져오기 전까지 미국 경제는 거의 영의 한계에 직면해 있었다. 제2차 세계대전 이후 인플레이션이 보편화되고 사람들이 디플레이션보다는 인플레이션을 예상하게 됨에 따라 영의 한계의 문제는 거의 사라졌다. 그 결과 경제학자들은 이 주제에 대한 흥미를 잃었다.

하지만 그림에서 보듯이 2008년 금융위기 결과 그리고 코로나바이러스 유행병으로 인해 다시 영의 하한이 부상했다. 다시 한번 3개월 만기 재무부증권 이자율이 사실상 영이 되었다. 그렇지만 분명치 않은 이유들로 인해 미국은 대후퇴 기간 중 디플레이션을 겪지 않았다. 실업률이 급등했음에도 미국의 명목임금이 크게 하락하지 않은 것으로 보아 경직적 임금이 그 원인이었을 수 있다.

하지만 〈그림 31-15〉에서 보여 주는 일본 경제의 최근 역사는 디플레이션과 유동성 함정의 문제에 대한 가장 좋은 현대적인 경험을 제공한다. 1990년대에 거대한 주택 및 주식 거품이 꺼진 이후 일본 경제에는 오랜 침체가 지속되었고 임금과 물가가 하락했다. 경제의 약화에 대응하여 연준에 상응하는 일본은행은 반복해서 이자율을 인하했다. 결국 일본은행은 영의 이자율 정책(zero interest rate policy)에 도달했다. 미국의 연방자금금리에 해당하는 콜시장금리는 사실상 영으로 정해졌다. 경제가 여전히 침체되어 있었기 때문에 이자율을 더 인하하는 것이 바람직했지만 이는 불가능했다. 일본은 영의 하한에 부딪혀 있었다. 그리고 25년 후인 2020년에도 여전히 영의 하한에 부딪혀 있었다.

2008년 금융위기 직후 세계에서 가장 중요한 중앙은행인 미국 연방준비제도와 유럽중앙은행은 일본은행이 1990년대 이래 직면한 것과 동일한 문제에 직면해 있었다. 즉 정책금리가 영에 가까움에도 불구하고 이들이 관리하고자 하는 경제가 침체를 계속하고 있었으며, 인플레이션은 목표보다 지속적으로 낮은 수준에 머물러 있었다. 2014년에 미국과 유럽은 실제로 디플레이션을 겪고 있지는 않았으나, 다음의 '현실 경제의 이해'에서 설명하듯이 유럽은 걱정될 정도로 디플레이션에 근접해 있었다.

현실 경제의 >> 이해

유럽이 일본처럼 될까?

2008년 금융위기 이후 연방준비제도의 관료들은 '일본화(Japanification)'의 가능성에 대해 깊이 우려하고 있었다. 즉 이들은 1990년대 이래의 일본처럼 미국도 디플레이션 함정에 빠질 것을 염려하고 있었다. 이러한 가능성을 피하기 위해 이들은 대규모 자산 매입을 비롯하여 제30장에서 설명한 소위 '양적 완화'라 불리는 이례적인 조치를 취했다. 2017년에 이르자 미국에서 디플레이션의 위험은 희박해진 것으로 보였고 연준은 통화정책을 정상화시키기 시작했다.

그렇지만 유럽은 전혀 다른 이야기였다. 미국에서는 2007~2009년의 경기후퇴로부터의 회복이 실망스러울 만큼 느리기는 했어도 꾸준하게 지속되었으나, 유로지역은 부채위기로 인해 2011년 말엽에 다시 경기후퇴에 접어들었다. 2013년에 들어 성장이 재개되었으나 〈그림 31-16(a)〉에서 보듯이 높은 실업률에 거의 영향을 미치지 못했다. 그리고 〈그림 31-16(b)〉가 보여주듯이 2013~2017년에는 인플레이션율이 1% 아래로 내려가기 시작함에 따라 유럽이 일본의 잃어버린 10년을 답습하리라는 우려가 나타났다.

2017년 현재 유럽은 실제로 디플레이션을 겪고 있지는 않지만, IMF의 표현에 따르면 '로플레이션(lowflation)', 즉 지속적으로 목표에 미달하는 인플레이션에 시달리고 있으며 이는 디플레이션에서와 동일한 많은 문제들을 일으키고 있다. 특히 예상보다 낮은 인플레이션은 포르투갈, 스페인, 그리스와 같이 부채가 많은 국가에서 문제를 악화시키고 있다.

그리고 수년 전의 일본은행과 마찬가지로 유럽중앙은행도 디플레이션으로의 추락에 대한 효과적인 해결책을 찾는 데 어려움을 겪고 있다. 2014년 6월에는 핵심 정책금리인 민간은행 예치금에 대해 지급하는 이자율을 마이너스 0.1%로 인하하는 특별한 조치를 취했는데, 이는 은행의 돈을 보관하는 데 대해 은행에 수수료를 물리는 것과 마찬가지다. 그렇지만 목표보다 낮은 인플레이션이 지속되었다.

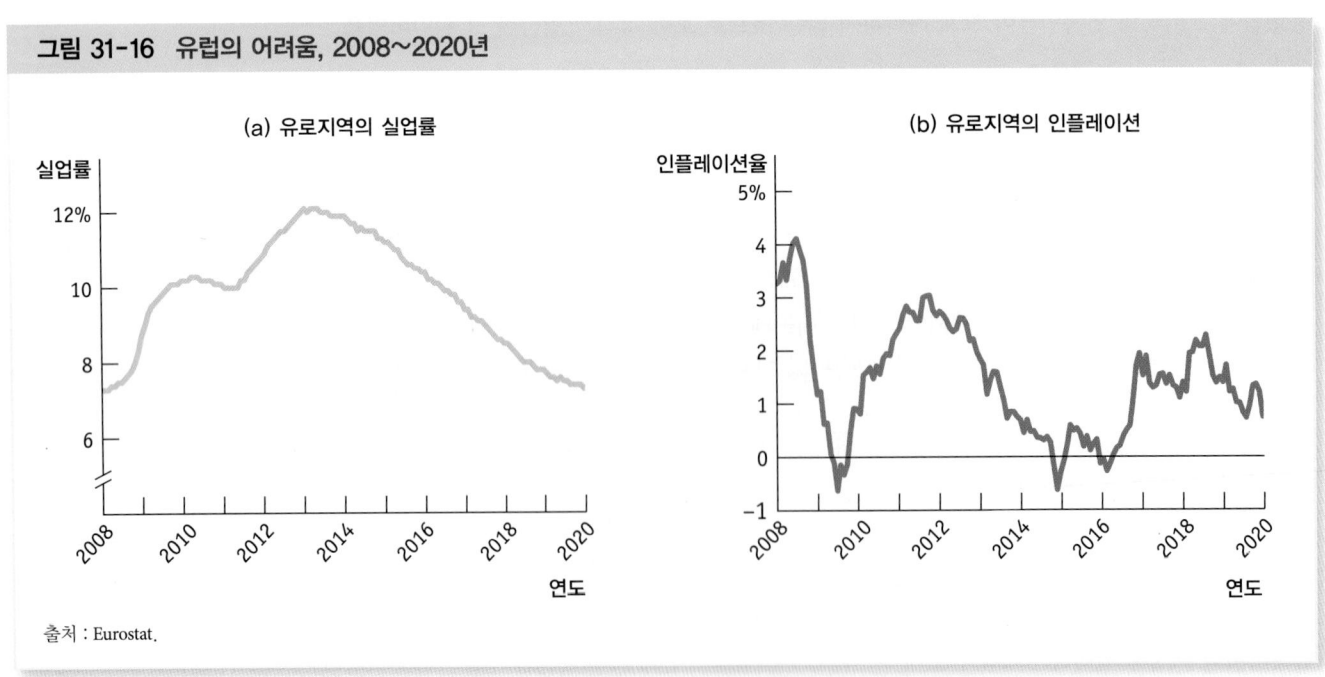

그림 31-16 유럽의 어려움, 2008~2020년

(a) 유로지역의 실업률

(b) 유로지역의 인플레이션

출처 : Eurostat.

>> 이해돕기 31-4

해답은 책 뒤에

1. 왜 아무도 음의 명목이자율에 돈을 빌려 주려 하지 않을까? 이것이 통화정책에는 어떤 문제를 일으킬까?

>> 복습

- 예상치 못한 디플레이션은 대부자에게는 이득을 주고 차입자에게는 손해를 입힌다. 이와 같은 현상은 총수요에 대해 수축적인 영향을 미치는 **부채 디플레이션**의 원인이 된다.
- 디플레이션이 발생할 경우 이자율이 영의 한계에 부딪힐 가능성을 높인다. 이와 같은 현상이 발생할 경우 경제는 **유동성 함정**에 빠지며 통화정책은 효과가 없어진다.

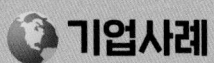

Carolina Cabral/Getty Images

우리는 종종 납작한 화폐를 가진 현대 정부가 단순히 자신의 화폐를 인쇄한다고 얘기한다. 그렇지만 때로는 사실이 아니다. 그들은 민간회사를 고용하여 화폐를 인쇄하기도 한다. 이것이 2019년 11월에 베네수엘라가 러시아 화폐인쇄회사인 고즈낙과 액면 1~5만 볼리바르까지의 지폐를 3억 볼리바르어치 제작하는 계약에 서명했을 때 일어난 일이다.

베네수엘라가 외국 화폐인쇄업자를 고용한 것은 이례적인 일이 아니다. 위조하기 어려운 화폐를 인쇄하려면 전문 기술과 특수 장비가 필요하기 때문에 많은 나라들이 이를 외주한다. 영국조차도 파운드화 지폐 인쇄를 드라루에 외주했는데, 200년이 된 이 회사는 공산화 이전 중국 정부에 지폐를 공급한 적이 있다.

베네수엘라도 과거에 드라루에 의존했었다. 그렇지만 2019년에는 과거의 작업에 대한 대가를 아직 갚지 못하고 있었고, 드라루의 경쟁사들 중 아무도 베네수엘라와 사업을 하려 하지 않았다. 따라서 러시아 정부가 소유하고 있던 고즈낙이 선택된 것이다.

고즈낙과의 계약에는 이례적인 것이 두 가지 있었다. 하나는 주문금액이 액면가로 1억 4,300억 달러로 상당히 작았다는 점이다. 이 금액은 베네수엘라의 규모로 볼 때도 큰 금액이 아니었다. 그렇지만 이는 유통 중인 베네수엘라 현금의 5분의 1가량이었다. 다른 하나는 수수료가 액면가의 5%로 이례적으로 높았다는 점이다. 높은 수수료는 부분적으로는 베네수엘라 지폐의 낮은 구매력을 반영하고 있었다. 1만 볼리바르 지폐를 인쇄하는 비용은 20달러 지폐의 인쇄 비용과 크게 다르지 않았지만 이때에는 이 볼리비아 지폐가 0.14달러의 가치밖에 없었다.

그렇지만 사업은 사업이다. 고즈낙의 계약은 어려움조차 기회가 된다는 점을 보여 주었다.

생각해 볼 문제

1. 베네수엘라가 화폐를 인쇄하기 위해 누군가를 필사적으로 고용하려 했던 이유는 무엇인가?
2. 이러한 소규모의 새 지폐 인쇄 주문이 기존 화폐공급에서 그렇게 큰 비중을 차지했던 이유는 무엇인가?
3. 고즈낙에 지불한 수수료는 일반적인 인플레이션 비용의 범주 중 어느 범주에 속하는 것으로 분류될 수 있나?

요약

1. 경제학자들은 높은 수준의 인플레이션을 분석하는 데 **물가에 대한 고전학파 모형**을 이용한다. 이 모형에 따르면 화폐공급 증가는 단기에도 이와 비례하는 물가 수준의 변화를 가져온다.

2. 정부는 때때로 재정적자를 메우기 위해 화폐를 발행한다. 이 경우 정부는 화폐를 보유하는 사람들에게 인플레이션율과 통화량 간의 곱과 크기가 같은 **인플레이션세**를 부과하는 셈이다. 이때 정부가 거두어들이는 자원의 실질가치는 인플레이션율과 실질 화폐공급을 곱한 실질 인플레이션세 수입과 같다. 높은 인플레이션세를 피하기 위해 사람들은 실질 화폐보유량을 줄일 것이며 이 경우 동일한 양의 실질 인플레이션세 수입을 거두기 위해서 정부는 인플레이션율을 더 높일 것이다. 어떤 경우에는 이와 같은 과정이 실질 화폐공급의 감소와 인플레이션율의 증가가 반복되는 악순환을 가져오고 결국 초인플레이션과 재정위기가 발생하게 된다.

3. 총생산 갭은 실제 실질 국내총생산 수준과 잠재생산량 간 차이의 비율이다. 정의 총생산 갭은 정상보다 낮은 실업률과 연관되고 부의 총생산 갭은 정상보다 높은 실업률과 연관된다. 총생산 갭과 경기적 실업 간의 관계는 **오쿤의 법칙**에 의해 대표될 수 있다.

4. 재정적자를 메우기 위해 화폐를 찍을 필요가 없는 국가들도 완만한 인플레이션에 빠지는 경우가 있는데 이는 대개 정치적인 기회주의나 희망적인 생각 때문이다.

5. 어떤 시점에도 실업과 인플레이션 간에는 우하향의 관계가 있는데 이를 **단기 필립스곡선**이라 한다. 이 곡선은 **예상 인플레이션율**이 변함에 따라 이동한다. 기대가 충분히 조정될 수 있는 시간이 흐른 후의 실업과 인플레이션 간의 관계를 보여 주는 **장기 필립스곡선**은 수직이다. 장기 필립스곡선은 **인플레이션을 가속화하지 않는 실업률** 또는 **NAIRU**를 정의해 주는데 이는 자연실업률과 동일하다. 높은 실업과 높은 인플레이션의 결합인 스태그플레이션은 단기 필립스곡선이 위쪽으로 이동한 결과다.

6. 인플레이션이 기대에 자리를 잡게 되면 인플레이션율을 도로 낮추는 것이 어려울 수 있는데, 이는 총생산의 희생을 요구하고 높은 실업을 가져오는 등 디스인플레이션의 비용이 매우 높기 때문이다. 하지만 미국을 비롯한 선진국들의 정책담당자들은 1970년대의 높은 인플레이션을 낮추기 위해 기꺼이 큰 비용을 치렀다.

7. 디플레이션은 여러 가지 문제를 일으킬 수 있다. 디플레이션은 기존 부채의 실질부담 증가로 인해 경기가 후퇴하는 현상인 **부채 디플레이션**을 초래할 수 있다. 또한 디플레이션이 발생하는 경제에서는 이자율이 영의 한계에 부딪힐 가능성이 더 높아진다. 이와 같은 현상이 발생할 경우 경제 전체가 **유동성 함정**에 빠지며 통화정책은 효과가 없어진다.

주요용어

물가에 대한 고전학파 모형
인플레이션세
오쿤의 법칙
단기 필립스곡선

예상 인플레이션율
인플레이션을 가속화하지 않는 실업률
　(NAIRU)
장기 필립스곡선

부채 디플레이션
유동성 함정

토론문제

1. 이 교과서에서는 주로 우상향의 기울기를 가진 전통적인 단기 총공급곡선에 의존한 분석을 했다. 그런데 단기 총공급곡선의 기울기는 경제학자들 간에 큰 쟁점이다. 많은 경제학자들은 SRAS 곡선이 이 책에서 설명하는 것보다 훨씬 더 기울기가 완만하다고 생각한다. 기울기가 더 완만한 SRAS 곡선이 필립스곡선에 미치는 영향과 확장적인 통화정책과 재정정책이 시행된 후의 인플레이션과 실업 간 단기적인 상충관계에 미치는 영향에 대해 설명하라.

2. COVID-19로 인한 경제 폐쇄가 이루어지자 경제학자들은 경제 폐쇄와 그 후의 정책 노력이 미래의 인플레이션에 미칠 영향에 대해 논쟁했다. 다음 각 사건이 단기 필립스곡선에 미칠 영향을 설명하라.
   a. 미래 경제활동의 둔화가 예상됨에 따른 소비지출 감소
   b. 확장적 재정정책 및 통화정책

c. 세계 생산 폐쇄로 생산자들이 필수재 생산을 유지하기가 어려워졌고 그 결과 생산비용이 증가

3. 여러분은 최근 두 개의 글을 읽었다. 하나는 《내셔널 리뷰》의 기사다. "글로벌 공급망을 단축시키고 일부 생산을 국내로 이전하는 데 따른 비용이 발생한다. 저자는 경제이론에 의존하지 않고 세계경제가 어떤 상태에 있는지에 대한 단순한 관측으로부터 불가피한 결론에 도달했다. 인플레이션이 발생할 것이다. 그렇다면 얼마나 심한 인플레이션이 발생할까? 아마도 2022년의 첫 달까지는 미국에서 두 자리 수의 인플레이션이 발생할 것이다."

다른 하나는 전 국제통화기금 수석경제학자인 블랑샤르의 글이다. "상품가격 하락, 유가 부진, 노동시장 침체가 낮은 인플레이션 혹은 디플레이션을 초래할 것인가 또는 매우 큰 폭의 재정적자 증가와 중앙은행 자산 증가가 인플레이션을 초래할 것인가?" 블랑샤르는 계속해서 다음과 같은 결론을 내렸다. "통화정책과 재정정책의 과제는 수요를 유지하고 디플레이션을 피하는 것이 되어야 하며 그 반대는 아닐 것이다."

이러한 극단적인 견해 차이에 대하여 향후 한 해 또는 두 해에 있어서 각 주장에 대한 여러분의 평가를 제시하라.

연습문제

1. 스코토피아 경제의 정책담당자들은 통화정책을 이용하여 실업률을 낮추고 실질 국내총생산을 높이기를 원한다. 그래프를 이용하여 이와 같은 정책이 궁극적으로는 물가 수준만을 높일 뿐, 실질 국내총생산을 변화시키지 못하는 이유를 보이라.

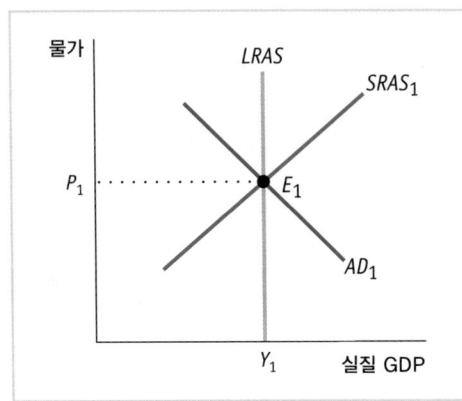

2. 다음 각 경우에 물가에 대한 고전학파 모형을 적용하는 것이 경제가 어떻게 움직일 것인지를 분석하는 데 적절한지를 밝히라.
   a. 경제에는 실업자들이 많이 존재하고 있으며, 과거에 인플레이션을 경험한 적이 없다.
   b. 경제는 바로 지난 5년간 초인플레이션을 경험했다.
   c. 경제가 3년 전에 10~20% 범위의 인플레이션을 경험했지만 물가는 최근 안정되었고, 실업률은 거의 자연실업률 수준에 가까웠다.

3. 물가 수준이 1에서 시작한다고 가정하고, (실질)인플레이션세에 관한 다음 질문에 답하라.
   a. 마리아는 1,000달러를 1년간 그녀의 옷장에 보관한다.

이 한 해 동안 인플레이션율은 10%이다. 이 한 해 동안 마리아가 지불한 실질 인플레이션세는 얼마나 되는가?
   b. 마리아가 둘째 해에도 1,000달러를 옷장에 보관한다. 둘째 해 초에 이 1,000달러의 실질가치는 얼마일까? 둘째 해 동안의 인플레이션율이 다시 10%라고 하자. 둘째 해 동안 마리아가 지불하는 실질 인플레이션세는 얼마일까?
   c. 셋째 해에도 마리아는 1,000달러를 옷장에 보관한다. 셋째 해 초의 1,000달러의 실질가치는 얼마일까? 셋째 해 동안 인플레이션율이 다시 10%라고 하자. 셋째 해 동안 마리아가 지불하는 실질 인플레이션세는 얼마일까?
   d. 3년 후 누적된 실질 인플레이션세는 얼마일까?
   e. 인플레이션율을 25%로 놓고, 문제 a부터 d까지 다시 풀어 보라. 초인플레이션이 그다지도 큰 문제가 되는 이유는 무엇일까?

4. 인플레이션세는 조세 징수 및 신고 체계가 그다지 발달되어 있지 않고 조세 회피 정도가 높은 개발도상국에서 종종 중요한 수입원으로 이용된다.
   a. 다음 표에 제시된 숫자들을 이용하여 미국과 인도에서 인플레이션세를 계산하라(단 Rp는 루피를 의미함).

	2019년 인플레이션	2019년 화폐공급 (10억 단위)	2019년 중앙정부 수입(10억 단위)
인도	7.66%	Rp36,883	Rp12,828
미국	1.81%	$3,981	$3,331

출처 : Bureau of Economic Analysis; Controller General of Accounts (India); Reserve Bank of India; International Monetary Fund; The World Bank.

   b. 정부수입에 대한 백분율로 계산했을 때 두 나라의 인플

레이션세는 얼마나 큰가?

5. 정부차입이 민간 투자지출에 미치는 구축을 염려한 한 대통령 후보가 미국은 화폐 발행을 통해서만 정부의 재정적 자를 충당해야 한다고 주장한다고 하자. 이와 같은 주장이 가지는 장점과 단점을 설명하라.

6. 다음의 산포도는 1996∼2019년의 기간 중 미국에서 실업률과 총생산 갭 간의 관계를 보여 준다. 그림에 있는 산포된 점들을 통과하는 직선을 그리라. 이 직선이 오쿤의 법칙을 대표한다고 가정하자.

실업률 = $b - (m \times$ 총생산 갭$)$

단, b는 수직절편이며, $-m$은 기울기임

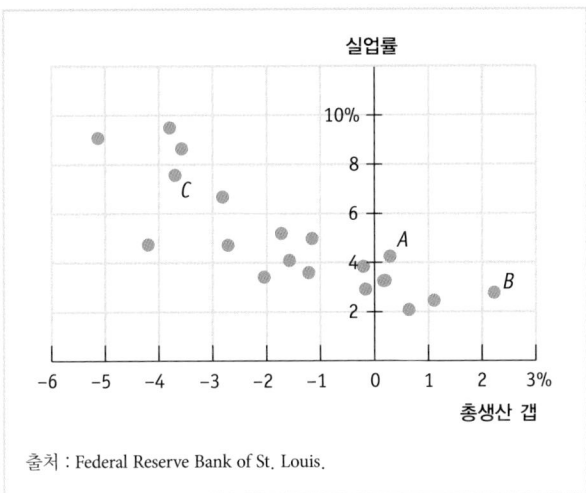

출처 : Federal Reserve Bank of St. Louis.

총생산이 잠재생산량과 같을 때 실업률은 얼마인가? 총생산 갭이 2%일 때 실업률은 얼마인가? 총생산 갭이 −3%일 때 실업률은 얼마인가? 이상에서 구한 결과가 오쿤의 법칙에서의 계수 m에 대해 의미하는 바는 무엇인가?

7. 지난 2년간 경기후퇴를 경험한 뒤 알버니아 거주자들은 실업률의 감소를 학수고대하고 있었다. 하지만 6개월 동안 강력한 정의 경제성장을 한 이후에도 실업률은 경기후퇴가 끝날 무렵보다 조금 낮은 수준만을 유지하고 있다. 경제가 강하게 성장하고 있음에도 불구하고 실업률이 그다지 감소하지 않는 이유를 어떻게 설명할 수 있겠는가? (힌트 : 이 문제에 답하는 데 도움을 받으려면 오쿤의 법칙에 대한 '탐구자를 위하여'를 다시 읽을 것)

8. a. www.bls.gov로 가서 '주제(Subject)' 링크를 클릭하라. 왼쪽의 '인플레이션과 물가(Inflation & Prices)' 아래에서 '소비자물가지수(Consumer Price Index)'를 클릭하라. 'CPI 자료(CPI Data)'라는 제목 아래에서 '표(Tables)'를 선택한 후 '보관된 CPI 상세 보고(Archived CPI Detailed Report)'를 선택하라. '2009년 상세 보고(2009 Detailed Report)' 파일을 내려받은 후 cpid09av.pdf 파일을 열라. 2008년과 2009년 사이에 CPI의 변화율은 몇 퍼센트인가?

b. 이제 www.treasury.gov로 가서 '자료(Data)' 탭과 '이자율(Interest Rates)' 탭 아래에서 '일별 재무부증권 이자율(Daily Treasury Bill Rates)'을 선택한 후 '기간 선택(Select Time Period)'에서 '2009'를 선택하라. '4주 은행 할인율(4 Weeks Bank Discount)'에 있는 자료를 검토하라. 최댓값은 얼마인가? 최솟값은? 그러고는 2007년에서 같은 작업을 반복하라. 2009년의 자료와 2007년의 자료는 어떻게 비교될 수 있을까? 여러분의 답을 문제 a에 대한 답과 어떻게 연관시킬 수 있을까? 재무부증권 이자율 자료로부터 2007년의 인플레이션 수준이 2009년에 비해 어떠했는지를 추론할 수 있겠는가? (www.bls. gov 웹 사이트로 되돌아가서 2006년부터 2007년 사이의 CPI 변화율을 백분율로 계산함으로써 여러분의 답을 검토할 수 있을 것이다.)

c. 2007년부터 2009년 사이에 미국 경제에 나타난 변화를 어떻게 특징지을 수 있을까? 통화정책에 대한 함의는 무엇인가?

9. 브리태니아 경제는 실업률이 자연실업률과 같은 상태에서 높은 인플레이션으로 고통받고 있다. 정책담당자들은 가능한 한 낮은 경제적 비용을 치르면서 물가를 안정시키기를 원한다. 현재의 경제상태가 부의 공급충격으로 인한 결과가 아니라고 가정하자. 정책담당자들은 어떻게 디스인플레이션에 따른 실업 비용을 최소화할 수 있을까? 디스인플레이션의 비용이 발생하지 않을 수도 있을까?

10. 주택담보대출회사가 밀러 씨 가족이 10만 5,000달러짜리 주택을 살 수 있도록 10만 달러를 대출해 준다. 첫해에 물가가 예상치 않게 10% 하락할 경우 누가 이득을 보고 누가 손해를 보는가? 이와 같은 디플레이션이 여러 해 동안 계속된다면 어떤 일이 일어나리라 생각되는가? 디플레이션이 지속될 경우 경제 전체의 차입자와 대부자에 어떤 영향을 미칠 것이라 생각되는가?

32 거시경제학 : 사건과 아이디어

적자에 대한 지지

2019 회계연도에 미국 연방정부는 거의 1조 달러에 달하는 적자를 냈는데 이는 국내총생산의 4.7%에 해당한다. 이것은 미국 역사상 최대의 적자는 아니었다. 그렇지만 과거에는 이렇게 큰 규모의 적자는 전쟁이나 2008년 금융위기 직후와 같은 경제적 비상상황에서만 발생했었다. 더욱이 낮은 실업과 견실한 성장하에서 이렇게 큰 적자를 내는 것은 전례가 없는 일이었다.

이 경우 여러분은 경제학자들이 무책임한 재정에 대해 경고를 줄 것이라 기대할 것이다. 하지만 2019년은 몇몇 저명한 거시경제학자들이 정부 부채가 많은 사람들이 생각하는 것만큼 긴급한 문제가 아니라고 주장하는 논문들을 발표한 해이기도 하다. 2019년 1월에 전 국제통화기금 수석경제학자이자 널리 존경받는 현대 거시경제학자인 블랑샤르는 미국경제학회 회장 연설을 공공부채 문제의 논의에 전적으로 할애하면서 공공부채가 피해를 입힌다 해도 그 피해는 그다지 크지 않을 것이라 결론지었다.

몇 주 후에 오바마 행정부의 고위 경제학자였던 제이슨 퍼먼(Jason Furman)과 로렌스 서머스(Lawrence Summers)가 "누가 재정적자를 두려워하는가?"라는 제목의 논문을 발표했는데, 이 논문은 "이제는 워싱턴이 적자에 대한 집착을 버리고 더 큰 일에 집중할 때다."라는

결론을 내렸다. 실제로 2020년에 정부수입의 급감과 코로나바이러스에 대처하기 위한 비상 지출로 인해 재정적자가 폭발적으로 증가했을 때 시카고대학교가 시행한 설문조사에서 경제학자들은 실업자가 된 노동자들에게 소득 보조금을 지원하는 프로그램의 시행을 지지했다. 이 프로그램이 정부지출을 수조 달러 증가시킬 것임에도 불구하고.

왜 영향력 있는 경제학자들이 재정적자에 대해 호감을 갖게 되었을까? 그 답은 거시경제학에서는 종종 그러하듯이 이들이 사건에 강한 영향을 받았다는 데 있는데, 이 경우에는 2008년 금융위기와 이 위기 중에 시작되었고 2020년까지 계속된 초저금리 시대가 바로 그 사건이었다.

거시경제학적 사고는 상황이 변함에 따라 진화한다. 금과 은이 유일한 화폐였던 시기에 적절했던 해결책은 체크카드, 벤모, 디지털 화폐의 시대에는 적절하지 않다. 그런데 거시경제학적 사고는 시간이 흐름에 따라 반복적으로 나타나는 경제 현상에 적용될 수 있는 연구와 증거가 꾸준하게 축적되기 때문에 진화하기도 한다. 한 시기에 얻어진 교훈으로부터 미래 세대가 혜택을 받을 수도 있다.

거시경제학적 사고의 현황을 이해하기 위해서는 경제의 역사를 돌아보고 경제학적 사고가 사건에 의해 어떻게 진화했는지를 알아야 한다.

이 장에서는 대공황에 대한 대응으로 케인즈학파 경제학의 부상, 1970년대의 스태그플레이션으로 인해 등장한 행동주의 정책에 대한 도전, 대후퇴 이후 경제 여건의 변화에 따라 나타난 경제적 사고의 변화를 포함하여 지난 90년 동안 거시경제학의 아이디어가 어떻게 발전했는지를 추적해 볼 것이다. ●

미국경제학회 연차 총회의 연설에서 블랑샤르 학회장이 공공부채 발행에 관한 잘못된 생각에 대해 논하고 있다.

이 장에서 배울 내용

- 고전학파 거시경제학이 대공황에 의해 제기된 문제를 해결하는 데 적절하지 못했던 이유는 무엇인가?

- 존 메이너드 케인즈와 대공황의 경험은 어떻게 **거시경제정책 행동주의**를 정당화했는가?

- 재정정책에 대한 **케인즈학파 경제학**의 원래의 초점이 통화정책에 대한 강조로 대체된 이유는 무엇인가?

- 경제학자들이 경제를 안정시키기 위해서는 중앙은행이 독립적인 권한을 가져야 한다는 신념을 일시적으로 갖게 된 이유는 무엇인가?

- 2008년 이후의 사건들이 어떻게 이러한 신념을 약화시키고 적자와 부채에 대한 견해를 변화시켰는가?

|| 고전학파 거시경제학

거시경제학이라는 용어는 1933년에 노르웨이의 경제학자 랑나르 프리슈(Ragnar Frisch)에 의해 만들어졌다. 이때가 대공황 중에서도 가장 상황이 나쁜 해였던 것은 결코 우연이 아니다. 하지만 그 이전에도 오늘날 우리가 거시경제학의 연구대상이라고 여기는 물가와 총생산의 움직임을 분석하는 경제학자들이 존재했다.

화폐와 물가

우리는 제31장에서 물가에 대한 고전학파 모형을 소개했다. 이 모형에 따르면 가격이 신축적이기 때문에 총공급곡선은 단기에서도 수직의 모습을 갖는다. 이 모형에서는 화폐공급의 증가가 다른 조건이 일정하다면 이와 비례하는 물가 상승을 가져오며 총생산에는 아무 영향도 미치지 못한다. 즉 화폐공급의 증가는 인플레이션을 낳으며 이것이 전부다. 1930년대 이전에는 물가에 대한 고전학파 모형이 통화정책의 효과에 대한 경제학적 사고를 지배했다.

고전학파 경제학자들은 과연 화폐공급 변화가 총생산에는 영향을 미치지 못하고 오직 물가에만 영향을 미친다는 사실을 믿었을까? 아마도 그렇지 않았을 것이다. 경제학사를 연구하는 학자들은 1930년 이전에도 대부분의 경제학자들이 화폐공급 변화가 단기에 물가는 물론 총생산에도 영향을 미친다는 점을 알고 있었다고 주장한다. 즉 오늘날의 용어로 말하자면 그들도 단기 총생산곡선이 우상향의 기울기를 갖고 있음을 알고 있었다. 하지만 이들은 이와 같은 단기적인 영향은 중요하지 않다고 보았기 때문에 장기적인 효과만을 강조했다. 이와 같은 태도가 케인즈로 하여금 장기에 너무 초점을 두는 것에 대해서 "장기에는 우리 모두 죽는다."라는 냉소적인 표현을 하도록 만들었다.

경기순환

단기에 대한 관심이 없었음에도 불구하고 고전학파 경제학자들도 경제가 평탄하게 성장하지만은 않음을 알고 있었다. 일부 경제사학자들은 현대적인 의미에서의 진정한 첫 경기후퇴는 과열된 운하 건설 호황이 끝나면서 시작된 1825~26년의 경기후퇴라 주장한다. 산업혁명이 영국을 넘어 전파됨에 따라 경기순환도 전파되었고, 결국 경기순환은 미국의 경제학자인 웨슬리 미첼(Wesley Mitchell)에 의해 체계적이고 계량적인 연구의 대상으로 개척되었다. 그는 1920년에 오늘날까지도 공식적으로 미국의 경기후퇴와 팽창의 시작을 판정하는 역할을 수행하는 독립적 비영리기관인 전미경제연구소(National Bureau of Economic Research, NBER)를 창설했다. 미첼의 노력 덕분에 1930년에 이르러서는 경기순환을 측정하는 작업이 상당히 진척되었다. 하지만 이때까지도 널리 수용되는 경기순환의 원인과 대책에 관한 이론이 없었다.

명백한 이론이 없었기 때문에 정책담당자들이 경기후퇴에 대해서 어떻게 대응해야 하는가에 대해서 서로 상반된 견해가 제시되었다. 어떤 경제학자들은 경기후퇴를 저지하기 위해 확장적인 통화정책과 재정정책을 사용하는 것을 선호했다. 다른 경제학자들은 이와 같은 정책들이 경기침체를 더 악화시키거나 불가피한 경기침체를 지연시킬 뿐이라고 믿었다. 예를 들어 1934년에 하버드대학교의 경제학자이며 기술진보의 중요성을 일찌감치 인식한 것으로 유명한 조지프 슘페터(Joseph Schumpeter)는 확장적인 통화정책으로 대공황을 경감시키려는 어떤 시도도 "결국은 고치려고 했던 것보다도 더 심각한 문제를 낳을 것이다."라고 경고했다. 대공황이 닥쳤을 때는 이와 같은 의견의 불일치로 인해 경제정책이 마비되었다.

그렇지만 필요는 발명의 어머니였다. 다음에 설명하듯이 대공황은 경제학자들에게 정책을 인도할 수 있는 이론을 개발할 유인을 제공했다.

|| 대공황과 케인즈 혁명

대공황은 경제학자들이 단기를 무시해서는 안 된다는 사실을 분명하게 보여 주었다. 경제적 고통이 심했을 뿐만 아니라 대공항은 사회 및 정치체제의 안정성마저 위협했다. 특히 경제의 붕괴는 독일에서 히틀러가 권좌에 오르는 데 도움을 주었고 제2차 세계대전의 무대를 마련해 주었다.

전 세계가 이와 같은 경제적 재난이 어떻게 발생할 수 있었으며 이에 대해 무엇을 해야 하는지에 대해 알고 싶어 했다. 하지만 널리 수용된 경기순환 이론이 없었기 때문에 경제학자들은 서로 상충되고 오늘날 우리가 보기에는 경제에 해로울 수 있는 조언을 종종 제시했다. 일부 경제학자들은 정부가 민간기업들을 대부분 흡수해서 시장을 계획경제로 대체하는 것과 같이 경제체제에서의 엄청난 변화만이 침체를 종식시킬 수 있다고 주장했다. 다른 경제학자들은 침체가 자연스러운 현상으로 과거의 과잉을 교정하는 데 도움을 주는 등 경제에 혜택을 주기도 하기 때문에 아무 조치도 취하지 말아야 한다고 주장했다.

그러나 일부 경제학자들은 침체는 파괴적이며 치유되어야 한다고 주장했다. 더욱이 침체는 시장경제의 근본원리를 포기하지 않고도 치유될 수 있다. 이 견해에 대한 가장 강력한 지지자이자 영국의 경제학자인 케인즈는 미국과 영국 경제가 안고 있던 문제를 결함 있는 교류발전기를 가진 자동차에 비유했다. 그는 경제가 굴러가기 위해서는 완전한 분해수리가 아니라 약간의 부분적인 수리만 필요하다고 주장했다.

훌륭한 비유다. 그런데 문제의 본질은 무엇일까?

케인즈의 이론

1936년에 케인즈는 그의 저서 『고용, 이자와 화폐에 대한 일반이론(The General Theory of Employment, Interest, and Money)』에서 대공황에 대한 자신의 분석, 즉 경제의 교류발전기에 무슨 결함이 있었는지에 대한 설명을 제시했다. 미국의 위대한 경제학자 폴 새뮤얼슨(Paul Samuelson)은 1946년에 "그것은 어설프게 쓰인 책이며, 구성도 볼품이 없다…. 전광석화 같은 통찰과 직관 사이에 진부한 대수가 산재되어 있다…. 그 분석은 너무나 명백한 동시에 새롭다. 짧게 말해서 이것은 천재의 작품이다."라고 논평했다. 『일반이론』은 쉽게 읽을 수 있는 책은 아니지만 아담 스미스의 『국부론』과 함께 경제학에서 가장 영향력이 큰 저서 중 하나로 손꼽힌다.

새뮤얼슨의 표현이 나타내듯이 케인즈의 저서는 거대한 아이디어의 양식장이다. **케인즈학파 경제학**이라고 알려신 성세획피는 주료 두 가지 혁신을 가져왔다. 첫째, 장기적인 물가 수준의 결정에만 초점을 둔 고전학파와는 달리 케인즈는 총수요의 변화가 총생산에 미치는 단기적인 영향을 강조했다.

장기에는 모두 죽는다는 케인즈의 명언이 시사하듯이 그의 저서가 출간되기 전까지는 대부분의 경제학자들이 단기적인 거시경제 현상을 중요하지 않은 문제로 취급했다. 케인즈는 경제학자들의 관심을 도달할 수 없는 장기로부터 사람들이 실제로 살고 있는 현실로, 즉 단기 총공급곡선이 우상향하는 기울기를 가지고 있으며 총수요곡선의 이동이 물가는 물론 총생산과 고용에 영향을 미치는 상황으로 돌렸다.

〈그림 32-1〉은 케인즈학파 거시경제학과 고전학파 거시경제학의 차이를 예시적으로 보여 준다. 두 그림은 모두 단기 총공급곡선 SRAS를 보여 주며 두 그림 모두 어떤 이유에서 — 예를 들어 주가하락으로 인해 가계가 소비지출을 줄임에 따라 — 총수요가 감소하고 총수요곡선이 AD₁에서 AD₂로 왼쪽으로 이동한다고 가정한다.

그림 (a)는 고전학파의 견해를 나타낸다. 이 견해에 따르면 단기 총공급곡선은 수직이다. 따라

그림 32-1 고전학파 대 케인즈학파 거시경제학

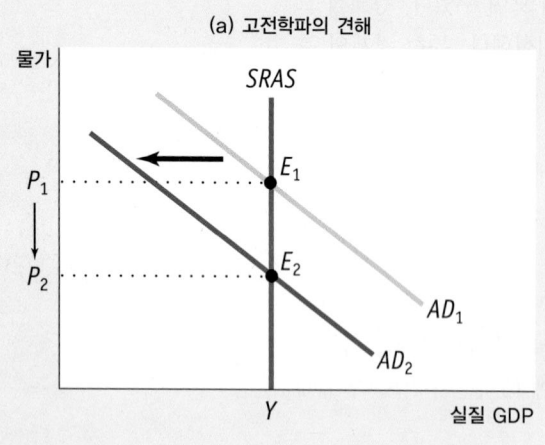

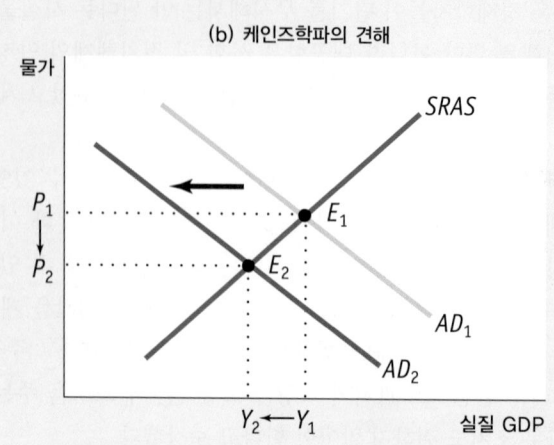

고전학파와 케인즈학파 경제학 간의 중요한 차이 중 하나는 단기 총공급 곡선과 관련된다. 그림 (a)는 고전학파의 견해를 보여 주는데, SRAS 곡선 이 수직이기 때문에 총수요곡선의 이동은 물가에는 영향을 미치나 총생산 에는 영향을 미치지 못한다. 그림 (b)는 케인즈학파의 견해를 보여 주는데 단기에 SRAS 곡선이 우상향의 기울기를 갖기 때문에 총수요곡선의 이동 은 물가는 물론 총생산에도 영향을 미친다.

서 총수요의 감소는 P_1에서 P_2로의 물가 하락을 가져오지만 실질 국내총생산은 변하지 않는다. 그림 (b)는 케인즈학파의 견해를 보여 준다. 이 견해에 따르면 단기 총공급곡선은 우상향의 기울 기를 가지기 때문에 총수요의 감소는 P_1에서 P_2로의 물가 하락과 함께 Y_1에서 Y_2로의 실질 국내 총생산 감소를 가져온다.

이미 설명한 바와 같이 많은 고전학파 거시경제학자들이 그림 (b)가 단기에서의 경제 현실을 더 잘 나타낸다는 점에 대해 동의했을 것이지만 이들은 단기는 중요하지 않다고 생각했다. 케인 즈는 이와 같은 생각에 동의하지 않았으며 단기적인 경제 문제들이 거대한 사회 문제를 일으키 며, 이들을 고치는 것이 가능하다고 주장했다. [보다 분명하게는 케인즈의 『일반이론』에는 〈그 림 32-1〉과 같은 그림이 없다. 하지만 케인즈의 총생산에 대한 논의를 현대적인 용어로 번역한 다면 분명히 우상향의 기울기를 가진 SRAS 곡선을 의미한다.]

케인즈의 두 번째 혁신은 총수요곡선을 이동시키고 경기순환을 가져오는 요인들이 무엇인가 라는 질문에 관한 것이다. 고전학파 경제학자들은 총수요곡선을 이동시키는 요인으로 화폐공급 의 변화를 강조했으며 다른 요인들에는 거의 관심을 기울이지 않았다. 반면에 케인즈는 오늘날 흔히 경기 신뢰도(business confidence)라는 전문용어로 불리는 '동물적 본능(animal spirits)'을 비롯 한 다른 요인들이 주로 경기변동의 원인이 된다고 주장했다.

케인즈 이전의 경제학자들은 화폐공급이 변하지 않는 한 경기 신뢰도의 하락은 물가나 총생 산에 아무런 영향을 주지 않을 것이라 주장했다. 케인즈는 이와는 판이하게 다른 그림을 제시했 는데 이 그림에서는 미래 이윤에 대한 비관론이 투자지출을 감소시키고 경기후퇴를 초래할 수 있다.

케인즈에 대해서 들어 보지 못한 사람들이나, 그에 대해서 들어 보았더라도 그의 이론에 동의 하지 않는 사람들조차도 항상 그의 아이디어를 사용하고 있다는 점에서 앞서 제시된 두 가지 혁 신이 알려 주는 경기순환에 대한 견해, 즉 **케인즈학파 경제학**(Keynesian economics)은 대중의 의 식에 깊이 침투되어 있다. 예를 들어 경기에 대한 논평자가 "소비자들의 수요가 저조할 것을 우 려하여 기업들이 투자지출을 주저하고 있는데 이것이 경기회복이 멈춘 이유다."라고 말한다고

케인즈학파 경제학(Keynesian eco-nomics)은 두 가지 주된 원리에 의존 한다. 총수요의 변화가 총생산, 실업과 물가에 영향을 미친다는 것과 경기 신 뢰도의 변화가 경기순환을 낳는다는 것 이다.

탐구자를 위하여 케인즈의 정치사상

일부 정치 논평자들은 *케인즈학파* 경제학이라는 용어를 좌익 경제학에 대한 동의어로 사용하기도 한다. 케인즈가 어떤 형태로든 정부의 적극적 역할에 대한 당위성을 제시했기 때문에 그가 일종의 좌파이거나 심지어 사회주의자라 믿는 사람들이 있다. 그렇지만 진실은 이보다 복잡하다.

앞서 설명했듯이 케인즈의 아이디어는 매우 넓은 범위에 걸친 정치적 성향을 가진 경제학자와 정책입안자들에 의해 받아들여졌다. 2004년 미국 대통령이었던 조지 부시(George W. Bush)는 보수주의자였으며, 그의 수석 경제보좌관 맨큐(N. Gregory Mankiw) 역시 보수주의자였다. 하지만 맨큐는 잘 알려진 케인즈 아이디어 전도사였다.

사실 케인즈 자신은 사회주의자가 아니었으며 그다지 좌파도 아니었다. 『일반이론』이 발간되었을 시기에는 많은 지식인들이 대공황으로 인해 사회주의가 경제 문제에 대한 유일한 해결책이라 설득되고 있었다. 이들은 대공황이 자본주의 경제체제의 마지막 위기이며 정부가 산업을 흡수하는 것만이 경제를 살릴 수 있는 길이라 믿었다. 반면에 케인즈는 사회주의는 답이 아니라 주장했다. 대신 자본주의 경제체제가 필요로 하는 것은 소폭의 기술적인 수리뿐이라고 말했다. 이와 같은 점에서 그의 견해는 친자본주의이자 정치적인 보수주의였다.

진실은 1940년대, 1950년대, 1960년대 케인즈학파 경제학의 부상이 경제에서 정부 역할의 증가와 함께 일어났으며, 정부 역할의 증가를 선호한 사람들이 대개 열렬한 케인즈학파인 경향이 있다는 것이다. 반면에 1970년대와 1980년대에 들어서 시장경제 정책으로의 시계추의 복귀와 케인즈의 아이디어에 대한 일련의 도전이 동반하여 발생했다. 이에 대해서는 이 장의 후반에서 설명할 것이다.

최근 역사는 존경받는 경제학자들과 정책입안자들이 보수적인 정치 성향을 가짐과 동시에 거시경제학에 대한 케인즈의 근본적 기여를 존중함을 보여 준다. 나중에 설명하듯이 보수적인 정치성향을 가지면서도 케인즈의 일부 아이디어에 대해 문제를 제기하는 사람들을 발견하는 것도 가능하다.

케인즈의 아이디어들은 광범위한 정치적 견해에 의해 수용되었다.

하자. 이 논평자가 의식하고 있든 아니든 이 진술은 순수한 케인즈학파의 경제학이다.

케인즈 스스로도 자신의 아이디어가 '모든 사람이 아는' 지식의 일부가 될 것이라는 점을 어느 정도 예측했다. 『일반이론』의 말미에 있는 또 하나의 유명한 구절에서 그는 "자신이 어떤 지적 영향으로부터도 자유롭다고 믿는 실용적인 사람들은 대개 누군가 고인이 된 경제학자의 노예들이다."라고 했다.

경기후퇴에 대응하기 위한 정책

케인즈의 연구가 낳은 가장 위대한 성과는 경기순환을 평탄하게 만들기 위해 통화정책과 재정정책을 적극적으로 사용하는 **거시경제정책 행동주의**(macroeconomic policy activism)를 정당화한 데 있다.

거시경제정책 행동주의는 전적으로 새로운 것은 아니있다. 케인즈 이전에도 몇몇 경제학자들이 경기후퇴를 저지하기 위해서 통화팽창을 사용할 것을 주장했다. 일부 경제학자들은 케인즈가 주장했듯이 경기후퇴 시기에는 일시적인 재정적자를 보는 것이 좋다고까지 주장하기도 했다. 하지만 당시 거시경제정책 행동주의는 많은 논란을 불러왔으며 이를 지지하는 사람들은 격심한 공격을 받기도 했다.

그 결과 1930년대에 몇몇 정부가 오늘날 케인즈학파 정책이라고 불릴 수 있는 정책을 따랐을 때 이들은 내키지 않는 마음으로 마지못해 시행되었으며 대공황을 돌려 놓기에 충분하지 못했다. 미국에서는 루스벨트 정부가 일자리를 창출하기 위해 완만한 적자지출을 감행했으며 이 정책 노력 덕에 경기회복은 얼마간 탄력을 받고 있는 듯 보였다. 하지만 1937년에 루스벨트 대통령은 경제가 여전히 깊은 불황에 빠져 있었음에도 불구하고 재정수지를 균형으로 만들고 이자율을 올릴 것을 촉구하는 비케인즈학파 경제학자들의 권고에 굴복했다. 그 결과는 경기침체의 연장이었다.

거시경제정책 행동주의(macro-economic policy activism)란 경기순환을 평탄하게 만들기 위해 통화정책과 재정정책을 적극적으로 사용하는 것이다.

그런데 시간이 지남에 따라 케인즈의 아이디어는 널리 전파되었고 제2차 세계대전 이후에는 경제학자들 사이에서 널리 수용되었다. 그렇지만 이들 아이디어는 일련의 도전에 부딪혔으며 그 결과 경기후퇴의 원인에 대한 케인즈의 견해가 대체적으로 옳다고 믿는 경제학자들 사이에서도 상당한 견해 변화가 생겼다. 다음 절에서는 이들 도전과 새로 부상한 학파, 즉 새 고전학파 경제학(new classical economics)과 새 케인즈학파 경제학(new Keynesian economics)에 대해 배울 것이다.

현실 경제의 >> 이해

대공황의 종식

케인즈의 아이디어가 경제정책의 변화를 가져와서 대공황을 종식시켰다면 아주 훌륭한 얘깃거리가 되었을 것이다. 불행하게도 실제로는 이런 일이 일어나지 않았다. 그럼에도 불구하고 대공황이 종식된 방식은 경제학자들에게 케인즈가 옳았음을 확신시켜 주는 데 크게 기여했다.

경제학자들이 케인즈의 연구로부터 배운 것은 경기회복을 위해서는 적극적인 재정팽창, 즉 일자리를 만들고 총수요를 밀어올리기 위해 충분한 크기의 적자재정에 의한 재정지출이 필요하다는 점이었다. 실제로 미국에서 이와 같은 재정팽창이 발생하기는 했지만 그것은 의도적인 경제정책 때문이 아니라 어마어마한 규모의 정부지출을 필요로 했던 대규모 전쟁인 제2차 세계대전 때문이었다. 경제를 대공황으로부터 구출한 것이 제2차 세계대전을 위한 정부지출이었다는 점에 대해 제시되는 압도적인 증거는 결국 케인즈 견해의 타당성에 대한 논쟁을 종식시켰다.

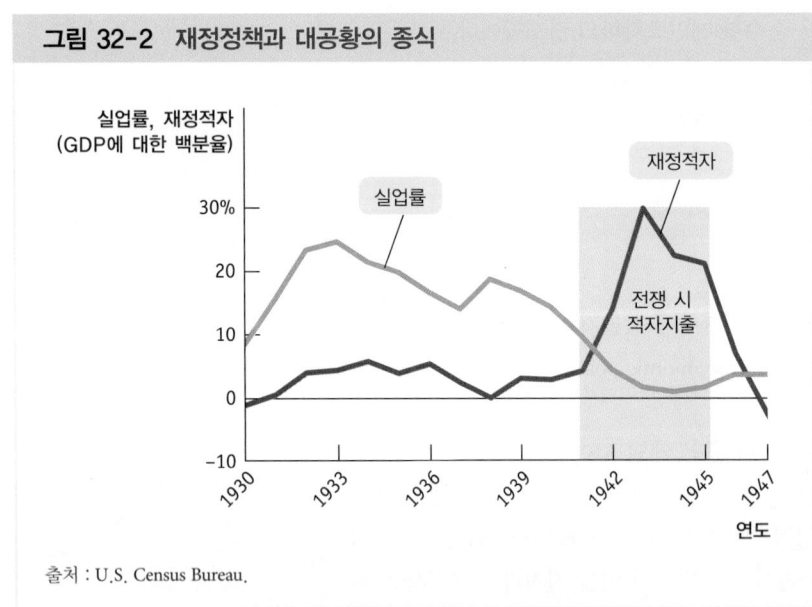

그림 32-2 재정정책과 대공황의 종식

실업률, 재정적자
(GDP에 대한 백분율)

재정적자

실업률

전쟁 시
적자지출

30%

20

10

0

−10

1930 1933 1936 1939 1942 1945 1947

연도

출처 : U.S. Census Bureau.

〈그림 32-2〉는 1930년부터 1947년까지 미국의 실업률과 국내총생산 대비 연방 재정적자를 보여 준다. 그림에서 볼 수 있듯이 1930년대에는 적자지출이 매우 절제된 규모로 이루어졌다. 그런데 1940년에 들어 전쟁의 위험이 증가함에 따라 미국은 대규모의 군비 확장을 시작했으며 재정은 깊은 적자의 수렁으로 빠져들었다. 1941년 12월 7일의 진주만 공격 이후 미국 정부는 엄청난 규모의 적자지출을 시작했다. 1942년 7월에 시작된 1943년 회계연도에서 적자 규모는 국내총생산의 30%에 달했다. 이는 오늘날의 규모로 환산하자면 6조 달러의 적자에 해당한다.

경제학자와 정책입안자들에게 분명했던 사실은 어마어마한 규모의 정부지출 증가와 함께 10년 이상 대공황의 늪에 빠져 있던 경제가 드디어 지속가능한 방법으로 회복하기 시작했다는 것이었다. 세계대전과 같은 사건이 아니라면 미국 정부가 이렇게 많은 돈을 쓰게 만들 수 없었을 것이다. 재정정책으로 의도된 것은 아니었지만 제2차 세계대전은 확장적인 재정정책이 경제를 깊은 부진으로부터 끌어올릴 수 있음을 잘 보여 주었다.

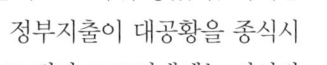

1. 『미국화폐사(A Monetary History of the United States), 1867~1960』이라는 유명한 저서에서 프리드먼과 슈워츠는 충분히 확장적인 통화정책을 시행하지 못했다는 점에서 연방준비제도가 대공황에 대해 책임이 있다고 주장했다. 고전학파 경제학자가 연방준비제도의 행동이 대공황의 길이나 깊이에 별 영향을 미치지 못했을 것이라고 생각했던 이유는 무엇일까?

2. 대공황 중에 발표된 보도자료에서 소기업낙관지수(Small Business Optimism Index)를 계산하는 단체인 전국독립기업연합(National Federation of Independent Business)은 "1월에 소기업낙관지수가 0.1포인트 증가하는 데 그쳤다. … 역사적 기준으로 볼 때 낙관론은 경기후퇴 수준에 머물러 있다. 소기업 소유주들은 영업 여건과 실질매출 증가에 대해 덜 비관적인 것으로 보이지만 이러한 낙관론은 고용 증가나 계획된 재고 증가로 실현되지 않았다."고 언급했다. 이것은 케인즈학파 경제학자들에게 익숙한 진술인가? 케인즈학파 경제학자라면 공공정책의 필요성에 대해 어떤 결론을 내리겠는가?

|| 케인즈학파 경제학에 대한 도전

케인즈의 아이디어는 경기순환에 대한 경제학자들의 생각을 근본적으로 바꿔 놓았다. 하지만 케인즈의 아이디어에 대해서 이의가 제기되지 않은 것은 아니다. 정부지출이 대공황을 종식시키는 데 성공한 이후 케인즈학파 경제학은 일련의 도전을 받았다. 그 결과 1980년대에는 거시경제학자들 간의 의견합치가 1950년대를 풍미했던 케인즈학파의 견해로부터 다소 후퇴했다. 특히 거시경제정책 행동주의의 한계에 대한 거시경제학자들의 인식이 높아졌다.

통화정책의 재기

많은 거시경제학자들은 경기침체 상황에서는 통화정책이 그다지 효과가 없을 것이라는 케인즈의 주장에 동의한다. 제31장에서는 이자율을 더 이상 낮출 수 없기 때문에 통화정책의 효과가 없어지는 상황인 유동성 함정(liquidity trap)을 소개했다. 케인즈가 『일반이론』을 저술한 1930년대에는 이자율이 0%에 매우 가까웠다.

제2차 세계대전 후 0%에 가까운 이자율의 시대가 끝나고 경제가 회복을 하자 시계추는 케인즈학파 경제학 쪽으로 크게 기울어져서 많은 경제학자들이 재정정책을 강조하는 한편 통화정책의 유용성을 폄하했다. 하지만 거시경제학자들이 통화정책의 중요성을 재평가하게 됨에 따라 시계추는 결국 부분적으로 되돌아갔다.

이와 같은 재평가에서 이정표가 된 사건은 1963년 시카고대학교 프리드먼과 NBER의 슈워츠가 쓴 『미국화폐사, 1867~1960』의 출판이었다. 프리드먼과 슈워츠는 역사적으로 경기순환과 통화공급의 변동이 연관되어 있음을 보였다. 특히 대공황이 시작될 시점에는 화폐공급이 크게 감소했었다. 머리말 이야기에서 언급했듯이, 프리드먼과 슈워츠는 연방준비제도가 통화수축을 방지하기 위한 조치를 취했더라면 대공황을 방지할 수도 있었을 것이라는 점에 대해 전부는 아니지만 많은 경제학자들을 설득시켰다. 이들

프리드먼과 그의 공저자 슈워츠는 거시경제학자들에게 통화정책의 중요성을 확신시키는 데 중요한 역할을 했다.

- 고전학파 거시경제학자들은 통화정책이 총생산에 미치는 단기적 영향을 무시하고 물가에 미치는 장기적 영향에만 초점을 두었다.
- 대공황이 발생했을 때에는 경기순환의 측정이 이미 잘 발달된 분야였다. 하지만 경기순환이 왜 발생하는지에 대해서는 널리 수용되는 이론이 없었다.
- **케인즈학파 경제학**의 중심 아이디어는 *SRAS* 곡선이 수직이 아니라 우상향의 기울기를 가지는 단기에 대한 강조 그리고 화폐공급 이외의 다른 요인들이 어떻게 *AD* 곡선에 영향을 미치는가에 대한 강조에 있다.
- 케인즈학파 경제학은 **거시경제정책 행동주의**에 대한 근거를 제공한다.
- 케인즈에 대해 들어 보지 못했거나 그와 의견이 다르다고 생각하는 사람들조차도 케인즈의 아이디어를 널리 이용하고 있다.

통화주의(monetarism)는 화폐공급이 일정한 속도로 증가할 경우 국내총생산도 일정한 속도로 증가할 것이라 주장한다.

중앙은행이 경제 상태에 대한 평가에 따라서 이자율이나 화폐공급을 조절할 경우 재량적 통화정책(discretionary monetary policy)을 시행한다고 한다.

은 통화정책이 경기 조절에서 중심 역할을 수행해야 한다는 점에 대해서도 대부분의 경제학자들을 설득시켰다.

통화정책에 대한 관심의 재개는 재정정책으로부터 경기 조절의 부담을 덜어 줄 수 있으며 경기 조절이 정치가들의 손을 벗어날 수 있음을 의미하기 때문에 중요한 의미를 가진다. 재정정책은 반드시 정치적 선택을 요구하기 때문에 이와 같은 통화정책의 특징은 많은 사람들에게 매력이 있다. 정부가 세금을 인하하여 경제를 활성화하려고 할 경우 누구의 세금을 깎아 줄 것인지를 결정해야 하며, 정부지출을 통해 경제를 활성화하려 하는 경우 어디에 지출을 할 것인지를 결정해야 한다. 그 결과 재정정책이 유일한 정책 수단이라면 경제의 관리가 정치적 과정에 의해 난항에 빠지는 경우가 종종 있을 것이다.

반면에 통화정책은 이와 같은 선택이 필요 없다. 중앙은행이 경기후퇴를 저지하기 위해 이자율을 낮출 경우 모든 사람의 이자율이 동시에 하락한다. 따라서 재정정책으로부터 통화정책으로의 정책 전환은 거시경제학에 있어서 정치적인 문제를 줄이고 기술적인 문제를 부각시킨다. 사실 앞에서 배웠듯이 대부분의 선진국들에서 통화정책은 정치적 의사결정 과정으로부터 독립되어 있는 중앙은행에 의해 결정된다.

통화주의

『미국화폐사』를 출판한 후 프리드먼은 재정정책과 통화정책을 포함하여 모든 형태의 거시경제정책 행동주의를 제거하기 위한 움직임을 주도했다. 대신에 그는 경제를 관리하는 최선의 방법은 소극적 또는 비재량적 통화정책이라 주장했다. **통화주의**(monetarism)는 화폐공급이 일정한 속도로 증가할 경우 국내총생산도 일정한 속도로 성장할 것이라고 주장한다. 통화주의의 정책 처방은 중앙은행이 연간 3%와 같이 일정한 화폐공급 증가율 목표를 설정하고 경제에 어떤 변동이 일어나더라도 이 목표를 추구하는 것이다.

통화주의가 케인즈의 아이디어들을 상당히 수용하고 있음을 이해하는 것은 중요하다. 케인즈와 마찬가지로 프리드먼도 단기가 중요하며 총수요의 단기적 변화가 물가는 물론 총생산에도 영향을 미친다고 주장했다. 케인즈와 마찬가지로 프리드먼은 대공황 중의 경제정책이 훨씬 더 팽창적이었어야 했다고 주장했다. 물론 그는 통화정책만이 필요했다고 믿었지만.

그런데 통화주의자들은 경기를 안정시키기 위한 대부분의 정책 노력은 실제로 상황을 더 악화시킨다고 주장했다. 제28장에서는 시차가 어떻게 **재량적 재정정책**에서 문제를 일으킬 수 있는지를 설명했다. 예를 들어 경기후퇴에 대응하기 위해 지출을 증가시키는 정부는 경기후퇴가 발생하고 있음을 인식하고, 행동을 취하고, 그 결과를 얻을 때쯤이면 경기후퇴는 이미 끝나고 지출 증가가 경기부진에 대응하기보다는 오히려 경기호황을 더욱 부추기는 격이 되는 경우를 가끔 겪는다. 통화주의자들에 따르면 중앙은행이 경제를 안정시키기 위해 이자율이나 화폐공급을 변경시키는 정책인 **재량적 통화정책**(discretionary monetary policy) 역시 이와 동일한 문제를 안고 있으며 그 결과 경제를 더욱 불안정하게 만들 수 있다.

프리드먼은 또한 중앙은행이 그의 조언을 받아들여 소극적 통화정책을 채택하고 경기변동에 따라 화폐공급을 조절하기를 거부한다면 정부지출이 민간투자지출을 감소시키는 **구축**으로 인해 재정정책의 효과가 케인즈가 믿었던 것보다 훨씬 더 작을 것이라 주장했다. 제25장에서는 구축이 어떻게 일어날 수 있는지를 분석했다. 즉 정부지출은 재정적자를 낳고 그 결과 이자율을 상승시키고 투자지출을 감소시킨다. 프리드먼과 그의 동료들은 화폐공급이 고정된 상태에서 정부가 확장적 재정정책을 펼 경우 이자율이 상승함에 따라 구축이 일어나서 재정팽창이 총수요에 미치는 효과를 제약할 것임을 지적했다.

앞서 설명했듯이 프리드먼이 행동주의 통화정책을 선호했던 것도 아니다. 그는 재량적 재정정책을 사용하여 경기를 안정시키는 정부의 능력을 제약하는 시차의 문제와 동일한 문제들이 재량적 통화정책에도 적용된다고 주장했다. 프리드먼의 해법은 통화정책을 '자동운항'시키는 것이다. 그는 중앙은행이 스스로의 행동을 결정하는 공식인 **통화정책 준칙**(monetary policy rule)을 따라야 하며 재량의 여지를 거의 남기지 말아야 한다고 주장했다. 1960년대와 1970년대에 대부분의 통화주의자들은 느리고 일정한 속도로 화폐공급을 증가시키는 통화정책 준칙을 선호했다.

1970년대 후반과 1980년대 초반에는 연준이 화폐공급 증가율을 일정하게 유지하려 하는 등 통화주의가 실제 통화정책 결정에 강력한 영향을 미쳤다. 하지만 얼마 되지 않아 일정한 속도의 화폐공급 증가가 일정한 속도의 성장을 보장할 수 없음이 명백해졌다.

그 결과 오늘날 거시경제학자들 사이에서 화폐공급이 일정한 속도로 증가하면 국내총생산도 일정한 속도로 증가할 것이라고 생각하는 전통적인 통화주의자를 발견하기란 매우 어렵다. 하지만 통화정책은 경제를 안정시킬 수 있으며 재정정책은 역할이 거의 없다는 프리드먼의 아이디어는 2008년 위기에 의해 의문이 제기되기 전까지는 거시경제학자들 사이에 널리 수용되었다.

거시경제정책의 한계 : 인플레이션과 자연실업률

행동주의 거시경제정책 시행에서의 시차 문제만이 케인즈학파 경제학에 겨눠진 유일한 비판이었던 것은 아니다. 행동주의 거시경제정책이 인플레이션에 미치는 영향과 관련하여 또 다른 심각한 우려가 제기되었다. 1940년대와 1950년대 동안 많은 케인즈학파 경제학자들은 확장적 재정정책을 이용하여 완전고용을 항구적으로 달성할 수 있다고 믿었다. 하지만 1960년대에 들어 많은 경제학자들은 확장적인 정책이 인플레이션 문제를 발생시킬 수 있음을 깨달았다. 그럼에도 불구하고 경제학자들은 여전히 정부가 더 높은 인플레이션율을 감수한다면 낮은 실업률을 선택할 수 있다고 믿었다.

그런데 1968년에 서로 독립적으로 연구를 해 왔던 밀턴 프리드먼과 컬럼비아대학교의 에드먼드 펠프스(Edmund Phelps)가 실업과 인플레이션 간에는 장기적인 상충관계가 존재하지 않음을 주장했다. 프리드먼은 1969년의 유명한 미국경제학회 학회장 연설에서 이러한 주장을 제기했는데, 50년 후 블랑샤르가 공공부채에 대한 우려를 대단치 않게 여기는 연설을 한 것도 우연하게도 같은 행사에서였다. 프리드먼과 펠프스의 **자연실업률 가설**(natural rate hypothesis)에 따르면 실업률을 자연실업률보다 낮은 수준에서 유지하려는 시도는 모두 단지 인플레이션을 낳을 뿐만 아니라 항구적으로 가속화되는 인플레이션을 초래한다. 중요한 점은 자연실업률 가설이 옳다면 케인즈학파의 정책들이 이전에 거시경제학자들이 믿었던 것만큼 많은 것을 달성할 수는 없음을 깨달아야 한다는 것이다. 정부는 실업률을 자연실업률보다 낮게 유지할 수 없기 때문에 정부의 과제는 실업을 낮게 유지하는 것이 아니라 **자연실업률** 근처에서 **안정적으로 유지**하는 것, 즉 실업률이 자연실업률 아래나 위로 크게 변동하는 것을 막는 것이 되어야 한다.

자연실업률 가설은 실제로 1970년대 이후 대부분의 경제학자들에 의해 수용되었다. 프리드먼-펠프스 가설은 물가 상승이 상당 기간 지속될 경우 실업과 인플레이션 간의 명백한 상충관계가 사라질 것이라는 강력한 예언을 제시했다. 일단 인플레이션이 사람들의 기대에 자리를 잡으면 실업률이 높아지더라도 인플레이션이 지속될 것이기 때문이다.

확실히 이와 같은 일이 1970년대에 실제로 일어났다. 이러한 정확한 예측은 거시경제학적 분석의 성공사례 중 하나이며 이로 인해 많은 경제학자들이 자연실업률 가설이 옳다고 믿게 되었다. 다만 일부 거시경제학자들은 매우 낮은 수준의 인플레이션이 발생하거나 디플레이션이 발생할 때에는 이 가설이 적용되지 않는다고 믿는다.

통화정책 준칙(monetary policy rule)은 중앙은행의 행동을 결정하는 공식이다.

자연실업률 가설(natural rate hypothesis)에 따르면 인플레이션은 결국 기대에 자리를 잡기 때문에 인플레이션이 가속화되는 것을 막기 위해서는 실제 인플레이션율이 예상 인플레이션율과 같아질 수 있을 만큼 실업률이 충분히 높아야 한다.

새 고전학파 거시경제학(new classical macroeconomics)은 총수요곡선의 이동이 총생산에는 영향을 미치지 못하며 물가에만 영향을 미친다는 고전학파의 견해로 되돌아가는 경기순환에 대한 접근법이다.

합리적 기대(rational expectations)는 개인이나 기업이 이용 가능한 모든 정보를 사용하여 최적의 의사결정을 내린다고 보는 견해다.

합리적 기대와 새 고전학파 거시경제학

지금껏 보았듯이 고전학파 경제학과 케인즈학파 경제학 간의 한 가지 주요한 차이는 고전학파 경제학자들은 단기 총공급곡선이 수직이라고 믿었던 반면 케인즈학파는 총공급곡선이 단기에 우상향의 기울기를 가졌음을 강조했다는 것이다. 그 결과 케인즈학파는 총수요곡선을 이동시키는 수요충격이 총생산의 변동을 초래할 수 있다고 주장했다.

그러나 1970년대와 1980년대에 들어 몇몇 경제학자들이 **새 고전학파 거시경제학**(new classical macroeconomics)으로 알려진 경기순환에 대한 새로운 접근방법을 개발했다. 이 접근방법은 총수요곡선의 이동이 총생산에는 영향을 미치지 못하며 물가에만 영향을 미친다는 고전학파의 견해로 회귀하는 것이었다. 새로운 접근방법은 두 단계를 거쳐 진화했다. 첫째, 몇몇 경제학자들이 합리적 기대라는 개념에 의거하여 단기 총공급곡선의 기울기에 대한 전통적인 주장에 도전했다. 둘째, 몇몇 경제학자들이 생산성의 변화가 경기변동을 초래한다는 견해를 제기했는데 이를 실물적 경기변동론이라 부른다.

1970년대에 들어 합리적 기대라는 개념이 거시경제학에 강력한 영향을 미치기 시작했다. 1961년에 존 무스(John Muth)에 의해 처음 소개된 이론인 **합리적 기대**(rational expectations)는 개인이나 기업이 모든 이용 가능한 정보를 사용하여 최적의 의사결정을 내린다고 보는 견해다.

예를 들어 근로자들이나 고용주들이 장기적인 임금 계약을 협상할 때에는 계약 기간 중에 예상되는 물가 상승률을 추정할 필요가 있다. 합리적 기대는 미래 인플레이션율을 예상하기 위해 과거의 인플레이션율만을 보는 것이 아니라 통화정책과 재정정책에 관한 이용 가능한 정보를 모두 고려한다고 주장한다. 지난해에 물가가 상승하지 않았지만 정책담당자들에 의해 발표된 통화정책과 재정정책을 분석해 보면 다음 수년간 상당한 인플레이션이 발생할 것이 분명하다고 하자. 합리적 기대에 따르면 장기 임금 계약은 과거에 물가가 전혀 상승하지 않았더라도 이와 같은 미래 인플레이션 기대를 반영하여 지금 조정될 것이다.

탐구자를 위하여 공급경제학

1970년대에 한 무리의 경제학자들이 '공급경제학(supply-side economics)'이라고 알려진 경제정책 견해를 제시하기 시작했다. 이 견해의 핵심은 세율을 낮추어 노동과 투자 유인을 높이는 것이 잠재생산량 증가율에 강력한 정의 효과를 미칠 수 있다는 것이다. 공급경제학자들은 세수 감소에 따라 지출을 감소시킬 것을 걱정하지 말고 세금을 인하할 것을 정부에 촉구한다. 이들은 세율 인하로 인한 경제성장이 재정적자로 인한 부작용을 상쇄하고도 남는다고 주장한다.

몇몇 공급경제학자들은 세율 감소가 경제성장에 기적적인 영향을 미쳐서 납세자들이 정부에 납부하는 조세 수입이 증가할 것이라 주장하기조차 했다. 다시 말하면 일부 공급경제학자들은 미국이 래퍼 곡선의 우하향하는 부분에 위치해 있다고 주장한다. *래퍼 곡선*이란 세율과 조세 수입 간의 가상적인 관계를 나타내는 곡선으로 세율이 낮을 때에는 우상향의 기울기를 가지고 세율이 매우 높아지면 우하향의 기울기를 가진다. 공급경제학은 정치가들 사이에서 인기를 끌었고 1980년대에 레이건은 공급경제학을 그의 대통령 선거유세의 기반으로 채택했다.

공급경제학은 수요가 아니라 공급을 강조하며, 공급경제학자들 스스로가 케인즈학파 경제학을 혹독하게 비판하기 때문에 공급경제학이 우리의 논의에서 새 고전학파 거시경제학에 속하는 것처럼 보일 수도 있다. 그러나 합리적 기대나 실물적 경기변동론과는 달리 경제학자들은 일반적으로 공급경제학을 도외시한다.

이들이 공급경제학을 도외시하는 주된 이유는 실증적 증거가 뒷받침되지 않기 때문이다. 거의 모든 경제학자는 조세 감축이 노동과 투자의 유인을 증가시키리라는 주장에 동의하지만 이와 같은 유인효과에 대한 추정치들은 현재 미국의 조세 수준에서는 이와 같은 유인이 공급경제학자들의 강력한 주장을 뒷받침할 정도로 강하지 못함을 보여 준다. 특히 공급경제학은 레이건이 1980년대 초에 시행한 것과 같은 대규모 조세 감축이 잠재생산량을 크게 증가시킬 것이라 주장했지만, 미국의 의회예산처나 다른 기관들이 잠재생산량을 추정한 결과에 따르면, 레이건의 조세 감축 조치 이후에 잠재생산량의 성장이 가속화되었다는 징후를 발견할 수 없었다.

몇 년이 지난 2012년에 캔자스주는 공급경제학이 유용성이 없다는 점에 대한 지금까지 알려진 것 중 가장 좋은 증거를 제공했다. 이 해에 캔자스주는 주정부세를 크게 삭감하는 법안을 통과시켰다. 그렇지만 경제는 가라앉았고 경제성장과 일자리 창출이 전국 평균보다 크게 뒤떨어졌으며, 주의 재정적자가 치솟았다. 2017년에 주정부가 금융위기에 처하고 선거인들이 서비스 감소에 대해 분노함에 따라 캔자스주는 공급경제학 실험을 종료하고 세금을 올렸다.

합리적 기대 가설의 채택은 정부정책의 효과에 대한 정책입안자들의 믿음을 크게 바꿀 수 있다. 원래의 자연실업률 가설에 따르면 높은 인플레이션율을 감수하면서 실업률을 낮추려는 정부의 시도는 단기적으로는 효과가 있지만 높은 인플레이션율이 사람들의 기대에 고착화되기 때문에 결국 실패한다. 합리적 기대에 따르면 위 문장에서 '결국'이라는 단어가 제거되고 '즉각'으로 교체되어야 한다. 즉 정부가 더 높은 미래 인플레이션이라는 비용을 치르면서 현재의 실업률을 낮추려 할 경우 실업률을 일시적으로라도 감소시킬 수 없을뿐더러 인플레이션만 즉각 심화될 것이다. 따라서 합리적 기대하에서는 정부의 개입이 단기와 장기에 모두 실패한다.

1970년대에 시카고대학교의 로버트 루카스(Robert Lucas)는 여러 편의 매우 영향력 있는 논문에서 합리적 기대의 논리를 이용하여 통화정책이 사람들에게 예상되지 않을 경우에만 실업률을 낮출 수 있다고 주장했다. 그렇지 않다면 실업률을 낮추려는 시도는 물가만 올리는 데 그칠 것이다. 루카스의 **합리적 기대 모형**(rational expectations model)에 따르면 통화정책은 경제를 안정시키는 데 별로 유용하지 않다. 루카스는 오늘날까지도 널리 칭송되는 그의 업적으로 인해 1995년에 노벨 경제학상을 수상했다. 하지만 많은 (아마도 대부분의) 거시경제학자들, 특히 정책담당자에게 조언하는 거시경제학자들은 그의 결론이 지나치다고 믿는다. 연방준비제도는 자신이 경제를 안정시키는 데 유용한 역할을 할 수 있다고 확신한다.

왜 많은 거시경제학자들이 루카스의 합리적 기대모형이 경제의 행태를 정확하게 묘사한다고 생각하지 않는 것일까? 1990년대에 들어 영향력을 갖게 된 일련의 아이디어인 **새 케인즈학파 경제학**(new Keynesian economics)은 그 이유를 설명해 준다. 이 이론은 시장의 불완전성이 상호작용하여 경제에서 많은 가격을 일시적으로 경직적이 되도록 만든다고 주장한다. 가격이 경직적이라면 예상 인플레이션율이 행동주의 거시경제정책의 효과를 완전히 상쇄할 정도로 빨리 상승할 수 없다.

시간이 흐르면서 새 케인즈학파의 아이디어와 실제 경험이 합리적 기대의 영향력을 감퇴시켰다. 그러나 몇몇 경제학자들은 루카스보다 더 나아가 수요충격은 경기후퇴에서 아무 역할도 하지 않는다고 주장했다.

1980년대에 들어 몇몇 경제학자들이 주로 기술진보의 일시적 중단으로부터 연유되는 생산성 증가의 둔화가 경기후퇴의 주된 원인이라 주장했다. **실물적 경기변동론**(real business cycle theory)은 총요소생산성 증가율의 변동이 경기순환의 원인이 된다고 주장한다.

실물적 경기변동론의 창시자 가운데 두 사람인 카네기멜론대학교의 핀 키드랜드(Finn Kydland)와 미니애폴리스 연방준비은행의 에드워드 프레스콧(Edward Prescott)의 2004년 노벨 경제학상 수상이 보여 주듯이 이 이론은 매우 영향력이 컸다. 그렇지만 지금의 실물적 경기변동론의 지위는 합리적 기대와 어느 정도 유사하다. 이 이론은 경제에 대한 이해를 증진시키는 데 중요한 기여를 한 것으로 널리 인정되며, 총수요를 지나치게 강조하는 견해에 대해 유용한 경종을 울리는 역할을 했다.

하지만 많은 실물적 경기변동론자들조차 실제 경제 자료를 설명하기 위해서는 자신의 모형에 우상향하는 총공급곡선이 필요하다는 사실을 인정하는데, 이 경우에는 총수요가 총생산의 결정에 잠재적인 역할을 할 수 있다. 우리가 보았듯이 정책담당자들은 총수요정책이 경기후퇴를 저지하는 데 중요한 역할을 할 수 있음을 강하게 믿고 있다.

정치적 경기순환

케인즈학파 경제학에 대한 마지막 도전은 경제분석의 타당성이 아니라 그 정치적 결과에 초점을 두고 있었다. 몇몇 경제학자들과 정치학자들은 거시경제정책 행동주의가 정치적 조작의 수단이 될 수 있음을 지적했다.

경제에 대한 **합리적 기대 모형**(rational expectations model)에 따르면 예상된 통화정책의 변화는 실업이나 총생산에 영향을 미치지 못하고 물가에만 영향을 미친다.

새 케인즈학파 경제학(new Keynesian economics)에 따르면 시장의 불완전성이 경제 전체에서 가격 경직성을 가져올 수 있다.

실물적 경기변동론(real business cycle theory)에 따르면 총요소생산성 증가율의 변동이 경기순환의 원인이 된다.

표를 얻기 위한 정치적 조작은 행동주의 거시경제정책의 위험 중 하나이다.

통계적 증거는 선거 결과가 수개월 전의 경제상태에 좌우되는 경향이 있음을 보여 준다. 미국에서는 선거일 전 6개월 동안 경제가 빠른 속도로 성장하고 있거나 실업률이 하락하는 경우 그전 3년간 경제 성과가 보잘것없었더라도 집권당이 승리하는 경향이 있다. 이것이 사실이라면 거시경제정책 행동주의를 남용하려는 유혹을 떨치기가 어려울 것이다. 즉 선거가 있는 해에 경제를 팽창시키고 나중에 이로 인한 높은 인플레이션 또는 높은 실업의 가격을 치르려 할 것이다. 그 결과 경제는 불필요한 불안정성을 겪게 되는데 이처럼 거시경제정책을 정치적 목적을 달성하기 위해 사용함으로써 발생하는 불안정성을 **정치적 경기순환**(political business cycle)이라 한다.

자주 인용되는 정치적 경기순환 사례로는 1972년 선거 직전에 미국 경제의 빠른 성장을 가져왔으며 선거 후에 인플레이션을 급격히 가속화한 확장적 재정정책과 통화정책의 결합을 들 수 있다. 국제통화기금(IMF)에서 수석경제학자로 일했던 존경받는 경제학자인 로고프는 당시 대통령이던 닉슨에 대해 "정치적 경기순환에서의 대표적인 영웅"이라고 비꼬았다.

앞서 배웠듯이 정치적 경기순환을 방지하기 위한 한 가지 방안은 통화정책을 정치적 압력으로부터 격리된 독립적인 중앙은행의 손에 맡기는 것이다. 정치적 경기순환은 유동성 함정과 같은 극단적인 상황을 제외하고는 확장적 재정정책의 사용을 삼가해야 하는 이유도 될 수 있다.

현실 경제의 >> 이해

연준이 대공황을 초래했나?

대공황은 케인즈학파 경제학을 탄생시켰고, 적극적 거시경제정책의 필요성에 대해 대부분의 경제학자들을 납득시켰다. 그렇지만 프리드먼과 슈워츠는 영향력 있는 저서 『미국화폐사』에서 연방준비제도가 제대로 일만 했다면 대공황을 방지할 수 있었을 것이라 주장했다. 그 후 프리드먼은 저술 중 일부를 통해 이러한 견해를 더욱 강화시키는 한편 연준이 대공황을 초래했다고 주장했다.

연준이 실제로 대공황을 일으키거나 또는 적어도 과실로 인해 대공황의 발생을 허용했을까?

연준이 책임이 있다는 주장은 M2를 통해 측정된 전체 화폐공급이 경제가 추락했던 1929년부터 1933년까지 급격히 감소했다는 사실을 근거로 든다. 〈그림 32-3〉은 이러한 통화 수축을 보여주는데, 이 그림은 M2를 1929년의 값을 100으로 한 지수로 보여준다. 프리드먼-슈워츠의 견해는 연준이 M2의 하락을 막을 수 있었고, 따라서 대공황의 발생을 막을 수 있었다는 것이다.

그렇지만 연준은 M2와 같이 주로 은행예금으로 이루어진 통화총량을 직접 조절하지 않는다. 연준이 직접 조절하는 것은 유통 중인 현금과 은행 지불준비금의 합인 본원통화다. 그리고 〈그림 32-3〉이 보여주듯이 대공황 초기에 본원통화는 급격히 증가했다.

본원통화가 증가하고 있었음에도 M2가 그렇게 큰 폭으로 감소한 이유는 무엇일까? 주된 이유는 일련의 은행부도사태가 은행의 안전성에 대한 신뢰를 무너뜨렸고 이에 따라 많은 사람들이 자신의 예금을 현금으로 전환했다는 데 있다. 게다가 이자율이 매우 낮아서 은행들이 대출할 유인이 별로 없었기 때문에 연준이 대규모 공개시장조작을 통해 본원통화를 엄청나게 증가시킨다고 해도 돈은 움직이지 않았을 것이다.

실제로 이것이 2008년 금융위기 이후 일어난 현상이다. 연준이 본원통화를 엄청나게 증가시켰지만 M2는 조금만 증가했을 뿐이다.

요약하자면 연준이 과연 대공황을 막을 수 있었을지는 의심스럽고, 대공황을 일으키지 않았

정치적 경기순환(political business cycle)은 정치가들이 정치적 목적을 달성하기 위해 거시경제정책을 사용할 때 발생한다.

그림 32-3 대공황 기간 중의 통화정책

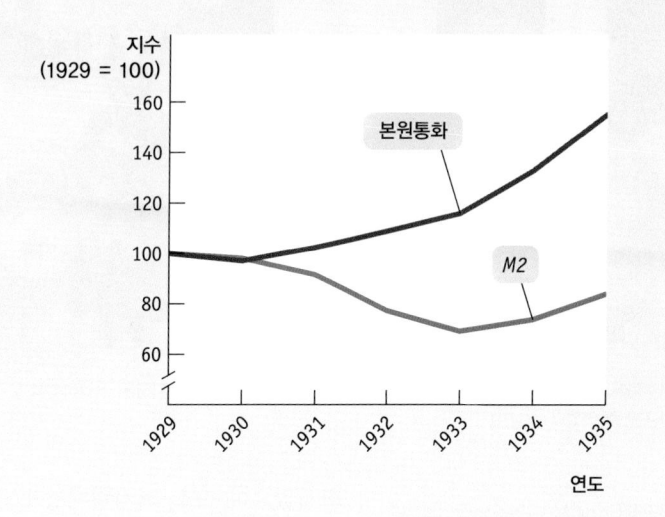

대공황 중에 연준은 본원통화를 50% 이상 증가시켰으나 M2로 측정된 전체 화폐공급은 30% 감소했다. 화폐공급 감소는 1933년에 이르러서야 진정되었으며, 1934년과 1935년에는 화폐공급이 다소 증가했다. 대부분의 경제학자들은 M2와 본원통화 간의 괴리가 널리 퍼진 은행 부도로 인한 것이라 생각한다.

출처 : Friedman, Milton, and Anna Jacobson Schwartz. (1970). "Monetary Statistics of the United States: Estimates, Sources, Methods."

음이 확실하다.

>> 이해돕기 32-2

해답은 책 뒤에

1. 거시경제정책 행동주의의 한계는 무엇인가?
2. 2008년부터 시작하여 경제가 대후퇴에 진입함에 따라 실업률이 치솟는 한편 이자율과 투자지출은 급격히 감소했다. 연준은 이에 대응하여 본원통화를 가속적으로 증가시켰다.
   a. 여러분은 프리드먼이 연준의 정책에 동의했을 것이라 생각하는가?
   b. 프리드먼과 같은 통화주의자는 일반적으로 재량적 통화정책과 재정정책이 효과가 없다고 생각한다. 여러분은 재정정책과 통화정책에 대한 이들의 반대가 대후퇴 기간 중에도 유효하다고 생각하는가? 2016년이 되어서야 실업률이 대후퇴 이전 수준으로 되돌아갔음을 주목하라.
3. 2008년 밀엽 미국이 경기후퇴를 겪고 있음이 명백해졌을 때 연준은 (연준이 양적완화라고 부른 정책을 포함하여) 더 공격적인 확장적 통화정책 기조의 일환으로 연방자금금리 목표를 영에 가깝게 낮췄다, 대부분의 관측통들은 연준의 공격적인 통화 팽창이 대후퇴의 길이와 깊이를 줄이는 데 도움이 되었다는 데 동의했다.
   a. 합리적 기대가설론자는 이러한 결론에 대해 어떤 말을 했을까?
   b. 실물적 경기변동론자는 어떤 말을 했을까?

|| 대완화로부터 장기 침체까지

1970년대와 1980년대 전반은 미국 경제에서 (그리고 다른 주요국 경제에 있어서도) 격랑의 시기였다. 1974~1975년의 극심한 경기후퇴에 이어 1979년부터 1982년까지 두 번의 연이은 경기후퇴가 발생함에 따라 실업률은 거의 11%까지 상승했다. 이와 동시에 인플레이션율은 두 자리 수로 치솟았다가 급강하했다. 이미 보았듯이 이 사건들은 거시경제학적 사고에 강한 흔적을 남

>> 복습

- 초기의 케인즈학파는 통화정책의 효과를 재정정책의 효과에 비해 경시했다. 하지만 그 후에 거시경제학자들은 통화정책이 효과가 있음을 깨닫게 되었다.
- **통화주의**는 시차로 인해 재량적 재정정책과 재량적 통화정책이 모두 혜택보다는 더 큰 피해를 입히며 단순한 **통화정책 준칙**이 경제를 안정시키는 가장 좋은 방법이라고 주장했다. 이와 같은 학설은 한때 인기를 얻었으나 그 예언이 실현되지 못함에 따라 인기를 잃었다.
- 오늘날 널리 수용되고 있는 **자연실업률 가설**에 따르면 거시경제정책을 통해 성취할 수 있는 것은 매우 제한적이다. 이 가설에 따르면 실업률을 자연실업률 부근에서 안정시키는 것을 정책 목표로 삼아야 한다.
- **새 고전학파 거시경제학**은 통화정책에 대한 케인즈학파 이전의 견해를 되살렸다. **합리적 기대**라는 개념은 통화정책이 단기에 있어서조차 작동할 수 있는지에 대해 의문을 제기했고, **실물적 경기변동론**은 생산성 충격이 경기후퇴의 원인이라고 주장했다. 그렇지만 이러한 견해들은 **새 케인즈학파**에 의해 반박되었고, 정책에 거의 영향을 미치지 못했다.
- **정치적 경기순환**에 대한 우려로 인해 중앙은행은 독립성을 가져야 하며 정부는 긴박한 상황이 아닌 한 재량적 재정정책의 시행을 삼가야 한다.

대후퇴에 대응하기 위해 정책입안자들은 대공황의 경험으로부터 진화되어온 거시경제적 도구들을 사용할 수 있었다.

대완화(Great Moderation)는 1985년부터 2007년까지 미국 경제가 비교적 적은 변동과 완만한 인플레이션을 경험한 시기를 말한다.

겼다.

그렇지만 1985년 이후에는 미국 경제가 안정되었다. 1990~1991년의 경기후퇴는 1974~1975년의 경기후퇴나 1979~1982년의 쌍 바닥 경기침체보다도 훨씬 덜 심했으며, 인플레이션율도 전반적으로 4% 아래에 머물렀다. 1985년부터 2007년까지 경제가 비교적 평온했던 시기를 **대완화**(Great Moderation)라 한다. 그리고 경제의 평온함은 대체적으로 거시경제정책 논쟁에 있어서의 평온함에 의해 특징지어지기도 했다. 사실 몇몇 주요 거시경제 주제에 있어서 광범위한 합의가 이루어진 듯 보였다.

하지만 2008년의 글로벌 금융위기와 그 여파는 정책담당자들이 일들을 잘 통제하고 있다는 믿음을 약화시켰으며, 모든 거시경제정책에 대해 다시 생각하게 만들었다. 이는 어떤 면에서는 거시경제학자들을 전통 케인즈학파 견해 쪽으로 되돌아가도록 만들었다.

통화정책의 한계

결국 프리드먼은 정책담당자들에게 통화주의가 좋은 생각이라는 확신을 줄 수 없었다. 즉, 단순히 화폐공급을 안정적인 속도로 증가시키는 것으로는 경제를 안정시키기에 불충분했다. 그렇지만 대완화 중에는 경제학자들과 정책담당자들이 일반적으로 통화정책이 매우 효과적이며 연준을 비롯한 중앙은행의 비정치적 관료들이 경제를 안정시키는 임무를 완수할 수 있으리라 믿었다.

그렇지만 2008년 이후의 사건들은 중앙은행이 경제의 안정을 유지할 수 있다는 신뢰를 약화시켰다. 대완화 시작 이후의 연방자금금리를 보여주는 〈그림 32-4〉는 이 문제를 잘 보여준다. 정상적인 통화정책에는 공개시장조작을 통해 이자율을 올리거나 내리는 것이 포함된다. 실제로 연준은 경기후퇴가 닥치자 이자율을 약 5%p 하락시켰다.

그림 32-4 최근 경기후퇴와 통화정책

연준은 경기하강에 적극적으로 대응한다. 네 번의 경기후퇴 기간 중 연준은 신속하게 반응하여 이자율을 내렸다.

출처 : Federal Reserve Bank of St. Louis.

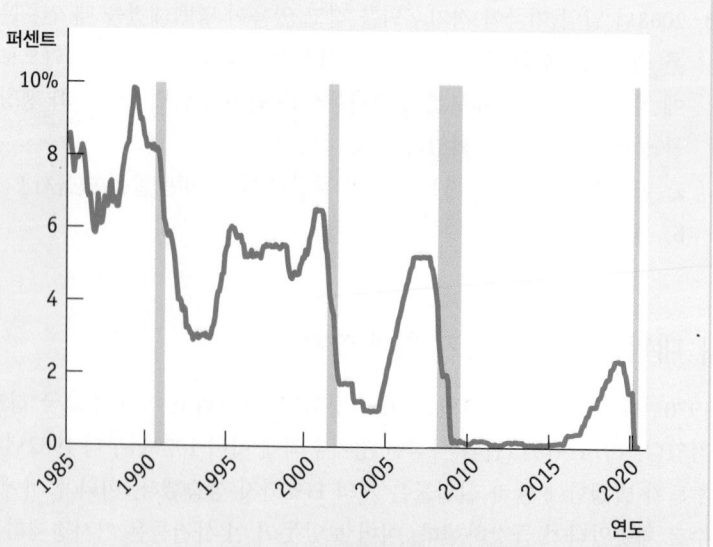

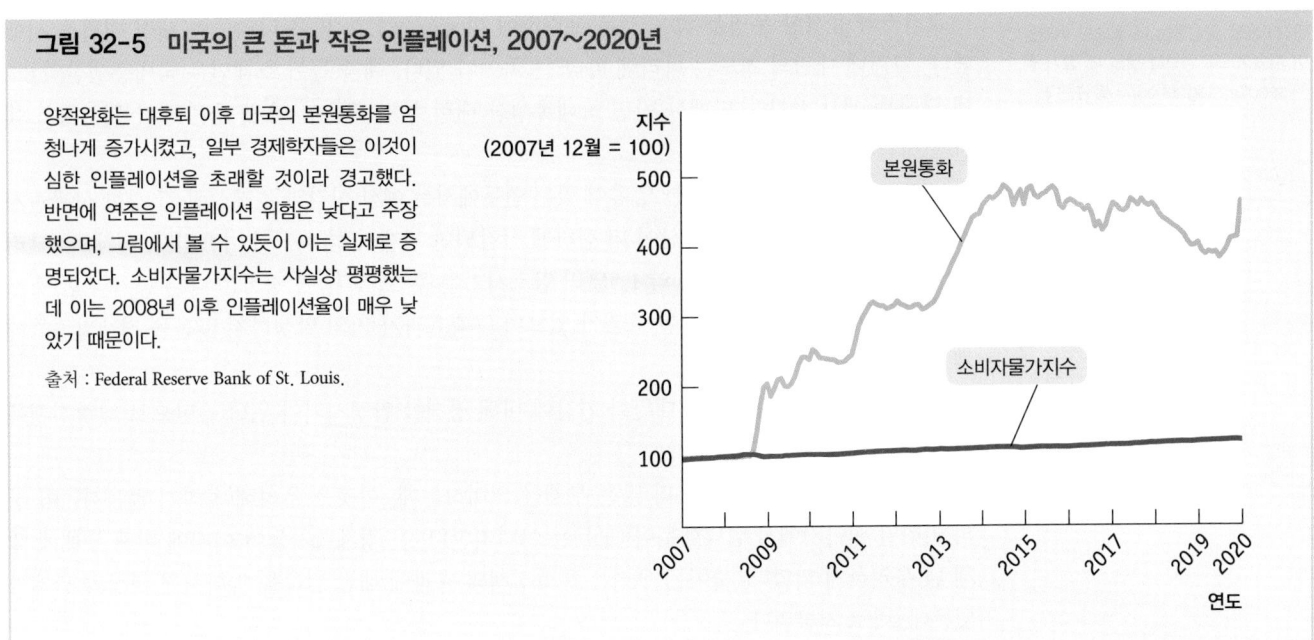

그림 32-5 미국의 큰 돈과 작은 인플레이션, 2007~2020년

양적완화는 대후퇴 이후 미국의 본원통화를 엄청나게 증가시켰고, 일부 경제학자들은 이것이 심한 인플레이션을 초래할 것이라 경고했다. 반면에 연준은 인플레이션 위험은 낮다고 주장했으며, 그림에서 볼 수 있듯이 이는 실제로 증명되었다. 소비자물가지수는 사실상 평평했는데 이는 2008년 이후 인플레이션율이 매우 낮았기 때문이다.

출처 : Federal Reserve Bank of St. Louis.

그런데 2008년에는 이자율을 영까지 하락시켰지만 극심한 경기후퇴를 막기에 불충분했으며, 침체로부터의 회복도 실망스러울 정도로 느렸다. 다시 말해서 전통적 통화정책이 해야 할 임무를 수행하지 못하는 것처럼 보였다.

사실 비전통적 통화정책조차도 부족한 듯 보였다. 보통 연준은 단기 정부채만 매수한다. 그렇지만 2010년에는 장기 정부채와 주택 구매자에게 자금을 빌려주는 정부기관의 채권을 포함하여 다른 자산들을 매수함으로써 경제를 부양하려 했다. 〈그림 32-5〉가 보여 주듯이 일반적으로 양적완화(quantitative easing)라 불리는 이 프로그램은 본원통화를 엄청나게 증가시켰다.

일부 비판적인 사람들은 본원통화의 급증이 심한 인플레이션을 가져올 것이라 경고했다. 〈그림 32-5〉가 보여 주듯이 그런 일은 일어나지 않았다. 연준의 관리들은 이 프로그램이 어느 정도 긍정적인 효과를 가지긴 했지만, 그 효과가 극적이지는 못했다고 생각한다.

재정정책의 부활

2008년 이후의 사건들은 통화정책이 많은 경제학자들이 생각했던 만큼 신뢰할 만한 경기후퇴 대응 수단이 아님을 보여주었다. 이는 재정정책에 대한 관심을 부활시켰다. 미국은 2009~2010년 기간 중 상당히 확장적인 재정정책 또는 **재정부양책**(fiscal stimulus)을 사용했는데, 연준이 이자율을 영으로 낮췄지만 경제가 여전히 수축하고 있었기 때문이다.

재정정책은 실제로 효과가 있을까? 몇몇 관측통은 재정정책이 작동하지 않는 증거로 2009년의 부양책 이후에도 실업률이 높은 수준에 머물렀다는 사실을 지적한다. 그렇지만 이러한 주장은 이 부양책이 이미 곤경에 빠진 경제에 대한 대응이었다는 문제에 직면한다. 병원에 가는 것에 비유해 보자. 사람들은 병이 들 때 병원에 가며, 병원을 방문한 이후에도 한동안은 병을 앓는다. 여러분은 이를 의사가 쓸모없다는 증거로 제시하지 않을 것이다.

더 나은 검정은 몇몇 국가들이 지출을 줄이고 세금을 늘려서 재정적자를 줄이기 위해 부양책으로부터 가혹한 **내핍정책**(austerity policies)으로 전환했던 2010~2013년 중에 이루어졌다. 이들 정책 전환의 계기는 그리스에서 일어났던 사건들이었다. 투자자들이 그리스 정부가 부채를 갚을 수 있는 능력에 대한 신뢰를 잃음에 따라 2010년에 들어 그리스의 이자율은 치솟았다.

재정부양책(fiscal stimulus)은 일시적 지출 증가와 조세 삭감의 형태를 가진 확장적 재정정책이다.

내핍정책(austerity policy)은 지출 삭감과 세금 인상을 통해 정부차입을 제한하는 것이다.

완전고용을 달성하는 데 필요한 이자율이 지속적으로 영보다 낮을 때 장기 침체(secular stagnation)가 발생한다.

그리스와 유사한 운명을 맞을 것을 우려하여 미국을 포함한 많은 나라들이 재정 내핍을 시행했다. 그런데 내핍의 정도는 나라에 따라 큰 차이가 있다. 예를 들어 스페인은 국내총생산의 8%에 달하는 예산 삭감을 단행한 반면 국내총생산 대비 부채 비율이 더 높았던 벨기에는 거의 예산을 삭감하지 않았다.

국제통화기금에서 수행된 한 영향력 있는 연구에서는 예산 삭감과 경제성장 간 강한 상관관계가 있음을 보여주었다. 즉, 예산이 더 심하게 삭감되면 경제의 성과가 더 나빠진다. 실제로 1달러의 예산 삭감은 국내총생산을 약 1.5달러 감소시키는 듯 보였다. 이 경험은 다른 증거와 함께 저금리 시대에는 재정정책이 강한 효과가 있으며 구축효과가 거의 발생하지 않음을 경제학자들에게 납득시켰다.

그 결과 거시경제학자들은 대완화 기간에 비해 경제를 안정시키기 위한 수단으로 재정정책에 훨씬 더 많은 관심을 갖고 있다.

그런데 확장적 재정정책은 더 많은 부채를 의미하는데, 이것을 우려해야 하지 않을까? 이 장의 머리말 이야기에서 설명했듯이 (모두는 아니지만) 많은 경제학자들이 이전에 비해 부채에 대해 덜 우려하게 되었다. 줄어든 우려는 통화정책의 효과에 대한 믿음을 약화시킨 현상과 관계가 있는데, 바로 저금리다.

저금리 세상에서의 정책

우리는 〈그림 32-4〉에서 연준이 2008년 금융위기에 대응하여 이자율을 영으로 낮췄음을 보았고, 이것조차 극심한 경기후퇴와 그 후의 지지부진한 경기회복을 피하기에 충분하지 않았음을 알았다. 처음에는 대부분의 경제학자들과 연준의 관료들이 위기가 지나가면 연준이 이자율을 역사적 정상적인 수준으로 올릴 수 있으리라 믿었다. 하지만 〈그림 32-4〉에서 볼 수 있듯이 연준은 여러 해 동안 이자율을 영에 가깝게 유지하였으며, 그 후 이자율을 약간만 올렸을 뿐이다. 그리고 2019년에 경제가 약화되는 기미를 보이자 다시 이자율을 낮추기 시작했다. 코로나바이러스 유행병으로 인해 연준은 영의 이자율 정책으로 되돌아가야 했다.

저금리의 지속은 미국만의 현상은 아니었다. 〈그림 32-6〉은 2000년 이후 미국, 독일, 스페인의 10년 만기 이자율을 보여주는데 이는 종종 장기차입 비용에 대한 지표로 사용된다. 그림에서 볼 수 있듯이 미국과 독일에서 모두 이자율은 하향 추세에 있었고 독일은 실제로 음의 값을 가지고 있다. 스페인의 이자율은 그리스의 부채위기가 다른 유럽 국가들의 부채에 대한 공포를 유발시킴에 따라 일시적으로 상승했다. 하지만 공포는 곧 진정되었고 2016년 초에는 스페인의 차입비용이 미국보다 더 낮아졌다.

이자율이 이처럼 큰 폭으로 그리고 지속적으로 하락한 원인은 무엇일까? 몇몇 경제학자들은 1930년대로부터의 한 개념을 들먹이면서 인구 증가율의 하락과 기술진보의 둔화와 같은 근본 요인들이 세계 주요 국가들을 **장기 침체**(secular stagnation)에 빠뜨렸다고 주장했다. 장기 침체란 완전고용을 달성하기 위해 필요한 이자율이 지속적으로 영에 가까운 상태를 말한다.

매우 낮은 이자율이 새로운 정상(new normal)이라면 경제정책에 대해 두 가지의 중요한 시사점을 제시한다. 부채에 대해 크게 걱정할 필요가 없으며, 경기 하강에 대한 재정의 대응에 관심을 가져야 한다.

이 장은 부채에 대한 우려가 과장되었다는 블랑샤르의 미국경제학회 회장 연설에 대한 이야기로 시작되었다. 그의 주장의 중심에는 저금리가 있다.

그는 과거에는 사람들이 시간이 지남에 따라 부채가 눈덩이처럼 불어날 것을 우려했음을 지적했다. 부채에 대한 이자지급이 재정적자를 더욱 증가시키고, 이것이 부채를 증가시켜서 이자지급액을 더 증가시키는 일이 계속될 것이기 때문이다. 그렇지만 블랑샤르가 지적했듯이 경제

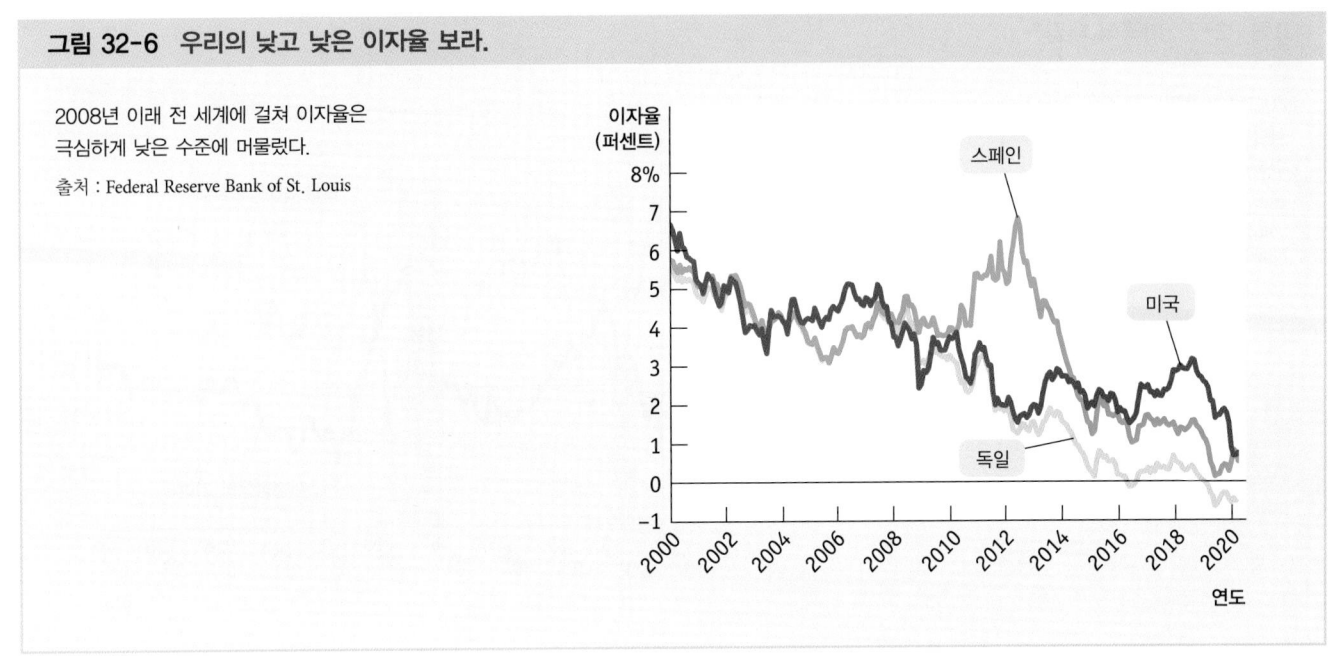

그림 32-6 우리의 낮고 낮은 이자율 보라.

2008년 이래 전 세계에 걸쳐 이자율은
극심하게 낮은 수준에 머물렀다.

출처 : Federal Reserve Bank of St. Louis

에서 중요한 것은 부채의 절대적인 규모가 아니라 국내총생산에 대한 부채의 비율이다. 그리고 최근 수십 년간 이자율은 경제성장률보다 훨씬 더 낮았다. 이는 부채가 스스로 살집을 키우는 것이 아니라 정부의 비이자 적자 규모가 크지 않은 이상 높은 국내총생산 대비 부채비율이 시간이 지남에 따라 줄어들 것임을 의미한다. 즉, 눈덩이가 녹을 것이기 때문에 눈덩이가 불어나는 것을 걱정할 필요가 없다는 말이다.

오히려 차입금이 사회간접자본처럼 미래에 경제를 강화시켜 줄 투자에 사용된다면 추가적인 차입을 통해 정부부채를 증가시키는 것이 정당화될 수 있다.

이와 동시에 이자율이 지속적으로 낮은 경제는 중간 크기의 부의 충격조차도 통화정책으로 상쇄시키기에 너무 클 수도 있다. 단순히 연준을 비롯한 중앙은행들이 이자율을 낮출 여지가 충분치 않기 때문이다. 이는 새로운 입법 없이도 경기후퇴에 대응하는 것을 도와주는 조세와 지출 대응, 즉 경제의 자동안정장치를 강화시켜야 함을 의미한다. 어떤 경제학자들은 적절한 정도의 지속적인 적자 지출은 특히 공공투자를 위한 지출일 경우 좋을 수 있다고 주장한다. 이는 어느 정도의 재정 부양이 이미 작동 중임을 의미하기 때문이다.

현실 경제의 >> 이해

부채에 대한 두려움, 내핍, 미국의 경기회복

미국은 제2차 세계대전 이후 세 차례의 큰 경기후퇴를 겪었는데 바로 1974~1975년 경기후퇴, 1979~1982년의 이중바닥 경기후퇴, 그리고 2007~2009년의 대후퇴다. 처음의 두 침체 이후 미국 경제는 빠르게 반등하는 소위 V자형 회복을 경험했다. 그렇지만 대후퇴로부터의 회복은 훨씬 더 점진적이었다. 실업률이 위기 전 수준에 가깝게 하락하기까지 6년가량이 걸렸다.

이들 경기후퇴가 달랐던 이유 중 하나는 1974~1975년 경기후퇴와 1979~1982년 경기후퇴는 연준이 인플레이션을 통제하기 위해 도입한 고금리 때문이었는 데 반해 2007~2009년 경기후퇴는 금융위기의 결과였다는 데 있다. 금융위기의 부정적 영향은 되돌리기가 더 어렵기 때문이다. 그렇지만 재정정책 역시 중요한 역할을 했을 것이다.

미국 정부는 2009년에 대규모의 재정 부양책을 입법화했다. 그러나 2010년 후반이 되자 이

그림 32-7 미국식 내핍

2011년 이후의 지속적인 정부지출 삭감은 대후퇴로부터의 미국 경제의 회복을 지연시켰다.

출처 : Federal Reserve Bank of St. Louis; Hutchins Center on Fiscal and Monetary Policy.

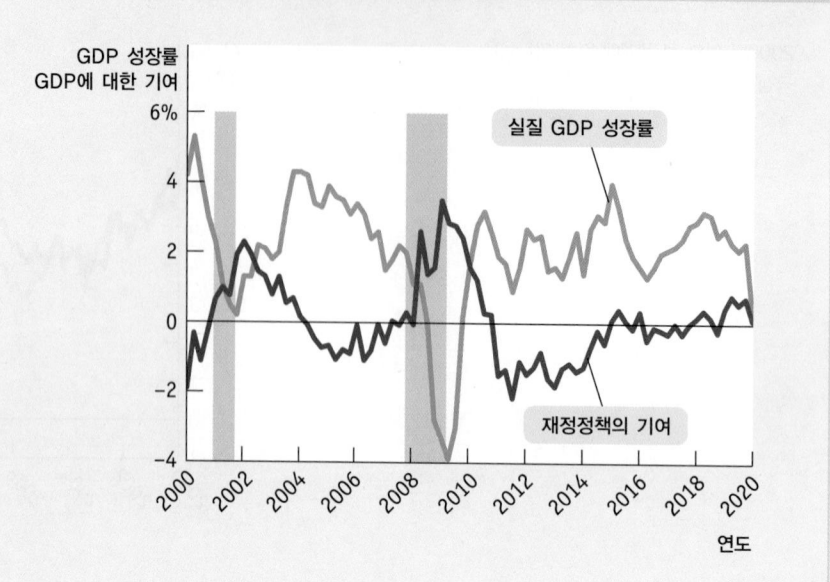

부양책의 효과는 점차 사라지기 시작했다. 당시는 워싱턴 정가의 상당 부분이 공공부채가 주된 위험요인이며 그리스 위기가 모든 사람에게 경고가 되었다고 판단하고, 지출 삭감 형태의 재정 내핍정책을 밀어붙이고 있었다.

미국의 재정 내핍정책은 그리스는 물론 스페인의 내핍정책에 비하면 아무것도 아니었지만 그대로 상당한 수준이었다. 워싱턴 소재 브루킹스연구소의 허친스 센터는 '재정영향지표(fiscal impact measure)'라 불리는 추정치를 정기적으로 발표하는데, 이는 지방정부, 주정부, 연방정부의 세금과 지출이 얼마나 전체 경제성장률을 높이거나 낮추는지를 보여준다. 〈그림 32-7〉은 지난 20년간 이 지표를 실질 국내총생산 성장률과 함께 보여준다. 이 추정치에 따르면 내핍정책은 2011년 초부터 2015년까지 경제성장을 상당하게 그리고 지속적으로 저해했다.

그렇다면 재정내핍은 회복 속도에 얼마나 큰 영향을 미쳤을까? 허친스의 추정이 옳다면 내핍정책이 없었더라면 미국 경제는 2012년 중에 실업률이 5% 아래로 떨어지는 완전한 회복을 경험했을 것이다.

따라서 미국은 정부부채를 제한한다는 명목하에 도입된 내핍정책으로 인해 큰 비용을 치렀다. 부채에 대한 두려움이 과도했다고 주장하는 경제학자들에 따르면 이것은 큰 정책 실수였다.

>> 이해돕기 32-3
해답은 책 뒤에

1. 대후퇴가 대완화 의견일치를 쇠퇴시킨 이유는 무엇인가?
2. 연준의 전통적인 통화정책과 연준의 적정 인플레이션 목표에 대해 치열한 논쟁이 벌어진 이유는 무엇인가?

요약

1. 고전학파 거시경제학은 통화정책이 물가에만 영향을 미치고 총생산에는 영향을 미치지 못하며 단기는 중요하지 않다고 주장했다. 1930년대에 이르러서는 경기순환의 측정 방법이 잘 발달되었지만 널리 수용되는 경기순환 이론은 아직 나타나지 않았다.

2. **케인즈학파 경제학**은 경기순환의 원인이 기업가 신뢰의 변화 등으로 인해 발생하는 총수요곡선의 이동에 있다고 보았다. 케인즈학파 경제학은 **거시경제정책 행동주의**에 대한 근거를 제공한다.

3. 케인즈의 업적 이후 수십 년간 경제학자들은 어떤 조건 아래에서는 재정정책은 물론 통화정책도 효과가 있다는 점에 대해 의견의 일치를 보였다. **재량적 통화정책**보다는 **통화정책 준칙**을 요구했으며, 화폐공급을 일정한 속도로 증가시킬 것을 주장했던 경제학파인 **통화주의**는 한동안 영향력이 있었으나 결국은 많은 거시경제학자들로부터 버림을 받았다.

4. 오늘날 거의 모든 경제학자에 의해 수용되는 **자연실업률 가설**은 거시경제정책의 역할을 항구적으로 낮은 실업률을 추구하는 것보다는 경기 안정을 추구하는 것으로 한정한다. **정치적 경기순환**에 대한 우려가 통화정책이 정치가로부터 차단되어야 한다는 의견 일치를 가져왔다.

5. **합리적 기대**라는 개념은 개인과 기업이 이용 가능한 모든 정보를 이용하여 결정을 내린다고 주장한다. **합리적 기대 모형**에 따르면 예상되지 않은 통화정책 변화만이 총생산과 고용에 영향을 미친다. 예상된 변화는 물가수준만을 변경시킬 뿐이다. **실물적 경기변동론**은 총요소생산성 증가율의 변화가 경기순환의 주된 요인이라 주장한다. 새 **고전학파 거시경제학**에 속하는 이들 두 이론 모두 널리 주목을 받았지만 정책담당자들과 많은 경제학자들은 통화정책과 재정정책이 총생산을 변경시키는 데 효과가 없다는 결론을 수용하지 않았다.

6. **새 케인즈학파 경제학**은 시장의 불완전성이 가격 경직성을 초래할 수 있으며, 이에 따라 총수요의 변화가 결국 총생산에 영향을 미친다고 주장한다.

7. 1985년부터 2007년까지의 **대완화**는 많은 경제학자들이 통화정책만으로 경제를 안정시킬 수 있다고 확신하게 만들었다. 그렇지만 대후퇴는 통화정책의 한계와 **재정부양책**의 잠재적 유용성을 드러냈다. 반면에 그리스 부채위기 이후 자신의 정부부채 수준을 우려한 많은 나라들이 **내핍정책**으로 전환했는데, 이는 성장을 저해하고 경기회복을 지연시킨 듯이 보인다.

8. 매우 낮은 이자율이 지속됨에 따라 인구 증가율 저하와 기술진보 둔화로 인해 경제가 지속적으로 취약한 상태에 빠지는 현상을 의미하는 **장기 침체**에 처했다는 우려가 등장했다. 어쨌든, 저금리는 정부가 부채문제를 덜 중시하고 더 적극적인 적자지출을 시행해야 함을 시사한다.

주요용어

케인즈학파 경제학	새 고전학파 거시경제학	대완화
거시경제정책 행동주의	합리적 기대	재정부양책
통화주의	합리적 기대 모형	내핍정책
재량적 통화정책	새 케인즈학파 경제학	장기 침체
통화정책 준칙	실물적 경기변동론	
자연실업률 가설	정치적 경기순환	

토론문제

1. 〈그림 32-1〉은 고전학파와 케인즈학파 간 *SRAS*곡선의 차이를 강조해서 보여준다. 이러한 *SRAS*곡선의 차이는 필립스곡선에 어떤 의미를 가질까? 대후퇴 이후 대부분의 연구는 '필립스곡선이 평평해지는 현상'을 발견했디. 이는 두 학파의 견해에 어떤 의미를 가질까?

2. "이제는 우리 모두가 케인즈학파다."라는 문구는 흔히 닉

슨 대통령이 얘기한 것으로 알려져 있다. 이 문구의 정확한 원천이 어딘지는 여전히 논쟁의 대상이지만, 재정 부양책과 내핍정책과 관련하여 이 문구가 어떻게 대후퇴와 코로나바이러스 유행병으로 인한 경제 폐쇄로부터 배운 교훈에 적용될 수 있는지를 설명하라.

3. 코로나바이러스 유행병으로 인한 경제 폐쇄 초기에 의회

예산처는 국내총생산 대비 연방정부부채 비율이 2021년 말에는 108%에 달할 것으로 예측했는데 이는 그 전의 예측에 비해 26%p 증가한 값이다. 제2차 세계대전 이후의 기록적 수준의 부채의 경험으로부터 어떤 교훈이 적용될 수 있을까? 부채가 통제할 수 없이 늘어날 것인지 또는 점진적으로 사라질 것인지를 결정하는 주된 요인은 무엇인가?

연습문제

1. 1989년의 주식시장 붕괴 이래 일본 경제는 거의 성장을 하지 못한 한편 약간의 디플레이션을 경험했다. OECD로부터 구한 다음 표는 1991년('정상적인 해')과 1995~2003년 일본의 주요 거시경제 자료를 보여 준다.

연도	실질 GDP의 연간 성장률	단기이자율	정부부채 (GDP에 대한 비율)	재정적자 (GDP에 대한 비율)
1991	3.4%	7.38%	64.8%	−1.81%
1995	1.9	1.23	87.1	4.71
1996	3.4	0.59	93.9	5.07
1997	1.9	0.60	100.3	3.79
1998	−1.1	0.72	112.2	5.51
1999	0.1	0.25	125.7	7.23
2000	2.8	0.25	134.1	7.48
2001	0.4	0.12	142.3	6.13
2002	−0.3	0.06	149.3	7.88
2003	2.5	0.04	157.5	7.67

a. 이 자료로부터 일본의 정책담당자들이 일본 경제의 성장을 촉진하기 위해 어떤 형태의 정책을 시행했는지를 판단하라.

b. 0.1%보다 낮은 단기이자율은 사실상 0%의 이자율이나 마찬가지라 할 수 있다. 이러한 상황은 무엇이라 불리는가? 이러한 상황에 있어서 통화정책의 효과는 어떠한가? 재정정책의 효과는?

2. 전미경제연구소(NBER)는 과거 미국의 경기순환에 관한 공식적인 연대표를 작성하고 있다. NBER의 웹 사이트인 www.nber.org/cycles/cyclesmain.html로 가서 다음 질문에 답하라.

a. 1945년 제2차 세계대전 종식 이래 얼마나 많은 경기순환이 발생했는가?

b. 경기확장의 종료시점(정점)에서 다음 번 경기확장의 종

료시점까지로 측정한 경기순환의 평균 지속기간은 얼마인가? 즉 1945년부터 2009년까지의 기간에 경기순환의 평균적인 지속기간은 얼마였는가?

c. NBER의 경기순환일지위원회(Business Cycle Dating Committee)가 내놓은 가장 최근 발표는 언제였으며 그 내용은 무엇인가?

3. 1989년에 경쟁국이었던 소련이 붕괴된 이후 미국은 국방비 지출을 크게 감소시킬 수 있었다. 대통령 경제보고서로부터 구한 다음 표의 자료를 이용하여, 1990년부터 2000년 사이의 기간에 대해서 〈그림 32-2〉를 다시 그리라. 1990년대 후반 미국에서의 강한 경제성장을 감안할 때 케인즈학파 경제학자가 국방비 지출의 감소를 다행스럽다고 여길 수 있는 이유는 무엇일까?

연도	재정적자 (GDP에 대한 비율)	실업률
1990	3.9%	5.6%
1991	4.5	6.8
1992	4.7	7.5
1993	3.9	6.9
1994	2.9	6.1
1995	2.2	5.6
1996	1.4	5.4
1997	0.3	4.9
1998	−0.8	4.5
1999	−1.4	4.2
2000	−2.4	4.0

4. 현대 세계에서 중앙은행들은 자신이 적절하다고 생각하는 만큼 자유롭게 화폐공급을 증가시키거나 감소시킬 수 있다. 하지만 일부 사람들은 금본위제도의 '좋았던 옛 시절'로 돌아가자는 소리에 귀를 기울인다. 금본위제도하에서의 화폐공급은 이용 가능한 금의 양이 증가할 때만 증가할

수 있었다.

a. 경제가 팽창할 때 화폐의 유통속도가 안정적이라면, 금본위제도하에서 물가를 안정적으로 유지하기 위해 어떤 일이 일어나야 하는가?

b. 현대의 거시경제학자들이 금본위제도가 좋지 않은 아이디어라 생각할 수 있는 이유는 무엇일까?

5. 이 장의 본문에서는 로고프가 닉슨 대통령을 '정치적 경기순환의 대표적 영웅'이라 비꼬았다고 했다. 대통령 경제보고서로부터 구한 다음 표의 자료를 이용하여, 왜 닉슨이 이와 같은 별명을 얻게 되었는지 설명하라. (주 : 닉슨은 1969년 1월에 대통령에 취임했고, 1972년 11월에 재선되었다. 그는 1974년 8월에 사임했다.)

연도	정부수입 (10억 달러)	정부지출 (10억 달러)	재정수지 (10억 달러)	M1 증가율	M2 증가율	3개월 만기 재무부 증권
1969	$186.9	$183.6	$3.2	3.3%	3.7%	6.68%
1970	192.8	195.6	−2.8	5.1	6.6	6.46
1971	187.1	210.2	−23.0	6.5	13.4	4.35
1972	207.3	230.7	−23.4	9.2	13.0	4.07
1973	230.8	245.7	−14.9	5.5	6.6	7.04

6. 알버니아 경제는 경기후퇴 갭을 겪고 있으며, 이 국가의 지도자는 고전학파, 케인즈학파, 통화론자, 실물적 경기변동론자, 대완화 의견일치, 화장적 내핍주의, 장기 침체론을 대표하는 최고 경제학자들을 소집한다. 이들 경제학자가 추천할 정책은 각각 무엇이고, 그 이유는 무엇인지 설명하라.

7. 다음의 각 정책 권고 중 어느 것이 고전학파, 케인즈학파, 통화론자, 대완화 견해, 장기 침체 견해와 일치하는지 밝히라.

a. 국내총생산의 장기성장률이 2%이기 때문에 통화공급도 2%의 속도로 증가해야 한다.

b. 인플레이션 압력을 낮추기 위해 정부지출을 감소시키라.

c. 경기후퇴 갭을 완화하기 위해 화폐공급을 증가시키라.

d. 항상 균형재정을 유지하라.

e. 경기후퇴 갭을 겪고 있을 때에는 국내총생산 대비 재정적자 비율을 감소시키라.

f. 유동성 함정에서는 대규모의 확장적 재정정책을 추구하라.

8. 총수요/총공급 그래프와 화폐공급과 화폐수요 그래프를 이용하여 통화론자가 어떻게 화폐공급이 주어진 상태에서의 긴축적 재정정책이 실질 국내총생산의 감소를 가져오지 않을 수 있다고 주장할 수 있는지 보여라.

9. 대후퇴에 대응하여 연준은 금융시스템과 거시경제를 안정시키기 위해 극적이고 아직 검증되지 않은 수단들을 동원했다. 이들 수단은 본원통화가 약 8,500억 달러에서 4조 달러 이상으로 증가하게 만들었다. 고전학파, 케인즈학파, 통화론자, 실물적 경기변동론, 대완화 의견일치, 장기 침체론자 견해를 가진 각각의 경제학자는 이들 정책이 어떤 효과를 가질 것으로 예측할까? 각 학파가 연준의 행동을 지지할 것인지 여부를 밝혀라.

33 > 국제 거시경제학

 ## 스위스는 당신의 돈을 원하지 않는다

돈을 스위스 은행에 넣어 두어서는 부자가 될 수 없다. 스위스 은행들이 제공하는 이자율이 너무 낮기 때문이다. 최근에는 스위스 은행들이 자금 보관 서비스에 대한 대가로 수수료를 받음으로써 예금에 대해 사실상 음의 이자를 지급하기도 했다.

하지만 여러 세대에 걸쳐 스위스 은행의 계좌는 부자들에게 안전한 자금 보관처로서 각광을 받았다. 2008년 금융위기 이후의 고통스러운 시절에 안전에 대한 스위스의 명성은 특히 더 중요해졌다. 특히 유럽의 투자자들은 스위스로 돈을 퍼 날랐다.

그렇지만 스위스는 이를 싫어했다. 외국인 자금이 유입된 결과 스위스 프랑의 가치가 치솟았고 스위스의 수출은 타격을 입었다.

2008년 초에 1스위스 프랑은 약 0.6유로에 거래되었었다. 2011년 중반이 되자 프랑은 가치가 50% 상승하여 약 0.9유로에 거래되고 있었다. 이는 다른 조건이 같다면 스위스 수출품의 노동비용이 유럽의 다른 경쟁자들에 비해 50% 상승했음을 의미한다. 제품의 질에 대한 평판 덕분에 스위스는 높은 노동비용에도 불구하고 전 세계에 제품을 판매하는 데 지속적으로 괄목할 만한 성공을 거두었다. 어느 누구도

스위스 시계나 초콜릿을 할인가에 살 수 있으리라 기대하지 않는다. 하지만 스위스 프랑의 가치가 50% 상승함에 따라 스위스의 수출은 한계점에 다다르고 있었다.

그렇다면 어떤 조치가 내려질 수 있었을까? 스위스 판 연방준비은행인 스위스국립은행은 프랑화의 가치 상승을 막기 위해 2009년 초부터 외환시장에서 프랑화를 매도하기 시작했다. 프랑화를 매각한 대가로 이 은행은 주로 달러화와 유로화를 비롯한 다른 통화를 수취했으며, 이는 스위스의 외환보유액을 증가시켰다. 여기서 우리는 엄청난 규모의 매각을 얘기하고 있다. 2년 반 사이에 이 은행의 외환보유액은 1,800억 달러 증가했는데 이는 스위스 국내총생산의 3분의 1에 해당했다. 이는 미국이 5조 달러를 매각하는 것에 해당한다.

그렇지만 이것으로도 프랑화의 가치 상승을 막기에는 역부족이었다. 2011년 9월에 프랑화가 1유로 또는 그 이상을 향해 가고 있는 것으로 보이자 스위스국립은행은 프랑화를 0.833유로 아래로 유지할 수 있다면 프랑화의 무한정 매각을 포함하여 무엇이든 하겠다고 발표했다. 적어도 처음에는 이 발표가 드디어 프랑화의 가치 상승을 중지시키는 듯 보였다.

스위스국립은행의 이례적인 노력은 지금껏 우리가 강조하지 않았던 거시경제학의 차원이 얼마나 중요한지를 예시적으로 보여 준다. 즉 현대 국민경제는 많은 양의 재화, 서비스, 자산 등을 여타 세계와 거래한다는 사실이다. **국제 거시경제학**은 국민경제들 간의 관계를 취급하는 거시경제학 분야다(이는 때로는 **개방경제 거시경제학**이라고도 불린다). 스위스의 이야기가 보여 주듯이 여타 세계와의 경제적 상호작용은 국내경제에 큰 영향을 미칠 수 있다.

이 장에서는 한 국가의 **국제수지**를 결정하는 요인, 환율에 영향을 미치는 요인, 여러 국가들이 채택하고 있는 다양한 형태의 **환율정책**, 환율과 거시경제정책 간의 관계를 비롯하여 개방경제 거시경제학의 중심 주제에 대해 배울 것이다. ●

스위스국립은행은 엄청난 규모의 해외 자본 유입으로부터 스위스 경제를 보호하기 위해 이례적인 조치들을 취했다.

이 장에서 배울 내용

- **국제수지 계정**의 의미는 무엇인가?
- 국제 자본흐름의 결정요인은 무엇인가?
- **외환시장**과 **환율**은 어떤 역할을 하는가?
- **실질환율**은 **경상수지**에 어떤 영향을 미쳤는가?
- 국가들이 **고정환율제도**나 **변동환율제도**와 같은 환율제도를 선택하는 이유는 무엇인가?
- 개방경제에 대한 고려가 변동환율제도하에서의 거시경제정책에 어떤 영향을 미치는가?

‖ 자본흐름과 국제수지

2020년에 미국의 거주자들은 약 수조 달러에 달하는 것들을 다른 나라의 거주자들에게 팔고 그 대신 수조 달러에 달하는 것들을 사들였다. 어떤 것들을 사고팔았을까? 온갖 종류의 것들이다. 미국 내에서 활동하는 기업을 포함한 미국의 거주자들은 항공기, 채권, 밀을 비롯한 많은 것들을 다른 국가의 거주자들에게 팔았다. 미국의 거주자들은 다른 국가의 거주자들로부터 자동차, 주식, 원유를 비롯한 많은 것들을 사들였다.

이와 같은 거래를 어떻게 파악할 수 있을까? 제22장에서는 경제학자들이 국민소득 및 생산 계정을 이용하여 일국의 경제를 파악한다고 배웠다. 경제학자들은 이와 관계는 있으나 다소 상이한 숫자들을 이용하여 국제 거래를 파악하는데 이를 국제수지 계정이라고 한다.

국제수지 계정

한 국가의 **국제수지 계정**(balance of payments account)은 어느 한 해에 있어서 그 국가와 다른 국가들 사이의 거래에 대한 요약이다.

국제수지 계정의 배후에 있는 기본적인 아이디어를 이해하기 위해 작은 규모의 예, 즉 국가 대신 가족농장의 예를 들어 보자. 지난 한 해 동안에 캘리포니아에서 작은 아티초크 농장을 운영하는 코스타스 가족의 금융상태가 어떠했는지에 대해 우리가 다음과 같은 사실을 알고 있다고 하자.

- 이들은 아티초크를 팔아서 10만 달러를 벌었다.
- 이들은 새 기계를 구매하는 등 농장 운영을 위해 7만 달러를 지출했으며, 식료품을 사고 공공요금을 지불하고 헌 차를 바꾸기 위해 4만 달러를 지출했다.
- 이들은 은행 계좌로부터 500달러를 이자로 받았으며 주택담보 대출에 대한 이자로 1만 달러를 지불했다.
- 이들은 농장을 개선하기 위해 2만 5,000달러의 대출을 받았으나 이 돈을 모두 사용하지는 않으며 남은 돈 5,500달러는 은행에 예금했다.

코스타스 가족의 1년을 어떻게 요약할 수 있을까? 한 가지 방법은 〈표 33-1〉과 같이 현금 수취와 지급의 원천을 몇 가지 광범위한 항목별로 보여 주는 표를 작성해 보는 것이다. 〈표 33-1〉에서 첫째 행은 아티초크의 판매, 식료품, 난방용 기름, 새 차의 구매를 비롯한 재화와 서비스의 판매와 구매를 보여 준다. 둘째 행은 이자 지급, 즉 코스타스 가족이 은행 계좌로부터 수령한 이자와 주택담보 대출에 대해 지불한 이자를 보여 준다. 셋째 행은 신규 대출로부터 유입되는 현금과 은행에 예치된 돈을 보여 준다.

각 행은 해당 거래로부터의 순현금유입액을 보여 준다. 코스타스 가족은 번 것보다 1만 달러를 더 지출했기 때문에 첫째 행의 순현금유입은 -1만 달러이다. 둘째 행의 순현금유입은 코스타스 가족이 은행으로부터 수령한 이자와 주택담보 대출에 대해 지불한 이자의 차액인 -9,500달러이다. 마지막 행의 순현금유입은 1만 9,500달러이다. 코스타스 가족은 신규 대출로 2만 5,000달러를 수령한 반면 5,500달러만 은행에 예금했기 때문이다.

표 33-1 코스타스 가족의 회계연도

	현금 원천	현금 용도	순현금유입
재화와 서비스 판매와 구매	아티초크 판매 : $100,000	농장 운영 및 생활비 : $110,000	-$10,000
이자 지급	은행 계좌로부터 이자 수취 : $500	주택담보 대출 이자 : $10,000	-$9,500
대출과 예금	신규 대출에 의한 자금 : $25,000	은행에 예금한 자금 : $5,500	+$19,500
총계	$125,500	$125,500	$0

마지막 행은 모든 원천으로부터 수취된 현금의 합계와 지급된 모든 현금의 합계를 보여 준다. 이 두 합계는 정의상 서로 같다. 즉 수취된 모든 달러는 어디든 원천이 있으며, 수취된 모든 달러는 어딘가에는 사용된다. (만일 코스타스 가족이 돈을 침대 밑에 숨겼다면 어떻게 될까? 이 돈 역시 다른 '용도'의 현금 사용으로 계상될 것이다.)

한 국가의 국제수지 계정은 이 국가와 여타 세계와의 거래를 코스타스 가족의 회계연도를 요약한 것과 유사한 표를 통해 요약해서 보여 준다.

〈표 33-2〉는 2019년 미국의 국제수지 계정을 단순화시킨 것이다. 국제수지 계정은 코스타스 가족의 현금 원천과 용도가 있던 곳에 외국인으로부터의 수취액(미국 전체의 현금 원천)과 외국인에 대한 지급액(미국 전체의 현금 용도)을 보여 준다.

표 33-2 2019년 미국의 국제수지(10억 달러)

		외국인으로부터의 수취	외국인에 대한 지급	수지
1	재화와 서비스 판매와 구매	$2,498	$3,114	−$616
2	요소소득	1,123	866	257
3	이전지출	143	282	−139
	경상계정(1+2+3)			**−498**
4	자산 매각 및 매입 (금융계정)	784	427	357
	금융계정(4)			**357**
	통계적 오차	−	−	**−141**

출처 : Bureau of Economic Analysis.

〈표 33-2〉의 제1행은 2019년 외국인에 대한 미국의 재화 및 서비스 판매와 외국인으로부터의 미국의 재화 및 서비스 구매로부터 발생하는 지급액을 보여 준다. 예를 들어 제1행의 둘째 열 숫자인 2조 4,980억 달러는 2019년 미국의 밀 수출과 외국인들이 미국의 컨설팅회사에 지불한 수수료의 가치 등의 항목을 포함한다. 제1행 셋째 열의 3조 1,140억 달러는 미국의 원유 수입과 미국 기업들이 인도의 콜센터(종종 여러분의 1-800 통화를 처리하는 사람들)에 지급한 수수료의 가치 등의 항목을 포함한다.

제2행은 2019년 미국의 요소소득(factor income), 즉 미국인이 소유한 생산요소의 사용에 대한 대가로 외국인이 미국 거주자에게 지급한 소득과 외국인이 소유한 생산요소의 사용 대가로 미국인이 외국인에게 지급한 소득을 보여 준다. 요소소득은 대부분 해외로부터의 대출에 대해 미국인이 지불하는 이자와 외국에서 운영되고 있는 미국인 소유 기업의 이윤과 같은 투자소득으로 구성된다. 예를 들어 미국에 본사를 둔 월트디즈니사가 소유하고 있는 파리 디즈니랜드가 벌어들이는 이윤은 제2행 둘째 열에 있는 1조 1,230억 달러에 포함되어 있다. 일본 자동차회사의 미국 지사가 벌어들이는 이윤은 제2행 셋째 열에 있는 8,660억 달러에 포함되어 있다. 요소소득에는 약간의 근로소득도 포함되어 있다. 예를 들면, 두바이의 건설 현장에 일시적으로 고용된 미국 엔지니어가 받는 임금은 둘째 열에 제시된 1조 1,230억 달러에 포함된다.

제3행은 2019년 미국의 국제 이전지출(international transfer), 즉 미국의 거주자가 다른 국가의 거주자에게 보낸 자금이나 그 반대의 자금을 보여 준다. 제3행의 둘째 열에 제시된 1,430억 달러에는 해외에서 일하는 미국인 숙련노동자가 미국으로 송금한 금액이 포함된다. 셋째 열은 국제 이전지출의 주된 부분이다. 여기에 있는 숫자 2,820억 달러는 주로 미국에서 일하고 있는 수백만 명에 달하는 멕시코 출신 노동자들처럼 미국에 거주하는 이민자들이 모국에 있는 가족에게 보낸 송금으로 구성된다.

제4행은 2019년에 미국 거주자와 외국인 간 자산의 매매로 인해 발생하는 순지급액을 보여준다. 이러한 지급액은 중국기업의 미국기업 매수로부터 미국기업의 유럽 주식과 채권 매수에 이르기까지 매우 다양한 거래와 관련되어 있다. 이들 거래의 상세한 내용은 복잡하고, 이들 거래에 따른 매수액을 모두 더하면 그 값이 매우 크다. 이런 이유에서 우리는 순계에만 초점을 둔다. 공식적인 수치에 의하면 그리고 표에서 보듯이 미국의 거주자들은 구입한 것보다 3,570억 달러 더 많은 자산을 팔았다.

〈표 33-2〉를 구성하면서 우리는 1, 2, 3행을 하나의 집단으로 분리하여 4행과 구분했다. 이는

한 국가의 **경상계정상의 국제수지** (balance of payments on current account) 또는 **경상수지**(current account)는 재화와 서비스 수지에 순 국제 이전지출과 순 국제 요소소득을 더한 것이다.

한 국가의 **재화와 서비스 수지**(balance of payments on goods and services)는 일정 기간 동안의 재화와 서비스 수출액과 수입액 간의 차이다.

상품 무역수지(merchandise trade balance) 또는 **무역수지**(trade balance)는 한 국가의 재화 수출액과 수입액의 차이다.

한 국가의 **금융계정상의 국제수지** (balance of payments on financial account) 또는 간단히 **금융수지**(financial account)는 일정 기간 동안 한 국가가 외국인들에게 판매한 자산과 외국인들로부터 구매한 자산 간의 차이다.

이들 두 개의 거래 집단이 미래에 어떻게 영향을 미치는지에서 근본적인 차이가 있기 때문이다. 미국의 거주자가 밀과 같은 재화를 외국인에게 판매할 경우 그 자체로 거래가 종결된다. 그런데 채권과 같은 금융자산은 이와 다르다. 채권은 미래에 이자와 원금을 지불하겠다는 약속이다. 따라서 미국의 거주자가 외국인에게 채권을 판매할 경우 이 거래는 미국의 거주자가 미래에 이자를 지불하고 원금을 갚아야 할 채무를 발생시킨다. 국제수지 계정은 이처럼 채무를 발생시키는 거래와 그렇지 않은 거래를 구분한다.

채무를 발생시키지 않는 거래는 **경상계정상의 국제수지**(balance of payments on current account) 또는 단순히 **경상수지**(current account)의 일부로 간주된다. 경상수지는 재화와 서비스 수지와 순 국제 이전지출 그리고 순 국제 요소소득의 합과 같다. 이는 〈표 33-2〉에서 1, 2, 3행에 해당한다. 실제로 〈표 33-2〉에서 2019년에 −6,160억 달러에 달했던 제1행은 경상수지에서 가장 중요한 부분인 **재화와 서비스 수지**(balance of payments on goods and services)에 해당하는데 이는 주어진 기간 동안의 수출액과 수입액의 차이와 같다.

한편 경제에 관한 신문기사에는 또 하나의 척도인 **상품 무역수지**(merchandise trade balance) 또는 **무역수지**(trade balance)라는 용어가 자주 언급된다. 이것은 서비스를 뺀 재화만의 수출액과 수입액 간의 차이다. 무역수지가 불완전한 국제수지 척도임에도 불구하고 경제학자들은 때로는 무역수지에 초점을 두는데, 이는 서비스의 국제 교역에 대한 자료가 재화의 교역 자료만큼 정확하지 않으며 수집하는 데 시간이 걸리기 때문이다.

자산의 판매나 구매가 관여되어 있으며 이에 따라 미래의 채무를 발생시키는 거래는 주어진 기간 중 **금융계정상의 국제수지**(balance of payments on financial account) 또는 단순히 **금융수지** (financial account)에 포함된다. 이것은 〈표 33-2〉의 제4행에 해당하는데 2019년에 3,570억 달러에 달했었다. (몇 년 전까지만 해도 경제학자들은 금융수지를 자본수지라고 불렀다. 이 책에서는 보다 새로운 용어인 금융수지를 사용할 것이지만 여러분은 다른 곳에서 종종 자본수지라는 용어를 듣기도 할 것이다.)

그러면 이들을 모두 더하면 어떻게 될까? 〈표 33-2〉에서 음영으로 표시된 보라색 부분은

탐구자를 위하여 GDP, GNP, 그리고 경상수지

제22장에서 국민소득계정에 대해 설명했을 때 우리는 국내총생산을 지출의 구성요소와 연계시키는 기본적인 식을 도출했다.

$$Y = C + I + G + X - IM$$

위 식에서 X와 IM은 각각 재화와 서비스의 수출과 수입을 나타낸다. 그렇지만 우리가 배운 바와 같이 재화와 서비스 수지는 경상수지의 한 구성요소에 불과하다. 왜 국민소득 식은 경상수지 전체를 사용하지 않을까?

이는 한 국가에서 생산되는 재화와 서비스의 가치인 국내총생산은 경상수지를 계산할 때 포함되는 두 가지 소득 원천을 포함하고 있지 않기 때문인데 이들은 바로 국제 요소소득과 국제 이전지출이다. 영국에 있는 포드 자동차회사의 이윤은 미국의 국내총생산에 포함되지 않으며 라틴아메리카의 이민자가 고국에 있는 가족에게 송금하는 돈은 국내총생산에서 차감되지 않는다.

그렇다면 이들 소득 원천까지 다 포함하는 광범위한 생산 척도를 써야 하지 않을까? 사실 국민총생산(gross national product, GNP)은 국제 요소소득을 포함한다. 국민총생산은 미국 기업이 해외로부터 벌어들이는 소득과 같은 항목들을 더하고 중국과 일본의 거주자가 소유한 채권에 대한 이자지급과 같은 항목들을 빼기 때문에 미국 국민총생산의 추정치는 국내총생산의 추정치와 다소 차이가 있다. 하지만 이전지출까지 포함하는 척도는 없다.

왜 경제학자들은 보다 광범위한 척도 대신 국내총생산을 사용할까? 두 가지 이유가 있다. 첫째, 국민소득계정의 원래 목적은 소득이 아니라 생산을 추적하는 데 있다. 둘째, 국제 요소소득과 국제 이전지출에 대한 자료는 다소 신뢰성이 떨어진다. 따라서 경제의 움직임을 정확히 추적하고자 한다면 이와 같이 신뢰할 수 없는 자료에 의존하지 않는 국내총생산에 초점을 두는 것이 타당하다.

라틴아메리카 이민자의 자금은 해외로 송금되더라도 미국의 GDP에 포함된다. 미국 내에서 제공된 서비스에 대한 대가로 벌어들인 소득이기 때문이다.

2019년 미국의 전체 경상수지와 금융수지를 보여 준다. 표에서 볼 수 있듯이

- 미국은 경상수지 적자를 냈다. 다시 말해서 미국은 재화, 서비스, 생산요소, 이전지출로 외국인으로부터 수취한 것보다 더 많은 금액을 외국인에게 지불했다.
- 이와 동시에 미국은 금융수지 흑자를 냈다. 즉 미국이 외국인들에게 판매한 자산의 가치가 외국인들로부터 구매한 자산의 가치보다 더 컸다.
- 공식 자료에서 미국의 경상수지 적자와 금융수지 흑자는 서로를 상쇄하지 않았다. 2019년의 경우 미국의 금융수지 흑자는 경상수지 적자에 비해 1,410억 달러 적었다. (표의 마지막 열에서 볼 수 있다.) 그런데 이것은 공식 자료의 불완전성을 반영하는 통계적 오차다. (이러한 오차는 아마도 공식 자료가 파악하지 못한 외국인의 미국 자산 매입 때문이었을 것이다.)

사실 국제수지 회계의 기본 원칙에 따르면 경상수지와 금융수지의 합은 0이 되어야 한다.

(33-1) 경상수지(CA) + 금융수지(FA) = 0

또는

$$CA = -FA$$

왜 식 (33-1)이 성립해야 하는 것일까? 우리는 코스타스 가족의 계정을 보여 준 〈표 33-1〉에서 이미 그 근본적인 이유를 보았다. 총계에서 자금의 원천은 자금의 용도와 동일해야 한다. 국제수지 계정에도 같은 원리가 적용된다. 이 원리를 이해하기 위해서는 폐쇄경제의 거시경제학을 설명하는 데 도움이 되었던 자금순환도를 변형시킨 〈그림 33-1〉을 보는 것이 도움이 될 것이다. 〈그림 33-1〉은 한 국민경제 내에서의 자금의 흐름을 보여 주는 대신 국민경제 간 자금의 흐름을 보여 준다.

미국의 수출재에 대한 지불, 미국이 소유한 생산요소 사용에 대한 지불, 이전지출 등을 위해

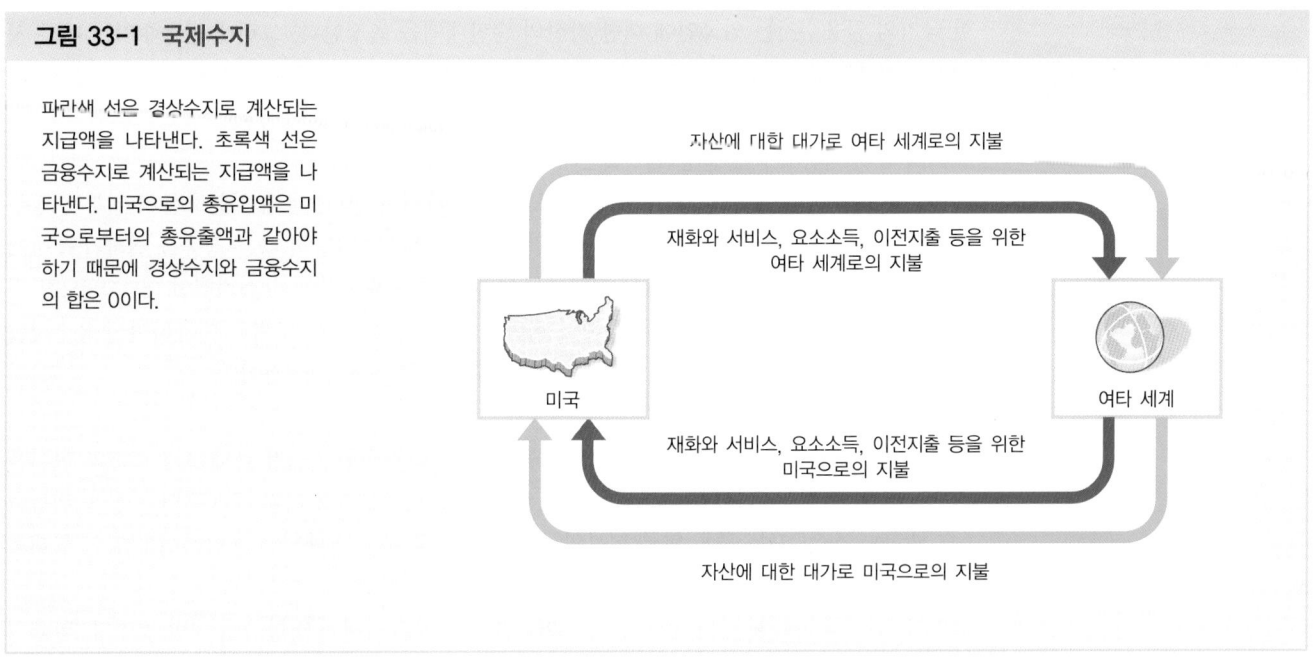

그림 33-1 국제수지

파란색 선은 경상수지로 계산되는 지급액을 나타낸다. 초록색 선은 금융수지로 계산되는 지급액을 나타낸다. 미국으로의 총유입액은 미국으로부터의 총유출액과 같아야 하기 때문에 경상수지와 금융수지의 합은 0이다.

자산에 대한 대가로 여타 세계로의 지불

재화와 서비스, 요소소득, 이전지출 등을 위한 여타 세계로의 지불

미국

여타 세계

재화와 서비스, 요소소득, 이전지출 등을 위한 미국으로의 지불

자산에 대한 대가로 미국으로의 지불

전 세계로부터 미국으로 자금이 흘러 들어온다. 아래쪽 파란색 화살표로 표시된 이들 흐름은 미국의 경상수지에서 정의 구성요소가 된다. 이에 더해서 아래쪽 초록색 화살표가 보여 주는 것처럼 외국인들이 미국 자산을 매입할 때도 자금이 미국으로 흘러 들어오는데, 이들은 미국의 금융수지에서 정의 구성요소가 된다.

이와 동시에 미국의 재화와 서비스 수입에 대한 지불, 외국인이 소유한 생산요소 사용에 대한 지불, 이전지출 등을 위해 미국으로부터 전 세계로의 자금 유출이 발생한다. 위쪽의 파란색 화살표로 표시된 이들 흐름은 미국의 경상수지에서 부의 구성요소가 된다. 또한 위쪽의 초록색 선과 같이 외국 자산을 매입하는 경우에도 미국으로부터 자금이 흘러 나가는데 이것 역시 미국의 금융수지에서 부의 구성요소가 된다. 다른 모든 순환도와 마찬가지로 각 상자로 유입되는 흐름과 각 상자에서 유출되는 흐름은 동일하다. 이는 미국으로 들어가는 파란색과 초록색 흐름(아래쪽 두 선)의 합이 미국으로부터 나오는 파란색과 초록색 흐름(위쪽 두 선)의 합과 같음을 의미한다. 즉

(33-2) 경상계정상의 정의 기재항목(아래쪽 파란색 선)＋금융계정상의 정의 기재항목(아래쪽 초록색 선) ＝ 경상계정상의 부의 기재항목(위쪽 파란색 선)＋금융계정상의 부의 기재항목(위쪽 초록색 선)

식 (33-2)는 다음과 같이 고쳐 쓸 수 있다.

(33-3) 경상계정상의 정의 기재항목 － 경상계정상의 부의 기재항목 ＋ 금융계정상의 정의 기재항목 － 금융계정상의 부의 기재항목 ＝ 0

식 (33-3)은 식 (33-1)과 동일하다. 즉 경상수지와 금융수지는 각각 해당 계정상의 정의 기재항목에서 부의 기재항목을 뺀 값과 같으며, 이들 두 국제수지의 합은 영과 같다.

그렇다면 경상수지와 금융수지를 결정하는 요인은 무엇일까?

금융수지의 모형화

한 국가의 금융수지는 외국인에 대한 자산의 순판매액을 측정한다. 그런데 금융수지는 다른 시각에서 이해할 수도 있다. 즉 금융수지는 **자본유입**, 즉 국내 투자지출에 사용할 수 있는 해외저축의 척도다.

이와 같은 자본유입을 결정하는 것은 무엇일까?

이 질문에 대한 답을 구하기 위해서는 조금 더 기다려야 한다. 국제 자본흐름의 일부는 정부와 중앙은행에 의해 이루어지는데 이들은 민간투자자들과는 상당히 다른 행동을 취하기도 하기 때문이다. 민간부문의 결정에 의한 자본흐름에 대해서는 제25장에서 소개했던 **대부자금모형** 특히 〈그림 25-7〉과 〈그림 25-8〉을 통해서 직관을 얻을 수 있다. 이 모형을 이용하여 금융수지를 분석함에 있어서 다음과 같은 두 가지 중요한 단순화 가정을 도입할 것이다.

1. 우리는 모든 자본흐름이 대출의 형태를 취한다고 가정함으로써 국제 자본흐름의 현실을 단순화할 것이다. 실제로 자본흐름은 외국에 공장을 짓거나 다른 생산적인 자산을 취득하는 **해외직접투자**는 물론 외국 회사의 주식이나 외국 부동산 매입을 포함하여 다양한 형태를 취한다.

2. 우리는 국가 화폐 간의 상대가격인 환율 변화에 대한 기대의 영향을 무시할 것이다. 환율의

앞서 보았듯이 미국은 보통 대규모의 경상수지 적자를 기록하고 있다. 사실 미국은 경상수지 적자에 있어 전 세계 일등이다. GDP에 대한 비중으로는 더 큰 적자를 보는 나라도 있지만 이들은 미국보다 훨씬 작은 국가들이기 때문에 절대적인 적자 규모는 미국이 훨씬 더 크다.

그런데 세계 전체로는 적자 국가들의 적자가 나머지 국가들의 흑자와 일치해야 한다. 그렇다면 미국의 적자를 상쇄하는 흑자국들은 누구이며 이들이 공통점을 갖고 있다면 무엇일까?

다음 그림은 2009년부터 2018년까지의 기간 동안 가장 큰 폭의 흑자를 낸 여섯 국가의 연평균 경상수지 흑자를 보여 준다. 여러분은 중국이 목록에 있다는 사실에 대해 놀라지 않을 것이다. 중국은 한동안 의도적으로 자신의 화폐 가치를 다른 화폐에 비해 낮게 유지하는 정책을 썼다.

독일, 일본, 네덜란드, 스위스, 한국도 거의 동일한 이유로 경상수지 흑자를 냈다. 이들은 모두 높은 저축률로 인해 투자할 돈이 많은 부유한 국가들이다.

이들 국가는 또한 느린 경제성장으로 인해 국내투자의 기회가 줄어들었다. 이에 따라 저축의 상당 부분이 해외로 나가는데, 이는 이들 국가가 금융수지 적자와 경상수지 흑자를 냄을 의미한다.

표에서 가장 흑자가 큰 독일 그리고 네덜란드의 경상수지 흑자는 유로화의 가치 하락 덕분에 증가했다. 낮은 가치의 유로화가 이들 국가의 제조업 제품의 비용을 낮춤에 따라 더 많은 수출을 할 수 있었다.

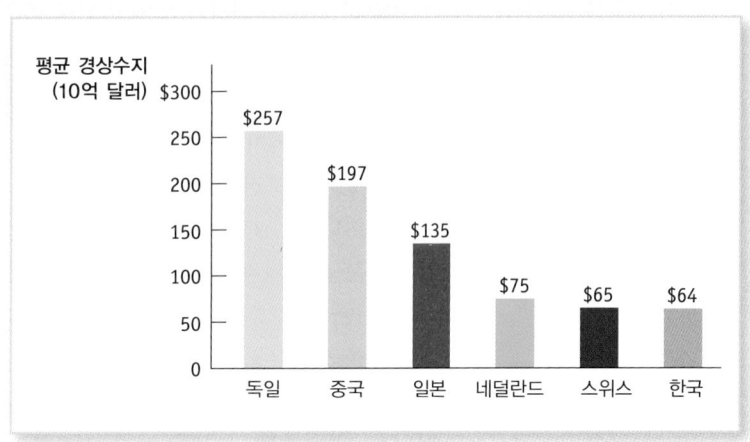

결정에 대해서는 나중에 분석할 것이다.

제25장에서의 세계 대부자금시장에 대한 논의에서 나왔던 〈그림 25-7〉을 생각해 보자. 이 그림은 미국과 영국의 두 국가로 구성된 가상적인 세계를 보여준다. 국제 자본흐름이 없다면 이 두 국가는 서로 다른 균형이자율을 가지는데, 미국은 6%고 영국은 2%다. 그렇지만 영국의 대부자가 자신의 자금을 미국의 차입자에게 빌려주는 것이 쉽다면 이러한 이자율 차이는 지속될 수 없을 것이다. 실제로 영국의 대부자들이 미국인들에 대한 대출이 국내에서의 대출과 마찬가지로 좋다고 생각한다면 두 국가의 이자율이 같아질 때까지 미국의 이자율은 하락하고 영국의 이자율은 상승할 것이다. 결국 미국은 사실상 영국으로부터 대부자금을 수입하는 셈이 될 것이다. 〈그림 25-8〉은 이러한 균형이자율(약 4%)을 보여준다.

그런데 앞서 제시된 두 가지 단순화 가정 하에서는 미국이 영국에서 수입하는 대부자금(영국의 잉여저축 또는 자금유출)이 정확히 미국 국제수지표 상의 금융수지가 된다. 따라서 금융수지는 대부자금의 공급과 수요에 의해 결정된다. 자본은 국제 자본흐름이 없을 때 쌌을 지역으로부터 국제 자본흐름이 없을 때 비쌌을 지역으로 유입된다.

국제 자본흐름의 결정요인

대부자금모형은 자본이 값싼 나라로부터 비싼 나라로의 자본흐름의 방향을 얘기해 주지만 그 이유가 무엇인지를 가르쳐주지는 않는다. 왜 자본은 한 나라에서는 싸고 다른 나라에서는 비싼 것일까?

국가 간 자금 수요의 차이는 국가 간 투자 기회의 차이에서 발생한다. 빠르게 성장하는 경제를 가진 국가는 다른 조건이 같다면 느리게 성장하는 경제를 가진 국가에 비해 더 많은 투자기회를 제공한다. 따라서 국제 자본흐름이 없다면 빠르게 성장하는 경제들은 항상 그렇지는 않더라도 대개는 느리게 성장하는 경제에 비해 자본에 대한 수요가 더 크고, 투자자들에게 더 높은 수익률을 제공한다. 그 결과 자본은 느리게 성장하는 경제로부터 빠르게 성장하는 경제로 흘러가는 경향이 있다.

자금의 공급에서 국가 간 차이는 국가 간 저축의 차이를 반영한다. 국가 간 저축의 차이는 국가들 간에 각양각색인 민간저축에 원인이 있을 수 있다. 국가 간 저축의 차이는 정부저축의 차이를 반영할 수도 있다. 특히 정부 재정적자는 전체 국민저축을 감소시킴으로써 자본유입의 원인을 제공할 수 있다.

이제 한 나라 내에서의 투자 기회의 차이로 인해 발생하는 자본 수요와 한 나라 내에서의 저축으로 인해 발생하는 자본 공급을 함께 모아서 국가 간 이자율의 차이를 설명할 수 있다. 다른 조건이 같다면 자본 수요가 큰 국가와 자본 공급이 작은 국가는 이자율이 높을 것이다. 그 결과 이들 국가로 자본이 유입될 것이다.

반면에 다른 조건이 같다면 자본에 대한 수요가 작은 국가와 자본 공급이 큰 국가는 이자율이 낮을 것이다. 그 결과 이들 국가들로부터는 자본유출이 발생할 것이다. 국제 자본흐름의 고전적인 사례는 1870년과 1914년 사이에 발생한 영국에서 미국을 비롯한 신세계로의 자본흐름이다. 이 기간 중 미국 경제는 빠른 속도로 공업화되고 있었고 자본 수요가 컸다. 반면에 이미 공업화된 영국은 경제가 느리게 성장하고 있었고 많은 양의 저축이 축적되어 있었다.

양방향 자본흐름

대부자금모형은 한 국가로의 자본유입이 자본유출을 초과하는 부분이나 한 국가로부터의 자본유출이 자본유입을 초과하는 부분을 의미하는 순자본흐름(net capital flow)의 방향을 이해하는 데 도움이 된다. 다른 조건이 같다면 순자본흐름의 방향은 국가 간 이자율의 차이에 의해 결정된다. 그렇지만 총자본흐름(gross capital flow)은 양방향으로 모두 발생한다. 예를 들어 미국은 외국인들에게 자산을 매각하는 동시에 외국인으로부터 자산을 매입한다. 왜 자본은 양방향으로 이동하는 것일까?

이 질문에 대한 답은 우리가 배운 단순한 모형과는 달리 현실 세계에서는 더 높은 수익률 추구 이외에도 국제 자본흐름을 발생시키는 다른 동기가 있다는 것이다.

개인 투자자들은 종종 여러 국가의 주식에 투자를 함으로써 위험을 분산하려 한다. 미국 주식이 부진할 때 유럽 주식이 잘될 수 있으며, 유럽 주식이 부진할 때 미국 주식이 잘될 수도 있다. 따라서 미국의 투자자들이 위험을 분산하기 위해 유럽 주식을 사는 한편 유럽의 투자자들도 위험을 분산하기 위해 미국 주식을 산다. 그 결과 자본은 양방향으로 흐르게 된다.

한편 현지에서 자동차를 조립할 경우 현지시장에서의 경쟁에 유리하다고 판단하는 자동차 제조사처럼 기업들은 영업전략의 일부로서 국제투자를 한다. 예를 들어 미국의 컴퓨터 제조사들이 유럽에 지사를 여는 한편 유럽의 자동차 제조사가 미국에 공장을 세우기도 한다.

마지막으로 미국을 비롯한 몇몇 국가들은 국제금융센터로서의 기능을 수행한다. 전 세계 각지의 사람들이 미국 금융기관에 돈을 맡기는 한편 이들 금융기관은 이 자금을 다시 해외에 투자한다.

이러한 양방향 흐름의 결과 현대 국가들은 채무국(여타 세

성장하는 중국 시장에 접근하고, 낮은 노동비용을 이용하기 위해 많은 미국 기업들이 중국에 공장을 열었다.

계로부터 돈을 빌리는 국가)인 동시에 채권국(여타 세계에 돈을 빌려 주는 국가)이 된다. 오랜 기간 자본유입과 유출이 발생한 결과 2016년 말에 미국은 29조 3,000억 달러에 달하는 대외자산을 축적했으며, 외국인들은 40조 3,000억 달러에 달하는 자산을 미국에 축적했다.

현실 경제의 >> 이해

레프러콘 경제학

국제 자본흐름에 대한 논의에서 언급하지 않은 한 가지 요인은 조세였다. 그런데 법인 이윤에 대한 세율은 국가 간 상당한 차이가 있다. 예를 들어 프랑스의 법인세율은 28%인 반면 아일랜드는 13.5%에 불과하다. 이러한 세율의 차이는 다국적기업이 세율이 낮은 국가에서 대규모의 투자를 한 것으로 보고할 유인을 제공한다.

여기서 우리가 선택한 단어에 유념할 필요가 있다. 즉, 세율의 차이는 기업들이 아일랜드와 같은 국가에서 대규모의 투자를 한 것으로 보고할 유인을 제공한다고 했다. 애플의 아일랜드 현지법인은 다른 국가에 있는 애플의 공장으로부터 부품을 매수하고, 자신이 제조한 것들의 대부분을 다른 국가에 있는 애플 지사에 판다. 이 지사는 또한 애플의 특허를 사용하는 대가로 본사에 로열티를 지급한다. 이 현지법인의 수익성은 얼마나 될까? 답하기 어려운데 그 이유는 이 현지법인이 수취하는 가격이나 지불하는 가격이 독립된 시장이 아니라 애플의 내부 결정을 반영하기 때문이다.

따라서 애플은 어렵지 않게 아일랜드 사업체에서 매우 큰 이윤을 낸 것으로 보고할 수 있다. 이 이윤을 모국으로 송금하지 않는 이상 실제로는 아무런 실물투자가 일어나지 않더라도 이는 아일랜드에 투자된 것으로 간주된다.

조세 회피는 국제수지 통계를 왜곡하는 데 그치지 않는다. 이는 특히 소규모 국가에서 국민소득계정을 왜곡할 수 있다. 2015년에 아일랜드는 실질국내총생산이 26% 성장했다고 보고했는데, 이는 명백히 이 경제의 진정한 성장률이 아니었다. 어떤 일이 일어났는가 하면 몇몇 대기업들이 회계방식을 바꿔서 더 많은 부가가치를 아일랜드에 귀속시켰던 것이다. 이 책의 저자 중한 명이 즉각 이 해괴한 보고에 대해 "레프러콘(leprechaun, 아일랜드 전설에 나오는 남자 요정 - 역주) 경제학"이라는 별명을 붙였는데, 다행스럽게도 자신에 대해 훌륭한 유머감각을 갖고 있는 아일랜드 사람들은 이 별명을 바로 받아들였다. (그리고는 아일랜드 경제의 진정한 성장을 더잘 보여줄 수 있는 대체 지표를 개발했다.)

불행하게도 이러한 유형의 이윤 이전은 세금 징수에 큰 문제가 되었다. 국제통화기금의 추정치에 따르면 오직 세금을 회피하기 위해 일어나는 이러한 "유령" 자본흐름이 국제 기업투자의 40%에 달한다. 이는 많은 정부에 있어 심각한 수준의 수입 손실을 의미한다.

>> 이해돕기 33-1
해답은 책 뒤에

1. 다음의 사건들은 어떤 국제수지에 영향을 미칠까?
   a. 미국에 소재한 회사인 보잉사가 새로 만든 비행기를 중국에 판매한다.
   b. 중국의 투자자들이 미국인으로부터 보잉사의 주식을 산다.
   c. 중국 회사가 아메리카 항공으로부터 중고 비행기 1대를 사서 중국으로 운송한다.
   d. 미국에 부동산을 소유한 중국 투자자가 회사용 제트기를 사서 미국에서의 여행에 사용할 수 있도록 미국에 보관한다.

>> **복습**
- 한 국가의 국제 거래를 추적하는 **국제수지 계정**은 **경상계정상의 국제수지** 또는 **경상수지**와 **금융계정상의 국제수지** 또는 **금융수지**로 구성된다. 경상수지의 가장 중요한 구성요소는 **재화와 서비스 수지**인데 여기에는 **상품 무역수지** 또는 **무역수지**가 포함된다.
- 모든 지불금의 조달액은 지불금의 사용액과 동일해야 하기 때문에 경상수지와 금융수지의 합은 영이다.
- 순자본흐름은 자본유출을 초과하는 자본유입 또는 자본유입을 초과하는 자본유출을 의미한다. 순자본흐름의 방향은 이자율의 차이에 의해 결정된다. 국가 간 이자율의 차이는 투자기회의 차이와 저축 행태의 차이에 의해 발생한다.
- 현실 세계에서 국가들은 총자본유입과 총자본유출이 모두 발생하는 양방향 자본흐름을 경험하는데 이는 이자율 외의 다른 요인들이 투자자의 결정에 영향을 미치기 때문이다.

2. 2008년 미국 주택 거품의 붕괴와 이에 따른 대후퇴가 미국으로의 국제 자본유입에 어떤 영향을 미쳤다고 생각하는가?

‖ 환율의 역할

방금 우리는 저축으로 인한 대부자금 공급과 투자지출을 위한 대부자금 수요에서의 차이가 어떻게 국제 자본흐름을 가져오는지를 보았다. 우리는 또한 한 국가의 경상수지와 금융수지의 합이 영이 됨을 배웠다. 따라서 순자본유입을 수취하는 국가는 이에 상응하는 경상수지 적자를 내야 하며 순자본유출이 발생하는 국가는 이에 상응하는 경상수지 흑자를 내야 한다.

자본의 유입과 유출을 반영하는 금융수지의 행태는 국제 대부자금시장에서의 균형에 의해 가장 잘 설명될 수 있다. 이와 동시에 경상수지의 주요 구성요소인 재화와 서비스 수지는 재화와 서비스에 대한 국제시장에서의 의사결정에 의해 결정된다.

따라서 금융수지가 자본의 이동을 반영하고 경상수지가 재화와 서비스의 이동을 반영한다면 무엇이 국제수지가 균형을 이루는 것을 보장하는 것일까? 즉 무엇이 이 두 수지가 서로를 상쇄하도록 만드는 것일까?

당연히 두 수지가 균형을 이루도록 만드는 것은 가격이다. 구체적으로 이 가격은 환율인데, 환율은 외환시장에서 결정된다.

환율의 이해

일반적으로 한 국가에서 생산되는 재화, 서비스, 자산 등은 그 국가의 화폐로 지불되어야 한다. 미국의 생산물은 달러화로 지불되어야 하며, 유럽의 생산물은 유로화로 지불되어야 하며, 일본의 생산물은 엔화로 지불되어야 한다. 가끔 판매자들이 외화로 지급받는 것을 용인하는 경우도 있지만, 이 경우 이들은 그 외화를 자국의 화폐로 교환할 것이다.

이에 따라서 국제 거래에는 화폐가 서로 교환되는 시장인 **외환시장**(foreign exchange market)이 필요하다. 이 시장은 화폐가 서로 거래되는 가격인 **환율**(exchange rate)을 결정한다. (외환시장은 실제로는 어느 한 지역에만 위치하지 않는다. 외환시장은 전 세계 거래자들이 화폐를 매매하기 위해 사용하는 세계적인 전자시장이다.)

〈표 33-3〉은 2020년 5월 6일 동부 하절기 시간(EDT)으로 오후 11시에 세계에서 가장 중요한 세 화폐 간의 환율을 보여 준다. 표의 각 항목은 '행'에 있는 화폐의 가격을 '열'에 있는 화폐의 단위로 보여 준다. 예를 들어 이 시각에 미화 1달러는 0.9259유로와 교환되었는데 이는 미화 1달러를 사기 위해 0.9259유로가 필요했음을 의미한다. 마찬가지로 1유로를 사기 위해서는 미화 1.0800달러가 필요했다. 1/1.0800＝0.9259이기 때문에 이 두 숫자는 동일한 유로화와 달러화 간 환율을 나타낸다.

환율을 표시하는 데는 두 가지 방법이 있다. 위의 경우에는 미화 1달러당 0.9259유로와 1유로당 미화 1.0800달러다. 어떤 것이 맞는 방법일까? 여기에는 정해진 규칙이 없다. 대부분의 국가는 환율을 국내화폐 단위로 표시한 1달러의 가격으로 표현한다. 하지만 이와 같은 규칙이 보편적인 것은 아니다. 미국 달러화와 유로화 간의 환율은 두 가지 방법으로 모두 표현된다. 다음의 함정에서 설명하듯이 중요한 것은 어느 방법을 사용하고 있는지를 아는 것이다.

환율의 움직임에 대해서 얘기할 때 경제학자들은 혼동을 막기 위해 특수한 용어를 사용한다. 어떤 화폐가 다른 화폐에 비해 더 비싸질 때 경제학자들은 그 화폐의 **가치가 상승한다**(appreciate)고 표현한다. 어떤

표 33-3 2020년 5월 6일 오후 11시의 환율

	미국 달러화	엔화	유로화
1달러와 교환되는 양	1	106.27	0.9259
1엔과 교환되는 양	0.0094	1	0.0087
1유로와 교환되는 양	1.0800	114.74	1

화폐가 다른 화폐에 비해 더 싸질 때 그 화폐의 **가치가 하락한다**(depreciate)고 표현한다. 예를 들어 1유로의 가치가 1달러에서 1.25달러로 변했다고 하자. 1/1.25＝0.8이기 때문에 이는 미화 1달러의 가치가 1유로에서 0.8유로로 변했음을 의미한다. 이 경우 우리는 유로화의 가치가 상승했으며 달러화의 가치가 하락했다고 말한다.

그런데 가치상승과 가치하락이 다른 화폐에 대한 한 화폐의 가치 상승과 하락을 나타내는 전문적이고 거의 공식적인 용어이기는 하나, 여러분은 가치가 상승하는 화폐에 대해 "강해진다" 또는 가치가 하락하는 화폐에 대해 "약해진다"라는 표현을 종종 들을 것이다. 이들 용어는 널리 사용되기는 하지만 가치에 대한 판단으로 받아들여서는 안 된다. 강한 달러가 반드시 좋은 것만은 아니며 약한 달러가 반드시 나쁜 것만은 아니기 때문이다.

다른 조건이 같다면 환율의 움직임은 국가 간 재화, 서비스, 자산 등의 상대가격에 영향을 미친다. 예를 들어 미국 호텔의 투숙료가 미화 100달러이고 프랑스 호텔의 투숙료가 100유로라 하자. 만일 환율이 1달러＝1유로라면 이들 호텔의 투숙료는 동일하다. 환율이 1달러＝1.25유로라면 프랑스 호텔의 투숙료는 미국보다 20% 더 싸다. 만일 환율이 0.8유로＝1달러라면 프랑스 호텔의 투숙료는 미국보다 25% 더 비싸다.

그렇다면 환율을 결정하는 요인은 무엇일까? 바로 외환시장에서의 공급과 수요다.

균형환율

단순화를 위해 세상에 달러화와 유로화의 두 가지 화폐만이 있다고 상상하자. 미국의 재화, 서비스, 자산 등을 구매하기를 원하는 유럽인들은 외환시장에서 유로화를 달러화로 교환하려 할 것이다. 즉 유럽인들은 외환시장에서 달러화를 수요하며 이에 상응하여 외환시장에 유로화를 공급한다. 유럽의 재화, 서비스, 자산 등을 구매하기를 원하는 미국인들은 외환시장에서 달러화를 유로화로 교환하려 할 것이다. 즉 미국인들은 외환시장에서 유로화를 수요하며 이에 상응하여 외환시장에 달러화를 공급한다. (국제 이전지출과 요소소득의 지불도 외환시장과 관계가 있지만 단순화를 위해서 이들은 무시하기로 한다.)

〈그림 33-2〉는 외환시장이 어떻게 작동하는지를 보여 준다. 수평축은 주어진 유로-달러 환율에서의 달러화 수요량과 공급량을 나타내고 수직축은 유로-달러 환율을 나타낸다. 환율은 일반적인 수요공급 그래프에서 재화와 서비스의 가격이 가지는 것과 동일한 역할을 한다.

그림은 달러화에 대한 수요곡선과 공급곡선을 보여 준다. 수요곡선은 우하향하는 기울기를 갖는다. 즉 1달러를 사기 위해 더 많은 유로화가 필요하다면 유럽인들은 더 적은 양의 달러화를 수요한다. 이 곡선들의 기울기를 이해하는 데 관건은 환율 수준이 수출과 수입에 영향을 미친다는 점이다. 한 국가의 화폐 가치가 상승하면(더 비싸지면) 수출이 감소하고 수입은 증가한다. 한 국가의 화폐 가치가 하락하면(더 싸지면) 수출이 증가하고 수입은 감소한다.

달러화에 대한 수요곡선이 우하향하는 이유를 이해하기 위해 다른 조건이 같다면 환율이 유럽의 재화, 서비스, 자산에 대한 미국의 재화, 서비스, 자산의 상대가격을 결정한다는 점을 상기하자.

만일 달러화의 가치가 유로화에 대해 상승한다면 유럽인들에게 미국의 생산물은 유럽의 생산물에 비해 더 비싸질 것이다. 따라서 유럽인들은 미국으로부터의 구매를 줄일 것이고 이에 따라

함정

어느 쪽이 올랐을까?

누군가가 "미국 환율이 상승한다."라고 말한다고 하자. 이 사람이 의미하는 바는 무엇일까?

그것은 분명치 않다. 환율은 외화로 표시한 달러화의 가격으로 측정되기도 하고 때로는 달러화로 표시한 외화의 가격으로 측정되기도 한다. 따라서 위의 문장은 달러화의 가치가 상승했거나 또는 하락했음을 모두 의미할 수 있다.

우리는 발간된 통계를 사용할 때 특히 주의해야 한다. 미국을 제외한 대부분의 국가들은 환율을 자국 화폐로 표시한 1달러의 가격으로 나타낸다. 예를 들어 멕시코의 관리들이 환율이 10이라고 할 때는 달러당 10페소(peso)를 의미한다. 그렇지만 영국은 역사적인 이유로 인해 환율을 반대 방향으로 표시한다. 2020년 5월 6일 오후 11시에 미화 1달러는 0.8088파운드의 가치가 있었으며 1파운드는 1.2364달러의 가치가 있었다. 많은 경우에 이 숫자는 1.2364의 환율로 보고된다. 사실 전문적인 경제학자나 컨설턴트조차도 파운드화가 움직이는 방향을 잘못 이해하는 바람에 난처한 상황에 처하기도 한다.

한편 미국인들은 일반적으로 다른 국가들의 관례를 따른다. 즉 미국인들은 멕시코에 대한 환율은 달러당 10페소라고 하지만 영국에 대한 환율은 파운드당 1.24달러라고 한다. 하지만 이와 같은 규칙은 신뢰성이 없다. 유로화에 대한 환율의 표기에는 종종 두 가지 방법이 모두 이용되기 때문이다.

따라서 환율 자료를 사용하기 전에 항상 환율이 어떻게 표시되어 있는지를 확인하는 것이 중요하다.

어떤 화폐가 다른 화폐에 비해 더 싸질 때 그 화폐의 **가치가 하락한다**(depreciate)고 한다.

그림 33-2   외환시장

외환시장은 국내의 재화, 서비스, 자산을 구매하기를 원하는 외국인들로부터의 화폐수요와 외국의 재화, 서비스, 자산을 구매하기를 원하는 국내 거주자들의 화폐공급을 일치시킨다. 여기서 달러화에 대한 시장의 균형은 달러당 0.80유로의 균형환율에 해당하는 *E*점에서 달성된다.

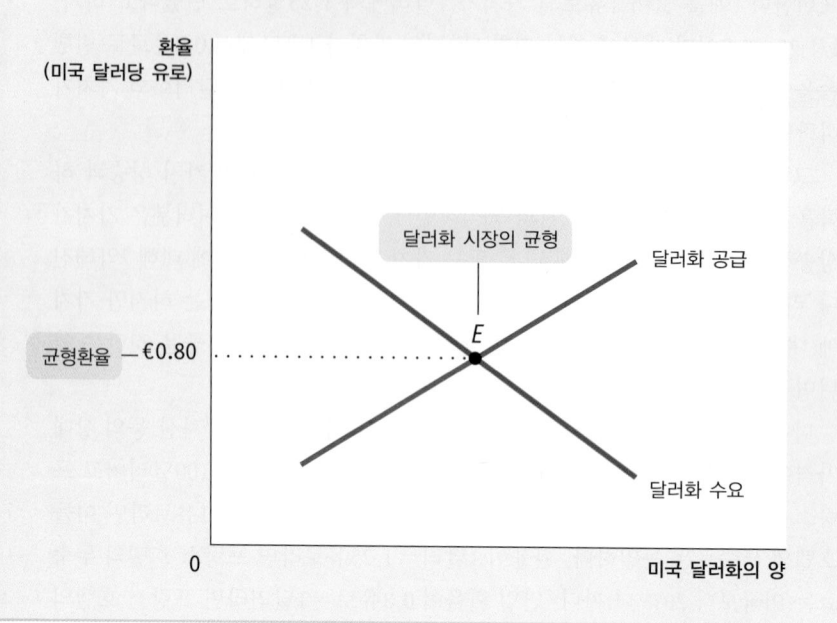

균형환율(equilibrium exchange rate)은 외환시장에서 수요되는 달러화의 양과 외환시장에 공급되는 달러화의 양을 일치시키는 환율이다.

외환시장에서 더 적은 양의 달러화를 취득할 것이다. 즉 1달러를 사기 위해 필요한 유로화의 양이 증가함에 따라 달러화의 수요량은 감소할 것이다.

만일 달러화가 유로화에 비해 가치가 하락한다면 유럽인들에게 미국 생산물이 더 값싸게 될 것이다. 유럽인들은 이에 대응하여 미국으로부터 더 많은 것을 구매할 것이고, 외환시장에서 더 많은 달러화를 취득할 것이다. 즉 1달러를 사기 위해 필요한 유로화의 양이 감소함에 따라 달러화에 대한 수요량은 증가할 것이다.

이와 비슷한 논리로 〈그림 33-2〉에서 달러에 대한 공급곡선이 우상향하는 이유를 설명할 수 있다. 1달러를 사기 위해 더 많은 유로화가 필요하면 미국인들이 더 많은 달러를 공급할 것이다. 다시 한번 그 이유는 환율이 상대가격에 미치는 영향에 있다. 달러화의 가치가 유로화에 비해 상승하면 미국인들에게는 유럽의 생산물이 값싸게 보일 것이며 따라서 더 많은 유럽 생산물을 구매하려 할 것이다. 이에 따라 미국인들은 더 많은 달러화를 유로화로 환전해야 할 것이다.

균형환율(equilibrium exchange rate)은 외환시장에서 수요되는 달러화의 양과 외환시장에 공급되는 달러화의 양을 일치시키는 환율이다. 〈그림 33-2〉에서 균형은 *E*점에서 달성되며 균형환율은 0.80이다. 즉 1달러당 0.80유로의 환율에서 외환시장에 공급되는 달러화의 양은 수요되는 달러화의 양과 같다.

균형환율의 중요성을 이해하기 위해서는 외환시장에서의 균형이 어떤 모습일지를 보여 주는 숫자로 된 사례를 생각해 보는 것이 도움이 된다. 〈표 33-4〉는 이와 같은 예를 제시하고 있다. (이 표는 실제 자료와는 관계가 없는 가상적인 숫자를 제시하고 있다.) 첫째 행은 미국산 재화와 서비스를 사거나 미국 자산을 사기 위한 유럽인들의 달러화 매수를 보여 준다. 둘째 행은 유럽산 재화와 서비스를 사거나 유럽 자산을 사기 위한 미국인들의 달러화 매도를 보여 준다. 균형환율에서는 유럽인들이 매수하기를 원하는 달러화의 총량이 미국인들이 매도하기를 원하는 달러화의 총량과 일치한다.

표 33-4   외환시장 균형의 가상적인 예

	경상수지	금융수지	합계
유럽인의 달러 매수(조 달러)	미국산 재화와 서비스를 구매하기 위해 : 1.0	미국 자산을 구매하기 위해 : 1.0	2.0
미국인의 달러 매도(조 달러)	유럽산 재화와 서비스를 구매하기 위해 : 1.5	유럽 자산을 구매하기 위해 : 0.5	2.0
미국의 국제수지	−0.5	+0.5	

그림 33-3 달러화에 대한 수요 증가

유럽 투자자들의 선호 변화로 인해 달러화에 대한 수요가 증가할 수 있다. 달러화에 대한 수요곡선은 D_1에서 D_2로 이동한다. 이에 따라 균형에서의 달러당 유로화의 양이 증가, 즉 달러화의 가치가 상승한다. 그 결과 금융수지가 증가함에 따라 경상수지가 감소한다.

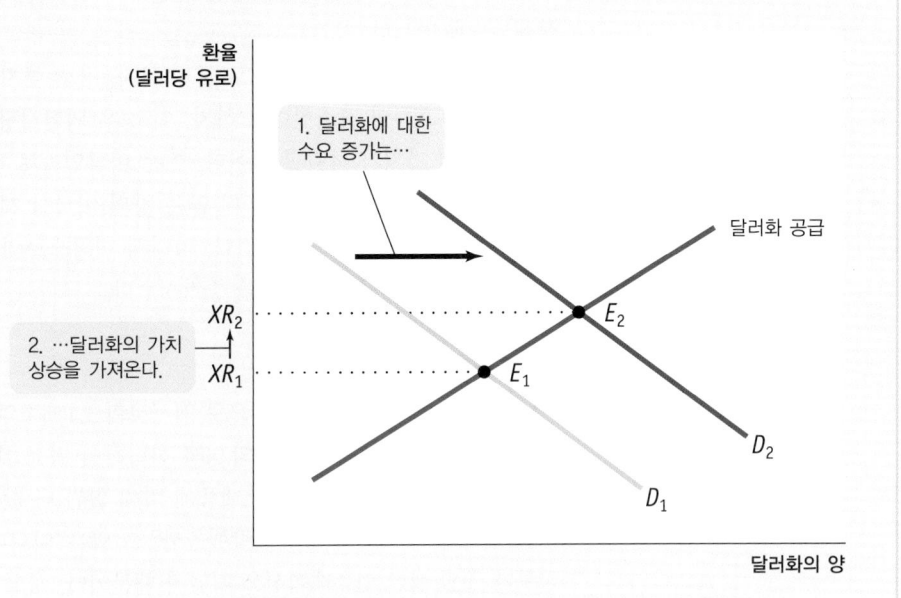

여러분은 국제수지 계정이 국제 거래를 두 가지 유형으로 분류한다는 사실을 기억하고 있을 것이다. 재화와 서비스의 구매와 판매는 경상수지에 계상된다. (또다시 우리는 단순화를 위해 이전지출과 요소소득을 배제하기로 한다.) 자산의 구매와 판매는 금융수지에 계상된다. 그렇다면 균형환율에서는 〈표 33-4〉에서와 같이 경상수지와 금융수지의 합이 영이 되는 상황을 맞게 된다.

이제 달러화에 대한 수요의 변화가 외환시장에서의 균형에 어떤 영향을 미치는지에 대해 간단히 알아보자. 유럽 투자자들의 선호 변화로 인해 유럽에서 미국으로의 자본흐름이 증가한다고 하자. 〈그림 33-3〉은 그 영향을 보여 준다. 유럽 투자자들이 새로운 대미 투자에 필요한 자금을 마련하려고 유로화를 달러화로 환전함에 따라 외환시장에서의 달러화 수요가 증가한다. 이는 D_1에서 D_2로의 수요곡선 이동으로 나타나며 그 결과 달러화의 가치가 상승한다. 즉 균형환율에서의 달러당 유로화의 양이 XR_1에서 XR_2로 증가한다.

이와 같은 자본유입 증가는 국제수지에 어떤 영향을 미칠까? 외환시장에 공급되는 달러화의 양은 여전히 수요되는 달러화의 양과 같을 것이다. 따라서 미국으로의 자본유입 증가, 즉 금융수지 증가는 경상수지 감소와 일치해야 한다. 경상수지가 감소하는 이유는 무엇일까? 그것은 달러화의 가치 상승이다. 1달러와 교환되는 유로화의 양의 증가는 미국인들로 하여금 더 많은 유럽산 재화와 서비스를 사도록 만들고, 유럽인들로 하여금 더 적은 양의 미국산 재화와 서비스를 사도록 만든다.

〈표 33-5〉는 이것이 실제로 어떻게 작동하는지 보여 준다. 유럽인들은 더 많은 양의 미국 자산을 구입하고 그 결과 금융수지는 0.5에서 1.0으로 증가한다. 이와 같은 변화는 달러화의 가치 상승으로 인해 유발되는 유럽인의 미국산 재화와 서비스 구입 감소와 미국인의 유럽산 재화와 서비스 구입 증가에 의해 상쇄된다.

표 33-5 자본유입 증가의 영향에 대한 가상적인 예

	경상수지	금융수지	합계
유럽인의 달러 매수(조 달러)	미국산 재화와 서비스를 구매하기 위해 : 0.75(0.25 감소)	미국 자산을 구매하기 위해 : 1.5(0.5 증가)	2.25
미국인의 달러 매도(조 달러)	유럽산 재화와 서비스를 구매하기 위해 : 1.75(0.25 증가)	유럽 자산을 구매하기 위해 : 0.5(변화 없음)	2.25
미국의 국제수지	−1.0 (0.5 감소)	+1.0 (0.5 증가)	

따라서 미국의 금융수지에서 발생하는 어떤 변화도 이와 동일한 크기를 가지는 반대 방향의 경상수지 변화를 발생시킨다. 환율의 움직임은 금융수지 상의 변화와 경상수지 상의 변화가 확실하게 서로 상쇄되도록 만든다.

이제 이 과정을 반대 방향으로 돌려 보자. 유럽 투자자들의 선호 변화로 인해 유럽에서 미국으로의 자본흐름이 감소한다고 하자. 이 경우 외환시장에서 미국 달러화에 대한 수요가 감소하고 달러화의 가치가 하락할 것이다. 이는 미국인들로 하여금 더 적은 양의 유럽산 제품을 사도록 만들고, 유럽인들로 하여금 더 많은 양의 미국산 제품을 구입하도록 만든다. 궁극적으로 이는 미국의 경상수지를 증가시킨다. 따라서 미국으로의 자본유입 감소는 달러화 가치를 하락시키고 이는 다시 미국의 순수출을 증가시킨다.

인플레이션과 실질환율

1993년에 미화 1달러는 평균적으로 멕시코화 3.1페소와 교환되었다. 2020년에 이르러서는 달러화에 대한 페소화의 가치가 거의 90% 하락하여 평균 환율은 달러당 24.3페소였다. 그렇다면 멕시코산 제품이 이 27년간 미국 제품에 비해 훨씬 더 값싸졌을까? 미 달러화로 표시한 멕시코산 제품의 가격 역시 거의 90% 하락했을까? 그 답은 '아니다'이다. 왜냐하면 멕시코는 이 기간 중 미국보다 훨씬 심한 인플레이션을 겪었기 때문이다. 사실 1993년과 2020년 사이에 미국산 제품과 멕시코산 제품 간 상대가격은 오르기도 하고 내리기도 했지만 분명한 추세를 보이지는 않았다.

인플레이션율의 차이를 고려하기 위해서 경제학자들은 물가 수준의 국가 간 차이를 감안하여 조정된 환율인 **실질환율**(real exchange rate)을 계산한다. 우리가 보고 있는 환율이 달러당 멕시코 페소로 표시되어 있다고 하자. 그리고 P_{US}와 P_{Mex}가 각각 미국과 멕시코의 물가 수준을 나타내는 지수라 하자. 그러면 멕시코 페소와 미국 달러 사이의 실질환율은 다음과 같이 정의된다.

$$(33\text{-}4) \quad \text{실질환율} = \text{달러당 멕시코 페소} \times \frac{P_{US}}{P_{Mex}}$$

실질환율과 구분하기 위해 물가 수준에 대해 조정되지 않은 환율을 **명목환율**이라고 부른다.

실질환율과 명목환율 간 차이의 중요성을 이해하기 위해서 다음 예를 생각해 보자. 멕시코 페소화가 달러화에 대해 가치가 하락함에 따라 환율이 달러당 10페소에서 15페소로 50% 변한다고 하자. 하지만 이와 동시에 멕시코 내의 모든 제품의 페소화 표시 가격이 50% 상승함에 따라 멕시코의 물가지수가 100에서 150으로 상승한다고 하자. 반면에 미국의 물가에는 아무런 변화가 없어 미국 물가지수는 100에 머물러 있다고 하자. 이 경우 처음의 실질환율은 다음과 같다.

$$\text{가치 하락 전 달러당 페소화} \times \frac{P_{US}}{P_{Mex}} = 10 \times \frac{100}{100} = 10$$

페소화의 가치가 하락하고 멕시코의 물가가 상승한 다음의 실질환율은 다음과 같다.

$$\text{가치 하락 후 달러당 페소화} \times \frac{P_{US}}{P_{Mex}} = 15 \times \frac{100}{150} = 10$$

이 예에서 페소화는 달러화에 대해 엄청나게 가치가 하락했지만 페소화와 달러화 간 실질환율은 전혀 변하지 않았다. 그리고 페소화와 달러화 간 실질환율이 변하지 않았기 때문에 달러화에 대한 페소화의 명목가치 하락은 멕시코가 미국으로 수출하는 재화와 서비스의 양이나 멕시코가 미국으로부터 수입하는 재화와 서비스의 양에 영향을 미치지 않을 것이다.

실질환율(real exchange rate)은 물가 수준의 국가 간 차이를 감안하여 조정된 환율이다.

그 이유를 보기 위해 호텔 투숙료의 예를 다시 한번 생각해 보자. 투숙료가 처음에는 하루에 1,000페소였다고 하자. 이는 달러당 10페소의 환율로 환산할 때 100달러에 해당한다. 멕시코의 물가와 달러당 페소 환율이 50% 상승한 다음 호텔 투숙료는 1,500페소가 된다. 그렇지만 1,500페소를 달러당 15페소로 나눈 값은 100달러이기 때문에 멕시코 호텔 투숙료는 여전히 100달러가 된다. 그 결과 멕시코 여행을 계획하는 미국 여행자는 계획을 변경할 이유가 없을 것이다.

마찬가지 논리가 교역되는 모든 재화와 서비스에 적용될 수 있다. 경상수지는 명목환율이 아니라 실질환율의 변화에만 반응한다. 한 국가의 제품이 외국인들에게 더욱 값싸게 되는 것은 그 국가 화폐의 실질가치가 하락하는 경우뿐이며, 이 국가 화폐의 실질가치가 상승하는 경우에만 그 국가 제품이 외국인들에게 더욱 값비싸게 된다. 그 결과 재화와 서비스의 수출과 수입을 분석하는 경제학자들은 명목환율이 아니라 실질환율에 초점을 둔다.

해외 판매와 구매에 대한 결정에서 중요한 것은 명목환율이 아니라 실질환율이다.

〈그림 33-4〉는 명목환율과 실질환율을 구분하는 것이 얼마나 중요한지를 보여 준다. '명목환율'이라는 이름이 붙은 선은 1993년부터 2020년까지 1달러를 사기 위해 필요한 페소화의 양을 보여 준다. 그림에서 볼 수 있듯이 이 기간 중에 페소화의 가치는 엄청나게 하락했다. 하지만 '실질환율'이라는 이름이 붙은 선은 1993년의 값이 100이 되도록 정규화된 미국과 멕시코의 물가지수를 이용하여 식 (33-4)에 의해 계산된 실질환율을 보여 준다. 페소화의 실질가치는 1994년과 1995년 사이에 하락했으나 명목가치만큼 하락하지는 않았다. 2013년에 이르자 페소화와 달러화 간 실질환율은 시작 시점과 거의 같은 수준으로 되돌아갔다가 그 후 2년간 다시 상승했다.

구매력 평가

실질환율의 개념과 밀접하게 연관된 환율 분석 수단으로 **구매력 평가**가 있다. 두 국가의 화폐 간 **구매력 평가**(purchasing power parity)는 주어진 재화와 서비스 바구니 구매비용이 각국에서 동일해지도록 하는 명목환율이다. 예를 들어 어떤 재화와 서비스 바구니가 미국에서는 100달러이고 멕시코에서는 1,000페소라 하자. 이 경우 구매력 평가는 달러당 10페소가 된다. 이 환율에서는

> 두 국가 화폐 간 **구매력 평가**(purchasing power parity)는 주어진 재화와 서비스 바구니의 구매비용이 각국에서 동일해지도록 하는 명목환율이다.

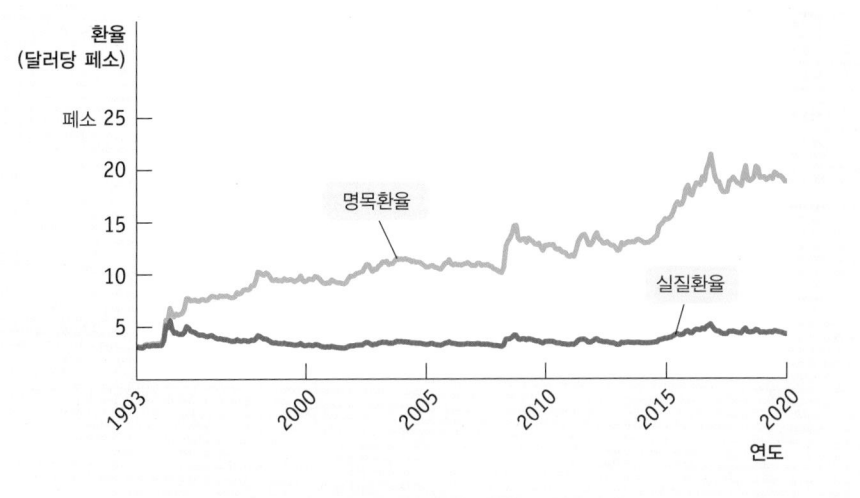

그림 33-4 실질환율 대 명목환율, 1993~2020년

1993년 11월과 2020년 2월 사이에 멕시코 페소화로 측정한 달러화의 가격은 엄청나게 상승했다. 그렇지만 멕시코의 인플레이션이 미국보다 더 심했기 때문에 멕시코산 재화와 서비스의 상대가격을 측정하는 실질환율은 이 기간의 시작 시점과 거의 같은 수준으로 되돌아갔다.

출처 : Federal Reserve Bank of St. Louis.

탐구자를 위하여 햄버거 경제학

영국의 경제주간지인 《이코노미스트》지는 전 세계에서 발견할 수 있는 특수한 소비품목인 맥도날드 빅맥의 구매비용을 여러 국가에 대해서 비교하는 기사를 매년 내고 있다. 이 잡지는 먼저 지역통화로 표시된 빅맥의 가격을 구한 후 현재 환율을 이용하여 환산한 빅맥의 달러화 가격 그리고 빅맥의 가격이 미국에서의 가격과 같아지도록 하는 환율 등 두 숫자를 계산한다.

빅맥에서 구매력 평가가 성립된다면 빅맥의 달러화 가격은 어디서나 동일할 것이다. 구매력 평가가 장기적으로 잘 맞는 이론이라면 빅맥 가격이 미국에서의 가격과 같아지도록 하는 환율이 실제 환율이 궁극적으로 어떤 값을 가질 것인지에 대해 부분적인 지침을 제공할 것이다.

<표 33-6>은 선택된 몇몇 국가에서 2020년 1월 현재 《이코노미스트》지의 구매력 평가 추정치를 빅맥의 달러표시 가격이 낮은 국가 순으로 보여 준다. 빅맥의 가격이 가장 싼 국가들, 따라서 이 기준으로 볼 때 가장 저평가된 화폐를 가진 국가들은 멕시코, 인도와 중국인데 세 국가는 모두 개도국이다.

목록에서 가장 비싼 국가는 미국보다 약 20% 더 비싼 빅맥을 가진 스위스다. 이 장의 머리말 이야기에서 설명했듯이 스위스는 자국의 화폐가치를 떨어트리기 위해 이례적인 조치를 단행했었다.

표 33-6 구매력 평가와 빅맥의 가격

국가	빅맥 가격		1달러당 각국의 화폐	
	각국 화폐 단위	미 달러화 단위	구매력 평가 환율	실제 환율
인도	188루피	$2.65	33.16	70.98
멕시코	50페소	2.66	8.82	18.82
중국	21.5위안	3.13	3.79	6.88
일본	390엔	3.54	68.78	110.04
영국	3.39파운드	4.40	0.60	0.77
유로지역	4.12유로	4.58	0.73	0.90
브라질	19.90헤알	4.81	3.51	4.14
미국	5.67달러	5.67	1.00	1.00
스위스	6.50스위스프랑	6.70	1.15	0.97

출처 : *The Economist*.

1,000페소 = 100달러이므로 위 두 국가에서의 시장바구니 구매비용이 같아진다.

구매력 평가는 대개 자동차, 식료품, 주거비용, 전화통화료 등 많은 종류의 재화와 서비스를 포함하는 광범위한 시장바구니의 구매비용을 추정함으로써 계산된다. 그런데 '탐구자를 위하여'에서 볼 수 있듯이 명목환율은 거의 항상 구매력 평가와 차이가 있다. 이들 차이 중 일부는 체계적으로 발생한다. 일반적으로 소득수준이 낮은 국가의 물가는 소득수준이 높은 국가에 비해 낮은데 이는 소득수준이 낮은 국가에서 서비스의 값이 더 싼 경향이 있기 때문이다. 하지만 경

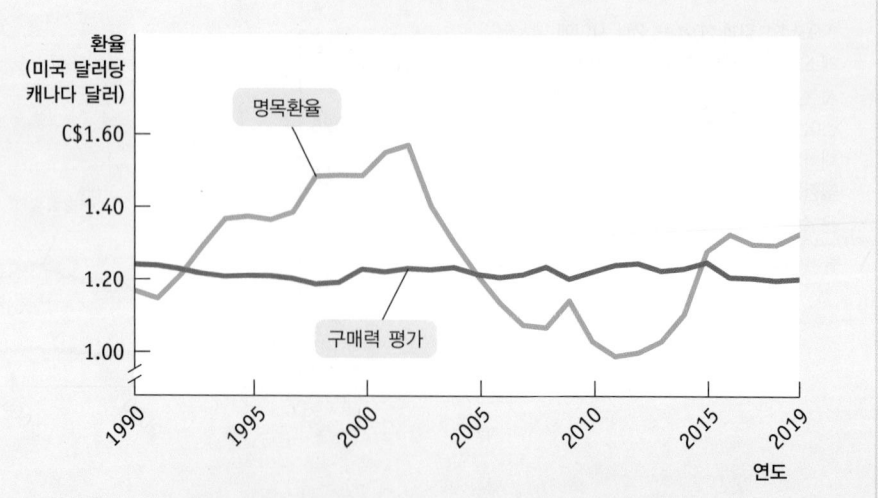

그림 33-5 구매력 평가와 명목환율, 1990~2019년

재화와 서비스 바구니의 구매비용이 두 국가에서 같아지도록 만드는 환율인 미국과 캐나다 간의 구매력 평가는 전체 기간 중 미화 1달러당 1.2캐나다 달러로 거의 변하지 않았다. 하지만 명목환율은 크게 변동했다.

출처 : OECD.

제 발전의 단계가 유사한 국가들에서조차 명목환율은 구매력 평가와 상당한 차이를 보인다.

〈그림 33-5〉는 1990년부터 2019년까지 미국 달러당 캐나다 달러의 양으로 표시한 명목환율과 함께 같은 기간 중 미국과 캐나다 간 구매력 평가를 보여 준다. 미국과 캐나다의 인플레이션율이 거의 같았기 때문에 전체 기간 중 구매력 평가는 그다지 변하지 않았다. 1990년대의 대부분과 2005년까지는 명목환율이 구매력 평가보다 높았는데 이는 동일한 시장바구니가 미국보다 캐나다에서 더 쌌음을 의미한다. 그렇지만 2005년부터 2015년까지 캐나다 달러의 가치가 상승했고 그 결과 시장바구니의 값은 미국보다 캐나다에서 더 비싸졌다.

그런데 장기적으로 구매력 평가는 명목환율의 실제 변화를 비교적 잘 예측할 수 있다. 특히 경제 발전의 수준이 유사한 국가들 간의 명목환율은 주어진 시장바구니의 구매비용을 유사하게 만드는 환율 수준 부근에서 변동하는 경향이 있다.

현실 경제의 >> 이해

강한 달러의 비애

환율이 정말로 사업에 중요할까? 이 질문에 답하기 위해 2014년부터 2015년까지 미국 기업들에 어떤 일이 일어났는지 알아보자.

이 두 해 동안 달러화는 유로화와 일본 엔화를 비롯한 많은 화폐에 대해 크게 강해졌다. 달러화의 강세는 다른 경제들이 취약한 데 기인했다. 유럽과 일본의 어려움으로 인해 이들 국가의 이자율과 투자수요는 낮았으며 자본은 일자리가 꾸준하게 증가하고 전반적으로 대후퇴로부터 더 빨리 회복하고 있던 미국으로 유입되었다.

강한 달러는 미국 경제에 있어 (상대적으로) 좋은 소식에 원인이 있었지만, 치약과 세면도구를 전 세계에 수출하는 P&G나 전 세계 유아들이 사용하는 하기스 기저귀를 수출하는 킴벌리-클락을 비롯하여 많은 물건을 해외에 판매하는 미국 기업에게는 나쁜 소식이었다.

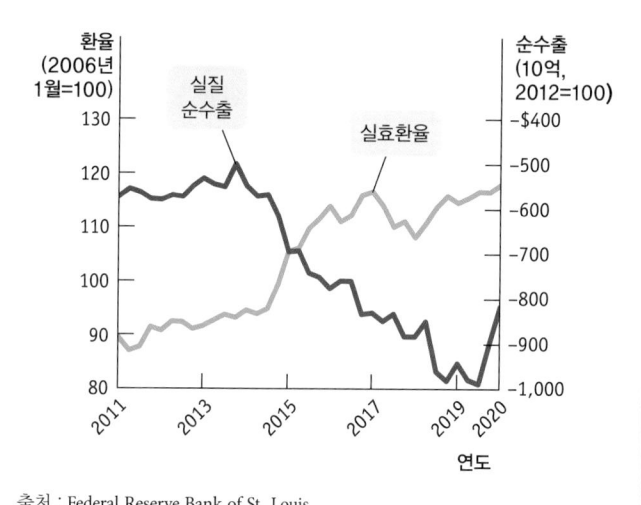

그림 33-6 강한 달러의 부정적 영향, 2011~2020년

출처 : Federal Reserve Bank of St. Louis.

〈그림 33-6〉은 전체적인 그림을 제시한다. 이 그림은 달러화의 다른 화폐들에 대한 평균적 가치의 척도인 미국의 **실효환율**(effective exchange rate)과 2012년 달러로 측정한 실질순수출(수출 빼기 수입)을 보여 준다. 2014년 초부터 2016년 초까지 달러화의 가치는 평균적으로 약 15% 상승했고, 2020년까지 이 수준에 머문 반면 실질순수출은 훨씬 더 큰 폭의 적자를 기록했다.

다시 말해서 환율은 외국의 경쟁자와 경쟁하는 기업들에게 중요하다. 앞서 가치가 상승하는 화폐에 대해 '강해진다'라고 표현하는 것이 보편적이라 했는데 이는 좋은 일이 아니다. 2014년과 2015년의 강한 달러는 미국 기업들에게는 결코 좋은 일이 아니었다.

>> 이해돕기 33-2

해답은 책 뒤에

1. 멕시코는 엄청난 매장량을 가진 유전을 발견하고 미국으로 원유를 수출하기 시작한다. 이와 같은 변화가 다음에 어떤 영향을 미칠 것인지 설명하라.

   a. 페소화와 미국 달러화 간 명목환율

   b. 멕시코의 다른 재화와 서비스 수출

>> 복습

- 화폐는 **외환시장**에서 거래되며 이 시장에서 **환율**이 결정된다.
- 환율은 두 가지 방법으로 표시될 수 있다. 혼돈을 막기 위해 경제학자들은 화폐의 **가치가 상승한다** 또는 **가치가 하락한다**라는 표현을 사용한다. **균형환율**은 외환시장에서 화폐에 대한 공급과 수요를 일치시키는 환율이다.
- 경제학자들은 각국 물가 수준의 차이를 감안하기 위해 **실질환율**을 계산한다. 경상수지는 명목환율이 아니라 실질환율의 변화에 대해서만 반응한다.
- **구매력 평가**는 두 국가에서 시장바구니의 가격이 같아지도록 만들 수 있는 명목환율이다. 명목환율은 거의 항상 구매력 평가와 괴리가 있지만, 구매력 평가는 명목환율 변화에 대한 훌륭한 예측수단이 된다.

    c. 멕시코의 재화와 서비스 수입

2. 미국에서 100달러 하는 재화와 서비스 바구니의 가격이 멕시코에서 800페소라고 하고 현재 명목환율이 달러당 10페소라 하자. 다음 5년 동안에 이 시장바구니의 가격이 미국에서는 120달러로 그리고 멕시코에서는 1,200페소로 상승하는 반면, 명목환율은 달러당 10페소로 유지된다고 하자. 다음을 계산하라.

    a. 오늘의 물가지수가 100일 경우 현재와 5년 후의 실질환율

    b. 현재와 지금으로부터 5년 후의 구매력 평가

‖ 환율정책

명목환율은 다른 가격들과 마찬가지로 공급과 수요에 의해 결정된다. 그렇지만 밀이나 원유의 가격과는 달리 환율은 (다른 국가의 화폐로 표시한) 한 국가 화폐의 가격이다. 화폐는 민간부문에 의해 생산되는 재화나 서비스가 아니다. 이것은 정부정책에 의해 공급량이 결정되는 자산이다. 그 결과 정부는 일반적인 제품의 가격에 비해 명목환율에 더 강력한 영향력을 미칠 수 있다.

명목환율은 많은 국가에서 매우 중요한 가격이다. 환율은 수입재와 수출재의 가격을 결정하며 수출과 수입이 국내총생산에서 차지하는 비중이 높은 경제에서는 총생산과 물가에 중대한 영향을 미친다. 이와 같이 중요한 가격에 영향을 미칠 수 있는 정부는 이 능력을 어떻게 사용할까?

그 답은 '경우에 따라 다르다'이다. 시간과 장소에 따라서 정부는 다양한 환율제도를 채택해 왔다. 지금부터 이 환율제도가 어떻게 실행되며 정부가 이들을 어떻게 선택하는지에 대하여 얘기해 보도록 하자. (지금부터 우리가 환율이라고 하는 것은 명목환율을 의미한다.)

환율제도

환율제도(exchange rate regime)는 환율에 대한 정책을 지배하는 규칙이다. 환율제도에는 크게 두 가지가 있다. 정부가 특정한 화폐에 대한 환율을 특정한 목표 또는 그에 가깝게 유지하는 경우 그 국가는 **고정환율제도**(fixed exchange rate regime)를 갖고 있다고 한다. 예를 들어 홍콩은 환율을 미화 1달러당 7.8홍콩달러에 고정시키는 것을 공식적인 정책으로 정하고 있다. 반면에 정부가 시장에서 결정되는 대로 환율이 움직이도록 허용하는 경우 그 국가는 **변동환율제도**(floating exchange rate regime)를 갖고 있다고 한다. 영국, 캐나다, 미국은 변동환율제도를 채택하고 있다.

그런데 고정환율과 변동환율만이 유일한 환율제도인 것은 아니다. 시기에 따라 국가들은 고정환율과 변동환율 사이 어디쯤에 놓여 있는 절충정책을 택하기도 한다. 이들 정책에는 환율이 고정되어 있지만 종종 조정되는 환율제도, 환율이 고정되어 있지는 않지만 큰 폭의 변동을 피하기 위해 정부에 의해 '관리되는' 환율제도, 환율이 '목표대(target zone)' 내에서는 변동할 수 있으나 목표대를 벗어날 수는 없는 환율제도 등이 포함된다. 이 책에서는 두 가지 주요 환율제도에만 초점을 둘 것이다.

고정환율에 대해서 제기되는 우선적인 질문은 환율이 공급과 수요에 의해 결정되는데 어떻게 정부가 환율을 고정시킬 수 있는가이다.

환율은 세계 경제에서 중요한 역할을 수행한다.

어떻게 환율이 고정될 수 있을까?

어떻게 한 국가가 환율을 고정시킬 수 있는지를 이해하기 위해서 가상 국가인 제노비아가 어떤 이유에서건 자신의 화폐인 제노(geno)화의 가치를 미화 1.5달러에 고정시키기로 한다고 하자.

한 가지 분명한 문제는 1.5달러가 외환시장에서의 균형환율이 아닐 수도 있다는 점이다. 균형환율은 목표로 하는 환율보다 높을 수도 있고 낮을 수도 있다. 〈그림 33-7〉은 제노화의 외환시장을 보여 주는데, 제노화의 공급량과 수요량은 수평축으로 측정되고 제노당 달러로 표시한 제노화 환율은 수직축으로 측정된다. 그림 (a)는 제노화의 균형환율이 목표환율보다 낮은 경우를 보여 준다. 그림 (b)는 제노화의 균형환율이 목표환율보다 높은 경우를 보여 준다.

제노화의 균형가치가 목표환율보다 낮은 경우를 먼저 생각해 보자. 〈그림 33-7(a)〉가 보여주듯이 목표환율에서는 외환시장에서 제노화가 초과공급되고 있으며 이는 정상적으로는 제노화의 가치를 하락시킬 것이다. 제노비아의 정부는 어떻게 제노화의 가치를 자신이 원하는 수준에 유지할 수 있을까? 여기에 대해서는 세 가지 가능한 답이 있는데, 이들 모두 정부들에 의해 사용된 적이 있는 방법이다.

제노비아 정부가 제노화의 가치를 유지할 수 있는 한 가지 방법은 외환시장에서 자국의 화폐를 매입함으로써 제노화의 과잉공급을 흡수하는 것이다. 정부가 외환시장에서 화폐를 매입하거나 매각하는 것을 **외환시장 개입**(foreign exchange market intervention)이라고 한다. 외환시장에서 제노화를 매입하기 위해서는 물론 제노비아 정부가 제노화와 교환할 달러화를 가지고 있어야 한다. 사실 대부분의 국가가 화폐 가치를 유지하기 위해 자신의 화폐를 매입하는 데 사용할 수 있는 외화(대개 미국 달러화 또는 유로화)를 보유하는데 이를 **외환보유고**(foreign exchange reserves)라 한다.

이 장의 앞부분에서 우리는 정부와 중앙은행에 의한 해외자산의 매입과 매각이 국제 자본흐름의 중요한 부분임을 보았다. 이제 우리는 왜 정부가 해외자산을 매각하는지를 알 수 있다. 정

그림 33-7 외환시장 개입

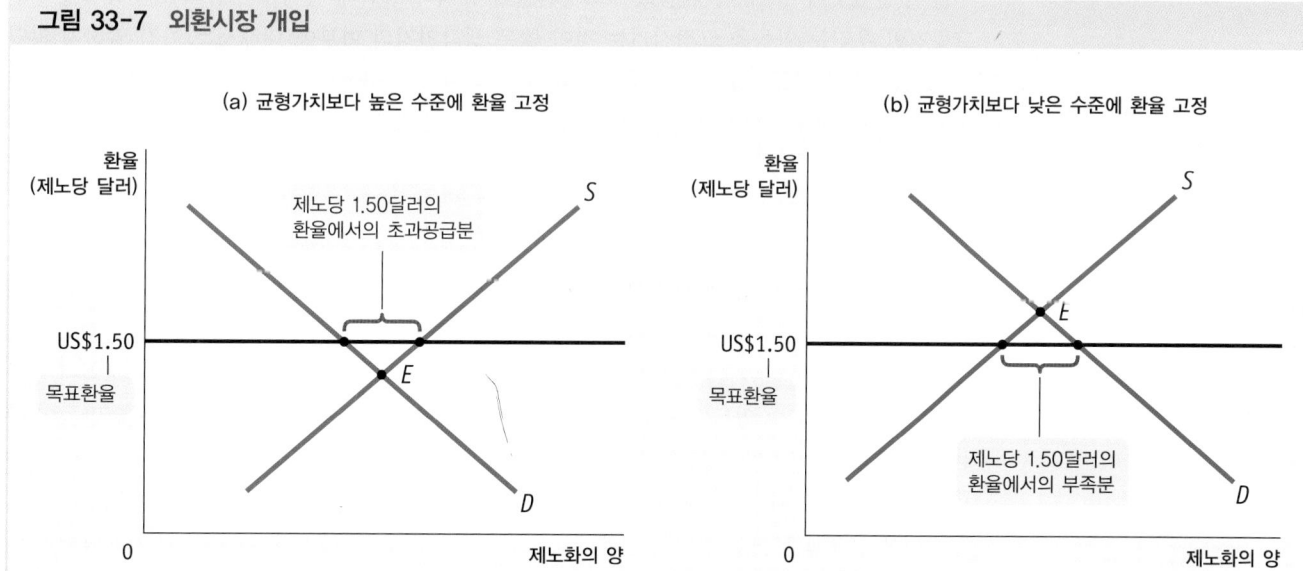

두 그림에서 모두 제노비아라는 가상 국가는 자국의 화폐인 제노화의 가치를 1.5달러에 유지하려고 한다. 그림 (a)에서는 외환시장에 제노화의 초과공급이 존재한다. 제노화의 가치 하락을 막기 위해서 제노비아 정부는 제노화를 사고 달러를 팔 수 있다. 그림 (b)에서는 제노화의 초과수요가 존재한다. 즉 외환시장에서 제노화가 부족하다. 제노화 가치의 상승을 막기 위해서는 정부가 제노화를 팔고 달러를 살 수 있다.

부는 외환시장 개입을 통해 자국 화폐의 가치를 유지하려고 하는 것이다. 반대로 외환시장 개입을 통해 자국 화폐의 가치를 하락시키려는 정부는 외화를 매입해야 한다. 하지만 일단은 정부가 환율을 고정시키기 위해 사용하는 다른 두 가지 방법에 대해서 얘기해 보자.

제노비아 정부가 제노화의 가치를 유지할 수 있는 두 번째 방법은 외환시장에서 제노화에 대한 공급곡선과 수요곡선을 이동시키는 것이다. 예를 들어 제노비아의 중앙은행은 제노화의 가치를 지지하기 위해 제노비아의 이자율을 인상할 수 있다. 이 경우 제노비아로의 자본유입이 증가하고 그 결과 제노의 수요가 증가할 것이다. 동시에 제노비아로부터의 자본유출은 감소하고 그 결과 제노의 공급이 감소할 것이다. 따라서 다른 조건이 동일하다면 한 국가의 이자율 상승은 그 국가의 화폐 가치를 높일 것이다.

셋째로, 제노비아 정부는 외환시장으로의 제노화 공급을 감소시킴으로써 제노화의 가치를 지지할 수 있다. 이를 위해서는 외화를 매입하기를 원하는 자국 거주자들이 허가를 받도록 하고 이 허가를 (제노비아 정부가 필수불가결하다고 판단하는 수입재의 구입과 같이) 승인된 거래활동을 하는 사람들에게만 부여하는 방법을 사용할 수 있다. 개인이 외화를 매입하는 권리를 제한하는 허가제도를 **외환통제**(foreign exchange control)라고 부른다. 다른 조건이 동일하다면 외환통제는 한 국가의 화폐 가치를 상승시킨다.

지금까지 우리는 정부가 제노화의 가치 하락을 막으려는 상황에 대해 설명했다. 그 대신 현 상황이 〈그림 33-7(b)〉에서와 같이 제노화의 균형가치가 제노당 1.5달러의 목표환율보다 높고 제노화가 부족하다고 하자. 목표환율을 유지하기 위해서는 제노비아 정부가 앞서 설명한 세 가지 방법을 반대 방향으로 시행하면 된다. 정부는 외환시장에서 개입을 할 수 있는데 이 경우에는 제노화를 팔고 달러를 매입해야 하며 그 결과 외환보유고가 증가할 것이다. 정부는 이자율을 인하하여 제노화의 공급을 늘리고 수요를 줄일 수 있다. 또는 외국인들이 제노화를 사는 것을 제한하는 외환통제를 도입할 수 있다. 다른 조건이 같다면 이 세 가지 조치 모두 제노화의 가치를 하락시킬 수 있다.

앞서 말했듯이 이 세 가지는 모두 고정환율을 유지하기 위해 실제로 사용되었던 방법들이다. 그렇지만 우리는 환율을 고정시키는 것이 좋은 생각인지의 여부에 대해서는 아직 말하지 않았다. 고정환율과 변동환율은 장점과 단점을 모두 갖고 있기 때문에 사실 환율제도 선택의 문제는 정책담당자들에게는 딜레마가 아닐 수 없다.

환율제도 딜레마

거시경제학에서 제기되는 질문 중에서 고정환율과 변동환율 중 어느 것을 채택해야 하는가라는 질문만큼 많은 논쟁을 거친 것은 없을 것이다. 이처럼 많은 논쟁이 이루어진 이유는 두 환율제도의 지지자들이 모두 정당한 논거를 갖고 있기 때문이다.

고정환율에 대한 논거를 이해하기 위해서 잠시 동안 미국의 주 경계를 넘나드는 교역이 얼마나 쉽게 이루어질 수 있는지를 생각해 보자. 주 간의 교역이 문제없이 이루어지도록 만들어 주는 요인으로는 여러 가지를 들 수 있는데 이 중 하나가 화폐가치에 대한 불확실성이 없다는 것이다. 뉴욕에서나 로스앤젤레스에서나 1달러는 어디까지나 1달러다.

반면에 뉴욕과 토론토 사이의 거래에서는 1달러가 동일한 1달러가 아니다. 캐나다 달러와 미국 달러 간 환율은 때로는 매우 큰 폭으로 변동한다. 미국 기업이 지금부터 1년 후에 캐나다 기업에 일정한 금액의 미국 달러를 지급한다고 약속한다면 캐나다 화폐로 환산한 이 약속의 가치는 10% 또는 그 이상 변동할 수도 있다. 이와 같은 불확실성은 두 국가 간 교역을 저해하는 효과를 갖는다. 따라서 고정환율의 혜택 중 하나는 화폐의 미래가치의 확실성이라 할 수 있다.

뿐만 아니라 어떤 경우에는 고정환율을 채택할 경우 추가적인 혜택을 누릴 수 있다. 고정환

탐구자를 위하여   브레튼 우즈에서 유로화에 이르기까지

제2차 세계대전이 한창이던 1944년에 연합국의 대표들이 전후 주요 통화들 간의 환율을 고정시키는 국제통화체제를 구축하기 위해 뉴햄프셔주에 있는 브레튼 우즈에서 만났다. 이 체제는 처음에는 매우 성공적이었으나 1971년에 이르러 붕괴되었다. 정책담당자들은 새로운 고정환율체제를 구축하려고 노력했으나 결국 1973년에 이르러서는 대부분의 선진국들이 변동환율제도로 전환했다.

그렇지만 유럽에서는 많은 정책담당자들이 변동환율에 대해서 만족스럽게 생각하지 않았다. 변동환율은 기업활동에 지나친 불확실성을 초래한다고 믿었기 때문이다. 이들은 1970년대 후반부터 여러 차례에 걸쳐 유럽에서 다소 고정된 환율체제를 창출하려는 시도를 했으며 이 시도는 환율기구(Exchange Rate Mechanism)라는 체제에서 절정을 이루었다. (환율기구는 엄밀히 말하자면 좁은 범위 내에서는 환율이 자유롭게 움직이도록 허용되나 그 바깥으로는 움직이지 못하는 '목표대' 환율제도다.) 그리고 1991년에 이르러 이들은 고정환율의 극치라 할 수 있는 유럽 공통 화폐, 즉 유로화 채택에 합의했다. 많은 분석가의 예상을 뒤엎고 이들은 결국 이 합의를 이행했다. 오늘날 대부분의 유럽국가들은 자국의 화폐를 버리고 유로화를 공통 화폐로 채택하고 있다.

〈그림 33-8〉은 유럽 환율제도의 역사를 보여 준다. 이 그림은 1971년 이래 마르크당 프랑으로 표시한 프랑스 프랑화와 독일 마르크화 간의 환율을 보여 준다. 처음에는 이 두 화폐 간 환율이 큰 폭으로 변동했다. 자료에서 볼 수 있는 평평한 부분은 환율이 아주 조금씩만 변동했던 시기인데 이

기간 중에는 고정환율로 복귀하려는 시도가 진행 중이었다. 환율기구는 두 차례의 실패를 거친 후 1987년에 출범했는데 마르크당 약 3.4프랑에 환율을 안정시켰다. (1990년대 초의 환율 변동은 평가절하가 임박했다는 기대가 널리 퍼짐에 따라 일시적이지만 대규모의 자본유출이 발생했던 두 차례의 통화위기로 인한 것이다.)

1999년부터 환율은 '고정'되었고 국가들이 프랑화나 마르크화로부터 유로화로의 전환을 준비함에 따라 더 이상의 변동은 허용되지 않았다.

2001년 말에는 프랑화와 마르크화가 더 이상 존재하지 않게 되었다.

유로화로의 전환에 비용이 전혀 수반되지 않은 것은 아니다. 유로화를 채택한 국가들은 일부 중요한 정책수단을 희생해야 했다. 즉 이들은 더 이상 자신의 특수한 경제상황에 따라 재단된 통화정책을 사용할 수 없게 되었으며, 자신의 화폐가치가 하락하도록 놔둠으로써 다른 유럽국가들에 비해 생산비용을 낮출 수 없게 되었다.

그림 33-8 유로화로 가는 길

환율
(마르크당
프랑)

환율 안정 시도

환율기구

유로화 도입을
위한 환율 고정

출처 : Pacific Exchange Rate Service.

율을 약속함으로써 정부는 인플레이션을 유발하는 정책을 시행하지 않을 것을 약속하는 효과를 가질 수 있다. 예를 들어 무책임한 정책으로 인해 오랜 기간 심각한 인플레이션을 겪었던 아르헨티나는 미래에는 인플레이션을 유발할 수 있는 정책을 시행하지 않을 것임을 분명히 하기 위해 1991년에 아르헨티나 페소당 미화 1달러의 고정환율을 채택했다. (아르헨티나의 고정환율은 2001년 후반에 처참하게 붕괴되었다. 하지만 이것은 또 다른 이야기다.)

중요한 점은 안정적인 환율을 유지하는 것은 얼마간의 경제적 가치가 있다는 것이다. 실제로 '탐구자를 위하여'에서 설명했듯이 안정적 환율이 제공할 것으로 생각되는 혜택이 바로 제2차 세계대전 후에 국제적인 고정환율체제를 출현시킨 유인이 되었으며 유로화를 창시한 주요 이유 중 하나였다.

불행히도 환율을 고정시키는 데는 비용이 따른다. 외환시장 개입을 통해 환율을 안정시키기 위해서는 국가가 많은 양의 외환을 보유해야 하는데 이들은 대개 수익률이 낮은 자산에 투자된다. 더욱이 대규모의 자본유출이 발생할 때에는 많은 양의 외환보유고조차도 빠른 속도로 고갈

될 수 있다. 어떤 국가가 개입 대신 통화정책의 조정을 통해 환율을 안정시키기로 한다면 이 국가는 통화정책을 경기 안정이나 물가 안정과 같은 다른 목적 달성을 위해 사용할 수 없을 것이다. 마지막으로 수입 할당제나 관세와 같은 외환통제는 수입과 수출의 유인을 왜곡한다. 외환통제는 관료주의나 부정부패와 같은 심각한 비용을 발생시킬 수도 있다.

이런 이유에서 딜레마가 생긴다. 환율을 변동시켜야 할까? 이 경우에는 통화정책을 거시경제 안정을 위해 사용할 수 있지만 기업에는 불확실성이 발생하게 된다. 또는 환율을 고정시켜야 할까? 이 경우에는 불확실성이 제거되지만 통화정책을 포기하거나 자본통제를 채택해야 한다.

여러 국가들은 시기에 따라 상이한 결론에 도달했다. 영국을 제외한 대부분의 유럽국가들은 유럽 주요 경제들 간의 환율이 고정되어야 한다는 믿음을 오랫동안 가지고 있었다. 대부분의 국제교역이 유럽국가들 사이에 이루어지기 때문이다. 그렇지만 캐나다는 미국과의 교역이 캐나다 국제무역의 대부분을 차지하고 있음에도 불구하고 미국과의 변동환율에 만족하고 있는 것처럼 보인다.

다행히도 우리에게는 이 딜레마를 해결할 의무가 없다. 이 장의 나머지 부분에서는 각국이 채택한 환율제도를 주어진 것으로 보고 이 환율제도가 거시경제정책에 어떤 영향을 주는지를 살펴볼 것이다.

현실 경제의 >> 이해

중국이 위안화를 고정시키다

21세기 초에 중국은 한 국가가 고정환율을 유지하기 위해 어디까지 버틸 수 있는지에 대한 놀라운 사례를 제공했다.

이 이야기의 제1막에서는 중국이 자신의 화폐가치를 낮게 유지하기 위한 행동을 취했다. 수출국으로서의 중국의 괄목할 만한 성공은 경상수지 흑자를 지속적으로 증가시켰다. 이와 동시에 중국 이외 지역의 민간 투자자들은 중국 경제의 빠른 성장에 편승하기 위해 중국으로 자금을 이동시키기에 열심이었다.

자본유입은 외환통제의 제약을 받기는 했지만 어쨌든 계속 이루어졌다. 경상수지 흑자와 민간자본 유입의 결과 중국은 〈그림 33-7(b)〉와 같이 목표환율에서 위안화에 대한 수요가 공급을 초과하는 위치에 있게 되었다. 그렇지만 중국 정부는 환율을 균형 수준보다 낮게 유지하기로 결심하고 있었다.

환율을 고정시키기 위해 중국은 외환시장에서 위안화를 팔고 주로 달러화를 비롯한 다른 국가의 화폐를 사들이는 등 대규모의 외환시장 개입을 계속했으며 그 결과 외환보유고가 크게 늘어났다. 2009년 초와 2014년 초 사이에 중국의 외환보유고는 2조 달러 늘어났고 그 결과 2014년 중에 외환보유고가 4조 달러로 증가했는데 이는 국내총생산의 40%에 달한다. 중국의 이러한 환율정책이 중국의 수출에 보조금을 지급하는 효과가 있다고 느끼는 교역 상대국들과 어느 정도 알력이 생기는 것은 결코 놀랄 만한 일이 아니다.

그런데 이때 이야기의 제2막이 시작되었다. 2012년 이후 중국의 경상수지 흑자는 축소되었는데, 이는 부분적으로는 임금 상승에 원인이 있고 부분적으로는 베트남이나 방글라데시와 같은 새로운 경쟁자들이 출현한 데 원인이 있다. 게다가 여전히 빠르긴 해도 중국의 경제성장이 둔화되었고, 이에 따라 금융위기나 정치적 위기 가능

중국은 한 국가가 고정환율을 유지하기 위해 어디까지 버틸 수 있는지에 대한 놀라운 사례를 제공한다.

성에 대한 투자자들의 우려가 점차 커졌다. 그 결과 자본유입이 자본유출로 전환되었다. 2015년의 자본유출은 놀랍게도 1조 달러에 달하는 것으로 추정되며, 이 중 대부분이 미국으로 흘러들어갔다.

정부의 개입이 없다면 이와 같은 자본도피는 위안화 가치의 급격한 하락을 가져왔을 것이다. 그렇지만 중국 정부는 자신의 화폐가치가 올라가는 것을 꺼리는 것만큼 내려가는 것도 꺼렸다. 따라서 중국은 외환보유액을 이용하여 위안화를 대량으로 매입하기 시작했다. 2017년 초까지 외환보유액은 4조 달러로부터 약 3조 달러로 감소했으며, 그 후 2020년까지 이 수준에 머물렀다.

>> 이해돕기 33-3
해답은 책 뒤에

1. 중국이 환율을 고정하고 있었던 시기의 중국 외환시장 상황을 〈그림 33-7〉과 비슷한 그림으로 나타내 보라. (힌트 : 환율을 위안화당 달러화로 나타내 보라.) 그리고 이 그림을 이용하여 다음의 정책 변화가 시장에서의 불균형을 제거할 수 있었을지를 보이라.
   a. 중국이 환율을 더 이상 고정하지 않고 자유롭게 두기
   b. 중국에 투자하기를 원하는 외국인들에 대한 제약 부과
   c. 해외투자를 하려고 하는 중국인들에 대한 규제 제거
   d. 의류와 같이 수입국에서 정치적인 반발을 야기하고 있는 중국산 수출품에 대한 조세 부과

|| 환율과 거시경제정책

1999년에 유로화가 탄생했을 때, 이를 더 밝은 미래를 향한 걸음으로 여겼던 대부분의 유럽 국가들의 축하를 받았다. 그렇지만 여기에는 몇몇 예외가 있었다. 일부 국가들은 새로운 화폐를 채택하지 않기로 결정했다. 이 중 가장 중요한 국가로는 영국을 들 수 있으며 그 외에도 스웨덴과 같은 유럽국가들이 유로화가 자신에게 부적합하다는 결정을 내렸다.

왜 영국은 유로화를 채택하지 않았을까? 그 답은 부분적으로는 국가의 자존심에서 찾을 수 있다. 영국이 파운드화를 포기한다면 여왕의 초상이 담겨진 화폐를 포기해야 하기 때문이다. 하지만 파운드화를 포기하고 유로화를 채택하는 데 따른 경제적인 우려도 한몫했다. 유로화의 채택을 옹호하는 영국 경제학자들은 이웃 국가들과 동일한 화폐를 사용한다면 영국의 국제무역이 증가하고 생산성이 더 높아질 것이라 주장했다. 하지만 다른 경제학자들은 유로화를 채택할 경우 영국이 독립적인 통화정책을 시행할 수 없게 되고 여러 거시성세 문제가 유발될 수 있다는 점을 지적했다.

이와 같은 논쟁이 보여 주듯이 현대 경제가 국제무역과 자본흐름에 개방되어 있다는 사실은 우리의 거시경제정책 분석을 더욱 복잡하게 만든다. 개방경제 거시경제학에서 제기되는 세 가지 정책 문제에 대해 알아보자.

1. 고정환율의 평가절하와 평가절상
2. 변동환율제도에서의 통화정책
3. 국제 경기순환

고정환율의 평가절하와 평가절상

역사적으로 볼 때 고정환율제도는 항구적인 약속이 되지 못했다. 고정환율제도를 채택한 국가

평가절하(devaluation)는 고정환율제도에서 목표로 설정되는 화폐 가치의 하락을 말한다.

평가절상(revaluation)은 고정환율제도에서 목표로 설정되는 화폐 가치의 상승을 말한다.

들은 종종 변동환율제도로 전환했다. 다른 경우에는 고정환율제도를 유지했으나 목표환율을 변경하기도 했다. 이와 같은 목표의 조정은 앞서 '탐구자를 위하여'에서 설명했듯이 브레튼 우즈 체제하에서는 흔히 발견될 수 있는 현상이다. 예를 들어 영국은 1967년에 달러화에 대한 파운드화의 환율을 파운드당 2.8달러에서 2.4달러로 변경했다. 보다 최근의 예로는 아르헨티나를 들 수 있다. 아르헨티나는 1991년부터 2001년까지 달러화에 대해 고정환율을 유지했으나 2001년 말에 변동환율제도로 전환했다.

고정환율제도하에서의 화폐 가치의 감소를 **평가절하**(devaluation)라 부른다. 이미 배웠듯이 가치 하락은 한 화폐의 가치가 감소하는 것이다. 평가절하는 환율고정 목표의 변경으로 인한 가치 하락이다. 고정환율제도에서 목표로 설정되는 화폐 가치의 상승을 **평가절상**(revaluation)이라 부른다.

평가절하는 화폐의 가치 하락과 마찬가지로 외국 화폐로 환산한 국내 제품의 가격을 싸게 만들며 이는 수출 증가를 가져온다. 이와 동시에 국내 화폐로 환산한 외국 제품의 가격을 더 비싸게 만들어 수입을 감소시키기도 한다. 그 결과 평가절하는 경상수지를 개선한다. 이와 마찬가지로 평가절상은 외국 화폐로 환산한 국내 제품의 가격을 더 비싸게 만들어 수출을 감소시키는 한편 국내 화폐로 환산한 외국 제품의 가격을 더 싸게 만들어 수입을 증가시킨다. 따라서 평가절상은 경상수지를 악화시킨다.

고정환율제도에서 평가절하와 평가절상은 두 가지 목적을 달성하는 데 사용될 수 있다. 첫째, 이들은 외환시장에서의 공급 부족과 과잉을 제거하는 데 사용될 수 있다. 예를 들어 2010년에 몇몇 경제학자들은 중국이 위안화를 평가절상시켜야 한다고 주장했다. 중국의 환율정책이 중국의 수출에 불공평한 도움을 주고 있다고 믿었기 때문이다.

둘째, 평가절하와 평가절상은 거시경제정책의 수단으로 사용될 수 있다. 평가절하는 수출을 증가시키고 수입을 감소시킴으로써 총수요를 증가시킨다. 따라서 평가절하는 경기후퇴 갭을 줄이거나 제거하기 위해 사용될 수 있다. 평가절상은 총수요를 감소시키는 등 그 반대 효과를 가진다. 따라서 평가절상은 인플레이션 갭을 줄이거나 제거하는 데 사용될 수 있다.

변동환율제도에서의 통화정책

변동환율제도에서는 한 국가의 중앙은행이 독자적인 통화정책을 추구할 수 있는 능력을 보유하게 된다. 즉 중앙은행은 이자율을 인하하여 총수요를 증가시키거나 이자율을 인상하여 총수요를 감소시킬 수 있다. 그렇지만 환율은 통화정책의 효과에 하나의 차원을 추가한다. 그 이유를 보기 위해 가상 국가인 제노비아의 예로 되돌아가서 중앙은행이 이자율을 인하할 경우 어떤 일이 일어나는지 알아보자.

국제 연계가 없는 경제에서와 마찬가지로 이자율 하락은 투자지출과 소비지출을 증가시킨다. 그렇지만 이자율 하락은 외환시장에도 영향을 미친다. 제노비아에서 대출로부터의 수익률이 낮아지기 때문에 외국인들은 자금을 제노비아로 이동시킬 유인이 작아진다. 그 결과 이들이 달러화를 제노화로 환전할 필요가 적어지고 이에 따라 제노화에 대한 수요가 감소한다. 동시에 국내 대출로부터의 수익률이 하락함에 따라 해외투자가 더 유리해지기 때문에 제노비아인들은 자금을 해외로 이동시킬 유인이 커진다. 그 결과 이들은 더 많은 제노화를 달러화로 환전하려 할 것이며 이는 제노화의 공급을 증가시킨다.

〈그림 33-9〉는 이자율 하락이 외환시장에 미치는 영향을 보여 준다. 제노화의 수요곡선은 D_1에서 왼쪽으로 이동하여 D_2가 되고, 공급곡선은 S_1에서 오른쪽으로 이동하여 S_2가 된다. 제노당 달러로 측정한 균형환율은 XR_1에서 XR_2로 하락한다. 즉 제노비아의 이자율 하락은 제노화의 가치 하락을 가져온다.

그림 33-9 통화정책과 환율

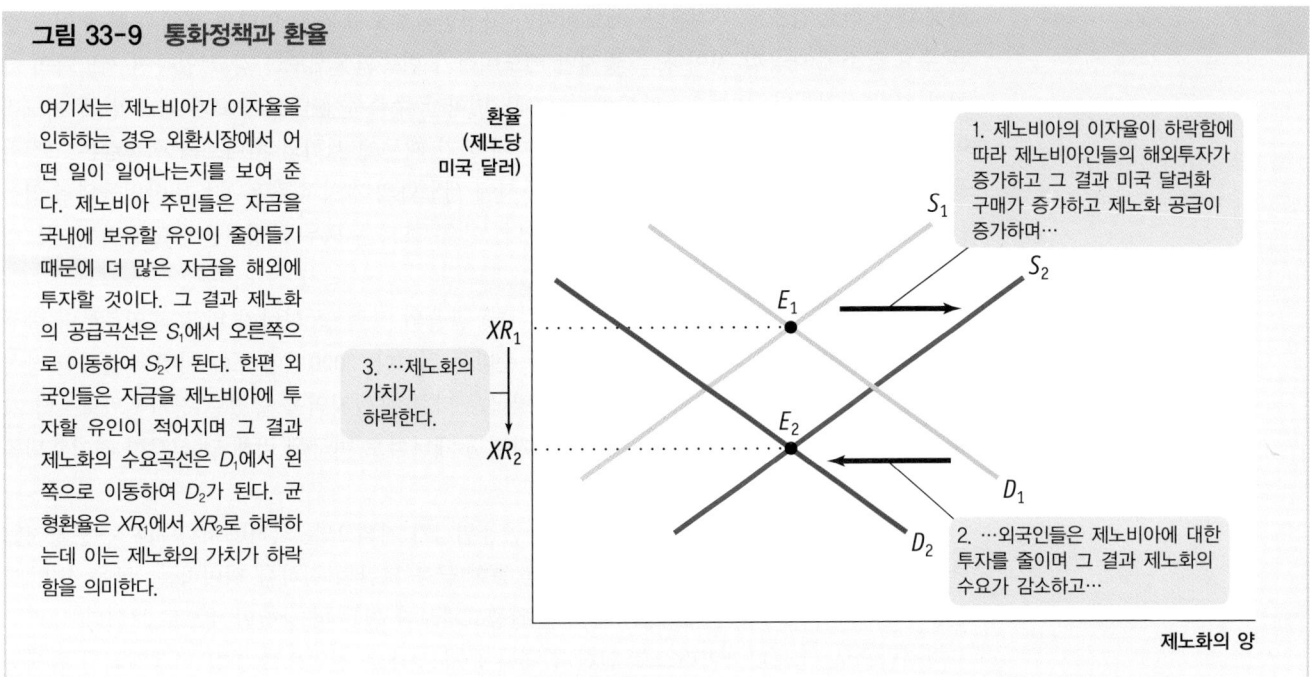

여기서는 제노비아가 이자율을 인하하는 경우 외환시장에서 어떤 일이 일어나는지를 보여 준다. 제노비아 주민들은 자금을 국내에 보유할 유인이 줄어들기 때문에 더 많은 자금을 해외에 투자할 것이다. 그 결과 제노화의 공급곡선은 S_1에서 오른쪽으로 이동하여 S_2가 된다. 한편 외국인들은 자금을 제노비아에 투자할 유인이 적어지며 그 결과 제노화의 수요곡선은 D_1에서 왼쪽으로 이동하여 D_2가 된다. 균형환율은 XR_1에서 XR_2로 하락하는데 이는 제노화의 가치가 하락함을 의미한다.

1. 제노비아의 이자율이 하락함에 따라 제노비아인들의 해외투자가 증가하고 그 결과 미국 달러화 구매가 증가하고 제노화 공급이 증가하며…

3. …제노화의 가치가 하락한다.

2. …외국인들은 제노비아에 대한 투자를 줄이며 그 결과 제노화의 수요가 감소하고…

제노화의 가치 하락은 다시 총수요에 영향을 미친다. 우리는 이미 고정환율의 변경에 따른 화폐 가치 하락을 의미하는 평가절하가 어떻게 수출을 증가시키고 수입을 감소시켜서 총수요를 증가시키는지를 보았다. 이자율 하락으로 인한 화폐 가치의 하락도 마찬가지 효과를 가진다. 즉 수출은 증가하고 수입은 감소하며 그 결과 총수요가 증가한다.

다시 말하면 변동환율제도에서의 통화정책은 폐쇄경제에서 설명한 것 이상의 효과를 갖는다. 폐쇄경제에서는 이자율 하락이 투자지출과 소비지출을 증가시켜서 총수요를 증가시킨다. 변동환율제도하의 개방경제에서는 이자율 하락이 투자지출과 소비지출을 증가시킬 뿐만 아니라 또 다른 경로를 통해서도 총수요를 증가시킨다. 즉 이자율 하락은 화폐 가치를 하락시키고 이는 수출을 증가시키는 한편 수입을 감소시키며 그 결과 총수요를 추가적으로 증가시킨다.

국제 경기순환

지금까지 우리는 개방경제에서조차 모든 수요충격이 국내 경제로부터만 발생하는 것처럼 거시경제학을 논했다. 그렇지만 현실에서 경제는 때때로 해외로부터 발생하는 충격을 겪게 된다. 예를 들면 역사적으로 볼 때 미국의 경기후퇴는 대개 멕시코의 경기후퇴를 가져왔다.

중요한 점은 총수요의 변화가 국내에서 생산되는 재화와 서비스는 물론 해외에서 생산되는 재화와 서비스의 총수요에도 영향을 미친다는 것이다. 다른 조건이 동일하다면 경기후퇴는 수입의 감소를 유발하고 경기팽창은 수입의 증가를 유발한다. 그리고 한 국가의 수입은 다른 국가의 수출이 된다. 이와 같은 국민경제의 총수요 간의 연계가 바로 여러 상이한 국가들 간의 경기순환이 항상 그런 것은 아니더라도 때때로 동조화된 것처럼 보이는 이유가 된다. 대표적인 예로는 1930년대의 대공황, 2008년의 대후퇴, 코로나바이러스 유행병으로 인한 2020년의 침체를 들 수 있다. 이들은 모두 전 세계 국가들에 영향을 미쳤다.

그런데 이와 같은 연계가 얼마나 잘 작동하는지는 환율제도에 달려 있다. 그 이유를 이해하기 위해 해외에서의 경기후퇴가 제노비아 수출품에 대한 수요를 감소시킬 경우 어떤 일이 일어나는지 생각해 보자. 제노비아산 재화와 서비스에 대한 해외수요의 감소는 외환시장에서 제노화에 대한 수요 감소를 가져온다. 제노비아가 고정환율제도를 갖고 있다면 개입을 통해 이와 같은 수요 감소에 대응할 것이다. 그렇지만 제노비아가 변동환율제도를 갖고 있다면 제노화의 가치가 하락할 것이다. 변동환율제도에서는 제노비아산 수출품에 대한 수요가 감소할 때 제노비아산 재화와 서비스가 외국인들에게 더 값싸게 되기 때문에 재화와 서비스의 수출량은 고정환율제도하에서만큼 감소하지 않는다. 이와 동시에 제노화의 가치 하락은 제노비아인들의 수입품을 더 비싸게 만들며 그 결과 수입이 감소한다. 이 두 효과는 모두 고정환율제도에 비해 제노비아의 총수요 감소폭을 줄여 준다.

변동환율제도 지지자들의 주장에 따르면 변동환율의 장점 중 하나가 바로 해외로부터 발생하는 경기후퇴로부터 국내 경제를 차단시켜 준다는 점이다. 2000년대 초에 이것은 훌륭한 장점임이 증명되었다. 변동환율제도를 가졌던 영국은 다른 유럽지역을 덮쳤던 경기후퇴로부터 자유로울 수 있었으며, 역시 변동환율제도를 가졌던 캐나다도 미국에 비해 덜 심각한 경기후퇴를 겪었다.

그렇지만 대후퇴에서는 미국에서 시작된 금융위기가 거의 모든 국가에서 경기후퇴를 가져왔다. 이 경우에는 금융시장 간 국제적 연계를 통한 금융 교란의 전파를 의미하는 "금융 전염"이 변동환율제도가 제공하는 해외충격에 대한 완충효과보다 훨씬 더 강했던 것으로 보인다.

마지막으로, 코로나바이러스로 인한 침체는 문자 그대로 전염으로 인한 범세계적인 침체였다. 전 세계에 걸쳐 국가들이 코비드−19의 전파를 막기 위해 경제의 대부분을 일시적으로 봉쇄했다.

현실 경제의 >> 이해

문제를 해결할 수 있었던 조그만 화폐

대략 33만 4,000명의 인구를 가진 아이슬란드는 매우 작은 나라다. 그런데 이 나라는 2008년에 매우 큰 경제 문제를 안고 있었다. 이 나라의 주요 은행들은 2003년과 2007년 사이에 매우 공격적으로 영업을 확장했는데 주로 다른 나라 은행들로부터 차입한 자금을 이용해서였다. 은행업의 호황은 지역 경제에도 큰 호황을 가져왔다. 하지만 은행들이 파산함에 따라 아이슬란드의 호황도 파탄을 맞이했으며, 아이슬란드는 어업이나 관광업과 같이 더 평범한 생계수단으로 되돌아가야만 했다. 이를 위해 아이슬란드는 주로 임금을 삭감해 비용을 줄여야만 했다. 이러한 입장에 처했던 나라는 아이슬란드만이 아니었다. 그리스처럼 많은 돈을 차입했던 다른 국가들도 대규모의 조정을 필요로 했다.

그런데 아이슬란드와 그리스 사이에는 날씨 외에도 큰 차이가 하나 있었다. 그리스는 유로화를 채택한 결과 자신의 화폐를 갖고 있지 못했던 반면에 아이슬란드는 아주 작은 나라임에도 불구하고 자신의 화폐인 크로나(krona, 복수는 kronur)를 갖고 있었으며, 아이슬란드의 임금은 유로나 달러가 아닌 크로나로 설정되었다.

이는 아이슬란드에서 임금을 삭감하는 과정이 유로화를 사용하는 나라들과는 매우 다를 것임을 의미한다. 그리스에서는 고용주들이 근로자들에게 지급받을 금액이 줄어들 것이라고 통보해야 했는데 이는 잘해야 섭섭한 감정을 자아내고 극단적인 경우에는 파업을 발생시키기 때문에 기업들이 하기를 꺼리는 일이다. 반면에 아이슬란드는 단순히 크로나의 가치가 하락하도록 뇌둠으로써 임금을 삭감하지 않고도 경쟁력을 회복할 수 있었다.

〈그림 33-10〉은 상이한 선택 기회가 어떤 결과를 가져왔는지를 보여 준다. 빨간색 선은 2007년의 값을 100으로 한 유로지역 전체의 평균 임금을 보여 주며, 보라색 선은 같은 기간 그리스의 임금을 보여 준다. 그림에서 볼 수 있듯이 다른 유럽국가들의 임금이 상승한 반면 그리스는 점

진적으로 임금을 삭감할 수 있었으며 그 결과 그리스 경제는 점진적으로 경쟁력을 높일 수 있었다. 그렇지만 이것은 느리고 매우 고통스러운 과정이었다.

다른 두 선은 아이슬란드의 이야기를 보여 준다. 파란색 선은 아이슬란드 자신의 화폐인 크로나로 표시된 임금을 보여 준다. 이 임금은 상승을 계속했으며 명목임금의 삭감은 없었다. 초록색 선은 유로화로 표시한 아이슬란드의 임금을 보여 주는데, 크로나의 가치가 하락한 덕분에 극적으로 하락했다.

아이슬란드 근로자의 입장에서는 수입품의 가격이 상승함에 따라 임금의 구매력이 감소했기 때문에 이 과정이 전혀 고통스럽지 않았다고 말하는 것은 잘못일 것이다. 하지만 이것은 그리스의 조정이 가져온 고통에 비해서는 아무것도 아니었다. 그리스에서는 해마다 실업률이 상승해 2013년 말엽에는 28%의 정점에 달했고 그 후 조금씩 하락하기 시작했다. 반면에 아이슬란드는 일자리 위기가 2년 정도만 지속되었으며 2014년 말엽에는 실업률이 5%에 미달했다.

전체적으로 아이슬란드의 경험은 자신의 화폐를 갖고 있는 데 따른 이점에 대한 객관적인 가르침이었다. 크기가 미국의 중간 규모 마을보다도 크지 않은 나라에 있어서조차.

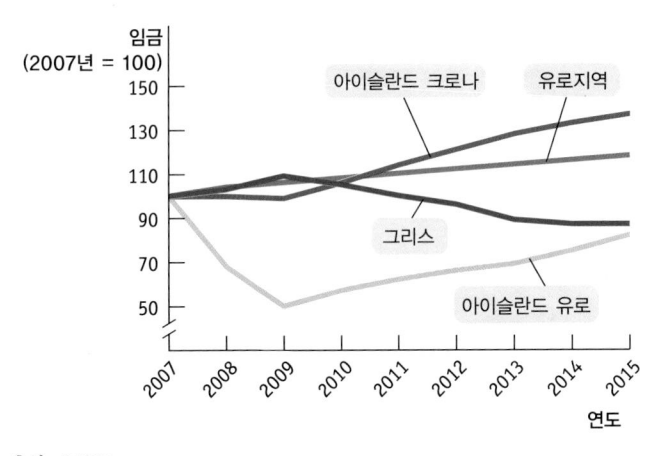

그림 33-10 아이슬란드와 그리스에서의 임금 삭감, 2007~2015년

출처 : OECD.

>> 이해돕기 33-4
해답은 책 뒤에

1. 〈그림 33-8〉에 제시된 자료를 보라. 어디에서 마르크화에 대한 프랑화의 평가절하와 평가절상을 발견할 수 있는가?
2. 1980년대 후반에 캐나다 경제학자들은 캐나다은행(Bank of Canada)의 고금리 정책이 높은 실업률을 발생시킬 뿐만 아니라 캐나다 제조업자들이 미국의 제조업자들과의 경쟁에서 불리해지도록 만든다고 주장했다. 변동환율제도에서 통화정책이 어떻게 작동하는지에 대한 본문의 분석을 이용해 이와 같은 주장의 근거를 설명하라.

>> 복습
• 국가들은 고정환율을 변경할 수 있다. 화폐의 가치를 하락시키는 **평가절하**는 외환시장에서의 외환의 부족을 해소하고 총수요를 증가시킬 수 있으며, 화폐의 가치를 상승시키는 **평가절상**은 외환시장에서의 외환의 초과공급을 감소시키고 총수요를 감소시킬 수 있다.
• 변동환율제도를 채택한 개방경제에서는 이자율이 환율에 영향을 미칠 수 있다. 따라서 통화정책은 환율이 수입과 수출에 미치는 영향을 통해 총수요에 영향을 미칠 수 있다.
• 한 국가의 수입은 다른 국가의 수출이기 때문에 국가들 간에 경기순환이 동조화가 이루어질 때가 있다. 그렇지만 변동환율은 이와 같은 연계를 약화시킨다.

스페인에서 제조된 독일 자동차

ANDER GILLENEA/Getty Images

스페인의 소도시인 팜플로나는 "황소 달리기"로 유명한데, 이는 모험을 원하는 사람들이 이 도시 옛 중심의 통제된 구역에서 황소들보다 더 빨리 달리려 드는 여름 행사다. 이 행사는 많은 관광객들을 끌어들이지만 연례행사에 불과하기 때문에 이 도시의 주민들은 다른 일로 밥벌이를 해야 한다. 이들 중 다수가 직접이든 간접이든 밥벌이를 하는 것은 여러분이 스페인과 잘 연상시키지 못하는 것인데 바로 자동차 생산이다.

팜플로나는 스페인에서 공장을 운영하고 있는 많은 자동차 제조사 중 하나인 폭스바겐의 대규모 조립공장이 소재한 곳이다. 독일을 비롯한 다른 자동차회사와 마찬가지로 폭스바겐은 2010년대 초반에 스페인 사업을 확장하기 위해 많은 자금을 투자하기 시작했다. 스페인 소유의 자동차회사가 없기 때문에 여러분은 아마 스페인이 자동차 산업의 강자일 것이라 생각하지 않을 것이다. 그렇지만 다국적 자동차회사들이 스페인으로

몰려들었으며, 그 결과 스페인은 독일에 이어 유럽 2위의 자동차 생산국이 되었다.

스페인의 자동차산업은 주로 다른 국가의 소비자를 위한 자동차를 생산하는데, 전체 생산량의 80%가 수출된다. 그렇다면 폭스바겐과 같은 회사가 왜 생산기지를 스페인으로 옮겼을까? 그 답은 한 마디로 비용이다.

독일과 마찬가지로 스페인은 유로화를 사용한다. 실업률을 26%까지 끌어올린 극심한 경기후퇴에 처했을 때 스페인은 아이슬란드가 했던 것처럼 자신의 화폐를 평가절하할 수 없었다. 그렇지만 제31장의 현실경제의 이해에서 봤듯이 높은 실업률로 인해 스페인의 인플레이션율이 극적으로 하락한 반면 독일을 비롯한 다른 국가들의 물가는 지속적으로 상승했다. 스페인의 임금 역시 뒤처졌다. 2010년부터 2018년까지 스페인 제조업의 시간당 노동비용은 연간 0.9%만 상승한 반면 독일은 2.4% 상승했다.

스페인 임금의 상대적인 하락은 이 국가의 자동차산업에는 매우 중요했다. 그리고 자동차산업의 호황은 스페인 경기회복에 있어 가장 큰 원동력이었다.

생각해 볼 문제

1. 스페인 자동차산업의 이야기는 앞서 제시된 경상수지 결정요인에 대한 설명과 어떤 관계가 있을까?

2. 2010년 초반 이후의 스페인의 조정은 종종 "내부적 평가절하"라고 불린다. 그 의미는 무엇일까?

3. 스페인 자동차 수출의 증가는 전적으로 외국 기업들의 투자로 인한 것이다. 이는 스페인의 경상수지에 어떤 영향을 미쳤을까?

요약

1. 한 국가의 **국제수지 계정**은 전 세계와의 거래를 요약한다. **경상계정상의 국제수지** 또는 **경상수지**는 재화와 서비스 수지와 함께 요소소득과 이전지출에 대한 국제수지를 포함한다. **상품 무역수지** 또는 **무역수지**는 재화와 서비스 수지 중에서도 가장 자주 언급되는 부분이다. **금융계정상의 국제수지** 또는 **금융수지**는 자본흐름을 측정한다. 정의에 의해 경상수지와 금융수지의 합은 영이다.

2. 대부자금모형은 자본유출을 초과하는 자본유입 또는 자본유입을 초과하는 자본유출을 의미하는 순자본흐름의 방향이 투자기회의 차이와 저축행태의 차이로 인해 발생하는 국가 간 이자율 차이에 의해 결정됨을 보여준다. 자본흐름은 국가 간에 이자율이 같아지도록 일어난다. 현실 세계에서는 국가들이 총자본유입과 총자본유출이 동시에 발생하는 양방향 자본흐름을 경험하는데 이는 이자율 이외의 요인들이 투자자의 결정에 영향을 미치기 때문이다. 이러한 요인들로는 위험에 대한 고려, 사업 전략, 은행산업의 전문성 등을 들 수 있다.

3. 화폐는 **외환시장**에서 거래된다. 화폐가 거래되는 가격을 **환율**이라 한다. 한 화폐의 가치가 다른 화폐에 대해 상승할 때 그 화폐의 **가치 상승**이 일어난다고 한다. 그 반대의 경우 **가치 하락**이 발생한다. **균형환율**은 외환시장에 공급되는 화폐의 양과 수요되는 화폐의 양을 일치시킨다.

4. 인플레이션율의 국가 간 차이를 감안하기 위해 경제학자들은 두 국가 간 환율에 두 국가 간 물가의 비율을 곱한 **실질환율**을 계산한다. 경상수지는 명목환율이 아니라 실질환율에만 반응한다. **구매력 평가**는 동일한 재화와 서비스 바구니의 구매비용이 두 국가에서 같아지도록 만드는 환율 수준이다. 구매력 평가와 명목환율은 거의 항상 차이가 있지만 구매력 평가는 실제 명목환율 변화에 대한 좋은 예측치를 제공한다.

5. 환율정책을 지배하는 규칙을 **환율제도**라 한다. 국가들은 상이한 환율제도를 채택하고 있다. 주요 환율제도로는 정부가 환율을 목표 수준에 유지하기 위해 행동을 취하는 **고정환율**과 환율이 자유롭게 변동하도록 허용되는 **변동환율**이 있다. 국가들은 **외환시장 개입**을 통해 환율을 고정할 수 있는데 이를 위해서는 남아도는 자국의 통화를 매입하는 데 사용할 **외환보유고**가 필요하다. 이 대신 국가들은 국내 정책, 특히 통화정책을 이용하여 외환시장에서의 공급곡선과 수요곡선을 이동시킬 수 있다. 마지막으로 국가들은 **외환통제**를 사용할 수 있다.

6. 환율정책은 정부에 딜레마를 발생시킨다. 환율을 안정시킴으로써 경제적 혜택이 발생하는 데 반해 환율을 고정시키기 위해 사용되는 정책에 비용이 수반되기 때문이다. 외환시장 개입은 대규모의 외환보유고를 필요로 하며 외환통제는 경제적 인센티브를 왜곡한다. 환율을 고정시키기 위해 통화정책을 사용할 경우 이를 국내정책을 위한 목적으로 사용할 수 없다.

7. 고정환율은 언제나 항구적인 약속이 되지는 않는다. 고정환율제도를 가진 국가들은 종종 화폐의 목표 가치를 하락시키는 **평가절하**나 화폐의 목표 가치를 상승시키는 **평가절상**을 실시한다. 평가절하는 외환시장에서 국내 화폐의 초과공급을 제거하는 한편 총수요를 증가시킨다. 마찬가지로 평가절상은 국내 화폐의 부족을 해소하는 한편 총수요를 감소시킨다.

8. 변동환율제도하에서 확장적인 통화정책은 부분적으로는 환율을 통해서 경제에 영향을 미친다. 국내이자율의 하락은 자국 화폐의 가치 하락을 가져오고 이는 수출 증가와 수입 감소를 통해 총수요를 증가시킨다. 긴축적인 통화정책은 반대의 효과를 갖는다.

9. 한 국가의 수입은 다른 국가의 수출이기 때문에 여러 국가의 경기순환이 서로 연계관계를 갖게 된다. 그렇지만 변동환율은 이와 같은 연계관계를 약화할 수도 있다.

주요용어

국제수지 계정
경상계정상의 국제수지(경상수지)
재화와 서비스 수지
상품 무역수지(무역수지)
금융계정상의 국제수지(금융수지)
외환시장
환율

가치 상승
가치 하락
균형환율
실질환율
구매력 평가
환율제도
고정환율제도

변동환율제도
외환시장 개입
외환보유고
외환통제
평가절하
평가절상

토론문제

1. 최근에 "미국이 중국과의 무역에서 연간 5,000억 달러를 손해 보다."라는 기사 제목을 봤다고 하자. 이 금액은 미국의 경상수지 적자의 일부로 포함되었을 것이다. 그런데 이 제목은 어디가 잘못되었을까? 이러한 거래들은 대부자금모형의 틀에는 어떤 영향을 미칠까?

2. 대통령 재임 중 트럼프는 중국의 수출에 대해 일련의 관세를 부과함으로써 미국의 무역적자를 감소시키려 했다. 트럼프 대통령이 임기를 시작하기 전에는 중국 수출품에 대한 미국의 평균 관세율이 3.1%였으나 2020년 2월이 되자 19.3%로 상승했다. 같은 기간 동안 달러화의 가치는 6.27위안에서 7.10위안으로 상승했다. 외환시장모형을 이용하여 관세의 부과가 위안/달러 환율을 어떻게 변화시킬 것인지 설명하라. 여러분의 설명은 자료에서 관측되는 것과 일치할까?

3. 원유의 가격은 미 달러화로 표시되기 때문에 중동을 비롯한 대부분의 산유국은 달러화에 대한 환율을 고정시킨다. 자신의 화폐를 달러화에 대해 고정시키는 국가들의 장점과 단점은 무엇일까?

연습문제

1. 다음 각 거래는 미국의 국제수지 계정에서 어떻게 분류되는가? 이들 거래는 경상수지(외국인으로부터의 수취 또는 외국인에 대한 지급) 또는 금융수지(외국인으로부터의 자산 매입 또는 외국인에 대한 자산 매각) 중 어디에 기입되는가? 경상계정과 금융계정상의 국제수지는 어떻게 변하는가?

   a. 프랑스 수입상이 캘리포니아 와인 1박스를 500달러에 구입한다.

   b. 프랑스 회사에서 일하는 미국인이 자신의 급여수표를 샌프란시스코에 있는 은행에 예금한다.

   c. 미국인이 일본 회사가 발행한 채권을 1만 달러에 매입한다.

   d. 미국 자선단체가 아프리카 지역 주민들이 식량을 구입할 수 있도록 10만 달러를 보낸다.

2. 다음 그림은 여타 세계가 미국에 보유하고 있는 자산과 미국이 해외에 보유하고 있는 자산을 각각 여타 세계의 GDP에 대한 비율로 보여 준다. 그림에서 볼 수 있듯이 두 비율 모두 1980년부터 2019년 사이에 다섯 배가량 증가했다.

   a. 미국이 해외에 보유하고 있는 자산의 여타 세계의 GDP에 대한 비율이 증가했다는 사실은 미국이 이 기간 중 순자본유출을 경험했음을 의미하는 것일까?

   b. 이 그림은 세계 경제가 1980년보다 2019년에 더욱 밀접하게 연계되어 있음을 의미할까?

3. 2020년에 스코토피아 경제에서 수출은 재화 4,000억 달러와 서비스 3,000억 달러에 달했으며, 수입은 재화 5,000억 달러와 서비스 3,500억 달러에 달했고, 해외부문은 스코토피아의 자산을 2,500억 달러어치 매입했다. 스코토피아의 상품 무역수지는 얼마였을까? 스코토피아의 경상수지는 얼마였을까? 스코토피아의 금융수지는 얼마였을까? 스코토피아가 전 세계로부터 구입한 자산의 가치는 얼마였을까?

4. 2020년에 포파니아 경제의 전 세계로부터의 자산 매입액은 3,000억 달러에 달했으며, 전 세계의 포파니아 자산 매입액은 4,000억 달러에 달했다. 포파니아는 3,500억 달러에 달하는 재화와 서비스를 수출했다. 2020년에 포파니아의 금융수지는 얼마였는가? 경상수지는 얼마였는가? 수입액은 얼마였는가?

5. 이 세상에 노스랜디아와 사우스랜디아 두 국가만이 존재하고, 두 국가의 경상수지와 금융수지는 각각 영이며, 각국은 상대 국가의 자산을 자국의 자산과 동일한 것으로 간주한다고 가정하자. 다음 그래프를 이용하여 국제 자본흐름이 가능할 경우, 각국에서 대부자금의 수요와 공급, 이

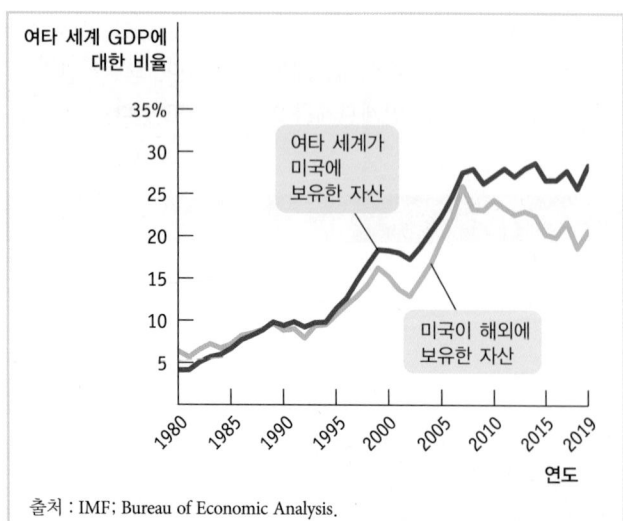

출처 : IMF; Bureau of Economic Analysis.

자율, 그리고 경상수지와 금융수지가 어떻게 변할 것인지 설명하라.

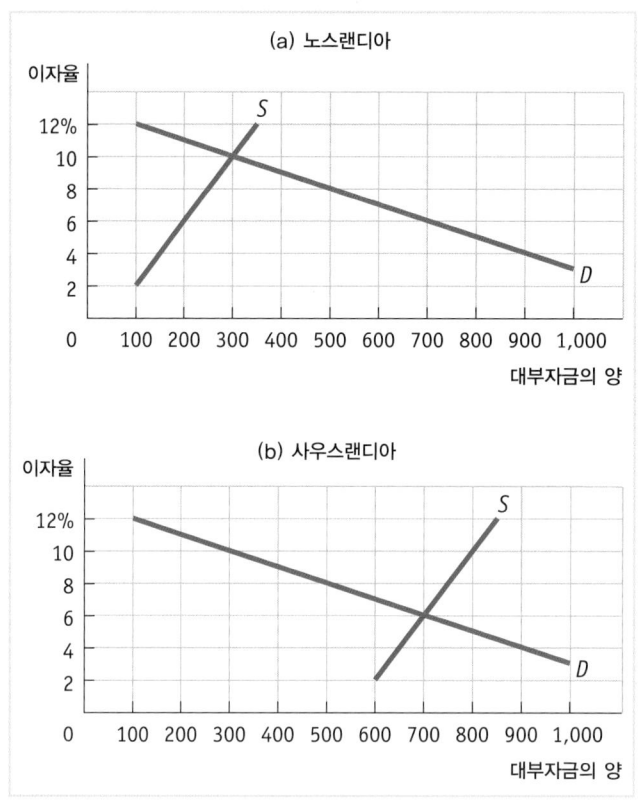

6. 다음 표가 보여 주는 2019년과 2020년 거래일의 환율자료에 근거해 볼 때, 미국 달러화는 1년 동안에 가치가 하락했는가 또는 상승했는가? 이와 같은 미국 달러화의 가치 변화는 미국의 재화와 서비스를 외국인에게 더 매력적으로 만들었을까? 또는 덜 매력적으로 만들었을까?

2019년 4월 1일	2020년 4월 1일
1영국 파운드당 1.31미국 달러	1영국 파운드당 1.24미국 달러
1미국 달러당 30.81대만 달러	1미국 달러당 30.29대만 날러
1캐나다 달러당 0.75미국 달러	1캐나다 달러당 0.70미국 달러
1미국 달러당 111.23일본 엔	1미국 달러당 107.22일본 엔
1유로당 1.12미국 달러	1유로당 1.09미국 달러
1미국 달러당 1.00스위스 프랑	1미국 달러당 0.97스위스 프랑

7. http://fx.sauder.ubc.ca로 가라. '주요 통화 간 최근 재정환율(The Most Recent Cross-Rates of Major Currencies)'이라 명명된 표를 이용하여 2020년 4월 1일 이후 영국 파운드(GBP), 캐나다 달러(CAD), 일본 엔(JPY), 유로(EUR), 스위스 프랑(CHF)의 가치가 미국 달러(USD)에 대해 각각 상승했는지 또는 하락했는지를 판단하라. 2020년 4월 1일의 환율은 6번 문제의 표에 제시되어 있다.

8. 2001년 1월 1일부터 2004년 11월까지 미국의 연방자금금리는 6.5%에서 2%로 하락했다. 같은 기간에 유럽중앙은행 한계대출기구의 금리는 5.75%에서 3%로 하락했다.
   a. 이자율 변화를 감안할 때 대부자금모형을 적용할 경우 이 기간 중 자금이 미국에서 유럽으로 유입되었을 것으로 기대되는가 또는 유럽에서 미국으로 유입되었을 것으로 기대되는가?
   b. 위의 그림은 2001년 1월 1일부터 2008년 9월까지 유로화와 미국 달러화 간의 환율을 보여 준다. 2001년 1월부터 2004년 11월까지의 환율의 움직임은 문제 a에서 예측한 자금 이동과 일치하는가?

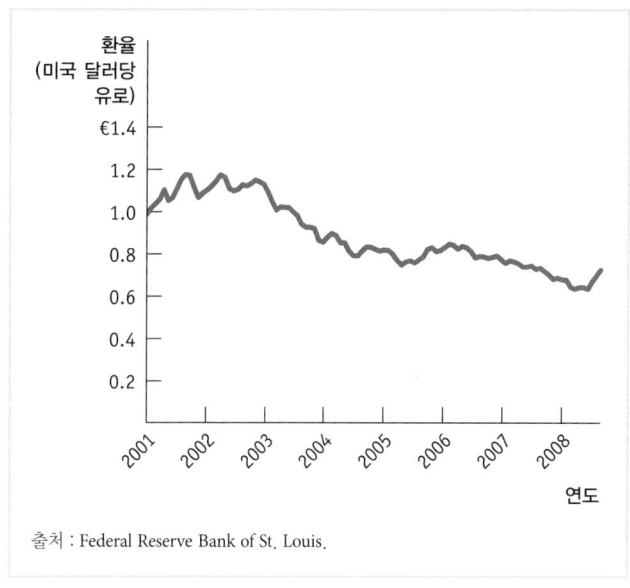

출처 : Federal Reserve Bank of St. Louis.

9. 다음 각 시나리오에서 이 두 국가만이 서로 교역을 한다고 가정하자. 인플레이션율과 명목환율의 변화가 다음과 같이 주어졌을 때 어떤 국가의 재화가 더 매력적으로 될까?
   a. 미국의 인플레이션율은 10%이고 일본은 5%다. 미국 달러화 대 일본 엔화의 환율은 변하지 않는다.
   b. 미국의 인플레이션율은 3%이고 멕시코는 8%다. 미국 달러화의 가격이 12.5멕시코 페소에서 10.25멕시코 페소로 하락한다.
   c. 미국의 인플레이션율은 5%이고 유로지역은 3%다. 유로화의 가격이 1.3달러에서 1.2달러로 하락한다.
   d. 미국의 인플레이션율은 8%이고 캐나다는 4%다. 캐나다 달러의 가격이 0.6달러에서 0.75달러로 상승한다.

10. 고정환율제도하에서 외환시장의 균형상태에서 출발하여 어떤 나라의 재화와 서비스에 대한 전 세계의 수요가 증가할 경우, 환율을 고정시키기 위해서 정부는 어떻게 반응해야 할까?

11. 알버니아의 중앙은행이 이 나라의 화폐인 베른(bern)의 가치를 미국 달러화에 대해서 1베른당 1.5달러에 고정시켜 왔으며, 앞으로도 이 환율에 고정시킬 것을 약속한다고 하자. 처음에 베른화에 대한 외환시장은 다음 그래프가 보여

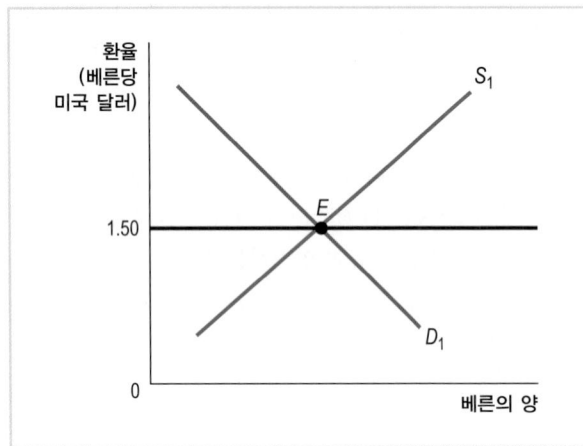

주듯이 균형상태에 있다. 그렇지만 알버니아 국민과 미국 국민들이 알버니아 자산을 보유하는 것이 매우 위험하다고 믿기 시작하고, 그 결과 미국 자산에 비해서 높은 수익률을 제공하지 못하는 한 알버니아 자산을 보유하기를 꺼린다고 하자. 이와 같은 변화가 다음 그래프에 어떤 영향을 미칠까? 알버니아의 중앙은행이 통화정책을 이용해 환율을 고정시키려 한다면 알버니아 경제에 어떤 영향을 미칠까?

12. 여러분의 동료가 "고정환율제도하에서 중앙은행이 재량적인 통화정책을 사용할 능력을 상실하는데도 도대체 왜 국가들은 고정환율제도를 채택할까?"라고 묻는다고 하자. 여러분은 어떻게 답하겠는가?

이해돕기 풀이

이 부분은 각 장에 있는 '이해돕기' 문제에 대한 해답을 제시한 것이다.

제1장

1-1

1. a. 주어진 예는 기회비용의 개념을 나타내고 있다. 한 사람이 문제에서 주어진 양만큼만 한 번에 먹을 수 있다고 가정할 때, 초콜릿 케이크 한 조각을 더 먹기 위해서는 코코넛 크림 파이 한 조각과 같은 다른 음식을 포기해야 한다.

   b. 주어진 예는 희소성의 개념을 나타내고 있다. 세상에 지금보다 더 많은 자원이 있다고 할지라도, 자원의 총량에는 분명히 한계가 있을 것이다. 따라서 희소성은 여전히 존재할 것이다. 희소성이 전혀 없기 위해서는 무제한적인 시간을 비롯해 모든 것의 양이 제한이 없어야 하지만 이는 분명히 불가능하다.

   c. 주어진 예는 사람들이 보통 자신의 후생을 증진시키기 위해 기회를 이용함을 나타내고 있다. 학생들은 평판이 나쁜 수업 조교의 수업은 피하고 평판이 좋은 수업 조교의 수업을 수강함으로써 자신의 후생을 증진시키려고 노력할 것이다. 또한 자원의 희소성의 개념도 살펴볼 수 있는데, 평판이 좋은 수업 조교의 수업 장소가 제한적이지 않았다면 수강인원이 차지 않았을 것이다.

   d. 주어진 예는 한계분석에 대한 개념을 나타내고 있다. 시간을 배분하는 결정은 운동을 위해 시간을 얼마나 써야 할지, 공부를 위해 시간을 얼마나 써야 할지에 관한 것이다. 당신은 추가적인 1시간의 운동이 가져다줄 건강상의 이익과 공부를 1시간 덜 할 때 성적에 미칠 부정적인 영향을 비교해 결정을 내린다.

2. a. 그렇다. 늘어난 출퇴근 시간은 당신이 새로운 직장을 얻음으로써 발생하는 비용에 해당한다. 출퇴근 시간에 보내는 추가적인 시간이나 그 시간 동안 다른 일을 함으로써 얻을 수 있는 편익은 새로운 직장에 대한 기회비용이다.

   b. 그렇다. 새로운 직장이 주는 편익 중 하나는 당신이 5만 달러를 벌 수 있다는 것이다. 당신이 새로운 직장을 받아들인다면 당신은 현재 직장을 포기해야 한다. 즉 현재의 소득 4만 5,000달러를 포기해야 하므로 4만 5,000달러는 새로운 직장을 얻음으로써 발생하는 기회비용 중 하나에 해당한다.

   c. 아니다. 보다 넓은 사무실은 새로운 직장의 추가적인 편

익이고 그 밖의 것을 포기하는 것과는 관련이 없다. 따라서 이것은 기회비용이 아니다.

1-2

1. a. 주어진 예는 거래로부터의 이익이 존재한다는 개념을 나타내고 있다. 학생들은 교과과목에 대한 능력이 각기 다르기 때문에 과외수업 서비스를 거래한다.

   b. 주어진 예는 시장이 효율성을 달성하지 못할 때 정부개입으로 사회 후생을 개선시킬 수 있음을 나타내고 있다. 이런 경우에 시장을 내버려 두면 술집과 클럽은 소음이 주위 이웃에게 끼치는 비용을 전혀 고려하지 않을 것이다. 이웃 술집과 클럽이 소음을 줄이도록 한다면 사회 전체 후생이 증가할 것이므로 이는 시장의 비효율적 결과를 나타낸다.

   c. 주어진 예는 사회 목표를 달성하기 위해 자원을 가능하면 효율적으로 사용해야 함을 나타내고 있다. 동네 의원들의 문을 닫고, 중앙 병원에 대한 자금 지원을 강화함으로써 더 낮은 비용에 더 좋은 진료를 받을 수 있다.

   d. 주어진 예는 시장이 균형으로 움직임을 나타내고 있다. 낡은 상태가 비슷한 책들이 동일한 가격에 팔리고 있기 때문에 누구도 다른 거래를 통해서 후생을 높일 수 없다. 이것은 중고시장이 균형으로 이동했다는 사실을 의미한다.

2. a. 균형 상태를 나타내고 있지 않다. 많은 학생들이 그들의 행동을 바꿀 용의가 있어 레스토랑에서 먹기로 해야 한다. 따라서 이 상태는 균형이 아니다. 구내식당보다 레스토랑에서의 식사 가격이 더 높아 학생들이 구내식당에서 먹을 때와 레스토랑에서 먹을 때 후생이 동일하기 때문에 균형이 될 것이다.

   b. 균형 상태를 나타내고 있다. 버스를 타는 것이 후생을 증가시키지 않기 때문에 행동을 바꿀 유인이 없다.

1-3

1. a. 이는 경제 잠재력의 증가가 시간이 지남에 따라 경제 성장으로 이어질 수 있음을 보여 준다. 더 저렴한 태양력 발전판은 에너지 비용을 낮추고 경제의 잠재력과 경제성장을 높일 것이다. 태양력 발전판 제조업체는 더 나아질 것이지만 경쟁 에너지를 생산하는 회사는 더 나빠질 것

이다.

b. 이는 경제 내의 총지출이 그 경제의 생산능력과 항상 일치하지는 않는다는 사실을 보여 준다. 이럴 때 정부 정책은 지출을 바꿀 수 있다. 세금을 줄이면 사람들의 세후 수입이 증가할 것이고, 이는 소비자들의 지출 증대로 이어진다.

c. 이는 한 사람의 지출이 다른 사람의 소득이 된다는 사실을 보여 준다. 석유회사들이 더 많은 노동자를 해고함으로써 지출을 줄이거나 이미 근무하는 노동자들에 대하여 더 낮은 임금을 지불한다면 노동자들의 소득은 감소될 것이다. 소득이 준 노동자들이 소비 지출을 감소시킬 것이고 이는 레스토랑 및 다른 소비자 사업의 소득이 줄게 된다.

제2장
Check Your Understanding

2-1

1. a. 거짓이다. 드림라이너와 소형 비행기를 생산하는 데 필요한 자원이 늘어나면 보잉사의 생산가능곡선이 바깥쪽으로 이동한다. 이는 보잉사가 이전보다 많은 드림라이너와 소형 비행기를 생산할 수 있기 때문이다. 첨부된 그림에서 보잉사의 기존 PPF선은 보잉사의 기존 생산가능곡선을 나타내고, 보잉사의 새로운 PPF선은 보잉사가 이용 가능한 자원이 늘어남에 따라 이동한 새로운 생산가능곡선을 나타낸다.

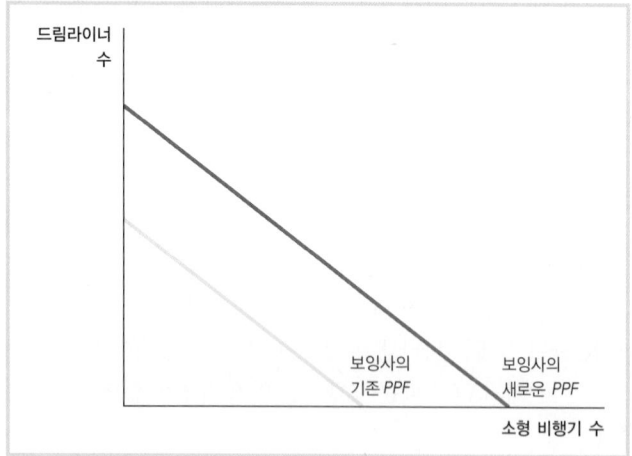

b. 참이다. 일정한 수의 드림라이너를 생산할 때 더 많은 수의 소형 비행기를 생산할 수 있으면 생산가능곡선에 변화가 나타난다. 그림에서 새로운 생산가능곡선은 보잉의 새로운 PPF선이고, 기존의 생산가능곡선은 보잉의 기존 PPF선으로 나타난다. 보잉사가 생산할 수 있는 드림라이너의 최대량은 이전과 동일하기 때문에 새로운 생산가

능곡선은 기존의 생산가능곡선과 동일한 점에서 만난다. 그러나 최대로 만들 수 있는 소형 비행기의 수는 이전보다 늘어났기 때문에 새로운 생산가능곡선은 기존의 생산가능곡선보다 수평축에서 오른쪽으로 만난다.

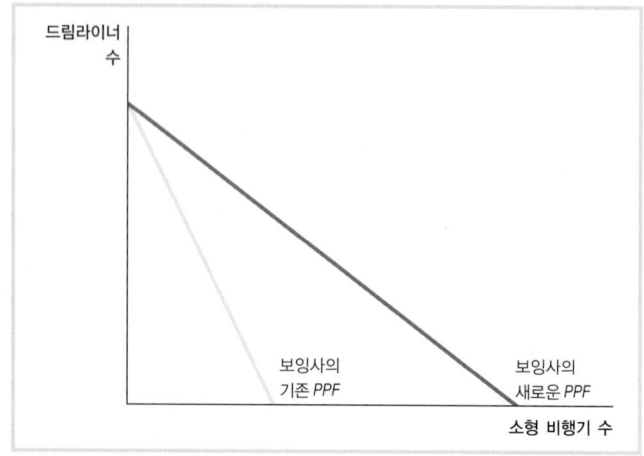

c. 거짓이다. 생산가능곡선은 자원이 효율적으로 이용될 때 다른 재화를 얻기 위해서 한 재화가 얼마나 포기되어야 하는지를 나타낸다. 경제가 비효율적으로 생산해 생산가능곡선 안쪽에 있다면, 다른 재화 한 단위를 얻기 위해서 어떤 재화 한 단위를 포기할 필요가 없다. 대신 경제가 더 효율적으로 생산하면 두 재화 모두를 더 갖게 될 수 있다.

2. a. 미국은 자동차 생산에 절대우위가 있다. 하루에 자동차 1대를 만들기 위해서 필요한 이탈리아 노동자(8)보다 미국 노동자(6) 수가 더 적기 때문이다. 또한 미국은 세탁기 생산에 절대우위가 있다. 하루에 세탁기 1대를 만들기 위해서 필요한 노동자 수가 이탈리아(3)보다 미국(2)이 더 적기 때문이다.

b. 이탈리아에서 세탁기 1대의 기회비용은 자동차 1대 단위로 3/8이다. 자동차 1대의 3/8은 세탁기 1대 생산에 필요한 동일한 노동자와 동일한 시간으로 생산될 수 있다. 미국에서 세탁기 1대의 기회비용은 자동차 1대 단위로 1/3이다. 자동차 1대의 1/3은 세탁기 1대 생산에 필요한 동일한 노동자와 동일한 시간으로 생산될 수 있다. 1/3이 3/8보다 작기 때문에 미국은 세탁기 생산에 비교우위가 있다. 세탁기 1대를 생산하기 위해서 미국은 자동차 1/3대를 포기해야 하는 반면, 이탈리아는 자동차 3/8대를 포기해야 하기 때문이다. 또한 이탈리아는 자동차 생산에 비교우위가 있다는 것을 알 수 있다. 이탈리아의 자동차 1대의 기회비용은 세탁기 8/3로 2 2/3대와 같다. 세탁기 2 2/3대는 이탈리아에서 자동차 1대를 생산하는 데

필요한 시간에 생산될 수 있기 때문이다. 미국에서 자동차 1대의 기회비용은 세탁기 6/2대로 3대와 같다. 세탁기 3대는 미국에서 자동차 1대 생산에 필요한 시간에 생산될 수 있기 때문이다. 2 2/3가 3보다 작기 때문에 이탈리아는 자동차를 생산하는 데 비교우위가 있다.

   c. 가장 큰 이득은 각 나라가 비교우위가 있는 제품을 생산하는 방식으로 분업화할 때 실현된다. 따라서 미국은 세탁기 생산에 특화하고 이탈리아는 자동차 생산에 특화해야 한다.

3. 미국산 대형 비행기 10대를 브라질산 소형 비행기 15대로 교환할 때 브라질은 스스로가 대형 비행기를 생산할 때보다 더 적은 대형 비행기의 생산을 포기한다. 무역이 없을 때 브라질은 대형 비행기 생산에 소형 비행기 3대를 포기한다. 무역을 함으로써 브라질은 미국산 대형 비행기 하나당 소형 비행기 1.5대만을 포기한다. 미국 역시 소형 비행기를 스스로 생산했을 때보다 적은 양의 소형 비행기 생산을 포기한다. 무역이 없을 때 미국은 소형 비행기 생산에 대형 비행기 3/4대를 포기한다. 무역으로 인해 미국은 브라질산 소형 비행기 1대당 오직 대형 비행기 2/3대만을 포기한다.

4. 가계가 지출을 늘리면 가계가 쓰는 재화의 양이 증가한다. 이는 기업에서 쓰는 생산요소의 수요를 늘린다. 따라서 경제 내에 일자리 수가 증가하게 된다.

2-2

1. a. 이뤄져야 할 것이 명시되어 있으므로 규범적 진술이다. 게다가 이에 대한 절대적으로 '옳은' 답도 없다. 사람들이 스카이다이빙 같은 행위를 즐긴다면 위험한 개인적인 행위는 모두 막아야만 할까? 대답은 당신의 견해에 달려 있다.

   b. 사실에 대한 묘사이므로 실증적 진술이다.

2. a. 참이다. 경제학자들마다 특정한 사회적 목표가 바람직한가에 대해 내리는 가치판단이 종종 다르다. 그러나 가치판단의 차이에도 불구하고 경제학자들은 그런 사회에 대해 일반적으로 동의하는 바가 있다. 일단 주어진 사회적 목표를 추구하기로 결정되면 그 목표를 달성하기 위해 가장 효율적인 정책을 채택해야 한다. 따라서 경제학자들은 정책 B에 찬성할 것이다.

   b. 거짓이다. 경제학자들 사이의 견해 차이는 그들 각자의 분석이 다른 모형에 기반했거나 정책이 바람직한가에 대한 가치판단이 다르기 때문에 발생한다.

제3장

3-1

1. a. 우산의 수요량은 주어진 가격에서 맑은 날보다 비 오는 날에 더 많다. 주어진 가격에서 수요량이 오르기 때문에 수요곡선이 오른쪽으로 이동한다. 이는 어떠한 주어진 양에서도 더 높은 가격에 팔릴 수 있다는 것을 의미한다.

   b. 가격이 낮아지면 카리브해에서의 여름 크루즈 수요량이 증가한다. 이는 여름 카리브해 크루즈에 대한 수요곡선 상의 이동이다.

   c. 장미꽃의 수요는 밸런타인 데이가 있는 주에 증가한다. 이는 수요곡선이 오른쪽으로 이동함을 의미한다.

   d. 휘발유 가격이 올라가면 휘발유 수요량이 떨어진다. 이는 수요곡선 상의 이동이다.

3-2

1. a. 주택 가격이 상승하면 주택 공급량이 증가한다. 이는 공급곡선 상의 이동이다.

   b. 딸기의 공급량이 주어진 가격에서 더 높아진다. 이에 따라 공급곡선은 오른쪽으로 이동한다.

   c. 노동공급량은 주어진 임금에서 더 낮아진다. 방학일 때의 노동공급곡선에 비해 노동공급곡선이 왼쪽으로 이동한다. 따라서 패스트푸드 체인점은 종업원을 더 끌기 위해서 더 높은 임금을 제시해야 한다.

   d. 임금이 상승하면 노동공급량이 올라간다. 이는 공급곡선 상의 이동이다.

   e. 선실 공급량이 주어진 가격에서 더 높아진다. 이에 따라 공급곡선이 오른쪽으로 이동한다.

3-3

1. a. 공급 곡선이 오른쪽으로 이동한다. 이는 기존 균형가격에서 포도 공급량이 수요량을 초과하여 잉여분이 생기는 경우이다. 포도 가격은 떨어질 것이다.

   b. 수요곡선이 왼쪽으로 이동한다. 이는 기존 균형가격에서 호텔 객실에 대한 공급량이 수요량을 초과하여 잉여분이 생기는 경우이다. 객실요금이 떨어질 것이다.

   c. 중고 제설도구에 대한 수요곡선이 오른쪽으로 이동한다. 기존 균형가격에서 중고 제설도구에 대한 수요량이 공급량을 초과하여 부족분이 생기는 경우이다. 중고 제설도구의 균형가격은 올라갈 것이다.

3-4

1. a. 큰 차에 대한 시장이다. 보완재인 휘발유의 가격이 하락

함에 따라 수요가 오른쪽으로 이동한다. 그 결과 큰 차의 균형가격이 오르고, 판매 및 구매되는 균형거래량도 증가할 것이다.

b. 폐휴지로 만든 재활용 종이에 대한 시장이다. 기술혁신에 의해 공급이 오른쪽으로 이동한다. 그 결과 재활용 종이의 균형가격이 떨어지고, 판매 및 구매되는 균형거래량은 증가할 것이다.

c. 지역 극장의 영화에 대한 시장이다. 대체재인 케이블 방송사의 유료영화의 가격이 떨어짐에 따라 수요가 왼쪽으로 이동한다. 그 결과 영화표에 대한 균형가격이 떨어지고 영화를 보러 가는 사람들의 수도 줄어들 것이다.

2. 새로운 칩에 대한 발표가 있은 후, 기존 칩을 사용하는 컴퓨터에 대한 수요곡선은 수요가 감소함에 따라 왼쪽으로 이동한다. 기존 칩을 사용하는 컴퓨터에 대한 공급곡선은 공급이 증가함에 따라 오른쪽으로 이동한다.

a. 수요가 공급이 증가하는 것보다 상대적으로 더 감소하면 균형거래량은 다음 그림과 같이 감소한다.

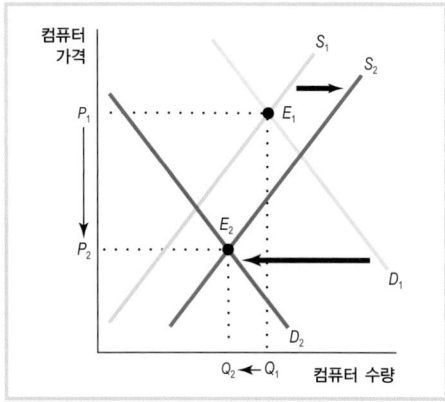

공급이 수요가 감소하는 것보다 상대적으로 더 증가하면 균형거래량은 아래 그림과 같이 증가한다.

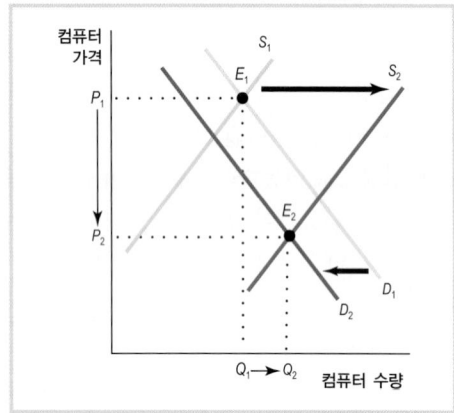

b. 두 경우 모두에서 균형가격은 하락한다.

4-1

1. 소비자들은 고추의 가격이 그들이 지불하고자 하는 금액보다 낮거나 같을 때 각각의 고추를 구입한다. 다음의 수요계획은 각 가격에서 얼마나 많은 고추를 살 것인지를 묻는 질문에 소비자들이 응답한 결과를 토대로 만들어진 것이다.

고추 가격	고추 수요량	테레사의 고추 수요량	아자르의 고추 수요량
$0.90	1	1	0
0.80	2	1	1
0.70	3	2	1
0.60	4	2	2
0.50	5	3	2
0.40	6	3	3
0.30	8	4	4
0.20	8	4	4
0.10	8	4	4
0.00	8	4	4

가격이 0.40달러일 때 첫 번째 고추에 대한 테레사의 소비자잉여는 0.50달러이고, 두 번째 고추에 대해서는 0.30달러, 세 번째 고추에 대해서는 0.10달러이며, 더 이상의 고추는 사지 않는다. 따라서 테레사의 개별 소비자잉여는 0.90달러이다. 아자르가 첫 번째 고추로부터 얻는 소비자잉여는 0.40달러, 두 번째 고추에 대해서는 0.20달러, 세 번째 고추에 대해서는 0.00달러이며(이것은 그녀가 고추를 사는 것과 사지 않는 것을 무차별하게 느낀다는 것을 의미하는 것으로서 그녀가 사지 않을 것이라고 가정해도 된다), 더 이상의 고추는 사지 않을 것이다. 따라서 아자르의 개별 소비자잉여는 0.60달러가 된다. 그러므로 0.40달러의 가격에서 총소비자잉여는 $0.90＋$0.60＝$1.50가 된다.

4-2

1. a. 생산자는 고추 생산비용보다 가격이 같거나 높을 때에만 고추를 공급한다. 다음의 공급계획은 각 가격에서 얼마나 많은 고추를 공급할 것인지를 묻는 질문에 생산자들이 응답한 결과를 토대로 만들어진 것이다.

b. 가격이 0.70달러일 때 첫 번째 고추에 대한 카라의 생산자잉여는 0.60달러이고, 두 번째 고추에 대해서는 0.60

달러, 세 번째 고추에 대해서는 0.30달러이며, 네 번째 고추에 대해서는 0.10달러이며, 더 이상의 고추는 공급하지 않는다. 따라서 카라의 개별 생산자잉여는 1.60달러다. 제이미가 첫 번째 고추로부터 얻는 생산자잉여는 0.40달러, 두 번째 고추에 대해서는 0.20달러, 세 번째 고추에 대해서는 0.00달러이며(이것은 그가 고추를 공급하는 것과 공급하지 않는 것을 무차별하게 느낀다는 것을 의미하는 것으로서 그가 공급하지 않을 것이라고 가정해도 된다), 더 이상의 고추는 공급하지 않을 것이다. 따라서 제이미의 개별 소비자잉여는 0.60달러가 된다. 그러므로 0.70달러의 가격에서 총생산자잉여는 $1.60 + $0.60 = $2.20가 된다.

고추 가격	고추 공급량	카라의 고추 공급량	제이미의 고추 공급량
$0.90	8	4	4
0.80	7	4	3
0.70	7	4	3
0.60	6	4	2
0.50	5	3	2
0.40	4	3	1
0.30	3	2	1
0.20	2	2	0
0.10	2	2	0
0.00	0	0	0

4-3

1. 수요량은 균형가격인 0.50달러의 가격에서의 공급량과 일치한다. 그 가격에서 총 5개의 고추가 사고 팔릴 것이다. 테레사는 3개의 고추를 살 것이고, 첫 번째 고추에 대해서는 0.40달러, 두 번째에 대해서는 0.20달러, 그리고 세 번째 고추에 대해서는 0.00달러의 소비자잉여를 얻을 것이다. 아자르는 2개의 고추를 살 것이며, 첫 번째에 대해서는 0.30달러, 두 번째 고추에 대해서는 0.10달러의 소비자잉여를 얻을 것이다. 따라서 총소비자잉여는 1.00달러이다. 카라는 3개의 고추를 공급할 것이며, 첫 번째에 대해서는 0.40달러, 두 번째에 대해서는 0.40달러, 세 번째에 대해서는 0.10달러의 생산자잉여를 얻을 것이다. 제이미는 2개의 고추를 공급할 것이며 첫 번째 고추에 대해서 0.20달러, 두 번째 고추에 대해서는 0.00달러의 생산자잉여를 얻을 것이다. 따라서 총생산자잉여는 1.10달러가 된다. 따라서 이 시장의 총잉여는 $1.00 + $1.10

= $2.10가 된다.

2. a. 아자르가 고추를 1개 덜 소비한다면, 0.60달러(그녀가 두 번째 고추에 대해 지불할 용의)만큼을 잃게 될 것이다. 반대로 테레사가 1개의 고추를 더 산다면, 0.30달러(그녀가 네 번째 고추에 대해 지불할 용의)를 더 얻는 셈이 된다. 이 결과는 소비자잉여의 총손실이 $0.60 - $0.30 = $0.30임을 의미한다.

   b. 카라가 공급한 마지막 고추(세 번째 고추)에 대한 비용은 0.40달러이고, 제이미가 고추를 하나 더 (세 번째 고추) 생산하는 데 드는 비용은 0.70달러이다. 따라서 총생산자잉여는 $0.70 - $0.40 = $0.30가 된다.

   c. 아자르의 두 번째 고추에 대한 지불할 용의는 0.60달러이다. 이것은 그녀가 고추를 한 단위 덜 소비할 경우 잃게 되는 금액에 해당한다. 또한 카라가 세 번째 고추를 생산하는 데 드는 비용은 0.40달러이다. 이것은 그녀가 고추를 한 단위 덜 생산했을 경우 절약하게 되는 금액이다. 그러므로 우리는 고추 거래량을 한 단위 줄임으로써 $0.60 - $0.40 = $0.20만큼의 총잉여를 잃게 된다.

3. 새로운 제도는 장기이식 수혜자들의 총수명을 낮출 것이다. 왜냐하면 기존 제도에 비해 더 나이 든 수혜자들이 늘어날 것이기 때문이다. 그 결과로 총잉여는 감소한다. 하지만 새로운 제도는 공정성을 위해 효율성을 희생하는 것으로 정당화될 수 있다. 왜냐하면 어린아이가 부모를 잃을 가능성을 줄이는 것은 추구할 만한 목표이기 때문이다.

4-4

1. 이러한 권리가 분리되어 있을 때, 두 권리를 모두 가지고 있는 사람은 각각을 땅의 윗부분을 사용할 수 있는 권리의 시장과 채굴권 시장에서 나눠 팔 수 있다. 그리고 각각의 시장은 효율성을 달성할 것이다. 만약 땅의 윗부분을 사용할 수 있는 권리의 시장가격이 판매자의 비용보다 높으면, 판매자는 권리를 팔 것이고 총잉여는 증가할 것이다. 만약 채굴권의 시장가격이 판매자의 비용보다 높으면, 판매자는 권리를 팔 것이고 총잉여는 증가할 것이다. 그러나 만약 두 권리가 따로 판매될 수 없다면, 판매자는 두 권리를 동시에 팔거나 팔지 않을 수밖에 없다. 판매자가 채굴권에 높은 가치를 두고 있지만, 즉 그것을 파는 데 더 높은 비용을 가지지만, 땅의 윗부분을 사용할 수 있는 권리에는 훨씬 더 낮은 가치를 두고 있다고 생각해 보자. 그러나 만약 두 권리가 분리되어 판매될 수 없고 소유자가 채굴권에 훨씬 더 높은 가치를 두고 있다면,

그는 두 권리를 모두 팔지 않을 것이다. 이러한 경우 따로 팔 수 없기 때문에 땅의 윗부분을 사용할 수 있는 권리를 팖으로써 생길 수 있었던 잉여는 만들어지지 않는다.

2. 책을 팔고자 하는 많은 판매자가 있겠지만 오직 소수만이 그 가격에서 책을 사기를 원할 것이다. 그 결과로 오직 소수의 거래만 실제로 일어나고, 서로에게 이득이 될 수 있는 많은 거래가 일어나지 않을 것이다. 이것은 당연히 비효율적이다.

3. 시장이 항상 효율적이지는 않다. 시장실패가 있을 때 시장의 성과는 비효율적이다. 이것은 세 가지 주요한 이유로 인해 발생한다. 시장은 더 많은 잉여를 얻기 위해 독점기업과 같은 일방이 상호에게 이득이 되는 거래가 일어나는 것을 막을 때 실패할 수 있다. 시장은 또한 한 개인의 행동이 다른 사람의 복지에 대해 외부성을 가질 때 실패할 수 있다. 마지막으로, 시장은 관련된 정보가 개개인에게만 알려져 있는 상품과 같이 재화 그 자체가 시장에 의해 효율적으로 관리되기에 부적합할 때 실패할 수 있다. 그리고 시장이 효율성을 달성하지 못할 때 정부의 개입은 사회의 후생을 증진시킬 수 있다.

제5장

5-1

1. a. 가격상한제로 인해 받을 수 있는 요금이 감소했기 때문에 주차공간을 임대하려는 자택소유자가 더 적어진다. 이는 가격이 하락함에 따라 공급량이 감소한다는 개념을 반영한다. 다음 그림은 공급곡선을 따라 E점에서 A점으로 이동해 주차공간 수량이 400만큼 감소한 사실을 보여 준다.

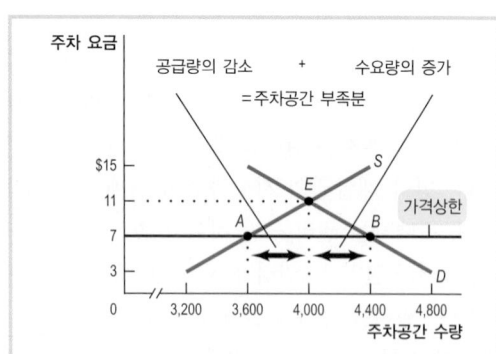

b. 수요량은 가격이 하락함에 따라 400만큼 증가한다. 가격이 낮아져 더 많은 팬들이 차를 몰고 주차공간을 임대하고자 한다. 그림에서 수요곡선을 따라 E점에서 B점으로 이동하는 것을 볼 수 있다.

c. 가격상한제하에서 수요량은 공급량을 초과해 부족분이 발생한다. 이 경우 주차공간에 800만큼 부족분이 생긴다. 이는 A점과 B점 사이의 수평거리에 해당한다.

d. 가격상한제로 자원이 낭비된다. 팬들이 주차공간을 확보하기 위해 소모하는 시간은 낭비되는 시간이다.

e. 가격상한제는 재화에 해당하는 주차공간을 소비자에게 비효율적으로 배분하는 문제를 야기한다.

f. 가격상한제는 암시장을 형성하게 한다.

2. a. 거짓이다. 가격상한제는 생산자들이 받는 가격을 낮추어 공급량을 감소시킨다.

b. 참이다. 가격상한제는 효율적인, 규제되지 않는 시장보다 공급량을 감소시킨다. 그 결과 시장가격을 지불할 용의가 있어서 규제되지 않는 시장에서 재화를 살 수 있던 사람들이 가격상한제가 시행되어 재화를 얻을 수 없게 되는 경우가 생긴다.

c. 참이다. 여전히 제품을 파는 생산자들은 더 낮은 금액을 받아 후생이 악화된다. 더 이상 제품을 팔 수 없게 된 다른 생산자들 역시 후생이 악화된다.

3. a. 아파트가 같은 가격에 바로 임대되었기 때문에 생산자잉여에는 변화가 없다. 따라서 총잉여의 변화는 모두 소비자잉여의 변화에서 기인하게 된다. 당신이 쫓겨났을 때, 당신이 잃은 소비자잉여의 크기는 당신이 아파트에 지불할 의사가 있는 비용과 규제된 가격의 차이와 같다. 아파트가 같은 가격으로 다른 사람에게 임대되었을 때, 새로운 입주자의 이득은 그가 아파트에 지불할 의사가 있는 비용과 규제된 가격의 차이와 같다. 따라서 두 사람의 아파트에 지불할 의사가 있는 비용이 서로 같을 때에만 한 사람으로부터 다른 사람으로의 순수한 잉여가 이전된다. 집세규제하에서 일반적으로 아파트는 가장 높은 지불할 용의를 가진 사람에게 돌아가지 않기 때문에 새로운 입주자의 지불할 용의는 당신보다 낮을 수도, 같을 수도, 높을 수도 있다. 만약 새로운 입주자의 지불할 용의가 당신보다 낮다면 이는 추가적인 자중손실을 발생시킨다. 그러나 만약 새로운 입주자의 지불할 용의가 당신보다 높다면, 새로운 입주자가 당신이 잃은 것보다 더 많은 소비자잉여를 얻기 때문에 총잉여를 증가시킨다.

b. 이는 자중손실을 발생시킨다. 만약 당신이 티켓을 줄 수 있다면, 다른 누군가가 티켓에 대한 지불할 용의와 동일한 소비자잉여를 얻을 수 있을 것이다. 당신은 어차피 콘서트에 갈 수 없기 때문에 어떠한 잉여도 얻거나 잃지 않을 것이다. 만약 당신이 티켓을 팔 수 있다면, 구매자는 그의 지불할 용의와 거래 가격의 차이만큼의 소비자잉여

를 얻을 것이다. 또한 당신은 거래 가격과 당신이 티켓을 파는 데 드는 비용(이 경우 당신은 티켓을 받았기 때문에 0이 된다)의 차이만큼의 생산자잉여를 얻을 것이다. 티켓을 주거나 팔 수 없는 규정은 이러한 잉여가 누구에게도 돌아갈 수 없다는 것을 의미하기 때문에 자중손실을 발생시킨다. 만약 당신이 티켓을 다른 사람에게 줄 수 있다면 받는 사람에게 돌아가는 소비자잉여가 있을 것이다. 또한 만약 당신이 티켓을 가장 높은 지불할 용의를 가진 사람에게 준다면 자중손실도 발생하지 않을 것이다.

c. 이는 자중손실을 발생시킨다. 만약 학생들이 학교 내에서 아이스크림을 구입한다면 그들은 소비자잉여를 얻을 것이다. 그들의 지불할 용의는 분명 아이스크림 가격보다 높을 것이다. 당신의 학교는 생산자잉여를 얻는다. 아이스크림 가격은 아이스크림을 파는 데 드는 비용보다 높을 것이다. 아이스크림 판매를 금지시키는 것은 이러한 두 잉여가 없어진다는 것을 뜻하며, 따라서 자중손실이 발생한다.

d. 당신의 개가 아이스크림에 당신만큼의 지불할 용의를 갖고 있다면, 이는 잉여의 순수한 이전이다. 당신이 소비자잉여를 잃은 만큼 당신의 개는 동일하게 소비자잉여를 얻는다.

5-2

1. a. 일부 주유소 소유자들은 더 높은 가격으로 인해 이득을 얻을 것이다. Q_F는 주유소 소유자가 판매하는 수량을 나타낸다. 그러나 일부는 손해를 볼 것이다. 시장균형 가격인 P_E에서는 판매하지만 규제된 가격인 P_F에서는 팔 수 없는 생산자들이 있다. 이렇게 판매되지 않은 수량은 수요곡선에서 E점에서 A점으로의 수요량 감소로 나타낸다.

b. 더 높은 가격 P_F에서 구매하는 사람들은 아마도 더 좋은 서비스를 받을 것이다. 이는 가격하한으로 인해 발생하는 **비효율적으로 높은 품질**로, 주유소 소유자들이 가격이 아닌 품질로 경쟁하게 되기 때문이다. 그러나 반대자들의 주장, 즉 소비자들이 일반적으로 더 안 좋아진다는 것이 옳다. P_F에서 사는 사람들은 만약 P_E에서 살 수 있으면 더 행복할 것이다. 또한 P_E와 P_F 사이에서 구매하려던 많은 사람들이 더 이상 수요하지 않는다. 이는 수요곡선에서 E점에서 A점으로의 수요량 감소로 나타난다.

c. 소비자와 일부 주유소 소유자들이 가격하한으로 인해 피해를 볼 것이기 때문에, 찬성자들의 주장은 잘못되었다. 이는 '잃어버린 기회'를 만드는데, 소비자와 주유소 소유

자들 간에 서로에게 이득이 되지만 일어나지 않는 거래를 의미한다. 잃어버린 기회로 인해 감소한 총잉여의 크기인 자중손실은 아래 그림의 색칠된 영역으로 나타나고 있다. 게다가 낭비된 자원의 비효율성 문제도 일어난다. 소비자들이 다른 주로 가는 데 시간과 돈이 들기 때문이다. 가격하한은 또한 사람들이 암시장에서 거래를 하도록 만든다. 가격하한으로 인해 오직 Q_F만이 판매된다. 그러나 P_E와 P_F 사이의 가격에서 Q_F보다 더 많이 사고팔려는 사람들이 있어서 불법적인 행동을 하게 만든다.

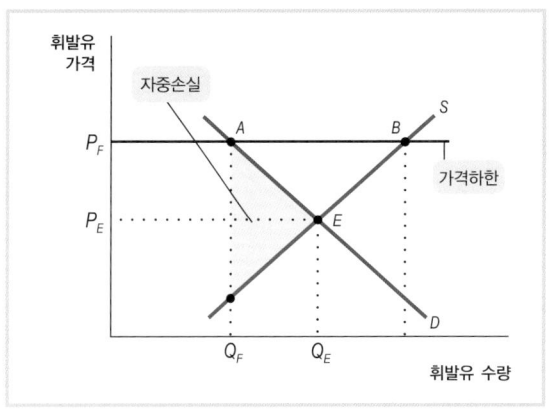

5-3

1. a. 7달러에서 수요량이 600만이므로 승차요금은 7달러이다. 7달러는 600만 탑승의 수요가격이다. 이는 다음 그림에서 A점으로 나타난다.

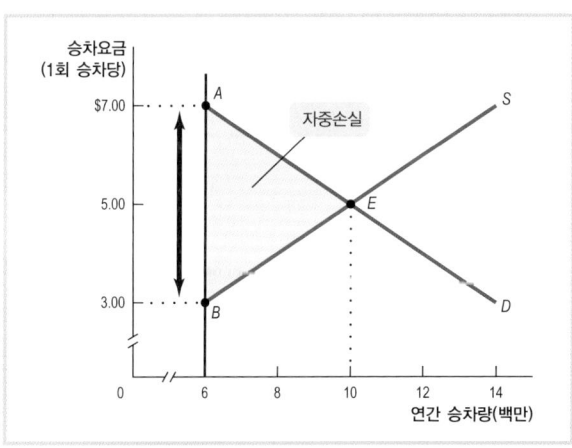

b. 600만 탑승일 때는 공급가격이 3달러이다. 그림에서 B점으로 나타난다. 할당지대는 수요가격 7달러와 공급가격 3달러 사이의 간격이므로 탑승 단위당 4달러이다. 이는 그림에서 A점과 B점 사이의 수평거리에 해당한다.

c. 할당량은 400만의 상호 이득이 될 수 있는 거래가 일어나지 못하게 한다. 그림에서 색칠된 영역이 자중손실을 의미한다.

d. 900만 탑승일 때는 그림 C점에서 볼 수 있듯이 수요가격이 5.5달러이고, D점에서 볼 수 있듯이 공급가격이 4.5달러이다. 할당지대는 수요가격과 공급가격의 차이이므로 1달러이다. 자중손실은 그림에서 색칠된 영역으로 표시되어 있다. 확인할 수 있듯이, 자중손실은 할당량이 900만으로 정해졌을 때가 600만으로 정해졌을 때보다 더 작다.

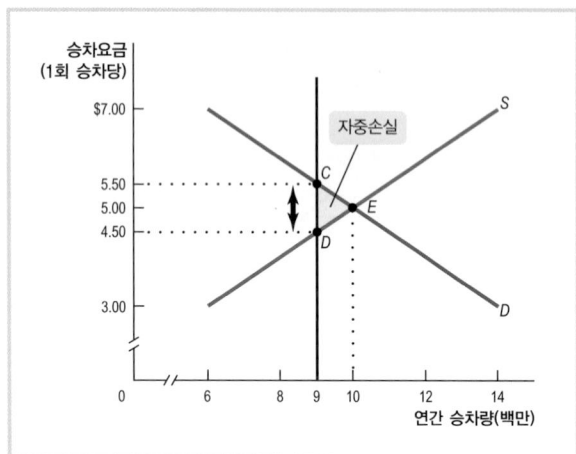

2. 그림은 탑승 수요가 400만 감소할 때 수요곡선이 왼쪽으로 D_1에서 D_2로 평행 이동한 모습을 보여 주고 있다. 그림에서 알 수 있듯이 탑승 수요가 400만 감소하는 것은 임의의 주어진 가격에서 수요량이 400만만큼 감소함을 의미한다. 이는 800만 탑승으로 제한하는 할당제한의 효과를 제거하여 새로운 시장균형에 해당하는 E_2점에서 균형거래량은 제한된 할당량과 일치하게 된다. 즉 결과적으로 수량할당제한은 시장에 아무런 영향을 미치지 못하게 된다.

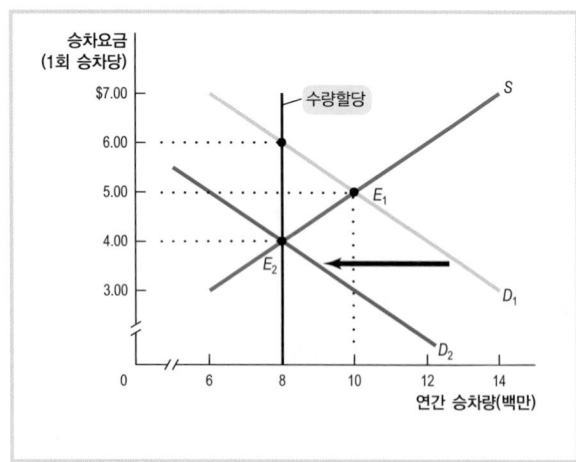

제6장

6-1

1. 중간값 계산법을 이용하여 딸기 가격의 백분율 변화를 계산하면 다음과 같다.

$$\frac{\$1.00 - \$1.50}{(\$1.50 + \$1.00)/2} \times 100 = \frac{-\$0.50}{\$1.25} \times 100 = -40\%$$

비슷한 방법으로 딸기 수요량의 백분율 변화는 다음과 같이 계산할 수 있다.

$$\frac{200,000 - 100,000}{(100,000 + 200,000)/2} \times 100 = \frac{100,000}{150,000} \times 100 = 67\%$$

따라서 중간값 계산법으로 계산한 수요의 가격탄력성은 67%/40% = 1.7이다.

2. 중간값 계산법을 이용하여 영화표 수요량의 백분율 변화를 계산하면 다음과 같다.

$$\frac{5,000 - 4,000}{(4,000 + 5,000)/2} \times 100 = \frac{1,000}{4,500} \times 100 = 22\%$$

수요의 가격탄력성이 현재 소비수준에서 1이기 때문에 수요량이 22% 증가하도록 하기 위해서는 영화표의 가격이 22% 하락하도록 해야 한다.

3. 가격이 상승하기 때문에 수요량은 반드시 감소해야 한다. 현재 가격이 0.5달러인 상황에서 가격의 0.05달러 상승은 10%의 가격 변화를 의미하므로 수요의 가격탄력성은 다음과 같다.

$$\frac{\text{수요량의 백분율 변화}}{10\%} = 1.2$$

수요량의 백분율 변화는 12%가 되어야 함을 알 수 있다. 그러므로 샌드위치 수요는 100,000 × 0.12 = 12,000만큼 감소하게 된다.

6-2

1. **a.** 탄력적 수요. 소비자가 가격 변화에 민감하게 반응한다. 가격이 오르면 총수입을 줄이는 방향으로 작용하는 수량효과가 총수입이 증가하는 방향으로 작용하는 가격효과를 압도하게 된다. 전체적으로는 총수입이 감소하게 된다.

   b. 단위탄력적 수요. 문제에서 가격의 하락으로 손실된 수입은 더 높은 판매로 인해 얻어진 수입 증가액과 정확하게 일치하게 된다. 수량효과가 정확히 가격효과를 상쇄

하는 상황인 것이다.

c. 비탄력적 수요. 소비자들은 상대적으로 가격 변화에 덜 민감하기 때문에 소비자들이 생산량의 주어진 백분율 증가량만큼을 구입할 때 가격은 훨씬 더 큰 폭으로 감소하게 된다. 가격 하락으로 인한 가격효과(총수입이 감소하는 방향으로 작용)는 수량효과(총수입이 증가하는 방향으로 작용)를 압도하게 되고 결과적으로 총수입은 감소하게 된다.

d. 비탄력적 수요. 소비자들은 상대적으로 가격에 덜 민감하기 때문에 상대적으로 훨씬 큰 가격 상승이 있어야만 주어진 생산량이 하락하게 된다. 가격 상승으로 인한 가격효과(총수입이 증가하는 방향으로 작용)는 수량효과(총수입이 감소하는 방향으로 작용)를 압도하게 되고 결과적으로 총수입은 증가하게 된다.

2. a. 사고를 당한 사람의 수혈에 대한 수요는 완전 비탄력적인 수요에 가깝다. 왜냐하면 생존을 위해 필요하고 그것을 대체할 다른 대체재가 존재하지 않기 때문이다.

b. 학생들의 초록색 지우개에 대한 수요는 완전 탄력적 수요에 가깝다고 할 수 있다. 왜냐하면 대체재로서 초록색이 아닌 지우개가 얼마든지 존재하기 때문이다. 이 때문에 수요곡선은 초록색이 아닌 지우개의 가격과 같은 가격상에서 수평선의 모양을 갖게 될 것이다.

6-3

1. 중간값 계산법에 의하여 첼시의 수입의 백분율 변화는 다음과 같이 계산된다.

$$\frac{\$18,000-\$12,000}{(\$12,000+\$18,000)/2}\times100=\frac{\$6,000}{\$15,000}\times100=40\%$$

비슷한 방법으로 그녀의 음반에 대한 수요의 백분율 변화는 다음과 같다.

$$\frac{40-10}{(10+40)/2}\times100=\frac{30}{25}\times100=120\%$$

그러므로 첼시의 음반에 대한 수요의 소득탄력성은 120%/40%=3이다.

2. 산제이의 고급 레스토랑 식사에 대한 수요는 10% 이상 떨어질 것이다. 왜냐하면 10%에 해당하는 소득 감소는 소득탄력적 재화에 대하여 더 큰 폭의 소비 감소를 유발할 것이기 때문이다.

3. 수요의 교차가격탄력성은 5%/20%=0.25이다. 수요의 교차가격탄력성이 양(+)이기 때문에 두 재화는 대체재이다.

6-4

1. 중간값 계산법을 이용하여 계약된 웹 디자인 서비스 시간의 백분율 변화는 다음과 같다.

$$\frac{500,000-300,000}{(300,000+500,000)/2}\times100=\frac{200,000}{400,000}\times100=50\%$$

비슷한 방법으로 웹 디자인 서비스 가격의 백분율 변화는 다음과 같다.

$$\frac{\$150-\$100}{(\$100+\$150)/2}\times100=\frac{\$50}{\$125}\times100=40\%$$

그러므로 공급의 가격탄력성은 50%/40%=1.25이고 공급이 탄력적임을 알 수 있다.

2. a. 참이다. 수요의 증가로 인해 가격은 상승한다. 우유 공급의 가격탄력성이 낮다면 가격이 상승함에 따라 상대적으로 추가적 공급은 적게 나타나게 된다. 결과적으로 우유 가격은 실질적으로 우유에 대해 증가된 수요를 충족시킬 정도로 증가하게 된다. 공급의 가격탄력성이 높다면 상대적으로 많은 양의 추가 공급량이 가격 상승에 따라 생산될 것이다. 결과적으로 우유 가격은 우유에 대한 보다 높은 수요를 충족시킬 정도로 소폭 오를 것이다.

b. 거짓이다. 공급의 장기 가격탄력성이 일반적으로 공급의 단기 탄력성보다 큰 것은 사실이다. 하지만 이 사실이 단기 공급곡선이 장기 공급곡선에 비해 더 가파름을 의미하는 것은 아니다.

c. 참이다. 공급이 완전 탄력적일 때 공급곡선은 수평선이다. 따라서 수요가 변화해도 가격에는 어떠한 변화도 나타나지 않고 단지 사고 팔리는 거래량에만 영향을 미치게 된다.

제7장

Check Your Understanding

7-1

1. 다음의 그림은 소비세가 도입된 이후에 소비자들이 지불하는 가격은 1.2달러로 상승하고 생산자들이 받는 가격은 0.9달러로 하락함을 보여 주고 있다. 소비자들은 버터 1파운드당 부과되는 0.3달러의 세금 중 0.2달러만큼을 부담하고, 생산자들은 버터 1파운드당 부과되는 0.3달러의 세금 중 0.1달러만큼을 부담한다. 세금이 부과됨으로써 소비자들이 내는 가격과 생산자들이 받는 가격 사이에 0.3달러만큼의 차이가 발생하게 된다. 그 결과로 거래되는 버터의 양은 900만 파운드이다.

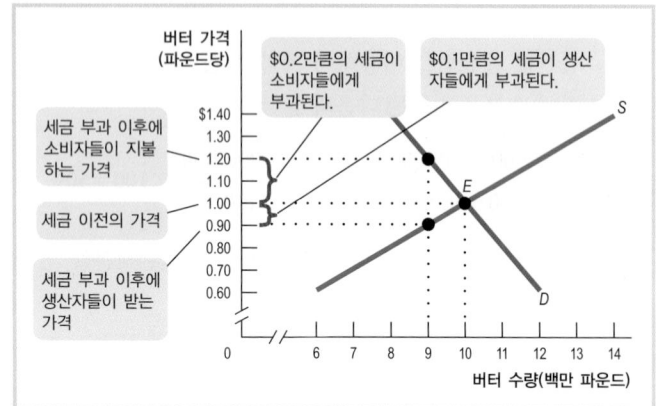

2. 수요가 매우 비탄력적이라는 말은 세금으로 인해 가격이 상승할 경우에 소비자들이 교과서에 대한 수요를 매우 조금 줄일 것임을 의미한다. 공급이 탄력적이라는 말은 가격이 하락할 경우에 생산자들이 공급을 줄임으로써 가격의 하락에 반응할 것임을 의미한다. 그 결과, 다음에 제시된 그림에 나타난 것과 같이 조세의 귀착은 경제학 교과서 생산자들보다는 소비자들에게 더 크게 부과될 것이다.

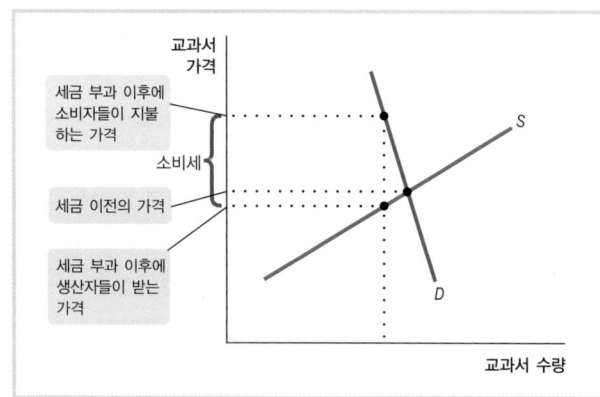

3. 참이다. 대체재를 쉽게 구할 수 있다면 수요는 탄력적이다. 이는 가격이 오를 경우 소비자들이 대체재 소비로 이동할 것이기 때문에, 생산자들이 세금으로 인해 증가된 비용을 소비자들에게 전가시키기는 힘들다는 것을 의미한다. 게다가 생산자들이 생산하는 재화의 양을 조정하기 힘든 경우에 공급은 비탄력적이다. 즉 생산자들은 세금을 제하고 난 후의 낮은 가격에서 생산량을 줄임으로써 대응할 수 없게 되는 것이다. 그러므로 세금은 소비자들보다는 생산자들에게 더 크게 전가된다.

4. 공급이 매우 비탄력적이라는 말은 세금으로 인하여 낮아진 가격에 대응하여 공급자들이 병에 든 생수의 공급량을 줄이는 정도가 매우 작을 것임을 의미한다. 반대로 수요는 탄력적이기 때문에 가격이 상승할 경우에 이에 대응하여 수요는 감소할 것이다. 그 결과, 아래의 그림에

제시된 것과 같이 조세의 귀착은 병 생수 생산자들에게 크게 나타나고 소비자들에게는 작게 나타날 것이다.

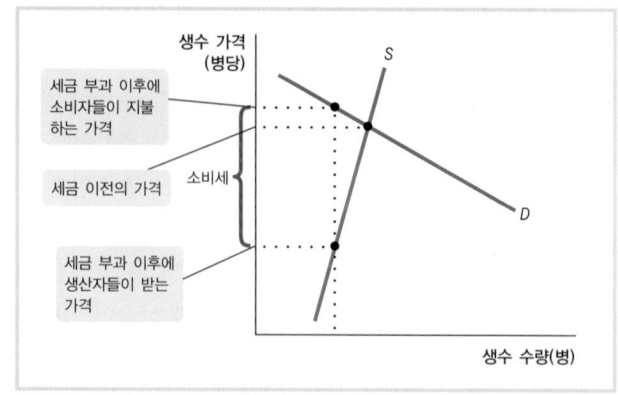

5. 참이다. 다른 조건이 일정할 경우, 공급의 탄력성이 낮을수록 소비자들에 비해 생산자들이 부담하는 세금은 더욱 많아진다.

7-2

1. a. 소비세가 없다면, 장, 이브스, 자비에와 월터는 팔고 애나, 베르니스, 치주코, 그리고 다그마르는 캔당 0.4달러의 가격으로 각각 1캔의 소다를 구매할 것이다. 그러므로 거래되는 양은 4이다.

b. 소비세가 있는 경우 장과 이브스는 팔고 애나와 베르니스는 각각 1캔씩을 살 것이다. 그러므로 거래되는 양은 2이다.

c. 소비세가 없다면 애나의 개별 소비자잉여는 $0.7 - $0.4 = $0.3가 되고, 베르니스의 소비자잉여는 $0.6 - $0.4 = $0.2, 치주코는 $0.5 - $0.4 = $0.1이며, 다그마르는 $0.4 - $0.4 = $0이다. 총소비자잉여는 $0.3 + $0.2 + $0.1 + $0.0 = $0.6이다. 소비세가 있다면 애나의 개별 소비자잉여는 $0.7 - $0.6 = $0.1이고, 베르니스는 $0.6 - $0.6 = $0.0이다. 세금 부과 이후의 총소비자잉여는 $0.1 + $0.00 = $0.1이다. 그러므로 세금으로 인하여 감소하는 총소비자잉여는 $0.6 - $0.1 = $0.5이다.

d. 소비세가 없다면 장의 개별 생산자잉여는 $0.4 - $0.1 = $0.3이고, 이브스는 $0.4 - $0.2 = $0.2이며, 자비에는 $0.4 - $0.3 = $0.1, 월터는 $0.4 - $0.4 = $0.0이다. 총생산자잉여는 $0.3 + $0.2 + $0.1 + $0.0 = $0.6이다. 세금 부과 이후에는 장의 개별 생산자잉여는 $0.2 - $0.1 = $0.1이고, 이브스는 $0.2 - $0.2 = $0이다. 세금 부과 이후의 총생산자잉여는 $0.1 + $0.0 = $0.1이다. 그러므로 세금으로 인해 줄어든 총소비자잉여는 $0.6 - $0.1 = $0.5이다.

e. 세금이 있으면 2캔의 음료수가 판매될 것이고 따라서 정부가 소비세로부터 얻는 수입은 2×$0.4＝$0.8이다.

f. 세금이 없을 때의 총잉여는 $0.6＋$0.6＝$1.2이다. 세금이 있으면 총잉여는 $0.1＋$0.1＝$0.2이며, 정부의 세금 수입은 $0.8이다. 그러므로 소비세로 인한 자중손실은 $1.2－($0.2＋$0.8)＝$0.2이다.

2. a. 휘발유에 대한 가까운 대체재가 없고 운전자들이 대중교통과 같은 자가 운전의 대체재를 찾기도 쉽지 않기 때문에 휘발유에 대한 수요는 비탄력적이라고 할 수 있다. 그러므로 아래 그림에 나타난 것처럼 휘발유에 부과하는 세금으로 인한 자중손실은 매우 작을 것이다.

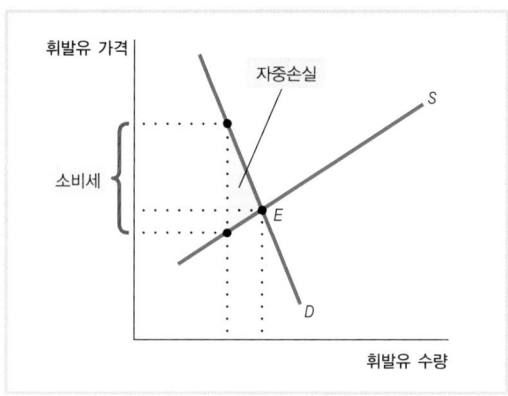

b. 다크 초콜릿 바, 밀크 초콜릿 키세스와 같은 가까운 대체재가 존재하기 때문에 밀크 초콜릿 바에 대한 수요는 탄력적이다. 그 결과, 아래의 그림에 나타나 있듯이 밀크 초콜릿 바에 세금을 부과할 경우에 발생하는 자중손실은 커진다.

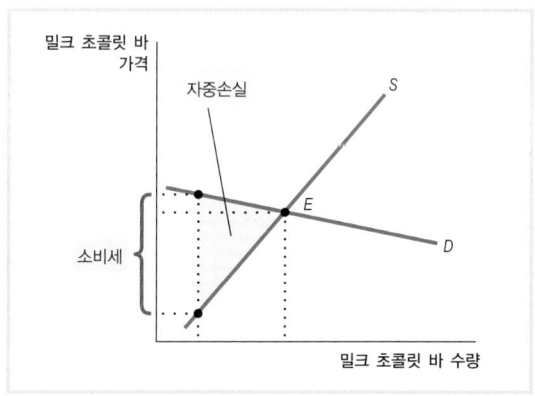

7-3

1. a. 운전자들이 고속도로 안전프로그램의 혜택을 받기 때문에 이 세금은 편익원칙을 따르면 잘 운용된다. 그러나 세금의 크기가 세금을 지불할 수 있는 능력에 의존하지 않기 때문에 능력원칙에 의하여 잘 운용되지는 못한다. 고

소득자는 새 차를 구입하는 데 많은 돈을 쓸 것이기 때문에 새로 구입하는 차의 가격에 대하여 비율로 매겨지는 세금을 도입한다면 능력원칙에 부합할 것이다. 차 1대당 500달러의 세금을 부과한다면 이는 사람들이 새 차를 구입하는 것을 막을 테지만, 비율로 세금을 부과한다면 이는 사람들이 차를 사는 것을 막으면서 좀 더 저렴한 차를 사게끔 할 것이다.

b. 이러한 세금은, 세금을 내는 사람들이 지역 주민이 아니지만 늘어난 정부의 서비스로 세금의 혜택을 누리는 것은 지역 주민이기 때문에 편익원칙에 의하면 잘 운용되지 못한다. 그러나 보통 호텔에 숙박하는 사람들은 그렇지 못한 사람들에 비해 소득이 높다는 사실을 감안한다면 능력원칙에 따를 경우 이 세금은 잘 운용된다고 볼 수 있다. 이러한 세금으로 인하여 이 지역 호텔에 숙박하는 사람의 수는 줄어들 것이다.

c. 지역 주택 보유자들이 그 지역학교의 이용자들이기 때문에 이 세금은 편익원칙에 따르면 잘 운용된다. 또한 이 세금은 주택 가치의 비율로 책정되었기 때문에 능력원칙에 의해서도 잘 운용된다. 소득이 높은 사람일수록 더 비싼 주택을 소유할 것이고 더 많은 세금을 내게 될 것이다. 이 세금으로 인하여 낮은 세금을 책정하는 다른 지역에 비해서 이 지역의 주택 구매는 줄어들 것이고 주택을 새로 개조하여 주택의 가치를 높이려는 행위도 줄어들 것이다.

d. 음식 소비자들이 정부의 식품안전 프로그램의 수혜자이기 때문에 이 세금은 편익원칙에 의거하면 잘 운용된다. 음식은 필수재이기 때문에 저소득층이 고소득층과 비슷한 크기의 세금을 내야 한다는 면에서 이 세금은 능력원칙에 의하여 잘 운용되지는 못한다. 이 세금은 음식을 사는 행위를 왜곡시켜서 사람들이 싼 음식을 구매하도록 만들 것이다.

7-4

1. a. 소득이 5,000달러인 사람에 대한 한계세율은 1%이다. 추가적인 1달러의 소득에 대하여 $0.01(또는 1%)가 세금으로 빠진다. 이 사람은 $5,000×1%＝$50의 세금을 내고 이는 이 사람 소득의 ($50/$5,000)×100＝1%이다.

b. 소득이 2만 달러인 사람의 한계세율은 2%이다. 추가적인 1달러의 소득에 대해서 0.02달러(또는 2%)가 세금으로 빠진다. 이 사람은 $10,000×1%＋$10,000×2%＝$300의 세금을 내고 이는 이 사람 소득의 ($300/$20,000)×100＝1.5%이다.

c. 고소득자가 저소득자에 비하여 그의 소득에 대하여 더 높은 비율의 세금을 내기 때문에 이 세금은 비례세이다.

2. 소비에 1%의 세금을 부과하는 것은 소득이 1만 5,000달러이며 1만 달러를 소비하는 가정에서 1%×\$10,000 = \$100, 즉 그 가정의 소득의 0.67%만큼[(\$100/\$15,000)× 100=0.67%]을 세금으로 낸다는 것을 의미한다. 그러나 소득이 1만 달러이고 8,000달러를 소비하는 가정의 경우 1%×\$8,000=\$80를 세금으로 낼 것이고 이는 그 가정의 소득의 0.8%[(\$80/\$10,000)×100=0.8%]만큼이다. 저소득층 가정이 고소득층 가정보다 소득 대비 더 높은 비율의 세금을 내기 때문에 이 세금은 역진세이다.

3. a. 거짓이다. 공급자는 그가 공급하는 재화의 공급이 완전 탄력적이지 않은 한 세금을 어느 정도 부담한다. 노동자가 공급하는 노동의 공급이 완전 탄력적이지는 않기 때문에 급여세의 일부는 노동자에 의해 부담되고 따라서 세금이 개인이 직업을 선택하는 유인에 영향을 미친다고 볼 수 있다.

b. 거짓이다. 비례세에 따르면 과세표준은 모든 사람에게 동일하다. 정액세를 부과하는 경우에는 모든 사람이 내는 세금의 크기는 소득에 관계없이 동일하다. 정액세는 역진세이다.

제8장

Check Your Understanding

8-1

1. a. 비교우위의 유형을 분석하기 위해서는 해당 재화에 대한 두 국가에서의 기회비용을 비교해야 한다. 옥수수 1톤의 기회비용을 자전거의 수로 계산하도록 하자. 중국의 경우, 자전거 1대의 기회비용이 옥수수 0.01톤이므로 옥수수 1톤의 기회비용은 자전거 1/0.01대, 즉 100대가 된다. 옥수수의 기회비용이 미국에서 자전거 50대로 더 작으므로 미국은 옥수수 생산에 비교우위가 있다고 할 수 있다. 마찬가지로 미국에서의 자전거 1대의 기회비용이 옥수수 1/50톤, 즉 0.02톤이고, 이것이 중국에서의 기회비용 0.01톤보다 크므로 중국은 자전거 생산에 비교우위가 있다.

b. 미국은 옥수수를 생산하지 않을 경우 20만 대의 자전거를 생산할 수 있으므로, 자전거를 생산하지 않을 경우 자전거 20만 대×옥수수 0.02톤/자전거=옥수수 4,000톤을 생산할 수 있다. 마찬가지로 중국은 자전거를 생산하지 않을 경우 3,000톤의 옥수수를 생산할 수 있으므로 옥수수를 생산하지 않을 경우 옥수수 3,000톤×자전거 100

대/옥수수 1톤=자전거 30만 대를 생산할 수 있다. 이 네 점은 각각 미국과 중국의 생산가능곡선(그림 참조)의 x절편과 y절편을 나타낸다.

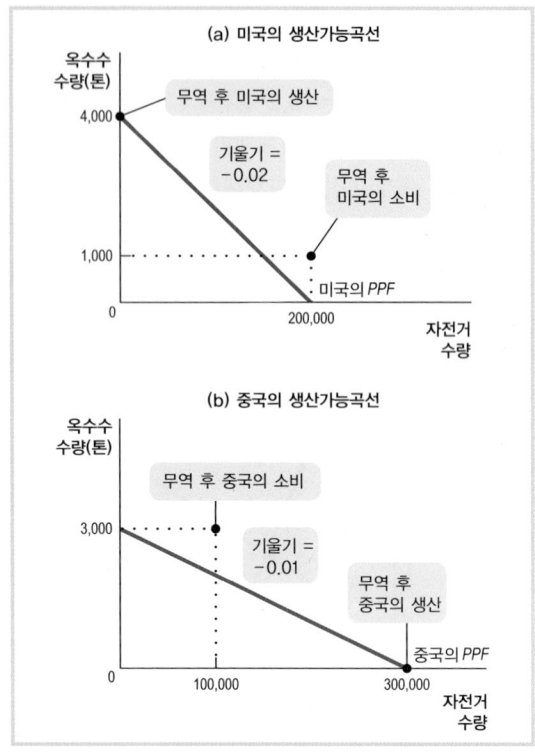

c. 그림에 미국과 중국의 생산점과 소비점이 표시되어 있다. 두 국가 모두 자급경제에서는 소비할 수 없었던 생산곡선 밖에 있는 재화묶음을 소비하고 있으므로 국제무역을 통해 이득을 보았다고 할 수 있다.

2. a. 헥셔-올린모형에 따르면 미국이 영화 제작에 적합한 인적·실물자본 등의 생산요소의 부존이 상대적으로 많고, 프랑스가 포도밭, 양조인의 인적 자본과 같이 포도주 생산에 적합한 생산요소의 부존이 상대적으로 많기 때문에 제시된 것과 같은 유형의 무역이 발생한다.

b. 헥셔-올린모형에 따르면, 미국이 기계 생산에 적합한 인적·실물자본 등의 생산요소의 부존이 상대적으로 많고, 브라질이 노동력, 가죽과 같이 신발 생산에 적합한 생산요소의 부존이 상대적으로 많기 때문에 제시된 것과 같은 유형의 무역이 발생한다.

8-2

1. 다음 그림에서 P_A는 자급경제에서 미국의 포도가격을 나타내고, P_W는 국제무역하에서의 세계 포도가격을 나타낸다. 무역을 통해 미국 소비자들은 P_W의 가격을 지불하고 Q_D의 포도를 소비한다. 미국 포도 생산자들의 포도 생산량은 Q_S이므로 $Q_D - Q_S$만큼이 멕시코로부터 수입된

다. 트럭 운전사들의 파업으로 수입이 중단되어 미국 소비자들은 자급경제의 가격 P_A를 지불하고 Q_A만큼을 소비하게 된다.

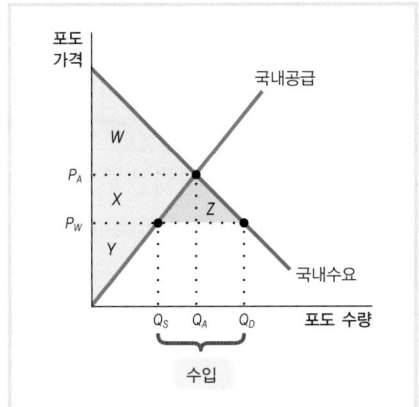

포도 가격 / 국내공급 / P_A / P_W / 국내수요 / Q_S Q_A Q_D / 포도 수량 / 수입

a. 파업 전에 미국 소비자들은 $W+X+Z$만큼의 소비자잉여를 누린다. 그러나 파업이 발생하면서 소비자잉여는 W로 감소하게 된다. 소비자들은 $X+Z$만큼의 소비자잉여를 잃게 되므로 파업으로 손실을 본다.

b. 파업 전에 미국 생산자들은 Y만큼의 생산자잉여를 누린다. 그러나 파업이 발생하면서 생산자잉여는 $Y+X$로 증가한다. 생산자들은 X만큼의 생산자잉여를 얻게 되었으므로 파업으로 이득을 본다.

c. 파업으로 미국 경제 전체의 잉여가 Z만큼 감소한다. 이것은 생산자잉여로 전환되지 않는 소비자잉여의 감소분이다.

2. 멕시코 포도 생산자들은 판매량이 Q_D-Q_S만큼 감소하기 때문에 파업으로 손해를 본다. 멕시코 포도농장 인부들 역시 판매량 감소분만큼 일할 수 없기 때문에 임금이 줄게 되어 파업으로 손해를 본다. 또한 파업으로 멕시코 포도에 대한 수요가 줄어들기 때문에 멕시코 국내 소비자들은 포도를 더 낮은 가격으로 살 수 있어 파업에서 이득을 본다. 미국 포도농장 인부들의 경우 Q_A-Q_S만큼 미국의 포도 생산량이 증가하기 때문에 더 많은 임금을 받게 되어 파업으로부터 이득을 본다.

8-3

1. a. 0.5달러의 관세가 부과될 경우 국내 소비자들이 수입 버터 1파운드에 대해 지불하는 가격은 $\$0.50+\$0.50=\$1.00$로 국산 버터의 가격과 같다. 따라서 수입 버터의 국산 버터에 대한 가격우위가 사라지게 되어 수입이 이루어지지 않게 되며, 국내 버터 생산자들은 국내 소비자에게 팔 수 있는 모든 양인 Q_A만큼의 버터를 팔게 된다. 하지만 관세가 0.5달러보다 작을 경우, 예컨대 0.25달러

라면 국내 소비자들이 수입 버터 1파운드에 지불하는 가격은 $\$0.50+\$0.25=\$0.75$로 국산 버터보다 0.25달러 작게 된다. 따라서 관세가 0.25달러만큼 부과됨으로 인해 미국 버터 생산자들은 Q_2-Q_1만큼을 (관세가 없을 때에 비해) 더 판매하게 되며, 이는 관세가 0.5달러만큼 부과되었을 때의 추가 판매량 Q_A-Q_1보다 적다.

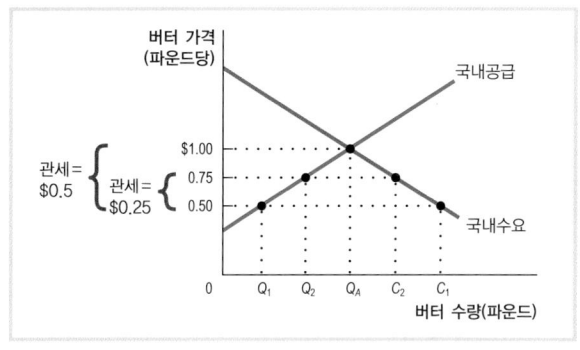

버터 가격 (파운드당) / 국내공급 / 관세=$0.5 / 관세=$0.25 / $1.00 / 0.75 / 0.50 / 국내수요 / Q_1 Q_2 Q_A C_2 C_1 / 버터 수량(파운드)

b. 관세가 0.5달러를 넘기는 순간부터 관세를 더 올리는 것은 아무 효과가 없다. 관세가 0.5달러일 경우 사실상 수입이 이루어지지 않게 된다.

2. 관세 0.5달러에서 수입이 전혀 이루어지지 않으므로 0.5달러의 관세는 수입할당량을 0으로 설정하는 것과 같다.

8-4

1. 설탕이나 옷을 구입하는 소비자의 수에 비해 철강을 투입물로 사용하는 사업체의 수가 훨씬 적다. 따라서 서로 의견을 교환하여 관세 폐지를 위한 로비활동을 펼치는 것이 일반 소비자들보다는 이 사업체들에게 더욱 쉽다고 할 수 있다. 또한 이 사업체들은 수입철강에 대한 관세가 경영 이윤에 큰 손실이 된다고 이해하고 있지만 개별 소비자들은 설탕, 옷에 대한 관세가 자중손실을 초래한다는 사실을 잘 모르고 있다.

2. 정부는 국내산업을 보호하기 위해 수입품이 국내 소비자에게 품질, 건강, 환경상의 위험을 제기한다고 주장할 수 있다. 이런 경우 WTO 관료는 품질, 건강 및 환경 규정이 국내 생산자들에게도 똑같이 엄격한 기준으로 적용되고 있는지를 살펴봐야 한다. 만약 그렇다면 그와 같은 규정이 보호무역을 목적으로 하는 것이 아닌 적절한 규제일 수 있다. 그리고 만약 그렇지 않다면, 그와 같은 규제가 보호무역을 위한 수단으로 사용되고 있을 가능성이 높다.

제9장

Check Your Understanding

9-1

1. a. 생산에 필요한 물품은 자금의 지출을 요하므로 명시적 비용에 해당한다.

   b. 학생에게 세를 주는 것과 같은 용도로 지하실을 사용하여 돈을 벌 수 있다면 벌 수 없게 된 돈이 암묵적 비용이 된다. 그렇지 않을 경우 암묵적 비용은 영이다.

   c. 임금은 명시적 비용이다.

   d. 사업을 위해 소형 운반차를 사용한다면 그것을 팔아 벌 수 있는 만큼의 돈을 받을 수 없다. 따라서 소형 운반차를 사용하는 것은 암묵적 비용을 초래한다.

   e. 다른 일자리에서 받을 수 있는 임금은 암묵적 비용이 된다.

2. 올바른 결정을 하기 위해서는 기술자가 되는 것과 다른 주에서 직장생활하는 것만 비교하면 된다. 다른 주에서 직장생활하는 것이 약사 자격이 주어지는 학위를 취득하는 것보다 더 낫다는 것을 이미 알고 있으므로 약사가 되는 선택은 제외시킬 수 있다. 이제 나머지 두 선택, 즉 숙련공이 되는 것과 즉시 다른 주에서 직장생활하는 것을 비교해 보자. 다른 주의 직장에서 5만 7,000달러를 버는 것에 비해 견습공으로는 첫 2년간 3만 달러밖에 벌지 못한다. 따라서 다른 주의 직장에 즉시 종사하지 않고 기술자가 되는 것은 $30,000 - $57,000 = -$27,000의 암묵적 비용이 든다. 그러나 지금부터 2년 후에 기술자로서의 평생소득의 가치는 72만 5,000달러인 반면 다른 주의 직장의 평생소득의 가치는 60만 달러이므로 기술자가 되기로 선택함으로써 12만 5,000달러의 회계상의 이윤을 얻게 된다. 종합하면 다른 주에서 직장생활 하는 것에 비해 기술자의 길을 선택하는 것의 경제학적 이윤은 $125,000 - $27,000 = $98,000이다. 반면에 기술자의 길을 선택하는 것에 비해 다른 주의 직장을 선택하는 것의 경제학적 이윤은 -$125,000 + $27,000 = -$98,000이다. '양자택일' 결정의 원리에 의해 애덤은 경제학적 이윤이 양이 되는 기술자의 길을 선택해야 한다.

3. B와 C 모두 A보다 나으므로 A는 제외해야 한다. 그러나 이제는 B와 C를 비교해야 한다. 그리고 B와 C 중에서 양의 경제적 이윤을 주는 것을 선택해야 한다.

9-2

1. a. 직접 세탁을 하는 것의 한계비용은 세탁을 하는 데 들어간 시간의 기회비용이다. 여기서 시간의 기회비용이란 영화를 보는 것과 같은 차선의 대안에 시간을 썼을 때 느끼는 가치를 말한다. 세탁의 한계편익은 골라 입을 수 있는 깨끗한 옷이 더 많아졌다는 것이다.

   b. 자동차 오일교체의 한계비용은 오일교체에 드는 명시적 비용뿐 아니라 교체에 들어간 시간비용까지 포함한다. 오일교체의 한계편익은 자동차의 성능이 향상된 것이라고 할 수 있다.

   c. 나초에 추가되는 할라피뇨의 한계편익은 그것을 통해 얻게 되는 기분 좋은 맛이다. 반면 한계비용은 할라피뇨를 사는 데 들어가는 명시적 비용뿐 아니라 할라피뇨가 유발하는 입이 타는 듯한 기분 나쁜 느낌이라고 할 수 있다.

   d. 근로자를 1명 더 고용하는 것의 한계편익은 그 근로자가 생산하는 산출물의 가치이다. 반면 한계비용은 그에게 지불되는 임금이다.

   e. 약을 한 번 더 복용하는 것의 한계편익은 환자의 병이 호전되는 것의 가치이고, 한계비용은 복용에 따라 증가하게 되는 부작용의 가치이다.

   f. 한계비용은 시간의 기회비용, 즉 차선의 방법으로 시간을 사용했을 때 얻을 수 있는 것이다. 한계편익은 자질 향상의 가능성이다.

2. 다음 표는 알렉사의 새로운 한계비용과 추가이윤을 보여준다. 이 표에는 〈표 9-5〉의 한계편익도 적혀 있다.

교육 햇수	총비용	한계비용	한계편익	추가이윤
0	$0			
		$90,000	$300,000	$210,000
1	90,000			
		30,000	150,000	120,000
2	120,000			
		50,000	90,000	40,000
3	170,000			
		80,000	60,000	-20,000
4	250,000			
		120,000	50,000	-80,000
5	370,000			

2년간의 교육을 마칠 때까지 한계비용이 감소하다가 그 후에는 포기한 소득의 가치로 인해 한계비용이 증가한다. 최적 교육 햇수는 여전히 3년이다. 교육을 3년보다 더 적게 받으면 한계편익이 한계비용보다 크고, 교육을 3년보다 더 많이 받으면 한계비용이 한계편익보다 크다.

9-3

1. a. 트럭을 사는 데 지출한 금액을 되돌려받을 수 없으므로 매몰비용은 8,000달러가 된다.

   b. 트럭을 사는 데 지출한 금액의 50%를 받을 수 있으므로

매몰비용은 4,000달러가 된다.

2. **a.** 현시점에서 의대 공부에 투자된 시간과 돈은 매몰비용이므로 이 주장은 타당하지 않다.

   b. 2년 전에 무엇을 했어야만 했는가는 지금 무엇을 해야 하는가와 무관하므로 이 주장은 타당하지 않다.

   c. 이 주장은 지금 어떤 선택을 해야 하는가가 매몰비용과 무관하다는 사실을 인식하고 있으므로 타당하다.

   d. 이 주장은 당신이 부모님을 실망시키는 것에 대해 걱정을 하고 있다면 타당한 주장이다. 하지만 부모님의 생각은 이미 투자된 시간이 매몰비용이라는 사실을 인식하지 못하고 있으므로 타당하지 않다.

9-4

1. **a.** 제니는 손실기피성을 보이고 있다. 그녀는 손실에 대해 지나치게 예민하여 손실을 인정하고 넘어가려 하지 않는다.

   b. 이것은 설계 편향한 예다. 판매자들은 구매자들이 유리한 조건이라고 생각해 더 많이 구입하도록 묶어 파는 방법을 사용한다. 그러나 레오는 필요 이상의 수량을 구입하기 때문에 이는 그에게 유리한 것이 아니다.

   c. 다닐로는 미래의 행동에 대한 비현실적인 기대를 갖고 있는지 모른다. 지금은 적립금 제도에 가입하고 싶지 않더라도 나중에 가입하도록 자신을 구속하는 방법을 찾아야 한다.

   d. 에마는 현재 상태 편향의 조짐을 보이고 있다. 그녀는 아예 결정하는 것을 회피하고 있다. 즉 현재 상태에 머무르고 있다.

2. 여러분은 먼저 결정에 따른 모든 비용과 편익을 정확하게 따져 봄으로써 어떤 결정이 합리적인지 비합리적인지 판단할 수 있다. 특히 모든 기회비용을 정확하게 따져 보아야 한다. 그런 다음 그 결정의 경제적 이윤을 차선책과 비교하여 계산하라. 이런 비교를 하고 난 후에도 같은 결정을 하게 된다면 여러분은 합리적인 선택을 한 것이다. 그렇지 않다면 그 선택은 비합리적인 것이다.

제10장

Check Your Understanding

10-1

1. 한계효용이 음(−)일 경우, 그 재화를 소비하면 소비하지 않을 때보다 효용이 낮아지게 된다. 효용을 극대화하는 합리적인 소비자는 그와 같은 선택을 하지 않을 것이다. 예컨대 〈그림 10-1〉에서 캐시는 조개 8개를 소비할 때 64단위의 효용을 느끼지만, 아홉 번째 조개를 소비하면 효용이 감소하여 63단위의 효용을 느낀다. 따라서 한계효용이 음일 경우 소비자는 이를 소비하지 않는 것이 더 낫다.

2. 커피에 대한 마르타의 한계효용이 체감하므로 첫 번째 커피가 총효용을 가장 많이 증가시킨다. 제일 작은 한계효용을 가져오는 것은 마지막 잔인 세 번째 커피이다.

3. **a.** 추가적으로 하는 운동이 항상 전 단계에서 한 운동보다 더 많은 효용을 가져오므로 운동에 대한 메이블의 한계효용은 체증한다.

   b. 새로 구입하는 레코드판이 모두 같은 한계효용을 주므로 레코드판에 대한 메이의 한계효용은 일정하다.

   c. 고급 음식점의 음식을 많이 먹게 되면서 한계효용이 감소했으므로 고급 음식점에 대한 덱스터의 한계효용은 체감한다.

10-2

1. **a.** 다음 표는 소비가능집합의 세 점 *A*, *B*, *C*를 보여 준다. 이 점들은 그 아래의 그래프에 소비자의 예산선 *BL*과 함께 표시되어 있다.

소비재묶음	팝콘 수량(봉지)	영화표 수량
A	0	2
B	2	1
C	4	0

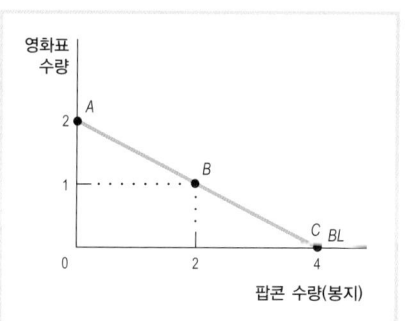

b. 다음 표는 소비가능집합의 네 점 *A*, *B*, *C*, *D*를 보여 준다. 이 점들은 그다음에 이어지는 그래프에 소비자의 예산선 *BL*과 함께 표시되어 있다.

소비재묶음	속옷 수량(벌)	양말 수량(켤레)
A	0	6
B	1	4
C	2	2
D	3	0

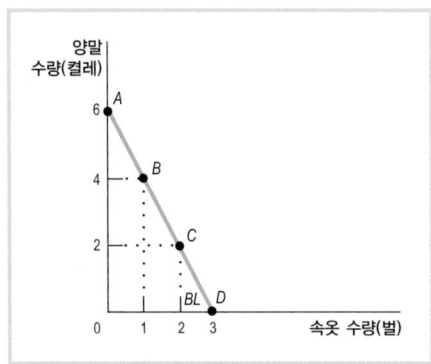

10-3

1. 〈표 10-3〉으로부터 새미가 에그롤 소비를 3개에서 4개로 증가시킬 때 1달러의 한계효용과 콜라 소비를 9병에서 10병으로 증가시킬 때 1달러의 한계효용은 모두 0.75유틸로 같은 것을 알 수 있다. 그러나 에그롤 4개와 콜라 10병으로 이루어진 소비재묶음은 새미의 소득으로 구입할 수 없기 때문에 최적 소비재묶음이 될 수 없다. 에그롤 4개와 콜라 10병의 비용은 $4×4+$2×10＝$36인데 이는 새미의 소득을 16달러나 초과한다. 이것을 〈그림 10-3(a)〉로부터 구한 새미의 예산선으로 예시할 수 있다. 에그롤 4개와 콜라 10병의 묶음은 다음 그림에 점 X로 표시되어 있는데, 이 점은 새미의 예산선 밖에 위치해 있다. 〈그림 10-3(a)〉의 수평축을 보면 에그롤 4개와 콜라 10병으로 구성된 묶음은 소비가능집합에 포함되지 않는다는 것을 명확히 알 수 있다.

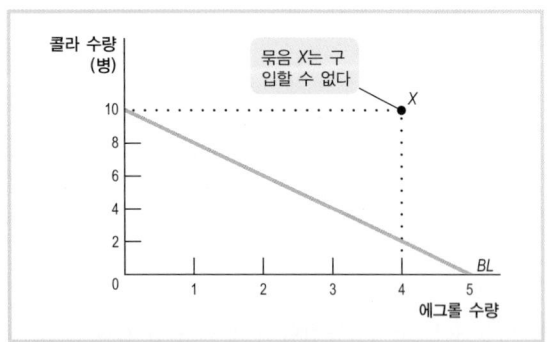

2. 각 재화에 대한 1달러의 한계효용이 가장 높은 것은 조개 소비를 0파운드에서 1파운드로 늘릴 때(3.75유틸)와 감자 소비를 0파운드에서 1파운드로 늘릴 때(5.75유틸)이다. 그러나 조개 1파운드와 감자 1파운드로 구성된 묶음은 새미에게 26.5유틸밖에 주지 못한다. 새미는 예산선 상에 있으면서 두 재화에 대한 1달러의 한계효용이 같은 소비재묶음을 선택해야 한다.

10-4

1. a. 오렌지 주스에 대한 지출이 소득에서 차지하는 비중이 작기 때문에 오렌지 주스 가격이 오를 때 발생하는 소득효과는 중요하지 않다. 오렌지 주스 대신에 레모네이드를 소비하게 되는 대체효과만이 중요하다.

   b. 임대료가 소득에서 차지하는 비중이 크므로 임대료가 오를 때 소득효과가 발생하여 델리아는 상대적으로 가난해진 것처럼 느끼게 된다. 또한 임대주택이 정상재이므로 소득효과와 대체효과가 같은 방향으로 움직여 델리아는 더 작은 집으로 이동해 임대주택에 대한 소비를 줄인다.

   c. 학생들의 생활비에서 식권은 큰 비중을 차지하므로 식권 가격이 오르면 소득효과가 나타나 학생들은 더 자주 학생식당을 이용하게 된다. (학생식당을 덜 이용하도록 하는)대체효과와 (상대적으로 가난하게 되었다고 느끼게 되어 더 자주 학생식당을 이용하게 하는)소득효과가 반대 방향으로 작용하는데, 그 이유는 바로 학생식당이 열등재이기 때문이다.

2. 어떤 재화가 기펜재인지를 판단하기 위해서는 먼저 그 재화가 열등재인가를 알아야 한다. 즉 다른 조건이 일정할 때 학생들의 소득이 감소하면 학생식당 이용이 증가하는가를 알아야 한다. 일단 열등재인 것이 확인되면 소득효과가 대체효과를 능가하는지 알아야 한다. 즉 다른 조건이 일정하다면 학생식당 음식 값이 오를 때 학생식당 음식에 대한 수요량이 증가하는지 확인해야 한다. 정말 다른 조건이 일정한지 확인하는 것을 주의해야 한다. 만일 음식 값이 오르는데도 수요가 정말 증가한다면 기펜재가 틀림없다.

제11장

Check Your Understanding

11-1

1. a. 고정요소는 10톤짜리 기계이고 가변요소는 전기이다.

   b. 표의 세 번째 열에 있는 숫자들이 감소하는 것으로부터 전기의 수익이 체감한다는 사실을 알 수 있다. 추가로 사용되는 전기 1킬로와트의 한계생산은 바로 전 단계에 사용된 1킬로와트의 한계생산보다 적다.

전력량 (킬로와트)	얼음 양 (파운드)	전기의 한계생산 (킬로와트당 파운드)
0	0	
		1,000
1	1,000	
		800
2	1,800	
		600
3	2,400	
		400
4	2,800	

c. 고정요소 투입량을 50% 증가시킬 경우 버니는 15톤짜리 기계를 사용하게 되므로 이것이 고정요소가 된다. 이때 모든 전기 투입량에 대해 생산물이 100% 증가하기 때문에 산출물과 한계생산은 다음 표에 나타나는 것과 같다.

전력량 (킬로와트)	얼음 양 (파운드)	전기의 한계생산 (킬로와트당 파운드)
0	0	
		2,000
1	2,000	
		1,600
2	3,600	
		1,200
3	4,800	
		800
4	5,600	

11-2

1. a. 다음 표에서와 같이 긱 피이에 대한 한계비용은 전 단계에 생산된 파이의 한계비용에 1.5를 곱해 구해진다. 각 생산물 수준에 대한 가변비용은 그 단위의 파이가 생산될 때까지 지출된 한계비용을 합쳐 구할 수 있다. 예컨대 파이 3개의 가변비용은 $1.00＋$1.50＋$2.25＝$4.75가 된다. 고정비용이 9달러이므로 파이 Q개가 생산될 때의 평균고정비용은 $9.00/Q$이다. 또한 파이 Q개가 생산될 때의 평균가변비용은 가변비용을 Q로 나눈 것이다. 예를 들면, 파이 5개가 생산될 때의 평균비용은 $13.19/5, 즉 약 2.64달러가 된다. 끝으로 평균총비용은 TC/Q 또는 $AVC＋AFC$의 두 방법으로 구할 수 있다.

파이 수량	파이의 한계비용	가변 비용	파이의 평균 고정비용	파이의 평균 가변비용	파이의 평균 총비용
0	$0.00		—	—	—
	$1.00				
1		1.00	$9.00	$1.00	$10.00
	1.50				
2		2.50	4.50	1.25	5.75
	2.25				
3		4.75	3.00	1.58	4.58
	3.38				
4		8.13	2.25	2.03	4.28
	5.06				
5		13.19	1.80	2.64	4.44
	7.59				
6		20.78	1.50	3.46	4.96

b. 평균총비용이 하락할 때 분산 효과가 수익체감 효과보다 우월하게 나타난다. 주어진 문제에서는 1~4개의 파이가 생산될 때 AFC의 감소가 AVC의 증가보다 더 크다. 한편 평균총비용이 증가할 때는 수익체감 효과가 분산 효과보다 우월하다. 이 문제에서는 5~6개째의 파이가 생산될 때 AVC의 증가가 AFC의 감소보다 더 크다.

c. 에이디의 최소비용 산출량은 파이 4개로 이때 4.28달러라는 가장 낮은 수준의 평균총비용이 달성된다. 산출량이 4 미만일 경우 한계비용은 이미 생산된 파이들에 대한 평균비용보다 낮으므로 파이를 하나 더 생산하는 것이 평균총비용을 낮추게 된다. 예를 들면, 세 번째 파이의 한계비용이 2.25달러로 첫 두 파이의 평균비용인 5.75달러보다 작으므로, 세 번째 파이를 생산하면 평균총비용은 4.58달러[＝(2×$5.75＋$2.25)/3]로 낮아진다. 산출량이 4를 초과할 경우 한계비용은 이미 생산된 파이에 대한 평균비용을 능가한다. 따라서 파이를 추가 생산하는 것은 평균총비용을 높이게 된다. 여섯 번째 파이의 한계비용이 7.59달러이고 첫 번째에서부터 다섯 번째 파이까지의 평균비용이 4.44달러이므로, 여섯 번째 파이를 생산하면 평균총비용은 4.96달러[＝(5×$4.44＋$7.59)/6]로 증가한다.

11-3

1. a. 다음 표는 각각의 고정비용 수준에 대하여 12,000, 22,000, 30,000단위를 생산할 때 드는 평균총비용을 나

타내고 있다. 예를 들어 기업이 첫 번째 고정비용을 택해 산출물 12,000단위를 생산할 때는 $8,000 + 12,000 × $1.00 = $20,000가 소요되므로 이때의 평균총비용은 $20,000/12,000 = $1.67가 된다. 나머지 평균총비용 역시 비슷한 방식으로 계산할 수 있다. 만약 기업이 12,000단위를 생산하고자 한다면 평균총비용이 제일 낮은 첫 번째 고정비용을 선택해야 한다. 또한 22,000단위와 30,000단위를 생산할 때는 각각 두 번째와 세 번째 고정비용을 선택해야 한다.

	12,000단위	22,000단위	30,000단위
첫 번째 선택의 평균총비용	$1.67	$1.36	$1.27
두 번째 선택의 평균총비용	1.75	1.30	1.15
세 번째 선택의 평균총비용	2.25	1.34	1.05

b. 역사적으로 12,000단위를 생산했다는 것은 기업이 최소 평균총비용을 가능하게 하는 첫 번째 고정비용을 선택했다는 것을 의미한다. 12,000단위를 생산할 때 기업의 평균비용은 1.67달러이다. 단기에는 기업이 고정비용을 바꿀 수 없으므로 산출량이 22,000단위로 증가한다 해도 1.36달러의 평균총비용으로 생산활동을 해야 한다. 하지만 장기의 경우 두 번째 고정비용을 선택해 평균총비용을 1.3달러로 낮출 수 있다.

c. 수요 변화가 일시적이라고 생각된다면 기업은 첫 번째 고정비용 수준을 계속 유지해야 한다. 왜냐하면 두 번째 고정비용을 선택하면 수요가 다시 12,000단위로 돌아올 때 1.67달러보다 높은 1.75달러에서 제품을 생산하기 때문이다.

2. a. 이 회사는 규모에 대한 수익이 일정할 가능성이 크다. 회사는 산출량을 늘리기 위해 직원을 더 고용하고 컴퓨터를 추가로 구입하고 전화비를 더 많이 내면 된다. 이러한 생산요소는 쉽게 얻을 수 있으므로 산출량이 변한다 해도 장기 평균총비용은 변하지 않을 것이다.

b. 이 회사는 규모에 대한 수익이 감소할 가능성이 높다. 회사가 여러 프로젝트를 시행할 경우 기업 소유주의 전문지식을 활용하기 위해 들어가는 통신 및 조정 비용이 높아질 것이다.

c. 이 회사는 규모에 대한 수익이 증가할 가능성이 높다. 다이아몬드 광산을 채굴하려면 채굴장비를 구입하기 위해 막대한 금액의 초기비용을 지불해야 한다. 따라서 산출량이 증가하면 장기 평균총비용이 하락할 것이다.

3. 다음 그래프에는 장기 평균총비용곡선(LRATC)과 장기적으로 살사를 5상자 생산하기로 했을 때 이에 대응하는 단기 평균총비용곡선(ATC₅)이 그려져 있다. ATC₅ 곡선은 살사를 5상자 생산하는 평균총비용이 최소가 되는 고정요소 수준에 대응하는 평균총비용을 보여 준다. 이 사실은 하루 5상자에서 ATC_5 곡선이 LRATC 곡선에 접한다는 사실로부터 확인된다.

만일 셀레나가 장기적으로 살사를 4상자만 생산하게 될 것으로 예상한다면 고정요소의 투입량(즉 고정비용)을 변경해야 한다. 만일 고정요소 투입량을 변경하지 않고 살사를 4상자 생산한다면 단기의 평균총비용은 ATC_5 곡선 상의 B점으로 표시되는데 이는 LRATC 상에 있지 않다. 그러나 고정요소를 변경한다면 평균총비용은 A점으로 낮아질 수가 있다.

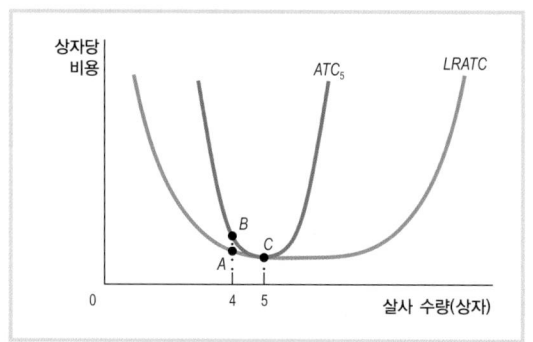

제12장

12-1

1. a. 생산자가 두 기업밖에 없다면 각 기업은 상당한 수준의 시장점유율을 갖고 있으므로 이 산업은 완전경쟁적이 아니다.

b. 북해산 천연가스를 생산하는 기업이 세계 천연가스 시장에서 매우 낮은 시장점유율을 보이고 있고, 천연가스가 표준화된 제품이라는 점을 생각한다면 천연가스 산업은 완전경쟁적이라고 할 수 있다.

c. 각 디자이너마다 고유의 스타일이 있고, 패션 의류는 표준화되지 않기 때문에 이 산업은 완전경쟁적이 아니다.

d. 지금 여기서 고려되는 것은 바로 각 도시의 야구경기 입장권 시장이다. 주요 도시에는 보통 한두 개의 야구팀이 있으므로 각 팀은 상당한 수준의 시장점유율을 갖고 있다. 따라서 이 산업은 완전경쟁적이 아니다.

12-2

1. a. 가격이 평균가변비용의 최소 점보다 낮을 경우 기업은

조업을 중단해야 한다. 이것이 바로 조업중단가격이다. 아래 그림에서 가격이 0과 P_1 사이에 올 때 조업중단이 기업의 최적선택이 된다.

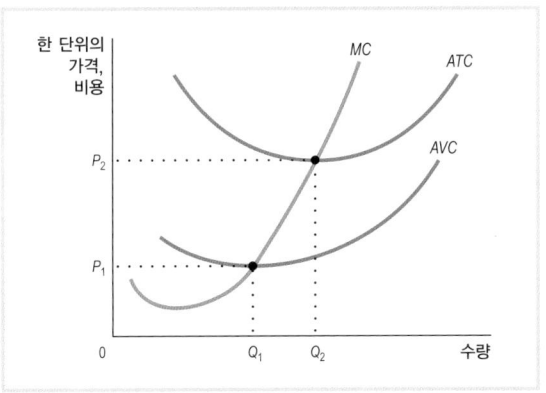

b. 가격이 총가변비용의 최소 점(조업중단가격)보다 높고 평균총비용의 최소 점(손익분기가격)보다 낮을 경우 기업은 손실을 보고 있더라도 단기에는 영업을 하는 것이 낫다. 이것은 가격이 P_1과 P_2 사이에 있을 때로 생산량은 Q_1과 Q_2 사이가 된다.

c. 가격이 평균총비용의 최소 점(손익분기가격)보다 높을 경우 기업은 양의 이윤을 얻는다. 이것은 가격이 P_2보다 높은 경우로 산출량은 Q_2 이상이 된다.

2. 이것은 시장가격이 평균가변비용의 최소 점, 즉 조업중단가격보다 낮을 경우 일시적으로 조업을 중단하는 것이 최적이라는 사실을 보여 주는 예이다. 예에서 시장가격은 바닷가재 요리의 가격이고, 가변비용은 바닷가재의 가격, 임금 등 바닷가재 요리를 제공하는 데 들어가는 가변비용이 된다. 하지만 계절에 따라 변화하는 것은 시장가격이 아니라 평균가변비용곡선으로 바닷가재 가격이 계절에 따라 다른 것이 그 원인이다. 여름철에는 메인 주의 바닷가재기 값싸게 공급되므로 바닷가재 음식점의 평균가변비용이 상대적으로 낮아지지만, 다른 시기에는 수입 바닷가재의 값이 비싸기 때문에 평균가변비용이 높아지게 된다. 따라서 음식점들은 평균가변비용이 시장가격보다 낮아지는 여름철에만 문을 열고, 평균가변비용이 시장가격보다 높아지는 다른 시기에는 문을 닫는다.

12-3

1. a. 고정비용이 하락할 경우 평균총비용이 감소하므로 기업은 단기에 현재 생산량을 유지하면서 이윤을 얻게 된다. 따라서 장기에 신규 기업들이 산업에 진입하게 되고 공급이 증가해 가격이 떨어지고 이윤이 줄어든다. 이윤이 다시 영으로 돌아가면 신규 기업의 진입이 중단된다.

b. 임금이 상승하면 모든 생산량 수준에서 평균총비용이 증가하게 된다. 기업들은 현재 생산량에서 단기에는 손해를 보기 때문에 장기적으로 일부 기업들이 시장에서 퇴출할 것이다. 기업들이 퇴출함에 따라 공급이 감소해 시장가격이 올라가고 기업의 손실은 줄어든다. 손실이 다시 영으로 되돌아가면 기업들의 퇴출은 중단된다.

c. 수요가 증가하면 가격이 올라갈 것이고 현재 생산량 수준에서 단기적으로 이윤이 증가하게 된다. 장기적으로는 새로운 기업들이 시장에 진입함에 따라 공급이 증가하여 가격과 이윤이 떨어진다. 이윤이 다시 영으로 돌아가면 신규기업의 진입이 중단된다.

d. 주요 생산요소가 부족하게 되면 그 요소의 가격이 상승하여 평균총비용이 증가한다. 단기에 기업들은 손해를 보므로 장기적으로 일부 기업이 시장에서 퇴출한다. 그러면 공급이 감소하여 가격이 올라가고 기업들의 손실이 줄어든다. 손실이 다시 영으로 돌아가면 기업들의 퇴출이 중단될 것이다.

2. 그림 (b)에서 S_1과 D_1의 교점인 X_{MKT}는 소비자 기호 변화

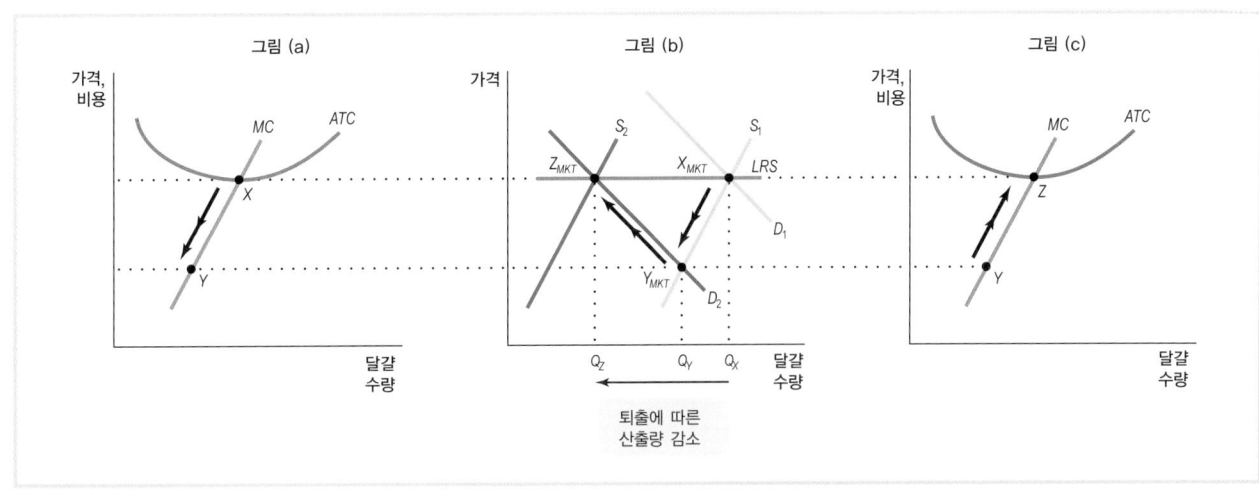

전의 장기균형을 나타낸다. 소비자들의 기호가 변하면 수요가 감소하여 단기에 산업은 D_2와 S_1의 교점인 X_{MKT}로 이동한다. 여기서 단기 공급곡선인 S_1은 최초균형인 X_{MKT}에 있을 때와 같은 수의 달걀 생산업자가 조업을 하고 있음을 의미한다. 시장가격이 평균가변비용의 최소 점보다 높은 수준을 유지하면서 하락한다면 개별 기업들은 생산량을 줄일 것이다[그림 (a) 참조]. 시장가격이 평균가변비용 이하로 떨어지는 경우 기업은 즉시 생산을 중단한다. X_{MKT}에서 달걀의 가격은 평균총비용의 최소 점보다 낮으므로 생산자들은 손해를 보고, 결국 일부 생산자들이 퇴출되어 단기 산업공급곡선이 S_2로 이동하고, Z_{MKT}에서 새로운 장기균형이 형성된다. 이 과정에서 시장가격은 그림 (c)에서와 같이 상승하게 되고, 개별 기업들은 (Y에서 Z로) 생산량을 증가시킨다. 현재 시장에 남아 있는 기업들은 다시 정상 이윤을 얻게 된다. 일부 생산자들이 퇴출하면서 산업 전체의 달걀 공급량이 감소하게 된다. 산업의 장기 공급곡선은 그림 (b)의 LRS가 된다.

제13장

13-1

1. **a.** 이것은 주민들의 결론을 뒷받침하지 못한다. 텍사스 티가 가지고 있는 기름의 양은 한정되어 있으므로 수요와 공급을 일치시키기 위해 기름 가격이 오른 것이다.

   b. 이것은 주민들의 결론을 뒷받침한다. 가정용 난방유 시장이 독점화되었고, 독점기업은 이윤을 늘리기 위해 공급량을 줄여 가격을 올리려 할 것이다.

   c. 이것은 주민들의 결론을 뒷받침하지 못한다. 텍사스 티가 가격을 인상한 것은 투입물인 가정용 난방유의 가격이 올랐기 때문이다.

   d. 이것은 주민들의 결론을 뒷받침한다. 다른 기업들이 낮은 가격에 난방유를 공급하기 시작했다는 것은 텍사스 티가 그동안 이윤을 얻어 타 기업들이 프리지드 지역에 진출했다는 것을 뜻한다.

   e. 이것은 주민들의 결론을 뒷받침한다. 텍사스 티가 알래스카 난방유 파이프라인에 대한 사용권을 가지고 있으므로 텍사스 티는 진입장벽으로부터 이득을 얻고 있음을 시사한다.

2. **a.** 특허권 기간의 연장은 발명자가 상품의 공급량을 감소시켜 시장가격을 높일 수 있는 시간을 증가시킨다. 이는 발명자가 발명품으로부터 경제적 이윤을 얻을 수 있는 시간을 증가시키므로 신상품을 발명할 인센티브를 향상시킨다.

   b. 특허권 기간의 연장은 동시에 소비자가 높은 가격을 지불해야 하는 시간이 길어짐을 의미한다. 따라서 적절한 특허권 기간을 결정하는 문제는 바람직한 발명에 대한 인센티브와 바람직하지 못한 높은 가격부담 사이의 균형을 찾는 문제이다.

3. **a.** 페이모를 사용하는 사람이 많으면 어느 한 상인이 페이모를 받을 가능성이 더 높아진다. 따라서 고객 기반이 클수록 페이모가 지불수단으로 통용될 가능성은 더 높아진다.

   b. 새로운 엔진을 장착한 자동차를 가진 사람이 많으면 그 엔진을 수리할 능력 있는 기술자를 찾기가 수월해질 것이다.

   c. 그런 웹 사이트를 이용하는 사람이 많을수록 팔려고 하는 물건의 구매자나 사려고 하는 물건의 판매자를 찾기가 더 쉬워진다.

13-2

1. **a.** 총수입을 생산량으로 나누면 각 생산량 수준에서의 가격을 구할 수 있다. 예를 들어 에메랄드 3개가 생산될 때의 가격은 $252/3 = $84가 된다. 이 가격을 이용하면 다음과 같이 수요표를 구할 수 있다.

   b. 한계수입표는 한 단위 더 생산될 때의 총수입의 변화를 계산해 구할 수 있다. 예컨대 생산량을 2에서 3으로 증가시킬 때의 한계수입은 $252-$186 = $66이다.

   c. 한계수입 중 수량효과는 주어진 시장가격에서 한 단위 더 판매함으로써 얻어지는 추가수입을 가리킨다. 다음 표에서와 같이 3개의 에메랄드가 판매될 때 시장가격은 84달러이다. 따라서 생산량을 2에서 3으로 증가시킬 때의 수량효과는 84달러이다.

   d. 한계수입 중 가격효과는 한 단위가 더 판매되어 가격이 떨어지면서 총수입이 줄어드는 효과를 가리킨다. 다음 표에서와 같이 에메랄드 2개가 판매될 때 시장가격은 $186/2 = $93가 된다. 하지만 에메랄드 주식회사가 한 단위 더 판매하게 되면 가격이 9달러 떨어져 84달러가 된다. 따라서 생산량을 2에서 3으로 증가시킬 때 나타나는 가격효과는 $(-\$9) \times 2 = -\$18$기 된다. 93달러에 팔릴 수 있었으나 생산량이 증가하면서 84달러에 팔리게 된 것은 3개의 에메랄드 중 2개뿐이기 때문이다.

에메랄드 수요량	에메랄드 가격	한계수입	수량효과 부분	가격효과 부분
1	$100			
		$86	$93	–$7
2	93			
		66	84	–18
3	84			
		28	70	–42
4	70			
		–30	50	–80
5	50			

e. 에메랄드 주식회사의 이윤극대화 생산량을 구하기 위해서는 각 산출량 수준에서의 한계비용을 알아야 한다. 한계수입과 한계비용이 같아지는 지점이 바로 이윤극대화 생산량이다.

2. 한계비용곡선은 위쪽으로 이동해 400달러가 된다. 이윤극대화 산출량이 줄어들고 기업의 이윤 역시 3,200달러에서 $300×6=$1,800로 줄어든다. 완전경쟁산업의 이윤은 영으로 일정하다.

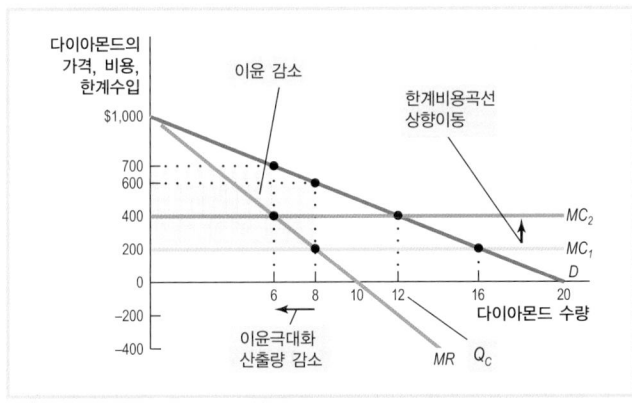

13-3

1. a. 케이블 회사의 독점은 자연독점에 해당한다. 따라서 정부는 케이블 설치비용을 고려해 평균비용을 계산하고, 가격이 평균비용을 초과한다고 생각될 때만 시장에 개입하여 평균총비용을 가격상한으로 설정해야 한다. 그 외의 경우, 정부는 시장에 개입해서는 안 된다.

   b. 정부는 두 항공사가 합병 후 할당받은 착륙시간 중 일부를 경쟁 항공사에게 이전하여 경쟁을 조성할 때만 합병을 허가해야 한다.

2. a. 거짓이다. 〈그림 13-8(b)〉에서 볼 수 있는 것처럼 독점의 비효율은 소비자잉여의 일부가 이윤(초록색 영역)이 아닌 자중손실(노란색 영역)로 바뀐다는 데 있다.

   b. 참이다. 한계비용 이상의 가치를 부여하는 소비자들에게 모두 재화가 팔린다면, 상호 이익을 주는 모든 거래가 실

현되어 자중손실은 없게 된다.

3. 다음 그림에서와 같이 독점기업은 $MR=MC$가 성립하는 산출량 Q_M을 생산한다. $P=MR$로 잘못 알고 있는 독점기업은 $P=MC$가 성립하는 산출량을 생산한다(사실은 $P>MR$이 성립하며, 실제의 이윤극대화 산출량에서는 $P>MR=MC$가 된다). 따라서 수요곡선이 한계비용곡선과 만나는 지점, 즉 완전경쟁 상태의 산출량 수준인 Q_C에서 생산이 이루어진다. 독점기업은 가격을 한계비용과 같은 수준인 P_C로 책정할 것이고 영의 이윤을 얻는다. 그림에서 색칠된 부분 전체가 소비자잉여로 이 경우 (독점기업의 생산자잉여가 영이므로) 총잉여는 소비자잉여와 같다. 한계비용 이상의 값을 지불하고자 하는 모든 소비자가 재화를 얻을 수 있으므로 자중손실은 없다. 그러나 합리적인 독점기업은 Q_M을 생산하고 가격 P_M을 받을 것이다. 이때 기업의 이윤은 초록색 영역, 소비자잉여는 파란색 영역, 총잉여는 초록색 영역과 파란색 영역의 합이 되며, 노란색 영역은 독점으로 인해 발생하는 자중손실이 된다.

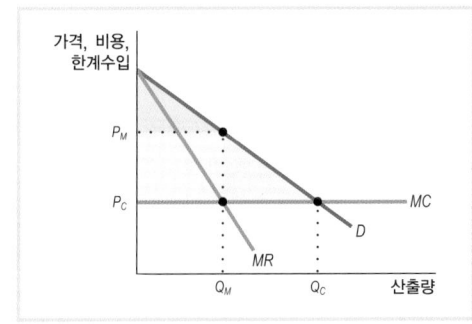

4. 페이스북은 사용자가 25억에 가까워 네트워크 외부효과를 창출하였다. 현 시점에서 페이스북은 규모의 수익 증가를 누리고 있다. 그러나 동시에 트위터, 인스타그램, 스냅챗과 같은 많은 소셜 미디어 네트워크가 있어 페이스북의 시장 점유율을 감소시켜 왔다.

13-4

1. a. 거짓이다. 가격차별 독점기업은 단일가격 독점기업이 재화를 판매하지 않는 소비자, 즉 가격탄력성이 높고 상대적으로 낮은 가격을 지불하고자 하는 소비자들에게도 재화를 판매한다.

   b. 거짓이다. 가격차별 독점기업이 소비자잉여의 더 많은 부분을 이윤으로 가져가지만 비효율은 오히려 적게 나타난다. 지불용의가 낮은 소비자들에게까지도 재화가 판매되므로 상호 이익이 되는 거래가 더 많이 일어나기 때문이다.

c. 참이다. 가격차별하에서 소비자들은 수요의 가격탄력성에 따라 다른 가격을 지불한다. 수요가 탄력적인 소비자들이 비탄력적인 소비자들보다 더 낮은 가격을 지불한다.

2. a. 이것은 가격차별이 아니다. 수요의 가격탄력성과 상관없이 모든 소비자가 손상된 제품을 그렇지 않은 제품보다 더 낮게 평가하기 때문에 가격이 내려가는 것이다.

b. 이것은 가격차별의 예이다. 고령자들은 다른 손님에 비해 식당 음식에 대한 수요의 가격탄력성이 높다(즉 가격에 더 민감하게 반응한다). 때문에 식당은 탄력성이 높은 소비자(고령자)에게 가격을 낮추며, 탄력성이 낮은 소비자들은 할인되지 않은 금액을 지불하게 된다.

c. 이것은 가격차별의 예이다. 수요의 탄력성이 높은 소비자들은 할인쿠폰을 모아 사용할 것이고, 탄력성이 낮은 소비자들은 할인쿠폰을 사용하지 않을 것이다.

d. 이것은 가격차별이 아니라 수요와 공급의 원리에 의해 발생하는 일이다.

제14장

Check Your Understanding

14-1

1. a. 몇몇 국가가 석유 생산의 필수요소인 유전을 장악하고 있기 때문에 세계 석유산업은 과점이다.

b. 두 기업이 기술적 우위를 통해 산업 전체의 생산을 지배하고 있기 때문에 마이크로프로세서산업은 과점이다.

c. 생산에 규모의 경제가 나타나므로 대형 민간항공기산업은 과점이다.

2. a. 이 산업의 HHI는 $62.5^2 + 24.9^2 + 11.7^2 + 0.9^2 = 4,664$이다.

b. 야후와 빙이 합병한다면 이들의 합병 후 시장점유율은 $11.7\% + 24.9\% = 36.6\%$이므로 이 산업의 HHI는 $62.5^2 + 36.6^2 + 0.9^2 = 5,247$이다.

14-2

1. a. 이 기업은 비협조적으로 행동해 생산량을 높일 가능성이 크다. 이때 음(-)의 가격효과가 발생하는데, 이 기업의 현재 시장점유율이 낮으므로 가격효과는 다른 기업의 수입에 더 큰 영향을 미치게 된다. 또한 이 기업은 양(+)의 수량효과로 이득을 보게 된다.

b. 이 기업은 비협조적으로 행동해 생산량을 늘릴 것이다. 이때 가격이 떨어지게 되는데, 다른 기업들은 비용이 더 높기 때문에 손해를 보는 반면 이 기업은 계속해서 이윤을 얻을 수 있다. 즉 이 기업은 생산량을 증가시켜 다른

기업들을 시장에서 퇴출시킬 수 있다.

c. 이 기업은 담합할 가능성이 높다. 소비자들은 다른 제품을 사용하기 위해 많은 비용을 지불해야 하므로 타 기업 제품을 사용하는 소비자들을 끌어오기 위해서는 (생산량을 늘려) 가격을 크게 낮춰야 한다. 따라서 음(-)의 가격효과가 크게 나타나므로 생산량을 늘리는 것은 이득이 되지 못한다.

d. 이 기업은 경쟁 기업들이 보복 수단으로 생산량을 증가시킬 수 없다는 것을 알기 때문에 비협조적으로 행동할 가능성이 높다.

14-3

1. 마가렛이 미사일을 생산한다고 가정하자. 그러면 니키타는 미사일을 생산할 때와 하지 않을 때 각각 -10과 -20을 받게 된다. 반대로 니키타가 미사일을 생산한다면, 마가렛은 미사일을 생산할 때와 하지 않을 때 각각 -10과 -20을 받게 된다. 따라서 마가렛과 니키타가 모두 미사일을 생산하는 것이 (비협조적) 내쉬균형이 되며, 이때 전체 보상은 (-10)+(-10)=-20이다. 한편 두 사람 모두 미사일을 생산하지 않는다면, 전체 보상은 0+0=0으로 최대가 된다. 그러나 이것은 협조적 행동의 결과이며 실현될 가능성이 낮다. 니키타가 미사일을 생산하지 않는다면 마가렛은 미사일을 생산할 때와 하지 않을 때 각각 +8과 0의 보상을 얻으므로, 미사일을 생산하는 것이 낫다. 마찬가지로 마가렛이 미사일을 생산하지 않는다면 니키타는 미사일을 생산할 때와 하지 않을 때 각각 +8과 0을 얻게 된다. 따라서 둘 다 미사일을 생산하게 되어 -10의 보상을 얻는다. 상대에게 협력을 강제할 수 있는 방법이 없을 경우 니키타와 마가렛은 각자 자신의 이익을 위해 행동해 미사일을 생산하게 된다.

2. a. 미래에 새로운 기업이 진입한다면 경쟁이 심화되어 산업 전체의 이윤이 감소할 것이다. 따라서 현재 협조적으로 행동해 확보할 수 있는 미래 이윤이 적어지게 되므로 과점기업들은 비협조적으로 행동할 가능성이 높다.

b. 다른 기업이 생산량을 증가시켰는지 여부를 알기 힘들다면 '갚아 주기' 전략을 통해 협조를 강제하기 힘들다. 따라서 기업들은 비협조적으로 행동할 가능성이 더 높다.

c. 기업들이 오랫동안 높은 가격을 유지하며 공존해 왔다면 각 기업은 협조가 계속될 것이라고 기대할 것이다. 따라서 현재 협조적으로 행동하는 것이 중요해지며, 기업들은 암묵적 담합을 할 가능성이 높다.

14-4

1. a. 이것은 암묵적 담합의 증거로 생각될 수 있다. 기업들은 가장 큰 기업이 발행하는 '권장' 가격에 따라 가격을 설정하는 방식으로 암묵적으로 담합할 수 있다. 이것은 일종의 가격선도모형이다.

b. 이것은 암묵적 담합의 증거로 해석될 수 없다. 시장점유율에 큰 변동이 있었다는 것은 기업들이 서로 다른 기업의 시장을 장악하기 위해 경쟁했다는 것을 의미한다.

c. 이것은 암묵적 담합의 증거로 해석될 수 없다. 새로 추가된 특징 때문에 소비자들은 저렴한 가격을 보고 바로 제품을 바꿀 수 없다. 이는 기업들이 가격을 낮춰 시장점유율을 높이겠다는 생각을 하지 못하도록 하는 전략으로 직접적인 경쟁을 피하기 위해 사용되는 제품차별화이다.

d. 이것은 암묵적 담합의 증거로 해석될 수 있다. 기업들은 목표 판매량을 논의한다는 구실로 모여 카르텔을 형성하고 각 기업이 생산할 수량을 미리 결정할 수 있다.

e. 이것은 암묵적 담합의 증거로 해석될 수 있다. 제품가격을 함께 올린다는 것은 다른 기업보다 싸게 팔기 위해 가격을 그대로 두거나 내리지 않는다는 것을 의미한다. 타 기업보다 싸게 파는 것이 시장점유율을 높이는 결과를 가져오므로, 그렇게 하지 않는다는 것은 암묵적 담합이 이루어지고 있다는 증거이다.

제15장

15-1

1. a. 사다리는 독점적 경쟁의 결과로 제품차별화가 이루어지지 않는다. 사다리 생산자는 경쟁 업체와의 경쟁을 피하기 위해서가 아니라 소비자들의 다양한 필요를 충족하기 위해 다른 종류의 사다리(큰 사다리와 작은 사다리)를 만든다. 따라서 서로 다른 두 생산자가 만든 사다리는 소비자들에게 차이가 없다.

b. 탄산음료는 독점적 경쟁의 결과로 제품차별화가 이루어진 예라고 할 수 있다. 예컨대 콜라를 생산하는 업체는 몇 곳이 있는데, 이들의 상품은 맛, 판매되는 패스트푸드점 등에서 차별화된다.

c. 의상점은 독점적 경쟁의 결과로 제품차별화가 이루어진 예라고 할 수 있다. 의상점들은 가격에 대한 민감도나 기호가 서로 다른 고객들을 대상으로 제품을 판매한다. 또한 의상점은 각기 다른 수준의 서비스를 제공하며 위치도 서로 다르다.

d. 강철 제품은 독점적 경쟁의 결과로 제품차별화가 이루어지지 않는다. 생산자들이 다른 종류의 강철 제품(빔, 강철박판 등)을 생산하는 것은 자신의 제품을 다른 생산자의 제품과 차별화하기 위해서가 아니라 다른 목적에 사용되도록 하기 위해서다.

2. a. 완전경쟁산업과 독점적 경쟁산업 모두 여러 생산자가 존재한다. 따라서 두 시장구조를 생산자의 수로 구분하기는 힘들다. 또한 장기적으로 보았을 때 두 시장구조에서 모두 시장진입과 퇴출이 자유롭다. 하지만 완전경쟁산업에서는 하나의 표준화된 상품이 판매되는 반면 독점적 경쟁산업에서는 제품이 차별화되어 있다. 따라서 특정 산업의 제품이 차별화되어 있는지를 확인하면 된다.

b. 독점에서는 생산자가 하나뿐이지만 독점적 경쟁에서는 생산자가 여럿이다. 따라서 특정 산업의 생산자가 하나인지 그렇지 않은지를 확인하면 된다.

15-2

1. a. 고정비용의 증가로 평균총비용이 높아져 평균총비용곡선이 위쪽으로 이동한다. 단기에 기업들은 손실을 보고, 그중 일부는 시장에서 퇴출될 것이다. 그러나 장기적으로 볼 때 시장에 남아 있는 기업들은 각각 더 높은 시장점유율을 갖게 되므로 이들 기업에 대한 수요곡선이 오른쪽으로 이동한다. 시장에 남아 있는 기업에 대한 수요곡선이 예전보다 높아진 새로운 평균총비용곡선에 접하게 될 때 장기균형이 성립하며, 이때 가격은 평균총비용과 같아 기업들은 영의 이윤을 얻는다.

b. 한계비용의 감소는 평균총비용을 감소시키고 평균총비용곡선과 한계비용곡선을 아래쪽으로 이동시킨다. 기업들이 이윤을 얻으므로 장기에 새로운 기업들이 이 산업으로 진입하게 된다. 이로써 각 기업의 시장점유율이 낮아져 수요곡선은 왼쪽으로 이동한다. 각 기업에 대한 수요곡선이 예전보다 낮아진 새로운 평균총비용곡선과 접하게 될 때 장기균형이 성립하며, 이때 가격은 평균총비용과 같아 기업들은 영의 이윤을 얻는다.

2. 현재 조업하고 있는 독점적 경쟁기업들이 통합하여 시장을 독점한다면, 이들은 독점이윤을 얻을 수 있을 것이다. 하지만 새로운 기업들이 차별화된 상품을 가지고 시장에 들어와 독점이윤의 일부를 가져갈 것이다. 따라서 장기적으로 보았을 때 독점을 유지하는 것은 불가능하다. 신규 기업들이 새로운 상품을 개발할 수 있기 때문에 독점을 유지할 수 있는 진입장벽이 없어 이와 같은 문제가 발생한다.

15-3

1. a. 거짓이다. 〈그림 15-4(b)〉에서 볼 수 있는 것처럼 독점적 경쟁기업은 가격이 한계비용을 초과하는 지점에서 생산한다. 이것은 가격이 (평균총비용의 최저점인) 한계비용과 일치하는 지점에서 생산하는 완전경쟁기업과 다르다. 독점적 경쟁기업은 한계비용과 같은 가격에서 판매하지 않으려 할 것이다. 한계비용이 평균총비용보다 낮으므로 한계비용 수준에서 생산물을 판매할 경우 손실을 보기 때문이다.

   b. 참이다. 독점적 경쟁기업들은 통합할 경우 독점이윤에 해당하는 더 높은 이윤을 얻는다. 또한 이 산업에 규모의 경제 효과가 있기 때문에 산출량 수준이 증가할 경우 기업의 평균총비용이 감소하게 된다. 그러나 이것이 소비자에게 가져오는 순 효과는 정확히 판단할 수 없다. 기업들의 통합으로 소비자들은 선택의 폭이 줄어들게 되지만, 통합으로 산업 전체의 평균총비용이 충분히 감소해 산출량이 증가할 경우 소비자들은 독점 상황에서 더 낮은 가격을 지불하고 제품을 구입할 수도 있다.

   c. 참이다. 유행을 만들고 유지시키는 것은 광고인데, 이 광고는 독점이나 완전경쟁인 산업보다는 과점 또는 독점적 경쟁인 산업에서 더 흔히 나타난다.

15-4

1. a. 이와 같은 광고는 아스피린의 의학적 효과에 초점을 두기 때문에 경제적으로 유용하다고 할 수 있다.

   b. 이 광고는 경쟁사의 아스피린과 비교해 바이엘의 아스피린을 홍보하는 데 초점을 두기 때문에 경제적 낭비에 해당한다. 의학적으로 봤을 때 두 종류의 아스피린은 아무 차이가 없다.

   c. 이 광고는 오렌지 주스가 주는 건강상의 이점과 상쾌함에 초점을 두기 때문에 경제적으로 유용하다.

   d. 이 광고는 경쟁사의 오렌지 주스와 비교해 트로피카나의 오렌지 주스를 홍보하는 데 초점을 두기 때문에 경제적 낭비라고 할 수 있다. 소비자들은 두 종류의 오렌지 주스를 구분할 수 없다.

   e. 해당 직업이 얼마나 오래되었느냐 하는 것은 서비스의 질에 대한 정보를 제공하기 때문에 이 광고는 경제적으로 유용하다.

2. 잠재적 소비자들은 성공적인 유명상표를 보았을 때 그 제품이 훌륭한 품질과 같은 좋은 특징을 갖고 있을 것이라고 생각하므로 가격 등 다른 조건이 동일하다면 유명상표를 갖고 있는 기업은 그렇지 않은 경쟁사보다 더 많은 제품을 판매할 수 있다. 따라서 기존 기업이 유명상표를 갖고 있다는 사실 자체가 신규 기업의 진입을 막을 가능성이 높다.

제16장

16-1

1. a. 양계장에서 흘러나온 오수로 인한 오염이 외부비용이다. 이것은 양계장이 아무런 보상도 지불하지 않고 이웃들에게 입히는 피해이다.

   b. 양계장은 얼마만큼의 오수를 방출할지 결정하는 과정에서 오수로 인해 발생하는 외부비용을 고려하지 않는다. 따라서 정부 개입이나 개인 간 거래가 존재하지 않을 경우 사회적으로 최적인 수량 이상의 오수가 방출된다. 이것은 사회적 한계편익이 영이 되는 지점까지 오수가 방출됨을 의미한다. 하지만 이 방출량 수준에서 이웃들은 매우 높은 수준의 사회적 한계비용을 지불하게 되므로, 오수 방출량은 비효율적이라고 할 수 있다. 오수 방출량을 한 단위 줄일 경우 사회적 편익보다 사회적 비용이 더 많이 감소한다.

   c. 사회적 최적산출량 수준에서 오수의 사회적 한계편익은 사회적 한계비용과 일치하며, 이것은 정부 개입이나 개인 간 거래가 존재하지 않을 경우 발생하는 오수의 양보다 적다.

2. 야스민의 논리는 옳지 않다. 연체를 일부 허용하는 것이 사회적으로 최적일 수 있다. 책 반납이 하루 늦어질 때마다 다른 사람들에게 사회적 한계비용이 부과되는 것은 사실이다. 그러나 책을 늦게 반납하는 학생 본인에게는 사회적 한계편익이 발생한다. 예컨대 보고서를 쓰고 있을 때는 책을 연체함으로써 그 책을 더 오래 볼 수 있다.

   사회적으로 최적인 대출연체기간은 연체에 따른 사회적 한계편익이 사회적 한계비용과 일치하는 수준이다. 어떤 경우에도 연체가 발생하지 않도록 하는 높은 벌금이 책정된다면 책을 하루 연체하는 것의 사회적 한계편익이 사회적 한계비용을 능가하는 경우에도 사람들은 책을 반납하는 비효율적인 결과가 얻어진다. 이러한 경우 연체를 희망하는 사람에게 실제로 연체할 수 있도록 한다면 사회적 비용이 증가하는 것보다 더 많이 사회적 편익이 증가할 것이다. 따라서 책의 연체기간을 사회적 최적 수준으로 줄여 주는 정도의 벌금이 적절하다고 할 수 있다.

16-2

1. 이것은 잘못된 주장이다. 배출허가권을 판매할 수 있게 함으로써 오염자들은 배출허가권에 해당하는 만큼 오염의 기회비용을 부담하게 된다. 오염자들은 배출량을 줄이지 않는 한 배출허가권을 판매할 수 없고, 따라서 배출허가권 판매를 통한 수익도 포기해야 한다. 즉 양도 가능한 배출허가권 제도하에서 오염자가 배출허가권을 판매해 금전적 이득을 볼 수는 있지만, 오염자가 자기 행위의 결과를 내부화하는 바람직한 결과가 달성된다.

2. **a.** 배출세가 Q_{OPT}에서의 사회적 한계비용보다 작을 경우 오염자는 사회적 최적 수준의 오염량에서의 한계비용보다 작은 한계비용(=조세액)을 부담한다. 오염자는 사회적 한계편익이 사적 한계비용과 같은 수준까지 공해를 배출하기 때문에 결과적으로 나타나는 오염의 양은 사회적 최적 수준보다 크게 된다. 이것은 비효율이라고 할 수 있다. 배출량이 사회적 최적 수준을 초과할 경우 사회적 한계비용이 사회적 한계편익보다 크며, 사회는 배출량을 줄임으로써 이득을 볼 수 있다.

   배출세가 Q_{OPT}에서의 사회적 한계비용보다 클 경우 오염자는 사회적 최적 수준의 오염량에서의 한계비용보다 높은 한계비용(=조세액)을 부담한다. 이에 따라 오염자는 사회적 최적 수준 이하로 공해 배출량을 줄이게 된다. 이것 역시 비효율이다. 사회적 한계편익이 사회적 한계비용보다 크면 사회는 배출량을 증가시킴으로써 이득을 볼 수 있다.

   b. 허용된 배출량이 너무 높게 설정된 경우 공급량이 많아 배출허가권의 균형가격이 낮아지게 된다. 즉 오염자들은 사회적 최적 수준의 배출량에서 나타나는 사회적 한계비용보다 적은 한계비용(=배출허가권의 가격)을 부담하게 된다. 결과적으로 사회적 최저 수준보다 더 많은 오염이 이루어지므로 비효율적이라 할 수 있다.

   허용된 배출량이 너무 낮게 설정된 경우 공급량이 적어 배출허가권의 균형가격이 높아지게 된다. 오염자들은 사회적 최적 수준의 배출량에서 나타나는 사회적 한계비용보다 높은 한계비용(=배출허가권의 가격)을 부담하게 된다. 결과적으로 사회적 최적 수준보다 더 적게 오염이 이루어지므로 비효율적이라 할 수 있다.

   c. 탄소세는 휘발유와 석탄 같은 화석 연료 사용 비용을 높일 것이다. 화석 연료 비용이 상승함에 따라 소비자들은 화석 연료를 에너지원으로 사용하는 양을 줄일 것이다. 대신 연료를 적게 쓰는 자동차와 태양열 기술을 이용하는 주택에 지출을 증가시킬 것이다.

16-3

1. 화석 연료에는 석탄, 석유, 가스가 있다. 주요 청정 에너지원으로는 풍력과 태양에너지가 있다. 화석 연료를 태우면 온실가스가 발생하여 기후변화를 일으킨다. 청정 에너지원은 온실 가스를 방출시키지 않아 기후변화를 일으키지 않는다.

2. 기후변화를 일으킨 시장실패는 화석 연료 소비가격이 역사적으로 너무 낮았다는 것이다. 즉, 화석 연료가 발생시키는 온실가스 배출의 실제 비용에 비해 화석 연료의 시장가격이 너무 낮았다는 것이다. 기후변화가 방치되었을 경우 미국의 GDP 손실은 10%, 세계 GDP 손실은 20%로 추정된다.

3. 청정 에너지 부문의 혁신을 위한 정부 보조금이 없으면 청정 에너지 부문이 화석 연료와 비용 면에서 경쟁하기 어렵기 때문에 정부 보조금이 중요한 정책수단이 된다. 국가들의 다자간 협약이 중요한 이유는 다른 나라들이 동참하지 않는다면 한 국가가 홀로 온실가스 배출을 감축할 가능성이 적기 때문이다. 개인적 동기부여로 인해 더 빠르고 효과적으로 에너지를 절약하고 온실가스 배출을 줄일 수 있다.

4. 기후변화에 대처하기 위한 구조적 변화는 어느 정도의 GDP 감소를 초래하겠지만 그것은 (1) 기후변화를 방치했을 때 초래될 GDP의 손실과 (2) 예상되는 GDP 증가에 비해서는 작은 편이다. 또한 기후변화를 방치했을 때 발생할 직접적인 건강 비용도 상당하다. 수백만 명이 추가로 사망하고 경제적 비용도 세계 GDP의 5%에 달할 수 있다.

16-4

1. 대학교육은 지식 창조를 통해 외부편익을 제공한다. 학자금 대출은 고등교육에 대한 피구 보조금과 같은 역할을 한다. 만일 고등교육의 사회적 한계편익이 정말 1,200억 달러라면 학자금 대출은 적절한 정책이다.

2. **a.** 나무를 심는 것은 외부편익을 발생시킨다. 나무를 심게 되면 대기의 질이 향상되고 여름철 기온이 떨어지기 때문에 나무를 심은 사람 이외의 많은 사람들이 혜택을 보게 된다. 따라서 나무를 심는 것의 사회적 한계편익이 나무를 심은 개인들에게 발생하는 한계편익보다 크며, 둘의 차이가 외부 한계편익이 된다. 나무를 심는 개인들의 한계편익을 사회적 한계편익과 같은 수준으로 조정하기 위해서는 도시 지역에 심어지는 나무에 대해 피구보조금을 지급하면 된다.

b. 용수절약형 변기는 외부편익을 발생시킨다. 물값이 거의 들지 않기 때문에 주택소유자들이 기존 변기를 용수절약형 변기로 바꿈으로써 얻게 되는 한계편익은 영에 가깝다. 하지만 이로 인해 강이나 지하수를 끌어올릴 필요가 줄어들기 때문에 사회적 한계편익은 크며, 이 둘의 차이가 외부 한계편익에 해당한다. 용수절약형 변기에 피구보조금을 지급한다면 주택 소유자들의 한계편익을 사회적 한계편익 수준으로 높일 수 있을 것이다.

c. 플라스틱 음료수병을 폐기하면 환경을 악화시켜 외부비용을 발생시킨다. 조세가 없으면 사람들은 플라스틱 병을 폐기하는 사회적 한계비용(병을 폐기할 때 지불해야 하는 대가)이 0이 될 때까지 플라스틱 병을 마음대로 폐기할 것이다. 피구세 또는 피구보조금을 통해 음료수병의 사회적 한계편익과 사회적 한계비용이 같아지도록 만들 수 있다. 조세를 이용하거나 보조금을 이용하는 두 가지 방법이 있다. 조세는 음료수 생산자로 하여금 환경을 오염시키는 플라스틱 병에서 친환경적인 종이재질의 용기 등으로 전환하도록 유도할 수 있다. 재활용과 같이 용기를 친환경적으로 처분하도록 보조금을 지불하면 음료수 소비자들이 외부비용을 줄이는 방법으로 플라스틱 병을 폐기하도록 유도할 수 있을 것이다.

16-5

1. a. 가전기구의 전압은 그것이 사용될 전원의 전압과 일치해야 한다. 주택에 110볼트의 전력이 공급된다면 소비자들은 110볼트의 가전기구를 수요할 것이고, 건설업자들은 대부분의 장래 주택소유자들이 110볼트의 가전기구를 사용할 때 110볼트의 전력설비를 장착하려 할 것이다. 따라서 소비자들은 대부분의 소비자들이 사용하는 가전기구의 전압과 동일한 전압의 가전기구를 수요할 것이기 때문에 네트워크 외부효과가 발생한다.

b. 프린터, 복사기, 팩스기 등은 특정한 종이 크기에 맞추어 설계된다. 소비자들은 이러한 기계들에 사용될 수 있는 종이를 수요하며, 기계 제작자들은 대부분의 소비자들이 사용하는 종이 크기에 따라 제품을 제작하려 할 것이다. 따라서 소비자들은 대부분의 다른 소비자들이 사용하는 것과 같은 크기의 종이―즉 8×12.5인치 규격용지보다는 8.5×11인치 규격용지―를 사용하려 할 것이기 때문에 네트워크 외부효과가 발생한다.

2. 경쟁하는 두 회사 중에 판매량이 더 많은 회사가 시장을 지배할 확률이 높다. 네트워크 외부효과가 존재하는 시장에서는 특정한 제품을 사용하는 소비자의 수에 따라 새로운 소비자의 선택이 좌우된다. 다시 말해서 한 회사가 더 많은 소비자를 초기에 확보할수록 이후에 더 많은 소비자들이 그 제품을 선택하게 된다. 따라서 이 재화들에서는 양의 환류가 나타난다. 그러므로 초기에 판매량을 크게 하는 것이 중요하다. 손해를 감수하면서라도 가격을 낮춤으로써 이를 달성할 수 있다. 초기에 많은 판매량의 손실을 가장 잘 견뎌 낼 수 있는 회사가 이 경쟁의 승자가 될 가능성이 높다.

제17장

17-1

1. a. 공원의 사용은 비배제성을 만족한다. 그러나 소비 차원에서 경합적인가는 경우에 따라 다르다. 예컨대 두 사람이 조깅을 하기 위해 공원을 사용한다고 하면 한 사람이 조깅을 하는 것이 다른 사람의 조깅을 방해하지는 않는다. 이 경우 공원의 사용은 소비 차원에서 경합적이지 않으므로 공원은 공공재가 된다. 하지만 많은 사람들이 동시에 조깅코스를 뛰거나 한 사람이 테니스코트를 사용해 다른 사람이 테니스코트를 사용할 수 없는 경우 소비는 경합적이다. 이때 공원은 공유자원이다.

b. 치즈 부리토는 배제성과 소비 경합성을 만족하므로 사유재이다.

c. 비밀번호로 보호가 되어 있는 웹 사이트의 정보는 배제적이기는 하지만 소비 경합적이지는 않다. 따라서 이 재화는 인위적으로 희소한 재화이다.

d. 허리케인의 이동경로에 대한 정보는 배제적이지 않으며 소비 경합적이지도 않다. 따라서 공공재에 해당한다.

2. 배제가 불가능한 재화의 경우 소비자에게 생산비용을 충당하기 위한 가격을 요구할 수 없으므로 민간 생산자들은 배제가 가능한 재화만을 공급하려고 한다. 따라서 민간 생산자들은 치즈 부리토와 비밀번호로 보호가 되어 있는 웹 사이트의 정보는 공급하고, 공원이나 진행 중인 허리케인의 이동경로에 관한 정보 등은 공급하지 않을 것이다.

17-2

1. a. 가정적인 유형이 10명, 파티 유형이 6명 있을 때, 파티에 사용된 돈의 사회적 한계편익은 다음 표와 같이 구해진다.

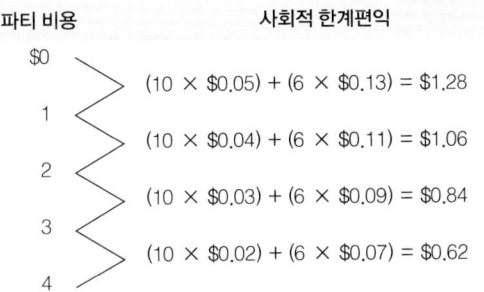

파티 비용	사회적 한계편익
$0	
	(10 × $0.05) + (6 × $0.13) = $1.28
1	
	(10 × $0.04) + (6 × $0.11) = $1.06
2	
	(10 × $0.03) + (6 × $0.09) = $0.84
3	
	(10 × $0.02) + (6 × $0.07) = $0.62
4	

효율적인 지출 수준은 사회적 한계편익이 한계비용(1달러)보다 큰 가장 높은 지출 수준이므로 2달러가 된다.

b. 가정적 유형이 6명, 파티 유형이 10명 있을 때, 파티에 사용된 돈의 사회적 한계편익은 다음 표와 같이 구해진다.

파티 비용	사회적 한계편익
$0	
	(6 × $0.05) + (10 × $0.13) = $1.60
1	
	(6 × $0.04) + (10 × $0.11) = $1.34
2	
	(6 × $0.03) + (10 × $0.09) = $1.08
3	
	(6 × $0.02) + (10 × $0.07) = $0.82
4	

효율적인 지출 수준은 사회적 한계편익이 한계비용(1달러)보다 큰 가장 높은 지출 수준이므로 3달러가 된다. 효율적인 지출 수준이 a와 비교해 증가했는데, 이는 파티 유형이 가정적인 유형보다 상대적으로 많아지면서 추가로 지출되는 1달러가 가져오는 사회적 편익이 커졌기 때문이다.

c. 가정적 유형과 파티 유형의 수가 알려져 있지 않은 상태에서 주민들에게 선호를 물을 경우 가정적 유형인 사람들은 파티에 더 많은 돈이 지출되도록 하기 위해 파티 유형인 것처럼 대답할 것이다. 이것은 파티에 1달러가 추가로 사용되었을 때 가정적 유형인 사람이 얻는 한계편익이 파티 유형인 사람이 얻는 한계편익보다 작다 할지라도 여전히 양(+)이기 때문이다. 이 경우 주민들에 의해 겉으로 나타나는 한계편익표는 다음과 같다.

파티 비용	사회적 한계편익
$0	
	16 × $0.13 = $2.08
1	
	16 × $0.11 = $1.76
2	
	16 × $0.09 = $1.44
3	
	16 × $0.07 = $1.12
4	

결과적으로 겉으로 나타난 사회적 한계편익이 한계비용(1달러)보다 큰 가장 높은 지출 수준인 4달러가 파티에 사용된다. 가정적 유형이 10명, 파티 유형이 6명 있는 경우(문제 a)나 가정적 유형이 6명, 파티 유형이 10명 있는 경우(문제 b) 모두 파티에 4달러를 사용하면 한계비용이 사회적 한계편익보다 크게 되므로 비효율적이 된다.

가정적 유형인 사람들이 자신의 선호를 다르게 표현함으로써 얼마나 얻을 수 있는지를 추가적으로 생각해 볼 수 있다. 문제 a에서 효율적인 지출 수준은 2달러이다. 따라서 선호를 다르게 표현함으로써 가정적 유형인 주민 10명은 지출이 2달러에서 4달러로 높아짐에 따라 얻게 되는 한계편익인 10×($0.03+$0.02)=$0.50를 얻게 된다. 파티 유형인 주민 6명 역시 가정적 유형이 선호를 다르게 표현한 것으로부터 이득을 본다. 이들은 총 6×($0.09+$0.07)=$0.96의 혜택을 얻는다. 이와 같은 결과는 비효율적이라고 할 수 있다. 총 4달러가 지출될 때 한계비용은 1달러인 반면 사회적 한계편익은 0.62달러밖에 되지 않으므로 너무 많은 돈이 파티에 사용되고 있는 것이다.

문제 b의 경우 효율적인 지출 수준은 3달러이다. 선호를 다르게 표현함으로써 가정적 유형의 주민 6명은 총 6×$0.02=$0.12를 얻고 파티 유형의 주민 10명은 10×$0.07=$0.70를 얻는다. 4달러가 지출될 때 사회적 한계편익이 $0.12+$0.70=$0.82이고 한계비용이 1달러이므로 이 역시 비효율적이라고 할 수 있다.

17-3

1. 시민들이 원하는 대로 목재를 베어 갈 수 있는 경우 정부 소유의 산림은 공유자원이 되는데, 그러면 시민들은 산림을 남용하여 지나치게 많은 양의 목재를 벌목하려고 할 것이다. 이 상황을 경제학 용어를 이용해 표현한다면, 나무 한 그루를 벌목하는 데 들어가는 사회적 한계비용이 나무꾼의 사적 한계비용보다 큰 것이 된다.

2. 경제이론의 관점에서 타당한 방법으로는 (i) 피구세의 도입, (ii) 양도 가능한 허가권 제도의 도입, (iii) 재산권의 할당을 들 수 있다.

   (i) 피구세의 도입. 사회적으로 효율적인 벌목 수준에서 나타나는 사회적 한계비용과 사적 한계비용의 차이를 나무꾼들에게 세금으로 부과할 수 있다. 이를 위해서는 사회적 한계비용표와 사적 한계비용표를 알 수 있어야 한다.

   (ii) 양도 가능한 허가권 제도의 도입. 벌목되는 목재의 양

이 사회적으로 효율적인 수준과 같도록 하는 벌목 허가권을 발행하고 이것이 거래될 수 있도록 한다. 그러면 이 허가권을 거래하는 시장은 벌목비용이 각기 다른 나무꾼들에게 가장 효율적으로 허가권을 배분할 것이다. 즉 벌목비용이 상대적으로 적게 드는 나무꾼들이 허가권을 구입하게 되는 것이다. 허가권의 가격은 사회적으로 효율적인 벌목 수준에서 나타나는 사회적 한계비용과 사적 한계비용의 차이가 된다. 이 제도를 도입하기 위해서는 사회적으로 효율적인 벌목 수준을 알 수 있어야 한다.

　(iii) 재산권의 할당. 민간주체에게 산림을 주거나 판매한다면 이 주체는 다른 사람들이 벌목을 하지 못하도록 할 것이다. 이 경우 벌목은 사적 재화로 배제적이며 소비 경합적이다. 따라서 사회적 비용과 사적 비용의 차이가 없게 되고, 산림을 소유한 민간주체는 가장 효율적인 수준의 벌목을 할 것이다. 이 방법을 사용하기 위해서는 추가로 필요한 정보가 없다.

17-4

1. a. 소비자가 내려받을 때 드는 한계비용이 0달러이므로 효율적인 소비자가격은 0달러이다.

　b. 개정판의 생산비용인 30만 달러를 충당하는 가격을 부과할 수 없다면 제노이드는 생산활동을 하지 않을 것이다. 따라서 제노이드가 개정판을 생산하는 최저 가격은 150달러이고, 이 가격에서 총수입은 $150 \times 2,000 = $300,000가 된다. 이보다 낮은 가격에서는 생산비용을 충당할 수 없으므로 제노이드는 생산을 하지 않을 것이다. 다음 그림의 색칠된 면적은 가격이 150달러로 책정될 때 발생하는 자중손실을 나타낸다.

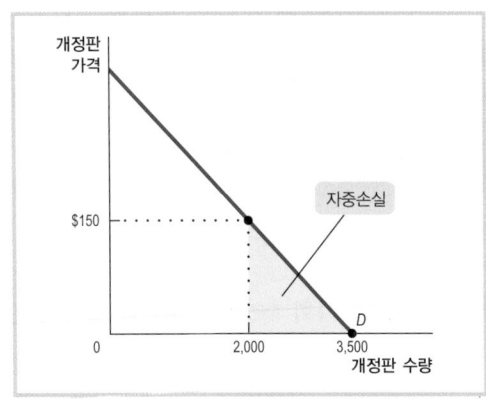

제18장

18-1

1. a. 연금보장제도는 사회보험제도이다. 고용주들이 파산하고 근로자들의 연금 지불 의무를 이행하지 못할 가능성은 불안정성을 만들어 낸다. 이러한 근로자들에게 연금 소득을 제공함으로써, 경제적인 불안정성이 일어날 수 있는 요인을 완화시킨다.

　b. 아동건강보험제도(SCHIP)는 빈곤제도이다. 저소득층 아동들에게 의료서비스를 제공해 줌으로써, 이 프로그램은 빈곤층에게 맞춤 지출을 하고 있다.

　c. 제8구역의 주거제도는 빈곤제도이다. 이 프로그램은 저소득층 가구에게 지원함으로써 특별히 빈곤층을 돕고 있다.

　d. 연방 재해 구호 대책은 사회보험제도이다. 많은 사람들에게 그들이 가진 부의 대부분은 그들 소유의 집이다. 이러한 집을 잃어버릴지도 모른다는 가능성은 경제적인 불안정성을 만들어 낸다. 대홍수로 인해 발생할 수 있는 손해에 도움을 제공함으로써, 이 프로그램은 불안정성이 일어날 수 있는 요인을 완화시킨다.

2. 빈곤선은 빈곤의 절대적 측도다. 이 기준은 사람들의 소득이 삶을 영위하는 데 필수적인 재화를 구입하는 데 적합한 수준 이하일 때 그들을 빈곤층으로 구분한다. 이는 다른 사람들이 얼마나 잘사느냐와는 별개의 문제다. 또한 이 측도는 고정되어 있다. 예를 들어 2018년에 다른 미국인들의 소득과는 상관없이 빈곤선은 1만 2,140달러로 책정되었다. 그리고 빈곤선은 비록 미국인들이 시간이 지남에 따라 더 잘살게 되었다 해도 삶의 질 상승에 따라 조정되지 않는다. 실질 기준으로, 즉 빈곤선에 있는 사람들이 얼마나 많은 재화를 살 수 있는지에 관해서 빈곤선은 변하지 않는다.

3. a. 평균 소득을 결정하기 위해 우리는 총소득을 구하고 이를 인구수로 나눠야 한다. 평균 소득은 ($39,000 + $17,500 + $900,000 + $15,000 + $28,000)/5 = $999,500/5 = $199,900이다. 소득의 중간값을 구하기 위해서는 다섯 사람을 소득순으로 정렬한 다음 표를 보라.

	소득
비제이	$15,000
켈리	17,500
오스카	28,000
세포라	39,000
라울	900,000

소득의 중간값은 소득 분포의 정확히 가운데에 있는 개인의 소득, 여기서는 오스카의 소득인 2만 8,000달러다.

소득의 중간값은 이 경제에서 개인의 소득을 더 잘 대표하고 있다. 거의 모든 사람이 1만 5,000달러와 3만 9,000달러 사이의 돈을 벌고 있으며, 이는 소득의 중간값인 2만 8,000달러와 비슷하다. 오직 라울만이 예외적인데, 그의 소득은 평균 소득을 19만 9,900달러까지 끌어올리고 있으며, 이는 이 경제 소득의 대푯값이라고 하기에는 힘들다.

b. 1분위는 하위 20% 사람들까지로 구성된다. 비제이는 이를 대표하며, 그의 소득인 1만 5,000달러는 1분위의 평균 소득이 된다. 오스카의 소득인 2만 8,000달러는 3분위 계수가 된다.

4. '현실 경제의 이해'에서 지적했듯이, 불평등의 증가는 교육을 많이 받은 근로자들 사이의 임금 격차가 늘어나는 것에 크게 기인하였다. 즉 비슷한 교육수준을 가진 근로자들이 매우 다른 소득을 받고 있다는 것이다. 그 결과로, 현재 미국에서 불평등이 증가하는 주요한 요소는 b(비슷한 수준의 교육을 받은 선라이즈 은행 CEO의 연봉이 지점장에 비해서 더 많이 올랐다.)에 의해서 잘 설명되고 있다.

18-2

1. 역소득세인 근로소득세액공제(EITC)는 소득을 벌고 있는 근로자에게만 적용된다. 특정 소득 범위에서는 근로자들이 더 많이 벌수록 더 많은 보조금을 받을 수 있다. 소득이 없는 사람들은 이러한 보조금을 받을 수 없다. 이와 반대로, 빈곤제도는 전혀 일하지 않는 사람들에게도 저소득층이라면 구분 없이 적용되며, 개인이 일정 수준 이상의 돈을 버는 순간 시급을 중지한다. 그 결과로 이러한 프로그램은 일하지 않고 소득을 벌지 않게 만들 유인을 가지고 있다. 왜냐하면 특정 수준 이상으로 더 많이 벌면 프로그램을 통한 이득을 얻을 수 없게 되기 때문이다. 그러나 역소득세는 일하고 소득을 벌 유인을 제공한다. 왜냐하면 개인이 일할수록 받을 수 있는 금액이 늘어나기 때문이다.

2. 〈표 18-3〉에 따르면 미국의 복지정책은 모든 연령대에 대해 빈곤율을 감소시켰다. 감소는 특히 65세 이상 인구에서 두드러졌다. 이 연령대에서 빈곤율은 43.6% 이상 감소하였다.

18-3

1. a. 학교 학생들의 집합은 건강한 사람과 그렇지 않은 사람을 모두 포괄하고 있기 때문에 당신과 당신의 부모는 건강보험으로부터 혜택을 받을 수 있다. 이 집합은 높은 의료비를 예상하고 보험을 원하는 사람들의 집합과 다르다. 이러한 점에서, 학교의 건강보험은 직장 건강보험과 유사하다. 어떠한 학생도 가입하지 않을 수 없기 때문에 학교는 평균적인 학생의 의료비에 기초해 건강보험을 제공할 수 있다. 만약 각각의 학생들이 각자의 건강보험을 사야 한다면, 일부 학생들은 어떠한 보험도 살 수 없고, 많은 학생들은 학교 건강보험보다 더 많은 보험료를 내야 할 것이다.

b. 모든 학생의 학교 건강보험 가입이 의무화되면서, 가장 건강한 학생도 건강한 사람에게 맞춰서 낮은 보험료를 내도 되는 보험으로 바꿀 수 없게 되었다. 바꿀 수 있게 된다면, 학교의 건강보험 제도는 덜 건강한 사람들만 가입하게 되어서 보험료를 올려야만 하는 역선택의 악순환에 빠지게 된다. 그러나 모든 학생이 가입해야 하기 때문에, 학교의 보험은 역선택의 악순환에서 벗어나 평균적인 학생들에 맞춰서 보험료를 책정할 수 있다.

2. 비판론자들에 따르면, 미국 의료서비스 비용이 다른 국가들에 비해 비싼 이유 중 하나는 보험이 분산되어 있기 때문이다. 많은 보험회사들이 각각 홍보 및 보험 가입자 선별에 필요한 많은 관리비용을 지불하고 있기 때문에 하나의 의료보험을 가진 제도에 비해 비쌀 수밖에 없는 것이다. 하나의 다른 설명으로는, 미국의 의료서비스가 다른 국가들에 비해 더 비싼 치료들을 포함하고 있고 의사들의 연봉이 높으며 약 값도 비싸다는 점을 들 수 있다.

18-4

1. a. 제1장에서 제시한 원직 중 하나를 떠올려 보자. 한 사람의 지출은 다른 사람의 소득이다. 소비품에 대한 높은 판매세는 높은 한계세율과 동일하다. 그 결과로 인해서 돈을 벌고 위험한 프로젝트에 투자할 유인이 떨어지게 된다. 왜냐하면 세금 부과 이후 수입이 더 낮아지기 때문이다.

b. 만약 연간 소득이 2만 5,000달러 이상으로 상승할 경우 주거 보조를 중단시킨다면 2만 5,000달러보다 더 많이 벌 유인이 줄어든다. 만약 당신이 정확히 2만 5,000달러를 벌고 있다면 당신은 주거 보조를 받겠지만, 당신이 2만 5,001달러를 벌게 되자마자 당신은 보조금 전액을 잃을 것이다. 이는 당신이 1달러를 더 벌기 이전보다 나빠진

것이다.

2. 과거 40년간 의회에서의 의견 양극화는 증가하였다. 40
년 전, 일부 공화당원들은 일부 민주당원들보다도 좌파
적인 성향을 가지고 있었다. 그러나 현재는 가장 우파적
인 민주당원들이 그나마 가장 좌파적인 공화당원들과 유
사하게 나타나는 정도다.

제19장

Check Your Understanding

19-1

1. 정부가 시장가격보다 낮은 임금을 책정한다면 많은 대학
교수들이 학교를 떠나 다른 일을 할 것이다. 교수의 수가
줄면 학교에서 강의되는 과목도 줄게 되고 따라서 학위
수여자도 줄게 된다. 이것은 대학생과 교수들에게 재화
와 서비스를 판매하는 지역의 상점들과 대학교재 출판사
들에게 부정적인 영향을 미칠 것이다. 또한 대학의 '산출
물'인 대학졸업자를 고용하는 기업들 역시 부정적인 영
향을 받는다. 대학졸업자의 공급이 줄면 이들의 시장임
금이 높아져 대학졸업자를 고용해야 하는 기업들이 타격
을 받는다. 궁극적으로는 대학졸업자가 감소하므로 정부
의 정책이 없었던 때에 비해 낮은 수준의 인적 자본이 축
적되게 된다. 그러면 인적 자본에 의존하는 경제의 모든
부문이 피해를 본다. 혜택을 보는 부문은 대학교수가 되
고자 하는 사람을 고용하기 위해 대학과 경쟁해야만 했
던 기업들이다. 예컨대 회계법인들은 회계학과 교수가
되고자 했던 사람들을 보다 쉽게 고용할 수 있고, 출판사
들은 영문학과 교수가 되고자 했던 사람들을 보다 쉽게
고용할 수 있다(여기서 고용이 '쉽다'는 것은 교수가 되
려고 하는 사람들을 예전보다 낮은 임금으로 고용할 수
있다는 것을 뜻한다). 또한 대학졸업학위가 있는 근로자
의 공급이 줄기 때문에 이미 학위가 있는 사람들은 정부
의 조치로 이득을 본다.

19-2

1. a. 서비스 수요의 증가는 서비스 가격의 상승을 초래한다.
서비스 산업의 산출물 가격이 상승할 경우 $VMPL$ 곡선이
위쪽으로 이동해 노동에 대한 수요가 증가한다. 결과적
으로 균형임금률과 균형고용량이 모두 증가한다.

   b. 일일 어획량이 준다는 것은 어업계에서의 노동의 한계생
산물이 감소함을 의미한다. $VMPL$ 곡선이 아래쪽으로 움
직여 균형임금률과 균형고용량이 모두 감소한다.

2. 서로 다른 산업의 기업들이 동일한 노동자들을 대상으로

경쟁한다면 각 산업의 노동자들은 동일한 균형임금 W를
받게 된다. 한계생산성 소득분배이론에 따라 균형에서는
마지막에 고용된 근로자에 대하여 $VMPL = P \times MPL = W$
가 성립하게 된다. 따라서 마지막으로 고용된 노동자의
한계생산가치는 모든 산업에서 동일하다.

19-3

1. a. 거짓이다. 한계생산성의 차이가 성, 피부색, 인종과 연관
되어 있다면 한계생산성 소득분배이론으로 성, 피부색,
인종에 따른 소득의 차이를 설명할 수 있다. 그와 같은
연관이 가능할 수 있는 한 가지 이유로 과거의 차별을 들
수 있다. 예컨대 차별로 개인의 생산성을 높이는 교육을
받지 못한다면 생산성이 떨어지게 된다. 또 다른 이유로
는 성, 피부색, 인종 등이 직무경험의 차이에 영향을 미
치는 것을 들 수 있다. 예를 들어 자녀양육을 위해 휴가
를 내는 경우가 평균적으로 여성이 더 많기 때문에 직무
경험이나 근무 기간의 길이가 중요한 일자리에서 여성은
더 낮은 임금을 받을 수도 있다.

   b. 참이다. 직장에서 차별을 시행하는 기업은 경쟁기업들
이 차별을 하지 않는다고 할 때 능력이 떨어지는 근로자
를 고용할 가능성이 높다. 이것은 차별받는 성, 피부색,
인종에 해당하면서 뛰어난 능력을 가진 근로자들이 이
들 기업에서 차별을 받기 때문이다. 결국 능력이 떨어
지는 근로자를 고용하고 있으므로 차별을 시행하는 기
업은 차별을 하지 않는 경쟁기업에 비해 더 낮은 이윤을
얻게 된다.

   c. 분명하지 않다. 어떤 이유에서 직무경험이 없는가에 따
라 직무경험의 부족으로 낮은 임금을 받는 것이 차별일
수도 있고 그렇지 않을 수도 있다. 나이가 어리거나 다른
일을 하느라고 직무경험을 쌓지 못했다면 이들이 낮은
임금을 받는 것은 차별이 아니다. 하지만 만약 이전의 차
별로 인해 직무경험을 쌓지 못했다면 낮은 임금을 받는
것이 차별이 될 수 있다.

   d. 거짓이다. 이것은 임금 차별의 예가 아니다. 월마트가 성
이나 나이 또는 인종에 따라 다른 임금을 지불하지 않는
다면 모든 노동자가 동일한 대우를 받는 것이다. 이것은
노동시장에서 수요독점력을 행사하는 기업의 예다. 월마
트는 작은 마을에서 시장에 처음 참여하는 대부분의 저
숙련 노동자들에 대한 독보적인 고용자이다.

19-4

1. a. 새로운 법안이 시행되기 전에 제이든이 일주일에 35시

간 넘게 일했다면 제이든의 후생은 낮아지게 된다. 새 법안의 결과로 제이든은 자신이 선호하는 방식으로 시간을 배분할 수 없게 되므로 자신이 원하는 것보다 더 적은 양의 재화와 더 많은 양의 여가를 소비하게 된다.

b. 새로운 법안이 시행되기 전에 제이든이 일주일에 35시간 이하로 일했다면 제이든의 후생은 변화가 없다. 새 법안이 시행된 이후에도 제이든이 선호하는 방식으로 시간을 배분할 수 있기 때문이다.

c. 주당 노동시간을 규제하는 법안이 제이든의 후생을 증가시키는 경우는 없다. 주어진 법안은 제이든의 후생을 낮추거나(a의 경우) 아무런 변화를 가져오지 않는다(b의 경우).

2. 임금이 하락하면 대체효과로 제이든은 노동시간을 줄이고 여가의 소비를 증가시킨다. 임금의 하락은 여가의 시간당 가격이 하락하는 것을 의미하므로 제이든의 여가 소비가 증가한다. 하지만 임금의 하락으로 제이든의 소득 역시 줄어들게 된다. 소득이 줄어들었고 여가가 정상재이기 때문에 소득효과로 제이든은 여가의 소비를 줄이고 노동시간을 늘린다. 소득효과가 대체효과를 압도할 경우 제이든은 결국 이전보다 더 많이 일하게 된다.

제20장
Check Your Understanding

20-1

1. 소득이 낮은 가족이 더 위험기피적일 것이다. 일반적으로 한계효용체감으로 인해 소득이나 재산이 많을수록 위험기피도가 낮아진다. 두 가족 모두 '불공정한' 보험에 가입하려 할 수 있다. 대부분의 보험은 보험 청구액의 기대치가 보험료보다 낮다는 점에서 '불공정'하다. 보험 청구액의 기대치보다 더 많은 금액의 보험료를 지불하려고 하는 정도는 그 가족의 위험기피도에 달려 있다.

2. a. 기대소득은 칼마가 벌 수 있는 모든 금액을 각각이 발생할 수 있는 확률로 가중평균하여 구하면 된다. 칼마는 2만 2,000달러와 3만 5,000달러를 각각 0.6과 0.4의 확률로 벌게 되므로 기대소득은 $(0.6 \times \$22,000) + (0.4 \times \$35,000) = \$13,200 + \$14,000 = \$27,200$가 된다. 기대효용은 칼마가 얻을 수 있는 모든 효용의 기댓값이 된다. 0.6의 확률로 850유틸(2만 2,000달러를 벌게 되었을 경우의 효용)을 얻고, 0.4의 확률로 1,260유틸(3만 5,000달러를 벌게 되었을 경우의 효용)을 얻게 되므로 칼마의 기대효용은 $(0.6 \times 850$ 유틸$) + (0.4 \times 1,260$ 유틸$) = 510$ 유틸 $+ 504$ 유틸 $= 1,014$ 유틸이 된다.

b. 칼마는 2만 5,000달러를 벌게 될 경우 1,014유틸을 얻게 된다. 위 문제 a에 의해 이것은 불확실성이 존재하는 2만 7,200달러의 기대소득을 받게 되었을 때의 효용과 같다. 불확실성이 존재하는 2만 7,200달러의 기대소득의 효용과 불확실성이 존재하지 않는 2만 5,000달러의 수입이 무차별하므로, 불확실성이 존재하는 2만 7,200달러의 기대소득보다 불확실성이 존재하지 않는 2만 5,000달러의 소득이 선호된다는 것을 알 수 있다. 즉 칼마는 자신이 직면한 위험을 줄인다 해도 기대소득이 변화하지 않는다면 위험을 줄이려고 할 것이다. 다시 말해, 이는 칼마가 위험기피적이라는 것을 의미한다.

c. 그렇다. 불확실성이 존재하지 않는 2만 6,000달러의 소득을 받게 될 경우 칼마는 1,056유틸을 얻는다. 이것은 불확실성이 존재하는 2만 7,200달러의 소득이 주는 효용 1,014유틸보다 더 크므로 칼마는 2만 6,000달러의 소득을 보장하는 보험에 가입할 용의가 있다.

20-2

1. a. 선박의 수가 증가하게 되면 주어진 보험료 수준에서 보험 수요량이 증가하게 된다. 따라서 수요곡선이 오른쪽으로 이동하고 균형보험료와 보험의 균형거래량이 모두 증가한다.

b. 무역경로의 종류가 많아지게 되면 투자자들은 투자를 다양화할 수 있으므로 위험을 줄일 수 있다. 따라서 주어진 보험료 수준에서 보험 공급량이 증가하게 된다. 보험 공급곡선이 오른쪽으로 이동하게 되므로 균형보험료가 떨어지고 보험의 균형거래량이 증가하게 된다.

c. 위험기피도가 증가하게 되면 시장의 선박 소유자들은 더 높은 보험료를 지불하려고 할 것이다. 즉 주어진 보험료 수준에서 보험을 구입하려는 사람이 증가하게 된다. 보험 수요곡선이 오른쪽으로 이동하게 되므로 균형보험료와 보험의 균형거래량이 모두 증가하게 된다.

d. 위험기피도가 증가하게 되면 시장 투자자들은 주어진 보험료 수준에서 더 작은 위험을 받아들이려고 할 것이다. 따라서 보험 공급곡선이 왼쪽으로 이동하여 균형보험료가 올라가고 보험의 균형거래량이 감소하게 된다.

e. 경제 전체의 위험이 높아지게 되면 보험을 구입하려고 했던 경제 주체들은 주어진 보험료 수준에서 더 많은 보험을 구입하려고 할 것이다. 따라서 보험의 수요곡선은 오른쪽으로 이동하게 된다. 한편 경제 전체의 위험이 다양화를 통해 제거될 수 없으므로 위험을 받아들이려고 했던 경제 주체들은 이제 더 작은 위험을 받아들이려고

할 것이다. 따라서 보험의 공급곡선은 왼쪽으로 이동하
게 된다. 결과적으로 균형보험료는 상승하게 된다. 그러
나 보험의 균형거래량의 변화 방향은 알 수 없다.

f. 부가 감소하게 되면 시장 투자자들의 위험기피도가 증가
하게 되어 모든 보험료 수준에서 보험 공급량이 감소하
게 된다. 따라서 보험의 공급곡선이 왼쪽으로 이동하게
되어 균형보험료가 상승하고 보험의 균형거래량이 감소
한다.

20-3

1. 역선택에 의해 초래되는 비효율성은 모든 운전자의 위험
의 평균을 이용해 보험료를 산출할 경우 위험이 높은 운
전자들만 보험에 들게 된다는 것이다. 안전한 운전자들
은 이와 같은 보험의 보험료가 너무 높다고 생각하여 보
험에 들지 않을 것이므로 비효율적이라고 할 수 있다. 그
런데 안전한 운전자들은 과거 몇 년 동안 교통법규 위반
횟수가 적은 운전자이기도 하므로 이들에 대한 보험료를
낮춘다면 운전자들을 선별하여 안전한 운전자들에게 보
험을 판매할 수 있게 된다. 즉 안전한 운전자들 중 일부
가 보험에 들 것이므로 역선택에 의해 초래되는 비효율
성이 줄어들게 된다. 이는 교통법규를 위반하지 않는 것
이 안전한 운전자라는 평판을 쌓는 방법이 됨을 의미하
기도 한다.

2. 주택건설 계약에서 도덕적 해이는 계약자의 행위에 대한
사적 정보(건축 비용을 줄이기 위한 노력을 하는지 아니
면 비용이 드는 것을 방관하는지)에서 기인한다. 주택 소
유자는 건축비용을 줄이려는 계약자의 노력을 관찰할 수
없으며, 관찰한다 하더라도 불완전하게만 관찰할 수 있
다. 따라서 주택 건축 과정에서 발생하는 모든 비용을 주
택 소유자가 지불한다면 계약자는 비용을 절감할 유인이
없을 것이다. 최초 추정치를 초과하는 모든 비용을 계약
자가 책임지도록 할 경우 계약자는 비용절감에 대한 유
인을 갖게 된다. 그러나 이것은 계약자를 위험에 노출시
키는 결과를 초래한다. 예컨대 날씨가 좋지 않으면 날씨
가 좋을 때보다 주택 건축이 더 오래 걸리고 따라서 비용
도 더 많이 들어가게 될 것이다. 계약자는 날씨로 인한
공사지연과 같이 최초 추정치를 초과하는 비용을 직접
부담해야 하므로 직접 통제할 수 없는 위험에 직면하게
된다.

3. a. 참이다. 사람들은 보험 공제액을 지불하지 않으려고 하
기 때문에 공제액이 더 높은 경우 운전을 조심해서 할 유
인이 더 크다. 이것은 도덕적 해이 현상의 일종이다.

b. 참이다. 안전운전을 하는 운전자는 보험료가 높고 공제
액이 낮은 보험과 보험료가 낮고 공제액이 높은 보험 중
후자를 택할 가능성이 높다. 그것은 바로 자신이 공제액
을 다시 지불할 가능성이 낮다는 것을 알기 때문이다.
역선택 문제가 있을 때 보험회사들은 이와 같은 선별수
단을 이용해 운전자들의 운전능력과 관련된 사적 정보
를 추론한다.

c. 참이다. 부의 수준이 높은 운전자일수록 위험기피도가
낮고, 위험기피도가 낮을수록 위험을 자신이 부담하려고
할 것이다. 공제액이 큰 보험일수록 보험청구액의 더 많
은 부분을 직접 부담해야 하므로 더 큰 위험에 노출되게
된다. 이러한 결론은 경제 주체의 수입이나 부의 수준에
따라 위험기피도가 변한다는 사실로부터 도출된다.

제21장

21-1

1. a. 이것은 특정 생산물에 대한 소비자의 의사결정이기 때문
에 미시경제학적 질문이다.

b. 이것은 경제 전체의 소비지출에 대한 것이기 때문에 거
시경제학적 질문이다.

c. 이것은 경제 전체에서의 변화에 관한 것이기 때문에 거
시경제학적 질문이다.

d. 이것은 특정한 시장, 즉 경제학자에 대한 시장의 문제를
취급하고 있기 때문에 미시경제학적 질문이다.

e. 이것은 어떤 교통수단을 이용할 것인지에 대한 개별 소
비자와 생산자의 선택 문제를 취급하고 있기 때문에 미
시경제학적 질문이다.

f. 이것은 특정 시장에서의 변화에 관한 것이기 때문에 미
시경제학적 질문이다.

g. 이것은 경제의 총물가수준 척도의 변화에 대한 문제이기
때문에 거시경제학적 질문이다.

2. a. 사람들이 물건을 구매하기 위한 신용대출을 받을 수 없
다면 지출을 할 수 없을 것이다. 이는 경기를 둔화시키는
데, 경기가 둔화되는 것을 본 사람들은 미래의 상황 악화
에 대비하여 지출을 줄일 것이다. 따라서 신용 부족은 이
로 인해 사람들이 지출을 줄이고, 경제 상황이 악화되고,
그 결과 사람들은 지출을 더욱 줄이는 연쇄 현상을 촉발
할 것이다.

b. 여러분이 경제가 자율조정적이라 믿는다면, 경제의 부진
에 대하여 아무것도 하지 말자고 주장할 것이다.

c. 여러분이 케인즈학파 경제학을 믿는다면, 경제에서 지출

을 활성화하기 위해 통화정책과 재정정책을 시행할 것을 주장할 것이다.

21-2

1. 경기후퇴와 경기팽창은 몇몇 산업에만 국한되지 않고 경제 전체의 부침을 반영하기 때문에 우리는 경제 전체의 경기순환에 대해 얘기한다. 자료는 경기가 급격히 후퇴할 때는 거의 모든 경제 부문의 산출량이 감소하고 취업자 수가 감소함을 명백히 보여 준다. 이에 더하여 경기순환은 때때로 여러 국가가 동조화를 보이는 국제적인 현상이기도 하다.

2. 경기후퇴는 사회 전반에 걸쳐 많은 고통을 가져온다. 경기후퇴는 많은 근로자들이 일자리를 잃게 만들고, 새 일자리를 얻는 것을 어렵게 만든다. 경기후퇴는 많은 가족들의 생활수준을 저하시키고, 최저 생계수준보다 낮은 소득수준을 가진 사람들을 증가시키며, 주택담보 대출을 갚지 못해 집을 빼앗기는 사람들을 증가시키는 한편, 의료보험을 가진 미국인들의 비율을 감소시킨다. 경기후퇴는 또한 기업의 이윤을 감소시킨다.

21-3

1. 인구 증가율이 높은 국가들은 인구 증가율이 낮은 국가들에 비해서 1인당 생활수준을 향상하기 위해서 더 높은 총생산 증가율을 유지해야 한다. 그 이유는 총생산이 더 많은 수의 사람들에게 나눠져야 하기 때문이다.

2. 아니다. 아르헨티나는 과거보다 더 가난하지 않다. 아르헨티나와 캐나다 모두 장기 경제성장을 경험했다. 그러나 제2차 세계대전 이후 아르헨티나는 캐나다만큼의 성장을 보이지 못했다. 이는 아마도 정치 불안정과 잘못된 거시경제정책 때문일 것이나. 캐나디 경제는 아르헨티나 경제보다 훨씬 빠른 속도로 성장했다. 지금 캐나다가 아르헨티나보다 세 배 정도 부유하기는 하지만, 아르헨티나 경제도 여전히 장기 경제성장을 했다.

21-4

1. a. 일부 가격은 상승한 반면 또 다른 가격들은 하락했기 때문에 전체적으로는 인플레이션이 발생했을 수도 있고 디플레이션이 발생했을 수도 있다. 따라서 애매하다.

   b. 모든 가격이 상당히 큰 폭으로 상승했기 때문에 이것은 인플레이션으로 보인다.

   c. 대부분의 가격이 하락했고 나머지 가격들은 변하지 않았기 때문에 이것은 디플레이션으로 보인다.

21-5

1. a. 이 상황은 비교우위의 결과다. 캐나다의 비교우위는 원유의 발견에서 나온다. 오늘날 캐나다는 원유를 풍부하게 보유하고 있다.

   b. 이 상황은 비교우위의 결과다. 중국의 비교우위는 노동의 풍부함으로부터 나온다. 중국은 조립과 같은 노동집약적 사업에 능하다.

   c. 이 상황은 거시경제적 현상이다. 독일은 저축과 투자지출에 대한 의사결정 결과 저축이 투자지출을 초과함에 따라 막대한 규모의 무역 흑자를 내고 있다.

   d. 이 상황은 거시경제적 현상이다. 기술 호황이 미국을 투자하기에 매력적인 곳으로 만들어서 투자가 저축을 초과함에 따라 미국은 무역 적자를 내기 시작했다.

제22장

Check Your Understanding

22-1

1. 국내에서 생산된 모든 재화와 서비스 최종생산물의 총부가가치와 국내에서 생산된 최종생산물에 대한 총지출 간의 관계를 고려하는 것으로 시작해 보자. 한 경제에서 생산된 모든 최종생산물은 누군가에 의해 구매되거나, 또는 재고에 더해져야만 하기 때문에 이 두 가지 총량은 서로 같아야 한다. 그리고 재고의 증가는 기업의 투자지출로 계산된다. 다음으로 국내에서 생산된 최종생산물에 대한 총지출과 총요소소득 간의 관계를 생각해 보자. 국내에서 생산된 최종생산물의 구매 대가로 기업에 지불되는 모든 지출은 기업의 수입이기 때문에 이 두 가지 총량은 같다. 기업의 수입은 임금, 이윤, 이자, 임대료의 형태로 생산요소에 지급된다. 이상을 모두 종합해 볼 때 국내 총생산의 세 가지 계산 방법은 서로 같다.

2. 기업은 다른 기업, 가계, 정부, 그리고 해외 부문에 제품을 판매한다. 가계는 생산요소를 기업에 공급하고, 기업으로부터 최종생산물을 구매하고, 금융시장에서 기업에 자금을 공급함으로써 기업과 연계된다. 가계는 조세 납부, 이전지출 수령, 그리고 금융시장을 통해 정부에 자금을 공급함으로써 정부와 연계된다. 마지막으로 가계는 수입재의 구매와 금융시장을 통한 외국인들과의 거래를 통해 해외 부문과 연계된다.

3. 여러분은 철강이 아메리칸 스틸에서 아메리칸 모터스로 팔릴 때 한 번, 그리고 아메리칸 모터스가 판매하는 자동차 부품으로 한 번, 이렇게 철강의 가치를 두 번 중복계산하게 될 것이다.

22-2

1. a. 2019년에 명목 국내총생산은 $(1,000,000 \times \$0.40) + (800,000 \times \$0.60) = \$400,000 + \$480,000 = \$880,000$ 이다. 2019년과 2020년 사이에 프렌치프라이의 가격이 25% 상승함은 2020년 가격이 $1.25 \times \$0.40 = \$0.50$ 였음을 의미한다. 프렌치프라이 판매량이 10% 감소했다 함은 $1,000,000 \times 0.9 = 900,000$ 개의 프렌치프라이가 2020년에 판매되었음을 의미한다. 그 결과 2020년의 프렌치프라이 총매출액은 $900,000 \times \$0.50 = \$450,000$ 였다. 2019년과 2020년 사이에 2020년 양파링의 가격이 15% 하락했다 함은 2020년 양파링 가격이 $0.85 \times \$0.60 = \$0.51$ 였음을 의미한다. 양파링 판매량이 5% 증가했다 함은 2020년의 양파링 판매량이 $800,000 \times 1.05 = 840,000$ 개임을 의미한다. 그 결과 2020년도의 양파링 총매출액은 $840,000 \times \$0.51 = \$428,400$ 였다. 따라서 2020년의 명목 국내총생산은 $\$450,000 + \$428,400 = \$878,400$ 였다. 2020년의 실질 국내총생산을 계산하기 위해서는 2020년의 매출액의 가치를 2019년의 가격을 이용해 계산해야 한다. 따라서 (900,000개 프렌치프라이 $\times \$0.40$) + (840,000개 양파링 $\times \$0.60$) = $\$360,000 + \$504,000 = \$864,000$ 이다.

b. 2019년과 2020년 사이의 명목 국내총생산의 변화는 $[(\$878,400 - \$880,000)/\$880,000] \times 100 = -0.18\%$, 즉 감소했음을 알 수 있다. 그렇지만 실질 국내총생산을 이용했을 때의 비교는 총생산이 $[(\$864,000 - \$880,000)/\$880,000] \times 100 = -1.8\%$ 임을 보여 준다. 즉 실질 국내총생산에 기초한 계산이 명목 국내총생산에 근거한 계산(0.18%)보다 10배 더 큰(1.8%) 하락을 나타낸다. 이 경우 명목 국내총생산에 기초한 계산은 실제 변화폭을 과소평가하게 한다.

2. 2016년 가격에 기초한 물가지수는 2020년 가격에 기초한 물가지수와 비교해 볼 때, 상대적으로 높은 전자제품 가격과 상대적으로 낮은 주택 가격을 포함하고 있다. 이것은 2018년의 실질 국내총생산을 계산하기 위해 2016년의 물가지수를 이용할 경우 경제에서 전자제품의 생산가치를 확대시킬 것이며, 2020년 물가지수를 사용할 경우 경제에서 주택 생산의 가치를 확대시킬 것임을 의미한다.

22-3

1. 시장바구니의 비용은 서리가 내리기 전에 $(100 \times \$0.20) + (50 \times \$0.60) + (200 \times \$0.25) = \$20 + \$30 + \$50 = \$100$ 였다. 동일한 시장바구니의 비용이 서리가 내린 후에는 $(100 \times \$0.40) + (50 \times \$1.00) + (200 \times \$0.45) = \$40 + \$50 + \$90 = \$180$ 였다. 따라서 물가지수는 서리가 내리기 전에 $(\$100/\$100) \times 100 = 100$ 이고, 서리가 내린 후에는 $(\$180/\$100) \times 100 = 180$ 이다. 그러므로 이는 물가지수가 80% 상승했음을 의미한다. 이와 같은 물가지수의 상승폭은 본문에서 계산된 84.2%의 상승폭보다 작다. 이처럼 차이가 나는 이유는 100개의 오렌지, 50개의 자몽, 200개의 레몬으로 구성된 새로운 시장바구니가 가격 상승이 상대적으로 낮았던 품목(가격이 80% 상승한 레몬)을 더 많이 포함하고, 상대적으로 가격 상승이 컸던 품목(가격이 100% 상승한 오렌지)을 더 적게 포함하고 있기 때문이다. 이와 같은 사례는 물가지수가 시장바구니의 구성에 매우 민감할 수 있음을 보여 준다. 시장바구니가 다른 재화의 가격보다 더 빨리 가격이 상승한 재화를 더 많이 포함하고 있다면, 물가수준의 상승폭을 더 높게 추정할 것이다. 만일 시장바구니가 다른 재화의 가격에 비해 더 느리게 가격이 상승한 재화를 더 많이 포함하고 있다면, 물가지수는 물가수준의 상승폭을 더 낮게 추정할 것이다.

2. a. 10년 전에 결정된 시장바구니는 현재보다 자동차를 더 적게 포함할 것이다. 자동차의 평균가격이 다른 재화의 평균가격보다 빠르게 상승한 점을 감안할 때, 이 바구니는 상대적으로 자동차를 적게 포함하고 있기 때문에 물가지수의 진정한 상승폭을 과소 추정할 것이다.

b. 20년 전에 결정된 시장바구니는 광대역 인터넷 접속을 포함하고 있지 않다. 따라서 이 시장바구니는 지난 수년 동안 발생한 인터넷 이용가격의 하락을 반영할 수 없다. 그 결과 이 시장바구니는 물가수준의 진정한 상승폭을 과대 추정할 것이다.

3. 식 (22-3)을 이용하면 2017년부터 2018년 사이의 인플레이션율은 $[(252.723 - 247.901)/247.901] \times 100 = 1.95\%$ 가 된다.

제23장

Check Your Understanding

23-1

1. 취업 웹 사이트의 소프트웨어 개선은 시간이 지남에 따라 실업률을 낮출 것이다. 구직자들이 더 신속하게 일자리를 구할 수 있기 때문이다. 그렇지만 실망 실업자들로 하여금 더 적극적으로 일자리를 찾아볼 유인을 제공하는 웹 사이트들은 시간이 흐름에 따라 실업률을 증가시킬 것이다.

2. a. 로사는 적극적으로 일자리를 구하고 있지 않기 때문에 실업자로 계산되지 않는다. 하지만 로사는 실망 실업자로서 보다 광범위한 노동 저활용 지표에는 포함된다.

   b. 앤소니는 실업자로 계산되지 않는다. 그는 일자리를 갖고 있기 때문에 취업자로 간주된다.

   c. 가나코는 실업자다. 그녀는 일을 하고 있지는 않지만 적극적으로 일자리를 구하고 있다.

   d. 세르지오는 실업자가 아니라 과소취업자다. 그는 경제적인 이유로 인해 시간제로 일하고 있다. 그는 더 광범위한 노동 저활용 지표에 포함된다.

   e. 나타샤는 실업자가 아니라 한계참여근로자다. 그녀는 보다 광범위한 노동 저활용 지표에 포함된다.

3. a와 b 모두 〈그림 23-5〉가 보여 주는 평균보다 높거나 평균보다 낮은 실질 GDP 성장과 실업률 변화 간의 관계와 일관성이 있다. 평균보다 성장률이 높은 해에는 실업률이 하락하고, 평균보다 낮은 해에는 실업률이 상승한다. 하지만 c는 그림이 나타내는 관계와 일관성이 없다. 경기후퇴가 실업률의 하락과 연관되어 있기 때문이다.

23-2

1. a. 기술 진보의 속도가 빨라지면 구산업이 사라지고 신산업이 등장함에 따라 일자리의 창조와 파괴가 빠른 속도로 일어날 것이다. 이 경우 근로자들이 사양산업을 떠나 성장산업에서 일자리를 탐색함에 따라 마찰적 실업자가 증가한다.

   b. 기술 진보의 속도가 빨라지면 종업원들이 가진 기능과 고용주가 원하는 기능 사이에 불일치가 심해지고 그 결과 구조적 실업이 증가한다.

   c. 실업률이 낮을 때는 다른 실업 요인들이 사라지기 때문에 마찰적 실업자가 전체 실업자 중에서 더 큰 비중을 차지할 것이다. 따라서 전체 실업자 중에서 마찰적 실업자가 차지하는 비중이 증가한다.

2. 구속적인 수준의 최저임금은 이보다 임금이 더 하락할 수 없는 가격 하한이 된다. 그 결과 실제 임금은 균형수준으로 움직일 수 없다. 따라서 최저임금은 노동공급량이 노동수요량을 초과하도록 만든다. 이와 같은 노동공급 과잉은 실업을 의미하기 때문에 이는 실업률에 영향을 미친다. 단체협상 역시 이와 유사한 효과를 갖는다. 노동조합은 임금을 균형수준보다 높일 수 있다. 이것은 마치 최저임금과 같은 작용을 하여 직장을 구하는 사람의 수를 기업이 채용하기 원하는 수보다 많아지도록 만들 것이다. 단체협상은 다음 그림에서 보듯이 단체협상

이 없는 경우에 비해 실업률을 더 높일 것이다.

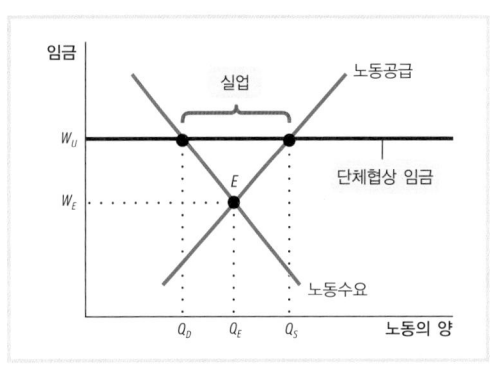

3. 실업자에 대한 급여혜택의 증가는 개인들에게 실업의 비용을 낮출 것이며, 그 결과 개인들은 더 많은 시간을 직장 탐색을 위해 투자할 것이다. 따라서 자연실업률은 증가할 것이다.

23-3

1. 인플레이션으로 인한 구두창 비용은 더 낮아질 것이다. 이제 화폐보유량을 줄이기 위해서 자산을 관리하는 데 드는 비용이 더 낮아졌기 때문이다. 이와 같이 비화폐성 자산을 화폐로 전환하는 데 드는 비용의 감소는 구두창 비용을 감소시켜 준다.

2. 향후 15~20년간 인플레이션이 완전히 사라진다면 인플레이션율은 영이 되는데, 이는 물론 예상 인플레이션율인 2~3%보다 낮다. 실질이자율은 명목이자율에서 인플레이션율을 뺀 값과 같기 때문에, 대출에 대한 실질이자율은 예상보다 높을 것이며, 이에 따라 대부자는 차입자의 비용으로 이득을 볼 것이다. 차입자들은 예상보다 높은 실질 가치를 가진 자금으로 대출을 상환해야 한다.

제24장

24-1

1. 경제의 진보는 한 국가의 평균적인 거주자의 생활수준을 향상시킨다. 실질 국내총생산의 증가는 평균적인 거주자의 생활수준 향상을 정확하게 반영하지 못하는데, 그 이유는 거주자 수의 증가를 고려하지 못하기 때문이다. 예를 들어, 실질 국내총생산이 10% 증가하지만 인구가 20% 증가한다면 평균적인 거주자의 생활수준은 하락한다. 변화가 발생한 후에 평균적인 거주자는 변화가 발생하기 전 실질소득의 (110/120)×100 = 91.6%만을 가지게 된다. 마찬가지로 명목 국내총생산의 증가는 물가의 변화를 고려하지 못하기 때문에 생활수준의 향상을 정확

하게 반영할 수 없다. 예를 들어, 물가가 5% 상승함에 따라 명목 국내총생산이 5% 상승할 경우 생활수준에는 아무런 변화가 없다. 따라서 1인당 실질 국내총생산만이 인구와 물가 변화를 모두 반영할 수 있는 척도다.

2. 70의 법칙을 이용하면 중국의 1인당 실질 국내총생산이 두 배가 되는 데 걸리는 또는 시간은 (70/7.8) = 8.97년 또는 약 9년이다. 인도는 (70/4.1) = 17.07년 약 17년, 아일랜드는 (70/3.7) = 18.92년 또는 약 19년, 미국은 (70/1.6) = 43.75년 또는 약 44년, 프랑스는 (70/1.3) = 53.85년 또는 약 54년, 아르헨티나는 (70/0.5) = 140년이다. 70의 법칙은 오직 정의 성장률에만 적용할 수 있기 때문에 부의 성장을 겪는 짐바브웨에는 적용할 수 없다. 만일 인도가 미국보다 더 높은 1인당 실질 국내총생산 증가율을 계속 보인다면, 인도의 1인당 실질 국내총생산은 궁극적으로 미국의 1인당 실질 국내총생산을 초과할 것이다.

3. 미국은 100여 년 전부터 빠르게 성장하기 시작했으나, 중국과 인도는 최근에서야 빠른 속도로 성장하기 시작했다. 그 결과 전형적인 중국인 또는 인도인 가족의 생활수준은 전형적인 미국인 가족의 생활수준을 따라잡지 못했다.

24-2

1. a. 노동자 1인당 실물자본과 인적 자본의 변화가 없다 하더라도 기술진보가 상당한 폭으로 이루어진다면, 생산성 증가율이 상승할 것이다.

   b. 실물자본에 대한 수익체감으로 인해 생산성 증가율은 감소할 것이지만, 여전히 양의 값을 가질 것이다.

2. a. 산출량이 연간 3% 성장하고, 경제활동인구가 매년 1%씩 증가했다면 1인당 산출량은 연간 약 3%−1% = 2% 증가했다.

   b. 실물자본이 연간 4% 증가했고, 경제활동인구가 연간 1% 상승했다면, 노동자 1인당 실물자본은 연간 약 4%−1% = 3% 증가했다.

   c. 추정치에 따르면 다른 조건이 일정한 상태에서 실물자본이 1% 증가할 때마다 생산성이 0.3% 상승했다. 따라서 근로자 1인당 실물자본이 3% 증가함에 따른 1인당 생산성 증가는 0.3×3% = 0.9%다. 총생산성 증가에 대한 백분율로 나타낸다면, 0.9%/2%×100% = 45%가 된다.

   d. 나머지 생산성 증가가 기술진보로 인한 것이라면, 기술진보는 생산성 증가에 2%−0.9% = 1.1% 기여했다. 총생산성 증가에 대한 백분율로 나타낸다면, 1.1%/2%×100% = 55%가 된다.

3. 종업원들이 새로운 전산시스템의 사용방법을 익히고, 일하는 방법을 조정하는 데는 시간이 걸린다. 그리고 새로운 시스템을 익힐 때는 종종 실수로 컴퓨터 파일을 지우는 등의 문제가 발생하기 때문에 멀티노믹스의 생산성은 한동안 감소할 수도 있다.

24-3

1. 국내저축이 많은 국가는 높은 국내총생산 대비 투자율을 달성할 수 있다. 이것은 이 국가가 높은 성장률을 달성하는 것을 가능하게 한다.

2. 미국이 신약의 발명과 개발 속도가 더 빠를 것인데, 이는 민간기업과 학술연구센터 간 더 밀접한 연계가 순수한 연구보다는 신약을 생산하는 데 더 직접적인 초점을 두는 연구 활동을 유발할 것이기 때문이다.

3. 이와 같은 사건들은 이 국가의 성장률을 낮출 가능성이 높은데, 그 이유는 재산권이 보호되지 않음에 따라 사람들이 생산능력을 확충하기 위한 투자를 꺼리게 될 것이기 때문이다.

24-4

1. 조건부 수렴가설에 따르면 다른 조건이 동일하다면 상대적으로 낮은 1인당 실질 국내총생산을 가지고 시작하는 국가들이 더 빨리 성장하며, 상대적으로 더 높은 1인당 실질 국내총생산을 가지고 시작하는 국가들은 더 느리게 성장하게 된다. 이는 아시아가 미래에는 더 느리게 성장할 것임을 의미한다. 하지만 다른 조건들이 동일하지 않을 수도 있다. 아시아 경제가 인적 자본에 대한 투자를 계속하고, 저축률이 계속 높은 수준에 머물러 있고, 정부가 사회간접자본에 투자를 하는 등의 변화가 지속된다면 성장은 더 가속화된 속도로 계속될지도 모른다.

2. 동아시아와 서유럽과 미국 지역은 수렴가설을 지지한다. 이들을 비교해 보면 1인당 실질 GDP가 상승함에 따라 1인당 실질 GDP 증가율이 감소함을 보여 주기 때문이다. 동유럽, 서아시아, 라틴아메리카, 아프리카는 수렴가설을 지지하지 않는다. 이들은 미국보다 1인당 실질 GDP가 훨씬 더 작지만 미국과 거의 비슷한 성장률(서아시아와 동유럽) 또는 더 낮은 성장률(아프리카와 라틴아메리카)을 보인다.

3. 증거는 두 요인이 모두 중요함을 보여 준다. 더 나은 사회간접자본은 성장을 위해 중요하다. 정치적 안정 역시 이에 못지않게 중요하다. 정책은 이 두 영역에 모두 관심을 두어야 한다.

24-5

1. 경제학자들은 대개 자연자원의 희소성보다 환경 훼손을 더 염려한다. 그 이유는 현대 경제에서는 가격의 반응이 절약과 대체자원의 개발을 통해 자원의 희소성으로 인한 제약을 완화시켜 주는 경향이 있기 때문이다. 이와는 대조적으로 환경 훼손에는 부의 **외부효과**, 즉 개인이나 기업이 보상을 하지 않고 다른 개인이나 기업에 부담시키는 비용이 결부되어 있기 때문에 문제 해결을 위해서 정부의 효과적인 개입수단이 필요하다. 결과적으로 경제학자들은 적절한 시장의 반응이 이루어지지 않기 때문에 환경 훼손이 경제성장에 부과하는 제약이 더욱 염려스럽다고 생각한다.

2. 성장은 한 국가의 온실가스 배출을 증가시킨다. 오늘날 최선의 추정에 따르면 온실가스 배출량을 크게 줄이더라도 경제성장은 약간만 저해될 것이라 한다. 하지만 온실가스 배출 감축을 위한 부담을 국제적으로 분담하는 것은 논쟁의 대상이 되고 있다. 그 이유는 부유한 국가들의 입장에서는 자신들이 배출을 줄이는 부담으로 중국과 같이 빠르게 성장하는 신흥국들이 배출을 늘리는 것을 원치 않을 것이기 때문이다. 그렇지만 현재까지 누적된 온실가스 배출은 부유한 국가들의 과거 활동의 결과다. 따라서 중국과 같이 가난한 국가들 역시 부유한 국가들의 과거 활동의 결과를 보상하기 위해 자신의 성장을 희생하기를 원치 않는다.

제25장

Check Your Understanding

25-1

1. a. 자금이 이 경제로 유입됨에 따라서 대부자금의 공급이 증가한다. 이것은 그림에서 대부자금의 공급곡선이 S_1에서 S_2로 이동하는 것으로 나타낼 수 있다. 균형이 E_1에서 E_2로 이동함에 따라 균형이자율은 r_1에서 r_2로 하락하고,

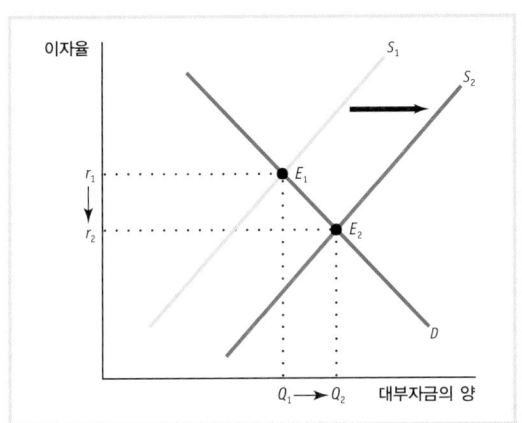

균형대부자금 수급량은 Q_1에서 Q_2로 증가한다.

 b. 퇴직인구 비중의 증가로 저축이 감소하고, 대부자금의 공급이 감소한다. 이것은 다음 그림에서 대부자금 공급곡선이 S_1에서 S_2로 왼쪽으로 이동하는 것으로 나타낼 수 있다. 균형은 E_1에서 E_2로 이동하고, 균형이자율은 r_1에서 r_2로 상승하며, 균형 대부자금 수급량은 Q_1에서 Q_2로 감소한다.

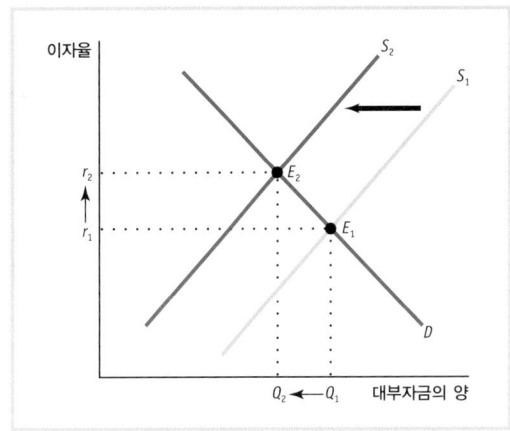

2. 우리는 대부자금시장으로부터 이자율이 상승함에 따라 가계가 저축을 더 많이 하고, 소비를 더 적게 하기를 원한다는 사실을 알고 있다. 하지만 이와 동시에 이자율의 상승은 이자율과 같거나 더 높은 수익률을 낼 수 있는 투자지출 사업의 수를 줄이게 된다. "가계는 기업이 투자하기를 원하는 것보다 더 많은 금액을 저축하기를 원할 것이다"라는 명제는 대부자금시장에서의 균형을 대표할 수 없는데, 그 이유는 이 명제가 대부자금 공급량이 수요량을 초과할 것임을 의미하기 때문이다. 이와 같은 현상이 발생한다면 대부자금의 공급량과 수요량이 같아지도록 이자율이 하락해야 한다.

3. a. 실질이자율은 변하지 않는다. 피셔효과에 따르면 예상 인플레이션율의 상승은 명목이자율을 상승시켜서 실질이자율이 변하지 않도록 만든다.

 b. 명목이자율이 3% 상승할 것이다. 예상 인플레이션율이 1%p 상승할 때마다 명목이자율도 1%p씩 상승한다.

 c. 〈그림 25-9〉에서 보듯이, 인플레이션은 예상되기만 한다면 균형상태에서의 대부자금의 양에 영향을 미치지 않는다. 대부자금의 공급곡선과 수요곡선은 모두 위쪽으로 이동하고, 그 결과 균형상태에서의 대부자금의 양은 변하지 않는다.

25-2

1. (a) 은행예금과 (b) 상호기금 지분의 거래비용은 거의 비

숫한데, 그 이유는 두 가지 거래 모두 전화를 걸거나, 인터넷을 이용하거나, 또는 지점을 방문함으로써 달성될 수 있기 때문이다. 거래비용은 (c) 가업 지분의 경우 가장 높은데, 그 이유는 이 지분의 매입자를 찾는 데 많은 시간과 비용이 들기 때문이다. 위험 수준은 아마 (a) 은행예금이 가장 낮을 것인데, 그 이유는 은행예금은 연방예금보험공사(FDIC)에 의해 25만 달러 한도 내에서 보장되기 때문이다. 위험 수준은 (b) 상호기금의 지분이 약간 더 높은데, 이는 분산투자에도 불구하고 여전히 주식투자에는 위험이 따르기 때문이다. 그리고 (c) 가업의 경우가 가장 높을 것인데, 이는 가업에 대한 투자는 전혀 분산되어 있지 않기 때문이다. 유동성 수준은 (a) 은행예금이 가장 높은데, 이는 은행예금의 인출은 대개 즉각적으로 이루어질 수 있기 때문이다. 그리고 (b) 상호기금의 지분은 이보다 약간 유동성이 떨어지는데, 이것은 상호기금의 지분을 팔고, 그 대금을 받을 때까지 대개 며칠이 걸리기 때문이다. 그리고 (c) 가업 지분의 유동성이 가장 낮은데, 이것은 가업의 지분은 다른 가족구성원의 만장일치에 의해서만 팔 수 있고, 구매자를 찾는 데 상당한 시간이 걸릴 것이기 때문이다.

2. 경제 발전과 성장은 여러 요인들 중에서도 실물자본에 대한 투자지출의 결과라 할 수 있다. 투자지출액은 저축액과 같다. 즉 저축이 더 많이 이루어질수록 투자지출이 더 많이 이루어지고, 따라서 경제성장률과 발전율이 더 높을 것이다. 따라서 저축의 편의성을 높여 주는 기관의 존재는 국가의 성장과 경제 발전에 도움이 된다. 그 결과 낮은 거래비용, 위험분산을 위한 기회, 그리고 저축자에게 높은 유동성 등을 제공할 수 있는 금융시스템을 가진 국가는 그렇지 않은 국가보다 더 빠른 성장과 경제 발전을 경험하게 될 것이다.

25-3

1. a. 현재의 주가는 미래 주가에 대한 시장의 기대를 반영하며, 효율시장가설에 따르면 주가는 이용 가능한 모든 정보를 항상 반영하고 있다. 금년의 이익이 적다는 사실은 새로운 정보가 아니기 때문에 이는 이미 주가에 반영되어 있을 것이다. 그렇지만 이 회사의 이듬해 이익이 더 많을 것이라는 사실이 알려지면, 이 새로운 정보를 반영해 현재의 주가는 상승할 것이다.

b. 높은 이익에 대한 기대가 이미 주가에 반영되어 있다. 그런데 이익이 예상보다 낮을 것이기 때문에 이 회사의 미래 주가에 대한 시장의 기대가 하향조정될 것이다. 따라

서 새로운 정보는 주가를 하락시킬 것이다.

c. 동일 산업의 다른 회사들이 금년의 매출이 예상보다 낮았다고 발표하면, 투자자들은 이 회사의 매출 역시 예상보다 낮을 것으로 결론지을 가능성이 높다. 그 결과 투자자들은 회사의 미래 이윤과 주가에 대한 기대를 낮게 수정할 것이다. 따라서 이 정보는 현재의 주가를 낮출 것이다.

d. 이와 같은 발표는 이익에 대한 예측이 정확했는지에 대한 불확실성의 일부를 제거하는 것 이외에는 어떤 새로운 정보를 더해 주지 못한다. 따라서 회사의 주가에 영향을 미치지 못하거나, 또는 주가를 아주 조금 상승시킬 것이다.

2. 효율시장가설은 모든 이용 가능한 정보가 즉각적으로 주가에 반영된다고 주장한다. 따라서 투자자들이 다우존스 지수가 1% 상승한 다음 날 일관성 있게 주식을 매수했다면 현명한 투자자는 이날 주식을 팔았을 것이다. 왜냐하면 수요가 높아서 주가도 높았을 것이기 때문이다. 이를 통해 이익을 낼 수 있다면 결국 많은 투자자들이 주식을 매도할 것이고, 다우존스 지수가 1% 상승한 다음 날 투자자들이 항상 주식을 샀다는 것은 더 이상 사실이 못 될 것이다.

제26장

26-1

1. 투자지출의 감소는 투자지출의 증가와 마찬가지로 실질 GDP에 승수효과를 미친다. 단지 이 경우에는 실질 GDP가 증가하는 대신 감소한다는 점이 다를 뿐이다. I의 감소는 처음에 실질 GDP를 감소시키고, 이는 소비지출을 감소시켜서 실질 GDP를 추가적으로 감소시키며, 이런 과정이 반복된다. 따라서 투자지출 감소의 간접적인 결과로서 소비지출이 감소한다.

2. MPC가 0.5라면 승수는 $1/(1-0.5)=1/0.5=2$와 같다. MPC가 0.8이라면 승수는 $1/(1-0.8)=1/0.2=5$와 같다.

3. GDP 중에서 지출되지 않고 저축되는 부분이 클수록 MPC는 낮다. 저축되는 가처분소득은 시스템에서의 '누출'과 같아서 추가적인 팽창의 연료가 될 지출을 감소시킨다. 따라서 아메리고국이 더 큰 승수를 가질 가능성이 높다.

26-2

1. a. 안젤리나의 독립소비지출은 8,000달러이다. 그녀의 현재 가처분소득이 1만 달러로 증가하면, 그녀의 소비지

출은 4,000달러($12,000 − $8,000) 증가한다. 따라서 그녀의 한계소비성향은 $4,000/$10,000 = 0.4이고, 그녀의 소비함수는 $c = \$8,000 + 0.4 \times yd$이다. 펠리시아의 독립소비지출은 6,500달러이다. 그녀의 가처분소득이 1만 달러로 증가할 때, 그녀의 소비지출은 8,000달러($14,500 − $6,500)이다. 따라서 그녀의 한계소비성향은 $8,000/$10,000 = 0.8이고, 그녀의 소비함수는 $c = \$6,500 + 0.8 \times yd$이다. 마리나의 독립소비지출은 7,250달러이다. 그녀의 가처분소득이 1만 달러로 증가할 때, 그녀의 소비지출은 7,000달러($14,250 − $7,250) 증가한다. 따라서 그녀의 한계소비성향은 $7,000/$10,000 = 0.7이고, 그녀의 소비함수는 $c = \$7,250 + 0.7 \times yd$이다.

b. 이 경제에서 총독립소비지출은 $8,000 + $6,500 + $7,250 = $21,750이다. 3만 달러(3 × $10,000)의 가처분소득 증가는 $4,000 + $8,000 + $7,000 = $19,000의 소비지출 증가를 가져온다. 따라서 경제 전체의 한계소비성향은 $19,000/$30,000 = 0.63이고, 총소비함수는 $C = \$21,750 + 0.63 \times YD$이다.

2. 여러분이 미래의 가처분소득이 감소하리라 예상하면, 현재 가처분소득의 일부를 저축해서 미래에 사용하려고 할 것이다. 그렇지만 여러분이 저축을 할 수 없다면 이와 같은 의도를 실현할 수 없다. 여러분의 미래의 가처분소득이 증가하리라 예상된다면, 미래의 높은 소득의 일부를 지금 당겨서 쓰려고 할 것이다. 하지만 여러분이 차입을 할 수 없다면 이를 실현할 수 없을 것이다. 따라서 여러분이 저축을 하거나 차입을 하지 못한다면, 여러분의 미래 가처분소득은 현재 소비지출에 아무런 영향을 미치지 못할 것이다. 사실 여러분의 한계소비성향은 항상 1이 되어야 할 것이다. 즉 여러분은 현재의 가처분소득을 모두 소비해야 하고, 따라서 시간에 걸친 소비를 평탄하게 만들 수 없을 것이다.

26-3

1. **a.** 이와 같은 예상치 않은 소비지출 증가에 따라 생산자들이 단기적인 수요 증가를 충족하기 위해 재고를 사용할 것이고, 그 결과 재고가 줄어들 것이다. 이것은 부의 계획되지 않은 재고투자다. 이것은 생산자의 재고를 감소시킨다.

b. 차입비용의 증가는 이자율의 상승과 마찬가지다. 이제 차입에 의해 자금을 조달하든, 유보이윤에 의해 자금을 조달하든 투자자에게 이득이 되는 투자사업의 수가 적어진다. 그 결과 생산자들은 계획된 투자지출을 줄일 것

이다.

c. 가속도 원리에 따르면 실질 국내총생산의 증가율이 급격히 상승할 경우 생산자들이 더 높은 수요를 충족하기 위해 생산능력을 증가시키려 할 것이고, 이에 따라 생산자들에 의한 투자지출이 증가한다.

d. 판매가 감소함에 따라 생산자들의 매출이 줄고, 이에 따라 재고가 증가한다. 이는 정의 계획되지 않은 재고투자를 낳는다.

2. 소비자들은 보통 가처분소득이 증가할 경우 이를 모두 소비하지는 않기 때문에 한계소비성향은 1보다 작다. 따라서 소비지출은 현재 가처분소득의 변동에 대해 같은 크기만큼 반응하지 않는다. 이와 같은 행동은 경제의 변동이 소비지출에 미치는 효과를 축소시킨다. 반면에 투자지출은 가속도 원리에 의해 미래 GDP의 성장률과 직접적으로 연계되어 있다. 그 결과 투자지출은 경제의 변동을 확대시킨다. 즉 미래 실질 GDP 성장률이 높아지리라는 예상은 계획된 투자지출의 증가를 가져오며, 미래 실질 GDP 성장률이 낮아지리라는 예상은 계획된 투자지출의 감소를 가져온다.

3. 소비지출이 부진할 때 잉여 생산능력을 가진 기업은 현재의 생산능력으로 예상되는 미래의 판매를 충족할 수 있다고 생각하기 때문에 계획된 투자지출을 축소할 것이다. 마찬가지로 소비지출이 부진하고 기업들이 대규모의 계획되지 않은 재고를 보유하고 있을 때, 현재의 재고로 예상되는 미래 판매를 충족하기에 충분하다고 생각하기 때문에 생산을 줄일 가능성이 있다. 따라서 재고 과잉은 기업의 생산을 감소시키고 경제활동을 위축시킬 가능성이 있다.

26-4

1. 계획된 투자지출의 침체는 예상되지 않은 재고 증가를 가져와 실질 국내총생산을 감소시킬 것이다. 실질 국내총생산의 감소는 가계의 가처분소득을 감소시키고, 이에 따라 가계들은 소비지출을 감소시킬 것이다. 소비지출의 감소는 생산자들로 하여금 생산을 더 줄이도록 만들 것이고, 이는 가처분소득을 더욱 감소시키고, 이에 따라 소비지출이 더욱 감소한다. 따라서 처음에는 투자지출로부터 경기후퇴가 촉발되었지만, 결국은 소비지출의 감소를 가져올 것이다.

2. **a.** 계획된 총지출의 자발적 감소가 발생한 후, 경제는 더 이상 균형상태에 있지 않다. 실질 국내총생산은 계획된 총지출보다 크다. 다음 그림은 계획된 총지출의 자발적 감

소를 AE_1에서 AE_2로의 총수요곡선의 이동으로 나타낸다. 두 총수요곡선의 차이는 정의 계획되지 않은 투자지출이다. 즉 예상치 않은 재고의 증가가 발생한다. 이에 대해 기업들은 생산을 줄임으로써 반응한다. 이것은 결국 경제를 새로운 균형으로 이동시킬 것이다. 다음 그림에서 이는 최초의 소득-지출 균형인 E_1점에서 새로운 소득-지출 균형점인 E_2로의 이동으로 나타난다. 경제가 새 균형으로 이동함에 따라 실질 국내총생산은 처음의 소득지출 균형수준인 Y_1^*에서 더 낮은 새로운 균형수준인 Y_2^*로 하락한다.

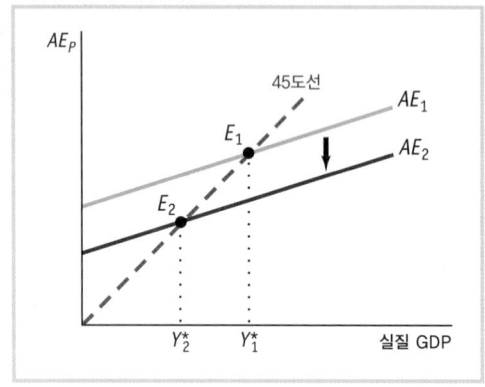

b. 식 (26-17)로부터 우리는 소득-지출 균형 국내총생산이 $\Delta Y^* = $ 승수$\times \Delta AAE_P$와 같이 주어짐을 안다. 여기서 승수는 $1/(1-0.5) = 1/0.5 = 2$다. 따라서 3억 달러에 달하는 계획된 총지출의 독립적 감소는 $2 \times$3억 = $6억의 소득-지출 균형 국내총생산의 감소를 가져온다. 새로운 Y^*는 $5,000억 - $6억 = $4,994억일 것이다.

제27장

Check Your Understanding

27-1

1. a. 이것은 총수요곡선의 이동이다. 통화량이 감소할 경우 사람들이 더 많은 차입을 원하고 대출을 줄일 것이므로 이자율이 상승할 것이다. 이자율이 상승하면 모든 주어진 물가에서 투자와 소비지출이 감소하고 따라서 총수요곡선이 왼쪽으로 이동한다.

b. 이것은 총수요곡선 상의 위쪽으로의 이동이다. 물가가 상승하면 화폐보유액의 실질가치가 하락한다. 이것은 물가 변화에 따른 이자율효과에 해당한다. 즉 화폐가치가 하락함에 따라 사람들은 더 많은 화폐를 보유하려 한다. 이를 위해서 사람들은 더 많은 차입을 하려 하고 대출을 줄이려고 한다. 그 결과 이자율이 상승하고 소비와 투자지출이 감소한다. 따라서 이것은 총수요곡선 상의 이동이다.

c. 이것은 총수요곡선 자체의 이동이다. 취업시장이 어려워짐에 따라 평균적인 가처분소득이 감소할 것이라는 기대는 주어진 모든 물가에서 사람들이 현재 소비를 줄이도록 만들 것이다. 따라서 총수요곡선은 왼쪽으로 이동한다.

d. 이것은 총수요곡선의 이동이다. 세율이 하락하면 사람들의 가처분소득이 증가한다. 주어진 모든 물가에서 소비지출이 더 증가하고, 이에 따라 총수요곡선이 오른쪽으로 이동한다.

e. 이것은 총수요곡선 상의 아래쪽으로의 이동이다. 물가가 하락함에 따라 자산의 실질가치가 증가한다. 이것은 물가 변화에 따른 자산효과를 가져온다. 즉 자산의 가치가 상승함에 따라 사람들은 소비지출을 증가시키는데 이것은 총수요곡선 상의 이동이다.

f. 이것은 총수요곡선 자체의 이동이다. 부동산 가격 급등으로 인한 자산의 실질가치 상승은 주어진 모든 물가수준에서 소비지출을 증가시킨다. 따라서 총수요곡선을 이동시킨다.

27-2

1. a. 이것은 *SRAS* 곡선 상의 이동을 나타내는데, 그 이유는 소비자물가지수가 GDP 디플레이터와 마찬가지로 경제의 모든 최종생산물의 가격인 물가의 척도이기 때문이다.

b. 이것은 *SRAS* 곡선 자체의 이동을 나타내는데, 그 이유는 원유가 상품이기 때문이다. *SRAS* 곡선은 오른쪽으로 이동하는데, 그 이유는 생산비용이 하락했고, 그 결과 모든 주어진 물가수준에서 공급되는 총생산이 증가하기 때문이다.

c. 이것은 *SRAS* 곡선 자체의 이동을 나타내는데, 그 이유는 명목임금이 변화하기 때문이다. 법적으로 요구되는 근로자 혜택이 증가하는 것은 명목임금이 증가하는 것과 마찬가지다. 그 결과 생산비용이 더 높아지고, 이에 따라 주어진 모든 물가수준에서 공급되는 총생산물의 양이 감소하기 때문에 *SRAS* 곡선은 왼쪽으로 이동한다.

2. 물가에 어떤 일이 발생했는지 알 필요가 있다. 총생산물의 공급량이 *SRAS* 곡선 상의 이동으로 인한 것이라면 물가는 총생산의 증가와 동시에 상승할 것이다. 만일 총생산의 증가가 *LRAS* 곡선의 오른쪽으로의 이동으로 인한 것이라면 물가는 상승하지 않을지도 모른다. 또는 여러분은 장기에 총생산에 어떤 변화가 일어나는지를 관찰함으로써 판단을 할 수도 있을 것이다. 장기에 총생산이 처음 수준으로 되돌아간다면, 총생산의 일시적인 증가는 *SRAS* 곡선 상의 이동으로 인한 것일 것이다. 장기에도

총생산이 더 높은 수준에 계속 머물러 있다면, 총생산의 증가는 *LRAS* 곡선의 오른쪽으로의 이동으로 인한 것일 것이다.

27-3

1. a. 최저임금의 상승은 명목임금을 상승시키고, 그 결과 단기 총공급곡선을 왼쪽으로 이동시킨다. 이와 같은 부의 공급충격으로 인해 물가는 상승하고 총생산은 감소한다.

   b. 투자지출의 증가는 총수요곡선을 오른쪽으로 이동시킨다. 이와 같은 정의 수요충격의 결과 물가와 총생산이 모두 상승한다.

   c. 조세의 증가와 정부지출의 감소는 모두 부의 수요충격으로 총수요곡선을 왼쪽으로 이동시킨다. 그 결과 물가와 총생산이 모두 하락한다.

   d. 이것은 부의 공급충격으로 단기 총공급곡선을 왼쪽으로 이동시킨다. 그 결과 물가는 상승하고, 총생산은 감소한다.

2. 장기 경제성장이 잠재생산량을 증가시킴에 따라 장기 총공급곡선이 오른쪽으로 이동한다. 만일 현재 단기적으로 경기후퇴 갭(총생산이 잠재생산량보다 작음)이 존재한다면 명목임금이 하락할 것이고, 이에 따라 단기 총공급곡선이 오른쪽으로 이동할 것이다. 그 결과 물가는 하락하고 총생산은 증가할 것이다. 물가가 하락함에 따라 물가 변화에 따른 자산효과와 이자율효과로 인해 경제는 총수요곡선을 따라서 움직일 것이다. 결국 장기 거시경제 균형이 다시 달성됨에 따라 총생산은 증가하여 잠재생산량과 같아질 것이다.

27-4

1. a. 인플레이션 갭이 존재할 때 경기는 과열상태에 있다. 이와 같은 상태는 경제가 장기균형상태에 있음에도 불구하고 확장적인 통화정책이나 재정정책이 시행될 경우 발생한다. 이는 총수요곡선을 오른쪽으로 이동시키고, 단기에 물가와 총생산을 증가시켜 인플레이션 갭을 발생시킨다. 결국 명목임금이 상승하고, 단기 총공급곡선이 왼쪽으로 이동함에 따라 총생산은 잠재생산량 수준으로 되돌아간다. 이것이 연설자가 생각하는 시나리오다.

   b. 이것은 타당한 주장이 아니다. 경제가 현재 장기 거시경제 균형상태에 있지 않다면, 확장적인 통화정책이나 재정정책은 위에서 묘사한 것과 같은 결과를 가져오지 않는다. 예를 들어, 부의 수요충격이 총수요곡선을 왼쪽으로 이동시켜서 경기후퇴 갭을 발생시켰다고 하자. 확장

적인 통화정책이나 재정정책은 총수요곡선을 장기 거시경제 균형하에서의 원래 위치로 다시 이동시킬 수 있다. 이와 같은 방법으로 처음에 발생했던 부의 수요충격으로 인한 총생산의 단기적인 하락과 디플레이션을 피할 수 있다. 따라서 수요충격에 대응하여 사용된다면 재정정책이나 통화정책은 효과적인 정책수단이 될 수 있다.

2. 연준 내에서 이자율을 낮출 것을 주장하는 사람들은 주택 거품이 터짐에 따라 발생하는 부의 수요충격에 대응하여 총수요를 증대시키는 데 초점을 두었다. 이자율을 낮추면 총수요곡선이 오른쪽으로 이동하고 그 결과 총생산은 증가하지만 물가도 상승한다. 연준 내에서 이자율을 높일 것을 주장하는 사람들은 부의 공급충격에 대응하여 총수요 부족을 해결하려 할 경우 인플레이션이 심화될 것이라는 점에 초점을 둔다. 이자율을 그대로 유지하자는 것은 경제가 장기적으로 자율조정 기능을 가지고 있어서 총생산과 물가가 점진적으로 부의 공급충격 이전 수준으로 되돌아가리라는 믿음에 입각한 주장이다.

제28장

28-1

1. a. 이것은 정부의 재화와 서비스 구매의 감소이기 때문에 긴축적 재정정책이다.

   b. 가처분소득을 증가시키는 정부이전지출의 증가이기 때문에 확장적 재정정책이다.

   c. 가처분소득을 감소시킬 조세의 증가이기 때문에 긴축적 재정정책이다.

2. 신속하게 지급되는 연방 재난 구호는 재난 발생시점과 희생자가 구호자금을 수령하는 시점 간의 시차가 매우 작기 때문에 입법에 의한 지원보다 훨씬 효과적이다. 따라서 이것은 재난이 발생한 후에 경제를 안정시켜 줄 것이다. 반면에 입법에 의한 지원은 지급이 이루어지기까지 시차를 필요로 하며, 이에 따라 경제를 더 불안정하게 만들 위험이 있다.

3. 이 진술은 확장적 재정정책이 민간부문을 구축하고 긴축적 재정정책은 민간부문을 성장시킬 것임을 의미한다. 이 진술이 맞는지 또는 틀리는지는 경제가 완전고용 상태에 있는지의 여부에 달려 있다. 경제가 완전고용 상태에 있을 때만 확장적 재정정책이 구축효과를 가져올 것이라 기대할 수 있기 때문이다. 만일 경제가 경기후퇴 갭을 갖고 있다면 재정 팽창에 따라 민간부문이 성장하고, 재정 긴축에 따라 민간부문이 수축할 것이라 기대해야 한다.

28-2

1. 정부의 재화와 서비스 구매가 5억 달러 증가하면 총지출이 직접적으로 5억 달러 증가한다. 이는 승수 과정을 작동시킨다. 즉 실질 국내총생산을 $5억×1/(1-MPC)$만큼 증가시킨다. 5억 달러에 달하는 정부 이전지출의 증가는 소비지출의 증가를 가져오는 만큼만 총지출을 증가시킨다. 소비지출은 1달러의 가처분소득 증가마다 $MPC×$1$ 증가하는데, MPC는 1보다 작다. 따라서 5억 달러의 정부구매 증가에 의한 실질 GDP 증가의 MPC배 만큼만 실질 GDP를 증가시킨다. 이는 실질 국내총생산을 $5억×MPC/(1-MPC)$만큼 증가시킬 것이다.

2. 이것은 1번 문제와 동일하되, 방향만 반대다. 정부구매가 5억 달러 감소할 경우, 최초의 총지출 감소는 5억 달러이다. 정부의 이전지출이 5억 달러 감소하면, 최초의 총지출 감소는 $MPC×5억$인데, 이는 5억 달러보다 작다.

3. 몰도비아는 자동안정장치를 가진 반면 볼도비아는 그렇지 못하기 때문에 볼도비아는 몰도비아보다 실질 GDP에서 더 큰 변동을 겪을 것이다. 몰도비아에서는 거주자의 소득을 보조해 주는 실업보험 혜택이 경기 부진의 영향을 완화하는 한편 조세수입의 증가가 경기 호황의 효과를 완화한다. 이와는 대조적으로 실업보험이 존재하지 않는 볼도비아에서는 경기 부진이 발생해도 소득에 대한 보조가 없을 것이다. 이에 더하여 볼도비아는 정액세를 갖고 있기 때문에 조세수입 증가에 의한 경기 호황의 완화도 발생하지 않을 것이다.

28-3

1. 실제 재정수지에는 경기순환이 재정적자에 미치는 영향이 반영된다. 경기후퇴 갭이 발생할 때는 조세수입 감소와 이전지출 증가가 재정수지에 영향을 미친다. 반면에 순환조정된 재정수지는 경기순환이 재정수지에 미치는 영향을 배제하고, 실질 GDP는 잠재생산량 수준에 있다고 가정한다. 장기적으로 실질 GDP는 잠재생산량 수준으로 되돌아가는 경향이 있으므로 순환조정된 재정수지가 정부정책의 장기적인 지속가능성을 평가하는 데 더 나은 지표가 될 수 있다.

2. 경기후퇴에서는 실질 국내총생산이 감소한다. 이에 따라 소비자의 소득, 소비지출, 생산자의 이윤도 함께 감소한다. 따라서 경기후퇴기에는 주정부의 조세수입(이것은 대부분 소비자의 소득, 소비지출, 생산자의 이윤에 의존한다)이 감소한다. 주 재정의 균형을 맞추기 위해서 주정부는 지출을 줄이고, 조세를 늘려야 한다. 그렇지만 이는 경기후퇴를 더 심화시킨다. 균형재정 요구조항이 없다면, 주정부는 경기후퇴기에 확장적인 재정정책을 사용하여 실질 국내총생산의 감소를 완화시킬 수 있다.

28-4

1. a. 실질 국내총생산의 증가율이 높아짐은 조세수입이 증가함을 의미한다. 정부지출이 고정되어 있고 정부가 재정 흑자를 기록한다면, 공공부채의 규모는 그렇지 않을 경우에 비해서 더 작아질 것이다.

   b. 퇴직자들이 더 오래 살게 되면 인구의 평균연령이 높아진다. 그 결과 사회보장이나 메디케어처럼 고령인구를 위한 프로그램 지출이 증가할 것이고, 이에 따라 정부의 잠재적 부채가 증가할 것이다.

   c. 상응하는 정부지출의 감소 없이 조세를 줄일 경우 공공부채가 증가할 것이다.

   d. 현재의 공공부채에 대한 이자를 지급하기 위해 정부가 차입을 해야 하기 때문에 공공부채가 증가할 것이다.

2. 단기적으로 경제를 자극하기 위해 정부는 실질 국내총생산이 증가하도록 재정정책을 사용할 수 있다. 그런데 이 경우 정부차입이 발생하고 공공부채 규모가 더욱 증가하여 바람직하지 않은 결과를 가져올 수 있다. 극단적인 경우에는 정부가 자신의 부채에 대해서 부도를 낼 수도 있다. 이처럼 극단적인 경우가 아니라 하더라도, 정부의 차입은 민간 투자지출을 위한 차입을 구축하기 때문에 대규모의 공공부채는 바람직하지 않다. 이 경우 투자지출이 줄어들고 그 결과 경제의 장기 성장잠재력이 감퇴될 것이기 때문이다.

3. 재정 내핍과 같은 긴축적 재정정책은 정부지출을 감소시키고 그 결과 소득과 조세수입을 감소시킨다. 조세수입이 감소함에 따라 정부가 부채를 상환할 수 있는 능력이 감소한다. 이에 더하여 경제 실패로 인해 정부가 부채를 상환할 수 있을지에 대한 신뢰도가 하락함에 따라 대부자들은 부채에 대하여 더 높은 이자율을 요구한다. 이자율이 상승함에 따라 정부가 부채를 갚을 가능성은 더 낮아진다.

제29장

29-1

1. 화폐를 정의하는 특성은 유동성, 즉 화폐가 재화와 서비스를 사는 데 얼마나 쉽게 사용될 수 있는지다. 상품권은 지정된 재화와 서비스(상품권을 발행한 가게에서 판매되

는 재화와 서비스)를 사는 데는 쉽게 사용될 수 있지만, 다른 재화와 서비스를 사기 위해서는 사용될 수 없다. 따라서 상품권은 모든 재화와 서비스를 사는 데 쉽게 이용될 수 없기 때문에 화폐가 아니다.

2. 다시 한번 화폐의 중요한 특성은 유동성, 즉 재화와 서비스를 구매하기 위해 얼마나 쉽게 사용될 수 있는가에 있다. 가장 협의의 화폐공급의 정의인 M1은 유통 중인 현금, 여행자수표, 요구불예금만을 포함하고 있다. 정기예금증서(CD)는 수표를 발행해서 잔고를 인출할 수 없다. 또한 정기예금증서는 조기 인출에 대한 벌금이 있기 때문에 비용을 치르지 않고 요구불예금으로 전환할 수 없다. 이것은 정기예금증서를 M1에 포함된 자산에 비해 덜 유동적으로 만든다.

3. 상품에 의해 뒷받침되는 화폐는 금화나 은화와 같은 단순한 상품화폐에 비해 더 효율적이다. 그 이유는 상품에 의해 뒷받침되는 화폐가 가치 있는 자원을 덜 사용하기 때문이다. 은행은 금이나 은과 같은 상품의 일부를 언제든지 지급할 수 있도록 가까이 보관해야 하지만, 인출 수요를 충족하기에 충분한 양만 보관하고 있으면 된다. 은행은 나머지 금과 은을 대출할 수 있는데, 이는 사회가 교역으로부터의 이득을 향유하는 것을 손상하지 않고 이들 자원을 다른 목적을 위해 활용하는 것을 가능하게 한다.

29-2

1. 여러분이 은행에 대한 소문이 사실이 아니라는 것을 안다고 하더라도, 여러분은 다른 예금자들이 은행으로부터 예금을 인출할 것을 우려할 것이다. 그리고 여러분은 충분히 많은 예금자들이 예금을 인출한다면 은행이 부도를 낼 것임을 안다. 이 경우 은행이 부도를 내기 전에 여러분의 예금을 인출하는 것이 합리적일 것이다. 모든 예금자들이 이처럼 생각한다면 소문이 거짓임을 안다고 해도 위와 같은 합리적인 결론에 따라 예금을 인출할 것이고, 그 결과 실제로 예금인출사태가 발생한다. 예금보험은 예금자들의 예금인출사태 발생 가능성에 대한 염려를 덜어 준다. 은행이 부도를 낸다 하더라도 연방예금보험공사(FDIC)가 각 예금자에게 계좌당 25만 달러까지를 지급할 것이다. 그 결과 소문에 대한 반응으로 여러분이 예금을 인출할 가능성이 낮아진다. 다른 예금자들도 마찬가지 생각을 할 것이기 때문에 결국 예금인출사태가 발생하지 않을 것이다.

2. 이와 같은 사기행위가 발생하지 못하게 만드는 현대의 은행규제는 **자기자본 요구**와 **지불준비 요구**다. 자본요구를

충족하기 위해 은행은 자산(대출과 지불준비금)과 부채(예금)의 차이에 해당하는 금액을 자본으로 보유해야 한다. 이에 따라 은행은 예금보다 더 많은 자산(대출과 지불준비금)을 보유해야 할 필요가 있고, 이를 위해서는 상당한 금액의 자본을 보유해야 하기 때문에 범죄자는 자신의 재산을 투입하지 않고서는 은행을 설립할 수 없을 것이다. 따라서 그의 대출이 부실화될 경우 범죄자는 자신의 재산을 잃을 위험에 놓이게 된다.

29-3

1. 은행들은 200달러가 아닌 100달러만을 지불준비금으로 보유하고 있기 때문에, 지불준비금 100달러를 대출할 것이다. 이 100달러를 차입하는 사람은 다시 이를 다른 은행에 예금할 것이고, 이 은행은 $100 \times (1 - rr) = \$100 \times 0.9 = \$90$를 대출할 것이다. 이 90달러를 차입하는 사람은 이를 또 다른 은행에 예금할 것이고 이 은행은 $90 \times 0.9 = \$81$를 대출할 것이며, 이와 같은 일이 반복될 것이다. 전체적으로 예금은 $\$100/0.1 = \$1,000$ 증가할 것이다.

2. 사일러스는 1,000달러를 은행에 예금하고, 은행은 이 중 $\$1,000 \times (1 - rr) = \$1,000 \times 0.9 = \$900$를 대출한다. 이 900달러를 차입하는 사람은 450달러를 현금으로 보유하고, 450달러를 은행에 예금한다. 이 은행은 $\$450 \times 0.9 = \$405$를 대출한다. 이 405달러를 대출하는 사람은 202.5달러를 현금으로 보유하고, 202.5달러를 은행에 예금한다. 은행은 $\$202.50 \times 0.9 = \$182.25$를 대출하며, 이와 같은 과정이 반복된다. 전체적으로 이는 예금을 $\$1,000 + \$450 + \$202.50 + \cdots$만큼 증가시킨다. 그렇지만 사일러스가 1,000달러를 은행에 예금할 경우, 유통 중인 현금의 양이 1,000달러 감소한다. 이와 같은 현금의 감소는 각 차입자가 보유하는 현금에 의해서 부분적으로 상쇄된다. 따라서 유통 중인 현금은 $-\$1,000 + \$450 + \$202.50 + \cdots$만큼 변한다. 그러므로 화폐공급은 예금 증가의 합과 유통 중인 현금 변화의 합만큼 증가하는데, 그 값은 $\$1,000 - \$1,000 + \$450 + \$450 + \$202.50 + \$202.50 + \cdots$이다.

29-4

1. 연방준비제도가 1억 달러를 공개시장 매입하는 경우, 연방준비제도가 은행의 지불준비계정의 잔고를 증가시켜 줌에 따라 은행의 지불준비금이 1억 달러 증가한다. 다시 말하면, 연방준비제도의 공개시장 매입은 본원통화

(유통 중인 현금과 은행의 지불준비금)를 1억 달러 증가시킨다. 은행은 추가된 1억 달러를 대출한다. 이 돈을 차입한 사람은 다시 은행시스템에 이를 예금한다. 이 예금 중 은행은 $1억×(1−rr) = $1억×0.9 = $9,000만을 대출한다. 이를 차입한 사람은 다시 은행시스템에 예금한다. 은행들은 또다시 $9,000만×0.9 = $8,100만을 대출하며, 이와 같은 과정이 반복된다. 그 결과 은행예금은 $1억+$9,000만+$8,100만+⋯ = $1억/rr = $1억/0.1 = $10억만큼 증가한다. 단순한 예에서는 대출되는 모든 화폐가 다시 은행시스템에 예금되기 때문에 유통 중인 현금은 증가하지 않으며, 따라서 은행예금의 증가액이 바로 화폐공급 증가액이 된다. 다시 말하면, 화폐공급은 10억 달러 증가한다. 이 증가액은 본원통화 증가액의 열 배에 달한다. 이처럼 예금만이 화폐공급의 구성요소이며 은행들이 초과 지불준비금을 보유하지 않는 단순한 모형에서는 화폐승수가 1/rr = 10이 된다.

29-5

1. 1907년의 공황, 저축대부조합 위기, 2008년의 위기는 모두 은행에 비해 규제가 덜했던 금융기관의 손실과 연관되어 있다. 1907년의 공황과 2008년의 위기에서는 금융 부문에 대한 신뢰가 광범위하게 손상되었으며, 신용시장이 붕괴되었다. 1907년의 공황과 저축대부조합 위기와 마찬가지로 2008년의 위기는 경제에 매우 강한 부정적 영향을 미쳤다.

2. 연방준비제도의 창설은 예금인출사태를 방지하는 데 실패했는데, 이는 은행 부도가 발생할 경우 손실을 볼 것이라는 예금자들의 두려움을 불식하지 못했기 때문이다. 예금인출사태는 결국 연방예금보험제도가 마련되고 일반 사람들이 자신의 예금이 보호되고 있음을 이해한 후에야 종식되었다.

3. 리먼브라더스와 같이 규제되지 않은 그림자은행의 실패가 자산가격을 폭락시키고 가계와 기업을 위한 신용시장의 경색으로 인한 금융시장의 공황을 증폭시켰기 때문에 2008년 금융위기를 해결하기 위해서는 특별한 조치가 필요했다. 그림자은행의 파산은 또한 재무상태가 건전했던 전통적 예금수취은행과 비예금 금융기관을 모두 포함하는 전체 금융시스템을 파산의 위험에 빠트렸는데, 이들 금융기관은 경제에서 너무 중요하기 때문에 파산하도록 놔 둘 수 없었다.

제30장

30-1

1. a. 높은 이자율은 화폐 보유의 기회비용을 상승시킴으로써 화폐수요량을 감소시킨다. 이것은 화폐수요곡선을 따라 좌상 방향으로의 이동이다.

   b. 물가가 10% 하락할 경우 모든 주어진 이자율 수준에서의 화폐수요량이 감소하며 이에 따라 화폐수요곡선이 왼쪽으로 이동한다.

   c. 이러한 기술 변화는 모든 주어진 이자율 수준에서의 화폐수요량을 감소시킨다. 따라서 화폐수요곡선은 왼쪽으로 이동한다.

   d. 이는 주어진 모든 이자율 수준에서의 화폐수요를 증가시킨다. 더 많은 자산이 접근이 어려운 해외 은행의 계좌에 예치됨에 따라 사람들은 구매를 위해 더 많은 현금을 보유하기를 원할 것이다. 따라서 화폐수요곡선은 오른쪽으로 이동한다.

2. a. 현금을 보유할 경우 더 높은 이자를 벌 수 있는 기회를 포기해야 하기 때문에 현금잔고에 대해 지불하는 0.5%의 이자는 현금 보유의 기회비용을 낮춘다.

   b. 6개월 만기 CD가 지급하는 이자율이 상승하면 현금 보유의 기회비용이 상승한다. 현금을 보유함으로 인해 벌지 못하는 이자가 더 커지기 때문이다.

   c. 휴일 구매에 대해 1년간 0%의 이자율로 금융을 제공하면 현금보유의 기회비용이 증가한다. 휴일 구매자는 신용카드 매수에 대한 이자를 지불하기 위해 이자지급부 자산을 현금으로 전환할 필요가 없다. 따라서 구매자가 휴일 구매를 신용카드로 지불하는 대신 현금으로 지불할 경우 더 많은 것을 포기하는 셈이다.

30-2

1. 다음 그림에서 화폐수요량의 증가는 MD_1에서 MD_2로의

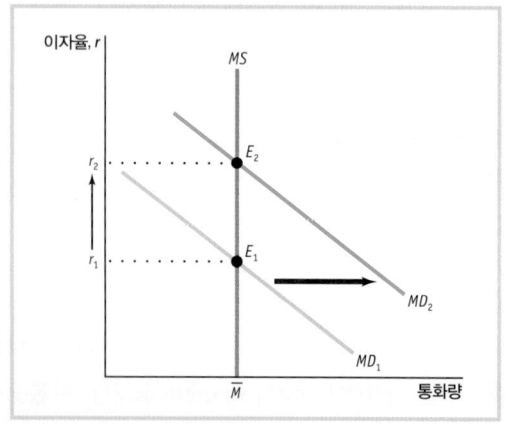

화폐수요곡선의 이동으로 나타난다. 이는 균형이자율을 r_1에서 r_2로 상승시킨다.

2. 이자율이 상승하는 것을 막기 위해서 연방준비제도는 재무부증권을 공개시장 매입하여, 화폐공급곡선을 오른쪽으로 이동시켜야 한다. 이것은 다음 그림에서 MS_1에서 MS_2로의 이동으로 나타난다.

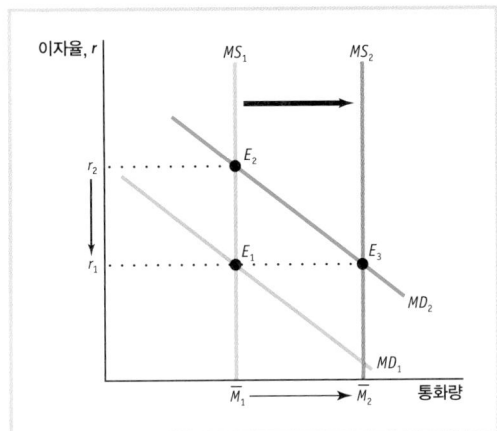

3. a. 맬리아는 오늘 1년 만기 채권을 사고 1년 후 다시 1년 만기 채권을 사는 것이 더 낫다. 이렇게 함으로써 둘째 해에 더 높은 이자율을 받을 수 있기 때문이다.

   b. 맬리아는 지금 2년 만기 채권을 사는 것이 더 낫다. 이렇게 함으로써 1년 만기 채권을 두 번 사는 것보다 둘째 해에 더 높은 이자율을 받을 수 있기 때문이다.

30-3

1. a. 화폐공급곡선은 오른쪽으로 이동한다.
   b. 균형이자율은 하락한다.
   c. 투자지출은 이자율 하락으로 인해 증가한다.
   d. 승수효과로 인해 소비지출이 증가한다.
   e. 총수요곡선이 오른쪽으로 이동하기 때문에 총생산이 증가한다.

2. 테일러 준칙을 따르는 중앙은행은 인플레이션 목표제를 따르는 중앙은행에 비해 금융위기에 더 직접적인 대응을 할 가능성이 높다. 테일러 준칙을 채택하는 중앙은행은 미리 정해진 인플레이션 목표를 달성하기 위해 정책을 정할 필요가 없기 때문이다.

30-4

1. a. 총생산은 단기에 증가하고, 다시 장기에는 잠재생산량 수준으로 되돌아간다.
   b. 물가는 단기에 상승하지만 25%보다 적게 상승한다. 장기에는 물가가 더 상승하여 총상승률은 25%가 된다.

c. 단기에는 이자율이 하락하지만, 장기에는 원래 수준으로 되돌아간다.

2. 단기에는 이자율 변화가 투자지출에 영향을 미치고, 이는 다시 승수 과정을 통해 총수요와 실질 GDP에 영향을 미침으로써 경제 전체에 영향을 미친다. 하지만 장기에는 소비지출과 투자지출의 변화가 궁극적으로 명목임금을 비롯한 다른 생산요소의 명목가격을 변화시킨다. 예를 들어, 확장적인 통화정책은 궁극적으로 요소가격을 상승시키고, 긴축적인 통화정책은 요소가격을 하락시킨다. 이에 따라 단기 총공급곡선이 이동하여 경제를 장기 균형으로 복귀시킨다. 따라서 장기에는 통화정책이 경제에 영향을 미치지 못한다.

제31장

31-1

1. 경제가 오랫동안 높은 인플레이션을 겪었을 때 인플레이션율은 화폐공급의 변화에 더 신속하게 반응할 가능성이 높다. 지속적으로 높은 인플레이션이 발생할 경우 기업과 노동자들이 인플레이션에 더욱 민감해져서 물가가 상승할 때 명목임금과 중간투입물 가격이 신속하게 올라가도록 만들기 때문이다. 그 결과 화폐공급이 증가하더라도 단기에 실질생산량이 거의 증가하지 않거나 또는 전혀 증가하지 않을 것이며, 이에 따라 화폐공급의 증가는 동일한 비율로 물가를 상승시키는 데 그칠 것이다. 과거에 낮은 인플레이션을 경험하여 사람들이 인플레이션에 대해 민감하지 않은 경제에서는 화폐공급 증가가 단기에 실질생산량의 증가를 가져올 것이다. 이것은 물가에 대한 고전학파 모형이 지속적으로 높은 인플레이션을 겪고 있는 경제에 가장 잘 적용될 수 있는 반면에 과거에 높은 인플레이션을 거의 또는 전혀 경험하지 못했지만 현재 높은 인플레이션을 겪고 있는 경제에는 잘 적용되지 않는다는 사실이 잘 증명해 준다.

2. 그렇다. 화폐를 보유하고 있는 사람에게는 여전히 인플레이션세가 부과될 수 있다. 사람들이 화폐를 보유하는 한 가격이 물가에 연동되어 있든 그렇지 않든, 정부는 시뇨리지를 이용하여 사람들로부터 실질자원을 획득할 수 있다.

31-2

1. 실질 GDP가 잠재생산량과 같을 때 경기적 실업은 영이고 실업률은 자연실업률과 같다. 이것은 〈그림 31-7〉에

서 E_1점에 해당한다. 예상 인플레이션율이 0%라 가정하면, 이는 〈그림 31-9〉의 $SRPC_0$ 곡선에서 6%의 실업률과 상응한다. 이 6%를 초과하거나 미달하는 실업은 경기적 실업에 해당한다. 총수요의 증가는 실업률을 자연실업률보다 낮추고(부의 경기적 실업) 인플레이션율을 상승시킨다. 이것은 그림 〈그림 31-7〉에서 E_1점에서 E_2점으로의 이동으로 주어져 있으며, 단기 필립스곡선을 따라 위쪽으로의 이동에 해당한다. 총수요의 감소는 실업률을 자연실업률보다 높이고(정의 경기적 실업) 인플레이션율을 하락시킨다. 이것은 E_1점에서 단기 필립스곡선을 따라 아래쪽으로의 이동에 해당한다. 따라서 예상 인플레이션율이 특정 수준으로 주어져 있다면 단기 필립스곡선은 경기적 실업과 실제 인플레이션율 간의 관계를 예시적으로 보여 준다.

2. 상품 가격의 하락은 정의 공급충격을 가져오며, 이는 물가를 낮추고 인플레이션율을 하락시킨다. 그 결과 주어진 실업률 수준이 얼마일지라도 낮아진 인플레이션율하에서 지속될 수 있다. 이는 단기 필립스곡선이 아래로 이동함을 의미한다. 상품 가격의 상승은 부의 공급충격을 초래하며, 이는 물가를 높이고 인플레이션율을 상승시킨다. 그 결과 주어진 실업률 수준은 더 높은 인플레이션율하에서만 지속될 수 있다. 이는 단기 필립스곡선이 위로 이동함을 의미한다.

31-3

1. 일단 인플레이션 기대가 조정되면 임금도 조정되고 고용과 실업률도 균형(자연) 수준으로 되돌아가기 때문에 장기에는 인플레이션과 실업 간에 상충관계가 존재하지 않는다. 이는 실제 인플레이션의 변화에 대해 인플레이션 기대가 완전히 조정되면, 실업률은 자연실업률 또는 NAIRU로 되돌아감을 의미한다. 이는 또한 장기 필립스곡선이 수직임을 의미한다.

2. 여기에는 두 가지 설명이 가능하다. 첫째, 부의 공급충격(예를 들어 유가 상승)은 실업을 증가시키고, 인플레이션을 심화시킬 것이다. 둘째, 영국의 정책담당자들이 실업률을 자연실업률 미만으로 고정시키려 했을 수도 있다. 실업률을 자연실업률 미만으로 유지하려는 어떤 노력도 인플레이션을 심화시킬 것이다.

3. 인플레이션율을 낮추기 위해서는 일반적으로 단기에 총생산이 잠재생산량 수준 이하로 하락해야 하기 때문에 디스인플레이션에는 비용이 든다. 이는 또한 실업률을 자연실업률보다 높인다. 일반적으로 우리는 실질 GDP

의 감소를 목격하게 될 것이다. 디스인플레이션의 비용은 우선적으로 인플레이션이 심화되는 것을 미리 막음으로써 줄일 수 있다. 둘째로, 중앙은행이 신뢰성이 있고, 이 중앙은행이 인플레이션을 낮추려는 정책을 미리 발표한다면 디스인플레이션의 비용을 낮출 수 있다. 이 경우 디스인플레이션 정책에 따른 경제의 조정이 더욱 신속하게 발생할 것이며, 그 결과 총생산의 손실이 더 적을 것이다.

31-4

1. 명목이자율이 음의 값을 가지면, 개인은 단순히 0%의 수익률을 지급하는 현금을 보유하는 것이 더 낫다. 개인에게 주어진 선택이 대출을 하여 음의 명목이자율을 받거나 또는 현금을 보유하여 0%의 명목이자율을 받는 것이라면 당연히 현금을 보유할 것이다. 이와 같은 시나리오는 명목이자율이 영보다 낮은 수준으로 하락할 수 없기 때문에 통화정책이 효과가 없어지는 유동성 함정의 가능성을 만들어 낸다. 일단 명목이자율이 영으로 하락하면, 더 이상의 화폐공급은 기업과 개인으로 하여금 초과되는 현금을 모두 보유하도록 만들 것이다.

제32장

32-1

1. 고전학파 경제학자는 단기에는 확장적인 통화정책이 어느 정도 효과가 있다고 해도 단기는 중요하지 않다고 말했을 것이다. 대신 고전학파 경제학자는 장기를 강조하면서 확장적인 통화정책이 총생산에는 영향을 주지 못하고 총물가수준만을 상승시켰을 것이라 주장했을 것이다.

2. 이 주장은 케인즈학파 경제학자의 주장과 매우 유사하게 보일 것이다. 케인즈에 따르면 (그가 '동물적 본능'이라 불렀던) 기업 신뢰도가 주로 경기후퇴의 원인이 된다. 기업 신뢰도가 낮으면 케인즈학파 경제학자는 이를 정부가 팽창적인 통화정책이나 재정정책을 통해 경제가 회복하는 것을 도와주어야 한다는 거시경제정책 행동주의가 필요한 사례라 여길 것이다.

32-2

1. 재정정책은 경제적 문제를 인식하고, 대응책을 마련하고, 법안을 통과시키고, 정책을 실행하는 데 있어 시차에 의해 제약된다. 통화정책 또한 시차에 의해 제약되나 그 제약 정도는 재정정책만큼 심하지 않다. 연방준비제도가

의회보다 신속하게 움직이기 때문이다. 실업률을 자연실업률보다 낮추려는 재정정책과 통화정책의 시도는 이 같은 시도가 인플레이션을 가속화할 것이라는 자연실업률 가설의 예측으로 인한 한계에 직면한다. 또한 재정정책과 통화정책은 모두 정치적 경기순환에 대한 우려, 즉 이들이 정치적 목적을 충족하기 위해 사용됨에 따라 결국 경제가 불안정해질 것이라는 우려로 인한 한계가 있다.

2. a. 프리드먼은 M1의 증가를 가속화시키는 연준의 정책에 동의할 가능성이 높다. 왜냐하면 프리드먼은 대공황이 일어난 후 연준이 훨씬 더 확장적인 통화정책을 시행했어야 한다고 생각했기 때문이다. 그렇지만 그는 통화정책의 재량적인 사용에 대해서는 경고를 했다.

   b. 재정정책에 대한 통화론자의 반대는 정책 시행 시차와 구축에 근거한다. 통화론자는 또한 시차가 통화정책의 효과를 저해하는 정도가 재정정책의 효과를 저해하는 정도보다는 덜하다고 생각한다. 그렇지만 이러한 반대는 대공황에는 적용되지 않는다. 대공황은 너무나 길게 지속되었기 때문에 시차의 존재에도 불구하고 재정정책과 통화정책이 모두 효과적이었기 때문이다. 그리고 이자율과 투자지출이 급락했기 때문에 재정정책의 구축효과는 문제가 되지 않았다.

3. a. 합리적 기대론자들은 예상되지 못한 화폐공급의 변화만이 경제활동에 단기적인 영향을 미칠 수 있다고 주장할 것이다. 이들은 또한 예상된 화폐공급의 변화는 물가에만 영향을 미치고, 총생산에는 단기적으로도 아무런 영향을 미치지 못한다고 주장할 것이다. 합리적 기대론자들은 대후퇴 기간 중 연방준비제도의 통화정책이 사람들이 예상했던 것보다도 더 적극적이었을 경우에만 연방준비제도가 이 기간 중 대후퇴의 심도를 약화시킨 데 대한 공로를 인정할 것이다.

   b. 실물적 경기변동론자들은 연방준비제도의 정책이 대후퇴를 끝내는 데 아무런 영향을 미치지 못했다고 주장할 것이다. 이들은 총생산의 변동은 주로 총요소생산성의 변화에 의해서 발생한다고 믿기 때문이다.

32-3

1. 대후퇴가 가져온 유동성 함정은 대완화 의견일치에 큰 손상을 주었다. 대완화 의견일치가 주된 정책 수단이 되어야 한다고 주장하는 통화정책이 더 이상 효과가 없어졌기 때문이다. 이제는 재정정책에 대한 견해 차이가 논쟁의 중심에 서게 되었다. 여러 가지 정책의 결과가 불분명하거나 실망스러웠기 때문에 조만간 새로운 의견일치

가 이루어질 것으로 보이지는 않는다. 재정 부양책은 (그 규모가 너무 작았다고 주장하는 사람들도 있지만) 실업을 상당 폭 낮추는 데 실패했다. 전통적인 통화정책은 효과가 없다. 그리고 연준의 비전통적 통화정책은 비교적 효과가 별로 없는 것으로 보인다.

2. 연준은 너무 많은 일을 하고 있다고 생각하는 일부 개인과 너무 적은 일을 하고 있다고 생각하는 장기 침체론자들로부터 비판을 받았다. 일부 사람들은 본원통화의 엄청난 증가와 양적 완화가 높은 인플레이션을 가져올 것이라고 믿었다. 장기 침체론자들은 경제가 유동성 함정에 빠져 있고 장기 침체 상태에 있다고 믿었다. 따라서 침체론자들은 연준이 명목금리가 거의 영에 가까운 상태에서 실질금리를 낮출 수 있도록 인플레이션 목표를 더 높게 설정해야 한다고 주장했다.

제33장

33-1

1. a. 중국으로의 새 항공기 매각은 중국으로의 수출을 나타내고, 따라서 경상수지에 영향을 미친다.

   b. 보잉사 주식이 중국인 투자자에게 매각되는 것은 미국 자산의 매각이고, 따라서 금융계정에 기입된다.

   c. 항공기는 이미 존재하지만 이것이 중국으로 운송된다면 미국으로부터의 재화 수출이 된다. 따라서 항공기의 판매는 경상계정에 기입된다.

   d. 항공기가 미국에 남아 있기 때문에 중국인 투자자는 미국 자산을 구매하는 것이다. 따라서 이것은 문제 b에 대한 답과 동일하다. 제트기의 매각은 금융계정에 기입된다.

2. 미국 주택 거품의 붕괴와 뒤이은 경기후퇴로 미국은 이자율을 급격하게 하락시켰다. 경제가 크게 침체되었기 때문이다. 그 결과 미국으로의 자본유입이 네밀렸다.

33-2

1. a. 멕시코산 원유 구매의 증가는 미국인(그리고 기업)의 페소화에 대한 수요를 증가시킨다. 페소화를 구매하기 위해 개인들은 외환시장에서 미국 달러화의 공급을 증가시키고, 그 결과 달러화의 공급곡선이 오른쪽으로 이동한다. 이는 페소화로 표시한 달러화의 가격을 하락시킨다(달러당 페소의 양이 하락). 그 결과 페소화의 가치는 상승하고 달러화의 가치는 하락한다.

   b. 이와 같은 페소화의 가치 상승은 이전과 동일한 양의 멕시코 페소를 구하기 위해서는 더 많은 달러가 필요함을

의미한다. 다른 멕시코산 재화와 서비스의 (멕시코 페소 표시) 가격이 변하지 않는다고 가정하면, 멕시코산 재화와 서비스는 미국의 가계와 기업들에게 더욱 비싸질 것이다. 페소화의 가치가 상승함에 따라 멕시코산 재화와 서비스의 달러화 표시 비용이 상승하기 때문이다. 따라서 원유를 제외한 멕시코의 재화와 서비스 수출은 감소할 것이다.

c. 페소화로 측정한 미국산 재화와 서비스의 가격이 더 싸질 것이다. 따라서 멕시코산 재화와 서비스 수입은 증가할 것이다.

2. a. 실질환율은 다음과 같다.

$$\text{미국 달러당 페소} \times \frac{\text{미국 물가}}{\text{멕시코 물가}}$$

현재 두 국가에서 물가는 모두 100이다. 현재의 실질환율은 $10 \times (100/100) = 10$이다. 5년 후 미국의 물가는 $100 \times (120/100) = 120$이고, 멕시코의 물가는 $100 \times (1,200/800) = 150$일 것이다. 5년 후의 실질환율은 명목환율이 변하지 않았다고 가정할 경우 $10 \times (120/150) = 8$일 것이다.

b. 현재 100달러의 비용이 드는 재화와 서비스 바구니는 800페소의 비용이 든다. 따라서 구매력 평가는 달러당 8페소다. 5년 후 120달러의 비용이 드는 바구니가 1,200페소의 비용이 들 것이다. 따라서 구매력 평가는 달러당 10페소일 것이다.

33-3

1. 다음 그림은 달러화로 표시한 위안화의 가격을 수직축으로 하여 위안화의 수요와 공급을 보여 준다. 평가절상이 이루어지기 전까지 2005년의 환율은 달러당 8.28위안 또는 위안당 0.121달러에 고정되어 있었다. 0.121달러의 목표환율에서는 위안화의 수요가 공급을 초과했으며, 그 결과 그림에 표시된 것과 같이 위안화의 공급 부족을 발

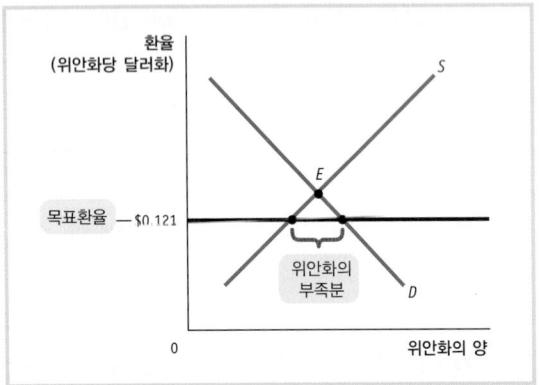

생시켰다. 중국 정부의 개입이 없었더라면 위안화의 달러화 표시 가격은 상승했을 것이며, 그 결과 위안화의 가치가 상승했을 것이다. 그렇지만 중국 정부는 이와 같은 가치 상승을 방지하기 위해 외환시장에 개입했다.

a. 환율이 자유롭게 움직이도록 허용되었다면, 달러화로 표시된 환율은 다음 그림에서 XR^*로 표시된 균형환율로 움직였을 것이다. 이것은 위안화의 부족으로 인해 위안화를 사려는 사람이 미국 달러화 표시 위안화 가격을 올림으로써 발생했을 것이다. 환율이 상승함에 따라 위안화의 수요량은 감소하고 공급량은 증가했을 것이다. 환율이 XR^*로 증가했었더라면 불균형은 완전히 사라졌을 것이다.

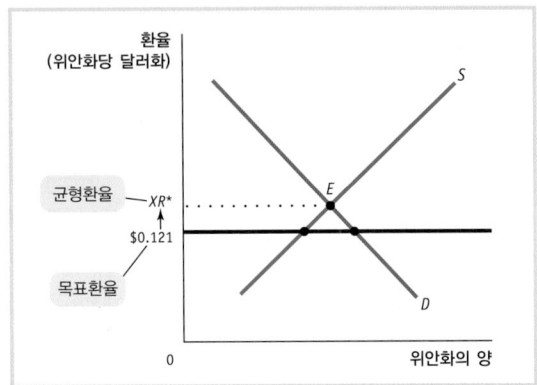

b. 중국에 투자하기를 원하는 외국인들에 대해서 제약을 가했더라면 위안화의 수요가 감소했을 것이고, 그 결과 위안화의 수요곡선이 다음 그림의 D_1에서 D_2처럼 이동했을 것이다. 이것은 위안화의 부족을 줄였을 것이다. 수요가 D_3까지 감소했다면 불균형은 완전히 사라졌을 것이다.

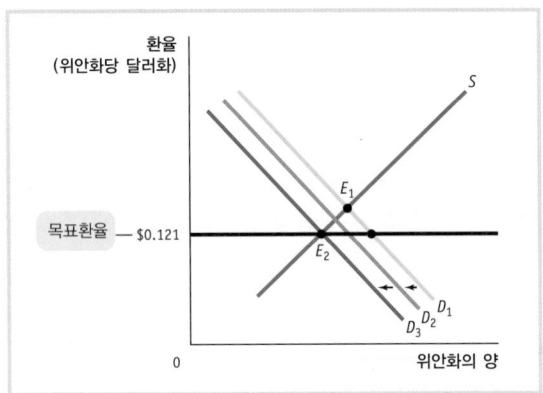

c. 해외에 투자하려는 중국인들에 대한 제약을 철폐했더라면 위안화의 공급이 증가했을 것이며, 그 결과 공급곡선이 오른쪽으로 이동했을 것이다. 이와 같은 공급의 증가는 부족한 위안화의 양을 감소시켰을 것이다. 예를 들어, 공급이 S_1에서 S_2로 증가했더라면 다음 그림에서와 같이

불균형이 완전히 제거되었을 것이다.

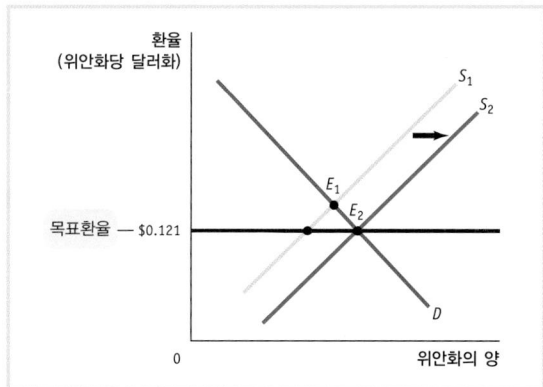

d. 수출(해외에 판매되는 중국산 재화)에 대한 과세는 이들 수출재의 가격을 상승시키고, 그 결과 해외로부터 구매되는 중국산 재화의 양을 감소시켰을 것이다. 이것 역시 위안화의 수요를 감소시켰을 것이다. 이 부분에 대한 그래프 분석은 문제 b와 동일할 것이다.

33-4

1. 이 기간 중 프랑-마르크 환율이 급격히 변했을 때 평가절하와 평가절상이 일어났을 가능성이 높다. 그 시기는 1974년, 1976년, 1980년대 초, 1986년, 1993~1994년이다.

2. 캐나다의 높은 이자율은 캐나다로의 자본유입을 초래했을 가능성이 높다. 비교적 높은 이자율을 지급하는 캐나다 자산을 구입하기 위해서는 투자자들이 먼저 캐나다 달러를 취득해야 한다. 이와 같은 캐나다 달러화에 대한 수요 증가는 캐나다 달러의 가치 상승을 초래했을 것이다. 캐나다 화폐의 가치 상승은 외국인들에게 (외화로 표시한) 캐나다산 재화의 가격을 더 비싸게 만들었을 것이다. 이것은 캐나다 기업이 해외시장에서 경쟁하는 것을 더욱 어렵게 만들었을 것이다.

찾아보기

| ㄱ |

가격규제(price control) 138
가격규제(price regulation) 422
가격상한제(price ceiling) 138
가격선도(price leadership) 461
가격수용적인 기업의 최적산출량 원칙(price-taking firm's optimal output rule) 380
가격수용적인 생산자(price-taking producer) 374
가격수용적인 소비자(price-taking consumer) 374
가격전쟁(price war) 460
가격차별(price discrimination) 428
가격하한제(price floor) 138
가계(household) 42
가능한 상태(states of the world) 612
가변비용(variable cost) 348
가변요소(variable input) 344
가속도 원리(accelerator principle) 800
가치가 상승한다(appreciate) 1022
가치가 하락한다(depreciate) 1023
가치 저장수단(store of value) 894
간격(wedge) 158
갚아 주기(tit for tat) 454
개방경제(open economy) 652
개별공급곡선(individual supply curve) 86
개별노동공급곡선(individual labor supply curve) 597
개별 생산자잉여(individual producer surplus) 116
개별 소비자잉여(individual consumer surplus) 109
개별수요곡선(individual demand curve) 79
개인적 선택(individual choice) 8
거래비용(transaction cost) 767, 498
거시경제정책 행동주의(macroeconomic policy activism) 995
거시경제학(macroeconomics) 4
게임이론(game theory) 450
경기순환(business cycle) 645
경기순환의 저점(business-cycle trough) 645
경기순환의 정점(business-cycle peak) 645

경기안정정책(stabilization policy) 848
경기적 실업(cyclical unemployment) 698
경기팽창(expansion) 645
경기후퇴(recession) 644
경기후퇴 갭(recessionary gap) 844
경상계정상의 국제수지(balance of payments on current account) 1016
경제(economy) 2
경제성장(economic growth) 4
경제적 신호(economic signal) 127
경제학(economics) 2
경제학적 이윤(economic profit) 264
경제활동인구(labor force) 686
경제활동참가율(labor force participation rate) 686
경직적 임금(sticky wage) 831
계산단위 비용(unit-of-account cost) 704
계산의 단위(unit of account) 894
계획되지 않은 재고투자(unplanned inventory investment) 801
계획된 총지출(planned aggre-gate spending) 804
계획된 투자지출(planned investment spending) 799
고용 없는 경기회복(jobless recovery) 691
고정비용(fixed cost) 348
고정요소(fixed input) 344
고정환율제도(fixed exchange rate regime) 1030
곡선(curve) 57
공개시장 조작(open-market operation) 911
공공부채(public debt) 876
공공재(public good) 525
공급가격(supply price) 156
공급계획(supply schedule) 82
공급곡선(supply curve) 82
공급곡선 상의 이동(movement along the supply curve) 83
공급곡선의 이동(shift of the supply curve) 83
공급량(quantity supplied) 82
공급의 가격탄력성(price elasticity of supply) 186
공급충격(supply shock) 843

공영화(public ownership) 422
공유자원(common resource) 532
공유화(pooling) 624
공정한 보험(fair insurance policy) 614
공제액(deductible) 630
공평성(equity) 16
과세구조(tax structure) 216
과세표준(tax base) 216
과소취업자(underemployed) 688
과점(oligopoly) 444
과점기업(oligopolist) 444
관세(tariff) 247
교역(trade) 13
교역으로부터의 이익(gains from trade) 13
교환의 매개수단(medium of exchange) 893
구두창 비용(shoe-leather cost) 703
구매력 평가(purchasing power parity) 1027
구조적 실업(structural unemployment) 694
구축(crowding out) 759
국내공급곡선(domestic supply curve) 240
국내수요곡선(domestic demand curve) 240
국내총생산(gross domestic product) 661
국민계정(national accounts) 660
국민소득 및 생산 계정(national income and product accounts) 660
국민저축(national savings) 752
국제가격(world price) 241
국제무역협정(international trade agreements) 252
국제수지 계정(balance of payments account) 1014
국제화(globalization) 230
규모에 대한 수익이 감소(decreasing returns to scale) 363
규모에 대한 수익이 일정(constant returns to scale) 363
규모에 대한 수익이 증가(increasing returns to scale) 363
규범적 경제학(normative economics) 45
균형(equilibrium) 15
균형가격(equilibrium price) 90
균형거래량(equilibrium quantity) 90
균형이자율(equilibrium interest rate) 757
균형 한계생산가치(equilibrium value of the marginal product) 585
균형환율(equilibrium exchange rate) 1024
그림자금융(shadow banking) 918
극대점(maximum) 62
극소점(minimum) 62
금융계정상의 국제수지(balance of payments on financial account) 1016

금융수지(financial account) 1016
금융시장(financial market) 766
금융위험(financial risk) 767
금융자산(financial asset) 766
금융중개기관(financial intermediary) 770
급여세(payroll tax) 216
긍정적 외부효과(positive exter-nality) 494
기대효용(expected utility) 613
기댓값(expected value) 612
기술(technology) 36
기술진보(technological progress) 721
기술파급(technology spillover) 511
기업(firm) 42
기울기(slope) 58
기펜재(Giffen good) 310
기회비용(opportunity cost) 9
긴축적 재정정책(contractionary fiscal policy) 861
긴축적 통화정책(contractionary monetary policy) 942

| ㄴ |

남용(overuse) 532
낭비된 자원(wasted resources) 143
낮은 품질(inefficiently low quality) 143
내쉬균형(Nash equilibrium) 452
내핍정책(austerity policies) 1005
네트워크 외부효과 408
노동생산성(labor productivity) 720
노동조합(union) 592
누락된 변수(omitted variable) 67
능력원칙(ability-to-pay principle) 213

| ㄷ |

다른 조건이 일정하다(other things equal assumption) 30
단기(short run) 344
단기 개별공급곡선(short-run individual supply curve) 386
단기 거시경제 균형(short-run macroeconomic equilibrium) 841
단기균형 물가(short-run equilibrium aggregate price level) 842
단기균형 총생산(short-run equilibrium aggregate output) 842
단기 산업공급곡선(short-run industry supply curve) 389
단기 시장균형(short-run market equilibrium) 389
단기이자율(short-term interest rate) 931
단기 총공급곡선(short-run aggregate supply curve) 832
단기 필립스곡선(short-run Phillips curve) 971
단위탄력적 수요(unit-elastic demand) 175

단일가격 독점기업(single-price mono-polist) 428

담합(collusion) 447

당좌예금(checkable bank deposit) 892

대체재(substitutes) 77

대체효과(substitution effect) 309

대출(loan) 769

대출담보부 증권(loan-backed securities) 769

도덕적 해이(moral hazard) 630

독립변수(independent variable) 56

독립적 사건(independent events) 622, 634

독점(monopoly) 405

독점기업(monopolist) 405

독점적 경쟁(monopolistic competition) 472

디스인플레이션(disinflation) 706

디플레이션(deflation) 650

| ㄹ |

리카도의 국제무역모형(Ricardian model of international trade) 232

| ㅁ |

마찰적 실업(frictional unemployment) 693

막대 그래프(bar graph) 66

매몰비용(sunk cost) 275

매몰비용 오류(sunk cost fallacy) 279

메뉴 비용(menu cost) 703

면허(licenses) 155

명령화폐(fiat money) 895

명목 국내총생산(nominal GDP) 669

명목이자율(nominal interest rate) 705

명목임금(nominal wage) 831

명시적 비용(explicit cost) 262

모형(model) 30

무역수지(trade balance) 1016

무역적자(trade deficit) 652

무역전쟁(trade war) 252

무역흑자(trade surplus) 652

무임승차 문제(free-rider problem) 523

무차별곡선(indifference curve) 319

무차별곡선 지도(indifference curve map) 319

물가 변화의 이자율효과(interest rate effect of a change in the aggregate price level) 824

물가 변화의 자산효과(wealth effect of a change in the aggregate price level) 823

물가 안정(price stability) 651

물가에 대한 고전학파 모형(classical model of the price level) 962

물가지수(price index) 673

물물교환(barter) 41

미시경제학(microeconomics) 3

민간 의료보험(private health insurance) 560

| ㅂ |

반독점정책(antitrust policy) 457

배제성(excludability) 522

배출세(emissions tax) 500

변동환율제도(floating exchange rate regime) 1030

변수(variable) 55

보상(payoff) 450

보상적 격차(compensating differentials) 590

보상행렬(payoff matrix) 450

보완재(complements) 77

보이지 않는 손(invisible hand) 3

보험료(premium) 613

보호(protection) 247

보호무역(trade protection) 247

복점(duopoly) 446

복점기업(duopolist) 446

본원통화(monetary base) 906

부가가치(value added) 664

부도(default) 769

부정적 외부효과(negative externality) 494

부족분(shortage) 92

부채(liability) 766

부채 대 국내총생산 비율(debt-GDP ratio) 879

북미자유무역협정(North American Free Trade Agreement : NAFTA) 252

분산(diversification) 768

분산투자(diversification) 623

분업(specialization) 14

불완전경쟁(imperfect competition) 444

불황기(recessions) 4

비가격경쟁(nonprice competition) 461

비교우위(comparative advantage) 39

비금전적 보상(nonmonetary reward) 277

비례세(proportional tax) 216

비배제성(nonexcludability) 522

비선형곡선(nonlinear curve) 60

비선형관계(nonlinear relationship) 57

비용(cost) 116
비용편익분석(cost-benefit analysis) 530
비유동적(illiquid) 768
비탄력적(inelastic) 175
비합리적(irrational) 278
비협조적 균형(noncooperative equilibrium) 452
비협조적인 행동(noncooperative behavior) 448
비효율적(inefficient) 127
비효율적 배분(inefficient allocation to consumers) 142
비효율적으로 높은 품질(inefficiently high quality) 152
비효율적 판매 배분(inefficient allocation of sales among sellers) 151
빈곤선(poverty threshold) 547
빈곤율(poverty rate) 547
빈곤제도(poverty program) 546

| ㅅ |

사유재(private good 522
사적 정보(private information) 627
사회간접자본(infrastructure) 730
사회보험(social insurance) 859
사회보험제도(social insurance program) 546
사회적 최적 오염량(socially optimal quantity of pollution) 496
산업공급곡선(industry supply curve) 389
산포도(scatter diagram) 65
상대가격(relative price) 327
상대가격원칙(relative price rule) 327
상업은행(commercial bank) 917
상충관계(trade-off) 10
상충관계(trade-off between equity and efficiency) 214
상품(commodity) 375
상품 무역수지(merchandise trade balance) 1016
상품에 의해 뒷받침되는 화폐(commodity-backed money) 895
상품화폐(commodity money) 894
상호기금(mutual fund) 771
상호의존적인 상황(interdependence) 446
상호작용(interaction) 13
새 고전학파 거시경제학(new classical macroeconomics) 1000
새 케인즈학파 경제학(new Keynesian economics) 1001
생명보험회사(life insurance company) 771
생산가능곡선(production possibility frontier) 31
생산성(productivity) 720
생산요소(factors of production) 35
생산자물가지수(producer price index) 675
생산자잉여(producer surplus) 116

생산함수(production function) 344
서브프라임 대출(subprime lending) 919
선별(screening) 629
선형관계(linear relationship) 57
설계 편향(framing bias) 281
성장회계(growth accounting) 724
세계 대부자금시장(global loanable funds market) 761
세계무역기구(World Trade Organization) 252
세율(tax rate) 204
소득분배(income distribution) 43
소득비탄력적(income-inelastic) 185
소득세(income tax) 216
소득–지출 균형(income-expenditure equilibrium) 806
소득–지출 균형 국내총생산(income-expenditure equilibrium GDP) 806
소득탄력적(income-elastic) 184
소득효과(income effect) 309
소비가능집합(consumption possibilities) 299
소비 경합성(rivalry in consumption) 522
소비 비경합성(nonrivalry in consumption) 522
소비세(excise tax) 196
소비자잉여(consumer surplus) 110
소비재묶음(consumption bundle) 296
소비함수(consumption function) 792
손실 기피성(loss aversion) 280
손익분기가격(break-even price) 383
수감자의 딜레마(prisoners' dilemma) 450
수량규제(quantity control) 155
수량할당(quota) 155
수량할당제한(quota limit) 155
수렴가설(convergence hypothesis) 734
수요가격(demand price) 155
수요계획(demand schedule) 73
수요곡선(demand curve) 73
수요곡선 상의 이동(movements along the demand curve) 75
수요곡선의 이동(shift of the demand curve) 74
수요독점(monopsony) 425
수요독점기업(monopsonist) 425
수요량(quantity demanded) 73
수요법칙(law of demand) 74
수요와 공급모형(supply and demand model) 72
수요의 가격탄력성(price elasticity of demand) 170
수요의 교차가격탄력성(cross-price elasticity of demand) 183
수요의 소득탄력성(income elasticity of demand) 184

수요충격(demand shock) 842

수입(imports) 230

수입경쟁산업(import-competing industry) 244

수입할당제(import quota) 249

수직축(vertical axis) 56

수출(exports) 230

수출산업(exporting industry) 244

수평축(horizontal axis) 56

순수출(net exports) 667

순자본유입(net capital inflow) 752

순환도(circular-flow diagram) 42

순환조정된 재정수지(cyclically adjusted budget balance) 872

스태그플레이션(stagflation) 843

승수(multiplier) 790

시간배분(time allocation) 595

시간배분 예산선(time allocation budget line) 605

시계열 그래프(time-series graph) 64

시장경제(market economy) 2

시장바구니(market basket) 672

시장실패(market failure) 3, 128

시장점유율(market share) 375

시장지배력(market power) 406

시장청산가격(market-clearing price) 90

신호(signaling) 629

실망실업자(discouraged worker) 688

실물자본(physical capital) 721

실물자본에 대한 수익체감(diminishing returns to physical capital) 722

실물자산(physical asset) 766

실물적 경기변동론(real business cycle theory) 1001

실업률(unemployment rate) 687

실업인구(unemployment) 686

실증적 경제학(positive economics) 45

실질 국내총생산(real GDP) 669

실질소득(real income) 702

실질이자율(real interest rate) 705

실질임금(real wage) 702

실질환율(real exchange rate) 1026

실현된 투자지출(actual investment spending) 801

심리적 회계(mental accounting) 280

| ㅇ |

암묵적 부채(implicit liabilities) 879

암묵적 비용(implicit cost) 262

암시장(black market) 144

양도 가능한 배출허가권(tradable emission permit) 502

양의 상관관계가 있다(positively correlated) 626

양의 환류(positive feedback) 513

"양자택일" 결정의 원리(principle of "either-or" decision making) 265

여가(leisure) 596

역(逆)소득세(negative income tax) 557

역선택(adverse selection) 628

역진세(regressive tax) 216

연구개발(research and development) 729

연금기금(pension fund) 771

연방자금금리(federal funds rate) 910

연방자금금리 목표(target federal funds rate) 938

연방자금시장(federal funds market) 910

연쇄 달러(chained dollars) 670

열등재(inferior goods) 78

영의 이윤균형(zero-profit equilibrium) 478

영의 이자율 하한(zero lower bound for interest rates) 946

예금보험(deposit insurance) 901

예금인출사태(bank run) 901

예산선(budget line) 300

예산제약(budget constraint) 299

예상 인플레이션율(expected rate of inflation) 973

예측(forecast) 45

오염의 사회적 한계비용(marginal social cost of pollution) 495

오염의 사회적 한계편익(marginal social benefit of pollution) 495

오쿤의 법칙(Okun's law) 970

완전가격차별(perfect price discrimination) 431

완전경쟁산업(perfectly competitive industry) 374

완전경쟁시장(competitive market) 72

완전경쟁시장(perfectly competitive market) 374

완전대체재(perfect substitutes) 331

완전보완재(perfect complements) 332

완전 비탄력적 공급(perfectly inelastic supply) 186

완전 비탄력적 수요(perfectly inelastic demand) 174

완전 탄력적 공급(perfectly elastic supply) 187

완전 탄력적 수요(perfectly elastic demand) 174

외부비용(external cost) 494

외부효과(externality) 494

외부효과를 내부화한다(internalize the externality) 498

외환보유고(foreign exchange reserves) 1031

외환시장(foreign exchange market) 1022

외환시장 개입(foreign exchange market intervention) 1031

외환통제(foreign exchange control) 1032

요소별 소득분배(factor distribution of income) 577

요소시장(factor markets) 42

요소집약도(factor intensity) 237

우월전략(dominant strategy) 451

원점(origin) 56

위험(risk) 612

위험 기피성(risk aversion) 278

위험기피적(risk-averse) 615

위험자본금(capital at risk) 620

위험중립적(risk-neutral) 617

유도개입(nudges) 282

유동성 함정(liquidity trap) 982

유동적(liquid) 768

유럽연합(European Union : EU) 252

유명상표(brand name) 485

유인(incentive) 11

유통 중인 현금(currency in circulation) 892

유틸(util) 296

은행(bank) 772

은행예금(bank deposit) 772

음의 관계(negative relationship) 58

이윤세(profits tax) 216

이자율(interest rate) 291, 705

이자율에 대한 유동성선호 모형(liquidity preference model of the interest rate) 936

인과관계(causal relationship) 56

인과관계(reverse causality) 68

인위적으로 희소한 재화(artificially scarce good) 535

인적 자본(human capital) 576, 721

인플레이션(inflation) 650

인플레이션 갭(inflationary gap) 847

인플레이션 목표제(inflation targeting) 944

인플레이션세(inflation tax) 965

인플레이션율(inflation rate) 673

인플레이션을 가속화하지 않는 실업률(nonaccelerating inflation rate of unemployment) 978

일반재(ordinary goods) 325

일원화된 의료보험제도(single-payer system) 562

임의보행(random walk) 777

임차료율(rental rate) 586

잉여분(surplus) 92

│ ㅈ │

자급(autarky) 233

자기 보정적(self-correcting) 847

자동안정장치(automatic stabilizer) 868

자본(capital) 264

자본의 암묵적 비용(implicit cost of capital) 264

자산세(wealth tax) 216

자산조사형(means-tested) 556

자연독점(natural monopoly) 407

자연실업률(natural rate of unemployment) 698

자연실업률 가설(natural rate hypothesis) 999

자원(resource) 8

자율조정적(self-regulating) 641

자중손실(deadweight loss) 141

잘라 내었다(truncated) 66

잠재생산량(potential output) 836

장기(long run) 344

장기 거시경제 균형(long-run macroeconomic equilibrium) 844

장기 경제성장(long-run economic growth) 648

장기 산업공급곡선(long-run industry supply curve) 393

장기 시장균형(long-run market equilibrium) 391

장기이자율(long-term interest rate) 931

장기 총공급곡선(long-run aggregate supply curve) 836

장기 침체(secular stagnation) 1006

장기 평균총비용곡선(long-run average total cost curve, LRATC) 361

장기 필립스곡선(long-run Phillips curve) 978

재고(inventory) 800

재고투자(inventory investment) 801

재량적 재정정책(discretionary fiscal policy) 869

재량적 통화정책(discretionary monetary policy) 998

재무적 위험(financial risk) 613

재산(wealth) 766

재산권(property right) 126

재산세(property tax) 216

재정부양책(fiscal stimulus) 1005

재정수지(budget balance) 751

재정적자(budget deficit) 751

재정정책(fiscal policy) 641

재정흑자(budget surplus) 751

재할인율(discount rate) 910

재할인 창구(discount window) 902

재화와 서비스 수지(balance of payments on goods and services) 1016

재화와 서비스시장(markets for goods and services) 42

저작권(copyright) 409

저축기관(thrift) 917

저축대부조합(savings and loans) 917

저축-투자지출 항등관계(savings-investment spending identity) 750

전략적 행동(strategic behavior) 453

전쟁국가(warfare state) 546

절대우위(absolute advantage) 40

절댓값(absolute value) 61

접선(tangent line) 62

접선조건(tangency condition) 326

정기예금증서(certificate of deposit) 930

정부 이전지출(government transfer) 546

정부차입(government borrowing) 751

정상재(normal goods) 77

정액세(lump-sum tax) 214, 867

정치적 경기순환(political business cycle) 1002

제품차별화(product differentiation) 460

제한된 합리성(bounded rationality) 278

조세의 귀착(incidence) 199

조세의 행정비용(administrative costs) 209

조업중단가격(shut-down price) 384

종속변수(dependent variable) 56

준화폐(near-money) 896

중간 가구 소득(median household income) 550

중간값 계산법(midpoint method) 172

중간투입물(intermediate goods and services) 661

중앙은행(central bank) 908

증권화(securitization) 919

지니계수(Gini coefficient) 551

지분(share) 624

지불준비금(bank reserves) 899

지불준비 요구(reserve requirements) 902

지불준비율(reserve ratio) 900

지불할 용의(willingness to pay) 108

지속가능한 장기 경제성장(sustainable long-run economic growth) 739

직장 탐색(job search) 693

진입과 퇴출이 자유롭다(free entry and exit) 376

진입장벽(barrier to entry) 407

| ㅊ |

초과설비(excess capacity) 482

초과 지불준비금(excess reserves) 905

초국제화(hyperglobalization) 231

총공급곡선(aggregate supply curve) 831

총물가수준(aggregate price level) 672

총비용(total cost) 348

총비용곡선(tatol cost curve) 349

총생산(aggregate output) 668

총생산 갭(output gap) 847

총생산곡선(total product curve) 344

총생산자잉여(total producer surplus) 116

총생산함수(aggregate production function) 722

총소비자잉여(total consumer surplus) 109

총소비함수(aggregate consumption function) 794

총수요곡선(aggregate demand curve) 822

총수요-총공급 모형(AD-AS model) 841

총수입(total revenue) 176

총요소생산성(total factor productivity) 725

총잉여(total surplus) 121

총지출(aggregate spending) 662

총지출의 자발적 변화(autonomous change in aggregate spending) 790

최소비용 산출량(minimum-cost output) 356

최저임금(minimum wage) 148, 696

최적산출량 원칙(optimal output rule) 378

최적 소비재묶음(optimal consumption bundle) 301

최적 수량(optimal quantity) 271

최적시간배분규칙(optimal time allocation rule) 606

최종생산물(final goods and services) 661

취업인구(employment) 686

| ㅋ |

카르텔(cartel) 447

케인즈학파 경제학(Keynesian economics) 641, 994

코즈정리(Coase theorem) 498

| ㅌ |

탄력적(elastic) 175

통화정책(monetary policy) 641

통화정책을 위한 테일러 준칙(Taylor rule for monetary policy) 943

통화정책 준칙(monetary policy rule) 999

통화주의(monetarism) 998

통화총량(monetary aggregate) 896

투입요소(input) 85

투자은행(investment bank) 917

특허권(patent) 409

| ㅍ |

파이 도표(pie chart) 65

판매세(sales tax) 216

편익원칙(benefits principle) 213

평가절상(revaluation) 1036

평가절하(devaluation) 1036

평균 가구 소득(mean household income) 550

평균가변비용(average variable cost) 354

평균고정비용(average fixed cost) 354

평균비용(average cost) 353

평균총비용(average total cost) 353

평판(reputation) 629

표준화된 제품(standardized product) 375

피구 보조금(Pigouvian subsidy) 511

피구세(Pigouvian tax) 502

피셔효과(Fisher effect) 764

| ㅎ |

한계결정(marginal decisions) 10

한계대체율(marginal rate of substitution) 324

한계대체율 체감(diminishing marginal rate of substitution) 324

한계분석(marginal analysis) 10

한계분석의 이윤극대화 원리(profit-maximizing principle of marginal analysis) 272

한계비용(marginal cost) 268

한계비용곡선(marginal cost curve) 268

한계비용이 일정(constant marginal cost) 268

한계비용 체감(decreasing marginal cost) 268

한계비용 체증(increasing marginal cost) 268

한계생산(marginal product) 345

한계생산가치(value of the marginal product) 579

한계생산가치곡선(value of the marginal product curve) 580

한계생산성 소득분배이론(marginal productivity theory of income distribution) 586

한계세율(marginal tax rate) 217

한계소비성향(marginal propensity to consume) 788

한계수입(marginal revenue) 378

한계수입곡선(marginal revenue curve) 379

한계저축성향(marginal propensity to save) 788

한계참여근로자(marginally attached worker) 688

한계편익(marginal benefit) 269

한계편익곡선(marginal benefit curve) 270

한계편익 체감(decreasing marginal benefit) 270

한계효용(marginal utility) 297

한계효용곡선(marginal utility curve) 297

한계효용체감의 법칙(principle of diminishing marginal utility) 298

한 투입요소에 대한 수익체감(diminishing returns to an input) 346

할당지대(quota rent) 158

합리적 기대(rational expectations) 1000

합리적 기대 모형(rational expectations model) 1001

합리적인(rational) 277

해외 아웃소싱(offshore outsourcing) 253

행동경제학(behavioral economics) 277

헥셔-올린 모형(Heckscher-Ohlin model) 237

현물보조(in-kind benefit) 556

현재가치(present value) 292, 756

현재 상태 편향(status quo bias) 281

화폐(money) 892

화폐공급(money supply) 892

화폐공급곡선(money supply curve) 936

화폐수요곡선(money demand curve) 932

화폐의 중립성(monetary neutrality) 949

화폐 한 단위의 한계효용(marginal utility per dollar) 304

확률변수(random variable) 612

확장적 재정정책(expansionary fiscal policy) 861

확장적 통화정책(expansionary monetary policy) 941

환경기준(environmental standards) 500

환율(exchange rate) 1022

환율제도(exchange rate regime) 1030

회계상의 이윤(accounting profit) 264

회계연도(fiscal year) 876

효용(utility) 296

효용함수(utility function) 296

효율시장가설(efficient markets hypothesis) 777

효율임금(efficiency wage) 697

효율임금모형(efficiency-wage model) 592

효율적(efficient) 16

효율적인 위험배분(efficient allocation of risk) 621

후방굴절 개별노동공급곡선(backward-bending individual labor supply curve) 608

희소(scarce) 8

| 기타 |

1인당 국내총생산(GDP per capita) 670

70의 법칙(Rule of 70) 718

GDP 661

GDP 디플레이터(GDP deflator) 675

MPC 788

MPS 789

MRS 324

NAFTA-USMCA 252

NAIRU 978

PPI 675

R&D 729

T 계정(T-account) 899

U자형 평균총비용곡선(U-shaped average total cost curve) 354

x절편(horizontal intercept) 58

x축(x-axis) 56

y절편(vertical intercept) 58

y축(y-axis) 56

역자 소개(가나다순)

김재영

서울대학교 물리학 학사

서울대학교 경제학 석사

미국 미네소타대학교 경제학 박사

미국 뉴욕주립대학교(올버니) 조교수, 부교수 역임

현재 서울대학교 경제학부 교수

연구 업적 : *Econometrica*, *Journal of Econometrics*, *Journal of Business and Economic Statistics*, *Econometric Theory* 등 국제학술지에 논문 다수 게재

연구 분야 : 계량경제학, 거시경제학, 금융경제학

박대근

서울대학교 경제학 학사

한국과학기술원 경영과학 석사

미국 하버드대학교 경제학 박사

미국 뉴욕주립대학교(올버니) 조교수 역임

현재 한양대학교 경제금융학부 교수

연구 업적 : *Journal of International Economics*, *Review of Economics and Statistics*, *Review of World Economics*를 비롯한 국내외 학술지에 논문 다수 게재

연구 분야 : 거시경제학, 국제금융

전병헌

서울대학교 경제학 학사

서울대학교 경제학 석사

미국 펜실베이니아대학교 경제학 박사

육군3사관학교, 미국 뉴욕주립대학교(스토니브룩), 라이스대학교 조교수, 고려대학교 교수 역임

현재 고려대학교 경제학과 명예교수

연구 업적 : *American Economic Review*, *Review of Economic Studies*, *Journal of Economic Theory*, *Games and Economic Behavior*, *International Journal of Game Theory*를 비롯한 국내외 학술지에 논문 다수 게재

연구 분야 : 미시경제학